ERNST · MORR

KB-Helfer 2017

Ratgeber zum sozialen Entschädigungsrecht

KB-Helfer 2017

Ratgeber zum sozialen Entschädigungsrecht

61. Jahresausgabe

Ein Wegweiser für Kriegsopfer, Wehrdienstbeschädigte, Opfer von Gewalttaten und Impfgeschädigte

Ltd. Verwaltungsdirektor

Karl-Friedrich Ernst

Leiter des Integrationsamtes, Kommunalverband für Jugend und Soziales Baden-Württemberg

Oberverwaltungsrat a. D.

Baldur Morr

BOORBERG

Bibliografische Information der Deutschen Nationalbibliothek | Die Deutsche Nationalbibliothek verzeichnet diese Publikation in der Deutschen Nationalbibliografie; detaillierte bibliografische Daten sind im Internet über http://dnb.de abrufbar.

61. Ausgabe, 2017
ISBN 978-3-415-05611-4

Satz: Dörr + Schiller GmbH, Curiestraße 4, 70563 Stuttgart | Druck und Bindung: CPI books GmbH, Eberhard-Finck-Straße 61, 89075 Ulm

Richard Boorberg Verlag GmbH & Co KG | Scharrstraße 2 | 70563 Stuttgart
Stuttgart | München | Hannover | Berlin | Weimar | Dresden
www.boorberg.de

Vorwort
zur 61. Jahresausgabe

Die 61. Jahresausgabe des „KB-Helfers“ konzentriert sich als „Ratgeber zum sozialen Entschädigungsrecht“ auf das Bundesversorgungsgesetz und die sogenannten Nebengesetze. Er ist nach wie vor der kompetente „Wegweiser für Kriegsopfer, Wehrdienstbeschädigte, Opfer von Gewalttaten und Impfgeschädigte“.

Die verfahrensrechtlichen Bestimmungen zum sozialen Entschädigungsrecht, das SGB I (Allgemeiner Teil) und das SGB X (Sozialverwaltungsverfahren und Sozialdatenschutz), sind ebenso wie die Versorgungsmedizin-Verordnung abgedruckt. Auch die Gesetze, die materiell-rechtlich im Zusammenhang mit dem sozialen Entschädigungsrecht stehen, sind in aktueller Version berücksichtigt, so das SGB II (Grundsicherung für Arbeitsuchende), das SGB XII (Sozialhilfe), das SGB XI (Soziale Pflegeversicherung), das Familienpflegezeitgesetz und das Wohngeldgesetz.

Besonders hinweisen möchten wir insbesondere auf die Änderungen des SGB XII durch

– das Dritte Pflegestärkungsgesetz

Künftig wird der tatsächliche Unterstützungsbedarf von Pflegebedürftigen besser erfasst. Dafür sorgt ein neues Begutachtungssystem. Die Leistungen erhöhen sich ab 2017, ebenso der Beitrag um 0,2 Prozentpunkte. Aus den bisherigen drei Pflegestufen werden fünf Pflegegrade. Der Begriff der Pflegebedürftigkeit wird neu definiert. Um den Unterstützungsbedarf festzustellen, wird künftig der Grad der Selbständigkeit gemessen – unabhängig davon, ob es sich um eine geistige oder körperliche Einschränkung handelt. Für viele ergeben sich daraus höhere Leistungen. Unter anderem wird der neue Pflegebedürftigkeitsbegriff auch im Recht auf Hilfe zur Pflege nach dem Zwölften Sozialgesetzbuch (SGB XII) und im Bundesversorgungsgesetz (BVG) eingeführt. So können auch finanziell Bedürftige im Falle der Pflegebedürftigkeit angemessen versorgt werden.

– das Bundesteilhabegesetz

Es sieht mehr Teilhabe und Selbstbestimmung für Menschen mit Behinderung vor. Die Eingliederungshilfe wird reformiert, die Assistenzleistungen modernisiert. Das Gesetz wird bis 2020 stufenweise umgesetzt. Ab 2017 erhöhen sich die Freibeträge für Erwerbseinkommen um bis zu 260 Euro monatlich. Die Vermögensfreigrenze liegt dann bei 25.000 Euro. Das Partnereinkommen wird nicht angerechnet.

- das Gesetz zur Ermittlung von Regelbedarfen (u. a. mit Änderungen bei den Regelbedarfen und der Grundsicherung).

Zum Teil treten die Änderungen erst zu einem späteren Zeitpunkt in Kraft (z. B. die Aufhebung der Eingliederungshilfe).

Neben der Einarbeitung der Gesetzesänderungen sind die aktuelle höchstrichterliche Rechtsprechung bzw. neue Rundschreiben des Bundesministeriums für Arbeit und Soziales sowie sonstige Aktualisierungen berücksichtigt.

Der KB-Helfer richtet sich an Mitarbeiter der gesetzlichen Leistungsträger, an Gerichte und Rechtsberater und an interessierte (selbst betroffene) Leser, die sich über ihre Rechte und Pflichten informieren wollen.

Autoren und der Verlag sind für Hinweise und Anregungen zur Verbesserung des Buches sehr dankbar.

Karlsruhe/Stuttgart, im Mai 2017

Karl-Friedrich Ernst
Baldur Morr

Inhaltsverzeichnis

GdS/GdB-Tabelle

Übersichtstabellen

Abkürzungsverzeichnis

a. A.	anderer Ansicht/Auffassung
a. a. O.	am angegebenen Ort
Abs.	Absatz
a. F.	alte Fassung
AFb	Aktuelle Fachberichte
ÄndG	Änderungsgesetz
Anm.	Anmerkung
AnpG	Anpassungsgesetz
AP	Arbeitsrechtliche Praxis – Entscheidungssammlung
ArbG	Arbeitsgericht
ArbZG	Arbeitszeitgesetz
ATG	Altersteilzeitgesetz
BA	Bundesagentur für Arbeit
BAföG	Berufsausbildungsförderungsgesetz
BAG	Bundesarbeitsgericht
BAnz.	Bundesanzeiger
BArbBl.	Bundesarbeitsblatt
BB	Der Betriebs-Berater (Zeitschrift)
BBG	Bundesbeamtengesetz
BEG	Bundesentschädigungsgesetz
BehR	Behindertenrecht (Zeitschrift)
BetrVG	Betriebsverfassungsgesetz
BFH	Bundesfinanzhof
BGB	Bürgerliches Gesetzbuch
BGBl.	Bundesgesetzblatt
BGH	Bundesgerichtshof
BIH	Bundesarbeitsgemeinschaft der Integrationsämter und Hauptfürsorgestellen
BMAS	Bundesministerium für Arbeit und Soziales
BMF	Bundesministerium der Finanzen
BMG	Bundesministerium für Gesundheit
BMI	Bundesministerium des Innern
BMV	Bundesminister für Verkehr
BPersVG	Bundespersonalvertretungsgesetz
Breithaupt	Sammlung von Entscheidungen aus dem Sozialrecht
BRH	Bundesrechnungshof
BRKG	Bundesreisekostengesetz
BSG	Bundessozialgericht
BSGE	Sammlung der Entscheidungen des Bundessozialgerichts
BStBl.	Bundessteuerblatt
BUrlG	Bundesurlaubsgesetz
BVBl.	Bundesversorgungsblatt
BVerfG	Bundesverfassungsgericht
BVerwG	Bundesverwaltungsgericht

Abkürzungsverzeichnis

BVerwGE	Sammlung der Entscheidungen des Bundesverwaltungsgerichts
BVG	Bundesversorgungsgesetz
BW	Baden-Württemberg
DB	Der Betrieb (Zeitschrift)
DVBl	Deutsches Verwaltungsblatt (Zeitschrift)
DVmiB	Der Vertrauensmann im Betrieb (Zeitschrift)
Esg	Einstiegsgeld
EStG	Einkommensteuergesetz
ESt-DVO	Einkommensteuer-Durchführungsverordnung
EU	Erwerbsunfähigkeit
EuGH	Europäischer Gerichtshof
EUrlVO	Erholungsurlaubsverordnung des Bundes
FEVS	Sammlung Fürsorgerechtliche Entscheidungen der Verwaltungs- und Sozialgerichte
ff.	fortfolgende
FGV	Fernmeldegebührenvorschriften
G	Gesetz
GABl.	Gemeinsames Amtsblatt des Landes Baden-Württemberg
GAL	Gesetz über die Altershilfe für Landwirte
GdB	Grad der Behinderung
GdS	Grad der Schädigungsfolgen
GG	Grundgesetz
GKrG	Gesetz zur Bekämpfung der Geschlechtskrankheiten
GMBl.	Gemeinsames Ministerialblatt (der Bundesministerien)
GmbH	Gesellschaft mit beschränkter Haftung
GS	Großer Senat
GewO	Gewerbeordnung
HBeglG	Haushaltsbegleitgesetz
HFSt	Hauptfürsorgestelle(n)
HGB	Handelsgesetzbuch
HKG	Heimkehrergesetz
HStruktG	Haushaltsstrukturgesetz
i. d. F.	in der Fassung
i. d. R.	in der Regel
IfSG	Infektionsschutzgesetz
InA/InÄ	Integrationsamt/-ämter
i. S. d.	im Sinne des
i. V. m.	in Verbindung mit
KFürsV	Kriegsopferfürsorgeverordnung
Kfz-Hilfe	Kraftfahrzeughilfe

KfzHV	Kraftfahrzeughilfe-Verordnung
KOF	Kriegsopferfürsorge
KOF-SchR	Kriegsopferfürsorge und Schwerbeschädigtenrecht, jetzt Behindertenrecht (Zeitschrift)
KOV	Kriegsopferversorgung
KrStG	Kraftfahrzeugsteuergesetz
KRG	Kontrollratsgesetz
KSchG	Kündigungsschutzgesetz
KündFG	Kündigungsfristengesetz
KVLG	Gesetz über die Krankenversicherung der Landwirte
LAG	Landesarbeitsgericht, Lastenausgleichsgesetz
LFzG	Lohnfortzahlungsgesetz
LSG	Landessozialgericht
LSt-DVO	Lohnsteuer-Durchführungsverordnung
MdE	Minderung der Erwerbsfähigkeit
NachwG	Nachweisgesetz
NDV	Nachrichtendienst des Deutschen Vereins für öffentliche und private Fürsorge
n. F.	neue Fassung
NJW	Neue Juristische Wochenschrift
NZA	Neue Zeitschrift für Arbeitsrecht
OEG	Opferentschädigungsgesetz
OVG	Oberverwaltungsgericht
PBefG	Personenbeförderungsgesetz
PersVG	Personalvertretungsgesetz
PM	Pressemitteilung
RBEG	Regelbedarfsermittlungsgesetz
RdSchr.	Rundschreiben
RSPD	Rechtsprechungsdienst der Sozialgerichtsbarkeit
RÜG	Renten-Überleitungsgesetz
RVA	Reichsversicherungsamt
RVG	Reichsversorgungsgesetz
RVO	Reichsversicherungsordnung
S.	Seite
SF	Schädigungsfolgen
SG	Sozialgericht, Soldatengesetz
SGb	Die Sozialgerichtsbarkeit (Zeitschrift)
SGB	Sozialgesetzbuch
SGB I	Sozialgesetzbuch Erstes Buch (Allgemeiner Teil)
SGB II	Sozialgesetzbuch Zweites Buch (Grundsicherung für Arbeitsuchende)

Abkürzungsverzeichnis

SGB III	Sozialgesetzbuch Drittes Buch (Arbeitsförderung)
SGB IV	Sozialgesetzbuch Viertes Buch (Gemeinsame Vorschriften für die Sozialversicherung)
SGB V	Sozialgesetzbuch Fünftes Buch (Gesetzliche Krankenversicherung)
SGB VI	Sozialgesetzbuch Sechstes Buch (Gesetzliche Rentenversicherung)
SGB VIII	Sozialgesetzbuch Achtes Buch (Kinder- und Jugendhilfe)
SGB X	Sozialgesetzbuch Zehntes Buch (Sozialverwaltungsverfahren und Sozialdatenschutz)
SGB XI	Sozialgesetzbuch Elftes Buch (Soziale Pflegeversicherung)
SGB XII	Sozialgesetzbuch Zwölftes Buch (Sozialhilfe)
SGG	Sozialgerichtsgesetz
SozR	Sozialrecht
SRuPr	Sozialrecht + Praxis, Fachzeitschrift des VdK Deutschland e.V. für Sozialpolitiker und Schwerbehindertenvertreter
StVZO	Straßenverkehrs-Zulassungs-Ordnung
SVG	Soldatenversorgungsgesetz
TKO	Telekommunikationsordnung
TVG	Tarifvertragsgesetz
TzBfg	Gesetz über Teilzeitarbeit und befristete Arbeitsverträge
UnBefG	Gesetz über die unentgeltliche Beförderung von Kriegs- und Wehrdienstbeschädigten sowie von anderen Behinderten im Nahverkehr
VA	Versorgungsamt
VdKM	Mitteilungen des VdK Deutschland e.V.
VersB	Der Versorgungsbeamte (Zeitschrift)
VersMedV	Versorgungsmedizin-Verordnung
VG	Verwaltungsgericht
VGH	Verwaltungsgerichtshof
vgl.	vergleiche
v. H.	vom Hundert
VkBl.	Verkehrsblatt des Bundesministers für Verkehr
VO	Verordnung
VV	Verwaltungsvorschriften
VwVStVO	Allgemeine Verwaltungsvorschrift zur Straßenverkehrs-Ordnung
VwZG	Verwaltungszustellungsgesetz
WoGG	Wohngeldgesetz
WoGV	Wohngeldverordnung
z.B.	zum Beispiel
ZfS	Zentralblatt für Sozialversicherung, Sozialhilfe und Versorgung (Zeitschrift)
ZPO	Zivilprozessordnung

Sozialgesetzbuch

I.

Sozialgesetzbuch (SGB) Erstes Buch (I) – Aufgaben des Sozialgesetzbuchs –

vom 11. Dezember 1975 (BGBl. I S. 3015),
zuletzt geändert durch Gesetz vom 23. Dezember 2016 (BGBl. I S. 3234)

Inhaltsübersicht

Zweiter Titel **Einzelne Sozialleistungen und zuständige Leistungsträger**

Dritter Abschnitt
Gemeinsame Vorschriften für alle Sozialleistungsbereiche dieses Gesetzbuchs

Erster Titel **Allgemeine Grundsätze**

Zweiter Titel **Grundsätze des Leistungsrechts**

Erster Abschnitt
Aufgaben des Sozialgesetzbuchs und soziale Rechte

§ 1 Aufgaben des Sozialgesetzbuchs

(1) Das Recht des Sozialgesetzbuchs soll zur Verwirklichung sozialer Gerechtigkeit und sozialer Sicherheit Sozialleistungen einschließlich sozialer und erzieherischer Hilfen gestalten. Es soll dazu beitragen,

ein menschenwürdiges Dasein zu sichern,
gleiche Voraussetzungen für die freie Entfaltung der Persönlichkeit, insbesondere auch für junge Menschen, zu schaffen,
die Familie zu schützen und zu fördern,
den Erwerb des Lebensunterhalts durch eine frei gewählte Tätigkeit zu ermöglichen und
besondere Belastungen des Lebens, auch durch Hilfe zur Selbsthilfe, abzuwenden oder auszugleichen.

(2) Das Recht des Sozialgesetzbuchs soll auch dazu beitragen, daß die zur Erfüllung der in Absatz 1 genannten Aufgaben erforderlichen sozialen Dienste und Einrichtungen rechtzeitig und ausreichend zur Verfügung stehen.

§ 2 Soziale Rechte

(1) Der Erfüllung der in § 1 genannten Aufgaben dienen die nachfolgenden sozialen Rechte. Aus ihnen können Ansprüche nur insoweit geltend gemacht oder hergeleitet werden, als deren Voraussetzungen und Inhalt durch die Vorschriften der besonderen Teile dieses Gesetzbuchs im einzelnen bestimmt sind.

(2) Die nachfolgenden sozialen Rechte sind bei der Auslegung der Vorschriften dieses Gesetzbuchs und bei der Ausübung von Ermessen zu beachten; dabei ist sicherzustellen, daß die sozialen Rechte möglichst weitgehend verwirklicht werden.

§ 3 Bildungs- und Arbeitsförderung

(1) Wer an einer Ausbildung teilnimmt, die seiner Neigung, Eignung und Leistung entspricht, hat ein Recht auf individuelle Förderung seiner Ausbildung, wenn ihm die hierfür erforderlichen Mittel nicht anderweitig zur Verfügung stehen.

(2) Wer am Arbeitsleben teilnimmt oder teilnehmen will, hat ein Recht auf

1. Beratung bei der Wahl des Bildungswegs und des Berufs,
2. individuelle Förderung seiner beruflichen Weiterbildung,
3. Hilfe zur Erlangung und Erhaltung eines angemessenen Arbeitsplatzes und
4. wirtschaftliche Sicherung bei Arbeitslosigkeit und bei Zahlungsunfähigkeit des Arbeitgebers.

§ 4 Sozialversicherung

(1) Jeder hat im Rahmen dieses Sozialgesetzbuchs ein Recht auf Zugang zur Sozialversicherung.

(2) Wer in der Sozialversicherung versichert ist, hat im Rahmen der gesetzlichen Kranken-, Unfall-, Pflege- und Rentenversicherung einschließlich der Altersicherung der Landwirte ein Recht auf

1. die notwendigen Maßnahmen zum Schutz, zur Erhaltung, zur Besserung und zur Wiederherstellung der Gesundheit und der Leistungsfähigkeit und
2. wirtschaftliche Sicherung bei Krankheit, Mutterschaft, Minderung der Erwerbsfähigkeit und Alter.

Ein Recht auf wirtschaftliche Sicherung haben auch die Hinterbliebenen eines Versicherten.

§ 5 Soziale Entschädigung bei Gesundheitsschäden

Wer einen Gesundheitsschaden erleidet, für dessen Folgen die staatliche Gemeinschaft in Abgeltung eines besonderen Opfers oder aus anderen Gründen nach versorgungsrechtlichen Grundsätzen einsteht, hat ein Recht auf

1. die notwendigen Maßnahmen zur Erhaltung, zur Besserung und zur Wiederherstellung der Gesundheit und der Leistungsfähigkeit und
2. angemessene wirtschaftliche Versorgung.

Ein Recht auf angemessene wirtschaftliche Versorgung haben auch die Hinterbliebenen eines Beschädigten.

§ 6 Minderung des Familienaufwands

Wer Kindern Unterhalt zu leisten hat oder leistet, hat ein Recht auf Minderung der dadurch entstehenden wirtschaftlichen Belastungen.

§ 7 Zuschuss für eine angemessene Wohnung

Wer für eine angemessene Wohnung Aufwendungen erbringen muß, die ihm nicht zugemutet werden können, hat ein Recht auf Zuschuß zur Miete oder zu vergleichbaren Aufwendungen.

§ 8 Kinder- und Jugendhilfe

Junge Menschen und Personensorgeberechtigte haben im Rahmen dieses Gesetzbuchs ein Recht, Leistungen der öffentlichen Jugendhilfe in Anspruch zu nehmen. Sie sollen die Entwicklung junger Menschen fördern und die Erziehung in der Familie unterstützen und ergänzen.

§ 9 Sozialhilfe

Wer nicht in der Lage ist, aus eigenen Kräften seinen Lebensunterhalt zu bestreiten oder in besonderen Lebenslagen sich selbst zu helfen, und auch von anderer Seite keine ausreichende Hilfe erhält, hat ein Recht auf persönliche und wirtschaftliche Hilfe, die seinem besonderen Bedarf entspricht, ihn zur Selbsthilfe befähigt, die Teilnahme am Leben in der Gemeinschaft ermöglicht und die Führung eines menschenwürdigen Lebens sichert. Hierbei müssen die Leistungsberechtigten nach ihren Kräften mitwirken.

§ 10 Teilhabe behinderter Menschen

Menschen, die körperlich, geistig oder seelisch behindert sind oder denen eine solche Behinderung droht, haben unabhängig von der Ursache der Behinderung zur Förderung ihrer Selbstbestimmung und gleichberechtigten Teilhabe ein Recht auf Hilfe, die notwendig ist, um

1. die Behinderung abzuwenden, zu beseitigen, zu mindern, ihre Verschlimmerung zu verhüten oder ihre Folgen zu mildern,

2. Einschränkungen der Erwerbsfähigkeit oder Pflegebedürftigkeit zu vermeiden, zu überwinden, zu mindern oder eine Verschlimmerung zu verhüten sowie den vorzeitigen Bezug von Sozialleistungen zu vermeiden oder laufende Sozialleistungen zu mindern,

3. ihnen einen ihren Neigungen und Fähigkeiten entsprechenden Platz im Arbeitsleben zu sichern,

4. ihre Entwicklung zu fördern und ihre Teilhabe am Leben in der Gesellschaft und eine möglichst selbstständige und selbstbestimmte Lebensführung zu ermöglichen oder zu erleichtern sowie

5. Benachteiligungen auf Grund der Behinderung entgegen zu wirken.

Zweiter Abschnitt
Einweisungsvorschriften

Erster Titel
Allgemeines über Sozialleistungen und Leistungsträger

§ 11 Leistungsarten

Gegenstand der sozialen Rechte sind die in diesem Gesetzbuch vorgesehenen Dienst-, Sach- und Geldleistungen (Sozialleistungen). Die persönliche und erzieherische Hilfe gehört zu den Dienstleistungen.

§ 12 Leistungsträger

Zuständig für die Sozialleistungen sind die in den §§ 18 bis 29 genannten Körperschaften, Anstalten und Behörden (Leistungsträger). Die Abgrenzung ihrer Zuständigkeit ergibt sich aus den besonderen Teilen dieses Gesetzbuchs.

§ 13 Aufklärung

Die Leistungsträger, ihre Verbände und die sonstigen in diesem Gesetzbuch genannten öffentlich-rechtlichen Vereinigungen sind verpflichtet, im Rahmen ihrer Zuständigkeit die Bevölkerung über die Rechte und Pflichten nach diesem Gesetzbuch aufzuklären.

§ 14 Beratung

Jeder hat Anspruch auf Beratung über seine Rechte und Pflichten nach diesem Gesetzbuch. Zuständig für die Beratung sind die Leistungsträger, denen gegenüber die Rechte geltend zu machen oder die Pflichten zu erfüllen sind.

§ 15 Auskunft

(1) Die nach Landesrecht zuständigen Stellen, die Träger der gesetzlichen Krankenversicherung und der sozialen Pflegeversicherung sind verpflichtet, über alle sozialen Angelegenheiten nach diesem Gesetzbuch Auskünfte zu erteilen.

(2) Die Auskunftspflicht erstreckt sich auf die Benennung der für die Sozialleistungen zuständigen Leistungsträger sowie auf alle Sach- und Rechtsfragen, die für die Auskunftsuchenden von Bedeutung sein können und zu deren Beantwortung die Auskunftsstelle imstande ist.

(3) Die Auskunftsstellen sind verpflichtet, untereinander und mit den anderen Leistungsträgern mit dem Ziel zusammenzuarbeiten, eine möglichst umfassende Auskunftserteilung durch eine Stelle sicherzustellen.

(4) Die Träger der gesetzlichen Rentenversicherung können über Möglichkeiten zum Aufbau einer nach § 10a oder Abschnitt XI des Einkommensteuergesetzes geförderten zusätzlichen Altervorsorge Auskünfte erteilen, soweit sie dazu im Stande sind.

§ 16 Antragstellung

(1) Anträge auf Sozialleistungen sind beim zuständigen Leistungsträger zu stellen. Sie werden auch von allen anderen Leistungsträgern, von allen Gemeinden und bei Personen, die sich im Ausland aufhalten, auch von den amtlichen Vertretungen der Bundesrepublik Deutschland im Ausland entgegengenommen.

(2) Anträge, die bei einem unzuständigen Leistungsträger, bei einer für die Sozialleistung nicht zuständigen Gemeinde oder bei einer amtlichen Vertretung der Bundesrepublik Deutschland im Ausland gestellt werden, sind unverzüglich an den zuständigen Leistungsträger weiterzuleiten. Ist die Sozialleistung von einem Antrag abhängig, gilt der Antrag als zu dem Zeitpunkt gestellt, in dem er bei einer der in Satz 1 genannten Stellen eingegangen ist.

(3) Die Leistungsträger sind verpflichtet, darauf hinzuwirken, daß unverzüglich klare und sachdienliche Anträge gestellt und unvollständige Angaben ergänzt werden.

Aus Rundschreiben, Urteilen etc.

OVG Lüneburg v. 24.5.1989 – 4 L 34/89
Im Recht der Kriegsopferfürsorge braucht aus einem Antrag auf laufende Leistungen nicht von vornherein hervorzugehen, daß der Antragsteller Beschädigter oder Hinterbliebener eines Beschädigten ist; es genügt, daß die Behörde, bei der der Antrag eingeht, dies erst im Laufe des Verfahrens – z. B. beim Versorgungsamt – erfährt. § 16 Abs. 2 Satz 2 SGB I ist im Recht der Kriegsopferfürsorge uneingeschränkt anzuwenden.

§ 17 Ausführung der Sozialleistungen

(1) Die Leistungsträger sind verpflichtet, darauf hinzuwirken, daß

1. **jeder Berechtigte die ihm zustehenden Sozialleistungen in zeitgemäßer Weise, umfassend und zügig erhält,**
2. **die zur Ausführung von Sozialleistungen erforderlichen sozialen Dienste und Einrichtungen rechtzeitig und ausreichend zur Verfügung stehen,**
3. **der Zugang zu den Sozialleistungen möglichst einfach gestaltet wird, insbesondere durch Verwendung allgemein verständlicher Antragsvordrucke und**
4. **ihre Verwaltungs- und Dienstgebäude frei von Zugangs- und Kommunikationsbarrieren sind und Sozialleistungen in barrierefreien Räumen und Anlagen ausgeführt werden.**

(2) Menschen mit Hörbehinderungen und Menschen mit Sprachbehinderungen haben das Recht, bei der Ausführung von Sozialleistungen, insbesondere auch bei ärztlichen Untersuchungen und Behandlungen, in Deutscher Gebärdensprache, mit lautsprachbegleitenden Gebärden oder über andere geeignete Kommunikationshilfen zu kommunizieren. Die für die Sozialleistung zuständigen Leistungsträger sind verpflichtet, die durch die Verwendung der Kommunikationshilfen entstehenden Kosten zu tragen. § 5 der Kommunikationshilfenverordnung in der jeweils geltenden Fassung gilt entsprechend.

(2 a) § 11 des Behindertengleichstellungsgesetzes gilt in seiner jeweils geltenden Fassung bei der Ausführung von Sozialleistungen entsprechend.

(3) In der Zusammenarbeit mit gemeinnützigen und freien Einrichtungen und Organisationen wirken die Leistungsträger darauf hin, daß sich ihre Tätigkeit und die der genannten Einrichtungen und Organisationen zum Wohl der Leistungsempfänger wirksam ergänzen. Sie haben dabei deren Selbständigkeit in Zielsetzung und Durchführung ihrer Aufgaben zu achten. Die Nachprüfung zweckentsprechender Verwendung bei der Inanspruchnahme öffentlicher Mittel bleibt unberührt. Im übrigen ergibt sich ihr Verhältnis zueinander aus den besonderen Teilen dieses Gesetzbuchs; § 97 Abs. 1 Satz 1 bis 4 und Abs. 2 des Zehnten Buches findet keine Anwendung.

Zweiter Titel
Einzelne Sozialleistungen und zuständige Leistungsträger

§ 18 Leistungen der Ausbildungsförderung

(1) Nach dem Recht der Ausbildungsförderung können Zuschüsse und Darlehen für den Lebensunterhalt und die Ausbildung in Anspruch genommen werden.

(2) Zuständig sind die Ämter und die Landesämter für Ausbildungsförderung nach Maßgabe der §§ 39, 40, 40a und 45 des Bundesausbildungsförderungsgesetzes.

§ 19 Leistungen der Arbeitsförderung

(1) Nach dem Recht der Arbeitsförderung können in Anspruch genommen werden:
1. Berufsberatung und Arbeitsmarktberatung,
2. Ausbildungsvermittlung und Arbeitsvermittlung,
3. Leistungen
a) zur Aktivierung und beruflichen Eingliederung,
b) zur Berufswahl und Berufsausbildung,
c) zur beruflichen Weiterbildung,
d) zur Aufnahme einer Erwerbstätigkeit,
e) zum Verbleib in Beschäftigung,
f) der Teilhabe behinderter Menschen am Arbeitsleben,
4. Arbeitslosengeld, Teilarbeitslosengeld, Arbeitslosengeld bei Weiterbildung und Insolvenzgeld.

(2) Zuständig sind die Agenturen für Arbeit und die sonstigen Dienststellen der Bundesagentur für Arbeit.

§ 19a Leistungen der Grundsicherung für Arbeitssuchende

(1) Nach dem Recht der Grundsicherung für Arbeitsuchende können in Anspruch genommen werden:
1. Leistungen zur Eingliederung in Arbeit,
2. Leistungen zur Sicherung des Lebensunterhalts.

(2) Zuständig sind die Agenturen für Arbeit und die sonstigen Dienststellen der Bundesanstalt für Arbeit, sowie die kreisfreien Städte und Kreise, soweit durch Landesrecht nicht andere Träger bestimmt sind. In den Fällen des § 6a des Zweiten Buches ist abweichend von Satz 1 der zugelassene kommunale Träger zuständig.

§ 19b Leistungen bei gleitendem Übergang älterer Menschen in den Ruhestand

(1) Nach dem Recht der Förderung eines gleitenden Übergangs älterer Arbeitnehmer in den Ruhestand können in Anspruch genommen werden:

1. Erstattung der Beiträge zur Höherversicherung in der gesetzlichen Rentenversicherung und der nicht auf das Arbeitsentgelt entfallenden Beiträge zur gesetzlichen Rentenversicherung für ältere Arbeitnehmer, die ihre Arbeitszeit verkürzt haben,
2. Erstattung der Aufstockungsbeträge zum Arbeitsentgelt für die Altersteilzeitarbeit.

(2) Zuständig sind die Agenturen für Arbeit und die sonstigen Dienststellen der Bundesagentur für Arbeit.

§ 20

(weggefallen)

§ 21 Leistungen der gesetzlichen Krankenversicherung

(1) Nach dem Recht der gesetzlichen Krankenversicherung können in Anspruch genommen werden:
1. Leistungen zur Förderung der Gesundheit, zur Verhütung und zur Früherkennung von Krankheiten,
2. bei Krankheit Krankenbehandlung, insbesondere
   a) ärztliche und zahnärztliche Behandlung,
   b) Versorgung mit Arznei-, Verband-, Heil- und Hilfsmitteln,
   c) häusliche Krankenpflege und Haushaltshilfe,
   d) Krankenhausbehandlung,
   e) medizinische und ergänzende Leistungen zur Rehabilitation,
   f) Betriebshilfe für Landwirte,
   g) Krankengeld,
3. bei Schwangerschaft und Mutterschaft ärztliche Betreuung, Hebammenhilfe, stationäre Entbindung, häusliche Pflege, Haushaltshilfe, Betriebshilfe für Landwirte, Mutterschaftsgeld,
4. Hilfe zur Familienplanung und Leistungen bei durch Krankheit erforderlicher Sterilisation und bei durch Krankheit erforderlichem Schwangerschaftsabbruch.

(2) Zuständig sind die Orts-, Betriebs- und Innungskrankenkassen, die Sozialversicherung für Landwirtschaft, Forsten und Gartenbau als landwirtschaftliche Krankenkasse, die Deutsche Rentenversicherung Knappschaft-Bahn-See und die Ersatzkassen.

§ 21 a Leistungen der sozialen Pflegeversicherung

(1) Nach dem Recht der sozialen Pflegeversicherung können in Anspruch genommen werden:
1. Leistungen bei häuslicher Pflege:
   a) Pflegesachleistung,
   b) Pflegegeld für selbst beschaffte Pflegehilfen,
   c) häusliche Pflege bei Verhinderung der Pflegeperson,
   d) Pflegehilfsmittel und technische Hilfen,
2. teilstationäre Pflege und Kurzzeitpflege,

3. Leistungen für Pflegepersonen, insbesondere
   a) soziale Sicherung und
   b) Pflegekurse,
4. vollstationäre Pflege.

(2) Zuständig sind die bei den Krankenkassen errichteten Pflegekassen.

§ 21 b Leistungen bei Schwangerschaftsabbrüchen

(1) Nach dem Fünften Abschnitt des Schwangerschaftskonfliktgesetzes können bei einem nicht rechtswidrigen oder unter den Voraussetzungen des § 218 a Abs. 1 des Strafgesetzbuches vorgenommenen Abbruch einer Schwangerschaft Leistungen in Anspruch genommen werden.

(2) Zuständig sind die Orts-, Betriebs- und Innungskrankenkassen, die Sozialversicherung für Landwirtschaft, Forsten und Gartenbau als landwirtschaftliche Krankenkasse, die Deutsche Rentenversicherung Knappschaft-Bahn-See und die Ersatzkassen.

§ 22 Leistungen der gesetzlichen Unfallversicherung

(1) Nach dem Recht der gesetzlichen Unfallversicherung können in Anspruch genommen werden:
1. Maßnahmen zur Verhütung von Arbeitsunfällen, Berufskrankheiten und arbeitsbedingten Gesundheitsgefahren und zur Ersten Hilfe sowie Maßnahmen zur Früherkennung von Berufskrankheiten und arbeitsbedingten Gesundheitsgefahren,
2. Heilbehandlung, Leistungen zur Teilhabe am Arbeitsleben und andere Leistungen zur Erhaltung, Besserung und Wiederherstellung der Erwerbsfähigkeit sowie zur Erleichterung der Verletzungsfolgen, einschließlich wirtschaftlicher Hilfen,
3. Renten wegen Minderung der Erwerbsfähigkeit,
4. Renten an Hinterbliebene, Sterbegeld und Beihilfen,
5. Rentenabfindungen,
6. Haushaltshilfe,
7. Betriebshilfe für Landwirte.

(2) Zuständig sind die gewerblichen Berufsgenossenschaften, die Sozialversicherung für Landwirtschaft, Forsten und Gartenbau als landwirtschaftliche Berufsgenossenschaft, die Gemeindeunfallversicherungsverbände, die Feuerwehr-Unfallkassen, die Eisenbahn-Unfallkasse, die Unfallkasse Post und Telekom, die Unfallkassen der Länder und Gemeinden, die gemeinsamen Unfallkassen für den Landes- und kommunalen Bereich und die Unfallversicherung Bund und Bahn.

§ 23 Leistungen der gesetzlichen Rentenversicherung einschließlich der Alterssicherung der Landwirte

(1) Nach dem Recht der gesetzlichen Rentenversicherung einschließlich der Alterssicherung der Landwirte können in Anspruch genommen werden:

1. in der gesetzlichen Rentenversicherung:
   a) Leistungen zur Prävention, Leistungen zur medizinischen Rehabilitation, Leistungen zur Teilhabe am Arbeitsleben, Leistungen zur Nachsorge sowie sonstige Leistungen zur Teilhabe einschließlich wirtschaftlicher Hilfen,
   b) Renten wegen Alters, Renten wegen verminderter Erwerbsfähigkeit und Knappschaftsausgleichsleistung,
   c) Renten wegen Todes,
   d) Witwen- und Witwerrentenabfindungen sowie Beitragserstattungen,
   e) Zuschüsse zu den Aufwendungen für die Krankenversicherung,
   f) Leistungen für Kindererziehung;
2. in der Alterssicherung der Landwirte:
   a) Leistungen zur Prävention, Leistungen zur medizinischen Rehabilitation, Leistungen zur Nachsorge sowie ergänzende und sonstige Leistungen zur Teilhabe einschließlich Betriebs- oder Haushaltshilfe,
   b) Renten wegen Erwerbsminderung und Alters,
   c) Renten wegen Todes,
   d) Beitragszuschüsse,
   e) Betriebs- oder Haushaltshilfe oder sonstige Leistungen zur Aufrechterhaltung des Unternehmens der Landwirtschaft.

(2) Zuständig sind
1. in der allgemeinen Rentenversicherung die Regionalträger, die Deutsche Rentenversicherung Bund und die Deutsche Rentenversicherung Knappschaft-Bahn-See,
2. in der knappschaftlichen Rentenversicherung die Deutsche Rentenversicherung Knappschaft-Bahn-See,
3. in der Alterssicherung der Landwirte die Sozialversicherung für Landwirtschaft, Forsten und Gartenbau als landwirtschaftliche Alterskasse.

§ 24 Versorgungsleistungen bei Gesundheitsschäden

(1) Nach dem Recht der sozialen Entschädigung bei Gesundheitsschäden können in Anspruch genommen werden:
1. Heil- und Krankenbehandlung sowie andere Leistungen zur Erhaltung, Besserung und Wiederherstellung der Leistungsfähigkeit einschließlich wirtschaftlicher Hilfen,
2. besondere Hilfen im Einzelfall einschließlich Leistungen zur Teilhabe am Arbeitsleben,
3. Renten wegen anerkannten Schädigungsfolgen,
4. Renten an Hinterbliebene, Bestattungsgeld und Sterbegeld,
5. Kapitalabfindung, insbesondere zur Wohnraumbeschaffung.

(2) Zuständig sind die Versorgungsämter, die Landesversorgungsämter und die orthopädischen Versorgungsstellen. Für die besonderen Hilfen im Einzelfall sind die Kreise und kreisfreien Städte sowie die Hauptfürsorgestellen zuständig. Bei der Durchführung der Heil- und Krankenbehandlung wirken die Träger der gesetzlichen Krankenversicherung mit. Für die Leistungen nach den §§ 80, 81a bis 83a des Soldatenversorgungsgesetzes ist die Bundeswehrverwaltung zuständig.

§ 25 Kindergeld, Kinderzuschlag, Leistungen für Bildung und Teilhabe, Elterngeld und Betreuungsgeld

(1) Nach dem Bundeskindergeldgesetz kann nur dann Kindergeld in Anspruch genommen werden, wenn nicht der Familienleistungsausgleich nach § 31 des Einkommensteuergesetzes zur Anwendung kommt. Nach dem Bundeskindergeldgesetz können auch der Kinderzuschlag und Leistungen für Bildung und Teilhabe in Anspruch genommen werden.

(2) Nach dem Recht des Bundeselterngeld- und Elternzeitgesetzes kann grundsätzlich für jedes Kind Elterngeld und Betreuungsgeld in Anspruch genommen werden.

(3) Für die Ausführung des Absatzes 1 sind die nach § 7 des Bundeskindergeldgesetzes bestimmten Stellen und für die Ausführung des Absatzes 2 die nach § 12 des Bundeselterngeld- und Elternzeitgesetzes bestimmten Stellen zuständig.

§ 26 Wohngeld

(1) Nach dem Wohngeldrecht kann als Zuschuß zur Miete oder als Zuschuß zu den Aufwendungen für den eigengenutzten Wohnraum Wohngeld in Anspruch genommen werden.

(2) Zuständig sind die durch Landesrecht bestimmten Behörden.

§ 27 Leistungen der Kinder- und Jugendhilfe

(1) Nach dem Recht der Kinder- und Jugendhilfe können in Anspruch genommen werden:

1. Angebote der Jugendarbeit, der Jugendsozialarbeit und des erzieherischen Jugendschutzes,
2. Angebote zur Förderung der Erziehung in der Familie,
3. Angebote zur Förderung von Kindern in Tageseinrichtungen und in Tagespflege,
4. Hilfe zur Erziehung und ergänzende Leistungen für Kinder und Jugendliche sowie Hilfe für junge Volljährige einschließlich der Nachbetreuung.

(2) Zuständig sind die Kreise und die kreisfreien Städte, nach Maßgabe des Landesrechts auch kreisangehörige Gemeinden; sie arbeiten mit der freien Jugendhilfe zusammen.

§ 28 Leistungen der Sozialhilfe

(1) Nach dem Recht der Sozialhilfe können in Anspruch genommen werden:

1. Hilfe zum Lebensunterhalt,
1a. Grundsicherung im Alter und bei Erwerbsminderung,
2. Hilfen zur Gesundheit,
3. Eingliederungshilfe für behinderte Menschen,
4. Hilfe zur Pflege,

5. Hilfe zur Überwindung besonderer sozialer Schwierigkeiten,
6. Hilfe in anderen Lebenslagen

sowie die jeweils gebotene Beratung und Unterstützung.

(2) Zuständig sind die Kreise und kreisfreien Städte, die überörtlichen Träger der Sozialhilfe und für besondere Aufgaben die Gesundheitsämter; sie arbeiten mit den Trägern der freien Wohlfahrtspflege zusammen.

§ 28 a

(weggefallen)

§ 29 Leistungen zur Rehabilitation und Teilhabe behinderter Menschen

(1) Nach dem Recht der Rehabilitation und Teilhabe behinderter Menschen können in Anspruch genommen werden

1. Leistungen zur medizinischen Rehabilitation, insbesondere
   a) Frühförderung behinderter und von Behinderung bedrohter Kinder,
   b) ärztliche und zahnärztliche Behandlung,
   c) Arznei- und Verbandmittel sowie Heilmittel einschließlich physikalischer, Sprach- und Beschäftigungstherapie,
   d) Körperersatzstücke, orthopädische und andere Hilfsmittel,
   e) Belastungserprobung und Arbeitstherapie,
2. Leistungen zur Teilhabe am Arbeitsleben, insbesondere
   a) Hilfen zum Erhalten oder Erlangen eines Arbeitsplatzes,
   b) Berufsvorbereitung, berufliche Anpassung, Ausbildung und Weiterbildung,
   c) sonstige Hilfen zur Förderung der Teilhabe am Arbeitsleben,
3. Leistungen zur Teilhabe am Leben in der Gemeinschaft, insbesondere Hilfen
   a) zur Entwicklung der geistigen und körperlichen Fähigkeiten vor Beginn der Schulpflicht,
   b) zur angemessenen Schulbildung,
   c) zur heilpädagogischen Förderung,
   d) zum Erwerb praktischer Kenntnisse und Fähigkeiten,
   e) zur Ausübung einer angemessenen Tätigkeit, soweit Leistungen zur Teilhabe am Arbeitsleben nicht möglich sind,
   f) zur Förderung der Verständigung mit der Umwelt,
   g) zur Freizeitgestaltung und sonstigen Teilhabe am gesellschaftlichen Leben,
4. unterhaltssichernde und andere ergänzende Leistungen, insbesondere
   a) Krankengeld, Versorgungskrankengeld, Verletztengeld, Übergangsgeld, Ausbildungsgeld oder Unterhaltshilfe,
   b) Beiträge zur gesetzlichen Kranken-, Unfall-, Renten- und Pflegeversicherung sowie zur Bundesagentur für Arbeit,
   c) Reisekosten,
   d) Haushalts- oder Betriebshilfe und Kinderbetreuungskosten,
   f) Rehabilitationssport und Funktionstraining,

5. besondere Leistungen und sonstige Hilfen zur Teilhabe schwerbehinderter Menschen am Leben in der Gesellschaft, insbesondere am Arbeitsleben.

(2) Zuständig sind die in den §§ 19 bis 24, 27 und 28 genannten Leistungsträger und die Integrationsämter.

Dritter Abschnitt
Gemeinsame Vorschriften für alle Sozialleistungsbereiche dieses Gesetzbuchs

Erster Titel
Allgemeine Grundsätze

§ 30 Geltungsbereich

(1) Die Vorschriften dieses Gesetzbuchs gelten für alle Personen, die ihren Wohnsitz oder gewöhnlichen Aufenthalt in seinem Geltungsbereich haben.

(2) Regelungen des über- und zwischenstaatlichen Rechts bleiben unberührt.

(3) Einen Wohnsitz hat jemand dort, wo er eine Wohnung unter Umständen innehat, die darauf schließen lassen, daß er die Wohnung beibehalten und benutzen wird. Den gewöhnlichen Aufenthalt hat jemand dort, wo er sich unter Umständen aufhält, die erkennen lassen, daß er an diesem Ort oder in diesem Gebiet nicht nur vorübergehend verweilt.

§ 31 Vorbehalt des Gesetzes

Rechte und Pflichten in den Sozialleistungsbereichen dieses Gesetzbuchs dürfen nur begründet, festgestellt, geändert oder aufgehoben werden, soweit ein Gesetz es vorschreibt oder zuläßt.

§ 32 Verbot nachteiliger Vereinbarungen

Privatrechtliche Vereinbarungen, die zum Nachteil des Sozialleistungsberechtigten von Vorschriften dieses Gesetzbuchs abweichen, sind nichtig.

§ 33 Ausgestaltung von Rechten und Pflichten

Ist der Inhalt von Rechten oder Pflichten nach Art oder Umfang nicht im einzelnen bestimmt, sind bei ihrer Ausgestaltung die persönlichen Verhältnisse des Berechtigten oder Verpflichteten, sein Bedarf und seine Leistungsfähigkeit sowie die örtlichen Verhältnisse zu berücksichtigen, soweit Rechtsvorschriften nicht entgegenstehen. Dabei soll den Wünschen des Berechtigten oder Verpflichteten entsprochen werden, soweit sie angemessen sind.

§ 33a Altersabhängige Rechte und Pflichten

(1) Sind Rechte oder Pflichten davon abhängig, dass eine bestimmte Altersgrenze erreicht oder nicht überschritten ist, ist das Geburtsdatum maßgebend, das sich aus der ersten Angabe des Berechtigten oder Verpflichteten oder seiner Angehörigen gegenüber einem Sozialleistungsträger oder, soweit es sich um eine Angabe im Rahmen des Dritten oder Sechsten Abschnitts des Vierten Buches handelt, gegenüber dem Arbeitgeber ergibt.

(2) Von einem nach Absatz 1 maßgebenden Geburtsdatum darf nur abgewichen werden, wenn der zuständige Leistungsträger feststellt, daß
1. ein Schreibfehler vorliegt oder
2. sich aus einer Urkunde, deren Original vor dem Zeitpunkt der Angabe nach Absatz 1 ausgestellt worden ist, ein anderes Geburtsdatum ergibt.

(3) Die Absätze 1 und 2 gelten für Geburtsdaten, die Bestandteil der Versicherungsnummer oder eines anderen in den Sozialleistungsbereichen dieses Gesetzbuchs verwendeten Kennzeichens sind, entsprechend.

§ 33b Lebenspartnerschaften

Lebenspartnerschaften im Sinne dieses Gesetzbuches sind Lebenspartnerschaften nach dem Lebenspartnerschaftsgesetz.

§ 33c Benachteiligungsverbot

Bei der Inanspruchnahme sozialer Rechte darf niemand aus Gründen der Rasse, wegen der ethnischen Herkunft oder einer Behinderung benachteiligt werden. Ansprüche können nur insoweit geltend gemacht oder hergeleitet werden, als deren Voraussetzungen und Inhalt durch die Vorschriften der besonderen Teile dieses Gesetzbuchs im Einzelnen bestimmt sind.

§ 34 Begrenzung von Rechten und Pflichten

(1) Soweit Rechte und Pflichten nach diesem Gesetzbuch ein familienrechtliches Rechtsverhältnis voraussetzen, reicht ein Rechtsverhältnis, das gemäß Internationalem Privatrecht dem Recht eines anderen Staats unterliegt und nach diesem Recht besteht, nur aus, wenn es dem Rechtsverhältnis im Geltungsbereich dieses Gesetzes entspricht.

(2) Ansprüche mehrerer Ehegatten auf Witwenrente oder Witwerrente werden anteilig und endgültig aufgeteilt.

§ 35 Sozialgeheimnis

(1) Jeder hat Anspruch darauf, dass die ihn betreffenden Sozialdaten (§ 67 Abs. 1 Zehntes Buch) von den Leistungsträgern nicht unbefugt erhoben, verarbeitet oder genutzt werden (Sozialgeheimnis). Die Wahrung des Sozialgeheimnisses umfasst auch die Verpflichtung, auch innerhalb des Leistungsträgers sicherzustellen, dass die Sozialdaten nur Befugten zugänglich sind oder nur an diese weitergegeben werden. Sozialdaten der Beschäftigten und ihrer Angehörigen dürfen Personen, die Personalent-

scheidungen treffen oder daran mitwirken können, weder zugänglich sein noch von Zugriffsberechtigten weitergegeben werden. Der Anspruch richtet sich auch gegen die Verbände der Leistungsträger, die Arbeitsgemeinschaften der Leistungsträger und ihrer Verbände, die Datenstelle der Rentenversicherung, die Datenstelle der Rentenversicherung, die in diesem Gesetzbuch genannten öffentlich-rechtlichen Vereinigungen, gemeinsame Servicestellen, Integrationsfachdienste, die Künstlersozialkasse, die Deutsche Post AG, soweit sie mit der Berechnung oder Auszahlung von Sozialleistungen betraut ist, die Behörden der Zollverwaltung, soweit sie Aufgaben nach § 2 des Schwarzarbeitsbekämpfungsgesetzes und § 66 des Zehnten Buches durchführen, die Versicherungsämter und Gemeindebehörden sowie die anerkannten Adoptionsvermittlungsstellen (§ 2 Abs. 2 des Adoptionsvermittlungsgesetzes), soweit sie Aufgaben nach diesem Gesetz wahrnehmen und die Stellen, die Aufgaben nach § 67 c Abs. 3 des Zehnten Buches wahrnehmen. Die Beschäftigten haben auch nach Beendigung ihrer Tätigkeit bei den genannten Stellen das Sozialgeheimnis zu wahren.

(2) Eine Erhebung, Verarbeitung und Nutzung von Sozialdaten ist nur unter den Voraussetzungen des Zweiten Kapitels des Zehnten Buches zulässig.

(3) Soweit eine Übermittlung nicht zulässig ist, besteht keine Auskunftspflicht, keine Zeugnispflicht und keine Pflicht zur Vorlegung oder Auslieferung von Schriftstücken, nicht automatisierten Dateien und automatisiert erhobenen, verarbeiteten oder genutzten Sozialdaten.

(4) Betriebs- und Geschäftsgeheimnisse stehen Sozialdaten gleich.

(5) Sozialdaten Verstorbener dürfen nach Maßgabe des Zweiten Kapitels des Zehnten Buches verarbeitet oder genutzt werden. Sie dürfen außerdem verarbeitet oder genutzt werden, wenn schutzwürdige Interessen des Verstorbenen oder seiner Angehörigen dadurch nicht beeinträchtigt werden können.

§ 36 Handlungsfähigkeit

(1) Wer das fünfzehnte Lebensjahr vollendet hat, kann Anträge auf Sozialleistungen stellen und verfolgen sowie Sozialleistungen entgegennehmen. Der Leistungsträger soll den gesetzlichen Vertreter über die Antragstellung und die erbrachten Sozialleistungen unterrichten.

(2) Die Handlungsfähigkeit nach Absatz 1 Satz 1 kann vom gesetzlichen Vertreter durch schriftliche Erklärung gegenüber dem Leistungsträger eingeschränkt werden. Die Rücknahme von Anträgen, der Verzicht auf Sozialleistungen und die Entgegennahme von Darlehen bedürfen der Zustimmung des gesetzlichen Vertreters.

§ 36 a Elektronische Kommunikation

(1) Die Übermittlung elektronischer Dokumente ist zulässig, soweit der Empfänger hierfür einen Zugang eröffnet.

(2) Eine durch Rechtsvorschrift angeordnete Schriftform kann, soweit nicht durch Rechtsvorschrift etwas anderes bestimmt ist, durch die elektronische Form ersetzt werden. Der elektronischen Form genügt ein elektronisches Dokument, das mit einer qualifizierten elektronischen Signatur nach dem Signaturgesetz versehen ist. Die Signierung mit einem Pseudonym, das die Identifizierung der Person des Signaturschlüsselinhabers nicht unmittelbar durch die Behörde ermöglicht, ist nicht zulässig. Die Schriftform kann auch ersetzt werden

1. durch unmittelbare Abgabe der Erklärung in einem elektronischen Formular, das von der Behörde in einem Eingabegerät oder über öffentlich zugängliche Netze zur Verfügung gestellt wird;
2. bei Anträgen und Anzeigen durch Versendung eines elektronischen Dokuments an die Behörde mit der Versandart nach § 5 Absatz 5 des De-Mail-Gesetzes;
3. bei elektronischen Verwaltungsakten oder sonstigen elektronischen Dokumenten der Behörden durch Versendung einer De-Mail-Nachricht nach § 5 Absatz 5 des De-Mail-Gesetzes, bei der die Bestätigung des akkreditierten Diensteanbieters die erlassende Behörde als Nutzer des De-Mail-Kontos erkennen lässt;
4. durch sonstige sichere Verfahren, die durch Rechtsverordnung der Bundesregierung mit Zustimmung des Bundesrates festgelegt werden, welche den Datenübermittler (Absender der Daten) authentifizieren und die Integrität des elektronisch übermittelten Datensatzes sowie die Barrierefreiheit gewährleisten; der IT-Planungsrat gibt Empfehlungen zu geeigneten Verfahren ab.

In den Fällen des Satzes 4 Nummer 1 muss bei einer Eingabe über öffentlich zugängliche Netze ein sicherer Identitätsnachweis nach § 18 des Personalausweisgesetzes oder nach § 78 Absatz 5 des Aufenthaltsgesetzes erfolgen; in der Kommunikation zwischen dem Versicherten und seiner Krankenkasse kann die Identität auch mit der elektronischen Gesundheitskarte nach § 291 Absatz 2a des Fünften Buches elektronisch nachgewiesen werden.

(2a) Ist durch Rechtsvorschrift die Verwendung eines bestimmten Formulars vorgeschrieben, das ein Unterschriftsfeld vorsieht, wird allein dadurch nicht die Anordnung der Schriftform bewirkt. Bei einer für die elektronische Versendung an die Behörde bestimmten Fassung des Formulars entfällt das Unterschriftsfeld.

(3) Ist ein der Behörde übermitteltes elektronisches Dokument für sie zur Bearbeitung nicht geeignet, teilt sie dies dem Absender unter Angabe der für sie geltenden technischen Rahmenbedingungen unverzüglich mit. Macht ein Empfänger geltend, er könne das von der Behörde übermittelte elektronische Dokument nicht bearbeiten, übermittelt sie es ihm erneut in einem geeigneten elektronischen Format oder als Schriftstück.

(4) Die Träger der Sozialversicherung einschließlich der Bundesagentur für Arbeit, ihre Verbände und Arbeitsgemeinschaften verwenden unter Beachtung der Grundsätze der Wirtschaftlichkeit und Sparsamkeit im jeweiligen Sozialleistungsbereich Zertifizierungsdienste nach dem Signatur-

gesetz, die eine gemeinsame und bundeseinheitliche Kommunikation und Übermittlung der Daten und die Überprüfbarkeit der qualifizierten elektronischen Signatur auf Dauer sicherstellen. Diese Träger sollen über ihren jeweiligen Bereich hinaus Zertifizierungsdienste im Sinne des Satzes 1 verwenden. Die Sätze 1 und 2 gelten entsprechend für die Leistungserbringer nach dem Fünften und dem Elften Buch und die von ihnen gebildeten Organisationen.

§ 37 Vorbehalt abweichender Regelungen

Das Erste und Zehnte Buch gelten für alle Sozialleistungsbereiche dieses Gesetzbuchs, soweit sich aus den übrigen Büchern nichts Abweichendes ergibt; § 68 bleibt unberührt. Der Vorbehalt gilt nicht für die §§ 1 bis 17 und 31 bis 36. Das Zweite Kapitel des Zehnten Buches geht dessen Erstem Kapitel vor, soweit sich die Ermittlung des Sachverhaltes auf Sozialdaten erstreckt.

Zweiter Titel
Grundsätze des Leistungsrechts

§ 38 Rechtsanspruch

Auf Sozialleistungen besteht ein Anspruch, soweit nicht nach den besonderen Teilen dieses Gesetzbuchs die Leistungsträger ermächtigt sind, bei der Entscheidung über die Leistung nach ihrem Ermessen zu handeln.

§ 39 Ermessensleistungen

(1) Sind die Leistungsträger ermächtigt, bei der Entscheidung über Sozialleistungen nach ihrem Ermessen zu handeln, haben sie ihr Ermessen entsprechend dem Zweck der Ermächtigung auszuüben und die gesetzlichen Grenzen des Ermessens einzuhalten. Auf pflichtgemäße Ausübung des Ermessens besteht ein Anspruch.

(2) Für Ermessensleistungen gelten die Vorschriften über die Sozialleistungen, auf die ein Anspruch besteht, entsprechend, soweit sich aus den Vorschriften dieses Gesetzbuchs nichts Abweichendes ergibt.

§ 40 Entstehen der Ansprüche

(1) Ansprüche auf Sozialleistungen entstehen, sobald ihre im Gesetz oder auf Grund eines Gesetzes bestimmten Voraussetzungen vorliegen.

(2) Bei Ermessensleistungen ist der Zeitpunkt maßgebend, in dem die Entscheidung über die Leistung bekanntgegeben wird, es sei denn, daß in der Entscheidung ein anderer Zeitpunkt bestimmt ist.

§ 41 Fälligkeit

Soweit die besonderen Teile dieses Gesetzbuchs keine Regelung enthalten, werden Ansprüche auf Sozialleistungen mit ihrem Entstehen fällig.

§ 42 Vorschüsse

(1) Besteht ein Anspruch auf Geldleistungen dem Grunde nach und ist zur Feststellung seiner Höhe voraussichtlich längere Zeit erforderlich, kann der zuständige Leistungsträger Vorschüsse zahlen, deren Höhe er nach pflichtgemäßem Ermessen bestimmt. Er hat Vorschüsse nach Satz 1 zu zahlen, wenn der Berechtigte es beantragt; die Vorschußzahlung beginnt spätestens nach Ablauf eines Kalendermonats nach Eingang des Antrags.

(2) Die Vorschüsse sind auf die zustehende Leistung anzurechnen. Soweit sie diese übersteigen, sind sie vom Empfänger zu erstatten. § 50 Abs. 4 des Zehnten Buches gilt entsprechend.

(3) Für die Stundung, Niederschlagung und den Erlaß des Erstattungsanspruchs gilt § 76 Abs. 2[1] des Vierten Buches entsprechend.

§ 43 Vorläufige Leistungen

(1) Besteht ein Anspruch auf Sozialleistungen und ist zwischen mehreren Leistungsträgern streitig, wer zur Leistung verpflichtet ist, kann der unter ihnen zuerst angegangene Leistungsträger vorläufig Leistungen erbringen, deren Umfang er nach pflichtgemäßem Ermessen bestimmt. Er hat Leistungen nach Satz 1 zu erbringen, wenn der Berechtigte es beantragt; die vorläufigen Leistungen beginnen spätestens nach Ablauf eines Kalendermonats nach Eingang des Antrags.

(2) Für Leistungen nach Absatz 1 gilt § 42 Abs. 2 und 3 entsprechend. Ein Erstattungsanspruch gegen den Empfänger steht nur dem zur Leistung verpflichteten Leistungsträger zu.

---

1 § 76 Abs. 2 SGB IV hat folgenden Wortlaut:
„(2) Der Versicherungsträger darf Ansprüche nur
1. stunden, wenn die sofortige Einziehung mit erheblichen Härten für die Anspruchsgegner verbunden wäre und der Anspruch durch die Stundung nicht gefährdet wird,
2. niederschlagen, wenn feststeht, dass die Einziehung keinen Erfolg haben wird, oder wenn die Kosten der Einziehung außer Verhältnis zur Höhe des Anspruchs stehen,
3. erlassen, wenn deren Einziehung nach Lage des einzelnen Falles unbillig wäre; unter den gleichen Voraussetzungen können bereits entrichtete Beiträge erstattet oder angerechnet werden.

Die Stundung soll gegen angemessene Verzinsung und in der Regel nur gegen Sicherheitsleistung gewährt werden. Im Falle des Satzes 1 Nummer 2 dürfen Beitragsansprüche auch niedergeschlagen werden, wenn der Arbeitgeber mehr als sechs Monate meldepflichtige Beschäftigte nicht mehr gemeldet hat und die Ansprüche die von den Spitzenverbänden der Sozialversicherung und der Bundesagentur für Arbeit gemeinsam und einheitlich festgelegten Beträge nicht überschreiten; die Grenzbeträge sollen auch an eine vorherige Vollstreckungsmaßnahme gebunden werden, wenn die Kosten der Maßnahme in einem wirtschaftlich vertretbaren Verhältnis zur Höhe der Forderung stehen. Die Vereinbarung nach Satz 3 bedarf der Genehmigung des Bundesministeriums für Arbeit und Soziales. Kommt eine Vereinbarung nach Satz 3 nicht innerhalb einer vom Bundesministerium für Arbeit und Soziales festgesetzten Frist zustande, bestimmt dieses nach Anhörung der Beteiligten die Beträge durch Rechtsverordnung mit Zustimmung des Bundesrates."

Aus Rundschreiben, Urteilen etc.

BVerwG v. 12.9.1991 – 5 C 41.86 – (FEVS 92, 224)
§ 43 Abs. 1 SGB I kann nicht ergänzend dahin ausgelegt werden, daß bei Säumigkeit des zur Vorleistung verpflichteten Leistungsträgers der andere berechtigt sei, freiwillig in Vorleistung zu treten.

LSG Schleswig-Holstein v. 9.11.2005 – L 9 B 268/05 SO ER (Breithaupt 2006, 237)
Die Zuständigkeitsklärung bei Rehabilitationsträgern nach § 14 SGB IX geht der Regelung über vorläufige Leistungen nach § 43 SGB I vor.

§ 44 Verzinsung

(1) Ansprüche auf Geldleistungen sind nach Ablauf eines Kalendermonats nach dem Eintritt ihrer Fälligkeit bis zum Ablauf des Kalendermonats vor der Zahlung mit vier vom Hundert zu verzinsen.

(2) Die Verzinsung beginnt frühestens nach Ablauf von sechs Kalendermonaten nach Eingang des vollständigen Leistungsantrags beim zuständigen Leistungsträger, bei Fehlen eines Antrags nach Ablauf eines Kalendermonats nach der Bekanntgabe der Entscheidung über die Leistung.

(3) Verzinst werden volle Euro-Beträge. Dabei ist der Kalendermonat mit dreißig Tagen zugrunde zu legen.

Aus Rundschreiben, Urteilen etc.

BSG v. 28.2.1990 – 2 RU 41/89 (Breithaupt 1991, 107)
Für den Beginn der Verzinsung i.S. von § 44 Abs. 2 Halbsatz 1 SGB I ist auf den Zeitpunkt abzustellen, in welchem der vollständige Leistungsantrag beim zuständigen Leistungsträger oder bei einer der in § 16 Abs. 2 Satz 1 SGB I genannten Stellen eingegangen ist.

§ 45 Verjährung

(1) Ansprüche auf Sozialleistungen verjähren in vier Jahren nach Ablauf des Kalenderjahrs, in dem sie entstanden sind.

(2) Für die Hemmung, die Ablaufhemmung, den Neubeginn und die Wirkung der Verjährung gelten die Vorschriften des Bürgerlichen Gesetzbuchs sinngemäß.

(3) Die Verjährung wird auch durch schriftlichen Antrag auf die Sozialleistung oder durch Erhebung eines Widerspruchs gehemmt. Die Hemmung endet sechs Monate nach Bekanntgabe der Entscheidung über den Antrag oder den Widerspruch.

Aus Rundschreiben, Urteilen etc.

BSG v. 24.9.1992 – 9 a RV 22/91 (Breithaupt 1993, 586)
Die Versorgungsverwaltung hat ein Verfahren auch dann fortzusetzen und abzuschließen, wenn der Antragsteller seinen Antrag trotz Aufforderung nicht ergänzt. Ein Nichtbetreiben des von der Offizialmaxime beherrschten Verfahrens i. S. der Verjährungsvorschriften liegt darin nicht.

§ 46 Verzicht

(1) Auf Ansprüche auf Sozialleistungen kann durch schriftliche Erklärung gegenüber dem Leistungsträger verzichtet werden; der Verzicht kann jederzeit mit Wirkung für die Zukunft widerrufen werden.

(2) Der Verzicht ist unwirksam, soweit durch ihn andere Personen oder Leistungsträger belastet oder Rechtsvorschriften umgangen werden.

§ 47 Auszahlung von Geldleistungen

(1) Soweit die besonderen Teile dieses Gesetzbuchs keine Regelung enthalten, sollen Geldleistungen kostenfrei auf ein Konto des Empfängers bei einem Geldinstitut, für das die Verordnung (EU) Nr. 260/2012 des Europäischen Parlaments und des Rates vom 14. März 2012 zur Festlegung der technischen Vorschriften und der Geschäftsanforderungen für Überweisungen und Lastschriften in Euro und zur Änderung der Verordnung (EG) Nr. 924/2009 (ABl. L 94 vom 30.3.2012, S. 22) gilt, überwiesen oder, wenn der Empfänger es verlangt, kostenfrei an seinen Wohnsitz innerhalb des Geltungsbereiches dieser Verordnung übermittelt werden.

(2) Bei Zahlungen außerhalb des Geltungsbereiches der in Absatz 1 genannten Verordnung trägt der Leistungsträger die Kosten bis zu dem von ihm mit der Zahlung beauftragten Geldinstitut.

§ 48 Auszahlung bei Verletzung der Unterhaltspflicht

(1) Laufende Geldleistungen, die der Sicherung des Lebensunterhalts zu dienen bestimmt sind, können in angemessener Höhe an den Ehegatten, den Lebenspartner oder die Kinder des Leistungsberechtigten ausgezahlt werden, wenn er ihnen gegenüber seiner gesetzlichen Unterhaltspflicht nicht nachkommt. Kindergeld, Kinderzuschläge und vergleichbare Rentenbestandteile (Geldleistungen für Kinder) können an Kinder, die bei der Festsetzung der Geldleistungen berücksichtigt werden, bis zur Höhe des Betrages, der sich bei entsprechender Anwendung des § 54 Abs. 5 Satz 2 ergibt, ausgezahlt werden. Für das Kindergeld gilt dies auch dann, wenn der Kindergeldberechtigte mangels Leistungsfähigkeit nicht unterhaltspflichtig ist oder nur Unterhalt in Höhe eines Betrages zu leisten braucht, der geringer ist als das für die Auszahlung in Betracht kommende Kindergeld. Die Auszahlung kann auch an die Person oder die Stelle erfolgen, die dem Ehegatten, dem Lebenspartner oder den Kindern Unterhalt gewährt.

(2) Absatz 1 Satz 1, 2 und 4 gilt entsprechend, wenn unter Berücksichtigung von Kindern, denen gegenüber der Leistungsberechtigte nicht kraft Gesetzes unterhaltspflichtig ist, Geldleistungen erbracht werden und der Leistungsberechtigte diese Kinder nicht unterhält.

§ 49 Auszahlung bei Unterbringung

(1) Ist ein Leistungsberechtigter auf Grund richterlicher Anordnung länger als einen Kalendermonat in einer Anstalt oder Einrichtung untergebracht, sind laufende Geldleistungen, die der Sicherung des Lebensunter-

halts zu dienen bestimmt sind, an die Unterhaltsberechtigten auszuzahlen, soweit der Leistungsberechtigte kraft Gesetzes unterhaltspflichtig ist und er oder die Unterhaltsberechtigten es beantragen.

(2) Absatz 1 gilt entsprechend, wenn für Kinder, denen gegenüber der Leistungsberechtigte nicht kraft Gesetzes unterhaltspflichtig ist, Geldleistungen erbracht werden.

(3) § 48 Abs. 1 Satz 4 bleibt unberührt.

§ 50 Überleitung bei Unterbringung

(1) Ist der Leistungsberechtigte untergebracht (§ 49 Abs. 1), kann die Stelle, der die Kosten der Unterbringung zur Last fallen, seine Ansprüche auf laufende Geldleistungen, die der Sicherung des Lebensunterhalts zu dienen bestimmt sind, durch schriftliche Anzeige an den zuständigen Leistungsträger auf sich überleiten.

(2) Die Anzeige bewirkt den Anspruchsübergang nur insoweit, als die Leistung nicht an Unterhaltsberechtigte oder die in § 49 Abs. 2 genannten Kinder zu zahlen ist, der Leistungsberechtigte die Kosten der Unterbringung zu erstatten hat und die Leistung auf den für die Erstattung maßgebenden Zeitraum entfällt.

(3) Die Absätze 1 und 2 gelten entsprechend, wenn für ein Kind (§ 56 Abs. 1 Satz 1 Nr. 2, Abs. 2), das untergebracht ist (§ 49 Abs. 1), ein Anspruch auf eine laufende Geldleistung besteht.

§ 51 Aufrechnung

(1) Gegen Ansprüche auf Geldleistungen kann der zuständige Leistungsträger mit Ansprüchen gegen den Berechtigten aufrechnen, soweit die Ansprüche auf Geldleistungen nach § 54 Abs. 2 und 4 pfändbar sind.

(2) Mit Ansprüchen auf Erstattung zu Unrecht erbrachter Sozialleistungen und mit Beitragsansprüchen nach diesem Gesetzbuch kann der zuständige Leistungsträger gegen Ansprüche auf laufende Geldleistungen bis zu deren Hälfte aufrechnen, wenn der Leistungsberechtigte nicht nachweist, dass er dadurch hilfebedürftig im Sinne der Vorschriften des Zwölften Buches über die Hilfe zum Lebensunterhalt oder der Grundsicherung für Arbeitsuchende nach dem Zweiten Buch wird.

Aus Rundschreiben, Urteilen etc.

BSG v. 27.3.1996 – 14 REg 10/95 (BSGE 78, 132; MDR 1997, 275)

1. *Die in § 51 Abs. 1 SGB I vorgesehenen Einschränkungen für eine Aufrechnung gelten nicht für Aufrechnungen nach § 51 Abs. 2 SGB I (Anschluß an BSGE 45, 271 = SozR 1200 § 51 Nr. 3).*
2. *Gegen einen Anspruch auf Erziehungsgeld kann der zuständige Leistungsträger mit einem Anspruch auf Erstattung überzahlten Erziehungsgeldes in den Grenzen des § 51 Abs. 2 SGB I aufrechnen. Dies gilt auch dann, wenn sich die gegenüberstehenden Ansprüche nicht auf die Erziehung desselben Kindes beziehen.*

3. *Die Regelungen über die Unpfändbarkeit des Anspruchs auf Erziehungsgeld (§ 53 Abs. 3 Nr. 1 SGB I) und dessen Nichtanrechnung auf einkommensabhängige Sozialleistungen (§ 8 Abs. 1 BErzGG) stehen einer solchen Aufrechnung auch dann nicht entgegen, wenn der Betroffene Hilfe zum Lebensunterhalt nach dem BSHG erhält.*
4. *Zur Aufrechnung durch Verwaltungsakt (Anschluß an BSGE 53, 208 = SozR 1200 § 52 Nr. 6; BSGE 64, 17 = SozR 1200 § 54 Nr. 13; SozR 1200 § 51 Nr. 5; Abgrenzung zu BVerwGE 66, 218 = Buchholz 451.55 Nr. 71; BFHE 149, 482; 178, 306).*

§ 52 Verrechnung

Der für eine Geldleistung zuständige Leistungsträger kann mit Ermächtigung eines anderen Leistungsträgers dessen Ansprüche gegen den Berechtigten mit der ihm obliegenden Geldleistung verrechnen, soweit nach § 51 die Aufrechnung zulässig ist.

§ 53 Übertragung und Verpfändung

(1) Ansprüche auf Dienst- und Sachleistungen können weder übertragen noch verpfändet werden.

(2) Ansprüche auf Geldleistungen können übertragen und verpfändet werden

1. zur Erfüllung oder Sicherung von Ansprüchen auf Rückzahlung von Darlehen und auf Erstattung von Aufwendungen, die im Vorgriff auf fällig gewordene Sozialleistungen zu einer angemessenen Lebensführung gegeben oder gemacht worden sind oder

2. wenn der zuständige Leistungsträger feststellt, daß die Übertragung oder Verpfändung im wohlverstandenen Interesse des Berechtigten liegt.

(3) Ansprüche auf laufende Geldleistungen, die der Sicherung des Lebensunterhalts zu dienen bestimmt sind, können in anderen Fällen übertragen und verpfändet werden, soweit sie den für Arbeitseinkommen geltenden unpfändbaren Betrag übersteigen.

(4) Der Leistungsträger ist zur Auszahlung an den neuen Gläubiger nicht vor Ablauf des Monats verpflichtet, der dem Monat folgt, in dem er von der Übertragung oder Verpfändung Kenntnis erlangt hat.

(5) Eine Übertragung oder Verpfändung von Ansprüchen auf Geldleistungen steht einer Aufrechnung oder Verrechnung auch dann nicht entgegen, wenn der Leistungsträger beim Erwerb des Anspruchs von der Übertragung oder Verpfändung Kenntnis hatte.

(6) Soweit bei einer Übertragung oder Verpfändung Geldleistungen zu Unrecht erbracht worden sind, sind sowohl der Leistungsberechtigte als auch der neue Gläubiger als Gesamtschuldner dem Leistungsträger zur Erstattung des entsprechenden Betrages verpflichtet. Der Leistungsträger hat den Erstattungsanspruch durch Verwaltungsakt geltend zu machen.

§ 54 Pfändung

(1) Ansprüche auf Dienst- und Sachleistungen können nicht gepfändet werden.

(2) Ansprüche auf einmalige Geldleistungen können nur gepfändet werden, soweit nach den Umständen des Falles, insbesondere nach den Einkommens- und Vermögensverhältnissen des Leistungsberechtigten, der Art des beizutreibenden Anspruchs sowie der Höhe und der Zweckbestimmung der Geldleistung, die Pfändung der Billigkeit entspricht.

(3) Unpfändbar sind Ansprüche auf

1. Elterngeld und Betreuungsgeld bis zur Höhe der nach § 10 des Bundeselterngeld- und Elternzeitgesetzes anrechnungsfreien Beträge sowie dem Erziehungsgeld vergleichbare Leistungen der Länder,
2. Mutterschaftsgeld nach § 13 Absatz 1 des Mutterschutzgesetzes, soweit das Mutterschaftsgeld nicht aus einer Teilzeitbeschäftigung während der Elternzeit herrührt, bis zur Höhe des Elterngeldes nach § 2 des Bundeselterngeld- und Elternzeitgesetzes, soweit es die anrechnungsfreien Beträge nach § 10 des Bundeselterngeld- und Elternzeitgesetzes nicht übersteigt,

2a. Wohngeld, soweit nicht die Pfändung wegen Ansprüchen erfolgt, die Gegenstand der §§ 9 und 10 des Wohngeldgesetzes sind,

3. Geldleistungen, die dafür bestimmt sind, den durch einen Körper- oder Gesundheitsschaden bedingten Mehraufwand auszugleichen.

(4) Im übrigen können Ansprüche auf laufende Geldleistungen wie Arbeitseinkommen gepfändet werden.

(5) Ein Anspruch des Leistungsberechtigten auf Geldleistungen für Kinder (§ 48 Abs. 1 Satz 2) kann nur wegen gesetzlicher Unterhaltsansprüche eines Kindes, das bei der Festsetzung der Geldleistungen berücksichtigt wird, gepfändet werden. Für die Höhe des pfändbaren Betrages bei Kindergeld gilt:

1. Gehört das unterhaltsberechtigte Kind zum Kreis der Kinder, für die dem Leistungsberechtigten Kindergeld gezahlt wird, so ist eine Pfändung bis zu dem Betrag möglich, der bei gleichmäßiger Verteilung des Kindergeldes auf jedes dieser Kinder entfällt. Ist das Kindergeld durch die Berücksichtigung eines weiteren Kindes erhöht, für das einer dritten Person Kindergeld oder dieser oder dem Leistungsberechtigten eine andere Geldleistung für Kinder zusteht, so bleibt der Erhöhungsbetrag bei der Bestimmung des pfändbaren Betrages des Kindergeldes nach Satz 1 außer Betracht.
2. Der Erhöhungsbetrag (Nummer 1 Satz 2) ist zugunsten jedes bei der Festsetzung des Kindergeldes berücksichtigten unterhaltsberechtigten Kindes zu dem Anteil pfändbar, der sich bei gleichmäßiger Verteilung auf alle Kinder, die bei der Festsetzung des Kindergeldes zugunsten des Leistungsberechtigten berücksichtigt werden, ergibt.

(6) In den Fällen der Absätze 2, 4 und 5 gilt § 53 Abs. 6 entsprechend.

Aus Rundschreiben, Urteilen etc.

BSG v. 22.6.1979 – 3 RK 84/77 (FEVS 27, 430)
Zur Unpfändbarkeit der Grundrente aus der Kriegsopferversorgung wegen rückständiger Sozialversicherungsbeiträge.
Ein Pfändungs- und Überweisungsbeschluß kann nicht in ein Verrechnungsersuchen nach § 52 SGB I umgedeutet werden.

§ 55

(weggefallen)

§ 56 Sonderrechtsnachfolge

(1) Fällige Ansprüche auf laufende Geldleistungen stehen beim Tode des Berechtigten nacheinander
1. dem Ehegatten,
1a. dem Lebenspartner,
2. den Kindern,
3. den Eltern,
4. dem Haushaltsführer

zu, wenn diese mit dem Berechtigten zur Zeit seines Todes in einem gemeinsamen Haushalt gelebt haben oder von ihm wesentlich unterhalten worden sind. Mehreren Personen einer Gruppe stehen die Ansprüche zu gleichen Teilen zu.

(2) Als Kinder im Sinne des Absatz 1 Satz 1 Nr. 2 gelten auch
1. Stiefkinder und Enkel, die in den Haushalt des Berechtigten aufgenommen sind,
2. Pflegekinder (Personen, die mit dem Berechtigten durch ein auf längere Dauer angelegtes Pflegeverhältnis mit häuslicher Gemeinschaft wie Kinder mit Eltern verbunden sind),
3. Geschwister des Berechtigten, die in seinen Haushalt aufgenommen worden sind.

(3) Als Eltern im Sinne des Absatzes 1 Satz 1 Nr. 3 gelten auch
1. sonstige Verwandte der geraden aufsteigenden Linie,
2. Stiefeltern,
3. Pflegeeltern (Personen, die den Berechtigten als Pflegekind aufgenommen haben).

(4) Haushaltsführer im Sinne des Absatzes 1 Satz 1 Nr. 4 ist derjenige Verwandte oder Verschwägerte, der an Stelle des verstorbenen oder geschiedenen oder an der Führung des Haushalts aus gesundheitlichen Gründen dauernd gehinderten Ehegatten oder Lebenspartners den Haushalt des Berechtigten mindestens ein Jahr lang vor dessen Tode geführt hat und von diesem überwiegend unterhalten worden ist.

§ 57 Verzicht und Haftung des Sonderrechtsnachfolgers

(1) Der nach § 56 Berechtigte kann auf die Sonderrechtsnachfolge innerhalb von sechs Wochen nach ihrer Kenntnis durch schriftliche Erklärung gegenüber dem Leistungsträger verzichten. Verzichtet er innerhalb dieser Frist, gelten die Ansprüche als auf ihn nicht übergegangen. Sie stehen den Personen zu, die ohne den Verzichtenden nach § 56 berechtigt wären.

(2) Soweit Ansprüche auf den Sonderrechtsnachfolger übergegangen sind, haftet er für die nach diesem Gesetzbuch bestehenden Verbindlichkeiten des Verstorbenen gegenüber dem für die Ansprüche zuständigen Leistungsträger. Insoweit entfällt eine Haftung des Erben. Eine Aufrechnung und Verrechnung nach den §§ 51 und 52 ist ohne die dort genannten Beschränkungen der Höhe zulässig.

§ 58 Vererbung

Soweit fällige Ansprüche auf Geldleistungen nicht nach den §§ 56 und 57 einem Sonderrechtsnachfolger zustehen, werden sie nach den Vorschriften des Bürgerlichen Gesetzbuchs vererbt. Der Fiskus als gesetzlicher Erbe kann die Ansprüche nicht geltend machen.

§ 59 Ausschluss der Rechtsnachfolge

Ansprüche auf Dienst- und Sachleistungen erlöschen mit dem Tode des Berechtigten. Ansprüche auf Geldleistungen erlöschen nur, wenn sie im Zeitpunkt des Todes des Berechtigten weder festgestellt sind noch ein Verwaltungsverfahren über sie anhängig ist.

Dritter Titel
Mitwirkung des Leistungsberechtigten

§ 60 Angabe von Tatsachen

(1) Wer Sozialleistungen beantragt oder erhält, hat

1. alle Tatsachen anzugeben, die für die Leistung erheblich sind, und auf Verlangen des zuständigen Leistungsträgers der Erteilung der erforderlichen Auskünfte durch Dritte zuzustimmen,
2. Änderungen in den Verhältnissen, die für die Leistung erheblich sind oder über die im Zusammenhang mit der Leistung Erklärungen abgegeben worden sind, unverzüglich mitzuteilen,
3. Beweismittel zu bezeichnen und auf Verlangen des zuständigen Leistungsträgers Beweisurkunden vorzulegen oder ihrer Vorlage zuzustimmen.

Satz 1 gilt entsprechend für denjenigen, der Leistungen zu erstatten hat.

(2) Soweit für die in Absatz 1 Satz 1 Nr. 1 und 2 genannten Angaben Vordrucke vorgesehen sind, sollen diese benutzt werden.

Aus Rundschreiben, Urteilen etc.

BSG v. 26.5.1983 – 10 RKg 13/82 (Breithaupt 84, 255)
1. Die Leistung darf wegen Verletzung der Mitwirkungspflicht nicht rückwirkend, sondern nur ex nunc entzogen werden.
2. Die Mitwirkungspflicht des Leistungsberechtigten kann dadurch verletzt sein, daß er der Aufforderung nicht nachkommt, eine von ihm zu beschaffende Urkunde vorzulegen, aus der sich eine für den Leistungsanspruch rechtserhebliche Tatsache ergeben soll.

OVG Hamburg v. 11.7.1996 – Bs IV 111/96 (FEVS 47, 162)
Die zu Unrecht erbrachten Leistungen sind durch ein Verhalten des Betroffenen herbeigeführt worden, wenn sein Verhalten ursächlich für die Leistungsgewährung gewesen ist. Ein solches Verhalten stellt auch das Verschweigen von nach § 60 Abs. 1 Nr. 1 und 2 SGB I mitteilungspflichtigen Tatsachen (hier: Unterlassen einer Umzugsmitteilung) z. B. durch den gesetzlichen Vertreter dar.

OVG Saarlouis v. 10.1.1980 – I R 119 u. 126/79 (FEVS 1981, 158)
Die Vorschriften der §§ 60 bis 67 SGB I, die die Mitwirkung des Leistungsberechtigten regeln, können in dem Kündigungsschutzverfahren nach §§ 12ff. SchwbG (heute: §§ 85ff. SGB IX) keine Anwendung finden. Vielmehr greifen insoweit die allgemeinen Rechtsgrundsätze ein, die z. B. in § 26 Abs. 2 Verwaltungsverfahrensgesetz oder in § 86 Abs. 1 Verwaltungsgerichtsordnung Niederschlag gefunden haben.

§ 61 Persönliches Erscheinen

Wer Sozialleistungen beantragt oder erhält, soll auf Verlangen des zuständigen Leistungsträgers zur mündlichen Erörterung des Antrags oder zur Vornahme anderer für die Entscheidung über die Leistung notwendiger Maßnahmen persönlich erscheinen.

§ 62 Untersuchungen

Wer Sozialleistungen beantragt oder erhält, soll sich auf Verlangen des zuständigen Leistungsträgers ärztlichen und psychologischen Untersuchungsmaßnahmen unterziehen, soweit diese für die Entscheidung über die Leistung erforderlich sind.

§ 63 Heilbehandlung

Wer wegen Krankheit oder Behinderung Sozialleistungen beantragt oder erhält, soll sich auf Verlangen des zuständigen Leistungsträgers einer Heilbehandlung unterziehen, wenn zu erwarten ist, daß sie eine Besserung seines Gesundheitszustands herbeiführen oder eine Verschlechterung verhindern wird.

§ 64 Leistungen zur Teilhabe am Arbeitsleben

Wer wegen Minderung der Erwerbsfähigkeit, anerkannten Schädigungsfolgen oder wegen Arbeitslosigkeit Sozialleistungen beantragt oder erhält, soll auf Verlangen des zuständigen Leistungsträgers an Leistungen

zur Teilhabe am Arbeitsleben teilnehmen, wenn bei angemessener Berücksichtigung seiner beruflichen Neigung und seiner Leistungsfähigkeit zu erwarten ist, daß sie seine Erwerbs- oder Vermittlungsfähigkeit auf Dauer fördern oder erhalten werden.

§ 65 Grenzen der Mitwirkung

(1) Die Mitwirkungspflichten nach den §§ 60 bis 64 bestehen nicht, soweit

1. ihre Erfüllung nicht in einem angemessenen Verhältnis zu der in Anspruch genommenen Sozialleistung oder ihrer Erstattung steht oder
2. ihre Erfüllung dem Betroffenen aus einem wichtigen Grund nicht zugemutet werden kann oder
3. der Leistungsträger sich durch einen geringeren Aufwand als der Antragsteller oder Leistungsberechtigte die erforderlichen Kenntnisse selbst beschaffen kann.

(2) Behandlungen und Untersuchungen,

1. bei denen im Einzelfall ein Schaden für Leben oder Gesundheit nicht mit hoher Wahrscheinlichkeit ausgeschlossen werden kann,
2. die mit erheblichen Schmerzen verbunden sind oder
3. die einen erheblichen Eingriff in die körperliche Unversehrtheit bedeuten,

können abgelehnt werden.

(3) Angaben, die den Antragsteller, dem Leistungsberechtigten oder ihnen nahestehende Personen (§ 383 Abs. 1 Nr. 1 bis 3 der Zivilprozeßordnung) die Gefahr zuziehen würde, wegen einer Straftat oder einer Ordnungswidrigkeit verfolgt zu werden, können verweigert werden.

§ 65a Aufwendungsersatz

(1) Wer einem Verlangen des zuständigen Leistungsträgers nach den §§ 61 und 62 nachkommt, kann auf Antrag Ersatz seiner notwendigen Auslagen und seines Verdienstausfalles in angemessenem Umfang erhalten. Bei einem Verlangen des zuständigen Leistungsträgers nach § 61 sollen Aufwendungen nur in Härtefällen ersetzt werden.

(2) Absatz 1 gilt auch, wenn der zuständige Leistungsträger ein persönliches Erscheinen oder eine Untersuchung nachträglich als notwendig anerkennt.

§ 66 Folgen fehlender Mitwirkung

(1) Kommt derjenige, der eine Sozialleistung beantragt oder erhält, seinen Mitwirkungspflichten nach den §§ 60 bis 62, 65 nicht nach und wird hierdurch die Aufklärung des Sachverhalts erheblich erschwert, kann der Leistungsträger ohne weitere Ermittlungen die Leistung bis zur Nachholung der Mitwirkung ganz oder teilweise versagen oder entziehen, soweit die Voraussetzungen der Leistung nicht nachgewiesen sind. Dies gilt ent-

sprechend, wenn der Antragsteller oder Leistungsberechtigte in anderer Weise absichtlich die Aufklärung des Sachverhalts erheblich erschwert.

(2) Kommt derjenige, der eine Sozialleistung wegen Pflegebedürftigkeit, wegen Arbeitsunfähigkeit, wegen Gefährdung oder Minderung der Erwerbsfähigkeit, anerkannten Schädigungsfolgen oder wegen Arbeitslosigkeit beantragt oder erhält, seinen Mitwirkungspflichten nach den §§ 62 bis 65 nicht nach und ist unter Würdigung aller Umstände mit Wahrscheinlichkeit anzunehmen, daß deshalb die Fähigkeit zur selbständigen Lebensführung, die Arbeits-, Erwerbs- oder Vermittlungsfähigkeit beeinträchtigt oder nicht verbessert wird, kann der Leistungsträger die Leistung bis zur Nachholung der Mitwirkung ganz oder teilweise versagen oder entziehen.

(3) Sozialleistungen dürfen wegen fehlender Mitwirkung nur versagt oder entzogen werden, nachdem der Leistungsberechtigte auf diese Folge schriftlich hingewiesen worden ist und seiner Mitwirkungspflicht nicht innerhalb einer ihm gesetzten angemessenen Frist nachgekommen ist.

§ 67 Nachholung der Mitwirkung

Wird die Mitwirkung nachgeholt und liegen die Leistungsvoraussetzungen vor, kann der Leistungsträger Sozialleistungen, die er nach § 66 versagt oder entzogen hat, nachträglich ganz oder teilweise erbringen.

Vierter Abschnitt
Übergangs- und Schlussvorschriften

§ 68 Besondere Teile dieses Gesetzbuches

Bis zu ihrer Einordnung in dieses Gesetzbuch gelten die nachfolgenden Gesetze mit den zu ihrer Ergänzung und Änderung erlassenen Gesetzen als dessen besondere Teile:

1. das Bundesausbildungsförderungsgesetz,
2. *(aufgehoben)*
3. die Reichsversicherungsordnung,
4. das Gesetz über die Alterssicherung der Landwirte,
5. *(weggefallen)*
6. das Zweite Gesetz über die Krankenversicherung der Landwirte,
7. das Bundesversorgungsgesetz, auch soweit andere Gesetze, insbesondere
   a) §§ 80 bis 83a des Soldatenversorgungsgesetzes,
   b) § 59 Abs. 1 des Bundesgrenzschutzgesetzes,
   c) § 47 des Zivildienstgesetzes,
   d) § 60 des Infektionsschutzgesetzes,
   e) §§ 4 und 5 des Häftlingshilfegesetzes,
   f) § 1 des Opferentschädigungsgesetzes,
   g) §§ 21 und 22 des Strafrechtlichen Rehabilitierungsgesetzes,

h) §§ 3 und 4 des Verwaltungsrechtlichen Rehabilitierungsgesetzes, die entsprechende Anwendung der Leistungsvorschriften des Bundesversorgungsgesetzes vor
sehen,

8. das Gesetz über das Verwaltungsverfahren der Kriegsopferversorgung,
9. das Bundeskindergeldgesetz,
10. das Wohngeldgesetz,
11. *(aufgehoben)*
12. das Adoptionsvermittlungsgesetz,
13. *(aufgehoben)*
14. das Unterhaltsvorschussgesetz,
15. der Erste, Zweite und Dritte Abschnitt des Bundeselterngeld- und Elternzeitgesetzes,
16. das Altersteilzeitgesetz,
17. der Fünfte Abschnitt des Schwangerschaftskonfliktgesetzes.

§ 69 Stadtstaaten-Klausel

Die Senate der Länder Berlin, Bremen und Hamburg werden ermächtigt, die Vorschriften dieses Buches über die Zuständigkeit von Behörden dem besonderen Verwaltungsaufbau ihrer Länder anzupassen.

§ 70 Überleitungsvorschrift zum Verjährungsrecht

Artikel 229 § 6 Abs. 1 und 2 des Einführungsgesetzes zum Bürgerlichen Gesetzbuche gilt entsprechend bei der Anwendung des § 45 Abs. 2 und 3 in der seit dem 1. Januar 2002 geltenden Fassung.

§ 71 Überleitungsvorschrift zur Übertragung, Verpfändung und Pfändung

§ 53 Abs. 6 und § 54 Abs. 6 sind nur auf Geldleistungen anzuwenden, soweit diese nach dem 30. März 2005 ganz oder teilweise zu Unrecht erbracht werden.

II.

Sozialgesetzbuch (SGB) Zweites Buch (II) – Grundsicherung für Arbeitsuchende –

in der Fassung der Bekanntmachung vom 13. Mai 2011 (BGBl. I S. 850), zuletzt geändert durch Art. 158 des Gesetzes vom 29. März 2017 (BGBl. I S. 626, 650)

– Auszug –

Inhaltsübersicht

Kapitel 1 Fördern und Fordern

Kapitel 2 Anspruchsvoraussetzungen

Kapitel 3 Leistungen

Abschnitt 1
Leistungen zur Eingliederung in Arbeit

Kapitel 1
Fördern und Fordern

§ 1 Aufgabe und Ziel der Grundsicherung für Arbeitsuchende

(1) Die Grundsicherung für Arbeitsuchende soll es Leistungsberechtigten ermöglichen, ein Leben zu führen, das der Würde des Menschen entspricht.

(2) Die Grundsicherung für Arbeitsuchende soll die Eigenverantwortung von erwerbsfähigen Leistungsberechtigten und Personen, die mit ihnen in einer Bedarfsgemeinschaft leben, stärken und dazu beitragen, dass sie ihren Lebensunterhalt unabhängig von der Grundsicherung aus eigenen Mitteln und Kräften bestreiten können. Sie soll erwerbsfähige Leistungsberechtigte bei der Aufnahme oder Beibehaltung einer Erwerbstätigkeit unterstützen und den Lebensunterhalt sichern, soweit sie ihn nicht auf andere Weise bestreiten können. Die Gleichstellung von Männern und Frauen ist als durchgängiges Prinzip zu verfolgen. Die Leistungen der Grundsicherung sind insbesondere darauf auszurichten, dass

1. **durch eine Erwerbstätigkeit Hilfebedürftigkeit vermieden oder beseitigt, die Dauer der Hilfebedürftigkeit verkürzt oder der Umfang der Hilfebedürftigkeit verringert wird,**
2. **die Erwerbsfähigkeit einer leistungsberechtigten Person erhalten, verbessert oder wieder hergestellt wird,**
3. **geschlechtsspezifischen Nachteilen von erwerbsfähigen Leistungsberechtigten entgegengewirkt wird,**
4. **die familienspezifischen Lebensverhältnisse von erwerbsfähigen Leistungsberechtigten, die Kinder erziehen oder pflegebedürftige Angehörige betreuen, berücksichtigt werden,**
5. **behindertenspezifische Nachteile überwunden werden,**

6. Anreize zur Aufnahme und Ausübung einer Erwerbstätigkeit geschaffen und aufrechterhalten werden.

(3) Die Grundsicherung für Arbeitsuchende umfasst Leistungen zur

1. Beratung,
2. Beendigung oder Verringerung der Hilfebedürftigkeit insbesondere durch Eingliederung in Ausbildung oder Arbeit und
3. Sicherung des Lebensunterhalts

§ 2 Grundsatz des Forderns

(1) Erwerbsfähige Leistungsberechtigte und die mit ihnen in einer Bedarfsgemeinschaft lebenden Personen müssen alle Möglichkeiten zur Beendigung oder Verringerung ihrer Hilfebedürftigkeit ausschöpfen. Eine erwerbsfähige leistungsberechtigte Person muss aktiv an allen Maßnahmen zu ihrer Eingliederung in Arbeit mitwirken, insbesondere eine Eingliederungsvereinbarung abschließen. Wenn eine Erwerbstätigkeit auf dem allgemeinen Arbeitsmarkt in absehbarer Zeit nicht möglich ist, hat die erwerbsfähige leistungsberechtigte Person eine ihr angebotene zumutbare Arbeitsgelegenheit zu übernehmen.

(2) Erwerbsfähige Leistungsberechtigte und die mit ihnen in einer Bedarfsgemeinschaft lebenden Personen haben in eigener Verantwortung alle Möglichkeiten zu nutzen, ihren Lebensunterhalt aus eigenen Mitteln und Kräften zu bestreiten. Erwerbsfähige Leistungsberechtigte müssen ihre Arbeitskraft zur Beschaffung des Lebensunterhalts für sich und die mit ihnen in einer Bedarfsgemeinschaft lebenden Personen einsetzen.

§ 3 Leistungsgrundsätze

(1) Leistungen zur Eingliederung in Arbeit können erbracht werden, soweit sie zur Vermeidung oder Beseitigung, Verkürzung oder Verminderung der Hilfebedürftigkeit für die Eingliederung erforderlich sind. Bei den Leistungen zur Eingliederung in Arbeit sind

1. die Eignung,
2. die individuelle Lebenssituation, insbesondere die familiäre Situation,
3. die voraussichtliche Dauer der Hilfebedürftigkeit und
4. die Dauerhaftigkeit der Eingliederung

der erwerbsfähigen Leistungsberechtigten zu berücksichtigen. Vorrangig sollen Maßnahmen eingesetzt werden, die die unmittelbare Aufnahme einer Erwerbstätigkeit ermöglichen. Bei der Leistungserbringung sind die Grundsätze von Wirtschaftlichkeit und Sparsamkeit zu beachten.

(2) Bei der Beantragung von Leistungen nach diesem Buch sollen unverzüglich Leistungen zur Eingliederung in Arbeit nach dem Ersten Abschnitt des Dritten Kapitels erbracht werden. Bei fehlendem Berufsabschluss sind insbesondere die Möglichkeiten zur Vermittlung in eine Ausbildung zu nutzen.

(2 a) Die Agentur für Arbeit hat darauf hinzuwirken, dass erwerbsfähige Leistungsberechtigte, die

1. nicht über ausreichende deutsche Sprachkenntnisse verfügen, an einem Integrationskurs nach § 43 des Aufenthaltsgesetzes teilnehmen, oder
2. darüber hinaus notwendige berufsbezogene Sprachkenntnisse benötigen, an der berufsbezogenen Deutschsprachförderung nach § 45 a des Aufenthaltsgesetzes teilnehmen,

sofern sie teilnahmeberechtigt sind und nicht unmittelbar in eine Ausbildung oder Arbeit vermittelt werden können und ihnen eine Teilnahme an einem Integrationskurs oder an der berufsbezogenen Deutschsprachförderung daneben nicht zumutbar ist. Für die Teilnahmeberechtigung, die Verpflichtung zur Teilnahme und die Zugangsvoraussetzungen gelten die Bestimmungen der §§ 44, 44 a und 45 a des Aufenthaltsgesetzes sowie des § 9 Absatz 1 Satz 1 des Bundesvertriebenengesetzes in Verbindung mit der Integrationskursverordnung und der Verordnung über die berufsbezogene Deutschsprachförderung. Eine Verpflichtung zur Teilnahme ist in die Eingliederungsvereinbarung als vorrangige Maßnahme aufzunehmen.

(2b) *weggefallen*

(3) Leistungen zur Sicherung des Lebensunterhalts dürfen nur erbracht werden, soweit die Hilfebedürftigkeit nicht anderweitig beseitigt werden kann; die nach diesem Buch vorgesehenen Leistungen decken den Bedarf der erwerbsfähigen Leistungsberechtigten und der mit ihnen in einer Bedarfsgemeinschaft lebenden Personen.

§ 4 Leistungsformen

(1) Die Leistungen der Grundsicherung für Arbeitsuchende werden erbracht in Form von
1. Dienstleistungen,
2. Geldleistungen und
3. Sachleistungen.

(2) Die nach § 6 zuständigen Träger wirken darauf hin, dass erwerbsfähige Leistungsberechtigte und die mit ihnen in einer Bedarfsgemeinschaft lebenden Personen die erforderliche Beratung und Hilfe anderer Träger, insbesondere der Kranken- und Rentenversicherung, erhalten. Die nach § 6 zuständigen Träger wirken auch darauf hin, dass Kinder und Jugendliche Zugang zu geeigneten vorhandenen Angeboten der gesellschaftlichen Teilhabe erhalten. Sie arbeiten zu diesem Zweck mit Schulen und Kindertageseinrichtungen, den Trägern der Jugendhilfe, den Gemeinden und Gemeindeverbänden, freien Trägern, Vereinen und Verbänden und sonstigen handelnden Personen vor Ort zusammen. Sie sollen die Eltern unterstützen und in geeigneter Weise dazu beitragen, dass Kinder und Jugendliche Leistungen für Bildung und Teilhabe möglichst in Anspruch nehmen.

§ 5 Verhältnis zu anderen Leistungen

(1) Auf Rechtsvorschriften beruhende Leistungen Anderer, insbesondere der Träger anderer Sozialleistungen, werden durch dieses Buch nicht

berührt. Ermessensleistungen dürfen nicht deshalb versagt werden, weil dieses Buch entsprechende Leistungen vorsieht.

(2) Der Anspruch auf Leistungen zur Sicherung des Lebensunterhalts nach diesem Buch schließt Leistungen nach dem Dritten Kapitel des Zwölften Buches aus. Leistungen nach dem Vierten Kapitel des Zwölften Buches sind gegenüber dem Sozialgeld vorrangig.

(3) Stellen Leistungsberechtigte trotz Aufforderung einen erforderlichen Antrag auf Leistungen eines anderen Trägers nicht, können die Leistungsträger nach diesem Buch den Antrag stellen sowie Rechtsbehelfe und Rechtsmittel einlegen. Der Ablauf von Fristen, die ohne Verschulden der Leistungsträger nach diesem Buch verstrichen sind, wirkt nicht gegen die Leistungsträger nach diesem Buch; dies gilt nicht für Verfahrensfristen, soweit die Leistungsträger nach diesem Buch das Verfahren selbst betreiben. Wird eine Leistung aufgrund eines Antrages nach Satz 1 von einem anderen Träger nach § 66 des Ersten Buches bestandskräftig entzogen oder versagt, sind die Leistungen zur Sicherung des Lebensunterhalts nach diesem Buch ganz oder teilweise so lange zu entziehen oder zu versagen, bis die leistungsberechtigte Person ihrer Verpflichtung nach den §§ 60 bis 64 des Ersten Buches gegenüber dem anderen Träger nachgekommen ist. Eine Entziehung oder Versagung nach Satz 3 ist nur möglich, wenn die leistungsberechtigte Person vom zuständigen Leistungsträger nach diesem Buch zuvor schriftlich auf diese Folgen hingewiesen wurde. Wird die Mitwirkung gegenüber dem anderen Träger nachgeholt, ist die Versagung oder Entziehung rückwirkend aufzuheben. Die Sätze 3 bis 5 gelten nicht für die vorzeitige Inanspruchnahme einer Rente wegen Alters.

(4) Leistungen zur Eingliederung in Arbeit nach dem Ersten Abschnitt des Dritten Kapitels werden nicht an oder für erwerbsfähige Leistungsberechtigte erbracht, die einen Anspruch auf Arbeitslosengeld oder Teilarbeitslosengeld haben.

§ 6 Träger der Grundsicherung für Arbeitsuchende

(1) Träger der Leistungen nach diesem Buch sind:

1. die Bundesagentur für Arbeit (Bundesagentur), soweit Nummer 2 nichts Anderes bestimmt,
2. die kreisfreien Städte und Kreise für die Leistungen nach § 16a, das Arbeitslosengeld II und das Sozialgeld, soweit Arbeitslosengeld II und Sozialgeld für den Bedarf für Unterkunft und Heizung geleistet wird, die Leistungen nach § 24 Absatz 3 Satz 1 Nummer 1 und 2, § 27 Absatz 3 sowie für die Leistungen nach § 28, soweit durch Landesrecht nicht andere Träger bestimmt sind (kommunale Träger).

Zu ihrer Unterstützung können sie Dritte mit der Wahrnehmung von Aufgaben beauftragen; sie sollen einen Außendienst zur Bekämpfung von Leistungsmissbrauch einrichten.

(2) Die Länder können bestimmen, dass und inwieweit die Kreise ihnen zugehörige Gemeinden oder Gemeindeverbände zur Durchführung der in Absatz 1 Satz 1 Nummer 2 genannten Aufgaben nach diesem Gesetz he-

ranziehen und ihnen dabei Weisungen erteilen können; in diesen Fällen erlassen die Kreise den Widerspruchsbescheid nach dem Sozialgerichtsgesetz. § 44b Absatz 1 Satz 3 bleibt unberührt. Die Sätze 1 und 2 gelten auch in den Fällen des § 6a mit der Maßgabe, dass eine Heranziehung auch für die Aufgaben nach § 6b Absatz 1 Satz 1 erfolgen kann.

(3) Die Länder Berlin, Bremen und Hamburg werden ermächtigt, die Vorschriften dieses Gesetzes über die Zuständigkeit von Behörden für die Grundsicherung für Arbeitsuchende dem besonderen Verwaltungsaufbau ihrer Länder anzupassen.

§ 6a Zugelassene kommunale Träger

(1) Die Zulassungen der aufgrund der Kommunalträger-Zulassungsverordnung vom 24. September 2004 (BGBl. I S. 2349) anstelle der Bundesagentur als Träger der Leistungen nach § 6 Absatz 1 Satz 1 Nummer 1 zugelassenen kommunalen Träger werden vom Bundesministerium für Arbeit und Soziales durch Rechtsverordnung über den 31. Dezember 2010 hinaus unbefristet verlängert, wenn die zugelassenen kommunalen Träger gegenüber der zuständigen obersten Landesbehörde die Verpflichtungen nach Absatz 2 Satz 1 Nummer 4 und 5 bis zum 30. September 2010 anerkennen.

(2) Auf Antrag wird eine begrenzte Zahl weiterer kommunaler Träger vom Bundesministerium für Arbeit und Soziales als Träger im Sinne des § 6 Absatz 1 Satz 1 Nummer 1 durch Rechtsverordnung ohne Zustimmung des Bundesrates zugelassen, wenn sie

1. geeignet sind, die Aufgaben zu erfüllen,
2. sich verpflichten, eine besondere Einrichtung nach Absatz 5 zu schaffen,
3. sich verpflichten, mindestens 90 Prozent der Beamtinnen und Beamten, Arbeitnehmerinnen und Arbeitnehmer der Bundesagentur, die zum Zeitpunkt der Zulassung mindestens seit 24 Monaten in der im Gebiet des kommunalen Trägers gelegenen Arbeitsgemeinschaft oder Agentur für Arbeit in getrennter Aufgabenwahrnehmung im Aufgabenbereich nach § 6 Absatz 1 Satz 1 tätig waren, vom Zeitpunkt der Zulassung an, dauerhaft zu beschäftigen,
4. sich verpflichten, mit der zuständigen Landesbehörde eine Zielvereinbarung über die Leistungen nach diesem Buch abzuschließen, und
5. sich verpflichten, die in der Rechtsverordnung nach § 51b Absatz 1 Satz 2 festgelegten Daten zu erheben und gemäß den Regelungen nach § 51b Absatz 4 an die Bundesagentur zu übermitteln, um bundeseinheitliche Datenerfassung, Ergebnisberichterstattung, Wirkungsforschung und Leistungsvergleiche zu ermöglichen.

Für die Antragsberechtigung gilt § 6 Absatz 3 entsprechend. Der Antrag bedarf in den dafür zuständigen Vertretungskörperschaften der kommunalen Träger einer Mehrheit von zwei Dritteln der Mitglieder sowie der Zustimmung der zuständigen obersten Landesbehörde. Die Anzahl der nach den Absätzen 1 und 2 zugelassenen kommunalen Träger beträgt höchstens 25 Prozent der zum 31. Dezember 2010 bestehenden Arbeitsgemeinschaften nach § 44b in der bis zum 31. Dezember 2010 geltenden Fassung, zugelassenen kommunalen Trägern sowie der Kreise und kreisfreien Städte, in denen keine Arbeitsgemeinschaft nach § 44b in der bis zum 31. Dezember 2010 geltenden Fassung errichtet wurde (Aufgabenträger).

(3) Das Bundesministerium für Arbeit und Soziales wird ermächtigt, Voraussetzungen der Eignung nach Absatz 2 Nummer 1 und deren Feststellung sowie die Verteilung der Zulassungen nach den Absätzen 2 und 4 auf die Länder durch Rechtsverordnung mit Zustimmung des Bundesrates zu regeln.

(4) Der Antrag nach Absatz 2 kann bis zum 31. Dezember 2010 mit Wirkung zum 1. Januar 2012 gestellt werden. Darüber hinaus kann vom 30. Juni 2015 bis zum 31. Dezember 2015 mit Wirkung zum 1. Januar 2017 ein Antrag auf Zulassung gestellt werden, soweit die Anzahl der nach den Absätzen 1 und 2 zugelassenen kommunalen Träger 25 Prozent der zum 1. Januar 2015 bestehenden Aufgabenträger nach Absatz 2 Satz 4 unterschreitet. Die Zulassungen werden unbefristet erteilt.

(5) Zur Wahrnehmung der Aufgaben anstelle der Bundesagentur errichten und unterhalten die zugelassenen kommunalen Träger besondere Einrichtungen für die Erfüllung der Aufgaben nach diesem Buch.

(6) Das Bundesministerium für Arbeit und Soziales kann mit Zustimmung der zuständigen obersten Landesbehörde durch Rechtsverordnung ohne Zustimmung des Bundesrates die Zulassung widerrufen. Auf Antrag des zugelassenen kommunalen Trägers, der der Zustimmung der zuständigen obersten Landesbehörde bedarf, widerruft das Bundesministerium für Arbeit und Soziales die Zulassung durch Rechtsverordnung ohne Zustimmung des Bundesrates. Die Trägerschaft endet mit Ablauf des auf die Antragstellung folgenden Kalenderjahres.

(7) Auf Antrag des kommunalen Trägers, der der Zustimmung der obersten Landesbehörde bedarf, widerruft, beschränkt oder erweitert das Bundesministerium für Arbeit und Soziales die Zulassung nach Absatz 1 oder 2 durch Rechtsverordnung ohne Zustimmung des Bundesrates, wenn und soweit die Zulassung aufgrund einer kommunalen Neugliederung nicht mehr dem Gebiet des kommunalen Trägers entspricht. Absatz 2 Satz 1 Nummer 2 bis 5 gilt bei Erweiterung der Zulassung entsprechend. Der Antrag nach Satz 1 kann bis zum 1. Juli eines Kalenderjahres mit Wirkung zum 1. Januar des folgenden Kalenderjahres gestellt werden.

§ 6b Rechtsstellung der zugelassenen kommunalen Träger

(1) Die zugelassenen kommunalen Träger sind anstelle der Bundesagentur im Rahmen ihrer örtlichen Zuständigkeit Träger der Aufgaben nach § 6 Absatz 1 Satz 1 Nummer 1 mit Ausnahme der sich aus den §§ 44b, 48b, 50, 51a, 51b, 53, 55, 56 Absatz 2, §§ 64 und 65d ergebenden Aufgaben. Sie haben insoweit die Rechte und Pflichten der Agentur für Arbeit.

(2) Der Bund trägt die Aufwendungen der Grundsicherung für Arbeitsuchende einschließlich der Verwaltungskosten mit Ausnahme der Auf-

wendungen für Aufgaben nach § 6 Absatz 1 Satz 1 Nummer 2. § 46 Absatz 1 Satz 4, Absatz 2 und 3 Satz 1 gilt entsprechend. § 46 Absatz 5 bis 11 bleibt unberührt.

(2a) Für die Bewirtschaftung von Haushaltsmitteln des Bundes durch die zugelassenen kommunalen Träger gelten die haushaltsrechtlichen Bestimmungen des Bundes, soweit in Rechtsvorschriften des Bundes oder Vereinbarungen des Bundes mit den zugelassenen kommunalen Trägern nicht etwas anderes bestimmt ist.

(3) Der Bundesrechnungshof ist berechtigt, die Leistungsgewährung zu prüfen.

(4) Das Bundesministerium für Arbeit und Soziales prüft, ob Einnahmen und Ausgaben in der besonderen Einrichtung nach § 6a Absatz 5 begründet und belegt sind und den Grundsätzen der Wirtschaftlichkeit und Sparsamkeit entsprechen. Die Prüfung kann in einem vereinfachten Verfahren erfolgen, wenn der zugelassene kommunale Träger ein Verwaltungs- und Kontrollsystem errichtet hat, das die Ordnungsmäßigkeit der Berechnung und Zahlung gewährleistet und er dem Bundesministerium für Arbeit und Soziales eine Beurteilung ermöglicht, ob Aufwendungen nach Grund und Höhe vom Bund zu tragen sind. Das Bundesministerium für Arbeit und Soziales kündigt örtliche Prüfungen bei einem zugelassenen kommunalen Träger gegenüber der nach § 48 Absatz 1 zuständigen Landesbehörde an und unterrichtet sie über das Ergebnis der Prüfung.

(5) Das Bundesministerium für Arbeit und Soziales kann von dem zugelassenen kommunalen Träger die Erstattung von Mitteln verlangen, die er zu Lasten des Bundes ohne Rechtsgrund erlangt hat. Der zu erstattende Betrag ist während des Verzugs zu verzinsen. Der Verzugszinssatz beträgt für das Jahr 3 Prozentpunkte über dem Basiszinssatz.

§ 6c Personalübergang bei Zulassung weiterer kommunaler Träger und bei Beendigung der Trägerschaft

(1) Die Beamtinnen und Beamten, Arbeitnehmerinnen und Arbeitnehmer der Bundesagentur, die am Tag vor der Zulassung eines weiteren kommunalen Trägers nach § 6a Absatz 2 und mindestens seit 24 Monaten Aufgaben der Bundesagentur als Träger nach § 6 Absatz 1 Satz 1 Nummer 1 in dem Gebiet des kommunalen Trägers wahrgenommen haben, treten zum Zeitpunkt der Neuzulassung kraft Gesetzes in den Dienst des kommunalen Trägers über. Für die Auszubildenden bei der Bundesagentur gilt Satz 1 entsprechend. Die Versetzung von nach Satz 1 übergetretenen Beamtinnen und Beamten vom kommunalen Träger zur Bundesagentur bedarf nicht der Zustimmung der Bundesagentur, bis sie 10 Prozent der nach Satz 1 übergetretenen Beamtinnen und Beamten, Arbeitnehmerinnen und Arbeitnehmer wieder aufgenommen hat. Bis zum Erreichen des in Satz 3 genannten Anteils ist die Bundesagentur zur Wiedereinstellung von nach Satz 1 übergetretenen Arbeitnehmerinnen und Arbeitnehmern verpflichtet, die auf Vorschlag des kommunalen Trägers dazu bereit sind. Die Versetzung und

Wiedereinstellung im Sinne der Sätze 3 und 4 ist innerhalb von drei Monaten nach dem Zeitpunkt der Neuzulassung abzuschließen. Die Sätze 1 bis 5 gelten entsprechend für Zulassungen nach § 6a Absatz 4 Satz 2 sowie Erweiterungen der Zulassung nach § 6a Absatz 7.

(2) Endet die Trägerschaft eines kommunalen Trägers nach § 6a, treten die Beamtinnen und Beamten, Arbeitnehmerinnen und Arbeitnehmer des kommunalen Trägers, die am Tag vor der Beendigung der Trägerschaft Aufgaben anstelle der Bundesagentur als Träger nach § 6 Absatz 1 Nummer 1 durchgeführt haben, zum Zeitpunkt der Beendigung der Trägerschaft kraft Gesetzes in den Dienst der Bundesagentur über. Für die Auszubildenden bei dem kommunalen Träger gilt Satz 1 entsprechend.

(3) Treten Beamtinnen und Beamte aufgrund des Absatzes 1 oder 2 kraft Gesetzes in den Dienst eines anderen Trägers über, wird das Beamtenverhältnis mit dem anderen Träger fortgesetzt. Treten Arbeitnehmerinnen und Arbeitnehmer aufgrund des Absatzes 1 oder 2 kraft Gesetzes in den Dienst eines anderen Trägers über, tritt der neue Träger unbeschadet des Satzes 3 in die Rechte und Pflichten aus den Arbeitsverhältnissen ein, die im Zeitpunkt des Übertritts bestehen. Vom Zeitpunkt des Übertritts an sind die für Arbeitnehmerinnen und Arbeitnehmer des neuen Trägers jeweils geltenden Tarifverträge ausschließlich anzuwenden. Den Beamtinnen und Beamten, Arbeitnehmerinnen oder Arbeitnehmern ist die Fortsetzung des Beamten- oder Arbeitsverhältnisses von dem aufnehmenden Träger schriftlich zu bestätigen. Für die Verteilung der Versorgungslasten hinsichtlich der aufgrund des Absatzes 1 oder 2 übertretenden Beamtinnen und Beamten gilt § 107b des Beamtenversorgungsgesetzes entsprechend. Mit Inkrafttreten des Versorgungslastenteilungs-Staatsvertrags sind für die jeweils beteiligten Dienstherrn die im Versorgungslastenteilungs-Staatsvertrag bestimmten Regelungen entsprechend anzuwenden.

(4) Beamtinnen und Beamten, die nach Absatz 1 oder 2 kraft Gesetzes in den Dienst eines anderen Trägers übertreten, soll ein gleich zu bewertendes Amt übertragen werden, das ihrem bisherigen Amt nach Bedeutung und Inhalt ohne Berücksichtigung von Dienststellung und Dienstalter entspricht. Wenn eine dem bisherigen Amt entsprechende Verwendung im Ausnahmefall nicht möglich ist, kann ihnen auch ein anderes Amt mit geringerem Grundgehalt übertragen werden. Verringert sich nach Satz 1 oder 2 der Gesamtbetrag von Grundgehalt, allgemeiner Stellenzulage oder entsprechender Besoldungsbestandteile und anteiliger Sonderzahlung (auszugleichende Dienstbezüge), hat der aufnehmende Träger eine Ausgleichszulage zu gewähren. Die Ausgleichszulage bemisst sich nach der Differenz zwischen den auszugleichenden Dienstbezügen beim abgebenden Träger und beim aufnehmenden Träger zum Zeitpunkt des Übertritts. Auf die Ausgleichszulage werden alle Erhöhungen der auszugleichenden Dienstbezüge beim aufnehmenden Träger angerechnet. Die Ausgleichszulage ist ruhegehaltfähig. Als Bestandteil der Versorgungsbezüge vermindert sich die Ausgleichszulage bei jeder auf das Grundgehalt bezogenen Erhöhung der Versorgungsbezüge um diesen Erhöhungsbetrag. Im Fall des Satzes 2 dürfen die Beamtinnen und Beamten neben der neuen Amts-

bezeichnung die des früheren Amtes mit dem Zusatz „außer Dienst" („a. D.") führen.

(5) Arbeitnehmerinnen und Arbeitnehmern, die nach Absatz 1 oder 2 kraft Gesetzes in den Dienst eines anderen Trägers übertreten, soll grundsätzlich eine tarifrechtlich gleichwertige Tätigkeit übertragen werden. Wenn eine derartige Verwendung im Ausnahmefall nicht möglich ist, kann ihnen eine niedriger bewertete Tätigkeit übertragen werden. Verringert sich das Arbeitsentgelt nach den Sätzen 1 und 2, ist eine Ausgleichszahlung in Höhe des Unterschiedsbetrages zwischen dem Arbeitsentgelt bei dem abgebenden Träger zum Zeitpunkt des Übertritts und dem jeweiligen Arbeitsentgelt bei dem aufnehmenden Träger zu zahlen.

§ 6d Jobcenter

Die gemeinsamen Einrichtungen nach § 44b und die zugelassenen kommunalen Träger nach § 6a führen die Bezeichnung Jobcenter.

Kapitel 2
Anspruchsvoraussetzungen

§ 7 Leistungsberechtigte

(1) Leistungen nach diesem Buch erhalten Personen, die
1. das 15. Lebensjahr vollendet und die Altersgrenze nach § 7a noch nicht erreicht haben,
2. erwerbsfähig sind,
3. hilfebedürftig sind und
4. ihren gewöhnlichen Aufenthalt in der Bundesrepublik Deutschland haben (erwerbsfähige Leistungsberechtigte).

Ausgenommen sind
1. Ausländerinnen und Ausländer, die weder in der Bundesrepublik Deutschland Arbeitnehmerinnen, Arbeitnehmer oder Selbständige noch aufgrund des § 2 Absatz 3 des Freizügigkeitsgesetzes/EU freizügigkeitsberechtigt sind, und ihre Familienangehörigen für die ersten drei Monate ihres Aufenthalts,
2. Ausländerinnen und Ausländer,
   a) die kein Aufenthaltsrecht haben,
   b) deren Aufenthaltsrecht sich allein aus dem Zweck der Arbeitsuche ergibt oder
   c) die ihr Aufenthaltsrecht allein oder neben einem Aufenthaltsrecht nach Buchstabe b aus Artikel 10 der Verordnung (EU) Nr. 492/2011 des Europäischen Parlaments und des Rates vom 5. April 2011 über die Freizügigkeit der Arbeitnehmer innerhalb der Union (ABl. L 141 vom 27.5.2011, S. 1), die durch die Verordnung (EU) 2016/589 (ABl. L 107 vom 22.4.2016, S. 1) geändert worden ist, ableiten,

   und ihre Familienangehörigen,

3. Leistungsberechtigte nach § 1 des Asylbewerberleistungsgesetzes.

Satz 2 Nummer 1 gilt nicht für Ausländerinnen und Ausländer, die sich mit einem Aufenthaltstitel nach Kapitel 2 Abschnitt 5 des Aufenthaltsgesetzes in der Bundesrepublik Deutschland aufhalten. Abweichend von Satz 2 Nummer 2 erhalten Ausländerinnen und Ausländer und ihre Familienangehörigen Leistungen nach diesem Buch, wenn sie seit mindestens fünf Jahren ihren gewöhnlichen Aufenthalt im Bundesgebiet haben; dies gilt nicht, wenn der Verlust des Rechts nach § 2 Absatz 1 des Freizügigkeitsgesetzes/EU festgestellt wurde. Die Frist nach Satz 4 beginnt mit der Anmeldung bei der zuständigen Meldebehörde. Zeiten des nicht rechtmäßigen Aufenthalts, in denen eine Ausreisepflicht besteht, werden auf Zeiten des gewöhnlichen Aufenthalts nicht angerechnet. Aufenthaltsrechtliche Bestimmungen bleiben unberührt.

(2) Leistungen erhalten auch Personen, die mit erwerbsfähigen Leistungsberechtigten in einer Bedarfsgemeinschaft leben. Dienstleistungen und Sachleistungen werden ihnen nur erbracht, wenn dadurch Hemmnisse bei der Eingliederung der erwerbsfähigen Leistungsberechtigten beseitigt oder vermindert werden. Zur Deckung der Bedarfe nach § 28 erhalten die dort genannten Personen auch dann Leistungen für Bildung und Teilhabe, wenn sie mit Personen in einem Haushalt zusammenleben, mit denen sie nur deshalb keine Bedarfsgemeinschaft bilden, weil diese aufgrund des zu berücksichtigenden Einkommens oder Vermögens selbst nicht leistungsberechtigt sind.

(3) Zur Bedarfsgemeinschaft gehören

1. die erwerbsfähigen Leistungsberechtigten,
2. die im Haushalt lebenden Eltern oder der im Haushalt lebende Elternteil eines unverheirateten erwerbsfähigen Kindes, welches das 25. Lebensjahr noch nicht vollendet hat, und die im Haushalt lebende Partnerin oder der im Haushalt lebende Partner dieses Elternteils,
3. als Partnerin oder Partner der erwerbsfähigen Leistungsberechtigten
   a) die nicht dauernd getrennt lebende Ehegattin oder der nicht dauernd getrennt lebende Ehegatte,
   b) die nicht dauernd getrennt lebende Lebenspartnerin oder der nicht dauernd getrennt lebende Lebenspartner,
   c) eine Person, die mit der erwerbsfähigen leistungsberechtigten Person in einem gemeinsamen Haushalt so zusammenlebt, dass nach verständiger Würdigung der wechselseitige Wille anzunehmen ist, Verantwortung füreinander zu tragen und füreinander einzustehen.
4. die dem Haushalt angehörenden unverheirateten Kinder der in den Nummern 1 bis 3 genannten Personen, wenn sie das 25. Lebensjahr noch nicht vollendet haben, soweit sie die Leistungen zur Sicherung ihres Lebensunterhalts nicht aus eigenem Einkommen oder Vermögen beschaffen können.

(3a) Ein wechselseitiger Wille, Verantwortung füreinander zu tragen und füreinander einzustehen, wird vermutet, wenn Partner

1. länger als ein Jahr zusammenleben,
2. mit einem gemeinsamen Kind zusammenleben,

3. Kinder oder Angehörige im Haushalt versorgen oder
4. befugt sind, über Einkommen oder Vermögen des anderen zu verfügen.

(4) Leistungen nach diesem Buch erhält nicht, wer in einer stationären Einrichtung untergebracht ist, Rente wegen Alters oder Knappschaftsausgleichsleistung oder ähnliche Leistungen öffentlich-rechtlicher Art bezieht. Dem Aufenthalt in einer stationären Einrichtung ist der Aufenthalt in einer Einrichtung zum Vollzug richterlich angeordneter Freiheitsentziehung gleichgestellt. Abweichend von Satz 1 erhält Leistungen nach diesem Buch,
1. wer voraussichtlich für weniger als sechs Monate in einem Krankenhaus (§ 107 des Fünften Buches) untergebracht ist oder
2. wer in einer stationären Einrichtung nach Satz 1 untergebracht und unter den üblichen Bedingungen des allgemeinen Arbeitsmarktes mindestens 15 Stunden wöchentlich erwerbstätig ist.

(4a) Erwerbsfähige Leistungsberechtigte erhalten keine Leistungen, wenn sie sich ohne Zustimmung des zuständigen Trägers nach diesem Buch außerhalb des zeit- und ortsnahen Bereichs aufhalten und deshalb nicht für die Eingliederung in Arbeit zur Verfügung stehen. Die Zustimmung ist zu erteilen, wenn für den Aufenthalt außerhalb des zeit- und ortsnahen Bereichs ein wichtiger Grund vorliegt und die Eingliederung in Arbeit nicht beeinträchtigt wird. Ein wichtiger Grund liegt insbesondere vor bei
1. Teilnahme an einer ärztlich verordneten Maßnahme der medizinischen Vorsorge oder Rehabilitation,
2. Teilnahme an einer Veranstaltung, die staatspolitischen, kirchlichen oder gewerkschaftlichen Zwecken dient oder sonst im öffentlichen Interesse liegt, oder
3. Ausübung einer ehrenamtlichen Tätigkeit.

Die Zustimmung kann auch erteilt werden, wenn für den Aufenthalt außerhalb des zeit- und ortsnahen Bereichs kein wichtiger Grund vorliegt und die Eingliederung in Arbeit nicht beeinträchtigt wird. Die Dauer der Abwesenheiten nach Satz 4 soll in der Regel insgesamt drei Wochen im Kalenderjahr nicht überschreiten.

(5) Auszubildende, deren Ausbildung im Rahmen des Bundesausbildungsförderungsgesetzes oder der §§ 51, 57 und 58 des Dritten Buches dem Grunde nach förderungsfähig ist, haben über die Leistungen nach § 27 hinaus keinen Anspruch auf Leistungen zur Sicherung des Lebensunterhalts. Satz 1 gilt auch für Auszubildende, deren Bedarf sich nach § 61 Absatz 2 und 3, § 62 Absatz 3, § 123 Absatz 1 Nummer 2 und 3 sowie § 124 Absatz 1 Nummer 3 und Absatz 3 des Dritten Buches bemisst.

(6) Absatz 5 Satz 1 ist nicht anzuwenden auf Auszubildende,
1. die aufgrund von § 2 Absatz 1 a des Bundesausbildungsförderungsgesetzes keinen Anspruch auf Ausbildungsförderung haben,
2. deren Bedarf sich nach den §§ 12, 13 Absatz 1 in Verbindung mit Absatz 2 Nummer 1 oder nach § 13 Absatz 1 Nummer 1 in Verbindung mit Absatz 2 Nummer 2 des Bundesausbildungsförderungsgesetzes bemisst und die Leistungen nach dem Bundesausbildungsförderungsgesetz

a) erhalten oder nur wegen der Vorschriften zur Berücksichtigung von Einkommen und Vermögen nicht erhalten oder
b) beantragt haben und über deren Antrag das zuständige Amt für Ausbildungsförderung noch nicht entschieden hat; lehnt das zuständige Amt für Ausbildungsförderung die Leistungen ab, findet Absatz 5 mit Beginn des folgenden Monats Anwendung, oder

3. die eine Abendhauptschule, eine Abendrealschule oder ein Abendgymnasium besuchen, sofern sie aufgrund des § 10 Absatz 3 des Bundesausbildungsförderungsgesetzes keinen Anspruch auf Ausbildungsförderung haben.

§ 7a Altersgrenze

Personen, die vor dem 1. Januar 1947 geboren sind, erreichen die Altersgrenze mit Ablauf des Monats, in dem sie das 65. Lebensjahr vollenden. Für Personen, die nach dem 31. Dezember 1946 geboren sind, wird die Altersgrenze wie folgt angehoben:

für den Geburtsjahrgang	erfolgt eine Anhebung um Monate	auf den Ablauf des Monats, in dem ein Lebensalter vollendet wird von
1947	1	65 Jahren und 1 Monat
1948	2	65 Jahren und 2 Monaten
1949	3	65 Jahren und 3 Monaten
1950	4	65 Jahren und 4 Monaten
1951	5	65 Jahren und 5 Monaten
1952	6	65 Jahren und 6 Monaten
1953	7	65 Jahren und 7 Monaten
1954	8	65 Jahren und 8 Monaten
1955	9	65 Jahren und 9 Monaten
1956	10	65 Jahren und 10 Monaten
1957	11	65 Jahren und 11 Monaten
1958	12	66 Jahren
1959	14	66 Jahren und 2 Monaten
1960	16	66 Jahren und 4 Monaten
1961	18	66 Jahren und 6 Monaten
1962	20	66 Jahren und 8 Monaten
1963	22	66 Jahren und 10 Monaten
ab 1964	24	67 Jahren.

§ 8 Erwerbsfähigkeit

(1) Erwerbsfähig ist, wer nicht wegen Krankheit oder Behinderung auf absehbare Zeit außerstande ist, unter den üblichen Bedingungen des allgemeinen Arbeitsmarktes mindestens drei Stunden täglich erwerbstätig zu sein.

(2) Im Sinne von Absatz 1 können Ausländerinnen und Ausländer nur erwerbstätig sein, wenn ihnen die Aufnahme einer Beschäftigung erlaubt ist oder erlaubt werden könnte. Die rechtliche Möglichkeit, eine Beschäftigung vorbehaltlich einer Zustimmung nach § 39 des Aufenthaltsgesetzes aufzunehmen, ist ausreichend.

§ 9 Hilfebedürftigkeit

(1) Hilfebedürftig ist, wer seinen Lebensunterhalt nicht oder nicht ausreichend aus dem zu berücksichtigenden Einkommen oder Vermögen sichern kann und die erforderliche Hilfe nicht von anderen, insbesondere von Angehörigen oder von Trägern anderer Sozialleistungen, erhält.

(2) Bei Personen, die in einer Bedarfsgemeinschaft leben, sind auch das Einkommen und Vermögen des Partners zu berücksichtigen. Bei unverheirateten Kindern, die mit ihren Eltern oder einem Elternteil in einer Bedarfsgemeinschaft leben und die ihren Lebensunterhalt nicht aus eigenem Einkommen oder Vermögen sichern können, sind auch das Einkommen und Vermögen der Eltern oder des Elternteils und dessen in Bedarfsgemeinschaft lebender Partnerin oder lebenden Partners zu berücksichtigen. Ist in einer Bedarfsgemeinschaft nicht der gesamte Bedarf aus eigenen Kräften und Mitteln gedeckt, gilt jede Person der Bedarfsgemeinschaft im Verhältnis des eigenen Bedarfs zum Gesamtbedarf als hilfebedürftig, dabei bleiben die Bedarfe nach § 28 außer Betracht. In den Fällen des § 7 Absatz 2 Satz 3 ist Einkommen und Vermögen, soweit es die nach Satz 3 zu berücksichtigenden Bedarfe übersteigt, im Verhältnis mehrerer Leistungsberechtigter zueinander zu gleichen Teilen zu berücksichtigen.

(3) Absatz 2 Satz 2 findet keine Anwendung auf ein Kind, das schwanger ist oder sein Kind bis zur Vollendung des sechsten Lebensjahres betreut.

(4) Hilfebedürftig ist auch derjenige, dem der sofortige Verbrauch oder die sofortige Verwertung von zu berücksichtigendem Vermögen nicht möglich ist oder für den dies eine besondere Härte bedeuten würde.

(5) Leben Hilfebedürftige in Haushaltsgemeinschaft mit Verwandten oder Verschwägerten, so wird vermutet, dass sie von ihnen Leistungen erhalten, soweit dies nach deren Einkommen und Vermögen erwartet werden kann.

§ 10 Zumutbarkeit

(1) Einer erwerbsfähigen leistungsberechtigten Person ist jede Arbeit zumutbar, es sei denn, dass

1. sie zu der bestimmten Arbeit körperlich, geistig oder seelisch nicht in der Lage ist,

2. die Ausübung der Arbeit die künftige Ausübung der bisherigen überwiegenden Arbeit wesentlich erschweren würde, weil die bisherige Tätigkeit besondere körperliche Anforderungen stellt,
3. die Ausübung der Arbeit die Erziehung ihres Kindes oder des Kindes ihrer Partnerin oder ihres Partners gefährden würde; die Erziehung eines Kindes, das das dritte Lebensjahr vollendet hat, ist in der Regel nicht gefährdet, soweit die Betreuung in einer Tageseinrichtung oder in Tagespflege im Sinne der Vorschriften des Achten Buches oder auf sonstige Weise sichergestellt ist; die zuständigen kommunalen Träger sollen darauf hinwirken, dass erwerbsfähigen Erziehenden vorrangig ein Platz zur Tagesbetreuung des Kindes angeboten wird,
4. die Ausübung der Arbeit mit der Pflege einer oder eines Angehörigen nicht vereinbar wäre und die Pflege nicht auf andere Weise sichergestellt werden kann,
5. der Ausübung der Arbeit ein sonstiger wichtiger Grund entgegensteht.

(2) Eine Arbeit ist nicht allein deshalb unzumutbar, weil
1. sie nicht einer früheren beruflichen Tätigkeit entspricht, für die die erwerbsfähige leistungsberechtigte Person ausgebildet ist oder die früher ausgeübt wurde,
2. sie im Hinblick auf die Ausbildung der erwerbsfähigen leistungsberechtigten Person als geringerwertig anzusehen ist,
3. der Beschäftigungsort vom Wohnort der erwerbsfähigen leistungsberechtigten Person weiter entfernt ist als ein früherer Beschäftigungs- oder Ausbildungsort,
4. die Arbeitsbedingungen ungünstiger sind als bei den bisherigen Beschäftigungen der erwerbsfähigen leistungsberechtigten Person,
5. sie mit der Beendigung einer Erwerbstätigkeit verbunden ist, es sei denn, es liegen begründete Anhaltspunkte vor, dass durch die bisherige Tätigkeit künftig die Hilfebedürftigkeit beendet werden kann.

(3) Die Absätze 1 und 2 gelten für die Teilnahme an Maßnahmen zur Eingliederung in Arbeit entsprechend.

§ 11 Zu berücksichtigendes Einkommen

(1) Als Einkommen zu berücksichtigen sind Einnahmen in Geld abzüglich der nach § 11 b abzusetzenden Beträge mit Ausnahme der in § 11 a genannten Einnahmen. Dies gilt auch für Einnahmen in Geldeswert, die im Rahmen einer Erwerbstätigkeit, des Bundesfreiwilligendienstes oder eines Jugendfreiwilligendienstes zufließen. Als Einkommen zu berücksichtigen sind auch Zuflüsse aus darlehensweise gewährten Sozialleistungen, soweit sie dem Lebensunterhalt dienen. Der Kinderzuschlag nach § 6 a des Bundeskindergeldgesetzes ist als Einkommen dem jeweiligen Kind zuzurechnen. Dies gilt auch für das Kindergeld für zur Bedarfsgemeinschaft gehörende Kinder, soweit es bei dem jeweiligen Kind zur Sicherung des Lebensunterhalts, mit Ausnahme der Bedarfe nach § 28, benötigt wird.

(2) Laufende Einnahmen sind für den Monat zu berücksichtigen, in dem sie zufließen. Zu den laufenden Einnahmen zählen auch Einnahmen, die an einzelnen Tagen eines Monats aufgrund von kurzzeitigen Beschäftigungsverhältnissen erzielt werden. Für laufende Einnahmen, die in größeren als monatlichen Zeitabständen zufließen, gilt Absatz 3 entsprechend.

(3) Einmalige Einnahmen sind in dem Monat, in dem sie zufließen, zu berücksichtigen. Zu den einmaligen Einnahmen gehören auch als Nachzahlung zufließende Einnahmen, die nicht für den Monat des Zuflusses erbracht werden. Sofern für den Monat des Zuflusses bereits Leistungen ohne Berücksichtigung der einmaligen Einnahme erbracht worden sind, werden sie im Folgemonat berücksichtigt. Entfiele der Leistungsanspruch durch die Berücksichtigung in einem Monat, ist die einmalige Einnahme auf einen Zeitraum von sechs Monaten gleichmäßig aufzuteilen und monatlich mit einem entsprechenden Teilbetrag zu berücksichtigen.

§ 11 a Nicht zu berücksichtigendes Einkommen

(1) Nicht als Einkommen zu berücksichtigen sind

1. Leistungen nach diesem Buch,
2. die Grundrente nach dem Bundesversorgungsgesetz und nach den Gesetzen, die eine entsprechende Anwendung des Bundesversorgungsgesetzes vorsehen,
3. die Renten oder Beihilfen, die nach dem Bundesentschädigungsgesetz für Schaden an Leben sowie an Körper oder Gesundheit erbracht werden, bis zur Höhe der vergleichbaren Grundrente nach dem Bundesversorgungsgesetz.

(2) Entschädigungen, die wegen eines Schadens, der kein Vermögensschaden ist, nach § 253 Absatz 2 des Bürgerlichen Gesetzbuchs geleistet werden, sind nicht als Einkommen zu berücksichtigen.

(3) Leistungen, die aufgrund öffentlich-rechtlicher Vorschriften zu einem ausdrücklich genannten Zweck erbracht werden, sind nur so weit als Einkommen zu berücksichtigen, als die Leistungen nach diesem Buch im Einzelfall demselben Zweck dienen. Abweichend von Satz 1 sind als Einkommen zu berücksichtigen

1. die Leistungen nach § 39 des Achten Buches, die für den erzieherischen Einsatz erbracht werden,
   a) für das dritte Pflegekind zu 75 Prozent,
   b) für das vierte und jedes weitere Pflegekind vollständig,
2. die Leistungen nach § 23 des Achten Buches.
3. die Leistungen der Ausbildungsförderung nach dem Bundesausbildungsförderungsgesetz sowie vergleichbare Leistungen der Begabtenförderungswerke; § 14 b Absatz 2 Satz 1 des Bundesausbildungsförderungsgesetzes bleibt unberührt,
4. die Berufsausbildungsbeihilfe nach dem Dritten Buch mit Ausnahme der Bedarfe nach § 64 Absatz 3 Satz 1 des Dritten Buches sowie
5. Reisekosten zur Teilhabe am Arbeitsleben nach § 127 Absatz 1 Satz 1 des Dritten Buches in Verbindung mit § 53 des Neunten Buches.

(4) Zuwendungen der freien Wohlfahrtspflege sind nicht als Einkommen zu berücksichtigen, soweit sie die Lage der Empfängerinnen und Empfänger nicht so günstig beeinflussen, dass daneben Leistungen nach diesem Buch nicht gerechtfertigt wären.

(5) Zuwendungen, die ein anderer erbringt, ohne hierzu eine rechtliche oder sittliche Pflicht zu haben, sind nicht als Einkommen zu berücksichtigen, soweit

1. ihre Berücksichtigung für die Leistungsberechtigten grob unbillig wäre oder
2. sie die Lage der Leistungsberechtigten nicht so günstig beeinflussen, dass daneben Leistungen nach diesem Buch nicht gerechtfertigt wären.

(6) Überbrückungsgeld nach § 51 des Strafvollzugsgesetzes oder vergleichbare Leistungen nach landesrechtlichen Regelungen sind nicht als Einkommen zu berücksichtigen, soweit sie den Bedarf der leistungsberechtigten Person für 28 Tage übersteigen. Die Berücksichtigung des als Einkommen verbleibenden Teils der in Satz 1 bezeichneten Leistungen richtet sich nach § 11 Absatz 3.

§ 11 b Absetzbeträge

(1) Vom Einkommen abzusetzen sind

1. auf das Einkommen entrichtete Steuern,
2. Pflichtbeiträge zur Sozialversicherung einschließlich der Beiträge zur Arbeitsförderung,
3. Beiträge zu öffentlichen oder privaten Versicherungen oder ähnlichen Einrichtungen, soweit diese Beiträge gesetzlich vorgeschrieben oder nach Grund und Höhe angemessen sind; hierzu gehören Beiträge
   a) zur Vorsorge für den Fall der Krankheit und der Pflegebedürftigkeit für Personen, die in der gesetzlichen Krankenversicherung nicht versicherungspflichtig sind,
   b) zur Altersvorsorge von Personen, die von der Versicherungspflicht in der gesetzlichen Rentenversicherung befreit sind,

   soweit die Beiträge nicht nach § 26 bezuschusst werden,
4. geförderte Altersvorsorgebeiträge nach § 82 des Einkommensteuergesetzes, soweit sie den Mindesteigenbeitrag nach § 86 des Einkommensteuergesetzes nicht überschreiten,
5. die mit der Erzielung des Einkommens verbundenen notwendigen Ausgaben,
6. für Erwerbstätige ferner ein Betrag nach Absatz 3,
7. Aufwendungen zur Erfüllung gesetzlicher Unterhaltsverpflichtungen bis zu dem in einem Unterhaltstitel oder in einer notariell beurkundeten Unterhaltsvereinbarung festgelegten Betrag,
8. bei erwerbsfähigen Leistungsberechtigten, deren Einkommen nach dem Vierten Abschnitt des Bundesausbildungsförderungsgesetzes oder nach § 67 oder § 126 des Dritten Buches bei der Berechnung der Leistungen der Ausbildungsförderung für mindestens ein Kind berücksichtigt wird, der nach den Vorschriften der Ausbildungsförderung berücksichtigte Betrag.

Bei der Verteilung einer einmaligen Einnahme nach § 11 Absatz 3 Satz 4 sind die auf die einmalige Einnahme im Zuflussmonat entfallenden Beträge nach den Nummern 1, 2, 5 und 6 vorweg abzusetzen.

(2) Bei erwerbsfähigen Leistungsberechtigten, die erwerbstätig sind, ist anstelle der Beträge nach Absatz 1 Satz 1 Nummer 3 bis 5 ein Betrag von insgesamt 100 Euro monatlich von dem Einkommen aus Erwerbstätigkeit abzusetzen. Beträgt das monatliche Einkommen aus Erwerbstätigkeit mehr als 400 Euro, gilt Satz 1 nicht, wenn die oder der erwerbsfähige Leistungsberechtigte nachweist, dass die Summe der Beträge nach Absatz 1 Satz 1 Nummer 3 bis 5 den Betrag von 100 Euro übersteigt. Erhält eine leistungsberechtigte Person mindestens aus einer Tätigkeit Bezüge oder Einnahmen, die nach § 3 Nummer 12, 26, 26 a oder 26 b des Einkommensteuergesetzes steuerfrei sind, gelten die Sätze 1 und 2 mit den Maßgaben, dass jeweils an die Stelle des Betrages von

1. 100 Euro monatlich der Betrag von 200 Euro monatlich, höchstens jedoch der Betrag, der sich aus der Summe von 100 Euro und dem Betrag der steuerfreien Bezüge oder Einnahmen ergibt, und

2. 400 Euro der Betrag, der sich nach Nummer 1 ergibt,

tritt. § 11 a Absatz 3 bleibt unberührt. Von den in § 11 a Absatz 3 Satz 2 Nummer 3 bis 5 genannten Leistungen, von dem Ausbildungsgeld nach dem Dritten Buch sowie von dem erhaltenen Unterhaltsbeitrag nach § 10 Absatz 2 des Aufstiegsfortbildungsförderungsgesetzes sind für die Absetzbeträge nach § 11 b Absatz 1 Satz 1 Nummer 3 bis 5 mindestens 100 Euro abzusetzen, wenn die Absetzung nicht bereits nach den Sätzen 1 bis 3 erfolgt. Von dem Taschengeld nach § 2 Nummer 4 des Bundesfreiwilligendienstgesetzes oder § 2 Absatz 1 Nummer 3 des Jugendfreiwilligendienstegesetzes ist anstelle der Beträge nach § 11 b Absatz 1 Satz 1 Nummer 3 bis 5 ein Betrag von insgesamt 200 Euro monatlich abzusetzen, soweit die Absetzung nicht bereits nach den Sätzen 1 bis 3 erfolgt.

(3) Bei erwerbsfähigen Leistungsberechtigten, die erwerbstätig sind, ist von dem monatlichen Einkommen aus Erwerbstätigkeit ein weiterer Betrag abzusetzen. Dieser beläuft sich

1. für den Teil des monatlichen Einkommens, das 100 Euro übersteigt und nicht mehr als 1 000 Euro beträgt, auf 20 Prozent und

2. für den Teil des monatlichen Einkommens, das 1 000 Euro übersteigt und nicht mehr als 1 200 Euro beträgt, auf 10 Prozent.

Anstelle des Betrages von 1 200 Euro tritt für erwerbsfähige Leistungsberechtigte, die entweder mit mindestens einem minderjährigen Kind in Bedarfsgemeinschaft leben oder die mindestens ein minderjähriges Kind haben, ein Betrag von 1 500 Euro.

Aus Rundschreiben, Urteilen etc.

BSG v. 5.9.2007 – B 11 b AS 10106 R (Breithaupt 2008 S. 261)
Bei der Prüfung der Hilfebedürftigkeit nach dem SGB II kann die Verletztenrente aus der gesetzlichen Unfallversicherung nicht ganz oder teilweise als privilegiertes Einkommen angesehen werden.

§ 12 Zu berücksichtigendes Vermögen

(1) Als Vermögen sind alle verwertbaren Vermögensgegenstände zu berücksichtigen.

(2) Vom Vermögen sind abzusetzen
1. ein Grundfreibetrag in Höhe von 150 Euro je vollendetem Lebensjahr für jede in der Bedarfsgemeinschaft lebende volljährige Person und deren Partnerin oder Partner, mindestens aber jeweils 3100 Euro; der Grundfreibetrag darf für jede volljährige Person und ihre Partnerin oder ihren Partner jeweils den nach Satz 2 maßgebenden Höchstbetrag nicht übersteigen,
1.a ein Grundfreibetrag in Höhe von 3100 Euro für jedes leistungsberechtigte minderjährige Kind,
2. Altersvorsorge in Höhe des nach Bundesrecht ausdrücklich als Altersvorsorge geförderten Vermögens einschließlich seiner Erträge und der geförderten laufenden Altersvorsorgebeiträge, soweit die Inhaberin oder der Inhaber das Altersvorsorgevermögen nicht vorzeitig verwendet,
3. geldwerte Ansprüche, die der Altersvorsorge dienen, soweit die Inhaberin oder der Inhaber sie vor dem Eintritt in den Ruhestand aufgrund einer unwiderruflichen vertraglichen Vereinbarung nicht verwerten kann und der Wert der geldwerten Ansprüche 750 Euro je vollendetem Lebensjahr der erwerbsfähigen leistungsberechtigten Person und deren Partnerin oder Partner, höchstens jedoch jeweils den nach Satz 2 maßgebenden Höchstbetrag nicht übersteigt,
4. ein Freibetrag für notwendige Anschaffungen in Höhe von 750 Euro für jeden in der Bedarfsgemeinschaft lebenden Leistungsberechtigten.

Bei Personen, die
1. vor dem 1. Januar 1958 geboren sind, darf der Grundfreibetrag nach Satz 1 Nummer 1 jeweils 9750 Euro und der Wert der geldwerten Ansprüche nach Satz 1 Nummer 3 jeweils 48750 Euro,
2. nach dem 31. Dezember 1957 und vor dem 1. Januar 1964 geboren sind, darf der Grundfreibetrag nach Satz 1 Nummer 1 jeweils 9900 Euro und der Wert der geldwerten Ansprüche nach Satz 1 Nummer 3 jeweils 49500 Euro,
3. nach dem 31. Dezember 1963 geboren sind, darf der Grundfreibetrag nach Satz 1 Nummer 1 jeweils 10050 Euro und der Wert der geldwerten Ansprüche nach Satz 1 Nummer 3 jeweils 50250 Euro

nicht übersteigen.

(3) Als Vermögen sind nicht zu berücksichtigen
1. angemessener Hausrat,
2. ein angemessenes Kraftfahrzeug für jede in der Bedarfsgemeinschaft lebende erwerbsfähige Person,
3. von der Inhaberin oder dem Inhaber als für die Altersvorsorge bestimmt bezeichnete Vermögensgegenstände in angemessenem Umfang, wenn die erwerbsfähige leistungsberechtigte Person oder deren Partnerin oder Partner von der Versicherungspflicht in der gesetzlichen Rentenversicherung befreit ist,

4. ein selbst genutztes Hausgrundstück von angemessener Größe oder eine entsprechende Eigentumswohnung,
5. Vermögen, solange es nachweislich zur baldigen Beschaffung oder Erhaltung eines Hausgrundstücks von angemessener Größe bestimmt ist, soweit dieses zu Wohnzwecken behinderter oder pflegebedürftiger Menschen dient oder dienen soll und dieser Zweck durch den Einsatz oder die Verwertung des Vermögens gefährdet würde,
6. Sachen und Rechte, soweit ihre Verwertung offensichtlich unwirtschaftlich ist oder für den Betroffenen eine besondere Härte bedeuten würde.

Für die Angemessenheit sind die Lebensumstände während des Bezugs der Leistungen zur Grundsicherung für Arbeitsuchende maßgebend.

(4) Das Vermögen ist mit seinem Verkehrswert zu berücksichtigen. Für die Bewertung ist der Zeitpunkt maßgebend, in dem der Antrag auf Bewilligung oder erneute Bewilligung der Leistungen der Grundsicherung für Arbeitsuchende gestellt wird, bei späterem Erwerb von Vermögen der Zeitpunkt des Erwerbs. Wesentliche Änderungen des Verkehrswertes sind zu berücksichtigen.

Aus Rundschreiben, Urteilen etc.

BSG v. 6.12.2007 – B 14/7b AS 46/06 R – SRuPr 5/2008, 303ff.
Für einen Hartz-IV-Empfänger stellt ein mit Nießbrauch belastetes Haus kein verwertbares Vermögen dar.
§§ 9, 12 SGB II

BSG v. 6.9.2007 – B 14/7b AS 66/06 R – BSGE Bd. 99 S. 77
1. *Bei der Prüfung der Hilfebedürftigkeit als Voraussetzung für Leistungen der Grundsicherung für Arbeitsuchende ist ein Pkw mit einem Verkehrswert bis zu 7 500 Euro als angemessenes Kraftfahrzeug anzusehen und zählt damit zum so genannten Schonvermögen.*
2. *Zur Frage, wann die Verwertung einer Lebensversicherung als offensichtlich unwirtschaftlich anzusehen ist, weil der Verwertungserlös die Summe der eingezahlten Beiträge (Prämien) nicht erreicht.*

LSG Baden-Württemberg v. 27.2.2009 – L 12 AS 3486/08 – (Breithaupt 2009, 639)
1. *Lebensversicherungen können nach § 12 Abs. 3 Satz 1 Nr. 3 SGB II geschütztes Vermögen sein, ein vertraglicher Verwertungsausschluss ist insoweit nicht erforderlich (entgegen LSG Rheinland-Pfalz, Urt. v. 29.1.2008 – L 3 AS 88/06). Die Höchstgrenzen des § 12 Abs. 2 Satz 1 Nr. 3 SGB II sind auf das privilegierte Altersvorsorgevermögen nach § 12 Abs. 3 Satz 1 Nr. 3 SGB II nicht zu übertragen.*
2. *Die Bestimmung des „angemessenen Umfangs" erfolgt in Anlehnung an das dem Standardrentner zur Verfügung stehende Altersvorsorgevermögen. Vorhandene Renten- oder Versorgungsanwartschaften des Hilfebedürftigen sind dabei anzurechnen.*

§ 12a Vorrangige Leistungen

Leistungsberechtigte sind verpflichtet, Sozialleistungen anderer Träger in Anspruch zu nehmen und die dafür erforderlichen Anträge zu stellen, sofern dies zur Vermeidung, Beseitigung, Verkürzung oder Verminderung der Hilfebedürftigkeit erforderlich ist. Abweichend von Satz 1 sind Leistungsberechtigte nicht verpflichtet,

1. **bis zur Vollendung des 63. Lebensjahres eine Rente wegen Alters vorzeitig in Anspruch zu nehmen oder**
2. **Wohngeld nach dem Wohngeldgesetz oder Kinderzuschlag nach dem Bundeskindergeldgesetz in Anspruch zu nehmen, wenn dadurch nicht die Hilfebedürftigkeit aller Mitglieder der Bedarfsgemeinschaft für einen zusammenhängenden Zeitraum von mindestens drei Monaten beseitigt würde.**

§ 13 Verordnungsermächtigung

(1) Das Bundesministerium für Arbeit und Soziales wird ermächtigt, im Einvernehmen mit dem Bundesministerium der Finanzen ohne Zustimmung des Bundesrates durch Rechtsverordnung zu bestimmen,

1. **welche weiteren Einnahmen nicht als Einkommen zu berücksichtigen sind und wie das Einkommen im Einzelnen zu berechnen ist,**
2. **welche weiteren Vermögensgegenstände nicht als Vermögen zu berücksichtigen sind und wie der Wert des Vermögens zu ermitteln ist,**
3. **welche Pauschbeträge für die von dem Einkommen abzusetzenden Beträge zu berücksichtigen sind,**
4. **welche durchschnittlichen monatlichen Beträge für einzelne Bedarfe nach § 28 für die Prüfung der Hilfebedürftigkeit zu berücksichtigen sind und welcher Eigenanteil des maßgebenden Regelbedarfs bei der Bemessung des Bedarfs nach § 28 Absatz 6 zugrunde zu legen ist.**

(2) Das Bundesministerium für Arbeit und Soziales wird ermächtigt, ohne Zustimmung des Bundesrates durch Rechtsverordnung zu bestimmen, unter welchen Voraussetzungen und für welche Dauer Leistungsberechtigte nach Vollendung des 63. Lebensjahres ausnahmsweise zur Vermeidung von Unbilligkeiten nicht verpflichtet sind, eine Rente wegen Alters vorzeitig in Anspruch zu nehmen.

(3) Das Bundesministerium für Arbeit und Soziales wird ermächtigt, durch Rechtsverordnung ohne Zustimmung des Bundesrates nähere Bestimmungen zum zeit- und ortsnahen Bereich (§ 7 Absatz 4a) sowie dazu zu treffen, wie lange und unter welchen Voraussetzungen sich erwerbsfähige Leistungsberechtigte außerhalb des zeit- und ortsnahen Bereichs aufhalten dürfen, ohne Ansprüche auf Leistungen nach diesem Buch zu verlieren.

(Fortsetzung SGB II Seite 63)

Verordnung zur Vermeidung unbilliger Härten durch Inanspruchnahme einer vorgezogenen Altersrente (Unbilligkeitsverordnung – UnbilligkeitsV)

vom 14. April 2008 (BGBl. I S. 734), geändert durch Verordnung vom 4. Oktober 2016 (BGBl. I S. 2210)

Auf Grund des § 13 Abs. 2 des Zweiten Buches Sozialgesetzbuch – Grundsicherung für Arbeitsuchende – (Artikel 1 des Gesetzes vom 24. Dezember 2003, BGBl. I S. 2954, 2955), der durch Artikel 2 Nr. 4 Buchstabe b des Gesetzes vom 8. April 2008 (BGBl. I S. 681) eingefügt worden ist, verordnet das Bundesministerium für Arbeit und Soziales:

§ 1 Grundsatz

Hilfebedürftige sind nach Vollendung des 63. Lebensjahrs nicht verpflichtet, eine Rente wegen Alters vorzeitig in Anspruch zu nehmen, wenn die Inanspruchnahme unbillig wäre.

§ 2 Verlust eines Anspruchs auf Arbeitslosengeld

Unbillig ist die Inanspruchnahme, wenn und solange sie zum Verlust eines Anspruchs auf Arbeitslosengeld führen würde.

§ 3 Bevorstehende abschlagsfreie Altersrente

Unbillig ist die Inanspruchnahme, wenn Hilfebedürftige in nächster Zukunft die Altersrente abschlagsfrei in Anspruch nehmen können.

§ 4 Erwerbstätigkeit

Unbillig ist die Inanspruchnahme, solange Hilfebedürftige sozialversicherungspflichtig beschäftigt sind oder aus sonstiger Erwerbstätigkeit ein entsprechend hohes Einkommen erzielen. Dies gilt nur, wenn die Beschäftigung oder sonstige Erwerbstätigkeit den überwiegenden Teil der Arbeitskraft in Anspruch nimmt.

§ 5 Bevorstehende Erwerbstätigkeit

(1) Unbillig ist die Inanspruchnahme, wenn Hilfebedürftige durch die Vorlage eines Arbeitsvertrages oder anderer ebenso verbindlicher, schriftlicher Zusagen glaubhaft machen, dass sie in nächster Zukunft eine Erwerbstätigkeit gemäß § 4 aufnehmen und nicht nur vorübergehend ausüben werden.

(2) Haben Hilfebedürftige bereits einmal glaubhaft gemacht, dass sie alsbald eine Erwerbstätigkeit nach Absatz 1 aufnehmen, so ist eine erneute Glaubhaftmachung ausgeschlossen.

(3) Ist bereits vor dem Zeitpunkt der geplanten Aufnahme der Beschäftigung oder Erwerbstätigkeit anzunehmen, dass diese nicht zustande kommen wird, entfällt die Unbilligkeit.

§ 6 Hilfebedürftigkeit im Alter

Unbillig ist die Inanspruchnahme, wenn Leistungsberechtigte dadurch hilfebedürftig im Sinne der Grundsicherung im Alter und bei Erwerbsminderung nach dem Vierten Kapitel des Zwölften Buches Sozialgesetzbuch werden würden. Dies ist insbesondere anzunehmen, wenn der Betrag in Höhe von 70 Prozent der bei Erreichen der Altersgrenze (§ 7 a des Zweiten Buches Sozialgesetzbuch) zu erwartenden monatlichen Regelaltersrente niedriger ist als der zum Zeitpunkt der Entscheidung über die Unbilligkeit maßgebende Bedarf der leistungsberechtigten Person nach dem Zweiten Buch Sozialgesetzbuch.

§ 7 Inkrafttreten

Diese Verordnung tritt mit Wirkung vom 1. Januar 2008 in Kraft.

Verordnung zur Berechnung von Einkommen sowie zur Nichtberücksichtigung von Einkommen und Vermögen beim Arbeitslosengeld II/Sozialgeld (Arbeitslosengeld II/Sozialgeld-Verordnung – Alg II–V)

vom 17. Dezember 2007 (BGBl. I S. 2942), zuletzt geändert durch Art. 1 der Verordnung vom 26. Juli 2016 (BGBl. I S. 1858)

Auf Grund des § 13 des Zweiten Buches Sozialgesetzbuch – Grundsicherung für Arbeitsuchende – (Artikel 1 des Gesetzes vom 24. Dezember 2003, BGBl. I S. 2954, 2955), der durch Artikel 1 Nr. 11 des Gesetzes vom 20. Juli 2006 (BGBl. I S. 1706) geändert worden ist, verordnet das Bundesministerium für Arbeit und Soziales im Einvernehmen mit dem Bundesministerium der Finanzen:

§ 1 Nicht als Einkommen zu berücksichtigende Einnahmen

(1) Außer den in § 11 a des Zweiten Buches Sozialgesetzbuch genannten Einnahmen sind nicht als Einkommen zu berücksichtigen:

1. Einnahmen, wenn sie innerhalb eines Kalendermonats 10 Euro nicht übersteigen,
2. Leistungen, die ausdrücklich für die bei der Leistung nach § 19 Absatz 2 Satz 1 in Verbindung mit § 28 Absatz 6 des Zweiten Buches Sozialgesetzbuch zu berücksichtigenden ersparten häuslichen Verbrauchsausgaben erbracht werden, bis zur Höhe des Betrages nach § 5 a Nummer 3,
3. Einnahmen aus Kapitalvermögen, soweit sie 100 Euro kalenderjährlich nicht übersteigen,
4. nicht steuerpflichtige Einnahmen einer Pflegeperson für Leistungen der Grundpflege und der hauswirtschaftlichen Versorgung,
5. bei Soldaten der Auslandsverwendungszuschlag und der Leistungszuschlag,

6. die aus Mitteln des Bundes gezahlte Überbrückungsbeihilfe nach Artikel IX Abs. 4 des Abkommens zwischen den Parteien des Nordatlantikvertrages über die Rechtsstellung ihrer Truppen (NATO-Truppenstatut) vom 19. Juni 1951 (BGBl. 1961 II S. 1190) an ehemalige Arbeitnehmer bei den Stationierungsstreitkräften und nach Artikel 5 des Gesetzes zu den Notenwechseln vom 25. September 1990 und 23. September 1991 über die Rechtsstellung der in Deutschland stationierten verbündeten Streitkräfte und zu den Übereinkommen vom 25. September 1990 zur Regelung bestimmter Fragen in Bezug auf Berlin vom 3. Januar 1994 (BGBl. 1994 II S. 26) an ehemalige Arbeitnehmer bei den alliierten Streitkräften in Berlin,
7. die Eigenheimzulage, soweit sie nachweislich zur Finanzierung einer nach § 12 Abs. 3 Satz 1 Nr. 4 des Zweiten Buches Sozialgesetzbuch nicht als Vermögen zu berücksichtigenden Immobilie verwendet wird,
8. Kindergeld für Kinder des Hilfebedürftigen, soweit es nachweislich an das nicht im Haushalt des Hilfebedürftigen lebende Kind weitergeleitet wird,
9. bei Sozialgeldempfängern, die das 15. Lebensjahr noch nicht vollendet haben, Einnahmen aus Erwerbstätigkeit, soweit sie einen Betrag von 100 Euro monatlich nicht übersteigen,
10. *(aufgehoben)*
11. Verpflegung, die außerhalb der in den §§ 2, 3 und 4 Nummer 4 genannten Einkommensarten bereitgestellt wird,
12. Geldgeschenke an Minderjährige anlässlich der Firmung, Kommunion, Konfirmation oder vergleichbarer religiöser Feste sowie anlässlich der Jugendweihe, soweit sie den in § 12 Absatz 2 Satz 1 Nummer 1 a des Zweiten Buches Sozialgesetzbuch genannten Betrag nicht überschreiten.

(2) Bei der § 9 Abs. 5 des Zweiten Buches Sozialgesetzbuch zugrunde liegenden Vermutung, dass Verwandte und Verschwägerte an mit ihnen in Haushaltsgemeinschaft lebende Hilfebedürftige Leistungen erbringen, sind die um die Absetzbeträge nach § 11 b des Zweiten Buches Sozialgesetzbuch bereinigten Einnahmen in der Regel nicht als Einkommen zu berücksichtigen, soweit sie einen Freibetrag in Höhe des doppelten Betrags des nach § 20 Absatz 2 Satz 1 des Zweiten Buches Sozialgesetzbuch maßgebenden Regelbedarfs zuzüglich der anteiligen Aufwendungen für Unterkunft und Heizung sowie darüber hinausgehend 50 Prozent der diesen Freibetrag übersteigenden bereinigten Einnahmen nicht überschreiten. § 11 Abs. 1, 3, 3 a und 4 des Zweiten Buches Sozialgesetzbuch gilt entsprechend.

(3) Die Verletztenrente nach dem Siebten Buch Sozialgesetzbuch ist teilweise nicht als Einkommen zu berücksichtigen, wenn sie auf Grund eines in Ausübung der Wehrpflicht bei der Nationalen Volksarmee der ehemaligen Deutschen Demokratischen Republik erlittenen Gesundheitsschadens erbracht wird. Dabei bestimmt sich die Höhe des nicht zu berücksichtigenden Betrages nach der Höhe der Grundrente nach § 31 des Bundesversorgungsgesetzes, die für den Grad der Schädigungsfolgen zu zahlen ist, der der jeweiligen Minderung der Erwerbsfähigkeit entspricht. Bei einer Minderung der Erwerbsfähigkeit um 20 Prozent beträgt der nicht zu berücksichtigende Betrag zwei Drittel, bei einer Minderung der Erwerbsfähigkeit um 10 Prozent ein Drittel der Mindestgrundrente nach dem Bundesversorgungsgesetz.

(4) Nicht als Einkommen zu berücksichtigen sind Einnahmen von Schülerinnen und Schülern allgemein- oder berufsbildender Schulen, die das 25. Lebensjahr noch nicht vollendet haben, aus Erwerbstätigkeiten, die in den Schulferien für höchstens vier Wochen je Kalenderjahr ausgeübt werden, soweit diese einen Betrag in Höhe von 1 200 Euro kalenderjährlich nicht überschreiten. Für die Bemessung des Zeitraums nach Satz 1 bleiben in den Schulferien ausgeübte Erwerbstätigkeiten mit einem Einkommen, das monatlich den in § 11 b Absatz 2 Satz 1 des Zweiten Buches Sozialgesetzbuch oder in Absatz 1 Nummer 9 genannten monatlichen Betrag nicht übersteigt, außer Betracht. Satz 1 gilt nicht für Schülerinnen und Schüler, die einen Anspruch auf Ausbildungsvergütung haben. Die Bestimmungen des Jugendarbeitsschutzgesetzes bleiben unberührt.

§ 2 Berechnung des Einkommens aus nichtselbständiger Arbeit

(1) Bei der Berechnung des Einkommens aus nichtselbständiger Arbeit (§ 14 des Vierten Buches Sozialgesetzbuch) ist von den Bruttoeinnahmen auszugehen.

(2) *(weggefallen)*

(3) *(aufgehoben)*

(4) *(weggefallen)*

(5) Bei der Berechnung des Einkommens ist der Wert der vom Arbeitgeber bereitgestellten Vollverpflegung mit täglich 1 Prozent des nach § 20 des Zweiten Buches Sozialgesetzbuch maßgebenden monatlichen Regelbedarfs anzusetzen. Wird Teilverpflegung bereitgestellt, entfallen auf das Frühstück ein Anteil von 20 Prozent und auf das Mittag- und Abendessen Anteile von je 40 Prozent des sich nach Satz 1 ergebenden Betrages.

(6) Sonstige Einnahmen in Geldeswert sind mit ihrem Verkehrswert als Einkommen anzusetzen.

(7) Das Einkommen kann nach Anhörung geschätzt werden, wenn

1. Leistungen der Grundsicherung für Arbeitsuchende einmalig oder für kurze Zeit zu erbringen sind oder Einkommen nur für kurze Zeit zu berücksichtigen ist oder
2. die Entscheidung über die Erbringung von Leistungen der Grundsicherung für Arbeitsuchende im Einzelfall keinen Aufschub duldet.

§ 3 Berechnung des Einkommens aus selbständiger Arbeit, Gewerbebetrieb oder Land- und Forstwirtschaft

(1) Bei der Berechnung des Einkommens aus selbständiger Arbeit, Gewerbebetrieb oder Land- und Forstwirtschaft ist von den Betriebseinnahmen auszugehen. Betriebseinnahmen sind alle aus selbständiger Arbeit, Gewerbebetrieb oder Land- und Forstwirtschaft erzielten Einnahmen, die im Bewilligungszeitraum (§ 41 Abs. 1 Satz 4 des Zweiten Buches Sozialgesetzbuch) tatsächlich zufließen. Wird eine Erwerbstätigkeit nach Satz 1 nur während eines Teils des Bewilligungszeitraums ausgeübt, ist das Einkommen nur für diesen Zeitraum zu berechnen.

(2) Zur Berechnung des Einkommens sind von den Betriebseinnahmen die im Bewilligungszeitraum tatsächlich geleisteten notwendigen Ausgaben mit Ausnahme der nach § 11 Abs. 2 des Zweiten Buches Sozialgesetzbuch abzusetzenden Beträge ohne Rücksicht auf steuerrechtliche Vorschriften abzusetzen.

(3) Tatsächliche Ausgaben sollen nicht abgesetzt werden, soweit diese ganz oder teilweise vermeidbar sind oder offensichtlich nicht den Lebensumständen während des Bezuges der Leistungen zur Grundsicherung für Arbeitsuchende entsprechen. Nachgewiesene Einnahmen können bei der Berechnung angemessen erhöht werden, wenn anzunehmen ist, dass die nachgewiesene Höhe der Einnahmen offensichtlich nicht den tatsächlichen Einnahmen entspricht. Ausgaben können bei der Berechnung nicht abgesetzt werden, soweit das Verhältnis der Ausgaben zu den jeweiligen Erträgen in einem auffälligen Missverhältnis steht. Ausgaben sind ferner nicht abzusetzen, soweit für sie Darlehen oder Zuschüsse nach dem Zweiten Buch Sozialgesetzbuch erbracht oder betriebliche Darlehen aufgenommen worden sind. Dies gilt auch für Ausgaben, soweit zu deren Finanzierung andere Darlehen verwandt werden.

(4) Für jeden Monat ist der Teil des Einkommens zu berücksichtigen, der sich bei der Teilung des Gesamteinkommens im Bewilligungszeitraum durch die Anzahl der Monate im Bewilligungszeitraum ergibt. Im Fall des Absatzes 1 Satz 3 gilt als monatliches Einkommen derjenige Teil des Einkommens, der der Anzahl der in den in Absatz 1 Satz 3 genannten Zeitraum fallenden Monate entspricht. Von dem Einkommen sind die Beträge nach § 11 Abs. 2 des Zweiten Buches Sozialgesetzbuch abzusetzen.

(5) *(aufgehoben)*

(6) *(aufgehoben)*

(7) Wird ein Kraftfahrzeug überwiegend betrieblich genutzt, sind die tatsächlich geleisteten notwendigen Ausgaben für dieses Kraftfahrzeug als betriebliche Ausgabe abzusetzen. Für private Fahrten sind die Ausgaben um 0,10 Euro für jeden gefahrenen Kilometer zu vermindern. Ein Kraftfahrzeug gilt als überwiegend betrieblich genutzt, wenn es zu mindestens 50 Prozent betrieblich genutzt wird. Wird ein Kraftfahrzeug überwiegend privat genutzt, sind die tatsächlichen Ausgaben keine Betriebsausgaben. Für betriebliche Fahrten können 0,10 Euro für jeden mit dem privaten Kraftfahrzeug gefahrenen Kilometer abgesetzt werden, soweit der oder die erwerbsfähige Leistungsberechtigte nicht höhere notwendige Ausgaben für Kraftstoff nachweist.

§ 4 Berechnung des Einkommens in sonstigen Fällen

Für die Berechnung des Einkommens aus Einnahmen, die nicht unter die §§ 2 und 3 fallen, ist § 2 entsprechend anzuwenden. Hierzu gehören insbesondere Einnahmen aus

1. Sozialleistungen,
2. Vermietung und Verpachtung,
3. Kapitalvermögen sowie
4. Wehr-, Ersatz- und Freiwilligendienstverhältnissen.

§ 5 Begrenzung abzugsfähiger Ausgaben

Ausgaben sind höchstens bis zur Höhe der Einnahmen aus derselben Einkunftsart abzuziehen. Einkommen darf nicht um Ausgaben einer anderen Einkommensart vermindert werden.

§ 5a Beträge für die Prüfung der Hilfebedürftigkeit

Bei der Prüfung der Hilfebedürftigkeit ist zugrunde zu legen

1. für die Schulausflüge (§ 28 Absatz 2 Satz 1 Nummer 1 des Zweiten Buches Sozialgesetzbuch) ein Betrag von drei Euro monatlich,
2. für die mehrtägigen Klassenfahrten (§ 28 Absatz 2 Satz 1 Nummer 2 des Zweiten Buches Sozialgesetzbuch) monatlich der Betrag, der sich bei der Teilung der Aufwendungen, die für die mehrtägige Klassenfahrt entstehen, auf einen Zeitraum von sechs Monaten ab Beginn des auf den Antrag folgenden Monats ergibt,
3. für die ersparten häuslichen Verbrauchsausgaben bei Inanspruchnahme gemeinschaftlicher Mittagsverpflegung der in § 9 des Regelbedarfs-Ermittlungsgesetzes genannte Betrag.

§ 6 Pauschbeträge für vom Einkommen abzusetzende Beträge

(1) Als Pauschbeträge sind abzusetzen

1. von dem Einkommen volljähriger Leistungsberechtigter ein Betrag in Höhe von 30 Euro monatlich für die Beiträge zu privaten Versicherungen nach § 11 b Absatz 1 Nummer 3 des Zweiten Buches Sozialgesetzbuch, die nach Grund und Höhe angemessen sind,
2. von dem Einkommen Minderjähriger ein Betrag in Höhe von 30 Euro monatlich für die Beiträge zu privaten Versicherungen nach § 11 b Absatz 1 Satz 1 Nummer 3 des Zweiten Buches Sozialgesetzbuch, die nach Grund und Höhe angemessen sind, wenn der oder die Minderjährige eine entsprechende Versicherung abgeschlossen hat,
3. von dem Einkommen Leistungsberechtigter monatlich ein Betrag in Höhe eines Zwölftels der zum Zeitpunkt der Entscheidung über den Leistungsanspruch nachgewiesenen Jahresbeiträge zu den gesetzlich vorgeschriebenen Versicherungen nach § 11 b Absatz 1 Satz 1 Nummer 3 des Zweiten Buches Sozialgesetzbuch,
4. von dem Einkommen Leistungsberechtigter ein Betrag in Höhe von 3 Prozent des Einkommens, mindestens 5 Euro, für die zu einem geförderten Altersvorsorgevertrag entrichteten Beiträge nach § 11 b Absatz 1 Satz 1 Nummer 4 des Zweiten Buches Sozialgesetzbuch; der Prozentwert mindert sich um 1,5 Prozentpunkte je zulageberechtigtes Kind im Haushalt der oder des Leistungsberechtigten,
5. von dem Einkommen Erwerbstätiger für die Beträge nach § 11 b Absatz 1 Satz 1 Nummer 5 des Zweiten Buches Sozialgesetzbuch bei Benutzung eines Kraftfahrzeuges für die Fahrt zwischen Wohnung und Arbeitsstätte für Wegstrecken zur Ausübung der Erwerbstätigkeit 0,20 Euro für jeden Entfernungskilometer der kürzesten Straßenverbindung, soweit der oder

die erwerbsfähige Leistungsberechtigte nicht höhere notwendige Ausgaben nachweist.

(2) Sofern die Berücksichtigung des Pauschbetrags nach Absatz 1 Nummer 5 im Vergleich zu den bei Benutzung eines zumutbaren öffentlichen Verkehrsmittels anfallenden Fahrtkosten unangemessen hoch ist, sind nur diese als Pauschbetrag abzusetzen.

(3) Für Mehraufwendungen für Verpflegung ist, wenn die erwerbsfähige leistungsberechtigte Person vorübergehend von *seiner*[1] Wohnung und dem Mittelpunkt seiner dauerhaft angelegten Erwerbstätigkeit entfernt erwerbstätig ist, für jeden Kalendertag, an dem die erwerbsfähige leistungsberechtigte Person wegen dieser vorübergehenden Tätigkeit von *seiner*[1] Wohnung und dem Tätigkeitsmittelpunkt mindestens zwölf Stunden abwesend ist, ein Pauschbetrag in Höhe von 6 Euro abzusetzen.

§ 7 Nicht zu berücksichtigendes Vermögen

(1) Außer dem in § 12 Abs. 3 des Zweiten Buches Sozialgesetzbuch genannten Vermögen sind Vermögensgegenstände nicht als Vermögen zu berücksichtigen, die zur Aufnahme oder Fortsetzung der Berufsausbildung oder der Erwerbstätigkeit unentbehrlich sind.

(2) Bei der § 9 Abs. 5 des Zweiten Buches Sozialgesetzbuch zu Grunde liegenden Vermutung, dass Verwandte und Verschwägerte an mit ihnen in Haushaltsgemeinschaft lebende Leistungsberechtigte Leistungen erbringen, ist Vermögen nicht zu berücksichtigen, das nach § 12 Abs. 2 des Zweiten Buches Sozialgesetzbuch abzusetzen oder nach § 12 Abs. 3 des Zweiten Buches Sozialgesetzbuch nicht zu berücksichtigen ist.

§ 8 Wert des Vermögens

Das Vermögen ist ohne Rücksicht auf steuerrechtliche Vorschriften mit seinem Verkehrswert zu berücksichtigen.

§ 9 Übergangsvorschrift

§ 6 Absatz 1 Nummer 3 und 4 in der ab dem 1. August 2016 geltenden Fassung ist erstmals anzuwenden für Bewilligungszeiträume, die nach dem 31. Juli 2016 begonnen haben.

§ 10 Inkrafttreten, Außerkrafttreten

Diese Verordnung tritt am 1. Januar 2008 in Kraft. Gleichzeitig tritt die Arbeitslosengeld II/Sozialgeld-Verordnung vom 20. Oktober 2004 (BGBl. I S. 2622), zuletzt geändert durch Artikel 3 Abs. 3 der Verordnung vom 21. Dezember 2006 (BGBl. I S. 3385), außer Kraft.

---

1 Richtig wohl: *ihrer*.

Kapitel 3
Leistungen

Abschnitt 1
Leistungen zur Eingliederung in Arbeit

§ 14 Grundsatz des Förderns

(1) Die Träger der Leistungen nach diesem Buch unterstützen erwerbsfähige Leistungsberechtigte umfassend mit dem Ziel der Eingliederung in Arbeit.

(2) Leistungsberechtigte Personen erhalten Beratung. Aufgabe der Beratung ist insbesondere die Erteilung von Auskunft und Rat zu Selbsthilfeobliegenheiten und Mitwirkungspflichten, zur Berechnung der Leistungen zur Sicherung des Lebensunterhalts und zur Auswahl der Leistungen im Rahmen des Eingliederungsprozesses. Art und Umfang der Beratung richten sich nach dem Beratungsbedarf der leistungsberechtigten Person.

(3) Die Agentur für Arbeit soll eine persönliche Ansprechpartnerin oder einen persönlichen Ansprechpartner für jede erwerbsfähige leistungsberechtigte Person und die mit dieser in einer Bedarfsgemeinschaft lebenden Personen benennen.

(4) Die Träger der Leistungen nach diesem Buch erbringen unter Beachtung der Grundsätze von Wirtschaftlichkeit und Sparsamkeit alle im Einzelfall für die Eingliederung in Arbeit erforderlichen Leistungen.

§ 15 Eingliederungsvereinbarung

(1) Die Agentur für Arbeit soll unverzüglich zusammen mit jeder erwerbsfähigen leistungsberechtigten Person die für die Eingliederung erforderlichen persönlichen Merkmale, berufliche Fähigkeiten und die Eignung feststellen (Potenzialanalyse). Die Feststellungen erstrecken sich auch darauf, ob und durch welche Umstände die berufliche Eingliederung voraussichtlich erschwert sein wird.

(2) Die Agentur für Arbeit soll im Einvernehmen mit dem kommunalen Träger mit jeder erwerbsfähigen leistungsberechtigten Person unter Berücksichtigung der Feststellungen nach Absatz 1 die für ihre Eingliederung erforderlichen Leistungen vereinbaren (Eingliederungsvereinbarung). In der Eingliederungsvereinbarung soll bestimmt werden,

1. **welche Leistungen zur Eingliederung in Ausbildung oder Arbeit nach diesem Abschnitt die leistungsberechtigte Person erhält,**
2. **welche Bemühungen erwerbsfähige Leistungsberechtigte in welcher Häufigkeit zur Eingliederung in Arbeit mindestens unternehmen sollen und in welcher Form diese Bemühungen nachzuweisen sind,**
3. **wie Leistungen anderer Leistungsträger in den Eingliederungsprozess einbezogen werden.**

Die Eingliederungsvereinbarung kann insbesondere bestimmen, in welche Tätigkeiten oder Tätigkeitsbereiche die leistungsberechtigte Person vermittelt werden soll.

(3) Die Eingliederungsvereinbarung soll regelmäßig, spätestens jedoch nach Ablauf von sechs Monaten, gemeinsam überprüft und fortgeschrieben werden. Bei jeder folgenden Eingliederungsvereinbarung sind die bisher gewonnenen Erfahrungen zu berücksichtigen. Soweit eine Vereinbarung nach Absatz 2 nicht zustande kommt, sollen die Regelungen durch Verwaltungsakt getroffen werden.

(4) In der Eingliederungsvereinbarung kann auch vereinbart werden, welche Leistungen die Personen erhalten, die mit der oder dem erwerbsfähigen Leistungsberechtigten in einer Bedarfsgemeinschaft leben. Diese Personen sind hierbei zu beteiligen.

§ 15 a *(weggefallen)*

§ 16 Leistungen zur Eingliederung

(1) Zur Eingliederung in Arbeit erbringt die Agentur für Arbeit Leistungen nach § 35 des Dritten Buches. Sie kann folgende Leistungen des Dritten Kapitels des Dritten Buches erbringen:

1. die übrigen Leistungen der Beratung und Vermittlung nach dem Ersten Abschnitt,
2. Leistungen zur Aktivierung und beruflichen Eingliederung nach dem Zweiten Abschnitt,
3. Leistungen zur Berufsausbildung nach dem Vierten Unterabschnitt des Dritten Abschnitts und Leistungen nach den §§ 54 a und 130,
4. Leistungen zur beruflichen Weiterbildung nach dem Vierten Abschnitt und Leistungen nach den §§ 131 a und 131 b,
5. Leistungen zur Aufnahme einer sozialversicherungspflichtigen Beschäftigung nach dem Ersten Unterabschnitt des Fünften Abschnitts.

Für Eingliederungsleistungen an erwerbsfähige behinderte Leistungsberechtigte nach diesem Buch gelten die §§ 112 bis 114, 115 Nummer 1 bis 3 mit Ausnahme berufsvorbereitender Bildungsmaßnahmen und der Berufsausbildungsbeihilfe, § 116 Absatz 1, 2 und 5, die §§ 117, 118 Satz 1 Nummer 3, Satz 2 und die §§ 127 und 128 des Dritten Buches entsprechend. § 1 Absatz 2 Nummer 4 sowie § 36 und § 81 Absatz 3 des Dritten Buches sind entsprechend anzuwenden.

(2) Soweit dieses Buch nichts Abweichendes regelt, gelten für die Leistungen nach Absatz 1 die Voraussetzungen und Rechtsfolgen des Dritten Buches mit Ausnahme der Verordnungsermächtigung nach § 47 des Dritten Buches sowie der Anordnungsermächtigungen für die Bundesagentur und mit der Maßgabe, dass an die Stelle des Arbeitslosengeldes das Arbeitslosengeld II tritt. § 44 Absatz 3 Satz 3 des Dritten Buches gilt mit der Maßgabe, dass die Förderung aus dem Vermittlungsbudget auch die anderen Leistungen nach dem Zweiten Buch nicht aufstocken, ersetzen oder umgehen darf. Die Arbeitsgelegenheiten nach diesem Buch stehen

den in § 421 f Absatz 1 Nummer 1 des Dritten Buches genannten Maßnahmen der öffentlich geförderten Beschäftigung und den in § 421 g Absatz 1 Satz 1 des Dritten Buches genannten Arbeitsbeschaffungs- und Strukturanpassungsmaßnahmen gleich.

(3) Abweichend von § 44 Absatz 1 Satz 1 des Dritten Buches können Leistungen auch für die Anbahnung und Aufnahme einer schulischen Berufsausbildung erbracht werden. Abweichend von § 45 Absatz 2 Satz 2 und Absatz 4 Satz 3 Nummer 3 des Dritten Buches darf bei Langzeitarbeitslosen oder bei erwerbsfähigen Leistungsberechtigten, die das 25. Lebensjahr noch nicht vollendet haben und deren berufliche Eingliederung auf Grund von schwerwiegenden Vermittlungshemmnissen besonders erschwert ist, die Teilnahme an Maßnahmen oder Teilen von Maßnahmen, die bei oder von einem Arbeitgeber durchgeführt werden, jeweils die Dauer von zwölf Wochen nicht überschreiten.

(3 a) Abweichend von § 81 Absatz 4 des Dritten Buches kann die Agentur für Arbeit unter Anwendung des Vergaberechts Träger mit der Durchführung von Maßnahmen der beruflichen Weiterbildung beauftragen, wenn die Maßnahme den Anforderungen des § 180 des Dritten Buches entspricht und

1. eine dem Bildungsziel entsprechende Maßnahme örtlich nicht verfügbar ist oder
2. die Eignung und persönlichen Verhältnisse der erwerbsfähigen Leistungsberechtigten dies erfordern.

§ 176 Absatz 2 des Dritten Buches findet keine Anwendung.

(4) Die Agentur für Arbeit als Träger der Grundsicherung für Arbeitsuchende kann die Ausbildungsvermittlung durch die für die Arbeitsförderung zuständigen Stellen der Bundesagentur wahrnehmen lassen. Das Bundesministerium für Arbeit und Soziales wird ermächtigt, durch Rechtsverordnung ohne Zustimmung des Bundesrates das Nähere über die Höhe, Möglichkeiten der Pauschalierung und den Zeitpunkt der Fälligkeit der Erstattung von Aufwendungen bei der Ausführung des Auftrags nach Satz 1 festzulegen.

(5) *(weggefallen)*

§ 16 a Kommunale Eingliederungsleistungen

Zur Verwirklichung einer ganzheitlichen und umfassenden Betreuung und Unterstützung bei der Eingliederung in Arbeit können die folgenden Leistungen, die für die Eingliederung der oder des erwerbsfähigen Leistungsberechtigten in das Erwerbsleben erforderlich sind, erbracht werden:

1. die Betreuung minderjähriger oder behinderter Kinder oder die häusliche Pflege von Angehörigen,
2. die Schuldnerberatung,
3. die psychosoziale Betreuung,
4. die Suchtberatung.

§ 16b Einstiegsgeld

(1) Zur Überwindung von Hilfebedürftigkeit kann erwerbsfähigen Leistungsberechtigten bei Aufnahme einer sozialversicherungspflichtigen oder selbständigen Erwerbstätigkeit ein Einstiegsgeld erbracht werden, wenn dies zur Eingliederung in den allgemeinen Arbeitsmarkt erforderlich ist. Das Einstiegsgeld kann auch erbracht werden, wenn die Hilfebedürftigkeit durch oder nach Aufnahme der Erwerbstätigkeit entfällt.

(2) Das Einstiegsgeld wird, soweit für diesen Zeitraum eine Erwerbstätigkeit besteht, für höchstens 24 Monate erbracht. Bei der Bemessung der Höhe des Einstiegsgeldes sollen die vorherige Dauer der Arbeitslosigkeit sowie die Größe der Bedarfsgemeinschaft berücksichtigt werden, in der die oder der erwerbsfähige Leistungsberechtigte lebt.

(3) Das Bundesministerium für Arbeit und Soziales wird ermächtigt, im Einvernehmen mit dem Bundesministerium der Finanzen ohne Zustimmung des Bundesrates durch Rechtsverordnung zu bestimmen, wie das Einstiegsgeld zu bemessen ist.Bei der Bemessung ist neben der Berücksichtigung der in Absatz 2 Satz 2 genannten Kriterien auch ein Bezug zu dem für die oder den erwerbsfähigen Leistungsberechtigten jeweils maßgebenden Regelbedarf herzustellen.

(Fortsetzung SGB II Seite 67)

Verordnung zur Bemessung von Einstiegsgeld (Einstiegsgeld-Verordnung – ESGV)

vom 29. Juli 2009 (BGBl. I S. 2342), geändert durch Gesetz vom 24. März 2011 (BGBl. I S. 453)

Auf Grund des § 16 Absatz 3 des Zweiten Buches Sozialgesetzbuch – Grundsicherung für Arbeitsuchende – (Artikel 1 des Gesetzes vom 24. Dezember 2003, BGBl. I S. 2954, 2955), der durch Artikel 2 Nummer 6 des Gesetzes vom 21. Dezember 2008 (BGBl. I S. 2917) eingefügt worden ist, verordnet das Bundesministerium für Arbeit und Soziales im Einvernehmen mit dem Bundesministerium der Finanzen:

§ 1 Einzelfallbezogene Bemessung des Einstiegsgeldes

(1) Bei der einzelfallbezogenen Bemessung des Einstiegsgeldes ist ein monatlicher Grundbetrag zu bestimmen, dem Ergänzungsbeträge hinzugefügt werden sollen. Der monatliche Grundbetrag berücksichtigt den für erwerbsfähige Leistungsberechtigte jeweils maßgebenden Regelbedarf. Die Ergänzungsbeträge berücksichtigen die vorherige Dauer der Arbeitslosigkeit und die Größe der Bedarfsgemeinschaft, in der die oder der erwerbsfähige Leistungsberechtigte lebt.

(2) Der Grundbetrag des Einstiegsgeldes darf höchstens 50 vom Hundert des für erwerbsfähige Leistungsberechtigte maßgebenden Regelbedarfs nach § 20 des Zweiten Buches Sozialgesetzbuch betragen. Bei der Bemessung kann festgelegt werden, dass sich die Höhe des Grundbetrages innerhalb des Förderzeitraums in Abhängigkeit von der Förderdauer verändert.

(3) Bei erwerbsfähigen Leistungsberechtigten, die vor Aufnahme der mit Einstiegsgeld geförderten sozialversicherungspflichtigen oder selbständigen Erwerbstätigkeit bereits zwei Jahre oder länger arbeitslos waren, soll ein Ergänzungsbetrag gezahlt werden. Der Ergänzungsbetrag entspricht 20 vom Hundert des Regelbedarfs zur Sicherung des Lebensunterhalts nach § 20 Absatz 2 Satz 1 des Zweiten Buches Sozialgesetzbuch. Bei Personen, deren Eingliederung in Arbeit wegen in ihrer Person liegender Umstände erschwert ist, soll der Ergänzungsbetrag nach Satz 2 bereits nach einer vorherigen Dauer der Arbeitslosigkeit von mindestens sechs Monaten gezahlt werden. § 18 Absatz 2 des Dritten Buches Sozialgesetzbuch gilt für Satz 1 und Satz 3 entsprechend.

(4) Bei erwerbsfähigen Leistungsberechtigten, die mit weiteren Personen in einer Bedarfsgemeinschaft leben, soll je weiterer leistungsberechtigter Person ein Ergänzungsbetrag gezahlt werden. Der Ergänzungsbetrag entspricht 10 vom Hundert des Regelbedarfs zur Sicherung des Lebensunterhalts nach § 20 Absatz 2 Satz 1 des Zweiten Buches Sozialgesetzbuch.

(5) Das Einstiegsgeld für erwerbsfähige Leistungsberechtigte darf bei der einzelfallbezogenen Bemessung monatlich einen Gesamtbetrag nicht überschreiten, der dem Regelbedarf zur Sicherung des Lebensunterhalts nach § 20 Absatz 2 Satz 1 des Zweiten Buches Sozialgesetzbuch entspricht.

§ 2 Pauschale Bemessung des Einstiegsgeldes bei besonders zu fördernden Personengruppen

(1) Das Einstiegsgeld kann abweichend von § 1 pauschal bemessen werden, wenn dies zur Eingliederung von besonders zu fördernden Personengruppen in den allgemeinen Arbeitsmarkt erforderlich ist. Bei der Bemessung kann festgelegt werden, dass sich die Höhe des Einstiegsgeldes innerhalb des Förderzeitraums in Abhängigkeit von der Förderdauer verändert.

(2) Das Einstiegsgeld für erwerbsfähige Leistungsberechtigte darf in den Fällen des Absatzes 1 monatlich einen Betrag nicht überschreiten, der 75 vom Hundert des Regelbedarfs zur Sicherung des Lebensunterhalts nach § 20 Absatz 2 Satz 1 des Zweiten Buches Sozialgesetzbuch entspricht.

§ 3 Inkrafttreten

Diese Verordnung tritt am ersten Tag des auf die Verkündung folgenden Kalendermonats in Kraft.

---

§ 16c Leistungen zur Eingliederung von Selbständigen

(1) Erwerbsfähige Leistungsberechtigte, die eine selbständige, hauptberufliche Tätigkeit aufnehmen oder ausüben, können Darlehen und Zu-

schüsse für die Beschaffung von Sachgütern erhalten, die für die Ausübung der selbständigen Tätigkeit notwendig und angemessen sind. Zuschüsse dürfen einen Betrag von 5000 Euro nicht übersteigen.

(2) Erwerbsfähige Leistungsberechtigte, die eine selbständige, hauptberufliche Tätigkeit ausüben, können durch geeignete Dritte durch Beratung oder Vermittlung von Kenntnissen und Fertigkeiten gefördert werden, wenn dies für die weitere Ausübung der selbständigen Tätigkeit erforderlich ist. Die Vermittlung von beruflichen Kenntnissen ist ausgeschlossen.

(3) Leistungen zur Eingliederung von erwerbsfähigen Leistungsberechtigten, die eine selbständige, hauptberufliche Tätigkeit aufnehmen oder ausüben, können nur gewährt werden, wenn zu erwarten ist, dass die selbständige Tätigkeit wirtschaftlich tragfähig ist und die Hilfebedürftigkeit durch die selbständige Tätigkeit innerhalb eines angemessenen Zeitraums dauerhaft überwunden oder verringert wird. Zur Beurteilung der Tragfähigkeit der selbständigen Tätigkeit soll die Agentur für Arbeit die Stellungnahme einer fachkundigen Stelle verlangen.

§ 16d Arbeitsgelegenheiten

(1) Erwerbsfähige Leistungsberechtigte können zur Erhaltung oder Wiedererlangung ihrer Beschäftigungsfähigkeit, die für eine Eingliederung in Arbeit erforderlich ist, in Arbeitsgelegenheiten zugewiesen werden, wenn die darin verrichteten Arbeiten zusätzlich sind, im öffentlichen Interesse liegen und wettbewerbsneutral sind. § 18d Satz 2 findet Anwendung.

(2) Arbeiten sind zusätzlich, wenn sie ohne die Förderung nicht, nicht in diesem Umfang oder erst zu einem späteren Zeitpunkt durchgeführt würden. Arbeiten, die auf Grund einer rechtlichen Verpflichtung durchzuführen sind oder die üblicherweise von juristischen Personen des öffentlichen Rechts durchgeführt werden, sind nur förderungsfähig, wenn sie ohne die Förderung voraussichtlich erst nach zwei Jahren durchgeführt würden. Ausgenommen sind Arbeiten zur Bewältigung von Naturkatastrophen und sonstigen außergewöhnlichen Ereignissen.

(3) Arbeiten liegen im öffentlichen Interesse, wenn das Arbeitsergebnis der Allgemeinheit dient. Arbeiten, deren Ergebnis überwiegend erwerbswirtschaftlichen Interessen oder den Interessen eines begrenzten Personenkreises dient, liegen nicht im öffentlichen Interesse. Das Vorliegen des öffentlichen Interesses wird nicht allein dadurch ausgeschlossen, dass das Arbeitsergebnis auch den in der Maßnahme beschäftigten Leistungsberechtigten zugute kommt, wenn sichergestellt ist, dass die Arbeiten nicht zu einer Bereicherung Einzelner führen.

(4) Arbeiten sind wettbewerbsneutral, wenn durch sie eine Beeinträchtigung der Wirtschaft infolge der Förderung nicht zu befürchten ist und Erwerbstätigkeit auf dem allgemeinen Arbeitsmarkt weder verdrängt noch in ihrer Entstehung verhindert wird.

(5) Leistungen zur Eingliederung in Arbeit nach diesem Buch, mit denen die Aufnahme einer Erwerbstätigkeit auf dem allgemeinen Arbeitsmarkt

unmittelbar unterstützt werden kann, haben Vorrang gegenüber der Zuweisung in Arbeitsgelegenheiten.

(6) Erwerbsfähige Leistungsberechtigte dürfen innerhalb eines Zeitraums von fünf Jahren nicht länger als insgesamt 24 Monate in Arbeitsgelegenheiten zugewiesen werden. Der Zeitraum beginnt mit Eintritt in die erste Arbeitsgelegenheit. Abweichend von Satz 1 können erwerbsfähige Leistungsberechtigte nach Ablauf der 24 Monate bis zu zwölf weitere Monate in Arbeitsgelegenheiten zugewiesen werden, wenn die Voraussetzungen der Absätze 1 und 5 weiterhin vorliegen.

(7) Den erwerbsfähigen Leistungsberechtigten ist während einer Arbeitsgelegenheit zuzüglich zum Arbeitslosengeld II von der Agentur für Arbeit eine angemessene Entschädigung für Mehraufwendungen zu zahlen. Die Arbeiten begründen kein Arbeitsverhältnis im Sinne des Arbeitsrechts und auch kein Beschäftigungsverhältnis im Sinne des Vierten Buches; die Vorschriften über den Arbeitsschutz und das Bundesurlaubsgesetz mit Ausnahme der Regelungen über das Urlaubsentgelt sind entsprechend anzuwenden. Für Schäden bei der Ausübung ihrer Tätigkeit haften die erwerbsfähigen Leistungsberechtigten wie Arbeitnehmerinnen und Arbeitnehmer.

(8) Auf Antrag werden die unmittelbar im Zusammenhang mit der Verrichtung von Arbeiten nach Absatz 1 erforderlichen Kosten erstattet. Hierzu können auch Personalkosten gehören, die entstehen, wenn eine besondere Anleitung, eine tätigkeitsbezogene Unterweisung oder eine sozialpädagogische Betreuung notwendig ist.

§ 16e Förderung von Arbeitsverhältnissen

(1) Arbeitgeber können auf Antrag für die Beschäftigung von zugewiesenen erwerbsfähigen Leistungsberechtigten durch Zuschüsse zum Arbeitsentgelt gefördert werden, wenn zwischen dem Arbeitgeber und der erwerbsfähigen leistungsberechtigten Person ein Arbeitsverhältnis begründet wird.

(2) Der Zuschuss nach Absatz 1 richtet sich nach der Leistungsfähigkeit des erwerbsfähigen Leistungsberechtigten und beträgt bis zu 75 Prozent des berücksichtigungsfähigen Arbeitsentgelts. Berücksichtigungsfähig sind das zu zahlende Arbeitsentgelt und der pauschalierte Anteil des Arbeitgebers am Gesamtsozialversicherungsbeitrag abzüglich des Beitrags zur Arbeitsförderung. Einmalig gezahltes Arbeitsentgelt ist nicht berücksichtigungsfähig. § 91 Absatz 2 des Dritten Buches gilt entsprechend. Auf Antrag können dem Arbeitgeber während der Förderung des Arbeitsverhältnisses die erforderlichen Kosten einer notwendigen sozialpädagogischen Betreuung erstattet werden.

(3) Eine erwerbsfähige leistungsberechtigte Person kann einem Arbeitgeber zugewiesen werden, wenn

1. sie langzeitarbeitslos im Sinne des § 18 des Dritten Buches ist und in ihren Erwerbsmöglichkeiten durch mindestens zwei weitere in ihrer

Person liegende Vermittlungshemmnisse besonders schwer beeinträchtigt ist,
2. sie für einen Zeitraum von mindestens sechs Monaten verstärkte vermittlerische Unterstützung nach § 16 Absatz 1 Satz 1 unter Einbeziehung der übrigen Eingliederungsleistungen nach diesem Buch erhalten hat,
3. eine Erwerbstätigkeit auf dem allgemeinen Arbeitsmarkt für die Dauer der Zuweisung ohne die Förderung voraussichtlich nicht möglich ist und
4. für sie innerhalb eines Zeitraums von fünf Jahren Zuschüsse an Arbeitgeber nach Absatz 1 höchstens für eine Dauer von 24 Monaten erbracht werden. Der Zeitraum beginnt mit dem ersten nach Absatz 1 geförderten Arbeitsverhältnis.

(4) Die Agentur für Arbeit soll die erwerbsfähige leistungsberechtigte Person umgehend abberufen, wenn sie diese in eine zumutbare Arbeit oder Ausbildung vermitteln kann oder die Förderung aus anderen Gründen beendet wird. Die erwerbsfähige leistungsberechtigte Person kann das Arbeitsverhältnis ohne Einhaltung einer Frist kündigen, wenn sie eine Arbeit oder Ausbildung aufnimmt, an einer Maßnahme der Berufsausbildung oder beruflichen Weiterbildung teilnehmen kann oder nach Satz 1 abberufen wird. Der Arbeitgeber kann das Arbeitsverhältnis ohne Einhaltung einer Frist kündigen, wenn die Arbeitnehmerin oder der Arbeitnehmer nach Satz 1 abberufen wird.

(5) Eine Förderung ist ausgeschlossen, wenn zu vermuten ist, dass der Arbeitgeber
1. die Beendigung eines anderen Beschäftigungsverhältnisses veranlasst hat, um eine Förderung nach Absatz 1 zu erhalten, oder
2. eine bisher für das Beschäftigungsverhältnis erbrachte Förderung ohne besonderen Grund nicht mehr in Anspruch nimmt.

§ 16f Freie Förderung

(1) Die Agentur für Arbeit kann die Möglichkeiten der gesetzlich geregelten Eingliederungsleistungen durch freie Leistungen zur Eingliederung in Arbeit erweitern. Die freien Leistungen müssen den Zielen und Grundsätzen dieses Buches entsprechen.

(2) Die Ziele der Leistungen sind vor Förderbeginn zu beschreiben. Eine Kombination oder Modularisierung von Inhalten ist zulässig. Die Leistungen der Freien Förderung dürfen gesetzliche Leistungen nicht umgehen oder aufstocken. Ausgenommen hiervon sind Leistungen für
1. Langzeitarbeitslose und
2. erwerbsfähige Leistungsberechtigte, die das 25. Lebensjahr noch nicht vollendet haben und deren berufliche Eingliederung auf Grund von schwerwiegenden Vermittlungshemmnissen besonders erschwert ist,

bei denen in angemessener Zeit von in der Regel sechs Monaten nicht mit Aussicht auf Erfolg auf einzelne Gesetzesgrundlagen dieses Buches oder des Dritten Buches zurückgegriffen werden kann. Bei Leistungen an Arbeitgeber ist darauf zu achten, Wettbewerbsverfälschungen zu vermeiden. Projektförderungen im Sinne von Zuwendungen sind nach Maßgabe der §§ 23 und 44 der Bundeshaushaltsordnung zulässig. Bei längerfristig angelegten Förderungen ist der Erfolg regelmäßig zu überprüfen und zu dokumentieren.

§ 16g Förderung bei Wegfall der Hilfebedürftigkeit

(1) Entfällt die Hilfebedürftigkeit der oder des Erwerbsfähigen während einer Maßnahme zur Eingliederung, kann sie weiter gefördert werden, wenn dies wirtschaftlich erscheint und die oder der Erwerbsfähige die Maßnahme voraussichtlich erfolgreich abschließen wird.

(2) Zur nachhaltigen Eingliederung in Arbeit können Leistungen nach dem Ersten Abschnitt des Dritten Kapitels, nach § 44 oder § 45 Absatz 1 Satz 1 Nummer 5 des Dritten Buches oder nach § 16a oder § 16f bis zu sechs Monate nach Beschäftigungsaufnahme auch erbracht werden, wenn die Hilfebedürftigkeit der oder des Erwerbsfähigen aufgrund des zu berücksichtigenden Einkommens entfallen ist. Während der Förderdauer nach Satz 1 gilt § 15 entsprechend.

§ 16h Förderung schwer zu erreichender junger Menschen

(1) Für Leistungsberechtigte, die das 25. Lebensjahr noch nicht vollendet haben, kann die Agentur für Arbeit Leistungen erbringen mit dem Ziel, die aufgrund der individuellen Situation der Leistungsberechtigten bestehenden Schwierigkeiten zu überwinden,
1. eine schulische, ausbildungsbezogene oder berufliche Qualifikation abzuschließen oder anders ins Arbeitsleben einzumünden und
2. Sozialleistungen zu beantragen oder anzunehmen.

Die Förderung umfasst zusätzliche Betreuungs- und Unterstützungsleistungen mit dem Ziel, dass Leistungen der Grundsicherung für Arbeitsuchende in Anspruch genommen werden, erforderliche therapeutische Behandlungen eingeleitet werden und an Regelangebote dieses Buches zur Aktivierung und Stabilisierung und eine frühzeitige intensive berufsorientierte Förderung herangeführt wird.

(2) Leistungen nach Absatz 1 können erbracht werden, wenn die Voraussetzungen der Leistungsberechtigung mit hinreichender Wahrscheinlichkeit vorliegen oder zu erwarten sind oder eine Leistungsberechtigung dem Grunde nach besteht. Einer Leistung nach Absatz 1 steht eine fehlende Antragstellung der leistungsberechtigten Person nicht entgegen.

(3) Über die Leistungserbringung stimmen sich die Agentur für Arbeit und der örtlich zuständige Träger der öffentlichen Jugendhilfe ab.

(4) Träger bedürfen einer Zulassung nach dem Fünften Kapitel des Dritten Buches, um Maßnahmen nach Absatz 1 durchzuführen.

(5) Zuwendungen sind nach Maßgabe der §§ 23 und 44 der Bundeshaushaltsordnung zulässig.

§ 17 Einrichtungen und Dienste für Leistungen zur Eingliederung

(1) Zur Erbringung von Leistungen zur Eingliederung in Arbeit sollen die zuständigen Träger der Leistungen nach diesem Buch eigene Einrichtun-

gen und Dienste nicht neu schaffen, soweit geeignete Einrichtungen und Dienste Dritter vorhanden sind, ausgebaut oder in Kürze geschaffen werden können. Die zuständigen Träger der Leistungen nach diesem Buch sollen Träger der freien Wohlfahrtspflege in ihrer Tätigkeit auf dem Gebiet der Grundsicherung für Arbeitsuchende angemessen unterstützen.

(2) Wird die Leistung von einem Dritten erbracht und sind im Dritten Buch keine Anforderungen geregelt, denen die Leistung entsprechen muss, sind die Träger der Leistungen nach diesem Buch zur Vergütung für die Leistung nur verpflichtet, wenn mit dem Dritten oder seinem Verband eine Vereinbarung insbesondere über

1. Inhalt, Umfang und Qualität der Leistungen,
2. die Vergütung, die sich aus Pauschalen und Beträgen für einzelne Leistungsbereiche zusammensetzen kann, und
3. die Prüfung der Wirtschaftlichkeit und Qualität der Leistungen

besteht. Die Vereinbarungen müssen den Grundsätzen der Wirtschaftlichkeit, Sparsamkeit und Leistungsfähigkeit entsprechen.

§ 18 Örtliche Zusammenarbeit

(1) Die zuständigen Träger der Leistungen arbeiten im Rahmen ihrer Aufgaben und Befugnisse mit den Gemeinden, Kreisen und Bezirken sowie den weiteren Beteiligten des örtlichen Ausbildungs- und Arbeitsmarktes zusammen, insbesondere mit den

1. Leistungsträgern im Sinne des § 12 des Ersten Buches sowie Trägern von Leistungen nach dem Bundesversorgungsgesetz und dem Asylbewerberleistungsgesetz,
2. Vertreterinnen und Vertretern der Arbeitgeber sowie der Arbeitnehmerinnen und Arbeitnehmer,
3. Kammern und berufsständischen Organisationen,
4. Ausländerbehörden und dem Bundesamt für Migration und Flüchtlinge,
5. allgemein- und berufsbildenden Schulen und Stellen der Schulverwaltung sowie Hochschulen,
6. Einrichtungen und Stellen des öffentlichen Gesundheitsdienstes und sonstigen Einrichtungen und Diensten des Gesundheitswesens sowie
7. Trägern der freien Wohlfahrtspflege und Dritten, die Leistungen nach diesem Buch erbringen.

(2) Die Zusammenarbeit mit den Stellen nach Absatz 1 erfolgt auf der Grundlage der Gegenseitigkeit insbesondere, um

1. eine gleichmäßige oder gemeinsame Durchführung von Maßnahmen zu beraten oder zu sichern und
2. Leistungsmissbrauch zu verhindern oder aufzudecken.

Dies gilt insbesondere, wenn

1. Hemmnisse bei der Eingliederung der erwerbsfähigen leistungsberechtigten Person in Ausbildung und Arbeit nur unter Einbeziehung der gesamten Bedarfsgemeinschaft beseitigt werden können und für die Mitglieder der Bedarfsgemeinschaft die Erbringung weiterer Leistungen erforderlich ist, oder

2. zur Eingliederung insbesondere sozial benachteiligter und individuell beeinträchtigter junger Menschen zwischen den nach Absatz 1 beteiligten Stellen und Einrichtungen abgestimmte, den individuellen Bedarf deckende Leistungen erforderlich sind.

(3) Die Leistungen nach diesem Buch sind in das regionale Arbeitsmarktmonitoring der Agenturen für Arbeit nach § 9 Absatz 2 des Dritten Buches einzubeziehen.

(4) Die Agenturen für Arbeit sollen mit Gemeinden, Kreisen und Bezirken auf deren Verlangen Vereinbarungen über das Erbringen von Leistungen zur Eingliederung nach diesem Gesetz mit Ausnahme der Leistungen nach § 16 Absatz 1 schließen, wenn sie den durch eine Rechtsverordnung festgelegten Mindestanforderungen entsprechen. Satz 1 gilt nicht für die zugelassenen kommunalen Träger.

(5) Das Bundesministerium für Arbeit und Soziales wird ermächtigt, ohne Zustimmung des Bundesrates durch Rechtsverordnung zu bestimmen, welchen Anforderungen eine Vereinbarung nach Absatz 3 mindestens genügen muss.

§ 18a Zusammenarbeit mit den für die Arbeitsförderung zuständigen Stellen

Beziehen erwerbsfähige Leistungsberechtigte auch Leistungen der Arbeitsförderung, so sind die Agenturen für Arbeit, die zugelassenen kommunalen Träger und die gemeinsamen Einrichtungen verpflichtet, bei der Wahrnehmung der Aufgaben nach diesem Buch mit den für die Arbeitsförderung zuständigen Dienststellen der Bundesagentur für Arbeit eng zusammenzuarbeiten. Sie unterrichten diese unverzüglich über die ihnen insoweit bekannten, für die Wahrnehmung der Aufgaben der Arbeitsförderung erforderlichen Tatsachen, insbesondere über
1. die für erwerbsfähige Leistungsberechtigte, die auch Leistungen der Arbeitsförderung beziehen, vorgesehenen und erbrachten Leistungen zur Eingliederung in Arbeit,
2. den Wegfall der Hilfebedürftigkeit bei diesen Personen.

§ 18b Kooperationsausschuss

(1) Die zuständige oberste Landesbehörde und das Bundesministerium für Arbeit und Soziales bilden einen Kooperationsausschuss. Der Kooperationsausschuss koordiniert die Umsetzung der Grundsicherung für Arbeitsuchende auf Landesebene. Im Kooperationsausschuss vereinbaren das Land und der Bund jährlich die Ziele und Schwerpunkte der Arbeitsmarkt- und Integrationspolitik in der Grundsicherung für Arbeitsuchende auf Landesebene. § 48b bleibt unberührt. Die Verfahren zum Abschluss der Vereinbarungen zwischen Bund und Ländern werden mit den Verfahren zum Abschluss der Zielvereinbarungen zwischen dem Bundesministerium für Arbeit und Soziales und der Bundesagentur sowie deren Konkretisierung in den Zielvereinbarungen der Bundesagentur und den gemeinsamen Einrichtungen abgestimmt. Der Kooperationsausschuss kann sich über die

Angelegenheiten der gemeinsamen Einrichtungen unterrichten lassen. Der Kooperationsausschuss entscheidet darüber hinaus bei einer Meinungsverschiedenheit über die Weisungszuständigkeit im Verfahren nach § 44e, berät die Trägerversammlung bei der Bestellung und Abberufung eines Geschäftsführers nach § 44c Absatz 2 Nummer 1 und gibt in den Fällen einer Weisung in grundsätzlichen Angelegenheiten nach § 44b Absatz 3 Satz 4 eine Empfehlung ab.

(2) Der Kooperationsausschuss besteht aus sechs Mitgliedern, von denen drei Mitglieder von der zuständigen obersten Landesbehörde und drei Mitglieder vom Bundesministerium für Arbeit und Soziales entsandt werden. Die Mitglieder des Kooperationsausschusses können sich vertreten lassen. An den Sitzungen soll in der Regel jeweils mindestens eine Mitarbeiterin oder ein Mitarbeiter der zuständigen obersten Landesbehörde und des Bundesministeriums für Arbeit und Soziales teilnehmen.

(3) Die Mitglieder wählen eine Vorsitzende oder einen Vorsitzenden. Kann im Kooperationsausschuss keine Einigung über die Person der oder des Vorsitzenden erzielt werden, wird die oder der Vorsitzende von den Vertreterinnen und Vertretern des Bundesministeriums für Arbeit und Soziales oder den Vertreterinnen und Vertretern der zuständigen obersten Landesbehörde abwechselnd jeweils für zwei Jahre bestimmt; die erstmalige Bestimmung erfolgt durch die Vertreterinnen und Vertreter des Bundesministeriums für Arbeit und Soziales. Der Kooperationsausschuss gibt sich eine Geschäftsordnung.

§ 18c Bund-Länder-Ausschuss

(1) Beim Bundesministerium für Arbeit und Soziales wird ein Ausschuss für die Grundsicherung für Arbeitsuchende gebildet. Er beobachtet und berät die zentralen Fragen der Umsetzung der Grundsicherung für Arbeitsuchende und Fragen der Aufsicht nach den §§ 47 und 48, Fragen des Kennzahlenvergleichs nach § 48a Absatz 2 sowie Fragen der zu erhebenden Daten nach § 51b Absatz 1 Satz 2 und erörtert die Zielvereinbarungen nach § 48b Absatz 1.

(2) Bei der Beobachtung und Beratung zentraler Fragen der Umsetzung der Grundsicherung für Arbeitsuchende sowie Fragen des Kennzahlenvergleichs nach § 48a Absatz 2 und Fragen der zu erhebenden Daten nach § 51b Absatz 1 Satz 2 ist der Ausschuss besetzt mit Vertreterinnen und Vertretern der Bundesregierung, der Länder, der kommunalen Spitzenverbände und der Bundesagentur. Der Ausschuss kann sich von den Trägern berichten lassen.

(3) Bei der Beratung von Fragen der Aufsicht nach den §§ 47 und 48 ist der Ausschuss besetzt mit Vertreterinnen und Vertretern der Bundesregierung und der Aufsichtsbehörden der Länder. Bund und Länder können dazu einvernehmlich Vertreterinnen und Vertreter der kommunalen Spitzenverbände und der Bundesagentur einladen, sofern dies sachdienlich ist.

§ 18d Örtlicher Beirat

Bei jeder gemeinsamen Einrichtung nach § 44b wird ein Beirat gebildet. Der Beirat berät die Einrichtung bei der Auswahl und Gestaltung der Eingliederungsinstrumente und -maßnahmen; Stellungnahmen des Beirats, insbesondere diejenigen der Vertreter der Arbeitgeber und Arbeitnehmer, hat die gemeinsame Einrichtung zu berücksichtigen. Die Trägerversammlung beruft die Mitglieder des Beirats auf Vorschlag der Beteiligten des örtlichen Arbeitsmarktes, insbesondere den Trägern der freien Wohlfahrtspflege, den Vertreterinnen und Vertretern der Arbeitgeber und Arbeitnehmer sowie den Kammern und berufsständischen Organisationen. Vertreterinnen und Vertreter von Beteiligten des örtlichen Arbeitsmarktes, die Eingliederungsleistungen nach diesem Buch anbieten, dürfen nicht Mitglied des Beirats sein. Der Beirat gibt sich eine Geschäftsordnung. Die Sätze 1 bis 5 gelten entsprechend für die zugelassenen kommunalen Träger mit der Maßgabe, dass die Berufung der Mitglieder des Beirats durch den zugelassenen kommunalen Träger erfolgt.

§ 18e Beauftragte für Chancengleichheit am Arbeitsmarkt

(1) Die Trägerversammlungen bei den gemeinsamen Einrichtungen bestellen Beauftragte für Chancengleichheit am Arbeitsmarkt aus dem Kreis der Beamtinnen und Beamten, Arbeitnehmerinnen und Arbeitnehmer, denen in den gemeinsamen Einrichtungen Tätigkeiten zugewiesen worden sind. Sie sind unmittelbar der jeweiligen Geschäftsführerin oder dem jeweiligen Geschäftsführer zugeordnet.

(2) Die Beauftragten unterstützen und beraten die gemeinsamen Einrichtungen in Fragen der Gleichstellung von Frauen und Männern in der Grundsicherung für Arbeitsuchende, der Frauenförderung sowie der Vereinbarkeit von Familie und Beruf bei beiden Geschlechtern. Hierzu zählen insbesondere Fragen der Beratung, der Eingliederung in Arbeit und Ausbildung sowie des beruflichen Wiedereinstiegs von Frauen und Männern nach einer Familienphase.

(3) Die Beauftragten sind bei der Erarbeitung des örtlichen Arbeitsmarkt- und Integrationsprogramms der Grundsicherung für Arbeitsuchende sowie bei der geschlechter- und familiengerechten fachlichen Aufgabenerledigung der gemeinsamen Einrichtung zu beteiligen. Sie haben ein Informations-, Beratungs- und Vorschlagsrecht in Fragen, die Auswirkungen auf die Chancengleichheit von Frauen und Männern haben.

(4) Die Beauftragten unterstützen und beraten erwerbsfähige Leistungsberechtigte und die mit diesen in einer Bedarfsgemeinschaft lebenden Personen, Arbeitgeber sowie Arbeitnehmer- und Arbeitgeberorganisationen in übergeordneten Fragen der Gleichstellung von Frauen und Männern in der Grundsicherung für Arbeitsuchende, der Frauenförderung sowie der Vereinbarkeit von Familie und Beruf bei beiden Geschlechtern. Zur Sicherung der gleichberechtigten Teilhabe von Frauen und Männern am Arbeitsmarkt arbeiten die Beauftragten mit den in Fragen der Gleichstel-

lung im Erwerbsleben tätigen Stellen im Zuständigkeitsbereich der gemeinsamen Einrichtung zusammen.

(5) Die gemeinsamen Einrichtungen werden in den Sitzungen kommunaler Gremien zu Themen, die den Aufgabenbereich der Beauftragten betreffen, von den Beauftragten vertreten.

(6) Die Absätze 1 bis 5 gelten entsprechend für die zugelassenen kommunalen Träger.

Abschnitt 2
Leistungen zur Sicherung des Lebensunterhalts

Unterabschnitt 1
Leistungsanspruch

§ 19 Arbeitslosengeld II, Sozialgeld und Leistungen für Bildung und Teilhabe

(1) Erwerbsfähige Leistungsberechtigte erhalten Arbeitslosengeld II. Nichterwerbsfähige Leistungsberechtigte, die mit erwerbsfähigen Leistungsberechtigten in einer Bedarfsgemeinschaft leben, erhalten Sozialgeld, soweit sie keinen Anspruch auf Leistungen nach dem Vierten Kapitel des Zwölften Buches haben. Die Leistungen umfassen den Regelbedarf, Mehrbedarfe und den Bedarf für Unterkunft und Heizung.

(2) Leistungsberechtigte haben unter den Voraussetzungen des § 28 Anspruch auf Leistungen für Bildung und Teilhabe, soweit sie keinen Anspruch auf Leistungen nach dem Vierten Kapitel des Zwölften Buches haben. Soweit für Kinder Leistungen zur Deckung von Bedarfen für Bildung und Teilhabe nach § 6b des Bundeskindergeldgesetzes gewährt werden, haben sie keinen Anspruch auf entsprechende Leistungen zur Deckung von Bedarfen nach § 28.

(3) Die Leistungen zur Sicherung des Lebensunterhalts werden in Höhe der Bedarfe nach den Absätzen 1 und 2 erbracht, soweit diese nicht durch das zu berücksichtigende Einkommen und Vermögen gedeckt sind. Zu berücksichtigendes Einkommen und Vermögen deckt zunächst die Bedarfe nach den §§ 20, 21 und 23, darüber hinaus die Bedarfe nach § 22. Sind nur noch Leistungen für Bildung und Teilhabe zu leisten, deckt weiteres zu berücksichtigendes Einkommen und Vermögen die Bedarfe in der Reihenfolge der Absätze 2 bis 7 nach § 28.

Unterabschnitt 2
Arbeitslosengeld II und Sozialgeld

§ 20 Regelbedarf zur Sicherung des Lebensunterhalts

(1) Der Regelbedarf zur Sicherung des Lebensunterhalts umfasst insbesondere Ernährung, Kleidung, Körperpflege, Hausrat, Haushaltsenergie ohne die auf die Heizung und Erzeugung von Warmwasser entfallenden

Anteile sowie persönliche Bedürfnisse des täglichen Lebens. Zu den persönlichen Bedürfnissen des täglichen Lebens gehört in vertretbarem Umfang eine Teilhabe am sozialen und kulturellen Leben in der Gemeinschaft. Der Regelbedarf wird als monatlicher Pauschalbetrag berücksichtigt. Über die Verwendung der zur Deckung des Regelbedarfs erbrachten Leistungen entscheiden die Leistungsberechtigten eigenverantwortlich; dabei haben sie das Eintreten unregelmäßig anfallender Bedarfe zu berücksichtigen.

(1 a) Der Regelbedarf wird in Höhe der jeweiligen Regelbedarfsstufe entsprechend § 28 des Zwölften Buches in Verbindung mit dem Regelbedarfs-Ermittlungsgesetz und den §§ 28 a und 40 des Zwölften Buches in Verbindung mit der für das jeweilige Jahr geltenden Regelbedarfsstufen-Fortschreibungsverordnung anerkannt. Soweit in diesem Buch auf einen Regelbedarf oder eine Regelbedarfsstufe verwiesen wird, ist auf den Betrag der für den jeweiligen Zeitraum geltenden Neuermittlung entsprechend § 28 des Zwölften Buches in Verbindung mit dem Regelbedarfs-Ermittlungsgesetz abzustellen. In Jahren, in denen keine Neuermittlung nach § 28 des Zwölften Buches erfolgt, ist auf den Betrag abzustellen, der sich für den jeweiligen Zeitraum entsprechend der Regelbedarfsstufen-Fortschreibungsverordnung nach den §§ 28 a und 40 des Zwölften Buches ergibt.

(2) Als Regelbedarf wird bei Personen, die alleinstehend oder alleinerziehend sind oder deren Partnerin oder Partner minderjährig ist, monatlich ein Betrag der Regelbedarfsstufe 1 anerkannt. Für sonstige erwerbsfähige Angehörige der Bedarfsgemeinschaft wird als Regelbedarf anerkannt

1. **monatlich ein Betrag der Regelbedarfsstufe 4, sofern sie das 18. Lebensjahr noch nicht vollendet haben,**
2. **monatlich ein Betrag der Regelbedarfsstufe 3 in den übrigen Fällen.**

(3) Abweichend von Absatz 2 Satz 1 ist bei Personen, die das 25. Lebensjahr noch nicht vollendet haben und ohne Zusicherung des zuständigen kommunalen Trägers nach § 22 Absatz 5 umziehen, bis zur Vollendung des 25. Lebensjahres der in Absatz 2 Satz 2 Nummer 2 genannte Betrag als Regelbedarf anzuerkennen.

(4) Haben zwei Partner der Bedarfsgemeinschaft das 18. Lebensjahr vollendet, ist als Regelbedarf für jede dieser Personen monatlich ein Betrag in Höhe der Regelbedarfsstufe 2 anzuerkennen.

(5) *(weggefallen)*

§ 21 Mehrbedarfe

(1) Mehrbedarfe umfassen Bedarfe nach den Absätzen 2 bis 7, die nicht durch den Regelbedarf abgedeckt sind.

(2) Bei werdenden Müttern wird nach der zwölften Schwangerschaftswoche ein Mehrbedarf von 17 Prozent des nach § 20 maßgebenden Regelbedarfs anerkannt.

(3) Bei Personen, die mit einem oder mehreren minderjährigen Kindern zusammenleben und allein für deren Pflege und Erziehung sorgen, ist ein Mehrbedarf anzuerkennen

1. in Höhe von 36 Prozent des nach § 20 Absatz 2 maßgebenden Bedarfs, wenn sie mit einem Kind unter sieben Jahren oder mit zwei oder drei Kindern unter 16 Jahren zusammenleben, oder
2. in Höhe von 12 Prozent des nach § 20 Absatz 2 maßgebenden Bedarfs für jedes Kind, wenn sich dadurch ein höherer Prozentsatz als nach der Nummer 1 ergibt, höchstens jedoch in Höhe von 60 Prozent des nach § 20 Absatz 2 maßgebenden Regelbedarfs.

(4) Bei erwerbsfähigen behinderten Leistungsberechtigten, denen Leistungen zur Teilhabe am Arbeitsleben nach § 33 des Neunten Buches mit Ausnahme der Leistungen nach § 33 Absatz 3 Nummer 2 und 4 des Neunten Buches sowie sonstige Hilfen zur Erlangung eines geeigneten Platzes im Arbeitsleben oder Eingliederungshilfen nach § 54 Absatz 1 Satz 1 Nummer 1 bis 3 des Zwölften Buches erbracht werden, wird ein Mehrbedarf von 35 Prozent des nach § 20 maßgebenden Regelbedarfs anerkannt. Satz 1 kann auch nach Beendigung der dort genannten Maßnahmen während einer angemessenen Übergangszeit, vor allem einer Einarbeitungszeit, angewendet werden.

(5) Bei Leistungsberechtigten, die aus medizinischen Gründen einer kostenaufwändigen Ernährung bedürfen, wird ein Mehrbedarf in angemessener Höhe anerkannt.

(6) Bei Leistungsberechtigten wird ein Mehrbedarf anerkannt, soweit im Einzelfall ein unabweisbarer, laufender, nicht nur einmaliger besonderer Bedarf besteht. Der Mehrbedarf ist unabweisbar, wenn er insbesondere nicht durch die Zuwendungen Dritter sowie unter Berücksichtigung von Einsparmöglichkeiten der Leistungsberechtigten gedeckt ist und seiner Höhe nach erheblich von einem durchschnittlichen Bedarf abweicht.

(7) Bei Leistungsberechtigten wird ein Mehrbedarf anerkannt, soweit Warmwasser durch in der Unterkunft installierte Vorrichtungen erzeugt wird (dezentrale Warmwassererzeugung) und deshalb keine Bedarfe für zentral bereitgestelltes Warmwasser nach § 22 anerkannt werden. Der Mehrbedarf beträgt für jede im Haushalt lebende leistungsberechtigte Person jeweils
1. 2,3 Prozent des für sie geltenden Regelbedarfs nach § 20 Absatz 2 Satz 1 oder Satz 2 Nummer 2, Absatz 3 oder 4,
2. 1,4 Prozent des für sie geltenden Regelbedarfs nach § 20 Absatz 2 Satz 2 Nummer 1 oder § 23 Nummer 1 bei Leistungsberechtigten im 15. Lebensjahr,
3. 1,2 Prozent des Regelbedarfs nach § 23 Nummer 1 bei Leistungsberechtigten vom Beginn des siebten bis zur Vollendung des 14. Lebensjahres oder
4. 0,8 Prozent des Regelbedarfs nach § 23 Nummer 1 bei Leistungsberechtigten bis zur Vollendung des sechsten Lebensjahres,

soweit nicht im Einzelfall ein abweichender Bedarf besteht oder ein Teil des angemessenen Warmwasserbedarfs nach § 22 Absatz 1 anerkannt wird.

(8) Die Summe des insgesamt anerkannten Mehrbedarfs nach den Absätzen 2 bis 5 darf die Höhe des für erwerbsfähige Leistungsberechtigte maßgebenden Regelbedarfs nicht übersteigen.

Anmerkung zu § 21

Anwendungsfälle der Härtefallklausel des § 21 Absatz 6 SGB II können sein (siehe Gesetzesbegründung, BT-Drs. 17/1465):
- dauerhaft benötigte Hygienemittel bei bestimmten Erkrankungen (z. B. HIV, Neurodermitis),,
- Putz oder Haushaltshilfen für Rollstuhlfahrer und
- Kosten zur Wahrnehmung des Umgangsrechts bei getrennt lebenden Eltern.

Diese Aufzählung ist nicht abschließend.

In den folgenden Fallgestaltungen bestehe grundsätzlich kein zu übernehmender zusätzlicher Mehrbedarf:
- Praxisgebühr
- Schulmaterialien und Schulverpflegung,
- Bekleidung bzw. Schuhe in Über- oder Untergrößen,
- Brille
- Zahnersatz und
- orthopädische Schuhe.

Diese Beispiele orientieren sich an dem Härtefallkatalog, den das Bundesministerium für Arbeit und Soziales im Februar 2010 im Anschluss an das BVerfG-Urteil vom 9.2.2010 erarbeitet hatte.

Die Anwendung und Auslegung der neuen gesetzlichen Härtefallklausel im jeweiligen Einzelfall ist aber zunächst Sache der Jobcenter/ARGEn und wird letztlich von den Sozialgerichten entschieden werden müssen.

Weitere Bedarfe, für die Leistungen im Sinne der Härtefallregelung in Betracht kommen, können u. a. sein:
- Nachhilfe
- andere besondere Bildungskosten
- Mobilitätskosten Behinderter
- Kosten für Besuch/Umgang mit Inhaftierten oder bei stationärer Krankenhausbehandlung
- Unterschiedsbetrag bei Beiträgen zur privaten Krankenversicherung, die nicht als Zuschuss übernommen werden (vgl. § 26 Abs. 2 und 4 SGB II).

Aus Rundschreiben, Urteilen etc.

BSG v. 19.9.2008 – B 14 AS 64/07 R –

1. *Der Anspruch auf Leistungen für Erstaustattungen einer Wohnung kann vom erwerbsfähigen Mitglied einer Bedarfsgemeinschaft allein geltend gemacht werden, wenn die Leistung weder dem Grunde noch der Höhe nach vom Vorliegen einer Bedarfsgemeinschaft abhängig ist.*
2. *Besteht erstmals ein Bedarf für die Ausstattung einer Wohnung, so kann sich der Anspruch auch auf einzelne Gegenstände beziehen.*

§ 22 Bedarfe für Unterkunft und Heizung

(1) Bedarfe für Unterkunft und Heizung werden in Höhe der tatsächlichen Aufwendungen anerkannt, soweit diese angemessen sind. Erhöhen sich nach einem nicht erforderlichen Umzug die Aufwendungen für Unterkunft und Heizung, wird nur der bisherige Bedarf anerkannt. Soweit die Aufwendungen für die Unterkunft und Heizung den der Besonderheit des Einzelfalles angemessenen Umfang übersteigen, sind sie als Bedarf so lange anzuerkennen, wie es der oder dem alleinstehenden Leistungsberechtigten oder der Bedarfsgemeinschaft nicht möglich oder nicht zuzumuten ist, durch einen Wohnungswechsel, durch Vermieten oder auf andere Weise die Aufwendungen zu senken, in der Regel jedoch längstens für sechs Monate. Eine Absenkung der nach Satz 1 unangemessenen Aufwendungen muss nicht gefordert werden, wenn diese unter Berücksichtigung der bei einem Wohnungswechsel zu erbringenden Leistungen unwirtschaftlich wäre.

(1 a) Bei leistungsberechtigten Personen, die einer Wohnsitzregelung nach § 12 a Absatz 2 und 3 des Aufenthaltsgesetzes unterliegen, bestimmt sich die Angemessenheit der Aufwendungen für Unterkunft und Heizung nach dem Ort, an dem die leistungsberechtigte Person ihren Wohnsitz zu nehmen hat.

(2) Als Bedarf für die Unterkunft werden auch unabweisbare Aufwendungen für Instandhaltung und Reparatur bei selbst bewohntem Wohneigentum im Sinne des § 12 Absatz 3 Satz 1 Nummer 4 anerkannt, soweit diese unter Berücksichtigung der im laufenden sowie den darauffolgenden elf Kalendermonaten anfallenden Aufwendungen insgesamt angemessen sind. Übersteigen unabweisbare Aufwendungen für Instandhaltung und Reparatur den Bedarf für die Unterkunft nach Satz 1, kann der kommunale Träger zur Deckung dieses Teils der Aufwendungen ein Darlehen erbringen, das dinglich gesichert werden soll.

(3) Rückzahlungen und Guthaben, die dem Bedarf für Unterkunft und Heizung zuzuordnen sind, mindern die Aufwendungen für Unterkunft und Heizung nach dem Monat der Rückzahlung oder der Gutschrift; Rückzahlungen, die sich auf die Kosten für Haushaltsenergie oder nicht anerkannte Aufwendungen für Unterkunft und Heizung beziehen, bleiben außer Betracht.

(4) Vor Abschluss eines Vertrages über eine neue Unterkunft soll die erwerbsfähige leistungsberechtigte Person die Zusicherung des für die neue Unterkunft örtlich zuständigen kommunalen Trägers zur Berücksichtigung der Aufwendungen für die neue Unterkunft einholen. Der kommunale Träger ist zur Zusicherung verpflichtet, wenn der Umzug erforderlich ist und die Aufwendungen für die neue Unterkunft angemessen sind; der für den Ort der neuen Unterkunft örtlich zuständige kommunale Träger ist zu beteiligen.

(5) Sofern Personen, die das 25. Lebensjahr noch nicht vollendet haben, umziehen, werden Bedarfe für Unterkunft und Heizung für die Zeit nach einem Umzug bis zur Vollendung des 25. Lebensjahres nur anerkannt, wenn der kommunale Träger dies vor Abschluss des Vertrages über die Unter-

kunft zugesichert hat. Der kommunale Träger ist zur Zusicherung verpflichtet, wenn

1. **die oder der Betroffene aus schwerwiegenden sozialen Gründen nicht auf die Wohnung der Eltern oder eines Elternteils verwiesen werden kann,**
2. **der Bezug der Unterkunft zur Eingliederung in den Arbeitsmarkt erforderlich ist oder**
3. **ein sonstiger, ähnlich schwerwiegender Grund vorliegt.**

Unter den Voraussetzungen des Satzes 2 kann vom Erfordernis der Zusicherung abgesehen werden, wenn es der oder dem Betroffenen aus wichtigem Grund nicht zumutbar war, die Zusicherung einzuholen. Bedarfe für Unterkunft und Heizung werden bei Personen, die das 25. Lebensjahr noch nicht vollendet haben, nicht anerkannt, wenn diese vor der Beantragung von Leistungen in eine Unterkunft in der Absicht umziehen, die Voraussetzungen für die Gewährung der Leistungen herbeizuführen.

(6) Wohnungsbeschaffungskosten und Umzugskosten können bei vorheriger Zusicherung durch den bis zum Umzug örtlich zuständigen kommunalen Träger als Bedarf anerkannt werden; Aufwendungen für eine Mietkaution und für den Erwerb von Genossenschaftsanteilen können bei vorheriger Zusicherung durch den am Ort der neuen Unterkunft zuständigen kommunalen Träger als Bedarf anerkannt werden. Die Zusicherung soll erteilt werden, wenn der Umzug durch den kommunalen Träger veranlasst oder aus anderen Gründen notwendig ist und wenn ohne die Zusicherung eine Unterkunft in einem angemessenen Zeitraum nicht gefunden werden kann. Aufwendungen für eine Mietkaution und für Genossenschaftsanteile sollen als Darlehen erbracht werden.

(7) Soweit Arbeitslosengeld II für den Bedarf für Unterkunft und Heizung geleistet wird, ist es auf Antrag der leistungsberechtigten Person an den Vermieter oder andere Empfangsberechtigte zu zahlen. Es soll an den Vermieter oder andere Empfangsberechtigte gezahlt werden, wenn die zweckentsprechende Verwendung durch die leistungsberechtigte Person nicht sichergestellt ist. Das ist insbesondere der Fall, wenn

1. **Mietrückstände bestehen, die zu einer außerordentlichen Kündigung des Mietverhältnisses berechtigen,**
2. **Energiekostenrückstände bestehen, die zu einer Unterbrechung der Energieversorgung berechtigen,**
3. **konkrete Anhaltspunkte für ein krankheits- oder suchtbedingtes Unvermögen der leistungsberechtigten Person bestehen, die Mittel zweckentsprechend zu verwenden, oder**
4. **konkrete Anhaltspunkte dafür bestehen, dass die im Schuldnerverzeichnis eingetragene leistungsberechtigte Person die Mittel nicht zweckentsprechend verwendet.**

Der kommunale Träger hat die leistungsberechtigte Person über eine Zahlung der Leistungen für die Unterkunft und Heizung an den Vermieter oder andere Empfangsberechtigte schriftlich zu unterrichten.

(8) Sofern Arbeitslosengeld II für den Bedarf für Unterkunft und Heizung erbracht wird, können auch Schulden übernommen werden, soweit dies zur

Sicherung der Unterkunft oder zur Behebung einer vergleichbaren Notlage gerechtfertigt ist. Sie sollen übernommen werden, wenn dies gerechtfertigt und notwendig ist und sonst Wohnungslosigkeit einzutreten droht. Vermögen nach § 12 Absatz 2 Satz 1 Nummer 1 ist vorrangig einzusetzen. Geldleistungen sollen als Darlehen erbracht werden.

(9) Geht bei einem Gericht eine Klage auf Räumung von Wohnraum im Falle der Kündigung des Mietverhältnisses nach § 543 Absatz 1, 2 Satz 1 Nummer 3 in Verbindung mit § 569 Absatz 3 des Bürgerlichen Gesetzbuchs ein, teilt das Gericht dem örtlich zuständigen Träger nach diesem Buch oder der von diesem beauftragten Stelle zur Wahrnehmung der in Absatz 8 bestimmten Aufgaben unverzüglich Folgendes mit:

1. **den Tag des Eingangs der Klage,**
2. **die Namen und die Anschriften der Parteien,**
3. **die Höhe der monatlich zu entrichtenden Miete,**
4. **die Höhe des geltend gemachten Mietrückstandes und der geltend gemachten Entschädigung und**
5. **den Termin zur mündlichen Verhandlung, sofern dieser bereits bestimmt ist.**

Außerdem kann der Tag der Rechtshängigkeit mitgeteilt werden. Die Übermittlung unterbleibt, wenn die Nichtzahlung der Miete nach dem Inhalt der Klageschrift offensichtlich nicht auf Zahlungsunfähigkeit der Mieterin oder des Mieters beruht.

(10) Zur Beurteilung der Angemessenheit der Aufwendungen für Unterkunft und Heizung nach Absatz 1 Satz 1 ist die Bildung einer Gesamtangemessenheitsgrenze zulässig. Dabei kann für die Aufwendungen für Heizung der Wert berücksichtigt werden, der bei einer gesonderten Beurteilung der Angemessenheit der Aufwendungen für Unterkunft und der Aufwendungen für Heizung ohne Prüfung der Angemessenheit im Einzelfall höchstens anzuerkennen wäre. Absatz 1 Satz 2 bis 4 gilt entsprechend.

Aus Rundschreiben, Urteilen etc.

BSG v. 7.11.2006 – B 7b AS 2/05 R (SRuPr 4/2007, 246)

1. *Zur Berücksichtigung von selbstgenutztem Wohneigentum bei der Bedürftigkeitsprüfung als Voraussetzung für die Gewährung von Arbeitslosengeld II.*
2. *Die angemessene Größe einer Eigentumswohnung ist weiterhin bundeseinheitlich nach den Vorgaben des WoBauG 2 zu bestimmen. Der dort enthaltene Grenzwert von 120 qm ist bei einer Bewohnerzahl von weniger als vier grundsätzlich um 20 qm pro Person bis zu einer Mindestgröße von 80 qm zu mindern.*

Die nach § 44 b SGB II in verfassungsrechtlich zulässiger Weise (vgl. dazu BSG vom 7. November 2006 – B 7b AS 6/06 R –) gebildeten Arbeitsgemeinschaften sind grundsätzlich zumindest nach § 70 Nr. 2 SGG beteiligtenfähig, wenn sie nicht bereits als juristische Person § 70 Nr. 1 SGG unterfallen (vgl. dazu BSG vom 7. November 2006 – B 7b AS 8/06 R –, RdNr. 30). (Rn. 10).

Die genannten Wohnflächengrenzen nach WoBauG 2 können jedoch nicht als quasi normative Größen herangezogen werden, sondern sie bedürfen beim Vorliegen besonderer Umstände einer Anpassung, da Entscheidungsspielraum für außerge-

wöhnliche, vom Regelfall abweichende Bedarfslagen im Einzelfall bestehen bleiben muss (Rn. 22).
Die Heranziehung unterschiedlicher Wohnflächengrenzen zur Festlegung der Angemessenheit für selbst genutztes Wohneigentum einerseits und für Mietwohnungen (vgl. hierzu BSG vom 7. November 2006 – B 7b AS 18/06 R –) andererseits wird durch die unterschiedlichen Ziele, denen die Prüfung der Angemessenheit jeweils dient, gerechtfertigt und bedeutet auch im Hinblick auf das Gleichbehandlungsgebot in Art. 3 Abs. 1 GG keine unzulässige Besserstellung von Wohnungseigentümern gegenüber Mietern.
Im Rahmen der Angemessenheitsprüfung bei § 22 Abs. 1 SGB II wird eine Privilegierung von Eigentümern gegenüber Mietern nicht zu rechtfertigen sein. Nicht zuletzt der Ausschluss der Übernahme von Tilgungsraten (vgl. hierzu BSG vom 7. November 2006 – B 7b AS 8/06 R –) ist in diesem Zusammenhang zu erörtern (Rn. 24).

BSG v. 16.5.2007 – B 11 b AS 37/06 R (Breithaupt 2007, 964)
1. *Die angemessene Größe eines selbstgenutzten Hausgrundstücks ist im Regelfall nach den Vorgaben des WoBauG II – Grenzwert 130 qm für Vierpersonenhaushalt – zu bestimmten (Bestätigung und Weiterführung BSG, Urt. v. 7.11.2006 – B 7b AS 2/05 R – Breith. 2007, 597).*
2. *Ob und gegebenenfalls in welcher Weise ein Hausgrundstück im Rahmen der Prüfung der Hilfebedürftigkeit i. S. des SGB II tatsächlich verwertbar ist, richtet sich nach den Verhältnissen des Einzelfalles. Der Hilfebedürftige kann grundsätzlich zwischen mehreren Verwertungsarten wählen, die den Hilfebedarf decken; es ist nicht Aufgabe des Grundsicherungsträgers, dem Hilfebedürftigen konkrete Verwertungsmöglichkeiten aufzuzeigen oder nachzuweisen.*
3. *Die Annahme einer besonderen Härte i. S. des § 12 Abs. 3 Satz 1 Nr. 6 SGB II erfordert außergewöhnliche Umstände. Die Verwertung eines die Angemessenheitsgrenze überschreitenden Hausgrundstücks stellt nicht schon deshalb eine besondere Härte dar, weil es bereits vor Eintritt der Hilfebedürftigkeit vorhanden war.*

LSG Schleswig-Holstein v. 21.6.2007 – 6 AS 6/07 (Breithaupt 2008, 130)
Solange der Leistungsträger die tatsächlichen Kosten der Unterkunft in einer Mietwohnung nach § 22 Abs. 1 Satz 2 SGB II (i. d. F. bis zum 31.7.2006) trägt, hat er auch die tatsächlichen Kosten der Heizung zu gewähren, es sei denn, dass unwirtschaftliches Heizverhalten vorliegt.

§ 22 a Satzungsermächtigung

(1) Die Länder können die Kreise und kreisfreien Städte durch Gesetz ermächtigen oder verpflichten, durch Satzung zu bestimmen, in welcher Höhe Aufwendungen für Unterkunft und Heizung in ihrem Gebiet angemessen sind. Eine solche Satzung bedarf der vorherigen Zustimmung der obersten Landesbehörde oder einer von ihr bestimmten Stelle, wenn dies durch Landesgesetz vorgesehen ist. Die Länder Berlin und Hamburg bestimmen, welche Form der Rechtsetzung an die Stelle einer nach Satz 1 vorgesehenen Satzung tritt. Das Land Bremen kann eine Bestimmung nach Satz 3 treffen.

(2) Die Länder können die Kreise und kreisfreien Städte auch ermächtigen, abweichend von § 22 Absatz 1 Satz 1 die Bedarfe für Unterkunft und Heizung in ihrem Gebiet durch eine monatliche Pauschale zu berücksichtigen, wenn auf dem örtlichen Wohnungsmarkt ausreichend freier Wohnraum verfügbar ist und dies dem Grundsatz der Wirtschaftlichkeit entspricht. In der Satzung sind Regelungen für den Fall vorzusehen, dass die Pauschalierung im Einzelfall zu unzumutbaren Ergebnissen führt. Absatz 1 Satz 2 bis 4 gilt entsprechend.

(3) Die Bestimmung der angemessenen Aufwendungen für Unterkunft und Heizung soll die Verhältnisse des einfachen Standards auf dem örtlichen Wohnungsmarkt abbilden. Sie soll die Auswirkungen auf den örtlichen Wohnungsmarkt berücksichtigen hinsichtlich:
1. der Vermeidung von Mietpreis erhöhenden Wirkungen,
2. der Verfügbarkeit von Wohnraum des einfachen Standards,
3. aller verschiedenen Anbietergruppen und
4. der Schaffung und Erhaltung sozial ausgeglichener Bewohnerstrukturen.

§ 22 b Inhalt der Satzung

(1) In der Satzung ist zu bestimmen,
1. welche Wohnfläche entsprechend der Struktur des örtlichen Wohnungsmarktes als angemessen anerkannt wird und
2. in welcher Höhe Aufwendungen für die Unterkunft als angemessen anerkannt werden.

In der Satzung kann auch die Höhe des als angemessen anerkannten Verbrauchswertes oder der als angemessen anerkannten Aufwendungen für die Heizung bestimmt werden. Bei einer Bestimmung nach Satz 2 kann sowohl eine Quadratmeterhöchstmiete als auch eine Gesamtangemessenheitsgrenze unter Berücksichtigung der in den Sätzen 1 und 2 genannten Werte gebildet werden. Um die Verhältnisse des einfachen Standards auf dem örtlichen Wohnungsmarkt realitätsgerecht abzubilden, können die Kreise und kreisfreien Städte ihr Gebiet in mehrere Vergleichsräume unterteilen, für die sie jeweils eigene Angemessenheitswerte bestimmen.

(2) Der Satzung ist eine Begründung beizufügen. Darin ist darzulegen, wie die Angemessenheit der Aufwendungen für Unterkunft und Heizung ermittelt wird. Die Satzung ist mit ihrer Begründung ortsüblich bekannt zu machen.

(3) In der Satzung soll für Personen mit einem besonderen Bedarf für Unterkunft und Heizung eine Sonderregelung getroffen werden. Dies gilt insbesondere für Personen, die einen erhöhten Raumbedarf haben wegen
1. einer Behinderung oder
2. der Ausübung ihres Umgangsrechts.

§ 22 c Datenerhebung, -auswertung und -überprüfung

(1) Zur Bestimmung der angemessenen Aufwendungen für Unterkunft und Heizung sollen die Kreise und kreisfreien Städte insbesondere
1. Mietspiegel, qualifizierte Mietspiegel und Mietdatenbanken und

2. geeignete eigene statistische Datenerhebungen und -auswertungen oder Erhebungen Dritter

einzeln oder kombiniert berücksichtigen. Hilfsweise können auch die monatlichen Höchstbeträge nach § 12 Absatz 1 des Wohngeldgesetzes berücksichtigt werden. In die Auswertung sollen sowohl Neuvertrags- als auch Bestandsmieten einfließen. Die Methodik der Datenerhebung und -auswertung ist in der Begründung der Satzung darzulegen.

(2) Die Kreise und kreisfreien Städte müssen die durch Satzung bestimmten Werte für die Unterkunft mindestens alle zwei Jahre und die durch Satzung bestimmten Werte für die Heizung mindestens jährlich überprüfen und gegebenenfalls neu festsetzen.

§ 23 Besonderheiten beim Sozialgeld

Beim Sozialgeld gelten ergänzend folgende Maßgaben:

1. Als Regelbedarf wird bis zur Vollendung des sechsten Lebensjahres ein Betrag in Höhe der Regelbedarfsstufe 6, vom Beginn des siebten bis zur Vollendung des 14. Lebensjahres ein Betrag in Höhe der Regelbedarfsstufe 5 und im 15. Lebensjahr ein Betrag in Höhe der Regelbedarfsstufe 4 anerkannt;
2. Mehrbedarfe nach § 21 Absatz 4 werden auch bei behinderten Menschen, die das 15. Lebensjahr vollendet haben, anerkannt, wenn Leistungen der Eingliederungshilfe nach § 54 Absatz 1 Nummer 1 und 2 des Zwölften Buches erbracht werden;
3. § 21 Absatz 4 Satz 2 gilt auch nach Beendigung der in § 54 Absatz 1 Nummer 1 und 2 des Zwölften Buches genannten Maßnahmen;
4. bei nicht erwerbsfähigen Personen, die voll erwerbsgemindert nach dem Sechsten Buch sind, wird ein Mehrbedarf von 17 Prozent der nach § 20 maßgebenden Regelbedarfe anerkannt, wenn sie Inhaberin oder Inhaber eines Ausweises nach § 69 Absatz 5 des Neunten Buches mit dem Merkzeichen G sind; dies gilt nicht, wenn bereits ein Anspruch auf einen Mehrbedarf wegen Behinderung nach § 21 Absatz 4 oder nach der vorstehenden Nummer 2 oder 3 besteht.

Unterabschnitt 3
Abweichende Leistungserbringung und weitere Leistungen

§ 24 Abweichende Erbringung von Leistungen

(1) Kann im Einzelfall ein vom Regelbedarf zur Sicherung des Lebensunterhalts umfasster und nach den Umständen unabweisbarer Bedarf nicht gedeckt werden, erbringt die Agentur für Arbeit bei entsprechendem Nachweis den Bedarf als Sachleistung oder als Geldleistung und gewährt der oder dem Leistungsberechtigten ein entsprechendes Darlehen. Bei Sachleistungen wird das Darlehen in Höhe des für die Agentur für Arbeit entstandenen Anschaffungswertes gewährt. Weiter gehende Leistungen sind ausgeschlossen.

(2) Solange sich Leistungsberechtigte, insbesondere bei Drogen- oder Alkoholabhängigkeit sowie im Falle unwirtschaftlichen Verhaltens, als ungeeignet erweisen, mit den Leistungen für den Regelbedarf nach § 20 ihren Bedarf zu decken, kann das Arbeitslosengeld II bis zur Höhe des Regelbedarfs für den Lebensunterhalt in voller Höhe oder anteilig in Form von Sachleistungen erbracht werden.

(3) Nicht vom Regelbedarf nach § 20 umfasst sind Bedarfe für

1. Erstausstattungen für die Wohnung einschließlich Haushaltsgeräten,
2. Erstausstattungen für Bekleidung und Erstausstattungen bei Schwangerschaft und Geburt sowie
3. Anschaffung und Reparaturen von orthopädischen Schuhen, Reparaturen von therapeutischen Geräten und Ausrüstungen sowie die Miete von therapeutischen Geräten.

Leistungen für diese Bedarfe werden gesondert erbracht. Leistungen nach Satz 2 werden auch erbracht, wenn Leistungsberechtigte keine Leistungen zur Sicherung des Lebensunterhalts einschließlich der angemessenen Kosten für Unterkunft und Heizung benötigen, den Bedarf nach Satz 1 jedoch aus eigenen Kräften und Mitteln nicht voll decken können. In diesem Fall kann das Einkommen berücksichtigt werden, das Leistungsberechtigte innerhalb eines Zeitraumes von bis zu sechs Monaten nach Ablauf des Monats erwerben, in dem über die Leistung entschieden wird. Die Leistungen für Bedarfe nach Satz 1 Nummer 1 und 2 können als Sachleistung oder Geldleistung, auch in Form von Pauschalbeträgen, erbracht werden. Bei der Bemessung der Pauschalbeträge sind geeignete Angaben über die erforderlichen Aufwendungen und nachvollziehbare Erfahrungswerte zu berücksichtigen.

(4) Leistungen zur Sicherung des Lebensunterhalts können als Darlehen erbracht werden, soweit in dem Monat, für den die Leistungen erbracht werden, voraussichtlich Einnahmen anfallen. Satz 1 gilt auch, soweit Leistungsberechtigte einmalige Einnahmen nach § 11 Absatz 3 Satz 4 vorzeitig verbraucht haben.

(5) Soweit Leistungsberechtigten der sofortige Verbrauch oder die sofortige Verwertung von zu berücksichtigendem Vermögen nicht möglich ist oder für sie eine besondere Härte bedeuten würde, sind Leistungen als Darlehen zu erbringen. Die Leistungen können davon abhängig gemacht werden, dass der Anspruch auf Rückzahlung dinglich oder in anderer Weise gesichert wird.

(6) In Fällen des § 22 Absatz 5 werden Leistungen für Erstausstattungen für die Wohnung nur erbracht, wenn der kommunale Träger die Übernahme der Leistungen für Unterkunft und Heizung zugesichert hat oder vom Erfordernis der Zusicherung abgesehen werden konnte.

§ 25 Leistungen bei medizinischer Rehabilitation der Rentenversicherung und bei Anspruch auf Verletztengeld aus der Unfallversicherung

Haben Leistungsberechtigte dem Grunde nach Anspruch auf Übergangsgeld bei medizinischen Leistungen der gesetzlichen Rentenversicherung, erbringen die Träger der Leistungen nach diesem Buch die bisherigen Leistungen als Vorschuss auf die Leistungen der Rentenversicherung weiter; dies gilt entsprechend bei einem Anspruch auf Verletztengeld aus der gesetzlichen Unfallversicherung. Werden Vorschüsse länger als einen Monat geleistet, erhalten die Träger der Leistungen nach diesem Buch von den zur Leistung verpflichteten Trägern monatliche Abschlagszahlungen in Höhe der Vorschüsse des jeweils abgelaufenen Monats. § 102 des Zehnten Buches gilt entsprechend.

§ 26 Zuschüsse zu Beiträgen zur Krankenversicherung und Pflegeversicherung

(1) Für Bezieherinnen und Bezieher von Arbeitslosengeld II oder Sozialgeld, die gegen das Risiko Krankheit bei einem privaten Krankenversicherungsunternehmen im Rahmen von Versicherungsverträgen, die der Versicherungspflicht nach § 193 Absatz 3 des Versicherungsvertragsgesetzes genügen, versichert sind, wird für die Dauer des Leistungsbezugs ein Zuschuss zum Beitrag geleistet; der Zuschuss ist begrenzt auf die Höhe des nach § 152 Absatz 4 des Versicherungsaufsichtsgesetzes halbierten Beitrags für den Basistarif in der privaten Krankenversicherung, den Hilfebedürftige zu leisten haben. Für Bezieherinnen und Bezieher von Sozialgeld, die in der gesetzlichen Krankenversicherung versicherungspflichtig oder freiwillig versichert sind, wird für die Dauer des Leistungsbezugs ein Zuschuss in Höhe des Beitrags geleistet, soweit dieser nicht nach § 11 b Absatz 1 Satz 1 Nummer 2 abgesetzt wird; Gleiches gilt für Bezieherinnen und Bezieher von Arbeitslosengeld II, die nicht nach § 5 Absatz 1 Nummer 2 a des Fünften Buches versicherungspflichtig sind.

(2) Für Personen, die

1. in der gesetzlichen Krankenversicherung versicherungspflichtig oder freiwillig versichert sind oder
2. unter den Voraussetzungen des Absatzes 1 Satz 1 erster Halbsatz privat krankenversichert sind und die

allein durch die Zahlung des Beitrags hilfebedürftig würden, wird ein Zuschuss zum Beitrag in Höhe des Betrages geleistet, der notwendig ist, um die Hilfebedürftigkeit zu vermeiden. In den Fällen des Satzes 1 Nummer 2 gilt die Begrenzung des Zuschusses nach Absatz 1 Satz 1 zweiter Halbsatz entsprechend.

(3) Für Bezieherinnen und Bezieher von Arbeitslosengeld II oder Sozialgeld, die gegen das Risiko Pflegebedürftigkeit bei einem privaten Versicherungsunternehmen in Erfüllung ihrer Versicherungspflicht nach § 23 des Elften Buches versichert sind, wird für die Dauer des Leistungsbezugs ein Zuschuss zum Beitrag geleistet; der Zuschuss ist begrenzt auf die Hälfte des Höchstbeitrags in der sozialen Pflegeversicherung. Für Bezieherinnen und Bezieher von Sozialgeld, die in der sozialen Pflegeversicherung versicherungspflichtig sind, wird für die Dauer des Leistungsbezugs ein Zuschuss in Höhe des Beitrags geleistet, soweit dieser nicht nach § 11 b Absatz 1 Satz 1 Nummer 2 abgesetzt wird; Gleiches gilt für Bezieherinnen

und Bezieher von Arbeitslosengeld II, die nicht nach § 20 Absatz 1 Satz 2 Nummer 2 a des Elften Buches versicherungspflichtig sind.

(4) Für Personen, die

1. in der sozialen Pflegeversicherung versicherungspflichtig sind oder
2. unter den Voraussetzungen des Absatzes 3 Satz 1 erster Halbsatz privat pflegeversichert sind und die

allein durch die Zahlung des Beitrags hilfebedürftig würden, wird ein Zuschuss zum Beitrag in Höhe des Betrages geleistet, der notwendig ist, um die Hilfebedürftigkeit zu vermeiden. In den Fällen des Satzes 1 Nummer 2 gilt die Begrenzung des Zuschusses nach Absatz 3 Satz 1 zweiter Halbsatz entsprechend.

(5) Der Zuschuss nach Absatz 1 Satz 1, nach Absatz 2 Satz 1 Nummer 2, nach Absatz 3 Satz 1 und nach Absatz 4 Satz 1 Nummer 2 ist an das private Versicherungsunternehmen zu zahlen, bei dem die leistungsberechtigte Person versichert ist. Der Zuschuss nach Absatz 1 Satz 2 und Absatz 3 Satz 2 ist an die Krankenkasse zu zahlen, bei der die leistungsberechtigte Person versichert ist.

§ 27 Leistungen für Auszubildende

(1) Auszubildende im Sinne des § 7 Absatz 5 erhalten Leistungen zur Sicherung des Lebensunterhalts nach Maßgabe der folgenden Absätze. Die Leistungen für Auszubildende gelten nicht als Arbeitslosengeld II.

(2) Leistungen werden in Höhe der Mehrbedarfe nach § 21 Absatz 2, 3, 5 und 6 und in Höhe der Leistungen nach § 24 Absatz 3 Nummer 2 erbracht, soweit die Mehrbedarfe nicht durch zu berücksichtigendes Einkommen oder Vermögen gedeckt sind.

(3) Leistungen können für Regelbedarfe, den Mehrbedarf nach § 21 Absatz 7, Bedarfe für Unterkunft und Heizung, Bedarfe für Bildung und Teilhabe und notwendige Beiträge zur Kranken- und Pflegeversicherung als Darlehen erbracht werden, sofern der Leistungsausschluss nach § 7 Absatz 5 eine besondere Härte bedeutet. Eine besondere Härte ist auch anzunehmen, wenn Auszubildenden, deren Bedarf sich nach §§ 12 oder 13 Absatz 1 Nummer 1 des Bundesausbildungsförderungsgesetzes bemisst, aufgrund von § 10 Absatz 3 des Bundesausbildungsförderungsgesetzes keine Leistungen zustehen, diese Ausbildung im Einzelfall für die Eingliederung der oder des Auszubildenden in das Erwerbsleben zwingend erforderlich ist und ohne die Erbringung von Leistungen zum Lebensunterhalt der Abbruch der Ausbildung droht; in diesem Fall sind Leistungen als Zuschuss zu erbringen. Satz 2 gilt nur für Ausbildungen, die vor dem 31. Dezember 2020 begonnen wurden. Für den Monat der Aufnahme einer Ausbildung können Leistungen entsprechend § 24 Absatz 4 Satz 1 erbracht werden. Leistungen nach Satz 1 sind gegenüber den Leistungen nach Absatz 2 nachrangig.

Unterabschnitt 4
Leistungen für Bildung und Teilhabe

§ 28 Bedarfe für Bildung und Teilhabe

(1) Bedarfe für Bildung und Teilhabe am sozialen und kulturellen Leben in der Gemeinschaft werden bei Kindern, Jugendlichen und jungen Erwachsenen neben dem Regelbedarf nach Maßgabe der Absätze 2 bis 7 gesondert berücksichtigt. Bedarfe für Bildung werden nur bei Personen berücksichtigt, die das 25. Lebensjahr noch nicht vollendet haben, eine allgemein- oder berufsbildende Schule besuchen und keine Ausbildungsvergütung erhalten (Schülerinnen und Schüler).

(2) Bei Schülerinnen und Schülern werden die tatsächlichen Aufwendungen anerkannt für
1. Schulausflüge und
2. mehrtägige Klassenfahrten im Rahmen der schulrechtlichen Bestimmungen.

Für Kinder, die eine Tageseinrichtung besuchen oder für die Kindertagespflege geleistet wird, gilt Satz 1 entsprechend.

(3) Für die Ausstattung mit persönlichem Schulbedarf werden bei Schülerinnen und Schülern 70 Euro zum 1. August und 30 Euro zum 1. Februar eines jeden Jahres berücksichtigt. Abweichend von Satz 1 werden bei Schülerinnen und Schülern, die im jeweiligen Schuljahr nach den in Satz 1 genannten Stichtagen erstmalig oder aufgrund einer Unterbrechung ihres Schulbesuches erneut in eine Schule aufgenommen werden, für den Monat, in dem der erste Schultag liegt, 70 Euro berücksichtigt, wenn dieser Tag in den Zeitraum von August bis Januar des Schuljahres fällt, oder 100 Euro berücksichtigt, wenn dieser Tag in den Zeitraum von Februar bis Juli des Schuljahres fällt.

(4) Bei Schülerinnen und Schülern, die für den Besuch der nächstgelegenen Schule des gewählten Bildungsgangs auf Schülerbeförderung angewiesen sind, werden die dafür erforderlichen tatsächlichen Aufwendungen berücksichtigt, soweit sie nicht von Dritten übernommen werden und es der leistungsberechtigten Person nicht zugemutet werden kann, die Aufwendungen aus dem Regelbedarf zu bestreiten. Als zumutbare Eigenleistung gilt in der Regel der in § 9 Absatz 2 des Regelbedarfs-Ermittlungsgesetzes genannte Betrag.

(5) Bei Schülerinnen und Schülern wird eine schulische Angebote ergänzende angemessene Lernförderung berücksichtigt, soweit diese geeignet und zusätzlich erforderlich ist, um die nach den schulrechtlichen Bestimmungen festgelegten wesentlichen Lernziele zu erreichen.

(6) Bei Teilnahme an einer gemeinschaftlichen Mittagsverpflegung werden die entstehenden Mehraufwendungen berücksichtigt für
1. Schülerinnen und Schüler und
2. Kinder, die eine Tageseinrichtung besuchen oder für die Kindertagespflege geleistet wird.

Für Schülerinnen und Schüler gilt dies unter der Voraussetzung, dass die Mittagsverpflegung in schulischer Verantwortung angeboten wird. In den Fällen des Satzes 2 ist für die Ermittlung des monatlichen Bedarfs die Anzahl der Schultage in dem Land zugrunde zu legen, in dem der Schulbesuch stattfindet.

(7) Bei Leistungsberechtigten bis zur Vollendung des 18. Lebensjahres wird ein Bedarf zur Teilhabe am sozialen und kulturellen Leben in der Gemeinschaft in Höhe von insgesamt 10 Euro monatlich berücksichtigt für

1. Mitgliedsbeiträge in den Bereichen Sport, Spiel, Kultur und Geselligkeit,
2. Unterricht in künstlerischen Fächern (zum Beispiel Musikunterricht) und vergleichbare angeleitete Aktivitäten der kulturellen Bildung und
3. die Teilnahme an Freizeiten.

Neben der Berücksichtigung von Bedarfen nach Satz 1 können auch weitere tatsächliche Aufwendungen berücksichtigt werden, wenn sie im Zusammenhang mit der Teilnahme an Aktivitäten nach Satz 1 Nummer 1 bis 3 entstehen und es den Leistungsberechtigten im begründeten Ausnahmefall nicht zugemutet werden kann, diese aus dem Regelbedarf zu bestreiten.

§ 29 Erbringung der Leistungen für Bildung und Teilhabe

(1) Leistungen zur Deckung der Bedarfe nach § 28 Absatz 2 und 5 bis 7 werden erbracht durch Sach- und Dienstleistungen, insbesondere in Form von personalisierten Gutscheinen oder Direktzahlungen an Anbieter von Leistungen zur Deckung dieser Bedarfe (Anbieter); die kommunalen Träger bestimmen, in welcher Form sie die Leistungen erbringen. Sie können auch bestimmen, dass die Leistungen nach § 28 Absatz 2 durch Geldleistungen gedeckt werden. Die Bedarfe nach § 28 Absatz 3 und 4 werden jeweils durch Geldleistungen gedeckt. Die kommunalen Träger können mit Anbietern pauschal abrechnen.

(2) Werden die Bedarfe durch Gutscheine gedeckt, gelten die Leistungen mit Ausgabe des jeweiligen Gutscheins als erbracht. Die kommunalen Träger gewährleisten, dass Gutscheine bei geeigneten vorhandenen Anbietern oder zur Wahrnehmung ihrer eigenen Angebote eingelöst werden können. Gutscheine können für den gesamten Bewilligungszeitraum im Voraus ausgegeben werden. Die Gültigkeit von Gutscheinen ist angemessen zu befristen. Im Fall des Verlustes soll ein Gutschein erneut in dem Umfang ausgestellt werden, in dem er noch nicht in Anspruch genommen wurde.

(3) Werden die Bedarfe durch Direktzahlungen an Anbieter gedeckt, gelten die Leistungen mit der Zahlung als erbracht. Eine Direktzahlung ist für den gesamten Bewilligungszeitraum im Voraus möglich.

(4) Im begründeten Einzelfall kann ein Nachweis über eine zweckentsprechende Verwendung der Leistung verlangt werden. Soweit der Nachweis nicht geführt wird, soll die Bewilligungsentscheidung widerrufen werden.

§ 30 Berechtigte Selbsthilfe

Geht die leistungsberechtigte Person durch Zahlung an Anbieter in Vorleistung, ist der kommunale Träger zur Übernahme der berücksichtigungsfähigen Aufwendungen verpflichtet, soweit
1. **unbeschadet des Satzes 2 die Voraussetzungen einer Leistungsgewährung zur Deckung der Bedarfe im Zeitpunkt der Selbsthilfe nach § 28 Absatz 2 und 5 bis 7 vorlagen und**
2. **zum Zeitpunkt der Selbsthilfe der Zweck der Leistung durch Erbringung als Sach- oder Dienstleistung ohne eigenes Verschulden nicht oder nicht rechtzeitig zu erreichen war.**

War es dem Leistungsberechtigten nicht möglich, rechtzeitig einen Antrag zu stellen, gilt dieser als zum Zeitpunkt der Selbstvornahme gestellt.

Unterabschnitt 5
Sanktionen

§ 31 Pflichtverletzungen

(1) Erwerbsfähige Leistungsberechtigte verletzen ihre Pflichten, wenn sie trotz schriftlicher Belehrung über die Rechtsfolgen oder deren Kenntnis
1. **sich weigern, in der Eingliederungsvereinbarung oder in dem diese ersetzenden Verwaltungsakt nach § 15 Absatz 3 Satz 3 festgelegte Pflichten zu erfüllen, insbesondere in ausreichendem Umfang Eigenbemühungen nachzuweisen,**
2. **sich weigern, eine zumutbare Arbeit, Ausbildung, Arbeitsgelegenheit nach § 16d oder ein gefördertes Arbeitsverhältnis aufzunehmen, fortzuführen oder deren Anbahnung durch ihr Verhalten verhindern,**
3. **eine zumutbare Maßnahme zur Eingliederung in Arbeit nicht antreten, abbrechen oder Anlass für den Abbruch gegeben haben.**

Dies gilt nicht, wenn erwerbsfähige Leistungsberechtigte einen wichtigen Grund für ihr Verhalten darlegen und nachweisen.

(2) Eine Pflichtverletzung von erwerbsfähigen Leistungsberechtigten ist auch anzunehmen, wenn
1. **sie nach Vollendung des 18. Lebensjahres ihr Einkommen oder Vermögen in der Absicht vermindert haben, die Voraussetzungen für die Gewährung oder Erhöhung des Arbeitslosengeldes II herbeizuführen,**
2. **sie trotz Belehrung über die Rechtsfolgen oder deren Kenntnis ihr unwirtschaftliches Verhalten fortsetzen,**
3. **ihr Anspruch auf Arbeitslosengeld ruht oder erloschen ist, weil die Agentur für Arbeit das Eintreten einer Sperrzeit oder das Erlöschen des Anspruchs nach den Vorschriften des Dritten Buches festgestellt hat, oder**
4. **sie die im Dritten Buch genannten Voraussetzungen für das Eintreten einer Sperrzeit erfüllen, die das Ruhen oder Erlöschen eines Anspruchs auf Arbeitslosengeld begründen.**

§ 31 a Rechtsfolgen bei Pflichtverletzungen

(1) Bei einer Pflichtverletzung nach § 31 mindert sich das Arbeitslosengeld II in einer ersten Stufe um 30 Prozent des für die erwerbsfähige leistungsberechtigte Person nach § 20 maßgebenden Regelbedarfs. Bei der ersten wiederholten Pflichtverletzung nach § 31 mindert sich das Arbeitslosengeld II um 60 Prozent des für die erwerbsfähige leistungsberechtigte Person nach § 20 maßgebenden Regelbedarfs. Bei jeder weiteren wiederholten Pflichtverletzung nach § 31 entfällt das Arbeitslosengeld II vollständig. Eine wiederholte Pflichtverletzung liegt nur vor, wenn bereits zuvor eine Minderung festgestellt wurde. Sie liegt nicht vor, wenn der Beginn des vorangegangenen Minderungszeitraums länger als ein Jahr zurückliegt. Erklären sich erwerbsfähige Leistungsberechtigte nachträglich bereit, ihren Pflichten nachzukommen, kann der zuständige Träger die Minderung der Leistungen nach Satz 3 ab diesem Zeitpunkt auf 60 Prozent des für sie nach § 20 maßgebenden Regelbedarfs begrenzen.

(2) Bei erwerbsfähigen Leistungsberechtigten, die das 25. Lebensjahr noch nicht vollendet haben, ist das Arbeitslosengeld II bei einer Pflichtverletzung nach § 31 auf die für die Bedarfe nach § 22 zu erbringenden Leistungen beschränkt. Bei wiederholter Pflichtverletzung nach § 31 entfällt das Arbeitslosengeld II vollständig. Absatz 1 Satz 4 und 5 gilt entsprechend. Erklären sich erwerbsfähige Leistungsberechtigte, die das 25. Lebensjahr noch nicht vollendet haben, nachträglich bereit, ihren Pflichten nachzukommen, kann der Träger unter Berücksichtigung aller Umstände des Einzelfalles ab diesem Zeitpunkt wieder die für die Bedarfe nach § 22 zu erbringenden Leistungen gewähren.

(3) Bei einer Minderung des Arbeitslosengeldes II um mehr als 30 Prozent des nach § 20 maßgebenden Regelbedarfs kann der Träger auf Antrag in angemessenem Umfang ergänzende Sachleistungen oder geldwerte Leistungen erbringen. Der Träger hat Leistungen nach Satz 1 zu erbringen, wenn Leistungsberechtigte mit minderjährigen Kindern in einem Haushalt leben. Bei einer Minderung des Arbeitslosengeldes II um mindestens 60 Prozent des für den erwerbsfähigen Leistungsberechtigten nach § 20 maßgebenden Regelbedarfs soll das Arbeitslosengeld II, soweit es für den Bedarf für Unterkunft und Heizung nach § 22 Absatz 1 erbracht wird, an den Vermieter oder andere Empfangsberechtigte gezahlt werden.

(4) Für nichterwerbsfähige Leistungsberechtigte gilt Absatz 1 und 3 bei Pflichtverletzungen nach § 31 Absatz 2 Nummer 1 und 2 entsprechend.

§ 31 b Beginn und Dauer der Minderung

(1) Der Auszahlungsanspruch mindert sich mit Beginn des Kalendermonats, der auf das Wirksamwerden des Verwaltungsaktes folgt, der die Pflichtverletzung und den Umfang der Minderung der Leistung feststellt. In den Fällen des § 31 Absatz 2 Nummer 3 tritt die Minderung mit Beginn der Sperrzeit oder mit dem Erlöschen des Anspruchs nach dem Dritten Buch ein. Der Minderungszeitraum beträgt drei Monate. Bei erwerbsfähigen Leistungsberechtigten, die das 25. Lebensjahr noch nicht vollendet haben,

kann der Träger die Minderung des Auszahlungsanspruchs in Höhe der Bedarfe nach den §§ 20 und 21 unter Berücksichtigung aller Umstände des Einzelfalls auf sechs Wochen verkürzen. Die Feststellung der Minderung ist nur innerhalb von sechs Monaten ab dem Zeitpunkt der Pflichtverletzung zulässig.

(2) Während der Minderung des Auszahlungsanspruchs besteht kein Anspruch auf ergänzende Hilfe zum Lebensunterhalt nach den Vorschriften des Zwölften Buches.

§ 32 Meldeversäumnisse

(1) Kommen Leistungsberechtigte trotz schriftlicher Belehrung über die Rechtsfolgen oder deren Kenntnis einer Aufforderung des zuständigen Trägers, sich bei ihm zu melden oder bei einem ärztlichen oder psychologischen Untersuchungstermin zu erscheinen, nicht nach, mindert sich das Arbeitslosengeld II oder das Sozialgeld jeweils um 10 Prozent des für sie nach § 20 maßgebenden Regelbedarfs. Dies gilt nicht, wenn Leistungsberechtigte einen wichtigen Grund für ihr Verhalten darlegen und nachweisen.

(2) Die Minderung nach dieser Vorschrift tritt zu einer Minderung nach § 31 a hinzu. § 31 a Absatz 3 und § 31 b gelten entsprechend.

Unterabschnitt 6
Verpflichtungen Anderer

§ 33 Übergang von Ansprüchen

(1) Haben Personen, die Leistungen zur Sicherung des Lebensunterhalts beziehen, für die Zeit, für die Leistungen erbracht werden, einen Anspruch gegen einen Anderen, der nicht Leistungsträger ist, geht der Anspruch bis zur Höhe der geleisteten Aufwendungen auf die Träger der Leistungen nach diesem Buch über, wenn bei rechtzeitiger Leistung des Anderen Leistungen zur Sicherung des Lebensunterhalts nicht erbracht worden wären. Satz 1 gilt auch, soweit Kinder unter Berücksichtigung von Kindergeld nach § 11 Absatz 1 Satz 4 keine Leistungen empfangen haben und bei rechtzeitiger Leistung des Anderen keine oder geringere Leistungen an die Mitglieder der Haushaltsgemeinschaft erbracht worden wären. Der Übergang wird nicht dadurch ausgeschlossen, dass der Anspruch nicht übertragen, verpfändet oder gepfändet werden kann. Unterhaltsansprüche nach bürgerlichem Recht gehen zusammen mit dem unterhaltsrechtlichen Auskunftsanspruch auf die Träger der Leistungen nach diesem Buch über.

(2) Ein Unterhaltsanspruch nach bürgerlichem Recht geht nicht über, wenn die unterhaltsberechtigte Person

1. mit der oder dem Verpflichteten in einer Bedarfsgemeinschaft lebt,
2. mit der oder dem Verpflichteten verwandt ist und den Unterhaltsanspruch nicht geltend macht; dies gilt nicht für Unterhaltsansprüche

a) minderjähriger Leistungsberechtigter,
b) Leistungsberechtigter, die das 25. Lebensjahr noch nicht vollendet und die Erstausbildung noch nicht abgeschlossen haben,

gegen ihre Eltern,

3. in einem Kindschaftsverhältnis zur oder zum Verpflichteten steht und
   a) schwanger ist oder
   b) ihr leibliches Kind bis zur Vollendung seines sechsten Lebensjahres betreut.

Der Übergang ist auch ausgeschlossen, soweit der Unterhaltsanspruch durch laufende Zahlung erfüllt wird. Der Anspruch geht nur über, soweit das Einkommen und Vermögen der unterhaltsverpflichteten Person das nach den §§ 11 bis 12 zu berücksichtigende Einkommen und Vermögen übersteigt.

(3) Für die Vergangenheit können die Träger der Leistungen nach diesem Buch außer unter den Voraussetzungen des bürgerlichen Rechts nur von der Zeit an den Anspruch geltend machen, zu welcher sie der oder dem Verpflichteten die Erbringung der Leistung schriftlich mitgeteilt haben. Wenn die Leistung voraussichtlich auf längere Zeit erbracht werden muss, können die Träger der Leistungen nach diesem Buch bis zur Höhe der bisherigen monatlichen Aufwendungen auch auf künftige Leistungen klagen.

(4) Die Träger der Leistungen nach diesem Buch können den auf sie übergegangenen Anspruch im Einvernehmen mit der Empfängerin oder dem Empfänger der Leistungen auf diese oder diesen zur gerichtlichen Geltendmachung rückübertragen und sich den geltend gemachten Anspruch abtreten lassen. Kosten, mit denen die Leistungsempfängerin oder der Leistungsempfänger dadurch selbst belastet wird, sind zu übernehmen. Über die Ansprüche nach Absatz 1 Satz 4 ist im Zivilrechtsweg zu entscheiden.

(5) Die §§ 115 und 116 des Zehnten Buches gehen der Regelung des Absatzes 1 vor.

§ 34 Ersatzansprüche bei sozialwidrigem Verhalten

(1) Wer nach Vollendung des 18. Lebensjahres vorsätzlich oder grob fahrlässig die Voraussetzungen für die Gewährung von Leistungen nach diesem Buch an sich oder an Personen, die mit ihr oder ihm in einer Bedarfsgemeinschaft leben, ohne wichtigen Grund herbeigeführt hat, ist zum Ersatz der deswegen erbrachten Geld- und Sachleistungen verpflichtet. Als Herbeiführung im Sinne des Satzes 1 gilt auch, wenn die Hilfebedürftigkeit erhöht, aufrechterhalten oder nicht verringert wurde. Sachleistungen sind, auch wenn sie in Form eines Gutscheins erbracht wurden, in Geld zu ersetzen. § 40 Absatz 6 Satz 2 gilt entsprechend. Der Ersatzanspruch umfasst auch die geleisteten Beiträge zur Sozialversicherung. Von der Geltendmachung eines Ersatzanspruchs ist abzusehen, soweit sie eine Härte bedeuten würde.

(2) Eine nach Absatz 1 eingetretene Verpflichtung zum Ersatz der Leistungen geht auf den Erben über. Sie ist auf den Nachlasswert zum Zeitpunkt des Erbfalls begrenzt.

(3) Der Ersatzanspruch erlischt drei Jahre nach Ablauf des Jahres, für das die Leistung erbracht worden ist. Die Bestimmungen des Bürgerlichen Gesetzbuchs über die Hemmung, die Ablaufhemmung, den Neubeginn und die Wirkung der Verjährung gelten sinngemäß; der Erhebung der Klage steht der Erlass eines Leistungsbescheides gleich.

§ 34 a Ersatzansprüche für rechtswidrig erbrachte Leistungen

(1) Zum Ersatz rechtswidrig erbrachter Geld- und Sachleistungen nach diesem Buch ist verpflichtet, wer diese durch vorsätzliches oder grob fahrlässiges Verhalten an Dritte herbeigeführt hat. Sachleistungen sind, auch wenn sie in Form eines Gutscheins erbracht wurden, in Geld zu ersetzen. § 40 Absatz 6 Satz 2 gilt entsprechend. Der Ersatzanspruch umfasst auch die geleisteten Beiträge zur Sozialversicherung entsprechend § 40 Absatz 2 Nummer 5.

(2) Der Ersatzanspruch verjährt in vier Jahren nach Ablauf des Kalenderjahres, in dem der Verwaltungsakt, mit dem die Erstattung nach § 50 des Zehnten Buches festgesetzt worden ist, unanfechtbar geworden ist. Soweit gegenüber einer rechtswidrig begünstigten Person ein Verwaltungsakt nicht aufgehoben werden kann, beginnt die Frist nach Satz 1 mit dem Zeitpunkt, ab dem die Behörde Kenntnis von der Rechtswidrigkeit der Leistungserbringung hat. § 34 Absatz 3 Satz 2 gilt entsprechend. § 52 des Zehnten Buches bleibt unberührt.

(3) § 34 Absatz 2 gilt entsprechend. Der Ersatzanspruch erlischt drei Jahre nach dem Tod der Person, die gemäß Absatz 1 zum Ersatz verpflichtet war; § 34 Absatz 3 Satz 2 gilt entsprechend.

(4) Zum Ersatz nach Absatz 1 und zur Erstattung nach § 50 des Zehnten Buches Verpflichtete haften als Gesamtschuldner.

§ 34 b Erstattungsanspruch bei Doppelleistungen

(1) Hat ein vorrangig verpflichteter Leistungsträger in Unkenntnis der Leistung durch Träger nach diesem Buch an eine leistungsberechtigte Person geleistet, ist diese zur Erstattung der Leistung des vorrangigen Trägers an die Träger nach diesem Buch verpflichtet. Der Erstattungsanspruch besteht in der Höhe, in der ein Erstattungsanspruch nach dem Zweiten Abschnitt des Dritten Kapitels des Zehnten Buches bestanden hätte. § 34 c ist entsprechend anwendbar.

(2) Ein Erstattungsanspruch besteht nicht, soweit der geleistete Betrag als Einkommen nach den Vorschriften dieses Buches berücksichtigt werden kann.

(3) Der Erstattungsanspruch verjährt vier Jahre nach Ablauf des Kalenderjahres, in dem der vorrangig verpflichtete Leistungsträger die Leistung erbracht hat.

§ 34 c Ersatzansprüche nach sonstigen Vorschriften

Bestimmt sich das Recht des Trägers nach diesem Buch, Ersatz seiner Aufwendungen von einem Anderen zu verlangen, gegen den die Leistungsberechtigten einen Anspruch haben, nach sonstigen gesetzlichen Vorschriften, die dem § 33 vorgehen, gelten als Aufwendungen auch solche Leistungen zur Sicherung des Lebensunterhalts, die an die mit der leistungsberechtigten Person in einer Bedarfsgemeinschaft lebenden Personen erbracht wurden.

§ 35 *(weggefallen)*

Kapitel 4
Gemeinsame Vorschriften für Leistungen

Abschnitt 1
Zuständigkeit und Verfahren

§ 36 Örtliche Zuständigkeit

(1) Für die Leistungen nach § 6 Absatz 1 Satz 1 Nummer 1 ist die Agentur für Arbeit zuständig, in deren Bezirk die erwerbsfähige leistungsberechtigte Person ihren gewöhnlichen Aufenthalt hat. Für die Leistungen nach § 6 Absatz 1 Satz 1 Nummer 2 ist der kommunale Träger zuständig, in dessen Gebiet die erwerbsfähige leistungsberechtigte Person ihren gewöhnlichen Aufenthalt hat. Für Leistungen nach den Sätzen 1 und 2 an Minderjährige, die Leistungen für die Zeit der Ausübung des Umgangsrechts nur für einen kurzen Zeitraum beanspruchen, ist der jeweilige Träger an dem Ort zuständig, an dem die umgangsberechtigte Person ihren gewöhnlichen Aufenthalt hat. Kann ein gewöhnlicher Aufenthaltsort nicht festgestellt werden, so ist der Träger nach diesem Buch örtlich zuständig, in dessen Bereich sich die oder der erwerbsfähige Leistungsberechtigte tatsächlich aufhält. Für nicht erwerbsfähige Personen, deren Leistungsberechtigung sich aus § 7 Absatz 2 Satz 3 ergibt, gelten die Sätze 1 bis 4 entsprechend.

(2) Abweichend von Absatz 1 ist für die jeweiligen Leistungen nach diesem Buch der Träger zuständig, in dessen Gebiet die leistungsberechtigte Person nach § 12 a Absatz 1 bis 3 des Aufenthaltsgesetzes ihren Wohnsitz zu nehmen hat. Ist die leistungsberechtigte Person nach § 12 a Absatz 4 des Aufenthaltsgesetzes verpflichtet, ihren Wohnsitz an einem bestimmten Ort nicht zu nehmen, kann eine Zuständigkeit der Träger in diesem Gebiet für die jeweiligen Leistungen nach diesem Buch nicht begründet werden; im Übrigen gelten die Regelungen des Absatzes 1.

§ 36 a Kostenerstattung bei Aufenthalt im Frauenhaus

Sucht eine Person in einem Frauenhaus Zuflucht, ist der kommunale Träger am bisherigen gewöhnlichen Aufenthaltsort verpflichtet, dem durch die Aufnahme im Frauenhaus zuständigen kommunalen Träger am Ort des

Frauenhauses die Kosten für die Zeit des Aufenthaltes im Frauenhaus zu erstatten.

§ 37 Antragserfordernis

(1) Leistungen nach diesem Buch werden auf Antrag erbracht. Leistungen nach § 24 Absatz 1 und 3 und Leistungen für die Bedarfe nach § 28 Absatz 2, Absatz 4 bis 7 sind gesondert zu beantragen.

(2) Leistungen nach diesem Buch werden nicht für Zeiten vor der Antragstellung erbracht. Der Antrag auf Leistungen zur Sicherung des Lebensunterhalts wirkt auf den Ersten des Monats zurück. Der Antrag auf Leistungen für die Bedarfe nach § 28 Absatz 7 wirkt, soweit daneben andere Leistungen zur Sicherung des Lebensunterhalts erbracht werden, auf den Beginn des aktuellen Bewilligungszeitraums nach § 41 Absatz 3 zurück.

§ 38 Vertretung der Bedarfsgemeinschaft

(1) Soweit Anhaltspunkte dem nicht entgegenstehen, wird vermutet, dass die oder der erwerbsfähige Leistungsberechtigte bevollmächtigt ist, Leistungen nach diesem Buch auch für die mit ihm in einer Bedarfsgemeinschaft lebenden Personen zu beantragen und entgegenzunehmen. Leben mehrere erwerbsfähige Leistungsberechtigte in einer Bedarfsgemeinschaft, gilt diese Vermutung zugunsten der Antrag stellenden Person.

(2) Für Leistungen an Kinder im Rahmen der Ausübung des Umgangsrechts hat die umgangsberechtigte Person die Befugnis, Leistungen nach diesem Buch zu beantragen und entgegenzunehmen, soweit das Kind dem Haushalt angehört.

§ 39 Sofortige Vollziehbarkeit

Keine aufschiebende Wirkung haben Widerspruch und Anfechtungsklage gegen einen Verwaltungsakt,

1. **der Leistungen der Grundsicherung für Arbeitsuchende aufhebt, zurücknimmt, widerruft, entzieht, die Pflichtverletzung und die Minderung des Auszahlungsanspruchs feststellt oder Leistungen zur Eingliederung in Arbeit oder Pflichten erwerbsfähiger Leistungsberechtigter bei der Eingliederung in Arbeit regelt,**
2. **mit dem zur Beantragung einer vorrangigen Leistung aufgefordert wird oder**
3. **mit dem nach § 59 in Verbindung mit § 309 des Dritten Buches zur persönlichen Meldung bei der Agentur für Arbeit aufgefordert wird.**

§ 40 Anwendung von Verfahrensvorschriften

(1) Für das Verfahren nach diesem Buch gilt das Zehnte Buch. Abweichend von Satz 1 gilt § 44 des Zehnten Buches mit der Maßgabe, dass

1. **rechtswidrige nicht begünstigende Verwaltungsakte nach den Absätzen 1 und 2 nicht später als vier Jahre nach Ablauf des Jahres, in dem der Verwaltungsakt bekanntgegeben wurde, zurückzunehmen sind; ausrei-**

chend ist, wenn die Rücknahme innerhalb dieses Zeitraums beantragt wird,
2. anstelle des Zeitraums von vier Jahren nach Absatz 4 Satz 1 ein Zeitraum von einem Jahr tritt.

(2) Entsprechend anwendbar sind die Vorschriften des Dritten Buches über
1. *(weggefallen)*
2. *(weggefallen)*
3. **die Aufhebung von Verwaltungsakten (§ 330 Absatz 2, 3 Satz 1 und 4);**
4. **die vorläufige Zahlungseinstellung nach § 331 mit der Maßgabe, dass die Träger auch zur teilweisen Zahlungseinstellung berechtigt sind, wenn sie von Tatsachen Kenntnis erhalten, die zu einem geringeren Leistungsanspruch führen;**
5. **die Erstattung von Beiträgen zur Kranken-, Renten- und Pflegeversicherung (§ 335 Absatz 1, 2 und 5); § 335 Absatz 1 Satz 1 und Absatz 5 in Verbindung mit Absatz 1 Satz 1 ist nicht anwendbar, wenn in einem Kalendermonat für mindestens einen Tag rechtmäßig Arbeitslosengeld II gewährt wurde; in den Fällen des § 335 Absatz 1 Satz 2 und Absatz 5 in Verbindung mit Absatz 1 Satz 2 besteht kein Beitragserstattungsanspruch.**

(3) Liegen die in § 44 Absatz 1 Satz 1 des Zehnten Buches genannten Voraussetzungen für die Rücknahme eines rechtswidrigen nicht begünstigenden Verwaltungsaktes vor, weil dieser auf einer Rechtsnorm beruht, die nach Erlass des Verwaltungsaktes
1. **durch eine Entscheidung des Bundesverfassungsgerichts für nichtig oder für unvereinbar mit dem Grundgesetz erklärt worden ist oder**
2. **in ständiger Rechtsprechung anders als durch den für die jeweilige Leistungsart zuständigen Träger der Grundsicherung für Arbeitsuchende ausgelegt worden ist,**

so ist der Verwaltungsakt, wenn er unanfechtbar geworden ist, nur mit Wirkung für die Zeit nach der Entscheidung des Bundesverfassungsgerichts oder ab dem Bestehen der ständigen Rechtsprechung zurückzunehmen. Bei der Unwirksamkeit einer Satzung oder einer anderen im Rang unter einem Landesgesetz stehenden Rechtsvorschrift, die nach § 22 a Absatz 1 und dem dazu ergangenen Landesgesetz erlassen worden ist, ist abweichend von Satz 1 auf die Zeit nach der Entscheidung durch das Landessozialgericht abzustellen.

(4) Der Verwaltungsakt, mit dem über die Gewährung von Leistungen nach diesem Buch abschließend entschieden wurde, ist mit Wirkung für die Zukunft ganz aufzuheben, wenn in den tatsächlichen Verhältnissen der leistungsberechtigten Person Änderungen eintreten, aufgrund derer nach Maßgabe des § 41 a vorläufig zu entscheiden wäre.

(5) Verstirbt eine leistungsberechtigte Person oder eine Person, die mit der leistungsberechtigten Person in häuslicher Gemeinschaft lebt, bleiben im Sterbemonat allein die dadurch eintretenden Änderungen in den bereits bewilligten Leistungsansprüchen der leistungsberechtigten Person und

der mit ihr in Bedarfsgemeinschaft lebenden Personen unberücksichtigt; die §§ 48 und 50 Absatz 2 des Zehnten Buches sind insoweit nicht anzuwenden. § 118 Absatz 3 bis 4 a des Sechsten Buches findet mit der Maßgabe entsprechend Anwendung, dass Geldleistungen, die für die Zeit nach dem Monat des Todes der leistungsberechtigten Person überwiesen wurden, als unter Vorbehalt erbracht gelten.

(6) § 50 Absatz 1 des Zehnten Buches ist mit der Maßgabe anzuwenden, dass Gutscheine in Geld zu erstatten sind. Die leistungsberechtigte Person kann die Erstattungsforderung auch durch Rückgabe des Gutscheins erfüllen, soweit dieser nicht in Anspruch genommen wurde. Eine Erstattung der Leistungen nach § 28 erfolgt nicht, soweit eine Aufhebungsentscheidung allein wegen dieser Leistungen zu treffen wäre.

(7) § 28 des Zehnten Buches gilt mit der Maßgabe, dass der Antrag unverzüglich nach Ablauf des Monats, in dem die Ablehnung oder Erstattung der anderen Leistung bindend geworden ist, nachzuholen ist.

(8) Für die Vollstreckung von Ansprüchen der in gemeinsamen Einrichtungen zusammenwirkenden Träger nach diesem Buch gilt das Verwaltungs-Vollstreckungsgesetz des Bundes; im Übrigen gilt § 66 des Zehnten Buches.

(9) *(weggefallen)*

§ 40 a Erstattungsanspruch

Wird einer leistungsberechtigten Person für denselben Zeitraum, für den ein Träger der Grundsicherung für Arbeitsuchende Leistungen nach diesem Buch erbracht hat, eine andere Sozialleistung bewilligt, so steht dem Träger der Grundsicherung für Arbeitsuchende unter den Voraussetzungen des § 104 des Zehnten Buches ein Erstattungsanspruch gegen den anderen Sozialleistungsträger zu. Der Erstattungsanspruch besteht auch, soweit die Erbringung des Arbeitslosengeldes II allein auf Grund einer nachträglich festgestellten vollen Erwerbsminderung rechtswidrig war oder rückwirkend eine Rente wegen Alters oder eine Knappschaftsausgleichsleistung zuerkannt wird. Die §§ 106 bis 114 des Zehnten Buches gelten entsprechend. § 44 a Absatz 3 bleibt unberührt.

§ 41 Berechnung der Leistungen und Bewilligungszeitraum

(1) Anspruch auf Leistungen zur Sicherung des Lebensunterhalts besteht für jeden Kalendertag. Der Monat wird mit 30 Tagen berechnet. Stehen die Leistungen nicht für einen vollen Monat zu, wird die Leistung anteilig erbracht.

(2) Berechnungen werden auf zwei Dezimalstellen durchgeführt, wenn nichts Abweichendes bestimmt ist. Bei einer auf Dezimalstellen durchgeführten Berechnung wird die letzte Dezimalstelle um eins erhöht, wenn sich in der folgenden Dezimalstelle eine der Ziffern 5 bis 9 ergeben würde.

(3) Über den Anspruch auf Leistungen zur Sicherung des Lebensunterhalts ist in der Regel für ein Jahr zu entscheiden (Bewilligungszeitraum). Der

Bewilligungszeitraum soll insbesondere in den Fällen regelmäßig auf sechs Monate verkürzt werden, in denen

1. über den Leistungsanspruch vorläufig entschieden wird (§ 41 a) oder
2. die Aufwendungen für die Unterkunft und Heizung unangemessen sind.

Die Festlegung des Bewilligungszeitraums erfolgt einheitlich für die Entscheidung über die Leistungsansprüche aller Mitglieder einer Bedarfsgemeinschaft.

§ 41 a Vorläufige Entscheidung

(1) Über die Erbringung von Geld- und Sachleistungen ist vorläufig zu entscheiden, wenn

1. zur Feststellung der Voraussetzungen des Anspruchs auf Geld- und Sachleistungen voraussichtlich längere Zeit erforderlich ist und die Voraussetzungen für den Anspruch mit hinreichender Wahrscheinlichkeit vorliegen oder
2. ein Anspruch auf Geld- und Sachleistungen dem Grunde nach besteht und zur Feststellung seiner Höhe voraussichtlich längere Zeit erforderlich ist.

Besteht eine Bedarfsgemeinschaft aus mehreren Personen, ist unter den Voraussetzungen des Satzes 1 über den Leistungsanspruch aller Mitglieder der Bedarfsgemeinschaft vorläufig zu entscheiden. Eine vorläufige Entscheidung ergeht nicht, wenn Leistungsberechtigte die Umstände, die einer sofortigen abschließenden Entscheidung entgegenstehen, zu vertreten haben.

(2) Der Grund der Vorläufigkeit ist anzugeben. Die vorläufige Leistung ist so zu bemessen, dass der monatliche Bedarf der Leistungsberechtigten zur Sicherung des Lebensunterhalts gedeckt ist; dabei kann der Absetzbetrag nach § 11 b Absatz 1 Satz 1 Nummer 6 ganz oder teilweise unberücksichtigt bleiben. Hierbei sind die im Zeitpunkt der Entscheidung bekannten und prognostizierten Verhältnisse zugrunde zu legen. Soweit die vorläufige Entscheidung nach Absatz 1 rechtswidrig ist, ist sie für die Zukunft zurückzunehmen. § 45 Absatz 2 des Zehnten Buches findet keine Anwendung.

(3) Die Träger der Grundsicherung für Arbeitsuchende entscheiden abschließend über den monatlichen Leistungsanspruch, sofern die vorläufig bewilligte Leistung nicht der abschließend festzustellenden entspricht oder die leistungsberechtigte Person eine abschließende Entscheidung beantragt. Die leistungsberechtigte Person und die mit ihr in Bedarfsgemeinschaft lebenden Personen sind nach Ablauf des Bewilligungszeitraums verpflichtet, die von den Trägern der Grundsicherung für Arbeitsuchende zum Erlass einer abschließenden Entscheidung geforderten leistungserheblichen Tatsachen nachzuweisen; die §§ 60, 61, 65 und 65 a des Ersten Buches gelten entsprechend. Kommen die leistungsberechtigte Person oder die mit ihr in Bedarfsgemeinschaft lebenden Personen ihrer Nachweis- oder Auskunftspflicht bis zur abschließenden Entscheidung nicht, nicht vollständig oder trotz angemessener Fristsetzung und schriftlicher Belehrung über die Rechtsfolgen nicht fristgemäß nach, setzen die Träger

der Grundsicherung für Arbeitsuchende den Leistungsanspruch für diejenigen Kalendermonate nur in der Höhe abschließend fest, in welcher seine Voraussetzungen ganz oder teilweise nachgewiesen wurden. Für die übrigen Kalendermonate wird festgestellt, dass ein Leistungsanspruch nicht bestand.

(4) Bei der abschließenden Feststellung des Leistungsanspruches nach Absatz 3 ist als Einkommen ein monatliches Durchschnittseinkommen zugrunde zu legen. Satz 1 gilt nicht

1. **in den Fällen des Absatzes 3 Satz 4,**
2. **soweit der Leistungsanspruch in mindestens einem Monat des Bewilligungszeitraums durch das zum Zeitpunkt der abschließenden Feststellung nachgewiesene zu berücksichtigende Einkommen entfällt oder**
3. **wenn die leistungsberechtigte Person vor der abschließenden Feststellung des Leistungsanspruches eine Entscheidung auf der Grundlage des tatsächlichen monatlichen Einkommens beantragt.**

Als monatliches Durchschnittseinkommen ist für jeden Kalendermonat im Bewilligungszeitraum der Teil des Einkommens zu berücksichtigen, der sich bei der Teilung des Gesamteinkommens im Bewilligungszeitraum durch die Anzahl der Monate im Bewilligungszeitraum ergibt.

(5) Ergeht innerhalb eines Jahres nach Ablauf des Bewilligungszeitraums keine abschließende Entscheidung nach Absatz 3, gelten die vorläufig bewilligten Leistungen als abschließend festgesetzt. Dies gilt nicht, wenn

1. **die leistungsberechtigte Person innerhalb der Frist nach Satz 1 eine abschließende Entscheidung beantragt oder**
2. **der Leistungsanspruch aus einem anderen als dem nach Absatz 2 Satz 1 anzugebenden Grund nicht oder nur in geringerer Höhe als die vorläufigen Leistungen besteht und der Träger der Grundsicherung für Arbeitsuchende über den Leistungsanspruch innerhalb eines Jahres seit Kenntnis von diesen Tatsachen, spätestens aber nach Ablauf von zehn Jahren nach der Bekanntgabe der vorläufigen Entscheidung, abschließend entscheidet.**

(6) Die aufgrund der vorläufigen Entscheidung erbrachten Leistungen sind auf die abschließend festgestellten Leistungen anzurechnen. Soweit im Bewilligungszeitraum in einzelnen Kalendermonaten vorläufig zu hohe Leistungen erbracht wurden, sind die sich daraus ergebenden Überzahlungen auf die abschließend bewilligten Leistungen anzurechnen, die für andere Kalendermonate dieses Bewilligungszeitraums nachzuzahlen wären. Überzahlungen, die nach der Anrechnung fortbestehen, sind zu erstatten. Das gilt auch im Fall des Absatzes 3 Satz 3 und 4.

(7) Über die Erbringung von Geld- und Sachleistungen kann vorläufig entschieden werden, wenn

1. **die Vereinbarkeit einer Vorschrift dieses Buches, von der die Entscheidung über den Antrag abhängt, mit höherrangigem Recht Gegenstand eines Verfahrens bei dem Bundesverfassungsgericht oder dem Gerichtshof der Europäischen Union ist oder**

2. eine entscheidungserhebliche Rechtsfrage von grundsätzlicher Bedeutung Gegenstand eines Verfahrens beim Bundessozialgericht ist.

Absatz 2 Satz 1, Absatz 3 Satz 2 bis 4 sowie Absatz 6 gelten entsprechend.

§ 42 Fälligkeit, Auszahlung und Unpfändbarkeit der Leistungen

(1) Leistungen sollen monatlich im Voraus erbracht werden.

(2) Auf Antrag der leistungsberechtigten Person können durch Bewilligungsbescheid festgesetzte, zum nächsten Zahlungszeitpunkt fällige Leistungsansprüche vorzeitig erbracht werden. Die Höhe der vorzeitigen Leistung ist auf 100 Euro begrenzt. Der Auszahlungsanspruch im Folgemonat verringert sich entsprechend. Soweit eine Verringerung des Auszahlungsanspruchs im Folgemonat nicht möglich ist, verringert sich der Auszahlungsanspruch für den zweiten auf die Bewilligung der vorzeitigen Leistung folgenden Monat. Die vorzeitige Leistung ist ausgeschlossen,

1. wenn im laufenden Monat oder im Monat der Verringerung des Leistungsanspruches eine Aufrechnung zu erwarten ist,
2. wenn der Leistungsanspruch im Folgemonat durch eine Sanktion gemindert ist oder
3. wenn sie bereits in einem der vorangegangenen zwei Kalendermonate in Anspruch genommen wurde.

(3) Geldleistungen nach diesem Buch werden auf das im Antrag angegebene Konto bei einem Geldinstitut überwiesen, für das die Verordnung (EU) Nr. 260/2012 des Europäischen Parlaments und des Rates vom 14. März 2012 zur Festlegung der technischen Vorschriften und der Geschäftsanforderungen für Überweisungen und Lastschriften in Euro und zur Änderung der Verordnung (EG) Nr. 924/2009 (ABl. L 94 vom 30.3.2012, S. 22) gilt. Werden sie an den Wohnsitz oder gewöhnlichen Aufenthalt der Leistungsberechtigten übermittelt, sind die dadurch veranlassten Kosten abzuziehen. Dies gilt nicht, wenn Leistungsberechtigte nachweisen, dass ihnen die Einrichtung eines Kontos bei einem Geldinstitut ohne eigenes Verschulden nicht möglich ist.

(4) Der Anspruch auf Leistungen zur Sicherung des Lebensunterhaltes kann nicht abgetreten, übertragen, verpfändet oder gepfändet werden. Die Abtretung und Übertragung nach § 53 Absatz 2 des Ersten Buches bleibt unberührt.

§ 42a Darlehen

(1) Darlehen werden nur erbracht, wenn ein Bedarf weder durch Vermögen nach § 12 Absatz 2 Satz 1 Nummer 1, 1a und 4 noch auf andere Weise gedeckt werden kann. Darlehen können an einzelne Mitglieder von Bedarfsgemeinschaften oder an mehrere gemeinsam vergeben werden. Die Rückzahlungsverpflichtung trifft die Darlehensnehmer.

(2) Solange Darlehensnehmer Leistungen zur Sicherung des Lebensunterhalts beziehen, werden Rückzahlungsansprüche aus Darlehen ab dem Monat, der auf die Auszahlung folgt, durch monatliche Aufrechnung

in Höhe von 10 Prozent des maßgebenden Regelbedarfs getilgt. § 43 Absatz 3 gilt entsprechend. Die Aufrechnung ist gegenüber den Darlehensnehmern schriftlich durch Verwaltungsakt zu erklären. Satz 1 gilt nicht, soweit Leistungen zur Sicherung des Lebensunterhaltes als Darlehen erbracht werden.

(3) Rückzahlungsansprüche aus Darlehen nach § 24 Absatz 5 sind nach erfolgter Verwertung sofort in voller Höhe und Rückzahlungsansprüche aus Darlehen nach § 22 Absatz 6 bei Rückzahlung durch den Vermieter sofort in Höhe des noch nicht getilgten Darlehensbetrages fällig. Deckt der erlangte Betrag den noch nicht getilgten Darlehensbetrag nicht, soll eine Vereinbarung über die Rückzahlung des ausstehenden Betrags unter Berücksichtigung der wirtschaftlichen Verhältnisse der Darlehensnehmer getroffen werden.

(4) Nach Beendigung des Leistungsbezuges ist der noch nicht getilgte Darlehensbetrag sofort fällig. Über die Rückzahlung des ausstehenden Betrags soll eine Vereinbarung unter Berücksichtigung der wirtschaftlichen Verhältnisse der Darlehensnehmer getroffen werden.

(5) Rückzahlungsansprüche aus Darlehen nach § 27 Absatz 3 sind abweichend von Absatz 4 Satz 1 erst nach Abschluss der Ausbildung fällig. Absatz 4 Satz 2 gilt entsprechend.

(6) Sofern keine abweichende Tilgungsbestimmung getroffen wird, werden Zahlungen, die zur Tilgung der gesamten fälligen Schuld nicht ausreichen, zunächst auf das zuerst erbrachte Darlehen angerechnet.

§ 43 Aufrechnung

(1) Die Jobcenter können gegen Ansprüche von leistungsberechtigten Personen auf Geldleistungen zur Sicherung des Lebensunterhalts aufrechnen mit

1. Erstattungsansprüchen nach § 50 des Zehnten Buches,
2. Ersatzansprüchen nach den §§ 34 und 34 a,
3. Erstattungsansprüchen nach § 34 b oder
4. Erstattungsansprüchen nach § 41 a Absatz 6 Satz 3.

(2) Die Höhe der Aufrechnung beträgt bei Erstattungsansprüchen, die auf § 41 a oder auf § 48 Absatz 1 Satz 2 Nummer 3 in Verbindung mit § 50 des Zehnten Buches beruhen, 10 Prozent des für die leistungsberechtigte Person maßgebenden Regelbedarfs, in den übrigen Fällen 30 Prozent. Die Aufrechnung, die zusammen mit bereits laufenden Aufrechnungen nach Absatz 1 und nach § 42 a Absatz 2 insgesamt 30 Prozent des maßgebenden Regelbedarfs übersteigen würde, ist unzulässig.

(3) Eine Aufrechnung ist nicht zulässig für Zeiträume, in denen der Auszahlungsanspruch nach § 31 b Absatz 1 Satz 1 um mindestens 30 Prozent des maßgebenden Regelbedarfs gemindert ist. Ist die Minderung des Auszahlungsanspruchs geringer, ist die Höhe der Aufrechnung auf die Differenz zwischen dem Minderungsbetrag und 30 Prozent des maßgebenden Regelbedarfs begrenzt.

(4) Die Aufrechnung ist gegenüber der leistungsberechtigten Person schriftlich durch Verwaltungsakt zu erklären. Sie endet spätestens drei Jahre nach dem Monat, der auf die Bestandskraft der in Absatz 1 genannten Entscheidungen folgt. Zeiten, in denen die Aufrechnung nicht vollziehbar ist, verlängern den Aufrechnungszeitraum entsprechend.

§ 43 a Verteilung von Teilzahlungen

Teilzahlungen auf Ersatz- und Erstattungsansprüche der Träger nach diesem Buch gegen Leistungsberechtigte oder Dritte mindern die Aufwendungen der Träger der Aufwendungen im Verhältnis des jeweiligen Anteils an der Forderung zueinander.

§ 44 Veränderung von Ansprüchen

Die Träger von Leistungen nach diesem Buch dürfen Ansprüche erlassen, wenn deren Einziehung nach Lage des einzelnen Falles unbillig wäre.

Abschnitt 2
Einheitliche Entscheidung

§ 44 a Feststellung von Erwerbsfähigkeit und Hilfebedürftigkeit

(1) Die Agentur für Arbeit stellt fest, ob die oder der Arbeitsuchende erwerbsfähig ist. Der Entscheidung können widersprechen:
1. der kommunale Träger,
2. ein anderer Träger, der bei voller Erwerbsminderung zuständig wäre, oder
3. die Krankenkasse, die bei Erwerbsfähigkeit Leistungen der Krankenversicherung zu erbringen hätte.

Der Widerspruch ist zu begründen. Im Widerspruchsfall entscheidet die Agentur für Arbeit, nachdem sie eine gutachterliche Stellungnahme eingeholt hat. Die gutachterliche Stellungnahme erstellt der nach § 109 a Absatz 4 des Sechsten Buches zuständige Träger der Rentenversicherung. Die Agentur für Arbeit ist bei der Entscheidung über den Widerspruch an die gutachterliche Stellungnahme nach Satz 5 gebunden. Bis zu der Entscheidung über den Widerspruch erbringen die Agentur für Arbeit und der kommunale Träger bei Vorliegen der übrigen Voraussetzungen Leistungen der Grundsicherung für Arbeitsuchende.

(1 a) Der Einholung einer gutachterlichen Stellungnahme nach Absatz 1 Satz 4 bedarf es nicht, wenn der zuständige Träger der Rentenversicherung bereits nach § 109 a Absatz 2 Satz 2 des Sechsten Buches eine gutachterliche Stellungnahme abgegeben hat. Die Agentur für Arbeit ist an die gutachterliche Stellungnahme gebunden.

(2) Die gutachterliche Stellungnahme des Rentenversicherungsträgers zur Erwerbsfähigkeit ist für alle gesetzlichen Leistungsträger nach dem Zweiten, Dritten, Fünften, Sechsten und Zwölften Buch bindend; § 48 des Zehnten Buches bleibt unberührt.

(3) Entscheidet die Agentur für Arbeit, dass ein Anspruch auf Leistungen der Grundsicherung für Arbeitsuchende nicht besteht, stehen ihr und dem kommunalen Träger Erstattungsansprüche nach § 103 des Zehnten Buches zu, wenn der oder dem Leistungsberechtigten eine andere Sozialleistung zuerkannt wird. § 103 Absatz 3 des Zehnten Buches gilt mit der Maßgabe, dass Zeitpunkt der Kenntnisnahme der Leistungsverpflichtung des Trägers der Sozialhilfe, der Kriegsopferfürsorge und der Jugendhilfe der Tag des Widerspruchs gegen die Feststellung der Agentur für Arbeit ist.

(4) Die Agentur für Arbeit stellt fest, ob und in welchem Umfang die erwerbsfähige Person und die dem Haushalt angehörenden Personen hilfebedürftig sind. Sie ist dabei und bei den weiteren Entscheidungen nach diesem Buch an die Feststellung der Angemessenheit der Kosten für Unterkunft und Heizung durch den kommunalen Träger gebunden. Die Agentur für Arbeit stellt fest, ob die oder der erwerbsfähige Leistungsberechtigte oder die dem Haushalt angehörenden Personen vom Bezug von Leistungen nach diesem Buch ausgeschlossen sind.

(5) Der kommunale Träger stellt die Höhe der in seiner Zuständigkeit zu erbringenden Leistungen fest. Er ist dabei und bei den weiteren Entscheidungen nach diesem Buch an die Feststellungen der Agentur für Arbeit nach Absatz 4 gebunden. Satz 2 gilt nicht, sofern der kommunale Träger zur vorläufigen Zahlungseinstellung berechtigt ist und dies der Agentur für Arbeit vor dieser Entscheidung mitteilt.

(6) Der kommunale Träger kann einer Feststellung der Agentur für Arbeit nach Absatz 4 Satz 1 oder 3 innerhalb eines Monats schriftlich widersprechen, wenn er aufgrund der Feststellung höhere Leistungen zu erbringen hat. Der Widerspruch ist zu begründen; er befreit nicht von der Verpflichtung, die Leistungen entsprechend der Feststellung der Agentur für Arbeit zu gewähren. Die Agentur für Arbeit überprüft ihre Feststellung und teilt dem kommunalen Träger innerhalb von zwei Wochen ihre endgültige Feststellung mit. Hält der kommunale Träger seinen Widerspruch aufrecht, sind die Träger bis zu einer anderen Entscheidung der Agentur für Arbeit oder einer gerichtlichen Entscheidung an die Feststellung der Agentur für Arbeit gebunden.

§ 44b Gemeinsame Einrichtung

(1) Zur einheitlichen Durchführung der Grundsicherung für Arbeitsuchende bilden die Träger im Gebiet jedes kommunalen Trägers nach § 6 Absatz 1 Satz 1 Nummer 2 eine gemeinsame Einrichtung. Die gemeinsame Einrichtung nimmt die Aufgaben der Träger nach diesem Buch wahr; die Trägerschaft nach § 6 sowie nach den §§ 6a und 6b bleibt unberührt. Die gemeinsame Einrichtung ist befugt, Verwaltungsakte und Widerspruchsbescheide zu erlassen. Die Aufgaben werden von Beamtinnen und Beamten sowie Arbeitnehmerinnen und Arbeitnehmern wahrgenommen, denen entsprechende Tätigkeiten zugewiesen worden sind.

(2) Die Träger bestimmen den Standort sowie die nähere Ausgestaltung und Organisation der gemeinsamen Einrichtung durch Vereinbarung. Die

Ausgestaltung und Organisation der gemeinsamen Einrichtung sollen die Besonderheiten der beteiligten Träger, des regionalen Arbeitsmarktes und der regionalen Wirtschaftsstruktur berücksichtigen. Die Träger können die Zusammenlegung mehrerer gemeinsamer Einrichtungen zu einer gemeinsamen Einrichtung vereinbaren.

(3) Den Trägern obliegt die Verantwortung für die rechtmäßige und zweckmäßige Erbringung ihrer Leistungen. Sie haben in ihrem Aufgabenbereich nach § 6 Absatz 1 Nummer 1 oder 2 gegenüber der gemeinsamen Einrichtung ein Weisungsrecht; dies gilt nicht im Zuständigkeitsbereich der Trägerversammlung nach § 44 c. Die Träger sind berechtigt, von der gemeinsamen Einrichtung die Erteilung von Auskunft und Rechenschaftslegung über die Leistungserbringung zu fordern, die Wahrnehmung der Aufgaben in der gemeinsamen Einrichtung zu prüfen und die gemeinsame Einrichtung an ihre Auffassung zu binden. Vor Ausübung ihres Weisungsrechts in Angelegenheiten grundsätzlicher Bedeutung befassen die Träger den Kooperationsausschuss nach § 18 b. Der Kooperationsausschuss kann innerhalb von zwei Wochen nach Anrufung eine Empfehlung abgeben.

(4) Die gemeinsame Einrichtung kann einzelne Aufgaben auch durch die Träger wahrnehmen lassen. Im Übrigen gelten die §§ 88 bis 92 des Zehnten Buches für die gemeinsamen Einrichtungen im Aufgabenbereich dieses Buches entsprechend.

(5) Die Bundesagentur stellt der gemeinsamen Einrichtung Angebote an Dienstleistungen zur Verfügung.

(6) Die Träger teilen der gemeinsamen Einrichtung alle Tatsachen und Feststellungen mit, von denen sie Kenntnis erhalten und die für die Leistungen erforderlich sind.

§ 44 c Trägerversammlung

(1) Die gemeinsame Einrichtung hat eine Trägerversammlung. In der Trägerversammlung sind Vertreterinnen und Vertreter der Agentur für Arbeit und des kommunalen Trägers je zur Hälfte vertreten. In der Regel entsenden die Träger je drei Vertreterinnen oder Vertreter. Jede Vertreterin und jeder Vertreter hat eine Stimme. Die Vertreterinnen und Vertreter wählen eine Vorsitzende oder einen Vorsitzenden für eine Amtszeit von bis zu fünf Jahren. Kann in der Trägerversammlung keine Einigung über die Person der oder des Vorsitzenden erzielt werden, wird die oder der Vorsitzende von den Vertreterinnen und Vertretern der Agentur für Arbeit und des kommunalen Trägers abwechselnd jeweils für zwei Jahre bestimmt; die erstmalige Bestimmung erfolgt durch die Vertreterinnen und Vertreter der Agentur für Arbeit. Die Trägerversammlung entscheidet durch Beschluss mit Stimmenmehrheit. Bei Stimmengleichheit entscheidet die Stimme der oder des Vorsitzenden; dies gilt nicht für Entscheidungen nach Absatz 2 Satz 2 Nummer 1, 4 und 8. Die Beschlüsse sind von der oder dem Vorsitzenden schriftlich oder elektronisch niederzulegen. Die Trägerversammlung gibt sich eine Geschäftsordnung.

(2) Die Trägerversammlung entscheidet über organisatorische, personalwirtschaftliche, personalrechtliche und personalvertretungsrechtliche Angelegenheiten der gemeinsamen Einrichtung. Dies sind insbesondere

1. **die Bestellung und Abberufung der Geschäftsführerin oder des Geschäftsführers,**
2. **der Verwaltungsablauf und die Organisation,**
3. **die Änderung des Standorts der gemeinsamen Einrichtung,**
4. **die Entscheidungen nach § 6 Absatz 1 Satz 2 und § 44 b Absatz 4, ob einzelne Aufgaben durch die Träger oder durch Dritte wahrgenommen werden,**
5. **die Regelung der Ordnung in der Dienststelle und des Verhaltens der Beschäftigten,**
6. **die Arbeitsplatzgestaltung,**
7. **die Genehmigung von Dienstvereinbarungen mit der Personalvertretung,**
8. **die Aufstellung des Stellenplans und der Richtlinien zur Stellenbewirtschaftung,**
9. **die grundsätzlichen Regelungen der innerdienstlichen, sozialen und persönlichen Angelegenheiten der Beschäftigten.**

(3) Die Trägerversammlung nimmt in Streitfragen zwischen Personalvertretung und Geschäftsführerin oder Geschäftsführer die Aufgaben einer übergeordneten Dienststelle und obersten Dienstbehörde nach den §§ 69 bis 72 des Bundespersonalvertretungsgesetzes wahr.

(4) Die Trägerversammlung berät zu gemeinsamen Betreuungsschlüsseln. Sie hat dabei die zur Verfügung stehenden Haushaltsmittel zu berücksichtigen. Bei der Personalbedarfsermittlung sind im Regelfall folgende Anteilsverhältnisse zwischen eingesetztem Personal und Leistungsberechtigten nach diesem Buch zu berücksichtigen:

1. **1 : 75 bei der Gewährung der Leistungen zur Eingliederung in Arbeit von erwerbsfähigen Leistungsberechtigten bis zur Vollendung des 25. Lebensjahres,**
2. **1 : 150 bei der Gewährung der Leistungen zur Eingliederung in Arbeit von erwerbsfähigen Leistungsberechtigten, die das 25. Lebensjahr vollendet und die Altersgrenze nach § 7 a noch nicht erreicht haben.**

(5) Die Trägerversammlung stellt einheitliche Grundsätze der Qualifizierungsplanung und Personalentwicklung auf, die insbesondere der individuellen Entwicklung der Mitarbeiterinnen und Mitarbeiter dienen und ihnen unter Beachtung ihrer persönlichen Interessen und Fähigkeiten die zur Wahrnehmung ihrer Aufgaben erforderliche Qualifikation vermitteln sollen. Die Trägerversammlung stimmt die Grundsätze der Personalentwicklung mit den Personalentwicklungskonzepten der Träger ab. Die Geschäftsführerin oder der Geschäftsführer berichtet der Trägerversammlung regelmäßig über den Stand der Umsetzung.

(6) In der Trägerversammlung wird das örtliche Arbeitsmarkt- und Integrationsprogramm der Grundsicherung für Arbeitsuchende unter Beachtung von Zielvorgaben der Träger abgestimmt.

§ 44d Geschäftsführerin, Geschäftsführer

(1) Die Geschäftsführerin oder der Geschäftsführer führt hauptamtlich die Geschäfte der gemeinsamen Einrichtung, soweit durch Gesetz nichts Abweichendes bestimmt ist. Sie oder er vertritt die gemeinsame Einrichtung gerichtlich und außergerichtlich. Sie oder er hat die von der Trägerversammlung in deren Aufgabenbereich beschlossenen Maßnahmen auszuführen und nimmt an deren Sitzungen beratend teil.

(2) Die Geschäftsführerin oder der Geschäftsführer wird für fünf Jahre bestellt. Für die Ausschreibung der zu besetzenden Stelle findet § 4 der Bundeslaufbahnverordnung entsprechende Anwendung. Kann in der Trägerversammlung keine Einigung über die Person der Geschäftsführerin oder des Geschäftsführers erzielt werden, unterrichtet die oder der Vorsitzende der Trägerversammlung den Kooperationsausschuss. Der Kooperationsausschuss hört die Träger der gemeinsamen Einrichtung an und unterbreitet einen Vorschlag. Können sich die Mitglieder des Kooperationsausschusses nicht auf einen Vorschlag verständigen oder kann in der Trägerversammlung trotz Vorschlags keine Einigung erzielt werden, wird die Geschäftsführerin oder der Geschäftsführer von der Agentur für Arbeit und dem kommunalen Träger abwechselnd jeweils für zweieinhalb Jahre bestimmt. Die erstmalige Bestimmung erfolgt durch die Agentur für Arbeit; abweichend davon erfolgt die erstmalige Bestimmung durch den kommunalen Träger, wenn die Agentur für Arbeit erstmalig die Vorsitzende oder den Vorsitzenden der Trägerversammlung bestimmt hat. Die Geschäftsführerin oder der Geschäftsführer kann auf Beschluss der Trägerversammlung vorzeitig abberufen werden. Bis zur Bestellung einer neuen Geschäftsführerin oder eines neuen Geschäftsführers führt sie oder er die Geschäfte der gemeinsamen Einrichtung kommissarisch.

(3) Die Geschäftsführerin oder der Geschäftsführer ist Beamtin, Beamter, Arbeitnehmerin oder Arbeitnehmer eines Trägers und untersteht dessen Dienstaufsicht. Soweit sie oder er Beamtin, Beamter, Arbeitnehmerin oder Arbeitnehmer einer nach § 6 Absatz 2 Satz 1 herangezogenen Gemeinde ist, untersteht sie oder er der Dienstaufsicht ihres oder seines Dienstherrn oder Arbeitgebers.

(4) Die Geschäftsführerin oder der Geschäftsführer übt über die Beamtinnen und Beamten sowie die Arbeitnehmerinnen und Arbeitnehmer, denen in der gemeinsamen Einrichtung Tätigkeiten zugewiesen worden sind, die dienst-, personal- und arbeitsrechtlichen Befugnisse der Bundesagentur und des kommunalen Trägers und die Dienstvorgesetzten- und Vorgesetztenfunktion, mit Ausnahme der Befugnisse zur Begründung und Beendigung der mit den Beamtinnen und Beamten sowie Arbeitnehmerinnen und Arbeitnehmern bestehenden Rechtsverhältnisse, aus.

(5) Die Geschäftsführerin ist Leiterin, der Geschäftsführer ist Leiter der Dienststelle im personalvertretungsrechtlichen Sinn und Arbeitgeber im Sinne des Arbeitsschutzgesetzes.

(6) Bei personalrechtlichen Entscheidungen, die in der Zuständigkeit der Träger liegen, hat die Geschäftsführerin oder der Geschäftsführer ein Anhörungs- und Vorschlagsrecht.

(7) Bei der besoldungsrechtlichen Einstufung der Dienstposten der Geschäftsführerinnen und der Geschäftsführer sind Höchstgrenzen einzuhalten. Die Besoldungsgruppe A 16 der Bundesbesoldungsordnung A, in Ausnahmefällen die Besoldungsgruppe B 3 der Bundesbesoldungsordnung B, oder die entsprechende landesrechtliche Besoldungsgruppe darf nicht überschritten werden. Das Entgelt für Arbeitnehmerinnen und Arbeitnehmer darf die für Beamtinnen und Beamte geltende Besoldung nicht übersteigen.

§ 44e Verfahren bei Meinungsverschiedenheit über die Weisungszuständigkeit

(1) Zur Beilegung einer Meinungsverschiedenheit über die Zuständigkeit nach § 44b Absatz 3 und § 44c Absatz 2 können die Träger oder die Trägerversammlung den Kooperationsausschuss anrufen. Stellt die Geschäftsführerin oder der Geschäftsführer fest, dass sich Weisungen der Träger untereinander oder mit einer Weisung der Trägerversammlung widersprechen, unterrichtet sie oder er unverzüglich die Träger, um diesen Gelegenheit zur Überprüfung der Zuständigkeit zum Erlass der Weisungen zu geben. Besteht die Meinungsverschiedenheit danach fort, kann die Geschäftsführerin oder der Geschäftsführer den Kooperationsausschuss anrufen.

(2) Der Kooperationsausschuss entscheidet nach Anhörung der Träger und der Geschäftsführerin oder des Geschäftsführers durch Beschluss mit Stimmenmehrheit. Bei Stimmengleichheit entscheidet die Stimme der oder des Vorsitzenden. Die Beschlüsse des Ausschusses sind von der Vorsitzenden oder von dem Vorsitzenden schriftlich oder elektronisch niederzulegen. Die oder der Vorsitzende teilt den Trägern, der Trägerversammlung sowie der Geschäftsführerin oder dem Geschäftsführer die Beschlüsse mit.

(3) Die Entscheidung des Kooperationsausschusses bindet die Träger. Soweit nach anderen Vorschriften der Rechtsweg gegeben ist, wird er durch die Anrufung des Kooperationsausschusses nicht ausgeschlossen.

§ 44f Bewirtschaftung von Bundesmitteln

(1) Die Bundesagentur überträgt der gemeinsamen Einrichtung die Bewirtschaftung von Haushaltsmitteln des Bundes, die sie im Rahmen von § 46 bewirtschaftet. Für die Übertragung und die Bewirtschaftung gelten die haushaltsrechtlichen Bestimmungen des Bundes.

(2) Zur Bewirtschaftung der Haushaltsmittel des Bundes bestellt die Geschäftsführerin oder der Geschäftsführer eine Beauftragte oder einen Beauftragten für den Haushalt. Die Geschäftsführerin oder der Geschäftsführer und die Trägerversammlung haben die Beauftragte oder den Beauftragten für den Haushalt an allen Maßnahmen von finanzieller Bedeutung zu beteiligen.

(3) Die Bundesagentur hat die Übertragung der Bewirtschaftung zu widerrufen, wenn die gemeinsame Einrichtung bei der Bewirtschaftung wiederholt oder erheblich gegen Rechts- oder Verwaltungsvorschriften verstoßen hat und durch die Bestellung einer oder eines anderen Beauftragten für den Haushalt keine Abhilfe zu erwarten ist.

(4) Näheres zur Übertragung und Durchführung der Bewirtschaftung von Haushaltsmitteln des Bundes kann zwischen der Bundesagentur und der gemeinsamen Einrichtung vereinbart werden. Der kommunale Träger kann die gemeinsame Einrichtung auch mit der Bewirtschaftung von kommunalen Haushaltsmitteln beauftragen.

(5) Auf Beschluss der Trägerversammlung kann die Befugnis nach Absatz 1 auf die Bundesagentur zurückübertragen werden.

§ 44g Zuweisung von Tätigkeiten bei der gemeinsamen Einrichtung

(1) Beamtinnen und Beamten sowie Arbeitnehmerinnen und Arbeitnehmern der Träger und der nach § 6 Absatz 2 Satz 1 herangezogenen Gemeinden und Gemeindeverbände können mit Zustimmung der Geschäftsführerin oder des Geschäftsführers der gemeinsamen Einrichtung nach den beamten- und tarifrechtlichen Regelungen Tätigkeiten bei den gemeinsamen Einrichtungen zugewiesen werden; diese Zuweisung kann auch auf Dauer erfolgen. Die Zuweisung ist auch ohne Zustimmung der Beamtinnen und Beamten sowie Arbeitnehmerinnen und Arbeitnehmer zulässig, wenn dringende dienstliche Interessen es erfordern.

(2) Bei einer Zuweisung von Tätigkeiten bei den gemeinsamen Einrichtungen an Beschäftigte, denen bereits eine Tätigkeit in diesen gemeinsamen Einrichtungen zugewiesen worden war, ist die Zustimmung der Geschäftsführerin oder des Geschäftsführers der gemeinsamen Einrichtung nicht erforderlich.

(3) Die Rechtsstellung der Beamtinnen und der Beamten bleibt unberührt. Ihnen ist eine ihrem Amt entsprechende Tätigkeit zu übertragen.

(4) Die mit der Bundesagentur, dem kommunalen Träger oder einer nach § 6 Absatz 2 Satz 1 herangezogenen Gemeinde oder einem Gemeindeverband bestehenden Arbeitsverhältnisse bleiben unberührt. Werden einer Arbeitnehmerin oder einem Arbeitnehmer aufgrund der Zuweisung Tätigkeiten übertragen, die einer niedrigeren Entgeltgruppe oder Tätigkeitsebene zuzuordnen sind, bestimmt sich die Eingruppierung nach der vorherigen Tätigkeit.

(5) Die Zuweisung kann
1. aus dienstlichen Gründen mit einer Frist von drei Monaten,
2. auf Verlangen der Beamtin, des Beamten, der Arbeitnehmerin oder des Arbeitnehmers aus wichtigem Grund jederzeit

beendet werden. Die Geschäftsführerin oder der Geschäftsführer kann der Beendigung nach Nummer 2 aus zwingendem dienstlichem Grund widersprechen.

§ 44h Personalvertretung

(1) In den gemeinsamen Einrichtungen wird eine Personalvertretung gebildet. Die Regelungen des Bundespersonalvertretungsgesetzes gelten entsprechend.

(2) Die Beamtinnen und Beamten sowie Arbeitnehmerinnen und Arbeitnehmer in der gemeinsamen Einrichtung besitzen für den Zeitraum, für den ihnen Tätigkeiten in der gemeinsamen Einrichtung zugewiesen worden sind, ein aktives und passives Wahlrecht zu der Personalvertretung.

(3) Der Personalvertretung der gemeinsamen Einrichtung stehen alle Rechte entsprechend den Regelungen des Bundespersonalvertretungsgesetzes zu, soweit der Trägerversammlung oder der Geschäftsführerin oder dem Geschäftsführer Entscheidungsbefugnisse in personalrechtlichen, personalwirtschaftlichen, sozialen oder die Ordnung der Dienststelle betreffenden Angelegenheiten zustehen.

(4) Zur Erörterung und Abstimmung gemeinsamer personalvertretungsrechtlich relevanter Angelegenheiten wird eine Arbeitsgruppe der Vorsitzenden der Personalvertretungen der gemeinsamen Einrichtungen eingerichtet. Die Arbeitsgruppe hält bis zu zwei Sitzungen im Jahr ab. Sie beschließt mit der Mehrheit der Stimmen ihrer Mitglieder eine Geschäftsordnung, die Regelungen über den Vorsitz, das Verfahren zur internen Willensbildung und zur Beschlussfassung enthalten muss. Die Arbeitsgruppe kann Stellungnahmen zu Maßnahmen der Träger, die Einfluss auf die Arbeitsbedingungen aller Arbeitnehmerinnen und Arbeitnehmer sowie Beamtinnen und Beamten in den gemeinsamen Einrichtungen haben können, an die zuständigen Träger abgeben.

(5) Die Rechte der Personalvertretungen der abgebenden Dienstherren und Arbeitgeber bleiben unberührt, soweit die Entscheidungsbefugnisse bei den Trägern verbleiben.

§ 44i Schwerbehindertenvertretung; Jugend- und Auszubildendenvertretung

Auf die Schwerbehindertenvertretung und Jugend- und Auszubildendenvertretung ist § 44h entsprechend anzuwenden.

§ 44j Gleichstellungsbeauftragte

In der gemeinsamen Einrichtung wird eine Gleichstellungsbeauftragte bestellt. Das Bundesgleichstellungsgesetz gilt entsprechend. Der Gleichstellungsbeauftragten stehen die Rechte entsprechend den Regelungen des Bundesgleichstellungsgesetzes zu, soweit die Trägerversammlung und die Geschäftsführer entscheidungsbefugt sind.

§ 44k Stellenbewirtschaftung

(1) Mit der Zuweisung von Tätigkeiten nach § 44g Absatz 1 und 2 übertragen die Träger der gemeinsamen Einrichtung die entsprechenden Planstellen und Stellen sowie Ermächtigungen für die Beschäftigung von Ar-

beitnehmerinnen und Arbeitnehmern mit befristeten Arbeitsverträgen zur Bewirtschaftung.

(2) Der von der Trägerversammlung aufzustellende Stellenplan bedarf der Genehmigung der Träger. Bei Aufstellung und Bewirtschaftung des Stellenplanes unterliegt die gemeinsame Einrichtung den Weisungen der Träger.

§ 45 *(weggefallen)*

Kapitel 5
Finanzierung und Aufsicht

§ 46 Finanzierung aus Bundesmitteln

(1) Der Bund trägt die Aufwendungen der Grundsicherung für Arbeitsuchende einschließlich der Verwaltungskosten, soweit die Leistungen von der Bundesagentur erbracht werden. Der Bundesrechnungshof prüft die Leistungsgewährung. Dies gilt auch, soweit die Aufgaben von gemeinsamen Einrichtungen nach § 44b wahrgenommen werden. Eine Pauschalierung von Eingliederungsleistungen und Verwaltungskosten ist zulässig. Die Mittel für die Erbringung von Eingliederungsleistungen und Verwaltungskosten werden in einem Gesamtbudget veranschlagt.

(2) Der Bund kann festlegen, nach welchen Maßstäben die Mittel nach Absatz 1 Satz 4 auf die Agenturen für Arbeit zu verteilen sind. Bei der Zuweisung wird die Zahl der erwerbsfähigen Leistungsberechtigten nach diesem Buch zugrunde gelegt. Für Leistungen nach den §§ 16e und 16f kann die Agentur für Arbeit insgesamt bis zu 20 Prozent der auf sie entfallenden Eingliederungsmittel einsetzen. Das Bundesministerium für Arbeit und Soziales kann im Einvernehmen mit dem Bundesministerium der Finanzen durch Rechtsverordnung ohne Zustimmung des Bundesrates andere oder ergänzende Maßstäbe für die Verteilung der Mittel nach Absatz 1 Satz 4 festlegen.

(3) Der Anteil des Bundes an den Gesamtverwaltungskosten der gemeinsamen Einrichtungen beträgt 84,8 Prozent. Durch Rechtsverordnung mit Zustimmung des Bundesrates kann das Bundesministerium für Arbeit und Soziales im Einvernehmen mit dem Bundesministerium der Finanzen festlegen, nach welchen Maßstäben

1. **kommunale Träger die Aufwendungen der Grundsicherung für Arbeitsuchende bei der Bundesagentur abrechnen, soweit sie Aufgaben nach § 6 Absatz 1 Satz 1 Nummer 1 wahrnehmen,**
2. **die Gesamtverwaltungskosten, die der Berechnung des Finanzierungsanteils nach Satz 1 zugrunde liegen, zu bestimmen sind.**

(4) *(weggefallen)*

(5) Der Bund beteiligt sich zweckgebunden an den Ausgaben für die Leistungen für Unterkunft und Heizung nach § 22 Absatz 1. Der Bund beteiligt sich höchstens mit 49 Prozent an den bundesweiten Ausgaben für die

Leistungen nach § 22 Absatz 1. Es gelten landesspezifische Beteiligungsquoten, deren Höhe sich nach den Absätzen 6 bis 10 bestimmt.

(6) Der Bund beteiligt sich an den Ausgaben für die Leistungen nach § 22 Absatz 1 ab dem Jahr 2016
1. im Land Baden-Württemberg mit 31,6 Prozent,
2. im Land Rheinland-Pfalz mit 37,6 Prozent sowie
3. in den übrigen Ländern mit 27,6 Prozent.

(7) Die in Absatz 6 genannten Prozentsätze erhöhen sich jeweils
1. in den Jahren 2016 und 2017 um 3,7 Prozentpunkte,
2. im Jahr 2018 um 7,9 Prozentpunkte sowie
3. ab dem Jahr 2019 um 10,2 Prozentpunkte.
Darüber hinaus erhöhen sich die in Absatz 6 genannten Prozentsätze im Jahr 2017 jeweils um weitere 3,7 Prozentpunkte.

(8) Die in Absatz 6 genannten Prozentsätze erhöhen sich jeweils um einen landesspezifischen Wert in Prozentpunkten. Dieser entspricht den Gesamtausgaben des jeweiligen Landes für die Leistungen nach § 28 dieses Gesetzes sowie nach § 6 b des Bundeskindergeldgesetzes des abgeschlossenen Vorjahres geteilt durch die Gesamtausgaben des jeweiligen Landes für die Leistungen nach § 22 Absatz 1 des abgeschlossenen Vorjahres multipliziert mit 100.

(9) Die in Absatz 6 genannten Prozentsätze erhöhen sich in den Jahren 2016 bis 2018 jeweils um einen landesspezifischen Wert in Prozentpunkten. In den Jahren 2016 und 2017 beträgt dieser Wert
5,0 Prozentpunkte für Baden-Württemberg,
6,0 Prozentpunkte für den Freistaat Bayern,
1,4 Prozentpunkte für Berlin,
2,6 Prozentpunkte für Brandenburg,
1,6 Prozentpunkte für die Freie Hansestadt Bremen,
2,1 Prozentpunkte für die Freie und Hansestadt Hamburg,
2,9 Prozentpunkte für Hessen,
2,3 Prozentpunkte für Mecklenburg-Vorpommern,
2,9 Prozentpunkte für Niedersachsen,
2,2 Prozentpunkte für Nordrhein-Westfalen,
4,1 Prozentpunkte für Rheinland-Pfalz,
2,5 Prozentpunkte für das Saarland,
2,9 Prozentpunkte für den Freistaat Sachsen,
2,3 Prozentpunkte für Sachsen-Anhalt,
2,7 Prozentpunkte für Schleswig-Holstein sowie
3,5 Prozentpunkte für den Freistaat Thüringen.

(10) Das Bundesministerium für Arbeit und Soziales wird ermächtigt, durch Rechtsverordnung mit Zustimmung des Bundesrates
1. die landesspezifischen Werte nach Absatz 8 Satz 1 jährlich für das Folgejahr festzulegen und für das laufende Jahr rückwirkend anzupassen,
2. die landesspezifischen Werte nach Absatz 9 Satz 1
   a) im Jahr 2017 für das Jahr 2018 festzulegen und für das laufende Jahr 2017 rückwirkend anzupassen,

b) im Jahr 2018 für das laufende Jahr 2018 und für das Vorjahr 2017 rückwirkend anzupassen,
c) im Jahr 2019 für das Vorjahr 2018 rückwirkend anzupassen sowie
3. die landesspezifischen Beteiligungsquoten jährlich für das Folgejahr festzulegen und für das laufende Jahr rückwirkend anzupassen sowie in den Jahren 2018 und 2019 für das jeweilige Vorjahr rückwirkend anzupassen.

Die Festlegung und Anpassung der Werte nach Satz 1 Nummer 1 erfolgen in Höhe des jeweiligen Wertes nach Absatz 8 Satz 2 des abgeschlossenen Vorjahres. Für die Festlegung und Anpassung der Werte nach Satz 1 Nummer 2 werden auf der Grundlage statistischer Daten die Vorjahresausgaben eines Landes für Leistungen nach § 22 Absatz 1 für solche Bedarfsgemeinschaften ermittelt, in denen mindestens eine erwerbsfähige leistungsberechtigte Person, die nicht vor Oktober 2015 erstmals leistungsberechtigt war, über eine Aufenthaltsgestattung, eine Duldung oder eine Aufenthaltserlaubnis aus völkerrechtlichen, humanitären oder politischen Gründen nach den §§ 22 bis 26 des Aufenthaltsgesetzes verfügt. Bei der Ermittlung der Vorjahresausgaben nach Satz 3 ist nur der Teil zu berücksichtigen, der nicht vom Bund auf Basis der geltenden landesspezifischen Werte nach den Absätzen 6 und 9 Satz 1 erstattet wurde. Für die Festlegung und Anpassung der Werte nach Satz 1 Nummer 2 Buchstabe a wird ein Betrag von 900 Millionen Euro in dem Verhältnis auf die Länder verteilt, in dem die nach den Sätzen 3 und 4 abgegrenzten Ausgaben des jeweiligen Landes zu den nach den Sätzen 3 und 4 abgegrenzten bundesweiten Ausgaben stehen. Die Festlegung und Anpassung der Werte nach Satz 1 Nummer 2 Buchstabe a erfolgen in Höhe des prozentualen Verhältnisses des jeweiligen Betrages nach Satz 5 zu den Vorjahresausgaben eines Landes für die Leistungen nach § 22 Absatz 1. Die Festlegung und Anpassung der Werte nach Satz 1 Nummer 2 Buchstabe b und c erfolgen in Höhe des prozentualen Verhältnisses der nach den Sätzen 3 und 4 abgegrenzten Ausgaben zu den Vorjahresausgaben eines Landes für die Leistungen nach § 22 Absatz 1. Soweit die Festlegungen nach Satz 1 Nummer 1 und 2 zu landesspezifischen Beteiligungsquoten führen, auf Grund derer sich der Bund mit mehr als 49 Prozent an den bundesweiten Gesamtausgaben für die Leistungen nach § 22 Absatz 1 beteiligt, sind die Werte nach Absatz 7 Satz 1 proportional in dem Umfang zu mindern, dass die Beteiligung an den bundesweiten Gesamtausgaben für die Leistungen nach § 22 Absatz 1 nicht mehr als 49 Prozent beträgt. Soweit eine vollständige Minderung nach Satz 8 nicht ausreichend ist, sind anschließend die Werte nach Absatz 6 proportional in dem Umfang zu mindern, dass die Beteiligung an den bundesweiten Gesamtausgaben für die Leistungen nach § 22 Absatz 1 nicht mehr als 49 Prozent beträgt.

(11) Die Anteile des Bundes an den in Absatz 5 Satz 1 genannten Leistungen werden den Ländern erstattet. Der Abruf der Erstattungen ist zur Monatsmitte und zum Monatsende zulässig. Soweit eine Bundesbeteiligung für Zahlungen geltend gemacht wird, die wegen des fristgerechten Eingangs beim Empfänger bereits am Ende eines Haushaltsjahres geleistet

wurden, aber erst im folgenden Haushaltsjahr fällig werden, ist die für das folgende Haushaltsjahr geltende Bundesbeteiligung maßgeblich. Im Rahmen der rückwirkenden Anpassung nach Absatz 10 Satz 1 wird die Differenz, die sich aus der Anwendung der bis zur Anpassung geltenden landesspezifischen Beteiligungsquoten und der durch die Verordnung rückwirkend geltenden landesspezifischen Beteiligungsquoten ergibt, zeitnah im Erstattungsverfahren ausgeglichen. Die Gesamtausgaben für die Leistungen nach § 28 sowie nach § 6 b des Bundeskindergeldgesetzes sind durch die Länder bis zum 31. März des Folgejahres zu ermitteln und dem Bundesministerium für Arbeit und Soziales mitzuteilen. Die Länder gewährleisten, dass geprüft wird, dass die Ausgaben der kommunalen Träger begründet und belegt sind und den Grundsätzen der Wirtschaftlichkeit und Sparsamkeit entsprechen.

§ 47 Aufsicht

(1) Das Bundesministerium für Arbeit und Soziales führt die Rechts- und Fachaufsicht über die Bundesagentur, soweit dieser nach § 44b Absatz 3 ein Weisungsrecht gegenüber den gemeinsamen Einrichtungen zusteht. Das Bundesministerium für Arbeit und Soziales kann der Bundesagentur Weisungen erteilen und sie an seine Auffassung binden; es kann organisatorische Maßnahmen zur Wahrung der Interessen des Bundes an der Umsetzung der Grundsicherung für Arbeitsuchende treffen.

(2) Die zuständigen Landesbehörden führen die Aufsicht über die kommunalen Träger, soweit diesen nach § 44b Absatz 3 ein Weisungsrecht gegenüber den gemeinsamen Einrichtungen zusteht. Im Übrigen bleiben landesrechtliche Regelungen unberührt.

(3) Im Aufgabenbereich der Trägerversammlung führt das Bundesministerium für Arbeit und Soziales die Rechtsaufsicht über die gemeinsamen Einrichtungen im Einvernehmen mit der zuständigen obersten Landesbehörde. Kann ein Einvernehmen nicht hergestellt werden, gibt der Kooperationsausschuss eine Empfehlung ab. Von der Empfehlung kann das Bundesministerium für Arbeit und Soziales nur aus wichtigem Grund abweichen. Im Übrigen ist der Kooperationsausschuss bei Aufsichtsmaßnahmen zu unterrichten.

(4) Das Bundesministerium für Arbeit und Soziales kann durch Rechtsverordnung ohne Zustimmung des Bundesrates die Wahrnehmung seiner Aufgaben nach den Absätzen 1 und 3 auf eine Bundesoberbehörde übertragen.

(5) Die aufsichtführenden Stellen sind berechtigt, die Wahrnehmung der Aufgaben bei den gemeinsamen Einrichtungen zu prüfen.

§ 48 Aufsicht über die zugelassenen kommunalen Träger

(1) Die Aufsicht über die zugelassenen kommunalen Träger obliegt den zuständigen Landesbehörden.

(2) Die Rechtsaufsicht über die obersten Landesbehörden übt die Bundesregierung aus, soweit die zugelassenen kommunalen Träger Aufgaben anstelle der Bundesagentur erfüllen. Zu diesem Zweck kann die Bundesregierung mit Zustimmung des Bundesrates allgemeine Verwaltungsvorschriften zu grundsätzlichen Rechtsfragen der Leistungserbringung erlassen. Die Bundesregierung kann die Ausübung der Rechtsaufsicht auf das Bundesministerium für Arbeit und Soziales übertragen.

(3) Das Bundesministerium für Arbeit und Soziales kann mit Zustimmung des Bundesrates allgemeine Verwaltungsvorschriften für die Abrechnung der Aufwendungen der Grundsicherung für Arbeitsuchende erlassen.

§ 48a Vergleich der Leistungsfähigkeit

(1) Zur Feststellung und Förderung der Leistungsfähigkeit der örtlichen Aufgabenwahrnehmung der Träger der Grundsicherung für Arbeitsuchende erstellt das Bundesministerium für Arbeit und Soziales auf der Grundlage der Kennzahlen nach § 51b Absatz 3 Nummer 3 Kennzahlenvergleiche und veröffentlicht die Ergebnisse vierteljährlich.

(2) Das Bundesministerium für Arbeit und Soziales wird ermächtigt, durch Rechtsverordnung mit Zustimmung des Bundesrates die für die Vergleiche erforderlichen Kennzahlen sowie das Verfahren zu deren Weiterentwicklung und die Form der Veröffentlichung der Ergebnisse festzulegen.

§ 48b Zielvereinbarungen

(1) Zur Erreichung der Ziele nach diesem Buch schließen
1. das Bundesministerium für Arbeit und Soziales im Einvernehmen mit dem Bundesministerium der Finanzen mit der Bundesagentur,
2. die Bundesagentur und die kommunalen Träger mit den Geschäftsführerinnen und Geschäftsführern der gemeinsamen Einrichtungen,
3. das Bundesministerium für Arbeit und Soziales mit der zuständigen Landesbehörde sowie
4. die zuständige Landesbehörde mit den zugelassenen kommunalen Trägern

Vereinbarungen ab. Die Vereinbarungen nach Satz 1 Nummer 2 bis 4 umfassen alle Leistungen dieses Buches. Die Beratungen über die Vereinbarung nach Satz 1 Nummer 3 führen die Kooperationsausschüsse nach § 18b. Im Bund-Länder-Ausschuss nach § 18c wird für die Vereinbarungen nach diesem Absatz über einheitliche Grundlagen beraten.

(2) Die Vereinbarungen werden nach Beschlussfassung des Bundestages über das jährliche Haushaltsgesetz abgeschlossen.

(3) Die Vereinbarungen umfassen insbesondere die Ziele der Verringerung der Hilfebedürftigkeit, Verbesserung der Integration in Erwerbstätigkeit und Vermeidung von langfristigem Leistungsbezug. Die Vereinbarungen nach Absatz 1 Satz 1 Nummer 2 bis 4 umfassen zusätzlich das Ziel der Verbesserung der sozialen Teilhabe.

(4) Die Vereinbarungen nach Absatz 1 Satz 1 Nummer 4 sollen sich an den Vereinbarungen nach Absatz 1 Satz 1 Nummer 3 orientieren.

(5) Für den Abschluss der Vereinbarungen und die Nachhaltung der Zielerreichung sind die Daten nach § 51 b und die Kennzahlen nach § 48 a Absatz 2 maßgeblich.

(6) Die Vereinbarungen nach Absatz 1 Satz 1 Nummer 1 können

1. **erforderliche Genehmigungen oder Zustimmungen des Bundesministeriums für Arbeit und Soziales ersetzen,**
2. **die Selbstbewirtschaftung von Haushaltsmitteln für Leistungen zur Eingliederung in Arbeit sowie für Verwaltungskosten zulassen.**

§ 49 Innenrevision

(1) Die Bundesagentur stellt durch organisatorische Maßnahmen sicher, dass in allen Dienststellen und gemeinsamen Einrichtungen durch eigenes, nicht der Dienststelle angehörendes Personal geprüft wird, ob von ihr Leistungen nach diesem Buch unter Beachtung der gesetzlichen Bestimmungen nicht hätten erbracht werden dürfen oder zweckmäßiger oder wirtschaftlicher hätten eingesetzt werden können. Mit der Durchführung der Prüfungen können Dritte beauftragt werden.

(2) Das Prüfpersonal der Bundesagentur ist für die Zeit seiner Prüftätigkeit fachlich unmittelbar der Leitung der Dienststelle unterstellt, in der es beschäftigt ist.

(3) Der Vorstand legt die Berichte nach Absatz 1 unverzüglich dem Bundesministerium für Arbeit und Soziales vor.

Kapitel 6
Datenerhebung, -verarbeitung und -nutzung, datenschutzrechtliche Verantwortung

§ 50 Datenübermittlung

(1) Die Bundesagentur, die kommunalen Träger, die zugelassenen kommunalen Träger, gemeinsame Einrichtungen, die für die Bekämpfung von Leistungsmissbrauch und illegaler Beschäftigung zuständigen Stellen und mit der Wahrnehmung von Aufgaben beauftragte Dritte sollen sich gegenseitig Sozialdaten übermitteln, soweit dies zur Erfüllung ihrer Aufgaben nach diesem Buch oder dem Dritten Buch erforderlich ist. Hat die Agentur für Arbeit oder ein zugelassener kommunaler Träger eine externe Gutachterin oder einen externen Gutachter beauftragt, eine ärztliche oder psychologische Untersuchung oder Begutachtung durchzuführen, ist die Übermittlung von Daten an die Agentur für Arbeit oder den zugelassenen kommunalen Träger durch die externe Gutachterin oder den externen Gutachter zulässig, soweit dies zur Erfüllung des Auftrages erforderlich ist.

(2) Die gemeinsame Einrichtung ist verantwortliche Stelle für die Erhebung, Verarbeitung und Nutzung von Sozialdaten nach § 67 Absatz 9 des Zehnten Buches sowie Stelle im Sinne des § 35 Absatz 1 des Ersten Buches.

(3) Die gemeinsame Einrichtung nutzt zur Erfüllung ihrer Aufgaben durch die Bundesagentur zentral verwaltete Verfahren der Informationstechnik. Sie ist verpflichtet, auf einen auf dieser Grundlage erstellten gemeinsamen zentralen Datenbestand zuzugreifen. Verantwortliche Stelle für die zentral verwalteten Verfahren der Informationstechnik nach § 67 Absatz 9 des Zehnten Buches ist die Bundesagentur.

(4) Die Zulässigkeit der Erhebung, Verarbeitung und Nutzung von personenbezogenen Sozialdaten durch die gemeinsame Einrichtung richtet sich nach dem Datenschutzrecht des Bundes, soweit nicht in diesem Buch und im Zweiten Kapitel des Zehnten Buches vorrangige Regelungen getroffen sind. Der Anspruch auf Zugang zu amtlichen Informationen gegenüber der gemeinsamen Einrichtung richtet sich nach dem Informationsfreiheitsgesetz des Bundes. Die Datenschutzkontrolle und die Kontrolle der Einhaltung der Vorschriften über die Informationsfreiheit bei der gemeinsamen Einrichtung sowie für die zentralen Verfahren der Informationstechnik obliegen nach § 24 des Bundesdatenschutzgesetzes der oder dem Bundesbeauftragten für den Datenschutz und die Informationsfreiheit.

§ 50 a Verarbeitung und Nutzung von Daten für die Ausbildungsvermittlung

Gemeinsame Einrichtungen und zugelassene kommunale Träger dürfen die ihnen nach § 282 b Absatz 4 des Dritten Buches von der Bundesagentur übermittelten Daten über eintragungsfähige oder eingetragene Ausbildungsverhältnisse ausschließlich verarbeiten und nutzen zur Verbesserung der

1. Ausbildungsvermittlung,
2. Zuverlässigkeit und Aktualität der Ausbildungsvermittlungsstatistik oder
3. Feststellung von Angebot und Nachfrage auf dem Ausbildungsmarkt.

Die zu diesen Zwecken übermittelten Daten sind spätestens zum Ende des Kalenderjahres zu löschen.

§ 51 Erhebung, Verarbeitung und Nutzung von Sozialdaten durch nichtöffentliche Stellen

Die Träger der Leistungen nach diesem Buch dürfen abweichend von § 80 Absatz 5 des Zehnten Buches zur Erfüllung ihrer Aufgaben nach diesem Buch einschließlich der Erbringung von Leistungen zur Eingliederung in Arbeit und Bekämpfung von Leistungsmissbrauch nichtöffentliche Stellen mit der Erhebung, Verarbeitung und Nutzung von Sozialdaten beauftragen, auch soweit die Speicherung der Daten den gesamten Datenbestand umfasst.

§ 51 a Kundennummer

Jeder Person, die Leistungen nach diesem Gesetz bezieht, wird einmalig eine eindeutige, von der Bundesagentur oder im Auftrag der Bundesagen-

tur von den zugelassenen kommunalen Trägern vergebene Kundennummer zugeteilt. Die Kundennummer ist vom Träger der Grundsicherung für Arbeitsuchende als Identifikationsmerkmal zu nutzen und dient ausschließlich diesem Zweck sowie den Zwecken nach § 51 b Absatz 3. Soweit vorhanden, ist die schon beim Vorbezug von Leistungen nach dem Dritten Buch vergebene Kundennummer der Bundesagentur zu verwenden. Die Kundennummer bleibt der jeweiligen Person auch zugeordnet, wenn sie den Träger wechselt. Bei erneuter Leistung nach längerer Zeit ohne Inanspruchnahme von Leistungen nach diesem Buch oder nach dem Dritten Buch wird eine neue Kundennummer vergeben. Diese Regelungen gelten entsprechend auch für Bedarfsgemeinschaften. Als Bedarfsgemeinschaft im Sinne dieser Vorschrift gelten auch ein oder mehrere Kinder eines Haushalts, die nach § 7 Absatz 2 Satz 3 Leistungen erhalten. Bei der Übermittlung der Daten verwenden die Träger eine eindeutige, von der Bundesagentur vergebene Trägernummer.

§ 51 b Datenerhebung und -verarbeitung durch die Träger der Grundsicherung für Arbeitsuchende

(1) Die zuständigen Träger der Grundsicherung für Arbeitsuchende erheben laufend die für die Durchführung der Grundsicherung für Arbeitsuchende erforderlichen Daten. Das Bundesministerium für Arbeit und Soziales wird ermächtigt, durch Rechtsverordnung mit Zustimmung des Bundesrates die nach Satz 1 zu erhebenden Daten, die zur Nutzung für die in Absatz 3 genannten Zwecke erforderlich sind, einschließlich des Verfahrens zu deren Weiterentwicklung festzulegen.

(2) Die kommunalen Träger und die zugelassenen kommunalen Träger übermitteln der Bundesagentur die Daten nach Absatz 1 unter Angabe eines eindeutigen Identifikationsmerkmals, personenbezogene Datensätze unter Angabe der Kundennummer sowie der Nummer der Bedarfsgemeinschaft nach § 51 a.

(3) Die nach den Absätzen 1 und 2 erhobenen und an die Bundesagentur übermittelten Daten dürfen nur – unbeschadet auf sonstiger gesetzlicher Grundlagen bestehender Mitteilungspflichten – für folgende Zwecke verarbeitet und genutzt werden:

1. **die zukünftige Gewährung von Leistungen nach diesem und dem Dritten Buch an die von den Erhebungen betroffenen Personen,**
2. **Überprüfungen der Träger der Grundsicherung für Arbeitsuchende auf korrekte und wirtschaftliche Leistungserbringung,**
3. **die Erstellung von Statistiken, Kennzahlen für die Zwecke nach § 48 a Absatz 2 und § 48 b Absatz 5, Eingliederungsbilanzen und Controllingberichten durch die Bundesagentur, der laufenden Berichterstattung und der Wirkungsforschung nach den §§ 53 bis 55,**
4. **die Durchführung des automatisierten Datenabgleichs nach § 52,**
5. **die Bekämpfung von Leistungsmissbrauch.**

(4) Die Bundesagentur regelt im Benehmen mit den kommunalen Spitzenverbänden auf Bundesebene den genauen Umfang der nach den Ab-

sätzen 1 und 2 zu übermittelnden Informationen, einschließlich einer Inventurmeldung, sowie die Fristen für deren Übermittlung. Sie regelt ebenso die zu verwendenden Systematiken, die Art der Übermittlung der Datensätze einschließlich der Datenformate sowie Aufbau, Vergabe, Verwendung und Löschungsfristen von Kunden- und Bedarfsgemeinschaftsnummern nach § 51 a.

§ 51 c *(weggefallen)*

§ 52 Automatisierter Datenabgleich

(1) Die Bundesagentur und die zugelassenen kommunalen Träger überprüfen Personen, die Leistungen nach diesem Buch beziehen, zum 1. Januar, 1. April, 1. Juli und 1. Oktober im Wege des automatisierten Datenabgleichs daraufhin,

1. ob und in welcher Höhe und für welche Zeiträume von ihnen Leistungen der Träger der gesetzlichen Unfall- oder Rentenversicherung bezogen werden oder wurden,
2. ob und in welchem Umfang Zeiten des Leistungsbezuges nach diesem Buch mit Zeiten einer Versicherungspflicht oder Zeiten einer geringfügigen Beschäftigung zusammentreffen,
3. ob und welche Daten nach § 45 d Absatz 1 und § 45 e des Einkommensteuergesetzes an das Bundeszentralamt für Steuern übermittelt worden sind,
4. ob und in welcher Höhe ein Kapital nach § 12 Absatz 2 Satz 1 Nummer 2 nicht mehr dem Zweck einer geförderten zusätzlichen Altersvorsorge im Sinne des § 10 a oder des Abschnitts XI des Einkommensteuergesetzes dient,
5. ob und in welcher Höhe und für welche Zeiträume von ihnen Leistungen der Bundesagentur als Träger der Arbeitsförderung nach dem Dritten Buch bezogen werden oder wurden,
6. ob und in welcher Höhe und für welche Zeiträume von ihnen Leistungen anderer Träger der Grundsicherung für Arbeitsuchende bezogen werden oder wurden.

Satz 1 gilt entsprechend für nicht leistungsberechtigte Personen, die mit Personen, die Leistungen nach diesem Buch beziehen, in einer Bedarfsgemeinschaft leben. Abweichend von Satz 1 können die dort genannten Träger die Überprüfung nach Satz 1 Nummer 2 zum ersten jedes Kalendermonats durchführen.

(2) Zur Durchführung des automatisierten Datenabgleichs dürfen die Träger der Leistungen nach diesem Buch die folgenden Daten einer Person, die Leistungen nach diesem Buch bezieht, an die in Absatz 1 genannten Stellen übermitteln:

1. Name und Vorname,
2. Geburtsdatum und -ort,
3. Anschrift,
4. Versicherungsnummer.

(2a) Die Datenstelle der Rentenversicherung darf als Vermittlungsstelle die nach den Absätzen 1 und 2 übermittelten Daten speichern und nutzen, soweit dies für die Datenabgleiche nach den Absätzen 1 und 2 erforderlich ist. Sie darf die Daten der Stammsatzdatei (§ 150 des Sechsten Buches) und der bei ihr für die Prüfung bei den Arbeitgebern geführten Datei (§ 28p Absatz 8 Satz 2 des Vierten Buches) nutzen, soweit die Daten für die Datenabgleiche erforderlich sind. Die nach Satz 1 bei der Datenstelle der Rentenversicherung gespeicherten Daten sind unverzüglich nach Abschluss des Datenabgleichs zu löschen.

(3) Die den in Absatz 1 genannten Stellen überlassenen Daten und Datenträger sind nach Durchführung des Abgleichs unverzüglich zurückzugeben, zu löschen oder zu vernichten. Die Träger der Leistungen nach diesem Buch dürfen die ihnen übermittelten Daten nur zur Überprüfung nach Absatz 1 nutzen. Die übermittelten Daten der Personen, bei denen die Überprüfung zu keinen abweichenden Feststellungen führt, sind unverzüglich zu löschen.

(4) Das Bundesministerium für Arbeit und Soziales wird ermächtigt, durch Rechtsverordnung das Nähere über das Verfahren des automatisierten Datenabgleichs und die Kosten des Verfahrens zu regeln; dabei ist vorzusehen, dass die Zuleitung an die Auskunftsstellen durch eine zentrale Vermittlungsstelle (Kopfstelle) zu erfolgen hat, deren Zuständigkeitsbereich zumindest das Gebiet eines Bundeslandes umfasst.

§ 52a Überprüfung von Daten

(1) Die Agentur für Arbeit darf bei Personen, die Leistungen nach diesem Buch beantragt haben, beziehen oder bezogen haben, Auskunft einholen

1. über die in § 39 Absatz 1 Nummer 5 und 11 des Straßenverkehrsgesetzes angeführten Daten über ein Fahrzeug, für das die Person als Halter eingetragen ist, bei dem Zentralen Fahrzeugregister;
2. aus dem Melderegister nach den §§ 34 und 38 bis 41 des Bundesmeldegesetzes und dem Ausländerzentralregister,

soweit dies zur Bekämpfung von Leistungsmissbrauch erforderlich ist.

(2) Die Agentur für Arbeit darf Daten von Personen, die Leistungen nach diesem Buch beantragt haben, beziehen oder bezogen haben und die Wohngeld beantragt haben, beziehen oder bezogen haben, an die nach dem Wohngeldgesetz zuständige Behörde übermitteln, soweit dies zur Feststellung der Voraussetzungen des Ausschlusses vom Wohngeld (§§ 7 und 8 Absatz 1 des Wohngeldgesetzes) erforderlich ist. Die Übermittlung der in § 52 Absatz 2 Nummer 1 bis 3 genannten Daten ist zulässig. Die in Absatz 1 genannten Behörden führen die Überprüfung durch und teilen das Ergebnis der Überprüfungen der Agentur für Arbeit unverzüglich mit. Die in Absatz 1 und Satz 1 genannten Behörden haben die ihnen übermittelten Daten nach Abschluss der Überprüfung unverzüglich zu löschen.

Kapitel 7
Statistik und Forschung

(Hier nicht abgedruckt)

Kapitel 8
Mitwirkungspflichten

§ 56 Anzeige- und Bescheinigungspflicht bei Arbeitsunfähigkeit

(1) Die Agentur für Arbeit soll erwerbsfähige Leistungsberechtigte, die Leistungen zur Sicherung des Lebensunterhalts beantragt haben oder beziehen, in der Eingliederungsvereinbarung oder in dem diese ersetzenden Verwaltungsakt nach § 15 Absatz 3 Satz 3 verpflichten,

1. eine eingetretene Arbeitsunfähigkeit und deren voraussichtliche Dauer unverzüglich anzuzeigen und

2. spätestens vor Ablauf des dritten Kalendertages nach Eintritt der Arbeitsunfähigkeit eine ärztliche Bescheinigung über die Arbeitsunfähigkeit und deren voraussichtliche Dauer vorzulegen.

§ 31 Absatz 1 findet keine Anwendung. Die Agentur für Arbeit ist berechtigt, die Vorlage der ärztlichen Bescheinigung früher zu verlangen. Dauert die Arbeitsunfähigkeit länger als in der Bescheinigung angegeben, so ist der Agentur für Arbeit eine neue ärztliche Bescheinigung vorzulegen. Die Bescheinigungen müssen einen Vermerk des behandelnden Arztes darüber enthalten, dass dem Träger der Krankenversicherung unverzüglich eine Bescheinigung über die Arbeitsunfähigkeit mit Angaben über den Befund und die voraussichtliche Dauer der Arbeitsunfähigkeit übersandt wird. Zweifelt die Agentur für Arbeit an der Arbeitsunfähigkeit der oder des erwerbsfähigen Leistungsberechtigten, so gilt § 275 Absatz 1 Nummer 3b und Absatz 1a des Fünften Buches entsprechend.

(2) Die Bundesagentur erstattet den Krankenkassen die Kosten für die Begutachtung durch den Medizinischen Dienst der Krankenversicherung nach Absatz 1 Satz 5. Die Bundesagentur und der Spitzenverband Bund der Krankenkassen vereinbaren das Nähere über das Verfahren und die Höhe der Kostenerstattung; der Medizinische Dienst des Spitzenverbands Bund der Krankenkassen ist zu beteiligen. In der Vereinbarung kann auch eine pauschale Abgeltung der Kosten geregelt werden.

§ 57 Auskunftspflicht von Arbeitgebern

Arbeitgeber haben der Agentur für Arbeit auf deren Verlangen Auskunft über solche Tatsachen zu geben, die für die Entscheidung über einen Anspruch auf Leistungen nach diesem Buch erheblich sein können; die Agentur für Arbeit kann hierfür die Benutzung eines Vordrucks verlangen. Die Auskunftspflicht erstreckt sich auch auf Angaben über das Ende und den Grund für die Beendigung des Beschäftigungsverhältnisses.

§ 58 Einkommensbescheinigung

(1) Wer jemanden, der laufende Geldleistungen nach diesem Buch beantragt hat oder bezieht, gegen Arbeitsentgelt beschäftigt, ist verpflichtet, diesem unverzüglich Art und Dauer dieser Erwerbstätigkeit sowie die Höhe des Arbeitsentgelts oder der Vergütung für die Zeiten zu bescheinigen, für die diese Leistung beantragt worden ist oder bezogen wird. Dabei ist der von der Agentur für Arbeit vorgesehene Vordruck zu benutzen. Die Bescheinigung ist der- oder demjenigen, die oder der die Leistung beantragt hat oder bezieht, unverzüglich auszuhändigen.

(2) Wer eine laufende Geldleistung nach diesem Buch beantragt hat oder bezieht und gegen Arbeitsentgelt beschäftigt wird, ist verpflichtet, dem Arbeitgeber den für die Bescheinigung des Arbeitsentgelts vorgeschriebenen Vordruck unverzüglich vorzulegen.

§ 59 Meldepflicht

Die Vorschriften über die allgemeine Meldepflicht, § 309 des Dritten Buches, und über die Meldepflicht bei Wechsel der Zuständigkeit, § 310 des Dritten Buches, sind entsprechend anzuwenden.

§ 60 Auskunftspflicht und Mitwirkungspflicht Dritter

(1) Wer jemandem, der Leistungen nach diesem Buch beantragt hat oder bezieht, Leistungen erbringt, die geeignet sind, diese Leistungen nach diesem Buch auszuschließen oder zu mindern, hat der Agentur für Arbeit auf Verlangen hierüber Auskunft zu erteilen, soweit es zur Durchführung der Aufgaben nach diesem Buch erforderlich ist.

(2) Wer jemandem, der eine Leistung nach diesem Buch beantragt hat oder bezieht, zu Leistungen verpflichtet ist, die geeignet sind, Leistungen nach diesem Buch auszuschließen oder zu mindern, oder wer für ihn Guthaben führt oder Vermögensgegenstände verwahrt, hat der Agentur für Arbeit auf Verlangen hierüber sowie über damit im Zusammenhang stehendes Einkommen oder Vermögen Auskunft zu erteilen, soweit es zur Durchführung der Aufgaben nach diesem Buch erforderlich ist. § 21 Absatz 3 Satz 4 des Zehnten Buches gilt entsprechend. Für die Feststellung einer Unterhaltsverpflichtung ist § 1605 Absatz 1 des Bürgerlichen Gesetzbuchs anzuwenden.

(3) Wer jemanden, der

1. Leistungen nach diesem Buch beantragt hat oder bezieht oder dessen Partnerin oder Partner oder
2. nach Absatz 2 zur Auskunft verpflichtet ist,

beschäftigt, hat der Agentur für Arbeit auf Verlangen über die Beschäftigung, insbesondere über das Arbeitsentgelt, Auskunft zu erteilen, soweit es zur Durchführung der Aufgaben nach diesem Buch erforderlich ist.

(4) Sind Einkommen oder Vermögen der Partnerin oder des Partners zu berücksichtigen, haben

1. diese Partnerin oder dieser Partner,

2. Dritte, die für diese Partnerin oder diesen Partner Guthaben führen oder Vermögensgegenstände verwahren,

der Agentur für Arbeit auf Verlangen hierüber Auskunft zu erteilen, soweit es zur Durchführung der Aufgaben nach diesem Buch erforderlich ist. § 21 Absatz 3 Satz 4 des Zehnten Buches gilt entsprechend.

(5) Wer jemanden, der Leistungen nach diesem Buch beantragt hat, bezieht oder bezogen hat, beschäftigt, hat der Agentur für Arbeit auf Verlangen Einsicht in Geschäftsbücher, Geschäftsunterlagen und Belege sowie in Listen, Entgeltverzeichnisse und Entgeltbelege für Heimarbeiterinnen oder Heimarbeiter zu gewähren, soweit es zur Durchführung der Aufgaben nach diesem Buch erforderlich ist.

§ 61 Auskunftspflichten bei Leistungen zur Eingliederung in Arbeit

(1) Träger, die eine Leistung zur Eingliederung in Arbeit erbracht haben oder erbringen, haben der Agentur für Arbeit unverzüglich Auskünfte über Tatsachen zu erteilen, die Aufschluss darüber geben, ob und inwieweit Leistungen zu Recht erbracht worden sind oder werden. Sie haben Änderungen, die für die Leistungen erheblich sind, unverzüglich der Agentur für Arbeit mitzuteilen.

(2) Die Teilnehmerinnen und Teilnehmer an Maßnahmen zur Eingliederung sind verpflichtet,
1. der Agentur für Arbeit auf Verlangen Auskunft über den Eingliederungserfolg der Maßnahme sowie alle weiteren Auskünfte zu erteilen, die zur Qualitätsprüfung benötigt werden, und
2. eine Beurteilung ihrer Leistung und ihres Verhaltens durch den Maßnahmeträger zuzulassen.

Die Maßnahmeträger sind verpflichtet, ihre Beurteilungen der Teilnehmerin oder des Teilnehmers unverzüglich der Agentur für Arbeit zu übermitteln.

§ 62 Schadenersatz

Wer vorsätzlich oder fahrlässig
1. eine Einkommensbescheinigung nicht, nicht richtig oder nicht vollständig ausfüllt,
2. eine Auskunft nach § 57 oder § 60 nicht, nicht richtig oder nicht vollständig erteilt,

ist zum Ersatz des daraus entstehenden Schadens verpflichtet.

Kapitel 9
Straf- und Bußgeldvorschriften

(Hier nicht abgedruckt)

Kapitel 10
Bekämpfung von Leistungsmissbrauch

§ 64 Zuständigkeit und Zusammenarbeit mit anderen Behörden

(1) Für die Bekämpfung von Leistungsmissbrauch gilt § 319 des Dritten Buches entsprechend.

(2) Verwaltungsbehörden im Sinne des § 36 Absatz 1 Nummer 1 des Gesetzes über Ordnungswidrigkeiten sind in den Fällen

1. des § 63 Absatz 1 Nummer 1 bis 5 die gemeinsame Einrichtung oder der nach § 6a zugelassene kommunale Träger,

2. des § 63 Absatz 1 Nummer 6 und 7

a) die gemeinsame Einrichtung oder der nach § 6a zugelassene kommunale Träger sowie

b) die Behörden der Zollverwaltung

jeweils für ihren Geschäftsbereich.

(3) Bei der Verfolgung und Ahndung der Ordnungswidrigkeiten nach § 63 Absatz 1 Nummer 6 und 7 arbeiten die Behörden nach Absatz 2 Nummer 2 mit den in § 2 Absatz 2 des Schwarzarbeitsbekämpfungsgesetzes genannten Behörden zusammen.

(4) Soweit die gemeinsame Einrichtung Verwaltungsbehörde nach Absatz 2 ist, fließen die Geldbußen in die Bundeskasse. § 66 des Zehnten Buches gilt entsprechend. Die Bundeskasse trägt abweichend von § 105 Absatz 2 des Gesetzes über Ordnungswidrigkeiten die notwendigen Auslagen. Sie ist auch ersatzpflichtig im Sinne des § 110 Absatz 4 des Gesetzes über Ordnungswidrigkeiten.

Kapitel 11
Übergangs- und Schlussvorschriften

(Hier nicht abgedruckt)

III.

Zehntes Buch Sozialgesetzbuch – Sozialverwaltungsverfahren und Sozialdatenschutz – (SGB X)

in der Fassung der Bekanntmachung vom 18. Januar 2001 (BGBl. I S. 130), zuletzt geändert durch Art. 166 des Gesetzes vom 29. März 2017 (BGBl. I S. 626, 651)

Inhaltsübersicht

Erstes Kapitel: Verwaltungsverfahren

Erster Abschnitt
Anwendungsbereich, Zuständigkeit, Amtshilfe §§

Zweiter Abschnitt
Allgemeine Vorschriften über das Verwaltungsverfahren

Erster Titel: Verfahrensgrundsätze

Erstes Kapitel
Verwaltungsverfahren

Erster Abschnitt
Anwendungsbereich, Zuständigkeit, Amtshilfe

§ 1 Anwendungsbereich

(1) Die Vorschriften dieses Kapitels gelten für die öffentlich-rechtliche Verwaltungstätigkeit der Behörden, die nach diesem Gesetzbuch ausgeübt wird. Für die öffentlich-rechtliche Verwaltungstätigkeit der Behörden der Länder, der Gemeinden und Gemeindeverbände, der sonstigen Aufsicht des Landes unterstehenden juristischen Personen des öffentlichen Rechts zur Ausführung von besonderen Teilen dieses Gesetzbuchs, die nach Inkrafttreten der Vorschriften dieses Kapitels Bestandteil des Sozialgesetzbuchs werden, gilt dies nur, soweit diese besonderen Teile mit Zustimmung des Bundesrates die Vorschriften dieses Kapitels für anwendbar erklären. Die Vorschriften gelten nicht für die Verfolgung und Ahndung von Ordnungswidrigkeiten.

(2) Behörde im Sinne dieses Gesetzbuchs ist jede Stelle, die Aufgaben der öffentlichen Verwaltung wahrnimmt.

§ 2 Örtliche Zuständigkeit

(1) Sind mehrere Behörden örtlich zuständig, entscheidet die Behörde, die zuerst mit der Sache befasst worden ist, es sei denn, die gemeinsame Aufsichtsbehörde bestimmt, dass eine andere örtlich zuständige Behörde zu entscheiden hat. Diese Aufsichtsbehörde entscheidet ferner über die örtliche Zuständigkeit, wenn sich mehrere Behörden für zuständig oder für unzuständig halten oder wenn die Zuständigkeit aus anderen Gründen zweifelhaft ist. Fehlt eine gemeinsame Aufsichtsbehörde, treffen die Aufsichtsbehörden die Entscheidung gemeinsam.

(2) Ändern sich im Lauf des Verwaltungsverfahrens die die Zuständigkeit begründenden Umstände, kann die bisher zuständige Behörde das Verwaltungsverfahren fortführen, wenn dieses unter Wahrung der Interessen der Beteiligten der einfachen und zweckmäßigen Durchführung des Verfahrens dient und die nunmehr zuständige Behörde zustimmt.

(3) Hat die örtliche Zuständigkeit gewechselt, muss die bisher zuständige Behörde die Leistungen noch solange erbringen, bis sie von der nunmehr zuständigen Behörde fortgesetzt werden. Diese hat der bisher zuständigen Behörde die nach dem Zuständigkeitswechsel noch erbrachten Leistungen auf Anforderung zu erstatten. § 102 Abs. 2 gilt entsprechend.

(4) Bei Gefahr im Verzug ist für unaufschiebbare Maßnahmen jede Behörde örtlich zuständig, in deren Bezirk der Anlass für die Amtshandlung hervortritt. Die nach den besonderen Teilen dieses Gesetzbuchs örtlich zuständige Behörde ist unverzüglich zu unterrichten.

§ 3 Amtshilfepflicht

(1) Jede Behörde leistet anderen Behörden auf Ersuchen ergänzende Hilfe (Amtshilfe).

(2) Amtshilfe liegt nicht vor, wenn
1. Behörden einander innerhalb eines bestehenden Weisungsverhältnisses Hilfe leisten,
2. die Hilfeleistung in Handlungen besteht, die der ersuchten Behörde als eigene Aufgabe obliegen.

§ 4 Voraussetzungen und Grenzen der Amtshilfe

(1) Eine Behörde kann um Amtshilfe insbesondere dann ersuchen, wenn sie
1. aus rechtlichen Gründen die Amtshandlung nicht selbst vornehmen kann,
2. aus tatsächlichen Gründen, besonders weil die zur Vornahme der Amtshandlung erforderlichen Dienstkräfte oder Einrichtungen fehlen, die Amtshandlung nicht selbst vornehmen kann,
3. zur Durchführung ihrer Aufgaben auf die Kenntnis von Tatsachen angewiesen ist, die ihr unbekannt sind und die sie selbst nicht ermitteln kann,
4. zur Durchführung ihrer Aufgaben Urkunden oder sonstige Beweismittel benötigt, die sich im Besitz der ersuchten Behörde befinden,
5. die Amtshandlung nur mit wesentlich größerem Aufwand vornehmen könnte als die ersuchte Behörde.

(2) Die ersuchte Behörde darf Hilfe nicht leisten, wenn
1. sie hierzu aus rechtlichen Gründen nicht in der Lage ist,
2. durch Hilfeleistungen dem Wohl des Bundes oder eines Landes erhebliche Nachteile bereitet würden.

Die ersuchte Behörde ist insbesondere zur Vorlage von Urkunden oder Akten sowie zur Erteilung von Auskünften nicht verpflichtet, wenn die Vorgänge nach einem Gesetz oder ihrem Wesen nach geheimgehalten werden müssen.

(3) Die ersuchte Behörde braucht ihre Hilfe nicht zu leisten, wenn
1. eine andere Behörde die Hilfe wesentlich einfacher oder mit wesentlich geringerem Aufwand leisten kann,
2. sie die Hilfe nur mit unverhältnismäßig großem Aufwand leisten könnte,
3. sie unter Berücksichtigung der Aufgaben der ersuchenden Behörde durch die Hilfeleistung die Erfüllung ihrer eigenen Aufgaben ernstlich gefährden würde.

(4) Die ersuchte Behörde darf die Hilfe nicht deshalb verweigern, weil sie das Ersuchen aus anderen als den in Absatz 3 genannten Gründen oder weil sie die mit der Amtshilfe zu verwirklichende Maßnahme für unzweckmäßig hält.

(5) Hält die ersuchte Behörde sich zur Hilfe nicht für verpflichtet, teilt sie der ersuchenden Behörde ihre Auffassung mit. Besteht diese auf der Amtshilfe, entscheidet über die Verpflichtung zur Amtshilfe die gemeinsame

Aufsichtsbehörde oder, sofern eine solche nicht besteht, die für die ersuchte Behörde zuständige Aufsichtsbehörde.

§ 5 Auswahl der Behörde

Kommen für die Amtshilfe mehrere Behörden in Betracht, soll nach Möglichkeit eine Behörde der untersten Verwaltungsstufe des Verwaltungszweiges ersucht werden, dem die ersuchende Behörde angehört.

§ 6 Durchführung der Amtshilfe

(1) Die Zulässigkeit der Maßnahme, die durch die Amtshilfe verwirklicht werden soll, richtet sich nach dem für die ersuchende Behörde, die Durchführung der Amtshilfe nach dem für die ersuchte Behörde geltenden Recht.

(2) Die ersuchende Behörde trägt gegenüber der ersuchten Behörde die Verantwortung für die Rechtmäßigkeit der zu treffenden Maßnahme. Die ersuchte Behörde ist für die Durchführung der Amtshilfe verantwortlich.

§ 7 Kosten der Amtshilfe

(1) Die ersuchende Behörde hat der ersuchten Behörde für die Amtshilfe keine Verwaltungsgebühr zu entrichten. Auslagen hat sie der ersuchten Behörde auf Anforderung zu erstatten, wenn sie im Einzelfall 35 Euro, bei Amtshilfe zwischen Versicherungsträgern 100 Euro übersteigen. Abweichende Vereinbarungen werden dadurch nicht berührt. Leisten Behörden desselben Rechtsträgers einander Amtshilfe, werden die Auslagen nicht erstattet.

(2) Nimmt die ersuchte Behörde zur Durchführung der Amtshilfe eine kostenpflichtige Amtshandlung vor, stehen ihr die von einem Dritten hierfür geschuldeten Kosten (Verwaltungsgebühren, Benutzungsgebühren und Auslagen) zu.

Zweiter Abschnitt
Allgemeine Vorschriften über das Verwaltungsverfahren

Erster Titel
Verfahrensgrundsätze

§ 8 Begriff des Verwaltungsverfahrens

Das Verwaltungsverfahren im Sinne dieses Gesetzbuchs ist die nach außen wirkende Tätigkeit der Behörden, die auf die Prüfung der Voraussetzungen, die Vorbereitung und den Erlass eines Verwaltungsaktes oder auf den Abschluss eines öffentlich-rechtlichen Vertrages gerichtet ist; es schließt den Erlass des Verwaltungsaktes oder den Abschluss des öffentlich-rechtlichen Vertrages ein.

§ 9 Nichtförmlichkeit des Verwaltungsverfahrens

Das Verwaltungsverfahren ist an bestimmte Formen nicht gebunden, soweit keine besonderen Rechtsvorschriften für die Form des Verfahrens bestehen. Es ist einfach, zweckmäßig und zügig durchzuführen.

§ 10 Beteiligungsfähigkeit

Fähig, am Verfahren beteiligt zu sein, sind
1. natürliche und juristische Personen,
2. Vereinigungen, soweit ihnen ein Recht zustehen kann,
3. Behörden.

§ 11 Vornahme von Verfahrenshandlungen

(1) Fähig zur Vornahme von Verfahrenshandlungen sind
1. natürliche Personen, die nach bürgerlichem Recht geschäftsfähig sind,
2. natürliche Personen, die nach bürgerlichem Recht in der Geschäftsfähigkeit beschränkt sind, soweit sie für den Gegenstand des Verfahrens durch Vorschriften des bürgerlichen Rechts als geschäftsfähig oder durch Vorschriften des öffentlichen Rechts als handlungsfähig anerkannt sind,
3. juristische Personen und Vereinigungen (§ 10 Nr. 2) durch ihre gesetzlichen Vertreter oder durch besonders Beauftragte,
4. Behörden durch ihre Leiter, deren Vertreter oder Beauftragte.

(2) Betrifft ein Einwilligungsvorbehalt nach § 1903 des Bürgerlichen Gesetzbuchs den Gegenstand des Verfahrens, so ist ein geschäftsfähiger Betreuter nur insoweit zur Vornahme von Verfahrenshandlungen fähig, als er nach den Vorschriften des bürgerlichen Rechts ohne Einwilligung des Betreuers handeln kann oder durch Vorschriften des öffentlichen Rechts als handlungsfähig anerkannt ist.

(3) Die §§ 53 und 55 der Zivilprozessordnung gelten entsprechend.

§ 12 Beteiligte

(1) Beteiligte sind
1. Antragsteller und Antragsgegner,
2. diejenigen, an die die Behörde den Verwaltungsakt richten will oder gerichtet hat,
3. diejenigen, mit denen die Behörde einen öffentlich-rechtlichen Vertrag schließen will oder geschlossen hat,
4. diejenigen, die nach Absatz 2 von der Behörde zu dem Verfahren hinzugezogen worden sind.

(2) Die Behörde kann von Amts wegen oder auf Antrag diejenigen, deren rechtliche Interessen durch den Ausgang des Verfahrens berührt werden können, als Beteiligte hinzuziehen. Hat der Ausgang des Verfahrens rechtsgestaltende Wirkung für einen Dritten, ist dieser auf Antrag als Betei-

ligter zu dem Verfahren hinzuzuziehen; soweit er der Behörde bekannt ist, hat diese ihn von der Einleitung des Verfahrens zu benachrichtigen.

(3) Wer anzuhören ist, ohne dass die Voraussetzungen des Absatz 1 vorliegen, wird dadurch nicht Beteiligter.

§ 13 Bevollmächtigte und Beistände

(1) Ein Beteiligter kann sich durch einen Bevollmächtigten vertreten lassen. Die Vollmacht ermächtigt zu allen das Verwaltungsverfahren betreffenden Verfahrenshandlungen, sofern sich aus ihrem Inhalt nicht etwas anderes ergibt. Der Bevollmächtigte hat auf Verlangen seine Vollmacht schriftlich nachzuweisen. Ein Widerruf der Vollmacht wird der Behörde gegenüber erst wirksam, wenn er ihr zugeht.

(2) Die Vollmacht wird weder durch den Tod des Vollmachtgebers noch durch eine Veränderung in seiner Handlungsfähigkeit oder seiner gesetzlichen Vertretung aufgehoben; der Bevollmächtigte hat jedoch, wenn er für den Rechtsnachfolger im Verwaltungsverfahren auftritt, dessen Vollmacht auf Verlangen schriftlich beizubringen.

(3) Ist für das Verfahren ein Bevollmächtigter bestellt, muss sich die Behörde an ihn wenden. Sie kann sich an den Beteiligten selbst wenden, soweit er zur Mitwirkung verpflichtet ist. Wendet sich die Behörde an den Beteiligten, muss der Bevollmächtigte verständigt werden. Vorschriften über die Zustellung an Bevollmächtigte bleiben unberührt.

(4) Ein Beteiligter kann zu Verhandlungen und Besprechungen mit einem Beistand erscheinen. Das von dem Beistand Vorgetragene gilt als von dem Beteiligten vorgebracht, soweit dieser nicht unverzüglich widerspricht.

(5) Bevollmächtigte und Beistände sind zurückzuweisen, wenn sie entgegen § 3 des Rechtsdienstleistungsgesetzes Rechtsdienstleistungen erbringen.

(6) Bevollmächtigte und Beistände können vom Vortrag zurückgewiesen werden, wenn sie hierzu ungeeignet sind; vom mündlichen Vortrag können sie zurückgewiesen werden, wenn sie zum sachgemäßen Vortrag nicht fähig sind. Nicht zurückgewiesen werden können Personen, die nach § 73 Abs. 2 Satz 1 und 2 Nr. 3 bis 9 des Sozialgerichtsgesetzes zur Vertretung im sozialgerichtlichen Verfahren befugt sind.

(7) Die Zurückweisung nach den Absätzen 5 und 6 ist auch dem Beteiligten, dessen Bevollmächtigter oder Beistand zurückgewiesen wird, schriftlich mitzuteilen. Verfahrenshandlungen des zurückgewiesenen Bevollmächtigten oder Beistandes, die dieser nach der Zurückweisung vornimmt, sind unwirksam.

Aus Rundschreiben, Urteilen etc.

BSG v. 16.5.1995 – 9 RV 14/94 (Breithaupt 1995, 899)
Steuerberater und vereidigte Buchprüfer sind nicht befugt, im Verwaltungsverfahren einen Behinderten beim Streit um einen höheren GdB zu vertreten.

§ 14 Bestellung eines Empfangsbevollmächtigten

Ein Beteiligter ohne Wohnsitz oder gewöhnlichen Aufenthalt, Sitz oder Geschäftsleitung im Inland hat der Behörde auf Verlangen innerhalb einer angemessenen Frist einen Empfangsbevollmächtigten im Inland zu benennen. Unterlässt er dies, gilt ein an ihn gerichtetes Schriftstück am siebenten Tag nach der Aufgabe zur Post und ein elektronisch übermitteltes Dokument am dritten Tage nach der Absendung als zugegangen. Dies gilt nicht, wenn feststeht, dass das Dokument den Empfänger nicht oder zu einem späteren Zeitpunkt erreicht hat. Auf die Rechtsfolgen der Unterlassung ist der Beteiligte hinzuweisen.

§ 15 Bestellung eines Vertreters von Amts wegen

(1) Ist ein Vertreter nicht vorhanden, hat das Gericht auf Ersuchen der Behörde einen geeigneten Vertreter zu bestellen

1. für einen Beteiligten, dessen Person unbekannt ist,
2. für einen abwesenden Beteiligten, dessen Aufenthalt unbekannt ist oder der an der Besorgung seiner Angelegenheiten verhindert ist,
3. für einen Beteiligten ohne Aufenthalt im Inland, wenn er der Aufforderung der Behörde, einen Vertreter zu bestellen, innerhalb der ihm gesetzten Frist nicht nachgekommen ist,
4. für einen Beteiligten, der infolge einer psychischen Krankheit oder körperlichen, geistigen oder seelischen Behinderung nicht in der Lage ist, in dem Verwaltungsverfahren selbst tätig zu werden.

(2) Für die Bestellung des Vertreters ist in den Fällen des Absatz 1 Nr. 4 das Betreuungsgericht zuständig, in dessen Bezirk der Beteiligte seinen gewöhnlichen Aufenthalt hat; im Übrigen ist das Betreuungsgericht zuständig, in dessen Bezirk die ersuchende Behörde ihren Sitz hat. Ist der Beteiligte minderjährig, tritt an die Stelle des Betreuungsgerichts das Familiengericht.

(3) Der Vertreter hat gegen den Rechtsträger der Behörde, die um seine Bestellung ersucht hat, Anspruch auf eine angemessene Vergütung und auf die Erstattung seiner baren Auslagen. Die Behörde kann von dem Vertretenen Ersatz ihrer Aufwendungen verlangen. Sie bestimmt die Vergütung und stellt die Auslagen und Aufwendungen fest.

(4) Im Übrigen gelten für die Bestellung und für das Amt des Vertreters in den Fällen des Absatzes 1 Nr. 4 die Vorschriften über die Betreuung, in den übrigen Fällen die Vorschriften über die Pflegschaft entsprechend.

§ 16 Ausgeschlossene Personen

(1) In einem Verwaltungsverfahren darf für eine Behörde nicht tätig werden,

1. wer selbst Beteiligter ist,
2. wer Angehöriger eines Beteiligten ist,
3. wer einen Beteiligten kraft Gesetzes oder Vollmacht allgemein oder in diesem Verwaltungsverfahren vertritt oder als Beistand zugezogen ist,
4. wer Angehöriger einer Person ist, die einen Beteiligten in diesem Verfahren vertritt,

5. wer bei einem Beteiligten gegen Entgelt beschäftigt ist oder bei ihm als Mitglied des Vorstandes, des Aufsichtsrates oder eines gleichartigen Organs tätig ist; dies gilt nicht für den, dessen Anstellungskörperschaft Beteiligte ist, und nicht für Beschäftigte bei Betriebskrankenkassen,
6. wer außerhalb seiner amtlichen Eigenschaft in der Angelegenheit ein Gutachten abgegeben hat oder sonst tätig geworden ist.

Dem Beteiligten steht gleich, wer durch die Tätigkeit oder durch die Entscheidung einen unmittelbaren Vorteil oder Nachteil erlangen kann. Dies gilt nicht, wenn der Vor- oder Nachteil nur darauf beruht, dass jemand einer Berufs- oder Bevölkerungsgruppe angehört, deren gemeinsame Interessen durch die Angelegenheit berührt werden.

(2) Absatz 1 gilt nicht für Wahlen zu einer ehrenamtlichen Tätigkeit und für die Abberufung von ehrenamtlich Tätigen. Absatz 1 Nr. 3 und 5 gilt auch nicht für das Verwaltungsverfahren auf Grund der Beziehungen zwischen Ärzten, Zahnärzten und Krankenkassen.

(3) Wer nach Absatz 1 ausgeschlossen ist, darf bei Gefahr im Verzug unaufschiebbare Maßnahmen treffen.

(4) Hält sich ein Mitglied eines Ausschusses oder Beirats für ausgeschlossen oder bestehen Zweifel, ob die Voraussetzungen des Absatzes 1 gegeben sind, ist dies dem Ausschuss oder Beirat mitzuteilen. Der Ausschuss oder Beirat entscheidet über den Ausschluss. Der Betroffene darf an dieser Entscheidung nicht mitwirken. Das ausgeschlossene Mitglied darf bei der weiteren Beratung und Beschlussfassung nicht zugegen sein.

(5) Angehörige im Sinne des Absatzes 1 Nr. 2 und 4 sind
1. der Verlobte, auch im Sinne des Lebenspartnerschaftsgesetzes,
2. der Ehegatte oder Lebenspartner,
3. Verwandte und Verschwägerte gerader Linie,
4. Geschwister,
5. Kinder der Geschwister,
6. Ehegatten oder Lebenspartner der Geschwister und Geschwister der Ehegatten,
7. Geschwister der Eltern,
8. Personen, die durch ein auf längere Dauer angelegtes Pflegeverhältnis mit häuslicher Gemeinschaft wie Eltern und Kind miteinander verbunden sind (Pflegeeltern und Pflegekinder).

Angehörige sind die in Satz 1 aufgeführten Personen auch dann, wenn
1. in den Fällen der Nummern 2, 3 und 6 die die Beziehung begründende Ehe oder Lebenspartnerschaft nicht mehr besteht,
2. in den Fällen der Nummern 3 bis 7 die Verwandtschaft oder Schwägerschaft durch Annahme als Kind erloschen ist,
3. im Falle der Nummer 8 die häusliche Gemeinschaft nicht mehr besteht, sofern die Personen weiterhin wie Eltern und Kind miteinander verbunden sind.

§ 17 Besorgnis der Befangenheit

(1) Liegt ein Grund vor, der geeignet ist, Misstrauen gegen eine unparteiische Amtsausübung zu rechtfertigen, oder wird von einem Beteiligten das Vorliegen eines solchen Grundes behauptet, hat, wer in einem Verwaltungsverfahren für eine Behörde tätig werden soll, den Leiter der Behörde oder den von diesem Beauftragten zu unterrichten und sich auf dessen Anordnung der Mitwirkung zu enthalten. Betrifft die Besorgnis der Befangenheit den Leiter der Behörde, trifft diese Anordnung die Aufsichtsbehörde, sofern sich der Behördenleiter nicht selbst einer Mitwirkung enthält. Bei den Geschäftsführern der Versicherungsträger tritt an die Stelle der Aufsichtsbehörde der Vorstand.

(2) Für Mitglieder eines Ausschusses oder Beirats gilt § 16 Abs. 4 entsprechend.

§ 18 Beginn des Verfahrens

Die Behörde entscheidet nach pflichtgemäßem Ermessen, ob und wann sie ein Verwaltungsverfahren durchführt. Dies gilt nicht, wenn die Behörde auf Grund von Rechtsvorschriften

1. von Amts wegen oder auf Antrag tätig werden muss,
2. nur auf Antrag tätig werden darf und ein Antrag nicht vorliegt.

§ 19 Amtssprache

(1) Die Amtssprache ist deutsch. Menschen mit Hörbehinderungen und Menschen mit Sprachbehinderungen haben das Recht, in Deutscher Gebärdensprache, mit lautsprachbegleitenden Gebärden oder über andere geeignete Kommunikationshilfen zu kommunizieren; Kosten für Kommunikationshilfen sind von der Behörde oder dem für die Sozialleistung zuständigen Leistungsträger zu tragen. § 5 der Kommunikationshilfenverordnung in der jeweils geltenden Fassung gilt entsprechend.

(1a) § 11 des Behindertengleichstellungsgesetzes gilt in seiner jeweils geltenden Fassung für das Sozialverwaltungsverfahren entsprechend.

(2) Werden bei einer Behörde in einer fremden Sprache Anträge gestellt oder Eingaben, Belege, Urkunden oder sonstige Dokumente vorgelegt, soll die Behörde unverzüglich die Vorlage einer Übersetzung innerhalb einer von ihr zu setzenden angemessenen Frist verlangen, sofern sie nicht in der Lage ist, die Anträge oder Dokumente zu verstehen. In begründeten Fällen kann die Vorlage einer beglaubigten oder von einem öffentlich bestellten oder beeidigten Dolmetscher oder Übersetzer angefertigten Übersetzung verlangt werden. Wird die verlangte Übersetzung nicht innerhalb der gesetzten Frist vorgelegt, kann die Behörde eine Übersetzung beschaffen und hierfür Ersatz ihrer Aufwendungen in angemessenem Umfang verlangen. Falls die Behörde Dolmetscher oder Übersetzer herangezogen hat, erhalten sie auf Antrag in entsprechender Anwendung des Justizvergütungs- und -entschädigungsgesetzes eine Vergütung; mit Dolmetschern oder Übersetzern kann die Behörde eine Vergütung vereinbaren.

(3) Soll durch eine Anzeige, einen Antrag oder die Abgabe einer Willenserklärung eine Frist in Lauf gesetzt werden, innerhalb deren die Behörde in einer bestimmten Weise tätig werden muss, und gehen diese in einer fremden Sprache ein, beginnt der Lauf der Frist erst mit dem Zeitpunkt, in dem der Behörde eine Übersetzung vorliegt.

(4) Soll durch eine Anzeige, einen Antrag oder eine Willenserklärung, die in fremder Sprache eingehen, zugunsten eines Beteiligten eine Frist gegenüber der Behörde gewahrt, ein öffentlich-rechtlicher Anspruch geltend gemacht oder eine Sozialleistung begehrt werden, gelten die Anzeige, der Antrag oder die Willenserklärung als zum Zeitpunkt des Eingangs bei der Behörde abgegeben, wenn die Behörde in der Lage ist, die Anzeige, den Antrag oder die Willenserklärung zu verstehen, oder wenn innerhalb der gesetzten Frist eine Übersetzung vorgelegt wird. Andernfalls ist der Zeitpunkt des Eingangs der Übersetzung maßgebend. Auf diese Rechtsfolge ist bei der Fristsetzung hinzuweisen.

§ 20 Untersuchungsgrundsatz

(1) Die Behörde ermittelt den Sachverhalt von Amts wegen. Sie bestimmt Art und Umfang der Ermittlungen; an das Vorbringen und an die Beweisanträge der Beteiligten ist sie nicht gebunden.

(2) Die Behörde hat alle für den Einzelfall bedeutsamen, auch die für die Beteiligten günstigen Umstände zu berücksichtigen.

(3) Die Behörde darf die Entgegennahme von Erklärungen oder Anträgen, die in ihren Zuständigkeitsbereich fallen, nicht deshalb verweigern, weil sie die Erklärung oder den Antrag in der Sache für unzulässig oder unbegründet hält.

§ 21 Beweismittel

(1) Die Behörde bedient sich der Beweismittel, die sie nach pflichtgemäßem Ermessen zur Ermittlung des Sachverhalts für erforderlich hält. Sie kann insbesondere

1. **Auskünfte jeder Art, auch elektronisch und als elektronisches Dokument, einholen,**
2. **Beteiligte anhören, Zeugen und Sachverständige vernehmen oder die schriftliche oder elektronische Äußerung von Beteiligten, Sachverständigen und Zeugen einholen,**
3. **Urkunden und Akten beiziehen,**
4. **den Augenschein einnehmen.**

Urkunden und Akten können auch in elektronischer Form beigezogen werden, es sei denn, durch Rechtsvorschrift ist etwas anderes bestimmt.

(2) Die Beteiligten sollen bei der Ermittlung des Sachverhalts mitwirken. Sie sollen insbesondere ihnen bekannte Tatsachen und Beweismittel angeben. Eine weitergehende Pflicht, bei der Ermittlung des Sachverhalts mitzuwirken, insbesondere eine Pflicht zum persönlichen Erscheinen

oder zur Aussage, besteht nur, soweit sie durch Rechtsvorschriften besonders vorgesehen ist.

(3) Für Zeugen und Sachverständige besteht eine Pflicht zur Aussage oder zur Erstattung von Gutachten, wenn sie durch Rechtsvorschrift vorgesehen ist. Eine solche Pflicht besteht auch dann, wenn die Aussage oder die Erstattung von Gutachten im Rahmen von § 407 der Zivilprozessordnung zur Entscheidung über die Entstehung, Erbringung, Fortsetzung, das Ruhen, die Entziehung oder den Wegfall einer Sozialleistung sowie deren Höhe unabweisbar ist. Die Vorschriften der Zivilprozessordnung über das Recht, ein Zeugnis oder ein Gutachten zu verweigern, über die Ablehnung von Sachverständigen sowie über die Vernehmung von Angehörigen des öffentlichen Dienstes als Zeugen oder Sachverständige gelten entsprechend. Falls die Behörde Zeugen, Sachverständige und Dritte herangezogen hat, erhalten sie auf Antrag in entsprechender Anwendung des Justizvergütungs- und -entschädigungsgesetzes eine Entschädigung oder Vergütung; mit Sachverständigen kann die Behörde eine Vergütung vereinbaren.

(4) Die Finanzbehörden haben, soweit es im Verfahren nach diesem Gesetzbuch erforderlich ist, Auskunft über die ihnen bekannten Einkommens- oder Vermögensverhältnisse des Antragstellers, Leistungsempfängers, Erstattungspflichtigen, Unterhaltsverpflichteten, Unterhaltsberechtigten oder der zum Haushalt rechnenden Familienmitglieder zu erteilen.

§ 22 Vernehmung durch das Sozial- oder Verwaltungsgericht

(1) Verweigern Zeugen oder Sachverständige in den Fällen des § 21 Abs. 3 ohne Vorliegen eines der in den §§ 376, 383 bis 385 und 408 der Zivilprozessordnung bezeichneten Gründe die Aussage oder die Erstattung des Gutachtens, kann die Behörde je nach dem gegebenen Rechtsweg das für den Wohnsitz oder den Aufenthaltsort des Zeugen oder des Sachverständigen zuständige Sozial- oder Verwaltungsgericht um die Vernehmung ersuchen. Befindet sich der Wohnsitz oder der Aufenthaltsort des Zeugen oder des Sachverständigen nicht am Sitz eines Sozialgerichts oder einer besonders errichteten Kammer eines Verwaltungsgerichts, kann auch das zuständige Amtsgericht um die Vernehmung ersucht werden. In dem Ersuchen hat die Behörde den Gegenstand der Vernehmung darzulegen sowie die Namen und Anschriften der Beteiligten abzugeben. Das Gericht hat die Beteiligten von den Beweisterminen zu benachrichtigen.

(2) Hält die Behörde mit Rücksicht auf die Bedeutung der Aussage eines Zeugen oder des Gutachtens eines Sachverständigen oder zur Herbeiführung einer wahrheitsgemäßen Aussage die Beeidigung für geboten, kann sie das nach Absatz 1 zuständige Gericht um die eidliche Vernehmung ersuchen.

(3) Das Gericht entscheidet über die Rechtmäßigkeit einer Verweigerung des Zeugnisses, des Gutachtens oder der Eidesleistung.

(4) Ein Ersuchen nach Absatz 1 oder 2 an das Gericht darf nur von dem Behördenleiter, seinem allgemeinen Vertreter oder einem Angehörigen des

öffentlichen Dienstes gestellt werden, der die Befähigung zum Richteramt hat oder die Voraussetzungen des § 110 Satz 1 des Deutschen Richtergesetzes erfüllt.

§ 23 Glaubhaftmachung, Versicherung an Eides Statt

(1) Sieht eine Rechtsvorschrift vor, dass für die Feststellung der erheblichen Tatsachen deren Glaubhaftmachung genügt, kann auch die Versicherung an Eides Statt zugelassen werden. Eine Tatsache ist dann als glaubhaft anzusehen, wenn ihr Vorliegen nach dem Ergebnis der Ermittlungen, die sich auf sämtliche erreichbaren Beweismittel erstrecken sollen, überwiegend wahrscheinlich ist.

(2) Die Behörde darf bei der Ermittlung des Sachverhalts eine Versicherung an Eides Statt nur verlangen und abnehmen, wenn die Abnahme der Versicherung über den betreffenden Gegenstand und in dem betreffenden Verfahren durch Gesetz oder Rechtsverordnung vorgesehen und die Behörde durch Rechtsvorschrift für zuständig erklärt worden ist. Eine Versicherung an Eides Statt soll nur gefordert werden, wenn andere Mittel zur Erforschung der Wahrheit nicht vorhanden sind, zu keinem Ergebnis geführt haben oder einen unverhältnismäßigen Aufwand erfordern. Von eidesunfähigen Personen im Sinne des § 393 der Zivilprozessordnung darf eine eidesstattliche Versicherung nicht verlangt werden.

(3) Wird die Versicherung an Eides Statt von einer Behörde zur Niederschrift aufgenommen, sind zur Aufnahme nur der Behördenleiter, sein allgemeiner Vertreter sowie Angehörige des öffentlichen Dienstes befugt, welche die Befähigung zum Richteramt haben oder die Voraussetzungen des § 110 Satz 1 des Deutschen Richtergesetzes erfüllen. Andere Angehörige des öffentlichen Dienstes kann der Behördenleiter oder sein allgemeiner Vertreter hierzu allgemein oder im Einzelfall schriftlich ermächtigen.

(4) Die Versicherung besteht darin, dass der Versichernde die Richtigkeit seiner Erklärung über den betreffenden Gegenstand bestätigt und erklärt: „Ich versichere an Eides Statt, dass ich nach bestem Wissen die reine Wahrheit gesagt und nichts verschwiegen habe." Bevollmächtigte und Beistände sind berechtigt, an der Aufnahme der Versicherung an Eides Statt teilzunehmen.

(5) Vor der Aufnahme der Versicherung an Eides Statt ist der Versichernde über die Bedeutung der eidesstattlichen Versicherung und die strafrechtlichen Folgen einer unrichtigen oder unvollständigen eidesstattlichen Versicherung zu belehren. Die Belehrung ist in der Niederschrift zu vermerken.

(6) Die Niederschrift hat ferner die Namen der anwesenden Personen sowie den Ort und den Tag der Niederschrift zu enthalten. Die Niederschrift ist demjenigen, der die eidesstattliche Versicherung abgibt, zur Genehmigung vorzulesen oder auf Verlangen zur Durchsicht vorzulegen. Die erteilte Genehmigung ist zu vermerken und von dem Versichernden zu unterschreiben. Die Niederschrift ist sodann von demjenigen, der die Versicherung an Eides Statt aufgenommen hat, sowie von dem Schriftführer zu unterschreiben.

§ 24 Anhörung Beteiligter

(1) Bevor ein Verwaltungsakt erlassen wird, der in Rechte eines Beteiligten eingreift, ist diesem Gelegenheit zu geben, sich zu den für die Entscheidung erheblichen Tatsachen zu äußern.

(2) Von der Anhörung kann abgesehen werden, wenn
1. eine sofortige Entscheidung wegen Gefahr im Verzug oder im öffentlichen Interesse notwendig erscheint,
2. durch die Anhörung die Einhaltung einer für die Entscheidung maßgeblichen Frist in Frage gestellt würde,
3. von den tatsächlichen Angaben eines Beteiligten, die dieser in einem Antrag oder einer Erklärung gemacht hat, nicht zu seinen Ungunsten abgewichen werden soll,
4. Allgemeinverfügungen oder gleichartige Verwaltungsakte in größerer Zahl erlassen werden sollen,
5. einkommensabhängige Leistungen den geänderten Verhältnissen angepasst werden sollen,
6. Maßnahmen in der Verwaltungsvollstreckung getroffen werden sollen oder
7. gegen Ansprüche oder mit Ansprüchen von weniger als 70 Euro aufgerechnet oder verrechnet werden soll; Nummer 5 bleibt unberührt.

Aus Rundschreiben, Urteilen etc.

BSG v. 24.7.1980 – 5 RKn 9/79 (VdKM 12/1980, 29)
Auswirkung nachgeholter Anhörung im Vorverfahren
Wird die vor Bescheiderlaß unterbliebene Anhörung im Vorverfahren nachgeholt und der fehlerhafte Verwaltungsakt dadurch geheilt, kann eine vorgenommene Rentenumwandlung oder Rentenentziehung zu dem im Bescheid genannten Zeitpunkt wirksam werden.

BSG v. 24.7.1980 – 5 RKnU 1/79 (VdKM 12/1980, 30)
Anhörungspflicht des Sozialleistungsträgers
Eine sehr kurz bemessene Frist zur Anhörung ist, falls diese den Charakter der Unangemessenheit trägt, der unterlassenen Anhörung im Sinne des (jetzt) § 24 Abs. 1 SGB X gleichzusetzen.

BSG v. 15.8.1996 – 9 RV 10/95 (Breithaupt 1997, 464)
1. Der Grundsatz der Gewährung rechtlichen Gehörs im Verwaltungsverfahren gilt auch im Vorverfahren.
2. Der Umstand, daß erst im Vorverfahren eine erforderliche Anhörung des Betroffenen unterblieben ist, führt nur zur Aufhebung des Widerspruchsbescheides, nicht auch des Ausgangsbescheides.

§ 25 Akteneinsicht durch Beteiligte

(1) Die Behörde hat den Beteiligten Einsicht in die das Verfahren betreffenden Akten zu gestatten, soweit deren Kenntnis zur Geltendmachung oder Verteidigung ihrer rechtlichen Interessen erforderlich ist. Satz 1 gilt bis

zum Abschluss des Verwaltungsverfahrens nicht für Entwürfe zu Entscheidungen sowie die Arbeiten zu ihrer unmittelbaren Vorbereitung.

(2) Soweit die Akten Angaben über gesundheitliche Verhältnisse eines Beteiligten enthalten, kann die Behörde statt dessen den Inhalt der Akten dem Beteiligten durch einen Arzt vermitteln lassen. Sie soll den Inhalt der Akten durch einen Arzt vermitteln lassen, soweit zu befürchten ist, dass die Akteneinsicht dem Beteiligten einen unverhältnismäßigen Nachteil, insbesondere an der Gesundheit, zufügen würde. Soweit die Akten Angaben enthalten, die die Entwicklung und Entfaltung der Persönlichkeit des Beteiligten beeinträchtigen können, gelten die Sätze 1 und 2 mit der Maßgabe entsprechend, dass der Inhalt der Akten auch durch einen Bediensteten der Behörde vermittelt werden kann, der durch Vorbildung sowie Lebens- und Berufserfahrung dazu geeignet und befähigt ist. Das Recht nach Absatz 1 wird nicht beschränkt.

(3) Die Behörde ist zur Gestattung der Akteneinsicht nicht verpflichtet, soweit die Vorgänge wegen der berechtigten Interessen der Beteiligten oder dritter Personen geheimgehalten werden müssen.

(4) Akteneinsicht erfolgt bei der Behörde, die die Akten führt. Im Einzelfall kann die Einsicht auch bei einer anderen Behörde oder bei einer diplomatischen oder berufskonsularischen Vertretung der Bundesrepublik Deutschland im Ausland erfolgen; weitere Ausnahmen kann die Behörde, die die Akten führt, gestatten.

(5) Soweit die Akteneinsicht gestattet ist, können die Beteiligten Auszüge oder Abschriften selbst fertigen oder sich Ablichtungen durch die Behörde erteilen lassen. Soweit die Akteneinsicht in eine elektronische Akte zu gestatten ist, kann die Behörde Akteneinsicht gewähren, indem sie Unterlagen ganz oder teilweise ausdruckt, elektronische Dokumente auf einem Bildschirm wiedergibt, elektronische Dokumente zur Verfügung stellt oder den elektronischen Zugriff auf den Inhalt der Akte gestattet. Die Behörde kann Ersatz ihrer Aufwendungen in angemessenem Umfang verlangen.

Zweiter Titel
Fristen, Termine, Wiedereinsetzung

§ 26 Fristen und Termine

(1) Für die Berechnung von Fristen und für die Bestimmung von Terminen gelten die §§ 187 bis 193 des Bürgerlichen Gesetzbuchs entsprechend, soweit nicht durch die Absätze 2 bis 5 etwas anderes bestimmt ist.

(2) Der Lauf einer Frist, die von einer Behörde gesetzt wird, beginnt mit dem Tag, der auf die Bekanntgabe der Frist folgt, außer wenn dem Betroffenen etwas anderes mitgeteilt wird.

(3) Fällt das Ende einer Frist auf einen Sonntag, einen gesetzlichen Feiertag oder einen Sonnabend, endet die Frist mit dem Ablauf des nächstfolgenden Werktages. Dies gilt nicht, wenn dem Betroffenen unter Hinweis auf diese Vorschrift ein bestimmter Tag als Ende der Frist mitgeteilt worden ist.

(4) Hat eine Behörde Leistungen nur für einen bestimmten Zeitraum zu erbringen, endet dieser Zeitraum auch dann mit dem Ablauf seines letzten Tages, wenn dieser auf einen Sonntag, einen gesetzlichen Feiertag oder einen Sonnabend fällt.

(5) Der von einer Behörde gesetzte Termin ist auch dann einzubehalten, wenn er auf einen Sonntag, gesetzlichen Feiertag oder Sonnabend fällt.

(6) Ist eine Frist nach Stunden bestimmt, werden Sonntage, gesetzliche Feiertage oder Sonnabende mitgerechnet.

(7) Fristen, die von einer Behörde gesetzt sind, können verlängert werden. Sind solche Fristen bereits abgelaufen, können sie rückwirkend verlängert werden, insbesondere wenn es unbillig wäre, die durch den Fristablauf eingetretenen Rechtsfolgen bestehen zu lassen. Die Behörde kann die Verlängerung der Frist nach § 32 mit einer Nebenbestimmung verbinden.

§ 27 Wiedereinsetzung in den vorigen Stand

(1) War jemand ohne Verschulden verhindert, eine gesetzliche Frist einzuhalten, ist ihm auf Antrag Wiedereinsetzung in den vorigen Stand zu gewähren. Das Verschulden eines Vertreters ist dem Vertretenen zuzurechnen.

(2) Der Antrag ist innerhalb von zwei Wochen nach Wegfall des Hindernisses zu stellen. Die Tatsachen zur Begründung des Antrages sind bei der Antragstellung oder im Verfahren über den Antrag glaubhaft zu machen. Innerhalb der Antragsfrist ist die versäumte Handlung nachzuholen. Ist dies geschehen, kann Wiedereinsetzung auch ohne Antrag gewährt werden.

(3) Nach einem Jahr seit dem Ende der versäumten Frist kann die Wiedereinsetzung nicht mehr beantragt oder die versäumte Handlung nicht mehr nachgeholt werden, außer wenn dies vor Ablauf der Jahresfrist infolge höherer Gewalt unmöglich war.

(4) Über den Antrag auf Wiedereinsetzung entscheidet die Behörde, die über die versäumte Handlung zu befinden hat.

(5) Die Wiedereinsetzung ist unzulässig, wenn sich aus einer Rechtsvorschrift ergibt, dass sie ausgeschlossen ist.

§ 28 Wiederholte Antragstellung

Hat ein Leistungsberechtigter von der Stellung eines Antrages auf eine Sozialleistung abgesehen, weil ein Anspruch auf eine andere Sozialleistung geltend gemacht worden ist, und wird diese Leistung versagt oder ist sie zu erstatten, wirkt der nunmehr nachgeholte Antrag bis zu einem Jahr zurück, wenn er innerhalb von sechs Monaten nach Ablauf des Monats gestellt ist, in dem die Ablehnung oder Erstattung der anderen Leistung bindend geworden ist. Satz 1 gilt auch dann, wenn der rechtzeitige Antrag auf eine andere Leistung aus Unkenntnis über deren Anspruchsvoraussetzung unterlassen wurde und die zweite Leistung gegenüber der ersten Leistung, wenn diese erbracht worden wäre, nachrangig gewesen wäre.

Dritter Titel
Amtliche Beglaubigung

§ 29[1] Beglaubigung von Dokumenten

(1) Jede Behörde ist befugt, Abschriften von Urkunden, die sie selbst ausgestellt hat, zu beglaubigen. Darüber hinaus sind die von der Bundesregierung durch Rechtsverordnung bestimmten Behörden des Bundes, der bundesunmittelbaren Körperschaften, Anstalten und Stiftungen des öffentlichen Rechts und die nach Landesrecht zuständigen Behörden befugt, Abschriften zu beglaubigen, wenn die Urschrift von einer Behörde ausgestellt ist oder die Abschrift zur Vorlage bei einer Behörde benötigt wird, sofern nicht durch Rechtsvorschrift die Erteilung beglaubigter Abschriften aus amtlichen Registern und Archiven anderen Behörden ausschließlich vorbehalten ist; die Rechtsverordnung bedarf nicht der Zustimmung des Bundesrates.

(2) Abschriften dürfen nicht beglaubigt werden, wenn Umstände zu der Annahme berechtigen, dass der ursprüngliche Inhalt des Schriftstückes, dessen Abschrift beglaubigt werden soll, geändert worden ist, insbesondere wenn dieses Schriftstück Lücken, Durchstreichungen, Einschaltungen, Änderungen, unleserliche Wörter, Zahlen oder Zeichen, Spuren der Beseitigung von Wörtern, Zahlen und Zeichen enthält oder wenn der Zusammenhang eines aus mehreren Blättern bestehenden Schriftstückes aufgehoben ist.

(3) Eine Abschrift wird beglaubigt durch einen Beglaubigungsvermerk, der unter die Abschrift zu setzen ist. Der Vermerk muss enthalten
1. **die genaue Bezeichnung des Schriftstückes, dessen Abschrift beglaubigt wird,**
2. **die Feststellung, dass die beglaubigte Abschrift mit dem vorgelegten Schriftstück übereinstimmt,**
3. **den Hinweis, dass die beglaubigte Abschrift nur zur Vorlage bei der angegebenen Behörde erteilt wird, wenn die Urschrift nicht von einer Behörde ausgestellt worden ist,**
4. **den Ort und den Tag der Beglaubigung, die Unterschrift des für die Beglaubigung zuständigen Bediensteten und das Dienstsiegel.**

(4) Die Absätze 1 bis 3 gelten entsprechend für die Beglaubigung von
1. **Ablichtungen, Lichtdrucken und ähnlichen in technischen Verfahren hergestellten Vervielfältigungen,**
2. **auf fototechnischem Wege von Schriftstücken hergestellten Negativen, die bei einer Behörde aufbewahrt werden,**
3. **Ausdrucken elektronischer Dokumente,**
4. **elektronischen Dokumenten,**
   a) die zur Abbildung eines Schriftstücks hergestellt wurden,

1 Siehe die auf S. 147 abgedruckte Beglaubigungsverordnung.

b) die ein anderes technisches Format als das mit einer qualifizierten elektronischen Signatur verbundene Ausgangsdokument erhalten haben.

(5) Der Beglaubigungsvermerk muss zusätzlich zu den Angaben nach Absatz 3 Satz 2 bei der Beglaubigung

1. des Ausdrucks eines elektronischen Dokuments, das mit einer qualifizierten elektronischen Signatur verbunden ist, die Feststellungen enthalten,
   a) wen die Signaturprüfung als Inhaber der Signatur ausweist,
   b) welchen Zeitpunkt die Signaturprüfung für die Anbringung der Signatur ausweist und
   c) welche Zertifikate mit welchen Daten dieser Signatur zugrunde lagen;
2. eines elektronischen Dokuments den Namen des für die Beglaubigung zuständigen Bediensteten und die Bezeichnung der Behörde, die die Beglaubigung vornimmt, enthalten; die Unterschrift des für die Beglaubigung zuständigen Bediensteten und das Dienstsiegel nach Absatz 3 Satz 2 Nr. 4 werden durch eine dauerhaft überprüfbare qualifizierte elektronische Signatur ersetzt.

Wird ein elektronisches Dokument, das ein anderes technisches Format als das mit einer qualifizierten elektronischen Signatur verbundene Ausgangsdokument erhalten hat, nach Satz 1 Nr. 2 beglaubigt, muss der Beglaubigungsvermerk zusätzlich die Feststellungen nach Satz 1 Nr. 1 für das Ausgangsdokument enthalten.

(6) Die nach Absatz 4 hergestellten Dokumente stehen, sofern sie beglaubigt sind, beglaubigten Abschriften gleich.

(7) Soweit eine Behörde über die technischen Möglichkeiten verfügt, kann sie von Urkunden, die sie selbst ausgestellt hat, auf Verlangen ein elektronisches Dokument nach Absatz 4 Nummer 4 Buchstabe a oder eine elektronische Abschrift fertigen und beglaubigen.

§ 30[2] Beglaubigung von Unterschriften

(1) Die von der Bundesregierung durch Rechtsverordnung bestimmten Behörden des Bundes, der bundesunmittelbaren Körperschaften, Anstalten und Stiftungen des öffentlichen Rechts und die nach Landesrecht zuständigen Behörden sind befugt, Unterschriften zu beglaubigen, wenn das unterzeichnete Schriftstück zur Vorlage bei einer Behörde oder bei einer sonstigen Stelle, der auf Grund einer Rechtsvorschrift das unterzeichnete Schriftstück vorzulegen ist, benötigt wird. Dies gilt nicht für

1. Unterschriften ohne zugehörigen Text,
2. Unterschriften, die der öffentlichen Beglaubigung (§ 129 des Bürgerlichen Gesetzbuchs) bedürfen.

(2) Eine Unterschrift soll nur beglaubigt werden, wenn sie in Gegenwart des beglaubigenden Bediensteten vollzogen oder anerkannt wird.

2 Siehe die nachfolgend abgedruckte Verordnung.

(3) Der Beglaubigungsvermerk ist unmittelbar bei der Unterschrift, die beglaubigt werden soll, anzubringen. Er muss enthalten

1. die Bestätigung, dass die Unterschrift echt ist,
2. die genaue Bezeichnung desjenigen, dessen Unterschrift beglaubigt wird, sowie die Angabe, ob sich der für die Beglaubigung zuständige Bedienstete Gewissheit über diese Person verschafft hat und ob die Unterschrift in seiner Gegenwart vollzogen oder anerkannt worden ist,
3. den Hinweis, dass die Beglaubigung nur zur Vorlage bei der angegebenen Behörde oder Stelle bestimmt ist,
4. den Ort und den Tag der Beglaubigung, die Unterschrift des für die Beglaubigung zuständigen Bediensteten und das Dienstsiegel.

(4) Die Absätze 1 bis 3 gelten für die Beglaubigung von Handzeichen entsprechend.

(5) Die Rechtsverordnungen nach den Absätzen 1 und 4 bedürfen nicht der Zustimmung des Bundesrates.

Verordnung über die zu Beglaubigungen befugten Behörden nach dem Sozialgesetzbuch (SGB-Beglaubigungsverordnung – SGBBeglV)

vom 11. April 2003 (BGBl. I S. 528)

Auf Grund des § 29 Abs. 1 Satz 2 und Abs. 4 und des § 30 Abs. 1 Satz 1 und Abs. 4 in Verbindung mit Abs. 5 des Zehnten Buches Sozialgesetzbuch – Sozialverwaltungsverfahren und Sozialdatenschutz – in der Fassung der Bekanntmachung vom 18. Januar 2001 (BGBl. I S. 130), § 29 Abs. 4 neu gefasst durch Artikel 3 Nr. 6 Buchstabe b des Gesetzes vom 21. August 2002 (BGBl. I S. 3322), verordnet die Bundesregierung:

§ 1 Zu Beglaubigungen befugte Behörden

Die Behörden des Bundes und der bundesunmittelbaren Körperschaften, Anstalten und Stiftungen des öffentlichen Rechts sind befugt, Beglaubigungen nach den §§ 29 und 30 des Zehnten Buches Sozialgesetzbuch vorzunehmen.

§ 2 Inkrafttreten, Außerkrafttreten

Diese Verordnung tritt mit Wirkung vom 1. Februar 2003 in Kraft. Gleichzeitig tritt die Verordnung zur Bestimmung der zu Beglaubigungen befugten Behörden nach dem Sozialgesetzbuch vom 27. September 1985 (BGBl. I S. 1952) außer Kraft.

Dritter Abschnitt
Verwaltungsakt

Erster Titel
Zustandekommen des Verwaltungsaktes

§ 31 Begriff des Verwaltungsaktes

Verwaltungsakt ist jede Verfügung, Entscheidung oder andere hoheitliche Maßnahme, die eine Behörde zur Regelung eines Einzelfalles auf dem Gebiet des öffentlichen Rechts trifft und die auf unmittelbare Rechtswirkung nach außen gerichtet ist. Allgemeinverfügung ist ein Verwaltungsakt, der sich an einen nach allgemeinen Merkmalen bestimmten oder bestimmbaren Personenkreis richtet oder die öffentlich-rechtliche Eigenschaft einer Sache oder ihre Benutzung durch die Allgemeinheit betrifft.

§ 31 a Vollständig automatisierter Erlass eines Verwaltungsaktes

Ein Verwaltungsakt kann vollständig durch automatische Einrichtungen erlassen werden, sofern kein Anlass besteht, den Einzelfall durch Amtsträger zu bearbeiten. Setzt die Behörde automatische Einrichtungen zum Erlass von Verwaltungsakten ein, muss sie für den Einzelfall bedeutsame tatsächliche Angaben des Beteiligten berücksichtigen, die im automatischen Verfahren nicht ermittelt würden.

§ 32 Nebenbestimmungen zum Verwaltungsakt

(1) Ein Verwaltungsakt, auf den ein Anspruch besteht, darf mit einer Nebenbestimmung nur versehen werden, wenn sie durch Rechtsvorschrift zugelassen ist oder wenn sie sicherstellen soll, dass die gesetzlichen Voraussetzungen des Verwaltungsaktes erfüllt werden.

(2) Unbeschadet des Absatzes 1 darf ein Verwaltungsakt nach pflichtgemäßem Ermessen erlassen werden mit
1. **einer Bestimmung, nach der eine Vergünstigung oder Belastung zu einem bestimmten Zeitpunkt beginnt, endet oder für einen bestimmten Zeitraum gilt (Befristung),**
2. **einer Bestimmung, nach der der Eintritt oder der Wegfall einer Vergünstigung oder einer Belastung von dem ungewissen Eintritt eines zukünftigen Ereignisses abhängt (Bedingung),**
3. **einem Vorbehalt des Widerrufs**

oder verbunden werden mit

4. **einer Bestimmung, durch die dem Begünstigten ein Tun, Dulden oder Unterlassen vorgeschrieben wird (Auflage),**
5. **einem Vorbehalt der nachträglichen Aufnahme, Änderung oder Ergänzung einer Auflage.**

(3) Eine Nebenbestimmung darf dem Zweck des Verwaltungsaktes nicht zuwiderlaufen.

§ 33 Bestimmtheit und Form des Verwaltungsaktes

(1) Ein Verwaltungsakt muss inhaltlich hinreichend bestimmt sein.

(2) Ein Verwaltungsakt kann schriftlich, elektronisch, mündlich oder in anderer Weise erlassen werden. Ein mündlicher Verwaltungsakt ist schriftlich oder elektronisch zu bestätigen, wenn hieran ein berechtigtes Interesse besteht und der Betroffene dies unverzüglich verlangt. Ein elektronischer Verwaltungsakt ist unter denselben Voraussetzungen schriftlich zu bestätigen; § 36a Abs. 2 des Ersten Buches findet insoweit keine Anwendung.

(3) Ein schriftlicher oder elektronischer Verwaltungsakt muss die erlassende Behörde erkennen lassen und die Unterschrift oder die Namenswiedergabe des Behördenleiters, seines Vertreters oder seines Beauftragten enthalten. Wird für einen Verwaltungsakt, für den durch Rechtsvorschrift die Schriftform angeordnet ist, die elektronische Form verwendet, muss auch das der Signatur zugrunde liegende qualifizierte Zertifikat oder ein zugehöriges qualifiziertes Attributzertifikat die erlassende Behörde erkennen lassen. Im Fall des § 36a Absatz 2 Satz 4 Nummer 3 des Ersten Buches muss die Bestätigung nach § 5 Absatz 5 des De-Mail-Gesetzes die erlassende Behörde als Nutzer des De-Mail-Kontos erkennen lassen.

(4) Für einen Verwaltungsakt kann für die nach § 36a Abs. 2 des Ersten Buches erforderliche Signatur durch Rechtsvorschrift die dauerhafte Überprüfbarkeit vorgeschrieben werden.

(5) Bei einem Verwaltungsakt, der mit Hilfe automatischer Einrichtungen erlassen wird, können abweichend von Absatz 3 Satz 1 Unterschrift und Namenswiedergabe fehlen; bei einem elektronischen Verwaltungsakt muss auch das der Signatur zurunde liegende Zertifikat nur die erlassende Behörde erkennen lassen. Zur Inhaltsangabe können Schlüsselzeichen verwendet werden, wenn derjenige, für den der Verwaltungsakt bestimmt ist oder der von ihm betroffen wird, auf Grund der dazu gegebenen Erläuterungen den Inhalt des Verwaltungsaktes eindeutig erkennen kann.

§ 34 Zusicherung

(1) Eine von der zuständigen Behörde erteilte Zusage, einen bestimmten Verwaltungsakt später zu erlassen oder zu unterlassen (Zusicherung), bedarf zu ihrer Wirksamkeit der schriftlichen Form. Ist vor dem Erlass des zugesicherten Verwaltungsaktes die Anhörung Beteiligter oder die Mitwirkung einer anderen Behörde oder eines Ausschusses auf Grund einer Rechtsvorschrift erforderlich, darf die Zusicherung erst nach Anhörung der Beteiligten oder nach Mitwirkung dieser Behörde oder des Ausschusses gegeben werden.

(2) Auf die Unwirksamkeit der Zusicherung finden, unbeschadet des Absatzes 1 Satz 1, § 40, auf die Heilung von Mängeln bei der Anhörung Beteiligter und der Mitwirkung anderer Behörden oder Ausschüsse § 41 Abs. 1 Nr. 3 bis 6 sowie Abs. 2, auf die Rücknahme §§ 44 und 45, auf den Widerruf, unbeschadet des Absatzes 3, §§ 46 und 47 entsprechende Anwendung.

(3) Ändert sich nach Abgabe der Zusicherung die Sach- oder Rechtslage derart, dass die Behörde bei Kenntnis der nachträglich eingetretenen Änderung die Zusicherung nicht gegeben hätte oder aus rechtlichen Gründen nicht hätte geben dürfen, ist die Behörde an die Zusicherung nicht mehr gebunden.

§ 35 Begründung des Verwaltungsaktes

(1) Ein schriftlicher oder elektronischer sowie ein schriftlich oder elektronisch bestätigter Verwaltungsakt ist mit einer Begründung zu versehen. In der Begründung sind die wesentlichen tatsächlichen und rechtlichen Gründe mitzuteilen, die die Behörde zu ihrer Entscheidung bewogen haben. Die Begründung von Ermessensentscheidungen muss auch die Gesichtspunkte erkennen lassen, von denen die Behörde bei der Ausübung ihres Ermessens ausgegangen ist.

(2) Einer Begründung bedarf es nicht,
1. soweit die Behörde einem Antrag entspricht oder einer Erklärung folgt und der Verwaltungsakt nicht in Rechte eines anderen eingreift,
2. soweit demjenigen, für den der Verwaltungsakt bestimmt ist oder der von ihm betroffen wird, die Auffassung der Behörde über die Sach- und Rechtslage bereits bekannt oder auch ohne Begründung für ihn ohne weiteres erkennbar ist,
3. wenn die Behörde gleichartige Verwaltungsakte in größerer Zahl oder Verwaltungsakte mit Hilfe automatischer Einrichtungen erlässt und die Begründung nach den Umständen des Einzelfalles nicht geboten ist,
4. wenn sich dies aus einer Rechtsvorschrift ergibt,
5. wenn eine Allgemeinverfügung öffentlich bekanntgegeben wird.

(3) In den Fällen des Absatzes 2 Nr. 1 bis 3 ist der Verwaltungsakt schriftlich oder elektronisch zu begründen, wenn der Beteiligte, dem der Verwaltungsakt bekanntgegeben ist, es innerhalb eines Jahres seit Bekanntgabe verlangt.

§ 36 Rechtsbehelfsbelehrung

Erlässt die Behörde einen schriftlichen Verwaltungsakt oder bestätigt sie schriftlich einen Verwaltungsakt, ist der durch ihn beschwerte Beteiligte über den Rechtsbehelf und die Behörde oder das Gericht, bei denen der Rechtsbehelf anzubringen ist, deren Sitz, die einzuhaltende Frist und die Form schriftlich zu belehren. Erlässt die Behörde einen elektronischen Verwaltungsakt oder bestätigt sie elektronisch einen Verwaltungsakt, hat die Rechtsbehelfsbelehrung nach Satz 1 elektronisch zu erfolgen.

§ 37 Bekanntgabe des Verwaltungsaktes

(1) Ein Verwaltungsakt ist demjenigen Beteiligten bekanntzugeben, für den er bestimmt ist oder der von ihm betroffen wird. Ist ein Bevollmächtigter bestellt, kann die Bekanntgabe ihm gegenüber vorgenommen werden.

(2) Ein schriftlicher Verwaltungsakt, der im Inland durch die Post übermittelt wird, gilt am dritten Tage nach der Aufgabe zur Post als bekannt

gegeben. Ein Verwaltungsakt, der im Inland oder Ausland elektronisch übermittelt wird, gilt am dritten Tage nach der Absendung als bekannt gegeben. Dies gilt nicht, wenn der Verwaltungsakt nicht oder zu einem späteren Zeitpunkt zugegangen ist; im Zweifel hat die Behörde den Zugang des Verwaltungsaktes und den Zeitpunkt des Zugangs nachzuweisen.

(2a) Mit Einwilligung des Beteiligten können elektronische Verwaltungsakte dadurch bekannt gegeben werden, dass sie von dem Beteiligten oder seinem Bevollmächtigten über öffentlich zugängliche Netze abgerufen werden. Die Behörde hat zu gewährleisten, dass der Abruf nur nach Authentifizierung der berechtigten Person möglich ist und der elektronische Verwaltungsakt von ihr gespeichert werden kann. Der Verwaltungsakt gilt am Tag nach dem Abruf als bekannt gegeben. Wird der Verwaltungsakt nicht innerhalb von zehn Tagen nach Absenden einer Benachrichtigung über die Bereitstellung abgerufen, wird diese beendet. In diesem Fall ist die Bekanntgabe nicht bewirkt; die Möglichkeit einer erneuten Bereitstellung zum Abruf oder der Bekanntgabe auf andere Weise bleibt unberührt.

(3) Ein Verwaltungsakt darf öffentlich bekanntgegeben werden, wenn dies durch Rechtsvorschrift zugelassen ist. Eine Allgemeinverfügung darf auch dann öffentlich bekanntgegeben werden, wenn eine Bekanntgabe an die Beteiligten untunlich ist.

(4) Die öffentliche Bekanntgabe eines schriftlichen oder elektronischen Verwaltungsaktes wird dadurch bewirkt, dass sein verfügender Teil in der jeweils vorgeschriebenen Weise entweder ortsüblich oder in der sonst für amtliche Veröffentlichungen vorgeschriebenen Art bekanntgemacht wird. In der Bekanntmachung ist anzugeben, wo der Verwaltungsakt und seine Begründung eingesehen werden können. Der Verwaltungsakt gilt zwei Wochen nach der Bekanntmachung als bekanntgegeben. In einer Allgemeinverfügung kann ein hiervon abweichender Tag, jedoch frühestens der auf die Bekanntmachung folgende Tag bestimmt werden.

(5) Vorschriften über die Bekanntgabe eines Verwaltungsaktes mittels Zustellung bleiben unberührt.

§ 38 Offenbare Unrichtigkeiten im Verwaltungsakt

Die Behörde kann Schreibfehler, Rechenfehler und ähnliche offenbare Unrichtigkeiten in einem Verwaltungsakt jederzeit berichtigen. Bei berechtigtem Interesse des Beteiligten ist zu berichtigen. Die Behörde ist berechtigt, die Vorlage des Dokumentes zu verlangen, das berichtigt werden soll.

Aus Rundschreiben, Urteilen etc.

BSG v. 31.5.1990 – 8 Kn 22/88 – (Breithaupt 1991, 772)

1. *Auch wegen eines Rechenfehlers darf ein Bescheid nach § 38 SGB X nur berichtigt werden, wenn der Fehler offenbar ist.*
2. *Ob eine offenbare Unrichtigkeit vorliegt, richtet sich nicht nach dem Erkenntnisvermögen des jeweiligen Bescheidempfängers, sondern eines verständigen Lesers.*
3. *Über die Berichtigung offenbarer Unrichtigkeiten haben die Versicherungsträger im Wege einer Ermessensentscheidung zu befinden.*

Zweiter Titel
Bestandskraft des Verwaltungsaktes

§ 39 Wirksamkeit des Verwaltungsaktes

(1) Ein Verwaltungsakt wird gegenüber demjenigen, für den er bestimmt ist oder der von ihm betroffen wird, in dem Zeitpunkt wirksam, in dem er ihm bekanntgegeben wird. Der Verwaltungsakt wird mit dem Inhalt wirksam, mit dem er bekanntgegeben wird.

(2) Ein Verwaltungsakt bleibt wirksam, solange und soweit er nicht zurückgenommen, widerrufen, anderweitig aufgehoben oder durch Zeitablauf oder auf andere Weise erledigt ist.

(3) Ein nichtiger Verwaltungsakt ist unwirksam.

§ 40 Nichtigkeit des Verwaltungsaktes

(1) Ein Verwaltungsakt ist nichtig, soweit er an einem besonders schwerwiegenden Fehler leidet und dies bei verständiger Würdigung aller in Betracht kommenden Umstände offensichtlich ist.

(2) Ohne Rücksicht auf das Vorliegen der Voraussetzungen des Absatzes 1 ist ein Verwaltungsakt nichtig,
1. der schriftlich oder elektronisch erlassen worden ist, die erlassende Behörde aber nicht erkennen lässt,
2. der nach einer Rechtsvorschrift nur durch die Aushändigung einer Urkunde erlassen werden kann, aber dieser Form nicht genügt,
3. den aus tatsächlichen Gründen niemand ausführen kann,
4. der die Begehung einer rechtswidrigen Tat verlangt, die einen Straf- oder Bußgeldtatbestand verwirklicht,
5. der gegen die guten Sitten verstößt.

(3) Ein Verwaltungsakt ist nicht schon deshalb nichtig, weil
1. Vorschriften über die örtliche Zuständigkeit nicht eingehalten worden sind,
2. eine nach § 16 Abs. 1 Satz 1 Nr. 2 bis 6 ausgeschlossene Person mitgewirkt hat,
3. ein durch Rechtsvorschrift zur Mitwirkung berufener Ausschuss den für den Erlass des Verwaltungsaktes vorgeschriebenen Beschluss nicht gefasst hat oder nicht beschlußfähig war,
4. die nach einer Rechtsvorschrift erforderliche Mitwirkung einer anderen Behörde unterblieben ist.

(4) Betrifft die Nichtigkeit nur einen Teil des Verwaltungsaktes, ist er im Ganzen nichtig, wenn der nichtige Teil so wesentlich ist, dass die Behörde den Verwaltungsakt ohne den nichtigen Teil nicht erlassen hätte.

(5) Die Behörde kann die Nichtigkeit jederzeit von Amts wegen feststellen; auf Antrag ist sie festzustellen, wenn der Antragsteller hieran ein berechtigtes Interesse hat.

§ 41 Heilung von Verfahrens- und Formfehlern

(1) Eine Verletzung von Verfahrens- oder Formvorschriften, die nicht den Verwaltungsakt nach § 40 nichtig macht, ist unbeachtlich, wenn
1. der für den Erlass des Verwaltungsaktes erforderliche Antrag nachträglich gestellt wird,
2. die erforderliche Begründung nachträglich gegeben wird,
3. die erforderliche Anhörung eines Beteiligten nachgeholt wird,
4. der Beschluss eines Ausschusses, dessen Mitwirkung für den Erlass des Verwaltungsaktes erforderlich ist, nachträglich gefasst wird,
5. die erforderliche Mitwirkung einer anderen Behörde nachgeholt wird,
6. die erforderliche Hinzuziehung eines Beteiligten nachgeholt wird.

(2) Handlungen nach Absatz 1 Nr. 2 bis 6 können bis zur letzten Tatsacheninstanz eines sozial- oder verwaltungsgerichtlichen Verfahrens nachgeholt werden.

(3) Fehlt einem Verwaltungsakt die erforderliche Begründung oder ist die erforderliche Anhörung eines Beteiligten vor Erlass des Verwaltungsaktes unterblieben und ist dadurch die rechtzeitige Anfechtung des Verwaltungsaktes versäumt worden, gilt die Versäumung der Rechtsbehelfsfrist als nicht verschuldet. Das für die Wiedereinsetzungsfrist maßgebende Ereignis tritt im Zeitpunkt der Nachholung der unterlassenen Verfahrenshandlung ein.

Aus Rundschreiben, Urteilen etc.

BSG v. 6.10.1994 – GS 1/91 (Breithaupt 1995, 529)
Ein während des Gerichtsverfahrens erlassener Verwaltungsakt, der nach § 96 SGG Gegenstand des Verfahrens wird, verstößt nicht gegen das Verbot, die Anhörung oder Ermessensausübung nachzuholen, wenn er einen Verwaltungsakt ersetzt, der mangels Anhörung oder Ermessensausübung rechtswidrig ist.

§ 42 Folgen von Verfahrens- und Formfehlern

Die Aufhebung eines Verwaltungsaktes, der nicht nach § 40 nichtig ist, kann nicht allein deshalb beansprucht werden, weil er unter Verletzung von Vorschriften über das Verfahren, die Form oder die örtliche Zuständigkeit zustande gekommen ist, wenn offensichtlich ist, dass die Verletzung die Entscheidung in der Sache nicht beeinflusst hat. Satz 1 gilt nicht, wenn die erforderliche Anhörung unterblieben oder nicht wirksam nachgeholt ist.

§ 43 Umdeutung eines fehlerhaften Verwaltungsaktes

(1) Ein fehlerhafter Verwaltungsakt kann in einen anderen Verwaltungsakt umgedeutet werden, wenn er auf das gleiche Ziel gerichtet ist, von der erlassenden Behörde in der geschehenen Verfahrensweise und Form rechtmäßig hätte erlassen werden können und wenn die Voraussetzungen für dessen Erlass erfüllt sind.

(2) Absatz 1 gilt nicht, wenn der Verwaltungsakt, in den der fehlerhafte Verwaltungsakt umzudeuten wäre, der erkennbaren Absicht der erlassenden Behörde widerspräche oder seine Rechtsfolgen für den Betroffenen ungünstiger wären als die des fehlerhaften Verwaltungsaktes. Eine Umdeutung ist ferner unzulässig, wenn der fehlerhafte Verwaltungsakt nicht zurückgenommen werden dürfte.

(3) Eine Entscheidung, die nur als gesetzlich gebundene Entscheidung ergehen kann, kann nicht in eine Ermessensentscheidung umgedeutet werden.

(4) § 24 ist entsprechend anzuwenden.

Aus Rundschreiben, Urteilen etc.

BSG v. 10.2.1993 – 9/9 a RVs 5/91 (Breithaupt 1993, 853)

1. *Werden die nachteiligen Auswirkungen eines regelwidrigen körperlichen, geistigen oder seelischen Zustandes wesentlich geringer bewertet als in einem einige Zeit vorher erlassenen Verwaltungsakt, besteht die Vermutung, daß sie geringer geworden sind und nicht ursprünglich unrichtig bewertet worden sind.*
2. *Ein Rücknahmebescheid ist im Gerichtsverfahren in einen Änderungsbescheid umzudeuten, wenn die ursprüngliche Unrichtigkeit des zu berichtigenden Bescheids nicht nachgewiesen werden kann.*

§ 44 Rücknahme eines rechtswidrigen nicht begünstigenden Verwaltungsaktes

(1) Soweit sich im Einzelfall ergibt, dass bei Erlass eines Verwaltungsaktes das Recht unrichtig angewandt oder von einem Sachverhalt ausgegangen worden ist, der sich als unrichtig erweist, und soweit deshalb Sozialleistungen zu Unrecht nicht erbracht oder Beiträge zu Unrecht erhoben worden sind, ist der Verwaltungsakt, auch nachdem er unanfechtbar geworden ist, mit Wirkung für die Vergangenheit zurückzunehmen. Dies gilt nicht, wenn der Verwaltungsakt auf Angaben beruht, die der Betroffene vorsätzlich in wesentlicher Beziehung unrichtig oder unvollständig gemacht hat.

(2) Im Übrigen ist ein rechtswidriger nicht begünstigender Verwaltungsakt, auch nachdem er unanfechtbar geworden ist, ganz oder teilweise mit Wirkung für die Zukunft zurückzunehmen. Er kann auch für die Vergangenheit zurückgenommen werden.

(3) Über die Rücknahme entscheidet nach Unanfechtbarkeit des Verwaltungsaktes die zuständige Behörde; dies gilt auch dann, wenn der zurückzunehmende Verwaltungsakt von einer anderen Behörde erlassen worden ist.

(4) Ist ein Verwaltungsakt mit Wirkung für die Vergangenheit zurückgenommen worden, werden Sozialleistungen nach den Vorschriften der besonderen Teile dieses Gesetzbuchs längstens für einen Zeitraum bis zu vier Jahren vor der Rücknahme erbracht. Dabei wird der Zeitpunkt der Rücknahme von Beginn des Jahres an gerechnet, in dem der Verwaltungs-

akt zurückgenommen wird. Erfolgt die Rücknahme auf Antrag, tritt bei der Berechnung des Zeitraumes, für den rückwirkend Leistungen zu erbringen sind, anstelle der Rücknahme der Antrag.

Aus Rundschreiben, Urteilen etc.

BSG v. 31.5.1988 – 2 RU 8/87 – (Breithaupt 1989, 284)
§ 44 Abs. 1 Satz 2 SGB X gibt der Behörde nur dann das Recht, die Rücknahme eines rechtswidrigen Verwaltungsaktes für die Vergangenheit abzulehnen, wenn die Unrichtigkeit des Verwaltungsaktes auf einem positiven Tun des Betroffenen beruht; die Verweigerung von Angaben genügt nicht.

BSG v. 29.5.1991 – 9 a/9 RVs 11/89 (Sozialrecht und Praxis 1991, 709) zu Abs. 2
1. *Feststellungen nach dem SchwbG sind allein Statusfeststellungen, die nicht den Sozialleistungen zuzuordnen sind.*
2. *Infolgedessen sind auf rechtswidrige begünstigende Feststellungsbescheide nach dem SchwbG die Regelungen des § 44 Abs. 1 und 4 SGB X, die nur für sozialrechtliche Leistungen gewährende Verwaltungsakte gelten, nicht anwendbar. Für solche Feststellungsbescheide gilt § 44 Abs. 2 SGB X (Anschluß an BAGE 43, 148, 156).*
3. *Die Feststellungen nach dem SchwbG sind auch im Zusammenhang mit der Rücknahme eines rechtswidrigen Feststellungsbescheides zugunsten des Betroffenen grundsätzlich nur für die Zukunft zu treffen. Die Rückwirkung liegt im Ermessen der Verwaltung.*
4. *Die Verwaltung handelt nicht ermessenswidrig, wenn sie in Ausübung des ihr nach § 44 Abs. 2 SGB X eingeräumten Ermessens die Rückwirkung grundsätzlich auf vier Jahre beschränkt und den Anwendungsbereich des § 44 Abs. 2 SGB X nicht weiter versteht als den des Absatzes 1.*

BSG v. 28.1.1999 – B 14 EG 6/98 B (FEVS 51, 172)
Auch wenn die Versäumung der Frist des § 44 Abs. 4 SGB X auf einem Fehlverhalten der Verwaltung beruht, kann ein sozialrechtlicher Herstellungsanspruch nicht zu einer mehr als vier Jahre rückwirkenden nachträglichen Leistungsgewährung führen.

BSG v. 26.6.2007 – B 4 R 19/07 R (Breithaupt 2009, 168)
Wird im Überprüfungsverfahren festgestellt, dass der frühere Verwaltungsakt wegen Nichtbeachtung eines Herstellungsanspruchs rechtswidrig war, ist die Leistungsbegrenzung auf vier Jahre unmittelbar, nicht aber analog rechtsgrundsätzlich anzuwenden.

BSG v. 29.9.2009 – B 8 SO 16/08 R (Breithaupt 2010, 707)
Die Regelung des § 44 SGB X zur rückwirkenden Korrektur bestandskräftiger rechtswidriger Leistungsablehnungen findet zwar im Leistungsrecht der Sozialhilfe generell Anwendung; Besonderheiten des Sozialhilferechts können der Gewährung von Leistungen für die Vergangenheit insbesondere bei Bedarfswegfall jedoch entgegenstehen (Fortführung von BSG, Urt. v. 16.10.2007 – B 8/9b SO 8/06 R = BSGE 99,137 = SozR 4–1300 § 44 Nr. 11 und Urt. v. 26.8.2008 – B 8 SO 26/07 R = SozR 4–1300 § 44 Nr. 15).

§ 45 Rücknahme eines rechtswidrigen begünstigenden Verwaltungsaktes

(1) Soweit ein Verwaltungsakt, der ein Recht oder einen rechtlich erheblichen Vorteil begründet oder bestätigt hat (begünstigender Verwaltungsakt), rechtswidrig ist, darf er, auch nachdem er unanfechtbar geworden ist, nur unter den Einschränkungen der Absätze 2 bis 4 ganz oder teilweise mit Wirkung für die Zukunft oder für die Vergangenheit zurückgenommen werden.

(2) Ein rechtswidriger begünstigender Verwaltungsakt darf nicht zurückgenommen werden, soweit der Begünstigte auf den Bestand des Verwaltungsaktes vertraut hat und sein Vertrauen unter Abwägung mit dem öffentlichen Interesse an einer Rücknahme schutzwürdig ist. Das Vertrauen ist in der Regel schutzwürdig, wenn der Begünstigte erbrachte Leistungen verbraucht oder eine Vermögensdisposition getroffen hat, die er nicht mehr oder nur unter unzumutbaren Nachteilen rückgängig machen kann. Auf Vertrauen kann sich der Begünstigte nicht berufen, soweit

1. er den Verwaltungsakt durch arglistige Täuschung, Drohung oder Bestechung erwirkt hat,
2. der Verwaltungsakt auf Angaben beruht, die der Begünstigte vorsätzlich oder grob fahrlässig in wesentlicher Beziehung unrichtig oder unvollständig gemacht hat, oder
3. er die Rechtswidrigkeit des Verwaltungsaktes kannte oder infolge grober Fahrlässigkeit nicht kannte; grobe Fahrlässigkeit liegt vor, wenn der Begünstigte die erforderliche Sorgfalt in besonders schwerem Maße verletzt hat.

(3) Ein rechtswidriger begünstigender Verwaltungsakt mit Dauerwirkung kann nach Absatz 2 nur bis zum Ablauf von zwei Jahren nach seiner Bekanntgabe zurückgenommen werden. Satz 1 gilt nicht, wenn Wiederaufnahmegründe entsprechend § 580 der Zivilprozessordnung vorliegen. Bis zum Ablauf von zehn Jahren nach seiner Bekanntgabe kann ein rechtswidriger begünstigender Verwaltungsakt mit Dauerwirkung nach Abs. 2 zurückgenommen werden, wenn

1. die Voraussetzungen des Absatzes 2 Satz 3 Nr. 2 oder 3 gegeben sind oder
2. der Verwaltungsakt mit einem zulässigen Vorbehalt des Widerrufs erlassen wurde.

In den Fällen des Satzes 3 kann ein Verwaltungsakt über eine laufende Geldleistung auch nach Ablauf der Frist von zehn Jahren zurückgenommen werden, wenn diese Geldleistung mindestens bis zum Beginn des Verwaltungsverfahrens über die Rücknahme gezahlt wurde. War die Frist von zehn Jahren am 15. April 1998 bereits abgelaufen, gilt Satz 4 mit der Maßgabe, dass der Verwaltungsakt nur mit Wirkung für die Zukunft aufgehoben wird.

(4) Nur in den Fällen von Absatz 2 Satz 3 und Absatz 3 Satz 2 wird der Verwaltungsakt mit Wirkung für die Vergangenheit zurückgenommen. Die Behörde muss dies innerhalb eines Jahres seit Kenntnis der Tatsachen tun,

welche die Rücknahme eines rechtswidrigen begünstigenden Verwaltungsaktes für die Vergangenheit rechtfertigen.

(5) § 44 Abs. 3 gilt entsprechend.

Aus Rundschreiben, Urteilen etc.

BSG v. 13.5.1987 – 9a RVi 4/85 (Breithaupt 1988, 311) zu Abs. 3
Im sozialen Entschädigungsrecht ist die Verwaltung befugt, die rechtswidrige Anerkennung einer Gesundheitsstörung und hierauf beruhende Verwaltungsakte auch noch nach Ablauf der Zweijahresfrist des § 45 Abs. 3 S. 1 SGB X zurückzunehmen, wenn unzweifelhaft feststeht, daß die Gesundheitsstörung nicht Folge einer Schädigung ist.

BSG v. 13.7.1988 – 9/9a RV 34/1986 (Breithaupt 89, 407)
Soweit ein Anpassungsbescheid auf einem Fehler des Rentenbewilligungsbescheids aufbaut, wiederholt er diesen Fehler nicht und setzt deshalb auch keine neue Rücknahmefrist in Gang; es gibt keine „Theorie der konstitutiven Fehlerwiederholung".

BSG v. 24.11.1988 – 9/9a RV 8/87 (Breithaupt 1989, 579)
1. *Die Rücknahmevorschriften, die im Recht der sozialen Entschädigung bei fehlerhafter Kausalitätsbeurteilung zu beachten sind, regeln die Rücknahme auch mit Wirkung für die Zukunft und schließen § 45 und § 48 Abs. 3 SGB X aus.*
2. *Die Verwaltung darf einen Verwaltungsakt nicht schon dann zum Zwecke der Aussparung von Leistungserhöhungen für rechtswidrig erklären, wenn sie ihn nach dem jetzigen Erkenntnisstand nicht erlassen hätte; der Verwaltungsakt muß erwiesenermaßen rechtswidrig sein.*

BSG v. 6.9.1989 – 9/9a RVs 17/87 (Breithaupt 1990, 415)
Das Gericht darf einen Verwaltungsakt, der einen rechtswidrigen Verwaltungsakt zurücknimmt, jedenfalls dann nicht allein wegen fehlender Ermessensausübung aufheben, wenn es selbst keine Ermessensgesichtspunkte feststellt.
Gesichtspunkte, die die gerichtlich voll überprüfbare Interessenabwägung bestimmen, sind nicht zugleich Ermessensgesichtspunkte.

BSG v. 29.8.1990 – 9a/9 RV 32/88 (BehR 1991, 64)
Selbst ein zu Unrecht anerkanntes Versorgungsleiden kann, wenn seit der Anerkennung mehr als 10 Jahre verstrichen sind, nicht mehr zurückgenommen werden, es sei denn, die Anerkennung ist durch arglistige Täuschung, Drohung oder Bestechung erwirkt worden.

OVG Münster v. 12.2.1992 – 8 A 2127/88 (FEVS 93, 25)
Die Rücknahme eines rechtswidrigen Sozialhilfebescheides ist gegenüber dem Leistungsempfänger, dem rechtswidrig Begünstigten zu erklären. Dies gilt auch für den Fall, daß Sozialhilfeleistungen für ein minderjähriges Kind durch Täuschungshandlungen des Sorgeberechtigten erwirkt werden.

BSG v. 11.12.1992 (Breithaupt 1993, 453)
Zehn Jahre nach einer wesentlichen Änderung der Verhältnisse zuungunsten des Betroffenen ist nur die rückwirkende Aufhebung eines Verwaltungsakts ausgeschlossen, nicht auch die Aufhebung mit Wirkung für die Zukunft.

BSG v. 24.3.1993 – 9/9 a RV 38/91 (Breithaupt 1993, 837)
30 Jahre nach seinem Erlaß kann ein rechtswidriger begünstigender Verwaltungsakt mit Dauerwirkung nicht mehr für die Vergangenheit zurückgenommen werden, auch wenn er durch arglistige Täuschung erwirkt ist.

BVerwG v. 5.8.1996 – 5 C 6.95 (ZfSH / SGB 1997, 162)
1. *Der Jahresfrist für die Rücknahme rechtswidriger begünstigender Verwaltungsakte, die mit der Kenntnis der die Rücknahme rechtfertigenden Tatsachen zu laufen beginnt (§ 45 Abs. 4 Satz 2 SGB X), unterliegen auch Rücknahmebescheide, welche einen fristgerecht erlassenen (ersten) Rücknahmebescheid ersetzen (wie BVerwG, Urteil vom 19.12.1995 – BVerwG 5 C 10/94, für die Aufnahme in die Entscheidungssammlung bestimmt).*
2. *Die den Beginn der Jahresfrist auslösende Kenntnis der die Rücknahme rechtfertigenden Tatsachen bezieht sich nicht darauf, daß die Rücknahme ausdrückliche Ermessenserwägungen erfordert.*
3. *Der Ablauf der Ausschlußfrist des § 45 Abs. 2 Satz 2 SGB X wird durch den Erlaß eines ersten – später aufgehobenen Rücknahmebescheides weder unterbrochen noch gehemmt (im Anschluß an BSGE 65, 221; 66, 204; wie BVerwG, Urteil vom 19.12.1995 – BVerwG 5 C 10/94, für die Aufnahme in die Entscheidungssammlung bestimmt).*

BSG v. 8.2.1996 – 13 RJ 35/94 (Breithaupt 1997, 47)
1. *Die Jahresfrist des § 45 Abs. 4 Satz 2 SGB X beginnt erst dann zu laufen, wenn die Behörde entweder objektiv eine sichere Kenntnis der Tatsachen hatte, welche die Rücknahme eines rechtswidrigen begünstigenden Verwaltungsaktes für die Vergangenheit rechtfertigen, oder subjektiv von der Richtigkeit und Vollständigkeit der ihr vorliegenden Informationen überzeugt war; dies ist regelmäßig erst nach der gemäß § 24 SGB X durchgeführten Anhörung des Betroffenen der Fall (Fortführung von BSGE 74, 20 = SozR 3-1300 § 48 Nr. 32).*
2. *Zu der Behörde, auf deren Tatsachenkenntnis § 45 Abs. 4 Satz 2 SGB X abstellt, gehören auch diejenigen Sachbearbeiter des Leistungsträgers, die mit der Vorbereitung einer Rücknahmeentscheidung betraut sind.*

BSG v. 7.7.1998 – B 5 RJ 58/97 R (Breithaupt 1999,327)
Die Rücknahme eines rechtswidrigen begünstigenden Verwaltungsakts setzt voraus, daß der Leistungsträger innerhalb der nach § 45 Abs. 2 Satz 1 SGB X erforderlichen Vertrauensschutzabwägung prüft, ob er durch eigenes Verhalten nicht selbst eine wesentliche Ursache für die eingetretene Überzahlung gesetzt hat.

BSG v. 27.7.2000 – B 7 AL 88/99 R (Breithaupt 2001, 177)
1. *Bei der teilweisen Rücknahme von Verwaltungsakten m. W. für die Vergangenheit muss sich die Bösgläubigkeit des Leistungsempfängers auf den Teil des Verwaltungsakts erstrecken, der zurückgenommen wird.*
2. *Bei der Aufhebung von Folgebescheiden, die auf einem rechtswidrigen Ausgangsbescheid aufbauen, ist der Vorwurf der groben Fahrlässigkeit auf die in dem Ausgangsbescheid getroffene Regelung zu beziehen (Fortführung von BSGE 79, 92 = Breithaupt 1997, 627 = SozR 3–1300 § 45 Nr. 30 und BSG Breithaupt 1989, 407 = SozR 1300 § 45 Nr. 37).*

§ 46 Widerruf eines rechtmäßigen nicht begünstigenden Verwaltungsaktes

(1) Ein rechtmäßiger nicht begünstigender Verwaltungsakt kann, auch nachdem er unanfechtbar geworden ist, ganz oder teilweise mit Wirkung für die Zukunft widerrufen werden, außer wenn ein Verwaltungsakt gleichen Inhalts erneut erlassen werden müsste oder aus anderen Gründen ein Widerruf unzulässig ist.

(2) § 44 Abs. 3 gilt entsprechend.

§ 47 Widerruf eines rechtmäßigen begünstigenden Verwaltungsaktes

(1) Ein rechtmäßiger begünstigender Verwaltungsakt darf, auch nachdem er unanfechtbar geworden ist, ganz oder teilweise mit Wirkung für die Zukunft nur widerrufen werden, soweit

1. der Widerruf durch Rechtsvorschrift zugelassen oder im Verwaltungsakt vorbehalten ist,
2. mit dem Verwaltungsakt eine Auflage verbunden ist und der Begünstigte diese nicht oder nicht innerhalb einer ihm gesetzten Frist erfüllt hat.

(2) Ein rechtmäßiger begünstigender Verwaltungsakt, der eine Geld- oder Sachleistung zur Erfüllung eines bestimmten Zweckes zuerkennt oder hierfür Voraussetzung ist, kann, auch nachdem er unanfechtbar geworden ist, ganz oder teilweise auch mit Wirkung für die Vergangenheit widerrufen werden, wenn

1. die Leistung nicht, nicht alsbald nach der Erbringung oder nicht mehr für den in dem Verwaltungsakt bestimmten Zweck verwendet wird,
2. mit dem Verwaltungsakt eine Auflage verbunden ist und der Begünstigte diese nicht oder nicht innerhalb einer ihm gesetzten Frist erfüllt hat.

Der Verwaltungsakt darf mit Wirkung für die Vergangenheit nicht widerrufen werden, soweit der Begünstigte auf den Bestand des Verwaltungsaktes vertraut hat und sein Vertrauen unter Abwägung mit dem öffentlichen Interesse an einem Widerruf schutzwürdig ist. Das Vertrauen ist in der Regel schutzwürdig, wenn der Begünstigte erbrachte Leistungen verbraucht oder eine Vermögensdisposition getroffen hat, die er nicht mehr oder nur unter unzumutbaren Nachteilen rückgängig machen kann. Auf Vertrauen kann sich der Begünstigte nicht berufen, soweit er die Umstände kannte oder infolge grober Fahrlässigkeit nicht kannte, die zum Widerruf des Verwaltungsaktes geführt haben. § 45 Abs. 4 Satz 2 gilt entsprechend.

(3) § 44 Abs. 3 gilt entsprechend.

§ 48 Aufhebung eines Verwaltungsaktes mit Dauerwirkung bei Änderung der Verhältnisse

(1) Soweit in den tatsächlichen oder rechtlichen Verhältnissen, die beim Erlass eines Verwaltungsaktes mit Dauerwirkung vorgelegen haben, eine wesentliche Änderung eintritt, ist der Verwaltungsakt mit Wirkung für die

Zukunft aufzuheben. Der Verwaltungsakt soll mit Wirkung vom Zeitpunkt der Änderung der Verhältnisse aufgehoben werden, soweit

1. die Änderung zugunsten des Betroffenen erfolgt,
2. der Betroffene einer durch Rechtsvorschrift vorgeschriebenen Pflicht zur Mitteilung wesentlicher für ihn nachteiliger Änderungen der Verhältnisse vorsätzlich oder grob fahrlässig nicht nachgekommen ist,
3. nach Antragstellung oder Erlass des Verwaltungsaktes Einkommen oder Vermögen erzielt worden ist, das zum Wegfall oder zur Minderung des Anspruchs geführt haben würde, oder
4. der Betroffene wusste oder nicht wusste, weil er die erforderliche Sorgfalt in besonders schwerem Maße verletzt hat, dass der sich aus dem Verwaltungsakt ergebende Anspruch kraft Gesetzes zum Ruhen gekommen oder ganz oder teilweise weggefallen ist.

Als Zeitpunkt der Änderung der Verhältnisse gilt in Fällen, in denen Einkommen oder Vermögen auf einen zurückliegenden Zeitraum auf Grund der besonderen Teile dieses Gesetzbuchs anzurechnen ist, der Beginn des Anrechnungszeitraumes.

(2) Der Verwaltungsakt ist im Einzelfall mit Wirkung für die Zukunft auch dann aufzuheben, wenn der zuständige oberste Gerichtshof des Bundes in ständiger Rechtsprechung nachträglich das Recht anders auslegt als die Behörde bei Erlass des Verwaltungsaktes und sich dieses zugunsten des Berechtigten auswirkt; § 44 bleibt unberührt.

(3) Kann ein rechtswidriger begünstigender Verwaltungsakt nach § 45 nicht zurückgenommen werden und ist eine Änderung nach Absatz 1 oder 2 zugunsten des Betroffenen eingetreten, darf die neu festzustellende Leistung nicht über den Betrag hinausgehen, wie er sich der Höhe nach ohne Berücksichtigung der Bestandskraft ergibt. Satz 1 gilt entsprechend, soweit einem rechtmäßigen begünstigenden Verwaltungsakt ein rechtswidriger begünstigender Verwaltungsakt zugrunde liegt, der nach § 45 nicht zurückgenommen werden kann.

(4) § 44 Abs. 3 und 4, § 45 Abs. 3 Satz 3 bis 5 und Abs. 4 Satz 2 gelten entsprechend. § 45 Abs. 4 Satz 2 gilt nicht im Fall des Absatzes 1 Satz 2 Nr. 1.

Aus Rundschreiben, Urteilen etc.

BSG v. 22.10.1986 – 9 a RVs 55/85 (BehR 1987, 4) zu Abs. 1
Die Angleichungsvorschrift des § 48 Abs. 3 SGB X bezieht sich nach ihrem Wortlaut zwar auf die Feststellung einer „Leistung“. Gleiches muß jedoch nach dem Sinn und Zweck dieser Regelung im Rahmen der analogen Anwendung des gesamten § 48 SGB X im Schwerbehindertenrecht gelten, wenn es um die Feststellung der MdE (jetzt GdB) geht.

BSG v. 11.11.1987 – 9 a RVs 1/87 (Breithaupt 1988, 573)
Ein Schwerbehinderten-Bescheid, der auf dem Verdacht einer bösartigen Geschwulstkrankheit beruht, kann auch dann, wenn dieser Verdacht dem Behinderten nicht ausdrücklich zur Kenntnis gebracht worden ist, bei Wegfall des Verdachts wegen Änderung der Verhältnisse zurückgenommen werden.

BSG v. 11.2.1988 – 7 RAr 55/86 (SGb 12/1988, 509)
Die Frage, ob ein atypischer Fall vorliegt, der den Leistungsberechtigten nach § 48 Abs. 1 Satz 2 SGB X berechtigt, von der Aufhebung des unrichtig gewordenen Verwaltungsaktes für die Vergangenheit abzusehen, gehört nicht zur Ermessensausübung und ist daher gerichtlich voll überprüfbar.

BSG v. 24.3.1987 – 4 b RV 39/85 (Breithaupt 1988, 228) zu Abs. 3
Zu den Voraussetzungen des „Einfrierens" (Abschmelzens) einer Leistung nach § 48 Abs. 3 SGB X und zu der Frage, welcher Zeitpunkt für die Höhe des Bestandsschutzes maßgebend ist.

BSG v. 15.9.1988 – 9/4 b RV 15/87 (Breithaupt 1989, 418)
1. *Stellt die Verwaltung fest, daß eine von mehreren Gesundheitsstörungen zu Unrecht als Schädigungsfolge anerkannt worden ist und kann die fehlerhaft bemessene Rente nicht mehr herabgesetzt werden, haben im Rahmen des § 48 Abs. 3 SGB X Rentenerhöhungen zu unterbleiben.*
2. *Auch die regelmäßige gesetzliche Rentenanpassung ist eine Änderung zugunsten des Betroffenen i.S. des § 48 Abs. 3 SGB X; der Bestandsschutz des SGB erfaßt nur den aktuellen Zahlbetrag, nicht den sozialen Besitzstand.*

BSG v. 22.6.1988 – 9/9 a RV 41/86 (Breithaupt 1989, 837)
1. *Kann ein rechtswidriger begünstigender Verwaltungsakt nicht mehr zurückgenommen werden, beschränkt die Aussparungsvorschrift des § 48 Abs. 3 SGB X den Vertrauensschutz bei jedweder Änderung zugunsten des Berechtigten auf den Zahlbetrag (Anschluß an BSG v. 9.6.1988 – 4/1 RA 57/87 – Breithaupt 1989, 390).*
2. *Ist der Berufsschadensausgleich zu hoch berechnet worden, so kann nur der Berufsschadensausgleich, nicht die Gesamtleistung der Kriegsopferversorgung, von der Rentenerhöhung ausgespart werden.*
3. *Die erste Grundentscheidung über die Aussparung nach § 48 Abs. 3 SGB X ist berufungsfähig.*

BMA v. 9.2.1989 – VI a 4 – 54 068-5 (BArbBl. 5/1989, 94)
Im Hinblick auf die gefestigte Rechtsprechung des Bundessozialgerichts zur Frage der Anwendung des § 48 Abs. 3 SGB X empfehle ich – unter Aufhebung des Zweiten Teils meines Rundschreibens vom 7. Juli 1982 (ab S. 3 Mitte) – hinsichtlich derjenigen Bescheide, die nach dem 1. Januar 1970 bindend geworden sind, folgendes:
1. *Auch Anpassungen, wie sie nach § 56 BVG i.V.m. den Anpassungsgesetzen jährlich vorgesehen sind, stellen eine Änderung der Verhältnisse im Sinne des § 48 Abs. 1 SGB X dar. § 48 Abs. 3 SGB X ist deshalb bei Vorliegen der übrigen Voraussetzungen anzuwenden (BSG-Urteil vom 15. September 1988 – 9/4 b RV 15/87).*
2. *§ 48 Abs. 3 SGB X ist auch bei Bescheiden, die dem Grunde nach unrichtig sind, anzuwenden. Die Vorschrift beschränkt generell die Wirkung der Bestandskraft von Bescheiden auf den finanziellen Bestandsschutz; ein darüber hinausgehender sozialer Besitzstand ist nicht geschützt. Wenn und soweit eine Leistung zu Unrecht bewilligt worden ist, ist sie nach § 48 Abs. 3 SGB X von Leistungserhöhungen auszusparen. Der rechtswidrige, aber bestandskräftig zu hoch festgesetzte Zahlbetrag soll zwar weitergezahlt, zugleich soll aber verhindert wer-*

den, dass er durch irgendeine Veränderung zugunsten des Betreffenden noch höher wird (BSG-Urteil vom 15. September 1988 – 9/4 b RV 15/87).

3. a) „Leistung", die nach § 48 Abs. 3 SGB X abgeschmolzen werden kann, ist nur die jeweilige Einzelleistung; andere (nicht fehlerhaft berechnete) Einzelleistungen bleiben als selbständige Versorgungsleistungen bei der Anwendung des § 48 Abs. 3 SGB X außer Betracht. Deshalb darf beispielsweise eine Grundrente, die in einem gemeinsamen Bescheid mit einem zu hoch berechneten Berufsschadensausgleich richtig bewilligt worden ist, nicht von der Anpassung ausgenommen werden (BSG-Urteil vom 22. Juni 1988 – 9/9 a RV 41/86).

b) Bestandsschutz genießt nur der Zahlbetrag der Leistung, bei deren Feststellung ein Fehler unterlaufen ist. Der Begünstigte kann sich dagegen nicht auf die – vielleicht sogar selbständiger Regelung zugänglichen – Elemente des nicht mehr aufhebbaren, aber rechtswidrigen Verwaltungsakts verlassen. Er kann nicht mit einer Erhöhung rechnen, wenn die Leistung – aus welchen Gründen auch immer – zu hoch angesetzt worden ist. Beispielsweise genießt bei einer unrichtigen Feststellung des Grades der Minderung der Erwerbsfähigkeit nur der darauf beruhende Zahlbetrag Bestandsschutz. Erst wenn nach einer Vergleichsberechnung mit den richtigen Berechnungsfaktoren der bisherige Zahlbetrag überschritten wird, ergibt sich ein neuer Zahlbetrag, den der Betroffene beanspruchen kann.
(Vgl. BSG-Urteile vom 15. September 1988 – 9/4 b RV 15/87 –, vom 22. Juni 1988 – 9/9 a RV 41/86 – und vom 24. November 1988 – 9/9 a RV 36/87).

4. Die Anwendung des § 48 Abs. 3 SGB X („Einfrieren") setzt im Interesse der Rechtssicherheit und des Rechtsschutzes die Feststellung der Rechtswidrigkeit des Ursprungsbescheides voraus.
Ist bis zum Wirksamwerden des Anpassungsbescheides die Rechtswidrigkeit des Ursprungsbescheids, der nach § 45 SGB X nicht zurückgenommen werden kann, noch nicht festgestellt, kann im Interesse des Vertrauensschutzes auch der Anpassungsbescheid weder für die Vergangenheit noch für die Zukunft zurückgenommen werden. Dies gilt auch innerhalb der Frist des § 45 Abs. 3 SGB X. Das „Einfrieren" erfolgt erst ab der Anpassung, die auf die Feststellung der Rechtswidrigkeit folgt (vgl. BSG-Urteile vom 22. Juni 1988 – 9/9 a RV 10/86 und 46/86).
Ist die Rechtswidrigkeit des Ursprungsbescheids dagegen vor dem Erlaß des Anpassungsbescheids festgestellt worden, kann eine unterlassene Beachtung des § 48 Abs. 3 SGB X innerhalb der Frist des § 45 SGB X durch Rücknahme des Anpassungsbescheids nachgeholt werden. Die Feststellung der Rechtswidrigkeit kann in Form eines selbständigen Bescheides oder als (auch selbständig anfechtbarer) Teil eines Bescheides über die Abschmelzung getroffen werden.

BMA v. 11.1.1990 – VI a 4 – 54068-5 (BArbBl. 3/1990, S. 90)
Zur Frage der Anwendbarkeit der Zehnjahresfrist des § 45 Abs. 3 Satz 3 SGB X in § 48 SGB X empfehle ich im Hinblick auf die Rechtsprechung und herrschende Meinung in der Literatur – unter Aufhebung meines Rundschreibens vom 18. April 1989 – VI a 4 – 54058-5 – folgendes:

1. Zugunsten des Betroffenen (§ 48 Abs. 1 Satz 2 Nr. 1) ist die Aufhebung von Bescheiden bei Änderung der Verhältnisse an keine Frist gebunden. In diesen Fällen gilt auch nicht die Frist von einem Jahr seit Kenntnis der Tatsachen, die gemäß § 45 Abs. 4 SGB X die Rücknahme eines rechtswidrigen Verwaltungsaktes ausschließt (§ 48 Abs. 4 Satz 2 SGB X). Durch das Wort „soll" in § 48 Abs. 1 Satz 2 SGB X wird zum Ausdruck gebracht, daß in diesen Fällen der Verwaltungsakt regelmäßig rückwirkend mit Wirkung vom Zeitpunkt der Änderung der Verhältnisse aufzuheben ist. Die Aufhebung ausnahmsweise nur für die Zukunft wird dann gerechtfertigt sein, „wenn es der Begünstigte zu vertreten hat, daß die Behörde von der Änderung der Verhältnisse nicht rechtzeitig Kenntnis erlangen konnte" (vgl. BT-Drs. 8/2034, S. 35, § 46).

2. *Zuungunsten des Betroffenen (§ 48 Abs. 1 Satz 2 Nr. 2 bis 4 SGB X) ist die Aufhebung bei Änderung der Verhältnisse nach § 48 Abs. 4 i.V.m. § 45 Abs. 3 Satz 3 SGB X regelmäßig nur innerhalb von zehn Jahren seit Änderung der Verhältnisse zulässig. Die Zehnjahresfrist beginnt mit Eintritt der Rechtswidrigkeit des Bescheides. Im Gegensatz zu § 45 SGB X, dessen Anwendbarkeit voraussetzt, daß die Rechtswidrigkeit von Anfang an vorliegt, ist der Bescheid im Rahmen des § 48 SGB X erst durch eine Änderung der Verhältnisse rechtswidrig geworden. Deshalb beginnt die Zehnjahresfrist bei § 48 SGB X erst mit der Änderung der Verhältnisse.*
   Die Aufhebung erfolgt regelmäßig rückwirkend mit Wirkung vom Zeitpunkt der Änderung der Verhältnisse. Nur in atypischen Fällen ist die Behörde berechtigt, von der rückwirkenden Aufhebung des rechtswidrig gewordenen Verwaltungsaktes im Wege des Ermessens abzusehen (vgl. BSG-Urteil vom 11. Februar 1988 – 7 RAr 55/86 – SozR 1300 § 48 Nr. 44 SGB X = NZA 1988, 707 ff. m.w.N.).

BSG v. 26.10.1989 – 9 RVs 4/88 (Breithaupt 1990, 421)
Die einjährige Handlungsfrist des § 45 Abs. 4 Satz 2 SGB X gilt nicht für die Feststellung der Rechtswidrigkeit eines Bescheides, die für zukünftige „Abschmelzungen" nach § 48 Abs. 3 SGB X getroffen wird.

BSG v. 11.9.1991 – 9 a/9 RV 23/89 (Breithaupt 1992, 414)
Die Aussparung nach § 48 Abs. 3 SGB X ist abgeschlossen, wenn bei einer Erhöhung der zutreffend berechnete Betrag erstmals den zuletzt gezahlten Besitzstandsbetrag überschreitet. Das gilt auch bei einkommensabhängigen Leistungen von wechselnder Höhe.

BSG v. 3.7.1991 – 9 b RAr 2/90 (Breithaupt 1992, 429)
Verschweigt ein Leistungsempfänger bewußt eine ihm nachteilige Änderung der Verhältnisse, muß die rückwirkende Aufhebung des Leistungsbescheids nicht mit Ermessenserwägungen begründet werden, wenn der Leistungsträger mit verstärkten Überwachungsmaßnahmen die Überzahlung hätte vermeiden können.

BSG v. 11.10.1994 – 9 RVs 2/93 (Breithaupt 1995, 712)
Der Schwerbehindertenstatus ist auch dann zu entziehen, wenn die im Bescheid genannte nicht erhebliche Behinderung unverändert besteht, aber eine nicht genannte erhebliche Behinderung – hier Schonungsbedürftigkeit nach Krebsoperation – weggefallen ist.

BSG v. 21.3.1996 – 11 RAr 101/94 (BSGE 78, 109; NZA 1997, 28)
§ 48 Abs. 2 SGB X schränkt den Anwendungsbereich des § 48 Abs. 1 SGB X nicht ein (Fortführung von BSGE 57, 209 = SozR 1300 § 44 Nr. 13 und BSGE 58, 27, 33 = SozR 1300 § 44 Nr. 16).

BSG v. 12.11.1996 - 9 RVs 5/95 (Breithaupt 1997, 457)

1. *Die Rechtmäßigkeit eines Bescheids, der Feststellungen zu Lasten eines Schwerbehinderten aufhebt, richtet sich auch dann nach der Sach- und Rechtslage der letzten Verwaltungsentscheidung, wenn die Vollziehung des Aufhebungsbescheides ausgesetzt ist oder dieser aus sonstigen Gründen bis zum Abschluß des gerichtlichen Verfahrens keine praktische Wirksamkeit entfaltet (Abgrenzung zu BSGE 73, 234 = SozR 3-2500 § 95 Nr. 4).*
2. *…*
3. *Eine wesentliche Änderung der tatsächlichen Verhältnisse (§ 48 SGB X) kann auch dann vorliegen, wenn sich Tatsachen ändern, die erst aufgrund einer nach Erlaß des Dauerbescheides eingetretenen Rechtsänderung bedeutsam geworden sind.*

§ 49 Rücknahme und Widerruf im Rechtsbehelfsverfahren

§ 45 Abs. 1 bis 4, §§ 47 und 48 gelten nicht, wenn ein begünstigender Verwaltungsakt, der von einem Dritten angefochten worden ist, während des Vorverfahrens oder während des sozial- oder verwaltungsgerichtlichen Verfahrens aufgehoben wird, soweit dadurch dem Widerspruch abgeholfen oder der Klage stattgegeben wird.

§ 50 Erstattung zu Unrecht erbrachter Leistungen

(1) Soweit ein Verwaltungsakt aufgehoben worden ist, sind bereits erbrachte Leistungen zu erstatten. Sach- und Dienstleistungen sind in Geld zu erstatten.

(2) Soweit Leistungen ohne Verwaltungsakt zu Unrecht erbracht worden sind, sind sie zu erstatten. §§ 45 und 48 gelten entsprechend.

(2a) Der zu erstattende Betrag ist vom Eintritt der Unwirksamkeit eines Verwaltungsaktes, auf Grund dessen Leistungen zur Förderung von Einrichtungen oder ähnliche Leistungen erbracht worden sind, mit fünf Prozentpunkten über dem Basiszinssatz jährlich zu verzinsen. Von der Geltendmachung des Zinsanspruchs kann insbesondere dann abgesehen werden, wenn der Begünstigte die Umstände, die zur Rücknahme, zum Widerruf oder zur Unwirksamkeit des Verwaltungsaktes geführt haben, nicht zu vertreten hat und den zu erstattenden Betrag innerhalb der von der Behörde festgesetzten Frist leistet. Wird eine Leistung nicht alsbald nach der Auszahlung für den bestimmten Zweck verwendet, können für die Zeit bis zur zweckentsprechenden Verwendung Zinsen nach Satz 1 verlangt werden; Entsprechendes gilt, soweit eine Leistung in Anspruch genommen wird, obwohl andere Mittel anteilig oder vorrangig einzusetzen sind; § 47 Abs. 2 Satz 1 Nr. 1 bleibt unberührt.

(3) Die zu erstattende Leistung ist durch schriftlichen Verwaltungsakt festzusetzen. Die Festsetzung soll, sofern die Leistung auf Grund eines Verwaltungsaktes erbracht worden ist, mit der Aufhebung des Verwaltungsaktes verbunden werden.

(4) Der Erstattungsanspruch verjährt in vier Jahren nach Ablauf des Kalenderjahres, in dem der Verwaltungsakt nach Abs. 3 unanfechtbar ge-

worden ist. Für die Hemmung, die Ablaufhemmung, den Neubeginn und die Wirkung der Verjährung gelten die Vorschriften des Bürgerlichen Gesetzbuchs sinngemäß. § 52 bleibt unberührt.

(5) Die Absätze 1 bis 4 gelten bei Berichtigungen nach § 38 entsprechend.

Aus Rundschreiben, Urteilen etc.

BMA v. 21.12.1994 – VI 1-54069-1 (BVBl. 1 – 3/1995, 11)
Von einem Land ist an mich die Frage herangetragen worden, ob Rentenüberzahlungen, die infolge Ablebens eines Rentenempfängers eingetreten sind, zivilrechtlich oder nach § 50 SGB X zurückzufordern sind. Abgesehen von der Erörterung dieser Fragen anläßlich der Fachtagung in Mettlach-Orscholz vom 21. bis 25.9.1987 ist dazu eine offizielle Stellungnahme des Bundesministeriums für Arbeit und Sozialordnung bisher nicht ergangen. Ich nehme dazu wie folgt Stellung:
Nach meiner Auffassung handelt es sich bei der Rückforderung überzahlter Rentenleistungen, die aufgrund des Todes des Leistungsberechtigten eingetreten sind, um einen Tatbestand des öffentlichen Rechts. Demnach ist über den Erstattungsanspruch auf der Grundlage des § 50 SGB X zu entscheiden. Diese Rechtsauffassung wird auch vom Bundessozialgericht geteilt, das zuletzt in seinem Beschluß vom 10. 8. 1993 (Breithaupt 1994, 347) § 50 SGB X angewendet hat und auch bei früheren Gelegenheiten die Ansicht vertreten hat, daß bei entsprechenden Fällen der Rückabwicklung das SGB X anzuwenden ist.
Diese Auffassung wird insbesondere durch § 118 Abs. 3 SGB VI, auf den § 66 Abs. 2 Satz 4 BVG verweist, und § 620 Abs. 4 RVO gestützt. Durch diese Vorschriften, die dem öffentlichen Recht zuzuordnen sind, wird für die oben geschilderten Fälle der Überzahlung wegen Todes eine Erstattungspflicht für Geldinstitute normiert. Damit wird bestätigt, daß das Sozialversicherungsverhältnis trotz des Todes des ursprünglich Berechtigten nachwirkt. Im Verhältnis zu den Erben kann nichts anderes gelten, da sie im Wege der Gesamtrechtsnachfolge an die Stelle des Erblassers treten und insoweit auch in das öffentlich-rechtliche Rechtsverhältnis eintreten (vgl. hierzu auch Hauck in: Hauck/Haines, SGB VI Rdnr. 9, 10 zu §118). Dies gilt entsprechend auch für das soziale Entschädigungsrecht. Die Notwendigkeit einer klarstellenden Regelung im Gesetz halte ich nicht für gegeben.

§ 51 Rückgabe von Urkunden und Sachen

Ist ein Verwaltungsakt unanfechtbar widerrufen oder zurückgenommen oder ist seine Wirksamkeit aus einem anderen Grund nicht oder nicht mehr gegeben, kann die Behörde die auf Grund dieses Verwaltungsaktes erteilten Urkunden und Sachen, die zum Nachweis der Rechte aus dem Verwaltungsakt oder zu deren Ausübung bestimmt sind, zurückfordern. Der Inhaber und, sofern er nicht der Besitzer ist, auch der Besitzer dieser Urkunden oder Sachen sind zu ihrer Herausgabe verpflichtet. Der Inhaber oder der Besitzer kann jedoch verlangen, dass ihm die Urkunden oder Sachen wieder ausgehändigt werden, nachdem sie von der Behörde als ungültig gekennzeichnet sind; dies gilt nicht bei Sachen, bei denen eine solche Kennzeichnung nicht oder nicht mit der erforderlichen Offensichtlichkeit oder Dauerhaftigkeit möglich ist.

Dritter Titel
Verjährungsrechtliche Wirkungen des Verwaltungsaktes

§ 52 Unterbrechung der Verjährung durch Verwaltungsakt

(1) Ein Verwaltungsakt, der zur Feststellung oder Durchsetzung des Anspruchs eines öffentlich-rechtlichen Rechtsträgers erlassen wird, hemmt die Verjährung dieses Anspruchs. Die Hemmung endet mit Eintritt der Unanfechtbarkeit des Verwaltungsakts oder sechs Monate nach seiner anderweitigen Erledigung.

(2) Ist ein Verwaltungsakt im Sinne des Absatzes 1 unanfechtbar geworden, beträgt die Verjährungsfrist 30 Jahre.

Vierter Abschnitt
Öffentlich-rechtlicher Vertrag

§ 53 Zulässigkeit des öffentlich-rechtlichen Vertrages

(1) Ein Rechtsverhältnis auf dem Gebiet des öffentlichen Rechts kann durch Vertrag begründet, geändert oder aufgehoben werden (öffentlich-rechtlicher Vertrag), soweit Rechtsvorschriften nicht entgegenstehen. Insbesondere kann die Behörde, anstatt einen Verwaltungsakt zu erlassen, einen öffentlich-rechtlichen Vertrag mit demjenigen schließen, an den sie sonst den Verwaltungsakt richten würde.

(2) Ein öffentlich-rechtlicher Vertrag über Sozialleistungen kann nur geschlossen werden, soweit die Erbringung der Leistungen im Ermessen des Leistungsträgers steht.

§ 54 Vergleichsvertrag

(1) Ein öffentlich-rechtlicher Vertrag im Sinne des § 53 Abs. 1 Satz 2, durch den eine bei verständiger Würdigung des Sachverhalts oder der Rechtslage bestehende Ungewissheit durch gegenseitiges Nachgeben beseitigt wird (Vergleich), kann geschlossen werden, wenn die Behörde den Abschluss des Vergleichs zur Beseitigung der Ungewissheit nach pflichtgemäßem Ermessen für zweckmäßig hält.

(2) § 53 Abs. 2 gilt im Fall des Absatzes 1 nicht.

§ 55 Austauschvertrag

(1) Ein öffentlich-rechtlicher Vertrag im Sinne des § 53 Abs. 1 Satz 2, in dem sich der Vertragspartner der Behörde zu einer Gegenleistung verpflichtet, kann geschlossen werden, wenn die Gegenleistung für einen bestimmten Zweck im Vertrag vereinbart wird und der Behörde zur Erfüllung ihrer öffentlichen Aufgaben dient. Die Gegenleistung muss den gesamten Umständen nach angemessen sein und im sachlichen Zusammenhang mit der vertraglichen Leistung der Behörde stehen.

(2) Besteht auf die Leistung der Behörde ein Anspruch, kann nur eine solche Gegenleistung vereinbart werden, die bei Erlass eines Verwaltungsaktes Inhalt einer Nebenbestimmung nach § 32 sein könnte.

(3) § 53 Abs. 2 gilt in den Fällen der Absätze 1 und 2 nicht.

§ 56 Schriftform

Ein öffentlich-rechtlicher Vertrag ist schriftlich zu schließen, soweit nicht durch Rechtsvorschrift eine andere Form vorgeschrieben ist.

§ 57 Zustimmung von Dritten und Behörden

(1) Ein öffentlich-rechtlicher Vertrag, der in Rechte eines Dritten eingreift, wird erst wirksam, wenn der Dritte schriftlich zustimmt.

(2) Wird anstatt eines Verwaltungsaktes, bei dessen Erlass nach einer Rechtsvorschrift die Genehmigung, die Zustimmung oder das Einvernehmen einer anderen Behörde erforderlich ist, ein Vertrag geschlossen, so wird dieser erst wirksam, nachdem die andere Behörde in der vorgeschriebenen Form mitgewirkt hat.

§ 58 Nichtigkeit des öffentlich-rechtlichen Vertrages

(1) Ein öffentlich-rechtlicher Vertrag ist nichtig, wenn sich die Nichtigkeit aus der entsprechenden Anwendung von Vorschriften des Bürgerlichen Gesetzbuchs ergibt.

(2) Ein Vertrag im Sinne des § 53 Abs. 1 Satz 2 ist ferner nichtig, wenn

1. ein Verwaltungsakt mit entsprechendem Inhalt nichtig wäre,
2. ein Verwaltungsakt mit entsprechendem Inhalt nicht nur wegen eines Verfahrens- oder Formfehlers im Sinne des § 42 rechtswidrig wäre und dies den Vertragschließenden bekannt war,
3. die Voraussetzungen zum Abschluss eines Vergleichsvertrages nicht vorlagen und ein Verwaltungsakt mit entsprechendem Inhalt nicht nur wegen eines Verfahrens- oder Formfehlers im Sinne des § 42 rechtswidrig wäre,
4. sich die Behörde eine nach § 55 unzulässige Gegenleistung versprechen lässt.

(3) Betrifft die Nichtigkeit nur einen Teil des Vertrages, so ist er im ganzen nichtig, wenn nicht anzunehmen ist, dass er auch ohne den nichtigen Teil geschlossen worden wäre.

§ 59 Anpassung und Kündigung in besonderen Fällen

(1) Haben die Verhältnisse, die für die Festsetzung des Vertragsinhalts maßgebend gewesen sind, sich seit Abschluss des Vertrages so wesentlich geändert, dass einer Vertragspartei das Festhalten an der ursprünglichen vertraglichen Regelung nicht zuzumuten ist, so kann diese Vertragspartei eine Anpassung des Vertragsinhalts an die geänderten Verhältnisse verlangen oder, sofern eine Anpassung nicht möglich oder einer Vertragspartei

nicht zuzumuten ist, den Vertrag kündigen. Die Behörde kann den Vertrag auch kündigen, um schwere Nachteile für das Gemeinwohl zu verhüten oder zu beseitigen.

(2) Die Kündigung bedarf der Schriftform, soweit nicht durch Rechtsvorschrift eine andere Form vorgeschrieben ist. Sie soll begründet werden.

§ 60 Unterwerfung unter die sofortige Vollstreckung

(1) Jeder Vertragschließende kann sich der sofortigen Vollstreckung aus einem öffentlich-rechtlichen Vertrag im Sinne des § 53 Abs. 1 Satz 2 unterwerfen. Die Behörde muss hierbei von dem Behördenleiter, seinem allgemeinen Vertreter oder einem Angehörigen des öffentlichen Dienstes, der die Befähigung zum Richteramt hat oder die Voraussetzungen des § 110 Satz 1 des Deutschen Richtergesetzes erfüllt, vertreten werden.

(2) Auf öffentlich-rechtliche Verträge im Sinne des Absatzes 1 Satz 1 ist § 66 entsprechend anzuwenden. Will eine natürliche oder juristische Person des Privatrechts oder eine nichtrechtsfähige Vereinigung die Vollstreckung wegen einer Geldforderung betreiben, so ist § 170 Abs. 1 bis 3 der Verwaltungsgerichtsordnung entsprechend anzuwenden. Richtet sich die Vollstreckung wegen der Erzwingung einer Handlung, Duldung oder Unterlassung gegen eine Behörde, ist § 172 der Verwaltungsgerichtsordnung entsprechend anzuwenden.

§ 61 Ergänzende Anwendung von Vorschriften

Soweit sich aus den §§ 53 bis 60 nichts Abweichendes ergibt, gelten die übrigen Vorschriften dieses Gesetzbuchs. Ergänzend gelten die Vorschriften des Bürgerlichen Gesetzbuchs entsprechend.

Fünfter Abschnitt
Rechtsbehelfsverfahren

§ 62 Rechtsbehelfe gegen Verwaltungsakte

Für förmliche Rechtsbehelfe gegen Verwaltungsakte gelten, wenn der Sozialrechtsweg gegeben ist, das Sozialgerichtsgesetz, wenn der Verwaltungsrechtsweg gegeben ist, die Verwaltungsgerichtsordnung und die zu ihrer Ausführung ergangenen Rechtsvorschriften, soweit nicht durch Gesetz etwas anderes bestimmt ist; im Übrigen gelten die Vorschriften dieses Gesetzbuchs.

§ 63 Erstattung von Kosten im Vorverfahren

(1) Soweit der Widerspruch erfolgreich ist, hat der Rechtsträger, dessen Behörde den angefochtenen Verwaltungsakt erlassen hat, demjenigen, der Widerspruch erhoben hat, die zur zweckentsprechenden Rechtsverfolgung oder Rechtsverteidigung notwendigen Aufwendungen zu erstatten. Dies gilt auch, wenn der Widerspruch nur deshalb keinen Erfolg hat, weil die

Verletzung einer Verfahrens- oder Formvorschrift nach § 41 unbeachtlich ist. Aufwendungen, die durch das Verschulden eines Erstattungsberechtigten entstanden sind, hat dieser selbst zu tragen; das Verschulden eines Vertreters ist dem Vertretenen zuzurechnen.

(2) Die Gebühren und Auslagen eines Rechtsanwalts oder eines sonstigen Bevollmächtigten im Vorverfahren sind erstattungsfähig, wenn die Zuziehung eines Bevollmächtigten notwendig war.

(3) Die Behörde, die die Kostenentscheidung getroffen hat, setzt auf Antrag den Betrag der zu erstattenden Aufwendungen fest; hat ein Ausschuss oder Beirat die Kostenentscheidung getroffen, obliegt die Kostenfestsetzung der Behörde, bei der der Ausschuss oder Beirat gebildet ist. Die Kostenentscheidung bestimmt auch, ob die Zuziehung eines Rechtsanwalts oder eines sonstigen Bevollmächtigten notwendig war.

Aus Rundschreiben, Urteilen etc.

BSG v. 12.12.1990 – 9 a/9 RVs 13/89 (Breithaupt 1991, 596)
Die Aufwendungen für die Vertretung durch einen Rechtsanwalt bei der Anhörung im Verwaltungsverfahren (§ 24 SGB X) sind nicht zu erstatten (Ergänzung zu BSGE 55, 92 = Breithaupt 1984, 172).

Sechster Abschnitt
Kosten, Zustellung und Vollstreckung

§ 64 Kostenfreiheit

(1) Für das Verfahren bei den Behörden nach diesem Gesetzbuch werden keine Gebühren und Auslagen erhoben. Abweichend von Satz 1 erhalten die Träger der gesetzlichen Rentenversicherung für jede auf der Grundlage des § 74 a Abs. 2 Satz 1 erteilte Auskunft eine Gebühr von 10,20 Euro.

(2) Geschäfte und Verhandlungen, die aus Anlass der Beantragung, Erbringung oder der Erstattung einer Sozialleistung nötig werden, sind kostenfrei. Dies gilt auch für die im Gerichts- und Notarkostengesetz bestimmten Gerichtskosten. Von Beurkundungs- und Beglaubigungskosten sind befreit Urkunden, die

1. **in der Sozialversicherung bei den Versicherungsträgern und Versicherungsbehörden erforderlich werden, um die Rechtsverhältnisse zwischen den Versicherungsträgern einerseits und den Arbeitgebern, Versicherten oder ihren Hinterbliebenen andererseits abzuwickeln,**
2. **im Sozialhilferecht, im Recht der Grundsicherung für Arbeitsuchende, im Recht der Grundsicherung im Alter und bei Erwerbsminderung, im Kinder- und Jugendhilferecht sowie im Recht der Kriegsopferfürsorge aus Anlass der Beantragung, Erbringung oder Erstattung einer nach dem Bundessozialhilfegesetz, dem Achten Buch oder dem Bundesversorgungsgesetz vorgesehenen Leistung benötigt werden,**
3. **im Schwerbehindertenrecht von der zuständigen Stelle im Zusammenhang mit der Verwendung der Ausgleichsabgabe für erforderlich gehalten werden,**

4. im Recht der sozialen Entschädigung bei Gesundheitsschäden für erforderlich gehalten werden,
5. im Kindergeldrecht für erforderlich gehalten werden.

(3) Absatz 2 Satz 1 gilt auch für gerichtliche Verfahren, auf die das Gesetz über das Verfahren in den Angelegenheiten der freiwilligen Gerichtsbarkeit anzuwenden ist. Im Verfahren nach der Zivilprozessordnung, dem Gesetz über das Verfahren in Familiensachen und in den Angelgenheiten der freiwilligen Gerichtsbarkeit sowie im Verfahren vor Gerichten der Sozial- und Finanzgerichtsbarkeit sind die Träger der Sozialhilfe, der Grundsicherung für Arbeitsuchende, der Leistungen nach dem Asylbewerberleistungsgesetz, der Jugendhilfe und der Kriegsopferfürsorge von den Gerichtskosten befreit; § 197 a des Sozialgerichtsgesetzes bleibt unberührt.

Aus Rundschreiben, Urteilen etc.

BMA v. 5.11.1982 – VI a 4 – 54072 (BVBl. I-III/1983 S. 3) – Auszug –
Eintragungen und Löschungen im Grundbuch sind wie nach bisherigem Recht auch nach § 64 SGB X kostenfrei.

§ 65 Zustellung

(1) Soweit Zustellungen durch Behörden des Bundes, der bundesunmittelbaren Körperschaften, Anstalten und Stiftungen des öffentlichen Rechts vorgeschrieben sind, gelten die §§ 2 bis 10 des Verwaltungszustellungsgesetzes. § 5 Abs. 4 des Verwaltungsgesetzes und § 178 Abs. 1 Nr. 2 der Zivilprozessordnung sind auf die nach § 73 Absatz 2 Satz 2 Nummer 5 bis 9 und Satz 3 des Sozialgerichtsgesetzes als Bevollmächtigte zugelassenen Personen entsprechend anzuwenden. Diese Vorschriften gelten auch, soweit Zustellungen durch Verwaltungsbehörden der Kriegsopferversorgung vorgeschrieben sind.

(2) Für die übrigen Behörden gelten die jeweiligen landesrechtlichen Vorschriften über das Zustellungsverfahren.

§ 66 Vollstreckung

(1) Für die Vollstreckung zugunsten der Behörden des Bundes, der bundesunmittelbaren Körperschaften, Anstalten und Stiftungen des öffentlichen Rechts gilt das Verwaltungs-Vollstreckungsgesetz. In Angelegenheiten des § 51 des Sozialgerichtsgesetzes ist für die Anordnung der Ersatzzwangshaft das Sozialgericht zuständig. Die oberste Verwaltungsbehörde kann bestimmen, dass die Aufsichtsbehörde nach Anhörung der in Satz 1 genannten Behörden für die Vollstreckung fachlich geeignete Bedienstete als Vollstreckungsbeamte und sonstige hierfür fachlich geeignete Bedienstete dieser Behörde als Vollziehungsbeamte bestellen darf; die fachliche Eignung ist durch einen qualifizierten beruflichen Abschluss, die Teilnahme an einem Lehrgang einschließlich berufspraktischer Tätigkeit oder entsprechende mehrjährige Berufserfahrung nachzuweisen. Die oberste Verwaltungsbehörde kann auch bestimmen, dass die Aufsichtsbehörde nach Anhörung der in Satz 1 genannten Behörden für die Vollstreckung von

Ansprüchen auf Gesamtsozialversicherungsbeiträge fachlich geeignete Bedienstete
1. der Verbände der Krankenkassen oder
2. einer bestimmten Krankenkasse
als Vollstreckungsbeamte und sonstige hierfür fachlich geeignete Bedienstete der genannten Verbände und Krankenkassen als Vollziehungsbeamte bestellen darf. Der nach Satz 4 beauftragte Verband der Krankenkassen ist berechtigt, Verwaltungsakte zur Erfüllung der mit der Vollstreckung verbundenen Aufgabe zu erlassen.

(2) Absatz 1 Satz 1 bis 3 gilt auch für die Vollstreckung durch Verwaltungsbehörden der Kriegsopferversorgung; das Land bestimmt die Vollstreckungsbehörde.

(3) Für die Vollstreckung zugunsten der übrigen Behörden gelten die jeweiligen landesrechtlichen Vorschriften über das Verwaltungsvollstreckungsverfahren. Für die landesunmittelbaren Körperschaften, Anstalten und Stiftungen des öffentlichen Rechts gilt Absatz 1 Satz 2 bis 5 entsprechend. Abweichend von Satz 1 vollstrecken die nach Landesrecht zuständigen Vollstreckungsbehörden zugunsten der landesunmittelbaren Krankenkassen, die sich über mehr als ein Bundesland erstrecken, nach den Vorschriften des Verwaltungs-Vollstreckungsgesetzes.

(4) Aus einem Verwaltungsakt kann auch die Zwangsvollstreckung in entsprechender Anwendung der Zivilprozessordnung stattfinden. Der Vollstreckungsschuldner soll vor Beginn der Vollstreckung mit einer Zahlungsfrist von einer Woche gemahnt werden. Die vollstreckbare Ausfertigung erteilt der Behördenleiter, sein allgemeiner Vertreter oder ein anderer auf Antrag eines Leistungsträgers von der Aufsichtsbehörde ermächtigter Angehöriger des öffentlichen Dienstes. Bei den Versicherungsträgern und der Bundesagentur für Arbeit tritt in Satz 3 an die Stelle der Aufsichtsbehörden der Vorstand.

Zweites Kapitel
Schutz der Sozialdaten

Erster Abschnitt
Begriffsbestimmungen

§ 67 Begriffsbestimmungen

(1) Sozialdaten sind Einzelangaben über persönliche oder sachliche Verhältnisse einer bestimmten oder bestimmbaren natürlichen Person (Betroffener), die von einer in § 35 des Ersten Buches genannten Stelle im Hinblick auf ihre Aufgaben nach diesem Gesetzbuch erhoben, verarbeitet oder genutzt werden. Betriebs- und Geschäftsgeheimnisse sind alle betriebs- oder geschäftsbezogenen Daten, auch von juristischen Personen, die Geheimnischarakter haben.

(2) Aufgaben nach diesem Gesetzbuch sind, soweit dieses Kapitel angewandt wird, auch
1. Aufgaben aufgrund von Verordnungen, deren Ermächtigungsgrundlage sich im Sozialgesetzbuch befindet,
2. Aufgaben aufgrund von über- und zwischenstaatlichem Recht im Bereich der sozialen Sicherheit,
3. Aufgaben aufgrund von Rechtsvorschriften, die das Erste und Zehnte Buch des Sozialgesetzbuchs für entsprechend anwendbar erklären, und
4. Aufgaben aufgrund des Arbeitssicherheitsgesetzes und Aufgaben, soweit sie den in § 35 des Ersten Buches genannten Stellen durch Gesetz zugewiesen sind. § 8 Abs. 1 Satz 3 des Arbeitssicherheitsgesetzes bleibt unberührt.

(3) Automatisiert im Sinne dieses Gesetzbuches ist die Erhebung, Verarbeitung oder Nutzung von Sozialdaten, wenn sie unter Einsatz von Datenverarbeitungsanlagen durchgeführt wird (automatisierte Verarbeitung). Eine nicht automatisierte Datei ist jede nicht automatisierte Sammlung von Sozialdaten, die gleichartig aufgebaut ist und nach bestimmten Merkmalen zugänglich ist und ausgewertet werden kann.

(4) *(aufgehoben)*

(5) Erheben ist das Beschaffen von Daten über den Betroffenen.

(6) Verarbeiten ist das Speichern, Verändern, Übermitteln, Sperren und Löschen von Sozialdaten. Im Einzelnen ist, ungeachtet der dabei angewendeten Verfahren
1. Speichern das Erfassen, Aufnehmen oder Aufbewahren von Sozialdaten auf einem Datenträger zum Zwecke ihrer weiteren Verarbeitung oder Nutzung,
2. Verändern das inhaltliche Umgestalten gespeicherter Sozialdaten,
3. Übermitteln das Bekanntgeben gespeicherter oder durch Datenverarbeitung gewonnener Sozialdaten an einen Dritten in der Weise, dass
   a) die Daten an den Dritten weitergegeben werden oder
   b) der Dritte zur Einsicht oder zum Abruf bereitgehaltene Daten einsieht oder abruft;

Übermitteln im Sinne dieses Gesetzbuchs ist auch das Bekanntgeben nicht gespeicherter Sozialdaten; das Senden von Sozialdaten durch eine De-Mail-Nachricht an die jeweiligen akkreditierten Diensteanbieter – zur kurzfristigen automatisierten Entschlüsselung zum Zweck der Überprüfung auf Schadsoftware und zum Zweck der Weiterleitung an den Adressaten der De-Mail-Nachricht – ist kein Übermitteln,
4. Sperren das vollständige oder teilweise Untersagen der weiteren Verarbeitung oder Nutzung von Sozialdaten durch entsprechende Kennzeichnung,
5. Löschen das Unkenntlichmachen gespeicherter Sozialdaten.

(7) Nutzen ist jede Verwendung von Sozialdaten, soweit es sich nicht um Verarbeitung handelt, auch die Weitergabe innerhalb der verantwortlichen Stelle.

(8) Anonymisieren ist das Verändern von Sozialdaten derart, dass die Einzelangaben über persönliche oder sachliche Verhältnisse nicht mehr

oder nur mit einem unverhältnismäßig großen Aufwand an Zeit, Kosten und Arbeitskraft einer bestimmten oder bestimmbaren natürlichen Person zugeordnet werden können.

(8 a) Pseudonymisieren ist das Ersetzen des Namens und anderer Identifikationsmerkmale durch ein Kennzeichen zu dem Zweck, die Bestimmung des Betroffenen auszuschließen oder wesentlich zu erschweren.

(9) Verantwortliche Stelle ist jede Person oder Stelle, die Sozialdaten für sich selbst erhebt, verarbeitet oder nutzt oder dies durch andere im Auftrag vornehmen lässt. Werden Sozialdaten von einem Leistungsträger im Sinne von § 12 des Ersten Buches erhoben, verarbeitet oder genutzt, ist verantwortliche Stelle der Leistungsträger. Ist der Leistungsträger eine Gebietskörperschaft, so sind eine verantwortliche Stelle die Organisationseinheiten, die eine Aufgabe nach einem der besonderen Teile dieses Gesetzbuchs funktional durchführen.

(10) Empfänger ist jede Person oder Stelle, die Sozialdaten erhält. Dritter ist jede Person oder Stelle außerhalb der verantwortlichen Stelle. Dritte sind nicht der Betroffene sowie diejenigen Personen und Stellen, die im Inland, in einem anderen Mitgliedstaat der Europäischen Union oder in einem anderen Vertragsstaat des Abkommens über den Europäischen Wirtschaftsraum Sozialdaten im Auftrag erheben, verarbeiten oder nutzen.

(11) Nicht-öffentliche Stellen sind natürliche und juristische Personen, Gesellschaften und andere Personenvereinigungen des privaten Rechts, soweit sie nicht unter § 81 Abs. 3 fallen.

(12) Besondere Arten personenbezogener Daten sind Angaben über die rassische und ethnische Herkunft, politische Meinungen, religiöse oder philosophische Überzeugungen, Gewerkschaftszugehörigkeit, Gesundheit oder Sexualleben.

Zweiter Abschnitt
Datenerhebung, -verarbeitung und -nutzung

§ 67 a Datenerhebung

(1) Das Erheben von Sozialdaten durch in § 35 des Ersten Buches genannte Stellen ist zulässig, wenn ihre Kenntnis zur Erfüllung einer Aufgabe der erhebenden Stelle nach diesem Gesetzbuch erforderlich ist. Dies gilt auch für besondere Arten personenbezogener Daten (§ 67 Abs. 12). Angaben über die rassische Herkunft dürfen ohne Einwilligung des Betroffenen, die sich ausdrücklich auf diese Daten beziehen muss, nicht erhoben werden. Ist die Einwilligung des Betroffenen durch Gesetz vorgesehen, hat sie sich ausdrücklich auf besondere Arten personenbezogener Daten (§ 67 Abs. 122) zu beziehen.

(2) Sozialdaten sind beim Betroffenen zu erheben. Ohne seine Mitwirkung dürfen sie nur erhoben werden,

1. bei den in § 35 des Ersten Buches oder in § 69 Abs. 2 genannten Stellen, wenn

a) diese zur Übermittlung der Daten an die erhebende Stelle befugt sind,
b) die Erhebung beim Betroffenen einen unverhältnismäßigen Aufwand erfordern würde und
c) keine Anhaltspunkte dafür bestehen, dass überwiegende schutzwürdige Interessen des Betroffenen beeinträchtigt werden,

2. bei anderen Personen oder Stellen, wenn
   a) eine Rechtsvorschrift die Erhebung bei ihnen zulässt oder die Übermittlung an die erhebende Stelle ausdrücklich vorschreibt oder
   b) aa) die Aufgaben nach diesem Gesetzbuch ihrer Art nach eine Erhebung bei anderen Personen oder Stellen erforderlich machen oder
      bb) die Erhebung beim Betroffenen einen unverhältnismäßigen Aufwand erfordern würde und keine Anhaltspunkte dafür bestehen, dass überwiegende schutzwürdige Interessen des Betroffenen beeinträchtigt werden.

(3) Werden Sozialdaten beim Betroffenen erhoben, ist er, sofern er nicht bereits auf andere Weise Kenntnis erlangt hat, über die Zweckbestimmungen der Erhebung, Verarbeitung oder Nutzung und die Identität der verantwortlichen Stelle zu unterrichten. Über Kategorien von Empfängern ist der Betroffene nur zu unterrichten, soweit

1. er nach den Umständen des Einzelfalles nicht mit der Nutzung oder der Übermittlung an diese rechnen muss,
2. es sich nicht um eine Verarbeitung oder Nutzung innerhalb einer in § 35 des Ersten Buches genannten Stelle oder einer Organisationseinheit im Sinne von § 67 Abs. 9 Satz 3 handelt oder
3. es sich nicht um eine Kategorie von in § 35 des Ersten Buches genannten Stellen oder von Organisationseinheiten im Sinne von § 67 Abs. 9 Satz 3 handelt, die auf Grund eines Gesetzes zur engen Zusammenarbeit verpflichtet sind.

Werden Sozialdaten beim Betroffenen auf Grund einer Rechtsvorschrift erhoben, die zur Auskunft verpflichtet, oder ist die Erteilung der Auskunft Voraussetzung für die Gewährung von Rechtsvorteilen, ist der Betroffene hierauf sowie auf die Rechtsvorschrift, die zur Auskunft verpflichtet, und die Folgen der Verweigerung von Angaben, sonst auf die Freiwilligkeit seiner Angaben hinzuweisen.

(4) Werden Sozialdaten statt beim Betroffenen bei einer nicht-öffentlichen Stelle erhoben, so ist die Stelle auf die Rechtsvorschrift, die zur Auskunft verpflichtet, sonst auf die Freiwilligkeit ihrer Angaben hinzuweisen.

(5) Werden Sozialdaten weder beim Betroffenen noch bei einer in § 35 des Ersten Buches genannten Stelle erhoben und hat der Betroffene davon keine Kenntnis, ist er von der Speicherung, der Identität der verantwortlichen Stelle sowie über die Zweckbestimmungen der Erhebung, Verarbeitung oder Nutzung zu unterrichten. Eine Pflicht zur Unterrichtung besteht nicht, wenn

1. der Betroffene bereits auf andere Weise Kenntnis von der Speicherung oder der Übermittlung erlangt hat,

2. die Unterrichtung des Betroffenen einen unverhältnismäßigen Aufwand erfordert oder
3. die Speicherung oder Übermittlung der Sozialdaten auf Grund eines Gesetzes ausdrücklich vorgesehen ist.

Über Kategorien von Empfängern ist der Betroffene nur zu unterrichten, soweit
1. er nach den Umständen des Einzelfalles nicht mit der Nutzung oder der Übermittlung an diese rechnen muss,
2. es sich nicht um eine Verarbeitung oder Nutzung innerhalb einer in § 35 des Ersten Buches genannten Stelle oder einer Organisationseinheit im Sinne von § 67 Abs. 9 Satz 3 handelt oder
3. es sich nicht um eine Kategorie von in § 35 des Ersten Buches genannten Stellen oder von Organisationseinheiten im Sinne von § 67 Abs. 9 Satz 3 handelt, die auf Grund eines Gesetzes zur engen Zusammenarbeit verpflichtet sind.

Sofern eine Übermittlung vorgesehen ist, hat die Unterrichtung spätestens bei der ersten Übermittlung zu erfolgen. Die verantwortliche Stelle legt schriftlich fest, unter welchen Voraussetzungen von einer Unterrichtung nach Satz 2 Nr. 2 und 3 abgesehen wird. § 83 Abs. 2 bis 4 gilt entsprechend.

§ 67 b Zulässigkeit der Datenverarbeitung und -nutzung

(1) Die Verarbeitung von Sozialdaten und deren Nutzung sind nur zulässig, soweit die nachfolgenden Vorschriften oder eine andere Rechtsvorschrift in diesem Gesetzbuch es erlauben oder anordnen oder soweit der Betroffene eingewilligt hat. § 67 a Abs. 1 Satz 2 bis 4 gilt entsprechend mit der Maßgabe, dass die Übermittlung ohne Einwilligung des Betroffenen nur insoweit zulässig ist, als es sich um Daten über die Gesundheit oder das Sexualleben handelt oder die Übermittlung zwischen Trägern der gesetzlichen Rentenversicherung oder zwischen Trägern der gesetzlichen Rentenversicherung und deren Arbeitsgemeinschaften zur Erfüllung einer gesetzlichen Aufgabe erforderlich ist.

(2) Wird die Einwilligung bei dem Betroffenen eingeholt, ist er auf den Zweck der vorgesehenen Verarbeitung oder Nutzung sowie auf die Folgen der Verweigerung der Einwilligung hinzuweisen. Die Einwilligung des Betroffenen ist nur wirksam, wenn sie auf dessen freier Entscheidung beruht. Die Einwilligung und der Hinweis bedürfen der Schriftform, soweit nicht wegen besonderer Umstände eine andere Form angemessen ist. Soll die Einwilligung zusammen mit anderen Erklärungen schriftlich erteilt werden, ist die Einwilligungserklärung im äußeren Erscheinungsbild der Erklärung hervorzuheben.

(3) Im Bereich der wissenschaftlichen Forschung liegt ein besonderer Umstand im Sinne des Absatzes 2 Satz 3 auch dann vor, wenn durch die Schriftform der bestimmte Forschungszweck erheblich beeinträchtigt würde. In diesem Fall sind der Hinweis nach Absatz 2 Satz 1 und die Gründe, aus denen sich die erhebliche Beeinträchtigung des bestimmten Forschungszweckes ergibt, schriftlich festzuhalten.

(4) Entscheidungen, die für den Betroffenen eine rechtliche Folge nach sich ziehen oder ihn erheblich beeinträchtigen, dürfen nicht ausschließlich auf eine automatisierte Verarbeitung von Sozialdaten gestützt werden, die der Bewertung einzelner Persönlichkeitsmerkmale dient.

§ 67 c Datenspeicherung, -veränderung und -nutzung

(1) Das Speichern, Verändern oder Nutzen von Sozialdaten durch die in § 35 des Ersten Buches genannten Stellen ist zulässig, wenn es zur Erfüllung der in der Zuständigkeit der verantwortlichen Stelle liegenden gesetzlichen Aufgaben nach diesem Gesetzbuch erforderlich ist und es für die Zwecke erfolgt, für die die Daten erhoben worden sind. Ist keine Erhebung vorausgegangen, dürfen die Daten nur für die Zwecke geändert oder genutzt werden, für die sie gespeichert worden sind.

(2) Die nach Absatz 1 gespeicherten Daten dürfen von derselben Stelle für andere Zwecke nur gespeichert, verändert oder genutzt werden, wenn
1. die Daten für die Erfüllung von Aufgaben nach anderen Rechtsvorschriften dieses Gesetzbuches als diejenigen, für die sie erhoben wurden, erforderlich sind,
2. der Betroffene im Einzelfall eingewilligt hat oder
3. es zur Durchführung eines bestimmten Vorhabens der wissenschaftlichen Forschung oder Planung im Sozialleistungsbereich erforderlich ist und die Voraussetzungen des § 75 Abs. 1 vorliegen.

(3) Eine Speicherung, Veränderung oder Nutzung für andere Zwecke liegt nicht vor, wenn sie für die Wahrnehmung von Aufsichts-, Kontroll- und Disziplinarbefugnissen, der Rechnungsprüfung oder der Durchführung von Organisationsuntersuchungen für die verantwortliche Stelle erforderlich ist. Das gilt auch für die Veränderung oder Nutzung zu Ausbildungs- und Prüfungszwecken durch die verantwortliche Stelle, soweit nicht überwiegende schutzwürdige Interessen des Betroffenen entgegenstehen.

(4) Sozialdaten, die ausschließlich zu Zwecken der Datenschutzkontrolle, der Datensicherung oder zur Sicherstellung eines ordnungsgemäßen Betriebes einer Datenverarbeitungsanlage gespeichert werden, dürfen nur für diese Zwecke verwendet werden.

(5) Für Zwecke der wissenschaftlichen Forschung oder Planung im Sozialleistungsbereich erhobene oder gespeicherte Sozialdaten dürfen von den in § 35 des Ersten Buches genannten Stellen nur für ein bestimmtes Vorhaben der wissenschaftlichen Forschung im Sozialleistungsbereich oder der Planung im Sozialleistungsbereich verändert oder genutzt werden. Die Sozialdaten sind zu anonymisieren, sobald dies nach dem Forschungs- oder Planungszweck möglich ist. Bis dahin sind die Merkmale gesondert zu speichern, mit denen Einzelangaben über persönliche oder sachliche Verhältnisse einer bestimmten oder bestimmbaren Person zugeordnet werden können. Sie dürfen mit den Einzelangaben nur zusammengeführt werden, soweit der Forschungs- oder Planungszweck dies erfordert.

§ 67 d Übermittlungsgrundsätze

(1) Eine Übermittlung von Sozialdaten ist nur zulässig, soweit eine gesetzliche Übermittlungsbefugnis nach den §§ 68 bis 77 oder nach einer anderen Rechtsvorschrift in diesem Gesetzbuch vorliegt.

(2) Die Verantwortung für die Zulässigkeit der Übermittlung trägt die übermittelnde Stelle. Erfolgt die Übermittlung auf Ersuchen des Dritten, an den die Daten übermittelt werden, trägt dieser die Verantwortung für die Richtigkeit der Angaben in seinem Ersuchen.

(3) Sind mit Sozialdaten, die nach Absatz 1 übermittelt werden dürfen, weitere personenbezogene Daten des Betroffenen oder eines Dritten so verbunden, dass eine Trennung nicht oder nur mit unvertretbarem Aufwand möglich ist, so ist die Übermittlung auch dieser Daten nur zulässig, wenn schutzwürdige Interessen des Betroffenen oder eines Dritten an deren Geheimhaltung nicht überwiegen; eine Veränderung oder Nutzung dieser Daten ist unzulässig.

(4) Die Übermittlung von Sozialdaten auf maschinell verwertbaren Datenträgern oder im Wege der Datenübertragung ist auch über Vermittlungsstellen zulässig. Für die Auftragserteilung an die Vermittlungsstelle gilt § 80 Abs. 2 Satz 1, für deren Anzeigepflicht § 80 Abs. 3 und für die Verarbeitung und Nutzung durch die Vermittlungsstelle § 80 Abs. 4 entsprechend.

§ 67 e Erhebung und Übermittlung zur Bekämpfung von Leistungsmissbrauch und illegaler Ausländerbeschäftigung

Bei der Prüfung nach § 2 des Schwarzarbeitsbekämpfungsgesetzes oder nach den §§ 28 p des Vierten Buches darf bei der überprüften Person zusätzlich erfragt werden,

1. ob und welche Art von Sozialleistungen nach diesem Gesetzbuch oder Leistungen nach dem Asylbewerberleistungsgesetz sie bezieht und von welcher Stelle sie diese Leistungen bezieht,
2. bei welcher Krankenkasse sie versichert oder ob sie als Selbständige tätig ist,
3. ob und welche Art von Beiträgen nach diesem Gesetzbuch sie abführt und
4. ob und welche ausländischen Arbeitnehmer sie mit einer für ihre Tätigkeit erforderlichen Genehmigung und nicht zu ungünstigeren Arbeitsbedingungen als vergleichbare deutsche Arbeitnehmer beschäftigt.

Zu Prüfzwecken dürfen die Antworten auf Fragen nach Satz 1 Nr. 1 an den jeweils zuständigen Leistungsträger und nach Satz 1 Nr. 2 bis 4 an die jeweils zuständige Einzugsstelle und die Bundesagentur für Arbeit übermittelt werden. Der Empfänger hat die Prüfung unverzüglich durchzuführen.

§ 68 Übermittlung für Aufgaben der Polizeibehörden, der Staatsanwaltschaften, Gerichte und der Behörden der Gefahrenabwehr

(1) Zur Erfüllung von Aufgaben der Polizeibehörden, der Staatsanwaltschaften und Gerichte, der Behörden der Gefahrenabwehr und der Justizvollzugsanstalten dürfen im Einzelfall auf Ersuchen Name, Vorname, Ge-

burtsdatum, Geburtsort, derzeitige Anschrift des Betroffenen, sein derzeitiger oder zukünftiger Aufenthaltsort sowie Namen, Vornamen oder Firma und Anschriften seiner derzeitigen Arbeitgeber übermittelt werden, soweit kein Grund zu der Annahme besteht, dass dadurch schutzwürdige Interessen des Betroffenen beeinträchtigt werden, und wenn das Ersuchen nicht länger als sechs Monate zurückliegt. Die ersuchte Stelle ist über § 4 Abs. 3 hinaus zur Übermittlung auch dann nicht verpflichtet, wenn sich die ersuchende Stelle die Angaben auf andere Weise beschaffen kann. Satz 2 findet keine Anwendung, wenn das Amtshilfeersuchen zur Durchführung einer Vollstreckung nach § 66 erforderlich ist.

(1 a) Zu dem in § 7 Abs. 2 des Internationalen Familienrechtsverfahrensgesetzes bezeichneten Zwecks ist es zulässig, der in dieser Vorschrift bezeichneten Zentralen Behörde auf Ersuchen im Einzelfall den derzeitigen Aufenthalt des Betroffenen zu übermitteln, soweit kein Grund zur Annahme besteht, dass dadurch schutzwürdige Interessen des Betroffenen beeinträchtigt werden.

(2) Über das Übermittlungsersuchen entscheidet der Leiter der ersuchten Stelle, sein allgemeiner Stellvertreter oder ein besonders bevollmächtigter Bediensteter.

(3) Eine Übermittlung der in Absatz 1 Satz 1 genannten Sozialdaten, von Angaben zur Staats- und Religionsangehörigkeit, früherer Anschriften der Betroffenen, von Namen und Anschriften früherer Arbeitgeber der Betroffenen sowie von Angaben über an Betroffene erbrachte oder demnächst zu erbringende Geldleistungen ist zulässig, soweit sie zur Durchführung einer nach Bundes- oder Landesrecht zulässigen Rasterfahndung erforderlich ist. § 67 d Abs. 2 Satz 1 findet keine Anwendung; § 15 Abs. 2 Satz 2 und 3 des Bundesdatenschutzgesetzes gilt entsprechend.

§ 69 Übermittlung für die Erfüllung sozialer Aufgaben

(1) Eine Übermittlung von Sozialdaten ist zulässig, soweit sie erforderlich ist

1. für die Erfüllung der Zwecke, für die sie erhoben worden sind oder für die Erfüllung einer gesetzlichen Aufgabe der übermittelnden Stelle nach diesem Gesetzbuch oder einer solchen Aufgabe des Dritten, an den die Daten übermittelt werden, wenn er eine in § 35 des Ersten Buches genannte Stelle ist,
2. für die Durchführung eines mit der Erfüllung einer Aufgabe nach Nummer 1 zusammenhängenden gerichtlichen Verfahrens einschließlich eines Strafverfahrens oder
3. für die Richtigstellung unwahrer Tatsachenbehauptungen des Betroffenen im Zusammenhang mit einem Verfahren über die Erbringung von Sozialleistungen; die Übermittlung bedarf der vorherigen Genehmigung durch die zuständige oberste Bundes- oder Landesbehörde.

(2) Für die Erfüllung einer gesetzlichen oder sich aus einem Tarifvertrag ergebenden Aufgabe sind den in § 35 des Ersten Buches genannten Stellen gleichgestellt

1. die Stellen, die Leistungen nach dem Lastenausgleichsgesetz, dem Bundesentschädigungsgesetz, dem Strafrechtlichen Rehabilitierungsgesetz, dem Beruflichen Rehabilitierungsgesetz, dem Gesetz über die Entschädigung für Strafverfolgungsmaßnahmen, dem Unterhaltssicherungsgesetz, dem Beamtenversorgungsgesetz und den Vorschriften, die auf das Beamtenversorgungsgesetz verweisen, dem Soldatenversorgungsgesetz, dem Anspruchs- und Anwartschaftsüberführungsgesetz und den Vorschriften der Länder über die Gewährung von Blinden- und Pflegegeldleistungen zu erbringen haben,
2. die gemeinsamen Einrichtungen der Tarifvertragsparteien im Sinne des § 4 Abs. 2 des Tarifvertragsgesetzes, die Zusatzversorgungseinrichtungen des öffentlichen Dienstes und die öffentlich-rechtlichen Zusatzversorgungseinrichtungen,
3. die Bezügestellen des öffentlichen Dienstes, soweit sie kindergeldabhängige Leistungen des Besoldungs-, Versorgungs- und Tarifrechts unter Verwendung von personenbezogenen Kindergelddaten festzusetzen haben.

(3) Die Übermittlung von Sozialdaten durch die Bundesagentur für Arbeit an die Krankenkassen ist zulässig, soweit sie erforderlich ist, den Krankenkassen die Feststellung der Arbeitgeber zu ermöglichen, die am Ausgleich der Arbeitgeberaufwendungen nach dem Aufwendungsausgleichsgesetz teilnehmen.

(4) Die Krankenkassen sind befugt, einem Arbeitgeber mitzuteilen, ob die Fortdauer einer Arbeitsunfähigkeit oder eine erneute Arbeitsunfähigkeit eines Arbeitnehmers auf derselben Krankheit beruht; die Übermittlung von Diagnosedaten an den Arbeitgeber ist nicht zulässig.

(5) Die Übermittlung von Sozialdaten ist zulässig für die Erfüllung der gesetzlichen Aufgaben der Rechnunghöfe und der anderen Stellen, auf die § 67 c Abs. 3 Satz 1 Anwendung findet.

§ 70 Übermittlung für die Durchführung des Arbeitsschutzes

Eine Übermittlung von Sozialdaten ist zulässig, soweit sie zur Erfüllung der gesetzlichen Aufgaben der für den Arbeitsschutz zuständigen staatlichen Behörden oder der Bergbehörden bei der Durchführung des Arbeitsschutzes erforderlich ist und schutzwürdige Interessen des Betroffenen nicht beeinträchtigt werden oder das öffentliche Interesse an der Durchführung des Arbeitsschutzes das Geheimhaltungsinteresse des Betroffenen erheblich überwiegt.

§ 71 Übermittlung für die Erfüllung besonderer gesetzlicher Pflichten und Mitteilungsbefugnisse

(1) Eine Übermittlung von Sozialdaten ist zulässig, soweit sie erforderlich ist für die Erfüllung der gesetzlichen Mitteilungspflichten

1. zur Abwendung geplanter Straftaten nach § 138 des Strafgesetzbuchs,
2. zum Schutz der öffentlichen Gesundheit nach § 8 des Infektionsschutzgesetzes vom 20. Juli 2000 (BGBl. I S. 1045),

3. zur Sicherung des Steueraufkommens nach § 22a Abs. 4 des Einkommensteuergesetzes und den §§ 93, 97, 105, 111 Abs. 1 und 5, § 116 der Abgabenordnung und § 32b Abs. 3 des Einkommensteuergesetzes, soweit diese Vorschriften unmittelbar anwendbar sind, und zur Mitteilung von Daten der ausländischen Unternehmen, die aufgrund bilateraler Regierungsvereinbarungen über die Beschäftigung von Arbeitnehmern zur Ausführung von Werkverträgen tätig werden, nach § 93a der Abgabenordnung,
4. zur Gewährung und Prüfung des Sonderausgabenabzugs nach § 10 des Einkommensteuergesetz
5. zur Überprüfung der Voraussetzungen für die Einziehung der Ausgleichszahlungen und für die Leistung von Wohngeld nach § 33 des Wohngeldgesetzes,
6. zur Bekämpfung von Schwarzarbeit und illegaler Beschäftigung nach dem Schwarzarbeitsbekämpfungsgesetz,
7. zur Mitteilung in das Gewerbezentralregister einzutragender Tatsachen an die Registerbehörde,
8. zur Erfüllung der Aufgaben der statistischen Ämter der Länder und des Statistischen Bundesamtes gemäß § 3 Abs. 1 des Statistikregistergesetzes zum Aufbau und zur Führung des Statistikregisters,
9. zur Aktualisierung des Betriebsregisters nach § 97 Abs. 5 des Agrarstatistikgesetzes,
10. zur Erfüllung der Aufgaben der Deutsche Rentenversicherung Bund als zentraler Stelle nach § 22a und § 91 Abs. 1 Satz 1 des Einkommensteuergesetzes oder
11. zur Erfüllung der Aufgaben der Deutschen Rentenversicherung Knappschaft-Bahn-See, soweit sie bei geringfügig Beschäftigten Aufgaben nach dem Einkommensteuergesetz durchführt.
12. zur Erfüllung der Aufgaben des Statistischen Bundesamtes nach § 5 a Absatz 1 in Verbindung mit Absatz 3 des Bundesstatistikgesetzes oder
13. nach § 69 a des Erneuerbare-Energien-Gesetzes zur Berechnung der Bruttowertschöpfung im Verfahren zur Begrenzung der EEG-Umlage.

Erklärungspflichten als Drittschuldner, welche das Vollstreckungsrecht vorsieht, werden durch Bestimmungen dieses Gesetzbuchs nicht berührt. Eine Übermittlung von Sozialdaten ist zulässig, soweit sie erforderlich ist für die Erfüllung der gesetzlichen Pflichten zur Sicherung und Nutzung von Archivgut des Bundes nach § 1 Nummer 8 und 9, § 3 Absatz 4, nach den §§ 5 bis 7 sowie nach den §§ 10 bis 13 des Bundesarchivgesetzes oder entsprechenden gesetzlichen Vorschriften der Länder, die die Schutzfristen dieses Gesetzes nicht unterschreiten. Eine Übermittlung von Sozialdaten ist auch zulässig, soweit sie erforderlich ist, Meldebehörden nach § 6 Absatz 2 des Bundesmeldegesetzes über konkrete Anhaltspunkte für die Unrichtigkeit oder Unvollständigkeit von diesen auf Grund Melderechts übermittelter Daten zu unterrichten.

(2) Eine Übermittlung von Sozialdaten eines Ausländers ist auch zulässig, soweit sie erforderlich ist

1. im Einzelfall auf Ersuchen der mit der Ausführung des Ausländergesetzes betrauten Behörden nach § 87 Abs. 1 des Aufenthaltsgesetzes mit der Maßgabe, dass über die Angaben nach § 68 hinaus nur mitgeteilt werden können
   a) für die Entscheidung über den Aufenthalt des Ausländers oder eines Familienangehörigen des Ausländers Daten über die Gewährung oder Nichtgewährung von Leistungen, Daten über frühere und bestehende Versicherungen und das Nichtbestehen einer Versicherung,
   b) für die Entscheidung über den Aufenthalt oder über die ausländerrechtliche Zulassung oder Beschränkung einer Erwerbstätigkeit des Ausländers Daten über die Zustimmung nach § 4 Abs. 2 Satz 3, § 17 Satz 1, § 18 Absatz 2 Satz 1, § 18a Absatz 1, § 19 Absatz 1 Satz 1 und § 19a Absatz 1 des Aufenthaltsgesetzes,
   c) für eine Entscheidung über den Aufenthalt des Ausländers Angaben darüber, ob die in §§ 55 Abs. 2 Nr. 4 des Aufenthaltsgesetzes bezeichneten Voraussetzungen vorliegen, und
   d) durch die Jugendämter für die Entscheidung über den weiteren Aufenthalt oder die Beendigung des Aufenthaltes eines Ausländers, bei dem ein Ausweisungsgrund nach den §§ 53 bis 56 des Aufenthaltsgesetzes vorliegt, Angaben über das zu erwartende soziale Verhalten,
2. für die Erfüllung der in § 87 Abs. 2 des Aufenthaltsgesetzes bezeichneten Mitteilungspflichten oder
3. für die Erfüllung der in § 99 Absatz 1 Nummer 14 Buchstabe d, f und j des Aufenthaltsgesetzes bezeichneten Mitteilungspflichten, wenn die Mitteilung die Erteilung, den Widerruf oder Beschränkungen der Zustimmung nach § 4 Abs. 2 Satz 3, § 17 Satz 1, § 18 Absatz 2 Satz 1, § 18a Absatz 1, § 19 Absatz 1 Satz 1 und § 19a Absatz 1 des Aufenthaltsgesetzes oder eines Versicherungsschutzes oder die Gewährung von Leistungen zur Sicherung des Lebensunterhalts nach dem Zweiten Buch betrifft oder
4. für die Erfüllung der in § 6 Absatz 1 Nummer 8 des Gesetzes über das Ausländerzentralregister bezeichneten Mitteilungspflichten.

Daten über die Gesundheit eines Ausländers dürfen nur übermittelt werden,
1. wenn der Ausländer die öffentliche Gesundheit gefährdet und besondere Schutzmaßnahmen zum Ausschluss der Gefährdung nicht möglich sind oder von dem Ausländer nicht eingehalten werden oder
2. soweit sie für die Feststellung erforderlich sind, ob die Voraussetzungen des §§ 55 Abs. 2 Nr. 4 des Aufenthaltsgesetzes vorliegen.

(2a) Eine Übermittlung personenbezogener Daten eines Leistungsberechtigten nach § 1 des Asylbewerberleistungsgesetzes ist zulässig, soweit sie für die Durchführung des Asylbewerberleistungsgesetzes erforderlich ist.

(3) Eine Übermittlung von Sozialdaten ist auch zulässig, soweit es nach pflichtgemäßem Ermessen eines Leistungsträgers erforderlich ist, dem Betreuungsgericht die Bestellung eines Betreuers oder eine andere Maßnahme in Betreuungssachen zu ermöglichen. § 7 des Betreuungsbehördengesetzes gilt entsprechend.

§ 72 Übermittlung für den Schutz der inneren und äußeren Sicherheit

(1) Eine Übermittlung von Sozialdaten ist zulässig, soweit sie im Einzelfall für die rechtmäßige Erfüllung der in der Zuständigkeit der Behörden für Verfassungsschutz, des Bundesnachrichtendienstes, des Militärischen Abschirmdienstes und des Bundeskriminalamtes liegenden Aufgaben erforderlich ist. Die Übermittlung ist auf Angaben über Name und Vorname sowie früher geführte Namen, Geburtsdatum, Geburtsort, derzeitige und frühere Anschriften des Betroffenen sowie Namen und Anschriften seiner derzeitigen und früheren Arbeitgeber beschränkt.

(2) Über die Erforderlichkeit des Übermittlungsersuchens entscheidet ein vom Leiter der ersuchenden Stelle bestimmter Beauftragter, der die Befähigung zum Richteramt haben oder die Voraussetzungen des § 110 des Deutschen Richtergesetzes erfüllen soll. Wenn eine oberste Bundes- oder Landesbehörde für die Aufsicht über die ersuchende Stelle zuständig ist, ist sie über die gestellten Übermittlungsersuchen zu unterrichten. Bei der ersuchten Stelle entscheidet über das Übermittlungsersuchen der Behördenleiter oder sein allgemeiner Stellvertreter.

§ 73 Übermittlung für die Durchführung eines Strafverfahrens

(1) Eine Übermittlung von Sozialdaten ist zulässig, soweit sie zur Durchführung eines Strafverfahrens wegen eines Verbrechens oder wegen einer sonstigen Straftat von erheblicher Bedeutung erforderlich ist.

(2) Eine Übermittlung von Sozialdaten zur Durchführung eines Strafverfahrens wegen einer anderen Straftat ist zulässig, soweit die Übermittlung auf die in § 72 Abs. 1 Satz 2 genannten Angaben und die Angaben über erbrachte oder demnächst zu erbringende Geldleistungen beschränkt ist.

(3) Die Übermittlung nach den Absätzen 1 und 2 ordnet der Richter an.

§ 74 Übermittlung bei Verletzung der Unterhaltspflicht und beim Versorgungsausgleich

Eine Übermittlung von Sozialdaten ist zulässig, soweit sie erforderlich ist

1. für die Durchführung
   a) eines gerichtlichen Verfahrens oder eines Vollstreckungsverfahrens wegen eines gesetzlichen oder vertraglichen Unterhaltsanspruchs oder eines an seine Stelle getretenen Ersatzanspruchs oder
   b) eines Verfahrens über den Versorgungsausgleich nach § 220 des Gesetzes über das Verfahren in Familiensachen und in den Angelegenheiten der freiwilligen Gerichtsbarkeit oder
2. für die Geltendmachung
   a) eines gesetzlichen oder vertraglichen Unterhaltsanspruchs außerhalb eines Verfahrens nach Nummer 1 Buchstabe a, soweit der Betroffene nach den Vorschriften des bürgerlichen Rechts, insbesondere nach § 1605 oder nach § 1361 Absatz 4 Satz 4, § 1580 Satz 2, § 1615 a oder § 1615 l Absatz 3 Satz 1 in Verbindung mit § 1605 des Bürgerlichen Gesetzbuchs, zur Auskunft verpflichtet ist, oder

b) eines Ausgleichsanspruchs im Rahmen des Versorgungsausgleichs außerhalb eines Verfahrens nach Nummer 1 Buchstabe b, soweit der Betroffene nach § 4 Absatz 1 Satz 1 des Versorgungsausgleichsgesetzes zur Auskunft verpflichtet ist, oder

3. für die Anwendung der Öffnungsklausel des § 22 Nummer 1 Satz 3 Buchstabe a Doppelbuchstabe bb Satz 2 des Einkommensteuergesetzes auf eine im Versorgungsausgleich auf die ausgleichsberechtigte Person übertragene Rentenanwartschaft, soweit die ausgleichspflichtige Person nach § 22 Nummer 1 Satz 3 Buchstabe a Doppelbuchstabe bb Satz 2 des Einkommensteuergesetzes in Verbindung mit § 4 Absatz 1 des Versorgungsausgleichsgesetzes zur Auskunft verpflichtet ist.

In den Fällen der Nummern 2 und 3 ist eine Übermittlung nur zulässig, wenn der Auskunftspflichtige seine Pflicht, nachdem er unter Hinweis auf die in diesem Buch enthaltene Übermittlungsbefugnis der in § 35 des Ersten Buches genannten Stellen gemahnt wurde, innerhalb angemessener Frist, nicht oder nicht vollständig erfüllt hat. Diese Stellen dürfen die Anschrift des Auskunftspflichtigen zum Zwecke der Mahnung übermitteln.

(2) Eine Übermittlung von Sozialdaten durch die Träger der gesetzlichen Rentenversicherung und durch die Träger der Grundsicherung für Arbeitsuchende ist auch zulässig, soweit sie für die Erfüllung der nach § 5 des Auslandsunterhaltsgesetzes der zentralen Behörde (§ 4 des Auslandsunterhaltsgesetzes) obliegenden Aufgaben und zur Erreichung der in den §§ 16 und 17 des Auslandsunterhaltsgesetzes bezeichneten Zwecke erforderlich ist.

§ 74 a Übermittlung zur Durchsetzung öffentlich-rechtlicher Ansprüche und im Vollstreckungsverfahren

(1) Zur Durchsetzung von öffentlich-rechtlichen Ansprüchen in Höhe von mindestens 500 Euro dürfen im Einzelfall auf Ersuchen Name, Vorname, Geburtsdatum, Geburtsort, derzeitige Anschrift des Betroffenen, sein derzeitiger oder zukünftiger Aufenthaltsort sowie Namen, Vornamen oder Firma und Anschriften seiner derzeitigen Arbeitgeber übermittelt werden, soweit kein Grund zu der Annahme besteht, dass dadurch schutzwürdige Interessen des Betroffenen beeinträchtigt werden, und wenn das Ersuchen nicht länger als sechs Monate zurückliegt. Die ersuchte Stelle ist über § 4 Abs. 3 hinaus zur Übermittlung auch dann nicht verpflichtet, wenn sich die ersuchende Stelle die Angaben auf andere Weise beschaffen kann. Satz 2 findet keine Anwendung, wenn das Amtshilfeersuchen zur Durchführung einer Vollstreckung nach § 66 erforderlich ist.

(2) Zur Durchführung eines Vollstreckungsverfahrens, dem zu vollstreckende Ansprüche von mindestens 500 Euro zugrunde liegen, dürfen die Träger der gesetzlichen Rentenversicherung im Einzelfall auf Ersuchen des Gerichtsvollziehers die derzeitige Anschrift des Betroffenen, seinen derzeitigen oder zukünftigen Aufenthaltsort sowie Namen, Vornamen oder Firma und Anschriften seiner derzeitigen Arbeitgeber übermitteln, soweit kein Grund zu der Annahme besteht, dass dadurch schutzwürdige Interes-

sen des Betroffenen beeinträchtigt werden und das Ersuchen nicht länger als sechs Monate zurückliegt. Die Träger der gesetzlichen Rentenversicherung sind über § 4 Abs. 3 hinaus zur Übermittlung auch dann nicht verpflichtet, wenn sich die ersuchende Stelle die Angaben auf andere Weise beschaffen kann. Die Übermittlung ist nur zulässig, wenn
1. der Schuldner seiner Pflicht zur Abgabe der Vermögensauskunft nach § 802 c der Zivilprozessordnung nicht nachkommt,
2. bei einer Vollstreckung in die in der Vermögensauskunft aufgeführten Vermögensgegenstände eine vollständige Befriedigung des Gläubigers voraussichtlich nicht zu erwarten wäre oder
3. die Anschrift oder der derzeitige oder zukünftige Aufenthaltsort des Schuldners trotz Anfrage bei der Meldebehörde nicht bekannt ist.

Der Gerichtsvollzieher hat in seinem Ersuchen zu bestätigen, dass diese Voraussetzungen vorliegen.

§ 75 Übermittlung von Sozialdaten für die Forschung und Planung

(1) Eine Übermittlung von Sozialdaten ist zulässig, soweit sie erforderlich ist für ein bestimmtes Vorhaben
1. der wissenschaftlichen Forschung im Sozialleistungsbereich oder der wissenschaftlichen Arbeitsmarkt- und Berufsforschung oder
2. der Planung im Sozialleistungsbereich durch eine öffentliche Stelle im Rahmen ihrer Aufgaben

und schutzwürdige Interessen des Betroffenen nicht beeinträchtigt werden oder das öffentliche Interesse an der Forschung oder Planung das Geheimhaltungsinteresse des Betroffenen erheblich überwiegt. Eine Übermittlung ohne Einwilligung des Betroffenen ist nicht zulässig, soweit es zumutbar ist, die Einwilligung des Betroffenen nach § 67 b einzuholen. Angaben über den Familien- und Vornamen, die Anschrift, die Telefonnummer sowie die für die Einleitung eines Vorhabens nach Satz 1 zwingend erforderlichen Strukturmerkmale des Betroffenen können für Befragungen auch ohne Einwilligungen übermittelt werden.

(2) Die Übermittlung bedarf der vorherigen Genehmigung durch die oberste Bundes- oder Landesbehörde, die für den Bereich, aus dem die Daten herrühren, zuständig ist. Die oberste Bundesbehörde kann das Genehmigungsverfahren bei Anträgen von Versicherungsträgern nach § 1 Absatz 1 Satz 1 des Vierten Buches auf das Bundesversicherungsamt übertragen. Die Genehmigung darf im Hinblick auf die Wahrung des Sozialgeheimnisses nur versagt werden, wenn die Voraussetzungen des Absatzes 1 nicht vorliegen. Sie muss
1. den Dritten, an den die Daten übermittelt werden,
2. die Art der zu übermittelnden Sozialdaten und den Kreis der Betroffenen,
3. die wissenschaftliche Forschung oder die Planung, zu der die übermittelten Sozialdaten verwendet werden dürfen, und
4. den Tag, bis zu dem die übermittelten Sozialdaten aufbewahrt werden dürfen,

genau bezeichnen und steht auch ohne besonderen Hinweis unter dem Vorbehalt der nachträglichen Aufnahme, Änderung oder Ergänzung einer Auflage.

(3) Wird die Übermittlung von Daten an nicht-öffentliche Stellen genehmigt, hat die genehmigende Stelle durch Auflagen sicherzustellen, daß die der Genehmigung durch Absatz 1 gesetzten Grenzen beachtet und die Daten nur für den Übermittlungszweck gespeichert, verändert oder genutzt werden.

(4) Ist der Dritte, an den Daten übermittelt werden, eine nicht öffentliche Stelle, gilt § 38 des Bundesdatenschutzgesetzes mit der Maßgabe, dass die Kontrolle auch erfolgen kann, wenn die Daten nicht automatisiert oder nicht in nicht automatisierten Dateien verarbeitet oder genutzt werden.

§ 76 Einschränkung der Übermittlungsbefugnis bei besonders schutzwürdigen Sozialdaten

(1) Die Übermittlung von Sozialdaten, die einer in § 35 des Ersten Buches genannten Stelle von einem Arzt oder einer anderen in § 203 Abs. 1 und 3 des Strafgesetzbuches genannten Person zugänglich gemacht worden sind, ist nur unter den Voraussetzungen zulässig, unter denen diese Person selbst übermittlungsbefugt wäre.

(2) Absatz 1 gilt nicht

1. im Rahmen des § 69 Abs. 1 Nr. 1 und 2 für Sozialdaten, die im Zusammenhang mit einer Begutachtung wegen der Erbringung von Sozialleistungen oder wegen der Ausstellung einer Bescheinigung übermittelt worden sind, es sei denn, dass der Betroffene der Übermittlung widerspricht; der Betroffene ist von der verantwortlichen Stelle zu Beginn des Verwaltungsverfahrens in allgemeiner Form schriftlich oder elektronisch auf das Widerspruchsrecht hinzuweisen,
2. im Rahmen des § 69 Abs. 4 und 5 und des § 71 Abs. 1 Satz 3,
3. im Rahmen des § 94 Abs. 2 Satz 2 des Elften Buches Sozialgesetzbuch.

(3) Ein Widerspruchsrecht besteht nicht in den Fällen des § 279 Abs. 5 in Verbindung mit § 275 Abs. 1 bis 3 des Fünften Buches.

§ 77 Übermittlung ins Ausland und an über- oder zwischenstaatliche Stellen

(1) Die Übermittlung von Sozialdaten an Personen oder Stellen in anderen Mitgliedstaaten der Europäischen Union oder in anderen Vertragsstaaten des Abkommens über den Europäischen Wirtschaftsraum oder an Stellen der Organe und Einrichtungen der Europäischen Gemeinschaften ist zulässig, soweit

1. dies für die Erfüllung einer gesetzlichen Aufgabe der in § 35 des Ersten Buches genannten übermittelnden Stelle nach diesem Gesetzbuch oder zur Erfüllung einer solchen Aufgabe von ausländischen Stellen erforderlich ist, soweit diese Aufgaben wahrnehmen, die denen der in § 35 des Ersten Buches genannten Stellen entsprechen,

2. die Voraussetzungen des § 69 Abs. 1 Nr. 3 oder des § 70 oder einer Übermittlungsvorschrift nach dem Dritten Buch oder dem Arbeitnehmerüberlassungsgesetz vorliegen und die Aufgaben der ausländischen Stelle den in diesen Vorschriften genannten entsprechen oder
3. die Voraussetzungen des § 74 vorliegen und die gerichtlich geltend gemachten Ansprüche oder die Rechte des Empfängers den in dieser Vorschrift genannten entsprechen.

Die Übermittlung von Sozialdaten unterbleibt, soweit sie zu den in Artikel 6 des Vertrages über die Europäische Union enthaltenen Grundsätzen in Widerspruch stünde.

(2) Absatz 1 gilt entsprechend für die Übermittlung an Personen oder Stellen in einem Drittstaat sowie an über- oder zwischenstaatliche Stellen, wenn der Drittstaat oder die über- oder zwischenstaatliche Stelle ein angemessenes Datenschutzniveau gewährleistet. Die Angemessenheit des Datenschutzniveaus wird unter Berücksichtigung aller Umstände beurteilt, die bei einer Datenübermittlung oder einer Kategorie von Datenübermittlungen von Bedeutung sind; insbesondere können die Art der Sozialdaten, die Zweckbestimmung, die Dauer der geplanten Verarbeitung, das Herkunfts- und das Endbestimmungsland, die für den betreffenden Empfänger geltenden Rechtsnormen sowie die für ihn geltenden Standesregeln und Sicherheitsmaßnahmen herangezogen werden. Bis zur Feststellung der Kommission der Europäischen Gemeinschaften entscheidet das Bundesversicherungsamt, ob ein angemessenes Datenschutzniveau gewährleistet ist.

(3) Eine Übermittlung von Sozialdaten an Personen oder Stellen im Ausland oder an über- oder zwischenstaatliche Stellen ist auch zulässig, wenn
1. der Betroffene seine Einwilligung gegeben hat,
2. die Übermittlung in Anwendung zwischenstaatlicher Übereinkommen auf dem Gebiet der sozialen Sicherheit erfolgt oder
3. die Voraussetzungen des § 69 Abs. 1 Nr. 2 oder des § 73 vorliegen, die Aufgaben der ausländischen Stelle den in diesen Vorschriften genannten entsprechen und der ausländische Staat oder die über- oder zwischenstaatliche Stelle ein angemessenes Datenschutzniveau (Absatz 2) gewährleistet; für die Anordnung einer Übermittlung nach § 73 ist ein Gericht im Inland zuständig.

Die Übermittlung ist nur zulässig, soweit der Betroffene kein schutzwürdiges Interesse an dem Ausschluss der Übermittlung hat.

(4) Gewährleistet der Drittstaat der die über- oder zwischenstaatliche Stelle ein angemessenes Datenschutzniveau (Absatz 2) nicht, ist die Übermittlung von Sozialdaten an die Stelle im Drittstaat oder die über- oder zwischenstaatliche Stelle auch zulässig, soweit die Voraussetzungen des § 69 Abs. 1 Nr. 1 und 2, des § 70 oder einer Übermittlungsvorschrift nach dem Dritten Buch oder dem Arbeitnehmerüberlassungsgesetz vorliegen und der Betroffene ein schutzwürdiges Interesse an dem Ausschluss der Übermittlung hat.

(5) Die Stelle, an die die Sozialdaten übermittelt werden, ist auf den Zweck hinzuweisen, zu dessen Erfüllung die Sozialdaten übermittelt werden.

(6) Das Bundesversicherungsamt unterrichtet das Bundesministerium des Innern über Drittstaaten und über- oder zwischenstaatliche Stellen, die kein angemessenes Datenschutzniveau gewährleisten.

§ 78 Zweckbindung und Geheimhaltungspflicht eines Dritten, an den Daten übermittelt werden

(1) Personen oder Stellen, die nicht in § 35 des Ersten Buches genannt und denen Sozialdaten übermittelt worden sind, dürfen diese nur zu dem Zweck verarbeiten oder nutzen, zu dem sie ihnen befugt übermittelt worden sind. Die Dritten haben die Daten in demselben Umfang geheimzuhalten wie die in § 35 des Ersten Buches genannten Stellen. Sind Sozialdaten an Gerichte oder Staatsanwaltschaften übermittelt worden, dürfen diese gerichtliche Entscheidungen, die Sozialdaten enthalten, weiter übermitteln, wenn eine in § 35 des Ersten Buches genannte Stelle zur Übermittlung an den weiteren Dritten befugt wäre. Abweichend von Satz 3 ist eine Übermittlung nach § 115 des Bundesbeamtengesetzes und nach Vorschriften, die auf diese Vorschrift verweisen, zulässig. Sind Sozialdaten an Polizeibehörden, Staatsanwaltschaften, Gerichte oder Behörden der Gefahrenabwehr übermittelt worden, dürfen diese die Daten unabhängig vom Zweck der Übermittlung sowohl für Zwecke der Gefahrenabwehr als auch für Zwecke der Strafverfolgung und der Strafvollstreckung verarbeiten und nutzen.

(2) Werden Daten an eine nicht-öffentliche Stelle übermittelt, so sind die dort beschäftigten Personen, welche diese Daten verarbeiten oder nutzen, von dieser Stelle vor, spätestens bei der Übermittlung auf die Einhaltung der Pflichten nach Absatz 1 hinzuweisen.

(3) Ergibt sich im Rahmen eines Vollstreckungsverfahrens nach § 66 die Notwendigkeit, dass eine Strafanzeige zum Schutz des Vollstreckungsbeamten erforderlich ist, so dürfen die zum Zwecke der Vollstreckung übermittelten Sozialdaten auch zum Zweck der Strafverfolgung verarbeitet oder genutzt werden, soweit dies erforderlich ist. Das gleiche gilt auch für die Klärung von Fragen im Rahmen eines Disziplinarverfahrens.

(4) Sind Sozialdaten an Gerichte oder Staatsanwaltschaften für die Durchführung eines Straf- oder Bußgeldverfahrens übermittelt worden, so dürfen sie nach Maßgabe der §§ 476, 487 Abs. 4 der Strafprozessordnung und der §§ 49b und 49c Abs. 1 des Gesetzes über Ordnungswidrigkeiten für Zwecke der wissenschaftlichen Forschung verarbeitet oder genutzt werden.

Dritter Abschnitt
Organisatorische Vorkehrungen zum Schutz der Sozialdaten, besondere Datenverarbeitungsarten

§ 78a Technische und organisatorische Maßnahmen

Die in § 35 des Ersten Buches genannten Stellen, die selbst oder im Auftrag Sozialdaten erheben, verarbeiten oder nutzen, haben die tech-

nischen und organisatorischen Maßnahmen einschließlich der Dienstanweisungen zu treffen, die erforderlich sind, um die Ausführung der Vorschriften dieses Gesetzbuches, insbesondere die in der Anlage zu dieser Vorschrift genannten Anforderungen, zu gewährleisten. Maßnahmen sind nicht erforderlich, wenn ihr Aufwand in keinem angemessenen Verhältnis zu dem angestrebten Schutzzweck steht.

Anlage (zu § 78 a)

Werden Sozialdaten automatisiert verarbeitet oder genutzt, ist die innerbehördliche oder innerbetriebliche Organisation so zu gestalten, dass sie den besonderen Anforderungen des Datenschutzes gerecht wird. Dabei sind insbesondere Maßnahmen zu treffen, die je nach der Art der zu schützenden Sozialdaten oder Kategorie von Sozialdaten geeignet sind,

1. Unbefugten den Zutritt zu Datenverarbeitungsanlagen, mit denen Sozialdaten verarbeitet oder genutzt werden, zu verwehren (Zutrittskontrolle),
2. zu verhindern, dass Datenverarbeitungssysteme von Unbefugten genutzt werden können (Zugangskontrolle),
3. zu gewährleisten, dass die zur Benutzung eines Datenverarbeitungssystems Berechtigten ausschließlich auf die ihrer Zugriffsberechtigung unterliegenden Daten zugreifen können, und dass Sozialdaten bei der Verarbeitung, Nutzung und nach der Speicherung nicht unbefugt gelesen, kopiert, verändert oder entfernt werden können (Zugriffskontrolle),
4. zu gewährleisten, dass Sozialdaten bei der elektronischen Übertragung oder während ihres Transports oder ihrer Speicherung auf Datenträger nicht unbefugt gelesen, kopiert, verändert oder entfernt werden können, und dass überprüft und festgestellt werden kann, an welche Stellen eine Übermittlung von Sozialdaten durch Einrichtungen zur Datenübertragung vorgesehen ist (Weitergabekontrolle),
5. zu gewährleisten, dass nachträglich überprüft und festgestellt werden kann, ob und von wem Sozialdaten in Datenverarbeitungssysteme eingegeben, verändert oder entfernt worden sind (Eingabekontrolle),
6. zu gewährleiste, dass Sozialdaten, die im Auftrag erhoben, verarbeitet oder genutzt werden, nur entsprechend den Weisungen des Auftraggebers erhoben, verarbeitet oder genutzt werden können (Auftragskontrolle),
7. zu gewährleisten, dass Sozialdaten gegen zufällige Zerstörung oder Verlust geschützt sind (Verfügbarkeitskontrolle),
8. zu gewährleisten, dass zu unterschiedlichen Zwecken erhobene Sozialdaten getrennt verarbeitet werden können.

Eine Maßnahme nach Satz 2 Nummer 2 bis 4 ist insbesondere die Verwendung von dem Stand der Technik entsprechenden Verschlüsselungsverfahren.

§ 78 b Datenvermeidung und Datensparsamkeit

Gestaltung und Auswahl von Datenverarbeitungssystemen haben sich an dem Ziel auszurichten, keine oder so wenig Sozialdaten wie möglich zu erheben, zu verarbeiten oder zu nutzen. Insbesondere ist von den Möglichkeiten der Anonymisierung und Pseudonymisierung Gebrauch zu machen, soweit dies möglich ist und der Aufwand in einem angemessenen Verhältnis zu dem angestrebten Schutzzweck steht.

§ 78c Datenschutzaudit

Zur Verbesserung des Datenschutzes und der Datensicherheit können Anbieter von Datenverarbeitungssystemen und -programmen und datenverarbeitenden Stellen ihr Datenschutzkonzept sowie ihre technischen Einrichtungen durch unabhängige und zugelassene Gutachter prüfen und bewerten lassen sowie das Ergebnis der Prüfung veröffentlichen. Die näheren Anforderungen an die Prüfung und Bewertung, das Verfahren sowie die Auswahl und Zulassung der Gutachter werden durch besonderes Gesetz geregelt. Die Sätze 1 und 2 gelten nicht für öffentliche Stellen der Länder mit Ausnahme der Sozialversicherungsträger und ihrer Verbände.

§ 79 Einrichtung automatisierter Abrufverfahren

(1) Die Einrichtung eines automatisierten Verfahrens, das die Übermittlung von Sozialdaten durch Abruf ermöglicht, ist zwischen den in § 35 des Ersten Buches genannten Stellen sowie mit der Deutsche Rentenversicherung Bund als zentraler Stelle zur Erfüllung ihrer Aufgaben nach § 91 Abs. 1 Satz 1 des Einkommensteuergesetzes und der Deutsche Rentenversicherung Knappschaft-Bahn-See, soweit sie bei geringfügig Beschäftigten Aufgaben nach dem Einkommenssteuergesetz durchführt, zulässig, soweit dieses Verfahren unter Berücksichtigung der schutzwürdigen Interessen der Betroffenen wegen der Vielzahl der Übermittlungen oder wegen ihrer besonderen Eilbedürftigkeit angemessen ist und wenn die jeweiligen Aufsichtsbehörden die Teilnahme der unter ihrer Aufsicht stehenden Stellen genehmigt haben. Das Gleiche gilt gegenüber den in § 69 Abs. 2 und 3 genannten Stellen.

(1a) Die Einrichtung eines automatisierten Abrufverfahrens für eine Datei der Sozialversicherung für Landwirtschaft, Forsten und Gartenbau ist nur gegenüber den Trägern der gesetzlichen Rentenversicherung, der Deutschen Rentenversicherung Bund als zentraler Stelle zur Erfüllung ihrer Aufgaben nach § 91 Absatz 1 Satz 1 des Einkommensteuergesetzes, den Krankenkassen, der Bundesagentur für Arbeit und der Deutschen Post AG, soweit sie mit der Berechnung oder Auszahlung von Sozialleistungen betraut ist, zulässig; dabei dürfen auch Vermittlungsstellen eingeschaltet werden.

(2) Die beteiligten Stellen haben zu gewährleisten, dass die Zulässigkeit des Abrufverfahrens kontrolliert werden kann. Hierzu haben sie schriftlich oder elektronisch festzulegen:
1. Anlass und Zweck des Abrufverfahrens,
2. Dritte, an die übermittelt wird,
3. Art der zu übermittelnden Daten,
4. nach § 78 a erforderliche technische und organisatorische Maßnahmen.

(3) Über die Einrichtung von Abrufverfahren ist in Fällen, in denen die in § 35 des Ersten Buches genannten Stellen beteiligt sind, die der Kontrolle des Bundesbeauftragten für den Datenschutz unterliegen, dieser, sonst die nach Landesrecht für die Kontrolle des Datenschutzes zuständige Stelle rechtzeitig vorher unter Mitteilung der Festlegungen nach Absatz 2 zu unterrichten.

(4) Die Verantwortung für die Zulässigkeit des einzelnen Abrufs trägt der Dritte, an den übermittelt wird. Die speichernde Stelle prüft die Zulässigkeit der Abrufe nur, wenn dazu Anlass besteht. Sie hat mindestens bei jedem zehnten Abruf den Zeitpunkt, die abgerufenen Daten sowie Angaben zur Feststellung des Verfahrens und der für den Abruf verantwortlichen Personen zu protokollieren; die protokollierten Daten sind spätestens nach sechs Monaten zu löschen. Wird ein Gesamtbestand von Sozialdaten abgerufen oder übermittelt (Stapelverarbeitung), so bezieht sich die Gewährleistung der Feststellung und Überprüfung nur auf die Zulässigkeit des Abrufes oder der Übermittlung des Gesamtbestandes.

(5) Die Absätze 1 bis 4 gelten nicht für den Abruf aus Datenbeständen, die mit Einwilligung der Betroffenen angelegt werden und die jedermann, sei es ohne oder nach besonderer Zulassung, zur Benutzung offen stehen.

§ 80 Erhebung, Verarbeitung oder Nutzung von Sozialdaten im Auftrag

(1) Werden Sozialdaten im Auftrag durch andere Stellen erhoben, verarbeitet oder genutzt, ist der Auftraggeber für die Einhaltung der Vorschriften dieses Gesetzbuches und anderer Vorschriften über den Datenschutz verantwortlich. Die in den §§ 82 bis 84 genannten Rechte sind ihm gegenüber geltend zu machen.

(2) Eine Auftragserteilung für die Erhebung, Verarbeitung oder Nutzung von Sozialdaten ist nur zulässig, wenn der Datenschutz beim Auftragnehmer nach der Art der zu erhebenden, zu verarbeitenden oder zu nutzenden Daten den Anforderungen genügt, die für den Auftraggeber gelten. Der Auftrag ist schriftlich zu erteilen, wobei insbesondere im Einzelnen festzulegen sind:

1. der Gegenstand und die Dauer des Auftrags,
2. der Umfang, dei Art und der Zweck der vorgesehenen Erhebung, Verarbeitung oder Nutzung von Daten, die Art der Daten und der Kreis der Betroffenen,
3. die nach § 78a zu treffenden technischen und organisatorischen Maßnahmen,
4. die Berichtigung, Löschung und Sperrung von Daten,
5. die bestehenden Pflichten des Auftragnehmers, insbesondere die von ihm vorzunehmenden Kontrollen,
6. die etwaige Berechtigung zur Begründung von Unterauftragsverhältnissen,
7. die Kontrollrechte des Auftraggebers und die entsprechenden Duldungs- und Mitwirkungspflichten des Auftragnehmers,

8. mitzuteilende Verstöße des Auftragnehmers oder der bei ihm beschäftigten Personen gegen Vorschriften zum Schutz von Sozialdaten oder gegen die im Auftrag getroffenen Festlegungen,
9. der Umfang der Weisungsbefugnisse, die sich der Auftraggeber gegenüber dem Auftragnehmer vorbehält,
10. die Rückgabe überlassener Datenträger und die Löschung beim Auftragnehmer gespeicherter Daten nach Beendigung des Auftrags.

Der Auftraggeber ist verpflichtet, erforderlichenfalls Weisungen zur Ergänzung der beim Auftragnehmer vorhandenen technischen und organisatorischen Maßnahmen zu erteilen. Der Auftraggeber hat sich vor Beginn der Datenverarbeitung und sodann regelmäßig von der Einhaltung der beim Auftragnehmer getroffenen technischen und organisatorischen Maßnahmen zu überzeugen. Das Ergebnis ist zu dokumentieren. Die Auftragserteilung an eine nicht-öffentliche Stelle setzt außerdem voraus, dass der Auftragnehmer dem Auftraggeber schriftlich das Recht eingeräumt hat,
1. Auskünfte bei ihm einzuholen,
2. während der Betriebs- oder Geschäftszeiten seine Grundstücke oder Geschäftsräume zu betreten und dort Besichtigungen und Prüfungen vorzunehmen und
3. geschäftliche Unterlagen sowie die gespeicherten Sozialdaten und Datenverarbeitungsprogramme einzusehen,

soweit es im Rahmen des Auftrags für die Überwachung des Datenschutzes erforderlich ist.

(3) Der Auftraggeber hat seiner Aufsichtsbehörde rechtzeitig vor der Auftragserteilung
1. den Auftragnehmer, die bei diesem vorhandenen technischen und organisatorischen Maßnahmen und ergänzenden Weisungen nach Absatz 2 Satz 2 und 3,
2. die Art der Daten, die im Auftrag erhoben, verarbeitet oder genutzt werden sollen, und den Kreis der Betroffenen,
3. die Aufgabe, zu deren Erfüllung die Erhebung, Verarbeitung oder Nutzung der Daten im Auftrag erfolgen soll sowie
4. den Abschluss von etwaigen Unterauftragsverhältnissen

schriftlich oder elektronisch anzuzeigen. Wenn der Auftragnehmer eine öffentliche Stelle ist, hat er auch schriftliche oder elektronische Anzeige an seine Aufsichtsbehörde zu richten.

(4) Der Auftragnehmer darf die zur Datenverarbeitung überlassenen Sozialdaten nicht für andere Zwecke verarbeiten oder nutzen und nicht länger speichern, als der Auftraggeber schriftlich bestimmt.

(5) Die Erhebung, Verarbeitung oder Nutzung von Sozialdaten im Auftrag durch nicht-öffentliche Stellen ist nur zulässig, wenn
1. beim Auftraggeber sonst Störungen im Betriebsablauf auftreten können oder
2. die übertragenen Arbeiten beim Auftragnehmer erheblich kostengünstiger besorgt werden können und der Auftrag nicht die Speicherung des gesamten Datenbestandes des Auftraggebers umfasst. Der überwie-

gende Teil der Speicherung des gesamten Datenbestandes muss beim Auftraggeber oder beim Auftragnehmer, der eine öffentliche Stelle ist und die Daten zur weiteren Datenverarbeitung im Auftrag an nicht-öffentliche Auftragnehmer weitergibt, verbleiben.

(6) Ist der Auftragnehmer eine in § 35 des Ersten Buches genannte Stelle, gelten neben den §§ 85 und 85 a nur § 4g Abs. 2, § 18 Abs. 2 und die §§ 24 bis 26 des Bundesdatenschutzgesetzes. Bei den in § 35 des Ersten Buches genannten Stellen, die nicht solche des Bundes sind, treten anstelle des Bundesbeauftragten für den Datenschutz insoweit die Landesbeauftragten für den Datenschutz. Ihre Aufgaben und Befugnisse richten sich nach dem jeweiligen Landesrecht. Ist der Auftragnehmer eine nicht-öffentliche Stelle, kontrolliert die Einhaltung der Absätze 1 bis 5 die nach Landesrecht zuständige Aufsichtsbehörde. Bei öffentlichen Stellen der Länder, die nicht Sozialversicherungsträger oder deren Verbände sind, gelten die landesrechtlichen Vorschriften über Verzeichnisse der eingesetzten Datenverarbeitungsanlagen und Dateien.

(7) Die Absätze 1, 2, 4 und 6 gelten entsprechend, wenn die Prüfung oder Wartung automatisierter Verfahren oder von Datenverarbeitungsanlagen durch andere Stellen im Auftrag vorgenommen wird und dabei ein Zugriff auf Sozialdaten nicht ausgeschlossen werden kann. Verträge über Wartungsarbeiten sind in diesem Falle rechtzeitig vor der Auftragserteilung der Aufsichtsbehörde mitzuteilen; sind Störungen im Betriebsablauf zu erwarten oder bereits eingetreten, ist der Vertrag unverzüglich mitzuteilen.

Vierter Abschnitt
Rechte des Betroffenen, Datenschutzbeauftragte und Schlussvorschriften

§ 81 Rechte des Einzelnen, Datenschutzbeauftragte

(1) Ist jemand der Ansicht, bei der Erhebung, Verarbeitung oder Nutzung seiner personenbezogenen Sozialdaten in seinen Rechten verletzt worden zu sein, kann er sich

1. **an den Bundesbeauftragten für den Datenschutz wenden, wenn er eine Verletzung seiner Rechte durch eine in § 35 des Ersten Buches genannten Stelle des Bundes bei der Wahrnehmung von Aufgaben nach diesem Gesetzbuch behauptet,**
2. **an die nach Landesrecht für die Kontrolle des Datenschutzes zuständigen Stellen wenden, wenn er die Verletzung seiner Rechte durch eine andere in § 35 des Ersten Buches genannte Stelle bei der Wahrnehmung von Aufgaben nach diesem Gesetzbuch behauptet.**

(2) Bei der Wahrnehmung von Aufgaben nach diesem Gesetzbuch gelten für die in § 35 des Ersten Buches genannten Stellen die §§ 24 bis 26 des Bundesdatenschutzgesetzes. Bei öffentlichen Stellen der Länder, die unter § 35 des Ersten Buches fallen, treten an die Stelle des Bundesbeauftragten

für den Datenschutz die Landesbeauftragten für den Datenschutz. Ihre Aufgaben und Befugnisse richten sich nach dem jeweiligen Landesrecht.

(3) Verbände und Arbeitsgemeinschaften der in § 35 des Ersten Buches genannten Stellen oder ihrer Verbände gelten, soweit sie Aufgaben nach diesem Gesetzbuch wahrnehmen und an ihnen Stellen des Bundes beteiligt sind, unbeschadet ihrer Rechtsform als öffentliche Stellen des Bundes, wenn sie über den Bereich eines Landes hinaus tätig werden, anderenfalls als öffentliche Stellen der Länder. Sonstige Einrichtungen der in § 35 des Ersten Buches genannten Stellen oder ihrer Verbände gelten als öffentliche Stellen des Bundes, wenn die absolute Mehrheit der Anteile oder der Stimmen einer oder mehrerer öffentlicher Stellen dem Bund zusteht, anderenfalls als öffentliche Stellen der Länder. Die Datenstelle der Rentenversicherung nach § 145 Abs. 1 des Sechsten Buches gilt als öffentliche Stelle des Bundes.

(4) Auf die in § 35 des Ersten Buches genannten Stellen und die Vermittlungsstellen nach § 67 d Abs. 4 sind die §§ 4f, 4g mit Ausnahme des Absatzes 3 sowie § 18 Abs. 2 des Bundesdatenschutzgesetzes entsprechend anzuwenden. In räumlich getrennten Organisationseinheiten ist sicherzustellen, dass der Beauftragte für den Datenschutz bei der Erfüllung seiner Aufgaben unterstützt wird. Die Sätze 1 und 2 gelten nicht für öffentliche Stellen der Länder mit Ausnahme der Sozialversicherungsträger und ihrer Verbände. Absatz 2 Satz 2 und 3 gilt entsprechend.

§ 82 Schadensersatz

Fügt eine in § 35 des Ersten Buches genannte Stelle dem Betroffenen durch eine nach diesem Gesetzbuch oder nach anderen Vorschriften über den Datenschutz unzulässige oder unrichtige Erhebung, Verarbeitung oder Nutzung seiner personenbezogenen Sozialdaten einen Schaden zu, ist § 7 des Bundesdatenschutzgesetzes entsprechend anzuwenden Für den Ersatz des Schadens bei unzulässiger oder unrichtiger automatisierter Erhebung, Verarbeitung oder Nutzung von personenbezogenen Sozialdaten gilt auch § 8 des Bundesdatenschutzgesetzes entsprechend.

§ 83 Auskunft an den Betroffenen

(1) Dem Betroffenen ist auf Antrag Auskunft zu erteilen über
1. die zu seiner Person gespeicherten Sozialdaten, auch soweit sie sich auf Herkunft dieser Daten beziehen, und
2. die Empfänger oder Kategorien von Empfängern, an die Daten weitergegeben werden, und
3. den Zweck der Speicherung.

In dem Antrag soll die Art der Sozialdaten, über die Auskunft erteilt werden soll, näher bezeichnet werden. Sind die Sozialdaten nicht automatisiert oder nicht in nicht automatisierten Dateien gespeichert, wird die Auskunft nur erteilt, soweit der Betroffene Angaben macht, die das Auffinden der Daten ermöglichen, und der für die Erteilung der Auskunft erforderliche

Aufwand nicht außer Verhältnis zu dem vom Betroffenen geltend gemachten Informationsinteresse steht. Die verantwortliche Stelle bestimmt das Verfahren, insbesondere die Form der Auskunftserteilung, nach pflichtgemäßem Ermessen. § 25 Abs. 2 gilt entsprechend.

(2) Für Sozialdaten, die nur deshalb gespeichert sind, weil sie auf Grund gesetzlicher, satzungsmäßiger oder vertraglicher Aufbewahrungsvorschriften nicht gelöscht werden dürfen oder die ausschließlich Zwecken der Datensicherung oder der Datenschutzkontrolle dienen, gilt Absatz 1 nicht, wenn eine Auskunftserteilung einen unverhältnismäßigen Aufwand erfordern würde.

(3) Bezieht sich die Auskunftserteilung auf die Übermittlung von Sozialdaten an Staatsanwaltschaften und Gerichte im Bereich der Strafverfolgung, an Polizeibehörden, Verfassungsschutzbehörden, den Bundesnachrichtendienst und den Militärischen Abschirmdienst, ist sie nur mit Zustimmung dieser Stellen zulässig.

(4) Die Auskunftserteilung unterbleibt, soweit
1. die Auskunft die ordnungsgemäße Erfüllung der in der Zuständigkeit der verantwortlichen Stelle liegenden Aufgaben gefährden würde,
2. die Auskunft die öffentliche Sicherheit gefährden oder sonst dem Wohle des Bundes oder eines Landes Nachteile bereiten würde oder
3. die Daten oder die Tatsache ihrer Speicherung nach einer Rechtsvorschrift oder ihrem Wesen nach, insbesondere wegen der überwiegenden berechtigten Interessen eines Dritten, geheimgehalten werden müssen,

und deswegen das Interesse des Betroffenen an der Auskunftserteilung zurücktreten muss.

(5) Die Ablehnung der Auskunftserteilung bedarf keiner Begründung, soweit durch die Mitteilung der tatsächlichen und rechtlichen Gründe, auf die die Entscheidung gestützt wird, der mit der Auskunftsverweigerung verfolgte Zweck gefährdet würde. In diesem Falle ist der Betroffene darauf hinzuweisen, dass er sich, wenn die in § 35 des Ersten Buches genannten Stellen der Kontrolle des Bundesbeauftragten für den Datenschutz unterliegen, an diesen, sonst an die nach Landesrecht für die Kontrolle des Datenschutzes zuständige Stelle wenden kann.

(6) Wird einem Auskunftsberechtigten keine Auskunft erteilt, so kann, soweit es sich um in § 35 des Ersten Buches genannte Stellen handelt, die der Kontrolle des Bundesbeauftragten für den Datenschutz unterliegen, dieser, sonst die nach Landesrecht für die Kontrolle des Datenschutzes zuständige Stelle auf Verlangen der Auskunftsberechtigten prüfen, ob die Ablehnung der Auskunftserteilung rechtmäßig war.

(7) Die Auskunft ist unentgeltlich.

§ 83 a Informationspflicht bei unrechtmäßiger Kenntniserlangung von Sozialdaten

Stellt eine in § 35 des Ersten Buches genannte Stelle fest, dass bei ihr gespeicherte besondere Arten personenbezogener Daten (§ 67 Absatz 12)

unrechtmäßig übermittelt oder auf sonstige Weise Dritten unrechtmäßig zur Kenntnis gelangt sind und drohen schwerwiegende Beeinträchtigungen für die Rechte oder schutzwürdigen Interessen der Betroffenen, hat sie dies unverzüglich der nach § 90 des Vierten Buches zuständigen Aufsichtsbehörde, der zuständigen Datenschutzaufsichtsbehörde sowie den Betroffenen mitzuteilen. § 42a Satz 2 bis 6 des Bundesdatenschutzgesetzes gilt entsprechend.

§ 84 Berichtigung, Löschung und Sperrung von Daten; Widerspruchsrecht

(1) Sozialdaten sind zu berichtigen, wenn sie unrichtig sind. Wird die Richtigkeit von Sozialdaten von dem Betroffenen bestritten und lässt sich weder die Richtigkeit noch die Unrichtigkeit der Daten feststellen, bewirkt dies keine Sperrung, soweit es um die Erfüllung sozialer Aufgaben geht; die ungeklärte Sachlage ist in geeigneter Weise festzuhalten. Die bestrittenen Daten dürfen nur mit einem Hinweis hierauf genutzt und übermittelt werden.

(1 a) § 20 Abs. 5 des Bundesdatenschutzgesetzes gilt entsprechend.

(2) Sozialdaten sind zu löschen, wenn ihre Speicherung unzulässig ist. Sie sind auch zu löschen, wenn ihre Kenntnis für die verantwortliche Stelle zur rechtmäßigen Erfüllung der in ihrer Zuständigkeit liegenden Aufgaben nicht mehr erforderlich ist und kein Grund zu der Annahme besteht, dass durch die Löschung schutzwürdige Interessen des Betroffenen beeinträchtigt werden.

(3) An die Stelle einer Löschung tritt eine Sperrung, soweit

1. **einer Löschung gesetzliche, satzungsmäßige oder vertragliche Aufbewahrungsfristen entgegenstehen,**
2. **Grund zu der Annahme besteht, dass durch eine Löschung schutzwürdige Interessen des Betroffenen beeinträchtigt würden, oder**
3. **eine Löschung wegen der besonderen Art der Speicherung nicht oder nicht mit angemessenem Aufwand möglich ist.**

(4) Gesperrte Sozialdaten dürfen ohne Einwilligung des Betroffenen nur übermittelt oder genutzt werden, wenn

1. **es zu wissenschaftlichen Zwecken, zur Behebung einer bestehenden Beweisnot oder aus sonstigen im überwiegenden Interesse der verantwortlichen Stelle oder eines Dritten liegenden Gründen unerlässlich ist und**
2. **die Sozialdaten hierfür übermittelt oder genutzt werden dürften, wenn sie nicht gesperrt wären.**

(5) Von der Tatsache, dass Sozialdaten bestritten oder nicht mehr bestritten sind, von der Berichtigung unrichtiger Daten sowie der Löschung oder Sperrung wegen Unzulässigkeit der Speicherung sind die Stellen zu verständigen, denen im Rahmen einer Datenübermittlung diese Daten zur Speicherung weitergegeben worden sind, wenn dies keinen unverhältnismäßigen Aufwand erfordert und schutzwürdige Interessen des Betroffenen nicht entgegenstehen.

(6) § 71 Abs. 1 Satz 3 bleibt unberührt.

§ 84a Unabdingbare Rechte des Betroffenen

(1) Die Rechte des Betroffenen nach diesem Kapitel können nicht durch Rechtsgeschäfte ausgeschlossen oder beschränkt werden.

(2) Sind die Daten des Betroffenen automatisiert oder in einer nicht automatisierten Datei gespeichert und sind mehrere Stellen speicherungsberechtigt, kann der Betroffene sich an jede dieser Stellen wenden, wenn er nicht in der Lage ist festzustellen, welche Stelle die Daten gespeichert hat. Diese ist verpflichtet, das Vorbringen des Betroffenen an die Stelle, die die Daten gespeichert hat, weiterzuleiten. Der Betroffene ist über die Weiterleitung und jene Stelle zu unterrichten.

§ 85 Bußgeldvorschriften

(1) Ordnungswidrig handelt, wer vorsätzlich oder fahrlässig

1. entgegen § 78 Abs. 1 Satz 1 Sozialdaten verarbeitet oder nutzt, wenn die Handlung nicht nach Absatz 2 Nr. 5 geahndet werden kann,

1a. entgegen § 80 Absatz 2 Satz 2 einen Auftrag nicht richtig, nicht vollständig oder nicht in der vorgeschriebenen Weise erteilt,

1b. entgegen § 80 Absatz 2 Satz 4 sich nicht vor Beginn der Datenverarbeitung von der Einhaltung der beim Auftragnehmer getroffenen technischen und organisatorischen Maßnahmen überzeugt,

2. entgegen § 80 Abs. 4, auch in Verbindung mit § 67d Abs. 4 Satz 2, Sozialdaten anderweitig verarbeitet, nutzt oder länger speichert oder

3. entgegen § 81 Abs. 4 Satz 1 dieses Gesetzes in Verbindung mit § 4f Abs. 1 Satz 1 oder 2 des Bundesdatenschutzgesetzes, diese jeweils auch in Verbindung mit § 4f Abs. 1 Satz 3 und 6 des Bundesdatenschutzgesetzes, einen Beauftragten für den Datenschutz nicht oder nicht rechtzeitig bestellt.

(2) Ordnungswidrig handelt, wer vorsätzlich oder fahrlässig

1. unbefugt Sozialdaten, die nicht allgemein zugänglich sind, erhebt oder verarbeitet,
2. unbefugt Sozialdaten, die nicht allgemein zugänglich sind, zum Abruf mittels automatisierten Verfahrens bereithält,
3. unbefugt Sozialdaten, die nicht allgemein zugänglich sind, abruft oder sich oder einem anderen aus automatisierten Verarbeitungen oder nicht automatisierten Dateien verschafft,
4. die Übermittlung von Sozialdaten, die nicht allgemein zugänglich sind, durch unrichtige Angaben erschleicht,
5. entgegen § 67c Abs. 5 Satz 1 oder § 78 Abs. 1 Satz 1 Sozialdaten für andere Zwecke nutzt, indem er sie an Dritte weitergibt oder
6. entgegen § 83a Satz 1 eine Mitteilung nicht, nicht richtig, nicht vollständig oder nicht rechtzeitig macht.

(3) Die Ordnungswidrigkeit kann im Falle des Absatzes 1 mit einer Geldbuße bis zu fünfzigtausend Euro, in den Fällen des Absatzes 2 mit einer Geldbuße bis zu dreihunderttausend Euro geahndet werden. Die Geldbuße

soll den wirtschaftlichen Vorteil, den der Täter aus den Ordnungswidrigkeiten gezogen hat, übersteigen. Reichen die in Satz 1 genannten Beträge hierfür nicht aus, so können sie überschritten werden.

§ 85a Strafvorschriften

(1) Wer eine in § 85 Abs. 2 bezeichnete vorsätzliche Handlung gegen Entgelt oder in der Absicht, sich oder einen anderen zu bereichern oder einen anderen zu schädigen, begeht, wird mit Freiheitsstrafe bis zu zwei Jahren oder mit Geldstrafe bestraft.

(2) Die Tat wird nur auf Antrag verfolgt. Antragsberechtigt sind der Betroffene, die verantwortliche Stelle, der Bundesbeauftragte für den Datenschutz oder der zuständige Landesbeauftragte für den Datenschutz.

Drittes Kapitel
Zusammenarbeit der Leistungsträger und ihre Beziehungen zu Dritten

Erster Abschnitt
Zusammenarbeit der Leistungsträger untereinander und mit Dritten

Erster Titel
Allgemeine Vorschriften

§ 86 Zusammenarbeit

Die Leistungsträger, ihre Verbände und die in diesem Gesetzbuch genannten öffentlich-rechtlichen Vereinigungen sind verpflichtet, bei der Erfüllung ihrer Aufgaben nach diesem Gesetzbuch eng zusammenzuarbeiten.

Zweiter Titel
Zusammenarbeit der Leistungsträger untereinander

§ 87 Beschleunigung der Zusammenarbeit

(1) Ersucht ein Leistungsträger einen anderen Leistungsträger um Verrechnung mit einer Nachzahlung und kann er die Höhe des zu verrechnenden Anspruchs noch nicht bestimmen, ist der ersuchte Leistungsträger dagegen bereits in der Lage, die Nachzahlung zu erbringen, ist die Nachzahlung spätestens innerhalb von zwei Monaten nach Zugang des Verrechnungsersuchens zu leisten. Soweit die Nachzahlung nach Auffassung der beteiligten Leistungsträger die Ansprüche der ersuchenden Leistungsträger übersteigt, ist sie unverzüglich auszuzahlen.

(2) Ist ein Anspruch auf eine Geldleistung auf einen anderen Leistungsträger übergegangen und ist der Anspruchsübergang sowohl diesem als auch dem verpflichteten Leistungsträger bekannt, hat der verpflichtetete Leistungsträger die Geldleistung nach Ablauf von zwei Monaten seit dem Zeitpunkt, in dem die Auszahlung frühestens möglich ist, an den Berechtigten auszuzahlen, soweit ihm bis zu diesem Zeitpunkt nicht bekannt ist, in welcher Höhe der Anspruch dem anderen Leistungsträger zusteht. Die Auszahlung hat gegenüber dem anderen Leistungsträger befreiende Wirkung. Absatz 1 Satz 2 gilt entsprechend.

§ 88 Auftrag

(1) Ein Leistungsträger (Auftraggeber) kann ihm obliegende Aufgaben durch einen anderen Leistungsträger oder seinen Verband (Beauftragter) mit dessen Zustimmung wahrnehmen lassen, wenn dies

1. wegen des sachlichen Zusammenhangs der Aufgaben vom Auftraggeber und Beauftragten,
2. zur Durchführung der Aufgaben und
3. im wohlverstandenen Interesse der Betroffenen

zweckmäßig ist. Satz 1 gilt nicht im Recht der Ausbildungsförderung, der Kriegsopferfürsorge, des Kindergeldes, der Unterhaltsvorschüsse und Unterhaltsausfalleistungen, im Wohngeldrecht sowie im Recht der Jugendhilfe und der Sozialhilfe.

(2) Der Auftrag kann für Einzelfälle sowie für gleichartige Fälle erteilt werden. Ein wesentlicher Teil des gesamten Aufgabenbereichs muss beim Auftraggeber verbleiben.

(3) Verbände dürfen Verwaltungsakte nur erlassen, soweit sie hierzu durch Gesetz oder auf Grund eines Gesetzes berechtigt sind. Darf der Verband Verwaltungsakte erlassen, ist die Berechtigung in der für die amtlichen Veröffentlichungen des Verbandes sowie der Mitglieder vorgeschriebenen Weise bekanntzumachen.

(4) Der Auftraggeber hat einen Auftrag für gleichartige Fälle in der für seine amtlichen Veröffentlichungen vorgeschriebenen Weise bekanntzumachen.

§ 89 Ausführung des Auftrags

(1) Verwaltungsakte, die der Beauftragte zur Ausführung des Auftrages erlässt, ergehen im Namen des Auftraggebers.

(2) Durch den Auftrag wird der Auftraggeber nicht von seiner Verantwortung gegenüber dem Betroffenen entbunden.

(3) Der Beauftragte hat dem Auftraggeber die erforderlichen Mitteilungen zu machen, auf Verlangen über die Ausführung des Auftrags Auskunft zu erteilen und nach der Ausführung des Auftrags Rechenschaft abzulegen.

(4) Der Auftraggeber ist berechtigt, die Ausführung des Auftrags jederzeit zu prüfen.

(5) Der Auftraggeber ist berechtigt, den Beauftragten an seine Auffassung zu binden.

§ 90 Anträge und Widerspruch beim Auftrag

Der Beteiligte kann auch beim Beauftragten Anträge stellen. Erhebt der Beteiligte gegen eine Entscheidung des Beauftragten Widerspruch und hilft der Beauftragte diesem nicht ab, erlässt den Widerspruchsbescheid die für den Auftraggeber zuständige Widerspruchsstelle.

§ 91 Erstattung von Aufwendungen

(1) Erbringt ein Beauftragter Sozialleistungen für einen Auftraggeber, ist dieser zur Erstattung verpflichtet. Sach- und Dienstleistungen sind in Geld zu erstatten. Eine Erstattungspflicht besteht nicht, soweit Sozialleistungen zu Unrecht erbracht worden sind und den Beauftragten hierfür ein Verschulden trifft.

(2) Die bei der Ausführung des Auftrags entstehenden Kosten sind zu erstatten. Absatz 1 Satz 3 gilt entsprechend.

(3) Für die zur Ausführung des Auftrags erforderlichen Aufwendungen hat der Auftraggeber dem Beauftragten auf Verlangen einen angemessenen Vorschuss zu zahlen.

(4) Abweichende Vereinbarungen, insbesondere über pauschalierte Erstattungen, sind zulässig.

§ 92 Kündigung des Auftrags

Der Auftraggeber oder der Beauftragte kann den Auftrag kündigen. Die Kündigung darf nur zu einem Zeitpunkt erfolgen, der es ermöglicht, dass der Auftraggeber für die Erledigung der Aufgabe auf andere Weise rechtzeitig Vorsorge treffen und der Beauftragte sich auf den Wegfall des Auftrags in angemessener Zeit einstellen kann. Liegt ein wichtiger Grund vor, kann mit sofortiger Wirkung gekündigt werden. § 88 Abs. 4 gilt entsprechend.

§ 93 Gesetzlicher Auftrag

Handelt ein Leistungsträger auf Grund gesetzlichen Auftrags für einen anderen, gelten § 89 Abs. 3 und 5 sowie § 91 Abs. 1 und 3 entsprechend.

§ 94 Arbeitsgemeinschaften

(1) Die Arbeitsgemeinschaft für Krebsbekämpfung der Träger der gesetzlichen Kranken- und Rentenversicherung im Lande Nordrhein-Westfalen, die Rheinische Arbeitsgemeinschaft zur Rehabilitation Suchtkranker, die Westfälische Arbeitsgemeinschaft zur Rehabilitation Suchtkranker, die Arbeitsgemeinschaft zur Rehabilitation Suchtkranker im Lande Hessen sowie die Arbeitsgemeinschaft für Heimdialyse im Lande Hessen sind berechtigt, Verwaltungsakte zu erlassen zur Erfüllung der Aufgaben, die ihnen am 1. Juli 1981 übertragen waren.

(1 a) Träger der Sozialversicherung, Verbände von Trägern der Sozialversicherung und die Bundesagentur für Arbeit einschließlich der in § 19a Abs. 2 des Ersten Buches genannten anderen Leistungsträger können insbesondere zur gegenseitigen Unterrichtung, Abstimmung, Koordinierung und Förderung der engen Zusammenarbeit im Rahmen der ihnen gesetzlich übertragenen Aufgaben Arbeitsgemeinschaften bilden. Die Aufsichtsbehörde ist vor der Bildung von Arbeitsgemeinschaften und dem Beitritt zu ihnen so rechtzeitig und umfassend zu unterrichten, dass ihr ausreichend Zeit zur Prüfung bleibt. Die Aufsichtsbehörde kann auf eine Unterrichtung verzichten.

(2) Können nach diesem Gesetzbuch Arbeitsgemeinschaften gebildet werden, unterliegen diese staatlicher Aufsicht, die sich auf die Beachtung von Gesetz und sonstigem Recht erstreckt, das für die Arbeitsgemeinschaften, die Leistungsträger und ihre Verbände maßgebend ist; die §§ 85, 88, 90 und 90a des Vierten Buches gelten entsprechend; ist ein Spitzenverband der gesetzlichen Krankenkassen oder die Bundesagentur für Arbeit Mitglied einer Arbeitsgemeinschaft, führt das zuständige Bundesministerium in Abstimmung mit den für die übrigen Mitglieder zuständigen Aufsichtsbehörden die Aufsicht. Fehlt ein Zuständigkeitsbereich im Sinne des § 90 des Vierten Buches, führen die Aufsicht die für die Sozialversicherung zuständigen obersten Verwaltungsbehörden oder die von der Landesregierung durch Rechtsverordnung bestimmten Behörden des Landes, in dem die Arbeitsgemeinschaften ihren Sitz haben; die Landesregierungen können diese Ermächtigung durch Rechtsverordnung auf die obersten Landesbehörden weiter übertragen. Soweit die Arbeitsgemeinschaft die Aufgaben der Registratur Fachverfahren nach § 96 Abs. 2 des Vierten Buches wahrnimmt, führt das Bundesministerium für Gesundheit die Aufsicht im Einvernehmen mit dem Bundesministerium für Arbeit und Soziales.

(3) Soweit erforderlich, stellt eine Arbeitsgemeinschaft unter entsprechender Anwendung von § 67 des Vierten Buches einen Haushaltsplan auf.

(4) § 88 Abs. 1 Satz 1 und Abs. 2 gilt entsprechend.

§ 95 Zusammenarbeit bei Planung und Forschung

(1) Die in § 86 genannten Stellen sollen

1. Planungen, die auch für die Willensbildung und Durchführung von Aufgaben der anderen von Bedeutung sind, im Benehmen miteinander abstimmen sowie
2. gemeinsame örtliche und überörtliche Pläne in ihrem Aufgabenbereich über soziale Dienste und Einrichtungen, insbesondere deren Bereitstellung und Inanspruchnahme, anstreben.

Die jeweiligen Gebietskörperschaften sowie die gemeinnützigen und freien Einrichtungen und Organisationen sollen insbesondere hinsichtlich der Bedarfsermittlung beteiligt werden.

(2) Die in § 86 genannten Stellen sollen Forschungsvorhaben über den gleichen Gegenstand aufeinander abstimmen.

§ 96 Ärztliche Untersuchungen, psychologische Eignungsuntersuchungen

(1) Veranlasst ein Leistungsträger eine ärztliche Untersuchungsmaßnahme oder eine psychologische Eignungsuntersuchungsmaßnahme, um festzustellen, ob die Voraussetzungen für eine Sozialleistung vorliegen, sollen die Untersuchungen in der Art und Weise vorgenommen und deren Ergebnisse so festgehalten werden, dass sie auch bei der Prüfung der Voraussetzungen anderer Sozialleistungen verwendet werden können. Der Umfang der Untersuchungsmaßnahme richtet sich nach der Aufgabe, die der Leistungsträger, der die Untersuchung veranlasst hat, zu erfüllen hat. Die Untersuchungsbefunde sollen bei der Feststellung, ob die Voraussetzungen einer anderen Sozialleistung vorliegen, verwertet werden.

(2) Durch Vereinbarungen haben die Leistungsträger sicherzustellen, dass Untersuchungen unterbleiben, soweit bereits verwertbare Untersuchungsergebnisse vorliegen. Für den Einzelfall sowie nach Möglichkeit für eine Vielzahl von Fällen haben die Leistungsträger zu vereinbaren, dass bei der Begutachtung der Voraussetzungen von Sozialleistungen die Untersuchungen nach einheitlichen und vergleichbaren Grundlagen, Maßstäben und Verfahren vorgenommen und die Ergebnisse der Untersuchungen festgehalten werden. Sie können darüber hinaus vereinbaren, dass sich der Umfang der Untersuchungsmaßnahme nach den Aufgaben der beteiligten Leistungsträger richtet; soweit die Untersuchungsmaßnahme hierdurch erweitert ist, ist die Zustimmung des Betroffenen erforderlich.

(3) Die Bildung einer Zentraldatei mehrerer Leistungsträger für Daten der untersuchten Leistungsempfänger ist nicht zulässig.

Dritter Titel
Zusammenarbeit der Leistungsträger mit Dritten

§ 97 Durchführung von Aufgaben durch Dritte

(1) Kann ein Leistungsträger, ein Verband von Leistungsträgern oder eine Arbeitsgemeinschaft von einem Dritten Aufgaben wahrnehmen lassen, muss sichergestellt sein, dass der Dritte die Gewähr für eine sachgerechte, die Rechte und Interessen des Betroffenen wahrende Erfüllung der Aufgaben bietet. Soweit Aufgaben aus dem Bereich der Sozialversicherung von einem Dritten, an dem ein Leistungsträger, ein Verband oder eine Arbeitsgemeinschaft unmittelbar oder mittelbar beteiligt ist, wahrgenommen werden sollen, hat der Leistungsträger, der Verband oder die Arbeitsgemeinschaft den Dritten zu verpflichten, dem Auftraggeber auf Verlangen alle Unterlagen vorzulegen und über alle Tatsachen Auskunft zu erteilen, die zur Ausübung des Aufsichtsrechts über die Auftraggeber auf Grund pflichtgemäßer Prüfung der Aufsichtsbehörde des Auftraggebers erforderlich sind. Die Aufsichtsbehörde ist durch den Leistungsträger, den Verband oder die Arbeitsgemeinschaft so rechtzeitig und umfassend zu unterrichten, dass ihr vor der Aufgabenübertragung oder einer Änderung ausrei-

chend Zeit zur Prüfung bleibt. Die Aufsichtsbehörde kann auf eine Unterrichtung verzichten. Die Sätze 3 und 4 gelten nicht für die Bundesagentur für Arbeit.

(2) § 89 Abs. 3 bis 5, § 91 Abs. 1 bis 3 sowie § 92 gelten entsprechend.

§ 98 Auskunftspflicht des Arbeitgebers

(1) Soweit es in der Sozialversicherung einschließlich der Arbeitslosenversicherung im Einzelfall für die Erbringung von Sozialleistungen erforderlich ist, hat der Arbeitgeber auf Verlangen dem Leistungsträger oder der zuständigen Einzugsstelle Auskunft über die Art und Dauer der Beschäftigung, den Beschäftigungsort und das Arbeitsentgelt zu erteilen. Wegen der Entrichtung von Beiträgen hat der Arbeitgeber über alle Tatsachen Auskunft zu erteilen, die für die Erhebung der Beiträge notwendig sind. Der Arbeitgeber hat auf Verlangen die Geschäftsbücher, Listen oder andere Unterlagen, aus denen die Angaben über die Beschäftigung hervorgehen, während der Betriebszeit nach seiner Wahl den in Satz 1 bezeichneten Stellen entweder in deren oder in seinen eigenen Geschäftsräumen zur Einsicht vorzulegen. Das Wahlrecht nach Satz 3 entfällt, wenn besondere Gründe eine Prüfung in den Geschäftsräumen des Arbeitgebers gerechtfertigt erscheinen lassen. Satz 4 gilt nicht gegenüber Arbeitgebern des öffentlichen Dienstes. Die Sätze 2 bis 5 gelten auch für Stellen im Sinne des § 28p Abs. 6 des Vierten Buches.

(1a) Soweit die Träger der Rentenversicherung nach § 28p des Vierten Buches prüfberechtigt sind, bestehen die Verpflichtungen des Arbeitgebers nach Absatz 1 Satz 3 bis 5 gegenüber den Einzugsstellen wegen der Entrichtung des Gesamtsozialversicherungsbeitrags nicht; die Verpflichtung nach Absatz 1 Satz 2 besteht gegenüber den Einzugsstellen nur im Einzelfall.

(2) Wird die Auskunft wegen der Erbringung von Sozialleistungen verlangt, gilt § 65 Abs. 1 des Ersten Buches entsprechend. Auskünfte auf Fragen, deren Beantwortung dem Arbeitgeber selbst oder einer ihm nahestehenden Person (§ 383 Abs. 1 Nr. 1 bis 3 der Zivilprozessordnung) die Gefahr zuziehen würde, wegen einer Straftat oder einer Ordnungswidrigkeit verfolgt zu werden, können verweigert werden; dem Arbeitgeber stehen die in Absatz 1 Satz 6 genannten Stellen gleich.

(3) Hinsichtlich des Absatzes 1 Satz 2 und 3 sowie des Absatzes 2 stehen einem Arbeitgeber die Personen gleich, die wie ein Arbeitgeber Beiträge für eine kraft Gesetzes versicherte Person zu entrichten haben.

(4) Das Bundesministerium für Arbeit und Soziales kann durch Rechtsverordnung mit Zustimmung des Bundesrates das Nähere über die Durchführung der in Absatz 1 genannten Mitwirkung bestimmen.

(5) Ordnungswidrig handelt, wer vorsätzlich oder leichtfertig

1. **entgegen Absatz 1 Satz 1 oder**
2. **entgegen Absatz 1 Satz 2 oder Satz 3, jeweils auch in Verbindung mit Absatz 1 Satz 6 oder Absatz 3**

eine Auskunft nicht, nicht richtig, nicht vollständig oder nicht rechtzeitig erteilt oder eine Unterlage nicht, nicht richtig, nicht vollständig oder nicht rechtzeitig vorlegt. Die Ordnungswidrigkeit kann mit einer Geldbuße bis zu fünftausend Euro geahndet werden. Die Sätze 1 und 2 gelten nicht für die Leistungsträger, wenn sie wie ein Arbeitgeber Beiträge für eine kraft Gesetzes versicherte Person zu entrichten haben.

§ 99 Auskunftspflicht von Angehörigen, Unterhaltspflichtigen oder sonstigen Personen

Ist nach dem Recht der Sozialversicherung einschließlich der Arbeitslosenversicherung oder dem sozialen Entschädigungsrecht

1. das Einkommen oder das Vermögen von Angehörigen des Leistungsempfängers oder sonstiger Personen bei einer Sozialleistung oder ihrer Erstattung zu berücksichtigen oder
2. die Sozialleistung oder ihre Erstattung von der Höhe eines Unterhaltsanspruchs abhängig, der dem Leistungsempfänger gegen einen Unterhaltspflichtigen zusteht,

gelten für diese Personen § 60 Abs. 1 Nr. 1 und 3 sowie § 65 Abs. 1 des Ersten Buches entsprechend. Das Gleiche gilt für den in Satz 1 genannten Anwendungsbereich in den Fällen, in denen Unterhaltspflichtige, Angehörige, der frühere Ehegatte, der frühere Lebenspartener oder Erben zum Ersatz der Aufwendungen des Leistungsträgers herangezogen werden. Auskünfte auf Fragen, deren Beantwortung einem nach Satz 1 oder Satz 2 Auskunftspflichtigen oder einer ihm nahestehenden Person (§ 383 Abs. 1 Nr. 1 bis 3 der Zivilprozessordnung) die Gefahr zuziehen würde, wegen einer Straftat oder einer Ordnungswidrigkeit verfolgt zu werden, können verweigert werden.

§ 100 Auskunftspflicht des Arztes oder Angehörigen eines anderen Heilberufs

(1) Der Arzt oder Angehörige eines anderen Heilberufs ist verpflichtet, dem Leistungsträger im Einzelfall auf Verlangen Auskunft zu erteilen, soweit es für die Durchführung von dessen Aufgaben nach diesem Gesetzbuch erforderlich und

1. es gesetzlich zugelassen ist oder
2. der Betroffene im Einzelfall eingewilligt hat.

Die Einwilligung bedarf der Schriftform, soweit nicht wegen besonderer Umstände eine andere Form angemessen ist. Die Sätze 1 und 2 gelten entsprechend für Krankenhäuser sowie für Vorsorge- oder Rehabilitationseinrichtungen.

(2) Auskünfte auf Fragen, deren Beantwortung dem Arzt, dem Angehörigen eines anderen Heilberufs oder ihnen nahestehenden Personen (§ 383 Abs. 1 Nr. 1 bis 3 der Zivilprozessordnung) die Gefahr zuziehen würde, wegen einer Straftat oder einer Ordnungswidrigkeit verfolgt zu werden, können verweigert werden.

§ 101 Auskunftspflicht der Leistungsträger

Die Leistungsträger haben auf Verlangen eines behandelnden Arztes Untersuchungsbefunde, die für die Behandlung von Bedeutung sein können, mitzuteilen, sofern der Betroffene im Einzelfall in die Mitteilung eingewilligt hat. § 100 Abs. 1 Satz 2 gilt entsprechend.

§ 101 a Mitteilungen der Meldebehörden

(1) Die Datenstelle der Rentenversicherung übermittelt die Mitteilungen aller Sterbefälle und Anschriftenänderungen (§ 196 Abs. 2 des Sechsten Buches) unverzüglich an die Deutsche Post AG.

(2) Die Mitteilungen, die von der Datenstelle der Rentenversicherung an die Deutsche Post AG übermittelt werden, dürfen von der Deutschen Post AG

1. nur dazu verwendet werden, um laufende Geldleistungen der Leistungsträger, der in § 69 Abs. 2 genannten Stellen sowie ausländischer Leistungsträger mit laufenden Geldleistungen in die Bundesrepublik Deutschland einzustellen oder deren Einstellung zu veranlassen sowie um Anschriften von Empfängern laufender Geldleistungen der Leistungsträger und der in § 69 Abs. 2 genannten Stellen zu berichtigen oder deren Berichtigung zu veranlassen, und darüber hinaus
2. nur weiter übermittelt werden, um den Trägern der Unfallversicherung, der Sozialversicherung für Landwirtschaft, Forsten und Gartenbau und den in § 69 Abs. 2 genannten Zusatzversorgungseinrichtungen eine Aktualisierung ihrer Versichertenbestände oder Mitgliederbestände zu ermöglichen.

(3) Die Verwendung und Übermittlung der Mitteilungen erfolgt

1. in der allgemeinen Rentenversicherung im Rahmen des gesetzlichen Auftrags der Deutschen Post AG nach § 119 Abs. 1 Satz 1 des Sechsten Buches,
2. im Übrigen im Rahmen eines öffentlich-rechtlichen oder privatrechtlichen Vertrages der Deutschen Post AG mit den Leistungsträgern oder den in § 69 Abs. 2 genannten Stellen.

Zweiter Abschnitt
Erstattungsansprüche der Leistungsträger untereinander

§ 102 Anspruch des vorläufig leistenden Leistungsträgers

(1) Hat ein Leistungsträger auf Grund gesetzlicher Vorschriften vorläufig Sozialleistungen erbracht, ist der zur Leistung verpflichtete Leistungsträger erstattungspflichtig.

(2) Der Umfang des Erstattungsanspruchs richtet sich nach den für den vorleistenden Leistungsträger geltenden Rechtsvorschriften.

§ 103 Anspruch des Leistungsträgers, dessen Leistungsverpflichtung nachträglich entfallen ist

(1) Hat ein Leistungsträger Sozialleistungen erbracht und ist der Anspruch auf diese nachträglich ganz oder teilweise entfallen, ist der für die entsprechende Leistung zuständige Leistungsträger erstattungspflichtig, soweit dieser nicht bereits selbst geleistet hat, bevor er von der Leistung des anderen Leistungsträgers Kenntnis erlangt hat.

(2) Der Umfang des Erstattungsanspruchs richtet sich nach den für den zuständigen Leistungsträger geltenden Rechtsvorschriften.

(3) Die Absätze 1 und 2 gelten gegenüber den Trägern der Sozialhilfe, der Kriegsopferfürsorge und der Jugendhilfe nur von dem Zeitpunkt ab, von dem ihnen bekannt war, dass die Voraussetzungen für ihre Leistungspflicht vorlagen.

§ 104 Anspruch des nachrangig verpflichteten Leistungsträgers

(1) Hat ein nachrangig verpflichteter Leistungsträger Sozialleistungen erbracht, ohne dass die Voraussetzungen von § 103 Abs. 1 vorliegen, ist der Leistungsträger erstattungspflichtig, gegen den der Berechtigte vorrangig einen Anspruch hat oder hatte, soweit der Leistungsträger nicht bereits selbst geleistet hat, bevor er von der Leistung des anderen Leistungsträgers Kenntnis erlangt hat. Nachrangig verpflichtet ist ein Leistungsträger, soweit dieser bei rechtzeitiger Erfüllung der Leistungsverpflichtung eines anderen Leistungsträgers selbst nicht zur Leistung verpflichtet gewesen wäre. Ein Erstattungsanspruch besteht nicht, soweit der nachrangige Leistungsträger seine Leistungen auch bei Leistung des vorrangig verpflichteten Leistungsträgers hätte erbringen müssen. Satz 1 gilt entsprechend, wenn von den Trägern der Sozialhilfe, der Kriegsopferfürsorge und der Jugendhilfe Aufwendungsersatz geltend gemacht oder ein Kostenbeitrag erhoben werden kann; Satz 3 gilt in diesen Fällen nicht.

(2) Absatz 1 gilt auch dann, wenn von einem nachrangig verpflichteten Leistungsträger für einen Angehörigen Sozialleistungen erbracht worden sind und ein anderer mit Rücksicht auf diesen Angehörigen einen Anspruch auf Sozialleistungen auch auf besonders bezeichnete Leistungsteile, gegenüber einem vorrangig verpflichteten Leistungsträger hat oder hatte.

(3) Der Umfang des Erstattungsanspruchs richtet sich nach den für den vorrangig verpflichteten Leistungsträger geltenden Rechtsvorschriften.

(4) Sind mehrere Leistungsträger vorrangig verpflichtet, kann der Leistungsträger, der die Sozialleistungen erbracht hat, Erstattung nur von dem Leistungsträger verlangen, für den er nach § 107 Abs. 2 mit befreiender Wirkung geleistet hat.

Aus Rundschreiben, Urteilen etc.

BSG v. 14.5.1985 – 4 a RJ 21/84 (FEVS 35, 207)
Der Anspruch aus § 104 Abs. 1 Satz 1 SGB X besteht grundsätzlich selbständig und unabhängig vom Anspruch des Berechtigten gegen den vorrangig verpflichteten Leistungsträger.
Soweit es sich bei Anwendung von § 104 Abs. 1 Satz 1 SGB X um einen „Anspruch" des Berechtigten auf Ermessensleistungen handelt, wird der Anspruch auf Erstattung nur durch evidente Umstände ausgeschlossen, die eine Ablehnung der Leistung durch den vorrangig Verpflichteten als ermessensfehlerfrei erscheinen lassen könnten.
Zur Begrenzung der Aufklärungspflicht des Gerichts durch die Darlegungslast der Beteiligten.

BSG v. 14.5.1985 – 4 a RJ 21/84 (FEVS 86, 207; Breithaupt 1987, 377)
Der Anspruch aus § 104 Abs. 1 Satz 1 SGB X besteht grundsätzlich selbständig und unabhängig vom Anspruch des Berechtigten gegen den vorrangig verpflichteten Leistungsträger.

BSG v. 18.12.1986 – 4 a RJ 1/86 (FEVS 87, 303; Breithaupt 1987, 377)
Der Erstattungsanspruch des Sozialhilfeträgers nach § 104 Abs. 1 SGB X gegenüber dem Rentenversicherungsträger kann sich auch auf eine von ihm gezahlte Weihnachtsbeihilfe erstrecken.

§ 105 Anspruch des unzuständigen Leistungsträgers

(1) Hat ein unzuständiger Leistungsträger Sozialleistungen erbracht, ohne dass die Voraussetzungen von § 102 Abs. 1 vorliegen, ist der zuständige oder zuständig gewesene Leistungsträger erstattungspflichtig, soweit dieser nicht bereits selbst geleistet hat, bevor er von der Leistung des anderen Leistungsträgers Kenntnis erlangt hat. § 104 Abs. 2 gilt entsprechend.

(2) Der Umfang des Erstattungsanspruchs richtet sich nach den für den zuständigen Leistungsträger geltenden Rechtsvorschriften.

(3) Die Absätze 1 und 2 gelten gegenüber den Trägern der Sozialhilfe, der Kriegsopferfürsorge und der Jugendhilfe nur von dem Zeitpunkt ab, von dem ihnen bekannt war, dass die Voraussetzungen für ihre Leistungspflicht vorlagen.

Aus Rundschreiben, Urteilen etc.

BSG v. 6.4.1989 – 2 RU 34/88 (Breithaupt 1990, 31)
1. *Die Ausschlußfrist des § 111 SGB X für den Erstattungsanspruch des unzuständigen Leistungsträgers (§ 105 SGB X) beginnt grundsätzlich nach Ablauf des Zeitraums, für den Leistungen erbracht wurden.*
2. *Dem Ausschluß des Erstattungsanspruchs wegen Fristablaufs nach § 111 SGB X steht nicht entgegen, daß der erstattungsverpflichtete Leistungsträger von der Leistung des Erstattungsberechtigten Kenntnis hatte.*

§ 106 Rangfolge bei mehreren Erstattungsberechtigten

(1) Ist ein Leistungsträger mehreren Leistungsträgern zur Erstattung verpflichtet, sind die Ansprüche in folgender Rangfolge zu befriedigen:
1. *(gestrichen),*
2. der Anspruch des vorläufig leistenden Leistungsträgers nach § 102,
3. der Anspruch des Leistungsträgers, dessen Leistungsverpflichtung nachträglich entfallen ist, nach § 103,
4. der Anspruch des nachrangig verpflichteten Leistungsträgers nach § 104,
5. der Anspruch des unzuständigen Leistungsträgers nach § 105.

(2) Treffen ranggleiche Ansprüche von Leistungsträgern zusammen, sind diese anteilsmäßig zu befriedigen. Machen mehrere Leistungsträger Ansprüche nach § 104 geltend, ist zuerst derjenige zu befriedigen, der im Verhältnis der nachrangigen Leistungsträger untereinander einen Erstattungsanspruch nach § 104 hätte.

(3) Der Erstattungspflichtige muss insgesamt nicht mehr erstatten, als er nach den für ihn geltenden Erstattungsvorschriften einzeln zu erbringen hätte.

§ 107 Erfüllung

(1) Soweit ein Erstattungsanspruch besteht, gilt der Anspruch des Berechtigten gegen den zur Leistung verpflichteten Leistungsträger als erfüllt.

(2) Hat der Berechtigte Ansprüche gegen mehrere Leistungsträger, gilt der Anspruch als erfüllt, den der Träger, der die Sozialleistung erbracht hat, bestimmt. Die Bestimmung ist dem Berechtigten gegenüber unverzüglich vorzunehmen und den übrigen Leistungsträgern mitzuteilen.

§ 108 Erstattung in Geld, Verzinsung

(1) Sach- und Dienstleistungen sind in Geld zu erstatten.

(2) Ein Erstattungsanspruch der Träger der Sozialhilfe, der Kriegsopferfürsorge und der Jugendhilfe ist von anderen Leistungsträgern
1. für die Dauer des Erstattungszeitraums und
2. für den Zeitraum nach Ablauf eines Kalendermonats nach Eingang des vollständigen, den gesamten Erstattungszeitraum umfassenden Erstattungsantrags beim zuständigen Erstattungsverpflichteten bis zum Ablauf des Kalendermonats vor der Zahlung

auf Antrag mit 4 vom Hundert zu verzinsen. Die Verzinsung beginnt frühestens nach Ablauf von sechs Kalendermonaten nach Eingang des vollständigen Leistungsantrags des Leistungsberechtigten beim zuständigen Leistungsträger, beim Fehlen eines Antrags nach Ablauf eines Kalendermonats nach Bekanntgabe der Entscheidung über die Leistung. § 44 Abs. 3 des Ersten Buches findet Anwendung; § 16 des Ersten Buches gilt nicht.

§ 109 Verwaltungskosten und Auslagen

Verwaltungskosten sind nicht zu erstatten. Auslagen sind auf Anforderung zu erstatten, wenn sie im Einzelfall 200 Euro übersteigen. Die Bundes-

regierung kann durch Rechtsverordnung mit Zustimmung des Bundesrates den in Satz 2 genannten Betrag entsprechend der jährlichen Steigerung der monatlichen Bezugsgröße nach § 18 des Vierten Buches anheben und dabei auf zehn Euro nach unten oder oben runden.

§ 110 Pauschalierung

Die Leistungsträger haben ihre Erstattungsansprüche pauschal abzugelten, soweit dies zweckmäßig ist. Beträgt im Einzelfall ein Erstattungsanspruch voraussichtlich weniger als 50 Euro, erfolgt keine Erstattung. Die Leistungsträger können abweichend von Satz 2 höhere Beträge vereinbaren. Die Bundesregierung kann durch Rechtsverordnung mit Zustimmung des Bundesrates den in Satz 2 genannten Betrag entsprechend der jährlichen Steigerung der monatlichen Bezugsgröße nach § 18 des Vierten Buches anheben und dabei auf zehn Euro nach unten oder oben runden.

§ 111 Ausschlussfrist

Der Anspruch auf Erstattung ist ausgeschlossen, wenn der Erstattungsberechtigte ihn nicht spätestens zwölf Monate nach Ablauf des letzten Tages, für den die Leistung erbracht wurde, geltend macht. Der Lauf der Frist beginnt frühestens mit dem Zeitpunkt, zu dem der erstattungsberechtigte Leistungsträger von der Entscheidung des erstattungspflichtigen Leistungsträgers über seine Leistungspflicht Kenntnis erlangt hat.

Aus Rundschreiben, Urteilen etc.

BSG v. 23.2.1999 – B 1 KR 14/97 R (FEVS 51, 112)

In der Geltendmachung des Erstattungsanspruches nach § 111 SGB X muß das Erstattungsbegehren unmißverständlich zum Ausdruck gebracht werden. Aus dem Erstattungsbegehren muß ausreichend deutlich werden, welche Leistungen zu erstatten sind. Es müssen zumindest die Umstände, die im Einzelfall für die Entstehung des Erstattungsanspruchs maßgeblich sind, und der Zeitraum, für den die Sozialleistung erbracht wurde, hinreichend konkret mitgeteilt werden; eine Bezifferung der Kosten ist hingegen (noch) nicht erforderlich.

§ 112 Rückerstattung

Soweit eine Erstattung zu Unrecht erfolgt ist, sind die gezahlten Beträge zurückzuerstatten.

§ 113 Verjährung

(1) Erstattungs- und Rückerstattungsansprüche verjähren in vier Jahren nach Ablauf des Kalenderjahres, in dem der erstattungsberechtigte Leistungsträger von der Entscheidung des erstattungspflichtigen Leistungsträgers über dessen Leistungspflicht Kenntnis erlangt hat. Rückerstattungsansprüche verjähren in vier Jahren nach Ablauf des Kalenderjahres, in dem die Erstattung zu Unrecht erfolgt ist.

(2) Für die Hemmung, die Ablaufhemmung, den Neubeginn und die Wirkung der Verjährung gelten die Vorschriften des Bürgerlichen Gesetzbuchs sinngemäß.

§ 114 Rechtsweg

Für den Erstattungsanspruch ist derselbe Rechtsweg wie für den Anspruch auf die Sozialleistung gegeben. Maßgebend ist im Falle des § 102 der Anspruch gegen den vorleistenden Leistungsträger und im Falle der §§ 103 bis 105 der Anspruch gegen den erstattungspflichtigen Leistungsträger.

Dritter Abschnitt
Erstattungs- und Ersatzansprüche der Leistungsträger gegen Dritte

§ 115 Ansprüche gegen den Arbeitgeber

(1) Soweit der Arbeitgeber den Anspruch des Arbeitnehmers auf Arbeitsentgelt nicht erfüllt und deshalb ein Leistungsträger Sozialleistungen erbracht hat, geht der Anspruch des Arbeitnehmers gegen den Arbeitgeber auf den Leistungsträger bis zur Höhe der erbrachten Sozialleistungen über.

(2) Der Übergang wird nicht dadurch ausgeschlossen, dass der Anspruch nicht übertragen, verpfändet oder gepfändet werden kann.

(3) An Stelle der Ansprüche des Arbeitnehmers auf Sachbezüge tritt im Falle des Absatzes 1 der Anspruch auf Geld; die Höhe bestimmt sich nach den nach § 17 Abs. 1 Satz 1 Nr. 3 des Vierten Buches festgelegten Werten der Sachbezüge.

§ 116 Ansprüche gegen Schadensersatzpflichtige

(1) Ein auf anderen gesetzlichen Vorschriften beruhender Anspruch auf Ersatz eines Schadens geht auf den Versicherungsträger oder Träger der Sozialhilfe über, soweit dieser auf Grund des Schadensereignisses Sozialleistungen zu erbringen hat, die der Behebung eines Schadens der gleichen Art dienen und sich auf denselben Zeitraum wie der vom Schädiger zu leistende Schadensersatz beziehen. Dazu gehören auch

1. **die Beiträge, die von Sozialleistungen zu zahlen sind und**
2. **die Beiträge zur Krankenversicherung, die für die Dauer des Anspruchs auf Krankengeld unbeschadet des § 224 Abs. 1 des Fünften Buches zu zahlen wären.**

(2) Ist der Anspruch auf Ersatz eines Schadens durch Gesetz der Höhe nach begrenzt, geht er auf den Versicherungsträger oder Träger der Sozialhilfe über, soweit er nicht zum Ausgleich des Schadens des Geschädigten oder seiner Hinterbliebenen erforderlich ist.

(3) Ist der Anspruch auf Ersatz eines Schadens durch ein mitwirkendes Verschulden oder eine mitwirkende Verantwortlichkeit des Geschädigten

begrenzt, geht auf den Versicherungsträger oder Träger der Sozialhilfe von dem nach Absatz 1 bei unbegrenzter Haftung übergehenden Ersatzanspruch der Anteil über, welcher dem Vomhundertsatz entspricht, für den der Schädiger ersatzpflichtig ist. Dies gilt auch, wenn der Ersatzanspruch durch Gesetz der Höhe nach begrenzt ist. Der Anspruchsübergang ist ausgeschlossen, soweit der Geschädigte oder seine Hinterbliebenen dadurch hilfebedürftig im Sinne der Vorschriften des Zwölften Buches werden.

(4) Stehen der Durchsetzung der Ansprüche auf Ersatz eines Schadens tatsächliche Hindernisse entgegen, hat die Durchsetzung der Ansprüche des Geschädigten und seiner Hinterbliebenen Vorrang vor den übergegangenen Ansprüchen nach Absatz 1.

(5) Hat ein Versicherungsträger oder Träger der Sozialhilfe auf Grund des Schadensereignisses dem Geschädigten oder seinen Hinterbliebenen keine höheren Sozialleistungen zu erbringen als vor diesem Ereignis, geht in den Fällen des Absatz 3 Satz 1 und 2 der Schadensersatzanspruch nur insoweit über, als der geschuldete Schadensersatz nicht zur vollen Deckung des eigenen Schadens des Geschädigten oder seiner Hinterbliebenen erforderlich ist.

(6)[3] Ein Übergang nach Absatz 1 ist bei nicht vorsätzlichen Schädigungen durch Familienangehörige, die im Zeitpunkt des Schadensereignisses mit dem Geschädigten oder seinen Hinterbliebenen in häuslicher Gemeinschaft leben, ausgeschlossen. Ein Ersatzanspruch nach Absatz 1 kann dann nicht geltend gemacht werden, wenn der Schädiger mit dem Geschädigten oder einem Hinterbliebenen nach Eintritt des Schadensereignisses die Ehe geschlossen oder eine Lebenspartnerschaft begründet hat und in häuslicher Gemeinschaft lebt.

(7) Haben der Geschädigte oder seine Hinterbliebenen von dem zum Schadensersatz Verpflichteten auf einen übergangenen Anspruch mit befreiender Wirkung gegenüber dem Versicherungsträger oder Träger der Sozialhilfe Leistungen erhalten, haben sie insoweit dem Versicherungsträger oder Träger der Sozialhilfe die erbrachten Leistungen zu erstatten. Haben die Leistungen gegenüber dem Versicherungsträger oder Träger der Sozialhilfe keine befreiende Wirkung, haften der zum Schadensersatz Verpflichtete und der Geschädigte oder dessen Hinterbliebene dem Versicherungsträger oder Träger der Sozialhilfe als Gesamtschuldner.

(8) Weist der Versicherungsträger oder Träger der Sozialhilfe nicht höhere Leistungen nach, sind vorbehaltlich der Absätze 2 und 3 je Schadensfall für nicht stationäre ärztliche Behandlung und Versorgung mit Arznei- und Verbandmitteln fünf vom Hundert der monatlichen Bezugsgröße nach § 18 des Vierten Buches zu ersetzen.

(9) Die Vereinbarung einer Pauschalierung der Ersatzansprüche ist zulässig.

---

3 § 116 Abs. 6 Satz 1 ist nach Maßgabe der Entscheidungsformel aus dem Beschluss des Bundesverfassungsgerichts vom 12.10.2010 – 1 BvL 14/09 – mit dem Grundgesetz vereinbar (BGBl. I 2010 S. 1718).

(10) Die Bundesagentur für Arbeit und die Träger der Grundsicherung für Arbeitsuchende nach dem Zweiten Buch gelten als Versicherungsträger im Sinne dieser Vorschrift.

Aus Rundschreiben, Urteilen etc.

BGH v. 1.12.1987 – VI ZR 50/87 (SGB 1/1989, 39) zu Abs. 6
Das Familienprivileg des § 116 Abs. 6 SGB X erstreckt sich nicht auf die Partner einer eheähnlichen Lebensgemeinschaft.

§ 117 Schadensersatzansprüche mehrerer Leistungsträger

Haben im Einzelfall mehrere Leistungsträger Sozialleistungen erbracht und ist in den Fällen des § 116 Abs. 2 und 3 der übergegangene Anspruch auf Ersatz des Schadens begrenzt, sind die Leistungsträger Gesamtgläubiger. Untereinander sind sie im Verhältnis der von ihnen erbrachten Sozialleistungen zum Ausgleich verpflichtet. Soweit jedoch eine Sozialleistung allein von einem Leistungsträger erbracht ist, steht der Ersatzanspruch im Innenverhältnis nur diesem zu. Die Leistungsträger können ein anderes Ausgleichsverhältnis vereinbaren.

§ 118 Bindung der Gerichte

Hat ein Gericht über einen nach § 116 übergegangenen Anspruch zu entscheiden, ist es an eine unanfechtbare Entscheidung gebunden, dass und in welchem Umfang der Leistungsträger zur Leistung verpflichtet ist.

§ 119 Übergang von Beitragsansprüchen

(1) Soweit der Schadensersatzanspruch eines Versicherten den Anspruch auf Ersatz von Beiträgen zur Sozialversicherung umfasst, geht dieser auf den Versicherungsträger über, wenn der Geschädigte im Zeitpunkt des Schadensereignisses bereits Pflichtbeitragszeiten nachweist oder danach pflichtversichert wird; dies gilt nicht, soweit
1. der Arbeitgeber das Arbeitsentgelt fortzahlt oder sonstige der Beitragspflicht unterliegende Leistungen erbringt oder
2. der Anspruch auf Ersatz von Beiträgen nach § 116 übergegangen ist.

Für den Anspruch auf Ersatz von Beiträgen zur Rentenversicherung gilt § 116 Abs. 3 Satz 1 und 2 entsprechend, soweit die Beiträge auf den Unterschiedsbetrag zwischen dem bei unbegrenzter Haftung zu ersetzenden Arbeitsentgelt oder Arbeitseinkommen und der bei Bezug von Sozialleistungen beitragspflichtigen Einnahmen entfallen.

(2) Der Versicherungsträger, auf den ein Teil des Anspruchs auf Ersatz von Beiträgen zur Rentenversicherung nach § 116 übergeht, hat den von ihm festgestellten Sachverhalt dem Träger der Rentenversicherung auf einem einheitlichen Meldevordruck zu übermitteln. Das Nähere über den Inhalt des Meldevordrucks und das Mitteilungsverfahren haben die Spitzenverbände der Sozialversicherungsträger zu bestimmen.

(3) Die eingegangenen Beiträge oder Beitragsanteile gelten in der Rentenversicherung als Pflichtbeiträge, wenn der Geschädigte im Zeitpunkt des Schadensereignisses pflichtversichert war. Durch den Übergang des Anspruchs auf Ersatz von Beiträgen darf der Sozialversicherte nicht schlechter gestellt werden, als er ohne den Schadensersatzanspruch gestanden hätte.

(4) Die Vereinbarung der Abfindung von Ansprüchen auf Ersatz von Beiträgen zur Rentenversicherung mit einem ihrem Kapitalwert entsprechenden Betrag ist im Einzelfall zulässig. Im Fall des Absatzes 1 Satz 1 Nr. 1 gelten für die Mitwirkungspflichten des Geschädigten die §§ 60, 61, 65 Abs. 1 und 3 sowie § 65a des Ersten Buches entsprechend.

Viertes Kapitel
Übergangs- und Schlussvorschriften

§ 120 Übergangsregelung

(1) Die §§ 116 bis 119 sind nur auf Schadensereignisse nach dem 30. Juni 1983 anzuwenden; für frühere Schadensereignisse gilt das bis 30. Juni 1983 geltende Recht weiter. Ist das Schadensereignis nach dem 30. Juni 1983 eingetreten, sind § 116 Abs. 1 Satz 2 und § 119 Abs. 1, 3 und 4 in der ab 1. Januar 2001 geltenden Fassung auf einen Sachverhalt auch dann anzuwenden, wenn der Sachverhalt bereits vor diesem Zeitpunkt bestanden hat und darüber noch nicht abschließend entschieden ist.

(2) § 111 Satz 2 und § 113 Abs. 1 Satz 1 sind in der vom 1. Januar 2001 an geltenden Fassung auf die Erstattungsverfahren anzuwenden, die am 1. Juni 2000 noch nicht abschließend entschieden waren.

(3) Eine Rückerstattung ist in den am 1. Januar 2001 bereits abschließend entschiedenen Fällen ausgeschlossen, wenn die Erstattung nach § 111 Satz 2 in der ab 1. Januar 2001 geltenden Fassung zu Recht erfolgt ist.

(4) Erhebungen, Verarbeitungen oder Nutzungen von Sozialdaten, die am 23. Mai 2001 bereits begonnen haben, sind binnen drei Jahren nach diesem Zeitpunkt mit den Vorschriften dieses Gesetzes in Übereinstimmung zu bringen.

(5) Artikel 229 § 6 Abs. 1 bis 4 des Einführungsgesetzes zum Bürgerlichen Gesetzbuche gilt entsprechend bei der Anwendung des § 50 Abs. 4 Satz 2 und der §§ 52 und 113 Abs. 2 in der seit dem 1. Januar 2002 geltenden Fassung.

(6) § 66 Abs. 1 Satz 3 bis 5, Abs. 2 und 3 Satz 2 in der ab dem 30. März 2005 geltenden Fassung gilt nur für Bestellungen zu Vollstreckungs- und Vollziehungsbeamten ab dem 30. März 2005.

IV.

Sozialgesetzbuch (SGB) Elftes Buch (XI) – Soziale Pflegeversicherung –

vom 26. Mai 1994 (BGBl. I S. 1014), zuletzt geändert durch Art. 2 des Gesetzes vom 21. Februar 2017 (BGBl. I S. 265, 274)[1]

– Auszug –

Erstes Kapitel Allgemeine Vorschriften

§ 1 Soziale Pflegeversicherung

(1) Zur sozialen Absicherung des Risikos der Pflegebedürftigkeit wird als neuer eigenständiger Zweig der Sozialversicherung eine soziale Pflegeversicherung geschaffen.

(2) In den Schutz der sozialen Pflegeversicherung sind kraft Gesetzes alle einbezogen, die in der gesetzlichen Krankenversicherung versichert sind. Wer gegen Krankheit bei einem privaten Krankenversicherungsunternehmen versichert ist, muß eine private Pflegeversicherung abschließen.

(3) Träger der sozialen Pflegeversicherung sind die Pflegekassen; ihre Aufgaben werden von den Krankenkassen (§ 4 des Fünften Buches) wahrgenommen.

(4) Die Pflegeversicherung hat die Aufgabe, Pflegebedürftigen Hilfe zu leisten, die wegen der Schwere der Pflegebedürftigkeit auf solidarische Unterstützung angewiesen sind.

(5) In der Pflegeversicherung sollen geschlechtsspezifische Unterschiede bezüglich der Pflegebedürftigkeit von Männern und Frauen und ihrer Bedarfe an Leistungen berücksichtigt und den Bedürfnissen nach einer kultursensiblen Pflege nach Möglichkeit Rechnung getragen werden.

(6) Die Ausgaben der Pflegeversicherung werden durch Beiträge der Mitglieder und der Arbeitgeber finanziert. Die Beiträge richten sich nach den beitragspflichtigen Einnahmen der Mitglieder. Für versicherte Familienangehörige und eingetragene Lebenspartner (Lebenspartner) werden Beiträge nicht erhoben.

§ 2 Selbstbestimmung

(1) Die Leistungen der Pflegeversicherung sollen den Pflegebedürftigen helfen, trotz ihres Hilfebedarfs ein möglichst selbständiges und selbstbestimmtes Leben zu führen, das der Würde des Menschen entspricht.

---

1 Die Änderung durch das Gesetz vom 4. April 2017 (BGBl. I S. 778, 788) ist nicht berücksichtigt. Sie tritt am 1. August 2017 in Kraft.

Die Hilfen sind darauf auszurichten, die körperlichen, geistigen und seelischen Kräfte der Pflegebedürftigen, auch in Form der aktivierenden Pflege, wiederzugewinnen oder zu erhalten.

(2) Die Pflegebedürftigen können zwischen Einrichtungen und Diensten verschiedener Träger wählen. Ihren Wünschen zur Gestaltung der Hilfe soll, soweit sie angemessen sind, im Rahmen des Leistungsrechts entsprochen werden. Wünsche der Pflegebedürftigen nach gleichgeschlechtlicher Pflege haben nach Möglichkeit Berücksichtigung zu finden.

(3) Auf die religiösen Bedürfnisse der Pflegebedürftigen ist Rücksicht zu nehmen. Auf ihren Wunsch hin sollen sie stationäre Leistungen in einer Einrichtung erhalten, in der sie durch Geistliche ihres Bekenntnisses betreut werden können.

(4) Die Pflegebedürftigen sind auf die Rechte nach den Absätzen 2 und 3 hinzuweisen.

§ 3 Vorrang der häuslichen Pflege

Die Pflegeversicherung soll mit ihren Leistungen vorrangig die häusliche Pflege und die Pflegebereitschaft der Angehörigen und Nachbarn unterstützen, damit die Pflegebedürftigen möglichst lange in ihrer häuslichen Umgebung bleiben können. Leistungen der teilstationären Pflege und der Kurzzeitpflege gehen den Leistungen der vollstationären Pflege vor.

§ 4 Art und Umfang der Leistungen

(1) Die Leistungen der Pflegeversicherung sind Dienst-, Sach- und Geldleistungen für den Bedarf an körperbezogenen Pflegemaßnahmen, pflegerischen Betreuungsmaßnahmen und Hilfen bei der Haushaltsführung sowie Kostenerstattung, soweit es dieses Buch vorsieht. Art und Umfang der Leistungen richten sich nach der Schwere der Pflegebedürftigkeit und danach, ob häusliche, teilstationäre oder vollstationäre Pflege in Anspruch genommen wird.

(2) Bei häuslicher und teilstationärer Pflege ergänzen die Leistungen der Pflegeversicherung die familiäre, nachbarschaftliche oder sonstige ehrenamtliche Pflege und Betreuung. Bei teil- und vollstationärer Pflege werden die Pflegebedürftigen von Aufwendungen entlastet, die für ihre Versorgung nach Art und Schwere der Pflegebedürftigkeit erforderlich sind (pflegebedingte Aufwendungen), die Aufwendungen für Unterkunft und Verpflegung tragen die Pflegebedürftigen selbst.

(3) Pflegekassen, Pflegeeinrichtungen und Pflegebedürftige haben darauf hinzuwirken, daß die Leistungen wirksam und wirtschaftlich erbracht und nur im notwendigen Umfang in Anspruch genommen werden.

§ 5 Prävention in Pflegeeinrichtungen, Vorrang von Prävention und medizinischer Rehabilitation

(1) Die Pflegekassen sollen Leistungen zur Prävention in stationären Pflegeeinrichtungen nach § 71 Absatz 2 für in der sozialen Pflegeversiche-

rung Versicherte erbringen, indem sie unter Beteiligung der versicherten Pflegebedürftigen und der Pflegeeinrichtung Vorschläge zur Verbesserung der gesundheitlichen Situation und zur Stärkung der gesundheitlichen Ressourcen und Fähigkeiten entwickeln sowie deren Umsetzung unterstützen. Die Pflichten der Pflegeeinrichtungen nach § 11 Absatz 1 bleiben unberührt. Der Spitzenverband Bund der Pflegekassen legt unter Einbeziehung unabhängigen Sachverstandes die Kriterien für die Leistungen nach Satz 1 fest, insbesondere hinsichtlich Inhalt, Methodik, Qualität, wissenschaftlicher Evaluation und der Messung der Erreichung der mit den Leistungen verfolgten Ziele.

(2) Die Ausgaben der Pflegekassen für die Wahrnehmung ihrer Aufgaben nach Absatz 1 sollen insgesamt im Jahr 2016 für jeden ihrer Versicherten einen Betrag von 0,30 Euro umfassen. Die Ausgaben sind in den Folgejahren entsprechend der prozentualen Veränderung der monatlichen Bezugsgröße nach § 18 Absatz 1 des Vierten Buches anzupassen. Sind in einem Jahr die Ausgaben rundungsbedingt nicht anzupassen, ist die unterbliebene Anpassung bei der Berechnung der Anpassung der Ausgaben im Folgejahr zu berücksichtigen.

(3) Bei der Wahrnehmung ihrer Aufgaben nach Absatz 1 sollen die Pflegekassen zusammenarbeiten und kassenübergreifende Leistungen zur Prävention erbringen. Erreicht eine Pflegekasse den in Absatz 2 festgelegten Betrag in einem Jahr nicht, stellt sie die nicht verausgabten Mittel im Folgejahr dem Spitzenverband Bund der Pflegekassen zur Verfügung, der die Mittel nach einem von ihm festzulegenden Schlüssel auf die Pflegekassen zur Wahrnehmung der Aufgaben nach Absatz 1 verteilt, die Kooperationsvereinbarungen zur Durchführung kassenübergreifender Leistungen geschlossen haben. Auf die zum Zwecke der Vorbereitung und Umsetzung der Kooperationsvereinbarungen nach Satz 2 gebildeten Arbeitsgemeinschaften findet § 94 Absatz 1 a Satz 2 und 3 des Zehnten Buches keine Anwendung.

(4) Die Pflegekassen wirken unbeschadet ihrer Aufgaben nach Absatz 1 bei den zuständigen Leistungsträgern darauf hin, dass frühzeitig alle geeigneten Leistungen zur Prävention, zur Krankenbehandlung und zur medizinischen Rehabilitation eingeleitet werden, um den Eintritt von Pflegebedürftigkeit zu vermeiden.

(5) Die Pflegekassen beteiligen sich an der nationalen Präventionsstrategie nach den §§ 20 d bis 20 f des Fünften Buches mit den Aufgaben nach den Absätzen 1 und 2.

(6) Die Leistungsträger haben im Rahmen ihres Leistungsrechts auch nach Eintritt der Pflegebedürftigkeit ihre Leistungen zur medizinischen Rehabilitation und ergänzenden Leistungen in vollem Umfang einzusetzen und darauf hinzuwirken, die Pflegebedürftigkeit zu überwinden, zu mindern sowie eine Verschlimmerung zu verhindern.

§ 6 Eigenverantwortung

(1) Die Versicherten sollen durch gesundheitsbewußte Lebensführung, durch frühzeitige Beteiligung an Vorsorgemaßnahmen und durch aktive Mitwirkung an Krankenbehandlung und Leistungen zur medizinischen Rehabilitation dazu beitragen, Pflegebedürftigkeit zu vermeiden.

(2) Nach Eintritt der Pflegebedürftigkeit haben die Pflegebedürftigen an Leistungen zur medizinischen Rehabilitation und der aktivierenden Pflege mitzuwirken, um die Pflegebedürftigkeit zu überwinden, zu mindern oder eine Verschlimmerung zu verhindern.

§ 7 Aufklärung, Auskunft

(1) Die Pflegekassen haben die Eigenverantwortung der Versicherten durch Aufklärung und Auskunft über eine gesunde, der Pflegebedürftigkeit vorbeugende Lebensführung zu unterstützen und auf die Teilnahme an gesundheitsfördernden Maßnahmen hinzuwirken.

(2) Die Pflegekassen haben die Versicherten und ihre Angehörigen und Lebenspartner in den mit der Pflegebedürftigkeit zusammenhängenden Fragen, insbesondere über die Leistungen der Pflegekassen sowie über die Leistungen und Hilfen anderer Träger, in für sie verständlicher Weise zu unterrichten, zu informieren und darüber aufzuklären, dass ein Anspruch besteht auf die Übermittlung

1. des Gutachtens des Medizinischen Dienstes der Krankenversicherung oder eines anderen von der Pflegekasse beauftragten Gutachters sowie
2. der gesonderten Präventions- und Rehabilitationsempfehlung gemäß § 18a Absatz 1.

Mit Einwilligung des Versicherten haben der behandelnde Arzt, das Krankenhaus, die Rehabilitations- und Vorsorgeeinrichtungen sowie die Sozialleistungsträger unverzüglich die zuständige Pflegekasse zu benachrichtigen, wenn sich der Eintritt von Pflegebedürftigkeit abzeichnet oder wenn Pflegebedürftigkeit festgestellt wird. Die zuständige Pflegekasse informiert die Versicherten unverzüglich nach Eingang eines Antrags auf Leistungen nach diesem Buch insbesondere über ihren Anspruch auf die unentgeltliche Pflegeberatung nach § 7 a, den nächstgelegenen Pflegestützpunkt nach § 7 c sowie die Leistungs- und Preisvergleichsliste nach Absatz 3. Ebenso gibt die zuständige Pflegekasse Auskunft über die in ihren Verträgen zur integrierten Versorgung nach § 92 b Absatz 2 getroffenen Festlegungen, insbesondere zu Art, Inhalt und Umfang der zu erbringenden Leistungen und der für die Versicherten entstehenden Kosten, und veröffentlicht diese Angaben auf einer eigenen Internetseite.

(3) Zur Unterstützung der pflegebedürftigen Person bei der Ausübung ihres Wahlrechts nach § 2 Absatz 2 sowie zur Förderung des Wettbewerbs und der Überschaubarkeit des vorhandenen Angebots hat die zuständige Pflegekasse der antragstellenden Person auf Anforderung unverzüglich und in geeigneter Form eine Leistungs- und Preisvergleichsliste zu übermitteln; die Leistungs- und Preisvergleichsliste muss für den Einzugsbereich der antragstellenden Person, in dem die pflegerische Versorgung

und Betreuung gewährleistet werden soll, die Leistungen und Vergütungen der zugelassenen Pflegeeinrichtungen, die Angebote zur Unterstützung im Alltag nach § 45 a sowie Angaben zur Person des zugelassenen oder anerkannten Leistungserbringers enthalten. Die Landesverbände der Pflegekassen erstellen eine Leistungs- und Preisvergleichsliste nach Satz 1, aktualisieren diese einmal im Quartal und veröffentlichen sie auf einer eigenen Internetseite. Die Liste hat zumindest die jeweils geltenden Festlegungen der Vergütungsvereinbarungen nach dem Achten Kapitel sowie die im Rahmen der Vereinbarungen nach Absatz 4 übermittelten Angaben zu Art, Inhalt und Umfang der Angebote sowie zu den Kosten in einer Form zu enthalten, die einen regionalen Vergleich von Angeboten und Kosten und der regionalen Verfügbarkeit ermöglicht. Auf der Internetseite nach Satz 2 sind auch die nach § 115 Absatz 1 a veröffentlichten Ergebnisse der Qualitätsprüfungen und die nach § 115 Absatz 1 b veröffentlichten Informationen zu berücksichtigen. Die Leistungs- und Preisvergleichsliste ist der Pflegekasse sowie dem Verband der privaten Krankenversicherung e. V. für die Wahrnehmung ihrer Aufgaben nach diesem Buch und zur Veröffentlichung nach Absatz 2 Satz 4 und 5 vom Landesverband der Pflegekassen durch elektronische Datenübertragung zur Verfügung zu stellen. Die Landesverbände der Pflegekassen erarbeiten Nutzungsbedingungen für eine zweckgerechte, nicht gewerbliche Nutzung der Angaben nach Satz 1 durch Dritte; die Übermittlung der Angaben erfolgt gegen Verwaltungskostenersatz, es sei denn, es handelt sich bei den Dritten um öffentlich-rechtliche Stellen.

(4) Im Einvernehmen mit den zuständigen obersten Landesbehörden vereinbaren die Landesverbände der Pflegekassen gemeinsam mit den nach Landesrecht zuständigen Stellen für die Anerkennung der Angebote zur Unterstützung im Alltag nach den Vorschriften dieses Buches das Nähere zur Übermittlung von Angaben im Wege elektronischer Datenübertragung insbesondere zu Art, Inhalt und Umfang der Angebote, Kosten und regionaler Verfügbarkeit dieser Angebote einschließlich der Finanzierung des Verfahrens für die Übermittlung. Träger weiterer Angebote, in denen Leistungen zur medizinischen Vorsorge und Rehabilitation, zur Teilhabe am Arbeitsleben oder Leben in der Gemeinschaft, zur schulischen Ausbildung oder Erziehung kranker oder behinderter Kinder, zur Alltagsunterstützung und zum Wohnen im Vordergrund stehen, können an Vereinbarungen nach Satz 1 beteiligt werden, falls sie insbesondere die Angaben nach Satz 1 im Wege der von den Parteien nach Satz 1 vorgesehenen Form der elektronischen Datenübertragung unentgeltlich bereitstellen. Dazu gehören auch Angebote der Träger von Leistungen der Eingliederungshilfe, soweit diese in der vorgesehenen Form der elektronischen Datenübermittlung kostenfrei bereitgestellt werden. Der Spitzenverband Bund der Pflegekassen gibt Empfehlungen für einen bundesweit einheitlichen technischen Standard zur elektronischen Datenübermittlung ab. Die Empfehlungen bedürfen der Zustimmung der Länder.

§ 7 a Pflegeberatung

(1) Personen, die Leistungen nach diesem Buch erhalten, haben Anspruch auf individuelle Beratung und Hilfestellung durch einen Pflegeberater oder eine Pflegeberaterin bei der Auswahl und Inanspruchnahme von bundes- oder landesrechtlich vorgesehenen Sozialleistungen sowie sonstigen Hilfsangeboten, die auf die Unterstützung von Menschen mit Pflege-, Versorgungs- oder Betreuungsbedarf ausgerichtet sind (Pflegeberatung); Anspruchsberechtigten soll durch die Pflegekassen vor der erstmaligen Beratung unverzüglich ein zuständiger Pflegeberater, eine zuständige Pflegeberaterin oder eine sonstige Beratungsstelle benannt werden. Für das Verfahren, die Durchführung und die Inhalte der Pflegeberatung sind die Richtlinien nach § 17 Absatz 1 a maßgeblich. Aufgabe der Pflegeberatung ist es insbesondere,

1. den Hilfebedarf unter Berücksichtigung der Ergebnisse der Begutachtung durch den Medizinischen Dienst der Krankenversicherung sowie, wenn die nach Satz 1 anspruchsberechtigte Person zustimmt, die Ergebnisse der Beratung in der eigenen Häuslichkeit nach § 37 Absatz 3 systematisch zu erfassen und zu analysieren,
2. einen individuellen Versorgungsplan mit den im Einzelfall erforderlichen Sozialleistungen und gesundheitsfördernden, präventiven, kurativen, rehabilitativen oder sonstigen medizinischen sowie pflegerischen und sozialen Hilfen zu erstellen,
3. auf die für die Durchführung des Versorgungsplans erforderlichen Maßnahmen einschließlich deren Genehmigung durch den jeweiligen Leistungsträger hinzuwirken,
4. die Durchführung des Versorgungsplans zu überwachen und erforderlichenfalls einer veränderten Bedarfslage anzupassen sowie
5. bei besonders komplexen Fallgestaltungen den Hilfeprozess auszuwerten und zu dokumentieren sowie
6. über Leistungen zur Entlastung der Pflegepersonen zu informieren.

Der Versorgungsplan wird nach Maßgabe der Richtlinien nach § 17 Absatz 1 a erstellt und umgesetzt; er beinhaltet insbesondere Empfehlungen zu den im Einzelfall erforderlichen Maßnahmen nach Satz 3 Nummer 3, Hinweise zu dem dazu vorhandenen örtlichen Leistungsangebot sowie zur Überprüfung und Anpassung der empfohlenen Maßnahmen. Bei Erstellung und Umsetzung des Versorgungsplans ist Einvernehmen mit dem Hilfesuchenden und allen an der Pflege, Versorgung und Betreuung Beteiligten anzustreben. Soweit Leistungen nach sonstigen bundes- oder landesrechtlichen Vorschriften erforderlich sind, sind die zuständigen Leistungsträger frühzeitig mit dem Ziel der Abstimmung einzubeziehen. Eine enge Zusammenarbeit mit anderen Koordinierungsstellen, insbesondere den gemeinsamen Servicestellen nach § 23 des Neunten Buches, ist sicherzustellen. Ihnen obliegende Aufgaben der Pflegeberatung können die Pflegekassen ganz oder teilweise auf Dritte übertragen; § 80 des Zehnten Buches bleibt unberührt. Ein Anspruch auf Pflegeberatung besteht auch dann, wenn ein Antrag auf Leistungen nach diesem Buch gestellt wurde und erkennbar ein Hilfe- und Beratungsbedarf besteht. Vor dem 1. Januar 2009

kann Pflegeberatung gewährt werden, wenn und soweit eine Pflegekasse eine entsprechende Struktur aufgebaut hat. Es ist sicherzustellen, dass im jeweiligen Pflegestützpunkt nach § 97 c Pflegeberatung im Sinne dieser Vorschrift in Anspruch genommen werden kann und die Unabhängigkeit der Beratung gewährleistet ist.

(2) Auf Wunsch einer anspruchsberechtigten Person nach Absatz 1 Satz 1 erfolgt die Pflegeberatung auch gegenüber ihren Angehörigen oder weiteren Personen oder unter deren Einbeziehung. Sie erfolgt auf Wunsch einer anspruchsberechtigten Person nach Absatz 1 Satz 1 in der häuslichen Umgebung oder in der Einrichtung, in der diese Person lebt. Ein Versicherter kann einen Leistungsantrag nach diesem oder dem Fünften Buch auch gegenüber dem Pflegeberater oder der Pflegeberaterin stellen. Der Antrag ist unverzüglich der zuständigen Pflege- oder Krankenkasse zu übermitteln, die den Leistungsbescheid unverzüglich dem Antragsteller und zeitgleich dem Pflegeberater oder der Pflegeberaterin zuleitet.

(3) Die Anzahl von Pflegeberatern und Pflegeberaterinnen ist so zu bemessen, dass die Aufgaben nach Absatz 1 im Interesse der Hilfesuchenden zeitnah und umfassend wahrgenommen werden können. Die Pflegekassen setzen für die persönliche Beratung und Betreuung durch Pflegeberater und Pflegeberaterinnen entsprechend qualifiziertes Personal ein, insbesondere Pflegefachkräfte, Sozialversicherungsfachangestellte oder Sozialarbeiter mit der jeweils erforderlichen Zusatzqualifikation. Der Spitzenverband Bund der Pflegekassen gibt unter Beteiligung der in § 17 Absatz 1 a Satz 2 genannten Parteien bis zum 31. Juli 2018 Empfehlungen zur erforderlichen Anzahl, Qualifikation und Fortbildung von Pflegeberaterinnen und Pflegeberatern ab.

(4) Die Pflegekassen im Land haben Pflegeberater und Pflegeberaterinnen zur Sicherstellung einer wirtschaftlichen Aufgabenwahrnehmung in den Pflegestützpunkten nach Anzahl und örtlicher Zuständigkeit aufeinander abgestimmt bereitzustellen und hierüber einheitlich und gemeinsam Vereinbarungen bis zum 31. Oktober 2008 zu treffen. Die Pflegekassen können diese Aufgabe auf die Landesverbände der Pflegekassen übertragen. Kommt eine Einigung bis zu dem in Satz 1 genannten Zeitpunkt ganz oder teilweise nicht zustande, haben die Landesverbände der Pflegekassen innerhalb eines Monats zu entscheiden; § 81 Abs. 1 Satz 2 gilt entsprechend. Die Pflegekassen und die gesetzlichen Krankenkassen können zur Aufgabenwahrnehmung durch Pflegeberater und Pflegeberaterinnen von der Möglichkeit der Beauftragung nach Maßgabe der §§ 88 bis 92 des Zehnten Buches Gebrauch machen; § 94 Absatz 1 Nummer 8 gilt entsprechend. Die durch die Tätigkeit von Pflegeberatern und Pflegeberaterinnen entstehenden Aufwendungen werden von den Pflegekassen getragen und zur Hälfte auf die Verwaltungskostenpauschale nach § 46 Abs. 3 Satz 1 angerechnet.

(5) Zur Durchführung der Pflegeberatung können die privaten Versicherungsunternehmen, die die private Pflege-Pflichtversicherung durchführen, Pflegeberater und Pflegeberaterinnen der Pflegekassen für die bei ihnen versicherten Personen nutzen. Dies setzt eine vertragliche Vereinbarung mit den Pflegekassen über Art, Inhalt und Umfang der Inanspruchnahme

sowie über die Vergütung der hierfür je Fall entstehenden Aufwendungen voraus. Soweit Vereinbarungen mit den Pflegekassen nicht zustande kommen, können die privaten Versicherungsunternehmen, die die private Pflege-Pflichtversicherung durchführen, untereinander Vereinbarungen über eine abgestimmte Bereitstellung von Pflegeberatern und Pflegeberaterinnen treffen.

(6) Pflegeberater und Pflegeberaterinnen sowie sonstige mit der Wahrnehmung von Aufgaben nach Absatz 1 befasste Stellen, insbesondere

1. nach Landesrecht für die wohnortnahe Betreuung im Rahmen der örtlichen Altenhilfe und für die Gewährung der Hilfe zur Pflege nach dem Zwölften Buch zu bestimmende Stellen,
2. Unternehmen der privaten Kranken- und Pflegeversicherung,
3. Pflegeeinrichtungen und Einzelpersonen nach § 77,
4. Mitglieder von Selbsthilfegruppen, ehrenamtliche und sonstige zum bürgerschaftlichen Engagement bereite Personen und Organisationen sowie
5. Agenturen für Arbeit und Träger der Grundsicherung für Arbeitsuchende,

dürfen Sozialdaten für Zwecke der Pflegeberatung nur erheben, verarbeiten und nutzen, soweit dies zur Erfüllung der Aufgaben nach diesem Buch erforderlich oder durch Rechtsvorschriften des Sozialgesetzbuches oder Regelungen des Versicherungsvertrags- oder des Versicherungsaufsichtsgesetzes angeordnet oder erlaubt ist.

(7) Die Landesverbände der Pflegekassen vereinbaren gemeinsam und einheitlich mit dem Verband der privaten Krankenversicherung e.V., den nach Landesrecht bestimmten Stellen für die wohnortnahe Betreuung im Rahmen der Altenhilfe und den zuständigen Trägern der Sozialhilfe sowie mit den kommunalen Spitzenverbänden auf Landesebene Rahmenverträge über die Zusammenarbeit in der Beratung. Zu den Verträgen nach Satz 1 sind die Verbände der Träger weiterer nicht gewerblicher Beratungsstellen auf Landesebene anzuhören, die für die Beratung Pflegebedürftiger und ihrer Angehörigen von Bedeutung sind.

(8) Die Pflegekassen können sich zur Wahrnehmung ihrer Beratungsaufgaben nach diesem Buch aus ihren Verwaltungsmitteln an der Finanzierung und arbeitsteiligen Organisation von Beratungsaufgaben anderer Träger beteiligen; die Neutralität und Unabhängigkeit der Beratung sind zu gewährleisten.

(9) Der Spitzenverband Bund der Pflegekassen legt dem Bundesministerium für Gesundheit alle drei Jahre, erstmals zum 30. Juni 2020, einen unter wissenschaftlicher Begleitung zu erstellenden Bericht vor über

1. die Erfahrungen und Weiterentwicklung der Pflegeberatung und Pflegeberatungsstrukturen nach den Absätzen 1 bis 4, 7 und 8, § 7 b Absatz 1 und 2 und § 7 c und
2. die Durchführung, Ergebnisse und Wirkungen der Beratung in der eigenen Häuslichkeit sowie die Fortentwicklung der Beratungsstrukturen nach § 37 Absatz 3 bis 8.

Er kann hierfür Mittel nach § 8 Absatz 3 einsetzen.

§ 7b Beratungsgutscheine

(1) Die Pflegekasse hat dem Antragsteller unmittelbar nach Eingang eines erstmaligen Antrags auf Leistungen nach diesem Buch sowie weiterer Anträge auf Leistungen nach § 18 Absatz 3, den §§ 36 bis 38, 41 bis 43, 44a, 45, 87a Absatz 2 Satz 1 und § 115 Absatz 4 entweder
1. unter Angabe einer Kontaktperson einen konkreten Beratungstermin anzubieten, der spätestens innerhalb von zwei Wochen nach Antragseingang durchzuführen ist, oder
2. einen Beratungsgutschein auszustellen, in dem Beratungsstellen benannt sind, bei denen er zu Lasten der Pflegekasse innerhalb von zwei Wochen nach Antragseingang eingelöst werden kann; § 7a Absatz 4 Satz 5 ist entsprechend anzuwenden.

Die Beratung richtet sich nach § 7a. Auf Wunsch des Versicherten hat die Beratung in der häuslichen Umgebung stattzufinden und kann auch nach Ablauf der in Satz 1 genannten Frist durchgeführt werden; über diese Möglichkeiten hat ihn die Pflegekasse aufzuklären.

(2) Die Pflegekasse hat sicherzustellen, dass die Beratungsstellen die Anforderungen an die Beratung nach § 7a einhalten. Die Pflegekasse schließt hierzu allein oder gemeinsam mit anderen Pflegekassen vertragliche Vereinbarungen mit unabhängigen und neutralen Beratungsstellen, die insbesondere Regelungen treffen für
1. die Anforderungen an die Beratungsleistung und die Beratungspersonen,
2. die Haftung für Schäden, die der Pflegekasse durch fehlerhafte Beratung entstehen, und
3. die Vergütung.

(2a) Sofern kommunale Gebietskörperschaften, von diesen geschlossene Zweckgemeinschaften oder nach Landesrecht zu bestimmende Stellen
1. für die wohnortnahe Betreuung im Rahmen der örtlichen Altenhilfe oder
2. für die Gewährung der Hilfe zur Pflege nach dem Zwölften Buch

Pflegeberatung im Sinne von § 7 a erbringen, sind sie Beratungsstellen, bei denen Pflegebedürftige nach Absatz 1 Satz 1 Nummer 2 Beratungsgutscheine einlösen können; sie haben die Empfehlungen nach § 7 a Absatz 3 Satz 3 zu berücksichtigen und die Pflegeberatungs-Richtlinien nach § 17 Absatz 1 a zu beachten. Absatz 2 Satz 1 findet keine Anwendung. Die Pflegekasse schließt hierzu allein oder gemeinsam mit anderen Pflegekassen mit den in Satz 1 genannten Stellen vertragliche Vereinbarungen über die Vergütung. Für die Erhebung, Verarbeitung und Nutzung der Sozialdaten gilt § 7 a Absatz 6 entsprechend.

(3) Stellen nach Absatz 1 Satz 1 Nummer 2 dürfen personenbezogene Daten nur erheben, verarbeiten und nutzen, soweit dies für Zwecke der Beratung nach § 7a erforderlich ist und der Versicherte oder sein gesetzlicher Vertreter eingewilligt hat. Zudem ist der Versicherte oder sein gesetzlicher Vertreter zu Beginn der Beratung darauf hinzuweisen, dass die Einwilligung jederzeit widerrufen werden kann.

(4) Die Absätze 1 bis 3 gelten für private Versicherungsunternehmen, die die private Pflege-Pflichtversicherung durchführen, entsprechend.

§ 7 c Pflegestützpunkte, Verordnungsermächtigung

(1) Zur wohnortnahen Beratung, Versorgung und Betreuung der Versicherten richten die Pflegekassen und Krankenkassen Pflegestützpunkte ein, sofern die zuständige oberste Landesbehörde dies bestimmt. Die Einrichtung muss innerhalb von sechs Monaten nach der Bestimmung durch die oberste Landesbehörde erfolgen. Kommen die hierfür erforderlichen Verträge nicht innerhalb von drei Monaten nach der Bestimmung durch die oberste Landesbehörde zustande, haben die Landesverbände der Pflegekassen innerhalb eines weiteren Monats den Inhalt der Verträge festzulegen; hierbei haben sie auch die Interessen der Ersatzkassen und der Landesverbände der Krankenkassen wahrzunehmen. Hinsichtlich der Mehrheitsverhältnisse bei der Beschlussfassung ist § 81 Absatz 1 Satz 2 entsprechend anzuwenden. Widerspruch und Anfechtungsklage gegen Maßnahmen der Aufsichtsbehörden zur Einrichtung von Pflegestützpunkten haben keine aufschiebende Wirkung.

(1 a) Die für die Hilfe zur Pflege zuständigen Träger der Sozialhilfe nach dem Zwölften Buch sowie die nach Landesrecht zu bestimmenden Stellen der Altenhilfe können bis zum 31. Dezember 2021 auf Grund landesrechtlicher Vorschriften von den Pflegekassen und Krankenkassen den Abschluss einer Vereinbarung zur Einrichtung von Pflegestützpunkten verlangen. Ist in der Vereinbarung zur Einrichtung eines Pflegestützpunktes oder in den Rahmenverträgen nach Absatz 6 nichts anderes vereinbart, werden die Aufwendungen, die für den Betrieb des Pflegestützpunktes erforderlich sind, von den Trägern des Pflegestützpunktes zu gleichen Teilen unter Berücksichtigung der anrechnungsfähigen Aufwendungen für das eingesetzte Personal getragen.

(2) Aufgaben der Pflegestützpunkte sind

1. umfassende sowie unabhängige Auskunft und Beratung zu den Rechten und Pflichten nach dem Sozialgesetzbuch und zur Auswahl und Inanspruchnahme der bundes- oder landesrechtlich vorgesehenen Sozialleistungen und sonstigen Hilfsangebote einschließlich der Pflegeberatung nach § 7 a in Verbindung mit den Richtlinien nach § 17 Absatz 1 a,
2. Koordinierung aller für die wohnortnahe Versorgung und Betreuung in Betracht kommenden gesundheitsfördernden, präventiven, kurativen, rehabilitativen und sonstigen medizinischen sowie pflegerischen und sozialen Hilfs- und Unterstützungsangebote einschließlich der Hilfestellung bei der Inanspruchnahme der Leistungen,
3. Vernetzung aufeinander abgestimmter pflegerischer und sozialer Versorgungs- und Betreuungsangebote.

Auf vorhandene vernetzte Beratungsstrukturen ist zurückzugreifen. Die Pflegekassen haben jederzeit darauf hinzuwirken, dass sich insbesondere die

1. nach Landesrecht zu bestimmenden Stellen für die wohnortnahe Betreuung im Rahmen der örtlichen Altenhilfe und für die Gewährung der Hilfe zur Pflege nach dem Zwölften Buch,
2. im Land zugelassenen und tätigen Pflegeeinrichtungen,
3. im Land tätigen Unternehmen der privaten Kranken- und Pflegeversicherung

an den Pflegestützpunkten beteiligen. Die Krankenkassen haben sich an den Pflegestützpunkten zu beteiligen. Träger der Pflegestützpunkte sind die beteiligten Kosten- und Leistungsträger. Die Träger

1. sollen Pflegefachkräfte in die Tätigkeit der Pflegestützpunkte einbinden,
2. haben nach Möglichkeit Mitglieder von Selbsthilfegruppen sowie ehrenamtliche und sonstige zum bürgerschaftlichen Engagement bereite Personen und Organisationen in die Tätigkeit der Pflegestützpunkte einzubinden,
3. sollen interessierten kirchlichen sowie sonstigen religiösen und gesellschaftlichen Trägern und Organisationen sowie nicht gewerblichen, gemeinwohlorientierten Einrichtungen mit öffentlich zugänglichen Angeboten und insbesondere Selbsthilfe stärkender und generationenübergreifender Ausrichtung in kommunalen Gebietskörperschaften die Beteiligung an den Pflegestützpunkten ermöglichen,
4. können sich zur Erfüllung ihrer Aufgaben dritter Stellen bedienen,
5. sollen im Hinblick auf die Vermittlung und Qualifizierung von für die Pflege und Betreuung geeigneten Kräften eng mit dem Träger der Arbeitsförderung nach dem Dritten Buch und den Trägern der Grundsicherung für Arbeitsuchende nach dem Zweiten Buch zusammenarbeiten.

(3) Die an den Pflegestützpunkten beteiligten Kostenträger und Leistungserbringer können für das Einzugsgebiet der Pflegestützpunkte Verträge zur wohnortnahen integrierten Versorgung schließen; insoweit ist § 92b mit der Maßgabe entsprechend anzuwenden, dass die Pflege- und Krankenkassen gemeinsam und einheitlich handeln.

(4) Der Pflegestützpunkt kann bei einer im Land zugelassenen und tätigen Pflegeeinrichtung errichtet werden, wenn dies nicht zu einer unzulässigen Beeinträchtigung des Wettbewerbs zwischen den Pflegeeinrichtungen führt. Die für den Betrieb des Pflegestützpunktes erforderlichen Aufwendungen werden von den Trägern der Pflegestützpunkte unter Berücksichtigung der anrechnungsfähigen Aufwendungen für das eingesetzte Personal auf der Grundlage einer vertraglichen Vereinbarung anteilig getragen. Die Verteilung der für den Betrieb des Pflegestützpunktes erforderlichen Aufwendungen wird mit der Maßgabe vereinbart, dass der auf eine einzelne Pflegekasse entfallende Anteil nicht höher sein darf als der von der Krankenkasse, bei der sie errichtet ist, zu tragende Anteil. Soweit sich private Versicherungsunternehmen, die die private Pflege-Pflichtversicherung durchführen, nicht an der Finanzierung der Pflegestützpunkte beteiligen, haben sie mit den Trägern der Pflegestützpunkte über Art, Inhalt und Umfang der Inanspruchnahme der Pflegestützpunkte durch privat Pflege-Pflichtversicherte sowie über die Vergütung der hierfür je Fall entstehenden Aufwendungen Vereinbarungen zu treffen; dies gilt für private Versicherungsunternehmen, die die private Krankenversicherung durchführen, entsprechend.

(5) Im Pflegestützpunkt tätige Personen sowie sonstige mit der Wahrnehmung von Aufgaben nach Absatz 1 befasste Stellen, insbesondere

1. nach Landesrecht für die wohnortnahe Betreuung im Rahmen der örtlichen Altenhilfe und für die Gewährung der Hilfe zur Pflege nach dem Zwölften Buch zu bestimmende Stellen,

2. Unternehmen der privaten Kranken- und Pflegeversicherung,
3. Pflegeeinrichtungen und Einzelpersonen nach § 77,
4. Mitglieder von Selbsthilfegruppen, ehrenamtliche und sonstige zum bürgerschaftlichen Engagement bereite Personen und Organisationen sowie
5. Agenturen für Arbeit und Träger der Grundsicherung für Arbeitsuchende,

dürfen Sozialdaten nur erheben, verarbeiten und nutzen, soweit dies zur Erfüllung der Aufgaben nach diesem Buch erforderlich oder durch Rechtsvorschriften des Sozialgesetzbuches oder Regelungen des Versicherungsvertrags- oder des Versicherungsaufsichtsgesetzes angeordnet oder erlaubt ist.

(6) Sofern die zuständige oberste Landesbehörde die Einrichtung von Pflegestützpunkten bestimmt hat, vereinbaren die Landesverbände der Pflegekassen mit den Landesverbänden der Krankenkassen sowie den Ersatzkassen und den für die Hilfe zur Pflege zuständigen Trägern der Sozialhilfe nach dem Zwölften Buch und den kommunalen Spitzenverbänden auf Landesebene Rahmenverträge zur Arbeit und zur Finanzierung der Pflegestützpunkte. Bestandskräftige Rahmenverträge gelten bis zum Inkrafttreten von Rahmenverträgen nach Satz 1 fort. Die von der zuständigen obersten Landesbehörde getroffene Bestimmung zur Einrichtung von Pflegestützpunkten sowie die Empfehlungen nach Absatz 9 sind beim Abschluss der Rahmenverträge zu berücksichtigen. In den Rahmenverträgen nach Satz 1 sind die Strukturierung der Zusammenarbeit mit weiteren Beteiligten sowie die Zuständigkeit insbesondere für die Koordinierung der Arbeit, die Qualitätssicherung und die Auskunftspflicht gegenüber den Trägern, den Ländern und dem Bundesversicherungsamt zu bestimmen. Ferner sollen Regelungen zur Aufteilung der Kosten unter Berücksichtigung der Vorschriften nach Absatz 4 getroffen werden. Die Regelungen zur Kostenaufteilung gelten unmittelbar für die Pflegestützpunkte, soweit in den Verträgen zur Errichtung der Pflegestützpunkte nach Absatz 1 nichts anderes vereinbart ist.

(7) Die Landesregierungen werden ermächtigt, Schiedsstellen einzurichten. Diese setzen den Inhalt der Rahmenverträge nach Absatz 6 fest, sofern ein Rahmenvertrag nicht innerhalb der in der Rechtsverordnung nach Satz 6 zu bestimmenden Frist zustande kommt. Die Schiedsstelle besteht aus Vertretungen der Pflegekassen und der für die Hilfe zur Pflege zuständigen Träger der Sozialhilfe nach dem Zwölften Buch in gleicher Zahl sowie einem unparteiischen Vorsitzenden und zwei weiteren unparteiischen Mitgliedern. Für den Vorsitzenden und die unparteiischen Mitglieder können Stellvertretungen bestellt werden. § 76 Absatz 3 und 4 gilt entsprechend. Die Landesregierungen werden ermächtigt, durch Rechtsverordnung das Nähere über die Zahl, die Bestellung, die Amtsdauer, die Amtsführung, die Erstattung der baren Auslagen und die Entschädigung für den Zeitaufwand der Mitglieder der Schiedsstelle, die Geschäftsführung, das Verfahren, die Frist, nach deren Ablauf die Schiedsstelle ihre Arbeit

aufnimmt, die Erhebung und die Höhe der Gebühren sowie über die Verteilung der Kosten zu regeln.

(8) Abweichend von Absatz 7 können die Parteien des Rahmenvertrages nach Absatz 6 Satz 1 einvernehmlich eine unparteiische Schiedsperson und zwei unparteiische Mitglieder bestellen, die den Inhalt des Rahmenvertrages nach Absatz 6 innerhalb von sechs Wochen nach ihrer Bestellung festlegen. Die Kosten des Schiedsverfahrens tragen die Vertragspartner zu gleichen Teilen.

(9) Der Spitzenverband Bund der Pflegekassen, der Spitzenverband Bund der Krankenkassen, die Bundesarbeitsgemeinschaft der überörtlichen Träger der Sozialhilfe und die Bundesvereinigung der kommunalen Spitzenverbände können gemeinsam und einheitlich Empfehlungen zur Arbeit und zur Finanzierung von Pflegestützpunkten in der gemeinsamen Trägerschaft der gesetzlichen Kranken- und Pflegekassen sowie der nach Landesrecht zu bestimmenden Stellen der Alten- und Sozialhilfe vereinbaren.

§§ 8 – 10 *(Hier nicht abgedruckt)*

§ 11 Rechte und Pflichten der Pflegeeinrichtungen

(1) Die Pflegeeinrichtungen pflegen, versorgen und betreuen die Pflegebedürftigen, die ihre Leistungen in Anspruch nehmen, entsprechend dem allgemein anerkannten Stand medizinisch-pflegerischer Erkenntnisse. Inhalt und Organisation der Leistungen haben eine humane und aktivierende Pflege unter Achtung der Menschenwürde zu gewährleisten.

(2) Bei der Durchführung dieses Buches sind die Vielfalt der Träger von Pflegeeinrichtungen zu wahren sowie deren Selbständigkeit, Selbstverständnis und Unabhängigkeit zu achten. Dem Auftrag kirchlicher und sonstiger Träger der freien Wohlfahrtspflege, kranke, gebrechliche und pflegebedürftige Menschen zu pflegen, zu betreuen, zu trösten und sie im Sterben zu begleiten, ist Rechnung zu tragen. Freigemeinnützige und private Träger haben Vorrang gegenüber öffentlichen Trägern.

(3) Die Bestimmungen des Wohn- und Betreuungsvertragsgesetzes bleiben unberührt.

§ 12 Aufgaben der Pflegekassen

(1) Die Pflegekassen sind für die Sicherstellung der pflegerischen Versorgung ihrer Versicherten verantwortlich. Sie arbeiten dabei mit allen an der pflegerischen, gesundheitlichen und sozialen Versorgung Beteiligten eng zusammen und wirken, insbesondere durch Pflegestützpunkte nach § 7c, auf eine Vernetzung der regionalen und kommunalen Versorgungsstrukturen hin, um eine Verbesserung der wohnortnahen Versorgung pflege- und betreuungsbedürftiger Menschen zu ermöglichen. Die Pflegekassen sollen zur Durchführung der ihnen gesetzlich übertragenen Aufgaben örtliche und regionale Arbeitsgemeinschaften bilden. § 94 Abs. 2 bis 4 des Zehnten Buches gilt entsprechend.

(2) Die Pflegekassen wirken mit den Trägern der ambulanten und der stationären gesundheitlichen und sozialen Versorgung partnerschaftlich zusammen, um die für den Pflegebedürftigen zur Verfügung stehenden Hilfen zu koordinieren. Sie stellen insbesondere über die Pflegeberatung nach § 7a sicher, dass im Einzelfall häusliche Pflegehilfe, Behandlungspflege, ärztliche Behandlung, spezialisierte Palliativversorgung, Leistungen zur Prävention, zur medizinischen Rehabilitation und zur Teilhabe sowie hauswirtschaftliche Versorgung nahtlos und störungsfrei ineinandergreifen. Die Pflegekassen nutzen darüber hinaus das Instrument der integrierten Versorgung nach § 92b und wirken zur Sicherstellung der haus-, fach- und zahnärztlichen Versorgung der Pflegebedürftigen darauf hin, dass die stationären Pflegeeinrichtungen Kooperationen mit niedergelassenen Ärzten eingehen oder § 119b des Fünften Buches anwenden.

§ 13 Verhältnis der Leistungen der Pflegeversicherung zu anderen Sozialleistungen

(1) Den Leistungen der Pflegeversicherung gehen die Entschädigungsleistungen wegen Pflegebedürftigkeit
1. nach dem Bundesversorgungsgesetz und nach den Gesetzen, die eine entsprechende Anwendung des Bundesversorgungsgesetzes vorsehen,
2. aus der gesetzlichen Unfallversicherung und
3. aus öffentlichen Kassen auf Grund gesetzlich geregelter Unfallversorgung oder Unfallfürsorge

vor.

(2) Die Leistungen nach dem Fünften Buch einschließlich der Leistungen der häuslichen Krankenpflege nach § 37 des Fünften Buches bleiben unberührt. Dies gilt auch für krankheitsspezifische Pflegemaßnahmen, soweit diese im Rahmen der häuslichen Krankenpflege nach § 37 des Fünften Buches zu leisten sind.

(3) Die Leistungen der Pflegeversicherung gehen den Fürsorgeleistungen zur Pflege
1. nach dem Zwölften Buch,
2. nach dem Lastenausgleichsgesetz, dem Reparationsschädengesetz und dem Flüchtlingshilfegesetz,
3. nach dem Bundesversorgungsgesetz (Kriegsopferfürsorge) und nach den Gesetzen, die eine entsprechende Anwendung des Bundesversorgungsgesetzes vorsehen,

vor, soweit dieses Buch nichts anderes bestimmt. Leistungen zur Pflege nach diesen Gesetzen sind zu gewähren, wenn und soweit Leistungen der Pflegeversicherung nicht erbracht werden oder diese Gesetze dem Grunde oder der Höhe nach weitergehende Leistungen als die Pflegeversicherung vorsehen. Die Leistungen der Eingliederungshilfe für Menschen mit Behinderungen nach dem Zwölften Buch, dem Bundesversorgungsgesetz und dem Achten Buch bleiben unberührt, sie sind im Verhältnis zur Pflegeversicherung nicht nachrangig; die notwendige Hilfe in den Einrichtungen nach § 71 Abs. 4 ist einschließlich der Pflegeleistungen zu gewähren.

(3a) *(weggefallen)*

(4) Treffen Leistungen der Pflegeversicherung und Leistungen der Eingliederungshilfe zusammen, vereinbaren mit Zustimmung des Leistungsberechtigten die zuständige Pflegekasse und der für die Eingliederungshilfe zuständige Träger,

1. dass im Verhältnis zum Pflegebedürftigen der für die Eingliederungshilfe zuständige Träger die Leistungen der Pflegeversicherung auf der Grundlage des von der Pflegekasse erlassenen Leistungsbescheids zu übernehmen hat,
2. dass die zuständige Pflegekasse dem für die Eingliederungshilfe zuständigen Träger die Kosten der von ihr zu tragenden Leistungen zu erstatten hat sowie
3. die Modalitäten der Übernahme und der Durchführung der Leistungen sowie der Erstattung.

Die bestehenden Wunsch- und Wahlrechte der Leistungsberechtigten bleiben unberührt und sind zu beachten. Die Ausführung der Leistungen erfolgt nach den für den zuständigen Leistungsträger geltenden Rechtsvorschriften. Soweit auch Leistungen der Hilfe zur Pflege nach dem Zwölften Buch zu erbringen sind, ist der für die Hilfe zur Pflege zuständige Träger zu beteiligen. Der Spitzenverband Bund der Pflegekassen beschließt gemeinsam mit der Bundesarbeitsgemeinschaft der überörtlichen Träger der Sozialhilfe bis zum 1. Januar 2018 in einer Empfehlung Näheres zu den Modalitäten der Übernahme und der Durchführung der Leistungen sowie der Erstattung und zu der Beteiligung des für die Hilfe zur Pflege zuständigen Trägers. Die Länder, die kommunalen Spitzenverbände auf Bundesebene, die Bundesarbeitsgemeinschaft der Freien Wohlfahrtspflege, die Vereinigungen der Träger der Pflegeeinrichtungen auf Bundesebene, die Vereinigungen der Leistungserbringer der Eingliederungshilfe auf Bundesebene sowie die auf Bundesebene maßgeblichen Organisationen für die Wahrnehmung der Interessen und der Selbsthilfe pflegebedürftiger und behinderter Menschen sind vor dem Beschluss anzuhören. Die Empfehlung bedarf der Zustimmung des Bundesministeriums für Gesundheit und des Bundesministeriums für Arbeit und Soziales.

(4a) Bestehen im Einzelfall Anhaltspunkte für ein Zusammentreffen von Leistungen der Pflegeversicherung und Leistungen der Eingliederungshilfe, bezieht der für die Durchführung eines Teilhabeplanverfahrens oder Gesamtplanverfahrens verantwortliche Träger mit Zustimmung des Leistungsberechtigten die zuständige Pflegekasse in das Verfahren beratend mit ein, um die Vereinbarung nach Absatz 4 gemeinsam vorzubereiten.

(4b) Die Regelungen nach Absatz 3 Satz 3, Absatz 4 und 4a werden bis zum 1. Juli 2019 evaluiert.

(5) Die Leistungen der Pflegeversicherung bleiben als Einkommen bei Sozialleistungen und bei Leistungen nach dem Asylbewerberleistungsgesetz, deren Gewährung von anderen Einkommen abhängig ist, unberücksichtigt; dies gilt nicht für das Pflegeunterstützungsgeld gemäß § 44a Absatz 3. Satz 1 gilt entsprechend bei Vertragsleistungen aus privaten Pflege-

versicherungen, die der Art und dem Umfang nach den Leistungen der sozialen Pflegeversicherung gleichwertig sind. Rechtsvorschriften, die weitergehende oder ergänzende Leistungen aus einer privaten Pflegeversicherung von der Einkommensermittlung ausschließen, bleiben unberührt.

(6) Wird Pflegegeld nach § 37 oder eine vergleichbare Geldleistung an eine Pflegeperson (§ 19) weitergeleitet, bleibt dies bei der Ermittlung von Unterhaltsansprüchen und Unterhaltsverpflichtungen der Pflegeperson unberücksichtigt. Dies gilt nicht

1. **in den Fällen des § 1361 Abs. 3, der §§ 1579, 1603 Abs. 2 und des § 1611 Abs. 1 des Bürgerlichen Gesetzbuchs,**
2. **für Unterhaltsansprüche der Pflegeperson, wenn von dieser erwartet werden kann, ihren Unterhaltsbedarf ganz oder teilweise durch eigene Einkünfte zu decken und der Pflegebedürftige mit dem Unterhaltspflichtigen nicht in gerader Linie verwandt ist.**

Aus Rundschreiben, Urteilen etc.

BSG v. 29.4.1999 – B 3 P 15/98 R (Breithaupt 1999, 1061)

1. *Der Anspruch auf Leistungen der sozialen Pflegeversicherung bei häuslicher Pflege ruht beim gleichzeitigen Bezug der Pflegezulage nach § 35 BVG auch insoweit, als in die Bemessung des Pflegebedarfs die Hilfe bei der hauswirtschaftlichen Versorgung einbezogen worden ist.*
2. *Bei beihilfeberechtigten Versicherten der sozialen Pflegeversicherung, die Pflegesachleistungen jeweils nur zur Hälfte erhalten, ist auch die Pflegezulage nach § 35 BVG nur zur Hälfte auf die Leistungen der Pflegeversicherung anzurechnen.*

Zweites Kapitel
Leistungsberechtigter Personenkreis

§ 14 Begriff der Pflegebedürftigkeit

(1) Pflegebedürftig im Sinne dieses Buches sind Personen, die gesundheitlich bedingte Beeinträchtigungen der Selbständigkeit oder der Fähigkeiten aufweisen und deshalb der Hilfe durch andere bedürfen. Es muss sich um Personen handeln, die körperliche, kognitive oder psychische Beeinträchtigungen oder gesundheitlich bedingte Belastungen oder Anforderungen nicht selbständig kompensieren oder bewältigen können. Die Pflegebedürftigkeit muss auf Dauer, voraussichtlich für mindestens sechs Monate, und mit mindestens der in § 15 festgelegten Schwere bestehen.

(2) Maßgeblich für das Vorliegen von gesundheitlich bedingten Beeinträchtigungen der Selbständigkeit oder der Fähigkeiten sind die in den folgenden sechs Bereichen genannten pflegefachlich begründeten Kriterien:

1. **Mobilität: Positionswechsel im Bett, Halten einer stabilen Sitzposition, Umsetzen, Fortbewegen innerhalb des Wohnbereichs, Treppensteigen;**
2. **kognitive und kommunikative Fähigkeiten: Erkennen von Personen aus dem näheren Umfeld, örtliche Orientierung, zeitliche Orientierung, Er-**

innern an wesentliche Ereignisse oder Beobachtungen, Steuern von mehrschrittigen Alltagshandlungen, Treffen von Entscheidungen im Alltagsleben, Verstehen von Sachverhalten und Informationen, Erkennen von Risiken und Gefahren, Mitteilen von elementaren Bedürfnissen, Verstehen von Aufforderungen, Beteiligen an einem Gespräch;

3. Verhaltensweisen und psychische Problemlagen: motorisch geprägte Verhaltensauffälligkeiten, nächtliche Unruhe, selbstschädigendes und autoaggressives Verhalten, Beschädigen von Gegenständen, physisch aggressives Verhalten gegenüber anderen Personen, verbale Aggression, andere pflegerelevante vokale Auffälligkeiten, Abwehr pflegerischer und anderer unterstützender Maßnahmen, Wahnvorstellungen, Ängste, Antriebslosigkeit bei depressiver Stimmungslage, sozial inadäquate Verhaltensweisen, sonstige pflegerelevante inadäquate Handlungen;
4. Selbstversorgung: Waschen des vorderen Oberkörpers, Körperpflege im Bereich des Kopfes, Waschen des Intimbereichs, Duschen und Baden einschließlich Waschen der Haare, An- und Auskleiden des Oberkörpers, An- und Auskleiden des Unterkörpers, mundgerechtes Zubereiten der Nahrung und Eingießen von Getränken, Essen, Trinken, Benutzen einer Toilette oder eines Toilettenstuhls, Bewältigen der Folgen einer Harninkontinenz und Umgang mit Dauerkatheter und Urostoma, Bewältigen der Folgen einer Stuhlinkontinenz und Umgang mit Stoma, Ernährung parenteral oder über Sonde, Bestehen gravierender Probleme bei der Nahrungsaufnahme bei Kindern bis zu 18 Monaten, die einen außergewöhnlich pflegeintensiven Hilfebedarf auslösen;
5. Bewältigung von und selbständiger Umgang mit krankheits- oder therapiebedingten Anforderungen und Belastungen:
   a) in Bezug auf Medikation, Injektionen, Versorgung intravenöser Zugänge, Absaugen und Sauerstoffgabe, Einreibungen sowie Kälte- und Wärmeanwendungen, Messung und Deutung von Körperzuständen, körpernahe Hilfsmittel,
   b) in Bezug auf Verbandswechsel und Wundversorgung, Versorgung mit Stoma, regelmäßige Einmalkatheterisierung und Nutzung von Abführmethoden, Therapiemaßnahmen in häuslicher Umgebung,
   c) in Bezug auf zeit- und technikintensive Maßnahmen in häuslicher Umgebung, Arztbesuche, Besuche anderer medizinischer oder therapeutischer Einrichtungen, zeitlich ausgedehnte Besuche medizinischer oder therapeutischer Einrichtungen, Besuch von Einrichtungen zur Frühförderung bei Kindern sowie
   d) in Bezug auf das Einhalten einer Diät oder anderer krankheits- oder therapiebedingter Verhaltensvorschriften;
6. Gestaltung des Alltagslebens und sozialer Kontakte: Gestaltung des Tagesablaufs und Anpassung an Veränderungen, Ruhen und Schlafen, Sichbeschäftigen, Vornehmen von in die Zukunft gerichteten Planungen, Interaktion mit Personen im direkten Kontakt, Kontaktpflege zu Personen außerhalb des direkten Umfelds.

(3) Beeinträchtigungen der Selbständigkeit oder der Fähigkeiten, die dazu führen, dass die Haushaltsführung nicht mehr ohne Hilfe bewältigt

werden kann, werden bei den Kriterien der in Absatz 2 genannten Bereiche berücksichtigt.

Aus Rundschreiben, Urteilen etc.

BSG v. 19.2.1998 – B 3 P 3/97 R (Breithaupt 1999, 10)

1. *Für die Einstellung von Pflegebedürftigkeit und die Zuordnung zu den Pflegestufen ist allein der Hilfebedarf bei den in § 14 Abs. 4 SGB XI aufgeführten Verrichtungen maßgebend.*
2. *Krankheitsspezifische Pflegemaßnahmen (sog. Behandlungspflege) sind nur zu berücksichtigen, wenn sie Bestandteil der Hilfe bei diesen Verrichtungen sind (Abgrenzung zu Breithaupt 1997, 581 = SozR 3-2500 § 53 Nr. 10).*
3. *Auch bei Kindern setzt die Feststellung von Pflegebedürftigkeit einen Mindestumfang an Grundpflege voraus.*

BSG v. 29.4.1999 – B 3 P 7/98 R (Breithaupt 2000, 117)

1. *Die Hilfe beim Gehen, Stehen und Treppensteigen ist als Pflegebedarf nur zu berücksichtigen, soweit sie im Zusammenhang mit den anderen im Gesetz genannten Verrichtungen geleistet wird.*
2. *Das Beruhigen schlafgestörter, geistig behinderter Kinder ist keine Hilfe beim Zubettgehen und kann auch nicht als Pflegebedarf bei einer anderen Grundverrichtung berücksichtigt werden.*
3. *Zur Ermittlung des Mehraufwands für die Grundpflege und die hauswirtschaftliche Versorgung bei Kindern.*

BSG v. 10.10.2000 – B 3 P 15/99 R (Breithaupt 2001, 336)

Zum für die Pflegeversicherung maßgeblichen Pflegebedarf zählt nicht die Begleitung eines Gehbehinderten bei ärztlich empfohlenen täglichen Spaziergängen und beim sonntäglichen Gottesdienstbesuch.

BSG v. 14.12.2000 – B 3 P 5/00 R (Breithaupt 2001, 588)

1. *Gutachten des Medizinischen Dienstes der Krankenversicherung können in Rechtsstreitigkeiten über die Feststellung von Pflegebedürftigkeit und die Zuordnung zu einer Pflegestufe auch im gerichtlichen Verfahren als Entscheidungsgrundlage herangezogen werden.*
2. *Pflegebedürftigkeit i.S. des SGB XI setzt voraus, dass zumindest einmal täglich Hilfe im Bereich der Grundpflege erforderlich ist. Hierauf kann auch dann nicht verzichtet werden, wenn der Versicherte aufgrund häufig auftretender Krankheitsschübe an mehreren Tagen der Woche in erheblichem Maße fremder Hilfe bedarf.*

BSG v. 17.3.2005 – B 3 P 2/04 R (Breithaupt 2005, 898)

1. *Für die in der sozialen Pflegeversicherung anspruchsbegründende Pflegebedürftigkeit „auf Dauer, voraussichtlich für mindestens sechs Monate", ist stets die vorausschauende Sicht zum Zeitpunkt der Antragstellung maßgeblich, auch wenn der tatsächliche Geschehensablauf diese Prognose nicht bestätigt.*
2. *Eine Leistungsgewährung wegen Pflegebedürftigkeit ist auch für weniger als sechs Monate möglich, wenn nach der Prognose ein Pflegebedarf von mindestens sechs Monaten zu erwarten war, dieser aber zum Zeitpunkt der Entscheidung bereits durch ein bei der Antragstellung nicht voraussehbares Ereignis vorzeitig entfallen ist.*

§ 15 Ermittlung des Grades der Pflegebedürftigkeit, Begutachtungsinstrument

(1) Pflegebedürftige erhalten nach der Schwere der Beeinträchtigungen der Selbständigkeit oder der Fähigkeiten einen Grad der Pflegebedürftigkeit (Pflegegrad). Der Pflegegrad wird mit Hilfe eines pflegefachlich begründeten Begutachtungsinstruments ermittelt.

(2) Das Begutachtungsinstrument ist in sechs Module gegliedert, die den sechs Bereichen in § 14 Absatz 2 entsprechen. In jedem Modul sind für die in den Bereichen genannten Kriterien die in Anlage 1 dargestellten Kategorien vorgesehen. Die Kategorien stellen die in ihnen zum Ausdruck kommenden verschiedenen Schweregrade der Beeinträchtigungen der Selbständigkeit oder der Fähigkeiten dar. Den Kategorien werden in Bezug auf die einzelnen Kriterien pflegefachlich fundierte Einzelpunkte zugeordnet, die aus Anlage 1 ersichtlich sind. In jedem Modul werden die jeweils erreichbaren Summen aus Einzelpunkten nach den in Anlage 2 festgelegten Punktbereichen gegliedert. Die Summen der Punkte werden nach den in ihnen zum Ausdruck kommenden Schweregraden der Beeinträchtigungen der Selbständigkeit oder der Fähigkeiten wie folgt bezeichnet:

1. Punktbereich 0: keine Beeinträchtigungen der Selbständigkeit oder der Fähigkeiten,
2. Punktbereich 1: geringe Beeinträchtigungen der Selbständigkeit oder der Fähigkeiten,
3. Punktbereich 2: erhebliche Beeinträchtigungen der Selbständigkeit oder der Fähigkeiten,
4. Punktbereich 3: schwere Beeinträchtigungen der Selbständigkeit oder der Fähigkeiten und
5. Punktbereich 4: schwerste Beeinträchtigungen der Selbständigkeit oder der Fähigkeiten.

Jedem Punktbereich in einem Modul werden unter Berücksichtigung der in ihm zum Ausdruck kommenden Schwere der Beeinträchtigungen der Selbständigkeit oder der Fähigkeiten sowie der folgenden Gewichtung der Module die in Anlage 2 festgelegten, gewichteten Punkte zugeordnet. Die Module des Begutachtungsinstruments werden wie folgt gewichtet:

1. Mobilität mit 10 Prozent,
2. kognitive und kommunikative Fähigkeiten sowie Verhaltensweisen und psychische Problemlagen zusammen mit 15 Prozent,
3. Selbstversorgung mit 40 Prozent,
4. Bewältigung von und selbständiger Umgang mit krankheits- oder therapiebedingten Anforderungen und Belastungen mit 20 Prozent,
5. Gestaltung des Alltagslebens und sozialer Kontakte mit 15 Prozent.

(3) Zur Ermittlung des Pflegegrades sind die bei der Begutachtung festgestellten Einzelpunkte in jedem Modul zu addieren und dem in Anlage 2 festgelegten Punktbereich sowie den sich daraus ergebenden gewichteten Punkten zuzuordnen. Den Modulen 2 und 3 ist ein gemeinsamer gewichteter Punkt zuzuordnen, der aus den höchsten gewichteten Punkten entweder des Moduls 2 oder des Moduls 3 besteht. Aus den gewichteten Punkten aller Module sind durch Addition die Gesamtpunkte zu bilden. Auf der Basis

der erreichten Gesamtpunkte sind pflegebedürftige Personen in einen der nachfolgenden Pflegegrade einzuordnen:
1. ab 12,5 bis unter 27 Gesamtpunkten in den Pflegegrad 1: geringe Beeinträchtigungen der Selbständigkeit oder der Fähigkeiten,
2. ab 27 bis unter 47,5 Gesamtpunkten in den Pflegegrad 2: erhebliche Beeinträchtigungen der Selbständigkeit oder der Fähigkeiten,
3. ab 47,5 bis unter 70 Gesamtpunkten in den Pflegegrad 3: schwere Beeinträchtigungen der Selbständigkeit oder der Fähigkeiten,
4. ab 70 bis unter 90 Gesamtpunkten in den Pflegegrad 4: schwerste Beeinträchtigungen der Selbständigkeit oder der Fähigkeiten,
5. ab 90 bis 100 Gesamtpunkten in den Pflegegrad 5: schwerste Beeinträchtigungen der Selbständigkeit oder der Fähigkeiten mit besonderen Anforderungen an die pflegerische Versorgung.

(4) Pflegebedürftige mit besonderen Bedarfskonstellationen, die einen spezifischen, außergewöhnlich hohen Hilfebedarf mit besonderen Anforderungen an die pflegerische Versorgung aufweisen, können aus pflegefachlichen Gründen dem Pflegegrad 5 zugeordnet werden, auch wenn ihre Gesamtpunkte unter 90 liegen. Der Spitzenverband Bund der Pflegekassen konkretisiert in den Richtlinien nach § 17 Absatz 1 die pflegefachlich begründeten Voraussetzungen für solche besonderen Bedarfskonstellationen.

(5) Bei der Begutachtung sind auch solche Kriterien zu berücksichtigen, die zu einem Hilfebedarf führen, für den Leistungen des Fünften Buches vorgesehen sind. Dies gilt auch für krankheitsspezifische Pflegemaßnahmen. Krankheitsspezifische Pflegemaßnahmen sind Maßnahmen der Behandlungspflege, bei denen der behandlungspflegerische Hilfebedarf aus medizinisch-pflegerischen Gründen regelmäßig und auf Dauer untrennbarer Bestandteil einer pflegerischen Maßnahme in den in § 14 Absatz 2 genannten sechs Bereichen ist oder mit einer solchen notwendig in einem unmittelbaren zeitlichen und sachlichen Zusammenhang steht.

(6) Bei pflegebedürftigen Kindern wird der Pflegegrad durch einen Vergleich der Beeinträchtigungen ihrer Selbständigkeit und ihrer Fähigkeiten mit altersentsprechend entwickelten Kindern ermittelt. Im Übrigen gelten die Absätze 1 bis 5 entsprechend.

(7) Pflegebedürftige Kinder im Alter bis zu 18 Monaten werden abweichend von den Absätzen 3, 4 und 6 Satz 2 wie folgt eingestuft:
1. ab 12,5 bis unter 27 Gesamtpunkten in den Pflegegrad 2,
2. ab 27 bis unter 47,5 Gesamtpunkten in den Pflegegrad 3,
3. ab 47,5 bis unter 70 Gesamtpunkten in den Pflegegrad 4,
4. ab 70 bis 100 Gesamtpunkten in den Pflegegrad 5.

§ 16 *(Hier nicht abgedruckt)*

§ 17 Richtlinien der Pflegekassen

(1) Der Spitzenverband Bund der Pflegekassen erlässt mit dem Ziel, eine einheitliche Rechtsanwendung zu fördern, unter Beteiligung des Medizinischen Dienstes des Spitzenverbandes Bund der Krankenkassen Richtlinien zur pflegefachlichen Konkretisierung der Inhalte des Begutachtungs-

instruments nach § 15 sowie zum Verfahren der Feststellung der Pflegebedürftigkeit nach § 18 (Begutachtungs-Richtlinien). Er hat dabei die Vereinigungen der Träger der Pflegeeinrichtungen auf Bundesebene, den Verband der privaten Krankenversicherung e. V., die Bundesarbeitsgemeinschaft der überörtlichen Träger der Sozialhilfe, die kommunalen Spitzenverbände auf Bundesebene und die Verbände der Pflegeberufe auf Bundesebene zu beteiligen. Ihnen ist unter Übermittlung der hierfür erforderlichen Informationen innerhalb einer angemessenen Frist vor der Entscheidung Gelegenheit zur Stellungnahme zu geben. Die Stellungnahmen sind in die Entscheidung einzubeziehen. Die maßgeblichen Organisationen für die Wahrnehmung der Interessen und der Selbsthilfe der pflegebedürftigen und behinderten Menschen wirken nach Maßgabe der nach § 118 Absatz 2 erlassenen Verordnung beratend mit. § 118 Absatz 1 Satz 2 und 3 gilt entsprechend.

(1 a) Der Spitzenverband Bund der Pflegekassen erlässt unter Beteiligung des Medizinischen Dienstes des Spitzenverbandes Bund der Krankenkassen bis zum 31. Juli 2018 Richtlinien zur einheitlichen Durchführung der Pflegeberatung nach § 7 a, die für die Pflegeberater und Pflegeberaterinnen der Pflegekassen, der Beratungsstellen nach § 7 b Absatz 1 Satz 1 Nummer 2 sowie der Pflegestützpunkte nach § 7 c unmittelbar verbindlich sind (Pflegeberatungs-Richtlinien). An den Richtlinien nach Satz 1 sind die Länder, der Verband der privaten Krankenversicherung e. V., die Bundesarbeitsgemeinschaft der überörtlichen Träger der Sozialhilfe, die kommunalen Spitzenverbände auf Bundesebene, die Bundesarbeitsgemeinschaft der Freien Wohlfahrtspflege sowie die Verbände der Träger der Pflegeeinrichtungen auf Bundesebene zu beteiligen. Den Verbänden der Pflegeberufe auf Bundesebene, unabhängigen Sachverständigen sowie den maßgeblichen Organisationen für die Wahrnehmung der Interessen und der Selbsthilfe der pflegebedürftigen und behinderten Menschen sowie ihrer Angehörigen ist Gelegenheit zur Stellungnahme zu geben.

(1 b) Der Spitzenverband Bund der Pflegekassen erlässt unter Beteiligung des Medizinischen Dienstes des Spitzenverbandes Bund der Krankenkassen bis zum 30. November 2016 Richtlinien zur Feststellung des Zeitanteils, für den die Pflegeversicherung bei ambulant versorgten Pflegebedürftigen, die einen besonders hohen Bedarf an behandlungspflegerischen Leistungen haben und die Leistungen der häuslichen Pflegehilfe nach § 36 und der häuslichen Krankenpflege nach § 37 Absatz 2 des Fünften Buches beziehen, die hälftigen Kosten zu tragen hat. Von den Leistungen der häuslichen Pflegehilfe nach § 36 sind dabei nur Maßnahmen der körperbezogenen Pflege zu berücksichtigen. Im Übrigen gilt § 17 Absatz 1 Satz 2 bis 6 entsprechend. Der Spitzenverband Bund der Pflegekassen gibt eine wissenschaftliche Evaluation der Richtlinien in Auftrag. Ein Bericht über die Ergebnisse der Evaluation ist bis zum 31. Dezember 2018 zu veröffentlichen.

(2) Die Richtlinien nach den Absätzen 1, 1 a und 1 b werden erst wirksam, wenn das Bundesministerium für Gesundheit sie genehmigt. Die Genehmigung gilt als erteilt, wenn die Richtlinien nicht innerhalb eines Monats,

nachdem sie dem Bundesministerium für Gesundheit vorgelegt worden sind, beanstandet werden. Beanstandungen des Bundesministeriums für Gesundheit sind innerhalb der von ihm gesetzten Frist zu beheben.

§ 17 a *(weggefallen)*

§ 18 Verfahren zur Feststellung der Pflegebedürftigkeit

(1) Die Pflegekassen beauftragen den Medizinischen Dienst der Krankenversicherung oder andere unabhängige Gutachter mit der Prüfung, ob die Voraussetzungen der Pflegebedürftigkeit erfüllt sind und welcher Pflegegrad vorliegt. Im Rahmen dieser Prüfungen haben der Medizinische Dienst oder die von der Pflegekasse beauftragten Gutachter durch eine Untersuchung des Antragstellers die Beeinträchtigungen der Selbständigkeit oder der Fähigkeiten bei den in § 14 Absatz 2 genannten Kriterien nach Maßgabe des § 15 sowie die voraussichtliche Dauer der Pflegebedürftigkeit zu ermitteln. Darüber hinaus sind auch Feststellungen darüber zu treffen, ob und in welchem Umfang Maßnahmen zur Beseitigung, Minderung oder Verhütung einer Verschlimmerung der Pflegebedürftigkeit einschließlich der Leistungen zur medizinischen Rehabilitation geeignet, notwendig und zumutbar sind; insoweit haben Versicherte einen Anspruch gegen den zuständigen Träger auf Leistungen zur medizinischen Rehabilitation. Jede Feststellung hat zudem eine Aussage darüber zu treffen, ob Beratungsbedarf insbesondere in der häuslichen Umgebung oder in der Einrichtung, in der der Anspruchsberechtigte lebt, hinsichtlich Leistungen zur verhaltensbezogenen Prävention nach § 20 Absatz 5 des Fünften Buches besteht.

(1 a) Die Pflegekassen können den Medizinischen Dienst der Krankenversicherung oder andere unabhängige Gutachter mit der Prüfung beauftragen, für welchen Zeitanteil die Pflegeversicherung bei ambulant versorgten Pflegebedürftigen, die einen besonders hohen Bedarf an behandlungspflegerischen Leistungen haben und die Leistungen der häuslichen Pflegehilfe nach § 36 und der häuslichen Krankenpflege nach § 37 Absatz 2 des Fünften Buches beziehen, die hälftigen Kosten zu tragen hat. Von den Leistungen der häuslichen Pflegehilfe nach § 36 sind nur Maßnahmen der körperbezogenen Pflege zu berücksichtigen. Bei der Prüfung des Zeitanteils sind die Richtlinien nach § 17 Absatz 1 b zu beachten.

(2) Der Medizinische Dienst oder die von der Pflegekasse beauftragten Gutachter haben den Versicherten in seinem Wohnbereich zu untersuchen. Erteilt der Versicherte dazu nicht sein Einverständnis, kann die Pflegekasse die beantragten Leistungen verweigern. Die §§ 65, 66 des Ersten Buches bleiben unberührt. Die Untersuchung im Wohnbereich des Pflegebedürftigen kann ausnahmsweise unterbleiben, wenn auf Grund einer eindeutigen Aktenlage das Ergebnis der medizinischen Untersuchung bereits feststeht. Die Untersuchung ist in angemessenen Zeitabständen zu wiederholen.

(2 a) Bei pflegebedürftigen Versicherten werden vom 1. Juli 2016 bis zum 31. Dezember 2016 keine Wiederholungsbegutachtungen nach Absatz 2 Satz 5 durchgeführt, auch dann nicht, wenn die Wiederholungsbegutach-

tung vor diesem Zeitpunkt vom Medizinischen Dienst der Krankenversicherung oder anderen unabhängigen Gutachtern empfohlen wurde. Abweichend von Satz 1 können Wiederholungsbegutachtungen durchgeführt werden, wenn eine Verringerung des Hilfebedarfs, insbesondere aufgrund von durchgeführten Operationen oder Rehabilitationsmaßnahmen, zu erwarten ist.

(2b) Die Frist nach Absatz 3 Satz 2 ist vom 1. November 2016 bis zum 31. Dezember 2016 unbeachtlich. Abweichend davon ist einem Antragsteller, der ab dem 1. November 2016 einen Antrag auf Leistungen der Pflegeversicherung stellt und bei dem ein besonders dringlicher Entscheidungsbedarf vorliegt, spätestens 25 Arbeitstage nach Eingang des Antrags bei der zuständigen Pflegekasse die Entscheidung der Pflegekasse schriftlich mitzuteilen. Der Spitzenverband Bund der Pflegekassen entwickelt bundesweit einheitliche Kriterien für das Vorliegen, die Gewichtung und die Feststellung eines besonders dringlichen Entscheidungsbedarfs. Die Pflegekassen und die privaten Versicherungsunternehmen berichten in der nach Absatz 3b Satz 4 zu veröffentlichenden Statistik auch über die Anwendung der Kriterien zum Vorliegen und zur Feststellung eines besonders dringlichen Entscheidungsbedarfs.

(2c) Abweichend von Absatz 3a Satz 1 Nummer 2 ist die Pflegekasse vom 1. November 2016 bis zum 31. Dezember 2016 nur bei Vorliegen eines besonders dringlichen Entscheidungsbedarfs gemäß Absatz 2b dazu verpflichtet, dem Antragsteller mindestens drei unabhängige Gutachter zur Auswahl zu benennen, wenn innerhalb von 20 Arbeitstagen nach Antragstellung keine Begutachtung erfolgt ist.

(3) Die Pflegekasse leitet die Anträge zur Feststellung von Pflegebedürftigkeit unverzüglich an den Medizinischen Dienst der Krankenversicherung oder die von der Pflegekasse beauftragten Gutachter weiter. Dem Antragsteller ist spätestens 25 Arbeitstage nach Eingang des Antrags bei der zuständigen Pflegekasse die Entscheidung der Pflegekasse schriftlich mitzuteilen. Befindet sich der Antragsteller im Krankenhaus oder in einer stationären Rehabilitationseinrichtung und

1. **liegen Hinweise vor, dass zur Sicherstellung der ambulanten oder stationären Weiterversorgung und Betreuung eine Begutachtung in der Einrichtung erforderlich ist, oder**
2. **wurde die Inanspruchnahme von Pflegezeit nach dem Pflegezeitgesetz gegenüber dem Arbeitgeber der pflegenden Person angekündigt oder**
3. **wurde mit dem Arbeitgeber der pflegenden Person eine Familienpflegezeit nach § 2 Absatz 1 des Familienpflegezeitgesetzes vereinbart,**

ist die Begutachtung dort unverzüglich, spätestens innerhalb einer Woche nach Eingang des Antrags bei der zuständigen Pflegekasse durchzuführen; die Frist kann durch regionale Vereinbarungen verkürzt werden. Die verkürzte Begutachtungsfrist gilt auch dann, wenn der Antragsteller sich in einem Hospiz befindet oder ambulant palliativ versorgt wird. Befindet sich der Antragsteller in häuslicher Umgebung, ohne palliativ versorgt zu werden, und wurde die Inanspruchnahme von Pflegezeit nach dem Pflegezeitgesetz gegenüber dem Arbeitgeber der pflegenden Person angekün-

digt oder mit dem Arbeitgeber der pflegenden Person eine Familienpflegezeit nach § 2 Absatz 1 des Familienpflegezeitgesetzes vereinbart, ist eine Begutachtung durch den Medizinischen Dienst der Krankenversicherung oder die von der Pflegekasse beauftragten Gutachter spätestens innerhalb von zwei Wochen nach Eingang des Antrags bei der zuständigen Pflegekasse durchzuführen und der Antragsteller seitens des Medizinischen Dienstes oder der von der Pflegekasse beauftragten Gutachter unverzüglich schriftlich darüber zu informieren, welche Empfehlung der Medizinische Dienst oder die von der Pflegekasse beauftragten Gutachter an die Pflegekasse weiterleiten. In den Fällen der Sätze 3 bis 5 muss die Empfehlung nur die Feststellung beinhalten, ob Pflegebedürftigkeit im Sinne der §§ 14 und 15 vorliegt. Die Entscheidung der Pflegekasse ist dem Antragsteller unverzüglich nach Eingang der Empfehlung des Medizinischen Dienstes oder der beauftragten Gutachter bei der Pflegekasse schriftlich mitzuteilen. Der Antragsteller ist bei der Begutachtung auf die maßgebliche Bedeutung des Gutachtens insbesondere für eine umfassende Beratung, das Erstellen eines individuellen Versorgungsplans nach § 7 a, das Versorgungsmanagement nach § 11 Absatz 4 des Fünften Buches und für die Pflegeplanung hinzuweisen. Das Gutachten wird dem Antragsteller durch die Pflegekasse übersandt, sofern er der Übersendung nicht widerspricht. Das Ergebnis des Gutachtens ist transparent darzustellen und dem Antragsteller verständlich zu erläutern. Der Spitzenverband Bund der Pflegekassen konkretisiert in den Richtlinien nach § 17 Absatz 1 die Anforderungen an eine transparente Darstellungsweise und verständliche Erläuterung des Gutachtens. Der Antragsteller kann die Übermittlung des Gutachtens auch zu einem späteren Zeitpunkt verlangen.

(3a) Die Pflegekasse ist verpflichtet, dem Antragsteller mindestens drei unabhängige Gutachter zur Auswahl zu benennen,

1. soweit nach Absatz 1 unabhängige Gutachter mit der Prüfung beauftragt werden sollen oder
2. wenn innerhalb von 20 Arbeitstagen ab Antragstellung keine Begutachtung erfolgt ist.

Auf die Qualifikation und Unabhängigkeit des Gutachters ist der Versicherte hinzuweisen. Hat sich der Antragsteller für einen benannten Gutachter entschieden, wird dem Wunsch Rechnung getragen. Der Antragsteller hat der Pflegekasse seine Entscheidung innerhalb einer Woche ab Kenntnis der Namen der Gutachter mitzuteilen, ansonsten kann die Pflegekasse einen Gutachter aus der übersandten Liste beauftragen. Die Gutachter sind bei der Wahrnehmung ihrer Aufgaben nur ihrem Gewissen unterworfen. Satz 1 Nummer 2 gilt nicht, wenn die Pflegekasse die Verzögerung nicht zu vertreten hat.

(3b) Erteilt die Pflegekasse den schriftlichen Bescheid über den Antrag nicht innerhalb von 25 Arbeitstagen nach Eingang des Antrags oder wird eine der in Absatz 3 genannten verkürzten Begutachtungsfristen nicht eingehalten, hat die Pflegekasse nach Fristablauf für jede begonnene Woche der Fristüberschreitung unverzüglich 70 Euro an den Antragsteller zu zahlen. Dies gilt nicht, wenn die Pflegekasse die Verzögerung nicht zu vertreten hat oder wenn sich der Antragsteller in vollstationärer Pflege befindet und bereits bei ihm mindestens erhebliche Beeinträchtigungen der Selbständigkeit oder der Fähigkeiten (mindestens Pflegegrad 2) festgestellt sind. Entsprechendes gilt für die privaten Versicherungsunternehmen, die die private Pflege-Pflichtversicherung durchführen. Die Träger der Pflegeversicherung und die privaten Versicherungsunternehmen veröffentlichen jährlich jeweils bis zum 31. März des dem Berichtsjahr folgenden Jahres eine Statistik über die Einhaltung der Fristen nach Absatz 3. Die Sätze 1 bis 3 finden vom 1. November 2016 bis 31. Dezember 2017 keine Anwendung.

(4) Der Medizinische Dienst oder die von der Pflegekasse beauftragten Gutachter sollen, soweit der Versicherte einwilligt, die behandelnden Ärzte des Versicherten, insbesondere die Hausärzte, in die Begutachtung einbeziehen und ärztliche Auskünfte und Unterlagen über die für die Begutachtung der Pflegebedürftigkeit wichtigen Vorerkrankungen sowie Art, Umfang und Dauer der Hilfebedürftigkeit einholen. Mit Einverständnis des Versicherten sollen auch pflegende Angehörige oder sonstige Personen oder Dienste, die an der Pflege des Versicherten beteiligt sind, befragt werden.

(5) Die Pflege- und Krankenkassen sowie die Leistungserbringer sind verpflichtet, dem Medizinischen Dienst oder den von der Pflegekasse beauftragten Gutachtern die für die Begutachtung erforderlichen Unterlagen vorzulegen und Auskünfte zu erteilen. § 276 Abs. 1 Satz 2 und 3 des Fünften Buches gilt entsprechend.

(5a) Bei der Begutachtung sind darüber hinaus die Beeinträchtigungen der Selbständigkeit oder der Fähigkeiten in den Bereichen außerhäusliche Aktivitäten und Haushaltsführung festzustellen. Mit diesen Informationen sollen eine umfassende Beratung und das Erstellen eines individuellen Versorgungsplans nach § 7 a, das Versorgungsmanagement nach § 11 Absatz 4 des Fünften Buches und eine individuelle Pflegeplanung sowie eine sachgerechte Erbringung von Hilfen bei der Haushaltsführung ermöglicht werden. Hierbei ist im Einzelnen auf die nachfolgenden Kriterien abzustellen:

1. außerhäusliche Aktivitäten: Verlassen des Bereichs der Wohnung oder der Einrichtung, Fortbewegen außerhalb der Wohnung oder der Einrichtung, Nutzung öffentlicher Verkehrsmittel im Nahverkehr, Mitfahren in einem Kraftfahrzeug, Teilnahme an kulturellen, religiösen oder sportlichen Veranstaltungen, Besuch von Schule, Kindergarten, Arbeitsplatz, einer Werkstatt für behinderte Menschen oder Besuch einer Einrichtung der Tages- oder Nachtpflege oder eines Tagesbetreuungsangebotes, Teilnahme an sonstigen Aktivitäten mit anderen Menschen;
2. Haushaltsführung: Einkaufen für den täglichen Bedarf, Zubereitung einfacher Mahlzeiten, einfache Aufräum- und Reinigungsarbeiten, aufwändige Aufräum- und Reinigungsarbeiten einschließlich Wäschepflege, Nutzung von Dienstleistungen, Umgang mit finanziellen Angelegenheiten, Umgang mit Behördenangelegenheiten.

Der Spitzenverband Bund der Pflegekassen wird ermächtigt, in den Richtlinien nach § 17 Absatz 1 die in Satz 3 genannten Kriterien pflegefachlich unter Berücksichtigung der Ziele nach Satz 2 zu konkretisieren.

(6) Der Medizinische Dienst der Krankenversicherung oder ein von der Pflegekasse beauftragter Gutachter hat der Pflegekasse das Ergebnis seiner oder ihrer Prüfung zur Feststellung der Pflegebedürftigkeit durch Übersendung des vollständigen Gutachtens unverzüglich mitzuteilen. In seiner oder ihrer Stellungnahme haben der Medizinische Dienst oder die von der Pflegekasse beauftragten Gutachter auch das Ergebnis der Prüfung, ob und gegebenenfalls welche Maßnahmen der Prävention und der medizinischen Rehabilitation geeignet, notwendig und zumutbar sind, mitzuteilen und Art und Umfang von Pflegeleistungen sowie einen individuellen Pflegeplan zu empfehlen. Die Feststellungen zur Prävention und zur medizinischen Rehabilitation sind durch den Medizinischen Dienst oder die von der Pflegekasse beauftragten Gutachter auf der Grundlage eines bundeseinheitlichen, strukturierten Verfahrens zu treffen und in einer gesonderten Präventions- und Rehabilitationsempfehlung zu dokumentieren. Beantragt der Pflegebedürftige Pflegegeld, hat sich die Stellungnahme auch darauf zu erstrecken, ob die häusliche Pflege in geeigneter Weise sichergestellt ist.

(6 a) Der Medizinische Dienst der Krankenversicherung oder die von der Pflegekasse beauftragten Gutachter haben gegenüber der Pflegekasse in ihrem Gutachten zur Feststellung der Pflegebedürftigkeit konkrete Empfehlungen zur Hilfsmittel- und Pflegehilfsmittelversorgung abzugeben. Die Empfehlungen gelten hinsichtlich Hilfsmitteln und Pflegehilfsmitteln, die den Zielen von § 40 dienen, jeweils als Antrag auf Leistungsgewährung, sofern der Versicherte zustimmt. Die Zustimmung erfolgt gegenüber dem Gutachter im Rahmen der Begutachtung und wird im Begutachtungsformular schriftlich dokumentiert. Bezüglich der empfohlenen Pflegehilfsmittel wird die Notwendigkeit der Versorgung nach § 40 Absatz 1 Satz 2 vermutet. Bis zum 31. Dezember 2020 wird auch die Erforderlichkeit der empfohlenen Hilfsmittel, die den Zielen von § 40 dienen, nach § 33 Absatz 1 des Fünften Buches vermutet; insofern bedarf es keiner ärztlichen Verordnung gemäß § 33 Absatz 5 a des Fünften Buches. Welche Hilfsmittel und Pflegehilfsmittel im Sinne von Satz 2 den Zielen von § 40 dienen, wird in den Begutachtungs-Richtlinien nach § 17 konkretisiert. Dabei ist auch die Richtlinie des Gemeinsamen Bundesausschusses nach § 92 Absatz 1 des Fünften Buches über die Verordnung von Hilfsmitteln zu berücksichtigen. Die Pflegekasse übermittelt dem Antragsteller unverzüglich die Entscheidung über die empfohlenen Hilfsmittel und Pflegehilfsmittel.

(7) Die Aufgaben des Medizinischen Dienstes werden durch Ärzte in enger Zusammenarbeit mit Pflegefachkräften und anderen geeigneten Fachkräften wahrgenommen. Die Prüfung der Pflegebedürftigkeit von Kindern ist in der Regel durch besonders geschulte Gutachter mit einer Qualifikation als Gesundheits- und Kinderkrankenpflegerin oder Gesundheits- und Kinderkrankenpfleger oder als Kinderärztin oder Kinderarzt vorzunehmen. Der Medizinische Dienst ist befugt, den Pflegefachkräften oder sonstigen geeigneten Fachkräften, die nicht dem Medizinischen Dienst angehören, die für deren jeweilige Beteiligung erforderlichen personenbezogenen Daten zu übermitteln. Für andere unabhängige Gutachter gelten die Sätze 1 bis 3 entsprechend.

§ 18a Weiterleitung der Rehabilitationsempfehlung, Berichtspflichten

(1) Spätestens mit der Mitteilung der Entscheidung über die Pflegebedürftigkeit leitet die Pflegekasse dem Antragsteller die gesonderte Präventions- und Rehabilitationsempfehlung des Medizinischen Dienstes oder der von der Pflegekasse beauftragten Gutachter zu und nimmt umfassend und begründet dazu Stellung, inwieweit auf der Grundlage der Empfehlung die Durchführung einer Maßnahme zur Prävention oder zur medizinischen Rehabilitation angezeigt ist. Die Pflegekasse hat den Antragsteller zusätzlich darüber zu informieren, dass mit der Zuleitung einer Mitteilung über den Rehabilitationsbedarf an den zuständigen Rehabilitationsträger ein Antragsverfahren auf Leistungen zur medizinischen Rehabilitation entsprechend den Vorschriften des Neunten Buches ausgelöst wird, sofern der Antragsteller in dieses Verfahren einwilligt.

(2) Die Pflegekassen berichten für die Geschäftsjahre 2013 bis 2018 jährlich über die Anwendung eines bundeseinheitlichen, strukturierten Verfahrens zur Erkennung rehabilitativer Bedarfe in der Pflegebegutachtung und die Erfahrungen mit der Umsetzung der Empfehlungen der Medizinischen Dienste der Krankenversicherung oder der beauftragten Gutachter zur medizinischen Rehabilitation. Hierzu wird insbesondere Folgendes gemeldet:

1. die Anzahl der Empfehlungen der Medizinischen Dienste der Krankenversicherung und der beauftragten Gutachter für Leistungen der medizinischen Rehabilitation im Rahmen der Begutachtung zur Feststellung der Pflegebedürftigkeit,
2. die Anzahl der Anträge an den zuständigen Rehabilitationsträger gemäß § 31 Absatz 3 in Verbindung mit § 14 des Neunten Buches,
3. die Anzahl der genehmigten und die Anzahl der abgelehnten Leistungsentscheidungen der zuständigen Rehabilitationsträger einschließlich der Gründe für Ablehnungen sowie die Anzahl der Widersprüche und
4. die Anzahl der durchgeführten medizinischen Rehabilitationsmaßnahmen.

Die Meldung durch die Pflegekassen erfolgt bis zum 31. März des dem Berichtsjahr folgenden Jahres an den Spitzenverband Bund der Pflegekassen. Näheres über das Meldeverfahren und die Inhalte entwickelt der Spitzenverband Bund der Pflegekassen im Einvernehmen mit dem Bundesministerium für Gesundheit.

(3) Der Spitzenverband Bund der Pflegekassen bereitet die Daten auf und leitet die aufbereiteten und auf Plausibilität geprüften Daten bis zum 30. Juni des dem Berichtsjahr folgenden Jahres dem Bundesministerium für Gesundheit zu. Der Verband hat die aufbereiteten Daten der landesunmittelbaren Versicherungsträger auch den für die Sozialversicherung zuständigen obersten Verwaltungsbehörden der Länder oder den von diesen bestimmten Stellen auf Verlangen zuzuleiten. Der Spitzenverband Bund der Pflegekassen veröffentlicht auf Basis der gemeldeten Daten sowie sonstiger Erkenntnisse jährlich einen Bericht bis zum 1. September des dem Berichtsjahr folgenden Jahres.

§ 18b Dienstleistungsorientierung im Begutachtungsverfahren

(1) Der Spitzenverband Bund der Pflegekassen erlässt mit dem Ziel, die Dienstleistungsorientierung für die Versicherten im Begutachtungsverfahren zu stärken, bis zum 31. März 2013 für alle Medizinischen Dienste verbindliche Richtlinien. Der Medizinische Dienst des Spitzenverbandes Bund der Krankenkassen und die für die Wahrnehmung der Interessen und der Selbsthilfe der pflegebedürftigen und behinderten Menschen auf Bundesebene maßgeblichen Organisationen sind zu beteiligen.

(2) Die Richtlinien regeln insbesondere
1. allgemeine Verhaltensgrundsätze für alle unter der Verantwortung der Medizinischen Dienste am Begutachtungsverfahren Beteiligten,
2. die Pflicht der Medizinischen Dienste zur individuellen und umfassenden Information des Versicherten über das Begutachtungsverfahren, insbesondere über den Ablauf, die Rechtsgrundlagen und Beschwerdemöglichkeiten,
3. die regelhafte Durchführung von Versichertenbefragungen und
4. ein einheitliches Verfahren zum Umgang mit Beschwerden, die das Verhalten der Mitarbeiter der Medizinischen Dienste oder das Verfahren bei der Begutachtung betreffen.

(3) Die Richtlinien werden erst wirksam, wenn das Bundesministerium für Gesundheit sie genehmigt. Die Genehmigung gilt als erteilt, wenn die Richtlinien nicht innerhalb eines Monats, nachdem sie dem Bundesministerium für Gesundheit vorgelegt worden sind, beanstandet werden. Beanstandungen des Bundesministeriums für Gesundheit sind innerhalb der von ihm gesetzten Frist zu beheben.

§ 18c Fachliche und wissenschaftliche Begleitung der Umstellung des Verfahrens zur Feststellung der Pflegebedürftigkeit

(1) Das Bundesministerium für Gesundheit richtet im Benehmen mit dem Bundesministerium für Arbeit und Soziales und dem Bundesministerium für Familie, Senioren, Frauen und Jugend ein Begleitgremium ein, das die Vorbereitung der Umstellung des Verfahrens zur Feststellung der Pflegebedürftigkeit nach den §§ 14, 15 und 18 Absatz 5 a in der ab dem 1. Januar 2017 geltenden Fassung mit pflegefachlicher und wissenschaftlicher Kompetenz unterstützt. Aufgabe des Begleitgremiums ist, das Bundesministerium für Gesundheit bei der Klärung fachlicher Fragen zu beraten und den Spitzenverband Bund der Pflegekassen, den Medizinischen Dienst des Spitzenverbandes Bund der Krankenkassen sowie die Vereinigungen der Träger der Pflegeeinrichtungen auf Bundesebene bei der Vorbereitung der Umstellung zu unterstützen. Dem Begleitgremium wird ab dem 1. Januar 2017 zusätzlich die Aufgabe übertragen, das Bundesministerium für Gesundheit bei der Klärung fachlicher Fragen zu beraten, die nach der Umstellung im Zuge der Umsetzung auftreten.

(2) Das Bundesministerium für Gesundheit beauftragt eine begleitende wissenschaftliche Evaluation insbesondere zu Maßnahmen und Ergebnissen der Vorbereitung und der Umsetzung der Umstellung des Verfahrens

zur Feststellung der Pflegebedürftigkeit nach den §§ 14, 15 und 18 Absatz 5 a in der ab dem 1. Januar 2017 geltenden Fassung. Die Auftragserteilung erfolgt im Benehmen mit dem Bundesministerium für Arbeit und Soziales, soweit Auswirkungen auf andere Sozialleistungssysteme aus dem Zuständigkeitsbereich des Bundesministeriums für Arbeit und Soziales untersucht werden. Im Rahmen der Evaluation sind insbesondere Erfahrungen und Auswirkungen hinsichtlich der folgenden Aspekte zu untersuchen:

1. **Leistungsentscheidungsverfahren und Leistungsentscheidungen bei Pflegekassen und Medizinischen Diensten, beispielsweise Bearbeitungsfristen und Übermittlung von Ergebnissen;**
2. **Umsetzung der Übergangsregelungen im Begutachtungsverfahren;**
3. **Leistungsentscheidungsverfahren und Leistungsentscheidungen anderer Sozialleistungsträger, soweit diese pflegebedürftige Personen betreffen;**
4. **Umgang mit dem neuen Begutachtungsinstrument bei pflegebedürftigen Antragstellern, beispielsweise Antragsverhalten und Informationsstand;**
5. **Entwicklung der ambulanten Pflegevergütungen und der stationären Pflegesätze einschließlich der einrichtungseinheitlichen Eigenanteile;**
6. **Entwicklungen in den vertraglichen Grundlagen, in der Pflegeplanung, den pflegefachlichen Konzeptionen und in der konkreten Versorgungssituation in der ambulanten und in der stationären Pflege unter Berücksichtigung unterschiedlicher Gruppen von Pflegebedürftigen und Versorgungskonstellationen einschließlich derjenigen von pflegebedürftigen Personen, die im Rahmen der Eingliederungshilfe für behinderte Menschen versorgt werden.**

Ein Bericht über die Ergebnisse der Evaluation ist bis zum 1. Januar 2020 zu veröffentlichen. Dem Bundesministerium für Gesundheit sind auf Verlangen Zwischenberichte vorzulegen.

§ 19 Begriff der Pflegepersonen

Pflegepersonen im Sinne dieses Buches sind Personen, die nicht erwerbsmäßig einen Pflegebedürftigen im Sinne des § 14 in seiner häuslichen Umgebung pflegen. Leistungen zur sozialen Sicherung nach § 44 erhält eine Pflegeperson nur dann, wenn sie eine oder mehrere pflegebedürftige Personen wenigstens zehn Stunden wöchentlich, verteilt auf regelmäßig mindestens zwei Tage in der Woche, pflegt.

Drittes Kapitel
Versicherungspflichtiger Personenkreis

§ 20 Versicherungspflicht in der sozialen Pflegeversicherung für Mitglieder der gesetzlichen Krankenversicherung

(1) Versicherungspflichtig in der sozialen Pflegeversicherung sind die versicherungspflichtigen Mitglieder der gesetzlichen Krankenversicherung. Dies sind:

1. Arbeiter, Angestellte und zu ihrer Berufsausbildung Beschäftigte, die gegen Arbeitsentgelt beschäftigt sind; für die Zeit des Bezugs von Kurzarbeitergeld nach dem Dritten Buch bleibt die Versicherungspflicht unberührt,

2. Personen in der Zeit, für die sie Arbeitslosengeld nach dem Dritten Buch beziehen, auch wenn die Entscheidung, die zum Bezug der Leistung geführt hat, rückwirkend aufgehoben oder die Leistung zurückgefordert oder zurückgezahlt worden ist; ab Beginn des zweiten Monats bis zur zwölften Woche einer Sperrzeit (§ 159 des Dritten Buches) oder ab Beginn des zweiten Monats der Ruhenszeit wegen einer Urlaubsabgeltung (§ 157 Absatz 2 des Dritten Buches) gelten die Leistungen als bezogen,

2a. Personen in der Zeit, für die sie Arbeitslosengeld II nach dem Zweiten Buch beziehen, auch wenn die Entscheidung, die zum Bezug der Leistung geführt hat, rückwirkend aufgehoben oder die Leistung zurückgefordert oder zurückgezahlt worden ist, es sei denn, dass diese Leistung nur darlehensweise gewährt wird oder nur Leistungen nach § 24 Absatz 3 Satz 1 des Zweiten Buches bezogen werden,

3. Landwirte, ihre mitarbeitenden Familienangehörigen und Altenteiler, die nach § 2 des Zweiten Gesetzes über die Krankenversicherung der Landwirte versicherungspflichtig sind,

4. selbständige Künstler und Publizisten nach näherer Bestimmung des Künstlersozialversicherungsgesetzes,

5. Personen, die in Einrichtungen der Jugendhilfe, in Berufsbildungswerken oder in ähnlichen Einrichtungen für behinderte Menschen für eine Erwerbstätigkeit befähigt werden sollen,

6. Teilnehmer an Leistungen zur Teilhabe am Arbeitsleben sowie an Berufsfindung oder Arbeitserprobung, es sei denn, die Leistungen werden nach den Vorschriften des Bundesversorgungsgesetzes erbracht,

7. Behinderte Menschen die in anerkannten Werkstätten für Behinderte oder in Blindenwerkstätten im Sinne des § 143 des Neunten Buches oder für diese Einrichtungen in Heimarbeit tätig sind,

8. Behinderte Menschen, die in Anstalten, Heimen oder gleichartigen Einrichtungen in gewisser Regelmäßigkeit eine Leistung erbringen, die einem Fünftel der Leistung eines voll erwerbsfähigen Beschäftigten in gleichartiger Beschäftigung entspricht; hierzu zählen auch Dienstleistungen für den Träger der Einrichtung,

9. Studenten, die an staatlichen oder staatlich anerkannten Hochschulen eingeschrieben sind, soweit sie nach § 5 Abs. 1 Nr. 9 des Fünften Buches der Krankenversicherungspflicht unterliegen,

10. Personen, die zu ihrer Berufsausbildung ohne Arbeitsentgelt beschäftigt sind oder die eine Fachschule oder Berufsfachschule besuchen oder eine in Studien- oder Prüfungsordnungen vorgeschriebene berufspraktische Tätigkeit ohne Arbeitsentgelt verrichten (Praktikanten); Auszubildende des Zweiten Bildungsweges, die sich in einem nach dem Bundesausbildungsförderungsgesetz förderungsfähigen Teil eines Ausbildungsabschnittes befinden, sind Praktikanten gleichgestellt,

11. Personen, die die Voraussetzungen für den Anspruch auf eine Rente aus der gesetzlichen Rentenversicherung erfüllen und diese Rente beantragt haben, soweit sie nach § 5 Abs. 1 Nr. 11, 11a, 11b oder 12 des Fünften Buches der Krankenversicherungspflicht unterliegen,

12. Personen, die, weil sie bisher keinen Anspruch auf Absicherung im Krankheitsfall hatten, nach § 5 Abs. 1 Nr. 13 des Fünften Buches oder nach § 2 Abs. 1 Nr. 7 des Zweiten Gesetzes über die Krankenversicherung der Landwirte der Krankenversicherungspflicht unterliegen.

(2) Als gegen Arbeitsentgelt beschäftigte Arbeiter und Angestellte im Sinne des Absatzes 1 Nr. 1 gelten Bezieher von Vorruhestandsgeld, wenn sie unmittelbar vor Bezug des Vorruhestandsgeldes versicherungspflichtig waren und das Vorruhestandsgeld mindestens in Höhe von 65 vom Hundert des Bruttoarbeitsentgelts im Sinne des § 3 Abs. 2 des Vorruhestandsgesetzes gezahlt wird. Satz 1 gilt nicht für Personen, die im Ausland ihren Wohnsitz oder gewöhnlichen Aufenthalt in einem Staat haben, mit dem für Arbeitnehmer mit Wohnsitz oder gewöhnlichem Aufenthalt in diesem Staat keine über- oder zwischenstaatlichen Regelungen über Sachleistungen bei Krankheit bestehen.

(2a) Als zu ihrer Berufsausbildung Beschäftigte im Sinne des Absatzes 1 Satz 2 Nr. 1 gelten Personen, die als nicht satzungsmäßige Mitglieder geistlicher Genossenschaften oder ähnlicher religiöser Gemeinschaften für den Dienst in einer solchen Genossenschaft oder ähnlichen religiösen Gemeinschaft außerschulisch ausgebildet werden.

(3) Freiwillige Mitglieder der gesetzlichen Krankenversicherung sind versicherungspflichtig in der sozialen Pflegeversicherung.

(4) Nehmen Personen, die mindestens zehn Jahre nicht in der sozialen Pflegeversicherung oder der gesetzlichen Krankenversicherung versicherungspflichtig waren, eine dem äußeren Anschein nach versicherungspflichtige Beschäftigung oder selbständige Tätigkeit von untergeordneter wirtschaftlicher Bedeutung auf, besteht die widerlegbare Vermutung, daß eine die Versicherungspflicht begründende Beschäftigung nach Absatz 1 Nr. 1 oder eine versicherungspflichtige selbständige Tätigkeit nach Absatz 1 Nr. 3 oder 4 tatsächlich nicht ausgeübt wird. Dies gilt insbesondere für eine Beschäftigung bei Familienangehörigen oder Lebenspartnern.

Aus Rundschreiben, Urteilen etc.

Bay. LSG v. 27.11.2008 – L 4 P 50/07 (Breithaupt 2009, 89)
Zur Rechtmäßigkeit der Beitragspflicht in der gesetzlichen Pflegeversicherung trotz Anspruchs auf vergleichbare Leistungen aus dem BVG.

§ 21 Versicherungspflicht in der sozialen Pflegeversicherung für sonstige Personen

Versicherungspflicht in der sozialen Pflegeversicherung besteht auch für Personen mit Wohnsitz oder gewöhnlichem Aufenthalt im Inland, die

1. nach dem Bundesversorgungsgesetz oder nach Gesetzen, die eine entsprechende Anwendung des Bundesversorgungsgesetzes vorsehen, einen Anspruch auf Heilbehandlung oder Krankenbehandlung haben,
2. Kriegsschadenrente oder vergleichbare Leistungen nach dem Lastenausgleichsgesetz oder dem Reparationsschädengesetz oder laufende Beihilfe nach dem Flüchtlingshilfegesetz beziehen,
3. ergänzende Hilfe zum Lebensunterhalt im Rahmen der Kriegsopferfürsorge nach dem Bundesversorgungsgesetz oder nach Gesetzen beziehen, die eine entsprechende Anwendung des Bundesversorgungsgesetzes vorsehen,
4. laufende Leistungen zum Unterhalt und Leistungen der Krankenhilfe nach dem Achten Buch beziehen,
5. krankenversorgungsberechtigt nach dem Bundesentschädigungsgesetz sind,
6. in das Dienstverhältnis eines Soldaten auf Zeit berufen worden sind,

wenn sie gegen das Risiko Krankheit weder in der gesetzlichen Krankenversicherung noch bei einem privaten Krankenversicherungsunternehmen versichert sind.

Aus Rundschreiben, Urteilen, etc.

LSG Rheinland-Pfalz v. 1.8.1996 – L 5 P1/96 (Breithaupt 1997, 132)
Ein Schwerbehinderter ohne gesetzliche oder private Krankenversicherung, der seinen Lebensunterhalt einschließlich der Krankheitskosten aus eigenem Vermögen bestreitet, ist weder Mitglied einer gesetzlichen Pflegekasse, noch verpflichtet, eine private Pflegeversicherung abzuschließen.

§§ 22–27 *(Hier nicht abgedruckt)*

Viertes Kapitel
Leistungen der Pflegeversicherung

Erster Abschnitt
Übersicht über die Leistungen

§ 28 Leistungsarten, Grundsätze

(1) Die Pflegeversicherung gewährt folgende Leistungen:
1. Pflegesachleistung (§ 36),
2. Pflegegeld für selbst beschaffte Pflegehilfen (§ 37),
3. Kombination von Geldleistung und Sachleistung (§ 38),
4. häusliche Pflege bei Verhinderung der Pflegeperson (§ 39),
5. Pflegehilfsmittel und wohnumfeldverbessernde Maßnahmen (§ 40),
6. Tagespflege und Nachtpflege (§ 41),
7. Kurzzeitpflege (§ 42),
8. vollstationäre Pflege (§ 43),

9. Pflege in vollstationären Einrichtungen der Hilfe für behinderte Menschen (§ 43a),
9 a. Zusätzliche Betreuung und Aktivierung in stationären Pflegeeinrichtungen (§ 43 b),
10. Leistungen zur sozialen Sicherung der Pflegepersonen (§ 44),
11. zusätzliche Leistungen bei Pflegezeit und kurzzeitiger Arbeitsverhinderung (§ 44 a),
12. Pflegekurse für Angehörige und ehrenamtliche Pflegepersonen (§ 45),
12 a. Umwandlung des ambulanten Sachleistungsbetrags (§ 45 a),
13. Entlastungsbetrag (§ 45 b),
14. Leistungen des Persönlichen Budgets nach § 17 Abs. 2 bis 4 des Neunten Buches,
15. zusätzliche Leistungen für Pflegebedürftige in ambulant betreuten Wohngruppen (§ 38 a).

(1 a) Versicherte haben gegenüber ihrer Pflegekasse oder ihrem Versicherungsunternehmen Anspruch auf Pflegeberatung (§ 7 a).

(1 b) Bis zum Erreichen des in § 45 e Absatz 2 Satz 2 genannten Zeitpunkts haben Pflegebedürftige unter den Voraussetzungen des § 45 e Absatz 1 Anspruch auf Anschubfinanzierung bei Gründung von ambulant betreuten Wohngruppen.

(2) Personen, die nach beamtenrechtlichen Vorschriften oder Grundsätzen bei Krankheit und Pflege Anspruch auf Beihilfe oder Heilfürsorge haben, erhalten die jeweils zustehenden Leistungen zur Hälfte; dies gilt auch für den Wert von Sachleistungen.

(3) Die Pflegekassen und die Leistungserbringer haben sicherzustellen, daß die Leistungen nach Absatz 1 nach allgemein anerkanntem Stand medizinisch-pflegerischer Erkenntnisse erbracht werden.

(4) Pflege schließt Sterbebegleitung mit ein; Leistungen anderer Sozialleistungsträger bleiben unberührt.

§ 28 a Leistungen bei Pflegegrad 1

(1) Abweichend von § 28 Absatz 1 und 1 a gewährt die Pflegeversicherung bei Pflegegrad 1 folgende Leistungen:
1. Pflegeberatung gemäß den §§ 7 a und 7 b,
2. Beratung in der eigenen Häuslichkeit gemäß § 37 Absatz 3,
3. zusätzliche Leistungen für Pflegebedürftige in ambulant betreuten Wohngruppen gemäß § 38 a, ohne dass § 38 a Absatz 1 Satz 1 Nummer 2 erfüllt sein muss,
4. Versorgung mit Pflegehilfsmitteln gemäß § 40 Absatz 1 bis 3 und 5,
5. finanzielle Zuschüsse für Maßnahmen zur Verbesserung des individuellen oder gemeinsamen Wohnumfelds gemäß § 40 Absatz 4,
6. zusätzliche Betreuung und Aktivierung in stationären Pflegeeinrichtungen gemäß § 43 b,
7. zusätzliche Leistungen bei Pflegezeit und kurzzeitiger Arbeitsverhinderung gemäß § 44 a,

8. Pflegekurse für Angehörige und ehrenamtliche Pflegepersonen gemäß § 45.

(2) Zudem gewährt die Pflegeversicherung den Entlastungsbetrag gemäß § 45 b Absatz 1 Satz 1 in Höhe von 125 Euro monatlich. Dieser kann gemäß § 45 b im Wege der Erstattung von Kosten eingesetzt werden, die dem Versicherten im Zusammenhang mit der Inanspruchnahme von Leistungen der Tages- und Nachtpflege sowie der Kurzzeitpflege, von Leistungen der ambulanten Pflegedienste im Sinne des § 36 sowie von Leistungen der nach Landesrecht anerkannten Angebote zur Unterstützung im Alltag im Sinne des § 45 a Absatz 1 und 2 entstehen.

(3) Wählen Pflegebedürftige des Pflegegrades 1 vollstationäre Pflege, gewährt die Pflegeversicherung gemäß § 43 Absatz 3 einen Zuschuss in Höhe von 125 Euro monatlich.

Aus Rundschreiben, Urteilen etc.

LSG Schleswig-Holstein v. 24.10.1996 – L 3 P 1/96 (Breithaupt 1997, 335)

1. *„Anspruch ... haben" i.S. von § 28 Abs. 2 SGB XI bedeutet beihilferechtlich berücksichtigungsfähig zu sein.*
2. *Die selbst nicht beihilfeberechtigte Ehefrau eines Beihilfeberechtigten hat auch dann lediglich den halben Beitrag zur gesetzlichen Pflegeversicherung zu entrichten, wenn sie freiwilliges Mitglied der gesetzlichen Krankenversicherung ist.*

Zweiter Abschnitt
Gemeinsame Vorschriften

§ 29 Wirtschaftlichkeitsgebot

(1) Die Leistungen müssen wirksam und wirtschaftlich sein; sie dürfen das Maß des Notwendigen nicht übersteigen. Leistungen, die diese Voraussetzungen nicht erfüllen, können Pflegebedürftige nicht beanspruchen, dürfen die Pflegekassen nicht bewilligen und dürfen die Leistungserbringer nicht zu Lasten der sozialen Pflegeversicherung bewirken.

(2) Leistungen dürfen nur bei Leistungserbringern in Anspruch genommen werden, mit denen die Pflegekassen oder die für sie tätigen Verbände Verträge abgeschlossen haben.

§ 30 Dynamisierung, Verordnungsermächtigung

(1) Die Bundesregierung prüft alle drei Jahre, erneut im Jahre 2020, Notwendigkeit und Höhe einer Anpassung der Leistungen der Pflegeversicherung. Als ein Orientierungswert für die Anpassungsnotwendigkeit dient die kumulierte Preisentwicklung in den letzten drei abgeschlossenen Kalenderjahren; dabei ist sicherzustellen, dass der Anstieg der Leistungsbeträge nicht höher ausfällt als die Bruttolohnentwicklung im gleichen Zeitraum. Bei der Prüfung können die gesamtwirtschaftlichen Rahmenbedingungen mit berücksichtigt werden. Die Bundesregierung legt den ge-

setzgebenden Körperschaften des Bundes einen Bericht über das Ergebnis der Prüfung und die tragenden Gründe vor.

(2) Die Bundesregierung wird ermächtigt, nach Vorlage des Berichts unter Berücksichtigung etwaiger Stellungnahmen der gesetzgebenden Körperschaften des Bundes die Höhe der Leistungen der Pflegeversicherung sowie die in § 37 Abs. 3 festgelegten Vergütungen durch Rechtsverordnung mit Zustimmung des Bundesrates zum 1. Januar des Folgejahres anzupassen. Die Rechtsverordnung soll frühestens zwei Monate nach Vorlage des Berichts erlassen werden, um den gesetzgebenden Körperschaften des Bundes Gelegenheit zur Stellungnahme zu geben.

§ 31 Vorrang der Rehabilitation vor Pflege

(1) Die Pflegekassen prüfen im Einzelfall, welche Leistungen zur medizinischen Rehabilitation und ergänzenden Leistungen geeignet und zumutbar sind, Pflegebedürftigkeit zu überwinden, zu mindern oder ihre Verschlimmerung zu verhüten. Werden Leistungen nach diesem Buch gewährt, ist bei Nachuntersuchungen die Frage geeigneter und zumutbarer Leistungen zur medizinischen Rehabilitation mit zu prüfen.

(2) Die Pflegekassen haben bei der Einleitung und Ausführung der Leistungen zur Pflege sowie bei Beratung, Auskunft und Aufklärung mit den Trägern der Rehabilitation eng zusammenzuarbeiten, um Pflegebedürftigkeit zu vermeiden, zu überwinden, zu mindern oder ihre Verschlimmerung zu verhüten.

(3) Wenn eine Pflegekasse durch die gutachterlichen Feststellungen des Medizinischen Dienstes der Krankenversicherung (§ 18 Abs. 6) oder auf sonstige Weise feststellt, dass im Einzelfall Leistungen zur medizinischen Rehabilitation angezeigt sind, informiert sie unverzüglich den Versicherten sowie mit dessen Einwilligung den behandelnden Arzt und leitet mit Einwilligung des Versicherten eine entsprechende Mitteilung dem zuständigen Rehabilitationsträger zu. Die Pflegekasse weist den Versicherten gleichzeitig auf seine Eigenverantwortung und Mitwirkungspflicht hin. Soweit der Versicherte eingewilligt hat, gilt die Mitteilung an den Rehabilitationsträger als Antragstellung für das Verfahren nach § 14 des Neunten Buches. Die Pflegekasse ist über die Leistungsentscheidung des zuständigen Rehabilitationsträgers unverzüglich zu informieren. Sie prüft in einem angemessenen zeitlichen Abstand, ob entsprechende Maßnahmen durchgeführt worden sind; soweit erforderlich, hat sie vorläufige Leistungen zur medizinischen Rehabilitation nach § 32 Abs. 1 zu erbringen.

(4) *weggefallen*

§ 32 Vorläufige Leistungen zur medizinischen Rehabilitation

(1) Die Pflegekasse erbringt vorläufige Leistungen zur medizinischen Rehabilitation, wenn eine sofortige Leistungserbringung erforderlich ist, um eine unmittelbar drohende Pflegebedürftigkeit zu vermeiden, eine bestehende Pflegebedürftigkeit zu überwinden, zu mindern oder eine Ver-

schlimmerung der Pflegebedürftigkeit zu verhüten, und sonst die sofortige Einleitung der Leistungen gefährdet wäre.

(2) Die Pflegekasse hat zuvor den zuständigen Träger zu unterrichten und auf die Eilbedürftigkeit der Leistungsgewährung hinzuweisen; wird dieser nicht rechtzeitig, spätestens jedoch vier Wochen nach Antragstellung tätig, erbringt die Pflegekasse die Leistungen vorläufig.

§ 33 Leistungsvoraussetzungen

(1) Versicherte erhalten die Leistungen der Pflegeversicherung auf Antrag. Die Leistungen werden ab Antragstellung gewährt, frühestens jedoch von dem Zeitpunkt an, in dem die Anspruchsvoraussetzungen vorliegen. Wird der Antrag später als einen Monat nach Eintritt der Pflegebedürftigkeit gestellt, werden die Leistungen vom Beginn des Monats der Antragstellung an gewährt. Die Zuordnung zu einem Pflegegrad und die Bewilligung von Leistungen können befristet werden und enden mit Ablauf der Frist. Die Befristung erfolgt, wenn und soweit eine Verringerung der Beeinträchtigungen der Selbständigkeit oder der Fähigkeiten nach der Einschätzung des Medizinischen Dienstes der Krankenversicherung zu erwarten ist. Die Befristung kann wiederholt werden und schließt Änderungen bei der Zuordnung zu einem Pflegegrad und bei bewilligten Leistungen im Befristungszeitraum nicht aus, soweit dies durch Rechtsvorschriften des Sozialgesetzbuches angeordnet oder erlaubt ist. Der Befristungszeitraum darf insgesamt die Dauer von drei Jahren nicht überschreiten. Um eine nahtlose Leistungsgewährung sicherzustellen, hat die Pflegekasse vor Ablauf einer Befristung rechtzeitig zu prüfen und dem Pflegebedürftigen sowie der ihn betreuenden Pflegeeinrichtung mitzuteilen, ob Pflegeleistungen weiterhin bewilligt werden und welchem Pflegegrad der Pflegebedürftige zuzuordnen ist.

(2) Anspruch auf Leistungen besteht, wenn der Versicherte in den letzten zehn Jahren vor der Antragstellung mindestens zwei Jahre als Mitglied versichert oder nach § 25 familienversichert war. Zeiten der Weiterversicherung nach § 26 Abs. 2 werden bei der Ermittlung der nach Satz 1 erforderlichen Vorversicherungszeit mitberücksichtigt. Für versicherte Kinder gilt die Vorversicherungszeit nach Satz 1 als erfüllt, wenn ein Elternteil sie erfüllt.

(3) Personen, die wegen des Eintritts von Versicherungspflicht in der sozialen Pflegeversicherung aus der privaten Pflegeversicherung ausscheiden, ist die dort ununterbrochen zurückgelegte Versicherungszeit auf die Vorversicherungszeit nach Absatz 2 anzurechnen.

(4) *weggefallen*

§ 33 a Leistungsausschluss

Auf Leistungen besteht kein Anspruch, wenn sich Personen in den Geltungsbereich dieses Gesetzbuchs begeben, um in einer Versicherung nach § 20 Abs. 1 Satz 2 Nr. 12 oder auf Grund dieser Versicherung in einer

Versicherung nach § 25 missbräuchlich Leistungen in Anspruch zu nehmen. Das Nähere zur Durchführung regelt die Pflegekasse in ihrer Satzung.

§ 34 Ruhen der Leistungsansprüche

(1) Der Anspruch auf Leistungen ruht

1. **solange sich der Versicherte im Ausland aufhält. Bei vorübergehendem Auslandsaufenthalt von bis zu sechs Wochen im Kalenderjahr ist das Pflegegeld nach § 37 oder anteiliges Pflegegeld nach § 38 weiter zu gewähren. Für die Pflegesachleistung gilt dies nur, soweit die Pflegekraft, die ansonsten die Pflegesachleistung erbringt, den Pflegebedürftigen während des Auslandsaufenthaltes begleitet,**
2. **soweit Versicherte Entschädigungsleistungen wegen Pflegebedürftigkeit unmittelbar nach § 35 des Bundesversorgungsgesetzes oder nach den Gesetzen, die eine entsprechende Anwendung des Bundesversorgungsgesetzes vorsehen, aus der gesetzlichen Unfallversicherung oder aus öffentlichen Kassen auf Grund gesetzlich geregelter Unfallversorgung oder Unfallfürsorge erhalten. Dies gilt auch, wenn vergleichbare Leistungen aus dem Ausland oder von einer zwischenstaatlichen oder überstaatlichen Einrichtung bezogen werden.**

(1 a) Der Anspruch auf Pflegegeld nach § 37 oder anteiliges Pflegegeld nach § 38 ruht nicht bei pflegebedürftigen Versicherten, die sich in einem Mitgliedstaat der Europäischen Union, einem Vertragsstaat des Abkommens über den Europäischen Wirtschaftsraum oder der Schweiz aufhalten.

(2) Der Anspruch auf Leistungen bei häuslicher Pflege ruht darüber hinaus, soweit im Rahmen des Anspruchs auf häusliche Krankenpflege (§ 37 des Fünften Buches) auch Anspruch auf Leistungen besteht, deren Inhalt den Leistungen nach § 36 entspricht, sowie für die Dauer des stationären Aufenthalts in einer Einrichtung im Sinne des § 71 Abs. 4, soweit § 39 nichts Abweichendes bestimmt. Pflegegeld nach § 37 oder anteiliges Pflegegeld nach § 38 ist in den ersten vier Wochen einer vollstationären Krankenhausbehandlung, einer häuslichen Krankenpflege mit Anspruch auf Leistungen, deren Inhalt den Leistungen nach § 36 entspricht, oder einer Aufnahme in Vorsorge- oder Rehabilitationseinrichtungen nach § 107 Absatz 2 des Fünften Buches weiter zu zahlen; bei Pflegebedürftigen, die ihre Pflege durch von ihnen beschäftigte besondere Pflegekräfte sicherstellen und bei denen § 63b Absatz 6 Satz 1 des Zwölften Buches Anwendung findet, wird das Pflegegeld nach § 37 oder anteiliges Pflegegeld nach § 38 auch über die ersten vier Wochen hinaus weiter gezahlt.

(3) Die Leistungen zur sozialen Sicherung nach den §§ 44 und 44a ruhen nicht für die Dauer der häuslichen Krankenpflege, bei vorübergehendem Auslandsaufenthalt des Versicherten oder Erholungsurlaub der Pflegeperson von bis zu sechs Wochen im Kalenderjahr sowie in den ersten vier Wochen einer vollstationären Krankenhausbehandlung oder einer stationären Leistung zur medizinischen Rehabilitation.

§ 35 Erlöschen der Leistungsansprüche

Der Anspruch auf Leistungen erlischt mit dem Ende der Mitgliedschaft, soweit in diesem Buch nichts Abweichendes bestimmt ist. § 19 Absatz 1 a des Fünften Buches gilt entsprechend.

§ 35a Teilnahme an einem trägerübergreifenden Persönlichen Budget nach § 17 Abs. 2 bis 4 des Neunten Buches

Pflegebedürftige können auf Antrag die Leistungen nach den §§ 36, 37 Abs. 1, §§ 38, 40 Abs. 2 und § 41 auch als Teil eines trägerübergreifenden Budgets nach § 17 Abs. 2 bis 4 des Neunten Buches in Verbindung mit der Budgetverordnung und § 159 des Neunten Buches erhalten; bei der Kombinationsleistung nach § 38 ist nur das anteilige und im Voraus bestimmte Pflegegeld als Geldleistung budgetfähig, die Sachleistungen nach den §§ 36, 38 und 41 dürfen nur in Form von Gutscheinen zur Verfügung gestellt werden, die zur Inanspruchnahme von zugelassenen Pflegeeinrichtungen nach diesem Buch berechtigen. Der beauftragte Leistungsträger nach § 17 Abs. 4 des Neunten Buches hat sicherzustellen, dass eine den Vorschriften dieses Buches entsprechende Leistungsbewilligung und Verwendung der Leistungen durch den Pflegebedürftigen gewährleistet ist. Andere als die in Satz 1 genannten Leistungsansprüche bleiben ebenso wie die sonstigen Vorschriften dieses Buches unberührt.

Dritter Abschnitt
Leistungen

Erster Titel
Leistungen bei häuslicher Pflege

§ 36 Pflegesachleistung

(1) Pflegebedürftige der Pflegegrade 2 bis 5 haben bei häuslicher Pflege Anspruch auf körperbezogene Pflegemaßnahmen und pflegerische Betreuungsmaßnahmen sowie auf Hilfen bei der Haushaltsführung als Sachleistung (häusliche Pflegehilfe). Der Anspruch umfasst pflegerische Maßnahmen in den in § 14 Absatz 2 genannten Bereichen Mobilität, kognitive und kommunikative Fähigkeiten, Verhaltensweisen und psychische Problemlagen, Selbstversorgung, Bewältigung von und selbständiger Umgang mit krankheits- oder therapiebedingten Anforderungen und Belastungen sowie Gestaltung des Alltagslebens und sozialer Kontakte.

(2) Häusliche Pflegehilfe wird erbracht, um Beeinträchtigungen der Selbständigkeit oder der Fähigkeiten des Pflegebedürftigen so weit wie möglich durch pflegerische Maßnahmen zu beseitigen oder zu mindern und eine Verschlimmerung der Pflegebedürftigkeit zu verhindern. Bestandteil der häuslichen Pflegehilfe ist auch die pflegefachliche Anleitung von Pflegebedürftigen und Pflegepersonen. Pflegerische Betreuungsmaßnah-

men umfassen Unterstützungsleistungen zur Bewältigung und Gestaltung des alltäglichen Lebens im häuslichen Umfeld, insbesondere
1. **bei der Bewältigung psychosozialer Problemlagen oder von Gefährdungen,**
2. **bei der Orientierung, bei der Tagesstrukturierung, bei der Kommunikation, bei der Aufrechterhaltung sozialer Kontakte und bei bedürfnisgerechten Beschäftigungen im Alltag sowie**
3. **durch Maßnahmen zur kognitiven Aktivierung.**

(3) Der Anspruch auf häusliche Pflegehilfe umfasst je Kalendermonat
1. **für Pflegebedürftige des Pflegegrades 2 Leistungen bis zu einem Gesamtwert von 689 Euro,**
2. **für Pflegebedürftige des Pflegegrades 3 Leistungen bis zu einem Gesamtwert von 1 298 Euro,**
3. **für Pflegebedürftige des Pflegegrades 4 Leistungen bis zu einem Gesamtwert von 1 612 Euro,**
4. **für Pflegebedürftige des Pflegegrades 5 Leistungen bis zu einem Gesamtwert von 1 995 Euro.**

(4) Häusliche Pflegehilfe ist auch zulässig, wenn Pflegebedürftige nicht in ihrem eigenen Haushalt gepflegt werden; sie ist nicht zulässig, wenn Pflegebedürftige in einer stationären Pflegeeinrichtung oder in einer Einrichtung im Sinne des § 71 Absatz 4 gepflegt werden. Häusliche Pflegehilfe wird durch geeignete Pflegekräfte erbracht, die entweder von der Pflegekasse oder bei ambulanten Pflegeeinrichtungen, mit denen die Pflegekasse einen Versorgungsvertrag abgeschlossen hat, angestellt sind. Auch durch Einzelpersonen, mit denen die Pflegekasse einen Vertrag nach § 77 Absatz 1 abgeschlossen hat, kann häusliche Pflegehilfe als Sachleistung erbracht werden. Mehrere Pflegebedürftige können häusliche Pflegehilfe gemeinsam in Anspruch nehmen.

§ 37 Pflegegeld für selbst beschaffte Pflegehilfen

(1) Pflegebedürftige der Pflegegrade 2 bis 5 können anstelle der häuslichen Pflegehilfe ein Pflegegeld beantragen. Der Anspruch setzt voraus, dass der Pflegebedürftige mit dem Pflegegeld dessen Umfang entsprechend die erforderlichen körperbezogenen Pflegemaßnahmen und pflegerischen Betreuungsmaßnahmen sowie Hilfen bei der Haushaltsführung in geeigneter Weise selbst sicherstellt. Das Pflegegeld beträgt je Kalendermonat:
1. **316 Euro für Pflegebedürftige des Pflegegrades 2,**
2. **545 Euro für Pflegebedürftige des Pflegegrades 3,**
3. **728 Euro für Pflegebedürftige des Pflegegrades 4,**
4. **901 Euro für Pflegebedürftige des Pflegegrades 5.**

(2) Besteht der Anspruch nach Absatz 1 nicht für den vollen Kalendermonat, ist der Geldbetrag entsprechend zu kürzen; dabei ist der Kalendermonat mit 30 Tagen anzusetzen. Die Hälfte des bisher bezogenen Pflegegeldes wird während einer Kurzzeitpflege nach § 42 für bis zu acht Wochen und während einer Verhinderungspflege nach § 39 jeweils für bis zu sechs

Wochen je Kalenderjahr fortgewährt. Das Pflegegeld wird bis zum Ende des Kalendermonats geleistet, in dem der Pflegebedürftige gestorben ist. § 118 Abs. 3 und 4 des Sechsten Buches gilt entsprechend, wenn für die Zeit nach dem Monat, in dem der Pflegebedürftige verstorben ist, Pflegegeld überwiesen wurde.

(3) Pflegebedürftige, die Pflegegeld nach Absatz 1 beziehen, haben
1. bei Pflegegrad 2 und 3 halbjährlich einmal,
2. bei Pflegegrad 4 und 5 vierteljährlich einmal

eine Beratung in der eigenen Häuslichkeit durch eine zugelassene Pflegeeinrichtung, durch eine von den Landesverbänden der Pflegekassen nach Absatz 7 anerkannte Beratungsstelle mit nachgewiesener pflegefachlicher Kompetenz oder, sofern dies durch eine zugelassene Pflegeeinrichtung vor Ort oder eine von den Landesverbänden der Pflegekassen anerkannte Beratungsstelle mit nachgewiesener pflegefachlicher Kompetenz nicht gewährleistet werden kann, durch eine von der Pflegekasse beauftragte, jedoch von ihr nicht beschäftigte Pflegefachkraft abzurufen. Die Beratung dient der Sicherung der Qualität der häuslichen Pflege und der regelmäßigen Hilfestellung und praktischen pflegesachlichen Unterstützung der häuslich Pflegenden. Die Pflegebedürftigen und die häuslich Pflegenden sind bei der Beratung auch auf die Auskunfts-, Beratungs- und Unterstützungsangebote des für sie zuständigen Pflegestützpunktes sowie auf die Pflegeberatung nach § 7a hinzuweisen. Die Vergütung für die Beratung ist von der zuständigen Pflegekasse, bei privat Pflegeversicherten von dem zuständigen privaten Versicherungsunternehmen zu tragen, im Fall der Beihilfeberechtigung anteilig von den Beihilfefestsetzungsstellen. Sie beträgt in den Pflegegraden 2 und 3 bis zu 23 Euro und in den Pflegegraden 4 und 5 bis zu 33 Euro. Pflegebedürftige des Pflegegrades 1 haben Anspruch, halbjährlich einmal einen Beratungsbesuch abzurufen; die Vergütung für die Beratung entspricht der für die Pflegegrade 2 und 3 nach Satz 5. Beziehen Pflegebedürftige von einem ambulanten Pflegedienst Pflegesachleistungen, können sie ebenfalls halbjährlich einmal einen Beratungsbesuch in Anspruch nehmen; für die Vergütung der Beratung gelten die Sätze 4 bis 6.

(4) Die Pflegedienste und die anerkannten Beratungsstellen sowie die beauftragten Pflegefachkräfte haben die Durchführung der Beratungseinsätze gegenüber der Pflegekasse oder dem privaten Versicherungsunternehmen zu bestätigen sowie die bei dem Beratungsbesuch gewonnenen Erkenntnisse über die Möglichkeiten der Verbesserung der häuslichen Pflegesituation dem Pflegebedürftigen und mit dessen Einwilligung der Pflegekasse oder dem privaten Versicherungsunternehmen mitzuteilen, im Fall der Beihilfeberechtigung auch der zuständigen Beihilfefestsetzungsstelle. Der Spitzenverband Bund der Pflegekassen und die privaten Versicherungsunternehmen stellen ihnen für diese Mitteilung ein einheitliches Formular zur Verfügung. Der beauftragte Pflegedienst und die anerkannte Beratungsstelle haben dafür Sorge zu tragen, dass für einen Beratungsbesuch im häuslichen Bereich Pflegekräfte eingesetzt werden, die spezifisches Wissen zu dem Krankheits- und Behinderungsbild sowie des sich daraus ergebenden Hilfebedarfs des Pflegebedürftigen mitbringen und

über besondere Beratungskompetenz verfügen. Zudem soll bei der Planung für die Beratungsbesuche weitestgehend sichergestellt werden, dass der Beratungsbesuch bei einem Pflegebedürftigen möglichst auf Dauer von derselben Pflegekraft durchgeführt wird.

(5) Die Vertragsparteien nach § 113 beschließen gemäß § 113 b bis zum 1. Januar 2018 unter Beachtung der in Absatz 4 festgelegten Anforderungen Empfehlungen zur Qualitätssicherung der Beratungsbesuche nach Absatz 3. Fordert das Bundesministerium für Gesundheit oder eine Vertragspartei nach § 113 im Einvernehmen mit dem Bundesministerium für Gesundheit die Vertragsparteien schriftlich zum Beschluss neuer Empfehlungen nach Satz 1 auf, sind diese innerhalb von sechs Monaten nach Eingang der Aufforderung neu zu beschließen. Die Empfehlungen gelten für die anerkannten Beratungsstellen entsprechend.

(6) Rufen Pflegebedürftige die Beratung nach Absatz 3 Satz 1 nicht ab, hat die Pflegekasse oder das private Versicherungsunternehmen das Pflegegeld angemessen zu kürzen und im Wiederholungsfall zu entziehen.

(7) Die Landesverbände der Pflegekassen haben neutrale und unabhängige Beratungsstellen zur Durchführung der Beratung nach den Absätzen 3 und 4 anzuerkennen. Dem Antrag auf Anerkennung ist ein Nachweis über die erforderliche pflegefachliche Kompetenz der Beratungsstelle und ein Konzept zur Qualitätssicherung des Beratungsangebotes beizufügen. Die Landesverbände der Pflegekassen regeln das Nähere zur Anerkennung der Beratungsstellen.

(8) Die Beratungsbesuche nach Absatz 3 können auch von Pflegeberaterinnen und Pflegeberatern im Sinne des § 7 a oder von Beratungspersonen der kommunalen Gebietskörperschaften, die die erforderliche pflegefachliche Kompetenz aufweisen, durchgeführt werden. Absatz 4 findet entsprechende Anwendung. Die Inhalte der Empfehlungen zur Qualitätssicherung der Beratungsbesuche nach Absatz 5 sind zu beachten.

Aus Rundschreiben, Urteilen etc.

BSG v. 24.7.2003 – B 3 P 4/02 R (Breithaupt 2004, 21)

1. *Die gesetzliche Verpflichtung der Bezieher von Pflegegeld nach dem SGB XI, in regelmäßigen Abständen Einsätze ambulanter Pflegedienste abzuberufen, ist auch insoweit verfassungsgemäß, als sie Versicherte einschließt, deren Hilfebedarf sich voraussichtlich nicht ändert.*
2. *Wird der Abruf des Pflegeeinsatzes nach der Kürzung des Pflegegeldes nachgeholt, kommt eine Nachzahlung für den zurückliegenden Zeitraum nicht in Betracht.*

§ 38 Kombination von Geldleistung und Sachleistung (Kombinationsleistung)

Nimmt der Pflegebedürftige die ihm nach § 36 Absatz 3 und 4 zustehende Sachleistung nur teilweise in Anspruch, erhält er daneben ein anteiliges Pflegegeld im Sinne des § 37. Das Pflegegeld wird um den Vomhundertsatz vermindert, in dem der Pflegebedürftige Sachleistungen in Anspruch genommen hat. An die Entscheidung, in welchem Verhältnis er Geld- und

Sachleistung in Anspruch nehmen will, ist der Pflegebedürftige für die Dauer von sechs Monaten gebunden. Anteiliges Pflegegeld wird während einer Kurzzeitpflege nach § 42 für bis zu acht Wochen und während einer Verhinderungspflege nach § 39 jeweils für bis zu sechs Wochen je Kalenderjahr in Höhe der Hälfte der vor Beginn der Kurzzeit- oder Verhinderungspflege geleisteten Höhe fortgewährt. Pflegebedürftige in vollstationären Einrichtungen der Hilfe für behinderte Menschen (§ 43 a) haben Anspruch auf ungekürztes Pflegegeld anteilig für die Tage, an denen sie sich in häuslicher Pflege befinden.

§ 38 a Zusätzliche Leistungen für Pflegebedürftige in ambulant betreuten Wohngruppen

(1) Pflegebedürftige haben Anspruch auf einen pauschalen Zuschlag in Höhe von 214 Euro monatlich, wenn

1. sie mit mindestens zwei und höchstens elf weiteren Personen in einer ambulant betreuten Wohngruppe in einer gemeinsamen Wohnung zum Zweck der gemeinschaftlich organisierten pflegerischen Versorgung leben und davon mindestens zwei weitere Personen pflegebedürftig im Sinne der §§ 14, 15 sind,
2. sie Leistungen nach den §§ 36, 37, 38, 45 a oder § 45 b beziehen,
3. eine Person durch die Mitglieder der Wohngruppe gemeinschaftlich beauftragt ist, unabhängig von der individuellen pflegerischen Versorgung allgemeine organisatorische, verwaltende, betreuende oder das Gemeinschaftsleben fördernde Tätigkeiten zu verrichten oder hauswirtschaftliche Unterstützung zu leisten, und
4. keine Versorgungsform einschließlich teilstationärer Pflege vorliegt, in der ein Anbieter der Wohngruppe oder ein Dritter den Pflegebedürftigen Leistungen anbietet oder gewährleistet, die dem im jeweiligen Rahmenvertrag nach § 75 Absatz 1 für vollstationäre Pflege vereinbarten Leistungsumfang weitgehend entsprechen; der Anbieter einer ambulant betreuten Wohngruppe hat die Pflegebedürftigen vor deren Einzug in die Wohngruppe in geeigneter Weise darauf hinzuweisen, dass dieser Leistungsumfang von ihm oder einem Dritten nicht erbracht wird, sondern die Versorgung in der Wohngruppe auch durch die aktive Einbindung ihrer eigenen Ressourcen und ihres sozialen Umfelds sichergestellt werden kann.

Leistungen der Tages- und Nachtpflege gemäß § 41 können neben den Leistungen nach dieser Vorschrift nur in Anspruch genommen werden, wenn gegenüber der zuständigen Pflegekasse durch eine Prüfung des Medizinischen Dienstes der Krankenversicherung nachgewiesen ist, dass die Pflege in der ambulant betreuten Wohngruppe ohne teilstationäre Pflege nicht in ausreichendem Umfang sichergestellt ist; dies gilt entsprechend für die Versicherten der privaten Pflege-Pflichtversicherung.

(2) Die Pflegekassen sind berechtigt, zur Feststellung der Anspruchsvoraussetzungen bei dem Antragsteller folgende Daten zu erheben, zu verarbeiten und zu nutzen und folgende Unterlagen anzufordern:

1. eine formlose Bestätigung des Antragstellers, dass die Voraussetzungen nach Absatz 1 Nummer 1 erfüllt sind,
2. die Adresse und das Gründungsdatum der Wohngruppe,
3. den Mietvertrag einschließlich eines Grundrisses der Wohnung und den Pflegevertrag nach § 120,
4. Vorname, Name, Anschrift und Telefonnummer sowie Unterschrift der Person nach Absatz 1 Nummer 3 und
5. die vereinbarten Aufgaben der Person nach Absatz 1 Nummer 3.

§ 39 Häusliche Pflege bei Verhinderung der Pflegeperson

(1) Ist eine Pflegeperson wegen Erholungsurlaubs, Krankheit oder aus anderen Gründen an der Pflege gehindert, übernimmt die Pflegekasse die nachgewiesenen Kosten einer notwendigen Ersatzpflege für längstens sechs Wochen je Kalenderjahr; § 34 Absatz 2 Satz 1 gilt nicht. Voraussetzung ist, dass die Pflegeperson den Pflegebedürftigen vor der erstmaligen Verhinderung mindestens sechs Monate in seiner häuslichen Umgebung gepflegt hat und der Pflegebedürftige zum Zeitpunkt der Verhinderung mindestens in Pflegegrad 2 eingestuft ist. Die Aufwendungen der Pflegekasse können sich im Kalenderjahr auf bis zu 1 612 Euro belaufen, wenn die Ersatzpflege durch andere Pflegepersonen sichergestellt wird als solche, die mit dem Pflegebedürftigen bis zum zweiten Grade verwandt oder verschwägert sind oder die mit ihm in häuslicher Gemeinschaft leben.

(2) Der Leistungsbetrag nach Absatz 1 Satz 3 kann um bis zu 806 Euro aus noch nicht in Anspruch genommenen Mitteln der Kurzzeitpflege nach § 42 Absatz 2 Satz 2 auf insgesamt bis zu 2 418 Euro im Kalenderjahr erhöht werden. Der für die Verhinderungspflege in Anspruch genommene Erhöhungsbetrag wird auf den Leistungsbetrag für eine Kurzzeitpflege nach § 42 Absatz 2 Satz 2 angerechnet.

(3) Bei einer Ersatzpflege durch Pflegepersonen, die mit dem Pflegebedürftigen bis zum zweiten Grade verwandt oder verschwägert sind oder mit ihm in häuslicher Gemeinschaft leben, dürfen die Aufwendungen der Pflegekasse regelmäßig den Betrag des Pflegegeldes nach § 37 Absatz 1 Satz 3 für bis zu sechs Wochen nicht überschreiten. Wird die Ersatzpflege von den in Satz 1 genannten Personen erwerbsmäßig ausgeübt, können sich die Aufwendungen der Pflegekasse abweichend von Satz 1 auf den Leistungsbetrag nach Absatz 1 Satz 3 belaufen; Absatz 2 findet Anwendung. Bei Bezug der Leistung in Höhe des Pflegegeldes für eine Ersatzpflege durch Pflegepersonen, die mit dem Pflegebedürftigen bis zum zweiten Grade verwandt oder verschwägert sind oder mit ihm in häuslicher Gemeinschaft leben, können von der Pflegekasse auf Nachweis notwendige Aufwendungen, die der Pflegeperson im Zusammenhang mit der Ersatzpflege entstanden sind, übernommen werden. Die Aufwendungen der Pflegekasse nach den Sätzen 1 und 3 dürfen zusammen den Leistungsbetrag nach Absatz 1 Satz 3 nicht übersteigen; Absatz 2 findet Anwendung.

Aus Rundschreiben, Urteilen etc.

BSG v. 6.6.2002 – BSP 11/01 R (FEVS 2003, 152)
Die Inanspruchnahme von Ersatzpflege setzt nicht voraus, dass die vor der erstmaligen Verhinderung der Pflegeperson durchgeführte Pflege von mindestens einem Jahr („Wartefrist") ununterbrochen war.
Die bei ehrenamtlicher Ersatzpflege neben dem Pflegegeld mögliche Übernahme von nachgewiesenen Aufwendungen der Pflegeperson umfasst keine zusätzliche Geldentschädigung für den während der Pflege eingetretenen Ausfall der Arbeitskraft im eigenen Haushalt.

§ 40 Pflegehilfsmittel und wohnumfeldverbessernde Maßnahmen

(1) Pflegebedürftige haben Anspruch auf Versorgung mit Pflegehilfsmitteln, die zur Erleichterung der Pflege oder zur Linderung der Beschwerden des Pflegebedürftigen beitragen oder ihm eine selbständigere Lebensführung ermöglichen, soweit die Hilfsmittel nicht wegen Krankheit oder Behinderung von der Krankenversicherung oder anderen zuständigen Leistungsträgern zu leisten sind. Die Pflegekasse überprüft die Notwendigkeit der Versorgung mit den beantragten Pflegehilfsmitteln unter Beteiligung einer Pflegefachkraft oder des Medizinischen Dienstes. Entscheiden sich Versicherte für eine Ausstattung des Pflegehilfsmittels, die über das Maß des Notwendigen hinausgeht, haben sie die Mehrkosten und die dadurch bedingten Folgekosten selbst zu tragen. § 33 Abs. 6 und 7 des Fünften Buches gilt entsprechend.

(2) Die Aufwendungen der Pflegekassen für zum Verbrauch bestimmte Pflegehilfsmittel dürfen monatlich den Betrag von 40 Euro nicht übersteigen. Die Leistung kann auch in Form einer Kostenerstattung erbracht werden.

(3) Die Pflegekassen sollen technische Pflegehilfsmittel in allen geeigneten Fällen vorrangig leihweise überlassen. Sie können die Bewilligung davon abhängig machen, daß die Pflegebedürftigen sich das Pflegehilfsmittel anpassen oder sich selbst oder die Pflegeperson in seinem Gebrauch ausbilden lassen. Der Anspruch umfaßt auch die notwendige Änderung, Instandsetzung und Ersatzbeschaffung von Pflegehilfsmitteln sowie die Ausbildung in ihrem Gebrauch. Versicherte, die das 18. Lebensjahr vollendet haben, haben zu den Kosten der Pflegehilfsmittel mit Ausnahme der Pflegehilfsmittel nach Absatz 2 eine Zuzahlung von zehn vom Hundert, höchstens jedoch 25 Euro je Pflegehilfsmittel an die abgebende Stelle zu leisten. Zur Vermeidung von Härten kann die Pflegekasse den Versicherten in entsprechender Anwendung des § 62 Abs. 1 Satz 1, 2 und 6 sowie Abs. 2 und 3 des Fünften Buches ganz oder teilweise von der Zuzahlung befreien. Versicherte, die die für sie geltende Belastungsgrenze nach § 62 des Fünften Buches erreicht haben oder unter Berücksichtigung der Zuzahlung nach Satz 4 erreichen, sind hinsichtlich des die Belastungsgrenze überschreitenden Betrags von der Zuzahlung nach diesem Buch befreit. Lehnen Versicherte die leihweise Überlassung eines Pflegehilfsmittels ohne zwingenden Grund ab, haben sie die Kosten des Pflegehilfsmittel in vollem Umfang selbst zu tragen.

(4) Die Pflegekassen können subsidiär finanzielle Zuschüsse für Maßnahmen zur Verbesserung des individuellen Wohnumfeldes des Pflegebedürftigen gewähren, beispielsweise für technische Hilfen im Haushalt, wenn dadurch im Einzelfall die häusliche Pflege ermöglicht oder erheblich erleichtert oder eine möglichst selbständige Lebensführung des Pflegebedürftigen wiederhergestellt wird. Die Zuschüsse dürfen einen Betrag in Höhe von 4000 Euro je Maßnahme nicht übersteigen. Leben mehrere Pflegebedürftige in einer gemeinsamen Wohnung, dürfen die Zuschüsse für Maßnahmen zur Verbesserung des gemeinsamen Wohnumfeldes einen Betrag in Höhe von 4000 Euro je Pflegebedürftigem nicht übersteigen. Der Gesamtbetrag je Maßnahme nach Satz 3 ist auf 16000 Euro begrenzt und wird bei mehr als vier Anspruchsberechtigten anteilig auf die Versicherungsträger der Anspruchsberechtigten aufgeteilt.

(5) Für Hilfsmittel und Pflegehilfsmittel, die sowohl den in § 23 und § 33 des Fünften Buches als auch den in Absatz 1 genannten Zwecken dienen können, prüft der Leistungsträger, bei dem die Leistung beantragt wird, ob ein Anspruch gegenüber der Krankenkasse oder der Pflegekasse besteht und entscheidet über die Bewilligung der Hilfsmittel und Pflegehilfsmittel. Zur Gewährleistung einer Absatz 1 Satz 1 entsprechenden Abgrenzung der Leistungsverpflichtungen der gesetzlichen Krankenversicherung und der sozialen Pflegeversicherung werden die Ausgaben für Hilfsmittel und Pflegehilfsmittel zwischen der jeweiligen Krankenkasse und der bei ihr errichteten Pflegekasse in einem bestimmten Verhältnis pauschal aufgeteilt. Der Spitzenverband Bund der Krankenkassen bestimmt in Richtlinien, die erstmals bis zum 30. April 2012 zu beschließen sind, die Hilfsmittel und Pflegehilfsmittel nach Satz 1, das Verhältnis, in dem die Ausgaben aufzuteilen sind, sowie die Einzelheiten zur Umsetzung der Pauschalierung. Er berücksichtigt dabei die bisherigen Ausgaben der Kranken- und Pflegekassen und stellt sicher, dass bei der Aufteilung die Zielsetzung der Vorschriften des Fünften Buches und dieses Buches zur Hilfsmittelversorgung sowie die Belange der Versicherten gewahrt bleiben. Die Richtlinien bedürfen der Genehmigung des Bundesministeriums für Gesundheit und treten am ersten Tag des auf die Genehmigung folgenden Monats in Kraft; die Genehmigung kann mit Auflagen verbunden werden. Die Richtlinien sind für die Kranken- und Pflegekassen verbindlich. Für die nach Satz 3 bestimmten Hilfsmittel und Pflegehilfsmittel richtet sich die Zuzahlung nach den §§ 33, 61 und 62 des Fünften Buches; für die Prüfung des Leistungsanspruchs gilt § 275 Absatz 3 des Fünften Buches. Die Regelungen dieses Absatzes gelten nicht für Ansprüche auf Hilfsmittel oder Pflegehilfsmittel von Pflegebedürftigen, die sich in vollstationärer Pflege befinden, sowie von Pflegebedürftigen nach § 28 Absatz 2.

Zweiter Titel
Teilstationäre Pflege und Kurzzeitpflege

§ 41 Tagespflege und Nachtpflege

(1) Pflegebedürftige der Pflegegrade 2 bis 5 haben Anspruch auf teilstationäre Pflege in Einrichtungen der Tages- oder Nachtpflege, wenn häusliche Pflege nicht in ausreichendem Umfang sichergestellt werden kann oder wenn dies zur Ergänzung oder Stärkung der häuslichen Pflege erforderlich ist. Die teilstationäre Pflege umfaßt auch die notwendige Beförderung des Pflegebedürftigen von der Wohnung zur Einrichtung der Tagespflege oder der Nachtpflege und zurück.

(2) Die Pflegekasse übernimmt im Rahmen der Leistungsbeträge nach Satz 2 die pflegebedingten Aufwendungen der teilstationären Pflege einschließlich der Aufwendungen für Betreuung und die Aufwendungen für die in der Einrichtung notwendigen Leistungen der medizinischen Behandlungspflege. Der Anspruch auf teilstationäre Pflege umfasst je Kalendermonat

1. für Pflegebedürftige des Pflegegrades 2 einen Gesamtwert bis zu 689 Euro,
2. für Pflegebedürftige des Pflegegrades 3 einen Gesamtwert bis zu 1 298 Euro,
3. für Pflegebedürftige des Pflegegrades 4 einen Gesamtwert bis zu 1 612 Euro,
4. für Pflegebedürftige des Pflegegrades 5 einen Gesamtwert bis zu 1 995 Euro.

(3) Pflegebedürftige der Pflegegrade 2 bis 5 können teilstationäre Tages- und Nachtpflege zusätzlich zu ambulanten Pflegesachleistungen, Pflegegeld oder der Kombinationsleistung nach § 38 in Anspruch nehmen, ohne dass eine Anrechnung auf diese Ansprüche erfolgt.

(4) bis (7) *(weggefallen)*

§ 42 Kurzzeitpflege

(1) Kann die häusliche Pflege zeitweise nicht, noch nicht oder nicht im erforderlichen Umfang erbracht werden und reicht auch teilstationäre Pflege nicht aus, besteht für Pflegebedürftige der Pflegegrade 2 bis 5 Anspruch auf Pflege in einer vollstationären Einrichtung.

Dies gilt:

1. für eine Übergangszeit im Anschluss an eine stationäre Behandlung des Pflegebedürftigen oder
2. in sonstigen Krisensituationen, in denen vorübergehend häusliche oder teilstationäre Pflege nicht möglich oder nicht ausreichend ist.

(2) Der Anspruch auf Kurzzeitpflege ist auf acht Wochen pro Kalenderjahr beschränkt. Die Pflegekasse übernimmt die pflegebedingten Aufwendungen einschließlich der Aufwendungen für Betreuung sowie die Aufwendungen für Leistungen der medizinischen Behandlungspflege bis zu dem

Gesamtbetrag von 1612 Euro im Kalenderjahr. Der Leistungsbetrag nach Satz 2 kann um bis zu 1612 Euro aus noch nicht in Anspruch genommenen Mitteln der Verhinderungspflege nach § 39 Absatz 1 Satz 3 auf insgesamt bis zu 3224 Euro im Kalenderjahr erhöht werden. Abweichend von Satz 1 ist der Anspruch auf Kurzzeitpflege in diesem Fall auf längstens acht Wochen pro Kalenderjahr beschränkt. Der für die Kurzzeitpflege in Anspruch genommene Erhöhungsbetrag wird auf den Leistungsbetrag für eine Verhinderungspflege nach § 39 Absatz 1 Satz 3 angerechnet.

(3) Abweichend von den Absätzen 1 und 2 besteht der Anspruch auf Kurzzeitpflege in begründeten Einzelfällen bei zu Hause gepflegten Pflegebedürftigen auch in geeigneten Einrichtungen der Hilfe für behinderte Menschen und anderen geeigneten Einrichtungen, wenn die Pflege in einer von den Pflegekassen zur Kurzzeitpflege zugelassenen Pflegeeinrichtung nicht möglich ist oder nicht zumutbar erscheint. § 34 Abs. 2 Satz 1 findet keine Anwendung. Sind in dem Entgelt für die Einrichtung Kosten für Unterkunft und Verpflegung sowie Aufwendungen für Investitionen enthalten, ohne gesondert ausgewiesen zu sein, so sind 60 vom Hundert des Entgelts zuschussfähig. In begründeten Einzelfällen kann die Pflegekasse in Ansehung der Kosten für Unterkunft und Verpflegung sowie der Aufwendungen für Investitionen davon abweichende pauschale Abschläge vornehmen.

(4) Abweichend von den Absätzen 1 und 2 besteht der Anspruch auf Kurzzeitpflege auch in Einrichtungen, die stationäre Leistungen zur medizinischen Vorsorge oder Rehabilitation erbringen, wenn während einer Maßnahme der medizinischen Vorsorge oder Rehabilitation für eine Pflegeperson eine gleichzeitige Unterbringung und Pflege des Pflegebedürftigen erforderlich ist.

Dritter Titel
Vollstationäre Pflege

§ 43 Inhalt der Leistung

(1) Pflegebedürftige der Pflegegrade 2 bis 5 haben Anspruch auf Pflege in vollstationären Einrichtungen.

(2) Für Pflegebedürftige in vollstationären Einrichtungen übernimmt die Pflegekasse im Rahmen der pauschalen Leistungsbeträge nach Satz 2 die pflegebedingten Aufwendungen einschließlich der Aufwendungen für Betreuung und die Aufwendungen für Leistungen der medizinischen Behandlungspflege. Der Anspruch beträgt je Kalendermonat

1. 770 Euro für Pflegebedürftige des Pflegegrades 2,
2. 1 262 Euro für Pflegebedürftige des Pflegegrades 3,
3. 1 775 Euro für Pflegebedürftige des Pflegegrades 4,
4. 2 005 Euro für Pflegebedürftige des Pflegegrades 5.

Abweichend von Satz 1 übernimmt die Pflegekasse auch Aufwendungen für Unterkunft und Verpflegung, soweit der nach Satz 2 gewährte Leistungsbetrag die in Satz 1 genannten Aufwendungen übersteigt.

(3) Wählen Pflegebedürftige des Pflegegrades 1 vollstationäre Pflege, erhalten sie für die in Absatz 2 Satz 1 genannten Aufwendungen einen Zuschuss in Höhe von 125 Euro monatlich.

(4) Bei vorübergehender Abwesenheit von Pflegebedürftigen aus dem Pflegeheim werden die Leistungen für vollstationäre Pflege erbracht, solange die Voraussetzungen des § 87 a Abs. 1 Satz 5 und 6 vorliegen.

Vierter Titel
Pflege in vollstationären Einrichtungen der Hilfe für behinderte Menschen

§ 43a Inhalt der Leistung

Für Pflegebedürftige der Pflegegrade 2 bis 5 in einer vollstationären Einrichtung der Hilfe für behinderte Menschen, in der die Teilhabe am Arbeitsleben und am Leben in der Gemeinschaft, die schulische Ausbildung oder die Erziehung behinderter Menschen im Vordergrund des Einrichtungszwecks stehen (§ 71 Abs. 4), übernimmt die Pflegekasse zur Abgeltung der in § 43 Abs. 2 genannten Aufwendungen zehn vom Hundert des nach § 75 Abs. 3 des Zwölften Buches vereinbarten Heimentgelts. Die Aufwendungen der Pflegekasse dürfen im Einzelfall je Kalendermonat 266 Euro nicht überschreiten. Wird für die Tage, an denen die pflegebedürftigen Behinderten zu Hause gepflegt und betreut werden, anteiliges Pflegegeld beansprucht, gelten die Tage der An- und Abreise als volle Tage der häuslichen Pflege.

Fünfter Titel
Zusätzliche Betreuung und Aktivierung in stationären Pflegeeinrichtungen

§ 43b Inhalt der Leistung

Pflegebedürftige in stationären Pflegeeinrichtungen haben nach Maßgabe von § 84 Absatz 8 und § 85 Absatz 8 Anspruch auf zusätzliche Betreuung und Aktivierung, die über die nach Art und Schwere der Pflegebedürftigkeit notwendige Versorgung hinausgeht.

Vierter Abschnitt
Leistungen für Pflegepersonen

§ 44 Leistungen zur sozialen Sicherung der Pflegepersonen

(1) Zur Verbesserung der sozialen Sicherung der Pflegepersonen im Sinne des § 19, die einen Pflegebedürftigen mit mindestens Pflegegrad 2 pflegen, entrichten die Pflegekassen und die privaten Versicherungsunternehmen, bei denen eine private Pflege-Pflichtversicherung durchgeführt wird, sowie die sonstigen in § 170 Absatz 1 Nummer 6 des Sechsten Buches

genannten Stellen Beiträge nach Maßgabe des § 166 Absatz 2 des Sechsten Buches an den zuständigen Träger der gesetzlichen Rentenversicherung, wenn die Pflegeperson regelmäßig nicht mehr als 30 Stunden wöchentlich erwerbstätig ist. Der Medizinische Dienst der Krankenversicherung oder ein anderer von der Pflegekasse beauftragter unabhängiger Gutachter ermittelt im Einzelfall, ob die Pflegeperson eine oder mehrere pflegebedürftige Personen wenigstens zehn Stunden wöchentlich, verteilt auf regelmäßig mindestens zwei Tage in der Woche, pflegt. Wird die Pflege eines Pflegebedürftigen von mehreren Pflegepersonen erbracht (Mehrfachpflege), wird zudem der Umfang der jeweiligen Pflegetätigkeit je Pflegeperson im Verhältnis zum Umfang der von den Pflegepersonen zu leistenden Pflegetätigkeit insgesamt (Gesamtpflegeaufwand) ermittelt. Dabei werden die Angaben der beteiligten Pflegepersonen zugrunde gelegt. Werden keine oder keine übereinstimmenden Angaben gemacht, erfolgt eine Aufteilung zu gleichen Teilen. Die Feststellungen zu den Pflegezeiten und zum Pflegeaufwand der Pflegeperson sowie bei Mehrfachpflege zum Einzel- und Gesamtpflegeaufwand trifft die für die Pflegeleistungen nach diesem Buch zuständige Stelle. Diese Feststellungen sind der Pflegeperson auf Wunsch zu übermitteln.

(2) Für Pflegepersonen, die wegen einer Pflichtmitgliedschaft in einer berufsständischen Versorgungseinrichtung auch in ihrer Pflegetätigkeit von der Versicherungspflicht in der gesetzlichen Rentenversicherung befreit sind oder befreit wären, wenn sie in der gesetzlichen Rentenversicherung versicherungspflichtig wären und einen Befreiungsantrag gestellt hätten, werden die nach Absatz 1 Satz 1 und 2 zu entrichtenden Beiträge auf Antrag an die berufsständische Versorgungseinrichtung gezahlt.

(2a) Während der pflegerischen Tätigkeit sind Pflegepersonen im Sinne des § 19, die einen Pflegebedürftigen mit mindestens Pflegegrad 2 pflegen, nach Maßgabe des § 2 Absatz 1 Nummer 17 des Siebten Buches in den Versicherungsschutz der gesetzlichen Unfallversicherung einbezogen.

(2b) Während der pflegerischen Tätigkeit sind Pflegepersonen im Sinne des § 19, die einen Pflegebedürftigen mit mindestens Pflegegrad 2 pflegen, nach Maßgabe des § 26 Absatz 2b des Dritten Buches nach dem Recht der Arbeitsförderung versichert. Die Pflegekassen und die privaten Versicherungsunternehmen, bei denen eine private Pflege-Pflichtversicherung durchgeführt wird, sowie die sonstigen in § 347 Nummer 10 Buchstabe c des Dritten Buches genannten Stellen entrichten für die Pflegepersonen Beiträge an die Bundesagentur für Arbeit. Näheres zu den Beiträgen und zum Verfahren regeln die §§ 345, 347 und 349 des Dritten Buches.

(3) Die Pflegekasse und das private Versicherungsunternehmen haben die in der Renten- und Unfallversicherung sowie nach dem Dritten Buch zu versichernde Pflegeperson den zuständigen Renten- und Unfallversicherungsträgern sowie der Bundesagentur für Arbeit zu melden. Die Meldung für die Pflegeperson enthält:

1. ihre Versicherungsnummer, soweit bekannt,
2. ihren Familien- und Vornamen,
3. ihr Geburtsdatum,

4. ihre Staatsangehörigkeit,
5. ihre Anschrift,
6. Beginn und Ende der Pflegetätigkeit,
7. den Pflegegrad des Pflegebedürftigen und
8. die nach § 166 Absatz 2 des Sechsten Buches maßgeblichen beitragspflichtigen Einnahmen.

Der Spitzenverband Bund der Pflegekassen sowie der Verband der privaten Krankenversicherung e.V. können mit der Deutschen Rentenversicherung Bund und mit den Trägern der Unfallversicherung sowie mit der Bundesagentur für Arbeit Näheres über das Meldeverfahren vereinbaren.

(4) Der Inhalt der Meldung nach Absatz 3 Satz 2 Nr. 1 bis 6 und 8 ist der Pflegeperson, der Inhalt der Meldung nach Absatz 3 Satz 2 Nr. 7 dem Pflegebedürftigen schriftlich mitzuteilen.

(5) Die Pflegekasse und das private Versicherungsunternehmen haben in den Fällen, in denen eine nicht erwerbsmäßig tätige Pflegeperson einen Pflegebedürftigen mit mindestens Pflegegrad 2 pflegt, der Anspruch auf Beihilfeleistungen oder Leistungen der Heilfürsorge hat, und für die die Beiträge an die gesetzliche Rentenversicherung nach § 170 Absatz 1 Nummer 6 Buchstabe c des Sechsten Buches oder an die Bundesagentur für Arbeit nach § 347 Nummer 10 Buchstabe c des Dritten Buches anteilig getragen werden, im Antragsverfahren auf Leistungen der Pflegeversicherung von dem Pflegebedürftigen die zuständige Festsetzungsstelle für die Beihilfe oder den Dienstherrn unter Hinweis auf die beabsichtigte Weiterleitung der in Satz 2 genannten Angaben an diese Stelle zu erfragen. Der angegebenen Festsetzungsstelle für die Beihilfe oder dem Dienstherrn sind bei Feststellung der Beitragspflicht sowie bei Änderungen in den Verhältnissen des Pflegebedürftigen oder der Pflegeperson, insbesondere bei einer Änderung des Pflegegrades, einer Unterbrechung der Pflegetätigkeit oder einem Wechsel der Pflegeperson, die in Absatz 3 Satz 2 genannten Angaben mitzuteilen. Absatz 4 findet auf Satz 2 entsprechende Anwendung.

(6) Für Pflegepersonen, bei denen die Mindeststundenzahl von zehn Stunden wöchentlicher Pflege, verteilt auf regelmäßig mindestens zwei Tage in der Woche, nur durch die Pflege mehrerer Pflegebedürftiger erreicht wird, haben der Spitzenverband Bund der Pflegekassen und die Bundesagentur für Arbeit, der Verband der privaten Krankenversicherung e.V., die Deutsche Rentenversicherung Bund das Verfahren und die Mitteilungspflichten zwischen den an einer Addition von Pflegezeiten und Pflegeaufwänden beteiligten Pflegekassen und Versicherungsunternehmen durch Vereinbarung zu regeln. Die Pflegekassen und Versicherungsunternehmen dürfen die in Absatz 3 Satz 2 Nummer 1 bis 3 und 6 und, soweit dies für eine sichere Identifikation der Pflegeperson erforderlich ist, die in den Nummern 4 und 5 genannten Daten sowie die Angabe des zeitlichen Umfangs der Pflegetätigkeit der Pflegeperson an andere Pflegekassen und Versicherungsunternehmen, die an einer Addition von Pflegezeiten und Pflegeaufwänden beteiligt sind, zur Überprüfung der Voraussetzungen der Rentenversicherungspflicht oder der Versicherungspflicht nach dem

Dritten Buch der Pflegeperson übermitteln und ihnen übermittelte Daten verarbeiten und nutzen.

§ 44 a Zusätzliche Leistungen bei Pflegezeit und kurzzeitiger Arbeitsverhinderung

(1) Beschäftigte, die nach § 3 des Pflegezeitgesetzes von der Arbeitsleistung vollständig freigestellt wurden oder deren Beschäftigung durch Reduzierung der Arbeitszeit zu einer geringfügigen Beschäftigung im Sinne des § 8 Abs. 1 Nr. 1 des Vierten Buches wird, erhalten auf Antrag Zuschüsse zur Kranken- und Pflegeversicherung. Zuschüsse werden gewährt für eine freiwillige Versicherung in der gesetzlichen Krankenversicherung, eine Pflichtversicherung nach § 5 Abs. 1 Nr. 13 des Fünften Buches oder nach § 2 Abs. 1 Nr. 7 des Zweiten Gesetzes über die Krankenversicherung der Landwirte, eine Versicherung bei einem privaten Krankenversicherungsunternehmen, eine Versicherung bei der Postbeamtenkrankenkasse oder der Krankenversorgung der Bundesbahnbeamten, soweit im Einzelfall keine beitragsfreie Familienversicherung möglich ist, sowie für eine damit in Zusammenhang stehende Pflege-Pflichtversicherung. Die Zuschüsse belaufen sich auf die Höhe der Mindestbeiträge, die von freiwillig in der gesetzlichen Krankenversicherung versicherten Personen zur gesetzlichen Krankenversicherung (§ 240 Abs. 4 Satz 1 des Fünften Buches) und zur sozialen Pflegeversicherung (§ 57 Abs. 4) zu entrichten sind und dürfen die tatsächliche Höhe der Beiträge nicht übersteigen. Für die Berechnung der Mindestbeiträge zur gesetzlichen Krankenversicherung werden bei Mitgliedern der gesetzlichen Krankenversicherung der allgemeine Beitragssatz nach § 242 Absatz 1 des Fünften Buches zugrunde gelegt. Bei Mitgliedern der landwirtschaftlichen Krankenversicherung sowie bei Personen, die nicht in der gesetzlichen Krankenversicherung versichert sind, werden der allgemeine Beitragssatz der Krankenkassen nach § 241 des Fünften Buches sowie der durchschnittliche Zusatzbeitragssatz nach § 242 a des Fünften Buches zugrunde gelegt. Beschäftigte haben Änderungen in den Verhältnissen, die sich auf die Zuschussgewährung auswirken können, unverzüglich der Pflegekasse oder dem privaten Versicherungsunternehmen, bei dem der Pflegebedürftige versichert ist, mitzuteilen.

(2) *(weggefallen)*

(3) Für kurzzeitige Arbeitsverhinderung nach § 2 des Pflegezeitgesetzes hat eine Beschäftigte oder ein Beschäftigter im Sinne des § 7 Absatz 1 des Pflegezeitgesetzes, die oder der für diesen Zeitraum keine Entgeltfortzahlung vom Arbeitgeber und kein Kranken- oder Verletztengeld bei Erkrankung oder Unfall eines Kindes nach § 45 des Fünften Buches oder nach § 45 Absatz 4 des Siebten Buches beanspruchen kann, Anspruch auf einen Ausgleich für entgangenes Arbeitsentgelt (Pflegeunterstützungsgeld) für bis zu insgesamt zehn Arbeitstage. Wenn mehrere Beschäftigte den Anspruch nach § 2 Absatz 1 des Pflegezeitgesetzes für einen pflegebedürftigen nahen Angehörigen geltend machen, ist deren Anspruch auf Pflegeunterstützungsgeld auf insgesamt bis zu zehn Arbeitstage begrenzt. Das Pflegeunterstützungsgeld wird auf Antrag, der unverzüglich zu stellen ist,

unter Vorlage der ärztlichen Bescheinigung nach § 2 Absatz 2 Satz 2 des Pflegezeitgesetzes von der Pflegekasse oder dem Versicherungsunternehmen des pflegebedürftigen nahen Angehörigen gewährt. Für die Höhe des Pflegeunterstützungsgeldes gilt § 45 Absatz 2 Satz 3 bis 5 des Fünften Buches entsprechend.

(4) Beschäftigte, die Pflegeunterstützungsgeld nach Absatz 3 beziehen, erhalten für die Dauer des Leistungsbezuges von den in Absatz 3 bezeichneten Organisationen auf Antrag Zuschüsse zur Krankenversicherung. Zuschüsse werden gewährt für eine Versicherung bei einem privaten Krankenversicherungsunternehmen, eine Versicherung bei der Postbeamtenkrankenkasse oder der Krankenversorgung der Bundesbahnbeamten. Die Zuschüsse belaufen sich auf den Betrag, der bei Versicherungspflicht in der gesetzlichen Krankenversicherung als Leistungsträgeranteil nach § 249 c des Fünften Buches aufzubringen wäre, und dürfen die tatsächliche Höhe der Beiträge nicht übersteigen. Für die Berechnung nach Satz 3 werden der allgemeine Beitragssatz nach § 241 des Fünften Buches sowie der durchschnittliche Zusatzbeitragssatz nach § 242 a Absatz 2 des Fünften Buches zugrunde gelegt. Für Beschäftigte, die Pflegeunterstützungsgeld nach Absatz 3 beziehen und wegen einer Pflichtmitgliedschaft in einer berufsständischen Versorgungseinrichtung von der Versicherungspflicht in der gesetzlichen Rentenversicherung befreit sind, zahlen die in § 170 Absatz 1 Nummer 2 Buchstabe e des Sechsten Buches genannten Stellen auf Antrag Beiträge an die zuständige berufsständische Versorgungseinrichtung in der Höhe, wie sie bei Eintritt von Versicherungspflicht nach § 3 Satz 1 Nummer 3 des Sechsten Buches an die gesetzliche Rentenversicherung zu entrichten wären.

(5) Die Pflegekasse oder das private Pflegeversicherungsunternehmen des pflegebedürftigen nahen Angehörigen stellt dem Leistungsbezieher nach Absatz 3 mit der Leistungsbewilligung eine Bescheinigung über den Zeitraum des Bezugs und die Höhe des gewährten Pflegeunterstützungsgeldes aus. Der Leistungsbezieher hat diese Bescheinigung unverzüglich seinem Arbeitgeber vorzulegen. In den Fällen des § 170 Absatz 1 Nummer 2 Buchstabe e Doppelbuchstabe cc des Sechsten Buches bescheinigt die Pflegekasse oder das private Versicherungsunternehmen die gesamte Höhe der Leistung.

(6) Landwirtschaftlichen Unternehmern im Sinne des § 2 Absatz 1 Nummer 1 und 2 des Zweiten Gesetzes über die Krankenversicherung der Landwirte, die an der Führung des Unternehmens gehindert sind, weil sie für einen pflegebedürftigen nahen Angehörigen in einer akut aufgetretenen Pflegesituation eine bedarfsgerechte Pflege organisieren oder eine pflegerische Versorgung in dieser Zeit sicherstellen müssen, wird anstelle des Pflegeunterstützungsgeldes für bis zu zehn Arbeitstage Betriebshilfe entsprechend § 9 des Zweiten Gesetzes über die Krankenversicherung der Landwirte gewährt. Diese Kosten der Leistungen für die Betriebshilfe werden der landwirtschaftlichen Pflegekasse von der Pflegeversicherung des pflegebedürftigen nahen Angehörigen erstattet; innerhalb der sozialen Pflegeversicherung wird von einer Erstattung abgesehen. Privat pflegever-

sicherte landwirtschaftliche Unternehmer, die an der Führung des Unternehmens gehindert sind, weil dies erforderlich ist, um für einen pflegebedürftigen nahen Angehörigen in einer akut aufgetretenen Pflegesituation eine bedarfsgerechte Pflege zu organisieren oder eine pflegerische Versorgung in dieser Zeit sicherzustellen, erhalten von der Pflegekasse des Pflegebedürftigen oder in Höhe des tariflichen Erstattungssatzes von dem privaten Versicherungsunternehmen des Pflegebedürftigen eine Kostenerstattung für bis zu zehn Arbeitstage Betriebshilfe; dabei werden nicht die tatsächlichen Kosten, sondern ein pauschaler Betrag in Höhe von 200 Euro je Tag Betriebshilfe zugrunde gelegt.

(7) Die Pflegekasse und das private Versicherungsunternehmen haben in den Fällen, in denen ein Leistungsbezieher nach Absatz 3 einen pflegebedürftigen nahen Angehörigen pflegt, der Anspruch auf Beihilfeleistungen oder Leistungen der Heilfürsorge hat, und für den Beiträge anteilig getragen werden, im Antragsverfahren auf Pflegeunterstützungsgeld von dem Pflegebedürftigen die zuständige Festsetzungsstelle für die Beihilfe oder den Dienstherrn unter Hinweis auf die beabsichtigte Information dieser Stelle über den beitragspflichtigen Bezug von Pflegeunterstützungsgeld zu erfragen. Der angegebenen Festsetzungsstelle für die Beihilfe oder dem angegebenen Dienstherrn sind bei Feststellung der Beitragspflicht folgende Angaben zum Leistungsbezieher mitzuteilen:

1. **die Versicherungsnummer, soweit bekannt,**
2. **der Familien- und der Vorname,**
3. **das Geburtsdatum,**
4. **die Staatsangehörigkeit,**
5. **die Anschrift,**
6. **der Beginn des Bezugs von Pflegeunterstützungsgeld,**
7. **die Höhe des dem Pflegeunterstützungsgeld zugrunde liegenden ausgefallenen Arbeitsentgelts und**
8. **Name und Anschrift der Krankenkasse oder des privaten Krankenversicherungsunternehmens.**

§ 45 Pflegekurse für Angehörige und ehrenamtliche Pflegepersonen

(1) Die Pflegekassen haben für Angehörige und sonstige an einer ehrenamtlichen Pflegetätigkeit interessierte Personen unentgeltlich Schulungskurse durchzuführen, um soziales Engagement im Bereich der Pflege zu fördern und zu stärken, Pflege und Betreuung zu erleichtern und zu verbessern sowie pflegebedingte körperliche und seelische Belastungen zu mindern und ihrer Entstehung vorzubeugen. Die Kurse sollen Fertigkeiten für eine eigenständige Durchführung der Pflege vermitteln. Auf Wunsch der Pflegeperson und der pflegebedürftigen Person findet die Schulung auch in der häuslichen Umgebung des Pflegebedürftigen statt. § 114a Absatz 3a gilt entsprechend.

(2) Die Pflegekasse kann die Kurse entweder selbst oder gemeinsam mit anderen Pflegekassen durchführen oder geeignete andere Einrichtungen mit der Durchführung beauftragen.

(3) Über die einheitliche Durchführung sowie über die inhaltliche Ausgestaltung der Kurse können die Landesverbände der Pflegekassen Rahmenvereinbarungen mit den Trägern der Einrichtungen schließen, die die Pflegekurse durchführen.

Fünfter Abschnitt
Angebote zur Unterstützung im Alltag, Entlastungsbetrag, Förderung der Weiterentwicklung der Versorgungsstrukturen und des Ehrenamts sowie der Selbsthilfe

§ 45 a Angebote zur Unterstützung im Alltag, Umwandlung des ambulanten Sachleistungsbetrags (Umwandlungsanspruch), Verordnungsermächtigung

(1) Angebote zur Unterstützung im Alltag tragen dazu bei, Pflegepersonen zu entlasten, und helfen Pflegebedürftigen, möglichst lange in ihrer häuslichen Umgebung zu bleiben, soziale Kontakte aufrechtzuerhalten und ihren Alltag weiterhin möglichst selbständig bewältigen zu können. Angebote zur Unterstützung im Alltag sind

1. Angebote, in denen insbesondere ehrenamtliche Helferinnen und Helfer unter pflegefachlicher Anleitung die Betreuung von Pflegebedürftigen mit allgemeinem oder mit besonderem Betreuungsbedarf in Gruppen oder im häuslichen Bereich übernehmen (Betreuungsangebote),
2. Angebote, die der gezielten Entlastung und beratenden Unterstützung von pflegenden Angehörigen und vergleichbar nahestehenden Pflegepersonen in ihrer Eigenschaft als Pflegende dienen (Angebote zur Entlastung von Pflegenden),
3. Angebote, die dazu dienen, die Pflegebedürftigen bei der Bewältigung von allgemeinen oder pflegebedingten Anforderungen des Alltags oder im Haushalt, insbesondere bei der Haushaltsführung, oder bei der eigenverantwortlichen Organisation individuell benötigter Hilfeleistungen zu unterstützen (Angebote zur Entlastung im Alltag).

Die Angebote benötigen eine Anerkennung durch die zuständige Behörde nach Maßgabe des gemäß Absatz 3 erlassenen Landesrechts. Durch ein Angebot zur Unterstützung im Alltag können auch mehrere der in Satz 2 Nummer 1 bis 3 genannten Bereiche abgedeckt werden. In Betracht kommen als Angebote zur Unterstützung im Alltag insbesondere Betreuungsgruppen für an Demenz erkrankte Menschen, Helferinnen- und Helferkreise zur stundenweisen Entlastung pflegender Angehöriger im häuslichen Bereich, die Tagesbetreuung in Kleingruppen oder Einzelbetreuung durch anerkannte Helferinnen oder Helfer, Agenturen zur Vermittlung von Betreuungs- und Entlastungsleistungen für Pflegebedürftige und pflegende Angehörige sowie vergleichbar nahestehende Pflegepersonen, Familienentlastende Dienste, Alltagsbegleiter, Pflegebegleiter und Serviceangebote für haushaltsnahe Dienstleistungen.

(2) Angebote zur Unterstützung im Alltag beinhalten die Übernahme von Betreuung und allgemeiner Beaufsichtigung, eine die vorhandenen Res-

sourcen und Fähigkeiten stärkende oder stabilisierende Alltagsbegleitung, Unterstützungsleistungen für Angehörige und vergleichbar Nahestehende in ihrer Eigenschaft als Pflegende zur besseren Bewältigung des Pflegealltags, die Erbringung von Dienstleistungen, organisatorische Hilfestellungen oder andere geeignete Maßnahmen. Die Angebote verfügen über ein Konzept, das Angaben zur Qualitätssicherung des Angebots sowie eine Übersicht über die Leistungen, die angeboten werden sollen, und die Höhe der den Pflegebedürftigen hierfür in Rechnung gestellten Kosten enthält. Das Konzept umfasst ferner Angaben zur zielgruppen- und tätigkeitsgerechten Qualifikation der Helfenden und zu dem Vorhandensein von Grund- und Notfallwissen im Umgang mit Pflegebedürftigen sowie dazu, wie eine angemessene Schulung und Fortbildung der Helfenden sowie eine kontinuierliche fachliche Begleitung und Unterstützung insbesondere von ehrenamtlich Helfenden in ihrer Arbeit gesichert werden. Bei wesentlichen Änderungen hinsichtlich der angebotenen Leistungen ist das Konzept entsprechend fortzuschreiben; bei Änderung der hierfür in Rechnung gestellten Kosten sind die entsprechenden Angaben zu aktualisieren.

(3) Die Landesregierungen werden ermächtigt, durch Rechtsverordnung das Nähere über die Anerkennung der Angebote zur Unterstützung im Alltag im Sinne der Absätze 1 und 2 einschließlich der Vorgaben zur regelmäßigen Qualitätssicherung der Angebote und zur regelmäßigen Übermittlung einer Übersicht über die aktuell angebotenen Leistungen und die Höhe der hierfür erhobenen Kosten zu bestimmen. Beim Erlass der Rechtsverordnung sollen sie die gemäß § 45 c Absatz 7 beschlossenen Empfehlungen berücksichtigen.

(4) Pflegebedürftige in häuslicher Pflege mit mindestens Pflegegrad 2 können eine Kostenerstattung zum Ersatz von Aufwendungen für Leistungen der nach Landesrecht anerkannten Angebote zur Unterstützung im Alltag unter Anrechnung auf ihren Anspruch auf ambulante Pflegesachleistungen nach § 36 erhalten, soweit für den entsprechenden Leistungsbetrag nach § 36 in dem jeweiligen Kalendermonat keine ambulanten Pflegesachleistungen bezogen wurden. Der hierfür verwendete Betrag darf je Kalendermonat 40 Prozent des nach § 36 für den jeweiligen Pflegegrad vorgesehenen Höchstleistungsbetrags nicht überschreiten. Die Anspruchsberechtigten erhalten die Kostenerstattung nach Satz 1 auf Antrag von der zuständigen Pflegekasse oder dem zuständigen privaten Versicherungsunternehmen sowie im Fall der Beihilfeberechtigung anteilig von der Beihilfefestsetzungsstelle gegen Vorlage entsprechender Belege über Eigenbelastungen, die ihnen im Zusammenhang mit der Inanspruchnahme der in Satz 1 genannten Leistungen entstanden sind. Die Vergütungen für ambulante Pflegesachleistungen nach § 36 sind vorrangig abzurechnen. Im Rahmen der Kombinationsleistung nach § 38 gilt die Erstattung der Aufwendungen nach Satz 1 als Inanspruchnahme der dem Anspruchsberechtigten nach § 36 Absatz 3 zustehenden Sachleistung. Beziehen Anspruchsberechtigte die Leistung nach Satz 1, findet § 37 Absatz 3 bis 5, 7 und 8 Anwendung; § 37 Absatz 6 findet mit der Maßgabe entsprechende Anwendung, dass eine Kürzung oder Entziehung in Bezug auf die Kostenerstat-

tung nach Satz 1 erfolgt. Das Bundesministerium für Gesundheit evaluiert die Möglichkeit zur anteiligen Verwendung der in § 36 für den Bezug ambulanter Pflegesachleistungen vorgesehenen Leistungsbeträge auch für Leistungen nach Landesrecht anerkannter Angebote zur Unterstützung im Alltag nach den Sätzen 1 bis 6 spätestens bis zum 31. Dezember 2018. Die Inanspruchnahme der Umwandlung des ambulanten Sachleistungsbetrags nach Satz 1 und die Inanspruchnahme des Entlastungsbetrags nach § 45 b erfolgen unabhängig voneinander.

§ 45 b Entlastungsbetrag

(1) Pflegebedürftige in häuslicher Pflege haben Anspruch auf einen Entlastungsbetrag in Höhe von bis zu 125 Euro monatlich. Der Betrag ist zweckgebunden einzusetzen für qualitätsgesicherte Leistungen zur Entlastung pflegender Angehöriger und vergleichbar Nahestehender in ihrer Eigenschaft als Pflegende sowie zur Förderung der Selbständigkeit und Selbstbestimmtheit der Pflegebedürftigen bei der Gestaltung ihres Alltags. Er dient der Erstattung von Aufwendungen, die den Versicherten entstehen im Zusammenhang mit der Inanspruchnahme von

1. Leistungen der Tages- oder Nachtpflege,
2. Leistungen der Kurzzeitpflege,
3. Leistungen der ambulanten Pflegedienste im Sinne des § 36, in den Pflegegraden 2 bis 5 jedoch nicht von Leistungen im Bereich der Selbstversorgung,
4. Leistungen der nach Landesrecht anerkannten Angebote zur Unterstützung im Alltag im Sinne des § 45 a.

Die Erstattung der Aufwendungen erfolgt auch, wenn für die Finanzierung der in Satz 3 genannten Leistungen Mittel der Verhinderungspflege gemäß § 39 eingesetzt werden.

(2) Der Anspruch auf den Entlastungsbetrag entsteht, sobald die in Absatz 1 Satz 1 genannten Anspruchsvoraussetzungen vorliegen, ohne dass es einer vorherigen Antragstellung bedarf. Die Kostenerstattung in Höhe des Entlastungsbetrags nach Absatz 1 erhalten die Pflegebedürftigen von der zuständigen Pflegekasse oder dem zuständigen privaten Versicherungsunternehmen sowie im Fall der Beihilfeberechtigung anteilig von der Beihilfefestsetzungsstelle bei Beantragung der dafür erforderlichen finanziellen Mittel gegen Vorlage entsprechender Belege über entstandene Eigenbelastungen im Zusammenhang mit der Inanspruchnahme der in Absatz 1 Satz 3 genannten Leistungen. Die Leistung nach Absatz 1 Satz 1 kann innerhalb des jeweiligen Kalenderjahres in Anspruch genommen werden; wird die Leistung in einem Kalenderjahr nicht ausgeschöpft, kann der nicht verbrauchte Betrag in das folgende Kalenderhalbjahr übertragen werden.

(3) Der Entlastungsbetrag nach Absatz 1 Satz 1 findet bei den Fürsorgeleistungen zur Pflege nach § 13 Absatz 3 Satz 1 keine Berücksichtigung. § 63 b Absatz 1 des Zwölften Buches findet auf den Entlastungsbetrag keine Anwendung. Abweichend von den Sätzen 1 und 2 darf der Entlastungsbetrag hinsichtlich der Leistungen nach § 64 i oder § 66 des Zwölften

Buches bei der Hilfe zur Pflege Berücksichtigung finden, soweit nach diesen Vorschriften Leistungen zu gewähren sind, deren Inhalte den Leistungen nach Absatz 1 Satz 3 entsprechen.

(4) Die für die Erbringung von Leistungen nach Absatz 1 Satz 3 Nummer 1 bis 4 verlangte Vergütung darf die Preise für vergleichbare Sachleistungen von zugelassenen Pflegeeinrichtungen nicht übersteigen. Näheres zur Ausgestaltung einer entsprechenden Begrenzung der Vergütung, die für die Erbringung von Leistungen nach Absatz 1 Satz 3 Nummer 4 durch nach Landesrecht anerkannte Angebote zur Unterstützung im Alltag verlangt werden darf, können die Landesregierungen in der Rechtsverordnung nach § 45 a Absatz 3 bestimmen.

§§ 45c, 45d *(Hier nicht abgedruckt)*

Sechster Abschnitt
Initiativprogramm zur Förderung neuer Wohnformen

§ 45e Anschubfinanzierung zur Gründung von ambulant betreuten Wohngruppen

(1) Zur Förderung der Gründung von ambulant betreuten Wohngruppen wird Pflegebedürftigen, die Anspruch auf Leistungen nach § 38a haben und die an der gemeinsamen Gründung beteiligt sind, für die altersgerechte oder barrierearme Umgestaltung der gemeinsamen Wohnung zusätzlich zu dem Betrag nach § 40 Absatz 4 einmalig ein Betrag von bis zu 2500 Euro gewährt. Der Gesamtbetrag ist je Wohngruppe auf 10000 Euro begrenzt und wird bei mehr als vier Anspruchsberechtigten anteilig auf die Versicherungsträger der Anspruchsberechtigten aufgeteilt. Der Antrag ist innerhalb eines Jahres nach Vorliegen der Anspruchsvoraussetzungen zu stellen. Dabei kann die Umgestaltungsmaßnahme auch vor der Gründung und dem Einzug erfolgen. Die Sätze 1 bis 4 gelten für die Versicherten der privaten Pflege-Pflichtversicherung entsprechend.

(2) Die Pflegekassen zahlen den Förderbetrag aus, wenn die Gründung einer ambulant betreuten Wohngruppe nachgewiesen wird. Der Anspruch endet mit Ablauf des Monats, in dem das Bundesversicherungsamt den Pflegekassen und dem Verband der privaten Krankenversicherung e. V. mitteilt, dass mit der Förderung eine Gesamthöhe von 30 Millionen Euro erreicht worden ist. Einzelheiten zu den Voraussetzungen und dem Verfahren der Förderung regelt der Spitzenverband Bund der Pflegekassen im Einvernehmen mit dem Verband der privaten Krankenversicherung e. V.

§ 45f Weiterentwicklung neuer Wohnformen

(1) Zur wissenschaftlich gestützten Weiterentwicklung und Förderung neuer Wohnformen werden zusätzlich 10 Millionen Euro zur Verfügung gestellt. Dabei sind insbesondere solche Konzepte einzubeziehen, die es alternativ zu stationären Einrichtungen ermöglichen, außerhalb der vollstationären Betreuung bewohnerorientiert individuelle Versorgung anzubieten.

(2) Einrichtungen, die aus diesem Grund bereits eine Modellförderung, insbesondere nach § 8 Absatz 3, erfahren haben, sind von der Förderung nach Absatz 1 Satz 1 ausgenommen. Für die Förderung gilt § 8 Absatz 3 entsprechend.

Fünftes Kapitel
Organisation

Erster Abschnitt
Träger der Pflegeversicherung

§ 46 Pflegekassen

(1) Träger der Pflegeversicherung sind die Pflegekassen. Bei jeder Krankenkasse (§ 4 Abs. 2 des Fünften Buches) wird eine Pflegekasse errichtet. Die Deutsche Rentenversicherung Knappschaft-Bahn-See als Träger der Krankenversicherung führt die Pflegeversicherung für die Versicherten durch.

(2) Die Pflegekassen sind rechtsfähige Körperschaften des öffentlichen Rechts mit Selbstverwaltung. Organe der Pflegekassen sind die Organe der Krankenkassen, bei denen sie errichtet sind. Arbeitgeber (Dienstherr) der für die Pflegekasse tätigen Beschäftigten ist die Krankenkasse, bei der die Pflegekasse errichtet ist. Krankenkassen und Pflegekassen können für Mitglieder, die ihre Kranken- und Pflegeversicherungsbeiträge selbst zu zahlen haben, die Höhe der Beiträge zur Kranken- und Pflegeversicherung in einem gemeinsamen Beitragsbescheid festsetzen. Das Mitglied ist darauf hinzuweisen, dass der Bescheid über den Beitrag zur Pflegeversicherung im Namen der Pflegekasse ergeht. In den Fällen des Satzes 4 kann auch ein gemeinsamer Widerspruchsbescheid erlassen werden; Satz 5 gilt entsprechend. Bei der Ausführung dieses Buches ist das Erste Kapitel des Zehnten Buches anzuwenden.

(3) Die Verwaltungskosten einschließlich der Personalkosten, die den Krankenkassen auf Grund dieses Buches entstehen, werden von den Pflegekassen in Höhe von 3,5 vom Hundert des Mittelwertes von Leistungsaufwendungen und Beitragseinnahmen erstattet; dabei ist der Erstattungsbetrag für die einzelne Krankenkasse um die Hälfte der Aufwendungen der jeweiligen Pflegekasse für Pflegeberatung nach § 7a Abs. 4 Satz 5 und um die Aufwendungen für Zahlungen nach § 18 Absatz 3b zu vermindern. Bei der Berechnung der Erstattung sind die Beitragseinnahmen um die Beitragseinnahmen zu vermindern, die dazu bestimmt sind, nach § 135 dem Vorsorgefonds der sozialen Pflegeversicherung zugeführt zu werden. Der Gesamtbetrag der nach Satz 1 zu erstattenden Verwaltungskosten aller Krankenkassen ist nach dem tatsächlich entstehenden Aufwand (Beitragseinzug/Leistungsgewährung) auf die Krankenkassen zu verteilen. Der Spitzenverband Bund der Pflegekassen bestimmt das Nähere über die Verteilung. Außerdem übernehmen die Pflegekassen 50 vom Hundert der umlagefinanzierten Kosten des Medizinischen Dienstes der Krankenversiche-

rung. Personelle Verwaltungskosten, die einer Betriebskrankenkasse von der Pflegekasse erstattet werden, sind an den Arbeitgeber weiterzuleiten, wenn er die Personalkosten der Betriebskrankenkasse nach § 147 Abs. 2 des Fünften Buches trägt. Der Verwaltungsaufwand in der sozialen Pflegeversicherung ist nach Ablauf von einem Jahr nach Inkrafttreten dieses Gesetzes zu überprüfen.

(4) Das Bundesministerium für Gesundheit wird ermächtigt, durch Rechtsverordnung mit Zustimmung des Bundesrates Näheres über die Erstattung der Verwaltungskosten zu regeln sowie die Höhe der Verwaltungskostenerstattung neu festzusetzen, wenn die Überprüfung des Verwaltungsaufwandes nach Absatz 3 Satz 6 dies rechtfertigt.

(5) Bei Vereinigung, Auflösung und Schließung einer Krankenkasse gelten die §§ 143 bis 172 des Fünften Buches für die bei ihr errichtete Pflegekasse entsprechend.

(6) Die Aufsicht über die Pflegekassen führen die für die Aufsicht über die Krankenkassen zuständigen Stellen. Das Bundesversicherungsamt und die für die Sozialversicherung zuständigen obersten Verwaltungsbehörden der Länder haben mindestens alle fünf Jahre die Geschäfts-, Rechnungs- und Betriebsführung der ihrer Aufsicht unterstehenden Pflegekassen und deren Arbeitsgemeinschaften zu prüfen. Das Bundesministerium für Gesundheit kann die Prüfung der bundesunmittelbaren Pflegekassen und deren Arbeitsgemeinschaften, die für die Sozialversicherung zuständigen obersten Verwaltungsbehörden der Länder können die Prüfung der landesunmittelbaren Pflegekassen und deren Arbeitsgemeinschaften auf eine öffentlich-rechtliche Prüfungseinrichtung übertragen, die bei der Durchführung der Prüfung unabhängig ist. Die Prüfung hat sich auf den gesamten Geschäftsbetrieb zu erstrecken; sie umfaßt die Prüfung seiner Gesetzmäßigkeit und Wirtschaftlichkeit. Die Pflegekassen und deren Arbeitsgemeinschaften haben auf Verlangen alle Unterlagen vorzulegen und alle Auskünfte zu erteilen, die zur Durchführung der Prüfung erforderlich sind. Die mit der Prüfung nach diesem Absatz befassten Stellen können nach Anhörung des Spitzenverbandes Bund der Krankenkassen als Spitzenverband Bund der Pflegekassen bestimmen, dass die Pflegekassen die zu prüfenden Daten elektronisch und in einer bestimmten Form zur Verfügung stellen. § 274 Abs. 2 und 3 des Fünften Buches gilt entsprechend.

§§ 47, 47 a *(Hier nicht abgedruckt)*

Zweiter Abschnitt
Zuständigkeit, Mitgliedschaft

§ 48 Zuständigkeit für Versicherte einer Krankenkasse und sonstige Versicherte

(1) Für die Durchführung der Pflegeversicherung ist jeweils die Pflegekasse zuständig, die bei der Krankenkasse errichtet ist, bei der eine Pflicht-

mitgliedschaft oder freiwillige Mitgliedschaft besteht. Für Familienversicherte nach § 25 ist die Pflegekasse des Mitglieds zuständig.

(2) Für Personen, die nach § 21 Nr. 1 bis 5 versichert sind, ist die Pflegekasse zuständig, die bei der Krankenkasse errichtet ist, die mit der Leistungserbringung im Krankheitsfalle beauftragt ist. Ist keine Krankenkasse mit der Leistungserbringung im Krankheitsfall beauftragt, kann der Versicherte die Pflegekasse nach Maßgabe des Absatzes 3 wählen.

(3) Personen, die nach § 21 Nr. 6 versichert sind, können die Mitgliedschaft wählen bei der Pflegekasse, die bei

1. der Krankenkasse errichtet ist, der sie angehören würden, wenn sie in der gesetzlichen Krankenversicherung versicherungspflichtig wären,
2. der Allgemeinen Ortskrankenkasse ihres Wohnsitzes oder gewöhnlichen Aufenthaltes errichtet ist,
3. einer Ersatzkasse errichtet ist, wenn sie zu dem Mitgliederkreis gehören, den die gewählte Ersatzkasse aufnehmen darf.

Ab 1. Januar 1996 können sie die Mitgliedschaft bei der Pflegekasse wählen, die bei der Krankenkasse errichtet ist, die sie nach § 173 Abs. 2 des Fünften Buches wählen könnten, wenn sie in der gesetzlichen Krankenversicherung versicherungspflichtig wären.

§ 49 Mitgliedschaft

(1) Die Mitgliedschaft bei einer Pflegekasse beginnt mit dem Tag, an dem die Voraussetzungen des § 20 oder des § 21 vorliegen. Sie endet mit dem Tod des Mitglieds oder mit Ablauf des Tages, an dem die Voraussetzungen des § 20 oder des § 21 entfallen, sofern nicht das Recht zur Weiterversicherung nach § 26 ausgeübt wird. Für die nach § 20 Abs. 1 Satz 2 Nr. 12 Versicherten gelten § 186 Abs. 11 und § 190 Abs. 13 des Fünften Buches entsprechend.

(2) Für das Fortbestehen der Mitgliedschaft gelten die §§ 189, 192 des Fünften Buches sowie § 25 des Zweiten Gesetzes über die Krankenversicherung der Landwirte entsprechend.

(3) Die Mitgliedschaft freiwillig Versicherter nach den §§ 26 und 26a endet

1. mit dem Tod des Mitglieds oder
2. mit Ablauf des übernächsten Kalendermonats, gerechnet von dem Monat, in dem das Mitglied den Austritt erklärt, wenn die Satzung nicht einen früheren Zeitpunkt bestimmt.

Dritter Abschnitt
Meldungen

§ 50 Melde- und Auskunftspflichten bei Mitgliedern der sozialen Pflegeversicherung

(1) Alle nach § 20 versicherungspflichtigen Mitglieder haben sich selbst unverzüglich bei der für sie zuständigen Pflegekasse anzumelden. Dies gilt nicht, wenn ein Dritter bereits eine Meldung nach den §§ 28a bis 28c des

Vierten Buches, §§ 199 bis 205 des Fünften Buches oder §§ 27 bis 29 des Zweiten Gesetzes über die Krankenversicherung der Landwirte zur gesetzlichen Krankenversicherung abgegeben hat; die Meldung zur gesetzlichen Krankenversicherung schließt die Meldung zur sozialen Pflegeversicherung ein. Bei freiwillig versicherten Mitgliedern der gesetzlichen Krankenversicherung gilt die Beitrittserklärung zur gesetzlichen Krankenversicherung als Meldung zur sozialen Pflegeversicherung.

(2) Für die nach § 21 versicherungspflichtigen Mitglieder haben eine Meldung an die zuständige Pflegekasse zu erstatten:
1. das Versorgungsamt für Leistungsempfänger nach dem Bundesversorgungsgesetz oder nach den Gesetzen, die eine entsprechende Anwendung des Bundesversorgungsgesetzes vorsehen,
2. das Ausgleichsamt für Leistungsempfänger von Kriegsschadenrente oder vergleichbaren Leistungen nach dem Lastenausgleichsgesetz oder dem Reparationsschädengesetz oder von laufender Beihilfe nach dem Flüchtlingshilfegesetz,
3. der Träger der Kriegsopferfürsorge für Empfänger von laufenden Leistungen der ergänzenden Hilfe zum Lebensunterhalt nach dem Bundesversorgungsgesetz oder nach den Gesetzen, die eine entsprechende Anwendung des Bundesversorgungsgesetzes vorsehen,
4. der Leistungsträger der Jugendhilfe für Empfänger von laufenden Leistungen zum Unterhalt nach dem Achten Buch,
5. der Leistungsträger für Krankenversorgungsberechtigte nach dem Bundesentschädigungsgesetz,
6. der Dienstherr für Soldaten auf Zeit.

(3) Personen, die versichert sind oder als Versicherte in Betracht kommen, haben der Pflegekasse, soweit sie nicht nach § 28o des Vierten Buches auskunftspflichtig sind,
1. auf Verlangen über alle für die Feststellung der Versicherungs- und Beitragspflicht und für die Durchführung der der Pflegekasse übertragenen Aufgaben erforderlichen Tatsachen unverzüglich Auskunft zu erteilen,
2. Änderungen in den Verhältnissen, die für die Feststellung der Versicherungs- und Beitragspflicht erheblich sind und nicht durch Dritte gemeldet werden, unverzüglich mitzuteilen.

Sie haben auf Verlangen die Unterlagen, aus denen die Tatsachen oder die Änderung der Verhältnisse hervorgehen, der Pflegekasse in deren Geschäftsräumen unverzüglich vorzulegen.

(4) Entstehen der Pflegekasse durch eine Verletzung der Pflichten nach Absatz 3 zusätzliche Aufwendungen, kann sie von dem Verpflichteten die Erstattung verlangen.

(5) Die Krankenkassen übermitteln den Pflegekassen die zur Erfüllung ihrer Aufgaben erforderlichen personenbezogenen Daten.

(6) Für die Meldungen der Pflegekassen an die Rentenversicherungsträger gilt § 201 des Fünften Buches entsprechend.

§§ 51–53 *(Hier nicht abgedruckt)*

Sechstes Kapitel
Finanzierung

Erster Abschnitt
Beiträge

§ 54 Grundsatz

(1) Die Mittel für die Pflegeversicherung werden durch Beiträge sowie sonstige Einnahmen gedeckt.

(2) Die Beiträge werden nach einem Vomhundertsatz (Beitragssatz) von den beitragspflichtigen Einnahmen der Mitglieder bis zur Beitragsbemessungsgrenze (§ 55) erhoben. Die Beiträge sind für jeden Kalendertag der Mitgliedschaft zu zahlen, soweit dieses Buch nichts Abweichendes bestimmt. Für die Berechnung der Beiträge ist die Woche zu sieben, der Monat zu 30 und das Jahr zu 360 Tagen anzusetzen.

(3) Die Vorschriften des Zwölften Kapitels des Fünften Buches gelten entsprechend.

§ 55 Beitragssatz, Beitragsbemessungsgrenze

(1) Der Beitragssatz beträgt bundeseinheitlich 2,55 vom Hundert der beitragspflichtigen Einnahmen der Mitglieder; er wird durch Gesetz festgesetzt. Für Personen, bei denen § 28 Abs. 2 Anwendung findet, beträgt der Beitragssatz die Hälfte des Beitragssatzes nach Satz 1.

(2) Beitragspflichtige Einnahmen sind bis zu einem Betrag von 1/360 der in § 6 Abs. 7 des Fünften Buches festgelegten Jahresarbeitsentgeltgrenze für den Kalendertag zu berücksichtigen (Beitragsbemessungsgrenze).

(3) Der Beitragssatz nach Absatz 1 Satz 1 und 2 erhöht sich für Mitglieder nach Ablauf des Monats, in dem sie das 23. Lebensjahr vollendet haben, um einen Beitragszuschlag in Höhe von 0,25 Beitragssatzpunkten (Beitragszuschlag für Kinderlose). Satz 1 gilt nicht für Eltern im Sinne des § 56 Abs. 1 Satz 1 Nr. 3 und Abs. 3 Nr. 2 und 3 des Ersten Buches. Die Elterneigenschaft ist in geeigneter Form gegenüber der beitragsabführenden Stelle, von Selbstzahlern gegenüber der Pflegekasse, nachzuweisen, sofern diesen die Elterneigenschaft nicht bereits aus anderen Gründen bekannt ist. Der Spitzenverband Bund der Pflegekassen gibt Empfehlungen darüber, welche Nachweise geeignet sind. Erfolgt die Vorlage des Nachweises innerhalb von drei Monaten nach der Geburt des Kindes, gilt der Nachweis mit Beginn des Monats der Geburt als erbracht, ansonsten wirkt der Nachweis ab Beginn des Monats, der dem Monat folgt, in dem der Nachweis erbracht wird. Nachweise für vor dem 1. Januar 2005 geborene Kinder, die bis zum 30. Juni 2005 erbracht werden, wirken vom 1. Januar 2005 an. Satz 1 gilt nicht für Mitglieder, die vor dem 1. Januar 1940 geboren wurden, für Wehr- und Zivildienstleistende sowie für Bezieher von Arbeitslosengeld II.

(3a) Zu den Eltern im Sinne des Absatzes 3 Satz 2 gehören nicht

1. Adoptiveltern, wenn das Kind zum Zeitpunkt des Wirksamwerdens der Adoption bereits die in § 25 Abs. 2 vorgesehenen Altersgrenzen erreicht hat,
2. Stiefeltern, wenn das Kind zum Zeitpunkt der Eheschließung mit dem Elternteil des Kindes bereits die in § 25 Abs. 2 vorgesehenen Altersgrenzen erreicht hat oder wenn das Kind vor Erreichen dieser Altersgrenzen nicht in den gemeinsamen Haushalt mit dem Mitglied aufgenommen worden ist.

(4) Der Beitragszuschlag für die Monate Januar bis März 2005 auf Renten der gesetzlichen Rentenversicherung wird für Rentenbezieher, die nach dem 31. Dezember 1939 geboren wurden, in der Weise abgegolten, dass der Beitragszuschlag im Monat April 2005 1 vom Hundert der im April 2005 beitragspflichtigen Rente beträgt. Für die Rentenbezieher, die in den Monaten Januar bis April 2005 zeitweise nicht beitrags- oder zuschlagspflichtig sind, wird der Beitragszuschlag des Monats April 2005 entsprechend der Dauer dieser Zeit reduziert.

(5) Sind landwirtschaftliche Unternehmer, die nicht zugleich Arbeitslosengeld II beziehen, sowie mitarbeitende Familienangehörige Mitglied der landwirtschaftlichen Krankenkasse, wird der Beitrag abweichend von den Absätzen 1 bis 3 in Form eines Zuschlags auf den Krankenversicherungsbeitrag, den sie nach den Vorschriften des Zweiten Gesetzes über die Krankenversicherung der Landwirte aus dem Arbeitseinkommen aus Land- und Forstwirtschaft zu zahlen haben, erhoben. Die Höhe des Zuschlags ergibt sich aus dem Verhältnis des Beitragssatzes nach Absatz 1 Satz 1 zu dem um den durchschnittlichen Zusatzbeitragssatz erhöhten allgemeinen Beitragssatz nach § 241 des Fünften Buches. Sind die Voraussetzungen für einen Beitragszuschlag für Kinderlose nach Absatz 3 erfüllt, erhöht sich der Zuschlag nach Satz 2 um das Verhältnis des Beitragszuschlags für Kinderlose nach Absatz 3 Satz 1 zu dem Beitragssatz nach Absatz 1 Satz 1.

§ 56 Beitragsfreiheit

(1) Familienangehörige und Lebenspartner sind für die Dauer der Familienversicherung nach § 25 beitragsfrei.

(2) Beitragsfreiheit besteht vom Zeitpunkt der Rentenantragstellung bis zum Beginn der Rente einschließlich einer Rente nach dem Gesetz über die Alterssicherung der Landwirte für

1. den hinterbliebenen Ehegatten eines Rentners, der bereits Rente bezogen hat, wenn Hinterbliebenenrente beantragt wird,
2. die Waise eines Rentners, der bereits Rente bezogen hat, vor Vollendung des 18. Lebensjahres; dies gilt auch für Waisen, deren verstorbener Elternteil eine Rente nach dem Gesetz über die Alterssicherung der Landwirte bezogen hat,
3. den hinterbliebenen Ehegatten eines Beziehers einer Rente nach dem Gesetz über die Alterssicherung der Landwirte, wenn die Ehe vor Vollendung des 65. Lebensjahres des Verstorbenen geschlossen wurde,
4. den hinterbliebenen Ehegatten eines Beziehers von Landabgaberente.

Satz 1 gilt nicht, wenn der Rentenantragsteller eine eigene Rente, Arbeitsentgelt, Arbeitseinkommen oder Versorgungsbezüge erhält.

(3) Beitragsfrei sind Mitglieder für die Dauer des Bezuges von Mutterschafts-, Eltern- oder Betreuungsgeld. Die Beitragsfreiheit erstreckt sich nur auf die in Satz 1 genannten Leistungen.

(4) Beitragsfrei sind auf Antrag Mitglieder, die sich auf nicht absehbare Dauer in stationärer Pflege befinden und bereits Leistungen nach § 35 Abs. 6 des Bundesversorgungsgesetzes, nach § 44 des Siebten Buches, nach § 34 des Beamtenversorgungsgesetzes oder nach den Gesetzen erhalten, die eine entsprechende Anwendung des Bundesversorgungsgesetzes vorsehen, wenn sie keine Familienangehörigen haben, für die eine Versicherung nach § 25 besteht.

(5) Beitragsfrei sind Mitglieder für die Dauer des Bezuges von Pflegeunterstützungsgeld. Die Beitragsfreiheit erstreckt sich nur auf die in Satz 1 genannten Leistungen.

§§ 57–68 *(Hier nicht abgedruckt)*

Siebtes Kapitel
Beziehungen der Pflegekassen zu den Leistungserbringern

Erster Abschnitt
Allgemeine Grundsätze

§ 69 Sicherstellungsauftrag

Die Pflegekassen haben im Rahmen ihrer Leistungsverpflichtung eine bedarfsgerechte und gleichmäßige, dem allgemein anerkannten Stand medizinisch-pflegerischer Erkenntnisse entsprechende pflegerische Versorgung der Versicherten zu gewährleisten (Sicherstellungsauftrag). Sie schließen hierzu Versorgungsverträge sowie Vergütungsvereinbarungen mit den Trägern von Pflegeeinrichtungen (§ 71) und sonstigen Leistungserbringern. Dabei sind die Vielfalt, die Unabhängigkeit und Selbständigkeit sowie das Selbstverständnis der Träger von Pflegeeinrichtungen in Zielsetzung und Durchführung ihrer Aufgaben zu achten.

§ 70 *(Hier nicht abgedruckt)*

Zweiter Abschnitt
Beziehungen zu den Pflegeeinrichtungen

§ 71 Pflegeeinrichtungen

(1) Ambulante Pflegeeinrichtungen (Pflegedienste) im Sinne dieses Buches sind selbständig wirtschaftende Einrichtungen, die unter ständiger Verantwortung einer ausgebildeten Pflegefachkraft Pflegebedürftige in

ihrer Wohnung mit Leistungen der häuslichen Pflegehilfe im Sinne des § 38 versorgen.

(2) Stationäre Pflegeeinrichtungen (Pflegeheime) im Sinne dieses Buches sind selbständig wirtschaftende Einrichtungen, in denen Pflegebedürftige:

1. unter ständiger Verantwortung einer ausgebildeten Pflegefachkraft gepflegt werden,
2. ganztägig (vollstationär) oder nur tagsüber oder nur nachts (teilstationär) untergebracht und verpflegt werden können.

(3) Für die Anerkennung als verantwortliche Pflegefachkraft im Sinne von Absatz 1 und 2 ist neben dem Abschluss einer Ausbildung als

1. Gesundheits- und Krankenpflegerin oder Gesundheits- und Krankenpfleger,
2. Gesundheits- und Kinderkrankenpflegerin oder Gesundheits- und Kinderkrankenpfleger oder
3. Altenpflegerin oder Altenpfleger

eine praktische Berufserfahrung in dem erlernten Ausbildungsberuf von zwei Jahren innerhalb der letzten acht Jahre erforderlich. Bei ambulanten Pflegeeinrichtungen, die überwiegend behinderte Menschen pflegen und betreuen, gelten auch nach Landesrecht ausgebildete Heilerziehungspflegerinnen und Heilerziehungspfleger sowie Heilerzieherinnen und Heilerzieher mit einer praktischen Berufserfahrung von zwei Jahren innerhalb der letzten acht Jahre als ausgebildete Pflegefachkraft. Die Rahmenfrist nach Satz 1 oder 2 beginnt acht Jahre vor dem Tag, zu dem die verantwortliche Pflegefachkraft im Sinne des Absatzes 1 oder 2 bestellt werden soll. Für die Anerkennung als verantwortliche Pflegefachkraft ist ferner Voraussetzung, dass eine Weiterbildungsmaßnahme für leitende Funktionen mit einer Mindeststundenzahl, die 460 Stunden nicht unterschreiten soll, erfolgreich durchgeführt wurde.

(4) Stationäre Einrichtungen, in denen die Leistungen zur medizinischen Vorsorge, zur medizinischen Rehabilitation, zur Teilhabe am Arbeitsleben oder am Leben in der Gemeinschaft, die schulische Ausbildung oder die Erziehung kranker oder behinderter Menschen im Vordergrund des Zweckes der Einrichtung stehen, sowie Krankenhäuser sind keine Pflegeeinrichtungen im Sinne des Absatzes 2.

§ 72 Zulassung zur Pflege durch Versorgungsvertrag

(1) Die Pflegekassen dürfen ambulante und stationäre Pflege nur durch Pflegeeinrichtungen gewähren, mit denen ein Versorgungsvertrag besteht (zugelassene Pflegeeinrichtungen). In dem Versorgungsvertrag sind Art, Inhalt und Umfang der allgemeinen Pflegeleistungen (§ 84 Abs. 4) festzulegen, die von der Pflegeeinrichtung während der Dauer des Vertrages für die Versicherten zu erbringen sind (Versorgungsauftrag).

(2) Der Versorgungsvertrag wird zwischen dem Träger der Pflegeeinrichtung oder einer vertretungsberechtigten Vereinigung gleicher Träger und den Landesverbänden der Pflegekassen im Einvernehmen mit den

überörtlichen Trägern der Sozialhilfe im Land abgeschlossen, soweit nicht nach Landesrecht der örtliche Träger für die Pflegeeinrichtung zuständig ist; für mehrere oder alle selbständig wirtschaftenden Einrichtungen (§ 71 Abs. 1 und 2) einschließlich für einzelne, eingestreute Pflegeplätze eines Pflegeeinrichtungsträgers, die vor Ort organisatorisch miteinander verbunden sind, kann, insbesondere zur Sicherstellung einer quartiersnahen Unterstützung zwischen den verschiedenen Versorgungsbereichen, ein einheitlicher Versorgungsvertrag (Gesamtversorgungsvertrag) geschlossen werden. Er ist für die Pflegeeinrichtung und für alle Pflegekassen im Inland unmittelbar verbindlich.

(3) Versorgungsverträge dürfen nur mit Pflegeeinrichtungen abgeschlossen werden, die

1. den Anforderungen des § 71 genügen,
2. die Gewähr für eine leistungsfähige und wirtschaftliche pflegerische Versorgung bieten sowie eine in Pflegeeinrichtungen ortsübliche Arbeitsvergütung an ihre Beschäftigten zahlen, soweit diese nicht von einer Verordnung über Mindestentgeltsätze aufgrund des Gesetzes über zwingende Arbeitsbedingungen für grenzüberschreitend entsandte und für regelmäßig im Inland beschäftigte Arbeitnehmer und Arbeitnehmerinnen (Arbeitnehmer-Entsendegesetz) erfasst sind,
3. sich verpflichten, nach Maßgabe der Vereinbarungen nach § 113 einrichtungsintern ein Qualitätsmanagement einzuführen und weiterzuentwickeln,
4. sich verpflichten, alle Expertenstandards nach § 113a anzuwenden;

ein Anspruch auf Abschluss eines Versorgungsvertrages besteht, soweit und solange die Pflegeeinrichtung diese Voraussetzungen erfüllt. Bei notwendiger Auswahl zwischen mehreren geeigneten Pflegeeinrichtungen sollen die Versorgungsverträge vorrangig mit freigemeinnützigen und privaten Trägern abgeschlossen werden. Bei ambulanten Pflegediensten ist in den Versorgungsverträgen der Einzugsbereich festzulegen, in dem die Leistungen zu erbringen sind.

(4) Mit Abschluss des Versorgungsvertrages wird die Pflegeeinrichtung für die Dauer des Vertrages zur pflegerischen Versorgung der Versicherten zugelassen. Die zugelassene Pflegeeinrichtung ist im Rahmen ihres Versorgungsauftrages zur pflegerischen Versorgung der Versicherten verpflichtet; dazu gehört bei ambulanten Pflegediensten auch die Durchführung von Pflegeeinsätzen nach § 37 Abs. 3 auf Anforderung des Pflegebedürftigen. Die Pflegekassen sind verpflichtet, die Leistungen der Pflegeeinrichtung nach Maßgabe des Achten Kapitels zu vergüten.

§ 73 Abschluss von Versorgungsverträgen

(1) Der Versorgungsvertrag ist schriftlich abzuschließen.

(2) Gegen die Ablehnung eines Versorgungsvertrages durch die Landesverbände der Pflegekassen ist der Rechtsweg zu den Sozialgerichten gegeben. Ein Vorverfahren findet nicht statt; die Klage hat keine aufschiebende Wirkung.

(3) Mit Pflegeeinrichtungen, die vor dem 1. Januar 1995 ambulante Pflege, teilstationäre Pflege oder Kurzzeitpflege auf Grund von Vereinbarungen mit Sozialleistungsträgern erbracht haben, gilt ein Versorgungsvertrag als abgeschlossen. Satz 1 gilt nicht, wenn die Pflegeeinrichtung die Anforderungen nach § 72 Abs. 3 Satz 1 nicht erfüllt und die zuständigen Landesverbände der Pflegekassen dies im Einvernehmen mit dem zuständigen Träger der Sozialhilfe (§ 72 Abs. 2 Satz 1) bis zum 30. Juni 1995 gegenüber dem Träger der Einrichtung schriftlich geltend machen. Satz 1 gilt auch dann nicht, wenn die Pflegeeinrichtung die Anforderungen nach § 72 Abs. 3 Satz 1 offensichtlich nicht erfüllt. Die Pflegeeinrichtung hat bis spätestens zum 31. März 1995 die Voraussetzungen für den Bestandschutz nach den Sätzen 1 und 2 durch Vorlage von Vereinbarungen mit Sozialleistungsträgern sowie geeigneter Unterlagen zur Prüfung und Beurteilung der Leistungsfähigkeit und Wirtschaftlichkeit gegenüber einem Landesverband der Pflegekassen nachzuweisen. Der Versorgungsvertrag bleibt wirksam, bis er durch einen neuen Versorgungsvertrag abgelöst oder gemäß § 74 gekündigt wird.

(4) Für vollstationäre Pflegeeinrichtungen gilt Absatz 3 entsprechend mit der Maßgabe, daß der für die Vorlage der Unterlagen nach Satz 3 maßgebliche Zeitpunkt der 30. September 1995 und der Stichtag nach Satz 2 der 30. Juni 1996 ist.

§ 74 Kündigung von Versorgungsverträgen

(1) Der Versorgungsvertrag kann von jeder Vertragspartei mit einer Frist von einem Jahr ganz oder teilweise gekündigt werden, von den Landesverbänden der Pflegekassen jedoch nur, wenn die zugelassene Pflegeeinrichtung nicht nur vorübergehend eine der Voraussetzungen des § 72 Abs. 3 Satz 1 nicht oder nicht mehr erfüllt; dies gilt auch, wenn die Pflegeeinrichtung ihre Pflicht wiederholt gröblich verletzt, Pflegebedürftigen ein möglichst selbständiges und selbstbestimmtes Leben zu bieten, die Hilfen darauf auszurichten, die körperlichen, geistigen und seelischen Kräfte der Pflegebedürftigen wiederzugewinnen oder zu erhalten und angemessenen Wünschen der Pflegebedürftigen zur Gestaltung der Hilfe zu entsprechen. Vor Kündigung durch die Landesverbände der Pflegekassen ist das Einvernehmen mit dem zuständigen Träger der Sozialhilfe (§ 72 Abs. 2 Satz 1) herzustellen. Die Landesverbände der Pflegekassen können im Einvernehmen mit den zuständigen Trägern der Sozialhilfe zur Vermeidung der Kündigung des Versorgungsvertrages mit dem Träger der Pflegeeinrichtung insbesondere vereinbaren, dass

1. die verantwortliche Pflegefachkraft sowie weitere Leitungskräfte zeitnah erfolgreich geeignete Fort- und Weiterbildungsmaßnahmen absolvieren,
2. die Pflege, Versorgung und Betreuung weiterer Pflegebedürftiger bis zur Beseitigung der Kündigungsgründe ganz oder teilweise vorläufig ausgeschlossen ist.

(2) Der Versorgungsvertrag kann von den Landesverbänden der Pflegekassen auch ohne Einhaltung einer Kündigungsfrist gekündigt werden, wenn die Einrichtung ihre gesetzlichen oder vertraglichen Verpflichtungen

gegenüber den Pflegebedürftigen oder deren Kostenträgern derart gröblich verletzt, daß ein Festhalten an dem Vertrag nicht zumutbar ist. Das gilt insbesondere dann, wenn Pflegebedürftige infolge der Pflichtverletzung zu Schaden kommen oder die Einrichtung nicht erbrachte Leistungen gegenüber den Kostenträgern abrechnet. Das gleiche gilt, wenn dem Träger eines Pflegeheimes nach den heimrechtlichen Vorschriften die Betriebserlaubnis entzogen oder der Betrieb des Heimes untersagt wird. Absatz 1 Satz 2 gilt entsprechend.

(3) Die Kündigung bedarf der Schriftform. Für Klagen gegen die Kündigung gilt § 73 Abs. 2 entsprechend.

§ 75 Rahmenverträge, Bundesempfehlungen und -vereinbarungen über die pflegerische Versorgung

(1) Die Landesverbände der Pflegekassen schließen unter Beteiligung des Medizinischen Dienstes der Krankenversicherung sowie des Verbandes der privaten Krankenversicherung e. V. im Land mit den Vereinigungen der Träger der ambulanten oder stationären Pflegeeinrichtungen im Land gemeinsam und einheitlich Rahmenverträge mit dem Ziel, eine wirksame und wirtschaftliche pflegerische Versorgung der Versicherten sicherzustellen. Für Pflegeeinrichtungen, die einer Kirche oder Religionsgemeinschaft des öffentlichen Rechts oder einem sonstigen freigemeinnützigen Träger zuzuordnen sind, können die Rahmenverträge auch von der Kirche oder Religionsgemeinschaft oder von dem Wohlfahrtsverband abgeschlossen werden, dem die Pflegeeinrichtung angehört. Bei Rahmenverträgen über ambulante Pflege sind die Arbeitsgemeinschaften der örtlichen Träger der Sozialhilfe, bei Rahmenverträgen über stationäre Pflege die überörtlichen Träger der Sozialhilfe und die Arbeitsgemeinschaften der örtlichen Träger der Sozialhilfe als Vertragspartei am Vertragsschluß zu beteiligen. Die Rahmenverträge sind für die Pflegekassen und die zugelassenen Pflegeeinrichtungen im Inland unmittelbar verbindlich.

(2) Die Verträge regeln insbesondere

1. den Inhalt der Pflegeleistungen einschließlich der Sterbebegleitung sowie bei stationärer Pflege die Abgrenzung zwischen den allgemeinen Pflegeleistungen, den Leistungen bei Unterkunft und Verpflegung und den Zusatzleistungen,
2. die allgemeinen Bedingungen der Pflege einschließlich der Vertragsvoraussetzungen und der Vertragserfüllung für eine leistungsfähige und wirtschaftliche pflegerische Versorgung, der Kostenübernahme, der Abrechnung der Entgelte und der hierzu erforderlichen Bescheinigungen und Berichte,
3. Maßstäbe und Grundsätze für eine wirtschaftliche und leistungsbezogene, am Versorgungsauftrag orientierte personelle und sächliche Ausstattung der Pflegeeinrichtungen,
4. die Überprüfung der Notwendigkeit und Dauer der Pflege,
5. Abschläge von der Pflegevergütung bei vorübergehender Abwesenheit (Krankenhausaufenthalt, Beurlaubung) des Pflegebedürftigen aus dem Pflegeheim,

6. den Zugang des Medizinischen Dienstes und sonstiger von den Pflegekassen beauftragter Prüfer zu den Pflegeeinrichtungen,
7. die Verfahrens- und Prüfungsgrundsätze für Wirtschaftlichkeits- und Abrechnungsprüfungen,
8. die Grundsätze zur Festlegung der örtlichen oder regionalen Einzugsbereiche der Pflegeeinrichtungen, um Pflegeleistungen ohne lange Wege möglichst orts- und bürgernah anzubieten,
9. die Möglichkeiten, unter denen sich Mitglieder von Selbsthilfegruppen, ehrenamtliche Pflegepersonen und sonstige zum bürgerschaftlichen Engagement bereite Personen und Organisationen in der häuslichen Pflege sowie in ambulanten und stationären Pflegeeinrichtungen an der Betreuung Pflegebedürftiger beteiligen können,
10. die Verfahrens- und Prüfungsgrundsätze für die Zahlung einer ortsüblichen Vergütung an die Beschäftigten nach § 72 Absatz 3 Satz 1 Nummer 2,
11. die Anforderungen an die nach § 85 Absatz 3 geeigneten Nachweise bei den Vergütungsverhandlungen.

Durch die Regelung der sächlichen Ausstattung in Satz 1 Nr. 3 werden Ansprüche der Pflegeheimbewohner nach § 33 des Fünften Buches auf Versorgung mit Hilfsmitteln weder aufgehoben noch eingeschränkt.

(3) Als Teil der Verträge nach Absatz 2 Nr. 3 sind entweder
1. landesweite Verfahren zur Ermittlung des Personalbedarfs oder zur Bemessung der Pflegezeiten oder
2. landesweite Personalrichtwerte

zu vereinbaren. Dabei ist jeweils der besondere Pflege- und Betreuungsbedarf Pflegebedürftiger mit geistigen Behinderungen, psychischen Erkrankungen, demenzbedingten Fähigkeitsstörungen und anderen Leiden des Nervensystems zu beachten. Bei der Vereinbarung der Verfahren nach Satz 1 Nr. 1 sind auch in Deutschland erprobte und bewährte internationale Erfahrungen zu berücksichtigen. Die Personalrichtwerte nach Satz 1 Nr. 2 können als Bandbreiten vereinbart werden und umfassen bei teil- oder vollstationärer Pflege wenigstens
1. das Verhältnis zwischen der Zahl der Heimbewohner und der Zahl der Pflege- und Betreuungskräfte (in Vollzeitkräfte umgerechnet), unterteilt nach Pflegegrad (Personalanhaltszahlen), sowie
2. im Bereich der Pflege, der sozialen Betreuung und der medizinischen Behandlungspflege zusätzlich den Anteil der ausgebildeten Fachkräfte am Pflege- und Betreuungspersonal.

(4) Kommt ein Vertrag nach Absatz 1 innerhalb von sechs Monaten ganz oder teilweise nicht zustande, nachdem eine Vertragspartei schriftlich zu Vertragsverhandlungen aufgefordert hat, wird sein Inhalt auf Antrag einer Vertragspartei durch die Schiedsstelle nach § 76 festgesetzt. Satz 1 gilt auch für Verträge, mit denen bestehende Rahmenverträge geändert oder durch neue Verträge abgelöst werden sollen.

(5) Die Verträge nach Absatz 1 können von jeder Vertragspartei mit einer Frist von einem Jahr ganz oder teilweise gekündigt werden. Satz 1 gilt

entsprechend für die von der Schiedsstelle nach Absatz 4 getroffenen Regelungen. Diese können auch ohne Kündigung jederzeit durch einen Vertrag nach Absatz 1 ersetzt werden.

(6) Der Spitzenverband Bund der Pflegekassen und die Vereinigungen der Träger der Pflegeeinrichtungen auf Bundesebene sollen unter Beteiligung des Medizinischen Dienstes des Spitzenverbandes Bund der Krankenkassen, des Verbandes der privaten Krankenversicherung e. V. sowie unabhängiger Sachverständiger gemeinsam mit der Bundesvereinigung der kommunalen Spitzenverbände und der Bundesarbeitsgemeinschaft der überörtlichen Träger der Sozialhilfe Empfehlungen zum Inhalt der Verträge nach Absatz 1 abgeben. Sie arbeiten dabei mit den Verbänden der Pflegeberufe sowie den Verbänden der Behinderten und der Pflegebedürftigen eng zusammen.

(7) Der Spitzenverband Bund der Pflegekassen, die Bundesarbeitsgemeinschaft der überörtlichen Träger der Sozialhilfe, die Bundesvereinigung der kommunalen Spitzenverbände und die Vereinigungen der Träger der Pflegeeinrichtungen auf Bundesebene vereinbaren gemeinsam und einheitlich Grundsätze ordnungsgemäßer Pflegebuchführung für die ambulanten und stationären Pflegeeinrichtungen. Die Vereinbarung nach Satz 1 tritt unmittelbar nach Aufhebung der gemäß § 83 Abs. 1 Satz 1 Nr. 3 erlassenen Rechtsverordnung in Kraft und ist den im Land tätigen zugelassenen Pflegeeinrichtungen von den Landesverbänden der Pflegekassen unverzüglich bekannt zu geben. Sie ist für alle Pflegekassen und deren Verbände sowie für die zugelassenen Pflegeeinrichtungen unmittelbar verbindlich.

§ 76 *(Hier nicht abgedruckt)*

Dritter Abschnitt
Beziehungen zu sonstigen Leistungserbringern

§ 77 Häusliche Pflege durch Einzelpersonen

(1) Zur Sicherstellung der körperbezogenen Pflege, der pflegerischen Betreuung sowie der Haushaltsführung im Sinne des § 36 soll die Pflegekasse Verträge mit einzelnen geeigneten Pflegekräften schließen, um dem Pflegebedürftigen zu helfen, ein möglichst selbständiges und selbstbestimmtes Leben zu führen oder dem besonderen Wunsch des Pflegebedürftigen zur Gestaltung der Hilfe zu entsprechen; Verträge mit Verwandten oder Verschwägerten des Pflegebedürftigen bis zum dritten Grad sowie mit Personen, die mit dem Pflegebedürftigen in häuslicher Gemeinschaft leben, sind unzulässig. In dem Vertrag sind Inhalt, Umfang, Qualität, Qualitätssicherung, Vergütung sowie Prüfung der Qualität und Wirtschaftlichkeit der vereinbarten Leistungen zu regeln; § 112 ist entsprechend anzuwenden. Die Vergütungen sind für Leistungen der häuslichen Pflegehilfe nach § 36 Absatz 1 zu vereinbaren. In dem Vertrag ist weiter zu regeln, dass die Pflegekräfte mit dem Pflegebedürftigen, dem sie Leistungen der häuslichen Pflegehilfe erbringen, kein Beschäftigungsverhältnis eingehen dürfen. Soweit davon abweichend Verträge geschlossen sind, sind sie zu kündigen.

Die Sätze 4 und 5 gelten nicht, wenn
1. das Beschäftigungsverhältnis vor dem 1. Mai 1996 bestanden hat und
2. die vor dem 1. Mai 1996 erbrachten Pflegeleistungen von der zuständigen Pflegekasse aufgrund eines von ihr mit der Pflegekraft abgeschlossenen Vertrages vergütet worden sind.

In den Pflegeverträgen zwischen den Pflegebedürftigen und den Pflegekräften sind mindestens Art, Inhalt und Umfang der Leistungen einschließlich der dafür mit den Kostenträgern vereinbarten Vergütungen zu beschreiben. § 120 Absatz 1 Satz 2 gilt entsprechend.

(2) Die Pflegekassen können bei Bedarf einzelne Pflegekräfte zur Sicherstellung der körperbezogenen Pflege, der pflegerischen Betreuung sowie der Haushaltsführung im Sinne des § 36 anstellen, für die hinsichtlich der Wirtschaftlichkeit und Qualität ihrer Leistungen die gleichen Anforderungen wie für die zugelassenen Pflegedienste nach diesem Buch gelten.

§§ 78–82 *(Hier nicht abgedruckt)*

Achtes Kapitel
Pflegevergütung

Erster Abschnitt
Allgemeine Vorschriften

§ 82 Finanzierung der Pflegeeinrichtungen

(1) Zugelassene Pflegeheime und Pflegedienste erhalten nach Maßgabe dieses Kapitels
1. eine leistungsgerechte Vergütung für die allgemeinen Pflegeleistungen (Pflegevergütung) sowie
2. bei stationärer Pflege ein angemessenes Entgelt für Unterkunft und Verpflegung.

Die Pflegevergütung ist von den Pflegebedürftigen oder deren Kostenträgern zu tragen. Sie umfasst auch die Betreuung und, soweit bei stationärer Pflege kein Anspruch auf Krankenpflege nach § 37 des Fünften Buches besteht, die medizinische Behandlungspflege. Für Unterkunft und Verpflegung bei stationärer Pflege hat der Pflegebedürftige selbst aufzukommen.

(2) In der Pflegevergütung und in den Entgelten für Unterkunft und Verpflegung dürfen keine Aufwendungen berücksichtigt werden für
1. Maßnahmen einschließlich Kapitalkosten, die dazu bestimmt sind, die für den Betrieb der Pflegeeinrichtung notwendigen Gebäude und sonstigen abschreibungsfähigen Anlagegüter herzustellen, anzuschaffen, wiederzubeschaffen, zu ergänzen, instandzuhalten oder instandzusetzen; ausgenommen sind die zum Verbrauch bestimmten Güter (Verbrauchsgüter), die der Pflegevergütung nach Absatz 1 Satz 1 Nr. 1 zuzuordnen sind,
2. den Erwerb und die Erschließung von Grundstücken,

3. Miete, Pacht, Erbbauzins, Nutzung oder Mitbenutzung von Grundstücken, Gebäuden oder sonstigen Anlagegütern,
4. den Anlauf oder die innerbetriebliche Umstellung von Pflegeeinrichtungen,
5. die Schließung von Pflegeeinrichtungen oder ihre Umstellung auf andere Aufgaben.

(3) Soweit betriebsnotwendige Investitionsaufwendungen nach Absatz 2 Nr. 1 oder Aufwendungen für Miete, Pacht, Erbbauzins, Nutzung oder Mitbenutzung von Gebäuden oder sonstige abschreibungsfähige Anlagegüter nach Absatz 2 Nr. 3 durch öffentliche Förderung gemäß § 9 nicht vollständig gedeckt sind, kann die Pflegeeinrichtung diesen Teil der Aufwendungen den Pflegebedürftigen gesondert berechnen. Gleiches gilt, soweit die Aufwendungen nach Satz 1 vom Land durch Darlehen oder sonstige rückzahlbare Zuschüsse gefördert werden. Die gesonderte Berechnung bedarf der Zustimmung der zuständigen Landesbehörde; das Nähere hierzu, insbesondere auch zu Art, Höhe und Laufzeit sowie die Verteilung der gesondert berechenbaren Aufwendungen auf die Pflegebedürftigen, einschließlich der Berücksichtigung pauschalierter Instandhaltungs- und Instandsetzungsaufwendungen sowie der zugrunde zu legenden Belegungsquote, wird durch Landesrecht bestimmt. Die Pauschalen müssen in einem angemessenen Verhältnis zur tatsächlichen Höhe der Instandhaltungs- und Instandsetzungsaufwendungen stehen.

(4) Pflegeeinrichtungen, die nicht nach Landesrecht gefördert werden, können ihre betriebsnotwendigen Investitionsaufwendungen den Pflegebedürftigen ohne Zustimmung der zuständigen Landesbehörde gesondert berechnen. Die gesonderte Berechnung ist der zuständigen Landesbehörde mitzuteilen.

(5) Öffentliche Zuschüsse zu den laufenden Aufwendungen einer Pflegeeinrichtung (Betriebskostenzuschüsse) sind von der Pflegevergütung abzuziehen.

§§ 82 a–86 *(Hier nicht abgedruckt)*

§ 87 Unterkunft und Verpflegung

Die als Pflegesatzparteien betroffenen Leistungsträger (§ 85 Abs. 2) vereinbaren mit dem Träger des Pflegeheimes die von den Pflegebedürftigen zu tragenden Entgelte für die Unterkunft und für die Verpflegung jeweils getrennt. Die Entgelte müssen in einem angemessenen Verhältnis zu den Leistungen stehen. § 84 Abs. 3 und 4 und die §§ 85 und 86 gelten entsprechend; § 88 bleibt unberührt.

§ 87 a Berechnung und Zahlung des Heimentgelts

(1) Die Pflegesätze, die Entgelte für Unterkunft und Verpflegung sowie die gesondert berechenbaren Investitionskosten (Gesamtheimentgelt) werden für den Tag der Aufnahme des Pflegebedürftigen in das Pflegeheim sowie für jeden weiteren Tag des Heimaufenthalts berechnet (Berechnungstag). Die Zahlungspflicht der Heimbewohner oder ihrer Kostenträger

endet mit dem Tag, an dem der Heimbewohner aus dem Heim entlassen wird oder verstirbt. Zieht ein Pflegebedürftiger in ein anderes Heim um, darf nur das aufnehmende Pflegeheim ein Gesamtheimentgelt für den Verlegungstag berechnen. Von den Sätzen 1 bis 3 abweichende Vereinbarungen zwischen dem Pflegeheim und dem Heimbewohner oder dessen Kostenträger sind nichtig. Der Pflegeplatz ist im Fall vorübergehender Abwesenheit vom Pflegeheim für einen Abwesenheitszeitraum von bis zu 42 Tagen im Kalenderjahr für den Pflegebedürftigen freizuhalten. Abweichend hiervon verlängert sich der Abwesenheitszeitraum bei Krankenhausaufenthalten und bei Aufenthalten in Rehabilitationseinrichtungen für die Dauer dieser Aufenthalte. In den Rahmenverträgen nach § 75 sind für die nach den Sätzen 5 und 6 bestimmten Abwesenheitszeiträume, soweit drei Kalendertage überschritten werden, Abschläge von mindestens 25 vom Hundert der Pflegevergütung, der Entgelte für Unterkunft und Verpflegung und der Zuschläge nach § 92b vorzusehen.

(2) Bestehen Anhaltspunkte dafür, dass der pflegebedürftige Heimbewohner auf Grund der Entwicklung seines Zustands einem höheren Pflegegrad zuzuordnen ist, so ist er auf schriftliche Aufforderung des Heimträgers verpflichtet, bei seiner Pflegekasse die Zuordnung zu einer höheren Pflegestufe zu beantragen. Die Aufforderung ist zu begründen und auch der Pflegekasse sowie bei Sozialhilfeempfängern dem zuständigen Träger der Sozialhilfe zuzuleiten. Weigert sich der Heimbewohner, den Antrag zu stellen, kann der Heimträger ihm oder seinem Kostenträger ab dem ersten Tag des zweiten Monats nach der Aufforderung vorläufig den Pflegesatz nach dem nächsthöheren Pflegegrad berechnen. Werden die Voraussetzungen für einen höheren Pflegegrad vom Medizinischen Dienst nicht bestätigt und lehnt die Pflegekasse eine Höherstufung deswegen ab, hat das Pflegeheim dem Pflegebedürftigen den überzahlten Betrag unverzüglich zurückzuzahlen; der Rückzahlungsbetrag ist rückwirkend ab dem in Satz 3 genannten Zeitpunkt mit wenigstens 5 vom Hundert zu verzinsen.

(3) Die dem pflegebedürftigen Heimbewohner nach den §§ 41 bis 43 a zustehenden Leistungsbeträge sind von seiner Pflegekasse mit befreiender Wirkung unmittelbar an das Pflegeheim zu zahlen. Maßgebend für die Höhe des zu zahlenden Leistungsbetrags ist der Leistungsbescheid der Pflegekasse, unabhängig davon, ob der Bescheid bestandskräftig ist oder nicht. Die von den Pflegekassen zu zahlenden Leistungsbeträge werden bei vollstationärer Pflege (§ 43) zum 15. eines jeden Monats fällig.

(4) Pflegeeinrichtungen, die Leistungen im Sinne des § 43 erbringen, erhalten von der Pflegekasse zusätzlich den Betrag von 2 952 Euro, wenn der Pflegebedürftige nach der Durchführung aktivierender oder rehabilitativer Maßnahmen in einen niedrigeren Pflegegrad zurückgestuft wurde oder festgestellt wurde, dass er nicht mehr pflegebedürftig im Sinne der §§ 14 und 15 ist. Der Betrag wird entsprechend § 30 angepasst. Der von der Pflegekasse gezahlte Betrag ist von der Pflegeeinrichtung zurückzuzahlen, wenn der Pflegebedürftige innerhalb von sechs Monaten in einen höheren Pflegegrad oder wieder als pflegebedürftig im Sinne der §§ 14 und 15 eingestuft wird.

§ 87b *(weggefallen)*

§ 88 Zusatzleistungen

(1) Neben den Pflegesätzen nach § 85 und den Entgelten nach § 87 darf das Pflegeheim mit den Pflegebedürftigen über die im Versorgungsvertrag vereinbarten notwendigen Leistungen hinaus (§ 72 Abs. 1 Satz 2) gesondert ausgewiesene Zuschläge für
1. besondere Komfortleistungen bei Unterkunft und Verpflegung sowie
2. zusätzliche pflegerisch-betreuende Leistungen

vereinbaren (Zusatzleistungen). Der Inhalt der notwendigen Leistungen und deren Abgrenzung von den Zusatzleistungen werden in den Rahmenverträgen nach § 75 festgelegt.

(2) Die Gewährung und Berechnung von Zusatzleistungen ist nur zulässig, wenn:
1. dadurch die notwendigen stationären oder teilstationären Leistungen des Pflegeheimes (§ 84 Abs. 4 und § 87) nicht beeinträchtigt werden,
2. die angebotenen Zusatzleistungen nach Art, Umfang, Dauer und Zeitabfolge sowie die Höhe der Zuschläge und die Zahlungsbedingungen vorher schriftlich zwischen dem Pflegeheim und dem Pflegebedürftigen vereinbart worden sind,
3. das Leistungsangebot und die Leistungsbedingungen den Landesverbänden der Pflegekassen und den überörtlichen Trägern der Sozialhilfe im Land vor Leistungsbeginn schriftlich mitgeteilt worden sind.

Dritter Abschnitt
Vergütung der ambulanten Pflegeleistungen

§ 89 Grundsätze für die Vergütungsregelung

(1) Die Vergütung der ambulanten Leistungen der häuslichen Pflegehilfe wird, soweit nicht die Gebührenordnung nach § 90 Anwendung findet, zwischen dem Träger des Pflegedienstes und den Leistungsträgern nach Absatz 2 für alle Pflegebedürftigen nach einheitlichen Grundsätzen vereinbart. Sie muss leistungsgerecht sein. Die Vergütung muss einem Pflegedienst bei wirtschaftlicher Betriebsführung ermöglichen, seine Aufwendungen zu finanzieren und seinen Versorgungsauftrag zu erfüllen, unter Berücksichtigung einer angemessenen Vergütung ihres Unternehmerrisikos. Die Bezahlung von Gehältern bis zur Höhe tarifvertraglich vereinbarter Vergütungen sowie entsprechender Vergütungen nach kirchlichen Arbeitsrechtsregelungen kann dabei nicht als unwirtschaftlich abgelehnt werden. Für eine darüber hinausgehende Bezahlung bedarf es eines sachlichen Grundes. Eine Differenzierung in der Vergütung nach Kostenträgern ist unzulässig.

(2) Vertragsparteien der Vergütungsvereinbarung sind der Träger des Pflegedienstes sowie
1. die Pflegekassen oder sonstige Sozialversicherungsträger,

2. die Träger der Sozialhilfe, die für die durch den Pflegedienst versorgten Pflegebedürftigen zuständig sind, sowie
3. die Arbeitsgemeinschaften der unter Nummer 1 und 2 genannten Träger,

soweit auf den jeweiligen Kostenträger oder die Arbeitsgemeinschaft im Jahr vor Beginn der Vergütungsverhandlungen jeweils mehr als 5 vom Hundert der vom Pflegedienst betreuten Pflegebedürftigen entfallen. Die Vergütungsvereinbarung ist für jeden Pflegedienst gesondert abzuschließen und gilt für den nach § 72 Abs. 3 Satz 3 vereinbarten Einzugsbereich, soweit nicht ausdrücklich etwas Abweichendes vereinbart wird.

(3) Die Vergütungen können, je nach Art und Umfang der Pflegeleistung, nach dem dafür erforderlichen Zeitaufwand oder unabhängig vom Zeitaufwand nach dem Leistungsinhalt des jeweiligen Pflegeeinsatzes, nach Komplexleistungen oder in Ausnahmefällen auch nach Einzelleistungen bemessen werden; sonstige Leistungen wie hauswirtschaftliche Versorgung, Behördengänge oder Fahrkosten können auch mit Pauschalen vergütet werden. Die Vergütungen haben zu berücksichtigen, dass Leistungen von mehreren Pflegebedürftigen gemeinsam abgerufen und in Anspruch genommen werden können; die sich aus einer gemeinsamen Leistungsinanspruchnahme ergebenden Zeit- und Kostenersparnisse kommen den Pflegebedürftigen zugute. Darüber hinaus sind auch Vergütungen für Betreuungsleistungen nach § 36 Abs. 1 zu vereinbaren. § 84 Absatz 4 Satz 2 und Absatz 7, § 85 Absatz 3 bis 7 und § 86 gelten entsprechend.

§ 90 Gebührenordnung für ambulante Pflegeleistungen

(1) Das Bundesministerium für Gesundheit wird ermächtigt, im Einvernehmen mit dem Bundesministerium für Familie, Senioren, Frauen und Jugend und dem Bundesministerium für Arbeit und Soziales durch Rechtsverordnung mit Zustimmung des Bundesrates eine Gebührenordnung für die Vergütung der ambulanten Leistungen der häuslichen Pflegehilfe zu erlassen, soweit die Versorgung von der Leistungspflicht der Pflegeversicherung umfaßt ist. Die Vergütung muß leistungsgerecht sein, den Bemessungsgrundsätzen nach § 89 entsprechen und hinsichtlich ihrer Höhe regionale Unterschiede berücksichtigen. § 82 Abs. 2 gilt entsprechend. In der Verordnung ist auch das Nähere zur Abrechnung der Vergütung zwischen den Pflegekassen und den Pflegediensten zu regeln.

(2) Die Gebührenordnung gilt nicht für die Vergütung von ambulanten Leistungen der häuslichen Pflegehilfe durch Familienangehörige und sonstige Personen, die mit dem Pflegebedürftigen in häuslicher Gemeinschaft leben. Soweit die Gebührenordnung Anwendung findet, sind die davon betroffenen Pflegeeinrichtungen und Pflegepersonen nicht berechtigt, über die Berechnung der Gebühren hinaus weitergehende Ansprüche an die Pflegebedürftigen oder deren Kostenträger zu stellen.

Vierter Abschnitt
Kostenerstattung, Landespflegeausschüsse, Pflegeheimvergleich

§ 91 Kostenerstattung

(1) Zugelassene Pflegeeinrichtungen, die auf eine vertragliche Regelung der Pflegevergütung nach den §§ 85 und 89 verzichten oder mit denen eine solche Regelung nicht zustande kommt, können den Preis für ihre ambulanten oder stationären Leistungen unmittelbar mit den Pflegebedürftigen vereinbaren.

(2) Den Pflegebedürftigen werden die ihnen von den Einrichtungen nach Absatz 1 berechneten Kosten für die pflegebedingten Aufwendungen erstattet. Die Erstattung darf jedoch 80 vom Hundert des Betrages nicht überschreiten, den die Pflegekasse für den einzelnen Pflegebedürftigen nach Art und Schwere seiner Pflegebedürftigkeit nach dem Dritten Abschnitt des Vierten Kapitels zu leisten hat. Eine weitergehende Kostenerstattung durch einen Träger der Sozialhilfe ist unzulässig.

(3) Die Absätze 1 und 2 gelten entsprechend für Pflegebedürftige, die nach Maßgabe dieses Buches bei einem privaten Versicherungsunternehmen versichert sind.

(4) Die Pflegebedürftigen und ihre Angehörigen sind von der Pflegekasse und der Pflegeeinrichtung rechtzeitig auf die Rechtsfolgen der Absätze 2 und 3 hinzuweisen.

§§ 92–92b *(Hier nicht abgedruckt)*

Sechster Abschnitt
Übergangsregelung für die stationäre Pflege

§ 92c Neuverhandlung der Pflegesätze

Die ab dem 1. Januar 2016 geltenden Pflegesatzvereinbarungen der zugelassenen Pflegeheime gelten bis zum 31. Dezember 2016 weiter. Gleiches gilt für Pflegesatzvereinbarungen, die neu auf Grundlage des § 84 Absatz 2 in der am 1. Januar 2016 geltenden Fassung abgeschlossen werden. Für den vorgesehenen Übergang ab dem 1. Januar 2017 sind von den Vereinbarungspartnern nach § 85 für die Pflegeheime neue Pflegesätze im Hinblick auf die neuen fünf Pflegegrade zu vereinbaren. Davon ausgehend sind bei vollstationärer Pflege nach § 43 für die Pflegegrade 2 bis 5 einrichtungseinheitliche Eigenanteile zu ermitteln. Dabei kann insbesondere die Pflegesatzkommission nach § 86 das Nähere für ein vereinfachtes Verfahren unter Einbezug eines angemessenen Zuschlags für die voraussichtlichen Kostensteigerungsraten bestimmen. § 85 Absatz 3 bis 7 gilt entsprechend.

§ 92 d Alternative Überleitung der Pflegesätze

Sofern bis zu drei Monate vor dem 1. Januar 2017 für das Pflegeheim keine neue Vereinbarung nach § 92 c geschlossen wurde, werden die vereinbarten Pflegesätze durch übergeleitete Pflegesätze abgelöst, die nach § 92 e zu ermitteln sind.

§ 92 e Verfahren für die Umrechnung

(1) Grundlage für die Ermittlung der ab dem 1. Januar 2017 zu zahlenden Pflegesätze nach § 92 d ist der Gesamtbetrag der Pflegesätze, die dem Pflegeheim am 30. September 2016 zustehen, hochgerechnet auf einen Kalendermonat für Pflegebedürftige der Pflegestufen I bis III sowie Bewohner ohne Pflegestufe, aber mit erheblich eingeschränkter Alltagskompetenz.

(2) Der Gesamtbetrag nach Absatz 1 ist in die Pflegegrade 2 bis 5 umzurechnen. Die übergeleiteten Pflegesätze ergeben sich als Summe aus dem Leistungsbetrag nach § 43 und dem in allen Pflegegraden gleich hohen Eigenanteil (Zuzahlungsbetrag). Der einheitliche Eigenanteil ermittelt sich dann wie folgt:
EA = (ΣPS – PBPG2 × LBPG2 – PBPG3 × LBPG3 – PBPG4 × LBPG4 – PBPG5 × LBPG5) dividiert durch PB (PG2 – PG5).
Dabei sind:

1. EA = der ab dem Tag der Umstellung geltende einheitliche Eigenanteil,
2. ΣPS = Gesamtbetrag der Pflegesätze (PS) nach Absatz 1,
3. PBPG2 = Zahl der Pflegebedürftigen in Pflegegrad 2 entsprechend der Überleitungsvorschrift des § 140 in der ab dem 1. Januar 2017 geltenden Fassung am 30. September 2016,
4. PBPG3 = Zahl der Pflegebedürftigen in Pflegegrad 3 entsprechend der Überleitungsvorschrift des § 140 in der ab dem 1. Januar 2017 geltenden Fassung am 30. September 2016,
5. PBPG4 = Zahl der Pflegebedürftigen in Pflegegrad 4 entsprechend der Überleitungsvorschrift des § 140 in der ab dem 1. Januar 2017 geltenden Fassung am 30. September 2016,
6. PBPG5 = Zahl der Pflegebedürftigen in Pflegegrad 5 entsprechend der Überleitungsvorschrift des § 140 in der ab dem 1. Januar 2017 geltenden Fassung am 30. September 2016,
7. PB (PG2 – PG5) = Zahl der Pflegebedürftigen in Pflegegrad 2 bis 5 entsprechend der Überleitungsvorschrift des § 140 in der ab dem 1. Januar 2017 geltenden Fassung am 30. September 2016,
8. LBPG2 = vollstationärer Leistungsbetrag in Pflegegrad 2,
9. LBPG3 = vollstationärer Leistungsbetrag in Pflegegrad 3,
10. LBPG4 = vollstationärer Leistungsbetrag in Pflegegrad 4 sowie
11. LBPG5 = vollstationärer Leistungsbetrag in Pflegegrad 5.

(3) Für den teilstationären Bereich ergeben sich abweichend von Absatz 2 die übergeleiteten Pflegesätze wie folgt:
PSPG2 = ΣPS dividiert durch (PBPG2 + PBPG3 × 1,2 + PBPG4 × 1,4 + PBPG5 × 1,5).

Dabei ist:
PSPG2 = der teilstationäre Pflegesatz in Pflegegrad 2.
Es gilt:
1. der Pflegesatz in Pflegegrad 3 entspricht dem 1,2-Fachen des Pflegesatzes in Pflegegrad 2,
2. der Pflegesatz in Pflegegrad 4 entspricht dem 1,4-Fachen des Pflegesatzes in Pflegegrad 2,
3. der Pflegesatz in Pflegegrad 5 entspricht dem 1,5-Fachen des Pflegesatzes in Pflegegrad 2.

(3a) Für den Bereich der Kurzzeitpflege ergeben sich abweichend von Absatz 2 die übergeleiteten Pflegesätze wie folgt:
PSPG2 = ΣPS dividiert durch (PBPG2 + PBPG3 × 1,36 + PBPG4 × 1,74 + PBPG5 × 1,91).
Dabei ist PSPG2 der Pflegesatz in Pflegegrad 2. Es gilt:
1. der Pflegesatz in Pflegegrad 3 entspricht dem 1,36-Fachen des Pflegesatzes in Pflegegrad 2,
2. der Pflegesatz in Pflegegrad 4 entspricht dem 1,74-Fachen des Pflegesatzes in Pflegegrad 2,
3. der Pflegesatz in Pflegegrad 5 entspricht dem 1,91-Fachen des Pflegesatzes in Pflegegrad 2.

Für Kurzzeitpflegeeinrichtungen mit einem nicht nach Pflegestufen differenzierten Pflegesatz bleibt dieser unverändert.

(4) Der Pflegesatz für den Pflegegrad 1 beträgt bis zur Ablösung durch eine neue Pflegesatzvereinbarung 78 Prozent des Pflegesatzes für den Pflegegrad 2.

§ 92f Pflichten der Beteiligten

(1) Das Pflegeheim teilt den nach § 85 Absatz 2 als Parteien der Pflegesatzvereinbarung beteiligten Kostenträgern bis spätestens zum 31. Oktober 2016 die von ihm nach § 92 e Absatz 2 bis 4 ermittelten Pflegesätze in den Pflegegraden 1 bis 5 zusammen mit folgenden Angaben mit:
1. die bisherigen Pflegesätze,
2. die Aufteilung der maßgeblichen Heimbewohnerzahl entsprechend ihrer bisherigen Einstufung und der Angabe zum Vorliegen einer erheblich eingeschränkten Alltagskompetenz sowie
3. den Stichtagsbetrag nach § 92 e Absatz 1.

Diese Angaben sind durch geeignete Unterlagen zu belegen. Es genügt die Mitteilung an eine als Vertragspartei beteiligte Pflegekasse; diese stellt die unverzügliche Weiterleitung der Mitteilung an die übrigen als Vertragsparteien beteiligten Kostenträger sowie an die Landesverbände der Pflegekassen sicher.

(2) Über Beanstandungen der von dem Pflegeheim nach Absatz 1 übermittelten Angaben befinden die Parteien nach § 85 Absatz 2 unverzüglich mit Mehrheit. Sofern an die Pflegekassen als Vertragspartei keine Mitteilung innerhalb der Frist erfolgt, sind diese zu einer Schätzung berechtigt und informieren darüber unverzüglich das Pflegeheim.

(3) Abweichend von § 9 Absatz 2 des Wohn- und Betreuungsvertragsgesetzes sind die Heimbewohner vom Pflegeheim spätestens bis zum 30. November 2016 über die danach geltenden Pflegesätze nach § 92 e, bei vollstationärer Pflege einschließlich des einrichtungseinheitlichen Eigenanteils, schriftlich zu informieren. Auf den Besitzstandsschutz nach § 141 in der ab dem 1. Januar 2017 geltenden Fassung ist hinzuweisen.

§§ 93–109 *(Hier nicht abgedruckt)*

Zehntes Kapitel Private Pflegeversicherung

§ 110 Regelungen für die private Pflegeversicherung

(1) Um sicherzustellen, daß die Belange der Personen, die nach § 23 zum Abschluß eines Pflegeversicherungsvertrages bei einem privaten Krankenversicherungsunternehmen verpflichtet sind, ausreichend gewahrt werden und daß die Verträge auf Dauer erfüllbar bleiben, ohne die Interessen der Versicherten anderer Tarife zu vernachlässigen, werden die im Geltungsbereich dieses Gesetzes zum Betrieb der Pflegeversicherung befugten privaten Krankenversicherungsunternehmen verpflichtet,

1. **mit allen in § 22 und § 23 Abs. 1, 3 und 4 genannten versicherungspflichtigen Personen auf Antrag einen Versicherungsvertrag abzuschließen, der einen Versicherungsschutz in dem in § 23 Abs. 1 und 3 festgelegten Umfang vorsieht (Kontrahierungszwang); dies gilt auch für das nach § 23 Abs. 2 gewählte Versicherungsunternehmen,**
2. **in den Verträgen, die Versicherungspflichtige in dem nach § 23 Abs. 1 und 3 vorgeschriebenen Umfang abschließen,**
   a) **keinen Ausschluß von Vorerkrankungen der Versicherten,**
   b) **keinen Ausschluß bereits pflegebedürftiger Personen,**
   c) **keine längeren Wartezeiten als in der sozialen Pflegeversicherung (§ 33 Abs. 2),**
   d) **keine Staffelung der Prämien nach Geschlecht und Gesundheitszustand der Versicherten,**
   e) **keine Prämienhöhe, die den Höchstbeitrag der sozialen Pflegeversicherung übersteigt, bei Personen, die nach § 23 Abs. 3 einen Teilkostentarif abgeschlossen haben, keine Prämienhöhe, die 50 vom Hundert des Höchstbeitrages der sozialen Pflegeversicherung übersteigt,**
   f) **die beitragsfreie Mitversicherung der Kinder des Versicherungsnehmers unter denselben Voraussetzungen, wie in § 25 festgelegt,**
   g) **für Ehegatten oder Lebenspartner ab dem Zeitpunkt des Nachweises der zur Inanspruchnahme der Beitragsermäßigung berechtigenden Umstände keine Prämie in Höhe von mehr als 150 vom Hundert des Höchstbeitrages der sozialen Pflegeversicherung, wenn ein Ehegatte oder ein Lebenspartner kein Gesamteinkommen hat, das die in § 25 Abs. 1 Satz 1 Nr. 5 genannten Einkommensgrenzen überschreitet,**

   vorzusehen.

(2) Die in Absatz 1 genannten Bedingungen gelten für Versicherungsverträge, die mit Personen abgeschlossen werden, die zum Zeitpunkt des Inkrafttretens dieses Gesetzes Mitglied bei einem privaten Krankenversicherungsunternehmen mit Anspruch auf allgemeine Krankenhausleistungen sind oder sich nach Artikel 41 des Pflege-Versicherungsgesetzes innerhalb von sechs Monaten nach Inkrafttreten dieses Gesetzes von der Versicherungspflicht in der sozialen Pflegeversicherung befreien lassen. Die in Absatz 1 Nr. 1 und 2 Buchstabe a bis f genannten Bedingungen gelten auch für Verträge mit Personen, die im Basistarif nach § 152 des Versicherungsaufsichtsgesetzes versichert sind. Für Personen, die im Basistarif nach § 152 des Versicherungsaufsichtsgesetzes versichert sind und deren Beitrag zur Krankenversicherung sich nach § 152 Absatz 4 des Versicherungsaufsichtsgesetzes vermindert, darf der Beitrag 50 vom Hundert des sich nach Absatz 1 Nr. 2 Buchstabe e ergebenden Beitrags nicht übersteigen; die Beitragsbegrenzung für Ehegatten oder Lebenspartner nach Absatz 1 Nr. 2 Buchstabe g gilt für diese Versicherten nicht. Würde allein durch die Zahlung des Beitrags zur Pflegeversicherung nach Satz 2 Hilfebedürftigkeit im Sinne des Zweiten oder Zwölften Buches entstehen, gilt Satz 3 entsprechend; die Hilfebedürftigkeit ist vom zuständigen Träger nach dem Zweiten oder Zwölften Buch auf Antrag des Versicherten zu prüfen und zu bescheinigen.

(3) Für Versicherungsverträge, die mit Personen abgeschlossen werden, die erst nach Inkrafttreten dieses Gesetzes Mitglied eines privaten Krankenversicherungsunternehmens mit Anspruch auf allgemeine Krankenhausleistungen werden oder die der Versicherungspflicht nach § 193 Abs. 3 des Versicherungsvertragsgesetzes genügen, gelten, sofern sie in Erfüllung der Vorsorgepflicht nach § 22 Abs. 1 und § 23 Abs. 1, 3 und 4 geschlossen werden und Vertragsleistungen in dem in § 23 Abs. 1 und 3 festgelegten Umfang vorsehen, folgende Bedingungen:

1. Kontrahierungszwang,
2. kein Ausschluß von Vorerkrankungen der Versicherten,
3. keine Staffelung der Prämien nach Geschlecht,
4. keine längeren Wartezeiten als in der sozialen Pflegeversicherung,
5. für Versicherungsnehmer, die über eine Vorversicherungszeit von mindestens fünf Jahren in ihrer privaten Pflegeversicherung oder privaten Krankenversicherung verfügen, keine Prämienhöhe, die den Höchstbeitrag der sozialen Pflegeversicherung übersteigt; Absatz 1 Nr. 2 Buchstabe e gilt,
6. beitragsfreie Mitversicherung der Kinder des Versicherungsnehmers unter denselben Voraussetzungen, wie in § 25 festgelegt.

(4) Rücktritts- und Kündigungsrechte der Versicherungsunternehmen sind ausgeschlossen, solange der Kontrahierungszwang besteht.

(5) Die Versicherungsunternehmen haben den Versicherten Akteneinsicht zu gewähren. Sie haben die Berechtigten über das Recht auf Akteneinsicht zu informieren, wenn sie das Ergebnis einer Prüfung auf Pflegebedürftigkeit mitteilen. § 25 des Zehnten Buches gilt entsprechend.

§ 111 *(Hier nicht abgedruckt)*

Elftes Kapitel
Qualitätssicherung, Sonstige Regelungen zum Schutz der Pflegebedürftigen

§ 112 Qualitätsverantwortung

(1) Die Träger der Pflegeeinrichtungen bleiben, unbeschadet des Sicherstellungsauftrags der Pflegekassen (§ 69), für die Qualität der Leistungen ihrer Einrichtungen einschließlich der Sicherung und Weiterentwicklung der Pflegequalität verantwortlich. Maßstäbe für die Beurteilung der Leistungsfähigkeit einer Pflegeeinrichtung und die Qualität ihrer Leistungen sind die für sie verbindlichen Anforderungen in den Vereinbarungen nach § 113 sowie die vereinbarten Leistungs- und Qualitätsmerkmale (§ 84 Abs. 5).

(2) Die zugelassenen Pflegeeinrichtungen sind verpflichtet, Maßnahmen der Qualitätssicherung sowie ein Qualitätsmanagement nach Maßgabe der Vereinbarungen nach § 113 durchzuführen, Expertenstandards nach § 113a anzuwenden sowie bei Qualitätsprüfungen nach § 114 mitzuwirken. Bei stationärer Pflege erstreckt sich die Qualitätssicherung neben den allgemeinen Pflegeleistungen auch auf die medizinische Behandlungspflege, die soziale Betreuung, die Leistungen bei Unterkunft und Verpflegung (§ 87) sowie auf die Zusatzleistungen (§ 88).

(3) Der Medizinische Dienst der Krankenversicherung und der Prüfdienst des Verbandes der privaten Krankenversicherung e. V. beraten die Pflegeeinrichtungen in Fragen der Qualitätssicherung mit dem Ziel, Qualitätsmängeln rechtzeitig vorzubeugen und die Eigenverantwortung der Pflegeeinrichtungen und ihrer Träger für die Sicherung und Weiterentwicklung der Pflegequalität zu stärken.

§ 113 Maßstäbe und Grundsätze zur Sicherung und Weiterentwicklung der Pflegequalität

(1) Der Spitzenverband Bund der Pflegekassen, die Bundesarbeitsgemeinschaft der überörtlichen Träger der Sozialhilfe, die Bundesvereinigung der kommunalen Spitzenverbände auf Bundesebene und die Vereinigungen der Träger der Pflegeeinrichtungen auf Bundesebene vereinbaren bis zum 31. März 2009 gemeinsam und einheitlich unter Beteiligung des Medizinischen Dienstes des Spitzenverbandes Bund der Krankenkassen, des Verbandes der privaten Krankenversicherung e. V., der Verbände der Pflegeberufe auf Bundesebene, der maßgeblichen Organisationen für die Wahrnehmung der Interessen und der Selbsthilfe der pflegebedürftigen und behinderten Menschen nach Maßgabe von § 118 sowie unabhängiger Sachverständiger Maßstäbe und Grundsätze für die Qualität, Qualitätssicherung und Qualitätsdarstellung in der ambulanten und stationären Pflege sowie für die Entwicklung eines einrichtungsinternen Qualitätsmanagements, das auf eine stetige Sicherung und Weiterentwicklung der Pflegequalität ausgerichtet ist. In den Vereinbarungen sind insbesondere

auch Anforderungen an eine praxistaugliche, den Pflegeprozess unterstützende und die Pflegequalität fördernde Pflegedokumentation zu regeln. Die Anforderungen dürfen über ein für die Pflegeeinrichtungen vertretbares und wirtschaftliches Maß nicht hinausgehen und sollen den Aufwand für Pflegedokumentation in ein angemessenes Verhältnis zu den Aufgaben der pflegerischen Versorgung setzen. Die Maßstäbe und Grundsätze für die stationäre Pflege sind bis zum 30. Juni 2017, die Maßstäbe und Grundsätze für die ambulante Pflege bis zum 30. Juni 2018 zu vereinbaren. Sie sind in regelmäßigen Abständen an den medizinisch-pflegefachlichen Fortschritt anzupassen. Soweit sich in den Pflegeeinrichtungen zeitliche Einsparungen ergeben, die Ergebnis der Weiterentwicklung der Pflegedokumentation auf Grundlage des pflegefachlichen Fortschritts durch neue, den Anforderungen nach Satz 3 entsprechende Pflegedokumentationsmodelle sind, führen diese nicht zu einer Absenkung der Pflegevergütung, sondern wirken der Arbeitsverdichtung entgegen. Die Vereinbarungen sind im Bundesanzeiger zu veröffentlichen und gelten vom ersten Tag des auf die Veröffentlichung folgenden Monats. Sie sind für alle Pflegekassen und deren Verbände sowie für die zugelassenen Pflegeeinrichtungen unmittelbar verbindlich.

(1 a) In den Maßstäben und Grundsätzen für die stationäre Pflege nach Absatz 1 ist insbesondere das indikatorengestützte Verfahren zur vergleichenden Messung und Darstellung von Ergebnisqualität im stationären Bereich, das auf der Grundlage einer strukturierten Datenerhebung im Rahmen des internen Qualitätsmanagements eine Qualitätsberichterstattung und die externe Qualitätsprüfung ermöglicht, zu beschreiben. Insbesondere sind die Indikatoren, das Datenerhebungsinstrument sowie die bundesweiten Verfahren für die Übermittlung, Auswertung und Bewertung der Daten sowie die von Externen durchzuführende Prüfung der Daten festzulegen. Die datenschutzrechtlichen Bestimmungen sind zu beachten, insbesondere sind personenbezogene Daten von Versicherten vor der Übermittlung an die fachlich unabhängige Institution nach Absatz 1 b zu pseudonymisieren. Eine Wiederherstellung des Personenbezugs durch die fachlich unabhängige Institution nach Absatz 1 b ist ausgeschlossen. Ein Datenschutzkonzept ist mit den zuständigen Datenschutzaufsichtsbehörden abzustimmen. Zur Sicherstellung der Wissenschaftlichkeit beschließen die Vertragsparteien nach Absatz 1 Satz 1 unverzüglich die Vergabe der Aufträge nach § 113 b Absatz 4 Satz 2 Nummer 1 und 2.

(1 b) Die Vertragsparteien nach Absatz 1 Satz 1 beauftragen im Rahmen eines Vergabeverfahrens eine fachlich unabhängige Institution, die entsprechend den Festlegungen nach Absatz 1 a erhobenen Daten zusammenzuführen sowie leistungserbringerbeziehbar und fallbeziehbar nach Maßgabe von Absatz 1 a auszuwerten. Zum Zweck der Prüfung der von den Pflegeeinrichtungen erbrachten Leistungen und deren Qualität nach den §§ 114 und 114 a sowie zum Zweck der Qualitätsdarstellung nach § 115 Absatz 1 a leitet die beauftragte Institution die Ergebnisse der nach Absatz 1 a ausgewerteten Daten an die Landesverbände der Pflegekassen und die von ihnen beauftragten Prüfinstitutionen und Sachverständigen weiter; diese dürfen die übermittelten Daten zu den genannten Zwecken

verarbeiten und nutzen. Die Vertragsparteien nach Absatz 1 Satz 1 vereinbaren diesbezüglich entsprechende Verfahren zur Weiterleitung der Daten. Die datenschutzrechtlichen Bestimmungen sind jeweils zu beachten.

(2) Die Vereinbarungen nach Absatz 1 können von jeder Partei mit einer Frist von einem Jahr ganz oder teilweise gekündigt werden. Nach Ablauf des Vereinbarungszeitraums oder der Kündigungsfrist gilt die Vereinbarung bis zum Abschluss einer neuen Vereinbarung weiter. Die am 1. Januar 2016 bestehenden Maßstäbe und Grundsätze zur Sicherung und Weiterentwicklung der Pflege gelten bis zum Abschluss der Vereinbarungen nach Absatz 1 fort.

(3) *(weggefallen)*

§ 113a Expertenstandards zur Sicherung und Weiterentwicklung der Qualität in der Pflege

(1) Die Vertragsparteien nach § 113 stellen die Entwicklung und Aktualisierung wissenschaftlich fundierter und fachlich abgestimmter Expertenstandards zur Sicherung und Weiterentwicklung der Qualität in der Pflege sicher. Expertenstandards tragen für ihren Themenbereich zur Konkretisierung des allgemein anerkannten Standes der medizinisch-pflegerischen Erkenntnisse bei. Dabei ist das Ziel, auch nach Eintritt der Pflegebedürftigkeit Leistungen zur Prävention und zur medizinischen Rehabilitation einzusetzen, zu berücksichtigen. Der Medizinische Dienst des Spitzenverbandes Bund der Krankenkassen, der Verband der privaten Krankenversicherung e. V., die Verbände der Pflegeberufe auf Bundesebene sowie unabhängige Sachverständige sind zu beteiligen. Sie und die nach § 118 zu beteiligenden Organisationen für die Wahrnehmung der Interessen und der Selbsthilfe der pflegebedürftigen und behinderten Menschen können vorschlagen, zu welchen Themen Expertenstandards entwickelt werden sollen. Der Auftrag zur Entwicklung oder Aktualisierung und die Einführung von Expertenstandards erfolgen jeweils durch einen Beschluss der Vertragsparteien.

(2) Die Vertragsparteien stellen die methodische und pflegefachliche Qualität des Verfahrens der Entwicklung und Aktualisierung von Expertenstandards und die Transparenz des Verfahrens sicher. Die Anforderungen an die Entwicklung von Expertenstandards sind in einer Verfahrensordnung zu regeln. In der Verfahrensordnung ist das Vorgehen auf anerkannter methodischer Grundlage, insbesondere die wissenschaftliche Fundierung und Unabhängigkeit, die Schrittfolge der Entwicklung, der fachlichen Abstimmung, der Praxiserprobung und der modellhaften Umsetzung eines Expertenstandards sowie die Transparenz des Verfahrens festzulegen. Die Verfahrensordnung ist durch das Bundesministerium für Gesundheit im Benehmen mit dem Bundesministerium für Familie, Senioren, Frauen und Jugend zu genehmigen. Kommt eine Einigung über eine Verfahrensordnung bis zum 30. September 2008 nicht zustande, wird sie durch das Bundesministerium für Gesundheit im Benehmen mit dem Bundesministerium für Familie, Senioren, Frauen und Jugend festgelegt.

(3) Die Expertenstandards sind im Bundesanzeiger zu veröffentlichen. Sie sind für alle Pflegekassen und deren Verbände sowie für die zugelas-

senen Pflegeeinrichtungen unmittelbar verbindlich. Die Vertragsparteien unterstützen die Einführung der Expertenstandards in die Praxis.

(4) Die Kosten für die Entwicklung und Aktualisierung von Expertenstandards, mit Ausnahme der Kosten für die qualifizierte Geschäftsstelle nach § 113b Absatz 6, sind Verwaltungskosten, die vom Spitzenverband Bund der Pflegekassen getragen werden. Die privaten Versicherungsunternehmen, die die private Pflege-Pflichtversicherung durchführen, beteiligen sich mit einem Anteil von 10 vom Hundert an den Aufwendungen nach Satz 1. Der Finanzierungsanteil, der auf die privaten Versicherungsunternehmen entfällt, kann von dem Verband der privaten Krankenversicherung e. V. unmittelbar an den Spitzenverband Bund der Pflegekassen geleistet werden.

§ 113b Qualitätsausschuss

(1) Die von den Vertragsparteien nach § 113 im Jahr 2008 eingerichtete Schiedsstelle Qualitätssicherung entscheidet als Qualitätsausschuss nach Maßgabe der Absätze 2 bis 8. Die Vertragsparteien nach § 113 treffen die Vereinbarungen und erlassen die Beschlüsse nach § 37 Absatz 5 in der ab dem 1. Januar 2017 geltenden Fassung, den §§ 113, 113 a, 115 Absatz 1 a und 1 c sowie § 115 a Absatz 1 und 2 durch diesen Qualitätsausschuss.

(2) Der Qualitätsausschuss besteht aus Vertretern des Spitzenverbandes Bund der Pflegekassen (Leistungsträger) und aus Vertretern der Vereinigungen der Träger der Pflegeeinrichtungen auf Bundesebene (Leistungserbringer) in gleicher Zahl; Leistungsträger und Leistungserbringer können jeweils höchstens zehn Mitglieder entsenden. Dem Qualitätsausschuss gehören auch ein Vertreter der Bundesarbeitsgemeinschaft der überörtlichen Träger der Sozialhilfe und ein Vertreter der kommunalen Spitzenverbände auf Bundesebene an; sie werden auf die Zahl der Leistungsträger angerechnet. Dem Qualitätsausschuss kann auch ein Vertreter des Verbandes der privaten Krankenversicherung e. V. angehören; die Entscheidung hierüber obliegt dem Verband der privaten Krankenversicherung e. V. Sofern der Verband der privaten Krankenversicherung e. V. ein Mitglied entsendet, wird dieses Mitglied auf die Zahl der Leistungsträger angerechnet. Dem Qualitätsausschuss soll auch ein Vertreter der Verbände der Pflegeberufe angehören; er wird auf die Zahl der Leistungserbringer angerechnet. Eine Organisation kann nicht gleichzeitig der Leistungsträgerseite und der Leistungserbringerseite zugerechnet werden. Jedes Mitglied erhält eine Stimme; die Stimmen sind gleich zu gewichten. Der Medizinische Dienst des Spitzenverbandes Bund der Krankenkassen wirkt in den Sitzungen und an den Beschlussfassungen im Qualitätsausschuss, auch in seiner erweiterten Form nach Absatz 3, mit. Die auf Bundesebene maßgeblichen Organisationen für die Wahrnehmung der Interessen und der Selbsthilfe pflegebedürftiger und behinderter Menschen wirken in den Sitzungen und an den Beschlussfassungen im Qualitätsausschuss, auch in seiner erweiterten Form nach Absatz 3, nach Maßgabe von § 118 beratend mit.

(3) Kommt im Qualitätsausschuss eine Vereinbarung oder ein Beschluss nach Absatz 1 Satz 2 ganz oder teilweise nicht durch einvernehmliche Einigung zustande, so wird der Qualitätsausschuss auf Verlangen von

mindestens einer Vertragspartei nach § 113, eines Mitglieds des Qualitätsausschusses oder des Bundesministeriums für Gesundheit um einen unparteiischen Vorsitzenden und zwei weitere unparteiische Mitglieder erweitert (erweiterter Qualitätsausschuss). Sofern die Organisationen, die Mitglieder in den Qualitätsausschuss entsenden, nicht bis zum 31. März 2016 die Mitglieder nach Maßgabe von Absatz 2 Satz 1 benannt haben, wird der Qualitätsausschuss durch die drei unparteiischen Mitglieder gebildet. Der unparteiische Vorsitzende und die weiteren unparteiischen Mitglieder sowie deren Stellvertreter führen ihr Amt als Ehrenamt. Der unparteiische Vorsitzende wird vom Bundesministerium für Gesundheit benannt; der Stellvertreter des unparteiischen Vorsitzenden und die weiteren unparteiischen Mitglieder sowie deren Stellvertreter werden von den Vertragsparteien nach § 113 gemeinsam benannt. Mitglieder des Qualitätsausschusses können nicht als Stellvertreter des unparteiischen Vorsitzenden oder der weiteren unparteiischen Mitglieder benannt werden. Kommt eine Einigung über die Benennung der unparteiischen Mitglieder nicht innerhalb einer vom Bundesministerium für Gesundheit gesetzten Frist zustande, erfolgt die Benennung durch das Bundesministerium für Gesundheit. Der erweiterte Qualitätsausschuss setzt mit der Mehrheit seiner Mitglieder den Inhalt der Vereinbarungen oder der Beschlüsse der Vertragsparteien nach § 113 fest. Die Festsetzungen des erweiterten Qualitätsausschusses haben die Rechtswirkung einer vertraglichen Vereinbarung oder Beschlussfassung im Sinne von § 37 Absatz 5 in der ab dem 1. Januar 2017 geltenden Fassung, von den §§ 113, 113 a und 115 Absatz 1 a.

(4) Die Vertragsparteien nach § 113 beauftragen zur Sicherstellung der Wissenschaftlichkeit bei der Wahrnehmung ihrer Aufgaben durch den Qualitätsausschuss mit Unterstützung der qualifizierten Geschäftsstelle nach Absatz 6 fachlich unabhängige wissenschaftliche Einrichtungen oder Sachverständige. Diese wissenschaftlichen Einrichtungen oder Sachverständigen werden beauftragt, insbesondere

1. bis zum 31. März 2017 die Instrumente für die Prüfung der Qualität der Leistungen, die von den stationären Pflegeeinrichtungen erbracht werden, und für die Qualitätsberichterstattung in der stationären Pflege zu entwickeln, wobei
   a) insbesondere die 2011 vorgelegten Ergebnisse des vom Bundesministerium für Gesundheit und vom Bundesministerium für Familie, Senioren, Frauen und Jugend geförderten Projektes „Entwicklung und Erprobung von Instrumenten zur Beurteilung der Ergebnisqualität in der stationären Altenhilfe" und die Ergebnisse der dazu durchgeführten Umsetzungsprojekte einzubeziehen sind und
   b) Aspekte der Prozess- und Strukturqualität zu berücksichtigen sind;
2. bis zum 31. März 2017 auf der Grundlage der Ergebnisse nach Nummer 1 unter Beachtung des Prinzips der Datensparsamkeit ein bundesweites Datenerhebungsinstrument, bundesweite Verfahren für die Übermittlung und Auswertung der Daten einschließlich einer Bewertungssystematik sowie für die von Externen durchzuführende Prüfung der Daten zu entwickeln;

3. bis zum 30. Juni 2017 die Instrumente für die Prüfung der Qualität der von den ambulanten Pflegeeinrichtungen erbrachten Leistungen und für die Qualitätsberichterstattung in der ambulanten Pflege zu entwickeln, eine anschließende Pilotierung durchzuführen und einen Abschlussbericht bis zum 31. März 2018 vorzulegen;
4. ergänzende Instrumente für die Ermittlung und Bewertung von Lebensqualität zu entwickeln;
5. die Umsetzung der nach den Nummern 1 bis 3 entwickelten Verfahren zur Qualitätsmessung und Qualitätsdarstellung wissenschaftlich zu evaluieren und den Vertragsparteien nach § 113 Vorschläge zur Anpassung der Verfahren an den neuesten Stand der wissenschaftlichen Erkenntnisse zu unterbreiten sowie
6. bis zum 31. März 2018 ein Konzept für eine Qualitätssicherung in neuen Wohnformen zu entwickeln und zu erproben, insbesondere Instrumente zur internen und externen Qualitätssicherung sowie für eine angemessene Qualitätsberichterstattung zu entwickeln und ihre Eignung zu erproben.

Das Bundesministerium für Gesundheit sowie das Bundesministerium für Familie, Senioren, Frauen und Jugend in Abstimmung mit dem Bundesministerium für Gesundheit können den Vertragsparteien nach § 113 weitere Themen zur wissenschaftlichen Bearbeitung vorschlagen.

(5) Die Finanzierung der Aufträge nach Absatz 4 erfolgt aus Mitteln des Ausgleichsfonds der Pflegeversicherung nach § 8 Absatz 4. Bei der Bearbeitung der Aufträge nach Absatz 4 Satz 2 ist zu gewährleisten, dass die Arbeitsergebnisse umsetzbar sind. Der jeweilige Auftragnehmer hat darzulegen, zu welchen finanziellen Auswirkungen die Umsetzung der Arbeitsergebnisse führen wird. Den Arbeitsergebnissen ist diesbezüglich eine Praktikabilitäts- und Kostenanalyse beizufügen. Die Ergebnisse der Arbeiten nach Absatz 4 Satz 2 sind dem Bundesministerium für Gesundheit zur Kenntnisnahme vor der Veröffentlichung vorzulegen.

(6) Die Vertragsparteien nach § 113 richten gemeinsam bis zum 31. März 2016 eine unabhängige qualifizierte Geschäftsstelle des Qualitätsausschusses für die Dauer von fünf Jahren ein. Die Geschäftsstelle nimmt auch die Aufgaben einer wissenschaftlichen Beratungs- und Koordinierungsstelle wahr. Sie soll insbesondere den Qualitätsausschuss und seine Mitglieder fachwissenschaftlich beraten, die Auftragsverfahren nach Absatz 4 koordinieren und die wissenschaftlichen Arbeitsergebnisse für die Entscheidungen im Qualitätsausschuss aufbereiten. Näheres zur Zusammensetzung und Arbeitsweise der qualifizierten Geschäftsstelle regeln die Vertragsparteien nach § 113 in der Geschäftsordnung nach Absatz 7.

(7) Die Vertragsparteien nach § 113 vereinbaren in einer Geschäftsordnung mit dem Verband der privaten Krankenversicherung e.V., mit den Verbänden der Pflegeberufe auf Bundesebene und mit den auf Bundesebene maßgeblichen Organisationen für die Wahrnehmung der Interessen und der Selbsthilfe pflegebedürftiger und behinderter Menschen das Nähere zur Arbeitsweise des Qualitätsausschusses, insbesondere

1. zur Benennung der Mitglieder und der unparteiischen Mitglieder,

2. zur Amtsdauer, Amtsführung und Entschädigung für den Zeitaufwand der unparteiischen Mitglieder,
3. zum Vorsitz,
4. zu den Beschlussverfahren,
5. zur Errichtung einer qualifizierten Geschäftsstelle auch mit der Aufgabe als wissenschaftliche Beratungs- und Koordinierungsstelle nach Absatz 6,
6. zur Sicherstellung der jeweiligen Auftragserteilung nach Absatz 4,
7. zur Einbeziehung weiterer Sachverständiger oder Gutachter,
8. zur Bildung von Arbeitsgruppen,
9. zur Gewährleistung der Beteiligungs- und Mitberatungsrechte nach diesem Gesetz einschließlich der Erstattung von Reisekosten nach § 118 Absatz 1 Satz 6 sowie
10. zur Verteilung der Kosten für die Entschädigung der unparteiischen Mitglieder und der einbezogenen weiteren Sachverständigen und Gutachter sowie für die Erstattung von Reisekosten nach § 118 Absatz 1 Satz 6; die Kosten können auch den Kosten der qualifizierten Geschäftsstelle nach Absatz 6 zugerechnet werden.

Die Geschäftsordnung und die Änderung der Geschäftsordnung sind durch das Bundesministerium für Gesundheit im Benehmen mit dem Bundesministerium für Familie, Senioren, Frauen und Jugend zu genehmigen. Kommt die Geschäftsordnung nicht bis zum 29. Februar 2016 zustande, wird ihr Inhalt durch das Bundesministerium für Gesundheit im Benehmen mit dem Bundesministerium für Familie, Senioren, Frauen und Jugend bestimmt.

(8) Die Vertragsparteien nach § 113 sind verpflichtet, dem Bundesministerium für Gesundheit auf Verlangen unverzüglich Auskunft über den Stand der Bearbeitung der mit gesetzlichen Fristen versehenen Aufgaben nach Absatz 1 Satz 2 und über den Stand der Auftragserteilung und Bearbeitung der nach Absatz 4 zu erteilenden Aufträge sowie über erforderliche besondere Maßnahmen zur Einhaltung der gesetzlichen Fristen zu geben. Die Vertragsparteien legen dem Bundesministerium für Gesundheit bis zum 15. Januar 2017 einen konkreten Zeitplan für die Bearbeitung der mit gesetzlichen Fristen versehenen Aufgaben nach Absatz 1 Satz 2 und der Aufträge nach Absatz 4 vor, aus dem einzelne Umsetzungsschritte erkennbar sind. Der Zeitplan ist durch das Bundesministerium für Gesundheit im Benehmen mit dem Bundesministerium für Familie, Senioren, Frauen und Jugend zu genehmigen. Die Vertragsparteien nach § 113 sind verpflichtet, das Bundesministerium für Gesundheit unverzüglich zu informieren, wenn absehbar ist, dass ein Zeitziel des Zeitplans nicht eingehalten werden kann. In diesem Fall kann das Bundesministerium für Gesundheit im Benehmen mit dem Bundesministerium für Familie, Senioren, Frauen und Jugend einzelne Umsetzungsschritte im Wege der Ersatzvornahme selbst vornehmen.

(9) Die durch den Qualitätsausschuss getroffenen Entscheidungen sind dem Bundesministerium für Gesundheit vorzulegen. Es kann die Entscheidungen innerhalb von zwei Monaten beanstanden. Das Bundesministerium

für Gesundheit kann im Rahmen der Prüfung vom Qualitätsausschuss zusätzliche Informationen und ergänzende Stellungnahmen anfordern; bis zu deren Eingang ist der Lauf der Frist nach Satz 2 unterbrochen. Beanstandungen des Bundesministeriums für Gesundheit sind innerhalb der von ihm gesetzten Frist zu beheben. Die Nichtbeanstandung von Entscheidungen kann vom Bundesministerium für Gesundheit mit Auflagen verbunden werden. Kommen Entscheidungen des Qualitätsausschusses ganz oder teilweise nicht fristgerecht zustande oder werden die Beanstandungen des Bundesministeriums für Gesundheit nicht innerhalb der von ihm gesetzten Frist behoben, kann das Bundesministerium für Gesundheit den Inhalt der Vereinbarungen und der Beschlüsse nach Absatz 1 Satz 2 festsetzen. Bei den Verfahren nach den Sätzen 1 bis 6 setzt sich das Bundesministerium für Gesundheit mit dem Bundesministerium für Familie, Senioren, Frauen und Jugend ins Benehmen.

§ 113c Personalbemessung in Pflegeeinrichtungen

(1) Die Vertragsparteien nach § 113 stellen im Einvernehmen mit dem Bundesministerium für Gesundheit und dem Bundesministerium für Familie, Senioren, Frauen und Jugend die Entwicklung und Erprobung eines wissenschaftlich fundierten Verfahrens zur einheitlichen Bemessung des Personalbedarfs in Pflegeeinrichtungen nach qualitativen und quantitativen Maßstäben sicher. Die Entwicklung und Erprobung ist bis zum 30. Juni 2020 abzuschließen. Es ist ein strukturiertes, empirisch abgesichertes und valides Verfahren für die Personalbemessung in Pflegeeinrichtungen auf der Basis des durchschnittlichen Versorgungsaufwands für direkte und indirekte pflegerische Maßnahmen sowie für Hilfen bei der Haushaltsführung unter Berücksichtigung der fachlichen Ziele und Konzeption des ab dem 1. Januar 2017 geltenden Pflegebedürftigkeitsbegriffs zu erstellen. Hierzu sind einheitliche Maßstäbe zu ermitteln, die insbesondere Qualifikationsanforderungen, quantitative Bedarfe und die fachliche Angemessenheit der Maßnahmen berücksichtigen. Die Vertragsparteien beauftragen zur Sicherstellung der Wissenschaftlichkeit des Verfahrens fachlich unabhängige wissenschaftliche Einrichtungen oder Sachverständige. Hierbei sollen die Vertragsparteien von der unabhängigen qualifizierten Geschäftsstelle nach § 113b Absatz 6 unterstützt werden.

(2) Der Medizinische Dienst des Spitzenverbandes Bund der Krankenkassen, der Verband der privaten Krankenversicherung e. V. und die Verbände der Pflegeberufe auf Bundesebene wirken beratend mit. Die auf Bundesebene maßgeblichen Organisationen für die Wahrnehmung der Interessen und der Selbsthilfe pflegebedürftiger und behinderter Menschen wirken nach Maßgabe von § 118 mit. Für die Arbeitsweise der Vertragsparteien soll im Übrigen die Geschäftsordnung nach § 113b Absatz 7 entsprechende Anwendung finden.

(3) Das Bundesministerium für Gesundheit legt im Einvernehmen mit dem Bundesministerium für Familie, Senioren, Frauen und Jugend unter Beteiligung der Vertragsparteien nach § 113 unverzüglich in einem Zeitplan konkrete Zeitziele für die Entwicklung, Erprobung und die Auftragsvergabe

fest. Die Vertragsparteien nach § 113 sind verpflichtet, dem Bundesministerium für Gesundheit auf Verlangen unverzüglich Auskunft über den Bearbeitungsstand der Entwicklung, Erprobung und der Auftragsvergabe sowie über Problembereiche und mögliche Lösungen zu geben.

(4) Wird ein Zeitziel nach Absatz 3 nicht fristgerecht erreicht und ist deshalb die fristgerechte Entwicklung, Erprobung oder Auftragsvergabe gefährdet, kann das Bundesministerium für Gesundheit im Einvernehmen mit dem Bundesministerium für Familie, Senioren, Frauen und Jugend einzelne Verfahrensschritte im Wege der Ersatzvornahme selbst durchführen. Haben die Vertragsparteien nach § 113 sich bis zum 31. Dezember 2016 nicht über die Beauftragung gemäß Absatz 1 Satz 2 geeinigt, bestimmen das Bundesministerium für Gesundheit und das Bundesministerium für Familie, Senioren, Frauen und Jugend innerhalb von vier Monaten das Verfahren und die Inhalte der Beauftragung.

§ 114 Qualitätsprüfungen

(1) Zur Durchführung einer Qualitätsprüfung erteilen die Landesverbände der Pflegekassen dem Medizinischen Dienst der Krankenversicherung, dem Prüfdienst des Verbandes der privaten Krankenversicherung e.V. im Umfang von 10 Prozent der in einem Jahr anfallenden Prüfaufträge oder den von ihnen bestellten Sachverständigen einen Prüfauftrag. Der Prüfauftrag enthält Angaben zur Prüfart, zum Prüfgegenstand und zum Prüfumfang. Die Prüfung erfolgt als Regelprüfung, Anlassprüfung oder Wiederholungsprüfung. Die Pflegeeinrichtungen haben die ordnungsgemäße Durchführung der Prüfungen zu ermöglichen. Vollstationäre Pflegeeinrichtungen sind ab dem 1. Januar 2014 verpflichtet, die Landesverbände der Pflegekassen unmittelbar nach einer Regelprüfung darüber zu informieren, wie die ärztliche, fachärztliche und zahnärztliche Versorgung sowie die Arzneimittelversorgung in den Einrichtungen geregelt sind. Sie sollen insbesondere auf Folgendes hinweisen:

1. auf den Abschluss und den Inhalt von Kooperationsverträgen oder die Einbindung der Einrichtung in Ärztenetze,
2. auf den Abschluss von Vereinbarungen mit Apotheken sowie
3. ab dem 1. Juli 2016 auf die Zusammenarbeit mit einem Hospiz- und Palliativnetz.

Wesentliche Änderungen hinsichtlich der ärztlichen, fachärztlichen und zahnärztlichen Versorgung, der Arzneimittelversorgung sowie der Zusammenarbeit mit einem Hospiz- und Palliativnetz sind den Landesverbänden der Pflegekassen innerhalb von vier Wochen zu melden.

(2) Die Landesverbände der Pflegekassen veranlassen in zugelassenen Pflegeeinrichtungen bis zum 31. Dezember 2010 mindestens einmal und ab dem Jahre 2011 regelmäßig im Abstand von höchstens einem Jahr eine Prüfung durch den Medizinischen Dienst der Krankenversicherung, den Prüfdienst des Verbandes der privaten Krankenversicherung e.V. oder durch von ihnen bestellte Sachverständige (Regelprüfung). Zu prüfen ist, ob die Qualitätsanforderungen nach diesem Buch und nach den auf dieser

Grundlage abgeschlossenen vertraglichen Vereinbarungen erfüllt sind. Die Regelprüfung erfasst insbesondere wesentliche Aspekte des Pflegezustandes und die Wirksamkeit der Pflege- und Betreuungsmaßnahmen (Ergebnisqualität). Sie kann auch auf den Ablauf, die Durchführung und die Evaluation der Leistungserbringung (Prozessqualität) sowie die unmittelbaren Rahmenbedingungen der Leistungserbringung (Strukturqualität) erstreckt werden. Die Regelprüfung bezieht sich auf die Qualität der allgemeinen Pflegeleistungen, der medizinischen Behandlungspflege, der sozialen Betreuung einschließlich der zusätzlichen Betreuung und Aktivierung im Sinne des § 43b, der Leistungen bei Unterkunft und Verpflegung (§ 87) und der Zusatzleistungen (§ 88). Auch die nach § 37 des Fünften Buches erbrachten Leistungen der häuslichen Krankenpflege sind in die Regelprüfung einzubeziehen, unabhängig davon, ob von der Pflegeversicherung Leistungen nach § 36 erbracht werden. Die Regelprüfung umfasst auch die Abrechnung der genannten Leistungen. Zu prüfen ist auch, ob die Versorgung der Pflegebedürftigen den Empfehlungen der Kommission für Krankenhaushygiene und Infektionsprävention nach § 23 Absatz 2 des Infektionsschutzgesetzes entspricht.

(3) Die Landesverbände der Pflegekassen haben im Rahmen der Zusammenarbeit mit den nach heimrechtlichen Vorschriften zuständigen Aufsichtsbehörden (§ 117) vor einer Regelprüfung insbesondere zu erfragen, ob Qualitätsanforderungen nach diesem Buch und den auf seiner Grundlage abgeschlossenen vertraglichen Vereinbarungen in einer Prüfung der nach heimrechtlichen Vorschriften zuständigen Aufsichtsbehörde oder in einem nach Landesrecht durchgeführten Prüfverfahren berücksichtigt worden sind. Hierzu können auch Vereinbarungen auf Landesebene zwischen den Landesverbänden der Pflegekassen und den nach heimrechtlichen Vorschriften zuständigen Aufsichtsbehörden sowie den für weitere Prüfverfahren zuständigen Aufsichtsbehörden getroffen werden. Um Doppelprüfungen zu vermeiden, haben die Landesverbände der Pflegekassen den Prüfumfang der Regelprüfung in angemessener Weise zu verringern, wenn

1. die Prüfungen nicht länger als neun Monate zurückliegen,
2. die Prüfergebnisse nach pflegefachlichen Kriterien den Ergebnissen einer Regelprüfung gleichwertig sind und
3. die Veröffentlichung der von den Pflegeeinrichtungen erbrachten Leistungen und deren Qualität gemäß § 115 Absatz 1 a gewährleistet ist.

Die Pflegeeinrichtung kann verlangen, dass von einer Verringerung der Prüfpflicht abgesehen wird.

(4) Bei Anlassprüfungen geht der Prüfauftrag in der Regel über den jeweiligen Prüfanlass hinaus; er umfasst eine vollständige Prüfung mit dem Schwerpunkt der Ergebnisqualität. Gibt es im Rahmen einer Anlass-, Regel- oder Wiederholungsprüfung sachlich begründete Hinweise auf eine nicht fachgerechte Pflege bei Pflegebedürftigen, auf die sich die Prüfung nicht erstreckt, sind die betroffenen Pflegebedürftigen unter Beachtung der datenschutzrechtlichen Bestimmungen in die Prüfung einzubeziehen. Die Prüfung ist insgesamt als Anlassprüfung durchzuführen. Im Zusammen-

hang mit einer zuvor durchgeführten Regel- oder Anlassprüfung kann von den Landesverbänden der Pflegekassen eine Wiederholungsprüfung veranlasst werden, um zu überprüfen, ob die festgestellten Qualitätsmängel durch die nach § 115 Abs. 2 angeordneten Maßnahmen beseitigt worden sind.

§ 114 a Durchführung der Qualitätsprüfungen

(1) Der Medizinische Dienst der Krankenversicherung, der Prüfdienst des Verbandes der privaten Krankenversicherung e. V. und die von den Landesverbänden der Pflegekassen bestellten Sachverständigen sind im Rahmen ihres Prüfauftrags nach § 114 jeweils berechtigt und verpflichtet, an Ort und Stelle zu überprüfen, ob die zugelassenen Pflegeeinrichtungen die Leistungs- und Qualitätsanforderungen nach diesem Buch erfüllen. Prüfungen in stationären Pflegeeinrichtungen sind grundsätzlich unangemeldet durchzuführen. Qualitätsprüfungen in ambulanten Pflegeeinrichtungen sind grundsätzlich am Tag zuvor anzukündigen. Anlassprüfungen sollen unangemeldet erfolgen. Der Medizinische Dienst der Krankenversicherung, der Prüfdienst des Verbandes der privaten Krankenversicherung e. V. und die von den Landesverbänden der Pflegekassen bestellten Sachverständigen beraten im Rahmen der Qualitätsprüfungen die Pflegeeinrichtungen in Fragen der Qualitätssicherung. § 112 Abs. 3 gilt entsprechend.

(2) Sowohl bei teil- als auch bei vollstationärer Pflege sind der Medizinische Dienst der Krankenversicherung, der Prüfdienst des Verbandes der privaten Krankenversicherung e. V. und die von den Landesverbänden der Pflegekassen bestellten Sachverständigen jeweils berechtigt, zum Zwecke der Qualitätssicherung die für das Pflegeheim benutzten Grundstücke und Räume jederzeit zu betreten, dort Prüfungen und Besichtigungen vorzunehmen, sich mit den Pflegebedürftigen, ihren Angehörigen, vertretungsberechtigten Personen und Betreuern in Verbindung zu setzen sowie die Beschäftigten und die Interessenvertretung der Bewohnerinnen und Bewohner zu befragen. Prüfungen und Besichtigungen zur Nachtzeit sind nur zulässig, wenn und soweit das Ziel der Qualitätssicherung zu anderen Tageszeiten nicht erreicht werden kann. Soweit Räume einem Wohnrecht der Heimbewohner unterliegen, dürfen sie ohne deren Einwilligung nur betreten werden, soweit dies zur Verhütung dringender Gefahren für die öffentliche Sicherheit und Ordnung erforderlich ist; das Grundrecht der Unverletzlichkeit der Wohnung (Artikel 13 Abs. 1 des Grundgesetzes) wird insoweit eingeschränkt. Bei der ambulanten Pflege sind der Medizinische Dienst der Krankenversicherung, der Prüfdienst des Verbandes der privaten Krankenversicherung e. V. und die von den Landesverbänden der Pflegekassen bestellten Sachverständigen berechtigt, die Qualität der Leistungen des Pflegedienstes mit Einwilligung der von dem Pflegedienst versorgten Person auch in deren Wohnung zu überprüfen. Soweit ein Pflegebedürftiger die Einwilligung nach den Sätzen 3 und 4 nicht selbst erteilen kann, darf diese nur durch eine vertretungsberechtigte Person oder einen bestellten Betreuer erteilt werden. Der Medizinische Dienst der Krankenversicherung und der Prüfdienst des Verbandes der privaten Krankenver-

sicherung e.V. sollen die nach heimrechtlichen Vorschriften zuständige Aufsichtsbehörde an Prüfungen beteiligen, soweit dadurch die Prüfung nicht verzögert wird.

(3) Die Prüfungen beinhalten auch Inaugenscheinnahmen des gesundheitlichen und pflegerischen Zustands von durch die Pflegeeinrichtung versorgten Personen. Zum gesundheitlichen und pflegerischen Zustand der durch Inaugenscheinnahme in die Prüfung einbezogenen Personen können sowohl diese Personen selbst als auch Beschäftigte der Pflegeeinrichtungen, Betreuer und Angehörige sowie Mitglieder der heimrechtlichen Interessenvertretungen der Bewohnerinnen und Bewohner befragt werden. Bei der Beurteilung der Pflegequalität sind die Pflegedokumentation, die Inaugenscheinnahme von Personen nach Satz 1 und Befragungen der Beschäftigten der Pflegeeinrichtungen sowie der durch Inaugenscheinnahme in die Prüfung einbezogenen Personen, ihrer Angehörigen und der vertretungsberechtigten Personen angemessen zu berücksichtigen. Die Teilnahme an Inaugenscheinnahmen und Befragungen ist freiwillig. Durch die Ablehnung dürfen keine Nachteile entstehen. Einsichtnahmen in Pflegedokumentationen, Inaugenscheinnahmen von Personen nach Satz 1 und Befragungen von Personen nach Satz 2 sowie die damit jeweils zusammenhängende Erhebung, Verarbeitung und Nutzung personenbezogener Daten von durch Inaugenscheinnahme in die Prüfung einbezogenen Personen zum Zwecke der Erstellung eines Prüfberichts bedürfen der Einwilligung der betroffenen Personen.

(3 a) Die Pflegeeinrichtungen haben im Rahmen ihrer Mitwirkungspflicht nach § 114 Absatz 1 Satz 4 insbesondere die Namen und Kontaktdaten der von ihnen versorgten Personen an die jeweiligen Prüfer weiterzuleiten. Die Prüfer sind jeweils verpflichtet, die durch Inaugenscheinnahme nach Absatz 3 Satz 1 in die Qualitätsprüfung einzubeziehenden Personen vor der Durchführung der Qualitätsprüfung in verständlicher Weise über die für die Einwilligung in die Prüfhandlungen nach Absatz 3 Satz 6 wesentlichen Umstände aufzuklären. Ergänzend kann auch auf Unterlagen Bezug genommen werden, die die durch Inaugenscheinnahme in die Prüfung einzubeziehende Person in Textform erhält. Die Aufklärung muss so rechtzeitig erfolgen, dass die durch Inaugenscheinnahme in die Prüfung einzubeziehende Person ihre Entscheidung über die Einwilligung wohlüberlegt treffen kann. Die Einwilligung nach Absatz 2 oder Absatz 3 kann erst nach Bekanntgabe der Einbeziehung der in Augenschein zu nehmenden Person in die Qualitätsprüfung erklärt werden und muss in einer Urkunde oder auf andere zur dauerhaften Wiedergabe in Schriftzeichen geeignete Weise gegenüber den Prüfern abgegeben werden, die Person des Erklärenden benennen und den Abschluss der Erklärung durch Nachbildung der Namensunterschrift oder anders erkennbar machen (Textform). Ist die durch Inaugenscheinnahme in die Prüfung einzubeziehende Person einwilligungsunfähig, ist die Einwilligung eines hierzu Berechtigten einzuholen, wobei dieser nach Maßgabe der Sätze 2 bis 4 aufzuklären ist. Ist ein Berechtigter nicht am Ort einer unangemeldeten Prüfung anwesend und ist eine rechtzeitige Einholung der Einwilligung in Textform nicht möglich,

so genügt nach einer den Maßgaben der Sätze 2 bis 4 entsprechenden Aufklärung durch die Prüfer ausnahmsweise eine mündliche Einwilligung, wenn andernfalls die Durchführung der Prüfung erschwert würde. Die mündliche Einwilligung oder Nichteinwilligung des Berechtigten sowie die Gründe für ein ausnahmsweises Abweichen von der erforderlichen Textform sind schriftlich zu dokumentieren.

(4) Auf Verlangen sind Vertreter der betroffenen Pflegekassen oder ihrer Verbände, des zuständigen Sozialhilfeträgers sowie des Verbandes der privaten Krankenversicherung e. V. an den Prüfungen nach den Absätzen 1 bis 3 zu beteiligen. Der Träger der Pflegeeinrichtung kann verlangen, dass eine Vereinigung, deren Mitglied er ist (Trägervereinigung), an der Prüfung nach den Absätzen 1 bis 3 beteiligt wird. Ausgenommen ist eine Beteiligung nach Satz 1 oder nach Satz 2, soweit dadurch die Durchführung einer Prüfung voraussichtlich verzögert wird. Unabhängig von ihren eigenen Prüfungsbefugnissen nach den Absätzen 1 bis 3 sind der Medizinische Dienst der Krankenversicherung, der Prüfdienst des Verbandes der privaten Krankenversicherung e. V. und die von den Landesverbänden der Pflegekassen bestellten Sachverständigen jeweils befugt, sich an Überprüfungen von zugelassenen Pflegeeinrichtungen zu beteiligen, soweit sie von der nach heimrechtlichen Vorschriften zuständigen Aufsichtsbehörde nach Maßgabe heimrechtlicher Vorschriften durchgeführt werden. Sie haben in diesem Fall ihre Mitwirkung an der Überprüfung der Pflegeeinrichtung auf den Bereich der Qualitätssicherung nach diesem Buch zu beschränken.

(5) Unterschreitet der Prüfdienst des Verbandes der privaten Krankenversicherung e. V. die in § 114 Absatz 1 Satz 1 genannte, auf das Bundesgebiet bezogene Prüfquote, beteiligen sich die privaten Versicherungsunternehmen, die die private Pflege-Pflichtversicherung durchführen, anteilig bis zu einem Betrag von 10 Prozent an den Kosten der Qualitätsprüfungen der ambulanten und stationären Pflegeeinrichtungen. Das Bundesversicherungsamt stellt jeweils am Ende eines Jahres die Einhaltung der Prüfquote oder die Höhe der Unter- oder Überschreitung sowie die Höhe der durchschnittlichen Kosten von Prüfungen im Wege einer Schätzung nach Anhörung des Verbandes der privaten Krankenversicherung e. V. und des Spitzenverbandes Bund der Pflegekassen fest und teilt diesen jährlich die Anzahl der durchgeführten Prüfungen und bei Unterschreitung der Prüfquote den Finanzierungsanteil der privaten Versicherungsunternehmen mit; der Finanzierungsanteil ergibt sich aus der Multiplikation der Durchschnittskosten mit der Differenz zwischen der Anzahl der vom Prüfdienst des Verbandes der privaten Krankenversicherung e. V. durchgeführten Prüfungen und der in § 114 Absatz 1 Satz 1 genannten Prüfquote. Der Finanzierungsanteil, der auf die privaten Versicherungsunternehmen entfällt, ist vom Verband der privaten Krankenversicherung e. V. jährlich unmittelbar an das Bundesversicherungsamt zugunsten des Ausgleichsfonds der Pflegeversicherung (§ 65) zu überweisen. Der Verband der privaten Krankenversicherung e. V. muss der Zahlungsaufforderung durch das Bundesversicherungsamt keine Folge leisten, wenn er innerhalb von vier Wo-

chen nach der Zahlungsaufforderung nachweist, dass die Unterschreitung der Prüfquote nicht von ihm oder seinem Prüfdienst zu vertreten ist.

(5 a) Der Spitzenverband Bund der Pflegekassen vereinbart bis zum 31. Oktober 2011 mit dem Verband der privaten Krankenversicherung e. V. das Nähere über die Zusammenarbeit bei der Durchführung von Qualitätsprüfungen durch den Prüfdienst des Verbandes der privaten Krankenversicherung e. V., insbesondere über Maßgaben zur Prüfquote, Auswahlverfahren der zu prüfenden Pflegeeinrichtungen und Maßnahmen der Qualitätssicherung, sowie zur einheitlichen Veröffentlichung von Ergebnissen der Qualitätsprüfungen durch den Verband der privaten Krankenversicherung e. V.

(6) Die Medizinischen Dienste der Krankenversicherung und der Prüfdienst des Verbandes der privaten Krankenversicherung e. V. berichten dem Medizinischen Dienst des Spitzenverbandes Bund der Krankenkassen zum 30. Juni 2011, danach in Abständen von drei Jahren, über ihre Erfahrungen mit der Anwendung der Beratungs- und Prüfvorschriften nach diesem Buch, über die Ergebnisse ihrer Qualitätsprüfungen sowie über ihre Erkenntnisse zum Stand und zur Entwicklung der Pflegequalität und der Qualitätssicherung. Sie stellen unter Beteiligung des Medizinischen Dienstes des Spitzenverbandes Bund der Krankenkassen die Vergleichbarkeit der gewonnenen Daten sicher. Der Medizinische Dienst des Spitzenverbandes Bund der Krankenkassen führt die Berichte der Medizinischen Dienste der Krankenversicherung, des Prüfdienstes des Verbandes der privaten Krankenversicherung e. V. und seine eigenen Erkenntnisse und Erfahrungen zur Entwicklung der Pflegequalität und der Qualitätssicherung zu einem Bericht zusammen und legt diesen innerhalb eines halben Jahres dem Spitzenverband Bund der Pflegekassen, dem Bundesministerium für Gesundheit, dem Bundesministerium für Familie, Senioren, Frauen und Jugend sowie dem Bundesministerium für Arbeit und Soziales und den zuständigen Länderministerien vor.

(7) Der Spitzenverband Bund der Pflegekassen beschließt unter Beteiligung des Medizinischen Dienstes des Spitzenverbandes Bund der Krankenkassen und des Prüfdienstes des Verbandes der privaten Krankenversicherung e. V. zur verfahrensrechtlichen Konkretisierung Richtlinien über die Durchführung der Prüfung der in Pflegeeinrichtungen erbrachten Leistungen und deren Qualität nach § 114 sowohl für den ambulanten als auch für den stationären Bereich. In den Richtlinien sind die Maßstäbe und Grundsätze zur Sicherung und Weiterentwicklung der Pflegequalität nach § 113 zu berücksichtigen. Die Richtlinien für den stationären Bereich sind bis zum 31. Oktober 2017, die Richtlinien für den ambulanten Bereich bis zum 31. Oktober 2018 zu beschließen. Sie treten jeweils gleichzeitig mit der entsprechenden Qualitätsdarstellungsvereinbarung nach § 115 Absatz 1 a in Kraft. Die maßgeblichen Organisationen für die Wahrnehmung der Interessen und der Selbsthilfe der pflegebedürftigen und behinderten Menschen wirken nach Maßgabe von § 118 mit. Der Spitzenverband Bund der Pflegekassen hat die Vereinigungen der Träger der Pflegeeinrichtungen auf Bundesebene, die Verbände der Pflegeberufe auf Bundesebene, den Ver-

band der privaten Krankenversicherung e. V. sowie die Bundesarbeitsgemeinschaft der überörtlichen Träger der Sozialhilfe und die kommunalen Spitzenverbände auf Bundesebene zu beteiligen. Ihnen ist unter Übermittlung der hierfür erforderlichen Informationen innerhalb einer angemessenen Frist vor der Entscheidung Gelegenheit zur Stellungnahme zu geben; die Stellungnahmen sind in die Entscheidung einzubeziehen. Die Richtlinien sind in regelmäßigen Abständen an den medizinisch-pflegefachlichen Fortschritt anzupassen. Sie sind durch das Bundesministerium für Gesundheit im Benehmen mit dem Bundesministerium für Familie, Senioren, Frauen und Jugend zu genehmigen. Beanstandungen des Bundesministeriums für Gesundheit sind innerhalb der von ihm gesetzten Frist zu beheben. Die Richtlinien über die Durchführung der Qualitätsprüfung sind für den Medizinischen Dienst der Krankenversicherung und den Prüfdienst des Verbandes der privaten Krankenversicherung e. V. verbindlich.

§ 115 Ergebnisse von Qualitätsprüfungen, Qualitätsdarstellung

(1) Die Medizinischen Dienste der Krankenversicherung, der Prüfdienst des Verbandes der privaten Krankenversicherung e. V. sowie die von den Landesverbänden der Pflegekassen für Qualitätsprüfungen bestellten Sachverständigen haben das Ergebnis einer jeden Qualitätsprüfung sowie die dabei gewonnenen Daten und Informationen den Landesverbänden der Pflegekassen und den zuständigen Trägern der Sozialhilfe sowie den nach heimrechtlichen Vorschriften zuständigen Aufsichtsbehörden im Rahmen ihrer Zuständigkeit und bei häuslicher Pflege den zuständigen Pflegekassen zum Zwecke der Erfüllung ihrer gesetzlichen Aufgaben sowie der betroffenen Pflegeeinrichtung mitzuteilen. Die Landesverbände der Pflegekassen sind befugt und auf Anforderung verpflichtet, die ihnen nach Satz 1 oder 2 bekannt gewordenen Daten und Informationen mit Zustimmung des Trägers der Pflegeeinrichtung auch seiner Trägervereinigung zu übermitteln, soweit deren Kenntnis für die Anhörung oder eine Stellungnahme der Pflegeeinrichtung zu einem Bescheid nach Absatz 2 erforderlich ist. Gegenüber Dritten sind die Prüfer und die Empfänger der Daten zur Verschwiegenheit verpflichtet; dies gilt nicht für die zur Veröffentlichung der Ergebnisse von Qualitätsprüfungen nach Absatz 1 a erforderlichen Daten und Informationen.

(1 a) Die Landesverbände der Pflegekassen stellen sicher, dass die von Pflegeeinrichtungen erbrachten Leistungen und deren Qualität, insbesondere hinsichtlich der Ergebnis- und Lebensqualität, für die Pflegebedürftigen und ihre Angehörigen verständlich, übersichtlich und vergleichbar sowohl im Internet als auch in anderer geeigneter Form kostenfrei veröffentlicht werden. Die Vertragsparteien nach § 113 vereinbaren insbesondere auf der Grundlage der Maßstäbe und Grundsätze nach § 113 und der Richtlinien zur Durchführung der Prüfung der in Pflegeeinrichtungen erbrachten Leistungen und deren Qualität nach § 114 a Absatz 7, welche Ergebnisse bei der Darstellung der Qualität für den ambulanten und den stationären Bereich zugrunde zu legen sind und inwieweit die Ergebnisse durch weitere Informationen ergänzt werden. In den Vereinbarungen sind

die Ergebnisse der nach § 113 b Absatz 4 Satz 2 Nummer 1 bis 4 vergebenen Aufträge zu berücksichtigen. Die Vereinbarungen umfassen auch die Form der Darstellung einschließlich einer Bewertungssystematik (Qualitätsdarstellungsvereinbarungen). Bei Anlassprüfungen nach § 114 Absatz 5 bilden die Prüfergebnisse aller in die Prüfung einbezogenen Pflegebedürftigen die Grundlage für die Bewertung und Darstellung der Qualität. Personenbezogene Daten sind zu anonymisieren. Ergebnisse von Wiederholungsprüfungen sind zeitnah zu berücksichtigen. Bei der Darstellung der Qualität ist die Art der Prüfung als Anlass-, Regel- oder Wiederholungsprüfung kenntlich zu machen. Das Datum der letzten Prüfung durch den Medizinischen Dienst der Krankenversicherung oder durch den Prüfdienst des Verbandes der privaten Krankenversicherung e. V., eine Einordnung des Prüfergebnisses nach einer Bewertungssystematik sowie eine Zusammenfassung der Prüfergebnisse sind an gut sichtbarer Stelle in jeder Pflegeeinrichtung auszuhängen. Die Qualitätsdarstellungsvereinbarungen für den stationären Bereich sind bis zum 31. Dezember 2017 und für den ambulanten Bereich bis zum 31. Dezember 2018 jeweils unter Beteiligung des Medizinischen Dienstes des Spitzenverbandes Bund der Krankenkassen, des Verbandes der privaten Krankenversicherung e. V. und der Verbände der Pflegeberufe auf Bundesebene zu schließen. Die auf Bundesebene maßgeblichen Organisationen für die Wahrnehmung der Interessen und der Selbsthilfe der pflegebedürftigen und behinderten Menschen wirken nach Maßgabe von § 118 mit. Die Qualitätsdarstellungsvereinbarungen sind an den medizinisch-pflegefachlichen Fortschritt anzupassen. Bestehende Vereinbarungen gelten bis zum Abschluss einer neuen Vereinbarung fort; dies gilt entsprechend auch für die bestehenden Vereinbarungen über die Kriterien der Veröffentlichung einschließlich der Bewertungssystematik (Pflege-Transparenzvereinbarungen).

(1 b) Die Landesverbände der Pflegekassen stellen sicher, dass ab dem 1. Januar 2014 die Informationen gemäß § 114 Absatz 1 über die Regelungen zur ärztlichen, fachärztlichen und zahnärztlichen Versorgung sowie zur Arzneimittelversorgung und ab dem 1. Juli 2016 die Informationen gemäß § 114 Absatz 1 zur Zusammenarbeit mit einem Hospiz- und Palliativnetz in vollstationären Einrichtungen für die Pflegebedürftigen und ihre Angehörigen verständlich, übersichtlich und vergleichbar sowohl im Internet als auch in anderer geeigneter Form kostenfrei zur Verfügung gestellt werden. Die Pflegeeinrichtungen sind verpflichtet, die Informationen nach Satz 1 an gut sichtbarer Stelle in der Pflegeeinrichtung auszuhängen. Die Landesverbände der Pflegekassen übermitteln die Informationen nach Satz 1 an den Verband der privaten Krankenversicherung e. V. zum Zweck der einheitlichen Veröffentlichung.

(1 c) Die Landesverbände der Pflegekassen haben Dritten für eine zweckgerechte, nicht gewerbliche Nutzung die Daten, die nach den Qualitätsdarstellungsvereinbarungen nach Absatz 1 a der Darstellung der Qualität zu Grunde liegen, sowie rückwirkend zum 1. Januar 2017 ab dem 1. April 2017 die Daten, die nach den nach § 115 a übergeleiteten Pflege-Transparenzvereinbarungen der Darstellung der Qualität bis zum Inkraft-

treten der Qualitätsdarstellungsvereinbarungen zu Grunde liegen, auf Antrag in maschinen- und menschenlesbarer sowie plattformunabhängiger Form zur Verarbeitung und Veröffentlichung zur Verfügung zu stellen. Das Nähere zu der Übermittlung der Daten an Dritte, insbesondere zum Datenformat, zum Datennutzungsvertrag, zu den Nutzungsrechten und den Pflichten des Nutzers bei der Verwendung der Daten, bestimmen die Vertragsparteien nach § 113 bis zum 31. März 2017 in Nutzungsbedingungen, die dem Datennutzungsvertrag unabdingbar zu Grunde zu legen sind. Mit den Nutzungsbedingungen ist eine nicht missbräuchliche, nicht wettbewerbsverzerrende und manipulationsfreie Verwendung der Daten sicherzustellen. Der Dritte hat zu gewährleisten, dass die Herkunft der Daten für die Endverbraucherin oder den Endverbraucher transparent bleibt. Dies gilt insbesondere, wenn eine Verwendung der Daten in Zusammenhang mit anderen Daten erfolgt. Für die Informationen nach Absatz 1 b gelten die Sätze 1 bis 4 entsprechend. Die Übermittlung der Daten erfolgt gegen Ersatz der entstehenden Verwaltungskosten, es sei denn, es handelt sich bei den Dritten um öffentlich-rechtliche Stellen. Die entsprechenden Aufwendungen sind von den Landesverbänden der Pflegekassen nachzuweisen.

(2) Soweit bei einer Prüfung nach diesem Buch Qualitätsmängel festgestellt werden, entscheiden die Landesverbände der Pflegekassen nach Anhörung des Trägers der Pflegeeinrichtung und der beteiligten Trägervereinigung unter Beteiligung des zuständigen Trägers der Sozialhilfe, welche Maßnahmen zu treffen sind, erteilen dem Träger der Einrichtung hierüber einen Bescheid und setzen ihm darin zugleich eine angemessene Frist zur Beseitigung der festgestellten Mängel. Werden nach Satz 1 festgestellte Mängel nicht fristgerecht beseitigt, können die Landesverbände der Pflegekassen gemeinsam den Versorgungsvertrag gemäß § 74 Abs. 1, in schwerwiegenden Fällen nach § 74 Abs. 2, kündigen. § 73 Abs. 2 gilt entsprechend.

(3) Hält die Pflegeeinrichtung ihre gesetzlichen oder vertraglichen Verpflichtungen, insbesondere ihre Verpflichtungen zu einer qualitätsgerechten Leistungserbringung aus dem Versorgungsvertrag (§ 72) ganz oder teilweise nicht ein, sind die nach dem Achten Kapitel vereinbarten Pflegevergütungen für die Dauer der Pflichtverletzung entsprechend zu kürzen. Über die Höhe des Kürzungsbetrags ist zwischen den Vertragsparteien nach § 85 Abs. 2 Einvernehmen anzustreben. Kommt eine Einigung nicht zustande, entscheidet auf Antrag einer Vertragspartei die Schiedsstelle nach § 76 in der Besetzung des Vorsitzenden und der beiden weiteren unparteiischen Mitglieder. Gegen die Entscheidung nach Satz 3 ist der Rechtsweg zu den Sozialgerichten gegeben; ein Vorverfahren findet nicht statt, die Klage hat aufschiebende Wirkung. Der vereinbarte oder festgesetzte Kürzungsbetrag ist von der Pflegeeinrichtung bis zur Höhe ihres Eigenanteils an die betroffenen Pflegebedürftigen und im Weiteren an die Pflegekassen zurückzuzahlen; soweit die Pflegevergütung als nachrangige Sachleistung von einem anderen Leistungsträger übernommen wurde, ist der Kürzungsbetrag an diesen zurückzuzahlen. Der Kürzungsbetrag kann

nicht über die Vergütungen oder Entgelte nach dem Achten Kapitel refinanziert werden. Schadensersatzansprüche der betroffenen Pflegebedürftigen nach anderen Vorschriften bleiben unberührt; § 66 des Fünften Buches gilt entsprechend.

(4) Bei Feststellung schwerwiegender, kurzfristig nicht behebbarer Mängel in der stationären Pflege sind die Pflegekassen verpflichtet, den betroffenen Heimbewohnern auf deren Antrag eine andere geeignete Pflegeeinrichtung zu vermitteln, welche die Pflege, Versorgung und Betreuung nahtlos übernimmt. Bei Sozialhilfeempfängern ist der zuständige Träger der Sozialhilfe zu beteiligen.

(5) Stellen der Medizinische Dienst der Krankenversicherung oder der Prüfdienst des Verbandes der privaten Krankenversicherung e. V. schwerwiegende Mängel in der ambulanten Pflege fest, kann die zuständige Pflegekasse dem Pflegedienst auf Empfehlung des Medizinischen Dienstes der Krankenversicherung oder des Prüfdienstes des Verbandes der privaten Krankenversicherung e. V. die weitere Versorgung des Pflegebedürftigen vorläufig untersagen; § 73 Absatz 2 gilt entsprechend. Die Pflegekasse hat dem Pflegebedürftigen in diesem Fall einen anderen geeigneten Pflegedienst zu vermitteln, der die Pflege nahtlos übernimmt; dabei ist so weit wie möglich das Wahlrecht des Pflegebedürftigen nach § 2 Abs. 2 zu beachten. Absatz 4 Satz 2 gilt entsprechend.

(6) In den Fällen der Absätze 4 und 5 haftet der Träger der Pflegeeinrichtung gegenüber den betroffenen Pflegebedürftigen und deren Kostenträgern für die Kosten der Vermittlung einer anderen ambulanten oder stationären Pflegeeinrichtung, soweit er die Mängel in entsprechender Anwendung des § 276 des Bürgerlichen Gesetzbuches zu vertreten hat. Absatz 3 Satz 7 bleibt unberührt.

§ 115a Übergangsregelung für Pflege-Transparenzvereinbarungen und Qualitätsprüfungs-Richtlinien

(1) Die Vertragsparteien nach § 113 passen unter Beteiligung des Medizinischen Dienstes des Spitzenverbandes Bund der Krankenkassen, des Verbandes der privaten Krankenversicherung e. V. und der Verbände der Pflegeberufe auf Bundesebene die Pflege-Transparenzvereinbarungen an dieses Gesetz in der am 1. Januar 2017 geltenden Fassung an (übergeleitete Pflege-Transparenzvereinbarungen). Die auf Bundesebene maßgeblichen Organisationen für die Wahrnehmung der Interessen und der Selbsthilfe der pflegebedürftigen und behinderten Menschen wirken nach Maßgabe von § 118 mit. Kommt bis zum 30. April 2016 keine einvernehmliche Einigung zustande, entscheidet der erweiterte Qualitätsausschuss nach § 113 b Absatz 3 bis zum 30. Juni 2016. Die übergeleiteten Pflege-Transparenzvereinbarungen gelten ab 1. Januar 2017 bis zum Inkrafttreten der in § 115 Absatz 1 a vorgesehenen Qualitätsdarstellungsvereinbarungen.

(2) Schiedsstellenverfahren zu den Pflege-Transparenzvereinbarungen, die am 1. Januar 2016 anhängig sind, werden nach Maßgabe des § 113 b

Absatz 2, 3 und 8 durch den Qualitätsausschuss entschieden; die Verfahren sind bis zum 30. Juni 2016 abzuschließen.

(3) Die Richtlinien über die Prüfung der in Pflegeeinrichtungen erbrachten Leistungen und deren Qualität nach § 114 (Qualitätsprüfungs-Richtlinien) in der am 31. Dezember 2015 geltenden Fassung gelten nach Maßgabe der Absätze 4 und 5 bis zum Inkrafttreten der Richtlinien über die Durchführung der Prüfung der in Pflegeeinrichtungen erbrachten Leistungen und deren Qualität nach § 114a Absatz 7 fort und sind für den Medizinischen Dienst der Krankenversicherung und den Prüfdienst des Verbandes der privaten Krankenversicherung e. V. verbindlich.

(4) Der Spitzenverband Bund der Pflegekassen passt unter Beteiligung des Medizinischen Dienstes des Spitzenverbandes Bund der Krankenkassen und des Prüfdienstes des Verbandes der privaten Krankenversicherung e. V. die Qualitätsprüfungs-Richtlinien unverzüglich an dieses Gesetz in der am 1. Januar 2016 geltenden Fassung an. Die auf Bundesebene maßgeblichen Organisationen für die Wahrnehmung der Interessen und der Selbsthilfe der pflegebedürftigen und behinderten Menschen wirken nach Maßgabe von § 118 mit. Der Spitzenverband Bund der Pflegekassen hat die Vereinigungen der Träger der Pflegeeinrichtungen auf Bundesebene, die Verbände der Pflegeberufe auf Bundesebene, den Verband der privaten Krankenversicherung e. V. sowie die Bundesarbeitsgemeinschaft der überörtlichen Träger der Sozialhilfe und die kommunalen Spitzenverbände auf Bundesebene zu beteiligen. Ihnen ist unter Übermittlung der hierfür erforderlichen Informationen innerhalb einer angemessenen Frist vor der Entscheidung Gelegenheit zur Stellungnahme zu geben; die Stellungnahmen sind in die Entscheidung einzubeziehen. Die angepassten Qualitätsprüfungs-Richtlinien bedürfen der Genehmigung des Bundesministeriums für Gesundheit.

(5) Der Spitzenverband Bund der Pflegekassen passt unter Beteiligung des Medizinischen Dienstes des Spitzenverbandes Bund der Krankenkassen und des Prüfdienstes des Verbandes der privaten Krankenversicherung e. V. die nach Absatz 4 angepassten Qualitätsprüfungs-Richtlinien bis zum 30. September 2016 an die nach Absatz 1 übergeleiteten und gegebenenfalls nach Absatz 2 geänderten Pflege-Transparenzvereinbarungen an. Die auf Bundesebene maßgeblichen Organisationen für die Wahrnehmung der Interessen und der Selbsthilfe der pflegebedürftigen und behinderten Menschen wirken nach Maßgabe von § 118 mit. Der Spitzenverband Bund der Pflegekassen hat die Vereinigungen der Träger der Pflegeeinrichtungen auf Bundesebene, die Verbände der Pflegeberufe auf Bundesebene, den Verband der privaten Krankenversicherung e. V. sowie die Bundesarbeitsgemeinschaft der überörtlichen Träger der Sozialhilfe und die kommunalen Spitzenverbände auf Bundesebene zu beteiligen. Ihnen ist unter Übermittlung der hierfür erforderlichen Informationen innerhalb einer angemessenen Frist vor der Entscheidung Gelegenheit zur Stellungnahme zu geben; die Stellungnahmen sind in die Entscheidung einzubeziehen. Die angepassten Qualitätsprüfungs-Richtlinien bedürfen der Genehmigung des Bundesministeriums für Gesundheit und treten zum 1. Januar 2017 in Kraft.

§ 116 Kostenregelungen

(1) Die Prüfkosten bei Wirksamkeits- und Wirtschaftlichkeitsprüfungen nach § 79 sind als Aufwand in der nächstmöglichen Vergütungsvereinbarung nach dem Achten Kapitel zu berücksichtigen; sie können auch auf mehrere Vergütungszeiträume verteilt werden.

(2) Die Kosten der Schiedsstellenentscheidung nach § 115 Abs. 3 Satz 3 trägt der Träger der Pflegeeinrichtung, soweit die Schiedsstelle eine Vergütungskürzung anordnet; andernfalls sind sie von den als Kostenträgern betroffenen Vertragsparteien gemeinsam zu tragen. Setzt die Schiedsstelle einen niedrigeren Kürzungsbetrag fest als von den Kostenträgern gefordert, haben die Beteiligten die Verfahrenskosten anteilig zu zahlen.

(3) Die Bundesregierung wird ermächtigt, durch Rechtsverordnung mit Zustimmung des Bundesrates die Entgelte für die Durchführung von Wirtschaftlichkeitsprüfungen zu regeln. In der Rechtsverordnung können auch Mindest- und Höchstsätze festgelegt werden; dabei ist den berechtigten Interessen der Wirtschaftlichkeitsprüfer (§ 79) sowie der zur Zahlung der Entgelte verpflichteten Pflegeeinrichtungen Rechnung zu tragen.

§ 117 Zusammenarbeit mit den nach heimrechtlichen Vorschriften zuständigen Aufsichtsbehörden

(1) Die Landesverbände der Pflegekassen sowie der Medizinische Dienst der Krankenversicherung und der Prüfdienst des Verbandes der privaten Krankenversicherung e. V. arbeiten mit den nach heimrechtlichen Vorschriften zuständigen Aufsichtsbehörden bei der Zulassung und der Überprüfung der Pflegeeinrichtungen eng zusammen, um ihre wechselseitigen Aufgaben nach diesem Buch und nach den heimrechtlichen Vorschriften insbesondere durch

1. regelmäßige gegenseitige Information und Beratung,
2. Terminabsprachen für eine gemeinsame und arbeitsteilige Überprüfung von Pflegeeinrichtungen oder
3. Verständigung über die im Einzelfall notwendigen Maßnahmen

wirksam aufeinander abzustimmen. Dabei ist sicherzustellen, dass Doppelprüfungen nach Möglichkeit vermieden werden. Zur Erfüllung dieser Aufgaben sind die Landesverbände der Pflegekassen sowie der Medizinische Dienst und der Prüfdienst des Verbandes der privaten Krankenversicherung e. V. verpflichtet, in den Arbeitsgemeinschaften nach den heimrechtlichen Vorschriften mitzuwirken und sich an entsprechenden Vereinbarungen zu beteiligen.

(2) Die Landesverbände der Pflegekassen sowie der Medizinische Dienst und der Prüfdienst des Verbandes der privaten Krankenversicherung e. V. können mit den nach heimrechtlichen Vorschriften zuständigen Aufsichtsbehörden oder den obersten Landesbehörden ein Modellvorhaben vereinbaren, das darauf zielt, eine abgestimmte Vorgehensweise bei der Prüfung der Qualität von Pflegeeinrichtungen nach diesem Buch und nach heimrechtlichen Vorschriften zu erarbeiten. Von den Richtlinien nach § 114 a Absatz 7 und den nach § 115 Absatz 1 a Satz 6 bundesweit

getroffenen Vereinbarungen kann dabei für die Zwecke und die Dauer des Modellvorhabens abgewichen werden. Die Verantwortung der Pflegekassen und ihrer Verbände für die inhaltliche Bestimmung, Sicherung und Prüfung der Pflege-, Versorgungs- und Betreuungsqualität nach diesem Buch kann durch eine Zusammenarbeit mit den nach heimrechtlichen Vorschriften zuständigen Aufsichtsbehörden oder den obersten Landesbehörden weder eingeschränkt noch erweitert werden.

(3) Zur Verwirklichung der engen Zusammenarbeit sind die Landesverbände der Pflegekassen sowie der Medizinische Dienst der Krankenversicherung und der Prüfdienst des Verbandes der privaten Krankenversicherung e. V. berechtigt und auf Anforderung verpflichtet, der nach heimrechtlichen Vorschriften zuständigen Aufsichtsbehörde die ihnen nach diesem Buch zugänglichen Daten über die Pflegeeinrichtungen, insbesondere über die Zahl und Art der Pflegeplätze und der betreuten Personen (Belegung), über die personelle und sächliche Ausstattung sowie über die Leistungen und Vergütungen der Pflegeeinrichtungen, mitzuteilen. Personenbezogene Daten sind vor der Datenübermittlung zu anonymisieren.

(4) Erkenntnisse aus der Prüfung von Pflegeeinrichtungen sind vom Medizinischen Dienst der Krankenversicherung, dem Prüfdienst des Verbandes der privaten Krankenversicherung e. V. oder von den sonstigen Sachverständigen oder Stellen, die Qualitätsprüfungen nach diesem Buch durchführen, unverzüglich der nach heimrechtlichen Vorschriften zuständigen Aufsichtsbehörde mitzuteilen, soweit sie zur Vorbereitung und Durchführung von aufsichtsrechtlichen Maßnahmen nach den heimrechtlichen Vorschriften erforderlich sind. § 115 Abs. 1 Satz 1 und 2 bleibt hiervon unberührt.

(5) Die Pflegekassen und ihre Verbände sowie der Medizinische Dienst der Krankenversicherung und der Prüfdienst des Verbandes der privaten Krankenversicherung e. V. tragen die ihnen durch die Zusammenarbeit mit den nach heimrechtlichen Vorschriften zuständigen Aufsichtsbehörden entstehenden Kosten. Eine Beteiligung an den Kosten der nach heimrechtlichen Vorschriften zuständigen Aufsichtsbehörden oder anderer von nach heimrechtlichen Vorschriften zuständigen Aufsichtsbehörde beteiligter Stellen oder Gremien ist unzulässig.

(6) Durch Anordnungen der nach heimrechtlichen Vorschriften zuständigen Aufsichtsbehörde bedingte Mehr- oder Minderkosten sind, soweit sie dem Grunde nach vergütungsfähig im Sinne des § 82 Abs. 1 sind, in der nächstmöglichen Pflegesatzvereinbarung zu berücksichtigen. Der Widerspruch oder die Klage einer Vertragspartei oder eines Beteiligten nach § 85 Abs. 2 gegen die Anordnung hat keine aufschiebende Wirkung.

§ 118 Beteiligung von Interessenvertretungen, Verordnungsermächtigung

(1) Bei Erarbeitung oder Änderung

1. der in § 17 Absatz 1, den §§ 18b, 114a Absatz 7 und § 115a Absatz 3 bis 5 vorgesehenen Richtlinien des Spitzenverbandes Bund der Pflegekassen sowie

2. der Vereinbarungen und Beschlüsse nach § 37 Absatz 5 in der ab dem 1. Januar 2017 geltenden Fassung, den §§ 113, 113 a, 115 Absatz 1 a sowie § 115 a Absatz 1 Satz 3 und Absatz 2 durch den Qualitätsausschuss nach § 113 b sowie der Vereinbarungen und Beschlüsse nach § 113 c und der Vereinbarungen nach § 115 a Absatz 1 Satz 1

wirken die auf Bundesebene maßgeblichen Organisationen für die Wahrnehmung der Interessen und der Selbsthilfe pflegebedürftiger und behinderter Menschen nach Maßgabe der Verordnung nach Absatz 2 beratend mit. Das Mitberatungsrecht beinhaltet auch das Recht zur Anwesenheit bei Beschlussfassungen. Bei den durch den Qualitätsausschuss nach § 113 b zu treffenden Entscheidungen erhalten diese Organisationen das Recht, Anträge zu stellen. Der Qualitätsausschuss nach § 113 b hat über solche Anträge in der nächsten Sitzung zu beraten. Wenn über einen Antrag nicht entschieden werden kann, soll in der Sitzung das Verfahren hinsichtlich der weiteren Beratung und Entscheidung festgelegt werden. Ehrenamtlich Tätige, die von den auf Bundesebene maßgeblichen Organisationen nach Maßgabe einer auf Grund des Absatzes 2 erlassenen Verordnung in die Gremien des Qualitätsausschusses nach § 113 b entsandt werden, damit sie dort die in den Sätzen 1 und 3 genannten Rechte dieser Organisationen wahrnehmen, haben Anspruch auf Erstattung der Reisekosten, die ihnen durch die Entsendung entstanden sind. Das Nähere zur Erstattung der Reisekosten regeln die Vereinbarungspartner in der Geschäftsordnung nach § 113 b Absatz 7.

(2) Das Bundesministerium für Gesundheit wird ermächtigt, durch Rechtsverordnung mit Zustimmung des Bundesrates Einzelheiten festzulegen für

1. die Voraussetzungen der Anerkennung der für die Wahrnehmung der Interessen und der Selbsthilfe der pflegebedürftigen und behinderten Menschen maßgeblichen Organisationen auf Bundesebene, insbesondere zu den Erfordernissen an die Organisationsform und die Offenlegung der Finanzierung, sowie
2. das Verfahren der Beteiligung.

§ 119 Verträge mit Pflegeheimen außerhalb des Anwendungsbereichs des Wohn- und Betreuungsvertragsgesetzes

Für den Vertrag zwischen dem Träger einer zugelassenen stationären Pflegeeinrichtung, auf die das Wohn- und Betreuungsvertragsgesetz keine Anwendung findet, und dem pflegebedürftigen Bewohner gelten die Vorschriften über die Verträge nach dem Wohn- und Betreuungsvertragsgesetz entsprechend.

§ 120 Pflegevertrag bei häuslicher Pflege

(1) Bei häuslicher Pflege übernimmt der zugelassene Pflegedienst spätestens mit Beginn des ersten Pflegeeinsatzes auch gegenüber dem Pflegebedürftigen die Verpflichtung, diesen nach Art und Schwere seiner Pflegebedürftigkeit, entsprechend den von ihm in Anspruch genommenen

Leistungen der häuslichen Pflegehilfe im Sinne des § 36 zu versorgen (Pflegevertrag). Bei jeder wesentlichen Veränderung des Zustandes des Pflegebedürftigen hat der Pflegedienst dies der zuständigen Pflegekasse unverzüglich mitzuteilen.

(2) Der Pflegedienst hat nach Aufforderung der zuständigen Pflegekasse unverzüglich eine Ausfertigung des Pflegevertrages auszuhändigen. Der Pflegevertrag kann von dem Pflegebedürftigen jederzeit ohne Einhaltung einer Frist gekündigt werden.

(3) In dem Pflegevertrag sind mindestens Art, Inhalt und Umfang der Leistungen einschließlich der dafür mit den Kostenträgern nach § 89 vereinbarten Vergütungen für jede Leistung oder jeden Leistungskomplex gesondert zu beschreiben. Der Pflegedienst hat den Pflegebedürftigen vor Vertragsschluss und bei jeder wesentlichen Veränderung in der Regel schriftlich über die voraussichtlichen Kosten zu unterrichten.

(4) Der Anspruch des Pflegedienstes auf Vergütung seiner Leistungen der häuslichen Pflegehilfe im Sinne des § 36 ist unmittelbar gegen die zuständige Pflegekasse zu richten. Soweit die von dem Pflegebedürftigen abgerufenen Leistungen nach Satz 1 den von der Pflegekasse mit Bescheid festgelegten und von ihr zu zahlenden leistungsrechtlichen Höchstbetrag überschreiten, darf der Pflegedienst dem Pflegebedürftigen für die zusätzlich abgerufenen Leistungen keine höhere als die nach § 89 vereinbarte Vergütung berechnen.

Zwölftes Kapitel
Bußgeldvorschrift

§ 121 *(Hier nicht abgedruckt)*

§ 122 *(weggefallen)*

Dreizehntes Kapitel
Befristete Modellvorhaben

§ 123 Durchführung der Modellvorhaben zur kommunalen Beratung Pflegebedürftiger und ihrer Angehörigen, Verordnungsermächtigung

(1) Die für die Hilfe zur Pflege zuständigen Träger der Sozialhilfe nach dem Zwölften Buch können Modellvorhaben zur Beratung von Pflegebedürftigen und deren Angehörigen für ihren Zuständigkeitsbereich bei der zuständigen obersten Landesbehörde beantragen, sofern dies nach Maßgabe landesrechtlicher Vorschriften vorgesehen ist. Ist als überörtlicher Träger für die Hilfe zur Pflege durch landesrechtliche Vorschriften das Land bestimmt, können die örtlichen Träger der Sozialhilfe, die im Auftrag des Landes die Hilfe zur Pflege durchführen, Modellvorhaben nach Satz 1 beantragen. Sofern sich die Zuständigkeit des jeweiligen Trägers der Sozialhilfe nach dem Zwölften Buch auf mehrere Kreise erstreckt, soll sich das

Modellvorhaben auf einen Kreis oder eine kreisfreie Stadt beschränken. Für Stadtstaaten, die nur aus einer kreisfreien Stadt bestehen, ist das Modellvorhaben auf jeweils einen Stadtbezirk zu beschränken. Die Modellvorhaben umfassen insbesondere die Übernahme folgender Aufgaben durch eigene Beratungsstellen:

1. die Pflegeberatung nach den §§ 7 a bis 7 c,
2. die Beratung in der eigenen Häuslichkeit nach § 37 Absatz 3 und
3. Pflegekurse nach § 45.

Die §§ 7 a bis 7 c, § 17 Absatz 1 a, § 37 Absatz 3 Satz 1, 2, 3, 6 erster Halbsatz, Satz 7 und Absatz 4 sowie § 45 gelten entsprechend. In den Modellvorhaben ist eine Zusammenarbeit bei der Beratung nach Satz 5 Nummer 1 und 2 insbesondere mit der Beratung zu Leistungen der Altenhilfe, der Hilfe zur Pflege nach dem Zwölften Buch und der Eingliederungshilfe nach dem Neunten Buch sowie mit der Beratung zu Leistungen des öffentlichen Gesundheitsdienstes, zur rechtlichen Betreuung, zu behindertengerechten Wohnangeboten, zum öffentlichen Nahverkehr und zur Förderung des bürgerschaftlichen Engagements sicherzustellen.

(2) Dem Antrag nach Absatz 1 ist ein Konzept beizufügen, wie die Aufgaben durch die Beratungsstellen wahrgenommen werden und mit welchen eigenen sächlichen, personellen und finanziellen Mitteln die Beratungsstellen ausgestattet werden. Eine Zusammenarbeit mit den privaten Versicherungsunternehmen, die die private Pflege-Pflichtversicherung durchführen, ist anzustreben und im Konzept nachzuweisen. Das Nähere, insbesondere zu den Anforderungen an die Beratungsstellen und an die Anträge nach Absatz 1 sowie zum Widerruf einer Genehmigung nach § 124 Absatz 2 Satz 1, ist bis zum 31. Dezember 2018 durch landesrechtliche Vorschriften zu regeln.

(3) Die zuständige oberste Landesbehörde kann höchstens so viele Modellvorhaben genehmigen, wie ihr nach dem Königsteiner Schlüssel, der für das Jahr 2017 im Bundesanzeiger veröffentlicht ist, bei einer Gesamtzahl von insgesamt 60 Modellvorhaben zustehen. Der Antrag kann genehmigt werden, wenn die Anforderungen nach den Absätzen 1 und 2 in Verbindung mit den landesrechtlichen Vorgaben im Sinne des Absatzes 2 Satz 3 erfüllt sind. Den kommunalen Spitzenverbänden auf Landesebene und den Landesverbänden der Pflegekassen ist zu jedem Antrag vor der Genehmigung Gelegenheit zur Stellungnahme zu geben. Die Länder insgesamt sollen bei der Genehmigung sicherstellen, dass die Hälfte aller bewilligten Modellvorhaben durch Antragsteller nach Absatz 1 durchgeführt wird, die keine mehrjährigen Erfahrungen in strukturierter Zusammenarbeit in der Beratung aufweisen. Länder, die innerhalb der in Absatz 2 Satz 3 genannten Frist keine landesrechtlichen Regelungen getroffen haben oder die die ihnen zustehenden Modellvorhaben nicht nutzen wollen, treten die ihnen zustehenden Modellvorhaben an andere Länder ab. Die Verteilung der nicht in Anspruch genommenen Modellvorhaben auf die anderen Länder wird von den Ländern im Einvernehmen mit dem Bundesministerium für Gesundheit bestimmt.

(4) Der Spitzenverband Bund der Pflegekassen beschließt nach Anhörung der kommunalen Spitzenverbände sowie der auf Bundesebene maßgeblichen Organisationen für die Wahrnehmung der Interessen und der Selbsthilfe der pflegebedürftigen und behinderten Menschen und ihrer Angehörigen sowie des Verbands der privaten Krankenversicherung e.V. Empfehlungen über die konkreten Voraussetzungen, Ziele, Inhalte und Durchführung der Modellvorhaben. Die Empfehlungen sind bis zum 30. Juni 2017 vorzulegen und bedürfen der Zustimmung des Bundesministeriums für Gesundheit und der Länder. Das Bundesministerium für Gesundheit trifft seine Entscheidung im Benehmen mit dem Bundesministerium für Familie, Senioren, Frauen und Jugend. Zur Begleitung der Modellvorhaben eines Landes kann die oberste Landesbehörde einen Beirat einrichten, der insbesondere aus den kommunalen Spitzenverbänden auf Landesebene und den Landesverbänden der Pflegekassen besteht. Aufgaben des Beirates sind insbesondere, die oberste Landesbehörde bei der Klärung fachlicher und verfahrensbezogener Fragen zu beraten, sowie der Austausch der Mitglieder untereinander über die Unterstützung der Modellvorhaben in eigener Zuständigkeit.

(5) Ist ein Antrag nach Absatz 3 Satz 2 genehmigt, trifft der Antragsteller mit den Landesverbänden der Pflegekassen gemeinsam und einheitlich eine Vereinbarung

1. zur Zusammenarbeit,
2. zur Einbeziehung bestehender Beratungs- und Kursangebote,
3. zu Nachweis- und Berichtspflichten gegenüber den Landesverbänden der Pflegekassen,
4. zum Übergang der Beratungsaufgaben auf die Beratungsstellen nach Absatz 1 Satz 5,
5. zur Haftung für Schäden, die den Pflegekassen durch fehlerhafte Beratung entstehen, und
6. zur Beteiligung der Pflegekassen mit sächlichen, personellen und finanziellen Mitteln.

Der Beitrag der Pflegekassen nach Satz 1 Nummer 6 darf den Aufwand nicht übersteigen, der entstehen würde, wenn sie die Aufgaben anstelle der Antragsteller nach Absatz 1 im selben Umfang selbst erbringen würden. Grundlage hierfür sind die bisherigen Ausgaben der Pflegekassen für die Aufgabenerfüllung nach Absatz 1 Satz 5. Die Landesregierungen werden ermächtigt, Schiedsstellen entsprechend § 7 c Absatz 7 Satz 1 bis 4 einzurichten und eine Rechtsverordnung entsprechend § 7 c Absatz 7 Satz 5 zu erlassen. Abweichend von Satz 4 können die Parteien der Vereinbarung nach Satz 1 einvernehmlich eine unparteiische Schiedsperson und zwei unparteiische Mitglieder bestellen, die den Inhalt der Vereinbarung nach Satz 1 innerhalb von sechs Wochen nach ihrer Bestellung festlegen. Die Kosten des Schiedsverfahrens tragen die Parteien der Vereinbarung zu gleichen Teilen. Kommt eine Einigung der Landesverbände der Pflegekassen untereinander nicht zustande, erfolgt die Beschlussfassung durch die Mehrheit der in § 52 Absatz 1 Satz 1 genannten Stellen.

(6) Mit dem Inkrafttreten der Vereinbarung nach Absatz 5 Satz 1 geht die Verantwortung für die Pflegeberatung nach den §§ 7 a bis 7 c und für die Beratung in der eigenen Häuslichkeit nach § 37 Absatz 3 von anspruchsberechtigten Pflegebedürftigen mit Wohnort im Bereich der örtlichen Zuständigkeit der Beratungsstelle und von deren Angehörigen sowie für die Pflegekurse nach § 45 auf den Antragsteller nach Absatz 1 über. Die Antragsteller können sich zur Erfüllung ihrer Aufgaben Dritter bedienen. Die Erfüllung der Aufgaben durch Dritte ist im Konzept nach Absatz 2 darzulegen. Sofern sie sich für die Beratung in der eigenen Häuslichkeit nach § 37 Absatz 3 Dritter bedienen, ist die Leistungserbringung allen in § 37 Absatz 3 Satz 1 und Absatz 8 genannten Einrichtungen zu ermöglichen.

(7) Während der Durchführung des Modellvorhabens weist der Antragsteller gegenüber der obersten Landesbehörde und den am Vertrag beteiligten Landesverbänden der Pflegekassen die Höhe der eingebrachten sächlichen und personellen Mittel je Haushaltsjahr nach. Diese Mittel dürfen die durchschnittlich aufgewendeten Verwaltungsausgaben für die Hilfe zur Pflege und die Eingliederungshilfe bezogen auf den einzelnen Empfänger und für die Altenhilfe bezogen auf alte Menschen im Haushaltsjahr vor Beginn des Modellvorhabens nicht unterschreiten. Die Mittel sind auf der Grundlage der Haushaltsaufstellung im Konzept nach Absatz 2 Satz 1 nachzuweisen.

§ 124 Befristung, Widerruf und Begleitung der Modellvorhaben zur kommunalen Beratung; Beirat

(1) Anträge zur Durchführung von Modellvorhaben können bis zum 31. Dezember 2019 gestellt werden. Modellvorhaben nach diesem Kapitel sind auf fünf Jahre zu befristen.

(2) Die Genehmigung zur Durchführung eines Modellvorhabens ist zu widerrufen, wenn die in § 123 Absatz 1 Satz 5 genannten Aufgaben oder die nach § 123 Absatz 5 Satz 1 vereinbarten oder die in § 123 Absatz 5 Satz 2 oder Absatz 7 festgelegten Anforderungen nicht oder nicht in vollem Umfang erfüllt werden. Eine Klage gegen den Widerruf hat keine aufschiebende Wirkung. Die zuständige oberste Landesbehörde überprüft die Erfüllung der Aufgaben nach § 123 Absatz 1 anhand der wissenschaftlichen Begleitung und Auswertung nach Absatz 3 zum Abschluss des jeweiligen Haushaltsjahres. Sie überprüft die Erfüllung der Anforderungen nach § 123 Absatz 7 anhand der jeweiligen Haushaltspläne.

(3) Der Spitzenverband Bund der Pflegekassen und die für die Modellvorhaben nach § 123 Absatz 1 Satz 1 zuständigen obersten Landesbehörden veranlassen gemeinsam im Einvernehmen mit dem Bundesministerium für Gesundheit und im Benehmen mit den kommunalen Spitzenverbänden eine wissenschaftliche Begleitung und Auswertung aller Modellvorhaben durch unabhängige Sachverständige. Die Auswertung erfolgt nach allgemein anerkannten wissenschaftlichen Standards hinsichtlich der Wirksamkeit, Qualität und Kosten der Beratung im Vergleich zur Beratung vor Beginn des jeweiligen Modellvorhabens und außerhalb der Modellvor-

haben. Die Auswertung schließt einen Vergleich mit den Beratungsangeboten der sozialen Pflegeversicherung und der privaten Pflege-Pflichtversicherung jeweils außerhalb der Modellvorhaben ein. Die unabhängigen Sachverständigen haben einen Zwischenbericht und einen Abschlussbericht über die Ergebnisse der Auswertungen zu erstellen. Der Zwischenbericht ist spätestens am 31. Dezember 2023 und der Abschlussbericht spätestens am 31. Juli 2026 zu veröffentlichen. Die Kosten der wissenschaftlichen Begleitung und der Auswertung der Modellvorhaben tragen je zur Hälfte die für diese Modellvorhaben zuständigen obersten Landesbehörden gemeinsam und der Spitzenverband Bund der Pflegekassen, dessen Beitrag aus Mitteln des Ausgleichsfonds nach § 65 zu finanzieren ist.

(4) Die nach Landesrecht zuständigen Stellen begleiten die Modellvorhaben über die gesamte Laufzeit und sorgen für einen bundesweiten Austausch der Modellvorhaben untereinander unter Beteiligung der für die Begleitung und Auswertung nach Absatz 3 zuständigen unabhängigen Sachverständigen sowie des Spitzenverbandes Bund der Pflegekassen und der kommunalen Spitzenverbände. Bei der Organisation und Durchführung des Austausches können sich die nach Landesrecht zuständigen Stellen von den unabhängigen Sachverständigen unterstützen lassen, die die wissenschaftliche Begleitung und Auswertung nach Absatz 3 durchführen.

(5) Der Spitzenverband Bund der Pflegekassen richtet einen Beirat zur Begleitung der Modellvorhaben im Einvernehmen mit dem Bundesministerium für Gesundheit ein. Der Beirat tagt mindestens zweimal jährlich und berät den Sachstand der Modellvorhaben. Ihm gehören Vertreterinnen und Vertreter der kommunalen Spitzenverbände, der Länder, der Pflegekassen, der Wissenschaft, des Bundesministeriums für Gesundheit und des Bundesministeriums für Familie, Senioren, Frauen und Jugend an.

§ 125 Modellvorhaben zur Erprobung von Leistungen der häuslichen Betreuung durch Betreuungsdienste

(1) Der Spitzenverband Bund der Pflegekassen kann in den Jahren 2013 und 2014 aus Mitteln des Ausgleichsfonds der Pflegeversicherung mit bis zu 5 Millionen Euro Modellvorhaben zur Erprobung von Leistungen der häuslichen Betreuung nach § 124 durch Betreuungsdienste vereinbaren. Dienste können als Betreuungsdienste Vereinbarungspartner werden, die insbesondere für demenziell erkrankte Pflegebedürftige dauerhaft häusliche Betreuung und hauswirtschaftliche Versorgung erbringen.

(2) Die Modellvorhaben sind darauf auszurichten, die Wirkungen des Einsatzes von Betreuungsdiensten auf die pflegerische Versorgung umfassend bezüglich Qualität, Wirtschaftlichkeit, Inhalt der erbrachten Leistungen und Akzeptanz bei den Pflegebedürftigen zu untersuchen und sind auf längstens drei Jahre zu befristen. Für die Modellvorhaben ist eine wissenschaftliche Begleitung und Auswertung vorzusehen. Soweit im Rahmen der Modellvorhaben personenbezogene Daten benötigt werden, können diese mit Einwilligung des Pflegebedürftigen erhoben, verarbeitet und genutzt werden. Der Spitzenverband Bund der Pflegekassen bestimmt

Ziele, Dauer, Inhalte und Durchführung der Modellvorhaben. Die Modellvorhaben sind mit dem Bundesministerium für Gesundheit abzustimmen.

(3) Auf die am Modell teilnehmenden Dienste sind die Vorschriften dieses Buches für Pflegedienste entsprechend anzuwenden. Anstelle der verantwortlichen Pflegefachkraft können sie eine entsprechend qualifizierte, fachlich geeignete und zuverlässige Kraft mit praktischer Berufserfahrung im erlernten Beruf von zwei Jahren innerhalb der letzten acht Jahre als verantwortliche Kraft einsetzen; § 71 Absatz 3 Satz 4 ist entsprechend anzuwenden. Die Zulassung der teilnehmenden Betreuungsdienste zur Versorgung bleibt bis zu zwei Jahre nach dem Ende des Modellprogramms gültig.

Vierzehntes Kapitel
Zulagenförderung der privaten Pflegevorsorge

§ 126 Zulageberechtigte

Personen, die nach dem Dritten Kapitel in der sozialen oder privaten Pflegeversicherung versichert sind (zulageberechtigte Personen), haben bei Vorliegen einer auf ihren Namen lautenden privaten Pflege-Zusatzversicherung unter den in § 127 Absatz 2 genannten Voraussetzungen Anspruch auf eine Pflegevorsorgezulage. Davon ausgenommen sind Personen, die das 18. Lebensjahr noch nicht vollendet haben, sowie Personen, die vor Abschluss der privaten Pflege-Zusatzversicherung bereits als Pflegebedürftige Leistungen nach dem Vierten Kapitel oder gleichwertige Vertragsleistungen der privaten Pflege-Pflichtversicherung beziehen oder bezogen haben.

§ 127 Pflegevorsorgezulage; Fördervoraussetzungen

(1) Leistet die zulageberechtigte Person mindestens einen Beitrag von monatlich 10 Euro im jeweiligen Beitragsjahr zugunsten einer auf ihren Namen lautenden, gemäß Absatz 2 förderfähigen privaten Pflege-Zusatzversicherung, hat sie Anspruch auf eine Zulage in Höhe von monatlich 5 Euro. Die Zulage wird bei dem Mindestbeitrag nach Satz 1 nicht berücksichtigt. Die Zulage wird je zulageberechtigter Person für jeden Monat nur für einen Versicherungsvertrag gewährt. Der Mindestbeitrag und die Zulage sind für den förderfähigen Tarif zu verwenden.

(2) Eine nach diesem Kapitel förderfähige private Pflege-Zusatzversicherung liegt vor, wenn das Versicherungsunternehmen hierfür

1. **die Kalkulation nach Art der Lebensversicherung gemäß § 146 Absatz 1 Nummer 1 und 2 des Versicherungsaufsichtsgesetzes vorsieht,**
2. **allen in § 126 genannten Personen einen Anspruch auf Versicherung gewährt,**
3. **auf das ordentliche Kündigungsrecht sowie auf eine Risikoprüfung und die Vereinbarung von Risikozuschlägen und Leistungsausschlüssen verzichtet,**

4. bei Vorliegen von Pflegebedürftigkeit im Sinne des § 14 einen vertraglichen Anspruch auf Auszahlung von Geldleistungen für jeden der in § 15 Absatz 3 und 7 aufgeführten Pflegegrade, dabei in Höhe von mindestens 600 Euro für Pflegegrad 5, vorsieht; die tariflich vorgesehenen Geldleistungen dürfen dabei die zum Zeitpunkt des Vertragsabschlusses jeweils geltende Höhe der Leistungen dieses Buches nicht überschreiten, eine Dynamisierung bis zur Höhe der allgemeinen Inflationsrate ist jedoch zulässig; weitere Leistungen darf der förderfähige Tarif nicht vorsehen,
5. bei der Feststellung des Versicherungsfalles sowie der Festsetzung des Pflegegrades dem Ergebnis des Verfahrens zur Feststellung der Pflegebedürftigkeit gemäß § 18 sowie den Feststellungen über das Vorliegen von erheblich eingeschränkter Alltagskompetenz nach § 45a folgt; bei Versicherten der privaten Pflege-Pflichtversicherung sind die entsprechenden Feststellungen des privaten Versicherungsunternehmens zugrunde zu legen,
6. die Wartezeit auf höchstens fünf Jahre beschränkt,
7. einem Versicherungsnehmer, der hilfebedürftig im Sinne des Zweiten oder Zwölften Buches ist oder allein durch Zahlung des Beitrags hilfebedürftig würde, einen Anspruch gewährt, den Vertrag ohne Aufrechterhaltung des Versicherungsschutzes für eine Dauer von mindestens drei Jahren ruhen zu lassen oder den Vertrag binnen einer Frist von drei Monaten nach Eintritt der Hilfebedürftigkeit rückwirkend zum Zeitpunkt des Eintritts zu kündigen; für den Fall der Ruhendstellung beginnt diese Frist mit dem Ende der Ruhendstellung, wenn Hilfebedürftigkeit weiterhin vorliegt,
8. die Höhe der in Ansatz gebrachten Verwaltungs- und Abschlusskosten begrenzt; das Nähere dazu wird in der Rechtsverordnung nach § 130 geregelt.

Der Verband der privaten Krankenversicherung e. V. wird damit beliehen, hierfür brancheneinheitliche Vertragsmuster festzulegen, die von den Versicherungsunternehmen als Teil der Allgemeinen Versicherungsbedingungen förderfähiger Pflege-Zusatzversicherungen zu verwenden sind. Die Beleihung nach Satz 2 umfasst die Befugnis, für Versicherungsunternehmen, die förderfähige private Pflege-Zusatzversicherungen anbieten, einen Ausgleich für Überschäden einzurichten; § 111 Absatz 1 Satz 1 und 2 und Absatz 2 gilt entsprechend. Die Fachaufsicht über den Verband der privaten Krankenversicherung e. V. zu den in den Sätzen 2 und 3 genannten Aufgaben übt das Bundesministerium für Gesundheit aus.

(3) Der Anspruch auf die Zulage entsteht mit Ablauf des Kalenderjahres, für das die Beiträge zu einer privaten Pflege-Zusatzversicherung gemäß § 127 Absatz 1 geleistet worden sind (Beitragsjahr).

§ 128 Verfahren; Haftung des Versicherungsunternehmens

(1) Die Zulage gemäß § 127 Absatz 1 wird auf Antrag gewährt. Die zulageberechtigte Person bevollmächtigt das Versicherungsunternehmen mit dem Abschluss des Vertrags über eine förderfähige private Pflege-Zusatzversicherung, die Zulage für jedes Beitragsjahr zu beantragen. Sofern

eine Zulagenummer oder eine Versicherungsnummer nach § 147 des Sechsten Buches für die zulageberechtigte Person noch nicht vergeben ist, bevollmächtigt sie zugleich ihr Versicherungsunternehmen, eine Zulagenummer bei der zentralen Stelle zu beantragen. Das Versicherungsunternehmen ist verpflichtet, der zentralen Stelle nach amtlich vorgeschriebenem Datensatz durch amtlich bestimmte Datenfernübertragung zur Feststellung der Anspruchsberechtigung auf Auszahlung der Zulage zugleich mit dem Antrag in dem Zeitraum vom 1. Januar bis zum 31. März des Kalenderjahres, das auf das Beitragsjahr folgt, Folgendes zu übermitteln:

1. **die Antragsdaten,**
2. **die Höhe der für die zulagefähige private Pflege-Zusatzversicherung geleisteten Beiträge,**
3. **die Vertragsdaten,**
4. **die Versicherungsnummer nach § 147 des Sechsten Buches, die Zulagenummer der zulageberechtigten Person oder einen Antrag auf Vergabe einer Zulagenummer,**
5. **weitere zur Auszahlung der Zulage erforderliche Angaben,**
6. **die Bestätigung, dass der Antragsteller eine zulageberechtigte Person im Sinne des § 126 ist, sowie**
7. **die Bestätigung, dass der jeweilige Versicherungsvertrag die Voraussetzungen des § 127 Absatz 2 erfüllt.**

Die zulageberechtigte Person ist verpflichtet, dem Versicherungsunternehmen unverzüglich eine Änderung der Verhältnisse mitzuteilen, die zu einem Wegfall des Zulageanspruchs führt. Hat für das Beitragsjahr, für das das Versicherungsunternehmen bereits eine Zulage beantragt hat, kein Zulageanspruch bestanden, hat das Versicherungsunternehmen diesen Antragsdatensatz zu stornieren.

(2) Die Auszahlung der Zulage erfolgt durch eine zentrale Stelle bei der Deutschen Rentenversicherung Bund; das Nähere, insbesondere die Höhe der Verwaltungskostenerstattung, wird durch Verwaltungsvereinbarung zwischen dem Bundesministerium für Gesundheit und der Deutschen Rentenversicherung Bund geregelt. Die Zulage wird bei Vorliegen der Voraussetzungen an das Versicherungsunternehmen gezahlt, bei dem der Vertrag über die private Pflege-Zusatzversicherung besteht, für den die Zulage beantragt wurde. Wird für eine zulageberechtigte Person die Zulage für mehr als einen privaten Pflege-Zusatzversicherungsvertrag beantragt, so wird die Zulage für den jeweiligen Monat nur für den Vertrag gewährt, für den der Antrag zuerst bei der zentralen Stelle eingegangen ist. Soweit der zuständige Träger der Rentenversicherung keine Versicherungsnummer vergeben hat, vergibt die zentrale Stelle zur Erfüllung der ihr zugewiesenen Aufgaben eine Zulagenummer. Im Fall eines Antrags nach Absatz 1 Satz 3 teilt die zentrale Stelle dem Versicherungsunternehmen die Zulagenummer mit; von dort wird sie an den Antragsteller weitergeleitet. Die zentrale Stelle stellt aufgrund der ihr vorliegenden Informationen fest, ob ein Anspruch auf Zulage besteht, und veranlasst die Auszahlung an das Versicherungsunternehmen zugunsten der zulageberechtigten Person. Ein gesonderter Zulagebescheid ergeht vorbehaltlich des Satzes 9 nicht. Das Versicherungs-

unternehmen hat die erhaltenen Zulagen unverzüglich dem begünstigten Vertrag gutzuschreiben. Eine Festsetzung der Zulage erfolgt nur auf besonderen Antrag der zulageberechtigten Person. Der Antrag ist schriftlich innerhalb eines Jahres nach Übersendung der Information nach Absatz 3 durch das Versicherungsunternehmen vom Antragsteller an das Versicherungsunternehmen zu richten. Das Versicherungsunternehmen leitet den Antrag der zentralen Stelle zur Festsetzung zu. Es hat dem Antrag eine Stellungnahme und die zur Festsetzung erforderlichen Unterlagen beizufügen. Die zentrale Stelle teilt die Festsetzung auch dem Versicherungsunternehmen mit. Erkennt die zentrale Stelle nachträglich, dass der Zulageanspruch nicht bestanden hat oder weggefallen ist, so hat sie zu Unrecht gutgeschriebene oder ausgezahlte Zulagen zurückzufordern und dies dem Versicherungsunternehmen durch Datensatz mitzuteilen.

(3) Kommt die zentrale Stelle zu dem Ergebnis, dass kein Anspruch auf Zulage besteht oder bestanden hat, teilt sie dies dem Versicherungsunternehmen mit. Dieses hat die versicherte Person innerhalb eines Monats nach Eingang des entsprechenden Datensatzes darüber zu informieren.

(4) Das Versicherungsunternehmen haftet im Fall der Auszahlung einer Zulage gegenüber dem Zulageempfänger dafür, dass die in § 127 Absatz 2 genannten Voraussetzungen erfüllt sind.

(5) Die von der zentralen Stelle veranlassten Auszahlungen von Pflegevorsorgezulagen sowie die entstehenden Verwaltungskosten werden vom Bundesministerium für Gesundheit getragen. Zu den Verwaltungskosten gehören auch die entsprechenden Kosten für den Aufbau der technischen und organisatorischen Infrastruktur. Die gesamten Verwaltungskosten werden nach Ablauf eines jeden Beitragsjahres erstattet; dabei sind die Personal- und Sachkostensätze des Bundes entsprechend anzuwenden. Ab dem Jahr 2014 werden monatliche Abschläge gezahlt. Soweit das Bundesversicherungsamt die Aufsicht über die zentrale Stelle ausübt, untersteht es abweichend von § 94 Absatz 2 Satz 2 des Vierten Buches dem Bundesministerium für Gesundheit.

§ 129 Wartezeit bei förderfähigen Pflege-Zusatzversicherungen

Soweit im Vertrag über eine gemäß § 127 Absatz 2 förderfähige private Pflege-Zusatzversicherung eine Wartezeit vereinbart wird, darf diese abweichend von § 197 Absatz 1 des Versicherungsvertragsgesetzes fünf Jahre nicht überschreiten.

§ 130 Verordnungsermächtigung

Das Bundesministerium für Gesundheit wird ermächtigt, im Einvernehmen mit dem Bundesministerium der Finanzen und dem Bundesministerium für Arbeit und Soziales durch Rechtsverordnung ohne Zustimmung des Bundesrates Vorschriften zu erlassen, die Näheres regeln über

1. die zentrale Stelle gemäß § 128 Absatz 2 und ihre Aufgaben,
2. das Verfahren für die Ermittlung, Festsetzung, Auszahlung, Rückzahlung und Rückforderung der Zulage,

3. **den Datenaustausch zwischen Versicherungsunternehmen und zentraler Stelle nach § 128 Absatz 1 und 2,**
4. **die Begrenzung der Höhe der bei förderfähigen Pflege-Zusatzversicherungen in Ansatz gebrachten Verwaltungs- und Abschlusskosten.**

Fünfzehntes Kapitel
Bildung eines Pflegevorsorgefonds

§ 131 Pflegevorsorgefonds

In der sozialen Pflegeversicherung wird ein Sondervermögen unter dem Namen „Vorsorgefonds der sozialen Pflegeversicherung" errichtet.

§§ 132–139

(Hier nicht abgedruckt)

Sechzehntes Kapitel
Überleitungs- und Übergangsrecht

Erster Abschnitt
Regelungen zur Rechtsanwendung im Übergangszeitraum, zur Überleitung in die Pflegegrade, zum Besitzstandsschutz für Leistungen der Pflegeversicherung sowie Übergangsregelungen im Begutachtungsverfahren im Rahmen der Einführung des neuen Pflegebedürftigkeitsbegriffs

§ 140 Anzuwendendes Recht und Überleitung in die Pflegegrade

(1) Die Feststellung des Vorliegens von Pflegebedürftigkeit oder einer erheblich eingeschränkten Alltagskompetenz nach § 45 a in der am 31. Dezember 2016 geltenden Fassung erfolgt jeweils auf der Grundlage des zum Zeitpunkt der Antragstellung geltenden Rechts. Der Erwerb einer Anspruchsberechtigung auf Leistungen der Pflegeversicherung richtet sich ebenfalls nach dem zum Zeitpunkt der Antragstellung geltenden Recht.

(2) Versicherte der sozialen Pflegeversicherung und der privaten Pflege-Pflichtversicherung,

1. **bei denen das Vorliegen einer Pflegestufe im Sinne der §§ 14 und 15 in der am 31. Dezember 2016 geltenden Fassung oder einer erheblich eingeschränkten Alltagskompetenz nach § 45 a in der am 31. Dezember 2016 geltenden Fassung festgestellt worden ist und**
2. **bei denen spätestens am 31. Dezember 2016 alle Voraussetzungen für einen Anspruch auf eine regelmäßig wiederkehrende Leistung der Pflegeversicherung vorliegen,**

werden mit Wirkung ab dem 1. Januar 2017 ohne erneute Antragstellung und ohne erneute Begutachtung nach Maßgabe von Satz 3 einem Pfle-

gegrad zugeordnet. Die Zuordnung ist dem Versicherten schriftlich mitzuteilen. Für die Zuordnung gelten die folgenden Kriterien:

1. Versicherte, bei denen eine Pflegestufe nach den §§ 14 und 15 in der am 31. Dezember 2016 geltenden Fassung, aber nicht zusätzlich eine erheblich eingeschränkte Alltagskompetenz nach § 45 a in der am 31. Dezember 2016 geltenden Fassung festgestellt wurde, werden übergeleitet
   a) von Pflegestufe I in den Pflegegrad 2,
   b) von Pflegestufe II in den Pflegegrad 3,
   c) von Pflegestufe III in den Pflegegrad 4 oder
   d) von Pflegestufe III in den Pflegegrad 5, soweit die Voraussetzungen für Leistungen nach § 36 Absatz 4 oder § 43 Absatz 3 in der am 31. Dezember 2016 geltenden Fassung festgestellt wurden;
2. Versicherte, bei denen eine erheblich eingeschränkte Alltagskompetenz nach § 45 a in der am 31. Dezember 2016 geltenden Fassung festgestellt wurde, werden übergeleitet
   a) bei nicht gleichzeitigem Vorliegen einer Pflegestufe nach den §§ 14 und 15 in der am 31. Dezember 2016 geltenden Fassung in den Pflegegrad 2,
   b) bei gleichzeitigem Vorliegen der Pflegestufe I nach den §§ 14 und 15 in der am 31. Dezember 2016 geltenden Fassung in den Pflegegrad 3,
   c) bei gleichzeitigem Vorliegen der Pflegestufe II nach den §§ 14 und 15 in der am 31. Dezember 2016 geltenden Fassung in den Pflegegrad 4,
   d) bei gleichzeitigem Vorliegen der Pflegestufe III nach den §§ 14 und 15 in der am 31. Dezember 2016 geltenden Fassung, auch soweit zusätzlich die Voraussetzungen für Leistungen nach § 36 Absatz 4 oder § 43 Absatz 3 in der am 31. Dezember 2016 geltenden Fassung festgestellt wurden, in den Pflegegrad 5.

(3) Die Zuordnung zu dem Pflegegrad, in den der Versicherte gemäß Absatz 2 übergeleitet worden ist, bleibt auch bei einer Begutachtung nach dem ab dem 1. Januar 2017 geltenden Recht erhalten, es sei denn, die Begutachtung führt zu einer Anhebung des Pflegegrades oder zu der Feststellung, dass keine Pflegebedürftigkeit im Sinne der §§ 14 und 15 in der ab dem 1. Januar 2017 geltenden Fassung mehr vorliegt. Satz 1 gilt auch bei einem Erlöschen der Mitgliedschaft im Sinne von § 35 ab dem 1. Januar 2017, wenn die neue Mitgliedschaft unmittelbar im Anschluss begründet wird. Die Pflegekasse, bei der die Mitgliedschaft beendet wird, ist verpflichtet, der Pflegekasse, bei der die neue Mitgliedschaft begründet wird, die bisherige Einstufung des Versicherten rechtzeitig schriftlich mitzuteilen. Entsprechendes gilt bei einem Wechsel zwischen privaten Krankenversicherungsunternehmen und einem Wechsel von sozialer zu privater sowie von privater zu sozialer Pflegeversicherung.

(4) Stellt ein Versicherter, bei dem das Vorliegen einer Pflegebedürftigkeit oder einer erheblich eingeschränkten Alltagskompetenz nach § 45 a in der am 31. Dezember 2016 geltenden Fassung festgestellt wurde, ab dem 1. Januar 2017 einen erneuten Antrag auf Feststellung von Pflegebedürftigkeit und lagen die tatsächlichen Voraussetzungen für einen höheren als durch die Überleitung erreichten Pflegegrad bereits vor dem 1. Januar 2017

vor, richten sich die ab dem Zeitpunkt der Änderung der tatsächlichen Verhältnisse zu erbringenden Leistungen im Zeitraum vom 1. November 2016 bis 31. Dezember 2016 nach dem ab 1. Januar 2017 geltenden Recht. Entsprechendes gilt für Versicherte bei einem privaten Pflegeversicherungsunternehmen.

§ 141 Besitzstandsschutz und Übergangsrecht zur sozialen Sicherung von Pflegepersonen

(1) Versicherte der sozialen Pflegeversicherung und der privaten Pflege-Pflichtversicherung sowie Pflegepersonen, die am 31. Dezember 2016 Anspruch auf Leistungen der Pflegeversicherung haben, erhalten Besitzstandsschutz auf die ihnen unmittelbar vor dem 1. Januar 2017 zustehenden, regelmäßig wiederkehrenden Leistungen nach den §§ 36, 37, 38, 38 a, 40 Absatz 2, den §§ 41, 44 a, 45 b, 123 und 124 in der am 31. Dezember 2016 geltenden Fassung. Hinsichtlich eines Anspruchs auf den erhöhten Betrag nach § 45 b in der am 31. Dezember 2016 geltenden Fassung richtet sich die Gewährung von Besitzstandsschutz abweichend von Satz 1 nach Absatz 2. Für Versicherte, die am 31. Dezember 2016 Leistungen nach § 43 bezogen haben, richtet sich der Besitzstandsschutz nach Absatz 3. Kurzfristige Unterbrechungen im Leistungsbezug lassen den Besitzstandsschutz jeweils unberührt.

(2) Versicherte,

1. die am 31. Dezember 2016 einen Anspruch auf den erhöhten Betrag nach § 45 b Absatz 1 in der am 31. Dezember 2016 geltenden Fassung haben und
2. deren Höchstleistungsansprüche, die ihnen nach den §§ 36, 37 und 41 unter Berücksichtigung des § 140 Absatz 2 und 3 ab dem 1. Januar 2017 zustehen, nicht um jeweils mindestens 83 Euro monatlich höher sind als die entsprechenden Höchstleistungsansprüche, die ihnen nach den §§ 36, 37 und 41 unter Berücksichtigung des § 123 in der am 31. Dezember 2016 geltenden Fassung am 31. Dezember 2016 zustanden,

haben ab dem 1. Januar 2017 Anspruch auf einen Zuschlag auf den Entlastungsbetrag nach § 45 b in der ab dem 1. Januar 2017 jeweils geltenden Fassung. Die Höhe des monatlichen Zuschlags ergibt sich aus der Differenz zwischen 208 Euro und dem Leistungsbetrag, der in § 45 b Absatz 1 Satz 1 in der ab dem 1. Januar 2017 jeweils geltenden Fassung festgelegt ist. Das Bestehen eines Anspruchs auf diesen Zuschlag ist den Versicherten schriftlich mitzuteilen und zu erläutern. Für den Zuschlag auf den Entlastungsbetrag gilt § 45 b Absatz 3 entsprechend. Bei Versicherten, die keinen Anspruch auf einen Zuschlag haben und deren Ansprüche nach § 45 b zum 1. Januar 2017 von 208 Euro auf 125 Euro monatlich abgesenkt werden, sind zur Sicherstellung des Besitzstandsschutzes monatlich Leistungen der Pflegeversicherung in Höhe von bis zu 83 Euro nicht auf Fürsorgeleistungen zur Pflege anzurechnen.

(3) Ist bei Pflegebedürftigen der Pflegegrade 2 bis 5 in der vollstationären Pflege der einrichtungseinheitliche Eigenanteil nach § 92 e oder nach

§ 84 Absatz 2 Satz 3 im ersten Monat nach der Einführung des neuen Pflegebedürftigkeitsbegriffs höher als der jeweilige individuelle Eigenanteil im Vormonat, so ist zum Leistungsbetrag nach § 43 von Amts wegen ein monatlicher Zuschlag in Höhe der Differenz von der Pflegekasse an die Pflegeeinrichtung zu zahlen. In der Vergleichsberechnung nach Satz 1 sind für beide Monate jeweils die vollen Pflegesätze und Leistungsbeträge zugrunde zu legen. Die Sätze 1 und 2 gelten entsprechend, wenn der Leistungsbetrag nach § 43 Absatz 2 Satz 2 die in § 43 Absatz 2 Satz 1 genannten Aufwendungen übersteigt und zur Finanzierung von Aufwendungen für Unterkunft und Verpflegung eingesetzt worden ist. Verringert sich die Differenz zwischen Pflegesatz und Leistungsbetrag in der Folgezeit, ist der Zuschlag entsprechend zu kürzen. Die Pflegekassen teilen die Höhe des monatlichen Zuschlages nach Satz 1 sowie jede Änderung der Zuschlagshöhe den Pflegebedürftigen schriftlich mit. Die Sätze 1 bis 5 gelten entsprechend für Versicherte der privaten Pflege-Pflichtversicherung.

(3a) Für Pflegebedürftige, die am 31. Dezember 2016 Leistungen der Kurzzeitpflege nach § 42 Absatz 1 und 2 in Anspruch nehmen, gilt der am 31. Dezember 2016 gezahlte Pflegesatz für die Dauer der Kurzzeitpflege fort. Nehmen Pflegebedürftige am 31. Dezember 2016 Leistungen der Kurzzeitpflege nach § 42 und nach dem Ende der Kurzzeitpflege ohne Unterbrechung des Heimaufenthalts auch Sachleistungen der vollstationären Pflege nach § 43 in derselben Einrichtung in Anspruch, so ermittelt sich der von der Pflegekasse an die Pflegeeinrichtung nach Absatz 3 Satz 1 von Amts wegen ab dem Zeitpunkt der Inanspruchnahme von vollstationärer Pflege nach § 43 zu zahlende monatliche Zuschlag aus der Differenz zwischen dem einrichtungseinheitlichen Eigenanteil nach § 92e oder nach § 84 Absatz 2 Satz 3 und dem individuellen Eigenanteil, den die Pflegebedürftigen im Monat Dezember 2016 in der Einrichtung zu tragen gehabt hätten. Absatz 3 Satz 4 bis 6 gilt entsprechend.

(3b) Wechseln Pflegebedürftige im Sinne der Absätze 3 und 3a zwischen dem 1. Januar 2017 und dem 31. Dezember 2021 die vollstationäre Pflegeeinrichtung, so ermittelt sich der von der Pflegekasse an die neue Pflegeeinrichtung nach Absatz 3 Satz 1 von Amts wegen ab dem Zeitpunkt des Wechsels zu zahlende monatliche Zuschlag aus der Differenz zwischen dem einrichtungseinheitlichen Eigenanteil nach § 92e oder nach § 84 Absatz 2 Satz 3, den die Pflegebedürftigen im Monat Januar 2017 in der neuen Einrichtung zu tragen haben oder zu tragen gehabt hätten, und dem individuellen Eigenanteil, den die Pflegebedürftigen im Monat Dezember 2016 in der neuen Einrichtung zu tragen gehabt hätten. Bei einem Wechsel in eine neu zugelassene vollstationäre Pflegeeinrichtung, die erstmalig ab 1. Januar 2017 oder später eine Pflegesatzvereinbarung abgeschlossen hat, behalten Pflegebedürftige mit ihrem Wechsel ihren nach Absatz 3 ermittelten monatlichen Zuschlagsbetrag. Absatz 3 Satz 2 bis 6 gilt entsprechend.

(3c) Erhöht sich der einrichtungseinheitliche Eigenanteil nach § 92e oder nach § 84 Absatz 2 Satz 3 für Pflegebedürftige im Sinne der Absätze 3, 3a und 3b im Zeitraum vom 1. Februar 2017 bis 31. Dezember 2017, findet Absatz 3 entsprechende Anwendung, sofern sich die Erhöhung aus der

erstmaligen Vereinbarung der neuen Pflegesätze im Rahmen der Überleitung, Einführung und Umsetzung des neuen Pflegebedürftigkeitsbegriffs ergibt. Dies gilt auch für Pflegebedürftige, die im Dezember 2016 in einer vollstationären Pflegeeinrichtung versorgt wurden, und die durch die Erhöhung erstmals einen höheren einrichtungseinheitlichen Eigenanteil zu tragen hätten im Vergleich zum jeweiligen individuellen Eigenanteil im Dezember 2016. Der Vergleichsberechnung ist neben dem Monat Dezember 2016 der Monat im Zeitraum vom 1. Februar 2017 bis 31. Dezember 2017 zugrunde zu legen, in dem der einrichtungseinheitliche Eigenanteil erstmalig höher als der jeweilige individuelle Eigenanteil im Monat Dezember 2016 ist oder in den Fällen des Absatzes 3 a gewesen wäre.

(4) Für Personen, die am 31. Dezember 2016 wegen nicht erwerbsmäßiger Pflege rentenversicherungspflichtig waren und Anspruch auf die Zahlung von Beiträgen zur gesetzlichen Rentenversicherung nach § 44 in der am 31. Dezember 2016 geltenden Fassung hatten, besteht die Versicherungspflicht für die Dauer dieser Pflegetätigkeit fort. Die beitragspflichtigen Einnahmen ab dem 1. Januar 2017 bestimmen sich in den Fällen des Satzes 1 nach Maßgabe des § 166 Absatz 2 und 3 des Sechsten Buches in der am 31. Dezember 2016 geltenden Fassung, wenn sie höher sind als die beitragspflichtigen Einnahmen, die sich aus dem ab dem 1. Januar 2017 geltenden Recht ergeben.

(4a) In den Fällen des § 140 Absatz 4 richten sich die Versicherungspflicht als Pflegeperson in der Rentenversicherung und die Bestimmung der beitragspflichtigen Einnahmen für Zeiten vor dem 1. Januar 2017 nach den §§ 3 und 166 des Sechsten Buches in der bis zum 31. Dezember 2016 geltenden Fassung. Die dabei anzusetzende Pflegestufe erhöht sich entsprechend dem Anstieg des Pflegegrades gegenüber dem durch die Überleitung erreichten Pflegegrad.

(5) Absatz 4 ist ab dem Zeitpunkt nicht mehr anwendbar, zu dem nach dem ab dem 1. Januar 2017 geltenden Recht festgestellt wird, dass

1. bei der versorgten Person keine Pflegebedürftigkeit im Sinne der §§ 14 und 15 in der ab dem 1. Januar 2017 geltenden Fassung vorliegt oder
2. die pflegende Person keine Pflegeperson im Sinne des § 19 in der ab dem 1. Januar 2017 geltenden Fassung ist.

Absatz 4 ist auch nicht mehr anwendbar, wenn sich nach dem 31. Dezember 2016 eine Änderung in den Pflegeverhältnissen ergibt, die zu einer Änderung der beitragspflichtigen Einnahmen nach § 166 Absatz 2 des Sechsten Buches in der ab dem 1. Januar 2017 geltenden Fassung führt oder ein Ausschlussgrund nach § 3 Satz 2 oder 3 des Sechsten Buches eintritt.

(6) Für Pflegepersonen im Sinne des § 44 Absatz 2 gelten die Absätze 4, 4 a und 5 entsprechend.

(7) Für Personen, die am 31. Dezember 2016 wegen nicht erwerbsmäßiger Pflege in der gesetzlichen Unfallversicherung versicherungspflichtig waren, besteht die Versicherungspflicht für die Dauer dieser Pflegetätigkeit fort. Satz 1 gilt, soweit und solange sich aus dem ab dem 1. Januar 2017

geltenden Recht keine günstigeren Ansprüche ergeben. Satz 1 ist ab dem Zeitpunkt nicht mehr anwendbar, zu dem nach dem ab dem 1. Januar 2017 geltenden Recht festgestellt wird, dass bei der versorgten Person keine Pflegebedürftigkeit im Sinne der §§ 14 und 15 in der ab dem 1. Januar 2017 geltenden Fassung vorliegt.

(8) Pflegebedürftige, die am 31. Dezember 2016 von zugelassenen Pflegeeinrichtungen ohne Vergütungsvereinbarung versorgt werden, haben ab dem 1. Januar 2017 Anspruch auf Erstattung der Kosten für die pflegebedingten Aufwendungen gemäß § 91 Absatz 2 in Höhe des ihnen für den Monat Dezember 2016 zustehenden Leistungsbetrages, wenn dieser höher ist als der ihnen für Januar 2017 zustehende Leistungsbetrag. Dies gilt entsprechend für Versicherte der privaten Pflege-Pflichtversicherung.

§ 142 Übergangsregelungen im Begutachtungsverfahren

(1) Bei Versicherten, die nach § 140 von einer Pflegestufe in einen Pflegegrad übergeleitet wurden, werden bis zum 1. Januar 2019 keine Wiederholungsbegutachtungen nach § 18 Absatz 2 Satz 5 durchgeführt; auch dann nicht, wenn die Wiederholungsbegutachtung vor diesem Zeitpunkt vom Medizinischen Dienst der Krankenversicherung oder anderen unabhängigen Gutachtern empfohlen wurde. Abweichend von Satz 1 können Wiederholungsbegutachtungen durchgeführt werden, wenn eine Verbesserung der gesundheitlich bedingten Beeinträchtigungen der Selbständigkeit oder der Fähigkeiten, insbesondere aufgrund von durchgeführten Operationen oder Rehabilitationsmaßnahmen, zu erwarten ist.

(2) Die Frist nach § 18 Absatz 3 Satz 2 ist vom 1. Januar 2017 bis zum 31. Dezember 2017 unbeachtlich. Abweichend davon ist denjenigen, die ab dem 1. Januar 2017 einen Antrag auf Leistungen der Pflegeversicherung stellen und bei denen ein besonders dringlicher Entscheidungsbedarf vorliegt, spätestens 25 Arbeitstage nach Eingang des Antrags bei der zuständigen Pflegekasse die Entscheidung der Pflegekasse schriftlich mitzuteilen. Der Spitzenverband Bund der Pflegekassen entwickelt bundesweit einheitliche Kriterien für das Vorliegen, die Gewichtung und die Feststellung eines besonders dringlichen Entscheidungsbedarfs. Die Pflegekassen und die privaten Versicherungsunternehmen berichten in der nach § 18 Absatz 3b Satz 4 zu veröffentlichenden Statistik auch über die Anwendung der Kriterien zum Vorliegen und zur Feststellung eines besonders dringlichen Entscheidungsbedarfs.

(3) Abweichend von § 18 Absatz 3 a Satz 1 Nummer 2 ist die Pflegekasse vom 1. Januar 2017 bis zum 31. Dezember 2017 nur bei Vorliegen eines besonders dringlichen Entscheidungsbedarfs gemäß Absatz 2 dazu verpflichtet, dem Antragsteller mindestens drei unabhängige Gutachter zur Auswahl zu benennen, wenn innerhalb von 20 Arbeitstagen nach Antragstellung keine Begutachtung erfolgt ist.

§ 143 Sonderanpassungsrecht für die Allgemeinen Versicherungsbedingungen und die technischen Berechnungsgrundlagen privater Pflegeversicherungsverträge

(1) Bei einer Pflegeversicherung, bei der die Prämie nach Art der Lebensversicherung berechnet wird und bei der das ordentliche Kündigungsrecht des Versicherers gesetzlich oder vertraglich ausgeschlossen ist, kann der Versicherer seine Allgemeinen Versicherungsbedingungen auch für bestehende Versicherungsverhältnisse entsprechend den Vorgaben nach § 140 ändern, soweit der Versicherungsfall durch den Pflegebedürftigkeitsbegriff nach den §§ 14 und 15 bestimmt wird.

(2) Der Versicherer ist zudem berechtigt, auch für bestehende Versicherungsverhältnisse die technischen Berechnungsgrundlagen insoweit zu ändern, als die Leistungen an die Pflegegrade nach § 140 Absatz 2 und die Prämien daran angepasst werden. § 12 b Absatz 1 und 1 a des Versicherungsaufsichtsgesetzes findet Anwendung.

(3) Dem Versicherungsnehmer sind die geänderten Versicherungsbedingungen nach Absatz 1 und die Neufestsetzung der Prämie nach Absatz 2 unter Kenntlichmachung der Unterschiede sowie unter Hinweis auf die hierfür maßgeblichen Gründe in Textform mitzuteilen. Anpassungen nach den Absätzen 1 und 2 werden zu Beginn des zweiten Monats wirksam, der auf die Benachrichtigung des Versicherungsnehmers folgt.

(4) Gesetzlich oder vertraglich vorgesehene Sonderkündigungsrechte des Versicherungsnehmers bleiben hiervon unberührt.

Zweiter Abschnitt
Sonstige Überleitungs-, Übergangs- und Besitzstandsschutzregelungen

§ 144 Überleitungs- und Übergangsregelungen, Verordnungsermächtigung

(1) Für Personen, die am 31. Dezember 2014 einen Anspruch auf einen Wohngruppenzuschlag nach § 38 a in der am 31. Dezember 2014 geltenden Fassung haben, wird diese Leistung weiter erbracht, wenn sich an den tatsächlichen Verhältnissen nichts geändert hat.

(2) Am 31. Dezember 2016 nach Landesrecht anerkannte niedrigschwellige Betreuungsangebote und niedrigschwellige Entlastungsangebote im Sinne der §§ 45 b und 45 c in der zu diesem Zeitpunkt geltenden Fassung gelten auch ohne neues Anerkennungsverfahren als nach Landesrecht anerkannte Angebote zur Unterstützung im Alltag im Sinne des § 45 a in der ab dem 1. Januar 2017 geltenden Fassung. Die Landesregierungen werden ermächtigt, durch Rechtsverordnung hiervon abweichende Regelungen zu treffen.

(3) Soweit Versicherte im Zeitraum vom 1. Januar 2015 bis zum 31. Dezember 2016 die Anspruchsvoraussetzungen nach § 45 b Absatz 1 oder Absatz 1 a in der bis zum 31. Dezember 2016 geltenden Fassung erfüllt haben

und ab dem 1. Januar 2017 die Anspruchsvoraussetzungen nach § 45 b Absatz 1 Satz 1 in der ab dem 1. Januar 2017 geltenden Fassung erfüllen, können sie Leistungsbeträge nach § 45 b, die sie in der Zeit vom 1. Januar 2015 bis zum 31. Dezember 2016 nicht zum Bezug von Leistungen nach § 45 b Absatz 1 Satz 6 in der bis zum 31. Dezember 2016 geltenden Fassung genutzt haben, bis zum 31. Dezember 2018 zum Bezug von Leistungen nach § 45 b Absatz 1 Satz 3 in der ab dem 1. Januar 2017 geltenden Fassung einsetzen. Die in Satz 1 genannten Mittel können ebenfalls zur nachträglichen Kostenerstattung für Leistungen nach § 45 b Absatz 1 Satz 6 in der bis zum 31. Dezember 2016 geltenden Fassung genutzt werden, die von den Anspruchsberechtigten in der Zeit vom 1. Januar 2015 bis zum 31. Dezember 2016 bezogen worden sind. Die Kostenerstattung nach Satz 2 ist bis zum Ablauf des 31. Dezember 2018 zu beantragen. Dem Antrag sind entsprechende Belege über entstandene Eigenbelastungen im Zusammenhang mit der Inanspruchnahme der bezogenen Leistungen beizufügen.

(4) Die im Jahr 2015 gemäß § 45 c zur Verfügung gestellten Fördermittel, die nach § 45 c Absatz 5 Satz 2 in der bis zum 31. Dezember 2016 geltenden Fassung auf das Folgejahr 2016 übertragen und bis zum Ende des Jahres 2016 in den Ländern nicht in Anspruch genommen worden sind, können im Jahr 2017 gemäß § 45 c Absatz 6 Satz 3 bis 9 in der ab dem 1. Januar 2017 geltenden Fassung von den Ländern beantragt werden, die im Jahr 2015 mindestens 80 Prozent der auf sie gemäß § 45 c Absatz 5 Satz 1 in der bis zum 31. Dezember 2016 geltenden Fassung nach dem Königsteiner Schlüssel entfallenden Mittel ausgeschöpft haben.

(5) In Fällen, in denen am 31. Dezember 2016 der Bezug von Leistungen der Pflegeversicherung mit Leistungen der Eingliederungshilfe für Menschen mit Behinderungen nach dem Zwölften Buch, dem Bundesversorgungsgesetz oder dem Achten Buch bereits zusammentrifft, muss eine Vereinbarung nach § 13 Absatz 4 in der ab dem 1. Januar 2017 geltenden Fassung nur dann abgeschlossen werden, wenn einer der beteiligten Träger oder der Leistungsbezieher dies verlangt. Trifft der Bezug von Leistungen der Pflegeversicherung außerdem mit Leistungen der Hilfe zur Pflege nach dem Zwölften Buch oder dem Bundesversorgungsgesetz zusammen, gilt Satz 1 entsprechend.

§ 145 Besitzstandsschutz für pflegebedürftige Menschen mit Behinderungen in häuslicher Pflege

Für pflegebedürftige Menschen mit Behinderungen, die am 1. Januar 2017 Anspruch auf Leistungen der Pflegeversicherung bei häuslicher Pflege haben und in einer Wohnform leben, auf die § 43 a in der am 1. Januar 2017 geltenden Fassung keine Anwendung findet, findet § 43 a auch in der ab dem 1. Januar 2020 geltenden Fassung keine Anwendung. Wechseln diese pflegebedürftigen Menschen mit Behinderungen nach dem 1. Januar 2017 die Wohnform, findet Satz 1 keine Anwendung, solange sie in einer Wohnform leben, auf die § 43 a in der am 1. Januar 2017 geltenden Fassung Anwendung gefunden hätte, wenn sie am 1. Januar 2017 in einer solchen Wohnform gelebt hätten.

Anlage 1
(zu § 15)

Einzelpunkte der Module 1 bis 6; Bildung der Summe der Einzelpunkte in jedem Modul

Modul 1: Einzelpunkte im Bereich der Mobilität

Das Modul umfasst fünf Kriterien, deren Ausprägungen in den folgenden Kategorien mit den nachstehenden Einzelpunkten gewertet werden:

Ziffer	Kriterien	selbständig	überwiegend selbständig	überwiegend unselbständig	unselbständig
1.1	Positionswechsel im Bett	0	1	2	3
1.2	Halten einer stabilen Sitzposition	0	1	2	3
1.3	Umsetzen	0	1	2	3
1.4	Fortbewegen innerhalb des Wohnbereichs	0	1	2	3
1.5	Treppensteigen	0	1	2	3

Modul 2: Einzelpunkte im Bereich der kognitiven und kommunikativen Fähigkeiten

Das Modul umfasst elf Kriterien, deren Ausprägungen in den folgenden Kategorien mit den nachstehenden Einzelpunkten gewertet werden:

Ziffer	Kriterien	Fähigkeit vorhanden/unbeeinträchtigt	Fähigkeit größtenteils vorhanden	Fähigkeit in geringem Maße vorhanden	Fähigkeit nicht vorhanden
2.1	Erkennen von Personen aus dem näheren Umfeld	0	1	2	3
2.2	Örtliche Orientierung	0	1	2	3
2.3	Zeitliche Orientierung	0	1	2	3
2.4	Erinnern an wesentliche Ereignisse oder Beobachtungen	0	1	2	3

Ziffer	Kriterien	Fähigkeit vorhanden/ unbeeinträchtigt	Fähigkeit größtenteils vorhanden	Fähigkeit in geringem Maße vorhanden	Fähigkeit nicht vorhanden
2.5	Steuern von mehrschrittigen Alltagshandlungen	0	1	2	3
2.6	Treffen von Entscheidungen im Alltag	0	1	2	3
2.7	Verstehen von Sachverhalten und Informationen	0	1	2	3
2.8	Erkennen von Risiken und Gefahren	0	1	2	3
2.9	Mitteilen von elementaren Bedürfnissen	0	1	2	3
2.10	Verstehen von Aufforderungen	0	1	2	3
2.11	Beteiligen an einem Gespräch	0	1	2	3

Modul 3: Einzelpunkte im Bereich der Verhaltensweisen und psychische Problemlagen

Das Modul umfasst dreizehn Kriterien, deren Häufigkeit des Auftretens in den folgenden Kategorien mit den nachstehenden Einzelpunkten gewertet wird:

Ziffer	Kriterien	nie oder sehr selten	selten (ein- bis dreimal innerhalb von zwei Wochen)	häufig (zweimal bis mehrmals wöchentlich, aber nicht täglich)	täglich
3.1	Motorisch geprägte Verhaltensauffälligkeiten	0	1	3	5
3.2	Nächtliche Unruhe	0	1	3	5

Ziffer	Kriterien	nie oder sehr selten	selten (ein- bis dreimal innerhalb von zwei Wochen)	häufig (zweimal bis mehrmals wöchentlich, aber nicht täglich)	täglich
3.3	Selbstschädigendes und autoaggressives Verhalten	0	1	3	5
3.4	Beschädigen von Gegenständen	0	1	3	5
3.5	Physisch aggressives Verhalten gegenüber anderen Personen	0	1	3	5
3.6	Verbale Aggression	0	1	3	5
3.7	Andere pflegerelevante vokale Auffälligkeiten	0	1	3	5
3.8	Abwehr pflegerischer und anderer unterstützender Maßnahmen	0	1	3	5
3.9	Wahnvorstellungen	0	1	3	5
3.10	Ängste	0	1	3	5
3.11	Antriebslosigkeit bei depressiver Stimmungslage	0	1	3	5
3.12	Sozial inadäquate Verhaltensweisen	0	1	3	5
3.13	Sonstige pflegerelevante inadäquate Handlungen	0	1	3	5

Modul 4: Einzelpunkte im Bereich der Selbstversorgung

Das Modul umfasst dreizehn Kriterien:

Einzelpunkte für die Kriterien der Ziffern 4.1 bis 4.12

Die Ausprägungen der Kriterien 4.1 bis 4.12 werden in den folgenden Kategorien mit den nachstehenden Punkten gewertet:

Ziffer	Kriterien	selbständig	überwiegend selbständig	überwiegend unselbständig	unselbständig
4.1	Waschen des vorderen Oberkörpers	0	1	2	3
4.2	Körperpflege im Bereich des Kopfes (Kämmen, Zahnpflege/ Prothesenreinigung, Rasieren)	0	1	2	3
4.3	Waschen des Intimbereichs	0	1	2	3
4.4	Duschen und Baden einschließlich Waschen der Haare	0	1	2	3
4.5	An- und Auskleiden des Oberkörpers	0	1	2	3
4.6	An- und Auskleiden des Unterkörpers	0	1	2	3
4.7	Mundgerechtes Zubereiten der Nahrung und Eingießen von Getränken	0	1	2	3
4.8	Essen	0	3	6	9
4.9	Trinken	0	2	4	6
4.10	Benutzen einer Toilette oder eines Toilettenstuhls	0	2	4	6
4.11	Bewältigen der Folgen einer Harninkontinenz und Umgang mit Dauerkatheter und Urostoma	0	1	2	3

Ziffer	Kriterien	selbständig	überwiegend selbständig	überwiegend unselbständig	unselbständig
4.12	Bewältigen der Folgen einer Stuhlinkontinenz und Umgang mit Stoma	0	1	2	3

Die Ausprägungen des Kriteriums der Ziffer 4.8 sowie die Ausprägung der Kriterien der Ziffern 4.9 und 4.10 werden wegen ihrer besonderen Bedeutung für die pflegerische Versorgung stärker gewichtet.

Die Einzelpunkte für die Kriterien der Ziffern 4.11 und 4.12 gehen in die Berechnung nur ein, wenn bei der Begutachtung beim Versicherten darüber hinaus die Feststellung „überwiegend inkontinent" oder „vollständig inkontinent" getroffen wird oder eine künstliche Ableitung von Stuhl oder Harn erfolgt.

Einzelpunkte für das Kriterium der Ziffer 4.13

Die Ausprägungen des Kriteriums der Ziffer 4.13 werden in den folgenden Kategorien mit den nachstehenden Einzelpunkten gewertet:

Ziffer	Kriterium	entfällt	teilweise	vollständig
4.13	Ernährung parental oder über Sonde	0	6	3

Das Kriterium ist mit „entfällt" (0 Punkte) zu bewerten, wenn eine regelmäßige und tägliche parenterale Ernährung oder Sondenernährung auf Dauer, voraussichtlich für mindestens sechs Monate, nicht erforderlich ist. Kann die parenterale Ernährung oder Sondenernährung ohne Hilfe durch andere selbständig durchgeführt werden, werden ebenfalls keine Punkte vergeben.

Das Kriterium ist mit „teilweise" (6 Punkte) zu bewerten, wenn eine parenterale Ernährung oder Sondenernährung zur Vermeidung von Mangelernährung mit Hilfe täglich und zusätzlich zur oralen Aufnahme von Nahrung oder Flüssigkeit erfolgt.

Das Kriterium ist mit „vollständig" (3 Punkte) zu bewerten, wenn die Aufnahme von Nahrung oder Flüssigkeit ausschließlich oder nahezu ausschließlich parenteral oder über eine Sonde erfolgt.

Bei einer vollständigen parenteralen Ernährung oder Sondenernährung werden weniger Punkte vergeben als bei einer teilweisen parenteralen Ernährung oder Sondenernährung, da der oft hohe Aufwand zur Unterstützung bei der oralen Nahrungsaufnahme im Fall ausschließlich parenteraler oder Sondenernährung weitgehend entfällt.

Einzelpunkte für das Kriterium der Ziffer 4.K

Bei Kindern im Alter bis 18 Monate werden die Kriterien der Ziffern 4.1 bis 4.13 durch das Kriterium 4.K ersetzt und wie folgt gewertet:

Ziffer	Kriterium	Einzelpunkte
4.K	Bestehen gravierender Probleme bei der Nahrungsaufnahme bei Kindern bis zu 18 Monaten, die einen außergewöhnlich pflegeintensiven Hilfebedarf auslösen	20

Modul 5: Einzelpunkte im Bereich der Bewältigung von und des selbständigen Umgangs mit krankheits- oder therapiebedingten Anforderungen und Belastungen

Das Modul umfasst sechzehn Kriterien.

Einzelpunkte für die Kriterien der Ziffern 5.1 bis 5.7

Die durchschnittliche Häufigkeit der Maßnahmen pro Tag bei den Kriterien der Ziffern 5.1 bis 5.7 wird in den folgenden Kategorien mit den nachstehenden Einzelpunkten gewertet:

Ziffer	Kriterien in Bezug auf	entfällt oder selbständig	Anzahl der Maßnahmen		
			pro Tag	pro Woche	pro Monat
5.1	Medikation	0			
5.2	Injektionen (subcutan oder intramuskulär)	0			
5.3	Versorgung intravenöser Zugänge (Port)	0			
5.4	Absaugen und Sauerstoffgabe	0			
5.5	Einreibungen oder Kälte- und Wärmeanwendungen	0			
5.6	Messung und Deutung von Körperzuständen	0			
5.7	Körpernahe Hilfsmittel	0			
Summe der Maßnahmen aus 5.1 bis 5.7		0			
Umrechnung in Maßnahmen pro Tag		0			

Einzelpunkte für die Kriterien der Ziffern 5.1 bis 5.7				
Maßnahme pro Tag	keine oder seltener als einmal täglich	mindestens einmal bis maximal dreimal täglich	mehr als dreimal bis maximal achtmal täglich	mehr als achtmal täglich
Einzelpunkte	0	1	2	3

Für jedes der Kriterien 5.1 bis 5.7 wird zunächst die Anzahl der durchschnittlich durchgeführten Maßnahmen, die täglich und auf Dauer, voraussichtlich für mindestens sechs Monate, vorkommen, in der Spalte pro Tag, die Maßnahmen, die wöchentlich und auf Dauer, voraussichtlich für mindestens sechs Monate, vorkommen, in der Spalte pro Woche und die Maßnahmen, die monatlich und auf Dauer, voraussichtlich für mindestens sechs Monate, vorkommen, in der Spalte pro Monat erfasst. Berücksichtigt werden nur Maßnahmen, die vom Versicherten nicht selbständig durchgeführt werden können.

Die Zahl der durchschnittlich durchgeführten täglichen, wöchentlichen und monatlichen Maßnahmen wird für die Kriterien 5.1 bis 5.7 summiert (erfolgt zum Beispiel täglich dreimal eine Medikamentengabe – Kriterium 5.1 – und einmal Blutzuckermessen – Kriterium 5.6 –, entspricht dies vier Maßnahmen pro Tag). Diese Häufigkeit wird umgerechnet in einen Durchschnittswert pro Tag. Für die Umrechnung der Maßnahmen pro Monat in Maßnahmen pro Tag wird die Summe der Maßnahmen pro Monat durch 30 geteilt. Für die Umrechnung der Maßnahmen pro Woche in Maßnahmen pro Tag wird die Summe der Maßnahmen pro Woche durch 7 geteilt.

Einzelpunkte für die Kriterien der Ziffern 5.8 bis 5.11

Die durchschnittliche Häufigkeit der Maßnahmen pro Tag bei den Kriterien der Ziffern 5.8 bis 5.11 wird in den folgenden Kategorien mit den nachstehenden Einzelpunkten gewertet:

Ziffer	Kriterien in Bezug auf	entfällt oder selbständig	Anzahl der Maßnahmen		
			pro Tag	pro Woche	pro Monat
5.8	Verbandswechsel und Wundversorgung	0			
5.9	Versorgung mit Stoma	0			
5.10	Regelmäßige Einmalkatheterisierung und Nutzung von Abführmethoden	0			

Ziffer	Kriterien in Bezug auf	entfällt oder selbständig	Anzahl der Maßnahmen		
			pro Tag	pro Woche	pro Monat
5.11	Therapiemaßnahmen in häuslicher Umgebung	0			
Summe der Maßnahmen aus 5.8 bis 5.11		0			
Umrechnung in Maßnahmen pro Tag		0			

Einzelpunkte für die Kriterien der Ziffern 5.8 bis 5.11				
Maßnahme pro Tag	keine oder seltener als einmal wöchentlich	ein- bis mehrmals wöchentlich	ein- bis unter dreimal täglich	mindestens dreimal täglich
Einzelpunkte	0	1	2	3

Für jedes der Kriterien 5.8 bis 5.11 wird zunächst die Anzahl der durchschnittlich durchgeführten Maßnahmen, die täglich und auf Dauer, voraussichtlich für mindestens sechs Monate, vorkommen, in der Spalte pro Tag, die Maßnahmen, die wöchentlich und auf Dauer, voraussichtlich für mindestens sechs Monate, vorkommen, in der Spalte pro Woche und die Maßnahmen, die monatlich und auf Dauer, voraussichtlich für mindestens sechs Monate, vorkommen, in der Spalte pro Monat erfasst. Berücksichtigt werden nur Maßnahmen, die vom Versicherten nicht selbständig durchgeführt werden können.

Die Zahl der durchschnittlich durchgeführten täglichen, wöchentlichen und monatlichen Maßnahmen wird für die Kriterien 5.8 bis 5.11 summiert. Diese Häufigkeit wird umgerechnet in einen Durchschnittswert pro Tag. Für die Umrechnung der Maßnahmen pro Monat in Maßnahmen pro Tag wird die Summe der Maßnahmen pro Monat durch 30 geteilt. Für die Umrechnung der Maßnahmen pro Woche in Maßnahmen pro Tag wird die Summe der Maßnahmen pro Woche durch 7 geteilt.

Einzelpunkte für die Kriterien der Ziffern 5.12 bis 5.K

Die durchschnittliche wöchentliche oder monatliche Häufigkeit von zeit- und technikintensiven Maßnahmen in häuslicher Umgebung, die auf Dauer, voraussichtlich für mindestens sechs Monate, vorkommen, wird in den folgenden Kategorien mit den nachstehenden Einzelpunkten gewertet:

Ziffer	Kriterium in Bezug auf	entfällt oder selbständig	täglich	wöchentliche Häufigkeit multipliziert mit	monatliche Häufigkeit multipliziert mit
5.12	Zeit- und technikintensive Maßnahmen in häuslicher Umgebung	0	60	8,6	2

Für das Kriterium der Ziffer 5.12 wird zunächst die Anzahl der regelmäßig und mit durchschnittlicher Häufigkeit durchgeführten Maßnahmen, die wöchentlich vorkommen, und die Anzahl der regelmäßig und mit durchschnittlicher Häufigkeit durchgeführten Maßnahmen, die monatlich vorkommen, erfasst. Kommen Maßnahmen regelmäßig täglich vor, werden 60 Punkte vergeben.

Jede regelmäßige wöchentliche Maßnahme wird mit 8,6 Punkten gewertet. Jede regelmäßige monatliche Maßnahme wird mit zwei Punkten gewertet.

Die durchschnittliche wöchentliche oder monatliche Häufigkeit der Kriterien der Ziffern 5.13 bis 5.K wird wie folgt erhoben und mit den nachstehenden Punkten gewertet:

Ziffer	Kriterien	entfällt oder selbständig	wöchentliche Häufigkeit multipliziert mit	monatliche Häufigkeit multipliziert mit
5.13	Arztbesuche	0	4,3	1
5.14	Besuch anderer medizinischer oder therapeutischer Einrichtungen (bis zu drei Stunden)	0	4,3	1
5.15	Zeitlich ausgedehnte Besuche anderer medizinischer oder therapeutischer Einrichtungen (länger als drei Stunden)	0	8,6	2
5.K	Besuche von Einrichtungen zur Frühförderung bei Kindern	0	4,3	1

Für jedes der Kriterien der Ziffern 5.13 bis 5.K wird zunächst die Anzahl der regelmäßig und mit durchschnittlicher Häufigkeit durchgeführten Besuche, die wöchentlich und auf Dauer, voraussichtlich für mindestens sechs Monate, vorkommen, und die Anzahl der regelmäßig und mit durchschnittlicher Häufigkeit durchgeführten Besuche, die monatlich und auf Dauer, voraussichtlich für mindestens sechs Monate, vorkommen, erfasst. Jeder regelmäßige monatliche Besuch wird mit einem Punkt gewertet. Jeder regelmäßige wöchentliche Besuch wird mit 4,3 Punkten gewertet. Handelt es sich um zeitlich ausgedehnte Arztbesuche oder Besuche von anderen medizinischen oder therapeutischen Einrichtungen, werden sie doppelt gewertet.

Die Punkte der Kriterien 5.12 bis 5.15 – bei Kindern bis 5.K – werden addiert. Die Kriterien der Ziffern 5.12 bis 5.15 – bei Kindern bis 5.K – werden anhand der Summe der so erreichten Punkte mit den nachstehenden Einzelpunkten gewertet:

Summe			Einzelpunkte
0	bis unter	4,3	0
4,3	bis unter	8,6	1
8,6	bis unter	12,9	2
12,9	bis unter	60	3
60 und	mehr		6

Einzelpunkte für das Kriterium der Ziffer 5.16

Die Ausprägungen des Kriteriums der Ziffer 5.16 werden in den folgenden Kategorien mit den nachstehenden Einzelpunkten gewertet:

Ziffer	Kriterien	entfällt oder selbständig	überwiegend selbständig	überwiegend unselbständig	unselbständig
5.16	Einhaltung einer Diät und anderer krankheits- oder therapiebedingter Verhaltensvorschriften	0	1	2	3

Modul 6: Einzelpunkte im Bereich der Gestaltung des Alltagslebens und sozialer Kontakte

Das Modul umfasst sechs Kriterien, deren Ausprägungen in den folgenden Kategorien mit den nachstehenden Punkten gewertet werden:

Ziffer	Kriterien	selbständig	überwiegend selbständig	überwiegend unselbständig	unselbständig
6.1	Gestaltung des Tagesablaufs und Anpassung an Veränderungen	0	1	2	3
6.2	Ruhen und Schlafen	0	1	2	3
6.3	Sichbeschäftigen	0	1	2	3
6.4	Vornehmen von in die Zukunft gerichteten Planungen	0	1	2	3
6.5	Interaktion mit Personen im direkten Kontakt	0	1	2	3
6.6	Kontaktpflege zu Personen außerhalb des direkten Umfelds	0	1	2	3

Anlage 2
(zu § 15)

Bewertungssystematik (Summe der Punkte und gewichtete Punkte) Schweregrad der Beeinträchtigungen der Selbständigkeit oder der Fähigkeiten im Modul

Module	Gewichtung	0 Keine	1 Geringe	2 Erhebliche	3 Schwere	4 Schwerste	
1 Mobilität	**10 %**	0 – 1	2 – 3	4 – 5	6 – 9	10 – 15	Summe der Einzelpunkte im Modul 1
		0	**2,5**	**5**	**7,5**	**10**	**Gewichtete Punkte im Modul 1**
2 Kognitive und kommunikative Fähigkeiten	**15 %**	0 – 1	2 – 5	6 – 10	11 – 16	17 – 33	Summe der Einzelpunkte im Modul 2
3 Verhaltensweisen und psychische Problemlagen		0	1 – 2	3 – 4	5 – 6	7 – 65	Summe der Einzelpunkte im Modul 3
Höchster Wert aus Modul 2 oder Modul 3		**0**	**3,75**	**7,5**	**11,25**	**15**	**Gewichtete Punkte für die Module 2 und 3**
4 Selbstversorgung	**40 %**	0 – 2	3 – 7	8 – 18	19 – 36	37 – 54	Summe der Einzelpunkte im Modul 4
		0	**10**	**20**	**30**	**40**	**Gewichtete Punkte im Modul 4**
5 Bewältigung von und selbständiger Umgang mit krankheits- oder therapiebedingten Anforderungen und Belastungen	**20 %**	0	1	2 – 3	4 – 5	6 – 15	Summe der Einzelpunkte im Modul 5
		0	**5**	**10**	**15**	**20**	**Gewichtete Punkte im Modul 5**

Module	Gewichtung	0 Keine	1 Geringe	2 Erhebliche	3 Schwere	4 Schwerste	
6 Gestaltung des Alltagslebens und sozialer Kontakte	**15 %**	0	1 – 3	4 – 6	7 – 11	12 – 18	Summe der Einzelpunkte im Modul 6
		0	**3,75**	**7,5**	**11,25**	**15**	**Gewichtete Punkte im Modul 6**
7 Außerhäusliche Aktivitäten		Die Berechnung einer Modulbewertung ist entbehrlich, da die Darstellung der qualitativen Ausprägungen bei den einzelnen Kriterien ausreichend ist, um Anhaltspunkte für eine Versorgungs- und Pflegeplanung ableiten zu können.					
8 Haushaltsführung							

V.

Gesetz über die Pflegezeit (Pflegezeitgesetz – PflegeZG)

Artikel 3 des Gesetzes vom 28. Mai 2008 (BGBl. I S. 874, 896), zuletzt geändert durch Gesetz vom 21. Dezember 2015 (BGBl. I S. 2424)

§ 1 Ziel des Gesetzes

Ziel des Gesetzes ist, Beschäftigten die Möglichkeit zu eröffnen, pflegebedürftige nahe Angehörige in häuslicher Umgebung zu pflegen und damit die Vereinbarkeit von Beruf und familiärer Pflege zu verbessern.

§ 2 Kurzzeitige Arbeitsverhinderung

(1) Beschäftigte haben das Recht, bis zu zehn Arbeitstage der Arbeit fernzubleiben, wenn dies erforderlich ist, um für einen pflegebedürftigen nahen Angehörigen in einer akut aufgetretenen Pflegesituation eine bedarfsgerechte Pflege zu organisieren oder eine pflegerische Versorgung in dieser Zeit sicherzustellen.

(2) Beschäftigte sind verpflichtet, dem Arbeitgeber ihre Verhinderung an der Arbeitsleistung und deren voraussichtliche Dauer unverzüglich mitzuteilen. Dem Arbeitgeber ist auf Verlangen eine ärztliche Bescheinigung über die Pflegebedürftigkeit des nahen Angehörigen und die Erforderlichkeit der in Absatz 1 genannten Maßnahmen vorzulegen.

(3) Der Arbeitgeber ist zur Fortzahlung der Vergütung nur verpflichtet, soweit sich eine solche Verpflichtung aus anderen gesetzlichen Vorschriften oder auf Grund einer Vereinbarung ergibt. Ein Anspruch der Beschäftigten auf Zahlung von Pflegeunterstützungsgeld richtet sich nach § 44a Absatz 3 des Elften Buches Sozialgesetzbuch.

§ 3 Pflegezeit und sonstige Freistellungen

(1) Beschäftigte sind von der Arbeitsleistung vollständig oder teilweise freizustellen, wenn sie einen pflegebedürftigen nahen Angehörigen in häuslicher Umgebung pflegen (Pflegezeit). Der Anspruch nach Satz 1 besteht nicht gegenüber Arbeitgebern mit in der Regel 15 oder weniger Beschäftigten.

(2) Die Beschäftigten haben die Pflegebedürftigkeit des nahen Angehörigen durch Vorlage einer Bescheinigung der Pflegekasse oder des Medizinischen Dienstes der Krankenversicherung nachzuweisen. Bei in der privaten Pflege-Pflichtversicherung versicherten Pflegebedürftigen ist ein entsprechender Nachweis zu erbringen.

(3) Wer Pflegezeit beanspruchen will, muss dies dem Arbeitgeber spätestens zehn Arbeitstage vor Beginn schriftlich ankündigen und gleichzeitig

erklären, für welchen Zeitraum und in welchem Umfang die Freistellung von der Arbeitsleistung in Anspruch genommen werden soll. Wenn nur teilweise Freistellung in Anspruch genommen wird, ist auch die gewünschte Verteilung der Arbeitszeit anzugeben. Enthält die Ankündigung keine eindeutige Festlegung, ob die oder der Beschäftigte Pflegezeit oder Familienpflegezeit nach § 2 des Familienpflegezeitgesetzes in Anspruch nehmen will, und liegen die Voraussetzungen beider Freistellungsansprüche vor, gilt die Erklärung als Ankündigung von Pflegezeit. Beansprucht die oder der Beschäftigte nach der Pflegezeit Familienpflegezeit oder eine Freistellung nach § 2 Absatz 5 des Familienpflegezeitgesetzes zur Pflege oder Betreuung desselben pflegebedürftigen Angehörigen, muss sich die Familienpflegezeit oder die Freistellung nach § 2 Absatz 5 des Familienpflegezeitgesetzes unmittelbar an die Pflegezeit anschließen. In diesem Fall soll die oder der Beschäftigte möglichst frühzeitig erklären, ob sie oder er Familienpflegezeit oder eine Freistellung nach § 2 Absatz 5 des Familienpflegezeitgesetzes in Anspruch nehmen wird; abweichend von § 2 a Absatz 1 Satz 1 des Familienpflegezeitgesetzes muss die Ankündigung spätestens drei Monate vor Beginn der Familienpflegezeit erfolgen. Wird Pflegezeit nach einer Familienpflegezeit oder einer Freistellung nach § 2 Absatz 5 des Familienpflegezeitgesetzes in Anspruch genommen, ist die Pflegezeit in unmittelbarem Anschluss an die Familienpflegezeit oder die Freistellung nach § 2 Absatz 5 des Familienpflegezeitgesetzes zu beanspruchen und abweichend von Satz 1 dem Arbeitgeber spätestens acht Wochen vor Beginn der Pflegezeit schriftlich anzukündigen.

(4) Wenn nur teilweise Freistellung in Anspruch genommen wird, haben Arbeitgeber und Beschäftigte über die Verringerung und die Verteilung der Arbeitszeit eine schriftliche Vereinbarung zu treffen. Hierbei hat der Arbeitgeber den Wünschen der Beschäftigten zu entsprechen, es sei denn, dass dringende betriebliche Gründe entgegenstehen.

(5) Beschäftigte sind von der Arbeitsleistung vollständig oder teilweise freizustellen, wenn sie einen minderjährigen pflegebedürftigen nahen Angehörigen in häuslicher oder außerhäuslicher Umgebung betreuen. Die Inanspruchnahme dieser Freistellung ist jederzeit im Wechsel mit der Freistellung nach Absatz 1 im Rahmen der Gesamtdauer nach § 4 Absatz 1 Satz 4 möglich. Absatz 1 Satz 2 und die Absätze 2 bis 4 gelten entsprechend. Beschäftigte können diesen Anspruch wahlweise statt des Anspruchs auf Pflegezeit nach Absatz 1 geltend machen.

(6) Beschäftigte sind zur Begleitung eines nahen Angehörigen von der Arbeitsleistung vollständig oder teilweise freizustellen, wenn dieser an einer Erkrankung leidet, die progredient verläuft und bereits ein weit fortgeschrittenes Stadium erreicht hat, bei der eine Heilung ausgeschlossen und eine palliativmedizinische Behandlung notwendig ist und die lediglich eine begrenzte Lebenserwartung von Wochen oder wenigen Monaten erwarten lässt. Beschäftigte haben diese gegenüber dem Arbeitgeber durch ein ärztliches Zeugnis nachzuweisen. Absatz 1 Satz 2, Absatz 3 Satz 1 und 2 und Absatz 4 gelten entsprechend. § 45 des Fünften Buches Sozialgesetzbuch bleibt unberührt.

(7) Ein Anspruch auf Förderung richtet sich nach den §§ 3, 4, 5 Absatz 1 Satz 1 und Absatz 2 sowie den §§ 6 bis 10 des Familienpflegezeitgesetzes.

§ 4 Dauer der Inanspruchnahme

(1) Die Pflegezeit nach § 3 beträgt für jeden pflegebedürftigen nahen Angehörigen längstens sechs Monate (Höchstdauer). Für einen kürzeren Zeitraum in Anspruch genommene Pflegezeit kann bis zur Höchstdauer verlängert werden, wenn der Arbeitgeber zustimmt. Eine Verlängerung bis zur Höchstdauer kann verlangt werden, wenn ein vorgesehener Wechsel in der Person des Pflegenden aus einem wichtigen Grund nicht erfolgen kann. Pflegezeit und Familienpflegezeit nach § 2 des Familienpflegezeitgesetzes dürfen gemeinsam die Gesamtdauer von 24 Monaten je pflegebedürftigem nahen Angehörigen nicht überschreiten. Die Pflegezeit wird auf Berufsbildungszeiten nicht angerechnet.

(2) Ist der nahe Angehörige nicht mehr pflegebedürftig oder die häusliche Pflege des nahen Angehörigen unmöglich oder unzumutbar, endet die Pflegezeit vier Wochen nach Eintritt der veränderten Umstände. Der Arbeitgeber ist über die veränderten Umstände unverzüglich zu unterrichten. Im Übrigen kann die Pflegezeit nur vorzeitig beendet werden, wenn der Arbeitgeber zustimmt.

(3) Für die Betreuung nach § 3 Absatz 5 gelten die Absätze 1 und 2 entsprechend. Für die Freistellung nach § 3 Absatz 6 gilt eine Höchstdauer von drei Monaten je nahem Angehörigen. Für die Freistellung nach § 3 Absatz 6 gelten Absatz 1 Satz 2, 3 und 5 sowie Absatz 2 entsprechend; bei zusätzlicher Inanspruchnahme von Pflegezeit oder einer Freistellung nach § 3 Absatz 5 oder Familienpflegezeit oder einer Freistellung nach § 2 Absatz 5 des Familienpflegezeitgesetzes dürfen die Freistellungen insgesamt 24 Monate je nahem Angehörigen nicht überschreiten.

(4) Der Arbeitgeber kann den Erholungsurlaub, der der oder dem Beschäftigten für das Urlaubsjahr zusteht, für jeden vollen Kalendermonat der vollständigen Freistellung von der Arbeitsleistung um ein Zwölftel kürzen.

§ 5 Kündigungsschutz

(1) Der Arbeitgeber darf das Beschäftigungsverhältnis von der Ankündigung, höchstens jedoch zwölf Wochen vor dem angekündigten Beginn, bis zur Beendigung der kurzzeitigen Arbeitsverhinderung nach § 2 oder der Freistellung nach § 3 nicht kündigen.

(2) In besonderen Fällen kann eine Kündigung von der für den Arbeitsschutz zuständigen obersten Landesbehörde oder der von ihr bestimmten Stelle ausnahmsweise für zulässig erklärt werden. Die Bundesregierung kann hierzu mit Zustimmung des Bundesrates allgemeine Verwaltungsvorschriften erlassen.

§ 6 Befristete Verträge

(1) Wenn zur Vertretung einer Beschäftigten oder eines Beschäftigten für die Dauer der kurzzeitigen Arbeitsverhinderung nach § 2 oder der Freistellung nach § 3 eine Arbeitnehmerin oder ein Arbeitnehmer eingestellt wird, liegt hierin ein sachlicher Grund für die Befristung des Arbeitsverhältnisses. Über die Dauer der Vertretung nach Satz 1 hinaus ist die Befristung für notwendige Zeiten einer Einarbeitung zulässig.

(2) Die Dauer der Befristung des Arbeitsvertrages muss kalendermäßig bestimmt oder bestimmbar sein oder den in Absatz 1 genannten Zwecken zu entnehmen sein.

(3) Der Arbeitgeber kann den befristeten Arbeitsvertrag unter Einhaltung einer Frist von zwei Wochen kündigen, wenn die Freistellung nach § 4 Abs. 2 Satz 1 vorzeitig endet. Das Kündigungsschutzgesetz ist in diesen Fällen nicht anzuwenden. Satz 1 gilt nicht, soweit seine Anwendung vertraglich ausgeschlossen ist.

(4) Wird im Rahmen arbeitsrechtlicher Gesetze oder Verordnungen auf die Zahl der beschäftigten Arbeitnehmerinnen und Arbeitnehmer abgestellt, sind bei der Ermittlung dieser Zahl Arbeitnehmerinnen und Arbeitnehmer, die nach § 2 kurzzeitig an der Arbeitsleistung verhindert oder nach § 3 freigestellt sind, nicht mitzuzählen, solange für sie auf Grund von Absatz 1 eine Vertreterin oder ein Vertreter eingestellt ist. Dies gilt nicht, wenn die Vertreterin oder der Vertreter nicht mitzuzählen ist. Die Sätze 1 und 2 gelten entsprechend, wenn im Rahmen arbeitsrechtlicher Gesetze oder Verordnungen auf die Zahl der Arbeitsplätze abgestellt wird.

§ 7 Begriffsbestimmungen

(1) Beschäftigte im Sinne dieses Gesetzes sind

1. Arbeitnehmerinnen und Arbeitnehmer,
2. die zu ihrer Berufsbildung Beschäftigten,
3. Personen, die wegen ihrer wirtschaftlichen Unselbständigkeit als arbeitnehmerähnliche Personen anzusehen sind; zu diesen gehören auch die in Heimarbeit Beschäftigten und die ihnen Gleichgestellten.

(2) Arbeitgeber im Sinne dieses Gesetzes sind natürliche und juristische Personen sowie rechtsfähige Personengesellschaften, die Personen nach Absatz 1 beschäftigen. Für die arbeitnehmerähnlichen Personen, insbesondere für die in Heimarbeit Beschäftigten und die ihnen Gleichgestellten, tritt an die Stelle des Arbeitgebers der Auftraggeber oder Zwischenmeister.

(3) Nahe Angehörige im Sinne dieses Gesetzes sind

1. Großeltern, Eltern, Schwiegereltern, Stiefeltern,
2. Ehegatten, Lebenspartner, Partner einer eheähnlichen oder lebenspartnerschaftsähnlichen Gemeinschaft, Geschwister, Ehegatten der Geschwister und Geschwister der Ehegatten, Lebenspartner der Geschwister und Geschwister der Lebenspartner,

3. Kinder, Adoptiv- oder Pflegekinder, die Kinder, Adoptiv- oder Pflegekinder des Ehegatten oder Lebenspartners, Schwiegerkinder und Enkelkinder.

(4) Pflegebedürftig im Sinne dieses Gesetzes sind Personen, die die Voraussetzungen nach den §§ 14 und 15 des Elften Buches Sozialgesetzbuch erfüllen. Pflegebedürftig im Sinne von § 2 sind auch Personen, die die Voraussetzungen nach den §§ 14 und 15 des Elften Buches Sozialgesetzbuch voraussichtlich erfüllen.

§ 8 Unabdingbarkeit

Von den Vorschriften dieses Gesetzes kann nicht zuungunsten der Beschäftigten abgewichen werden.

VI.

Gesetz über die Familienpflegezeit (Familienpflegezeitgesetz – FPfZG)

vom 6. Dezember 2011 (BGBl. I S. 2564), geändert durch Gesetz vom 23. Dezember 2014 (BGBl. I S. 2462)

§ 1 Ziel des Gesetzes

Durch die Einführung der Familienpflegezeit werden die Möglichkeiten zur Vereinbarkeit von Beruf und familiärer Pflege verbessert.

§ 2 Familienpflegezeit

(1) Beschäftigte sind von der Arbeitsleistung für längstens 24 Monate (Höchstdauer) teilweise freizustellen, wenn sie einen pflegebedürftigen nahen Angehörigen in häuslicher Umgebung pflegen (Familienpflegezeit). Während der Familienpflegezeit muss die verringerte Arbeitszeit wöchentlich mindestens 15 Stunden betragen. Bei unterschiedlichen wöchentlichen Arbeitszeiten oder einer unterschiedlichen Verteilung der wöchentlichen Arbeitszeit darf die wöchentliche Arbeitszeit im Durchschnitt eines Zeitraums von bis zu einem Jahr 15 Stunden nicht unterschreiten (Mindestarbeitszeit). Der Anspruch nach Satz 1 besteht nicht gegenüber Arbeitgebern mit in der Regel 25 oder weniger Beschäftigten ausschließlich der zu ihrer Berufsbildung Beschäftigten.

(2) Pflegezeit und Familienpflegezeit dürfen gemeinsam 24 Monate je pflegebedürftigem nahen Angehörigen nicht überschreiten (Gesamtdauer).

(3) Die §§ 5 bis 8 des Pflegezeitgesetzes gelten entsprechend.

(4) Die Familienpflegezeit wird auf Berufsbildungszeiten nicht angerechnet.

(5) Beschäftigte sind von der Arbeitsleistung für längstens 24 Monate (Höchstdauer) teilweise freizustellen, wenn sie einen minderjährigen pflegebedürftigen nahen Angehörigen in häuslicher oder außerhäuslicher Umgebung betreuen. Die Inanspruchnahme dieser Freistellung ist jederzeit im Wechsel mit der Freistellung nach Absatz 1 im Rahmen der Gesamtdauer nach Absatz 2 möglich. Absatz 1 Satz 2 bis 4 und die Absätze 2 bis 4 gelten entsprechend. Beschäftigte können diesen Anspruch wahlweise statt des Anspruchs auf Familienpflegezeit nach Absatz 1 geltend machen.

§ 2a Inanspruchnahme der Familienpflegezeit

(1) Wer Familienpflegezeit nach § 2 beanspruchen will, muss dies dem Arbeitgeber spätestens acht Wochen vor dem gewünschten Beginn schriftlich ankündigen und gleichzeitig erklären, für welchen Zeitraum und in welchem Umfang innerhalb der Gesamtdauer nach § 2 Absatz 2 die Frei-

stellung von der Arbeitsleistung in Anspruch genommen werden soll. Dabei ist auch die gewünschte Verteilung der Arbeitszeit anzugeben. Enthält die Ankündigung keine eindeutige Festlegung, ob die oder der Beschäftigte Pflegezeit nach § 3 des Pflegezeitgesetzes oder Familienpflegezeit in Anspruch nehmen will, und liegen die Voraussetzungen beider Freistellungsansprüche vor, gilt die Erklärung als Ankündigung von Pflegezeit. Wird die Familienpflegezeit nach einer Freistellung nach § 3 Absatz 1 oder Absatz 5 des Pflegezeitgesetzes zur Pflege oder Betreuung desselben pflegebedürftigen Angehörigen in Anspruch genommen, muss sich die Familienpflegezeit unmittelbar an die Freistellung nach § 3 Absatz 1 oder Absatz 5 des Pflegezeitgesetzes anschließen. In diesem Fall soll die oder der Beschäftigte möglichst frühzeitig erklären, ob sie oder er Familienpflegezeit in Anspruch nehmen wird; abweichend von Satz 1 muss die Ankündigung spätestens drei Monate vor Beginn der Familienpflegezeit erfolgen. Wird eine Freistellung nach § 3 Absatz 1 oder Absatz 5 des Pflegezeitgesetzes nach einer Familienpflegezeit in Anspruch genommen, ist die Freistellung nach § 3 Absatz 1 oder Absatz 5 des Pflegezeitgesetzes in unmittelbarem Anschluss an die Familienpflegezeit zu beanspruchen und dem Arbeitgeber spätestens acht Wochen vor Beginn der Freistellung nach § 3 Absatz 1 oder Absatz 5 des Pflegezeitgesetzes schriftlich anzukündigen.

(2) Arbeitgeber und Beschäftigte haben über die Verringerung und Verteilung der Arbeitszeit eine schriftliche Vereinbarung zu treffen. Hierbei hat der Arbeitgeber den Wünschen der Beschäftigten zu entsprechen, es sei denn, dass dringende betriebliche Gründe entgegenstehen.

(3) Für einen kürzeren Zeitraum in Anspruch genommene Familienpflegezeit kann bis zur Gesamtdauer nach § 2 Absatz 2 verlängert werden, wenn der Arbeitgeber zustimmt. Eine Verlängerung bis zur Gesamtdauer kann verlangt werden, wenn ein vorgesehener Wechsel in der Person der oder des Pflegenden aus einem wichtigen Grund nicht erfolgen kann.

(4) Die Beschäftigten haben die Pflegebedürftigkeit der oder des nahen Angehörigen durch Vorlage einer Bescheinigung der Pflegekasse oder des Medizinischen Dienstes der Krankenversicherung nachzuweisen. Bei in der privaten Pflege-Pflichtversicherung versicherten Pflegebedürftigen ist ein entsprechender Nachweis zu erbringen.

(5) Ist die oder der nahe Angehörige nicht mehr pflegebedürftig oder die häusliche Pflege der oder des nahen Angehörigen unmöglich oder unzumutbar, endet die Familienpflegezeit vier Wochen nach Eintritt der veränderten Umstände. Der Arbeitgeber ist hierüber unverzüglich zu unterrichten. Im Übrigen kann die Familienpflegezeit nur vorzeitig beendet werden, wenn der Arbeitgeber zustimmt.

(6) Die Absätze 1 bis 5 gelten entsprechend für die Freistellung von der Arbeitsleistung nach § 2 Absatz 5.

§ 3 Förderung der pflegebedingten Freistellung von der Arbeitsleistung

(1) Für die Dauer der Freistellungen nach § 2 dieses Gesetzes oder nach § 3 des Pflegezeitgesetzes gewährt das Bundesamt für Familie und zivilge-

sellschaftliche Aufgaben Beschäftigten auf Antrag ein in monatlichen Raten zu zahlendes zinsloses Darlehen nach Maßgabe der Absätze 2 bis 5. Der Anspruch gilt auch für alle Vereinbarungen über Freistellungen von der Arbeitsleistung, die die Voraussetzungen von § 2 Absatz 1 Satz 1 bis 3 dieses Gesetzes oder des § 3 Absatz 1 Satz 1, Absatz 5 Satz 1 oder Absatz 6 Satz 1 des Pflegezeitgesetzes erfüllen.

(2) Die monatlichen Darlehensraten werden in Höhe der Hälfte der Differenz zwischen den pauschalierten monatlichen Nettoentgelten vor und während der Freistellung nach Absatz 1 gewährt.

(3) Das pauschalierte monatliche Nettoentgelt vor der Freistellung nach Absatz 1 ist das nach der im jeweiligen Kalenderjahr geltenden Verordnung über die pauschalierten Nettoentgelte für das Kurzarbeitergeld maßgebliche Entgelt, bezogen auf das auf den nächsten durch zwanzig teilbaren Eurobetrag gerundete regelmäßige durchschnittliche monatliche Bruttoarbeitsentgelt ausschließlich der Sachbezüge der letzten zwölf Kalendermonate vor Beginn der Freistellung. Das pauschalierte monatliche Nettoentgelt während der Freistellung ist das nach der im jeweiligen Kalenderjahr geltenden Verordnung über die pauschalierten Nettoentgelte für das Kurzarbeitergeld maßgebliche Entgelt, bezogen auf das auf den nächsten durch zwanzig teilbaren Eurobetrag gerundete Produkt aus der vereinbarten durchschnittlichen monatlichen Stundenzahl während der Freistellung und dem durchschnittlichen Entgelt je Arbeitsstunde. Durchschnittliches Entgelt je Arbeitsstunde ist das Verhältnis des regelmäßigen gesamten Bruttoarbeitsentgelts ausschließlich der Sachbezüge der letzten zwölf Kalendermonate vor Beginn der Freistellung zur arbeitsvertraglichen Gesamtstundenzahl der letzten zwölf Kalendermonate vor Beginn der Freistellung. Bei einem weniger als zwölf Monate vor Beginn der Freistellung bestehenden Beschäftigungsverhältnis verkürzt sich der der Berechnung zugrunde zu legende Zeitraum entsprechend. Für die Berechnung des durchschnittlichen Entgelts je Arbeitsstunde bleiben Mutterschutzfristen, kurzzeitige Arbeitsverhinderungen nach § 2 des Pflegezeitgesetzes und Freistellungen nach § 3 des Pflegezeitgesetzes sowie die Einbringung von Arbeitsentgelt in und die Entnahme von Arbeitsentgelt aus Wertguthaben nach § 7 b des Vierten Buches Sozialgesetzbuch außer Betracht.

(4) In den Fällen der Freistellung nach § 3 des Pflegezeitgesetzes ist die monatliche Darlehensrate auf den Betrag begrenzt, der bei einer durchschnittlichen Arbeitszeit während der Familienpflegezeit von 15 Wochenstunden zu gewähren ist.

(5) Abweichend von Absatz 2 können Beschäftigte auch einen geringeren Darlehensbetrag in Anspruch nehmen, wobei die monatliche Darlehensrate mindestens 50 Euro betragen muss.

(6) Das Darlehen ist in der in Absatz 2 genannten Höhe, in den Fällen der Pflegezeit in der in Absatz 4 genannten Höhe, vorrangig vor dem Bezug von bedürftigkeitsabhängigen Sozialleistungen in Anspruch zu nehmen und von den Beschäftigten zu beantragen; Absatz 5 ist insoweit nicht anzuwenden. Bei der Berechnung von Sozialleistungen nach Satz 1 sind die Zuflüsse aus dem Darlehen als Einkommen zu berücksichtigen.

§ 4 Mitwirkungspflicht des Arbeitgebers

Der Arbeitgeber hat dem Bundesamt für Familie und zivilgesellschaftliche Aufgaben für bei ihm Beschäftigte den Arbeitsumfang sowie das Arbeitsentgelt vor der Freistellung nach § 3 Absatz 1 zu bescheinigen, soweit dies zum Nachweis des Einkommens aus Erwerbstätigkeit oder der wöchentlichen Arbeitszeit der die Förderung beantragenden Beschäftigten erforderlich ist. Für die in Heimarbeit Beschäftigten und die ihnen Gleichgestellten tritt an die Stelle des Arbeitgebers der Auftraggeber oder Zwischenmeister.

§ 5 Ende der Förderfähigkeit

(1) Die Förderfähigkeit endet mit dem Ende der Freistellung nach § 3 Absatz 1. Die Förderfähigkeit endet auch dann, wenn die oder der Beschäftigte während der Freistellung nach § 2 den Mindestumfang der wöchentlichen Arbeitszeit aufgrund gesetzlicher oder kollektivvertraglicher Bestimmungen oder aufgrund von Bestimmungen, die in Arbeitsrechtsregelungen der Kirchen enthalten sind, unterschreitet. Die Unterschreitung der Mindestarbeitszeit aufgrund von Kurzarbeit oder eines Beschäftigungsverbotes lässt die Förderfähigkeit unberührt.

(2) Die Darlehensnehmerin oder der Darlehensnehmer hat dem Bundesamt für Familie und zivilgesellschaftliche Aufgaben unverzüglich jede Änderung in den Verhältnissen, die für den Anspruch nach § 3 Absatz 1 erheblich sind, mitzuteilen, insbesondere die Beendigung der häuslichen Pflege der oder des nahen Angehörigen, die Beendigung der Betreuung nach § 2 Absatz 5 dieses Gesetzes oder § 3 Absatz 5 des Pflegezeitgesetzes, die Beendigung der Freistellung nach § 3 Absatz 6 des Pflegezeitgesetzes, die vorzeitige Beendigung der Freistellung nach § 3 Absatz 1 sowie die Unterschreitung des Mindestumfangs der wöchentlichen Arbeitszeit während der Freistellung nach § 2 aus anderen als den in Absatz 1 Satz 2 genannten Gründen.

§ 6 Rückzahlung des Darlehens

(1) Im Anschluss an die Freistellung nach § 3 Absatz 1 ist die Darlehensnehmerin oder der Darlehensnehmer verpflichtet, das Darlehen innerhalb von 48 Monaten nach Beginn der Freistellung nach § 3 Absatz 1 zurückzuzahlen. Die Rückzahlung erfolgt in möglichst gleichbleibenden monatlichen Raten in Höhe des im Bescheid nach § 9 festgesetzten monatlichen Betrags jeweils spätestens zum letzten Bankarbeitstag des laufenden Monats. Für die Rückzahlung gelten alle nach § 3 an die Darlehensnehmerin oder den Darlehensnehmer geleisteten Darlehensbeträge als ein Darlehen.

(2) Die Rückzahlung beginnt in dem Monat, der auf das Ende der Förderung der Freistellung nach § 3 Absatz 1 folgt. Das Bundesamt für Familie und zivilgesellschaftliche Aufgaben kann auf Antrag der Darlehensnehmerin oder des Darlehensnehmers den Beginn der Rückzahlung auf einen späteren Zeitpunkt, spätestens jedoch auf den 25. Monat nach Beginn der Förderung festsetzen, wenn die übrigen Voraussetzungen für den An-

spruch nach den §§ 2 und 3 weiterhin vorliegen. Befindet sich die Darlehensnehmerin oder der Darlehensnehmer während des Rückzahlungszeitraums in einer Freistellung nach § 3 Absatz 1, setzt das Bundesamt für Familie und zivilgesellschaftliche Aufgaben auf Antrag der oder des Beschäftigten die monatlichen Rückzahlungsraten bis zur Beendigung der Freistellung von der Arbeitsleistung aus. Der Rückzahlungszeitraum verlängert sich um den Zeitraum der Aussetzung.

§ 7 Härtefallregelung

(1) Zur Vermeidung einer besonderen Härte stundet das Bundesamt für Familie und zivilgesellschaftliche Aufgaben der Darlehensnehmerin oder dem Darlehensnehmer auf Antrag die Rückzahlung des Darlehens, ohne dass hierfür Zinsen anfallen. Als besondere Härte gelten insbesondere der Bezug von Entgeltersatzleistungen nach dem Dritten und dem Fünften Buch Sozialgesetzbuch, Leistungen zur Sicherung des Lebensunterhalts nach dem Zweiten Buch Sozialgesetzbuch und Leistungen nach dem Dritten und Vierten Kapitel des Zwölften Buches Sozialgesetzbuch oder eine mehr als 180 Tage ununterbrochene Arbeitsunfähigkeit. Eine besondere Härte liegt auch vor, wenn sich die Darlehensnehmerin oder der Darlehensnehmer wegen unverschuldeter finanzieller Belastungen vorübergehend in ernsthaften Zahlungsschwierigkeiten befindet oder zu erwarten ist, dass sie oder er durch die Rückzahlung des Darlehens in der vorgesehenen Form in solche Schwierigkeiten gerät.

(2) Für den über die Gesamtdauer der Freistellungen nach § 2 dieses Gesetzes oder nach § 3 Absatz 1 oder 5 des Pflegezeitgesetzes hinausgehenden Zeitraum, in dem die Pflegebedürftigkeit desselben nahen Angehörigen fortbesteht, die Pflege durch die oder den Beschäftigten in häuslicher Umgebung andauert und die Freistellung von der Arbeitsleistung fortgeführt wird, sind auf Antrag die fälligen Rückzahlungsraten zu einem Viertel zu erlassen (Teildarlehenserlass) und die restliche Darlehensschuld für diesen Zeitraum bis zur Beendigung der häuslichen Pflege auf Antrag zu stunden, ohne dass hierfür Zinsen anfallen, sofern eine besondere Härte im Sinne von Absatz 1 Satz 3 vorliegt.

(3) Die Darlehensschuld erlischt, soweit sie noch nicht fällig ist, wenn die Darlehensnehmerin oder der Darlehensnehmer

1. Leistungen nach dem Dritten und Vierten Kapitel des Zwölften Buches Sozialgesetzbuch oder Leistungen zur Sicherung des Lebensunterhalts nach dem Zweiten Buch Sozialgesetzbuch ununterbrochen seit mindestens zwei Jahren nach dem Ende der Freistellung bezieht oder
2. verstirbt.

(4) Der Abschluss von Vergleichen sowie die Stundung, Niederschlagung und der Erlass von Ansprüchen richten sich, sofern in diesem Gesetz nicht abweichende Regelungen getroffen werden, nach den §§ 58 und 59 der Bundeshaushaltsordnung.

§ 8 Antrag auf Förderung

(1) Das Bundesamt für Familie und zivilgesellschaftliche Aufgaben entscheidet auf schriftlichen Antrag über das Darlehen nach § 3 und dessen Rückzahlung nach § 6.

(2) Der Antrag wirkt vom Zeitpunkt des Vorliegens der Anspruchsvoraussetzungen, wenn er innerhalb von drei Monaten nach deren Vorliegen gestellt wird, andernfalls wirkt er vom Beginn des Monats der Antragstellung.

(3) Der Antrag muss enthalten:

1. **Name und Anschrift der oder des das Darlehen beantragenden Beschäftigten,**
2. **Name, Anschrift und Angehörigenstatus der gepflegten Person,**
3. **Bescheinigung über die Pflegebedürftigkeit oder im Fall des § 3 Absatz 6 des Pflegezeitgesetzes das dort genannte ärztliche Zeugnis über die Erkrankung des oder der nahen Angehörigen,**
4. **Dauer der Freistellung nach § 3 Absatz 1 sowie Mitteilung, ob zuvor eine Freistellung nach § 3 Absatz 1 in Anspruch genommen wurde, sowie**
5. **Höhe, Dauer und Angabe der Zeitabschnitte des beantragten Darlehens.**

(4) Dem Antrag sind beizufügen:

1. **Entgeltbescheinigungen mit Angabe der arbeitsvertraglichen Wochenstunden der letzten zwölf Monate vor Beginn der Freistellung nach § 3 Absatz 1,**
2. **in den Fällen der vollständigen Freistellung nach § 3 des Pflegezeitgesetzes eine Bescheinigung des Arbeitgebers über die Freistellung und in den Fällen der teilweisen Freistellung die hierüber getroffene schriftliche Vereinbarung zwischen dem Arbeitgeber und der oder dem Beschäftigten.**

§ 9 Darlehensbescheid und Zahlweise

(1) In dem Bescheid nach § 8 Absatz 1 sind anzugeben:

1. **Höhe des Darlehens,**
2. **Höhe der monatlichen Darlehensraten sowie Dauer der Leistung der Darlehensraten,**
3. **Höhe und Dauer der Rückzahlungsraten und**
4. **Fälligkeit der ersten Rückzahlungsrate.**

Wurde dem Antragsteller für eine vor dem Antrag liegende Freistellung nach § 3 Absatz 1 ein Darlehen gewährt, sind für die Ermittlung der Beträge nach Satz 1 Nummer 3 und 4 das zurückliegende und das aktuell gewährte Darlehen wie ein Darlehen zu behandeln. Der das erste Darlehen betreffende Bescheid nach Satz 1 wird hinsichtlich Höhe, Dauer und Fälligkeit der Rückzahlungsraten geändert.

(2) Die Höhe der Darlehensraten wird zu Beginn der Leistungsgewährung in monatlichen Festbeträgen für die gesamte Förderdauer festgelegt.

(3) Die Darlehensraten werden unbar zu Beginn jeweils für den Kalendermonat ausgezahlt, in dem die Anspruchsvoraussetzungen vorliegen.

Monatliche Förderungsbeträge, die nicht volle Euro ergeben, sind bei Restbeträgen bis zu 0,49 Euro abzurunden und von 0,50 Euro an aufzurunden.

§ 10 Antrag und Nachweis in weiteren Fällen

(1) Das Bundesamt für Familie und zivilgesellschaftliche Aufgaben entscheidet auch in den Fällen des § 7 auf schriftlichen Antrag, der Name und Anschrift der Darlehensnehmerin oder des Darlehensnehmers enthalten muss.

(2) Die Voraussetzungen des § 7 sind nachzuweisen

1. in den Fällen des Absatzes 1 durch Glaubhaftmachung der dort genannten Voraussetzungen, insbesondere durch Darlegung der persönlichen wirtschaftlichen Verhältnisse oder bei Arbeitsunfähigkeit durch Vorlage einer Arbeitsunfähigkeitsbescheinigung der Darlehensnehmerin oder des Darlehensnehmers,
2. in den Fällen des Absatzes 2 durch Vorlage einer Bescheinigung über die fortbestehende Pflegebedürftigkeit der oder des nahen Angehörigen und die Fortdauer der Freistellung von der Arbeitsleistung sowie Glaubhaftmachung der dort genannten Voraussetzungen, insbesondere durch Darlegung der persönlichen wirtschaftlichen Verhältnisse,
3. in den Fällen des Absatzes 3 durch Vorlage der entsprechenden Leistungsbescheide der Darlehensnehmerin oder des Darlehensnehmers oder durch Vorlage einer Sterbeurkunde durch die Rechtsnachfolger.

(3) Anträge auf Teildarlehenserlass nach § 7 Absatz 2 sind bis spätestens 48 Monate nach Beginn der Freistellungen nach § 2 dieses Gesetzes oder nach § 3 Absatz 1 oder 5 des Pflegezeitgesetzes zu stellen.

§ 11 Allgemeine Verwaltungsvorschriften

Zur Durchführung des Verfahrens nach den §§ 8 und 10 kann das Bundesministerium für Familie, Senioren, Frauen und Jugend allgemeine Verwaltungsvorschriften erlassen.

§ 12 Bußgeldvorschriften

(1) Ordnungswidrig handelt, wer vorsätzlich oder fahrlässig

1. entgegen § 4 Satz 1 eine dort genannte Bescheinigung nicht, nicht richtig, nicht vollständig oder nicht rechtzeitig erstellt,
2. entgegen § 5 Absatz 2 eine Mitteilung nicht, nicht richtig, nicht vollständig oder nicht rechtzeitig macht oder
3. entgegen § 8 Absatz 3 Nummer 4 eine Mitteilung nicht, nicht richtig, nicht vollständig oder nicht rechtzeitig macht.

(2) Verwaltungsbehörde im Sinne des § 36 Absatz 1 Nummer 1 des Gesetzes über Ordnungswidrigkeiten ist das Bundesamt für Familie und zivilgesellschaftliche Aufgaben.

(3) Die Ordnungswidrigkeit kann in den Fällen des Absatzes 1 Nummer 1 mit einer Geldbuße bis zu fünftausend Euro und in den Fällen des Absatzes 1 Nummer 2 mit einer Geldbuße bis zu tausend Euro geahndet werden.

(4) Die Geldbußen fließen in die Kasse des Bundesamtes für Familie und zivilgesellschaftliche Aufgaben. Diese trägt abweichend von § 105 Absatz 2 des Gesetzes über Ordnungswidrigkeiten die notwendigen Auslagen. Sie ist auch ersatzpflichtig im Sinne des § 110 Absatz 4 des Gesetzes über Ordnungswidrigkeiten.

§ 13 Aufbringung der Mittel

Die für die Ausführung dieses Gesetzes erforderlichen Mittel trägt der Bund.

§ 14 Beirat

(1) Das Bundesministerium für Familie, Senioren, Frauen und Jugend setzt einen unabhängigen Beirat für die Vereinbarkeit von Pflege und Beruf ein.

(2) Der Beirat befasst sich mit Fragen zur Vereinbarkeit von Pflege und Beruf, er begleitet die Umsetzung der einschlägigen gesetzlichen Regelungen und berät über deren Auswirkungen. Das Bundesministerium für Familie, Senioren, Frauen und Jugend kann dem Beirat Themenstellungen zur Beratung vorgeben.

(3) Der Beirat legt dem Bundesministerium für Familie, Senioren, Frauen und Jugend alle vier Jahre, erstmals zum 1. Juni 2019, einen Bericht vor und kann hierin Handlungsempfehlungen aussprechen.

(4) Der Beirat besteht aus einundzwanzig Mitgliedern, die vom Bundesministerium für Familie, Senioren, Frauen und Jugend im Einvernehmen mit dem Bundesministerium für Arbeit und Soziales und dem Bundesministerium für Gesundheit berufen werden. Stellvertretung ist zulässig. Die oder der Vorsitzende und die oder der stellvertretende Vorsitzende werden vom Bundesministerium für Familie, Senioren, Frauen und Jugend ernannt. Der Beirat setzt sich zusammen aus sechs Vertreterinnen oder Vertretern von fachlich betroffenen Interessenverbänden, je zwei Vertreterinnen oder Vertretern der Gewerkschaften, der Arbeitgeber, der Wohlfahrtsverbände und der Seniorenorganisationen sowie aus je einer Vertreterin oder einem Vertreter der sozialen und der privaten Pflege-Pflichtversicherung. Des Weiteren gehören dem Beirat zwei Wissenschaftlerinnen oder Wissenschaftler mit Schwerpunkt in der Forschung der Vereinbarkeit von Pflege und Beruf sowie je eine Vertreterin oder ein Vertreter der Konferenz der Ministerinnen und Minister, Senatorinnen und Senatoren für Jugend und Familie, der Konferenz der Ministerinnen und Minister, Senatorinnen und Senatoren für Arbeit und Soziales sowie der kommunalen Spitzenverbände an. Die Besetzung des Beirats muss geschlechterparitätisch erfolgen.

(5) Die Amtszeit der Mitglieder des Beirats und ihrer Stellvertreterinnen oder Stellvertreter beträgt fünf Jahre und kann einmalig um fünf Jahre verlängert werden. Scheidet ein Mitglied oder dessen Stellvertreterin oder Stellvertreter vorzeitig aus, wird für den Rest der Amtszeit eine Nachfolgerin oder ein Nachfolger berufen.

(6) Die Mitglieder des Beirats sind ehrenamtlich tätig. Sie haben Anspruch auf Erstattung ihrer notwendigen Auslagen.

(7) Der Beirat arbeitet auf der Grundlage einer durch das Bundesministerium für Familie, Senioren, Frauen und Jugend zu erlassenden Geschäftsordnung.

§ 15 Übergangsvorschrift

Die Vorschriften des Familienpflegezeitgesetzes in der Fassung vom 6. Dezember 2011 gelten in den Fällen fort, in denen die Voraussetzungen für die Gewährung eines Darlehens nach § 3 Absatz 1 in Verbindung mit § 12 Absatz 1 Satz 1 bis einschließlich 31. Dezember 2014 vorlagen.

VII.

Sozialgesetzbuch (SGB) Zwölftes Buch (XII) – Sozialhilfe –

vom 27. Dezember 2003 (BGBl. I S. 3022), zuletzt geändert durch Gesetze vom 23. Dezember 2016 (BGBl. I S. 3191 und BGBl. I S. 3234)

– Auszug –

Inhaltsübersicht

Siebtes Kapitel
Hilfe zur Pflege

Achtes Kapitel
Hilfe zur Überwindung besonderer sozialer Schwierigkeiten

Neuntes Kapitel
Hilfe in anderen Lebenslagen

§§

Zehntes Kapitel
Einrichtungen

Elftes Kapitel
Einsatz des Einkommens und des Vermögens

Erster Abschnitt
Einkommen

Zweiter Abschnitt
Einkommensgrenzen für die Leistungen nach dem Fünften bis Neunten Kapitel

Dritter Abschnitt
Vermögen

Vierter Abschnitt
Einschränkung der Anrechnung

Fünfter Abschnitt
Verpflichtungen anderer

§§

Vierzehntes Kapitel
Verfahrensbestimmungen

Fünfzehntes Kapitel
Statistik

(Hier nicht abgedruckt)

Sechzehntes Kapitel
Übergangs- und Schlussbestimmungen

Erstes Kapitel
Allgemeine Vorschriften

§ 1 Aufgabe der Sozialhilfe

Aufgabe der Sozialhilfe ist es, den Leistungsberechtigten die Führung eines Lebens zu ermöglichen, das der Würde des Menschen entspricht. Die Leistung soll sie so weit wie möglich befähigen, unabhängig von ihr zu leben; darauf haben auch die Leistungsberechtigten nach ihren Kräften hinzuarbeiten. Zur Erreichung dieser Ziele haben die Leistungsberechtigten und die Träger der Sozialhilfe im Rahmen ihrer Rechte und Pflichten zusammenzuwirken.

§ 2 Nachrang der Sozialhilfe

(1) Sozialhilfe erhält nicht, wer sich vor allem durch Einsatz seiner Arbeitskraft, seines Einkommens und seines Vermögens selbst helfen kann oder wer die erforderliche Leistung von anderen, insbesondere von Angehörigen oder von Trägern anderer Sozialleistungen, erhält.

(2) Verpflichtungen anderer, insbesondere Unterhaltspflichtiger oder der Träger anderer Sozialleistungen, bleiben unberührt. Auf Rechtsvorschriften beruhende Leistungen anderer dürfen nicht deshalb versagt werden, weil nach dem Recht der Sozialhilfe entsprechende Leistungen vorgesehen sind.

§ 3 Träger der Sozialhilfe

(1) Die Sozialhilfe wird von örtlichen und überörtlichen Trägern geleistet.

(2) Örtliche Träger der Sozialhilfe sind die kreisfreien Städte und die Kreise, soweit nicht nach Landesrecht etwas anderes bestimmt wird. Bei der Bestimmung durch Landesrecht ist zu gewährleisten, dass die zukünftigen örtlichen Träger mit der Übertragung dieser Aufgaben einverstanden sind, nach ihrer Leistungsfähigkeit zur Erfüllung derAufgaben nach diesem Buch geeignet sind und dass die Erfüllung dieser Aufgaben in dem gesamten Kreisgebiet sichergestellt ist.

(3) Die Länder bestimmen die überörtlichen Träger der Sozialhilfe.

§ 4 Zusammenarbeit

(1) Die Träger der Sozialhilfe arbeiten mit anderen Stellen, deren gesetzliche Aufgaben dem gleichen Ziel dienen oder die an Leistungen beteiligt sind oder beteiligt werden sollen, zusammen, insbesondere mit den Trägern von Leistungen nach dem Zweiten, dem Achten, dem Neunten und dem Elften Buch, sowie mit anderen Trägern von Sozialleistungen, mit den gemeinsamen Servicestellen der Rehabilitationsträger und mit Verbänden. Darüber hinaus sollen die Träger der Sozialhilfe gemeinsam mit den Beteiligten der Pflegestützpunkte nach § 92c des Elften Buches alle für die wohnortnahe Versorgung und Betreuung in Betracht kommenden Hilfe- und Unterstützungsangebote koordinieren. Die Rahmenverträge nach

§ 7 a Absatz 7 des Elften Buches sind zu berücksichtigen und die Empfehlungen nach § 8 a des Elften Buches sollen berücksichtigt werden.

(2) Ist die Beratung und Sicherung der gleichmäßigen, gemeinsamen oder ergänzenden Erbringung von Leistungen geboten, sollen zu diesem Zweck Arbeitsgemeinschaften gebildet werden.

(3) Soweit eine Erhebung, Verarbeitung und Nutzung personenbezogener Daten erfolgt, ist das Nähere in einer Vereinbarung zu regeln.

§ 5 Verhältnis zur freien Wohlfahrtspflege

(1) Die Stellung der Kirchen und Religionsgesellschaften des öffentlichen Rechts sowie der Verbände der freien Wohlfahrtspflege als Träger eigener sozialer Aufgaben und ihre Tätigkeit zur Erfüllung dieser Aufgaben werden durch dieses Buch nicht berührt.

(2) Die Träger der Sozialhilfe sollen bei der Durchführung dieses Buches mit den Kirchen und Religionsgesellschaften des öffentlichen Rechts sowie den Verbänden der freien Wohlfahrtspflege zusammenarbeiten. Sie achten dabei deren Selbständigkeit in Zielsetzung und Durchführung ihrer Aufgaben.

(3) Die Zusammenarbeit soll darauf gerichtet sein, dass sich die Sozialhilfe und die Tätigkeit der freien Wohlfahrtspflege zum Wohle der Leistungsberechtigten wirksam ergänzen. Die Träger der Sozialhilfe sollen die Verbände der freien Wohlfahrtspflege in ihrer Tätigkeit auf dem Gebiet der Sozialhilfe angemessen unterstützen.

(4) Wird die Leistung im Einzelfall durch die freie Wohlfahrtspflege erbracht, sollen die Träger der Sozialhilfe von der Durchführung eigener Maßnahmen absehen. Dies gilt nicht für die Erbringung von Geldleistungen.

(5) Die Träger der Sozialhilfe können allgemein an der Durchführung ihrer Aufgaben nach diesem Buch die Verbände der freien Wohlfahrtspflege beteiligen oder ihnen die Durchführung solcher Aufgaben übertragen, wenn die Verbände mit der Beteiligung oder Übertragung einverstanden sind. Die Träger der Sozialhilfe bleiben den Leistungsberechtigten gegenüber verantwortlich.

(6) § 4 Abs. 3 findet entsprechende Anwendung.

§ 6 Fachkräfte

(1) Bei der Durchführung der Aufgaben dieses Buches werden Personen beschäftigt, die sich hierfür nach ihrer Persönlichkeit eignen und in der Regel entweder eine ihren Aufgaben entsprechende Ausbildung erhalten haben oder über vergleichbare Erfahrungen verfügen.

(2) Die Träger der Sozialhilfe gewährleisten für die Erfüllung ihrer Aufgaben eine angemessene fachliche Fortbildung ihrer Fachkräfte. Diese umfasst auch die Durchführung von Dienstleistungen, insbesondere von Beratung und Unterstützung.

§ 7 Aufgabe der Länder

Die obersten Landessozialbehörden unterstützen die Träger der Sozialhilfe bei der Durchführung ihrer Aufgaben nach diesem Buch. Dabei sollen sie insbesondere den Erfahrungsaustausch zwischen den Trägern der Sozialhilfe sowie die Entwicklung und Durchführung von Instrumenten der Dienstleistungen, der zielgerichteten Erbringung und Überprüfung von Leistungen und der Qualitätssicherung fördern.

Zweites Kapitel
Leistungen der Sozialhilfe

Erster Abschnitt
Grundsätze der Leistungen

§ 8 Leistungen

Die Sozialhilfe umfasst:

1. **Hilfe zum Lebensunterhalt (§§ 27 bis 40),**
2. **Grundsicherung im Alter und bei Erwerbsminderung (§§ 41 bis 46),**
3. **Hilfen zur Gesundheit (§§ 47 bis 52),**
4. **Eingliederungshilfe für behinderte Menschen (§§ 53 bis 60),**
5. **Hilfe zur Pflege (§§ 61 bis 66),**
6. **Hilfe zur Überwindung besonderer sozialer Schwierigkeiten (§§ 67 bis 69),**
7. **Hilfe in anderen Lebenslagen (§§ 70 bis 74)**

sowie die jeweils gebotene Beratung und Unterstützung.

§ 9 Sozialhilfe nach der Besonderheit des Einzelfalles

(1) Die Leistungen richten sich nach der Besonderheit des Einzelfalles, insbesondere nach der Art des Bedarfs, den örtlichen Verhältnissen, den eigenen Kräften und Mitteln der Person oder des Haushalts bei der Hilfe zum Lebensunterhalt.

(2) Wünschen der Leistungsberechtigten, die sich auf die Gestaltung der Leistung richten, soll entsprochen werden, soweit sie angemessen sind. Wünschen der Leistungsberechtigten, den Bedarf stationär oder teilstationär zu decken, soll nur entsprochen werden, wenn dies nach der Besonderheit des Einzelfalles erforderlich ist, weil anders der Bedarf nicht oder nicht ausreichend gedeckt werden kann und wenn mit der Einrichtung Vereinbarungen nach den Vorschriften des Zehnten Kapitels dieses Buches bestehen. Der Träger der Sozialhilfe soll in der Regel Wünschen nicht entsprechen, deren Erfüllung mit unverhältnismäßigen Mehrkosten verbunden wäre.

(3) Auf Wunsch der Leistungsberechtigten sollen sie in einer Einrichtung untergebracht werden, in der sie durch Geistliche ihres Bekenntnisses betreut werden können.

§ 10 Leistungsformen

(1) Die Leistungen werden erbracht in Form von
1. **Dienstleistungen,**
2. **Geldleistungen und**
3. **Sachleistungen.**

(2) Zur Dienstleistung gehören insbesondere die Beratung in Fragen der Sozialhilfe und die Beratung und Unterstützung in sonstigen sozialen Angelegenheiten.

(3) Die Geldleistungen haben Vorrang vor Gutscheinen oder Sachleistungen, soweit dieses Buch nicht etwas anderes bestimmt oder mit Gutscheinen oder Sachleistungen das Ziel der Sozialhilfe erheblich besser oder wirtschaftlicher erreicht werden kann oder die Leistungsberechtigten es wünschen.

§ 11 Beratung und Unterstützung, Aktivierung

(1) Zur Erfüllung der Aufgaben dieses Buches werden die Leistungsberechtigten beraten und, soweit erforderlich, unterstützt.

(2) Die Beratung betrifft die persönliche Situation, den Bedarf sowie die eigenen Kräfte und Mittel sowie die mögliche Stärkung der Selbsthilfe zur aktiven Teilnahme am Leben in der Gemeinschaft und zur Überwindung der Notlage. Die aktive Teilnahme am Leben in der Gemeinschaft umfasst auch ein gesellschaftliches Engagement. Zur Überwindung der Notlage gehört auch, die Leistungsberechtigten für den Erhalt von Sozialleistungen zu befähigen. Die Beratung umfasst auch eine gebotene Budgetberatung.

(3) Die Unterstützung umfasst Hinweise und, soweit erforderlich, die Vorbereitung von Kontakten und die Begleitung zu sozialen Diensten sowie zu Möglichkeiten der aktiven Teilnahme am Leben in der Gemeinschaft unter Einschluss des gesellschaftlichen Engagements. Soweit Leistungsberechtigte zumutbar einer Tätigkeit nachgehen können, umfasst die Unterstützung auch das Angebot einer Tätigkeit sowie die Vorbereitung und Begleitung der Leistungsberechtigten. Auf die Wahrnehmung von Unterstützungsangeboten ist hinzuwirken. Können Leistungsberechtigte durch Aufnahme einer zumutbaren Tätigkeit Einkommen erzielen, sind sie hierzu sowie zur Teilnahme an einer erforderlichen Vorbereitung verpflichtet. Leistungsberechtigte nach dem Dritten und Vierten Kapitel erhalten die gebotene Beratung für den Umgang mit dem durch den Regelsatz zur Verfügung gestellten monatlichen Pauschalbetrag (§ 27 a Absatz 3 Satz 2).

(4) Den Leistungsberechtigten darf eine Tätigkeit nicht zugemutet werden, wenn
1. **sie wegen Erwerbsminderung, Krankheit, Behinderung oder Pflegebedürftigkeit hierzu nicht in der Lage sind oder**
2. **sie ein der Regelaltersgrenze der gesetzlichen Rentenversicherung (§ 35 des Sechsten Buches) entsprechendes Lebensalter erreicht oder überschritten haben oder**
3. **der Tätigkeit ein sonstiger wichtiger Grund entgegensteht.**

Ihnen darf eine Tätigkeit insbesondere nicht zugemutet werden, soweit dadurch die geordnete Erziehung eines Kindes gefährdet würde. Die geordnete Erziehung eines Kindes, das das dritte Lebensjahr vollendet hat, ist in der Regel nicht gefährdet, soweit unter Berücksichtigung der besonderen Verhältnisse in der Familie der Leistungsberechtigten die Betreuung des Kindes in einer Tageseinrichtung oder in Tagespflege im Sinne der Vorschriften des Achten Buches sichergestellt ist; die Träger der Sozialhilfe sollen darauf hinwirken, dass Alleinerziehenden vorrangig ein Platz zur Tagesbetreuung des Kindes angeboten wird. Auch sonst sind die Pflichten zu berücksichtigen, die den Leistungsberechtigten durch die Führung eines Haushalts oder die Pflege eines Angehörigen entstehen.

(5) Auf die Beratung und Unterstützung von Verbänden der freien Wohlfahrtspflege, von Angehörigen der rechtsberatenden Berufe und von sonstigen Stellen ist zunächst hinzuweisen. Ist die weitere Beratung durch eine Schuldnerberatungsstelle oder andere Fachberatungsstellen geboten, ist auf ihre Inanspruchnahme hinzuwirken. Angemessene Kosten einer Beratung nach Satz 2 sollen übernommen werden, wenn eine Lebenslage, die Leistungen der Hilfe zum Lebensunterhalt erforderlich macht oder erwarten lässt, sonst nicht überwunden werden kann; in anderen Fällen können Kosten übernommen werden. Die Kostenübernahme kann auch in Form einer pauschalierten Abgeltung der Leistung der Schuldnerberatungsstelle oder anderer Fachberatungsstellen erfolgen.

§ 12 Leistungsabsprache

Vor oder spätestens bis zu vier Wochen nach Beginn fortlaufender Leistungen sollen in einer schriftlichen Leistungsabsprache die Situation der leistungsberechtigten Personen sowie gegebenenfalls Wege zur Überwindung der Notlage und zu gebotenen Möglichkeiten der aktiven Teilnahme in der Gemeinschaft gemeinsam festgelegt und die Leistungsabsprache unterzeichnet werden. Soweit es auf Grund bestimmbarer Bedarfe erforderlich ist, ist ein Förderplan zu erstellen und in die Leistungsabsprache einzubeziehen. Sind Leistungen im Hinblick auf die sie tragenden Ziele zu überprüfen, kann dies in der Leistungsabsprache näher festgelegt werden. Die Leistungsabsprache soll regelmäßig gemeinsam überprüft und fortgeschrieben werden. Abweichende Regelungen in diesem Buch gehen vor.

§ 13 Leistungen für Einrichtungen, Vorrang anderer Leistungen

(1) Die Leistungen können entsprechend den Erfordernissen des Einzelfalles für die Deckung des Bedarfs außerhalb von Einrichtungen (ambulante Leistungen), für teilstationäre oder stationäre Einrichtungen (teilstationäre oder stationäre Leistungen) erbracht werden. Vorrang haben ambulante Leistungen vor teilstationären und stationären Leistungen sowie teilstationäre vor stationären Leistungen. Der Vorrang der ambulanten Leistung gilt nicht, wenn eine Leistung für eine geeignete stationäre Einrichtung zumutbar und eine ambulante Leistung mit unverhältnismäßigen Mehrkosten

verbunden ist. Bei der Entscheidung ist zunächst die Zumutbarkeit zu prüfen. Dabei sind die persönlichen, familiären und örtlichen Umstände angemessen zu berücksichtigen. Bei Unzumutbarkeit ist ein Kostenvergleich nicht vorzunehmen.

(2) Einrichtungen im Sinne des Absatzes 1 sind alle Einrichtungen, die der Pflege, der Behandlung oder sonstigen nach diesem Buch zu deckenden Bedarfe oder der Erziehung dienen.

§ 14 Vorrang von Prävention und Rehabilitation

(1) Leistungen zur Prävention oder Rehabilitation sind zum Erreichen der nach dem Neunten Buch mit diesen Leistungen verbundenen Ziele vorrangig zu erbringen.

(2) Die Träger der Sozialhilfe unterrichten die zuständigen Rehabilitationsträger und die Integrationsämter, wenn Leistungen zur Prävention oder Rehabilitation geboten erscheinen.

§ 15 Vorbeugende und nachgehende Leistungen

(1) Die Sozialhilfe soll vorbeugend geleistet werden, wenn dadurch eine drohende Notlage ganz oder teilweise abgewendet werden kann. § 47 ist vorrangig anzuwenden.

(2) Die Sozialhilfe soll auch nach Beseitigung einer Notlage geleistet werden, wenn dies geboten ist, um die Wirksamkeit der zuvor erbrachten Leistung zu sichern. § 54 ist vorrangig anzuwenden.

§ 16 Familiengerechte Leistungen

Bei Leistungen der Sozialhilfe sollen die besonderen Verhältnisse in der Familie der Leistungsberechtigten berücksichtigt werden. Die Sozialhilfe soll die Kräfte der Familie zur Selbsthilfe anregen und den Zusammenhalt der Familie festigen.

Zweiter Abschnitt
Anspruch auf Leistungen

§ 17 Anspruch

(1) Auf Sozialhilfe besteht ein Anspruch, soweit bestimmt wird, dass die Leistung zu erbringen ist. Der Anspruch kann nicht übertragen, verpfändet oder gepfändet werden.

(2) Über Art und Maß der Leistungserbringung ist nach pflichtmäßigem Ermessen zu entscheiden, soweit das Ermessen nicht ausgeschlossen wird. Werden Leistungen auf Grund von Ermessensentscheidungen erbracht, sind die Entscheidungen im Hinblick auf die sie tragenden Gründe und Ziele zu überprüfen und im Einzelfall gegebenenfalls abzuändern.

§ 18 Einsetzen der Sozialhilfe

(1) Die Sozialhilfe, mit Ausnahme der Leistungen der Grundsicherung im Alter und bei Erwerbsminderung, setzt ein, sobald dem Träger der Sozialhilfe oder den von ihm beauftragten Stellen bekannt wird, dass die Voraussetzungen für die Leistung vorliegen.

(2) Wird einem nicht zuständigen Träger der Sozialhilfe oder einer nicht zuständigen Gemeinde im Einzelfall bekannt, dass Sozialhilfe beansprucht wird, so sind die darüber bekannten Umstände dem zuständigen Träger der Sozialhilfe oder der von ihm beauftragten Stelle unverzüglich mitzuteilen und vorhandene Unterlagen zu übersenden. Ergeben sich daraus die Voraussetzungen für die Leistung, setzt die Sozialhilfe zu dem nach Satz 1 maßgebenden Zeitpunkt ein.

§ 19 Leistungsberechtigte

(1) Hilfe zum Lebensunterhalt nach dem Dritten Kapitel ist Personen zu leisten, die ihren notwendigen Lebensunterhalt nicht oder nicht ausreichend aus eigenen Kräften und Mitteln, insbesondere aus ihrem Einkommen und Vermögen, bestreiten können.

(2) Grundsicherung im Alter und bei Erwerbsminderung nach dem Vierten Kapitel dieses Buches ist Personen zu leisten, die die Altersgrenze nach § 41 Absatz 2 erreicht haben oder das 18. Lebensjahr vollendet haben und dauerhaft voll erwerbsgemindert sind, sofern sie ihren notwendigen Lebensunterhalt nicht oder nicht ausreichend aus eigenen Kräften und Mitteln, insbesondere aus ihrem Einkommen und Vermögen, bestreiten können. Einkommen und Vermögen des nicht getrennt lebenden Ehegatten oder Lebenspartners, die dessen notwendigen Lebensunterhalt übersteigen, sind zu berücksichtigen. Die Leistungen der Grundsicherung im Alter und bei Erwerbsminderung gehen der Hilfe zum Lebensunterhalt nach dem Dritten Kapitel vor.

(3) Hilfen zur Gesundheit, Eingliederungshilfe für behinderte Menschen, Hilfe zur Pflege, Hilfe zur Überwindung besonderer sozialer Schwierigkeiten und Hilfen in anderen Lebenslagen werden nach dem Fünften bis Neunten Kapitel dieses Buches geleistet, soweit den Leistungsberechtigten, ihren nicht getrennt lebenden Ehegatten oder Lebenspartnern und, wenn sie minderjährig und unverheiratet sind, auch ihren Eltern oder einem Elternteil die Aufbringung der Mittel aus dem Einkommen und Vermögen nach den Vorschriften des Elften Kapitels dieses Buches nicht zuzumuten ist.

(4) Lebt eine Person bei ihren Eltern oder einem Elternteil und ist sie schwanger oder betreut ihr leibliches Kind bis zur Vollendung des sechsten Lebensjahres, werden Einkommen und Vermögen der Eltern oder des Elternteils nicht berücksichtigt.

(5) Ist den in den Absätzen 1 bis 3 genannten Personen die Aufbringung der Mittel aus dem Einkommen und Vermögen im Sinne der Absätze 1 und 2 möglich oder im Sinne des Absatzes 3 zuzumuten und sind Leistungen erbracht worden, haben sie dem Träger der Sozialhilfe die Aufwendungen

in diesem Umfang zu ersetzen. Mehrere Verpflichtete haften als Gesamtschuldner.

(6) Der Anspruch der Berechtigten auf Leistungen für Einrichtungen oder auf Pflegegeld steht, soweit die Leistung den Berechtigten erbracht worden wäre, nach ihrem Tode demjenigen zu, der die Leistung erbracht oder die Pflege geleistet hat.

Aus Rundschreiben, Urteilen etc.

BSG v. 28. 2. 2013 – B 8 SO 1/12 R (FEVS 2014, 66)
Sozialhilfe und Unterkunftskosten für Assistenzpflege
Der 8. Senat des Bundessozialgerichts berichtet über die am 28. Februar 2013 entschiedenen Revisionen auf dem Gebiet des Sozialhilferechts.
Der Kläger hat nach § 19 Abs 3 Sozialgesetzbuch Zwölftes Buch – Sozialhilfe – (SGB XII) iVm § 65 Abs 1 Satz 1 SGB XII dem Grunde nach einen Anspruch auf Übernahme der anteiligen Kosten der „Unterkunft" für die von ihm im Rahmen des Arbeitgebermodells beschäftigten Pflegepersonen. Dem kann nicht entgegengehalten werden, es handele sich bei den vom Kläger geltend gemachten Kosten um Hilfe zum Lebensunterhalt, für die ungünstigere Regelungen über die Berücksichtigung von Einkommen gälten bzw wegen Erwerbsfähigkeit des Klägers Leistungen nach dem Sozialgesetzbuch Zweites Buch – Grundsicherung für Arbeitsuchende – (SGB II) zu zahlen wären. Ergeben sich Kosten für die Wohnung notwendigerweise im Zusammenhang mit erbrachten Hilfen zur Pflege und wird der Inhalt der Leistung – wie beim gesetzlich privilegierten Arbeitgebermodell, dessen konkrete Ausgestaltung grundsätzlich dem zu Pflegenden überlassen bleiben muss – von den Regelungen über Pflegeleistungen erfasst, erfordert das Leistungsziel wegen der notwendigen Verknüpfung anteiliger Unterkunftskosten mit der Pflege die Anwendung der günstigeren Vorschriften über die Berücksichtigung von Einkommen nach den §§ 85 ff SGB XII.

§ 20 Eheähnliche Gemeinschaft

Personen, die in eheähnlicher oder lebenspartnerschaftsähnlicher Gemeinschaft leben, dürfen hinsichtlich der Voraussetzungen sowie des Umfangs der Sozialhilfe nicht besser gestellt werden als Ehegatten. § 39 gilt entsprechend.

§ 21 Sonderregelung für Leistungsberechtigte nach dem Zweiten Buch

Personen, die nach dem Zweiten Buch als Erwerbsfähige oder als Angehörige dem Grunde nach leistungsberechtigt sind, erhalten keine Leistungen für den Lebensunterhalt. Abweichend von Satz 1 können Personen, die nicht hilfsbedürftig nach § 9 des Zweiten Buches sind, Leistungen nach § 36 erhalten. Bestehen über die Zuständigkeit zwischen den beteiligten Leistungsträgern unterschiedliche Auffassungen, so ist der zuständige Träger der Sozialhilfe für die Leistungsberechtigung nach dem Dritten oder Vierten Kapitel an die Feststellung einer vollen Erwerbsminderung im Sinne des § 43 Absatz 2 Satz 2 des Sechsten Buches und nach Abschluss des

Widerspruchsverfahrens an die Entscheidung der Agentur für Arbeit zur Erwerbsfähigkeit nach § 44a Absatz 1 des Zweiten Buches gebunden.

§ 22 Sonderregelungen für Auszubildende

(1) Auszubildende, deren Ausbildung im Rahmen des Bundesausbildungsförderungsgesetzes oder der §§ 51, 57 und 58 des Dritten Buches dem Grunde nach förderungsfähig ist, haben keinen Anspruch auf Leistungen nach dem Dritten und Vierten Kapitel. In besonderen Härtefällen können Leistungen nach dem Dritten und Vierten Kapitel als Beihilfe oder Darlehen gewährt werden.

(2) Absatz 1 findet keine Anwendung auf Auszubildende,

1. die auf Grund von § 2 Abs. 1 a des Bundesausbildungsförderungsgesetzes keinen Anspruch auf Ausbildungsförderung oder auf Grund von § 60 Abs. 1 des Dritten Buches keinen Anspruch auf Berufsausbildungsbeihilfe haben,
2. deren Bedarf sich nach § 12 Abs. 1 Nr. 1 des Bundesausbildungsförderungsgesetzes oder nach § 62 Absatz 1 Satz 1 des Dritten Buches bemisst oder
3. die eine Abendhauptschule, eine Abendrealschule oder ein Abendgymnasium besuchen, sofern sie aufgrund von § 10 Abs. 3 des Bundesausbildungsförderungsgesetzes keinen Anspruch auf Ausbildungsförderung haben.

§ 23 Sozialhilfe für Ausländerinnen und Ausländer

(1) Ausländern, die sich im Inland tatsächlich aufhalten, ist Hilfe zum Lebensunterhalt, Hilfe bei Krankheit, Hilfe bei Schwangerschaft und Mutterschaft sowie Hilfe zur Pflege nach diesem Buch zu leisten. Die Vorschriften des Vierten Kapitels bleiben unberührt. Im Übrigen kann Sozialhilfe geleistet werden, soweit dies im Einzelfall gerechtfertigt ist. Die Einschränkungen nach Satz 1 gelten nicht für Ausländer, die im Besitz einer Niederlassungserlaubnis oder eines befristeten Aufenthaltstitels sind und sich voraussichtlich dauerhaft im Bundesgebiet aufhalten. Rechtsvorschriften, nach denen außer den in Satz 1 genannten Leistungen auch sonstige Sozialhilfe zu leisten ist oder geleistet werden soll, bleiben unberührt.

(2) Leistungsberechtigte nach § 1 des Asylbewerberleistungsgesetzes erhalten keine Leistungen der Sozialhilfe.

(3) Ausländer und ihre Familienangehörigen erhalten keine Leistungen nach Absatz 1 oder nach dem Vierten Kapitel, wenn

1. sie weder in der Bundesrepublik Deutschland Arbeitnehmer oder Selbständige noch auf Grund des § 2 Absatz 3 des Freizügigkeitsgesetzes/EU freizügigkeitsberechtigt sind, für die ersten drei Monate ihres Aufenthalts,
2. sie kein Aufenthaltsrecht haben oder sich ihr Aufenthaltsrecht allein aus dem Zweck der Arbeitsuche ergibt,
3. sie ihr Aufenthaltsrecht allein oder neben einem Aufenthaltsrecht nach Nummer 2 aus Artikel 10 der Verordnung (EU) Nr. 492/2011 des Europä-

ischen Parlaments und des Rates vom 5. April 2011 über die Freizügigkeit der Arbeitnehmer innerhalb der Union (ABl. L 141 vom 27.5.2011, S. 1), die durch die Verordnung (EU) 2016/589 (ABl. L 107 vom 22.4.2016, S. 1) geändert worden ist, ableiten oder
4. sie eingereist sind, um Sozialhilfe zu erlangen.

Satz 1 Nummer 1 und 4 gilt nicht für Ausländerinnen und Ausländer, die sich mit einem Aufenthaltstitel nach Kapitel 2 Abschnitt 5 des Aufenthaltsgesetzes in der Bundesrepublik Deutschland aufhalten. Hilfebedürftigen Ausländern, die Satz 1 unterfallen, werden bis zur Ausreise, längstens jedoch für einen Zeitraum von einem Monat, einmalig innerhalb von zwei Jahren nur eingeschränkte Hilfen gewährt, um den Zeitraum bis zur Ausreise zu überbrücken (Überbrückungsleistungen); die Zweijahresfrist beginnt mit dem Erhalt der Überbrückungsleistungen nach Satz 3. Hierüber und über die Möglichkeit der Leistungen nach Absatz 3 a sind die Leistungsberechtigten zu unterrichten. Die Überbrückungsleistungen umfassen:

1. Leistungen zur Deckung der Bedarfe für Ernährung sowie Körper- und Gesundheitspflege,
2. Leistungen zur Deckung der Bedarfe für Unterkunft und Heizung in angemessener Höhe, einschließlich der Bedarfe nach § 35 Absatz 4 und § 30 Absatz 7,
3. die zur Behandlung akuter Erkrankungen und Schmerzzustände erforderliche ärztliche und zahnärztliche Behandlung einschließlich der Versorgung mit Arznei- und Verbandmitteln sowie sonstiger zur Genesung, zur Besserung oder zur Linderung von Krankheiten oder Krankheitsfolgen erforderlichen Leistungen und
4. Leistungen nach § 50 Nummer 1 bis 3.

Soweit dies im Einzelfall besondere Umstände erfordern, werden Leistungsberechtigten nach Satz 3 zur Überwindung einer besonderen Härte andere Leistungen im Sinne von Absatz 1 gewährt; ebenso sind Leistungen über einen Zeitraum von einem Monat hinaus zu erbringen, soweit dies im Einzelfall auf Grund besonderer Umstände zur Überwindung einer besonderen Härte und zur Deckung einer zeitlich befristeten Bedarfslage geboten ist. Abweichend von Satz 1 Nummer 2 und 3 erhalten Ausländer und ihre Familienangehörigen Leistungen nach Absatz 1 Satz 1 und 2, wenn sie sich seit mindestens fünf Jahren ohne wesentliche Unterbrechung im Bundesgebiet aufhalten; dies gilt nicht, wenn der Verlust des Rechts nach § 2 Absatz 1 des Freizügigkeitsgesetzes/EU festgestellt wurde. Die Frist nach Satz 7 beginnt mit der Anmeldung bei der zuständigen Meldebehörde. Zeiten des nicht rechtmäßigen Aufenthalts, in denen eine Ausreisepflicht besteht, werden auf Zeiten des tatsächlichen Aufenthalts nicht angerechnet. Ausländerrechtliche Bestimmungen bleiben unberührt.

(3 a) Neben den Überbrückungsleistungen werden auf Antrag auch die angemessenen Kosten der Rückreise übernommen. Satz 1 gilt entsprechend, soweit die Personen allein durch die angemessenen Kosten der Rückreise die in Absatz 3 Satz 5 Nummer 1 und 2 genannten Bedarfe nicht aus eigenen Mitteln oder mit Hilfe Dritter decken können. Die Leistung ist als Darlehen zu erbringen.

(4) Ausländer, denen Sozialhilfe geleistet wird, sind auf für sie zutreffende Rückführungs- und Weiterwanderungsprogramme hinzuweisen; in geeigneten Fällen ist auf eine Inanspruchnahme solcher Programme hinzuwirken.

(5) Hält sich ein Ausländer entgegen einer räumlichen Beschränkung im Bundesgebiet auf oder wählt er seinen Wohnsitz entgegen einer Wohnsitzauflage oder einer Wohnsitzregelung nach § 12 a des Aufenthaltsgesetzes im Bundesgebiet, darf der für den Aufenthaltsort örtlich zuständige Träger nur die nach den Umständen des Einzelfalls gebotene Leistung erbringen. Unabweisbar geboten ist regelmäßig nur eine Reisebeihilfe zur Deckung des Bedarfs für die Reise zu dem Wohnort, an dem ein Ausländer seinen Wohnsitz zu nehmen hat. In den Fällen des § 12 a Absatz 1 und 4 des Aufenthaltsgesetzes ist regelmäßig eine Reisebeihilfe zu dem Ort im Bundesgebiet zu gewähren, an dem der Ausländer die Wohnsitznahme begehrt und an dem seine Wohnsitznahme zulässig ist. Der örtlich zuständige Träger am Aufenthaltsort informiert den bislang örtlich zuständigen Träger darüber, ob Leistungen nach Satz 1 bewilligt worden sind. Die Sätze 1 und 2 gelten auch für Ausländer, die eine räumlich nicht beschränkte Aufenthaltserlaubnis nach den §§ 23 a, 24 Absatz 1 oder § 25 Absatz 4 oder 5 des Aufenthaltsgesetzes besitzen, wenn sie sich außerhalb des Landes aufhalten, in dem der Aufenthaltstitel erstmals erteilt worden ist. Satz 5 findet keine Anwendung, wenn der Wechsel in ein anderes Land zur Wahrnehmung der Rechte zum Schutz der Ehe und Familie nach Artikel 6 des Grundgesetzes oder aus vergleichbar wichtigen Gründen gerechtfertigt ist.

§ 24 Sozialhilfe für Deutsche im Ausland

(1) Deutsche, die ihren gewöhnlichen Aufenthalt im Ausland haben, erhalten keine Leistungen. Hiervon kann im Einzelfall nur abgewichen werden, soweit dies wegen einer außergewöhnlichen Notlage unabweisbar ist und zugleich nachgewiesen wird, dass eine Rückkehr in das Inland aus folgenden Gründen nicht möglich ist:

1. Pflege und Erziehung eines Kindes, das aus rechtlichen Gründen im Ausland bleiben muss,
2. längerfristige stationäre Betreuung in einer Einrichtung oder Schwere der Pflegebedürftigkeit oder
3. hoheitliche Gewalt.

(2) Leistungen werden nicht erbracht, soweit sie von dem hierzu verpflichteten Aufenthaltsland oder von anderen erbracht werden oder zu erwarten sind.

(3) Art und Maß der Leistungserbringung sowie der Einsatz des Einkommens und des Vermögens richten sich nach den besonderen Verhältnissen im Aufenthaltsland.

(4) Die Leistungen sind abweichend von § 18 zu beantragen. Für die Leistungen zuständig ist der überörtliche Träger der Sozialhilfe, in dessen Bereich die antragstellende Person geboren ist. Liegt der Geburtsort im

Ausland oder ist er nicht zu ermitteln, wird der örtlich zuständige Träger von einer Schiedsstelle bestimmt. § 108 Abs. 1 Satz 2 gilt entsprechend.

(5) Leben Ehegatten oder Lebenspartner, Verwandte und Verschwägerte bei Einsetzen der Sozialhilfe zusammen, richtet sich die örtliche Zuständigkeit nach der ältesten Person von ihnen, die im Inland geboren ist. Ist keine dieser Personen im Inland geboren, ist ein gemeinsamer örtlich zuständiger Träger nach Absatz 4 zu bestimmen. Die Zuständigkeit bleibt bestehen, solange eine der Personen nach Satz 1 der Sozialhilfe bedarf.

(6) Die Träger der Sozialhilfe arbeiten mit den deutschen Dienststellen im Ausland zusammen.

§ 25 Erstattung von Aufwendungen Anderer

Hat jemand in einem Eilfall einem Anderen Leistungen erbracht, die bei rechtzeitigem Einsetzen von Sozialhilfe nicht zu erbringen gewesen wären, sind ihm die Aufwendungen in gebotenem Umfang zu erstatten, wenn er sie nicht auf Grund rechtlicher oder sittlicher Pflicht selbst zu tragen hat. Dies gilt nur, wenn die Erstattung innerhalb angemessener Frist beim zuständigen Träger der Sozialhilfe beantragt wird.

Aus Rundschreiben, Urteilen etc.

BSG v. 12.12.2013 – B 8 SO 13/12 R (ZfF 2014, 62)
Zum Anspruch des Nothelfers nach § 25 SGB XII.
§ 25 SGB XII

1. *Zweck des § 25 SGB XII ist es nur, die Hilfsbereitschaft Dritter im Interesse in Not geratener Menschen zu erhalten und zu stärken und Hilfe auch in Fällen sicherzustellen, in denen Leistungen des SHTrs. zu spät kämen oder wegen Zeitablaufs ins Leere gingen. Die Entlastung des Nothelfers von seinen Kosten ist nur in diesen Fallgestaltungen die vom Gesetzgeber beabsichtigte Folge, auch wenn Dritte schon wegen drohender strafrechtlicher Sanktionen (vgl. § 323 c StGB) und Krankenhausträger sowie ihr ärztliches Personal zudem aus berufs- und zulassungsrechtlichen Gründen ggf. zu entsprechender Hilfe verpflichtet sind.*
2. *Ein Eilfall liegt nur dann vor, wenn keine Zeit zur Unterrichtung des zuständigen SHTrs. verbleibt, um zunächst dessen Entschließung über eine Gewährung der erforderlichen Hilfe abzuwarten. Erfolgt die Aufnahme an einem Werktag vormittags und lässt es der Zustand des Patienten trotz bestehender Behandlungsbedürftigkeit zu, vor der stationären Behandlung ein Aufklärungsgespräch zu führen, einen Fragebogen zur Anamnese auszufüllen und einen Behandlungsvertrag mit Wahlleistungsvereinbarung abzuschließen, ist es nicht objektiv unmöglich, den SHTr. vorab vom Hilfefall zu unterrichten.*
3. *Ein Eilfall kann zwar auch vorliegen, wenn der SHTr. erreichbar ist und unterrichtet werden könnte, jedoch die Umstände des Einzelfalls seine Einschaltung aus Sicht des Nothelfers nicht nahelegen, weil nach dem Kenntnisstand des Nothelfers die Leistungspflicht einer gesetzlichen Krankenkasse besteht (BSG, Urteil vom 23.8.2013 – B 8 SO 19/12 R). Ein solcher Fall liegt nicht vor, wenn nach Angaben des Patienten dieser weder gesetzlich noch privat krankenver-*

sichert ist und der Nothelfer die erforderliche Aufklärung des Versichertenstatus unterlässt und davon ausgeht, dass der Patient als Selbstzahler die Kosten der Krankenhausbehandlung übernimmt. Es ist auch unerheblich, ob zunächst ein Vorschuss gezahlt wird und die Obliegenheit erst bei Verbrauch desselben einsetzt; das Irrtums- und Fehleinschätzungsrisiko wird dem Nothelfer durch § 25 SGB XII nicht abgenommen.

§ 26 Einschränkung, Aufrechnung

(1) Die Leistung soll bis auf das zum Lebensunterhalt Unerlässliche eingeschränkt werden

1. bei Leistungsberechtigten, die nach Vollendung des 18. Lebensjahres ihr Einkommen oder Vermögen vermindert haben in der Absicht, die Voraussetzungen für die Gewährung oder Erhöhung der Leistung herbeizuführen,

2. bei Leistungsberechtigten, die trotz Belehrung ihr unwirtschaftliches Verhalten fortsetzen.

So weit wie möglich ist zu verhüten, dass die unterhaltsberechtigten Angehörigen oder andere mit ihnen in Haushaltsgemeinschaft lebende Leistungsberechtigte durch die Einschränkung der Leistung mitbetroffen werden.

(2) Die Leistung kann bis auf das jeweils Unerlässliche mit Ansprüchen des Trägers der Sozialhilfe gegen eine leistungsberechtigte Person aufgerechnet werden, wenn es sich um Ansprüche auf Erstattung zu Unrecht erbrachter Leistungen der Sozialhilfe handelt, die die leistungsberechtigte Person oder ihr Vertreter durch vorsätzlich oder grob fahrlässig unrichtige oder unvollständige Angaben oder durch pflichtwidriges Unterlassen veranlasst hat, oder wenn es sich um Ansprüche auf Kostenersatz nach den §§ 103 und 104 handelt. Die Aufrechnungsmöglichkeit wegen eines Anspruchs ist auf drei Jahre beschränkt; ein neuer Anspruch des Trägers der Sozialhilfe auf Erstattung oder auf Kostenersatz kann erneut aufgerechnet werden.

(3) Eine Aufrechnung nach Absatz 2 kann auch erfolgen, wenn Leistungen für einen Bedarf übernommen werden, der durch vorangegangene Leistungen der Sozialhilfe an die leistungsberechtigte Person bereits gedeckt worden war.

(4) Eine Aufrechnung erfolgt nicht, soweit dadurch der Gesundheit dienende Leistungen gefährdet werden.

Drittes Kapitel
Hilfe zum Lebensunterhalt

Erster Abschnitt
Leistungsberechtigte, notwendiger Lebensunterhalt, Regelbedarfe und Regelsätze

§ 27 Leistungsberechtigte

(1) Hilfe zum Lebensunterhalt ist Personen zu leisten, die ihren notwendigen Lebensunterhalt nicht oder nicht ausreichend aus eigenen Kräften und Mitteln bestreiten können.

(2) Eigene Mittel sind insbesondere das eigene Einkommen und Vermögen. Bei nicht getrennt lebenden Ehegatten oder Lebenspartnern sind das Einkommen und Vermögen beider Ehegatten oder Lebenspartner gemeinsam zu berücksichtigen. Gehören minderjährige unverheiratete Kinder dem Haushalt ihrer Eltern oder eines Elternteils an und können sie den notwendigen Lebensunterhalt aus ihrem Einkommen und Vermögen nicht bestreiten, sind vorbehaltlich des § 39 Satz 3 Nummer 1 auch das Einkommen und das Vermögen der Eltern oder des Elternteils gemeinsam zu berücksichtigen.

(3) Hilfe zum Lebensunterhalt kann auch Personen geleistet werden, die ihren notwendigen Lebensunterhalt aus eigenen Mitteln und Kräften bestreiten können, jedoch einzelne erforderliche Tätigkeiten nicht verrichten können. Von den Leistungsberechtigten kann ein angemessener Kostenbeitrag verlangt werden.

§ 27 a Notwendiger Lebensunterhalt, Regelbedarfe und Regelsätze

(1) Der für die Gewährleistung des Existenzminimums notwendige Lebensunterhalt umfasst insbesondere Ernährung, Kleidung, Körperpflege, Hausrat, Haushaltsenergie ohne die auf Heizung und Erzeugung von Warmwasser entfallenden Anteile, persönliche Bedürfnisse des täglichen Lebens sowie Unterkunft und Heizung. Zu den persönlichen Bedürfnissen des täglichen Lebens gehört in vertretbarem Umfang eine Teilhabe am sozialen und kulturellen Leben in der Gemeinschaft; dies gilt in besonderem Maß für Kinder und Jugendliche. Für Schülerinnen und Schüler umfasst der notwendige Lebensunterhalt auch die erforderlichen Hilfen für den Schulbesuch.

(2) Der gesamte notwendige Lebensunterhalt nach Absatz 1 mit Ausnahme der Bedarfe nach dem Zweiten bis Vierten Abschnitt ergibt den monatlichen Regelbedarf. Dieser ist in Regelbedarfsstufen unterteilt, die bei Kindern und Jugendlichen altersbedingte Unterschiede und bei erwachsenen Personen deren Anzahl im Haushalt sowie die Führung eines Haushalts berücksichtigen.

(3) Zur Deckung der Regelbedarfe, die sich nach den Regelbedarfsstufen der Anlage zu § 28 ergeben, sind monatliche Regelsätze als Bedarf

anzuerkennen. Der Regelsatz stellt einen monatlichen Pauschalbetrag zur Bestreitung des Regelbedarfs dar, über dessen Verwendung die Leistungsberechtigten eigenverantwortlich entscheiden; dabei haben sie das Eintreten unregelmäßig anfallender Bedarfe zu berücksichtigen. Besteht die Leistungsberechtigung für weniger als einen Monat, ist der Regelsatz anteilig als Bedarf anzuerkennen. Zur Deckung der Regelbedarfe von Personen, die in einer sonstigen Unterkunft oder vorübergehend nicht in einer Unterkunft untergebracht sind, sind als Bedarfe monatliche Regelsätze anzuerkennen, die sich in entsprechender Anwendung der Regelbedarfsstufen nach der Anlage zu § 28 ergeben.

(4) Im Einzelfall wird der Regelsatz abweichend von der maßgebenden Regelbedarfsstufe festgesetzt (abweichende Regelsatzfestsetzung), wenn ein durch die Regelbedarfe abgedeckter Bedarf nicht nur einmalig, sondern für eine Dauer von voraussichtlich mehr als einem Monat

1. **nachweisbar vollständig oder teilweise anderweitig gedeckt ist oder**
2. **unausweichlich in mehr als geringem Umfang oberhalb durchschnittlicher Bedarfe liegt, wie sie sich nach den bei der Ermittlung der Regelbedarfe zugrundeliegenden durchschnittlichen Verbrauchsausgaben ergeben, und die dadurch bedingten Mehraufwendungen begründbar nicht anderweitig ausgeglichen werden können.**

Bei einer abweichenden Regelsatzfestsetzung nach Satz 1 Nummer 1 sind für die monatlich ersparten Verbrauchsausgaben die sich nach § 5 Absatz 1 oder nach § 6 Absatz 1 des Regelbedarfs-Ermittlungsgesetzes für die jeweilige Abteilung ergebenden Beträge zugrunde zu legen. Beschränkt sich die anderweitige Bedarfsdeckung auf einzelne in die regelbedarfsrelevanten Verbrauchsausgaben je Abteilung eingegangenen Verbrauchspositionen, sind die regelbedarfsrelevanten Beträge zugrunde zu legen, auf denen die in § 5 Absatz 1 und § 6 Absatz 1 des Regelbedarfs-Ermittlungsgesetzes genannten Beträge für die einzelnen Abteilungen beruhen.

(5) Sind minderjährige Leistungsberechtigte in einer anderen Familie, insbesondere in einer Pflegefamilie, oder bei anderen Personen als bei ihren Eltern oder einem Elternteil untergebracht, so wird in der Regel der individuelle Bedarf abweichend von den Regelsätzen in Höhe der tatsächlichen Kosten der Unterbringung festgesetzt, sofern die Kosten einen angemessenen Umfang nicht übersteigen.

Aus Rundschreiben, Urteilen etc.

BSG v. 12.12.2013 (ZfF 2014, 92)

Kein Mehrbedarf für Zusatzkosten im Rahmen kieferorthopädischer Behandlung.

1. *Werden Aufwendungen für eine medizinisch notwendige Behandlung aus dem Leistungskatalog der GKV ausgeschlossen, kann grundsätzlich ein Anspruch auf eine Mehrbedarfsleistung entstehen. Unter welchen Voraussetzungen dies zu erfolgen hat, ist bisher noch nicht abschließend geklärt. Jedenfalls scheidet eine Leistungsgewährung aus, wenn der Lb wegen der Erkrankungen keine Kosten geltend macht, die über das hinausgehen, was für die übrigen Kosten*

für Gesundheitspflege im Regelbedarf vorgesehen ist und wenn die GKV die Kosten einer medizinisch notwendigen Behandlung trägt.

2. *Eine Unabweisbarkeit des Bedarfs könnte nur dann in Betracht zu ziehen sein, wenn das SGB V einen Leistungsausschluss für eine medizinisch notwendige kieferorthopädische Versorgung in der konkreten Fallgestaltung vorsähe. Zwar kennt das SGB V auch bei der kieferorthopädischen Versorgung Leistungsbeschränkungen. Wenn jedoch die GKV kieferorthopädische Versorgung erbringt, leistet sie auch die medizinisch notwendige Behandlung i. S. v. § 27 SGB V. Damit wird der Bedarf wegen der kieferorthopädischen Behandlung jedoch zugleich auch i. S. d. Grundsicherungsrechts gedeckt.*

§ 27 b Notwendiger Lebensunterhalt in Einrichtungen

(1) Der notwendige Lebensunterhalt in Einrichtungen umfasst den darin erbrachten sowie in stationären Einrichtungen zusätzlich den weiteren notwendigen Lebensunterhalt. Der notwendige Lebensunterhalt in stationären Einrichtungen entspricht dem Umfang der Leistungen der Grundsicherung nach § 42 Nummer 1, 2 und 4.

(2) Der weitere notwendige Lebensunterhalt umfasst insbesondere Kleidung und einen angemessenen Barbetrag zur persönlichen Verfügung; § 31 Absatz 2 Satz 2 ist nicht anzuwenden. Leistungsberechtigte, die das 18. Lebensjahr vollendet haben, erhalten einen Barbetrag in Höhe von mindestens 27 vom Hundert der Regelbedarfsstufe 1 nach der Anlage zu § 28. Für Leistungsberechtigte, die das 18. Lebensjahr noch nicht vollendet haben, setzen die zuständigen Landesbehörden oder die von ihnen bestimmten Stellen für die in ihrem Bereich bestehenden Einrichtungen die Höhe des Barbetrages fest. Der Barbetrag wird gemindert, soweit dessen bestimmungsgemäße Verwendung durch oder für die Leistungsberechtigten nicht möglich ist.

§ 28 Ermittlung der Regelbedarfe[1]

(1) Liegen die Ergebnisse einer bundesweiten neuen Einkommens- und Verbrauchsstichprobe vor, wird die Höhe der Regelbedarfe in einem Bundesgesetz neu ermittelt.

(2) Bei der Ermittlung der bundesdurchschnittlichen Regelbedarfsstufen nach § 27 a Absatz 2 sind Stand und Entwicklung von Nettoeinkommen, Verbraucherverhalten und Lebenshaltungskosten zu berücksichtigen. Grundlage hierfür sind die durch die Einkommens- und Verbrauchsstichprobe nachgewiesenen tatsächlichen Verbrauchsausgaben unterer Einkommensgruppen.

(3) Für die Ermittlung der Regelbedarfsstufen beauftragt das Bundesministerium für Arbeit und Soziales das Statistische Bundesamt mit Sonderauswertungen, die auf der Grundlage einer neuen Einkommens- und Verbrauchsstichprobe vorzunehmen sind. Sonderauswertungen zu den Verbrauchsausgaben von Haushalten unterer Einkommensgruppen sind

1 Vgl. das nach § 138 und der Anlage zu § 28 abgedruckte Regelbedarfsermittlungsgesetz.

zumindest für Haushalte (Referenzhaushalte) vorzunehmen, in denen nur eine erwachsene Person lebt (Einpersonenhaushalte), sowie für Haushalte, in denen Paare mit einem Kind leben (Familienhaushalte). Dabei ist festzulegen, welche Haushalte, die Leistungen nach diesem Buch und dem Zweiten Buch beziehen, nicht als Referenzhaushalte zu berücksichtigen sind. Für die Bestimmung des Anteils der Referenzhaushalte an den jeweiligen Haushalten der Sonderauswertungen ist ein für statistische Zwecke hinreichend großer Stichprobenumfang zu gewährleisten.

(4) Die in Sonderauswertungen nach Absatz 3 ausgewiesenen Verbrauchsausgaben der Referenzhaushalte sind für die Ermittlung der Regelbedarfsstufen als regelbedarfsrelevant zu berücksichtigen, soweit sie zur Sicherung des Existenzminimums notwendig sind und eine einfache Lebensweise ermöglichen, wie sie einkommensschwache Haushalte aufweisen, die ihren Lebensunterhalt nicht ausschließlich aus Leistungen nach diesem oder dem Zweiten Buch bestreiten. Nicht als regelbedarfsrelevant zu berücksichtigen sind Verbrauchsausgaben der Referenzhaushalte, wenn sie bei Leistungsberechtigten nach diesem Buch oder dem Zweiten Buch

1. durch bundes- oder landesgesetzliche Leistungsansprüche, die der Finanzierung einzelner Verbrauchspositionen der Sonderauswertungen dienen, abgedeckt sind und diese Leistungsansprüche kein anrechenbares Einkommen nach § 82 oder § 11 des Zweiten Buches darstellen oder
2. nicht anfallen, weil bundesweit in einheitlicher Höhe Vergünstigungen gelten.

(5) Die Summen der sich nach den Sätzen 1 und 2 ergebenden regelbedarfsrelevanten Verbrauchsausgaben der Referenzhaushalte sind Grundlage für die Prüfung der Regelbedarfsstufen, insbesondere für die Altersabgrenzungen bei Kindern und Jugendlichen. Die nach Satz 1 für die Ermittlung der Regelbedarfsstufen zugrunde zu legenden Summen der regelbedarfsrelevanten Verbrauchsausgaben aus den Sonderauswertungen sind jeweils mit der sich nach § 28 a Absatz 2 ergebenden Veränderungsrate entsprechend fortzuschreiben. Die sich durch die Fortschreibung nach Satz 2 ergebenden Summenbeträge sind jeweils bis unter 0,50 Euro abzurunden sowie von 0,50 Euro an aufzurunden und ergeben die Regelbedarfsstufen (Anlage).

§ 28 a Fortschreibung der Regelbedarfsstufen

(1) In Jahren, in denen keine Neuermittlung nach § 28 erfolgt, werden die Regelbedarfsstufen jeweils zum 1. Januar mit der sich nach Absatz 2 ergebenden Veränderungsrate fortgeschrieben. § 28 Absatz 4 Satz 5 gilt entsprechend.

(2) Die Fortschreibung der Regelbedarfsstufen erfolgt aufgrund der bundesdurchschnittlichen Entwicklung der Preise für regelbedarfsrelevante Güter und Dienstleistungen sowie der bundesdurchschnittlichen Entwicklung der Nettolöhne und -gehälter je beschäftigten Arbeitnehmer nach der Volkswirtschaftlichen Gesamtrechnung (Mischindex). Maßgeblich ist jeweils die

Veränderungsrate, die sich aus der Veränderung in dem Zwölfmonatszeitraum, der mit dem 1. Juli des Vorvorjahres beginnt und mit dem 30. Juni des Vorjahres endet, gegenüber dem davorliegenden Zwölfmonatszeitraum ergibt. Für die Ermittlung der jährlichen Veränderungsrate des Mischindexes wird die sich aus der Entwicklung der Preise aller regelbedarfsrelevanten Güter und Dienstleistungen ergebende Veränderungsrate mit einem Anteil von 70 vom Hundert und die sich aus der Entwicklung der Nettolöhne und -gehälter je beschäftigten Arbeitnehmer ergebende Veränderungsrate mit einem Anteil von 30 vom Hundert berücksichtigt.

(3) Das Bundesministerium für Arbeit und Soziales beauftragt das Statistische Bundesamt mit der Ermittlung der jährlichen Veränderungsrate für den Zeitraum nach Absatz 2 Satz 2 für
1. die Preise aller regelbedarfsrelevanten Güter und Dienstleistungen und
2. die durchschnittliche Nettolohn- und -gehaltssumme je durchschnittlich beschäftigten Arbeitnehmer.

§ 29 Festsetzung und Fortschreibung der Regelsätze

(1) Werden die Regelbedarfsstufen nach § 28 neu ermittelt, gelten diese als neu festgesetzte Regelsätze (Neufestsetzung), solange die Länder keine abweichende Neufestsetzung vornehmen. Satz 1 gilt entsprechend, wenn die Regelbedarfe nach § 28a fortgeschrieben werden.

(2) Nehmen die Länder eine abweichende Neufestsetzung vor, haben sie die Höhe der monatlichen Regelsätze entsprechend der Abstufung der Regelbedarfe nach der Anlage zu § 28 durch Rechtsverordnung neu festzusetzen. Sie können die Ermächtigung für die Neufestsetzung nach Satz 1 auf die zuständigen Landesministerien übertragen. Für die abweichende Neufestsetzung sind anstelle der bundesdurchschnittlichen Regelbedarfsstufen, die sich nach § 28 aus der bundesweiten Auswertung der Einkommens- und Verbrauchsstichprobe ergeben, entsprechend aus regionalen Auswertungen der Einkommens- und Verbrauchsstichprobe ermittelte Regelbedarfsstufen zugrunde zu legen. Die Länder können bei der Neufestsetzung der Regelsätze auch auf ihr Land bezogene besondere Umstände, die die Deckung des Regelbedarfs betreffen, berücksichtigen. Regelsätze, die nach Absatz 1 oder nach den Sätzen 1 bis 4 festgesetzt worden sind, können von den Ländern als Mindestregelsätze festgesetzt werden. § 28 Absatz 4 Satz 4 und 5 gilt für die Festsetzung der Regelsätze nach den Sätzen 1 bis 4 entsprechend.

(3) Die Länder können die Träger der Sozialhilfe ermächtigen, auf der Grundlage von nach Absatz 2 Satz 5 bestimmten Mindestregelsätzen regionale Regelsätze festzusetzen; bei der Festsetzung können die Träger der Sozialhilfe regionale Besonderheiten sowie statistisch nachweisbare Abweichungen in den Verbrauchsausgaben berücksichtigen. § 28 Absatz 4 Satz 4 und 5 gilt für die Festsetzung der Regelsätze nach Satz 1 entsprechend.

(4) Werden die Regelsätze nach den Absätzen 2 und 3 abweichend von den Regelbedarfsstufen nach § 28 festgesetzt, sind diese in den Jahren, in denen keine Neuermittlung der Regelbedarfe nach § 28 erfolgt, jeweils zum

1. Januar durch Rechtsverordnung der Länder mit der Veränderungsrate der Regelbedarfe fortzuschreiben, die sich nach der Rechtsverordnung nach § 40 ergibt.

(5) Die nach den Absätzen 2 und 3 festgesetzten und nach Absatz 4 fortgeschriebenen Regelsätze gelten als Regelbedarfsstufen nach der Anlage zu § 28.

Aus Rundschreiben, Urteilen etc.

BSG v. 15.12.2012 (ZfF 2014, 63)
Umzugs- und Räumungskosten bei Aufnahme in ein Pflegeheim
Der notwendige Lebensunterhalt in Einrichtungen umfasst den darin erbrachten sowie in stationären Einrichtungen zusätzlich den weiteren notwendigen Lebensunterhalt. Gemäß § 27 b Abs. 2 Satz 1 SGB XII beinhaltet dieser insbesondere Kleidung und einen angemessenen Barbetrag zur persönlichen Verfügung, die wegen der fehlenden Verweisung in § 42 SGB XII als Leistungen der HLU, nicht als solche der Grundsicherung nach §§ 41ff. SGB XII, auch Grundsicherungsleistungsberechtigten gewährt werden können.
Die Vorschriften der §§ 27ff. SGB XII finden damit – unabhängig davon, ob (dem Grunde nach) Anspruch auf Grundsicherung im Alter und bei Erwerbsminderung überhaupt besteht – Anwendung, soweit keine Leistungen nach §§ 41ff. SGB XII zu erbringen sind.
Unter Umzugskosten sind alle Kosten zu verstehen, die durch das Ausräumen einer Wohnung und den Transport von Möbeln von einem zum anderen Ort anfallen, unabhängig davon, ob Umzugsziel eine neue Wohnung oder ein Pflegeheim ist.
Zu den Umzugskosten zählen nicht die nur anlässlich des Umzugs anfallenden Kosten, sondern nur die unmittelbaren, wie etwa Transportkosten, Kosten für eine Hilfskraft bzw. für erforderliche Versicherungen, Benzinkosten und Kosten für Verpackungsmaterial. Dazu gehören auch die Kosten, die durch die Entsorgung von Möbeln und anderen Gebrauchsgütern auf einer Deponie entstehen, wenn die Möbel und andere Gebrauchsgüter nicht in die neue Unterkunft mitgenommen werden können. Eine Aufteilung danach, ob einzelne Möbel ins Pflegeheim mitgenommen, andere aber entsorgt werden, wäre systematisch nicht nachvollziehbar.
Zu übernehmen sind allerdings nur die Kosten, die als angemessen zu beurteilen sind. Die Prüfung im Einzelnen wird sich daran zu orientieren haben, was üblicherweise auch von einem Nicht-Hilfebedürftigen, der seine Wohnung räumt und ins Pflegeheim umzieht, aufgebracht werden muss.
Wenn der Leistungsberechtigte den Umzug selbst, sei es aus Altersgründen oder krankheitsbedingt, nicht vornehmen kann, kann auch die Übernahme der Kosten für einen gewerblichen Anbieter in Betracht kommen; Familienmitglieder, Angehörige oder Freunde sind jedenfalls grundsätzlich nicht verpflichtet, für einen Leistungsberechtigten einen Umzug durchzuführen.

Zweiter Abschnitt
Zusätzliche Bedarfe

§ 30 Mehrbedarf

(1) Für Personen, die

1. **die Altersgrenze nach § 41 Abs. 2 erreicht haben oder**
2. **die Altersgrenze nach § 41 Abs. 2 noch nicht erreicht haben und voll erwerbsgemindert nach dem Sechsten Buch sind,**

und durch einen Bescheid der nach § 69 Abs. 4 des Neunten Buches zuständigen Behörde oder einen Ausweis nach § 69 Abs. 5 des Neunten Buches die Feststellung des Merkzeichens G nachweisen, wird ein Mehrbedarf von 17 vom Hundert der maßgebenden Regelbedarfsstufe anerkannt, soweit nicht im Einzelfall ein abweichender Bedarf besteht.

(2) Für werdende Mütter nach der 12. Schwangerschaftswoche wird ein Mehrbedarf von 17 vom Hundert der maßgebenden Regelbedarfsstufe anerkannt, soweit nicht im Einzelfall ein abweichender Bedarf besteht.

(3) Für Personen, die mit einem oder mehreren minderjährigen Kindern zusammenleben und allein für deren Pflege und Erziehung sorgen, ist, soweit kein abweichender Bedarf besteht, ein Mehrbedarf anzuerkennen

1. **in Höhe von 36 vom Hundert der Regelbedarfsstufe 1 nach der Anlage zu § 28 für ein Kind unter sieben Jahren oder für zwei oder drei Kinder unter sechzehn Jahren, oder**
2. **in Höhe von 12 vom Hundert der Regelbedarfsstufe 1 nach der Anlage zu § 28 für jedes Kind, wenn die Voraussetzungen nach Nummer 1 nicht vorliegen, höchstens jedoch in Höhe von 60 vom Hundert der Regelbedarfsstufe 1 nach der Anlage zu § 28.**

(4) Für behinderte Menschen, die das 15. Lebensjahr vollendet haben und denen Eingliederungshilfe nach § 54 Abs. 1 Satz 1 Nr. 1 bis 3 geleistet wird, wird ein Mehrbedarf von 35 vom Hundert der maßgebenden Regelbedarfsstufe anerkannt, soweit nicht im Einzelfall ein abweichender Bedarf besteht. Satz 1 kann auch nach Beendigung der in § 54 Abs. 1 Satz 1 Nr. 1 bis 3 genannten Leistungen während einer angemessenen Übergangszeit, insbesondere einer Einarbeitungszeit, angewendet werden. Absatz 1 Nr. 2 ist daneben nicht anzuwenden.

(5) Für Kranke, Genesende, behinderte Menschen oder von einer Krankheit oder von einer Behinderung bedrohte Menschen, die einer kostenaufwändigen Ernährung bedürfen, wird ein Mehrbedarf in angemessener Höhe anerkannt.

(6) Die Summe des nach den Absätzen 1 bis 5 insgesamt anzuerkennenden Mehrbedarfs darf die Höhe der maßgebenden Regelbedarfsstufe nicht übersteigen.

(7) Für Leistungsberechtigte wird ein Mehrbedarf anerkannt, soweit Warmwasser durch in der Unterkunft installierte Vorrichtungen erzeugt wird (dezentrale Warmwassererzeugung) und denen deshalb keine Leistungen für Warmwasser nach § 35 Absatz 4 erbracht werden. Der

Mehrbedarf beträgt für jede im Haushalt lebende leistungsberechtigte Person entsprechend ihrer Regelbedarfsstufe nach der Anlage zu § 28 jeweils
1. 2,3 vom Hundert der Regelbedarfsstufen 1 bis 3,
2. 1,4 vom Hundert der Regelbedarfsstufe 4,
3. 1,2 vom Hundert der Regelbedarfsstufe 5 oder
4. 0,8 vom Hundert der Regelbedarfsstufe 6,

soweit nicht im Einzelfall ein abweichender Bedarf besteht oder ein Teil des angemessenen Warmwasserbedarfs durch Leistungen nach § 35 Absatz 4 gedeckt wird.

§ 31 Einmalige Bedarfe

(1) Leistungen zur Deckung von Bedarfen für
1. Erstausstattungen für die Wohnung einschließlich Haushaltsgeräten,
2. Erstausstattungen für Bekleidung und Erstausstattungen bei Schwangerschaft und Geburt sowie
3. Anschaffung und Reparaturen von orthopädischen Schuhen, Reparaturen von therapeutischen Geräten und Ausrüstungen sowie die Miete von therapeutischen Geräten

werden gesondert erbracht.

(2) Einer Person, die Sozialhilfe beansprucht (nachfragende Person), werden, auch wenn keine Regelsätze zu gewähren sind, für einmalige Bedarfe nach Absatz 1 Leistungen erbracht, wenn sie diese nicht aus eigenen Kräften und Mitteln vollständig decken kann. In diesem Falle kann das Einkommen berücksichtigt werden, das sie innerhalb eines Zeitraums von bis zu sechs Monaten nach Ablauf des Monats erwerben, in dem über die Leistung entschieden worden ist.

(3) Die Leistungen nach Absatz 1 Nr. 1 und 2 können als Pauschalbeträge erbracht werden. Bei der Bemessung der Pauschalbeträge sind geeignete Angaben über die erforderlichen Aufwendungen und nachvollziehbare Erfahrungswerte zu berücksichtigen.

§ 32 Beiträge für die Kranken- und Pflegeversicherung

(1) Für Pflichtversicherte im Sinne des § 5 Abs. 1 Nr. 13 des Fünften Buches, des § 2 Abs. 1 Nr. 7 des Zweiten Gesetzes über die Krankenversicherung der Landwirte, für Weiterversicherte im Sinne des § 9 Abs. 1 Nr. 1 des Fünften Buches und des § 6 Abs. 1 Nr. 1 des Zweiten Gesetzes über die Krankenversicherung der Landwirte sowie für Rentenantragsteller, die nach § 189 des Fünften Buches als Mitglied einer Krankenkasse gelten, werden die Krankenversicherungsbeiträge übernommen, soweit die genannten Personen die Voraussetzungen des § 27 Absatz 1 und 2 erfüllen. § 82 Abs. 2 Nr. 2 und 3 ist insoweit nicht anzuwenden. Bei Pflichtversicherten im Sinne des § 5 Abs. 1 Nr. 13 des Fünften Buches und des § 2 Abs. 1 Nr. 7 des Zweiten Gesetzes über die Krankenversicherung der Landwirte, die die Voraussetzungen des § 27 Absatz 1 und 2 nur wegen der Zahlung der Beiträge erfüllen, sind die Beiträge auf Anforderung der zuständigen Krankenkasse unmittelbar und in voller Höhe an diese zu zahlen; die Leistungs-

berechtigten sind hiervon sowie von einer Verpflichtung nach § 19 Abs. 5 schriftlich zu unterrichten. Die Anforderung der Krankenkasse nach Satz 4 hat einen Nachweis darüber zu enthalten, dass eine zweckentsprechende Verwendung der Leistungen für Beiträge durch den Leistungsberechtigten nicht gesichert ist.

(2) Für freiwillig Versicherte im Sinne des § 9 Abs. 1 Nr. 2 bis 8 des Fünften Buches oder des § 6 Abs. 1 Nr. 2 des Zweiten Gesetzes über die Krankenversicherung der Landwirte können Krankenversicherungsbeiträge übernommen werden, soweit die Voraussetzungen des § 27 Absatz 1 und 2 erfüllt sind. Zur Aufrechterhaltung einer freiwilligen Krankenversicherung werden solche Beiträge übernommen, wenn Hilfe zum Lebensunterhalt voraussichtlich nur für kurze Dauer zu leisten ist. § 82 Abs. 2 Nr. 2 und 3 ist insoweit nicht anzuwenden.

(3) Soweit nach den Absätzen 1 und 2 Beiträge für die Krankenversicherung übernommen werden, werden auch die damit zusammenhängenden Beiträge zur Pflegeversicherung übernommen.

(4) Die Übernahme der Beiträge nach den Absätzen 1 und 2 umfasst bei Versicherten nach dem Fünften Buch auch den Zusatzbeitragssatz nach § 242 Absatz 1 des Fünften Buches in der ab dem 1. Januar 2009 geltenden Fassung.

(5) Besteht eine Krankenversicherung bei einem Versicherungsunternehmen, werden die Aufwendungen übernommen, soweit sie angemessen und die Voraussetzungen des § 19 Abs. 1 erfüllt sind. Besteht die Leistungsberechtigung voraussichtlich nur für kurze Dauer, können zur Aufrechterhaltung einer Krankenversicherung bei einem Versicherungsunternehmen auch höhere Aufwendungen übernommen werden. § 82 Abs. 2 Nr. 2 und 3 ist insoweit nicht anzuwenden. Soweit nach den Sätzen 1 und 2 Aufwendungen für die Krankenversicherung übernommen werden, werden auch die Aufwendungen für eine Pflegeversicherung übernommen. Die zu übernehmenden Aufwendungen für eine Krankenversicherung nach Satz 1 und die entsprechenden Aufwendungen für eine Pflegeversicherung nach Satz 4 sind an das Versicherungsunternehmen zu zahlen, bei dem die leistungsberechtigte Person versichert ist.

§ 32 a Zeitliche Zuordnung von Beiträgen

Bedarfe nach § 32 sind unabhängig von der Fälligkeit des Beitrages jeweils in dem Monat zu berücksichtigen, für den die Versicherung besteht. In Fällen des § 32 Absatz 1 bis 4 sind Beiträge, sofern sie von dem zuständigen Träger an eine gesetzliche Krankenkasse gezahlt werden, bis zum Ende des sich nach Satz 1 ergebenden Monats zu zahlen.

§ 33 Beiträge für die Vorsorge

(1) Um die Voraussetzungen eines Anspruchs auf eine angemessene Alterssicherung zu erfüllen, können die erforderlichen Aufwendungen übernommen werden, insbesondere
1. Beiträge zur gesetzlichen Rentenversicherung,

2. Beiträge zur landwirtschaftlichen Alterskasse,
3. Beiträge zu berufsständischen Versorgungseinrichtungen, die den gesetzlichen Rentenversicherungen vergleichbare Leistungen erbringen,
4. Beiträge für eine eigene kapitalgedeckte Altersvorsorge in Form einer lebenslangen Leibrente, wenn der Vertrag nur die Zahlung einer monatlichen auf das Leben des Steuerpflichtigen bezogenen lebenslangen Leibrente nicht vor Vollendung des 60. Lebensjahres vorsieht, sowie
5. geförderte Altersvorsorgebeiträge nach § 82 des Einkommensteuergesetzes, soweit sie den Mindesteigenbeitrag nach § 86 des Einkommensteuergesetzes nicht überschreiten.

(2) Um die Voraussetzungen eines Anspruchs auf ein angemessenes Sterbegeld zu erfüllen, können die erforderlichen Aufwendungen übernommen werden.

Dritter Abschnitt
Bildung und Teilhabe

§ 34 Bedarfe für Bildung und Teilhabe

(1) Bedarfe für Bildung nach den Absätzen 2 bis 7 von Schülerinnen und Schülern, die eine allgemein- oder berufsbildende Schule besuchen, sowie Bedarfe von Kindern und Jugendlichen für Teilhabe am sozialen und kulturellen Leben in der Gemeinschaft nach Absatz 6 werden neben den maßgebenden Regelbedarfsstufen gesondert berücksichtigt. Leistungen hierfür werden nach den Maßgaben des § 34 a gesondert erbracht.

(2) Bedarfe werden bei Schülerinnen und Schülern in Höhe der tatsächlichen Aufwendungen anerkannt für
1. Schulausflüge und
2. mehrtägige Klassenfahrten im Rahmen der schulrechtlichen Bestimmungen.

Für Kinder, die eine Tageseinrichtung besuchen oder für die Kindertagespflege geleistet wird, gilt Satz 1 entsprechend.

(3) Bedarfe für die Ausstattung mit persönlichem Schulbedarf werden bei Schülerinnen und Schülern für den Monat, in dem der erste Schultag liegt, in Höhe von 70 Euro und für den Monat, in dem das zweite Schulhalbjahr beginnt, in Höhe von 30 Euro anerkannt.

(4) Für Schülerinnen und Schüler, die für den Besuch der nächstgelegenen Schule des gewählten Bildungsgangs auf Schülerbeförderung angewiesen sind, werden die dafür erforderlichen tatsächlichen Aufwendungen berücksichtigt, soweit sie nicht von Dritten übernommen werden und es der leistungsberechtigten Person nicht zugemutet werden kann, sie aus dem Regelbedarf zu bestreiten. Als zumutbare Eigenleistung gilt in der Regel der in § 9 Absatz 2 des Regelbedarfs-Ermittlungsgesetzes geregelte Betrag.

(5) Für Schülerinnen und Schüler wird eine schulische Angebote ergänzende angemessene Lernförderung berücksichtigt, soweit diese geeignet

und zusätzlich erforderlich ist, um die nach den schulrechtlichen Bestimmungen festgelegten wesentlichen Lernziele zu erreichen.

(6) Bei Teilnahme an einer gemeinschaftlichen Mittagsverpflegung werden die entstehenden Mehraufwendungen berücksichtigt für

1. Schülerinnen und Schüler und
2. Kinder, die eine Tageseinrichtung besuchen oder für die Kindertagespflege geleistet wird.

Für Schülerinnen und Schüler gilt dies unter der Voraussetzung, dass die Mittagsverpflegung in schulischer Verantwortung angeboten wird. In den Fällen des Satzes 2 ist für die Ermittlung des monatlichen Bedarfs die Anzahl der Schultage in dem Land zugrunde zu legen, in dem der Schulbesuch stattfindet.

(7) Für Leistungsberechtigte bis zur Vollendung des 18. Lebensjahres wird ein Bedarf zur Teilhabe am sozialen und kulturellen Leben in der Gemeinschaft in Höhe von insgesamt 10 Euro monatlich berücksichtigt für

1. Mitgliedsbeiträge in den Bereichen Sport, Spiel, Kultur und Geselligkeit,
2. Unterricht in künstlerischen Fächern (zum Beispiel Musikunterricht) und vergleichbare angeleitete Aktivitäten der kulturellen Bildung und
3. die Teilnahme an Freizeiten.

Neben der Berücksichtigung von Bedarfen nach Satz 1 können auch weitere tatsächliche Aufwendungen berücksichtigt werden, wenn sie im Zusammenhang mit der Teilnahme an Aktivitäten nach Satz 1 Nummer 1 bis 3 entstehen und es den Leistungsberechtigten im begründeten Ausnahmefall nicht zugemutet werden kann, diese aus dem Regelbedarf zu bestreiten.

§ 34 a Erbringung der Leistungen für Bildung und Teilhabe

(1) Leistungen zur Deckung der Bedarfe nach § 34 Absatz 2 und 4 bis 7 werden auf Antrag erbracht. Einer nachfragenden Person werden, auch wenn keine Regelsätze zu gewähren sind, für Bedarfe nach § 34 Leistungen erbracht, wenn sie diese nicht aus eigenen Kräften und Mitteln vollständig decken kann. Die Leistungen zur Deckung der Bedarfe nach § 34 Absatz 7 bleiben bei der Erbringung von Leistungen nach dem Sechsten Kapitel unberücksichtigt.

(2) Leistungen zur Deckung der Bedarfe nach § 34 Absatz 2 und 5 bis 7 werden erbracht durch Sach- und Dienstleistungen, insbesondere in Form von personalisierten Gutscheinen oder Direktzahlungen an Anbieter von Leistungen zur Deckung dieser Bedarfe (Anbieter); die zuständigen Träger der Sozialhilfe bestimmen, in welcher Form sie die Leistungen erbringen. Sie können auch bestimmen, dass die Leistungen nach § 34 Absatz 2 durch Geldleistungen gedeckt werden. Die Bedarfe nach § 34 Absatz 3 und 4 werden jeweils durch Geldleistungen gedeckt. Die zuständigen Träger der Sozialhilfe können mit Anbietern pauschal abrechnen.

(3) Werden die Bedarfe durch Gutscheine gedeckt, gelten die Leistungen mit Ausgabe des jeweiligen Gutscheins als erbracht. Die zuständigen Träger der Sozialhilfe gewährleisten, dass Gutscheine bei geeigneten vorhandenen Anbietern oder zur Wahrnehmung ihrer eigenen Angebote eingelöst werden

können. Gutscheine können für den gesamten Bewilligungszeitraum im Voraus ausgegeben werden. Die Gültigkeit von Gutscheinen ist angemessen zu befristen. Im Fall des Verlustes soll ein Gutschein erneut in dem Umfang ausgestellt werden, in dem er noch nicht in Anspruch genommen wurde.

(4) Werden die Bedarfe durch Direktzahlungen an Anbieter gedeckt, gelten die Leistungen mit der Zahlung als erbracht. Eine Direktzahlung ist für den gesamten Bewilligungszeitraum im Voraus möglich.

(5) Im begründeten Einzelfall kann der zuständige Träger der Sozialhilfe einen Nachweis über eine zweckentsprechende Verwendung der Leistung verlangen. Soweit der Nachweis nicht geführt wird, soll die Bewilligungsentscheidung widerrufen werden.

§ 34 b Berechtigte Selbsthilfe

Geht die leistungsberechtigte Person durch Zahlung an Anbieter in Vorleistung, ist der Träger der Sozialhilfe zur Übernahme der berücksichtigungsfähigen Aufwendungen verpflichtet, soweit
1. **unbeschadet des Satzes 2 die Voraussetzungen einer Leistungsgewährung zur Deckung der Bedarfe im Zeitpunkt der Selbsthilfe nach § 34 Absatz 2 und 5 bis 7 vorlagen und**
2. **zum Zeitpunkt der Selbsthilfe der Zweck der Leistung durch Erbringung als Sach- oder Dienstleistung ohne eigenes Verschulden nicht oder nicht rechtzeitig zu erreichen war.**

War es dem Leistungsberechtigten nicht möglich, rechtzeitig einen Antrag zu stellen, gilt dieser als zum Zeitpunkt der Selbstvornahme gestellt.

Vierter Abschnitt
Bedarfe für Unterkunft und Heizung

§ 35 Bedarfe für Unterkunft und Heizung

(1) Bedarfe für die Unterkunft werden in Höhe der tatsächlichen Aufwendungen anerkannt. Bedarfe für die Unterkunft sind auf Antrag der leistungsberechtigten Person durch Direktzahlung an den Vermieter oder andere Empfangsberechtigte zu decken. Direktzahlungen an den Vermieter oder andere Empfangsberechtigte sollen erfolgen, wenn die zweckentsprechende Verwendung durch die leistungsberechtigte Person nicht sichergestellt ist. Das ist insbesondere der Fall, wenn
1. **Mietrückstände bestehen, die zu einer außerordentlichen Kündigung des Mietverhältnisses berechtigen,**
2. **Energiekostenrückstände bestehen, die zu einer Unterbrechung der Energieversorgung berechtigen,**
3. **konkrete Anhaltspunkte für ein krankheits- oder suchtbedingtes Unvermögen der leistungsberechtigten Person bestehen, die Mittel zweckentsprechend zu verwenden, oder**

4. konkrete Anhaltspunkte dafür bestehen, dass die im Schuldnerverzeichnis eingetragene leistungsberechtigte Person die Mittel nicht zweckentsprechend verwendet.

Werden die Bedarfe für die Unterkunft und Heizung durch Direktzahlung an den Vermieter oder andere Empfangsberechtigte gedeckt, hat der Träger der Sozialhilfe die leistungsberechtigte Person darüber schriftlich zu unterrichten.

(2) Übersteigen die Aufwendungen für die Unterkunft den der Besonderheit des Einzelfalles angemessenen Umfang, sind sie insoweit als Bedarf der Personen, deren Einkommen und Vermögen nach § 27 Absatz 2 zu berücksichtigen sind, anzuerkennen. Satz 1 gilt so lange, als es diesen Personen nicht möglich oder nicht zuzumuten ist, durch einen Wohnungswechsel, durch Vermieten oder auf andere Weise die Aufwendungen zu senken, in der Regel jedoch längstens für sechs Monate. Vor Abschluss eines Vertrages über eine neue Unterkunft haben Leistungsberechtigte den dort zuständigen Träger der Sozialhilfe über die nach den Sätzen 1 und 2 maßgeblichen Umstände in Kenntnis zu setzen. Sind die Aufwendungen für die neue Unterkunft unangemessen hoch, ist der Träger der Sozialhilfe nur zur Übernahme angemessener Aufwendungen verpflichtet, es sei denn, er hat den darüber hinausgehenden Aufwendungen vorher zugestimmt. Wohnungsbeschaffungskosten, Mietkautionen und Umzugskosten können bei vorheriger Zustimmung übernommen werden; Mietkautionen sollen als Darlehen erbracht werden. Eine Zustimmung soll erteilt werden, wenn der Umzug durch den Träger der Sozialhilfe veranlasst wird oder aus anderen Gründen notwendig ist und wenn ohne die Zustimmung eine Unterkunft in einem angemessenen Zeitraum nicht gefunden werden kann.

(3) Der Träger der Sozialhilfe kann für seinen Bereich die Bedarfe für die Unterkunft durch eine monatliche Pauschale festsetzen, wenn auf dem örtlichen Wohnungsmarkt hinreichend angemessener freier Wohnraum verfügbar und in Einzelfällen die Pauschalierung nicht unzumutbar ist. Bei der Bemessung der Pauschale sind die tatsächlichen Gegebenheiten des örtlichen Wohnungsmarkts, der örtliche Mietspiegel sowie die familiären Verhältnisse der Leistungsberechtigten zu berücksichtigen. Absatz 2 Satz 1 gilt entsprechend.

(4) Bedarfe für Heizung und zentrale Warmwasserversorgung werden in tatsächlicher Höhe anerkannt, soweit sie angemessen sind. Die Bedarfe können durch eine monatliche Pauschale festgesetzt werden. Bei der Bemessung der Pauschale sind die persönlichen und familiären Verhältnisse, die Größe und Beschaffenheit der Wohnung, die vorhandenen Heizmöglichkeiten und die örtlichen Gegebenheiten zu berücksichtigen.

§ 35 a Satzung

Hat ein Kreis oder eine kreisfreie Stadt eine Satzung nach den §§ 22 a bis 22 c des Zweiten Buches erlassen, so gilt sie für die Höhe der anzuerkennenden Bedarfe für die Unterkunft nach § 35 Absatz 1 und 2 des zuständigen Trägers der Sozialhilfe entsprechend, sofern darin nach § 22 b Absatz 3

des Zweiten Buches Sonderregelungen für Personen mit einem besonderen Bedarf für Unterkunft und Heizung getroffen werden und dabei zusätzlich auch die Bedarfe älterer Menschen berücksichtigt werden. Dies gilt auch für die Höhe der anzuerkennenden Bedarfe für Heizung nach § 35 Absatz 4, soweit die Satzung Bestimmungen nach § 22b Absatz 1 Satz 2 und 3 des Zweiten Buches enthält. In Fällen der Sätze 1 und 2 ist § 35 Absatz 3 und 4 Satz 2 und 3 nicht anzuwenden.

§ 36 Sonstige Hilfen zur Sicherung der Unterkunft

(1) Schulden können nur übernommen werden, wenn dies zur Sicherung der Unterkunft oder zur Behebung einer vergleichbaren Notlage gerechtfertigt ist. Sie sollen übernommen werden, wenn dies gerechtfertigt und notwendig ist und sonst Wohnungslosigkeit einzutreten droht. Geldleistungen können als Beihilfe oder als Darlehen erbracht werden.

(2) Geht bei einem Gericht eine Klage auf Räumung von Wohnraum im Falle der Kündigung des Mietverhältnisses nach § 543 Absatz 1, 2 Satz 1 Nummer 3 in Verbindung mit § 569 Absatz 3 des Bürgerlichen Gesetzbuchs ein, teilt das Gericht dem zuständigen örtlichen Träger der Sozialhilfe oder der Stelle, die von ihm zur Wahrnehmung der in Absatz 1 bestimmten Aufgaben beauftragt wurde, unverzüglich Folgendes mit:

1. **den Tag des Eingangs der Klage,**
2. **die Namen und die Anschriften der Parteien,**
3. **die Höhe der monatlich zu entrichtenden Miete,**
4. **die Höhe des geltend gemachten Mietrückstandes und der geltend gemachten Entschädigung sowie**
5. **den Termin zur mündlichen Verhandlung, sofern dieser bereits bestimmt ist.**

Außerdem kann der Tag der Rechtshängigkeit mitgeteilt werden. Die Übermittlung unterbleibt, wenn die Nichtzahlung der Miete nach dem Inhalt der Klageschrift offensichtlich nicht auf Zahlungsunfähigkeit des Mieters beruht. Die übermittelten Daten dürfen auch für entsprechende Zwecke der Kriegsopferfürsorge nach dem Bundesversorgungsgesetz verwendet werden.

Fünfter Abschnitt
Gewährung von Darlehen

§ 37 Ergänzende Darlehen

(1) Kann im Einzelfall ein von den Regelbedarfen umfasster und nach den Umständen unabweisbar gebotener Bedarf auf keine andere Weise gedeckt werden, sollen auf Antrag hierfür notwendige Leistungen als Darlehen erbracht werden.

(2) Der Träger der Sozialhilfe übernimmt für Leistungsberechtigte nach § 27b Absatz 2 Satz 2 die jeweils von ihnen bis zur Belastungsgrenze (§ 62 des Fünften Buches) zu leistenden Zuzahlungen in Form eines ergänzenden

Darlehens, sofern der Leistungsberechtigte nicht widerspricht. Die Auszahlung der für das gesamte Kalenderjahr zu leistenden Zuzahlungen erfolgt unmittelbar an die zuständige Krankenkasse zum 1. Januar oder bei Aufnahme in eine stationäre Einrichtung. Der Träger der Sozialhilfe teilt der zuständigen Krankenkasse spätestens bis zum 1. November des Vorjahres die Leistungsberechtigten nach § 27b Absatz 2 Satz 2 mit, soweit diese der Darlehensgewährung nach Satz 1 für das laufende oder ein vorangegangenes Kalenderjahr nicht widersprochen haben.

(3) In den Fällen des Absatzes 2 Satz 3 erteilt die Krankenkasse über den Träger der Sozialhilfe die in § 62 Absatz 1 Satz 1 des Fünften Buches genannte Bescheinigung jeweils bis zum 1. Januar oder bei Aufnahme in eine stationäre Einrichtung und teilt dem Träger der Sozialhilfe die Höhe der der leistungsberechtigten Person zu leistenden Zuzahlungen mit; Veränderungen im Laufe eines Kalenderjahres sind unverzüglich mitzuteilen.

(4) Für die Rückzahlung von Darlehen nach Absatz 1 können von den monatlichen Regelsätzen Teilbeträge bis zur Höhe von jeweils 5 vom Hundert der Regelbedarfsstufe 1 nach der Anlage zu § 28 einbehalten werden. Die Rückzahlung von Darlehen nach Absatz 2 erfolgt in gleichen Teilbeträgen über das ganze Kalenderjahr.

§ 38 Darlehen bei vorübergehender Notlage

Sind Leistungen nach § 27a Absatz 3 und 4, der Barbetrag nach § 27b Absatz 2 sowie nach den §§ 30, 32, 33 und 35 voraussichtlich nur für kurze Dauer zu erbringen, können Geldleistungen als Darlehen gewährt werden. Darlehen an Mitglieder von Haushaltsgemeinschaften im Sinne des § 27 Absatz 2 Satz 2 und 3 können an einzelne Mitglieder oder an mehrere gemeinsam vergeben werden.

Sechster Abschnitt
Einschränkung von Leistungsberechtigung und -umfang

§ 39 Vermutung der Bedarfsdeckung

Lebt eine nachfragende Person gemeinsam mit anderen Personen in einer Wohnung oder in einer entsprechenden anderen Unterkunft, so wird vermutet, dass sie gemeinsam wirtschaften (Haushaltsgemeinschaft) und dass die nachfragende Person von den anderen Personen Leistungen zum Lebensunterhalt erhält, soweit dies nach deren Einkommen und Vermögen erwartet werden kann. Soweit nicht gemeinsam gewirtschaftet wird oder die nachfragende Person von den Mitgliedern der Haushaltsgemeinschaft keine ausreichenden Leistungen zum Lebensunterhalt erhält, ist ihr Hilfe zum Lebensunterhalt zu gewähren. Satz 1 gilt nicht

1. **für Schwangere oder Personen, die ihr leibliches Kind bis zur Vollendungs eines sechsten Lebensjahres betreuen und mit ihren Eltern oder einem Elternteil zusammenleben, oder**

2. **für Personen, die im Sinne des § 53 behindert oder im Sinne des § 61 pflegebedürftig sind und von in Satz 1 genannten Personen betreut werden; dies gilt auch, wenn die genannten Voraussetzungen einzutreten drohen und das gemeinsame Wohnen im Wesentlichen zum Zweck der Sicherstellung der Hilfe und Versorgung erfolgt.**

§ 39a Einschränkung der Leistung

(1) Lehnen Leistungsberechtigte entgegen ihrer Verpflichtung die Aufnahme einer Tätigkeit oder die Teilnahme an einer erforderlichen Vorbereitung ab, vermindert sich die maßgebende Regelbedarfsstufe in einer ersten Stufe um bis zu 25 vom Hundert, bei wiederholter Ablehnung in weiteren Stufen um jeweils bis zu 25 vom Hundert. Die Leistungsberechtigten sind vorher entsprechend zu belehren.

(2) § 26 Abs. 1 Satz 2 findet Anwendung.

Siebter Abschnitt
Verordnungsermächtigung

§ 40 Verordnungsermächtigung

Das Bundesministerium für Arbeit und Soziales hat im Einvernehmen mit dem Bundesministerium der Finanzen durch Rechtsverordnung mit Zustimmung des Bundesrates
1. **den für die Fortschreibung der Regelbedarfsstufen nach § 28a maßgeblichen Vomhundertsatz zu bestimmen und**
2. **die Anlage zu § 28 um die sich durch die Fortschreibung nach Nummer 1 zum 1. Januar eines Jahres ergebenden Regelbedarfsstufen zu ergänzen.**

Der Vomhundertsatz nach Satz 1 Nummer 1 ist auf zwei Dezimalstellen zu errechnen; die zweite Dezimalstelle ist um eins zu erhöhen, wenn sich in der dritten Dezimalstelle eine der Ziffern von 5 bis 9 ergibt. Die Bestimmungen nach Satz 1 erfolgen bis spätestens zum Ablauf des 31. Oktober des jeweiligen Jahres.

Viertes Kapitel
Grundsicherung im Alter und bei Erwerbsminderung

Erster Abschnitt
Grundsätze

§ 41 Leistungsberechtigte

(1) Leistungsberechtigt nach diesem Kapitel sind ältere und dauerhaft voll erwerbsgeminderte Personen mit gewöhnlichem Aufenthalt im Inland, die ihren notwendigen Lebensunterhalt nicht oder nicht ausreichend aus Einkommen und Vermögen nach § 43 bestreiten können.

(2) Leistungsberechtigt wegen Alters nach Absatz 1 ist, wer die Altersgrenze erreicht hat. Personen, die vor dem 1. Januar 1947 geboren sind, erreichen die Altersgrenze mit Vollendung des 65. Lebensjahres. Für Personen, die nach dem 31. Dezember 1946 geboren sind, wird die Altersgrenze wie folgt angehoben:

für den Geburtsjahrgang	erfolgt eine Anhebung um Monate	auf Vollendung eines Lebensalters von
1947	1	65 Jahren und 1 Monat
1948	2	65 Jahren und 2 Monaten
1949	3	65 Jahren und 3 Monaten
1950	4	65 Jahren und 4 Monaten
1951	5	65 Jahren und 5 Monaten
1952	6	65 Jahren und 6 Monaten
1953	7	65 Jahren und 7 Monaten
1954	8	65 Jahren und 8 Monaten
1955	9	65 Jahren und 9 Monaten
1956	10	65 Jahren und 10 Monaten
1957	11	65 Jahren und 11 Monaten
1958	12	66 Jahren
1959	14	66 Jahren und 2 Monaten
1960	16	66 Jahren und 4 Monaten
1961	18	66 Jahren und 6 Monaten
1962	20	66 Jahren und 8 Monaten
1963	22	66 Jahren und 10 Monaten
ab 1964	24	67 Jahren.

(3) Leistungsberechtigt wegen einer dauerhaften vollen Erwerbsminderung nach Absatz 1 ist, wer das 18. Lebensjahr vollendet hat, unabhängig von der jeweiligen Arbeitsmarktlage voll erwerbsgemindert im Sinne des § 43 Abs. 2 des Sechsten Buches ist und bei dem unwahrscheinlich ist, dass die volle Erwerbsminderung behoben werden kann.

(4) Keinen Anspruch auf Leistungen nach diesem Kapitel hat, wer in den letzten zehn Jahren die Bedürftigkeit vorsätzlich oder grob fahrlässig herbeigeführt hat.

§ 42 Umfang der Leistungen

Die Bedarfe nach diesem Kapitel umfassen:

1. **die Regelsätze nach den Regelbedarfsstufen der Anlage zu § 28; § 27 a Absatz 3 und Absatz 4 Satz 1 und 2 ist anzuwenden; § 29 Absatz 1 Satz 1 letzter Halbsatz und Absatz 2 bis 5 ist nicht anzuwenden,**
2. **die zusätzlichen Bedarfe nach dem Zweiten Abschnitt des Dritten Kapitels,**
3. **die Bedarfe für Bildung und Teilhabe nach dem Dritten Abschnitt des Dritten Kapitels, ausgenommen die Bedarfe nach § 34 Absatz 7,**
4. **die Bedarfe für Unterkunft und Heizung nach dem Vierten Abschnitt des Dritten Kapitels; bei Leistungen in einer stationären Einrichtung sind als Bedarfe für Unterkunft und Heizung Beträge in Höhe der durchschnittlichen angemessenen tatsächlichen Aufwendungen für die Warmmiete eines Einpersonenhaushaltes im Bereich des nach § 98 zuständigen Trägers der Sozialhilfe zugrunde zu legen,**
5. **ergänzende Darlehen nach § 37 Absatz 1.**

§ 43 Einsatz von Einkommen und Vermögen, Berücksichtigung von Unterhaltsansprüchen

(1) Für den Einsatz des Einkommens sind die §§ 82 bis 84 und für den Einsatz des Vermögens die §§ 90 und 91 anzuwenden, soweit in den folgenden Absätzen nichts Abweichendes geregelt ist. Einkommen und Vermögen des nicht getrennt lebenden Ehegatten oder Lebenspartners sowie des Partners einer eheähnlichen oder lebenspartnerschaftsähnlichen Gemeinschaft, die dessen notwendigen Lebensunterhalt nach § 27 a übersteigen, sind zu berücksichtigen.

(2) Zusätzlich zu den nach § 82 Absatz 2 vom Einkommen abzusetzenden Beträgen sind Einnahmen aus Kapitalvermögen abzusetzen, soweit sie einen Betrag von 26 Euro im Kalenderjahr nicht übersteigen.

(3) Die Verletztenrente nach dem Siebten Buch ist teilweise nicht als Einkommen zu berücksichtigen, wenn sie auf Grund eines in Ausübung der Wehrpflicht bei der Nationalen Volksarmee der ehemaligen Deutschen Demokratischen Republik erlittenen Gesundheitsschadens erbracht wird. Dabei bestimmt sich die Höhe des nicht zu berücksichtigenden Betrages nach der Höhe der Grundrente nach § 31 des Bundesversorgungsgesetzes, die für den Grad der Schädigungsfolgen zu zahlen ist, der der jeweiligen Minderung der Erwerbsfähigkeit entspricht. Bei einer Minderung der Erwerbsfähigkeit um 20 Prozent beträgt der nicht zu berücksichtigende Betrag zwei Drittel, bei einer Minderung der Erwerbsfähigkeit um 10 Prozent ein Drittel der Mindestgrundrente nach dem Bundesversorgungsgesetz.

(4) Erhalten Leistungsberechtigte nach dem Dritten Kapitel in einem Land nach § 29 Absatz 1 letzter Halbsatz und Absatz 2 bis 5 festgesetzte und fortgeschriebene Regelsätze und sieht das Landesrecht in diesem Land für Leistungsberechtigte nach diesem Kapitel eine aufstockende Leistung vor, dann ist diese Leistung nicht als Einkommen nach § 82 Absatz 1 zu berücksichtigen.

(5) Unterhaltsansprüche der Leistungsberechtigten gegenüber ihren Kindern und Eltern bleiben unberücksichtigt, sofern deren jährliches Gesamteinkommen im Sinne des § 16 des Vierten Buches unter einem Betrag von 100 000 Euro liegt. Es wird vermutet, dass das Einkommen der Unterhaltspflichtigen nach Satz 1 die dort genannte Grenze nicht überschreitet. Zur Widerlegung der Vermutung nach Satz 2 kann der jeweils für die Ausführung des Gesetzes nach diesem Kapitel zuständige Träger von den Leistungsberechtigten Angaben verlangen, die Rückschlüsse auf die Einkommensverhältnisse der Unterhaltspflichtigen nach Satz 1 zulassen. Liegen im Einzelfall hinreichende Anhaltspunkte für ein Überschreiten der in Satz 1 genannten Einkommensgrenze vor, sind die Kinder oder Eltern der Leistungsberechtigten gegenüber dem jeweils für die Ausführung des Gesetzes nach diesem Kapitel zuständigen Träger verpflichtet, über ihre Einkommensverhältnisse Auskunft zu geben, soweit die Durchführung dieses Buches es erfordert. Die Pflicht zur Auskunft umfasst die Verpflichtung, auf Verlangen des für die Ausführung des Gesetzes nach diesem Kapitel zuständigen Trägers Beweisurkunden vorzulegen oder ihrer Vorlage zuzustimmen. Leistungsberechtigte haben keinen Anspruch auf Leistungen nach diesem Kapitel, wenn die nach Satz 2 geltende Vermutung nach Satz 4 und 5 widerlegt ist.

(6) § 39 Satz 1 ist nicht anzuwenden.

Zweiter Abschnitt
Verfahrensbestimmungen

§ 44 Antragserfordernis, Erbringung von Geldleistungen, Bewilligungszeitraum

(1) Leistungen nach diesem Kapitel werden auf Antrag erbracht. Gesondert zu beantragen sind Leistungen zur Deckung von Bedarfen nach § 42 Nummer 2 in Verbindung mit den §§ 31 und 33 sowie zur Deckung der Bedarfe nach § 42 Nummer 3 und 5.

(2) Ein Antrag nach Absatz 1 wirkt auf den Ersten des Kalendermonats zurück, in dem er gestellt wird, wenn die Voraussetzungen des § 41 innerhalb dieses Kalendermonats erfüllt werden. Leistungen zur Deckung von Bedarfen nach § 42 werden vorbehaltlich Absatz 4 Satz 2 nicht für Zeiten vor dem sich nach Satz 1 ergebenden Kalendermonat erbracht.

(3) Leistungen zur Deckung von Bedarfen nach § 42 werden in der Regel für einen Bewilligungszeitraum von zwölf Kalendermonaten bewilligt. Bei einer Bewilligung nach dem Bezug von Arbeitslosengeld II oder Sozialgeld

nach dem Zweiten Buch, der mit Erreichen der Altersgrenze nach § 7 a des Zweiten Buches endet, beginnt der Bewilligungszeitraum erst mit dem Ersten des Monats, der auf den sich nach § 7 a des Zweiten Buches ergebenden Monat folgt.

(4) Leistungen zur Deckung von wiederkehrenden Bedarfen nach § 42 Nummer 1, 2 und 4 werden monatlich im Voraus erbracht. Für Leistungen zur Deckung der Bedarfe nach § 42 Nummer 3 sind die §§ 34 a und 34 b anzuwenden.

§ 44 a Erstattungsansprüche zwischen Trägern

Im Verhältnis der für die Ausführung des Gesetzes nach diesem Kapitel zuständigen Träger untereinander sind die Vorschriften über die Erstattung nach

1. dem Zweiten Abschnitt des Dreizehnten Kapitels sowie
2. dem Zweiten Abschnitt des Dritten Kapitels des Zehnten Buches

für Geldleistungen nach diesem Kapitel nicht anzuwenden.

§ 45 Feststellung der dauerhaften vollen Erwerbsminderung

Der jeweils für die Ausführung des Gesetzes nach diesem Kapitel zuständige Träger ersucht den nach § 109 a Absatz 2 des Sechsten Buches zuständigen Träger der Rentenversicherung, die medizinischen Voraussetzungen des § 41 Absatz 3 zu prüfen, wenn es auf Grund der Angaben und Nachweise des Leistungsberechtigten als wahrscheinlich erscheint, dass diese erfüllt sind und das zu berücksichtigende Einkommen und Vermögen nicht ausreicht, um den Lebensunterhalt vollständig zu decken. Die Entscheidung des Trägers der Rentenversicherung ist bindend für den ersuchenden Träger, der für die Ausführung des Gesetzes nach diesem Kapitel zuständig ist; dies gilt auch für eine Entscheidung des Trägers der Rentenversicherung nach § 109 a Absatz 3 des Sechsten Buches. Eines Ersuchens nach Satz 1 bedarf es nicht, wenn

1. ein Träger der Rentenversicherung bereits die Voraussetzungen des § 41 Absatz 3 im Rahmen eines Antrags auf eine Rente wegen Erwerbsminderung festgestellt hat oder
2. ein Träger der Rentenversicherung bereits nach § 109 a Absatz 2 und 3 des Sechsten Buches eine gutachterliche Stellungnahme abgegeben hat oder
3. der Fachausschuss einer Werkstatt für behinderte Menschen über die Aufnahme in eine Werkstatt oder Einrichtung eine Stellungnahme nach Maßgabe der §§ 2 und 3 der Werkstättenverordnung abgegeben hat und der Leistungsberechtigte kraft Gesetzes nach § 43 Absatz 2 Satz 3 Nummer 1 des Sechsten Buches als voll erwerbsgemindert gilt.

Die kommunalen Spitzenverbände und die Deutsche Rentenversicherung Bund können Vereinbarungen über das Verfahren schließen.

§ 46 Zusammenarbeit mit den Trägern der Rentenversicherung

Der zuständige Träger der Rentenversicherung informiert und berät leistungsberechtigte Personen nach § 41, die rentenberechtigt sind, über die Leistungsvoraussetzungen und über das Verfahren nach diesem Kapitel. Personen, die nicht rentenberechtigt sind, werden auf Anfrage beraten und informiert. Liegt die Rente unter dem 27-fachen Betrag des geltenden aktuellen Rentenwertes in der gesetzlichen Rentenversicherung (§§ 68, 68 a, 255 c des Sechsten Buches), ist der Information zusätzlich ein Antragsformular beizufügen. Der Träger der Rentenversicherung übersendet einen eingegangenen Antrag mit einer Mitteilung über die Höhe der monatlichen Rente und über das Vorliegen der Voraussetzungen der Leistungsberechtigung an den jeweils für die Ausführung des Gesetzes nach diesem Kapitel zuständigen Träger. Eine Verpflichtung des Trägers der Rentenversicherung nach Satz 1 besteht nicht, wenn eine Inanspruchnahme von Leistungen nach diesem Kapitel wegen der Höhe der gezahlten Rente sowie der im Rentenverfahren zu ermittelnden weiteren Einkommen nicht in Betracht kommt.

Dritter Abschnitt
Erstattung und Zuständigkeit

§ 46 a Erstattung durch den Bund

(1) Der Bund erstattet den Ländern

1. im Jahr 2013 einen Anteil von 75 Prozent und
2. ab dem Jahr 2014 jeweils einen Anteil von 100 Prozent

der im jeweiligen Kalenderjahr den für die Ausführung des Gesetzes nach diesem Kapitel zuständigen Trägern entstandenen Nettoausgaben für Geldleistungen nach diesem Kapitel.

(2) Die Höhe der Nettoausgaben für Geldleistungen nach Absatz 1 ergibt sich aus den Bruttoausgaben der für die Ausführung des Gesetzes nach diesem Kapitel zuständigen Träger, abzüglich der auf diese Geldleistungen entfallenden Einnahmen. Einnahmen nach Satz 1 sind insbesondere Einnahmen aus Aufwendungen, Kostenersatz und Ersatzansprüchen nach dem Dreizehnten Kapitel, soweit diese auf Geldleistungen nach diesem Kapitel entfallen, aus dem Übergang von Ansprüchen nach § 93 sowie aus Erstattungen anderer Sozialleistungsträger nach dem Zehnten Buch.

(3) Der Abruf der Erstattungen durch die Länder erfolgt quartalsweise. Die Abrufe sind

1. vom 15. März bis 14. Mai,
2. vom 15. Juni bis 14. August,
3. vom 15. September bis 14. November und
4. vom 15. Dezember des jeweiligen Jahres bis 14. Februar des Folgejahres

zulässig (Abrufzeiträume). Werden Leistungen für Leistungszeiträume im folgenden Haushaltsjahr zur fristgerechten Auszahlung an den Leistungs-

berechtigten bereits im laufenden Haushaltsjahr erbracht, sind die entsprechenden Nettoausgaben im Abrufzeitraum 15. März bis 14. Mai des Folgejahres abzurufen. Der Abruf für Nettoausgaben aus Vorjahren, für die bereits ein Jahresnachweis vorliegt, ist in den darauf folgenden Jahren nach Maßgabe des Absatzes 1 jeweils nur vom 15. Juni bis 14. August zulässig.

(4) Die Länder gewährleisten die Prüfung, dass die Ausgaben für Geldleistungen der für die Ausführung des Gesetzes nach diesem Kapitel zuständigen Träger begründet und belegt sind und den Grundsätzen für Wirtschaftlichkeit und Sparsamkeit entsprechen. Sie haben dies dem Bundesministerium für Arbeit und Soziales für das jeweils abgeschlossene Quartal in tabellarischer Form zu belegen (Quartalsnachweis). In den Quartalsnachweisen sind
1. die Bruttoausgaben für Geldleistungen nach § 46 a Absatz 2 sowie die darauf entfallenden Einnahmen,
2. die Bruttoausgaben und Einnahmen nach Nummer 1, differenziert nach Leistungen für Leistungsberechtigte außerhalb und in Einrichtungen,
3. erstmals ab dem Jahr 2016 die Bruttoausgaben und Einnahmen nach Nummer 1, differenziert nach Leistungen für Leistungsberechtigte nach § 41 Absatz 2 und 3

zu belegen. Die Quartalsnachweise sind dem Bundesministerium für Arbeit und Soziales durch die Länder jeweils zwischen dem 15. und dem 20. der Monate Mai, August, November und Februar für das jeweils abgeschlossene Quartal vorzulegen. Die Länder können die Quartalsnachweise auch vor den sich nach Satz 4 ergebenden Terminen vorlegen; ein weiterer Abruf in dem für das jeweilige Quartal nach Absatz 3 Satz 1 geltenden Abrufzeitraum ist nach Vorlage des Quartalsnachweises nicht zulässig.

(5) Die Länder haben dem Bundesministerium für Arbeit und Soziales die Angaben nach
1. Absatz 4 Satz 3 Nummer 1 und 2 entsprechend ab dem Kalenderjahr 2015 und
2. Absatz 4 Satz 3 Nummer 3 entsprechend ab dem Kalenderjahr 2016

bis 31. März des jeweils folgenden Jahres in tabellarischer Form zu belegen (Jahresnachweis). Die Angaben nach Satz 1 sind zusätzlich für die für die Ausführung nach diesem Kapitel zuständigen Träger zu differenzieren.

§ 46 b Zuständigkeit

(1) Die für die Ausführung des Gesetzes nach diesem Kapitel zuständigen Träger werden nach Landesrecht bestimmt, sofern sich nach Absatz 3 nichts Abweichendes ergibt.

(2) Die §§ 3, 6 und 7 sind nicht anzuwenden.

(3) Das Zwölfte Kapitel ist nicht anzuwenden, sofern sich aus den Sätzen 2 und 3 nichts Abweichendes ergibt. Bei Leistungsberechtigten nach diesem Kapitel gilt der Aufenthalt in einer stationären Einrichtung und in Einrichtungen zum Vollzug richterlich angeordneter Freiheitsentziehung nicht als gewöhnlicher Aufenthalt; § 98 Absatz 2 Satz 1 bis 3 ist entsprechend anzuwenden. Für die Leistungen nach diesem Kapitel an Personen, die Leistungen

nach dem Sechsten bis Achten Kapitel in Formen ambulanter betreuter Wohnmöglichkeiten erhalten, ist § 98 Absatz 5 entsprechend anzuwenden.

Fünftes Kapitel
Hilfen zur Gesundheit

§ 47 Vorbeugende Gesundheitshilfe

Zur Verhütung und Früherkennung von Krankheiten werden die medizinischen Vorsorgeleistungen und Untersuchungen erbracht. Andere Leistungen werden nur erbracht, wenn ohne diese nach ärztlichem Urteil eine Erkrankung oder ein sonstiger Gesundheitsschaden einzutreten droht.

§ 48 Hilfe bei Krankheit

Um eine Krankheit zu erkennen, zu heilen, ihre Verschlimmerung zu verhüten oder Krankheitsbeschwerden zu lindern, werden Leistungen zur Krankenbehandlung entsprechend dem Dritten Kapitel Fünften Abschnitt Ersten Titel des Fünften Buches erbracht. Die Regelungen zur Krankenbehandlung nach § 264 des Fünften Buches gehen den Leistungen der Hilfe bei Krankheit nach Satz 1 vor.

§ 49 Hilfe zur Familienplanung

Zur Familienplanung werden die ärztliche Beratung, die erforderliche Untersuchung und die Verordnung der empfängnisregelnden Mittel geleistet. Die Kosten für empfängnisverhütende Mittel werden übernommen, wenn diese ärztlich verordnet worden sind.

§ 50 Hilfe bei Schwangerschaft und Mutterschaft

Bei Schwangerschaft und Mutterschaft werden
1. **ärztliche Behandlung und Betreuung sowie Hebammenhilfe,**
2. **Versorgung mit Arznei-, Verband- und Heilmitteln,**
3. **Pflege in einer stationären Einrichtung und**
4. **häusliche Pflege nach den §§ 64 c und 64 f sowie die angemessenen Aufwendungen der Pflegeperson**

geleistet.

§ 51 Hilfe bei Sterilisation

Bei einer durch Krankheit erforderlichen Sterilisation werden die ärztliche Untersuchung, Beratung und Begutachtung, die ärztliche Behandlung, die Versorgung mit Arznei-, Verband- und Heilmitteln sowie die Krankenhauspflege geleistet.

§ 52 Leistungserbringung, Vergütung

(1) Die Hilfen nach den §§ 47 bis 51 entsprechen den Leistungen der gesetzlichen Krankenversicherung. Soweit Krankenkassen in ihrer Satzung

Umfang und Inhalt der Leistungen bestimmen können, entscheidet der Träger der Sozialhilfe über Umfang und Inhalt der Hilfen nach pflichtgemäßem Ermessen.

(2) Leistungsberechtigte haben die freie Wahl unter den Ärzten und Zahnärzten sowie den Krankenhäusern entsprechend den Bestimmungen der gesetzlichen Krankenversicherung. Hilfen werden nur in dem durch Anwendung des § 65a des Fünften Buches erzielbaren geringsten Umfang geleistet.

(3) Bei Erbringung von Leistungen nach den §§ 47 bis 51 sind die für die gesetzlichen Krankenkassen nach dem Vierten Kapitel des Fünften Buches geltenden Regelungen mit Ausnahme des Dritten Titels des Zweiten Abschnitts anzuwenden. Ärzte, Psychotherapeuten im Sinne des § 28 Abs. 3 Satz 1 des Fünften Buches und Zahnärzte haben für ihre Leistungen Anspruch auf die Vergütung, welche die Ortskrankenkasse, in deren Bereich der Arzt, Psychotherapeut oder der Zahnarzt niedergelassen ist, für ihre Mitglieder zahlt. Die sich aus den §§ 294, 295, 300 bis 302 des Fünften Buches für die Leistungserbringer ergebenden Verpflichtungen gelten auch für die Abrechnung von Leistungen nach diesem Kapitel mit dem Träger der Sozialhilfe. Die Vereinbarungen nach § 303 Abs. 1 sowie § 304 des Fünften Buches gelten für den Träger der Sozialhilfe entsprechend.

(4) Leistungsberechtigten, die nicht in der gesetzlichen Krankenversicherung versichert sind, wird unter den Voraussetzungen von § 39a Satz 1 des Fünften Buches zu stationärer und teilstationärer Versorgung in Hospizen der von den gesetzlichen Krankenkassen entsprechend § 39a Satz 3 des Fünften Buches zu zahlende Zuschuss geleistet.

(5) Für Leistungen zur medizinischen Rehabilitation nach § 54 Abs. 1 Satz 1 gelten die Absätze 2 und 3 entsprechend.

Sechstes Kapitel
Eingliederungshilfe für behinderte Menschen

§ 53 Leistungsberechtigte und Aufgabe

(1) Personen, die durch eine Behinderung im Sinne von § 2 Abs. 1 Satz 1 des Neunten Buches wesentlich in ihrer Fähigkeit, an der Gesellschaft teilzuhaben, eingeschränkt oder von einer solchen wesentlichen Behinderung bedroht sind, erhalten Leistungen der Eingliederungshilfe, wenn und solange nach der Besonderheit des Einzelfalles, insbesondere nach Art oder Schwere der Behinderung, Aussicht besteht, dass die Aufgabe der Eingliederungshilfe erfüllt werden kann. Personen mit einer anderen körperlichen, geistigen oder seelischen Behinderung können Leistungen der Eingliederungshilfe erhalten.

(2) Von einer Behinderung bedroht sind Personen, bei denen der Eintritt der Behinderung nach fachlicher Erkenntnis mit hoher Wahrscheinlichkeit zu erwarten ist. Dies gilt für Personen, für die vorbeugende Gesundheits-

hilfe und Hilfe bei Krankheit nach den §§ 47 und 48 erforderlich ist, nur, wenn auch bei Durchführung dieser Leistungen eine Behinderung einzutreten droht.

(3) Besondere Aufgabe der Eingliederungshilfe ist es, eine drohende Behinderung zu verhüten oder eine Behinderung oder deren Folgen zu beseitigen oder zu mildern und die behinderten Menschen in die Gesellschaft einzugliedern. Hierzu gehört insbesondere, den behinderten Menschen die Teilnahme am Leben in der Gemeinschaft zu ermöglichen oder zu erleichtern, ihnen die Ausübung eines angemessenen Berufs oder einer sonstigen angemessenen Tätigkeit zu ermöglichen oder sie so weit wie möglich unabhängig von Pflege zu machen.

(4) Für die Leistungen zur Teilhabe gelten die Vorschriften des Neunten Buches, soweit sich aus diesem Buch und den auf Grund dieses Buches erlassenen Rechtsverordnungen nichts Abweichendes ergibt. Die Zuständigkeit und die Voraussetzungen für die Leistungen zur Teilhabe richten sich nach diesem Buch.

§ 54 Leistungen der Eingliederungshilfe

(1) Leistungen der Eingliederungshilfe sind neben den Leistungen nach den §§ 26, 33, 41 und 55 des Neunten Buches insbesondere

1. Hilfen zu einer angemessenen Schulbildung, insbesondere im Rahmen der allgemeinen Schulpflicht und zum Besuch weiterführender Schulen einschließlich der Vorbereitung hierzu; die Bestimmungen über die Ermöglichung der Schulbildung im Rahmen der allgemeinen Schulpflicht bleiben unberührt,
2. Hilfe zur schulischen Ausbildung für einen angemessenen Beruf einschließlich des Besuchs einer Hochschule,
3. Hilfe zur Ausbildung für eine sonstige angemessene Tätigkeit,
4. Hilfe in vergleichbaren sonstigen Beschäftigungsstätten nach § 56,
5. nachgehende Hilfe zur Sicherung der Wirksamkeit der ärztlichen und ärztlich verordneten Leistungen und zur Sicherung der Teilhabe der behinderten Menschen am Arbeitsleben.

Die Leistungen zur medizinischen Rehabilitation und zur Teilhabe am Arbeitsleben entsprechen jeweils den Rehabilitationsleistungen der gesetzlichen Krankenversicherung oder der Bundesagentur für Arbeit.

(2) Erhalten behinderte oder von einer Behinderung bedrohte Menschen in einer stationären Einrichtung Leistungen der Eingliederungshilfe, können ihnen oder ihren Angehörigen zum gegenseitigen Besuch Beihilfen geleistet werden, soweit es im Einzelfall erforderlich ist.

(3) Eine Leistung der Eingliederungshilfe ist auch die Hilfe für die Betreuung in einer Pflegfamilie, soweit eine geeignete Pflegeperson Kinder und Jugendliche über Tag und Nacht in ihrem Haushalt versorgt und dadurch der Aufenthalt in einer vollstationären Einrichtung der Behindertenhilfe vermieden oder beendet werden kann. Die Pflegeperson bedarf einer Erlaubnis nach § 44 des Achten Buches. Diese Regelung tritt am 31. Dezember 2018 außer Kraft.

§ 55 Sonderregelung für behinderte Menschen in Einrichtungen

Werden Leistungen der Eingliederungshilfe für behinderte Menschen in einer vollstationären Einrichtung der Hilfe für behinderte Menschen im Sinne des § 43a des Elften Buches erbracht, umfasst die Leistung auch die Pflegeleistungen in der Einrichtung. Stellt der Träger der Einrichtung fest, dass der behinderte Mensch so pflegebedürftig ist, dass die Pflege in der Einrichtung nicht sichergestellt werden kann, vereinbaren der Träger der Sozialhilfe und die zuständige Pflegekasse mit dem Einrichtungsträger, dass die Leistung in einer anderen Einrichtung erbracht wird; dabei ist angemessenen Wünschen des behinderten Menschen Rechnung zu tragen.

§ 56 Hilfe in einer sonstigen Beschäftigungsstätte

Hilfe in einer den anerkannten Werkstätten für behinderte Menschen nach § 41 des Neunten Buches vergleichbaren sonstigen Beschäftigungsstätte kann geleistet werden.

§ 57 Trägerübergreifendes Persönliches Budget

Leistungsberechtigte nach § 53 können auf Antrag Leistungen der Eingliederungshilfe auch als Teil eines trägerübergreifenden Persönlichen Budgets erhalten. § 17 Abs. 2 bis 4 des Neunten Buches in Verbindung mit der Budgetverordnung und § 159 des Neunten Buches sind insoweit anzuwenden.

§ 58 Gesamtplan

(1) Der Träger der Sozialhilfe stellt so frühzeitig wie möglich einen Gesamtplan zur Durchführung der einzelnen Leistungen auf.

(2) Bei der Aufstellung des Gesamtplans und der Durchführung der Leistungen wirkt der Träger der Sozialhilfe mit dem behinderten Menschen und den sonst im Einzelfall Beteiligten, insbesondere mit dem behandelnden Arzt, dem Gesundheitsamt, dem Landesarzt, dem Jugendamt und den Dienststellen der Bundesagentur für Arbeit, zusammen.

§ 59 Aufgaben des Gesundheitsamtes

Das Gesundheitsamt oder die durch Landesrecht bestimmte Stelle hat die Aufgabe,

1. behinderte Menschen oder Personensorgeberechtigte über die nach Art und Schwere der Behinderung geeigneten ärztlichen und sonstigen Leistungen der Eingliederungshilfe im Benehmen mit dem behandelnden Arzt auch während und nach der Durchführung von Heilmaßnahmen und Leistungen der Eingliederungshilfe zu beraten; die Beratung ist mit Zustimmung des behinderten Menschen oder des Personensorgeberechtigten im Benehmen mit den an der Durchführung der Leistungen der Eingliederungshilfe beteiligten Stellen oder Personen vorzunehmen. Steht der behinderte Mensch schon in ärztlicher Behandlung, setzt sich

das Gesundheitsamt mit dem behandelnden Arzt in Verbindung. Bei der Beratung ist ein amtliches Merkblatt auszuhändigen. Für die Beratung sind im Benehmen mit den Landesärzten die erforderlichen Sprechtage durchzuführen,

2. **mit Zustimmung des behinderten Menschen oder des Personensorgeberechtigten mit der gemeinsamen Servicestelle nach den §§ 22 und 23 des Neunten Buches den Rehabilitationsbedarf abzuklären und die für die Leistungen der Eingliederungshilfe notwendige Vorbereitung abzustimmen und**
3. **die Unterlagen auszuwerten und sie zur Planung der erforderlichen Einrichtungen und zur weiteren wissenschaftlichen Auswertung nach näherer Bestimmung der zuständigen obersten Landesbehörde weiterzuleiten. Bei der Weiterleitung der Unterlagen sind die Namen der behinderten Menschen und der Personensorgeberechtigten nicht anzugeben.**

§ 60 Verordnungsermächtigung

Die Bundesregierung kann durch Rechtsverordnung mit Zustimmung des Bundesrates Bestimmungen über die Abgrenzung des leistungsberechtigten Personenkreises der behinderten Menschen, über Art und Umfang der Leistungen der Eingliederungshilfe sowie über das Zusammenwirken mit anderen Stellen, die den Leistungen der Eingliederungshilfe entsprechende Leistungen durchführen, erlassen.

§ 60 a Sonderregelungen zum Einsatz von Vermögen

Bis zum 31. Dezember 2019 gilt für Personen, die Leistungen nach diesem Kapitel erhalten, ein zusätzlicher Betrag von bis zu 25 000 Euro für die Lebensführung und die Alterssicherung im Sinne von § 90 Absatz 3 Satz 2 als angemessen; § 90 Absatz 3 Satz 1 bleibt unberührt.

(Fortsetzung SGB XII Seite 414)

Verordnung nach § 60 des Zwölften Buches Sozialgesetzbuch (Eingliederungshilfe-Verordnung)

in der Fassung der Bekanntmachung vom 1. Februar 1975 (BGBl. I S. 433), zuletzt geändert durch Gesetz vom 23. Dezember 2016 (BGBl. I S. 3234)

Auf Grund des § 47 des Bundessozialhilfegesetzes vom 30. Juli 1961 (Bundesgesetzbl. I S. 815), zuletzt geändert durch das Unfallversicherungs-Neuregelungsgesetz vom 30. April 1963 (Bundesgesetzbl. I S. 241, 288), verordnet die Bundesregierung mit Zustimmung des Bundesrates:

Erster Abschnitt
Personenkreis

§ 1 Körperlich wesentlich behinderte Menschen

Durch körperliche Gebrechen wesentlich in ihrer Teilhabefähigkeit eingeschränkt im Sinne des § 53 Abs. 1 Satz 1 des Zwölften Buches Sozialgesetzbuch sind

1. Personen, deren Bewegungsfähigkeit durch eine Beeinträchtigung des Stütz- oder Bewegungssystems in erheblichem Umfange eingeschränkt ist,
2. Personen mit erheblichen Spaltbildungen des Gesichts oder des Rumpfes oder mit abstoßend wirkenden Entstellungen vor allem des Gesichts,
3. Personen, deren körperliches Leistungsvermögen infolge Erkrankung, Schädigung oder Fehlfunktion eines inneren Organs oder der Haut in erheblichem Umfange eingeschränkt ist,
4. Blinden oder solchen Sehbehinderten, bei denen mit Gläserkorrektion ohne besondere optische Hilfsmittel
   a) auf dem besseren Auge oder beidäugig im Nahbereich bei einem Abstand von mindestens 30 cm oder im Fernbereich eine Sehschärfe von nicht mehr als 0,3 besteht
   oder
   b) durch Buchstabe a nicht erfaßte Störungen der Sehfunktion von entsprechendem Schweregrad vorliegen,
5. Personen, die gehörlos sind oder denen eine sprachliche Verständigung über das Gehör nur mit Hörhilfen möglich ist,
6. Personen, die nicht sprechen können, Seelentauben und Hörstummen, Personen mit erheblichen Stimmstörungen sowie Personen, die stark stammeln, stark stottern oder deren Sprache stark unartikuliert ist.

§ 2 Geistig wesentlich behinderte Menschen

Geistig wesentlich behindert im Sinne des § 53 Abs. 1 Satz 1 des Zwölften Buches Sozialgesetzbuch sind Personen, die infolge einer Schwäche ihrer geistigen Kräfte in erheblichem Umfange in ihrer Fähigkeit zur Teilhabe am Leben in der Gesellschaft eingeschränkt sind.

§ 3 Seelisch wesentlich behinderte Menschen

Seelische Störungen, die eine wesentliche Einschränkung der Teilhabefähigkeit im Sinne des § 53 Abs. 1 Satz 1 des Zwölften Buches Sozialgesetzbuch zur Folge haben können, sind

1. körperlich nicht begründbare Psychosen,
2. seelische Störungen als Folge von Krankheiten oder Verletzungen des Gehirns, von Anfallsleiden oder von anderen Krankheiten oder körperlichen Beeinträchtigungen,
3. Suchtkrankheiten,
4. Neurosen und Persönlichkeitsstörungen.

§§ 4 und 5

(weggefallen)

Zweiter Abschnitt
Leistungen der Eingliederungshilfe

§ 6 Rehabilitationssport

Zu den Leistungen der medizinischen Rehabilitation im Sinne des § 54 Abs. 1 Satz 1 des Zwölften Buches Sozialgesetzbuch in Verbindung mit § 42 des Neunten Buches Sozialgesetzbuch gehört auch ärztlich verordneter Rehabilitationssport in Gruppen unter ärztlicher Betreuung und Überwachung.

§ 7

(weggefallen)

§ 8 Hilfe zur Beschaffung eines Kraftfahrzeuges

(1) Die Hilfe zur Beschaffung eines Kraftfahrzeuges gilt als Leistung zur Teilhabe am Arbeitsleben und zur Teilhabe am Leben in der Gemeinschaft im Sinne des § 54 Abs. 1 Satz 1 des Zwölften Buches Sozialgesetzbuch in Verbindung mit den §§ 49 und 76 des Neunten Buches Sozialgesetzbuch. Sie wird in angemessenem Umfang gewährt, wenn der behinderte Mensch wegen Art oder Schwere seiner Behinderung insbesondere zur Teilhabe am Arbeitsleben auf die Benutzung eines Kraftfahrzeuges angewiesen ist; bei Teilhabe am Arbeitsleben findet die Kraftfahrzeughilfe-Verordnung Anwendung.

(2) Die Hilfe nach Absatz 1 kann auch als Darlehen gewährt werden.

(3) Die Hilfe nach Absatz 1 ist in der Regel davon abhängig, daß der Behinderte das Kraftfahrzeug selbst bedienen kann.

(4) Eine erneute Hilfe zur Beschaffung eines Kraftfahrzeuges soll in der Regel nicht vor Ablauf von 5 Jahren nach Gewährung der letzten Hilfe gewährt werden.

Aus Rundschreiben, Urteilen etc.

BSG v. 23. 8. 2013 – B 8 SO 24/11 R (ZfF 2014, 21)
Behindertengerechter Umbau eines Kfz als Hilfe zur Teilhabe am Leben in der Gemeinschaft im Zusammenhang mit ehrenamtlicher Tätigkeit.

1. *§ 8 Abs. 1 Satz 2 EinglH-VO ist nicht bei der Auslegung von § 9 Abs. 2 Nr. 11 EinglH-VO heranzuziehen. § 9 EinglH-VO ist weiter gefasst und betrifft Hilfsmittel, die zum Ausgleich der durch die Behinderung bedingten Mängel dienen und nicht in erster Linie zur Teilhabe am Arbeitsleben gewährt werden. Deshalb ist (auch) der Anspruch auf Hilfe für besondere Bedienungseinrichtungen und Zusatzgeräte für ein bereits vorhandenes Kfz allein nach § 9 Abs. 1 und Abs. 2 Nr. 11 EinglH-VO – unabhängig von § 8 EinglH-VO – zu beurteilen.*
2. *Im Rahmen von § 53 Abs. 3 SGB XII reicht es insgesamt aus, die Begegnung und den Umgang mit anderen Menschen im Sinne einer angemessenen Lebensfüh-*

rung zu fördern. Maßgeblich sind im Ausgangspunkt die Wünsche des behinderten Menschen; wie sich aus § 9 Abs. 3 EinglH-VO ergibt („im Einzelfall"), gilt ein individueller und personenzentrierter Maßstab, der regelmäßig einer pauschalierenden Betrachtung des Hilfefalls entgegensteht.

3. *Ehrenamtliche Tätigkeit gehört in besonderer Weise zur Teilhabe am Leben in der Gemeinschaft. Dies verdeutlicht § 11 Abs. 2 Satz 2 SGB XII; danach umfasst die aktive Teilnahme am Leben in der Gemeinschaft auch ein gesellschaftliches Engagement. Es spielt mithin keine Rolle, dass durch etwaige Eingliederungshilfeleistungen die ehrenamtliche Tätigkeit mittelbar „gefördert" wird; denn in erster Linie soll der Umbau des Kfz die Mobilität der Lb erhöhen oder herstellen und ihr die Teilhabemöglichkeit eröffnen. Ob die Teilhabemöglichkeit in der Ausübung einer ehrenamtlichen Tätigkeit oder dem Besuch von Sportveranstaltungen oder Musikaufführungen besteht oder mit einer (sonstigen) aktiven Vereinsmitgliedschaft zusammenhängt, obliegt der Entscheidung des Behinderten. Er bestimmt selbst, was er in seiner Freizeit tut und welche Möglichkeiten zur Teilhabe am Leben in der Gemeinschaft er ergreift. Gerade ältere, aus dem Arbeitsleben ausgeschiedene Menschen haben ein besonderes Bedürfnis, neue soziale Kontakte zu finden oder alte aufrechtzuerhalten, und nutzen die Möglichkeit, dies in ehrenamtlichen Tätigkeiten zu tun, um ihre Fähigkeiten sinnvoll und gewinnbringend einzusetzen und nicht auf das „Abstellgleis geschoben" zu werden.*
4. *Nach § 88 Abs. 1 Satz 1 Nr. 1 SGB XII kann die Aufbringung der Mittel auch unter der Einkommensgrenze verlangt werden, wenn von einem anderen Leistungen für einen besonderen Zweck (Umbau des Kfz) erbracht werden, für den sonst Sozialhilfe zu leisten wäre. Im Regelfall muss der Einkommenseinsatz verlangt werden (sog. intendiertes Ermessen); denn es ist kein sachlicher Grund erkennbar, weshalb Sozialhilfe geleistet werden soll, wenn Leistungen Dritter für denselben Zweck erbracht werden. Derartige Leistungen führen nicht zum Entfallen des Bedarfs, sondern sind – von atypischen Fallgestaltungen abgesehen – (immer) als Einkommen zu qualifizieren und zu berücksichtigen, ohne dass es auf den Zeitpunkt des Zuflusses ankommt.*
5. *Darlehen sind nur dann als Einkommen zu qualifizieren, wenn der damit verbundene wertmäßige Zuwachs dem Hilfebedürftigen zur endgültigen Verwendung verbleibt. Deshalb sind Darlehen, die mit einer zivilrechtlich wirksam vereinbarten Rückzahlungsverpflichtung belastet sind, als eine nur vorübergehend zur Verfügung gestellte Leistung bei der Grundsicherung für Arbeitsuchende nicht als Einkommen zu berücksichtigen. Dieser Rechtsprechung des 14. Senats schließt sich der erkennende Senat für das Recht der Sozialhilfe an.*
6. *Der Erlös aus dem Verkauf des alten Kfz verringert den Bedarf. Er ist als Vermögen zu berücksichtigen, ohne dass er als Schonvermögen (§ 90 Abs. 2 Nr. 9 SGB XII) oder im Rahmen der Härteregelung (§ 90 Abs. 3 SGB XII) geschützt wäre.*
7. *EinglH für ein Rollstuhlverladesystem ist eine einmalige Leistung zur Beschaffung von Bedarfsgegenständen i. S. v. § 87 Abs. 3 SGB XII mit der Folge, dass ggf. das Einkommen auch für mehrere Monate zu berücksichtigen ist.*

BSG v. 23. 8. 2013 – B 8 SO 10/12 R (ZfF 2014, 22)
Systemische Bewegungstherapie im Rahmen der Hilfen für eine angemessene Schulbildung nach § 54 Abs. 1 SGB XII.

1. § 54 Abs. 1 Satz 1 Nr. 1 SGB XII i. V.m. § 12 Nr. 1 EinglH-VO liegt ein individualisiertes Förderverständnis zugrunde. Grundsätzlich kommen alle Maßnahmen in Betracht, die im Zusammenhang mit der Ermöglichung einer angemessenen Schulbildung geeignet und erforderlich sind, die Behinderungsfolgen zu beseitigen oder zu mildern, soweit es sich nicht um solche handelt, die dem Kernbereich der eigentlichen Schulbildung zuzurechnen sind. Zu diesem Kernbereich gehört die lediglich unterstützende Tätigkeit der Therapeutin außerhalb des Schulbetriebs nicht. In diesem Zusammenhang ist daher zu klären, ob sich die Therapie im Einzelnen auf die Lernfähigkeit auswirkt bzw. inwieweit die Therapie die Verbesserung schulischer Fähigkeiten zum Ziel hat.
2. Die Entscheidung darüber, was im Einzelfall für das behinderte Kind eine angemessene Schulbildung ist, beurteilt sich nach den Schulgesetzen der Länder. Der Sozialhilfeträger ist folglich an die Entscheidung der Schulverwaltung über die Erfüllung der Schulpflicht eines behinderten Kindes in einer Schule bzw. über eine bestimmte Schulart gebunden. Deshalb verfängt auch der auf das Nachrangprinzip des § 2 SGB XII gestützte Einwand nicht, der Lb hätte der Schulbesuchspflicht eigentlich in einer Sonderschule genügen müssen, weil er aufgrund seiner Behinderung gar nicht in der Lage sei, dem Schulbetrieb an der Waldorfschule zu folgen.
3. Soweit ein Anspruch auf Kostenübernahme (hier bei gestundeter Forderung) als Sachleistung im weiten Sinne (Schuldbeitritt durch Verwaltungsakt mit Drittwirkung) im Streit steht, ist der Leistungserbringer notwendig i. S. v. § 75 Abs. 2 1. Alt. SGG beizuladen. Der Schuldbeitritt hat einen unmittelbaren Zahlungsanspruch des Leistungserbringers gegen den SHTr. und einen Anspruch des Lb gegen den SHTr. auf Zahlung an den Leistungserbringer zur Folge.

BSG v. 10. 9. 2013 – B 4 AS 89/12 R (ZfF 2014, 22)
Verteilzeitraum einer Abfindung als Einkommen im SGB II.
1. Eine nach Antragstellung zugeflossene einmalige Einnahme bleibt rechtlich auch über den Zuflussmonat und den Bewilligungsabschnitt hinaus zu berücksichtigendes Einkommen. Der Aggregatzustand der Einnahme verändert sich nicht durch eine neue Antragstellung. Das Einkommen mutiert nicht gleichsam zu Vermögen.
2. Als unbestimmter Rechtsbegriff ist der einzelfallbezogen zu bestimmende angemessene Zeitraum der Verteilung (§ 2 Abs. 3 Satz 3 Alg II–V a. F.) ausfüllungsbedürftig und unterliegt uneingeschränkter richterlicher Kontrolle. Zulässige Sachgesichtspunkte, die für die Angemessenheit einer Verteilung, die Belassung eines (geringfügigen) Anspruchs auf SGB II-Leistungen bei der Anrechnung und die zeitliche Dauer des Verteilzeitraums maßgebend sein können, sind die Höhe der einmaligen Einnahme, der mögliche Bewilligungszeitraum sowie der Umstand, ob der Lb durch die Höhe des festgesetzten monatlichen Teilbetrags seinen Krankenversicherungsschutz behalten kann. Zwar liegt grundsätzlich ein Regelfall mit einem Erfordernis zur Aufteilung nach § 2 Abs. 3 Satz 3 Alg II–V a. F. vor, wenn der über den SGB II-Bezug vermittelte Krankenversicherungsschutz bei voller Berücksichtigung der Einnahme für mindestens 1 Monat entfallen würde. Sind indes höhere Beträge im Streit, welche die Hilfebedürftigkeit der Bedarfsgemeinschaft bei prognostischer Betrachtung auf längere Dauer entfallen ließen, ist eine vollständige Anrechnung ohne Belassung von SGB II-Leistungen grundsätzlich nicht zu beanstanden.

3. Allein die Tatsache, dass eine erhöhte Lohnzahlung in 1 Monat aus dem Arbeitsverhältnis als einem Dauerrechtsverhältnis zu einem Wegfall der Hilfebedürftigkeit nur in diesem Monat führt, begründete keine geänderten Verhältnisse, die eine „Umwandlung" der einmalig im Folgemonat zugeflossenen Abfindungszahlung in Vermögen rechtfertigen. Es liegt keine echte „Überwindung" der Hilfebedürftigkeit durch Erzielung von Erwerbseinkommen vor, wenn es sich um ein bloßes Aussetzen der Hilfebedürftigkeit wegen einer höheren Lohnzahlung und einen vom Normalverlauf abweichenden Auszahlungsvorgang ohne Änderung der tatsächlichen Verhältnisse handelt.

Anmerkungen:
Der „angemessene Zeitraum" ist mit § 11 Abs. 3 Satz 2 SGB II n. F. jetzt mit 6 Monaten gesetzlich geregelt. Die Ausführungen des 4. Senats sind aber ggf. auch im Bereich des § 3 Abs. 3 Satz 2 VO zu § 82 SGB XII hilfreich.

§ 9 Andere Hilfsmittel

(1) Andere Hilfsmittel im Sinne des § 54 Abs. 1 Satz 1 des Zwölften Buches Sozialgesetzbuch in Verbindung mit den §§ 42, 49 und 76 des Neunten Buches Sozialgesetzbuch sind nur solche Hilfsmittel, die dazu bestimmt sind, zum Ausgleich der durch die Behinderung bedingten Mängel beizutragen.

(2) Zu den anderen Hilfsmitteln im Sinne des Absatzes 1 gehören auch

1. Schreibmaschinen für Blinde, Ohnhänder und solche behinderte Menschen, die wegen Art und Schwere ihrer Behinderung auf eine Schreibmaschine angewiesen sind,
2. Verständigungsgeräte für Taubblinde,
3. Blindenschrift-Bogenmaschinen,
4. Blindenuhren mit Zubehör, Blindenweckuhren,
5. Tonbandgeräte mit Zubehör für Blinde,
6. Blindenführhunde mit Zubehör,
7. besondere optische Hilfsmittel, vor allem Fernrohrlupenbrillen,
8. Hörgeräte, Hörtrainer,
9. Weckuhren für hörbehinderte Menschen,
10. Sprachübungsgeräte für sprachbehinderte Menschen,
11. besondere Bedienungseinrichtungen und Zusatzgeräte für Kraftfahrzeuge, wenn der behinderte Mensch wegen Art und Schwere seiner Behinderung auf ein Kraftfahrzeug angewiesen ist,
12. Gebrauchsgegenstände des täglichen Lebens und zur nichtberuflichen Verwendung bestimmte Hilfsgeräte für behinderte Menschen, wenn der behinderte Mensch wegen Art und Schwere seiner Behinderung auf diese Gegenstände angewiesen ist.

(3) Die Versorgung mit einem anderen Hilfsmittel im Sinne des § 54 Abs. 1 Satz 1 des Zwölften Buches Sozialgesetzbuch in Verbindung mit den §§ 42, 49 und 76 des Neunten Buches Sozialgesetzbuch wird nur gewährt, wenn das Hilfsmittel im Einzelfall erforderlich und geeignet ist, zu dem in Absatz 1 genannten Ausgleich beizutragen, und wenn der behinderte Mensch das Hilfsmittel bedienen kann.

§ 10 Umfang der Versorgung mit Körperersatzstücken, orthopädischen oder anderen Hilfsmitteln

(1) Zu der Versorgung mit Körperersatzstücken sowie mit orthopädischen oder anderen Hilfsmitteln im Sinne des § 54 Abs. 1 Satz 1 des Zwölften Buches Sozialgesetzbuch in Verbindung mit den §§ 42, 49 und 76 des Neunten Buches Sozialgesetzbuch gehört auch eine notwendige Unterweisung in ihrem Gebrauch.

(2) Soweit im Einzelfall erforderlich, wird eine Doppelausstattung mit Körperersatzstücken, orthopädischen oder anderen Hilfsmitteln gewährt.

(3) Zu der Versorgung mit Körperersatzstücken sowie mit orthopädischen oder anderen Hilfsmitteln gehört auch deren notwendige Instandhaltung oder Änderung. Die Versorgung mit einem anderen Hilfsmittel umfaßt auch ein Futtergeld für einen Blindenführhund in Höhe des Betrages, den blinde Beschädigte nach dem Bundesversorgungsgesetz zum Unterhalt eines Führhundes erhalten, sowie die Kosten für die notwendige tierärztliche Behandlung des Führhundes und für eine angemessene Haftpflichtversicherung, soweit die Beiträge hierfür nicht nach § 82 Abs. 2 Nr. 3 des Zwölften Buches Sozialgesetzbuch vom Einkommen abzusetzen sind.

(4) Eine erneute Versorgung wird gewährt, wenn sie infolge der körperlichen Entwicklung des Behinderten notwendig oder wenn aus anderen Gründen das Körperersatzstück oder Hilfsmittel ungeeignet oder unbrauchbar geworden ist.

(5) *(weggefallen)*

(6) Als Versorgung kann Hilfe in angemessenem Umfange auch zur Erlangung der Fahrerlaubnis, zur Instandhaltung sowie durch Übernahme von Betriebskosten eines Kraftfahrzeuges gewährt werden, wenn der behinderte Mensch wegen seiner Behinderung auf die regelmäßige Benutzung eines Kraftfahrzeuges angewiesen ist oder angewiesen sein wird.

§ 11

(weggefallen)

§ 12 Schulbildung

Die Hilfe zu einer angemessenen Schulbildung im Sinne des § 54 Abs. 1 Satz 1 Nr. 1 des Zwölften Buches Sozialgesetzbuch umfaßt auch

1. heilpädagogische sowie sonstige Maßnahmen zugunsten körperlich und geistig behinderter Kinder und Jugendlicher, wenn die Maßnahmen erforderlich und geeignet sind, dem behinderten Menschen den Schulbesuch im Rahmen der allgemeinen Schulpflicht zu ermöglichen oder zu erleichtern,
2. Maßnahmen der Schulbildung zugunsten körperlich und geistig behinderter Kinder und Jugendlicher, wenn die Maßnahmen erforderlich und geeignet sind, dem behinderten Menschen eine im Rahmen der allgemeinen Schulpflicht üblicherweise erreichbare Bildung zu ermöglichen,
3. Hilfe zum Besuch einer Realschule, eines Gymnasiums, einer Fachoberschule oder einer Ausbildungsstätte, deren Ausbildungsabschluß dem einer der oben genannten Schulen gleichgestellt ist, oder, soweit im Einzelfalle der

Besuch einer solchen Schule oder Ausbildungsstätte nicht zumutbar ist, sonstige Hilfe zur Vermittlung einer entsprechenden Schulbildung; die Hilfe wird nur gewährt, wenn nach den Fähigkeiten und den Leistungen des behinderten Menschen zu erwarten ist, daß er das Bildungsziel erreichen wird.

§ 13 Schulische Ausbildung für einen Beruf

(1) Die Hilfe zur schulischen Ausbildung für einen angemessenen Beruf im Sinne des § 54 Abs. 1 Satz 1 Nr. 2 des Zwölften Buches Sozialgesetzbuch umfaßt vor allem Hilfe
1. *(weggefallen)*
2. zur Ausbildung an einer Berufsfachschule,
3. zur Ausbildung an einer Berufsaufbauschule,
4. zur Ausbildung an einer Fachschule oder höheren Fachschule,
5. zur Ausbildung an einer Hochschule oder einer Akademie,
6. zum Besuch sonstiger öffentlicher, staatlich anerkannter oder staatlich genehmigter schulischer Ausbildungsstätten,
7. zur Ableistung eines Praktikums, das Voraussetzung für den Besuch einer Fachschule oder einer Hochschule oder für die Berufszulassung ist,
8. zur Teilnahme am Fernunterricht; § 86 des Dritten Buches Sozialgesetzbuch gilt entsprechend,
9. zur Teilnahme an Maßnahmen, die geboten sind, um die schulische Ausbildung für einen angemessenen Beruf vorzubereiten.

(2) Die Hilfe nach Absatz 1 wird gewährt, wenn
1. zu erwarten ist, dass das Ziel der Ausbildung oder der Vorbereitungsmaßnahmen erreicht wird,
2. der beabsichtigte Ausbildungsweg erforderlich ist,
3. der Beruf oder die Tätigkeit voraussichtlich eine ausreichende Lebensgrundlage bieten oder, falls dies wegen Art oder Schwere der Behinderung nicht möglich ist, zur Lebensgrundlage in angemessenem Umfang beitragen wird.

§ 13a Ausbildung für eine sonstige angemessene Tätigkeit

Hilfe zur Ausbildung für eine sonstige angemessene Tätigkeit im Sinne des § 54 Abs. 1 Satz 1 des Zwölften Buches Sozialgesetzbuch in Verbindung mit den §§ 49 und 58 des Neunten Buches Sozialgesetzbuch sowie der Hilfe im Sinne des § 54 Abs. 1 Satz 1 Nr. 3 des Zwölften Buches Sozialgesetzbuch wird insbesondere gewährt, wenn die Ausbildung für einen Beruf aus besonderen Gründen, vor allem wegen Art und Schwere der Behinderung, unterbleibt. § 13 Abs. 2 gilt entsprechend.

§§ 14 und 15

(weggefallen)

§ 16 Allgemeine Ausbildung

Zu den Maßnahmen der Eingliederungshilfe für behinderte Menschen gehören auch

1. die blindentechnische Grundausbildung,
2. Kurse und ähnliche Maßnahmen zugunsten der in § 1 Nr. 5 und 6 genannten Personen, wenn die Maßnahmen erforderlich und geeignet sind, die Verständigung mit anderen Personen zu ermöglichen oder zu erleichtern,
3. hauswirtschaftliche Lehrgänge, die erforderlich und geeignet sind, dem behinderten Menschen die Besorgung des Haushalts ganz oder teilweise zu ermöglichen,
4. Lehrgänge und ähnliche Maßnahmen, die erforderlich und geeignet sind, den behinderten Menschen zu befähigen, sich ohne fremde Hilfe sicher im Verkehr zu bewegen.

§ 17 Eingliederung in das Arbeitsleben

(1) Zu der Hilfe im Sinne des § 54 Abs. 1 Satz 1 des Zwölften Buches Sozialgesetzbuch in Verbindung mit den §§ 49 und 58 des Neunten Buches Sozialgesetzbuch sowie der Hilfe im Sinne des § 54 Abs. 1 Satz 1 Nr. 5 des Zwölften Buches Sozialgesetzbuch gehören auch die Hilfe zur Beschaffung von Gegenständen sowie andere Leistungen, wenn sie wegen der Behinderung zur Aufnahme oder Fortsetzung einer angemessenen Beschäftigung im Arbeitsleben erforderlich sind; für die Hilfe zur Beschaffung eines Kraftfahrzeuges ist § 8, für die Hilfe zur Beschaffung von Gegenständen, die zugleich Gegenstände im Sinne des § 9 Abs. 2 Nr. 12 sind, ist § 9 maßgebend. Die Hilfe nach Satz 1 kann auch als Darlehen gewährt werden.

(2) Hilfe in einer sonstigen Beschäftigungsstätte nach § 56 des Zwölften Buches Sozialgesetzbuch können behinderte Menschen erhalten, die mindestens die Voraussetzungen zur Aufnahme in einer Werkstatt für behinderte Menschen (§ 137 des Neunten Buches Sozialgesetzbuch) erfüllen.

§§ 18 und 19

(weggefallen)

§ 20 Anleitung von Betreuungspersonen

Bedarf ein behinderter Mensch wegen der Schwere der Behinderung in erheblichem Umfange der Betreuung, so gehört zu den Maßnahmen der Eingliederungshilfe auch, Personen, denen die Betreuung obliegt, mit den durch Art und Schwere der Behinderung bedingten Besonderheiten der Betreuung vertraut zu machen.

§ 21

(weggefallen)

§ 22 Kosten der Begleitpersonen

Erfordern die Maßnahmen der Eingliederungshilfe die Begleitung des behinderten Menschen, so gehören zu seinem Bedarf auch
1. die notwendigen Fahrtkosten und die sonstigen mit der Fahrt verbundenen notwendigen Auslagen der Begleitperson,
2. weitere Kosten der Begleitperson, soweit sie nach den Besonderheiten des Einzelfalles notwendig sind.

§ 23 Eingliederungsmaßnahmen im Ausland

Maßnahmen der Eingliederungshilfe für behinderte Menschen können auch im Ausland durchgeführt werden, wenn dies im Interesse der Eingliederung des behinderten Menschen geboten ist, die Dauer der Eingliederungsmaßnahmen durch den Auslandsaufenthalt nicht wesentlich verlängert wird und keine unvertretbaren Mehrkosten entstehen.

§ 24 Anhörung von Sachverständigen

Bei der Prüfung von Art und Umfang der in Betracht kommenden Maßnahmen der Eingliederungshilfe sollen, soweit nach den Besonderheiten des Einzelfalles geboten, ein Arzt, ein Pädagoge, jeweils der entsprechenden Fachrichtung, ein Psychologe oder sonstige sachverständige Personen gehört werden.

Dritter Abschnitt
Schlussbestimmungen

§ 25 Berlin-Klausel

(gegenstandslos)

Siebtes Kapitel
Hilfe zur Pflege

§ 61 Leistungsberechtigte

Personen, die pflegebedürftig im Sinne des § 61 a sind, haben Anspruch auf Hilfe zur Pflege, soweit ihnen und ihren nicht getrennt lebenden Ehegatten oder Lebenspartnern nicht zuzumuten ist, dass sie die für die Hilfe zur Pflege benötigten Mittel aus dem Einkommen und Vermögen nach den Vorschriften des Elften Kapitels aufbringen. Sind die Personen minderjährig und unverheiratet, so sind auch das Einkommen und das Vermögen ihrer Eltern oder eines Elternteils zu berücksichtigen.

§ 61 a Begriff der Pflegebedürftigkeit

(1) Pflegebedürftig sind Personen, die gesundheitlich bedingte Beeinträchtigungen der Selbständigkeit oder der Fähigkeiten aufweisen und

deshalb der Hilfe durch andere bedürfen. Pflegebedürftige Personen im Sinne des Satzes 1 können körperliche, kognitive oder psychische Beeinträchtigungen oder gesundheitlich bedingte Belastungen oder Anforderungen nicht selbständig kompensieren oder bewältigen.

(2) Maßgeblich für die Beurteilung der Beeinträchtigungen der Selbständigkeit oder Fähigkeiten sind die folgenden Bereiche mit folgenden Kriterien:

1. Mobilität mit den Kriterien
   a) Positionswechsel im Bett,
   b) Halten einer stabilen Sitzposition,
   c) Umsetzen,
   d) Fortbewegen innerhalb des Wohnbereichs,
   e) Treppensteigen;
2. kognitive und kommunikative Fähigkeiten mit den Kriterien
   a) Erkennen von Personen aus dem näheren Umfeld,
   b) örtliche Orientierung,
   c) zeitliche Orientierung,
   d) Erinnern an wesentliche Ereignisse oder Beobachtungen,
   e) Steuern von mehrschrittigen Alltagshandlungen,
   f) Treffen von Entscheidungen im Alltagsleben,
   g) Verstehen von Sachverhalten und Informationen,
   h) Erkennen von Risiken und Gefahren,
   i) Mitteilen von elementaren Bedürfnissen,
   j) Verstehen von Aufforderungen,
   k) Beteiligen an einem Gespräch;
3. Verhaltensweisen und psychische Problemlagen mit den Kriterien
   a) motorisch geprägte Verhaltensauffälligkeiten,
   b) nächtliche Unruhe,
   c) selbstschädigendes und autoaggressives Verhalten,
   d) Beschädigen von Gegenständen,
   e) physisch aggressives Verhalten gegenüber anderen Personen,
   f) verbale Aggression,
   g) andere pflegerelevante vokale Auffälligkeiten,
   h) Abwehr pflegerischer und anderer unterstützender Maßnahmen,
   i) Wahnvorstellungen,
   j) Ängste,
   k) Antriebslosigkeit bei depressiver Stimmungslage,
   l) sozial inadäquate Verhaltensweisen,
   m) sonstige pflegerelevante inadäquate Handlungen;
4. Selbstversorgung mit den Kriterien
   a) Waschen des vorderen Oberkörpers,
   b) Körperpflege im Bereich des Kopfes,
   c) Waschen des Intimbereichs,
   d) Duschen und Baden einschließlich Waschen der Haare,
   e) An- und Auskleiden des Oberkörpers,
   f) An- und Auskleiden des Unterkörpers,

g) mundgerechtes Zubereiten der Nahrung und Eingießen von Getränken,
h) Essen,
i) Trinken,
j) Benutzen einer Toilette oder eines Toilettenstuhls,
k) Bewältigen der Folgen einer Harninkontinenz und Umgang mit Dauerkatheter und Urostoma,
l) Bewältigen der Folgen einer Stuhlinkontinenz und Umgang mit Stoma,
m) Ernährung parenteral oder über Sonde,
n) Bestehen gravierender Probleme bei der Nahrungsaufnahme bei Kindern bis zu 18 Monaten, die einen außergewöhnlich pflegeintensiven Hilfebedarf auslösen;

5. Bewältigung von und selbständiger Umgang mit krankheits- oder therapiebedingten Anforderungen und Belastungen in Bezug auf
a) Medikation,
b) Injektionen,
c) Versorgung intravenöser Zugänge,
d) Absaugen und Sauerstoffgabe,
e) Einreibungen sowie Kälte- und Wärmeanwendungen,
f) Messung und Deutung von Körperzuständen,
g) körpernahe Hilfsmittel,
h) Verbandswechsel und Wundversorgung,
i) Versorgung mit Stoma,
j) regelmäßige Einmalkatheterisierung und Nutzung von Abführmethoden,
k) Therapiemaßnahmen in häuslicher Umgebung,
l) zeit- und technikintensive Maßnahmen in häuslicher Umgebung,
m) Arztbesuche,
n) Besuch anderer medizinischer oder therapeutischer Einrichtungen,
o) zeitlich ausgedehnte Besuche medizinischer oder therapeutischer Einrichtungen,
p) Besuche von Einrichtungen zur Frühförderung bei Kindern,
q) Einhalten einer Diät oder anderer krankheits- oder therapiebedingter Verhaltensvorschriften;

6. Gestaltung des Alltagslebens und sozialer Kontakte mit den Kriterien
a) Gestaltung des Tagesablaufs und Anpassung an Veränderungen,
b) Ruhen und Schlafen,
c) Sichbeschäftigen,
d) Vornehmen von in die Zukunft gerichteten Planungen,
e) Interaktion mit Personen im direkten Kontakt,
f) Kontaktpflege zu Personen außerhalb des direkten Umfelds.

§ 61 b Pflegegrade

(1) Für die Gewährung von Leistungen der Hilfe zur Pflege sind pflegebedürftige Personen entsprechend den im Begutachtungsverfahren nach § 62 ermittelten Gesamtpunkten in einen der Schwere der Beeinträchtigun-

gen der Selbständigkeit oder der Fähigkeiten entsprechenden Pflegegrad einzuordnen:

1. Pflegegrad 1: geringe Beeinträchtigungen der Selbständigkeit oder der Fähigkeiten (ab 12,5 bis unter 27 Gesamtpunkte),
2. Pflegegrad 2: erhebliche Beeinträchtigungen der Selbständigkeit oder der Fähigkeiten (ab 27 bis unter 47,5 Gesamtpunkte),
3. Pflegegrad 3: schwere Beeinträchtigungen der Selbständigkeit oder der Fähigkeiten (ab 47,5 bis unter 70 Gesamtpunkte),
4. Pflegegrad 4: schwerste Beeinträchtigungen der Selbständigkeit oder der Fähigkeiten (ab 70 bis unter 90 Gesamtpunkte),
5. Pflegegrad 5: schwerste Beeinträchtigungen der Selbständigkeit oder Fähigkeiten mit besonderen Anforderungen an die pflegerische Versorgung (ab 90 bis 100 Gesamtpunkte).

(2) Pflegebedürftige mit besonderen Bedarfskonstellationen, die einen spezifischen, außergewöhnlich hohen Hilfebedarf mit besonderen Anforderungen an die pflegerische Versorgung aufweisen, können aus pflegefachlichen Gründen dem Pflegegrad 5 zugeordnet werden, auch wenn ihre Gesamtpunkte unter 90 liegen.

§ 61 c Pflegegrade bei Kindern

(1) Bei pflegebedürftigen Kindern, die 18 Monate oder älter sind, ist für die Einordnung in einen Pflegegrad nach § 61 b der gesundheitlich bedingte Grad der Beeinträchtigungen ihrer Selbständigkeit und ihrer Fähigkeiten im Verhältnis zu altersentsprechend entwickelten Kindern maßgebend.

(2) Pflegebedürftige Kinder im Alter bis zu 18 Monaten sind in einen der nachfolgenden Pflegegrade einzuordnen:

1. Pflegegrad 2: ab 12,5 bis unter 27 Gesamtpunkte,
2. Pflegegrad 3: ab 27 bis unter 47,5 Gesamtpunkte,
3. Pflegegrad 4: ab 47,5 bis unter 70 Gesamtpunkte,
4. Pflegegrad 5: ab 70 bis 100 Gesamtpunkte.

§ 62 Ermittlung des Grades der Pflegebedürftigkeit

Die Ermittlung des Pflegegrades erfolgt durch ein Begutachtungsinstrument nach Maßgabe des § 15 des Elften Buches. Die auf Grund des § 16 des Elften Buches erlassene Verordnung sowie die auf Grund des § 17 des Elften Buches erlassenen Richtlinien der Pflegekassen finden entsprechende Anwendung.

§ 62 a Bindungswirkung

Die Entscheidung der Pflegekasse über den Pflegegrad ist für den Träger der Sozialhilfe bindend, soweit sie auf Tatsachen beruht, die bei beiden Entscheidungen zu berücksichtigen sind. Bei seiner Entscheidung kann sich der Träger der Sozialhilfe der Hilfe sachverständiger Dritter bedienen. Auf Anforderung unterstützt der Medizinische Dienst der Krankenversicherung den Träger der Sozialhilfe bei seiner Entscheidung und erhält hierfür Kostenersatz, der zu vereinbaren ist.

§ 63 Leistungen für Pflegebedürftige

(1) Die Hilfe zur Pflege umfasst für Pflegebedürftige der Pflegegrade 2, 3, 4 oder 5
1. häusliche Pflege in Form von
   a) Pflegegeld (§ 64 a),
   b) häuslicher Pflegehilfe (§ 64 b),
   c) Verhinderungspflege (§ 64 c),
   d) Pflegehilfsmitteln (§ 64 d),
   e) Maßnahmen zur Verbesserung des Wohnumfeldes (§ 64 e),
   f) anderen Leistungen (§ 64 f),
2. teilstationäre Pflege (§ 64 g),
3. Kurzzeitpflege (§ 64 h),
4. einen Entlastungsbetrag (§ 64 i) und
5. stationäre Pflege (§ 65).

Die Hilfe zur Pflege schließt Sterbebegleitung mit ein.

(2) Die Hilfe zur Pflege umfasst für Pflegebedürftige des Pflegegrades 1
1. Pflegehilfsmittel (§ 64 d),
2. Maßnahmen zur Verbesserung des Wohnumfeldes (§ 64 e) und
3. einen Entlastungsbetrag (§ 66).

(3) Die Leistungen der Hilfe zur Pflege sind auf Antrag auch als Teil eines Persönlichen Budgets zu erbringen. § 17 Absatz 2 bis 4 des Neunten Buches in Verbindung mit der Budgetverordnung und § 159 Absatz 5 des Neunten Buches sind insoweit anzuwenden.

§ 63a Notwendiger pflegerischer Bedarf

Die Träger der Sozialhilfe haben den notwendigen pflegerischen Bedarf zu ermitteln und festzustellen.

§ 63b Leistungskonkurrenz

(1) Leistungen der Hilfe zur Pflege werden nicht erbracht, soweit Pflegebedürftige gleichartige Leistungen nach anderen Rechtsvorschriften erhalten.

(2) Abweichend von Absatz 1 sind Leistungen nach § 72 oder gleichartige Leistungen nach anderen Rechtsvorschriften mit 70 Prozent auf das Pflegegeld nach § 64 a anzurechnen. Leistungen nach § 45 b des Elften Buches gehen den Leistungen nach den §§ 64 i und 66 vor; auf die übrigen Leistungen der Hilfe zur Pflege werden sie nicht angerechnet.

(3) Pflegebedürftige haben während ihres Aufenthalts in einer teilstationären oder vollstationären Einrichtung dort keinen Anspruch auf häusliche Pflege. Abweichend von Satz 1 kann das Pflegegeld nach § 64 a während einer teilstationären Pflege nach § 64 g oder einer vergleichbaren nicht nach diesem Buch durchgeführten Maßnahme angemessen gekürzt werden.

(4) Absatz 3 Satz 1 gilt nicht für vorübergehende Aufenthalte in einem Krankenhaus nach § 108 des Fünften Buches oder in einer Vorsorge- oder Rehabilitationseinrichtung nach § 107 Absatz 2 des Fünften Buches, soweit

Pflegebedürftige ihre Pflege durch von ihnen selbst beschäftigte besondere Pflegekräfte (Arbeitgebermodell) sicherstellen. Die vorrangigen Leistungen des Pflegegeldes für selbst beschaffte Pflegehilfen nach den §§ 37 und 38 des Elften Buches sind anzurechnen. § 39 des Fünften Buches bleibt unberührt.

(5) Das Pflegegeld kann um bis zu zwei Drittel gekürzt werden, soweit die Heranziehung einer besonderen Pflegekraft erforderlich ist, Pflegebedürftige Leistungen der Verhinderungspflege nach § 64 c oder gleichartige Leistungen nach anderen Rechtsvorschriften erhalten.

(6) Pflegebedürftige, die ihre Pflege im Rahmen des Arbeitgebermodells sicherstellen, können nicht auf die Inanspruchnahme von Sachleistungen nach dem Elften Buch verwiesen werden. In diesen Fällen ist das geleistete Pflegegeld nach § 37 des Elften Buches auf die Leistungen der Hilfe zur Pflege anzurechnen.

(7) Leistungen der stationären Pflege nach § 65 werden auch bei einer vorübergehenden Abwesenheit von Pflegebedürftigen aus der stationären Einrichtung erbracht, solange die Voraussetzungen des § 87 a Absatz 1 Satz 5 und 6 des Elften Buches vorliegen.

§ 64 Vorrang

Soweit häusliche Pflege ausreicht, soll der Träger der Sozialhilfe darauf hinwirken, dass die häusliche Pflege durch Personen, die dem Pflegebedürftigen nahestehen, oder als Nachbarschaftshilfe übernommen wird.

§ 64 a Pflegegeld

(1) Pflegebedürftige der Pflegegrade 2, 3, 4 oder 5 haben bei häuslicher Pflege Anspruch auf Pflegegeld in Höhe des Pflegegeldes nach § 37 Absatz 1 des Elften Buches. Der Anspruch auf Pflegegeld setzt voraus, dass die Pflegebedürftigen und die Sorgeberechtigten bei pflegebedürftigen Kindern die erforderliche Pflege mit dem Pflegegeld in geeigneter Weise selbst sicherstellen.

(2) Besteht der Anspruch nach Absatz 1 nicht für den vollen Kalendermonat, ist das Pflegegeld entsprechend zu kürzen. Bei der Kürzung ist der Kalendermonat mit 30 Tagen anzusetzen. Das Pflegegeld wird bis zum Ende des Kalendermonats geleistet, in dem die pflegebedürftige Person gestorben ist.

(3) Stellt die Pflegekasse ihre Leistungen nach § 37 Absatz 6 des Elften Buches ganz oder teilweise ein, entfällt insoweit die Leistungspflicht nach Absatz 1.

§ 64 b Häusliche Pflegehilfe

(1) Pflegebedürftige der Pflegegrade 2, 3, 4 oder 5 haben Anspruch auf körperbezogene Pflegemaßnahmen und pflegerische Betreuungsmaßnahmen sowie auf Hilfen bei der Haushaltsführung als Pflegesachleistung (häusliche Pflegehilfe), soweit die häusliche Pflege nach § 64 nicht sicher-

gestellt werden kann. Der Anspruch auf häusliche Pflegehilfe umfasst auch die pflegefachliche Anleitung von Pflegebedürftigen und Pflegepersonen. Mehrere Pflegebedürftige der Pflegegrade 2, 3, 4 oder 5 können die häusliche Pflege gemeinsam in Anspruch nehmen. Häusliche Pflegehilfe kann auch Betreuungs- und Entlastungsleistungen durch Unterstützungsangebote im Sinne des § 45 a des Elften Buches umfassen; § 64 i bleibt unberührt.

(2) Pflegerische Betreuungsmaßnahmen umfassen Unterstützungsleistungen zur Bewältigung und Gestaltung des alltäglichen Lebens im häuslichen Umfeld, insbesondere

1. bei der Bewältigung psychosozialer Problemlagen oder von Gefährdungen,
2. bei der Orientierung, bei der Tagesstrukturierung, bei der Kommunikation, bei der Aufrechterhaltung sozialer Kontakte und bei bedürfnisgerechten Beschäftigungen im Alltag sowie
3. durch Maßnahmen zur kognitiven Aktivierung.

§ 64 c Verhinderungspflege

Ist eine Pflegeperson im Sinne von § 64 wegen Erholungsurlaubs, Krankheit oder aus sonstigen Gründen an der häuslichen Pflege gehindert, sind die angemessenen Kosten einer notwendigen Ersatzpflege zu übernehmen.

§ 64 d Pflegehilfsmittel

(1) Pflegebedürftige haben Anspruch auf Versorgung mit Pflegehilfsmitteln, die

1. zur Erleichterung der Pflege der Pflegebedürftigen beitragen,
2. zur Linderung der Beschwerden der Pflegebedürftigen beitragen oder
3. den Pflegebedürftigen eine selbständigere Lebensführung ermöglichen.

Der Anspruch umfasst die notwendige Änderung, Instandsetzung und Ersatzbeschaffung von Pflegehilfsmitteln sowie die Ausbildung in ihrem Gebrauch.

(2) Technische Pflegehilfsmittel sollen den Pflegebedürftigen in geeigneten Fällen leihweise zur Verfügung gestellt werden.

§ 64 e Maßnahmen zur Verbesserung des Wohnumfeldes

Maßnahmen zur Verbesserung des Wohnumfeldes der Pflegebedürftigen können gewährt werden,

1. soweit sie angemessen sind und
2. durch sie
   a) die häusliche Pflege ermöglicht oder erheblich erleichtert werden kann oder
   b) eine möglichst selbständige Lebensführung der Pflegebedürftigen wiederhergestellt werden kann.

§ 64f Andere Leistungen

(1) Zusätzlich zum Pflegegeld nach § 64 a Absatz 1 sind die Aufwendungen für die Beiträge einer Pflegeperson oder einer besonderen Pflegekraft für eine angemessene Alterssicherung zu erstatten, soweit diese nicht anderweitig sichergestellt ist.

(2) Ist neben der häuslichen Pflege nach § 64 eine Beratung der Pflegeperson geboten, sind die angemessenen Kosten zu übernehmen.

(3) Soweit die Sicherstellung der häuslichen Pflege für Pflegebedürftige der Pflegegrade 2, 3, 4 oder 5 im Rahmen des Arbeitgebermodells erfolgt, sollen die angemessenen Kosten übernommen werden.

§ 64g Teilstationäre Pflege

Pflegebedürftige der Pflegegrade 2, 3, 4 oder 5 haben Anspruch auf teilstationäre Pflege in Einrichtungen der Tages- oder Nachtpflege, soweit die häusliche Pflege nicht in ausreichendem Umfang sichergestellt werden kann oder die teilstationäre Pflege zur Ergänzung oder Stärkung der häuslichen Pflege erforderlich ist. Der Anspruch umfasst auch die notwendige Beförderung des Pflegebedürftigen von der Wohnung zur Einrichtung der Tages- oder Nachtpflege und zurück.

§ 64h Kurzzeitpflege

(1) Pflegebedürftige der Pflegegrade 2, 3, 4 oder 5 haben Anspruch auf Kurzeitpflege in einer stationären Pflegeeinrichtung, soweit die häusliche Pflege zeitweise nicht, noch nicht oder nicht im erforderlichen Umfang erbracht werden kann und die teilstationäre Pflege nach § 64 g nicht ausreicht.

(2) Wenn die Pflege in einer zur Kurzzeitpflege zugelassenen Pflegeeinrichtung nach den §§ 71 und 72 des Elften Buches nicht möglich ist oder nicht zumutbar erscheint, kann die Kurzzeitpflege auch erbracht werden
1. durch geeignete Erbringer von Leistungen nach dem Sechsten Kapitel oder
2. in geeigneten Einrichtungen, die nicht als Einrichtung zur Kurzzeitpflege zugelassen sind.

(3) Soweit während einer Maßnahme der medizinischen Vorsorge oder Rehabilitation für eine Pflegeperson eine gleichzeitige Unterbringung und Pflege der Pflegebedürftigen erforderlich ist, kann Kurzzeitpflege auch in Vorsorge- oder Rehabilitationseinrichtungen nach § 107 Absatz 2 des Fünften Buches erbracht werden.

§ 64i Entlastungsbetrag bei den Pflegegraden 2, 3, 4 oder 5

Pflegebedürftige der Pflegegrade 2, 3, 4 oder 5 haben Anspruch auf einen Entlastungsbetrag in Höhe von bis zu 125 Euro monatlich. Der Entlastungsbetrag ist zweckgebunden einzusetzen zur
1. Entlastung pflegender Angehöriger oder nahestehender Pflegepersonen,

2. Förderung der Selbständigkeit und Selbstbestimmung der Pflegebedürftigen bei der Gestaltung ihres Alltags oder
3. Inanspruchnahme von Unterstützungsangeboten im Sinne des § 45 a des Elften Buches.

§ 65 Stationäre Pflege

Pflegebedürftige der Pflegegrade 2, 3, 4 oder 5 haben Anspruch auf Pflege in stationären Einrichtungen, wenn häusliche oder teilstationäre Pflege nicht möglich ist oder wegen der Besonderheit des Einzelfalls nicht in Betracht kommt. Der Anspruch auf stationäre Pflege umfasst auch Betreuungsmaßnahmen; § 64 b Absatz 2 findet entsprechende Anwendung.

§ 66 Entlastungsbetrag bei Pflegegrad 1

Pflegebedürftige des Pflegegrades 1 haben Anspruch auf einen Entlastungsbetrag in Höhe von bis zu 125 Euro monatlich. Der Entlastungsbetrag ist zweckgebunden einzusetzen zur
1. Entlastung pflegender Angehöriger oder nahestehender Pflegepersonen,
2. Förderung der Selbständigkeit und Selbstbestimmung der Pflegebedürftigen bei der Gestaltung ihres Alltags,
3. Inanspruchnahme von
   a) Leistungen der häuslichen Pflegehilfe im Sinne des § 64 b,
   b) Maßnahmen zur Verbesserung des Wohnumfeldes nach § 64 e,
   c) anderen Leistungen nach § 64 f,
   d) Leistungen zur teilstationären Pflege im Sinne des § 64 g,
4. Inanspruchnahme von Unterstützungsangeboten im Sinne des § 45 a des Elften Buches.

§ 66 a Sonderregelungen zum Einsatz von Vermögen

Für Personen, die Leistungen nach diesem Kapitel erhalten, gilt ein zusätzlicher Betrag von bis zu 25 000 Euro für die Lebensführung und die Alterssicherung im Sinne von § 90 Absatz 3 Satz 2 als angemessen, sofern dieser Betrag ganz oder überwiegend als Einkommen aus selbständiger und nichtselbständiger Tätigkeit der Leistungsberechtigten während des Leistungsbezugs erworben wird; § 90 Absatz 3 Satz 1 bleibt unberührt.

Achtes Kapitel
Hilfe zur Überwindung besonderer sozialer Schwierigkeiten

§ 67 Leistungsberechtigte

Personen, bei denen besondere Lebensverhältnisse mit sozialen Schwierigkeiten verbunden sind, sind Leistungen zur Überwindung dieser Schwierigkeiten zu erbringen, wenn sie aus eigener Kraft hierzu nicht fähig sind. Soweit der Bedarf durch Leistungen nach anderen Vorschriften dieses Buches oder des Achten Buches gedeckt wird, gehen diese der Leistung nach Satz 1 vor.

§ 68 Umfang der Leistungen

(1) Die Leistungen umfassen alle Maßnahmen, die notwendig sind, um die Schwierigkeiten abzuwenden, zu beseitigen, zu mildern oder ihre Verschlimmerung zu verhüten, insbesondere Beratung und persönliche Betreuung für die Leistungsberechtigten und ihre Angehörigen, Hilfen zur Ausbildung, Erlangung und Sicherung eines Arbeitsplatzes sowie Maßnahmen bei der Erhaltung und Beschaffung einer Wohnung. Zur Durchführung der erforderlichen Maßnahmen ist in geeigneten Fällen ein Gesamtplan zu erstellen.

(2) Die Leistung wird ohne Rücksicht auf Einkommen und Vermögen erbracht, soweit im Einzelfall Dienstleistungen erforderlich sind. Einkommen und Vermögen der in § 19 Abs. 3 genannten Personen ist nicht zu berücksichtigen und von der Inanspruchnahme nach bürgerlichem Recht Unterhaltspflichtiger abzusehen, soweit dies den Erfolg der Hilfe gefährden würde.

(3) Die Träger der Sozialhilfe sollen mit den Vereinigungen, die sich die gleichen Aufgaben zum Ziel gesetzt haben, und mit den sonst beteiligten Stellen zusammenarbeiten und darauf hinwirken, dass sich die Sozialhilfe und die Tätigkeit dieser Vereinigungen und Stellen wirksam ergänzen.

§ 69 Verordnungsermächtigung

Das Bundesministerium für Arbeit und Soziales kann durch Rechtsverordnung mit Zustimmung des Bundesrates Bestimmungen über die Abgrenzung des Personenkreises nach § 67 sowie über Art und Umfang der Maßnahmen nach § 68 Abs. 1 erlassen.

(Fortsetzung SGB XII Seite 427)

Verordnung zur Durchführung der Hilfe zur Überwindung besonderer sozialer Schwierigkeiten

vom 24. Januar 2001 (BGBl. I S. 179),
geändert durch Gesetz vom 27. Dezember 2003 (BGBl. I S. 3022)

Auf Grund des § 72 Abs. 5 des Bundessozialhilfegesetzes in der Fassung der Bekanntmachung vom 23. März 1994 (BGBl. I S. 646, 2975), der zuletzt geändert wurde durch Artikel 1 Nr. 4 des Gesetzes vom 25. Juni 1999 (BGBl. I S. 1442), in Verbindung mit Artikel 6 Abs. 1 des Gesetzes vom 16. Februar 1993 (BGBl. I S. 239), verordnet das Bundesministerium für Arbeit und Sozialordnung:

§ 1 Persönliche Voraussetzungen

(1) Personen leben in besonderen sozialen Schwierigkeiten, wenn besondere Lebensverhältnisse derart mit sozialen Schwierigkeiten verbunden sind, dass die Überwindung der besonderen Lebensverhältnisse auch die Überwindung der sozialen Schwierigkeiten erfordert. Nachgehende Hilfe ist Personen zu gewähren, soweit bei ihnen nur durch Hilfe nach dieser Verordnung der drohende Wiedereintritt besonderer sozialer Schwierigkeiten abgewendet werden kann.

(2) Besondere Lebensverhältnisse bestehen bei fehlender oder nicht ausreichender Wohnung, bei ungesicherter wirtschaftlicher Lebensgrundlage, bei gewaltgeprägten Lebensumständen, bei Entlassung aus einer geschlossenen Einrichtung oder bei vergleichbaren nachteiligen Umständen. Besondere Lebensverhältnisse können ihre Ursachen in äußeren Umständen oder in der Person der Hilfesuchenden haben.

(3) Soziale Schwierigkeiten liegen vor, wenn ein Leben in der Gemeinschaft durch ausgrenzendes Verhalten des Hilfesuchenden oder eines Dritten wesentlich eingeschränkt ist, insbesondere im Zusammenhang mit der Erhaltung oder Beschaffung einer Wohnung, mit der Erlangung oder Sicherung eines Arbeitsplatzes, mit familiären oder anderen sozialen Beziehungen oder mit Straffälligkeit.

§ 2 Art und Umfang der Maßnahmen

(1) Art und Umfang der Maßnahmen richten sich nach dem Ziel, die Hilfesuchenden zur Selbsthilfe zu befähigen, die Teilnahme am Leben in der Gemeinschaft zu ermöglichen und die Führung eines menschenwürdigen Lebens zu sichern. Durch Unterstützung der Hilfesuchenden zur selbständigen Bewältigung ihrer besonderen sozialen Schwierigkeiten sollen sie in die Lage versetzt werden, ihr Leben entsprechend ihren Bedürfnissen, Wünschen und Fähigkeiten zu organisieren und selbstverantwortlich zu gestalten. Dabei ist auch zu berücksichtigen, dass Hilfesuchende verpflichtet sind, nach eigenen Kräften an der Überwindung der besonderen sozialen Schwierigkeiten mitzuwirken. Auf Leistungen anderer Stellen oder nach anderen Vorschriften des Zwölften Buches Sozialgesetzbuch, die im Sinne dieser Verordnung geeignet sind, ist hinzuwirken; die Regelungen über Erstattungsansprüche der Leistungsträger untereinander gemäß §§ 102 bis 114 des Zehnten Buches Sozialgesetzbuch finden insoweit auch zwischen Trägern der Sozialhilfe Anwendung.

(2) Maßnahmen sind die Dienst-, Geld- und Sachleistungen, die notwendig sind, um die besonderen sozialen Schwierigkeiten nachhaltig abzuwenden, zu beseitigen, zu mildern oder ihre Verschlimmerung zu verhüten. Vorrangig sind als Hilfe zur Selbsthilfe Dienstleistungen der Beratung und persönlichen Unterstützung für die Hilfesuchenden und für ihre Angehörigen, bei der Erhaltung und Beschaffung einer Wohnung, bei der Vermittlung in Ausbildung, bei der Erlangung und Sicherung eines Arbeitsplatzes sowie bei Aufbau und Aufrechterhaltung sozialer Beziehungen und der Gestaltung des Alltags. Bei der Hilfe sind geschlechts- und altersbedingte Besonderheiten sowie besondere Fähigkeiten und Neigungen zu berücksichtigen.

(3) Bei der Ermittlung und Feststellung des Hilfebedarfs sowie bei der Erstellung und Fortschreibung eines Gesamtplanes sollen die Hilfesuchenden unter Berücksichtigung der vorhandenen Kräfte und Fähigkeiten beteiligt werden. Wird ein Gesamtplan erstellt, sind der ermittelte Bedarf und die dem Bedarf entsprechenden Maßnahmen der Hilfe zu benennen und anzugeben, in welchem Verhältnis zueinander sie verwirklicht werden sollen. Dabei ist der verbundene Einsatz der unterschiedlichen Hilfen nach dem Zwölften Buch Sozialgesetzbuch und nach anderen Leistungsgesetzen anzustreben. Soweit es erforderlich ist, wirkt der Träger der Sozialhilfe mit anderen am Einzelfall Beteiligten zusammen; bei Personen vor Vollendung des 21. Lebensjahres ist ein Zusammenwirken mit dem Träger der öffentlichen Jugendhilfe erforderlich.

(4) Gesamtplan und Maßnahmen sind zu überprüfen, sobald Umstände die Annahme rechtfertigen, dass die Hilfe nicht oder nicht mehr zielgerecht ausgestaltet ist oder Hilfesuchende nicht nach ihren Kräften mitwirken.

(5) In stationären Einrichtungen soll die Hilfe nur befristet und nur dann gewährt werden, wenn eine verfügbare ambulante oder teilstationäre Hilfe nicht geeignet und die stationäre Hilfe Teil eines Gesamtplanes ist, an dessen Erstellung der für die stationäre Hilfe zuständige Träger der Sozialhilfe beteiligt war. Ist die Erstellung eines Gesamtplanes vor Beginn der Hilfe nicht möglich, hat sie unverzüglich danach zu erfolgen. Die Hilfe ist spätestens nach jeweils sechs Monaten zu überprüfen. Frauenhäuser sind keine Einrichtungen im Sinne von Satz 1; ambulante Maßnahmen nach den §§ 3 bis 6 werden durch den Aufenthalt in einem Frauenhaus nicht ausgeschlossen.

§ 3 Beratung und persönliche Unterstützung

(1) Zur Beratung und persönlichen Unterstützung gehört es vor allem, den Hilfebedarf zu ermitteln, die Ursachen der besonderen Lebensumstände sowie der sozialen Schwierigkeiten festzustellen, sie bewusst zu machen, über die zur Überwindung der besonderen Lebensverhältnisse und sozialen Schwierigkeiten in Betracht kommenden Maßnahmen und geeigneten Hilfeangebote und -organisationen zu unterrichten, diese soweit erforderlich zu vermitteln und ihre Inanspruchnahme und Wirksamkeit zu fördern.

(2) Beratung und persönliche Unterstützung müssen darauf ausgerichtet sein, die Bereitschaft und Fähigkeit zu erhalten und zu entwickeln, bei der Überwindung der besonderen sozialen Schwierigkeiten nach Kräften mitzuwirken und so weit wie möglich unabhängig von Sozialhilfe zu leben. Sie sollen auch erforderliche Hilfestellungen bei der Inanspruchnahme in Betracht kommender Sozialleistungen, bei der Inanspruchnahme von Schuldnerberatung oder bei der Erledigung von Angelegenheiten mit Behörden und Gerichten umfassen.

(3) Soweit es im Einzelfall erforderlich ist, erstreckt sich die persönliche Unterstützung auch darauf, in der Umgebung des Hilfesuchenden

1. Verständnis für die Art der besonderen Lebensverhältnisse und die damit verbundenen sozialen Schwierigkeiten zu wecken und Vorurteilen entgegenzuwirken,
2. Einflüssen zu begegnen, welche die Bemühungen und Fähigkeiten zur Überwindung besonderer sozialer Schwierigkeiten beeinträchtigen.

(4) Beratung und persönliche Unterstützung kann auch in Gruppen gewährt werden, wenn diese Art der Hilfegewährung geeignet ist, den Erfolg der Maßnahmen herbeizuführen.

§ 4 Erhaltung und Beschaffung einer Wohnung

(1) Maßnahmen zur Erhaltung und Beschaffung einer Wohnung sind vor allem die erforderliche Beratung und persönliche Unterstützung.

(2) Soweit es Maßnahmen nach Absatz 1 erfordern, umfasst die Hilfe auch sonstige Leistungen zur Erhaltung und Beschaffung einer Wohnung nach dem Dritten Kapitel des Zwölften Buches Sozialgesetzbuch, insbesondere nach § 34.

(3) Maßnahmen der Gefahrenabwehr lassen den Anspruch auf Hilfe zur Überwindung besonderer sozialer Schwierigkeiten bei der Erhaltung und Beschaffung einer Wohnung unberührt.

§ 5 Ausbildung, Erlangung und Sicherung eines Arbeitsplatzes

(1) Die Hilfe zur Ausbildung sowie zur Erlangung und Sicherung eines Arbeitsplatzes umfasst, wenn andere arbeits- und beschäftigungswirksame Maßnahmen im Einzelfall nicht in Betracht kommen, vor allem Maßnahmen, die darauf gerichtet sind, die Fähigkeiten und Fertigkeiten sowie die Bereitschaft zu erhalten und zu entwickeln, einer regelmäßigen Erwerbstätigkeit nachzugehen und den Lebensunterhalt für sich und Angehörige aus Erwerbseinkommen zu bestreiten.

(2) Zu den Maßnahmen können vor allem solche gehören, die

1. dem drohenden Verlust eines Ausbildungs- oder Arbeitsplatzes entgegenwirken,
2. es ermöglichen, den Ausbildungsabschluss allgemeinbildender Schulen nachzuholen und die für die Ausübung einer Erwerbstätigkeit auf dem allgemeinen Arbeitsmarkt notwendigen Fähigkeiten und Fertigkeiten zu erwerben,
3. eine Ausbildung für einen angemessenen Beruf ermöglichen,
4. der Erlangung und Sicherung eines geeigneten Arbeitsplatzes oder einer sonstigen angemessenen Tätigkeit dienen,
5. den Abschluss sozialversicherungspflichtiger Beschäftigungsverhältnisse ermöglichen oder den Aufbau einer Lebensgrundlage durch selbständige Tätigkeit fördern.

§ 6 Hilfe zum Aufbau und zur Aufrechterhaltung sozialer Beziehungen und zur Gestaltung des Alltags

Zu den Maßnahmen im Sinne des § 68 Abs. 1 des Zwölften Buches Sozialgesetzbuch gehört auch Hilfe zum Aufbau und zur Aufrechterhaltung sozialer Beziehungen und zur Gestaltung des Alltags. Sie umfasst vor allem Maßnahmen der persönlichen Hilfe, die

1. die Begegnung und den Umgang mit anderen Personen,
2. eine aktive Gestaltung, Strukturierung und Bewältigung des Alltags,
3. eine wirtschaftliche und gesundheitsbewusste Lebensweise,
4. den Besuch von Einrichtungen oder Veranstaltungen, die der Geselligkeit, der Unterhaltung oder kulturellen Zwecken dienen,

5. eine gesellige, sportliche oder kulturelle Betätigung

fördern oder ermöglichen.

§ 7 Inkrafttreten, Außerkrafttreten

Diese Verordnung tritt am ersten Tag des auf die Verkündung folgenden sechsten Kalendermonats in Kraft. Gleichzeitig tritt die Verordnung zur Durchführung des § 72 des Bundessozialhilfegesetzes vom 9. Juni 1976 (BGBl. I S. 1469), geändert durch Artikel 4 Abs. 5 des Gesetzes vom 16. Februar 1993 (BGBl. I S. 239), außer Kraft.

Neuntes Kapitel
Hilfe in anderen Lebenslagen

§ 70 Hilfe zur Weiterführung des Haushalts

(1) Personen mit eigenem Haushalt sollen Leistungen zur Weiterführung des Haushalts erhalten, wenn weder sie selbst noch, falls sie mit anderen Haushaltsangehörigen zusammenleben, die anderen Haushaltsangehörigen den Haushalt führen können und die Weiterführung des Haushalts geboten ist. Die Leistungen sollen in der Regel nur vorübergehend erbracht werden. Satz 2 gilt nicht, wenn durch die Leistungen die Unterbringung in einer stationären Einrichtung vermieden oder aufgeschoben werden kann.

(2) Die Leistungen umfassen die persönliche Betreuung von Haushaltsangehörigen sowie die sonstige zur Weiterführung des Haushalts erforderliche Tätigkeit.

(3) Personen im Sinne des Absatzes 1 sind die angemessenen Aufwendungen für eine haushaltsführende Person zu erstatten. Es können auch angemessene Beihilfen geleistet sowie Beiträge der haushaltsführenden Person für eine angemessene Alterssicherung übernommen werden, wenn diese nicht anderweitig sichergestellt ist. Ist neben oder anstelle der Weiterführung des Haushalts die Heranziehung einer besonderen Person zur Haushaltsführung erforderlich oder eine Beratung oder zeitweilige Entlastung der haushaltsführenden Person geboten, sind die angemessenen Kosten zu übernehmen.

(4) Die Leistungen können auch durch Übernahme der angemessenen Kosten für eine vorübergehende anderweitige Unterbringung von Haushaltsangehörigen erbracht werden, wenn diese Unterbringung in besonderen Fällen neben oder statt der Weiterführung des Haushalts geboten ist.

§ 71 Altenhilfe

(1) Alten Menschen soll außer den Leistungen nach den übrigen Bestimmungen dieses Buches Altenhilfe gewährt werden. Die Altenhilfe soll dazu beitragen, Schwierigkeiten, die durch das Alter entstehen, zu verhüten, zu überwinden oder zu mildern und alten Menschen die Möglichkeit zu erhal-

ten, selbstbestimmt am Leben in der Gemeinschaft teilzunehmen und ihre Fähigkeit zur Selbsthilfe zu stärken.

(2) Als Leistungen der Altenhilfe kommen insbesondere in Betracht:
1. Leistungen zu einer Betätigung und zum gesellschaftlichen Engagement, wenn sie vom alten Menschen gewünscht wird,
2. Leistungen bei der Beschaffung und zur Erhaltung einer Wohnung, die den Bedürfnissen des alten Menschen entspricht,
3. Beratung und Unterstützung im Vor- und Umfeld von Pflege, insbesondere in allen Fragen des Angebots an Wohnformen bei Unterstützungs-, Betreuungs- oder Pflegebedarf sowie an Diensten, die Betreuung oder Pflege leisten,
4. Beratung und Unterstützung in allen Fragen der Inanspruchnahme altersgerechter Dienste,
5. Leistungen zum Besuch von Veranstaltungen oder Einrichtungen, die der Geselligkeit, der Unterhaltung, der Bildung oder den kulturellen Bedürfnissen alter Menschen dienen,
6. Leistungen, die alten Menschen die Verbindung mit nahe stehenden Personen ermöglichen.

(3) Leistungen nach Absatz 1 sollen auch erbracht werden, wenn sie der Vorbereitung auf das Alter dienen.

(4) Altenhilfe soll ohne Rücksicht auf vorhandenes Einkommen oder Vermögen geleistet werden, soweit im Einzelfall Beratung und Unterstützung erforderlich sind.

(5) Die Leistungen der Altenhilfe sind mit den übrigen Leistungen dieses Buches, den Leistungen der örtlichen Altenhilfe und der kommunalen Infrastruktur zur Vermeidung sowie Verringerung der Pflegebedürftigkeit und zur Inanspruchnahme der Leistungen der Eingliederungshilfe zu verzahnen. Die Ergebnisse der Gesamtplanung nach § 58 sowie die Grundsätze der Koordination, Kooperation und Konvergenz der Leistungen nach den Vorschriften des Neunten Buches sind zu berücksichtigen.

§ 72 Blindenhilfe

(1) Blinden Menschen wird zum Ausgleich der durch die Blindheit bedingten Mehraufwendungen Blindenhilfe gewährt, soweit sie keine gleichartigen Leistungen nach anderen Rechtsvorschriften erhalten. Auf die Blindenhilfe sind Leistungen bei häuslicher Pflege nach dem Elften Buch, auch soweit es sich um Sachleistungen handelt, bei Pflegebedürftigen des Pflegegrades 2 mit 50 Prozent des Pflegegeldes des Pflegegrades 2 und bei Pflegebedürftigen der Pflegegrade 3, 4 oder 5 mit 40 Prozent des Pflegegeldes des Pflegegrades 3, höchstens jedoch mit 50 Prozent des Betrages nach Absatz 2, anzurechnen. Satz 2 gilt sinngemäß für Leistungen nach dem Elften Buch aus einer privaten Pflegeversicherung und nach beamtenrechtlichen Vorschriften. § 39 a ist entsprechend anzuwenden.

(2) Die Blindenhilfe beträgt bis 30. Juni 2004 für blinde Menschen nach Vollendung des 18. Lebensjahres 585 Euro monatlich, für blinde Menschen, die das 18. Lebensjahr noch nicht vollendet haben, beträgt sie 293 Euro

monatlich. Sie verändert sich jeweils zu dem Zeitpunkt und in dem Umfang, wie sich der aktuelle Rentenwert in der gesetzlichen Rentenversicherung verändert.

(3) Lebt der blinde Mensch in einer stationären Einrichtung und werden die Kosten des Aufenthalts ganz oder teilweise aus Mitteln öffentlich-rechtlicher Leistungsträger getragen, so verringert sich die Blindenhilfe nach Absatz 2 um die aus diesen Mitteln getragenen Kosten, höchstens jedoch um 50 vom Hundert der Beträge nach Absatz 2. Satz 1 gilt vom ersten Tage des zweiten Monats an, der auf den Eintritt in die Einrichtung folgt, für jeden vollen Kalendermonat des Aufenthalts in der Einrichtung. Für jeden vollen Tag vorübergehender Abwesenheit von der Einrichtung wird die Blindenhilfe in Höhe von je einem Dreißigstel des Betrages nach Absatz 2 gewährt, wenn die vorübergehende Abwesenheit länger als sechs volle zusammenhängende Tage dauert; der Betrag nach Satz 1 wird im gleichen Verhältnis gekürzt.

(4) Neben der Blindenhilfe wird Hilfe zur Pflege wegen Blindheit nach dem Siebten Kapitel außerhalb von stationären Einrichtungen sowie ein Barbetrag (§ 27b Absatz 2) nicht gewährt. Neben Absatz 1 ist § 30 Abs. 1 Nr. 2 nur anzuwenden, wenn der blinde Mensch nicht allein wegen Blindheit voll erwerbsgemindert ist. Die Sätze 1 und 2 gelten entsprechend für blinde Menschen, die nicht Blindenhilfe, sondern gleichartige Leistungen nach anderen Rechtsvorschriften erhalten.

(5) Blinden Menschen stehen Personen gleich, deren beidäugige Gesamtsehschärfe nicht mehr als ein Fünfzigstel beträgt oder bei denen dem Schweregrad dieser Sehschärfe gleichzuachtende, nicht nur vorübergehende Störungen des Sehvermögens vorliegen.

§ 73 Hilfe in sonstigen Lebenslagen

Leistungen können auch in sonstigen Lebenslagen erbracht werden, wenn sie den Einsatz öffentlicher Mittel rechtfertigen. Geldleistungen können als Beihilfe oder als Darlehen erbracht werden.

§ 74 Bestattungskosten

Die erforderlichen Kosten einer Bestattung werden übernommen, soweit den hierzu Verpflichteten nicht zugemutet werden kann, die Kosten zu tragen.

Aus Rundschreiben, Urteilen etc.

LSG NRW v. 20. 8. 2012 L 20 SO 302/11 (BH 2013, 440)
Das Nachlassvermögen des Verstorbenen kann im Rahmen der Einsatzpflicht des Erben nicht mit vorhandenen Nachlassschulden verrechnet werden.
Auszug
Die Klägerin begehrt die Übernahme von Bestattungskosten nach dem Zwölften Buch Sozialgesetzbuch – Sozialhilfe (SGB XII).

Die 1954 geborene Klägerin war verheiratet mit dem 1949 geborenen und am 00. 00. 2007 verstorbenen S (im Folgenden: Der Verstorbene). Aus der Ehe ging eine im Jahr 1977 geborene Tochter hervor. Die Klägerin und ihre Tochter beerbten den Verstorbenen gemeinschaftlich mit je hälftigen Erbteilen.
Für die Bestattung stellte das Beerdigungsinstitut einen Betrag i. H. v. 1.985,60 EUR in Rechnung (Abrechnung vom 12. 06. 2007). Für die Grabstelle und die Bestattung fielen Gebühren i. H. v. 2.466,00 EUR an (Gebührenbescheid der Beklagten vom 14. 06. 2007).
Nach dem Tod des Verstorbenen gingen u. a. folgende Gutschriften auf dessen Girokonto bei der Volksbank N eG (Nr. 000) ein:
1.998,06 EUR (17. 07. 2007) „Sterbegeld" U GmbH 125,00 EUR (17. 07. 2007) Zahlung der gemeinnützigen Unterstützungskasse der U GmbH 920,35 EUR (14. 08. 2007) Zahlung der „SOKA-Bau" (Hinterbliebenengeld) 4.050,54 EUR (06. 09. 2007) Ausgleichszahlung der U GmbH (Abgeltung von Urlaubs- und Lohnansprüchen des Verstorbenen) 3.629,81 EUR (14. 09. 2007) Rentennachzahlung
Zum Zeitpunkt des Todes des Verstorbenen belief sich der Dispositionssaldo des Girokontos auf 6.375,63 EUR (Stand 01. 06. 2007) bei einem Kreditlimit von 6.000,00 EUR. Die Rechnung des Beerdigungsinstitutes wurde in voller Höhe unmittelbar nach Eingang der Ausgleichszahlung der Fa. U GmbH über das Girokonto beglichen (Buchungstag 07. 09. 2007).
Am 13. 09. 2007 beantragte die Klägerin bei der Beklagten mündlich die Übernahme der Beerdigungskosten. Diesen Antrag lehnte die Beklagte mit Bescheid vom 02. 10. 2007 ab. Die Klägerin und ihre Tochter gehörten zwar zu den Bestattungspflichtigen im Sinne von § 74 SGB XII. Die „notwendigen" Beerdigungskosten einschließlich der Gebühren seien jedoch aus dem Sterbegeld und insbesondere der Zahlung der Unterstützungskasse der Fa. U GmbH zu finanzieren.
Den dagegen am 29. 12. 2008 – verbunden mit einem Antrag auf Wiedereinsetzung in den vorigen Stand – eingelegten Widerspruch wies die Widerspruchsbehörde (der Kreis S) wegen Verfristung zurück (Widerspruchsbescheid vom 13. 03. 2009). In dem dagegen angestrengten Klageverfahren vor dem Sozialgericht Gelsenkirchen (S 8 SO 20/09) hob die Widerspruchsbehörde den Widerspruchsbescheid auf, und die Beteiligten einigten sich außergerichtlich auf eine Neubescheidung des Widerspruches.
Die Widerspruchsbehörde wies den Widerspruch vom 29. 12. 2008 sodann mit Widerspruchsbescheid vom 20. 01. 2010 als unbegründet zurück. Zur Begründung führte sie im Wesentlichen aus, die Klägerin sei grundsätzlich als Erbin des Verstorbenen zur Tragung der Bestattungskosten verpflichtet. Angemessen seien die Kosten für die Beerdigung ohnehin nur i. H. v. 1.360,76 EUR. Es sei der Klägerin zumutbar, diese Kosten aus dem Nachlass des Verstorbenen zu tragen. Den Akten lasse sich entnehmen, dass sich der Nachlass des Verstorbenen auf einen Betrag i. H. v. insgesamt 4.050,54 EUR belaufen habe. Nach § 1968 Bürgerliches Gesetzbuch (BGB) sei der Erbe verpflichtet, die Kosten der Bestattung zu tragen. Er hafte dabei mit dem Wert des im Zeitpunkt des Erbfalls vorhandenen Nachlasses. Zur Deckung der Bestattungskosten sei der Nachlass mit seinem vollen, nicht durch Schonbeträge geminderten Wert einzusetzen. Der der Klägerin angefallene Anteil aus dem Erbe belaufe sich auf 2.025,27 EUR. Dieser Betrag sei in voller Höhe vorrangig zur Deckung der Bestattungskosten einzusetzen. Auch die angefallenen

Gebühren und Kosten i. H. v. 2.466,00 EUR könnten aus dem Nachlass vollständig beglichen werden.
Dagegen hat die Klägerin am 27.01.2010 erfolglos Klage beim Sozialgericht Gelsenkirchen erhoben.
Auch die zulässige Berufung ist unbegründet.
Als Rechtsgrundlage kommt für den von der Klägerin geltend gemachten Anspruch allein § 74 SGB XII in Betracht. Nach dieser Vorschrift werden die erforderlichen Kosten einer Bestattung übernommen, soweit den hierzu Verpflichteten nicht zugemutet werden kann, die Kosten zu tragen.
Die Klägerin war zwar als Erbin – nach Abtretung des Erbteils durch ihre Tochter sogar alleine – zur Bestattung des Verstorbenen verpflichtet (§ 1968 BGB). Ihr ist jedoch zuzumuten, die Bestattungskosten in vollem Umfang – und damit auch den die Grundlage der Klageforderung bildenden, noch offenen Teilbetrag aus dem Gebührenbescheid der Beklagten vom 14. 06. 2007 i. H. v. 2.466,00 EUR – zu tragen.
Es ist kein Grund ersichtlich, warum der Nachlass nicht – sofern nötig in voller Höhe – für die Bestattung eingesetzt werden soll. Der Senat hat bereits mit Beschluss vom 28. 05. 2008 – L 20 B 24/08 (Rn. 12 m.w.N.) unter Verweis auf die Rechtsprechung des Bundesverwaltungsgerichts ((BVerwG), Beschluss vom 04. 02. 1999, a. a. O.) und auf die Regelungen der §§ 1967, 1968 BGB entschieden, dass es zur Deckung der Bestattungskosten stets zumutbar ist, den Nachlass mit seinem vollen, also nicht um Schonbeträge geminderten, Wert einzusetzen.
Im Zusammenhang mit dem Todesfall fielen jedenfalls im Rahmen von § 74 SGB XII als Eigenmittel der Klägerin zu berücksichtigende Zahlungen von (mindestens) 6.173,60 EUR an.
Diese Zahlungen von insgesamt 6.173,60 EUR decken die Gesamtkosten für die Bestattung des Verstorbenen i. H. v. 4.451,60 EUR bereits vollständig ab. Unter Berücksichtigung der vorstehend dargestellten Grundsätze war damit der Klägerin die (vollständige) Tragung der Bestattungskosten zumutbar.
Dem steht nicht etwa entgegen, dass das (zur Erbmasse gehörige) Girokonto des Verstorbenen durchgängig einen Negativsaldo aufwies und somit neben den genannten Einnahmen auch Nachlassschulden vorhanden waren. Das Nachlassvermögen des Verstorbenen kann im Rahmen der Einsatzpflicht bei § 74 SGB XII nicht mit den auf dem Girokonto vorhandenen Nachlassschulden verrechnet werden. Denn dies würde im Ergebnis dazu führen, dass die Beklagte Schulden der Klägerin übernehmen müsste. Die Übernahme von Schulden ist jedoch nicht Aufgabe der Sozialhilfe.
Das Ergebnis ist für die Betroffenen nicht unbillig. Denn jedem Erben steht es frei, einen überschuldeten Nachlass auszuschlagen. Dies hätte auch die Klägerin tun können, wodurch sie sich zumindest einen Anspruch auf teilweise Erstattung der Beerdigungskosten gesichert hätte.

Zehntes Kapitel
Einrichtungen

§ 75 Einrichtungen und Dienste

(1) Einrichtungen sind stationäre und teilstationäre Einrichtungen im Sinne von § 13. Die §§ 75 bis 80 finden auch für Dienste Anwendung, soweit nichts Abweichendes bestimmt ist.

(2) Zur Erfüllung der Aufgaben der Sozialhilfe sollen die Träger der Sozialhilfe eigene Einrichtungen nicht neu schaffen, soweit geeignete Einrichtungen anderer Träger vorhanden sind, ausgebaut oder geschaffen werden können. Vereinbarungen nach Absatz 3 sind nur mit Trägern von Einrichtungen abzuschließen, die insbesondere unter Berücksichtigung ihrer Leistungsfähigkeit und der Sicherstellung der Grundsätze des § 9 Abs. 1 zur Erbringung der Leistungen geeignet sind. Geeignete Träger von Einrichtungen dürfen nur solche Personen beschäftigen oder ehrenamtliche Personen, die in Wahrnehmung ihrer Aufgaben Kontakt mit Leistungsberechtigten haben, mit Aufgaben betrauen, die nicht rechtskräftig wegen einer Straftat nach den §§ 171, 174 bis 174 c, 176 bis 180 a, 181 a, 182 bis 184 g, 225, 232 bis 233 a, 234, 235 oder 236 des Strafgesetzbuchs verurteilt worden sind. Die Träger von Einrichtungen sollen sich von Fach- und anderem Betreuungspersonal, die in Wahrnehmung ihrer Aufgaben Kontakt mit Leistungsberechtigten haben, vor deren Einstellung oder Aufnahme einer dauerhaften ehrenamtlichen Tätigkeit und während der Beschäftigungsdauer in regelmäßigen Abständen ein Führungszeugnis nach § 30 a Absatz 1 des Bundeszentralregistergesetzes vorlegen lassen. Nimmt der Träger der Einrichtung Einsicht in ein Führungszeugnis nach § 30 a Absatz 1 des Bundeszentralregistergesetzes, so speichert er nur den Umstand der Einsichtnahme, das Datum des Führungszeugnisses und die Information, ob die das Führungszeugnis betreffende Person wegen einer in Satz 3 genannten Straftat rechtskräftig verurteilt worden ist. Der Träger der Einrichtung darf diese Daten nur verändern und nutzen, soweit dies zur Prüfung der Eignung einer Person erforderlich ist. Die Daten sind vor dem Zugriff Unbefugter zu schützen. Sie sind im Anschluss an die Einsichtnahme unverzüglich zu löschen, wenn keine Tätigkeit für den Träger der Einrichtung aufgenommen wird. Im Falle der Ausübung einer Tätigkeit für den Träger der Einrichtung sind sie spätestens drei Monate nach der letztmaligen Ausübung der Tätigkeit zu löschen. Sind Einrichtungen vorhanden, die in gleichem Maße geeignet sind, hat der Träger der Sozialhilfe Vereinbarungen vorrangig mit Trägern abzuschließen, deren Vergütung bei vergleichbarem Inhalt, Umfang und Qualität der Leistung nicht höher ist als die anderer Träger.

(3) Wird die Leistung von einer Einrichtung erbracht, ist der Träger der Sozialhilfe zur Übernahme der Vergütung für die Leistung nur verpflichtet, wenn mit dem Träger der Einrichtung oder seinem Verband eine Vereinbarung über

1. Inhalt, Umfang und Qualität der Leistungen (Leistungsvereinbarung),

2. die Vergütung, die sich aus Pauschalen und Beträgen für einzelne Leistungsbereiche zusammensetzt (Vergütungsvereinbarung) und
3. die Prüfung der Wirtschaftlichkeit und Qualität der Leistungen (Prüfungsvereinbarung)

besteht. Die Vereinbarungen müssen den Grundsätzen der Wirtschaftlichkeit, Sparsamkeit und Leistungsfähigkeit entsprechen. Der Träger der Sozialhilfe kann die Wirtschaftlichkeit und Qualität der Leistung prüfen.

(4) Ist eine der in Absatz 3 genannten Vereinbarungen nicht abgeschlossen, darf der Träger der Sozialhilfe Leistungen durch diese Einrichtung nur erbringen, wenn dies nach der Besonderheit des Einzelfalls geboten ist. Hierzu hat der Träger der Einrichtung ein Leistungsangebot vorzulegen, das die Voraussetzung des § 76 erfüllt, und sich schriftlich zu verpflichten, Leistungen entsprechend diesem Angebot zu erbringen. Vergütungen dürfen nur bis zu der Höhe übernommen werden, wie sie der Träger der Sozialhilfe am Ort der Unterbringung oder in seiner nächsten Umgebung für vergleichbare Leistungen nach den nach Absatz 3 abgeschlossenen Vereinbarungen mit anderen Einrichtungen trägt. Für die Prüfung der Wirtschaftlichkeit und Qualität der Leistungen gelten die Vereinbarungsinhalte des Trägers der Sozialhilfe mit vergleichbaren Einrichtungen entsprechend. Der Träger der Sozialhilfe hat die Einrichtung über Inhalt und Umfang dieser Prüfung zu unterrichten. Absatz 5 gilt entsprechend.

(5) Bei zugelassenen Pflegeeinrichtungen im Sinne des § 72 des Elften Buches richten sich Art, Inhalt, Umfang und Vergütung der ambulanten und teilstationären Pflegeleistungen sowie der Leistungen der Kurzzeitpflege und der vollstationären Pflegeleistungen sowie der Leistungen bei Unterkunft und Verpflegung und der Zusatzleistungen in Pflegeheimen nach den Vorschriften des Achten Kapitels des Elften Buches, soweit nicht nach den Vorschriften des Siebten Kapitels weitergehende Leistungen zu erbringen sind. Satz 1 gilt nicht, soweit Vereinbarungen nach dem Achten Kapitel des Elften Buches nicht im Einvernehmen mit dem Träger der Sozialhilfe getroffen worden sind. Der Träger der Sozialhilfe ist zur Übernahme gesondert berechneter Investitionskosten nach § 82 Abs. 4 des Elften Buches nur verpflichtet, wenn hierüber entsprechende Vereinbarungen nach dem Zehnten Kapitel getroffen worden sind.

§ 76 Inhalt der Vereinbarungen

(1) Die Vereinbarung über die Leistung muss die wesentlichen Leistungsmerkmale festlegen, mindestens jedoch die betriebsnotwendigen Anlagen der Einrichtung, den von ihr zu betreuenden Personenkreis, Art, Ziel und Qualität der Leistung, Qualifikation des Personals sowie die erforderliche sächliche und personelle Ausstattung. In die Vereinbarung ist die Verpflichtung der Einrichtung aufzunehmen, im Rahmen des vereinbarten Leistungsangebotes Leistungsberechtigte aufzunehmen und zu betreuen. Die Leistungen müssen ausreichend, zweckmäßig und wirtschaftlich sein und dürfen das Maß des Notwendigen nicht überschreiten.

(2) Vergütungen für die Leistungen nach Absatz 1 bestehen mindestens aus den Pauschalen für Unterkunft und Verpflegung (Grundpauschale) und für die Maßnahmen (Maßnahmepauschale) sowie aus einem Betrag für betriebsnotwendige Anlagen einschließlich ihrer Ausstattung (Investitionsbetrag). Förderungen aus öffentlichen Mitteln sind anzurechnen. Die Maßnahmepauschale ist nach Gruppen für Leistungsberechtigte mit vergleichbarem Bedarf sowie bei Leistungen der häuslichen Pflegehilfe für die gemeinsame Inanspruchnahme durch mehrere Leistungsberechtigte nach § 64b Absatz 1 Satz 3 zu kalkulieren. Einer verlangten Erhöhung der Vergütung auf Grund von Investitionsmaßnahmen braucht der Träger der Sozialhilfe nur zuzustimmen, wenn er der Maßnahme zuvor zugestimmt hat.

(3) Die Träger der Sozialhilfe vereinbaren mit dem Träger der Einrichtung Grundsätze und Maßstäbe für die Wirtschaftlichkeit und die Qualitätssicherung der Leistungen sowie für den Inhalt und das Verfahren zur Durchführung von Wirtschaftlichkeits- und Qualitätsprüfungen. Das Ergebnis der Prüfung ist festzuhalten und in geeigneter Form auch den Leistungsberechtigten der Einrichtung zugänglich zu machen. Die Träger der Sozialhilfe haben mit den nach heimrechlichten Vorschriften zuständigen Aufsichtsbehörden und dem Medizinischen Dienst der Krankenversicherung zusammenzuarbeiten, um Doppelprüfungen möglichst zu vermeiden.

§ 77 Abschluss von Vereinbarungen

(1) Die Vereinbarungen nach § 75 Abs. 3 sind vor Beginn der jeweiligen Wirtschaftsperiode für einen zukünftigen Zeitraum (Vereinbarungszeitraum) abzuschließen; nachträgliche Ausgleiche sind nicht zulässig. Vertragspartei der Vereinbarungen sind der Träger der Einrichtung und der für den Sitz der Einrichtung zuständige Träger der Sozialhilfe;die Vereinbarungen sind für alle übrigen Träger der Sozialhilfe bindend. Kommt eine Vereinbarung nach § 76 Abs. 2 innerhalb von sechs Wochen nicht zustande, nachdem eine Partei schriftlich zu Verhandlungen aufgefordert hat, entscheidet die Schiedsstelle nach § 80 auf Antrag einer Partei unverzüglich über die Gegenstände, über die keine Einigung erreicht werden konnte. Gegen die Entscheidung ist der Rechtsweg zu den Sozialgerichten gegeben. Die Klage richtet sich gegen eine der beiden Vertragsparteien, nicht gegen die Schiedsstelle. Einer Nachprüfung der Entscheidung in einem Vorverfahren bedarf es nicht.

(2) Vereinbarungen und Schiedsstellenentscheidungen treten zu dem darin bestimmten Zeitpunkt in Kraft. Wird ein Zeitpunkt nicht bestimmt, werden Vereinbarungen mit dem Tag ihres Abschlusses, Festsetzungen der Schiedsstelle mit dem Tag wirksam, an dem der Antrag bei der Schiedsstelle eingegangen ist. Ein jeweils vor diesen Zeitpunkt zurückwirkendes Vereinbaren oder Festsetzen von Vergütungen ist nicht zulässig. Nach Ablauf des Vereinbarungszeitraums gelten die vereinbarten oder festgesetzten Vergütungen bis zum Inkrafttreten neuer Vergütungen weiter.

(3) Bei unvorhersehbaren wesentlichen Veränderungen der Annahmen, die der Vereinbarung oder Entscheidung über die Vergütung zu Grunde

lagen, sind die Vergütungen auf Verlangen einer Vertragspartei für den laufenden Vereinbarungszeitraum neu zu verhandeln. Die Absätze 1 und 2 gelten entsprechend.

§ 78 Außerordentliche Kündigung der Vereinbarungen

Ist wegen einer groben Verletzung der gesetzlichen oder vertraglichen Verpflichtungen gegenüber den Leistungsberechtigten und deren Kostenträgern durch die Einrichtung ein Festhalten an den Vereinbarungen nicht zumutbar, kann der Träger der Sozialhilfe die Vereinbarungen nach § 75 Abs. 3 ohne Einhaltung einer Kündigungsfrist kündigen. Das gilt insbesondere dann, wenn in der Prüfung nach § 76 Abs. 3 oder auf andere Weise festgestellt wird, dass Leistungsberechtigte infolge der Pflichtverletzung zu Schaden kommen, gravierende Mängel bei der Leistungserbringung vorhanden sind, dem Träger der Einrichtung nach heimrechlichten Vorschriften die Betriebserlaubnis entzogen oder der Betrieb der Einrichtung untersagt wird oder die Einrichtung nicht erbrachte Leistungen gegenüber den Kostenträgern abrechnet. Die Kündigung bedarf der Schriftform. § 59 des Zehnten Buches bleibt unberührt.

§ 79 Rahmenverträge

(1) Die überörtlichen Träger der Sozialhilfe und die kommunalen Spitzenverbände auf Landesebene schließen mit den Vereinigungen der Träger der Einrichtungen auf Landesebene gemeinsam und einheitlich Rahmenverträge zu den Vereinbarungen nach § 75 Abs. 3 und § 76 Abs. 2 über

1. die nähere Abgrenzung der den Vergütungspauschalen und -beträgen nach § 75 Abs. 3 zu Grunde zu legenden Kostenarten und -bestandteile sowie die Zusammensetzung der Investitionsbeträge nach § 76 Abs. 2,
2. den Inhalt und die Kriterien für die Ermittlung und Zusammensetzung der Maßnahmepauschalen, die Merkmale für die Bildung von Gruppen mit vergleichbarem Bedarf nach § 76 Abs. 2 sowie die Zahl dieser zu bildenden Gruppen,
3. die Zuordnung der Kostenarten und -bestandteile nach § 41 des Neunten Buches und
4. den Inhalt und das Verfahren zur Durchführung von Wirtschaftlichkeits- und Qualitätsprüfung nach § 75 Abs. 3

ab. Für Einrichtungen, die einer Kirche oder Religionsgemeinschaft des öffentlichen Rechts oder einem sonstigen freigemeinnützigen Träger zuzuordnen sind, können die Rahmenverträge auch von der Kirche oder Religionsgemeinschaft oder von dem Wohlfahrtsverband abgeschlossen werden, dem die Einrichtung angehört. In den Rahmenverträgen sollen die Merkmale und Besonderheiten der jeweiligen Leistungen nach dem Fünften bis Neunten Kapitel berücksichtigt werden.

(2) Die Bundesarbeitsgemeinschaft der überörtlichen Träger der Sozialhilfe, die Bundesvereinigung der kommunalen Spitzenverbände und die Vereinigungen der Träger der Einrichtungen auf Bundesebene vereinbaren gemeinsam und einheitlich Empfehlungen zum Inhalt der Verträge nach Absatz 1.

§ 80 Schiedsstelle

(1) Für jedes Land oder für Teile eines Landes wird eine Schiedsstelle gebildet.

(2) Die Schiedsstelle besteht aus Vertretern der Träger der Einrichtungen und Vertretern der örtlichen und überörtlichen Träger der Sozialhilfe in gleicher Zahl sowie einem unparteiischen Vorsitzenden. Die Vertreter der Einrichtungen und deren Stellvertreter werden von den Vereinigungen der Träger der Einrichtungen, die Vertreter der Träger der Sozialhilfe und deren Stellvertreter werden von diesen bestellt. Bei der Bestellung der Vertreter der Einrichtungen ist die Trägervielfalt zu beachten. Der Vorsitzende und sein Stellvertreter werden von den beteiligten Organisationen gemeinsam bestellt. Kommt eine Einigung nicht zustande, werden sie durch Los bestimmt. Soweit beteiligte Organisationen keinen Vertreter bestellen oder im Verfahren nach Satz 3 keine Kandidaten für das Amt des Vorsitzenden und des Stellvertreters benennen, bestellt die zuständige Landesbehörde auf Antrag einer der beteiligten Organisationen die Vertreter und benennt die Kandidaten.

(3) Die Mitglieder der Schiedsstelle führen ihr Amt als Ehrenamt. Sie sind an Weisungen nicht gebunden. Jedes Mitglied hat eine Stimme. Die Entscheidungen werden mit der Mehrheit der Mitglieder getroffen. Ergibt sich keine Mehrheit, gibt die Stimme des Vorsitzenden den Ausschlag.

§ 81 Verordnungsermächtigungen

(1) Kommen die Verträge nach § 79 Abs. 1 innerhalb von sechs Monaten nicht zustande, nachdem die Landesregierung schriftlich dazu aufgefordert hat, können die Landesregierungen durch Rechtsverordnung Vorschriften stattdessen erlassen.

(2) Die Landesregierungen werden ermächtigt, durch Rechtsverordnung das Nähere über die Zahl, die Bestellung, die Amtsdauer und Amtsführung, die Erstattung der baren Auslagen und die Entschädigung für Zeitaufwand der Mitglieder der Schiedsstelle nach § 80, die Rechtsaufsicht, die Geschäftsführung, das Verfahren, die Erhebung und die Höhe der Gebühren sowie über die Verteilung der Kosten zu bestimmen.

Elftes Kapitel
Einsatz des Einkommens und des Vermögens

Erster Abschnitt
Einkommen

§ 82 Begriff des Einkommens

(1) Zum Einkommen gehören alle Einkünfte in Geld oder Geldeswert mit Ausnahme der Leistungen nach diesem Buch, der Grundrente nach dem Bundesversorgungsgesetz und nach den Gesetzen, die eine entsprechen-

de Anwendung des Bundesversorgungsgesetzes vorsehen und der Renten oder Beihilfen nach dem Bundesentschädigungsgesetz für Schaden an Leben sowie an Körper oder Gesundheit, bis zur Höhe der vergleichbaren Grundrente nach dem Bundesversorgungsgesetz. Einkünfte aus Rückerstattungen, die auf Vorauszahlungen beruhen, die Leistungsberechtigte aus dem Regelsatz erbracht haben, sind kein Einkommen. Bei Minderjährigen ist das Kindergeld dem jeweiligen Kind als Einkommen zuzurechnen, soweit es bei diesem zur Deckung des notwendigen Lebensunterhaltes, mit Ausnahme der Bedarfe nach § 34, benötigt wird.

(2) Von dem Einkommen sind abzusetzen

1. auf das Einkommen entrichtete Steuern,
2. Pflichtbeiträge zur Sozialversicherung einschließlich der Beiträge zur Arbeitsförderung,
3. Beiträge zu öffentlichen oder privaten Versicherungen oder ähnlichen Einrichtungen, soweit diese Beiträge gesetzlich vorgeschrieben oder nach Grund und Höhe angemessen sind, sowie geförderte Altersvorsorgebeiträge nach § 82 des Einkommensteuergesetzes, soweit sie den Mindesteigenbeitrag nach § 86 des Einkommensteuergesetzes nicht überschreiten,
4. die mit der Erzielung des Einkommens verbundenen notwendigen Ausgaben,
5. das Arbeitsförderungsgeld und Erhöhungsbeträge des Arbeitsentgelts im Sinne von § 43 Satz 4 des Neunten Buches.

(3) Bei der Hilfe zum Lebensunterhalt und Grundsicherung im Alter und bei Erwerbsminderung ist ferner ein Betrag in Höhe von 30 vom Hundert des Einkommens aus selbständiger und nichtselbständiger Tätigkeit der Leistungsberechtigten abzusetzen, höchstens jedoch 50 vom Hundert der Regelbedarfsstufe 1 nach der Anlage zu § 28. Abweichend von Satz 1 ist bei einer Beschäftigung in einer Werkstatt für behinderte Menschen von dem Entgelt ein Achtel der Regelbedarfsstufe 1 nach der Anlage zu § 28 zuzüglich 50 vom Hundert des diesen Betrag übersteigenden Entgelts abzusetzen. Im Übrigen kann in begründeten Fällen ein anderer als in Satz 1 festgelegter Betrag vom Einkommen abgesetzt werden. Erhält eine leistungsberechtigte Person mindestens aus einer Tätigkeit Bezüge oder Einnahmen, die nach § 3 Nummer 12, 26, 26a oder 26b des Einkommensteuergesetzes steuerfrei sind, ist abweichend von den Sätzen 1 und 2 ein Betrag von bis zu 200 Euro monatlich nicht als Einkommen zu berücksichtigen.

(3 a) Für Personen, die Leistungen der Hilfe zur Pflege erhalten, ist ein Betrag in Höhe von 40 Prozent des Einkommens aus selbständiger und nichtselbständiger Tätigkeit der Leistungsberechtigten abzusetzen, höchstens jedoch 65 Prozent der Regelbedarfsstufe 1 nach der Anlage zu § 28. Für Personen, die Leistungen der Eingliederungshilfe für behinderte Menschen erhalten, gilt Satz 1 bis zum 31. Dezember 2019 entsprechend.

(4) Einmalige Einnahmen, bei denen für den Monat des Zuflusses bereits Leistungen ohne Berücksichtigung der Einnahme erbracht worden sind, werden im Folgemonat berücksichtigt. Entfiele der Leistungsanspruch

durch die Berücksichtigung in einem Monat, ist die einmalige Einnahme auf einen Zeitraum von sechs Monaten gleichmäßig zu verteilen und mit einem entsprechenden Teilbetrag zu berücksichtigen; in begründeten Einzelfällen ist der Anrechnungszeitraum angemessen zu verkürzen.

(Fortsetzung SGB XII Seite 443)

Verordnung zur Durchführung des § 82 des Zwölften Buches Sozialgesetzbuch

vom 28. November 1962 (BGBl. I S. 692), zuletzt geändert durch Verordnung vom 21. Dezember 2015 (BGBl. I S. 2557)

Auf Grund des § 76 Abs. 3 des Bundessozialhilfegesetzes vom 30. Juni 1961 (Bundesgesetzbl. I S. 815) verordnet die Bundesregierung mit Zustimmung des Bundesrates:

§ 1 Einkommen

Bei der Berechnung der Einkünfte in Geld oder Geldeswert, die nach § 82 Abs. 1 des Zwölften Buches Sozialgesetzbuch zum Einkommen gehören, sind alle Einnahmen ohne Rücksicht auf ihre Herkunft und Rechtsnatur sowie ohne Rücksicht darauf, ob sie zu den Einkunftsarten im Sinne des Einkommensteuergesetzes gehören und ob sie der Steuerpflicht unterliegen, zugrunde zu legen.

§ 2 Bewertung von Sachbezügen

(1) Für die Bewertung von Einnahmen, die nicht in Geld bestehen (Kost, Wohnung und sonstige Sachbezüge), sind die auf Grund des § 17 Abs. 2 des Vierten Buches Sozialgesetzbuch für die Sozialversicherung zuletzt festgesetzten Werte der Sachbezüge maßgebend; soweit der Wert der Sachbezüge nicht festgesetzt ist, sind der Bewertung die üblichen Mittelpreise des Verbrauchsortes zu Grunde zu legen. Die Verpflichtung, den notwendigen Lebensunterhalt im Einzelfall nach dem Dritten Kapitel des Zwölften Buches Sozialgesetzbuch sicherzustellen, bleibt unberührt.

(2) Absatz 1 gilt auch dann, wenn in einem Tarifvertrag, einer Tarifordnung, einer Betriebs- oder Dienstordnung, einer Betriebsvereinbarung, einem Arbeitsvertrag oder einem sonstigen Vertrag andere Werte festgesetzt worden sind.

§ 3 Einkünfte aus nichtselbständiger Arbeit

(1) Welche Einkünfte zu den Einkünften aus nichtselbständiger Arbeit gehören, bestimmt sich nach § 19 Abs. 1 Ziff. 1 des Einkommensteuergesetzes.

(2) Als nichtselbständige Arbeit gilt auch die Arbeit, die in einer Familiengemeinschaft von einem Familienangehörigen des Betriebsinhabers gegen

eine Vergütung geleistet wird. Wird die Arbeit nicht nur vorübergehend geleistet, so ist in Zweifelsfällen anzunehmen, daß der Familienangehörige eine Vergütung erhält, wie sie einem Gleichaltrigen für eine gleichartige Arbeit gleichen Umfangs in einem fremden Betrieb ortsüblich gewährt wird.

(3) Bei der Berechnung der Einkünfte ist von den monatlichen Bruttoeinnahmen auszugehen. Einmalige Einnahmen sind von dem Monat an zu berücksichtigen, in dem sie anfallen; sie sind, soweit nicht im Einzelfall eine andere Regelung angezeigt ist, auf einen angemessenen Zeitraum aufzuteilen und monatlich mit einem entsprechenden Teilbetrag anzusetzen. Satz 2 gilt auch für Sonderzuwendungen, Gratifikationen und gleichartige Bezüge und Vorteile, die in größeren als monatlichen Zeitabständen gewährt werden, sind wie einmalige Einnahmen zu behandeln.

(4) Zu den mit der Erzielung der Einkünfte aus nichtselbständiger Arbeit verbundenen Ausgaben im Sinne des § 82 Abs. 2 Nr. 4 des Zwölften Buches Sozialgesetzbuch gehören vor allem
1. notwendige Aufwendungen für Arbeitsmittel,
2. notwendige Aufwendungen für Fahrten zwischen Wohnung und Arbeitsstätte,
3. notwendige Beiträge für Berufsverbände,
4. notwendige Mehraufwendungen infolge Führung eines doppelten Haushalts nach näherer Bestimmung des Absatzes 7.

Ausgaben im Sinne des Satzes 1 sind nur insoweit zu berücksichtigen, als sie von dem Bezieher des Einkommens selbst getragen werden.

(5) Als Aufwendungen für Arbeitsmittel (Absatz 4 Nr. 1) kann ein monatlicher Pauschbetrag von 5,20 Euro berücksichtigt werden, wenn nicht im Einzelfall höhere Aufwendungen nachgewiesen werden.

(6) Wird für die Fahrt zwischen Wohnung und Arbeitsstätte (Absatz 4 Nr. 2) ein eigenes Kraftfahrzeug benutzt, gilt folgendes:
1. Wäre bei Nichtvorhandensein eines Kraftfahrzeuges die Benutzung eines öffentlichen Verkehrsmittels notwendig, so ist ein Betrag in Höhe der Kosten der tariflich günstigsten Zeitkarte abzusetzen.
2. Ist ein öffentliches Verkehrsmittel nicht vorhanden oder dessen Benutzung im Einzelfall nicht zumutbar und deshalb die Benutzung eines Kraftfahrzeuges notwendig, so sind folgende monatliche Pauschbeträge abzusetzen:
   a) bei Benutzung eines Kraftwagen 5,20 Euro,
   b) bei Benutzung eines Kleinstkraftwagens (drei- oder vierrädriges Kraftfahrzeug, dessen Motor einen Hubraum von nicht mehr als 500 ccm hat) 3,70 Euro,
   c) bei Benutzung eines Motorrades oder eines Motorrollers 2,30 Euro,
   d) bei Benutzung eines Fahrrades mit Motor 1,30 Euro

   für jeden vollen Kilometer, den die Wohnung von der Arbeitsstätte entfernt liegt, jedoch für nicht mehr als 40 Kilometer. Bei einer Beschäftigungsdauer von weniger als einem Monat sind die Beträge anteilmäßig zu kürzen.

(7) Ist der Bezieher des Einkommens außerhalb des Ortes beschäftigt, an dem er einen eigenen Hausstand unterhält, und kann ihm weder der Umzug

noch die tägliche Rückkehr an den Ort des eigenen Hausstandes zugemutet werden, so sind die durch Führung des doppelten Haushalts ihm nachweislich entstehenden Mehraufwendungen, höchstens ein Betrag von 130 Euro monatlich, sowie die unter Ausnutzung bestehender Tarifvergünstigungen entstehenden Aufwendungen für Fahrtkosten der zweiten Wagenklasse für eine Familienheimfahrt im Kalendermonat abzusetzen. Ein eigener Hausstand ist dann anzunehmen, wenn der Bezieher des Einkommens eine Wohnung mit eigener oder selbstbeschaffter Möbelausstattung besitzt. Eine doppelte Haushaltsführung kann auch dann anerkannt werden, wenn der Bezieher des Einkommens nachweislich ganz oder überwiegend die Kosten für einen Haushalt trägt, den er gemeinsam mit nächsten Angehörigen führt.

§ 4 Einkünfte aus Land- und Forstwirtschaft, Gewerbebetrieb und selbständiger Arbeit

(1) Welche Einkünfte zu den Einkünften aus Land- und Forstwirtschaft, Gewerbebetrieb und selbständiger Arbeit gehören, bestimmt sich nach § 13 Abs. 1 und 2, § 15 Abs. 1 und § 18 Abs. 1 des Einkommensteuergesetzes; der Nutzungswert der Wohnung im eigenen Haus bleibt unberücksichtigt.

(2) Die Einkünfte sind für das Jahr zu berechnen, in dem der Bedarfszeitraum liegt (Berechnungsjahr).

(3) Als Einkünfte ist bei den einzelnen Einkunftsarten ein Betrag anzusetzen, der auf der Grundlage früherer Betriebsergebnisse aus der Gegenüberstellung der im Rahmen des Betriebes im Berechnungsjahr bereits erzielten Einnahmen und geleisteten notwendigen Ausgaben sowie der im Rahmen des Betriebes im Berechnungsjahr noch zu erwartenden Einnahmen und notwendigen Ausgaben zu errechnen ist. Bei der Ermittlung früherer Betriebsergebnisse (Satz 1) kann ein durch das Finanzamt festgestellter Gewinn berücksichtigt werden.

(4) Soweit im Einzelfall geboten, kann abweichend von der Regelung des Absatzes 3 als Einkünfte ein Betrag angesetzt werden, der nach Ablauf des Berechnungsjahres aus der Gegenüberstellung der im Rahmen des Betriebes im Berechnungsjahr erzielten Einnahmen und geleisteten notwendigen Ausgaben zu errechnen ist. Als Einkünfte im Sinne des Satzes 1 kann auch der vom Finanzamt für das Berechnungsjahr festgestellte Gewinn angesetzt werden.

(5) Wird der vom Finanzamt festgestellte Gewinn nach Absatz 3 Satz 2 berücksichtigt oder nach Absatz 4 Satz 2 als Einkünfte angesetzt, so sind Absetzungen, die bei Gebäuden und sonstigen Wirtschaftsgütern durch das Finanzamt nach

1. den §§ 7, 7 b und 7 e des Einkommensteuergesetzes,
2. den Vorschriften des Berlinförderungsgesetzes,
3. den §§ 76, 77 und 78 Abs. 1 der Einkommensteuer-Durchführungsverordnung,
4. der Verordnung über Steuervergünstigungen zur Förderung des Baues von Landarbeiterwohnungen in der Fassung der Bekanntmachung vom 6. August 1974 (Bundesgesetzbl. I S. 1869)

vorgenommen worden sind, dem durch das Finanzamt festgestellten Gewinn wieder hinzuzurechnen. Soweit jedoch in diesen Fällen notwendige Ausgaben für die Anschaffung oder Herstellung der in Satz 1 genannten Wirtschaftsgüter im Feststellungszeitraum geleistet worden sind, sind sie vom Gewinn abzusetzen.

§ 5 Sondervorschrift für die Einkünfte aus Land- und Forstwirtschaft

(1) Die Träger der Sozialhilfe können mit Zustimmung der zuständigen Landesbehörde die Einkünfte aus Land- und Forstwirtschaft abweichend von § 4 nach § 7 der Dritten Verordnung über Ausgleichsleistungen nach dem Lastenausgleichsgesetz (3. LeistungsDV–LA) berechnen; der Nutzungswert der Wohnung im eigenen Haus bleibt jedoch unberücksichtigt.

(2) Von der Berechnung der Einkünfte nach Absatz 1 ist abzusehen,
1. wenn sie im Einzelfall offenbar nicht den besonderen persönlichen oder wirtschaftlichen Verhältnissen entspricht oder
2. wenn der Bezieher der Einkünfte zur Einkommensteuer veranlagt wird, es sei denn, daß der Gewinn auf Grund von Durchschnittssätzen ermittelt wird.

§ 6 Einkünfte aus Kapitalvermögen

(1) Welche Einkünfte zu den Einkünften aus Kapitalvermögen gehören, bestimmt sich nach § 20 Abs. 1 bis 3 des Einkommensteuergesetzes.

(2) Als Einkünfte aus Kapitalvermögen sind die Jahresroheinnahmen anzusetzen, vermindert um die Kapitalertragsteuer sowie um die mit der Erzielung der Einkünfte verbundenen notwendigen Ausgaben (§ 82 Abs. 2 Nr. 4 des Zwölften Buches Sozialgesetzbuch).

(3) Die Einkünfte sind auf der Grundlage der vor dem Berechnungsjahr erzielten Einkünfte unter Berücksichtigung der im Berechnungsjahr bereits eingetretenen und noch zu erwartenden Veränderungen zu errechnen. Soweit im Einzelfall geboten, können hiervon abweichend die Einkünfte für das Berechnungsjahr auch nachträglich errechnet werden.

§ 7 Einkünfte aus Vermietung und Verpachtung

(1) Welche Einkünfte zu den Einkünften aus Vermietung und Verpachtung gehören, bestimmt sich nach § 21 Abs. 1 und 3 des Einkommensteuergesetzes.

(2) Als Einkünfte aus Vermietung und Verpachtung ist der Überschuß der Einnahmen über die mit ihrer Erzielung verbundenen notwendigen Ausgaben (§ 82 Abs. 2 Nr. 4 des Zwölften Buches Sozialgesetzbuch) anzusetzen; zu den Ausgaben gehören
1. Schuldzinsen und dauernde Lasten,
2. Steuern vom Grundbesitz, sonstige öffentliche Abgaben und Versicherungsbeiträge,
3. Leistungen auf die Hypothekengewinnabgabe und die Kreditgewinnabgabe, soweit es sich um Zinsen nach § 211 Abs. 1 Nr. 2 des Lastenausgleichsgesetzes handelt,
4. der Erhaltungsaufwand,

5. sonstige Aufwendungen zur Bewirtschaftung des Haus- und Grundbesitzes, ohne besonderen Nachweis Aufwendungen in Höhe von 1 vom Hundert der Jahresroheinnahmen.

Zum Erhaltungsaufwand im Sinne des Satzes 1 Nr. 4 gehören die Ausgaben für Instandsetzung und Instandhaltung, nicht jedoch die Ausgaben für Verbesserungen; ohne Nachweis können bei Wohngrundstücken, die vor dem 1. Januar 1925 bezugsfähig geworden sind, 15 vom Hundert, bei Wohngrundstücken, die nach dem 31. Dezember 1924 bezugsfähig geworden sind, 10 vom Hundert der Jahresroheinnahmen als Erhaltungsaufwand berücksichtigt werden.

(3) Die in Absatz 2 genannten Ausgaben sind von den Einnahmen insoweit nicht abzusetzen, als sie auf den vom Vermieter oder Verpächter selbst genutzten Teil des vermieteten oder verpachteten Gegenstandes entfallen.

(4) Als Einkünfte aus der Vermietung von möblierten Wohnungen und von Zimmern sind anzusetzen

bei möblierten Wohnungen	80 vom Hundert,
bei möblierten Zimmern	70 vom Hundert,
bei Leerzimmern	90 vom Hundert

der Roheinnahmen. Dies gilt nicht, wenn geringere Einkünfte nachgewiesen werden.

(5) Die Einkünfte sind als Jahreseinkünfte, bei der Vermietung von möblierten Wohnungen und von Zimmern jedoch als Monatseinkünfte zu berechnen. Sind sie als Jahreseinkünfte zu berechnen, gilt § 6 Abs. 3 entsprechend.

§ 8 Andere Einkünfte

(1) Andere als in den §§ 3, 4, 6 und 7 genannten Einkünfte sind, wenn sie nicht monatlich oder wenn sie monatlich in unterschiedlicher Höhe erzielt werden, als Jahreseinkünfte zu berechnen. Zu den anderen Einkünften im Sinne des Satzes 1 gehören auch die in § 19 Abs. 1 Ziff. 2 des Einkommensteuergesetzes genannten Bezüge sowie Renten und sonstige wiederkehrende Bezüge. § 3 Abs. 3 Satz 2 und 3 gilt entsprechend.

(2) Sind die Einkünfte als Jahreseinkünfte zu berechnen, gilt § 6 Abs. 3 entsprechend.

§ 9 Einkommensberechnung in besonderen Fällen

Ist der Bedarf an Sozialhilfe einmalig oder nur von kurzer Dauer und duldet die Entscheidung über die Hilfe keinen Aufschub, so kann der Träger der Sozialhilfe nach Anhörung des Beziehers des Einkommens die Einkünfte schätzen.

§ 10 Verlustausgleich

Ein Verlustausgleich zwischen einzelnen Einkunftsarten ist nicht vorzunehmen. In Härtefällen kann jedoch die gesamtwirtschaftliche Lage des Beziehers des Einkommens berücksichtigt werden.

§ 11 Maßgebender Zeitraum

(1) Soweit die Einkünfte als Jahreseinkünfte berechnet werden, gilt der zwölfte Teil dieser Einkünfte zusammen mit den monatlich berechneten Einkünften als monatliches Einkommen im Sinne des Zwölften Buches Sozialgesetzbuch. § 8 Abs. 1 Satz 3 geht der Regelung des Satzes 1 vor.

(2) Ist der Betrieb oder die sonstige Grundlage der als Jahreseinkünfte zu berechnenden Einkünfte nur während eines Teils des Jahres vorhanden oder zur Einkommenserzielung genutzt, so sind die Einkünfte aus der betreffenden Einkunftsart nur für diesen Zeitraum zu berechnen; für ihn gilt als monatliches Einkommen im Sinne des Zwölften Buches Sozialgesetzbuch derjenige Teil der Einkünfte, der der Anzahl der in den genannten Zeitraum fallenden Monate entspricht. Satz 1 gilt nicht für Einkünfte aus Saisonbetrieben und andere ihrer Natur nach auf einen Teil des Jahres beschränkte Einkünfte, wenn die Einkünfte den Hauptbestandteil des Einkommens bilden.

§ 12 Ausgaben nach § 82 Abs. 2 Nr. 1 bis 3 des Zwölften Buches Sozialgesetzbuch

Die in § 82 Abs. 2 Nr. 1 bis 3 des Zwölften Buches Sozialgesetzbuch bezeichneten Ausgaben sind von der Summe der Einkünfte abzusetzen, soweit sie nicht bereits nach den Bestimmungen dieser Verordnung bei den einzelnen Einkunftsarten abzuziehen sind.

§ 13

(gegenstandslos)

(§ 14 Inkrafttreten)

Aus Rundschreiben, Urteilen etc.

BSG v. 19.5.2009 – B 8 SO 35/07 R (Breithaupt 2010, 173)

1. *Eine Stromkostenerstattung ist in dem Monat, in dem sie zufließt, Einkommen i. S. des Sozialhilferechts.*
2. *Einmalzahlungen sind nicht auf einen angemessenen Zeitraum aufzuteilen und monatlich mit einem entsprechenden Teilbetrag anzusetzen, solange sie den Bedarf eines Monats nicht übersteigen.*

---

§ 83 Nach Zweck und Inhalt bestimmte Leistungen

(1) Leistungen, die auf Grund öffentlich-rechtlicher Vorschriften zu einem ausdrücklich genannten Zweck erbracht werden, sind nur so weit als Einkommen zu berücksichtigen, als die Sozialhilfe im Einzelfall demselben Zweck dient.

(2) Eine Entschädigung, die wegen eines Schadens, der nicht Vermögensschaden ist, nach § 253 Abs. 2 des Bürgerlichen Gesetzbuches geleistet wird, ist nicht als Einkommen zu berücksichtigen.

§ 84 Zuwendungen

(1) Zuwendungen der freien Wohlfahrtspflege bleiben als Einkommen außer Betracht. Dies gilt nicht, soweit die Zuwendung die Lage der Leistungsberechtigten so günstig beeinflusst, dass daneben Sozialhilfe ungerechtfertigt wäre.

(2) Zuwendungen, die ein anderer erbringt, ohne hierzu eine rechtliche oder sittliche Pflicht zu haben, sollen als Einkommen außer Betracht bleiben, soweit ihre Berücksichtigung für die Leistungsberechtigten eine besondere Härte bedeuten würde.

Aus Rundschreiben, Urteilen etc.

BSG v. 28. 2. 2013 – B 8 SO 12/11 R (FEVS 65, 34)
Von einem Integrationsunternehmen gezahlte Motivationszuwendungen für einen psychisch Kranken sind kein die Sozialhilfe minderndes Einkommen
Der 1968 geborene, unter einer seelischen Erkrankung leidende Kläger bezog Sozialhilfeleistungen in Form von Leistungen der Grundsicherung im Alter und bei Erwerbsminderung. Dabei berücksichtigte die beklagte Stadt „Motivationszuwendungen" leistungsmindernd als Einkommen, die ihm von einem Integrationsunternehmen für ein Arbeitstraining in Höhe von 1,60 Euro stündlich gezahlt wurden; sie erkannte lediglich einen Freibetrag in Höhe von 1/8 des Eckregelsatzes zuzüglich 25 vH der diesen Betrag übersteigenden Einkommen als von der Berücksichtigung freibleibend an. Die Klage hiergegen blieb erst- und zweitinstanzlich erfolglos.
In der Revisionsinstanz hat der 8. Senat des Bundessozialgerichts dieser Verfahrensweise widersprochen; die Sache musste jedoch wegen fehlender ausreichender Feststellung zu den Einkommens- und Vermögensverhältnissen des Klägers und seines Lebenspartners zur erneuten Verhandlung und Entscheidung an das Landessozialgericht zurückverwiesen werden. Zu Unrecht hatte dieses bei seiner Entscheidung die Voraussetzungen des § 84 Sozialgesetzbuch Zwölftes Buch – Sozialhilfe – (SGB) abgelehnt. Danach bleiben Zuwendungen der freien Wohlfahrtspflege als Einkommen außer Betracht, soweit die Zuwendungen nicht die Lage des Leistungsberechtigten so günstig beeinflussen, dass daneben Sozialhilfe ungerechtfertigt wäre. Das Integrationsunternehmen, ein Mitglied des Paritätischen Wohlfahrtsverbandes, hat an den Kläger ohne eine Arbeitsleistung von diesem lediglich für die freiwillige Teilnahme an einem Arbeitstraining geringe Beträge von unter 60 Euro monatlich gezahlt, um dessen Bereitschaft zur Teilnahme an der Maßnahme zu fördern. Diese Zuwendung war zwar geknüpft an die tatsächliche Teilnahme an der Maßnahme; allerdings bestand kein gegenseitiges Verhältnis von Leistung und Gegenleistung, weil der Kläger nicht am Arbeitstraining teilnehmen musste. Die Geldzahlung des Integrationsunternehmens, die in ihrer geringen Höhe die Lage des Leistungsbegünstigten nicht wesentlich beeinflusst hat, war damit Ausfluss der besonderen Aufgaben der freien Wohlfahrtspflege bei der Erfüllung sozialhilferechtlicher Aufgaben. Die Träger der Sozialhilfe sollen mit ihnen zusammenarbeiten und auf Selbständigkeit und Zielsetzung der Aufgabendurchführung achten (§ 5 Abs 2 SGB XII). Die Zusammenarbeit soll darauf gerichtet sein, dass sich die Sozialhilfe und die Tätigkeit der freien Wohlfahrtspflege zum Wohle des Leistungsberechtigten wirksam ergänzen, und die Sozialhilfeträger sollen die freie Wohlfahrtspflege in

ihrer Tätigkeit auf dem Gebiet der Sozialhilfe angemessen unterstützen (§ 5 Abs 3 SGB XII). Nach § 5 Abs 4 SGB XII sollen die Sozialhilfeträger dabei von der Erbringung von Geldleistungen nicht absehen, wenn im Einzelfall entsprechende Leistungen von der freien Wohlfahrtspflege erbracht werden. Diesen Kriterien würde eine – wenn auch teilweise – Berücksichtigung der Motivationszuwendungen, die in der Sache der Teilhabe am Gesellschafts- und Arbeitsleben dienen, widersprechen.

Zweiter Abschnitt
Einkommensgrenzen für die Leistungen nach dem Fünften bis Neunten Kapitel

§ 85 Einkommensgrenze

(1) Bei der Hilfe nach dem Fünften bis Neunten Kapitel ist der nachfragenden Person und ihrem nicht getrennt lebenden Ehegatten oder Lebenspartner die Aufbringung der Mittel nicht zuzumuten, wenn während der Dauer des Bedarfs ihr monatliches Einkommen zusammen eine Einkommensgrenze nicht übersteigt, die sich ergibt aus

1. einem Grundbetrag in Höhe des Zweifachen der Regelbedarfsstufe 1 nach der Anlage zu § 28,

2. den Aufwendungen für die Unterkunft, soweit diese den der Besonderheit des Einzelfalles angemessenen Umfang nicht übersteigen und

3. einem Familienzuschlag in Höhe des auf volle Euro aufgerundeten Betrages von 70 vom Hundert der Regelbedarfsstufe 1 nach der Anlage zu § 28 für den nicht getrennt lebenden Ehegatten oder Lebenspartner und für jede Person, die von der nachfragenden Person, ihrem nicht getrennt lebenden Ehegatten oder Lebenspartner überwiegend unterhalten worden ist oder für die sie nach der Entscheidung über die Erbringung der Sozialhilfe unterhaltspflichtig werden.

(2) Ist die nachfragende Person minderjährig und unverheiratet, so ist ihr und ihren Eltern die Aufbringung der Mittel nicht zuzumuten, wenn während der Dauer des Bedarfs das monatliche Einkommen der nachfragenden Person und ihrer Eltern zusammen eine Einkommensgrenze nicht übersteigt, die sich ergibt aus

1. einem Grundbetrag in Höhe des Zweifachen der Regelbedarfsstufe 1 nach der Anlage zu § 28,

2. den Aufwendungen für die Unterkunft, soweit diese den der Besonderheit des Einzelfalles angemessenen Umfang nicht übersteigen und

3. einem Familienzuschlag in Höhe des auf volle Euro aufgerundeten Betrages von 70 vom Hundert der Regelbedarfsstufe 1 nach der Anlage zu § 28 für einen Elternteil, wenn die Eltern zusammenleben, sowie für die nachfragende Person und für jede Person, die von den Eltern oder der nachfragenden Person überwiegend unterhalten worden ist oder für die sie nach der Entscheidung über die Erbringung der Sozialhilfe unterhaltspflichtig werden.

Leben die Eltern nicht zusammen, richtet sich die Einkommensgrenze nach dem Elternteil, bei dem die nachfragende Person lebt. Lebt sie bei keinem Elternteil, bestimmt sich die Einkommensgrenze nach Absatz 1.

(3) Die Regelbedarfsstufe 1 nach der Anlage zu § 28 bestimmt sich nach dem Ort, an dem der Leistungsberechtigte die Leistung erhält. Bei der Leistung in einer Einrichtung sowie bei Unterbringung in einer anderen Familie oder bei den in § 107 genannten anderen Personen bestimmt er sich nach dem gewöhnlichen Aufenthalt des Leistungsberechtigten oder, wenn im Falle des Absatzes 2 auch das Einkommen seiner Eltern oder eines Elternteils maßgebend ist, nach deren gewöhnlichem Aufenthalt. Ist ein gewöhnlicher Aufenthalt im Inland nicht vorhanden oder nicht zu ermitteln, ist Satz 1 anzuwenden.

§ 86 Abweichender Grundbetrag

Die Länder und, soweit landesrechtliche Vorschriften nicht entgegenstehen, auch die Träger der Sozialhilfe können für bestimmte Arten der Hilfe nach dem Fünften bis Neunten Kapitel der Einkommensgrenze einen höheren Grundbetrag zu Grunde legen.

§ 87 Einsatz des Einkommens über der Einkommensgrenze

(1) Soweit das zu berücksichtigende Einkommen die Einkommensgrenze übersteigt, ist die Aufbringung der Mittel in angemessenem Umfang zuzumuten. Bei der Prüfung, welcher Umfang angemessen ist, sind insbesondere die Art des Bedarfs, die Art oder Schwere der Behinderung oder der Pflegebedürftigkeit, die Dauer und Höhe der erforderlichen Aufwendungen sowie besondere Belastungen der nachfragenden Person und ihrer unterhaltsberechtigten Angehörigen zu berücksichtigen. Bei Pflegebedürftigen der Pflegegrade 4 und 5 und blinden Menschen nach § 72 ist ein Einsatz des Einkommens über der Einkommensgrenze in Höhe von mindestens 60 vom Hundert nicht zuzumuten.

(2) Verliert die nachfragende Person durch den Eintritt eines Bedarfsfalles ihr Einkommen ganz oder teilweise und ist ihr Bedarf nur von kurzer Dauer, so kann die Aufbringung der Mittel auch aus dem Einkommen verlangt werden, das sie innerhalb eines angemessenen Zeitraumes nach dem Wegfall des Bedarfs erwirbt und das die Einkommensgrenze übersteigt, jedoch nur insoweit, als ihr ohne den Verlust des Einkommens die Aufbringung der Mittel zuzumuten gewesen wäre.

(3) Bei einmaligen Leistungen zur Beschaffung von Bedarfsgegenständen, deren Gebrauch für mindestens ein Jahr bestimmt ist, kann die Aufbringung der Mittel nach Maßgabe des Absatzes 1 auch aus dem Einkommen verlangt werden, das die in § 19 Abs. 3 genannten Personen innerhalb eines Zeitraumes von bis zu drei Monaten nach Ablauf des Monats, in dem über die Leistung entschieden worden ist, erwerben.

§ 88 Einsatz des Einkommens unter der Einkommensgrenze

(1) Die Aufbringung der Mittel kann, auch soweit das Einkommen unter der Einkommensgrenze liegt, verlangt werden,

1. soweit von einem anderen Leistungen für einen besonderen Zweck erbracht werden, für den sonst Sozialhilfe zu leisten wäre,
2. wenn zur Deckung des Bedarfs nur geringfügige Mittel erforderlich sind.

Darüber hinaus soll in angemessenem Umfang die Aufbringung der Mittel verlangt werden, wenn eine Person auf voraussichtlich längere Zeit Leistungen in einer stationären Einrichtung bedarf.

(2) Bei einer stationären Leistung in einer stationären Einrichtung wird von dem Einkommen, das der Leistungsberechtigte aus einer entgeltlichen Beschäftigung erzielt, die Aufbringung der Mittel in Höhe von einem Achtel der Regelbedarfsstufe 1 nach der Anlage zu § 28 zuzüglich 50 vom Hundert des diesen Betrag übersteigenden Einkommens aus der Beschäftigung nicht verlangt. § 82 Absatz 3 und 3a ist nicht anzuwenden.

§ 89 Einsatz des Einkommens bei mehrfachem Bedarf

(1) Wird im Einzelfall der Einsatz eines Teils des Einkommens zur Deckung eines bestimmten Bedarfs zugemutet oder verlangt, darf dieser Teil des Einkommens bei der Prüfung, inwieweit der Einsatz des Einkommens für einen anderen gleichzeitig bestehenden Bedarf zuzumuten ist oder verlangt werden kann, nicht berücksichtigt werden.

(2) Sind im Fall des Absatzes 1 für die Bedarfsfälle verschiedene Träger der Sozialhilfe zuständig, hat die Entscheidung über die Leistung für den zuerst eingetretenen Bedarf den Vorrang. Treten die Bedarfsfälle gleichzeitig ein, ist das über der Einkommensgrenze liegende Einkommen zu gleichen Teilen bei den Bedarfsfällen zu berücksichtigen.

Dritter Abschnitt
Vermögen

§ 90 Einzusetzendes Vermögen

(1) Einzusetzen ist das gesamte verwertbare Vermögen.

(2) Die Sozialhilfe darf nicht abhängig gemacht werden vom Einsatz oder von der Verwertung

1. eines Vermögens, das aus öffentlichen Mitteln zum Aufbau oder zur Sicherung einer Lebensgrundlage oder zur Gründung eines Hausstandes erbracht wird,
2. eines Kapitals einschließlich seiner Erträge, das der zusätzlichen Altersvorsorge im Sinne des § 10a oder des Abschnitts XI des Einkommensteuergesetzes dient und dessen Ansammlung staatlich gefördert wurde,
3. eines sonstigen Vermögens, solange es nachweislich zur baldigen Beschaffung oder Erhaltung eines Hausgrundstücks im Sinne der Num-

mer 8 bestimmt ist, soweit dieses Wohnzwecken behinderter (§ 53 Abs. 1 Satz 1 und § 72) oder pflegebedürftiger Menschen (§ 61) dient oder dienen soll und dieser Zweck durch den Einsatz oder die Verwertung des Vermögens gefährdet würde,

4. eines angemessenen Hausrats; dabei sind die bisherigen Lebensverhältnisse der nachfragenden Person zu berücksichtigen,

5. von Gegenständen, die zur Aufnahme oder Fortsetzung der Berufsausbildung oder der Erwerbstätigkeit unentbehrlich sind,

6. von Familien- und Erbstücken, deren Veräußerung für die nachfragende Person oder ihre Familie eine besondere Härte bedeuten würde,

7. von Gegenständen, die zur Befriedigung geistiger, insbesondere wissenschaftlicher oder künstlerischer Bedürfnisse dienen und deren Besitz nicht Luxus ist,

8. eines angemessenen Hausgrundstücks, das von der nachfragenden Person oder einer anderen in den § 19 Abs. 1 bis 3 genannten Person allein oder zusammen mit Angehörigen ganz oder teilweise bewohnt wird und nach ihrem Tod von ihren Angehörigen bewohnt werden soll. Die Angemessenheit bestimmt sich nach der Zahl der Bewohner, dem Wohnbedarf (zum Beispiel behinderter, blinder oder pflegebedürftiger Menschen), der Grundstücksgröße, der Hausgröße, dem Zuschnitt und der Ausstattung des Wohngebäudes sowie dem Wert des Grundstücks einschließlich des Wohngebäudes,

9. kleinerer Barbeträge oder sonstiger Geldwerte; dabei ist eine besondere Notlage der nachfragenden Person zu berücksichtigen.

(3) Die Sozialhilfe darf ferner nicht vom Einsatz oder von der Verwertung eines Vermögens abhängig gemacht werden, soweit dies für den, der das Vermögen einzusetzen hat, und für seine unterhaltsberechtigten Angehörigen eine Härte bedeuten würde. Dies ist bei der Leistung nach dem Fünften bis Neunten Kapitel insbesondere der Fall, soweit eine angemessene Lebensführung oder die Aufrechterhaltung einer angemessenen Alterssicherung wesentlich erschwert würde.

(Fortsetzung SGB XII Seite 450)

Verordnung zur Durchführung des § 90 Abs. 2 Nr. 9 des Zwölften Buches Sozialgesetzbuch

vom 11. Februar 1988 (BGBl. I S. 150), zuletzt geändert durch Verordnung vom 22. März 2017 (BGBl. I S. 519)

Auf Grund des § 88 Abs. 4 des Bundessozialhilfegesetzes in der Fassung der Bekanntmachung vom 20. Januar 1987 (BGBl. I S. 401) wird mit Zustimmung des Bundesrates verordnet:

§ 1 (Kleinere Barbeträge oder sonstige Geldwerte; Höhe)

(1) Kleinere Barbeträge oder sonstige Geldwerte im Sinne des § 90 Abs. 2 Nummer 9 des Zwölften Buches Sozialgesetzbuch sind,

1. für jede in § 19 Absatz 3, § 27 Absatz 1 und 2, § 41 und § 43 Absatz 1 Satz 2 des Zwölften Buches Sozialgesetzbuch genannte volljährige Person sowie für jede alleinstehende minderjährige Person, 5 000 Euro,
2. für jede Person, die von einer Person nach Nummer 1 überwiegend unterhalten wird, 500 Euro.

Eine minderjährige Person ist alleinstehend im Sinne des Satzes 1 Nummer 1, wenn sie unverheiratet und ihr Anspruch auf Leistungen nach dem Zwölften Buch Sozialgesetzbuch nicht vom Vermögen ihrer Eltern oder eines Elternteils abhängig ist.

(2) Ist im Falle des Absatzes 1 Satz 1 Nr. 3 das Vermögen nur eines Elternteils zu berücksichtigen, so ist der Betrag von 614 Euro, im Falle von Pflegebedürftigen der Pflegegrade 4 und 5 und des § 72 des Zwölften Buches Sozialgesetzbuch von 1 534 Euro, nicht anzusetzen. Leben im Falle von Leistungen nach dem Fünften bis Neunten Kapitel des Zwölften Buches Sozialgesetzbuch die Eltern nicht zusammen, so ist das Vermögen des Elternteils zu berücksichtigen, bei dem die nachfragende Person lebt; lebt sie bei keinem Elternteil, so ist Absatz 1 Satz 1 Nr. 1 anzuwenden.

§ 2 (Erhöhung oder Herabsetzung des maßgebenden Betrages)

(1) Der nach § 1 maßgebende Betrag ist angemessen zu erhöhen, wenn im Einzelfall eine besondere Notlage der nachfragenden Person besteht. Bei der Prüfung, ob eine besondere Notlage besteht, sowie bei der Entscheidung über den Umfang der Erhöhung sind vor allem Art und Dauer des Bedarfs sowie besondere Belastungen zu berücksichtigen.

(2) Der nach § 1 maßgebende Betrag kann angemessen herabgesetzt werden, wenn die Voraussetzungen der §§ 103 oder 94 des Gesetzes vorliegen.

§ 3 (Berlin-Klausel)

Diese Verordnung gilt nach § 14 des Dritten Überleitungsgesetzes in Verbindung mit § 136 des Zwölften Buches Sozialgesetzbuch auch im Land Berlin.

§ 4 (Inkrafttreten)

Aus Rundschreiben, Urteilen etc.

BSG v. 18.3.2008 – B 8/9b SO 9/06 R (Breithaupt 2010, 284)
Vermögen aus einem angemessenen Bestattungsvorsorgevertrag ist bei der Gewährung von Sozialhilfe nicht zu berücksichtigen; seine Verwertung stellt eine Härte dar, es sei denn, durch den Abschluss des Bestattungsvorsorgevertrags wurde das Vermögen in der Absicht gemindert, die Voraussetzungen für die Gewährung oder Erhöhung der Leistung herbeizuführen.

§ 91 Darlehen

Soweit nach § 90 für den Bedarf der nachfragenden Person Vermögen einzusetzen ist, jedoch der sofortige Verbrauch oder die sofortige Verwertung des Vermögens nicht möglich ist oder für die, die es einzusetzen hat, eine Härte bedeuten würde, soll die Sozialhilfe als Darlehen geleistet werden. Die Leistungserbringung kann davon abhängig gemacht werden, dass der Anspruch auf Rückzahlung dinglich oder in anderer Weise gesichert wird.

Vierter Abschnitt
Einschränkung der Anrechnung

§ 92 Anrechnung bei behinderten Menschen

(1) Erfordert die Behinderung Leistungen für eine stationäre Einrichtung, für eine Tageseinrichtung für behinderte Menschen oder für ärztliche oder ärztlich verordnete Maßnahmen, sind die Leistungen hierfür auch dann in vollem Umfang zu erbringen, wenn den in § 19 Abs. 3 genannten Personen die Aufbringung der Mittel zu einem Teil zuzumuten ist. In Höhe dieses Teils haben sie zu den Kosten der erbrachten Leistungen beizutragen; mehrere Verpflichtete haften als Gesamtschuldner.

(2) Den in § 19 Abs. 3 genannten Personen ist die Aufbringung der Mittel nur für die Kosten des Lebensunterhalts zuzumuten

1. **bei heilpädagogischen Maßnahmen für Kinder, die noch nicht eingeschult sind,**
2. **bei der Hilfe zu einer angemessenen Schulbildung einschließlich der Vorbereitung hierzu,**
3. **bei der Hilfe, die dem behinderten noch nicht eingeschulten Menschen die für ihn erreichbare Teilnahme am Leben in der Gemeinschaft ermöglichen soll,**
4. **bei der Hilfe zur schulischen Ausbildung für einen angemessenen Beruf oder zur Ausbildung für eine sonstige angemessene Tätigkeit, wenn die hierzu erforderlichen Leistungen in besonderen Einrichtungen für behinderte Menschen erbracht werden,**
5. **bei Leistungen zur medizinischen Rehabilitation (§ 26 des Neunten Buches),**
6. **bei Leistungen zur Teilhabe am Arbeitsleben (§ 33 des Neunten Buches),**
7. **bei Leistungen in anerkannten Werkstätten für behinderte Menschen nach § 41 des Neunten Buches und in vergleichbaren sonstigen Beschäftigungsstätten (§ 56),**
8. **bei Hilfen zum Erwerb praktischer Kenntnisse und Fähigkeiten, die erforderlich und geeignet sind, behinderten Menschen die für sie erreichbare Teilhabe am Arbeitsleben zu ermöglichen, soweit diese Hilfen in besonderen teilstationären Einrichtungen für behinderte Menschen erbracht werden.**

Die in Satz 1 genannten Leistungen sind ohne Berücksichtigung von vorhandenem Vermögen zu erbringen. Die Kosten des in einer Einrichtung

erbrachten Lebensunterhalts sind in den Fällen der Nummern 1 bis 6 nur in Höhe der für den häuslichen Lebensunterhalt ersparten Aufwendungen anzusetzen; dies gilt nicht für den Zeitraum, in dem gleichzeitig mit den Leistungen nach Satz 1 in der Einrichtung durchgeführte andere Leistungen überwiegen. Die Aufbringung der Mittel nach Satz 1 Nr. 7 und 8 ist aus dem Einkommen nicht zumutbar, wenn das Einkommen des behinderten Menschen insgesamt einen Betrag in Höhe des Zweifachen der Regelbedarfsstufe 1 nach der Anlage zu § 28 nicht übersteigt. Die zuständigen Landesbehörden können Näheres über die Bemessung der für den häuslichen Lebensbedarf ersparten Aufwendungen und des Kostenbeitrags für das Mittagessen bestimmen. Zum Ersatz der Kosten nach den §§ 103 und 104 ist insbesondere verpflichtet, wer sich in den Fällen der Nummern 5 und 6 vorsätzlich oder grob fahrlässig nicht oder nicht ausreichend versichert hat.

(3) Hat ein anderer als ein nach bürgerlichem Recht Unterhaltspflichtiger nach sonstigen Vorschriften Leistungen für denselben Zweck zu erbringen, dem die in Absatz 2 genannten Leistungen dienen, wird seine Verpflichtung durch Absatz 2 nicht berührt. Soweit er solche Leistungen erbringt, kann abweichend von Absatz 2 von den in § 19 Abs. 3 genannten Personen die Aufbringung der Mittel verlangt werden.

§ 92 a Einkommenseinsatz bei Leistungen für Einrichtungen

(1) Erhält eine Person in einer teilstationären oder stationären Einrichtung Leistungen, kann die Aufbringung der Mittel für die Leistungen in der Einrichtung nach dem Dritten und Vierten Kapitel von ihr und ihrem nicht getrennt lebenden Ehegatten oder Lebenspartner aus dem gemeinsamen Einkommen verlangt werden, soweit Aufwendungen für den häuslichen Lebensunterhalt erspart werden.

(2) Darüber hinaus soll in angemessenem Umfang die Aufbringung der Mittel verlangt werden, wenn eine Person auf voraussichtlich längere Zeit Leistungen in einer stationären Einrichtung bedarf.

(3) Bei der Prüfung, welcher Umfang angemessen ist, ist auch der bisherigen Lebenssituation des im Haushalt verbliebenen, nicht getrennt lebenden Ehegatten oder Lebenspartners sowie der im Haushalt lebenden minderjährigen unverheirateten Kinder Rechnung zu tragen.

(4) § 92 Abs. 2 bleibt unberührt.

Fünfter Abschnitt
Verpflichtungen anderer

§ 93 Übergang von Ansprüchen

(1) Hat eine leistungsberechtigte Person oder haben bei Gewährung von Hilfen nach dem Fünften bis Neunten Kapitel auch ihre Eltern, ihr nicht getrennt lebender Ehegatte oder ihr Lebenspartner für die Zeit, für die Leistungen erbracht werden, einen Anspruch gegen einen anderen, der

kein Leistungsträger im Sinne des § 12 des Ersten Buches ist, kann der Träger der Sozialhilfe durch schriftliche Anzeige an den anderen bewirken, dass dieser Anspruch bis zur Höhe seiner Aufwendungen auf ihn übergeht. Er kann den Übergang dieses Anspruchs auch wegen seiner Aufwendungen für diejenigen Leistungen des Dritten und Vierten Kapitels bewirken, die er gleichzeitig mit den Leistungen für die in Satz 1 genannte leistungsberechtigte Person, deren nicht getrennt lebenden Ehegatten oder Lebenspartner und deren minderjährigen unverheirateten Kindern erbringt. Der Übergang des Anspruchs darf nur insoweit bewirkt werden, als bei rechtzeitiger Leistung des anderen entweder die Leistung nicht erbracht worden wäre oder in den Fällen des § 19 Abs. 5 und des § 92 Abs. 1 Aufwendungsersatz oder ein Kostenbeitrag zu leisten wäre. Der Übergang ist nicht dadurch ausgeschlossen, dass der Anspruch nicht übertragen, verpfändet oder gepfändet werden kann.

(2) Die schriftliche Anzeige bewirkt den Übergang des Anspruchs für die Zeit, für die der leistungsberechtigten Person die Leistung ohne Unterbrechung erbracht wird. Als Unterbrechung gilt ein Zeitraum von mehr als zwei Monaten.

(3) Widerspruch und Anfechtungsklage gegen den Verwaltungsakt, der den Übergang des Anspruchs bewirkt, haben keine aufschiebende Wirkung.

(4) Die §§ 115 und 116 des Zehnten Buches gehen der Regelung des Absatzes 1 vor.

§ 94 Übergang von Ansprüchen gegen einen nach bürgerlichem Recht Unterhaltspflichtigen

(1) Hat die leistungsberechtigte Person für die Zeit, für die Leistungen erbracht werden, nach bürgerlichem Recht einen Unterhaltsanspruch, geht dieser bis zur Höhe der geleisteten Aufwendungen zusammen mit dem unterhaltsrechtlichen Auskunftsanspruch auf den Träger der Sozialhilfe über. Der Übergang des Anspruchs ist ausgeschlossen, soweit der Unterhaltsanspruch durch laufende Zahlung erfüllt wird. Der Übergang des Anspruchs ist auch ausgeschlossen, wenn die unterhaltspflichtige Person zum Personenkreis des § 19 gehört oder die unterhaltspflichtige Person mit der leistungsberechtigten Person vom zweiten Grad an verwandt ist; der Übergang des Anspruchs des Leistungsberechtigten nach dem Vierten Kapitel gegenüber Eltern und Kindern ist ausgeschlossen. Gleiches gilt für Unterhaltsansprüche gegen Verwandte ersten Grades einer Person, die schwanger ist oder ihr leibliches Kind bis zur Vollendung seines sechsten Lebensjahres betreut. § 93 Abs. 4 gilt entsprechend. Für Leistungsempfänger nach dem Dritten und Vierten Kapitel gilt für den Übergang des Anspruchs § 105 Abs. 2 entsprechend.

(2) Der Anspruch einer volljährigen unterhaltsberechtigten Person, die behindert im Sinne von § 53 oder pflegebedürftig im Sinne von § 61 a ist, gegenüber ihren Eltern wegen Leistungen nach dem Sechsten und Siebten Kapitel geht nur in Höhe von bis zu 26 Euro, wegen Leistungen nach dem Dritten Kapitel nur in Höhe von bis zu 20 Euro monatlich über. Es wird

vermutet, dass der Anspruch in Höhe der genannten Beträge übergeht und mehrere Unterhaltspflichtige zu gleichen Teilen haften; die Vermutung kann widerlegt werden. Die in Satz 1 genannten Beträge verändern sich zum gleichen Zeitpunkt und um denselben Vomhundertsatz, um den sich das Kindergeld verändert.

(3) Ansprüche nach Absatz 1 und 2 gehen nicht über, soweit

1. die unterhaltspflichtige Person Leistungsberechtigte nach dem Dritten und Vierten Kapitel ist oder bei Erfüllung des Anspruchs würde oder
2. der Übergang des Anspruchs eine unbillige Härte bedeuten würde.

Der Träger der Sozialhilfe hat die Einschränkung des Übergangs nach Satz 1 zu berücksichtigen, wenn er von ihren Voraussetzungen durch vorgelegte Nachweise oder auf andere Weise Kenntnis hat.

(4) Für die Vergangenheit kann der Träger der Sozialhilfe den übergegangenen Unterhalt außer unter den Voraussetzungen des bürgerlichen Rechts nur von der Zeit an fordern, zu welcher er dem Unterhaltspflichtigen die Erbringung der Leistung schriftlich mitgeteilt hat. Wenn die Leistung voraussichtlich auf längere Zeit erbracht werden muss, kann der Träger der Sozialhilfe bis zur Höhe der bisherigen monatlichen Aufwendungen auch auf künftige Leistungen klagen.

(5) Der Träger der Sozialhilfe kann den auf ihn übergegangenen Unterhaltsanspruch im Einvernehmen mit der leistungsberechtigten Person auf diesen zur gerichtlichen Geltendmachung rückübertragen und sich den geltend gemachten Unterhaltsanspruch abtreten lassen. Kosten, mit denen die leistungsberechtigte Person dadurch selbst belastet wird, sind zu übernehmen. Über die Ansprüche nach den Absätzen 1 bis 4 ist im Zivilrechtsweg zu entscheiden.

§ 95 Feststellung der Sozialleistungen

Der erstattungsberechtigte Träger der Sozialhilfe kann die Feststellung einer Sozialleistung betreiben sowie Rechtsmittel einlegen. Der Ablauf der Fristen, die ohne sein Verschulden verstrichen sind, wirkt nicht gegen ihn. Satz 2 gilt nicht für die Verfahrensfristen, soweit der Träger der Sozialhilfe das Verfahren selbst betreibt.

Sechster Abschnitt
Verordnungsermächtigungen

§ 96 Verordnungsermächtigungen

(1) Die Bundesregierung kann durch Rechtsverordnung mit Zustimmung des Bundesrates Näheres über die Berechnung des Einkommens nach § 82, insbesondere der Einkünfte aus Land- und Forstwirtschaft, aus Gewerbebetrieb und aus selbständiger Arbeit bestimmen.

(2) Das Bundesministerium für Arbeit und Soziales kann durch Rechtsverordnung mit Zustimmung des Bundesrates die Höhe der Barbeträge oder sonstigen Geldwerte im Sinne des § 90 Abs. 2 Nr. 9 bestimmen.

Zwölftes Kapitel
Zuständigkeit der Träger der Sozialhilfe

Erster Abschnitt
Sachliche und örtliche Zuständigkeit

§ 97 Sachliche Zuständigkeit

(1) Für die Sozialhilfe sachlich zuständig ist der örtliche Träger der Sozialhilfe, soweit nicht der überörtliche Träger sachlich zuständig ist.

(2) Die sachliche Zuständigkeit des überörtlichen Trägers der Sozialhilfe wird nach Landesrecht bestimmt. Dabei soll berücksichtigt werden, dass so weit wie möglich für Leistungen im Sinne von § 8 Nr. 1 bis 6 jeweils eine einheitliche sachliche Zuständigkeit gegeben ist.

(3) Soweit Landesrecht keine Bestimmung nach Absatz 2 Satz 1 enthält, ist der überörtliche Träger der Sozialhilfe für
1. Leistungen der Eingliederungshilfe für behinderte Menschen nach den §§ 53 bis 60,
2. Leistungen der Hilfe zur Pflege nach den §§ 61 bis 66,
3. Leistungen der Hilfe zur Überwindung besonderer sozialer Schwierigkeiten nach den §§ 67 bis 69,
4. Leistungen der Blindenhilfe nach § 72 sachlich zuständig.

(4) Die sachliche Zuständigkeit für eine stationäre Leistung umfasst auch die sachliche Zuständigkeit für Leistungen, die gleichzeitig nach anderen Kapiteln zu erbringen sind, sowie für eine Leistung nach § 74.

(5) Die überörtlichen Träger sollen, insbesondere bei verbreiteten Krankheiten, zur Weiterentwicklung von Leistungen der Sozialhilfe beitragen. Hierfür können sie die erforderlichen Einrichtungen schaffen oder fördern.

§ 98 Örtliche Zuständigkeit

(1) Für die Sozialhilfe örtlich zuständig ist der Träger der Sozialhilfe, in dessen Bereich sich die Leistungsberechtigten tatsächlich aufhalten. Diese Zuständigkeit bleibt bis zur Beendigung der Leistung auch dann bestehen, wenn die Leistung außerhalb seines Bereichs erbracht wird.

(2) Für die stationäre Leistung ist der Träger der Sozialhilfe örtlich zuständig, in dessen Bereich die Leistungsberechtigten ihren gewöhnlichen Aufenthalt im Zeitpunkt der Aufnahme in die Einrichtung haben oder in den zwei Monaten vor der Aufnahme zuletzt gehabt hatten. Waren bei Einsetzen der Sozialhilfe die Leistungsberechtigten aus einer Einrichtung im Sinne des Satzes 1 in eine andere Einrichtung oder von dort in weitere Einrichtungen übergetreten oder tritt nach dem Einsetzen der Leistung ein solcher Fall ein, ist der gewöhnliche Aufenthalt, der für die erste Einrichtung maßgebend war, entscheidend. Steht innerhalb von vier Wochen nicht fest, ob und wo der gewöhnliche Aufenthalt nach Satz 1 oder 2 begründet worden ist oder ist ein gewöhnlicher Aufenthaltsort nicht vorhanden oder nicht zu ermitteln oder liegt ein Eilfall vor, hat der nach Absatz 1 zuständige Träger

der Sozialhilfe über die Leistung unverzüglich zu entscheiden und sie vorläufig zu erbringen. Wird ein Kind in einer Einrichtung im Sinne des Satzes 1 geboren, tritt an die Stelle seines gewöhnlichen Aufenthalts der gewöhnliche Aufenthalt der Mutter.

(3) In den Fällen des § 74 ist der Träger der Sozialhilfe örtlich zuständig, der bis zum Tod der leistungsberechtigten Person Sozialhilfe leistete, in den anderen Fällen der Träger der Sozialhilfe, in dessen Bereich der Sterbeort liegt.

(4) Für Hilfen an Personen, die sich in Einrichtungen zum Vollzug richterlich angeordneter Freiheitsentziehung aufhalten oder aufgehalten haben, gelten die Absätze 1 und 2 sowie die §§ 106 und 109 entsprechend.

(5) Für die Leistungen nach diesem Buch an Personen, die Leistungen nach dem Sechsten bis Achten Kapitel in Formen ambulanter betreuter Wohnmöglichkeiten erhalten, ist der Träger der Sozialhilfe örtlich zuständig, der vor Eintritt in diese Wohnform zuletzt zuständig war oder gewesen wäre. Vor Inkrafttreten dieses Buches begründete Zuständigkeiten bleiben hiervon unberührt.

§ 99 Vorbehalt abweichender Durchführung

(1) Die Länder können bestimmen, dass und inwieweit die Kreise ihnen zugehörige Gemeinden oder Gemeindeverbände zur Durchführung von Aufgaben nach diesem Buch heranziehen und ihnen dabei Weisungen erteilen können; in diesen Fällen erlassen die Kreise den Widerspruchsbescheid nach dem Sozialgerichtsgesetz.

(2) Die Länder können bestimmen, dass und inwieweit die überörtlichen Träger der Sozialhilfe örtliche Träger der Sozialhilfe sowie diesen zugehörige Gemeinden und Gemeindeverbände zur Durchführung von Aufgaben nach diesem Buch heranziehen und ihnen dabei Weisungen erteilen können; in diesen Fällen erlassen die überörtlichen Träger den Widerspruchsbescheid nach dem Sozialgerichtsgesetz, soweit nicht nach Landesrecht etwas anderes bestimmt wird.

Zweiter Abschnitt
Sonderbestimmungen

§ 100 *(aufgehoben)*

§ 101 Behördenbestimmung und Stadtstaaten-Klausel

(1) Welche Stellen zuständige Behörden sind, bestimmt die Landesregierung, soweit eine landesrechtliche Regelung nicht besteht.

(2) Die Senate der Länder Berlin, Bremen und Hamburg werden ermächtigt, die Vorschriften dieses Buches über die Zuständigkeit von Behörden dem besonderen Verwaltungsaufbau ihrer Länder anzupassen.

Dreizehntes Kapitel
Kosten

Erster Abschnitt
Kostenersatz

§ 102 Kostenersatz durch Erben

(1) Der Erbe der leistungsberechtigten Person oder ihres Ehegatten oder ihres Lebenspartners, falls diese vor der leistungsberechtigten Person sterben, ist vorbehaltlich des Absatzes 5 zum Ersatz der Kosten der Sozialhilfe verpflichtet. Die Ersatzpflicht besteht nur für die Kosten der Sozialhilfe, die innerhalb eines Zeitraumes von zehn Jahren vor dem Erbfall aufgewendet worden sind und die das Dreifache des Grundbetrages nach § 85 Abs. 1 übersteigen. Die Ersatzpflicht des Erben des Ehegatten oder Lebenspartners besteht nicht für die Kosten der Sozialhilfe, die während des Getrenntlebens der Ehegatten oder Lebenspartner geleistet worden sind. Ist die leistungsberechtigte Person der Erbe ihres Ehegatten oder Lebenspartners, ist sie zum Ersatz der Kosten nach Satz 1 nicht verpflichtet.

(2) Die Ersatzpflicht des Erben gehört zu den Nachlassverbindlichkeiten. Der Erbe haftet mit dem Wert des im Zeitpunkt des Erbfalles vorhandenen Nachlasses.

(3) Der Anspruch auf Kostenersatz ist nicht geltend zu machen,
1. soweit der Wert des Nachlasses unter dem Dreifachen des Grundbetrages nach § 85 Abs. 1 liegt,
2. soweit der Wert des Nachlasses unter dem Betrag von 15340 Euro liegt, wenn der Erbe der Ehegatte oder Lebenspartner der leistungsberechtigten Person oder mit dieser verwandt ist und nicht nur vorübergehend bis zum Tod der leistungsberechtigten Person mit dieser in häuslicher Gemeinschaft gelebt und sie gepflegt hat,
3. soweit die Inanspruchnahme des Erben nach der Besonderheit des Einzelfalles eine besondere Härte bedeuten würde.

(4) Der Anspruch auf Kostenersatz erlischt in drei Jahren nach dem Tod der leistungsberechtigten Person, ihres Ehegatten oder ihres Lebenspartners. § 103 Abs. 3 Satz 2 und 3 gilt entsprechend.

(5) Der Ersatz der Kosten durch die Erben gilt nicht für Leistungen nach dem Vierten Kapitel und für die vor dem 1. Januar 1987 entstandenen Kosten der Tuberkulosehilfe.

§ 103 Kostenersatz bei schuldhaftem Verhalten

(1) Zum Ersatz der Kosten der Sozialhilfe ist verpflichtet, wer nach Vollendung des 18. Lebensjahres für sich oder andere durch vorsätzliches oder grob fahrlässiges Verhalten die Voraussetzungen für die Leistungen der Sozialhilfe herbeigeführt hat. Zum Kostenersatz ist auch verpflichtet, wer als leistungsberechtigte Person oder als deren Vertreter die Rechtswidrigkeit des der Leistung zu Grunde liegenden Verwaltungsaktes kannte oder

infolge grober Fahrlässigkeit nicht kannte. Von der Heranziehung zum Kostenersatz kann abgesehen werden, soweit sie eine Härte bedeuten würde.

(2) Eine nach Absatz 1 eingetretene Verpflichtung zum Ersatz der Kosten geht auf den Erben über. § 102 Abs. 2 Satz 2 findet Anwendung.

(3) Der Anspruch auf Kostenersatz erlischt in drei Jahren vom Ablauf des Jahres an, in dem die Leistung erbracht worden ist. Für die Hemmung, die Ablaufhemmung, den Neubeginn und die Wirkung der Verjährung gelten die Vorschriften des Bürgerlichen Gesetzbuchs sinngemäß. Der Erhebung der Klage steht der Erlass eines Leistungsbescheides gleich.

(4) Die §§ 44 bis 50 des Zehnten Buches bleiben unberührt. Zum Kostenersatz nach Absatz 1 und zur Erstattung derselben Kosten nach § 50 des Zehnten Buches Verpflichtete haften als Gesamtschuldner.

§ 104 Kostenersatz für zu Unrecht erbrachte Leistungen

Zum Ersatz der Kosten für zu Unrecht erbrachte Leistungen der Sozialhilfe ist in entsprechender Anwendung des § 103 verpflichtet, wer die Leistungen durch vorsätzliches oder grob fahrlässiges Verhalten herbeigeführt hat. Zum Kostenersatz nach Satz 1 und zur Erstattung derselben Kosten nach § 50 des Zehnten Buches Verpflichtete haften als Gesamtschuldner.

§ 105 Kostenersatz bei Doppelleistungen

Hat ein vorrangig verpflichteter Leistungsträger in Unkenntnis der Leistung des Trägers der Sozialhilfe an die leistungsberechtigte Person geleistet, ist diese zur Herausgabe des Erlangten an den Träger der Sozialhilfe verpflichtet.

Zweiter Abschnitt
Kostenerstattung zwischen den Trägern der Sozialhilfe

§ 106 Kostenerstattung bei Aufenthalt in einer Einrichtung

(1) Der nach § 98 Abs. 2 Satz 1 zuständige Träger der Sozialhilfe hat dem nach § 98 Abs. 2 Satz 3 vorläufig leistenden Träger die aufgewendeten Kosten zu erstatten. Ist in den Fällen des § 98 Abs. 2 Satz 3 und 4 ein gewöhnlicher Aufenthalt nicht vorhanden oder nicht zu ermitteln und war für die Leistungserbringung ein örtlicher Träger der Sozialhilfe sachlich zuständig, sind diesem die aufgewendeten Kosten von dem überörtlichen Träger der Sozialhilfe zu erstatten, zu dessen Bereich der örtliche Träger gehört.

(2) Als Aufenthalt in einer stationären Einrichtung gilt auch, wenn jemand außerhalb der Einrichtung untergebracht wird, aber in ihrer Betreuung bleibt, oder aus der Einrichtung beurlaubt wird.

(3) Verlässt in den Fällen des § 98 Abs. 2 die leistungsberechtigte Person die Einrichtung und erhält sie im Bereich des örtlichen Trägers, in dem die

Einrichtung liegt, innerhalb von einem Monat danach Leistungen der Sozialhilfe, sind dem örtlichen Träger der Sozialhilfe die aufgewendeten Kosten von dem Träger der Sozialhilfe zu erstatten, in dessen Bereich die leistungsberechtigte Person ihren gewöhnlichen Aufenthalt im Sinne des § 98 Abs. 2 Satz 1 hatte. Absatz 1 Satz 2 gilt entsprechend. Die Erstattungspflicht wird nicht durch einen Aufenthalt außerhalb dieses Bereichs oder in einer Einrichtung im Sinne des § 98 Abs. 2 Satz 1 unterbrochen, wenn dieser zwei Monate nicht übersteigt; sie endet, wenn für einen zusammenhängenden Zeitraum von zwei Monaten Leistungen nicht zu erbringen waren, spätestens nach Ablauf von zwei Jahren seit dem Verlassen der Einrichtung.

§ 107 Kostenerstattung bei Unterbringung in einer anderen Familie

§ 98 Abs. 2 und § 106 gelten entsprechend, wenn ein Kind oder ein Jugendlicher in einer anderen Familie oder bei anderen Personen als bei seinen Eltern oder bei einem Elternteil untergebracht ist.

§ 108 Kostenerstattung bei Einreise aus dem Ausland

(1) Reist eine Person, die weder im Ausland noch im Inland einen gewöhnlichen Aufenthalt hat, aus dem Ausland ein und setzen innerhalb eines Monats nach ihrer Einreise Leistungen der Sozialhilfe ein, sind die aufgewendeten Kosten von dem von einer Schiedsstelle bestimmten überörtlichen Träger der Sozialhilfe zu erstatten. Bei ihrer Entscheidung hat die Schiedsstelle die Einwohnerzahl und die Belastungen, die sich im vorangegangenen Haushaltsjahr für die Träger der Sozialhilfe nach dieser Vorschrift sowie nach den §§ 24 und 115 ergeben haben, zu berücksichtigen. Satz 1 gilt nicht für Personen, die im Inland geboren sind oder bei Einsetzen der Leistung mit ihnen als Ehegatte, Lebenspartner, Verwandte oder Verschwägerte zusammenleben. Leben Ehegatten, Lebenspartner, Verwandte oder Verschwägerte bei Einsetzen der Leistung zusammen, ist ein gemeinsamer erstattungspflichtiger Träger der Sozialhilfe zu bestimmen.

(2) Schiedsstelle im Sinne des Absatzes 1 ist das Bundesverwaltungsamt. Die Länder können durch Verwaltungsvereinbarung eine andere Schiedsstelle bestimmen.

(3) Ist ein Träger der Sozialhilfe nach Absatz 1 zur Erstattung der für eine leistungsberechtigte Person aufgewendeten Kosten verpflichtet, hat er auch die für den Ehegatten, den Lebenspartner oder die minderjährigen Kinder der leistungsberechtigten Personen aufgewendeten Kosten zu erstatten, wenn diese Personen später einreisen und Sozialhilfe innerhalb eines Monats einsetzt.

(4) Die Verpflichtung zur Erstattung der für Leistungsberechtigte aufgewendeten Kosten entfällt, wenn für einen zusammenhängenden Zeitraum von drei Monaten Sozialhilfe nicht zu leisten war.

(5) Die Absätze 1 bis 4 sind nicht anzuwenden für Personen, deren Unterbringung nach der Einreise in das Inland bundesrechtlich oder durch Vereinbarung zwischen Bund und Ländern geregelt ist.

§ 109 Ausschluss des gewöhnlichen Aufenthalts

Als gewöhnlicher Aufenthalt im Sinne des Zwölften Kapitels und des Dreizehnten Kapitels, Zweiter Abschnitt, gelten nicht der Aufenthalt in einer Einrichtung im Sinne von § 98 Abs. 2 und der auf richterlich angeordneter Freiheitsentziehung beruhende Aufenthalt in einer Vollzugsanstalt.

§ 110 Umfang der Kostenerstattung

(1) Die aufgewendeten Kosten sind zu erstatten, soweit die Leistung diesem Buch entspricht. Dabei gelten die am Aufenthaltsort der Leistungsberechtigten zur Zeit der Leistungserbringung bestehenden Grundsätze für die Leistung von Sozialhilfe.

(2) Kosten unter 2560 Euro, bezogen auf einen Zeitraum der Leistungserbringung von bis zu zwölf Monaten, sind außer in den Fällen einer vorläufigen Leistungserbringung nach § 98 Abs. 2 Satz 3 nicht zu erstatten. Die Begrenzung auf 2560 Euro gilt, wenn die Kosten für die Mitglieder eines Haushalts im Sinne von § 27 Absatz 2 Satz 2 und 3 zu erstatten sind, abweichend von Satz 1 für die Mitglieder des Haushalts zusammen.

§ 111 Verjährung

(1) Der Anspruch auf Erstattung der aufgewendeten Kosten verjährt in vier Jahren, beginnend nach Ablauf des Kalenderjahres, in dem er entstanden ist.

(2) Für die Hemmung, die Ablaufhemmung, den Neubeginn und die Wirkung der Verjährung gelten die Vorschriften des Bürgerlichen Gesetzbuchs sinngemäß.

§ 112 Kostenerstattung auf Landesebene

Die Länder können Abweichendes über die Kostenerstattung zwischen den Trägern der Sozialhilfe ihres Bereichs regeln.

Dritter Abschnitt
Sonstige Regelungen

§ 113 Vorrang der Erstattungsansprüche

Erstattungsansprüche der Träger der Sozialhilfe gegen andere Leistungsträger nach § 104 des Zehnten Buches gehen einer Übertragung, Pfändung oder Verpfändung des Anspruchs vor, auch wenn sie vor Entstehen des Erstattungsanspruchs erfolgt sind.

§ 114 Ersatzansprüche der Träger der Sozialhilfe nach sonstigen Vorschriften

Bestimmt sich das Recht des Trägers der Sozialhilfe, Ersatz seiner Aufwendungen von einem anderen zu verlangen, gegen den die Leistungs-

berechtigten einen Anspruch haben, nach sonstigen gesetzlichen Vorschriften, die dem § 93 vorgehen, gelten als Aufwendungen

1. **die Kosten der Leistung für diejenige Person, die den Anspruch gegen den anderen hat, und**
2. **die Kosten für Leistungen nach dem Dritten und Vierten Kapitel, die gleichzeitig mit der Leistung nach Nummer 1 für den nicht getrennt lebenden Ehegatten oder Lebenspartner und die minderjährigen unverheirateten Kinder geleistet wurden.**

§ 115 Übergangsregelung für die Kostenerstattung bei Einreise aus dem Ausland

Die Pflicht eines Trägers der Sozialhilfe zur Kostenerstattung, die nach der vor dem 1. Januar 1994 geltenden Fassung des § 108 des Bundessozialhilfegesetzes entstanden oder von der Schiedsstelle bestimmt worden ist, bleibt bestehen.

Vierzehntes Kapitel
Verfahrensbestimmungen

§ 116 Beteiligung sozial erfahrener Dritter

(1) Soweit Landesrecht nichts Abweichendes bestimmt, sind vor dem Erlass allgemeiner Verwaltungsvorschriften sozial erfahrene Dritte zu hören, insbesondere aus Vereinigungen, die Bedürftige betreuen, oder aus Vereinigungen von Sozialleistungsempfängern.

(2) Soweit Landesrecht nichts Abweichendes bestimmt, sind vor dem Erlass des Verwaltungsaktes über einen Widerspruch gegen die Ablehnung der Sozialhilfe oder gegen die Festsetzung ihrer Art und Höhe Dritte, wie sie in Absatz 1 bezeichnet sind, beratend zu beteiligen.

§ 116a Rücknahme von Verwaltungsakten

§ 44 des Zehnten Buches gilt mit der Maßgabe, dass

1. **rechtswidrige nicht begünstigende Verwaltungsakte nach den Absätzen 1 und 2 nicht später als vier Jahre nach Ablauf des Jahres, in dem der Verwaltungsakt bekanntgegeben wurde, zurückzunehmen sind; ausreichend ist, wenn die Rücknahme innerhalb dieses Zeitraumes beantragt wird,**
2. **anstelle des Zeitraums von vier Jahren nach Absatz 4 Satz 1 ein Zeitraum von einem Jahr tritt.**

§ 117 Pflicht zur Auskunft

(1) Die Unterhaltspflichtigen, ihre nicht getrennt lebenden Ehegatten oder Lebenspartner und die Kostenersatzpflichtigen haben dem Träger der Sozialhilfe über ihre Einkommens- und Vermögensverhältnisse Auskunft zu geben, soweit die Durchführung dieses Buches es erfordert. Dabei haben sie die Verpflichtung, auf Verlangen des Trägers der Sozialhilfe

Beweisurkunden vorzulegen oder ihrer Vorlage zuzustimmen. Auskunftspflichtig nach Satz 1 und 2 sind auch Personen, von denen nach § 39 trotz Aufforderung unwiderlegt vermutet wird, dass sie Leistungen zum Lebensunterhalt an andere Mitglieder der Haushaltsgemeinschaft erbringen. Die Auskunftspflicht der Finanzbehörden nach § 21 Abs. 4 des Zehnten Buches erstreckt sich auch auf diese Personen.

(2) Wer jemandem, der Leistungen nach diesem Buch beantragt hat oder bezieht, Leistungen erbringt oder erbracht hat, die geeignet sind oder waren, diese Leistungen auszuschließen oder zu mindern, hat dem Träger der Sozialhilfe auf Verlangen hierüber Auskunft zu geben, soweit es zur Durchführung der Aufgaben nach diesem Buch im Einzelfall erforderlich ist.

(3) Wer jemandem, der Leistungen nach diesem Buch beantragt hat oder bezieht, zu Leistungen verpflichtet ist oder war, die geeignet sind oder waren, Leistungen auszuschließen oder zu mindern, oder für ihn Guthaben führt oder Vermögensgegenstände verwahrt, hat dem Träger der Sozialhilfe auf Verlangen hierüber sowie über damit im Zusammenhang stehendes Einkommen oder Vermögen Auskunft zu erteilen, soweit es zur Durchführung der Leistungen nach diesem Buch im Einzelfall erforderlich ist. § 21 Abs. 3 Satz 4 des Zehnten Buches gilt entsprechend.

(4) Der Arbeitgeber ist verpflichtet, dem Träger der Sozialhilfe über die Art und Dauer der Beschäftigung, die Arbeitsstätte und das Arbeitsentgelt der bei ihm beschäftigten Leistungsberechtigten, Unterhaltspflichtigen und deren nicht getrennt lebenden Ehegatten oder Lebenspartner sowie Kostenersatzpflichtigen Auskunft zu geben, soweit die Durchführung dieses Buches es erfordert.

(5) Die nach den Absätzen 1 bis 4 zur Erteilung einer Auskunft Verpflichteten können Angaben verweigern, die ihnen oder ihnen nahe stehenden Personen (§ 383 Abs. 1 Nr. 1 bis 3 der Zivilprozessordnung) die Gefahr zuziehen würden, wegen einer Straftat oder einer Ordnungswidrigkeit verfolgt zu werden.

(6) Ordnungswidrig handelt, wer vorsätzlich oder fahrlässig die Auskünfte nach den Absätzen 2, 3 Satz 1 und Absatz 4 nicht, nicht richtig, nicht vollständig oder nicht rechtzeitig erteilt. Die Ordnungswidrigkeit kann mit einer Geldbuße geahndet werden.

§ 118 Überprüfung, Verwaltungshilfe

(1) Die Träger der Sozialhilfe können Personen, die Leistungen nach diesem Buch mit Ausnahme des Vierten Kapitels beziehen, auch regelmäßig im Wege des automatisierten Datenabgleichs daraufhin überprüfen,

1. ob und in welcher Höhe und für welche Zeiträume von ihnen Leistungen der Bundesagentur für Arbeit (Auskunftsstelle) oder der Träger der gesetzlichen Unfall- oder Rentenversicherung (Auskunftsstellen) bezogen werden oder wurden,
2. ob und in welchem Umfang Zeiten des Leistungsbezuges nach diesem Buch mit Zeiten einer Versicherungspflicht oder Zeiten einer geringfügigen Beschäftigung zusammentreffen,

3. ob und welche Daten nach § 45d Abs. 1 und § 45e des Einkommensteuergesetzes dem Bundeszentralamt für Steuern (Auskunftsstelle) übermittelt worden sind und
4. ob und in welcher Höhe ein Kapital nach § 90 Abs. 2 Nr. 2 nicht mehr dem Zweck einer geförderten zusätzlichen Altersvorsorge im Sinne des § 10a oder des Abschnitts XI des Einkommensteuergesetzes dient.

Sie dürfen für die Überprüfung nach Satz 1 Name, Vorname (Rufname), Geburtsdatum, Geburtsort, Nationalität, Geschlecht, Anschrift und Versicherungsnummer der Personen, die Leistungen nach diesem Buch beziehen, den Auskunftsstellen übermitteln. Die Auskunftsstellen führen den Abgleich mit den nach Satz 2 übermittelten Daten durch und übermitteln die Daten über Feststellungen im Sinne des Satzes 1 an die Träger der Sozialhilfe. Die ihnen überlassenen Daten und Datenträger sind nach Durchführung des Abgleichs unverzüglich zurückzugeben, zu löschen oder zu vernichten. Die Träger der Sozialhilfe dürfen die ihnen übermittelten Daten nur zur Überprüfung nach Satz 1 nutzen. Die übermittelten Daten der Personen, bei denen die Überprüfung zu keinen abweichenden Feststellungen führt, sind unverzüglich zu löschen.

(2) Die Träger der Sozialhilfe sind befugt, Personen, die Leistungen nach diesem Buch beziehen, auch regelmäßig im Wege des automatisierten Datenabgleichs daraufhin zu überprüfen, ob und in welcher Höhe und für welche Zeiträume von ihnen Leistungen nach diesem Buch durch andere Träger der Sozialhilfe bezogen werden oder wurden. Hierzu dürfen die erforderlichen Daten nach Absatz 1 Satz 2 anderen Trägern der Sozialhilfe oder einer zentralen Vermittlungsstelle im Sinne des § 120 Nr. 1 übermittelt werden. Diese führen den Abgleich der ihnen übermittelten Daten durch und leiten Feststellungen im Sinne des Satzes 1 an die übermittelnden Träger der Sozialhilfe zurück. Sind die ihnen übermittelten Daten oder Datenträger für die Überprüfung nach Satz 1 nicht mehr erforderlich, sind diese unverzüglich zurückzugeben, zu löschen oder zu vernichten. Überprüfungsverfahren nach diesem Absatz können zusammengefasst und mit Überprüfungsverfahren nach Absatz 1 verbunden werden.

(3) Die Datenstelle der Rentenversicherung darf als Vermittlungsstelle für das Bundesgebiet die nach den Absätzen 1 und 2 übermittelten Daten speichern und nutzen, soweit dies für die Datenabgleiche nach den Absätzen 1 und 2 erforderlich ist. Sie darf die Daten der Stammsatzdatei (§ 150 des Sechsten Buches) und der bei ihr für die Prüfung bei den Arbeitgebern geführten Datei (§ 28p Abs. 8 Satz 2 des Vierten Buches) nutzen, soweit die Daten für die Datenabgleiche erforderlich sind. Die nach Satz 1 bei der Datenstelle der Rentenversicherung gespeicherten Daten sind unverzüglich nach Abschluss der Datenabgleiche zu löschen.

(4) Die Träger der Sozialhilfe sind befugt, zur Vermeidung rechtswidriger Inanspruchnahme von Sozialhilfe Daten von Personen, die Leistungen nach diesem Buch beziehen, bei anderen Stellen ihrer Verwaltung, bei ihren wirtschaftlichen Unternehmen und bei den Kreisen, Kreisverwaltungsbehörden und Gemeinden zu überprüfen, soweit diese für die Erfüllung dieser Aufgaben erforderlich sind. Sie dürfen für die Überprüfung die in

Absatz 1 Satz 2 genannten Daten übermitteln. Die Überprüfung kann auch regelmäßig im Wege des automatisierten Datenabgleichs mit den Stellen durchgeführt werden, bei denen die in Satz 4 jeweils genannten Daten zuständigkeitshalber vorliegen. Nach Satz 1 ist die Überprüfung folgender Daten zulässig:

1. Geburtsdatum und -ort,
2. Personen- und Familienstand,
3. Wohnsitz,
4. Dauer und Kosten von Miet- oder Überlassungsverhältnissen von Wohnraum,
5. Dauer und Kosten von bezogenen Leistungen über Elektrizität, Gas, Wasser, Fernwärme oder Abfallentsorgung und
6. Eigenschaft als Kraftfahrzeughalter.

Die in Satz 1 genannten Stellen sind verpflichtet, die in Satz 4 genannten Daten zu übermitteln. Sie haben die ihnen im Rahmen der Überprüfung übermittelten Daten nach Vorlage der Mitteilung unverzüglich zu löschen. Eine Übermittlung durch diese Stellen unterbleibt, soweit ihr besondere gesetzliche Verwendungsregelungen entgegenstehen.

§ 119 Wissenschaftliche Forschung im Auftrag des Bundes

Der Träger der Sozialhilfe darf einer wissenschaftlichen Einrichtung, die im Auftrag des Bundesministeriums für Arbeit und Soziales ein Forschungsvorhaben durchführt, das dem Zweck dient, die Erreichung der Ziele von Gesetzen über soziale Leistungen zu überprüfen oder zu verbessern, Sozialdaten übermitteln, soweit

1. dies zur Durchführung des Forschungsvorhabens erforderlich ist, insbesondere das Vorhaben mit anonymisierten oder pseudoanonymisierten Daten nicht durchgeführt werden kann, und
2. das öffentliche Interesse an dem Forschungsvorhaben das schutzwürdige Interesse der Betroffenen an einem Ausschluss der Übermittlung erheblich überwiegt.

Vor der Übermittlung sind die Betroffenen über die beabsichtigte Übermittlung, den Zweck des Forschungsvorhabens sowie ihr Widerspruchsrecht nach Satz 3 schriftlich zu unterrichten. Sie können der Übermittlung innerhalb eines Monats nach der Unterrichtung widersprechen. Im Übrigen bleibt das Zweite Kapitel des Zehnten Buches unberührt.

§ 120 Verordnungsermächtigung

Das Bundesministerium für Arbeit und Soziales wird ermächtigt, durch Rechtsverordnung mit Zustimmung des Bundesrates

1. das Nähere über das Verfahren des automatisierten Datenabgleichs nach § 118 Abs. 1 und die Kosten des Verfahrens zu regeln; dabei ist vorzusehen, dass die Zuleitung an die Auskunftsstellen durch eine zentrale Vermittlungsstelle (Kopfstelle) zu erfolgen hat, deren Zuständigkeitsbereich zumindest das Gebiet eines Bundeslandes umfasst, und
2. das Nähere über das Verfahren nach § 118 Abs. 2 zu regeln.

Fünfzehntes Kapitel
Statistik

(Hier nicht abgedruckt)

Sechzehntes Kapitel
Übergangs- und Schlussbestimmungen

§ 130 Übergangsregelung für ambulant Betreute

Für Personen, die Leistungen der Eingliederungshilfe für behinderte Menschen oder der Hilfe zur Pflege empfangen, deren Betreuung am 26. Juni 1996 durch von ihnen beschäftigte Personen oder ambulante Dienste sichergestellt wurde, gilt § 3a des Bundessozialhilfegesetzes in der am 26. Juni 1996 geltenden Fassung.

§ 131 Übergangsregelung für die Statistik über Einnahmen und Ausgaben nach dem Vierten Kapitel

Die Erhebungen nach § 121 Nummer 2 in Verbindung mit § 122 Absatz 4 in der am 31. Dezember 2014 geltenden Fassung über die Ausgaben und Einnahmen der nach Landesrecht für die Ausführung von Geldleistungen nach dem Vierten Kapitel zuständigen Träger sind dabei auch in den Berichtsjahren 2015 und 2016 durchzuführen. Die §§ 124 bis 127 sind in der am 31. Dezember 2014 geltenden Fassung anzuwenden.

§ 132 Übergangsregelung zur Sozialhilfegewährung für Deutsche im Ausland

(1) Deutsche, die am 31. Dezember 2003 Leistungen nach § 147b des Bundessozialhilfegesetzes in der zu diesem Zeitpunkt geltenden Fassung bezogen haben, erhalten diese Leistungen bei fortdauernder Bedürftigkeit weiter.

(2) Deutsche,

1. **die in den dem 1. Januar 2004 vorangegangenen 24 Kalendermonaten ohne Unterbrechung Leistungen nach § 119 des Bundessozialhilfegesetzes in der am 31. Dezember 2003 geltenden Fassung bezogen haben und**
2. **in dem Aufenthaltsstaat über eine dauerhafte Aufenthaltsgenehmigung verfügen,**

erhalten diese Leistungen bei fortdauernder Bedürftigkeit weiter. Für Deutsche, die am 31. Dezember 2003 Leistungen nach § 119 des Bundessozialhilfegesetzes in der am 31. Dezember 2003 geltenden Fassung bezogen haben und weder die Voraussetzungen nach Satz 1 noch die Voraussetzungen des § 24 Abs. 1 erfüllen, enden die Leistungen bei fortdauernder Bedürftigkeit mit Ablauf des 31. März 2004.

(3) Deutsche, die die Voraussetzungen des § 1 Abs. 1 des Bundesentschädigungsgesetzes erfüllen und

1. zwischen dem 30. Januar 1933 und dem 8. Mai 1945 das Gebiet des Deutschen Reiches oder der Freien Stadt Danzig verlassen haben, um sich einer von ihnen nicht zu vertretenden und durch die politischen Verhältnisse bedingten besonderen Zwangslage zu entziehen oder aus den gleichen Gründen nicht in das Gebiet des Deutschen Reiches oder der Freien Stadt Danzig zurückkehren konnten oder
2. nach dem 8. Mai 1945 und vor dem 1. Januar 1950 das Gebiet des Deutschen Reiches nach dem Stande vom 31. Dezember 1937 oder das Gebiet der Freien Stadt Danzig verlassen haben,

können, sofern sie in dem Aufenthaltsstaat über ein dauerhaftes Aufenthaltsrecht verfügen, in außergewöhnlichen Notlagen Leistungen erhalten, auch wenn sie nicht die Voraussetzungen nach den Absätzen 1 und 2 oder nach § 24 Abs. 1 erfüllen; § 24 Abs. 2 gilt.

§ 133 Übergangsregelung für besondere Hilfen an Deutsche nach Artikel 116 Abs. 1 des Grundgesetzes

(1) Deutsche, die außerhalb des Geltungsbereiches dieses Gesetzes, aber innerhalb des in Artikel 116 Abs. 1 des Grundgesetzes genannten Gebiets geboren sind und dort ihren gewöhnlichen Aufenthalt haben, können in außergewöhnlichen Notlagen besondere Hilfen erhalten, auch wenn sie nicht die Voraussetzungen des § 24 Abs. 1 erfüllen. § 24 Abs. 2 gilt. Die Höhe dieser Leistungen bemisst sich nach den im Aufenthaltsstaat in vergleichbaren Lebensumständen üblichen Leistungen. Die besonderen Hilfen werden unter Übernahme der Kosten durch den Bund durch Träger der freien Wohlfahrtspflege mit Sitz im Inland geleistet.

(2) Die Bundesregierung wird ermächtigt, durch Rechtsverordnung mit Zustimmung des Bundesrates die persönlichen Bezugsvoraussetzungen, die Bemessung der Leistungen sowie die Trägerschaft und das Verfahren zu bestimmen.

§ 133a Übergangsregelung für Hilfeempfänger in Einrichtungen

Für Personen, die am 31. Dezember 2004 einen Anspruch auf einen zusätzlichen Barbetrag nach § 21 Abs. 3 Satz 4 des Bundessozialhilfegesetzes haben, wird diese Leistung in der für den vollen Kalendermaonat Dezember 2004 festgestellten Höhe weiter erbracht.

§ 133b *(aufgehoben)*

§ 134 Übergangsregelung für die Fortschreibung der Regelbedarfsstufe 6

Abweichend von § 28a ist die Regelbedarfsstufe 6 der Anlage zu § 28 nicht mit dem sich nach der Verordnung nach § 40 ergebenden Prozentsatz fortzuschreiben, solange sich durch die entsprechende Fortschreibung des

Betrages nach § 8 Absatz 1 Satz 1 Nummer 6 des Regelbedarfs-Ermittlungsgesetzes kein höherer Betrag ergeben würde.

§ 135 Übergangsregelung aus Anlass des Zweiten Rechtsbereinigungsgesetzes

(1) Erhielten am 31. Dezember 1986 Tuberkulosekranke, von Tuberkulose Bedrohte oder von Tuberkulose Genesene laufende Leistungen nach Vorschriften, die durch das Zweite Rechtsbereinigungsgesetz außer Kraft treten, sind diese Leistungen nach den bisher maßgebenden Vorschriften weiterzugewähren, längstens jedoch bis zum 31. Dezember 1987. Sachlich zuständig bleibt der überörtliche Träger der Sozialhilfe, soweit nicht nach Landesrecht der örtliche Träger zuständig ist.

(2) Die Länder können für die Verwaltung der im Rahmen der bisherigen Tuberkulosehilfe gewährten Darlehen andere Behörden bestimmen.

§ 136 Erstattung des Barbetrags durch den Bund in den Jahren 2017 bis 2019

(1) Für Leistungsberechtigte nach dem Vierten Kapitel, die zugleich Leistungen der Eingliederungshilfe nach dem Sechsten Kapitel in einer stationären Einrichtung erhalten, erstattet der Bund den Ländern in den Jahren 2017 bis 2019 für jeden Leistungsberechtigten je Kalendermonat einen Betrag, dessen Höhe sich nach einem Anteil von 14 Prozent der Regelbedarfsstufe 1 nach der Anlage zu § 28 bemisst.

(2) Die Länder teilen dem Bundesministerium für Arbeit und Soziales die Zahl der Leistungsberechtigten je Kalendermonat nach Absatz 1 für jeden für die Ausführung des Gesetzes nach diesem Kapitel zuständigen Träger mit, sofern diese in einem Kalendermonat für mindestens 15 Kalendertage einen Barbetrag erhalten haben. Die Meldungen nach Satz 1 erfolgen

1. bis zum Ablauf der 35. Kalenderwoche des Jahres 2017 für den Meldezeitraum Januar bis Juni 2017,
2. bis zum Ablauf der 35. Kalenderwoche des Jahres 2018 für den Meldezeitraum Juli 2017 bis Juni 2018,
3. bis zum Ablauf der 35. Kalenderwoche des Jahres 2019 für den Meldezeitraum Juli 2018 bis Juni 2019 und
4. bis zum Ablauf der 10. Kalenderwoche des Jahres 2020 für den Meldezeitraum Juli 2019 bis Dezember 2019.

(3) Der Erstattungsbetrag für jeden Kalendermonat im Meldezeitraum nach Absatz 2 errechnet sich aus

1. der Anzahl der jeweils gemeldeten Leistungsberechtigten,
2. multipliziert mit dem Anteil von 14 Prozent des für jeden Kalendermonat jeweils geltenden Betrags der Regelbedarfsstufe 1 nach der Anlage zu § 28.

Der Erstattungsbetrag für den jeweiligen Meldezeitraum ergibt sich aus der Summe der Erstattungsbeträge je Kalendermonat nach Satz 1.

(4) Der Erstattungsbetrag nach Absatz 3 Satz 2 ist für die Meldezeiträume nach Absatz 2 Satz 2 Nummer 1 bis 3 jeweils zum 15. Oktober der Jahre 2017 bis 2019, der Erstattungsbetrag für den Meldezeitraum nach Absatz 2 Satz 2 Nummer 4 ist zum 15. April 2021 zu zahlen.

§ 137 Überleitung in Pflegegrade zum 1. Januar 2017

Pflegebedürftige, deren Pflegebedürftigkeit nach den Vorschriften des Siebten Kapitels in der am 31. Dezember 2016 geltenden Fassung festgestellt worden ist und bei denen spätestens am 31. Dezember 2016 die Voraussetzungen auf Leistungen nach den Vorschriften des Siebten Kapitels vorliegen, werden ab dem 1. Januar 2017 ohne erneute Antragstellung und ohne erneute Begutachtung wie folgt in die Pflegegrade übergeleitet:

1. **Pflegebedürftige mit Pflegestufe I in den Pflegegrad 2,**
2. **Pflegebedürftige mit Pflegestufe II in den Pflegegrad 3,**
3. **Pflegebedürftige mit Pflegestufe III in den Pflegegrad 4.**

Die Überleitung in die Pflegegrade nach § 140 des Elften Buches ist für den Träger der Sozialhilfe bindend.

§ 138 Übergangsregelung für Pflegebedürftige aus Anlass des Dritten Pflegestärkungsgesetzes

Einer Person, die am 31. Dezember 2016 einen Anspruch auf Leistungen nach dem Siebten Kapitel in der am 31. Dezember 2016 geltenden Fassung hat, sind die ihr am 31. Dezember 2016 zustehenden Leistungen über den 31. Dezember 2016 hinaus bis zum Abschluss des von Amts wegen zu betreibenden Verfahrens zur Ermittlung und Feststellung des Pflegegrades und des notwendigen pflegerischen Bedarfs nach § 63 a in der ab dem 1. Januar 2017 geltenden Fassung weiter zu gewähren. Soweit eine Person zugleich Leistungen nach dem Elften Buch in der ab dem 1. Januar 2017 geltenden Fassung erhält, sind diese anzurechnen. Dies gilt nicht für die Zuschläge nach § 141 Absatz 2 des Elften Buches sowie für den Entlastungsbetrag nach § 45 b des Elften Buches. Ergibt das Verfahren, dass für die Zeit ab dem 1. Januar 2017 die Leistungen für den notwendigen pflegerischen Bedarf, die nach dem Siebten Kapitel in der ab dem 1. Januar 2017 geltenden Fassung zu gewähren sind, geringer sind als die nach Satz 1 gewährten Leistungen, so sind die nach Satz 1 gewährten höheren Leistungen nicht vom Leistungsbezieher zu erstatten; § 45 des Zehnten Buches bleibt unberührt. Ergibt das Verfahren, dass für die Zeit ab dem 1. Januar 2017 die Leistungen für den notwendigen pflegerischen Bedarf, die nach dem Siebten Kapitel in der ab dem 1. Januar 2017 geltenden Fassung zu gewähren sind, höher sind als die nach Satz 1 gewährten Leistungen, so sind die Leistungen rückwirkend nach den Vorschriften des Siebten Kapitels in der ab dem 1. Januar 2017 geltenden Fassung zu gewähren.

Anlage
(zu § 28)

Regelbedarfsstufen nach § 28 in Euro

gültig ab	Regelbedarfsstufe 1	Regelbedarfsstufe 2	Regelbedarfsstufe 3	Regelbedarfsstufe 4	Regelbedarfsstufe 5	Regelbedarfsstufe 6
1. Januar 2011	364	328	291	287	251	215
1. Januar 2012	374	337	299	287	251	219
1. Januar 2013	382	345	306	289	255	224
1. Januar 2014	391	353	313	296	261	229
1. Januar 2015	399	360	320	302	267	234
1. Januar 2016	404	364	324	306	270	237
1. Januar 2017	409	368	327	311	291	237

Regelbedarfsstufe 1:

Für jede erwachsene Person, die in einer Wohnung nach § 42 a Absatz 2 Satz 2 lebt und für die nicht Regelbedarfsstufe 2 gilt.

Regelbedarfsstufe 2:

Für jede erwachsene Person, wenn sie in einer Wohnung nach § 42 a Absatz 2 Satz 2 mit einem Ehegatten oder Lebenspartner oder in eheähnlicher oder lebenspartnerschaftsähnlicher Gemeinschaft mit einem Partner zusammenlebt.

Regelbedarfsstufe 3:

Für eine erwachsene Person, deren notwendiger Lebensunterhalt sich nach § 27 b bestimmt.

Regelbedarfsstufe 4:

Für eine Jugendliche oder einen Jugendlichen vom Beginn des 15. bis zur Vollendung des 18. Lebensjahres.

Regelbedarfsstufe 5:

Für ein Kind vom Beginn des siebten bis zur Vollendung des 14. Lebensjahres.

Regelbedarfsstufe 6:

Für ein Kind bis zur Vollendung des sechsten Lebensjahres.

VIII.

Gesetz zur Ermittlung der Regelbedarfe nach § 28 des Zwölften Buches Sozialgesetzbuch (Regelbedarfs-Ermittlungsgesetz – RBEG)

vom 22. Dezember 2016 (BGBl. I S. 3159), geändert durch Gesetz vom 22. Dezember 2016 (BGBl. I S. 3159)

Inhaltsübersicht

§ 1 Grundsatz

(1) Zur Ermittlung pauschalierter Bedarfe für bedarfsabhängige und existenzsichernde bundesgesetzliche Leistungen werden entsprechend § 28 Absatz 1 bis 3 des Zwölften Buches Sozialgesetzbuch Sonderauswertungen der Einkommens- und Verbrauchsstichprobe 2013 zur Ermittlung der durchschnittlichen Verbrauchsausgaben einkommensschwacher Haushalte nach den §§ 2 bis 4 vorgenommen.

(2) Auf der Grundlage der Sonderauswertungen nach Absatz 1 werden nach § 28 Absatz 4 und 5 des Zwölften Buches Sozialgesetzbuch für das Zwölfte und das Zweite Buch Sozialgesetzbuch die Regelbedarfsstufen nach den §§ 5 bis 8 ermittelt.

§ 2 Zugrundeliegende Haushaltstypen

Der Ermittlung der Regelbedarfsstufen nach der Anlage zu § 28 des Zwölften Buches Sozialgesetzbuch liegen die Verbrauchsausgaben folgender Haushaltstypen zugrunde:

1. **Haushalte, in denen eine erwachsene Person allein lebt (Einpersonenhaushalte), und**
2. **Haushalte, in denen ein Paar mit einem minderjährigen Kind lebt (Familienhaushalte).**

Die Haushalte nach Satz 1 Nummer 2 werden nach Altersgruppen der Kinder differenziert. Die Altersgruppen umfassen die Zeit bis zur Vollendung des sechsten Lebensjahres, vom Beginn des siebten bis zur Vollendung des 14. Lebensjahres sowie vom Beginn des 15. bis zur Vollendung des 18. Lebensjahres.

§ 3 Auszuschließende Haushalte

(1) Von den Haushalten nach § 2 sind vor Abgrenzung der Referenzhaushalte diejenigen Haushalte auszuschließen, in denen Leistungsberechtigte leben, die im Erhebungszeitraum eine der folgenden Leistungen bezogen haben:
1. Hilfe zum Lebensunterhalt nach dem Dritten Kapitel des Zwölften Buches Sozialgesetzbuch,
2. Grundsicherung im Alter und bei Erwerbsminderung nach dem Vierten Kapitel des Zwölften Buches Sozialgesetzbuch,
3. Arbeitslosengeld II oder Sozialgeld nach dem Zweiten Buch Sozialgesetzbuch.

(2) Nicht auszuschließen sind Haushalte, in denen Leistungsberechtigte leben, die im Erhebungszeitraum zusätzlich zu den Leistungen nach Absatz 1 Nummer 1 bis 3 Erwerbseinkommen bezogen haben.

§ 4 Abgrenzung der Referenzgruppen

(1) Die nach dem Ausschluss von Haushalten nach § 3 verbleibenden Haushalte werden je Haushaltstyp nach § 2 Satz 1 Nummer 1 und 2 nach ihrem Nettoeinkommen aufsteigend geschichtet. Als Referenzhaushalte werden berücksichtigt:
1. von den Einpersonenhaushalten die unteren 15 Prozent der Haushalte und
2. von den Familienhaushalten jeweils die unteren 20 Prozent der Haushalte.

(2) Die Referenzhaushalte eines Haushaltstyps bilden jeweils eine Referenzgruppe.

§ 5 Regelbedarfsrelevante Verbrauchsausgaben der Einpersonenhaushalte

(1) Von den Verbrauchsausgaben der Referenzgruppe der Einpersonenhaushalte nach § 4 Absatz 1 Satz 2 Nummer 1 werden für die Ermittlung des Regelbedarfs folgende Verbrauchsausgaben der einzelnen Abteilungen aus der Sonderauswertung für Einpersonenhaushalte der Einkommens- und Verbrauchsstichprobe 2013 für den Regelbedarf berücksichtigt (regelbedarfsrelevant):

Abteilung 1 und 2 (Nahrungsmittel, Getränke, Tabakwaren)	137,66 Euro
Abteilung 3 (Bekleidung und Schuhe)	34,60 Euro
Abteilung 4 (Wohnen, Energie und Wohnungsinstandhaltung)	35,01 Euro
Abteilung 5 (Innenausstattung, Haushaltsgeräte und -gegenstände, laufende Haushaltsführung)	24,34 Euro
Abteilung 6 (Gesundheitspflege)	15,00 Euro
Abteilung 7 (Verkehr)	32,90 Euro
Abteilung 8 (Nachrichtenübermittlung)	35,31 Euro
Abteilung 9 (Freizeit, Unterhaltung, Kultur)	37,88 Euro
Abteilung 10 (Bildungswesen)	1,01 Euro
Abteilung 11 (Beherbergungs- und Gaststättendienstleistungen)	9,82 Euro
Abteilung 12 (Andere Waren und Dienstleistungen)	31,31 Euro

(2) Die Summe der regelbedarfsrelevanten Verbrauchsausgaben der Einpersonenhaushalte nach Absatz 1 beträgt 394,84 Euro.

§ 6 Regelbedarfsrelevante Verbrauchsausgaben der Familienhaushalte

(1) Von den Verbrauchsausgaben der Referenzgruppen der Familienhaushalte nach § 4 Absatz 1 Satz 2 Nummer 2 werden bei Kindern und Jugendlichen folgende Verbrauchsausgaben der einzelnen Abteilungen aus den Sonderauswertungen für Familienhaushalte der Einkommens- und Verbrauchsstichprobe 2013 als regelbedarfsrelevant berücksichtigt:
1. Kinder bis zur Vollendung des sechsten Lebensjahres:

Abteilung 1 und 2 (Nahrungsmittel, Getränke, Tabakwaren)	79,95 Euro
Abteilung 3 (Bekleidung und Schuhe)	36,25 Euro
Abteilung 4 (Wohnen, Energie und Wohnungsinstandhaltung)	8,48 Euro
Abteilung 5 (Innenausstattung, Haushaltsgeräte und -gegenstände, laufende Haushaltsführung)	12,73 Euro
Abteilung 6 (Gesundheitspflege)	7,21 Euro

Abteilung 7 (Verkehr)	25,79 Euro
Abteilung 8 (Nachrichtenübermittlung)	12,64 Euro
Abteilung 9 (Freizeit, Unterhaltung, Kultur)	32,89 Euro
Abteilung 10 (Bildungswesen)	0,68 Euro
Abteilung 11 (Beherbergungs- und Gaststättendienstleistungen)	2,16 Euro
Abteilung 12 (Andere Waren und Dienstleistungen)	9,30 Euro

2. Kinder vom Beginn des siebten bis zur Vollendung des 14. Lebensjahres:

Abteilung 1 und 2 (Nahrungsmittel, Getränke, Tabakwaren)	113,77 Euro
Abteilung 3 (Bekleidung und Schuhe)	41,83 Euro
Abteilung 4 (Wohnen, Energie und Wohnungsinstandhaltung)	15,18 Euro
Abteilung 5 (Innenausstattung, Haushaltsgeräte und -gegenstände, laufende Haushaltsführung)	9,24 Euro
Abteilung 6 (Gesundheitspflege)	7,07 Euro
Abteilung 7 (Verkehr)	26,49 Euro
Abteilung 8 (Nachrichtenübermittlung)	13,60 Euro
Abteilung 9 (Freizeit, Unterhaltung, Kultur)	40,16 Euro
Abteilung 10 (Bildungswesen)	0,50 Euro
Abteilung 11 (Beherbergungs- und Gaststättendienstleistungen)	4,77 Euro
Abteilung 12 (Andere Waren und Dienstleistungen)	9,03 Euro

3. Jugendliche vom Beginn des 15. bis zur Vollendung des 18. Lebensjahres:

Abteilung 1 und 2 (Nahrungsmittel, Getränke, Tabakwaren)	141,58 Euro
Abteilung 3 (Bekleidung und Schuhe)	37,80 Euro
Abteilung 4 (Wohnen, Energie und Wohnungsinstandhaltung)	23,05 Euro

Abteilung 5 (Innenausstattung, Haushaltsgeräte und -gegenstände, laufende Haushaltsführung)	12,73 Euro
Abteilung 6 (Gesundheitspflege)	7,52 Euro
Abteilung 7 (Verkehr)	13,28 Euro
Abteilung 8 (Nachrichtenübermittlung)	14,77 Euro
Abteilung 9 (Freizeit, Unterhaltung, Kultur)	31,87 Euro
Abteilung 10 (Bildungswesen)	0,22 Euro
Abteilung 11 (Beherbergungs- und Gaststättendienstleistungen)	6,38 Euro
Abteilung 12 (Andere Waren und Dienstleistungen)	11,61 Euro

(2) Die Summe der regelbedarfsrelevanten Verbrauchsausgaben, die im Familienhaushalt Kindern und Jugendlichen zugerechnet werden, beträgt

1. nach Absatz 1 Nummer 1 für Kinder bis zur Vollendung des sechsten Lebensjahres 228,08 Euro,
2. nach Absatz 1 Nummer 2 für Kinder vom Beginn des siebten bis zur Vollendung des 14. Lebensjahres 281,64 Euro und
3. nach Absatz 1 Nummer 3 für Jugendliche vom Beginn des 15. bis zur Vollendung des 18. Lebensjahres 300,81 Euro.

§ 7 Fortschreibung der regelbedarfsrelevanten Verbrauchsausgaben

(1) Die Summen der für das Jahr 2013 ermittelten regelbedarfsrelevanten Verbrauchsausgaben nach § 5 Absatz 2 und § 6 Absatz 2 werden entsprechend der Fortschreibung der Regelbedarfsstufen nach § 28 a des Zwölften Buches Sozialgesetzbuch fortgeschrieben.

(2) Abweichend von § 28 a des Zwölften Buches Sozialgesetzbuch bestimmt sich die Veränderungsrate des Mischindex für die Fortschreibung zum 1. Januar 2017 aus der Entwicklung der regelbedarfsrelevanten Preise und der Nettolöhne und -gehälter je Arbeitnehmer nach den Volkswirtschaftlichen Gesamtrechnungen vom Zeitraum Januar bis Dezember 2013 bis zum Zeitraum Juli 2015 bis Juni 2016. Die entsprechende Veränderungsrate beträgt 3,46 Prozent.

(3) Aufgrund der Fortschreibung nach Absatz 2 und in Anwendung der Rundungsregelung nach § 28 Absatz 5 Satz 2 des Zwölften Buches Sozialgesetzbuch beläuft sich die Summe der regelbedarfsrelevanten Verbrauchsausgaben für Erwachsene nach § 5 Absatz 2 auf 409 Euro.

(4) Aufgrund der Fortschreibung nach Absatz 2 und in Anwendung der Rundungsregelung nach § 28 Absatz 5 Satz 2 des Zwölften Buches Sozialgesetzbuch beläuft sich die Summe der regelbedarfsrelevanten Verbrauchsausgaben für Kinder und Jugendliche

1. bis zur Vollendung des sechsten Lebensjahres nach § 6 Absatz 2 Nummer 1 auf 236 Euro,
2. vom Beginn des siebten bis zur Vollendung des 14. Lebensjahres nach § 6 Absatz 2 Nummer 2 auf 291 Euro und
3. vom Beginn des 15. bis zur Vollendung des 18. Lebensjahres nach § 6 Absatz 2 Nummer 3 auf 311 Euro.

§ 8 Regelbedarfsstufen

(1) Die Regelbedarfsstufen nach der Anlage zu § 28 des Zwölften Buches Sozialgesetzbuch belaufen sich zum 1. Januar 2017

1. in der Regelbedarfsstufe 1 auf 409 Euro für jede erwachsene Person, die in einer Wohnung lebt und für die nicht Nummer 2 gilt,
2. in der Regelbedarfsstufe 2 auf 368 Euro für jede erwachsene Personen, wenn sie in einer Wohnung mit einem Ehegatten oder Lebenspartner oder in eheähnlicher oder lebenspartnerschaftsähnlicher Gemeinschaft mit einem Partner zusammenlebt,
3. in der Regelbedarfsstufe 3 auf 327 Euro für eine erwachsene Person, deren notwendiger Lebensunterhalt sich nach § 27 b des Zwölften Buches Sozialgesetzbuch bestimmt (Unterbringung in einer stationären Einrichtung),
4. in der Regelbedarfsstufe 4 auf 311 Euro für eine Jugendliche oder einen Jugendlichen vom Beginn des 15. bis zur Vollendung des 18. Lebensjahres,
5. in der Regelbedarfsstufe 5 auf 291 Euro für ein Kind vom Beginn des siebten bis zur Vollendung des 14. Lebensjahres und
6. in der Regelbedarfsstufe 6 auf 236 Euro für ein Kind bis zur Vollendung des sechsten Lebensjahres.

Wohnung nach Satz 1 Nummer 1 und 2 ist die Zusammenfassung mehrerer Räume, die von anderen Wohnungen oder Wohnräumen baulich getrennt sind und die in ihrer Gesamtheit alle für die Führung eines Haushalts notwendigen Einrichtungen, Ausstattungen und Räumlichkeiten umfassen.

(2) Für die Regelbedarfsstufe 6 tritt zum 1. Januar 2017 in der Anlage zu § 28 des Zwölften Buches Sozialgesetzbuch an die Stelle des Betrages nach Absatz 1 Satz 1 Nummer 6 der Betrag von 237 Euro. Satz 1 ist anzuwenden, bis der Betrag für die Regelbedarfsstufe 6 nach Absatz 1 Satz 1 Nummer 6 aufgrund der Fortschreibungen nach § 134 des Zwölften Buches Sozialgesetzbuch einen höheren Betrag ergibt.

§ 9 Eigenanteile

(1) Erhalten Schülerinnen und Schüler in schulischer Verantwortung eine gemeinschaftliche Mittagsverpflegung, so ist zur Ermittlung der als Bedarf zu berücksichtigenden Aufwendungen je Mittagessen ein Eigenanteil für ersparte Verbrauchsausgaben für Ernährung in Höhe von 1 Euro zu berücksichtigen. Für Kinder, die eine Kindertageseinrichtung besuchen oder für die Kindertagespflege geleistet wird, gilt Satz 1 entsprechend.

(2) Schülerinnen und Schülern, die Schülerbeförderungskosten zu tragen haben, weil sie für den Besuch der nächstgelegenen Schule des gewählten Bildungsgangs auf Schülerbeförderung angewiesen sind, ist in der Regel ein Betrag von 5 Euro monatlich als Eigenleistung zumutbar.

IX.

Allgemeines Gleichbehandlungsgesetz (AGG)

vom 14. August 2006 (BGBl. I S. 1897),[1, 2]
zuletzt geändert durch Art. 8 des Gesetzes vom 3. April 2013
(BGBl. I S. 610, 615)

– Auszug –

Abschnitt 1
Allgemeiner Teil

§ 1 Ziel des Gesetzes

Ziel des Gesetzes ist, Benachteiligungen aus Gründen der Rasse oder wegen der ethnischen Herkunft, des Geschlechts, der Religion oder Weltanschauung, einer Behinderung, des Alters oder der sexuellen Identität zu verhindern oder zu beseitigen.

§ 2 Anwendungsbereich

(1) Benachteiligungen aus einem in § 1 genannten Grund sind nach Maßgabe dieses Gesetzes unzulässig in Bezug auf:

1. die Bedingungen, einschließlich Auswahlkriterien und Einstellungsbedingungen, für den Zugang zu unselbstständiger und selbstständiger Erwerbstätigkeit, unabhängig von Tätigkeitsfeld und beruflicher Position, sowie für den beruflichen Aufstieg,

2. die Beschäftigungs- und Arbeitsbedingungen einschließlich Arbeitsentgelt und Entlassungsbedingungen, insbesondere in individual- und kollektivrechtlichen Vereinbarungen und Maßnahmen bei der Durchfüh-

---

1 Artikel 1 des Gesetzes zur Umsetzung europäischer Richtlinien zur Verwirklichung des Grundsatzes der Gleichbehandlung. Gemäß Artikel 4 dieses Gesetzes ist das AGG am 18. August 2006 in Kraft getreten.
Dieses Gesetz dient der Umsetzung der Richtlinien 2000/43/EG, 2000/78/EG, 2002/73/EG und 2004/113/EG.

2 Amtliche Fußnote: Dieses Gesetz dient der Umsetzung der Richtlinien:
- 2000/43/EG des Rates vom 29. Juni 2000 zur Anwendung des Gleichbehandlungsgrundsatzes ohne Unterschied der Rasse oder der ethnischen Herkunft (ABl. EG Nr. L 180 S. 22),
- 2000/78/EG des Rates vom 27. November 2000 zur Festlegung eines allgemeinen Rahmens für die Verwirklichung der Gleichbehandlung in Beschäftigung und Beruf (ABl. EG Nr. L 303 S. 16),
- 2002/73/EG des Europäischen Parlaments und des Rates vom 23. September 2002 zur Änderung der Richtlinie 76/207/EWG des Rates zur Verwirklichung des Grundsatzes der Gleichbehandlung von Männern und Frauen hinsichtlich des Zugangs zur Beschäftigung, zur Berufsbildung und zum beruflichen Aufstieg sowie in Bezug auf die Arbeitsbedingungen (ABl. EG Nr. L 269 S. 15) und
- 2004/113/EG des Rates vom 13. Dezember 2004 zur Verwirklichung des Grundsatzes der Gleichbehandlung von Männern und Frauen beim Zugang zu und bei der Versorgung mit Gütern und Dienstleistungen (ABl. EU Nr. L 373 S. 37).

rung und Beendigung eines Beschäftigungsverhältnisses sowie beim beruflichen Aufstieg,

3. den Zugang zu allen Formen und allen Ebenen der Berufsberatung, der Berufsbildung einschließlich der Berufsausbildung, der beruflichen Weiterbildung und der Umschulung sowie der praktischen Berufserfahrung,

4. die Mitgliedschaft und Mitwirkung in einer Beschäftigten- oder Arbeitgebervereinigung oder einer Vereinigung, deren Mitglieder einer bestimmten Berufsgruppe angehören, einschließlich der Inanspruchnahme der Leistungen solcher Vereinigungen,

5. den Sozialschutz, einschließlich der sozialen Sicherheit und der Gesundheitsdienste,

6. die sozialen Vergünstigungen,

7. die Bildung,

8. den Zugang zu und die Versorgung mit Gütern und Dienstleistungen, die der Öffentlichkeit zur Verfügung stehen, einschließlich von Wohnraum.

(2) Für Leistungen nach dem Sozialgesetzbuch gelten § 33 c des Ersten Buches Sozialgesetzbuch und § 19 a des Vierten Buches Sozialgesetzbuch. Für die betriebliche Altersvorsorge gilt das Betriebsrentengesetz.

(3) Die Geltung sonstiger Benachteiligungsverbote oder Gebote der Gleichbehandlung wird durch dieses Gesetz nicht berührt. Dies gilt auch für öffentlich-rechtliche Vorschriften, die dem Schutz bestimmter Personengruppen dienen.

(4) Für Kündigungen gelten ausschließlich die Bestimmungen zum allgemeinen und besonderen Kündigungsschutz.

§ 3 Begriffsbestimmungen

(1) Eine unmittelbare Benachteiligung liegt vor, wenn eine Person wegen eines in § 1 genannten Grundes eine weniger günstige Behandlung erfährt, als eine andere Person in einer vergleichbaren Situation erfährt, erfahren hat oder erfahren würde. Eine unmittelbare Benachteiligung wegen des Geschlechts liegt in Bezug auf § 2 Abs. 1 Nr. 1 bis 4 auch im Falle einer ungünstigeren Behandlung einer Frau wegen Schwangerschaft oder Mutterschaft vor.

(2) Eine mittelbare Benachteiligung liegt vor, wenn dem Anschein nach neutrale Vorschriften, Kriterien oder Verfahren Personen wegen eines in § 1 genannten Grundes gegenüber anderen Personen in besonderer Weise benachteiligen können, es sei denn, die betreffenden Vorschriften, Kriterien oder Verfahren sind durch ein rechtmäßiges Ziel sachlich gerechtfertigt und die Mittel sind zur Erreichung dieses Ziels angemessen und erforderlich.

(3) Eine Belästigung ist eine Benachteiligung, wenn unerwünschte Verhaltensweisen, die mit einem in § 1 genannten Grund in Zusammenhang stehen, bezwecken oder bewirken, dass die Würde der betreffenden Person verletzt und ein von Einschüchterungen, Anfeindungen, Erniedrigungen, Entwürdigungen oder Beleidigungen gekennzeichnetes Umfeld geschaffen wird.

(4) Eine sexuelle Belästigung ist eine Benachteiligung in Bezug auf § 2 Abs. 1 Nr. 1 bis 4, wenn ein unerwünschtes, sexuell bestimmtes Verhalten, wozu auch unerwünschte sexuelle Handlungen und Aufforderungen zu diesen, sexuell bestimmte körperliche Berührungen, Bemerkungen sexuellen Inhalts sowie unerwünschtes Zeigen und sichtbares Anbringen von pornographischen Darstellungen gehören, bezweckt oder bewirkt, dass die Würde der betreffenden Person verletzt wird, insbesondere wenn ein von Einschüchterungen, Anfeindungen, Erniedrigungen, Entwürdigungen oder Beleidigungen gekennzeichnetes Umfeld geschaffen wird.

(5) Die Anweisung zur Benachteiligung einer Person aus einem in § 1 genannten Grund gilt als Benachteiligung. Eine solche Anweisung liegt in Bezug auf § 2 Abs. 1 Nr. 1 bis 4 insbesondere vor, wenn jemand eine Person zu einem Verhalten bestimmt, das einen Beschäftigten oder eine Beschäftigte wegen eines in § 1 genannten Grundes benachteiligt oder benachteiligen kann.

§ 4 Unterschiedliche Behandlung wegen mehrerer Gründe

Erfolgt eine unterschiedliche Behandlung wegen mehrerer der in § 1 genannten Gründe, so kann diese unterschiedliche Behandlung nach den §§ 8 bis 10 und 20 nur gerechtfertigt werden, wenn sich die Rechtfertigung auf alle diese Gründe erstreckt, derentwegen die unterschiedliche Behandlung erfolgt.

§ 5 Positive Maßnahmen

Ungeachtet der in den §§ 8 bis 10 sowie in § 20 benannten Gründe ist eine unterschiedliche Behandlung auch zulässig, wenn durch geeignete und angemessene Maßnahmen bestehende Nachteile wegen eines in § 1 genannten Grundes verhindert oder ausgeglichen werden sollen.

Abschnitt 2
Schutz der Beschäftigten vor Benachteiligung

Unterabschnitt 1
Verbot der Benachteiligung

§ 6 Persönlicher Anwendungsbereich

(1) Beschäftigte im Sinne dieses Gesetzes sind

1. **Arbeitnehmerinnen und Arbeitnehmer,**
2. **die zu ihrer Berufsbildung Beschäftigten,**
3. **Personen, die wegen ihrer wirtschaftlichen Unselbstständigkeit als arbeitnehmerähnliche Personen anzusehen sind;zu diesen gehören auch die in Heimarbeit Beschäftigten und die ihnen Gleichgestellten.**

Als Beschäftigte gelten auch die Bewerberinnen und Bewerber für ein Beschäftigungsverhältnis sowie die Personen, deren Beschäftigungsverhältnis beendet ist.

(2) Arbeitgeber (Arbeitgeber und Arbeitgeberinnen) im Sinne dieses Abschnitts sind natürliche und juristische Personen sowie rechtsfähige Personengesellschaften, die Personen nach Absatz 1 beschäftigen. Werden Beschäftigte einem Dritten zur Arbeitsleistung überlassen, so gilt auch dieser als Arbeitgeber im Sinne dieses Abschnitts. Für die in Heimarbeit Beschäftigten und die ihnen Gleichgestellten tritt an die Stelle des Arbeitgebers der Auftraggeber oder Zwischenmeister.

(3) Soweit es die Bedingungen für den Zugang zur Erwerbstätigkeit sowie den beruflichen Aufstieg betrifft, gelten die Vorschriften dieses Abschnitts für Selbstständige und Organmitglieder, insbesondere Geschäftsführer oder Geschäftsführerinnen und Vorstände, entsprechend.

§ 7 Benachteiligungsverbot

(1) Beschäftigte dürfen nicht wegen eines in § 1 genannten Grundes benachteiligt werden; dies gilt auch, wenn die Person, die die Benachteiligung begeht, das Vorliegen eines in § 1 genannten Grundes bei der Benachteiligung nur annimmt.

(2) Bestimmungen in Vereinbarungen, die gegen das Benachteiligungsverbot des Absatzes 1 verstoßen, sind unwirksam.

(3) Eine Benachteiligung nach Absatz 1 durch Arbeitgeber oder Beschäftigte ist eine Verletzung vertraglicher Pflichten.

§ 8 Zulässige unterschiedliche Behandlung wegen beruflicher Anforderungen

(1) Eine unterschiedliche Behandlung wegen eines in § 1 genannten Grundes ist zulässig, wenn dieser Grund wegen der Art der auszuübenden Tätigkeit oder der Bedingungen ihrer Ausübung eine wesentliche und entscheidende berufliche Anforderung darstellt, sofern der Zweck rechtmäßig und die Anforderung angemessen ist.

(2) Die Vereinbarung einer geringeren Vergütung für gleiche oder gleichwertige Arbeit wegen eines in § 1 genannten Grundes wird nicht dadurch gerechtfertigt, dass wegen eines in § 1 genannten Grundes besondere Schutzvorschriften gelten.

§ 9 *(Hier nicht abgedruckt)*

§ 10 Zulässige unterschiedliche Behandlung wegen des Alters

Ungeachtet des § 8 ist eine unterschiedliche Behandlung wegen des Alters auch zulässig, wenn sie objektiv und angemessen und durch ein legitimes Ziel gerechtfertigt ist. Die Mittel zur Erreichung dieses Ziels müssen angemessen und erforderlich sein. Derartige unterschiedliche Behandlungen können insbesondere Folgendes einschließen:

1. **die Festlegung besonderer Bedingungen für den Zugang zur Beschäftigung und zur beruflichen Bildung sowie besonderer Beschäftigungs- und Arbeitsbedingungen, einschließlich der Bedingungen für Entloh-**

nung und Beendigung des Beschäftigungsverhältnisses, um die berufliche Eingliederung von Jugendlichen, älteren Beschäftigten und Personen mit Fürsorgepflichten zu fördern oder ihren Schutz sicherzustellen,

2. die Festlegung von Mindestanforderungen an das Alter, die Berufserfahrung oder das Dienstalter für den Zugang zur Beschäftigung oder für bestimmte mit der Beschäftigung verbundene Vorteile,

3. die Festsetzung eines Höchstalters für die Einstellung auf Grund der spezifischen Ausbildungsanforderungen eines bestimmten Arbeitsplatzes oder auf Grund der Notwendigkeit einer angemessenen Beschäftigungszeit vor dem Eintritt in den Ruhestand,

4. die Festsetzung von Altergrenzen bei den betrieblichen Systemen der sozialen Sicherheit als Voraussetzung für die Mitgliedschaft oder den Bezug von Altersrente oder von Leistungen bei Invalidität einschließlich der Festsetzung unterschiedlicher Altersgrenzen im Rahmen dieser Systeme für bestimmte Beschäftigte oder Gruppen von Beschäftigten und die Verwendung von Alterskriterien im Rahmen dieser Systeme für versicherungsmathematische Berechnungen,

5. eine Vereinbarung, die die Beendigung des Beschäftigungsverhältnisses ohne Kündigung zu einem Zeitpunkt vorsieht, zu dem der oder die Beschäftigte eine Rente wegen Alters beantragen kann; § 41 des Sechsten Buches Sozialgesetzbuch bleibt unberührt,

6. Differenzierungen von Leistungen in Sozialplänen im Sinne des Betriebsverfassungsgesetzes, wenn die Parteien eine nach Alter oder Betriebszugehörigkeit gestaffelte Abfindungsregelung geschaffen haben, in der die wesentlich vom Alter abhängenden Chancen auf dem Arbeitsmarkt durch eine verhältnismäßig starke Betonung des Lebensalters erkennbar berücksichtigt worden sind, oder Beschäftigte von den Leistungen des Sozialplans ausgeschlossen haben, die wirtschaftlich abgesichert sind, weil sie, gegebenenfalls nach Bezug von Arbeitslosengeld, rentenberechtigt sind.

Unterabschnitt 2
Organisationspflichten des Arbeitgebers

§ 11 Ausschreibung

Ein Arbeitsplatz darf nicht unter Verstoß gegen § 7 Abs. 1 ausgeschrieben werden.

§ 12 *(Hier nicht abgedruckt)*

Unterabschnitt 3
Rechte der Beschäftigten

§ 13 Beschwerderecht

(1) Die Beschäftigten haben das Recht, sich bei den zuständigen Stellen des Betriebs, des Unternehmens oder der Dienststelle zu beschweren, wenn sie sich im Zusammenhang mit ihrem Beschäftigungsverhältnis von Arbeitgeber, von Vorgesetzten, anderen Beschäftigten oder Dritten wegen eines in § 1 genannten Grundes benachteiligt fühlen. Die Beschwerde ist zu prüfen und das Ergebnis der oder dem beschwerdeführenden Beschäftigten mitzuteilen.

(2) Die Rechte der Arbeitnehmervertretungen bleiben unberührt.

§ 14 Leistungsverweigerungsrecht

Ergreift der Arbeitgeber keine oder offensichtlich ungeeignete Maßnahmen zur Unterbindung einer Belästigung oder sexuellen Belästigung am Arbeitsplatz, sind die betroffenen Beschäftigten berechtigt, ihre Tätigkeit ohne Verlust des Arbeitsentgelts einzustellen, soweit dies zu ihrem Schutz erforderlich ist. § 273 des Bürgerlichen Gesetzbuchs bleibt unberührt.

§ 15 Entschädigung und Schadensersatz

(1) Bei einem Verstoß gegen das Benachteiligungsverbot ist der Arbeitgeber verpflichtet, den hierdurch entstandenen Schaden zu ersetzen. Dies gilt nicht, wenn der Arbeitgeber die Pflichtverletzung nicht zu vertreten hat.

(2) Wegen eines Schadens, der nicht Vermögensschaden ist, kann der oder die Beschäftigte eine angemessene Entschädigung in Geld verlangen. Die Entschädigung darf bei einer Nichteinstellung drei Monatsgehälter nicht übersteigen, wenn der oder die Beschäftigte auch bei benachteiligungsfreier Auswahl nicht eingestellt worden wäre.

(3) Der Arbeitgeber ist bei der Anwendung kollektivrechtlicher Vereinbarungen nur dann zur Entschädigung verpflichtet, wenn er vorsätzlich oder grob fahrlässig handelt.

(4) Ein Anspruch nach Absatz 1 oder 2 muss innerhalb einer Frist von zwei Monaten schriftlich geltend gemacht werden, es sei denn, die Tarifvertragsparteien haben etwas anderes vereinbart. Die Frist beginnt im Falle einer Bewerbung oder eines beruflichen Aufstiegs mit dem Zugang der Ablehnung und in den sonstigen Fällen einer Benachteiligung zu dem Zeitpunkt, in dem der oder die Beschäftigte von der Benachteiligung Kenntnis erlangt.

(5) Im Übrigen bleiben Ansprüche gegen den Arbeitgeber, die sich aus anderen Rechtsvorschriften ergeben, unberührt.

(6) Ein Verstoß des Arbeitgebers gegen das Benachteiligungsverbot des § 7 Abs. 1 begründet keinen Anspruch auf Begründung eines Beschäftigungsverhältnisses, Berufsausbildungsverhältnisses oder einen berufli-

chen Aufstieg, es sei denn, ein solcher ergibt sich aus einem anderen Rechtsgrund.

Aus Rundschreiben, Urteilen etc.

LAG Nürnberg v. 19.2.2008 – 6 Sa 675/07 (BehR 2009, 74)

1. *Eine Stellenausschreibung, die für eine Stelle als Kfz-Mechaniker im Kleinbetrieb die Eigenschaften „flexibel und belastbar" aufführt, stellt noch kein Indiz dafür dar, dass behinderten Bewerbern Nachteile drohen würden.*
2. *Die glaubwürdige Einlassung des vernommenen Unternehmers, der behinderte Bewerber sei ihm deswegen als weniger geeignet erschienen, weil er die gesuchte Tätigkeit bisher nur ausgeübt habe, wenn „Not am Mann" gewesen sei (so wörtlich im Bewerbungsschreiben), steht einem Entschädigungsanspruch entgegen.*

§ 16 Maßregelungsverbot

(1) Der Arbeitgeber darf Beschäftigte nicht wegen der Inanspruchnahme von Rechten nach diesem Abschnitt oder wegen der Weigerung, eine gegen diesen Abschnitt verstoßende Anweisung auszuführen, benachteiligen. Gleiches gilt für Personen, die den Beschäftigten hierbei unterstützen oder als Zeuginnen oder Zeugen aussagen.

(2) Die Zurückweisung oder Duldung benachteiligender Verhaltensweisen durch betroffene Beschäftigte darf nicht als Grundlage für eine Entscheidung herangezogen werden, die diese Beschäftigten berührt. Absatz 1 Satz 2 gilt entsprechend.

(3) § 22 gilt entsprechend.

Unterabschnitt 4
Ergänzende Vorschriften

§ 17 Soziale Verantwortung der Beteiligten

(1) Tarifvertragsparteien, Arbeitgeber, Beschäftigte und deren Vertretungen sind aufgefordert, im Rahmen ihrer Aufgaben und Handlungsmöglichkeiten an der Verwirklichung des in § 1 genannten Ziels mitzuwirken.

(2) In Betrieben, in denen die Voraussetzungen des § 1 Abs. 1 Satz 1 des Betriebsverfassungsgesetzes vorliegen, können bei einem groben Verstoß des Arbeitgebers gegen Vorschriften aus diesem Abschnitt der Betriebsrat oder eine im Betrieb vertretene Gewerkschaft unter der Voraussetzung des § 23 Abs. 3 Satz 1 des Betriebsverfassungsgesetzes die dort genannten Rechte gerichtlich geltend machen;§ 23 Abs. 3 Satz 2 bis 5 des Betriebsverfassungsgesetzes gilt entsprechend. Mit dem Antrag dürfen nicht Ansprüche des Benachteiligten geltend gemacht werden.

§ 18 Mitgliedschaft in Vereinigungen

(1) Die Vorschriften dieses Abschnitts gelten entsprechend für die Mitgliedschaft oder die Mitwirkung in einer

1. Tarifvertragspartei,
2. Vereinigung, deren Mitglieder einer bestimmten Berufsgruppe angehören oder die eine überragende Machtstellung im wirtschaftlichen oder sozialen Bereich innehat, wenn ein grundlegendes Interesse am Erwerb der Mitgliedschaft besteht,

sowie deren jeweiligen Zusammenschlüssen.

(2) Wenn die Ablehnung einen Verstoß gegen das Benachteiligungsverbot des § 7 Abs. 1 darstellt, besteht ein Anspruch auf Mitgliedschaft oder Mitwirkung in den in Absatz 1 genannten Vereinigungen.

Abschnitt 3
Schutz vor Benachteiligung im Zivilrechtsverkehr

§ 19 Zivilrechtliches Benachteiligungsverbot

(1) Eine Benachteiligung aus Gründen der Rasse oder wegen der ethnischen Herkunft, wegen des Geschlechts, der Religion, einer Behinderung, des Alters oder der sexuellen Identität bei der Begründung, Durchführung und Beendigung zivilrechtlicher Schuldverhältnisse, die
1. typischerweise ohne Ansehen der Person zu vergleichbaren Bedingungen in einer Vielzahl von Fällen zustande kommen (Massengeschäfte) oder bei denen das Ansehen der Person nach der Art des Schuldverhältnisses eine nachrangige Bedeutung hat und die zu vergleichbaren Bedingungen in einer Vielzahl von Fällen zustande kommen oder
2. eine privatrechtliche Versicherung zum Gegenstand haben,

ist unzulässig.

(2) Eine Benachteiligung aus Gründen der Rasse oder wegen der ethnischen Herkunft ist darüber hinaus auch bei der Begründung, Durchführung und Beendigung sonstiger zivilrechtlicher Schuldverhältnisse im Sinne des § 2 Abs. 1 Nr. 5 bis 8 unzulässig.

(3) Bei der Vermietung von Wohnraum ist eine unterschiedliche Behandlung im Hinblick auf die Schaffung und Erhaltung sozial stabiler Bewohnerstrukturen und ausgewogener Siedlungsstrukturen sowie ausgeglichener wirtschaftlicher, sozialer und kultureller Verhältnisse zulässig.

(4) Die Vorschriften dieses Abschnitts finden keine Anwendung auf familien- und erbrechtliche Schuldverhältnisse.

(5) Die Vorschriften dieses Abschnitts finden keine Anwendung auf zivilrechtliche Schuldverhältnisse, bei denen ein besonderes Nähe- oder Vertrauensverhältnis der Parteien oder ihrer Angehörigen begründet wird. Bei Mietverhältnissen kann dies insbesondere der Fall sein, wenn die Parteien oder ihre Angehörigen Wohnraum auf demselben Grundstück nutzen. Die Vermietung von Wohnraum zum nicht nur vorübergehenden Gebrauch ist in der Regel kein Geschäft im Sinne des Absatzes 1 Nr. 1, wenn der Vermieter insgesamt nicht mehr als 50 Wohnungen vermietet.

§ 20 Zulässige unterschiedliche Behandlung

(1) Eine Verletzung des Benachteiligungsverbots ist nicht gegeben, wenn für eine unterschiedliche Behandlung wegen der Religion, einer Behinderung, des Alters, der sexuellen Identität oder des Geschlechts ein sachlicher Grund vorliegt. Das kann insbesondere der Fall sein, wenn die unterschiedliche Behandlung

1. der Vermeidung von Gefahren, der Verhütung von Schäden oder anderen Zwecken vergleichbarer Art dient,
2. dem Bedürfnis nach Schutz der Intimsphäre oder der persönlichen Sicherheit Rechnung trägt,
3. besondere Vorteile gewährt und ein Interesse an der Durchsetzung der Gleichbehandlung fehlt,
4. an die Religion eines Menschen anknüpft und im Hinblick auf die Ausübung der Religionsfreiheit oder auf das Selbstbestimmungsrecht der Religionsgemeinschaften, der ihnen zugeordneten Einrichtungen ohne Rücksicht auf ihre Rechtsform sowie der Vereinigungen, die sich die gemeinschaftliche Pflege einer Religion zur Aufgabe machen, unter Beachtung des jeweiligen Selbstverständnisses gerechtfertigt ist.

(2) Kosten im Zusammenhang mit Schwangerschaft und Mutterschaft dürfen auf keinen Fall zu unterschiedlichen Prämien oder Leistungen führen. Eine unterschiedliche Behandlung wegen der Religion, einer Behinderung, des Alters oder der sexuellen Identität ist im Falle des § 19 Abs. 1 Nr. 2 nur zulässig, wenn diese auf anerkannten Prinzipien risikoadäquater Kalkulation beruht, insbesondere auf einer versicherungsmathematisch ermittelten Risikobewertung unter Heranziehung statistischer Erhebungen.

§ 21 Ansprüche

(1) Der Benachteiligte kann bei einem Verstoß gegen das Benachteiligungsverbot unbeschadet weiterer Ansprüche die Beseitigung der Beeinträchtigung verlangen. Sind weitere Beeinträchtigungen zu besorgen, so kann er auf Unterlassung klagen.

(2) Bei einer Verletzung des Benachteiligungsverbots ist der Benachteiligende verpflichtet, den hierdurch entstandenen Schaden zu ersetzen. Dies gilt nicht, wenn der Benachteiligende die Pflichtverletzung nicht zu vertreten hat. Wegen eines Schadens, der nicht Vermögensschaden ist, kann der Benachteiligte eine angemessene Entschädigung in Geld verlangen.

(3) Ansprüche aus unerlaubter Handlung[3] bleiben unberührt.

(4) Auf eine Vereinbarung, die von dem Benachteiligungsverbot abweicht, kann sich der Benachteiligende nicht berufen.

(5) Ein Anspruch nach den Absätzen 1 und 2 muss innerhalb einer Frist von zwei Monaten geltend gemacht werden. Nach Ablauf der Frist kann der

3 Vgl. § 823 BGB.

Anspruch nur geltend gemacht werden, wenn der Benachteiligte ohne Verschulden an der Einhaltung der Frist verhindert war.

Abschnitt 4
Rechtsschutz

§§ 22, 23 *(Hier nicht abgedruckt)*

Abschnitt 5
Sonderregelungen für öffentlich-rechtliche Dienstverhältnisse

§ 24 Sonderregelung für öffentlich-rechtliche Dienstverhältnisse

Die Vorschriften dieses Gesetzes gelten unter Berücksichtigung ihrer besonderen Rechtsstellung entsprechend für

1. **Beamtinnen und Beamte des Bundes, der Länder, der Gemeinden, der Gemeindeverbände sowie der sonstigen der Aufsicht des Bundes oder eines Landes unterstehenden Körperschaften, Anstalten und Stiftungen des öffentlichen Rechts,**
2. **Richterinnen und Richter des Bundes und der Länder,**
3. **Zivildienstleistende sowie anerkannte Kriegsdienstverweigerer, soweit ihre Heranziehung zum Zivildienst betroffen ist.**

Abschnitt 6
Antidiskriminierungsstelle

§ 25 Antidiskriminierungsstelle des Bundes

(1) Beim Bundesministerium für Familie, Senioren, Frauen und Jugend wird unbeschadet der Zuständigkeit der Beauftragten des Deutschen Bundestages oder der Bundesregierung die Stelle des Bundes zum Schutz vor Benachteiligungen wegen eines in § 1 genannten Grundes (Antidiskriminierungsstelle des Bundes) errichtet.

(2) Der Antidiskriminierungsstelle des Bundes ist die für die Erfüllung ihrer Aufgaben notwendige Personal- und Sachausstattung zur Verfügung zu stellen. Sie ist im Einzelplan des Bundesministeriums für Familie, Senioren, Frauen und Jugend in einem eigenen Kapitel anzuweisen.

§ 26 Rechtsstellung der Leitung der Antidiskriminierungsstelle des Bundes

(1) Die Bundesministerin oder der Bundesminister für Familie, Senioren, Frauen und Jugend ernennt auf Vorschlag der Bundesregierung eine Person zur Leitung der Antidiskriminierungsstelle des Bundes. Sie steht nach Maßgabe dieses Gesetzes in einem öffentlich-rechtlichen Amtsverhältnis zum Bund. Sie ist in Ausübung ihres Amtes unabhängig und nur dem Gesetz unterworfen.

(2) Das Amtsverhältnis beginnt mit der Aushändigung der Urkunde über die Ernennung durch die Bundesministerin oder den Bundesminister für Familie, Senioren, Frauen und Jugend.

(3) Das Amtsverhältnis endet außer durch Tod
1. mit dem Zusammentreten eines neuen Bundestages,
2. durch Ablauf der Amtszeit mit Erreichen der Altersgrenze nach § 51 Abs. 1 und 2 des Bundesbeamtengesetzes,
3. mit der Entlassung.

Die Bundesministerin oder der Bundesminister für Familie, Senioren, Frauen und Jugend entlässt die Leiterin oder den Leiter der Antidiskriminierungsstelle des Bundes auf deren Verlangen oder wenn Gründe vorliegen, die bei einer Richterin oder einem Richter auf Lebenszeit die Entlassung aus dem Dienst rechtfertigen. Im Falle der Beendigung des Amtsverhältnisses erhält die Leiterin oder der Leiter der Antidiskriminierungsstelle des Bundes eine von der Bundesministerin oder dem Bundesminister für Familie, Senioren, Frauen und Jugend vollzogene Urkunde. Die Entlassung wird mit der Aushändigung der Urkunde wirksam.

(4) Das Rechtsverhältnis der Leitung der Antidiskriminierungsstelle des Bundes gegenüber dem Bund wird durch Vertrag mit dem Bundesministerium für Familie, Senioren, Frauen und Jugend geregelt. Der Vertrag bedarf der Zustimmung der Bundesregierung.

(5) Wird eine Bundesbeamtin oder ein Bundesbeamter zur Leitung der Antidiskriminierungsstelle des Bundes bestellt, scheidet er oder sie mit Beginn des Amtsverhältnisses aus dem bisherigen Amt aus. Für die Dauer des Amtsverhältnisses ruhen die aus dem Beamtenverhältnis begründeten Rechte und Pflichten mit Ausnahme der Pflicht zur Amtsverschwiegenheit und des Verbots der Annahme von Belohnungen oder Geschenken. Bei unfallverletzten Beamtinnen oder Beamten bleiben die gesetzlichen Ansprüche auf das Heilverfahren und einen Unfallausgleich unberührt.

§ 27 Aufgaben

(1) Wer der Ansicht ist, wegen eines in § 1 genannten Grundes benachteiligt worden zu sein, kann sich an die Antidiskriminierungsstelle des Bundes wenden.

(2) Die Antidiskriminierungsstelle des Bundes unterstützt auf unabhängige Weise Personen, die sich nach Absatz 1 an sie wenden, bei der Durchsetzung ihrer Rechte zum Schutz vor Benachteiligungen. Hierbei kann sie insbesondere
1. über Ansprüche und die Möglichkeiten des rechtlichen Vorgehens im Rahmen gesetzlicher Regelungen zum Schutz vor Benachteiligungen informieren,
2. Beratung durch andere Stellen vermitteln,
3. eine gültige Beilegung zwischen den Beteiligten anstreben.

Soweit Beauftragte des Deutschen Bundestages oder der Bundesregierung zuständig sind, leitet die Antidiskriminierungsstelle des Bundes die

Anliegen der in Absatz 1 genannten Personen mit deren Einverständnis unverzüglich an diese weitere.

(3) Die Antidiskriminierungsstelle des Bundes nimmt auf unabhängige Weise folgende Aufgaben wahr, soweit nicht die Zuständigkeit der Beauftragten der Bundesregierung oder des Deutschen Bundestages berührt ist:
1. Öffentlichkeitsarbeit,
2. Maßnahmen zur Verhinderung von Benachteiligungen aus den in § 1 genannten Gründen,
3. Durchführung wissenschaftlicher Untersuchungen zu diesen Benachteiligungen.

(4) Die Antidiskriminierungsstelle des Bundes und die in ihrem Zuständigkeitsbereich betroffenen Beauftragten der Bundesregierung und des Deutschen Bundestages legen gemeinsam dem Deutschen Bundestag alle vier Jahre Berichte über Benachteiligungen aus den in § 1 genannten Gründen vor und geben Empfehlungen zur Beseitigung und Vermeidung dieser Benachteiligungen. Sie können gemeinsam wissenschaftliche Untersuchungen zu Benachteiligungen durchführen.

(5) Die Antidiskriminierungsstelle des Bundes und die in ihrem Zuständigkeitsbereich betroffenen Beauftragten der Bundesregierung und des Deutschen Bundestages sollen bei Benachteiligungen aus mehreren der in § 1 genannten Gründe zusammenarbeiten.

§§ 28–33 *(Hier nicht abgedruckt)*

Wohngeldrecht

I.

Wohngeldgesetz (WoGG)

Artikel 1 des Gesetzes vom 24. September 2008 (BGBl. I S. 1856), zuletzt geändert durch Gesetz vom 11. November 2016 (BGBl. I S. 2500)

– Auszug –

Teil 1
Zweck des Wohngeldes und Wohngeldberechtigung

§ 1 Zweck des Wohngeldes

(1) Das Wohngeld dient der wirtschaftlichen Sicherung angemessenen und familiengerechten Wohnens.

(2) Das Wohngeld wird als Zuschuss zur Miete (Mietzuschuss) oder zur Belastung (Lastenzuschuss) für den selbst genutzten Wohnraum geleistet.

§ 2 Wohnraum

Wohnraum sind Räume, die vom Verfügungsberechtigten zum Wohnen bestimmt und hierfür nach ihrer baulichen Anlage und Ausstattung tatsächlich geeignet sind.

§ 3 Wohngeldberechtigung

(1) Wohngeldberechtigte Person ist für den Mietzuschuss jede natürliche Person, die Wohnraum gemietet hat und diesen selbst nutzt. Ihr gleichgestellt sind

1. die nutzungsberechtigte Person des Wohnraums bei einem dem Mietverhältnis ähnlichen Nutzungsverhältnis (zur mietähnlichen Nutzung berechtigte Person), insbesondere die Person, die ein mietähnliches Dauerwohnrecht hat,

2. die Person, die Wohnraum im eigenen Haus, das mehr als zwei Wohnungen hat, bewohnt, und

3. die Person, die in einem Heim im Sinne des Heimgesetzes oder entsprechender Gesetze der Länder nicht nur vorübergehend aufgenommen ist.

(2) Wohngeldberechtigte Person ist für den Lastenzuschuss jede natürliche Person, die Eigentum an selbst genutztem Wohnraum hat. Ihr gleichgestellt sind
1. die erbbauberechtigte Person,
2. die Person, die ein eigentumsähnliches Dauerwohnrecht, ein Wohnungsrecht oder einen Nießbrauch innehat, und
3. die Person, die einen Anspruch auf Bestellung oder Übertragung des Eigentums, des Erbbaurechts, des eigentumsähnlichen Dauerwohnrechts, des Wohnungsrechts oder des Nießbrauchs hat.

Die Sätze 1 und 2 gelten nicht im Fall des Absatzes 1 Satz 2 Nr. 2.

(3) Erfüllen mehrere Personen für denselben Wohnraum die Voraussetzungen des Absatzes 1 oder des Absatzes 2 und sind sie zugleich Haushaltsmitglieder (§ 5), ist nur eine dieser Personen wohngeldberechtigt. In diesem Fall bestimmen diese Personen die wohngeldberechtigte Person.

(4) Wohngeldberechtigt ist nach Maßgabe der Absätze 1 bis 3 auch, wer zwar nach den §§ 7 und 8 Abs. 1 vom Wohngeld ausgeschlossen ist, aber mit mindestens einem zu berücksichtigenden Haushaltsmitglied (§ 6) Wohnraum gemeinsam bewohnt.

(5) Ausländer im Sinne des § 2 Abs. 1 des Aufenthaltsgesetzes (ausländische Personen) sind nach Maßgabe der Absätze 1 bis 4 nur wohngeldberechtigt, wenn sie sich im Bundesgebiet tatsächlich aufhalten und
1. ein Aufenthaltsrecht nach dem Freizügigkeitsgesetz/EU haben,
2. einen Aufenthaltstitel oder eine Duldung nach dem Aufenthaltsgesetz haben,
3. ein Recht auf Aufenthalt nach einem völkerrechtlichen Abkommen haben,
4. eine Aufenthaltsgestattung nach dem Asylgesetz haben,
5. die Rechtsstellung eines heimatlosen Ausländers im Sinne des Gesetzes über die Rechtsstellung heimatloser Ausländer im Bundesgebiet haben oder
6. auf Grund einer Rechtsverordnung vom Erfordernis eines Aufenthaltstitels befreit sind.

Nicht wohngeldberechtigt sind ausländische Personen, die durch eine völkerrechtliche Vereinbarung von der Anwendung deutscher Vorschriften auf dem Gebiet der sozialen Sicherheit befreit sind.

Teil 2
Berechnung und Höhe des Wohngeldes

Kapitel 1
Berechnungsgrößen des Wohngeldes

§ 4 Berechnungsgrößen des Wohngeldes

Das Wohngeld richtet sich nach
1. der Anzahl der zu berücksichtigenden Haushaltsmitglieder (§§ 5 bis 8),

2. der zu berücksichtigenden Miete oder Belastung (§§ 9 bis 12) und
3. dem Gesamteinkommen (§§ 13 bis 18)

und ist nach § 19 zu berechnen.

Kapitel 2
Haushaltsmitglieder

§ 5 Haushaltsmitglieder

(1) Haushaltsmitglieder ist die wohngeldberechtigte Person, wenn der Wohnraum, für den sie Wohngeld beantragt, der Mittelpunkt ihrer Lebensbeziehungen ist. Haushaltsmitglied ist auch, wer

1. als Ehegatte eines Haushaltsmitgliedes von diesem nicht dauernd getrennt lebt,
2. als Lebenspartner oder Lebenspartnerin eines Haushaltsmitgliedes von diesem nicht dauernd getrennt lebt,
3. mit einem Haushaltsmitglied so zusammenlebt, dass nach verständiger Würdigung der wechselseitige Wille anzunehmen ist, Verantwortung füreinander zu tragen und füreinander einzustehen,
4. mit einem Haushaltsmitglied in gerader Linie oder zweiten oder dritten Grades in der Seitenlinie verwandt oder verschwägert ist,
5. ohne Rücksicht auf das Alter Pflegekind eines Haushaltsmitgliedes ist,
6. Pflegemutter der Pflegevater eines Haushaltsmitgliedes ist

und mit der wohngeldberechtigten Person den Wohnraum, für den Wohngeld beantragt wird, gemeinsam bewohnt, wenn dieser Wohnraum der jeweilige Mittelpunkt der Lebensbeziehungen ist.

(2) Ein wechselseitiger Wille, Verantwortung füreinander zu tragen und füreinander einzustehen, wird vermutet, wenn mindestens eine der Voraussetzungen nach den Nummern 1 bis 4 des § 7 Abs. 3a des Zweiten Buches Sozialgesetzbuch erfüllt ist.

(3) Ausländische Personen sind nur Haushaltsmitglieder nach Absatz 1 Satz 2, wenn sie die Voraussetzungen der Wohngeldberechtigung nach § 3 Abs. 5 erfüllen.

(4) Betreuen nicht nur vorübergehend getrennt lebende Eltern ein Kind oder mehrere Kinder zu annähernd gleichen Teilen, ist jedes dieser Kinder bei beiden Elternteilen Haushaltsmitglied. Gleiches gilt bei einer Aufteilung der Betreuung bis zu einem Verhältnis von mindestens einem Drittel zu zwei Dritteln je Kind. Betreuen die Eltern mindestens zwei dieser Kinder nicht in einem Verhältnis nach Satz 1 oder 2, ist bei dem Elternteil mit dem geringeren Betreuungsanteil nur das jüngste dieser Kinder Haushaltsmitglied. Für Pflegekinder und Pflegeeltern gelten die Sätze 1 bis 3 entsprechend.

§ 6 Zu berücksichtigende Haushaltsmitglieder

(1) Bei der Berechnung des Wohngeldes sind vorbehaltlich des Absatzes 2 und der §§ 7 und 8 sämtliche Haushaltsmitglieder zu berücksichtigen (zu berücksichtigende Haushaltsmitglieder).

(2) Stirbt ein zu berücksichtigendes Haushaltsmitglied, ist dies für die Dauer von zwölf Monaten nach dem Sterbemonat ohne Einfluss auf die bisher maßgebende Anzahl der zu berücksichtigenden Haushaltsmitglieder. Satz 1 ist nicht mehr anzuwenden, wenn nach dem Todesfall

1. die Wohnung aufgegeben wird,
2. die Zahl der zu berücksichtigenden Haushaltsmitglieder sich mindestens auf den Stand vor dem Todesfall erhöht oder
3. der auf den Verstorbenen entfallende Anteil der Kosten der Unterkunft in einer Leistung nach § 7 Abs. 1 mindestens teilweise berücksichtigt wird.

§ 7 Ausschluss vom Wohngeld

(1) Vom Wohngeld ausgeschlossen sind Empfänger und Empfängerinnen von

1. Arbeitslosengeld II und Sozialgeld nach dem Zweiten Buch Sozialgesetzbuch, auch in den Fällen des § 25 des Zweiten Buches Sozialgesetzbuch,
2. *(weggefallen)*
3. Übergangsgeld in Höhe des Betrages des Arbeitslosengeldes II nach § 21 Abs. 4 Satz 1 des Sechsten Buches Sozialgesetzbuch,
4. Verletztengeld in Höhe des Betrages des Arbeitslosengeldes II nach § 47 Abs. 2 des Siebten Buches Sozialgesetzbuch,
5. Grundsicherung im Alter und bei Erwerbsminderung nach dem Zwölften Buch Sozialgesetzbuch,
6. Hilfe zum Lebensunterhalt nach dem Zwölften Buch Sozialgesetzbuch,
7. a) ergänzender Hilfe zum Lebensunterhalt oder
   b) anderen Hilfen in einer stationären Einrichtung, die den Lebensunterhalt umfassen,

   nach dem Bundesversorgungsgesetz oder nach einem Gesetz, das dieses für anwendbar erklärt,
8. Leistungen in besonderen Fällen und Grundleistungen nach dem Asylbewerberleistungsgesetz oder
9. Leistungen nach dem Achten Buch Sozialgesetzbuch in Haushalten, zu denen ausschließlich Personen gehören, die diese Leistungen empfangen,

wenn bei deren Berechnung Kosten der Unterkunft berücksichtigt worden sind (Leistungen). Der Ausschluss besteht in den Fällen des Satzes 1 Nr. 3 und 4, wenn bei der Berechnung des Arbeitslosengeldes II Kosten der Unterkunft berücksichtigt worden sind. Der Ausschluss besteht nicht, wenn

1. die Leistungen nach den Sätzen 1 und 2 ausschließlich als Darlehen gewährt werden,
2. durch Wohngeld die Hilfebedürftigkeit im Sinne des § 9 des Zweiten Buches Sozialgesetzbuch, des § 19 Abs. 1 und 2 des Zwölften Buches Sozialgesetzbuch oder des § 27 a des Bundesversorgungsgesetzes vermieden oder beseitigt werden kann und
   a) die Leistungen nach Satz 1 Nr. 1 bis 7 während der Dauer des Verwaltungsverfahrens zur Feststellung von Grund und Höhe dieser Leistungen noch nicht erbracht worden sind oder

b) der zuständige Träger eine der in Satz 1 Nr. 1 bis 7 genannten Leistungen als nachrängig verpflichteter Leistungsträger nach § 104 des Zehnten Buches Sozialgesetzbuch erbringt.

(2) Ausgeschlossen sind auch Haushaltsmitglieder, die in
1. § 7 Abs. 3 des Zweiten Buches Sozialgesetzbuch, auch in den Fällen des Übergangs- oder Verletztengeldes nach Absatz 1 Satz 1 Nr. 3 und 4 bei der Berechnung des Arbeitslosengeldes II,
2. § 19 Abs. 1 und 4 sowie den §§ 20 und 43 Abs. 1 des Zwölften Buches Sozialgesetzbuch,
3. § 27a Satz 2 des Bundesversorgungsgesetzes in Verbindung mit § 19 Abs. 1 des Zwölften Buches Sozialgesetzbuch oder
4. § 1 Abs. 1 Nr. 6 des Asylbewerberleistungsgesetzes

genannt und bei der gemeinsamen Ermittlung ihres Bedarfs oder nach § 43 Abs. 1 des Zwölften Buches Sozialgesetzbuch bei der Ermittlung der Leistung nach Absatz 1 Satz 1 Nr. 5 berücksichtigt worden sind. Der Ausschluss besteht nicht, wenn
1. die Leistungen nach Absatz 1 Satz 1 und 2 ausschließlich als Darlehen gewährt werden oder
2. die Voraussetzungen des Absatzes 1 Satz 3 Nr. 2 vorliegen.

(3) Ausgeschlossen sind auch Haushaltsmitglieder, deren Leistungen nach Absatz 1 auf Grund einer Sanktion vollständig weggefallen sind.

§ 8 Dauer des Ausschlusses vom Wohngeld und Verzicht auf Leistungen

(1) Der Ausschluss vom Wohngeld besteht vorbehaltlich des § 7 Abs. 1 Satz 3 Nr. 2 und Abs. 2 Satz 2 Nr. 2 für die Dauer des Verwaltungsverfahrens zur Feststellung von Grund und Höhe der Leistungen nach § 7 Abs. 1. Der Ausschluss besteht vorbehaltlich des § 7 Abs. 1 Satz 3 Nr. 2 und Abs. 2 Satz 2 Nr. 2
1. nach der Antragstellung auf eine Leistung nach § 7 Abs. 1 ab dem Ersten
   a) des Monats, für den der Antrag gestellt worden ist, oder
   b) des nächsten Monats, wenn die Leistung nach § 7 Abs. 1 nicht vom Ersten eines Monats an beantragt wird,
2. nach der Bewilligung einer Leistung nach § 7 Abs. 1 ab dem Ersten
   a) des Monats, für den die Leistung nach § 7 Abs. 1 bewilligt wird, oder
   b) des nächsten Monats, wenn die Leistung nach § 7 Abs. 1 nicht vom Ersten eines Monats an bewilligt wird,
3. bis zum Letzten
   a) des Monats, wenn die Leistung nach § 7 Abs. 1 bis zum Letzten eines Monats bewilligt wird, oder
   b) des Vormonats, wenn die Leistung nach § 7 Abs. 1 nicht bis zum Letzten eines Monats bewilligt wird.

Der Ausschluss gilt für den Zeitraum als nicht erfolgt, für den
1. der Antrag auf eine Leistung nach § 7 Absatz 1 zurückgenommen wird,
2. die Leistung nach § 7 Absatz 1 abgelehnt, versagt, entzogen oder ausschließlich als Darlehen gewährt wird,

3. der Bewilligungsbescheid über eine Leistung nach § 7 Absatz 1 zurückgenommen oder aufgehoben wird,
4. der Anspruch auf eine Leistung nach § 7 Absatz 1 nachträglich im Sinne des § 103 Absatz 1 des Zehnten Buches Sozialgesetzbuch ganz entfallen ist oder nach § 104 Absatz 1 oder 2 des Zehnten Buches Sozialgesetzbuch oder nach § 40 a des Zweiten Buches Sozialgesetzbuch nachrangig ist oder
5. die Leistung nach § 7 Absatz 1 nachträglich durch den Übergang eines Anspruchs in vollem Umfang erstattet wird.

(2) Verzichten Haushaltsmitglieder auf die Leistungen nach § 7 Abs. 1, um Wohngeld zu beantragen, gilt ihr Ausschluss vom Zeitpunkt der Wirkung des Verzichts an als nicht erfolgt; § 46 Abs. 2 des Ersten Buches Sozialgesetzbuch ist in diesem Fall nicht anzuwenden.

Kapitel 3
Miete und Belastung

§ 9 Miete

(1) Miete ist das vereinbarte Entgelt für die Gebrauchsüberlassung von Wohnraum auf Grund von Mietverträgen oder ähnlichen Nutzungsverhältnissen einschließlich Umlagen, Zuschlägen und Vergütungen.

(2) Bei der Ermittlung der Miete nach Absatz 1 bleiben folgende Kosten und Vergütungen außer Betracht:
1. Heizkosten und Kosten für die Erwärmung von Wasser,
2. Kosten der eigenständig gewerblichen Lieferung von Wärme und Warmwasser, soweit sie den in Nummer 1 bezeichneten Kosten entsprechen,
3. die Kosten der Haushaltsenergie, soweit sie nicht von den Nummern 1 und 2 erfasst sind,
4. Vergütungen für die Überlassung einer Garage sowie eines Stellplatzes für Kraftfahrzeuge.

Ergeben sich diese Beträge nicht aus dem Mietvertrag oder entsprechenden Unterlagen, sind Pauschbeträge abzusetzen.

(3) Im Fall des § 3 Abs. 1 Satz 2 Nr. 2 ist als Miete der Mietwert des Wohnraums zu Grunde zu legen. Im Fall des § 3 Abs. 1 Satz 2 Nr. 3 ist als Miete der Höchstbetrag nach § 12 Abs. 1 zu Grunde zu legen.

§ 10 Belastung

(1) Belastung sind die Kosten für den Kapitaldienst und die Bewirtschaftung von Wohnraum in vereinbarter oder festgesetzter Höhe.

(2) Die Belastung ist von der Wohngeldbehörde (§ 24 Abs. 1 Satz 1) in einer Wohngeld-Lastenberechnung zu ermitteln. Von einer vollständigen Wohngeld-Lastenberechnung kann abgesehen werden, wenn die auf den Wohnraum entfallende Belastung aus Zinsen und Tilgungen den nach § 12 Abs. 1 maßgebenden Höchstbetrag erreicht oder übersteigt.

§ 11 Zu berücksichtigende Miete und Belastung

(1) Bei der Berechnung des Wohngeldes ist die Miete oder Belastung zu berücksichtigen, die sich nach § 9 oder § 10 ergibt, soweit sie nicht nach den Absätzen 2 und 3 in dieser Berechnungsreihenfolge außer Betracht bleibt, jedoch nur bis zum Höchstbetrag nach § 12 Absatz 1. Im Fall des § 3 Absatz 1 Satz 2 Nummer 3 ist der Höchstbetrag nach § 12 Absatz 1 zu berücksichtigen.

(2) Die Miete oder Belastung, die sich nach § 9 oder § 10 ergibt, bleibt in folgender Berechnungsreihenfolge und zu dem Anteil außer Betracht,

1. der auf den Teil des Wohnraums entfällt, der ausschließlich gewerblich oder beruflich genutzt wird;
2. der auf den Teil des Wohnraums entfällt, der einer Person, die kein Haushaltsmitglied ist, entgeltlich oder unentgeltlich zum Gebrauch überlassen ist; übersteigt das Entgelt für die Gebrauchsüberlassung die auf diesen Teil des Wohnraums entfallende Miete oder Belastung, ist das Entgelt in voller Höhe abzuziehen;
3. der dem Anteil einer entgeltlich oder unentgeltlich mitbewohnenden Person, die kein Haushaltsmitglied ist, aber deren Mittelpunkt der Lebensbeziehungen der Wohnraum ist und die nicht selbst die Voraussetzungen des § 3 Abs. 1 oder Abs. 2 erfüllt, an der Gesamtzahl der Bewohner und Bewohnerinnen entspricht; übersteigt das Entgelt der mitbewohnenden Person die auf diese entfallende Miete oder Belastung, ist das Entgelt in voller Höhe abzuziehen;
4. der durch Leistungen aus öffentlichen Haushalten oder Zweckvermögen, insbesondere Leistungen zur Wohnkostenentlastung nach dem Zweiten Wohnungsbaugesetz, dem Wohnraumförderungsgesetz oder entsprechenden Gesetzen der Länder, an den Mieter oder den selbst nutzenden Eigentümer zur Senkung der Miete oder Belastung gedeckt wird, soweit die Leistungen nicht von § 14 Abs. 2 Nr. 30 erfasst sind;
5. der durch Leistungen einer nach § 68 des Aufenthaltsgesetzes verpflichteten Person gedeckt wird, die ein zu berücksichtigendes Haushaltsmitglied zur Bezahlung der Miete oder Aufbringung der Belastung erhält.

(3) Ist mindestens ein Haushaltsmitglied vom Wohngeld ausgeschlossen, ist nur der Anteil der Miete oder Belastung zu berücksichtigen, der dem Anteil der zu berücksichtigenden Haushaltsmitglieder an der Gesamtzahl der Haushaltsmitglieder entspricht. In diesem Fall ist nur der Anteil des Höchstbetrages nach § 12 Abs. 1 und der Anteil des Betrages für Heizkosten nach § 12 Absatz 1 zu berücksichtigen, der dem Anteil der zu berücksichtigenden Haushaltsmitglieder an der Gesamtzahl der Haushaltsmitglieder entspricht; die Gesamtzahl der der Haushaltsmitglieder ist für die Ermittlung des Höchstbetrages und des Betrages für Heizkosten maßgebend.

§ 12 Höchstbeträge für Miete und Belastung, Beträge für Heizkosten

(1) Die folgenden monatlichen Höchstbeträge für Miete und Belastung sind vorbehaltlich des § 11 Abs. 3 nach der Anzahl der zu berücksichtigenden Haushaltsmitglieder und nach der Mietenstufe zu berücksichtigen:

Anzahl der zu berücksichtigenden Haushaltsmitglieder	Mietenstufe	Höchstbetrag in Euro
1	I	312
	II	351
	III	390
	IV	434
	V	482
	VI	522
2	I	378
	II	425
	III	473
	IV	526
	V	584
	VI	633
3	I	450
	II	506
	III	563
	IV	626
	V	695
	VI	753
4	I	525
	II	591
	III	656
	IV	730
	V	811
	VI	879
5	I	600
	II	675
	III	750
	IV	834
	V	927
	VI	1004
Mehrbetrag für jedes weitere zu berücksichtigende Haushaltsmitglied	I	71
	II	81
	III	91
	IV	101
	V	111
	VI	126

(2) Die Zugehörigkeit einer Gemeinde zu einer Mietenstufe richtet sich nach dem Mietenniveau von Wohnraum der Hauptmieter und Hauptmieterinnen sowie der gleichzustellenden zur mietähnlichen Nutzung berechtigten Personen, für den Mietzuschuss geleistet wird. Das Mietenniveau ist die durchschnittliche prozentuale Abweichung der Quadratmetermieten von Wohnraum in Gemeinden vom Durchschnitt der Quadratmetermieten des Wohnraums im Bundesgebiet. Zu berücksichtigen sind nur Quadratmetermieten von Wohnraum im Sinne des Satzes 1.

(3) Das Mietenniveau ist vom Statistischen Bundesamt festzustellen für Gemeinden mit
1. einer Einwohnerzahl von 10000 und mehr gesondert,
2. einer Einwohnerzahl von weniger als 10000 und gemeindefreie Gebiete nach Kreisen zusammengefasst.

Maßgebend für die Zuordnung nach Satz 1 ist die Einwohnerzahl, die auf der Grundlage von § 5 des Bevölkerungsstatistikgesetzes fortgeschrieben wurde.

(4) Das Mietenniveau wird vom Statistischen Bundesamt bei einer Anpassung der Höchstbeträge nach Absatz 1 auf der Grundlage von zwei aufeinanderfolgenden Ergebnissen der jährlichen Wohngeldstatistik für Dezember (§ 36 Absatz 1 Satz 2 Nummer 2) festgestellt. Es ist ein bundesweit einheitlicher Stichtag für die Ergebnisse der Bevölkerungsstatistik zu Grunde zu legen.

(5) Den Mietenstufen nach Absatz 1 sind folgende Mietenniveaus zugeordnet:

Mietenstufe	Mietenniveau
I	niedriger als minus 15 Prozent
II	minus 15 Prozent bis niedriger als minus 5 Prozent
III	minus 5 Prozent bis niedriger als 5 Prozent
IV	5 Prozent bis niedriger als 15 Prozent
V	15 Prozent bis niedriger als 25 Prozent
VI	25 Prozent und höher

(6) *(weggefallen)*

Kapitel 4
Einkommen

§ 13 Gesamteinkommen

(1) Das Gesamteinkommen ist die Summe der Jahreseinkommen (§ 14) der zu berücksichtigenden Haushaltsmitglieder abzüglich der Freibeträge (§ 17) und der Abzugsbeträge für Unterhaltsleistungen (§ 18).

(2) Das monatliche Gesamteinkommen ist ein Zwölftel des Gesamteinkommens.

§ 14 Jahreseinkommen

(1) Das Jahreseinkommen eines zu berücksichtigenden Haushaltsmitgliedes ist vorbehaltlich des Absatzes 3 die Summe der positiven Einkünfte im Sinne des § 2 Abs. 1 und 2 des Einkommensteuergesetzes zuzüglich der Einnahmen nach Absatz 2 abzüglich der Abzugsbeträge für Steuern und Sozialversicherungsbeiträge (§ 16). Bei den Einkünften im Sinne des § 2 Abs. 1 Satz 1 Nr. 1 bis 3 des Einkommensteuergesetzes ist § 7 g Abs. 1 bis 4 und 7 des Einkommensteuergesetzes nicht anzuwenden. Von den Einkünften aus nichtselbständiger Arbeit, die nach dem Einkommensteuergesetz vom Arbeitgeber pauschal besteuert werden, zählen zum Jahreseinkommen nur

1. die nach § 37 b des Einkommensteuergesetzes pauschal besteuerten Sachzuwendungen und

2. der nach § 40 a des Einkommensteuergesetzes pauschal besteuerte Arbeitslohn und das pauschal besteuerte Arbeitsentgelt, jeweils abzüglich der Aufwendungen zu dessen Erwerbung, Sicherung oder Erhaltung, höchstens jedoch bis zur Höhe dieser Einnahmen.

Ein Ausgleich mit negativen Einkünften aus anderen Einkunftsarten oder mit negativen Einkünften des zusammenveranlagten Ehegatten ist nicht zulässig.

(2) Zum Jahreseinkommen gehören:

1. der nach § 19 Abs. 2 und § 22 Nr. 4 Satz 4 Buchstabe b des Einkommensteuergesetzes steuerfreie Betrag von Versorgungsbezügen;

2. die einkommensabhängigen, nach § 3 Nr. 6 des Einkommensteuergesetzes steuerfreien Bezüge, die auf Grund gesetzlicher Vorschriften aus öffentlichen Mitteln versorgungshalber an Wehrdienstbeschädigte, im freiwilligen Wehrdienst Beschädigte, Zivildienstbeschädigte und im Bundesfreiwilligendienst Beschädigte oder ihre Hinterbliebenen, Kriegsbeschädigte und Kriegshinterbliebene sowie ihnen gleichgestellte Personen gezahlt werden;

3. die den Ertragsanteil oder den der Besteuerung unterliegenden Anteil nach § 22 Nr. 1 Satz 3 Buchstabe a des Einkommensteuergesetzes übersteigenden Teile von Leibrenten;

4. die nach § 3 Nr. 3 des Einkommensteuergesetzes steuerfreien

a) Rentenabfindungen,

b) Beitragserstattungen,

c) Leistungen aus berufsständischen Versorgungseinrichtungen,
d) Kapitalabfindungen,
e) Ausgleichszahlungen;

5. die nach § 3 Nr. 1 Buchstabe a des Einkommensteuergesetzes steuerfreien
   a) Renten wegen Minderung der Erwerbsfähigkeit nach den §§ 56 bis 62 des Siebten Buches Sozialgesetzbuch,
   b) Renten und Beihilfen an Hinterbliebene nach den §§ 63 bis 71 des Siebten Buches Sozialgesetzbuch,
   c) Abfindungen nach den §§ 75 bis 80 des Siebten Buches Sozialgesetzbuch;
6. die Lohn- und Einkommensersatzleistungen nach § 32b Absatz 1 Satz 1 Nummer 1 des Einkommensteuergesetzes; § 10 des Bundeselterngeld- und Elternzeitgesetzes bleibt unberührt;
7. die ausländischen Einkünfte nach § 32b Absatz 1 Satz 1 Nummer 2 bis 5 sowie Satz 2 und 3 des Einkommensteuergesetzes;
8. die Hälfte der nach § 3 Nr. 7 des Einkommensteuergesetzes steuerfreien
   a) Unterhaltshilfe nach den §§ 261 bis 278a des Lastenausgleichsgesetzes,
   b) Beihilfe zum Lebensunterhalt nach den §§ 301 bis 301 b des Lastenausgleichsgesetzes,
   c) Unterhaltshilfe nach § 44 und Unterhaltsbeihilfe nach § 45 des Reparationsschädengesetzes,
   d) Beihilfe zum Lebensunterhalt nach den §§ 10 bis 15 des Flüchtlingshilfegesetzes,

   mit Ausnahme der Pflegezulage nach § 269 Abs. 2 des Lastenausgleichsgesetzes;
9. die nach § 3 Nr. 1 Buchstabe a des Einkommensteuergesetzes steuerfreien Krankentagegelder;
10. die Hälfte der nach § 3 Nr. 68 des Einkommensteuergesetzes steuerfreien Renten nach § 3 Abs. 2 des Anti-D-Hilfegesetzes;
11. die nach § 3b des Einkommensteuergesetzes steuerfreien Zuschläge für Sonntags-, Feiertags- oder Nachtarbeit;
12. *(weggefallen)*
13. *(weggefallen)*
14. die nach § 3 Nr. 56 des Einkommensteuergesetzes steuerfreien Zuwendungen des Arbeitgebers an eine Pensionskasse und die nach § 3 Nr. 63 des Einkommensteuergesetzes steuerfreien Beiträge des Arbeitgebers an einen Pensionsfonds, eine Pensionskasse oder für eine Direktversicherung zum Aufbau einer kapitalgedeckten betrieblichen Altersversorgung;
15. der nach § 20 Abs. 9 des Einkommensteuergesetzes steuerfreie Betrag (Sparer-Pauschbetrag), soweit die Kapitalerträge 100 Euro übersteigen;
16. die auf erhöhte Absetzungen entfallenden Beträge, soweit sie die höchstmöglichen Absetzungen für Abnutzung nach § 7 des Einkom-

mensteuergesetzes übersteigen, und die auf Sonderabschreibungen entfallenden Beträge;

17. der nach § 3 Nr. 27 des Einkommensteuergesetzes steuerfreie Grundbetrag der Produktionsaufgaberente und das Ausgleichsgeld nach dem Gesetz zur Förderung der Einstellung der landwirtschaftlichen Erwerbstätigkeit;

18. die nach § 3 Nr. 60 des Einkommensteuergesetzes steuerfreien Leistungen aus öffentlichen Mitteln an Arbeitnehmer des Steinkohlen-, Pechkohlen- und Erzbergbaues, des Braunkohlentiefbaues und der Eisen- und Stahlindustrie aus Anlass von Stilllegungs-, Einschränkungs-, Umstellungs- oder Rationalisierungsmaßnahmen;

19. die nach § 22 Nr. 1 Satz 2 des Einkommensteuergesetzes dem Empfänger oder der Empfängerin nicht zuzurechnenden Bezüge, die ihm oder ihr von einer Person, die kein Haushaltsmitglied ist, gewährt werden, mit Ausnahme der Bezüge bis zu einer Höhe von 4800 Euro jährlich, die für eine Pflegeperson oder Pflegekraft geleistet werden, die den Empfänger oder die Empfängerin wegen eigener Pflegebedürftigkeit im Sinne des § 14 des Elften Buches Sozialgesetzbuch pflegt; dies gilt entsprechend, wenn anstelle von wiederkehrenden Unterhaltsleistungen Unterhaltsleistungen als Einmalbetrag gewährt werden;

20. a) die Unterhaltsleistungen des geschiedenen oder dauernd getrennt lebenden Ehegatten, mit Ausnahme der Unterhaltsleistungen bis zu einer Höhe von 4800 Euro jährlich, die für eine Pflegeperson oder Pflegekraft geleistet werden, die den Empfänger oder die Empfängerin wegen eigener Pflegebedürftigkeit im Sinne des § 14 des Elften Buches Sozialgesetzbuch pflegt,

b) die Versorgungsleistungen, die Leistungen auf Grund eines schuldrechtlichen Versorgungsausgleichs und Ausgleichsleistungen zur Vermeidung eines Versorgungsausgleichs,

soweit diese Leistungen nicht von § 22 Nummer 1a des Einkommensteuergesetzes erfasst sind;

21. die Leistungen nach dem Unterhaltsvorschussgesetz;

22. die Leistungen von Personen, die keine Haushaltsmitglieder sind, zur Bezahlung der Miete oder Aufbringung der Belastung, soweit die Leistungen nicht von Absatz 1 Satz 1, von Nummer 19 oder Nummer 20 erfasst sind;

23. *(weggefallen)*

24. die Hälfte der Pauschale für die laufenden Leistungen für den notwendigen Unterhalt ohne die Kosten der Erziehung von Kindern, Jugendlichen oder jungen Volljährigen nach § 39 Abs. 1 in Verbindung mit § 33 oder mit § 35a Abs. 2 Nr. 3, auch in Verbindung mit § 41 Abs. 2 des Achten Buches Sozialgesetzbuch, als Einkommen des Kindes, Jugendlichen oder jungen Volljährigen;

25. die Hälfte der Pauschale für die laufenden Leistungen für die Kosten der Erziehung von Kindern, Jugendlichen oder jungen Volljährigen nach § 39 Abs. 1 in Verbindung mit § 33 oder mit § 35a Abs. 2 Nr. 3, auch in Verbindung mit § 41 Abs. 2 des Achten Buches Sozialgesetzbuch, als Einkommen der Pflegeperson;

26. die Hälfte der nach § 3 Nr. 36 des Einkommensteuergesetzes steuerfreien Einnahmen für Leistungen zur Grundpflege oder hauswirtschaftlichen Versorgung einer Person, die kein Haushaltsmitglied ist;
27. die Hälfte der als Zuschüsse erbrachten
    a) Leistungen zur Förderung der Ausbildung nach dem Bundesausbildungsförderungsgesetz, mit Ausnahme der Leistungen nach § 14 a des Bundesausbildungsförderungsgesetzes in Verbindung mit den §§ 6 und 7 der Verordnung über Zusatzleistungen in Härtefällen nach dem Bundesausbildungsförderungsgesetz und mit Ausnahme des Kinderbetreuungszuschlages nach Maßgabe des § 14 b des Bundesausbildungsförderungsgesetzes,
    b) Leistungen der Begabtenförderungswerke, soweit sie nicht von Nummer 28 erfasst sind,
    c) Stipendien, soweit sie nicht von Buchstabe b, Nummer 28 oder Nummer 29 erfasst sind,
    d) Berufsausbildungsbeihilfen und des Ausbildungsgeldes nach dem Dritten Buch Sozialgesetzbuch,
    e) Beiträge zur Deckung des Unterhaltsbedarfs nach dem Aufstiegsfortbildungsförderungsgesetz;
    f) Leistungen zur Sicherung des Lebensunterhaltes während des ausbildungsbegleitenden Praktikums oder der betrieblichen Berufsausbildung bei Teilnahme am Sonderprogramm Förderung der beruflichen Mobilität von ausbildungsinteressierten Jugendlichen und arbeitslosen jungen Fachkräften aus Europa;
28. die als Zuschuss gewährte Graduiertenförderung;
29. die Hälfte der nach § 3 Nr. 42 des Einkommensteuergesetzes steuerfreien Zuwendungen, die auf Grund des Fulbright-Abkommens gezahlt werden;
30. die wiederkehrenden Leistungen nach § 7 Absatz 1 Satz 1 Nummer 1 bis 9, auch wenn bei deren Berechnung die Kosten der Unterkunft nicht berücksichtigt worden sind, mit Ausnahme
    a) der darin enthaltenen Kosten der Unterkunft, wenn diese nicht für den Wohnraum gewährt werden, für den Wohngeld beantragt wurde,
    b) der von Nummer 24 oder Nummer 25 erfassten Leistungen,
    c) des Sozialgeldes, das ein zu berücksichtigendes Kind als Mitglied der Bedarfsgemeinschaft im Haushalt des getrennt lebenden anderen Elternteils anteilig erhält,
    d) der Hilfe zum Lebensunterhalt, die ein nach dem Dritten Kapitel des Zwölften Buches Sozialgesetzbuch leistungsberechtigtes Kind im Haushalt des getrennt lebenden Elternteils anteilig erhält, oder
    e) der Leistungen, die in den Fällen des § 7 Absatz 1 Satz 3 oder Absatz 2 Satz 2 erbracht werden, in denen kein Ausschluss vom Wohngeld besteht;
31. der Mietwert des von den in § 3 Abs. 1 Satz 2 Nr. 2 genannten Personen selbst genutzten Wohnraums.

(3) Zum Jahreseinkommen gehören nicht:

1. Einkünfte aus Vermietung oder Verpachtung eines Teils des Wohnraums, für den Wohngeld beantragt wird;
2. das Entgelt, das eine den Wohnraum mitbewohnende Person im Sinne des § 11 Abs. 2 Nr. 3 hierfür zahlt;
3. Leistungen einer nach § 68 des Aufenthaltsgesetzes verpflichteten Person, soweit sie von § 11 Abs. 2 Nr. 5 erfasst sind.

§ 15 Ermittlung des Jahreseinkommens

(1) Bei der Ermittlung des Jahreseinkommens ist das Einkommen zu Grunde zu legen, das im Zeitpunkt der Antragstellung im Bewilligungszeitraum zu erwarten ist. Hierzu können die Verhältnisse vor dem Zeitpunkt der Antragstellung herangezogen werden; § 24 Abs. 2 bleibt unberührt.

(2) Einmaliges Einkommen, das für einen bestimmten Zeitraum bezogen wird, ist diesem Zeitraum zuzurechnen. Ist kein Zurechnungszeitraum festgelegt oder vereinbart, so ist das einmalige Einkommen jeweils zu einem Drittel in den drei Jahren nach dem Zuflussmonat zuzurechnen. Ist das einmalige Einkommen vor der Antragstellung zugeflossen, ist es nur dann nach Satz 1 oder Satz 2 zuzurechnen, wenn es innerhalb von drei Jahren vor der Antragstellung zugeflossen ist.

(3) Sonderzuwendungen, Gratifikationen und gleichartige Bezüge und Vorteile, die in größeren als monatlichen Abständen gewährt werden, sind den im Bewilligungszeitraum liegenden Monaten zu je einem Zwölftel zuzurechnen, wenn sie in den nächsten zwölf Monaten nach Beginn des Bewilligungszeitraums zufließen.

(4) Beträgt der Bewilligungszeitraum nicht zwölf Monate, ist als Einkommen das Zwölffache des im Sinne der Absätze 1 bis 3 und des § 24 Abs. 2 im Bewilligungszeitraum zu erwartenden durchschnittlichen monatlichen Einkommens zu Grunde zu legen.

§ 16 Abzugsbeträge für Steuern und Sozialversicherungsbeiträge

(1) Bei der Ermittlung des Jahreseinkommens sind von dem Betrag, der sich nach den §§ 14 und 15 ergibt, jeweils 10 Prozent abzuziehen, wenn zu erwarten ist, dass im Bewilligungszeitraum die folgenden Steuern und Pflichtbeiträge zu leisten sind:
1. Steuern vom Einkommen,
2. Pflichtbeiträge zur gesetzlichen Kranken- und Pflegeversicherung,
3. Pflichtbeiträge zur gesetzlichen Rentenversicherung.

Satz 1 Nummer 2 und 3 gilt entsprechend, wenn keine Pflichtbeiträge, aber laufende Beiträge zu öffentlichen oder privaten Versicherungen oder ähnlichen Einrichtungen zu leisten sind, die dem Zweck der Pflichtbeiträge nach Satz 1 Nummer 2 oder Nummer 3 entsprechen. Satz 2 gilt auch, wenn die Beiträge zu Gunsten eines zu berücksichtigenden Haushaltsmitgliedes zu leisten sind. Die Sätze 2 und 3 gelten nicht, wenn eine im Wesentlichen beitragsfreie Sicherung oder eine Sicherung besteht, für die Beiträge von Dritten zu leisten sind. Die Sätze 1 und 2 gelten bei einmaligem

Einkommen im Sinne des § 15 Absatz 2 in jedem Jahr der Zurechnung entsprechend.

(2) Ergibt sich kein Abzugsbetrag nach Absatz 1, sind von dem Betrag, der sich nach den §§ 14 und 15 ergibt, 6 Prozent abzuziehen.

§ 17 Freibeträge

Bei der Ermittlung des Gesamteinkommens sind die folgenden jährlichen Freibeträge abzuziehen:

1. 1 500 Euro für jedes schwerbehinderte zu berücksichtigende Haushaltsmitglied mit einem Grad der Behinderung
   a) von 100 oder
   b) von unter 100 bei Pflegebedürftigkeit im Sinne des § 14 des Elften Buches Sozialgesetzbuch und gleichzeitiger häuslicher oder teilstationärer Pflege oder Kurzzeitpflege;
2. 750 Euro für jedes zu berücksichtigende Haushaltsmitglied, das Opfer der nationalsozialistischen Verfolgung oder ihm im Sinne des Bundesentschädigungsgesetzes gleichgestellt ist;
3. 1 320 Euro, wenn
   a) ein zu berücksichtigendes Haushaltsmitglied ausschließlich mit einem Kind oder mehreren Kindern Wohnraum gemeinsam bewohnt und
   b) mindestens eines dieser Kinder noch nicht 18 Jahre alt ist und für dieses Kindergeld nach dem Einkommensteuergesetz oder dem Bundeskindergeldgesetz oder eine in § 65 Absatz 1 Satz 1 des Einkommensteuergesetzes genannte Leistung gewährt wird;
4. ein Betrag in Höhe der eigenen Einnahmen aus Erwerbstätigkeit jedes Kindes eines Haushaltsmitgliedes, höchstens jedoch 1 200 Euro, wenn das Kind ein zu berücksichtigendes Haushaltsmitglied und noch nicht 25 Jahre alt ist.

§ 18 Abzugsbeträge für Unterhaltsleistungen

Bei der Ermittlung des Gesamteinkommens sind die folgenden zu erwartenden Aufwendungen zur Erfüllung gesetzlicher Unterhaltsverpflichtungen abzuziehen:

1. bis zu 3000 Euro jährlich für ein zu berücksichtigendes Haushaltsmitglied, das wegen Berufsausbildung auswärts wohnt, soweit es nicht von Nummer 2 erfasst ist;
2. bis zu 3000 Euro jährlich für ein Kind, das Haushaltsmitglied nach § 5 Absatz 4 ist; dies gilt nur für Aufwendungen, die an das Kind als Haushaltsmitglied bei dem anderen Elternteil geleistet werden;
3. bis zu 6000 Euro jährlich für einen früheren oder dauernd getrennt lebenden Ehegatten- oder Lebenspartner oder eine frühere oder dauernd getrennt lebende Ehe- oder Lebenspartnerin, der oder die kein Haushaltsmitglied ist;
4. bis zu 3000 Euro jährlich für eine sonstige Person, die kein Haushaltsmitglied ist.

Liegt in den Fällen des Satzes 1 eine notariell beurkundete Unterhaltsvereinbarung, ein Unterhaltstitel oder ein Bescheid vor, sind die jährlichen Aufwendungen bis zu dem darin festgelegten Betrag abzuziehen.

Kapitel 5
Höhe des Wohngeldes

§ 19 Höhe des Wohngeldes

(1) Das ungerundete monatliche Wohngeld für bis zu zwölf zu berücksichtigende Haushaltsmitglieder beträgt

1,15 · (M – (a + b · M + c · Y) · Y) Euro.

„M" ist die gerundete zu berücksichtigende monatliche Miete oder Belastung in Euro. „Y" ist das monatliche Gesamteinkommen in Euro. „a", „b" und „c" sind nach der Anzahl der zu berücksichtigenden Haushaltsmitglieder unterschiedene Werte und ergeben sich aus der Anlage 1.

(2) Die zur Berechnung des Wohngeldes erforderlichen Rechenschritte und Rundungen sind in der Reihenfolge auszuführen, die sich aus der Anlage 2 ergibt.

(3) Sind mehr als zwölf Haushaltsmitglieder zu berücksichtigen, erhöht sich für das 13. und jedes weitere zu berücksichtigende Haushaltsmitglied das nach den Absätzen 1 und 2 berechnete monatliche Wohngeld um jeweils 47 Euro, höchstens jedoch bis zur Höhe der zu berücksichtigenden Miete oder Belastung.

Teil 3
Nichtbestehen des Wohngeldanspruchs

§ 20 Gesetzeskonkurrenz

(1) Besteht für Haushaltsmitglieder ein Anspruch auf Leistungen nach den §§ 13 oder 17 Absatz 1 des Unterhaltssicherungsgesetzes, so haben diese Personen für die Dauer des freiwilligen Wehrdienstes nach § 58 b des Soldatengesetzes keinen Wohngeldanspruch; § 3 Absatz 4 und § 11 Absatz 3 dieses Gesetzes gelten entsprechend. Ist der oder dem freiwilligen Wehrdienst Leistenden Wohngeld für einen Zeitraum bewilligt worden, in den der Beginn des freiwilligen Wehrdienstes fällt, so ist das Wohngeld bis zum Ablauf des Bewilligungszeitraums in gleicher Höhe weiter zu leisten; § 27 Absatz 2 und § 28 bleiben unberührt.

(2) Es besteht kein Wohngeldanspruch, wenn allen Haushaltsmitgliedern eine der folgenden Leistungen dem Grunde nach zusteht oder im Fall ihres Antrages dem Grunde nach zustünde:

1. Leistungen zur Förderung der Ausbildung nach dem Bundesausbildungsförderungsgesetz,

2. Leistungen nach den §§ 56, 116 Absatz 3 oder § 122 des Dritten Buches Sozialgesetzbuch oder
3. Leistungen zur Sicherung des Lebensunterhaltes während des ausbildungsbegleitenden Praktikums oder der betrieblichen Berufsausbildung bei Teilnahme am Sonderprogramm Förderung der beruflichen Mobilität von ausbildungsinteressierten Jugendlichen und arbeitslosen jungen Fachkräften aus Europa.

Satz 1 gilt auch, wenn dem Grunde nach Förderungsberechtigte der Höhe nach keinen Anspruch auf Förderung haben. Satz 1 gilt nicht, wenn die Leistungen ausschließlich als Darlehen gewährt werden. Ist Wohngeld für einen Zeitraum bewilligt, in den der Beginn der Ausbildung fällt, ist das Wohngeld bis zum Ablauf des Bewilligungszeitraums in gleicher Höhe weiterzuleisten; § 27 Abs. 2 und § 28 bleiben unberührt.

§ 21 Sonstige Gründe

Ein Wohngeldanspruch besteht nicht,
1. wenn das Wohngeld weniger als 10 Euro monatlich betragen würde,
2. wenn alle Haushaltsmitglieder nach den §§ 7 und 8 Abs. 1 vom Wohngeld ausgeschlossen sind oder
3. soweit die Inanspruchnahme missbräuchlich wäre, insbesondere wegen erheblichen Vermögens.

Teil 4
Bewilligung, Zahlung und Änderung des Wohngeldes

§ 22 Wohngeldantrag

(1) Wohngeld wird nur auf Antrag der wohngeldberechtigten Person geleistet.

(2) Im Fall des § 3 Abs. 3 wird vermutet, dass die antragstellende Person von den anderen Haushaltsmitgliedern als wohngeldberechtigte Person bestimmt ist.

(3) Zieht die wohngeldberechtigte Person aus oder stirbt sie, kann der Antrag nach § 27 Abs. 1 auch von einem anderen Haushaltsmitglied gestellt werden, das die Voraussetzungen des § 3 Abs. 1 oder Abs. 2 erfüllt. § 3 Abs. 3 bis 5 gilt entsprechend.

(4) Wird ein Wohngeldantrag für die Zeit nach dem laufenden Bewilligungszeitraum früher als zwei Monate vor Ablauf dieses Zeitraums gestellt, gilt der Erste des zweiten Monats vor Ablauf dieses Zeitraums als Zeitpunkt der Antragstellung im Sinne des § 24 Abs. 2.

(5) § 65a des Ersten und § 115 des Zehnten Buches Sozialgesetzbuch sind nicht anzuwenden.

§ 23 Auskunftspflicht

(1) Soweit die Durchführung dieses Gesetzes es erfordert, sind folgende Personen verpflichtet, auf Verlangen der Wohngeldbehörde Auskunft über ihre für das Wohngeld maßgebenden Verhältnisse zu geben:
1. die Haushaltsmitglieder,
2. die sonstigen Personen, die mit der wohngeldberechtigten Person den Wohnraum gemeinsam bewohnen, und
3. bei einer Prüfung nach § 21 Nr. 3 zur Feststellung eines Unterhaltsanspruchs auch
a) der Ehegatte, der Lebenspartner oder die Lebenspartnerin,
b) der frühere Ehegatte, der frühere Lebenspartner oder die frühere Lebenspartnerin,
c) die Kinder der zu berücksichtigenden Haushaltsmitglieder und
d) die Eltern der zu berücksichtigenden Haushaltsmitglieder,
die keine Haushaltsmitglieder sind.

Die Haushaltsmitglieder sind verpflichtet, ihr Geschlecht anzugeben (§ 33 Abs. 3 Satz 1 Nr. 6 und § 35 Abs. 1 Nr. 5). Die wohngeldberechtigte Person hat im Wohngeldantrag nach § 22 und im Antrag nach § 27 Absatz 1 alle Tatsachen anzugeben, die für die Leistung erheblich sind.

(2) Soweit die Durchführung dieses Gesetzes es erfordert, sind die Arbeitgeber der zu berücksichtigenden Haushaltsmitglieder verpflichtet, auf Verlangen der Wohngeldbehörde über Art und Dauer des Arbeitsverhältnisses sowie über Arbeitsstätte und Arbeitsverdienst Auskunft zu geben.

(3) Der Empfänger oder die Empfängerin der Miete ist verpflichtet, auf Verlangen der Wohngeldbehörde über die Höhe und Zusammensetzung der Miete sowie über andere das Miet- oder Nutzungsverhältnis betreffende Umstände Auskunft zu geben, soweit die Durchführung dieses Gesetzes es erfordert.

(4) Zur Aufdeckung rechtswidriger Inanspruchnahme von Wohngeld sind die Kapitalerträge auszahlenden Stellen, denen ein zu berücksichtigendes Haushaltsmitglied einen Freistellungsauftrag für Kapitalerträge erteilt hat, verpflichtet, der Wohngeldbehörde Auskunft über die Höhe der zugeflossenen Kapitalerträge zu erteilen. § 21 Absatz 3 Satz 4 des Zehnten Buches Sozialgesetzbuch gilt entsprechend. Ein Auskunftsersuchen der Wohngeldbehörde ist nur zulässig, wenn auf Grund eines Datenabgleichs nach § 33 der Verdacht besteht oder feststeht, dass Wohngeld rechtswidrig in Anspruch genommen wurde oder wird und dass das zu berücksichtigende Haushaltsmitglied, auch soweit es dazu berechtigt ist, nicht oder nicht vollständig bei der Ermittlung der Kapitalerträge mitwirkt. Die Auslagen für Auskünfte von Kapitalerträge auszahlenden Stellen, die durch die Ermittlung der rechtswidrigen Inanspruchnahme von Wohngeld entstanden sind, sollen abweichend von § 64 Absatz 1 des Zehnten Buches Sozialgesetzbuch von der Person, die Wohngeld zu erstatten hat, erhoben werden.

(5) Auf die nach den Absätzen 1 bis 3 Auskunftspflichtigen sind die §§ 60 und 65 Abs. 1 und 3 des Ersten Buches Sozialgesetzbuch entsprechend anzuwenden.

§ 24 Wohngeldbehörde und Entscheidung

(1) Über den Wohngeldantrag muss die nach Landesrecht zuständige oder von der Landesregierung durch Rechtsverordnung oder auf sonstige Weise bestimmte Behörde (Wohngeldbehörde) schriftlich entscheiden. Die Landesregierung kann ihre Befugnis nach Satz 1, die Zuständigkeit der Wohngeldbehörden zu bestimmen, auf die für die Ausführung des Wohngeldgesetzes zuständige oberste Landesbehörde übertragen. § 69 des Ersten Buches Sozialgesetzbuch bleibt unberührt.

(2) Der Entscheidung sind die Verhältnisse im Bewilligungszeitraum, die im Zeitpunkt der Antragstellung zu erwarten sind, zu Grunde zu legen. Treten nach dem Zeitpunkt der Antragstellung bis zur Bekanntgabe des Wohngeldbescheides Änderungen der Verhältnisse im Bewilligungszeitraum ein, sind sie grundsätzlich nicht zu berücksichtigen; Änderungen im Sinne des § 27 Abs. 1 und 2, § 28 Abs. 1 bis 3 oder § 43 sollen berücksichtigt werden. Satz 2 gilt für nach dem Zeitpunkt der Antragstellung bis zur Bekanntgabe des Wohngeldbescheides zu erwartende Änderungen entsprechend.

(3) Der Bewilligungsbescheid muss die in § 27 Abs. 3 Satz 1 Nr. 2 und 3 genannten Beträge ausweisen und einen Hinweis über die Mitteilungspflichten nach § 27 Abs. 3 und 4 sowie § 28 Abs. 1 Satz 2 und Abs. 4 Satz 1 enthalten. Er soll einen Hinweis enthalten, dass der Wohngeldantrag für die Zeit nach Ablauf des Bewilligungszeitraums wiederholt werden kann und dass eine Neuentscheidung von Amts wegen mit der Folge des Wohngeldwegfalles oder eines verringerten Wohngeldes auch dann möglich ist, wenn keine Mitteilungspflicht besteht.

(4) Erzielt mindestens eines der zu berücksichtigenden Haushaltsmitglieder Einkünfte aus selbständiger Arbeit, aus Gewerbebetrieb oder aus Land- und Forstwirtschaft, so kann der Wohngeldbewilligungsbescheid mit der Auflage verbunden werden, dass die Einkommensteuerbescheide, die den Zeitraum der Wohngeldbewilligung betreffen, unverzüglich der Wohngeldbehörde zur Prüfung, ob ein Fall des § 27 Absatz 2 Satz 1 Nummer 3 vorliegt, vorzulegen sind.

(5) Wenn infolge des Umzugs der wohngeldberechtigten Person eine andere Wohngeldbehörde zuständig wird, bleibt abweichend von § 44 Absatz 3 des Zehnten Buches Sozialgesetzbuch die Wohngeldbehörde, die den Wohngeldbescheid erlassen hat, zuständig für
1. die Aufhebung eines Wohngeldbescheides,
2. die Rückforderung des zu erstattenden Wohngeldes sowie
3. die Unterrichtung und den Hinweis nach § 28 Absatz 5.

§ 25 Bewilligungszeitraum

(1) Das Wohngeld soll für zwölf Monate bewilligt werden. Ist zu erwarten, dass sich die maßgeblichen Verhältnisse vor Ablauf von zwölf Monaten

erheblich ändern, soll der Bewilligungszeitraum entsprechend verkürzt werden; im Einzelfall kann der Bewilligungszeitraum geteilt werden.

(2) Der Bewilligungszeitraum beginnt am Ersten des Monats, in dem der Wohngeldantrag gestellt worden ist. Treten die Voraussetzungen für die Bewilligung des Wohngeldes erst in einem späteren Monat ein, beginnt der Bewilligungszeitraum am Ersten dieses Monats.

(3) Der Bewilligungszeitraum beginnt am Ersten des Monats, von dem ab Leistungen im Sinne des § 7 Abs. 1 abgelehnt worden sind, wenn der Wohngeldantrag vor Ablauf des Kalendermonats gestellt wird, der auf die Kenntnis der Ablehnung folgt. Dies gilt entsprechend, wenn der Ausschluss nach § 8 Abs. 1 Satz 3 oder Abs. 2 als nicht erfolgt gilt.

(4) Ist ein Wohngeldbewilligungsbescheid nach § 28 Absatz 3 unwirksam geworden, beginnt der Wohngeldbewilligungszeitraum abweichend von § 25 Absatz 3 Satz 1 frühestens am Ersten des Monats, von dem an die Unwirksamkeit des Wohngeldbewilligungsbescheides eingetreten ist; dies gilt nur unter der Voraussetzung, dass der Wohngeldantrag vor Ablauf des Kalendermonats gestellt wird, der

1. **auf die Kenntnis der Ablehnung einer Leistung nach § 7 Absatz 1 folgt oder**
2. **auf die Kenntnis von der Unwirksamkeit des Wohngeldbewilligungsbescheides folgt, wenn nur ein Teil der zu berücksichtigenden Haushaltsmitglieder nach § 7 vom Wohngeld ausgeschlossen ist.**

Der Ablehnung einer Leistung nach § 7 Absatz 1 im Sinne des § 25 Absatz 4 Satz 1 Nummer 1 stehen die Fälle des § 8 Absatz 1 Satz 3 und Absatz 2 gleich. Wird eine Leistung nach § 7 Absatz 1 rückwirkend für alle zu berücksichtigenden Haushaltsmitglieder und nur für einen Teil des bisherigen Wohngeldbewilligungszeitraums gewährt, beginnt der neue Wohngeldbewilligungszeitraum am Ersten des Monats, von dem an die Leistung nach § 7 Absatz 1 nicht mehr gewährt wird; dies gilt nur unter der Voraussetzung, dass der Wohngeldantrag vor Ablauf des Kalendermonats gestellt wird, der auf die Kenntnis von dem Ende des Bewilligungszeitraums einer Leistung nach § 7 Absatz 1 folgt.

(5) Der neue Bewilligungszeitraum im Fall des § 27 Abs. 1 Satz 2 beginnt am Ersten des Monats, von dem an die erhöhte Miete oder Belastung rückwirkend berücksichtigt wird, wenn der Antrag vor Ablauf des Kalendermonats gestellt wird, der auf die Kenntnis von der Erhöhung der Miete oder Belastung folgt.

§ 26 Zahlung des Wohngeldes

(1) Das Wohngeld ist an die wohngeldberechtigte Person zu zahlen. Es kann mit schriftlicher Einwilligung der wohngeldberechtigten Person oder, wenn dies im Einzelfall geboten ist, auch ohne deren Einwilligung, an ein anderes Haushaltsmitglied, an den Empfänger oder die Empfängerin der Miete oder in den Fällen des § 3 Abs. 1 Satz 2 Nr. 3 an den Leistungsträger im Sinne des § 12 des Ersten Buches Sozialgesetzbuch gezahlt werden.

Wird das Wohngeld nach Satz 2 gezahlt, ist die wohngeldberechtigte Person hiervon zu unterrichten.

(2) Das Wohngeld ist monatlich im Voraus auf ein Konto eines Haushaltsmitgliedes bei einem Geldinstitut für das die Verordnung (EU) Nr. 260/2012 des Europäischen Parlaments und des Rates vom 14. März 2012 zur Festlegung der technischen Vorschriften und der Geschäftsanforderungen für Überweisungen und Lastschriften in Euro und zur Änderung der Verordnung (EG) Nr. 924/2009 (ABl. L 94 vom 30.3.2012, S. 22) gilt (Geldinstitut), zu zahlen. Ist ein solches Konto nicht vorhanden, kann das Wohngeld an den Wohnsitz der wohngeldberechtigten Person übermittelt werden; die dadurch veranlassten Kosten sollen vom Wohngeld abgezogen werden.

§ 27 Änderung des Wohngeldes

(1) Das Wohngeld ist auf Antrag neu zu bewilligen, wenn sich im laufenden Bewilligungszeitraum
1. die Anzahl der zu berücksichtigenden Haushaltsmitglieder erhöht,
2. die zu berücksichtigende Miete oder Belastung abzüglich der Beträge für Heizkosten um mehr als 15 Prozent erhöht oder
3. das Gesamteinkommen um mehr als 15 Prozent verringert

und sich dadurch das Wohngeld erhöht. Im Fall des Satzes 1 Nr. 2 ist das Wohngeld auch rückwirkend zu bewilligen, frühestens jedoch ab Beginn des laufenden Bewilligungszeitraums, wenn sich die zu berücksichtigende Miete oder Belastung abzüglich der Beträge für Heizkosten rückwirkend um mehr als 15 Prozent erhöht hat. Satz 1 Nr. 3 ist auch anzuwenden, wenn sich das Gesamteinkommen um mehr als 15 Prozent verringert, weil sich die Anzahl der zu berücksichtigenden Haushaltsmitglieder verringert hat.

(2) Über die Leistung des Wohngeldes ist von Amts wegen mit Wirkung ab dem Zeitpunkt der Änderung der Verhältnisse unter Aufhebung des Bewilligungsbescheides neu zu entscheiden, wenn sich im laufenden Bewilligungszeitraum nicht nur vorübergehend
1. die Anzahl der zu berücksichtigenden Haushaltsmitglieder auf mindestens ein zu berücksichtigendes Haushaltsmitglied verringert; § 6 Abs. 2 bleibt unberührt,
2. die zu berücksichtigende Miete oder Belastung abzüglich der Beträge für Heizkosten um mehr als 15 Prozent verringert; § 6 Abs. 2 bleibt unberührt, oder
3. das Gesamteinkommen um mehr als 15 Prozent erhöht

und dadurch das Wohngeld wegfällt oder sich verringert. Als Zeitpunkt der Änderung der Verhältnisse gilt im Fall des Satzes 1 Nr. 1 der Tag nach dem Auszug, im Fall des Satzes 1 Nr. 2 der Beginn des Zeitraums, für den sich die zu berücksichtigende Miete oder Belastung abzüglich der Beträge für Heizkosten um mehr als 15 Prozent verringert, und im Fall des Satzes 1 Nr. 3 der Beginn des Zeitraums, für den das erhöhte Einkommen bezogen wird, das zu einer Erhöhung des Gesamteinkommens um mehr als 15 Prozent führt. Tritt die Änderung der Verhältnisse nicht zum Ersten eines Monats ein, ist

mit Wirkung vom Ersten des nächsten Monats an zu entscheiden. Satz 1 Nr. 3 ist auch anzuwenden, wenn sich das Gesamteinkommen um mehr als 15 Prozent erhöht, weil sich die Anzahl der zu berücksichtigenden Haushaltsmitglieder erhöht hat. Als Zeitpunkt der Antragstellung im Sinne des § 24 Abs. 2 gilt der Zeitpunkt der Kenntnis der Wohngeldbehörde von den geänderten Verhältnissen. Eine Neuentscheidung von Amts wegen muss innerhalb eines Jahres, nachdem die Wohngeldbehörde von der Änderung der Verhältnisse Kenntnis erlangt hat, erfolgen. Die Neuentscheidung ist unabhängig vom Bestehen einer Mitteilungspflicht.

(3) Die wohngeldberechtigte Person muss der Wohngeldbehörde unverzüglich mitteilen, wenn sich im laufenden Bewilligungszeitraum nicht nur vorübergehend

1. die Anzahl der zu berücksichtigenden Haushaltsmitglieder (§ 6 Abs. 1) auf mindestens ein zu berücksichtigendes Haushaltsmitglied verringert oder die Anzahl der vom Wohngeld ausgeschlossenen Haushaltsmitglieder (§§ 7 und 8 Abs. 1) erhöht,
2. die monatliche Miete (§ 9) oder die monatliche Belastung (§ 10) um mehr als 15 Prozent gegenüber der im Bewilligungsbescheid genannten Miete oder Belastung verringert oder
3. die Summe aus den monatlichen positiven Einkünften nach § 14 Abs. 1 und den monatlichen Einnahmen nach § 14 Abs. 2 aller zu berücksichtigenden Haushaltsmitglieder um mehr als 15 Prozent gegenüber dem im Bewilligungsbescheid genannten Betrag erhöht; dies gilt auch, wenn sich der Betrag um mehr als 15 Prozent erhöht, weil sich die Anzahl der zu berücksichtigenden Haushaltsmitglieder erhöht hat.

Die zu berücksichtigenden Haushaltsmitglieder sind verpflichtet, der wohngeldberechtigten Person und dem Haushaltsmitglied, an welches das Wohngeld nach § 26 Abs. 1 Satz 2 gezahlt wird, Änderungen ihrer monatlichen positiven Einkünfte nach § 14 Abs. 1 und ihrer monatlichen Einnahmen nach § 14 Abs. 2 mitzuteilen.

(4) Die Absätze 2 und 3 gelten entsprechend, wenn sich die Änderungen nach Absatz 2 Satz 1 und 4 und Absatz 3 Satz 1 auf einen abgelaufenen Bewilligungszeitraum beziehen. Werden die Änderungen erst nach Ablauf des Bewilligungszeitraums bekannt und wirken sie auf einen oder mehrere abgelaufene Bewilligungszeiträume zurück, so ist eine Entscheidung nach Absatz 2 längstens für die drei Jahre, bevor die wohngeldberechtigte Person oder die zu berücksichtigenden Haushaltsmitglieder von der Änderung der Verhältnisse Kenntnis erlangt haben, zulässig; der Kenntnis steht die Nichtkenntnis infolge grober Fahrlässigkeit gleich. Hat die wohngeldberechtigte Person eine Änderung nach Absatz 2 Satz 1 und 4 im laufenden Bewilligungszeitraum nicht mitgeteilt und erhält die Wohngeldbehörde daher erst nach Ablauf des Bewilligungszeitraums von der Änderung Kenntnis, so ist eine Entscheidung nach Absatz 2 längstens für zehn Jahre seit Änderung der Verhältnisse zulässig.

§ 28 Unwirksamkeit des Bewilligungsbescheides und Wegfall des Wohngeldanspruchs

(1) Der Bewilligungsbescheid wird vom Ersten des Monats an unwirksam, in dem der Wohnraum, für den Wohngeld bewilligt ist, von keinem zu berücksichtigenden Haushaltsmitglied mehr genutzt wird; erfolgt die Nutzungsaufgabe nicht zum Ersten eines Monats, wird der Bewilligungsbescheid vom Ersten des nächsten Monats an unwirksam. Die wohngeldberechtigte Person muss der Wohngeldbehörde unverzüglich mitteilen, dass der Wohnraum nicht mehr genutzt wird. Der Wechsel des Wohnraums innerhalb desselben Heimes im Sinne des Heimgesetzes oder entsprechender Gesetze der Länder gilt nicht als Nutzungsaufgabe.

(2) Der Wohngeldanspruch fällt für den Monat weg, in dem das Wohngeld vollständig oder überwiegend nicht zur Bezahlung der Miete oder zur Aufbringung der Belastung verwendet wird (zweckwidrige Verwendung). Der Bewilligungsbescheid ist mit Wirkung vom Ersten des Monats der zweckwidrigen Verwendung an aufzuheben, wenn seine Bekanntgabe nicht länger als zehn Jahre und die Kenntnis der Wohngeldbehörde von der zweckwidrigen Verwendung nicht länger als ein Jahr zurückliegt. Die Sätze 1 und 2 gelten nicht, soweit der Wohngeldanspruch Gegenstand einer Aufrechnung, Verrechnung oder Pfändung nach den §§ 51, 52 und 54 des Ersten Buches Sozialgesetzbuch ist oder auf einen Leistungsträger im Sinne des § 12 des Ersten Buches Sozialgesetzbuch übergegangen ist.

(3) Der Bewilligungsbescheid wird von dem Zeitpunkt an unwirksam, ab dem ein zu berücksichtigendes Haushaltsmitglied nach den §§ 7 und 8 Abs. 1 vom Wohngeld ausgeschlossen ist. Im Fall des § 8 Abs. 1 Satz 3 bleibt der Bewilligungsbescheid unwirksam.

(4) Die wohngeldberechtigte Person muss der Wohngeldbehörde unverzüglich mitteilen, wenn für ein zu berücksichtigendes Haushaltsmitglied ein Verwaltungsverfahren zur Feststellung von Grund und Höhe einer Leistung nach § 7 Abs. 1 oder Abs. 2 begonnen hat oder ein zu berücksichtigendes Haushaltsmitglied eine Leistung nach § 7 Abs. 1 empfängt. Die zu berücksichtigenden Haushaltsmitglieder sind verpflichtet, der wohngeldberechtigten Person und dem Haushaltsmitglied, an welches das Wohngeld nach § 26 Abs. 1 Satz 2 gezahlt wird, die in Satz 1 genannten Tatsachen mitzuteilen.

(5) Die wohngeldberechtigte Person ist von der Unwirksamkeit des Bewilligungsbescheides zu unterrichten und im Fall des Absatzes 3 auf die Antragsfrist nach § 25 Absatz 4 hinzuweisen.

(6) Der Wohngeldanspruch ändert sich nur wegen der in § 27, den vorstehenden Absätzen 1 bis 3, § 42a oder § 43 Abs. 1 genannten Umstände.

§ 29 Haftung, Aufrechnung, Verrechnung und vorläufige Zahlungseinstellung

(1) Ist Wohngeld nach § 50 des Zehnten Buches Sozialgesetzbuch zu erstatten, haften neben der wohngeldberechtigten Person die volljährigen

und bei der Berechnung des Wohngeldes berücksichtigten Haushaltsmitglieder als Gesamtschuldner.

(2) Die Wohngeldbehörde kann mit Ansprüchen auf Erstattung zu Unrecht erbrachten Wohngeldes abweichend von § 51 Abs. 2 des Ersten Buches Sozialgesetzbuch gegen Wohngeldansprüche statt bis zu deren Hälfte in voller Höhe aufrechnen.

(3) Die Wohngeldbehörde kann Ansprüche eines anderen Leistungsträgers abweichend von § 52 des Ersten Buches Sozialgesetzbuch mit der ihr obliegenden Wohngeldleistung verrechnen, soweit nach Absatz 2 die Aufrechnung zulässig ist.

(4) Die Wohngeldbehörde kann die Zahlung des Wohngeldes ohne Erlass eines Bescheides vorläufig ganz oder teilweise einstellen, wenn sie Kenntnis von Tatsachen erhält, die die Annahme rechtfertigen, dass

1. **der Bewilligungsbescheid bei Erlass rechtswidrig war und die wohngeldberechtigte Person sich nach § 45 Absatz 2 Satz 3 des Zehnten Buches Sozialgesetzbuch nicht auf Vertrauensschutz berufen kann oder**
2. **die Voraussetzungen des § 27 Absatz 2, auch in Verbindung mit Absatz 4 oder § 28 Absatz 1 bis 3, vorliegen.**

Soweit die Kenntnis nicht auf Angaben der wohngeldberechtigten Person beruht, sind dieser unverzüglich die vorläufige Einstellung der Wohngeldzahlung sowie die dafür maßgeblichen Gründe mitzuteilen und ist ihr Gelegenheit zu geben, sich zu äußern. Die Wohngeldbehörde hat eine vorläufig eingestellte Wohngeldleistung unverzüglich nachzuzahlen, wenn nicht entweder der Bewilligungsbescheid, aus dem sich der Anspruch ergibt, zwei Monate nach der Einstellung der Zahlung mit Wirkung für die Vergangenheit aufgehoben oder nachträglich die Unwirksamkeit des Bewilligungsbescheides festgestellt worden ist. Satz 3 gilt nicht, wenn die Wohngeldleistung zwischenzeitlich nach Maßgabe des § 66 des Ersten Buches Sozialgesetzbuch entzogen wurde.

§ 30 Rücküberweisung und Erstattung im Todesfall

(1) Wird der Bewilligungsbescheid nach § 28 Abs. 1 Satz 1 auf Grund eines Todesfalles unwirksam, gilt Wohngeld, das für die Zeit nach dem Tod des zu berücksichtigenden Haushaltsmitgliedes auf ein Konto bei einem Geldinstitut überwiesen wurde, als unter Vorbehalt geleistet. Das Geldinstitut muss es der überweisenden Behörde oder der Wohngeldbehörde zurücküberweisen, wenn diese es als zu Unrecht geleistet zurückfordert. Eine Verpflichtung zur Rücküberweisung besteht nicht, soweit

1. **über den entsprechenden Betrag bei Eingang der Rückforderung bereits anderweitig verfügt worden ist, es sei denn, die Rücküberweisung kann aus einem Guthaben erfolgen, oder**
2. **die Wohngeldbehörde das Wohngeld an den Empfänger oder die Empfängerin der Miete überwiesen hat.**

Das Geldinstitut darf den nach Satz 1 überwiesenen Betrag nicht zur Befriedigung eigener Forderungen verwenden.

(2) Wird der Bewilligungsbescheid nach § 28 Abs. 1 Satz 1 auf Grund eines Todesfalles unwirksam und ist Wohngeld weiterhin geleistet worden, sind mit Ausnahme des Empfängers oder der Empfängerin der Miete folgende Personen verpflichtet, der Wohngeldbehörde den entsprechenden Betrag zu erstatten:

1. Personen, die das Wohngeld unmittelbar in Empfang genommen haben,
2. Personen, auf deren Konto der entsprechende Betrag durch ein bankübliches Zahlungsgeschäft weitergeleitet wurde, und
3. Personen, die über den entsprechenden Betrag verfügungsberechtigt sind und ein bankübliches Zahlungsgeschäft zu Lasten des Kontos vorgenommen oder zugelassen haben.

Der Erstattungsanspruch ist durch Verwaltungsakt geltend zu machen. Ein Geldinstitut, das eine Rücküberweisung mit dem Hinweis abgelehnt hat, dass über den entsprechenden Betrag bereits anderweitig verfügt wurde, muss der überweisenden Behörde oder der Wohngeldbehörde auf Verlangen Name und Anschrift der in Satz 1 Nr. 2 und 3 genannten Personen und etwaiger neuer Kontoinhaber oder Kontoinhaberinnen benennen. Ein Anspruch nach § 50 des Zehnten Buches Sozialgesetzbuch bleibt unberührt.

(3) Der Rücküberweisungs- und der Erstattungsanspruch verjähren in vier Jahren nach Ablauf des Kalenderjahres, in dem die Wohngeldbehörde Kenntnis von der Überzahlung erlangt hat.

§ 31 Rücknahme eines rechtswidrigen nicht begünstigenden Wohngeldbescheides

Wird ein rechtswidriger nicht begünstigender Wohngeldbescheid mit Wirkung für die Vergangenheit zurückgenommen, muss die Wohngeldbehörde längstens für zwei Jahre vor der Rücknahme Wohngeld leisten. Im Übrigen bleibt § 44 des Zehnten Buches Sozialgesetzbuch unberührt.

Teil 5
Kostentragung und Datenabgleich

§§ 32–44 *(Hier nicht abgedruckt)*

Teil 6
Wohngeldstatistik

§§ 34–36 *(Hier nicht abgedruckt)*

Teil 7
Schlussvorschriften

§§ 37–39 *(Hier nicht abgedruckt)*

§ 40 Einkommen bei anderen Sozialleistungen

Das einer vom Wohngeld ausgeschlossenen wohngeldberechtigten Person bewilligte Wohngeld ist bei Sozialleistungen nicht als deren Einkommen zu berücksichtigen.

§ 41 Auswirkung von Rechtsänderungen auf die Wohngeldentscheidung

(1) Ist im Zeitpunkt des Inkrafttretens von Änderungen dieses Gesetzes oder der Wohngeldverordnung über einen Wohngeldantrag noch nicht entschieden, ist für die Zeit bis zum Inkrafttreten der Änderungen nach dem bis dahin geltenden Recht, für die darauf folgende Zeit nach dem neuen Recht zu entscheiden. Ist über einen nach dem Zeitpunkt des Inkrafttretens von Änderungen dieses Gesetzes oder der Wohngeldverordnung gestellten Wohngeldantrag, einen Antrag nach § 27 Absatz 1 oder in einem Verfahren nach § 27 Absatz 2 zu entscheiden und beginnt der Bewilligungszeitraum vor dem Zeitpunkt des Inkrafttretens von Änderungen dieses Gesetzes oder der Wohngeldverordnung, ist Satz 1 entsprechend anzuwenden.

(2) Ist vor dem Inkrafttreten von Änderungen dieses Gesetzes oder der Wohngeldverordnung über einen Wohngeldantrag entschieden worden, verbleibt es für die Leistung des Wohngeldes auf Grund dieses Antrages bei der Anwendung des jeweils bis zu der Entscheidung geltenden Rechts.

Teil 8
Überleitungsvorschriften

§§ 42–44 *(Hier nicht abgedruckt)*

Anlage 1
(zu § 19 Absatz 1)

Werte für „a", „b" und „c"

Die in die Formel nach § 19 Absatz 1 Satz 1 einzusetzenden, nach der Anzahl der zu berücksichtigenden Haushaltsmitglieder unterschiedenen Werte „a", „b" und „c" sind der nachfolgenden Tabelle zu entnehmen:

	1 Haushalts-mitglied	2 Haushalts-mitglieder	3 Haushalts-mitglieder	4 Haushalts-mitglieder	5 Haushalts-mitglieder	6 Haushalts-mitglieder
a	4,000E-2	3,000E-2	2,000E-2	1,000E-2	0	–1,000E-2
b	6,300E-4	4,400E-4	3,800E-4	3,400E-4	3,000E-4	2,800E-4
c	1,380E-4	1,030E-4	8,300E-5	4,300E-5	4,200E-5	3,600E-5

	7 Haushalts-mitglieder	8 Haushalts-mitglieder	9 Haushalts-mitglieder	10 Haushalts-mitglieder	11 Haushalts-mitglieder	12 Haushalts-mitglieder
a	–2,000E-2	–3,000E-2	–4,000E-2	–6,000E-2	–1,000E-1	–1,400E-1
b	2,600E-4	2,300E-4	2,000E-4	1,600E-4	1,200E-4	1,100E-4
c	3,700E-5	3,700E-5	3,900E-5	4,500E-5	5,300E-5	6,000E-5

Hierbei bedeuten:
E-1 geteilt durch 10,
E-2 geteilt durch 100,
E-4 geteilt durch 10 000,
E-5 geteilt durch 100 000.

Anlage 2
(zu § 19 Absatz 2)

Rechenschritte und Rundungen

1. Werte für „M" und „Y", die unterhalb der folgenden Tabellenwerte liegen, werden durch diese ersetzt:

	1 Haushalts-mitglied	2 Haushalts-mitglieder	3 Haushalts-mitglieder	4 Haushalts-mitglieder	5 Haushalts-mitglieder	6 Haushalts-mitglieder
M	48	59	70	81	91	91
Y	239	310	360	389	463	537

	7 Haushalts-mitglieder	8 Haushalts-mitglieder	9 Haushalts-mitglieder	10 Haushalts-mitglieder	11 Haushalts-mitglieder	12 Haushalts-mitglieder
M	102	113	124	134	155	263
Y	610	684	758	832	1 085	1 255

2. Das ungerundete monatliche Wohngeld ergibt sich durch Einsetzen der Werte für „a“, „b“, „c“ (Anlage 1) und für „M“ und „Y“ in die Formel nach § 19 Absatz 1 Satz 1 und durch Ausführen der vier folgenden Rechenschritte:
   Berechnung der Dezimalzahlen
   $z1 = a + b \cdot M + c \cdot Y$,
   $z2 = z1 \cdot Y$,
   $z3 = M - z2$,
   $z4 = 1{,}15 \cdot z3$.
   Hierbei sind die Dezimalzahlen als Festkommazahlen mit zehn Nachkommastellen zu berechnen.
3. Dieses ungerundete monatliche Wohngeld ist bis unter 0,50 Euro auf den nächsten vollen Euro-Betrag abzurunden sowie von 0,50 Euro an auf den nächsten vollen Euro-Betrag aufzurunden.

Soziales Entschädigungsrecht

I.

Gesetz über die Versorgung der Opfer des Krieges (Bundesversorgungsgesetz – BVG –)

in der Fassung der Bekanntmachung vom 22. Januar 1982 (BGBl. I S. 21), zuletzt geändert durch Art. 15 des Gesetzes vom 23. 12. 2016 (BGBl. I S. 3234, 3328)[1]

einschließlich der Allgemeinen Verwaltungsvorschriften zum Bundesversorgungsgesetz (BVG-VV) vom 26. Juni 1969 (Beil. 15 zum BAnz. Nr. 119 vom 4. Juli 1969), geändert durch die Allgemeine Verwaltungsvorschrift vom 25. April 1975 (BAnz. Nr. 83 vom 6. Mai 1975), und die Zweite Allgemeine Verwaltungsvorschrift vom 27. August 1986 (BAnz. Nr. 161 vom 2. September 1986)

Inhaltsübersicht[2]

1 **Die zum Zeitpunkt der Drucklegung noch nicht veröffentlichten Änderungen durch die 23. KOV-AnpV 2017 sind bereits eingearbeitet.**
Die Änderung durch das Bundesteilhabegesetz vom 23. Dezember 2016 (BGBl. I S. 3234, 3328) tritt am 1. 1. 2020 in Kraft und ist nicht berücksichtigt.

2 Nichtamtliche Inhaltsübersicht (mit redaktionellen Paragraphenüberschriften).

Umfang der Versorgung §§

Heilbehandlung, Versehrtenleibesübungen und Krankenbehandlung

---

- **Orthopädieverordnung**
- **Versehrtenleibesübungen-Verordnung**
- **Verordnung zur Durchführung des § 15** (Bemessung des Pauschbetrages für Kleider- und Wäscheverschleiß)

Kriegsopferfürsorge §§

Anspruch auf Versorgung

§ 1 (Anspruch auf Versorgung)

(1) Wer durch eine militärische oder militärähnliche Dienstverrichtung oder durch einen Unfall während der Ausübung des militärischen oder militärähnlichen Dienstes oder durch die diesem Dienst eigentümlichen Verhältnisse eine gesundheitliche Schädigung erlitten hat, erhält wegen der gesundheitlichen und wirtschaftlichen Folgen der Schädigung auf Antrag Versorgung.

(2) Einer Schädigung im Sinne des Absatzes 1 stehen Schädigungen gleich, die herbeigeführt worden sind durch

a) eine unmittelbare Kriegseinwirkung,

b) eine Kriegsgefangenschaft,

c) eine Internierung im Ausland oder in den nicht unter deutscher Verwaltung stehenden deutschen Gebieten wegen deutscher Staatsangehörigkeit oder deutscher Volkszugehörigkeit,

d) eine mit militärischem oder militärähnlichem Dienst oder mit den allgemeinen Auflösungserscheinungen zusammenhängende Straf- oder Zwangsmaßnahme, wenn sie den Umständen nach als offensichtliches Unrecht anzusehen ist,

e) einen Unfall, den der Beschädigte auf einem Hin- oder Rückweg erleidet, der notwendig ist, um eine Maßnahme der Heilbehandlung, eine Badekur, Versehrtenleibesübungen als Gruppenbehandlung oder Leistungen zur Teilhabe am Arbeitsleben nach § 26 durchzuführen oder um auf Verlangen eines zuständigen Leistungsträgers oder eines Gerichts wegen der Schädigung persönlich zu erscheinen,

f) einen Unfall, den der Beschädigte bei der Durchführung einer der unter Buchstabe e aufgeführten Maßnahmen erleidet.

(3) Zur Anerkennung einer Gesundheitsstörung als Folge einer Schädigung genügt die Wahrscheinlichkeit des ursächlichen Zusammenhangs. Wenn die zur Anerkennung einer Gesundheitsstörung als Folge einer Schädigung erforderliche Wahrscheinlichkeit nur deshalb nicht gegeben ist, weil über die Ursache des festgestellten Leidens in der medizinischen Wissenschaft Ungewißheit besteht, kann mit Zustimmung des Bundesministeriums für Arbeit und Soziales die Gesundheitsstörung als Folge einer Schädigung anerkannt werden; die Zustimmung kann allgemein erteilt werden.

(4) Eine vom Beschädigten absichtlich herbeigeführte Schädigung gilt nicht als Schädigung im Sinne dieses Gesetzes.

(5) Ist der Beschädigte an den Folgen der Schädigung gestorben, so erhalten seine Hinterbliebenen auf Antrag Versorgung. Absatz 3 gilt entsprechend.

VV zu § 1

1. Der Antrag ist materiell-rechtliche Voraussetzung des Anspruchs auf Versorgung. Er ist auf alle nach Lage des Falles in Betracht kommenden

Leistungen gerichtet anzusehen, es sei denn, daß er auf bestimmte Leistungen ausdrücklich beschränkt wird.

2. Ursachen sind die Bedingungen, die wegen ihrer besonderen Beziehung zum Erfolg zu dessen Eintritt wesentlich mitgewirkt haben. Haben mehrere Umstände zu einem Erfolg beigetragen, sind sie versorgungsrechtlich nur dann nebeneinanderstehende Mitursachen, wenn sie in ihrer Bedeutung und Tragweite für den Eintritt des Erfolges annähernd gleichwertig sind. Kommt einem der Umstände gegenüber dem anderen eine überragende Bedeutung zu, ist dieser Umstand allein Ursache im Sinne des Bundesversorgungsgesetzes.
3. Eine Schädigung ist durch die dem militärischen oder militärähnlichen Dienst eigentümlichen Verhältnisse herbeigeführt, wenn sie den besonderen, von den Verhältnissen des zivilen Lebens abweichenden und diesem in der Regel fremden Verhältnissen des militärischen oder militärähnlichen Dienstes zuzurechnen ist.
4. Auch die infolge einer Schädigung eingetretene Verschlimmerung eines früheren Leidens begründet einen Anspruch auf Versorgung; dasselbe gilt für eine Gesundheitsstörung, die durch ein äußeres Ereignis hervorgerufen und durch die Folgen der Schädigung verursacht worden ist (mittelbare Schädigungsfolge).
5. Die Kriegsgefangenschaft endet in der Regel durch Freilassung und Heimschaffung. Geht ein Kriegsgefangener oder Internierter (§ 1 Abs. 2 Buchstaben b und c) im Gewahrsamsland ein ziviles Arbeitsverhältnis ein, endet die Kriegsgefangenschaft oder Internierung mit der Aufnahme der Beschäftigung, es sei denn, daß der Gewahrsamsstaat den Kriegsgefangenen oder Internierten zum Vertragsabschluß gezwungen hat oder besondere Umstände ihn dazu genötigt haben.
6. Eine Internierung wegen deutscher Staatsangehörigkeit oder deutscher Volkszugehörigkeit (§ 1 Abs. 2 Buchstabe c) kann nicht angenommen werden, wenn sie
   a) auf erheblicher nationalsozialistischer Betätigung beruht, oder
   b) auf einer strafbaren Handlung beruht, die nach dem im Bundesgebiet geltenden Strafgesetzen ein Verbrechen oder Vergehen ist und zur Verurteilung zu einer erheblichen Freiheitsstrafe geführt hätte.
7. Deutscher Volkszugehörigkeit ist, wer sich in seiner Heimat zum deutschen Volkstum bekannt hat, sofern dieses Bekenntnis durch bestimmte Merkmale wie Abstammung, Sprache, Erziehung, Kultur bestätigt wird.
8. Für Beginn, Ende und Unterbrechung des Hin- und Rückwegs im Sinne des § 1 Abs. 2 Buchstabe e gilt Nummer 1 zu § 4 entsprechend.
9. Wahrscheinlichkeit im Sinne des § 1 Abs. 3 liegt vor, wenn unter Berücksichtigung der herrschenden medizinisch-wissenschaftlichen Lehrmeinung mehr für als gegen den ursächlichen Zusammenhang spricht. Eine Anerkennung nach § 1 Abs. 3 Satz 2 setzt eine zeitliche Verbindung zwischen krankhaften Veränderungen und einem nach § 1 als schädigendes Ereignis in Betracht kommenden Tatbestand voraus. Es müssen außerdem Schädigungsfaktoren vorhanden sein, die wegen der Ungewißheit in der medizinischen Wissenschaft nicht mit der erforderlichen Wahrscheinlichkeit als Ursache der Gesundheitsstörung bewertet werden können.

10. Die Regelung des § 1 Abs. 3 Satz 3 geht den Vorschriften des Zehnten Buches Sozialgesetzbuch über die Bestandskraft des Verwaltungsaktes vor. Die Rücknahme der Anerkennung ist ohne Rücksicht auf den Zeitablauf seit der Anerkennung jederzeit möglich; sie wird durch den Tod des Beschädigten nicht ausgeschlossen.
11. Eine Schädigung ist nur dann absichtlich herbeigeführt, wenn sie von dem Beschädigten erstrebt war; Vorsatz allein genügt nicht.
12. Selbsttötung und die Folgen eines Selbsttötungsversuchs sind nicht als absichtlich herbeigeführte Schädigung anzusehen, wenn eine Beeinträchtigung der freien Willensbestimmung durch Tatbestände im Sinne des § 1 wahrscheinlich ist.
13. Schäden an Leib und Leben, für die der frühere Wehrmachtfiskus nur zivilrechtlich schadensersatzpflichtig war, sind keine Schädigungsfolgen im Sinne des § 1.

Anmerkung:
VV Nr. 10 ist gegenstandslos; vgl. Artikel 1 des Gesetzes vom 11.4.2002 (BGBl. I S. 1302).

Aus Rundschreiben, Urteilen etc.

BSG v. 15. 12. 1999 – B 9 VS 2/98 R – (Breithaupt 2000, 390)
Im sozialen Entschädigungsrecht genügt auch zum Nachweis der haftungsbegründenden Kausalität die Wahrscheinlichkeit (Aufgabe von BSG SozR 3-3200 § 81 Nr. 6 = Breithaupt 1993 S. 511).

BMA v. 17. 11. 2000 – VI a 2–62 090/62 091 (BArbBl. 1/2001 S. 79)
Beweisanforderungen an die haftungsbegründende Kausalität
an die für die Kriegsopferversorgung zuständigen obersten Landesbehörden der Länder, nachrichtlich den Landesvertretungen beim Bund, dem Bundesrechnungshof und dem Bundesministerium der Verteidigung (Bezug: Urteil des BSG vom 15. 12. 1999 und Schreiben des BMVg vom 20. 10. 2000)
Mit dem Schreiben vom 20. 10. 2000 hat mich das Bundesministerium der Verteidigung (BMVg) darauf aufmerksam gemacht, dass das Bundessozialgericht (BSG) in dem o.a. Grundsatzurteil vom 15. 12. 1999 ausdrücklich von seiner bisherigen Rechtsprechung (zuletzt Urteil vom 24. 9. 1992; SozR 3–3200 § 81 Nr. 6) hinsichtlich der Beweisanforderungen an die sog. haftungsbegründende Kausalität Abstand genommen hat. Während das BSG dafür bisher die Notwendigkeit eines Vollbeweises angenommen hatte, lässt es nunmehr ausdrücklich den Beweisgrad der Wahrscheinlichkeit genügen.
Damit gilt nach den überzeugenden Ausführungen des BSG nunmehr für die haftungsbegründende Kausalität, soweit sie den ursächlichen Zusammenhang zwischen dem schädigenden Ereignis und der primären gesundheitlichen Schädigung betrifft, ebenso wie für die haftungsausfüllende Kausalität einheitlich der Beweisgrad der Wahrscheinlichkeit.
Ich halte es für notwendig, dieser Entscheidung des BSG über den Anwendungsbereich des Soldatenversorgungsgesetzes hinaus für das gesamte Soziale Entschädigungsrecht zu folgen, da damit die in der Praxis auf Grund des bisher angenom-

menen unterschiedlichen Beweisgrades auftretenden Probleme bei der Beurteilung des gesamten Kausalverlaufs vermieden werden können. Darüber hinaus erübrigt sich auch die bisher notwendige Festlegung in der Frage der – in Literatur und Praxis umstrittenen – Abgrenzung zwischen haftungsbegründender und haftungsausfüllender Kausalität.
Eine Kopie der Entscheidung des BSG vom 15. 12. 1999 füge ich zu Ihrer Unterrichtung bei.

BSG v. 13. 12. 2000 – B 9 VS 1/00 R – Breithaupt 4/2001 S. 379

1. *Eine Schädigung durch eine (zeitlich begrenzte) äußere Einwirkung (z. B. durch Aufprall auf einen harten Gegenstand) stellt auch dann einen Unfall i. S. des Versorgungsrechts dar, wenn sie im Zuge eines durch innere Ursachen bedingten Geschehens (z. B. Sturz wegen Herzinfarkts) eintritt.*
2. *Nach § 81 Abs. 1 zweite Alt. SVG (§ 1 Abs. 1 zweite Alt. BVG) geschützt ist der Soldat nicht nur gegen solche Unfälle, die er infolge der Ausübung, sondern auch gegen solche, die er nur gleichzeitig mit der Ausübung des Wehrdienstes erleidet.*

BSG v. 17. 4. 2013 – B 9 V 1/12 R (BH 2013, 934)

1. *Erscheinen die Angaben der antragstellenden Person, die sich auf die mit der Schädigung in Zusammenhang stehenden Tatsachen beziehen, nach den Umständen des Falls glaubhaft, so sind sie auch dann der Entscheidung über eine Gewaltopferentschädigung zugrunde zu legen, wenn für den schädigenden Vorgang keine Tatzeugen vorhanden sind und der als Täter Beschuldigte die Tat bestreitet.*
2. *Reicht im Einzelfall für den Nachweis des schädigenden Vorgangs eine Glaubhaftmachung aus, hat sich ein als solches zulässiges aussagepsychologisches Gutachten an diesem – abgesenkten – Beweismaßstab zu orientieren.*

I. Die Beteiligten streiten über die Gewährung von Beschädigtenrente nach dem Gesetz über die Entschädigung für Opfer von Gewalttaten (OEG) i. V. m. dem Bundesversorgungsgesetz (BVG).
Die 1962 geborene Klägerin beantragte am 16. 9. 1999 beim damals zuständigen Versorgungsamt B. Beschädigtenversorgung nach dem OEG. Sie gab an, ihre Gesundheitsstörungen seien Folge von Gewalttaten und sexuellem Missbrauch im Elternhaus sowie von sexuellem Missbrauch durch einen Fremden. Die Taten hätten sich zwischen ihrem Geburtsjahr 1962 mit abnehmender Tendenz bis 1980 zugetragen. Nachdem das Versorgungsamt die Klägerin angehört, eine Vielzahl von Arztberichten, insbesondere über psychiatrische Behandlungen der Klägerin, sowie eine schriftliche Aussage ihrer Tante eingeholt hatte, stellte die Ärztin für Neurologie und Fachärztin für Psychotherapeutische Medizin Dr. W. mit Gutachten vom 26. 9. 2001 für das Versorgungsamt zusammenfassend fest, die Untersuchung der Klägerin habe nur in Ansätzen detaillierte Angaben zu den geltend gemachten Misshandlungen und dem sexuellen Missbrauch erbracht. Diagnostisch sei von einer Persönlichkeitsstörung auszugehen. Aufgrund der Symptomatik sei nicht zu entscheiden, ob die psychische Störung der Klägerin ein Milieuschaden im weitesten Sinne sei oder mindestens gleichwertig auf Gewalttaten i. S. d. OEG zurückzuführen sei. Das Versorgungsamt lehnte daraufhin den Antrag der Klägerin auf Beschädigtenversorgung mit der Begründung ab: Die psychische Störung könne nicht als Folge tätlicher Gewalt anerkannt werden. Zwar seien einzelne körperliche Misshandlungen, Schläge und sexueller Missbrauch geschildert worden, insbesondere

aber insgesamt zerrüttete Familienverhältnisse. Vor allem diese frühere, allgemeine familiäre Situation sei für die psychischen Probleme verantwortlich (Bescheid v. 15. 10. 2001 in der Gestalt des Widerspruchsbescheides v. 14. 5. 2002).

Hinsichtlich der entscheidungserheblichen Tatsachen kennt das soziale Entschädigungsrecht, also auch das OEG, drei Beweismaßstäbe. Grundsätzlich bedürfen die drei Glieder der Kausalkette (schädigender Vorgang, Schädigung und Schädigungsfolgen) des Vollbeweises. Für die Kausalität selbst genügt gemäß § 1 Abs. 3 BVG die Wahrscheinlichkeit. Nach Maßgabe des § 15 Satz 1 VfG-KOV, der gemäß § 6 Abs. 3 OEG anzuwenden ist, sind bei der Entscheidung die Angaben des Antragstellers, die sich auf die mit der Schädigung (also insbesondere auch mit dem tätlichen Angriff) im Zusammenhang stehenden Tatsachen beziehen, zugrundezulegen, wenn sie nach den Umständen des Falles glaubhaft erscheinen.

Für den Vollbeweis muss sich das Gericht die volle Überzeugung vom Vorhandensein oder Nichtvorhandensein einer Tatsache verschaffen. Allerdings verlangt auch der Vollbeweis keine absolute Gewissheit, sondern lässt eine an Gewissheit grenzende Wahrscheinlichkeit ausreichen. Denn ein darüber hinausgehender Grad an Gewissheit ist so gut wie nie zu erlangen (vgl. Keller in: Meyer-Ladewig/Keller/Leitherer, SGG, 10. Aufl. 2012, § 128 RdNr. 3b m.w.N.). Daraus folgt, dass auch dem Vollbeweis gewisse Zweifel innewohnen können, verbleibende Restzweifel mit anderen Worten bei der Überzeugungsbildung unschädlich sind, solange sie sich nicht zu gewichtigen Zweifeln verdichten (BSG, Urt. v. 24. 11. 2010 – B 11 AL 35/09 R, RdNr. 21). Eine Tatsache ist bewiesen, wenn sie in so hohem Grade wahrscheinlich ist, dass alle Umstände des Falles nach vernünftiger Abwägung des Gesamtergebnisses des Verfahrens und nach der allgemeinen Lebenserfahrung geeignet sind, die volle richterliche Überzeugung zu begründen (vgl. Keller in: Meyer-Ladewig/Keller/Leitherer, SGG, 10. Aufl. 2012, § 128 RdNr. 3b m.w.N.).

Der Beweisgrad der Wahrscheinlichkeit i. S. d. § 1 Abs. 3 Satz 1 BVG ist dann gegeben, wenn nach der geltenden wissenschaftlichen Lehrmeinung mehr für als gegen einen ursächlichen Zusammenhang spricht (vgl. BSG, Beschl. v. 8. 8. 2001 – B 9 V 23/01 B – Breith. 2001, 967 = SozR 3–3900 § 15 Nr. 4 S. 14 m.w.N.). Diese Definition ist der Fragestellung nach dem wesentlichen ursächlichen Zusammenhang angepasst, die nur entweder mit ja oder mit nein beantwortet werden kann. Es muss sich unter Würdigung des Beweisergebnisses ein solcher Grad von Wahrscheinlichkeit ergeben, dass ernste Zweifel hinsichtlich einer anderen Möglichkeit ausscheiden. Für die Wahrscheinlichkeit ist ein „deutliches" Übergewicht für eine der Möglichkeiten erforderlich. Sie entfällt, wenn eine andere Möglichkeit ebenfalls ernstlich in Betracht kommt.

Bei dem „Glaubhafterscheinen" i. S. d. § 15 Satz 1 VfG-KOV handelt es sich um den dritten, mildesten Beweismaßstab des Sozialrechts. Glaubhaftmachung bedeutet das Dartun einer überwiegenden Wahrscheinlichkeit (vgl. Keller in: Meyer-Ladewig/Keller/Leitherer, SGG, 10. Aufl. 2012, § 128 RdNr. 3d m.w.N.), d. h. der guten Möglichkeit, dass sich der Vorgang so zugetragen hat, wobei durchaus gewisse Zweifel bestehen bleiben können (vgl. BSG, Beschl. v. 8. 8. 2001 – B 9 V 23/01 B – Breith. 2001, 967 = SozR 3–3900 § 15 Nr. 4 S. 14f. m.w.N.). Dieser Beweismaßstab ist durch seine Relativität gekennzeichnet. Es muss nicht, wie bei der Wahrscheinlichkeit des ursächlichen Zusammenhanges, absolut mehr für als gegen die glaubhaft zu machende Tatsache sprechen. Es reicht die gute Möglichkeit aus, d. h. es genügt, wenn bei mehreren ernstlich in Betracht zu ziehenden Möglichkeiten das

Vorliegen einer davon relativ am wahrscheinlichsten ist (vgl. Keller in: Meyer-Ladewig/Keller/Leitherer, SGG, 10. Aufl. 2012, § 128 RdNr. 3d m.w.N.), weil nach Gesamtwürdigung aller Umstände besonders viel für diese Möglichkeit spricht. Von mehreren ernstlich in Betracht zu ziehenden Sachverhaltsvarianten muss einer den übrigen gegenüber ein gewisses (kein deutliches) Übergewicht zukommen. Die bloße Möglichkeit einer Tatsache reicht auch insoweit nicht aus.

§ 1 a (Ausschluss der Leistung, Entziehung, Minderung)

(1) Leistungen sind zu versagen, wenn der Berechtigte oder derjenige, von dem sich die Berechtigung ableitet, während der Herrschaft des Nationalsozialismus gegen die Grundsätze der Menschlichkeit oder Rechtsstaatlichkeit verstoßen hat und er nach dem 13. November 1997 einen Antrag auf Leistungen gestellt hat. Anhaltspunkte, die eine besonders intensive Überprüfung erforderlich machen, ob ein Berechtigter durch sein individuelles Verhalten gegen Grundsätze der Menschlichkeit oder Rechtsstaatlichkeit verstoßen hat, können sich insbesondere aus einer freiwilligen Mitgliedschaft des Berechtigten in der SS ergeben.

(2) Leistungen sind mit Wirkung für die Zukunft ganz oder teilweise zu entziehen, wenn ein Versagungsgrund im Sinne des Absatzes 1 vorliegt und das Vertrauen des Berechtigten auf eine fortwährende Gewährung der Leistungen im Einzelfall auch angesichts der Schwere der begangenen Verstöße nicht überwiegend schutzbedürftig ist.

(3) Soweit in den Fällen des Absatzes 2 die sofortige Entziehung oder Minderung der Leistungen zu unbilligen Härten führt, soll die Entziehung oder Minderung nach einer angemessenen Übergangsfrist erfolgen.

Aus Rundschreiben, Urteilen etc.

BMA v. 25. 2. 1998 – VI 1 – 52001 – VI 2 – 52001 (BVBl. 1 bis 5/1998, 3)
Alleinzuständigkeit der Versorgungsverwaltung für die Grundsatzentscheidungen gem. § 1 a BVG

1. *In Übereinstimmung mit dem entsprechenden Ergebnis der (KOV-)Länderreferentenbesprechung am 11. 02. 1998 teile ich mit, daß in § 1 a BVG die Wörter „Leistungen sind zu versagen...“ (Absatz 1) und „Leistungen ... sind ganz oder teilweise zu entziehen...“ (Absatz 2) nicht dahingehend zu verstehen sind, daß den örtlich und sachlich für den Berechtigten zuständigen, unterschiedlichen Leistungsträgern des Bundesversorgungsrechts jeweils eine gesonderte Grundsatzentscheidungskompetenz für ihren Leistungsbereich zusteht. Ein solches Ergebnis ist allein schon wegen der daraus folgenden Möglichkeit unterschiedlicher Tatbestandsbewertungen vom Gesetzgeber nicht gewollt. Vielmehr haben allein die Versorgungsbehörden – ebenso wie über die Anerkennung eines Versorgungsanspruchs – auch über die Versagung gem. § 1 a Abs. 1 BVG, die vollständige oder teilweise Entziehung gem. § 1 a Abs. 2 BVG und über die Einräumung einer Übergangsfrist gem. § 1 a Abs. 3 BVG die Grundsatzentscheidung zu treffen.*
   Sollten sich allerdings bei anderen Leistungsträgern i. S. d. § 24 Abs. 2 Satz 1 SGB I, insbesondere bei den Trägern der Kriegsopferfürsorge, anlässlich der

Bearbeitung eines individuellen Leistungsantrags konkrete Anhaltspunkte für das Vorliegen eines Versagungsgrundes i. S. d. § 1 a Abs. 1 BVG ergeben, so ist das zuständige Versorgungsamt hiervon zu unterrichten.

2. *In der jeweiligen Grundsatzentscheidung der zuständigen Versorgungsbehörde nach § 1 a BVG ist auch darüber zu befinden, daß die Leistungen der Heil- und Krankenbehandlung versagt bzw. ob sie entzogen werden. Dabei ist zu berücksichtigen, daß Beschädigte, die keine Grundrente (mehr) beziehen, aber (noch) Anspruch auf Heilbehandlung haben, gem. § 25 Abs. 3 Nr. 1 BVG – bei Vorliegen der Voraussetzungen im übrigen – Anspruch auf Leistungen der Kriegsopferfürsorge haben.*

BSG v. 6. 7. 2006 – B 9 a V 5/05 R (Breithaupt 2007 S. 47)

1. *Gegen die Grundsätze der Menschlichkeit verstößt, wer „arbeitsteilig" an der Vernichtung von Menschen durch Zwangsarbeit und massenhafte Tötung mitwirkt, indem er ein Konzentrationslager bewacht.*
2. *„Befehlsnotstand" entlastet nur denjenigen, der nach besten Kräften alles Zumutbare unternommen hat, um befohlene Verstöße gegen die Menschlichkeit zu vermeiden.*

[§ 1 a BVG; § 35 StGB; Art. 103 Abs. 2 GG]

Nach § 1 a Abs. 1 BVG sind einem Berechtigten, der während der Herrschaft des Nationalsozialismus gegen die Grundsätze der Menschlichkeit oder Rechtsstaatlichkeit verstoßen hat, Leistungen der Kriegsopferversorgung zu versagen. Bereits bewilligte Leistungen sind nach § 1 a Abs. 2 BVG mit Wirkung für die Zukunft ganz oder teilweise zu entziehen, wenn ein Versagungsgrund i. S. d. Abs. 1 vorliegt und das Vertrauen des Berechtigten auf die weitere Gewährung der Leistungen im Einzelfall auch angesichts der Schwere der begangenen Verstöße nicht überwiegend schutzbedürftig ist.

Der Senat hat zu dieser Vorschrift in seinem grundsätzlichen Urt. v. 24. 11. 2005 – B 9 a/9 V 8/03 R (Breith. 2006, 653; Anm. Luthe in: juris PR-SozR 16/2006) bereits entschieden: Die „Grundsätze der Menschlichkeit" sind als Tatbestandsmerkmal hinreichend bestimmt. Sie galten und gelten unabhängig von jeglicher staatlicher Anerkennung und Kodifizierung bereits während der Herrschaft des Nationalsozialismus.

Der Kläger hat von 1943 bis zur Verlegung der „Rampe" in das umzäumte Lager (Mitte Mai 1944) als SS-Wachmann wiederholt „Rampendienst" und fortgesetzt bis zur Räumung des Lagers 1945 Wachdienst in der „kleinen" und „großen Postenkette" verrichtet. Damit hat er – anders als von ihm angenommen – nicht lediglich im Sinne eines Vorschubleistens die Bedingungen für Ausbreitung und Entwicklung der nationalsozialistischen Herrschaft verbessert. Er hat durch bloßes Wachestehen als funktionierender Teil des letzten und unmittelbar eingreifenden Gliedes der Sicherungskette auch ohne gezielte Handlungen gegen einzelne Häftlinge „arbeitsteilig" an der Vernichtung von Menschen durch Zwangsarbeit und massenhafte Tötung im Konzentrationslager Auschwitz mitgewirkt.

Das Verhalten des Klägers ist bei dem danach feststehenden Verstoß gegen die Grundsätze der Menschlichkeit nicht durch Befehl gerechtfertigt gewesen. Der Kläger hat zwar sowohl beim allgemeinen Wachdienst als auch beim „Rampendienst" auf Befehl gehandelt. Das rechtfertigt sein Verhalten aber nicht, weil die befohlene Handlung nicht rechtmäßig war. Allgemeiner Wachdienst und „Rampen-

dienst" waren als arbeitsteilig geleistete Beiträge zur Vernichtung von Menschen durch Zwangsarbeit und Tötung offensichtlich schwerstes Unrecht.

Ob dieser Verstoß dem Kläger individuell zur Last zu legen ist, lässt sich nach den vom LSG getroffenen Feststellungen nicht abschließend entscheiden.

Wie der Senat im grundsätzlichen Urt. v. 24. 11. 2005 – B 9 a/9 V 8/03 R – (Breith. 2006, 653) ausgeführt hat, bedarf es zur Feststellung der subjektiven Seite eines Verstoßes gegen die Grundsätze der Menschlichkeit keines Verschuldens im strafrechtlichen Sinne. Die Rechtsordnung kennt in einem abgestuften System zahlreiche Sanktionen unterschiedlicher Intensität, mit denen einem rechtsfeindlichen oder gemeinschaftsschädigenden Verhalten begegnet werden kann. Die Unwürdigkeitsklausel des § 1 a BVG ist in dieses außerstrafrechtliche Sanktionensystem eingebettet. Die Verletzungshandlung gegen die von den Grundsätzen der Menschlichkeit erfassten Schutzgüter ist ohne Rücksicht auf ihre Strafbarkeit als Verbrechen oder Vergehen zu beurteilen. Gleichwohl muss dem Betroffenen – wie sich bereits aus dem Wortlaut des § 1 a Abs. 1 Satz 2 BVG ergibt – die Tat individuell zur Last gelegt werden können. Ein persönlich schuldhaftes Verhalten muss ihm nachgewiesen werden. Ein solches Handeln liegt immer dann vor, wenn der Betroffene die Tatsachen kannte, aus denen sich das unmenschliche oder rechtsstaatswidrige Verhalten ergibt, ihm die Unmenschlichkeit oder Rechtsstaatswidrigkeit bewusst war oder bei der ihm zumutbaren Gewissensanspannung hätte bewusst sein müssen und nicht besondere Gründe die Schuld ausschließen (vgl. Senatsurt. v. 24. 11. 2005 – B 9 a/9 V 8/03 R – Breith. 2006, 653/664). Bis auf das letztgenannte sind diese Merkmale hier vom LSG ohne Rechtsverstoß bejaht worden.

Nach den für den Senat bindenden Feststellungen des LSG (§ 163 SGG) wusste der Kläger, dass er mit seinem Wach- und „Rampendienst" dazu beitrug, Gefangene ohne Rechtsgrund festzuhalten, Zwangsarbeit verrichten zu lassen und in großer Zahl zu töten.

Soweit sich der Kläger sinngemäß auf einen „Befehlsnotstand" (vgl. dazu § 35 StGB) beruft, kommt es insbesondere darauf an, ob er den Wachdienst aus Angst um Leib oder Leben verrichtet und nach besten Kräften Möglichkeiten ergriffen hat, dem befohlenen Dienst zu entgehen. Auch angesichts der Ungeheuerlichkeit der Vorgänge, an denen er in Auschwitz beteiligt war, war es ihm grundsätzlich nicht zuzumuten, sein Leben preiszugeben. Vielmehr bemessen sich nach dem Gewicht der Tat nur die Anforderungen, die an die Bemühungen des Klägers um einen Ausweg aus seiner Lage zu stellen sind.

Die vom Kläger behauptete Vorstellung, bei Befehlsverweigerung hingerichtet oder in das SS-Straflager eingeliefert zu werden, vermag ihn für sich allein nicht zu entschuldigen. Denn selbst wenn offene Befehlsverweigerung in der von ihm befürchteten Weise bestraft worden wäre, hätte er alles Zumutbare tun müssen, um befohlene Unrechtstaten zu vermeiden. Erst (tatsächliche oder unvermeidbar irrtümlich angenommene) Ausweglosigkeit könnte entschuldigen. Ob sich der Kläger in einer solchen Situation befunden hat, vermag der Senat nicht abschließend zu entscheiden.

Da der erkennende Senat eine ergänzende Sachverhaltsaufklärung nicht selbst durchführen kann (vgl. § 163 SGG), ist die Sache unter Aufhebung des Berufungsurteils zu erneuter Verhandlung und Entscheidung an die Vorinstanz zurückzuverweisen.

§ 2 (Militärischer Dienst)

(1) Militärischer Dienst im Sinne des § 1 Abs. 1 ist
a) jeder nach deutschem Wehrrecht geleistete Dienst als Soldat oder Wehrmachtbeamter,
b) der Dienst im Deutschen Volkssturm,
c) der Dienst in der Feldgendarmerie,
d) der Dienst in den Heimatflakbatterien.

(2) Bei Vertriebenen im Sinne des § 1 des Bundesvertriebenengesetzes, die Deutsche oder deutsche Volkszugehörige sind, steht die Erfüllung der gesetzlichen Wehrpflicht nach den Vorschriften des Herkunftslands vor dem 9. Mai 1945 dem Dienst in der deutschen Wehrmacht gleich. Satz 1 gilt auch für Spätaussiedler im Sinne des § 4 des Bundesvertriebenengesetzes.

(3) Bei deutschen Staatsangehörigen steht der Dienst in der Wehrmacht eines dem Deutschen Reich verbündet gewesenen Staates während eines der beiden Weltkriege oder in der tschechoslowakischen oder österreichischen Wehrmacht dem Dienst nach deutschem Wehrrecht gleich, wenn der Berechtigte vor dem 9. Mai 1945 seinen Wohnsitz oder ständigen Aufenthalt im Gebiet des Deutschen Reiches nach dem Stand vom 31. Dezember 1937 hatte.

VV zu § 2

1. Nach deutschem Wehrrecht geleisteter Dienst (§ 2 Abs. 1 Buchst. a) ist
   a) der Dienst auf Grund des Wehrgesetzes vom 21. Mai 1955 (RGBl. I S. 609),
   b) der Dienst im früheren Reichsheer und in der früheren Reichsmarine,
   c) der Dienst in den anerkannten Übergangsverbänden,
   d) der Dienst im früheren Heer, in der früheren Marine und der früheren Schutztruppe.
2. Zu den Übergangsverbänden (Nr. 1 Buchst. c) rechnen:
   a) die frühere vorläufige Reichswehr und die frühere vorläufige Reichsmarine,
   b) die Freiwilligen- und Grenzschutzverbände, Einwohnerwehren und ähnliche Organisationen sowie die Sicherheitstruppen im Reiche, die mit Genehmigung der früheren Kriegsministerien aufgestellt oder von ihnen anerkannt worden sind.
3. Zu den Soldaten (§ 2 Abs. 1 Buchst. a) zählen auch die Sonderführer des Zweiten Weltkrieges.
4. In den Fällen des § 2 Abs. 2 und 3 ist die Staatsangehörigkeit des Antragstellers vom Zeitpunkt der Antragstellung an maßgebend. Wer Deutscher ist, bestimmt Artikel 116 Abs. 1 des Grundgesetzes.

§ 3 (Militärähnlicher Dienst)

(1) Als militärähnlicher Dienst im Sinne des § 1 Abs. 1 gelten
a) das von einer Dienststelle der Wehrmacht angeordnete Erscheinen zur Feststellung der Wehrtauglichkeit, zur Eignungsprüfung oder Wehrüberwachung,

b) der auf Grund einer Einberufung durch eine militärische Dienststelle oder auf Veranlassung eines militärischen Befehlshabers für Zwecke der Wehrmacht geleistete freiwillige oder unfreiwillige Dienst,
c) eine planmäßige oder außerplanmäßige Einschiffung von Zivilpersonen auf Schiffen oder Hilfsschiffen der Wehrmacht,
d) der Dienst der zur Wehrmacht abgeordneten Reichsbahnbediensteten und der Dienst der Beamten der Zivilverwaltung, die auf Befehl ihrer Vorgesetzten zur Unterstützung militärischer Maßnahmen verwendet und damit einem militärischen Befehlshaber unterstellt waren, sowie der Dienst der Militärverwaltungsbeamten,
e) der Dienst der Wehrmachthelfer und -helferinnen,
f) der Dienst des Personals der Freiwilligen Krankenpflege bei der Wehrmacht im Krieg,
g) der Dienst der Mitglieder von Pferdebeschaffungskommissionen der Wehrbezirkskommandos,
h) der Dienst der Jungschützen, Jungmatrosen und Unteroffizierschüler der Luftwaffe,
i) der Reichsarbeitsdienst,
j) *(nicht vergeben)*
k) der Dienst auf Grund der Dritten Verordnung zur Sicherstellung des Kräftebedarfs für Aufgaben von besonderer staatspolitischer Bedeutung (Notdienstverordnung) vom 15. Oktober 1938 (RGBl. I S. 1441),
l) der Dienst in Wehrertüchtigungslagern,
m) der Dienst in der Organisation Todt für Zwecke der Wehrmacht,
n) der Dienst im Baustab Speer/Osteinsatz für Zwecke der Wehrmacht,
o) der Dienst im Luftschutz auf Grund der Ersten Durchführungsverordnung zum Luftschutzgesetz in der seit dem 1. September 1939 im Zeitpunkt der Schädigung jeweils geltenden Fassung nach Aufruf des Luftschutzes.

(2) Als militärähnlicher Dienst gilt nicht der Zivildienst, der auf Grund einer Dienstverpflichtung oder eines Arbeitsvertrags bei der Wehrmacht geleistet worden ist, es sei denn, daß der Einsatz mit besonderen, kriegseigentümlichen Gefahren für die Gesundheit verbunden war.

VV zu § 3

1. Zum Dienst im Sinne des § 3 Abs. 1 Buchst. b) gehören z. B.
   a) Dienstleistungen für Zwecke der Wehrmacht auf Grund des Reichsleistungsgesetzes vom 1. September 1939 (RGBl. I S. 1639),
   b) die freiwillige Teilnahme an einer vormilitärischen Ausbildung auf den Reichsmotorsportschulen,
   c) die Teilnahme an kurzfristigen militärischen Übungen,
   d) der Einsatz ziviler Besatzungsmitglieder auf Motorrettungsbooten der Deutschen Gesellschaft zur Rettung Schiffbrüchiger,
   e) der Einsatz von Angehörigen
   des NSKK,
   der Transportbrigaden der Luftwaffe,
   der Transporteinheiten „Aktion TR".

2. Zum Personenkreis der zur Wehrmacht abgeordneten reichsdeutschen Reichsbahnbediensteten (§ 3 Abs. 1 Buchst. d) gehören mit Wirkung vom 26. August 1939
   a) Reichsbahnbedienstete, soweit und solange sie dem Oberquartiermeister Belgien und Frankreich unterstellt waren,
   b) die in Holland, Dänemark und Norwegen eingesetzten Reichsbahnbediensteten, soweit und solange sie zu Lasten des Heereshaushaltes abgefunden wurden (in Norwegen bis zum 26. Mai 1941 und in Holland bis zum 1. Juni 1942 einschließlich),
   c) zum Chef des Transportwesens abgeordnete und außerhalb der Reichsgrenzen eingesetzte Reichsbahnbedienstete für die Dauer der Abordnung, jedoch
      aa) in den sowjetischen Gebieten bis zum 14. Januar 1942,
      bb) bei den Wehrmachtsdirektionen Brüssel und Paris bis zum 15. Juni 1942,
   d) die zu den Feldeisenbahnkommandos (früher Feldeisenbahndirektionen) abgeordneten Reichsbahnbediensteten für die Dauer der Abordnung,
   e) das ständige Begleitpersonal der Sonderzüge,
   f) das ständige Personal der Lazarett- und Leichtkrankenzüge,
   g) die bei den E-Batterien zur Betreuung von Verbrennungstriebwagen und bei der Eisenbahnartillerie im Bereich der Wehrmacht (Culemeyer-Fahrzeuge) eingesetzten Reichsbahnbediensteten,
   h) Reichsbahnbedienstete, solange sie zu den außerhalb der Reichsgrenzen oder zu den im Marinefestungs- (Küsten-)Gebiet gelegenen Dienststellen der Kriegsmarine, insbesondere zu Kriegsmarinewerften, zur Bedienung von Notstromtriebwagen und Krankenwagen usw. abgesandt waren.
3. Militärverwaltungsbeamte (§ 3 Abs. 1 Buchst. d) waren die widerruflich im Heer mit Kriegsstellen für Militärverwaltungsbeamte beliehenen Personen. Als solche waren sie weder Soldaten noch Wehrmachtsbeamte im Sinne des § 2 Abs. 1 Buchst. a.
4. Zum Personal der freiwilligen Krankenpflege bei der Wehrmacht im Kriege (§ 3 Abs. 1 Buchst. f) gehören Personen, die in der Freiwilligen Krankenpflege im Sinne des Genfer Abkommens zur Verbesserung des Loses der Verwundeten und Kranken der Heere im Felde vom 27. Juli 1929 (RGBl. II 1934 S. 207) und entsprechender früherer Abkommen eingesetzt waren, insbesondere Angehörige des Deutschen Roten Kreuzes, Krankenschwestern anderer Organisationen und nicht organisierte (freie) Krankenschwestern, Schwesternhelferinnen und Helferinnen.
5. § 3 Abs. 1 Buchst. h erfaßt die noch nicht wehrpflichtigen Jugendlichen, die auf Schulen der Wehrmacht eine vormilitärische Ausbildung erhalten haben.
6. Notdienstverpflichtete im Sinne des § 3 Abs. 1 Buchst. k sind insbesondere zum Dienst in der Technischen Nothilfe, im verstärkten Zollgrenzschutz, in der Polizeireserve, in der Luftschutzpolizei und im Wasserstraßenschutz sowie im verstärkten Bahnschutz, soweit es sich bei letzterem nicht um aktiven Wehrdienst handelt, herangezogen worden.

7. Zum Dienst in Wehrertüchtigungslagern (§ 3 Abs. 1 Buchst. l) gehört die Teilnahme an anerkannten Lehrgängen auf Grund des Gesetzes über die Beurlaubung von Angestellten und Arbeitern für Zwecke der Leibeserziehung vom 15. Februar 1935 (RGBl. I S. 197) und der Durchführungsverordnung hierzu vom 19. März (RGBl. I S. 382) und die Teilnahme an einer vormilitärischen Ausbildung Jugendlicher vor Erfüllung ihrer Wehrpflicht in Wehrertüchtigungs- und Ausbildungslagern, ferner die vormilitärische Pflichtausbildung der Studenten durch das SA-Hochschulamt bis zur Wiedereinführung der allgemeinen Wehrpflicht.
8. Unter § 3 Abs. 1 Buchst. m fallen insbesondere die Arbeitskräfte der Organisation Todt (OT) – OT-eigenes und Firmenpersonal –, die
   a) für Zwecke der Wehrmacht außerhalb der Reichsgrenzen eingesetzt waren,
   b) innerhalb der Reichsgrenzen für einen solchen Einsatz gesammelt oder ausgebildet wurden, wenn sie
      1. kaserniert waren,
      2. amtlich verpflegt wurden,
      3. uniformiert waren
         und
      4. unter einem Befehl geschlossen eingesetzt wurden.
9. Der Baustab Speer führte vom 1. April 1942 an die Bezeichnung „Organisation Todt, Nachschubstab Rußland-Süd“; er wurde am 1. Juli 1942 in die Organisation Todt eingegliedert.
10. Für eine Versorgung nach § 3 Abs. 2 kommen nur Personen in Betracht, die in einem unmittelbaren Vertragsverhältnis zur Wehrmacht standen (z.B. Stabshelferinnen). Besondere, dem Krieg eigentümliche Gefahren für die Gesundheit liegen im allgemeinen bei einer Verwendung außerhalb des früheren Reichsgebietes vor; sie können in der Unterbringung, in der Verpflegung, in den klimatischen Bedingungen des betreffenden Gebietes und in den sanitären Verhältnissen begründet sein. Unfälle, die während einer Verwendung außerhalb des früheren Reichsgebietes eingetreten sind, sind als Schädigungen im Sinne des § 1 auch anzusehen, wenn sie nicht unmittelbar auf den Dienst, jedoch auf die besonderen Verhältnisse in den betreffenden Gebieten zurückzuführen sind.

§ 4 Wegeunfälle

(1) Zum militärischen oder militärähnlichen Dienst gehören auch

a) der Weg des Einberufenen zum Gestellungsort und der Heimweg nach Beendigung des Dienstverhältnisses,

b) Dienstreisen, Dienstgänge und die dienstliche Tätigkeit am Bestimmungsort,

c) das Zurücklegen des mit dem Dienst zusammenhängenden Weges nach und von der Dienststelle und

d) die Teilnahme an dienstlichen Veranstaltungen.

Hatte der Beschädigte wegen der Entfernung seiner ständigen Familienwohnung vom Dienstort an diesem oder in dessen Nähe eine Unterkunft,

gilt Satz 1 Buchstabe c auch für den Weg von und nach der Familienwohnung.

(2) Absatz 1 gilt entsprechend für Kriegsgefangene, Internierte und Verschleppte.

(3) Für Entlassene, die innerhalb der jetzigen Grenzen des Bundesgebiets keine Wohnung haben, gilt der Entlassungsweg mit dem Eintreffen an dem vorläufig zugewiesenen Aufenthaltsort als beendet.

VV zu § 4

1. Der Weg nach und von dem Gestellungsort oder der Dienststelle beginnt und endet in der Regel an der Haustür. Die Unterbrechung des Weges aus persönlichen Gründen gehört nicht zum Dienst.
2. Als Familienwohnung im Sinne des § 4 Abs. 1 Satz 2 ist bei einem Verheirateten die eheliche Wohnung anzusehen, wenn die Ehegatten in ehelicher Lebensgemeinschaft leben. Bei einem Ledigen ist die elterliche Wohnung als seine Familienwohnung anzusehen, wenn er ersichtlich seinen Wohnsitz bei den Eltern aufrechterhalten hat und die elterliche Wohnung Mittelpunkt seines Lebens geblieben ist. In anderen Fällen sind die jeweiligen Umstände besonders zu würdigen; dabei ist entscheidend, wo der Beschädigte den Mittelpunkt seines Lebens hatte. Eines zeitlichen Zusammenhangs mit Beginn oder Ende des Dienstes bedarf es beim Zurücklegen des Weges von und nach der ständigen Familienwohnung nicht.

Aus Rundschreiben, Urteilen etc.

BMA v. 4.12.2001 – IV C 2 – 61020 (BArbBl. 5/2002, 140)
Versorgungsschutz bei Unfällen, die sich aus innerer Ursache ereignen
Als Anlage übersende ich Ihnen – wie bereits in der Länderreferentenbesprechung am 27.11.2001 angekündigt – den o.a. Bezugserlass des Bundesministeriums der Verteidigung nebst den darin angesprochenen Urteilen, wonach allein auf den unmittelbaren zeitlichen Zusammenhang eines Unfalls mit dem Wehrdienst abzustellen ist.
Um eine einheitliche Verfahrensweise sicherzustellen, bitte ich, die Versorgungsämter umgehend zu informieren.

Im Auftrag
Held

Anlage

Bundesministerium der Verteidigung — *Bonn, 26. November 2001*
PSZ V 3 – Az 20–01–04/108 — *Tel. (01888) 24-3956*
Fax: (01888) 24-3433f

Betr.: Beschädigtenversorgung nach dem Soldatenversorgungsgesetz (SVG),
hier: Versorgungsschutz bei Unfällen, die sich aus innerer Ursache ereignen

In dem als Anlage beigefügten Urteil vom 13.12.2002 – B 9 VS 1/00 R – vertritt das Bundessozialgericht (BSG) die Rechtsauffassung, dass in den Fällen, in denen ein Soldat in Folge nicht dienstbedingter Erkrankung – also aus innerer Ursache – auf einem versorgungsrechtlich geschützten Weg verunglückt, die Unfallfolgen als

Folgen einer Wehrdienstbeschädigung (WDB) anzuerkennen seien. Entgegen dem Wortlaut der SVGVwV 81.1.1, nach dem das schädigende Ereignis „von außen" auf den Soldaten eingewirkt haben müsse, sei eine solche äußere Ursache nicht erforderlich. Der Widerstand des Bodens sei letztlich Ursache der Sturzfolge gewesen, der Aufprall auf den Boden stelle mithin einen Unfall dar. Der soldatenversorgungsrechtliche Schutz gehe weiter als der unfallversicherungsrechtlich.
In einem vergleichbaren Fall hat das Bundesverwaltungsgericht im Bereich der Beamtenversorgung ähnlich entschieden.
Im Einvernehmen mit dem Bundesministerium für Arbeit und Sozialordnung schließe ich mich dieser Rechtsauffassung an, zumal nach dem Wortlaut des § 81 Abs. 1 – 2. Alternative – SVG lediglich auf den unmittelbaren zeitlichen Zusammenhang eines Unfalls mit der Ausübung des Wehrdienstes abgestellt wird. Ein innerer Zusammenhang zwischen der wehrdienstlichen Tätigkeit und dem Unfallereignis wird in einem solchen Fall nicht gefordert. Der Aufprall des Körpers auf den Boden ist als ein von außen auf den Körper einwirkendes Ereignis im Sinne des Unfallbegriffs zu werten. Ich bitte daher, in vergleichbaren Fällen die Folgen des Unfalls als Folgen einer WDB i. S. des § 81 SVG anzuerkennen.

BSG v. 16.12.2004 – B 9 VS 1/04 R (BSGE 94, 133)
Durch ein gefahrerhöhendes, als vorsätzliches Vergehen strafbares Verhalten wird der Versorgungsschutz eines Soldaten auf dem Heimweg von der Kaserne unterbrochen (Fortführung von BSGE 75, 180).
Aus den Gründen (Auszug):
Der Kläger verrichtete seit dem 1.4.1992 gesetzlichen Wehrdienst. Am 20.5.1992 war er mit drei weiteren Wehrpflichtigen in seinem Auto auf dem Weg von der Kaserne nach Hause zur elterlichen Wohnung. Er fuhr mit etwa 70 km/h dicht hinter einem LKW mit Anhänger. In einer lang gestreckten Linkskurve mit durchgezogener Mittellinie scherte sein Fahrzeug nach links aus und stieß in Höhe des LKW-Anhängers auf der linken Fahrspur mit einem entgegenkommenden Auto zusammen (versetzter Frontalzusammenstoß). Der Kläger erlitt polytraumatische Verletzungen, die bis September 1992 stationär behandelt wurden. Anschließend leistete er keinen Wehrdienst mehr.
Der Kläger war bei dem Verkehrsunfall am 20.5.1992 versorgungsrechtlich nicht geschützt. Er war vom Heimweg zwar weder (örtlich) abgewichen noch hatte er ihn (zeitlich) unterbrochen. Bei dem vorsätzlich falschen, grob verkehrswidrigen und rücksichtslosen, als fahrlässige Gefährdung des Straßenverkehrs strafbaren Überholen hat er jedoch in qualitativer Hinsicht den versorgungsrechtlich geschützten Heimweg verlassen.
Das Zurücklegen eines Weges hängt mit dem Wehrdienst zusammen, wenn zwischen beidem ein i n n e r e r Z u s a m m e n h a n g besteht. Bei der Feststellung dieses inneren Zusammenhangs geht es um die Ermittlung der Grenze, bis zu welcher der Versorgungsschutz in der Soldatenversorgung reicht (BSGE 88, 247). Dies ist keine Frage der Kausalität im naturwissenschaftlich-philosophischen Sinne. Es ist vielmehr wertend zu entscheiden, ob das Handeln des Soldaten noch zum „Zurücklegen des mit dem Wehrdienst zusammenhängenden Weges" gehört, ob beides so aufeinander bezogen ist, dass es sachlich zusammenzufassen ist. Im Kern geht es darum, ob der eingetretene Schaden dem Soldaten persönlich – also dessen privater Sphäre – oder seinem Dienstherrn – also der dienstlichen Sphäre – zuzurechnen ist.

Der innere Zusammenhang zwischen der primär geschützten Tätigkeit (Wehrdienst) und dem Zurücklegen des Weges setzt voraus, dass der Weg wesentlich dazu dient, den Ort der Tätigkeit oder nach Beendigung der Tätigkeit die eigene Wohnung oder einen anderen Endpunkt des Weges von dem Ort der Tätigkeit zu erreichen. Maßgebend ist dabei die Handlungstendenz des Versicherten/Soldaten, so wie sie insbesondere durch die objektiven Umstände des Einzelfalls bestätigt wird. Fehlt es an einem solchen inneren Zusammenhang, scheidet ein Versicherungs-/Versorgungsschutz selbst dann aus, wenn sich der Unfall auf derselben Strecke ereignet, die der Versicherte/Soldat auf dem Weg nach oder von dem Ort der Tätigkeit gewöhnlich benutzt.

§ 5 (Unmittelbare Kriegseinwirkung)

(1) Als unmittelbare Kriegseinwirkung im Sinne des § 1 Abs. 2 Buchstabe a gelten, wenn sie im Zusammenhang mit einem der beiden Weltkriege stehen,

a) Kampfhandlungen und damit unmittelbar zusammenhängende militärische Maßnahmen, insbesondere die Einwirkung von Kampfmitteln,

b) behördliche Maßnahmen in unmittelbarem Zusammenhang mit Kampfhandlungen oder ihrer Vorbereitung, mit Ausnahme der allgemeinen Verdunklungsmaßnahmen,

c) Einwirkungen, denen der Beschädigte durch die besonderen Umstände der Flucht vor einer aus kriegerischen Vorgängen unmittelbar drohenden Gefahr für Leib oder Leben ausgesetzt war,

d) schädigende Vorgänge, die infolge einer mit der militärischen Besetzung deutschen oder ehemals deutsch besetzten Gebiets oder mit der zwangsweisen Umsiedlung oder Verschleppung zusammenhängenden besonderen Gefahr eingetreten sind,

e) nachträgliche Auswirkungen kriegerischer Vorgänge, die einen kriegseigentümlichen Gefahrenbereich hinterlassen haben.

(2) Als nachträgliche Auswirkungen kriegerischer Vorgänge (Absatz 1 Buchstabe e) gelten auch Schäden, die in Verbindung

a) mit dem zweiten Weltkrieg durch Angehörige oder sonstige Beschäftigte der Besatzungsmächte oder durch Verkehrsmittel (auch Flugzeuge) der Besatzungsmächte vor dem Tag verursacht worden sind, von dem an Leistungen nach anderen Vorschriften gewährt werden,

b) mit dem ersten Weltkrieg durch die in § 1 Nr. 1 des Gesetzes über den Ersatz der durch die Besetzung deutschen Reichsgebiets verursachten Personenschäden (Besatzungspersonenschädengesetz) in der Fassung der Bekanntmachung vom 12. April 1927 (RGBl. I S. 103) bezeichneten Ereignisse verursacht worden sind und zur Zuerkennung von Leistungen geführt hatten.

VV zu § 5

1. Der Begriff der unmittelbaren Kriegseinwirkung ist eng auszulegen. Zustände, denen alle Bevölkerungskreise für längere Zeit ausgesetzt waren wie Mangelzustände hinsichtlich der Ernährung und Versorgung mit Arzneimit-

teln oder ungenügende Unterkunftsverhältnisse und dadurch bedingte erhöhte Ansteckungsgefahr fallen nicht unter diesen Begriff.

2. Es ist unerheblich, ob die Schädigung durch feindliche oder eigene Kampfmittel verursacht worden ist.
3. Maßnahmen im Sinne des § 5 Abs. 1 Buchst. b sind u.a.
   a) die behördlich angeordnete Heranziehung von Zivilpersonen zur Aushebung von Schützengräben und ähnlichen Anlagen, die zum Zwecke der unmittelbaren Vorbereitung von Kampfhandlungen oder der Verteidigung in Erwartung bevorstehender Kampfhandlungen ausgeführt wurden,
   b) die Heranziehung zu Aufräumungsarbeiten unmittelbar nach Kampfhandlungen,
   c) die behördlich angeordnete Räumung gefährdeter Gebiete oder Gebäude,
   d) der Fliegeralarm.
4. Unter § 5 Abs. 1 Buchst. d fallen Schädigungen, die durch Maßnahmen alliierter Truppen und Dienststellen oder einzelner Angehöriger von ihnen während der Besetzung deutschen oder ehemals deutsch besetzten Gebietes, wie durch Ausquartierung, Umsiedlung, Verschleppung oder Verhaftung als Geisel, Internierung in Arbeits- und sonstigen Lagern oder durch Gewaltakte, verursacht worden sind. Die Vorschrift findet jedoch keine Anwendung, soweit es sich um Internierungen wegen nationalsozialistischer Betätigung oder wegen strafbarer Handlungen im Sinne der Nummer 6 zu § 1 gehandelt hat. Eine Umsiedlung oder Verschleppung im Sinne des § 5 Abs. 1 Buchst. d liegt auch dann vor, wenn sie von einer deutschen staatlichen Stelle angeordnet war, ohne im Zusammenhang mit der militärischen Besetzung deutschen oder ehemals deutsch besetzten Gebietes zu stehen.
5. § 5 Abs. 1 Buchst. e ist anzuwenden, wenn ohne zeitlichen Zusammenhang mit Kampfhandlungen, aber in unmittelbarem Zusammenhang mit kriegerischen Vorgängen gesundheitliche Schäden eingetreten sind. Die Vorschrift umfaßt auch Schäden, die in ursächlichem Zusammenhang mit einem auf Beseitigung von Gefahrenquellen oder auf eine ähnliche Tätigkeit gerichteten Arbeitsverhältnis stehen.
6. Für Schäden im Sinne des § 5 Abs. 2 Buchst. a, die nach dem 31. Juli 1945 eingetreten sind, richtet sich der Anspruch nach dem Gesetz über die Abgeltung von Besatzungsschäden vom 1. Dezember 1955 (BGBl. I S. 734). Leistungen nach dem Bundesversorgungsgesetz kommen für solche Schäden nicht in Betracht. Soweit jedoch bereits Leistungen zuerkannt worden sind, können sie im Wege des Härteausgleichs (§ 89 Abs. 1) weitergewährt, aber nicht erhöht werden, wenn und solange Leistungen nach dem Gesetz vom 1. Dezember 1955 nicht gewährt werden.
7. Nach § 1 Nr. 1 des Besatzungspersonenschädigungsgesetzes war deutschen Reichsangehörigen für Verletzungen an Leib oder Leben Ersatz des Schadens zu gewähren, wenn die Verletzungen innerhalb des Reichsgebietes nach Abschluß des Waffenstillstandes verursacht worden waren durch Handlungen oder Maßnahmen
   a) fremder Besatzungstruppen und -behörden, einzelner Angehöriger derselben oder ihres Gefolges,

b) Angehöriger fremder Behörden, Ausschüsse oder ihres Gefolges, die sich auf Grund des Friedensvertrages oder ergänzender Abkommen in Deutschland aufgehalten haben.

Aus Rundschreiben, Urteilen etc.

LSG Rheinland-Pfalz v. 28.4.2004 – L 4 V 16/03 (Breithaupt 2005, 151)

1. *Durch § 5 Abs. 1 Buchst. a BVG werden in erster Linie Zivilpersonen versorgungsrechtlich geschützt, die durch Einwirkung des Krieges gesundheitlich geschädigt worden sind, ohne dass sie militärischen oder militärähnlichen Dienst geleistet haben. Nicht erfasst und durch das BVG geschützt sind solche Personen, die eine Schädigung durch „unmittelbare Kriegseinwirkung" während der Ausübung des militärischen Dienstes als Angehörige von Streitkräften erlitten haben, die nicht für Deutschland gekämpft haben.*
2. *Eine Umsiedlung oder Verschleppung im Sinne des § 5 Abs. 1 Buchst. d BVG liegt auch dann vor, wenn sie von einer deutschen staatlichen Stelle angeordnet waren, ohne im Zusammenhang mit der militärischen Besetzung deutscher oder ehemals deutsch besetzten Gebietes zu stehen. Während der Verschleppung erlittene Schäden können nur dann nach dem BVG entschädigt werden, wenn die Verschleppung im Zusammenhang mit einem der beiden Weltkriege steht und der Geschädigte bei dieser „Verschleppung" Opfer einer besonderen Gefahr geworden ist.*
3. *Gesundheitsschäden, die während einer Zwangsarbeit von deutschen Dienststellen während des Zweiten Weltkrieges erlitten wurden, sind nicht nach dem BVG zu entschädigen, da es sich bei Zwangsarbeit nicht um einen nach dem BVG versorgungsrechtlich geschützten Tatbestand, insbesondere nicht um militärischen oder militärähnlichen Dienst i. S. d. §§ 2 oder 3 BVG handelt.*

§ 6 (Anerkennung von Sonderfällen)

In anderen als den in den §§ 2, 3 und 5 bezeichneten, besonders begründeten Fällen kann mit Zustimmung des Bundesministeriums für Arbeit und Soziales das Vorliegen militärischen oder militärähnlichen Dienstes oder unmittelbarer Kriegseinwirkung anerkannt werden.

VV zu § 6

Die Zustimmung zur Anerkennung als militärischer oder militärähnlicher Dienst ist allgemein erteilt für

a) den Polizeidienst der auf Grund des Gesetzes über die Überführung von Angehörigen der Landespolizei in die Wehrmacht vom 3. Juli 1935 (RGBl. I S. 851) endgültig in das Rechtsverhältnis von Soldaten oder Wehrmachtbeamten überführten Angehörigen der Landespolizei,
b) den Dienst bei der Danziger Landespolizei,
c) den nach dem 30. Juni 1934 geleisteten freiwilligen Arbeitsdienst der männlichen Jugend, den nach dem 31. März 1936 geleisteten Arbeitsdienst für die weibliche Jugend und den Kriegshilfsdienst auf Grund des Erlasses über den weiteren Kriegseinsatz des Reichsarbeitsdienstes für die weibliche Jugend vom 29. Juli 1941 (RGBl. I S. 463),

d) den „Danziger Arbeitsdienst" und den „Danziger Staatlichen Hilfsdienst",
e) den Dienst in der „Legion Condor" und den auf Grund eines Arbeitsvertrages bei der „Legion Condor" geleisteten Zivildienst, sofern dieser mit besonderen, kriegseigentümlichen Gefahren für die Gesundheit verbunden war.

§ 7 (Persönlicher Anwendungsbereich)

(1) Dieses Gesetz wird angewendet auf
1. **Deutsche und deutsche Volkszugehörige und deren Hinterbliebene,**
2. **andere Kriegsopfer, wenn die Schädigung mit einem Dienst im Rahmen der deutschen Wehrmacht oder mit einem militärähnlichen Dienst für eine deutsche Organisation in ursächlichem Zusammenhang steht, und deren Hinterbliebene,**
3. **andere Kriegsopfer, bei denen in Deutschland oder in einem zur Zeit der Schädigung von der deutschen Wehrmacht besetzten Gebiet durch unmittelbare Kriegseinwirkung eingetreten ist, und deren Hinterbliebene, soweit sie ihren Wohnsitz oder gewöhnlichen Aufenthalt im Geltungsbereich dieses Gesetzes haben.**

(2) Auf Kriegsopfer, die aus derselben Ursache einen Anspruch auf Versorgung gegen einen anderen Staat besitzen, wird das Gesetz nicht angewendet, es sei denn, daß zwischenstaatliche Vereinbarungen etwas anderes bestimmen.

VV zu § 7

Einen Wohnsitz hat jemand dort, wo er eine Wohnung unter Umständen innehat, die darauf schließen lassen, daß er die Wohnung beibehalten und benutzen wird. Den gewöhnlichen Aufenthalt hat jemand dort, wo er sich unter Umständen aufhält, die erkennen lassen, daß er an diesem Ort oder in diesem Gebiet nicht nur vorübergehend verweilt (§ 30 des Ersten Buches Sozialgesetzbuch). Bei Soldaten ist § 9 BGB, bei nicht voll Geschäftsfähigen sind die §§ 8 und 11 BGB zu beachten.

§ 8 (Gewährung von Versorgung in Sonderfällen)

An Berechtigte mit Wohnsitz im Ausland werden Leistungen nach Maßgabe der §§ 64 bis 64f erbracht.

Aus Rundschreiben, Urteilen, etc.

BMGS v. 28. 3. 2003 (BArbBl. 5/2003, 66)
Unter TOP I. 1) der o. a. Länderreferentenbesprechung wurden auf Anregung des Landes Nordrhein-Westfalen eingehend Fragen zur Rechtsnatur des § 8 b BVG unter Berücksichtigung der Rechtsprechung des BSG (B 2 U 9/00 R und B 2 U 38/00 R) zum Recht der gesetzlichen Unfallversicherung erörtert.
Es bestand Einvernehmen darüber, dass es sich bei der Regelung des § 8 b BVG, die mit dem KOV-Strukturgesetz 1990 eingeführt wurde und damals ausdrücklich der entsprechenden Regelung im Recht der gesetzlichen Unfallversicherung nachgebildet worden ist, nicht um einen Sonderfall der Hilfsmittelversorgung im Rahmen der Heil- und Krankenbehandlung handelt.

Für den Bereich der gesetzlichen Unfallversicherung hat das BSG in den o.g. Urteilen grundsätzlich entschieden, dass die vergleichbare Vorschrift des § 8 Abs. 3 SGB VII in Verbindung mit § 27 Abs. 2 SGB VII eher eine dem zivilrechtlichen Schadensersatz vergleichbare Regelung darstellt.

§ 8a (Gleichstellung nachträglicher Schädigungen)

(1) Einer Schädigung im Sinne des § 1 Abs. 1 steht eine Schädigung gleich, die ein Berechtigter oder Leistungsempfänger nach § 10 Abs. 4 oder 5 durch einen Unfall bei der Durchführung einer stationären Maßnahme nach § 12 Abs. 1 oder 4 oder § 26 oder auf dem notwendigen Hin- und Rückweg erleidet. Dies gilt entsprechend, wenn der Berechtigte oder Leistungsempfänger dem Verlangen eines zuständigen Leistungsträgers oder eines Gerichts, wegen der Versorgung persönlich zu erscheinen, folgt und dabei einen Unfall erleidet.

(2) Absatz 1 gilt entsprechend, wenn eine Pflegeperson bei einer Badekur nach § 12 Abs. 3 einen Unfall erleidet.

(3) Einer Schädigung im Sinne des § 1 Abs. 1 steht eine Schädigung gleich, die eine nicht nach § 2 Abs. 1 Nr. 1 oder 9 des Siebten Buches Sozialgesetzbuch versicherte Begleitperson durch einen Unfall bei einer wegen der Folgen der Schädigung notwendigen Begleitung des Beschädigten auf einem Weg im Sinne des § 1 Abs. 2 Buchstabe e oder bei der notwendigen Begleitung während der Durchführung einer dort aufgeführten Maßnahme erleidet. Dies gilt entsprechend, wenn der Beschädigte dem Verlangen eines Leistungsträgers, einer anderen Behörde oder eines Gerichts folgt, persönlich zu erscheinen.

§ 8b (Beschädigung eines Hilfsmittels)

Einer gesundheitlichen Schädigung im Sinne des § 1 Abs. 1 steht die Beschädigung eines am Körper getragenen Hilfsmittels, einer Brille, von Kontaktlinsen oder von Zahnersatz gleich.

Aus Rundschreiben, Urteilen etc.

BMGS vom 28.3.2003 – Az. 432 – 62006
Unter TOP I. 1) der Länderreferentenbesprechung am 28./29. Januar 2003 wurden auf Anregung des Landes Nordrhein-Westfalen eingehend Fragen zur Rechtsnatur des § 8b BVG unter Berücksichtigung der Rechtsprechung des BSG (B 2 U 9/00 R und B 2 U 38/00 R) zum Recht der gesetzlichen Unfallversicherung erörtert.
Es bestand Einvernehmen darüber, dass es sich bei der Regelung des § 8b BVG, die mit dem KOV-Strukturgesetz 1990 eingeführt wurde und damals ausdrücklich der entsprechenden Regelung im Recht der gesetzlichen Unfallversicherung nachgebildet worden ist, nicht um einen Sonderfall der Hilfsmittelversorgung im Rahmen der Heil- und Krankenbehandlung handelt.
Für den Bereich der gesetzlichen Unfallversicherung hat das BSG in den o.g. Urteilen grundsätzlich entschieden, dass die vergleichbare Vorschrift des § 8 Abs. 3 SGB VII in Verbindung mit § 27 Abs. 2 SGB VII eher eine dem zivilrechtlichen Schadensersatz vergleichbare Regelung darstellt.

Dieser Wertung entspricht auch die Gesetzesbegründung zu § 8b BVG, der danach auf die Wiederherstellung des Zustandes vor dem schädigenden Ereignis gerichtet ist.
Auf einen solchen Schadensersatzanspruch lassen sich jedoch Einschränkungen, wie sie sich bei der originären Versorgung mit Hilfsmitteln aus den Kriterien der Notwendigkeit und Zweckmäßigkeit ergeben, nicht anwenden.
Andererseits hat das BSG keineswegs verkannt, dass es sich um einen sozialrechtlich normierten Schadensersatzanspruch handelt, der nicht auf die Erstattung oder Wiederherstellung von Luxusgütern gerichtet sein kann. Bei der Abgrenzung hat es sich daher zur Interpretation eines Hilfsmittelbegriffs bedient, der auch noch diejenigen Sachen umfasst, die zum Ausgleich einer Behinderung zwar medizinisch nicht unbedingt notwendig sind, ihm aber doch noch sinnvollerweise dienen. Demgegenüber scheiden Sachen aus, die darüber hinausgehend luxuriös gestaltet sind und im Wesentlichen nicht mehr dem Ausgleich der Behinderung, sondern vor allem der Zierde und dem Schmuck des Trägers zu dienen bestimmt sind.
Im Ergebnis waren sich alle Besprechungsteilnehmer darin einig, dass die vom BSG in den o. g. Urteilen für den Bereich der gesetzlichen Unfallversicherung aufgestellten Kriterien auch auf die Anwendung des § 8b BVG sowie auf die vergleichbaren Regelungen in den übrigen Gesetzen des sozialen Entschädigungsrechts zu übertragen sind.

Umfang der Versorgung[3]

§ 9 (Umfang der Versorgung)

(1) Die Versorgung umfaßt

1. **Heilbehandlung, Versehrtenleibesübungen und Krankenbehandlung (§§ 10 bis 24a),**
2. **Leistungen der Kriegsopferfürsorge (§§ 25 bis 27j),**
3. **Beschädigtenrente (§§ 29 bis 34) und Pflegezulage (§ 35),**
4. **Bestattungsgeld (§ 36) und Sterbegeld (§ 37),**
5. **Hinterbliebenenrente (§§ 38 bis 52),**
6. **Bestattungsgeld beim Tod von Hinterbliebenen (§ 53),**

(2) Auf Antrag werden folgende Leistungen nach diesem Gesetz durch ein Persönliches Budget nach § 17 Absatz 2 bis 4 des Neunten Buches Sozialgesetzbuch in Verbindung mit der Budgetverordnung erbracht:

1. **Leistungen der Heil- und Krankenbehandlung,**
2. **Leistungen zur Teilhabe am Arbeitsleben nach den §§ 26 und 26a,**
3. **Leistungen zur Teilhabe nach § 27d Absatz 1 Nummer 3,**
4. **Leistungen der Hilfe zur Pflege nach § 26c einschließlich der Hilfe zur Weiterführung des Haushalts nach § 26d und**
5. **die Pflegezulage nach § 35.**

---

3 Für Härten, die in der Versorgung auftreten, kann ein Ausgleich gewährt werden (vgl. § 89 BVG).

Heilbehandlung, Versehrtenleibesübungen und Krankenbehandlung

§ 10 (Personenkreis)

(1) Heilbehandlung wird Beschädigten für Gesundheitsstörungen, die als Folge einer Schädigung anerkannt oder durch eine anerkannte Schädigungsfolge verursacht worden sind, gewährt, um die Gesundheitsstörungen oder die durch sie bewirkte Beeinträchtigung der Berufs- oder Erwerbsfähigkeit zu beseitigen oder zu bessern, eine Zunahme des Leidens zu verhüten, Pflegebedürftigkeit zu vermeiden, zu überwinden, zu mindern oder ihre Verschlimmerung zu verhüten, körperliche Beschwerden zu beheben, die Folgen der Schädigung zu erleichtern oder um den Beschädigten entsprechend den in § 4 Abs. 1 des Neunten Buches Sozialgesetzbuch genannten Zielen eine möglichst umfassende Teilhabe am Leben in der Gesellschaft zu ermöglichen. Ist eine Gesundheitsstörung nur im Sinne der Verschlimmerung als Folge einer Schädigung anerkannt, wird abweichend von Satz 1 Heilbehandlung für die gesamte Gesundheitsstörung gewährt, es sei denn, daß die als Folge einer Schädigung anerkannte Gesundheitsstörung auf den Zustand, der Heilbehandlung erfordert, ohne Einfluß ist.

(2) Heilbehandlung wird Schwerbeschädigten auch für Gesundheitsstörungen gewährt, die nicht als Folge einer Schädigung anerkannt sind.

(3) Versehrtenleibesübungen werden Beschädigten zur Wiedergewinnung und Erhaltung der körperlichen Leistungsfähigkeit gewährt.

(4) Krankenbehandlung wird

a) dem Schwerbeschädigten für den Ehegatten oder Lebenspartner und für die Kinder (§ 33b Abs. 1 bis 4) sowie für sonstige Angehörige, die mit ihm in häuslicher Gemeinschaft leben und von ihm überwiegend unterhalten werden,

b) dem Empfänger einer Pflegezulage für Personen, die seine unentgeltliche Wartung und Pflege nicht nur vorübergehend übernommen haben,

c) den Witwen und hinterbliebenen Lebenspartnern (§§ 38, 42 bis 44 und 48), Waisen (§§ 45 und 48) und versorgungsberechtigten Eltern (§§ 49 bis 51)

gewährt, um Gesundheitsstörungen oder die durch sie bewirkte Beeinträchtigung der Berufs- oder Erwerbsfähigkeit zu beseitigen oder zu bessern, eine Zunahme des Leidens zu verhüten, Pflegebedürftigkeit zu vermeiden, zu überwinden, zu mindern oder ihre Verschlimmerung zu verhüten, körperliche Beschwerden zu beheben oder die Folgen der Behinderung zu erleichtern. Die unter Buchstabe c genannten Berechtigten erhalten Krankenbehandlung auch zu dem Zweck, ihnen entsprechend den in § 4 Abs. 1 des Neunten Buches Sozialgesetzbuch genannten Zielen eine möglichst umfassende Teilhabe am Leben in der Gesellschaft zu ermöglichen. Bisherige Leistungsempfänger (Satz 1 Buchstaben a und b), die nach dem Tode des Schwerbeschädigten nicht zu dem Personenkreis des Satzes 1 Buchstabe c gehören, können weiter Krankenbehandlung erhalten,

wenn sie einen wirksamen Krankenversicherungsschutz unter zumutbaren Bedingungen nicht erreichen können.

(5) Krankenbehandlung wird ferner gewährt

a) Beschädigten mit einem Grad der Schädigungsfolgen von weniger als 50 für sich und für die in Absatz 4 Buchstabe a genannten Angehörigen,
b) Witwen und hinterbliebenen Lebenspartnern (§§ 38, 42 bis 44 und 48) für die in Absatz 4 Buchstabe a genannten Angehörigen,

sofern der Berechtigte an einer Leistung zur Teilhabe am Arbeitsleben teilnimmt. Das Gleiche gilt bei einer vorübergehenden Unterbrechung der Teilnahme aus gesundheitlichen oder sonstigen von dem Berechtigten nicht zu vertretenden Gründen.

(6) Berechtigten, die die Voraussetzungen der Absätze 2, 4 oder 5 erfüllen, werden für sich und die Leistungsempfänger Leistungen zur Verhütung und Früherkennung von Krankheiten sowie Leistungen bei Schwangerschaft und Mutterschaft gewährt. Außerdem sollen Leistungen zur Gesundheitsförderung, Prävention und Selbsthilfe nach Maßgabe des Fünften Buches Sozialgesetzbuch erbracht werden. Für diese Leistungen gelten die Vorschriften über die Heil- und die Krankenbehandlung mit Ausnahme des Absatzes 1 entsprechend; für Kurleistungen gelten § 11 Abs. 2 und § 12 Abs. 3 und 4.

(7) Die Ansprüche nach den Absätzen 2, 4, 5 und 6 sind ausgeschlossen,

a) wenn der Berechtigte ein Einkommen hat, das die Jahresarbeitsentgeltgrenze der gesetzlichen Krankenversicherung übersteigt, es sei denn, daß der Berechtigte Anspruch auf Pflegezulage hat oder die Heilbehandlung wegen der als Folge einer Schädigung anerkannten Gesundheitsstörung nicht durch eine Krankenversicherung sicherstellen kann, oder
b) wenn der Berechtigte oder derjenige, für den Krankenbehandlung begehrt wird (Leistungsempfänger), nach dem 31. Dezember 1982 von der Versicherungspflicht in der gesetzlichen Krankenversicherung auf Antrag befreit worden ist oder
c) wenn der Leistungsempfänger ein Einkommen hat, daß die Jahresarbeitsentgeltgrenze der gesetzlichen Krankenversicherung übersteigt, es sei denn, daß der Berechtigte Anspruch auf Pflegezulage hat, oder
d) wenn ein Sozialversicherungsträger zu einer entsprechenden Leistung verpflichtet ist oder
e) wenn Anspruch auf entsprechende Leistungen aus einem Vertrag, ausgenommen Ansprüche aus einer privaten Kranken- oder Unfallversicherung, besteht oder
f) wenn und soweit die Heil- oder Krankenbehandlung durch ein anderes Gesetz sichergestellt ist.

Entsprechende Leistungen im Sinne dieses Absatzes sind Leistungen, die nach ihrer Zweckbestimmung und der Art der Leistungserbringung übereinstimmen. Sachleistungen anderer Träger, die dem gleichen Zweck dienen wie Kostenübernahmen, Geldleistungen oder Zuschüsse nach diesem Gesetz, gelten im Verhältnis zu diesen Leistungen als entsprechende Leistungen. Die Ansprüche, die ein Berechtigter nach den Absätzen 2, 4, 5 und 6

für sich hat, werden nicht dadurch ausgeschlossen, daß er nach § 10 des Fünften Buches Sozialgesetzbuch versichert ist.

(8) Heil- oder Krankenbehandlung kann auch vor der Anerkennung eines Versorgungsanspruchs gewährt werden.

(Fortsetzung BVG Seite 558)

VV zu § 10

1. Nach § 10 Abs. 1 Satz 1 ist Heilbehandlung auch dann zu gewähren, wenn die Gesundheitsstörung, die eine bestimmte Behandlungsmaßnahme erforderlich macht, zwar nicht als Folge einer Schädigung anerkannt, wohl aber durch anerkannte Schädigungsfolgen verursacht ist. Handelt es sich dabei um eine Gesundheitsstörung, die auch als selbständiges Leiden auftreten kann, oder um eine mittelbare Schädigungsfolge, so hat die Krankenkasse (§ 18c Abs. 1 Satz 3) vor Durchführung der Heilbehandlung eine Entscheidung der Verwaltungsbehörde einzuholen. Die Entscheidung ist entbehrlich, wenn der Beschädigte auch nach § 10 Abs. 2 Anspruch auf Heilbehandlung hat. Wird Heilbehandlung für eine in Satz 2 bezeichnete Gesundheitsstörung gewährt, so prüft die Verwaltungsbehörde, ob die Gesundheitsstörung als Folge einer Schädigung anzuerkennen ist, und veranlaßt, falls es erforderlich ist, den Beschädigten zur Antragstellung.
2. Der anerkannte Verschlimmerungsanteil übt einen Einfluß auf den behandlungsbedürftigen Zustand aus (§ 10 Abs. 1 Satz 2), wenn er wenigstens eine, wenn auch nicht wesentliche Bedingung für die Behandlungsbedürftigkeit des Gesamtleidens ist; der Verschlimmerungsanteil ist dann nicht Bedingung für die Behandlungsbedürftigkeit, wenn auch ohne ihn der jeweilige Behandlungsbedarf in gleichem Umfang bestehen würde.
3. Die nach § 10 Abs. 1 Satz 2 für die gesamte Gesundheitsstörung zu gewährende Heilbehandlung umfaßt die in § 11 Abs. 1 genannten Leistungen; daneben kommen auf Grund der besonderen Bestimmungen Leistungen nach § 11 Abs. 2, 3 und 4 und den §§ 16f, 17 und 18 in Betracht. Soweit in diesen Vorschriften oder in den Vorschriften der Verordnung zur Durchführung des § 11 Abs. 3 und des § 13 des Bundesversorgungsgesetzes auf Schädigungsfolgen Bezug genommen wird, tritt bei der Gewährung der Leistungen die gesamte Gesundheitsstörung an deren Stelle.
4. Kann der Zweck der Heilbehandlung (§ 10 Abs. 1 Satz 1 ohne die Mitbehandlung einer Gesundheitsstörung, die weder als Folge einer Schädigung anerkannt noch durch eine anerkannte Schädigungsfolge verursacht ist, nicht erreicht werden, so ist Heilbehandlung auch für diese Gesundheitsstörung zu gewähren. Leistungen kommen jedoch nur insoweit in Betracht als keine Ausschließungsgründe nach § 10 Abs. 7 Buchst. b und d bis g vorliegen. Vor Durchführung der Heilbehandlung hat die Krankenkasse eine Entscheidung der Verwaltungsbehörde einzuholen.
5. Der Anspruch beschädigter Heimkehrer auf Heilbehandlung nach § 10 Abs. 1 geht dem Anspruch auf Krankenhilfe nach § 23 Abs. 1 des Heimkehrergesetzes vor.

6. Die Voraussetzungen der häuslichen Gemeinschaft und des überwiegenden Unterhalts gelten nicht für den Ehegatten und die Kinder im Sinne des § 33b Abs. 1 bis 4.
7. Als Mutterschaftshilfe werden die in § 195 RVO aufgeführten Leistungen erbracht. Mutterschaftsgeld ist dabei in der in § 200b RVO vorgesehenen Höhe zu gewähren. Die Maßnahmen zur Früherkennung von Krankheiten entsprechen nach Inhalt und Umfang denen der gesetzlichen Krankenversicherung (§§ 181 und 181 a RVO).
8. Die Ansprüche nach § 10 Abs. 2 und 4 Buchst. c, der Anspruch des Beschädigten nach § 10 Abs. 5 Buchst. a erste Alternative und die Ansprüche nach § 10 Abs. 6 in Verbindung mit § 10 Abs. 2, 4 Buchst. c und Abs. 5 Buchst. a erste Alternative werden nicht dadurch ausgeschlossen, daß ein krankenversicherter Angehöriger des Berechtigten für diesen einen Anspruch auf Leistungen nach § 205 oder nach § 205a RVO hat.
9. Das Einkommen der Berechtigten und Leistungsempfänger ist nach den Grundsätzen für die Feststellung des der Berechnung der Ausgleichsrente zugrunde zu legenden Bruttoeinkommens zu ermitteln. Dabei sind §§ 1, 3, 6 bis 12, 14 Abs. 1 und 2, § 15 Abs. 1 und § 16 der Verordnung zur Durchführung des § 33 des Bundesversorgungsgesetzes sinngemäß anzuwenden. Die in § 2 Abs. 1 Nr. 2, 3, 6, 7, 8, 12, 13, 14, 16 bis 21, 24 und 26 bis 35 der Verordnung zur Durchführung des § 33 des Bundesversorgungsgesetzes aufgeführten Einnahmen sowie Grundrenten und Schwerstbeschädigtenzulagen nach dem Bundesversorgungsgesetz und nach Gesetzen, die das Bundesversorgungsgesetz für anwendbar erklären, sind nicht als Einkommen zu berücksichtigen. Das gilt auch für Renten nach dem Bundesentschädigungsgesetz für Schaden an Körper oder Gesundheit bis zur Höhe des Betrages, der in der Kriegsopferversorgung bei gleicher Minderung der Erwerbsfähigkeit als Grundrente und Schwerstbeschädigtenzulage gewährt werden würde sowie für vergleichbare Renten nach Landesrecht bis zu der diesem Betrag entsprechenden Höhe.
10. Sicherstellung durch ein anderes Gesetz kommt z.B. in Betracht nach dem Gesetz zur Bekämpfung von Geschlechtskrankheiten, dem Wehrsoldgesetz, Bundesbesoldungsgesetz, Zivildienstgesetz, Heimkehrergesetz, Häftlingshilfegesetz, Bundesentschädigungsgesetz und den Vorschriften für Polizeivollzugsbeamte der Länder.
11. Heilbehandlung, Krankenbehandlung, Mutterschaftshilfe und Maßnahmen zur Früherkennung von Krankheiten können nach § 10 Abs. 8 gewährt werden, wenn der Antrag wahrscheinlich zu einer entsprechenden Anerkennung führen wird und Ausschließungsgründe nicht vorliegen. Das gilt auch, wenn zu erwarten ist, daß der Antrag nur deshalb nicht zu einer Anerkennung führen wird, weil nach Abschluß der Behandlung keine Gesundheitsstörung zurückbleibt. In den Fällen der Sätze 1 und 2 führt die Krankenkasse die Maßnahmen nur auf Grund einer Entscheidung der Verwaltungsbehörde durch.

Aus Rundschreiben, Urteilen etc.

BMA v. 8.7.1980 – VI a 5-52 202 – (BVBl. 10/1980, 9)

Heilbehandlung nach dem Bundesversorgungsgesetz; Kausalitätsnorm der wesentlichen Bedingung

Zur Frage der Anwendung der versorgungsrechtlichen Kausalitätsnorm der wesentlichen Bedingung im Rahmen des Anspruchs auf Heilbehandlung nach § 10 Abs. 1 des Bundesversorgungsgesetzes (BVG) vertrete ich folgende Auffassung:

1. *Die Vorschriften der §§ 10 Abs. 1 und 11 Abs. 1 BVG regeln Voraussetzungen und Rechtsfolgen des Anspruchs auf Heilbehandlung für Gesundheitsstörungen, die als Folge einer Schädigung anerkannt oder durch eine anerkannte Schädigungsfolge verursacht worden sind. Zum gesetzlichen Tatbestand dieses Anspruchs gehört die ursächliche Verbindung zwischen den Tatbestandsmerkmalen „anerkannte Schädigungsfolge" und „Gesundheitsstörung". Dieser Kausalzusammenhang muß vorliegen, wenn ein Heilbehandlungsanspruch nach § 10 Abs. 1 BVG bestehen soll.*

   Die versorgungsrechtlich maßgebliche Kausalkette wird in § 10 Abs. 1 BVG um das Tatbestandsmerkmal „Gesundheitsstörung" verlängert. Der Tatbestand des § 10 Abs. 1 BVG ist damit kein abgeschlossener, sondern ein zeitlich nicht begrenzter Tatbestand. Bei der Beurteilung des Kausalzusammenhangs sind daher alle Umstände zu berücksichtigen, die im Zeitpunkt des Eintritts einer Gesundheitsstörung gegeben sind. Der zeitliche Ablauf der Ereignisse ist somit im Unterschied zum Tatbestand des § 30 Abs. 1 BVG unbeachtlich. Grund hierfür ist, daß die Heilbehandlung zur Deckung eines gegenwärtigen Bedarfs erbracht wird.
2. *Nach dem Urteil des Bundessozialgerichts vom 16. März 1978 – 10 RV 29/77 – (BVBl. 1978, 84) ist in § 10 Abs. 1 BVG die Tatbestandsvoraussetzung „Gesundheitsstörung" das sogenannte Endglied der maßgeblichen Kausalkette und damit Gegenstand der Kausalitätsprüfung. Von der Auslegung des Begriffs „Gesundheitsstörung" hängt daher im Einzelfall nicht nur das Bestehen eines Heilbehandlungsanspruchs, sondern auch dessen Inhalt und Umfang ab.*

   Den Begriff „Gesundheitsstörung" hat das Bundessozialgericht im o.g. Urteil dem Begriff der Krankheit im Sinne der gesetzlichen Krankenversicherung gleichgesetzt und als „behandlungsbedüftigen Zustand" definiert. Als „behandlungsbedürftigen Zustand" und damit als „Gesundheitsstörung" im Sinne des § 10 Abs. 1 BVG ist nach meiner Auffassung der Körper- oder Geisteszustand aufzufassen, der einer einheitlichen, nicht mehr teilbaren Behandlung bedarf. Diese bedarfsorientierte, relative Begriffsbestimmung erlaubt es, bei den gleichen Schädigungsfolgen und Nichtschädigungsfolgen eines Beschädigten je nach Art der erforderlichen Behandlungsmaßnahmen zur Annahme verschiedener behandlungsbedürftiger Zustände zu gelangen, was allein Sinn und Zweck der Heilbehandlung als Hilfe in gegenwärtiger Bedarfslage gerecht wird.
3. *Merkmal dieser bedarfsorientierten Betrachtungsweise ist die Auffassung, daß Maßnahmen der Heilbehandlung hinsichtlich des behandlungsbedürftigen Gesamtzustandes eines Beschädigten voneinander unterscheidbar und damit teilbar sein können. So kann sich der behandlungsbedürftige Gesamtzustand eines Beschädigten aus mehreren behandlungsbedürftigen Leiden zusammensetzen, die auf verschiedenen Ursachen beruhen und unterschiedlicher Behandlungsmaßnahmen bedürfen. Für die Kausalfrage bedeutet dies, daß nicht der Gesamt-*

zustand eines Beschädigten, sondern nur die einzelnen Gesundheitsstörungen (Einzelzustände), die jeweils einer einheitlichen, nicht mehr teilbaren Behandlung bedürfen, Gegenstand der Kausalitätsprüfung sein können.

Verstünde man unter „behandlungsbedürftigem Zustand" im Sinne des § 10 Abs. 1 BVG hingegen den gesamten behandlungsbedürftigen Zustand eines Beschädigten, bestehend aus mehreren akut behandlungsbedürftigen Gesundheitsstörungen, so könnte dies im Einzelfall zur Folge haben, daß die Schädigungsfolgen beim Zusammentreffen mit schädigungsunabhängigen Gesundheitsstörungen nicht mehr wesentliche Bedingung des Gesamtzustandes wären und damit ein Heilbehandlungsanspruch nach § 10 Abs. 1 BVG entfiele. Dieses Ergebnis widerspräche jedoch dem versorgungsrechtlichen Grundsatz, daß die gesundheitlichen Folgen einer anerkannten Schädigung zu entschädigen und dem Zuständigkeitsbereich der Heilbehandlung nach dem BVG zuzuordnen sind.

4. *Das Beispiel eines Doppel-Beinamputierten, bei dem nur die Amputation eines Beines anerkannte Schädigungsfolge ist, vermag die „relative" Bedeutung des Begriffs des behandlungsbedürftigen Zustands zu verdeutlichen. Leidet der Beschädigte an dem schädigungsbedingten Amputationsstumpf an einem Ekzem und an dem anderen Stumpf an einem Stumpfgeschwür, so liegen zwei unterschiedliche „behandlungsbedürftige Zustände" vor, wobei jeder Zustand für sich einer gesonderten einheitlichen und unteilbaren Behandlung bedarf. Da die anerkannten Schädigungsfolgen lediglich wesentliche Bedingung für das Ekzem sind, besteht auch nur für diese Erkrankung ein Heilbehandlungsanspruch nach § 10 Abs. 1 BVG. Benötigt der Beschädigte für beide Beine Beinprothesen, so gilt das Gleiche: Nur für das infolge der Schädigung amputierte Bein besteht eine Leistungspflicht. Beide Beinamputationen sind hinsichtlich des ausgelösten Bedarfs unterscheidbar. Der Bedarf, zwei Prothesen, ist teilbar, da die Prothesen jeweils getrennt in Auftrag gegeben und ausgeführt werden können.*

   In Fällen hingegen, in denen die Behandlung zweier oder mehrerer Leiden ausnahmsweise nur einheitlich durchführbar ist, bilden diese Leiden zusammen den behandlungsbedürftigen Zustand, der das Tatbestandsmerkmal „Gesundheitsstörung" im Sinne des § 10 Abs. 1 BVG ausfüllt. Benötigt der Doppel-Beinamputierte ein Rollbrett (Schede-Brett), so ist nicht allein die einseitige Beinamputation infolge der Schädigungsfolgen, sondern die Doppel-Beinamputation als behandlungsbedüftiger Zustand anzusehen und Gegenstand der Kausalfrage. Die Doppel-Beinamputation löst einen einheitlichen nicht mehr teilbaren Bedarf (Versorgung mit einem Rollbrett) aus, der durch die Schädigung wesentlich mitverursacht worden ist und für den daher eine Leistungspflicht nach § 10 Abs. 1 BVG besteht.

5. *Die dargelegten Grundsätze der Kausalitätsprüfung gelten für den gesamten Bereich der Heilbehandlung gleichermaßen, für die ambulante ärztliche und zahnärztliche Behandlung ebenso wie für die Versorgung mit Arznei- und Verbandmitteln, die Versorgung mit Heilmitteln, die Versorgung mit Zahnersatz, die Hauspflege sowie die Belastungserprobung und Arbeitstherapie. Bei den Leistungen der orthopädischen Versorgung ersetzt jedoch die Verordnung (DVO)[4] zur Durchführung des § 11 Abs. 3 und des § 13 BVG für bestimmte Fälle den unbestimmten Begriff „Gesundheitsstörung" in § 10 Abs. 1 BVG durch*

---

4 Siehe Orthopädieverordnung, abgedruckt nach § 24 a BVG.

konkrete Begriffe, indem für bestimmte Hilfsmittel bestimmte Behinderungen vorausgesetzt werden. Bei der Versorgung mit einer Kleinschreibmaschine (§ 1 Nr. 14, § 4 Abs. 8 DOV)[4] *gehören beispielsweise die Behinderungen „Blindheit" oder „Verlust beider Hände" zu den gesetzlichen Tatbestandsmerkmalen. Diese Merkmale konkretisieren in § 10 Abs. 1 BVG den Begriff „Gesundheitsstörung" und sind so Gegenstand der maßgeblichen Kausalitätsprüfung.*

Krankenhausbehandlung und Badekur sind als ärztliche Behandlung in stationärer Form genauso wie die ambulante ärztliche Behandlung teilbare Leistungen. Endglied der Kausalkette ist bei der Krankenhausbehandlung oder Badekur die Gesundheitsstörung im Sinne des § 10 Abs. 1 BVG, die einer einheitlichen, unteilbaren Behandlung bedarf. Der „behandlungsbedürftige Zustand" in Bezug auf Krankenhausbehandlung oder Badekur kann daher in aller Regel nicht mehr als ein Leiden im medizinischen Sinne umfassen. Liegt neben dem Leiden, das Behandlung in stationärer Form in einem Krankenhaus oder in einer Kureinrichtung erforderlich macht, ein zweites Leiden vor, das auch der ärztlichen Behandlung, jedoch in nichtstationärer Form bedarf, so bilden diese beiden Leiden zusammen keinen behandlungsbedürftigen Zustand.

Nur in besonderen Fällen können mehrere Leiden zusammen einen einheitlichen behandlungsbedürftigen Zustand bilden:

a) Zwei Leiden zusammen bedingen erst die Notwendigkeit ärztlicher Behandlung in stationärer Form und

b) zwei oder mehrere Leiden bedürfen gleichzeitiger Behandlung in stationärer Behandlungsform.

In diesen Fällen ist die Kausalitätsentscheidung in Bezug auf den erweiterten behandlungsbedürftigen Zustand zu treffen. Hierbei müssen die Schädigungsfolgen wesentliche Bedingungen sein, wenn die Anspruchsvoraussetzungen erfüllt sein sollen. Überwiegen hingegen die Nichtschädigungsfolgen, so besteht kein Anspruch auf Krankenhausbehandlung bzw. muß dies zur Verweigerung der Badekur führen. Hiervon getrennt zu sehen ist die Frage der sog. Mitbehandlung von Gesundheitsstörungen.

BMA v. 14.2.1989 – VI a 3 – 51013-11 (BArbBl. 5/1989, 94)

1. Kostenerstattungen an krankenversicherte Versorgungsberechtigte nach § 18 Abs. 2 Satz 2 BVG bei Behandlung im Ausland[5]

2. Ausschluß des Anspruchs auf Heil- und Krankenbehandlung ab 1.1.1989 nach § 10 Abs. 7 Buchst. d BVG durch § 10 SGB V.

Zu 2. Seit dem Inkrafttreten des Sozialgesetzbuches V am 1. Januar 1989 sind der Ehegatte und die Kinder von Mitgliedern nach § 10 SGB V selbst Versicherte mit eigenen Ansprüchen. Damit sind für diesen Personenkreis Ansprüche auf Heil- und Krankenbehandlung nach § 10 Abs. 7 Buchst. d BVG ausgeschlossen. Die Verwaltungsvorschrift Nr. 8 zu § 10 BVG, die von dem Nachrang der Leistungen nach § 205 oder 205 a RVO gegenüber eigenen Ansprüchen nach dem BVG ausging, ist damit hinfällig geworden. Nach § 10 SGB V stehen Versicherten seit dem 1. Januar 1989 Bundesbehandlungsscheine nicht mehr zu.

Im Jahre 1988 mit Geltung in das Jahr 1989 hinein ausgegebene Bundesbehandlungsscheine haben damit in den betreffenden Fällen seit dem 1. Januar 1989 ihre

5 TZ 1 aufgehoben durch Rdschr. v. 5.12.1996, abgedruckt vor § 18a.

Rechtsgrundlage verloren; sie sind durch Krankenscheine der Krankenkasse zu ersetzen. Anerkenntnisse dem Grunde nach, die nach der vorläufigen Anmeldung von Erstattungsansprüchen gemäß § 21 BVG gegenüber den Krankenkassen abgegeben wurden, sind für die Zeit nach dem 31. Dezember 1988 aufzuheben. Zur Erfassung der betreffenden Fälle sollten die Versorgungsverwaltung und die Krankenkassen eng zusammenarbeiten. Die Versorgungsämter haben bei der Feststellung von Erstattungsbeträgen ohnehin auf möglicherweise in den Kostennachweisen noch enthaltene Fälle des § 10 SGB V zu achten.
Begehrt die Krankenkasse nach § 20 BVG Erstattung von Aufwendungen, die nach dem 31. Dezember 1988 für gemäß § 10 SGB V Versicherte entstanden sind, so sind sie gemäß VwV Nr. 9 zu § 20 BVG abzusetzen; Aufwendungen für die Behandlung von Schädigungsfolgen bei diesen Versicherten hat die Krankenkasse nunmehr nach § 19 BVG geltend zu machen. Wenn sich erst nach einer Erstattung herausstellt, daß Beträge hätten abgesetzt werden müssen, sind sie von der Krankenkasse zurückzuerstatten.

BMA v. 19.7.1990 – VI a – 52221 – 16 (BArbBl. 9/1990)
Ich bin darauf hingewiesen worden, daß in einzelnen Ländern bei der Lieferung von Hörgeräten für Beschädigte mit Ansprüchen allein nach § 10 Abs. 1 BVG in Fällen des Zusammentreffens von Schädigungsfolgen und anderen Gesundheitsstörungen nicht immer nach der Theorie der wesentlichen Bedingung verfahren wird. Mit Bezug auf mein Rundschreiben vom 8.7.1980 – VI a 5 – 52202 – zur Kausalitätsnorm der wesentlichen Bedingung im Bereich der Heil- und Krankenbehandlung vertrete ich folgende Auffassung:
Bedarf Schwerhörigkeit eines einheitlichen, unteilbaren Ausgleichs durch ein Hörgerät, darf die Kausalitätsprüfung nicht auf einen Teil der Ursachen für die Schwerhörigkeit beschränkt werden. Ein Hörgerät ist von der Versorgungsverwaltung nur zu liefern, wenn die anerkannten Schädigungsfolgen überwiegend oder mindestens annähernd gleichwertig die Schwerhörigkeit verursacht haben. Dies ist dann nicht (oder nicht mehr) gegeben, wenn andere, nicht schädigungsbedingte Ursachen zu einem höheren Anteil an der Schwerhörigkeit führen als die Schädigungsfolgen.
Die Tatsache, daß im Einzelfall in der Vergangenheit schädigungsbedingte Hörgeräte geliefert worden sind, entbindet nicht von der Notwendigkeit, bei hinzugetretener nicht schädigungsbedingter Schwerhörigkeit die Kausalitätsnorm der wesentlichen Bedingung anzuwenden.

BMGS v. 31. 3. 2003 – IV C 4–61387 (BArbBl. 6/2003, 96)
Auswirkungen des Neunten Buches Sozialgesetzbuch – Rehabilitation und Teilhabe behinderter Menschen – (SGB IX) auf die Heil- und Krankenbehandlung
Das Neunte Buch Sozialgesetzbuch Rehabilitation und Teilhabe behinderter Menschen – (SGB IX) vom 19. Juni 2001 (BGBl. I S. 1046), das am 1. Juli 2001 in Kraft getreten ist, fasst die Rechtsvorschriften zur Rehabilitation und Eingliederung behinderter Menschen, die für verschiedene Sozialleistungsbereiche einheitlich gelten, zusammen. Es hat damit auch Auswirkungen – vgl. Artikel 47 – auf die Heil- und Krankenbehandlung nach dem Bundesversorgungsgesetz (BVG). Zur Sicherstellung einer einheitlichen Rechtsanwendung bitte ich um Beachtung der nachfolgenden Hinweise. Weitere Erfahrungen aus der Anwendungspraxis bleiben abzuwarten.

§ 7 SGB IX (Vorbehalt abweichender Regelungen)
Das SGB IX wirkt bereichsübergreifend und ist unmittelbar anzuwenden, soweit in den Leistungsgesetzen der jeweiligen Rehabilitationsträger nichts Abweichendes geregelt ist. § 7 sieht vor, dass hinsichtlich der Zuständigkeit und der Leistungsvoraussetzungen der generelle Vorrang dieser besonderen Rechtsvorschriften weiterhin gilt. Im Übrigen sind die Vorschriften des SGB IX unmittelbar und originär anzuwenden, soweit durch Artikel 2ff. SGB IX solche besonderen Bestimmungen nicht getroffen oder beseitigt wurden.

§ 9 SGB IX (Wunsch- und Wahlrecht der Leistungsberechtigten)
Mit der Erweiterung der Wunsch- und Wahlrechte ist die Eigenverantwortlichkeit der Betroffenen gestärkt worden. Bei der Ausführung der Leistungen ist ihnen möglichst weitgehend Raum zur eigenverantwortlichen Gestaltung ihrer Lebensumstände zu gewährleisten. So sieht das Wunsch- und Wahlrecht des Leistungsberechtigten vor, dass Sachleistungen zur Teilhabe, die nicht in Rehabilitationseinrichtungen auszuführen sind, auf Antrag als Geldleistungen erbracht werden können. Das Versorgungsrecht hingegen war hinsichtlich der Leistungserbringung der Heil- und Krankenbehandlung bislang vom Sachleistungsprinzip (§ 18 Abs. 1 Satz 1 BVG) bestimmt. Nunmehr enthält diese Vorschrift einen Verweis auf das SGB IX. Dadurch wird – auch im Hinblick auf die Vorbehaltsregelung des § 7 SGB IX – allerdings kein Verweisungsmechanismus in Gang gesetzt, da der jeweilige Verweis im Kontext der Norm zu betrachten ist. Somit wird das im BVG geltende Sachleistungsprinzip im Sinne einer Erweiterung auf die nach dem SGB IX möglichen Geldleistungen als Surrogat der Sachleistung unter den dort normierten Voraussetzungen ergänzt.
Die Erbringung einer Geldleistung ist an die in § 9 Abs. 2 SGB IX genannten Bedingungen und Voraussetzungen geknüpft.

Zuständigkeiten zwischen Versorgungsverwaltung und Krankenkassen bei der Leistungserbringung
Die Zuständigkeitsregelung des § 18c Abs. 1 BVG für die Erbringung von Leistungen ist trotz des im SGB IX eingeräumten Wahlrechts der Berechtigten hinsichtlich Sach- oder Geldleistung unverändert geblieben. Bei Widersprüchen gegen die Verwaltungsakte der Krankenkassen im Rahmen ihrer Leistungserbringung gilt § 18c Abs. 2 Satz 2 BVG uneingeschränkt fort.

Kostenfreiheit (§ 18 Abs. 1 Satz 2 BVG) und Erstattungsansprüche der Krankenkassen (§§ 19, 20 BVG)
Da Geldleistungen als Surrogat von Sachleistungen anzusehen und in der Regel (Ausnahme: § 10 Orthopädieverordnung) ohne Beteiligung des Leistungsempfängers zu gewähren sind (§ 18 Abs. 1 Satz 2 BVG), verbietet sich der Abzug von Eigenanteilen auch bei Geldleistungen, die zudem über die Pauschale nach den §§ 19 und 20 BVG abgegolten sind. Somit entstehen auch den Krankenkassen keine zusätzlichen Aufwendungen, die zu erstatten wären.

§§ 14, 15 SGB IX (Zuständigkeitserklärung und Erstattung selbstbeschaffter Leistungen)
Neben einer einheitlichen Regelung des Rehabilitationsrechts wird mit den vorgenannten Regelungen dem Bedürfnis Rechnung getragen, im Interesse behinderter oder von Behinderung bedrohter Menschen durch eine rasche Klärung von Zustän-

digkeiten denkbaren Nachteilen des gegliederten Systems entgegenzuwirken, den Zugang zu den erforderlichen Leistungen zu beschleunigen und dem Berechtigten die Möglichkeit zu geben, sich bei unbegründeter, nicht rechtzeitiger Leistungserbringung durch den Rehabilitationsträger die Leistung selbst zu beschaffen.

Die Frist zur Feststellung der Zuständigkeit des Leistungsträgers beträgt zwei Wochen nach Antragseingang. Mit Fristüberschreitungen ist im Rahmen der Antragstellung nach dem BVG (überwiegend Bestandsfälle) allerdings kaum zu rechnen. Sollte dennoch hier oder im Bereich der Gesetze, welche die entsprechende Anwendung der Leistungsvorschriften des BVG vorsehen, wegen einer nicht fristgerecht erfolgten Feststellung der Zuständigkeit eine Heilbehandlungs- oder Krankenbehandlungsmaßnahme (z.B. Badekur) selbst durchgeführt werden, sind die Vorschriften des § 18 Abs. 3 und 4 BVG einschlägig, die gemäß § 7 SGB IX auch weiterhin Gültigkeit haben. Zwar schließt § 18 Abs. 4 BVG die Erstattung der Kosten einer selbst durchgeführten Badekur aus, diese von den Vorgaben des SGB IX vordergründig abweichende Regelung im BVG bedeutet jedoch für den Personenkreis der Versorgungsberechtigten in der Praxis keine Schlechterstellung gegenüber anderen Rehabilitationsberechtigten, da es sich hierbei um eine Erstattungsfrage nach Anerkennung des Versorgungsanspruches handelt und daher der mit dem Beschleunigungsgrundsatz des SGB IX u.a. angestrebte Effekt der Vermeidung von Kompetenzstreitigkeiten verschiedener Leistungsträger – zumal im Kurenbereich (vgl. § 11 Abs. 2 Satz 2 BVG) – in der Regel keine Rolle spielen dürfte.

Wird der Antrag auf Leistungen zur medizinischen Rehabilitation vom zuerst angegangenen Leistungsträger nicht weitergeleitet, so hat dieser nach § 14 Abs. 2 SGB IX den Rehabilitationsbedarf unverzüglich festzustellen. Die Entscheidung über den Antrag hat für den Fall, dass kein Gutachten erforderlich ist, innerhalb von drei Wochen nach Antragseingang zu erfolgen. Ist jedoch eine gutachtliche Stellungnahme einzuholen und kann daher die vorgenannte Frist für eine Sachentscheidung nicht eingehalten werden, ist die Entscheidung innerhalb von zwei Wochen nach Vorlage des Gutachtens zu treffen. Gutachten sind innerhalb von zwei Wochen zu erstellen (§ 14 Abs. 5 SGB IX).

Sollten diese Fristen seitens der Versorgungsverwaltung nicht eingehalten werden können, greifen wegen des Vorranges spezialgesetzlicher Regelungen (vgl. § 7 SGB IX) wiederum die Vorgaben des § 18 Abs. 3 und 4 BVG.

Zur Vermeidung von Streitverfahren sollte den Leistungsberechtigten zeitgerecht eine begründete Mitteilung über die Unmöglichkeit der Einhaltung der vorgegebenen Fristen zugehen. Im Einzelfall empfiehlt sich ein Hinweis auf den Ausschluss einer Erstattung bei selbst durchgeführter Badekur gemäß § 18 Abs. 4 Satz 4 BVG.

Verhältnis zwischen medizinischer Rehabilitation und Leistungen zur Teilnahme am Arbeitsleben

Die Zuständigkeitsverteilung im Sozialen Entschädigungsrecht für die Erbringung von Rehabilitationsleistungen wurden durch das SGB IX nicht geändert.

§ 10 Abs. 1 Satz 1 SGB IX verpflichtet den nach § 14 Abs. 2 SGB IX leistenden Rehabilitationsträger, bereits im Vorfeld mit dem für weitere Leistungsgruppen voraussichtlich zuständigen Träger in Verbindung zu treten, um gemeinsam mit dem Leistungsberechtigten die zusätzlich erforderliche Leistung abzustimmen.

Wenn ein bereits leistender Rehabilitationsträger eine der in § 5 SGB IX genannten Leistungsgruppen nicht erbringen kann, ist § 14 Abs. 6 SGB IX anzuwenden. Da-

nach kann der Träger der Kriegsopferversorgung (KOV), der Leistungen zur medizinischen Rehabilitation erbringt und weitere Leistungen für erforderlich hält, den Antrag im Hinblick auf Leistungen zur Teilhabe am Arbeitsleben an den zuständigen Träger der Kriegsopferfürsorge (KOF) weiterleiten. Die Leistungsberechtigten sind hiervon zu unterrichten. Die Verantwortlichkeit des Trägers der KOV für ggf. weiter notwendige Leistungen zur medizinischen Rehabilitation bleibt von dieser Abgabe unberührt, ebenso die Beurteilung von medizinischen Leistungen als Rehabilitationsleistungen.

Erstattungsansprüche der Rehabilitationsträger
In § 14 Abs. 4 SGB IX ist in teilweiser Änderung bisher gültiger Normen zu Rückerstattungsansprüchen der Leistungsträger untereinander (§ 102ff. SGB X) für den Bereich der Leistungen zur medizinischen Rehabilitation eine Abkehr von bisherigen Prinzipien eingetreten:

Zu § 14 Abs. 4 Satz 1:
Hat ein Rehabilitationsträger auf Grund eines ihm von einem anderen Rehabilitationsträger zugeleiteten Antrags die Leistungen übernommen (§ 14 Abs. 1 Satz 2 bis 4) und wird nach Bewilligung der Leistung seine Unzuständigkeit festgestellt, erstattet diesem der zuständige Rehabilitationsträger dessen Aufwendungen. Die Höhe der Kostenerstattung bestimmt sich gemäß § 14 Abs. 4 Satz 1 SGB IX nach den für den unzuständigen Rehabilitationsträger geltenden Rechtsvorschriften. Insoweit liegt in dieser spezialgesetzlichen Regelung eine Änderung gegenüber dem bisherigen Erstattungsanspruch gemäß § 105 Abs. 2 SGB X, der eine Erstattung nach den Rechtsvorschriften des zuständigen Leistungsträgers vorsah.

Zu § 14 Abs. 4 Satz 3:
Hat ein unzuständiger Leistungsträger Leistungen im Rahmen von § 14 Abs. 2 Satz 1 und 2 (z.B. bei einem nicht weitergeleiteten Antrag) erbracht, ist § 105 SGB X (Erstattungsanspruch des unzuständigen Leistungsträgers) nicht anzuwenden. Rechtsfolge: Ein Erstattungsanspruch besteht nicht.
Im Bereich des Sozialen Entschädigungsrechts sind die Zuständigkeiten bei der Leistungserbringung zwischen Verwaltungsbehörden und Krankenkassen in § 18c BVG eindeutig geregelt. Somit dürften Einzelfälle, welche die Anwendung des § 14 Abs. 4 Satz 3 SGB IX zur Folge hätten, in der Regel nicht zu erwarten sein. Auch im Verhältnis zu den Rentenversicherungsträgern ist wegen der kausalitätsrechtlichen Besonderheiten im Versorgungsrecht mit Schwierigkeiten bei der Beurteilung über die Zuständigkeit wohl nicht zu rechnen. Sollte wegen unklarer Ursache der behandlungsbedürftigen Behinderung eine fristgerechte Klärung der Zuständigkeit nicht möglich sein, liegt im Übrigen die Leistungspflicht des allgemein zuständigen Rehabilitationsträgers vor (§ 14 Abs. 1 Satz 3 SGB IX), der die Leistung ohne Rücksicht auf die Ursache zu erbringen hat.
Im Kurenbereich kann Berechtigten nach dem Sozialen Entschädigungsrecht mit Anspruch gemäß § 10 Abs. 2 BVG unabhängig von Ansprüchen gegenüber ihrer Krankenversicherung wahlweise eine Kur wegen Nichtschädigungsleiden gewährt werden. Der entsprechende Kostenerstattungsanspruch der Versorgungsverwaltung richtet sich in diesen Fällen nach wie vor nach § 18c Abs. 5 BVG (Spezialvorscchrift gegenüber den allgemeinen Regelungen des SGB IX).

Artikel 47 Nr. 5 (Änderungen beim Versorgungskrankengeld)

Durch Artikel 47 Nr. 5 SGB IX wurde § 16c BVG, der bisher die Anpassung des Versorgungskrankengelds regelte, aufgehoben und durch § 50 SGB IX ersetzt. Entfallen ist dabei die Aussage zur Obergrenze des Versorgungskrankengelds nach einer Anpassung dieser Leistung. Die ausdrückliche Nennung einer solchen Begrenzung ist jedoch entbehrlich, da das Versorgungskrankengeld unter Beachtung der Leitvorstellung des Gesetzgebers auch nach einer Anpassung nicht den Betrag in Höhe von 80 v.H. der jeweils geltenden Leistungsbemessungsgrenze übersteigen darf.

§ 16a Abs. 1 Satz 3 und 4 BVG findet sich inhaltlich identisch in § 45 Abs. 8 SGB IX wieder und ist von daher obsolet. Dennoch bestand bei der Länderreferentenbesprechung am 28. Januar 2003 Einmütigkeit darüber, im Interesse einer höheren Transparenz bei der Rechtsanwendung des BVG von einer Streichung abzusehen.

§ 26 SGB IX (Leistungen zur medizinischen Rehabilitation, Leistungsumfang und Zuständigkeit)
Der Ansicht einiger Rehabilitationsträger, bei den Leistungen zur medizinischen Rehabilitation zwischen Rehabilitationskomplex- und Rehabilitationseinzelleistungen zu differenzieren und nur Komplexleistungen als medizinische Rehabilitation anzusehen, kann nicht gefolgt werden. Nach der Leitvorstellung des Gesetzgebers zum SGB IX werden in dem hier relevanten Zusammenhang weder Rehabilitationskomplex- noch Rehabilitationseinzelleistungen angesprochen noch wird zwischen diesen Leistungen unterschieden. Die Gesetzesbegründung zu § 27 SGB IX stellt vielmehr hinsichtlich des Regelungszwecks dieser Vorschrift klar, dass die in § 26 Abs. 1 sowie in § 10 SGB IX festgehaltenen Grundsätze und Ziele nicht nur bei den rehabilitationsspezifischen, sondern bei allen Leistungen der Krankenbehandlung zu beachten sind. Daraus ergibt sich, dass auch z.B. im Rahmen der Hilfsmittelversorgung nach dem Bundesversorgungsgesetz durch die orthopädischen Aufgabengebiete der Länder die Normen des SGB IX greifen (etwa Einräumung von Wahlmöglichkeiten nach § 9 SGB IX).

§ 53 SGB IX (Reisekosten im Bereich der medizinischen Rehabilitation)
Den Neuregelungen im Fünften und Neunten Buch Sozialgesetzbuch wurde durch eine klarstellende Normierung des Anspruchs auf Reisekosten im Bereich des Sozialen Entschädigungsrechts bereits im Entwurf eines Änderungsgesetzes zum Bundesversorgungsgesetz Rechnung getragen, der auch den Ersatz von Reisekosten für mitgenommene Kinder im Zusammenhang mit Rehabilitationsmaßnahmen vorsieht. Das weitere Gesetzgebungsverfahren bleibt abzuwarten.

BMGS v. 19. 3. 2004 – 434 – 61011 – 2/61 285
Durchführung des Bundsversorgungsgesetzes (BVG) – Auswirkungen des GKV-Modernisierungsgesetzes (GMG) auf die Heil- und Krankenbehandlung nach dem Bundesversorgungsgesetz (BVG)

Als Anlage übersende ich Abdruck meines Antwortschreibens an den AOK-Bundesverband vom 9. März 2004 mit der Bitte um Kenntnisnahme und Beachtung.

Sehr geehrte Damen und Herren,

zu Ihren oben genannten Schreiben, die mir beide erst seit Anfang Februar 2004 zur Bearbeitung vorliegen, nehme ich wie folgt Stellung:

Das Bundesversorgungsgesetz (BVG) verweist im Rahmen der Heil- und Krankenbehandlung an verschiedenen Stellen ausdrücklich auf Regelungen der gesetzlichen Krankenversicherung (GKV). Somit sind die dort genannten Leistungen auch nur im Leistungsumfang der GKV zu erbringen – einschließlich Zuzahlungen. Es sind dies die in § 11 Abs. 4 BVG und § 12 Abs. 3 letzter Satz BVG angesprochene Leistung „Haushaltshilfe" sowie die in § 11 Abs. 5 BVG und § 12 Abs. 1 BVG genannten „ergänzenden Leistungen zur Rehabilitation". Auch in Fällen des § 12 Abs. 1 BVG, der das Leistungsspektrum der Krankenbehandlung um „medizinische Leistungen zur Rehabilitation" erweitert, greifen die Zuzahlungsregelungen der GKV. In diesem Zusammenhang sind des Weiteren sowohl für die Heil- als auch für die Krankenbehandlung die in § 12 Abs. 4 BVG aufgeführten „Leistungen zur Gesundheitsvorsorge" in anerkannten Kurorten oder bei Bedarf in Vorsorgeeinrichtungen zu nennen.
Im Übrigen ist festzuhalten, dass Praxisgebühren und andere Zuzahlungen nicht zu leisten sind, sofern krankenversicherte Berechtigte Schädigungsfolgen behandeln lassen. Dies gilt auch dann, wenn die Gesundheitsstörung, die eine bestimmte Behandlungsmaßnahme erforderlich macht, zwar nicht als Versorgungsleiden anerkannt, aber durch die anerkannten Schädigungsfolgen verursacht ist (VV Nr. 2 zu § 1 BVG). Dagegen sind Zuzahlungen in den Fällen zu leisten, in denen eine zeitgleiche oder zeitversetzte medizinische Behandlung unabhängig vom Versorgungsleiden erfolgt.
Der Personenkreis der „Zugeteilten" ist wegen des Sachleistungsgebots nicht zuzahlungspflichtig.
Die durch das GMG erfolgten Neuregelungen im Arzneimittelbereich gelten dem Grunde nach auch für den Leistungsumfang der Heil- und Krankenbehandlung nach dem Bundesversorgungsgesetz. Lediglich für die Behandlung von Schädigungsfolgen greift ein Härteausgleich aus dem Jahre 1989, der im Falle von schädigungsbedingt notwendigen Medikationen eine Gewährung von Arzneimitteln zulässt, die durch § 34 Abs. 1 SGB V ausgeschlossen sind. Ich empfehle, von Ihren Mitgliedskrankenkassen aufgrund von Bestätigungen des Versorgungsamtes Berechtigten entsprechende Bescheinigungen für ihre behandelnden Ärzte ausstellen zu lassen.
Es ist beabsichtigt, im Rahmen eines geplanten BVG-Änderungsgesetzes § 11 BVG hinsichtlich der Verordnung von Brillengläsern für Berechtigte nach dem Bundesversorgungsgesetz zu ergänzen mit der Maßgabe, dass sich am Leistungsumfang für BVG-Berechtigte nichts ändern soll. Schädigungsbedingt ist auch ein notwendiges Brillengestell zu liefern. Nach wie vor ist die Versorgung mit Brillengläsern durch die Krankenkasse vorgesehen; dies entspricht der geltenden Gesetzeslage. Zudem ist der Aufwand einer solchen Versorgung seinerzeit in die Berechnung des Umfanges der pauschalen Vergütung eingeflossen. Mit der neuen Norm soll im Übrigen verhindert werden, dass krankenversicherte BVG-Berechtigte ihre Brillengläserversorgung künftig über mögliche Ansprüche nach § 10 Abs. 2 BVG und den nicht greifenden Ausschluss des § 10 Absatz 7 Buchstabe d) BVG erlangen.
Auch hinsichtlich der Frage der Übernahme von Fahrkosten sind mit dem BVG-Änderungsgesetz klarstellende Regelungen beabsichtigt, da die Empfehlungen des gemeinsamen Bundesausschusses für die Bedürfnisse der Versorgungsberechtigten zu eng gefasst sind. Grundsätzlich soll in gleichem Umfang wie bislang eine Kostenübernahme auch bei ambulanten Behandlungen erfolgen.

Hinsichtlich der von Ihnen angesprochenen Vorschrift des BEG ist innerhalb der Bundesregierung das Bundesministerium der Finanzen zuständig, dem ich insoweit Abdrucke Ihrer Schreiben zur weiteren Veranlassung zugeleitet habe.
Zur Frage einer Änderung der Pauschale habe ich in meinem Schreiben vom 6. 12. 2002 – IVa 4 – 62 322 – ausführlich Stellung genommen.
Eine Alternative zu einer pauschalen Abrechnung ist – wie schon in meinem vorgenannten Schreiben dargelegt – allein eine Einzelkostenabrechnung. Ich gehe aber davon aus, dass eine Wiedereinführung einer solchen Einzelkostenabrechnung weder auf Ihrer noch auf unserer Seite gewünscht wird, da die seinerzeitige Einführung der Pauschalierung zu erheblichen und umfangreichen Stellen- und entsprechenden Kosteneinsparungen geführt hat. Derartige gravierende Vorteile dürften auch bei – zumeist vorübergehenden – „Verziehungen innerhalb der pauschalen Erstattung" ihre Nachteile deutlich überwiegen.
Ich darf im Übrigen nochmals darauf hinweisen, dass das Wesen einer Pauschale vor allem darin besteht, die Verfahrensabläufe erheblich zu vereinfachen und Verwaltungsaufwand einzusparen. Damit aber müssen im Einzelfall auch mögliche, aus Sicht der einen oder anderen beteiligten Partei ungünstige Entwicklungen akzeptiert werden.
Es ist beabsichtigt, dieses Antwortschreiben den für die Kriegsopferversorgung zuständigen obersten Landsbehörden zur Kenntnis zu geben.

BMGS v. 19. 7. 2004 – 434 – 61 387 –
Durchführung der Heil- und Krankenbehandlung nach dem Bundesversorgungsgesetz (BVG)/Auswirkungen des Neunten Buches Sozialgesetzbuch (SGB IX)
Mein Rundschreiben vom 31. März 2003 – Az.: 434 – 61 387.
Zu meinem o. g. Rundschreiben hat sich der Verband der Angestelltenkrankenkassen (VdAK) verschiedentlich kritisch geäußert. Insbesondere wurde meine – fortbestehende – Rechtsauffassung in Frage gestellt, dass die in § 26 Abs. 1 sowie in § 10 des Neunten Buches Sozialgesetzbuch (SGB IX) festgehaltenen Grundsätze und Ziele nicht nur bei den rehabilitationsspezifischen, sondern bei allen Leistungen der Krankenbehandlung zu beachten sind. Anlässlich eines Gespräches zu dieser Thematik am 30. 6. 2004 im Bundesministerium für Gesundheit und Soziale Sicherung führten Vertreter von Krankenkassenspitzenverbänden aus, dass eine solche Sichtweise vor allem Probleme hinsichtlich der Erstattung von unzuständigerweise erbrachten Leistungen durch die Krankenkassen (etwa bei der Erbringung von Hilfsmitteln) mit sich bringen könnte. Um derartige Probleme zu vermeiden, wurde daher – unter Bezugnahme auf § 14 Abs. 4 Satz 3 SGB IX in der Neufassung durch das Gesetz zur Förderung der Ausbildung und Beschäftigung schwerbehinderter Menschen vom 28. April 2004 – die Absprache getroffen, dass eine Erstattung zwischen gesetzlichen Krankenkassen und der Versorgungsverwaltung nach § 105 des Zehnten Buches Sozialgesetzbuch (SGB X) SGB X möglich sein soll, auch wenn unzuständigerweise (§ 14 Abs. 2 Satz 1 und 2 SGB IX) von dem einen oder dem anderen Leistungsträger medizinische Leistungen zur Teilhabe erbracht worden sind.
Ich habe keine Bedenken, die genannte Absprache der Einfachheit halber als Vereinbarung gemäß § 14 Abs. 4 Satz 3 SGB IX zu betrachten und entsprechend zu verfahren.

BMAS v. 21. 12. 2007 – IV c 4–47101
Heil- und Krankenbehandlung nach dem Sozialen Entschädigungsrecht (SER); Anwendung des § 10 Abs. 4 Satz 3 Bundesversorgungsgesetz (BVG); Rundschreiben des Bundesministeriums für Arbeit und Sozialordnung vom 9. Juli 1990 (Az.: VIa 3–52204) und vom 1. April 1968(Az.: V/3–5208.23–786/68)
Mir ist die Frage gestellt worden, welche Auswirkungen das Gesetz zur Stärkung des Wettbewerbs in der gesetzlichen Krankenversicherung (GKV-Wettbewerbsstärkungsgesetz – GKV-WSG) vom 26. März 2007 auf den nach § 10 Abs. 4 Satz 3 BVG zu beurteilenden Personenkreis hat. Ich nehme hierzu wie folgt Stellung:
Mit dem GKV-Wettbewerbsstärkungsgesetz wird eine allgemeine Verpflichtung zur Absicherung gegen Krankheit entweder durch eine Mitgliedschaft in der gesetzlichen oder in einer privaten Krankenversicherung (PKV) eingeführt. Diese Verpflichtung gilt, wenn kein anderweitiger Anspruch auf Absicherung im Krankheitsfall gegeben ist. Sind Ansprüche auf Heil- und Krankenbehandlung nach dem Bundesversorgungsgesetz vor Inkrafttreten des GKV-WSG durch Bescheid bereits festgestellt, liegt eine solche anderweitige Absicherung vor. Dies gilt auch für Berechtigte, die Krankenbehandlung nach § 10 Abs. 4 Satz 3 BVG erhalten; ein Erfordernis für eine erneute Prüfung von Ansprüchen ist bei ihnen nicht gegeben.
Anders verhält es sich in den Fällen, in denen nach Inkrafttreten des GKV-WSG eine Entscheidung nach § 10 Abs. 4 Satz 3 BVG ansteht. Gemäß § 18 Abs. 6 BVG besteht ein Anspruch auf Krankenbehandlung zunächst nur bis zum Ablauf von 6 Monaten nach dem Tode des Berechtigten. Für eine weitere Gewährung von Krankenbehandlung legt § 10 Absatz 4 Satz 3 BVG als Prüfmaßstab fest, dass ein wirksamer Krankenversicherungsschutz unter zumutbaren Bedingungen nicht zu erreichen ist. Zur Feststellung der Zumutbarkeit wurden bisher die im Rundschreiben des Bundesministeriums für Arbeit und Sozialordnung (BMA) vom 9. Juli 1990 (Az.: IVa 3–52204) dargestellten Kriterien (Vergleich des zu zahlenden KV-Beitrags mit dem Beitragssatz der örtlichen AOK) zugrunde gelegt. Eine derartige Verfahrensweise würde nach heutiger Sach- und Rechtslage den Personen einen Vorteil verschaffen, die über höhere Einkommen verfügen und sich privat gegen Krankheit versichern müssen. Für sie wäre der Beitrag zu einer privaten Krankenversicherung in der Regel höher als der Beitrag der örtlichen AOK. Damit wäre die Zumutbarkeit zu verneinen; diese Personen würden weiterhin Krankenbehandlung nach dem BVG erhalten.
Personen dagegen, die dem System der gesetzlichen Krankenversicherung zuzuordnen sind, würden sich wegen der geringeren Beitragsbemessung in der gesetzlichen Krankenversicherung auch bei deutlich niedrigerem Einkommen versichern müssen und keine Krankenbehandlung nach dem BVG erhalten.
Um vor dem Hintergrund der Intentionen des GKV-WSG eine möglichst weitgehende Gleichbehandlung zwischen den beiden Personengruppen, die entweder dem GKV- oder dem PKV-System zuzuordnen sind, zu erreichen, halte ich es für sachgerecht, nunmehr eine Zumutbarkeit dann zu bejahen, wenn den Betroffenen nach Zahlung der künftig zu entrichtenden KV-Beiträge zumindest ein monatliches Einkommen in Höhe des 2,5-fachen Regelsatzes der Sozialhilfe verbleibt (§ 28 Abs. 2 des Zwölften Buches Sozialgesetzbuch – SGB XII). Vermögen ist bei der Einkommensermittlung nicht zu berücksichtigen.
Die BMA-Rundschreiben vom 9. Juli 1990 (Az.: IVa 3–52204) und vom 1. April 1968 (Az.: V/3–5208.23–786/68) werden aufgehoben.

§ 11 (Umfang der Heilbehandlung)

(1) Die Heilbehandlung umfasst
1. ambulante ärztliche und zahnärztliche Behandlung,
2. Versorgung mit Arznei- und Verbandmitteln,
3. Versorgung mit Heilmitteln einschließlich Krankengymnastik, Bewegungstherapie, Sprachtherapie und Beschäftigungstherapie sowie mit Brillengläsern und Kontaktlinsen,
4. Versorgung mit Zahnersatz,
5. Behandlung in einem Krankenhaus (Krankenhausbehandlung),
6. Behandlung in einer Rehabilitationseinrichtung,
7. häusliche Krankenpflege,
8. Versorgung mit Hilfsmitteln,
9. Belastungserprobung und Arbeitstherapie,
10. nichtärztliche sozialpädiatrische Leistungen,
11. Psychotherapie als ärztliche und psychotherapeutische Behandlung und Soziotherapie.

Die Vorschriften für die Leistungen, zu denen die Krankenkasse (§ 18c Abs. 2 Satz 1) ihren Mitgliedern verpflichtet ist, gelten für die Leistungen nach Satz 1 entsprechend, soweit dieses Gesetz nichts anderes bestimmt.

(2) Stationäre Behandlung in einer Kureinrichtung (Badekur) kann Beschädigten unter den Voraussetzungen des § 10 Abs. 1, 2, 7 und 8 gewährt werden, wenn sie notwendig ist, um den Heilerfolg zu sichern oder um einer in absehbarer Zeit zu erwartenden Verschlechterung des Gesundheitszustands, einer Pflegebedürftigkeit oder einer Arbeitsunfähigkeit vorzubeugen. Die Leistung wird abweichend von § 10 Abs. 7 Buchstabe d nicht dadurch ausgeschlossen, daß eine Krankenkasse zu einer entsprechenden Leistung verpflichtet ist. Eine Badekur soll nicht vor Ablauf von drei Jahren nach Durchführung einer solchen Maßnahme oder einer Kurmaßnahme, deren Kosten auf Grund öffentlich-rechtlicher Vorschriften getragen oder bezuschußt worden sind, gewährt werden, es sei denn, daß eine vorzeitige Gewährung aus dringenden gesundheitlichen Gründen erforderlich ist. Wird die Badekur unter den Voraussetzungen des § 10 Abs. 1 gewährt, so sollen Gesundheitsstörungen, die den Erfolg der Badekur beeinträchtigen können, mitbehandelt werden.

(3) Zur Ergänzung der Versorgung mit Hilfsmitteln können Beschädigte unter den Voraussetzungen des § 10 Abs. 1, 2, 7 und 8 als Ersatzleistung Zuschüsse erhalten
1. zur Beschaffung, Instandhaltung und Änderung von Motorfahrzeugen oder Fahrrädern anstelle bestimmter Hilfsmittel und deren Instandsetzung,
2. für Abstellmöglichkeiten für Rollstühle und für Motorfahrzeuge, zu deren Beschaffung der Beschädigte einen Zuschuß erhalten hat oder hätte erhalten können,
3. zur Unterbringung von Blindenführhunden,
4. zur Beschaffung und Änderung bestimmter Geräte sowie
5. zu den Kosten bestimmter Dienst- und Werkleistungen.

Bei einzelnen Leistungen können auch die vollen Kosten übernommen werden. Empfänger einer Pflegezulage mindestens nach Stufe III können einen Zuschuß nach Satz 1 Nr. 1 auch erhalten, wenn er nicht anstelle eines Hilfsmittels beantragt wird.

(4) Beschädigte erhalten unter den Voraussetzungen des § 10 Abs. 1, 2, 7 und 8 Haushaltshilfe sowie einen Zuschuss zu stationärer oder teilstationärer Versorgung in Hospizen in entsprechender Anwendung der Vorschriften, die für die Krankenkasse (§ 18c Abs. 2 Satz 1) gelten.

(5) Die Heilbehandlung umfaßt auch ergänzende Leistungen zur Rehabilitation, die nicht zu den Leistungen nach den §§ 11 a, 26 und 27 d gehören; für diese ergänzenden Leistungen gelten die Vorschriften für die entsprechenden Leistungen der Krankenkasse (§ 18c Abs. 2 Satz 1).

(6) Die Heil- und Krankenbehandlung umfasst die Versorgung mit Brillengläsern und Kontaktlinsen; in Fällen des § 10 Abs. 2, 4 und 5 jedoch nur, wenn kein Versicherungsverhältnis zu einer gesetzlichen Krankenversicherung besteht. Der Anspruch auf Brillengläser umfasst auch die Ausstattung mit dem notwendigen Brillengestell, wenn die Brille zur Behandlung einer Gesundheitsstörung nach § 10 Abs. 1 oder wenn bei nichtschädigungsbedingt notwendigen Brillen wegen anerkannter Schädigungsfolgen eine aufwändigere Versorgung erforderlich ist.

(Fortsetzung BVG Seite 573)

VV zu § 11

1. Erholungs- und Landaufenthalte werden im Rahmen der Heilbehandlung nicht gewährt.
2. Einweisungen in Krankeneinrichtungen außerhalb des Geltungsbereichs des Bundesversorgungsgesetzes erfolgen durch die Verwaltungsbehörden im Benehmen mit dem Bundesminister für Arbeit und Sozialordnung.
3. Vor dem Abschluß und vor der Änderung von Belegungsverträgen mit Kureinrichtungen ist das Benehmen mit dem Bundesminister für Arbeit und Sozialordnung herzustellen. Dies gilt nicht bei der Änderung der Pflegesätze. Zur zweckmäßigen Verteilung der Kuren auf die zur Verfügung stehenden Kureinrichtungen führt der Bundesminister für Arbeit und Sozialordnung einen Ausgleich durch.
4. Eine Mitbehandlung von Gesundheitsstörungen als Kurmaßnahme nach § 11 Abs. 2 Satz 3 kommt nur in Betracht, wenn sie in der Kureinrichtung durchgeführt werden kann.

Aus Rundschreiben, Urteilen etc.

BSG v. 8.8.1974 – 10 RV 209/73 (KOV 1/1975 Nr. 2221; FEVS 23, 125)

a) Der Anspruch auf Heilbehandlung nach § 10 Abs. 1 BVG setzt nicht voraus, daß der Zustand, der die Heilbehandlung erfordert, allein auf die Schädigungsfolgen zurückzuführen ist.

b) *Auch für die im Rahmen der Heilbehandlung zu gewährende Leistung nach § 5 Abs. 1 DVO zu § 11 Abs. 3 und § 13 BVG ist es deshalb nicht erforderlich, daß der versorgungsrechtlich beachtliche Tatbestand, an den die Leistung geknüpft ist, allein auf den Schädigungsfolgen als „letzter (auslösender) Ursache" beruht. Vielmehr kommt eine solche Leistung auch dann in Betracht, wenn der gesundheitliche Zustand des Beschädigten, der die Leistungsvoraussetzung des § 5 Abs. 1 DVO erfüllt, erst durch das Zusammenwirken von Schädigungsfolgen mit später aufgetretenen schädigungsunabhängigen Gesundheitsstörungen entstanden ist und hierfür die Schädigungsfolgen Ursache i.S. der im Versorgungsrecht geltenden Kausalitätsnorm (wesentliche Bedingung) sind.*

c) *Ein Zuschuß zur Beschaffung eines Motorfahrzeuges kann auch dann gewährt werden, wenn die Schädigungsfolgen nur Mitursache i.S. der im Versorgungsrecht geltenden Kausalitätsnorm für das Ausmaß der Gehbehinderung sind.*

BMA v. 12.11.1990 – VI a 3 – 52 235 (BArbBl. 1/1991, 60)

– Auszug –

In meinem Rundschreiben vom 2.5.1977 habe ich den Beginn einer Kurmaßnahme als Zeitpunkt des Beginns der in § 11 Abs. 2 BVG genannten Zweijahresfrist (jetzt Dreijahresfrist) angesehen.
Bei der Erbringung der in § 23 Abs. 2 und 4 und in § 40 Abs. 1 und 2 SGB V vorgesehenen Leistungen gehen die Krankenkassen – dem § 23 Abs. 5 bzw. § 40 Abs. 3 SGB V folgend – davon aus, daß die Dreijahresfrist nach Durchführung solcher oder ähnlicher Leistungen, d.h. nach deren Ablauf beginnt. Dies gilt damit auch für derartige Leistungen nach § 12 Abs. 1 und 4 BVG. Genauso verfahren auch die anderen Sozialleistungsträger.
Ich bitte deshalb, nach Durchführung einer Kurmaßnahme den auf den Entlassungstag folgenden Tag als Beginn der Dreijahresfrist nach § 11 Abs. 2 BVG anzusehen. Mit dem Tag vor der Aufnahme in eine neue derartige Maßnahme müssen im Regelfall mindestens drei Jahre vergangen sein.
Mein Rundschreiben vom 2.5.1977 hebe ich auf. Außerdem ergibt sich die Notwendigkeit, Nr. 2 der Kurrichtlinien zu ändern: Die Worte „vom Beginn" werden durch die Worte „nach Durchführung" ersetzt.

BMA v. 22.6. u. 20.7.1990 – VI a 3 – 52224 – (BArbBl. 9/1990 S. 81)
Die „Verordnung über Hilfsmittel von geringem therapeutischen Nutzen oder geringem Abgabepreis in der gesetzlichen Krankenversicherung" vom 13.12.1989 (BGBl. I. S. 2237) und ihre Anwendung durch die Krankenkassen schaffen für die Lieferung und Abrechnung von Hilfs- und von Heilmitteln in der Heil- und Krankenbehandlung nach dem Bundesversorgungsgesetz eine neue Situation. Die Verordnung gilt nach § 11 Abs. 1 Satz 2 BVG grundsätzlich auch für die Heil- und Krankenbehandlung nach dem BVG, soweit das BVG nichts anderes bestimmt – hier § 13 und die Orthopädieverordnung. Um unbeabsichtigte Nachteile für Versorgungsberechtigte und unnötige Auseinandersetzungen zwischen Krankenkasse und Versorgungsverwaltung zu vermeiden, halte ich jedoch die folgenden Abgrenzungsüberlegungen für notwendig:

1. *In der neuen Verordnung sind Hilfsmittel von der Versorgung durch die Krankenkassen ausgeschlossen, die unabhängig davon nach der Orthopädieverordnung zu liefern sind:*

- *Knie- und Knöchelkompressionsstücke (gelenk-„stützende" Hilfsmittel nach § 3 OrthV),*
- *Armtragetücher, Fingerschienen, Zehenspreizer („stützende" Hilfsmittel nach § 3 OrthV),*
- *Inkontinenzhilfen, z.B. Afterschließbandagen, Penisklemmen (§ 16 Nr. 3 OrthV),*
- *Einmalhandschuhe (Zubehör – § 1 Abs. 1 Satz 1 OrthV – zu Hilfsmitteln nach § 16 Nr. 3 OrthV),*
- *Batterien (Zubehör zu Hörgeräten nach § 17 Abs. 1 OrthV; eine selbständige Lieferung von Zubehör an Versorgungsberechtigte, die das Hilfsmittel von einem Sozialversicherungsträger erhalten haben, kann dagegen nach dem BVG nicht in Betracht kommen),*
- *Augenklappen, Zehen- und Ballenpolster, Druckschutzpolster (soweit sie nicht schon in § 13 Abs. 1 und 2 und in § 14 Nr. 4 OrthV genannt sind), – „schützende" Hilfsmittel nach § 14 OrthV.*

2. *In der neuen Verordnung sind auch Hilfsmittel ausgeschlossen, die bisher von den Krankenkassen – ggf. als Heilmittel – geliefert wurden, die nach der Orthopädieverordnung jedoch nicht geliefert werden können. Damit ist die Lieferung solcher Hilfsmittel wegen des Verweises auf das Leistungsrecht der Krankenkassen in § 11 Abs. 1 Satz 2 BVG ausgeschlossen. Dies ist in seltenen Fällen, in denen nach ärztlichem Urteil ein Beschädigter auf ein solches Hilfsmittel wegen seiner Schädigungsfolgen dringend angewiesen ist, unter entschädigungsrechtlichen Gesichtspunkten eine vom Gesetzgeber nicht beabsichtigte Härte. Ich stimme nach § 89 Abs. 2 BVG in solchen Fällen einer Lieferung allgemein zu; nach § 18c Abs. 1 Satz 2 BVG hat die Verwaltungsbehörde (OVSt) die Leistung zu erbringen.*

BMA vom 8.7.1997 – VI 3-52211 – VI 3-52215 – (BArbBl. 9/1997, 99)
Versorgung mit Implantat-Zahnersatz
Mir ist die Frage gestellt worden, ob im Rahmen der Heil- und Krankenbehandlung nach dem BVG eine Versorgung mit Implantat-Zahnersatz in Betracht kommt.
Welche Behandlungsmaßnahmen im Rahmen der Heil- und Krankenbehandlung nach dem BVG bei der zahnärztlichen Behandlung und bei der Versorgung mit Zahnersatz zu erbringen sind, richtet sich nach den Vorschriften für die Leistungen, zu denen die Krankenkasse ihren Mitgliedern verpflichtet ist – §§ 11 Abs. 1 Satz 2, 12 Abs. 1 BVG –. Für den Bereich der gesetzlichen Krankenkassen wurden zum 1. Januar 1997 implantologische Leistungen einschließlich der Suprakonstruktion (auf dem Implantat eingegliederter Zahnersatz) aus den Leistungen im Rahmen der zahnärztlichen Behandlung nach § 28 des Fünften Buches Sozialgesetzbuch – SGB V – ausgeschlossen (§ 28 Abs. 2 SGB V i. d. F. durch das Beitragsentlastungsgesetz vom 1. November 1996 – BGBl. I Seite 1631 –). In der Praxis hat sich allerdings gezeigt, daß diese Leistung in Fällen mit besonderer medizinischer Indikationsstellung unbedingt erforderlich ist. Der Gesetzgeber ermöglicht daher seit dem 1. Juli 1997 (§ 28 Abs. 2 SGB V i. d. F. durch das 2. GKV-Neuordnungsgesetz vom 23. Juni 1997 – BGBl. I Seite 1520) dem Bundesausschuß der Zahnärzte und Krankenkassen, in einer Richtlinie Ausnahmeindikationen für besonders schwere Fälle festzulegen, in denen die Krankenkasse diese Leistung dann als Sachleistung im Rahmen einer medizinischen Gesamtbehandlung erbringt. Nach der Gesetzesbegründung gehören hierzu insbesondere die Versorgung nach einer Tumoropera-

tion mit Resektion/Teilresektion am Kieferknochen und nach Schädel- und Gesichtstraumata bei nicht rekonstruierbaren Kieferabschnitten. Näheres wird in dem noch zu erstellenden Katalog der Ausnahmeindikationen definiert werden. Bis dahin haben die Spitzenverbände der Krankenkassen in einem gemeinsamen Rundschreiben vom 17. Juni 1997 zu den leistungsrechtlichen Vorschriften des 1. und 2. GKV-Neuordnungsgesetzes ihren Mitgliedskassen eine Leistungserbringung in eng umgrenzten Ausnahmefällen ggf. nach Einschaltung des medizinischen Dienstes der Krankenkassen empfohlen. Ich bin daher der Auffassung, daß im Rahmen der Heil- und Krankenbehandlung für Berechtigte und Leistungsempfängern nach dem BVG in entsprechenden Fällen ebenfalls Implantat-Zahnersatz zu gewähren bzw. zu bezuschussen ist.

BMA v. 22.9.1997 – VI 4-52211 – (BArbBl. 11/1997, 77)
Versorgung mit Zahnimplantaten
Mit meinem Rundschreiben vom 8. Juli 1997 habe ich zur Versorgung mit Zahnimplantaten Stellung genommen. Das Bundesministerium für Gesundheit hat inzwischen bestätigt, daß in § 28 Abs. 2 des Fünften Buches Sozialgesetzbuch (SGB V) durch das 2. GKV-Neuordnungsgesetz, das am 1. Juli 1997 in Kraft getreten ist, eine Ausnahmeindikation für implantologische Leistungen in besonders schweren Fällen geschaffen wurde und daß aus dem Gesetzestext eindeutig hervorgeht, daß solche Leistungen – bei vom Bundesausschuß der Zahnärzte und Krankenkassen in Richtlinien festzulegenden Ausnahmeindikationen – als Sachleistung zu erbringen sind. Es handelt sich somit bei diesen Leistungen um zahnärztliche Behandlung und nicht um Zahnersatz, der von der gesetzlichen Krankenversicherung als Kostenerstattungsleistung gewährt wird und in den §§ 30 und 30a SGB V speziell geregelt ist.
Den vorletzten Satz meines Rundschreibens vom 8. Juli 1997 hebe ich im Hinblick auf die Ausführung des Bundesministeriums für Gesundheit auf. Ich vertrete die Auffassung, daß im Rahmen der Heil- und Krankenbehandlung für Berechtigte und Leistungsempfänger nach dem BVG, bei denen die Ausnahmeindikationen für besonders schwere Fälle vorliegen, Zahnimplantate im Rahmen der zahnärztlichen Behandlung als Sachleistung gemäß § 18c Abs. 1 Satz 3 BVG von den Krankenkassen zu erbringen sind. Können Beschädigte im Rahmen der Heilbehandlung wegen Schädigungsfolgen aufgrund der o. g. Richtlinien nicht ausreichend versorgt werden, kann in Einzelfällen eine besondere Härte im Sinne des § 89 BVG gegeben sein. Zu einem Härteausgleich bitte ich meine Zustimmung einzuholen – § 89 Abs. 1 BVG –.

BMA v. 25.1.1999 – Va 4-52215/52364 (BArbBl. 3/1999, 92)
Versorgung mit Zahnersatz
Zum 1. Januar 1999 ist das Gesetz zur Stärkung der Solidarität in der gesetzlichen Krankenversicherung – GKV-Solidaritätsstärkungsgesetz – GKV-SolG – vom 19.12.1998 (BGBl. I S. 3853) in Kraft getreten. Dieses Gesetz nimmt insbesondere Regelungen zurück, die durch das 2. GKV-Neuordnungsgesetz (2. GKV-NOG) eingeführt wurden.
1. *Das GKV-SolG sieht u. a. folgende Änderungen im Recht der gesetzlichen Krankenversicherung (GKV) vor:*
   a) *Die Möglichkeit, anstelle einer Sach- oder Dienstleistung Kostenerstattung zu wählen, wird wieder auf freiwillig versicherte Mitglieder der GKV beschränkt – § 13 Abs. 2 des Fünften Buches Sozialgesetzbuch (SGB V).*

b) Zahnersatz und kieferorthopädische Versorgung werden als Sachleistung von der Krankenkasse erbracht. Die Versicherten beteiligen sich prozentual an der Versorgung mit Zahnersatz und an kieferorthopädischen Behandlungen.
c) Alle Versicherten, auch die nach dem 31. Dezember 1978 geborenen, haben wieder Anspruch auf Zahnersatz.
d) Die mit dem 2. GKV-NOG in das Recht der GKV eingeführte Beschränkung der notwendigen Versorgung auf Kunststoffverblendungen (§ 30 Abs. 1 Satz 5 SGB V in der bis zum 31. Dezember 1998 geltenden Fassung – a. F. –)wird aufgehoben, so daß auch Keramikverblendungen wieder in die Leistungspflicht der GKV fallen.
e) Die Regelungen zu den Gestaltungsleistungen §§ 53 bis 56 SGB V a. F. werden aufgehoben.

Im Zusammenhang mit diesen Änderungen enthält Artikel 24 GKV-SolG Übergangsregelungen – u. a. für die Abrechnung vertragszahnärztlicher prothetischer und zahntechnischer Leistungen.

2. Für die Versorgung mit Zahnersatz (zahnärztliche Behandlung und zahntechnische Leistungen) im Rahmen der Heilbehandlung für Beschädigte nach § 11 Abs. 1 Satz 1 Nr. 4 BVG gilt vor dem Hintergrund des aktuellen GKV-Rechtes Folgendes:
a) Vor Beginn der Behandlung ist vom Zahnarzt ein kostenfreier die gesamte Behandlung (vertragszahnärztliche und ggfls. privatrechtliche – diese ist gemäß § 18 Abs. 2 BVG vom Beschädigten zu übernehmen) umfassender Heil- und Kostenplan zu erstellen. Die Verwaltungsbehörde überprüft anhand des Heil- und Kostenplanes die Notwendigkeit der Behandlung, erteilt den Behandlungsauftrag und übernimmt die Kosten der erforderlichen Behandlung.
b) Beschädigte haben Anspruch auf Versorgung mit dem Zahnersatz, der im Einzelfall medizinisch notwendig ist. Die Notwendigkeit des Zahnersatzes ist nach § 30 Abs. 1 SGB V i. V. m. § 11 Abs. 1 Satz 2 BVG und ergänzend dazu nach den Zahnersatz-Richtlinien des Bundesausschusses der Zahnärzte und Krankenkassen zu beurteilen.
c) Hinsichtlich der Vergütung für die zahnärztliche Behandlung und die zahntechnischen Leistungen ist § 18c Abs. 4 BVG zu beachten. Hierfür gilt, daß die vertragszahnärztlichen prothetischen Leistungen wieder auf der Basis des vor dem 31. Dezember 1997 geltenden einheitlichen Bewertungsmaßstabs für die vertragszahnärztlichen Leistungen – Artikel 24 Abs. 3 Satz 1 GKV-SolG – abgerechnet werden. Auch für die Vergütung der zahntechnischen Leistungen wird das bis Ende 1997 geltende Recht wieder eingeführt. Die freie Preisgestaltung der gewerblichen Laboratorien wird aufgehoben. Das am 31. Dezember 1997 geltende bundeseinheitliche Leistungsverzeichnis zahntechnischer Leistungen tritt wieder in Kraft – § 88 SGB V i. V. m. Artikel 24 Abs. 3 Satz 2 GKV-SolG –. Die Gebührenordnung für Zahnärzte findet im Rahmen der vertragszahnärztlichen Versorgung keine Anwendung mehr.
d) Die Leistungen werden nicht mehr mit dem Zahnarzt, sondern nach Abschluß der Behandlung über die Kassenzahnärztlichen Vereinigungen abgerechnet.
e) Im Zusammenhang mit der Geltendmachung von Erstattungsansprüchen nach § 18c Abs. 5 BVG ist zu berücksichtigen, daß die Versorgung mit Zahnersatz durch die Krankenkassen als Sachleistung erfolgt, an der sich die Versicherten mit einem Anteil von 35, 40 oder 50 v. H. beteiligen – § 30 Abs. 2 SGB V –.

Liegen die Voraussetzungen für eine Befreiung vor, übernimmt die Krankenkasse den vom Versicherten zu tragenden Anteil der Kosten (§ 61 Abs. 1 Nr. 2 und § 62 Abs. 2a SGB V).

3. *Krankenbehandlungsberechtigte können nach § 12 Abs. 2 BVG auch weiterhin einen Zuschuß in Höhe von 80 v. H. der notwendigen Kosten erhalten. Die Notwendigkeit des Zahnersatzes und der Kosten ist anhand des Heil- und Kostenplans entsprechend der VwV Nr. 2 zu § 12 BVG nach den gleichen Grundsätzen wie bei der Gewährung von Zahnersatz als Sachleistung zu beurteilen.*
4. *Erstmals erbringen die Krankenkassen Zahnersatz nicht als Zuschuß-, sondern als Sachleistung mit Eigenbeteiligung des Versicherten. Zur Frage, ob damit eine die Heilbehandlung wegen Nichtschädigungsfolgen ausschließende entsprechende Leistung i. S. d. § 10 Abs. 7 Satz 1 Buchstabe d) und Satz 2 BVG vorliegt, werde ich in einem gesonderten Rundschreiben Stellung nehmen.*

Mein Rundschreiben vom 19. Dezember 1997 und die Textziffer 1. meines Rundschreibens vom 25. Juni 1998 hebe ich auf.

BMA v. 25.4.1999 – V a 4 – 52215/52332-1 (BArbBl. 5/1999, 104)
Versorgung krankenversicherter Beschädigter mit Zahnersatz im Rahmen der Heilbehandlung wegen Nichtschädigungsfolgen nach § 10 Abs. 2 BVG
Mit meinem Rundschreiben vom 25.1.1999 habe ich zu den Auswirkungen des GKV-Solidaritätsstärkungsgesetz – GKV-SolG – vom 19. Dezember 1998 auf die Leistungen der Heil- und Krankenbehandlung nach dem BVG Stellung genommen. Offengeblieben war die Frage (vgl. Ziffer 4 des o. g. Rundschreibens), wie bei Anträgen von krankenversicherten Schwerbeschädigten auf Gewährung von Zahnersatz wegen Nichtschädigungsfolgen nach § 10 Abs. 2 BVG im Hinblick auf § 10 Abs. 7 Satz 1 Buchstabe d und Satz 2 BVG zu verfahren ist. Danach haben krankenversicherte Schwerbeschädigte nur dann einen Anspruch auf Leistungen wegen Nichtschädigungsfolgen, wenn die Krankenkasse nicht zu einer entsprechenden Leistung verpflichtet ist. Entsprechende Leistungen in diesem Sinne sind Leistungen, die nach ihrer Zweckbestimmung und der Art der Leistungserbringung übereinstimmen.
Für die Versorgung mit Zahnersatz, der im Rahmen der Heilbehandlung nach dem BVG als kostenfreie Sachleistung von der Verwaltungsbehörde erbracht wird, stellt sich die Rechtslage wie folgt dar:
Bis zum 31. Dezember 1998 leisteten die gesetzlichen Krankenkassen zum Zahnersatz einen Zuschuß. Sachleistung und Zuschuß sind unterschiedliche Arten der Leistungserbringung, so daß keine dem BVG entsprechende Leistunge vorlag. Auch krankenversicherte Beschädigte erhielten dementsprechend bisher Zahnersatz wegen Nichtschädigungsfolgen als Sachleistung nach dem BVG durch die Verwaltungsbehörde, die gegenüber der Krankenkasse einen Erstattungsanspruch in Höhe des Zuschusses geltend machte (§ 18c Abs. 5 BVG).
Durch das GKV-SolG wurde zum 1. Januar 1999 erstmals die Gewährung von Zahnersatz als Sachleistung in das Leistungsrecht der GKV (vgl. § 30 SGB V) eingeführt, wobei die Versicherten einen erheblichen prozentualen Anteil an den Kosten des Zahnersatzes selber tragen, was im finanziellen Ergebnis der Rechtslage vom 31. Dezember 1997 – vor Einführung der Festzuschüsse – entspricht.
Mit Einführung der Sachleistung Zahnersatz in das Recht der GKV ist nach dem Wortlaut des § 10 Abs 7 Satz 1 Buchstabe d. BVG von einer „entsprechenden

Leistung" der Krankenkasse auszugeben. Unabhängig davon, daß das BVG eine kostenfreie Sachleistung vorsieht, stimmt die Art der Leistungserbringung bei Zahnersatz nach dem Recht der GKV und nach dem BVG nunmehr überein. Ein sich hieraus ergebender Ausschluß der Leistungen bei Zahnersatz wegen Nichtschädigungsfolgen für krankenversicherte Schwerbehinderte war jedoch vom Gesetzgeber weder mit dem GKV-SolG noch durch die Rechtssystematik des BVG beabsichtigt. Insofern liegt eine vom Gesetzgeber nicht gewollte besondere Härte vor, die es auszugleichen gilt.
Ich stimme daher nach § 89 Abs. 2 BVG allgemein zu, daß krankenversicherte Schwerbeschädigte bei Vorliegen der übrigen Voraussetzungen weiterhin Zahnersatz wegen Nichtschädigungsfolgen als kostenfreie Sachleistung von der Verwaltungsbehörde erhalten, und bitte Erstattungsansprüche nach § 18c Abs. 5 BVG gegenüber der zuständigen Krankenkasse geltend zu machen.

BMA v. 14. 12. 2000 – VI a 4 – 52 211 (BArbBl. 2/2001, 114)
Soziales Entschädigungsrecht, Heil- und Krankenbehandlung nach dem Bundesversorgungsgesetz (BVG);
hier: Änderung des § 28 Abs. 2 Satz 9 und des § 30 Abs. 1 Satz 5 SGB V durch das GKV-Gesundheitsrefomrgesetz 2000
Zu den Auswirkungen der Änderungen der §§ 28 und 30 SGB V durch das GKV-Gesundheitsreformgesetz 2000 vom 22. Dezember 1999 (BGBl. I S. 2626) auf die Heil- und Krankenbehandlung nach dem Bundesversorgungsgesetz (BVG) nehme ich im Einvernehmen mit dem Bundesministerium für Gesundheit wie folgt Stellung:
Mit der Neufassung des § 28 Abs. 2 Satz 9 SGB V hat der Gesetzgeber die formale Grundlage für die Neuregelung in § 30 Abs. 1 Satz 5 SGB V geschaffen, nach der in den vom Bundesausschuss der Zahnärzte und Krankenkassen in Richtlinien nach § 92 Abs. 1 SGB V festzulegenden Ausnahmefällen (laut Gesetzesbegründung z. B. beim atrophierten zahnlosen Kiefer) Versicherte Anspruch auf Versorgung mit einer Suprakonstruktion als Sachleistung mit Eigenanteil haben, während die Kosten für implantologische Leistungen nicht zur zahnärztlichen Behandlung gehören und selbst zu tragen sind.
Bereits mit dem 2. GKV-Neuordnungsgesetz vom 23. Juni 1997 war in § 28 SGB V die völlige Ausgrenzung von Ober-/Unterkieferimplantaten einschließlich Suprakonstruktionen aus dem Leistungsspektrum der gesetzlichen Krankenversicherung aufgehoben worden. Damit wurde die Gewährung solcher Leistungen in bestimmten, besonders schweren Fällen als Sachleistung ohne Eigenanteil im Rahmen einer medizinischen Gesamtbehandlung möglich. Der Bundesausschuss der Zahnärzte und Krankenkassen hat hierzu am 24. Juli 1998 in Richtlinien nach § 92 Abs. 1 SGB V entsprechende Ausnahmeindikationen (z. B. größere Kiefer- und Gesichtsdefekte, die ihre Ursache in Unfällen haben) festgelegt.
Für Berechtigte nach dem Bundesversorgungsgesetz sind für die Erbringung solcher zahnärztlichen Leistungen gemäß § 18c Abs. 1 Satz 3 BVG die Krankenkassen zuständig.
Dessen ungeachtet halte ich die in meinem Rundschreiben vom 22. 9. 1997 – VI 4 – 52 211 – angesprochene Möglichkeit der Gewährung eines Härteausgleiches durch die Versorgungsverwaltung in solchen Einzelfällen, in denen Beschädigte auf Grund der o. g. Richtlinien nach § 92 Abs. 1 SGB V wegen ihrer Schädigungsfolgen nicht ausreichend versorgt werden können, nach wie vor für sachgerecht.

Gemäß § 30 Abs. 1 Satz 5 SGB V n. F. ist – wie dargelegt – dem Versicherten bei einigen definierten Ausnahmefällen die Suprakonstruktion als Sachleistung von der Krankenkasse zu erbringen. Durch ihre Nennung im § 30 SGB V erhält die Leistung „Suprakonstruktion" den Charakter von Zahnersatz. Nach § 18 Abs. 1 Satz 1 BVG in Verbindung mit § 18c Abs. 1 BVG ist Zahnersatz bei Heilbehandlungsberechtigten von der Versorgungsverwaltung als Sachleistung zu erbringen. Die Notwendigkeit von Zahnersatz beurteilt sich nach dem Recht der gesetzlichen Krankenversicherung. Im Hinblick auf § 11 Abs. 1 Satz 2 BVG steht dem Berechtigten bei Leistungen der Heilbehandlung der gleiche Leistungsumfang zu wie dem Versicherten der gesetzlichen Krankenversicherung. Wählt der Berechtigte – vor dem Hintergrund der Regelungen des § 18 Abs. 2 BVG – bei Ausnahmefällen im Zusammenhang mit § 30 Abs. 1 Satz 5 SGB V n. F. eine Implantatversorgung mit Suprakonstruktion, so steht ihm die Sachleistung „Suprakonstruktion" (ohne Implantat) zu, sofern nicht eine Konstellation vorliegt, die ohnehin eine Versorgung einschließlich Implantat über den Härteausgleich (s. o.) erfordert.

Analog ist in Fällen des § 12 Abs. 2 BVG hinsichtlich der Festsetzung der notwendigen Kosten als Grundlage für die Gewährung von Zuschüssen für die Zahnersatzleistung „Suprakonstruktion" zu verfahren.

Dieses Rundschreiben wird im Bundesarbeitsblatt/Bundesversorgungsblatt veröffentlicht.

BMGS v. 28. 12. 2004 – 434 – 62215 –
Soziales Entschädigungsrecht/Gewährung von Zahnersatz nach dem Bundesversorgungsgesetz (BVG)/Auswirkungen der §§ 55ff. Fünftes Buch Sozialgesetzbuch (SGB V) in der ab 1. 1. 2005 geltenden Fassung (letzte Änderung durch das Gesetz zur Anpassung der Finanzierung von Zahnersatz)

Versorgungsberechtigte haben nach § 11 Abs. 1 Satz 1 Nr. 4 BVG in Verbindung mit § 18 Abs. 1 Sätze 1 und 2 BVG – anders als die gesetzlich Krankenversicherten – Ansprüche auf Gewährung von Zahnersatz als kostenfreie Sachleistung. Dagegen sieht das Recht der Gesetzlichen Krankenversicherung (GKV) bei der Versorgung mit Zahnersatz ab 1. Januar 2005 nicht mehr prozentuale Zuschüsse, sondern befundbezogene Festzuschüsse vor.

Die Ansprüche nach dem BVG sind von diesen Änderungen in den §§ 55ff. SGB V grundsätzlich nicht berührt.

Es stellt sich in diesem Zusammenhang jedoch die Frage, wie im Rahmen der Heilbehandlung nach dem BVG in Zukunft die Notwendigkeit des zu erbringenden Zahnersatzes zu beurteilen ist und die Leistungen zu vergüten sind. Bisher beurteilte die Versorgungsverwaltung die Notwendigkeit von Zahnersatz nach den Richtlinien für eine ausreichende, zweckmäßige und wirtschaftliche vertragszahnärztliche Versorgung mit Zahnersatz und Zahnkronen (Zahnersatz-Richtlinien).

Das Recht der GKV bestimmt die vertragszahnärztliche Regelversorgung künftig auf der Grundlage der Festzuschuss-Richtlinien des Gemeinsamen Bundesausschusses. Da auch nach diesen Richtlinien zahnmedizinische Befunde beschrieben sind, bestehen für den Bereich des BVG keine Bedenken, nunmehr nach diesen Richtlinien zahnmedizinisch notwendige Leistungen bei der Versorgung mit Zahnersatz als kostenfreie Sachleistung festzulegen.

Hinsichtlich der Vergütung des Zahnersatzes und der Abrechnung mit den Zahnärzten bzw. den Kassenzahnärztlichen Vereinigungen verweise ich auf § 57 SGB V

in Verbindung mit Nrn. 8 und 9 der vorgenannten Richtlinien. Soweit Versorgungsberechtigte wie Krankenversicherte Mehrleistungen in Anspruch nehmen, gilt § 18 Abs. 2 Satz 1 BVG.
Im Übrigen bitte ich zu beachten, dass sich die Anwendbarkeit dieser Vorschriften nach dem im Versorgungsrecht geltenden Grundsatz des Zeitpunktes der Eingliederung von Zahnersatz richtet.
Bei Erstattungsansprüchen gegenüber Krankenkassen nach § 18 c Abs. 5 BVG bitte ich, auf mögliche Erhöhungen der Festzuschüsse besonders zu achten.

Richtlinien des Gemeinsamen Bundesausschusses über eine ausreichende, zweckmäßige und wirtschaftliche vertragszahnärztliche Versorgung mit Zahnersatz und Zahnkronen

vom 8. Dezember 2004 (BAnz 2005 Nr. 54 S. 4094), zuletzt geändert am 18. Februar 2016 (BAnz AT vom 3. Mai 2016 B 1)

Der Gemeinsame Bundesausschuss gemäß § 91 Abs. 6 SGB V in der Besetzung für die vertragszahnärztliche Versorgung hat in seiner Sitzung am 8. Dezember 2004 beschlossen, die Richtlinien für eine ausreichende, zweckmäßige und wirtschaftliche vertragszahnärztliche Versorgung mit Zahnersatz und Zahnkronen vom 4. Juni 2003 (BAnz. S. 24 966) in der ab 1. Januar 2004 gültigen Fassung wie folgt neu zu fassen:

A. Gegenstand und Zweckbestimmung

1. Diese Richtlinien regeln gemäß § 92 in Verbindung mit §§ 73 Abs. 2 Nr. 2 a, 56 Abs. 2 SGB V die Regelversorgung mit Zahnersatz, Zahnkronen und Suprakonstruktionen durch die an der vertragszahnärztlichen Versorgung teilnehmenden Zahnärzte (Vertragszahnärzte) mit dem Ziel einer bedarfsgerechten und wirtschaftlichen Versorgung der Versicherten. Soweit in den nachfolgenden Richtlinien Aussagen zum Zahnersatz getroffen werden, gelten diese entsprechend für die Versorgung mit Zahnkronen und Suprakonstruktionen. Auch für zahntechnische Leistungen gilt das Gebot der Wirtschaftlichkeit. Die Abrechenbarkeit der in diesen Richtlinien beschriebenen Maßnahmen regeln die Vertragspartner gemäß § 87 SGB V.
2. Nach diesen Richtlinien sollen
   a) die Krankenkassen über ihre Leistungen bei der Versorgung mit Zahnersatz entscheiden,
   b) die Zahnärzte bei der Versorgung mit Zahnersatz verfahren.
3. Die Krankenkassen haben ihre Versicherten über Art und Umfang ihrer Leistungsansprüche bei der Versorgung mit Zahnersatz zu informieren. Die Kassenzahnärztliche Bundesvereinigung und die Spitzenverbände der Krankenkassen wirken auf eine einheitliche Anwendung dieser Richtlinien hin.

B. Voraussetzungen für Leistungsansprüche der Versicherten im Rahmen der vertragszahnärztlichen Versorgung

4. Versicherte haben Anspruch auf medizinisch notwendige Versorgung mit Zahnersatz einschließlich Zahnkronen und Suprakonstruktionen (zahnärztliche und zahntechnische Leistungen) in den Fällen, in denen eine zahnprothetische Versorgung notwendig ist.
   Qualität und Wirksamkeit der Leistungen haben dem allgemein anerkannten Stand der medizinischen Erkenntnisse zu entsprechen und den medizinischen Fortschritt zu berücksichtigen. Dies gilt auch für gleichartige und andersartige Versorgungen.
5. Wählen Versicherte einen über die Regelversorgung gemäß § 56 Abs. 2 SGB V hinausgehenden gleichartigen Zahnersatz, haben sie die Mehrkosten gegenüber den in § 56 Abs. 2 Satz 10 SGB V aufgelisteten Leistungen selbst zu tragen. Gleichartiger Zahnersatz liegt vor, wenn dieser die Regelleistung beinhaltet und zusätzliche Leistungen hinzukommen.
   Versicherte haben Anspruch auf Erstattung bewilligter Festzuschüsse nach § 55 Abs. 5 SGB V, wenn eine von der Regelversorgung abweichende, andersartige Versorgung durchgeführt wird. Eine andersartige Versorgung liegt vor, wenn eine andere Versorgungsform (Brücken, herausnehmbarer Zahnersatz, Kombinationsversorgung, Suprakonstruktionen) als die, welche in den Regelleistungen für den jeweiligen Befund beschrieben ist, gewählt wird.
   Eine tatsächlich geplante Versorgung gemäß § 87 Abs. 1 a SGB V kann sowohl Regelversorgungsleistungen als auch Leistungen der gleich- und andersartigen Versorgung umfassen.

C. Voraussetzungen und Grundsätze für eine Versorgung mit Zahnersatz

6. Ziel der Versorgung mit Zahnersatz ist es, eine ausreichende Funktionstüchtigkeit des Kauorgans wiederherzustellen oder ihre Beeinträchtigung zu verhindern.
7. Zahnersatz ist angezeigt, wenn ein Zahn oder mehrere Zähne fehlen oder zerstört sind und wenn dadurch die Funktionstüchtigkeit des Kauorgans beeinträchtigt ist oder beeinträchtigt zu werden droht, z. B. durch Zahnwanderung oder -kippung. Bei der Versorgung mit Zahnersatz soll eine funktionell ausreichende Gegenbezahnung vorhanden sein oder im Laufe der Behandlung hergestellt werden.
   Ein neuer Zahnersatz ist nicht angezeigt, wenn der vorhandene Zahnersatz noch funktionstüchtig ist oder die Funktionstüchtigkeit wiederhergestellt werden kann (z. B. durch Erweiterung).
8. Der Zahnarzt soll Art und Umfang des Zahnersatzes nach den anatomischen, physiologischen, pathologischen und hygienischen Gegebenheiten des Kauorgans bestimmen.
   Im Rahmen der vertragszahnärztlichen Versorgung bestimmt der Zahnarzt nach entsprechender Aufklärung und unter Wahrung des Selbstbestimmungsrechts des Patienten Art und Umfang der Behandlungsmaßnahmen. Der Zahnarzt hat den Patienten über die nach den Richtlinien ausreichen-

den, zweckmäßigen und wirtschaftlichen Formen der Versorgung aufzuklären.

9. Die Mitwirkung des Patienten ist eine wesentliche Voraussetzung für die Erreichung des Behandlungsziels. Regelmäßige Zahnpflege und der Nachweis der zahnärztlichen Untersuchungen nach § 55 Abs. 1 SGB V sind wichtige Kriterien für die Festlegung der im Einzelfall notwendigen Form der Versorgung mit Zahnersatz.
   Ist die Mundhygiene des Patienten unzureichend und/oder lehnt der Patient die Mitwirkung an einer notwendigen Parodontalbehandlung ab, ist das Behandlungsziel neu zu bestimmen.
10. Der Versorgung mit Zahnersatz, Zahnkronen und Suprakonstruktionen hat die Erhebung des Gesamtbefundes des Gebisses und dessen Dokumentation im Heil- und Kostenplan vorauszugehen.
   Die Versorgung hat die Wiederherstellung der Kaufunktion im Sinne einer Gesamtplanung zum Ziel.
   Die Krankenkasse kann den Befund, die Versorgungsnotwendigkeit und die geplante Versorgung begutachten lassen.
11. Der Versorgung mit Zahnersatz hat die notwendige konservierend-chirurgische und parodontale Behandlung des Restgebisses vorauszugehen.
   a) Tief kariöse Zähne müssen auf ihre Erhaltungswürdigkeit geprüft sein und gegebenenfalls nach Versorgung mit einer Füllung klinisch reaktionslos bleiben.
   b) Pulpatote Zähne müssen mit einer nach den Behandlungs-Richtlinien erbrachten, röntgenologisch nachzuweisenden Wurzelfüllung versorgt sein.
   c) Zu überkronende Zähne sind auf ihre Sensibilität zu überprüfen.
   d) Bei Zähnen mit krankhaften Prozessen müssen Maßnahmen zur Ausheilung eingeleitet sein. An diesen Zähnen dürfen vorerst nur Interimsmaßnahmen durchgeführt werden. Endgültiger Zahnersatz ist erst nach Ausheilung angezeigt.
   e) Notwendige Parodontalbehandlungen müssen bereits vorgenommen sein.
   f) Bei Verdacht auf krankhafte Prozesse an Zähnen und im Kieferknochen muss eine röntgenologische Überprüfung erfolgen.
   g) Nicht erhaltungswürdige Zähne und Wurzelreste müssen entfernt sein.
   h) Retinierte und impaktierte Zähne, die im räumlichen Zusammenhang mit geplantem Zahnersatz stehen, sollen vor Beginn der Behandlung entfernt werden.
   i) Voraussetzung für die Versorgung mit Suprakonstruktionen ist die Osseointegration der Implantate.
12. Eine endgültige Versorgung mit Zahnersatz ist anzustreben. Dies kann gegebenenfalls auch durch einen Immediatersatz, der zu einem späteren Zeitpunkt umgestaltet werden kann, geschehen.
13. In Fällen, in denen eine endgültige Versorgung nicht sofort möglich ist, kann ein Interimsersatz angezeigt sein. Dies gilt insbesondere bei fehlenden Frontzähnen und zur Sicherung der Bisslage.
14. Es dürfen nur solche Werkstoffe verwendet werden, die den Anforderungen des Medizinproduktegesetzes entsprechen. Bei nachgewiesener Al-

lergie gegen einen Werkstoff ist ein als verträglich ermittelter Werkstoff zu wählen. Der Nachweis einer Allergie ist gemäß den Kriterien der Kontaktallergiegruppe der Deutschen Gesellschaft für Dermatologie zu erbringen. Die Erprobung von Werkstoffen auf Kosten der Krankenkassen ist unzulässig. Bei der Auswahl der Dentallegierungen im Rahmen der vertragszahnärztlichen Versorgung soll beachtet werden, dass Nichtedelmetall und NEM-Legierungen ausreichend, zweckmäßig und wirtschaftlich sein können.

D. Anforderungen an einzelne Behandlungsbereiche

I. Versorgung mit Zahnkronen

15. Die Schonung und Erhaltung natürlicher und intakter Zahnhartsubstanz hat Vorrang vor der Versorgung mit Zahnkronen. Zahnkronen sind angezeigt, wenn sich aus dem klinischen und röntgenologischen Befund der erkrankten Zähne einschließlich ihrer Parodontalgewebe ergibt, dass sie nur durch Kronen erhalten werden können.
16. Zahnkronen können angezeigt sein:
    a) zur Erhaltung eines erhaltungsfähigen und erhaltungswürdigen Zahnes, wenn eine Erhaltung des Zahnes durch andere Maßnahmen nicht mehr oder auf Dauer nicht möglich ist,
    b) zur Abstützung eines Zahnersatzes, wenn eine Abstützung und Retention auf andere Weise nicht möglich ist.
17. Zahnkronen sind nicht angezeigt bei Zähnen, die auf Dauer ohne Antagonisten bleiben und für die Verankerung von Zahnersatz nicht benötigt werden.
18. Konfektionierte Kronen dürfen nur in der Kinderzahnheilkunde verwendet werden.
19. Für die Versorgung mit einer provisorischen Krone ist grundsätzlich ein im direkten Verfahren hergestelltes Provisorium ausreichend.
20. Zur Regelversorgung gehören metallische Voll- und Teilkronen. Ebenfalls zur Regelversorgung gehören vestibuläre Verblendungen im Oberkiefer bis einschließlich Zahn 5, im Unterkiefer bis einschließlich Zahn 4. Im Bereich der Zähne 1 bis 3 umfasst die vestibuläre Verblendung auch die Schneidekanten.

II. Versorgung mit Brücken

21. Eine Brücke dient in der Regel der Schließung zahnbegrenzter Lücken. Die Indikation ergibt sich aus dem klinischen und röntgenologischen Befund der zu überkronenden Zähne einschließlich ihrer Parodontalgewebe und aus statischen und funktionellen Gesichtspunkten. Bei der Gestaltung der Brückenglieder sind die Grundsätze der Parodontalhygiene zu berücksichtigen.
22. Brücken sind angezeigt, wenn dadurch in einem Kiefer die geschlossene Zahnreihe wiederhergestellt wird. In der Regel sind Endpfeilerbrücken angezeigt. Freiendbrücken sind nur bis zur Prämolarenbreite und unter

Einbeziehung von mindestens zwei Pfeilerzähnen angezeigt; in Schaltlücken ist der Ersatz von Molaren und von Eckzähnen durch Freiendbrücken ausgeschlossen. Zum Ersatz eines Schneidezahns kann bei ausreichendem oralem Schmelzangebot an einem oder beiden Pfeilerzähnen eine einspannige Adhäsivbrücke mit Metallgerüst mit einem oder zwei Flügeln angezeigt sein. Bei einflügeligen Adhäsivbrücken zum Ersatz eines Schneidezahns sollte der an das Brückenglied der Adhäsivbrücke angrenzende Zahn, der nicht Träger eines Flügels ist, nicht überkronungsbedürftig und nicht mit einer erneuerungsbedürftigen Krone versorgt sein.

23. Brücken sind nicht angezeigt bei ungenügender parodontaler Belastbarkeit und solchen Allgemeinleiden, die das parodontale Gewebe ungünstig beeinflussen.
24. Bei Versicherten, die das 14., aber noch nicht das 21. Lebensjahr vollendet haben, können zum Ersatz von zwei nebeneinander fehlenden Schneidezähnen bei ausreichendem oralen Schmelzangebot der Pfeilerzähne eine einspannige Adhäsivbrücke mit Metallgerüst mit zwei Flügeln oder zwei einspannige Adhäsivbrücken mit Metallgerüst mit je einem Flügel angezeigt sein.
25. Für Brücken gilt Nummer 20 dieser Richtlinien entsprechend.
26. Bei disparallelen Pfeilern umfasst die vertragszahnärztliche Versorgung auch das hierdurch erforderliche Geschiebe.

III. Versorgung mit herausnehmbarem Zahnersatz

27. Zum Zahnersatz gehören die erforderlichen Halte- und Stützvorrichtungen.
28. Bei Teilprothesen ist in der Regel eine parodontal abgestützte Modellgusskonstruktion angezeigt. Die Grundsätze der Parodontal-Hygiene sind dabei zu berücksichtigen.
29. Bei einem Restgebiss ohne parodontale Abstützungsmöglichkeit ist in der Regel eine Kunststoffprothese ohne aufwändige Halteelemente angezeigt.
30. Bei totalen Prothesen ist in der Regel dic Basis in Kunststoff herzustellen. Eine Metallbasis gehört nur in begründeten Ausnahmefällen (z. B. Torus palatinus und Exostosen) zur Regelversorgung.
31. Ein Abdruck mit individuellem Löffel oder individualisiertem Löffel ist nur angezeigt, wenn für die Abdrucknahme der übliche Löffel nicht ausreicht.
32. Bei zahnlosem Kiefer ist die Abformung mittels eines Funktionsabdruckes angezeigt; das Gleiche gilt, wenn bei stark reduziertem Restgebiss – in der Regel bis zu drei Zähne – eine funktionelle Randgestaltung notwendig ist.
33. Funktionsanalytische und funktionstherapeutische Leistungen gehören nicht zur vertragszahnärztlichen Versorgung.
34. Intraorale Stützstiftregistrierungen zur Feststellung der Zentrallage gehören nur neben der Total-/Cover-Denture-Prothese zur Regelversorgung, auch auf implantatgestützten Totalprothesen im Ober- und Unterkiefer, wenn die Lagebeziehung von Unter- zu Oberkiefer mit einfachen Methoden nicht reproduzierbar ermittelt werden kann.

IV. Kombinationsversorgung

35. Über eine Kombinationsversorgung wird festsitzender mit herausnehmbarem Zahnersatz zu einer funktionalen Einheit unter Verwendung von Verbindungselementen zusammengefügt. Kombinationsversorgungen sind angezeigt, wenn gegenüber anderen Zahnersatzformen eine statische und funktionell günstigere Belastung der Restzähne und eine günstige Retention erreicht werden kann. Die parodontale Ausgangssituation der Restzähne ist kritisch zu bewerten. Im Rahmen der Regelversorgung gehören mit Ausnahme von Cover-/Denture-Prothesen nur Teleskop-/Konuskronen auf Eckzähnen und den ersten Prämolaren zu den Verbindungselementen. Bei einem Restzahnbestand von bis zu drei Zähnen ist neben der parodontalen Ausgangssituation der Restzähne auch die Lückentopographie im Hinblick auf die Art der Verankerung und die Abstützung kritisch zu bewerten. Zur Regelversorgung gehören in diesem Fall sowohl Cover-Denture-Prothesen als auch parodontal abgestützte Prothesen mit einer Modellgussbasis sowie als Verbindungselemente Resilienzteleskopkronen und Wurzelstiftkappen beziehungsweise Teleskop-/Konuskronen.

V. Versorgung mit Suprakonstruktionen (implantatgestützter Zahnersatz)

36. Suprakonstruktionen gehören in folgenden Ausnahmefällen zur Regelversorgung:
   a) bei zahnbegrenzten Einzelzahnlücken, wenn keine parodontale Behandlungsbedürftigkeit besteht, die Nachbarzähne kariesfrei und nicht überkronungsbedürftig bzw. überkront sind sowie
   b) bei atrophiertem zahnlosen Kiefer

   (Anmerkung: Lt. Gemeinsamer Erklärung der Partner im Bundesausschuss sind mit Inkrafttreten zum 1. Januar 2006 in den Zahnersatz-Richtlinien Suprakonstruktionen zu beschreiben, die zu einer Verbesserung der Kaufunktion im Vergleich zu anderen Versorgungsformen führen)
37. Der Anspruch im Rahmen der Regelversorgung ist bei zahnbegrenzten Einzelzahnlücken nach Nummer 36 Buchstabe a auf die Versorgung mit Einzelzahnkronen und bei atrophiertem zahnlosen Kiefer nach Nummer 36 Buchstabe b auf die Versorgung mit Totalprothesen als vertragszahnärztliche Leistungen begrenzt.
38. Sämtliche Leistungen im Zusammenhang mit den Implantaten, wie die Implantate selbst, die Implantataufbauten und die implantatbedingten Verbindungselemente gehören nicht zur Regelversorgung bei Suprakonstruktionen.
39. Die Krankenkasse kann die vorgelegte Behandlungsplanung einem Gutachter zur Klärung der Frage zuleiten, ob ein unter Nummer 36 genannter Ausnahmefall vorliegt. Dabei gilt das zwischen der KZBV und den Spitzenverbänden der Krankenkassen vereinbarte Gutachterverfahren für die Versorgung mit Zahnersatz und Zahnkronen entsprechend. Das Nähere hierzu regeln die Partner der Bundesmantelverträge.

Die Neufassung tritt am 1. Januar 2005 in Kraft.

§ 11 a (Versehrtenleibesübungen)

(1) Versehrtenleibesübungen werden in Übungsgruppen unter ärztlicher Betreuung und fachkundiger Leitung im Rahmen regelmäßiger örtlicher Übungsveranstaltungen geeigneter Sportgemeinschaften durchgeführt.

(2) Die Eignung einer Sportgemeinschaft setzt voraus, daß Größe, ärztliche Betreuung, sportliche Leitung und Übungsmöglichkeiten Gewähr für einen ordnungsgemäßen Ablauf der Übungsveranstaltungen bieten.

(3) Die Verwaltungsbehörde soll sich bei der Erbringung der Leistungen einer Sportorganisation bedienen, die in der Lage ist, durch geeignete Sportgemeinschaften ein ausreichendes Leistungsangebot im gesamten Landesbereich sicherzustellen. Mehrerer Sportorganisationen soll sie sich nur bedienen, wenn jede Organisation die Sicherstellung in einem bestimmten Gebiet übernimmt und wenn dadurch der gesamte Landesbereich erfaßt wird. Anstelle einer Sportorganisation kann sich die Verwaltungsbehörde geeigneter Sportgemeinschaften unmittelbar bedienen.

(4) Soweit sich die Verwaltungsbehörde bei der Erbringung der Leistungen geeigneter Sportorganisationen oder Sportgemeinschaften bedient, werden den organisatorischen Trägern die dadurch entstehenden Verwaltungskosten in angemessenem Umfang ersetzt.

§ 12 (Umfang der Krankenbehandlung)

(1) Für die Krankenbehandlung gilt § 11 Abs. 1 mit Ausnahme von Satz 1 Nr. 4 entsprechend. Die Krankenbehandlung umfaßt auch Leistungen zur medizinischen Rehabilitation und ergänzende Leistungen; für diese Leistungen gelten die Vorschriften für die entsprechenden Leistungen der Krankenkasse (§ 18c Abs. 2 Satz 1).

(2) Zuschüsse zu den Kosten der Beschaffung von Zahnersatz können den Berechtigten unter den Voraussetzungen des § 10 Abs. 4, 5, 7 und 8 bis zur Höhe von 80 vom Hundert der notwendigen Kosten gewährt werden. § 10 Abs. 7 ist mit der Maßgabe anzuwenden, daß Leistungen der gesetzlichen Krankenversicherung zur Versorgung mit Zahnersatz die Leistung nach Satz 1 ausschließen; sofern solche Leistungen freiwillig Versicherten gewährt werden, die mehr als die Hälfte der Beiträge aus eigenen Mitteln tragen, sind diese Leistungen mit ihrem Wert oder Betrag auf die Gesamtaufwendungen anzurechnen.

(3) Ehegatten oder Lebenspartnern und Eltern von Pflegezulageempfängern sowie Personen, die die unentgeltliche Wartung und Pflege eines Pflegezulageempfängers übernommen haben, kann eine Badekur gewährt werden, wenn sie den Beschädigten mindestens seit zwei Jahren dauernd pflegen und die Badekur zur Erhaltung ihrer Fähigkeit, den Beschädigten zu pflegen, erforderlich ist. Diesen Personen kann auch während eines Zeitraums von fünf Jahren nach der Beendigung der Pflegetätigkeit eine Badekur gewährt werden, wenn sie notwendig ist, um den Heilerfolg zu sichern oder um einer in absehbarer Zeit zu erwartenden Verschlechterung des Gesundheitszustands, einer Pflegebedürftigkeit oder einer Arbeitsunfähig-

keit vorzubeugen. Badekuren können bis zehn Jahre nach Beendigung der Pflegetätigkeit gewährt werden, wenn die Pflegetätigkeit länger als zehn Jahre gedauert hat. § 10 Abs. 7 und § 11 Abs. 2 Satz 2 und 3 gelten entsprechend. Berechtigte nach Satz 1 und 2 erhalten Haushaltshilfe entsprechend § 11 Abs. 4.

(4) Berechtigte und Leistungsempfänger erhalten unter den Voraussetzungen des § 10 Abs. 4, 5, 7 und 8 Leistungen zur Gesundheitsvorsorge in Form einer Kur in entsprechender Anwendung der Vorschriften, die für die Krankenkasse (§ 18c Abs. 2 Satz 1) gelten.

(5) § 11 Abs. 4 gilt für Berechtigte oder Leistungsempfänger im Sinne des § 10 Abs. 4 und 5 entsprechend.

VV zu § 12

1. Die Nummern 1 bis 3 zu § 11 gelten entsprechend.
2. Die Notwendigkeit des Zahnersatzes und der Kosten ist nach den gleichen Grundsätzen wie bei der Gewährung von Zahnersatz als Sachleistung zu beurteilen. Der Zuschuß zu den Kosten der Beschaffung von Zahnersatz darf zusammen mit den Leistungen einer privaten Krankenversicherung, deren Beiträge überwiegend aus öffentlichen Mitteln bestritten werden, die Gesamtaufwendungen nicht übersteigen.
3. Die Frist im Sinne von Abs. 3 Satz 2 ist gewahrt, wenn eine Badekur spätestens am letzten Tag der 5 Jahres-Frist bewilligt wird.

§ 13 (Versorgung mit Hilfsmitteln)

(1) Die Versorgung mit Hilfsmitteln umfaßt die Ausstattung mit Körperersatzstücken, orthopädischen und anderen Hilfsmitteln, Blindenführhunden und mit dem Zubehör der Hilfsmittel, die Instandhaltung und den Ersatz der Hilfsmittel und des Zubehörs sowie die Ausbildung im Gebrauch von Hilfsmitteln.

(2) Die Hilfsmittel sind in erforderlicher Zahl auf Grund fachärztlicher Verordnung in technisch-wissenschaftlich anerkannter, dauerhafter Ausführung und Ausstattung zu gewähren; sie müssen den persönlichen und beruflichen Bedürfnissen des Berechtigten oder Leistungsempfängers angepaßt sein und dem allgemein anerkannten Stand der medizinischen Erkenntnisse und der technischen Entwicklung entsprechen. Hilfsmittel, deren Neuwert 300 Euro übersteigt, sind in der Regel nicht zu übereignen.

(3) Die Bewilligung der Hilfsmittel kann davon abhängig gemacht werden, daß der Berechtigte oder Leistungsempfänger sie sich anpassen läßt oder sich, um mit ihrem Gebrauch vertraut zu werden, einer Ausbildung unterzieht. Der Ersatz eines unbrauchbar gewordenen Hilfsmittels kann abgelehnt werden, wenn es nicht zurückgegeben wird.

(4) Der Berechtigte hat Anspruch auf Instandsetzung und Ersatz der Hilfsmittel, wenn ihre Unbrauchbarkeit oder ihr Verlust nicht auf Mißbrauch, Vorsatz oder grobe Fahrlässigkeit des Berechtigten oder Leistungsempfängers zurückzuführen ist.

(5) Zur Versorgung mit Körperersatzstücken kann das Bundesministerium für Arbeit und Soziales mit Leistungserbringern oder deren Verbänden Vereinbarungen abschließen, in denen die zu zahlenden Vergütungen und besondere Voraussetzungen der Versorgung geregelt werden.

Aus Rundschreiben, Urteilen etc.

BMA v. 19.3.1987 – VI a 3 – 52.220 – 2/3 (BVBl. 1 – 5/1987)
Im Zusammenhang mit der umstrittenen Versorgung mit blindengerechten Hilfsmitteln schließe ich mich der vom Bundessozialgericht (Urteil vom 25. Juni 1986 – 9 a RV 19/84 –) vertretenen grundsätzlichen Auffassung an, daß die für die Haushaltsführung benötigten sog. blindengerechten Hilfsmittel im Rahmen des § 13 BVG gewährt werden können, wenn entweder kein Berufsschadensausgleich oder ein solcher nach § 30 Abs. 4 BVG bezogen wird. Dies gilt nicht für kriegsblinde Hausfrauen ohne Anspruch auf Berufsschadensausgleich nach § 30 Abs. 7 BVG (sog. Hausfrauenberufsschadensausgleich), sondern ggf. auch für andere Blinde.
In jedem Einzelfall ist zu prüfen, ob die Voraussetzungen für die Gewährung von Hilfsgeräten für Behinderte und Gebrauchsgegenstände des täglichen Lebens (hier: sog. blindengerechte Hilfsmittel) gemäß § 4 Abs. 12 OrthV gegeben sind. Dabei kann mein Rundschreiben vom 10. Dezember 1979 – VI a 9 – 5751.22 – 28/78 – eine Entscheidungshilfe bieten.

BMA v. 6.11.1996 – VI 3 – 52365-2/1 (BArbBl. 1/1997, 78)
Abgrenzung bei der Versorgung mit Hilfsmitteln/Pflegehilfsmitteln
Zur Abgrenzung der Leistungspflicht zwischen Versorgungsverwaltungen und Pflegekassen bei der Versorgung mit Hilfsmitteln haben sich weitere Fragen ergeben. Ich weise daher nochmals darauf hin, daß das soziale Entschädigungsrecht – wie auch das Recht der gesetzlichen Krankenversicherung – weiterhin die Versorgung mit Hilfsmitteln (§ 13 BVG i. V. m. der OrthV) vorsieht. Diese Rechtslage hat sich auch durch das Elfte Buch Sozialgesetzbuch (SGB XI) nicht geändert. Pflegebedürftige haben gemäß § 40 Abs. 1 SGB XI gegenüber der Pflegekasse nur dann Anspruch auf Versorgung mit Pflegehilfsmitteln, soweit diese nicht als Hilfsmittel wegen Krankheit oder Behinderung von der Krankenversicherung oder anderen zuständigen Leistungsträgern zu leisten sind. Hinsichtlich der in der OrthV genannten Hilfsmittel ist deshalb grundsätzlich weiterhin die Leistungspflicht der Versorgungsverwaltung gegeben.

Für einzelne Personengruppen bedeutet dies Folgendes:

1. *Versorgungsberechtigte und Leistungsempfänger nach dem BVG sind im Rahmen der Heil- oder Krankenbehandlung auch nach Einführung der Pflegeversicherung unverändert durch die Versorgungsverwaltung mit Hilfsmitteln zu versorgen, wenn diese zur Behandlung einer Gesundheitsstörung erforderlich sind, um die Zielsetzung des § 10 Abs. 1 Satz 1 und Abs. 4 Satz 1 BVG zu erreichen.*
   Allerdings sieht die OrthV Hilfsmittel vor, die einen Doppelcharakter haben. So können z. B. Hilfen zur Lagerung – § 13 OrthV – sowohl orthopädischen als auch pflegerischen Zwecken dienen. Diese Hilfsmittel sind auch weiterhin von der Versorgungsverwaltung zu gewähren, es sei denn, die Versorgung ist ausschließlich wegen der Pflegebedürftigkeit erforderlich (siehe Nr. 3).

2. *Versorgungsberechtigte und Leistungsempfänger nach dem BVG sind auch dann durch die Versorgungsverwaltung mit Hilfsmitteln zu versorgen, die sie bereits bisher benötigten, wenn zur behandlungsbedürftigen Gesundheitsstörung eine Pflegebedürftigkeit im Sinne des SGB XI hinzutritt. Eine Zuständigkeit der Pflegekasse ist nach § 40 Abs. 1 SGB XI in diesen Fällen nicht gegeben. Denn durch diese Regelung soll erreicht werden, daß Hilfsmittel, die bisher wegen einer Krankheit oder Behinderung erforderlich waren und von einem anderen Leistungsträger bewilligt wurden, nicht deshalb in die Leistungspflicht der Pflegekassen fallen, weil zusätzlich zu der Krankheit oder Behinderung noch Pflegebedürftigkeit im Sinne des SGB XI vorliegt.*
   So sind z. B. bei der Gewährung von Inkontinenzhilfen i. S. v. § 16 Nr. 4 OrthV Fälle denkbar, in denen Versorgungsberechtigte oder Leistungsempfänger bisher durch die Versorgungsverwaltung zur Behandlung einer Gesundheitsstörung mit Saugvorlagen und ausschließlich zur Erleichterung der Pflege mit Betteinlagen – die nun auch als Leistung der Pflegeversicherung vorgesehen sind – versorgt wurden. In diesen Fällen sehe ich die Versorgung des Betroffenen mit Inkontinenzhilfen als einheitliche Leistung an, die insgesamt nach den oben genannten Grundsätzen zu beurteilen ist. Die Versorgungsverwaltung bleibt daher für die gesamte Versorgung zuständig, wenn Inkontinenzhilfen zur Behandlung einer Gesundheitsstörung erforderlich sind.
3. *Versorgungsberechtigte und Leistungsempfänger nach dem BVG sind aufgrund ihre Mitgliedschaft in der Pflegeversicherung – § 21 Nr. 1 SGB XI – nach § 40 Abs. 1 SGB XI durch die Pflegekasse mit Pflegehilfsmitteln zu versorgen, wenn diese ausschließlich wegen (schädigungsbedingter oder nichtschädigungsbedingter) Pflegebedürftigkeit erforderlich sind, um die Pflege zu erleichtern, um Beschwerden der Pflegebedürftigen zu lindern oder um ihnen eine selbständige Lebensführung zu ermöglichen. Maßgeblich ist insoweit das von den Spitzenverbänden der Pflegekassen nach § 78 Abs. 2 SGB XI erstellte Pflegehilfsmittelverzeichnis.*
4. *Krankenversicherte werden auch nach der Einführung der Pflegeversicherung unverändert von der Krankenkasse mit Hilfsmitteln versorgt, wenn – wie auch unter 1. dargestellt – diese zur Behandlung einer Krankheit oder Behinderung erforderlich sind.*
   Entfällt die Leistungspflicht der Krankenkasse, weil die Pflegehilfsmittel anstelle von oder neben Hilfsmitteln ausschließlich wegen Pflegebedürftigkeit erforderlich sind, führt dies nicht zu einer Leistungspflicht der Versorgungsverwaltung, sondern zu einem Anspruch gegen die Pflegekasse (vgl. auch Nr. 3).

BSG vom 9.4.1997 – 9 RV 15/95 (Breithaupt 1998, 117)
1. *Der Umfang der Heilbehandlung nach dem Versorgungsrecht ist auch hinsichtlich der Versorgung mit Hilfsmitteln nicht geringer als derjenige der Krankenbehandlung nach den für die gesetzlichen Krankenkassen geltenden Vorschriften; abweichende Bestimmungen der OrthV sind durch die Ermächtigungsnorm des § 24a Buchst. a BVG nicht gedeckt.*
2. *Die Versorgungsverwaltung hat Gegenstände, die Hilfsmittel i. S. der gesetzlichen KV sind, auch dann als Hilfsmittel i. S. des Versorgungsrechts zu liefern, wenn die OrthV für sie (nur Ersatzleistungen) vorsieht.*
3. *Eine Telefonlichtglocke kann für einen Gehörlosen ein Hilfsmittel i. S. des BVG und der OrthV sein.*

BSG vom 28.5.1997 – 9 RV 18/96 (Breithaupt 1998, 124)
Ein Lese-Sprechgerät ist einem Kriegsblinden schon dann nach § 13 BVG und § 1 i. V. m. §§ 16 ff. OrthV zu liefern, wenn die Voraussetzungen erfüllt sind, unter denen eine Krankenkasse einem vergleichbaren Mitglied das Gerät als Hilfsmittel zu leisten hätte. Strengere Leistungsvoraussetzungen der OrthV, insbesondere ein verschärfter Bedarfsmaßstab („dringendes Angewiesensein"), haben insoweit außer Betracht zu bleiben, weil sie gegen die ihnen zugrundeliegende Ermächtigungsnorm (§ 24a Buchst. a BVG) verstoßen.

§ 14 (Unterhalt eines Blindenführhundes, Beihilfe für fremde Führung)

Beschädigte, bei denen Blindheit als Folge einer Schädigung anerkannt ist, erhalten monatlich 167 Euro zum Unterhalt eines Führhunds und als Beihilfe zu den Aufwendungen für fremde Führung.

Aus Rundschreiben, Urteilen etc.

BSG v. 15.7.1992 – 9 a RV 9/91 (Breithaupt 1993, 134)
Blinden steht die Beihilfe für fremde Führung neben der Heimpflege zu.

§ 15 (Außergewöhnlicher Kleider- und Wäscheverschleiß)[6]

Verursachen die anerkannten Folgen der Schädigung außergewöhnlichen Verschleiß an Kleidung oder Wäsche, so sind die dadurch entstehenden Kosten mit einem monatlichen Pauschbetrag von 21 bis 137 Euro zu ersetzen. Der Pauschbetrag ergibt sich aus der Multiplikation von 2,103 Euro mit der auf Grund einer Rechtsverordnung nach § 24a Buchstabe d für den jeweiligen Verschleißtatbestand festgesetzten Bewertungszahl. Die sich ergebenden Beträge sind bis 0,49 Euro auf volle Euro abzurunden und von 0,50 Euro an auf volle Euro aufzurunden. Übersteigen in besonderen Fällen die tatsächlichen Aufwendungen die höchste Stufe des Pauschbetrags, so sind sie erstattungsfähig.

§ 16 (Versorgungskrankengeld)

(1) Versorgungskrankengeld nach Maßgabe der folgenden Vorschriften wird gewährt

a) Beschädigten, wenn sie wegen einer Gesundheitsstörung, die als Folge einer Schädigung anerkannt ist oder durch eine anerkannte Schädigungsfolge verursacht ist, arbeitsunfähig im Sinne der Vorschriften der gesetzlichen Krankenversicherung werden; bei Gesundheitsstörungen, die nur im Sinne der Verschlimmerung als Folge einer Schädigung anerkannt sind, tritt an deren Stelle die gesamte Gesundheitsstörung, es sei denn, daß die als Folge einer Schädigung anerkannte Gesundheitsstörung auf die Arbeitsunfähigkeit ohne Einfluß ist,

---

6 Die Verordnung zur Durchführung des § 15 BVG ist im Anschluss an § 24 a BVG auf Seite 628 ff. abgedruckt.

b) Beschädigten, wenn sie wegen anderer Gesundheitsstörungen arbeitsunfähig werden, sofern ihnen wegen dieser Gesundheitsstörungen Heil- oder Krankenbehandlung zu gewähren ist (§ 10 Abs. 2, 5 Buchstabe a und Absatz 7),

c) Witwen und hinterbliebenen Lebenspartnern (§§ 38, 42 bis 44 und 48), Waisen (§§ 45 und 48) und versorgungsberechtigten Eltern (§§ 49 bis 51), wenn sie arbeitsunfähig werden, sofern ihnen Krankenbehandlung zu gewähren ist (§ 10 Abs. 4 Buchstabe c und Absatz 7).

(2) Als arbeitsunfähig im Sinne der §§ 16 bis 16f ist auch der Berechtigte anzusehen, der

a) wegen der Durchführung einer stationären Behandlungsmaßnahme der Heil- oder Krankenbehandlung, einer Badekur oder

b) ohne arbeitsunfähig zu sein, wegen einer anderen Behandlungsmaßnahme der Heil- oder Krankenbehandlung, ausgenommen die Anpassung und die Instandsetzung von Hilfsmitteln

keine ganztägige Erwerbstätigkeit ausüben kann.

(3) Anspruch auf Versorgungskrankengeld besteht auch dann, wenn Heil- oder Krankenbehandlung vor Anerkennung des Versorgungsanspruchs nach § 10 Abs. 8 gewährt oder eine Badekur durchgeführt wird. Einem versorgungsberechtigten Kind steht im Falle einer schädigungsbedingten Erkrankung und dadurch erforderlichen Beaufsichtigung, Betreuung oder Pflege für den betreuenden Elternteil ein Anspruch auf Versorgungskrankengeld in entsprechender Anwendung des § 45 des Fünften Buches Sozialgesetzbuch zu.

(4) Der Anspruch auf Versorgungskrankengeld ruht, solange der Berechtigte Arbeitslosengeld, Unterhaltsgeld, Mutterschaftsgeld oder Kurzarbeitergeld bezieht. Das gilt nicht für die Dauer einer stationären Behandlungsmaßnahme der Heil- oder Krankenbehandlung oder einer Badekur. Es besteht kein Anspruch auf Versorgungskrankengeld, wenn unmittelbar vor der Arbeitsunfähigkeit Arbeitslosengeld II bezogen wurde.

(5) Der Anspruch auf Versorgungskrankengeld ruht während der Elternzeit nach dem Bundeselterngeld- und Elternzeitgesetz. Dies gilt nicht, wenn die Arbeitsunfähigkeit vor Beginn der Elternzeit eingetreten ist oder das Versorgungskrankengeld aus dem Arbeitsentgelt zu berechnen ist, das durch Erwerbstätigkeit während der Elternzeit erzielt wurde.

VV zu § 16

1. Nach § 16 Abs. 1 Buchst. a ist als Versorgungskrankengeld auch dann zu gewähren, wenn die Gesundheitsstörung zwar nicht als Folge einer Schädigung anerkannt, wohl aber durch anerkannte Schädigungsfolgen verursacht ist. Handelt es sich dabei jedoch um eine Gesundheitsstörung, die auch als selbständiges Leiden auftreten kann, oder um eine mittelbare Schädigungsfolge, so hat die Krankenkasse vor der Zahlung des Versorgungskrankengeldes eine Entscheidung der Verwaltungsbehörde einzuholen.
2. Die Nummer 2 zu § 10 gilt entsprechend.

3. § 16 Abs. 2 enthält einen selbständigen Anspruchstatbestand. Versorgungskrankengeld ist ggf. auch dann zu gewähren, wenn der Berechtigte vor Beginn der Rehabilitationsmaßnahme infolge einer schädigungsunabhängigen Erkrankung bereits arbeitsunfähig war.

Aus Rundschreiben, Urteilen etc.

BMAS v. 23. 12. 2013 V b 3–54112
Soziales Entschädigungsrecht/Beschädigtenversorgung nach dem Soldatenversorgungsgesetz (SVG);
Ermittlung der Geld- und Sachbezüge für die Berechnung des Versorgungskrankengeldes nach den §§ 80, 82 und 83 SVG in Verbindung mit §§ 16 bis 16f des Bundesversorgungsgesetzes (BVG)
Die Geld- und Sachbezugswerte, die für die Berechnung des Versorgungskrankengeldes maßgebend sind, wurden erneut überprüft und wie folgt festgestellt:
A. Soldaten, die auf Grund des Wehrpflichtgesetzes Wehrdienst leisten (Freiwilligen Wehrdienst Leistende, Reservistendienst Leistende)
Wehrsoldempfänger:

Wehrsold-gruppe	Dienstgrad	Wehrsoldtage-satz in Euro
1	Grenadier, Jäger, Panzerschütze, Panzergrenadier, Panzerjäger, Kanonier, Panzerkanonier, Pionier, Panzerpionier, Funker, Panzerfunker, Schütze, Flieger, Sanitätssoldat, Matrose	11,41
2	Gefreiter	12,18
3	Obergefreiter	12,95
4	Hauptgefreiter	13,71
5	Stabsgefreiter, Oberstabsgefreiter, Unteroffizier, Maat, Fahnenjunker, Seekadett, Stabsunteroffizier, Obermaat	15,25
6	Feldwebel, Bootsmann, Fähnrich, Fähnrich zur See, Oberfeldwebel, Oberbootsmann	15,76
7	Hauptfeldwebel, Hauptbootsmann, Oberfähnrich, Oberfähnrich zur See, Stabsfeldwebel, Stabsbootsmann, Oberstabsfeldwebel, Oberstabsbootsmann, Leutnant, Leutnant zur See	16,27
8	Oberleutnant, Oberleutnant zur See	16,78
9	Hauptmann, Kapitänleutnant	17,29
10	Stabshauptmann, Stabskapitänleutnant, Major, Korvettenkapitän, Stabsapotheker, Stabsarzt, Stabsveterinär	17,80
11	Oberstleutnant, Fregattenkapitän, Oberstabsapotheker, Oberstabsarzt, Oberstabsveterinär, Oberfeldapotheker, Flottillenapotheker, Oberfeldarzt, Flottillenarzt, Oberfeldveterinär	18,32

Wehrsold-gruppe	Dienstgrad	Wehrsoldtage-satz in Euro
12	Oberst, Kapitän zur See, Oberstapotheker, Flottenapotheker, Oberstarzt, Flottenarzt, Oberstveterinär	18,83
13	Brigadegeneral, Flottillenadmiral, Generalapotheker, Generalarzt, Admiralarzt, Generalmajor, Konteradmiral, Generalstabsarzt, Admiralstabsarzt, Generalleutnant, Vizeadmiral, Generaloberstabsarzt, Admiraloberstabsarzt, General, Admiral	19,85

Soldaten, die ihren Standort im Ausland haben, erhalten doppelten Wehrsold, wenn Berufssoldaten oder Soldaten auf Zeit bei entsprechender Verwendung in demselben Standort Auslandsdienstbezüge oder Auslandstrennungsgeld erhalten.
Neben dem Wehrsold kommen ggf. folgende Geldleistungen in Betracht:

a) Erhöhter Wehrsold für Soldaten mit besonderer zeitlicher Belastung:
Der Wehrsold erhöht sich für eine Dienstleistung von
- *mehr als 12 bis 16 Std.*
  - *ab 4. Dienstmonat um 6,14 Euro*
  - *ab 10. Dienstmonat um 8,69 Euro*
- *mehr als 16 bis 24 Std.*
  - *ab 4. Dienstmonat um 11,25 Euro*
  - *ab 10. Dienstmonat um 15,85 Euro*

b) Wehrdienstzuschlag für Soldaten, die freiwilligen Wehrdienst nach § 58 b des Soldatengesetzes leisten:
Der Wehrdienstzuschlag beträgt täglich:
- *ab dem 1. Dienstmonat 16,50 Euro*
- *ab dem 7. Dienstmonat 22,50 Euro*
- *ab dem 13. Dienstmonat 24,50 Euro*
- *ab dem 19. Dienstmonat 26,50 Euro*

c) Auslandsverwendungszuschlag (AVZ)
Soldaten, die im Rahmen von humanitären und unterstützenden Maßnahmen im Ausland unter den Voraussetzungen des § 56 Abs. 1 des Bundesbesoldungsgesetzes verwendet werden, erhalten einen Auslandsverwendungszuschlag unter den gleichen Voraussetzungen und in gleicher Höhe wie Berufssoldaten und Soldaten auf Zeit.
Die Höhe des AVZ (Festlegung der Stufen und der dazugehörigen Beträge) ist in der AVZ-Auslandsverwendungszuschlagsverordnung (AuslVZV) in der Fassung der Bekanntmachung vom 8. April 2009 (BGBl. I S. 809), die zuletzt durch Artikel 4 des Gesetzes vom 11. Juni 2013 (BGBl. I S. 1514) geändert worden ist, geregelt. Die Zuordnung des Einsatzortes zu einer Stufe des AVZ trifft das BMVg.

d) Besondere Vergütung
Soldaten erhalten als Ausgleich für die mit bestimmten Tätigkeiten oder Verwendungen verbundenen Belastungen eine besondere Vergütung. Nähere Einzel-

heiten sind der Anlage 2 zu § 8g des Wehrsoldgesetzes zu entnehmen (BGBl. 2008 I S. 1724–1727).

e) Leistungszuschlag bei Wehrübungen
Soldaten, die auf Dienstposten der Verstärkungs- oder Personalreserve eingeplant sind, erhalten bei Wehrübungen von länger als 3 Tagen folgenden Leistungszuschlag zum Wehrsold:

- *In der Laufbahngruppe der Mannschaften vom 13. bis 24. Wehrübungstag*
  - *für jeden Werktag 25,56 Euro*
  - *für Samstage, Sonntage und gesetzliche Feiertage 38,35 Euro,*
  höchstens jedoch 434,60 Euro im Kalenderjahr.
- *In allen anderen Laufbahngruppen vom 25. bis zum 48. Wehrübungstag täglich 51,13 Euro, ab dem 49. Wehrübungstag täglich 76,69 Euro, höchstens jedoch 1.278,23 Euro für jedes Jahr des Verpflichtungszeitraumes.*

Folgende Sachbezugswerte sind zu berücksichtigen:

Art der Sachbezüge		Bewertung in Euro monatlich
Verpflegung	täglich 7,46	224,00
Bekleidung		52,40
Heilfürsorge		159,00
Unterkunft	BesGrp A1 bis A4 oder entsprechende Mannschaftsdienstgrade	54,00
	BesGrp A5 bis A6 oder entsprechende Mannschafts-/Unteroffizierdienstgrade	97,20
	BesGrp A7 und höher oder entsprechende Feldwebel- und Offizierdienstgrade	183,60

B. Sachbezüge für Soldaten auf Zeit mit Anspruch auf Bezüge nach dem Bundesbesoldungsgesetz (Besoldungsempfänger)
a) Besoldungsempfänger erhalten keinen Sachbezug Verpflegung.
b) Der Wert für den Sachbezug Bekleidung beträgt für Soldaten auf Zeit monatlich 31,76 Euro. Dieser Betrag gilt auch für Offiziere, die nicht Selbsteinkleider sind. Offiziere, die Selbsteinkleider sind, erhalten keinen Sachbezug Bekleidung.
c) Der Sachbezug Unterkunft ist mit dem in der Tabelle über die Sachbezugswerte für Wehrsoldempfänger angegebenen Wert nur anzusetzen, wenn unentgeltliche Unterkunft tatsächlich gewährt worden ist.
d) Der Sachbezug Heilfürsorge ist mit dem in der Tabelle über die Sachbezugswerte für Wehrsoldempfänger angegebenen Wert anzusetzen.

Ich bitte, diese Beträge ab 1. Januar 2014 bei der Bemessung des Versorgungskrankengeldes und des Übergangsgeldes zu berücksichtigen.

Dieses Rundschreiben wird im Internet des Bundesministeriums für Arbeit und Soziales (Soziale Sicherung/Soziale Entschädigung/Rundschreiben) veröffentlicht.

§ 16 a (Höhe des Versorgungskrankengeldes)

(1) Das Versorgungskrankengeld beträgt 80 vom Hundert des erzielten regelmäßigen Entgelts (Regelentgelt) und darf das entgangene regelmäßige Nettoarbeitsentgelt nicht übersteigen. Das Regelentgelt wird nach den Absätzen 2 und 3 berechnet. Das Versorgungskrankengeld wird für Kalendertage gezahlt. Ist es für einen ganzen Kalendermonat zu zahlen, so ist dieser mit 30 Tagen anzusetzen.

(2) Für die Berechnung des Regelentgelts ist bei Berechtigten, die bis zum Beginn der Arbeitsunfähigkeit gegen Entgelt beschäftigt waren, das von dem Berechtigten im letzten vor Beginn der Arbeitsunfähigkeit abgerechneten Entgeltabrechnungszeitraum, mindestens während der letzten abgerechneten vier Wochen (Bemessungszeitraum) erzielte und um einmalig gezahltes Arbeitsentgelt verminderte Entgelt durch die Zahl der Stunden zu teilen, für die es gezahlt wurde. Das Ergebnis ist mit der Zahl der sich aus dem Inhalt des Arbeitsverhältnisses ergebenden regelmäßigen wöchentlichen Arbeitsstunden zu vervielfachen und durch sieben zu teilen. Ist das Entgelt nach Monaten bemessen oder ist eine Berechnung des Regelentgelts nach den Sätzen 1 und 2 nicht möglich, so gilt der 30. Teil des in dem letzten vor Beginn der Maßnahme abgerechneten Kalendermonat erzielten und um einmalig gezahltes Arbeitsentgelt verminderten Entgelts als Regelentgelt. Wenn mit einer Arbeitsleistung Arbeitsentgelt erzielt wird, das für Zeiten einer Freistellung vor oder nach dieser Arbeitsleistung fällig wird (Wertguthaben nach § 7b des Vierten Buches Sozialgesetzbuch), ist für die Berechnung des Regelentgelts das im Bemessungszeitraum der Beitragsberechnung zugrundeliegende und um einmalig gezahltes Arbeitsentgelt verminderte Arbeitsentgelt maßgebend; Wertguthaben, die nicht gemäß einer Vereinbarung über flexible Arbeitszeitregelungen verwendet werden (§ 23b Abs. 2 des Vierten Buches Sozialgesetzbuch), bleiben außer Betracht. Bei der Anwendung des Satzes 1 gilt als regelmäßige wöchentliche Arbeitszeit die Arbeitszeit, die dem gezahlten Arbeitsentgelt entspricht.

(3) Das Regelentgelt wird bis zur Höhe der jeweils geltenden Leistungsbemessungsgrenze berücksichtigt. Leistungsbemessungsgrenze ist der 360. Teil der Beitragsbemessungsgrenze der allgemeinen Rentenversicherung für Jahresbezüge.

(4) Bei der Berechnung des Regelentgelts und des Nettoarbeitsentgelts sind die Besonderheiten der Gleitzone nach § 20 Abs. 2 des Vierten Buches Sozialgesetzbuch nicht zu berücksichtigen.

(5) Bei der Berechnung des Regelentgelts ist für die im Jahr 2011 liegenden Entgeltabrechnungszeiträume § 9a Satz 1 Nummer 1 Buchstabe a des Einkommensteuergesetzes in der am 5. November 2011 geltenden Fassung anzuwenden.

VV zu § 16 a

1. Bei Ermittlung des Regellohns sind insbesondere zu berücksichtigen
   a) Grundbezüge, wie Stunden-, Schicht- und Akkordlohn, auch wenn sie für Urlaub oder Feiertage gewährt werden, sowie Mehrarbeitsvergütungen

und Zuschläge für Sonn- und Feiertagsarbeit, soweit sie regelmäßig gezahlt werden,

b) laufende Lohnzulagen, die auf besonderen Bedingungen des Arbeitsverhältnisses beruhen, wie Erschwernis-, Schmutz-, Gefahren- und Nachtarbeitszulagen,

c) Sachleistungen (Deputate) mit den nach § 3 der Verordnung zur Durchführung des § 33 des Bundesversorgungsgesetzes ermittelten Werten,

d) Kinder- und Familienzuschläge sowie Wohnungs- und Ortszulagen,

e) Prämien oder Leistungszulagen, die regelmäßig als zusätzliche Vergütung für quantitativ oder qualitativ besonders gute Arbeitsleistungen gezahlt werden,

f) vermögenswirksame Leistungen nach § 2 des Vierten Vermögensbildungsgesetzes,

g) die Leistungen des Auftraggebers oder Zwischenmeisters nach § 8 des Lohnfortzahlungsgesetzes.

2. Bei Ermittlung des Regellohns sind insbesondere nicht zu berücksichtigen

a) laufende Vergütungen, die zur Abgeltung von besonderen Aufwendungen aus dem Arbeitsverhältnis gewährt werden, z.B. Reisekosten, Tage- und Übernachtungsgelder, Trennungsentschädigungen, Fahrradentschädigungen, Ersatz für Benutzung eigener Werkzeuge, Ersatz für Arbeitskleidung,

b) betriebliche Vergünstigungen (z.B. Freimilch, Freitabak, Freibier, unentgeltliche oder verbilligte Mahlzeiten im Betrieb, Essensmarken), soweit sie lohnsteuerfrei bleiben,

c) einmalig gezahltes Arbeitsentgelt (z.B. Weihnachtsgeld, Urlaubsgeld, Tantiemen, Provisionen, Gratifikationen, zusätzliche Gehälter, Jubiläumszuwendungen),

d) die Arbeitnehmer-Sparzulage nach § 12 Abs. 1 des Vierten Vermögensbildungsgesetzes,

e) das Kindergeld auf Grund des Bundeskindergeldgesetzes,

f) Trinkgelder bis zu 307 Euro jährlich, wenn sie ohne rechtliche Verpflichtung von Dritten gezahlt werden.

3. Nettoarbeitsentgelt im Sinne des § 16 a Abs. 1 Satz 1 ist das um die gesetzlichen Abzüge verminderte Bruttoarbeitsentgelt; es wird in entsprechender Anwendung der Vorschriften über die Berechnung des Regellohns berechnet. Dabei ist das im Bemessungszeitraum erzielte Bruttoarbeitsentgelt auch insoweit, als es die Leistungsbemessungsgrenze übersteigt, der Berechnung zugrunde zu legen. Ist in dem Bruttoarbeitsentgelt einmalig gezahltes Arbeitsentgelt enthalten, so sind die gesetzlichen Lohnabzüge fiktiv zu ermitteln.

4. Lohnabrechnungszeitraum ist der Zeitraum, für den im Betrieb üblicherweise der Lohn abgerechnet wird. Ist dieser Zeitraum kürzer als vier Wochen, so sind so viele Lohnabrechnungszeiträume zusammenzuziehen, wie nötig sind, um einen Zeitraum von vier Wochen einzuschließen. Hat der Berechtigte erst während der im Betrieb abgerechneten letzten vier Wochen die Arbeit aufgenommen oder ist er erneut erkrankt, bevor ein Abrechnungszeitraum von mindestens vier Wochen vorliegt, so ist der Regellohn aus dem Entgelt des kürzeren Zeitraums zu berechnen.

Aus Rundschreiben, Urteilen etc.

BSG v. 24.7.2003 – B 9 VS 4/01 R – (Breithaupt 11/2002, 908)
Hat ein ehemaliger Soldat im Kalendermonat vor Beginn des Wehrdienstes Arbeitsentgelt erzielt, so ist sein Versorgungskrankengeld – alternativ – nach allgemeinen Regeln ohne Begrenzung auf das Entgelt gerade dieses Monats zu berechnen.

§ 16b (Entsprechende Anwendung von § 16a; Bemessungszeitraum)

(1) Hat der Berechtigte unmittelbar vor Eintritt der Arbeitsunfähigkeit Einkünfte aus Land- und Forstwirtschaft (§§ 13 bis 14 des Einkommensteuergesetzes), aus Gewerbebetrieb (§§ 15 bis 17 des Einkommensteuergesetzes) oder aus selbständiger Arbeit (§ 18 des Einkommensteuergesetzes) erzielt, ist § 16a entsprechend anzuwenden.

(2) Bemessungszeitraum ist das letzte Kalenderjahr, für das ein Einkommensteuerbescheid vorliegt. Das Versorgungskrankengeld ist für Kalendertage zu zahlen. Als Regelentgelt gelten die Gewinne, die der Veranlagung zur Einkommensteuer zugrunde gelegt worden sind. Ein Verlustausgleich zwischen einzelnen Einkunftsarten ist nicht vorzunehmen. Den Gewinnen sind erhöhte Absetzungen nach den §§ 7b bis 7d und 7h bis 7k des Einkommensteuergesetzes, nach den §§ 82a, 82g und 82i der Einkommensteuer-Durchführungsverordnung, nach den §§ 14 bis 15 des Berlinförderungsgesetzes und nach den §§ 7 und 12 des Schutzbaugesetzes hinzuzurechnen, soweit sie die nach § 7 Abs. 1 oder 4 des Einkommensteuergesetzes zulässigen Absetzungen für Abnutzung übersteigen. Ferner sind Sonderabschreibungen nach den §§ 7f und 7g des Einkommensteuergesetzes sowie nach den §§ 81 und 82f der Einkommensteuer-Durchführungsverordnung hinzuzurechnen. Freibeträge für Veräußerungsgewinne nach den §§ 14, 14a, 16 Abs. 4, § 17 Abs. 3 und § 18 Abs. 3 des Einkommensteuergesetzes und Freibeträge nach § 13 Abs. 3 des Einkommensteuergesetzes sind nicht zu berücksichtigen.

(3) Findet eine Veranlagung zur Einkommensteuer nicht statt, ist Bemessungszeitraum das letzte vor Beginn der Arbeitsunfähigkeit abgelaufene Kalenderjahr, für das der Berechtigte die Gewinne nachweisen kann; die nachgewiesenen Gewinne gelten als Regelentgelt.

(4) Kann ein Regelentgelt nach Absatz 2 oder 3 nicht festgestellt werden oder ergibt ein nach Absatz 2 oder 3 festgestelltes Regelentgelt wegen wesentlicher Änderungen nach Ende des Bemessungszeitraumes oder aus anderen Gründen keinen angemessenen Maßstab für den Einkommensverlust, so ist das Regelentgelt unter Berücksichtigung der Gesamtverhältnisse festzusetzen.

(5) Als Regelentgelt im Sinne des § 16a Abs. 1 gelten auch

a) bei Berechtigten, die die Voraussetzungen des § 30 Abs. 12 erfüllen, ein Betrag in Höhe von zehn Achteln der durch die Arbeitsunfähigkeit notwendigen Mehraufwendungen für die Haushaltsführung,

b) bei nicht erwerbstätigen Berechtigten, die durch Arbeitsunfähigkeit gehindert sind, eine bestimmte Erwerbstätigkeit aufzunehmen, das Brutto-

einkommen, das ihnen durchschnittlich entgeht, oder, sofern dieses Einkommen nicht ermittelt werden kann, das Durchschnittseinkommen der Berufs- oder Wirtschaftsgruppe, der der Berechtigte ohne die Arbeitsunfähigkeit angehörte,

c) bei Empfängern von Arbeitslosengeld oder Unterhaltsgeld ein Betrag in Höhe von zehn Achteln dieser Leistungen, sofern die Voraussetzungen von Buchstabe b nicht vorliegen.

(6) Ist Versorgungskrankengeld nach § 16a und nach den Absätzen 1 bis 5 zu berechnen, so ist ein einheitliches kalendertägliches Versorgungskrankengeld festzusetzen.

VV zu § 16b

1. Bemessungszeitraum im Sinne des Absatzes 1 ist das letzte Kalenderjahr, für das bei Beginn der Arbeitsunfähigkeit ein unanfechtbarer Einkommensteuerbescheid vorliegt.
2. Bei der Berechnung des Regellohns nach § 16b Abs. 1 sind die maßgeblichen Gewinne durch 360 zu teilen. Diese Zahl ist um die Zahl der Tage zu mindern, an denen der Berechtigte ohne Beruf oder nichtselbständig tätig oder infolge Krankheit an der Ausübung der Berufstätigkeit gehindert war.
3. Treffen die maßgeblichen Gewinne mit nicht zu berücksichtigenden Einkünften zusammen oder findet bei der Veranlagung zur Einkommensteuer ein Verlustausgleich statt, ist das Nettoeinkommen fiktiv zu ermitteln.
4. Treffen Einkünfte im Sinne des § 16a Abs. 1 mit Einkünften im Sinne des § 16b Abs. 1 zusammen, ist die Berechnung des Versorgungskrankengeldes für jede Einkunftsart getrennt vorzunehmen und ein einheitliches Versorgungskrankengeld zu bilden.
5. § 16b Abs. 1 Satz 9 bis 11 ist entsprechend anzuwenden, wenn eine Veranlagung zwar zu erwarten ist, ein nach § 16b Abs. 1 Satz 2 maßgebender Einkommensteuerbescheid jedoch noch nicht vorliegt. Ist der Berechtigte nicht in der Lage, die Gewinne nachzuweisen (§ 16b Abs. 1 Satz 10), so sind diese im Benehmen mit dem Finanzamt, gegebenenfalls unter Beteiligung der berufsständischen Organisation, zu schätzen. Ergeben sich keine ausreichenden Anhaltspunkte für eine Schätzung, so kann das nach § 5 der Berufsschadensausgleichsverordnung maßgebende Vergleichseinkommen zugrunde gelegt werden.
6. Notwendige Mehraufwendungen für die Haushaltsführung sind nur die den Berufsschadensausgleich für eine Hausfrau und die Haushaltshilfe übersteigenden Aufwendungen. Sind für die Haushaltsführung Mehraufwendungen entstanden, die der Höhe nach nicht festgestellt werden können, so sind diese bei stationärer Behandlung mit 10 Euro, bei ambulanter Behandlung und Schonungszeit mit 5 Euro täglich anzusetzen; Satz 1 ist anzuwenden.
7. Der Berechtigte ist nur dann im Sinne des § 16b Abs. 2 Buchst. b gehindert, eine bestimmte Erwerbstätigkeit aufzunehmen, wenn er ohne die Arbeitsunfähigkeit oder die Heilbehandlungsmaßnahme nachweislich eine Erwerbstätigkeit ausübte, die nach Arbeitgeber und Art der Tätigkeit genau bestimmt werden kann.

Aus Rundschreiben, Urteilen etc.

BMAS v. 30.4.2010 – V b 3-47112
Heil- und Krankenbehandlung nach dem Bundesversorgungsgesetz (BVG); Berechnung des Versorgungskrankengelds für Berechtigte, die Einkünfte aus Land- und Forstwirtschaft, aus Gewerbebetrieb oder aus selbständiger Arbeit erzielt haben. Der Volltext des Rundschreibens ist im Internet abrufbar (siehe http://www.bmas.de/portal/46050/property=pdf/2010_04_30_rundschreiben_soziale_entschaedigung_vb3-47112.pdf)

§ 16c

(weggefallen)

Anmerkung:

Die bis zum 30. Juni 2001 in § 16c BVG geregelten Vomhundertsätze für die Anpassung des Übergangsgeldes in der Kriegsopferfürsorge und des Versorgungskrankengeldes in der Kriegsopferversorgung werden jetzt auf der Rechtsgrundlage des § 50 SGB IX (siehe Gesetzestexte Teil II) jeweils zum 30. Juni eines Kalenderjahres vom BMA für die folgenden 12 Monate im Bundesanzeiger bekannt gegeben.

Der Anpassungsfaktor beträgt ab:

1. 7. 2011	*1,0229 (BAnz. Nr. 96 v. 30. 6. 2011)*
1. 7. 2012	*1,0350 (BAnz. Nr. 111 AT v. 29. 6. 2012)*
1. 7. 2013	*1,0321 (BAnz. Nr. 83 AT v. 28. 6. 2013)*
1. 7. 2014	*1,022 (BAnz. v. 30. 6. 2014)*
1. 7. 2015	*1,0263 (BAnz. v. 30. 6. 2015)*

§ 16d (Kranken-, Verletzten- oder Übergangsgeld eines anderen Rehabilitationsträgers)

Hat der Berechtigte von einem anderen Rehabilitationsträger Krankengeld, Verletztengeld oder Übergangsgeld bezogen und ist ihm im Anschluß daran Versorgungskrankengeld nach den §§ 16 bis 16f zu gewähren, so ist bei der Berechnung des Versorgungskrankengelds von dem bisher zugrunde gelegten Entgelt auszugehen.

§ 16e (Weitergewährung von Versorgungskrankengeld)

Sind nach Abschluß der Heil- oder Krankenbehandlung oder einer Badekur Leistungen zur Teilhabe am Arbeitsleben erforderlich und können diese aus Gründen, die der Berechtigte nicht zu vertreten hat, nicht unmittelbar anschließend durchgeführt werden, so ist das Versorgungskrankengeld für diese Zeit weiterzugewähren, wenn der Berechtigte arbeitsunfähig ist und ihm ein Anspruch auf Krankengeld nicht zusteht oder wenn ihm eine zumutbare Beschäftigung nicht vermittelt werden kann.

§ 16f (Kürzung des Versorgungskrankengeldes)

(1) Erhält der Berechtigte während des Bezugs von Versorgungskrankengeld Arbeitsentgelt, so ist das Versorgungskrankengeld um das um die gesetzlichen Abzüge verminderte Arbeitsentgelt zu kürzen; einmalig gezahltes Arbeitsentgelt sowie Leistungen des Arbeitgebers zum Versorgungskrankengeld, soweit sie zusammen mit dem Versorgungskrankengeld das vor der Arbeitsunfähigkeit erzielte, um die gesetzlichen Abzüge verminderte Arbeitsentgelt nicht übersteigen, bleiben außer Ansatz. Erzielt der Berechtigte während des Bezugs von Versorgungskrankengeld Einkünfte aus Land- und Forstwirtschaft, aus Gewerbebetrieb oder aus selbständiger Arbeit, so ist das Versorgungskrankengeld um 80 vom Hundert der als Regelentgelt geltenden Beträge zu kürzen.

(2) Erhält der Berechtigte durch eine Tätigkeit während des Bezugs von Versorgungskrankengeld Arbeitseinkommen, so ist das Versorgungskrankengeld um 80 vom Hundert des erzielten Arbeitseinkommens zu kürzen.

(3) Das Versorgungskrankengeld ist ferner zu kürzen um den um gesetzliche Abzüge verminderten Betrag von

1. **Geldleistungen, die eine öffentlich-rechtliche Stelle im Zusammenhang mit der Heil- und Krankenbehandlung oder Badekur gewährt,**
2. **Renten, wenn dem Versorgungskrankengeld ein vor Beginn der Rentengewährung erzieltes Arbeitsentgelt oder Arbeitseinkommen zugrunde liegt,**
3. **Renten, die aus demselben Anlass wie die Maßnahmen zur Rehabilitation gewährt werden, wenn durch die Anrechnung eine unbillige Doppelleistung vermieden wird.**

(4) Macht der Berechtigte Ansprüche auf Leistungen einer öffentlichrechtlichen Stelle nicht geltend, so ist der ihm dadurch entgehende Betrag anzurechnen; das gilt nicht, soweit die Ansprüche nicht zu verwirklichen sind oder aus Unkenntnis oder aus einem verständigen Grund nicht geltend gemacht worden sind oder geltend gemacht werden.

(5) § 71b findet entsprechende Anwendung.

VV zu § 16f

1. Sofern das Versorgungskrankengeld nach § 16c Abs. 1 anzupassen ist, ist diese Anpassung vor der Kürzung nach § 16f vorzunehmen.
2. Als Regellohn geltende Beträge im Sinne von § 16f Abs. 1 Satz 2 sind grundsätzlich die Gewinne, die der Berechtigte aus den in dieser Bestimmung genannten Einkunftsarten während der Arbeitsunfähigkeit erzielt. Diesen Gewinnen sind erhöhte Absetzungen, Sonderabschreibungen und Rücklagen im Sinne von § 16b Abs. 1 Sätze 6 und 7 hinzuzurechnen; in Anspruch genommene Freibeträge im Sinne von § 16b Abs. 1 Satz 8 sind nicht zu berücksichtigen.
3. Betriebsrenten, Zusatzrenten und freiwillige Leistungen des Arbeitgebers, die jeweils unabhängig von dem Arbeitsentgelt oder Einkommen gezahlt werden, nach dem das Versorgungskrankengeld zu bemessen ist, sind nicht Renten im Sinne von Abs. 3 Nr. 2 und 3. Das Gleiche gilt für Renten aus

privaten Lebensversicherungen, die Grundlage für eine Befreiung von der gesetzlichen Rentenversicherungspflicht waren. Das Versorgungskrankengeld ist ebenfalls nicht zu kürzen um Rentenanteile, die auf Beiträgen einer Höherversicherung (§ 1234 RVO, § 11 AVG) beruhen.

§ 16g (Erstattung von Aufwendungen des Arbeitgebers)

(1) Ist ein Arbeitnehmer am Tag nach der Beendigung eines auf einer Dienstpflicht beruhenden Dienstverhältnisses nach dem Zivildienstgesetz oder dem Bundesgrenzschutzgesetz vom 18. August 1972 (BGBl. I S. 1834), das zuletzt durch Artikel 3 des Gesetzes vom 19. Oktober 1994 (BGBl. I S. 2978) geändert worden ist, wegen einer Gesundheitsstörung arbeitsunfähig, so werden dem privaten Arbeitgeber, der auf Grund eines bereits vor dem Beginn des Dienstverhältnisses bestehenden Arbeitsverhältnisses zur Fortzahlung des Arbeitsentgelts im Krankheitsfall verpflichtet ist, das fortgezahlte Arbeitsentgelt, die darauf entfallenden, von dem Arbeitgeber zu tragenden und abgeführten Beiträge zur Sozialversicherung und zur Arbeitsförderung sowie zu Einrichtungen der zusätzlichen Alters- und Hinterbliebenenversorgung erstattet, wenn die Gesundheitsstörung durch eine Schädigung im Sinne der §§ 47, 47a des Zivildienstgesetzes oder des § 59 des Bundesgrenzschutzgesetzes vom 18. August 1972 (BGBl. I S. 1834), das zuletzt durch Artikel 3 des Gesetzes vom 19. Oktober 1994 (BGBl. I S. 2978) geändert worden ist, verursacht worden ist.

(2) Die Erstattung nach Absatz 1 ist auf den Zeitraum beschränkt, für den der Arbeitgeber zur Fortzahlung des Arbeitsentgelts im Krankheitsfall verpflichtet ist. Der Erstattungszeitraum endet schon früher, wenn die am Tage nach Beendigung des Dienstverhältnisses bestehende Arbeitsunfähigkeit entfällt oder nicht mehr durch die Folgen der Schädigung verursacht wird.

(3) Ist dem Arbeitnehmer ein Anspruch erwachsen, auf Grund gesetzlicher Vorschriften von einem Schädiger Ersatz wegen des Verdienstausfalls, der ihm durch die Arbeitsunfähigkeit entstanden ist, verlangen zu können, so kann der Arbeitgeber Erstattung nach Absatz 1 nur gegen Abtretung dieses Anspruchs im Umfang der nach Absatz 1 begründeten Leistungspflicht verlangen.

(4) Die Aufwendungen der Arbeitgeber werden auf Antrag erstattet. Die Erstattung wird erst nach der Entscheidung über den Versorgungsanspruch geleistet. Der Anspruch auf die Erstattung verjährt mit Ablauf von vier Jahren seit dem Ende des Jahres der Beendigung des Dienstverhältnisses.

VV zu § 16g

§ 10 des Lohnfortzahlungsgesetzes steht einer Erstattung nach § 16g nicht entgegen; im Verhältnis zu § 10 des Lohnfortzahlungsgesetzes stellt § 16g jedoch die speziellere Vorschrift dar.

§ 16h (Anspruchsübergang auf den Kostenträger der Kriegsopferversorgung)

Erfüllt der Arbeitgeber während der Arbeitsunfähigkeit des Berechtigten den Anspruch auf Fortzahlung des Arbeitsentgelts nicht, so geht der Anspruch des Berechtigten gegen den Arbeitgeber bis zur Höhe des gezahlten Versorgungskrankengelds auf den Kostenträger der Kriegsopferversorgung über. In dem Umfang, in dem der Arbeitgeber Erstattung nach § 16g Abs. 1 verlangen kann, ist dieser Anspruch nicht geltend zu machen.

§ 17 (Beihilfe bei erheblicher Beeinträchtigung der Erwerbsgrundlage)

Führt eine notwendige Maßnahme der Behandlung einer anerkannten Schädigungsfolge (§ 10 Abs. 1, § 11 Abs. 1 und 2) zu einer erheblichen Beeinträchtigung der Erwerbsgrundlage des Beschädigten, so kann eine Beihilfe in angemessener Höhe gewährt werden; sie soll im allgemeinen 36 Euro täglich nicht übersteigen. Die Beihilfe kann auch gewährt werden, wenn die Einkünfte einschließlich des Versorgungskrankengelds infolge bestehender, unabwendbarer finanzieller Verpflichtungen nicht ausreichen, den notwendigen Lebensunterhalt zu bestreiten. Die Beihilfe ist jedoch nicht zu gewähren, soweit die finanziellen Belastungen auf einer Verpflichtung beruhen, durch die die Grundsätze wirtschaftlicher Lebensführung verletzt worden sind.

VV zu § 17

1. Die Beihilfe nach § 17 kann grundsätzlich neben dem Versorgungskrankengeld gewährt werden. Sie setzt voraus, daß der Beschädigte während einer ambulanten Behandlung arbeitsunfähig wegen der Folgen einer Schädigung ist oder daß er sich in stationärer Behandlung wegen der Schädigungsfolgen befindet oder daß ihm eine Schonungszeit zugebilligt worden ist.
2. Die Beihilfe kommt für Land- und Forstwirte, Gewerbetreibende und selbständig Tätige in Betracht, die durch eine der in Nummer 1 genannten Behandlungsmaßnahmen einen Verlust im Sinne der Vorschriften des Einkommensteuerrechts erleiden. Verlust ist der Betrag, um den die Betriebsausgaben die Betriebseinnahmen übersteigen. Beihilfe kommt daher in erster Linie in Betracht, wenn der Betrieb nicht fortgeführt wird, jedoch fortlaufende, unabwendbare Zahlungsverpflichtungen zu erfüllen sind.
3. Ob durch einen Verlust eine erhebliche Beeinträchtigung der Erwerbsgrundlage eintritt, ist nach den gesamten Umständen des einzelnen Falles zu beurteilen. Bei dieser Beurteilung sind die wirtschaftliche Lage des Beschädigten, die Dauer der Heilbehandlungsmaßnahme, die Höhe des entgangenen Gewinns und die Leistungen anderer Stellen zum Ausgleich von Einkommensverlusten zu berücksichtigen. Bei Heilbehandlungsmaßnahmen von kurzer Dauer wird im Allgemeinen eine erhebliche Beeinträchtigung der Erwerbsgrundlage nicht anzunehmen sein.
4. Nach § 17 Satz 2 kann die Beihilfe auch an Beschädigte mit Einkünften aus nichtselbständiger Arbeit gewährt werden. Sie kommt insbesondere in Betracht, wenn der Regellohn die Leistungsbemessungsgrenze nach § 16a

Abs. 3 erheblich übersteigt. Die Grundsätze wirtschaftlicher Lebensführung sind verletzt, wenn bereits bei Eingehung finanzieller Verpflichtungen damit zu rechnen war, daß die Einkünfte unter Berücksichtigung der bestehenden und der vorhersehbaren Verpflichtungen auch ohne die Arbeitsunfähigkeit nicht ausreichten, den notwendigen Lebensunterhalt zu bestreiten.

§ 18 (Sachleistungen; Kostenersatz bei selbst durchgeführter Heil- oder Krankenbehandlung)

(1) Die Leistungen nach den §§ 10 bis 24a werden als Sachleistungen erbracht, soweit sich aus diesem Gesetz oder dem Neunten Buch Sozialgesetzbuch nichts anderes ergibt. Sachleistungen sind Berechtigten und Leistungsempfängern ohne Beteiligung an den Kosten zu gewähren. Dasselbe gilt für den Ersatz der Fahrkosten im Rahmen der Heil- und Krankenbehandlung durch die Krankenkassen.

(2) Bei der Versorgung mit Zahnersatz (§ 11 Abs. 1 Satz 1 Nr. 4) oder mit Hilfsmitteln (§ 11 Abs. 1 Satz 1 Nr. 8, § 12 Abs. 1 Satz 1) dürfen Sachleistungen auf Antrag in Umfang, Material oder Ausführung über das Maß des Notwendigen hinaus erbracht werden, wenn auch dadurch der Versorgungszweck erreicht wird und der Berechtigte oder Leistungsempfänger die Mehrkosten übernimmt. Das Gleiche gilt für Zahnfüllungen. Führt eine Mehrleistung nach Satz 1 oder 2 bei Folgeleistungen zu Mehrkosten, hat diese der Berechtigte oder Leistungsempfänger zu übernehmen.

(3) Hat der Berechtigte eine Heilbehandlung, Krankenbehandlung oder Badekur vor der Anerkennung selbst durchgeführt, so sind die Kosten für die notwendige Behandlung in angemessenem Umfang zu erstatten. Dies gilt auch, wenn eine Anerkennung nicht möglich ist, weil nach Abschluß der Heilbehandlung keine Gesundheitsstörung zurückgeblieben ist, oder wenn ein Beschädigter die Heilbehandlung vor der Anmeldung des Versorgungsanspruchs in dem Zeitraum durchgeführt hat, für den ihm Beschädigtenversorgung gewährt werden kann oder wenn ein Beschädigter durch Umstände, die außerhalb seines Willens lagen, an der Anmeldung vor Beginn der Behandlung gehindert war.

(4) Hat der Berechtigte eine Heil- oder Krankenbehandlung nach der Anerkennung selbst durchgeführt, so sind die Kosten in angemessenem Umfang zu erstatten, wenn unvermeidbare Umstände die Inanspruchnahme der Krankenkasse (§ 18c Abs. 2 Satz 1) oder der Verwaltungsbehörde (§ 18c Abs. 1 Satz 2) unmöglich machten. Das gilt für Versorgungsberechtigte, die Mitglied einer Krankenkasse sind, jedoch nur, wenn die Kasse nicht zur Leistung verpflichtet ist, sowie hinsichtlich der Leistungen, die nach § 18c Abs. 1 Satz 2 von der Verwaltungsbehörde zu gewähren sind. Hat der Berechtigte oder Leistungsempfänger nach Wegfall des Anspruchs auf Heil- oder Krankenbehandlung eine Krankenversicherung abgeschlossen oder ist er einer Krankenkasse beigetreten, so werden ihm die Aufwendungen für die Versicherung in angemessenem Umfang ersetzt, wenn der Anspruch auf Heil- oder Krankenbehandlung im Vorverfahren oder im gerichtlichen Verfahren rechtsverbindlich rückwirkend wieder zuerkannt wird. Kosten für eine selbst durchgeführte Badekur werden nicht erstattet.

(5) Wird dem Berechtigten Kostenersatz nach Absatz 3 oder 4 gewährt, besteht auch Anspruch auf Versorgungskrankengeld.

(6) Anstelle der Leistung nach § 11 Abs. 1 Satz 1 Nr. 4 kann dem Beschädigten für die Beschaffung eines Zahnersatzes wegen Schädigungsfolgen ein Zuschuß in angemessener Höhe gewährt werden, wenn er wegen des Verlustes weiterer Zähne, für den kein Anspruch auf Heilbehandlung nach diesem Gesetz besteht, einen erweiterten Zahnersatz anfertigen läßt. Die Verwaltungsbehörde kann den Zuschuß unmittelbar an den Zahnarzt zahlen.

(7) In besonderen Fällen können bei der stationären Behandlung eines Beschädigten auch die Kosten für Leistungen übernommen werden, die über die allgemeinen Krankenhausleistungen hinausgehen, wenn es nach den Umständen, insbesondere im Hinblick auf die anerkannten Schädigungsfolgen erforderlich erscheint.

(8) Stirbt der Berechtigte, so können den Erben die Kosten der letzten Krankheit in angemessenem Umfang erstattet werden.

VV zu § 18

1. Kostenerstattung nach § 18 Abs. 1[7] wird grundsätzlich bis zur Höhe der Kosten geleistet, die bei Anwendung des § 10 Abs. 8 entstanden wären. Sofern und soweit den Antragsteller jedoch kein Verschulden daran trifft, daß Heilbehandlung, Krankenbehandlung oder Badekur nach dem Bundesversorgungsgesetz nicht gewährt worden sind, wird Kostenerstattung bis zur Höhe der tatsächlich entstandenen Aufwendungen geleistet. Leistungen auf Grund öffentlich-rechtlicher Vorschriften sind von den Gesamtaufwendungen abzusetzen, wenn bei ihrer Festsetzung Leistungen nach dem Bundesversorgungsgesetz unberücksichtigt bleiben. Das gilt auch für Leistungen einer privaten Krankenversicherung, wenn die Beträge überwiegend aus öffentlichen Mitteln bestritten werden. Die Erstattung nach § 18 Abs. 1[7] Satz 2 umfaßt auch die Aufwendungen für eine selbst durchgeführte Badekur.
2. Unvermeidbare Umstände im Sinne des § 18 Abs. 2[8] Satz 1 liegen vor, wenn von dem Berechtigten bei Berücksichtigung der im Rechtsverkehr erforderlichen Sorgfalt nach seinen persönlichen Fähigkeiten und Verhältnissen nicht erwartet werden konnte, die Krankenkasse oder Verwaltungsbehörde vor oder rechtzeitig nach Einleitung der Behandlungsmaßnahmen in Anspruch zu nehmen. Hierbei können insbesondere das Alter und eine daraus etwa resultierende Geschäftsungewandtheit berücksichtigt werden. Unvermeidbare Umstände im Sinne des § 18 Abs. 2[9] Satz 1 können auch dann angenommen werden, wenn der Berechtigte bisher noch keine Leistungen der Heil- und Krankenbehandlung erhalten hat.
3. Eine Inanspruchnahme der Krankenkasse oder Verwaltungsbehörde war auch dann nicht möglich, wenn der Berechtigte bei diesen Stellen zwar

7 Jetzt Abs. 3.

8 Jetzt Abs. 4.

9 Jetzt Abs. 4.

einen Antrag gestellt, die zustehenden Leistungen jedoch nicht oder nicht in vollem Umfang erhalten hat.

4. Kostenerstattung nach § 18 Abs. 2[9] wird grundsätzlich bis zur Höhe der Kosten geleistet, die bei Inanspruchnahme der Krankenkasse oder der Verwaltungsbehörde entstanden wären. Sofern und solange der Beschädigte jedoch den Zusammenhang der Erkrankung mit anerkannten Schädigungsfolgen nicht erkennen konnte oder dem Berechtigten oder dem Leistungsempfänger die Durchführung der Behandlung nach den Grundsätzen des Bundesversorgungsgesetzes über die Heil- und Krankenbehandlung aus Gründen, die er nicht zu vertreten hat, unmöglich war, wird Kostenerstattung bis zur Höhe der tatsächlich entstandenen Aufwendungen geleistet. Leistungen auf Grund öffentlich-rechtlicher Vorschriften sind von den Gesamtaufwendungen abzusetzen, wenn bei ihrer Festsetzung Leistungen nach dem Bundesversorgungsgesetz unberücksichtigt bleiben. Das gilt auch für Leistungen einer privaten Krankenversicherung, wenn die Beiträge überwiegend aus öffentlichen Mitteln bestritten werden.
5. Erfordert ein schädigungsbedingter Zahnverlust eine zahnprothetische Versorgung, kann der Zahnersatz aber wegen eines weiteren, schädigungsunabhängigen Zahnverlustes nur einheitlich hergestellt werden, so sind die notwendigen Kosten anteilig im Verhältnis der Zahl der schädigungsbedingt zu ersetzenden zu der Zahl der insgesamt zu ersetzenden Zähne zu übernehmen. Ist dagegen der schädigungsbedingte Zahnverlust so unbedeutend, daß er, für sich genommen, keinen Zahnersatz notwendig macht, ist als Zuschuß der Betrag zu gewähren, um den sich die notwendigen Kosten des Zahnersatzes durch den Ausgleich des schädigungsbedingten Zahnverlustes verteuern.
6. Der Zuschuß nach § 18 Abs. 5[10] tritt an die Stelle der Sachleistung. Der Zuschuß kommt nicht in Betracht, wenn der Anspruch auf die Sachleistung nach § 10 Abs. 7 ausgeschlossen ist. Der Zuschuß wird bis zur Höhe des allgemeinen Pflegesatzes gewährt. Er darf zusammen mit Leistungen auf Grund öffentlich-rechtlicher Vorschriften, bei deren Festsetzung Leistungen nach dem Bundesversorgungsgesetz unberücksichtigt bleiben, die Gesamtkosten nicht überschreiten. Das gilt auch für Leistungen einer privaten Krankenversicherung, wenn die Beiträge überwiegend aus öffentlichen Mitteln bestritten werden.
7. Über die allgemeinen Krankenhausleistungen hinausgehende Mehrleistungen können gewährt werden, wenn insbesondere im Hinblick auf die anerkannten Schädigungsfolgen der Gesundheitszustand des Beschädigten oder die Eigenart seiner Erkrankung besondere ärztliche Maßnahmen oder besondere Pflege erfordern.
8. Eine Erstattung nach § 18 Abs. 8[11] kommt bei einer vom Berechtigten zu seinen Lebzeiten selbst durchgeführten Heil- und Krankenbehandlung in Betracht, wenn ein Anspruch auf Kostenerstattung nach § 18 Abs. 2[12] nicht auf die Erben übergegangen ist. Sie hängt nicht davon ab, daß die Voraus-

10 Jetzt Abs. 7.

11 Jetzt Abs. 8.

12 Jetzt Abs. 4.

setzungen des § 18 Abs. 2[12] vorliegen. Für die Beurteilung des angemessenen Umfangs gilt Nummer 4 entsprechend. Einnahmen aus dem Nachlaß und Sterbegelder bleiben unberücksichtigt.

Aus Rundschreiben, Urteilen etc.

BMA v. 5.12.1996 – VI 3 – 52273 (BArbBl. 2/1997, 97)
Kostenerstattung nach § 18 Abs. 4 BVG bei selbstdurchgeführter Heil- und Krankenbehandlung im Ausland
Auszug:

1. *Mit Urteil vom 6. März 1996 – 9 RV 11/95 – hat das Bundessozialgericht (BSG) entschieden, daß einer Soldatenwitwe mit Anspruch auf Krankenbehandlung nach § 10 Abs. 4 Buchstabe c BVG, die Kosten eines selbstdurchgeführten Krankenhausaufenthaltes in den USA nicht nach § 18 Abs. 2 BVG a. F. (Abs. 4 BVG n. F.) zu erstatten sind, da während eines Auslandsaufenthaltes der Anspruch auf Krankenbehandlung aus der Kriegsopferversorgung, ebenso wie der Anspruch Versicherter auf Leistungen der gesetzlichen Krankenversicherung, ruhe.*
   Ich schließe mich der Auffassung des BSG, das sich zu dieser Rechtsfrage erstmals geäußert hat, aus folgenden Gründen nicht an:
   Die Beschränkung der Leistungspflicht der gesetzlichen Krankenversicherung auf das Inland gilt für die Leistungen der Heil- und Krankenbehandlung nach dem Bundesversorgungsgesetz nicht in gleicher Weise.
   Übereinstimmend mit der bundeseinheitlichen ständigen Verwaltungspraxis halte ich Kosten für Krankenbehandlungen, die einem nicht krankenversicherten Versorgungsberechtigten oder Leistungsempfänger während eines vorübergehenden Auslandsaufenthaltes entstanden sind, weiterhin nach § 18 Abs. 4 BVG grundsätzlich für erstattungsfähig, denn auch bei einem vorübergehendem Auslandsaufenthalt besteht ein Anspruch auf Heil- und Krankenbehandlung nach dem Bundesversorgungsgesetz und ist dem Berechtigten aus nicht in seiner Person liegenden – unvermeidbaren – Umständen nicht möglich, die Krankenkasse oder Versorgungsverwaltung im Ausland in Anspruch zu nehmen.
2. *Das BSG hat in seinem Urteil weiter ausgeführt, daß gesetzlich krankenversicherten Versorgungsberechtigten über die Leistungen der Krankenversicherung hinaus bei Nichtschädigungsfolgen keine Ansprüche auf Aufstockung der Leistungen gegen die Versorgungsverwaltung zustehen, weil der Vorrang der Krankenversicherung abschließend gilt. Das BSG hat damit seine bereits mit Urteil vom 29. September 1993 – 9/9 a RV 34/92 – geäußerte Rechtsauffassung bestätigt. Dieser ständigen Rechtsprechung schließe ich mich an und hebe Tz. 1 meines Rundschreibens vom 14. Februar 1989 – VI a 3-51013-11 – auf.*
   Krankenversicherte Versorgungsberechtigte können keine Kostenerstattung für Behandlungen während eines vorübergehenden Auslandsaufenthaltes erhalten, und zwar auch dann nicht, wenn sie in einem Staat erkrankt sind, mit dem kein Sozialversicherungsabkommen besteht.

Ich habe keine Bedenken, wenn Kosten, die bis zur Bekanntgabe dieses Rundschreibens entstanden sind, aus Gründen des Vertrauensschutzes entsprechend der bisherigen Regelung abgewickelt werden.

BMA v. 20.6.1997 – VI 3 – 52275 (BArbBl. 9/1997, 98)
Zuschuß für notwendige Krankenhausbehandlung nach § 18 Abs. 7 BVG
§ 18 Abs. 7 BVG sieht in Fällen, in denen Berechtigte oder Leistungsempfänger im Rahmen einer stationären Krankenhausbehandlung wahlärztliche Leistungen in Anspruch nehmen, anstelle der Sachleistung Krankenhausbehandlung – § 11 Abs. 1 Satz 1 Nr. 5 BVG – die Gewährung eines Zuschusses in Höhe des für die notwendige Krankenhausbehandlung erforderlichen Betrages vor. Diese Regelung war erforderlich, da bei Inanspruchnahme wahlärztlicher Leistungen nach § 8 Nr. 2 der Bundespflegesatzverordnung – BPflV – vom 21. August 1985 (BGBl. I S. 1666) von der allgemeinen Krankenhausleistung ein Arztabschlag vorzunehmen war und damit eine Sachleistung durch die Krankenkassen nicht möglich war.
Nach der Bundespflegesatzverordnung vom 26. September 1994 (BGBl. I S. 2750) werden die allgemeinen Krankenhausleistungen durch Fallpauschalen, Sonderentgelte oder tagesgleiche Pflegesätze erbracht. Nimmt der Patient daneben Wahlleistungen in Anspruch, sind diese gesondert abzurechnen – § 22 BPflV –. Die wahlärztliche Behandlung hat keinen Abschlag von der allgemeinen Krankenhausleistung zur Folge. Die Krankenkasse kann weiterhin nach den Vorschriften des BVG Krankenhausbehandlung auch dann uneingeschränkt als Sachleistung erbringen – § 11 Abs. 1 Satz 1 Nr. 5 i. V. m. § 18c Abs. 1 Satz 3 BVG –, wenn zugeteilte Berechtigte oder Leistungsempfänger neben der allgemeinen Krankenhausleistung privat wahlärztliche Leistungen in Anspruch nehmen.
Seit dem 1. Januar 1996 wenden alle Krankenhäuser bei ihren Abrechnungen die BPflV n. F. an. Ich beabsichtige daher, den entbehrlichen § 18 Abs. 7 BVG bei nächster Gelegenheit aufzuheben und bitte – mit Ausnahme der Abwicklung von Fällen, in denen noch nach der BPflV. a F. abgerechnet wurde –, keine Erstattungen mehr nach § 18 Abs. 7 BVG vorzunehmen.
Meine Rundschreiben vom 2. September 1983 – VI a 5 – 52275 –, vom 6. Juli 1992 und vom 26. Juli 1995 – VI 3 – 52275 – hebe ich auf.

Bay. LSG v. 28. 11. 2012 – L 15 VK 9/09 (BH 2013, 232)

1. *§ 18 Abs. 4 Satz 3 BVG ermöglicht die Kostenerstattung ausschließlich für die Fälle, dass der Berechtigte zunächst einen Anspruch auf Heil- und Krankenbehandlung gehabt hat, dieser dann rechtswidrig weggefallen ist und später wieder rückwirkend zuerkannt wird. Eine Kostenerstattung ist daher immer dann ausgeschlossen, wenn in der Vergangenheit noch gar kein Anspruch auf Heil- oder Krankenbehandlung zuerkannt gewesen ist. Eine analoge Anwendung ist ausgeschlossen.*
2. *Ein sozialrechtlicher Herstellungsanspruch kommt nicht in Betracht, da eine Erstattung der Kosten für die private Krankenversicherung auch bei rechtmäßigem Verwaltungshandeln nicht möglich gewesen wäre.*
3. *§ 10 Abs. 8 BVG gibt keinen Erstattungsanspruch bezüglich der zur privaten Krankenversicherung geleisteten Beiträge, da die Zahlung von derartigen Versicherungsbeiträgen nicht zu den in § 11 BVG näher beschriebenen Maßnahmen der Heilbehandlung gehört.*
4. *§ 18 Abs. 3 BVG ermöglicht nicht die Erstattung von Beiträgen zu einer Krankenversicherung. Die Verschaffung eines Versicherungsschutzes für Krankheitsfälle durch Beitragszahlungen an eine (private) Krankenversicherung ist einer selbst beschafften konkreten Sachleistung nicht gleichzustellen.*

§ 18a (Beginn, Dauer, Beendigung der Gewährung von Leistungen)

(1) Die Leistungen nach den §§ 10 bis 24a werden auf Antrag gewährt; sie können auch von Amts wegen gewährt werden. Die Ausstellung eines Ausweises gilt als Antrag. Ist der Berechtigte Mitglied einer Krankenkasse, gelten Anträge auf Leistungen nach diesem Gesetz zugleich als Anträge auf die entsprechenden Leistungen der Krankenkasse, Anträge auf Leistungen der Krankenkasse zugleich als Anträge auf die entsprechenden Leistungen nach diesem Gesetz.

(2) Die Leistungen nach den §§ 10 bis 24a werden, sofern im folgenden nichts anderes bestimmt ist, vom 15. des zweiten Monats des Kalendervierteljahrs, das der Antragstellung vorausgegangen ist, frühestens jedoch von dem Tag an gewährt, von dem an ihre Voraussetzungen erfüllt sind. Von Amts wegen werden die Leistungen von dem Tag an gewährt, an dem die anspruchsbegründenden Tatsachen der Krankenkasse oder Verwaltungsbehörde bekannt geworden sind.

(3) Versorgungskrankengeld ist von dem Tag an zu gewähren, von dem an seine Voraussetzungen erfüllt sind, wenn es innerhalb von zwei Wochen nach Eintritt der Arbeitsunfähigkeit oder nach dem Beginn der Behandlungsmaßnahme oder nach Wegfall des Anspruchs auf Fortzahlung des Lohnes oder Gehalts beantragt wird, sonst von dem Tage der Antragstellung an. Als Antrag gilt auch die Meldung der Arbeitsunfähigkeit. Ist der Antrag nicht fristgerecht gestellt, so ist das Versorgungskrankengeld für die zurückliegende Zeit zu gewähren, wenn unvermeidbare Umstände die Einhaltung der Frist unmöglich machten. Von Amts wegen wird Versorgungskrankengeld von dem Tag an gewährt, an dem die anspruchsbegründenden Tatsachen der Krankenkasse oder Verwaltungsbehörde bekannt geworden sind. Die Sätze 1 bis 4 gelten auch für die Beihilfe nach § 17.

(4) Für Leistungen nach den §§ 10 bis 24a, die in Monatsbeträgen zu gewähren sind, gilt § 60 sinngemäß.

(5) Leistungen nach den §§ 10 bis 24a, die in Jahresbeträgen zu gewähren sind, werden vom ersten Januar des Jahres der Antragstellung an, frühestens vom Ersten des Monats an, in dem die Voraussetzungen erfüllt sind, gewährt. Von Amts wegen werden diese Leistungen vom ersten Januar des Jahres an gewährt, in dem der Krankenkasse oder der Verwaltungsbehörde die anspruchsbegründenden Tatsachen bekannt geworden sind, frühestens vom Ersten des Monats an, in dem die Voraussetzungen erfüllt sind. Auf einmalige Geldleistungen besteht nur Anspruch, wenn sie vor Ablauf von zwölf Monaten nach Entstehen der Aufwendungen beantragt werden.

(6) Die Leistungen nach den §§ 10 bis 24a werden, sofern im folgenden nichts anderes bestimmt ist, bis zu dem Tag gewährt, an dem ihre Voraussetzungen entfallen. Sie werden bis zum Ablauf des Kalendervierteljahrs, in dem ihre Voraussetzungen entfallen sind, weiter gewährt, wenn die Behandlungsbedürftigkeit oder der regelwidrige Körperzustand fortbesteht. Tritt der Wegfall durch eine Einkommenserhöhung ein, gelten die Voraussetzungen als mit dem Zeitpunkt entfallen, in dem der Berechtigte Kenntnis

von der Erhöhung erlangt hat. Beruht der Wegfall auf dem Tod des Schwerbeschädigten oder des Pflegezulageempfängers, enden die Leistungen mit Ablauf des sechsten auf den Sterbemonat folgenden Monats.

(7) Versorgungskrankengeld und Beihilfe nach § 17 enden mit dem Wegfall der Voraussetzungen für ihre Gewährung, dem Eintritt eines Dauerzustands, der Bewilligung einer Altersrente aus der gesetzlichen Rentenversicherung oder der Zahlung von Vorruhestandsgeld. Ein Dauerzustand ist gegeben, wenn die Arbeitsunfähigkeit in den nächsten 78 Wochen voraussichtlich nicht zu beseitigen ist. Versorgungskrankengeld und Beihilfe werden bei Wegfall der Voraussetzungen für ihre Gewährung bis zu dem Tag gewährt, an dem diese Voraussetzungen entfallen. Bei Eintritt eines Dauerzustands oder Bewilligung einer Altersrente werden Versorgungskrankengeld und Beihilfe, sofern sie laufend gewährt werden, bis zum Ablauf von zwei Wochen nach Feststellung des Dauerzustands, bei Altersrentenbewilligung bis zu dem Tag gewährt, an dem der Berechtigte von der Bewilligung Kenntnis erhalten hat. Bei Zahlung von Vorruhestandsgeld enden Versorgungskrankengeld und Beihilfe nach § 17 mit dem Tag, der dem Beginn des Vorruhestandes vorausgeht. Werden die Leistungen nicht laufend gewährt, so werden sie bis zu dem Tag der Feststellung des Dauerzustands oder des Beginns der Altersrente gewährt. Die Feststellung eines Dauerzustands ist ausgeschlossen, solange dem Berechtigten stationäre Behandlungsmaßnahmen gewährt werden oder solange er nicht seit mindestens 78 Wochen ununterbrochen arbeitsunfähig ist; Zeiten einer voraufgehenden, auf derselben Krankheit beruhenden Arbeitsunfähigkeit sind auf diese Frist anzurechnen, soweit sie in den letzten drei Jahren vor Eintritt der Arbeitsunfähigkeit liegen. Badekuren und stationäre Behandlungen in Rehabilitationseinrichtungen enden mit Ablauf der für die Behandlung vorgesehenen Frist. Leistungen, die in Jahresbeträgen zuerkannt werden, enden mit Ablauf des Kalenderjahrs, in dem die Voraussetzungen für ihre Gewährung entfallen sind.

VV zu § 18a

1. Werden der Verwaltungsbehörde unmittelbar oder durch pflichtgemäße Information der Krankenkasse Umstände bekannt, die darauf schließen lassen, daß der Berechtigte Anspruch auf eine Leistung nach §§ 10 bis 24a hat, so soll sie im Hinblick auf die Möglichkeit, Leistungen von Amts wegen zu gewähren, den Sachverhalt aufklären. Dabei kommt es nicht darauf an, daß die bekannt gewordenen Umstände bereits die Art und den Umfang der erforderlichen Maßnahmen eindeutig erkennen lassen. Berechtigte, die wegen Schädigungsfolgen, Gebrechlichkeit oder wegen hohen Alters wahrscheinlich nicht in der Lage sind, von sich aus sachgerechte Anträge auf Leistungen nach den §§ 10 bis 24a zu stellen, und Berechtigte, bei denen wegen der Art der Schädigungsfolgen mit Verschlechterung im Gesundheitszustand gerechnet werden muß, soll die Verwaltungsbehörde im Hinblick auf die Möglichkeit, Leistungen von Amts wegen zu gewähren und die Heil- und Krankenbehandlung anstelle der Krankenkasse durchzuführen, in geeigneten Zeitabständen, je nach Lage des Falles zur Auf-

klärung des Sachverhaltes vorladen oder durch geeignete Bedienstete aufsuchen lassen.

2. Sowohl die Krankenkasse als auch die Verwaltungsbehörde sind verpflichtet, Arbeitsunfähigkeitsfälle in angemessenen, längstens halbjährlichen Zeitabständen zu überprüfen. Bescheide über die Feststellung eines Dauerzustandes im Sinne des § 18a Abs. 7 Satz 2 und über den Wegfall der Ansprüche auf Versorgungskrankengeld und auf Beihilfe nach § 17 erteilt die Verwaltungsbehörde. Sie unterrichtet die Krankenkasse. Die Verwaltungsbehörde hat auch zu prüfen, ob eine Neufeststellung der Versorgung wegen des Krankheitszustandes notwendig ist.
3. Wegen der Bewilligung eines Altersruhegeldes aus der gesetzlichen Rentenversicherung (§ 18a Abs. 7 Satz 1) entfallen das Versorgungskrankengeld und die Beihilfe nach § 17 nur dann, wenn der Zeitpunkt der Bewilligung (nicht des Beginns der Zahlungen) in den Zeitraum des Bezuges des Versorgungskrankengeldes oder der Beihilfe nach § 17 fällt. Ist das Altersruhegeld bereits vor dem Eintritt der Arbeitsunfähigkeit oder dem Beginn der stationären Behandlung bewilligt worden, so steht dieser Rentenbezug der Gewährung eines Versorgungskrankengeldes und einer Beihilfe nach § 17 nicht entgegen. Liegt der Zeitpunkt der Bewilligung vor dem Beginn der Zahlung, so fallen das Versorgungskrankengeld und die Beihilfe nach § 17 frühestens mit dem Zahlungsbeginn weg.
4. Als Zeitpunkt der Feststellung des Dauerzustands im Sinne des § 18a Abs. 7 Sätze 4 und 6 ist der Tag anzusehen, an dem der Bescheid dem Berechtigten bekanntgegeben wird. Er ist bei der Bemessung der Zwei-Wochen-Frist nicht mitzurechnen. Wird dem Berechtigten Altersruhegeld aus der gesetzlichen Rentenversicherung bewilligt, so ist für den Wegfall des Versorgungskrankengeldes und der Beihilfe nach § 17, sofern sie laufend gewährt werden, der Tag maßgebend, an dem der Berechtigte den Bescheid über die Bewilligung der Rente erhalten hat. Es kann unterstellt werden, daß dies der Tag ist, an dem die Krankenkasse die Mitteilung des Rentenversicherungsträgers über die Rentenbewilligung erhalten hat. Beginnt die Rente erst nach diesem Tag, so fallen das Versorgungskrankengeld und die Beihilfe nach § 17 erst mit dem Beginn der Rente weg.

§ 18b (Ausweispflicht für Berechtigte und Leistungsempfänger bei Ärzten und anderen Leistungserbringern)

Berechtigte und Leistungsempfänger, die Leistungen nur auf Grund dieses Gesetzes erhalten, sowie die Berechtigten, die nach § 10 des Fünften Buches Sozialgesetzbuch versichert sind, haben sich bei Ärzten und anderen Leistungserbringern auszuweisen. § 15 des Fünften Buches Sozialgesetzbuch gilt entsprechend.

VV zu § 18b

Berechtigungsscheine für die Gewährung von kieferorthopädischen Maßnahmen, von Mutterschaftshilfe und von Maßnahmen zur Früherkennung von Krankheiten sind als Bundesbehandlungsscheine im Sinne des § 18b anzusehen.

Aus Rundschreiben, Urteilen etc.

RdSchr. des BMA vom 13.3.2000 – VI a 4-52310 – (BArBl. 6/2000, 68)
Betreuungskarten gemäß § 18 b BVG
Mit Wirkung vom 1. April 2000 werden nun auch die sog. „Besonderen Personengruppen" (hier die Personen mit umfassenden Ansprüchen auf Gewährung von Heil- und Krankenbehandlung) mit Krankenversichertenkarten/Betreuungskarten ausgestattet. Für diese Personenkreise entfällt damit die nach dem Rundschreiben vom 21. Januar 1974 bisher übliche Ausgabe von orangefarbenen Bundesbehandlungsscheinen bzw. Bundesbehandlungsscheinheften. Die Betreuungskarten gelten als Anspruchsausweise im Sinne von § 18 b BVG in Verbindung mit § 15 SGB V. Lediglich für Beschädigte mit Ansprüchen allein nach § 10 Abs. 1 BVG (Heilbehandlung für Schädigungsfolgen) müssen die bisherigen sog. roten Bundesbehandlungsscheine beibehalten werden. Ich bitte, das genannte Rundschreiben mit einem entsprechenden Hinweis zu versehen.

Anmerkung:
Der dem Rundschreiben als Anlage beigefügte Abdruck der zwischen den Spitzenverbänden der Krankenkassen und der Kassenärztlichen Bundesvereinigung getroffenen Vereinbarung über die Ausgabe von Betreuungskarten – einschl. der dort genannten Übergangsregelungen – ist mit Ausnahme der folgenden Übersicht nicht mehr abgedruckt.

Übersicht: Ausgabe von Krankenversichertenkarten für „Besondere Personengruppen"

Personenkreis	KVK	Zusatz im Chip zum Kassennamen	Inhalt „Ost-West-Status" (OWS) auf und im Chip der Krankenversichertenkarte	Formular
BVG – Leistungsanspruch **nur** für anerkannte Schädigungsfolgen	Nein			Bundesbehandlungsschein – ROT –
BVG – Schädigungsfolgen und sonstige Leiden	Ja	„/BVG"	„6"	
BVG – Familienangehörige	Ja	„/BVG"	„6"	
BVG – Schädigungsfolgen und sonstige Leiden sowie für Angehörige – befristet	Ja	„/BVG"	„6"	
BVG – Hinterbliebene	Ja	„/BVG"	„6"	
BVG – Pflegepersonen	Ja	„/BVG"	„6"	
BEG – Verfolgte sowie deren Angehörige	Ja	„/BVG"	„6"	
SVA – Zeitweise im Inland	Nein			Muster 5 mit Angabe „7" im OWS
SVA – Wohnsitz –Inland – n. Aufwand	Ja	„/SVA"	„7"	
SVA – dt.-niederl. Grenzgänger	Ja	„/SVA"	„7"	
SVA – Wohnsitz – Inland – Pauschal	Ja	„/SVA"	„8"	

Erläuterungen: BVG – Bundesversorgungsgesetz einschließlich Opferentschädigungsgesetz (OEG), Bundesseuchengesetz (BSeuchG), Soldatenversorgungsgesetz (SVG), Zivildienstgesetz (ZHG), Häftlingshilfegesetz (HHG), SED-Unrechtsbereinigungsgesetz, Gesetz über die Anerkennung und Versorgung der politisch, rassisch und religiös Verfolgten des Nationalsozialismus des Landes Berlin (PrVG)/ BEG – Bundesentschädigungsgesetz/SVA – Über- u. zwischenstaatliche Sozialversicherungsabkommen/OWS – Ost-West-Status

§ 18c (Zuständigkeit)

(1) Die §§ 10 bis 24a werden von der Verwaltungsbehörde durchgeführt. Im Rahmen dieser Zuständigkeit erbringen die Verwaltungsbehörden Zahnersatz, Versorgung mit Hilfsmitteln, Bewegungstherapie, Sprachtherapie, Beschäftigungstherapie, Belastungserprobung, Arbeitstherapie, Badekuren nach § 11 Abs. 2 und § 12 Abs. 3, Ersatzleistungen, Versehrtenleibesübungen, Zuschüsse zur Beschaffung von Zahnersatz, Führhundzulage, Beihilfe zu den Aufwendungen für fremde Führung, Pauschbetrag als Ersatz für Kleider- und Wäscheverschleiß, Erstattungen nach § 16g, Beihilfe nach § 17, Leistungen nach § 18 Abs. 3 bis 8 und § 24 soweit die Verwaltungsbehörde für die Erbringung der Hauptleistung zuständig ist, Kostenerstattungen an Krankenkassen, Beiträge zur gesetzlichen Rentenversicherung für Zeiten des Bezugs von Versorgungskrankengeld, Ersatz der Aufwendungen für die Alterssicherung sowie Beiträge zur Arbeitsförderung. Die übrigen Leistungen werden von den Krankenkassen für die Verwaltungsbehörde erbracht. Insoweit sind die Berechtigten und Leistungsempfänger der Krankenordnung unterworfen.

(2) Sind die Krankenkassen nach Absatz 1 Satz 3 zur Erbringung der Leistungen verpflichtet, so obliegt diese Verpflichtung bei Berechtigten, die Mitglied einer Krankenkasse sind, und bei Berechtigten und Leistungsempfängern, die Familienangehörige eines Kassenmitglieds sind, dieser Krankenkasse, bei der Heilbehandlung der übrigen Beschädigten und der Krankenbehandlung der Berechtigten und der übrigen Leistungsempfänger der Allgemeinen Ortskrankenkasse des Wohnorts. Über Widersprüche gegen Verwaltungsakte, die im Rahmen der Leistungserbringung von Krankenkassen erlassen werden, entscheidet die für die Verwaltungsbehörde zuständige Widerspruchsbehörde.

(3) Anstelle der Krankenkasse kann die Verwaltungsbehörde die Leistungen erbringen. Die Krankenkassen sollen der Verwaltungsbehörde Fälle mitteilen, in denen die Erbringung der Leistungen durch die Verwaltungsbehörde angezeigt erscheint.

(4) Auch wenn die Heil- und Krankenbehandlung nur auf Grund dieses Gesetzes gewährt werden, haben Ärzte, Zahnärzte, Apotheker und andere der Heil- und Krankenbehandlung dienende Personen sowie Krankenanstalten und Einrichtungen nur auf die für Mitglieder der Krankenkasse zu zahlende Vergütung Anspruch. Bei der Beschaffung von Hilfsmitteln im Sinne des § 13 darf die von der Ortskrankenkasse für ihre Mitglieder am Sitz des Lieferers zu zahlende Vergütung nicht überschritten werden. Soweit

zur Versorgung mit einem Körperersatzstück eine Vereinbarung im Sinne des § 13 Absatz 5 geschlossen worden ist, darf abweichend von Satz 2 die in dieser Vereinbarung vorgesehene Vergütung nicht überschritten werden. Ausnahmen von diesen Vorschriften können zugelassen werden.

(5) Auf Rechtsvorschriften beruhende Leistungen öffentlich-rechtlicher Leistungsträger, auf die jedoch kein Anspruch besteht, dürfen nicht deshalb versagt oder gekürzt werden, weil nach den §§ 10 bis 24a Leistungen für denselben Zweck vorgesehen sind. Erbringt ein anderer öffentlich-rechtlicher Leistungsträger eine Sachleistung, eine Zuschuß- oder sonstige Geldleistung oder eine mit einer Zuschußleistung für den gleichen Leistungszweck verbundene Sachleistung nicht, weil bereits auf Grund dieses Gesetzes eine Sachleistung gewährt wird, ist er erstattungspflichtig, soweit er sonst Leistungen gewährt hätte. Die Erstattungspflicht besteht nicht, wenn die zu behandelnde Gesundheitsstörung als Folge einer Schädigung anerkannt ist oder durch eine anerkannte Schädigungsfolge verursacht worden ist oder wenn Leistungen für Berechtigte erbracht wurden, die nach § 10 des Fünften Buches Sozialgesetzbuch versichert sind.

(6) Ärzte, Krankenhäuser und sonstige Leistungserbringer sind verpflichtet, der Verwaltungsbehörde und der Krankenkasse (Absatz 2 Satz 1) die in den §§ 294, 295, 298 und 301 bis 303 des Fünften Buches Sozialgesetzbuch bezeichneten Daten zu übermitteln, soweit dies zur Aufgabenerfüllung der Verwaltungsbehörde oder der Krankenkasse erforderlich ist.

VV zu § 18c

1. Im Rahmen der Leistungserbringung nach § 18c Abs. 1 Satz 3 ist die Verwaltungsbehörde berechtigt, Art, Umfang und Dauer der Leistung besonders zu bestimmen. Zu den Aufgaben der Krankenkasse gehört es, eine Überprüfung der Abrechnung der ärztlichen Leistungen und ärztlichen Verordnungen zu veranlassen sowie eine Nachprüfung der Arbeitsunfähigkeit durchführen zu lassen.
2. In den Fällen der Nummer 1 Satz 2, Nummer 4 Satz 3 und der Nummer 11 Satz 3 zu § 10 sowie der Nummer 1 Satz 2 zu § 16 hat die Krankenkasse Maßnahmen nur auf Grund einer Entscheidung der Verwaltungsbehörde durchzuführen.
3. Bestehen Zweifel über den Anspruch auf Heilbehandlung, Krankenbehandlung, Mutterschaftshilfe, Maßnahmen zur Früherkennung von Krankheiten, Haushaltshilfe oder Versorgungskrankengeld, so hat die Krankenkasse die Entscheidung der Verwaltungsbehörde einzuholen.
4. Wird zweifelsfrei festgestellt, daß ein Berechtigter den Rentenbescheid mißbräuchlich benutzt, beispielsweise um von Zeit zu Zeit die Aufnahme in ein Krankenhaus zu erreichen, so hat die Verwaltungsbehörde den Rentenbescheid mit folgendem rotumrandeten, nicht entfernbaren Vermerk zu versehen: „Ambulante oder Krankenhausbehandlung ist, von dringenden Fällen abgesehen, nur im Einvernehmen mit dem Versorgungsamt zu gewähren." In gleicher Weise ist im Interesse des Berechtigten oder Leistungsempfängers zu verfahren, wenn die Verordnung von Morphium oder morphinhaltigen Arzneimitteln oder von anderen Rauschgiften unterbunden

oder eingeschränkt werden muß. Der Vermerk lautet dann: „Arzneimittel, die unter das Betäubungsmittelgesetz fallen, dürfen nur im Einvernehmen mit dem Versorgungsamt ... verordnet werden." Die Krankenkassen haben diese Vermerke auf den Bundesbehandlungsschein zu übernehmen.

5. Ambulante Behandlung und stationäre Behandlung soll die Verwaltungsbehörde erbringen, wenn sie besondere Heilmaßnahmen für notwendig und zweckmäßig erachtet.

Aus Rundschreiben, Urteilen etc.

BSG v. 1.4.1981 – 9 RV 31/80 (VdKM 10/1981, 26)
Erstattung von Krankenhauskosten
Mehrkosten, die während einer stationären Behandlung infolge Inanspruchnahme eines Ein-Bett-Zimmers entstehen, sind nur erstattungsfähig, wenn sie aus medizinischen Gründen veranlaßt werden.

BMA v. 15.11.1999 – VI a 4–52313–6 – (BArbBl. 1/2000, 85)
Durchführung des Bundesversorgungsgesetzes (BVG);
hier: Höchstpreisgrenze nach § 18c Abs. 4 BVG
Mir ist die Frage vorgelegt worden, ob von der Höchstpreisgrenze nach § 18c Abs. 4 Satz 2 BVG Ausnahmen im Sinne des Satzes 3 dieser Vorschrift nur im Einzelfall oder ob auch generelle Abweichungen bei der Beschaffung von Hilfsmitteln in Betracht kämen. Eine Problematik ergebe sich insoweit, als es beim Abschluss von Verträgen entsprechend der Mustervereinbarung über die Versorgung mit wiedereinsetzbaren Hilfsmitteln (s. Rundschreiben vom 18. 3. 1998 – VI 6 – 56300–1) z. T. bei dezentral, vor allem aber bei zentral organisierten Leistungsanbietern aufgrund deren überregionaler Mischkalkulation zur Vereinbarung von Einzelpreisen komme, die verschiedentlich höher seien als die von einzelnen örtlichen Ortskrankenkassen.
Von der Höchstpreisgrenze nach § 18c Abs. 4 Satz 2 BVG können grundsätzlich Ausnahmen zugelassen werden (§ 18c Abs. 4 Satz 3 BVG). Solche Ausnahmen sind auch unabhängig von Einzelfällen möglich, vor allem dann, wenn sie mit übergeordneten Interessen des Bundes und evtl. auch der Länder – etwa in Form von Einsparungen bei den Verwaltungskosten – zu begründen sind. Bei der Einführung der Höchstpreisgrenze wurde seinerzeit auf die Preise der jeweiligen Ortskrankenkasse abgestellt. Diese wurden unter dem Aspekt der Praktikabilität und Einheitlichkeit gewählt, aber auch, weil sie zu den günstigsten gehörten. Um die Orientierung an der regionalen Höchstpreisgrenze erforderlichenfalls flexibel handhaben zu können, wurde die Ausnahmeregelung des § 18c Abs. 4 Satz 3 BVG geschaffen, die gleichzeitig das Vergütungsgefüge der Heil- und Krankenbehandlung für andere, seinerzeit nicht absehbare Entwicklungen offen halten sollte.
Ich habe daher keine Bedenken, wenn wegen des insgesamt günstigeren, überregional organisierten Beschaffungssystems Leistungen einzelner mustervertraglich eingebundener Anbieter von den Verwaltungsbehörden auch dann in Anspruch genommen werden, wenn die Preise für diese Leistungen über der Höchstpreisgrenze der jeweiligen Ortskrankenkasse liegen.

BSG v. 22.8.2001 – B 3 KR 9/00 R – (Breithaupt 2002, 127)
Dem Träger der Kriegsopferversorgung steht ein Erstattungsanspruch gegen die Krankenkasse für die Ausstattung eines Beschädigten mit einem Paar orthopädischer Schuhe zu, wenn nur ein Fuß schädigungsbedingt, der andere Fuß aber wegen einer schädigungsunabhängigen Behinderung versorgt werden musste.

BMA v. 13.2.2002 – IV C 4 – 62315 (BArbBl. 5/2002, 141)
Erstattungsansprüche gem. § 18c Abs. 5 Satz 2 BVG bei gewährtem Zahnersatz in Härtefällen nach §§ 61 und 62 Abs. 2a des Fünften Buches Sozialgesetzbuch (SGB V)
Von einem Land war der Vorschlag unterbreitet worden, das Verfahren der Bearbeitung von Anträgen auf Gewährung von Zahnersatz für Berechtigte nach dem BVG dahingehend abzuändern, dass beim Versorgungsamt gestellte Anträge unter Hinweis auf § 18a Abs. 1 Satz 3 BVG an die Krankenkassen abgegeben werden. Diese sollen dann im Rahmen des SGB V den Umfang des zu gewährenden Zahnersatzes prüfen und den genehmigten Heil- und Kostenplan an die Versicherten mit der Entscheidung zurücksenden, ob und inwieweit sie sich an den Kosten zu beteiligen haben, sowie auf eine evtl. notwendige Entscheidung der Versorgungsverwaltung bezüglich einer Restleistung hinweisen.
Der Verfahrensvorschlag fand bei den Ländern, die hierzu Stellung genommen haben, überwiegend Unterstützung, dennoch möchte ich an der bisherigen Verfahrensweise im Wesentlichen festhalten. Grund hierfür ist neben rechtsformalen Gründen vor allem, dass seitens der Krankenkassen – und hierauf weisen auch einige Länder ausdrücklich hin – für eine dem Vorschlag folgende Verfahrensweise eine Bereitschaft zu dessen Umsetzung vorhanden sein müsste. Dies ist ausweislich der in der Anlage beigefügten Stellungnahme der Spitzenverbände nicht der Fall. Des Weiteren ist zu berücksichtigen, dass wegen der vielfältigen Änderungen im Bereich der Gewährung von Zahnersatz nach dem Recht der gesetzlichen Krankenversicherung (siehe hierzu insbesondere meine Rundschreiben vom 19. Dezember 1997 – VI 4–52215 – und vom 01. April 1999 – V a 4–52215/52332–1) die Berechtigten nach dem Sozialen Entschädigungsrecht (SER) ausdrücklich auf die Antragstellung bei der Versorgungsverwaltung verwiesen worden sind. Der Vorschlag sieht zwar weiterhin die Antragstellung bei der Versorgungsverwaltung vor, wegen der darin angesprochenen Rücksendung des genehmigten Heil- und Kostenplanes durch die Kassen an den Berechtigten wäre jedoch bei diesen mit erheblichen Irritationen bezüglich der Zuständigkeit der Leistungsträger zu rechnen.
Zum konkreten Kostenerstattungsverfahren gegenüber den Krankenkassen weise ich noch auf Folgendes hin:
Ich sehe es nach wie vor als erforderlich und zweckdienlich an, nach Antragstellung anhand der aktenkundigen Einkommensangaben des Versorgungsberechtigten zu prüfen, ob sein Einkommen unterhalb der im Zusammenhang mit den Härtefallregelungen der gesetzlichen Krankenversicherung (§§ 61, 62 Abs. 2a SGB V) relevanten Grenze liegt und ob für ihn ggf. eine solche Regelung Anwendung finden müsste. Entsprechendes gilt für Angehörige des Antragstellers sowie für Angaben zu möglichen Bonustatbeständen nach § 30 Abs. 2 SGB V.
Gegenüber der Krankenkasse ist der Erstattungsanspruch der Versorgungsverwaltung mit dem Hinweis geltend zu machen, dass nach Kenntnis der Versorgungsverwaltung Härtefall- bzw. Bonustatbestände vorliegen. Ggf. sind der Krankenkasse Unterlagen und Ergebnisse der Überprüfungen der Versorgungsverwaltung vorzulegen.

Die begründete Erstattungsentscheidung der Krankenkasse ist in jedem Fall zu überprüfen. Ergeben sich relevante Diskrepanzen zwischen den Forderungen der Versorgungsverwaltung und dem Erstattungsbetrag, sind hinsichtlich des Umfangs weiterer Nachprüfungen die Kriterien der Rechtsprechung des Bundessozialgerichts (BSG) zu beachten. Danach beschränkt sich die Prüfkompetenz des Erstattungsberechtigten im Rahmen des Zehnten Buches Sozialgesetzbuch (SGB X) auf konkrete Beanstandungen sowie die offensichtliche Fehlerhaftigkeit der Entscheidung des Erstattungsverpflichteten (u. a. BSG, Urteil vom 08. Juli 1998, Az.: B 13 RJ 49/96). Dies setzt umgekehrt wegen der Pflicht zur engen Zusammenarbeit zwischen den Leistungsträgern (§ 86 SGB X) eine ordnungsgemäße Prüfung durch den Erstattungsverpflichteten unter Berücksichtigung aller leistungsrechtlichen Tatbestände voraus. Erst wenn dieser Verpflichtung nicht nachgekommen wird, besteht auch aus meiner Sicht rechtlich fundiert die Möglichkeit zur Überprüfung durch die Versorgungsverwaltung. Diese Möglichkeit ist weit reichend, denn sogar hinsichtlich der Mitwirkungspflichten von Angehörigen der Berechtigten besteht bei der Realisierung des Erstattungsanspruchs zwischen den Leistungsträgern mit § 99 SGB X eine Rechtsgrundlage, im Rahmen von Erstattungsverfahren die notwendigen Auskünfte bei Angehörigen zu erhalten. Der Begriff der „Erstattung" ist im Gesetzgebungsverfahren zu § 99 SGB X (damals § 105) ausdrücklich zusätzlich neben dem Begriff der „Sozialleistung" aufgenommen worden (BT-Drucksache 9/95, S. 38). Da der Begriff der „Sozialleistung" in § 11 des Ersten Buches Sozialgesetzbuch (SGB I) als Dienst-, Sach- und Geldleistung definiert ist, kann mit dem Begriff der „Erstattung" nur das Erstattungsverfahren zwischen den Sozialleistungsträgern gemeint sein sowie das Erstattungsverfahren gegenüber dem Berechtigten nach Rückforderung einer Sozialleistung und nicht eine Erstattung gegenüber dem Berechtigten im Antragsverfahren, beispielsweise in Form einer Geldleistung. Für diese Sichtweise spricht auch die separate Benennung des Aufwendungsersatzes in § 99 SGB X.
Zusammengefasst habe ich keine Bedenken, die vorgenannten Grundsätze auch auf den Erstattungsanspruch gemäß § 18c Abs. 5 BVG anzuwenden, da es sich bei ihm um eine modifizierte, spezialgesetzlich geregelte Form des öffentlich-rechtlichen Erstattungsanspruchs (vgl. §§ 102 ff. SGB X) handelt.

BMGS v. 22. 6. 2004 – 434 – 62312
Durchführung der Heil- und Krankenbehandlung nach dem Bundesversorgungsgesetz (BVG)/Bestimmung der zuständigen Krankenkasse nach § 18c Abs. 2 BVG

…

Der Begriff des „Familienangehörigen" ist zwar nicht in § 18c Abs. 2 BVG selbst definiert; es wird jedoch in § 18c Abs. 1 BVG auf die §§ 10 bis 24a BVG verwiesen, in denen verschiedene im BVG relevante Personenkreise näher erläutert werden. Damit besteht keine Regelungslücke in diesem Gesetz. Es ist daher nicht erforderlich, subsidiär auf Vorschriften des Bürgerlichen Gesetzbuches (BGB) oder des Sozialgesetzbuches (SB) zurückzugreifen.
Nach § 10 Abs. 4 Buchst. a BVG wird Krankenbehandlung dem Schwerbeschädigten für den Ehegatten oder Lebenspartner und für die Kinder (§ 33b Abs. 1 bis 4 BVG) sowie für sonstige Angehörige gewährt, die mit ihm in häuslicher Gemeinschaft leben und von ihm überwiegend unterhalten werden. Diese Vorschrift stellt für den

Kindesbegriff auf § 33 b BVG ab, in dem bestimmte Altersgrenzen und Ausbildungserfordernisse für berücksichtigungsfähige Kinder festgelegt werden.
Fällt das Kind nicht unter die Tatbestände des § 33 b Abs. 1 bis 4 BVG, kann es als „sonstiger Angehöriger" im Sinne des § 10 Abs. 4 Buchst. a BVG anzusehen sein. Das setzt aber nach dem Gesetzeswortlaut voraus, dass häusliche Gemeinschaft besteht und überwiegende Unterhaltserbringung durch den (krankenversicherten) Versorgungsberechtigten erfolgt. Die Anforderungen für die Berücksichtigung als Angehörige sind im Übrigen auch in § 25 Abs. 4 BVG im Rahmen der Kriegsopferfürsorge genannt.
Anzumerken ist, dass die Betreuung durch die in § 18 c Abs. 2 Satz 1 BVG vorgesehene Krankenkasse ihren Sinn verliert, wenn für Angehörige örtliche und persönliche Unabhängigkeit vom (krankenversicherten) Berechtigten zu bejahen ist.

§ 19 (Erstattung von Aufwendungen der Krankenkassen)

Den Krankenkassen werden Aufwendungen für Leistungen erstattet, die sie nach § 18c erbracht haben. Aufwendungen für ihre Mitglieder werden ihnen nur erstattet, soweit diese Aufwendungen durch Behandlung anerkannter Schädigungsfolgen entstanden sind.

§ 20 (Pauschale Abgeltung der Erstattungsansprüche der Krankenkassen)

(1) Die Erstattungsansprüche der Krankenkassen nach § 19 werden pauschal abgegolten. Grundlage für die Festsetzung des Pauschalbetrages eines Kalenderjahres ist die Erstattung des Vorjahres. Sie wird um den Vom-Hundert-Satz verändert, um den sich die Zahl der rentenberechtigten Beschädigten und Hinterbliebenen am 1. Juli des Jahres im Vergleich zum 1. Juli des Vorjahres verändert hat. Dieses Ergebnis wird dann um den Vom-Hundert-Satz verändert, um den sich die Ausgaben der Krankenkassen je Mitglied und Rentner einschließlich Familienangehörige für ärztliche und zahnärztliche Behandlung (ohne Zahnersatz und ohne kieferorthopädische Behandlung), für Arznei- und Verbandmittel, für Heilmittel, für Krankenhausbehandlung und für Fahrkosten jeweils im ersten Halbjahr gegenüber dem ersten Halbjahr des Vorjahres verändert haben. Mit der Zahlung dieses Pauschalbetrages sind die in § 19 genannten Aufwendungen der Krankenkassen abgegolten.

(2) Das Bundesministerium für Arbeit und Soziales zahlt die Pauschalbeträge an den AOK-Bundesverband, der sie für die Krankenkassen in Empfang nimmt. Zum Ende jeden Kalendervierteljahres werden Teilbeträge gezahlt. Für die Berechnung der Teilbeträge wird der Pauschalbetrag des Vorjahres um 10 vom Hundert vermindert. Solange die in Absatz 1 genannten Vergleichsdaten noch nicht vorliegen, werden Abschlagszahlungen in Höhe des Pauschalbetrags des Vorjahres vermindert um 10 vom Hundert erbracht. Der AOK-Bundesverband verteilt die Beträge auf die Spitzenverbände der Krankenkassen mit deren Einvernehmen; die Verteilung soll sich nach dem Verhältnis der Anteile der einzelnen Krankenkassenarten an den Erstattungen nach den §§ 19 und 20 in der bis zum 31. Dezember 1993

geltenden Fassung zum Erstattungsvolumen aller Krankenkassen des Haushaltsjahres 1993 richten.

(3) Den Krankenkassen werden für die Erbringung von Leistungen nach § 18c Verwaltungskosten in Höhe von 3,25 vom Hundert des Pauschalbetrages nach Absatz 1 erstattet. Die Aufteilung dieses Betrages auf die einzelnen Länder richtet sich nach der Zahl der rentenberechtigten Beschädigten und Hinterbliebenen jeweils am 1. Juli des Jahres. Das Bundesministerium für Arbeit und Soziales gibt die von den Ländern zu zahlenden Anteile bekannt. Absatz 2 gilt entsprechend.

(4) Für von den Ländern zu tragende Aufwendungen nach Gesetzen, die eine entsprechende Anwendung dieses Gesetzes vorsehen, gelten die Absätze 1, 2 und 3 nur, soweit dies ausdrücklich vorgesehen ist.

Aus Rundschreiben, Urteilen etc.

BMAS v. 30.4.2015 – SER 3-54105-15
Durchführung der Heil- und Krankenbehandlung nach dem Bundesversorgungsgesetz (BVG)
hier: Leistungsrechtliche Beurteilung von Cochlea-Implantat-Versorgung, Infusions- und Medikamentenpumpen sowie Ernährungssonden
Im Rahmen der Hilfsmittelversorgung kam die Frage auf, ob die Cochlea-Implantat-Versorgung sowie die damit verbundenen Reparaturkosten mit der Pauschale nach §§ 19, 20 BVG abgegolten sind und wie zukünftig mit vergleichbarer Fallgestaltung bei Infusions- und Medikamentenpumpen umgegangen werden soll. Auch sollte geklärt werden, ob es sich bei der Leistungserbringung in der Enteralen Ernährung (hier über den Magen-Darm-Trakt durch endoskopisch eingebrachte Ernährungssonden) und in der Parenteralen Ernährung (hier über das venöse Gefäßsystem mittels Infusionspumpen) jeweils um unteilbare Sachleistungen handelt.
Wegen der grundsätzlichen Bedeutung des Themas und zur Sicherstellung einer bundeseinheitlichen Durchführung wurde das Bundesministerium für Gesundheit beteiligt. Es vertritt im Einvernehmen mit dem GKV-Spitzenverband in seiner Stellungnahme die Ansicht, dass die Cochlea-Implantat-Versorgung keine Hilfsmittelversorgung im Sinne des § 33 Fünftes Buch Sozialgesetzbuch (SGB V) darstellt; weder das Implantat noch der am Kopf getragene Sprachprozessor seien Hilfsmittel.
Die Cochlea-Implantat-Versorgung sei als eine untrennbare Leistung der ärztlichen bzw. stationären Behandlung zuzuordnen. Dasselbe gelte auch für die damit verbundenen Reparaturkosten.
Ich schließe mich dieser Auffassung an, da es sich um eine fachärztliche Leistung handelt, die in der Regel in spezialisierten Versorgungszentren erbracht wird.
Die Cochlea-Implantat-Versorgung sowie die damit verbundenen Reparaturkosten sind im Rahmen der ärztlichen bzw. stationären Behandlung zu erbringen und nicht als Hilfsmittel anzusehen. Sie sind daher Bestandteil der Pauschale nach §§ 19, 20 BVG.
Sollte es im Hinblick auf die Übernahme von Kosten in diesem Zusammenhang zu Problemen mit Krankenkassen kommen, bitte ich um entsprechende Informationen.
Bei der leistungsrechtlichen Bewertung von Infusions- und Medikamentenpumpen gibt es keine Änderung der bisherigen Verfahrensweise.

Implantierte Medikamentenpumpen werden der ärztlichen bzw. stationären Behandlung zugerechnet und sind damit Bestandteil der Pauschale nach §§ 19, 20 BVG.
Bei den externen Infusionspumpen (auch Infusomaten genannt) – die unter anderem in der parenteralen Ernährung verwendet werden – wird nach der bisherigen Verfahrensweise die Gesamtversorgung aufgespalten. Sofern bei parenteraler Langzeiternährung ein Portsystem erforderlich ist, wird dieses als ambulant/stationäre ärztliche Leistung erbracht, die Infusionspumpe selbst sowie die Überleitsysteme (Schläuche und Anschlüsse zwischen Port und Pumpe) sind Hilfsmittel und auch als Applikationshilfen im Hilfsmittelverzeichnis der GKV gelistet.
Bei der leistungsrechtlichen Bewertung hinsichtlich endoskopisch eingebrachter Ernährungssonden (perkutane Sonden), welche nicht Bestandteil der Stellungnahme des Bundesministeriums für Gesundheit ist, gilt Folgendes: Die Sonde wird unter endoskopischer Kontrolle durch die Haut gelegt und wird als solche der ärztlichen Behandlung zugerechnet. Die externen Zubehörmaterialien fallen unter die Hilfsmittelversorgung.
Von einer „unteilbaren Sachleistung", wie es beispielsweise bei einem unteilbaren Hilfsmittelanspruch (enthält schädigungsbedingte und nicht schädigungsbedingte Bestandteile) der Fall ist, kann damit nicht ausgegangen werden, denn es werden im Rahmen der Krankenbehandlung unterschiedliche Sachleistungen erbracht. Diese können getrennt gesehen werden: die ambulant/stationäre ärztliche Behandlung und die Versorgung mit einem Hilfsmittel. Die Krankenkasse erbringt das Setzen eines Portsystems und das Legen der endoskopisch eingebrachten Ernährungssonde als ärztliche Behandlung im Rahmen der Durchführung der Heil- und Krankenbehandlung. Die Leistungen sind durch die Pauschale abgegolten. Die außerhalb des Körpers liegenden Pumpen und Zuleitungen etc. werden weiterhin im Rahmen der Hilfsmittelversorgung durch die Versorgungsverwaltung erbracht.
Ich bitte, diese Grundsätze bei der orthopädischen Versorgung der Berechtigten zu berücksichtigen.

§ 21 (Durchführung; Verjährung)

Für die Erstattung nach § 18c Abs. 5 gelten die §§ 107 bis 114 des Zehnten Buches Sozialgesetzbuch. Die Verjährung beginnt mit Ablauf des Jahres, in dem die Heil- oder Krankenbehandlung durchgeführt worden ist, frühestens jedoch mit der Anerkennung des Versorgungsanspruchs.

§ 22 (Beiträge zur gesetzlichen Rentenversicherung und Alterssicherung)

(1) Die Verwaltungsbehörde entrichtet für Berechtigte die Beiträge zur gesetzlichen Rentenversicherung für Zeiten des Bezugs von Versorgungskrankengeld sowie den Beitrag zur Arbeitsförderung.

(2) Nicht rentenversicherungspflichtigen Berechtigten, die Versorgungskrankengeld beziehen, werden auf Antrag die Aufwendungen für die Alterssicherung bis zur Höhe der Beiträge erstattet, die zur gesetzlichen Rentenversicherung für Zeiten des Bezugs von Versorgungskrankengeld zu entrichten wären. Aufwendungen für die Alterssicherung im Sinne des Satzes 1 sind freiwillige Beiträge zur gesetzlichen Rentenversicherung,

Beiträge zu öffentlich-rechtlichen berufsständischen Versicherungs- und Versorgungseinrichtungen sowie Beiträge zu öffentlichen oder privaten Versicherungsunternehmen auf Grund von Lebensversicherungsverträgen.

(3) Die Krankenkasse benennt der Verwaltungsbehörde vierteljährlich die Bezieher von Versorgungskrankengeld, macht die für die Entrichtung der Beträge erforderlichen Angaben und legt auf Anfrage der Verwaltungsbehörde entsprechende Unterlagen vor.

§ 23

(weggefallen)

§ 24 (Ersatz von Reisekosten oder entgangenem Arbeitsverdienst)

(1) Berechtigte haben Anspruch auf Übernahme der Reisekosten, die im Zusammenhang mit einer Leistung der Heil- oder Krankenbehandlung sowie bei einer Badekur entstehen. Den Berechtigten werden für sich, eine notwendige Begleitung sowie für Kinder, deren Mitnahme an den Rehabilitationsort erforderlich ist, weil ihre anderweitige Betreuung nicht sichergestellt ist, die notwendigen Reisekosten einschließlich des erforderlichen Gepäcktransports sowie der Kosten für Verpflegung und Unterkunft in angemessenem Umfang ersetzt. Dauert die Maßnahme länger als acht Wochen, so können auch die notwendigen Reisekosten für Familienheimfahrten oder für Fahrten eines Familienangehörigen zum Aufenthaltsort des Berechtigten oder Leistungsempfängers übernommen werden. Wird eine stationäre Behandlung ohne zwingenden Grund abgebrochen, besteht kein Anspruch auf Ersatz der Reisekosten.

(2) Ersatz für entgangenen Arbeitsverdienst wird in angemessenem Umfang gewährt
a) bei der Anpassung und der Instandsetzung von Hilfsmitteln,
b) bei notwendiger Begleitung, wenn der Berechtigte der Begleitperson zur Erstattung verpflichtet ist.

Satz 1 Buchstabe b gilt auch im Zusammenhang mit Leistungen, die die Krankenkasse zur Behandlung von Schädigungsfolgen erbringt.

(3) Ist ohne behördliche Zustimmung ein Hilfsmittel (§ 13 Abs. 1) angepaßt, geändert oder ausgebessert worden, so werden Ersatz der baren Auslagen und Entschädigung für entgangenen Arbeitsverdienst in angemessenem Umfang gewährt, wenn die Notwendigkeit der Maßnahme anerkannt wird.

VV zu § 24

1. Als notwendige Reisekosten (§ 24 Abs. 1) gelten Fahrkosten, Nebenkosten und Kosten für Unterkunft und Verpflegung. Diese Kosten sind nach den Bestimmungen des Reisekostenrechts für Bundesbeamte in Höhe der Reisekostenstufe A zu ersetzen. Werden freie Unterkunft und Verpflegung gewährt, so besteht kein Anspruch auf Tage- und Übernachtungsgeld. Bei

Familienheimfahrten werden Reisekosten nur für die Tage der Hin- und Rückfahrt gewährt.

2. Sofern die Voraussetzungen des § 24 Abs. 1 Satz 2 erfüllt sind, können die Reisekosten für im Regelfall monatlich eine Familienheimfahrt oder Besuchsreise übernommen werden. Besuchsreisen sind für einen angemessenen Zeitraum unter Berücksichtigung der Dauer der An- und Abreise zuzulassen. Dieser Zeitraum darf drei Tage, bei einer Dauer der An- und Abreise von jeweils mehr als zehn Stunden vier Tage einschließlich der Reisetage nicht überschreiten.
3. Entgangener Arbeitsverdienst (§ 24 Abs. 2) wird in der Regel in Höhe des Nettoarbeitsverdienstes ersetzt.
4. Auf den Nachweis, daß der Berechtigte der Begleitperson zur Erstattung verpflichtet ist (§ 24 Abs. 2), kann verzichtet werden, wenn es sich bei der Begleitperson um einen Familienangehörigen handelt, dessen eigener Arbeitsverdienst regelmäßig auch dem Berechtigten zugute kommt.

§ 24 a (Verordnungsermächtigung)

Die Bundesregierung wird ermächtigt, durch Rechtsverordnung mit Zustimmung des Bundesrates

a) Art, Umfang und besondere Voraussetzungen der Versorgung mit Hilfsmitteln einschließlich Zubehör sowie der Ersatzleistungen (§ 11 Abs. 3) näher zu bestimmen,

b) näher zu bestimmen, was als Hilfsmittel und als Zubehör im Sinne des § 13 Abs. 1 gilt,

c) für Beschädigte nach dem Bundesversorgungsgesetz und den Gesetzen, die eine entsprechende Anwendung dieses Gesetzes vorsehen, Art, Umfang und besondere Voraussetzungen der Versehrtenleibesübungen sowie die Sportarten, die als Versehrtenleibesübungen gelten, näher zu bestimmen, die Durchführung der Versehrtenleibesübungen, die Grundlagen und die Höchstbeträge der bei Sicherstellung der Versehrtenleibesübungen durch Sportorganisationen zu vereinbarenden pauschalen Vergütung der Aufwendungen festzulegen, sowie die Grundlagen für die mit Sportgemeinschaften zu vereinbarende anteilige Vergütung der Aufwendungen, die durch die Teilnahme der Beschädigten an den Übungsveranstaltungen entstehen, näher zu regeln,

d) die Bemessung des Pauschbetrags für Kleider- und Wäscheverschleiß für einzelne Gruppen von Schädigungsfolgen und die Bestimmung der besonderen Fälle im Sinne des § 15 zu regeln.

(Fortsetzung BVG Seite 642)

Verordnung über die Versorgung mit Hilfsmitteln und über Ersatzleistungen nach dem Bundesversorgungsgesetz (Orthopädieverordnung – OrthV)

vom 4. Oktober 1989 (BGBl. I S. 1834), zuletzt geändert durch Art. 19 des Gesetzes vom 13. Dezember 2007 (BGBl. I S. 2904, 2927)

Auf Grund des § 24 a Buchstabe a des Bundesversorgungsgesetzes in der Fassung der Bekanntmachung vom 22. Januar 1982 (BGBl. I S. 21), der durch Artikel 4 Nr. 7 des Gesetzes vom 21. Juli 1993 (BGBl. I S. 1262) geändert worden ist, verordnet die Bundesregierung:

Erster Abschnitt Hilfsmittel

§ 1 Allgemeine Bestimmungen

(1) Die Ausstattung mit Hilfsmitteln (Körperersatzstücke, orthopädische und andere Hilfsmittel, Blindenführhunde) und Zubehör muß ausreichend und zweckmäßig sein; sie darf das Maß des Notwendigen nicht überschreiten. Zubehör sind bewegliche Sachen, ohne die das Hilfsmittel nicht zweckentsprechend benutzt werden kann.

(2) Bei der orthopädie-ärztlichen Verordnung der Hilfsmittel sind das System, die technische Ausführung und der Lieferer zu bestimmen. Dabei können medizinisch und wirtschaftlich vertretbare Wünsche der Berechtigten oder Leistungsempfänger berücksichtigt werden.

(3) Hilfsmittel werden in der Regel in einfacher Zahl geliefert, soweit nicht in den folgenden Vorschriften eine höhere Zahl zugelassen ist. Zur Erprobung zugelassene Hilfsmittel können für eine bestimmte Zeit zusätzlich geliefert werden.

(4) Für bestimmte Hilfsmittel können Mindestgebrauchszeiten festgesetzt werden.

(5) Wird ein Hilfsmittel nicht beansprucht oder kann es trotz Ausbildung nicht zweckentsprechend benutzt werden, so besteht kein Anspruch auf Ausgleich.

§ 2 Körperersatzstücke

(1) Als Körperersatzstücke werden geliefert
1. künstliche Glieder,
2. Gesichtsersatzstücke mit und ohne Brille,
3. künstliche Augen,
4. Mammaprothesen,
5. Perücken,
6. Ersatzstücke zum kosmetischen Ausgleich.

(2) Körperersatzstücke können als Erstausstattung doppelt geliefert werden.

(3) Armamputierte können zusätzlich eine Kosmetikprothese oder eine Funktionsprothese erhalten, insgesamt jedoch nicht mehr als zwei gleichartige Armprothesen. Soweit es technisch möglich ist, ist anstelle der zusätzlichen Armprothese nur ein zusätzliches Handersatzstück zum Wechseln zu liefern.

(4) Beinamputierte können zusätzlich eine wasserfeste Prothese, Doppel-Oberschenkelamputierte zusätzlich auch ein Paar Kurzprothesen erhalten.

§ 3 Orthopädische Hilfsmittel

Orthopädische Hilfsmittel wirken korrigierend, stützend, ausgleichend oder schützend auf die Haltungs- und Bewegungsorgane oder ersetzen deren einzelne Funktionen. Nach Maßgabe der §§ 4 bis 14 werden insbesondere geliefert:

1. Stützapparate,
2. orthopädisches Schuhwerk,
3. Schuhe für Beinamputierte,
4. Handschuhe,
5. Gehhilfen,
6. Rollstühle,
7. Hilfen zur Lagerung,
8. schützende Hilfen.

§ 4 Stützapparate

Stützapparate können als Erstausstattung doppelt geliefert werden. Ein wasserfester Stützapparat kann zusätzlich geliefert werden.

§ 5 Orthopädisches Schuhwerk

(1) Orthopädische Schuhe werden einzeln nach Maß und Modell hergestellt, um den kranken oder fehlerhaften Fuß einschließlich Sprunggelenk zu betten, zu entlasten, zu stützen, zu korrigieren oder um Fußdefekte und Beinlängenunterschiede auszugleichen oder orthopädische Schienen und Apparate mechanisch zu ergänzen. Personen im Wachstumsalter, Personen mit Abweichungen der Lendenwirbelsäule und Personen mit Abspreizbehinderungen der Hüftgelenke können orthopädische Schuhe erhalten, um einen Beinlängenunterschied von mindestens 2 cm auszugleichen, andere erst, wenn der Unterschied mehr als 3 cm beträgt.

(2) Orthopädische Schuhe werden als Paar für den Straßengebrauch, in leichterer Ausführung für den Hausgebrauch, als Sportschuh oder als Badeschuh geliefert. Als Erstausstattung werden für den Straßengebrauch oder für den Hausgebrauch zwei Paare geliefert; je Paar kann ein zusätzlicher Maßschuh (Dreierausstattung) geliefert werden. Orthopädische Sportschuhe erhält, wer an entsprechenden Versehrtenleibesübungen (§ 10 Abs. 3 des Bundesversorgungsgesetzes) oder an entsprechendem Rehabilitationssport (§ 12 Abs. 1 des Bundesversorgungsgesetzes) regelmäßig teilnimmt.

(3) Anstelle von orthopädischen Schuhen können serienmäßig gefertigte Spezialschuhe geliefert werden, wenn dies als orthopädische Hilfe ausreicht.

(4) Schuhe sind orthopädisch zuzurichten, wenn dies als Hilfe ausreicht; es sollen nicht mehr als vier Paar Schuhe jährlich zugerichtet werden.

§ 6 Schuhe für Beinamputierte

(1) Schuhe für Beinamputierte sind Schuhe, die nach Material und Aufbau für Beinamputierte besonders geeignet sind. Sie können zusätzlich für den Bedarf des Beinamputierten orthopädisch zugerichtet werden.

(2) Schuhe für Beinamputierte werden als Paar geliefert; ein zusätzlicher Schuh kann geliefert werden (Dreierausstattung). Bei der Erstausstattung wird die doppelte Zahl geliefert. Können einseitig Beinamputierte eine Prothese nicht tragen, erhalten sie für den Fuß als Erstausstattung zwei Schuhe.

§ 7 Handschuhe

Handschuhe werden für versteifte, verstümmelte, gelähmte oder durchblutungsgestörte Hände als Paar geliefert; als Erstausstattung werden zwei Paare geliefert. Zusätzlich kann ein Paar Arbeitshandschuhe geliefert werden. Personen, denen ein handbetriebener Rollstuhl für den Straßengebrauch oder denen eine Gehhilfe für dauernde Benutzung geliefert oder denen ein Fahrrad geliefert oder bezuschußt worden ist (§ 12 Abs. 5, § 34), sowie Blinde erhalten für den Winter ein Paar Handschuhe.

§ 8 Handschuhe für Armamputierte

Handschuhe für Armamputierte werden auch als Paar geliefert. Bei der Erstausstattung wird die doppelte Zahl geliefert. Können einseitig Armamputierte eine Prothese nicht tragen, erhalten sie für die Hand als Erstausstattung zwei Handschuhe.

§ 9 Zusammentreffen von Ansprüchen

Schuhe oder Handschuhe sind nach den §§ 5 bis 8 auch mitzuliefern, wenn der andere Fuß oder die andere Hand von einem anderen Sozialleistungsträger orthopädisch zu versorgen ist. Die Verpflichtung des anderen Trägers, die Kosten zu erstatten, bleibt unberührt.

§ 10 Eigenanteile

(1) Bei Ersatz von Schuhen oder Handschuhen wird ein Eigenanteil an den Kosten für jedes Stück erhoben, das für einen Fuß oder eine Hand bestimmt ist, die weder nach dieser Verordnung noch nach den Vorschriften orthopädisch zu versorgen sind, die für einen anderen Sozialleistungsträger gelten.

(2) Der Eigenanteil beträgt für einen

1. Maßstraßenschuh 38 Euro,
2. Maßhausschuh 20 Euro,
3. Maßturnschuh 15 Euro,
4. Maßschuh für besondere Sportarten 66 Euro,

5. Schuh für Beinamputierte 31 Euro,
6. Maßbadeschuh 7 Euro,
7. Handschuh 7 Euro.

Für einen Spezialschuh (§ 5 Abs. 3) richtet sich der Eigenanteil nach dem Schuh, an dessen Stelle er geliefert wird.

(3) Eigenanteile nach Absatz 2 Nr. 1 bis 5 werden auf Antrag erlassen, wenn das Bruttoeinkommen des Berechtigten oder Leistungsempfängers das Zweieinhalbfache des nach § 33 Abs. 1 Buchstabe a des Bundesversorgungsgesetzes jeweils geltenden Freibetrages für Einkünfte aus gegenwärtiger Erwerbstätigkeit monatlich nicht übersteigt; die Hälfte des Eigenanteils wird erlassen, wenn das Bruttoeinkommen das Vierfache des Freibetrages nicht übersteigt. Die Einkommensgrenzen erhöhen sich für den Ehegatten um den Ehegattenzuschlag nach § 33 a des Bundesversorgungsgesetzes und für jedes Kind (§ 33 b Abs. 1 bis 4 des Bundesversorgungsgesetzes) um einen Betrag in Höhe des gesetzlichen Kindergeldes.

§ 11 Gehhilfen

Als Gehhilfen werden insbesondere Achselstützen, Unterarmgehstützen, Handstöcke, Gehgestelle, Gehwagen und Gehbänkchen geliefert.

§ 12 Rollstühle

(1) Einen Rollstuhl erhält, wer wegen wesentlicher Einschränkung der Gehfähigkeit auf die Benutzung angewiesen ist. Dem Ausmaß der Gehbehinderung entsprechend kann für den Haus- und für den Straßengebrauch je ein handbetriebener Rollstuhl geliefert werden. Zu einem handbetriebenen Rollstuhl kann ein Zusatzantrieb geliefert werden.

(2) Einen faltbaren Rollstuhl für den Straßengebrauch können zusätzlich erhalten Querschnittgelähmte, Vier- und Dreifachamputierte, Doppel-Oberschenkelamputierte sowie einseitig Beinamputierte, die dauernd außerstande sind, eine Beinprothese zu tragen und zugleich armamputiert sind, und ferner Personen, die gleich schwer gehbehindert sind.

(3) Ein elektrisch betriebener Rollstuhl kann anstelle eines der handbetriebenen Rollstühle (Absätze 1 und 2) geliefert werden, wenn dieser vom behinderten Menschen nicht selbst bedient werden kann und ein Zusatzantrieb nach Absatz 1 Satz 3 nicht ausreicht. Elektrisch betriebene Rollstühle dürfen nur geliefert werden, wenn sie bauartbedingt nicht mehr als 6 km/h erreichen. Insgesamt darf nicht mehr als ein elektrisch betriebener Rollstuhl geliefert werden; wer dringend darauf angewiesen ist, kann ausnahmsweise für beide Verwendungsbereiche je einen elektrisch betriebenen Rollstuhl erhalten.

(4) Einen Rollstuhl für den Straßengebrauch erhält nicht, wer eine Leistung nach Absatz 5 oder einen Zuschuß nach § 23 oder § 34 in Anspruch genommen hat. In Absatz 2 genannte Beschädigte können jedoch neben dem Zuschuß einen Rollstuhl für den Straßengebrauch erhalten.

(5) Fahrräder, die besonders für behinderte Menschen entwickelt worden sind, können Berechtigte und Leistungsempfänger erhalten, die wegen der

Einschränkung ihrer Gehfähigkeit dringend auf ein solches Gerät angewiesen sind und für die es als Hilfe ausreicht. Die Leistung nach Satz 1 erhält nicht, wer einen Zuschuß nach § 23 oder § 34 in Anspruch genommen hat.

§ 13 Hilfen zur Lagerung

(1) Kissen und andere Hilfen zur Abstützung, Lagerung oder Polsterung erhalten Hüft- und Gesäßverletzte, Querschnittgelähmte, Träger einer Beinprothese oder eines Stützapparates mit Aufsitz am Oberschenkelschaft oder an der Oberschenkelhülse und gleich schwer behinderte Menschen, die auf die Benutzung solcher Hilfen dringend angewiesen sind.

(2) Spezialmatratzen und Bettauflagen zur Druckentlastung erhalten Querschnittgelähmte und gleich schwer behinderte Menschen sowie dauernd oder fast ständig Bettlägerige.

(3) Einen verstellbaren Betteinlegerahmen oder ein behindertengerechtes Bett erhalten dauernd oder fast ständig Bettlägerige sowie schwer behinderte Menschen, die dringend darauf angewiesen sind. Ein Bett ist umzurüsten, wenn dies als Hilfe ausreicht.

(4) Ein Hebegerät zur Umlagerung erhält, wer wegen wesentlicher Einschränkung der Bewegungsfähigkeit dringend darauf angewiesen ist. Die Lieferung kann auch die feste Montierung einschließen; dann sind auch der Ausbau und die Wiederherstellung des alten Zustands zu übernehmen.

§ 14 Schützende Hilfen

Als schützende Hilfe werden insbesondere geliefert

1. Stumpfstrümpfe, Stumpfschutzhüllen, Stumpfpflegemittel sowie Hautschutzmittel, die beim Tragen von Stützapparten (§ 4) notwendig sind,
2. gefütterte Beinüberzüge oder gefütterte Fußsäcke für Querschnittgelähmte, Beinamputierte mit starken Durchblutungsstörungen und gleich schwer behinderte Menschen sowie für Benutzer eines Rollstuhls für den Straßengebrauch,
3. Rutschhosen für Doppel-Beinamputierte,
4. Narbenschützer und Kopfschutzkappen; sie können als Erstausstattung doppelt geliefert werden,
5. Schutzbrillen für Blinde und einseitig Erblindete.

§ 15 Ergänzungen zu Hilfsmitteln

Ergänzend zu Hilfsmitteln werden geliefert

1. kosmetische Bedarfsartikel für Träger von Gesichtsersatzstücken oder von Perücken,
2. Gummistrümpfe als Beinprothesenüberzug,
3. Trikotschlauchbinden für Prothesenträger,
4. Maßleibbinden, Zurichtungen von Kleidungsstücken und besondere Kleidungsstücke, wenn dies zum Tragen von Körperersatzstücken oder orthopädischen Hilfsmitteln notwendig ist.

Satz 1 Nr. 1 gilt für kosmetische Bedarfsartikel, die Personen mit erheblichen Gesichtsentstellungen benötigen, und für das Frisieren von Perücken entsprechend.

§ 16 Andere Hilfsmittel

Als andere Hilfsmittel werden nach Maßgabe der §§ 17 und 18 geliefert

1. Hörhilfen,
2. Sehhilfen,
3. Kommunikationshilfen,
4. Stomaversorgungsmittel und Inkontinenzhilfen,
5. sonstige Hilfsgeräte für behinderte Menschen und Gebrauchsgegenstände des täglichen Lebens,
6. behinderungsgerechte Ausstattungen.

Als andere Hilfsmittel werden auch Hilfsmittel geliefert, deren Lieferung nicht durch andere Vorschriften dieser Verordnung geregelt ist oder für die nicht Ersatzleistungen zustehen, zu deren Lieferung jedoch die Krankenkasse ihren Mitgliedern verpflichtet ist (§ 11 Abs. 1 Satz 2 Bundesversorgungsgesetz).

Aus Rundschreiben, Urteilen etc.

BMAS v. 9. 3. 2011 – Vb4 – 55 417
Durchführung des Bundesversorgungsgesetzes (BVG); Versorgung mit Hörhilfen im Rahmen der Heil- und Krankenbehandlung
Wie mit Rundschreiben vom 03. 05. 2010 – AZ Vb3 – 47105 – mitgeteilt, wurde das Urteil des Bundessozialgerichtes (BSG) zum Leistungsrecht in der gesetzlichen Krankenversicherung im Bereich der Hörgeräteversorgung zum Anlass genommen, die Voraussetzungen für die Hörgeräteversorgung im Bereich der Sozialen Entschädigung zu prüfen. Aus diesem Grunde wurden zunächst alle Länder um Stellungnahme zu den Themen Einbeziehung von Störschall und Verständlichkeitsverbesserung gebeten.
Im Ergebnis der Befragung hat die Mehrzahl der Länder (11 Länder) sich für die Einbeziehung der Prüfung unter Störschall ausgesprochen, konnte allerdings keine Sachverständigen benennen, die aus der Praxis über den genormten Einsatz von Störschall berichten konnten. Gleichzeitig sprach sich ebenfalls die Mehrheit der Länder (10 Länder) für die Beibehaltung der 20%-Punkte als Grenze für die Mindestverständlichkeitsverbesserung bei 65dB im Freifeld gegenüber dem bestgeeigneten Festbetragsgerät aus.
Nachdem die Ergebnisse der Länderumfrage vorlagen, wurde zur weiteren Sachverhaltsaufklärung die Akademie für Hörgeräte-Akustik um Stellungnahme gebeten als auch eine ad-hoc Sachverständigengruppe zu Fragen der Versorgung mit Hörhilfen einberufen. Der Sachverständigengruppe gehörten neben einem HNO-Arzt aus der Versorgungsverwaltung zwei HNO-Professoren – aus dem Bereich der Begutachtung und der med. Wissenschaften – an.
Im Ergebnis dieser Sachstandsanhörung ist Folgendes festzuhalten:
Für die Überprüfung der Hörgeräteversorgung wird der höhere Nutzen von Sprachtests im Störschall im Grundsatz anerkannt. Da geeignete Sprachtests im Störschall derzeit jedoch noch nicht flächendeckend verfügbar sind und große methodische Schwierigkeiten bereiten, wird bis auf Weiteres darauf verzichtet.

Die Messfehlerquote bei den Hörvergleichstests liegt nach wie vor bei 10 bis 15 % und ist subjektiv geprägt.
Für die Versorgung mit Hörhilfen im Bereich der Sozialen Entschädigung bitte ich daher wie folgt zu verfahren:

1. *Die Überprüfung der Hörgeräteversorgung erfolgt weiterhin unter Einsatz des Freiburger Sprachtests bei 65dB im Freifeld ohne Einsatz von Störschall.*
2. *Die um mindestens 20 %-Punkte verbesserte Verständlichkeit bei 65 dB im Freifeld als Voraussetzung für eine Versorgung mit einer über dem Festbetrag liegenden Hörhilfe bleibt bestehen.*
3. *Sofern eine ausreichende Versorgung mit dem bestgeeigneten Festbetragsgerät nicht möglich ist, hat der Hörgeräteakustiker einen Anpassbericht vorzulegen, aus dem eindeutig hervorgehen muss, welcher Hörerfolg mit diesem Festbetragsgerät erzielt werden kann. Weiterhin ist mitzuteilen, welcher Erfolg bei einer Versorgung mit einer Hörhilfe aus dem mittleren Preissegment – aktuell bis zu maximal 1.500 Euro – zu erzielen ist. Hierbei sind mind. zwei Geräte aus dem mittleren Preissegment miteinander zu vergleichen. Es ist das Gerät mit den größeren Gebrauchsvorteilen (wie z. B. Sprachverständlichkeit und Handhabung) unter Berücksichtigung des Wirtschaftlichkeitsgebotes auszuwählen.*
4. *Bei einer über dem Festbetrag liegenden Versorgung sind die folgenden Funktionselemente im Allgemeinen als begründet anzusehen:*
   - *ausreichende Kanalzahl (4 – 8 Kanäle)*
   - *ausreichende Rückkopplungsunterdrückung bei möglichst offener Versorgung*
   - *Richtmikrofon*
5. *Eine darüber hinausgehende höherwertige Versorgung ist nur in besonders zu begründenden Einzelfällen möglich.*

Die Versorgungsverwaltung sollte die Versorgungsberechtigten möglichst frühzeitig bei der Versorgung mit geeigneten Hörhilfen begleiten. Nur so können die qualitativen und wirtschaftlichen Anforderungen an die Versorgung mit Hilfsmitteln im Bereich der Sozialen Entschädigung erfüllt werden.

§ 17 Hör-, Seh- und andere Hilfen

(1) Als Hörhilfen werden Hörgeräte und andere für hörbehinderte Menschen entwickelte schallverstärkende Geräte geliefert.

(2) Als Sehhilfen werden Fernrohrbrillen, Lupen und Bildschirm-Lesegeräte geliefert. Bildschirm-Lesegeräte erhalten hochgradig sehbehinderte Menschen, die zum Lesen oder zur Schreibkontrolle dringend auf sie angewiesen sind.

(3) Zu Stomaversorgungsmitteln und Inkontinenzhilfen gehören auch Hautschutz- und Pflegemittel.

§ 17 a Kommunikationshilfen

(1) Schwersthörgeschädigte erhalten Geräte, die Sprache in lesbare Texte umsetzen, wenn sie bei nichtberuflichen Verrichtungen im täglichen Leben dringend auf sie angewiesen sind.

(2) Blinde und hochgradig sehbehinderte Menschen erhalten Geräte, die Texte in Sprache umsetzen, wenn sie bei nichtberuflichen Verrichtungen im täglichen Leben dringend darauf angewiesen sind.

(3) Hochgradig Sprech- oder Sprachgestörte erhalten Hilfsgeräte zur Verständigung, wenn diese dadurch erheblich verbessert werden kann.

(4) Blinde, Querschnittgelähmte und Schwersthörgeschädigte sowie gleich schwer behinderte Menschen erhalten Geräte der häuslichen Kommunikation, wenn sie auf ihre Benutzung dringend angewiesen sind.

§ 18 Sonstige Hilfsgeräte und Gebrauchsgegenstände

(1) Sonstige Hilfsgeräte, die besonders für behinderte Menschen entwickelt worden sind, sowie behinderungsgerechte Änderungen von Gebrauchsgegenständen des täglichen Lebens oder Zusatzausstattungen erhält, wer bei nichtberuflichen Verrichtungen im täglichen Leben dringend auf sie angewiesen ist, um Folgen der Behinderung zu erleichtern. Unter den gleichen Voraussetzungen kann ein Gebrauchsgegenstand des täglichen Lebens in Sonderausführung für behinderte Menschen geliefert werden, wenn Änderungen oder Zusatzausstattungen nicht ausreichen. Unter den Voraussetzungen der Sätze 1 und 2 kann ausnahmsweise ein Gebrauchsgegenstand des täglichen Lebens in Normalausführung geliefert werden, wenn der behinderte Mensch ihn ohne die Behinderung nicht erwerben würde. Unbewegliche Gegenstände werden nicht geliefert.

(2) Taschen- oder Armbanduhren sowie Weckuhren werden Blinden als Blindenuhren oder als Uhren mit Sprachausgabe geliefert.

(3) Schreibmaschinen erhalten Blinde und Ohnhänder sowie gleich schwer behinderte Menschen für den Privatgebrauch. Blinden können zusätzlich Schreibmaschinen für Blindenschrift geliefert werden. Anstelle einer Schreibmaschine können Benutzer von Computersystemen ein Druckgerät erhalten. Wer als Leistung der Berufsfürsorge eine Schreibmaschine oder ein Druckgerät erhalten hat, die er auch privat nutzen kann, hat keinen Anspruch auf gleiche Leistungen nach Satz 1 bis 3.

(4) Armbinden, Abzeichen und weiße Handstöcke erhält als Verkehrsschutzabzeichen, wer im Straßenverkehr behindert ist.

(5) Behinderungsgerechte Zusatzgeräte und Änderungen für ein Fahrrad erhält, wer ohne sie ein Fahrrad in Normalausführung nicht benutzen kann.

(6) Elektrische Rasiergeräte, Aktentaschen mit Tragriemen und Schlüpfschuhe werden Berechtigten und Leistungsempfängern geliefert, bei denen vor dem 1. Januar 1990 die Voraussetzungen für eine Versorgung nach § 1 in Verbindung mit § 4 Abs. 9, 11 oder 15 der Orthopädieverordnung in der bis zum 31. Dezember 1989 geltenden Fassung gegeben waren.

§ 18 a Behindertengerechte Ausstattungen

(1) Fest installierte behindertengerechte Sanitärausstattungen erhalten Ohnhänder, Querschnittgelähmte, Beinamputierte und gleich schwer behinderte Menschen, wenn sie dringend darauf angewiesen sind.

(2) Haltegriffe und Handläufe erhält, wer wegen wesentlicher Einschränkung seiner Gehfähigkeit dringend in seiner Wohnung auf sie angewiesen ist und für den Gehhilfen (§ 11) nicht ausreichen.

(3) Die Lieferung umfaßt auch den Einbau. Ersatzbeschaffungen werden frühestens nach zehn Jahren, bei Wohnungswechsel auch eher wieder übernommen. Für Sanitärausstattungen werden nach Wohnungswechsel oder Tod auch der Ausbau und die Wiederherstellung des alten Zustands übernommen.

§ 19 Blindenführhunde

(1) Die Kosten für tierärztliche Behandlung eines Blindenführhundes sowie für Arznei- und Verbandmittel werden im notwendigen Umfang erstattet. Nachdressuren können bewilligt werden.

(2) Bei Missbrauch, Vernachlässigung oder Misshandlung kann der Führhund entzogen werden.

(3) Der Führhund und das Geschirr sind zurückzufordern, wenn der Hund auf Dauer entbehrlich oder nicht mehr geeignet ist; auf die Rückforderung kann verzichtet werden.

§ 20 Instandsetzung und Ersatz von Hilfsmitteln

(1) Für die Instandsetzung und den Ersatz gelten dieselben Grundsätze wie für die Ausstattung mit Hilfsmitteln. Die Kosten einer durch gewöhnliche Abnutzung erforderlichen Besohlung werden nicht übernommen.

(2) Hat der Benutzer Beschädigung, Unbrauchbarkeit oder Verlust eines Hilfsmittels vorsätzlich oder grob fahrlässig herbeigeführt, so besteht für die restliche Gebrauchszeit kein Anspruch auf Instandsetzung oder Ersatz.

§ 21 Rückforderung von Hilfsmitteln

Nicht übereignete Hilfsmittel sind zurückzufordern, sobald sie nicht mehr notwendig sind. Auf die Rückforderung kann verzichtet werden, wenn Umstände des Einzelfalles dies unter Berücksichtigung des Zeitwerts rechtfertigen, insbesondere wenn das Hilfsmittel am Körper getragen wurde.

Zweiter Abschnitt
Ersatzleistungen

§ 22 Allgemeine Bestimmungen

(1) Als Ersatzleistungen an Beschädigte (§ 11 Abs. 3 des Bundesversorgungsgesetzes) können nach Maßgabe der Vorschriften dieses Abschnitts Zuschüsse gezahlt oder Kosten übernommen werden für

1. Motorfahrzeuge,
2. Instandhaltung von Motorfahrzeugen,
3. Zusatzgeräte und die Ausstattung von Motorfahrzeugen mit automatischen Getrieben und ähnlichen Vorrichtungen sowie deren Instandsetzung,

4. Änderung an Motorfahrzeugen,
5. Abstellmöglichkeiten für ein Motorfahrzeug oder einen Rollstuhl,
6. Fahrräder,
7. Blindenführhundzwinger,
8. Tonaufzeichnungsgeräte und Tonträger,
9. Kommunikationsgeräte,
10. Maßkonfektion.

(2) Ersatzleistungen sollen vor Abschluss des Kauf-, Dienst-, Werk-, Miet- oder sonstigen Vertrages beantragt werden.

(3) Ein Zuschuss darf erst gezahlt und Kosten dürfen erst übernommen werden, wenn der Besitz nachgewiesen und die Rechnung vorgelegt worden ist.

§ 23 Zuschüsse für Motorfahrzeuge

(1) Zur Beschaffung eines auf den Namen des Beschädigten zugelassenen Motorfahrzeugs können folgende Zuschüsse gezahlt werden:

1. bis zu 3579 Euro an Querschnittgelähmte, Vier- und Dreifachamputierte, Doppel-Oberschenkelamputierte und an andere Beschädigte, die gleich schwer gehbehindert sind oder Pflegezulage nach Stufe V oder VI (§ 35 des Bundesversorgungsgesetzes) erhalten,
2. bis zu 3068 Euro an Doppel-Unterschenkelamputierte und Hüftexartikulierte sowie an einseitig Beinamputierte, die
   a) dauernd außerstande sind, eine Beinprothese zu tragen oder
   b) nur eine Beckenkorbprothese tragen können oder
   c) zugleich armamputiert sind,

und an andere Beschädigte, die gleich schwer gehbehindert sind oder Pflegezulage nach Stufe III oder IV (§ 35 des Bundesversorgungsgesetzes) erhalten.

(2) Einen Zuschuss nach Absatz 1 erhält nicht, wer einen Rollstuhl für den Straßengebrauch oder ein Behindertenfahrrad nach § 12 oder einen Zuschuss nach § 34 in Anspruch genommen hat; in § 12 Abs. 2 genannte Beschädigte können den Zuschuss anstelle eines der beiden Rollstühle für den Straßengebrauch erhalten.

(3) Der Zuschuss darf nur zur Beschaffung eines Motorfahrzeugs gezahlt werden, das nach seiner Konstruktion zur Personenbeförderung bestimmt ist und das nicht überwiegend gewerblich genutzt werden soll.

(4) Der Zuschuss zur Beschaffung eines gebrauchten Motorfahrzeugs darf gezahlt werden, wenn es mindestens 40 vom Hundert des Neuwerts besitzt.

(5) Kann der Beschädigte das Motorfahrzeug nicht selbst führen, darf der Zuschuss nur gezahlt werden, wenn ein Dritter bestimmt ist, der als Führer des Motorfahrzeugs in angemessenem Umfang für Fahrten mit dem Beschädigten zur Verfügung steht.

§ 24 Rückzahlung von Zuschüssen für Motorfahrzeuge

(1) Veräußert der Beschädigte das Motorfahrzeug innerhalb von fünf Jahren nach der Zulassung auf seinen Namen, so hat er den Betrag zurückzuzahlen, der sich ergibt, wenn für jedes bei Veräußerung des Motorfahrzeugs abgelaufene Vierteljahr von dem Zuschuss ein Zwanzigstel abgezogen wird. Dasselbe gilt, wenn er das Motorfahrzeug dauernd nicht mehr nutzt.

(2) Stirbt der Beschädigte innerhalb von vier Jahren nach der Zulassung des Motorfahrzeugs auf seinen Namen, ist die Hälfte des sich nach Absatz 1 ergebenden Betrages zurückzuzahlen.

(3) Wird das Motorfahrzeug unbrauchbar oder kommt es abhanden, kann eine Ausnahme von den Bestimmungen der Absätze 1 und 2 und von § 25 Satz 2 gemacht werden, wenn der Beschädigte die Unbrauchbarkeit oder das Abhandenkommen nicht vorsätzlich oder grob fahrlässig verursacht hat.

§ 25 Wiederholung von Zuschüssen für Motorfahrzeuge

Ein neuer Zuschuss kann gezahlt werden, wenn der Beschädigte sich ein Fahrzeug zum Ersatz des bisherigen beschafft. Wird das neue Fahrzeug innerhalb von fünf Jahren nach der Zulassung des bisherigen auf den Namen des Beschädigten zugelassen, ist auf den Zuschuss der Betrag anzurechnen, der nach § 24 Abs. 1 bei Veräußerung zurückzuzahlen wäre.

§ 26 Instandhaltungszuschüsse für Motorfahrzeuge

(1) Zur Instandhaltung eines Motorfahrzeugs wird ein jährlicher Pauschbetrag in folgender Höhe gezahlt:

1. für ein Motorfahrzeug mit einem Hubraum bis zu 50 Kubikzentimeter 97 Euro,
2. für ein Motorfahrzeug mit einem Hubraum bis zu 500 Kubikzentimeter 189 Euro,
3. für ein Motorfahrzeug mit einem Hubraum über 500 Kubikzentimeter 294 Euro,
4. für ein elektrisch angetriebenes Motorfahrzeug 189 Euro.

(2) Der Betrag nach Absatz 1 wird für jedes Kalenderjahr gezahlt, in dem für ein von dem Beschädigten benutztes Motorfahrzeug die Voraussetzungen für einen Zuschuss nach § 23 vorgelegen haben; dabei ist es unerheblich, ob der Zeitwert des Fahrzeugs unter 40 vom Hundert des Neuwerts liegt. Der Betrag wird nur für ein Fahrzeug gezahlt. Im ersten Kalenderjahr wird vom Monat der Zulassung an als Pauschbetrag ein Zwölftel des Betrages nach Absatz 1 je Monat gezahlt.

§ 27 Kosten für Zusatzgeräte und automatische Getriebe in Motorfahrzeugen

(1) Die notwendigen Kosten werden übernommen für die Sonderausstattung mit

1. Zusatzgeräten bis zu 1074 Euro,
2. einem automatischen Getriebe oder einer ähnlichen Vorrichtung bis zu 1636 Euro,
3. Zusatzgeräten, die für ein automatisches Getriebe oder eine ähnliche Vorrichtung benötigt werden, bis zu weiteren 1074 Euro.

(2) Die Übernahme der Kosten für die in Absatz 1 genannten Leistungen setzt voraus, daß der Beschädigte das Fahrzeug besitzt und daß die Sonderausstattung den Auflagen oder Beschränkungen entspricht, unter denen die Fahrerlaubnis erteilt worden ist; bei führerscheinfreien Motorfahrzeugen hat der Beschädigte eine entsprechende Bescheinigung eines Kraftfahrzeugsachverständigen beizubringen. § 23 Abs. 3 und 4 gilt entsprechend.

(3) Bei Beschaffung eines gebrauchten Motorfahrzeugs werden die Kosten für bereits eingebaute Sonderausstattungen als Teilbetrag des Kaufpreises für das ganze Fahrzeug nach dem Verhältnis berechnet, das bei dem Neukauf dieses Fahrzeugs zwischen dem Mehrpreis für die Sonderausstattung und dem Gesamtpreis für das Fahrzeug bestanden hat.

(4) Die Kosten für die Sonderausstattung können wieder übernommen werden, wenn der Beschädigte sich nach fünf Jahren ein anderes Motorfahrzeug beschafft. Die Frist beginnt, wenn das Fahrzeug bei der Zulassung auf den Namen des Beschädigten bereits entsprechend ausgerüstet war, mit der Zulassung, im übrigen mit dem Einbau.

(5) Beschafft sich der Beschädigte innerhalb von fünf Jahren ein anderes Motorfahrzeug, wird die Leistung nach Absatz 1 um den Betrag gekürzt, der sich ergibt, wenn von der früheren Leistung ein Zwanzigstel für jedes abgelaufene Vierteljahr abgezogen wird. Auf die Kürzung kann verzichtet werden, wenn das Motorfahrzeug unbrauchbar geworden oder abhanden gekommen ist und der Beschädigte die Unbrauchbarkeit oder das Abhandenkommen nicht vorsätzlich oder grob fahrlässig verursacht hat.

§ 28 Änderungskosten bei Motorfahrzeugen

(1) Für sonstige Änderungen von Bedienungseinrichtungen eines Motorfahrzeugs werden die Kosten im notwendigen Umfang übernommen. § 27 Abs. 2, 4 und 5 gilt entsprechend.

(2) Für andere Änderungen an einem Motorfahrzeug können die Kosten im notwendigen Umfang übernommen werden, wenn die Änderungen nach dem Urteil des Arztes der Orthopädischen Versorgungsstelle oder eines technischen Sachverständigen notwendig sind und der Beschädigte das Motorfahrzeug besitzt. § 23 Abs. 3 sowie § 27 Abs. 4 und 5 gelten entsprechend.

§ 29 Instandsetzungskosten

Die notwendigen Kosten für Instandsetzungen werden

1. bei Zusatzgeräten (§ 27 Abs. 1 Nr. 1 und 3) bis zu 716 Euro,
2. bei automatischen Getrieben oder ähnlichen Vorrichtungen (§ 27 Abs. 1 Nr. 2) bis zu 1432 Euro,
3. bei Änderungen nach § 28 bis zu 1432 Euro,

innerhalb von jeweils fünf Jahren übernommen, wenn die Voraussetzungen für die Übernahme der Kosten nach § 27 oder § 28 vorliegen. Instandsetzungskosten, die auch ohne die Änderung nach § 28 entstanden wären, werden nicht übernommen.

§ 30 Änderungskosten für Motorfahrzeuge, die von Dritten geführt werden

Die §§ 27 bis 29 sind für Motorfahrzeuge entsprechend anzuwenden, die von Dritten geführt werden (§ 23 Abs. 5), wenn deren Fahrerlaubnis aus gesundheitlichen Gründen eingeschränkt ist; die Voraussetzungen für einen Zuschuss nach § 23 müssen für den Beschädigten gegeben sein.

§ 31 Abstellmöglichkeiten für Motorfahrzeuge

Zu den Mietkosten einer Abstellmöglichkeit für ein Motorfahrzeug kann ein jährlicher Zuschuss bis zu 307 Euro gezahlt werden; § 26 Abs. 2 gilt entsprechend. Zu den Erwerbs- oder Herstellungskosten kann ein einmaliger Zuschuss bis zu 971 Euro gezahlt werden; ein Zuschuss zu einer neuen Abstellmöglichkeit darf frühestens nach zehn Jahren, bei Wohnungswechsel auch eher gezahlt werden.

§ 32 Zuschüsse und Kosten bei Miete von Motorfahrzeugen

(1) Zuschüsse und Kostenübernahmen sind in entsprechender Anwendung der §§ 23 bis 31 auch bei Miete von Motorfahrzeugen zulässig.

(2) Ist das Fahrzeug für weniger als fünf Jahre gemietet, werden einmalige Leistungen nach Absatz 1 so berechnet, dass sich je volles Vierteljahr der Vertragsdauer ein Zwanzigstel der Leistungen nach den §§ 23, 27 und 28 sowie ein Vierzigstel der Leistung nach § 31 Satz 2 ergibt. Der Rest der Leistung nach diesen Vorschriften wird gezahlt, wenn der Beschädigte das Fahrzeug bei Ablauf der Miete kauft.

§ 33 Abstellmöglichkeiten für Rollstühle

Zu den Mietkosten einer Abstellmöglichkeit für nicht faltbare handbetriebene oder elektrisch betriebene Rollstühle für den Straßengebrauch kann ein jährlicher Zuschuss bis zu 133 Euro gezahlt werden; § 26 Abs. 2 Satz 2 und 3 gilt entsprechend. Zu den Erwerbs- oder Herstellungskosten kann ein einmaliger Zuschuss bis zu 383 Euro gezahlt werden; ein Zuschuss zu einer neuen Abstellmöglichkeit darf frühestens nach fünf Jahren, bei Wohnungswechsel auch eher gezahlt werden.

§ 34 Zuschüsse für Fahrräder

(1) Ein Zuschuss bis zu 153 Euro zur Beschaffung eines Fahrrades kann den in § 23 Abs. 1 genannten Beschädigten gezahlt werden, wenn sie sich mit dem Fahrrad ihren Bedürfnissen entsprechend fortbewegen können. Den Zuschuss erhält nicht, wer einen Rollstuhl für den Straßengebrauch oder ein Behindertenfahrrad nach § 12 oder einen Zuschuss nach § 23 in Anspruch genommen hat. Zur Beschaffung eines gebrauchten Fahrrades wird ein Zuschuss nicht gezahlt. § 24 Abs. 1 und 3 und § 25 gelten entsprechend; die Frist in § 25 Satz 2 beginnt mit der Auszahlung des Zuschusses.

(2) Zur Instandhaltung eines Fahrrades wird je Kalenderjahr ein Pauschbetrag von 31 Euro gezahlt; § 26 Abs. 2 gilt entsprechend.

§ 35 Zuschüsse für Blindenführhundzwinger

Zu den Herstellungskosten eines Blindenführhundzwingers kann ein Zuschuss bis zu 435 Euro gezahlt werden. Ein Zuschuss zu den Kosten eines neuen Zwingers darf frühestens nach fünf Jahren, bei Wohnungswechsel auch eher gezahlt werden.

§ 36 Zuschüsse für Tonaufnahme- und Tonwiedergabegeräte

(1) Blinde können Zuschüsse von 80 vom Hundert der Beschaffungskosten erhalten für

1. ein Tonaufnahme- und Tonwiedergabegerät, insgesamt jedoch höchstens 205 Euro, sowie für ein entsprechendes Gerät in Taschenformat, höchstens jedoch 135 Euro,
2. Tonträger, höchstens jedoch 20 Euro innerhalb von 12 Monaten.

(2) Ein Zuschuss darf frühestens nach fünf Jahren für ein neues Gerät gezahlt werden. Bei blinden Ohnhändern verkürzt sich die Frist auf drei Jahre.

(3) Hat der Beschädigte als Leistung der Berufsfürsorge ein Gerät nach Abs. 1 Nr. 1 oder eine Hilfe zur Beschaffung eines solchen Gerätes erhalten und kann er dieses Gerät auch privat nutzen, darf ein Zuschuss erst gezahlt werden, wenn die Fristen nach Absatz 2 abgelaufen sind.

Aus Rundschreiben, Urteilen etc.

BMAuS v. 7.11.2011 – V b 4 – 55 438
Versorgung mit Hilfsmitteln nach dem Sozialen Entschädigungsrecht; Kostenübernahme des Blindenhilfsmittels „DAISY-Player“ nach § 18 OrthV
Mein Rundschreiben vom 25. Januar 2008 – IVc5-48808-3 –

Vor dem Hintergrund einer aktuellen Anfrage über die Möglichkeiten der Bezuschussung des Blindenhilfsmittels DAISY-Player nach § 36 der Orthopädieverordnung (OrthV) nehme ich wie folgt Stellung:

DAISY-Player sind Geräte zur Sprachausgabe von digitalen Informationen, die in dem speziell für Blinde entwickelten Datenformat DAISY (Digital Accessible Information System) vorliegen. Der Nutzer kann in DAISY-Dokumenten Textstellen markieren und auf diese gezielt zugreifen. Zudem ist es ihm möglich, sich nicht nur kapitelweise in dem Dokument zu bewegen, sondern auch einzelne Seiten oder bestimmte Teile des Dokuments (Sätze, Fußnoten o. ä.) aufzurufen. Aufgrund dieser Bearbeitungsfunktionen ermöglichen die in diesem Datenformat gespeicherten Dokumente eine interaktive Nutzung. Einige Geräte erlauben sogar das Aufsprechen eigener Texte an beliebigen Stellen des Dokuments.
Die Ausgabe von DAISY-Dokumenten kann nur mit besonderen Wiedergabegeräten (DAISY-Playern) erfolgen. Allerdings besteht auch die Möglichkeit, DAISY-Dokumente unter Verwendung einer geeigneten – derzeit kostenlos verfügbaren – Software mit Computern zu nutzen.
Wegen ihrer Leistungsmerkmale sind DAISY-Player keine Tonaufnahme- und Tonwiedergabegeräte im Sinne des § 36 Absatz 1 OrthV. Eine Bezuschussung dieser Geräte kommt daher nicht in Betracht.
Allerdings handelt es sich bei den DAISY-Playern um sonstige Hilfsgeräte, die besonders für behinderte Menschen entwickelt worden sind (§ 18 Absatz 1 Satz 1 OrthV). Da die Möglichkeit einer Nutzung von DAISY-Dokumenten auf Computern besteht, ist im Einzelfall zu prüfen, ob eine Versorgung mit einem DAISY-Player notwendig ist. Ist eine Versorgung zu bejahen, können die Kosten gemäß § 18 Absatz 1 Satz 1 OrthV übernommen werden.

Mein Rundschreiben vom 25. Januar 2008 hebe ich auf.

§ 37 Zuschüsse für Telefonausstattung

Sind Ohnhänder und Benutzer eines Hörgeräts dringend auf eine besondere Ausstattung ihres Telefons angewiesen, können für die Zusatzausstattung die notwendigen Beschaffungs- und Änderungskosten übernommen und ein Betrag in Höhe des Sechzigfachen der monatlichen Zusatzkosten gezahlt werden.

§ 38 Kosten für Maßkonfektion

Für die Anfertigung von Maßkonfektionskleidung und Maßkleidung werden Mehrkosten im notwendigen Umfang bis zu 307 Euro jährlich übernommen, wenn eine Änderung von Konfektionskleidung nicht ausreicht, um eine wesentliche Deformierung des Rumpfes auszugleichen; das Tragen eines Hilfsmittels am Rumpf kann einer wesentlichen Deformierung gleichgesetzt werden.

§ 39

(weggefallen)

Dritter Abschnitt
Schlussbestimmungen

§ 40 Leistungen nach anderen Gesetzen

Bei der Bewilligung von Leistungen nach dieser Verordnung sind Leistungen, die nach anderen Gesetzen für den gleichen Zweck erbracht worden sind, wie Leistungen nach dieser Verordnung zu behandeln.

§ 41

(weggefallen)

§ 42 (Inkrafttreten, Aufheben von Vorschriften)

Versehrtenleibesübungen-Verordnung (VÜbV)

vom 29. Juli 1981 (BGBl. I S. 779), zuletzt geändert durch Verordnung vom 15. November 2000 (BGBl. I S. 1572)

Auf Grund des § 24 a Buchstabe c des Bundesversorgungsgesetzes in der Fassung der Bekanntmachung vom 22. Januar 1982 (BGBl. I S. 21) verordnet die Bundesregierung mit Zustimmung des Bundesrates:

§ 1

Ziel der Versehrtenleibesübung ist es, durch Übungen, die auf die Art und Schwere der Schädigungsfolgen und den gesundheitlichen Allgemeinzustand des Beschädigten abgestellt sind, die körperliche Leistungsfähigkeit des Beschädigten zu erhalten oder wiederzugewinnen.

§ 2

Für die Durchführung der Versehrtenleibesübungen kommen Sportarten in Betracht, die zur Erreichung der in § 1 genannten Ziele geeignet sind. Nicht in Betracht kommen:

a) Sportarten, die keine ärztliche Überwachung während der Ausübung ermöglichen,
b) Kampfsportarten,
c) Sportarten, bei denen eine erhöhte Verletzungsgefahr oder ein anderes gesundheitliches Risiko besteht,
d) Sportarten, soweit sie gemessen an dem Ziel der Versehrtenleibesübungen einen unverhältnismäßig hohen finanziellen Aufwand erfordern.

§ 3

(1) Beschädigte haben Anspruch auf Teilnahme an den Übungsveranstaltungen der ihrer Wohnung oder Arbeitsstätte örtlich nächsten Sportgemeinschaft, die einer Sportorganisation angehört, mit der ein Vertrag über die Sicherstellung eines ausreichenden Leistungsangebots besteht, oder mit der die Verwaltungsbehörde unmittelbar einen Vertrag über die Durchführung von Versehrtenleibesübungen geschlossen hat.

(2) Darf der Beschädigte nach ärztlichem Urteil nicht an Übungen in den Versehrtensportarten teilnehmen, die die örtlich nächste Sportgemeinschaft im Sinne von Absatz 1 betreibt, so ist ihm die Teilnahme an den Übungsveranstaltungen der örtlich nächsten Sportgemeinschaft zu gestatten, die eine für den Beschädigten in Betracht kommende Versehrtensportart betreibt.
Das gleiche gilt, wenn der Beschädigte nach ärztlichem Urteil an einer Versehrtensportart teilnehmen soll, die die örtlich nächste Sportgemeinschaft im Sinne von Absatz 1 nicht betreibt.

(3) Hin- und Rückfahrt zu einer Übungsveranstaltung dürfen zusammen höchstens drei Stunden dauern.

§ 4

Beschädigte haben Anspruch auf Teilnahme an höchstens drei Übungsveranstaltungen in der Woche. Die Dauer der Übungsveranstaltungen ist so zu bemessen, daß keine Überlastung der Beschädigten eintritt.

§ 5

Versehrtenleibesübungen sind in Übungsgruppen von höchstens 15 Teilnehmern je Übungsleiter durchzuführen. Sofern Blinde, Doppelamputierte, Hirnverletzte, Beschädigte mit schweren Lähmungen oder andere Schwerstbehinderte Versehrtenleibesübungen in geschlossenen Übungsgruppen durchführen, sollen diesen Gruppen nicht mehr als sieben Behinderte angehören.

§ 6

Beschädigte, die an Versehrtenleibesübungen teilnehmen wollen, müssen sich einer ärztlichen Anfangsuntersuchung sowie halbjährlichen Kontrolluntersuchungen durch den die Übungsgruppe betreuenden Arzt unterziehen. Die Untersuchungsbefunde sind schriftlich niederzulegen. Der Arzt bestimmt, welche Übungsarten für den Beschädigten geeignet sind.

§ 7

Die ärztliche Betreuung erfordert grundsätzlich die persönliche Anwesenheit des Arztes während der Übungsveranstaltungen. Von der ständigen Anwesenheit des betreuenden Arztes kann abgesehen werden, sofern dieser seine telefonische Rufbereitschaft für ausreichend hält und er die Übungsveranstaltung in angemessener Zeit erreichen kann.

§ 8

Zur Erbringung der Versehrtenleibesübungen schließt die Verwaltungsbehörde Verträge mit Sportorganisationen oder Sportgemeinschaften. Gleichzeitige vertragliche Beziehungen mit Sportorganisationen und Sportgemeinschaften sind unzulässig.

§ 9

(1) Hat die Verwaltungsbehörde mit einer Sportorganisation einen Vertrag über die Sicherstellung der Versehrtenleibesübungen geschlossen, so sind die Aufwendungen (§ 10 Abs. 1 Satz 2) pauschal zu vergüten.

(2) Die Pauschale ist vertraglich zu vereinbaren. Sie darf einen für das Land geltenden Höchstbetrag nicht übersteigen. Die Gesamtsumme aller Höchstbeträge für das Jahr 2000 beträgt für alle Länder, die am 1. Januar 2000 die Pauschalvergütung vereinbart haben, 4,305 Millionen Deutsche Mark.

(3) Vom Jahre 2001 an verändert sich die Gesamtsumme aller Höchstbeträge im Sinne des Absatzes 2 Satz 3 jährlich um den Vomhundertsatz, um den sich die Zahl der an Versehrtenleibesübungen teilnehmenden Beschädigten für den Anspruchsmonat Dezember des Vorvorjahres im Jahresvergleich durchschnittlich verändert hatte.

(4) Wird in einem Land die Sicherstellung der Versehrtenleibesübungen von mehreren Sportorganisationen übernommen, so ist der Höchstbetrag in dem Verhältnis zu teilen, in dem sich die an Versehrtenleibesübungen teilnehmenden Beschädigten auf die von den Sportorganisationen betreuten Gebiete verteilen. Die Verwaltungsbehörde kann in besonderen Fällen die sich ergebenden Höchstbeträge ändern, sofern dadurch der Höchstbetrag für das gesamte Land nicht überschritten wird.

(5) Die sich nach den Absätzen 2, 3 und 7 ergebenden Höchstbeträge für die Pauschale sind Höchstbeträge für jeweils ein Kalenderjahr. Erfasst ein Sicherstellungsvertrag nicht ein volles Kalenderjahr oder wird er vor Ablauf eines Kalenderjahres aufgelöst, so bemisst sich der Höchstbetrag anteilig nach dem vertraglich geregelten Zeitraum.

(6) Den Sportorganisationen wird jeweils nachträglich zum 31. März, 30. Juni, 30. September und 31. Dezember eines Jahres ein Viertel der für das Kalenderjahr vereinbarten Pauschale gezahlt. Angemessene monatliche Abschlagzahlungen können im Bedarfsfall geleistet werden.

(7) In dem in Artikel 3 des Einigungsvertrages genannten Gebiet kann die Verwaltungsbehörde Verträge mit Sportorganisationen über einen jährlichen Pauschalbetrag schließen, der von der Summe der im jeweiligen Vorjahr entstandenen Aufwendungen nach § 10 nur im gleichen Verhältnis abweichen darf, wie die Zahl der an Versehrtenleibesübungen teilnehmenden Beschädigten in dem betreffenden Land am 1. Januar des Jahres, für das der erste Pauschalbetrag gelten soll, von der Zahl am 1. Januar des Vorjahres abweicht. Der vereinbarte Betrag ist für das Folgejahr der Höchstbetrag im Sinne von Absatz 2. Der Höchstbetrag verändert sich jährlich um den in Absatz 3 genannten Vomhundertsatz im jeweiligen Land.

§ 10

(1) Hat die Verwaltungsbehörde mit Sportgemeinschaften Verträge über die Erbringung der Leistungen geschlossen, so werden diesen anteilig die im Kalendervierteljahr entstehenden Aufwendungen vergütet, soweit sie auf die Teilnahme Beschädigter an den Übungsveranstaltungen entfallen. Aufwendungen im Sinne des Satzes 1 sind:

a) Aufwendungen für die Benutzung von Übungsstätten, Turn- und Sportgeräten,
b) Aufwendungen für die Beschaffung, Aufbewahrung, Änderung und Instandsetzung von Turn- und Sportgeräten, Lehrmitteln und Verbandkästen,
c) Aufwendungen für die Beschaffung von Bekleidungsstücken, die den Versehrtenleibesübungen eigentümlich sind, sowie Aufwendungen für die Mehrkosten fabrikmäßig hergestellter Sonderausführungen von gewöhnlichen Sportbekleidungsstücken, die wegen der Behinderung erforderlich sind,
d) Vergütungen an Versehrtensportärzte für die ärztliche Betreuung der Übungsveranstaltungen, für die Anfangsuntersuchungen und die halbjährlichen Kontrolluntersuchungen der an den Übungen teilnehmenden Beschädigten sowie an Landes- und Bezirksversehrtensportärzte für die Teilnahme an Übungsveranstaltungen zum Zwecke des Erfahrungsaustausches oder der Überwachung der Übungsveranstaltungen,
e) Vergütungen an Versehrtensportwarte für die sportliche Leitung von Übungsveranstaltungen sowie an Landes- und Bezirksversehrtensportwarte für die Teilnahme an Übungsveranstaltungen zum Zwecke des Erfahrungsaustausches oder der Überwachung,
f) Fahrkosten, die Beschädigten, Versehrtensportärzten, Versehrtensportwarten sowie Landes- und Bezirksversehrtensportärzten und Landes- und Bezirksversehrtensportwarten bei Teilnahme an Übungsveranstaltungen entstehen.

(2) In den Fällen des Absatzes 1 Buchstabe a bis c ist die Vergütung von der vorherigen Zustimmung der Verwaltungsbehörde zu den Aufwendungen abhängig.

(3) Die den Sportgemeinschaften entstehenden Aufwendungen werden jeweils nach Ablauf des Kalendervierteljahres mit der Verwaltungsbehörde abgerechnet.

§ 11

Sportgeräte und den Versehrtenleibesübungen eigentümliche Bekleidungsstücke, die bei Ausübung der Versehrtenleibesübungen an die Stelle sonst benutzter orthopädischer Hilfsmittel treten, sowie deren Instandsetzungen werden den Beschädigten als Sachleistung gewährt. Das gleiche gilt für Geräte und Bekleidungsstücke, die aus sonstigen Gründen einer orthopädie-ärztlichen Verordnung oder Abnahme bedürfen.

§ 12

Diese Verordnung tritt mit Wirkung vom 1. Januar 1981[13] in Kraft.

Verordnung zur Durchführung des § 15 des Bundesversorgungsgesetzes

vom 31. Januar 1972 (BGBl. I S. 105)

Auf Grund des § 24 a Buchst. d des Bundesversorgungsgesetzes in der Fassung der Bekanntmachung vom 20. Januar 1967 (BGBl. I S. 141, 180), zuletzt geändert durch das Dritte Gesetz über die Anpassung der Leistungen des Bundesversorgungsgesetzes vom 16. Dezember 1971 (BGBl. I S. 1985), verordnet die Bundesregierung mit Zustimmung des Bundesrates:

§ 1

Der durch die anerkannten Folgen der Schädigung verursachte außergewöhnliche Verschleiß an Kleidung oder Wäsche wird für die Bemessung des Pauschbetrages nach § 15 des Bundesversorgungsgesetzes bei den nachstehenden Beschädigtengruppen und Verschleißtatbeständen wie folgt bewertet:

	Bewertungszahl[14]	Bewertungszahl b. Zusammentreffen mit Nr. 19	Nr. 20
1. Blinde,	17		27
2. einseitig Oberarmamputierte,	17		
3. einseitig Unterarm- oder Handamputierte,	14		
4. einseitig Beinamputierte, die ein Kunstbein mit Beckenkorb erhalten haben,	27	40	38
5. sonstige einseitige Beinamputierte,	19	33	31
6. einseitig Fußstumpfamputierte, deren Kunstbein über das Knie hinausgeht,	22		

13 Bezieht sich auf die ursprüngliche Fassung der Verordnung.

14 Die den jeweiligen Bewertungszahlen entsprechenden Euro-Beträge ergeben sich gemäß § 15 BVG ab 1. 7. 2015 aus der Multiplikation von 1,980 € mit der jeweiligen Bewertungszahl. Dabei gilt die Abrundungsvorschrift des § 15 Satz 2, 2. Halbsatz BVG. Aus dem im Anschluss an diese Verordnung angefügten Rundschreiben des BMAS vom 24. 3. 2015 – SER 3 – 54111/1 ergeben sich die entsprechenden Euro-Beträge.

	Bewertungszahl	Bewertungszahl b. Zusammentreffen mit Nr. 19	Nr. 20
7. einseitig Fußstumpfamputierte, deren Kunstbein nicht über das Knie hinausgeht,	16		
8. einseitig Fußstumpfamputierte mit Apparatausrüstung,	10		
9. Beschädigte, die einen Stützapparat mit Beckenkorb erhalten haben,	27	40	38
10. Beschädigte, die einen Stützapparat für den Rumpf erhalten haben, ausgenommen Beschädigte mit einfachen Leibbandagen,	22		
11. Beschädigte, die einen über Knie oder Ellenbogen hinausgehenden Stützapparat für das Bein oder den Arm erhalten haben,	22		
12. Beschädigte, die einen nicht über Knie oder Ellenbogen hinausgehenden Stützapparat für das Bein oder den Arm erhalten haben,	16		
13. Beschädigte, die Führungsschienen oder gewalkte Schutzhülsen mit Schienenverstärkung für Knie, Hüfte, Hand, Ellenbogen oder Schulter erhalten haben, ausgenommen Beschädigte mit einfachen Bandagen,	16		
14. Beschädigte, die eine Unterschenkelschiene mit Schuhbügel erhalten haben,	14		
15. Beschädigte, die ein Stützmieder mit Schienenverstärkung erhalten haben, ausgenommen Beschädigte mit einfachen Leibbandagen,	14		
16. Beschädigte, die dauernd auf den Gebrauch von zwei Krücken oder Stockstützen angewiesen sind,	22	36	34

	Bewertungszahl	Bewertungszahl b. Zusammentreffen mit Nr. 19	Nr. 20
17. Beschädigte mit ausgedehnten, stark absondernden Hauterkrankungen oder Fisteleiterungen, mit Kunstafterschließbandage, Urinfänger oder Afterschließbandage,	38	57	
18. Beschädigte mit absondernden Hauterkrankungen oder Fisteleiterungen geringerer Ausdehnung,	14		
19. Beschädigte, die ein handbetriebenes Krankenfahrzeug für den Straßengebrauch erhalten haben,	19		
20. Beschädigte, die ein Motorfahrzeug oder Fahrrad besitzen, bei dessen Beschaffung die Voraussetzungen für die Gewährung eines Zuschusses nach § 11 Abs. 3 BVG gegeben waren, oder die ein elektrisch betriebenes Krankenfahrzeug für Haus- und Straßengebrauch erhalten haben,	17		
21. Blinde, die einen Führhund erhalten,	27		32
22. Blinde mit Verlust zweier Gliedmaßen,	65		65
23. Doppel-Oberarmamputierte,	43		53
24. sonstige Doppelarmamputierte,	39		50
25. Doppel-Unterarm- oder -Handamputierte,	39		50
26. Doppel-Arm- oder -Handamputierte, die zugleich einseitig beinamputiert oder fußstumpfamputiert sind und mit einer Apparatausrüstung versorgt werden,	65	65	
27. einseitig Oberarmamputierte, die zugleich einseitig fußstumpfamputiert sind und deren Kunstbein nicht über das Knie hinausgeht,	33		
28. Zweifach-Amputierte (Bein- und Arm- oder Bein- und Handamputierte),	36	45	43

	Bewertungszahl	Bewertungszahl b. Zusammentreffen mit Nr. 19	Nr. 20
29. Zweifach-Amputierte (Bein- und Arm- oder Bein- und Handamputierte), die einen über das Knie hinausgehenden Stützapparat für das andere Bein erhalten haben,	47	53	52
30. Doppel-Beinamputierte,	27	46	44
31. Doppel-Fußstumpfamputierte, deren Kunstbeine über das Knie hinausgehen,	31	50	48
32. Doppel-Fußstumpfamputierte, deren Kunstbeine nicht über das Knie hinausgehen,	22	41	39
33. Doppel-Fußstumpfamputierte mit Apparatausrüstung,	15		
34. Beschädigte, die einen Stützapparat oder ein Kunstbein mit Beckenkorb erhalten haben und die dauernd auf den Gebrauch von zwei Krücken oder Stockstützen angewiesen sind,	49	57	55
35. einseitig Beinamputierte, die am anderen Bein fußstumpfamputiert sind und deren Kunstbein an diesem Bein über das Knie hinausgeht,	30	49	47
36. einseitig Beinamputierte, die am anderen Bein fußstumpfamputiert sind und deren Kunstbein an diesem Bein nicht über das Knie hinausgeht,	26	45	43
37. einseitig Beinamputierte, die für das verbliebene Bein eine Unterschenkelschiene mit Schuhbügel erhalten haben,	24	43	41
38. einseitig Beinamputierte, die am anderen Bein fußstumpfamputiert sind und mit einer Apparatausrüstung versorgt werden,	23	42	40
39. einseitig Beinamputierte, die einen Stützapparat für den Rumpf erhalten haben,	41		

	Bewertungszahl	Bewertungszahl b. Zusammentreffen mit Nr. 19	Nr. 20
40. einseitig Beinamputierte, die einen über den Ellenbogen hinausgehenden Stützapparat für den Arm erhalten haben,	41		
41. einseitig Beinamputierte, die für das verbliebene Bein einen über das Knie hinausgehenden Stützapparat erhalten haben,	30	49	47
42. einseitig Beinamputierte, die für das verbliebene Bein einen nicht über das Knie hinausgehenden Stützapparat erhalten haben,	26	45	43
43. einseitig Beinamputierte, die ein Stützmieder mit Schienenverstärkung erhalten haben,	33		
44. einseitig Beinamputierte, die dauernd auf den Gebrauch von zwei Krücken oder Stockstützen angewiesen sind,	41	50	48
45. einseitig Beinamputierte mit ausgedehnten, stark absondernden Hauterkrankungen oder Fisteleiterungen außerhalb des Stumpfbereiches, mit Kunstafterschließbandage, Urinfänger oder Afterschließbandage,	57		
46. einseitig Beinamputierte mit absondernden Hauterkrankungen oder Fisteleiterungen geringerer Ausdehnung außerhalb des Stumpfbereiches,	33		
47. Doppel-Beinamputierte, die zugleich einseitig arm- oder handamputiert sind,	55		61
48. Doppel-Fußstumpfamputierte mit Apparatausrüstung, die zugleich einseitig arm- oder handamputiert sind,	55		
49. Doppel-Beinamputierte, die dauernd auf den Gebrauch von zwei Krücken oder Stockstützen angewiesen sind,	49	65	65

	Bewertungs-zahl	Bewertungszahl b. Zusammentreffen mit Nr. 19	Nr. 20
50. Doppel-Fußstumpfamputierte, deren Kunstbeine über das Knie hinausgehen und die dauernd auf den Gebrauch von zwei Krücken oder Stockstützen angewiesen sind,	53	65	65
51. einseitig Beinamputierte, die dauernd auf den Gebrauch von zwei Krücken oder Stockstützen angewiesen sind und einen Stützapparat für den Rumpf erhalten haben,	57	64	63
52. einseitig Beinamputierte, die dauernd auf den Gebrauch von zwei Krücken oder Stockstützen angewiesen sind und ein Stützmieder mit Schienenverstärkung erhalten haben,	52	58	56
53. einseitig Beinamputierte mit ausgedehnten, stark absondernden Hauterkrankungen oder Fisteleiterungen außerhalb des Stumpfbereiches, mit Kunstafterschließbandage, Urinfänger oder Afterschließbandage, die dauernd auf den Gebrauch von zwei Krücken oder Stockstützen angewiesen sind,	65	65	65
54. Doppel-Beinamputierte, die einen Stützapparat für den Rumpf erhalten haben und die dauernd auf den Gebrauch von zwei Krücken oder Stockstützen angewiesen sind,	65	65	65
55. Doppel-Beinamputierte, die einen über den Ellenbogen hinausgehenden Stützapparat für den Arm erhalten haben und die dauernd auf den Gebrauch von zwei Krücken oder Stockstützen angewiesen sind,	57		62
56. Vierfachamputierte,	65		65

	Bewertungs-zahl	Bewertungszahl b. Zusammentreffen mit Nr. 19	Nr. 20
57. Beschädigte, die einen über das Knie hinausgehenden Stützapparat für das Bein erhalten haben und die dauernd auf den Gebrauch von zwei Krücken oder Stockstützen angewiesen sind,	45	53	51
58. Beschädigte, die einen Stützapparat für den Rumpf erhalten haben und die dauernd auf den Gebrauch von zwei Krücken oder Stockstützen angewiesen sind,	38	50	49
59. Beschädigte, die nicht über das Knie hinausgehende Stützapparate für beide Beine erhalten haben,	22		
60. Beschädigte mit ausgedehnten, stark absondernden Hauterkrankungen oder Fisteleiterungen, mit Kunstafterschließbandage, Urinfänger oder Afterschließbandage, die dauernd auf den Gebrauch von zwei Krücken oder Stockstützen angewiesen sind,	61	65	65
61. Beschädigte mit absondernden Hauterkrankungen oder Fisteleiterungen geringerer Ausdehnung, die dauernd auf den Gebrauch von zwei Krücken oder Stockstützen angewiesen sind.	36	50	48

§ 2

Ist für das Zusammentreffen von Tatbeständen, die in § 1 geregelt sind, keine Bewertungszahl vorgesehen, so ist unter Berücksichtigung der Bewertungszahlen für die einzelnen Tatbestände eine Gesamtbewertungszahl festzusetzen, die 65 nicht überschreiten darf.

§ 3

Verursachen die anerkannten Folgen der Schädigung in anderen als den in § 1 geregelten Fällen einen außergewöhnlichen Verschleiß an Kleidung oder Wäsche, so ist eine nach den Verhältnissen des Einzelfalles bemessene Bewertungszahl von 10 bis 65 festzusetzen. Entsprechend ist zu verfahren, wenn

Tatbestände, die in § 1 geregelt sind, mit solchen Tatbeständen zusammentreffen. Dabei ist die Bewertung der in § 1 geregelten Tatbestände zu berücksichtigen.

§ 4

Soweit in Sonderfällen der außergewöhnliche Verschleiß an Kleidung oder Wäsche mit der Bewertungszahl 65 nicht angemessen berücksichtigt werden kann, sind die nachgewiesenen Mehraufwendungen zu erstatten. Sonderfälle in diesem Sinne sind gegeben bei

Querschnittgelähmten mit Blasen- und Mastdarmlähmung, bei denen außerdem Blindheit oder Verlust eines Armes oder Beines oder Lähmung beider Arme vorliegt,
Blinden mit Verlust von zwei oder mehr Gliedmaßen,
Vierfachamputierten,
Hirnbeschädigten mit Lähmungen und häufigen cerebralen Krampfanfällen mit Urin- und Stuhlabgang
sowie
Beschädigten mit gleichzuachtenden Schädigungsfolgen.

§ 5 Übergangsvorschriften

Die bisher gewährten Pauschbeträge werden, soweit sie durch diese Verordnung eine Änderung erfahren, von Amts wegen neu festgestellt. Ergibt sich dabei ein Pauschbetrag, der niedriger als der bisher gewährte Pauschbetrag ist, so wird der bisherige Pauschbetrag weitergezahlt, solange er höher als der zustehende Pauschbetrag ist.

§§ 6 und 7

(Hier nicht abgedruckt)

§ 8 Inkrafttreten

Diese Verordnung tritt am 1. Januar 1972 in Kraft.

Aus Rundschreiben, Urteilen etc.

BMAS v. 24.3.2015 – SER 3 – 5411/1
Verordnung zur Durchführung des § 15 des Bundesversorgungsgesetzes (BVG); Pauschbeträge für außergewöhnlichen Verschleiß an Kleidung oder Wäsche ab 1. Juli 2016

Mit der als Anlage beigefügten Übersicht gebe ich die Pauschbeträge bekannt, die ab 1. Juli 2016 nach § 15 des Bundesversorgungsgesetzes (BVG) in Verbindung mit § 1 der Verordnung zur Durchführung des § 15 BVG zu zahlen sind.
Der Vomhundertsatz zur Anpassung des Umrechnungsfaktors ergibt sich – vorbehaltlich der Zustimmung des Bundesrates – auf der Grundlage der Zweiundzwanzigsten KOV-Anpassungsverordnung 2016.
Dieses Rundschreiben wird auf den Internetseiten des Bundesministeriums für Arbeit und Soziales veröffentlicht.

Lfd. Nr.:	Beschädigtengruppe	Pauschbetrag in Euro[15]	Pauschbetrag in Euro[15] beim Zusammentreffen mit Nr. 19	Nr. 20
1	Blinde	35		56
2	einseitig Oberarmamputierte	35		
3	einseitig Unterarm- oder Handamputierte	29		
4	einseitig Beinamputierte, die ein Kunstbein mit Beckenkorb erhalten haben,	56	83	78
5	sonstige einseitig Beinamputierte,	39	68	64
6	einseitig Fußstumpfamputierte, deren Kunstbein über das Knie hinausgeht,	45		
7	einseitig Fußstumpfamputierte, deren Kunstbein nicht über das Knie hinausgeht,	33		
8	einseitig Fußstumpfamputierte mit Apparatausrüstung,	21		
9	Beschädigte, die einen Stützapparat mit Beckenkorb erhalten haben,	56	83	78
10	Beschädigte, die einen Stützapparat für den Rumpf erhalten haben, ausgenommen Beschädigte mit einfachen Leibbandagen	45		
11	Beschädigte, die einen über Knie oder Ellenbogen hinausgehenden Stützapparat für das Bein oder den Arm erhalten haben,	45		
12	Beschädigte, die einen nicht über Knie oder Ellenbogen hinausgehenden Stützapparat für das Bein oder den Arm erhalten haben,	33		
13	Beschädigte, die Führungsschienen oder gewalkte Schutzhülsen mit Schienenverstärkung für Knie, Hüfte, Hand, Ellenbogen oder Schulter erhalten haben, ausgenommen Beschädigte mit einfachen Bandagen,	33		

15 Faktor nach § 15 BVG ab 1. 7. 2015, 1,980. Die ab 1. 7. 2015 vorläufig geltenden Euro-Beträge sind in Klammer gesetzt.

Lfd. Nr.:	Beschädigtengruppe	Pauschbetrag in Euro	Pauschbetrag in Euro beim Zusammentreffen mit Nr. 19	Nr. 20
14	Beschädigte, die eine Unterschenkelschiene mit Schuhbügel erhalten haben,	29		
15	Beschädigte, die ein Stützmieder mit Schienenverstärkung erhalten haben, ausgenommen Beschädigte mit einfachen Leibbandagen,	29		
16	Beschädigte, die dauernd auf den Gebrauch von zwei Krücken oder Stockstützen angewiesen sind,	45	74	70
17	Beschädigte mit ausgedehnten, stark absondernden Hauterkrankungen oder Fisteleiterungen, mit Kunstafterschließbandage, Urinfänger oder Afterschließbandage,	78	118	
18	Beschädigte mit absondernden Hauterkrankungen oder Fisteleiterungen geringerer Ausdehnung,	29		
19	Beschädigte, die ein handbetriebenes Krankenfahrzeug für den Straßengebrauch erhalten haben,	39		
20	Beschädigte, die ein Motorfahrzeug oder Fahrrad besitzen, bei dessen Beschaffung die Voraussetzungen für die Gewährung eines Zuschusses nach § 11 Abs. 3 BVG gegeben waren, oder die ein elektrisch betriebenes Krankenfahrzeug für den Haus- und Straßengebrauch erhalten haben,	35		
21	Blinde, die einen Führhund halten,	56		66
22	Blinde mit Verlust zweier Gliedmaßen	134		134
23	Doppel-Oberarmamputierte	89		109
24	sonstige Doppel-Armamputierte	81		103
25	Doppel-Unterarm- oder -Handamputierte	81		103

Lfd. Nr.:	Beschädigtengruppe	Pauschbetrag in Euro	Pauschbetrag in Euro beim Zusammentreffen mit Nr. 19	Nr. 20
26	Doppel-Arm- oder -Handamputierte, die zugleich einseitig beinamputiert oder fußstumpfamputiert sind und mit einer Apparatausrüstung versorgt werden,	134		134
27	einseitig Oberarmamputierte, die zugleich einseitig fußstumpfamputiert sind und deren Kunstbein nicht über das Knie hinausgeht,	68		
28	Zweifach-Amputierte (Bein- und Arm- oder Bein- und Handamputierte)	74	93	89
29	Zweifach-Amputierte (Bein- und Arm- oder Bein- und Handamputierte), die einen über das Knie hinausgehenden Stützapparat für das andere Bein erhalten haben,	97	109	107
30	Doppel-Beinamputierte	56	95	91
31	Doppel-Fußstumpfamputierte, deren Kunstbeine über das Knie hinausgehen,	64	103	99
32	Doppel-Fußstumpfamputierte, deren Kunstbeine nicht über das Knie hinausgehen,	45	85	81
33	Doppel-Fußstumpfamputierte mit Apparatausrüstung,	31		
34	Beschädigte, die einen Stützapparat oder ein Kunstbein mit Beckenkorb erhalten haben und die dauernd auf den Gebrauch von zwei Krücken oder Stockstützen angewiesen sind,	101	118	114
35	einseitig Beinamputierte, die am anderen Bein fußstumpfamputiert sind und deren Kunstbein an diesem Bein über das Knie hinausgeht,	62	101	97
36	einseitig Beinamputierte, die am anderen Bein fußstumpfamputiert sind und deren Kunstbein an diesem Bein nicht über das Knie hinausgeht,	54	93	89

Lfd. Nr.:	Beschädigtengruppe	Pauschbetrag in Euro	Pauschbetrag in Euro beim Zusammentreffen mit Nr. 19	Nr. 20
37	einseitig Beinamputierte, die für das verbliebene Bein eine Unterschenkelschiene mit Schuhbügel erhalten haben,	50	89	85
38	einseitig Beinamputierte, die am anderen Bein fußstumpfamputiert sind und mit einer Apparatausrüstung versorgt werden,	47	87	83
39	einseitig Beinamputierte, die einen Stützapparat für den Rumpf erhalten haben,	85		
40	einseitig Beinamputierte, die einen über den Ellenbogen hinausgehenden Stützapparat für den Arm erhalten haben,	85		
41	einseitig Beinamputierte, die für das verbliebene Bein einen über das Knie hinausgehenden Stützapparat erhalten haben,	62	101	97
42	einseitig Beinamputierte, die für das verbliebene Bein einen nicht über das Knie hinausgehenden Stützapparat erhalten haben,	54	93	89
43	einseitig Beinamputierte, die ein Stützmieder mit Schienenverstärkung erhalten haben,	68		
44	einseitig Beinamputierte, die dauernd auf den Gebrauch von zwei Krücken oder Stockstützen angewiesen sind,	85	103	99
45	einseitig Beinamputierte mit ausgedehnten, stark absondernden Hauterkrankungen oder Fisteleiterungen außerhalb des Stumpfbereiches, mit Kunstafterschließbandage, Urinfänger oder Afterschließbandage,	118		
46	einseitig Beinamputierte mit absondernden Hauterkrankungen oder Fisteleiterungen geringerer Ausdehnung außerhalb des Stumpfbereiches,	68		

Lfd. Nr.:	Beschädigtengruppe	Pauschbetrag in Euro	Pauschbetrag in Euro beim Zusammentreffen mit Nr. 19	Nr. 20
47	Doppel-Beinamputierte, die zugleich einseitig arm- oder handamputiert sind,	114		126
48	Doppel-Fußstumpfamputierte mit Apparatausrüstung, die zugleich einseitig arm- oder handamputiert sind,	114		
49	Doppel-Beinamputierte, die dauernd auf den Gebrauch von zwei Krücken oder Stockstützen angewiesen sind,	101	134	134
50	Doppel-Fußstumpfamputierte, deren Kunstbeine über das Knie hinausgehen und die dauernd auf den Gebrauch von zwei Krücken oder Stockstützen angewiesen sind,	109	134	134
51	einseitig Beinamputierte, die dauernd auf den Gebrauch von zwei Krücken oder Stockstützen angewiesen sind und einen Stützapparat für den Rumpf erhalten haben,	118	132	130
52	einseitig Beinamputierte, die dauernd auf den Gebrauch von zwei Krücken oder Stockstützen angewiesen sind und ein Stützmieder mit Schienenverstärkung erhalten haben,	107	120	116
53	einseitig Beinamputierte mit ausgedehnten, stark absondernden Hauterkrankungen oder Fisteleiterungen außerhalb des Stumpfbereiches, mit Kunstafterschließbandage, Urinfänger oder Afterschließbandage, die dauernd auf den Gebrauch von zwei Krücken oder Stockstützen angewiesen sind,	134	134	134
54	Doppel-Beinamputierte, die einen Stützapparat für den Rumpf erhalten haben und die dauernd auf den Gebrauch von zwei Krücken oder Stockstützen angewiesen sind,	134	134	134

Lfd. Nr.:	Beschädigtengruppe	Pauschbetrag in Euro	Pauschbetrag in Euro beim Zusammentreffen mit Nr. 19	Nr. 20
55	Doppel-Beinamputierte, die einen über den Ellenbogen hinausgehenden Stützapparat für den Arm erhalten haben und die dauernd auf den Gebrauch von zwei Krücken oder Stockstützen angewiesen sind,	118		128
56	Vierfachamputierte	134		134
57	Beschädigte, die einen über das Knie hinausgehenden Stützapparat für das Bein erhalten haben und die dauernd auf den Gebrauch von zwei Krücken oder Stockstützen angewiesen sind,	93	109	105
58	Beschädigte, die einen Stützapparat für den Rumpf erhalten haben und die dauernd auf den Gebrauch von zwei Krücken oder Stockstützen angewiesen sind,	78	103	101
59	Beschädigte, die nicht über die Knie hinausgehende Stützapparate für beide Beine erhalten haben,	45		
60	Beschädigte mit ausgedehnten, stark absondernden Hauterkrankungen oder Fisteleiterungen, mit Kunstafterschließbandage, Urinfänger oder Afterschließbandage, die dauernd auf den Gebrauch von zwei Krücken oder Stockstützen angewiesen sind,	126	134	134
61	Beschädigte mit absondernden Hauterkrankungen oder Fisteleiterungen geringerer Ausdehnung, die dauernd auf den Gebrauch von zwei Krücken oder Stockstützen angewiesen sind.	74	103	99

Kriegsopferfürsorge

§ 25 (Anspruchsberechtigter Personenkreis)

(1) Leistungen der Kriegsopferfürsorge erhalten Beschädigte und Hinterbliebene zur Ergänzung der übrigen Leistungen nach diesem Gesetz als besondere Hilfen im Einzelfall (§ 24 Abs. 1 Nr. 2 des Ersten Buches Sozialgesetzbuch).

(2) Aufgabe der Kriegsopferfürsorge ist es, sich der Beschädigten und ihrer Familienmitglieder sowie der Hinterbliebenen in allen Lebenslagen anzunehmen, um die Folgen der Schädigung oder des Verlustes des Ehegatten oder Lebenspartners, Elternteils, Kindes oder Enkelkinds angemessen auszugleichen oder zu mildern.

(3) Leistungen der Kriegsopferfürsorge erhalten nach Maßgabe der nachstehenden Vorschriften

1. Beschädigte, die Grundrente nach § 31 beziehen oder Anspruch auf Heilbehandlung nach § 10 Abs. 1 haben,
2. Hinterbliebene, die Hinterbliebenenrente, Witwen- oder Waisenbeihilfe nach diesem Gesetz beziehen, Eltern auch dann, wenn ihnen wegen der Höhe ihres Einkommens Elternrente nicht zusteht und die Voraussetzungen der §§ 49 und 50 erfüllt sind.

Leistungen der Kriegsopferfürsorge werden auch gewährt, wenn der Anspruch auf Versorgung nach § 65 ruht, der Anspruch auf Zahlung von Grundrente wegen Abfindung erloschen oder übertragen ist oder Witwenversorgung auf Grund der Anrechnung nach § 44 Abs. 5 entfällt.

(4) Beschädigte erhalten Leistungen der Kriegsopferfürsorge auch für Familienmitglieder, soweit diese ihren nach den nachstehenden Vorschriften anzuerkennenden Bedarf nicht aus eigenem Einkommen und Vermögen dekken können. Als Familienmitglieder gelten

1. der Ehegatte oder der Lebenspartner des Beschädigten,
2. die Kinder des Beschädigten,
3. die Kinder, die nach § 33b Abs. 2 als Kinder des Beschädigten gelten, und seine Pflegekinder (Personen, mit denen der Beschädigte durch ein familienähnliches, auf längere Dauer berechnetes Band verbunden ist, sofern er sie in seinen Haushalt aufgenommen hat und ein Obhuts- und Pflegeverhältnis zu den Eltern nicht mehr besteht),
4. sonstige Angehörige, die mit dem Beschädigten in häuslicher Gemeinschaft leben,
5. Personen, deren Ausschluss eine offensichtliche Härte bedeuten würde,

wenn der Beschädigte den Lebensunterhalt des Familienmitglieds überwiegend bestreitet, vor der Schädigung bestritten hat oder ohne die Schädigung wahrscheinlich bestreiten würde. Kinder gelten nach Satz 2 Nr. 2 und 3 über die Vollendung des 18. Lebensjahrs hinaus als Familienmitglieder, wenn sie mit dem Beschädigten in häuslicher Gemeinschaft leben oder die Voraussetzungen des § 33b Abs. 4 Satz 2 bis 7 erfüllen.

(5) Leistungen der Kriegsopferfürsorge können auch erbracht werden, wenn über Art und Umfang der Versorgung noch nicht rechtskräftig entschieden, mit der Anerkennung eines Versorgungsanspruchs aber zu rechnen ist.

(6) Der Anspruch auf Leistung in einer Einrichtung (§ 25b Abs. 1 Satz 2) oder auf Pflegegeld (§ 26c Absatz 1) steht, soweit die Leistung den Leistungsberechtigten erbracht worden wäre, nach ihrem Tode denjenigen zu, die die Hilfe erbracht oder die Pflege geleistet haben.

Aus Rundschreiben, Urteilen etc.

BMA v. 31.5.1989 – VI a 2 – 52600 (BArbBl. 7-8/1989, 244) zu Abs. 4
Änderung des § 25 Abs. 4 Satz 1 BVG durch Art. 2 Nr. 2 des KOV-AnpG 1988
Zu der Frage, wie in den Fällen zu verfahren ist, in denen die Leistungen nach dem Bundessozialhilfegesetz an behinderte Familienmitglieder eines Beschädigten höher sind als die nunmehr nach Änderung des § 25 Abs. 4 Satz 1 BVG dem Beschädigten zustehenden Leistungen der Kriegsopferfürsorge äußere ich mich wie folgt:
Mit der Einbeziehung auch der wegen Behinderung notwendig werdenden Leistungen für Familienmitglieder in die Leistungen der Kriegsopferfürsorge hat der Beschädigte nach § 25 Abs. 4 Satz 1 BVG für diese Angehörigen einen umfassenden Anspruch auf alle Leistungen der Kriegsopferfürsorge. Voraussetzung ist, daß der Beschädigte gemäß § 25 Abs. 4 Satz 2 BVG den Lebensunterhalt des Familienmitgliedes überwiegend bestreitet, vor der Schädigung bestritten hat oder ohne die Schädigung bestreiten würde.
Von einem Bestreiten des Lebensunterhaltes kann schon dann ausgegangen werden, wenn der Beschädigte zwar nicht den Gesamtlebensbedarf des Familienmitglieds, wohl aber dessen Grundlebensbedarf ohne einen behinderungsbedingten Sonderbedarf überwiegend deckt (vgl. mein Schreiben an das Bayerische Staatsministerium für Arbeit und Sozialordnung vom 9. November 1988 – VI a 2 – 52600 –, das den anderen Ländern nachrichtlich zugegangen ist). Diese Voraussetzung dürfte aber bei dem in Rede stehenden Personenkreis nur in einzelnen Fällen erfüllt sein, da z.B. bei einem langfristig in einem Heim wohnenden behinderten Erwachsenen im Hinblick auf § 91 Abs. 3 Satz 1 zweiter Halbsatz BSHG davon auszugehen ist, daß auch ohne die Kriegsbeschädigung eines Elternteiles der Grundlebensbedarf nicht vom Beschädigten, sondern über die Sozialhilfe sichergestellt worden wäre.
Eine Anwendung des § 49 Abs. 2 KFürsV kommt nicht in Betracht, da sich § 49 KFürsV lediglich auf die Vorschrift des § 25e Abs. 1 Nr. 3 BVG bezieht.
Sind die Voraussetzungen des § 25 Abs. 4 Satz 2 BVG gegeben, tritt neben den eigenen Anspruch des Familienmitgliedes auf Leistungen der Sozialhilfe der Anspruch des Beschädigten auf Kriegsopferfürsorge. Da Leistungen der Kriegsopferfürsorge der Sozialhilfe gegenüber im Rang vorgehen, ist der Anspruch des Beschädigten auf Leistungen der Kriegsopferfürsorge für das Familienmitglied vorrangig zu verwirklichen. In Einzelfällen kann sich ergeben, daß die Leistungen der Kriegsopferfürsorge nicht die Höhe der Leistungen erreichen, auf die das Familienmitglied nach dem Bundessozialhilfegesetz einen Anspruch hat. Dabei dürfte es sich in erster Linie um Fälle handeln, in denen im Bereich der Sozialhilfe § 91 Abs. 3 Satz 1 zweiter Halbsatz BSHG die Eltern eines erwachsenen Behinderten oder Pflegebedürftigen von der Inanspruchnahme als Unterhaltspflichtige zum Ersatz

von Sozialhilfeaufwendungen freistellt, während im Kriegsopferfürsorgerecht – systembedingt – eine in die gleiche Richtung wirkende Regelung zugunsten des Beschädigten nicht besteht.[16] In diesen Fällen sehe ich keinen Anlass, hinsichtlich des Unterschiedsbetrags, Leistungen der Sozialhilfe zu versagen.
Im Ergebnis erhält das Familienmitglied keine geringeren Leistungen als bisher, allerdings zum Teil über den Beschädigten von der Kriegsopferfürsorge, zum anderen kraft eigenen Anspruchs von der Sozialhilfe. Bei diesem – kleinen – Personenkreis ist das Ziel der Gesetzesänderung – einheitlicher Träger der Leistungen – zwar nicht erreicht worden, die Berechtigten sind durch die Änderung im Ergebnis nicht besser, aber auch nicht schlechter gestellt als vorher.
Eine Unbilligkeit im Sinne von § 25 c Abs. 3 Satz 1 BVG vermag ich nicht zu bejahen.

Eine Anwendung des § 25 c Abs. 3 Satz 1 BVG käme nur dann in Betracht, wenn der Einsatz des Einkommens des Beschädigten – soweit dieser Einsatz zu geringeren Leistungen als nach dem Bundessozialhilfegesetz führt – bei Berücksichtigung der besonderen Lage des Beschädigten unbillig wäre. Es ist jedoch nicht auf die besondere Lage des Beschädigten zurückzuführen, wenn im Recht der Sozialhilfe behinderte Erwachsene nicht zur Bedarfsgemeinschaft ihrer Eltern zählen und deren Einkommen und Vermögen grundsätzlich unberücksichtigt bleibt. Der Beschädigte würde ohne die Schädigung weder stärker noch geringer durch Leistungen an den erwachsenen behinderten Familienangehörigen belastet. Aus entschädigungsrechtlicher Sicht besteht daher kein Anlaß, vom Einsatz des Einkommens des Beschädigten abzusehen.

BVerwG v. 14.10.1998 – 5 C 8.98 (FEVS 49, 244)
Der Träger der Kriegsopferfürsorge ist auch dann gegenüber dem Träger der Sozialhilfe zu Leistungen für Familienmitglieder eines Beschädigten vorrangig verpflichtet, wenn der Beschädigte als Unterhaltspflichtiger mit einer Heranziehung wegen der Härteklausel des § 91 Abs. 2 Satz 2 BSHG nicht rechnen müßte.

Anmerkung der Herausgeber:
Das BVerwG setzt sich mit dem o. a. Rundschreiben des BMA vom 31. 5. 1989 auseinander. Das BVerwG kommt zu dem Ergebnis, dass der „Lebensunterhalt" i. S. d. § 25 Abs. 4 Satz 2 BVG den durch die Höhe des jeweiligen Familieneinkommens bestimmten Grundlebensbedarf unter Ausschluss des behinderungsbedingten Sonderbedarfs bezeichnet.
Hätte der Beschädigte diesen Grundlebensbedarf ohne seine Schädigung zumindest überwiegend bestreiten können, ist vorrangig gegenüber der Sozialhilfe die Kriegsopferfürsorge zuständig. Hierfür maßgebend sei auch das vom Gesetzgeber bei der strukturellen Änderung der Kriegsopferfürsorge durch das KOV-Anpassungsgesetz 1988 ausdrücklich erklärte Ziel, auch für die Hilfe zur Pflege und die Eingliederungshilfe den umfassenden Vorrang der Kriegsopferfürsorge vor der Sozialhilfe und damit eine umfassende Systemsubsidiarität der Sozialhilfe herzustellen.

---

16 Siehe hierzu §§ 26 c Abs. 12, 27 d Abs. 7 BVG.

§ 25 a (Leistungsvoraussetzungen)

(1) Leistungen der Kriegsopferfürsorge werden erbracht, wenn und soweit die Beschädigten infolge der Schädigung und die Hinterbliebenen infolge des Verlustes des Ehegatten oder Lebenspartners, Elternteils, Kindes oder Enkelkinds nicht in der Lage sind, den nach den nachstehenden Vorschriften anzuerkennenden Bedarf aus den übrigen Leistungen nach diesem Gesetz und dem sonstigen Einkommen und Vermögen zu decken.

(2) Ein Zusammenhang zwischen der Schädigung oder dem Verlust des Ehegatten oder Lebenspartners, Elternteils, Kindes oder Enkelkinds und der Notwendigkeit der Leistung wird vermutet, sofern nicht das Gegenteil offenkundig oder nachgewiesen ist. Leistungen der Kriegsopferfürsorge können auch erbracht werden, wenn ein Zusammenhang zwischen der Schädigung oder dem Verlust des Ehegatten oder Lebenspartners, Elternteils, Kindes oder Enkelkinds und der Notwendigkeit der Leistung nicht besteht, die Leistung jedoch im Einzelfall durch besondere Gründe der Billigkeit gerechtfertigt ist. Der Zusammenhang wird stets angenommen

1. bei Beschädigten, die Grundrente mit einem Grad der Schädigungsfolgen von 100 und Berufsschadensausgleich oder die eine Pflegezulage erhalten; § 25 Abs. 3 Satz 2 gilt entsprechend,
2. bei Schwerbeschädigten, die das 60. Lebensjahr vollendet haben,
3. bei Hinterbliebenen, die voll erwerbsgemindert oder erwerbsunfähig im Sinne des Sechsten Buches Sozialgesetzbuch sind oder das 60. Lebensjahr vollendet haben.

§ 25 b (Leistungen der Kriegsopferfürsorge)

(1) Leistungen der Kriegsopferfürsorge sind

1. Leistungen zur Teilhabe am Arbeitsleben und ergänzende Leistungen (§§ 26 und 26 a),
2. Krankenhilfe (§ 26 b),
3. Hilfe zur Pflege (§ 26 c),
4. Hilfe zur Weiterführung des Haushalts (§ 26 d),
5. Altenhilfe (§ 26 e),
6. Erziehungsbeihilfe (§ 27),
7. ergänzende Hilfe zum Lebensunterhalt (§ 27 a),
8. Erholungshilfe (§ 27 b),
9. Wohnungshilfe (§ 27 c),
10. Hilfen in besonderen Lebenslagen (§ 27 d).

Wird die Leistung in einer stationären oder teilstationären Einrichtung erbracht, umfasst sie auch den in der Einrichtung geleisteten Lebensunterhalt einschließlich der darüber hinaus erforderlichen einmaligen Leistungen; § 133 a des Zwölften Buches Sozialgesetzbuch gilt entsprechend. Satz 2 findet auch Anwendung, wenn Hilfe zur Pflege nur deshalb nicht gewährt wird, weil entsprechende Leistungen nach dem Elften Buch Sozialgesetzbuch erbracht werden.

(2) Leistungsarten der Kriegsopferfürsorge sind Dienst-, Sach- und Geldleistungen.

(3) Zur Dienstleistung gehören insbesondere die Beratung in Fragen der Kriegsopferfürsorge sowie die Erteilung von Auskünften in sonstigen sozialen Angelegenheiten, soweit sie nicht von anderen Stellen oder Personen wahrzunehmen sind.

(4) Geldleistungen werden als einmalige Beihilfen, laufende Beihilfen oder als Darlehen erbracht. Darlehen können gegeben werden, wenn diese Art der Leistung zur Erreichung des Leistungszwecks ausreichend oder zweckmäßiger ist. Anstelle von Geldleistungen können Sachleistungen erbracht werden, wenn diese Art der Leistung im Einzelfall zweckmäßiger ist.

(5) Art, Ausmaß und Dauer der Leistungen der Kriegsopferfürsorge richten sich nach der Besonderheit des Einzelfalls, der Art des Bedarfs und den örtlichen Verhältnissen. Dabei sind Art und Schwere der Schädigung, Gesundheitszustand und Lebensalter sowie die Lebensstellung vor Eintritt der Schädigung oder vor Auswirkung der Folgen der Schädigung oder vor dem Verlust des Ehegatten oder Lebenspartners, Elternteils, Kindes oder Enkelkinds besonders zu berücksichtigen. Wünschen der Leistungsberechtigten, die sich auf die Gestaltung der Leistung richten, soll entsprochen werden, soweit sie angemessen sind und keine unvertretbaren Mehrkosten erfordern.

§ 25 c (Leistungsumfang)

(1) Die Höhe der Geldleistungen bemisst sich nach dem Unterschied zwischen dem anzuerkennenden Bedarf und dem einzusetzenden Einkommen und Vermögen; § 26 Abs. 5 und § 26 a bleiben unberührt. Darüber hinaus können in begründeten Fällen Geldleistungen auch insoweit erbracht werden, als zur Deckung des Bedarfs Einkommen oder Vermögen der Leistungsberechtigten einzusetzen oder zu verwerten ist; in diesem Umfang haben sie dem Träger der Kriegsopferfürsorge die Aufwendungen zu erstatten.

(2) Kommt eine Sachleistung in Betracht, haben Leistungsberechtigte und ihrer den Aufwand für die Sachleistung in Höhe des einzusetzenden Einkommens und Vermögens zu tragen.

(3) Einkommen ist insoweit nicht einzusetzen, als der Einsatz des Einkommens im Einzelfall bei Berücksichtigung der besonderen Lage der Beschädigten oder Hinterbliebenen vor allem nach Art und Schädigungsnähe des Bedarfs, Dauer und Höhe der erforderlichen Aufwendungen sowie nach der besonderen Belastung der Leistungsberechtigten und ihrer unterhaltsberechtigten Angehörigen unbillig wäre. Bei ausschließlich schädigungsbedingtem Bedarf ist Einkommen nicht einzusetzen. In den Fällen der stationären Eingliederungshilfe gilt Satz 2 nur für die Maßnahmepauschale im Sinne des § 76 Abs. 2 des Zwölften Buches Sozialgesetzbuch. Die Pflegezulage nach § 35 ist bis zur Höhe der Maßnahmepauschale bedarfsmindernd zu berücksichtigen.

(4) *(weggefallen)*

Aus Rundschreiben, Urteilen etc.

BMA v. 27.12.1988 – VI a 2 – 52602/3 (VdKM 1/1989, 34)

– Auszug –

Die Worte „bei ausschließlich schädigungsbedingtem Bedarf" in dem am 1. Januar 1989 in Kraft tretenden § 25 c Abs. 3 Satz 2 BVG bezeichnen dieselben Voraussetzungen wie die Worte „ist bei Beschädigten der anzuerkennende Bedarf ausschließlich durch Art oder Schwere der Schädigung bedingt" in § 44 KFürsV. Die Änderung betrifft lediglich die Rechtsfolgen... (wird ausgeführt). Danach genügt nicht, daß die Schädigungsfolge nur annähernd gleichwertige Bedingung für das Entstehen des Bedarfs ist. Das wird am Beispiel der Kraftfahrzeughilfe deutlich. Bei der Hilfe zur Beschaffung eines Kraftfahrzeugs liegt ein ausschließlich durch Art oder Schwere der Schädigung bedingter Bedarf – von außergewöhnlichen Sonderfällen abgesehen – nicht vor, weil einerseits ein Kraftfahrzeug heute üblicherweise das über die Kraftfahrzeugbeschaffungshilfe angeschaffte Fahrzeug von dem in seiner Mobilität besonders beeinträchtigten Schwerbeschädigten nicht nur für die allein durch die Schädigung bedingten notwendigen Fahrten benutzt wird.

In diesem Falle mag die Schädigung gleichwertig zu anderen zur Entstehung des Bedarfs führenden Gründen sein, sie ist jedoch nicht ausschließlich Ursache. Im Gegensatz hierzu werden mit der Kraftfahrzeug-Pauschalbeihilfe nach § 28 Abs. 1 Nr. 2 KFürsV allein die Mehrkosten aus dem Betrieb des Kraftfahrzeugs angemessen abgegolten, die durch die Schädigung verursacht sind, sodaß es sich um einen ausschließlich durch Art oder Schwere der Schädigung bedingten Bedarf handelt.

BVerwG v. 28.6.1995 – 5 C 15.93 (BehR 1996, 28)

1. *„Ausschließlich schädigungsbedingt" im Verständnis des § 25c Abs. 3 Satz 2 BVG ist ein Erholungsbedarf (vgl. § 27b BVG) nur dann, wenn die Notwendigkeit der konkreten Erholungsmaßnahme allein auf die gesundheitlichen Folgen einer Schädigung im Sinne von § 1 BVG zurückzuführen ist, andere gesundheitliche Faktoren als bedarfsbegründende Ursache also fehlen oder doch von so geringem Gewicht sind, daß sie außer Betracht bleiben können.*
2. *Die Feststellungen der Behörden der Kriegsopferversorgung (insbesondere der Versorgungsämter) über die gesundheitlichen Folgen einer Kriegsbeschädigung (§ 1 BVG) haben Bindungswirkung gegenüber den für die Durchführung der Kriegsopferfürsorge zuständigen Stellen.*

Aus den Gründen (Auszug):

Zutreffend ist das Berufungsgericht zunächst davon ausgegangen, daß die Schädigung, an die das Erfordernis des ausschließlich „schädigungsbedingten Bedarfs" in § 25c Abs. 3 Satz 2 BVG anknüpft, die gesundheitliche Schädigung ist, die nach § 1 Abs. 1 und 2 BVG Voraussetzung des Versorgungsanspruchs nach dem Bundesversorgungsgesetz ist. Das folgt schon daraus, daß die Leistungen der Kriegsopferfürsorge einen Teilleistungsbereich der Gesamtversorgung nach dem Bundesversorgungsgesetz bilden (vgl. § 9 Nr. 2 BVG), und ergibt sich im übrigen auch aus der besonderen entschädigungsrechtlich begründeten Schadensausgleichsfunktion der Kriegsopferfürsorge (s. dazu BVerwGE 27, 109, 113; 52, 201, 208f.). Mit Recht hat das Berufungsgericht auch angenommen, daß der Begriff des schädigungsbedingten

Bedarfs auf die gesundheitlichen Folgen der Schädigung verweist, also die Gesundheitsstörungen einschließt, die der (Schwer-)Beschädigte infolge der durch das schädigende Ereignis unmittelbar hervorgerufenen gesundheitlichen Schädigung zurückbehalten hat. Denn nach § 1 Abs. 1 BVG besteht der Anspruch auf Versorgung, der Leistungen der Kriegsopferfürsorge mitumfaßt (§ 9 Nr. 2 BVG), wegen der gesundheitlichen (und wirtschaftlichen) Folgen der Schädigung. Das Tatbestandsmerkmal des schädigungsbedingten Bedarfs in § 25 c Abs. 3 Satz 2 BVG ist daher auch als schädigungsfolgenbedingter Bedarf zu verstehen.

Mit „ausschließlich" schädigungsbedingtem Bedarf bezeichnet § 25 c Abs. 3 Satz 2 BVG einen besonders engen kausalen Zusammenhang zwischen den gesundheitlichen Folgen der Schädigung und dem gegenständlichen Bedarf (hier Erholungshilfe). Danach reicht es nicht aus, daß die Schädigungsfolgen nur annähernd gleichwertige Bedingungen oder nicht unerhebliche Mitbedingungen für das Entstehen des Bedarfs sind. Ein Anspruch auf einkommensunabhängige Erholungshilfe besteht nur dann, wenn die Notwendigkeit der konkreten Erholungsmaßnahme allein auf die gesundheitlichen Folgen einer Schädigung im Sinne von § 1 BVG zurückzuführen ist, andere gesundheitliche Faktoren als bedarfsbegründende Ursachen also fehlen oder doch von so geringem Gewicht sind, daß sie außer Betracht bleiben können. Es obliegt den für die Durchführung der Kriegsopferfürsorge zuständigen Stellen, im Einzelfall zu ermitteln, ob diese strenge Kausalität im Sinne von § 25 c Abs. 3 Satz 2 BVG besteht. Die Regelung des § 27 b Abs. 1 Halbsatz 2 BVG, daß bei Schwerbeschädigten der Zusammenhang zwischen den anerkannten Schädigungsfolgen und der Erholungsbedürftigkeit stets angenommen wird, befreit nicht von der Feststellung des Kausalzusammenhangs, den § 25 c Abs. 3 Satz 2 BVG verlangt, und ersetzt dessen Feststellung auch nicht. Denn in § 27 b Abs. 1 Halbsatz 2 BVG wird nicht vermutet, daß die Erholungsbedürftigkeit bei Schwerbeschädigten ausschließlich auf die (anerkannten) Schädigungsfolgen zurückzuführen ist.

Der Ansicht des Oberbundesanwalts beim Bundesverwaltungsgericht, daß ein Erholungsbedarf im Sinne des § 27 b BVG „grundsätzlich" nicht ausschließlich schädigungsbedingt im Sinne von § 25 c Abs. 3 Satz 2 BVG sein könnte, vermag der erkennende Senat nicht zu folgen. Ob das strenge Kausalitätserfordernis des § 25 c Abs. 3 Satz 2 BVG erfüllt ist, hängt, wie bereits ausgeführt, jeweils von den Umständen des Einzelfalles ab. Es mag zwar der Lebenserfahrung entsprechen, daß die Erholungsbedürftigkeit eines (Schwer-)Beschädigten häufig nicht allein auf den Schädigungsfolgen im Sinne von § 1 BVG, sondern zugleich auf schädigungsfremden Behinderungen oder einer alltäglichen Erkrankung beruht, auf die Anstrengungen einer beruflichen Tätigkeit zurückzuführen oder altersbedingt ist. Ohne weiteres denkbar ist jedoch auch, daß ein konkreter Erholungsbedarf nach Zweck (z. B. Sicherung des Behandlungserfolges nach einer Heil- oder Krankenbehandlung im Sinne der §§ 10 ff. BVG) oder Zeitpunkt (seit dem letzten Erholungsaufenthalt sind noch keine zwei Jahre verstrichen, vgl. § 27 b Abs. 2 Satz 2 BVG) ausschließlich schädigungsbedingt ist. Die Möglichkeit eines solchen Kausalzusammenhangs kann durch das Argument des Beklagten, sowohl Beschädigte als auch Nichtbeschädigte verbrächten üblicherweise einen Erholungsurlaub, ebensowenig in Frage gestellt werden wie durch die Feststellung des Oberbundesanwalts, einen Erholungsbedarf, nämlich das Bedürfnis, sich den täglichen Umwelteinwirkungen zu entziehen und sich in anderer Umgebung entspannen zu können, habe „heutzutage praktisch jedermann". Im übrigen ist zu berücksichtigen, daß ein Erholungsbedarf auch in Teilen ausschließlich schädigungsbedingt sein kann, z.B. in Fällen, in denen der Beschädigte auf ein Spezialfahrzeug angewiesen ist, um den Erholungsort zu erreichen, oder in Fällen, in denen der Urlaubsaufenthalt ausschließlich schädigungsbedingt technische Vorrichtungen (etwa besondere sanitäre Einrichtungen) oder bauliche Einrichtungen (rollstuhlgerechter Zugang und Wohnraum) erfordert und deshalb mit Mehrkosten verbunden ist.

Der Kläger trägt mit der Revision vor, er sei infolge anerkannter Kriegsleiden bereits zu 100 v.H. Schwerkriegsbeschädigter, sein Erholungsbedarf sei bereits deshalb ausschließlich schädigungsbedingt. Die Einbeziehung seiner weiteren nicht als Kriegsfolgeschäden anerkannten Leiden, die eine Minderung der Erwerbsfähigkeit von weiteren 100 v.H. ausmachten, könnten diesen Ursachenzusammenhang nicht in Frage stellen. Zu mehr als 100 v.H. könne man nicht kriegsdienstbeschädigt sein. Dieser Einwand des Klägers greift nicht durch. Der Kläger übersieht bei seiner Argumentation, daß der ausschließlich schädigungsbedingte Charakter eines Bedarfs im Sinne von § 25 c Abs. 3 Satz 2 BVG sich nicht nach dem Grad der schädigungsbedingten Minderung der Erwerbsfähigkeit im allgemeinen Erwerbsleben (vgl. § 30 Abs. 1 BVG) richtet, sondern, wie dargelegt, einen besonders engen Ursachenzusammenhang zwischen den anerkannten gesundheitlichen Folgen der Schädigung und dem jeweiligen (gegenständlichen) Bedarf bezeichnet. Das gilt auch für den Anspruch auf Erholungshilfe nach § 27 b BVG, wenn der Bedarf für diese Hilfe neben den anerkannten Schädigungsfolgen noch andere gesundheitliche Ursachen hat. In diesem Zusammenhang führt es nicht weiter, daß der Kläger seine weiteren Behinderungen, die vom Versorgungsamt nicht als Folgen der Schädigung im Sinne von § 1 BVG anerkannt sind, im Revisionsverfahren als „noch nicht anerkannte Kriegsfolgenschäden" bezeichnet. Entscheidungserheblich ist allein, daß die weiteren Behinderungen des Klägers nicht vom Versorgungsamt als Schädigungsfolgen anerkannt sind. Anhaltspunkte dafür, daß der Kläger mit der vorstehenden Formulierung hat ausdrücken wollen, sein Klagebegehren falle in den Anwendungsbereich von § 25 Abs. 5 BVG, und nunmehr dem Berufungsgericht vorhalten will, es habe dies nicht erkannt, können dem Revisionsvorbringen des Klägers nicht entnommen werden.

Das Berufungsgericht hat auch nicht, wie der Kläger meint, bei der Verneinung eines ausschließlich schädigungsbedingten Bedarfs im Sinne von § 25 c Abs. 3 Satz 2 BVG die Denkgesetze verletzt. Der in der Revisionsbegründung hierzu enthaltene Hinweis auf die Verwaltungsvorschriften (Nr. 2) zu § 35 Abs. 1 BVG stützt die insoweit erhobene Rüge nicht. Die vom Kläger angeführte Verwaltungsvorschrift betrifft das ursächliche Zusammenwirken von annähernd gleichwertigen schädigungsbedingten und schädigungsfremden Gesundheitsstörungen und gibt deshalb für die Frage, wann ein ausschließlich schädigungsbedingter Bedarf vorliegt, nichts her.

Schließlich können auch die vom Kläger aufgeführten Gründe für die Wahl des gebuchten Hotels (Meereslage, Ruhe, behindertengerechter Ausbau, keine kinderreichen Familien) die Annahme eines zumindest in Teilen ausschließlich schädigungsbedingten Bedarfs nicht rechtfertigen. Denn schon nach dem Vorbringen des Klägers treffen auch insoweit mehrere bedarfsbegründende Ursachen zusammen: der Verlust des rechten Beines, die Anlage eines anus praeter und die vom Kläger daraus hergeleitete Unmöglichkeit, eine Prothese tragen zu können. Die Art der

Erholungsmaßnahme und des gewählten Hotels ist danach also nicht ausschließlich auf die versorgungsamtlich anerkannten Schädigungsfolgen zurückzuführen.

Anmerkung der Herausgeber:
Siehe auch die nach § 25 f BVG abgedruckten „Anhaltspunkte" und weitere Rundschreiben des BMA, abgedruckt nach § 27 d BVG.

§ 25 d (Einkommen)

(1) Einkommen im Sinne der Vorschriften über die Kriegsopferfürsorge sind alle Einkünfte in Geld oder Geldeswert mit Ausnahme der Leistungen der Kriegsopferfürsorge; § 26 a Abs. 4 bleibt unberührt. Als Einkommen gelten nicht die Grundrente und die Schwerstbeschädigtenzulage sowie ein Betrag in Höhe der Grundrente, soweit nach § 44 Abs. 5 Leistungen auf die Witwengrundrente angerechnet werden oder soweit die Grundrente nach § 65 ruht. Satz 2 gilt auch für den der Witwen- und Waisenbeihilfe nach § 48 zugrunde liegenden Betrag der Grundrente.

(2) Als Einkommen der Leistungsberechtigten gilt auch das Einkommen der nicht getrennt lebenden Ehegatten oder Lebenspartner, soweit es die für die Leistungsberechtigten maßgebliche Einkommensgrenze des § 25 e Abs. 1 übersteigt. Leistungen anderer auf Grund eines bürgerlich-rechtlichen Unterhaltsanspruchs sind insoweit Einkommen der Leistungsberechtigten, als das Einkommen der Unterhaltspflichtigen die für sie nach § 25 e Abs. 1 zu ermittelnde Einkommensgrenze übersteigt; ist ein Unterhaltsbetrag gerichtlich festgesetzt, sind die darauf beruhenden Leistungen Einkommen der Leistungsberechtigten. § 25 e Abs. 2 bleibt unberührt.

(3) Von dem Einkommen sind abzusetzen

1. **auf das Einkommen zu entrichtende Steuern,**
2. **Pflichtbeiträge zur Sozialversicherung einschließlich der Beiträge zur Arbeitsförderung,**
3. **Beiträge zu öffentlichen oder privaten Versicherungen oder ähnlichen Einrichtungen, soweit diese Beiträge gesetzlich vorgeschrieben oder nach Grund und Höhe angemessen sind, sowie geförderte Altersvorsorgebeiträge nach § 82 des Einkommensteuergesetzes, soweit sie den Mindesteigenbeitrag nach § 86 des Einkommensteuergesetzes nicht überschreiten,**
4. **die mit der Erzielung des Einkommens verbundenen notwendigen Ausgaben,**
5. **das Arbeitsförderungsgeld und Erhöhungsbeträge des Arbeitsentgelts im Sinne von § 43 Satz 4 des Neunten Buches Sozialgesetzbuch.**

(4) Leistungen, die auf Grund öffentlich-rechtlicher Vorschriften zu einem ausdrücklich genannten Zweck erbracht werden, sind nur so weit als Einkommen zu berücksichtigen, als die Kriegsopferfürsorge im Einzelfall demselben Zweck dient. Eine Entschädigung, die wegen eines Schadens, der nicht Vermögensschaden ist, nach § 253 des Bürgerlichen Gesetzbuchs geleistet wird, ist nicht als Einkommen zu berücksichtigen.

(5) Zuwendungen der Freien Wohlfahrtspflege gelten nicht als Einkommen, soweit sie nicht die Lage der Leistungsberechtigten so günstig beeinflussen, daß daneben Leistungen der Kriegsopferfürsorge ungerechtfertigt wären. Zuwendungen, die ein anderer erbringt, ohne hierzu eine rechtliche oder sittliche Pflicht zu haben, sollen als Einkommen außer Betracht bleiben, soweit ihre Berücksichtigung für die Leistungsberechtigten eine besondere Härte bedeuten würde.

(6) *(weggefallen)*

Aus Rundschreiben, Urteilen etc.

BMA v. 8.8.1995 – VI 1 – 5311, VI 2 – 52602/19 (BArbBl. 10/1995, 84)
Das HIV-Hilfegesetz vom 24. Juli 1995: Leistungen nach dem HIVHG sind nicht als Einkommen oder Vermögen bei anderen Leistungen aus öffentlichen Mitteln zu berücksichtigen (§ 17 HIVHG).

BVerwG v. 27.1.1994 – 5 C 29.91 (FEVS 45,95)
Der Mitgliedsbeitrag eines Rentners zu Kriegsopferverbänden ist eine mit der Erzielung des (Renten-)Einkommens verbundene notwendige Ausgabe, die bei der Bemessung der Sozialhilfe vom einzusetzenden Einkommen abzusetzen ist.

BMA v. 25.1.2000 – VIa 2 – 51504 – (BArbBl. 3/2000, 112)
Anrechnungsfreiheit von Grundrenten nach dem Sozialen Entschädigungsrecht im Rahmen des Bundessozialhilfegesetzes (BSHG)
In letzter Zeit ist sowohl durch einige sozialgerichtliche Entscheidungen als auch durch Anfragen aus den Ländern die Frage nach der Anrechnung von Grundrenten nach dem Sozialen Entschädigungsrecht im Rahmen der Sozialhilfe aufgeworfen worden.
Ich nehme zu dieser Problematik wie folgt Stellung:
M. E. zählen sowohl die Grundrenten nach dem Bundesversorgungsgesetz (BVG) als auch die Grundrenten, die nach anderen Gesetzen des Sozialen Entschädigungsrechts in entsprechender Anwendung des BVG gezahlt werden, nicht zum anrechenbaren Einkommen im Sinne des § 76 Abs. 1 BSHG.
Schon der Wortlaut dieser Vorschrift („Grundrente nach dem BVG“) beschränkt die Ausnahme von der Anrechnung als Einkommen nicht zwingend auf die Grundrenten, deren Leistungsvoraussetzungen sich unmittelbar aus dem BVG ergeben. Vor allem aber ist eine Gleichbehandlung aller im Rahmen der Sozialen Entschädigung gewährten Grundrenten in diesem Zusammenhang aus mehreren sachlichen Gründen gerechtfertigt.
Die für das Soziale Entschädigungsrecht grundlegende Regelung des § 5 SGB I unterscheidet zwar zwischen solchen Gesundheitsschäden, für deren Folgen die staatliche Gemeinschaft in Abgeltung eines besonderen Opfers (z. B. Kriegsopfer) und solchen, für die sie aus anderen Gründen nach versorgungsrechtlichen Grundsätzen (z. B. Gewaltopfer) einzustehen hat. Es wird aber an beide Tatbestände dieselbe Rechtsfolge geknüpft, nämlich das Bestehen eines Anspruchs des Beschädigten und seiner Hinterbliebenen auf Versorgungsleistungen gegenüber dem Staat. Alle aufgrund dieses Anspruchs gewährten Grundrente dienen dem Ausgleich der gesundheitlichen und wirtschaftlichen Folgen der die Entschädigung auslösenden Gesundheitsschädigung.

Aus der unterschiedlichen Herleitung des Entschädigungsanspruchs sind somit nach Auffassung des Gesetzgebers offensichtlich keine weiteren Folgerungen hinsichtlich einer unterschiedlichen Rechtsqualität des Anspruchs zu ziehen. Dies spricht entschieden dafür, alle Grundrenten sowohl unmittelbar nach dem BVG als auch in dessen entsprechender Anwendung gleich zu behandeln. Angesichts dessen ist m. E. der Satzteil „Grundrente nach dem Bundesversorgungsgesetz" in § 76 Abs. 1 konsequenterweise so zu verstehen, dass davon auch alle in entsprechender Anwendung des BVG gewährten Grundrenten erfasst werden. Nur diese Lösung entspricht dem System der Sozialen Entschädigung, die gleiche Leistungen für alle erfassten Personenkreise vorsieht.

Diese Auffassung hat das Bundessozialgericht (BSG) in seinem Urteil vom 28.07.1999 – B 9 VG 6/98 R –, veröffentlicht in Breith 1999, 1069, für die Beschädigtengrundrente bestätigt und sich dabei darauf gestützt, dass die Grundrenten des Sozialen Entschädigungsrechts keine unterschiedliche Rechtsqualität hätten. Stets trete vielmehr die staatliche Gemeinschaft für die Folgen bestimmter Gesundheitsstörungen nach versorgungsrechtlichen Grundsätzen ein, wobei die Leistungen in Art und Umfang identisch seien. Weiterhin hat das BSG in seiner Urteilsbegründung auf Sinn und Zweck der Beschädigtengrundrente abgestellt, die weder dem allgemeinen Lebensunterhalt noch der Linderung konkreter Not diene, sondern typisierend und pauschalisierend einen schädigungsbedingten Mehrbedarf abdecken und deshalb anrechnungsfrei bleiben solle. Die Frage der Anrechnung von Hinterbliebenengrundrenten im Rahmen des § 76 BSHG hat das BSG allerdings ausdrücklich offen gelassen.

M. E. kann jedoch zu dieser Frage im Ergebnis nichts anderes gelten. Denn zum einen ist in Anbetracht der oben genannten Gründe nicht ersichtlich, warum Hinterbliebenengrundrenten, die in entsprechender Anwendung des BVG gewährt werden, anders behandelt werden sollen als die in unmittelbarer Anwendung des BVG gewährten Hinterbliebenengrundrenten, die vom Wortlaut des § 76 BSHG offensichtlich erfasst sind. Zum anderen kann es nicht entscheidend auf die Frage der Zweckbestimmung der Grundrenten ankommen. Dies zeigt sich, wenn die geschichtliche Entwicklung des § 76 BSHG in dem hier interessierenden Punkt betrachtet wird. Die Grundrente nach dem BVG ist vom Gesetzgeber mit dem 2. Änderungsgesetz zum BSHG vom 14.08.1969 durch Änderung dieser Vorschrift von der Anrechnung als Einkommen ausgenommen worden. Dies geschah, obwohl zu diesem Zeitpunkt die Zweckbestimmung der Grundrente nach dem BVG stark umstritten und die vom Bundesverwaltungsgericht in seinem Urteil vom 26.08.1964 – V C 99.63 –, veröffentlicht in BVerwGE 19, 198, festgestellte Freilassung durch den Wortlaut des § 77 BSHG eigentlich nicht gedeckt war. Die durch das 2. BSHG-Änderungsgesetz eingefügte Regelung der Nichtanrechnung in § 76 BSHG statt im Rahmen der Zweckbestimmungsregelung des § 77 BSHG verdeutlicht, dass die Nichtanrechnung unabhängig von den strengen Anforderungen an eine besondere Zweckbestimmung erfolgen sollte. Aus einer Differenzierung hinsichtlich des Leistungszwecks zwischen BVG-Grundrenten und anderen Renten, die in entsprechender Anwendung des BVG gewährt werden, lässt sich daher nicht herleiten, dass nur die unmittelbar nach dem BVG gewährte Grundrente als nicht anrechenbares Einkommen im Rahmen des § 76 BSHG angesehen werden kann.

Somit sind nach meiner Ansicht, die auch der Praxis in der Kriegsopferfürsorge entspricht, alle in unmittelbarer oder entsprechender Anwendung des BVG gewähr-

ten Beschädigten- und Hinterbliebenengrundrenten im Rahmen des § 76 BSHG nicht als Einkommen anzurechnen. Diese Auffassung wird auch in der mir bekannten Kommentarliteratur zum BSHG einhellig vertreten.

BVerwG v. 28. 5. 2003 – 5 C 8.02 – (FEVS 55, 106)
Beiträge zu einer Familienhaftpflichtversicherung sind jedenfalls bei Familien mit minderjährigen Kindern nach § 76 Abs. 2 Nr. 3 BSHG einkommensmindernd zu berücksichtigen.

§ 25 e (Einsatz von Einkommen)

(1) Einkommen der Leistungsberechtigten ist zur Bedarfsdeckung nur einzusetzen, soweit es im Monat eine Einkommensgrenze übersteigt, die sich ergibt aus

1. einem Grundbetrag in Höhe von 2,65 vom Hundert des Bemessungsbetrags des § 33 Abs. 1 Satz 2 Buchstabe a (Bemessungsbetrag), mindestens jedoch in Höhe des Grundbetrages nach § 85 Abs. 1 Nr. 1 des Zwölften Buches Sozialgesetzbuch,
2. den Kosten der Unterkunft,
3. einem Familienzuschlag in Höhe von 40 vom Hundert des Grundbetrags nach Nummer 1 für die von Leistungsberechtigten überwiegend unterhaltenen Ehegatten oder Lebenspartner sowie für jede weitere von Leistungsberechtigten allein oder zusammen mit den Ehegatten oder Lebenspartnern überwiegend unterhaltene Person,

höchstens jedoch aus einem Betrag in Höhe von einem Zwölftel des Bemessungsbetrags zuzüglich eines Betrags in Höhe von 75 vom Hundert des jeweiligen Familienzuschlags.

(2) Bei minderjährigen unverheirateten Beschädigten ist zur Deckung des Bedarfs auch Einkommen der Eltern einzusetzen. Für den Einsatz des Einkommens gilt Absatz 1 entsprechend mit der Maßgabe, daß ein Familienzuschlag für einen Elternteil, wenn die Eltern zusammenleben, sowie für Beschädigte und für jede Person anzusetzen ist, die von den Eltern oder dem Beschädigten bisher überwiegend unterhalten worden ist oder der sie nach der Entscheidung über die Leistung von Kriegsopferfürsorge unterhaltspflichtig werden. Leben die Eltern nicht zusammen, richtet sich die Einkommensgrenze nach dem Elternteil, bei dem die oder der Beschädigte lebt; leben die Eltern nicht zusammen und lebt die oder der Beschädigte bei keinem Elternteil, bestimmt sich die Einkommensgrenze nach Absatz 1; § 25 d Abs. 2 Satz 2 ist anzuwenden.

(3) Die Absätze 1 und 2 gelten nicht in den Fällen der §§ 26 a, 27 Abs. 2 Satz 4 sowie des § 27 a; § 26 Abs. 5 Satz 2, § 26 b Abs. 4, § 26 c Absatz 5, § 27 Abs. 2 letzter Satz und § 27 d Abs. 5 bleiben unberührt.

(4) Bei Aufenthalt in einer stationären oder teilstationären Einrichtung ist nach Ablauf von zwei Monaten nach Aufnahme in die Einrichtung Einkommen in Höhe der ersparten Aufwendungen für den häuslichen Lebensunterhalt insoweit einzusetzen, als es unter der maßgebenden Einkommensgrenze liegt und es unbillig wäre, vom Einsatz des Einkommens

abzusehen. Darüber hinaus kann von Leistungsberechtigten, die auf voraussichtlich längere Zeit der Pflege in einer stationären Einrichtung bedürfen, der Einsatz von Einkommen unter der Einkommensgrenze verlangt werden, solange sie keine andere Person überwiegend unterhalten.

(5) Soweit im Einzelfall Einkommen zur Deckung eines bestimmten Bedarfs einzusetzen ist, kann der Einsatz dieses Einkommens zur Deckung eines anderen, gleichzeitig bestehenden Bedarfs nicht verlangt werden. Sind unterschiedliche Einkommensgrenzen maßgebend, ist zunächst über die Leistung zu entscheiden, für welche die niedrigere Einkommensgrenze maßgebend ist. Sind gleiche Einkommensgrenzen maßgebend und verschiedene Träger der Kriegsopferfürsorge zuständig, hat die Entscheidung über die Leistung für den zuerst eingetretenen Bedarf den Vorrang; treten die Bedarfsfälle gleichzeitig ein, ist das über der Einkommensgrenze liegende Einkommen zu gleichen Teilen bei den Bedarfsfällen zu berücksichtigen.

§ 25f (Einsatz und Verwertung von Vermögen)

(1) Einzusetzen ist das gesamte verwertbare Vermögen. Dies gilt auch für Ansparungen aus Leistungen nach diesem Gesetz. Leistungen der Kriegsopferfürsorge dürfen nicht von dem Einsatz oder von der Verwertung eines Vermögens abhängig gemacht werden, soweit dies für die Leistungsberechtigten, die das Vermögen einzusetzen haben, und für ihre unterhaltsberechtigten Angehörigen eine Härte bedeuten würde. Dies ist der Fall, wenn der Einsatz des Vermögens eine angemessene Lebensführung, die Aufrechterhaltung einer angemessenen Alterssicherung oder die Sicherstellung einer angemessenen Bestattung und Grabpflege wesentlich erschweren würde. Vermögenswerte aus Nachzahlungen von Renten nach diesem Gesetz bleiben für einen Zeitraum von einem Jahr unberücksichtigt. Im Übrigen gelten § 90 Absatz 2 Nummer 1 bis 7 und 9, § 91 des Zwölften Buches Sozialgesetzbuch sowie § 25c Absatz 3 entsprechend.

(2) Als kleinere Barbeträge oder sonstige Geldwerte sind folgende Vomhundertsätze des Bemessungsbetrags nach § 33 Absatz 1 Satz 2 Buchstabe a zu berücksichtigen:

1. 10 vom Hundert bei Erbringung ergänzender Hilfe zum Lebensunterhalt an Leistungsberechtigte einschließlich Sonderfürsorgeberechtigte, die das 60. Lebensjahr noch nicht vollendet haben,
2. 20 vom Hundert bei Erbringung ergänzender Hilfe zum Lebensunterhalt an Leistungsberechtigte, die das 60. Lebensjahr vollendet haben, einschließlich Sonderfürsorgeberechtigte sowie an voll Erwerbsgeminderte oder Erwerbsunfähige im Sinne des Sechsten Buches Sozialgesetzbuch und den diesem Personenkreis vergleichbaren Invalidenrentnern,
3. 20 vom Hundert bei Erbringung aller übrigen Leistungen, außer für Sonderfürsorgeberechtigte, wenn nicht die Voraussetzungen für die Zuerkennung des gesetzlichen Schonbetrags in Höhe von 40 vom Hundert des Bemessungsbetrags vorliegen,
4. 40 vom Hundert bei Erbringung von Pflegegeld nach § 26c Absatz 1 für Pflegebedürftige der Pflegegrade 4 oder 5, von Blindenhilfe nach § 27d

Absatz 1 Nummer 4 sowie von allen übrigen Leistungen an Sonderfürsorgeberechtigte mit Ausnahme der ergänzenden Hilfe zum Lebensunterhalt,

zuzüglich eines Betrages in Höhe von 4 vom Hundert des Bemessungsbetrags für den überwiegend unterhaltenen Ehegatten oder Lebenspartner und in Höhe von 2 vom Hundert für jede weitere vom Leistungsberechtigten allein oder zusammen mit dem Ehegatten oder Lebenspartner überwiegend allein unterhaltene Person.

(3) Selbst genutztes Wohneigentum im Sinne des § 17 Abs. 2 des Wohnraumförderungsgesetzes, das von Leistungsberechtigten allein oder zusammen mit Angehörigen ganz oder teilweise bewohnt wird, denen es nach dem Tod der Leistungsberechtigten als Wohnung dienen soll, ist nicht zu verwerten.

(4) Bei minderjährigen unverheirateten Beschädigten ist zur Deckung des Bedarfs auch Vermögen der Eltern einzusetzen oder zu verwerten. Für den Einsatz und für die Verwertung von Vermögen gilt Absatz 2 entsprechend mit der Maßgabe, daß ein Betrag in Höhe von vier vom Hundert des Bemessungsbetrags für einen Elternteil, wenn die Eltern zusammenleben, sowie in Höhe von zwei vom Hundert für Beschädigte und für jede Person, die von den Eltern oder von Beschädigten überwiegend unterhalten wird, anzusetzen ist. Leben die Eltern nicht zusammen, ist nur Vermögen des Elternteils einzusetzen oder zu verwerten, bei dem Beschädigte leben. Leben die Eltern nicht zusammen und lebt der Beschädigte bei keinem Elternteil, gilt für den Einsatz und für die Verwertung von Vermögen Absatz 2.

(5) Sind Beschädigte und ihre Ehegatten oder Lebenspartner oder sind beide Elternteile von minderjährigen unverheirateten Beschädigten blind oder behindert im Sinne des § 1 Absatz 1 Satz 2 der Verordnung zur Durchführung des § 90 Absatz 2 Nummer 9 des Zwölften Buches Sozialgesetzbuch, gelten die Absätze 2 und 4 mit der Maßgabe, dass für den Ehegatten oder Lebenspartner von Beschädigten und für den Elternteil von minderjährigen unverheirateten Beschädigten ein Betrag in Höhe von 12 vom Hundert des Bemessungsbetrags anzusetzen ist.

Aus Rundschreiben, Urteilen etc.

BMA v. 4.1.1985 – VI a 2 – 52 603 (BVBl. 1 – 3/1985, 6)
Unter Bezugnahme auf das Ergebnis zu TOP 3 der Besprechung mit den für die Kriegsopferfürsorge zuständigen Referenten der Länder und Vertretern der Arbeitsgemeinschaft der Deutschen Hauptfürsorgestellen am 4. Oktober 1984 übersende ich „Anhaltspunkte zur Anwendung des § 25 c Abs. 3 BVG beim Einsatz und bei der Verwertung von Vermögen (§ 25 c BVG)“ mit der Bitte, danach im Interesse einer bundeseinheitlichen Verwaltungspraxis zu verfahren, soweit nicht die Besonderheit des Einzelfalls eine abweichende Entscheidung nahelegt.

Anhaltspunkte zur Anwendung des § 25c Abs. 3 BVG beim Einsatz und bei der Verwertung von Vermögen (§ 25 f BVG)[16]

1. Allgemeines

Nach § 25 f Abs. 1 BVG gilt § 25 c Abs. 3 BVG, wonach Einkommen des Hilfesuchenden insoweit nicht einzusetzen ist, als es im Einzelfall unter Berücksichtigung der besonderen Lage der Beschädigten oder Hinterbliebenen unbillig wäre, für den Einsatz und für die Verwertung von Vermögen des Hilfesuchenden entsprechend. Mit diesen Anhaltspunkten soll im Interesse einer bundeseinheitlichen Rechtsanwendung die allgemeine Unbilligkeitsvorschrift des § 25 c Abs. 3 BVG für den Einsatz und die Verwertung des Vermögens näher ausgestaltet werden. Die Anhaltspunkte lehnen sich an die für den Einsatz des Einkommens in den §§ 42, 43 und 44 KFürsV konkretisierten Unbilligkeitstatbestände an. Sie sehen im wesentlichen eine Erhöhung der Schonbeträge beim Einsatz kleinerer Barbeträge und bei der Verwertung sonstiger Geldwerte wegen geminderter Lebensstellung sowie wegen Art und Schwere der Schädigung vor und regeln daneben Einsatz und Verwertung auch des sonstigen Vermögens bei schädigungsnahem Bedarf. Die Erhöhung der Vermögensschonbeträge bemißt sich nach Vomhundertsätzen des jeweiligen Betrages nach § 25 f Abs. 2 BVG. Für die vom Hilfesuchenden überwiegend unterhaltenen Personen wird ein Erhöhungsbetrag nicht gewährt. Sonstige Geldwerte sind z.B. Schuldscheine, Wertpapiere, Wechsel, Beträge auf Fest- oder Termingeldkonten, Bausparguthaben oder der Rückkaufswert von Lebensversicherungen. Im Hinblick auf das Individualisierungsgebot der Kriegsopferfürsorge kann nach Lage des Einzelfalles von diesen Anhaltspunkten abgewichen werden.

2. Unbilligkeitstatbestände

a) Geminderte Lebensstellung
Schwerbeschädigten (§ 31 Abs. 3 BVG) und Hinterbliebenen ist zum allgemeinen Ausgleich der geminderten Lebensstellung ein Erhöhungsbetrag zum gesetzlichen Schonbetrag zu gewähren, der bei Barvermögen und sonstigen Geldwerten 30 v.H. des entsprechenden Schonbetrags beträgt. Bei Empfängern von Berufsschadens- oder Schadensausgleich beträgt der Erhöhungsbetrag 60 v.H. des entsprechenden Schonbetrags.

b) Art und Schwere der Schädigung
Bei Beschädigten, die wegen Art und Schwere der Schädigung zum Personenkreis der Sonderfürsorgeberechtigten gehören, beträgt der Erhöhungsbetrag

bei Sonderfürsorgeberechtigten allgemein	*10 v.H.*
bei schwerbeschädigten Sonderfürsorgeberechtigen allgemein	*20 v.H.*
bei Empfängern einer Pflegezulage der Stufen I oder II	*30 v.H.*
bei Empfängern einer Pflegezulage der Stufen III oder IV	*40 v.H.*
bei Empfängern einer Pflegezulage der Stufen V oder VI	*50 v.H.*

des entsprechenden gesetzlichen Schonbetrags.

17 Nr. 2 Buchstaben a) und b) der Anhaltspunkte ergeben sich jetzt unmittelbar aus § 44 KFürsV.

c) Schädigungsnähe des Bedarfs
Vom Einsatz und von der Verwertung des Vermögens Beschädigter ist in der Regel abzusehen, wenn der anzuerkennende Bedarf ausschließlich durch Art oder Schwere der Schädigung bedingt ist, d.h. ohne die Schädigung nicht eingetreten wäre.

Als ausschließlich schädigungsbedingt sind insbesondere anzusehen:
- *Kosten für eine med.-psych. Eignungsuntersuchung, die wegen der Schädigung angeordnet wurde;*
- *Kosten der Errichtung und der amtlichen Verwahrung eines notariellen Testaments durch Kriegsblinde;*
- *Leerfahrten für Fahruntaugliche;*
- *Sondereinrichtungen für Schwerbeschädigte (z.B. Auffahrtsrampen im Rahmen der Wohnungshilfe);*
- *besondere Hilfsmittel für Schwerstbeschädigte (z.B. Bettlesegeräte, Bettstützen, Spezialbetten, Körperbewegungsgeräte in besonders begründeten Einzelfällen);*
- *Hilfen zur Teilnahme an besonderen Lehrgängen der gesellschaftlichen Rehabilitation (§ 27 d Abs. 1 Nr. 6 BVG) für Schwerstbeschädigte;*
- *Kosten für die Mitnahme der Begleitperson in den Erholungsaufenthalt, wenn die Begleitung allein wegen der Schädigung erforderlich ist;*
- *Kraftfahrzeug-Pauschalbeihilfen in Fällen des § 27 d BVG in Verbindung mit § 28 Abs. 1 Nr. 2 KFürsV;*
- *in besonders begründeten Fällen Kosten für schädigungsbedingten Heizungsmehrbedarf, insbesondere bei Tbc-Kranken, Nierenkranken und erheblich Bewegungseingeschränkten.*

d) Die unter Buchst. a) und b) genannten Erhöhungsbeiträge sind auf den nächsthöheren durch fünfzig Euro teilbaren Betrag aufzurunden und nebeneinander zu gewähren.

e) Heimfälle
Bei nicht nur vorübergehenden Aufenthalt in einer Anstalt, einem Heim oder einer gleichartigen Einrichtung finden die Anhaltspunkte in der Regel keine Anwendung.

Erlass vom 10.11.1986 des Ministeriums für Arbeit, Gesundheit, Familie und Sozialordnung Baden-Württemberg – II/5-25-03180-1
Länderreferentenbesprechung am 17.9.1986 beim BMA mit Vertretern der Arbeitsgemeinschaft der Deutschen Hauptfürsorgestellen über die Anhaltspunkte zur Anwendung von § 25 c Abs. 3 BVG beim Einsatz und bei der Verwertung von Vermögen (§ 25 f Abs. 1 BVG) vom 4.1.1985 – Nichtberücksichtigung des Rückkaufswertes einer Lebensversicherung (Nr. 1):

Eine Änderung der Anhaltspunkte vom 4.1.1985 – Nr. 1 Abs. 2 – (vgl. Erlaß SM vom 8. Mai 1985 – II/5-53133-1/53137-1/53133-4 –) erscheint in bezug auf die Berücksichtigung des Rückkaufswertes von Lebensversicherungen als sonstiger Geldwert auch nach Auffassung des Bundesrechnungshofes nicht angezeigt. Zwar ist die Forderung nach Rückkauf einer Lebensversicherung vor allem bei kürzerer Laufzeit wirtschaftlich unangemessen und dem Hilfesuchenden wegen des damit verbundenen erheblichen finanziellen Verlustes nicht zumutbar, jedoch kann auf eine Ver-

wertung von Lebensversicherungen nicht schlechthin verzichtet werden. Es bietet sich eine Beleihung bzw. Abtretung der Lebensversicherung in Höhe des jeweiligen Rückkaufswertes an; im übrigen ist die Verwertung von Lebensversicherungen im Hinblick auf die Barvermögens-Schongrenze und das hohe Lebensalter der Hilfesuchenden von geringer Bedeutung.

Nichtverwertung eines Familienheims bei Heimunterbringung des Beschädigten

Entsprechend der Praxis in der Sozialhilfe ist bei Heimunterbringung des Hilfesuchenden auf die Verwertung eines Familienheims in entsprechender Anwendung von § 25 c Abs. 3 BVG zu verzichten, wenn und solange es vom Ehegatten des Hilfesuchenden und/oder seinen minderjährigen Kindern bewohnt wird.

Verwertung von fremdgenutzten Hausgrundstücken

Bei der Verwertung von fremdgenutzten Hausgrundstücken ist entsprechend der Sozialhilfepraxis der nicht ausgeschöpfte Barvermögens-Schonbetrag in entsprechender Anwendung von § 25 c Abs. 3 BVG abzusetzen.

BVerwG v. 18.5.1995 – 5 C 22.93 (BehR 1996, 31)

Der Einsatz von Schmerzensgeld als Vermögen bedeutet für den Hilfesuchenden grundsätzlich eine Härte im Sinn von § 88 Abs. 3 BSHG.

BVerwG v. 19.12.1997 – 5 C 7.96 (FEVS 48, 145)

1. *Es begründet keine Härte im Sinne von § 88 Abs. 3 BSHG, daß der Rückkaufswert einer Lebensversicherung um mehr als die Hälfte hinter den auf sie erbrachten Eigenleistungen des Versicherungsnehmers zurückbleibt.*
2. *Nach § 88 Abs. 1 BSHG einzusetzendes Vermögen steht, soweit und solange es (noch) nicht eingesetzt oder verwertet wurde, dem Bezug von Sozialhilfe auch dann entgegen, wenn es nicht den Bedarf für den gesamten Bedarfszeitraum gedeckt hätte; dies gilt auch in Zeiten eines Streits über die Einsetz- und Verwertbarkeit des Vermögens.*
3. *Ein Kraftfahrzeug (hier: Wohnmobil) gehört nicht zum Schonvermögen nach § 88 Abs. 2 Nr. 3 oder Nr. 6 BSHG. Es ist aber mittelbar über § 88 Abs. 2 Nr. 8 BSHG geschont, wenn auch nach Berücksichtigung des Erlöses aus dessen Einsatz oder Verwertung die Barbeträge oder Geldwerte nicht den nach dieser Vorschrift maßgeblichen Freibetrag übersteigen; würde dagegen der Einsatz oder die Verwertung zu freibetragsüberschreitenden Barbeträgen oder Geldwerten führen, ist nicht das Kraftfahrzeug selbst geschont, sondern sind es nur die erlösten Barbeträge oder Geldwerte bis zum maßgeblichen Freibetrag.*

VGH Baden-Württemberg v. 12.11.1997 – 6 S 1137/96 (FEVS 48, 178)

Einsetzbares, nicht verwertetes Vermögen steht grundsätzlich jeden Monat aufs Neue der Gewährung von Sozialhilfe entgegen. Dennoch ergangene, Sozialhilfe gewährende Bescheide sind rechtswidrig und dürfen auch für die Vergangenheit zurückgenommen werden; bereits erbrachte Leistungen sind zu erstatten. Maßgebend ist der jeweilige Vermögensstand im jeweiligen Zeitpunkt des Erlasses der zurückgenommenen Bescheide, dagegen nicht der Vermögensendstand zum Zeitpunkt der Rücknahmeentscheidung.

OVG Schleswig v. 7.5.1996 – 5 M 53/96 (FEVS 47, 371)

Solange verwertbares Vermögen vorhanden ist, steht es im konkreten Prüfungszeitraum zur Verfügung und ist bei der Prüfung des Hilfsbedarfs zu berücksichtigen; dies gilt auch dann, wenn der Sozialhilfeträger bereits in früheren Zeiträumen im

Hinblick auf diesen Vermögensgegenstand Sozialhilfeleistungen abgelehnt hat. Einen „Verbrauch" eines grundsätzlich einzusetzenden, jedoch nicht eingesetzten Vermögensgegenstandes, gibt es nicht.

BMGS v. 17.2.2003 – 431 – 61800 (BArbBl. 3/2003, 115)
Berücksichtigung von Haus- und Grundvermögen in der Kriegsopferfürsorge
Der BRH hat die Verfahren der Bewertung von Haus- und Grundvermögen bei der Gewährung von Arbeitslosenhilfe, Leistungen nach dem Bundesausbildungsförderungsgesetz und Leistungen der Kriegsopferfürsorge geprüft. Dabei fiel auf (jedoch schwerpunktmäßig im Bereich der Arbeitslosenhilfe, nicht in der KOF), dass Bewertungen uneinheitlich waren und dem tatsächlichen Verkehrswert nicht entsprachen.
Der BRH empfiehlt, dass sich insbesondere die Arbeitsämter mit den regional zuständigen Gutachterausschüssen zur Verkehrswertermittlung über ein Verfahren zur Bewertung von Grundvermögen verständigen und mit den Gutachterausschüssen Vereinbarungen über Form und Umfang der Zusammenarbeit treffen. Ferner regt der BRH an, dass die Bundesanstalt für Arbeit (BA) Arbeitshilfen zur Ermittlung des Wertes von Grundvermögen erarbeitet; diese könnten dann auch den Trägern anderer Sozialleistungen zur Verfügung gestellt werden.
Ich bitte Sie darum,
1. *bei der Prüfung des Vermögens in der KOF zukünftig besonders auf die Aktualität der Angaben der Antragstellerin oder des Antragstellers bzw. des Kaufvertrages zu achten und*
2. *in Zweifelsfällen nicht nur bei übertragenem (geschenktem) Vermögen, sondern auch bei eigenem Vermögen der Antragstellerin oder des Antragstellers die Gutachterausschüsse zu beteiligen. Sollten sich dadurch Entscheidungen verzögern, weise ich auf die Möglichkeit der darlehensweisen Gewährung von Leistungen hin.*
3. *Es bestehen keine Bedenken, dass sich die Fürsorgestellen den ggf. zwischen Arbeitsämtern und Gutachterausschüssen vereinbarten Verfahren anschließen und sie ebenfalls anwenden.*

BMGS v. 28.3.2003 – 431 – 61800 (BArbBl. 5/2003, 63)
Berücksichtigung von Haus- und Grundvermögen in der Kriegsopferfürsorge
In der Mitteilung des Bundesrechnungshofs (BRH) über die Querschnittsprüfung der Berücksichtigung von Haus- und Grundvermögen im Sozialleistungsbereich vom 11. September 2002 (IX 4–2000–1025) wurde empfohlen, dass sich die Arbeitsämter mit den regional zuständigen Gutachterausschüssen zur Verkehrswertermittlung über ein Verfahren zur Bewertung von Grundvermögen verständigen. Weiterhin regte der BRH an, dass die Bundesanstalt für Arbeit (BA) mit den Gutachterausschüssen Vereinbarungen über Form und Umfang der Zusammenarbeit treffen und Arbeitshilfen zur Ermittlung des Wertes von Grundvermögen erarbeiten sollten, die dann den Trägern anderer Sozialleistungen zur Verfügung gestellt werden. Den Empfehlungen des BRH ist die BA gefolgt und hat nachstehende Arbeitshilfen zur Ermittlung des Verkehrswertes von Haus- und Grundeigentum erarbeitet:
1. *Als Nachweis für den Verkehrswert einer Immobilie sind Kaufverträge und Verkehrswertgutachten anzuerkennen, die nicht älter als drei Jahre sind. Wertangaben von Maklern, Banken und Notaren sowie die hilfsweise Feststellung mittels Versicherungswert/Baupreisindex oder Einheitswert sind ungeeignet.*

Arbeitshilfe zur Ermittlung des Verkehrswertes von Haus- und Grundeigentum

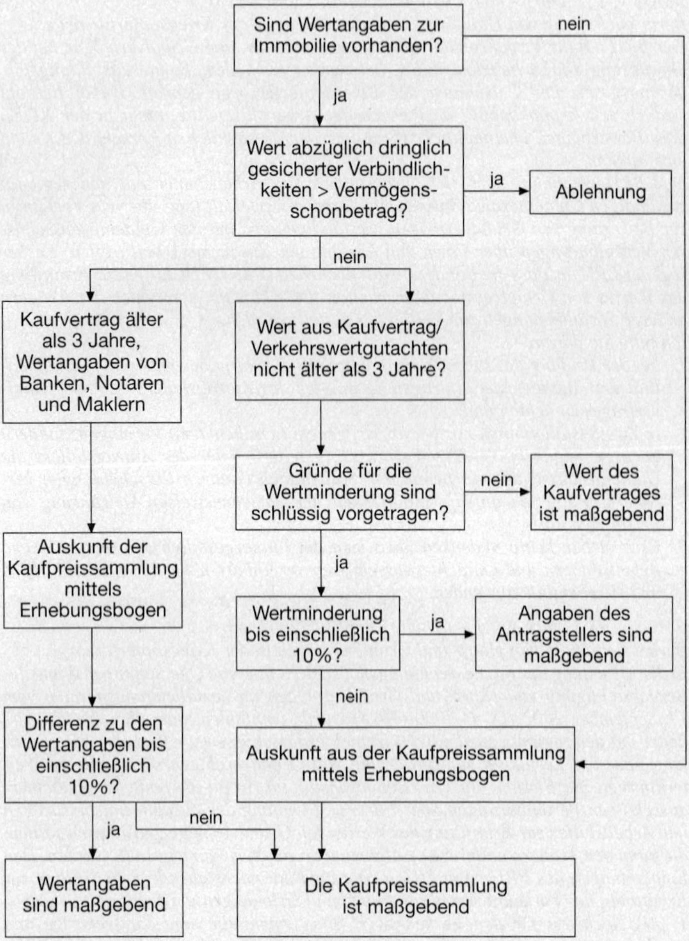

Im Ausnahmefall ist eine fachliche Äußerung des Gutachterausschusses erforderlich.

2. *Soweit aktuelle Kaufverträge bzw. Verkehrswertgutachten nicht vorliegen, sind Auskünfte zu bebauten Grundstücksflächen aus den Kaufpreissammlungen der Gutachterausschüsse bei den Kataster- und Vermessungsämtern einzuholen. Der Wert unbebauter Grundstücksflächen ist anhand der Bodenrichtwerttabellen festzustellen.*
3. *Legt der Antragsteller Unterlagen vor, die als Nachweis nicht geeignet sind, und ergibt sich aus der Kaufpreissammlung/Bodenrichtwerttabelle ein bis zu 10 Prozent abweichender Wert, sind die Angaben des Antragstellers zu akzeptieren.*
4. *Die Anforderung einer fachlichen Äußerung (Kurzgutachten) des Gutachterausschusses im Rahmen des kostenfreien Amtshilfeersuchens ist nur ausnahmsweise angezeigt, z. B. wenn keine Auskunft aus der Kaufpreissammlung möglich ist oder der Antragsteller der abschließenden Bewertung widerspricht.*

Ich empfehle, diese Arbeitshilfen bei der Bewertung von verwertbarem Haus- und Grundvermögen ebenfalls anzuwenden. Ein entsprechendes Prüfschema ist beigefügt.

Die Gutachterausschüsse sind verpflichtet, Auskünfte im Rahmen der Amtshilfeersuchen nach § 64 Abs. 2 Satz 1 SGB X kostenfrei zu erteilen. Die Einzelheiten der Zusammenarbeit der Arbeitsämter mit den regional zuständigen Gutachterausschüssen werden noch geregelt.

§ 26 (Leistungen zur Teilhabe am Arbeitsleben)

(1) Beschädigte erhalten Leistungen zur Teilhabe am Arbeitsleben nach den §§ 33 bis 38a des Neunten Buches Sozialgesetzbuch sowie im Eingangsverfahren und im Berufsbildungsbereich der Werkstätten für behinderte Menschen nach § 40 des Neunten Buches Sozialgesetzbuch.

(2) Bei Unterbringung von Beschädigten in einer Einrichtung der beruflichen Rehabilitation werden dort entstehende Aufwendungen vom Träger der Kriegsopferfürsorge als Sachleistungen getragen.

(3) Zu den Leistungen zur Teilhabe am Arbeitsleben gehören auch Hilfen zur Gründung und Erhaltung einer selbständigen Existenz; Geldleistungen hierfür sollen in der Regel als Darlehen erbracht werden.

(4) Die Leistungen zur Teilhabe am Arbeitsleben einschließlich der Leistungen im Eingangsverfahren und im Berufsbildungsbereich einer anerkannten Werkstatt für behinderte Menschen werden ergänzt durch:
1. **Übergangsgeld und Unterhaltsbeihilfe nach Maßgabe des § 26a,**
2. **Entrichtung von Beiträgen zur gesetzlichen Rentenversicherung für Zeiten des Bezuges von Übergangsgeld unter Beachtung des § 50 des Neunten Buches Sozialgesetzbuch Erstattung der Aufwendungen zur Alterssicherung von nicht rentenversicherungspflichtigen Beschädigten für freiwillige Beiträge zur gesetzlichen Rentenversicherung, für Beiträge zu öffentlich-rechtlichen berufsständischen Versicherungs- und Versorgungseinrichtungen und zu öffentlichen oder privaten Versicherungsunternehmen auf Grund von Lebensversicherungsverträgen bis zur Höhe der Beiträge, die zur gesetzlichen Rentenversicherung für Zeiten des Bezuges von Übergangsgeld zu entrichten wären,**
3. **Haushaltshilfe nach § 54 des Neunten Buches Sozialgesetzbuch,**

4. sonstige Leistungen, die unter Berücksichtigung von Art und Schwere der Schädigung erforderlich sind, um das Ziel der Rehabilitation zu erreichen oder zu sichern,
5. Reisekosten nach § 53 des Neunten Buches Sozialgesetzbuch.

(5) Soweit nach Absatz 1 oder Absatz 4 Nr. 4 Leistungen zum Erreichen des Arbeitsplatzes oder des Ortes einer Leistung zur Teilhabe am Arbeitsleben, insbesondere Hilfen zur Beschaffung und Unterhaltung eines Kraftfahrzeugs in Betracht kommen, kann zur Angleichung dieser Leistungen im Rahmen einer Rechtsverordnung nach § 27f der Einsatz von Einkommen abweichend von § 25e Abs. 1 und 2 sowie § 27d Abs. 5 bestimmt und von Einsatz und Verwertung von Vermögen ganz oder teilweise abgesehen werden. Im Übrigen ist bei den Leistungen zur Teilhabe am Arbeitsleben und den sie ergänzenden Leistungen mit Ausnahme der sonstigen Hilfen nach Absatz 4 Nr. 4 Einkommen und Vermögen nicht zu berücksichtigen; § 26a bleibt unberührt.

(6) Witwen, Witwern oder hinterbliebenen Lebenspartnern, die zur Erhaltung einer angemessenen Lebensstellung erwerbstätig sein wollen, sind in begründeten Fällen Leistungen in sinngemäßer Anwendung der Absätze 1 bis 5 mit Ausnahme des Absatzes 4 Nr. 4 zu erbringen.

Aus Rundschreiben, Urteilen etc.

Schreiben des BMA vom 16.9.2002 – IV c 1 – 62709 (nicht veröffentlicht)
Rentenversicherungspflicht von Beziehern von Unterhaltsbeihilfe

Im Rahmen der Neuregelungen der Leistungen zur Teilhabe am Arbeitsleben nach dem SGB XI stellt sich für den Bereich der Kriegsopferfürsorge die Frage nach der Rentenversicherungspflicht oder Möglichkeit zur freiwilligen Beitragszahlung von Beziehern von Unterhaltsbeihilfe. Das für den versicherten Personenkreis in der Rentenversicherung zuständige Referat hat dazu wie folgt Stellung genommen:
Die Versicherungspflicht zur gesetzlichen Rentenversicherung wegen Bezuges einer Lohnersatzleistung tritt gemäß § 3 Nr. SGB VI nur bei Bezug einer der dort konkret genannten Lohnersatzleistungen (Krankengeld, Verletztengeld, Versorgungskrankengeld, Übergangsgeld, Unterhaltsgeld, Arbeitslosengeld, Arbeitslosenhilfe) ein, wobei weitere Voraussetzung ist, dass im letzten Jahr vor Beginn der Leistung zuletzt Versicherungspflicht zur gesetzlichen Rentenversicherung bestanden haben muss. Hieraus folgt, dass der Bezug einer Unterhaltsbeihilfe nach dem Bundesversorgungsgesetz von vornherein keine Versicherungspflicht zur gesetzlichen Rentenversicherung begründet. In diesem Zusammenhang ist darauf hinzuweisen, dass nach den einschlägigen Bestimmungen des Bundesversorgungsgesetzes Unterhaltsbeihilfe gerade für diejenigen gezahlt wird, die vor Beginn der Leistung zur Teilhabe nicht erwerbstätig waren. Für diese Personen würde die Versicherungspflicht zur gesetzlichen Rentenversicherung daher ungeachtet der Frage, welche Art von Lohnersatzleistung bezogen wird, in der Regel daran scheitern, dass im letzten Jahr vor Beginn der Leistung zuletzt keine Versicherungspflicht zur gesetzlichen Rentenversicherung bestanden hat.
Als weiterer Versicherungspflichttatbestand kommt neben den Versicherungspflichttatbeständen nach § 1 Nr. 2 und 3 SGB VI gegebenenfalls noch der neue

Versicherungspflichtbestand von § 1 Nr. 3a SGB VI in Betracht, wonach Auszubildende, die in einer außerbetrieblichen Einrichtung im Rahmen eines Berufsausbildungsvertrages nach dem Berufsbildungsgesetz ausgebildet werden, versicherungspflichtig zur gesetzlichen Rentenversicherung sind. Aus Sicht des zuständigen Referates kommen weitere Versicherungspflichttatbestände nicht in Betracht.
Was die Möglichkeit der freiwilligen Versicherung anbelangt, so haben nach § 7 SGB VI grundsätzlich alle Personen ab Vollendung des 16. Lebensjahres, die nicht versicherungspflichtig sind, bei Wohnsitz in Deutschland die Möglichkeit der freiwilligen Versicherung; darüber hinaus auch Deutsche, die ihren gewöhnlichen Aufenthalt im Ausland haben. Die freiwillige Versicherung ist nach § 7 Abs. 2 SGB VI nur für diejenigen Personen ausgeschlossen, die versicherungsfrei oder von der Versicherung befreit sind (insbesondere Beamte), und die bis Eintritt der Versicherungsfreiheit oder der Versicherungsbefreiung noch nicht die allgemeine Wartezeit von 5 Jahren erfüllt haben; eine Versicherungsfreiheit auf Grund Ausübung einer geringfügigen Beschäftigung bleibt hierbei unbeachtlich.

§ 26a (Übergangsgeld)

(1) Der Anspruch auf Übergangsgeld sowie die Höhe und Berechnung bestimmen sich nach Teil 1 Kapitel 6 des Neunten Buches Sozialgesetzbuch; im Übrigen gelten für die Berechnung des Übergangsgelds die §§ 16a, 16b und 16f entsprechend.

(2) Hat der Beschädigte Einkünfte im Sinne von § 16b Abs. 1 erzielt und unmittelbar vor Beginn der Leistung zur Teilhabe am Arbeitsleben kein Versorgungskrankengeld, Krankengeld, Verletztengeld oder Übergangsgeld bezogen, so gilt für die Berechnung des Übergangsgelds § 16b Abs. 2 bis 4 und Abs. 6 entsprechend. Bei Beschädigten, die Versorgung auf Grund einer Wehrdienstbeschädigung oder einer Zivildienstbeschädigung erhalten, sind der Berechnung des Regelentgelts die vor der Beendigung des Wehrdienstes bezogenen Einkünfte (Geld- und Sachbezüge) als Soldat, für Soldaten, die Wehrsold bezogen haben, und für Zivildienstleistende, zehn Achtel der vor der Beendigung des Wehrdienstes oder Zivildienstes bezogenen Einkünfte (Geld- und Sachbezüge) als Soldat oder Zivildienstleistender zugrunde zu legen, wenn

a) der Beschädigte vor Beginn des Wehrdienstes oder Zivildienstes kein Arbeitseinkommen erzielt hat oder

b) das nach § 46 Abs. 1 Satz 1 oder § 47 Abs. 1 des Neunten Buches Sozialgesetzbuch oder nach Absatz 2 Satz 1 zu berücksichtigende Entgelt niedriger ist.

(3) Beschädigte, die vor Beginn der Leistung zur Teilhabe am Arbeitsleben beruflich nicht tätig gewesen sind, erhalten anstelle des Übergangsgelds eine Unterhaltsbeihilfe; das gilt nicht für Beschädigte im Sinne des Absatzes 2 Satz 2. Für die Bemessung der Unterhaltsbeihilfe sind die Vorschriften über Leistungen für den Lebensunterhalt bei Gewährung von Erziehungsbeihilfe entsprechend anzuwenden; § 25d Abs. 2 gilt nicht bei volljährigen Beschädigten. Bei Unterbringung von Beschädigten in einer Rehabilitationseinrichtung ist der Berechnung der Unterhaltsbeihilfe lediglich ein angemessener Betrag zur Abgeltung zusätzlicher weiterer Bedürf-

nisse und Aufwendungen aus weiterlaufenden unabweislichen Verpflichtungen zugrunde zu legen.

(4) Kommen neben Leistungen nach § 26 weitere Hilfen der Kriegsopferfürsorge in Betracht, gelten Übergangsgeld und Unterhaltsbeihilfe als Einkommen.

§ 26 b (Krankenhilfe)

(1) Krankenhilfe erhalten Beschädigte und Hinterbliebene in Ergänzung der Leistungen der Heil- und Krankenbehandlung nach diesem Gesetz. Die §§ 10 bis 24 a bleiben unberührt.

(2) Die Krankenhilfe umfaßt ärztliche und zahnärztliche Behandlung, Versorgung mit Arzneimitteln, Verbandmitteln und Zahnersatz, Krankenhausbehandlung sowie sonstige zur Genesung, zur Besserung oder zur Linderung der Krankheitsfolgen erforderliche Leistungen. Die Leistungen sollen in der Regel den Leistungen entsprechen, die nach den Vorschriften über die gesetzliche Krankenversicherung gewährt werden.

(3) Ärzte und Zahnärzte haben für ihre Leistungen Anspruch auf die Vergütung, welche die Ortskrankenkasse, in deren Bereich der Arzt oder der Zahnarzt niedergelassen ist, für ihre Mitglieder zahlt. Der Kranke hat die freie Wahl unter den Ärzten und Zahnärzten, die sich zur ärztlichen oder zahnärztlichen Behandlung im Rahmen der Krankenhilfe zu der in Satz 1 genannten Vergütung bereit erklären.

(4) Nachdem die Krankheit während eines zusammenhängenden Zeitraums von drei Monaten entweder dauerndes Krankenlager oder wegen ihrer besonderen Schwere ständige ärztliche Betreuung erfordert hat, ist bei der Festsetzung der Einkommensgrenze § 27 d Abs. 5 Satz 1 Nr. 1 entsprechend anzuwenden.

Aus Rundschreiben, Urteilen etc.

BSG v. 28.6.2001 – B 3 KR 3/00 R (FEVS 53, 115)
In der gesetzlichen Krankenversicherung sind Heilmittel persönliche medizinische Dienstleistungen und Hilfsmittel sächliche Mittel.
Eine PC-Zusatzausrüstung für ein häusliches Hirnleistungstraining kann ein in die Leistungspflicht der Krankenkassen fallendes Hilfsmittel sein.

BMGS v. 8. 12. 2003 – 431 – 62762 – (BArbBl. 1/2004, 82)
Zu den Auswirkungen des GKV-Modernisierungsgesetzes, das am 1. Januar 2004 in Kraft tritt, teile ich Folgendes mit:
Die Regelungen zu den Leistungen der Krankenhilfe nach § 26 b BVG bleiben durch das GMG unberührt.
Insbesondere wirken sich die Änderungen der §§ 37, 38 BSHG und der Regelsatzverordnung durch Art. 28 und 29 GMG nicht auf die Vorschrift des § 26 b BVG aus, da die Krankenhilfe nach dem BVG gegenüber der Krankenhilfe nach dem BSHG verselbstständigt ist. Das bedeutet, dass wie bisher Zuzahlungen und Eigenanteile, die dem krankenversicherten KOF-Berechtigtem nach dem SGB V obliegen, Bedarf im Sinne des § 26 b BVG sind und „aufstockend" im Rahmen der Krankenhilfe

einkommens- und vermögensabhängig erbracht werden können. Dies gilt, bis die vorrangige Belastungsgrenze nach § 62 SGB V (neu) erreicht wird. Vor der Anerkennung der nachzuweisenden Zuzahlungen und Eigenanteile als Bedarf der KOF ist daher die jeweilige Belastungsgrenze der Antragstellerin bzw. des Antragstellers festzustellen.

Zum medizinisch notwendigen Bedarf, der wie bisher gemäß § 26 b BVG zu übernehmen ist, zählen die Zuzahlungen des § 61 SGB V (neu), insbesondere Zuzahlungen zu Arznei-, Verband-, Heil- und Hilfsmitteln, bei häuslicher Krankenpflege, bei einer Soziotherapie, im Krankenhaus sowie bei der stationären Vorsorge und Rehabilitation. Die durch das GMG eingeführte Praxisgebühr zählt ebenfalls zum Bedarf im Sinne des § 26 b BVG. Nicht jedoch zählen dazu die durch das GMG gestrichenen Sehhilfen und Fahrtkosten, sofern nicht die Ausnahmefälle des § 33 Abs. 1 Satz 5 SGB V (neu) und des § 60 SGB V (neu) vorliegen.

Die bisherige Regelung bei der Anerkennung eines Bedarfs für Zahnersatz gilt für das Jahr 2004 gemäß § 62 Abs. 4 SGB V (neu) unverändert fort.

Die Bezugsgröße gemäß § 18 SGB IV beträgt im Jahr 2004 2415 Euro/Monat (West) und 2030 Euro/Monat (Ost).

BMAS v. 28. 6. 2007 – IV c 1 – 47272/3

Kriegsopferfürsorge; Auswirkungen des GKV-Wettbewerbsstärkungsgesetzes (GKV-WSG) auf die Krankenhilfe gemäß § 26 b Bundesversorgungsgesetz (BVG)

Zur Sicherstellung einer einheitlichen Rechtsanwendung bitte ich um Beachtung der folgenden Umsetzungshinweise zum GKV-WSG vom 26. März 2007 (BGBl. I Nr. 11, S. 378) auf die krankenhilfe in der Kriegsopferfürsorge. Ich informiere Sie gleichzeitig über Neuerungen im SGB V und im SGB XI, die auch Änderungen im Bereich der Kriegsopferfürsorge zur Folge haben. Die genannten Regelungen sind, soweit nicht anders angegeben, zum 01. April 2007 in Kraft getreten.

§ 5 Abs. 1 Nr. 13 SGB V: Keine Versicherungspflicht bei anderweitiger Absicherung im Krankheitsfall

Nicht gesetzlich oder nicht privat versicherte Anspruchsberechtigte nach dem BVG haben im Krankheitsfall wegen Nichtschädigungsfolgen oder als Hinterbliebene – wie bisher – die Möglichkeit, sowohl ergänzend zu den Leistungen der Heil- und Krankenbehandlung nach §§ 10ff BVG als auch ohne diesen Anspruch Leistungen der Krankenhilfe nach § 26 BVG beim Träger der Kriegsopferfürsorge zu erhalten. Damit haben sie einen anderweitigen Anspruch auf Absicherung im Krankheitsfall mit der Folge, dass sich für sie keine Versicherungspflicht nach der neuen Vorschrift des § 5 Abs. 1 Nr. 13 SGB V begründet. (vgl. Gesetzesbegründung mit der beispielhaften Aufzählung der mit § 26 b BVG vergleichbaren Vorschriften des § 40 SGB VIII und § 48 SGB XII sowie dem Hinweis auf die Krankenbehandlung nach dem BVG; BR_Drucksache 755/06, S. 265). Insoweit ist Artikel 10 des Gesetzes mit der Neufassung des § 32 SGB XII für den vorgenannten Personenkreis nicht von Bedeutung.

§ 33 Abs. 1 SGB V: Leistungserweiterung der Hilfsmittelversorgung bei Schwerstbehinderten

Der Anspruch auf Versorgung mit Hilfsmitteln zum Behinderungsausgleich ist in § 33 Abs. 1 Satz 2 SGB V in den Fällen der stationären Pflege erheblich erweitert worden und hängt nicht davon ab, in welchem Umfang eine Teilhabe am Leben in der

Gemeinschaft noch möglich ist. Dies bedeutet, dass in den stationären Fällen der Anspruch auf Hilfsmittelversorgung – soweit nicht die Einrichtung zur Bereitstellung verpflichtet ist – durch die GKV sicherzustellen ist, es sei denn, er ist nach § 34 Abs. 4 SGB V ausgeschlossen. Außerdem ist § 33 Abs. 1 Satz 4 SGB V um die Verpflichtung der Kassen zur notwendigen Wartung und technischen Kontrolle der Hilfsmittel erweitert worden.

§ 37 SGB V: Leistungserweiterung der häuslichen Krankenpflege
Leistungen der häuslichen Krankenpflege in der GKV sind bezüglich des Haushaltsbegriffs erweitert worden auf die neuen Wohnformen wie z. B. Wohngemeinschaften und betreute Wohnformen sowie bei besonders hohem Pflegebedarf in Werkstätten für behinderte Menschen, insbesondere um vorschnelle Einweisungen in stationäre Einrichtungen zu vermeiden. Die Leistungsausweitung gilt aber nicht für die stationäre Unterbringung in Wohnheimen im Rahmen von Maßnahmen der Eingliederungshilfe.
Neu Geregelt ist in § 37 Abs. 2 Satz 3 SGB V, dass in Fällen der stationären Pflege für eng begrenzte Personengruppen mit besonders hohem Versorgungsbedarf (z. B. Wachkomapatienten, Dauerbeatmete) die Zusatzkosten von der GKV zu übernehmen sind.

§ 37b SGB V: Neue Leistungen der spezialisierten ambulanten Palliativversorgung
Zur Verbesserung der ambulanten Versorgung regelt der neue § 37 Abs. 1 SGB V einen eigenständigen Anspruch auf eine „spezialisierte Palliativversorgung“. Dabei handelt es sich um eine Gesamtleistung mit ärztlichen und pflegerischen Leistungsanteilen, bei Bedarf rund um die Uhr. Diese Leistung soll eine Betreuung bis zum Tode in der vertrauten häuslichen Umgebung ermöglichen. Die nähere Konkretisierung des Leistungsinhalts erfolgt durch den Gemeinsamen Bundesausschuss in Richtlinien. Das Leistungsangebot gilt nach § 37 Abs. 2 SGB V auch unter bestimmten Voraussetzungen in Pflegeeinrichtungen.

§ 62 Abs. 1 SGB V: Verschärfung der Chroniker-Regelung ab 01. 01. 2008
Ab dem 01. 01. 2008 ist nach § 62 Abs. 1 Satz 3 SGB V die Möglichkeit der Inanspruchnahme der verminderten Belastungsgrenze von 1 vom Hundert der jährlichen Bruttoeinnahmen zum Lebensunterhalt ab bestimmten – für Männer und Frauen jeweils unterschiedlichen Altersgrenzen – mit der Inanspruchnahme von regelmäßigen Vorsorgeuntersuchungen verknüpft. Alle bereits am 1. April 2007 nach der bisherigen „Chroniker-Regelung“ begünstigten Versicherten fallen nur unter der Voraussetzung unter die Belastungsgrenze, dass der Arzt ihnen therapiegerechtes Verhalten, z. B. durch eine zumutbare Teilnahme an einem strukturierten Behandlungsprogramm, bescheinigt. Die Teilnahme ist unzumutbar z. B. bei Pflegebedürftigen der Pflegestufen 2 und 3 nach dem SGB XI oder einem Grad der Behinderung von mindestens 60. Das Nähere regelt der Gemeinsame Bundesausschuss in seinen Richtlinien. Wie bisher sind nicht schädigungsbedingte Zuzahlungen und Eigenanteile, die Versicherte nach dem SGB V zu leisten haben, Bedarf im Sinne des § 26b BVG einkommens- und vermögensabhängig zu erbringen. Dies gilt – wie bisher –, bis die persönliche Belastungsgrenze nach § 62 SGB V erreicht wird. Werden die verschärften Bedingungen für die verminderte Belastungsgrenze nicht erfüllt, kann der Träger der Kriegsopferfürsorge jedoch – wie bisher – die Belastungsgrenze 2 vom Hundert als Bedarf anerkennen.

§§ 41ff. SGB XI: Dauerhafte Übernahme der seit dem 01. 07. 1996 (zuletzt bis 30. 06. 2007) gedeckelten Übergangssätze unter Einbeziehung der Aufwendungen der medizinischen Behandlungspflege und der sozialen Betreuung in teilstationären und stationären Einrichtungen durch die Pflegeversicherung.
Die mehrfach verlängerte befristet geltende Übergangsregelung zur Höhe der pauschalen Leistungssätze unter Einbeziehung der Aufwendungen der medizinischen Behandlungspflege und der sozialen Betreuung in Fällen der teilstationären und stationären Pflege ist nunmehr als Dauerregelung vorgesehen. Die pauschalen Leistungsbeiträge nach dem bisherigen § 43 Abs. 5 SGB XI gelten nach § 43 Abs. 2 SGB XI – neu – unbefristet. Die ursprünglich vorgesehene Verlagerung der Finanzierung der medizinischen Behandlungspflege zur GKV wurde aufgehoben; dazu wurden der bisherige § 43 b SGB XI gestrichen sowie der § 82 Abs. 1 Satz 2 und § 84 Abs. 1 SGB XI neu gefasst. Bezüglich des besonders hohen Bedarfs bei medizinischer Behandlungspflege in Einrichtungen wird auf die obigen Ausführungen zu § 37 SGB V hingewiesen.

Weitere Erfahrungen aus der Anwendungspraxis, die ggf. Anlass zu ergänzenden Umsetzungshinweisen bieten, bleiben abzuwarten. Für entsprechende Hinweise bin ich dankbar.

§ 26 c

(1) Beschädigte und Hinterbliebene erhalten Hilfe zur Pflege in entsprechender Anwendung von § 13 des Zwölften Buches Sozialgesetzbuch sowie des Siebten Kapitels des Zwölften Buches Sozialgesetzbuch, soweit in den folgenden Absätzen nichts Abweichendes geregelt ist.

(2) Der Hilfe zur Pflege gehen die Leistungen nach § 35 vor.

(3) Stellen Pflegebedürftige ihre Pflege nach § 63b Absatz 6 des Zwölften Buches Sozialgesetzbuch durch von ihnen beschäftigte besondere Pflegekräfte sicher, gelten § 11 Absatz 3 des Fünften Buches Sozialgesetzbuch und § 34 Absatz 2 Satz 2 des Elften Buches Sozialgesetzbuch entsprechend.

(4) § 64a Absatz 2 des Zwölften Buches Sozialgesetzbuch findet keine Anwendung.

(5) Bei der Festsetzung der Einkommensgrenze sind folgende Regelungen entsprechend anzuwenden:
1. § 27d Absatz 5 Satz 1 Nummer 1 und Satz 2 bei der Pflege in einer stationären Einrichtung, wenn sie voraussichtlich auf längere Zeit erforderlich ist, sowie bei der häuslichen Pflege von Pflegebedürftigen der Pflegegrade 2 oder 3 und
2. § 27d Absatz 5 Satz 1 Nummer 2 sowie Satz 2 und 3 bei dem Pflegegeld für Pflegebedürftige der Pflegegrade 4 oder 5.

(6) Werden Leistungen der Hilfe zur Pflege für ein volljähriges Kind der Beschädigten erbracht, haben Beschädigte Einkommen und Vermögen bis zur Höhe des Betrages nach § 27h Absatz 2 Satz 3 einzusetzen, soweit das Einkommen die für die Leistung maßgebliche Einkommensgrenze nach § 25e Absatz 1 oder § 26c Absatz 5 oder das Vermögen die Vermögensgrenze nach § 25f übersteigt.

Aus Rundschreiben, Urteilen etc.

BMA v. 25.9.1992 – IV 2 – 52 567
Anrechnung des Pflegegeldes der Unfallversicherung auf das Pflegegeld der Kriegsopferfürsorge
Prüfungen des Bundesrechnungshofs in den neuen Ländern geben mir Anlaß, auf folgendes hinzuweisen:
Das Pflegegeld nach § 26 c Absatz 5 BVG wird nicht gewährt, soweit der Pflegebedürftige gleichartige Leistungen nach anderen Rechtsvorschriften erhält (§ 26 c Absatz 5 Satz 3 BVG). Zu den gleichartigen Leistungen im Sinne dieser Vorschrift zählt auch das Pflegegeld der Unfallversicherung.
Nach § 558 Absatz 1 und 3 RVO kann die Unfallversicherung statt der Pflege ein Pflegegeld gewähren, solange der Verletzte infolge des Arbeitsunfalls so hilflos ist, daß er nicht ohne Wartung und Pflege sein kann.
Sowohl das Pflegegeld aus Mitteln der Kriegsopferfürsorge als auch das Pflegegeld der Unfallversicherung dienen unter nahezu gleichen Voraussetzungen dazu, pauschaliert Aufwendungen zu erstatten, Beihilfen zu gewähren und die Bereitschaft der Pflegepersonen zur Übernahme der häuslichen Pflege zu wecken und zu erhalten. Damit sind die Leistungen der Unfallversicherung nach § 558 RVO gleichartig im Sinne des § 26 c Absatz 5 Satz 3, so daß in ihrer Höhe ein Pflegegeld nach § 26 c Absatz 5 Satz 1 und Absatz 6 BVG nicht gewährt wird.[18]

BMA v. 30.7.1996 – Va 5 – 43 501 – 11 (nicht veröffentlicht)
In Fällen der Hilfe zur stationären Pflege nach § 26 c des Bundesversorgungsgesetzes (BVG) halte ich es für zulässig, daß Träger der Kriegsopferfürsorge (KOF) die Kosten der stationären Pflege in voller Höhe übernehmen und den Anspruch gegen die Pflegekassen im Wege der Erstattung geltend machen. Das Pflegeversicherungs-, Kriegsopferfürsorge- und Heimrecht steht diesem uneingeschränkten Bruttoabrechnungsverfahren nicht entgegen.
Bei Sachleistungen nach dem sozialen Entschädigungsrecht ist es den KOF-Trägern unbenommen, die Kosten ungekürzt zu übernehmen, vom Hilfeempfänger gemäß § 25 c Abs. 2 BVG den Aufwand für die Sachleistung in Höhe des einzusetzenden Einkommens und Vermögens und hinsichtlich der Ansprüche gegen andere Sozialleistungsträger Erstattung nach §§ 102 ff. des Sozialgesetzbuches, Zehntes Buch (SGB X), zu verlangen. Im Unterschied zu den Geldleistungen nach § 25 c Abs. 1 BVG und zum Sozialhilferecht (§§ 28, 29 BSHG) bedarf es für diese Vorgehensweise keiner besonderen Begründung.
§ 4 e Abs. 3 des Heimgesetzes (HeimG) sowie in der Übergangszeit § 4 Abs. 1 Satz 1 des Art. 49 a des Pflege-Versicherungsgesetzes (PflegeVG) in der seit 1. Juli 1996 geltenden Fassung stehen dem nicht entgegen. Diese Vorschriften stellen nur für die heimrechtliche Ebene klar, daß der Sachleistungsanspruch des Pflegebedürftigen gegenüber seiner Pflegekasse durch Zahlung an das Pflegeheim zu erfüllen ist. Sie zwingen die Pflegekassen jedoch nicht, auch dann an das Heim zu zahlen, wenn bereits der Träger der Kriegsopferfürsorge für das gesamte Heimentgelt in Vorleistung getreten ist, was in dessen alleiniger Entscheidungszuständigkeit liegt. In diesen Fällen ergibt sich sein Erstattungsanspruch gegen die Pflegekasse aus

---

18 Seit 1. 4. 1995 lauten die Bezugsvorschriften des BVG: § 26c Abs. 8; § 26c Abs. 10 Satz 1 BVG.

§ 104 Abs. 1 Sätze 1 und 4 SGB X, da nach dem letzten Halbsatz des § 104 Abs. 1 Satz 4 SGB X bei Aufwendungsersatzansprüchen, wie sie aus § 25 c Abs. 2 BVG folgen, das Vorrang-Nachrang-Verhältnis aufgehoben ist. Dies gilt auch nach einer möglichen Anlaufphase nach Inkrafttreten der Zweiten Stufe der Pflegeversicherung.
Ich wäre Ihnen dankbar, wenn Sie dies Ihren Mitgliedskassen zur Kenntnis geben und eine entsprechende Handhabung in Ihrem Zuständigkeitsbereich sicherstellen würden, so daß die geltend gemachten Erstattungsansprüche der KOF-Träger erfüllt werden; die Möglichkeit der Aufrechterhaltung des „Bruttoprinzips" bei Heimbewohnern, die trotz der Leistungen der Pflegekasse noch von der Kriegsopferfürsorge abhängig sind, ist meines Erachtens auch im Interesse der Versicherten und der Heime geboten.

BMA v. 5. 2. 2001 – VI a 1 – 62 365–2 (BArbBl. 4/2001, 109)
Leistungen der KOF und der Pflegeversicherung bei häuslicher Pflege
Tages- und Nachtpflege nach § 41 SGB XI und Pflegesachleistungen nach § 36 SGB XI
Für die Leistungsgewährung der Träger der Kriegsopferfürsorge im Falle der Pflegebedürftigkeit kommt es wegen unterschiedlicher Zuständigkeiten darauf an, ob die Leistungen der Pflegeversicherung, die vorrangig gegenüber den Kriegsopferfürsorgeleistungen bei Pflegebedürftigkeit sind, als Leistungen der häuslichen Pflege oder als Leistungen der teilstationären Pflege gewährt worden sind.
Im Pflegeversicherungsgesetz ist dieses Rangverhältnis nicht ausdrücklich geregelt, es ergibt sich jedoch aus dem die Pflegeversicherung prägenden Grundsatz des Vorranges der häuslichen Pflege. Ambulante Leistungen haben danach auch Vorrang vor teilstationären Leistungen.
Dieses in der Pflegeversicherung bestehende Vorrangverhältnis ist auch von den Trägern der Kriegsopferfürsorge zu beachten, wenn sie in den Fällen, in denen wegen eines hohen Pflegebedarfs zusätzliche Leistungen nach dem Bundesversorgungsgesetz beansprucht werden, bei der Festsetzung des Anspruchs auf Pflegeleistungen den Leistungsanspruch nach dem SGB XI zu berücksichtigen haben.
Es ist daher davon auszugehen, dass die Pflegeversicherungsleistungen zunächst als Leistungen der häuslichen Pflege und erst dann als Leistungen der teilstationären Pflege gewährt werden, wenn sich nicht aus den Umständen des Einzelfalles, beispielsweise einem Bescheid der Pflegekasse, etwas anderes ergibt. Im Sinne einer bundeseinheitlichen Praxis bitte ich dies bei der Festsetzung der Leistungen nach § 26 c BVG zu berücksichtigen.

BSG v. 22.7.2004 – B 3 KR 5/03 R (FEVS 56, 1)
Hilfsmittel; Lagerungsrollstuhl; Pflegeheim; Vorhaltepflicht
Die Abgrenzung der Leistungsverpflichtung der gesetzlichen Krankenversicherung bei der Hilfsmittelversorgung in Pflegeheimen von der Vorhaltepflicht des Heimträgers hat danach zu erfolgen, ob noch eine Krankenbehandlung und ein Behinderungsausgleich im Sinne medizinischer Rehabilitation stattfindet oder aber ganz überwiegend die Pflege im Vordergrund steht, weil eine Selbstbestimmung und gleichberechtigte Teilhabe am Leben in der Gesellschaft nicht mehr möglich ist.
Zur Verpflichtung der Krankenkasse, eine geistig und körperlich schwerbehinderte, zur aktiven Teilhabe am Gemeinschaftsleben nicht mehr fähige Pflegeheimbewohnerin mit einem sog. Lagerungsrollstuhl auszustatten.

BMAS v. 19.1.2006 – IV c 1–47277/2
Mischfälle der stationären Pflege nach §§ 35 Abs. 6 und 26 c des Bundesversorgungsgesetzes
Nach dem Urteil des Bundessozialgerichts vom 10. Dezember 2003 (B 9 V 7/03 – FEVS 55, 389 –) und dem Rundschreiben des BMGS vom 1. April 2005 (432–63064), mit dem im Einvernehmen mit den Ländern der Rechtsprechung gefolgt wird, übernimmt die Versorgungsverwaltung in den Fällen, in denen der Gesamtzustand der Hilflosigkeit eines Pflegezulageempfängers überwiegend von schädigungsunabhängigen Gesundheitsstörungen verursacht wird und die Pflege nur in einer stationären Einrichtung sichergestellt werden kann, neben den Unterbringungskosten (Unterkunft und Verpflegung) sowie den Investitionskosten hinsichtlich des Pflegebedarfs nur den Kostenanteil der Heimpflege, welcher aufgrund der nach § 35 Abs. 1 BVG anerkannten – überwiegend schädigungsbedingten – Hilflosigkeit erfolgt. Den darüber hinausgehenden schädigungsunabhängigen Pflegebedarf übernehmen die Träger der Kriegsopferfürsorge nach § 26 c BVG, sofern Beschädigte nicht in der Lage sind, diesen aus ihrem verbleibenden Einkommen und Vermögen zu decken.
Aus dem Kreis der Länder und in der Sitzung des Arbeitsausschusses „Kriegsopferfürsorge" der Bundesarbeitsgemeinschaft der Integrationsämter und Hauptfürsorgestellen am 10./11.10.2005 ist an mich die Frage herangetragen worden, wie in den vorstehend geschilderten Mischfällen der Betrag nach § 35 Abs. 6 BVG beim Einsatz von Einkommen der Berechtigten für stationäre Leistungen der Hilfe zur Pflege nach § 26 c BVG zu bewerten ist.
Nach Prüfung dieser Frage komme ich zu folgendem Ergebnis:
Nach den Vorschriften der Kriegsopferfürsorge gilt der Betrag nach § 35 Abs. 6 BVG als Einkommen der Berechtigten, da nur folgende Versorgungsleistungen nach dem BVG gemäß § 26 d Abs. 1 Satz 2 BVG und § 30 Abs. 2 Nr. 1 KFürsV nicht zum Einkommen der Berechtigten zählen:
- *die Grundrente und der Erhöhungsbetrag wegen Vollendung des 65. Lebensjahres,*
- *die Schwerstbeschädigtenzulage,*
- *ein Betrag in Höhe der Grundrente, soweit sie nach § 65 BVG ruht,*
- *ein der Grundrente und der Schwerstbeschädigtenzulage entsprechender Betrag, wenn ein Härteausgleich nach § 89 BVG gewährt wird.*

Es ist jedoch erforderlich, die Gleichbehandlung der Berechtigten in den Mischfällen mit den Berechtigten mit ausschließlich schädigungsunabhängigem Pflegebedarf im Hinblick auf den Einsatz von Einkommen zu wahren. In der letztgenannten Gruppe der Berechtigten erbringen die Träger der Kriegsopferfürsorge einkommens- und vermögensabhängig den Pflegebedarf sowie den Barbetrag für den weiteren Lebensunterhalt in der Einrichtung nach § 35 Abs. 2 SGB XII unter Freilassung der zuvor genannten Versorgungsleistungen.
Ich empfehle daher in Mischfällen, in denen die Freilassung der oben genannten Versorgungsleistungen aufgrund der Anrechnung nach § 35 Abs. 6 BVG nicht möglich ist, in ergänzender Gesetzesauslegung des § 25 d Abs. 1 Satz 2 BVG, einen Betrag nur in Höhe der an sich tatsächlich zustehenden Grundrente, ggf. einschließlich eines Betrages in Höhe der Schwerstbeschädigtenzulage, nicht zum Einkommen der Berechtigten zu zählen sowie daneben ggf. einen Barbetrag nach § 35 Abs. 2 SGB XII zu zahlen.

§ 26 d

(1) Beschädigte und Hinterbliebene mit eigenem Haushalt sollen Leistungen zur Weiterführung des Haushalts erhalten, wenn weder sie selbst noch Haushaltsangehörige, mit denen sie zusammenleben, den Haushalt führen können und die Weiterführung des Haushalts geboten ist. Der Träger der Kriegsopferfürsorge soll darauf hinwirken, dass die Weiterführung des Haushalts durch Personen, die den Beschädigten und Hinterbliebenen nahestehen, oder im Wege der Nachbarschaftshilfe übernommen wird. Die Leistungen sollen in der Regel nur vorübergehend erbracht werden. Satz 3 gilt nicht, wenn durch die Leistungen die Unterbringung in einer stationären Einrichtung vermieden oder aufgeschoben werden kann.

(2) Die Leistungen umfassen die persönliche Betreuung von Haushaltsangehörigen sowie die sonstige zur Weiterführung des Haushalts erforderliche Tätigkeit.

(3) Beschädigten und Hinterbliebenen im Sinne des Absatzes 1 sind die angemessenen Aufwendungen für eine haushaltsführende Person zu erstatten. Es können auch angemessene Beihilfen geleistet sowie Beiträge der haushaltsführenden Person für eine angemessene Alterssicherung übernommen werden, wenn diese nicht anderweitig sichergestellt ist. Ist neben oder anstelle der Weiterführung des Haushalts die Heranziehung einer besonderen Person zur Haushaltsführung erforderlich oder eine Beratung oder eine zeitweilige Entlastung der haushaltsführenden Person geboten, sind die angemessenen Kosten zu übernehmen.

(4) Die Leistungen können auch durch Übernahme der angemessenen Kosten für eine vorübergehende anderweitige Unterbringung von Haushaltsangehörigen erbracht werden, wenn diese Unterbringung in besonderen Fällen neben oder statt der Weiterführung des Haushalts geboten ist.

§ 26 e

(1) Altenhilfe soll außer den Leistungen nach den übrigen Bestimmungen dieses Gesetzes Beschädigten und Hinterbliebenen erbracht werden. Sie soll dazu beitragen, Schwierigkeiten, die durch das Alter entstehen, zu verhüten, zu überwinden oder zu mildern und Beschädigten und Hinterbliebenen im Alter die Möglichkeit zu erhalten, selbstbestimmt am Leben in der Gemeinschaft teilzunehmen und ihre Fähigkeiten zur Selbsthilfe zu stärken.

(2) Als Leistungen der Altenhilfe kommen vor allem in Betracht:

1. Leistungen bei der Beschaffung und zur Erhaltung einer Wohnung, die den Bedürfnissen des alten Menschen entspricht,
2. Beratung und Unterstützung im Vor- und Umfeld von Pflege, insbesondere in allen Fragen des Angebots an Wohnformen bei Unterstützungs-, Betreuungs- oder Pflegebedarf sowie an Diensten, die Betreuung oder Pflege leisten,
3. Leistungen in allen Fragen der Inanspruchnahme altersgerechter Dienste,

4. **Leistungen zum Besuch von Veranstaltungen oder Einrichtungen, die der Geselligkeit, der Unterhaltung, der Bildung oder den kulturellen Bedürfnissen alter Menschen dienen,**
5. **Leistungen, die alten Menschen die Verbindung mit nahestehenden Personen ermöglicht,**
6. **Leistungen zu einer sonstigen Betätigung und zum gesellschaftlichen Engagement.**

(3) Leistungen nach Absatz 1 sollen auch erbracht werden, wenn sie der Vorbereitung auf das Alter dienen.

(4) Altenhilfe soll ohne Rücksicht auf vorhandenes Einkommen oder Vermögen erbracht werden, soweit im Einzelfall Beratung und Unterstützung erforderlich ist.

(5) Die Leistungen der Altenhilfe sind mit den übrigen Leistungen dieses Gesetzes, den Leistungen der örtlichen Altenhilfe und der kommunalen Infrastruktur zur Vermeidung sowie Verringerung der Pflegebedürftigkeit und zur Inanspruchnahme der Leistungen der Eingliederungshilfe zu verzahnen. Die Ergebnisse der Gesamtplanung nach § 58 des Zwölften Buches Sozialgesetzbuch sowie die Grundsätze der Koordination, Kooperation und Konvergenz der Leistungen nach den Vorschriften des Neunten Buches Sozialgesetzbuch sind zu berücksichtigen.

Aus Rundschreiben, Urteilen etc.

BMA v. 4.1.1985 – VI a 2 – 53769 (BVBl. 1-3/1985, 5)
Unter Bezugnahme auf das Ergebnis zu TOP 2 der Besprechung mit den für die Kriegsopferfürsorge zuständigen Referenten der Länder und Vertretern der Arbeitsgemeinschaft der Deutschen Hauptfürsorgestellen am 4. Oktober 1984 übersende ich „Anhaltspunkte für die Gewährung von Altenhilfe im Rahmen der Kriegsopferfürsorge (§ 27 d Abs. 1 Nr. 12 BVG)[19] mit der Empfehlung, danach im Interesse einer möglichst wirksamen, bundeseinheitlichen Altenhilfe zu verfahren.

Anhaltspunkte für die Gewährung von Altenhilfe im Rahmen der Kriegsopferfürsorge (§ 27 d Abs. 1 Nr. 12 BVG)[19]

1. Aufgabe

Angesichts der Überalterung der Kriegsopfer erlangt in der Kriegsopferfürsorge die Altenhilfe unter den Hilfen in besonderen Lebenslagen nach § 27 d BVG zunehmende Bedeutung.

Im Rahmen der Altenhilfe der Kriegsopferfürsorge bedarf es daher in verstärktem Maße umfassender individueller Betreuungsmaßnahmen und gezielter Hilfen, die der spezifischen Bedarfssituation im Alter entsprechen und dazu beitragen, altersbedingten Schwierigkeiten wirksam zu begegnen, Kriegsopfern auch

19 Jetzt § 26 e.

im Alter eine selbständige Lebensführung zu gewährleisten und einer Vereinsamung im Alter vorzubeugen.
Aufgabe der Altenhilfe ist es, Schwierigkeiten, die durch das Alter entstehen, zu verhüten, zu überwinden oder zu mildern und alten Kriegsopfern die Möglichkeit zu erhalten, so lange wie möglich selbständig einen Haushalt zu führen, Beziehungen zur Umwelt und soziale Kontakte zu erhalten sowie am Leben in der Gemeinschaft und am kulturellen Leben teilzuhaben.

2. Personenkreis

Anspruchsberechtigt nach § 27d Abs. 1 Nr. 12 BVG sind Beschädigte und Hinterbliebene, bei denen altersbedingt Schwierigkeiten im täglichen Leben auftreten oder in absehbarer Zeit zu erwarten sind oder bei denen wegen ihres Alters die Gefahr der Vereinsamung besteht.
Bei der altersmäßigen Zuordnung zum Personenkreis der Anspruchsberechtigten nach § 27d Abs. 1 Nr. 12 BVG sind mit zu berücksichtigen
- *Art und Schwere der anerkannten Schädigungsfolgen,*
- *Art und Schwere einer festgestellten Behinderung,*
- *der Zustand der körperlichen, geistigen und seelischen Kräfte,*
- *das Fehlen des Anschlusses an eine Familiengemeinschaft oder sonstige Bezugspersonen.*

3. Hilfearten

Folgende Hilfen kommen vor allem in Betracht:
3.1 Persönliche Hilfen,
3.2 Hilfe bei der Beschaffung und Erhaltung einer altersgerechten Wohnung,
3.3 Hilfe bei der Inanspruchnahme altersgerechter Dienste,
3.4 Hilfe zur Teilnahme am öffentlichen und kulturellen Leben, insbesondere Hilfe zum Besuch von Veranstaltungen und Einrichtungen, die der Bildung und den Bedürfnissen alter Menschen dienen,
3.5 Hilfe, die alten Menschen die Verbindung mit nahestehenden Personen ermöglicht,
3.6 Hilfe zu einer Betätigung, wenn sie gewünscht wird,
3.7 Hilfe bei der Aufnahme in eine Einrichtung, die der Betreuung alter Menschen dient, insbesondere bei der Beschaffung eines Heimplatzes.
Die übrigen Hilfemöglichkeiten der Kriegsopferfürsorge außerhalb der Altenhilfe bleiben unberührt.

Zu 3.1 Persönliche Hilfen
Persönliche Hilfen bestehen vornehmlich in der Beratung, Förderung der Betreuung und Vermittlung von Kontakten zu anderen Personen und zur Umwelt auch durch Dritte (z.B. Einzelpersonen, Selbsthilfeorganisationen und Wohlfahrtsverbände).

Zu 3.2 Beschaffung und Erhaltung altersgerechter Wohnungen
Altersgerechte Wohnungen sind Wohnungen, die nach ihrer örtlichen Lage der eingeschränkten Mobilität alter Menschen entgegenkommen, ihnen möglichst ohne Schwierigkeiten zugänglich sind und hinsichtlich der Bewirtschaftung ihren besonderen Bedürfnissen entsprechen. Hinweise hierzu ergeben sich aus den „Planungsempfehlungen für Altenwohnungen, Wohnungen in Altenheimen, Wohnplätze und Altenwohnheime" des Bundesministers für Raumord-

nung, Bauwesen und Städtebau vom 30. Dezember 1971 i. d. F. vom 8. Dezember 1972 und den entsprechenden landesrechtlichen Vorschriften.
Die Hilfe besteht in der Mitwirkung bei der Beschaffung und Erhaltung einer altersgerechten Wohnung. Soweit erforderlich, sind Geldleistungen zu gewähren; das gilt auch für Kosten des Umzugs in eine altersgerechte Wohnung.
Geldleistungen können auch für die Finanzierung altersbedingt notwendiger Änderungs- und Instandsetzungsarbeiten an Wohnungen sowie für die altersgerechte Einrichtung und Ausstattung von Wohnungen gewährt werden, wenn dadurch ein Verbleiben in der Wohnung für längere Zeit ermöglicht wird.
Eigenheime von Beschädigten oder Hinterbliebenen, die zur Schaffung altersgerechten Wohnraums errichtet werden sollen, können nur in begründeten Ausnahmefällen mitfinanziert werden. Dagegen kann die Schaffung altersbedingter Einliegerwohnungen z.B. im Eigenheim nahestehender Personen gefördert werden, wenn dadurch eine nicht nur vorübergehend notwendige Versorgung und Pflege sichergestellt wird. Die Regelungen über die Wohnungshilfe im Rahmen der Kriegsopferfürsorge sind sinngemäß anzuwenden.

Zu 3.3 Altersgerechte Dienste

Altersgerechte Dienste sollen dazu beitragen, eine sonst notwendige Heimunterbringung zu vermeiden oder hinauszuschieben.
Altersgerechte Dienste umfassen neben persönlicher Hilfe (Beratung) auch Sachleistungen wie

3.31 Hauspflegerische und hauswirtschaftliche Dienste,
3.32 Mahlzeitenversorgungsdienste,
3.33 Körperpflegedienste,
3.34 Fahr- und Begleitdienste.

Hauspflegerische und hauswirtschaftliche Dienste kommen in Betracht, sofern diese Hilfen wegen Krankheit oder Altersgebrechen erforderlich sind.
Mahlzeitenversorgungsdienste versorgen alte Menschen, die nicht selbst für sich kochen können, durch stationäre Mittagstische oder mobile Dienste (Essen auf Rädern) mit warmem Essen.
Körperpflegedienste kommen in Betracht, soweit sie altersbedingt notwendig sind und nicht im Rahmen der Familienhilfe sichergestellt werden können. Zu den Körperpflegediensten gehören auch Dienstleistungen, die der Erhaltung der Bewegungsfähigkeit alter Menschen dienen (z.B. Fußpflege).
Fahr- und Begleitdienste werden erforderlich, wenn öffentliche Verkehrsmittel nicht mehr benutzt werden können und die notwendige Begleitung im Rahmen der Familienhilfe nicht sichergestellt werden kann.
Zu den Kosten altersgerechter Dienste sollen Geldleistungen gewährt werden. Sofern der alte Mensch noch eine Tätigkeit anstrebt, soll ihm Hilfe zur Aufnahme einer solchen Betätigung – ggf. in gemeinnützigen Einrichtungen – gewährt werden.

Zu 3.7 Heimunterbringung

Anspruchsberechtigte, die nach eingehender Beratung über die Möglichkeiten ambulanter Hilfe aus Altersgründen eine selbständige Lebensführung außerhalb von Einrichtungen nicht mehr aufrechterhalten können, sollen Hilfe bei der Beschaffung eines geeigneten Alten-, Altenwohn- oder Pflegeheimplatzes erhalten.

Die Hilfe besteht neben der tätigen Mithilfe vor allem in der persönlichen Beratung sowie in der Mitwirkung bei der Stellung von Anträgen und bei der Einleitung von Unterbringungsmaßnahmen. Wünsche des Hilfesuchenden sind nach Möglichkeit unter Beachtung von § 25 b Abs. 5 letzter Satz BVG zu berücksichtigen.

Die Hilfe soll auch gewährt werden, wenn die Heimunterbringung nur vorübergehend erforderlich ist.

4. Wirtschaftliche Voraussetzungen

Sofern Altenhilfe als persönliche Hilfe in Betracht kommt, wird sie ohne Berücksichtigung des Einkommens und Vermögens des Hilfesuchenden gewährt. Für Geldleistungen der Altenhilfe gilt die Einkommensgrenze des § 25e Abs. 1 BVG unter Beachtung der §§ 41–48 KFürsV.

Geldleistungen für die Beschaffung oder Erhaltung (nicht Einrichtung oder Ausstattung) altersgerechter Wohnungen können gewährt werden, wenn das Einkommen des Hilfesuchenden die Einkommensgrenze nach § 88a Abs. 1 Buchst. b des Zweiten Wohnungsbaugesetzes nicht übersteigt. § 25d BVG gilt entsprechend.

BMA v. 25.2.1994 – VI a 2 – 52769 und v. 15.6.1998 – VI 2 – 52769 (BArbBl. 7-8/1998, 86)

Anhaltspunkte für die Übernahme von Kostenbeiträgen zu Veranstaltungen im Rahmen der Altenhilfe

Als Anlage übersende ich „Anhaltspunkte für die Übernahme von Kostenbeiträgen zu Veranstaltungen im Rahmen der Altenhilfe" in der in der Länderreferentenbesprechung am 25./26.1.1994 geänderten Fassung. Ich bitte, danach im Interesse einer bundeseinheitlichen Verwaltungspraxis zu verfahren.

Anhaltspunkte zur Anwendung des § 25c Abs. 3 Satz 1 BVG bei der Übernahme von Kostenbeiträgen zu Veranstaltungen im Rahmen der Altenhilfe der Kriegsopferfürsorge nach § 26e BVG[20]

1. Allgemeines

1.1 Zu den Aufgaben der Altenhilfe der Kriegsopferfürsorge gehört die Förderung des Besuchs von Veranstaltungen, die der Geselligkeit, der Unter-

20 In der Fassung des Rundschreibens des BMAS vom 25. 11. 2008, Az. IV c 1-47279/1. Nummer 4.1 wurde durch Rundschreiben vom 25. 5. 2011 – V b 1 – 53279/2 geändert. Nummern 5.1 und 5.2 wurden durch Rundschreiben vom 16. 6. 2013 – V b 1 – 54279/3 geändert.

haltung, der Bildung oder den kulturellen Bedürfnissen alter Menschen dienen (§ 26 e Abs. 2 Nr. 4 BVG). Soweit diese Förderung in der Übernahme von Kostenbeiträgen für die Teilnahme an solchen Veranstaltungen besteht, bestimmt sich die Geldleistung grundsätzlich nach dem Einkommen und Vermögen des Hilfesuchenden.

Nach § 25 c Abs. 3 Satz 1 BVG ist Einkommen des Hilfesuchenden insoweit nicht einzusetzen, als der Einkommenseinsatz im Einzelfall bei Berücksichtigung der besonderen Lage der Beschädigten und Hinterbliebenen unbillig wäre; entsprechendes gilt nach § 25 f Abs. 1 BVG für Einsatz und Verwertung von Vermögen des Hilfesuchenden.

1.2 Diese Anhaltspunkte sollen eine einheitliche Verwaltungspraxis für die Fälle sicherstellen, in denen insbesondere Art und Schwere der anerkannten Schädigungsfolgen bzw. Behinderungen eine erheblich eingeschränkte Mobilität oder fehlender Familienanschluß bei hohem Lebensalter aus Billigkeitsgründen die Übernahme von Kostenbeiträgen für die Teilnahme an Veranstaltungen der Kriegsopferverbände, der Kirchen und Religionsgesellschaften des öffentlichen Rechts, der Träger der freien Wohlfahrtspflege sowie von Sportgemeinschaften im Sinne des § 11 a BVG unter Verzicht auf jeden Einsatz von Einkommen und Vermögen nahelegen.

Gehört ein Hilfesuchender keiner der nachfolgend unter Nummer 2 aufgeführten Personengruppen an oder erfüllt eine Veranstaltung nicht die nachstehend unter Nummer 3 aufgeführten Voraussetzungen, können Geldleistungen im Rahmen der Hilfe nach § 26 e Abs. 2 Nr. 4 BVG unter Berücksichtigung des einzusetzenden Einkommens und des einzusetzenden oder zu verwertenden Vermögens des Hilfesuchenden gewährt werden. Insoweit finden diese Anhaltspunkte keine Anwendung.

2. Personenkreis

Zur Deckung des Kostenbeitrags für die Teilnahme an Veranstaltungen (Nummer 3) haben Leistungsberechtigte kein Einkommen und Vermögen einzusetzen, wenn sie das 60. Lebensjahr vollendet haben.

3. Veranstaltungen

Die Übernahme von Kostenbeiträgen unabhängig vom Einkommen und Vermögen des Hilfesuchenden kommt nur in Betracht, wenn

3.1 Veranstalter ein Kriegsopferverband, eine Kirche, eine Religionsgemeinschaft des öffentlichen Rechts, ein Träger der freien Wohlfahrtspflege oder eine Sportgemeinschaft im Sinne des § 11 a BVG ist und

3.2 die Veranstaltung nicht mit öffentlichen Mitteln gefördert wird, bei deren Festsetzung auch teilnehmende Kriegsopfer und ihnen gleichgestellte Personen berücksichtigt worden sind.

4. Leistungsumfang

4.1 Unabhängig von Einkommen und Vermögen der Leistungsberechtigten können Kostenbeiträge für sie und gegebenenfalls eine notwendige Begleitperson in Höhe von je 20 Euro pro Person und Veranstaltung, höchstens jedoch 60 Euro pro Person im Jahr übernommen werden.

4.2 Kostenbeiträge zu Mehrtages-Veranstaltungen werden nicht übernommen.

4.3 *Angemessene Aufwendungen aus der Mitnahme einer notwendigen Begleitperson zu einer Veranstaltung (Nummer 3) werden zusätzlich erstattet.*

5. Verfahren

5.1 *Vor der Durchführung einer Veranstaltung hat der Veranstalter die Bezuschussung beim nach Landesrecht zuständigen Träger der Kriegsopferfürsorge formlos zu beantragen. Dies kann auch in Form eines Sammelantrags für mehrere Veranstaltungen eines Kalenderjahres geschehen. Die Teilnehmer/innen müssen in diesem Antrag noch nicht benannt werden.*

5.2 *Nach dem Veranstaltungstag hat der Veranstalter eine Liste aller kriegsopferfürsorgeberechtigten Teilnehmer/innen mit Name, Vorname, Geburtsdatum und Wohnort der Teilnehmer/innen, deren Kostenbeitrag und Unterschriften sowie dem Veranstaltungsdatum beim zuständigen Träger der Kriegsopferfürsorge einzureichen. Dies soll innerhalb von vier Wochen geschehen. Die Listen können auch in Form eines Sammelantrags für alle Veranstaltungen eines Kalenderjahres eingereicht werden. Dies soll innerhalb von vier Wochen nach Abschluss der letzten Veranstaltung eines Kalenderjahres geschehen.*

5.3 *Die vom Träger der Kriegsopferfürsorge zu übernehmenden einzelnen Kostenbeiträge können in einem Gesamtbetrag an den Veranstalter ausgezahlt werden, wenn und soweit die Teilnehmer hierzu ihr Einverständnis erklärt und ihren Anspruch gegen den Träger der Kriegsopferfürsorge an den Veranstalter abgetreten haben.*

6. Inkrafttreten

Diese Anhaltspunkte treten mit sofortiger Wirkung in Kraft.

Aus Rundschreiben, Urteilen etc.

BMA v. 3.11.1995 – VI 2 – 52769 (nicht veröffentlicht)
Gewährung von Hilfen für den Einbau einer Heizungsanlage im Rahmen der Altenhilfe gemäß § 26e BVG
Für die Umstellung von Ofen- auf Zentralheizung sind Geldleistungen im Rahmen des § 26 e BVG in besonders begründeten Einzelfällen möglich.
Die Umbaumaßnahme muß jedoch unmittelbar altersbedingt notwendig sein und für längere Zeit ein Verbleiben in der Wohnung ermöglichen; allgemeiner Wohnungs-Sanierungsbedarf hingegen kann im Rahmen der Altenhilfe – auch im Beitrittsgebiet – nicht finanziert werden.
Das Unterscheidungsmerkmal „betriebsfähige, jedoch aufgrund des Alters des Hilfesuchenden von ihm nicht mehr betreibbare Ofenheizung" und „nicht mehr betriebsfähige Ofenheizung" kann ein Kriterium für das Vorliegen eines besonders begründeten Einzelfalles und somit für die Gewährung entsprechender Geldleistungen im Rahmen der Altenhilfe sein.
Neben der Prüfung der Angemessenheit kommt jedoch innerhalb der Altenhilfe der beratenden Mitwirkung bei der Beschaffung und Erhaltung einer altersgerechten Wohnung besondere Bedeutung zu. Sie kann zum einen darin bestehen, auf andere, angemessenere Hilfsmöglichkeiten hinzuwirken wie z.B. auf eine über die Hilfe zur Weiterführung des Haushalts oder als Inanspruchnahme altersgerechter Dienste

finanzierbare Hilfskraft oder auf einen im Rahmen der Altenhilfe finanzierbaren, gegebenenfalls zumutbaren Umzug in eine altersgerechte Wohnung.
Zum anderen ist bei Mietwohnungen die Interessenlage des Vermieters mit in Betracht zu ziehen. Hier kann es erforderlich sein, auch auf seine individuelle Situation und Planung abstellende Verhandlungen mit dem Vermieter zu führen und z.B. auf die Beschleunigung einer gegebenenfalls ohnehin vorgesehenen Renovierung einschließlich Heizungsumstellung hinzuwirken.

§ 27 (Erziehungsbeihilfe)

(1) Erziehungsbeihilfe erhalten

a) Waisen, die Rente oder Waisenbeihilfe nach diesem Gesetz beziehen, und

b) Beschädigte, die Grundrente nach § 31 beziehen, für ihre Kinder sowie für Kinder im Sinne von § 25 Abs. 4 Satz 2 Nr. 3.

§ 25 Abs. 3 Satz 2 gilt entsprechend. Die Erziehungsbeihilfe soll eine Erziehung zu körperlicher, geistiger und sittlicher Tüchtigkeit sowie eine angemessene, den Anlagen und Fähigkeiten entsprechende allgemeine und berufliche Ausbildung sicherstellen.

(2) Erziehungsbeihilfe wird erbracht, soweit der angemessene Bedarf für Erziehung, Ausbildung und Lebensunterhalt durch das einzusetzende Einkommen und Vermögen der Waisen und ihrer Elternteile oder durch das einzusetzende Einkommen und Vermögen Beschädigter und ihrer Kinder im Sinne von Absatz 1 Satz 1 Buchstabe b nicht gedeckt ist. Bei der Ermittlung des Bedarfs für den Lebensunterhalt bleiben Kosten der Unterkunft in der Familie unberücksichtigt. § 25e Abs. 1 ist mit der Maßgabe anzuwenden, daß für das Kind oder die Waise, für die Erziehungsbeihilfe beantragt ist oder erbracht wird, ein Familienzuschlag nicht anzusetzen ist; das gilt auch in den Fällen von Satz 5 erster Halbsatz sowie bei der Feststellung der Einkommensgrenze für den Ehegatten oder Lebenspartner des Beschädigten und den Ehegatten oder Lebenspartner der Waise nach § 25d Abs. 2 Satz 1. Einkommen der Waise und des Kindes des Beschädigten ist uneingeschränkt einzusetzen mit Ausnahme des während der Ausbildung erzielten Arbeitseinkommens, soweit es nicht Ausbildungsvergütung ist und im Kalenderjahr sieben vom Hundert des Bemessungsbetrags nicht übersteigt. Als Einkommen des Kindes gilt auch das Einkommen seines Ehegatten oder Lebenspartner, soweit es die für ihn nach § 25e Abs. 1 zu ermittelnde Einkommensgrenze übersteigt; ist ein Unterhaltsbetrag gerichtlich festgesetzt, sind die darauf beruhenden Leistungen Einkommen des Kindes. Beschädigten, die eine Pflegezulage erhalten, ist Erziehungsbeihilfe mindestens in Höhe der Kosten der Erziehung und Ausbildung zu erbringen.

(3) Übersteigt das Einkommen des Elternteils der Waise, das Einkommen des Beschädigten, das Einkommen des Ehegatten oder Lebenspartner der Waise oder das Einkommen des Ehegatten oder Lebenspartner des Kindes des Beschädigten die für sie maßgebende Einkommensgrenze, ist der übersteigende Betrag auf

a) die Waise und die weiteren gegenüber dem Elternteil Unterhaltsberechtigten,
b) das Kind des Beschädigten und die weiteren gegenüber dem Beschädigten Unterhaltsberechtigten,
c) die Waise und die weiteren gegenüber dem Ehegatten oder Lebenspartner der Waise Unterhaltsberechtigten,
d) das Kind des Beschädigten und die weiteren gegenüber dem Ehegatten oder Lebenspartner des Kindes des Beschädigten Unterhaltsberechtigten

gleichmäßig aufzuteilen. Der auf die Waise oder das Kind des Beschädigten entfallende Anteil ist als Einkommen einzusetzen.

(4) Erziehungsbeihilfe ist Beschädigten längstens bis zur Vollendung des 27. Lebensjahrs des Kindes zu erbringen. Im Falle der Unterbrechung oder Verzögerung der Schul- oder Berufsausbildung durch Erfüllung der gesetzlichen Wehr- oder Zivildienstpflicht des Kindes ist die Erziehungsbeihilfe jedoch über das 27. Lebensjahr hinaus für einen der Zeit dieses Dienstes entsprechenden Zeitraum weiterzuerbringen. Satz 2 gilt entsprechend
1. für Angehörige der Bundeswehr und des Polizeivollzugsdienstes, die sich freiwillig für eine Zeit von nicht mehr als drei Jahren verpflichtet haben, sowie
2. für die Tätigkeit im Sinnes des § 1 Abs. 1 des Entwicklungshelfer-Gesetzes

für einen der Dauer des Grundwehrdienstes entsprechenden Zeitraum.

(5) Erziehungsbeihilfe kann erbracht werden, wenn anstelle der Beschädigtenrente, Waisenrente oder Waisenbeihilfe ein Ausgleich nach § 89 gezahlt wird.

(6) Kann die übliche Ausbildung aus Gründen, die Beschädigte, ihre Kinder oder Waisen nicht zu vertreten haben, nicht mit Vollendung des 27. Lebensjahres abgeschlossen werden, kann Erziehungsbeihilfe auch über diesen Zeitpunkt hinaus weiter erbracht werden.

BMAS v. 11.3.2013 – V b 1 – 54232 – 1/1

Kriegsopferfürsorge; Erziehungsbeihilfe nach § 27 BVG und Leistungen zur Teilhabe am Arbeitsleben nach § 26 BVG; Beihilfe zu den Kosten privater Personal Computer (PC).

Mit Rundschreiben des Bundesministeriums für Arbeit und Sozialordnung vom 31. Januar 2002 (Az. IVc1-62722-1 / IVc1-61387) wurde empfohlen, dass sowohl bei Leistungen der Erziehungsbeihilfe (§ 27 BVG) als auch bei Leistungen zur Teilhabe am Arbeitsleben (§ 26 BVG) für den Erwerb einer privaten Computeranlage (ohne besondere behinderungs- bzw. schädigungsbedingte Zusatzausstattungen) unter bestimmten Voraussetzungen ein Zuschuss bzw. ein ergänzendes Darlehen erbracht werden kann.

Auf Anregung aus dem Kreis der Länder wurde in verschiedenen Sitzungen der BIH, zuletzt in der Sitzung des Fachausschusses Kriegsopferfürsorge vom 17. bis 19. Ok-

tober 2012 in Potsdam, die Frage ausführlich erörtert, ob diese Bezuschussungspraxis noch zeitgemäß ist.

In der Diskussion wurde auf Folgendes hingewiesen: Durch die Änderung der Lebensgewohnheiten und die erhebliche Senkung der Beschaffungskosten haben die privaten Haushalte seit dem Jahr 2002 eine deutlich höhere Ausstattungsdichte mit Computeranlagen erhalten. Folglich seien die Anträge auf Förderung einer privaten Computeranlage zu Ausbildungszwecken nur noch in wenigen Fällen gestellt worden. Zudem wird in die Bedarfsberechnung der Erziehungsbeihilfe bereits ein Betrag in Höhe des Zweifachen der für die Auszubildenden jeweils maßgebenden Regelbedarfsstufe nach der Anlage zu § 28 SGB XII einbezogen. Es sei daher zumutbar, hieraus einen Betrag für die Beschaffung eines PC anzusparen. Diese Wertung habe in gleicher Weise auch im Rahmen der Erbringung von Leistungen zur Teilhabe am Arbeitsleben nach § 26 BVG zu gelten. Auch hier solle die Förderung der PC-Beschaffung eingestellt werden.

Als Ergebnis der Diskussion wurde angeregt, dass das Bundesministerium für Arbeit und Soziales das Rundschreiben des Bundesministeriums für Arbeit und Sozialordnung vom 31. Januar 2002 (Az. IVc1-62722-1 / IVc1-61387) aufhebt.

Diese Anregung greife ich auf und hebe das Rundschreiben des Bundesministeriums für Arbeit und Sozialordnung vom 31. Januar 2002 (Az. IVc1-62722-1 / IVc1-61387) hiermit auf.

Das Rundschreiben wird auf der Internetseite des Bundesministeriums für Arbeit und Soziales veröffentlicht.

Im Auftrag
Marietta Jüchter-Bieber

OVG Lüneburg v. 7. 4. 2003 – 4 L 3271/00 – (FEVS 55, 31)

Erziehungsbeihilfe ist auch für eine Zweitausbildung (hier: für das Studium der Rechtswissenschaften im Anschluss an den Besuch der Fachhochschule für öffentliche Verwaltung) zu leisten, wenn besondere Umstände des Einzelfalles dies rechtfertigen, um dem Kind des Beschädigten zu einem seiner Eignung, Neigung und Fähigkeit angemessenen Beruf zu verhelfen. Dabei ist die besondere Funktion der Kriegsopferfürsorge („Ernährer-Ersatz-Funktion") zu berücksichtigen und auf die mutmaßlichen Erwägungen eines verständigen, einerseits auf die Förderung seines Kindes, andererseits auf seine finanzielle Leistungsfähigkeit und Schonung seiner finanziellen Mittel bedachten Vaters abzustellen.

§ 27 a (Ergänzende Hilfe zum Lebensunterhalt)

Ergänzende Hilfe zum Lebensunterhalt ist Beschädigten und Hinterbliebenen zu erbringen, soweit der Lebensunterhalt nicht aus den übrigen Leistungen nach diesem Gesetz und dem einzusetzenden Einkommen und Vermögen bestritten werden kann. Für die ergänzende Hilfe zum Lebensunterhalt gelten die Bestimmungen des Dritten Kapitel des Zwölften Buches Sozialgesetzbuch unter Berücksichtigung der besonderen Lage der Beschädigten oder Hinterbliebenen entsprechend. Abweichend von

§ 50 des Zehnten Buches Sozialgesetzbuch sind 56 vom Hundert der bei der Leistung nach Satz 1 berücksichtigten Kosten der Unterkunft, mit Ausnahme der Kosten für Heizungs- und Warmwasserversorgung, nicht zu erstatten. Satz 3 gilt nicht im Fall des § 45 Abs. 2 Satz 3 des Zehnten Buches Sozialgesetzbuch oder wenn neben der Leistung nach Satz 1 gleichzeitig Wohngeld nach dem Wohngeldgesetz geleistet worden ist.

Aus Rundschreiben, Urteilen etc.

BMAS v. 27.5.2011 – V b 1 – 53551 – 12/4

Kriegsopferfürsorge; hier: Auswirkungen des Gesetzes zur Ermittlung von Regelbedarfen und zur Änderung des Zweiten und Zwölften Buches Sozialgesetzbuch ab 1. Januar 2011

Zur Sicherstellung einer einheitlichen Rechtsanwendung bitte ich um Beachtung der folgenden Informationen und Umsetzungshinweise zum Gesetz zur Ermittlung von Regelbedarfen und zur Änderung des Zweiten und Zwölften Buches Sozialgesetzbuch vom 24. März 2011 (BGBl. I S. 453). Dabei werden bereits die Verabredungen des Bundesministeriums für Arbeit und Soziales mit den kommunalen Spitzenverbänden und Ländern am „Runden Tisch – Umsetzung des Bildungs-und Teilhabepakets" vom 21. April 2011 berücksichtigt, die mit dem Gesetz zur Änderung des Bundesversorgungsgesetzes und anderer Vorschriften umgesetzt werden.

In Artikel 3 dieses Gesetzes wird das Dritte Kapitel des Zwölften Buches Sozialgesetzbuch (SGB XII) neu strukturiert und um zusätzliche Bedarfe ergänzt. Für den notwendigen Lebensunterhalt, mit Ausnahme der zusätzlichen Bedarfe (Mehrbedarfe, einmalige Bedarfe, Beiträge für Kranken-und Pflegeversicherung sowie Beiträge für Vorsorge), der Bedarfe für Bildung und Teilhabe sowie der Leistungen für Unterkunft und Heizung, wird der Begriff des Regelbedarfes eingeführt. Hinsichtlich der Bedarfsermittlung und damit der abstrakten Höhe des pauschalierten laufenden Bedarfes tritt der Regelbedarf an die Stelle des bisherigen Regelsatzes. Der Regelbedarf wird auf der Grundlage des Gesetzes zur Ermittlung der Regelbedarfe nach § 28 des Zwölften Buches Sozialgesetzbuch (Regelbedarfs-Ermittlungsgesetz RBEG) bestimmt. Der monatliche Regelbedarf ist je nach Alter und Lebenssituation in Regelbedarfsstufen von 1 bis 6 unterteilt.

Die Regelbedarfsstufen sind in der Anlage zu § 28 SGB XII wie folgt geregelt:

gültig ab	*Regelbedarfsstufe 1*	*Regelbedarfsstufe 2*	*Regelbedarfsstufe 3*	*Regelbedarfsstufe 4*	*Regelbedarfsstufe 5*	*Regelbedarfsstufe 6*
1. 1. 2011	*364 Euro*	*328 Euro*	*291 Euro*	*287 Euro*	*251 Euro*	*215 Euro*
1. 1. 2012	*374 Euro*	*337 Euro*	*299 Euro*	*287 Euro*	*251 Euro*	*219 Euro*
1. 1. 2013	*382 Euro*	*345 Euro*	*306 Euro*	*289 Euro*	*255 Euro*	*224 Euro*
1. 1. 2014	*391 Euro*	*353 Euro*	*313 Euro*	*296 Euro*	*261 Euro*	*229 Euro*
1. 1. 2015	*399 Euro*	*360 Euro*	*320 Euro*	*302 Euro*	*267 Euro*	*234 Euro*
1. 1. 2016	*404 Euro*	*364 Euro*	*324 Euro*	*306 Euro*	*270 Euro*	*237 Euro*
1. 1. 2017	*409 Euro*	*368 Euro*	*327 Euro*	*311 Euro*	*291 Euro*	*237 Euro*

Regelbedarfsstufe 1: Für eine erwachsene leistungsberechtigte Person, die als alleinstehende oder alleinerziehende Person einen eigenen Haushalt führt; dies gilt auch dann, wenn in diesem Haushalt eine oder mehrere weitere erwachsene Personen leben, die der Regelbedarfsstufe 3 zuzuordnen sind.

Regelbedarfsstufe 2: Für jeweils zwei erwachsene Leistungsberechtigte, die als Ehegatten, Lebenspartner oder in eheähnlicher oder lebenspartnerschaftsähnlicher Gemeinschaft einen gemeinsamen Haushalt führen.

Regelbedarfsstufe 3: Für eine erwachsene leistungsberechtigte Person, die weder einen eigenen Haushalt führt noch als Ehegatte, Lebenspartner oder in eheähnlicher oder lebenspartnerschaftsähnlicher Gemeinschaft einen gemeinsamen Haushalt führt.

Regelbedarfsstufe 4: Für eine leistungsberechtigte Jugendliche oder einen leistungsberechtigten Jugendlichen vom Beginn des 15. bis zur Vollendung des 18. Lebensjahres.

Regelbedarfsstufe 5: Für ein leistungsberechtigtes Kind vom Beginn des siebten bis zur Vollendung des 14. Lebensjahres.

Regelbedarfsstufe 6: Für ein leistungsberechtigtes Kind bis zur Vollendung des sechsten Lebensjahres.

Zur Deckung der Regelbedarfe werden monatliche Regelsätze gezahlt. Diese entsprechen grundsätzlich der Höhe der jeweiligen Regelbedarfsstufe. Nach § 28a SGB XII wird künftig eine Fortschreibung der Regelbedarfsstufen jeweils zum 1. Januar des laufenden Jahres (somit frühestens zum 1. Januar 2012) erfolgen. Zum 1. Januar 2012 werden die Regelbedarfsstufen zusätzlich zur jährlichen Fortschreibung einmalig um 3 Euro erhöht; dieser Erhöhungsbetrag dient dem Inflationsausgleich.

Neu eingeführt wurden zusätzliche Bedarfe für Bildung und Teilhabe für Kinder und Jugendliche, ein Mehrbedarf für Warmwasser und ein einmaliger Bedarf für orthopädische Schuhe bzw. therapeutische Geräte.

In der Kriegsopferfürsorge gelten durch die Verweisung in § 27a BVG auf das Dritte Kapitel des SGB XII die vorgenannten Regelungen ab sofort entsprechend für die ergänzende Hilfe zum Lebensunterhalt bzw. bei sonstigen Berechnungen, die an die Regelbedarfe nach dem SGB XII anknüpfen. Mit Inkrafttreten des BVG-Änderungsgesetzes 2011 zum 1. Juli 2011 werden die Verweise und Begrifflichkeiten auch im BVG entsprechend angepasst.

Hinzuweisen ist schließlich auf zwei neue Regelungen zur Einkommensanrechnung. In § 82 Absatz 1 SGB XII wird zum einen gesetzlich klargestellt, dass Einkünfte aus Rückerstattungen, die auf Vorauszahlungen beruhen, die Leistungsberechtigte aus dem Regelsatz erbracht haben, kein Einkommen sind. Zum anderen führt § 82 Absatz 3 Satz 4 SGB XII einen neuen Einkommensfreibetrag ein („Übungsleiterpauschale"): Werden aus einer Tätigkeit Aufwandsentschädigungen oder Einnahmen erzielt, die nach § 3 Nummern 12, 26, 26a oder 26b des Einkommenssteuergesetzes steuerfrei sind, gilt ein Einkommensfreibetrag von bis zu 175 Euro monatlich. Praktisch betrifft dies insbesondere Leistungsberechtigte, die einer nebenberuflichen Tätigkeit als Übungsleiter, Ausbilder, Erzieher oder Betreuer nachgehen.

Durch das rückwirkende Inkrafttreten des neuen Dritten Kapitels des SGB XII und die Verabredungen des Bundesministeriums für Arbeit und Soziales mit den kommunalen Spitzenverbänden und Ländern am „Runden Tisch – Umsetzung des

Bildungs- und Teilhabepakets" vom 21. April 2011 sind Übergangsregelungen zur Leistungserbringung für die Zeit ab 1. Januar 2011 bis zur Verkündung des Gesetzes sowie für die ersten beiden Umsetzungsmonate April und Mai geschaffen worden. Für das SGB XII sind die Übergangsregelungen in den §§ 131ff. zu finden.

Für die Kriegsopferfürsorge ergeben sich ab 1. Januar 2011 folgende Konsequenzen:

1. Erhöhung der Leistungen / geänderte Berechnungen, die an die Regelbedarfe nach dem SGB XII anknüpfen

Die Regelsatzerhöhung wirkt sich auf die Leistungen der Kriegsopferfürsorge folgendermaßen aus:

- *§ 27a BVG: Bei allen Fällen der ergänzenden Hilfe zum Lebensunterhalt beträgt die Erhöhung in der Regelbedarfsstufe 1 (und in der Regelbedarfsstufe 2 bei Eheleuten/Partnern) 5 Euro pro Monat. Gleichzeitig verändern sich die in Abhängigkeit zur Regelbedarfsstufe 1 stehenden Mehrbedarfe nach § 30 SGB XII sowie der Freibetrag für Erwerbstätigkeit nach § 24 KFürsV.*
- *§ 27 BVG: Bei Leistungen der Erziehungsbeihilfe für Auszubildende, die nicht mehr im Elternhaus wohnen (§ 21 Absatz 1 Satz 1 Nr. 3 KFürsV), erfolgt ebenfalls eine Erhöhung um 5 Euro pro Monat.*
- *§ 26a BVG: Die Erhöhung beträgt ebenfalls 5 Euro pro Monat in den Fällen der Unterhaltsbeihilfe nach § 26a BVG, bei denen die Berechnung nach § 21 Absatz 1 Satz 1 Nr. 3 KFürsV erfolgt.*
- *§ 27b BVG: Die erholungsbedingten Aufwendungen nach § 26 KFürsV sind ebenfalls anzupassen. Danach errechnet sich ein Bedarf an Taschengeld von 5,46 Euro (364 Euro x 1,5 v.H.) täglich. Bei einem Erholungsaufenthalt von 14 Tagen ist ein Bedarf von 77 Euro, bei 21 Tagen von 115 Euro und bei 28 Tagen von 153 Euro als Bedarf zugrunde zu legen.*
- *Die zu berücksichtigende häusliche Ersparnis wird nach der Regelbedarfsstufe 3 berechnet. Damit verändern sich die Beträge geringfügig*
- *§§ 26c, 27a und 27d BVG in Einrichtungen: § 27b SGB XII regelt den notwendigen Lebensunterhalt in Einrichtungen. Nach § 27b Absatz 2 SGB XII errechnet sich für volljährige Leistungsberechtigte ein Barbetrag in Höhe von 98,28 Euro monatlich (27 v.H. von 364 Euro).*
- *§ 26b BVG: Der zumutbare jährliche Eigenanteil zur Gesetzlichen Krankenversicherung beträgt bei Beziehern von ergänzender Hilfe zum Lebensunterhalt sowie bei Leistungsempfängern, deren Kosten der Unterbringung in einem Heim oder einer ähnlichen Einrichtung von einem Träger der Kriegsopferfürsorge getragen werden, 87,36 Euro (364 Euro x 12 Monate x 2 v.H.) und für Menschen mit einer chronischen Erkrankung bei gleicher Fallgestaltung 43,68 Euro (bei 1 v.H.).*
- *§ 25e BVG: Die Einkommensgrenze erhöht sich unter Berücksichtigung des § 85 Absatz 1 Nr. 1 SGB XII auf 728 Euro, der Familienzuschlag auf 291 Euro.*

2. Bildungs- und Teilhabebedarfe für Kinder

a) Bedarfe

Nach § 27a Absatz 1 Satz 2 und 3 SGB XII umfasst der notwendige Lebensunterhalt für Kinder und Jugendliche auch Bedarfe zur Teilhabe am sozialen und kulturellen

Leben in der Gemeinschaft, für Schülerinnen und Schüler außerdem die erforderlichen Hilfen für den Schulbesuch (Bedarfe für Bildung und Teilhabe). Sie werden neben den maßgebenden Regelbedarfsstufen gesondert berücksichtigt und auch dann erbracht, wenn nur diese Bedarfe die Bedürftigkeit auslösen (§ 34a Absatz 1 Satz 2 SGB XII). Die Bedarfe zur Teilhabe am sozialen und kulturellen Leben (§ 34 Absatz 7 SGB XII) mindern nicht die Bedarfe der Eingliederungshilfe für behinderte Menschen (§ 34a Absatz 1 Satz 3 SGB XII).

Die Konkretisierung der Bedarfe für Bildung und Teilhabe erfolgt durch § 34 SGB XII. Für Bildung und Teilhabe werden folgende Bedarfe anerkannt:

- *(eintägige) Schul- und Kitaausflüge sowie (wie bisher) mehrtägige Klassenfahrten, jeweils in Höhe des tatsächlichen Bedarfes (§ 34 Absatz 2 SGB XII)*
- *Schulbedarf in Höhe von 70 Euro einmalig zu Beginn des Schuljahres und 30 Euro einmalig zu Beginn des zweiten Schulhalbjahres (§ 34 Absatz 3 SGB XII)*
- *Schülerbeförderung (§ 34 Absatz 4 SGB XII)*
- *Lernförderung, wenn nur dadurch das Lernziel erreicht werden kann (§ 34 Absatz 5 SGB XII)*
- *Mehraufwendungen für gemeinschaftliche Mittagsverpflegung in Schule und Kindertageseinrichtung oder Kindertagespflege sowie, nach der Übergangsregelung in § 131 Absatz 4 Satz 2 SGB XII bis Jahresende 2013, in einem Hort, wenn diese ein entsprechendes Angebot bereithalten (§ 34 Absatz 6 SGB XII); nach § 9 Regelbedarfsgesetz wird bei der Ermittlung der Mehraufwendungen je Schultag für die ersparten häuslichen Verbrauchsausgaben ein Eigenanteil von einem Euro berücksichtigt.*
- *Bedarfe zur Teilhabe am sozialen und kulturellen Leben in der Gemeinschaft in Höhe von insgesamt 10 Euro monatlich, z. B. Mitgliedsbeiträge für den Sportverein oder die Musikschule (§ 34 Absatz 7 SGB XII)*

b) Leistungserbringung

Leistungen zur Deckung der Bedarfe für Bildung und Teilhabe werden – mit Ausnahme des Schulbedarfes nach § 34 Absatz 3 SGB XII – **auf Antrag** *erbracht (§ 34 a Absatz 1 Satz 1 SGB XII).*

Sie sind den Kindern und Jugendlichen als Sach- und Dienstleistungen, insbesondere in Form von Direktzahlungen an Leistungsanbieter, zur Verfügung zu stellen, mit Ausnahme des Schulbedarfes und der Schülerbeförderung, die als Geldleistungen zu erbringen sind. Die zuständigen Träger der Kriegsopferfürsorge bestimmen, wie sie die als Sach- und Dienstleistungen ausgestalteten Ansprüche tatsächlich realisieren (§ 34 a Absatz 2 SGB XII). Werden die Bedarfe durch Direktzahlungen an Anbieter gedeckt, gelten die Leistungen mit der Zahlung als erbracht; eine Direktzahlung ist für den gesamten Bewilligungszeitraum im Voraus möglich (§ 34 a Absatz 4 SGB XII).

Im begründeten Einzelfall kann der Träger der Kriegsopferfürsorge einen Nachweis über eine zweckentsprechende Verwendung verlangen (§ 34a Absatz 5 SGB XII).

c) Nachträgliche Leistungserbringung für die Zeit ab 1. Januar 2011

Bedarfe nach § 34 Absatz 2 SGB XII (Schulausflüge oder mehrtägige Klassenfahrten) und Absatz 4 bis 7 (Schülerbeförderung, Lernförderung, Mehraufwendungen für Mittagessen, Bedarfe zur Teilhabe am sozialen und kulturellen Leben in der Gemeinschaft), die bereits in der Zeit ab 1. Januar 2011 entstanden sind, sind nachträglich zu erbringen. Siehe hierzu auch unter Ziffer 7 dieses Rundschreibens.

3. Warmwasserbereitungskosten / neuer Mehrbedarf für Warmwasser
Für die Warmwasserbereitung wird in § 30 Absatz 7 SGB XII ein grundsätzlich nach Regelbedarfsstufen gestaffelter neuer Mehrbedarf eingeführt, soweit Warmwasser durch in der Wohnung installierte Vorrichtungen dezentral erzeugt wird und deshalb nicht Bestandteil der Kosten der Unterkunft und Heizung (KdU) sind. In den übrigen Fällen werden die Kosten für Warmwasserbereitung im Rahmen der KdU übernommen (§ 35 Absatz 4 SGB XII). Die Warmwasserbereitungskosten mindern nicht mehr die KdU, weil diese Kosten nicht mehr Bestandteil des Regelbedarfes sind.

4. Neuer einmaliger Bedarf für orthopädische Schuhe / therapeutische Geräte
Die einmaligen Bedarfe nach § 31 SGB XII wurden erweitert. Danach können gesonderte Leistungen für Anschaffung und Reparatur von orthopädischen Schuhen, Reparaturen von therapeutischen Geräten und Ausrüstungen sowie die Miete von therapeutischen Geräten erbracht werden.

5. Gesetzliche Klarstellung zum Einkommensbegriff
Der Rechtsgedanke, der hinter der gesetzlichen Klarstellung in § 82 Absatz 1 Satz 2 SGB XII steht, gilt auch für die Interpretation von § 25d Absatz 1 Satz 1 BVG: Für den notwendigen Bedarf des täglichen Lebens werden im Rahmen der ergänzenden Hilfe zum Lebensunterhalt nach § 27a BVG in Verbindung mit dem Dritten Kapitel des SGB XII monatliche Regelsätze erbracht. Zahlt der Berechtigte daraus wie vorgesehen einen Abschlag auf die anfallenden Stromkosten oder vergleichbare Lebenshaltungskosten, ändert sich dadurch nichts an dem Charakter dieses Teilbetrags. Ist der Abschlag im Einzelfall zu hoch bemessen, bleibt er Teil des Regelsatzes, also einer Leistung der Kriegsopferfürsorge. Da die Leistungen der Kriegsopferfürsorge selbst gemäß § 25d Absatz 1 Satz 1 BVG kein Einkommen sind, kann für die zurückgezahlten Abschläge nichts anderes gelten. Auch ohne eine entsprechende gesetzliche Klarstellung im BVG sind deshalb Einkünfte aus Rückerstattungen, die auf Vorauszahlungen aus dem Regelsatz beruhen, kein Einkommen im Sinne der Vorschriften der Kriegsopferfürsorge. War der Abschlag hingegen aus eigenen Mitteln finanziert worden, weil zum Zeitpunkt der Zahlung noch keine Leistungsberechtigung bestand, ist die Rückzahlung als Einkommen im Sinne der Vorschriften der Kriegsopferfürsorge zu bewerten.

6. Neuer Einkommensfreibetrag („Übungsleiterpauschale“)
Der in § 82 Absatz 3 SGB XII neu eingeführte Freibetrag in Höhe von bis zu 175 Euro monatlich bei Tätigkeiten, aus denen steuerfreie Aufwandsentschädigungen oder Einnahmen erzielt werden, kann im Einzelfall in der Kriegsopferfürsorge als Freibetrag berücksichtigt werden (§ 25c Absatz 3 BVG i. V. m. § 41 KFürsV).

7. Übergangsregelungen
In entsprechender Anwendung der Übergangsregelungen in den §§ 131 und 137 SGB XII empfehle ich im Hinblick auf eine bundeseinheitliche Rechtsanwendung in der Kriegsopferfürsorge wie folgt zu verfahren:
- *Die Leistungen für Bedarfe nach § 34 Absatz 3 SGB XII (Schulbedarf) sind erstmals für das Schuljahr 2011/2012 zu berücksichtigen.*
- *Leistungen für die Bedarfe für Bildung und Teilhabe nach § 34 SGB XII mit Ausnahme der Bedarfe nach § 34 Absatz 3 SGB XII (Schulbedarf) können bis zum 30. Juni 2011 auch noch rückwirkend für die Zeit vom 1. Januar bis 31. Mai 2011 beantragt werden. Der Antrag gilt dann als zum 1. Januar 2011 gestellt.*

- *Bei einer rückwirkenden Beantragung sind Leistungen für die Bedarfe nach § 34 Absatz 2 Satz 1 Nummer 1 und Satz 2 (Schul-und Kitaausflüge) sowie nach Absatz 5 (Lernförderung) für den Zeitraum vom 1. Januar bis 31. Mai 2011 durch Direktzahlung an den Anbieter zu erbringen, wenn bei der leistungsberechtigten Person noch keine Aufwendungen zur Deckung dieser Bedarfe entstanden sind. Soweit die leistungsberechtigte Person nachweist, dass ihr bereits Aufwendungen zur Deckung der genannten Bedarfe entstanden sind, werden diese Aufwendungen für den vergangenen Zeitraum ausnahmsweise durch Geldleistung an die leistungsberechtigte Person erstattet.*
- *Für Schülerinnen und Schüler, die eine Schule besuchen, an der eine gemeinschaftliche Mittagsverpflegung in schulischer Verantwortung angeboten wird, sowie für Kinder, für die Kindertagespflege geleistet wird oder die eine Tageseinrichtung besuchen, an der eine gemeinschaftliche Mittagsverpflegung angeboten wird, werden die entstehenden Mehraufwendungen für die Zeit vom 1. Januar bis zum 31. März 2011 pauschal in Höhe von monatlich 26 Euro berücksichtigt. Die entstandenen Mehraufwendungen werden für diesen Zeitraum durch Geldleistung gedeckt; die im Zeitraum vom 1. April bis 31. Mai 2011 zu berücksichtigenden Bedarfe können in Abweichung von dem in § 34a Absatz 2 Satz 1 SGB XII vorgesehenen Erbringungsweg auch durch Geldleistung gedeckt werden.*
- *Bis zum 31. Dezember 2013 gilt § 34 Absatz 6 Satz 2 SGB XII mit der Maßgabe, dass die entstehenden Mehraufwendungen als Bedarf auch berücksichtigt werden, wenn Schülerinnen und Schüler das Mittagessen in einer Einrichtung nach § 22 des Achten Buches Sozialgesetzbuch einnehmen.*
- *Bei Leistungsberechtigten bis zur Vollendung des 18. Lebensjahres werden die entstehenden Mehraufwendungen für Teilhabe am sozialen und kulturellen Leben abweichend von § 34 Absatz 7 SGB XII für die Zeit vom 1. Januar bis zum 31. März 2011 in Höhe von monatlich 10 Euro berücksichtigt. Die entstandenen Mehraufwendungen werden für diesen Zeitraum durch Geldleistung gedeckt; die im Zeitraum vom 1. April bis 31. Mai 2011 zu berücksichtigenden Bedarfe können in Abweichung von dem in § 34a Absatz 2 Satz 1 SGB XII vorgesehenen Erbringungsweg auch durch Geldleistung gedeckt werden.*
- *Kommt es durch die Anwendung des neu gefassten Dritten Kapitels SGB XII zu einer Verminderung des Regelbedarfes nach § 27a BVG, sind für den Zeitraum vom 1. Januar bis 31. März 2011 bereits erbrachte Regelsätze nicht zu erstatten. Eine Aufrechnung ist unzulässig. Mit umfasst sind auch die an die Höhe des Regelbedarfstufe gekoppelten Mehrbedarfe. Diese Übergangsregelung in § 137 SGB XII bezieht sich (faktisch) auf die Regelbedarfsstufe 3. Hintergrund: Aufgrund der Rechtsprechung des BSG hatten viele unter die Regelbedarfsstufe 3 fallende erwachsene behinderte Menschen, die im Haushalt ihrer Eltern leben, für einige Monate den Eckregelsatz erhalten. Wegen der verzögerten Verkündung und dem Inkrafttretenstermin 1. Januar 2011 soll verhindert werden, dass Sozialhilfeträger für die Monate Januar bis März die sich ergebenden „Überzahlungen" zurückfordern oder mit künftigen Regelsatzzahlungen verrechnen.*

Weitere Erfahrungen aus der Anwendungspraxis, die ggf. Anlass zu ergänzenden Umsetzungshinweisen bieten, bleiben abzuwarten. Um entsprechende Hinweise wird gebeten.

BMA v. 26.11.1990 – VI a 2 – 52 602/5 (BArbBl. 1/1991, 60)
In den Anhaltspunkten zur Anwendung des § 25 c Abs. 3 BVG beim Einsatz und bei der Verwertung von Vermögen (§ 25 f BVG) vom 4.1.1985 – VI a 2 – 52 603 – habe ich u.a. den Personenkreis benannt, bei dem Heizungsmehrkosten als ausschließlich schädigungsbedingter Bedarf anzuerkennen sind.
An dieser Umschreibung des Personenkreises halte ich fest.
Eine nochmalige versorgungsmedizinische Prüfung durch mein Fachreferat hat ergeben, daß insbesondere bei TBC-Kranken, Nierenkranken und – im häuslichen Bereich – erheblich Bewegungseingeschränkten ein erhöhter Wärmebedarf zwar generell anzuerkennen, die individuell erforderliche Mehrtemperatur jedoch nicht objektiv bestimmbar ist.
Unter medizinischen Gesichtspunkten und unter Zugrundelegung heizungstechnischer Erfahrungswerte erscheint bei diesem Personenkreis ein ausschließlich schädigungsbedingter Heizungsmehrbedarf ausreichend und angemessen in Höhe von 20 % der Heizungsbeihilfe, die – ungeachtet des ausschließlich schädigungsbedingten Mehrbedarfs – im Rahmen der ergänzenden Hilfe zum Lebensunterhalt (§ 27 a BVG) im Falle der Nichtanrechnung von Einkommen und Vermögen gewährt wird oder zu gewähren wäre.
Ich habe keine Bedenken, wenn bei der individuellen Ermittlung dieser Heizungsbeihilfe die Empfehlungen des Deutschen Vereins für öffentliche und private Fürsorge (Heft 60 Kleinere Schriften DV) zugrunde gelegt werden.
Ein entsprechender ausschließlich durch Art und Schwere der Schädigung bedingter Heizungsmehrbedarf kann bei anderen Beschädigten nur in besonders begründeten Fällen anerkannt werden.

BMA v. 17.5.1991 – VI a 2 – 50094 – 1/9
Mahlzeitenversorgungsdienste
Der Vertreter des BMA führt ergänzend zum Schreiben des BMA vom 4.9.1989 – VI a 2 – 52730 – an den Minister für Soziales, Gesundheit und Energie des Landes Schleswig-Holstein, das den übrigen Ländern nachrichtlich zugegangen ist, aus, daß die Kosten für Mahlzeitenversorgungsdienste und vergleichbare Leistungen in der Regel unabhängig vom Lebensalter des Hilfesuchenden im Rahmen der ergänzenden Hilfe zum Lebensunterhalt nach § 27 a BVG zu übernehmen seien. Bei älteren Hilfeempfängern, die altersbedingt ihre täglichen Mahlzeiten nicht mehr selbst erstellen können, komme jedoch eine Kostenübernahme nach § 26 e BVG in Betracht. Insoweit bestimme sich der anspruchsberechtigte Personenkreis nach Nummer 2 der Anhaltspunkte für die Gewährung von Altenhilfe im Rahmen der Kriegsopferfürsorge vom 4.1.1985 – VI a 2 – 52769.
Der Vertreter des BMA führt weiter aus, daß bei gleichzeitigem Bezug von ergänzender Hilfe zum Lebensunterhalt und solcher Leistung der Altenhilfe der Kostenanteil für die Zutaten der Mahlzeiten keine Leistungskürzung im Rahmen des § 27 a BVG zur Folge habe, da dieser Anteil im Hinblick auf den überproportionalen Kostenanteil für Zubereitung und Transporte eine zu vernachlässigende Größe darstelle. Die Ermittlung des Kostenanteils für die Zutaten wäre im übrigen nur mit einem unverhältnismäßig hohen Aufwand möglich und würde für die Träger der Mahlzeitenversorgungsdienste eine nicht vertretbare Erschwernis ihrer Dienstleistungen bedeuten.
Die Besprechungsteilnehmer schließen sich übereinstimmend dieser Bewertung an.

BVerwG v. 11. 9. 2000 – 5 C 9.00 – (FEVS 52, 211)
Der Sozialhilfeträger ist berechtigt, einen Hilfesuchenden, der die Übernahme unangemessen hoher Unterkunftskosten begehrt, auf den Bezug einer geeigneten kostenangemessenen Unterkunft zu verweisen.
Ein Hilfesuchender, der die Übernahme einer an sich (abstrakt) unangemessen hohen Miete für eine bereits bezogene Wohnung begehrt, ist verpflichtet, dem Sozialhilfeträger substantiiert darzulegen, dass eine andere bedarfsgerechte, kostengünstigere Unterkunft im Bedarfszeitraum auf dem örtlichen Wohnungsmarkt nicht vorhanden bzw. trotz ernsthafter und intensiver Bemühungen nicht auffindbar oder eine vorhandene Unterkunft ihm nicht zugänglich ist.

BVerwG v. 28.11.2001 – 5 C 9.01 – (FEVS 53, 300)
Kosten für den Anschluss an technische Einrichtungen – wie hier das Breitbandkabelnetz –, die den Fernsehempfang ermöglichen, sind in der Regel der Bedarfsgruppe der persönlichen Bedürfnisse des täglichen Lebens zuzuordnen.
Stehen jedoch Kabelanschlussgebühren nicht zur Disposition des Hilfeempfängers, kann er sie also nicht im Einvernehmen mit dem Vermieter als Mietnebenkosten ausschließen, so gehören sie nicht zu den persönlichen Bedürfnissen des Hilfeempfängers, sondern sind Kosten der Unterkunft.

BMGS v. 20.10.2004 – 431 – 62731/2 (BArbBl. 11/2004, 109)
Auswirkungen des Zwölften Buches Sozialgesetzbuch (SGB XII) auf die Kriegsopferfürsorge;
I. Auswirkungen auf die einmaligen Leistungen nach § 27 a BVG,
II. Aufhebung meines Rundschreibens zur Weihnachtsbeihilfe,
III. Wegfall der Bekleidungs- und Weihnachtsbeihilfe im Rahmen der Erziehungsbeihilfe
I. Bei der Länderreferentenbesprechung am 16./17. Juni 2004 in Dresden wurden die Auswirkungen des SGB XII (BGBl. S. 3022) auf die einmaligen Leistungen nach § 27 a BVG ausführlich diskutiert.
Das SGB XII, das am 1. Januar 2005 in Kraft tritt, sieht den Großteil der bisher bestehenden einmaligen Hilfen nach § 21 Abs. 1 a BSHG aufgrund einer weit gehenden Pauschalierung von Bedarfstatbeständen und deren Einbeziehung in die Regelsatzleistung nicht mehr vor. Nach der abschließenden Aufzählung des § 31 Abs. 1 SGB XII werden einmalige Leistungen nur noch für
– Erstausstattungen für die Wohnung einschließlich Haushaltsgeräten,
– Erstausstattungen für Bekleidung einschließlich bei Schwangerschaft und Geburt sowie
– mehrtägige Klassenfahrten im Rahmen der schulrechtlichen Bestimmungen
erbracht.
Ab 1. Januar 2005 gelten nach § 27 a Satz 2 BVG die Bestimmungen des Dritten Kapitels des SGB XII in der Kriegsopferfürsorge unter Berücksichtigung der besonderen Lage der Beschädigten oder Hinterbliebenen entsprechend.
Bei der entsprechenden Anwendung der Vorschriften des SGB XII ist zu beachten, dass die Kriegsopferfürsorge trotz der strukturellen Verwandtschaft mit der Sozialhilfe ein eigenständiges Leistungssystem mit deutlich ausdifferenzierten Besserstellungen gegenüber der Sozialhilfe ist. Das soziale Entschädigungsrecht dient nicht einer allgemeinen, gleichmäßigen sozialen Sicherung, sondern der Abgeltung eines besonderen Opfers. Daher sind die Leistungen der Kriegsopferfürsorge anders als in

der Sozialhilfe nicht primär auf die Behebung einer sozialen Notlage ausgerichtet, sondern dienen der Entschädigung, dem angemessenen Ausgleich und der Abgeltung der – auch immateriellen – Nachteile eines schädigenden Ereignisses. Zu diesem Zweck sind auch nach In-Kraft-Treten des SGB XII den gesetzlichen Strukturprinzipien der Kriegsopferfürsorge, insbesondere der (wirtschaftlichen) Schadensausgleichsfunktion, dem Bedarfsdeckungs- und dem Individualisierungsgrundsatz Rechnung zu tragen.

Es bestand Einvernehmen, dass ab 1. Januar 2005 folgend Grundsätze hinsichtlich der Deckung von Bedarfstatbeständen, die bisher von einmaligen Hilfen nach § 27 a BVG umfasst werden, gelten:

- *Einmalige Leistungen werden im Rahmen von § 27 a BVG nur noch für die Bedarfstatbestände des § 31 SGB XII gewährt. Der Minderbemitteltenzuschlag von 10 % des personenbezogenen Regelsatzes wird weiterhin in die Bedarfsberechnung nach § 31 Abs. 2 SGB XII mit einbezogen. Auch die Regelungen zu den Multiplikatoren für den einzusetzenden Einkommensüberschuss – bis zu dreifacher Anrechnung aufgrund der Kannbestimmung des § 31 Abs. 2 SGB XII – gelten weiterhin.*
- *Die schädigungsbedingte Heizungsbeihilfe wird beibehalten und ab dem 1. Januar 2005 auf die Rechtsgrundlage des § 27 d Abs. 2 BVG gestützt. Diese Vorschrift erlaubt es im Gegensatz zum Dritten Abschnitt des SGB XII aufgrund ihrer Zielsetzung und unter Berücksichtigung der schadensausgleichenden Funktion der Kriegsopferfürsorge, einen schädigungsbedingten Mehrbedarf an Wärme als einmaligen, atypischen Bedarf zu berücksichtigen.*
- *Bei Bedarfssituationen, dies bisher durch einmalige Leistungen nach § 27 a BVG gedeckt worden sind, kann die Anerkennung schädigungsbedingt und – unter Einsatz von Einkommen und Vermögen – behinderungsbedingt auftretender Bedarfstatbestände im Einzelfall auf der Grundlage des § 27 d Abs. 2 BVG denkbar sein. In Betracht kommen z. B. ein schädigungsbedingter Umzug oder ein behinderungsbedingter Heizungsmehrbedarf unter den Voraussetzungen der schädigungsbedingten Heizungsbeihilfe.*
- *Für Bedarfe, die Bestandteil des Lebensunterhaltes nach § 27 a BVG i. V. m. § 27 SGB XII sind und die nicht über die vorgenannten Punkte gedeckt werden können, kommt die Vergabe von ergänzenden Darlehen auf der Grundlage des § 27 a BVG i. V. m. § 37 SGB XII in Betracht. Dies gilt nach dem Wortlaut der Vorschrift sowohl für Empfänger von „laufender“ Hilfe als auch für Hilfe Suchende, die dem Grund nach gemäß § 31 Abs. 2 SGB XII anspruchsberechtigt sind (Minderbemittelte). Der besonderen Lage der Beschädigten und Hinterbliebenen sollte dadurch Rechnung getragen, dass die Darlehen in der Regel zinslos vergeben werden.*

II. Da ab 1. Januar 2005 die Gewährung der Weihnachtsbeihilfe[21] *aufgrund der Einbeziehung des Weihnachtsbedarfes in den Regelsatz ausgeschlossen ist, hebe ich die Anhaltspunkte von einmaligen Leistungen zur Abgeltung des Weihnachtssonderbedarfs für den Lebensunterhalt (Weihnachtsbeihilfen) in der Fassung meines Rundschreibens vom 4. August 2003 – 431-62731/1 – auf.*

21 Die Vorschrift des § 133 b SGB XII gilt für die Kriegsopferfürsorge entsprechend.

III. Des Weiteren weise ich darauf hin, dass ab 1. Januar 2005 Bekleidungs- und Weihnachtsbeihilfen im Rahmen der Erziehungsbeihilfe nach § 27 BVG i. V. m. § 21 KFürsV aufgrund der Einbeziehung dieser Beihilfen in den Regelsatz nicht mehr gewährt werden können.
Bei Verlegung in eine andere Einrichtung oder bei vorübergehender Abwesenheit (z. B. wegen eines Krankenhausaufenthaltes) gilt der Bestandsschutz weiter.
Bei Neuaufnahmen ab 1. Januar 2005 steht ausschließlich der Barbetrag nach § 35 Abs. 2 SGB XII zu.

BMGS v. 31. 8. 2005 – 431–47 241/2
Kriegsopferfürsorge;
Einmalige nicht schädigungsbedingte Heizungsbeihilfen
Bei der Länderreferentenbesprechung zur Kriegsopferfürsorge am 15./16. Juni 2005 in Hildesheim wurde über die Situation von Leistungsberechtigten der Kriegsopferfürsorge mit geringem Einkommen gesprochen, die ihren Brennstoffbedarf einmal im Jahr (z. B. durch Bevorratung von Heizöl oder sonstigem Heizmaterial) decken. Diese Fälle im Niedrigeinkommensbereich zeichnen sich dadurch aus, dass sie bis auf den Monat der Brennstoffbeschaffung keine Ansprüche auf Leistungen nach § 27 a BVG haben, aber bei einer Umlegung der anfallenden Heizkosten auf 12 Monate laufende aufstockende Hilfe zum Lebensunterhalt mit ggf. daraus resultierenden weiteren Ansprüchen erhalten würden.
Ein Darlehen nach § 27 a BVG i. V. m. § 37 SGB XII für einen einmaligen Brennstoffbedarf kommt, entgegen der in meinem Rundschreiben vom 20. Oktober 2004 – 431–6273/2 – vertretenen Auffassung, nicht in Betracht. Nach § 37 SGB XII werden Leistungen in Form eines Darlehens nur für einen von den Regelsätzen umfassten Bedarf erbracht. Der Heizungsbedarf ist gem. § 28 Abs. 1 SGB XII gerade nicht Gegenstand der Regelleistung. Insoweit ändere ich daher das vorgenannte Rundschreiben ab.
Bis zum In-Kraft-Treten des SGB XII konnte der beschriebene Heizungsbedarf durch eine einmalige Beihilfe unter Anrechnung des Einkommensüberschusses auf der Rechtsgrundlage von § 27 a BVG i. V. m. § 21 Abs. 1 a Nr. 2 BSHG gedeckt werden. Die abschließende Aufzählung einmaliger Bedarfe in § 31 Abs. 1 SGB XII sieht keine einmalige Heizungsbeihilfe vor.
In der Sozialhilfe fallen Heizkosten, die nicht laufend entstehen, wie dies bei der Bevorratung von Heizöl und sonstigem Heizmaterial der Fall ist, auch unter die Vorschrift des § 29 Abs. 3 Satz 1 SGB XII.
In der Länderreferentenbesprechung bestand Einvernehmen, dass Berechtigte mit niedrigen Einkünften, die keine Empfänger laufender Hilfe zum Lebensunterhalt sind, für einmaligen Brennstoffbedarf wie bisher Leistungen der Kriegsopferfürsorge erhalten sollen. Die einmalige nicht schädigungsbedingte Heizungsbeihilfe wird in der Kriegsopfersfürsorge auf § 27 a BVG i. V. m. § 29 Abs. 3 Satz 1 SGB XII gestützt.
Es bestand weiter Einvernehmen, dass bei der Berechnung dieser Leistung eine bis zu siebenfache Anrechnung des den Regelbedarf übersteigenden Einkommens gilt und dieser Bedarf jederzeit innerhalb eines Jahres unabhängig von der Heizperiode geltend gemacht werden kann.
Die schädigungsbedingte einmalige Heizungsbeihilfe wird weiterhin auf § 27 d Abs. 2 BVG gestützt.

§ 27 b (Erholungshilfe)

(1) Erholungshilfe erhalten Beschädigte für sich und ihren Ehegatten oder Lebenspartner sowie Hinterbliebene als Erholungsaufenthalt, wenn die Erholungsmaßnahme zur Erhaltung der Gesundheit oder Arbeitsfähigkeit notwendig, die beabsichtigte Form des Erholungsaufenthalts zweckmäßig und, soweit es sich um Beschädigte handelt, die Erholungsbedürftigkeit durch die anerkannten Schädigungsfolgen bedingt ist; bei Schwerbeschädigten wird der Zusammenhang zwischen den anerkannten Schädigungsfolgen und der Erholungsbedürftigkeit stets angenommen.

(2) Die Dauer des Erholungsaufenthalts ist so zu bemessen, daß der Erholungserfolg möglichst nachhaltig ist; sie soll drei Wochen betragen, darf jedoch diesen Zeitraum in der Regel nicht übersteigen. Weitere Erholungshilfe soll in der Regel nicht vor Ablauf von zwei Jahren erbracht werden.

(3) Aufwendungen der Erholungsuchenden, die während des Erholungsaufenthaltes für den häuslichen Lebensunterhalt erspart werden, werden bedarfsmindernd berücksichtigt. Zusätzliche kleinere Aufwendungen, die den Erholungsuchenden durch den Erholungsaufenthalt entstehen, sind als besonderer Bedarf zu berücksichtigen und können durch Pauschbeträge abgegolten werden.

(4) Während der Durchführung der Erholungsmaßnahme ist sicherzustellen, daß für Kinder und solche Haushaltsangehörige, die der Pflege bedürfen, hinreichend gesorgt wird.

(5) Bedürfen Erholungsuchende einer ständigen Begleitung, umfaßt der Bedarf für die Erholungshilfe auch den Bedarf aus der Mitnahme der Begleitperson.

Verwaltungsvorschrift des Sozialministeriums Baden-Württemberg über Gewährung von Erholungshilfe nach § 27 b des Bundesversorgungsgesetzes[22]

Nach § 27 b Abs. 2 Satz 2 des Bundesversorgungsgesetzes (BVG) soll Erholungshilfe innerhalb von zwei Jahren nur einmal gewährt werden. In Ausnahmefällen, wenn die Notwendigkeit außer vom behandelnden Arzt auch vom Amtsarzt bestätigt wird, kann vor Ablauf der Zweijahresfrist erneut Erholungshilfe bewilligt werden. Die Erfahrung der vergangenen Jahre hat gezeigt, daß bei bestimmten Personengruppen eine vorzeitige Wiederholung von Erholungsmaßnahmen auch von amtsärztlicher Seite befürwortet wird.

Im allgemeinen kann daher bei Vorlage einer hausärztlichen Bescheinigung unter Verzicht auf die amtsärztliche Bestätigung bereits vor Ablauf von zwei Jahren in folgenden Fällen erneut Erholungshilfe gewährt werden:

22 Die Verwaltungsvorschrift ist durch Zeitablauf außer Kraft gesetzt. Wegen ihrer besonderen Bedeutung für die Praxis ist sie weiterhin abgedruckt. Inhaltlich ist jedoch keine Änderung eingetreten.

1. berufstätigen Beschädigten mit einer MdE ab 70 vom Hundert, die das 50. Lebensjahr vollendet haben;
2. nicht mehr berufstätigen Beschädigten mit einer MdE ab 70 vom Hundert, die das 60. Lebensjahr vollendet haben;
3. berufstätigen Sonderfürsorgeberechtigten mit einer MdE ab 50 vom Hundert, die das 50. Lebensjahr vollendet haben;
4. nicht mehr berufstätigen Sonderfürsorgeberechtigten mit einer MdE ab 50 vom Hundert, die das 60. Lebensjahr vollendet haben;
5. berufstätigen Witwen, deren Grad der Behinderung wenigstens 50 vom Hundert beträgt und die das 50. Lebensjahr vollendet haben;
6. Hinterbliebenen, deren Grad der Behinderung wenigstens 70 vom Hundert beträgt und die das 60. Lebensjahr vollendet haben;
7. Beschädigten mit einer MdE um 50 und 60 vom Hundert und Hinterbliebenen nach Vollendung des 65. Lebensjahres.

In jedem Einzelfall, in dem vor Ablauf von zwei Jahren wieder Erholungshilfe begehrt wird, ist die Notwendigkeit eingehend zu prüfen. Das Attest des Hausarztes sollte erkennen lassen, welche besonderen gesundheitlichen Gründe für eine vorzeitige Erholungsmaßnahme vorliegen.
Auch die Notwendigkeit eines über drei Wochen hinausgehenden Erholungsaufenthaltes muß unter Berücksichtigung des Einzelfalles ärztlicherseits ausdrücklich bescheinigt und im Zweifelsfall – ohne dass ein solcher Zweifel für einen bestimmten Personenkreis aus allgemeiner ärztlicher Sicht generell als ausgeräumt angesehen werden kann – durch amtsärztliche Bestätigung festgestellt werden.
Diese Verwaltungsvorschrift tritt am 1. Januar 1993 in Kraft. …

Aus Rundschreiben, Urteilen etc.

BMA v. 15.4.1994 – VI 2 – 50094 – 1/11 –
Besprechung mit den Referenten der Länder am 25./26.1.1994
Erholungshilfe, § 27 b Abs. 5 BVG: Nachweis der Notwendigkeit einer Begleitperson
Ein Vertreter des BMA teilt – in Übereinstimmung mit dem BRH – mit, die Notwendigkeit der Mitnahme einer Begleitperson für die Dauer der Erholungsmaßnahme oder für die Hin- und Rückfahrt zum Erholungsort sei in der Regel durch Vorlage des vom Versorgungsamt ausgestellten Ausweises mit dem Merkzeichen „B“ nachzuweisen; im übrigen sei der Nachweis durch ärztliches Zeugnis, in Zweifelsfällen durch Bestätigung des Versorgungs- oder Gesundheitsamtes zu führen (§ 25 Abs. 2 KFürsV).
Lasse sich das Vorliegen der Voraussetzungen über die Notwendigkeit ständiger Begleitung zweifelsfrei einer nachvollziehbaren und aus sich selbst heraus verständlichen ärztlichen Bescheinigung entnehmen, so habe der Träger der Kriegsopferfürsorge eine ausreichende Entscheidungsgrundlage; anderenfalls müsse er auf einer Bestätigung durch das Versorgungs- oder Gesundheitsamt bestehen.
Das ärztliche Zeugnis wie auch die amtsärztliche Bestätigung sollte den Kriterien für die Notwendigkeit ständiger Begleitung in den „Anhaltspunkten für die ärztliche Gutachtertätigkeit im sozialen Entschädigungsrecht und dem Schwerbehindertengesetz“ Rechnung tragen.
Die Besprechungsteilnehmer schließen sich dem an.

BMAS v. 14.1.2013 – V b 1 – 54252/2
Kriegsopferfürsorge; pauschalierter Tagessatz für die frei gewählte Erholungshilfe nach § 27b Bundesversorgungsgesetz (BVG)
Auf Anregung aus dem Kreis der Länder wurde in der Sitzung des Fachausschusses Kriegsopferfürsorge der BIH vom 17. bis 19. Oktober 2012 in Potsdam die Frage der Aktualisierung des Tagessatzes der frei gewählten Erholungshilfe nach § 27b BVG für Unterkunft und Verpflegung, der als pauschaler Zuschuss gezahlt wird und nicht der Kostendeckung dient, ausführlich erörtert.
Als Ergebnis der Diskussion wurde angeregt, dass das BMAS eine Empfehlung ausspricht, denTagessatz auf 25 Euro zu erhöhen. Auch der Bundesausschuss der Kriegsbeschädigten- und Kriegshinterbliebenenfürsorge hat sich in seiner Sitzung vom 12./13. November 2012 für diesen Vorschlag ausgesprochen. Ich empfehle daher, ab Januar 2013 einen pauschalen Tagessatz von 25 Euro für die frei gewählte Erholungshilfe nach § 27b BVG zu zahlen.

§ 27c (Wohnungshilfe)

Wohnungshilfe erhalten Beschädigte und Hinterbliebene. Die Wohnungshilfe besteht in der Beratung in Wohnungs- und Siedlungsangelegenheiten sowie in der Mitwirkung bei der Beschaffung und Erhaltung ausreichenden und gesunden Wohnraums. Geldleistungen werden nur erbracht, wenn die Wohnung eines Schwerbeschädigten mit Rücksicht auf Art und Schwere der Schädigung besonderer Ausgestaltung oder baulicher Veränderung bedarf oder wenn Schwerbeschädigte, Witwen, Witwer oder hinterbliebene Lebenspartner innerhalb von fünf Jahren nach ihrem erstmaligen Eintreffen im Geltungsbereich dieses Gesetzes Wohnungshilfe beantragen und eine Geldleistung durch die Besonderheit des Einzelfalls gerechtfertigt ist.

§ 27d (Hilfe in besonderen Lebenslagen)

(1) Als Hilfen in besonderen Lebenslagen erhalten Beschädigte und Hinterbliebene
1. Hilfe zum Aufbau oder zur Sicherung der Lebensgrundlage,
2. Hilfen zur Gesundheit,
3. Eingliederungshilfe für behinderte Menschen,
4. Blindenhilfe,
5. Hilfe zur Überwindung besonderer sozialer Schwierigkeiten.

(2) Leistungen können auch in anderen besonderen Lebenslagen erbracht werden, wenn sie den Einsatz öffentlicher Mittel unter Berücksichtigung des Zweckes der Kriegsopferfürsorge rechtfertigen.

(3) Für die Hilfen in besonderen Lebenslagen gelten die §§ 47, 49 bis 52, das Sechste und Achte Kapitel sowie §§ 72, 74, 88 Abs. 2 und § 92 Abs. 2 des Zwölften Buches Sozialgesetzbuch unter Berücksichtigung der besondern Lage der Beschädigten oder Hinterbliebenen entsprechend. Die §§ 10 bis 24a bleiben unberührt. Blindenhilfe kommt nur in Betracht, soweit nicht eine Pflegezulage nach § 35 wegen schädigungsbedingter Blindheit erbracht wird. Erhalten blinde Menschen eine Pflegezulage nach § 35 aus

anderen Gründen, wird sie bis zu dem in § 72 Abs. 1 Satz 2 des Zwölften Buches Sozialgesetzbuch genannten Umfang auf die Blindenhilfe angerechnet. Leistungen nach § 43 a des Elften Buches Sozialgesetzbuch sowie gleichartige Leistungen nach anderen Vorschriften gehen den Leistungen der Kriegsopferfürsorge vor.

(4) Die Absätze 1 bis 3 gelten auch für Hinterbliebene, die wegen Behinderung der Hilfe bedürfen.

(5) Bei der Festsetzung der Einkommensgrenze tritt an die Stelle des Grundbetrages nach § 25 e Abs. 1 Nr. 1 ein Grundbetrag

1. in Höhe von 4,25 vom Hundert des Bemessungsbetrages in den Fällen
   a) der Eingliederungshilfe für behinderte Menschen nach § 53 Abs. 1 Satz 1 des Zwölften Buches Sozialgesetzbuch in einer stationären oder teilstationären Einrichtung,
   b) der Versorgung der in § 53 Abs. 1 Satz 1 des Zwölften Buches Sozialgesetzbuch genannten Personen mit Körperersatzstücken sowie mit größeren orthopädischen oder größeren anderen Hilfsmitteln (§ 31 des Neunten Buches Sozialgesetzbuch),
   c) der Hilfe zur Pflege in einer stationären oder teilstationären Einrichtung, wenn sie voraussichtlich auf längere Zeit erforderlich ist, sowie bei der häuslichen Pflege von Pflegebedürftigen der Pflegegrade 2 oder 3,

2. in Höhe von 8,5 vom Hundert des Bemessungsbetrages in den Fällen
   a) der Blindenhilfe nach § 72 des Zwölften Buches Sozialgesetzbuch,
   b) des Pflegegeldes für Pflegebedürftige der Pflegegrade 4 oder 5.

Der Familienzuschlag beträgt 40 vom Hundert des Grundbetrags des § 25 e Abs. 1 Nr. 1. Für den nicht getrennt lebenden Ehegatten oder Lebenspartner beträgt der Familienzuschlag in den Fällen des Satzes 1 Nr. 2 die Hälfte des Grundbetrags des Satzes 1 Nr. 1, wenn beide Ehegatten oder Lebenspartner blind oder behindert im Sinne des § 1 Abs. 1 Satz 2 der Verordnung zur Durchführung des § 90 Abs. 2 Nr. 9 des Zwölften Buches Sozialgesetzbuch sind.

(6) Größere orthopädische oder größere andere Hilfsmittel im Sinne des Absatzes 5 Satz 1 Nr. 1 Buchstabe b sind solche, deren Preis mindestens 180 Euro beträgt. Die Leistungen nach § 8 Abs. 1, § 9 Abs. 2 und § 10 Abs. 6 der Eingliederungshilfe-Verordnung gelten als Hilfe im Sinne des Absatzes 5 Satz 1 Nr. 1 Buchstabe b; das Gleiche gilt für die besondere Hilfe nach § 28 Abs. 1 Nr. 2 der Verordnung zur Kriegsopferfürsorge.

(7) Bei der Eingliederungshilfe für ein behindertes Kind gilt § 26 c Absatz 6 entsprechend.

Aus Rundschreiben, Urteilen etc.

BMA v. 17.5.1991 – VI a 2 – 50094 – 1/9 zu Abs. 2
Hilfen in besonderen Lebenslagen nach § 27 d BVG – Übernahme der Kosten für größere Haushaltsgeräte
(Besprechung mit den Referenten der Länder am 19./20.2.1991/Rundschreiben vom 17.5.1991 – VI a 2 – 50094 – 1/9).

Die Besprechungsteilnehmer stimmen der Bewertung zu, daß die Übernahme der Kosten für größere Haushaltsgeräte nach § 27 d Absatz 2 BVG generell bereits bei Pflegezulageempfängern der Stufe III nicht möglich sei und diese Geräte grundsätzlich nur im Rahmen der ergänzenden Hilfe zum Lebensunterhalt nach § 27 a BVG gewährt werden könnten. Allerdings bestünden keine Bedenken gegen eine Kostenübernahme für größere Haushaltsgeräte nach § 27 d Absatz 2 BVG bei Pflegezulageempfängern mindestens der Stufe IV (vgl. Länderreferentenbesprechung vom 15./16.9.1983 zu TOP 11 a) und im besonderen Einzelfall, wenn sich etwa im Hinblick auf das Alter des Pflegezulageempfängers der Stufe III eine erhöhte Pflegebelastung der Ehefrau ergibt (vgl. Länderreferentenbesprechung vom 4.10.1984 zu TOP 8 d).
Die Annahme eines bundeseinheitlichen Bedarfs bzw. Preislimits bei der Anschaffung größerer Haushaltsgeräte stehe mit dem Individualisierungsgrundsatz der Kriegsopferfürsorge nicht in Einklang.

BMA v. 17.5.1991 – VI a 2 – 50094 – 1/9
Hilfen in besonderen Lebenslagen nach § 27 d BVG – Beschaffung eines Heimtrainers oder Tandems
(Besprechung mit den Referenten der Länder am 19./20.2.1991/Rundschreiben vom 17.5.1991 – VI a 2 – 50094 – 1/9).
Die Besprechungsteilnehmer schließen sich übereinstimmend der Auffassung an, daß – wie bereits im Rundschreiben vom 4.1.1985 – VI a 2 – 52603 – Nummer 2 c – ausgeführt – eine Kostenübernahme für Bewegungsgeräte (z.B. Tandem, Heimtrainer) nur in besonders begründeten Einzelfällen als ausschließlich schädigungsbedingter Bedarf (§ 25 c Absatz 3 Satz 2 BVG) im Rahmen der Hilfen in besonderen Lebenslagen nach § 27 d BVG in Betracht kommt.

Länderreferentenbesprechung am 24./25.3.1992 zu Abs. 3
Hilfen zu den Anschluss- und Betriebskosten bei Kabelfernsehen insbesondere nach § 28 Abs.1 KFürsV oder § 27 d Abs.1 Nr. 6 BVG i. V. m. § 40 Abs.1 Nr. 8 BSHG
Die Besprechungsteilnehmer stimmen wie folgt überein:
Für einen verkabelten Fernsehempfang können als Hilfe in besonderen Lebenslagen für Beschädigte nach § 28 Abs.1 Nr. 1 KFürsV und für sonstige Behinderte als Eingliederungshilfe nach § 27 d Abs.1 Nr. 6 BVG i. V. m. § 40 Abs.1 Nr. 8 BSHG und § 19 Eingliederungshilfe-Verordnung die Anschlußkosten und die auf den Kabelanschluß entfallenden Betriebskosten als Bedarf anerkannt werden, wenn der Anspruchsberechtigte im Einzelfall zur Teilnahme am Leben in der Gemeinschaft auf das Programm-Mehrangebot des Kabelfernsehens angewiesen ist. Eingliederungshilfe für Behinderte nach § 27 d Abs. 1 Nr. 6 BVG kann sowohl dem Beschädigten als auch nach § 27 d Abs. 4 BVG den Hinterbliebenen wegen einer Behinderung gewährt werden. Gleiches gilt auch für behinderte Familienmitglieder des Beschädigten (§ 25 Abs.4 BVG).
Als Alternative zum Kabelanschluß können bei Vorliegen der vorgenannten Voraussetzungen auch die Kosten für eine Satellitenempfangsanlage übernommen werden.
Sofern die Übernahme der Kosten als Hilfe in besonderen Lebenslagen nicht in Betracht kommt, sind die anteiligen Anschluß- und Betriebskosten einer Fernsehverkabelung bedarfserhöhend als Unterkunftskosten im Rahmen der ergänzenden Hilfe zum Lebensunterhalt nach § 27 a BVG oder bei anderen Hilfearten bei der Ermittlung der jeweils maßgeblichen Einkommensgrenze je nach den Verhältnissen des Einzelfalles zu berücksichtigen.

Wenn der Vermieter die Betriebskosten und in vielen Fällen auch die Anschlußkosten auf die Mieter umlegt, gehören sie als Mietnebenkosten zu den Kosten der Unterkunft. Eine Berücksichtigung der Anschluss- und Betriebskosten als Bestandteil der Unterkunftskosten scheidet nur dann aus, wenn ein bereits hilfebedürftiger Mieter von sich aus den Anschluß seiner Wohnung an das Kabelnetz betrieben hat. Als Hauseigentümer hat ein Hilfesuchender grundsätzlich die freie Wahl, ob er von der Möglichkeit des Kabelanschlusses Gebrauch machen will. Anschlußkosten können daher regelmäßig nicht und Betriebskosten nur dann als Unterkunftskosten anerkannt werden, wenn der Kabelanschluß bereits vor Eintritt der Hilfebedürftigkeit veranlaßt wurde und es dem Hilfesuchenden nicht möglich ist oder zugemutet werden kann, seine frühere Empfangseinrichtung wieder zu betreiben.

Anmerkung der Herausgeber:
Zu den vorgenannten Rundschreiben des BMA wird ergänzend auf die nach § 27 e abgedruckten „Anhaltspunkte für die Sonderfürsorge“ hingewiesen.

BMA v. 7.11.1995 – VI 1 – 53064, VI 2 – 52764 (BArbBl. 1/1996, 88)
Übernahme der Werkstattkosten gem. § 27 d Abs. 1 Nr. 6 BVG bei nicht nur vorübergehender Heimpflege gem. § 35 Abs. 6 Satz 1 (§ 35 Abs. 7 Satz 1 a. F.) BVG
Zu der unter TOP 10 der Besprechung mit den für die Kriegsopferfürsorge zuständigen Referenten der Länder am 25./26.1.1994 (Rundschreiben vom 15.4.1994 – VI 2-50094 – 1/11) angesprochene Frage der Anwendung des § 35 Abs. 6 Satz 1 BVG zur Übernahme auch der Werkstattkosten bei nicht nur vorübergehender Heimunterbringung eines Pflegezulageempfängers vertrete ich nach erneuter Prüfung folgende Auffassung:
Grundsätzlich ist bei der Prüfung der Übernahme der Kosten in einem solchen Fall zwischen den Kosten, die aufgrund der Pflege und Betreuung entstehen, und denen, die durch die Eingliederungsmaßnahmen entstehen, zu unterscheiden. Dabei können beide Leistungen gleichzeitig gewährt werden.
Die Notwendigkeit der Differenzierung nach der Art der Kosten ergibt sich aus der unterschiedlichen Zielsetzung der Anspruchsgrundlagen (§ 35 BVG – Pflegezulage – und § 27d Abs. 1 Nr. 6 BVG – Eingliederungshilfe –), wie sie durch das Urteil des Bundesverwaltungsgerichts vom 11.3.1993 – 3 C 18.90 – (br 1993 S. 173) herausgestellt wurde: Während die Pflegezulage streng auf den gegenwärtigen Gesundheitszustand des Beschädigten abstellt, die Hilflosigkeit unverändert läßt und lediglich ihre Folgen durch finanzielle Sicherstellung der Pflege ausgleicht, dient die Eingliederungshilfe für Behinderte einem anderen Zweck, nämlich einer Besserung des gegenwärtigen Zustandes des Behinderten selbst in der Zukunft und für die Zukunft.
Da die mit den beiden Leistungen verfolgten Zwecke nicht einmal teilweise identisch sind (BVerwG a.a.O.), können die Ansprüche auf Pflegezulage und Eingliederungshilfe unabhängig und ohne gegenseitige Anrechnung nebeneinander bestehen.
Folglich sind die Kosten, die durch die Beschäftigung eines Pflegezulageempfängers in einer Werkstatt für Behinderte entstehen, nicht nach § 35 Abs. 6 Satz 1 BVG zu übernehmen. Vielmehr folgt aus dem (beruflichen und sozialen) Rehabilitationsziel der Beschäftigung eines im Sinne des § 54 Abs. 3 SchwbG werkstattfähigen Beschädigten in einer Werkstatt für Behinderte – bei Vorliegen der Voraus-

setzungen im übrigen (z. B. Ablauf der Frist des § 26 Abs. 5 Satz 2 BVG), dass Anspruchsgrundlage für die Übernahme der Werkstattkosten grundsätzlich § 27d Absatz 1 Nr. 6, Absatz 3 BVG i.V.m. Abschnitt 3 Unterabschnitt 7 des Bundessozialhilfegesetzes ist.

Für die Beurteilung der Werkstattfähigkeit des Beschädigten sollte in der Regel der Stellungnahme des Fachausschusses (§ 2 Werkstätten-VO) gefolgt werden.

Wird ein werkstattfähiger Beschädigter in einem der Werkstatt angegliederten Wohnheim für Behinderte untergebracht, dient dies in erster Linie der werkstattnahen Unterbringung und nicht, wenn er pflegebedürftig ist, der Sicherstellung der Pflege, so daß auch die Unterbringungskosten insoweit im Rahmen des § 27d Abs. 1 Nr. 6 BVG zu übernehmen sind. In diesem Zusammenhang anfallende Pflegekosten sind entweder aus der Pauschale nach § 35 Abs. 1 BVG oder aus der nach § 35 Abs. 2 BVG erhöhten Pflegezulage zu bestreiten.

Dementsprechend kommt die Möglichkeit einer vollständigen Kostenübernahme nach § 35 Abs. 6 Satz 1 BVG nur in den Fällen der Pflege und der Betreuung (insbesondere im Sinne einer Beschäftigungstherapie) in Tagesförderstätten in Betracht, in denen der Beschädigte nicht werkstattfähig ist und auch eine soziale Rehabilitation ausscheidet. Dabei ist gem. § 35 Abs. 6 Satz 1 BVG die Unterbringung des Beschädigten in einem Wohnheim für Behinderte dann als Heimpflege anzusehen, wenn geeignete Pflege sonst, d. h. im häuslichen Bereich, nicht sichergestellt werden kann, und das Wohnheim die Voraussetzungen für die Sicherstellung der Heimpflege erfüllt.

Zur Frage des ausschließlich schädigungsbedingten Bedarfs nach § 25 c Abs. 3 Satz 2 BVG bei Übernahme der Kosten als Eingliederungshilfe nach § 27d Abs. 1 Nr. 6 BVG weise ich hin auf die Länderreferentenbesprechungen vom 24./25.3.1992 zu TOP 1 (Rundschreiben vom 24.6.1992 – VIa 2-50094 – 1/10) und 25./26.1.1994 zu TOP 10 (Rundschreiben vom 15.4.1994 – VI 2-50094 – 1/11).

Ich bitte, entsprechend zu verfahren.

Meine in einem besonders gelagerten Einzelfall getroffene, abweichende Entscheidung vom 5.4.1993 – VI 1 – 53064 – Z… /92 – ist unter den vorgenannten Gesichtspunkten zu überprüfen.

BMA v. 8.7.1999 – VI a 1 – 52602/3 (KST) – (BArbBl. 9/1999 S. 133)

Ausschließlich schädigungsbedingter Bedarf bei vollstationärer Eingliederungshilfe für Beschädigte

1. *Im Hinblick auf die in Kraft getretenen Neuregelungen in §§ 93 ff. BSHG hebe ich im Einvernehmen mit den für die Kriegsopferfürsorge zuständigen Landessozialbehörden, dem Arbeitsausschuss „Kriegsopferfürsorge" der Arbeitsgemeinschaft der Deutschen Hauptfürsorgestellen und seinem Unterausschuss „Empfehlungen zur Kriegsopferfürsorge" den Beschluss der Länderreferentenbesprechung vom 24./25.3.1992 (BMA-Rd.Schr. vom 24.6.1992 – VI a 2 – 50094-1/10 – zu TOP 1) mit Wirkung vom 1.1.1999 auf. Die in dem genannten Beschluss vertretene Auffassung, der durch den Pflege- bzw. Tagessatz abgedeckte Unterbringungsbedarf sei in seiner Gesamtheit als ausschließlich schädigungsbedingt i. S. v. § 25 c Abs. 3 Satz 2 BVG anzuerkennen, ist durch die Einführung eines neuen Finanzierungssystems bei der Sozialhilfe in Einrichtungen nach den §§ 93 ff. BSHG und die Aufteilung der Vergütung in verschiedene Kostenbereiche überholt.*

2. *Nach den seit 1.1.1999 geltenden §§ 93 ff. BSHG sind die Vergütungen für die Leistungen von Einrichtungen zumindest aufgeteilt in „Grundpauschale", „Maßnahmepauschale" und „Investitionsbetrag" (§ 93 a Abs. 2 Satz 1 BSHG) zu vereinbaren. Damit wird es in tatsächlicher Hinsicht erstmalig bundesweit möglich, die Kosten für die vollstationäre Eingliederungshilfe differenziert danach zu beurteilen, inwieweit sie ausschließlich schädigungsbedingt i. S. d. § 25 c Abs. 3 Satz 2 BVG ist.*
   Eine solche differenzierte Beurteilung unterschiedlicher Bedarfslagen bei der stationären Hilfe im Hinblick auf § 25 c Abs. 3 Satz 2 BVG ist in der Kriegsopferfürsorge nicht unüblich und auch von der Rechtsprechung anerkannt (vgl. z. B. BVerwG FEVS 46 S. 177 [180]).Bei der Gewährung von Leistungen der Kriegsopferfürsorge von Einrichtungen sind lediglich die Maßnahmekosten in Höhe der Maßnahmepauschale dem ausschließlich schädigungsbedingten Bedarf zuzurechnen. Die Kosten für Unterkunft und Verpflegung (Grundpauschale) und die Investitionskosten (Investitionsbetrag) sind nicht ausschließlich schädigungsbedingt, da auch erwachsene Nichtbeschädigte im Rahmen einer angemessenen Lebenshaltung entsprechende oder zumindest vergleichbare Kosten insbesondere Miete und Nebenkosten für Wohnraum und Verpflegung zu tragen haben. Bei Bedarfslagen, die prinzipiell alle Menschen haben, fehlt es in aller Regel am Ursachenzusammenhang zwischen Schädigung und Bedarf; sie können daher grundsätzlich nicht schädigungsbedingt sein (OVG Hamburg FEVS 43 S. 45 [49]).
3. *Ferner weise ich darauf hin, daß nach meinem Rundschreiben vom 7.11.1995 – VII - 53064/V12 - 52764 – (Absatz 7) bei den in Rede stehenden Fällen der vollstationären Eingliederungshilfe die Pflegezulage (§ 35 Abs. 1 BVG) als – teilweise – zweckgleiche Leistung in voller Höhe zur – teilweisen – Deckung der Maßnahmekosten (Maßnahmepauschale) einzusetzen ist, da die Pflegezulage ausschließlich der Sicherstellung des notwendigen Pflegebedarfs (und nicht der Vermögensbildung des Pflegebedürftigen) dient.*

BSG v. 14.2.2001 – B 1 KR 1/00 R (FEVS 53, 5)
Die in einer Werkstatt für Behinderte beschäftigten Personen unterliegen auch dann der Versicherungspflicht nach § 5 Abs. 1 Nr. 7 SGB V, wenn sie nicht im Arbeitsbereich, sondern im Arbeitstrainingsbereich eingesetzt werden (Anschluss an BSG, FEVS 31, 207 [210]; SozR 5085 § 1 Nr. 2).
Das dem Teilnehmer an einer Trainingsmaßnahme von der Bundesanstalt für Arbeit nach der RehaAnO gezahlte Ausbildungsgeld ist kein Arbeitsentgelt i. S. v. § 14 Abs. 1 SGB IV und begründet demzufolge keinen Anspruch auf Krankengeld.

VGH München v. 14.5.2001 – 12 B 98.2002 (FEVS 53, 361)
Die Gewährung von Eingliederungshilfe zu einer angemessenen Schulbildung im Rahmen der allgemeinen Schulpflicht (hier für eine pädagogische Hilfskraft an einer Ersatzregelschule) kommt nicht in Betracht, wenn nach den schulrechtlichen Vorschriften eine angemessene Schulbildung auch ohne die begehrte Hilfe gewährleistet ist (hier durch den Besuch einer Förderschule für Behinderte).

BMA v. 22.3.2002 – IV c 1 – 62268
Berücksichtigung von Arbeitsförderungsgeld für Beschäftigte in Werkstätten für behinderte Menschen nach § 43 SGB IX bei einkommensabhängigen Leistungen im sozialen Entschädigungsrecht (Auszug).

Zur Frage der Anrechnung des Arbeitsförderungsgeldes nach § 43 SGB IX nehme ich wie folgt Stellung:
Grundsätzlich ist das Arbeitsförderungsgeld, wie schon im Schreiben vom 06. Juli 2001 – V a 3 – 58068/8 – festgestellt, wie Arbeitsentgelt zu behandeln.
Dies gilt auch im Verhältnis zum Berufsschadensausgleich und zur Ausgleichsrente nach dem Bundesversorgungsgesetz (BVG) mit der Folge, dass das Arbeitsförderungsgeld auf diese Leistungen anzurechnen ist.

Für die Leistungen der Kriegsopferfürsorge (KOF) ist zu beachten:
Das Arbeitsförderungsgeld dient der Erhöhung der Arbeitsentgelte der behinderten Beschäftigten, deren Arbeitsentgelt zusammen mit dem Arbeitsförderungsgeld den Betrag von 325 € nicht übersteigt.
Im Hinblick auf die Leistungen der Eingliederungshilfe in der KOF (§ 27 d Abs. 1 Nr. 3 BVG) für die Tätigkeit in der WfbM ist das Arbeitsförderungsgeld daher freizustellen. Im Übrigen, also bei anderen einkommensabhängigen Leistungen, stellt es Einkommen im Sinne von § 25 d Abs. 1 Satz 1 BVG dar (§ 25 d Abs. 4 Satz 1 BVG ist nicht maßgebend), mit der Folge, dass – bezogen auf das Arbeitsförderungsgeld – § 45 KFürsV anzuwenden ist.

BSG v. 25. 10. 2012 – B 9 SB 1/12 R (BH 2013 S. 331)
Schwerbehinderte Menschen, die die gesundheitlichen Voraussetzungen für eine unentgeltliche Beförderung im öffentlichen Personenverkehr erfüllen und Kraftfahrzeughilfe als laufende Leistung nach § 27d BVG erhalten, haben keinen Anspruch auf Ausgabe einer kostenlosen Wertmarke (Fortführung von BSG, Urt. v. 6. 10. 2011 – B 9 SB 6/10 R – Breith. 2012, 668 = SozR 4–3250 § 145 Nr. 3).

§ 27 e (Sonderfürsorge)

Für die Empfänger einer Pflegezulage und für Beschädigte, deren Grad der Schädigungsfolgen allein wegen Tuberkulose oder Gesichtsentstellung wenigstens 50 beträgt, sowie für Hirnbeschädigte haben die Hauptfürsorgestellen die Leistungen der Kriegsopferfürsorge unter Beachtung einer wirksamen Sonderfürsorge zu erbringen.

Aus Rundschreiben, Urteilen etc.

BMA v. 15.2.94 – VI 2 – 52 780 (BArbBl. 4/94 S. 65)
Als Anlage übersende ich „Anhaltspunkte für die Sonderfürsorge in der Kriegsopferfürsorge“ in der abschließend in der Länderreferentenbesprechung am 25./26.1.1994 einvernehmlich abgestimmten Fassung. Ich bitte, danach im Interesse einer bundeseinheitlichen Verwaltungspraxis zu verfahren.

(Fortsetzung BVG Seite 704)

Anhaltspunkte für die Sonderfürsorge in der Kriegsopferfürsorge

1. Einführung

(1) Die Einrichtung der Sonderfürsorge beruht auf der Erkenntnis, daß die Kriegsopferfürsorge den außerordentlich schwerwiegenden und vielfältigen Folgen bestimmter Schädigungen auch mit besonders wirksamen Hilfen der verschiedensten Art zu begegnen hat.

(2) Die Sonderfürsorge hat zum Ziel, die Kriegsopferfürsorge für den sonderfürsorgeberechtigten Personenkreis in diesem Sinne und in einheitlicher Weise zu gestalten.

(3) Im Hinblick auf die Vielfalt möglicher Lebenssachverhalte erheben diese Anhaltspunkte keinen Anspruch auf Vollständigkeit.

2. Rechtsgrundlage

(1) Inhalt und Ausmaß der Sonderfürsorge ergeben sich aus § 27 e BVG und § 29 Abs. 1 KFürsV.

(2) Die Sonderfürsorgeberechtigten haben einen Rechtsanspruch auf Sonderfürsorge; die Hauptfürsorgestellen sind daher verpflichtet, nach sorgfältiger Überprüfung und Beurteilung des Sachverhalts Hilfen zu erbringen, die den Berechtigten besonders wirksam helfen; dies gilt auch bei nicht ausschließlich schädigungsbedingtem oder nicht schädigungsnahem Bedarf.

3. Berechtigter Personenkreis

Der Kreis der Sonderfürsorgeberechtigten ergibt sich aus § 27 e BVG.

4. Persönliche Hilfe

Die persönliche Hilfe umfaßt alle Hilfen, die nicht Geld- oder Sachleistungen sind. Ihr kommt für die Sonderfürsorgeberechtigten und ihre Familien angesichts der häufig schweren und vielfältigen Auswirkungen der Schädigung in den unterschiedlichen Lebenslagen hervorragende Bedeutung zu.

4.1 Beratung und Auskunft

(1) Die Beratung erstreckt sich auf alle Fragen der Kriegsopferfürsorge im Rahmen des gesetzlichen Auftrags, sich der Beschädigten und ihrer Familienmitglieder in allen Lebenslagen anzunehmen, um die Folgen der Schädigung angemessen auszugleichen oder zu mildern. Sie muß richtig, vollständig und verständlich sein und umfaßt nicht nur die Beratung in rechtlichen Fragen der Kriegsopferfürsorge, sondern auch in persönlichen Angelegenheiten, soweit ein berechtigtes Interesse des Sonderfürsorgeberechtigten an der Beratung durch die Hauptfürsorgestelle anzunehmen ist.

(2) In sozialen Angelegenheiten außerhalb der Kriegsopferfürsorge sind den Sonderfürsorgeberechtigten Auskünfte zu erteilen, soweit dies nicht anderen Stellen oder Personen obliegt (§ 25 b Abs. 3 BVG). Insbesondere sind die für Sozialleistungen außerhalb der Kriegsopferfürsorge zuständigen Leistungsträger zu benennen. Soweit möglich, sind auch andere Sach- und Rechtsfragen, die für den Sonderfürsorgeberechtigten von Bedeutung sein können, zu beantworten.

(3) Um bürgernah und wirkungsvoll Rat und Auskunft erteilen zu können, sollen die Hauptfürsorgestellen, soweit notwendig, Sprechtage abhalten und bei kranken, hilflosen oder erheblich geh- und stehbehinderten Sonderfürsorgeberechtigten Hausbesuche durchführen.

4.2 Betreuung

(1) Eine über Beratung und Auskunft hinausgehende Betreuung von Sonderfürsorgeberechtigten kann insbesondere notwendig sein, wenn die Auswirkungen der Schädigung eine selbständige Lebensführung der Berechtigten und ihrer Familien erheblich erschweren oder unmöglich machen.

(2) Eine individuelle Betreuung kann auch zur Bewältigung der Belastungen im persönlichen Bereich der Sonderfürsorgeberechtigten und ihrer Familienangehörigen, insbesondere ihrer Ehegatten, notwendig sein. Dies setzt u. a. ein Vertrauensverhältnis der Sachbearbeiter der Hauptfürsorgestellen zu den Sonderfürsorgeberechtigten und ihren Familien voraus.

(3) Inhalt der persönlichen Hilfe kann auch sein, im Einvernehmen mit dem Sonderfürsorgeberechtigten und seiner Familie tätig zu werden, um Schwierigkeiten zu beseitigen und das Verständnis für die besondere Situation zu wecken und zu erhalten.

4.3 Zusammenarbeit

Die besondere Situation der Sonderfürsorgeberechtigten und ihrer Familien kann erfordern, daß persönliche Hilfe für längere Zeit intensiv erbracht werden muß. In diesen Fällen ist ein besonders enges Zusammenwirken der Hauptfürsorgestelle mit dem Versorgungsamt und den sozialen Diensten der öffentlichen Hand und der gemeinnützigen Träger erforderlich, damit die Hilfe fachgerecht unter deren Mitwirkung geleistet werden kann.

(2) Ebenso sollte mit den Sonderfürsorgeberechtigten-Betreuern der Kriegsopferverbände zusammengearbeitet werden, wenn die Sonderfürsorgeberechtigten diesen Verbänden angehören und sich ihrer Hilfe bedienen.

5. Sachleistungen und Geldleistungen

(1) Die in Betracht kommenden Sach- und Geldleistungen sind im Rahmen der Sonderfürsorge individuell besonders wirksam zu gestalten.

(2) Bei der Erbringung von Leistungen der Kriegsopferfürsorge ist hinsichtlich Art, Ausmaß und Dauer dem Umstand der Sonderfürsorgeberechtigung angemessen Rechnung zu tragen; dies gilt auch bei den Ermessensentscheidungen nach § 25 b Abs. 4 und 5 BVG.

6. Bedarfstatbestände

Die nachstehend aufgeführten Bedarfstatbestände und ihre Abwicklung im Rahmen der Sonderfürsorge sind nur besonders typische Beispiele. Zahlreiche Bedarfstatbestände sind denkbar, die ebenfalls im Rahmen der Sonderfürsorge einer befriedigenden Lösung zuzuführen sind.

6.1 Ergänzende Hilfe zum Lebensunterhalt[23]

(1) Bei Erbringung von Geldleistungen zur Deckung eines durch die Schädigung mitbestimmten Bedarfs ist § 21 Abs. 2 Satz 2 BSHG mit der Maßgabe anzuwenden, daß den besonderen Belangen der Schädigung Rechnung getragen wird. § 25c Abs. 3 Satz 1 BVG ist zu beachten. Bei ausschließlich schädigungsbedingtem Bedarf findet § 25c Abs. 3 Satz 2 BVG Anwendung.

(2) Je mehr der Aufwand an Kraft und Zeit für die Bewältigung der häuslichen Arbeit dem Ehegatten und den Haushaltsangehörigen des Sonderfürsorgeberechtigten erleichtert wird, desto besser können diese Personen zur Betreuung und sonstigen zwischenmenschlichen Zuwendung für den Sonderfürsorgeberechtigten bereitstehen. Unter diesem Gesichtspunkt können Geldleistungen zur Beschaffung von Haushaltsgeräten größerer Art über das zur Führung eines Durchschnittshaushalts übliche Maß hinaus (z. B. Wäschetrockner, Geschirrspülmaschine, Bügelautomat) erbracht werden. Die Geräte sind als alleiniger Bedarf des Sonderfürsorgeberechtigten anzusehen. Bei Empfängern einer Pflegezulage nach Stufe IV und höher sind diese Geldleistungen als Hilfen in besonderen Lebenslagen zu erbringen. Gleiches gilt für Empfänger einer Pflegezulage nach Stufe III im besonderen Einzelfall, wenn sich, etwa im Hinblick auf das Alter des Sonderfürsorgeberechtigten, eine erhöhte Pflegebelastung für die Pflegeperson ergibt.

6.2 Erholungshilfe

(1) Sonderfürsorgeberechtigte erhalten vor Ablauf von zwei Jahren erneut Erholungshilfe als Erholungsaufenthalt, wenn die Notwendigkeit und Zweckmäßigkeit durch ärztliches Zeugnis nachgewiesen ist (§ 27b Abs. 1, 2 BVG i. V. m. § 25 Abs. 1 KFürsV). Bei berufstätigen Sonderfürsorgeberechtigten mit einer MdE ab 50 v. H., die das 50. Lebensjahr vollendet haben, und bei nicht mehr berufstätigen Sonderfürsorgeberechtigten mit einer MdE ab 50 v. H., die das 60. Lebensjahr vollendet haben, genügt immer eine entsprechende hausärztliche Bescheinigung.

(2) Wünschen der Sonderfürsorgeberechtigten hinsichtlich des Ortes des Erholungsaufenthaltes und hinsichtlich der Unterbringung am Erholungsort soll entsprochen werden, soweit sie unter Berücksichtigung der Auswirkungen der Schädigung auf Gesundheit und Arbeitsfähigkeit angemessen sind und keine unvertretbaren Mehrkosten erfordern.

(3) Sonderfürsorgeberechtigten, die zum Erreichen des Erholungsortes auf die Benutzung von Spezialfahrzeugen (z. B. Behindertenfahrzeug) angewiesen sind, werden die hierfür entstehenden Kosten in voller Höhe als Bedarf anerkannt.

(4) Benötigt der Sonderfürsorgeberechtigte eine ständige Begleitung, gleichgültig, ob wegen Schädigungsfolgen oder wenigen nicht schädigungsbedingter Behinderungen, umfaßt der Bedarf für die Erholungshilfe auch den Bedarf aus der Mitnahme der Begleitperson. Aufwendungen, welche die Begleitperson während der Dauer des Erholungsaufenthaltes für ihren häuslichen Lebensunterhalt erspart, bleiben sowohl bei der Bemessung des Bedarfs als auch bei der Festsetzung des einzusetzenden Einkommens außer Betracht.

(5) Ist der Bedarf nach den Absätzen 3 oder 4 ausschließlich durch die Art und Schwere der Schädigung bedingt, so findet § 25c Abs. 3 Satz 2 BVG Anwendung.

23 Beachte aber das nach § 27a BVG abgedruckte Rundschreiben des BMGS v. 20.10.2004.

6.3 Wohnungshilfe

(1) Da schweren Schädigungen und Behinderungen gerecht werdende Wohnungen kaum angeboten werden, ist der Erhaltung und Beschaffung geeigneten Wohnraums für Sonderfürsorgeberechtigte besonderes Augenmerk zu widmen.

(2) Kommen schädigungsbedingte besondere Ausgestaltungen oder bauliche Veränderungen einer Wohnung (z. B. Handläufe für Blinde, Auffahrtrampen, Hebebühnen, Treppenlifte, Türverbreiterungen und Mehrflächen für Rollstuhlfahrer, besondere sanitäre Einrichtungen) ausschließlich dem Sonderfürsorgeberechtigten zugute, soll der Bedarf durch Beihilfen gedeckt werden.

(3) Bringen schädigungsbedingte besondere Ausgestaltungen oder bauliche Veränderungen (z. B. Erweiterungsbauten, Einbau von Gas-, Öl- oder Elektroheizungen anstelle von Ofenheizungen, Einbau von Schallschutzfenstern) auch anderen Haushaltsangehörigen Vorteile oder führen sie zu einer allgemeinen Wertsteigerung des Vermögens des Sonderfürsorgeberechtigten aus Grundbesitz, so kann der Bedarf bis zur Hälfte durch Beihilfen, im übrigen durch Darlehen gedeckt werden.

(4) Der Einbau von Kommunikationsgeräten (z. B. Gegensprechanlagen) kann nicht nur bei Blinden und Rollstuhlfahrern, sondern auch bei anderen hilflosen oder außerordentlich gehbehinderten Sonderfürsorgeberechtigten als Bedarf anerkannt werden.

(5) Zur schädigungsgerechten Ausgestaltung einzubauender oder eingebauter Einrichtungsgegenstände sind Geldleistungen möglich. Als Bedarf kommen z. B. der Einbau nach oben schwenkbarer Türen oder von Schiebetüren an Einbauschränken in Wohnungen blinder Sonderfürsorgeberechtigter oder der Einbau von unterfahrbarer Herdmulde, Arbeitsplatte und Spüle bei haushaltführenden Rollstuhlfahrern in Betracht. Hinsichtlich eines ausschließlich schädigungsbedingten Mehraufwandes findet § 25 c Abs. 3 Satz 2 BVG Anwendung.

(6) Leistungen nach der Orthopädieverordnung sind vorrangig.[24]

6.4 Eingliederungshilfe für Behinderte

(1) Sonderfürsorgeberechtigte, die infolge ihrer Schädigung oder wegen anderer Behinderungen am Leben in der Gemeinschaft, insbesondere am öffentlichen und kulturellen Geschehen, nicht teilnehmen können oder denen diese Teilnahme nicht zumutbar ist, können Leistungen zur Beschaffung von technischen Geräten, die ihnen die Teilnahme ermöglichen oder wenigstens ganz oder teilweise ersetzen können (z. B. Farbfernsehgeräte, Rundfunkgeräte/Stereoanlagen, Plattenspieler, Tonbandgeräte, Telefonhilfen) erhalten. Es sind jeweils die Kosten für ein Gerät der mittleren Preisklasse anzuerkennen. Leistungen nach der Orthopädieverordnung sind vorrangig.

(2) Sonderfürsorgeberechtigten mit einer Minderung der Erwerbsfähigkeit von wenigstens 80 v. H., die Empfänger einer Pflegezulage mindestens nach Stufe III sind oder an öffentlichen Veranstaltungen ständig nicht teilnehmen können, kann eine Hilfe zu den laufenden Telefonkosten gegeben werden. Als ausschließlich schädigungsbedingter Bedarf sind 60 Gebühreneinheiten anzunehmen. Nach Ziff. 1.5.8 der Besonderen Tarifliste für den Telefondienst der Deutschen Bundespost

---

24 Weitere vorrangige Ansprüche können sich ab 1. 4. 1995 aus § 40 Abs. 3 und 4 SGB XI ergeben.

Telekom aus sozialen Gründen gewährte 30 Freieinheiten sind auf diesen Bedarf anzurechnen.

(3) Insbesondere blinde und/oder in ihrer Bewegungsfähigkeit erheblich eingeschränkte Sonderfürsorgeberechtigte können angemessene Hilfen zu einer sinnvollen Betätigung erhalten, u. a. zur Pflege von Hobbys und durch Lehrgänge zur gesellschaftlichen Rehabilitation.

(4) Auch blinde und/oder in ihrer Bewegungsfähigkeit erheblich eingeschränkte Sonderfürsorgeberechtigte müssen ihrem Bewegungsbedürfnis Rechnung tragen; als Bedarf können geeignete Trimmgeräte anerkannt werden. Bei Rollstuhlfahrern, die ein Haus mit Garten bewohnen, können auch die Kosten der rollstuhlgerechten Befestigung von Gartenwegen als Bedarf anerkannt werden: das gleiche gilt bei Blinden für eine Leiteinrichtung.

(5) Die Kosten eines Motorrasenmähers können in begründeten Fällen als Bedarf anerkannt werden.

(6) Hilfe zur Beschaffung eines Kraftfahrzeugs wird nach Maßgabe der Richtlinien für die Bewilligung von besonderen Hilfen für Beschädigte zur Beschaffung von Kraftfahrzeugen im Rahmen der sozialen Rehabilitation der Kriegsopferfürsorge (Rundschreiben des BMA vom 20. November 1989 – VI a 2 – 50094 – 1/8 – BVBl. 1990 S. 10 f.) gewährt.

(7) Empfänger einer Pflegezulage mindestens nach Stufe III, die einen Haushalt führen (z. B. kriegsblinde Hausfrauen), können Hilfe zur Beschaffung von Haushaltsgeräten erhalten. Als Bedarf kommen Waschmaschinen, elektrische Wäschetrockner, Bügelmaschinen, Geschirrspülmaschinen, Kochendwasserautomaten u. ä. in Betracht. Als Bedarf sind in diesen Fällen die angemessenen Gesamtkosten zugrundezulegen. Hinsichtlich des ausschließlich schädigungsbedingten Mehraufwandes (z. B. zusätzliche blindengerechte Bedienungselemente) findet § 25 c Abs. 3 Satz 2 BVG Anwendung. Die Einkommensgrenze errechnet sich nach § 27 d Abs. 5 Buchstabe a BVG, soweit es sich um ein größeres Hilfsmittel handelt.

Aus Rundschreiben, Urteilen etc.

BMA v. 25.8.1972 – V a 5-515 265/5 (BVBl. 10-11/1972, 96)
An mich ist die Frage gerichtet worden, ob auch Beschädigte, deren Erkrankung an Tuberkulose zwar inaktiv geworden ist, bei denen aber die Folgeerscheinungen der Tuberkulose (z.B. Rippenfellschwarten und Auswirkungen auf das Herz) noch eine Minderung der Erwerbsfähigkeit um wenigstens 50 vom Hundert bedingen, zum Kreis der Sonderfürsorgeberechtigten nach § 27 e BVG zu rechnen sind. Diese Frage ist m. E. aus folgenden Gründen zu bejahen:
(wird ausgeführt)
Zur gleichen Ansicht ist die versorgungsmedizinische Sektion des Ärztlichen Sachverständigenbeirats beim BMA, der ich die Frage vorgelegt habe, gekommen.

---

§ 27 f (Verordnungsermächtigung)

Die Bundesregierung wird ermächtigt, mit Zustimmung des Bundesrates durch Rechtsverordnung Art, Ausmaß und Dauer der Leistungen der Kriegsopferfürsorge (§§ 25 bis 27 e) sowie das Verfahren zu bestimmen.

§ 27g (Übergang des Anspruchs auf den Träger der Kriegsopferfürsorge)

(1) Haben Beschädigte oder Hinterbliebene für die Zeit, für die Leistungen der Kriegsopferfürsorge erbracht werden, einen Anspruch gegen einen anderen, der kein Leistungsträger im Sinne von § 12 des Ersten Buches Sozialgesetzbuch ist, kann der Träger der Kriegsopferfürsorge durch schriftliche Anzeige an den anderen bewirken, daß dieser Anspruch bis zur Höhe seiner Aufwendungen auf ihn übergeht. Der Übergang des Anspruchs darf nur insoweit bewirkt werden, als die Hilfe bei rechtzeitiger Leistung des anderen nicht erbracht worden wäre oder als die Leistungsberechtigten nach § 25c Abs. 1 Satz 2 oder Abs. 2 die Aufwendungen zu ersetzen oder zu tragen haben. Der Übergang ist nicht dadurch ausgeschlossen, daß die Ansprüche nicht übertragen, verpfändet oder gepfändet werden können. § 115 des Zehnten Buches Sozialgesetzbuch geht der Regelung des Absatzes 1 Satz 1 vor.

(2) Die schriftliche Anzeige bewirkt den Übergang der Ansprüche für die Zeit, für die den Beschädigten oder Hinterbliebenen Leistungen der Kriegsopferfürsorge ohne Unterbrechung erbracht werden; als Unterbrechung gilt ein Zeitraum von mehr als zwei Monaten.

§ 27h (Übergang eines Unterhaltsanspruchs nach bürgerlichem Recht auf den Träger der Kriegsopferfürsorge)

(1) Haben Beschädigte oder Hinterbliebene für die Zeit, für die Hilfe erbracht wird, nach bürgerlichem Recht einen Unterhaltsanspruch, geht dieser bis zur Höhe der geleisteten Aufwendungen zusammen mit dem unterhaltsrechtlichen Auskunftsanspruch auf den Träger der Kriegsopferfürsorge über. Der Übergang des Anspruchs ist ausgeschlossen, soweit der Unterhaltsanspruch durch laufende Zahlungen erfüllt wird. Gleiches gilt, wenn Unterhaltspflichtige mit Beschädigten oder Hinterbliebenen im zweiten oder in einem entfernteren Grad verwandt sind, sowie für Unterhaltsansprüche gegen Verwandte ersten Grades einer Beschädigten oder Hinterbliebenen, die schwanger ist oder ihr leibliches Kind bis zur Vollendung des 6. Lebensjahres betreut. § 115 des Zehnten Buches Sozialgesetzbuch geht der Regelung des Absatzes 1 Satz 1 vor.

(2) Der Anspruch geht nur über, soweit Beschädigte und Hinterbliebene ihr Einkommen und Vermögen nach den Bestimmungen des § 25e Abs. 1, § 25f Abs. 1 bis 4, § 26b Abs. 4, § 26c Absatz 5 sowie § 27d Abs. 5 einzusetzen haben. Der Übergang des Anspruchs gegen einen nach bürgerlichem Recht Unterhaltspflichtigen ist ausgeschlossen, wenn dies eine unbillige Härte bedeuten würde. Der Anspruch volljähriger Unterhaltsberechtigter, die Eingliederungshilfe oder Hilfe zur Pflege erhalten, gegenüber ihren Eltern geht wegen Leistungen nach den §§ 26c und 27d geht nur in Höhe von bis zu 26 Euro monatlich, wegen Leistungen nach § 27a nur in Höhe von bis zu 20 Euro monatlich über. Es wird vermutet, dass der Anspruch in Höhe der genannten Beträge übergeht und mehrere Unterhaltspflichtige zu gleichen Teilen haften; die Vermutung kann widerlegt werden. Die in Satz 3

genannten Beträge verändern sich zum gleichen Zeitpunkt und um denselben Vomhundertsatz, um den sich das Kindergeld verändert.

(3) Für die Vergangenheit kann der Träger der Kriegsopferfürsorge den übergegangenen Unterhalt außer unter den Voraussetzungen des Bürgerlichen Rechts nur von der Zeit an fordern, zu welcher er dem Unterhaltspflichtigen die Gewährung der Hilfe schriftlich mitgeteilt hat. Wenn die Hilfe voraussichtlich auf längere Zeit gewährt werden muß, kann der Träger der Kriegsopferfürsorge bis zur Höhe der bisherigen monatlichen Aufwendungen auch auf künftige Leistungen klagen.

(4) Der Träger der Kriegsopferfürsorge kann den auf ihn übergegangenen Unterhaltsanspruch im Einvernehmen mit den Leistungsberechtigten auf diese zur gerichtlichen Geltendmachung rückübertragen und sich den geltend gemachten Unterhaltsanspruch abtreten lassen. Kosten, mit denen Leistungsberechtigte dadurch selbst belastet werden, sind zu übernehmen. Über die Ansprüche nach den Absätzen 1 bis 3 ist im Zivilrechtsweg zu entscheiden.

Aus Rundschreiben, Urteilen etc.

OVG Münster v. 24. 4. 1990 – 8 A 1662/88 (FEVS 41, 387)
Der Träger der Kriegsopferfürsorge ist berechtigt, zwecks Überleitung eines bürgerlich-rechtlichen Unterhaltsanspruchs des Kriegsopferfürsorgeberechtigten und der Geltendmachung dieses Unterhaltsanspruchs von dem Unterhaltspflichtigen Auskunft über dessen Einkommens- und Vermögensverhältnisse zu verlangen.

(Fortsetzung BVG Seite 713)

Empfehlungen für die Heranziehung Unterhaltspflichtiger in der Kriegsopferfürsorge[25]

Allgemeines

1. *Nach § 27h Abs. 1 BVG gehen Unterhaltsansprüche, die Beschädigte oder Hinterbliebene für die Zeit, für die Leistungen der Kriegsopferfürsorge gewährt werden, gegen einen bürgerlich-rechtlichen Unterhaltspflichtigen haben, zusammen mit dem unterhaltsrechtlichen Auskunftsanspruch auf den Träger der Kriegsopferfürsorge bis zur Höhe seiner Aufwendungen über. Der Übergang ist jedoch ausgeschlossen, soweit der Unterhaltsanspruch durch laufende Zahlungen erfüllt wird.*
2. *Die Unterhaltsansprüche gehen auf den Träger der Kriegsopferfürsorge nur dann über, wenn der oder die Unterhaltspflichtige mit dem oder der Beschädigten oder Hinterbliebenen im ersten Grade verwandt ist. Dies gilt nicht für Unterhaltsansprüche gegen Verwandte ersten Grades, wenn die Leistungs-*

---

25 Die Empfehlungen entsprechen der Fassung laut Anlage zu TOP 3 der Länderreferentenbesprechung vom 16./17.6.2004 (vgl. Rundschreiben des BMGS v. 12.8.2004 – 431 – 60094-1/17 –).

empfängerin schwanger ist oder ein leibliches Kind bis zu 6 Jahren betreut. Im übrigen geht der Anspruch nur über, soweit der Beschädigte oder Hinterbliebene nach den Bestimmungen des § 25 e Abs. 1, § 25 f Abs. 1 bis 4, § 26 b Abs. 4, § 26 c Abs. 11 sowie § 27 d Abs. 5 BVG Einkommen und Vermögen einzusetzen hat (§ 27 h Abs. 2 BVG). Dabei ist auf die tatsächlichen Verhältnisse des oder der Unterhaltspflichtigen abzustellen.

3. *Der Übergang des Anspruchs auf den Träger der Kriegsopferfürsorge ist ausgeschlossen, wenn die Inanspruchnahme des oder der Unterhaltspflichtigen eine unbillige Härte bedeuten würde.*

4. *Bei volljährigen Unterhaltsberechtigten, die Eingliederungshilfe oder Hilfe zur Pflege erhalten, ist davon auszugehen, dass der Unterhaltsanspruch gegen die Eltern wegen Leistungen nach §§ 26 c, 27 d in Höhe von bis zu 26 € monatlich, wegen Leistungen nach § 27 a in Höhe von bis zu 20 € monatlich übergeht. Dies gilt nicht, wenn volljährige Unterhaltsberechtigte hinsichtlich der Leistungen der Kriegsopferfürsorge Einkommen und Vermögen nicht einzusetzen haben.*

5. *Die Empfehlungen beschränken sich im Übrigen auf die Heranziehung Unterhaltspflichtiger bei Gewährung der nachfolgend unter Nr. 5.1 bis 5.3 genannten Leistungen. Bei Gewährung der übrigen Leistungen der Kriegsopferfürsorge kommt ein Forderungsübergang nach § 27 h BVG nur in Ausnahmefällen in Betracht:*

5.1 *Eingliederungshilfe und Hilfe zur Pflege in Einrichtungen (§§ 27 d, 26 c BVG).*

5.2 *Laufende ergänzende Hilfe zum Lebensunterhalt in Einrichtungen (§ 27 a BVG).*

5.3 *Laufende ergänzende Hilfe zum Lebensunterhalt außerhalb von Einrichtungen (§ 27 a BVG).*

6. *Im Hinblick auf das Individualitätsprinzip kann von diesen Empfehlungen abgewichen werden, wenn der Einzelfall dies erfordert.*

I. Unterhaltsberechtigung

1. *Bürgerlich-rechtlich unterhaltsberechtigt ist, wer außerstande ist, sich selbst zu unterhalten (§ 1602 Abs. 1 BGB). Der oder die Unterhaltsberechtigte muß grundsätzlich sein gesamtes Einkommen und Vermögen und seine verfügbare Arbeitskraft zur Deckung seines oder ihres Bedarfs einsetzen. Ein minderjähriges unverheiratetes Kind kann von seinen Eltern, auch wenn es Vermögen hat, die Gewährung des Unterhalts insoweit verlangen, als die Einkünfte seines Vermögens und der Ertrag seiner Arbeitskraft zum Unterhalt nicht ausreichen (§ 1602 Abs. 2 BGB).*

Demgegenüber werden Hilfesuchenden nach den Vorschriften der Kriegsopferfürsorge Leistungen gewährt, ohne daß sie ihr gesamtes Einkommen und Vermögen einzusetzen oder zu verwerten haben.

Bei der Bemessung der Leistungen der Kriegsopferfürsorge bleiben bestimmte Einkünfte außer Betracht, die unterhaltsrechtlich als Einkünfte zu berücksichtigen sind und auf deren Einsatz der Leistungsempfänger oder Leistungsempfängerinnen von Unterhaltspflichtigen (zivilrechtlich) verwiesen werden können. Hierzu gehören insbesondere

1.1 unbeschadet des § 1610 a BGB bei Beschädigten
- *die Grundrente einschließlich Erhöhungsbetrag nach Vollendung des 65. Lebensjahres (§ 31 Abs. 1 BVG),*
- *die Schwerstbeschädigtenzulage (§ 31 Abs. 5 BVG),*
- *die Pflegezulage (§ 35 BVG),*
- *der Pauschbetrag für Kleider- und Wäscheverschleiß (§ 15 BVG),*

1.2 bei Hinterbliebenen
- *die Grundrente und der ihr entsprechende Betrag nach § 25 d Abs. 1 Satz 2 BVG,*

1.3 bei Beschädigten und Hinterbliebenen
- *die sonstigen unter Anwendung des § 25 c Abs. 3 BVG in Verbindung mit §§ 41 bis 48 KFürsV freizulassenden Beträge,*
- *der im Rahmen der Eingliederungshilfe, Hilfe zur Pflege oder ergänzenden Hilfe zum Lebensunterhalt in Einrichtungen nach § 21 Abs. 3 Satz 4 BSHG*[26] *gewährte zusätzliche Barbetrag,*
- *die nach § 25 d Abs. 5 BVG nicht zu berücksichtigenden Zuwendungen,*
- *die nach § 292 Abs. 2 LAG freizulassenden Teile der Unterhaltshilfe nach § 274 LAG und der Entschädigungsrente nach § 280 und § 284 LAG,*
- *bei Beschädigten sowie bei Hinterbliebenen die Kindererziehungsleistungen nach §§ 294 ff. SGB VI.*

Ist die Summe dieser Einkünfte mindestens so hoch wie die erbrachte Leistung, so fehlt es schon deshalb an der Unterhaltsberechtigung.

2. Aus den in der Kriegsopferfürsorge geltenden Einkommensgrenzen und Schutzvorschriften zugunsten bestimmter Vermögensteile folgt, daß ein Anspruch auf Kriegsopferfürsorge bestehen kann, ohne daß damit bürgerlich-rechtliche Unterhaltsansprüche verbunden sein müssen. Daraus kann sich im Einzelfall ergeben, daß bürgerlich-rechtlich Unterhaltspflichtige zum Ersatz von Leistungen der Kriegsopferfürsorge nicht herangezogen werden können, weil der Leistungsempfänger oder die Leistungsempfängerin nicht unterhaltsberechtigt ist. Das trifft insoweit zu, als Einkommen des Leistungsempfängers oder der Leistungsempfängerin vom Träger der Kriegsopferfürsorge nicht in Anspruch genommen und dieses Einkommen nicht zur Deckung eines konkret anzuerkennenden Bedarfs benötigt wird.

Eine Unterhaltsberechtigung ist auch insoweit nicht gegeben, als der Leistungsempfänger oder die Leistungsempfängerin ein nach § 25 f BVG in Verbindung mit § 90 Abs. 2 und 3, § 91 SGB XII und § 25 c Abs. 3 BVG geschütztes Vermögen besitzt, auf das er oder sie unterhaltsrechtlich verwiesen werden kann; die Verweisung ist nicht zulässig hinsichtlich des sogenannten Notgroschens im Sinne des Unterhaltsrechts. Anhaltspunkte für die Höhe des Notgroschens sind die Schonbetragsregelungen für die Hilfe zum Lebensunterhalt in § 1 Abs. 1 Satz 1 Nr. 1 Buchst. a der Verordnung zu § 90 Abs. 2 Nr. 9 SGB XII. Die kleineren Barbeträge oder sonstigen Geldwerte nach § 25 f Abs. 2 BVG können dagegen zur Ermittlung des Notgroschens nicht herangezogen werden, weil sie nach entschädigungsrechtlich, nicht aber nach unterhaltsrechtlich erheblichen Kriterien bemessen sind.

26 Siehe jetzt § 35 Abs. 2 SGB XII und § 25 b Abs. 2 2. Halbsatz BVG.

II. Unterhaltsverpflichtung und Umfang der Heranziehung zum Unterhalt

1. Die Unterhaltsverpflichtung ergibt sich aus dem bürgerlichen Recht. Unterhaltspflichtig ist nur, wer unter Berücksichtigung seiner sonstigen Verpflichtungen durch Unterhaltsleistungen seinen eigenen angemessenen Unterhalt nicht gefährdet (§ 1603 BGB).

2. Bei unterhaltspflichtigen Eltern volljähriger Kinder, die Eingliederungshilfe oder Hilfe zur Pflege erhalten, sieht § 27 h Abs. 2 Satz 3 BVG vor, dass wegen Leistungen nach §§ 26 c, 27 d ein Anspruch in Höhe von bis zu 26 € monatlich und wegen Leistungen nach § 27 a in Höhe von bis zu 20 € monatlich kraft Gesetzes übergeht. Dies gilt nicht, wenn die volljährigen Kinder Einkommen und Vermögen nicht einzusetzen haben. Als Obergrenze können beim Zusammentreffen beider Pauschalen 46 € übergehen. Eine Offenlegung der Einkommens- und Vermögensverhältnisse der Eltern entfällt. Es wird unterstellt, dass in Höhe von monatlich bis zu 26 € bzw. 20 € eine Unterhaltsfähigkeit der Eltern besteht und auch keine unbillige Härte vorliegt. Damit wird eine Einzelprüfung der wirtschaftlichen Verhältnisse der Eltern vermieden. Die Beträge nach Satz 1 verändern sich zum gleichen Zeitpunkt und um denselben Vomhundertsatz, um den sich das Kindergeld verändert.

3. Bei den Eltern ist nach Ziffer 2 auf Antrag eines Elternteils oder beider Elternteile eine Prüfung des Vorliegens einer unbilligen Härte nach § 27 h Abs. 2 S. 2 BVG in Bezug auf die Einkommens- und Vermögensverhältnisse vorzunehmen. Ergibt die Prüfung, dass die Eltern nicht leistungsfähig sind oder durch die Entrichtung des pauschalen Abgeltungsbetrages selbst sozialhilfebedürftig würden, wird ihnen der Unterhaltsbetrag nicht abverlangt.

4. Der Träger der Kriegsopferfürsorge hat hinsichtlich der in § 27 h Abs. 2 Satz 2 BVG festgelegten Härteregelung in allen anderen Fällen zu prüfen, inwieweit die Heranziehung nach der sozialen und wirtschaftlichen Lage des oder der Unterhaltspflichtigen eine Härte bedeuten würde. Von einer Härte ist z.B. auszugehen, wenn der Leistungsempfänger oder die Leistungsempfängerin und der oder die Unterhaltspflichtige im ersten Grad verwandt sind, der Leistungsempfänger oder die Leistungsempfängerin jedoch in grober Weise seine sittlichen Pflichten gegenüber dem oder der Unterhaltspflichtigen verletzt hat.

5. Der Träger der Kriegsopferfürsorge kann davon absehen, Unterhaltspflichtige in Anspruch zu nehmen, wenn anzunehmen ist, daß der mit der Inanspruchnahme Unterhaltspflichtiger im Einzelfall verbundene Verwaltungsaufwand in keinem angemessenen Verhältnis zu der Unterhaltsleistung stehen wird. Dies trifft insbesondere dann zu, wenn nach den Umständen des Einzelfalles (Beruf, Familiengröße) mit nennenswerten Unterhaltsleistungen des oder der Unterhaltspflichtigen mit hoher Wahrscheinlichkeit nicht gerechnet werden kann.

6. Nach § 27 h Abs. 2 Satz 1 BVG sind Unterhaltspflichtigen die gleichen Schonbeträge zu gewähren, wie sie Hilfesuchenden zuzubilligen wären. Das bedeutet, daß dem nach § 25 d Abs. 3 BVG bereinigten Gesamteinkommen Unterhaltspflichtiger ein Gesamtschonbetrag gegenübergestellt wird, der sich nach § 25 e Abs. 1 BVG zusammensetzt aus:

6.1 dem Grundbetrag

6.11 – bei Eingliederungshilfe und Hilfe zur Pflege in Einrichtungen gem. § 27 d Abs. 5 Satz 1 Nr. 1 BVG;

6.12 – bei der ergänzenden Hilfe zum Lebensunterhalt gem. § 25 e Abs. 1 Nr. 1 BVG;

6.2 den tatsächlichen Kosten der Unterkunft des oder der Unterhaltspflichtigen, die gegebenenfalls um das Wohngeld und um die Mietbeiträge von Haushaltsangehörigen mit eigenem Einkommen (ausgenommen der nicht getrennt lebende Ehegatte oder Lebenspartner) zu kürzen sind,

6.3 dem 1½fachen Familienzuschlag nach § 25 e Abs. 1 Nr. 3 BVG.

7. Das Gesamteinkommen des oder der Unterhaltspflichtigen ist neben dem Gesamtschonbetrag um besondere Belastungen zu mindern. Hierzu gehören u.a. Versicherungsbeiträge (soweit sie nicht schon bei der Bereinigung nach § 25 d Abs. 3 BVG berücksichtigt worden sind), Schuldverpflichtungen und sonstige notwendige und unaufschiebbare Aufwendungen des oder der Unterhaltspflichtigen.

8. Als Eigenbedarf ist außerdem anzuerkennen:

8.1 ein Betrag von 10 v. H. des im Sinne des § 25 d Abs. 3 BVG bereinigten Einkommens des oder der Unterhaltspflichtigen;

8.2 für erwerbstätige Unterhaltspflichtige außerdem ein Mehrbedarf von 10 v. H. des im Sinne des § 25 d Abs. 3 BVG bereinigten Erwerbseinkommens.

9. Bei der Heranziehung gesteigert Unterhaltspflichtiger, das sind

- *Eltern im Verhältnis zu ihren unverheirateten, minderjährigen Kindern sowie zu ihren unverheirateten, volljährigen Kindern bis zur Vollendung des 21. Lebensjahres, solange sie im Haushalt der Eltern oder eines Elternteils leben und sich in der allgemeinen Schulausbildung befinden (§ 1603 Abs. 2 BGB),*
- *Ehegatten untereinander, auch getrenntlebende (§§ 1360 Satz 1, 1361 BGB) sowie*
- *Lebenspartner untereinander, auch getrenntlebende (§§ 5, 12 Lebenspartnerschaftsgesetz – LPartG –)*

ist der über den Gesamtschonbetrag hinausreichende Betrag nicht voll als zumutbare Unterhaltsleistung anzusetzen. Vielmehr sind im Wege des Ermessens höchstens ²/₃ des ermittelten Überschusses in Anspruch zu nehmen. Allerdings sind bei nicht getrennt lebenden Ehegatten und Lebenspartnern § 25 d Abs. 2 Satz 1 BVG, bei getrennt lebenden Ehegatten und Lebenspartnern § 25 d Abs. 2 Satz 2 BVG und bei Eltern von minderjährigen unverheirateten Beschädigten § 25 e Abs. 2 BVG vorrangig anzuwenden.

10. Bei der Heranziehung nicht gesteigert Unterhaltspflichtiger sind im Wege des Ermessens höchstens ¹/₃ des ermittelten Überschusses in Anspruch zu nehmen.

11. Von der Inanspruchnahme Unterhaltspflichtiger sollte abgesehen werden, wenn die ermittelte Unterhaltsverpflichtung 0,1 Prozent des Bemessungsbetrages nach § 33 BVG nicht übersteigt.

12. Vermögen ist durch Unterhaltspflichtige einzusetzen, wenn das Einkommen nicht ausreicht, den Unterhaltsbedarf zu decken. Nach § 27 h Abs. 2 BVG gehen Unterhaltsansprüche aus dem Vermögen Unterhaltspflichtiger nicht auf den Träger der Kriegsopferfürsorge über, soweit das Vermögen zum Schonvermögen nach § 25 f Abs. 1 bis 4 BVG gehört und der Unterhaltsberechtigte ein solches Vermögen nicht einzusetzen hätte. Allgemein ist Vermögen nicht einzusetzen, wenn Unterhaltspflichtige zur Wahrung des eigenen angemessenen Unterhalts auf die Einnahmen aus dem Vermögensstamm angewiesen sind oder das Vermögen eine der gegenwärtigen Lebensstellung angemessene Alterssicherung gewährleisten soll. Zu dem geschützten Vermögen Unterhaltspflichtiger zählen immer eigengenutzte Hausgrundstücke sowie alle Vermögensbestandteile, deren Verwertung eine besondere Härte im Sinne des § 90 Abs. 3 SGB XII bedeuten würde.

12.1 *Bei gesteigert Unterhaltspflichtigen erfolgt eine Heranziehung aus Bar- und Sparvermögen nur dann, wenn dieses Vermögen mindestens das Dreifache des Vermögensschonbetrags nach § 25f Abs. 2 BVG übersteigt. Sachvermögenswerte bleiben unberücksichtigt, soweit sie nicht ohnehin geschont sind.*

12.2 *Bei nicht gesteigert Unterhaltspflichtigen werden im Rahmen der Kriegsopferfürsorge keine Unterhaltsansprüche auf den Vermögensstamm geltend gemacht.*

III. Geltendmachung des Unterhaltsanspruchs

1. *Liegt bereits ein Titel zugunsten des Leistungsempfängers oder der Leistungsgempfängerin vor, so besteht für den Träger der Kriegsopferfürsorge die Möglichkeit, den Titel bis zur Höhe seiner Aufwendungen, im Falle des § 27h Abs. 2 Satz 3 BVG in Höhe von bis zu 26 € bzw. 20 € monatlich, auf sich umschreiben zu lassen (§ 727 ZPO). Die Umschreibung ist beim Amtsgericht unter Beifügung des Schuldtitels, der Rechtswahrungsanzeige und einer öffentlichen Urkunde (Zustellungsurkunde) über den Zugang der Rechtswahrungsanzeige zu beantragen. Die Vollstreckung kann nach der Umschreibung sogleich betrieben werden.*
2. *Nach § 27h Abs. 3 Satz 1 BVG kann der Träger der Kriegsopferfürsorge den übergegangenen Unterhaltsanspruch für die Vergangenheit – außer unter den Voraussetzungen des bürgerlichen Rechts – nur von dem Zeitpunkt an geltend machen, zu welchem er dem oder der Unterhaltspflichtigen die Gewährung der Hilfe schriftlich (durch Rechtswahrungsanzeige) mitgeteilt hat. Die Zustellung der Rechtswahrungsanzeige ist bereits vor der Erteilung des Bewilligungsbescheides an den Unterhaltsberechtigten oder die Unterhaltsberechtigte nach Bekanntwerden des Hilfebedarfs möglich. Dadurch wirkt der Übergang des Unterhaltsanspruchs auf den Monat des Zugangs der Rechtswahrungsanzeige, frühestens auf den Beginn der Hilfegewährung, zurück. Die Rechtswahrungsanzeige ist kein Verwaltungsakt, sondern hat die Wirkung einer Inverzugsetzung nach §§ 286, 1613 Abs. 1 BGB. Sie muß noch nicht den als Unterhalt geforderten Betrag enthalten, aber zum Ausdruck bringen, daß, ab wann und in welcher Höhe dem oder der hilfesuchenden Beschädigten oder Hinterbliebenen eine Leistung der Kriegsopferfürsorge gewährt wird. Ferner ist darauf hinzuweisen, daß ggf. bis zu dieser Höhe ein Unterhaltsanspruch geltend gemacht werden wird.*
   Hilfesuchende Beschädigte oder Hinterbliebene sind ebenfalls über den gesetzlichen Forderungsübergang und die Auswirkungen auf die Leistung der Kriegsopferfürsorge zu unterrichten.
3. *Der Träger der Kriegsopferfürsorge hat wahlweise zwei Möglichkeiten, Auskunft von Unterhaltspflichtigen über alle Tatsachen, die zur Berechnung des Unterhaltsbeitrags erforderlich sind, zu verlangen:*

3.1 *Öffentlich-rechtlicher Auskunftsanspruch*
Die Auskunftspflicht von Unterhaltspflichtigem im sozialen Entschädigungsrecht ist in § 99 SGB X geregelt. Danach besteht für den Träger der Kriegsopferfürsorge unter den Voraussetzungen von § 99 Satz 1 Nr. 1 und 2 sowie Satz 2 SBG X ein öffentlich-rechtlicher Auskunftsanspruch, für den §§ 60 Abs. 1 Nr. 1 und 3 sowie 65 Abs. 1 SBG I gelten. Verlangt werden können im Rahmen der gesetzlich vorgesehenen Grenzen der Mitwirkungspflichten alle Angaben zum Einkommen und Vermögen, wobei auf Verlangen Beweisurkunden vorzulegen sind. Über das Vermögen kann ein Bestandsverzeichnis, ggf. eine eidesstattliche Versicherung (§ 1605 Abs. 1 Satz 3 BGB i.V.m. §§ 260, 261 BGB) verlangt werden. Die Aufforderung zur Auskunft kann zusammen mit der Rechtswahrungsanzeige erfolgen.
Wenn Auskunftspflichtige der Aufforderung zur Auskunft nicht nachkommen, sind sie zu mahnen (kein Verwaltungsakt). Wenn sie darauf nicht reagieren, können die Auskünfte nach dem jeweiligen Verwaltungsvollstreckungsgesetz des Landes erzwungen werden. Voraussetzung für die Anwendung von Zwangsmitteln durch den Träger der Kriegsopferfürsorge ist ein vorausgegangener Verwaltungsakt (ggf. mit Anordnung der sofortigen Vollziehung), eine schriftliche Androhung des Zwangsmittels unter Zuerkennung einer angemessenen Frist, die Auskünfte zu erbringen, und bei Nichtbefolgung die Festsetzung des Zwangsmittels. Üblicherweise kommt als Zwangsmittel das Zwangsgeld in Frage, das unter Beachtung des Grundsatzes der Verhältnismäßigkeit in bestimmter Höhe festzusetzen ist. In diesen Fällen sollte die sofortige Vollziehung angeordnet und gegebenenfalls vollstreckt werden. Die Zwangsgeldfestsetzung kann solange wiederholt werden, wie der oder die Unterhaltspflichtige keine Auskunft erteilt. Wenn trotz aller Zwangsmaßnahmen weiterhin keine Auskunft erteilt wird, kann die Höhe des Unterhaltsbeitrags geschätzt und er in dieser Höhe als Forderung geltend gemacht werden.

3.2 *Bürgerlich-rechtlicher Auskunftsanspruch*
Gem. § 27 h Abs. 1 Satz 1 BVG geht neben dem Unterhaltsanspruch auch der unterhaltsrechtliche Auskunftsanspruch von Unterhaltsberechtigten gegenüber den Unterhaltspflichtigen nach § 1605 Abs. 1 BGB auf den Träger der Kriegsopferfürsorge über. Die Auskunftspflicht erstreckt sich auf alle Angaben über die Einkünfte und das Vermögen, wobei auf Verlangen Belege über die Höhe der Einkünfte vorzulegen sind; bei Vermögen kann Vorlage eines Bestandsverzeichnisses verlangt werden, ggf. eine eidesstattliche Versicherung (§ 1605 Abs. 1 Satz 3 BGB i.V.m. §§ 260, 261 BGB). Die Aufforderung zur Auskunft kann zusammen mit der Rechtswahrungsanzeige erfolgen. Bei erfolgloser Aufforderung zur Auskunft und/oder Nichtanerkennung eines aus der Sicht des Trägers der Kriegsopferfürsorge gegebenen Unterhaltsanspruchs ist Klage beim Zivilgericht zu erheben. Auskunftsklage und Leistungsklage (Unterhaltsklage – vgl. nachstehende Ausführungen zu Nr. 4. –) können im Wege der Stufenklage gem. § 254 ZPO verbunden werden; zur Durchsetzung des Auskunftsanspruches aus dem Titel kann eine Zwangsvollstreckung nach § 888 ZPO veranlasst werden.

4. *Ergibt die Prüfung, daß Unterhalt zu leisten ist, ist der sich errechnende Unterhaltsbeitrag unter Beifügung des Berechnungsvordrucks dem oder der*

Unterhaltspflichtigen gegenüber geltend zu machen. Die Geltendmachung des gesetzlichen Forderungsübergangs ist eine zivilrechtliche Zahlungsaufforderung; sie ist kein mit Widerspruch und verwaltungsgerichtlicher Klage angreifbarer öffentlich-rechtlicher Verwaltungsakt.
Erfüllt der oder die Unterhaltspflichtige den übergegangenen Unterhaltsanspruch nicht, so muß sich der Träger der Kriegsopferfürsorge im Prozesswege durch Einreichung einer Klageschrift nach § 253 ZPO oder im Mahnverfahren durch Antrag auf Erlaß eines Mahnbescheides nach §§ 688 ff. ZPO einen Titel verschaffen und aus diesem vollstrecken (§§ 724 ff. ZPO). Bei der Vollstreckung im Wege der Lohnpfändung genießt der Träger der Kriegsopferfürsorge das Privileg des Unterhaltsgläubigers aus § 850 d ZPO.

5. *Ist der Unterhaltsbeitrag festgesetzt und zahlt der oder die Unterhaltspflichtige, so ist eine erneute Überprüfung der wirtschaftlichen Verhältnisse nach Ablauf von 2 Jahren vorzunehmen, es sei denn, daß sich Anhaltspunkte ergeben, die eine erneute Überprüfung zu einem früheren Zeitpunkt erforderlich machen, oder der oder die Unterhaltspflichtige eine Überprüfung verlangt. In der Reihenfolge sind zunächst gesteigert Unterhaltspflichtige und erst danach nicht gesteigert Unterhaltspflichtige heranzuziehen.*
Die Unterhaltspflicht endet mit dem Tod des Leistungsempfängers oder der Leistungsempfängerin; die in diesem Zeitpunkt bereits fällig gewordenen Unterhaltsleistungen sind von dem Unterhaltspflichtigen noch zu erbringen.
Unterhaltsansprüche unterliegen der regelmäßigen Verjährungsfrist von 3 Jahren (§§ 195, 197 Abs. 2 BGB). Die Verjährungsfrist beginnt mit dem Schluss des Jahres, in dem der Unterhaltsanspruch entstanden ist und der Träger der Kriegsopferfürsorge von den den Anspruch begründenden Umständen und der Person des Schuldners Kenntnis erlangt oder ohne grobe Fahrlässigkeit erlangen müsste (§ 199 Abs. 1 BGB).

6. *Gem. § 27 h Abs. 4 BVG kann der Träger der Kriegsopferfürsorge den gem. § 27 h Abs. 1 Satz 1 BVG auf ihn übergegangenen Unterhaltsanspruch auf Unterhaltsberechtigte rückübertragen, wenn diese – über die vom Träger der Kriegsopferfürsorge bis dahin geltend zu machenden Ansprüche hinausgehende – Unterhaltsansprüche gerichtlich geltend machen wollen. Es ist zu verlangen, daß der oder die Unterhaltsberechtigte den dann geltend gemachten Unterhaltsanspruch in der Höhe an den Träger der Kriegsopferfürsorge abtritt, in der dieser bereits Aufwendungen geleistet hat. Der Träger der Kriegsopferfürsorge hat die im Zusammenhang mit der gerichtlichen Durchsetzung des gesamten Unterhaltsanspruchs ggf. entstehenden Kosten anteilig zu tragen.*

---

§ 27 i (Rechte des Trägers der Kriegsopferfürsorge)

Der erstattungsberechtigte Träger der Kriegsopferfürsorge kann die Feststellung einer Sozialleistung betreiben sowie Rechtsmittel einlegen. Der Ablauf der Fristen, die ohne sein Verschulden verstrichen sind, wirkt nicht gegen ihn; dies gilt nicht für die Verfahrensfristen, soweit der Träger der Kriegsopferfürsorge das Verfahren selbst betreibt.

§ 27 j (Übergangsregelung für Pflegebedürftige)

Pflegebedürftige, die bis zum 31. März 1995 nach § 26 c Abs. 6 in der bis zum 31. März 1995 geltenden Fassung Pflegegeld bezogen haben, erhalten das Pflegegeld insoweit weiter, als es den Pflegegeldanspruch nach § 37 des Elften Buches Sozialgesetzbuch übersteigt und die geltenden Vorschriften des Bundesversorgungsgesetzes ungeachtet des § 26 c den Leistungsbezug nicht ausschließen; dabei bleibt eine Anrechnung der Geldleistung nach § 57 des Fünften Buches Sozialgesetzbuch in der bis zum 31. März 1995 geltenden Fassung außer Betracht. Gleiches gilt, soweit Pflegebedürftige, die bis zum 31. März 1995 Pflegegeld nach § 26 c Abs. 6 in der bis zum 31. März 1995 geltenden Fassung und daneben Leistungen zur hauswirtschaftlichen Versorgung nach diesem Gesetz bezogen, deshalb geringere Leistungen für hauswirtschaftliche Versorgung nach diesem Gesetz erhalten, weil hierauf der auf die hauswirtschaftliche Versorgung entfallende Teil des Pflegegeldes nach dem Elften Buch Sozialgesetzbuch angerechnet wird.

§ 27 k

(1) Pflegebedürftige, deren Pflegebedürftigkeit nach § 26 c in der am 31. Dezember 2016 geltenden Fassung festgestellt worden ist und bei denen spätestens am 31. Dezember 2016 die Voraussetzungen auf Leistungen nach § 26 c in der am 31. Dezember 2016 geltenden Fassung vorliegen, werden ab dem 1. Januar 2017 ohne erneute Antragstellung und ohne erneute Begutachtung wie folgt in die Pflegegrade übergeleitet:

1. Pflegebedürftige mit Pflegestufe I in den Pflegegrad 2,
2. Pflegebedürftige mit Pflegestufe II in den Pflegegrad 3,
3. Pflegebedürftige mit Pflegestufe III in den Pflegegrad 4.

(2) Die Überleitung in die Pflegegrade nach § 140 des Elften Buches Sozialgesetzbuch ist für den Träger der Kriegsopferfürsorge bindend.

§ 27 l

Einer Person, die am 31. Dezember 2016 einen Anspruch auf Leistungen nach § 26 c in der am 31. Dezember 2016 geltenden Fassung hat, sind die ihr am 31. Dezember 2016 zustehenden Leistungen über den 31. Dezember 2016 hinaus bis zum Abschluss des von Amts wegen zu betreibenden Verfahrens zur Ermittlung und Feststellung des Pflegegrades und des notwendigen pflegerischen Bedarfs nach § 26 c Absatz 1 in Verbindung mit § 63 a des Zwölften Buches Sozialgesetzbuch in der ab dem 1. Januar 2017 geltenden Fassung weiter zu gewähren. Soweit Personen zugleich Leistungen nach dem Elften Buch Sozialgesetzbuch in der ab dem 1. Januar 2017 geltenden Fassung erhalten, sind diese anzurechnen; dies gilt nicht für die Zuschläge nach § 141 Absatz 2 des Elften Buches Sozialgesetzbuch sowie für den Entlastungsbetrag nach § 45 b des Elften Buches Sozialgesetzbuch. Ergibt das Verfahren, dass für die Zeit ab dem 1. Januar 2017 die Leistungen für den notwendigen pflegerischen Bedarf, die nach § 26 c in der ab dem 1. Januar 2017 geltenden Fassung zu gewähren sind, geringer sind

als die nach Satz 1 gewährten Leistungen, so sind die nach Satz 1 gewährten höheren Leistungen nicht vom Leistungsbezieher zu erstatten; § 45 des Zehnten Buches Sozialgesetzbuch bleibt unberührt. Ergibt das Verfahren, dass für die Zeit ab dem 1. Januar 2017 die Leistungen für den notwendigen pflegerischen Bedarf, die nach § 26 c in der ab dem 1. Januar 2017 geltenden Fassung zu gewähren sind, höher sind als die nach Satz 1 gewährten Leistungen, so sind die Leistungen rückwirkend nach § 26 c in der ab dem 1. Januar 2017 geltenden Fassung zu gewähren.

(Fortsetzung § 28 BVG Seite 753)

Zu § 27 f BVG (Seite 704)

Verordnung zur Kriegsopferfürsorge – KFürsV –

vom 16. Januar 1979 (BGBl. I S. 80),
zuletzt geändert durch Gesetz vom 23. Dezember 2016
(BGBl. I S. 3234, 3331)[27]

Inhaltsübersicht

Abschnitt 1
Leistungen zur Teilhabe am Arbeitsleben §§

---

27 Die Änderungen durch das Bundesteilhabegesetz treten am 1. 1. 2018 in Kraft und sind nicht berücksichtigt.

Auf Grund des § 27 f des Bundesversorgungsgesetzes in der Fassung der Bekanntmachung vom 22. Juni 1976 (BGBl. I S. 1633), der durch Artikel 1 Nr. 18 und 19 des Gesetzes vom 10. August 1978 (BGBl. I S. 1217) geändert worden ist, verordnet die Bundesregierung mit Zustimmung des Bundesrates:

Abschnitt 1
Leistungen zur Teilhabe am Arbeitsleben

§ 1 Allgemeine Bestimmungen

(1) Die Leistungen zur Teilhabe am Arbeitsleben nach § 26 des Bundesversorgungsgesetzes sind darauf auszurichten, durch Hilfen zur Erhaltung oder Erlangung einer der Eignung, Neigung und bisherigen Tätigkeit des Beschädigten entsprechenden beruflichen Tätigkeit die Folgen der Schädigung angemessen auszugleichen oder zu mildern. Sie umfassen auch Maßnahmen zur Vorbereitung der Arbeits- und Berufsförderung sowie Maßnahmen zur Sicherung der Teilhabe am Arbeitsleben.

(2) Die Einleitung von Leistungen zur Teilhabe am Arbeitsleben setzt voraus, daß

1. das Leistungsvermögen des Beschädigten erwarten läßt, daß er das Ziel der Leistungen zur Teilhabe am Arbeitsleben erreichen wird,
2. die Leistungen zur Teilhabe am Arbeitsleben der Eignung, Neigung und Fähigkeit des Beschädigten entsprechen,
3. der beabsichtigte Ausbildungsweg zweckmäßig ist,
4. der Beruf oder die Tätigkeit voraussichtlich eine ausreichende Lebensgrundlage vermittelt oder wenigstens dazu beiträgt, die Folgen der Schädigung zu mildern, wenn der Beschädigte infolge Art oder Schwere der Schädigung eine ausreichende Lebensgrundlage nicht mehr erlangen kann.

(3) Von Maßnahmen nach § 6 Abs. 2 und § 8 soll abgesehen werden, wenn die Unterbringung im erlernten, ausgeübten oder in einem diesem verwandten und gleichwertigen Beruf, gegebenenfalls nach Beschaffung von Hilfsmitteln, Vorrichtungen an Maschinen oder anderen geeigneten Hilfen, noch möglich ist.

(4) Leistungen zur Teilhabe am Arbeitsleben können auch während einer stationären Behandlung begonnen oder fortgeführt werden; dem Beschädigten soll zumindest die Erhaltung seiner beruflichen Kenntnisse ermöglicht werden.

(5) Leistungen zur Teilhabe am Arbeitsleben werden auch durchgeführt, wenn der Beschädigte schon nach § 26 des Bundesversorgungsgesetzes gefördert worden ist. Die Einleitung neuer Maßnahmen hängt jedoch davon ab, dass der Beschädigte den Beruf, für den er bereits gefördert wurde, infolge der Schädigung nicht mehr ausüben kann oder daß frühere Maßnahmen aus Gründen, die der Beschädigte nicht zu vertreten hat, nicht zu einer ausreichenden Lebensgrundlage geführt haben.

(6) Kann eine Maßnahme zur Teilhabe am Arbeitsleben aus Gründen, die der Beschädigte nicht zu vertreten hat, nicht zu dem in Aussicht genommenen Ziel geführt werden, sind weitere Maßnahmen nicht ausgeschlossen.

(7) Wird eine Maßnahme zur Teilhabe am Arbeitsleben in Abschnitten durchgeführt, ist die Leistung für den jeweiligen Abschnitt festzustellen.

§ 2 Leistungen zur Erhaltung oder Erlangung eines Arbeitsplatzes und zur Förderung der Arbeitsaufnahme; Leistungen an Arbeitgeber

(1) Hilfen zur Erhaltung oder Erlangung eines Arbeitsplatzes und zur Förderung der Arbeitsaufnahme sind insbesondere

1. Beratung, einschließlich der Beratung von Vorgesetzten und Kollegen mit Zustimmung der Beschädigten,
2. Übernahme der Kosten für Arbeitsausrüstung, wenn die Kosten hierfür sonst üblicherweise vom Arbeitnehmer zu tragen sind; Arbeitsausrüstung umfaßt Arbeitskleidung und Arbeitsgerät,
3. Übernahme der Kosten für technische Arbeitshilfen, die in das Eigentum der Beschädigten übergehen, soweit sie nicht nach § 81 Abs. 4 Satz 1 Nr. 5 des Neunten Buches Sozialgesetzbuch vom Arbeitgeber zu stellen sind,
4. Übernahme der Umzugskosten.

Die Hilfen umfassen auch Leistungen an den Arbeitgeber.

(2) Erzielen Beschädigte nach Durchführung einer Maßnahme zur Teilhabe am Arbeitsleben im Sinne der §§ 6 bis 8 an ihrem Arbeitsplatz während einer Einarbeitungszeit nicht den vollen Arbeitsverdienst, erhalten sie als Ausgleich eine Beihilfe in Höhe des Unterschiedes zwischen dem Einkommen während der Einarbeitungszeit und dem voraussichtlichen Einkommen nach Ablauf der Einarbeitungszeit; die Dauer der Beihilfe soll sechs Monate nicht überschreiten.

(3) Leistungen an Arbeitgeber sind insbesondere

1. Ausbildungszuschüsse zur betrieblichen Ausführung von Bildungsleistungen unter Beachtung des § 34 Abs. 2 des Neunten Buches Sozialgesetzbuch,
2. Eingliederungszuschüsse, wenn der Arbeitgeber den Beschädigten die zum Erreichen der vollen Leistungsfähigkeit notwendigen beruflichen Kenntnisse und Fertigkeiten an einem Arbeitsplatz vermittelt oder den Beschädigten einen ihrem Leistungsvermögen angemessenen Dauerarbeitsplatz bietet. Der Eingliederungszuschuss soll in der Regel 60 vom Hundert des Arbeitsentgeltes nicht übersteigen und wird in der Regel nicht länger als zwei Jahre gezahlt. Im Übrigen gilt § 34 Abs. 3 Satz 4 bis 6 des Neunten Buches Sozialgesetzbuch entsprechend,
3. Zuschüsse für beschädigungsgerechte Arbeitshilfen im Betrieb, soweit nicht der Arbeitgeber hierzu nach § 81 Abs. 4 Satz 1 Nr. 4 des Neunten Buches Sozialgesetzbuch verpflichtet ist,
4. teilweise oder volle Kostenerstattung für eine befristete Probebeschäftigung, wenn dadurch die Möglichkeiten einer vollständigen und dauerhaften Teilhabe am Arbeitsleben verbessert werden oder nur dadurch eine vollständige und dauerhafte Teilhabe am Arbeitsleben zu erreichen ist.

§ 3 Klärung der beruflichen Eignung und Arbeitserprobung

Durch Maßnahmen zur Klärung der beruflichen Eignung und Arbeitserprobung ist Beschädigten die Möglichkeit zu geben, eine ihrer Leistungsfähigkeit entsprechende berufliche Tätigkeit zu finden.

§ 4 Berufsvorbereitung

(1) Durch Maßnahmen der Berufsvorbereitung ist Beschädigten der Zugang zur beruflichen Ausbildung oder Umschulung sowie zu einer beruflichen Tätigkeit zu ermöglichen oder zu erleichtern.

(2) Maßnahmen der Berufsvorbereitung sind insbesondere
1. Grundausbildungslehrgänge zur Vorbereitung auf bestimmte Berufsbereiche,
2. Förderungslehrgänge für noch nicht berufsreife Beschädigte, von denen zu erwarten ist, daß sie nach Abschluss des Lehrganges eine Ausbildung aufnehmen können,
3. Lehrgänge zur Verbesserung der Eingliederungsmöglichkeiten für Beschädigte, die den Anforderungen eines anerkannten Ausbildungsberufes nicht und der Arbeitsaufnahme oder einer Tätigkeit in einer Werkstatt für behinderte Menschen noch nicht gewachsen sind,
4. blindentechnische und vergleichbare spezielle Grundausbildungen.

§ 5 Berufliche Anpassung

Durch Maßnahmen der beruflichen Anpassung sind Beschädigten vor allem Fähigkeiten und Kenntnisse zu vermitteln, die notwendig sind, um die infolge der Schädigung eingetretenen Lücken im beruflichen Wissen zu schließen, berufliche Fertigkeiten wieder zu erlangen, Fähigkeiten und Fertigkeiten an die fortgeschrittene Entwicklung der Technik anzupassen oder einer anderen Tätigkeit im erlernten oder ausgeübten Beruf nachzugehen.

§ 6 Berufliche Weiterbildung

(1) Die berufliche Weiterbildung soll Beschädigten mit abgeschlossener Berufsausbildung oder angemessener Berufserfahrung dazu verhelfen, berufliche Kenntnisse und Fertigkeiten festzustellen, zu erhalten oder zu erweitern.

(2) Beschädigte erhalten Leistungen zur beruflichen Weiterbildung, wenn und solange sie infolge der Schädigung in der Ausübung des erlernten oder ausgeübten Berufes so beeinträchtigt sind, daß sie sich am Arbeitsplatz und im Wettbewerb mit Nichtbeschädigten nicht behaupten können.

(3) Die Leistungen zur beruflichen Weiterbildung umfassen auch Leistungen zum Aufstieg im Beruf. Leistungen sind zu erbringen, wenn den Beschädigten erst hierdurch die Erlangung einer angemessenen Lebensstellung ermöglicht wird. Im übrigen können sie erbracht werden, wenn die Beschädigten in ihrem beruflichen Fortkommen infolge der Schädigung benachteiligt sind und ihre Fähigkeiten eine berufliche Weiterbildung rechtfertigen.

§ 7 Berufliche Ausbildung

(1) Die berufliche Ausbildung soll den Beschädigten die notwendigen Fertigkeiten und Kenntnisse für die Ausübung einer ihren Kräften und Fähigkeiten angemessenen qualifizierten beruflichen Tätigkeit vermitteln.

(2) Beschädigte erhalten Leistungen zur beruflichen Ausbildung, wenn sie infolge der Schädigung eine Berufsausbildung nicht beginnen, fortsetzen oder

beenden konnten oder das Ausbildungsziel ändern müssen und ihnen durch die Änderung Mehraufwendungen für die berufliche Ausbildung entstehen, die ohne die Schädigung nicht entstanden wären. Leistungen zur beruflichen Ausbildung erhalten Beschädigte auch dann, wenn die angestrebte Ausbildung infolge der Schädigung nicht ohne besondere Maßnahmen durchgeführt werden kann.

§ 8 Berufliche Umschulung

Die berufliche Umschulung soll Beschädigten, die infolge der Schädigung ihrem erlernten oder ausgeübten Beruf nicht mehr nachgehen können, Fähigkeiten und Kenntnisse vermitteln, die den Übergang in eine andere berufliche Tätigkeit ermöglichen. Der neue Beruf soll dem erlernten oder ausgeübten Beruf mindestens gleichwertig sein. Die Umschulung soll mit einem qualifizierenden Abschluß enden.

§ 9 Schulausbildung

(1) Beschädigte erhalten Leistungen

1. zum Besuch einer mittleren oder höheren Schule, wenn der in Aussicht genommene Beruf dies erfordert,
2. zum Besuch einer sonstigen allgemein- oder berufsbildenden Schule, wenn und soweit infolge der Schädigung ein besonderer Aufwand entsteht.

(2) Leistungen zu sonstigen Maßnahmen zur Vermittlung schulischen Wissens erhalten Beschädigte, wenn ihnen wegen Art oder Schwere der Schädigung der Besuch einer allgemein- oder berufsbildenden Schule nicht möglich ist.

§ 10 Sonstige Leistungen zur Teilhabe am Arbeitsleben

(1) Sonstige Leistungen zur Teilhabe am Arbeitsleben sind alle Leistungen, die erforderlich sind, um die Teilhabe am Arbeitsleben zu erreichen oder zu sichern, soweit dies durch die Leistungen nach den §§ 2 bis 9 nicht oder nicht vollständig erreicht werden kann.

(2) Zu den sonstigen Leistungen zur Teilhabe am Arbeitsleben gehören auch Hilfen zur Beschaffung, zur schädigungsbedingten Zusatzausstattung, zum Betrieb, zur Unterhaltung, zum Unterstellen und zum Abstellen eines Kraftfahrzeuges sowie zur Erlangung der Fahrerlaubnis, wenn der Beschädigte zur Erreichung seines Arbeitsplatzes infolge der Schädigung auf die Benutzung eines Kraftfahrzeuges angewiesen ist. Die Hilfen zur Beschaffung eines Kraftfahrzeugs, zu einer schädigungsbedingten Zusatzausstattung und zur Erlangung der Fahrerlaubnis richten sich nach der Kraftfahrzeughilfe-Verordnung.[28]

---

28 Vgl. die Pauschbeträge für die laufenden Hilfen zur Unterhaltung und zum Betrieb eines Kraftfahrzeugs im Teil Übersichtstabellen unter V. und die Kraftfahrzeughilfe-Verordnung – KfzHV, abgedruckt auf S. 732 ff. im Anschluss an die Richtlinien für die Bewilligung von besonderen Hilfen für Beschädigte zur Beschaffung von Kraftfahrzeugen im Rahmen der sozialen Rehabilitation der Kriegsopferfürsorge.

§ 11 Gründung und Erhaltung einer selbständigen Existenz

(1) Beschädigte erhalten Leistungen zur Gründung und Erhaltung einer selbständigen beruflichen Existenz, wenn sie

1. die erforderlichen persönlichen und fachlichen Voraussetzungen für die Ausübung der Tätigkeit erfüllen,
2. ihren Lebensunterhalt und den ihrer unterhaltsberechtigten Angehörigen durch die Tätigkeit voraussichtlich auf Dauer im wesentlichen sicherstellen können und
3. infolge der Schädigung eine ausreichende Lebensgrundlage zweckmäßiger durch eine selbständige berufliche Tätigkeit erlangen und die angestrebte selbständige berufliche Existenz ohne fremde Hilfe nicht gründen können oder bei der Ausübung einer selbständigen beruflichen Tätigkeit im Wettbewerb mit Nichtbeschädigten benachteiligt sind.

(2) Zum Nachweis der Voraussetzungen nach Absatz 1 ist die Stellungnahme einer fachkundigen Stelle vorzulegen. Fachkundige Stellen sind insbesondere die Industrie- und Handelskammern, Handwerkskammern, berufsständische Kammern, Fachverbände und Kreditinstitute. Bestehen begründete Zweifel an den Kenntnissen und Fähigkeiten zur Ausübung der selbständigen Tätigkeit, kann die Teilnahme an Maßnahmen zur Eignungsfeststellung oder zur Vorbereitung der Existenzgründung verlangt werden; die Kosten für diese Maßnahmen werden als Beihilfe erstattet.

§ 12 Gegenstand der Förderung

Als Leistungen zur Teilhabe am Arbeitsleben kommen in Betracht

1. Ausbildung für Berufe, die einen bestimmten Ausbildungsgang voraussetzen,
2. Besuch öffentlicher, staatlich anerkannter oder genehmigter Ausbildungsstätten sowie von Hochschulen; private Ausbildungsstätten stehen öffentlichen gleich, wenn sie zu einer für den betreffenden Ausbildungsgang anerkannten Abschlußprüfung führen,
3. Besuch sonstiger Ausbildungsstätten sowie von Einrichtungen und Betrieben, wenn es im Einzelfall zweckmäßiger erscheint als der Besuch der unter Nummer 2 aufgeführten Ausbildungsstätten oder wenn das Ziel der Förderung auf andere Weise nicht erreicht werden kann,
4. Teilnahme am Fernunterricht, wenn dieser insbesondere wegen Art oder Schwere der Schädigung geeigneter als andere Maßnahmen ist, das Ziel der Fortbildung, Umschulung oder Ausbildung zu erreichen. Förderungsfähig ist die Teilnahme an Lehrgängen, die nach dem jeweils geltenden Fernunterrichtsschutzgesetz zugelassen sind oder von einer öffentlich-rechtlichen Stelle veranstaltet werden, ohne unter die Bestimmungen des Fernunterrichtsschutzgesetzes zu fallen. Als Schulausbildung sind Fernunterrichtslehrgänge nur förderungsfähig, wenn sie unter denselben Zugangsvoraussetzungen auf denselben Abschluß vorbereiten wie die in § 2 Abs. 1 und 3 des Bundesausbildungsförderungsgesetzes bestimmten Ausbildungsstätten,
5. Vorbereitung auf den Erwerb des Doktorgrades, wenn die Promotion üblicherweise die einzige Abschlußprüfung darstellt oder Voraussetzung für die Habilitation ist und die Erreichung dieses Zieles auf Grund einer beson-

deren Befähigung der Doktoranden zu wissenschaftlicher Arbeit erwartet werden kann, oder wenn Beschädigte ohne den Doktorgrad im Wettbewerb mit Nichtbeschädigten benachteiligt wären oder der Erwerb des Doktorgrades in einem bestimmten akademischen Beruf allgemein üblich ist.

§ 13 Dauer der Förderung

Die Dauer der Förderung soll die übliche oder vorgeschriebene Ausbildungszeit nicht überschreiten, sofern nicht infolge der Schädigung eine längere Ausbildung geboten ist.

§ 14 Leistungen zur Teilhabe am Arbeitsleben außerhalb des Geltungsbereichs des Bundesversorgungsgesetzes

Bei Beschädigten, die ihren gewöhnlichen Aufenthalt im Geltungsbereich des Bundesversorgungsgesetzes haben, können Leistungen zur Teilhabe am Arbeitsleben auch außerhalb des Geltungsbereichs des Bundesversorgungsgesetzes durchgeführt werden, wenn es der Erreichung des Zwecks der Maßnahme förderlich ist, dadurch die Dauer der Maßnahme nicht wesentlich verlängert wird und keine unvertretbaren Mehrkosten entstehen.

§ 15 Pauschalierte Abgeltung von Kosten

Die Kosten im Sinne des § 33 Abs. 7 des Neunten Buches Sozialgesetzbuch können durch Pauschbeträge[29] abgegolten werden.

Aus Rundschreiben, Urteilen etc.

Länderreferentenbesprechung v. 19./20.2.1991
Pauschalierung der Kosten nach §26 Abs.3 Nr.3 BVG
Die Besprechungsteilnehmer haben keine Bedenken, in Abänderung der in der Länderreferentenbesprechung am 18./19.9.1974 (Nummer 3) getroffenen Vereinbarung einer pauschalen Abgeltung der Kosten für Lernmittel, Arbeitskleidung und Arbeitsgeräte (§ 15 KFürsV) dem Vorschlag des Bayerischen Staatsministeriums für Arbeit und Sozialordnung – in Ergänzung des Ergebnisses der Länderreferentenbesprechung vom 18./19.9.1974 (Nummer 4) – zu folgen und sich nunmehr bei der Übernahme der Kosten im Sinne von § 26 Absatz 3 Nummer 3 BVG an die für die Arbeitsverwaltung geltende Regelung anzulehnen (Feststellung der mit der Maßnahme verbundenen Aufwendungen im Einzelfall anhand eines sog. Maßnahmebogens).

BMGS v. 10.3.2003 – 431 – 62706
Leistungen der Kriegsopferfürsorge zur Teilhabe am Arbeitsleben
Erhöhung der Beträge für Verpflegungs- und Übernachtungskosten entsprechend dem Arbeitsförderungsrecht
Gemäß § 33 Abs. 7 Nr. 1 Neuntes Buch Sozialgesetzbuch (SGB IX) gehören zu den Kosten einer Maßnahme zur Teilhabe am Arbeitsleben bei nicht internatsmäßiger auswärtiger Unterbringung auch Verpflegungs- und Übernachtungskosten. Diese Kosten können gemäß § 15 KFürsV pauschaliert werden.

---

29 Vgl. hierzu im Teil Übersichtstabellen unter IV.

Die bisherigen Beträge waren aufgrund einer früheren Empfehlung der Bundesarbeitsgemeinschaft für Rehabilitation bisher noch in DM festgesetzt und aufgrund des Rundschreibens vom 10. Dezember 2001 – IV c 1 – 60181 – 11 – in €-Beträge (Mietkosten 153 € und Verpflegung 200 € monatlich) umgewandelt worden. Sie werden nunmehr entsprechend den Sätzen in § 82 SGB III (vor dem 01.01.2003: § 84 SGB III) auf folgende €-Beträge angehoben:

1. *für die Unterbringung je Tag ein Betrag in Höhe von 31 €, je Kalendermonat jedoch höchstens ein Betrag in Höhe von 340 € und*
2. *für die Verpflegung je Tag ein Betrag in Höhe von 18 €, je Kalendermonat jedoch höchstens ein Betrag in Höhe von 136 €.*

Diese Beträge sollen ab 1.4.2003 auch für die laufenden Maßnahmen zur Teilhabe am Arbeitsleben gelten.

Anmerkung:
Die vorgenannten Beiträge gelten unverändert fort.

---

§ 16 Unterhaltsbeihilfe

(1) Der Höchstbetrag der Unterhaltsbeihilfe nach § 26 a Abs. 3 des Bundesversorgungsgesetzes bemisst sich entsprechend dem Unterhaltsbedarf nach § 21 Abs. 1 Satz 1 Nr. 1 oder Nr. 3.

(2) Der Betrag zur Abgeltung zusätzlicher weiterer Bedürfnisse (§ 26 a Abs. 3 Satz 3 des Bundesversorgungsgesetzes) soll den nach § 27 b Absatz 2 des Zwölften Buches Sozialgesetzbuch von den zuständigen Landesbehörden festgesetzten Barbetrag nicht übersteigen.

§ 17 Förderungsmaßnahmen für Witwen, Witwer und hinterbliebene Lebenspartner

(1) Für Leistungen zur Teilhabe am Arbeitsleben für Witwen und Witwer gelten vorstehende Vorschriften entsprechend.

(2) Bei der Prüfung, welche Lebensstellung für die Witwe oder für den Witwer angemessen ist, soll neben der Lebensstellung des gestorbenen Ehegatten auch die Lebensstellung der Witwe oder des Witwers vor der Eheschließung berücksichtigt werden, wenn diese günstiger gewesen ist.

(3) Die Absätze 1 und 2 gelten für hinterbliebene Lebenspartner entsprechend.

Abschnitt 2
Erziehungsbeihilfe

§ 18 Gegenstand der Förderung

(1) Mit der Erziehungsbeihilfe nach § 27 des Bundesversorgungsgesetzes werden Maßnahmen der Erziehung sowie der Schul- und Berufsausbildung, in

besonders begründeten Fällen auch Maßnahmen der beruflichen Weiterbildung im Sinne von § 6 Abs. 2 gefördert.

(2) Zu fördern ist eine Schul- und Berufsausbildung, die den Auszubildenden dazu verhelfen soll, einen ihrer Eignung, Neigung und Fähigkeit angemessenen Beruf zu erlangen. § 12 Nr. 1 bis 3 gilt entsprechend. Für die Förderung einer Teilnahme am Fernunterricht sind die §§ 3 und 15 Abs. 2 des Bundesausbildungsförderungsgesetzes entsprechend anzuwenden. Bei Waisen sind auch sonstige Maßnahmen zur Vermittlung schulischen Wissens zu fördern, wenn ihnen der Besuch einer allgemein- oder berufsbildenden Schule wegen Behinderung nicht möglich ist.

(3) Vor Beendigung der Vollzeitschulpflicht ist eine Schulausbildung an allgemeinbildenden Schulen nur insoweit zu fördern, als der Schulbesuch einen Aufwand erfordert, der den während des Besuchs der Grund- und Hauptschule üblicherweise entstehenden Aufwand übersteigt. Entsprechendes gilt für notwendige vorschulische Erziehungsmaßnahmen.

(4) Mit der Erziehungsbeihilfe sind auch Maßnahmen, die zwischen der Schulentlassung und dem Beginn der Berufsausbildung überwiegend der Erziehung, Erwerbsbefähigung und der Hinführung zum Beruf dienen, sowie Hilfen zur Erziehung nach dem Achten Buch Sozialgesetzbuch zu fördern.

(5) Bei Auszubildenden, die ihren gewöhnlichen Aufenthalt im Geltungsbereich des Bundesversorgungsgesetzes haben, umfaßt die Erziehungsbeihilfe auch Ausbildungsmaßnahmen außerhalb des Geltungsbereichs des Bundesversorgungsgesetzes, wenn es der Erreichung des Ausbildungsziels förderlich ist, dadurch die Dauer der Förderung nicht wesentlich verlängert wird und keine unvertretbaren Mehrkosten entstehen.

§ 19 Dauer der Förderung

(1) Die Dauer der Förderung soll die übliche oder vorgeschriebene Ausbildungszeit nicht überschreiten. Wird die Ausbildung in Abschnitten durchgeführt, ist die Leistung für den jeweiligen Ausbildungsabschnitt festzustellen. Erziehungsbeihilfe ist bis zum Erwerb des Doktorgrades zu zahlen, wenn die Promotion üblicherweise die einzige Abschlußprüfung darstellt oder Voraussetzung für die Habilitation ist und die Erreichung dieses Zieles auf Grund einer besonderen Befähigung der Doktoranden zu wissenschaftlicher Arbeit erwartet werden kann.

(2) Kann eine Ausbildungsmaßnahme aus Gründen, die Auszubildende nicht zu vertreten haben, nicht zu dem in Aussicht genommenen Ziel geführt werden, sind weitere Maßnahmen nicht ausgeschlossen.

§ 20 Erziehungs- und Ausbildungsbedarf

(1) Bei Maßnahmen der Erziehung ist als Bedarf der infolge der Schädigung oder des Verlustes eines Elternteils notwendige besondere Bedarf für die Erziehung anzuerkennen.

(2) Der Bedarf für die Ausbildung umfasst insbesondere
1. Kosten für notwendige Lernmittel,
2. Kosten für die übliche Arbeitsausrüstung und das übliche Arbeitsmaterial,

3. Ausbildungs- und Prüfungsgebühren einschließlich der üblichen Kosten für Prüfungsstücke,
4. notwendige Fahrtkosten einschließlich der Kosten für Familienheimfahrten in einem der Ausbildungsart und dem Alter der Auszubildenden angemessenen Umfang,
5. notwendige Kosten einer Versicherung gegen Krankheit,
6. Sonderbedarf für Studienfahrten,
7. kleinere mit der Ausbildung zusammenhängende Ausgaben.

Die Kosten nach Satz 1 Nr. 1, 2, 4 und 7 können durch Pauschbeträge abgegolten werden.[30]

§ 21 Unterhaltsbedarf

(1) Der Bedarf für den Lebensunterhalt Auszubildender während der Erziehung und Ausbildung umfaßt

1. bei Verbleib in der Familie einen Betrag in Höhe des Zweifachen der für die Auszubildenden jeweils maßgebenden Regelbedarfsstufe nach der Anlage 2 zu § 28 des Zwölften Buches Sozialgesetzbuch,
2. bei Unterbringung in einer stationären Einrichtung oder einer Pflegestelle die Kosten der Unterbringung und Verpflegung, zusätzliche kleinere Ausgaben bis zur Höhe des nach § 27b Absatz 2 des Zwölften Buches Sozialgesetzbuch von den zuständigen Landesbehörden festgesetzten Barbetrages sowie Kosten aus der Erfüllung weiterlaufender unabweislicher Verpflichtungen,
3. bei sonstiger Unterbringung außerhalb der Familie einen Betrag in Höhe der Regelbedarfsstufe 1 nach der Anlage zu § 28 des Zwölften Buches Sozialgesetzbuch (Regelbedarfsstufe 1) zuzüglich der für einen den Auszubildenden jeweils gleichaltrigen Haushaltsangehörigen maßgebenden Regelbedarfsstufe sowie die Kosten der Unterkunft am Ausbildungsort; hierbei sind die jeweiligen höchsten Regelsätze des Landes zugrunde zu legen, in dem sich die Ausbildungsstätte befindet. Die Kosten der Unterkunft am Ausbildungsort können durch Pauschbeträge abgegolten werden.[31]

Ein etwaiger Sonderbedarf ist in die Bedarfsberechnung mit aufzunehmen.

(2) In den Fällen des § 18 Abs. 3 umfaßt der Bedarf nur den besonderen Aufwand; bei der Festsetzung der Einkommensgrenze des § 25e Abs. 1 des Bundesversorgungsgesetzes ist für das Kind oder die Waise ein Familienzuschlag anzusetzen.

§ 22 Leistungen für weitere Auszubildende

Bei der Entscheidung über die Leistung von Erziehungsbeihilfe für weitere Auszubildende ist die Erziehungsbeihilfe für alle Leistungsfälle neu zu berechnen; das gilt nicht für die Fälle des § 18 Abs. 3.

---

30 Siehe hierzu die Pauschbeträge im Teil Übersichtstabellen unter IV.

31 Siehe im Teil Übersichtstabellen unter IV.

§ 23 Erhöhung des Einkommens

Wegen einer Erhöhung des Einkommens darf die Erziehungsbeihilfe während eines Ausbildungsabschnittes nicht entzogen oder gekürzt werden, wenn sich das monatliche Einkommen um nicht mehr als 26 Euro gegenüber dem nach § 25 d des Bundesversorgungsgesetzes bei der Bewilligung berücksichtigten monatlichen Einkommen erhöht hat.

Abschnitt 3
Ergänzende Hilfe zum Lebensunterhalt

§ 24 Freibetrag für Erwerbstätigkeit

(1) Bei der ergänzenden Hilfe zum Lebensunterhalt nach § 27 a des Bundesversorgungsgesetzes ist für Erwerbstätige, vor allem wenn sie trotz beschränkten Leistungsvermögens einem Erwerb nachgehen, ein Freibetrag in angemessener Höhe anzuerkennen. Satz 1 gilt auch bei einer Unterbrechung der Erwerbstätigkeit bis zu 6 Monaten, wenn das Arbeitsverhältnis fortbesteht und bis zur Unterbrechung der Erwerbstätigkeit ein Freibetrag anerkannt war.

(2) Unterschreitet das Erwerbseinkommen von Leistungsberechtigten 40 vom Hundert der Regelbedarfsstufe 1, ist ein Freibetrag in Höhe des Erwerbseinkommens anzuerkennen. Übersteigt das Erwerbseinkommen von Leistungsberechtigten 40 vom Hundert der Regelbedarfsstufe 1, ist ein Freibetrag in Höhe von 40 vom Hundert der Regelbedarfsstufe 1 zuzüglich des Betrags nach Absatz 3 anzuerkennen.

(3) In den Fällen des Absatzes 2 Satz 2 ist als zusätzlicher Freibetrag ein Betrag anzuerkennen, der folgende Vomhundertsätze des Betrags beträgt, der 40 vom Hundert der Regelbedarfsstufe 1 übersteigt:

1. 25 vom Hundert bei Empfängern einer Pflegezulage nach Stufe III bis VI,
2. 20 vom Hundert bei Empfängern einer Pflegezulage nach Stufe I oder II,
3. 15 vom Hundert bei Beschädigten mit einem Grad der Schädigungsfolgen von 80 bis 100,
4. 10 vom Hundert bei Beschädigten mit einem Grad der Schädigungsfolgen von 50 bis 70, bei Witwen, Witwern, hinterbliebenen Lebenspartnern, hinterbliebenen Lebenspartnerinnen, Vollwaisen und Elternpaaren, auch wenn nur ein Elternteil erwerbstätig ist, und
5. 5 vom Hundert bei Beschädigten mit einem Grad der Schädigungsfolgen von 30 oder 40, bei Halbwaisen und Elternteilen.

(4) Die Summe der Freibeträge nach den Absätzen 2 und 3 darf 50 vom Hundert der Regelbedarfsstufe 1 nicht unterschreiten.

(5) Ist bei Beschädigten das Leistungsvermögen durch nichtschädigungsbedingte Gesundheitsstörungen zusätzlich eingeschränkt oder gehen Hinterbliebene trotz beschränkten Leistungsvermögens einem Erwerb nach, kann der in den Fällen des Absatzes 3 anzuerkennende Freibetrag um 10 vom Hundert erhöht werden.

(6) Der in den Fällen des Absatzes 3 anzuerkennende Freibetrag soll bei Sonderfürsorgeberechtigten 175 vom Hundert, im übrigen 125 vom Hundert der Regelbedarfsstufe 1 nicht übersteigen.

Abschnitt 4
Erholungshilfe

§ 25 Nachweis der Voraussetzungen

(1) Die Notwendigkeit und Zweckmäßigkeit einer Erholungsmaßnahme nach § 27 b des Bundesversorgungsgesetzes sind durch ärztliches Zeugnis nachzuweisen. Bei Beschädigten mit einem Grad der Schädigungsfolgen von weniger als 50 muss der Zusammenhang zwischen Erholungsbedürftigkeit und anerkannten Schädigungsfolgen gesondert ärztlich begründet werden.

(2) Die Befugnis zur Mitnahme einer Begleitperson ist gesondert ärztlich zu begründen, es sei denn, die Berechtigung zur Mitnahme einer Begleitperson gemäß § 146 Abs. 2 des Neunten Buches Sozialgesetzbuch ist nachgewiesen durch einen entsprechenden Bescheid der nach § 69 Abs. 4 des Neunten Buches Sozialgesetzbuch zuständigen Behörde oder durch einen Ausweis nach § 69 Abs. 5 des Neunten Buches Sozialgesetzbuch mit einem Vermerk nach § 3 Abs. 2 Satz 1 Nr. 1 der Schwerbehindertenausweisverordnung.

§ 26 Erholungsbedingte Aufwendungen

Zusätzliche geringfügige Aufwendungen, die Erholungsuchenden durch die Erholungsmaßnahme entstehen, sind je Erholungstag mit einem Pauschbetrag in Höhe von 1,5 vom Hundert der Regelbedarfsstufe 1 nach dem Zwölften Buch Sozialgesetzbuch abzugelten; der Gesamtbetrag der Pauschbeträge ist auf volle Euro aufzurunden. Neben dem Pauschbetrag sind Kosten für Gepäckbeförderung und Kurtaxe als Bedarf zu berücksichtigen. Sonstige Aufwendungen für Gegenstände, die üblicherweise für einen Gebrauch über den Zeitraum des Erholungsaufenthaltes hinaus bestimmt sind, gehören nicht zum Bedarf nach § 27 b des Bundesversorgungsgesetzes, auch wenn die Gegenstände anläßlich der Erholungsmaßnahme beschafft werden.

Abschnitt 5
Wohnungshilfe

§ 27 Geldleistungen

Geldleistungen der Wohnungshilfe nach § 27 c des Bundesversorgungsgesetzes erhalten

1. Schwerbeschädigte zur besonderen Ausgestaltung oder baulichen Veränderung vorhandenen Wohnraums, wenn dies nach Art und Schwere der Schädigung notwendig ist,
2. Schwerbeschädigte beim Bau oder Erwerb eines Eigenheimes oder einer Eigentumswohnung, zur Finanzierung einer Mietwohnung, einer Mietvorauszahlung oder einer Kaution, wenn die Wohnung des Schwerbeschädigten mit Rücksicht auf Art und Schwere der Schädigung besonderer Ausgestaltung bedarf,
3. Schwerbeschädigte, Witwen, Witwer oder hinterbliebene Lebenspartner
   a) beim Bau oder Erwerb eines Eigenheimes oder einer Eigentumswohnung,
   b) zur Finanzierung einer Mietwohnung, einer Mietvorauszahlung oder einer Kaution,

c) zur Erhaltung oder Verbesserung bestehenden Wohnraums,

wenn sie die Hilfe innerhalb von fünf Jahren nach ihrem erstmaligen Eintreffen im Geltungsbereich des Bundesversorgungsgesetzes beantragen,

sofern eine Geldleistung durch die Besonderheit des Einzelfalles gerechtfertigt ist. In den Fällen des Satzes 1 Nr. 3 Buchstaben a und b kommt eine Leistung vor allem in Betracht, wenn die Wohnraumbeschaffung zur Erlangung oder Erhaltung eines Arbeitsplatzes notwendig ist.

Aus Rundschreiben, Urteilen etc.

BVerfG v. 28. 3. 2000 – 1 BvR 1460/99 (BehR 2000, 175)
Benachteiligungsverbot; Einbau eines Treppenlifts im Treppenhaus
Zur Frage, ob der Vermieter den Einbau eines Treppenlifts im Treppenhaus eines Miethauses dulden muss.

Abschnitt 6
Hilfen in besonderen Lebenslagen

§ 28 Eingliederungshilfe

(1) Beschädigte erhalten als Hilfen in besonderen Lebenslagen nach § 27 d Abs. 1 Nr. 3 des Bundesversorgungsgesetzes auch

1. Hilfen zur Teilhabe am Leben in der Gemeinschaft, insbesondere am öffentlichen und kulturellen Geschehen, sofern ihnen ohne diese Hilfen eine Teilhabe infolge der Schädigung nicht möglich oder nicht zumutbar ist,
2. Hilfen zur Beschaffung[32], zum Betrieb, zur Unterhaltung, zum Unterstellen und zum Abstellen eines Kraftfahrzeuges[33] sowie zur Erlangung der Fahrerlaubnis, sofern sie infolge der Schädigung zur Teilhabe am Leben in der Gemeinschaft, insbesondere am öffentlichen und kulturellen Geschehen, auf die Benutzung eines Kraftfahrzeuges angewiesen sind.

(2) Die gesundheitlichen Voraussetzungen für die Leistungen nach Absatz 1 Nr. 2 gelten bei Beschädigten als erfüllt, die zum Personenkreis des § 23 Abs. 1 der Orthopädieverordnung in der jeweils geltenden Fassung gehören. Im Übrigen sind sie durch ärztliches Zeugnis nachzuweisen.

§ 28 a Hilfe zum Aufbau oder zur Sicherung der Lebensgrundlage

(1) Leistungsberechtigte, bei denen die ausreichende wirtschaftliche Lebensgrundlage fehlt oder gefährdet ist, können Leistungen nach § 27 d Abs. 1 Nr. 1 des Bundesversorgungsgesetzes zum Aufbau oder zur Sicherung einer Lebensgrundlage durch eigene Tätigkeit erhalten.

(2) Die Leistungen sollen in der Regel nur erbracht werden, wenn die Leistungsberechtigten sonst ergänzende Hilfe zum Lebensunterhalt erhalten müssten.

(3) Die Voraussetzungen nach § 11 gelten entsprechend.

---

32 Siehe die nachfolgenden Richtlinien.

33 Siehe die Pauschbeträge für die laufenden Hilfen zur Unterhaltung und zum Betrieb eines Kraftfahrzeugs im Teil Übersichtstabellen unter V.

Richtlinien für die Bewilligung von besonderen Hilfen für Beschädigte zur Beschaffung von Kraftfahrzeugen im Rahmen der sozialen Rehabilitation der Kriegsopferfürsorge

Richtl. des BMA vom 20. November 1989 – VI a 2 – 50094 – 1/8
(BArbBl. 1/1990, 132)[34]

1. Rechtsgrundlage
Nach § 27 d BVG in Verbindung mit § 28 Abs. 1 Nr. 2 KFürsV haben Beschädigte im Rahmen der sozialen Rehabilitation der Kriegsopferfürsorge Anspruch auf Hilfe zur Beschaffung eines Kraftfahrzeugs.

2. Allgemeine Voraussetzungen

2.1 Die Bewilligung einer Hilfe zur Beschaffung eines Kraftfahrzeugs setzt voraus, daß

2.1.1 der Beschädigte

a) infolge der Schädigung zur Teilnahme am Leben in der Gemeinschaft auf die Benutzung eines Kraftfahrzeugs angewiesen ist und

b) ein Kraftfahrzeug selbst führen kann oder ein Dritter bestimmt ist, der als Führer des Kraftfahrzeugs in angemessenem Umfang für Fahrten mit dem Beschädigten zur Verfügung steht, und

2.1.2 das Kraftfahrzeug

a) nach Größe und Ausstattung den Anforderungen entspricht, die sich im Einzelfall aus den anerkannten Schädigungsfolgen und etwaigen daneben bestehenden Behinderungen ergeben, und

b) eine wegen der anerkannten Schädigungsfolgen, etwaiger daneben bestehender Behinderungen oder des Alters des Beschädigten oder wegen einer Behinderung oder des Alters des Dritten (Nr. 2.1.1 b) erforderliche Sonderausstattung ohne unverhältnismäßigen Mehraufwand ermöglicht. Eine Sonderausstattung für den Dritten ist nur zu berücksichtigen, wenn der Beschädigte das Kraftfahrzeug nicht selbst führen kann. Hierzu und zu der Erforderlichkeit der Sonderausstattung für den Beschädigten oder den Dritten ist in der Regel eine ärztliche Stellungnahme der Orthopädischen Versorgungsstelle oder einer anderen Behörde einzuholen.

2.2 Eine Hilfe wird nur bewilligt, wenn der Beschädigte nicht bereits über ein Kraftfahrzeug verfügt, das die Voraussetzungen nach Nr. 2.1.2 erfüllt und dessen weitere Benutzung ihm zumutbar ist.
Eine erneute Hilfe soll nicht vor Ablauf von 5 Jahren seit der Beschaffung des zuletzt geförderten Kraftfahrzeugs bewilligt werden.

2.3 Gefördert wird unter den Voraussetzungen der Nr. 2.1.2 auch die Beschaffung eines Gebrauchtwagens, wenn sein Verkehrswert mindestens 40 v. H. des seinerzeitigen Neuwagenpreises beträgt.

3. Art der Leistung
Als Hilfen zur Kraftfahrzeugbeschaffung kommen Beihilfen und zinslose Darlehen nebeneinander in Betracht; Darlehen sind längstens innerhalb von 5 Jahren zu tilgen.

---

34 In der Fassung des BMAS-Rundschreibens vom 5. 1. 2009, Az. IV c 1 – 47280-2/2.

4. Bemessungsbetrag

4.1 Die Beschaffung eines Kraftfahrzeugs wird bis zu einem Betrag in Höhe der Beschaffungskosten (Kaufpreis zuzüglich Kosten für Überführung und Zulassung), höchstens jedoch bis zu einem Betrag von 15 000 Euro[35] gefördert.

4.2 Eine Förderung über 15 000 Euro hinaus ist im Einzelfall zulässig, soweit die anerkannten Schädigungsfolgen und etwaige daneben bestehende Behinderungen des Beschädigten nach Art und Schwere ein Kraftfahrzeug mit höherem Anschaffungspreis erfordert. Hierzu ist eine Stellungnahme der Orthopädischen Versorgungsstelle einzuholen

4.3 Bemessungsbetrag sind danach

a) die Beschaffungskosten (Nr. 4.1), wenn sie unter 15 000 Euro[35] liegen, oder

b) 15 000 Euro, wenn die Beschaffungskosten (Nr. 4.1) höher sind und die Voraussetzungen der Nr. 4.2 nicht vorliegen, oder

c) die Beschaffungskosten (Nr. 4.1), soweit sie über 15 000 Euro[35] liegen und die Voraussetzungen der Nr. 4.2 erfüllt sind.

5. Feststellung des ungedeckten Bedarfs

Ungedeckter Bedarf ist der jeweilige Bemessungsbetrag (Nr. 4.3), erhöht um die Kosten einer erforderlichen Sonderausstattung (Nr. 2.1.2 b), soweit diese nicht nach Nr. 7 zu übernehmen sind, und gemindert um

a) Zuschüsse öffentlich-rechtlicher Stellen, insbesondere nach der Orthopädieverordnung, zu dem Fahrzeug und zu seiner erforderlichen Sonderausstattung (Nr. 2.1.2 b), soweit die Kosten nicht nach Nr. 7 zu übernehmen sind,

b) den Verkaufserlös eines Altwagens, mindestens den Verkehrswert,

c) Einkommen, soweit es die Einkommensgrenze nach § 27 d Abs. 5 Satz 1 Buchstabe a) und Satz 2 BVG übersteigt,

d) nicht geschontes Vermögen..

6. Bemessung der Gesamtleistung

6.1 Zur Deckung des ungedeckten Bedarfs (Nr. 5) ist vorrangig eine Beihilfe bis zu 4 000 Euro[35], bei Empfängern eines Zuschusses zur Beschaffung eines Motorfahrzeugs nach der Orthopädieverordnung bis zu 4 500 Euro[35] zu leisten.

6.2 Übersteigt das Einkommen des Beschädigten nicht nur vorübergehend die nach Nr. 5 c) maßgebende Einkommensgrenze, ist auf den Höchstbetrag der Beihilfe das Dreifache des über der Einkommensgrenze liegenden Einkommens anzurechnen.

6.3 Über die Beihilfe hinaus ist bis zur Höhe des noch ungedeckten Bedarfs (Nr. 5) ein Darlehen zu gewähren..

7. Ausschließlich schädigungsbedingte Sonderausstattung

Die Kosten für eine ausschließlich schädigungsbedingt notwendige Sonderausstattung eines Kraftfahrzeugs werden, soweit sie nicht durch Zuschüsse nach der Orthopädieverordnung gedeckt sind, unabhängig von Einkommen und Vermögen des Beschädigten in vollem Umfang übernommen (§ 25 c Abs. 3 Satz 2 BVG, § 25 f Abs. 1 i. V. m. § 25 c Abs. 3 Satz 2 BVG).

---

35 Jeweils ab 1.1.2009.

8. Härteregelung
Von den Regelungen der Nrn. 6.1 und 6.2 kann abgewichen werden, soweit es nach der Besonderheit des Einzelfalles zur Vermeidung besonderer Härten zwingend geboten ist.

9. Zusammentreffen von Ansprüchen
Trifft ein Anspruch nach diesen Richtlinien mit einem Anspruch zusammen, der sich nach der Kraftfahrzeughilfe-Verordnung (§ 10 Abs. 2 KFürsV) richtet, kann nur einer von beiden geltend gemacht werden..

10. Inkrafttreten
Diese Richtlinien treten am 1. Januar 1990 in Kraft. Sie treten an die Stelle der Richtlinien vom 4. Januar 1974, soweit diese den sachlichen Geltungsbereich der Nr. 1 betreffen.

Verordnung über Kraftfahrzeughilfe zur beruflichen Rehabilitation (Kraftfahrzeughilfe-Verordnung – KfzHV)

vom 28. September 1987 (BGBl. I S. 2251), zuletzt geändert durch Verordnung vom 23. Dezember 2003 (BGBl. I S. 2848)

Auf Grund des § 9 Abs. 2 des Gesetzes über die Angleichung der Leistungen zur Rehabilitation vom 7. August 1974 (BGBl. I S. 1881), der durch Artikel 16 des Gesetzes vom 1. Dezember 1981 (BGBl. I S. 1205) geändert worden ist, auf Grund des § 27 f in Verbindung mit § 26 Abs. 6 Satz 1 des Bundesversorgungsgesetzes in der Fassung der Bekanntmachung vom 22. Januar 1982 (BGBl. I S. 21) und auf Grund des § 11 Abs. 3 Satz 3 des Schwerbehindertengesetzes in der Fassung der Bekanntmachung vom 26. August 1986 (BGBl. I S. 1421) verordnet die Bundesregierung mit Zustimmung des Bundesrates:

§ 1 Grundsatz

Kraftfahrzeughilfe zur Teilhabe behinderter Menschen am Arbeitsleben richtet sich bei den Trägern der gesetzlichen Unfallversicherung, der gesetzlichen Rentenversicherung, der Kriegsopferfürsorge und der Bundesagentur für Arbeit sowie den Trägern der begleitenden Hilfe im Arbeits- und Berufsleben nach dieser Verordnung.

§ 2 Leistungen

(1) Die Kraftfahrzeughilfe umfasst Leistungen

1. zur Beschaffung eines Kraftfahrzeugs,
2. für eine behinderungsbedingte Zusatzausstattung,
3. zur Erlangung einer Fahrerlaubnis.

(2) Die Leistungen werden als Zuschüsse und nach Maßgabe des § 9 als Darlehen erbracht.

§ 3 Persönliche Voraussetzungen

(1) Die Leistungen setzen voraus, dass
1. der behinderte Mensch infolge seiner Behinderung nicht nur vorübergehend auf die Benutzung eines Kraftfahrzeugs angewiesen ist, um seinen Arbeits- oder Ausbildungsort oder den Ort einer sonstigen Leistung der beruflichen Bildung zu erreichen, und
2. der behinderte Mensch ein Kraftfahrzeug führen kann oder gewährleistet ist, daß ein Dritter das Kraftfahrzeug für ihn führt.

(2) Absatz 1 gilt auch für in Heimarbeit Beschäftigte im Sinne des § 12 Abs. 2 des Vierten Buches Sozialgesetzbuch, wenn das Kraftfahrzeug wegen Art oder Schwere der Behinderung notwendig ist, um beim Auftraggeber die Ware abzuholen oder die Arbeitsergebnisse abzuliefern.

(3) Ist der behinderte Mensch zur Berufsausübung im Rahmen eines Arbeitsverhältnisses nicht nur vorübergehend auf ein Kraftfahrzeug angewiesen, wird Kraftfahrzeughilfe geleistet, wenn infolge seiner Behinderung nur auf diese Weise die Teilhabe am Arbeitsleben dauerhaft gesichert werden kann und die Übernahme der Kosten durch den Arbeitgeber nicht üblich oder nicht zumutbar ist.

(4) Sofern nach den für den Träger geltenden besonderen Vorschriften Kraftfahrzeughilfe für behinderte Menschen, die nicht Arbeitnehmer sind, in Betracht kommt, sind die Absätze 1 und 3 entsprechend anzuwenden.

§ 4 Hilfe zur Beschaffung eines Kraftfahrzeugs

(1) Hilfe zur Beschaffung eines Kraftfahrzeugs setzt voraus, dass der behinderte Mensch nicht über ein Kraftfahrzeug verfügt, das die Voraussetzungen nach Absatz 2 erfüllt und dessen weitere Benutzung ihm zumutbar ist.

(2) Das Kraftfahrzeug muss nach Größe und Ausstattung den Anforderungen entsprechen, die sich im Einzelfall aus der Behinderung ergeben und, soweit erforderlich, eine behinderungsbedingte Zusatzausstattung ohne unverhältnismäßigen Mehraufwand ermöglichen.

(3) Die Beschaffung eines Gebrauchtwagens kann gefördert werden, wenn er die Voraussetzungen nach Absatz 2 erfüllt und sein Verkehrswert mindestens 50 vom Hundert des seinerzeitigen Neuwagenpreises beträgt.

§ 5 Bemessungsbetrag

(1) Die Beschaffung eines Kraftfahrzeugs wird bis zu einem Betrag in Höhe des Kaufpreises, höchstens jedoch bis zu einem Betrag von 9 500 Euro gefördert. Die Kosten einer behinderungsbedingten Zusatzausstattung bleiben bei der Ermittlung unberücksichtigt.

(2) Abweichend von Absatz 1 Satz 1 wird im Einzelfall ein höherer Betrag zugrundegelegt, wenn Art oder Schwere der Behinderung ein Kraftfahrzeug mit höherem Kaufpreis zwingend erfordert.

(3) Zuschüsse öffentlich-rechtlicher Stellen zu dem Kraftfahrzeug, auf die ein vorrangiger Anspruch besteht oder die vorrangig nach pflichtgemäßem

Ermessen zu leisten sind, und der Verkehrswert eines Altwagens sind von dem Betrag nach Absatz 1 oder 2 abzusetzen.

§ 6 Art und Höhe der Förderung

(1) Hilfe zur Beschaffung eines Kraftfahrzeugs wird in der Regel als Zuschuss geleistet. Der Zuschuss richtet sich nach dem Einkommen des behinderten Menschen nach Maßgabe der folgenden Tabelle:

Einkommen bis zu v. H. der montlichen Bezugsgröße nach § 18 Abs. 1 des Vierten Buches Sozialgesetzbuch[36]	**Zuschuss in v. H. des Bemessungsbetrags nach § 5**
40	100
45	88
50	76
55	64
60	52
65	40
70	28
75	16

Die Beträge nach Satz 2 sind jeweils auf volle 5 Euro aufzurunden.

(2) Von dem Einkommen des behinderten Menschen ist für jeden von ihm unterhaltenen Familienangehörigen ein Betrag von 12 vom Hundert der monatlichen Bezugsgröße nach § 18 Abs. 1 des Vierten Buches Sozialgesetzbuch abzusetzen; Absatz 1 Satz 3 gilt entsprechend.

(3) Einkommen im Sinne der Absätze 1 und 2 sind das monatliche Netto-Arbeitsentgelt, Netto-Arbeitseinkommen und vergleichbare Lohnersatzleistungen des behinderten Menschen. Die Ermittlung des Einkommens richtet sich nach den für den zuständigen Träger maßgeblichen Regelungen.

(4) Die Absätze 1 bis 3 gelten auch für die Hilfe zur erneuten Beschaffung eines Kraftfahrzeugs. Die Hilfe soll nicht vor Ablauf von fünf Jahren seit der Beschaffung des zuletzt geförderten Fahrzeugs geleistet werden.

§ 7 Behinderungsbedingte Zusatzausstattung

Für eine Zusatzausstattung, die wegen der Behinderung erforderlich ist, ihren Einbau, ihre technische Überprüfung und die Wiederherstellung ihrer technischen Funktionsfähigkeit werden die Kosten in vollem Umfang übernommen. Dies gilt auch für eine Zusatzausstattung, die wegen der Behinderung

36 Monatliche Bezugsgröße 2017 für die alten Bundesländer 2975 Euro, für die neuen Bundesländer 2660 Euro.

eines Dritten erforderlich ist, der für den behinderten Menschen das Kraftfahrzeug führt (§ 3 Abs. 1 Nr. 2). Zuschüsse öffentlich-rechtlicher Stellen, auf die ein vorrangiger Anspruch besteht oder die vorrangig nach pflichtgemäßem Ermessen zu leisten sind, sind anzurechnen.

§ 8 Fahrerlaubnis

(1) Zu den Kosten, die für die Erlangung einer Fahrerlaubnis notwendig sind, wird ein Zuschuss geleistet. Er beläuft sich bei behinderten Menschen mit einem Einkommen (§ 6 Abs. 3)
1. bis 40 vom Hundert der monatlichen Bezugsgröße nach § 18 Abs. 1 des Vierten Buches Sozialgesetzbuch (monatliche Bezugsgröße) auf die volle Höhe,
2. bis zu 55 vom Hundert der monatlichen Bezugsgröße auf zwei Drittel,
3. bis zu 75 vom Hundert der monatlichen Bezugsgröße auf ein Drittel

der entstehenden notwendigen Kosten; § 6 Abs. 1 Satz 3 und Abs. 2 gilt entsprechend. Zuschüsse öffentlich-rechtlicher Stellen für den Erwerb der Fahrerlaubnis, auf die ein vorrangiger Anspruch besteht oder die vorrangig nach pflichtgemäßem Ermessen zu leisten sind, sind anzurechnen.

(2) Kosten für behinderungsbedingte Untersuchungen, Ergänzungsprüfungen und Eintragungen in vorhandene Führerscheine werden in vollem Umfang übernommen.

§ 9 Leistungen in besonderen Härtefällen

(1) Zur Vermeidung besonderer Härten können Leistungen auch abweichend von § 2 Abs. 1, §§ 6 und 8 Abs. 1 erbracht werden, soweit dies
1. notwendig ist, um Leistungen der Kraftfahrzeughilfe von seiten eines anderen Leistungsträgers nicht erforderlich werden zu lassen, oder
2. unter den Voraussetzungen des § 3 zur Aufnahme oder Fortsetzung einer beruflichen Tätigkeit unumgänglich ist.

Im Rahmen von Satz 1 Nr. 2 kann auch ein Zuschuss für die Beförderung des behinderten Menschen, insbesondere durch Beförderungsdienste, geleistet werden, wenn
1. der behinderte Mensch ein Kraftfahrzeug nicht selbst führen kann und auch nicht gewährleistet ist, dass ein Dritter das Kraftfahrzeug für ihn führt (§ 3 Abs. 1 Nr. 2), oder
2. die Übernahme der Beförderungskosten anstelle von Kraftfahrzeughilfen wirtschaftlicher und für den behinderten Menschen zumutbar ist;

dabei ist zu berücksichtigen, was der behinderte Mensch als Kraftfahrzeughalter bei Anwendung des § 6 für die Anschaffung und die berufliche Nutzung des Kraftfahrzeugs aus eigenen Mitteln aufzubringen hätte.

(2) Leistungen nach Absatz 1 Satz 1 können als Darlehen erbracht werden, wenn die dort genannten Ziele auch durch ein Darlehen erreicht werden können; das Darlehen darf zusammen mit einem Zuschuss nach § 6 den nach § 5 maßgebenden Bemessungsbetrag nicht übersteigen. Das Darlehen ist unverzinslich und spätestens innerhalb von fünf Jahren zu tilgen; es können bis zu zwei

tilgungsfreie Jahre eingeräumt werden. Auf die Rückzahlung des Darlehens kann unter den in Absatz 1 Satz 1 genannten Voraussetzungen verzichtet werden.

§ 10 Antragstellung

Leistungen sollen vor dem Abschluss eines Kaufvertrages über das Kraftfahrzeug und die behinderungsbedingte Zusatzausstattung sowie vor Beginn einer nach § 8 zu fördernden Leistung beantragt werden. Leistungen zur technischen Überprüfung und Wiederherstellung der technischen Funktionsfähigkeit einer behinderungsbedingten Zusatzausstattung sind spätestens innerhalb eines Monats nach Rechnungstellung zu beantragen.

§§ 11 und 12

(weggefallen)

§ 13 Übergangsvorschriften

(1) Auf Beschädigte im Sinne des Bundesversorgungsgesetzes und der Gesetze, die das Bundesversorgungsgesetz für entsprechend anwendbar erklären, die vor Inkrafttreten dieser Verordnung Hilfe zur Beschaffung eines Kraftfahrzeugs im Rahmen der Teilhabe am Arbeitsleben erhalten haben, sind die bisher geltenden Bestimmungen weiterhin anzuwenden, wenn sie günstiger sind und der Beschädigte es beantragt.

(2) Über Leistungen, die bei Inkrafttreten dieser Verordnung bereits beantragt sind, ist nach den bisher geltenden Bestimmungen zu entscheiden, wenn sie für den behinderten Menschen günstiger sind.

§ 14 Inkrafttreten

Diese Verordnung tritt am 1. Oktober 1987 in Kraft.

§ 15

(weggefallen)

Aus Rundschreiben, Urteilen etc.

Länderreferentenbesprechung am 24./25. 3. 1992; auch RdErl. des Nds. Sozialministers vom 30.10.1992 – 105-43 021 – (Nds. MBl. 1992 S. 1492)

– Auszug –

Prüfung der gesundheitlichen Voraussetzungen nach § 28 Abs. 2 KFürsV
Die Besprechungsteilnehmer teilen die Auffassung des Vertreters des BMA, daß gem. § 28 Abs.2 KFürsV lediglich bei Beschädigten, die zum Personenkreis des § 23 Abs.1 Nr. 1 und 2 OrthV gehören, die gesundheitlichen Voraussetzungen für die Gewährung von Kraftfahrzeughilfen nach § 27d BVG i. V. m. § 28 Abs.1 Nr. 2 KFürsV ohne weiteres als erfüllt gelten. Da sich allein aus Merkzeichen im Schwerbehindertenausweis der in § 28 Abs.1 Nr. 2 KFürsV geforderte Ursachenzusammenhang nicht zwingend ergebe, könne auch in diesen Fällen auf die nach § 28 Abs.2

letzter Halbsatz KFürsV erforderlichen Zeugnisse bzw. Nachweise nicht verzichtet werden. Das gelte auch, wenn der Ausweis die Eintragung "Kriegsbeschädigt" nach § 2 Abs. 1 SchwbAwV enthalte.
Allgemeine Nachteile, wie sie auch von der übrigen Bevölkerung hingenommen werden müssen – z. B. Fehlen öffentlicher Verkehrsmittel, schlechte Anbindung über weite Fußwege – seien bei der Beurteilung nicht zu berücksichtigen.
Hilfen zu den Kosten einer Garage
Unter den Besprechungsteilnehmern besteht Einvernehmen, daß Kosten für die Anmietung einer Garage ab 1. Oktober 1992 bis zu einem Betrag von 75 DM[37] als Bedarf anerkannt werden können.
Mit dieser Anhebung um 25 v.H. werde in etwa der Preissteigerung bei Garagenmieten seit der letzten Anhebung im Jahre 1980 Rechnung getragen.

BVerwG v. 23.11.1995 – 5 C 7.94 – (FEVS 47, 145)
Eine Kfz-Betriebskostenbeihilfe kann nach § 28 Abs. 1 Nr. 2 KFürsV nur für Fahrten zur Teilnahme am Leben in der Gemeinschaft beansprucht werden.

BMGS v. 31. 8. 2005 – 431–47 217/432–47 116
Auswirkungen der Neufassung des Bundesreisekostengesetzes auf die Kriegsopferfürsorge und die Heil- und Krankenbehandlung nach dem Bundesversorgungsgesetz (BVG) ab 1. September 2005
bei der Länderreferentenbesprechung am 15./16. Juni 2005 in Hildesheim wurden die Auswirkungen der Neufassung des Bundesreisekostengesetzes (BRKG) – Artikel 1 des Gesetzes zur Reform des Reisekostenrechts vom 26. Mai 2005 (BGBl. I S. 1418), das am 1. September 2005 in Kraft tritt, auf die Kriegsopferfürsorge erörtert.

Es bestand Einvernehmen zu folgenden ab 1. September 2005 in der Kriegsopferfürsorge geltenden Grundsätzen:
Die Pauschbeträge für die laufende Hilfe zum Betrieb und zur Unterhaltung eines Kraftfahrzeuges im Zusammenhang mit den Leistungen zur Teilhabe am Arbeitsleben gem. § 26 Abs. 4 Nr. 4 BVG i. V. m. § 10 Abs. 2 Satz 1 KFürsV (bisher 0,17 Euro pro Kilometer) sind mit 0,15 Euro (0,20 Euro abzgl. 25 v. H.) je Kilometer zurückgelegter Strecke anzusetzen. Die zu zahlende höchstmögliche Leistung reduziert sich damit auf 228,–(Euro monatlich (80 km × 19 Arbeitstage × 0,15 Euro). Es wird empfohlen, die Anpassung der bisherigen Leistungen nach In-Kraft-Treten des neuen Rechts vorzunehmen.
Im Rahmen der Erholungshilfe gemäß § 27 b BVG wird ab 1. September 2005 bei Benutzung eines Pkws ebenfalls eine Wegstreckenentschädigung für die Hin- und Rückfahrt pro Kilometer in Höhe von 0,15 Euro gezahlt. Bei Benutzung des Pkws eines Dritten sind 0,20 Euro pro Kilometer zugrunde zu legen. Diese Regelungen gelten auch bei Durchführung von Rehabilitationslehrgängen und Maßnahmen der vorbeugenden Hilfen. Die in § 5 Abs. 1 Satz 2 und 3 BRKG festgelegten Höchstbeträge gelten in der Kriegsopferfürsorge nicht. Eine Mitnahmeentschädigung für den Ehegatten oder Lebenspartner und/oder für eine Begleitperson im Rahmen dieser Leistungen, die bisher in Höhe von 0,02 Euro gewährt wurde, wird – da gemäß Nr. 5 BRKGVwV in der Wegstreckenentschädigung enthalten – ab 1. September 2005 nicht mehr gezahlt.

---

37 Jetzt 38,35 Euro.

Die Kfz-Pauschalbeihilfe nach § 27d Abs. 1 Nr. 3 BVG i.V.m. § 28 Abs. 1 Nr. 2 KFürsV in Höhe von derzeit monatlich 50,– Euro wird in dieser Höhe beibehalten. Die Grundsätze des Reisekostenrechts des Bundes sind auch im Rahmen der Heil- und Krankenbehandlung (§ 24 BVG) anzuwenden, wobei Fahrten aus Anlass von Rehabilitations-Maßnahmen dienstlich veranlassten Reisen nicht völlig gleichgesetzt werden können. Aus entschädigungsrechtlichen Gründen habe ich keine Bedenken, Wegstreckenentschädigungen in Höhe von 0,30 Euro pro Kilometer zu zahlen und auf einen Höchstbetrag (sog. Kappung) zu verzichten, wenn aus medizinischen Gründen die Pkw-Benutzung eindeutig angezeigt ist. In allen übrigen Fällen bitte ich, von den Grundsätzen des BRKG auszugehen.
Für die Zeit des Übergangs von altem zu neuem Reisekostenrecht gilt sowohl für den Bereich der Kriegsopferfürsorge als auch für die Heil- und Krankenbehandlung, dass bei Reisebeginn vor und Reiseende nach In-Kraft-Treten des BRKG (neu) Fahrtkosten nach den vor dem In-Kraft-Treten geltenden Vorschriften gezahlt werden.

Abschnitt 7
Sonderfürsorge

§ 29 Leistungen an Sonderfürsorgeberechtigte[38]

(1) Die Leistungen der Kriegsopferfürsorge an Beschädigte, die zu dem Personenkreis des § 27e des Bundesversorgungsgesetzes gehören (Sonderfürsorgeberechtigte), sind der Schwere und Eigenart der Schädigung anzupassen und mit Rücksicht auf die jeweils erschwerten Lebensbedingungen Beschädigter und ihrer Familien in Ausmaß und Dauer besonders wirksam zu gestalten.

(2) Sofern sich die Zugehörigkeit Beschädigter zu dem Personenkreis der Sonderfürsorgeberechtigten aus dem Bescheid der nach Landesrecht zuständigen Stelle nicht ergibt, stellt diese ihnen auf ihren Antrag eine Bescheinigung zum Nachweis ihrer Zugehörigkeit zu den Sonderfürsorgeberechtigten aus.

Abschnitt 8
Einkommen; Einkommensberechnung

§ 30 Einkommen

(1) Einkommen im Sinne des § 25d Abs. 1 des Bundesversorgungsgesetzes sind alle Einkünfte in Geld oder Geldeswert ohne Rücksicht auf ihre Quelle und Rechtsnatur, soweit nicht das Bundesversorgungsgesetz, diese Verordnung oder andere Rechtsvorschriften vorschreiben, daß bestimmte Einkünfte bei der Feststellung von Leistungen der Kriegsopferfürsorge nicht zum Einkommen gehören. Dabei ist es unerheblich, ob sie zu den Einkünften des Einkommensteuergesetzes gehören und ob sie der Steuerpflicht unterliegen.

---

38 Siehe die nach § 27e BVG abgedruckten „Anhaltspunkte für die Sonderfürsorge in der Kriegsopferfürsorge".

(2) Als Einkommen gelten nicht

1. ein der Grundrente und der Schwerstbeschädigtenzulage entsprechender Betrag, wenn anstelle von Grundrente oder Schwerstbeschädigtenzulage ein Ausgleich nach § 89 des Bundesversorgungsgesetzes gewährt wird; entsprechendes gilt in den übrigen Fällen des § 25 d Abs. 1 Satz 2 des Bundesversorgungsgesetzes sowie in den Fällen des § 25 d Abs. 1 Satz 3 des Bundesversorgungsgesetzes,

1 a. ein der Grundrente und der Schwerstbeschädigtenzulage entsprechender Betrag, wenn die Versorgungsbezüge nach § 35 Abs. 6 des Bundesversorgungsgesetzes auf die Kosten der stationären Pflege angerechnet werden; der freizulassende Betrag darf denjenigen bei einer ausschließlichen Kostenübernahme nach § 35 Abs. 6 des Bundesversorgungsgesetzes nicht übersteigen,

2. Wohngeld, es sei denn, bei der Feststellung von Leistungen der Kriegsopferfürsorge sind Kosten der Unterkunft zu berücksichtigen,
3. das Sterbegeld nach § 37 des Bundesversorgungsgesetzes sowie beim Tode des Beschädigten gezahlte gleichartige Leistungen,
4. Weihnachts- und Neujahrsgratifikationen bis zu einem Betrag von 205 Euro,
5. ein freies Wohnrecht.

(3) Kindergeld oder Leistungen im Sinne des § 4 Abs. 1 Satz 1 Nr. 1 des Bundeskindergeldgesetzes sowie Kinderzuschlag und Zuschlag nach § 33 b Abs. 1 und 6 des Bundesversorgungsgesetzes gelten als Einkommen desjenigen, in dessen Person der Anspruch auf diese Leistungen besteht; werden sie für Stiefkinder gezahlt, gelten sie als Einkommen des Stiefkindes.

§ 31 Bewertung von Sachbezügen

(1) Für die Bewertung von Sachbezügen gilt § 3 Abs. 1, 2 und 4 der Ausgleichsrentenverordnung.

(2) Absatz 1 gilt auch dann, wenn in einem Tarifvertrag, einer Tarifordnung, einer Betriebs- oder Dienstordnung, einer Betriebsvereinbarung, einem Arbeitsvertrag oder einem sonstigen Vertrag andere Werte festgesetzt worden sind.

(3) Absatz 1 gilt nicht, soweit durch den Wert eines Sachgutes die Höhe einer Geldleistung festgelegt wird oder ein Sachbezug nach Art und Menge nicht zum Verbrauch durch den Berechtigten, sondern zur Erzielung eines Geldbetrages bestimmt ist. Als Einkommen ist die Geldleistung oder der erzielte Geldbetrag anzusetzen.

§ 32 Einkünfte aus nichtselbständiger Arbeit

(1) Welche Einkünfte zu den Einkünften aus nichtselbständiger Arbeit gehören, bestimmt sich nach § 19 Abs. 1 Nr. 1 des Einkommensteuergesetzes.

(2) Die auf Gewinn gerichtete Arbeit, die von einem Familienangehörigen land- und forstwirtschaftlicher oder gewerblicher Unternehmer oder Selbständiger geleistet wird, gilt als nichtselbständige Arbeit im Sinne des § 19 Abs. 1 Nr. 1 des Einkommensteuergesetzes. Wird keine oder eine unverhältnismäßig geringe Vergütung gewährt, ist der Wert der Arbeitsleistung unter Berücksichtigung der Gesamtverhältnisse zu schätzen. Dabei dient die einer gleichaltrigen

Person für eine gleichartige Arbeit gleichen Umfangs in einem fremden Unternehmen ortsüblich gewährte Vergütung als Bewertungsmaßstab. In angemessenem Umfang sind verwertbare Arbeitskraft der Einkommensbezieher und wirtschaftliche Leistungsfähigkeit des Unternehmens zu berücksichtigen. Unternehmer im Sinne des Satzes 1 sind diejenigen, für deren Rechnung das Unternehmen geht.

(3) Bei der Berechnung der Einkünfte ist von den monatlichen Bruttoeinnahmen auszugehen. Einmalige Einnahmen und Einnahmen, die in größeren als monatlichen Zeitabständen erzielt werden, sind in dem Monat zu berücksichtigen, in dem sie gezahlt werden, soweit nicht im Einzelfall eine andere Regelung angezeigt ist.

(4) Zu den mit der Erzielung der Einkünfte aus nichtselbständiger Arbeit verbundenen Ausgaben im Sinne des § 25d Abs. 3 Nr. 4 des Bundesversorgungsgesetzes gehören vor allem

1. notwendige Aufwendungen für Arbeitsmittel,
2. notwendige Aufwendungen für Fahrten zwischen Wohnung und Arbeitsstätte,
3. notwendige Beiträge für Berufsverbände,
4. notwendige Mehraufwendungen infolge Führung eines doppelten Haushalts nach näherer Bestimmung des Absatzes 7.

Ausgaben im Sinne des Satzes 1 sind nur insoweit vom Einkommen abzusetzen, als sie von dem Bezieher des Einkommens selbst getragen werden.

(5) Als Aufwendungen für Arbeitsmittel kann ein monatlicher Pauschbetrag von 5,20 Euro abgesetzt werden, wenn nicht im Einzelfall höhere Aufwendungen nachgewiesen werden.

(6) Wird für die Fahrt zwischen Wohnung und Arbeitsstätte ein eigenes Kraftfahrzeug benutzt und wäre sonst die Benutzung eines öffentlichen Verkehrsmittels notwendig, ist ein Betrag in Höhe der tariflich günstigsten Zeitkarte abzusetzen. Ist ein öffentliches Verkehrsmittel nicht vorhanden oder die Benutzung eines öffentlichen Verkehrsmittels im Einzelfall nicht zumutbar und deshalb die Benutzung eines eigenen Kraftfahrzeuges notwendig, sind als monatliche Pauschbeträge

1. bei Benutzung eines Kraftwagens 5,20 Euro,
2. bei Benutzung eines Kleinkraftwagens (drei- oder vierrädriges Kraftfahrzeug, dessen Motor einen Hubraum von nicht mehr als 500 ccm hat) 3,70 Euro,
3. bei Benutzung eines Motorrades oder eines Motorrollers 2,30 Euro,
4. bei Benutzung eines Fahrrades mit Motor 1,30 Euro

für jeden vollen Kilometer, den die Wohnung von der Arbeitsstätte entfernt liegt, abzusetzen. Bei einer Beschäftigungsdauer von weniger als einem Monat sind die Beträge anteilmäßig zu kürzen.

(7) Sind Einkommensbezieher außerhalb des Ortes beschäftigt, an dem sie einen eigenen Hausstand unterhalten, und können ihnen weder der Umzug noch die tägliche Rückkehr an den Ort des eigenen Hausstandes zugemutet werden, sind die durch Führung des doppelten Haushalts nachweislich entstehenden Mehraufwendungen sowie die unter Ausnutzung bestehender Tarifvergünstigungen entstehenden Aufwendungen für Fahrtkosten der zweiten

Wagenklasse für eine Familienheimfahrt im Kalendermonat abzusetzen. Ein eigener Hausstand ist dann anzunehmen, wenn Einkommensbezieher eine Wohnung mit eigener oder selbstbeschaffter Möbelausstattung besitzen. Eine doppelte Haushaltsführung kann auch dann anerkannt werden, wenn Einkommensbezieher nachweislich ganz oder überwiegend die Kosten für einen Haushalt tragen, den sie gemeinsam mit nächsten Angehörigen führen.

§ 33 Einkünfte aus Land- und Forstwirtschaft, Gewerbebetrieb und selbständiger Arbeit

(1) Welche Einkünfte zu den Einkünften aus Land- und Forstwirtschaft, Gewerbebetrieb und selbständiger Arbeit gehören, bestimmt sich nach § 13 Abs. 1 und 2, § 15 Abs. 1 und § 18 Abs. 1 des Einkommensteuergesetzes; der Nutzungswert der Wohnung im eigenen Haus bleibt unberücksichtigt.

(2) Die Einkünfte sind für das Jahr zu berechnen, in dem der Bedarfszeitraum liegt (Berechnungsjahr).

(3) Für die Berechnung der Einkünfte im Berechnungsjahr ist von den Gewinnen auszugehen, die der letzten Veranlagung zur Einkommensteuer zugrunde gelegt worden sind. Den Gewinnen sind erhöhte Absetzungen, Sonderabschreibungen und steuerfreie Rücklagen nach Maßgabe des § 8 Abs. 1 Satz 3 und 4 der Verordnung zur Durchführung des § 33 des Bundesversorgungsgesetzes in der jeweils geltenden Fassung hinzuzurechnen. Der danach ermittelte Betrag ist um die Vomhundertsätze zu erhöhen, um die die laufenden Rentenleistungen nach § 56 des Bundesversorgungsgesetzes seit dem Ende des Jahres angepaßt worden sind, für das die letzte Veranlagung zur Einkommensteuer vorliegt.

(4) Machen Leistungsberechtigte glaubhaft oder werden dem Träger der Kriegsopferfürsorge Tatsachen bekannt, daß das Einkommen im Berechnungsjahr voraussichtlich von dem nach Absatz 3 errechneten Betrag wesentlich abweicht, ist ein Betrag anzusetzen, der auf der Grundlage der durch das Finanzamt festgestellten Gewinne aus der Gegenüberstellung der im Rahmen des Betriebes im Berechnungsjahr bereits erzielten Einnahmen und geleisteten Ausgaben sowie der im Rahmen des Betriebes im Berechnungsjahr noch zu erwartenden Einnahmen und Ausgaben zu errechnen ist.

(5) Findet eine Veranlagung zur Einkommensteuer nicht statt, haben Leistungsberechtigte die Gewinne nachzuweisen. Sind sie hierzu nicht in der Lage, sind die Gewinne im Benehmen mit dem Finanzamt zu schätzen.

§ 34 Einkünfte von Land- und Forstwirten, deren Gewinn nach Durchschnittsätzen ermittelt wird

Die Berechnung der Einkünfte von Land- und Forstwirten, deren Gewinn auf Grund von Vorschriften des Einkommensteuerrechts nach Durchschnittsätzen zu ermitteln ist, richtet sich nach § 9 der Verordnung zur Durchführung des § 33 des Bundesversorgungsgesetzes mit der Maßgabe, daß ein Nutzungswert der Wohnung im eigenen Haus nicht anzusetzen und § 9 Abs. 9 Satz 2 der vorgenannten Verordnung nicht anzuwenden ist.

§ 35 Einkünfte aus Kapitalvermögen

(1) Welche Einkünfte zu den Einkünften aus Kapitalvermögen gehören, bestimmt sich nach § 20 Abs. 1 bis 3 des Einkommensteuergesetzes.

(2) Als Einkünfte aus Kapitalvermögen sind die Jahreseinnahmen anzusetzen, vermindert um die Kapitalertragsteuer sowie um die mit der Erzielung der Einkünfte verbundenen notwendigen Ausgaben (§ 25d Abs. 3 Nr. 4 des Bundesversorgungsgesetzes).

(3) Die Einkünfte sind auf der Grundlage der vor dem Berechnungsjahr erzielten Einkünfte unter Berücksichtigung der im Berechnungsjahr bereits eingetretenen und noch zu erwartenden Veränderungen zu errechnen. Soweit im Einzelfall geboten, können hiervon abweichend die Einkünfte für das Berechnungsjahr auch nachträglich errechnet werden.

(4) Einkünfte im Sinne des Absatzes 2 bleiben unberücksichtigt, wenn sie insgesamt jährlich 50 Euro nicht übersteigen.

§ 36 Einkünfte aus Vermietung und Verpachtung

(1) Welche Einkünfte zu den Einkünften aus Vermietung und Verpachtung gehören, bestimmt sich nach § 21 Abs. 1 und 3 des Einkommensteuergesetzes.

(2) Als Einkünfte aus Vermietung und Verpachtung ist der Überschuß der Einnahmen über die mit ihrer Erzielung verbundenen notwendigen Ausgaben (§ 25d Abs. 3 Nr. 4 des Bundesversorgungsgesetzes) anzusetzen; zu den Ausgaben gehören

1. Schuldzinsen und sonstige dauernde Lasten, soweit sie mit den Einnahmen aus Vermietung und Verpachtung in wirtschaftlichem Zusammenhang stehen,
2. Steuern vom Grundbesitz, sonstige öffentliche Abgaben und Versicherungsbeiträge, soweit solche Ausgaben sich auf Gebäude und Gegenstände beziehen, die zur Einnahmeerzielung dienen,
3. *(weggefallen),*
4. der Erhaltungsaufwand,
5. sonstige Aufwendungen zur Bewirtschaftung des Haus- und Grundbesitzes, ohne besonderen Nachweis Aufwendungen in Höhe von 1 vom Hundert der Jahresroheinnahmen.

(3) Zu den Schuldzinsen im Sinne des Absatzes 2 Nr. 1 gehören bei gewährter Kapitalabfindung nach den §§ 72 bis 80 des Bundesversorgungsgesetzes oder bei einer Rentenkapitalisierung nach dem Rentenkapitalisierungsgesetz-KOV in den Fällen des § 74 Abs. 2 des Bundesversorgungsgesetzes ein Zehntel und des § 74 Abs. 3 des Bundesversorgungsgesetzes ein Zwanzigstel des der Kapitalabfindung zugrunde liegenden Jahresbetrages.

(4) Zum Erhaltungsaufwand im Sinne des Absatzes 2 Nr. 4 gehören die Ausgaben für Instandsetzung und Instandhaltung, nicht jedoch Ausgaben für Verbesserungen; ohne Nachweis können bei Wohngrundstücken, die vor dem 1. Januar 1925 bezugsfähig geworden sind, 15 vom Hundert, bei Wohngrundstücken, die nach dem 31. Dezember 1924 bezugsfähig geworden sind, 10 vom Hundert der Jahresroheinnahmen als Erhaltungsaufwand berücksichtigt werden.

(5) Die in Absatz 2 genannten Ausgaben sind von den Einnahmen insoweit nicht abzusetzen, als sie auf den von Vermietern oder Verpächtern selbst genutzten Teil des vermieteten oder verpachteten Gegenstandes entfallen.

(6) Als Einkünfte aus der Vermietung von möblierten Wohnungen und von Zimmern sind anzusetzen

bei möblierten Wohnungen	80 vom Hundert,
bei möblierten Zimmern	70 vom Hundert,
bei Leerzimmern	90 vom Hundert

der Roheinnahmen. Dies gilt nicht, wenn geringere Einkünfte nachgewiesen werden.

(7) Die Einkünfte sind als Jahreseinkünfte, bei der Vermietung von möblierten Wohnungen und von Zimmern jedoch als Monatseinkünfte zu berechnen. Sind sie als Jahreseinkünfte zu berechnen, gilt § 35 Abs. 3 entsprechend.

§ 37 Andere Einkünfte

(1) Andere als die in den §§ 32 bis 36 genannten Einkünfte sind, wenn sie nicht monatlich oder wenn sie monatlich in unterschiedlicher Höhe erzielt werden, als Jahreseinkünfte zu berechnen. Zu den anderen Einkünften im Sinne des Satzes 1 gehören auch die in § 19 Abs. 1 Nr. 2 des Einkommensteuergesetzes genannten Bezüge sowie Renten und sonstige wiederkehrende Bezüge.

(2) Einmalige Einnahmen sowie Sonderzuwendungen, Gratifikationen und gleichartige Bezüge und Vorteile, die in größeren als monatlichen Zeitabständen gewährt werden, sind nicht als Jahreseinkünfte zu berechnen; für sie gilt § 32 Abs. 3 Satz 2 entsprechend.

(3) Sind die Einkünfte als Jahreseinkünfte zu berechnen, gilt § 35 Abs. 3 entsprechend.

§ 38 Einkommensberechnung in besonderen Fällen

Ist der Bedarf einmalig oder nur von kurzer Dauer und duldet die Entscheidung über die Hilfe keinen Aufschub, kann der Träger der Kriegsopferfürsorge nach Anhörung der Einkommensbezieher die Einkünfte schätzen.

§ 39 Verlustausgleich

Ein Verlustausgleich zwischen einzelnen Einkunftsarten ist nicht vorzunehmen. In Härtefällen kann jedoch die jeweilige wirtschaftliche Lage der Einkommensbezieher berücksichtigt werden.

§ 40 Maßgebender Zeitraum

(1) Soweit die Einkünfte als Jahreseinkünfte berechnet werden, gilt der zwölfte Teil dieser Einkünfte zusammen mit den monatlich berechneten Einkünften als monatliches Einkommen.

(2) Ist der Betrieb oder die sonstige Grundlage der als Jahreseinkünfte zu berechnenden Einkünfte nur während eines Teils des Jahres vorhanden oder zur Einkommenserzielung genutzt, sind die Einkünfte aus der betreffenden

Einkunftsart nur für diesen Zeitraum zu berechnen; für ihn gilt als monatliches Einkommen derjenige Teil der Einkünfte, der der Anzahl der in den genannten Zeitraum fallenden Monate entspricht. Satz 1 gilt nicht für Einkünfte aus Saisonbetrieben und andere ihrer Natur nach auf einen Teil des Jahres beschränkte Einkünfte, wenn die Einkünfte den Hauptbestandteil des Einkommens bilden.

Abschnitt 9
Einsatz von Einkommen; Einsatz und Verwertung von Vermögen

Unterabschnitt 1
Ausschluß des Einsatzes von Einkommen und Vermögen aus Billigkeitsgründen

§ 41 Einzelfallprüfung

Die Feststellung, ob und inwieweit Einkommen und Vermögen aus Billigkeitsgründen im Sinne des § 25c Abs. 3 des Bundesversorgungsgesetzes nicht einzusetzen ist, richtet sich nach der Besonderheit des Einzelfalls. Hierbei sind vor allem die in den §§ 42 bis 47 aufgeführten Billigkeitsgründe zu berücksichtigen.

§ 42 Geminderte Lebensstellung

(1) Zum allgemeinen Ausgleich der durch die Schädigung geminderten Lebensstellung ist vom einzusetzenden Einkommen ein Freibetrag abzusetzen, der folgenden Anteil des Bemessungsbetrags nach § 33 Absatz 1 Satz 2 Buchstabe a des Bundesversorgungsgesetzes beträgt:
1. 0,8 vom Hundert bei Beschädigten mit Bezug von Berufsschadensausgleich oder Hinterbliebenen mit Bezug von Schadensausgleich,
2. 0,4 vom Hundert bei Schwerbeschädigten und Hinterbliebenen und
3. 0,2 vom Hundert bei sonstigen Beschädigten.

(2) Bei der ergänzenden Hilfe zum Lebensunterhalt nach § 27a des Bundesversorgungsgesetzes und bei den Hilfen in besonderen Lebenslagen nach § 27d des Bundesversorgungsgesetzes, die den Lebensunterhalt umfassen, beträgt der Freibetrag abweichend von Absatz 1 folgenden Anteil des Bemessungsbetrags:
1. 0,4 vom Hundert bei Beschädigten mit Bezug von Berufsschadensausgleich oder Hinterbliebenen mit Bezug von Schadensausgleich,
2. 0,2 vom Hundert bei Schwerbeschädigten und Hinterbliebenen und
3. 0,1 vom Hundert bei sonstigen Beschädigten.

(3) Trifft ein Freibetrag nach Absatz 1 mit einem Freibetrag für Erwerbstätige nach § 24 oder einem Freibetrag nach § 45 Abs. 1 zusammen, darf die Summe der Freibeträge einen Betrag in Höhe von 2,25 vom Hundert, bei Empfängern von Pflegezulage nach § 35 des Bundesversorgungsgesetzes mindestens der Stufe III von 3,2 vom Hundert und bei sonstigen Sonderfürsorgeberechtigten von 2,6 vom Hundert des Bemessungsbetrags nicht übersteigen.

(4) Bei Eltern ist vom einzusetzenden Einkommen neben dem Freibetrag nach Absatz 1 für einen Elternteil ein Freibetrag in Höhe von 0,33 vom Hundert

des Bemessungsbetrags und für ein Elternpaar ein Freibetrag in Höhe des Zweifachen des Freibetrags für einen Elternteil abzusetzen. Satz 1 findet keine Anwendung bei der ergänzenden Hilfe zum Lebensunterhalt, soweit ein Freibetrag für Erwerbstätige nach § 24 anzuerkennen ist.

§ 43 Art und Schwere der Schädigung

Bei Beschädigten, die wegen Art oder Schwere der Folgen der Schädigung zu dem Personenkreis des § 27 e des Bundesversorgungsgesetzes gehören (Sonderfürsorgeberechtigte), ist vom einzusetzenden Einkommen ein zusätzlicher Freibetrag in Höhe von 0,5 vom Hundert, bei Empfängern von Pflegezulage nach § 35 des Bundesversorgungsgesetzes mindestens der Stufe III in Höhe von 1 vom Hundert und bei sonstigen Pflegezulageempfängern in Höhe von 0,75 vom Hundert des Bemessungsbetrags abzusetzen. § 42 bleibt unberührt.

§ 44 Ausschluss des Einsatzes von Vermögen

(1) Bei Barvermögen und sonstigen Geldwerten ist zum allgemeinen Ausgleich der geminderten Lebensstellung der jeweilige gesetzliche Schonbetrag wie folgt zu erhöhen:
1. bei Empfängern von Berufsschadens- und Schadensausgleich um 60 vom Hundert,
2. bei sonstigen Schwerbeschädigten und Hinterbliebenen um 30 vom Hundert und
3. bei sonstigen Beschädigten um 15 vom Hundert.

(2) Bei Beschädigten, die wegen Art und Schwere der Schädigung zum Personenkreis der Sonderfürsorgeberechtigten gehören, beträgt der Erhöhungsbetrag 10 vom Hundert, jedoch bei
1. schwerbeschädigten Sonderfürsorgeberechtigten 20 vom Hundert,
2. Empfängern einer Pflegezulage der Stufe I oder II 30 vom Hundert,
3. Empfängern einer Pflegezulage der Stufe III oder IV 40 vom Hundert,
4. Empfängern einer Pflegezulage der Stufe V oder VI 50 vom Hundert

des entsprechenden gesetzlichen Schonbetrages.

(3) Die Erhöhungsbeträge nach Absatz 1 und 2 sind nebeneinander zu berücksichtigen.

Aus Rundschreiben, Urteilen etc.

BMAS v. 29.9.2008 – IV c 1 – 47208
Die Vermögensschonbeträge gemäß § 44 Abs. 1 und 2 KFürsV sind entsprechend § 44 Abs. 3 KFürsV sowie der Rundungsvorschrift § 52 Abs. 5 KFürsV nebeneinander anzuwenden. Die Berechnung erfolgt daher in der Form, dass zunächst die Erhöhungsbeträge nach § 44 Abs. 1 und 2 getrennt errechnet und dann jeweils auf den nächst höheren durch 50 Euro teilbaren Betrag gerundet werden. Anschließend erfolgt die Addition der sich so ergebenden Schonbeträge.

§ 45 Besondere Tatkraft bei Erzielung von Erwerbseinkommen

(1) Sind Beschädigte, Witwen, Witwer, hinterbliebene Lebenspartner oder Waisen erwerbstätig, ist zum Ausgleich der besonderen Tatkraft bei Erzielung

von Erwerbseinkommen vom einzusetzenden Einkommen ein der Art oder Schwere der Folgen der Schädigung angemessener Freibetrag abzusetzen. Satz 1 gilt auch bei einer Unterbrechung der Erwerbstätigkeit bis zu 6 Monaten, wenn das Arbeitsverhältnis fortbesteht und bis zur Unterbrechung der Erwerbstätigkeit ein Freibetrag abgesetzt war.

(2) Als Freibetrag im Sinne des Absatzes 1 ist abzusetzen

1. bei Empfängern einer Pflegezulage nach § 35 des Bundesversorgungsgesetzes mindestens der Stufe III ein Betrag bis zur Höhe des Erwerbseinkommens, wenn es 0,6 vom Hundert des Bemessungsbetrags[39] nicht übersteigt, sonst 0,6 vom Hundert des Bemessungsbetrags zuzüglich bis zu 25 vom Hundert des diesen Betrag übersteigenden Erwerbseinkommens,
2. bei anderen Beschädigten sowie bei Witwen, Witwern, hinterbliebenen Lebenspartnern und Waisen ein Betrag bis zur Höhe des Erwerbseinkommens, wenn es 0,5 vom Hundert des Bemessungsbetrags[40] nicht übersteigt, sonst 0,5 vom Hundert des Bemessungsbetrags zuzüglich
   a) bei Empfängern einer Pflegezulage der Stufe I oder II bis zu 20 vom Hundert,
   b) bei Beschädigten mit einem Grad der Schädigungsfolgen von 80 bis 100 bis zu 15 vom Hundert,
   c) bei Beschädigten mit einem Grad der Schädigungsfolgen von 50 bis 70 sowie für Witwen, Witwer, hinterbliebene Lebenspartner und Vollwaisen bis zu 10 vom Hundert,
   d) bei Beschädigten mit einem Grad der Schädigungsfolgen von 30 bis 40 und für Halbwaisen bis zu 5 vom Hundert

des diesen Betrag übersteigenden Erwerbseinkommens.

(3) Ist bei Beschädigten das Leistungsvermögen durch schädigungsunabhängige Gesundheitsstörungen zusätzlich eingeschränkt oder sind Hinterbliebene trotz eingeschränkten Leistungsvermögens erwerbstätig, kann der Freibetrag nach Absatz 2 um bis zu 10 vom Hundert erhöht werden.

(4) Der Freibetrag nach Absatz 2 und 3 soll einen Höchstbetrag nicht übersteigen, der sich ergibt aus einem Betrag

1. bei Berechtigten im Sinne von Absatz 2 Nr. 1 in Höhe von 2,6 vom Hundert,
2. bei sonstigen Sonderfürsorgeberechtigten in Höhe von 2,2 vom Hundert,
3. bei Berechtigten im Sinne von Absatz 2 Nr. 2 in Höhe von 1,6 vom Hundert

des Bemessungsbetrags.

(5) Ein Freibetrag nach Absatz 2 ist nicht abzusetzen vom einzusetzenden Einkommen, das Waisen und Kinder Beschädigter, bei der Erziehungsbeihilfe nach § 27 des Bundesversorgungsgesetzes beziehen, sowie vom einzusetzenden Einkommen bei der ergänzenden Hilfe zum Lebensunterhalt nach § 27 a des Bundesversorgungsgesetzes und bei den Hilfen in besonderen Lebenslagen nach § 27 d des Bundesversorgungsgesetzes, die den Lebensunterhalt umfassen.

39 0,6 v. H. ab 1.7.2016: 187 Euro.

40 0,5 v. H. ab 1.7.2016: 156 Euro.

§ 46 Besondere wirtschaftliche Belastungen

Aufwendungen, die die Leistungsberechtigten wirtschaftlich besonders belasten und nicht durch Leistungen der Kriegsopferfürsorge oder durch Leistungen nach anderen Rechtsvorschriften gedeckt werden können, können vom einzusetzenden Einkommen der Leistungsberechtigten in angemessenem Umfang abgesetzt werden.

Aus Rundschreiben, Urteilen etc.

BMA v. 20.3.1992 – VI a 2 – 52602/9 (BArbBl. 1992,113)
Die Gewährung des Freibetrags wegen besonderer wirtschaftlicher Belastung nach § 46 KFürsV für die Ehefrau eines Beschädigten halte ich nicht für gerechtfertigt, wenn sie den Beschädigten während dessen Erholungsaufenthalt (§ 27b BVG) betreut.
Der Freibetrag nach § 46 KFürsV wird u. a. dann gewährt, wenn der Hilfesuchende Personen überwiegend unterhält und diese Personen keine Leistungen der Kriegsopferfürsorge erhalten, die den Lebensunterhalt einschließen (wie z. B. ergänzende Hilfe zum Lebensunterhalt, Erziehungsbeihilfe, Erholungshilfe), vgl. die Anlage zu meinem Rundschreiben vom 30.3.1979 – VI a 3 – 500622-1/15 – (Ergebnisse der Besprechung mit den Referenten der Länder und Vertretern der AGHFST am 20./21.3.1979), Buchstabe h.
Dies ist nach meiner Auffassung nicht der Fall, wenn es allein um die notwendige Begleitung des Beschädigten während seiner Erholungsmaßnahme geht, wobei Begleitperson sowohl jede beliebige Person als auch der Ehegatte des Beschädigten sein kann. Ist der Ehegatte Begleitperson des Beschädigten, ohne daß er selbst Erholungshilfe in Anspruch nimmt, so ist er nicht anders zu behandeln als eine beliebige andere Begleitperson des Beschädigten. Im Vordergrund steht m. E. die notwendige Begleitung des Beschädigten und nicht der Ehegatte als Person, die vom Beschädigten ggf. überwiegend unterhalten wird. Zum Bedarf für die Erholungshilfe gehören nach § 27b Abs. 5 BVG auch die Aufwendungen für Unterkunft und Verpflegung sowie Fahrtkosten aus der notwendigen Mitnahme einer Begleitperson, unabhängig davon, ob es sich um den Ehegatten des Erholungsuchenden oder eine dritte Person handelt. Eine besondere wirtschaftliche Belastung des Beschädigten, die eine Gewährung des Freibetrages nach § 46 KFürsV rechtfertigen würde, ergibt sich hieraus nicht.

§ 47 Dauer des Bedarfs

Bei Leistungen der Kriegsopferfürsorge für einen Zeitraum von mehr als 6 Monaten kann vom einzusetzenden Einkommen ein Betrag in Höhe von 0,6 vom Hundert des Bemessungsbetrags abgesetzt werden. Das gilt nicht bei der Erziehungsbeihilfe nach § 27 des Bundesversorgungsgesetzes, bei der ergänzenden Hilfe zum Lebensunterhalt nach § 27a des Bundesversorgungsgesetzes und bei den Hilfen in besonderen Lebenslagen nach § 27d des Bundesversorgungsgesetzes, die den Lebensunterhalt umfassen.

§ 48 Besonderheiten bei Aufenthalt in Einrichtungen

Bei Aufenthalt in einer stationären oder teilstationären Einrichtung sind Freibeträge nach § 42 Abs. 1 und 2, § 43 und §§ 45 bis 47 sowie Erhöhungsbeträge nach § 44 nur in besonders begründeten Fällen zuzuerkennen.

Unterabschnitt 2
Sonstige Vorschriften

§ 49 Überwiegender Unterhalt

(1) Ehegatten oder Lebenspartner werden von Leistungsberechtigten überwiegend unterhalten im Sinne des § 25e Abs. 1 Nr. 3 und des § 25f Abs. 2 des Bundesversorgungsgesetzes, wenn die Leistungsberechtigten zu deren Lebensunterhalt mehr als die Hälfte beitragen. Entsprechendes gilt für weitere Personen, wenn sie von Leistungsberechtigten allein oder zusammen mit Ehegatten oder Lebenspartnern oder von den Eltern minderjähriger unverheirateter Beschädigter (§ 25e Abs. 2 und § 25f Abs. 4 des Bundesversorgungsgesetzes) unterhalten werden.

(2) Personen, deren Einkommen einen Betrag in Höhe des Familienzuschlags nach § 25e Abs. 1 Nr. 3 des Bundesversorgungsgesetzes zuzüglich des auf sie entfallenden Anteils an den Kosten der Unterkunft nicht übersteigt, gelten als überwiegend unterhalten.

§ 50 Einkommens- und Vermögenseinsatz bei Leistungen für Familienmitglieder

(1) Bei der Feststellung von Leistungen an Beschädigte für Familienmitglieder ist Einkommen des Familienmitglieds zur Deckung seines anzuerkennenden Bedarfs vorrangig einzusetzen. Einkommen des Familienmitglieds ist nur insoweit einzusetzen, als es einen Betrag in Höhe des Familienzuschlags nach § 25e Abs. 1 Nr. 3 des Bundesversorgungsgesetzes zuzüglich des auf das Familienmitglied entfallenden Anteils an den Kosten der Unterkunft übersteigt; das gilt nicht bei Aufenthalt des Familienmitglieds in einer stationären Einrichtung, bei der Erziehungsbeihilfe nach § 27 des Bundesversorgungsgesetzes und bei der ergänzenden Hilfe zum Lebensunterhalt nach § 27a des Bundesversorgungsgesetzes.

(2) Für den Einsatz des Einkommens des Familienmitglieds gilt § 25c Abs. 3 des Bundesversorgungsgesetzes entsprechend, soweit nicht diese Vorschrift aus demselben Grund bei der Bemessung des einzusetzenden Einkommens der Leistungsberechtigten anzuwenden ist. Einkommen des Ehegatten oder Lebenspartners der Leistungsberechtigten gilt insoweit nicht als Einkommen der Leistungsberechtigten, als es zur Deckung des Bedarfs nach Absatz 1 einzusetzen ist.

(3) Für den Einsatz und für die Verwertung von Vermögen des Familienmitglieds ist § 25f Abs. 1 und 2 des Bundesversorgungsgesetzes entsprechend anzuwenden mit der Maßgabe, daß kleinere Barbeträge oder sonstige Geldwerte nur einzusetzen sind, soweit sie zusammen mit den kleineren Barbeträgen und sonstigen Geldwerten der Beschädigten die in § 25f Abs. 2 des Bundesversorgungsgesetzes genannten Beträge übersteigen. Steht das Wohneigentum den Leistungsberechtigten gemeinschaftlich mit Familienangehörigen zu, gilt § 25f Abs. 3 des Bundesversorgungsgesetzes auch für den Anteil des Familienmitglieds.

§ 51 Einschränkung der Leistung; Kürzung der Leistung

Haben Leistungsberechtigte nach Eintritt der Geschäftsfähigkeit ihr Einkommen oder Vermögen in der Absicht vermindert, die Voraussetzungen für die Erbringung oder Erhöhung von Leistungen der Kriegsopferfürsorge herbeizuführen, können die Leistungen unter Berücksichtigung der besonderen Lage der Beschädigten oder Hinterbliebenen bis auf den zur Erreichung des Zwecks der Hilfe im Einzelfall unerläßlichen Umfang eingeschränkt werden. Für die ergänzende Hilfe zum Lebensunterhalt nach § 27 a des Bundesversorgungsgesetzes gelten § 26 Abs. 1 und § 39 a des Zwölften Buches Sozialgesetzbuch und für die Hilfen in besonderen Lebenslagen nach § 27 d des Bundesversorgungsgesetzes § 26 Abs. 4 des Zwölften Buches Sozialgesetzbuch unter Berücksichtigung der besonderen Lage der Beschädigten oder Hinterbliebenen entsprechend.

§ 52 Rundungsvorschriften

(1) Bei der Feststellung der Einkommensgrenze sind die Beträge nach § 25 e Abs. 1 Nr. 1 bis 3 des Bundesversorgungsgesetzes und § 27 d Abs. 5 des Bundesversorgungsgesetzes jeweils auf volle Euro zu runden. Entsprechendes gilt für die Feststellung des Höchstbetrags der Einkommensgrenze nach § 25 e Abs. 1 des Bundesversorgungsgesetzes und der kleineren Barbeträge und sonstigen Geldwerte nach § 25 f Abs. 2 des Bundesversorgungsgesetzes.

(2) Die Freibeträge nach den Vorschriften des Unterabschnitts 1 sowie nach § 24 sind auf volle Euro zu runden. Das gilt beim Zusammentreffen von Freibeträgen auch hinsichtlich der einzelnen Freibeträge.

(3) Bei der Rundung nach Absatz 1 und 2 sind Beträge bis zu 0,49 Euro abzurunden und von 0,50 Euro an aufzurunden.

(4) Häusliche Ersparnisse nach § 25 e Abs. 4 und § 27 b Abs. 3 des Bundesversorgungsgesetzes sind auf volle Euro abzurunden.

(5) Die Erhöhungsbeträge nach § 44 sind auf den nächst höheren durch 50 Euro teilbaren Betrag aufzurunden.

Abschnitt 10
Verfahren

§ 53 Örtliche Zuständigkeit

(1) Für Leistungen der Kriegsopferfürsorge ist örtlich zuständig die für die Durchführung der Kriegsopferfürsorge sachlich zuständige Stelle, in deren Bereich Leistungsberechtigte ihren gewöhnlichen Aufenthalt haben. Bei Aufnahme in eine stationäre Einrichtung gilt als gewöhnlicher Aufenthalt derjenige, den Leistungsberechtigte im Zeitpunkt der Aufnahme in die Einrichtung haben oder in den zwei Monaten vor der Aufnahme zuletzt gehabt hatten. Treten Leistungsberechtigte aus einer stationären Einrichtung in eine andere Einrichtung oder von dort in weitere Einrichtungen über, gilt als gewöhnlicher Aufenthalt derjenige, der für die erste Einrichtung maßgebend ist. Ist ein gewöhnlicher

Aufenthalt nicht vorhanden, richtet sich die örtliche Zuständigkeit nach dem Ort des tatsächlichen Aufenthalts der Leistungsberechtigten im Geltungsbereich des Bundesversorgungsgesetzes.

(2) Bei Erziehungsbeihilfen an Waisen ist örtlich zuständig die für die Durchführung der Kriegsopferfürsorge sachlich zuständige Stelle, in deren Bereich Unterhaltspflichtige, deren Haushalt die Waisen vor Beginn der Ausbildung angehört haben, ihren gewöhnlichen Aufenthalt haben. Ist ein gewöhnlicher Aufenthalt nicht vorhanden oder haben die Waisen vor Beginn der Ausbildung nicht dem Haushalt Unterhaltspflichtiger angehört, richtet sich die örtliche Zuständigkeit nach dem gewöhnlichen Aufenthalt der Waisen im Geltungsbereich des Bundesversorgungsgesetzes.

(3) Solange nicht feststeht, ob oder wo Leistungsberechtigte oder Unterhaltspflichtige im Sinne des Absatzes 2 einen gewöhnlichen Aufenthalt haben oder ob Waisen vor Beginn der Ausbildung dem Haushalt Unterhaltspflichtiger angehört haben, ist für Leistungen der Kriegsopferfürsorge örtlich zuständig die für die Durchführung der Kriegsopferfürsorge sachlich zuständige Stelle, in deren Bereich sich die Leistungsberechtigten tatsächlich aufhalten. Sie kann von der Stelle, in deren Bereich Leistungsberechtigte oder Unterhaltspflichtige im Sinne des Absatzes 2 ihren gewöhnlichen Aufenthalt haben, Erstattung der aufgewendeten Kosten verlangen.

(4) Haben Leistungsberechtigte ihren gewöhnlichen Aufenthalt außerhalb des Geltungsbereichs des Bundesversorgungsgesetzes, ist örtlich zuständig die Hauptfürsorgestelle, in deren Bereich sich die Versorgungsverwaltung befindet, die nach der Auslandszuständigkeitsverordnung in der jeweils gültigen Fassung für die Versorgung der Leistungsberechtigten zuständig ist. Absatz 1 Satz 4 und Absatz 2 Satz 2 finden keine Anwendung. Ziehen Leistungsberechtigte nach Satz 1 in den Geltungsbereich des Bundesversorgungsgesetzes, um in eine stationäre Einrichtung aufgenommen zu werden, ist die für die Durchführung der Kriegsopferfürsorge sachlich zuständige Stelle örtlich zuständig, in deren Bereich sich die Leistungsberechtigten tatsächlich aufhalten.

Aus Rundschreiben, Urteilen etc.

Zur Zuständigkeit im Rahmen der Auslandsversorgung siehe Anhang II der nach § 64 BVG abgedruckten Richtlinien Ausland.

BMA v. 19.2.1993 – VI 2 – 52613 (BArbBl. 1993, 88)

– Auszug –

Örtliche Zuständigkeit für Auslandsdeutsche, die aus Anlaß der Heimaufnahme in den Geltungsbereich des Bundesversorgungsgesetzes verziehen

Zu der an mich herangetragenen Frage der örtlichen Zuständigkeit für Kriegsopferfürsorge-Berechtigte, die aus Anlaß der Heimaufnahme in den Geltungsbereich des Bundesversorgungsgesetzes verziehen, äußere ich mich wie folgt:

§ 53 KFürsV regelt die örtliche Zuständigkeit unterschiedlich – je nachdem, ob ein Leistungsfall der Inlands-Kriegsopferfürsorge oder der Auslands-Kriegsopferfürsorge vorliegt: Während die Zuständigkeitsregelung in § 53 Abs. 1 KFürsV (ebenso wie für die Erziehungsbeihilfe in § 53 Abs. 2 und 3 KFürsV) allein für Leistungsfälle

der Inlands-Kriegsopferfürsorge Anwendung findet, gilt § 53 Abs. 4 KFürsV ausschließlich für Fälle der Auslands-Kriegsopferfürsorge.
Die genannten Fälle sind m. E. jedoch keine Fälle der Auslands-Kriegsopferfürsorge mehr. Denn als gewöhnlicher Aufenthalt im Sinne des § 53 Abs. 4 Satz 1 KFürsV kann nur der tatsächlich gewöhnliche Aufenthalt des Hilfesuchenden außerhalb des Geltungsbereichs des Bundesversorgungsgesetzes angesehen werden, der in diesen Fällen gerade nicht mehr besteht.
Sind daher diese Fälle solche der Inlands-Kriegsopferfürsorge, für die nicht Absatz 4 sondern Absatz 1 des § 53 KFürsV gilt, so findet auf sie § 53 Abs. 1 Satz 4 KFürsV Anwendung. Örtlich zuständig ist danach der für den Heimort zuständige Träger der Inlands-Kriegsopferfürsorge.

§ 54 Dauer der Leistungen; Leistungen von Amts wegen

(1) § 60 Abs. 1, 2 und 4 und § 61 Buchstabe a des Bundesversorgungsgesetzes gelten für Leistungen der Kriegsopferfürsorge mit der Maßgabe, dass laufende Leistungen nur für die Zeiträume zu erbringen sind, in denen die Voraussetzungen für die Leistungen erfüllt sind.

(2) Leistungen der Kriegsopferfürsorge sind von Amts wegen zu erbringen, wenn die anspruchsbegründenden Tatsachen dem Träger der Kriegsopferfürsorge bekannt sind und Beschädigte oder Hinterbliebene dem zustimmen. Laufende Leistungen sind frühestens vom Ersten des Monats an zu zahlen, in dem die der Leistung zugrunde liegenden Tatsachen bekannt geworden sind. Werden Tatsachen bekannt, die auf die Notwendigkeit von Maßnahmen der Kriegsopferfürsorge schließen lassen, hat der Träger der Kriegsopferfürsorge die Antragstellung anzuregen.

Aus Rundschreiben, Urteilen etc.

BVerwG v. 5.12.1991 – 5 C 26.86 (FEVS 42, 358)
Der Bedarf an einem Kraftfahrzeug zeigt und erfüllt sich in der berechtigten Kraftfahrzeugnutzung. Dabei ist zwischen dem den Erwerb des Kraftfahrzeugs zur berechtigten Nutzung betreffenden Beschaffungsbedarf und dem auf die Erhaltung des Kraftfahrzeugs zu dieser Nutzung gerichteten Erhaltungsbedarf zu unterscheiden.
§ 60 Abs. 2 Satz 2 BVG und § 54 Abs. 1 KFürsV wollen den Berechtigten so, aber nicht besser stellen, als hätte er höhere Leistungen sogleich mit Eintritt ihrer Voraussetzungen beantragt.
(Keine nachträgliche Gewährung der Beschaffungshilfe nach Stellung des Antrages)

BVerwG v. 30.4.1992 – 5 C 7.88 (FEVS 42, 441)
Wurde im Rahmen der Kriegsopferfürsorge eine monatliche laufende Beihilfe zur Unterhaltung eines Kraftfahrzeugs nur befristet gewährt, so kann sie nach § 60 Abs. 1 Satz 1 BVG in Verbindung mit § 54 Abs. 1 Satz 1 KFürsV nach Ablauf der Befristung regelmäßig erst mit Beginn des Monats wieder gewährt werden, in dem der Antrag auf Weiterbewilligung gestellt wird.

§ 55 Nachweispflicht der Leistungsberechtigten

Bei Leistungen zur Teilhabe am Arbeitsleben nach § 26 des Bundesversorgungsgesetzes und bei der Erziehungsbeihilfe nach § 27 des Bundesversorgungsgesetzes haben Leistungsberechtigte den Erfolg der Maßnahme, gegebenenfalls abschnittsweise, durch Leistungsnachweise zu belegen.

§ 56 Beteiligung der Ausbildungsstätte

Vor der Entscheidung über Maßnahmen zur Förderung der Schul- oder Berufsausbildung nach § 27 des Bundesversorgungsgesetzes ist die Schule oder Hochschule zu beteiligen, wenn Zweifel an der Eignung der Auszubildenden bestehen.

§ 57

(weggefallen)

§ 58 Nachweis bestimmter Voraussetzungen bei Eltern

Sofern sich bei Eltern, denen wegen der Höhe ihres Einkommens Elternrente nicht zusteht, aus dem Bescheid der nach Landesrecht zuständigen Stelle nicht ergibt, daß die Voraussetzungen der §§ 49 und 50 des Bundesversorgungsgesetzes erfüllt sind, stellt diese Stelle den Eltern auf deren Antrag eine Bescheinigung zum Nachweis dieser Voraussetzungen aus. Das gilt nicht für den Nachweis der Vollendung des 60. Lebensjahres.

Abschnitt 11
Übergangs- und Schlußbestimmungen

§ 59 Übergangsregelung

(1) Soweit auf Grund dieser Verordnung Leistungen, die bei Verkündung dieser Verordnung laufend gezahlt werden, neu festzustellen sind, ist die Neufeststellung von Amts wegen durchzuführen. Die Zahlung der neuen Leistungen beginnt mit dem 1. Januar 1979, frühestens mit dem Monat, in dem die Voraussetzungen erfüllt sind.

(2) Neue Ansprüche auf laufende Leistungen, die sich auf Grund dieser Verordnung ergeben, werden nur auf Antrag festgestellt. Wird der Antrag binnen eines Jahres nach Verkündung dieser Verordnung gestellt, beginnt die Zahlung mit dem 1. Januar 1979, frühestens mit dem Monat, in dem die Voraussetzungen erfüllt sind.

(3) Sind bis zum Inkrafttreten dieser Verordnung laufende Leistungen der Kriegsopferfürsorge gezahlt worden, die höher sind, als sie nach dieser Verordnung zu erbringen wären, läuft die Zahlung der höheren Beträge bei Leistungen, die nach Bewilligungsabschnitten festgestellt werden, mit Beendigung des laufenden Bewilligungsabschnitts, andernfalls sechs Monate nach Verkündung dieser Verordnung aus.

§ 60

(weggefallen)

§ 61 Inkrafttreten

Diese Verordnung tritt mit Wirkung vom 1. Januar 1979 in Kraft; mit ihrem Inkrafttreten tritt die Verordnung zur Kriegsopferfürsorge in der Fassung der Bekanntmachung vom 27. August 1965 (BGBl. I S. 1031) außer Kraft.

---

§ 28

(weggefallen)

Beschädigtenrente

§ 29 (Grundsatz: Vorrang der Rehabilitation)

Sind Leistungen zur medizinischen Rehabilitation oder zur Teilhabe am Arbeitsleben erfolgversprechend und zumutbar, so entsteht ein Anspruch auf Höherbewertung des Grades der Schädigungsfolgen nach § 30 Abs. 2, auf Berufsschadensausgleich sowie auf Ausgleichsrente frühestens in dem Monat, in dem diese Maßnahmen abgeschlossen werden.

Aus Rundschreiben, Urteilen etc.

BMAS v. 20.10.2014 – SER 2 – 54401
Durchführung des Bundesversorgungsgesetzes (BVG)
Von mehreren Ländern ist die Frage aufgeworfen worden, wie hinsichtlich § 29 BVG zu verfahren ist, wenn eine Rente wegen Erwerbsminderung aus der gesetzlichen Rentenversicherung bezogen wird.
Gemäß § 29 BVG entsteht ein Anspruch auf Höherbewertung des Grades der Schädigungsfolgen (GdS) nach § 30 Abs 2 BVG und auf Berufsschadensausgleich frühestens in dem Monat, in dem Maßnahmen zur Reha abgeschlossen werden, wenn solche Maßnahmen erfolgversprechend und zumutbar sind. Diese Bestimmung wurde durch das Achte Gesetz über die Anpassung der Leistungen des BVG vom 14. Juni 1976 (BGBl I S 1481) in das BVG eingefügt und sollte dem Grundsatz des damaligen § 7 Rehabilitationsangleichungsgesetz (RehaAnglG) Rechnung tragen. Dieser besagte, dass Renten wegen MdE (heute: GdS) oder wegen Erwerbsunfähigkeit erst dann bewilligt werden sollen, wenn zuvor Maßnahmen zur Reha durchgeführt worden sind oder wenn ein Erfolg solcher Maßnahmen nicht zu erwarten ist („Reha vor Rente"). Zudem gibt es im Versorgungsrecht schon seit langem den Grundsatz, dass nicht mit Rente abgefunden werden soll, wem z. B. durch Umschulung geholfen werden kann. § 29 BVG zielt aber nicht darauf ab, rehabilitationsunwillige Beschädigte durch Vorenthalten einkommensabhängiger Leistungen zu bestrafen und auf diese Weise Haushaltsmittel einzusparen. Kommt es dazu, hat die Vorschrift ihr eigentliches Ziel nicht erreicht (BSG-Urteil vom 17.07.2008 – B 9/9a VS 1/06 R). § 29 BVG soll vielmehr sicherstellen, dass zur Schadensminderung

verpflichtete Beschädigte zu ihrem eigenen Besten an einer von Amts wegen durchzuführenden beruflichen Rehabilitation mitwirken und so den Grundsatz „Rehabilitation vor Rente" verwirklichen. Die dazu angedrohte Sanktion (Beginn der in § 29 BVG genannten Leistungen erst nach Abschluss von Rehabilitationsmaßnahmen) kann das Verhalten von Beschädigten (Mitwirkung an den Rehabilitationsbemühungen des Trägers) allerdings auch nur dann dem Normzweck entsprechend steuern, wenn diese von dem drohenden Nachteil wissen.
Eine Rente wegen verminderter Erwerbsfähigkeit wird gezahlt, wenn – neben der Erfüllung bestimmter versicherungsrechtlicher Voraussetzungen – der oder die Betroffene wegen Krankheit oder Behinderung nur noch weniger als sechs Stunden täglich (teilweise Erwerbsminderung) bzw. weniger als drei Stunden täglich (volle Erwerbsminderung) eine berufliche Tätigkeit ausüben kann. Da auch in der gesetzlichen Rentenversicherung der Grundsatz „Reha vor Rente" gilt, wird vor der Rentenbewilligung geprüft, ob die Erwerbsfähigkeit durch medizinische oder berufliche Rehabilitation wieder hergestellt werden kann. Dies könnte ein Argument dafür sein, bei Bezug einer Rente wegen Erwerbsminderung stets davon auszugehen, dass die in § 29 BVG genannten Rehabilitationsmaßnahmen nicht mehr erfolgversprechend und zumutbar sind.
Allerdings ist auch zu berücksichtigen, dass Renten wegen Erwerbsminderung grundsätzlich jeweils auf drei Jahre befristet sind und im Regelfall erst nach Ablauf von neun Jahren unbefristet bewilligt werden können. Zudem sind Hinzuverdienste durch berufliche Tätigkeit möglich. Dies deutet aus meiner Sicht darauf hin, dass insbesondere bei einem Bezug von befristeten Renten wegen Erwerbsminderung die Zumutbarkeit einer beruflichen Rehabilitationsmaßnahme im Sinne von § 29 BVG nicht von vornherein ausgeschlossen werden kann. Aber auch der Bezug von unbefristeter Rente wegen Erwerbsminderung führt nicht zu einem solchen Ausschluss. Vielmehr ist auch in solchen Konstellationen gemeinsam mit dem Rehabilitationsträger zu ermitteln, ob im jeweiligen Einzelfall die Durchführung einer Rehabilitationsmaßnahme geprüft worden ist.

§ 30 (Bewertung der Minderung der Erwerbsfähigkeit, Vergleichseinkommen, Berufsschadensausgleich)[41]

(1) Der Grad der Schädigungsfolgen ist nach den allgemeinen Auswirkungen der Funktionsbeeinträchtigungen, die durch die als Schädigungsfolge anerkannten körperlichen, geistigen oder seelischen Gesundheitsstörungen bedingt sind, in allen Lebensbereichen zu beurteilen. Der Grad der Schädigungsfolgen ist nach Zehnergraden von 10 bis 100 zu bemessen; ein bis zu fünf Grad geringerer Grad der Schädigungsfolgen wird vom höheren Zehnergrad mit umfasst. Vorübergehende Gesundheitsstörungen sind nicht zu berücksichtigen; als vorübergehend gilt ein Zeitraum bis zu sechs Monaten. Bei beschädigten Kindern und Jugendlichen ist der Grad der Schädigungsfolgen nach dem Grad zu bemessen, der sich bei Erwachsenen mit gleicher Gesundheitsstörung ergibt, soweit damit keine Schlech-

41 Die Versorgungsmedizin-Verordnung vom 10.12.2008 (BGBl. I S. 2414) ist auf den S. 1026 ff. abgedruckt.

terstellung der Kinder und Jugendlichen verbunden ist. Für erhebliche äußere Gesundheitsschäden können Mindestgrade festgesetzt werden.

(2) Der Grad der Schädigungsfolgen ist höher zu bewerten, wenn Beschädigte durch die Art der Schädigungsfolgen im vor der Schädigung ausgeübten oder begonnenen Beruf, im nachweisbar angestrebten oder in dem Beruf besonders betroffen sind, der nach Eintritt der Schädigung ausgeübt wurde oder noch ausgeübt wird. Das ist insbesondere der Fall, wenn

1. auf Grund der Schädigung weder der bisher ausgeübte, begonnene oder nachweisbar angestrebte noch ein sozial gleichwertiger Beruf ausgeübt werden kann,
2. zwar der vor der Schädigung ausgeübte oder begonnene Beruf weiter ausgeübt wird oder der nachweisbar angestrebte Beruf erreicht wurde, Beschädigte jedoch in diesem Beruf durch die Art der Schädigungsfolgen in einem wesentlich höheren Ausmaß als im allgemeinen Erwerbsleben erwerbsgemindert sind, oder
3. die Schädigung nachweisbar den weiteren Aufstieg im Beruf gehindert hat.

(3) Rentenberechtigte Beschädigte, deren Einkommen aus gegenwärtiger oder früherer Tätigkeit durch die Schädigungsfolgen gemindert ist, erhalten nach Anwendung des Absatzes 2 einen Berufsschadensausgleich in Höhe von 42,5 vom Hundert des auf volle Euro aufgerundeten Einkommensverlustes (Absatz 4) oder, falls dies günstiger ist, einen Berufsschadensausgleich nach Absatz 6.

(4) Einkommensverlust ist der Unterschiedsbetrag zwischen dem derzeitigen Bruttoeinkommen aus gegenwärtiger oder früherer Tätigkeit zuzüglich der Ausgleichsrente (derzeitiges Einkommen) und dem höheren Vergleichseinkommen. Haben Beschädigte Anspruch auf eine in der Höhe vom Einkommen beeinflusste Rente wegen Todes nach den Vorschriften anderer Sozialleistungsbereiche, ist abweichend von Satz 1 der Berechnung des Einkommensverlustes die Ausgleichsrente zugrunde zu legen, die sich ohne Berücksichtigung dieser Rente wegen Todes ergäbe. Ist die Rente aus der gesetzlichen Rentenversicherung gemindert, weil das Erwerbseinkommen in einem in der Vergangenheit liegenden Zeitraum, der nicht mehr als die Hälfte des Erwerbslebens umfasst, schädigungsbedingt gemindert war, so ist die Rentenminderung abweichend von Satz 1 der Einkommensverlust. Das Ausmaß der Minderung wird ermittelt, indem der Rentenberechnung für Beschädigte Entgeltpunkte zugrunde gelegt werden, die sich ohne Berücksichtigung der Zeiten ergäben, in denen das Erwerbseinkommen der Beschädigten schädigungsbedingt gemindert ist.

(5) Das Vergleichseinkommen errechnet sich nach den Sätzen 2 bis 5. Zur Ermittlung des Durchschnittseinkommens sind die Grundgehälter der Besoldungsgruppen der Bundesbesoldungsordnung A aus den vorletzten drei der Anpassung vorangegangenen Kalenderjahren heranzuziehen. Beträge des Durchschnittseinkommens bis 0,49 Euro sind auf volle Euro abzurunden und von 0,50 Euro an auf volle Euro aufzurunden. Der Mittelwert aus den drei Jahren ist um den Prozentsatz anzupassen, der sich aus der Summe der für die Rentenanpassung des laufenden Jahres sowie des

Vorjahres maßgebenden Veränderungsraten der Bruttolöhne und -gehälter je Arbeitnehmer (§ 68 Absatz 2 in Verbindung mit § 228b des Sechsten Buches Sozialgesetzbuch) ergibt; die Veränderungsraten werden jeweils bestimmt, indem der Faktor für die Veränderung der Bruttolöhne und -gehälter je Arbeitnehmer um eins vermindert und durch Vervielfältigung mit 100 in einen Prozentsatz umgerechnet wird. Das Vergleichseinkommen wird zum 1. Juli eines jeden Jahres neu festgesetzt; wenn das nach den Sätzen 1 bis 6 errechnete Vergleichseinkommen geringer ist, als das bisherige Vergleichseinkommen, bleibt es unverändert. Es ist durch das Bundesministerium für Arbeit und Soziales zu ermitteln und im Bundesanzeiger bekanntzugeben; die Beträge sind auf volle Euro aufzurunden. Abweichend von den Sätzen 1 bis 5 sind die Vergleichseinkommen der Tabellen 1 bis 4 der Bekanntmachung vom 14. Mai 1996 (BAnz. S. 6419) für die Zeit vom 1. Juli 1997 bis 30. Juni 1998 durch Anpassung der dort veröffentlichten Werte mit dem Vomhundertsatz zu ermitteln, der in § 56 Absatz 1 Satz 1 bestimmt ist; Satz 6 zweiter Halbsatz gilt entsprechend.

(6) Berufsschadensausgleich nach Absatz 3 letzter Satzteil ist der Nettobetrag des Vergleicheinkommens (Absatz 7) abzüglich des Nettoeinkommens aus gegenwärtiger oder früherer Erwerbstätigkeit (Absatz 8), der Ausgleichsrente (§§ 32, 33) und des Ehegattenzuschlages (§ 33 a). Absatz 4 Satz 2 gilt entsprechend.

(7) Der Nettobetrag des Vergleichseinkommens wird bei Beschädigten, die nach dem 30. Juni 1927 geboren sind, für die Zeit bis zum Ablauf des Monats, in dem sie auch ohne die Schädigung aus dem Erwerbsleben ausgeschieden wären, längstens jedoch bis zum Ablauf des Monats, in dem der Beschädigte das 65. Lebensjahr vollendet, pauschal ermittelt, indem das Vergleichseinkommen

1. bei verheirateten Beschädigten um 18 vom Hundert, der 716 Euro übersteigende Teil um 36 vom Hundert und der 1 790 Euro übersteigende Teil um 40 vom Hundert,
2. bei nicht verheirateten Beschädigten um 18 vom Hundert, der 460 Euro übersteigende Teil um 40 vom Hundert und der 1 380 Euro übersteigende Teil um 49 vom Hundert

gemindert wird. Im übrigen gelten 50 vom Hundert des Vergleichseinkommens als dessen Nettobetrag.

(8) Das Nettoeinkommen aus gegenwärtiger oder früherer Erwerbstätigkeit wird pauschal aus dem derzeitigen Bruttoeinkommen ermittelt, indem

1. das Bruttoeinkommen aus gegenwärtiger Erwerbstätigkeit um die in Absatz 7 Satz 1 Nr. 1 und 2 genannten Vomhundertsätze gemindert wird,
2. Renten aus der gesetzlichen Rentenversicherung sowie Renten wegen Alters, Renten wegen verminderter Erwerbsfähigkeit und Landabgaberenten nach dem Gesetz über die Alterssicherung der Landwirte um den Vomhundertsatz gemindert werden, der für die Bemessung des Beitrags der sozialen Pflegeversicherung (§ 55 des Elften Buches Sozialgesetzbuch) gilt, und um die Hälfte des Vomhundertsatzes des allgemeinen Beitragssatzes der Krankenkassen (§ 241 des Fünften Buches Sozialgesetzbuch); die zum 1. Januar festgestellten Beitragssätze gelten inso-

weit jeweils vom 1. Juli des laufenden Kalenderjahres bis zum 30. Juni des folgenden Kalenderjahres,
3. sonstige Geldleistungen von Leistungsträgern (§ 12 des Ersten Buches Sozialgesetzbuch) mit dem Nettobetrag berücksichtigt werden und
4. das übrige Bruttoeinkommen um die in Nummer 2 genannten Vomhundertsätze und zusätzlich um 19 vom Hundert des 562 Euro übersteigenden Betrages gemindert wird; Nummer 2 letzter Halbsatz gilt entsprechend.

In den Fällen des Absatzes 11 tritt an die Stelle des Nettoeinkommens im Sinne des Satzes 1 der nach Absatz 7 ermittelte Nettobetrag des Durchschnittseinkommens.

(9) Berufsschadensausgleich nach Absatz 6 wird in den Fällen einer Rentenminderung im Sinne des Absatzes 4 Satz 3 nur gezahlt, wenn die Zeiten des Erwerbslebens, in denen das Erwerbseinkommen nicht schädigungsbedingt gemindert war, von einem gesetzlichen oder einem gleichwertigen Alterssicherungssystem erfaßt sind.

(10) Der Berufsschadensausgleich wird ausschließlich nach Absatz 6 berechnet, wenn der Antrag erstmalig nach dem 21. Dezember 2007 gestellt wird. Im Übrigen trifft die zuständige Behörde letztmalig zum Stichtag nach Satz 1 die Günstigkeitsfeststellung nach Absatz 3 und legt damit die für die Zukunft anzuwendende Berechnungsart fest.

(11) Wird durch nachträgliche schädigungsunabhängige Einwirkungen oder Ereignisse, insbesondere durch das Hinzutreten einer schädigungsunabhängigen Gesundheitsstörung das Bruttoeinkommen aus gegenwärtiger Tätigkeit voraussichtlich auf Dauer gemindert (Nachschaden), gilt statt dessen als Einkommen das Grundgehalt der Besoldungsgruppe der Bundesbesoldungsordnung A, der der oder die Beschädigte ohne den Nachschaden zugeordnet würde; Arbeitslosigkeit oder altersbedingtes Ausscheiden aus dem Erwerbsleben gilt grundsätzlich nicht als Nachschaden. Tritt nach dem Nachschaden ein weiterer schädigungsbedingter Einkommensverlust ein, ist dieses Durchschnittseinkommen entsprechend zu mindern. Scheidet dagegen der oder die Beschädigte schädigungsbedingt aus dem Erwerbsleben aus, wird der Berufsschadensausgleich nach den Absätzen 3 bis 8 errechnet.

(12) Rentenberechtigte Beschädigte, die einen gemeinsamen Haushalt mit ihrem Ehegatten oder Lebenspartner, einem Verwandten oder einem Stief- oder Pflegekind führen oder ohne die Schädigung zu führen hätten, erhalten als Berufsschadensausgleich einen Betrag in Höhe der Hälfte der wegen der Folgen der Schädigung notwendigen Mehraufwendungen bei der Führung des gemeinsamen Haushalts.

(13) Ist die Grundrente wegen besonderen beruflichen Betroffenseins erhöht worden, so ruht der Anspruch auf Berufsschadensausgleich in Höhe des durch die Erhöhung der Grundrente nach § 31 Abs. 1 Satz 1 erzielten Mehrbetrags. Entsprechendes gilt, wenn die Grundrente nach § 31 Abs. 4 Satz 2 erhöht worden ist.

(14) Die Bundesregierung wird ermächtigt, durch Rechtsverordnung mit Zustimmung des Bundesrates zu bestimmen:

a) welche Vergleichsgrundlage und in welcher Weise sie zur Ermittlung des Einkommensverlustes heranzuziehen ist,
b) wie der Einkommensverlust bei einer vor Abschluss der Schulausbildung oder vor Beginn der Berufsausbildung erlittenen Schädigung zu ermitteln ist,
c) wie der Berufsschadensausgleich festzustellen ist, wenn der Beschädigte ohne die Schädigung neben einer beruflichen Tätigkeit weitere berufliche Tätigkeiten ausgeübt oder einen gemeinsamen Haushalt im Sinne des Absatzes 12 geführt hätte,
d) was als derzeitiges Bruttoeinkommen oder als Durchschnittseinkommen im Sinne des Absatzes 11 und des § 64c Abs. 2 Satz 2 und 3 gilt und welche Einkünfte bei der Ermittlung des Einkommensverlustes nicht berücksichtigt werden,
e) wie in besonderen Fällen das Nettoeinkommen abweichend von Absatz 8 Satz 1 Nr. 3 und 4 zu ermitteln ist.

(15) Ist vor dem 1. Juli 1989 bereits über den Anspruch auf Berufsschadensausgleich für die Zeit nach dem Ausscheiden aus dem Erwerbsleben entschieden worden, so verbleibt es hinsichtlich der Frage, ob Absatz 4 Satz 1 oder 3 anzuwenden ist, bei der getroffenen Entscheidung.

(16) Das Bundesministerium für Arbeit und Soziales wird ermächtigt, im Einvernehmen mit dem Bundesministerium der Verteidigung und mit Zustimmung des Bundesrates durch Rechtsverordnung die Grundsätze aufzustellen, die für die medizinische Bewertung von Schädigungsfolgen und die Feststellung des Grades der Schädigungsfolgen im Sinne des Absatzes 1 maßgebend sind, sowie die für die Anerkennung einer Gesundheitsstörung nach § 1 Abs. 3 maßgebenden Grundsätze und die Kriterien für die Bewertung der Hilflosigkeit und der Stufen der Pflegezulage nach § 35 Abs. 1 aufzustellen und das Verfahren für deren Ermittlung und Fortentwicklung zu regeln.

(17) Das Bundesministerium für Arbeit und Soziales wird ermächtigt, im Einvernehmen mit dem Bundesministerium der Verteidigung und mit Zustimmung des Bundesrates durch Rechtsverordnung die Grundsätze aufzustellen, die für die medizinische Bewertung von Schädigungsfolgen und die Feststellung des Grades der Schädigungsfolgen im Sinne des Absatzes 1 maßgebend sind, sowie die für die Anerkennung einer Gesundheitsstörung nach § 1 Abs. 3 maßgebenden Grundsätze und die Kriterien für die Bewertung der Hilflosigkeit und der Stufen der Pflegezulage nach § 35 Abs. 1 aufzustellen und das Verfahren für deren Ermittlung und Fortentwicklung zu regeln.

VV zu § 30

1. Bei der Beurteilung der Minderung der Erwerbsfähigkeit (MdE) nach § 30 Abs. 1 sind nicht zu berücksichtigen
   a) Ereignisse, die erst in der Zukunft erwartet werden,
   b) Gesundheitsstörungen, die zeitlich nach dem schädigenden Ereignis eingetreten sind und mit der Schädigung nicht in Zusammenhang stehen.

2. Die durch die Folgen der Schädigung bedingte MdE ist in Hundertteilen der Erwerbsfähigkeit des Beschädigten auszudrücken. Hat bei Eintritt der Schädigung bereits ein Vorschaden mit einer meßbaren MdE bestanden, so ist bei der Bemessung der schädigungsbedingten MdE folgendes zu berücksichtigen: Wenn sich Vorschaden und Schädigungsfolge an verschiedenen Körperteilen befinden und sich gegenseitig nicht beeinflussen, so ist der Vorschaden ohne Bedeutung. Hat die Schädigung eine vorgeschädigte Gliedmaße oder ein vorgeschädigtes Organ betroffen, so muß die schädigungsbedingte MdE niedriger sein als die MdE, die sich aus dem nun bestehenden Gesamtschaden ergibt, es sei denn, daß der Vorschaden nach seinem Umfang oder nach seiner Art keine wesentliche Bedeutung für die gesamte Gesundheitsstörung hat. Dabei darf die MdE durch den Vorschaden nicht rein rechnerisch von der MdE durch den Gesamtschaden abgezogen werden. Maßgeblich ist, zu welchem zusätzlichen anatomischen und funktionellen Verlust die Schädigung geführt hat; dieser zusätzliche Verlust kann auch zur Erwerbsunfähigkeit führen. Sind durch Vorschaden und Schädigungsfolge verschiedene Organe oder Gliedmaßen oder paarige Organe betroffen und verstärkt der Vorschaden die schädigungsbedingte Funktionsstörung, so ist die schädigungsbedingte MdE unter Umständen höher zu bewerten als es bei isolierter Betrachtung der Schädigungsfolge zu geschehen hätte.
3. Eine Minderung der Erwerbsfähigkeit setzt eine Gesundheitsstörung voraus, die mehr als sechs Monate andauert. Schwankungen im Gesundheitszustand bei längerem Leidensverlauf ist mit einer Durchschnitts-MdE Rechnung zu tragen. Stirbt ein Beschädigter innerhalb von sechs Monaten nach Eintritt der Schädigung, so sind die durch die Schädigung bedingten Gesundheitsstörungen mit dem Grad der MdE zu bewerten, der nach ärztlicher Erfahrung nach Ablauf der sechs Monate zu erwarten gewesen wäre. Fallen Eintritt der Gesundheitsstörung und Tod jedoch zusammen, kann eine MdE nicht angenommen werden. Eintritt der Gesundheitsstörung und Tod fallen nicht nur zusammen, wenn beide Ereignisse im selben Augenblick eintreten. Dies ist vielmehr auch dann der Fall, wenn die Gesundheitsstörung in so rascher Entwicklung zum Tode führt, daß bei natürlicher Betrachtungsweise Eintritt der Gesundheitsstörung und Tod einen einheitlichen Vorgang darstellen.
4. Wenn die Erwerbsfähigkeit durch mehrere Gesundheitsstörungen beeinträchtigt wird, ist eine die Gesamtauswirkung der Gesundheitsstörungen zusammenfassende Minderung der Erwerbsfähigkeit (Gesamt-MdE) festzusetzen.
5. Für erhebliche äußere Körperschäden gelten folgende Mindesthundertsätze

5. Für erhebliche äußere Körperschäden gelten folgende Mindesthundertsätze	Mind. v. H.
Schädelnarben mit erheblichem [bis 1.9.1986] Verlust von Knochenmasse ohne Funktionsstörungen des Gehirns	30
Hirnbeschädigung mit stärkeren Funktionsstörungen	50
Rückenmarksverletzung mit schweren Funktionsstörungen	70
Verlust des Gaumens	30
Erheblicher Gewebsverlust der Zunge	30
Verlust des Kehlkopfs	70
Völliger Verlust der Nase	50
Abstoßend wirkende Entstellung des Gesichts	50
Verlust beider Ohrmuscheln	30

	Mind. v. H.
Verlust oder Erblindung eines Auges bei voll gebrauchsfähigem anderen Auge	30
Verlust oder Erblindung eines Auges und Herabsetzung der Sehschärfe des anderen Auges auf weniger als die Hälfte	50
hochgradige Sehbehinderung mehr als	90
Völlige Taubheit	70
Verlust oder dem Verlust gleichzuachtende Verletzung beider Hoden [bis 1.9.1986]	50
Verlust des männlichen Gliedes	50
Künstlicher After	50
Verlust des Afterschließmuskels	50
Urinfistel mit Notwendigkeit, ein Urinal zu tragen	50
Verlust eines Armes im Schultergelenk oder mit sehr kurzem Oberarmstumpf	80
Verlust eines Armes im Oberarm oder im Ellenbogengelenk	70
Verlust eines Armes im Unterarm	50
Verlust einer ganzen Hand	50
Verlust aller Finger einer Hand	50
Verlust des ganzen Daumens einschließlich Mittelhandknochens einer Hand	30
Verlust eines Beines im Hüftgelenk oder mit sehr kurzem Oberschenkelstumpf	80
Verlust eines Beines im Bereich des Oberschenkels bis zur Kniehöhe (z.B. Amputation nach Gritti)	70
Verlust eines Beines im Bereich des Unterschenkels bei genügender Funktionstüchtigkeit des Stumpfes und der Gelenke	50
Verlust eines Beines im Bereich des Unterschenkels bei ungenügender Funktionstüchtigkeit des Stumpfes und der Gelenke	60
Verlust beider Beine im Bereich der Unterschenkel bei Funktionstüchtigkeit der Stümpfe und der Gelenke	80
Teilverlust des Fußes mit Erhalten der Ferse (Absetzung nach Pirogow) einseitig	40
beidseitig	70
Teilverlust des Fußes (Absetzung nach Lisfranc und Sharp) einseitig	30
beidseitig	50
Teilverlust des Fußes (Absetzung nach Chopart) einseitig	30
beidseitig	60
Verlust aller Zehen an beiden Füßen	30

Eine hochgradige Sehbehinderung liegt bei einem Beschädigten vor, der sich zwar in einer ihm nicht vertrauten Umgebung trotz seiner Sehbehinderung ohne Führung und ohne besondere Hilfe noch ausreichend bewegen kann, dessen Sehschärfe aber wirtschaftlich nicht verwertbar ist (im allgemeinen eine Sehschärfe auf dem besseren Auge von nicht mehr als 1/20 oder beim Vorliegen von hinsichtlich des Schweregrades gleichzuachtenden anderen Störungen der Sehfunktion).

6. Als Beruf im Sinne des § 30 Abs. 2 gilt auch die Tätigkeit als Hausfrau (§ 30 Abs. 7 Satz 1).
7. Vor Anwendung von § 30 Abs. 3 ist zu prüfen, ob die Voraussetzungen für eine Höherbewertung der Minderung der Erwerbsfähigkeit nach § 30 Abs. 2 gegeben sind. Die Gewährung des Berufsschadensausgleichs ist jedoch nicht davon abhängig, daß die Voraussetzungen des § 30 Abs. 2 erfüllt sind.
8. Eine zeitweise Beeinträchtigung (§ 30 Abs. 4 Satz 3) liegt vor, wenn sich die Schädigungsfolgen nicht während mehr als der Hälfte des Erwerbslebens nach Eintritt der Schädigung nachteilig auf das Erwerbseinkommen ausgewirkt haben.
9. Ein Ruhen nach § 30 Abs. 8 kommt nur in Betracht, wenn durch Bescheid, Urteil oder Vergleich offenbar die Minderung der Erwerbsfähigkeit wegen eines besonderen beruflichen Betroffenseins höher bewertet worden ist. Offenbar ist die Höherbewertung dann, wenn sie für eine verständige, an der Sache interessierte Person aus dem Bescheid, Urteil oder Vergleich selbst und ergänzend aus den näheren Umständen der Entscheidung und aus den dem Empfänger bekanntgewordenen, der Entscheidung zugrunde liegenden Unterlagen eindeutig erkennbar ist. Wird nur durch die Anerkennung einer beruflichen Betroffenheit eine MdE rentenberechtigenden Grades erreicht, ruht der Berufsschadensausgleich in Höhe der gesamten Grundrente. Zum Mehrbetrag an Grundrente zählt nicht die Erhöhung der Grundrente nach § 31 Abs. 1 Satz 2.

(Fortsetzung BVG Seite 781)

Verordnung zur Durchführung des § 30 Absatz 3 bis 12 und des § 40a Absatz 1 und 5 des Bundesversorgungsgesetzes (Berufsschadensausgleichsverordnung – BSchAV)

vom 28. Juni 2011 (BGBl. I S. 1273), geändert durch Verordnung vom 23. September 2014 (BGBl. I S. 1533)

Auf Grund des § 30 Absatz 14 des Bundesversorgungsgesetzes, der zuletzt durch Artikel 2 der 20. KOV-Anpassungsverordnung 2014 vom 23. September 2014 (BGBl. I S. 1533) geändert worden ist, verordnet die Bundesregierung:

Abschnitt 1
Berufsschadensausgleich

§ 1 Anwendungsbereich

Die Regelungen dieses Abschnitts gelten für die Feststellung des Einkommensverlustes nach § 30 Absatz 4 Satz 1 sowie für die Feststellung des Berufsschadensausgleichs nach § 30 Absatz 6 und 12 des Bundesversorgungsgesetzes.

§ 2 Vergleichseinkommen

(1) Vergleichseinkommen ist das monatliche Durchschnittseinkommen des Grundgehalts der Besoldungsgruppe A der Bundesbesoldungsordnung, der Beschädigte ohne die Schädigung zugeordnet werden würden. Das Durchschnittseinkommen wird nach § 3 ermittelt. Ist die Schädigung vor Beginn der Berufsausbildung eingetreten, wird das Durchschnittseinkommen nach § 5 ermittelt.

(2) Hätten Beschädigte ohne die Schädigung

1. neben dem Hauptberuf eine oder mehrere nebenberufliche Tätigkeiten ausgeübt oder einen gemeinsamen Haushalt im Sinne des § 30 Absatz 12 des Bundesversorgungsgesetzes geführt, werden sie der dem Hauptberuf entsprechenden Besoldungsgruppe zugeordnet,
2. mehrere berufliche Tätigkeiten, von denen jede den gleichen Zeitaufwand an Arbeitskraft erfordert, ausgeübt oder in diesem Umfang sowohl berufliche Tätigkeiten ausgeübt als auch einen gemeinsamen Haushalt geführt, wobei diese Tätigkeiten zusammen die volle Arbeitskraft erforderten, wird ihnen die Besoldungsgruppe mit dem für die ausgeübten Tätigkeiten maßgebenden höchsten Vergleichseinkommen zugeordnet,
3. berufliche Tätigkeiten allein oder zusammen mit der Führung eines gemeinsamen Haushalts ausgeübt, ohne dass diese Tätigkeiten insgesamt die volle Arbeitskraft erforderten, ist ein dem Einsatz an Arbeitskraft für die berufliche Tätigkeit entsprechender Teil des Vergleichseinkommens maßgebend; trifft eine berufliche Tätigkeit mit der Führung eines gemeinsamen Haushalts zusammen, so sind jeweils der sich aus der beruflichen Tätigkeit und der sich aus den Mehraufwendungen für die Führung eines gemeinsamen Haushalts errechnende Berufsschadensausgleich festzustellen. Der zustehende Berufsschadensausgleich ist die Summe beider Beträge, höchstens jedoch der Berufsschadensausgleich, der sich ergibt, wenn das volle Vergleichseinkommen für die berufliche Tätigkeit zugrunde gelegt wird.

(3) Die Absätze 1 und 2 gelten auch, wenn Beschädigte die nach diesen Vorschriften in Betracht kommende Tätigkeit ausüben. Ein durch die Schädigung verhinderter Aufstieg im Beruf ist zu berücksichtigen.

§ 3 Durchschnittseinkommen

(1) Durchschnittseinkommen ist bei Beschädigten ohne abgeschlossene Berufsausbildung das Grundgehalt der Stufe 8 der Besoldungsgruppe A 5 nach der Anlage IV zum Bundesbesoldungsgesetz, bei Beschädigten mit abgeschlossener Berufsausbildung das Grundgehalt der Stufe 8 der Besoldungsgruppe A 7 nach der Anlage IV zum Bundesbesoldungsgesetz, bei Beschädigten mit Techniker- oder Meisterprüfung das Grundgehalt der Stufe 8 der Besoldungsgruppe A 9 nach der Anlage IV zum Bundesbesoldungsgesetz, bei Beschädigten mit Fachhochschulabschluss das Grundgehalt der Stufe 8 der Besoldungsgruppe A 11 nach der Anlage IV zum Bundesbesoldungsgesetz und bei Beschädigten mit Hochschulabschluss das Grundgehalt der Stufe 8 der Besoldungsgruppe A 14 nach der Anlage IV zum Bundesbesoldungsgesetz. Das ermittelte Grundgehalt ist um den Familienzuschlag der Stufe 1 nach der Anlage V zum Bundesbesoldungsgesetz zu erhöhen.

(2) Eine abgeschlossene Berufsausbildung, eine Techniker- oder Meisterprüfung oder eine abgeschlossene Fachhochschul- oder Hochschulausbildung ist nur zu berücksichtigen, wenn sie die Voraussetzung für die Ausübung des Berufs bildet, auf dessen Ausübung sich die Schädigung nachteilig auswirkt, oder wenn sie das Einkommen in diesem Beruf erheblich fördert. Als Fachhochschulausbildung oder Hochschulausbildung gilt nur die Ausbildung an einer Fachhochschule oder Hochschule, deren Abschluss eine Voraussetzung für die Einstellung in den gehobenen oder höheren Dienst im Sinne des Beamtenrechts ist.

(3) Dem Abschluss einer Berufsausbildung steht eine zehnjährige Tätigkeit oder eine fünfjährige selbstständige Tätigkeit in dem Beruf gleich, auf dessen Ausübung sich die Schädigung nachteilig auswirkt, es sei denn, dass diese Tätigkeit nicht geeignet war, das Einkommen der Tätigkeit erheblich über das ohne Berufsausbildung erreichbare Maß zu fördern.

§ 4 Ermittlung des Durchschnittseinkommens in besonderen Fällen

(1) Hatten Beschädigte nachweislich in dem Beruf, den sie vor dem Eintritt der Schädigung oder vor der Auswirkung der Folgen der Schädigung ausgeübt haben, eine Stellung erreicht, die durch die Vorschriften des § 3 nicht ausreichend berücksichtigt wird, ist als Durchschnittseinkommen das Grundgehalt der Stufe 8 einer dieser Stellung angemessenen Besoldungsgruppe der Bundesbesoldungsordnung A zuzüglich des Familienzuschlags der Stufe 1 nach der Anlage V zum Bundesbesoldungsgesetz zugrunde zu legen. Zur Ermittlung der angemessenen Besoldungsgruppe sind die Einkünfte aus nichtselbstständiger Arbeit, die vor der Schädigung oder vor der Auswirkung der Folgen der Schädigung auf den Beruf erzielt worden sind, um 10 vom Hundert zu verringern und den Bezügen (Grundgehalt der Stufe 8 und Familienzuschlag der Stufe 1) gegenüberzustellen, die Bundesbeamte zu derselben Zeit erhalten hätten; Amtszulagen gelten nicht als Bestandteil des Grundgehalts. Sind nach § 30 Absatz 5 Satz 6 des Bundesversorgungsgesetzes Vergleichseinkommen bekannt gemacht, sind diese anstelle der Bezüge nach Satz 2 den Einkünften gegenüberzustellen.

(2) Absatz 1 gilt für selbstständig Tätige entsprechend, wenn zu dem nach Absatz 1 Satz 1 maßgeblichen Zeitpunkt die wirtschaftliche Bedeutung der ausgeübten selbstständigen Tätigkeit durch § 3 nicht ausreichend berücksichtigt wird. Die wirtschaftliche Bedeutung wird nicht ausreichend berücksichtigt, wenn der nach den Sätzen 3 und 4 ermittelte Gewinn mindestens das Grundgehalt der Stufe 8 der nächsthöheren Besoldungsgruppe erreicht. Der Ermittlung der angemessenen Besoldungsgruppe sind 80 vom Hundert des durchschnittlichen Gewinns aus Gewerbe oder aus selbstständiger Arbeit in den letzten drei Jahren vor dem Eintritt der Schädigung oder vor der Auswirkung der Folgen der Schädigung auf den Beruf zugrunde zu legen, jedoch nur insoweit, als er auf die eigene Arbeitsleistung von Beschädigten zurückzuführen ist. Bei der Ermittlung des Wertes der eigenen Arbeitsleistung ist zum Vergleich das Grundgehalt der Stufe 8 der Besoldungsgruppe der Bundesbesoldungsordnung A heranzuziehen, das Beamten des Bundes in vergleichbarer Stellung zu zahlen gewesen wäre.

§ 5 Ermittlung des Durchschnittseinkommens bei einer vor Beginn der Berufsausbildung erlittenen Schädigung

Sind Beschädigte infolge einer vor Beginn der Berufsausbildung erlittenen Schädigung in ihrem beruflichen Werdegang behindert, so ist das Durchschnittseinkommen orientiert an den Grundgehältern der Bundesbesoldungsordnung A zu ermitteln. Die Eingruppierung ist nach Veranlagung und Fähigkeiten sowie sonstigen Lebensverhältnissen der Beschädigten vorzunehmen. Durchschnittseinkommen ist mindestens das Grundgehalt der Stufe 8 der Besoldungsgruppe A 5, zuzüglich des Familienzuschlags der Stufe 1 nach der Anlage V zum Bundesbesoldungsgesetz; bei vermutlichem

1. Abschluss einer Berufsausbildung das in § 3 Absatz 1 für Beschädigte mit abgeschlossener Berufsausbildung bestimmte Durchschnittseinkommen,
2. Bestehen einer Techniker- oder Meisterprüfung das in § 3 Absatz 1 für Beschädigte mit abgelegter Techniker- oder Meisterprüfung bestimmte Durchschnittseinkommen,
3. Fachhochschulabschluss das in § 3 Absatz 1 für Beschädigte mit abgeschlossener Fachhochschulausbildung bestimmte Durchschnittseinkommen oder
4. Hochschulabschluss das in § 3 Absatz 1 für Beschädigte mit abgeschlossener Hochschulausbildung bestimmte Durchschnittseinkommen.

Der Berufsschadensausgleich ist frühestens nach dem vermutlichen Abschluss der beruflichen Ausbildung zu gewähren.

§ 6 Durchschnittseinkommen im Sinne des § 30 Absatz 11 und des § 64 c Absatz 2

(1) Als Durchschnittseinkommen im Sinne des § 30 Absatz 11 des Bundesversorgungsgesetzes gilt der nach § 30 Absatz 5 Satz 6 des Bundesversorgungsgesetzes vom Bundesministerium für Arbeit und Soziales als Vergleichseinkommen bekannt gemachte Betrag für die Besoldungsgruppe, der die Beschädigten ohne den Nachschaden zugeordnet würden.

(2) Die Einstufung in die Besoldungsgruppe richtet sich nach § 3; § 2 Absatz 2 gilt entsprechend. Ist das Einkommen, das die Beschädigten in dem vor dem Nachschaden ausgeübten Beruf im letzten Jahr erzielt haben, schädigungsbedingt niedriger als das Vergleichseinkommen, das dieser Besoldungsgruppe entspricht, gilt als Durchschnittseinkommen dieses Vergleichseinkommen, gemindert um den Vomhundertsatz, um den das vor dem Nachschaden erzielte Erwerbseinkommen hinter dem Vergleichseinkommen dieser Besoldungsgruppe zurückgeblieben ist. Bei selbstständig Tätigen tritt an die Stelle des erzielten Erwerbseinkommens der Wert der eigenen Arbeitsleistung. Den Abschlägen sind volle Vomhundertsätze zugrunde zu legen; Bruchteile von Vomhundertsätzen sind von 0,50 an aufzurunden, sonst abzurunden.

(3) Tritt nach dem Nachschaden ein weiterer schädigungsbedingter Einkommensverlust ein, ohne dass die oder der Beschädigte aus dem Erwerbsleben ausscheidet, gilt Absatz 2 mit der Maßgabe, dass die Besoldungsgruppe der Bundesbesoldungsordnung A zugrunde zu legen ist, der die Beschädigten

auf Grund der Schädigungsfolgen ohne Berücksichtigung des Nachschadens zugeordnet würden.

(4) Soweit das nach § 30 Absatz 11 des Bundesversorgungsgesetzes festgestellte Durchschnittseinkommen höher ist als das vorher erzielte Erwerbseinkommen, ist dieser Unterschiedsbetrag vom Durchschnittseinkommen abzuziehen. Der Unterschiedsbetrag ist vom Zeitpunkt der folgenden Anpassungen nach § 56 des Bundesversorgungsgesetzes an jeweils um ein Viertel zu mindern.

(5) In den Fällen des § 64 c Absatz 2 Satz 2 und 3 gelten die Absätze 1 bis 4 entsprechend.

§ 7 Kürzung des Vergleichseinkommens und des Durchschnittseinkommens

(1) Als Vergleichseinkommen im Sinne des § 30 Absatz 5 des Bundesversorgungsgesetzes sowie als Durchschnittseinkommen im Sinne des § 30 Absatz 11 sowie des § 64 c Absatz 2 Satz 2 und 3 des Bundesversorgungsgesetzes gelten 75 vom Hundert des nach § 30 Absatz 5 Satz 6 des Bundesversorgungsgesetzes bekannt gemachten oder des nach § 87 Absatz 1 des Bundesversorgungsgesetzes festgestellten und angepassten Betrags, mit Ablauf des Monats, in dem die Beschädigten

1. die Regelaltersgrenze nach dem Sechsten Buch Sozialgesetzbuch erreicht haben,
2. wegen Erreichens oder Inanspruchnahme einer gesetzlichen Altersgrenze aus dem Erwerbsleben ausscheiden oder ausscheiden müssten,
3. auf Grund eines Gesetzes, eines Tarifvertrags, einer Betriebsvereinbarung oder einer Vereinbarung mit dem Arbeitgeber von der Möglichkeit des vorzeitigen Übergangs in den Ruhestand unter Verzicht auf Erwerbseinkommen Gebrauch machen und deswegen ihre Erwerbstätigkeit aufgeben.

Bei Berufssoldaten gilt als Zeitpunkt des Ausscheidens der Monat, in dem die allgemeine Altersgrenze nach § 45 Absatz 1 des Soldatengesetzes erreicht wird. Satz 1 Nummer 2 und 3 gilt nicht, wenn die Beschädigten glaubhaft machen, dass sie ohne die Schädigung noch erwerbstätig wären.

(2) Bei der Feststellung des Berufsschadensausgleichs nach § 30 Absatz 6 des Bundesversorgungsgesetzes ist von dem sich aus Absatz 1 ergebenden Zeitpunkt an der Betrag nach § 30 Absatz 7 Satz 2 des Bundesversorgungsgesetzes das Vergleichs- oder das Durchschnittseinkommen.

§ 8 Derzeitiges Bruttoeinkommen

(1) Als derzeitiges Bruttoeinkommen gelten, soweit in § 30 Absatz 11 Satz 1 und § 64 c Absatz 2 Satz 2 und 3 des Bundesversorgungsgesetzes sowie in § 9 nichts anderes bestimmt ist,

1. alle Einnahmen in Geld oder Geldeswert aus einer früheren oder gegenwärtigen unselbstständigen Tätigkeit und
2. der Wert der eigenen Arbeitsleistung in einer gegenwärtigen selbstständigen Tätigkeit und Einnahmen aus einer früheren selbstständigen Tätigkeit.

Als Wert der eigenen Arbeitsleistung ist das Grundgehalt der Stufe 8 der Besoldungsgruppe der Bundesbesoldungsordnung A zu berücksichtigen, das Beamten des Bundes in vergleichbarer Stellung zu zahlen wäre. Die Bewertung von Einkünften, die nicht in Geld bestehen (Wohnung, Verpflegung, Heizung und sonstige Sachbezüge), richtet sich nach der Ausgleichsrentenverordnung.

(2) Zu den Einnahmen aus früherer unselbstständiger oder selbstständiger Tätigkeit gehören insbesondere

1. Wartegelder, Ruhegelder und andere Bezüge und Vorteile aus früheren Dienstleistungen,
2. Renten aus den gesetzlichen Rentenversicherungen mit Ausnahme der auf Kindererziehungszeiten beruhenden Rentenanteile sowie mit Ausnahme des Rentenanteils, der auf freiwilligen Beiträgen beruht, die Beschädigte nicht – auch nicht mittelbar – aus Einkünften aus einer Erwerbstätigkeit entrichtet haben,
3. Einnahmen aus Vermögen, das Beschädigte mit Einkünften aus einer Erwerbstätigkeit geschaffen haben, um sich nach dem Ausscheiden aus dem Erwerbsleben den Lebensunterhalt zu sichern,
4. laufende Leistungen aus einer berufsständischen Versorgungseinrichtung,
5. die Altersrente, die Rente wegen Erwerbsminderung und die Landabgaberente nach dem Gesetz über die Alterssicherung der Landwirte,
6. Renten aus der gesetzlichen Unfallversicherung und Renten auf Grund von Schadensersatzansprüchen wegen entgangenen Arbeitsverdienstes,
7. Renten nach dem Bundesentschädigungsgesetz wegen eines Schadens im beruflichen und wirtschaftlichen Fortkommen und
8. wiederkehrende Leistungen auf Grund des Gesetzes zur Regelung der Wiedergutmachung nationalsozialistischen Unrechts für Angehörige des öffentlichen Dienstes.

(3) Einkommen aus früherer Tätigkeit, das infolge eines Versorgungsausgleichs in seiner Höhe verändert ist, ist stets mit dem Betrag anzurechnen, der sich ohne den Versorgungsausgleich ergäbe. Satz 1 gilt entsprechend, wenn das Einkommen aus früherer Tätigkeit infolge des Hinzutretens eines Anspruchs auf Hinterbliebenenversorgung in seiner Höhe verändert ist.

(4) Zu den Einnahmen aus gegenwärtiger Erwerbstätigkeit gehören auch Arbeitslosengeld, Teilarbeitslosengeld, Kurzarbeitergeld, Übergangsgeld und nicht darlehensweise gezahltes Unterhaltsgeld nach dem Dritten Buch Sozialgesetzbuch sowie Elterngeld im Sinne des Bundeselterngeld- und Elternzeitgesetzes in Höhe des jeweils gezahlten Betrags, der den jeweils maßgeblichen Betrag nach § 10 des Bundeselterngeld- und Elternzeitgesetzes übersteigt. Bei Versorgungskrankengeld, Krankengeld und Verletztengeld gilt, sofern diese Leistungen nicht nach einem zuvor bezogenen Arbeitslosengeld, Teilarbeitslosengeld oder Unterhaltsgeld nach dem Dritten Buch Sozialgesetzbuch bemessen sind, als derzeitiges Bruttoeinkommen im Sinne des Absatzes 1 das Bruttoeinkommen, das der Berechnung dieser Leistungen zugrunde liegt, gegebenenfalls vom Zeitpunkt einer Anpassung der Leistung an erhöht um den Vomhundertsatz, um den der Bemessungsbetrag zuletzt gemäß § 56 Absatz 1 Satz 2 des Bundesversorgungsgesetzes erhöht worden ist. Bei Konkursausfallgeld (Insolvenzgeld) nach dem Dritten Buch Sozialgesetzbuch gilt als Einkom-

men aus gegenwärtiger Erwerbstätigkeit das Bruttoeinkommen, das der Berechnung dieser Leistung zugrunde liegt. Bei gewerkschaftlichen Unterstützungsleistungen aus Anlass von Arbeitskämpfen gilt als derzeitiges Bruttoeinkommen das bis unmittelbar vor Beginn der Streikmaßnahme erzielte Einkommen aus gegenwärtiger Tätigkeit.

(5) Wird anstelle der Leistungen im Sinne der Absätze 1 und 2 eine Kapitalentschädigung gewährt, so gilt als derzeitiges Bruttoeinkommen ein Betrag in Höhe des der Kapitalentschädigung zugrunde gelegten Rentenbetrages.

(6) Wird wegen eines Nachschadens statt einer schädigungsbedingt gezahlten Rente wegen teilweiser Erwerbsminderung oder Berufsunfähigkeit eine Rente wegen voller Erwerbsminderung oder Erwerbsunfähigkeit gezahlt, ist weiterhin der Betrag als Einkommen anzusetzen, der als Rente wegen teilweiser Erwerbsminderung oder Berufsunfähigkeit zu zahlen wäre.

(7) Haben Beschädigte ohne verständigen Grund über Einkünfte aus gegenwärtiger oder früherer Erwerbstätigkeit in einer Weise verfügt, dass dadurch ihr bei der Feststellung des Einkommensverlustes zu berücksichtigendes Einkommen gemindert wird, ohne dass ein Nachschaden im Sinne des § 30 Absatz 11 oder ein Fall des § 64 c Absatz 2 Satz 2 oder 3 des Bundesversorgungsgesetzes vorliegt, ist bei der Feststellung des Einkommensverlustes der Betrag als Einkommen anzusetzen, den Beschädigte ohne die einkommensmindernde Verfügung erzielen könnten. Dies gilt auch, wenn Beschädigte Ansprüche auf Leistungen der in den Absätzen 1 bis 5 genannten Art nicht geltend machen oder gemacht haben. Nehmen Beschädigte eine gesetzliche oder vertragliche Möglichkeit des gleitenden Übergangs in den Ruhestand wahr und setzen deswegen ihre Arbeitszeit unter Verzicht auf Erwerbseinkommen herab, gilt der Betrag als derzeitiges Bruttoeinkommen, den Beschädigte ohne ihr einkommensminderndes Handeln erzielen könnten, es sei denn, sie machen glaubhaft, dass sie ohne die Schädigung noch in bisherigem Umfang erwerbstätig wären. Sind Maßnahmen der beruflichen Rehabilitation mit Erfolg durchgeführt worden und nehmen Beschädigte den hiernach möglichen Einkommenserwerb ohne verständigen Grund nicht ausreichend wahr, so ist als Bruttoeinkommen aus gegenwärtiger oder früherer Tätigkeit ein Durchschnittseinkommen in entsprechender Anwendung des § 30 Absatz 11 des Bundesversorgungsgesetzes anzurechnen.

(8) Bleibt das derzeitige Bruttoeinkommen, das Beschädigten, die mindestens ein Viertel der Zeit ihrer Berufstätigkeit selbstständig tätig gewesen sind, zur Verfügung steht, nach ihrem Ausscheiden aus dem Erwerbsleben erheblich hinter einem Betrag zurück, der in einem angemessenen Verhältnis zu dem nach Absatz 1 Satz 1 letzter Halbsatz zu berücksichtigenden Einkommen steht, ist der Fehlbetrag dem derzeitigen Bruttoeinkommen hinzuzurechnen. Der Fehlbetrag ist wie folgt zu schätzen: Das Grundgehalt der Stufe 8 der Besoldungsgruppe der Bundesbesoldungsordnung A, das einem nichtbeschädigten Beamten des Bundes in vergleichbarer Stellung zu zahlen wäre, ist um den Anteil zu mindern, um den im Durchschnitt des Erwerbslebens die gesundheitliche Fähigkeit der Beschädigten, ihre Berufstätigkeit auszuüben, eingeschränkt war. Für jedes Jahr der Erwerbstätigkeit sind 1,67 vom Hundert dieses Ergebnisses, bezogen auf das aktuelle Einkommen, als Vergleichswert anzu-

setzen. Erreicht das derzeitige Bruttoeinkommen nicht drei Viertel des Vergleichswertes, ist dieser Betrag das derzeitige Bruttoeinkommen. Der Betrag ist in entsprechender Anwendung des § 30 Absatz 10 Satz 4 des Bundesversorgungsgesetzes zu verändern. Die Sätze 1 bis 5 gelten nicht, wenn der Berufsschadensausgleich für den Monat Juni 1990 bereits unter Anrechnung des tatsächlich erzielten derzeitigen Bruttoeinkommens festgestellt war.

Aus Rundschreiben, Urteilen etc.

BMAS v. 20.01.2014 – Vb 2 – 53454
Durchführung des Bundesversorgungsgesetzes (BVG); Berücksichtigung von auf Kindererziehungszeiten beruhenden Rentenanteilen aus der gesetzlichen Rentenversicherung bei der Feststellung des Berufsschadensausgleichs
Auf Anfrage eines Landes zu der bei der Neufassung der Berufsschadensausgleichsverordnung – BSchAV – vorgenommenen Änderung des § 8 Abs. 2 Nr. 2 BSchAV teile ich mit, dass beabsichtigt ist, die BSchAV bei nächstmöglicher Gelegenheit dahingehend zu ändern, dass die auf Kindererziehungszeiten beruhenden Rentenanteile aus der gesetzlichen Rentenversicherung bei der Feststellung des Berufsschadensausgleichs nicht zu berücksichtigen sind.
Im Vorgriff auf diese beabsichtigte Änderung bestehen keine Bedenken dagegen, dass die Versorgungsbehörden der Länder bereits jetzt entsprechend verfahren. Auf das o. a. Schreiben des BMAS vom 12. 01. 2006 wird insofern verwiesen.
Anmerkung: Mit dem Rundschreiben vom 12. 1. 2006 hatte sich der BMAS dem Urteil des BSG vom 16. 12. 2004 (BehR 2006, 164) angeschlossen, wonach die auf Kindererziehungszeiten beruhenden Rentenanteile nicht einer früheren Erwerbstätigkeit zugeordnet werden können.
Anmerkung: Dem trägt die Änderung des § 8 Abs. 2 Nr. 2 jetzt Rechnung.

§ 9 Nicht zu berücksichtigende Einkünfte

(1) Zum derzeitigen Bruttoeinkommen im Sinne des § 30 Absatz 4 Satz 1 des Bundesversorgungsgesetzes gehören nicht die in § 2 Absatz 1 der Ausgleichsrentenverordnung genannten Einkünfte; abweichend hiervon bleiben sowohl die in Nummer 17 genannten Weihnachts- und Neujahrsgratifikationen, soweit sie als solche ausgewiesen sind, als auch zusätzlich zum Arbeitsentgelt gezahltes Urlaubsgeld jeweils bis zu einem Zwölftel des jährlichen Einkommens, mit dem diese Leistungen im Zusammenhang stehen, oder, falls dies günstiger ist, bis zur Höhe des Betrags, der dem Einkommen für den Monat der Berechnung der Leistung entspricht, unberücksichtigt. Einkommen, die zur Kürzung des Versorgungskranken-, Kranken- oder Verletztengelds führen, bleiben mit dem der Anrechnung zugrunde liegenden Bruttobetrag unberücksichtigt.

(2) Bei Anwendung des § 30 Absatz 11 des Bundesversorgungsgesetzes bleiben Einnahmen unberücksichtigt, die an die Stelle des vor Eintritt des Nachschadens erzielten Erwerbseinkommens treten, soweit sie allein oder zusammen mit Einnahmen aus gegenwärtiger Tätigkeit den Betrag des zu berücksichtigenden Durchschnittseinkommens nicht übersteigen. Bei der Feststellung des Berufsschadensausgleichs nach § 30 Absatz 6 des Bundes-

versorgungsgesetzes gilt Satz 1 mit der Maßgabe, dass der Nettobetrag des derzeitigen Einkommens insgesamt mit dem Nettobetrag des Durchschnittseinkommens zu vergleichen ist.

Abschnitt 2
Schadensausgleich für Witwen, Witwer sowie hinterbliebene Lebenspartnerinnen und Lebenspartner

§ 10 Vergleichseinkommen

(1) Für die Ermittlung des in § 40 a Absatz 2 des Bundesversorgungsgesetzes bezeichneten Vergleichseinkommens sind die §§ 2 bis 5 und 7 Absatz 1 Satz 1 Nummer 1 entsprechend anzuwenden. § 7 ist jedoch nur insoweit anzuwenden, als hierdurch keine Minderung der Versorgungsbezüge eintritt, die der Witwe, dem Witwer sowie der hinterbliebenen Lebenspartnerin oder dem hinterbliebenen Lebenspartner vor der Kürzung des Vergleichseinkommens zustanden; Einkommenserhöhungen sind nur dann zu berücksichtigen, wenn die sich aus dem Bruttoeinkommen nach der Verordnung über das anzurechnende Einkommen nach dem Bundesversorgungsgesetz ergebende Stufenzahl um mindestens sechs Stufen über der liegt, die sich für das im Monat vor Anwendung des § 7 berücksichtigte Bruttoeinkommen errechnet.

(2) Für die Ermittlung des in § 40 a Absatz 4 des Bundesversorgungsgesetzes bezeichneten Vergleichseinkommens sind die §§ 2 bis 5 entsprechend anzuwenden.

Aus Rundschreiben, Urteilen etc.

BMAS v. 19.10.2009 – IV c – 46454
Durchführung des Sozialen Entschädigungsrechts (SER); Behandlung von Sonderzuwendungen nach § 10 Abs. 1 der Berufsschadensausgleichsverordnung (BSchAV)

Bei der Länderreferentenbesprechung im September 2009 wurde abschließend die Fragestellung diskutiert, wie im Zusammenhang mit der Anrechnungsvorschrift des § 10 Abs. 1 BSchAV bei der Berechnung des Berufsschadensausgleichs zu verfahren sei, wenn laufende monatliche Sonderzahlungen in die übrigen Bezügebestandteile integriert werden.
Danach sollen Sonderzuwendungen im Sinne von § 10 Abs. 1 BSchAV immer dann nicht berücksichtigt werden, wenn sie als solche erkennbar sind (z. B. durch gesonderte Benennung in Bezüge- oder Verdienstmitteilungen).
Bei Sonderzuwendungen, die in die monatlichen Bezüge integriert wurden und nicht mehr als solche erkennbar sind, ist der Charakter einer Sonderzuwendung entfallen. Demnach kann in diesen Fällen die Regelung des § 10 Abs. 1 BSchAV nicht mehr angewandt werden.
Ich bitte entsprechend zu verfahren.

§ 11 Bruttoeinkommen

Für die Ermittlung des Bruttoeinkommens im Sinne des § 40 a Absatz 2 des Bundesversorgungsgesetzes gilt § 14 der Ausgleichsrentenverordnung entsprechend; abweichend hiervon bleiben sowohl die in § 2 Absatz 1 Nummer 17 dieser Verordnung genannten Weihnachts- und Neujahrsgratifikationen, soweit sie als solche ausgewiesen sind, als auch zusätzlich zum Arbeitsentgelt gezahltes Urlaubsgeld jeweils bis zu einem Zwölftel des jährlichen Einkommens, mit dem diese Leistungen im Zusammenhang stehen, oder, falls dies günstiger ist, bis zur Höhe des Betrags, der dem Einkommen für den Monat der Berechnung der Leistung entspricht, unberücksichtigt. Bei Einkünften aus nichtselbstständiger Arbeit sind Werbungskosten nicht abzusetzen.

Abschnitt 3
Gemeinsame Vorschriften

§ 12 Rundungsvorschrift

Sind der Berechnung des Berufsschadens- oder Schadensausgleichs Teile des Vergleichs- oder Durchschnittseinkommens zugrunde zu legen, ist der Endbetrag von 0,50 Euro an aufzurunden, sonst abzurunden.

§ 13 Inkrafttreten, Außerkrafttreten

Diese Verordnung tritt am 1. Juli 2011 in Kraft. Gleichzeitig tritt die Berufsschadensausgleichsverordnung in der Fassung der Bekanntmachung vom 29. Juni 1984 (BGBl. I S. 861), die zuletzt durch Artikel 17 des Gesetzes vom 13. Dezember 2007 (BGBl. I S. 2904) geändert worden ist, außer Kraft.

Aus Rundschreiben, Urteilen etc. zu § 30 BVG

BMA v. 11.1.1993 – VI 1 – 53041/53022 (BArbBl. 3/1993)
Aufgrund des von Ihnen dargestellten Einzelfalles ist offenkundig, dass sich ein zusätzlicher Anspruch auf Hinterbliebenenversorgung u. U. mindernd auf den eigenen Anspruch auf Altersversorgung (Einkünfte aus früherer Erwerbstätigkeit) auswirken kann. Diese Minderung führt zu einem höheren Berufsschadensausgleich, da die Ansprüche als Hinterbliebener nicht zu den anrechenbaren Einkünften im Sinne des § 9 Berufsschadensausgleichsverordnung (BSchAV) gehören.
Zu der Frage, ob diese Minderung bei der Feststellung des Berufsschadensausgleichs und der anderen einkommensabhängigen Rentenleistungen des BVG tatsächlich zu berücksichtigen ist, nehme ich wie folgt Stellung:

1. Berufsschadensausgleich

Ich teile Ihre Rechtsauffassung, daß im Rahmen des Berufsschadensausgleichs die fragliche Rentenminderung nicht zu berücksichtigen ist.
Der Hinzutritt einer Rente wegen Todes verändert nicht die schädigungsbedingte berufliche Betroffenheit des Beschädigten. Zwar wird dadurch dessen Einkommen

aus früherer Erwerbstätigkeit (Altersrente, Pension) u. U. gemindert. Diese Minderung ist jedoch nicht durch die Schädigung verursacht. Ein Ausgleich dieser Minderung im Rahmen des Berufsschadensausgleichs widerspräche dem das Versorgungsrecht beherrschenden Grundsatz, daß Versorgung jeweils nur wegen der gesundheitlichen und wirtschaftlichen Folgen einer Schädigung geleistet wird. § 30 Abs. 3 BVG bestimmt demgemäß, daß der Einkommensverlust durch die Schädigungsfolgen hervorgerufen sein muß (s. unter anderem BSG-Urteil vom 16.10.1974 – 10 RV 615/73). Der Berechnung des Berufsschadensausgleichs ist deshalb als derzeitiges Bruttoeinkommen das Einkommen zugrunde zu legen, das sich ohne das Hinzutreten des Anspruchs auf Hinterbliebenenversorgung ergäbe. Dabei ist es versorgungsrechtlich unerheblich, ob die Minderung des eigenen Einkommens durch Gesetz, Verordnung, Satzung oder andere Vorschriften erfolgt ist. Ich werde daher bei nächster Gelegenheit eine entsprechende Ergänzung des § 9 Abs. 3 BSchAV vornehmen. Dieser Ergänzung wird allerdings im Hinblick auf § 30 Abs. 3 BVG, der die aufgeworfene Frage bereits beantwortet, nur klarstellende Bedeutung zukommen.

2. Ausgleichsrente für Beschädigte, Witwen, Waisen

Bei der Feststellung der Ausgleichsrenten ist von der sich tatsächlich ergebenden Rente auszugehen.
Die Ausgleichsrenten dienen der Sicherstellung des Lebensunterhalts der Berechtigten. Eine kausale Verknüpfung zwischen den Schädigungsfolgen und der Höhe des zur Verfügung stehenden Einkommens fordert das Gesetz nicht. Die Anrechnung von fiktiven, nicht realisierbaren Einkünften würde dem fürsorgerischen Charakter der Leistung widersprechen.

3. Schadensausgleich, Elternrente

Auch bei diesen Leistungen würde die Anrechnung fiktiver, nicht realisierbarer Einkünfte dem Charakter der Leistungen widersprechen. Es ist daher auch hier von der sich tatsächlich ergebenden Rente auszugehen.

BMA v. 21.1.1982 – VI a 2 – 53041 – (BVBl. 3/1982, 31)
Schädigungsbedingt gemindertes Renteneinkommen
Mit dem Elften Anpassungsgesetz-KOV ist § 30 Abs. 4 BVG um eine Regelung zur Ermittlung des Einkommensverlustes bei schädigungsbedingt gemindertem Renteneinkommen ergänzt worden. Diese Regelung entspricht vollinhaltlich meiner im Rundschreiben vom 15.1.1980 – VI a 2 – 5211.1 – 474/79 – gegebenen Empfehlung, mit der ich die im Gesetz bestehende Lücke ausfüllen wollte. Ich bitte daher, für die Berechnung des Einkommensverlustes nach § 30 Abs. 4 Satz 3 BVG dieses Rundschreiben weiterhin anzuwenden. Aufgrund der inzwischen bei der Anwendung des Rundschreibens gesammelten Erfahrungen gebe ich nachstehende zusätzliche Erläuterungen.

1. *Gemindertes Renteneinkommen*
   Die Regelung des § 30 Abs. 4 Satz 2 BVG ist auf Renten aus den gesetzlichen Rentenversicherungen beschränkt. Deshalb können sonstige Leistungen zur Alterssicherung, die von einer landwirtschaftlichen Alterskasse, von einer Zusatzversorgungskasse, von einer betrieblichen Versorgungseinrichtung oder einer ähnlichen Einrichtung erbracht werden, nicht in die Vergleichsberechnung einbezogen werden.

2. *Zeitweise schädigungsbedingt gemindertes Renteneinkommen*
   Die Vorschrift des § 30 Abs. 4 Satz 2 BVG ist grundsätzlich dann anzuwenden, wenn der Beschädigte vor Eintritt in den Ruhestand keinen schädigungsbedingten Einkommensverlust gehabt hat. Sie umfaßt also die Fälle, in denen das Erwerbseinkommen in der Vergangenheit zeitweise unter dem Einkommen lag, das ohne die Schädigung hätte erzielt werden können. Eine zeitweise Einkommensminderung im Sinne dieser Vorschrift kann jedoch dann nicht angenommen werden, wenn nach Eintritt der Schädigung der Zeitraum, in dem das Einkommen gemindert war, überwiegt.
3. *Zusammentreffen eines schädigungsbedingt geminderten Renteneinkommens mit einem Nachschaden i.S.d. § 30 Abs. 6 BVG.*
   Im Falle eines Nachschadens ist nach § 30 Abs. 6 BVG dem Einkommen, das der Beschädigte ohne die Schädigung wahrscheinlich erzielt hätte (Vergleichseinkommen – „Hätte-Beruf"), das Einkommen, das er ohne den Nachschaden erzielen würde (Durchschnittseinkommen – „Würde-Beruf"), als derzeitiges Bruttoeinkommen gegenüberzustellen. Im allgemeinen wird durch diese Regelung der schädigungsbedingte Einkommensverlust angemessen ausgeglichen. Trotzdem kann in Einzelfällen die nach dem „Nachschaden" gewährte Sozialrente wegen einer in der Vergangenheit liegenden vorübergehenden schädigungsbedingten Einkommenseinbuße – wie unter 2. aufgeführt – gemindert sein.

Beispiel:
Der Beschädigte hatte den Beruf eines Diplom-Ingenieurs angestrebt. Nach Eintritt der Schädigung war er zunächst als Hilfskraft in der Materialverwaltung einer Maschinenbaufirma tätig. Später gelang ihm der Aufstieg zum Buchhalter. Das Durchschnittseinkommen eines Buchhalters (hier kaufm. Angest. Lgr. II Maschinenbau) wird nach seinem Ausscheiden aus dem Beruf infolge eines Nachschadens als derzeitiges Bruttoeinkommen nach § 7 a DVO zu § 30 Abs. 3 bis 5 BVG angerechnet. Die Sozialrente, die er bezieht, ist jedoch wegen des während seiner Tätigkeit als Materialverwalter schädigungsbedingt niedrigen Einkommens geringer als die Sozialrente, die er erworben hätte, wenn er von Anfang an als Buchhalter hätte tätig sein können.
Dieser Minderbetrag an Rente ist schädigungsbedingt und deshalb auszugleichen. Nach § 30 Abs. 6 Satz 2 BVG ist das Einkommen entsprechend zu mindern, wenn nach dem Nachschaden ein weiterer schädigungsbedingter Einkommensverlust eintritt. Diese Vorschrift will sicherstellen, daß weitere schädigungsbedingte Einkommensverluste trotz der pauschalierten Einkommensanrechnung berücksichtigt werden. Der hier angesprochene Einkommensverlust beruht auf dem gleichen Sachverhalt, wie er in § 30 Abs. 4 Satz 2 BVG geregelt ist. Deshalb empfehle ich, diesen Einkommensverlust (Rentenverlust) in Anwendung meines oben genannten Rundschreibens zu ermitteln. Um den errechneten Betrag des Rentenverlustes ist das Durchschnittseinkommen zu mindern. Dabei hätte ich keine Bedenken, wenn aus Vereinfachungsgründen bei der erstmaligen Feststellung die Minderung als Vomhundertsatz entsprechend der Regelung in § 7 a Abs. 2 Satz 2 und 3 DVO zu § 30 Abs. 3 bis 5 BVG festgelegt wird. Bei Erreichen bzw. Inanspruchnahme einer gesetzlichen Altersgrenze wäre der Vomhundertsatz neu zu berechnen.

BSG v. 12.12.1990 – 9a/9 RV 24/89 (Breithaupt 1991, 867)
Ein Kriegsbeschädigter, der trotz der Schädigungsfolgen wegen besonderer Umstände in seiner bisherigen Berufsgruppe verbleiben kann, hat wie im Falle eines schädigungsbedingten Berufswechsels bereits dadurch Anspruch auf Berufsschadensausgleich, dass er das maßgebliche Vergleichseinkommen nicht erreicht; es braucht nicht außerdem wahrscheinlich gemacht zu werden, daß die Schädigungsfolgen für den Minderverdienst ursächlich sind.

BSG v. 12.12.1990 – 9a/9 RV 20/89 (Breithaupt 1991, 673)
Ein wegen Schädigungsfolgen Schwerbehinderter, der nach Vollendung des 60. Lebensjahres aus dem Erwerbsleben ausscheidet und vorgezogenes Altersruhegeld erhält, erleidet einen schädigungsbedingten Einkommensverlust. Sein Berufsschadensausgleich ist nach dem ungekürzten Durchschnittseinkommen der vorausgegangenen Berufstätigkeit (Vergleichseinkommen) zu bemessen (Ergänzung zu BSG SozR 3100 § 30 Nr. 78).

BMA v. 31.10.1991 – VI a 1 – 53055 (BVBl. 1 – 5/1992, 1)
Das BSG hat in verschiedenen Urteilen – zuletzt am 12.12.1990 (9a/9 RV 20/89 und 9a/9 RV 3/89) – zu der Frage Stellung genommen, wann in den Fällen, in denen bei Erreichen der gesetzlichen Altersgrenze ein vorgezogenes Altersruhegeld in Anspruch genommen wird, ein schädigungsbedingtes Ausscheiden aus dem Erwerbsleben als glaubhaft nach § 8 Abs. 1 Satz 3 Berufsschadensausgleichsverordnung anzusehen ist. Danach sei ein schädigungsbedingtes Ausscheiden aus dem Erwerbsleben nicht nur dann als glaubhaft anzunehmen, wenn der Beschädigte allein wegen der Schädigungsfolgen schwerbehindert ist, sondern auch dann, wenn die Schädigungsfolgen (z.B. MdE 40 v.H.) notwendige Bedingung für die Schwerbehinderteneigenschaft überhaupt (z.B. GdB 60 v.H.) sind. Ausschlaggebend hierfür sei, dass ohne die Schwerbeschädigung oder ohne die Schädigungsfolgen (bei MdE unter 50 v.H.) das Aufgeben jeglicher Erwerbstätigkeit keinen Anspruch auf Altersruhegeld auslöse. Ein Ausscheiden aus dem Erwerbsleben unter gleichzeitigem Bezug einer existenzsichernden Rente sei somit ohne die Schädigungsfolgen undenkbar.
Darüber hinaus genüge es, wenn die Schädigungsfolgen – zusammen mit anderen Behinderungen – dem Beschädigten den Entschluß zum Ausscheiden aus dem Erwerbsleben ermöglichten. Die Schwerbeschädigteneigenschaft bei Inanspruchnahme des vorgezogenen Ruhestandes indiziere grundsätzlich das schädigungsbedingte Ausscheiden. Nach den tatsächlichen Motiven brauche nicht geforscht zu werden.
Bei Erstentscheidungen über die Gewährung von Berufsschadensausgleich sei die Prüfung der Frage, ob die anerkannten Schädigungsfolgen alleinige oder mindestens gleichwertige Mitursache für den Übertritt in den Ruhestand gewesen seien, entbehrlich, denn bei der Glaubhaftmachung nach § 8 Abs. 1 Satz 3 Berufsschadensausgleichsverordnung handele es sich um eine beweiserleichternde Hilfskonstruktion zugunsten des Beschädigten, die auch im Bereich des § 30 Abs. 3 BVG Geltung entfalte.
Der Auffassung des BSG vermag ich insoweit zu folgen, als dadurch der Beweiserleichterungsgrundsatz zugunsten des Beschädigten konkretisiert und auch auf den Geltungsbereich des § 30 Abs. 3 BVG angewendet wird.
Andererseits ergibt sich jedoch nach meiner Auffassung bereits aus dem Begriff der „Glaubhaftmachung" nach § 8 Abs. 1 Satz 3 Berufsschadensausgleichsverordnung und aus den Ausführungen des BSG zur Beweiserleichterung, dass der Verwaltung

die Führung des Gegenbeweises nicht schlechthin versagt sein kann. Ich halte daher die bisher von mir mit o. a. Rundschreiben vertretene Rechtsauffassung mit der Einschränkung aufrecht, daß es dann einer näheren Aufklärung der besonderen Umstände des Einzelfalles bedarf, wenn konkrete Indizien vorliegen, die für ein schädigungsunabhängiges Ausscheiden aus dem Erwerbsleben sprechen.

BSG v. 20.5.1992 – 9 a RV 24/91 (Breithaupt 1993, 131)
Sinkt das Einkommen eines Schwerbeschädigten, weil er das vorgezogene Altersruhegeld in Anspruch nimmt, sind die Schädigungsfolgen regelmäßig wesentliche Mitursache für den Einkommensverlust.

BSG v. 15.7.1992 – 9 a RV 8/92 (Breithaupt 1993, 141)
Scheiden Schwerbeschädigte mit 60 Jahren vorzeitig aus dem Erwerbsleben aus, ist nicht glaubhaft i. S. von § 8 BSchAV, daß sie ohne die Schädigungsfolgen noch erwerbstätig wären, wenn sie zugleich schädigungsunabhängig schwerbehindert sind.

BSG v. 10.5.1994 – 9 RV 29/93 (Breithaupt 1995, 357)
Wer auch ohne seine schädigungsbedingte Schwerbehinderung sozial gesichert – z. B. durch einen Anspruch auf Altersrente wegen Arbeitslosigkeit – vorzeitig aus dem Arbeitsleben ausscheiden könnte, kann nicht glaubhaft machen, daß er ohne die Schädigungsfolgen noch erwerbstätig wäre.

BMA v. 21.10.1994 – VI1 – 53054/5311 (BVBl. 10 – 12/1994, 23)
Die Vorschriften des Gesetzes zur sozialen Absicherung des Risikos der Pflegebedürftigkeit (Pflege-Versicherungsgesetz – PflegeVG) vom 26. Mai 1994 (BGBl. I S. 1014, 2797) hinsichtlich der Beitragsbemessung und der Beitragszuschüsse zur sozialen Pflegeversicherung haben Auswirkungen auf die Regelungen in § 30 Abs. 8 Satz 1 Nr. 2 und 4 BVG sowie auf die Vorschrift des § 2 Abs. 1 Nr. 15 AusglV. Beide Regelungen bedürfen in den genannten Punkten einer Ergänzung, die jeweils zum 1. Januar 1995 wirksam werden muß, da die zu berücksichtigenden Vorschriften des PflegeVG ebenfalls zu diesem Zeitpunkt in Kraft treten.
Während die Ergänzung der AusglV im Rahmen der 4. KOV-Anpassungsverordnung 1995 vorgenommen werden kann, ist der Zeitpunkt einer Ergänzung des § 30 Abs. 8 BVG derzeit noch nicht absehbar. Ich habe jedoch keine Bedenken, wenn im Vorgriff auf diese Ergänzungen ab 1. Januar 1995 in einschlägigen Versorgungsfällen wie folgt verfahren wird:
Zu § 30 Abs. 8 Satz 1 Nr. 2 und 4 BVG:
Zusätzlich zur Minderung des derzeitigen Bruttoeinkommens um die Hälfte des Vomhundertsatzes, der für die Bemessung der Krankenversicherungsbeiträge aus Renten gilt, bitte ich auch um Nichtberücksichtigung der Hälfte des Vomhundertsatzes, der für die Bemessung des Beitrages zur sozialen Pflegeversicherung (§ 55 des Elften Buches Sozialgesetzbuch) gilt.
Zu § 2 Abs. 1 Nr. 15 AusglV:
Neben den dort aufgeführten Leistungen und Zuschüssen bitte ich, bei der Feststellung der einkommensabhängigen Leistungen des BVG auch Beitragszuschüsse nach § 61 des Elften Buches Sozialgesetzbuch und Zuschüsse zur Pflegeversicherung nach § 106a des Sechsten Buches Sozialgesetzbuch (Artikel 5 Nr. 8 des PflegeVG) nicht als Einkommen zu berücksichtigen.

In diesem Zusammenhang stelle ich klar, dass eine Ergänzung bzw. Korrektur der Bestimmungen des § 30 Abs. 7 Satz 1 Nr. 1 und 2 BVG nicht vorgenommen wird. Die dort genannten pauschalen Absetzungen sind seinerzeit bereits bewußt so großzügig bemessen worden, daß Schwankungen der steuerrechtlichen und sozialversicherungsrechtlichen Abgaben auch in relativ weitem Umfang aufgefangen werden können.

BSG v. 12.12.1995 – 9 RV 9/95 (Breithaupt 1996, 576)
Das Ende beruflicher Tätigkeit kommt als Grund für die erstmalige Zuerkennung einer besonderen beruflichen Betroffenheit nur dann in Betracht, wenn das Ende durch die Schädigungsfolgen erzwungen worden ist. Das läßt sich regelmäßig bei Beschädigten nicht mehr nachweisen, die ihren Beruf bis etwa zum 60. Lebensjahr ausgeübt haben.

BSG v. 18.10.1995 – 9 RV 18/94 (Breithaupt 1996, 651)
Wer erfolgreich umgeschult werden kann, ist beruflich nicht besonders betroffen und hat deshalb keinen Anspruch auf Erhöhung seiner „medizinischen" MdE.

BMA v. 21.5.1996 – VI 1 – 53012 (BArbBl. 7-8/1996, 91)
Anwendbarkeit des § 30 Abs. 2 BVG bei erstmaligem Antrag auf Berufsschadensausgleich gem. § 30 Abs. 3ff. BVG im Zusammenhang mit der Inanspruchnahme einer vorgezogenen Altersgrenze als Schwerbehinderter.
An mich ist die Frage herangetragen worden, ob in den Fällen, in denen in Anwendung meines Rundschreibens vom 9.8.1995 Berufsschadensausgleich zusteht, auch die Grundrente gem. § 30 Abs. 2 BVG zu erhöhen ist. Hierzu nehme ich wie folgt Stellung:
Das Bundessozialgericht hat in mehreren Urteilen vom 12.12.1995 (9 RV 10/94; 9 RV 5/95; 9 RV 8/95; 9 RV 9/95; 9 RV 16/95) – und damit in ständiger Rechtsprechung – entschieden, daß nicht besonders beruflich betroffen ist, wer die Erwerbsphase trotz Schädigungsfolgen voll ausschöpft. Das Ende der beruflichen Tätigkeit komme als Grund für die erstmalige Zuerkennung einer beruflichen Betroffenheit nur in Betracht, wenn es durch die Schädigungsfolgen erzwungen worden ist. Je älter der Beschädigte wird, um so schwieriger wird es, den Nachweis schädigungsbedingten Ausscheidens zu erbringen. Bereits mit Erreichen des 60. Lebensjahres verschlechtere sich die Beweislage entscheidend zu Lasten des Beschädigten. Grundsätzlich können die Beweiserleichterungen, die nach der ständigen Rechtsprechung des BSG beim Anspruch auf BSA bestehen, im Rahmen des § 30 Abs. 2 BVG nicht herangezogen werden. – Das Berufs- und Erwerbsleben ende allgemein spätestens mit Vollendung des 65. Lebensjahres. Wer zu diesem Zeitpunkt ausscheide, könne sich nicht darauf berufen, an weiterer Erwerbstätigkeit durch die Schädigungsfolgen gehindert und deshalb beruflich besonders betroffen zu sein (BSG v. 12.12.1995 – 9 RV 9/95 und 9 RV 16/95).
Der insoweit ständigen Rechtsprechung des BSG ist aus meiner Sicht zu folgen.
Daraus ergibt sich, daß in den Fällen, in denen der Beschädigte entsprechend der in meinem Rundschreiben vom 9.8.1995 dargestellten Rechtsprechung des BSG zum Berufsschadensausgleich schädigungsbedingt aus dem Erwerbsleben ausgeschieden ist, nicht zwingend auch die MdE gem. § 30 Abs. 2 Satz 2 a BVG zu erhöhen ist. Vielmehr kann ein Antrag des Beschädigten auf Erhöhung der MdE gem. § 30 Abs. 2 BVG, den er erst nach Vollendung des 65. Lebensjahres stellt, keinen Erfolg haben. Stellt der Beschädigte den Antrag zwischen Vollendung des 60. und des 65. Lebens-

jahres, kommt es auf den Einzelfall an, ob die MdE gem. § 30 Abs. 2 Satz 2 a BVG zu erhöhen ist. Beweisschwierigkeiten gehen im Rahmen der Prüfung des § 30 Abs. 2 BVG zu Lasten des Beschädigten. Im Unterschied zum Anspruch auf BSA nach § 30 Abs. 3 ff. BVG lassen sie sich im Rahmen des § 30 Abs. 2 BVG nicht durch eine Beweiserleichterung beheben. Auch eine entsprechende Anwendung der für den BSA geltenden Beweiserleichterung ist nicht geboten.
Soweit im Einzelfall die MdE gem. § 30 Abs. 2 Satz 2 a BVG erhöht wird, verbleibt es auch nach Vollendung des 65. Lebensjahres des Beschädigten regelmäßig dabei; der Beschädigte genießt insoweit Besitzstand.
Mein Rundschreiben vom 16.1.1996 (VI 1 – 53012), das die ggf. rückwirkende Anwendung des § 30 Abs. 2 Satz 2 b BVG vorsieht, bleibt von diesem Rundschreiben unberührt, da es auf die besondere Situation im Beitrittsgebiet abstellt und die Fälle eines Ausscheidens aus dem Erwerbsleben vor dem 1.1.1991 betrifft, in denen der Berechtigte insoweit an einer rechtzeitigen Antragstellung gehindert war.

BMA v. 20.6.1996 – VI 1 – 53049 / 53055 (BArbBl. 9/1996, 122)
Nachträgliche Beachtung eines durch Erlangung einer neuen Berufsposition ausgeglichenen Berufsschadens, wenn der Beschädigte die neue Berufsposition nicht schädigungsbedingt aufgegeben hat.
Hinsichtlich der Rechtsauffassung, dass ein durch Erwerb einer neuen Berufsposition ausgeglichener Berufsschaden nachträglich wieder zu beachten ist, wenn der Beschädigte – sei es auch schädigungsunabhängig – die neue Berufsposition nicht mehr innehat, liegt eine ständige Rechtsprechung des Bundessozialgerichts vor, der sich die Verwaltungspraxis nicht verschließen kann. Dabei ist nach § 30 Abs. 4 Satz 1 BVG immer vorab zu prüfen, ob überhaupt eine Einkommenseinbuße nach der dort vorgeschriebenen Berechnungsmethode vorliegt. Eine solche Einkommenseinbuße ergibt sich, wenn zwischen dem derzeitigen Bruttoeinkommen und dem Vergleichseinkommen eine Differenz zu Lasten des Beschädigten entsteht. Allerdings muß sich der Beschädigte im Fall eines schädigungsunabhängigen Absinkens seiner Einkünfte bei der Ermittlung des Berufsschadensausgleichs mindestens das Durchschnittseinkommen der Berufsgruppe anrechnen lassen, zu der er unmittelbar vor dem zeitweiligen Wegfall des Einkommensverlustes gehört hatte. Bei diesem Durchschnittseinkommen, das mit seinen Einkommensentwicklungen in die Zukunft wirkt und das gem. § 30 Abs. 5 Satz 2 BVG zu ermitteln ist, handelt es sich um einen Mindestwert, der nur dann heranzuziehen ist, wenn das derzeit tatsächlich erzielte Einkommen nach dem schädigungsunabhängigen Absinken diesen fiktiven Betrag unterschreitet. Soweit das Bundessozialgericht in diesen Fällen den Rechtsgedanken der Nachschadensregelung (§ 30 Abs. 11 BVG) herangezogen hat, ist dem zu folgen. Für den wohl eher theoretischen Fall, dass die derzeitigen tatsächlichen Einkünfte des Beschädigten das festgestellte Durchschnittseinkommen überschreiten, beschränkt das Bundessozialgericht sich auf die Aussage, dass ein etwaiger schädigungsbedingter Einkommensverlust insoweit bereits kompensiert sei und dies stets zu beachten sei, weil der Berufsschadensausgleich nach § 30 Abs. 4 Satz 1 BVG grundsätzlich eine tatsächliche Einkommenseinbuße im Gesamteinkommen voraussetze. In diesen Fällen kommt aus meiner Sicht die Nachschadensregelung voll zur Anwendung mit der Folge, dass ein schädigungsbedingter Einkommensverlust nicht feststellbar ist. Im Hinblick auf die in der Vergangenheit liegenden Zeiten, in denen das Erwerbseinkommen des Beschädigten schädigungsbedingt gemindert war, ist

für den Fall des Bezuges einer Rente aus der gesetzlichen Rentenversicherung ab diesem Zeitraum das Vorliegen der Voraussetzungen für einen Rentenberufsschadensausgleich (§ 30 Abs. 4 Satz 3 BVG) zu prüfen.
Mein Rundschreiben vom 28.7.1987 bitte ich mit einem Hinweis zu versehen.

BMA v. 4.2.1997 – VI 1 – 53054 (BArbBl. 4/1997, 79)
Auswirkung des Dritten SGBV-Änderungsgesetzes v. 10.5.95 (BGBl. I S. 678) auf § 30 BVG.
Der Artikel 1 Nr. 8 des Dritten Gesetzes zur Änderung des Fünften Buches Sozialgesetzbuch vom 10. Mai 1995 (BGBl. I S. 678) betreffend die Neufassung des § 247 SGB V hat Auswirkungen auf die Regelungen in § 30 Abs. 8 Satz 1 Nr. 2 und 4 BVG. Beide Texte bedürfen – neben der in meinem Bezugsrundschreiben dargestellten Ergänzung – einer weiteren Anpassung, die jeweils zum 1. Januar 1997 wirksam werden muß.
Da der Zeitpunkt dieser notwendigen Ergänzung von § 30 Abs. 8 BVG derzeit noch nicht absehbar ist, habe ich keine Bedenken, wenn im Vorgriff auf die beabsichtigte Ergänzung in einschlägigen Fällen wie folgt verfahren wird:
Zusätzlich zur Minderung des derzeitigen Bruttoeinkommens um die Hälfte des Vomhundertsatzes, der für die Bemessung des Beitrags zur sozialen Pflegeversicherung (§ 55 des Elften Buches Sozialgesetzbuch) gilt, bitte ich auch um Nichtberücksichtigung der Hälfte des Vomhundertsatzes, den das Bundesministerium für Gesundheit jeweils zum 1. Januar als durchschnittlichen allgemeinen Beitragssatz der Krankenkassen (§ 245 Abs. 1 Satz 1 des Fünften Buches Sozialgesetzbuch) feststellt; dabei ist § 247 Abs. 1 Satz 2 des Fünften Buches Sozialgesetzbuch entsprechend anzuwenden.
Das bedeutet, dass der zum 1. Januar 1997 dergestalt festgestellte Krankenkassenbeitrag ab. 1. Juli 1997 bis zum 30. Juni 1998 Anwendung findet. Damit wird vermieden, dass ab 1. Juli statt des durchschnittlichen der individuelle Krankenversicherungsbeitrag für Renten der jeweiligen Krankenkasse anzuwenden wäre.
Eine weitere, unkorrigierte Anwendung der bisherigen Verweisung auf § 247 SGB V hätte nämlich für die Kriegsopferversorgung zur Folge, dass ab 1. Juli 1997 mehrere tausend Versorgungsfälle mit Berufsschadensausgleich/Schadensausgleich auf Netto-Basis von einer automatischen Anpassung der Versorgungsbezüge ausgeschlossen werden müßten, um nach Ermittlung des individuellen Beitragssatzes (Aktenprüfung) diese Fälle manuell anzupassen.
Dieser absehbare hohe Verwaltungsaufwand ist weder der Verwaltung noch den Betroffenen zuzumuten. Es soll daher mit der beabsichtigten Änderung unter Hinweis auf die Regelung in § 245 Abs. 1 Satz 1 SGB V die bisherige Verfahrensweise – die in der Praxis zu keinen Problemen geführt hat – fortgeschrieben werden. Die beabsichtigte Änderung lehnt sich in ihrer Folgewirkung an die ab 1. Januar 1997 geltende Regelung des § 106 Abs. 2 SGB VI an (vgl. Artikel 3 des 3. SGB V-ÄndG. a. a. O.).
Auf die Länderreferentenbesprechung vom 29. Januar 1997 im Bundesministerium für Arbeit und Sozialordnung nehme ich insoweit Bezug.

BSG v. 28.4.1999 – B 9V 4/98 R (BehR 2000, 86)
Rentenberufsschadensausgleich (Renten-BSA)
Die Eigenständigkeit des Renten-BSA gem. § 30 Abs. 4 Satz 3 BVG zwingt eine Rentenminderung selbst dann noch als gesetzlich definierten und ausgleichsfähigen

Einkommensverlust anzusehen, wenn sie auf schädigungsbedingt zeitweise gemindertes Einkommen zurückzuführen ist, das auch mit dem geminderten Betrag noch das Vergleichseinkommen eines nicht beschädigten Arbeitnehmers überstiegen hat. Maßgebend ist allein der Vergleich zwischen der tatsächlichen und der fiktiven Rente aus der gesetzlichen Rentenversicherung. Die Vorschriften der Berufsschadensausgleichsverordnung sind für diesen Vergleich ohne Belang.

BMA v. 2. 3. 1999 – Va 1–51 081 (BArbBl. 5/1999, 103)
Bewilligung von Berufsschadensausgleich/Schadensausgleich unter Anwendung von § 4 Abs. 7 BSchAV (Definition öffentlicher Dienst)
Nach § 4 Abs. 7 Ziffer 2 Berufsschadensausgleichsverordnung (BSchAV) ist unter „Öffentlicher Dienst" im Sinne des § 4 BSchAV unter anderem die hauptberufliche Tätigkeit im Dienste eine anderen öffentlich-rechtlichen Körperschaft, Anstalt, Stiftung, Religionsgemeinschaft oder eines Verbandes solcher Einrichtungen zu verstehen, wenn sich die Besoldung, Vergütung oder der Lohn nach den Grundsätzen des Besoldungs- oder Tarifrechts des Bundes oder eines Landes richtet.
M.E. wird von dieser Vorschrift auch eine GmbH, AG oder eine andere, privatrechtlich organisierte Institution erfasst, sofern eine öffentlich-rechtliche Körperschaft im Sinne des § 4 Abs. 7 BSchAV mindestens die Mehrheit der Gesellschaftsanteile der privatrechtlich organisierten Institution hält und die Aufgaben dieser Institution überwiegend im öffentlichen Interesse liegen bzw. die Aufgaben ansonsten von der öffentlichen Hand in eigener Regie übernommen werden müßten. Unter diesen Voraussetzungen kann Art und Höhe der Mitarbeiterbesoldung lediglich ein Indiz für eine Zuordnung zum öffentlichen Dienst sein; d.h. öffentlicher Dienst kann auch dann gegeben sein, wenn die Mitarbeiterbesoldung vom BBesG/BAT etc. abweicht, die öffentliche Hand aber nach wie vor die Mehrheit der Anteile hält.
Ich empfehle daher, in einschlägigen Fällen entsprechende Feststellungen zu treffen. Falls die o. a. Voraussetzungen erfüllt sind, ist eine Einstufung als Angestellter oder Arbeiter des öffentlichen Dienstes zu treffen. Die Frage nach einem Härteausgleich nach § 89 BVG stellt sich daher nicht.
Die Frage nach einem Härteausgleich stellt sich insbesondere auch dann nicht, wenn die Feststellungen eindeutig eine Zuordnung zur Privatwirtschaft ergeben und das dann zur Berechnung des Berufsschadensausgleichs/Schadensausgleichs heranzuziehende Vergleichseinkommen möglicherweise niedriger ist als ein entsprechendes Vergleichseinkommen im öffentlichen Dienst. Dieses Ergebnis kann sich nach Sinn und Zweck des Berufsschadensausgleichs ergeben und ist nach der seit Jahrzehnten geltenden Systematik der Vergleichseinkommen vom Gesetzgeber gewollt und demzufolge nicht härteausgleichsfähig. Die Ausnahmen von dieser Regel sind in § 3 Abs. 4 und 5 BSchAV umrissen. Ich bitte, entsprechend zu verfahren.

BMA v. 17. August 2001 – IVc 2–63053 (BArBl. 10/2001)
Berücksichtigung von Renten aus der gesetzlichen Unfallversicherung bei der Feststellung des Berufsschadensausgleichs und anderer einkommensabhängiger Leistungen
Nach § 93 Abs. 2 Nr. 2a SGB VI ist beim Zusammentreffen von Renten aus der gesetzlichen Rentenversicherung und solchen aus der gesetzlichen Unfallversicherung unter anderem von den Unfallrenten ein Betrag abzusetzen, der bei gleichem

MdE-Grad als Grundrente nach dem BVG geleistet würde. Diese Vorschrift gilt gem. §§ 266, 267 SGB VI auch im Beitrittsgebiet.
Für den Bereich des Sozialen Entschädigungsrechts wurde diese Bestimmung im Wege eines Rundschreibens sinngemäß bei der Feststellung der einkommensabhängigen Leistungen des BVG nachvollzogen (s. Bezugsrundschreiben).
*Mittlerweile hat jedoch das BVerfG mit Urteil vom 14.3.2000 entschieden, dass ab 1.1.1999 die Grundrenten (**ohne** Alterserhöhung) für Kriegsbeschädigte in den neuen Ländern auf das volle West-Niveau anzuheben sind. Durch Änderung des § 84a BVG rückwirkend zum 1.1.1999 wurde dies ebenso für Beschädigte nach dem HHG, dem StrafRehaG und dem VerwRehaG gesetzlich geregelt.*
Es hat sich deshalb nunmehr die Frage gestellt, welcher Betrag an Grundrente in den neuen Ländern abzusetzen ist. Bisher war dies infolge der allgemein abgesenkten Leistungen (vgl. Einigungsvertrag) unproblematisch.
*Der Sachverhalt ist am 11.4.2000 in der Sitzung 2/2000 beim Fachausschuss Versicherung und Rente (VAVR) mit den Rentenversicherungsträgern beraten worden. Danach haben sich aus dem Urteil des Bundesverfassungsgerichts vom 14.3.2000 – Az.: 1 BvR 284/96 – zu § 84a des Bundesversorgungsgesetzes bisher keine Auswirkungen in der gesetzlichen Rentenversicherung bei der Anwendung des § 93 Abs. 2 Nr. 2a SGB VI ergeben. Es wird vorerst weiterhin in den einschlägigen Fällen lediglich die **abgesenkte** Grundrente abgesetzt; unabhängig davon, ob es sich um einen Kriegsbeschädigten bzw. um einen Berechtigten nach dem geänderten § 84a BVG handelt oder nicht. Die weitere Rechtsentwicklung wird im übrigen abgewartet.*
Ich schließe mich dieser Rechsauffassung auch aus der Sicht des Sozialen Entschädigungsrechts an.
Meines Erachtens kann seitens der Versorgungsveraltung in den neuen Ländern im vorliegenden Sachverhalt nur der Betrag an Grundrente abgesetzt werden, den auch die Träger der gesetzlichen Rentenversicherung in den neuen Ländern bei Anwendung des § 93 SGB VI einheitlich absetzen.
Im Übrigen deckt sich diese Auslegung auch mit dem Urteil des BVerfG selbst, denn dies hat ausdrücklich die Verfassungswidrigkeit des § 84a BVG auf die Grundrente nach § 31 Abs. 1 Satz 1 BVG beschränkt. demzufolge verbleibt es verfassungsrechtlich unbedenklich bei der bisherigen Berechnungsweise aller anderen Geldleistungen des BVG. Daher ist den Ausführungen des Sozialministeriums des Landes Brandenburg insoweit zu folgen, dass es eine Ungleichbehandlung wäre, einem Kriegsbeschädigten infolge erhöhter Absetzungen einen höheren Berufsschadensausgleich zu bewilligen als z. B. einem OEG-Opfer bei gleicher Unfallrente.
*Ich bitte daher, in einschlägigen Fällen – insbesondere im Bereich der neuen Länder – nach wie vor lediglich die **abgesenkten** Grundrentenbeträge (zzgl. ggf. dem entsprechenden Alterserhöhungsbetrag) von der anzurechnenden Unfallrente abzusetzen.*

BMA v. 8.10.2002 – IV c 2 – 63053 (BArbBl. 11/2002, 127)
Berücksichtigung von Renten aus einer privaten Unfallversicherung bei der Feststellung von Berufsschadensausgleich, Schadensausgleich und Ausgleichsrente
In meinem Rundschreiben vom 02.03.1995 – VI 1 – 53053 – hatte ich ausgeführt, dass den Verletztenrenten aus der gesetzlichen Unfallversicherung auch eine gewisse entschädigungsrechtliche, immaterielle Komponente innewohnt, die nicht als

Lohnersatz angesehen werden kann. Demzufolge kann dieser Bestandteil wegen der Funktion von Berufsschadensausgleich, Schadensausgleich und Ausgleichsrente (Ausgleich des schädigungsbedingten Verlustes an erzielbarem Erwerbseinkommen) nicht als Einkommen berücksichtigt werden. Zur pauschalen Ermittlung der nicht anrechenbaren Komponente hatte ich daher empfohlen, ausgehend von dem durch den jeweiligen Träger der gesetzlichen Unfallversicherung festgestellten Grad der Minderung der Erwerbsfähigkeit einen Betrag in Höhe der entsprechenden Grundrente nach dem BVG von der Verletztenrente abzusetzen.
Rentenleistungen aus einer privaten Unfallversicherung haben grundsätzlich die gleiche Zweckbestimmung wie Verletztenrenten aus der gesetzlichen Unfallversicherung. Sie schützen versicherte Personen gegen das Risiko, nach einem Unfall wirtschaftliche Nachteile hinnehmen zu müssen. Zum einen können diese dadurch entstehen, dass der Betroffene seinen Beruf nicht mehr oder nicht mehr in vollem Umfang ausüben kann. Zum anderen aber können sie sich aus den durch den Unfall bedingten Mehraufwendungen ergeben.
Deshalb bitte ich, bei der Feststellung von Berufsschadensausgleich, Schadensausgleich und Ausgleichsrente auch von Renten aus einer privaten Unfallversicherung in entsprechender Anwendung meines o.g. Rundschreibens einen Betrag in Höhe der entsprechenden Grundrente nach dem BVG abzusetzen.

BSG v. 16.12.2004 – B 9 V 3/02 R (Breithaupt 2005, 491)
Bei der Ermittlung des schädigungsbedingten Einkommensverlustes (§ 30 Abs. 3 und 4 BVG) ist als derzeitiges Bruttoeinkommen eine Rente aus der gesetzlichen Rentenversicherung insoweit nicht zu berücksichtigen, als sie auf Kindererziehungszeiten beruht.

BMAS v. 12.1.2005 – IV C 2–47452
Berücksichtigung von auf Kindererziehungszeiten beruhenden Rentenanteilen aus der gesetzlichen Rentenversicherung bei der Feststellung des Berufsschadensausgleichs
Mit dem Bezugsschreiben vom 24.3.1987 hatte das BMA anlässlich einer Länderanfrage in einem konkreten Einzelfall die Auffassung vertreten, dass die auf Kindererziehungszeiten beruhenden Rentenanteile aus der gesetzlichen Rentenversicherung bei der Feststellung des Berufsschadensausgleichs zu berücksichtigen seien.
Demgegenüber hat nunmehr das Bundessozialgericht (BSG) in seinem Urteil vom 16.12.2004 – B 9 V 3/02 R – die Berücksichtigung der auf Kindererziehungszeiten beruhenden Rentenanteile bei der Bemessung des Berufsschadensausgleichs verneint. Das BSG führte in seiner Entscheidung dazu u. a. überzeugend aus:
„Anders als Ersatz-, Anrechnungs- oder Zurechnungszeiten folgen Kindererziehungszeiten nicht dem Prinzip der Schließung von Beitragslücken (vgl. dazu BVerfG SozR 3–2200 § 1255a Nr. 5 S. 14ff.; a.A. noch BSG SozR 2200 § 1255a Nr. 20); vielmehr werden sie unabhängig von einer vorherigen oder späteren Zugehörigkeit zur Solidargemeinschaft der Beitragszahler gewährt. Wer vor dem 1.1.1992 fünf Kinder erzogen hat, erfüllt damit die Wartezeit für eine Regelaltersrente (vgl. § 50 Abs. 1 Satz 1 Nr. 1 SGB VI). Die nach altem Recht vorgesehene Subsidiarität von Kindererziehungszeiten gegenüber anderen Beitragszeiten hat das BVerfG mit der Begründung als verfassungswidrig angesehen, dadurch werde dem Wert der Kindererziehungszeiten für den Fortbestand des Rentenversicherungssystems nicht hinreichend Rechnung getragen (vgl. BVerfG SozR 3–2200 § 1255a Nr. 5 S. 16f.). Dem-

entsprechend tritt der Gesichtspunkt einer Honorierung der Erziehungsleistung im neuen Recht (additive Berücksichtigung von Ehepartnern wegen Kindererziehung) deutlicher hervor. Mit dieser Konzeption wäre es unvereinbar, die auf Kindererziehungszeiten beruhenden Rentenanteile im Rahmen des § 9 Abs. 2 BSchAV einer früheren Erwerbstätigkeit zuzuordnen."
Im Rahmen des Überregionalen Erfahrungsaustausche am 26./27.10.2005 in Tübingen wurde diese Thematik eingehend diskutiert mit dem einvernehmlichen Ergebnis, dass dem Grundsatzurteil des BSG gefolgt werden müsse.
BMAS hält an seiner früheren gegenteiligen Rechtsauffassung ausdrücklich nicht weiter fest.

BSG v. 16.12.2004 – B 9 V 3/02 R – (BehR 2006, 164)
Bei der Ermittlung des schädigungsbedingten Einkommensverlustes (§ 30 Abs. 3 und 4 BVG) ist als derzeitiges Bruttoeinkommen eine Rente aus der gesetzlichen Rentenversicherung insoweit nicht zu berücksichtigen, als sie auf Kindererziehungszeiten beruht.

---

§ 31 (Höhe der monatlichen Grundrente; Schwerbeschädigtenzulage)

(1) Beschädigte erhalten eine monatliche Grundrente bei einem Grad der Schädigungsfolgen

von 30 in Höhe	**von**	**141 Euro,**
von 40 in Höhe	**von**	**193 Euro,**
von 50 in Höhe	**von**	**258 Euro,**
von 60 in Höhe	**von**	**326 Euro,**
von 70 in Höhe	**von**	**452 Euro,**
von 80 in Höhe	**von**	**547 Euro,**
von 90 in Höhe	**von**	**657 Euro,**
von 100 in Höhe	**von**	**736 Euro.**

Die Grundrente erhöht sich für Schwerbeschädigte, die das 65. Lebensjahr vollendet haben, bei einem Grad der Schädigungsfolgen

von 50 und 60	**um**	**29 Euro,**
von 70 und 80	**um**	**36 Euro,**
von mindestens 90	**um**	**44 Euro.**

(2) Schwerbeschädigung liegt vor, wenn ein Grad der Schädigungsfolgen von mindestens 50 festgestellt ist.

(3) Beschädigte, bei denen Blindheit als Folge einer Schädigung anerkannt ist, erhalten stets die Rente nach einem Grad der Schädigungsfolgen von 100. Beschädigte mit Anspruch auf eine Pflegezulage gelten stets als Schwerbeschädigte. Sie erhalten mindestens eine Versorgung nach einem Grad der Schädigungsfolgen von 50.

(4) Beschädigte mit einem Grad der Schädigungsfolgen von 100, die durch die anerkannten Schädigungsfolgen gesundheitlich außergewöhnlich betroffen sind, erhalten eine monatliche Schwerstbeschädigtenzulage, die in folgenden Stufen gewährt wird:

Stufe I 85 Euro,
Stufe II 175 Euro,
Stufe III 261 Euro,
Stufe IV 350 Euro,
Stufe V 435 Euro,
Stufe VI 525 Euro.

Die Bundesregierung wird ermächtigt, mit Zustimmung des Bundesrates durch Rechtsverordnung den Personenkreis, der durch seine Schädigungsfolgen außergewöhnlich betroffen ist, sowie seine Einordnung in die Stufen I bis VI näher zu bestimmen.

VV zu § 31

Die Erhöhung der Grundrente wegen Vollendung des 65. Lebensjahres ist vom Geburtsmonat an zu gewähren.

(Fortsetzung BVG Seite 787)

Aus Rundschreiben, Urteilen etc.

BMA v. 25.1.2000 – VI a 2 – 51504 (BArbBl. 3/2000, 112)
Anrechnungsfreiheit von Grundrenten nach dem Sozialen Entschädigungsrecht im Rahmen des Bundessozialhilfegesetzes (BSHG)
In letzter Zeit ist sowohl durch einige sozialgerichtliche Entscheidungen als auch durch Anfragen aus den Ländern die Frage nach der Anrechnung von Grundrenten nach dem Sozialen Entschädigungsrecht im Rahmen der Sozialhilfe aufgeworfen worden. Ich nehme zu dieser Problematik wie folgt Stellung:
M. E. zählen sowohl die Grundrenten nach dem Bundesversorgungsgesetz (BVG) als auch die Grundrenten, die nach anderen Gesetzen des Sozialen Entschädigungsrechts in entsprechender Anwendung des BVG gezahlt werden, nicht zum anrechenbaren Einkommen im Sinne des § 76 Abs. 1 BSHG.
Schon der Wortlaut der Vorschrift („Grundrente nach dem BVG“) beschränkt die Ausnahme von der Anrechnung als Einkommen nicht zwingend auf die Grundrenten, deren Leistungsvoraussetzungen sich unmittelbar aus dem BVG ergeben. Vor allem aber ist eine Gleichbehandlung aller im Rahmen der Sozialen Entschädigung gewährten Grundrenten in diesem Zusammenhang aus mehreren sachlichen Gründen gerechtfertigt.
Die für das Soziale Entschädigungsrecht grundlegende Regelung des § 5 SGB I unterscheidet zwar zwischen solchen Gesundheitsschäden, für deren Folgen die staatliche Gemeinschaft in Abgeltung eines besonderen Opfers (z. B. Kriegsopfer) und solchen, für die sie aus anderen Gründen nach versorgungsrechtlichen Grundsätzen (z. B. Gewaltopfer) einzustehen hat. Es wird aber an beide Tatbestände dieselbe Rechtsfolge geknüpft, nämlich das Bestehen eines Anspruchs des Beschädigten und seiner Hinterbliebenen auf Versorgungsleistungen gegenüber dem Staat. Alle aufgrund dieses Anspruchs gewährten Grundrenten dienen dem Ausgleich der gesundheitlichen und wirtschaftlichen Folgen der die Entschädigung auslösenden Gesundheitsschädigung.
Aus der unterschiedlichen Herleitung des Entscheidungsanspruchs sind somit nach Auffassung des Gesetzgebers offensichtlich keine weiteren Folgerungen hinsichtlich

einer unterschiedlichen Rechtsqualität des Anspruchs zu ziehen. Dies spricht entschieden dafür, alle Grundrenten sowohl unmittelbar nach dem BVG als auch in dessen entsprechender Anwendung gleich zu behandeln. Angesichts dessen ist m. E. der Satzteil „Grundrente nach dem Bundesversorgungsgesetz" in § 76 Abs. 1 konsequenterweise so zu verstehen, dass davon auch alle in entsprechender Anwendung des BVG gewährten Grundrenten erfasst werden. Nur diese Lösung entspricht dem System der Sozialen Entschädigung, die gleiche Leistungen für alle erfassten Personenkreise vorsieht.

Diese Auffassung hat das Bundessozialgericht (BSG) in seinem Urteil vom 28.7.1999 – B 9 VG 6/98 R –, veröffentlicht in Breithaupt 1999, 1069, für die Beschädigtengrundrente bestätigt und sich dabei darauf gestützt, dass die Grundrenten des Sozialen Entschädigungsrechts keine unterschiedliche Rechtsqualität hätten. Stets trete vielmehr die staatliche Gemeinschaft für die Folgen bestimmter Gesundheitsstörungen nach versorgungsrechtlichen Grundsätzen ein, wobei die Leistungen in Art und Umfang identisch seien. Weiterhin hat das BSG in seiner Urteilsbegründung auf Sinn und Zweck der Beschädigtengrundrente abgestellt, die weder dem allgemeinen Lebensunterhalt noch der Linderung konkreter Not diene, sondern typisierend und pauschalisierend einen schädigungsbedingten Mehrbedarf abdecken und deshalb anrechnungsfrei bleiben solle. Die Frage der Anrechnung von Hinterbliebenengrundrenten im Rahmen des § 76 BSHG hat das BSG allerdings ausdrücklich offengelassen.

M. E. kann jedoch zu dieser Frage im Ergebnis nichts anderes gelten. Denn zum einen ist in Anbetracht der oben genannten Gründe nicht ersichtlich, warum Hinterbliebenengrundrenten, die in entsprechender Anwendung des BVG gewährt werden, anders behandelt werden sollen als die in unmittelbarer Anwendung des BVG gewährten Hinterbliebenengrundrenten, die vom Wortlaut des § 76 BSHG offensichtlich erfasst sind. Zum anderen kann es nicht entscheidend auf die Frage der Zweckbestimmung der Grundrenten ankommen. Dies zeigt sich, wenn die geschichtliche Entwicklung des § 76 BSHG in dem hier interessierenden Punkt betrachtet wird. Die Grundrente nach dem BVG ist vom Gesetzgeber mit dem 2. Änderungsgesetz zum BSHG vom 14.8.1969 durch Änderung dieser Vorschrift von der Anrechnung als Einkommen ausgenommen worden. Dies geschah, obwohl zu diesem Zeitpunkt die Zweckbestimmung der Grundrente nach dem BVG stark umstritten und die vom Bundesverwaltungsgericht in seinem Urteil vom 26.8.1964 – V C 99.63 –, veröffentlicht in BVerwGE 19, 198, festgestellte Freilassung durch den Wortlaut des § 77 BSHG eigentlich nicht gedeckt war. Die durch das 2. BSHG-Änderungsgesetz eingefügte Regelung der Nichtanrechnung in § 76 BSHG statt im Rahmen der Zweckbestimmungsregelung des § 77 BSHG verdeutlicht, dass die Nichtanrechnung unabhängig von den strengen Anforderungen an eine besondere Zweckbestimmung erfolgen sollte. Aus einer Differenzierung hinsichtlich des Leistungszwecks zwischen BVG-Grundrenten und anderen Renten, die in entsprechender Anwendung des BVG gewährt werden, lässt sich daher nicht herleiten, dass nur die unmittelbar nach dem BVG gewährte Grundrente als nicht anrechenbares Einkommen im Rahmen des § 76 BSHG angesehen werden kann.

Somit sind nach meiner Ansicht, die auch der Praxis in der Kriegsopferfürsorge entspricht, alle in unmittelbarer oder entsprechender Anwendung des BVG gewährten Beschädigten- und Hinterbliebenengrundrenten im Rahmen des § 76 BSHG nicht als Einkommen anzurechnen. Diese Auffassung wird auch in der mir bekannten Kommentarliteratur zum BSHG einhellig vertreten.

BSG v. 14.2.2001 – B 9 V 12/00 R – (Breithaupt 2001, 658)

1. *Es ist tatsächlich unmöglich und deshalb rechtlich verboten, die MdE genauer als in Zehnerstufen – allenfalls in Fünferstufen – einzuschätzen (insoweit Aufgabe von BSG SozR § 31 BVG Nr. 12 = KOV 1973 S. 191 [Leitsatz] und SozR 3100 § 30 Nr. 9).*
2. *Anspruch auf Rente eines Erwerbsunfähigen hat nur derjenige, dessen Erwerbsfähigkeit um mindestens 95 v. H. gemindert ist.*

BMA v. 11.9.2001 – IV c 2 – 63014 (nicht veröffentlicht)
Durchführung des Sozialen Entschädigungsrechts;
hier: Definition des Begriffes Erwerbsunfähigkeit im Sinne des § 31 Abs. 3 Satz 2 BVG
Die vom Bundessozialgericht (BSG) im Urteil vom 14.2.2001, Az.: B 9V 12/00 R, vertretene Rechtsauffassung wird von mir geteilt. Das BSG hat in seiner Entscheidung seine Rechtsprechung konsequent fortgeführt, wonach für die Bildung der Gesamt-MdE alle mathematischen Formeln untauglich sind und ein Grad der Minderung der Erwerbsfähigkeit nur annähernd bestimmt werden kann.
Bei der Bewertung der MdE kann es sich grundsätzlich immer nur um eine Schätzung mit einer gewissen Schwankungsbreite handeln, bei der der Grund niemals mathematisch genau, sondern nur annäherungsweise feststellbar ist.
Die Eigenart der MdE-Beurteilung als Annäherungswerte verbietet eine Differenzierung im Bewertungsansatz über durch zehn teilbare Werte – im besonderen Einzelfall auch einmal einen durch fünf teilbaren Zwischenwert – hinaus.
Eine wesentliche Änderung der Verhältnisse ist deshalb in aller Regel nur bei einer Änderung der MdE um 10 v. H. anzunehmen, denn diese Änderung wird meist als die untere Grenze dessen angesehen, was medizinisch und wirtschaftlich messbar ist. Nur um 5 v. H. differierende MdE-Beurteilungen rechtfertigen deshalb nicht die Annahme einer wesentlichen Änderung der Verhältnisse, da sie innerhalb der allen ärztlichen Schätzungen eigenen Schwankungsbreite liegen. Noch genauere Werte täuschen eine Perfektion vor, die ärztlich nicht realisierbar ist; sie sind fast immer dem medizinischen und rechtlichen Erkenntnisvermögen entzogen und somit gar nicht gutachtlich beurteilbar. solche Werte werden deshalb rechtlich als ein für allemal unerheblich angesehen.
Unter diesem Gesichtspunkt ist auch die Vorschrift des § 31 Abs. 2 BVG zu verstehen, dass die Zehnerwerte nur Durchschnittssätze sind und um fünf v. H. geringere Werte von ihnen mit umfasst werden.
Was für Einzel-MdE-Werte zu beachten ist, muss umso mehr für die Beurteilung der Gesamt-MdE gelten. Bei jeder Änderung der Verhältnisse – und zwar sowohl infolge Verschlimmerung der anerkannten Gesundheitsstörungen als auch durch das Hinzutreten von Folgeschäden – können daher nur die – wiederum grob – geschätzten Gesamtauswirkungen aller durch die Schädigungsfolgen bedingten Funktionsbeeinträchtigungen maßgebend sein. Dabei muss sich diese Änderung im Gesundheitszustand nicht zwangsläufig auf die Gesamtbeurteilung auswirken und damit auch nicht unbedingt zu einer MdE-Erhöhung führen.
Wenn die bisherige Gesamtbeurteilung schon auf Schätzwerten beruhte, kann die neue – unter Berücksichtigung einer Änderung bzw. Verschlimmerung zu beurteilende – Gesamt-MdE niemals mit mathematischer Genauigkeit ermittelt werden.
Bei der Anwendung des § 31 Abs. 3 Satz 2 BVG ist dementsprechend in gleicher Weise zu verfahren.

Verordnung über die Durchführung des § 31 Abs. 4 des Bundesversorgungsgesetzes

in der Fassung der Bekanntmachung vom 20. April 1970 (BGBl. I S. 410), geändert durch Art. 16 des Gesetzes vom 13. Dezember 2007 (BGBl. I S. 2904, 2918)

Auf Grund des § 3 der Dritten Verordnung zur Änderung der Verordnung zur Durchführung des § 31 Abs. 5 des Bundesversorgungsgesetzes vom 20. April 1970 (Bundesgesetzbl. I S. 409) wird nachstehend der Wortlaut der Verordnung zur Durchführung des § 31 Abs. 5 des Bundesversorgungsgesetzes in der jetzt geltenden Fassung bekanntgegeben, wie sie sich aus der vorstehend angegebenen Änderungsverordnung und den Änderungsverordnungen vom 17. Juli 1964 (Bundesgesetzbl. I S. 489, ber. I S. 581) und vom 19. August 1969 (Bundesgesetzbl. I S. 1352) ergibt.

Die Rechtsvorschriften sind auf Grund

des § 31 Abs. 5 des Bundesversorgungsgesetzes in der Fassung des Gesetzes vom 27. Juni 1960 (Bundesgesetzbl. I S. 453),

des § 31 Abs. 5 des Bundesversorgungsgesetzes in der Fassung der Bekanntmachung vom 21. Februar 1964 (Bundesgesetzbl. I S. 101), geändert durch das Bundeskindergeldgesetz vom 14. April 1964 (Bundesgesetzbl. I S. 265),

des § 31 Abs. 5 des Bundesversorgungsgesetzes in der Fassung der Bekanntmachung vom 20. Januar 1967 (Bundesgesetzbl. I S. 141, ber. I S. 180), zuletzt geändert durch das Gesetz zur Änderung des Bundesversorgungsgesetzes vom 27. Februar 1969 (Bundesgesetzbl. I S. 157), und

des § 31 Abs. 5 des Bundesversorgungsgesetzes in der Fassung der Bekanntmachung vom 20. Januar 1967 (Bundesgesetzbl. I S. 141, ber. I S. 180), zuletzt geändert durch das Gesetz über die Anpassung der Leistungen des Bundesversorgungsgesetzes vom 26. Januar 1970 (Bundesgesetzbl. I S. 121),

erlassen worden.

§ 1

Schwerstbeschädigtenzulage erhalten Beschädigte, deren Schädigungsfolgen allein aufgrund der Beurteilung nach § 30 Abs. 1 des Bundesversorgungsgesetzes mit einem Grad der Schädigungsfolgen von 100 zu beurteilen sind, wenn die anerkannten Schädigungsfolgen nach den nachstehenden Vorschriften mit wenigstens 130 Punkten zu bewerten sind oder wenn sie Anspruch auf Pflegezulage mindestens nach Stufe III haben.

§ 2

(1) Bei der Punktbewertung ist von der Höhe des Grades der Schädigungsfolgen auszugehen, die die einzelnen anerkannten Schädigungsfolgen bedingen. Dabei ist jedoch nur die Höhe des Grades der Schädigungsfolgen maßgebend, die sich allein aufgrund der Beurteilung nach § 30 Abs. 1 des Bundesversorgungsgesetzes ergibt.

(2) Auswirkungen von Schäden eines Organsystems an Gliedmaßen oder an anderen Organsystemen werden bei den Gliedmaßen oder Organsystemen

bewertet, die in ihrer Funktion geschädigt sind. Mehrere Schädigungsfolgen an einem Arm oder an einem Bein oder an einem Organsystem sind als eine Schädigungsfolge anzusehen.

(3) Organsystem im Sinne dieser Verordnung sind Atmung, Herz-Kreislauf, Verdauung, Harnapparat, Geschlechtsapparat, Blut einschließlich blutbildendem Gewebe und Immunsystem, innere Sekretion, Sehen, Gehör, Sprache, Geruch einschließlich Geschmack, Stamm (Funktion der Haltung und des Schutzes der inneren Organe), Kopf (Funktion der Prägung des Aussehens, der Bildung der Kopfhöhlen und des Schutzes des Gehirns), Gehirnbereich I (Funktion der Wesensbildung der geistigen Leistung) und der Gehirnbereich II (zentralnervale Funktion).

(4) Liegen mehrere Schädigungsfolgen vor, so ist die Höhe des Grades der Schädigungsfolgen für jede einzelne Schädigungsfolge zu ermitteln. Schädigungsfolgen, die eine Minderung der Erwerbsfähigkeit um weniger als 25 vom Hundert bedingen, bleiben außer Betracht.

(5) Die Bewertung erfolgt entsprechend dem Grad der Schädigungsfolgen jeweils in ganzen Punkten; bei Schädigungsfolgen, die einen Grad der Schädigungsfolgen von weniger als 45, aber mindestens 25 bedingen, erfolgt die Bewertung jeweils in halben Punkten. Ergeben zwei oder mehrere Schädigungsfolgen mit einem Grad der Schädigungsfolgen von mindestens 45 zusammen mindestens 140 Punkte, erfolgt die Bewertung in ganzen Punkten bei Schädigungsfolgen mit einem Grad der Schädigungsfolgen von weniger als 45, mindestens aber 25. Die einzelnen Ergebnisse sind zusammenzuzählen; dabei ist § 30 Abs. 1 Satz 2 des Bundesversorgungsgesetzes entsprechend anzuwenden.

§ 3

(1) Die nach § 2 ermittelte Punktzahl ist,

1.	wenn Schädigungsfolgen an beiden Beinen zusammentreffen,	um 10 Punkte
	wenn jedoch beide Füße fehlen oder gebrauchsunfähig sind,	um 20 Punkte
2.	wenn Schädigungsfolgen an beiden Armen zusammentreffen,	um 20 Punkte
	wenn jedoch beide Hände fehlen oder gebrauchsunfähig sind,	um 40 Punkte
3.	wenn eine Hand und ein ganzer Fuß fehlen oder gebrauchsunfähig sind,	um 20 Punkte
4.	wenn Schädigungsfolgen an zwei oder mehreren inneren Organsystemen zusammentreffen,	um 20 Punkte
5.	wenn Blindheit mit weiteren Schädigungsfolgen zusammentrifft,	um 30 Punkte
6.	wenn Blindheit mit Ausfall oder nahezu völligem Ausfall eines oder mehrerer weiterer Sinnesorgane zusammentrifft,	um 30 Punkte

zu erhöhen. Das gilt, mit Ausnahme der Nummer 6, nur, wenn die zusammentreffenden Schädigungsfolgen nach § 2 zu berücksichtigen sind.

(2) Innere Organsysteme im Sinne des Absatzes 1 sind Atmung, Herz-Kreislauf, Verdauung, Harnapparat, Geschlechtsapparat, Blut einschließlich blutbildendem Gewebe und Immunsystem, die innere Sekretion sowie das Gehirn in seiner gesamten Funktion (ohne Aufteilung in Funktionsbereiche).

§ 4

Ist für die Zuerkennung der Schwerstbeschädigtenzulage der Anspruch auf Pflegezulage von Bedeutung, so bleibt eine Höherstufung der Pflegezulage außer Betracht, wenn sie wegen besonderer wirtschaftlicher Mehraufwendungen und Zusammentreffens mit einer nicht schädigungsbedingten Gesundheitsstörung vorgenommen worden ist.

§ 5

(1) Schwerstbeschädigtenzulage wird

bei mindestens 130 Punkten	nach Stufe I
bei mindestens 160 Punkten	nach Stufe II
bei mindestens 190 Punkten	nach Stufe III
bei mindestens 220 Punkten	nach Stufe IV
bei mindestens 250 Punkten	nach Stufe V
bei mindestens 280 Punkten	nach Stufe VI

erbracht.

(2) Schwerstbehindertenzulage auf Grund des Anspruchs auf eine Pflegezulage wird

bei Pflegezulage nach Stufe III	mindestens nach Stufe I
bei Pflegezulage nach Stufe IV	mindestens nach Stufe II
bei Pflegezulage nach Stufe V	mindestens nach Stufe III

erbracht.

§§ 6, 7

(weggefallen)

---

§ 32 (Ausgleichsrente für Schwerbeschädigte)

(1) Schwerbeschädigte erhalten eine Ausgleichsrente, wenn sie infolge ihres Gesundheitszustands oder hohen Alters oder aus einem von ihnen nicht zu vertretenden sonstigen Grund eine ihnen zumutbare Erwerbstätigkeit nicht oder nur in beschränktem Umfang oder nur mit überdurchschnittlichem Kräfteaufwand ausüben können.

(2) Die volle Ausgleichsrente beträgt monatlich bei einem Grad der Schädigungsfolgen

von 50 oder 60	**452 Euro,**
von 70 oder 80	**547 Euro,**
von 90	**657 Euro,**
von 100	**736 Euro.**

VV zu § 32

1. Schwerbeschädigte, die eine Erwerbstätigkeit , die ihnen unter Berücksichtigung ihrer Kenntnisse und Fähigkeiten zuzumuten ist, uneingeschränkt ausüben und das volle Entgelt eines vergleichbaren Nichtbeschädigten beziehen, erhalten keine Ausgleichsrente. Das gilt jedoch nicht, wenn das erzielte Einkommen nicht die Höhe des Einkommens erreicht, das in dem früher ausgeübten, begonnenen oder angestrebten Beruf erreicht worden ist oder wäre, oder wenn unter Berücksichtigung des Alters des Schwerbeschädigten anzunehmen ist, daß durch die Art der Beschädigung ein mit höherem Einkommen verbundener beruflicher Aufstieg vereitelt worden ist, oder wenn die Tätigkeit aus einem der in den Nummern 2 bis 5 genannten Gründen nicht zugemutet oder wenn sie nur mit überdurchschnittlichem Kräfteaufwand voll ausgeübt werden kann.
2. Bei der Prüfung, ob der Beschädigte infolge seines Gesundheitszustandes außerstande ist, einer ihm zumutbaren Erwerbstätigkeit nachzugehen, ist nicht nur die anerkannte Gesundheitsstörung, sondern der Gesamtleidenszustand zu berücksichtigen. Die Voraussetzung gilt stets als erfüllt, wenn der Beschädigte wegen Erwerbs- oder Berufsunfähigkeit eine Rente aus der gesetzlichen Rentenversicherung oder ein vorzeitiges Altersgeld nach dem Gesetz über die Altershilfe für Landwirte erhält.
3. Die Voraussetzung, daß Beschädigte wegen hohen Alters nicht mehr fähig sind, eine Erwerbstätigkeit auszuüben, gilt stets als erfüllt, wenn sie das sechzigste Lebensjahr vollendet haben.
4. Die Frage, ob der Beschädigte ohne sein Verschulden gehindert ist, eine ihm zumutbare Erwerbstätigkeit auszuüben oder höhere Einkünfte zu erzielen, ist zu bejahen, wenn seine dahingehenden Bemühungen trotz bekundeten Arbeitswillens ohne Erfolg geblieben sind und berufsfördernde Maßnahmen zur Rehabilitation nach § 26 nicht in Betracht kommen oder zwar abgeschlossen aber noch nicht wirksam geworden sind. Der Arbeitswille ist allgemein als bekundet anzusehen, wenn der Beschädigte zur Begründung eines entsprechenden Arbeitsverhältnisses ein Arbeitsgesuch bei einer Dienststelle der Bundesanstalt für Arbeit gestellt hat. Die Verwaltungsbehörden haben darüber zu wachen, daß die Möglichkeiten der berufsfördernden Maßnahmen und des Schwerbehindertengesetzes voll ausgeschöpft werden.
5. Ob eine Erwerbstätigkeit zumutbar ist, ist nach Lage des Einzelfalles unter Berücksichtigung aller in Betracht kommenden Umstände zu beurteilen. So können größere Entfernungen zwischen Wohnung und Arbeitsplatz bei ungünstigen Verkehrsverhältnissen in Verbindung mit Art und Schwere der Gesundheitsstörung ein Grund dafür sein, die Zumutbarkeit eines angebotenen Arbeitsplatzes zu verneinen.
6. Hat der Beschädigte seine Erwerbstätigkeit ohne triftigen Grund aufgegeben oder durch nachgewiesenes eigenes Verschulden verloren und sich anschließend nicht ernsthaft um eine neue Erwerbstätigkeit bemüht (Nummer 4), ist die Ausgleichsrente oder ihre Erhöhung zu versagen; lehnt er in diesem Falle eine ihm angebotene zumutbare Erwerbstätigkeit ab, ist die Ausgleichsrente zu entziehen.

Aus Rundschreiben, Urteilen etc.

BMAuS v. 3.1.2007 – IV c 2 – 47422/IV c 2 – 47481
Ausgleichsrentenanspruch für Schwerbeschädigte nach dem Bundesversorgungsgesetz (BVG) bei Inanspruchnahme von Elternzeit oder Beurlaubung zur Kindererziehung
Länderreferentenbesprechung zu Grundsatzfragen des Sozialen Entschädigungsrechts vom 14. bis 16. November 2006 in Bonn
Im Rahmen der o.a. Länderreferentenbesprechung wurde die vom Bundesrechnungshof im Rahmen einer Querschnittsprüfung angesprochene unterschiedliche Behandlung von Witwen und Schwerbeschädigten bei der Feststellung des Grundanspruchs auf Ausgleichsrente nach dem Bundesversorgungsgesetz (BVG) ausführlich erörtert. Diese Ungleichbehandlung betrifft den Fall der Inanspruchnahme von Elternzeit oder Beurlaubung zur Kindererziehung durch die beiden Personengruppen.
So haben nach § 41 Abs. 1 Satz 1 Buchst. c BVG Witwen dann dem Grunde nach einen Anspruch auf Ausgleichsrente, wenn sie für ein Kind des Verstorbenen im Sinne von § 33 b Abs. 2 BVG oder für ein eigenes Kind, das Anspruch auf Versorgung nach dem BVG hat, sorgen. Demgegenüber erhalten Schwerbeschädigte gemäß § 32 Abs. 1 BVG nur dann Ausgleichsrente, wenn sie infolge ihres Gesundheitszustands oder hohen Alters oder aus einem von ihnen nicht zu vertretenden sonstigen Grunde eine ihnen zumutbare Erwerbstätigkeit nicht oder nur in beschränktem Umfang oder nur mit überdurchschnittlichem Kräfteaufwand ausüben können. Die Voraussetzung, dass der Beschädigte wegen hohen Alters nicht mehr fähig ist, eine Erwerbstätigkeit auszuüben, wird bei Vollendung des sechzigsten Lebensjahres stets als erfüllt angesehen (vgl. Nr. 3 der VV zu § 32 BVG). Ein Beschädigter ist ohne sein Verschulden gehindert, eine ihm zumutbare Erwerbstätigkeit auszuüben, wenn seine dahingehenden Bemühungen trotz bekundetem Arbeitswillen ohne Erfolg geblieben sind. Im Allgemeinen ist der Arbeitswille dann als bekundet anzusehen, wenn sich der Beschädigte dem Arbeitsmarkt als Arbeitsuchender zur Verfügung gestellt hat (vgl. Nr. 4 der VV zu § 32 BVG).
Eine dem § 41 Abs. 1 Satz 1 Buchst. c BVG vergleichbare Regelung für Schwerbeschädigte, die Kinder erziehen, existiert dagegen nicht. Vielmehr fehlt es an einem „nicht zu vertretenden sonstigen Grund" im Sinne von § 32 Abs. 1 BVG dann, wenn sich der Schwerbeschädigte zum Zwecke der Kindererziehung von der beruflichen Tätigkeit hat freistellen lassen und damit faktisch die Ursache für einen Einkommensverlust selbst gesetzt hat.
Diese unterschiedlichen Voraussetzungen für die Gewährung einer Ausgleichsrente bei Schwerbeschädigten und Witwen führen in der Konsequenz dazu, dass sich Beschädigte im Gegensatz zu Witwen bis zu ihrem sechzigsten Lebensjahr ständig der Arbeitsverwaltung zur Verfügung stellen müssten, um aufgrund des gezeigten Arbeitswillens den Grundanspruch auf Ausgleichsrente zu behalten.
Nach heutigem Verständnis erscheint eine derartige Ungleichbehandlung jedoch nicht gerechtfertigt. Dabei ist zu berücksichtigen, dass zur Zeit der Verabschiedung des BVG eine Konstellation wonach Schwerbeschädigte – in der Regel die Männer – zum Zwecke der Kinderbetreuung nicht dem Arbeitsmarkt zur Verfügung standen, nicht den damaligen gesellschaftlichen Vorstellungen entsprach. Es ist deshalb durchaus davon auszugehen, dass der Gesetzgeber eine dem § 41 Abs. 1 Satz 1

Buchst. c BVG vergleichbare Regelung geschaffen hätte, wäre er sich einer solchen Konstellation bewusst gewesen. Denn der Sinn und Zweck von § 41 Abs. 1 Satz 1 Buchst. c BVG besteht vor allem darin, die Erziehungsleistung von Witwen zu honorieren. Damit wird dem Grundsatz entsprochen, dass Berechtigte durch die Inanspruchnahme von Freistellungsmöglichkeiten zur Kindererziehung nicht schlechter stehen dürfen als vorher (vgl. BSG, Urteil vom 16. Dezember 2004 – B 9 V 3/02 R –). Dieser für das gesamte Soziale Entschädigungsrecht geltende Grundsatz müsste konsequenterweise allerdings auch für die Gewährung von Ausgleichsrente für Schwerbeschädigte gelten.

Unter Berücksichtigung der heutigen gesellschaftlichen Vorstellung liegt insoweit eine planwidrige Regelungslücke im Bundesversorgungsgesetz vor.

Unter den Besprechungsteilnehmern bestand Einvernehmen darüber, dass diese Regelungslücke in ausreichendem Maße über die Härtefallregelung des § 89 BVG ausgefüllt werden kann. Voraussetzung für eine Ermessensleistung nach § 89 BVG ist, dass der Gesetzgeber besondere Einzelfälle oder auch Gruppen mit ihren Besonderheiten übersehen oder nicht genügend differenziert geregelt hat, dies entspricht dem Fall dass zwischen der konkreten Gesetzesregelung und dem mit dem Recht der Kriegsopferversorgung insgesamt angestrebten Ziel ein Missverhältnis auftritt (vgl. BSG im Urteil vom 21. Oktober 1998, – B 9 V 3/98 R –). Aus den oben genannten Gründen lässt sich ein derartiges Missverhältnis hinsichtlich der Voraussetzungen für den Ausgleichsrentenanspruch von Schwerbeschädigten und Witwen bejahen.

Da eine Inanspruchnahme von Elternzeit beziehungsweise eine Beurlaubung zum Zwecke der Kindererziehung durch Schwerbeschädigte allerdings auch heute lediglich in Einzelfällen vorkommen dürfte, sahen die Besprechungsteilnehmer auch angesichts der bestehenden Härtefallregelung des § 89 BVG kein Bedürfnis, für die genannten Einzelfälle eine ergänzende Reglung in § 32 BVG aufzunehmen.

Der Gewährung von Härteausgleichen in derartigen Fällen stimme ich gemäß § 89 Abs. 2 BVG allgemein zu.

§ 33 (Minderung der Ausgleichsrente um anzurechnendes Einkommen)

(1) Die volle Ausgleichsrente ist um das anzurechnende Einkommen zu mindern. Dieses ist, ausgehend vom Bruttoeinkommen, nach der nach Absatz 6 zu erlassenden Rechtsverordnung stufenweise so zu ermitteln, daß

a) bei Einkünften aus gegenwärtiger Erwerbstätigkeit ein Betrag in Höhe von 1,5 vom Hundert sowie bei den übrigen Einkünften ein Betrag in Höhe von 0,65 vom Hundert des Bemessungsbetrags von 31 752 Euro, jeweils auf volle Euro aufgerundet, freibleibt (Freibetrag) und

b) dem Beschädigten mit einem Grad der Schädigungsfolgen von 100 Ausgleichsrente nur zusteht, wenn seine Einkünfte aus gegenwärtiger Erwerbstätigkeit niedriger sind als ein Betrag in Höhe von einem Zwölftel oder seine übrigen Einkünfte niedriger sind als ein Betrag in Höhe von einem Zwanzigstel des in Buchstabe a genannten Bemessungsbetrags, aufgerundet auf volle Euro (Einkommensgrenze); diese Einkommensgrenze schließt auch die Beträge des Bruttoeinkommens ein, die mit den genannten Beträgen die gleiche Stufe gemeinsam haben.

(2) Einkünfte aus gegenwärtiger Erwerbstätigkeit im Sinne des Absatzes 1 sind Einkünfte aus
a) nichtselbständiger Arbeit im Sinne des § 19 Abs. 1 Nr. 1 des Einkommensteuergesetzes,
b) Land- und Forstwirtschaft,
c) Gewerbebetrieb,
d) selbständiger Tätigkeit sowie

Versorgungskrankengeld, Krankengeld und Verletztengeld, sofern diese Leistungen nicht nach einem zuvor bezogenen Arbeitslosengeld oder Unterhaltsgeld nach dem Dritten Buch Sozialgesetzbuch bemessen sind. Bei Versorgungskrankengeld, Krankengeld und Verletztengeld gilt als Einkünfte aus gegenwärtiger Erwerbstätigkeit das Bruttoeinkommen, das der Berechnung dieser Leistung zugrunde liegt, gegebenenfalls vom Zeitpunkt einer Anpassung der Leistung an erhöht um den Vomhundertsatz, um den der Bemessungsbetrag zuletzt gemäß § 56 Abs. 1 Satz 2 angepaßt worden ist. Zu den Einkünften aus gegenwärtiger Erwerbstätigkeit nach Absatz 1 zählt auch Elterngeld im Sinne des Bundeselterngeld- und Elternzeitgesetzes in Höhe des jeweils gezahlten Betrags, der den jeweils maßgeblichen Betrag nach § 10 des Bundeselterngeld- und Elternzeitgesetzes übersteigt. Das für einen Lebensmonat zustehende und gezahlte Elterngeld ist in dem Kalendermonat vollständig anzurechnen, in dem der Beginn des Lebensmonats liegt.

(3) Läßt sich das Einkommen zahlenmäßig nicht ermitteln, so ist es unter Berücksichtigung der Gesamtverhältnisse festzusetzen.

(4) Empfänger einer Pflegezulage erhalten wenigstens die Hälfte der vollen Ausgleichsrente, Empfänger einer Pflegezulage von mindestens Stufe III die volle Ausgleichsrente, auch wenn die Pflegezulage nach § 35 Abs. 4 nicht gezahlt wird oder nach § 65 Abs. 1 ruht.

(5) Die Bundesregierung wird ermächtigt, mit Zustimmung des Bundesrates durch Rechtsverordnung näher zu bestimmen,
a) was als Einkommen gilt und welche Einkünfte bei Feststellung der Ausgleichsrente unberücksichtigt bleiben,
b) wie das Bruttoeinkommen zu ermitteln ist.

(6) Das Bundesministerium für Arbeit und Soziales wird ermächtigt, mit Zustimmung des Bundesrates die Rechtsverordnung über das anzurechnende Einkommen nach Absatz 1 zu erlassen. Die anzurechnenden Beträge sind in einer Tabelle anzugeben, die für Beschädigte mit einem Grad der Schädigungsfolgen von 100 in 200 Stufen gegliedert ist; die ermittelten Werte gelten auch für die übrigen Beschädigtengruppen. Der jeweilige Betrag, bis zu dem die einzelne Stufe reicht, ist zu ermitteln, indem die Stufenzahl mit dem zweihundertsten Teil des um den Freibetrag (Absatz 1 Buchstabe a) verminderten Betrags nach Absatz 1 Buchstabe b multipliziert und dem auf volle Euro abgerundeten Produkt der Freibetrag hinzugerechnet wird. Der jeder Stufe zugeordnete Betrag des anzurechnenden Einkommens ist zu ermitteln, indem die jeweilige Stufenzahl mit dem zweihundertsten Teil des Betrags der vollen Ausgleichsrente für Beschä-

digte mit einem Grad der Schädigungsfolgen von 100 multipliziert und das Produkt auf volle Euro abgerundet wird. In der Rechtsverordnung kann ferner Näheres über die Anwendung der Tabelle bestimmt und können die jeweils zustehenden Beträge der Ausgleichsrente angegeben werden.

(Fortsetzung BVG Seite 829)

Verordnung über die Einkommensfeststellung nach dem Bundesversorgungsgesetz (Ausgleichsrentenverordnung – AusglV)

in der Fassung der Bekanntmachung vom 1. Juli 1975 (BGBl. I S. 1769), zuletzt geändert durch Gesetz vom 20. Dezember 2011 (BGBl. I S. 2854, 2924)

Erster Abschnitt
Schwerbeschädigte

§ 1 Einkommen

(1) Einkommen, das bei der Feststellung der Ausgleichsrente zu berücksichtigen ist, sind alle Einkünfte in Geld oder Geldeswert ohne Rücksicht auf ihre Quelle und Rechtsnatur, soweit nicht das Bundesversorgungsgesetz, diese Verordnung oder andere Rechtsvorschriften vorschreiben, daß bestimmte Einkünfte bei der Feststellung der Ausgleichsrente unberücksichtigt bleiben. Dabei ist es unerheblich, ob sie der Steuerpflicht unterliegen oder bei der Bemessung einer anderen Leistung berücksichtigt werden.

(2) Den Einkünften stehen Ansprüche und Leistungen in Geld oder Geldeswert sowie Anwartschaften, die durch Stellung eines Antrages zu einem derartigen Anspruch erwachsen können, gleich; das gilt nicht, soweit sie nicht zu verwirklichen sind oder aus Unkenntnis oder aus einem verständigen Grund nicht geltend gemacht worden sind oder nicht geltend gemacht werden. Hat der Schwerbeschädigte ohne verständigen Grund über Vermögenswerte in einer Weise verfügt, daß dadurch sein bei der Feststellung der Ausgleichsrente zu berücksichtigendes Einkommen gemindert wird, so ist seine Ausgleichsrente so festzustellen, als hätte er die Verfügung nicht getroffen.

(3) Einkünfte aus gegenwärtiger Erwerbstätigkeit (§ 33 Abs. 1 und 2 des Bundesversorgungsgesetzes) sind auch solche Einkünfte, die nach den Vorschriften des Einkommensteuerrechts den in § 33 Abs. 2 des Bundesversorgungsgesetzes aufgeführten Einkunftsarten zugerechnet werden; bei Konkursausfallgeld (Insolvenzgeld) nach dem Dritten Buch Sozialgesetzbuch gilt als Einkommen aus gegenwärtiger Erwerbstätigkeit das Bruttoeinkommen, das der Berechnung dieser Leistung zugrunde liegt. Zu den übrigen Einkünften im Sinne des § 33 Abs. 1 des Bundesversorgungsgesetzes gehören insbesondere

1. Einkünfte aus Haus- und Grundbesitz,
2. Einkünfte aus Kapitalvermögen,

3. Renten aus den gesetzlichen Rentenversicherungen und der gesetzlichen Unfallversicherung,
4. die Altersrente, die Rente wegen Erwerbsminderung, eine Rente wegen Todes und die Landabgaberente nach dem Gesetz über die Alterssicherung der Landwirte sowie die Produktionsaufgaberente und das Ausgleichsgeld nach dem Gesetz zur Förderung der Einstellung der landwirtschaftlichen Erwerbstätigkeit,
5. Wartegelder, Ruhegelder, Witwen- und Waisengelder und andere Bezüge und Vorteile aus früheren Dienstleistungen,
6. freiwillige Leistungen, die mit Rücksicht auf ein früheres Dienst- oder Arbeitsverhältnis oder eine frühere selbständige Berufstätigkeit oder als zusätzliche Versorgungsleistung einer berufsständischen Organisation laufend gewährt werden,
7. Geldrenten und einmalige Leistungen aus privaten Versicherungsverträgen,
8. Leistungen aufgrund von Unterhaltsansprüchen, soweit sie bei der Feststellung der Ausgleichsrente zu berücksichtigen sind,
9. Altenteilsleistungen, Leibrenten,
10. Übergangsgeld, Unterhaltsgeld, Arbeitslosengeld und Kurzarbeitergeld.

(4) Die Einkünfte im Sinne des Abs. 3 Satz 1 und 2 sind getrennt nach den Einkunftsarten des § 2 Abs. 1 des Einkommensteuergesetzes zu ermitteln. Abzüge sind nur insoweit zulässig, als dies in dieser Verordnung oder in anderen Rechtsvorschriften bestimmt ist. Ein Verlustausgleich zwischen einzelnen Einkunftsarten ist nicht vorzunehmen.

Aus Rundschreiben, Urteilen etc.

BMAS v. 2.3.2009 – IV c 2 – 46001 – 2
Durchführung des Sozialen Entschädigungsrechts (SER);
Anrechnung von Elterngeld gem. § 10 BEEG auf einkommensabhängige Leistungen nach dem BVG

§ 10 BEEG regelt das Verhältnis von Elterngeld zu anderen Sozialleistungen. Nach § 10 Abs. 1 BEEG bleiben das Elterngeld und vergleichbare Leistungen der Länder sowie die nach § 3 BEEG auf das Elterngeld angerechneten Leistungen bei Sozialleistungen, deren Zahlung von anderen Einkommen abhängig ist, bis zu einer Höhe von insgesamt 300 Euro im Monat als Einkommen unberücksichtigt. Für den Fall, dass der Betrag von 300 Euro überschritten wird, kann sich das Problem eines Anrechnungskarussells ergeben.

Ein Anrechnungskarussell liegt generell dann vor, wenn es zu einer gegenseitigen Berücksichtigung der Zuflüsse bei der Berechnung von Leistungen kommt.

Für die Berechnung des Elterngeldes nach dem BEEG sind zwei mögliche Wege denkbar.

Nach § 2 Abs. 3 BEEG wird Elterngeld auf den Unterschiedsbetrag des Erwerbseinkommens vor der Geburt und des Erwerbseinkommens während des Bezugs von Elterngeld gewährt.

Einkommen aus Erwerbstätigkeit ist dabei gem. § 2 Abs. 1 BEEG die Summe der positiven Einkünfte i. S. v. § 2 Abs. 1 S. 1 Nr. 1 bis 4 des Einkommensteuergesetzes nach Maßgabe des § 2 Abs. 7 bis 9 BEEG.

§ 3 Abs. 2 BEEG regelt die Anrechnung von Einnahmen, die nach ihrer Zweckbestimmung das dem Elterngeld als wegfallendes Erwerbseinkommen zugrunde gelegte Einkommen aus Erwerbstätigkeit ganz oder teilweise ersetzen. So können etwa Renten oder Krankengeld angerechnet werden.
Beide Wege der Berücksichtigung schließen einander aus. Handelt es sich um Erwerbseinkommen, das nach § 2 Abs. 3 BEEG zu berücksichtigen ist, also nicht wegfällt, kann es nicht zugleich an die Stelle dieses Erwerbseinkommens treten.
Durch Leistung des nach § 2 Abs. 3 oder § 3 Abs. 2 BEEG zu berechnenden Elterngeldes kann es wegen § 10 BEEG jeweils zu einem Anrechnungskarussell kommen, d. h. einer wechselseitigen Anrechnung von Elterngeld einerseits und bestimmten einkommensabhängigen Leistungen nach dem BVG andererseits.

1. *Dies gilt zunächst im Bereich der* ***Beschädigtenversorgung*** *für die Ausgleichsrente (§ 32 BVG) und den Berufsschadensausgleich (§ 30 Abs. 3 ff. BVG).*

a) *Ausgleichsrente nach § 32 BVG ist auf Grund ihres zumindest mittelbar bestehenden Leistungszwecks, den Lebensunterhalt des Beschädigten zu sichern, als einkommensabhängige Leistung gem. § 33 Abs. 1 BVG um anzurechnendes Einkommen zu mindern. Bei der Anrechnung unberücksichtigt bleiben lediglich die im Katalog von § 2 Ausgleichsrentenverordnung (AusglV) genannten Einkünfte. Elterngeld wird in dem Katalog allerdings nicht genannt und ist daher als anzurechnendes Einkommen heranzuziehen, soweit es nach § 10 Abs. 1 BEEG einen Betrag von 300 Euro überschreitet.*
Der über 300 € hinausgehende Betrag ist bei der Ausgleichsrente als Einkommen aus gegenwärtiger Erwerbstätigkeit im Sinne von § 33 Abs. 2 BVG zu berücksichtigen. In § 33 Abs. 2 BVG sind die Einkünfte aus gegenwärtiger Erwerbstätigkeit zwar abschließend definiert. Da das Elterngeld aber eine Entgeltersatzleistung darstellt, ist es im ***Vorgriff auf eine gesetzliche Änderung*** *den in § 33 Abs. 2 BVG genannten Einkünften aus gegenwärtiger Erwerbstätigkeit gleichzustellen. Entgegen § 33 Abs. 2 Satz 2 BVG ist jedoch nicht das der Berechnung des Elterngeldes zugrunde liegende Bruttoeinkommen, sondern der nach dem BEEG ermittelte* ***tatsächlich gezahlte Elterngeldbetrag*** *auf die Ausgleichsrente anzurechnen, da diese Summe den Unterschied zwischen dem Erwerbseinkommen vor der Geburt und dem Erwerbseinkommen während des Bezugs von Elterngeld genauer wiedergibt.*
Umgekehrt wird Ausgleichsrente beim Elterngeld nicht im Rahmen des § 2 Abs. 3 BEEG berücksichtigt, da es sich bei ihr nicht um zu berücksichtigendes Erwerbseinkommen handelt.
Für die Anrechnung der Ausgleichsrente nach § 3 Abs. 2 BEEG bestehen zwei Fallgestaltungen, bei denen sich im Ergebnis jeweils eine Anrechnung ergibt:
Soweit die Ausgleichsrente gezahlt wird, weil eine leistungsberechtigte Person eine zumutbare Erwerbstätigkeit nicht oder nur in beschränktem Umfang ausüben kann, tritt sie ebenso wie etwa die Erwerbsminderungsrente nach §§ 43, 67, 93, 94, 96 a, 240, 241 SGB VI an die Stelle des wegfallenden Einkommens, so dass sie auf das Elterngeld nach § 3 Abs. 2 BEEG anzurechnen ist. Der Anrechnung steht hier auch nicht entgegen, dass die Ausgleichsrente in der Höhe nicht aus dem wegfallenden Einkommen abgeleitet, sondern pauschal nach dem Grad der Schädigungsfolgen festgesetzt wird.

Soweit die Ausgleichsrente gezahlt wird, weil eine berechtigte Person eine zumutbare Erwerbstätigkeit nur mit überdurchschnittlichem Kräfteaufwand ausüben kann, wird zwar ein Teil des Erwerbseinkommens weiterhin erzielt. Soweit jedoch Einkommen entfällt und dieser Einkommenswegfall durch die Ausgleichsrente jedenfalls teilweise kompensiert wird, ist diese Rente hier ebenfalls anzurechnen. Somit entsteht in beiden Fällen ein Anrechnungskarussell.

b) Beim Berufsschadensausgleich (BSA) gem. §§ 30 Abs. 3ff. BVG wird das Elterngeld ebenfalls in Höhe des ***tatsächlich gezahlten Betrages*** *angerechnet, soweit gem. § 10 Abs. 1 BEEG ein Betrag von 300 Euro überschritten wird. Bei der Berechnung des Netto-BSA zählt es insofern zu den sonstigen Geldleistungen im Sinne des § 30 Abs. 8 Nr. 3 BVG.*

Maßgeblich für die Berechnung des BSA ist der nach den Regelungen des § 30 Abs. 3ff. BVG i.V.m. der Berufsschadensausgleichsverordnung (BSchAV) zu ermittelnde im Einzelfall beim Beschädigten eingetretene Verlust an Erwerbseinkommen. Da der Berechnung des Elterngeldes das wegfallende Einkommen aus Erwerbstätigkeit zugrunde liegt, ist das Elterngeld – unter Berücksichtigung des anrechnungsfreien Betrages nach § 10 Abs. 1 BEEG – bei der Ermittlung des Einkommensverlustes zum derzeitigen Einkommen hinzuzuzählen. Nach der durch § 10 BSchAV für anwendbar erklärten Regelung des § 2 AusglV bleiben nämlich nur die dort genannten Einkünfte unberücksichtigt, zu denen das Elterngeld aber nicht zählt (s.o.).

Im umgekehrten Fall wird BSA beim Elterngeld nicht im Rahmen des § 2 Abs. 3 BEEG berücksichtigt, da es sich dabei nicht um zu berücksichtigendes Erwerbseinkommen handelt.

Der BSA wird aber nach § 3 Abs. 2 BEEG auf das Elterngeld angerechnet, da er – unabhängig von der unterschiedlichen Art der Ermittlung des Einkommensverlustes nach § 30 Abs. 3ff. BVG und nach § 2 BEEG – das dem Elterngeld als wegfallendes Erwerbseinkommen zugrunde gelegte Einkommen aus Erwerbstätigkeit ganz oder teilweise ersetzt.

Im Rahmen der Beschädigtenversorgung entsteht somit beim BSA wie bei der Ausgleichsrente ein Anrechnungskarussell.

Hinweis:

Im Zusammenhang mit der gegenseitigen Anrechnung von Berufsschadensausgleich und Elterngeld ist auch der Zeitraum nach Ablauf der Elterngeldzahlung, also spätestens nach Vollendung des 14. Lebensmonats des Kindes, zu berücksichtigen. Nach diesem Zeitpunkt besteht unter den Voraussetzungen von § 15 BEEG die Möglichkeit der Inanspruchnahme von Elternzeit. Elternzeit kann grundsätzlich bis zum dritten Lebensjahr des Kindes genommen werden, bis zu zwölf Monate aber auch auf einen Zeitraum bis zur Vollendung des achten Lebensjahres des Kindes übertragen werden (§ 15 Abs. 2 BEEG). Infolge des Ablaufs der Elterngeldzahlung nach dem 14. Lebensmonat käme es damit aber für die Phase der Elternzeit dazu, dass der schädigungsunabhängige Einkommensverlust, der zuvor durch das Elterngeld ausgeglichen wurde, nun durch Zahlung eines höheren Berufsschadensausgleichs kompensiert werden muss. Um dies zu vermeiden, sollte in diesem Fall die Nachschadensregelung des § 30 Abs. 11 BVG herangezogen werden. Bei der Elternzeit handelt es sich um eine nicht nur vorübergehende Zeit; insofern liegt eine Einkommensminderung auf Dauer vor. Folglich kann die Nach-

schadensregelung des § 30 Abs. 11 BVG Anwendung finden, womit für die Berechnung des Berufsschadensausgleichs in der über den 14. Lebensmonat hinausgehenden Phase der Elternzeit anstelle des zuvor tatsächlich erzielten Elterngeldes nun das Durchschnittseinkommen des ohne den Nachschaden – also vor der Geburt des Kindes – ausgeübten Berufs anzurechnen ist. Dies gilt unabhängig davon, ob die Elternzeit zusammenhängend bis zur Vollendung des dritten Lebensjahres oder teilweise erst zu einem späteren Zeitpunkt bis zur Vollendung des achten Lebensjahres des Kindes genommen wird.

2. *Darüber hinaus besteht die Möglichkeit eines Anrechnungskarussells auch im Rahmen der* ***Hinterbliebenenversorgung*** *bei der Ausgleichsrente (§ 41 BVG) sowie dem Schadensausgleich (§ 40a BVG).*

a) *Ausgleichsrente gem. § 41 BVG erhalten Witwen oder hinterbliebene Lebenspartner, die mindestens die Hälfte ihrer Erwerbsfähigkeit verloren haben, die Altersgrenze für die große Witwen- oder Witwerrente nach dem Sechsten Buch Sozialgesetzbuch (SGB VI) erreicht haben oder für ein Kind des Verstorbenen oder ein eigenes, nach dem Recht der sozialen Entschädigung rentenberechtigtes Kind sorgen oder gesorgt haben oder aus anderen zwingenden Gründen nicht erwerbstätig sind. Der Ausgleichsrente für Hinterbliebene kann somit wie bei der Beschädigtenausgleichsrente im Einzelfall die Funktion zukommen, den Lebensunterhalt aufgrund des Wegfalls von Erwerbseinkommen zu sichern. Die Höhe der Ausgleichsrente für Witwen und hinterbliebene Lebenspartner ist gem. § 41 Abs. 3 BVG um das anzurechnende Einkommen zu mindern. Aufgrund des oben zur Ausgleichsrente gem. § 32 BVG Gesagten ist das zum Einkommen aus gegenwärtiger Erwerbstätigkeit zählende Elterngeld auch im Rahmen der Witwenausgleichsrente als anzurechnendes Einkommen nach den Regelungen der §§ 1 bis 12 AusglV mit den in § 14 AusglV genannten Abweichungen für Hinterbliebene heranzuziehen.*

b) *Schadensausgleich gem. § 40a BVG dient der Abgeltung des wirtschaftlichen Schadens. Er kommt für Witwen und hinterbliebene Lebenspartner in Betracht, die die Voraussetzungen für den Bezug der Ausgleichsrente nach § 41 BVG erfüllen. Damit wird wie beim Berufsschadensausgleich nach § 30 Abs. 3ff. BVG das dem Elterngeld als wegfallendes Erwerbseinkommen zugrunde gelegte Einkommen aus Erwerbstätigkeit ganz oder teilweise ersetzt. Gem. § 12 BSchAV i. V. m. § 14 AusglV findet hier ebenfalls eine Anrechnung des Elterngeldes nach den Vorschriften der §§ 1 bis 12 AusglV mit den in § 14 AusglV genannten Einschränkungen statt.*

Wie bei den einkommensabhängigen Leistungen im Rahmen der Beschädigtenversorgung ist Elterngeld auch auf die Leistungen nach §§ 40a BVG und 41 BVG wiederum jeweils in Höhe des ***tatsächlich gezahlten Betrages*** *anzurechnen, sofern dieser Betrag über 300 Euro hinausgeht. Da die Leistungen des § 41 BVG und § 40a BVG umgekehrt als einkommensersetzende Leistungen bei der Berechnung des Elterngeldes nach § 3 Abs. 2 BEEG zu berücksichtigen sind, entsteht hier wie bei den genannten Fällen der Beschädigtenversorgung ein Anrechnungskarussell. Um das Entstehen eines Anrechnungskarussels zu vermeiden, strebt das Bundesministerium für Familie, Senioren, Frauen und Jugend eine Gesetzesänderung noch in dieser Legislaturperiode an. Im Vorgriff auf die geplante Änderung des BEEG ist davon auszugehen, dass die für die Durchführung des BEEG zustän-*

digen Behörden die einkommensabhängigen Leistungen nach dem BVG in den einschlägigen Fällen nach § 3 Abs. 2 BEEG bereits jetzt nicht mehr anrechnen.

Aus Rundschreiben, Urteilen etc.

Durchführung des Bundesversorgungsgesetzes (BVG)

Bei mehreren Länderreferentenbesprechungen und Überregionalen Erfahrungsaustauschen der letzten Jahre ist die Frage diskutiert worden, in welcher Weise einmalige Zahlungen aus privaten Versicherungsverträgen bei der Berechnung von Ausgleichsrenten, Berufsschadensausgleichen und Schadensausgleichen zu berücksichtigen sind.

Nach § 8 Abs. 5 BSchAV ist bei solchen Einmalleistungen z.B. aus privaten Unfall-, Renten oder Lebensversicherungen, die zur dauerhaften Sicherung des Lebensunterhalts bestimmt sind, als derzeitiges Bruttoeinkommen ein Betrag in Höhe des der Kapitalentschädigung zugrunde gelegten Rentenbetrages zu ermitteln und dann monatlich anzurechnen. Zur Ermittlung solcher monatlicher Rentenbeträge führt die Verwaltungsvorschrift Nr. 5 zu § 44 in ihrem Satz 4 aus, dass zur Feststellung des Betrages das im Versicherungswesen für die Verrentung des Kapitals übliche Verfahren, das auf das Lebensalter und die Sterblichkeitswahrscheinlichkeit abgestellt ist, angewandt werden kann.

In der Versicherungswirtschaft werden verschiedene Berechnungsmethoden verwendet, die jeweils ihre eigene Herleitung und Begründung haben und im konkreten Einzelfall zu sehr unterschiedlichen Ergebnissen hinsichtlich der Höhe des anzurechnenden monatlichen Betrages führen können. Auch in den Ländern finden verschiedene Berechnungsmethoden Anwendung.

Nach entsprechender Auskunft der Bundesanstalt für Finanzdienstleistungsaufsicht verwenden derzeit die meisten Lebensversicherer bei privaten Rentenversicherungen für die Beitragskalkulation die Sterbetafel DAV 2004 R. Diese kann daher als das im Versicherungswesen übliche Verfahren angesehen werden. Im Interesse einer bundeseinheitlichen Gesetzesanwendung bitte ich deshalb darum, zukünftig in Neufällen bei der Berücksichtigung einmaliger Leistungen gem. § 1 Abs. 3 Nr. 7 AusglV bzw. § 8 Abs. 1, 2 und 5 BSchAV diese Berechnungsmethode anzuwenden.

§ 2 Nicht zu berücksichtigende Einkünfte

(1) Bei der Feststellung der Ausgleichsrente bleiben unberücksichtigt

1. Leistungen zur Sicherung des Lebensunterhalts nach dem Zweiten Buch Sozialgesetzbuch, der Sozialhilfe und ähnliche Leistungen aus öffentlichen Mitteln, deren Gewährung oder Höhe von der Ausgleichsrente beeinflußt wird, Zuwendungen der freien Wohlfahrtspflege sowie freiwillige fürsorgerische Leistungen von berufsständischen Organisationen, die nicht auf Beiträgen beruhen,
2. Leistungen, die zur Abgeltung eines besonderen Aufwandes wegen Hilflosigkeit infolge körperlicher, geistiger oder seelischer Behinderung (z.B. Pflegegeld aus der gesetzlichen Unfallversicherung) oder eines durch die Behinderung verursachten Mehrverschleißes an Kleidern und Wäsche gewährt werden,
3. Zivilblindengeld,

4. Leistungen nach dem Lastenausgleichsgesetz und dem Reparationsschädengesetz; zu diesen Leistungen gehören auch Zinszuschläge mit Ausnahme der Zinsen aus einer als Kapitalvermögen angelegten Entschädigung,
5. *weggefallen*
6. Wintergeld nach § 102 Absatz 1 bis 3 des Dritten Buches Sozialgesetzbuch,
7. Leistungen, die zur Abgeltung eines besonderen Aufwandes bestimmt und aus diesem Grunde nicht lohnsteuerpflichtig sind,
8. Kinderzuschüsse, Kinderzulagen, Kinderzuschläge, Kindergelder und ähnliche Leistungen, die für Kinder gezahlt werden, und der Sonderbetrag für Kinder nach § 8 des Gesetzes über die Gewährung einer jährlichen Sonderzuwendung in der Fassung des Artikels VI Nr. 2 des Zweiten Gesetzes zur Vereinheitlichung und Neuregelung des Besoldungsrechts in Bund und Ländern vom 23. Mai 1975 (BGBl. I S. 1173), zuletzt geändert durch § 33 des Gesetzes vom 6. Dezember 1985 (BGBl. I S. 2154), oder entsprechenden landesrechtlichen oder tarifrechtlichen Vorschriften; ausgenommen sind Beträge, um die sich Stundenlöhne, Ortszuschläge, Kranken- und Arbeitslosengeld sowie diesen ähnliche Einkünfte mit Rücksicht auf Kinder erhöhen, ferner bei Arbeitern der Sozialzuschlag im Sinne der im öffentlichen Dienst geltenden Tarifverträge,
9. Leistungen nach dem Bundesentschädigungsgesetz einschließlich der im Rahmen des § 228 weitergeltenden entschädigungsrechtlichen Vorschriften, sofern bei ihrer Bemessung Leistungen nach dem Bundesversorgungsgesetz angerechnet werden,
10. Leistungen nach dem Bundesversorgungsgesetz, dem dritten Teil des Soldatenversorgungsgesetzes und den übrigen Gesetzen, die das Bundesversorgungsgesetz für anwendbar erklären, mit Ausnahme des Versorgungskrankengeldes nach den §§ 16 ff., des Übergangsgeldes nach § 26a und des Ersatzes für entgangenen Arbeitsverdienst nach § 24 Abs. 2 Buchstabe a und Abs. 3 des Bundesversorgungsgesetzes,
11. die Bezüge aus der gesetzlichen Unfallversicherung und der Unterschied zwischen einer Versorgung nach allgemeinen beamtenrechtlichen Bestimmungen und der beamtenrechtlichen Unfallfürsorge, wenn sie ein Ruhen nach § 65 Abs. 1 des Bundesversorgungsgesetzes bewirken,
12. Sachleistungen, Erstattungen und die zu entstandenen Kosten gezahlten Zuschüsse öffentlicher und privater Krankenkassen sowie von Trägern der gesetzlichen Rentenversicherungen, der gesetzlichen Unfallversicherungen und der Altershilfe für Landwirte; ferner Leistungen dieser Art aufgrund beamten- und soldatenrechtlicher Vorschriften,
13. Beihilfen und Unterstützungen, die nach dienstrechtlichen Vorschriften von Körperschaften, Anstalten und Stiftungen des öffentlichen Rechts gezahlt werden,
14. *(aufgehoben)*
15. Leistungen der Träger der gesetzlichen Rentenversicherungen nach § 258 des Fünften Buches Sozialgesetzbuch und den Vorschriften des Sechsten Buches Sozialgesetzbuch über den Zuschuß zur Krankenversicherung und zur Pflegeversicherung. Zuschüsse nach § 4 Abs. 3, § 59 Abs. 3 und § 60 Abs. 1 des Zweiten Gesetzes über die Krankenversicherung der Landwirte sowie Zuschüsse des Arbeitgebers oder der Bundesagentur für Arbeit zum

Krankenversicherungsbeitrag nach § 257 des Fünften Buches Sozialgesetzbuch oder § 174 des Dritten Buches Sozialgesetzbuch und Beitragszuschüsse nach § 61 des Elften Buches Sozialgesetzbuch,

16. Bergmannsprämien nach dem Gesetz über Bergmannsprämien in der Fassung der Bekanntmachung vom 12. Mai 1969 (BGBl. I S. 434), zuletzt geändert durch das Gesetz vom 7. Mai 1980 (BGBl. I S. 532),
17. Weihnachts- und Neujahrsgratifikationen bis zum Betrage von 307 Euro, Heirats- und Geburtsbeihilfen, Jubiläumsgeschenke und ähnliche einmalige Zuwendungen der Arbeitgeber aus besonderem Anlass,
18. betriebliche Vergünstigungen (z.B. Freimilch, Freitabak, Freibier, unentgeltliche oder verbilligte Mahlzeiten im Betrieb, Essensmarken), soweit sie lohnsteuerfrei bleiben,
19. Leistungen aufgrund von Unterhaltsansprüchen und freiwillige Unterhaltsleistungen, soweit in dieser Verordnung nichts anderes bestimmt ist, sowie Einkünfte aus Kindesvermögen nach § 1649 des Bürgerlichen Gesetzbuches,
20. Leistungen nach dem Unterhaltssicherungsgesetz und dem Unterhaltsvorschußgesetz, sofern sie an die Stelle von Unterhaltsleistungen treten, die bei der Feststellung von Ausgleichsrenten nicht zu berücksichtigen sind,
21. Übergangsbeihilfen nach §§ 12 und 13 des Soldatenversorgungsgesetzes sowie Übergangsbeihilfen nach § 13 des Bundespolizeibeamtengesetzes in der Fassung des Artikels 1 des Gesetzes über die Personalstruktur des Bundesgrenzschutzes vom 3. Juni 1976 (BGBl. I S. 1357), geändert durch § 94 des Beamtenversorgungsgesetzes vom 24. August 1976 (BGBl. I S. 2485), in Verbindung mit § 18 des Bundespolizeibeamtengesetzes in der bis zum 30. Juni 1976 geltenden Fassung,
22. Stipendien aus öffentlichen Mitteln zur Förderung von Schülern an höheren Schulen und von Studenten an wissenschaftlichen Hochschulen, sonstigen Hochschulen und höheren Fachschulen, sowie Stipendien, die für den gleichen Zweck aus Stiftungen oder anderen Förderungseinrichtungen gewährt werden, wenn deren Gewährung oder Höhe durch die Ausgleichsrente beeinflusst wird,
23. Wohngeld nach dem Wohngeldgesetz,
24. Prämien nach dem Wohnungsbau-Prämiengesetz und nach dem Spar-Prämiengesetz,
25. Leistungen aufgrund eines Schadenersatzanspruchs, den der Beschädigte nach dem Gesetz über die erweiterte Zulassung von Schadenersatzansprüchen bei Dienst- und Arbeitsunfällen vom 7. Dezember 1943 (RGBl. I S. 674), geändert durch das Unfallversicherungs-Neuregelungsgesetz vom 30. April 1963 (BGBl. I S. 241), geltend machen kann, sofern dieser Ersatzanspruch auf demselben Ereignis beruht, wie die Ansprüche nach dem Bundesversorgungsgesetz,
26. vereinzelt vorkommende Einkünfte, soweit sie nicht zur Sicherstellung des Lebensunterhalts bestimmt sind oder an die Stelle einer zur Sicherung des Lebensunterhalts bestimmten Leistung treten, mit Ausnahme der daraus erzielten regelmäßig wiederkehrenden Einkünfte; hierzu gehören insbesondere Erbschaften, Lotteriegewinne, Wiedergutmachungsleistungen

des Hohen Kommissars der Vereinten Nationen für Flüchtlinge aufgrund des Artikels 2 des Abkommens vom 5. Oktober 1960 (BAnz. Nr. 53 vom 16. März 1961), Leistungen nach den §§ 9 und 10 des Kündigungsschutzgesetzes und Abfindungen, die nach gesetzlicher Vorschrift bei Eheschließungen gewährt werden,

27. Ehrensold nach dem Gesetz über Titel, Orden und Ehrenzeichen vom 26. Juli 1957 (BGBl. I S. 844), zuletzt geändert durch Artikel 33 des Gesetzes vom 24. April 1986 (BGBl. I S. 560),
28. Unfallausgleich nach beamtenrechtlichen Unfallfürsorgevorschriften,
29. vermögenswirksame Leistungen der Arbeitgeber nach dem Fünften Vermögensbildungsgesetz in der jeweils geltenden Fassung, soweit sie nach § 13 Abs. 1 dieses Gesetzes zur Gewährung einer Arbeitnehmer-Sparzulage führen, sowie die Arbeitnehmer-Sparzulage nach § 13 Abs. 1 bis 3 dieses Gesetzes, nicht jedoch vermögenswirksame Anlagen von Teilen des Arbeitslohns im Sinne des § 11 dieses Gesetzes,
30. Zulagen nach § 28 des Berlinförderungsgesetzes,
31. öffentliche Leistungen zur Förderung der Aufnahme oder Aufrechterhaltung einer Erwerbstätigkeit, zur Schul- oder Berufsausbildung, zur beruflichen Fortbildung sowie zu beruflichen Bildungsmaßnahmen, wenn bei ihrer Bemessung Leistungen nach dem Bundesversorgungsgesetz angerechnet werden,
32. Renten aus den gesetzlichen Rentenversicherungen, Altersrenten, Renten wegen Erwerbsminderung und Landabgaberenten nach dem Gesetz über die Alterssicherung der Landwirte, soweit der Anspruch wegen der Leistung von Krankengeld oder Versorgungskrankengeld auf einen Sozialleistungsträger übergegangen ist,
33. Leistungen aufgrund eines Schadenersatzanspruches, ausgenommen solche Leistungen, die an die Stelle eines zur Sicherung des Lebensunterhalts bestimmten und auf die Ausgleichsrente anzurechnenden Einkommens treten und weder ganz noch teilweise nach § 81 a des Bundesversorgungsgesetzes übergegangen sind,
34. Zinsen nach § 44 des Ersten Buches Sozialgesetzbuch,
35. der Nutzungswert einer Wohnung im eigenen Haus, einer Eigentumswohnung, eines eigentumsähnlichen Dauerwohnrechts und einer unentgeltlich überlassenen Wohnung sofern der Beschädigte die Wohnung selbst bewohnt,
36. der Sachbezugswert eines freien Wohnrechts, das aus der Überlassung der in Nummer 36 angeführten Eigentumsrechte oder aus einem landwirtschaftlichen Gutsüberlassungsvertrag herrührt,
37. Leistungen aufgrund der Richtlinien zum Programm „Humanitäre Soforthilfe“ in der jeweils geltenden Fassung.

(2) Ansprüche auf die in Abs. 1 genannten Leistungen bleiben bei der Feststellung der Ausgleichsrente ebenfalls unberücksichtigt.

Aus Rundschreiben, Urteilen etc.

BMGS v. 31.3.2005 – 432–63040
Versorgungsrechtliche Behandlung von Sonderzuwendungen im Rahmen der Ausgleichsrente und des Berufsschadensausgleichs
Bei der Länderreferentenbesprechung vom 22./23.2.2005 wurde die von einem Land angesprochene Fragestellung anhand der zwischenzeitlich von hier eingeholten Stellungnahmen der anderen Länder ausführlich diskutiert.
Bei der sich aus den Länderantworten ergebenden uneinheitlichen Rechtslage hinsichtlich der Auszahlungsmodalitäten der Sonderzuwendungen, die sich möglicherweise in den nächsten Jahren auch noch weiter verschieben oder völlig ändern kann, wurde mehrheitlich derzeit kein Bedarf für eine Rechtsänderung gesehen, zumal in der Mehrzahl der Länder nach wie vor die Weihnachtssonderzuwendung in einer Summe im November bzw. Dezember ausgezahlt wird.
Im Ergebnis konnte zunächst einmal Einvernehmen darüber erzielt werden, dass, soweit monatliche Sonderzuwendungen das bisher in einer Summe ausgezahlte „Weihnachtsgeld" ersetzen, diese bei der Ermittlung einkommensabhängiger Leistungen auch ebenso behandelt werden sollen wie das „Weihnachtsgeld".
Das bedeutet, dass bei der Berechnung der Ausgleichsrente auch der in § 2 Abs. 1 Nr. 17 AusglV genannte „Weihnachtsfreibetrag" ebenfalls entsprechend zu zwölfteln ist.
Bei der Ermittlung des Bruttoeinkommens von Hinterbliebenen im Rahmen des § 48 BVG soll entsprechend verfahren werden.
Bei der Berechnung des Berufsschadensausgleichs und des Schadensausgleichs ändert sich insoweit nichts, als auch die monatlichen Sonderzahlungen entsprechend den in §§ 10 und 12 BSchAV genannten Voraussetzungen unberücksichtigt bleiben.
Soweit sich in den Ländern, in denen die Auszahlungsmodalitäten für die Sonderzuwendungen geändert wurden, für die Betroffenen in Einzelfällen negative Auswirkungen ergeben könnten, kommt nach einhelliger Auffassung der Besprechungsteilnehmer eine Besitzstandsregelung nicht in Betracht.

§ 3 Bewertung von Sachbezügen

(1) Die Bewertung von Einkünften, die nicht in Geld bestehen (Wohnung, Verpflegung, Heizung und sonstige Sachbezüge), richtet sich nach der Sozialversicherungsentgeltverordnung in der jeweils geltenden Fassung; freie Beleuchtung ist nicht zu bewerten. Für die Bewertung der freien Wohnung gilt § 2 Abs.3 der Sozialversicherungsentgeltverordnung; § 2 Abs. 4 der Sozialversicherungsentgeltverordnung bleibt unberücksichtigt. Die nach den Sätzen 1 und 2 festgelegten Werte sind jeweils in der Zeit vom 1. Juli des Geltungsjahres der Sozialversicherungsentgeltverordnung bis zum 30. Juni des Folgejahres maßgebend. Enthalten die Sachbezüge keine freie Kost, so ist in der Zeit vom 1. Juli 1990 bis 30. Juni 1991 die freie Wohnung mit 28 vom Hundert und die freie Heizung mit 7 vom Hundert und in der Zeit vom 1. Juli 1991 bis 30. Juni 1992 die freie Wohnung mit 31 vom Hundert und die freie Heizung mit 9 vom Hundert des jeweils maßgebenden Wertes nach § 1 Abs. 1 der in diesen Zeiträumen gültigen Sozialversicherungsentgeltverordnungen zu bewerten. Bei der Bewertung sonstiger Sachbezüge ist § 3 Abs. 3 der Sozialversicherungsentgeltverordnung nicht anzuwenden.

(2) Abs. 1 gilt auch dann, wenn in einem Tarifvertrag, einer Tarifordnung, einer Betriebs- oder Dienstordnung, einer Betriebsvereinbarung, einem Arbeitsvertrag oder einem sonstigen Vertrag andere Werte festgesetzt worden sind.

(3) Sind Altenteilsleistungen als Einkommen zu berücksichtigen, so ist im allgemeinen anzunehmen, daß sie in der vereinbarten Höhe geleistet werden. Sind im Einzelfall die Altenteilsleistungen unter Berücksichtigung der sonst noch vereinbarten Leistungen zu hoch oder zu niedrig vereinbart, so ist als Einkommen zu berücksichtigen, was unter angemessener Berücksichtigung der tatsächlichen Verhältnisse zu leisten wäre.

(4) Abs. 1 gilt nicht, soweit durch den Wert eines Sachgutes die Höhe einer Geldleistung festgelegt wird oder ein Sachbezug nach Art und Menge nicht zum Verbrauch durch den Berechtigten, sondern zur Erzielung eines Geldbetrages bestimmt ist. Als Einkommen ist die Geldleistung oder der erzielte Geldbetrag zu berücksichtigen.

Aus Rundschreiben, Urteilen etc.

BMA vom 19.4.1995 – VI 1-51066/7 (BArbBl. 1995, 58)
Anwendung von § 3 Absatz 2 der Sachbezugsverordnung[42]
Für das freie Wohnrecht, soweit es überhaupt anzurechnen ist, kann eine Minderung des anzusetzenden Wertes entsprechend § 3 Abs. 2 der Verordnung zur Bewertung der Sachbezüge vorgenommen werden.
Hinsichtlich des Wertes der freien Heizung ist § 3 Abs. 2 der Verordnung zur Bewertung der Sachbezüge aus meiner Sicht jedoch nicht anzuwenden, zumal der dort verwendete Begriff „Unterkunft" einen Raum oder in sich nicht geschlossene Einheiten von Räumen bezeichnet. Der in § 3 Abs. 1 Satz 2 der Sachbezugsverordnung genannte Betrag sollte also nicht gemindert, sondern in jedem Fall ungekürzt angerechnet werden.

§ 4 Unterhaltsansprüche

(1) Als übrige Einkünfte im Sinne des § 33 Abs. 1 des Bundesversorgungsgesetzes sind bei Schwerbeschädigten auch die Leistungen des Ehegatten oder des Lebenspartners aufgrund eines bürgerlich-rechtlichen Unterhaltsanspruchs zu berücksichtigen. Ist der Unterhalt nicht gerichtlich festgesetzt, so gilt für die Bewertung des Unterhaltsanspruchs, dass der unterhaltspflichtige Ehegatte oder Lebenspartner von seinem Bruttoeinkommen mindestens den Betrag, der in der Anrechnungsverordnung bei Beschädigten der Stufenzahl 170 als Höchstbetrag der übrigen Einkünfte zugeordnet ist, monatlich behält; dabei bleiben Einkünfte der in § 2 genannten Art unberücksichtigt.

(2) Als übrige Einkünfte im Sinne des § 33 Abs. 1 des Bundesversorgungsgesetzes sind ferner die Unterhaltsleistungen des früheren Ehegatten oder Lebenspartners auf Grund eines bürgerlich-rechtlichen Unterhaltsanspruchs zu berücksichtigen.

---

42 Siehe die im Anschluss an die Ausgleichsrentenverordnung abgedruckte SozialversicherungsentgeltVO.

§ 5

(weggefallen)

§ 6 Werbungskosten bei Einkünften aus nichtselbständiger Arbeit

(1) Bei Einkünften aus nichtselbständiger Arbeit gilt als Bruttoeinkommen im Sinne des § 33 Abs. 1 des Bundesversorgungsgesetzes ein um die nach Maßgabe der Absätze 2 bis 4 ermittelten Werbungskosten verminderter Betrag, soweit der Gesamtbetrag der zu berücksichtigenden Werbungskosten höher ist als 15 Euro monatlich.

(2) Bei Benutzung öffentlicher Verkehrsmittel zwischen Wohnung und Arbeitsstätte sind die Kosten der tariflich günstigsten Zeitkarte zu berücksichtigen. Wird außer einem öffentlichen Verkehrsmittel ein Fahrrad benutzt, so ist neben den Kosten der Zeitkarte ein Betrag von 6 Euro monatlich zu berücksichtigen.

(3) Bei Benutzung eines eigenen Kraftfahrzeuges sind für die Dauer des Beschäftigungsverhältnisses folgende monatliche Pauschbeträge zu berücksichtigen:

a) Bei Benutzung eines Kraftwagens	6 Euro
b) bei Benutzung eines Kleinstkraftwagens (drei- oder vierrädriges Kraftfahrzeug, dessen Motor einen Hubraum von nicht mehr als 500 Kubikzentimeter hat)	4,40 Euro
c) bei Benutzung eines Motorrades oder Motorrollers	2,80 Euro
d) bei Benutzung eines Fahrrades mit Motor	1,50 Euro

für jeden vollen Kilometer, den die Wohnung von der Arbeitsstätte entfernt liegt. Ist der Schwerbeschädigte in einem Kalendermonat weniger als 11 Tage beschäftigt, so ermäßigen sich die Sätze auf die Hälfte. Für Kalendermonate, in denen der Schwerbeschädigte nicht beschäftigt ist, sind Aufwendungen für ein eigenes Kraftfahrzeug nicht zu berücksichtigen.

(4) Ist der Schwerbeschädigte außerhalb des Ortes beschäftigt, an dem er einen eigenen Hausstand unterhält, so sind die durch Führung eines doppelten Haushalts nachweislich entstehenden Mehraufwendungen sowie die unter Ausnutzung bestehender Tarifvergünstigungen entstehenden tatsächlichen Fahrtkosten der zweiten Wagenklasse für wöchentlich eine Familienheimfahrt zu berücksichtigen, sofern nicht zur Abgeltung dieser Mehraufwendungen eine Entschädigung im Sinne des § 2 Nr. 7 gewährt wird. Ein eigener Hausstand ist dann anzunehmen, wenn der Schwerbeschädigte eine Wohnung mit eigener oder selbstbeschaffter Möbelausstattung besitzt. Bei Unverheirateten ist der Unterhalt eines eigenen Hausstandes auch dann anzunehmen, wenn sie nachweislich ganz oder überwiegend die Kosten für einen Haushalt tragen, den sie gemeinsam mit nächsten Angehörigen, insbesondere mit Kindern oder Eltern führen; die Voraussetzungen sind nur erfüllt, wenn das Finanzamt Mehraufwendungen infolge des doppelten Haushaltes als Werbungskosten im Sinne des Einkommensteuergesetzes anerkannt hat oder den Umständen nach anerkennen würde.

§ 7

(weggefallen)

§ 8 Einkünfte aus Land- und Forstwirtschaft, Gewerbebetrieb und selbständiger Arbeit

(1) Bei Einkünften aus Land- und Forstwirtschaft (§§ 13 und 14 des Einkommensteuergesetzes), aus Gewerbebetrieb (§§ 15 bis 17 des Einkommensteuergesetzes) und aus selbständiger Arbeit (§ 18 des Einkommensteuergesetzes) gelten die Gewinne, die der Veranlagung zur Einkommensteuer zugrunde gelegt worden sind, als Bruttoeinkommen im Sinne des § 33 Abs. 1 des Bundesversorgungsgesetzes. Ein Verlustausgleich zwischen einzelnen Einkunftsarten ist nicht vorzunehmen (§ 1 Abs. 4). Den Gewinnen sind erhöhte Absetzungen nach den §§ 7b bis 7d und 7h bis 7k des Einkommensteuergesetzes, nach den §§ 82a, 82g und 82i der Einkommensteuer-Durchführungsverordnung, nach den §§ 14 bis 15 des Berlinförderungsgesetzes und nach den §§ 7 und 12 des Schutzbaugesetzes hinzuzurechnen, soweit sie die nach § 7 Abs. 1 oder 4 des Einkommensteuergesetzes zulässigen Absetzungen für Abnutzung übersteigen. Ferner sind Sonderabschreibungen nach den §§ 7e bis 7g des Einkommensteuergesetzes, § 3 des Zonenrandförderungsgesetzes, den §§ 76, 81, 82d und 82f der Einkommensteuer-Durchführungsverordnung sowie die nach § 3 des Zonenrandförderungsgesetzes gebildeten Rücklagen hinzuzurechnen. Freibeträge für Veräußerungsgewinne nach den §§ 14, 14a, 16 Abs. 4, § 17 Abs. 3 und § 18 Abs. 3 des Einkommensteuergesetzes und Freibeträge nach § 13 Abs. 3 des Einkommensteuergesetzes sind nicht zu berücksichtigen.

(2) Findet eine Veranlagung zur Einkommensteuer nicht statt, so hat der Schwerbeschädigte die Gewinne nachzuweisen. Ist er hierzu nicht in der Lage, so sind die Gewinne im Benehmen mit dem Finanzamt zu schätzen.

§ 9 Einkünfte von Land- und Forstwirten, deren Gewinne nach Durchschnittssätzen ermittelt werden

(1) Als Bruttoeinkommen der Land- und Forstwirte, deren Gewinne aufgrund von Vorschriften des Einkommensteuerrechts nach Durchschnittssätzen zu ermitteln sind, gilt abweichend von § 8 die Summe der nach den Absätzen 2 bis 7 ermittelten Einnahmen und einnahmegleichen Werte, vermindert um die nach Absatz 8 abzugsfähigen Belastungen und Ausgaben.

(2) Als monatliche Einnahmen und einnahmegleichen Werte sind zusammenzufassen

1. Wert der Arbeitsleistung (Abs. 3)
2. Zuschlag für Betriebsleitung (Abs. 4)
3. Reinertrag (Abs. 5) sowie
4. sonstige mit dem Betrieb einer Land- und Forstwirtschaft verbundene Einnahmen (Abs. 7).

(3) Als Wert der Arbeitsleistung ist monatlich der Betrag, der in der Stufenzahl 150 als Höchstbetrag der Einkünfte aus gegenwärtiger Erwerbstätigkeit in der jeweils geltenden, aufgrund des § 33 Abs. 6 des Bundesversorgungsgeset-

zes erlassenen Rechtsverordnung zugeordnet ist, anzusetzen. Ist die selbstbewirtschaftete Fläche der landwirtschaftlichen Nutzung einschließlich der nach Abs. 6 einzubeziehenden Flächen kleiner als 14 Hektar, so ist je Hektar ein Vierzehntel des Wertes nach Satz 1 anzusetzen; dabei sind Flächen von Almen und Hutungen mit einem Viertel der auf diese entfallenden Gesamtfläche zu berücksichtigen. Teile von weniger als 0,5 Hektar sind auf volle Hektar nach unten und Teile von 0,5 Hektar an sind auf volle Hektar nach oben abzurunden. Der Wertansatz ist bei einer selbstbewirtschafteten Fläche der landwirtschaftlichen Nutzung
von 5 bis 4 Hektar um 30 vom Hundert,
von 5 bis 8 Hektar um 20 vom Hundert,
von 9 bis 11 Hektar um 10 vom Hundert

zu kürzen. Von dem nach Satz 1 oder nach den Sätzen 2 bis 4 ermittelten Betrag sind, jedoch nicht über diesen Betrag hinaus, abzuziehen bei einem Grad der Schädigungsfolgen und andere Gesundheitsstörungen

von 50 und 60	10 vom Hundert des Betrages, mindestens jedoch 36 Euro,
von 70 und 80	15 vom Hundert des Betrages, mindestens jedoch 46 Euro, und
von 90 und 100	25 vom Hundert des Betrages, mindestens jedoch 66 Euro.

(4) Der Zuschlag für Betriebsleitung ist monatlich um 0,4 vom Hundert des Vergleichswertes der landwirtschaftlichen Nutzung einschließlich der nach Abs. 6 einzubeziehenden Flächen anzusetzen.

(5) Der Reinertrag der landwirtschaftlichen Nutzung einschließlich der nach Abs. 6 einzubeziehenden Flächen ist monatlich mit 1,4 vom Hundert der Vergleichswerte dieser Nutzungen anzusetzen. Betreibt der Beschädigte die Land- und Forstwirtschaft infolge des Beteiligungsrechts eines Dritten nicht allein, so ist ein seinem Anteil am Unternehmen entsprechender Teilbetrag anzusetzen; dies gilt auch, wenn der Betrieb zum Gesamtgut einer allgemeinen Gütergemeinschaft gehört.

(6) Bei der Ermittlung des Bruttoeinkommens nach den Absätzen 2 bis 5 sind Flächen des Gartenbaues, des Weinbaues oder von Sonderkulturen nur dann einzubeziehen, wenn der Gewinn für diese Flächen bei der Veranlagung zur Einkommensteuer nicht gesondert festgestellt wird (Abs. 7 Satz 2).

(7) Als sonstige mit dem Betrieb einer Land- und Forstwirtschaft verbundene Einnahmen gilt monatlich ein Zwölftel der steuerrechtlich zu den Einkünften aus Land- und Forstwirtschaft gehörenden Pachtzinsen. Zu den sonstigen Einnahmen gehören auch bei der Veranlagung zur Einkommensteuer festgestellte Gewinne aus nachhaltigen oder einmaligen Betriebseinnahmen (z.B. aus Forstwirtschaft, Gartenbau, Weinbau, Sonderkulturen, Zuchtviehverkäufen, Fuhrleistungen oder Nebenbetrieben). Außerdem ist ein bei der Veräußerung oder Entnahme von Grund und Boden entstandener, steuerrechtlich festgestellter Gewinn mit einem Zwölftel anzusetzen; die Freibeträge des Einkommensteuergesetzes sind dabei nicht zu berücksichtigen. Abs. 5 Satz 2 gilt entsprechend.

(8) Von der Summe der Einnahmen und einnahmegleichen Werte sind abzuziehen,

1. ein Zwölftel der im Kalenderjahr verausgabten reinen Pachtzinsen, höchstens jedoch ein Betrag in Höhe des sich aus Abs. 5 für die gepachtete Nutzfläche ergebenden Betrages, ferner ein Zwölftel der Altenteilslasten sowie derjenigen Schuldzinsen und anderen dauernden Lasten, die Betriebsausgaben sind; Abs. 5 Satz 2 gilt entsprechend;
2. bei außergewöhnlichen Umständen, die das Einkommen nur in einzelnen Jahren beeinflussen (insbesondere bei Mißernten, Viehseuchen oder ähnlichen Schäden infolge höherer Gewalt), ein Betrag, der aus den Werten der Absätze 3 bis 5 nach einem im Benehmen mit den zuständigen Finanzbehörden festzusetzenden Vomhundertsatz zu berechnen ist.

Den Schuldzinsen nach Nummer 1 steht bei gewährter Kapitalabfindung nach den §§ 72 bis 80 des Bundesversorgungsgesetzes oder bei einer Rentenkapitalisierung nach dem Rentenkapitalisierungsgesetz-KOV vom 27. April 1970 (BGBl. I S. 413) für die Dauer des Abfindungszeitraums ein Zehntel, bei einer auf einen Zeitraum von fünf Jahren beschränkten Abfindung ein Zwanzigstel des der Abfindung oder Kapitalisierung zugrunde liegenden Jahresbetrages gleich, wenn die Kapitalabfindung zum Erwerb oder zur wirtschaftlichen Stärkung des zum land- und forstwirtschaftlichen Vermögen gehörenden Grundbesitzes gewährt worden ist. Soweit Altenteilslasten oder andere dauernde Lasten als Sachleistung erbracht werden, gilt für deren Bewertung § 3 entsprechend.

(9) Die Summe der Einnahmen und einnahmegleichen Werte ist auf volle Euro abzurunden und die Summe der abzugsfähigen Belastungen und Ausgaben auf volle Euro aufzurunden.

(10) Ist der gesamte Betrieb gepachtet, so sind bei der Wertermittlung nach den Absätzen 4 und 5 die für den Verpächter maßgebenden Vergleichswerte anzusetzen; ist der Einheitswert für einzelne zugepachtete Nutzflächen nicht bekannt, so ist vom durchschnittlichen Hektarwert der entsprechenden Nutzung der Eigentumsfläche auszugehen.

§ 10 Einkünfte aus Arbeit bei Familienangehörigen

(1) Die auf Gewinne gerichtete Arbeit, die von einem Familienangehörigen eines land- oder forstwirtschaftlichen oder gewerblichen Unternehmers oder eines in selbständiger Arbeit Stehenden geleistet wird, gilt als nichtselbständige Arbeit im Sinne des § 19 Abs. 1 Nr. 1 des Einkommensteuergesetzes. Wird keine oder eine unverhältnismäßig geringe Vergütung gewährt, so ist der Wert der Arbeitsleistung unter Berücksichtigung der Gesamtverhältnisse zu schätzen. Dabei dient die einem Gleichaltrigen für eine gleichartige Arbeit gleichen Umfangs in einem fremden Unternehmen ortsüblich gewährte Vergütung als Bewertungsmaßstab. In angemessenem Umfang sind verwertbare Arbeitskraft des Schwerbeschädigten und wirtschaftliche Leistungsfähigkeit des Unternehmens zu berücksichtigen.

(2) Unternehmer im Sinne des Absatzes 1 ist derjenige, für dessen Rechnung das Unternehmen geht.

§ 11 Einkünfte aus Kapitalvermögen

(1) Einkünfte aus Kapitalvermögen (§ 20 des Einkommensteuergesetzes) sind der Überschuss der Einnahmen über die Werbungskosten (§§ 8 und 9 des Einkommensteuergesetzes). Pauschbeträge nach § 9 a des Einkommensteuergesetzes können nicht abgesetzt werden.

(2) Einkünfte im Sinne des Absatzes 1 bleiben unberücksichtigt, soweit sie insgesamt jährlich 307 Euro nicht übersteigen.

Aus Rundschreiben, Urteilen etc.

Ist während des gesamten Jahres ertragbringend Kapital angelegt worden, sind für den Anspruch auf Witwenbeihilfe die Einkünfte aus Kapitalvermögen – auch bei wechselnder Höhe des Kapitalbestands – zusammengenommen in Höhe eines Zwölftels als monatliches Einkommen zu berücksichtigen.
BSG, v. 14. 11. 2013 – B 9 V 5/12 R – (Breithaupt 2014, 473)
Die Kläger sind die Erben und Rechtsnachfolger der am 22. 8. 1928 geborenen und am 19. 2. 2010 verstorbenen E. S. (im Folgenden: Witwe). Da deren kriegsbeschädigter Ehemann fünf Jahre lang Berufsschadensausgleich bezogen hatte, gewährte ihr das beklagte Land nach dessen schädigungsunabhängig eingetretenem Tod gemäß § 48 BVG mit Bescheid vom 3. 6. 2003 Witwenbeihilfe in Höhe von monatlich 248 Euro.
Im Februar 2006 teilte die Witwe dem Beklagten mit, dass sie mit notariellem Kaufvertrag vom 16. 12. 2005 ihr Hausgrundstück für 210 000 Euro – zahlbar am 2. 5. 2006 – verkauft habe. Mehrmaligen Aufforderungen des Beklagten, genaue Angaben zum Verbleib des Verkaufserlöses sowie zur Höhe der erzielten Zinseinkünfte zu machen, kam die Witwe nicht vollständig nach. Daraufhin stellte der Beklagte die Zahlung der Witwenbeihilfe vorsorglich ab 1. 11. 2006 ein....
Im Widerspruchsverfahren reichte die Witwe Unterlagen ein, wonach sie am 5. 2006 einen Betrag in Höhe von 174 000 Euro auf ein Sparkonto bei der Kreissparkasse A. eingezahlt hat. Aus diesem Sparkonto erzielte sie für das Jahr 2006 Zinsen in Höhe von 3326,30 Euro. Außerdem übersandte sie eine Zinsbescheinigung der Kreissparkasse für das Jahr 2006, worin – einschließlich der 3326,30 Euro – Zinseinkünfte in Höhe insgesamt von 5636,30 Euro aufgeführt sind.
Daraufhin hob der Beklagte mit Bescheid vom 10. 3. 2008 die Bewilligung von Witwenbeihilfe gemäß § 48 SGB X mit Wirkung vom 1. 1. 2006 auf: In Abänderung der Entscheidung vom 3. 8. 2007 stehe der Witwe aufgrund der nun nachgewiesenen tatsächlichen Einkommensverhältnisse bereits ab 1. 1. 2006 keine Witwenbeihilfe mehr zu. Da auch vor dem Verkauf des Hauses Einkünfte aus Kapitalvermögen erzielt worden seien, müssten die insgesamt im Jahr 2006 erzielten Einkünfte auf zwölf Monate verteilt als Einkommen angerechnet werden. Hieraus ergebe sich, dass für das gesamte Kalenderjahr 2006 kein Anspruch auf Witwenbeihilfe bestanden habe. Die in der Zeit vom 1. 1. 2006 bis 30. 4. 2006 zu viel gezahlten Versorgungsleistungen in Höhe von 992 Euro seien gemäß § 50 SGB X zu erstatten.
Die Widersprüche der Witwe gegen beide Verwaltungsakte wies der Beklagte mit Widerspruchsbescheid vom 29. 10. 2008 zurück.
Das von der Witwe angerufene SG Koblenz hat die angefochtenen Verwaltungsentscheidungen mit der Maßgabe abgeändert, dass Zinseinkünfte aus dem Kapital-

vermögen des Hausverkaufs erst ab Mai 2006 auf die Witwenbeihilfe angerechnet werden, und die Klage im Übrigen abgewiesen (Urt. v. 23. 9. 2011). Gegen dieses Urteil hat allein der Beklagte Berufung eingelegt, die vom LSG Rheinland-Pfalz zurückgewiesen worden ist (Urt. v. 27. 6. 2012).

Mit der vom LSG zugelassenen Revision rügt der Beklagte sinngemäß eine Verletzung von § 48 SGB X, § 48 BVG und § 11 AusglV.....

Im vorliegenden Fall ist der Beklagte davon ausgegangen, dass sich das bei der Bemessung der Witwenbeihilfe zu berücksichtigende Einkommen, namentlich die Einkünfte aus Kapitalvermögen, bereits ab 1. 1. 2006 wesentlich geändert habe. Maßgebend ist insoweit § 48 Abs. 2 Satz 2 BVG. Darin ist geregelt:

Übersteigt das monatliche Bruttoeinkommen der Hinterbliebenen von Beschädigten, die im Zeitpunkt des Todes einen Anspruch auf Rente nach einem Grad der Schädigungsfolgen von 30 bis 90 hatten, bei der Witwe ... ein Zwölftel ... des in § 33 Abs. 1 Buchst. a genannten Bemessungsbetrages, ist die zu gewährende Beihilfe um den übersteigenden Betrag zu kürzen; errechnet sich kein Zahlbetrag, entfällt der Anspruch auf Versorgung........

Für die Ermittlung der Höhe der anrechenbaren Einkünfte aus Kapitalvermögen, also für die Prüfung, ob und in welcher Höhe die Einnahmen die Werbungskosten übersteigen (§ 11 Abs. 1 Satz 1 AusglV), gilt grundsätzlich eine jährliche Betrachtungsweise. Im Rahmen dieser Prüfung ist entgegen der Auffassung der Vorinstanzen nicht auf einzelne Kapitalanlagen abzustellen, sondern es sind sämtliche Einkünfte aus Kapitalvermögen in den Blick zu nehmen. Dies ergibt sich aus folgenden Erwägungen:

Gemäß § 1 Abs. 4 Satz 1 AusglV sind die Einkünfte i. S. d. § 1 Abs. 3 Satz 1 und 2 AusglV getrennt nach den Einkunftsarten des § 2 Abs. 1 EStG zu ermitteln. Ob anrechenbare Einkünfte vorliegen, ist also separat für jede Einkunftsart zu bestimmen. Eine Beschränkung der Betrachtung auf einzelne Einkünfte innerhalb einer Einkunftsart ist dieser Vorschrift nicht zu entnehmen. Vielmehr lässt sich daraus schließen, dass die Ermittlung alle Einkünfte innerhalb der jeweiligen Einkunftsart zu umfassen hat.

Ferner deutet der Wortlaut des § 11 Abs. 1 Satz 1 AusglV auf eine das Kalenderjahr umfassende Gesamtbetrachtung der Einkünfte aus Kapitalvermögen hin, da auf das Einkommensteuerrecht (§§ 8, 9, 20 EStG) verwiesen wird. Ob Einkünfte aus Kapitalvermögen vorliegen und wie hoch diese sind, richtet sich damit nach einkommensteuerrechtlichen Regelungen. Die Grundlagen für die Festsetzung der Einkommensteuer, also insbesondere die Höhe der Einkünfte, sind jeweils für ein Kalenderjahr zu ermitteln (§ 2 Abs. 7 Satz 2 EStG). Daher hat sich auch die Prüfung, wie hoch die Einkünfte aus Kapitalvermögen sind, ob also ein Überschuss der Einnahmen nach § 8 EStG über die Werbungskosten nach § 9 EStG besteht, für ein Kalenderjahr auf alle Einkünfte dieser Einkunftsart zusammengenommen zu beziehen. Gleiches folgt aus § 11 Abs. 1 Satz 1 und Abs. 2 Satz 1 EStG, wonach Einnahmen innerhalb des Kalenderjahres bezogen sind, in dem sie dem Steuerpflichtigen zugeflossen sind, und Ausgaben für das Kalenderjahr abzusetzen sind, in dem sie geleistet worden sind.

Dass die Einkünfte aus Kapitalvermögen zusammengenommen auf der Basis des Kalenderjahres ermittelt werden, ergibt sich auch aus der Regelung in § 11 Abs. 2 AusglV über den Freibetrag. Denn hiernach bleiben Einkünfte i. S. d. Abs. 1 unberücksichtigt, soweit sie insgesamt jährlich 307 Euro nicht übersteigen. Nach dieser

Regelung sind also sämtliche Einkünfte aus Kapitalvermögen, die im Laufe eines Jahres erzielt werden, zu addieren, von der Summe ist der Freibetrag von 307 Euro zu subtrahieren; nur die Differenz darf als Einkommen berücksichtigt werden.....
Der Anspruch auf Witwenbeihilfe soll die Minderung des Familieneinkommens infolge Wegfalls der Versorgungsbezüge des verstorbenen Beschädigten teilweise ersetzen und einen Ausgleich dafür schaffen, dass der Beschädigte während des Erwerbslebens für seine Hinterbliebenen nur eine „lückenhafte" Versorgung hat aufbauen können, weil er durch die Schädigungsfolgen beeinträchtigt und deshalb nicht in der Lage gewesen ist, so für seine Angehörigen vorzusorgen, wie es ihm als Nichtbeschädigter möglich gewesen wäre..... Ist das Einkommen der Hinterbliebenen allerdings tatsächlich nicht vermindert, verfügen diese also über Einkommen in ausreichender Höhe, so wird die Beihilfe gekürzt bzw. der Anspruch entfällt ganz. In diesem Fall ist die Gewährung von Witwenbeihilfe nicht erforderlich.
Besteht während des gesamten Jahres eine Kapitalanlage, aus der ein Hinterbliebener Einkünfte erzielt, ist es gerechtfertigt, diese Einkünfte bei der Gewährung der Beihilfe für die Dauer des gesamten Jahres zu berücksichtigen. Das gilt auch bei einer unterjährigen Erhöhung des Kapitalbestandes. Die Zinsen, die aus einer solchen Geldanlage fließen, sind zusammen mit den übrigen Zinseinkünften in Höhe eines Zwölftels für jeden Kalendermonat anzurechnen....
An diesem Ergebnis ändert sich auch nichts, wenn das weitere Kapital – wie im vorliegenden Fall – im Laufe des Jahres auf ein separates Konto eingezahlt wird, sodass am Ende des Jahres die Höhe der für diese konkrete Kapitalanlage erzielten Zinsen auf einfache Weise zu ermitteln ist. Auch solche Gegebenheiten können nicht zu einer separaten Berücksichtigung der betreffenden Zinsen führen. Andernfalls würde die Anrechnung der Einkünfte von Umständen abhängig gemacht, die einen zufälligen Charakter haben. Möglich wäre nämlich auch, dass der Betrag auf ein bestehendes Konto eingezahlt wird, auf dem bereits Kapital vorhanden ist. Beide Sachverhalte können nicht unterschiedlich behandelt werden, denn die Höhe der Einkünfte des Berechtigten wäre gleich.
cc) Unter Heranziehung dieser Grundsätze sind die Einkommensverhältnisse der Witwe, die bei Erteilung des Bewilligungsbescheids vom 3.6.2003 vorgelegen haben, mit denen zu vergleichen, die in der Zeit ab 1.1.2006 bestanden haben.
Aus der Anlage zu dem Bescheid vom 3.6.2003 ergibt sich, dass der Beklagte von anzurechnendem Einkommen in Höhe von gerundet 1836 Euro monatlich ausgegangen ist (Witwenrente 952,34 Euro, Altersrente 332,01 Euro, Betriebsrente VBL 542,47 Euro sowie Einkünfte aus Kapitalvermögen 0,00 Euro, da der Freibetrag nach § 11 Abs. 2 AusglV unterschritten war). Da dieses Einkommen unterhalb der angewendeten Einkommensgrenze nach § 48 Abs. 2 Satz 2 BVG in Höhe von 2189 Euro lag, ist der Beklagte seinerzeit zu der Entscheidung gelangt, die Witwenbeihilfe in ungekürzter Höhe zu gewähren.
In dem angefochtenen Bescheid vom 10.3.2008 hat der Beklagte demgegenüber Einkommen der Witwe in Höhe von monatlich 2401,49 Euro zugrunde gelegt (Witwenrente 962,28 Euro, Altersrente 335,47 Euro, Betriebsrente VBL 569,21 Euro sowie Einkünfte aus Kapitalvermögen 534,53 Euro). Ob dieses Einkommen der Witwe für den maßgebenden Zeitraum von Januar bis April 2006 zutreffend ermittelt worden ist, kann der Senat nicht beurteilen, weil dazu entsprechende Tatsachenfeststellungen des LSG fehlen. Dies gilt vor allem hinsichtlich der hier streitigen Einkünfte aus Kapitalvermögen.

Aus der Anlage zu dem Bescheid vom 10. 3. 2008 geht hervor, dass die Witwe bei mehreren Sparkassen und Banken Kapital angelegt hatte und im Jahre 2006 hieraus Zinseinkünfte erzielt hat. Nach der vom Senat vertretenen Auffassung können diese Einkünfte dann für das gesamte Jahr 2006 und damit auch für die Monate Januar bis April berücksichtigt werden, wenn ertragsbringende Kapitalanlagen während des gesamten Jahres 2006 bestanden haben. Hierzu hat das LSG keine Feststellungen getroffen. Vielmehr hat sich das LSG – nach seiner Rechtsauffassung folgerichtig – ausschließlich mit den Zinseinkünften aus der Kapitalanlage in Höhe von 174 000 Euro befasst und ist zu dem Ergebnis gelangt, diese Einkünfte könnten in dem hier streitigen Zeitraum nicht berücksichtigt werden. Auch die Anlage zu dem Bescheid vom 10. 3. 2008 enthält keine Angaben dazu, ab welchem Zeitpunkt die einzelnen dort aufgeführten Kapitalanlagen der Witwe bestanden haben. Im Revisionsverfahren können diese Feststellungen nicht nachgeholt werden (vgl. § 163 SGG).
a) Die betreffenden Tatsachenfeststellungen sind nicht entbehrlich. Der angefochtene Verwaltungsakt ist nach dem gegenwärtigen Sach- und Streitstand nicht schon aus anderen Gründen rechtswidrig.
Da der Bescheid vom 10. 3. 2008 die Bewilligung der Witwenbeihilfe für die Vergangenheit aufhebt, müssen auch die Voraussetzungen des § 48 Abs. 1 Satz 2 SGB X erfüllt sein. Nach dieser Vorschrift soll der Verwaltungsakt mit Wirkung vom Zeitpunkt der Änderung der Verhältnisse aufgehoben werden, soweit die Änderung zugunsten des Betroffenen erfolgt (Nr. 1), der Betroffene einer durch Rechtsvorschrift vorgeschriebenen Pflicht zur Mitteilung wesentlicher für ihn nachteiliger Änderungen der Verhältnisse vorsätzlich oder grob fahrlässig nicht nachgekommen ist (Nr. 2), nach Antragstellung oder Erlass des Verwaltungsaktes Einkommen oder Vermögen erzielt worden ist, das zum Wegfall oder zur Minderung des Anspruchs geführt haben würde (Nr. 3), oder der Betroffene wusste oder nicht wusste, weil er die erforderliche Sorgfalt in besonders schwerem Maße verletzt hat, dass der sich aus dem Verwaltungsakt ergebende Anspruch kraft Gesetzes zum Ruhen gekommen oder ganz oder teilweise weggefallen ist (Nr. 4).
Das LSG hat angenommen, dass die Voraussetzungen der Nr. 3 gegeben seien. Auch um diese Beurteilung bestätigen zu können, bedarf es weiterer Tatsachenfeststellungen. Insbesondere fehlen Feststellungen zu der Frage, ob ein atypischer Fall gegeben ist. Nach st.Rspr. des BSG und einhelliger Auffassung in der Literatur bedeutet das Wort „soll" in § 48 Abs. 1 Satz 2 SGB X, dass der Leistungsträger in der Regel den Verwaltungsakt rückwirkend aufheben muss, er jedoch in atypischen Fällen nach seinem Ermessen hiervon abweichen kann. Die Frage, ob ein atypischer Fall vorliegt, ist nicht im Rahmen der Ermessensausübung zu klären, sondern im Rechtsstreit von den Gerichten zu entscheiden.... Obwohl der angefochtene Bescheid keine Ausführungen zum Fehlen einer Atypik enthält, ist er deswegen nicht rechtswidrig. Vielmehr muss das Gericht selbst prüfen, ob ein atypischer Fall gegeben ist. Es darf den angefochtenen Bescheid nur dann wegen fehlender Ermessensausübung aufheben, wenn die eigene Prüfung einen atypischen Fall ergibt.... Eine solche Prüfung hat das LSG nicht durchgeführt. Der Senat kann diese Beurteilung nicht selbst vornehmen, da es an einer Feststellung der insoweit bedeutsamen Umstände mangelt.
Soweit es die Aufhebung des Bewilligungsbescheides vom 3. 6. 2003 betrifft, ist das Berufungsurteil daher aufzuheben und die Sache an das LSG zurückzuverweisen (§ 170 Abs. 2 Satz 2 SGG).

§ 12 Einkünfte aus Haus- und Grundbesitz sowie aus Untervermietung

(1) Einkünfte aus Haus- und Grundbesitz sind der Überschuss der jährlichen Einnahmen über die Werbungskostenpauschale. Die Einnahmen bestehen aus der Kaltmiete ohne die umlagefähigen Betriebskosten oder der Pacht. Die von dem Gesamtbetrag der Einnahmen abzusetzende Werbungskostenpauschale beträgt 50 vom Hundert dieses Gesamtbetrages.

(2) Absatz 1 gilt entsprechend, wenn der Leistungsberechtigte noch nicht im Grundbuch als Eigentümer eingetragen ist, jedoch die Nutzungen und Lasten aus dem Haus- und Grundbesitz wie ein Eigentümer übernommen hat.

(3) Als Einkünfte aus der Vermietung möblierter Zimmer sind 20 vom Hundert der Einnahmen nach Absatz 1 Satz 2 anzusetzen; die Abnutzung der Einrichtungsgegenstände ist hierbei berücksichtigt. Bei Untervermietung leeren Wohnraums gelten die erzielten Einnahmen nur insoweit als Einkünfte, als sie die anteilige Kaltmiete nach Absatz 1 Satz 2 übersteigen. Die Absätze 1 und 2 gelten nicht.

§ 13
(weggefallen)

Zweiter Abschnitt
Witwen, Witwer, hinterbliebene Lebenspartner und Waisen

§ 14 Anwendung der Vorschriften des ersten Abschnitts

(1) Die Vorschriften der §§ 1 bis 12 gelten entsprechend für Witwen, Witwer und Waisen, soweit sich aus dem Bundesversorgungsgesetz oder den folgenden Bestimmungen nichts anderes ergibt.

(2) § 2 Abs. 1 Nr. 8 gilt nicht für Witwen, Witwer und hinterbliebene Lebenspartner; jedoch bleiben die dort genannten Leistungen bis zur Höhe des Kindergeldes, das für die betreffenden Kinder zu gewähren ist, bei der Bemessung der Witwen- und Witwerausgleichsrente unberücksichtigt. Ferner bleiben unberücksichtigt Kinderzuschüsse oder ähnliche Leistungen, die für Kinder gewährt werden, die keinen Anspruch auf Waisenrente nach dem Bundesversorgungsgesetz haben.

(3) Bei der Feststellung der Witwenausgleichsrente bleiben nach Auflösung einer neuen Ehe oder Lebenspartnerschaft wiederaufgelebte Versorgungs- und Rentenansprüche unberücksichtigt, sofern auf sie die Rente nach dem Bundesversorgungsgesetz, die ihren Anspruchsgrund in der neuen Ehe oder Lebenspartnerschaft hat, angerechnet wird.

(4) Bei der Feststellung der nach § 44 Abs. 2 des Bundesversorgungsgesetzes wiederaufgelebten Witwenausgleichsrente gelten Versorgungs- und Rentenansprüche, die sich aus der früheren Ehe oder Lebenspartnerschaft herleiten, auch insoweit als Einkommen, als auf sie Ansprüche aus der neuen Ehe oder Lebenspartnerschaft anzurechnen sind. Dagegen bleiben Leistungen, die sich aus der neuen Ehe oder Lebenspartnerschaft herleiten und nach § 44 Abs. 5 des Bundesversorgungsgesetzes anzurechnen sind, unberücksichtigt.

§ 15 Sondervorschriften für Witwen, Witwer, hinterbliebene Lebenspartner und Waisen

(1) Entstehen während der beruflichen Abwesenheit einer Witwe, eines Witwers oder eines hinterbliebenen Lebenspartners Kosten durch die Bewahrung von Kindern bis zum Ende der Volksschulpflicht oder von körperlich oder geistig gebrechlichen Kindern, so gilt als Bruttoeinkommen ein um die notwendigen Aufwendungen verminderter Betrag des unter Berücksichtigung der Vorschriften dieser Verordnung festgestellten Einkommens.

(2) Als übrige Einkünfte im Sinne des § 47 Abs. 2 in Verbindung mit § 33 Abs. 1 des Bundesversorgungsgesetzes gelten bei Waisen auch Leistungen aufgrund eines bürgerlich-rechtlichen Unterhaltsanspruchs gegen die Eltern. Ist ein Unterhaltsbetrag nicht gerichtlich festgesetzt, so ist bei der Bewertung des Anspruchs, ausgenommen beim Anspruch eines nichtehelichen Kindes gegen seinen Vater, davon auszugehen, daß ein Elternteil von seinem Bruttoeinkommen mindestens den Betrag, der in der Anrechnungsverordnung bei Beschädigten der Stufenzahl 170 als Höchstbetrag der übrigen Einkünfte zugeordnet ist, monatlich behält. Dabei bleiben Einkünfte der in § 2 genannten Art unberücksichtigt; § 14 Abs. 2 findet Anwendung. Der in Satz 2 genannte Betrag erhöht sich für jedes weitere unterhaltsberechtigte Kind um den Betrag, der in der Anrechnungsverordnung bei Beschädigten der Stufenzahl 5 als Höchstbetrag der übrigen Einkünfte zugeordnet ist.

Dritter Abschnitt
Eltern

§ 16

(1) Die Vorschriften der §§ 1 bis 12 gelten entsprechend für Eltern, soweit sich aus dem Bundesversorgungsgesetz oder den folgenden Bestimmungen nichts anderes ergibt.

(2) § 2 Abs. 1 Nr. 10 gilt nur insoweit, als § 55 Abs. 1 Satz 1 Buchst. c des Bundesversorgungsgesetzes nicht entgegensteht.

Verordnung über die sozialversicherungsrechtliche Beurteilung von Zuwendungen des Arbeitgebers als Arbeitsentgelt (Sozialversicherungsentgeltverordnung – SvEV)

Art. 1 der Verordnung vom 21. Dezember 2006 (BGBl. I S. 3385, zuletzt geändert durch Verordnung vom 21. November 2016 (BGBl. I S. 2637)

§ 1 Dem sozialversicherungspflichtigen Arbeitsentgelt nicht zuzurechnende Zuwendungen

(1) Dem Arbeitsentgelt sind nicht zuzurechnen:

1. einmalige Einnahmen, laufende Zulagen, Zuschläge, Zuschüsse sowie ähnliche Einnahmen, die zusätzlich zu Löhnen oder Gehältern gewährt werden, soweit sie lohnsteuerfrei sind; dies gilt nicht für Sonntags-, Feiertags- und Nachtarbeitszuschläge, soweit das Entgelt, auf dem sie berechnet werden, mehr als 25 Euro für jede Stunde beträgt,
2. sonstige Bezüge nach § 40 Abs. 1 Satz 1 Nr. 1 des Einkommensteuergesetzes, die nicht einmalig gezahltes Arbeitsentgelt nach § 23 a des Vierten Buches Sozialgesetzbuch sind,
3. Einnahmen nach § 40 Abs. 2 des Einkommensteuergesetzes,
4. Beiträge nach § 40 b des Einkommensteuergesetzes in der am 31. Dezember 2004 geltenden Fassung sowie Zuwendungen nach § 40 b des Einkommensteuergesetzes, die zusätzlich zu Löhnen und Gehältern gewährt werden; dies gilt auch für darin enthaltene Beiträge, die aus einer Entgeltumwandlung (§ 1 Abs. 2 Nr. 3 des Betriebsrentengesetzes) stammen,

4 a. Zuwendungen nach § 3 Nr. 56 und § 40 b des Einkommensteuergesetzes, die zusätzlich zu Löhnen und Gehältern gewährt werden und für die Satz 3 und 4 nichts Abweichendes bestimmen,

5. Beträge nach § 10 des Entgeltfortzahlungsgesetzes,
6. Zuschüsse zum Mutterschaftsgeld nach § 14 des Mutterschutzgesetzes,
7. in den Fällen des § 3 Abs. 3 der vom Arbeitgeber insoweit übernommene Teil des Gesamtsozialversicherungsbeitrags,
8. Zuschüsse des Arbeitgebers zum Kurzarbeitergeld und Saison-Kurzarbeitergeld, soweit sie zusammen mit dem Kurzarbeitergeld 80 Prozent des Unterschiedsbetrages zwischen dem Sollentgelt und dem Ist-Entgelt nach § 106 des Dritten Buches Sozialgesetzbuch nicht übersteigen,
9. steuerfreie Zuwendungen an Pensionskassen, Pensionsfonds oder Direktversicherungen nach § 3 Nr. 63 Satz 1 und 2 des Einkommensteuergesetzes im Kalenderjahr bis zur Höhe von insgesamt 4 Prozent der Beitragsbemessungsgrenze in der allgemeinen Rentenversicherung; dies gilt auch für darin enthaltene Beträge, die aus einer Entgeltumwandlung (§ 1 Abs. 2 Nr. 3 des Betriebsrentengesetzes) stammen,
10. Leistungen eines Arbeitgebers oder einer Unterstützungskasse an einen Pensionsfonds zur Übernahme bestehender Versorgungsverpflichtungen oder Versorgungsanwartschaften durch den Pensionsfonds, soweit diese nach § 3 Nr. 66 des Einkommensteuergesetzes steuerfrei sind,

11. steuerlich nicht belastete Zuwendungen des Beschäftigten zugunsten von durch Naturkatastrophen im Inland Geschädigten aus Arbeitsentgelt einschließlich Wertguthaben,
12. Sonderzahlungen nach § 19 Absatz 1 Satz 1 Nummer 3 Satz 2 bis 4 des Einkommensteuergesetzes der Arbeitgeber zur Deckung eines finanziellen Fehlbetrages an die Einrichtungen, für die Satz 3 gilt,
13. Sachprämien nach § 37 a des Einkommensteuergesetzes,
14. Zuwendungen nach § 37 b Abs. 1 des Einkommensteuergesetzes, soweit die Zuwendungen an Arbeitnehmer eines Dritten erbracht werden und diese Arbeitnehmer nicht Arbeitnehmer eines mit dem Zuwendenden verbundenen Unternehmens sind,
15. vom Arbeitgeber getragene oder übernommene Studiergebühren für ein Studium des Beschäftigten, soweit sie steuerrechtlich kein Arbeitslohn sind,
16. steuerfreie Aufwandsentschädigungen und die in § 3 Nummer 26 und 26 a des Einkommensteuergesetzes genannten steuerfreien Einnahmen.

Dem Arbeitsentgelt sind die in Satz 1 Nummer 1 bis 4 a, 9 bis 11, 13, 15 und 16 genannten Einnahmen, Zuwendungen und Leistungen nur dann nicht zuzurechnen, soweit diese vom Arbeitgeber oder von einem Dritten mit der Entgeltabrechnung für den jeweiligen Abrechnungszeitraum lohnsteuerfrei belassen oder pauschal besteuert werden. Die Summe der in Satz 1 Nr. 4 a genannten Zuwendungen nach § 3 Nr. 56 und § 40 b des Einkommensteuergesetzes, die vom Arbeitgeber oder von einem Dritten mit der Entgeltabrechnung für den jeweiligen Abrechnungszeitraum lohnsteuerfrei belassen oder pauschal besteuert werden, höchstens jedoch monatlich 100 Euro, sind bis zur Höhe von 2,5 Prozent des für ihre Bemessung maßgebenden Entgelts dem Arbeitsentgelt zuzurechnen, wenn die Versorgungsregelung mindestens bis zum 31. Dezember 2000 vor der Anwendung etwaiger Nettobegrenzungsregelungen eine allgemein erreichbare Gesamtversorgung von mindestens 75 Prozent des gesamtversorgungsfähigen Entgelts und nach dem Eintritt des Versorgungsfalles eine Anpassung nach Maßgabe der Entwicklung der Arbeitsentgelte im Bereich der entsprechenden Versorgungsregelung oder gesetzlicher Versorgungsbezüge vorsieht; die dem Arbeitsentgelt zuzurechnenden Beträge und Zuwendungen vermindern sich um monatlich 13,30 Euro. Satz 3 gilt mit der Maßgabe, dass die Zuwendungen nach § 3 Nr. 56 und § 40 b des Einkommensteuergesetzes dem Arbeitsentgelt insoweit zugerechnet werden, als sie in der Summe monatlich 100 Euro übersteigen.

(2) In der gesetzlichen Unfallversicherung und in der Seefahrt sind auch lohnsteuerfreie Zuschläge für Sonntags-, Feiertags- und Nachtarbeit dem Arbeitsentgelt zuzurechnen; dies gilt in der Unfallversicherung nicht für Erwerbseinkommen, das bei einer Hinterbliebenenrente zu berücksichtigen ist.

§ 2 Verpflegung, Unterkunft und Wohnung als Sachbezug

(1) Der Wert der als Sachbezug zur Verfügung gestellten Verpflegung wird auf monatlich 241 Euro festgesetzt. Dieser Wert setzt sich zusammen aus dem Wert für

1. Frühstück von 51 Euro,
2. Mittagessen von 95 Euro und

3. Abendessen von 95 Euro.

(2) Für Verpflegung, die nicht nur dem Beschäftigten, sondern auch seinen nicht bei demselben Arbeitgeber beschäftigten Familienangehörigen zur Verfügung gestellt wird, erhöhen sich die nach Absatz 1 anzusetzenden Werte je Familienangehörigen,
1. der das 18. Lebensjahr vollendet hat, um 100 Prozent,
2. der das 14., aber noch nicht das 18. Lebensjahr vollendet hat, um 80 Prozent,
3. der das 7., aber noch nicht das 14. Lebensjahr vollendet hat, um 40 Prozent und
4. der das 7. Lebensjahr noch nicht vollendet hat, um 30 Prozent.

Bei der Berechnung des Wertes ist das Lebensalter des Familienangehörigen im ersten Entgeltabrechnungszeitraum des Kalenderjahres maßgebend. Sind Ehegatten bei demselben Arbeitgeber beschäftigt, sind die Erhöhungswerte nach Satz 1 für Verpflegung der Kinder beiden Ehegatten je zur Hälfte zuzurechnen.

(3) Der Wert einer als Sachbezug zur Verfügung gestellten Unterkunft wird auf monatlich 223 Euro festgesetzt. Der Wert der Unterkunft nach Satz 1 vermindert sich
1. bei Aufnahme des Beschäftigten in den Haushalt des Arbeitgebers oder bei Unterbringung in einer Gemeinschaftsunterkunft um 15 Prozent,
2. für Jugendliche bis zur Vollendung des 18. Lebensjahres und Auszubildende um 15 Prozent und
3. bei der Belegung
   a) mit zwei Beschäftigten um 40 Prozent,
   b) mit drei Beschäftigten um 50 Prozent und
   c) mit mehr als drei Beschäftigten um 60 Prozent.

Ist es nach Lage des einzelnen Falles unbillig, den Wert einer Unterkunft nach Satz 1 zu bestimmen, kann die Unterkunft mit dem ortsüblichen Mietpreis bewertet werden; Absatz 4 Satz 2 gilt entsprechend.

(4) Für eine als Sachbezug zur Verfügung gestellte Wohnung ist als Wert der ortsübliche Mietpreis unter Berücksichtigung der sich aus der Lage der Wohnung zum Betrieb ergebenden Beeinträchtigungen anzusetzen. Ist im Einzelfall die Feststellung des ortsüblichen Mietpreises mit außergewöhnlichen Schwierigkeiten verbunden, kann die Wohnung mit 3,92 Euro je Quadratmeter monatlich, bei einfacher Ausstattung (ohne Sammelheizung oder ohne Bad oder Dusche) mit 3,20 Euro je Quadratmeter monatlich bewertet werden. Bestehen gesetzliche Mietpreisbeschränkungen, sind die durch diese Beschränkungen festgelegten Mietpreise als Werte anzusetzen. Dies gilt auch für die vertraglichen Mietpreisbeschränkungen im sozialen Wohnungsbau, die nach den jeweiligen Förderrichtlinien des Landes für den betreffenden Förderjahrgang sowie für die mit Wohnungsfürsorgemitteln aus öffentlichen Haushalten geförderten Wohnungen vorgesehen sind. Für Energie, Wasser und sonstige Nebenkosten ist der übliche Preis am Abgabeort anzusetzen.

(5) Werden Verpflegung, Unterkunft oder Wohnung verbilligt als Sachbezug zur Verfügung gestellt, ist der Unterschiedsbetrag zwischen dem vereinbarten Preis und dem Wert, der sich bei freiem Bezug nach den Absätzen 1 bis 4 ergeben würde, dem Arbeitsentgelt zuzurechnen.

(6) Bei der Berechnung des Wertes für kürzere Zeiträume als einen Monat ist für jeden Tag ein Dreißigstel der Werte nach den Absätzen 1 bis 5 zugrunde zu legen. Die Prozentsätze der Absätze 2 und 3 sind auf den Tageswert nach Satz 1 anzuwenden. Die Berechnungen werden jeweils auf 2 Dezimalstellen durchgeführt; die zweite Dezimalstelle wird um 1 erhöht, wenn sich in der dritten Dezimalstelle eine der Zahlen 5 bis 9 ergibt.

§ 3 Sonstige Sachbezüge

(1) Werden Sachbezüge, die nicht von § 2 erfasst werden, unentgeltlich zur Verfügung gestellt, ist als Wert für diese Sachbezüge der um übliche Preisnachlässe geminderte übliche Endpreis am Abgabeort anzusetzen. Sind auf Grund des § 8 Abs. 2 Satz 8 des Einkommensteuergesetzes Durchschnittswerte festgesetzt worden, sind diese Werte maßgebend. Findet § 8 Abs. 2 Satz 2, 3, 4 oder 5 oder Abs. 3 Satz 1 des Einkommensteuergesetzes Anwendung, sind die dort genannten Werte maßgebend. § 8 Abs. 2 Satz 9 des Einkommensteuergesetzes gilt entsprechend.

(2) Werden Sachbezüge, die nicht von § 2 erfasst werden, verbilligt zur Verfügung gestellt, ist als Wert für diese Sachbezüge der Unterschiedsbetrag zwischen dem vereinbarten Preis und dem Wert, der sich bei freiem Bezug nach Absatz 1 ergeben würde, dem Arbeitsentgelt zuzurechnen.

(3) Waren und Dienstleistungen, die vom Arbeitgeber nicht überwiegend für den Bedarf seiner Arbeitnehmer hergestellt, vertrieben oder erbracht werden und die nach § 40 Abs. 1 Satz 1 Nr. 1 des Einkommensteuergesetzes pauschal versteuert werden, können mit dem Durchschnittsbetrag der pauschal versteuerten Waren und Dienstleistungen angesetzt werden; dabei kann der Durchschnittsbetrag des Vorjahres angesetzt werden. Besteht das Beschäftigungsverhältnis nur während eines Teils des Kalenderjahres, ist für jeden Tag des Beschäftigungsverhältnisses der dreihundertsechzigste Teil des Durchschnittswertes nach Satz 1 anzusetzen. Satz 1 gilt nur, wenn der Arbeitgeber den von dem Beschäftigten zu tragenden Teil des Gesamtsozialversicherungsbeitrags übernimmt. Die Sätze 1 bis 3 gelten entsprechend für Sachzuwendungen im Wert von nicht mehr als 80 Euro, die der Arbeitnehmer für Verbesserungsvorschläge sowie für Leistungen in der Unfallverhütung und im Arbeitsschutz erhält. Die mit einem Durchschnittswert angesetzten Sachbezüge, die in einem Kalenderjahr gewährt werden, sind insgesamt dem letzten Entgeltabrechnungszeitraum in diesem Kalenderjahr zuzuordnen.

§ 4

(weggefallen)

Neunundvierzigste Verordnung über das anzurechnende Einkommen nach dem Bundesversorgungsgesetz (Neunundvierzigste Anrechnungsverordnung – 49. AnrV)

in der Fassung der Bundesrats-Drucksache 327/17 vom 24. April 2017

Auf Grund des § 33 Absatz 6 in Verbindung mit § 33a Absatz 1 Satz 3, § 33b Absatz 5 Satz 3, § 41 Absatz 3, § 47 Absatz 2 und § 51 Absatz 4 des Bundesversorgungsgesetzes, von denen § 33 Absatz 6 zuletzt durch Artikel 1 Nummer 35 Buchstabe b und § 41 Absatz 3 zuletzt durch Artikel 1 Nummer 41 des Gesetzes vom 13. Dezember 2007 (BGBl. I S. 2904) sowie § 51 Absatz 4 durch Artikel 1 Nummer 31 Buchstabe b des Gesetzes vom 23. März 1990 (BGBl. I S. 582) geändert worden ist, sowie unter Berücksichtigung der 23. KOV-Anpassungsverordnung 2017 vom … (BGBl. I S. …) verordnet das Bundesministerium für Arbeit und Soziales:

§ 1

Diese Verordnung gilt im Gebiet der Bundesrepublik Deutschland zur Feststellung der in § 2 genannten Leistungen, soweit die Ansprüche in der Zeit vom 1. Juli 2017 an bestehen.

§ 2

Das anzurechnende Einkommen zur Feststellung der Ausgleichsrenten, der Ehegatten- und Kinderzuschläge sowie der Elternrenten (§ 33 Absatz 1, § 41 Absatz 3, § 47 Absatz 2, § 33a Absatz 1 Satz 3, § 33b Absatz 5 Satz 3 und § 51 Absatz 4 des Bundesversorgungsgesetzes) ergibt sich aus der dieser Verordnung als Anlage beigegebenen Tabelle. In der Tabelle sind auch die nach Anrechnung des Einkommens zustehenden Beträge an Ausgleichsrente und Elternrente angegeben, die zustehende Elternrente jedoch nur insoweit, als kein Anspruch auf Erhöhungsbeträge nach § 51 Absatz 2 oder 3 des Bundesversorgungsgesetzes besteht. Besteht Anspruch auf mindestens einen Erhöhungsbetrag, so ist die zustehende Elternrente, ausgehend vom Gesamtbetrag der vollen Elternrente einschließlich des Erhöhungsbetrages, durch Abziehen des in der Tabelle angegebenen anzurechnenden Einkommens zu ermitteln.

§ 3

(1) Das Bruttoeinkommen ist vor Anwendung der Tabelle auf volle Euro nach unten abzurunden.

(2) Treffen Einkünfte aus beiden Einkommensgruppen im Sinne des § 33 Absatz 1 Satz 2 Buchstabe a des Bundesversorgungsgesetzes zusammen, so ist die Stufenzahl getrennt für jede Einkommensgruppe zu ermitteln; die Zusammenzählung beider Werte ergibt vorbehaltlich der Vorschrift des § 41

Absatz 3 Satz 3 und des § 51 Absatz 4 des Bundesversorgungsgesetzes die für die Feststellung maßgebende Stufenzahl.

§ 4

(1) Zur Feststellung des Ehegattenzuschlags oder von Kinderzuschlägen ist von der Stufenzahl, die für das tatsächliche Bruttoeinkommen angegeben ist, die Stufenzahl, von der an die entsprechende Ausgleichsrente nicht mehr zusteht, abzuziehen; das Ergebnis ist die zur Feststellung maßgebende Stufenzahl.

(2) Trifft ein Ehegattenzuschlag mit mindestens einem Kinderzuschlag zusammen, so ist zur Feststellung des Kinderzuschlags von dem nach Absatz 1 ermittelten anzurechnenden Einkommen ein Betrag in Höhe des Ehegattenzuschlags abzuziehen; das Ergebnis ist das anzurechnende Einkommen im Sinne des § 33b Absatz 5 Satz 3 des Bundesversorgungsgesetzes.

§ 5

Soweit die Tabelle in einzelnen Versorgungsfällen nicht ausreicht, sind die Werte für jede weitere Stufenzahl wie folgt zu ermitteln:

1. Zur Ermittlung des Bruttoeinkommens, bis zu dem die zu bildenden Stufen reichen, ist ausgehend von den Werten der Stufe 200 für Beschädigte bei Einkünften aus gegenwärtiger Erwerbstätigkeit ein Betrag in Höhe von 6,765 Euro und bei den übrigen Einkünften ein Betrag in Höhe von 10,630 Euro je Stufe hinzuzuzählen und das Ergebnis jeweils auf volle Euro nach unten abzurunden.
2. Zur Ermittlung des jeder Stufe zugeordneten Betrages des anzurechnenden Einkommens ist ausgehend von dem Wert bei Stufe 200 für Beschädigte je Stufe ein Betrag in Höhe von 3,610 Euro hinzuzuzählen und das Ergebnis jeweils auf volle Euro nach unten abzurunden.

§ 6

Diese Verordnung tritt am 1. Juli 2017 in Kraft. Gleichzeitig tritt die Siebenundvierzigste Anrechnungsverordnung vom 20. Juni 2016 (BGBl. I S. 1364) außer Kraft.

Anlage
(zu § 2)

Tabelle über das anzurechnende Einkommen und die zustehende Ausgleichs- und Elternrente für die Zeit ab 1. Juli 2014 in Euro

Einkünfte (brutto) aus gegenwärtiger Erwerbstätigkeit	Einkünfte (brutto) übrige Einkünfte	Stufenzahl	Anzurechnendes Einkommen	Ausgleichsrenten – Beschädigte mit einem GdS von 100	90	80 oder 70	60 oder 50	Vollwaisen	Halbwaisen	Stufenzahl	Anzurechnendes Einkommen	Ausgleichsrenten Witwen	Elternrenten – Elternpaare	Elternrenten – Elternteile
bis zu Euro	bis zu Euro		Euro	Euro	Euro	Euro	Euro	Euro	Euro		Euro	Euro	Euro	Euro
368	138	0	0	736	657	547	452	305	219	0	0	488	599	418
378	144	0	0	736	657	547	452	305	219	1	3	485	596	415
389	151	0	0	736	657	547	452	305	219	2	7	481	592	411
400	158	0	0	736	657	547	452	305	219	3	11	477	588	407
411	165	0	0	736	657	547	452	305	219	4	14	474	585	404
422	172	0	0	736	657	547	452	305	219	5	18	470	581	400
433	179	0	0	736	657	547	452	305	219	6	22	466	577	396
443	186	0	0	736	657	547	452	305	219	7	25	463	574	393
454	193	0	0	736	657	547	452	305	219	8	29	459	570	389
465	200	0	0	736	657	547	452	305	219	9	33	455	566	385
477	207	0	0	736	657	547	452	305	219	10	36	452	563	382
487	213	1	3	733	654	544	449	302	216	11	39	449	560	379
498	220	2	7	729	650	540	445	298	212	12	43	445	556	375
509	227	3	11	725	646	536	441	294	208	13	47	441	552	371
520	234	4	14	722	643	533	438	291	205	14	50	438	549	368
531	241	5	18	718	639	529	434	287	201	15	54	434	545	364
542	248	6	22	714	635	525	430	283	197	16	58	430	541	360
552	255	7	25	711	632	522	427	280	194	17	61	427	538	357
563	262	8	29	707	628	518	423	276	190	18	65	423	534	353
574	269	9	33	703	624	514	419	272	186	19	69	419	530	349
585	276	10	36	700	621	511	416	269	183	20	72	416	527	346
596	282	11	40	696	617	507	412	265	179	21	76	412	523	342
607	289	12	44	692	613	503	408	261	175	22	80	408	519	338
617	296	13	47	689	610	500	405	258	172	23	83	405	516	335

Einkünfte (brutto) aus gegenwärtiger Erwerbstätigkeit bis zu Euro	Einkünfte (brutto) übrige Einkünfte bis zu Euro	Stufenzahl	Anzurechnendes Einkommen Euro	Ausgleichsrenten Beschädigte mit einem GdS von 100 Euro	Ausgleichsrenten Beschädigte mit einem GdS von 90 Euro	Ausgleichsrenten Beschädigte mit einem GdS von 80 oder 70 Euro	Ausgleichsrenten Beschädigte mit einem GdS von 60 oder 50 Euro	Ausgleichsrenten Vollwaisen Euro	Ausgleichsrenten Halbwaisen Euro	Stufenzahl	Anzurechnendes Einkommen Euro	Ausgleichsrenten Witwen Euro	Elternrenten Elternpaare Euro	Elternrenten Elternteile Euro
628	303	14	51	685	606	496	401	254	168	24	87	401	512	331
639	310	15	55	681	602	492	397	250	164	25	91	397	508	327
650	317	16	58	678	599	489	394	247	161	26	94	394	505	324
661	324	17	62	674	595	485	390	243	157	27	98	390	501	320
672	331	18	66	670	591	481	386	239	153	28	102	386	497	316
683	338	19	69	667	588	478	383	236	150	29	105	383	494	313
693	345	20	73	663	584	474	379	232	146	30	109	379	490	309
704	352	21	77	659	580	470	375	228	142	31	113	375	486	305
715	358	22	80	656	577	467	372	225	139	32	116	372	483	302
726	365	23	84	652	573	463	368	221	135	33	120	368	479	298
737	372	24	88	648	569	459	364	217	131	34	124	364	475	294
748	379	25	92	644	565	455	360	213	127	35	128	360	471	290
758	386	26	95	641	562	452	357	210	124	36	131	357	468	287
769	393	27	99	637	558	448	353	206	120	37	135	353	464	283
780	400	28	103	633	554	444	349	202	116	38	139	349	460	279
791	407	29	106	630	551	441	346	199	113	39	142	346	457	276
802	414	30	110	626	547	437	342	195	109	40	146	342	453	272
813	421	31	114	622	543	433	338	191	105	41	150	338	449	268
824	427	32	117	619	540	430	335	188	102	42	153	335	446	265
834	434	33	121	615	536	426	331	184	98	43	157	331	442	261
845	441	34	125	611	532	422	327	180	94	44	161	327	438	257
856	448	35	128	608	529	419	324	177	91	45	164	324	435	254
867	455	36	132	604	525	415	320	173	87	46	168	320	431	250
878	462	37	136	600	521	411	316	169	83	47	172	316	427	246
889	469	38	139	597	518	408	313	166	80	48	175	313	424	243
899	476	39	143	593	514	404	309	162	76	49	179	309	420	239
910	483	40	147	589	510	400	305	158	72	50	183	305	416	235
921	490	41	150	586	507	397	302	155	69	51	186	302	413	232

Einkünfte (brutto) aus gegenwärtiger Erwerbstätigkeit bis zu Euro	Einkünfte (brutto) übrige Einkünfte bis zu Euro	Stufenzahl	Anzurechnendes Einkommen Euro	Ausgleichsrenten Beschädigte mit einem GdS von 100 Euro	90 Euro	80 oder 70 Euro	60 oder 50 Euro	Ausgleichsrenten Vollwaisen Euro	Halbwaisen Euro	Stufenzahl	Anzurechnendes Einkommen Euro	Ausgleichsrenten Witwen Euro	Elternrenten Elternpaare Euro	Elternrenten Elternteile Euro
932	497	42	154	582	503	393	298	151	65	52	190	298	409	228
943	503	43	158	578	499	389	294	147	61	53	194	294	405	224
954	510	44	161	575	496	386	291	144	58	54	197	291	402	221
965	517	45	165	571	492	382	287	140	54	55	201	287	398	217
975	524	46	169	567	488	378	283	136	50	56	205	283	394	213
986	531	47	172	564	485	375	280	133	47	57	208	280	391	210
997	538	48	176	560	481	371	276	129	43	58	212	276	387	206
1 008	545	49	180	556	477	367	272	125	39	59	216	272	383	202
1 019	552	50	184	552	473	363	268	121	35	60	220	268	379	198
1 030	559	51	187	549	470	360	265	118	32	61	223	265	376	195
1 040	566	52	191	545	466	356	261	114	28	62	227	261	372	191
1 051	572	53	195	541	462	352	257	110	24	63	231	257	368	187
1 062	579	54	198	538	459	349	254	107	21	64	234	254	365	184
1 073	586	55	202	534	455	345	250	103	17	65	238	250	361	180
1 084	593	56	206	530	451	341	246	99	13	66	242	246	357	176
1 095	600	57	209	527	448	338	243	96	10	67	245	243	354	173
1 106	607	58	213	523	444	334	239	92	6	68	249	239	350	169
1 116	614	59	217	519	440	330	235	88	2	69	253	235	346	165
1 127	621	60	220	516	437	327	232	85	0	70	256	232	343	162
1 138	628	61	224	512	433	323	228	81	0	71	260	228	339	158
1 149	635	62	228	508	429	319	224	77	0	72	264	224	335	154
1 160	642	63	231	505	426	316	221	74	0	73	267	221	332	151
1 171	648	64	235	501	422	312	217	70	0	74	271	217	328	147
1 181	655	65	239	497	418	308	213	66	0	75	275	213	324	143
1 192	662	66	242	494	415	305	210	63	0	76	278	210	321	140
1 203	669	67	246	490	411	301	206	59	0	77	282	206	317	136
1 214	676	68	250	486	407	297	202	55	0	78	286	202	313	132
1 225	683	69	253	483	404	294	199	52	0	79	289	199	310	129

Einkünfte (brutto) aus gegenwärtiger Erwerbstätigkeit	Einkünfte (brutto) übrige Einkünfte	Stufenzahl	Anzurechnendes Einkommen	Ausgleichsrenten Beschädigte mit einem GdS von 100	90	80 oder 70	60 oder 50	Vollwaisen	Halbwaisen	Stufenzahl	Anzurechnendes Einkommen	Ausgleichsrenten Witwen	Elternrenten Elternpaare	Elternrenten Elternteile
bis zu Euro	bis zu Euro		Euro	Euro	Euro	Euro	Euro	Euro	Euro		Euro	Euro	Euro	Euro
1 236	690	70	257	479	400	290	195	48	0	80	293	195	306	125
1 246	697	71	261	475	396	286	191	44	0	81	297	191	302	121
1 257	704	72	264	472	393	283	188	41	0	82	300	188	299	118
1 268	711	73	268	468	389	279	184	37	0	83	304	184	295	114
1 279	717	74	272	464	385	275	180	33	0	84	308	180	291	110
1 290	724	75	276	460	381	271	176	29	0	85	312	176	287	106
1 301	731	76	279	457	378	268	173	26	0	86	315	173	284	103
1 312	738	77	283	453	374	264	169	22	0	87	319	169	280	99
1 322	745	78	287	449	370	260	165	18	0	88	323	165	276	95
1 333	752	79	290	446	367	257	162	15	0	89	326	162	273	92
1 344	759	80	294	442	363	253	158	11	0	90	330	158	269	88
1 355	766	81	298	438	359	249	154	7	0	91	334	154	265	84
1 366	773	82	301	435	356	246	151	4	0	92	337	151	262	81
1 377	780	83	305	431	352	242	147	0	0	93	341	147	258	77
1 387	787	84	309	427	348	238	143	0	0	94	345	143	254	73
1 398	793	85	312	424	345	235	140	0	0	95	348	140	251	70
1 409	800	86	316	420	341	231	136	0	0	96	352	136	247	66
1 420	807	87	320	416	337	227	132	0	0	97	356	132	243	62
1 431	814	88	323	413	334	224	129	0	0	98	359	129	240	59
1 442	821	89	327	409	330	220	125	0	0	99	363	125	236	55
1 453	828	90	331	405	326	216	121	0	0	100	367	121	232	51
1 463	835	91	334	402	323	213	118	0	0	101	370	118	229	48
1 474	842	92	338	398	319	209	114	0	0	102	374	114	225	44
1 485	849	93	342	394	315	205	110	0	0	103	378	110	221	40
1 496	856	94	345	391	312	202	107	0	0	104	381	107	218	37
1 507	862	95	349	387	308	198	103	0	0	105	385	103	214	33
1 518	869	96	353	383	304	194	99	0	0	106	389	99	210	29
1 528	876	97	356	380	301	191	96	0	0	107	392	96	207	26

Einkünfte (brutto) aus gegenwärtiger Erwerbstätigkeit	Einkünfte (brutto) übrige Einkünfte	Stufenzahl	Anzurechnendes Einkommen	Ausgleichsrenten Beschädigte mit einem GdS von 100	90	80 oder 70	60 oder 50	Vollwaisen	Halbwaisen	Stufenzahl	Anzurechnendes Einkommen	Ausgleichsrenten Witwen	Elternrenten Elternpaare	Elternrenten Elternteile
bis zu Euro	bis zu Euro		Euro	Euro	Euro	Euro	Euro	Euro	Euro		Euro	Euro	Euro	Euro
1 539	883	98	360	376	297	187	92	0	0	108	396	92	203	22
1 550	890	99	364	372	293	183	88	0	0	109	400	88	199	18
1 561	897	100	368	368	289	179	84	0	0	110	404	84	195	14
1 572	904	101	371	365	286	176	81	0	0	111	407	81	192	11
1 583	911	102	375	361	282	172	77	0	0	112	411	77	188	7
1 594	918	103	379	357	278	168	73	0	0	113	415	73	184	3
1 604	925	104	382	354	275	165	70	0	0	114	418	70	181	0
1 615	932	105	386	350	271	161	66	0	0	115	422	66	177	0
1 626	938	106	390	346	267	157	62	0	0	116	426	62	173	0
1 637	945	107	393	343	264	154	59	0	0	117	429	59	170	0
1 648	952	108	397	339	260	150	55	0	0	118	433	55	166	0
1 659	959	109	401	335	256	146	51	0	0	119	437	51	162	0
1 669	966	110	404	332	253	143	48	0	0	120	440	48	159	0
1 680	973	111	408	328	249	139	44	0	0	121	444	44	155	0
1 691	980	112	412	324	245	135	40	0	0	122	448	40	151	0
1 702	987	113	415	321	242	132	37	0	0	123	451	37	148	0
1 713	994	114	419	317	238	128	33	0	0	124	455	33	144	0
1 724	1 001	115	423	313	234	124	29	0	0	125	459	29	140	0
1 735	1 007	116	426	310	231	121	26	0	0	126	462	26	137	0
1 745	1 014	117	430	306	227	117	22	0	0	127	466	22	133	0
1 756	1 021	118	434	302	223	113	18	0	0	128	470	18	129	0
1 767	1 028	119	437	299	220	110	15	0	0	129	473	15	126	0
1 778	1 035	120	441	295	216	106	11	0	0	130	477	11	122	0
1 789	1 042	121	445	291	212	102	7	0	0	131	481	7	118	0
1 800	1 049	122	448	288	209	99	4	0	0	132	484	4	115	0
1 810	1 056	123	452	284	205	95	0	0	0	133	488	0	111	0
1 821	1 063	124	456	280	201	91	0	0	0	134	492	0	107	0
1 832	1 070	125	460	276	197	87	0	0	0	135	496	0	103	0

Einkünfte (brutto) aus gegenwärtiger Erwerbstätigkeit	Einkünfte (brutto) übrige Einkünfte	Stufenzahl	Anzurechnendes Einkommen	Ausgleichsrenten Beschädigte mit einem GdS von 100	90	80 oder 70	60 oder 50	Vollwaisen	Halbwaisen	Stufenzahl	Anzurechnendes Einkommen	Ausgleichsrenten Witwen	Elternrenten Elternpaare	Elternrenten Elternteile
bis zu Euro	bis zu Euro		Euro	Euro	Euro	Euro	Euro	Euro	Euro		Euro	Euro	Euro	Euro
1 843	1 077	126	463	273	194	84	0	0	0	136	499	0	100	0
1 854	1 083	127	467	269	190	80	0	0	0	137	503	0	96	0
1 865	1 090	128	471	265	186	76	0	0	0	138	507	0	92	0
1 876	1 097	129	474	262	183	73	0	0	0	139	510	0	89	0
1 886	1 104	130	478	258	179	69	0	0	0	140	514	0	85	0
1 897	1 111	131	482	254	175	65	0	0	0	141	518	0	81	0
1 908	1 118	132	485	251	172	62	0	0	0	142	521	0	78	0
1 919	1 125	133	489	247	168	58	0	0	0	143	525	0	74	0
1 930	1 132	134	493	243	164	54	0	0	0	144	529	0	70	0
1 941	1 139	135	496	240	161	51	0	0	0	145	532	0	67	0
1 951	1 146	136	500	236	157	47	0	0	0	146	536	0	63	0
1 962	1 152	137	504	232	153	43	0	0	0	147	540	0	59	0
1 973	1 159	138	507	229	150	40	0	0	0	148	543	0	56	0
1 984	1 166	139	511	225	146	36	0	0	0	149	547	0	52	0
1 995	1 173	140	515	221	142	32	0	0	0	150	551	0	48	0
2 006	1 180	141	518	218	139	29	0	0	0	151	554	0	45	0
2 016	1 187	142	522	214	135	25	0	0	0	152	558	0	41	0
2 027	1 194	143	526	210	131	21	0	0	0	153	562	0	37	0
2 038	1 201	144	529	207	128	18	0	0	0	154	565	0	34	0
2 049	1 208	145	533	203	124	14	0	0	0	155	569	0	30	0
2 060	1 215	146	537	199	120	10	0	0	0	156	573	0	26	0
2 071	1 222	147	540	196	117	7	0	0	0	157	576	0	23	0
2 082	1 228	148	544	192	113	3	0	0	0	158	580	0	19	0
2 092	1 235	149	548	188	109	0	0	0	0	159	584	0	15	0
2 103	1 242	150	552	184	105	0	0	0	0	160	588	0	11	0
2 114	1 249	151	555	181	102	0	0	0	0	161	591	0	8	0
2 125	1 256	152	559	177	98	0	0	0	0	162	595	0	4	0
2 136	1 263	153	563	173	94	0	0	0	0	163	599	0	0	0

Einkünfte (brutto) aus gegenwärtiger Erwerbstätigkeit bis zu Euro	Einkünfte (brutto) übrige Einkünfte bis zu Euro	Stufenzahl	Anzurechnendes Einkommen Euro	Ausgleichsrenten Beschädigte mit einem GdS von 100 Euro	90 Euro	80 oder 70 Euro	60 oder 50 Euro	Vollwaisen Euro	Halbwaisen Euro	Stufenzahl	Anzurechnendes Einkommen Euro	Ausgleichsrenten Witwen Euro	Elternrenten Elternpaare Euro	Elternrenten Elternteile Euro
2 147	1 270	154	566	170	91	0	0	0	0	164	602	0	0	0
2 157	1 277	155	570	166	87	0	0	0	0	165	606	0	0	0
2 168	1 284	156	574	162	83	0	0	0	0	166	610	0	0	0
2 179	1 291	157	577	159	80	0	0	0	0	167	613	0	0	0
2 190	1 297	158	581	155	76	0	0	0	0	168	617	0	0	0
2 201	1 304	159	585	151	72	0	0	0	0	169	621	0	0	0
2 212	1 311	160	588	148	69	0	0	0	0	170	624	0	0	0
2 223	1 318	161	592	144	65	0	0	0	0	171	628	0	0	0
2 233	1 325	162	596	140	61	0	0	0	0	172	632	0	0	0
2 244	1 332	163	599	137	58	0	0	0	0	173	635	0	0	0
2 255	1 339	164	603	133	54	0	0	0	0	174	639	0	0	0
2 266	1 346	165	607	129	50	0	0	0	0	175	643	0	0	0
2 277	1 353	166	610	126	47	0	0	0	0	176	646	0	0	0
2 288	1 360	167	614	122	43	0	0	0	0	177	650	0	0	0
2 298	1 367	168	618	118	39	0	0	0	0	178	654	0	0	0
2 309	1 373	169	621	115	36	0	0	0	0	179	657	0	0	0
2 320	1 380	170	625	111	32	0	0	0	0	180	661	0	0	0
2 331	1 387	171	629	107	28	0	0	0	0	181	665	0	0	0
2 342	1 394	172	632	104	25	0	0	0	0	182	668	0	0	0
2 353	1 401	173	636	100	21	0	0	0	0	183	672	0	0	0
2 364	1 408	174	640	96	17	0	0	0	0	184	676	0	0	0
2 374	1 415	175	644	92	13	0	0	0	0	185	680	0	0	0
2 385	1 422	176	647	89	10	0	0	0	0	186	683	0	0	0
2 396	1 429	177	651	85	6	0	0	0	0	187	687	0	0	0
2 407	1 436	178	655	81	2	0	0	0	0	188	691	0	0	0
2 418	1 442	179	658	78	0	0	0	0	0	189	694	0	0	0
2 429	1 449	180	662	74	0	0	0	0	0	190	698	0	0	0
2 439	1 456	181	666	70	0	0	0	0	0	191	702	0	0	0

Einkünfte (brutto) aus gegenwärtiger Erwerbstätigkeit	Einkünfte (brutto) übrige Einkünfte	Stufenzahl	Anzurechnendes Einkommen	Ausgleichsrenten Beschädigte mit einem GdS von 100	90	80 oder 70	60 oder 50	Vollwaisen	Halbwaisen	Stufenzahl	Anzurechnendes Einkommen	Ausgleichsrenten Witwen	Elternrenten Elternpaare	Elternrenten Elternteile
bis zu Euro	bis zu Euro		Euro	Euro	Euro	Euro	Euro	Euro	Euro		Euro	Euro	Euro	Euro
2 450	1 463	182	669	67	0	0	0	0	0	192	705	0	0	0
2 461	1 470	183	673	63	0	0	0	0	0	193	709	0	0	0
2 472	1 477	184	677	59	0	0	0	0	0	194	713	0	0	0
2 483	1 484	185	680	56	0	0	0	0	0	195	716	0	0	0
2 494	1 491	186	684	52	0	0	0	0	0	196	720	0	0	0
2 505	1 498	187	688	48	0	0	0	0	0	197	724	0	0	0
2 515	1 505	188	691	45	0	0	0	0	0	198	727	0	0	0
2 526	1 512	189	695	41	0	0	0	0	0	199	731	0	0	0
2 537	1 518	190	699	37	0	0	0	0	0	200	735	0	0	0
2 548	1 525	191	702	34	0	0	0	0	0	201	738	0	0	0
2 559	1 532	192	706	30	0	0	0	0	0	202	742	0	0	0
2 570	1 539	193	710	26	0	0	0	0	0	203	746	0	0	0
2 580	1 546	194	713	23	0	0	0	0	0	204	749	0	0	0
2 591	1 553	195	717	19	0	0	0	0	0	205	753	0	0	0
2 602	1 560	196	721	15	0	0	0	0	0	206	757	0	0	0
2 613	1 567	197	724	12	0	0	0	0	0	207	760	0	0	0
2 624	1 574	198	728	8	0	0	0	0	0	208	764	0	0	0
2 635	1 581	199	732	4	0	0	0	0	0	209	768	0	0	0
2 646	1 588	200	736	0	0	0	0	0	0	210	772	0	0	0
2 656	1 594	201	739	0	0	0	0	0	0	211	775	0	0	0
2 667	1 601	202	743	0	0	0	0	0	0	212	779	0	0	0
2 678	1 608	203	747	0	0	0	0	0	0	213	783	0	0	0
2 689	1 615	204	750	0	0	0	0	0	0	214	786	0	0	0
2 700	1 622	205	754	0	0	0	0	0	0	215	790	0	0	0
2 711	1 629	206	758	0	0	0	0	0	0	216	794	0	0	0
2 721	1 636	207	761	0	0	0	0	0	0	217	797	0	0	0
2 732	1 643	208	765	0	0	0	0	0	0	218	801	0	0	0
2 743	1 650	209	769	0	0	0	0	0	0	219	805	0	0	0

Einkünfte (brutto) aus gegenwärtiger Erwerbstätigkeit bis zu Euro	übrige Einkünfte bis zu Euro	Stufenzahl	Anzurechnendes Einkommen Euro	Ausgleichsrenten Beschädigte mit einem GdS von 100 Euro	90 Euro	80 oder 70 Euro	60 oder 50 Euro	Vollwaisen Euro	Halbwaisen Euro	Stufenzahl	Anzurechnendes Einkommen Euro	Ausgleichsrenten Witwen Euro	Elternrenten Elternpaare Euro	Elternteile Euro
2 754	1 657	210	772	0	0	0	0	0	0	220	808	0	0	0
2 765	1 663	211	776	0	0	0	0	0	0	221	812	0	0	0
2 776	1 670	212	780	0	0	0	0	0	0	222	816	0	0	0
2 786	1 677	213	783	0	0	0	0	0	0	223	819	0	0	0
2 797	1 684	214	787	0	0	0	0	0	0	224	823	0	0	0
2 808	1 691	215	791	0	0	0	0	0	0	225	827	0	0	0
2 819	1 698	216	794	0	0	0	0	0	0	226	830	0	0	0
2 830	1 705	217	798	0	0	0	0	0	0	227	834	0	0	0
2 841	1 712	218	802	0	0	0	0	0	0	228	838	0	0	0
2 852	1 719	219	805	0	0	0	0	0	0	229	841	0	0	0
2 862	1 726	220	809	0	0	0	0	0	0	230	845	0	0	0
2 873	1 733	221	813	0	0	0	0	0	0	231	849	0	0	0
2 884	1 739	222	816	0	0	0	0	0	0	232	852	0	0	0
2 895	1 746	223	820	0	0	0	0	0	0	233	856	0	0	0
2 906	1 753	224	824	0	0	0	0	0	0	234	860	0	0	0
2 917	1 760	225	828	0	0	0	0	0	0	235	864	0	0	0
2 927	1 767	226	831	0	0	0	0	0	0	236	867	0	0	0
2 938	1 774	227	835	0	0	0	0	0	0	237	871	0	0	0
2 949	1 781	228	839	0	0	0	0	0	0	238	875	0	0	0
2 960	1 788	229	842	0	0	0	0	0	0	239	878	0	0	0
2 971	1 795	230	846	0	0	0	0	0	0	240	882	0	0	0
2 982	1 802	231	850	0	0	0	0	0	0	241	886	0	0	0
2 993	1 808	232	853	0	0	0	0	0	0	242	889	0	0	0
3 003	1 815	233	857	0	0	0	0	0	0	243	893	0	0	0
3 014	1 822	234	861	0	0	0	0	0	0	244	897	0	0	0
3 025	1 829	235	864	0	0	0	0	0	0	245	900	0	0	0
3 036	1 836	236	868	0	0	0	0	0	0	246	904	0	0	0
3 047	1 843	237	872	0	0	0	0	0	0	247	908	0	0	0

Einkünfte (brutto) aus gegenwärtiger Erwerbstätigkeit bis zu Euro	Einkünfte (brutto) übrige Einkünfte bis zu Euro	Stufenzahl	Anzurechnendes Einkommen Euro	Ausgleichsrenten Beschädigte mit einem GdS von 100 Euro	Ausgleichsrenten Beschädigte mit einem GdS von 90 Euro	Ausgleichsrenten Beschädigte mit einem GdS von 80 oder 70 Euro	Ausgleichsrenten Beschädigte mit einem GdS von 60 oder 50 Euro	Ausgleichsrenten Vollwaisen Euro	Ausgleichsrenten Halbwaisen Euro	Stufenzahl	Anzurechnendes Einkommen Euro	Ausgleichsrenten Witwen Euro	Elternrenten Elternpaare Euro	Elternrenten Elternteile Euro
3 058	1 850	238	875	0	0	0	0	0	0	248	911	0	0	0
3 068	1 857	239	879	0	0	0	0	0	0	249	915	0	0	0
3 079	1 864	240	883	0	0	0	0	0	0	250	919	0	0	0
3 090	1 871	241	886	0	0	0	0	0	0	251	922	0	0	0
3 101	1 878	242	890	0	0	0	0	0	0	252	926	0	0	0
3 112	1 884	243	894	0	0	0	0	0	0	253	930	0	0	0
3 123	1 891	244	897	0	0	0	0	0	0	254	933	0	0	0
3 134	1 898	245	901	0	0	0	0	0	0	255	937	0	0	0
3 144	1 905	246	905	0	0	0	0	0	0	256	941	0	0	0
3 155	1 912	247	908	0	0	0	0	0	0	257	944	0	0	0
3 166	1 919	248	912	0	0	0	0	0	0	258	948	0	0	0
3 177	1 926	249	916	0	0	0	0	0	0	259	952	0	0	0
3 188	1 933	250	920	0	0	0	0	0	0	260	956	0	0	0

§ 33 a (Ehegattenzuschlag für Schwerbeschädigte)

(1) Schwerbeschädigte erhalten für den Ehegatten oder Lebenspartner einen Zuschlag von 82 Euro monatlich. Den Zuschlag erhalten auch Schwerbeschädigte, deren Ehe oder Lebenspartnerschaft aufgelöst oder für nichtig erklärt worden ist, wenn sie im eigenen Haushalt für ein Kind im Sinne des § 33 b Abs. 1 Satz 1 und der Absätze 2 bis 4 sorgen. Steht keine Ausgleichsrente zu, so gilt § 33 entsprechend mit folgender Maßgabe:

a) Das anzurechnende Einkommen ist nur insoweit zu berücksichtigen, als es nicht bereits zum Wegfall der Ausgleichsrente geführt hat.

b) § 33 Abs. 1 Satz 2 Buchstabe b ist nicht anzuwenden.

(2) Alle Empfänger einer Pflegezulage erhalten den vollen Zuschlag, auch wenn die Pflegezulage nach § 35 Abs. 4 nicht gezahlt wird oder nach § 65 Abs. 1 ruht.

VV zu § 33 a

1. Für die Gewährung des Zuschlags ist nicht erforderlich, daß die Voraussetzungen des § 32 Abs. 1 vorliegen.

b) Der Beschädigte sorgt für ein Kind, wenn er die den Eltern einem Kind gegenüber allgemein obliegenden Pflichten erfüllt. Hierzu gehört nicht nur die Gewährung des Unterhalts, sondern auch die Erziehung, Beaufsichtigung und Förderung des persönlichen Wohls des Kindes. Unbeachtlich ist dagegen, ob der Beschädigte Inhaber des Personensorgerechts ist.

c) Das Kind befindet sich auch dann im eigenen Haushalt, wenn der Beschädigte es auf seine Kosten anderweitig untergebracht hat, ohne daß die häusliche Gemeinschaft mit ihm aufgehoben werden soll.

§ 33 b (Kinderzuschlag)

(1) Schwerbeschädigte erhalten für jedes Kind einen Kinderzuschlag. Das gilt nicht, wenn für dasselbe Kind Anspruch auf Kindergeld oder auf Leistungen im Sinne des § 4 Abs. 1 Satz 1 Nr. 1 des Bundeskindergeldgesetzes besteht oder nach dem Einkommensteuergesetz ein Kinderfreibetrag zusteht.

(2) Als Kinder gelten auch die in den Haushalt des Beschädigten aufgenommenen Stiefkinder oder Kinder des Lebenspartners. Kinder, die mit dem Ziel der Annahme als Kind in die Obhut des Annehmenden aufgenommen sind und für die die zur Annahme erforderliche Einwilligung der Eltern erteilt ist, gelten als Kinder des Annehmenden und nicht mehr als Kinder der leiblichen Eltern.

(3) Erfüllen mehrere Beschädigte für dasselbe Kind die Voraussetzungen der Absätze 1 und 2, ist der Kinderzuschlag nur einmal zu gewähren. Anspruchsberechtigt ist derjenige, der das Kind überwiegend unterhält. Unterhält keiner der Beschädigten das Kind überwiegend, wird § 3 Abs. 2 des Bundeskindergeldgesetzes angewandt.

(4) Der Kinderzuschlag wird bis zur Vollendung des 18. Lebensjahres gewährt. Er ist in gleicher Weise nach Vollendung des 18. Lebensjahres für ein Kind zu gewähren, das

1. noch nicht das 21. Lebensjahr vollendet hat, nicht in einem Beschäftigungsverhältnis steht und bei einer Agentur für Arbeit im Inland als arbeitsuchend gemeldet ist,
2. noch nicht das 27. Lebensjahr vollendet hat und
   a) sich in einer Schul- oder Berufsausbildung befindet, die seine Arbeitskraft überwiegend in Anspruch nimmt und nicht mit der Zahlung von Dienstbezügen, Arbeitsentgelt oder sonstigen Zuwendungen in entsprechender Höhe verbunden ist, oder
   b) sich in einer Übergangszeit von in der Regel höchstens sieben Kalendermonaten befindet, die zwischen zwei Ausbildungsabschnitten oder zwischen einem Ausbildungsabschnitt und der Ableistung des gesetzlichen Wehr- oder Zivildienstes, einem dem Wehr- oder Zivildienst gleichgestellten Dienst oder der Ableistung eines freiwilligen Dienstes im Sinne des Buchstaben d liegt, oder
   c) eine Berufsausbildung mangels Ausbildungsplatzes nicht beginnen oder fortsetzen kann oder
   d) einen freiwilligen Dienst im Sinne des § 32 Absatz 4 Satz 1 Nummer 2 Buchstabe d des Einkommensteuergesetzes leistet oder
3. wegen körperlicher, geistiger oder seelischer Behinderung spätestens bei Vollendung des 27. Lebensjahres außerstande ist, sich selbst zu unterhalten, solange dieser Zustand dauert, über die Vollendung des 27. Lebensjahres hinaus jedoch nur, wenn sein Ehegatte oder Lebenspartner außerstande ist, es zu unterhalten.

Bei der Anwendung des Satzes 1 gilt § 32 Abs. 4 Satz 2 und 3 des Einkommensteuergesetzes oder § 2 Abs. 2 Satz 2 und 3 des Bundeskindergeldgesetzes entsprechend. Hatte ein Kind, das bei Vollendung des 27. Lebensjahres körperlich, geistig oder seelisch behindert war, nach diesem Zeitpunkt eine Erwerbstätigkeit ausgeübt, so ist der Kinderzuschlag erneut zu gewähren, wenn und solange es wegen desselben körperlichen oder geistigen Gebrechens erneut außerstande ist, sich selbst zu unterhalten. Im Falle der Unterbrechung oder Verzögerung der Schul- oder Berufsausbildung durch Erfüllung der gesetzlichen Wehr- oder Zivildienstpflicht eines Kindes im Sinne des Satzes 2 Buchstabe a ist der Kinderzuschlag für einen der Zeit dieses Dienstes entsprechenden Zeitraum über das 27. Lebensjahr hinaus zu gewähren. Satz 5 gilt entsprechend für den auf den Grundwehrdienst anzurechnenden Wehrdienst, den ein Soldat auf Grund freiwilliger Verpflichtung für eine Dienstzeit von nicht mehr als drei Jahren geleistet hat sowie für die vom Wehr- und Zivildienst befreiende Tätigkeit als Entwicklungshelfer im Sinne des § 1 Abs. 1 des Entwicklungshelfer-Gesetzes für einen der Dauer dieses Dienstes oder der Tätigkeit entsprechenden Zeitraum, höchstens für die Dauer des inländischen gesetzlichen Grundwehrdienstes, bei anerkannten Kriegsdienstverweigerern für die Dauer des inländischen gesetzlichen Zivildienstes über das 21. oder 27. Lebensjahr hinaus berücksichtigt. Wird der gesetzliche Grundwehrdienst oder Zivil-

dienst in einem Mitgliedstaat der Europäischen Union oder einem Staat, auf den das Abkommen über den Europäischen Wirtschaftsraum Anwendung findet, geleistet, so ist die Dauer dieses Dienstes maßgebend. § 2 Abs. 2 Satz 2 bis 7 des Bundeskindergeldgesetzes gilt entsprechend. Verzögert sich die Schul- oder Berufsausbildung aus einem Grund, den weder der Beschädigte noch das Kind zu vertreten haben, so wird der Kinderzuschlag entsprechend dem Zeitraum der nachgewiesenen Verzögerung länger gewährt.

(5) Der Kinderzuschlag ist in Höhe des gesetzlichen Kindergelds zu gewähren. Der Zuschlag ist um Kinderzuschüsse oder ähnliche Leistungen, die für das Kind gezahlt werden oder zu gewähren sind, zu kürzen. Steht keine Ausgleichsrente und kein Zuschlag nach § 33a zu, so gilt § 33 entsprechend mit folgender Maßgabe:

a) Das anzurechnende Einkommen ist nur insoweit zu berücksichtigen, als es nicht bereits zum Wegfall der Ausgleichsrente und des Zuschlags nach § 33a geführt hat.

b) § 33 Abs. 1 Satz 2 Buchstabe b ist nicht anzuwenden.

Werden Kinderzuschläge für mehrere Kinder gewährt, so ist das nach Satz 3 Buchstabe a anzurechnende Einkommen nach dem Verhältnis aufzuteilen, in dem die Beträge der einzelnen Kinderzuschläge zueinander stehen.

(6) Bei Empfängern einer Pflegezulage ist, auch wenn die Pflegezulage nach § 35 Abs. 4 nicht gezahlt wird oder nach § 65 Abs. 1 ruht, Absatz 5 Satz 2 und 3 nicht anzuwenden. Für jedes Kind, für das ihnen nach Absatz 1 kein Kinderzuschlag zusteht, erhalten sie einen Zuschlag in Höhe des gesetzlichen Kindergelds, das für das erste Kind vorgesehen ist.

(7) Steht die Vertretung in den persönlichen Angelegenheiten des Kindes nicht dem Beschädigten zu, so kann der gesetzliche Vertreter des Kindes die Zahlung des Kinderzuschlags an sich beantragen. Ist das Kind volljährig, so kann es die Zahlung an sich selbst beantragen.

VV zu § 33b

1. Nr. 1 zu § 33a ist anzuwenden.
2. Stiefkinder sind die Kinder des anderen Ehegatten, die nicht zugleich eigene Kinder sind. Ein Stiefkindschaftsverhältnis endet nicht durch Auflösung oder Nichtigerklärung der Ehe, durch die es begründet worden ist. Als in den Haushalt des Beschädigten aufgenommen sind auch die Kinder anzusehen, die der Beschädigte auf seine Kosten anderweitig untergebracht hat, ohne daß die häusliche Verbindung mit ihnen aufgegeben werden soll.
3. Die Anerkennung der Vaterschaft zu einem nichtehelichen Kind muß öffentlich beurkundet sein (§ 1600e BGB). Als Vater ist der Beschädigte auch dann anzusehen, wenn er die Vaterschaft vor Inkrafttreten des Gesetzes über die rechtliche Stellung der nichtehelichen Kinder in einer öffentlichen Urkunde anerkannt oder sich in einem vollstreckbaren Schuldtitel zur

Erfüllung seiner Unterhaltspflicht nach § 1708 BGB a. F. verpflichtet hat oder hierzu verurteilt worden ist.

4. Die Zahlung des Kinderzuschlags endet bei Vollendung des sechzehnten bzw. siebenundzwanzigsten Lebensjahres mit dem Ablauf des Geburtsmonats.
5. Schulausbildung im Sinne des § 33 b ist die Ausbildung an öffentlichen Schulen oder an privaten Schulen, deren Unterricht nach staatlich genehmigten Lehrplänen erteilt wird oder nach den Lehrplänen für öffentliche Schulen ausgerichtet ist. Der Schulausbildung steht es gleich, wenn das Kind, ohne einen Beruf auszuüben, Unterricht in Abendkursen oder Privatunterricht erhält mit dem Ziel, eine staatlich anerkannte Abschlußprüfung abzulegen; im Zweifelsfall ist eine Stellungnahme der Schulaufsichtsbehörde einzuholen.
6. Als Schul- oder Berufsausbildung im Sinne des § 33 b gilt auch die Teilnahme an einer Vollzeitausbildung im Rahmen des Fernunterrichts, höchstens jedoch für die Dauer von sechs Kalendermonaten. Voraussetzung ist, daß das Kind in den neun Monaten vor Beginn der Vollzeitausbildung erfolgreich an dem Fernunterricht teilgenommen hat, es die Vorbereitung auf den Ausbildungsabschluß in längstens sechs Monaten beenden kann und die Teilnahme an dem Lehrgang die Arbeitskraft des Kindes mindestens während drei aufeinanderfolgender Kalendermonate voll in Anspruch nimmt. Diese Voraussetzungen sind durch eine Bescheinigung des Fernlehrinstituts nachzuweisen. Als Schulausbildung werden Fernunterrichtslehrgänge jedoch nur anerkannt, soweit sie unter denselben Zugangsvoraussetzungen auf denselben Abschluß vorbereiten, wie die in § 2 Abs. 1 und 3 Bundesausbildungsförderungsgesetz bestimmten Ausbildungsstätten.
7. In der Berufsausbildung im Sinne des § 33 b steht ein Kind, das für eine später gegen Entgelt auszuübende Berufstätigkeit ausgebildet wird, wenn der Ausbildungsgang geeignet ist, in angemessener Zeit zu dem Berufsziel zu führen. Liegen die sonstigen Voraussetzungen vor, so ist es unerheblich, ob der Berufsausbildung bereits eine andere – selbst eine abgeschlossene – Berufsausbildung vorangegangen ist. Die Erlernung der Hauswirtschaft ist, ohne daß eine spätere Berufsausübung gegen Entgelt angestrebt wird, als Berufsausbildung anzusehen, wenn sie
   a) an einer öffentlichen oder privaten Haushaltungsschule, einer Frauenarbeitsschule oder an einer entsprechenden Einrichtung oder
   b) in einem Haushalt aufgrund eines anerkannten Lehrvertrages erfolgt.
8. Schul- oder Berufsausbildung ist auch
   a) eine Teilnahme an einem Lehrgang zur Vorbereitung auf die Meisterprüfung,
   b) eine Ausbildung in Heimerziehung im Rahmen der freiwilligen Erziehungshilfe oder einer sonstigen Jugendhilfe oder
   c) die Zeit der Vorbereitung auf den Erwerb des Doktorgrades, wenn die Promotion üblicherweise die einzige Abschlußprüfung darstellt oder die Habilitation erstrebt und die Erreichung dieses Zieles aufgrund einer besonderen Befähigung des Doktoranden zu wissenschaftlicher Arbeit erwartet werden kann. Als Nachweis dieser Voraussetzungen dient eine entsprechende Bescheinigung der Hochschule.

9. Ob die Schul- oder Berufsausbildung die Arbeitskraft des Kindes überwiegend in Anspruch nimmt, läßt sich nicht allein an der Zahl der Lehr- oder Unterrichtsstunden messen; auch der Umfang häuslicher Arbeit und häuslicher Übungen ist zu berücksichtigen.
10. Sonstige Zuwendungen in entsprechender Höhe im Sinne des § 33 b Abs. 4 Buchst. a sind Zuwendungen in Geld oder Geldeswert, die ihrem Wesen nach Entgelt für Arbeitsleistungen sind. Das ist der Fall, wenn das Kind während der Berufsausbildung für die geleistete Arbeit wie eine vollwertige Arbeitskraft bezahlt wird. Das gleiche gilt, wenn Zuwendungen mindestens in Höhe der Anfangsbezüge der Besoldungs-, Vergütungs- oder Lohngruppe gezahlt werden, die einem Bediensteten für die gleiche Tätigkeit zustehen, die auch das Kind ausübt. Unterhaltszuschüsse, die Beamte auf Widerruf im Vorbereitungsdienst erhalten, sind weder Arbeitsentgelt noch Dienstbezüge noch Zuwendungen in entsprechender Höhe. Leistungen nach § 40 Arbeitsförderungsgesetz sind ebenfalls keine Zuwendungen in entsprechender Höhe.
11. Regelmäßige Ferien, regelmäßiger Erholungsurlaub, die Übergangszeit vor und nach der Ableistung eines freiwilligen sozialen Jahres oder vor und nach der Ableistung des gesetzlichen Wehr- oder Zivildienstes, Erkrankungen sowie Ausfallzeiten infolge Schwangerschaft im Rahmen der Schutzfrist des § 3 Abs. 2 Mutterschutzgesetz unterbrechen die Ausbildung nicht; eine länger dauernde Erkrankung beendet jedoch dann die Ausbildung, wenn die Absicht, die Ausbildung fortzusetzen, aufgegeben wird oder die Erkrankung objektiv erkennbar die weitere Ausbildung nicht mehr zuläßt. Die übliche Übergangszeit zwischen zwei Ausbildungsabschnitten unterbricht die Ausbildung nicht, wenn der nächste Ausbildungsabschnitt spätestens im vierten auf die Beendigung des vorherigen Ausbildungsabschnitts folgenden Monat beginnt; bleibt die Bewerbung um einen Ausbildungsplatz in diesem Ausbildungsabschnitt erfolglos, endet die Ausbildung mit Ablauf des Monats, in dem die Ablehnung bekanntgegeben wird.
12. Eine Verzögerung der Schul- oder Berufsausbildung ist insbesondere nicht zu vertreten, wenn sie auf
    a) den Nachkriegsverhältnissen,
    b) einmaligem Wiederholen einer Schulklasse,
    c) einmaligem Nichtbestehen einer Prüfung,
    d) einer Erkrankung oder Schwangerschaft,
    e) einem längstens einjährigen Auslandsaufenthalt als Austauschschüler oder
    f) dem Mangel an einem Studienplatz, sofern in der Wartezeit an keiner anderen Ausbildung im Sinne des § 33 b Abs. 4 Buchst. a teilgenommen wurde,

    beruht.
13. Gebrechen ist ein von der Regel abweichender körperlicher oder geistiger Zustand, mit dessen Dauer für nicht absehbare Zeit zu rechnen ist.
14. Ein Kind ist dann außerstande, sich selbst zu unterhalten, wenn es seinen angemessenen Lebensunterhalt nicht
    - durch Einkünfte aus seinem Vermögen,

- durch Einkünfte aus einer gegenwärtigen oder früheren Erwerbstätigkeit oder
- nach Vollendung des 27. Lebensjahres durch Unterhaltsleistungen seines Ehegatten oder früheren Ehegatten bestreiten kann.

15. Liegen die Voraussetzungen der Nrn. 13 und 14 bei Vollendung des 27. Lebensjahres vor, ist der Kinderzuschlag auch zu gewähren, wenn die übrigen Voraussetzungen zu einem späteren Zeitpunkt eintreten.
16. Zu den ähnlichen Leistungen im Sinne des § 33b Abs. 5 Satz 2 zählen insbesondere nicht
   a) Beträge, um die sich Stundenlöhne, Ortszuschläge, Arbeitslosengeld sowie diesen ähnliche Einkünfte mit Rücksicht auf Kinder erhöhen,
   b) der Sonderbetrag für Kinder nach § 8 des Gesetzes über die Gewährung einer jährlichen Sonderzuwendung oder entsprechenden landesrechtlichen oder tariflichen Vorschriften,
   c) bei Arbeiten im öffentlichen Dienst der Sozialzuschlag nach tarifrechtlichen Vorschriften,
   d) Unterhaltsansprüche des Kindes gegen seine Eltern, seinen Ehegatten oder seinen früheren Ehegatten.

Aus Rundschreiben, Urteilen etc.

BMAS v. 2.2.2006 – IV C 2 – 47431
Kinderzuschlag nach § 33b BVG
Mit Schreiben vom 29.11.2005 hatte das Niedersächsische Ministerium für Soziales, Frauen, Familie und Gesundheit unter Hinweis auf den Beschluss des Bundesverfassungsgerichts (BVerfG) vom 11. Januar 2005 – 2 BvR 167/02 – die Frage aufgeworfen, ob dieser Beschluss, der sich auf die mit § 2 Abs. 2 Satz 2 BKGG identische Vorschrift des § 32 Abs. 4 Satz 2 EStG bezieht, in der Praxis auch Auswirkungen auf die Beurteilung nach § 33b BVG hat.
Die dazu von Niedersachsen dargelegte Rechtsauffassung, dass das Urteil auch im Rahmen des § 33b BVG angewendet werden muss, wird von mir in vollem Umfang geteilt. Diese Rechtsauffassung wird im Übrigen auch von der o.a. Bayerischen Stellungnahme untermauert, in der unter Hinweis auf Artikel 3 Abs. 1 GG überzeugend dargestellt wird, dass die vom BVerfG entwickelte verfassungskonforme Auslegung des mit § 2 Abs. 2 Satz 2 BKGG identischen § 32 Abs. 4 Satz 2 EStG auch auf den im § 33b BVG genannten anspruchsberechtigten Personenkreis der unterhaltspflichtigen Schwerbeschädigten anzuwenden ist. Auch ich sehe keinen sachlichen Grund für eine Ungleichbehandlung eines der – in den zitierten Gesetzen (BVG, BKGG, EStG) identischen – Adressatenkreise, so dass eine Schlechterstellung der in § 33b BVG genannten Schwerbeschädigten aus meiner Sicht verfassungswidrig wäre.
Im Interesse einer bundeseinheitlichen Verfahrensweise bitte ich daher – wie von Niedersachsen und Bayern vorgeschlagen – bei der Prüfung der Einkommensgrenze im Rahmen des § 33b BVG zukünftig von den Bruttobezügen sowohl die Werbungskosten als auch die Sozialversicherungsbeiträge abzuziehen.

§ 34 (Ausgleichsrente für jugendliche Schwerbeschädigte)

(1) Die Ausgleichsrente beträgt für Schwerbeschädigte vor Vollendung des 14. Lebensjahrs bis zu 30 vom Hundert, vor Vollendung des 18. Lebensjahrs bis zu 50 vom Hundert der Sätze des § 32 Abs. 2; sie ist auf den vollen Satz zu erhöhen, wenn der Schwerbeschädigte seinen Lebensunterhalt allein bestreiten muß.

(2) Ausgleichsrente ist nur insoweit zu gewähren, als dies nach den wirtschaftlichen Verhältnissen des Beschädigten und seiner unterhaltspflichtigen Angehörigen gerechtfertigt ist. Lehrlingsvergütung bis zu 77 Euro monatlich bleibt unberücksichtigt.

VV zu § 34

1. Die Höhe der Ausgleichsrente für jugendliche Schwerbeschädigte richtet sich danach, ob Leistungen für Unterhalt, Erziehung und Ausbildung erforderlich sind, die von dem Beschädigten und seinen unterhaltspflichtigen Angehörigen nach Lage ihrer wirtschaftlichen Verhältnisse nicht aufgebracht werden können. Bei der Bemessung des Unterhaltsbedarfs bleiben schädigungsbedingte Mehraufwendungen und Leistungen nach dem BVG außer Betracht. § 33 ist nicht anzuwenden.
2. Für die Gewährung der Ausgleichsrente entsprechend dem Lebensalter gilt die Verwaltungsvorschrift zu § 31 sinngemäß.

Aus Rundschreiben, Urteilen etc.

BMAS v. 8. 10. 2012 – V b 2 – 54423
Durchführung des Sozialen Entschädigungsrechts;
Ausgleichsrente für jugendliche Schwerbeschädigte (§ 34 BVG):
– Berechnungsgrundlagen
– Konkurrenzverhältnis zum Jugendhilferecht (SGB VIII)
Zur Frage, nach welchen Maßstäben die Ausgleichsrente für schwerbeschädigte Kinder und Jugendliche nach § 34 Bundesversorgungsgesetz (BVG) zu berechnen ist, sowie zum Verhältnis der Ausgleichsrente zu Leistungen des SGB VIII nehme ich wie folgt Stellung:
1. Berechnungsgrundlage
Ich bin der Auffassung, dass bei der Berechnung auf eine unterhaltsrechtliche Grundlage unter Anwendung der unterhaltsrechtlichen Leitlinien der „Düsseldorfer Tabelle“ zum Mindestbedarf bzw. zum Selbstbehalt des unterhaltspflichtigen Angehörigen abzustellen ist. Ob und in welcher Höhe ein Anspruch auf Ausgleichsrente besteht, richtet sich danach, ob bei dem schwerbeschädigten Kind bzw. Jugendlichen unter Abzug anderer ihm zustehender Leistungen (z. B. Kindergeld) ein Bedarf besteht, der durch die unterhaltspflichtigen Angehörigen nicht gedeckt werden kann.
Für die unterhaltsrechtliche Berechnungsgrundlage spricht zum einen der Wortlaut des § 34 Abs. 2 BVG, der unter anderem auf die „unterhaltsverpflichteten Angehörigen“ des jugendlichen Schwerbeschädigten und auf die Lehrlingsvergütung (Ausbildungsvergütung) verweist, die im Zivilrecht im Bezug zum Unterhaltsanspruch steht, weil sie auf den Unterhaltsanspruch anzurechnen ist (vgl. § 1577 BGB).

Zum anderen spricht der Sinn und Zweck von § 34 BVG für eine unterhaltsrechtliche Berechnungsgrundlage. Die Ausgleichsrente hat keinen (sozialhilferechtlichen) Grundsicherungs-, sondern einen Schadensausgleichscharakter. Mit der Ausgleichsrente nach § 34 BVG soll eine Lücke beim Unterhaltsbedarf geschlossen werden, für die der Staat ausgleichspflichtig ist. Die Ausgleichsrente kommt daher nur in Betracht, wenn der Jugendliche nicht über Einkommen oder Unterhaltsansprüche verfügt, aus denen der Lebensunterhalt, die Erziehung und Ausbildung bestritten werden können.

2. Verhältnis zum Kinder- und Jugendhilferecht (SGB VIII)

Geht man von einem unterhaltsrechtlichen Charakter der Ausgleichsrente nach § 34 BVG aus, so stellt sich das Problem des Konkurrenzverhältnisses zum Kinder- und Jugendhilferecht.

Gem. § 97 SGB VIII kann der erstattungsberechtigte Träger der öffentlichen Jugendhilfe die Feststellung einer Sozialleistung (hier nach dem BVG) betreiben und anschließend Leistungen nach den §§ 102ff. SGB X beantragen (zu den Formerfordernissen im Erstattungsverfahren siehe Urteil des BSG vom 10. Dezember 2002 [B 9 VG 6/ 01 R]). Eine Pflicht zur Leistungserstattung an den Träger der öffentlichen Jugendhilfe besteht grundsätzlich auch im Falle der Ausgleichsrente nach § 34 BVG, da Verpflichtungen anderer Sozialleistungsträger gemäß § 10 Abs. 1 SGB VIII gegenüber Leistungen der Kinder- und Jugendhilfe vorrangig sind.

Allerdings muss in diesem Fall eine Kongruenz zwischen Unterhaltsleistungen und (Haupt-)Leistungen der Kinder- und Jugendhilfe bestehen. Voraussetzung hierfür ist das Bestehen miteinander konkurrierender Leistungsverpflichtungen unterschiedlicher Sozialleistungsträger, d. h. beide Träger müssen hinsichtlich der geeigneten und erforderlichen Hilfe im Einzelfall zur Leistung verpflichtet sein. Dies setzt nach der Verwaltungsrechtssprechung gleiche, gleichartige, einander entsprechende, kongruente, einander überschneidende oder deckungsgleiche Leistungen voraus (Bayerischer Verwaltungsgerichtshof, Urteil vom 29. 03. 2010 – 12 BV 08.942). In Betracht kommt eine Kongruenz für Leistungen nach dem SGB VIII, bei denen als Annex auch Leistungen zum Unterhalt gewährt werden. Dies sind Leistungen nach § 13 Abs. 3 Satz 2, nach § 19 Abs. 3, nach § 21 Satz 2, nach § 39 und nach § 42 Abs. 2 Satz 3 SGB VIII. Zu diesen Annexleistungen kann die Ausgleichsrente, die der Bestreitung des Unterhalts dient, in Konkurrenz stehen. Wegen ihrer Vorrangigkeit bleibt sie von den Unterhaltsleistungen der Kinder- und Jugendhilfe unberührt. Sie muss somit weiterhin an das schwerbeschädigte Kind/den schwerbeschädigten Jugendlichen ausgezahlt werden.

Eine Kongruenz besteht auch zwischen der Ausgleichsrente und den Hilfen zur Erziehung nach §§ 27ff. SGB VIII wie den Leistungen nach §§ 33 und 34 SGB VIII. So können diese Leistungen nicht einzeln betrachtet werden, sondern lösen regelmäßig einen Unterhaltsanspruch nach § 39 SGB VIII aus. Wird nämlich Hilfe nach §§ 32 bis 35 SGB VIII gewährt, so ist gemäß des Wortlauts des § 39 Absatz 1 SGB VIII auch der notwendige Unterhalt des Kindes oder Jugendlichen außerhalb des Elternhauses sicherzustellen. Folglich ist in diesen Fällen immer zu prüfen, in welcher Höhe Leistungen zum Unterhalt als laufende Leistungen gemäß § 39 SGB VIII zu gewähren sind.

Damit das schwerbeschädigte Kind/der schwerbeschädigte Jugendliche den Unterhalt oder Teile des Unterhaltes nicht doppelt erhält (durch Zahlung der Ausgleichsrente und durch die Unterhaltsleistung der Kinder- und Jugendhilfe), regelt § 93

Abs. 1 Satz 3 SGB VIII, dass Leistungen, die dem gleichen Zweck wie die jeweiligen Leistungen der Jugendhilfe dienen, unabhängig von einem Kostenbeitrag einzusetzen sind. Durch diese Regelung im Kostenbeitragsrecht wird der Vorrangigkeit der Unterhaltszahlung aus anderen Sozialleistungen gegenüber den Unterhaltsleistungen der Kinder- und Jugendhilfe Rechnung getragen. Das heißt, dass für das schwerbeschädigte Kind/den schwerbeschädigten Jugendlichen die Ausgleichsrente nach § 34 BVG direkt an den Träger der Kinder- und Jugendhilfe auszuzahlen ist, wenn und soweit der Träger der Kinder- und Jugendhilfe bei der Versorgungsbehörde einen Erstattungsanspruch geltend macht und ein gegenüber dem Hilfeempfänger erteilter rechtsverbindlicher Leistungsbescheid vorgelegt wird. Durch diesen muss ein konkreter Kostenbeitrag unter Einsatz der dem gleichen Zweck wie die jeweilige Jugendhilfeleistung dienenden Ausgleichsrente betragsmäßig festgesetzt und vom Hilfeempfänger erhoben werden.
Die vorstehenden Ausführungen gelten sinngemäß auch für das Verhältnis der Waisenausgleichsrente nach § 47 BVG zu Leistungen der Jugendhilfe nach dem SGB VIII.
Meine Rundschreiben vom 21. November 2011 (Az.: Vb 2 – 54423) und 15. Dezember 2011 (Az.: Vb 2 – 54030/54490) – letzteres nur hinsichtlich der Ausführungen zum Verhältnis der (Halb-)Waisenausgleichsrente zu den Hilfen der Erziehung nach den §§ 27ff. SGB VIII – hebe ich auf.

Pflegezulage

§ 35 (Pflegezulage)

(1) Solange Beschädigte infolge der Schädigung hilflos sind, wird eine Pflegezulage von 311 Euro (Stufe I) monatlich gezahlt. Hilflos im Sinne des Satzes 1 sind Beschädigte, wenn sie für eine Reihe von häufig und regelmäßig wiederkehrenden Verrichtungen zur Sicherung ihrer persönlichen Existenz im Ablauf eines jeden Tages fremder Hilfe dauernd bedürfen. Diese Voraussetzungen sind auch erfüllt, wenn die Hilfe in Form einer Überwachung oder Anleitung zu den in Satz 2 genannten Verrichtungen erforderlich ist oder wenn die Hilfe zwar nicht dauernd geleistet werden muß, jedoch eine ständige Bereitschaft zur Hilfeleistung erforderlich ist. Ist die Gesundheitsstörung so schwer, daß sie dauerndes Krankenlager oder dauernd außergewöhnliche Pflege erfordert, so ist die Pflegezulage je nach Lage des Falles unter Berücksichtigung des Umfangs der notwendigen Pflege auf 531, 755, 969, 1258 oder 1548 Euro (Stufen II, III, IV, V und VI) zu erhöhen. Für die Ermittlung der Hilflosigkeit und der Stufen der Pflegezulage sind die in der Verordnung zu § 30 Abs. 17 aufgestellten Grundsätze maßgebend. Blinde erhalten mindestens die Pflegezulage nach Stufe III. Hirnbeschädigte mit einem Grad der Schädigungsfolgen von 100 erhalten eine Pflegezulage mindestens nach Stufe I.

(2) Wird fremde Hilfe im Sinne des Absatzes 1 von Dritten aufgrund eines Arbeitsvertrages geleistet und übersteigen die dafür aufzuwendenden angemessenen Kosten den Betrag der pauschalen Pflegezulage nach Ab-

satz 1, wird die Pflegezulage um den übersteigenden Betrag erhöht. Leben Beschädigte mit ihren Ehegatten, Lebenspartnern oder einem Elternteil in häuslicher Gemeinschaft, ist die Pflegezulage so zu erhöhen, dass sie nur ein Viertel der von ihnen aufzuwendenden angemessenen Kosten aus der pauschalen Pflegezulage zu zahlen haben und ihnen mindestens die Hälfte der pauschalen Pflegezulage verbleibt. In Ausnahmefällen kann der verbleibende Anteil bis zum vollen Betrag der pauschalen Pflegezulage erhöht werden, wenn Ehegatten, Lebenspartner oder ein Elternteil von Pflegezulageempfängern mindestens der Stufe V neben den Dritten in außergewöhnlichem Umfang zusätzliche Hilfe leisten. Entstehen vorübergehend Kosten für fremde Hilfe, insbesondere infolge Krankheit der Pflegeperson, ist die Pflegezulage für jeweils höchstens sechs Wochen über Satz 2 hinaus so zu erhöhen, dass den Beschädigten die pauschale Pflegezulage in derselben Höhe wie vor der vorübergehenden Entstehung der Kosten verbleibt. Die Sätze 2 und 3 gelten nicht, wenn der Ehegatte, Lebenspartner oder Elternteil nicht nur vorübergehend keine Pflegeleistungen erbringt; § 40a Abs. 3 Satz 3 gilt.

(3) Während einer stationären Behandlung wird die Pflegezulage nach den Absätzen 1 und 2 Empfängern von Pflegezulage nach den Stufen I und II bis zum Ende des ersten, den übrigen Empfängern von Pflegezulage bis zum Ablauf des zwölften auf die Aufnahme folgenden Kalendermonats weitergezahlt.

(4) Über den in Absatz 3 bestimmten Zeitpunkt hinaus wird die Pflegezulage während einer stationären Behandlung bis zum Ende des Kalendermonats vor der Entlassung nur weitergezahlt, soweit dies in den folgenden Sätzen bestimmt ist. Beschädigte erhalten ein Viertel der pauschalen Pflegezulage nach Absatz 1, wenn der Ehegatte, Lebenspartner oder der Elternteil bis zum Beginn der stationären Behandlung zumindest einen Teil der Pflege wahrgenommen hat. Daneben wird die Pflegezulage in Höhe der Kosten weitergezahlt, die aufgrund eines Pflegevertrages entstehen, es sei denn, die Kosten hätten durch ein den Beschädigten bei Abwägung aller Umstände zuzumutendes Verhalten, insbesondere durch Kündigung des Pflegevertrages, vermieden werden können. Empfänger einer Pflegezulage mindestens nach Stufe III erhalten, soweit eine stärkere Beteiligung der schon bis zum Beginn der stationären Behandlung unentgeltlich tätigen Pflegeperson medizinisch erforderlich ist, abweichend von Satz 2 ausnahmsweise Pflegezulage bis zur vollen Höhe nach Absatz 1, in Fällen des Satzes 3 jedoch nicht über den nach Absatz 2 Satz 2 aus der pauschalen Pflegezulage verbleibenden Betrag hinaus.

(5) Tritt Hilflosigkeit im Sinne des Absatzes 1 Satz 1 gleichzeitig mit der Notwendigkeit stationärer Behandlung oder während einer stationären Behandlung ein, besteht für die Zeit vor dem Kalendermonat der Entlassung kein Anspruch auf Pflegezulage. Für diese Zeit wird eine Pflegebeihilfe gezahlt, soweit dies in den folgenden Sätzen bestimmt ist. Beschädigte, die mit ihren Ehegatten, Lebenspartnern oder einem Elternteil in häuslicher Gemeinschaft leben, erhalten eine Pflegebeihilfe in Höhe eines Viertels der pauschalen Pflegezulage nach Stufe I. Soweit eine stärkere Beteiligung der

Ehegatten, Lebenspartner oder eines Elternteils oder die Beteiligung einer Person, die den Beschädigten nahesteht, an der Pflege medizinisch erforderlich ist, kann in begründeten Ausnahmefällen eine Pflegebeihilfe bis zur Höhe der pauschalen Pflegezulage nach Stufe I gezahlt werden.

(6) Für Beschädigte, die infolge der Schädigung dauernder Pflege im Sinne des Absatzes 1 bedürfen, werden, wenn geeignete Pflege sonst nicht sichergestellt werden kann, die Kosten der nicht nur vorübergehenden Heimpflege, soweit sie Unterkunft, Verpflegung und Betreuung einschließlich notwendiger Pflege umfassen, unter Anrechnung auf die Versorgungsbezüge übernommen. Jedoch ist den Beschädigten von ihren Versorgungsbezügen zur Bestreitung der sonstigen Bedürfnisse ein Betrag in Höhe der Beschädigtengrundrente nach einem Grad der Schädigungsfolgen von 100 und den Angehörigen ein Betrag mindestens in Höhe der Hinterbliebenenbezüge zu belassen, die ihnen zustehen würden, wenn Beschädigte an den Folgen der Schädigung gestorben wären. Bei der Berechnung der Bezüge der Angehörigen ist auch das Einkommen der Beschädigten zu berücksichtigen, soweit es nicht ausnahmsweise für andere Zwecke, insbesondere die Erfüllung anderer Unterhaltspflichten, einzusetzen ist.

(Fortsetzung BVG Seite 853)

VV zu § 35

1. Ob ein Zustand der Hilflosigkeit im Sinne des § 35 Abs. 1 Satz 1 besteht, ist eine Tatfrage, die nicht allein nach ärztlichen Schlußfolgerungen beurteilt werden kann; diese Frage ist vielmehr aufgrund der allgemeinen Lebenserfahrung unter Berücksichtigung aller in Betracht kommenden Umstände des einzelnen Falles zu entscheiden.
2. Wird durch eine schädigungsunabhängige Gesundheitsstörung im Zusammenwirken mit Schädigungsfolgen ein Zustand der Hilflosigkeit begründet oder dessen Ausmaß verändert, so sind hierfür die Schädigungsfolgen ursächlich im Rechtssinn, wenn sie in ihrer Bedeutung und Tragweite für den jeweiligen Zustand der Hilflosigkeit annähernd gleichwertig sind. Eine Neufeststellung der Pflegezulage kommt nur in Betracht, wenn sich die Hilflosigkeit verringert hat oder wenn die Schädigungsfolgen allein oder im Zusammenwirken mit schädigungsunabhängigen Gesundheitsstörungen ursächlich für eine gesteigerte Hilflosigkeit sind.
3. Als Aufwendungen im Sinne des § 35 Abs. 1 Satz 2[43] sind die für eine Pflegeperson zu leistenden angemessenen Ausgaben in Betracht zu ziehen. Pflegen Angehörige den Beschädigten, sind die Kosten zu berücksichtigen, die bei Annahme einer bezahlten Pflegeperson entständen. Als Aufwendungen sind auch die Ausgaben zu berücksichtigen, die durch die besondere Art des Leidens verursacht werden, nicht aber Kosten für Hilfsmittel, die im Rahmen der Heilbehandlung geliefert werden, und Mehraufwendungen für besondere Verpflegung.

---

43 Jetzt Abs. 2.

4. Eine Erhöhung der Pflegezulage nach § 35 Abs. 1 Satz 5 kommt im allgemeinen nur in Betracht, wenn Wartung und Pflege von einer bezahlten Pflegekraft wahrgenommen werden. Bei Wartung und Pflege durch den Ehegatten ist die Pflegezulage ausnahmsweise angemessen zu erhöhen, wenn der Umfang der pflegerischen Tätigkeit zu einer außergewöhnlichen finanziellen Belastung der Familiengemeinschaft führt und die gewährte Pflegezulage keinen Ausgleich bietet.
5. Die Pflegezulage nach Stufe V kommt in Betracht, wenn ein außergewöhnlicher Leidenszustand vorliegt und die Pflege besonders hohe Aufwendungen erfordert. Dies trifft immer zu bei
   Querschnittsgelähmten mit Blasen- und Mastdarmlähmung.
   Hirnbeschädigten mit schweren psychischen und physischen Störungen und Gebrauchsbehinderungen mehrerer Gliedmaßen,
   Ohnhändern mit Verlust beider Beine im Oberschenkel,
   blinden Doppel-Oberschenkelamputierten,
   Blinden mit Verlust eines Armes im Oberarm und eines Beines im Oberschenkel.
6. Besonders schwer betroffene Beschädigte erhalten eine Pflegezulage nach Stufe VI. Es handelt sich dabei um
   Blinde mit völligem Gehörverlust,
   blinde Ohnhänder,
   Beschädigte mit Verlust beider Arme im Oberarm und beider Beine im Oberschenkel,
   Beschädigte, bei denen neben einem Leidenszustand, der bereits die Gewährung einer Pflegezulage nach Stufe V rechtfertigt, noch eine weitere Gesundheitsstörung vorliegt, die das Pflegebedürfnis wesentlich erhöht (z.B. erhebliche Gebrauchsbehinderung beider Arme bei vollständiger Lähmung beider Beine mit Blasen- und Mastdarmlähmung),
   andere Beschädigte, deren außergewöhnlicher Leidenszustand und deren Pflegebedürfnis denen der vorgenannten Beschädigten vergleichbar ist.
7. Den Blinden stehen Beschädigte gleich, deren Sehschärfe so gering ist, daß sie sich in einer ihnen nicht vertrauten Umwelt ohne fremde Hilfe nicht zurechtfinden können. Dies ist im allgemeinen der Fall, wenn auf dem besseren Auge nur eine Sehschärfe von nicht mehr als 1/50 besteht oder wenn andere Störungen des Sehvermögens von einem solchen Schweregrad vorliegen, daß sie dieser Beeinträchtigung der Sehschärfe gleichzuachten sind.
8. Bei Blinden mit weiteren anerkannten Gesundheitsstörungen, die das Pflegebedürfnis erhöhen, ist die Pflegezulage nach Stufe IV zu gewähren, wenn nicht nach den Nrn. 5 oder 6 Pflegezulage nach Stufe V oder VI zu steht.
9. Ein Hirnbeschädigter ist im Sinne des § 35 Abs. 1 Satz 4 erwerbsunfähig, wenn allein aufgrund der Hirnbeschädigung, d.h. ohne Berücksichtigung evtl. vorhandener weiterer Schädigungsfolgen eine Minderung der Erwerbsfähigkeit, die sich aus § 30 Abs. 1 und 2 ergibt, von mehr als 90 v. H. vorliegt. Ob bei erwerbsunfähigen Hirnbeschädigten eine höhere Pflegezulage als nach Stufe I in Betracht kommt, ist nach der Schwere der Krankheitserscheinungen und der dadurch bedingten Hilflosigkeit zu ent-

scheiden; dabei sind vor allem der Grad der psychischen Störungen und die Bereitschaft zu Krampfanfällen zu berücksichtigen.

10. Bei Doppelamputierten ohne weitere Gesundheitsstörungen ist im allgemeinen eine Pflegezulage nach Stufe I angemessen, ohne Rücksicht darauf, ob es sich um paarige oder nichtpaarige Gliedverluste (Oberarm, Unterarm, ganze Hand, Oberschenkel, Unterschenkel, ganzer Fuß) handelt. Das gilt nicht für Doppel-Unterschenkelamputierte. Abweichend davon ist angemessen beim Verlust
    beider Beine im Oberschenkel Stufe II,
    beider Hände oder beider Arme im Unterarm Stufe III,
    beider Arme im Oberarm oder dreier Gliedmaßen Stufe IV,
    der Pflegezulage, sofern nicht besondere Umstände eine höhere Einstufung rechtfertigen.
11. Eine Änderung des Gesundheitszustandes, die zur Hilflosigkeit (§ 35 Abs. 1) führt oder sie erhöht, stellt bereits bei einer Dauer von mindestens einem Monat eine wesentliche Änderung dar.
12. § 35 Abs. 2 findet Anwendung auf Beschädigte, deren Anspruch auf Pflegezulage anerkannt ist und deren zur Unterbringung in einer Anstalt oder Pflegeeinrichtung führendes Leiden einer ärztlichen Behandlung voraussichtlich nicht mehr mit Erfolg zugänglich ist. Ob dem Beschädigten geeignete Pflege sonst nicht verschafft werden kann, ist von der Verwaltungsbehörde, erforderlichenfalls im Benehmen mit der zuständigen Fürsorgebehörde und dem Gesundheitsamt zu prüfen.
13. Von der Verwaltungsbehörde werden nur die Unterbringungskosten übernommen, die für sonstige auf öffentliche Kosten untergebrachte Personen üblich sind. Bei der Feststellung des Teilbetrages der Versorgungsbezüge, der dem Beschädigten für den Aufnahmemonat verbleibt, sowie der dem Beschädigten und seinen Angehörigen nach § 35 Abs. 2 letzter Satz zu belassenden Beträge ist die Zahl der tatsächlichen Tage des Kalendermonats zugrunde zu legen.
14. Bei der Berechnung des Betrages, der den Angehörigen nach § 35 Abs. 2 Satz 2 zu belassen ist, muß sowohl das Einkommen des Beschädigten als auch das seiner Angehörigen berücksichtigt werden; fiktive Ansprüche der Angehörigen, die im Falle des Todes des Beschädigten entstünden, bleiben dabei außer Betracht.

Aus Rundschreiben, Urteilen etc. zu § 35 BVG

BMA v. 18.11.1986 – VI a 1 – 53063 – (VdKM 1/1987, 35)
An mich ist die Frage herangetragen worden, wie die Pflegezulage zu bemessen ist, wenn die Ehefrau des Beschädigten vorübergehend verhindert ist, die Pflege durchzuführen und der Beschädigte deshalb in dieser Zeit anderweitig gepflegt wird.
Soweit der Beschädigte von einer fremden Pflegekraft weiterhin zu Hause betreut wird, sind die Aufwendungen für die Pflegekraft in gleichem Umfang wie bei einer dauernden Pflege durch eine fremde Kraft zu berücksichtigen. Die Pflegezulage ist gegebenenfalls nach § 35 Abs. 1 letzter Satz zu erhöhen.
Unterschiedliche Auffassungen haben sich für den Fall ergeben, daß der Beschädigte vorübergehend in einem Alten- oder Pflegeheim, einer Kuranstalt – jedoch

ohne eine Badekur durchzuführen – oder in einer anderen zur Pflege geeigneten Einrichtung untergebracht ist. Da es sich hierbei nicht um eine Anstaltspflege im Sinne des § 35 Abs. 2 BVG handelt, ist zu prüfen, ob und inwieweit die Pflegezulage nach § 35 Abs. 1 letzter Satz BVG zu erhöhen ist. Die Aufwendungen für Unterkunft und Verpflegung gehören zwar grundsätzlich nicht zu den Kosten der Pflege. Da der Beschädigte jedoch nur vorübergehend untergebracht ist, wird er die bisherige Wohnung beibehalten. Kosten der Unterkunft entstehen somit zusätzlich und sind erforderlich, um eine geeignete Pflege zu gewährleisten. Ich betrachte deshalb in einem solchen Fall die Kosten der Unterkunft als einen Teil der notwendigen Aufwendungen für fremde Wartung und Pflege. Den Verpflegungskosten stehen dagegen häusliche Ersparnisse gegenüber, die berücksichtigt werden müssen. Ich habe keine Bedenken, hierfür einen Betrag in Höhe des Sachbezugwertes für Verpflegung (DVO zu § 33 BVG) anzusetzen. Die diesen Betrag übersteigenden tatsächlichen Verpflegungskosten sehe ich als notwendige Aufwendungen für die Sicherstellung der Pflege an.

Bei der Feststellung, um welchen Betrag die Pflegezulage zu erhöhen ist, sind die Ausgaben zu berücksichtigen, die weiterhin aus der pauschalen Pflegezulage zu bestreiten sind. Nur die Kosten, die den verbleibenden Teil der pauschalen Pflegezulage übersteigen, sind berücksichtigungsfähig. Dies ergibt sich aus der Formulierung des § 35 Abs. 1 letzter Satz BVG, wonach die Pflegezulage angemessen zu erhöhen ist. Der verschiedentlich vertretenen Auffassung, daß die Kosten der vorübergehenden Unterbringung unabhängig von der pauschalen Pflegezulage zusätzlich zu übernehmen sind, vermag ich mich nicht anzuschließen.

BSG v. 15.9.1988 – 9 RV 5/88 (Breithaupt 1989, 318)
Die Pflegezulage kann nur dann angemessen erhöht werden, wenn Wartung und Pflege im häuslichen Bereich durchgeführt werden.

BMA v. 29.11.1995 – VI 1 – 53062 (BArbBl. 2/1996, 129)
Behandlung eines Antrages auf Leistungen der Pflegeversicherung nach dem Pflege-Versicherungsgesetz (PflegeVG), wenn der Antragsteller hilflos im Sinne des § 35 Abs. 1 BVG ist

An mich ist die Frage herangetragen worden, wie ein Antrag auf Leistungen der Pflegeversicherung zu behandeln ist, wenn die Hilflosigkeit des Antragstellers ganz oder teilweise schädigungsbedingt ist und deshalb auch die Bewilligung einer Pflegezulage gem. § 35 BVG oder die Erhöhung einer bereits gezahlten Pflegezulage in Betracht kommt, und ob in einem solchen Fall § 18 a Abs. 1 Satz 3 BVG analog anzwenden ist.

Gegen eine solche analoge Anwendung des § 18 a Abs. 1 Satz 3 BVG, die an sich dem Gedanken Rechnung tragen würde, daß eine Doppelversorgung des berechtigten Personenkreises verhindert und die Leistung von Anfang an vom originär zuständigen Leistungsträger, bei schädigungsbedingter Hilflosigkeit insoweit also vom Versorgungsamt, erbracht werden soll, habe ich Bedenken, da die Vorschrift ausdrücklich nur Leistungen der Krankenkasse und nicht Leistungen der Pflegekasse anspricht. Eine Lösungsmöglichkeit sehe ich allerdings darin, daß, soweit Hilflosigkeit schädigungsbedingt ist, der – im übrigen korrekterweise – bei der Pflegekasse gestellte Antrag im Sinne des § 16 Abs. 2 Satz 1 SGB I insoweit als die Zahlung oder Erhöhung einer Pflegezulage gem. § 35 BVG in Betracht kommt, bei einem unzuständigen Leistungsträger gestellt und von diesem unverzüglich an das für den

Beschädigten örtlich zuständige Versorgungsamt weiterzuleiten ist. Der Antrag auf Pflegezulage nach § 35 BVG gilt dann nach § 16 Abs. 2 Satz 2 SGB I als zu dem Zeitpunkt gestellt, in dem er bei der Pflegekasse eingegangen ist. Damit ist sichergestellt, daß die Versorgungsverwaltung, soweit schädigungsbedingte Hilflosigkeit in Rede steht, in Beachtung der §§ 13 Abs. 1 Nr. 1, 34 Abs. 1 Nr. 2 SGB XI an Beschädigte vorrangig Leistungen erbringt.
Im übrigen müssen aus meiner Sicht auch die Pflegekassen ihrer Aufklärungs- und Beratungspflicht (§§ 13ff. SGB I) nachkommen und die betroffenen Kriegsbeschädigten umgehend zu einem Antrag auf Bewilligung einer Pflegezulage gem. § 35 BVG oder Erhöhung einer bereits gezahlten Pflegezulage anhalten, wenn Anhaltspunkte dafür erkennbar sind, daß die Hilflosigkeit ganz oder teilweise schädigungsbedingt ist bzw. zum Bezug einer höheren Pflegezulage berechtigen könnte.

BMA v. 7.2.1996 – VI 1 – 53080 – 1 (BArbBl. 4/1996, 63)
Leistungen nach § 35 Abs. 6 Satz 2 BVG. Einschluß des Pflegeausgleichs nach § 40 b BVG
An mich ist die Frage herangetragen worden, ob bei einer nicht nur vorübergehenden Heimpflege eines Beschädigten der den Angehörigen nach § 35 Abs. 6 Satz 2 BVG zu belassende Betrag auch den Pflegeausgleich nach § 40 b BVG einschließt.
In meinem Rundschreiben vom 15.10.1991 – VI a-1-53080-1 – habe ich den Grundsatz vertreten, daß der Anspruch auf Pflegeausgleich nach § 40 b BVG zwar vom Grundanspruch auf Hinterbliebenenversorgung unabhängig ist, andererseits jedoch einen Teil der Leistungen an Hinterbliebene im Sinne des § 9 Nr. 5 BVG darstellt. An dieser Rechtsauffassung halte ich weiter fest.
Da der Zweck der Regelung des § 35 Abs. 6 Satz 2 BVG dahingeht, die darin genannten Angehörigen so zu stellen, als sei der Beschädigte an den Folgen der Schädigung gestorben, muß ihnen konsequenterweise – soweit die Voraussetzungen dafür im Einzelfall vorliegen – auch ein Pflegeausgleich nach § 40 b BVG gewährt werden.

BMA v. 16.5.1997 – VI 1 – 53064 (BArbBl. 7-8/1997, 108)
Erhöhung der pauschalen Pflegezulage gemäß § 35 Abs. 1 Satz 4 BVG während einer stationären Behandlung
Von einem Land wurde die Frage an mich herangetragen, ob eine analoge Anwendung des § 35 Abs. 5 BVG in den Fällen möglich sei, in denen gleichzeitig mit einer stationären Behandlung die medizinischen Voraussetzungen zur Erhöhung der pauschalen Pflegezulage gemäß § 35 Abs. 1 Satz 4 vorliegen.
§ 35 Abs. 5 BVG bestimmt, daß in den Fällen, in denen die Hilflosigkeit i. S. d. § 35 Abs. 1 Satz 1 BVG erstmalig gleichzeitig mit der Notwendigkeit einer stationären Behandlung eintritt, Pflegezulage erst ab dem Monat der Entlassung aus der stationären Behandlung zusteht.
Mit dieser Regelung verfolgt der Gesetzgeber das Ziel, sozialpolitisch nicht gebotene Überversorgung zu vermeiden. Während einer stationären Behandlung wird die Pflege in vollem Umfang von der stationären Einrichtung geleistet. Ein erhöhter häuslicher Pflegeaufwand, der finanziell abzusichern wäre, tritt nicht auf, sodass die Gewährung der Pflegezulage erst im Monat der Entlassung aus der stationären Einrichtung erfolgt.

Mit diesem gesetzlich klar geregelten Sachverhalt ist der Fall zu vergleichen, in dem ein Pflegezulagenempfänger gleichzeitig mit der Notwendigkeit einer stationären Behandlung die medizinischen Voraussetzungen zur Erhöhung der pauschalen Pflegezulage gem. § 35 Abs. 1 Satz 4 erfüllt. Auch hier wird der erhöhte Pflegeaufwand vollständig durch die stationäre Einrichtung erbracht. Mehraufwand im Bereich der häuslichen Pflege entsteht bis zur Entlassung nicht, so daß eine sozialpolitische Notwendigkeit, die Pflegezulage zu erhöhen, erst im Entlassungsmonat vorliegt. Insoweit sind beide Sachverhalte vergleichbar, so daß eine analoge Anwendung des § 35 Abs. 5 BVG sinnvoll und geboten erscheint.
In diesem Zusammenhang weise ich besonders auf § 35 Abs. 5 Satz 2 und 3 BVG hin. Führt eine Anwendung des § 35 Abs. 3 BVG zur Einstellung der Pflegezulage, ist über die Gewährung einer Pflegebeihilfe zu entscheiden.

BSG vom 2.7.1997 – 9 RV 19/95 (Breithaupt 1998, 317)
Bei der Beurteilung der Hilflosigkeit i. S. von § 35 Abs. 1 BVG ist hauswirtschaftlicher Hilfebedarf grundsätzlich nicht zu berücksichtigen.

BSG vom 2.7.1997 – 9 RV 7/96 (Breithaupt 1998, 541)
Die pauschale Pflegezulage ist nur um die Personalkosten angestellter Pflegekräfte zu erhöhen, nicht aber um andere Aufwendungen, die den Pflegezulageempfänger als Arbeitgeber notwendig treffen. Dies gilt insbesondere für Sachkosten.

BSG vom 4.2.1998 – B 9 V 28/96R (Breithaupt 1999, 95)
Die pauschale Pflegezulage ist unter den Voraussetzungen des § 35 Abs. 2 Satz 1 BVG auch dann zu erhöhen, wenn der Beschädigte aufgrund eines Arbeitsvertrages von seiner Ehefrau gepflegt wird.

BMA v. 27.10.1998 – VI 1–53063 (nicht veröffentlicht)
Pflegeverträge mit Ehegatten
Soweit das Bundessozialgericht mit Urteil vom 4.2.98 – 9 RV 28/96 – grundsätzlich die Möglichkeit eines Ehegattenpflegevertrages im Rahmen des § 35 Abs. 2 BVG eingeräumt hat, kann dem aus der Sicht des BMA nach wie vor nicht gefolgt werden. Eine derart extensive Auslegung der Vorschrift des § 35 Abs. 2 BVG, die ganz bewusst ausdrücklich zwischen „Dritten" und pflegenden Ehegatten unterscheidet, verkennt die besondere Absicherung gerade der pflegenden Ehefrau im Rahmen der späteren Hinterbliebenenversorgung, wo ihr nicht nur in den §§ 48 und 40b BVG eine Sonderstellung eingeräumt wird, sondern ab der Pflegestufe III auch die begünstigende Regelung des § 40a Abs. 3 BVG Anwendung findet. Mit In-Kraft-Treten des SGB XI wurde zudem eine soziale Absicherung der Pflegepersonen eingeführt. Nach § 44 SGB XI entrichten die Pflegekassen Beiträge an den zuständigen Träger der gesetzlichen Rentenversicherung, wenn die Pflegeperson regelmäßig nicht mehr als 30 Stunden wöchentlich erwerbstätig ist.
Im Übrigen gehört – wie auch das BSG ausführt – zum Wesen einer Ehe auch ein beiderseitiges Eintreten in guten und schlechten Tagen. Im Rahmen der gegenseitigen Unterhaltspflicht der Ehegatten ist es nicht abwegig, wenn von dem einen Ehegatten die Pflege des anderen Ehegatten erwartet wird, auch wenn dies zu außergewöhnlichen Belastungen führt. Jedenfalls ist aus Mitteln der Allgemeinheit nicht jegliche besondere und typische Belastung der Ehe soweit auszugleichen, dass kein Unterschied mehr zur nichtehelichen Lebensbeziehung verbleibt (BVerfGE 40, 121, 132; 43, 108, 121; 55, 114, 127, BSGE 3100, 14).

In diesem Zusammenhang kann nicht außer Acht gelassen werden, dass der Staat in derartigen Pflegefällen, in denen die Pflege durch den Ehegatten sichergestellt wird, eine durchaus beträchtliche Pauschale gewährt. Im Übrigen ist auf die einkommensunabhängige Gewährung der Ausgleichsrente gemäß § 33 Abs. 4 BVG hinzuweisen. Aus diesem Grunde bestand für den Gesetzgeber im KOV-Strukturgesetz 1990 absolut kein Bedürfnis, im Rahmen des § 35 Abs. 2 BVG die Möglichkeit von Ehegattenverträgen zu regeln.

Die Änderung des § 35 BVG im Rahmen des KOV-Strukturgesetzes 1990 hatte im Wesentlichen Verbesserungen, wie die Weitergewährung zumindest eines Teils der Pflegepauschale bei Inanspruchnahme einer fremden Pflegekraft zum Ziel; andererseits trug sie aber auch der – im Rahmen verschiedener Prüfungen durch den Bundesrechnungshof – zu Tage getretenen Tatsache Rechnung, dass die bis dahin geltende Norm des § 35 Abs. 1 Satz 5 BVG a.F., die u.a. eben nicht zwischen „Dritten“ und „Ehegatten und Eltern“ differenzierte, teilweise zu missbräuchlicher Inanspruchnahme oder zu überzogenen Leistungsgewährungen geführt hatte.

Um aus dieser Gesetzesänderung möglicherweise entstehende Härten zu vermeiden, wurde von Seiten des Bundesministeriums für Arbeit und Sozialordnung mit Rundschreiben vom 26.01.1994 – VIa 1 – 53063 – für Altfälle unter bestimmten Umständen ein Bestandsschutz eingeräumt. Ein solcher Altfall lag in dem vom BSG entschiedenen Fall allerdings nicht vor.

Meinem Rundschreiben vom 27.10.1994 – VI 1 – 53063, in dem ich im Wege einer Härtefallregelung dem Abschluss eines Pflegevertrages mit einem Elternteil zugestimmt hatte, lagen Fälle zugrunde, in denen die Lebensplanung der Eltern durch die körperliche und vor allem psychische Entwicklung eines pflegebedürftigen Kindes so entscheidend und nachhaltig negativ beeinflusst wurde, dass dies zu unzumutbaren Härten führte. Diese Fälle sind nicht mit den Fällen der Ehegattenpflege gleichzusetzen, da eine spätere Hinterbliebenenversorgung der Eltern in keiner Weise mit der Witwenversorgung vergleichbar ist.

Soweit das BSG sich in seiner Urteilsbegründung auf den Standpunkt stellt, dass der Gesetzgeber, hätte er Ehegatten- und Elternpflegeverträge ausschließen wollen, ein solches Verbot ausdrücklich hätte normieren müssen, kann dem von hier nicht gefolgt werden. Durch die im KOV-Strukturgesetz in § 35 Abs. 2 Satz 1 und 2 BVG vorgenommene Differenzierung war dies für die am Gesetzgebungsverfahren Beteiligten eigentlich selbstverständlich. Der Hinweis, dass Kinder, Geschwister und sonstige – entferntere – Angehörige tunlichst einen Pflegevertrag abschließen sollten (BT-Drucksache 11/5831, S. 14) war im Hinblick auf deren spätere Alterssicherung zwingend notwendig, da derartige Fälle, in denen der Pflegezulageempfänger in keiner Weise für die Absicherung solcher Angehöriger, die ihn jahrzehntelang unentgeltlich gepflegt hatten, gesorgt hatte, zunehmend häufig – z. T. auch vom Petitionsausschuss – vorgelegt wurden mit dem Petitum, etwas für eine angemessene Absicherung und Versorgung dieses Personenkreises zu tun.

Abschließend möchte ich darauf hinweisen, dass in dem konkreten Fall, der der Entscheidung des BSG zugrunde lag, sich jetzt das LSG NW mit genau den Schwierigkeiten wird befassen müssen, die Sie im dritten Absatz Ihres Schreibens vom 16.06.1998 als Problem der Abgrenzung zwischen notwendigem bzw. angemessenem Arbeitsvertrag und sittlich gebotener Pflegetätigkeit ansprechen.

BMA v. 23.4.2002 – IV c 2 – 63063 (BArbBl. 6/2002, 104)
Angemessene Kosten im Rahmen der Fremdpflege nach § 35 Abs. 2 BVG
Bei der o. a. Länderreferentenbesprechung wurde die Frage der „für fremde Hilfe aufzuwendenden angemessenen Kosten" im Sinne des § 35 Abs. 2 Satz 1 BVG ausführlich erörtert. Offenbar ist die Praxis in einigen Ländern sehr unterschiedlich. Diese unterschiedliche Rechtsanwendung hat in einigen konkreten Fällen zu Verstimmung bei Betroffenen geführt, die sich natürlich über ihre Verbände auch über die Ländergrenzen hinaus austauschen und über den Petitionsausschuss oder unmittelbar beim BMA vorstellig werden.

Seitens des BMA ist daraus der Eindruck entstanden, dass die im Bezug genannten Rundschreiben in einigen Versorgungsverwaltungen offenbar in Vergessenheit geraten sind.

In der Länderreferentenbesprechung wurde daher Einvernehmen erzielt, dass das BMA diese Thematik erneut in einem Rundschreiben aufgreifen solle – dies insbesondere hinsichtlich der in diesem Zusammenhang von Länderseite angesprochenen Frage, ob bezüglich des Pflegeaufwandes, der anzusetzenden Pflegezeiten oder der vergleichsweise heranzuziehenden Tarife eventuell doch eine Pauschalierung in Erwägung gezogen werden könne.

Diese Frage muss – so auch das Ergebnis der Diskussion – bereits nach dem eindeutigen Wortlaut der Vorschrift verneint werden. Darin ist nämlich von den „angemessenen Kosten" für die Inanspruchnahme fremder Hilfe die Rede und das bedeutet, dass nicht von vornherein und pauschal die jeweils geltend gemachten Kosten als „angemessen" übernommen werden dürfen. Vielmehr setzt der Begriff der „Angemessenheit" voraus, dass im Gegensatz zur Pauschalierung in Absatz 1 in jedem Falle eine konkrete Prüfung vorgenommen werden muss.

Zu einer solchen Prüfung gehört dabei auch neben der Feststellung des zeitlichen Aufwands die Ermittlung und Bewertung der im Einzelnen notwendigen Pflegetätigkeiten, da sich meines Erachtens nur danach die Angemessenheit der Vergütung bemessen lässt. Bei der Frage, welcher Tarif heranzuziehen ist, kann die Art der Pflegetätigkeit und die dafür erforderliche Qualifikation der Pflegekraft nicht außer Betracht bleiben. Nicht dagegen Ausschlag geben kann die tatsächliche Qualifikation der Pflegekraft, wenn diese aufgrund ihrer Ausbildung oder ihres bisherigen Berufes für die konkrete Pflegetätigkeit eigentlich „überqualifiziert" wäre.

Weiterhin sind auch jeweils Veränderungen zu berücksichtigen, wie etwa bei einem Kuraufenthalt, bei dem die Begleitung durch eine Pflegekraft in Anspruch genommen werden soll. Auch für solche Situationen können nicht einfach pauschale Annahmen zugrunde gelegt werden.

Auch wenn – wie ich in meinem Rundschreiben vom 26.1.1994 ausgeführt habe – langjährige Erfahrungen bei der Beurteilung des Pflegebedürfnisses in bestimmten Fallkonstellationen nicht außer Acht gelassen werden können, entbindet dies die Versorgungsverwaltung nicht von der Notwendigkeit der individuellen Prüfung des konkreten Falles.

Dies wird allein schon dadurch deutlich, dass in durchaus vergleichbaren Fällen einmal die Pflegekraft im gleichen Hause wohnt und die so genannten Bereitschaftszeiten auch für eigene Tätigkeiten nutzen kann, während im anderen Fall die Pflegekraft von außerhalb kommt.

Ein weiterer Punkt, auf den ich in diesem Zusammenhang aus aktuellem Anlass wegen einiger Anfragen in jüngster Zeit noch einmal ausdrücklich hinweisen möchte, ist, dass für die auf Grund eines Arbeitsvertrages tätigen fremden Pflegekräfte Steuern und Sozialversicherungsbeiträge zu entrichten sind. Die dafür im Rahmen des Arbeitsvertrages getätigten Aufwendungen gehören zu den angemessenen Kosten, die vom Beschädigten nachzuweisen und ihm nach § 35 Abs. 2 Satz 1 BVG zu erstatten sind.

BMGS v. 18.12.2002 – IV c 2 – 63063 (BArbBl. 2/2003, 130)
Begriff der Fremdpflege nach § 35 Abs. 2 BVG – Ehegatten-/Elternpflegeverträge
Unter TOP I.2) a) der o.a. Länderreferentenbesprechung wurde eingehend die Problematik der so genannten Ehegatten-/Elternpflegeverträge im Rahmen des § 35 Abs. 2 BVG erörtert.
Anlass waren und sind eine Reihe von laufenden Prozessen vor Sozialgerichten und Landessozialgerichten, bei denen davon ausgegangen werden kann, dass diese Gerichte unter Bezug auf ein Urteil des Bundessozialgerichts (BSG) [Urteil vom 4.02.1998 (B 9 RV 28/96 R)], in dem dieses entgegen der von hier vertretenen Auffassung die Möglichkeit von Ehegattenpflegeverträgen grundsätzlich bejaht hatte, ebenfalls gegen die Verwaltung entscheiden werden.
Auch wenn von hier weiterhin die Auffassung vertreten wird, dass durch die Neuregelung im KOV-Strukturgesetz 1990 mit dem Verbleib eines Teils der Pflegepauschale bei Inanspruchnahme einer fremden Pflegekraft gerade die Ehegatten und Eltern entlastet werden sollten und schon deshalb die Ehegatten-/Elternpflegeverträge gerade nicht unter den Begriff der Fremdpflege subsumiert werden können, stelle ich angesichts der Aussichtslosigkeit weiterer Prozesse meine diesbezüglichen Bedenken zurück.
Beim Abschluss solcher Verträge sind dann allerdings auch unbedingt die vom BSG für den Abschluss von Ehegattenpflegeverträgen aufgestellten Grundsätze zu beachten; das heißt, es dürfen Bereitschaftszeiten nicht berücksichtigt werden und die Entlohnung hat sich nach der konkreten Pflegetätigkeit zu richten (vergl. auch Rundschreiben vom 23.04.2002, Az.: w.o.).
Da sich die Betroffenen beim Abschluss von Ehegatten-/Elternpflegeverträgen im Einzelfall wesentlich schlechter stehen können als bei der Inanspruchnahme einer fremden Pflegekraft, halte ich es für zwingend notwendig, dass die Versorgungsverwaltung die Betroffenen auch über die Nachteile umfassend berät.
Dazu gehört insbesondere,
- *dass bei der Aufgabe eines eigenen Arbeitsverhältnisses der Pflegeperson nicht die dadurch entgangenen Einkünfte ersetzt werden können, sondern die Entlohnung sich nach der Art der konkreten Pflegetätigkeit zu richten hat,*
- *dass die Pflegepauschale, die bei Inanspruchnahme einer fremden Pflegekraft den Ehegatten/Eltern verbleiben würde, ersatzlos entfällt,*
- *dass nach dem Tod des Pflegebedürftigen für die Zeit der entgeltlichen Pflege kein Pflegeausgleich nach § 40 b BVG zusteht und*
- *dass im Rahmen eines solchen Ehegatten-/Elternpflegevertrages Bereitschaftszeiten nicht berücksichtigt werden können.*

Ich bitte darauf hinzuwirken, dass diese Verfahrensweise, über die in der o.a. Länderreferentenbesprechung Einvernehmen erzielt werden konnte, allgemein an-

gewendet wird, um künftige Streitverfahren zu vermeiden und laufende Verfahren abzukürzen bzw. beizulegen.

BSG vom 15.8.2000 – B 9 V 4/00 R (Breithaupt 2000, 1046)
Die Pflegezulage blinder Beschädigter (mindestens nach Stufe III) ist bei Hinzutritt weiterer Gesundheitsstörungen wegen gestiegenen Hilfebedarfs nicht automatisch zu erhöhen, sondern nach dem tatsächlich bestehenden individuellen Gesamthilfebedarf zu bemessen.

BSG vom 10.10.2000 – B 3 P 2/00 R (Breithaupt 2001, 452)
Zur Berechnung des von der Pflegeversicherung zu leistenden Pflegegeldes beim Zusammentreffen mit einer Pflegezulage nach § 35 BVG.

BSG v. 29.4.1999 – B 3 P 15/98 R (BehR 1999, 175)
Pflegezulage
1. *Der Anspruch auf Leistungen der sozialen Pflegeversicherung bei häuslicher Pflege ruht beim gleichzeitigen Bezug der Pflegezulage nach § 35 BVG auch insoweit, als in die Bemessung des Pflegebedarfs die Hilfe bei der hauswirtschaftlichen Versorgung einbezogen worden ist.*
2. *Bei beihilfeberechtigten Versicherten der sozialen Pflegeversicherung, die Pflegesachleistungen jeweils nur zur Hälfte erhalten, ist auch die Pflegezulage nach § 35 BVG nur zur Hälfte auf die Leistungen der Pflegeversicherung anzurechnen.*

Aus den Gründen (Auszug):
Nach § 34 Abs. 1 Nr. 2 Satz 1 SGB XI ruht der Anspruch auf Pflegeleistungen (§§ 36, 37 SGB XI), soweit Versicherte Entschädigungsleistungen wegen Pflegebedürftigkeit unmittelbar nach § 35 BVG oder nach den Gesetzen, die eine entsprechende Anwendung des BVG vorsehen, aus der gesetzlichen Unfallversicherung oder aus öffentlichen Kassen aufgrund gesetzlich geregelter Unfallversorgung oder Unfallfürsorge erhalten. Die Leistungen der Pflegeversicherung sind somit nachrangig gegenüber den Entschädigungsleistungen wegen Pflegebedürftigkeit nach dem BVG und den anderen vorgenannten Leistungsarten. Dieses Rangverhältnis hat der Gesetzgeber in § 13 Abs. 1 SGB XI ausdrücklich niedergelegt.
Die in § 34 Abs. 1 Nr. 2 SGB XI enthaltene Regelung über das Ruhen der Leistungsansprüche aus der sozialen Pflegeversicherung bei gleichzeitigem Bezug von Entschädigungsleistungen wegen Pflegebedürftigkeit nach § 35 BVG lässt nach ihrem Wortlaut keine Ausnahme zu. Sie erfasst alle Arten von Leistungen nach dem SGB XI und differenziert auch nicht nach den konkreten Zweckbestimmungen der konkurrierenden Leistungen. Die vom Kläger vertretene Ansicht (so auch Zehentbauer, br 1995, 111/112; Niepel ZfS 1996, 7/12), der Anspruch auf Pflegeleistungen nach dem SGB XI ruhe bei Bezug einer Pflegezulage nach § 35 BVG nur in Höhe des Anteils, der im Einzelfall auf die Grundpflege entfalle, weil die Pflegezulage nur der Sicherung der Grundpflege des versorgungsberechtigten Pflegebedürftigen, nicht aber seiner hauswirtschaftlichen Versorgung diene, findet im Wortlaut des Gesetzes keine Grundlage. Die Vorschrift kann auch nicht in diese Richtung einschränkend ausgelegt werden. Einer solchen Auslegung wäre die Bestimmung nur dann zugänglich, wenn der Gesetzgeber eine auf voller Deckungsgleichheit der Leistungen begrenzte Ruhensregelung hätte schaffen wollen, der Wortlaut der verabschiedeten Gesetzesfassung also nur versehentlich zu weit geraten wäre. Das ist jedoch nicht der Fall. Der Gesetzgeber war sich der Verschiedenheit der Sicherungssysteme des

BVG und des SGB XI, ihrer nur eingeschränkten Vergleichbarkeit und insbesondere auch der Unterschiede in den Anspruchsvoraussetzungen und der Zweckbestimmung der Pflegesachleistung und des Pflegegeldes nach den §§ 36, 37 SGB XI einerseits sowie der Pflegezulage nach § 35 BVG andererseits bewusst. Dennoch hat er die umfassende Ruhensregelung des § 34 Abs. 1 Nr. 2 SGB XI geschaffen. Dies schließt die vom Kläger befürwortete einengende Auslegung dieser Vorschrift aus.
Der Kläger kann von der Beklagten auch nicht deshalb ein höheres Pflegegeld beanspruchen, weil die Pflegezulage nach § 35 BVG vorrangig auf die dem Kläger zustehenden Beihilfeleistungen bei Pflegebedürftigkeit anzurechnen ist. Das LSG ist zutreffend davon ausgegangen, dass der Anspruch des Klägers auf Leistungen der sozialen Pflegeversicherung in Höhe der Hälfte der Pflegezulage ruht.
§ 28 Abs. 2 SGB XI regelt das Verhältnis der Leistungen der sozialen Pflegeversicherung zu den Leistungen der Beihilfe bei Pflegebedürftigkeit eigenständig. Im Gegensatz zur Behandlung in der gesetzlichen Krankenversicherung sind Beihilfeberechtigte in der sozialen Pflegeversicherung nicht mit dem vollen, sondern nur mit dem halben Beitragssatz belastet (§ 55 Abs. 1 Satz 2 SGB XI). Dem entspricht, ebenfalls abweichend von der gesetzlichen Krankenversicherung, die Reduzierung des Leistungsanspruchs auf die Hälfte der in den §§ 36ff. SGB XI jeweils vorgesehenen Leistungen. Das SGB XI enthält zwar keine ausdrückliche Regelung zur Höhe des Beihilfeanspruchs bei Berechtigten, die Leistungen der sozialen Pflegeversicherung jeweils zur Hälfte beanspruchen können. Den §§ 28 Abs. 2 und 55 Abs. 1 Satz 2 SGB XI lässt sich jedoch entnehmen, dass der Gesetzgeber ohne weiteres davon ausgegangen ist, dass das Risiko der Pflegebedürftigkeit bei diesem Personenkreis in gleicher Höhe durch die Beihilfe abgesichert ist. Der Halbteilungsgrundsatz wird im Beihilferecht in Bezug auf Pflegesachleistungen bei häuslicher Pflege durch § 9 Abs. 6 BhV umgesetzt. Hiernach wird für Personen, die nach § 28 Abs. 2 SGB XI Leistungen zur Hälfte erhalten – ohne Rücksicht auf den individuellen Bemessungssatz der Beihilfe (§ 14 BhV) und ohne Berücksichtigung der Subsidiaritätsregelungen des § 5 Abs. 3 BhV – in wertmäßig gleicher Höhe eine Beihilfe gewährt.

BSG v. 10.10.2000 – B 3 P 2/00 R (Breithaupt 2001, 452)
Zur Berechnung des von der Pflegeversicherung zu leistenden Pflegegeldes beim Zusammentreffen mit einer Pflegezulage nach § 35 BVG.
Aus den Gründen (Auszug):
Der vom Kläger geltend gemachte Anspruch auf höheres Pflegegeld aus der sozialen Pflegeversicherung setzt nach § 34 Abs. 1 Nr. 2 SGB XI voraus, dass der Anspruch insoweit nicht ruht. Soweit Versicherte Entschädigungsleistungen wegen Pflegebedürftigkeit nach § 35 BVG erhalten, ruhen Anspruche auf Leistungen der Pflegeversicherung. Leistungen der Pflegeversicherung sind danach gegenüber den Entschädigungsleistungen wegen Pflegebedürftigkeit nach dem BVG nachrangig. Der Gesetzgeber hat dieses Rangverhältnis in § 13 Abs. 1 SGB XI ausdrücklich festgelegt. Die Regelung über das Ruhen der Leistungsansprüche aus der sozialen Pflegeversicherung bei gleichzeitigem Bezug von Entschädigungsleistungen wegen Pflegebedürftigkeit erfasst alle Arten von Leistungen nach dem SGB XI und differenziert nicht nach den konkreten Zweckbestimmungen der konkurrierenden Leistungen (hierzu eingehend BSG Breithaupt 1999, 1061 = br 1999, 175 = SozR 3–3300 § 34 Nr. 19). Einbezogen sind sowohl die Sach- wie auch die Geldleistungen der Pflegeversicherung. Zu den vorrangigen Leistungen bei Pflegebedürftigkeit

zählt auch die Pflegezulage nach § 35 Abs. 1 BVG, die der Kläger bezieht. Leistungen bei Pflegebedürftigkeit nach § 35 BVG sind stets Geldleistungen, auch wenn es sich um Fälle der erweiterten Pflegezulage nach § 35 Abs. 2 bis 6 BVG handelt. Aus dem Begriff „soweit" in § 34 Abs. 1 Nr. 2 SGB XI folgt, dass eine Anrechnung der Pflegezulage auf die Leistungen der Pflegeversicherung nur bis zu deren konkreter Höhe im jeweiligen Einzelfall stattfindet; weitergehende Leistungen der Pflegeversicherung werden nicht ausgeschlossen. Hieraus und aus der fehlenden Differenzierung zwischen Sach- und Geldleistungen bei der Festlegung des Ruhens folgt, dass bei der Ermittlung der von der Pflegeversicherung zu erbringenden restlichen Leistung jeweils von den (unterschiedlichen) Höchstgrenzen einerseits für Pflegesachleistungen nach § 36 Abs. 3 SGB XI und andererseits für Pflegegeld nach § 37 Abs. 1 Satz 3 SGB XI auszugehen ist und für die Ruhensfolge die konkrete Ausgestaltung der Leistungen der Pflegeversicherung, die der Pflegebedürftige nach § 38 Satz 3 SGB XI für jeweils sechs Monate festzulegen hat, maßgebend ist. Dies bedeutet, dass der im Rahmen der §§ 14, 15 SGB XI in die Pflegestufe III eingestufte Kläger angesichts einer BVG-Pflegezulage (nach Stufe III i. S. von § 35 Abs. 1 BVG im Jahre 1997) von 1155 DM noch eine restliche Sachleistung bis zu 1645 DM (Sachleistungshöchstbetrag der Pflegestufe III: 2800 DM) in Anspruch nehmen kann. Restliches Pflegegeld stünde dem Kläger dagegen nur i. H. von 145 DM (Pflegegeld der Pflegestufe III: 1300 DM) zu, wenn er keine Sachleistungen in Anspruch nähme.

BMGS v. 1.4.2005 – 432 – 63 064
Heimpflege nach § 35 BVG[44]
Bei den Länderreferentenbesprechungen vom 4./5.5.2004 und 22./23.2.2005 wurden das BSG-Urteil vom 10.12.2003 – B 9 V 7/03 – und seine Auswirkungen für die Praxis ausführlich diskutiert. Im Ergebnis bestand die einhellige Auffassung, dass diesem Urteil, dem über den Einzelfall hinaus ein Grundsatzcharakter beigemessen werden müsse, zu folgen sei. An der anderslautenden grundsätzlichen Stellungnahme des BMA im Schreiben vom 29.7.1982 – VIa 2 – 52 062 – wird deshalb nicht weiter festgehalten.
Zur Sicherstellung einer einheitlichen Rechtsanwendung sollte unter Berücksichtigung der sachgerecht differenzierenden Ausführungen des BSG daher wie folgt verfahren werden:

1. *In Fällen, in denen nur eine schädigungsbedingte Hilflosigkeit – zumindest nach dem Grundsatz der annähernd gleichwertigen Bedingung – besteht und die Pflege nur im Heim sichergestellt werden kann, bleibt es dabei, dass die im Heim anfallenden Kosten von der Versorgungsverwaltung nach § 35 Abs. 6 BVG vollständig (unter Anrechnung auf die Versorgungsbezüge) übernommen werden müssen.*
2. *Wenn demgegenüber bei einem Pflegezulageempfänger der Gesamtzustand der Hilflosigkeit überwiegend von schädigungsunabhängigen Gesundheitsstörungen verursacht wird und die Pflege nur im Heim sichergestellt werden kann, hat die Versorgungsverwaltung nach der differenzierenden Betrachtungsweise des Bundessozialgerichts gemäß § 35 Abs. 6 BVG die Unterbringungskosten (Unterkunft und Verpflegung) voll zu übernehmen, hinsichtlich des Pflegebedarfs jedoch*

44 Siehe auch das im Anschluss an § 26c BVG abgedruckte Rundschreiben des BMAS v. 19.1.2006.

vorrangig vor anderen Kostenträgern nur den Kostenanteil der Heimpflege, die auf Grund der nach § 35 Abs. 1 BVG anerkannten – überwiegend schädigungsbedingten – Hilflosigkeit erfolgt. Zur Ermittlung dieses Kostenanteils bietet es sich an, die Differenzierung nach den Heimpflegestufen I bis III der Pflegeversicherung vorzunehmen und den Pflegesatz zu übernehmen, den das Heim wegen des nach § 35 Abs. 1 BVG anerkannten Hilfebedarfs erheben würde.

3. *In Fällen, in denen nach Ziffer 1 ein Versorgungsberechtigter zunächst im Wesentlichen auf Grund schädigungsbedingter Hilflosigkeit bereits in einem Heim gepflegt wird und erst im Nachhinein durch hinzutretende nichtschädigungsbedingte Ursachen der schädigungsunabhängige Hilfebedarf den schädigungsbedingten Hilfebedarf erheblich übersteigt und damit der Gesamtpflegebedarf nicht mehr annähernd gleichwertig auf Schädigungsfolgen beruht, sind alle bisher nach § 35 Abs. 6 BVG gewährten Leistungen weiter zu zahlen. Mehrkosten, die entstehen, weil wegen der Verschlechterung des Gesamtzustandes auf Grund des Hinzutretens überwiegend schädigungsunabhängigen Hilfebedarfs die Heimpflegestufe nach dem Pflegeversicherungsgesetz angehoben wird, werden im Rahmen des § 35 Abs. 6 BVG nur übernommen, wenn insoweit für den gesamten Hilfebedarf Schädigungsfolgen und Nichtschädigungsfolgen wenigstens noch annähernd gleichwertig sind.*

   Hinsichtlich bisher abgelehnter Fälle wird auf § 44 SGB X verwiesen.

BMAS v. 11.8.2008 – IV c 2 – 47 646
Angehörigenbezüge bei Heimkostenübernahme nach § 35 Abs. 6 BVG.
Von einem Land war die Frage aufgeworfen worden, ob der so genannte Angehörigenbehaltsbetrag nach § 35 Abs. 6 Satz 2 und 3 BVG auch dann zu belassen ist, wenn ein Versorgungsberechtigter zusammen mit seiner Ehefrau in ein Pflegeheim gezogen ist und dort mit ihr gemeinsam wohnt. Stellungsnahmen zu dieser Frage sind inzwischen von fast allen Ländern abgegeben worden.
Unter Berücksichtigung dieser Stellungnahmen und nach eigener Prüfung nehme ich zur aufgeworfenen Frage wie folgt Stellung:
Nach § 35 Abs. 6 Satz 2 und 3 BVG ist Angehörigen ein Betrag mindestens in Höhe der Hinterbliebenenbezüge zu belassen, die ihnen zustehen würden, wenn Beschädigte an den Folgen der Schädigung gestorben wären. Dieser Betrag dient der Sicherstellung des Lebensunterhalts der Angehörigen und trägt der weiterhin bestehenden Unterhaltsverpflichtung des oder der Beschädigten gegenüber den Angehörigen Rechnung.
Diese aus §§ 1353 BGB folgende Verpflichtung besteht so lange, wie auch die Ehe besteht. Die Aufnahme eines Ehegatten in ein Pflegeheim ändert daran nichts, da dadurch weder die Verpflichtung zur ehelichen Lebensgemeinschaft noch die Verpflichtung zum gegenseitigen Unterhalt beendet oder aufgehoben wird. Zudem ist der Anspruch auf den Angehörigenbehaltsbetrag auch nicht von der tatsächlichen Gewährung von Unterhaltsleistungen abhängig.
Ohne Bedeutung ist daher, ob der ebenfalls im Pflegeheim lebende Ehegatte des oder der pflegebedürftigen Beschädigten überhaupt einen Unterhaltsbedarf hat.
Somit ist auch dann, wenn Versorungsberechtigte zusammen mit ihrem Ehegatten in ein Pflegeheim ziehen und dort mit diesem gemeinsam wohnen, der Angehörigenbehaltsbetrag nach § 35 Abs. 6 Satz 2 und 3 BVG zu belassen.

BSG v. 30.11.2006 (BSGE Bd. 98 S. 1)
Außergewöhnlicher Pflege im versorgungsrechtlichen Sinne bedarf derjenige stets, bei dem der Zeitaufwand für berücksichtigungsfähige Hilfeleistungen wöchentlich im Tagesdurchschnitt dauernd mindestens vier Stunden beträgt.

BSG v. 2.12.2010 – B 9 V 2/10 R
Heiratet der Beschädigte seine Pflegerin und erbringt diese weiterhin Pflegeleistungen aufgrund eines Arbeitsvertrags, sind insbesondere Zeiten, die zwischen einzelnen Pflegeverrichtungen bzw. pflegenahen Bereitschaften liegen, grundsätzlich nicht mehr bei der Bemessung einer erhöhten Pflegezulage zu berücksichtigen.

BMAS v. 14. 3. 2013 – V b 2 – 54462
Durchführung des Sozialen Entschädigungsrechts;
Pflegezulage nach § 35 Abs. 6 BVG
Höhe des dem Beschädigten nach § 35 Abs. 6 Satz 2 BVG zu belassenden Betrages bei Heimunterbringung
Nach § 35 Abs. 6 BVG werden die Kosten der Heimunterbringung unter Anrechnung auf die Versorgungsbezüge übernommen. Dabei ist dem Beschädigten gemäß § 35 Abs. 6 Satz 2 BVG ein Betrag in Höhe der Beschädigtengrundrente nach einem Grad der Schädigung (GdS) von 100 zur Bestreitung der sonstigen Bedürfnisse zu belassen.
Es wurde die Frage aufgeworfen, ob der nach § 35 Abs. 6 Satz 2 BVG zu belassende Betrag die „Alterserhöhung" nach § 31 Abs. 1 Satz 2 BVG für Beschädigte, die das 65. Lebensjahr vollendet haben, beinhaltet und falls ja, in welcher Höhe die „Alterszulage" zu berücksichtigen ist (entsprechend eines GdS von „mindestens 90" oder in Höhe des nach dem tatsächlichen GdS zustehenden Betrages?).
Nach Abstimmung in der Länderreferentenbesprechung am 26./27. Februar 2013 nehme ich hierzu wie folgt Stellung:
Der nach § 31 Abs. 1 Satz 2 BVG bei Vollendung des 65. Lebensjahres zustehende Erhöhungsbetrag ist Teil der Grundrente nach § 31 Abs. 1 Satz 1 BVG bzw. wird mit der Vollendung des 65. Lebensjahres zum integrierten Bestandteil der Grundrente nach Satz 1 (s. auch BSG vom 20. 07. 2005 – B 9a/9V 6/04 R–). Da § 35 Abs. 6 Satz 2 BVG nicht auf die Grundrente nach § 31 Abs. 1 Satz 1 BVG verweist, umfasst der zu belassende Betrag auch die Alterserhöhung in Höhe des Betrages, der einem Beschädigten nach einem GdS von 100 zustehen würde.
Gegebenenfalls erforderliche Neuberechnungen sollten im Wege der Rücknahme nach § 44 des Sozialgesetzbuches – Zehntes Buch – mit Wirkung für die Zukunft (Änderungen der Rechtsansicht) vorgenommen werden.

BMAS v. 2.11.2015 – SER 2 – 54462
Durchführung des Bundesversorgungsgesetzes (BVG);
Pflegeverträge nach § 35 Abs. 2 BVG in Fällen, in denen die Pflegekraft bereits das Rentenalter erreicht hat
Nach § 35 Abs. 2 BVG sind die dem Versorgungsberechtigten entstehenden angemessenen Kosten für seine Pflege zu erstatten, sofern sie den Betrag der pauschalen Pflegezulage übersteigen. Zu diesen Kosten gehören auch Sozialversicherungsbeiträge, die der Beschädigte als Arbeitgeber der Pflegekraft erbringt.
In den letzten Jahren kommt es nach Rückmeldungen aus den Ländern zunehmend vor, dass im Rahmen des § 35 Abs. 2 BVG Pflegekräfte beschäftigt werden, die bereits das Rentenalter erreicht haben. Für diese Pflegekräfte sind Sozialversiche-

rungsbeiträge jedenfalls nicht mehr in vollem Umfang abzuführen, obwohl das Bruttoentgelt nach dem abgeschlossenen Arbeitsvertrag gleichbleibt. Daraus ergibt sich die Frage, ob in diesen Fallgestaltungen auch im Arbeitnehmerbruttoentgelt enthaltene Sozialversicherungsbeiträge, die tatsächlich nicht (mehr) anfallen, erstattet werden müssen.

Es besteht hier also ein Spannungsverhältnis zwischen dem grundsätzlich geltenden „Bruttoprinzip", nach dem Leistungsberechtigten das zu erstatten ist, was bei ihnen als Bruttoausgaben anfällt, und der generellen Zielsetzung von steuerfinanzierten Transferleistungen, Erstattungen auf die vom dem Gesetzesweck entsprechenden notwendigen Ausgaben zu beschränken.

Diese Problematik ist auf den vergangenen Länderreferentenbesprechungen zu Fragen des sozialen Entschädigungsrechts intensiv und kontrovers diskutiert worden.

Aus meiner Sicht stellt § 35 Abs. 2 BVG ausdrücklich auf die „dafür aufzuwendenden angemessenen Kosten" ab. Diese Formulierung beinhaltet m. E. eine klare Wertung: Nicht alle Kosten können mit der Folge einer Erstattung geltend gemacht werden, sondern lediglich die angesichts der Umstände im Einzelfall angemessenen Kosten. Zudem muss es sich um aufzuwendende, also um im konkreten Fall tatsächlich entstandene Kosten handeln. Sind somit bestimmte Beiträge zur Sozialversicherung bei Pflegekräften im Rentenalter nicht mehr zu zahlen, entstehen diese tatsächlich auch nicht mehr und können somit nicht als aufzuwendende Kosten im Sinne von § 35 Abs. 2 BVG angesehen werden. Dies bedeutet nach meiner Bewertung, die vom Bundesrechnungshof geteilt wird, dass in solchen Fallkonstellationen eine entsprechende Kürzung des zu erstattenden Arbeitnehmeranteils zur gesetzlichen Sozialversicherung vorzunehmen ist.

Ich bitte, zumindest in der Anwendung der Gesetze des Sozialen Entschädigungsrechts, bei denen der Bund alleiniger Kostenträger ist, ab dem 1. Januar. 2016 entsprechend zu verfahren. Im Hinblick auf die rechtlich im Einzelfall schwierige und aufwändige Handhabung ist im Einvernehmen mit dem Bundesrechnungshof von einer rückwirkenden Anwendung dieser Regelung für die Fälle, in denen bislang abweichend verfahren wird, abzusehen.

Bestattungsgeld

§ 36 (Bestattungsgeld)

(1) Beim Tod eines rentenberechtigten Beschädigten wird ein Bestattungsgeld gewährt. Es beträgt 1778 Euro, wenn der Tod die Folge einer Schädigung ist, sonst 891 Euro. Der Tod gilt stets dann als Folge einer Schädigung, wenn ein Beschädigter an einem Leiden stirbt, das als Folge einer Schädigung rechtsverbindlich anerkannt und für das ihm im Zeitpunkt des Todes Rente zuerkannt war.

(2) Vom Bestattungsgeld werden zunächst die Kosten der Bestattung bestritten und an den gezahlt, der die Bestattung besorgt hat. Das gilt auch, wenn die Kosten der Bestattung aus öffentlichen Mitteln bestritten worden sind. Bleibt ein Überschuß, so sind nacheinander der Ehegatte, der Lebens-

partner, die Kinder, die Eltern, die Stiefeltern, die Pflegeeltern, die Enkel, die Großeltern, die Geschwister und die Geschwisterkinder bezugsberechtigt, wenn sie mit dem Verstorbenen zur Zeit des Todes in häuslicher Gemeinschaft gelebt haben. Fehlen solche Berechtigte, so wird der Überschuß nicht ausgezahlt.

(3) Stirbt ein nichtrentenberechtigter Beschädigter an den Folgen einer Schädigung, so ist ein Bestattungsgeld bis zu 1 778 Euro zu zahlen, soweit Kosten der Bestattung entstanden sind.

(4) Eine auf Grund anderer gesetzlicher Vorschriften für denselben Zweck zu gewährende Leistung ist auf das Bestattungsgeld anzurechnen.

(5) Stirbt ein Beschädigter an den Folgen einer Schädigung außerhalb seines ständigen Wohnsitzes, so sind die notwendigen Kosten für die Leichenüberführung dem zu erstatten, der sie getragen hat. Das gilt nicht, wenn der Tod während eines Aufenthalts im Ausland eingetreten ist, jedoch kann eine Beihilfe gewährt werden.

(6) Stirbt ein Beschädigter während einer nach den Vorschriften dieses Gesetzes durchgeführten stationären Heilbehandlung nicht an den Folgen einer Schädigung, so sind die notwendigen Kosten der Leichenüberführung nach dem früheren Wohnsitz des Verstorbenen dem zu erstatten, der sie getragen hat.

VV zu § 36

1. Bestattungsgeld wird beim Tode eines Beschädigten gewährt, wenn er für den Sterbemonat einen Anspruch auf Rente hatte. Es ist nicht notwendig, daß die Rente zu seinen Lebzeiten ausgezahlt worden ist. Das Ruhen der Rente nach § 65 oder das Erlöschen des Rentenanspruchs nach § 74 Abs. 2 und 3 steht dem Anspruch auf Bestattungsgeld nicht entgegen.
2. Bestattungsgeld wird auch gewährt, wenn der Rentenberechtigte für tot erklärt, nicht aber, wenn er nur verschollen ist. Als Zeitpunkt des Todes gilt der im Beschluß des Amtsgerichts über die Todeserklärung festgestellte Tag.
3. Zu den Bestattungskosten gehören die Kosten der Leichenschau, der Leichenpflege, der Aufbewahrung, ferner die Kosten des eigentlichen Begräbnisses einschließlich kirchlicher Handlungen, nicht dagegen die Aufwendungen für einen Grabstein, die Abhaltung von Seelengottesdiensten oder eine Leichenüberführung. Ferner gehören zu den Bestattungskosten die Kosten für den Ankauf der Grabstätte oder des Reihengrabes einschließlich ihrer einfachen Herrichtung, nicht aber die Kosten eines Erbbegräbnisses.
4. Häusliche Gemeinschaft setzt im allgemeinen räumliches Zusammenleben voraus. Eine Trennung hebt die häusliche Gemeinschaft nicht auf, wenn ihre Wiederherstellung beabsichtigt war. Häusliche Gemeinschaft ist auch anzunehmen, wenn lediglich infolge außerhalb des Willens der Beteiligten liegender Verhältnisse ein räumliches Zusammenleben von Ehegatten nicht möglich ist.
5. Anzurechnende Leistungen im Sinne des § 36 Abs. 4 sind unter anderem
   a) das aufgrund einer Pflichtversicherung in der gesetzlichen Kranken- oder Unfallversicherung zu gewährende Sterbegeld,

b) das aufgrund einer freiwilligen Mitgliedschaft in der gesetzlichen Krankenversicherung zu gewährende Sterbegeld, wenn der Rentenversicherungsträger einen Zuschuß nach § 1304 e Abs. 1 Satz 2 RVO, § 83 e AVG, § 96 c Abs. 1 RKG oder der Arbeitgeber Beträge nach § 405 RVO gezahlt hat,
c) das Sterbegeld nach § 18 Abs. 2 Nr. 2 des Beamtenversorgungsgesetzes oder entsprechenden landesrechtlichen Vorschriften, soweit es die Kosten der Bestattung ersetzen soll,
d) die aus Anlaß des Todes nach beamtenrechtlichen Vorschriften gewährte Beihilfe, wenn auf sie das Bestattungsgeld nach dem Bundesversorgungsgesetz nicht angerechnet wird.

Nicht anzurechnen ist das Sterbegeld, das
a) aus einer freiwilligen Unfallversicherung,
b) nach dem Lastenausgleichsgesetz oder
c) nach § 18 Abs. 1 oder Abs. 2 Nr. 1 Beamtenversorgungsgesetzes oder entsprechenden landesrechtlichen Vorschriften gezahlt wird.

6. Treffen Ansprüche auf Bestattungsgeld nach den §§ 36 und 53 zusammen, ist das Bestattungsgeld nach § 36 als eine für den gleichen Zweck zu gewährende Leistung auf das Bestattungsgeld nach § 53 anzurechnen.
7. Bezog der Verstorbene zur Zeit des Todes eine Rente im Wege des Härteausgleichs, kann Bestattungsgeld nach § 36 im Wege des Härteausgleichs (§ 89 Abs. 1) gewährt werden.
8. Zu den Kosten der Leichenüberführung gehören nicht die in Nr. 3 genannten Aufwendungen.
9. War der Verstorbene Soldat der Bundeswehr, ist § 84 Abs. 4 des Soldatenversorgungsgesetzes zu beachten.
10. Zur stationären Heilbehandlung im Sinne des § 36 Abs. 6 gehört auch eine Badekur.

Aus Rundschreiben, Urteilen etc.

BSG v. 17.4.2013 – B 9 V 2/12 R (BH 2013, 1019)
Wird einer Person, die weder mit dem verstorbenen Beschädigten in häuslicher Gemeinschaft gelebt hat noch von diesem unterhalten worden ist, Sterbegeld gewährt, so steht dessen Höhe nicht im Ermessen der Behörde, sondern beläuft sich auf das Dreifache der Versorgungsbezüge des Beschädigten im Sterbemonat.

Sterbegeld

§ 37 (Sterbegeld)

(1) Beim Tod eines Beschädigten ist ein Sterbegeld in Höhe des Dreifachen der Versorgungsbezüge zu zahlen, die ihm für den Sterbemonat nach den §§ 30 bis 33, 34 und 35 zustanden. Pflegezulage jedoch höchstens nach Stufe II. Minderungen der nach Satz 1 maßgebenden Bezüge, die durch Sonderleistungen im Sinne des § 60 a Abs. 4 bedingt sind, sowie Erhöhun-

gen dieser Bezüge, die auf Einkommensminderungen infolge des Todes beruhen, bleiben unberücksichtigt.

(2) Anspruchsberechtigt sind in nachstehender Rangfolge der Ehegatte, der Lebenspartner, die Kinder, die Eltern, die Stiefeltern, die Pflegeeltern, die Enkel, die Großeltern, die Geschwister und die Geschwisterkinder, wenn sie mit dem Verstorbenen zur Zeit des Todes in häuslicher Gemeinschaft gelebt haben. Hat der Verstorbene mit keiner dieser Personen in häuslicher Gemeinschaft gelebt, so ist das Sterbegeld in vorstehender Rangfolge dem zu zahlen, den der Verstorbene unterhalten hat.

(3) Sind Anspruchsberechtigte im Sinne des Absatzes 2 nicht vorhanden, kann das Sterbegeld dem gezahlt werden, der die Kosten der letzten Krankheit oder der Bestattung getragen oder den Verstorbenen bis zu seinem Tod gepflegt hat.

VV zu § 37

1. Bei der Feststellung der Höhe des Sterbegeldes bleibt ein Ruhen (§ 65) oder ein Erlöschen (§ 74 Abs. 2 und 3) der Versorgungsbezüge außer Betracht. War der Beschädigte untergebracht (§ 35 Abs. 2), berechnet sich das Sterbegeld nach den Versorgungsbezügen, die ihm ohne die Unterbringung zugestanden hätten.
2. Nr. 1 Satz 1 und 2, Nrn. 2, 4 und 7 zu § 36 gelten entsprechend.
3. Personen im Sinne des § 37 Abs. 3 sind nur natürliche Personen: ihnen ist Sterbegeld nur insoweit zu zahlen, als ein wirtschaftlicher Ausgleich angebracht erscheint.

Aus Rundschreiben, Urteilen etc.

BMAS v. 27. 1. 2014 – V b 2 – 54424
Sterbegeld
hier: Höhe des Sterbegeldes in den Fällen des § 37 Abs. 3 BVG
Urteil des BSG vom 17. April 2013 (Az. B 9 V 2/12 R)
§ 37 BVG befasst sich mit dem Sterbegeld. Anspruchsberechtigt sind die in Abs. 2 der Norm genannten Personen. Für den Fall, dass keine Anspruchsberechtigte i. S. d. Abs. 2 vorhanden sind, regelt Abs. 3, dass das Sterbegeld demjenigen gezahlt werden kann, der die Kosten der letzten Krankheit oder Bestattung getragen oder den Verstorbenen bis zu seinem Tod gepflegt hat.
In der bisherigen Verwaltungspraxis wurde § 37 Abs. 3 BVG dahingehend ausgelegt, dass der zuständigen Behörde nicht nur ein Ermessen hinsichtlich des „Ob" der Leistung, sondern auch hinsichtlich deren Höhe zusteht. Dieser Auffassung hat das BSG im o. g. Urteil eine Absage erteilt. Das Gericht ist der Ansicht, dass der Gesetzgeber der Verwaltung i. R. des § 37 Abs. 3 BVG kein Ermessen zur Bestimmung der Höhe des Sterbegeldes eingeräumt habe. Vielmehr ergebe sich dessen Höhe zwingend aus § 37 Abs. 1 BVG (vgl. juris-Rn. 29).
Ich bitte, die Rechtsprechung des BSG zu beachten und ein Ermessen nur bezüglich der Gewährung des Sterbegeldes, nicht aber bezüglich dessen Höhe auszuüben.
Die einschlägige Verwaltungsvorschrift (VV Nr. 3 zu § 37 BVG), wonach das Sterbegeld nur insoweit zu zahlen ist, als ein wirtschaftlicher Ausgleich angebracht

erscheint, ist entsprechend auszulegen. Auch das BSG erachtet es für möglich, das Wort „insoweit" dahingehend zu verstehen, dass es sich nur auf die Bestimmung der begünstigten Personen bezieht. In diesem Fall sei die VV Nr. 3 zu § 37 BVG mit dem Inhalt des § 37 Abs. 3 BVG vereinbar.

Hinterbliebenenrente

§ 38 (Anspruch auf Hinterbliebenenrente)

(1) Ist ein Beschädigter an den Folgen einer Schädigung gestorben, so haben die Witwe, der hinterbliebene Lebenspartner, die Waisen und die Verwandten der aufsteigenden Linie Anspruch auf Hinterbliebenenrente. Der Tod gilt stets dann als Folge einer Schädigung, wenn ein Beschädigter an einem Leiden stirbt, das als Folge einer Schädigung rechtsverbindlich anerkannt und für das ihm im Zeitpunkt des Todes Rente zuerkannt war.

(2) Die Witwe oder der hinterbliebene Lebenspartner haben keinen Anspruch, wenn die Ehe oder die Lebenspartnerschaft erst nach der Schädigung geschlossen worden ist und nicht mindestens ein Jahr gedauert hat, es sei denn, dass nach den besonderen Umständen des Falles die Annahme nicht gerechtfertigt ist, dass es der alleinige oder überwiegende Zweck der Heirat oder der Begründung der Lebenspartnerschaft war, der Witwe oder dem hinterbliebenen Lebenspartner eine Versorgung zu verschaffen.

(3) Ein hinterbliebener Lebenspartner hat keinen Anspruch auf Versorgung, wenn eine Witwe, die im Zeitpunkt des Todes mit dem Beschädigten verheiratet war, Anspruch auf eine Witwenversorgung hat.

VV zu § 38

1. Der Tod ist die Folge einer Schädigung, wenn er durch sie verursacht worden ist; Nr. 2 zu § 1 ist anzuwenden. Der Tod ist auch dann als Folge einer Schädigung anzusehen, wenn der Beschädigte ohne die Schädigungsfolgen mindestens ein Jahr länger gelebt hätte; Nr. 9 Satz 1 zu § 1 ist anzuwenden.
2. Witwen und Waisen von ehemaligen nichtberufsmäßigen Soldaten, die vor dem 1. Januar 1921 nach einer Dienstzeit von zehn Jahren während der Zugehörigkeit zur Wehrmacht gestorben sind, kann, wenn der Tod nicht die Folge einer Schädigung im Sinne des § 1 ist, auf Antrag, frühestens jedoch vom 1. April 1951 an, Versorgung in Höhe der Versorgungsbezüge nach dem Bundesversorgungsgesetz im Wege des Härteausgleichs (§ 89 Abs. 1) gewährt werden.

§ 39

(weggefallen)

§ 40 (Höhe der Witwen-Grundrente)

Die Witwe oder der hinterbliebene Lebenspartner erhält eine Grundrente von 443 Euro monatlich.

§ 40 a (Schadensausgleich)

(1) Witwen oder hinterbliebene Lebenspartner, deren Einkommen geringer ist als die Hälfte des Einkommens, das der Ehemann oder der verstorbene Lebenspartner ohne die Schädigung erzielt hätte, erhalten einen Schadensausgleich in Höhe von 42,5 vom Hundert des festgestellten, auf volle Euro aufgerundeten Unterschiedsbetrags (Absatz 2) oder, falls dies günstiger ist, einen Schadensausgleich nach Absatz 4. Ein Schadensausgleich ist nur zu gewähren, wenn die Witwe oder der hinterbliebene Lebenspartner die Voraussetzungen des § 41 Abs. 1 Satz 1 erfüllt. § 41 Abs. 1 Satz 2 gilt entsprechend.

(2) Zur Feststellung des Schadensausgleichs ist das von der Witwe oder dem hinterbliebenen Lebenspartner erzielte Bruttoeinkommen zuzüglich der Grundrente (§ 40), des Pflegeausgleichs (§ 40 b) und der Ausgleichsrente (§ 41 oder §§ 32 und 33) der Hälfte des nach § 30 Abs. 5 ermittelten Vergleichseinkommens aus dem Grundgehalt der Besoldungsgruppe der Bundesbesoldungsordnung A, der der Verstorbene ohne die Schädigung nach seinen Lebensverhältnissen, Kenntnissen und Fähigkeiten wahrscheinlich zugeordnet worden wäre, gegenüberzustellen.

(3) Hatte der Verstorbene im Zeitpunkt seines Todes Anspruch auf die Grundrente eines Beschädigten mit einem Grad der Schädigungsfolgen von 100 und auf eine Pflegezulage mindestens nach Stufe III wegen nicht nur vorübergehender Hilflosigkeit (§ 35) oder auf entsprechende Leistungen nach früheren versorgungsrechtlichen Vorschriften, so ist, falls es günstiger ist, abweichend von Absatz 2 die Hälfte des nach § 30 Abs. 5 aus dem Endgrundgehalt der Besoldungsgruppe A 14 zuzüglich des Familienzuschlags nach Stufe 1 des Bundesbesoldungsgesetzes ermittelten Vergleichseinkommens zugrunde zu legen. Das gleiche gilt, wenn der Verstorbene diese Ansprüche nur deshalb nicht geltend machen konnte, weil er vor dem 1. Januar 1991 seinen Wohnsitz oder gewöhnlichen Aufenthalt in dem in Artikel 3 des Einigungsvertrages genannten Gebiet hatte. Als nicht nur vorübergehend gilt ein Zeitraum von mehr als sechs Monaten. Ein nach Satz 1 berechneter Schadensausgleich wird auch gezahlt, wenn die Voraussetzungen nach Absatz 1 Satz 1 nicht erfüllt sind.

(4) Der nach Absatz 1 Satz 1 letzter Satzteil zu zahlende Schadensausgleich beträgt 30 vom Hundert des Vergleichseinkommens nach § 30 Abs. 5 abzüglich des Nettoeinkommens der Witwe oder des hinterbliebenen Lebenspartners sowie der Grundrente (§ 40), des Pflegeausgleichs (§ 40 b) und der Ausgleichsrente (§ 41 oder §§ 32 und 33). Dabei wird das Nettoeinkommen in entsprechender Anwendung des § 30 Abs. 8 Satz 1 ermittelt.

(5) Der Schadensausgleich wird ausschließlich nach Absatz 4 berechnet, wenn der Antrag erstmalig nach dem 21. Dezember 2007 gestellt wird. Die Anwendbarkeit von Absatz 3 bleibt hiervon unberührt. Im Übrigen trifft die zuständige Behörde letztmalig zum Stichtag nach Satz 1 die Günstigkeitsfeststellung nach Absatz 1 Satz 1 und legt damit die zukünftige Berechnungsart fest.

(6) § 30 Abs. 14 gilt entsprechend.

VV zu § 40 a

1. Frühere versorgungsrechtliche Vorschriften im Sinne des § 40 a Abs. 3 sind
   a) das durch Beschluß des Länderrats des amerikanischen Besatzungsgebietes vom 9. September 1947 für zoneneinheitlich erklärte Gesetz über Leistungen an Körperbeschädigte,
   bayerisches Gesetz Nr. 64 vom 26. März 1947 (Bayerisches Gesetz- und Verordnungsblatt S. 107),
   bayerisches Gesetz Nr. 88 zur Abänderung des Gesetzes Nr. 64 über Leistungen an Körperbeschädigte vom 12. August 1947 (Bayerisches Gesetz- u. Verordnungsblatt S. 214),
   Gesetz der Freien Hansestadt Bremen vom 28. Juni 1947 (Gesetzblatt der Freien Hansestadt Bremen S. 109),
   hessisches Gesetz vom 8. April 1947 (Gesetz- und Verordnungsblatt für das Land Hessen S. 19),
   württembergisch-badisches Gesetz Nr. 74 vom 21. Januar 1947 (Regierungsblatt der Regierung Württemberg-Baden Seite 7),
   württembergisch-badisches Gesetz Nr. 706 zur Änderung des Gesetzes Nr. 74 über Leistungen an Körperbeschädigte (KB-Leistungsgesetz) vom 18. Juni 1947 (Regierungsblatt der Regierung Württemberg-Baden S. 62),
   württembergisch-badisches Gesetz Nr. 710 – Zweites Gesetz zur Änderung des Gesetzes Nr. 74 über Leistungen an Körperbeschädigte (KB-Leistungsgesetz) – vom 31. Juli 1947 (Regierungsblatt der Regierung Württemberg-Baden Seite 92),
   b) das vom Länderrat des amerikanischen Besatzungsgebietes am 15. Februar 1949 erlassene Gesetz zur Änderung des Gesetzes über Leistungen an Körperbeschädigte, bayerisches Gesetz vom 14. Juni 1949 (Bayerisches Gesetz- und Verordnungsblatt S. 140), Gesetz der Freien Hansestadt Bremen vom 23. Juni 1949 (Gesetzblatt der Freien Hansestadt Bremen S. 142),
   hessisches Gesetz vom 17. Juni 1949 (Gesetz- und Verordnungsblatt für das Land Hessen S. 45),
   württembergisch-badisches Gesetz Nr. 946 vom 20. Juni 1949 (Regierungsblatt der Regierung Württemberg-Baden S. 165),
   c) das Gesetz des Landes Nordrhein-Westfalen zur Änderung der Sozialversicherungsdirektive Nr. 27 und der hierzu ergangenen Durchführungsvorschriften vom 12. Juli 1949 (Gesetz- und Verordnungsblatt für das Land Nordrhein-Westfalen S. 229),

d) das Gesetz des Landes Rheinland-Pfalz über die Versorgung der Opfer des Krieges (Landesversorgungsgesetz) vom 18. Januar 1949 (Gesetz- und Verordnungsblatt der Landesregierung Rheinland-Pfalz I S. 11) und die Rundverfügung des Oberregierungspräsidiums Hessen-Pfalz vom 12. Dezember 1945 (Amtliche Mitteilungen des Oberregierungspräsidiums Hessen-Pfalz 1946 S. 1),
e) das Gesetz des Landes Württemberg-Hohenzollern über Leistungen an Körperbeschädigte (KB-Leistungsgesetz) vom 11. Januar 1949 (Regierungsblatt für das Land Württemberg-Hohenzollern S. 215),
f) das Gesetz zur Verbesserung von Leistungen an Kriegsopfer vom 27. März 1950 (Bundesgesetzbl. S. 77),
g) das Gesetz über die Versorgung der Militärpersonen und ihrer Hinterbliebenen bei Dienstbeschädigung (Reichsversorgungsgesetz) vom 12. Mai 1920 (Reichsgesetzbl. S. 989) in der Fassung der Bekanntmachung vom 1. April 1939 (Reichsgesetzbl. I S. 663),
h) das Gesetz über die Versorgung der vor dem 1. August 1914 aus der Wehrmacht ausgeschiedenen Militärpersonen und ihrer Hinterbliebenen (Altrentnergesetz) vom 18. Juli 1921 (Reichsgesetzbl. S. 993) in der Fassung der Bekanntmachung vom 22. Dezember 1927 (Reichsgesetzbl. I S. 515, 531),
i) das Gesetz über den Ersatz der durch den Krieg verursachten Personenschäden (Kriegspersonenschädengesetz) vom 15. Juli 1922 (Reichsgesetzbl. I S. 620) in der Fassung der Bekanntmachung vom 22. Dezember 1927 (Reichsgesetzblatt I S. 515, 533),
j) das Gesetz über den Ersatz der durch die Besetzung deutschen Reichsgebietes verursachten Personenschäden (Besatzungspersonenschädengesetz) vom 17. Juli 1922 (Reichsgesetzbl. S. 624) in der Fassung der Bekanntmachung vom 12. April 1927 (Reichsgesetzbl. I S. 104),
k) das Gesetz über die Versorgung der Angehörigen des Reichsheeres und der Reichsmarine sowie ihrer Hinterbliebenen (Wehrmachtsversorgungsgesetz) vom 4. August 1921 (Reichsgesetzbl. S. 993) in der Fassung der Bekanntmachung vom 19. September 1925 (Reichsgesetzbl. I S. 349),
l) das Fürsorge- und Versorgungsgesetz für die ehemaligen Angehörigen der Wehrmacht und ihrer Hinterbliebenen – Wehrmachtfürsorge- und -versorgungsgesetz – vom 26. August 1938 (Reichsgesetzbl. I S. 1077),
m) das Fürsorge- und Versorgungsgesetz für die ehemaligen Angehörigen der Wehrmacht bei besonderem Einsatz und ihrer Hinterbliebenen-Einsatzfürsorge- und -versorgungsgesetz vom 6. Juli 1939 (Reichsgesetzbl. I S. 1217),
n) die Verordnung über die Entschädigung von Personenschäden (Personenschädenverordnung) vom 1. September 1939 (Reichsgesetzbl. I S. 1623) in der Fassung der Bekanntmachung vom 10. November 1940 (Reichsgesetzbl. I S. 1482),
o) das Fürsorge- und Versorgungsgesetz für die ehemaligen Angehörigen des Reichsarbeitsdienstes und ihrer Hinterbliebenen (Reichsarbeitsdienstversorgungsgesetz) vom 8. September 1938 (Reichsgesetzbl. I S. 1158) in der Fassung der Bekanntmachung vom 29. September 1938 (Reichsgesetzblatt I S. 1253),

p) das Fürsorge- und Versorgungsgesetz für die weiblichen Angehörigen des Reichsarbeitsdienstes und ihre Hinterbliebenen (Reichsarbeitsdienstversorgungsgesetz WJ) vom 20. Dezember 1940 (Reichsgesetzbl. I S. 1631),
q) die Sozialversicherungsdirektive Nr. 27 vom 2. Mai 1947 (Arbeitsbl. f.d. brit. Zone S. 155),
r) versorgungsrechtliche Einzelvorschriften anderer Gesetze, die einen Ursachenzusammenhang einer Gesundheitsstörung mit einer Schädigung entsprechend der Regelung des § 1 fordern (z.B. § 7 Abs. 2 des Gesetzes über die Versorgung der Kapitulanten der früheren Wehrmacht und ihrer Hinterbliebenen vom 13. September 1919 – Reichsgesetzbl. I S. 1654 –),
s) das Gesetz über die Versorgung von Kriegs- und Militärdienstbeschädigten sowie ihren Hinterbliebenen – KVG – vom 24. Juli 1950 (Verordnungsblatt für Groß-Berlin I S. 318),
t) Rechtsvorschriften des Saarlandes, die vor Inkrafttreten des Gesetzes zur Einführung des Bundesversorgungsgesetzes im Saarland vom 16. August 1961 (Bundesgesetzbl. I S. 1292) gegolten haben.

2. Ein Anspruch auf Leistungen im Sinne des § 40a Abs. 3 ist stets dann gegeben, wenn die erforderlichen materiell-rechtlichen Voraussetzungen erfüllt sind; hierzu gehört gegebenenfalls auch der Antrag auf die jeweilige Leistung (vgl. Nr. 1 zu § 1). Dabei ist es wegen der deklaratorischen Bedeutung des Bescheides bei Rechtsansprüchen nicht erforderlich, daß das Vorliegen der Anspruchsvoraussetzungen bescheidmäßig festgestellt war.
3. Ein Anspruch auf entsprechende Leistungen nach früheren versorgungsrechtlichen Vorschriften im Sinne des § 40a Abs. 3 ist stets dann als gegeben zu erachten, wenn diese Leistungen wenigstens in der für Blinde vorgesehenen Höhe gewährt worden sind oder hätten gewährt werden können.
4. Die Hilflosigkeit ist dann nicht nur vorübergehend, wenn sie bis zum Tode des Beschädigten mehr als sechs Monate vorgelegen hat oder im Erlebensfall vorgelegen hätte.
5. War der Beschädigte im Zeitpunkt seines Todes erwerbsunfähig und nicht nur vorübergehend hilflos, ohne daß dies zu einem Anspruch auf entsprechende Leistungen geführt hat, kann der Unterschiedsbetrag zwischen dem nach Abs. 2 und dem nach Abs. 3 berechneten Schadensausgleich im Wege des Härteausgleichs (§ 89 Abs. 1) gewährt werden.
6. Bei der Festsetzung des günstigeren Vergleichseinkommens nach § 40a Abs. 3 bleibt das Lebensalter des Verstorbenen außer Betracht.

Aus Rundschreiben, Urteilen etc.

BMAS v. 4. 6. 2006 – IV c 2 – 46 411-5/47 482
Schadensausgleich gemäß § 40a Abs. 5 des Bundesversorgungsgesetzes (BVG)
Mehrere Länder haben mir die Frage vorgelegt, ob mit der Neufassung des § 40a Abs. 5 Bundesversorungsgesetz (BVG) durch Artikel 1 Nr. 39 Buchstabe d) des Gesetzes zur Änderung des Bundesversorgungsgesetzes und anderer Vorschriften des Sozialen Entschädigungsrechts (BVG-Änderungsgesetz) vom 13. Dezember

2007 die Anwendung des § 40a Abs. 3 BVG bei nach dem 21. Dezember 2007 gestellten Anträgen auf Schadensausgleich ausgeschlossen ist.
Dazu nehme ich wie folgt Stellung:
Die mit dem BVG-Änderungsgesetz in Kraft getretene Neufassung des § 40a Abs. 5 BVG sieht vor, dass der Schadensausgleich bei erstmaliger Antragstellung nach dem 21. Dezember 2007 ausschließlich nach § 40a Abs. 4 BVG zu berechnen ist. Für Altfälle wurde geregelt, letztmalig zum Stichtag des 21. Dezember 2007 eine Günstigkeitsfeststellung zwischen der Berechnungsmethode nach § 40a Abs. 1 Satz 1 BVG (sog. Bruttoprinzip) oder nach § 40a Abs. 4 BVG (sog. Nettoprinzip) durch die zuständige Behörde zu treffen und die günstigere Methode dann als zukünftige Berechnungsart festzulegen.
Zweck der Neufassung des § 40a Abs. 5 BVG ist in erster Linie eine Verwaltungsvereinfachung, um die in der Praxis auftretenden aufwändigen und sich mitunter über Jahre hinziehenden Vergleichsberechnungen zwischen der Bruttomethode und der Nettomethode zukünftig zu vermeiden. Die Neuregelung trägt dem Umstand Rechnung, dass bereits in der Vergangenheit bei dem weit überwiegenden Teil der Versorgungsfälle die Nettomethode bei der Berechnung des Schadensausgleichs angewandt wurde.
Eine Schlechterstellung von Witwen, Witwern bzw. hinterbliebenen Lebenspartnern, die nach dem 21. Dezember 2007 einen Antrag auf Schadensausgleich nach § 40a BVG gestellt haben bzw. zukünftig stellen werden, ist dagegen nicht beabsichtigt. Auch im Rahmen des neu gefassten § 40a Abs. 5 BVG ist daher die Sonderregelung des § 40a Abs. 3 BVG anwendbar.

§ 40b (Pflegeausgleich für Witwen oder hinterbliebene Lebenspartner)

(1) Die Witwe oder der hinterbliebene Lebenspartner eines Beschädigten, der hilflos im Sinne des § 35 Abs. 1 war, erhält einen Pflegeausgleich, wenn sie den Beschädigten während ihrer Ehe oder Lebenspartnerschaft länger als 10 Jahre gepflegt hat. Als Pflegezeit zählen die Kalendermonate, in denen der Beschädigte während der Ehe oder der Lebenspartnerschaft infolge der Schädigung mindestens in einem der Stufe II entsprechenden Umfang hilflos im Sinne des § 35 Abs. 1 war oder der Beschädigte infolge der Schädigung blind war. Kalendermonate, in denen die Ehefrau oder der Lebenspartner die Pflege nicht unentgeltlich geleistet hat, werden nicht mitgezählt. Dies gilt auch für Kalendermonate, in denen ein mehr als nur geringfügiger Teil der Pflege von Dritten erbracht worden ist, es sei denn, diese Pflegetätigkeit Dritter hat jeweils nicht länger als drei Monate gedauert. Die anzurechnende Gesamtpflegezeit wird auf volle Jahre aufgerundet.

(2) Der Pflegeausgleich beträgt für jedes Jahr der über 10 Jahre hinausgehenden Pflegezeit 0,5 vom Hundert des im Zeitpunkt des Leistungsbeginns geltenden Betrags der Pflegezulagestufe, nach der der Beschädigte jeweils Anspruch auf Pflegezulage hatte oder die dem Umfang seiner Hilflosigkeit nach § 35 Abs. 1 entsprochen hätte. Bei einem Wechsel der Pflegezulagestufe wird für jeden Kalendermonat ein Zwölftel des Betrags nach Satz 1 angesetzt. Der Pflegeausgleich nach Satz 1 und 2 wird jährlich mit dem in § 56 Abs. 1 Satz 1, soweit das Jahr 2000 betroffen ist, mit dem in

§ 56 Abs. 3 bestimmten Vomhundertsatz angepasst; dabei ist § 15 Satz 2 zweiter Halbsatz entsprechend anzuwenden.

(3) Die Absätze 1 und 2 gelten für den Elternteil im Sinne des § 35 Abs. 2 entsprechend.

(4) Ergibt sich ein Pflegeausgleich von weniger als 10 Euro monatlich, wird er auf diesen Betrag erhöht.

(5) Ab 1. Januar 1991 wird in dem in Artikel 3 des Einigungsvertrages genannten Gebiet der Pflegeausgleich nach den Absätzen 1 bis 3 abweichend von der Regelung des Absatzes 2 Satz 3 nach dem in diesem Gebiet jeweils geltenden Betrag der Pflegezulagestufe errechnet, nach der der Beschädigte jeweils Anspruch auf Pflegezulage hatte oder die dem Umfang seiner Hilflosigkeit nach § 35 Abs. 1 entsprochen hätte; dabei ist § 15 Satz 2 zweiter Halbsatz entsprechend anzuwenden. Sobald in dem in Artikel 3 des Einigungsvertrages genannten Gebiet § 56 anzuwenden ist, ist Satz 1 nicht mehr anzuwenden.

Aus Rundschreiben, Urteilen etc. zu § 48

BMA v. 23.9.1994 – VI 1-53080-1 (BVBl. 10 – 12/1994, 2)
Durch Artikel 9 Nr. 13c des Pflegeversicherungsgesetzes wird mit Wirkung vom 1.4.1995 ein Pflegeausgleich nach § 40b BVG auch für Elternteile eingeführt.
Dieser einkommensunabhängige Pflegeausgleich für die Eltern ist ebenso wie der Pflegeausgleich für die Witwen ein selbständiger Anspruch, der eine Art eigener Rente aus früherer unentgeltlicher Pflegetätigkeit darstellt. Die Vorschrift des § 40b BVG in der ab 1.4.1995 geltenden Fassung nennt bewußt den „Elternteil“, weil damit ein ganz persönlicher Anspruch begründet werden sollte. Dies beinhaltet aber auch die Möglichkeit, daß nicht nur ein Elternteil für sich allein diesen Anspruch begründen kann, sondern auch beide Elternteile sowohl aufgrund unterschiedlicher Pflegezeiträume aus auch aufgrund innerhalb des gleichen Pflegezeitraums erbrachter nicht nur geringfügiger Pflegeleistungen.
Solche mehr als nur geringfügigen Pflegeleistungen können von den Eltern ebenso wie von den Ehegatten auch erbracht worden sein, wenn sie während des Pflegezeitraums halb oder ganztägig berufstätig und somit einer Doppelbelastung durch Pflege und Beruf ausgesetzt waren.
Da nach § 40b BVG nur auf die tatsächlich erbrachte Pflegeleistung abgestellt wird, ist nicht Voraussetzung, daß beide Elternteile bzw. zumindest der pflegende Elternteil mit dem Pflegebedürftigen in häuslicher Gemeinschaft lebt.
Dies steht auch nicht im Widerspruch zu den anders ausgestalteten Voraussetzungen des § 35 Abs. 2 BVG, da es dort nicht um Ansprüche der Pflegeperson, sondern ausschließlich um Ansprüche des Pflegebedürftigen geht.

§ 41 (Ausgleichsrente für Witwen)

(1) Ausgleichsrente erhalten Witwen oder hinterbliebene Lebenspartner, die

a) durch Krankheit oder andere Gebrechen nicht nur vorübergehend wenigstens die Hälfte ihrer Erwerbsfähigkeit verloren haben oder

b) die Altersgrenze für die große Witwenrente oder Witwerrente nach dem Sechsten Buch Sozialgesetzbuch erreicht haben oder
c) für mindestens ein Kind des Verstorbenen im Sinne des § 33b Abs. 2 oder ein eigenes Kind sorgen, das eine Waisenrente nach diesem Gesetz oder nach Gesetzen, die eine entsprechende Anwendung dieses Gesetzes vorsehen, bezieht oder bis zur Erreichung der Altersgrenze oder bis zu seiner Verheiratung oder Begründung einer Lebenspartnerschaft Waisenrente nach einem dieser Gesetze oder nach bisherigen versorgungsrechtlichen Vorschriften bezogen hat.

Ausgleichsrente kann auch gewährt werden, wenn einer Witwe oder einem hinterbliebenen Lebenspartner aus anderen zwingenden Gründen die Ausübung einer Erwerbstätigkeit nicht möglich ist. Im Falle des Satzes 1 Buchstabe a gilt § 29 entsprechend.

(2) Die volle Ausgleichsrente der Witwe oder des hinterbliebenen Lebenspartners beträgt monatlich 488 Euro.

(3) Die volle Ausgleichsrente ist um das anzurechnende Einkommen zu mindern. Dieses ist, ausgehend vom Bruttoeinkommen, nach der nach Satz 4 in Verbindung mit § 33 Abs. 6 zu erlassenden Rechtsverordnung stufenweise so zu ermitteln, dass

1. bei Einkünften aus gegenwärtiger Erwerbstätigkeit ein Betrag in Höhe von 1,1583 vom Hundert sowie bei den übrigen Einkünften ein Betrag in Höhe von 0,4325 vom Hundert des Bemessungsbetrags (§ 33 Abs. 1 Buchstabe a), jeweils auf volle Euro aufgerundet, freibleibt (Freibetrag) und
2. bei Einkünften von der Stufe 10 an der Betrag, bis zu dem die einzelne Stufe reicht, und die Einzelabstände zwischen den Beträgen des anzurechnenden Einkommens mit den entsprechenden Werten der Rechtsverordnung nach § 33 Abs. 6 von Stufe 0 an übereinstimmen.

Beim Zusammentreffen von Einkünften aus gegenwärtiger Erwerbstätigkeit mit übrigen Einkünften werden die beiden, für jede Einkommensgruppe getrennt ermittelten Stufenzahlen zusammengezählt und die Summe vom 1. April 1990 bis 30. Juni 1990 um 8, vom 1. Juli 1990 bis 30. Juni 1991 um 6 und vom 1. Juli 1991 bis 30. Juni 1992 um 3, höchstens jedoch um die jeweils niedrigere der beiden Stufenzahlen, vermindert. § 33 Abs. 2, 3, 5 und 6 gilt entsprechend.

VV zu § 41

1. Die Voraussetzungen des § 41 Abs. 1 Buchst. a sind unter anderem erfüllt, wenn die Witwe aus der gesetzlichen Rentenversicherung eine Rente wegen Erwerbsunfähigkeit (§ 1247 RVO, § 24 AVG, § 47 RKG), wegen Erwerbsunfähigkeit eine Witwenrente nach § 1268 Abs. 2 Nr. 2 RVO, § 45 Abs. 2 Nr. 2 AVG oder § 69 Abs. 2 Nr. 2 RKG, ein vorzeitiges Altersgeld nach dem Gesetz über die Altershilfe für Landwirte oder eine Verletztenrente in Höhe von wenigstens 50 vom Hundert der Vollrente aus der gesetzlichen Unfallversicherung bezieht. Erhält die Witwe aus der gesetzlichen Rentenversicherung eine Rente wegen Berufsunfähigkeit (§ 1246 RVO, § 23 AVG,

§ 46 RKG) oder wegen Berufsunfähigkeit eine Witwenrente nach § 1268 Abs. 2 Nr. 2 RVO, § 45 Abs. 2 Nr. 2 AVG oder § 69 Abs. 2 Nr. 2 RKG, kann auf eine ärztliche Untersuchung verzichtet werden, wenn sich aus den Unterlagen des Trägers der gesetzlichen Rentenversicherung ergibt, daß die Voraussetzungen des § 41 Abs. 1 Buchst. a vorliegen.

2. Als nicht nur vorübergehend im Sinne des § 41 Abs. 1 Buchst. a ist ein Zeitraum von mehr als sechs Monaten anzusehen.
3. Bei Kindern des Verstorbenen ist es nicht erforderlich, daß Waisenrente bezogen wird oder bis zur Erreichung der Altersgrenze oder bis zur Verheiratung bezogen wurde.
4. Andere zwingende Gründe sind insbesondere die Versorgung eigener Kleinkinder und die Pflege hilfloser Familienangehöriger.
5. Für die Vollendung des fünfundvierzigsten Lebensjahres gilt die Verwaltungsvorschrift zu § 31 entsprechend.
6. Nr. 2 zu § 33 a ist entsprechend anzuwenden. Hat die Witwe für ein Kind bis zur Vollendung des 18. Lebensjahres des Kindes oder bis zu dessen Verheiratung gesorgt, kann angenommen werden, daß sie auch über diesen Zeitpunkt hinaus für das Kind weiter sorgt.

§ 42 (Witwenrente oder Lebenspartnerrente bei Scheidung oder Aufhebung der Lebenspartnerschaft)

(1) Im Falle der Scheidung, Aufhebung oder Nichtigerklärung der Ehe oder der Aufhebung der Lebenspartnerschaft steht der frühere Ehegatte oder Lebenspartner des Verstorbenen einer Witwe oder einem hinterbliebenen Lebenspartner gleich, wenn der Verstorbene zur Zeit seines Todes Unterhalt nach ehe- oder familienrechtlichen Vorschriften oder aus sonstigen Gründen zu leisten hatte oder im letzten Jahr vor seinem Tode geleistet hat. Eine Versorgung ist nur so lange zu leisten, als der frühere Ehegatte oder Lebenspartner nach den ehe- oder familienrechtlichen Vorschriften unterhaltsberechtigt gewesen wäre oder sonst Unterhaltsleistungen erhalten hätte. Hat eine Unterhaltspflicht aus kriegs- oder wehrdienstbedingten Gründen nicht bestanden, so bleibt dies unberücksichtigt. Ist die Ehe im Zusammenhang mit einer Gesundheitsstörung des Verstorbenen, die Folge einer Schädigung im Sinne des § 1 war, geschieden, aufgehoben oder für nichtig erklärt oder die Lebenspartnerschaft aus dem gleichen Grunde aufgehoben worden, so steht der frühere Ehegatte oder Lebenspartner auch ohne die Voraussetzungen des Satzes 1 einer Witwe oder einem hinterbliebenen Lebenspartner gleich.

(2) Entsprechendes gilt, wenn beim Tod des Beschädigten die eheliche Gemeinschaft aufgehoben war.

VV zu § 42

1. Der Anspruch auf Rente nach § 42 wird nicht dadurch ausgeschlossen, daß infolge Wiederverheiratung des früheren Ehegatten ein Anspruch auf Rente nach § 38 entstanden ist.

2. § 42 Abs. 1 Satz 2 ist nach Artikel 2 des Neunten Anpassungsgesetzes-KOV vom 27. Juni 1977 (BGBl. I S. 1037) nur anzuwenden, wenn die Ehe nach dem 30. Juni 1977 geschieden, aufgehoben oder für nichtig erklärt worden ist.
3. Die Unterhaltspflicht des verstorbenen Ehegatten war gegeben, wenn zur Zeit seines Todes ein rechtskräftiger vollstreckbarer Titel über eine Unterhaltsverpflichtung vorlag, es sei denn, er hätte den Titel oder seine Vollstreckbarkeit beseitigen können.
4. Wurde die Ehe vor dem 1. Juli 1977 geschieden, ist eine Unterhaltspflicht des nunmehr verstorbenen Ehegatten auf Grund eherechtlicher Vorschriften im allgemeinen anzunehmen, wenn
   a) er im rechtskräftigen Scheidungsurteil allein oder überwiegend für schuldig erklärt worden ist und die Einkünfte des früheren Ehegatten zu einem angemessenen Unterhalt nicht ausreichten (vgl. §§ 58 und 59 des Ehegesetzes).
   b) Im Falle der Ehescheidung nach dem 31. Juli 1938 beide Ehegatten für schuldig erklärt worden sind, ohne daß einer die überwiegende Schuld trug, der frühere Ehegatte bedürftig war und die Leistungen eines Unterhaltsbeitrages mit Rücksicht auf die Bedürfnisse eines Unterhaltsbeitrages mit Rücksicht auf die Bedürfnisse und Einkommensverhältnisse des anderen Ehegatten und der unterhaltspflichtigen Verwandten der Frau der Billigkeit entsprach (vgl. § 60 des Ehegesetzes).
   c) das Scheidungsurteil keinen Schuldausspruch enthält, der nunmehr verstorbene Ehegatte die Scheidung beantragt hatte und die weiteren Voraussetzungen des Buchst. b vorliegen (vgl. § 61 Abs. 2 des Ehegesetzes).
5. Wurde die Ehe nach dem 30. Juni 1977 geschieden, so sind für die Unterhaltspflicht des nunmehr verstorbenen Ehegatten die §§ 1569 bis 1586 a BGB maßgebend. Nach diesen Vorschriften ist in der Regel eine Unterhaltspflicht anzunehmen, solange und soweit der frühere Ehegatte
   a) wegen der Pflege oder Erziehung eines gemeinschaftlichen Kindes (§ 1570 BGB), wegen seines Alters (§ 1571 BGB), wegen seines Gesundheitszustands (§ 1572 BGB) oder wegen Ausbildung, Fortbildung oder Umschulung (§ 1575 BGB) nicht erwerbstätig sein kann,
   b) seinen Unterhalt nicht oder nicht ausreichend sichern kann, weil er nach der Scheidung keine angemessene Erwerbstätigkeit zu finden vermag oder seine Einkünfte aus einer angemessenen Erwerbstätigkeit zum vollen Unterhalt (§ 1578 BGB) nicht ausreichen (§ 1573 Abs. 1 oder 2 BGB) oder
   c) aus sonstigen schwerwiegenden Gründen nicht erwerbstätig sein kann und es grob und unbillig wäre, ihm den Unterhalt zu versagen (§ 1576 BGB),

   es sei denn,
   - der frühere Ehegatte kann sich aus seinen Einkünften und seinem Vermögen selbst unterhalten (§ 1577 BGB),
   - der Unterhaltsanspruch bis zur Erlangung einer angemessenen Erwerbstätigkeit (§ 1573 Abs. 1 BGB), der Anspruch auf Aufstockungsunterhalt (§ 1573 Abs. 2) oder die Bemessung des Unterhalts nach den

ehelichen Lebensverhältnissen (§ 1578 BGB) sind aus Gründen der Billigkeit zeitlich begrenzt (§§ 1573 Abs. 5, 1578 Abs. 1 Satz 2 BGB),
- der Unterhaltsanspruch ist wegen grober Unbilligkeit ausgeschlossen (§ 1579 BGB), oder
- er entfällt mangels Leistungsfähigkeit des früheren Ehegatten (§ 1581 BGB).

6. Die unterhaltsrechtlichen Folgen der Nichtigkeit oder der Aufhebbarkeit einer Ehe sind in § 26 Abs. 2, 3 und § 37 Abs. 2 des Ehegesetzes geregelt. Dabei hängen die Voraussetzungen eines Unterhaltsanspruchs davon ab, ob die Ehe bis zum 30. Juni 1977 oder danach aufgehoben oder für nichtig erklärt wurde.
7. Eine Unterhaltspflicht auf Grund eherechtlicher Vorschriften ist auch anzunehmen, wenn der hierzu verpflichtete nunmehr verstorbene Ehegatte es unterlassen hatte, einer ihm zuzumutenden und sich ihm bietenden Erwerbstätigkeit nachzugehen, und wenn er allein aus diesem Grunde kein Einkommen hatte, von dem er seinem früheren Ehegatten Unterhalt hätte leisten können.
8. Eine Unterhaltspflicht des früheren Ehegatten aus sonstigen Gründen ist insbesondere anzunehmen, wenn er aus Unterhaltsvereinbarungen oder Vereinbarungen anderer Art zur Unterhaltsleistung verpflichtet war.
9. Ein Unterhalt im Sinne des § 42 Abs. 1 Satz 1, den der Verstorbene zu leisten hatte oder geleistet hat, liegt dann nicht vor, wenn er wegen seiner Geringfügigkeit für die Lebensführung des früheren Ehegatten ohne nennenswerte wirtschaftliche Bedeutung war; das ist in der Regel der Fall, wenn der Unterhalt nicht wenigstens ein Viertel des zeitlichen und örtlichen Mindestbedarfs eines Unterhaltsberechtigten erreichte.
10. Unterhaltsleistung im letzten Jahr vor dem Tod ist auch anzunehmen, wenn
    a) an Stelle einer laufenden Unterhaltsleistung entsprechende Zahlungen (einmalig oder unregelmäßig wiederkehrend) erbracht wurden, der nunmehr verstorbene Ehegatte für einen kürzeren Zeitraum Unterhalt geleistet hat und seine erkennbare Absicht, dem früheren Ehegatten laufend Unterhalt zu gewähren, vor Ablauf eines Jahres durch Tod vereitelt wurde.
11. § 42 Abs. 1 Satz 3 ist insbesondere dann anzuwenden, wenn
    a) der nunmehr verstorbene Ehegatte wegen einer militärischen oder militärähnlichen Dienstverrichtung oder wegen der Folgen einer Schädigung im Sinne des § 1 nicht unterhaltsfähig war oder
    b) sein früherer Ehegatte durch kriegsbedingte Umstände, z.B. durch Dienstverpflichtung, nicht unterhaltsberechtigt war.
12. § 42 Abs. 2 betrifft die Fälle, in denen nach der vor dem Inkrafttreten des Ehegesetzes vom 6. Juli 1938 (RGBl. I S. 807) geltenden Vorschrift des § 1575 BGB statt auf Scheidung auf Aufhebung der ehelichen Gemeinschaft erkannt war.
13. Im Wege des Härteausgleichs (§ 89 Abs. 1) kann Witwenrente in entsprechender Anwendung des § 42 gewährt werden, wenn nach der bis zum 31. Mai 1960 geltenden Fassung dieser Vorschrift die Voraussetzungen für eine Rente vorgelegen haben und diese zuerkannt war oder der geschiedene Ehegatte schon bis zu diesem Zeitpunkt einen Härteausgleich erhalten hat.

§ 43 (Witwerrente)

Der Witwer erhält Versorgung wie eine Witwe.

§ 44 (Wiederverheiratung)

(1) Im Falle der Wiederverheiratung oder Begründung einer Lebenspartnerschaft erhält die Witwe oder im Falle der Verheiratung oder Begründung einer neuen Lebenspartnerschaft erhält der hinterbliebene Lebenspartner anstelle des Anspruchs auf Rente eine Abfindung in Höhe des Fünfzigfachen der monatlichen Grundrente. Die Abfindung ist auch zu zahlen, wenn im Zeitpunkt der Wiederverheiratung oder der Begründung der neuen Lebenspartnerschaft mangels Antrags kein Anspruch auf Rente bestand.

(2) Wird die neue Ehe aufgelöst oder für nichtig erklärt oder die neue Lebenspartnerschaft aufgehoben oder aufgelöst, so lebt der Anspruch auf Witwenversorgung wieder auf.

(3) Ist die Ehe innerhalb von 50 Monaten nach der Wiederverheiratung aufgelöst oder für nichtig erklärt worden oder die Lebenspartnerschaft in dieser Zeit aufgelöst oder aufgehoben worden, so ist bis zum Ablauf dieses Zeitraums für jeden Monat ein Fünfzigstel der Abfindung (Absatz 1) auf die Witwenrente anzurechnen.

(4) Die Witwenversorgung beginnt mit dem Monat, in dem sie beantragt wird, frühestens jedoch mit dem auf den Tag der Auflösung oder Nichtigerklärung der Ehe oder Aufhebung oder Auflösung der Lebenspartnerschaft folgenden Monat. Bei Scheidung, Aufhebung oder Nichtigerklärung der Ehe oder der Aufhebung der Lebenspartnerschaft ist dies der Tag, an dem das Urteil oder der Verwaltungsakt rechtskräftig geworden ist.

(5) Versorgungs-, Renten- oder Unterhaltsansprüche, die sich aus der neuen Ehe oder Lebenspartnerschaft herleiten, sind auf die Witwenrente (Absatz 2) anzurechnen, soweit sie zu verwirklichen sind, nicht schon zur Kürzung anderer wiederaufgelebter öffentlich-rechtlicher Leistungen geführt haben und nicht auf den Kostenträger der Kriegsopferversorgung übergeleitet sind. Die Anrechnung einer Versorgung nach diesem Gesetz auf eine wiederaufgelebte Leistung, die ebenfalls auf diesem Gesetz beruht, geht einer anderweitigen Anrechnung vor; das gilt auch, wenn die Versorgung oder die wiederaufgelebte Leistung auf einem Gesetz beruhen, das dieses Gesetz für entsprechend anwendbar erklärt. Hat die Witwe oder der hinterbliebene Lebenspartner ohne verständigen Grund auf einen Anspruch im Sinne des Satzes 1 verzichtet, so ist der Betrag anzurechnen, den der frühere Ehegatte oder Lebenspartner ohne den Verzicht zu leisten hätte.

(6) Hat eine Witwe oder der hinterbliebene Lebenspartner keine Witwenrente nach diesem Gesetz bezogen und ist der frühere Ehegatte oder Lebenspartner an den Folgen einer Schädigung (§ 1) gestorben, so finden die Absätze 2, 4 und 5 entsprechend Anwendung, wenn sie ohne die Wiederverheiratung oder Begründung einer neuen Lebenspartnerschaft einen Anspruch auf Versorgung hätte.

VV zu § 44

1. Der Anspruch auf Witwenrente erlischt mit der Wiederverheiratung. Die für den Monat der Wiederverheiratung gezahlte Rente verbleibt der Witwe. Die Abfindung ist nach der Grundrente zu bemessen, die der Witwe im Monat ihrer Wiederverheiratung zugestanden hat oder die ihr zugestanden hätte, wenn ein Antrag auf Hinterbliebenenversorgung gestellt worden wäre. Eine Minderung der Grundrente infolge der Anrechnung von Einkommen (§ 48 Abs. 2, Verwaltungsvorschrift Nr. 2 zu § 89, § 10 a OEG) sowie ein Ruhen der Grundrente (§ 65) ist dabei zu berücksichtigen.
2. Hat die Witwe bis zu ihrer Wiederverheiratung eine Witwenversorgung als Kannleistung bezogen (§ 1 Abs. 3 Satz 2 in der bis zum 31. Dezember 1980 geltenden Fassung, § 48 Abs. 1 Satz 4 in der Fassung der Bekanntmachung vom 16. Juni 1975 – BGBl. I S. 1365 –, § 82 Abs. 2), so kann ihr im Falle der Wiederverheiratung die Abfindung gewährt werden. Einer Versorgungsberechtigten, die bis zu ihrer Wiederverheiratung Witwenrente im Wege des Härteausgleichs (§ 89 Abs. 1) bezogen hat, kann eine Abfindung bis zur Höhe der für Rechtsansprüche maßgebenden Abfindung gewährt werden.
3. Nach § 44 Abs. 2 ist auch eine Witwenversorgung als Kannleistung wieder zu gewähren, die die Witwe bis zu ihrer Wiederverheiratung nach § 1 Abs. 3 Satz 2 in der bis zum 31. Dezember 1980 geltenden Fassung, § 48 Abs. 1 Satz 4 in der Fassung der Bekanntmachung vom 16. Juni 1975 (BGBl. I S. 1365) oder § 82 Abs. 2 bezogen hat. Das gilt auch, wenn die Witwe die Leistung ohne die Wiederverheiratung bezogen hätte.
4. Unter einer Wiederverheiratung ist nur die erste Eheschließung nach dem Tod des Beschädigten zu verstehen; entsprechendes gilt für den Begriff der neuen Ehe.
5. Als Versorgungs-, Renten- und Unterhaltsansprüche gelten alle Ansprüche auf entsprechende Leistungen, die laufend oder einmalig zu gewähren sind, ohne Rücksicht darauf, ob sie auf gesetzlicher Vorschrift oder auf Vertrag beruhen, mit Ausnahme solcher Leistungen oder Leistungserhöhungen, die mit Rücksicht auf Kinder gewährt werden. Rentenansprüche, die sich aus der neuen Ehe herleiten, sind auch die Anteile an Alters-, Berufsunfähigkeits-, Erwerbsunfähigkeits- und Erziehungsrenten, die auf einem Versorgungsausgleich beruhen. Bei einmaligen Leistungen, die mit der Auflösung der neuen Ehe fällig werden, ist der Betrag als Versorgungs- oder Unterhaltsleistung auf die Witwenrente anzurechnen, der sich aus dieser einmaligen Leistung als monatlicher Rentenbetrag ergäbe. Zur Feststellung dieses Betrages kann das im Versicherungswesen für die Verrentung des Kapitals übliche Verfahren, das auf das Lebensalter und die Sterblichkeitswahrscheinlichkeit abgestellt ist, angewandt werden. Die Laufzeit des ermittelten monatlichen Rentenbetrages beginnt – unabhängig von der Auszahlung der Kapitalsumme und dem Beginn der Witwenversorgung – mit der Fälligkeit des Kapitalbetrages und endet mit dem Zeitpunkt, zu dem die Kapitalsumme bei Addition der monatlich errechneten Beträge erreicht ist. Hat die Witwe durch die Auflösung der neuen Ehe einen Anspruch auf Zahlung einer laufenden Rente erworben und vereinbart sie später eine Kapitalisierung

dieser Rente, so ist der ursprünglich zustehende monatliche Rentenbetrag weiterhin anzurechnen. Die Anrechnung endet mit dem Ablauf des der Abfindung zugrunde gelegten Zeitraums, sofern sich die Abfindung nach einem mehrfachen Jahresbetrag errechnet und hierfür ein verständiger Grund gegeben ist. Ist die Abfindungssumme dagegen nach versicherungsrechtlichen Maßstäben unter Berücksichtigung von Lebensalter und Sterblichkeitswahrscheinlichkeit festgesetzt, ist die Anrechnung bis zum Ende der Versorgung vorzunehmen. Ansprüche im Sinne des § 44 Abs. 5 sind auf die Versorgungsbezüge in der Reihenfolge Schadensausgleich, Ausgleichsrente und Grundrente anzurechnen.

6. Nicht als Versorgungs-, Renten- oder Unterhaltsansprüche im Sinne des § 44 Abs. 5 Satz 1 sind anzusehen
   a) Altenteilsleistungen auf Grund von Gutsüberlassungsverträgen,
   b) erbrechtliche Ansprüche,
   c) Leistungen, bei deren Bemessung die Versorgungsbezüge nach dem Bundesversorgungsgesetz angerechnet werden,
   d) einmalige, der Abgeltung eines besonderen Aufwandes dienende Leistungen,
   e) freiwillige Leistungen, soweit sie gerichtlich nicht erzwungen werden können.
7. Unterläßt es die Witwe ohne objektiv verständigen Grund, ihre Ansprüche geltend zu machen, ist auf die Witwenrente der Betrag anzurechnen, den sie erhielte, wenn sie die Ansprüche geltend gemacht hätte. Kann die Verwaltungsbehörde diesen Betrag nicht feststellen, sind die §§ 60 und 66 des Ersten Buches Sozialgesetzbuch anzuwenden. Hat die Witwe ohne objektiv verständigen Grund mit dem früheren Ehemann eine Unterhaltsvereinbarung getroffen, die in einem Mißverhältnis zu dessen tatsächlichen wirtschaftlichen Verhältnissen steht, ist der Betrag anzurechnen, der einer angemessenen Unterhaltsleistung des früheren Ehegatten entspräche.
8. Bei einem vor dem 11. Juni 1956 vereinbarten Unterhaltsverzicht ist § 44 Abs. 5 Satz 3 nicht anwendbar.

§ 45 (Waisenrente)

(1) Waisenrente erhalten nach dem Tode des Beschädigten seine Kinder bis zur Vollendung des 18. Lebensjahres.

(2) Als Kinder gelten auch

1. **Stiefkinder oder Kinder des Lebenspartners, die der Verstorbene in seinen Haushalt aufgenommen hatte,**
2. **Pflegekinder im Sinne des § 2 Abs. 1 Satz 1 Nr. 2 des Bundeskindergeldgesetzes.**
3. *(weggefallen)*

(3) Die Waisenrente ist nach Vollendung des 18. Lebensjahres für eine Waise zu gewähren, die

a) sich in einer Schul- oder Berufsausbildung befindet, die ihre Arbeitskraft überwiegend in Anspruch nimmt und nicht mit der Zahlung von Dienstbezügen, Arbeitsentgelt oder sonstigen Zuwendungen in entsprechender Höhe verbunden ist, längstens bis zur Vollendung des 27. Lebensjahres,

b) sich in einer Übergangszeit von in der Regel höchstens sieben Kalendermonaten befindet, die zwischen zwei Ausbildungsabschnitten oder zwischen einem Ausbildungsabschnitt und der Ableistung des gesetzlichen Wehr- oder Zivildienstes, einem dem Wehr- oder Zivildienst gleichgestellten Dienst oder der Ableistung eines freiwilligen Dienstes im Sinne des Buchstaben c liegt, längstens bis zur Vollendung des 27. Lebensjahres,
c) einen freiwilligen Dienst im Sinne des § 32 Absatz 4 Satz 1 Nummer 2 Buchstabe d des Einkommensteuergesetzes leistet, längstens bis zur Vollendung des 27. Lebensjahres,
d) infolge körperlicher, geistiger oder seelischer Behinderung spätestens bei Vollendung des 27. Lebensjahres außerstande ist, sich selbst zu unterhalten, solange dieser Zustand dauert, über die Vollendung des 27. Lebensjahres hinaus jedoch nur, wenn ihr Ehegatte oder Lebenspartner außerstande ist, sie zu unterhalten.

Der tatsächliche zeitliche Aufwand der Schulausbildung und Berufsausbildung ist ohne Bedeutung für Zeiten, in denen das Ausbildungsverhältnis trotz Erkrankung fortbesteht und damit gerechnet werden kann, dass die Ausbildung fortgesetzt wird. Das gilt auch für die Dauer der Schutzfristen nach dem Mutterschutzgesetz. Für den Anspruch auf Waisenrente ist es unschädlich, wenn eine Waise, welche die Voraussetzungen des § 1 des Bundeselterngeldgesetzes erfüllt, im zeitlichen Rahmen des § 15 des Bundeselterngeldgesetzes ein Kind betreut und erzieht, solange mit Rücksicht hierauf die Schul- oder Berufsausbildung unterbrochen wird. Hatte eine Waise, die bei Vollendung des 27. Lebensjahres körperlich oder geistig gebrechlich war, nach diesem Zeitpunkt eine Erwerbstätigkeit ausgeübt, so ist die Waisenrente erneut zu erbringen, wenn und solange sie wegen derselben körperlichen, geistigen oder seelischen Behinderung erneut außerstande ist, sich selbst zu unterhalten. Die Waisenrente wird ebenfalls erneut erbracht, wenn bei Waisen, deren Anspruch wegen des Einsatzes von Vermögen entfallen ist, dieses Vermögen bis auf einen Betrag in Höhe des Schonbetrages nach § 25f Abs. 2 aufgezehrt ist. In Fällen des Satzes 1 Buchstabe a erhöht sich die maßgebende Altersgrenze bei Unterbrechung oder Verzögerung der Schulausbildung oder Berufsausbildung durch den gesetzlichen Wehrdienst, Zivildienst oder einen gleichgestellten Dienst um die Zeit dieser Dienstleistung, höchstens um einen der Dauer des gesetzlichen Grundwehrdienstes oder Zivildienstes entsprechenden Zeitraum. Die Ableistung eines freiwilligen sozialen oder ökologischen Jahres oder eines Freiwilligendienstes im Sinne des Satzes 1 Buchstabe c ist kein gleichgestellter Dienst im Sinne des Satzes 7. Verzögert sich die Schul- oder Berufsausbildung aus einem Grund, den die Waise nicht zu vertreten hat, so wird die Waisenrente entsprechend dem Zeitraum der nachgewiesenen Verzögerung länger gewährt.

(4) Durch die Annahme der Waise als Kind bleibt ein Anspruch auf Waisenrente, der bis zur Annahme entstanden ist, unberührt.

(5) Kommen für dieselbe Waise mehrere Waisenrenten nach diesem Gesetz oder Gesetzen, die eine entsprechende Anwendung dieses Gesetzes vorsehen, in Betracht, so wird nur eine Rente gewährt.

VV zu § 45

1. Für die Waisen gelten die Nrn. 2 bis 15 zu § 33 b entsprechend; Nr. 3 mit der Maßgabe, daß bei nichtehelichen Kindern die Vaterschaft auch in anderer Weise als durch Anerkennung oder gerichtliche Feststellung glaubhaft gemacht werden kann.
2. Pflegekinder sind Kinder, mit denen der Verstorbene durch ein familienähnliches, auf längere Dauer berechnetes Band verbunden war, sofern er sie in seinen Haushalt aufgenommen hatte.

Aus Rundschreiben, Urteilen etc.

BMA v. 17.6.1999 – VI a 2 – 53091 (BArbBl. 9/1999, 133)
Feststellung des angemessenen Lebensunterhalts eines gebrechlichen Kindes/einer gebrechlichen Kriegswaise nach Vollendung des 27. Lebensjahres gem. § 45 Abs. 3 BVG.
In meiner Stellungnahme vom 6.7.1998 hatte ich vorgeschlagen, für die Ermittlung eines angemessenen Bedarfs (Lebensunterhalts) der gebrechlichen Waise bundeseinheitlich den jeweiligen Ausschlußbetrag der Waisenausgleichsrente zugrundezulegen. Dieser Vorschlag ist bei allen Ländern auf erhebliche Kritik gestoßen, vorrangig, weil der so ermittelte Betrag erheblich unter dem im zivilrechtlichen Bereich festgestellten Unterhaltsbedarf liegen würde. Anläßlich der Länderreferentenbesprechung vom 14. bis 16.6.1999 wurde diese Thematik deshalb noch einmal ausführlich mit folgendem Ergebnis erörtert:
Um eine bundeseinheitliche Verfahrensweise sicherzustellen, die gleichzeitig am bürgerlich-rechtlichen Unterhaltsbedarf orientiert ist, erfolgt die Ermittlung des angemessenen Bedarfs (Lebensunterhalts) in analoger Anwendung des § 15 Abs. 2 Ausgleichsrentenverordnung (AusglV); das bedeutet, daß der Betrag zugrunde gelegt wird, der in der Anrechnungsverordnung bei Beschädigten der Stufenzahl 170 als Höchstbetrag der übrigen Einkünfte zugeordnet ist.
Ein etwaiger behinderungsbedingter Mehraufwand der gebrechlichen Waise ist darüber hinaus zusätzlich zu berücksichtigen.
Seiner Höhe nach läßt sich der behinderungsbedingte Mehraufwand erforderlichenfalls auch pauschal, d. h. ausgehend vom Grad der Behinderung, welcher den gesundheitlichen Verhältnissen der Waise entspricht, durch Heranziehung der im Rahmen von § 31 BVG vorgesehenen Grundrentenbeträge bestimmen. Diese am konkreten Einzelfall orientierte Verfahrensweise entspricht der Intention des § 1610a BGB, wonach bei der Feststellung eines Unterhaltsanspruches zu vermuten ist, daß die tatsächlichen Mehraufwendungen wegen eines Körper- oder Gesundheitsschadens nicht geringer als die deswegen in Anspruch genommenen Sozialleistungen sind.
Im Einzelfall kann der behinderungsbedingte Mehraufwand die zum Vergleich herangezogenen Grundrentenbeträge selbstverständlich auch erheblich übersteigen, wenn die Waise beispielsweise dauernd einer außergewöhnlichen Pflege bedarf oder in gesundheitlicher Hinsicht mit dem Personenkreis vergleichbar ist, welcher eine Schwerstbeschädigtenzulage (§ 31 Abs. 5 BVG) beanspruchen kann.
Erfahrungsgemäß ist eine Anlehnung an § 31 BVG allerdings in der Regel entbehrlich, weil der behinderungsbedingte Mehraufwand in den meisten Fällen konkret ermittelt werden kann oder keiner gesonderten Ermittlung bedarf. So dürfte es beispielsweise unstrittig sein, daß der behinderungsbedingte Mehraufwand einer notwendigerweise in einem Heim untergebrachten gebrechlichen Waise in den um

ein Taschengeld (§ 21 Abs. 3 BSHG) erhöhten Heimkosten enthalten ist und diese Kosten den angemessenen Lebensunterhalt der Waise konkretisieren.

BSG v. 12.6.2001 – B 9 V 4/01 R (BehR 2001, 206)
Selbstunterhalt einer Kriegswaisen
Eine vermögende Waise kann sich – jedenfalls nach Vollendung des 27. Lebensjahres – selbst unterhalten, auch wenn sie dazu den Stamm ihres Vermögens angreifen muss.

§ 46 (Grundrente für Waisen)

Die Grundrente beträgt monatlich

bei Halbwaisen	**124 Euro**
bei Vollwaisen	**233 Euro**

VV zu § 46

Eine Waise gilt auch als Vollwaise, wenn der eine Elternteil an den Folgen einer Schädigung gestorben und der andere Elternteil verschollen oder, sofern die Waise ein nichteheliches Kind ist, der Vater unbekannt ist.

§ 47 (Höhe der Ausgleichsrente für Waisen)

(1) Die volle Ausgleichsrente beträgt monatlich

bei Halbwaisen	**219 Euro**
bei Vollwaisen	**305 Euro**

(2) § 33 gilt mit Ausnahme von Absatz 1 Satz 2 Buchstabe b und Absatz 4 entsprechend.

§ 48 (Witwen- und Waisenbeihilfe)

(1) Ist ein rentenberechtigter Beschädigter nicht an den Folgen der Schädigung gestorben, so ist der Witwe, dem hinterbliebenen Lebenspartner und den Waisen (§ 45) eine Witwen- und Waisenbeihilfe zu zahlen, wenn der Beschädigte durch die Folgen der Schädigung gehindert war, eine entsprechende Erwerbstätigkeit auszuüben, und dadurch die aus der Ehe mit dem Beschädigten hergeleitete Witwenversorgung insgesamt mindestens um den folgenden Vomhundertsatz gemindert ist:

Höhe der abgeleiteten Witwenversorgung insgesamt in v.H. eines Zwölftels des in § 33 Abs. 1 Buchstabe a genannten Bemessungsbetrags	**Minderung um mindestens**
36 und mehr	**15 v. H.**
34 bis unter 36	**14 v. H.**
32 bis unter 34	**13 v. H.**
30 bis unter 32	**12 v. H.**
28 bis unter 30	**11 v. H.**
unter 28	**10 v. H.**

Die Höhe der Witwenversorgung und der Betrag der Minderung sind unter Berücksichtigung der rentenversicherungsrechtlichen Vorschriften über die Anrechnung eigenen Einkommens der Witwe oder des hinterbliebenen Lebenspartners festzustellen. Der nach der Tabelle maßgebende Vomhundertsatz der Minderung ist auf die Witwenversorgung zu beziehen, die sich ohne die Minderung im Sinne des Satzes 1 und ohne die Anrechnung eigenen Einkommens der Witwe ergäbe. Wird keine Witwenrente gezahlt, ist eine fiktive Witwenrente zu berechnen und danach das Ausmaß der Minderung festzustellen. Die Voraussetzungen des Satzes 1 gelten als erfüllt, wenn der Beschädigte im Zeitpunkt seines Todes Anspruch auf die Grundrente eines Beschädigten mit einem Grad der Schädigungsfolgen von 100 oder wegen nicht nur vorübergehender Hilflosigkeit Anspruch auf eine Pflegezulage hatte; § 40a Abs. 3 Satz 3 gilt. Die Voraussetzungen des Satzes 1 gelten auch als erfüllt, wenn der Beschädigte mindestens fünf Jahre Anspruch auf Berufsschadensausgleich wegen eines Einkommensverlustes im Sinne des § 30 Abs. 4 oder auf Berufsschadensausgleich nach § 30 Abs. 6 hatte.

(2) Die Witwen- und Waisenbeihilfe werden in Höhe von zwei Dritteln, bei Witwen, hinterbliebenen Lebenspartnern und Waisen von Beschädigten mit Anspruch auf die Grundrente eines Beschädigten mit einem Grad der Schädigungsfolgen von 100 oder auf eine Pflegezulage in voller Höhe der entsprechenden Witwen- oder Waisenrente (§§ 40, 40a, 41, 46 und 47) gezahlt. Übersteigt das monatliche Bruttoeinkommen der Hinterbliebenen von Beschädigten, die im Zeitpunkt des Todes einen Anspruch auf Rente nach einem Grad der Schädigungsfolgen von 30 bis 90 hatten,

bei der Witwe oder dem hinterbliebenen Lebenspartner	ein Zwölftel,
bei der Halbwaise	ein Vierundzwanzigstel,
bei der Vollwaise	ein Achtzehntel

des in § 33 Abs. 1 Buchstabe a genannten Bemessungsbetrages, ist die zu gewährende Beihilfe um den übersteigenden Betrag zu kürzen; errechnet sich kein Zahlbetrag, entfällt der Anspruch auf Versorgung.

(3) Im Falle der Wiederverheiratung oder Begründung einer Lebenspartnerschaft der Witwe oder im Falle der Verheiratung oder Begründung einer neuen Lebenspartnerschaft des hinterbliebenen Lebenspartners gilt § 44 entsprechend. Als Abfindung wird der fünfzigfache Monatsbetrag der Grundrente einer Witwe gewährt, wenn Witwenbeihilfe in Höhe der vollen Rente bezogen worden ist, sonst werden zwei Drittel dieses Betrags gewährt.

(4) Die Absätze 1 bis 3 finden auf Witwer Anwendung.

(5) Für den Wegfall der Waisenbeihilfe gelten die Vorschriften für die Waisenrente.

(6) Die Absätze 1 bis 5 gelten entsprechend, wenn der Beschädigte die Ansprüche nur deshalb nicht geltend machen konnte, weil er vor dem 1. Januar 1991 seinen Wohnsitz oder gewöhnlichen Aufenthalt in dem in Artikel 3 des Einigungsvertrages genannten Gebiet hatte.

VV zu § 48

1. Für die Witwen- und Waisenbeihilfe gelten die für die Witwen- und Waisenrente maßgebenden Vorschriften.
2. Als Schwerbeschädigte im Sinne des § 48 Abs. 1 gelten auch Beschädigte mit einer MdE um weniger als 50 v.H., die im Zeitpunkt des Todes Anspruch auf eine Pflegezulage hatten (§ 31 Abs. 4 Satz 2).
3. Die Nrn. 2 und 4 zu § 40a sind entsprechend anzuwenden.
4. Zur Hinterbliebenenversorgung zählen alle der Hinterbliebenensicherung dienenden, auf Dauer angelegten Leistungen. Soweit jedoch für eine vorübergehende Zeit nach dem Tod erhöhte Leistungen gezahlt werden (z.B. Sterbevierteljahresbezüge), bleibt der über die eigentliche Hinterbliebenenversorgung hinausgehende Betrag außer Betracht.
5. Maßgebender Bemessungsbetrag ist der Betrag, der nach § 33 Abs. 1 Satz 2 Buchst. a für den auf den Sterbemonat folgenden Monat, d.h. für den ersten Monat eines möglichen Hinterbliebenenrentenbezuges (§ 61 Buchst. a) gilt. Tritt später eine nachhaltige Änderung der Hinterbliebenenversorgung ein, ist zu prüfen, ob weiterhin ein Anspruch besteht. Hierbei ist der im Zeitpunkt der Änderung geltende Bemessungsbetrag maßgebend.
6. Die Voraussetzungen im Sinne des § 48 Abs. 1 Satz 2 sind auch erfüllt, wenn der Beschädigte für mehrere nicht zusammenhängende Zeiträume insgesamt fünf Jahre Anspruch auf einen Berufsschadensausgleich hatte; nicht erforderlich ist es, daß der Anspruch im Zeitpunkt des Todes noch bestand. Zu berücksichtigen sind auch Zeiträume, in denen eine Zahlung des Berufsschadensausgleichs infolge Anrechnung (nach § 30 Abs. 7 in der bis zum 30. Juni 1977 geltenden Fassung) oder Ruhens nach § 30 Abs. 8 entfiel.
7. Bei der Gewährung einer Witwenbeihilfe in Höhe von zwei Drittel sind zunächst ungekürzt die Grund- und Ausgleichsrente wie auch der Schadensausgleich zu errechnen; die errechneten Einzelleistungen sind auf zwei Drittel zu kürzen und jeweils auf volle Euro nach oben abzurunden.
8. Bei der Ermittlung des Bruttoeinkommens der Hinterbliebenen (§ 48 Abs. 2 Satz 2) ist die Verordnung zur Durchführung des § 33 des Bundesversorgungsgesetzes entsprechend anzuwenden. Der sich nach § 48 Abs. 2 Satz 2 ergebende Grenzbetrag ist auf volle Euro nach oben abzurunden. Das diesen Grenzbetrag übersteigende Bruttoeinkommen ist auf die Beihilfe anzurechnen, die sich nach Anwendung des § 48 Abs. 2 Satz 1 ergibt. Die Nr. 5 letzter Satz zu § 44 ist entsprechend anzuwenden.
9. War der Beschädigte im Zeitpunkt seines Todes schwerbeschädigt, erwerbsunfähig oder nicht nur vorübergehend hilflos, ohne daß dies zu einem Anspruch auf entsprechende Leistungen geführt hat, kann Witwen- und Waisenbeihilfe im Wege des Härteausgleichs gewährt und erhöht werden, wenn die Versorgung der Hinterbliebenen im Sinne des § 48 Abs. 1 Satz 1 gemindert ist. Satz 1 gilt ab 1. Januar 1987 mit der Maßgabe, daß die Gewährung oder Erhöhung der Witwen- und Waisenbeihilfe im Wege des Härteausgleichs auch dann möglich ist, wenn der Beschädigte im Zeitpunkt seines Todes rentenberechtigt war.
10. Für die Witwen und Waisen von vor dem 1. Januar 1976 verstorbenen Beschädigten, die eine Versorgung nach § 48 Abs. 1 in der Fassung der

Bekanntmachung vom 16. Juni 1975 (BGBl. I S. 1365) beanspruchen, gelten die allgemeinen Verwaltungsvorschriften Nrn. 1, 2, 4 und 6 zu § 48 i.d.F. vom 25. April 1975 (BAnz. Nr. 83 vom 6. Mai 1975) fort.

Aus Rundschreiben, Urteilen etc.

BSG v. 15.7.1992 – 9a RV 40/91 (Breithaupt 1993, 136)
Ein Anspruch auf Berufsschadensausgleich, der eine schädigungsbedingte Beeinträchtigung der Hinterbliebenenversorgung für eine Witwenbeihilfe annehmen läßt, war auch dann als leicht erkennbar rückschauend gegeben, wenn der beschädigte Ehemann als Schwerbeschädigter i. S. des BVG ab 60 Jahren das vorgezogene Altersruhegeld aus der Rentenversicherung in Anspruch genommen hat.
Das Glaubhaftmachen weiterer Erwerbstätigkeit ohne die Schädigung wird nur durch eine zu Lebzeiten getroffene Feststellung widerlegt, nach der klar erkennbar ist, daß andere Gesundheitsstörungen als die Schädigungsfolgen das Ausscheiden aus dem Erwerbsleben allein verursacht haben (Ergänzung zu BSG SozR 3–3100 § 30 Nr. 2 = Breithaupt 1991. 673 und SozR 3–3100 § 48 Nr. 1).

BMA v. 15.5.1996 – VI 1 – 53073 (BArbBl. 7-8/1996, 94)
Durchführung der Hinterbliebenenbeihilfe gem. § 48 Abs. 1 Satz 1 BVG bei Witwen von Selbständigen
Das Bundessozialgericht hat mit Urteil vom 16.5.1995 (9 RV 13/93) entschieden, daß auch bei der Ermittlung einer schädigungsbedingten Minderung der Witwenversorgung gem. § 48 Abs. 1 Satz 1 BVG die Rechtsgrundsätze maßgebend sind, die im Rahmen der Prüfung des Anspruchs eines selbständigen Beschädigten auf BSA für die Ermittlung eines schädigungsbedingten Einkommensverlustes gelten. Ich schließe mich dieser Rechtsauffassung an.
Nach der Rechtsprechung des BSG zum Berufsschadensausgleich von Selbständigen ist für die Ermittlung eines schädigungsbedingten Einkommensverlustes des verstorbenen Beschädigten das Vergleichseinkommen nicht dem vom Beschädigten seinerzeit tatsächlich erzielten Einkommen, sondern dem Einkommen gegenüberzustellen, das der Beschädigte trotz seiner Kriegsbeschädigung nach seiner nach der Schädigung gezeigten Leistungsfähigkeit noch auf dem Arbeitsmarkt als Unselbständiger erzielen konnte. Wenn ein Selbständiger aus dem Berufsleben ausscheidet und Rente bezieht, wird bei Berechnung eines möglichen Anspruchs auf BSA dem Vergleichseinkommen grundsätzlich das fiktive Alterseinkommen gegenübergestellt, welches der Beschädigte als Unselbständiger bei Ausnutzung seiner Arbeitskraft erreicht hätte (vgl. die Entscheidung des BSG vom 8.3.1995 – 9 RV 19/94 –). Dementsprechend ist im Rahmen der Prüfung des § 48 Abs. 1 Satz 1 BVG bei verstorbenen Selbständigen der Wert der eigenen Arbeitsleistung gemäß § 9 Abs. 1 Satz 1 Nr. 2 BSchAV zu ermitteln; die Ermittlung der tatsächlichen Einkünfte bzw. eine Gewinnermittlung unter Ausschöpfung aller möglichen Beweismittel, wie dies noch mit Rundschreiben vom 29.11.1974 vertreten wurde, kommt aus meiner Sicht nicht mehr in Betracht. Der verstorbene Beschädigte ist vielmehr in eine passende Gruppe der Beamten-Besoldungsordnung einzustufen, wobei entsprechend § 5 Abs. 1 Satz 2 BSchAV das ermittelte Grundgehalt um den Ortszuschlag nach Stufe 2 des Bundesbesoldungsgesetzes (aber ohne Stellenzulage) zu erhöhen ist. Im übrigen kann die Verwaltung in freier Würdigung unabhängig vom abstrakten MdE-Grad das trotz Schädigung verbliebene Leistungsvermögen für eine bestimmte Tätigkeit

einschätzen. Das Ergebnis ist dem nach den §§ 5 und 6 BSchAV ermittelten Vergleichseinkommen gegenüberzustellen.
Spätestens zu dem Zeitpunkt, in dem der verstorbene Beschädigte das 65. Lebensjahr vollendet hätte, ist das fiktiv ermittelte derzeitige Einkommen ebenso wie das Vergleichseinkommen um 25 v. H. zu mindern. Für die Ermittlung einer Minderung der Witwenversorgung ergibt sich daraus: 60 % des festgestellten Wertes der eigenen Arbeitsleistung des verstorbenen Beschädigten, ggf. gemindert um 25 v. H., entsprechen der fiktiven Witwenversorgung nach Schädigung. 60 % des Vergleichseinkommens, ggf. gemindert um 25 v. H., entsprechen der fiktiven Witwenversorgung ohne Schädigung.
Das Verhältnis von fiktiver Witwenversorgung nach Schädigung zu fiktiver Witwenversorgung ohne Schädigung entspricht dem Vomhundertsatz, um den die Witwenversorgung im Sinne des § 48 Abs. 1 Satz 1 BVG gemindert ist.
Die Ziffer 2 des Rundschreibens vom 29.11.1974 in Verbindung mit der Anlage 2 dazu (Va 2 – 5226 – 148/74) (= BVBl. 1975, S. 4, Nr. 3) hebe ich hiermit auf.

BSG v. 13.8.1997 – 9 RV 31/95 (Breithaupt 1998, 322)
Bei der Feststellung, ob die Gesamtverordnung der Witwe schädigungsbedingt um den erforderlichen Vomhundertsatz gemindert ist (§ 48 Abs. 1 Satz 1 BVG), sind neben der Witwenrente aus der gesetzlichen Rentenversicherung auch alle sonstigen Witwenversorgungsbezüge in den Vergleich der tatsächlichen mit der hypothetischen Witwenversorgung einzubeziehen. Etwas anderes kann nur gelten, wenn ein solcher umfassender Vergleich – z. B. mangels Feststellbarkeit einer hypothetischen Zusatzversorgung – nicht möglich ist.

LSG Schleswig-Holstein v. 29. 1. 2013 – L 2 VK 56/11 (BH 2013, 612)
1. *Ein Beschädigter war nicht i. S. d. § 48 Abs. 1 Satz 1 BVG „durch die Folgen der Schädigung gehindert“, eine entsprechende Erwerbstätigkeit auszuüben, wenn er abgelehnt hat, an möglichen und zumutbaren Maßnahmen zur Rehabilitation teilzunehmen oder ihm angebotene zumutbare Berufsausbildungen zu durchlaufen und wesentlich dadurch seine berufliche Eingliederung gescheitert ist (vgl. BSG, Urt. v. 18. 12. 1985 – 9a RV 18/84 – Breith. 1986, 615 = SozR 3100 § 48 Nr. 12).*
2. *Entscheidend für eine schädigungsbedingte Minderversorgung i. S. d. § 48 Abs. 1 Satz 1 BVG ist nicht der Vergleich mit der tatsächlichen Witwenversorgung, sondern der Vergleich mit der Witwenversorgung, die der Beschädigte trotz seiner Schädigung zumutbar hätte aufbauen können (BSG, Urt. v. 11. 12. 2008 – B 9 V 3/07 R).*
3. *Dem Bezug von Ausgleichsrente durch den Beschädigten kommt für die Entscheidung über einen Anspruch auf Witwenbeihilfe keine Tatbestandswirkung in der Weise zu, dass vom Beschädigten nicht zu vertretende Gründe der Ausübung einer Erwerbstätigkeit entgegengestanden haben müssen.*

§ 48 a (Übergangsvorschriften)

(1) § 42 Abs. 1, § 43 und § 48 Abs. 4 in der vom 1. Januar 1986 an geltenden Fassung gelten nur, wenn der Beschädigte nach dem 31. Dezember 1985 gestorben ist.

(2) § 42 Abs. 1, § 43 und § 48 Abs. 4 in der bis zum 31. Dezember 1985 geltenden Fassung gelten hinsichtlich der Anspruchsvoraussetzungen für die Hinterbliebenenversorgung weiter, wenn der Beschädigte vor dem 1. Januar 1986 gestorben ist.

§ 49 (Elternrente)

(1) Ist der Beschädigte an den Folgen einer Schädigung gestorben, so erhalten die Eltern Elternrente, frühestens jedoch von dem Monat an, in dem der Beschädigte das 18. Lebensjahr vollendet hätte.

(2) Den Eltern werden gleichgestellt

1. **Adoptiveltern, wenn sie den Verstorbenen vor der Schädigung als Kind angenommen haben,**
2. **Stief- und Pflegeeltern, wenn sie den Verstorbenen vor der Schädigung unentgeltlich unterhalten haben,**
3. **Großeltern, wenn der Verstorbene ihnen Unterhalt geleistet hat oder hätte.**

VV zu § 49

1. Die Verwaltungsvorschrift zu § 31, die Nrn. 2 und 3 zu § 33b und die Nr. 2 zu § 45 gelten entsprechend.
2. Unentgeltlicher Unterhalt liegt auch dann noch vor, wenn die Stief- und Pflegeeltern zur Bestreitung des Lebensunterhaltes des Kindes geringe Mittel aus anderen Quellen verwendet haben. Es ist nicht erforderlich, daß der unentgeltliche Unterhalt durch die Stief- und Pflegeeltern noch unmittelbar vor der Schädigung gewährt worden ist, jedoch reicht nur vorübergehender unentgeltlicher Unterhalt zur Gewährung von Elternversorgung an Stief- oder Pflegeeltern nicht aus.
3. Nr. 8 zu § 42 ist für die Frage, ob eine Unterhaltsleistung im Sinne des § 49 Abs. 2 Nr. 3 anzunehmen ist, entsprechend anzuwenden.

§ 50 (Voraussetzungen der Elternrente)

Elternrente erhält, wer voll erwerbsgemindert oder erwerbsunfähig im Sinne des Sechsten Buches Sozialgesetzbuch ist oder aus anderen zwingenden Gründen eine zumutbare Erwerbstätigkeit nicht ausüben kann oder das 60. Lebensjahr vollendet hat.

VV zu § 50

1. Als erwerbsunfähig ist stets anzusehen, wer aus der gesetzlichen Rentenversicherung eine Rente wegen Erwerbsunfähigkeit (§ 1247 RVO, § 24 AVG, § 47 RKG), wegen Erwerbsunfähigkeit eine Witwenrente nach § 1268 Abs. 2 Nr. 2 RVO, § 45 Abs. 2 Nr. 2 AVG oder § 69 Abs. 2 Nr. 2 RKG oder ein vorzeitiges Altersgeld nach dem Gesetz über die Altershilfe für Landwirte bezieht.
2. Nr. 4 zu § 41 gilt.
3. Für die Vollendung des sechzigsten Lebensjahres gilt die Verwaltungsvorschrift zu § 31 sinngemäß.

§ 51 (Höhe der Elternrente)

(1) Die volle Elternrente beträgt monatlich

bei einem Elternpaar	**599 Euro,**
bei einem Elternteil	**418 Euro.**

(2) Sind mehrere Kinder an den Folgen einer Schädigung gestorben, so erhöhen sich die in Absatz 1 genannten Beträge für jedes weitere Kind monatlich

bei einem Elternpaar	**um 109 Euro,**
bei einem Elternteil	**um 82 Euro.**

Die Erhöhung wird auch gewährt für Kinder, die

a) infolge einer Schädigung im Sinne von Gesetzen, die eine entsprechende Anwendung dieses Gesetzes vorsehen, gestorben oder

b) infolge einer Schädigung im Sinne dieses Gesetzes oder von Gesetzen, die eine entsprechende Anwendung dieses Gesetzes vorsehen, verschollen sind.

(3) Ist das einzige oder das letzte Kind oder sind alle oder mindestens drei Kinder an den Folgen einer Schädigung gestorben, so erhöhen sich, wenn es günstiger ist, die in Absatz 1 genannten Beträge monatlich

bei einem Elternpaar	**um 340 Euro,**
bei einem Elternteil	**um 247 Euro.**

Absatz 2 Satz 2 gilt entsprechend.

(4) § 41 Abs. 3 gilt entsprechend mit der Maßgabe, daß das anzurechnende Einkommen stets so zu ermitteln ist, als ob das Einkommen nicht zu den Einkünften aus gegenwärtiger Erwerbstätigkeit (§ 33 Abs. 2) gehörte; es ist auf die Erhöhung nach Absatz 2 oder 3 nur insoweit anzurechnen, als es nicht bereits zum Wegfall der Elternrente geführt hat.

(5) Ist von einem Ehepaar oder einer Lebenspartnerschaft nur ein Partner anspruchsberechtigt, ist die Elternrente für ein Elternpaar um das anzurechnende Einkommen beider Partner zu mindern; die Rente darf jedoch die volle Rente für einen Elternteil einschließlich der Erhöhungen nach den Absätzen 2 und 3 nicht übersteigen.

(6) Ergeben sich Renten von weniger als 3 Euro monatlich, so werden sie auf diesen Betrag erhöht.

(7) Als Kinder im Sinne der Absätze 2 und 3 gelten auch Stief- und Pflegekinder. Ob das an den Folgen einer Schädigung gestorbene Kind das einzige oder das letzte Kind ist, richtet sich nach den Verhältnissen im Zeitpunkt des Verlustes des Kindes.

(8) Kommen für ein Elternpaar oder einen Elternteil mehrere Elternrenten nach diesem Gesetz oder Gesetzen, die eine entsprechende Anwendung dieses Gesetzes vorsehen, in Betracht, so wird nur die günstigere Rente gewährt.

(9) Stirbt bei Empfängern von Elternrente für ein Elternpaar ein Ehegatte oder Lebenspartner, ist dem überlebenden Ehegatten oder Lebenspartner

die für den Sterbemonat zustehende Elternrente für ein Elternpaar anstelle der Rente für einen Elternteil für die folgenden drei Monate weiterzuzahlen, wenn dies günstiger ist. Minderungen der nach Satz 1 maßgebenden Rente für ein Elternpaar, die durch Sonderleistungen im Sinne des § 60a Abs. 4 bedingt sind, sowie Erhöhungen dieser Bezüge, die auf Einkommensminderungen infolge des Todes beruhen, bleiben unberücksichtigt.

VV zu § 51

1. Ist die Ehe der Eltern geschieden, aufgehoben, für nichtig erklärt oder die eheliche Gemeinschaft durch gerichtliches Urteil aufgehoben oder leben die Eltern getrennt, ohne die eheliche Gemeinschaft wieder aufnehmen zu wollen, ist jeder Elternteil für sich zu behandeln. Haben beide Eltern Anspruch auf Elternrente, darf die Elternrente jedoch

   für einen Elternteil den Betrag der vollen Rente für einen Elternteil,

   für beide Elternteile zusammen den Betrag der vollen Rente für ein Elternpaar

   nicht übersteigen. Ergibt sich für beide Eltern zusammen ein höherer Betrag als die volle Rente für ein Elternpaar, ist
   a) wenn nur ein Elternteil mehr als die Hälfte des Betrages der vollen Rente für ein Elternpaar erhielte, die Elternrente dieses Elternteils um den Mehrbetrag,
   b) wenn beide Elternteile mehr als die Hälfte des Betrages der vollen Rente für ein Elternpaar erhielten, die Elternrente jedes Elternteils auf die Hälfte des Betrages der vollen Rente für ein Elternpaar zu kürzen. Erhöhungen nach § 51 Abs. 2 und 3 sind zu berücksichtigen. Diese Regelungen gelten entsprechend für leibliche Eltern von nichtehelichen Kindern.
2. Als Elternpaar im Sinne des § 51 ist ein Ehepaar nur dann anzusehen, wenn jeder Ehegatte zu dem infolge einer Schädigung im Sinne des § 1 verstorbenen Kind in einem Elternschaftsverhältnis nach § 49 gestanden hat. Ist jeder Ehegatte nach einem Kind anspruchsberechtigt, ohne daß es sich um ein gemeinsames Kind im Sinne des § 49 handelt, steht jedem Ehegatten die Rente für einen Elternteil zu.
3. Für Kinder, die kriegsgefangen oder Kriegsgefangenen gleichgestellt sind (§ 2 Abs. 1und 2 des Gesetzes über die Unterhaltsbeihilfe für Angehörige von Kriegsgefangenen) sowie – wenn Ausschließungsgründe nicht vorliegen – für Kinder, die aus politischen Gründen in Gebieten außerhalb der Bundesrepublik Deutschland und Berlins (West) in Gewahrsam gehalten werden (§§ 1, 2, 8 des Häftlingshilfegesetzes), kann die Erhöhung nach § 51 Abs. 2 und 3 für die Dauer der Festhaltung oder des Gewahrsams im Wege des Härteausgleichs (§ 89 Abs. 1) gewährt werden.
4. Zu den Kindern (§ 51 Abs. 7) gehören auch die nichtehelichen Kinder, nicht dagegen Enkelkinder. Im übrigen sind für die Auslegung der Begriffe Stief- und Pflegekinder die Nr. 2 zu § 33 b, die Nr. 2 zu § 45 und die Nr. 2 Satz 2 zu § 49 entsprechend anzuwenden.
5. Der Zeitpunkt des Verlustes ist bei Verschollenen der mutmaßliche Todestag; Nr. 1 zu § 52 ist anzuwenden.

§ 52 (Verschollenenrenten)

(1) Ist eine Person, deren Hinterbliebenen Versorgung zustehen würde, verschollen, so wird diesen Versorgung schon vor der Todeserklärung gewährt, wenn das Ableben des Verschollenen mit hoher Wahrscheinlichkeit anzunehmen ist. Stellt sich heraus, daß der Verschollene noch lebt, so gelten Leistungen nach Satz 1 als auch zur Erfüllung seiner gesetzlichen Unterhaltspflicht gewährt; er ist von dem Zeitpunkt an zum Ersatz nach den Vorschriften über die Geschäftsführung ohne Auftrag verpflichtet, von dem an er seinen gesetzlichen Unterhaltspflichten aus von ihm zu vertretenden Gründen nicht nachgekommen ist. Weitergehende Ansprüche bleiben unberührt.

(2) Ein Kind hat keinen Anspruch auf Rente, wenn der Ehemann der Mutter während der Dauer der Empfängniszeit verschollen war.

VV zu § 52

1. Der Beginn der Rente richtet sich nach § 61 mit der Maßgabe, daß an Stelle des Sterbetages der von der Verwaltungsbehörde zu bestimmende mutmaßliche Todestag tritt. Als mutmaßlicher Todestag gilt regelmäßig der letzte Tag des Monats, in dem der Verschollene nach der letzten von ihm oder über ihn gegebenen Nachricht noch gelebt hat.
2. Wird später festgestellt, daß der Verschollene an den Folgen einer Schädigung gestorben ist, tritt an die Stelle der nach § 52 Abs. 1 gewährten Versorgung die Hinterbliebenenversorgung (§ 38 Abs. 1).
3. Stellt sich heraus, daß der Totgeglaubte noch lebt, ist die Zahlung der Rente einzustellen. Wegen § 52 Abs. 1 Satz 2 und 3 ist das Erforderliche zu veranlassen. Befindet sich der Totgeglaubte in Kriegsgefangenschaft, richten sich die Leistungen für die folgende Zeit nach dem Gesetz über die Unterhaltsbeihilfe für Angehörige von Kriegsgefangenen in der Fassung der Bekanntmachung vom 18. März 1964 (Bundesgesetzbl. I S. 218).

Bestattungsgeld beim Tode von Hinterbliebenen

§ 53 (Bestattungsgeld beim Tod von Hinterbliebenen)

Beim Tod von versorgungsberechtigten Hinterbliebenen wird ein Bestattungsgeld nach Maßgabe der Vorschriften des § 36 gewährt. Es beträgt beim Tod einer Witwe oder des hinterbliebenen Lebenspartners, die mindestens ein waisenrenten- oder waisenbeihilfeberechtigtes Kind hinterlassen, 1 778 Euro, in allen übrigen Fällen 891 Euro.

VV zu § 53

Die Nrn. 1 bis 5 und 7 zu § 36 sind entsprechend anzuwenden.

Beiträge zur Pflegeversicherung

§ 53 a Beiträge zur Pflegeversicherung

(1) Rentenberechtigten Beschädigten und Hinterbliebenen, die einen Anspruch auf Heil- oder Krankenbehandlung haben und die bei einem privaten Versicherungsunternehmen oder bei einer Pflegekasse nach § 20 Abs. 3 des Elften Buches Sozialgesetzbuch versichert sind, wird der Beitrag zur Pflegeversicherung erstattet.

(2) Der Erstattungsbetrag nach Absatz 1 darf den Betrag nicht übersteigen, der sich bei Zugrundelegung des Beitragssatzes nach § 55 Abs. 1 des Elften Buches Sozialgesetzbuch bei Beschädigten aus der Ausgleichsrente, dem Ehegattenzuschlag und dem Berufsschadensausgleich, bei Hinterbliebenen aus allen Rentenleistungen nach diesem Gesetz ergibt.

(3) § 61 Abs. 6 und 7 des Elften Buches Sozialgesetzbuch gilt entsprechend.

Aus Rundschreiben, Urteilen etc.

BMGS v. 20.12.2004 – 434–62391–3
Auswirkungen des Gesetzes zur Berücksichtigung von Kindererziehung im Beitragsrecht der sozialen Pflegeversicherung (Kinder-Berücksichtigungsgesetz – KiBG) auf Versorgungsberechtigte und Leistungsempfänger nach dem Bundesversorgungsgesetz (BVG)/Änderung des Elften Buches Sozialgesetzbuch – Soziale Pflegeversicherung – SGB XI
In Umsetzung des Urteils des Bundesverfassungsgerichts zum Familienlastenausgleich vom 3. April 2001 (Az. 1 BvR 1629/94, BVerfGE 103, 242) in der sozialen Pflegeversicherung sieht § 55 Abs. 3 SGB XI in der ab 1. Januar 2005 geltenden Fassung eine Erhöhung des Beitragssatzes für ab dem 1. Januar 1940 geborene kinderlose Mitglieder nach Vollendung des 23. Lebensjahres um 0,25 Beitragssatzpunkte vor.
Nach § 60 Abs. 5 Satz 2 SGB XI hat in den Fällen, in denen der Pflegeversicherungsbeitrag von einem Dritten gezahlt wird, dieser grundsätzlich einen Anspruch gegen das Mitglied auf den von ihm zu zahlenden Beitragszuschlag. Dieser Anspruch kann von dem Dritten durch Abzug von der an das Mitglied zu erbringenden Geldleistung geltend gemacht werden (§ 60 Abs. 5 Satz 3 SGB XI).
Unter Berücksichtigung des bisherigen Beitragsabführungsverfahrens und der Verwaltungspraxis und im Einvernehmen mit dem AOK-Bundesverband bitte ich, auch beim Beitragszuschlag für Kinderlose unter Beachtung der Mindestbemessungsgrundlage vom Mindestbeitrag, der zusammen mit dem bisher bereits zu zahlenden Pflegeversicherungsbeitrag zu entrichten ist, auszugehen.
In Ausübung des in § 60 Abs. 5 Satz 3 SGB XI eingeräumten Ermessens empfehle ich allerdings darauf zu verzichten, eine Verrechnung des Beitragszuschlags mit der vom Dritten an den Versicherten zu erbringenden Geldleistung vorzunehmen. Dies ist aus Gründen der Praktikabilität und Verwaltungsvereinfachung angezeigt, da sich die notwendigen Ermittlungen zum Personenkreis sehr umfangreich gestalteten und Versorgungsberechtigte nach dem Bundesversorgungsgesetz (BVG) ohnehin wegen ihres hohen Durchschnittsalters nur in wenigen Einzelfällen für einen Beitragszuschlag in Betracht kämen. Der Nutzen eines Verrechnungsanspruchs stünde

in keinem Verhältnis zu dem erforderlichen Verwaltungsaufwand und den dadurch entstehenden Kosten.
Aus Gründen der Gleichbehandlung bin ich der Auffassung, dass auch in den Fällen des § 60 Abs. 6 SGB XI die Versorgungsverwaltung den Beitragszuschlag für Kinderlose in Höhe des Mindestbeitrages entrichtet und auf eine Geltendmachung beim Versorgungsberechtigten verzichtet.

Zusammentreffen von Ansprüchen

§ 54 (Zusammentreffen mit einem Anspruch aus der gesetzlichen Unfallversicherung)

(1) Ist eine Schädigung im Sinne des § 1 zugleich ein Unfall im Sinne der gesetzlichen Unfallversicherung, so besteht nur Anspruch nach diesem Gesetz. Das gilt nicht, soweit das schädigende Ereignis vor dem 1. Januar 1942 oder nach dem 8. Mai 1945 eingetreten ist.

(2) Personen, bei denen eine Schädigung im Sinne des § 1 infolge einer Heranziehung zur Zwangsarbeit in der Zeit vom 8. Mai 1945 bis zum 5. Oktober 1955 im Beitrittsgebiet verursacht worden ist, sowie deren Hinterbliebene haben keinen Anspruch nach diesem Gesetz. Sie haben Anspruch auf Leistungen der gesetzlichen Unfallversicherung; die Tätigkeit nach Satz 1 gilt als versicherte Tätigkeit. Die Sätze 1 und 2 gelten nicht für Personen, die ihren gewöhnlichen Aufenthalt vor dem 19. Mai 1990 im damaligen Geltungsbereich dieses Gesetzes genommen haben.

§ 55 (Zusammentreffen von Versorgungsansprüchen)

(1) Treffen nach diesem Gesetz zusammen

a) eine Beschädigtenrente mit einer Witwen- oder Waisenrente, ist neben den Grundrenten die günstigere Ausgleichsrente zu gewähren,

b) ein Berufsschadensausgleich mit einem Schadensausgleich, ist der Berufsschadensausgleich bei der Festsetzung des Schadensausgleichs als Einkommen zu berücksichtigen,

c) eine Beschädigten- oder Witwenrente mit einem Anspruch auf Elternrente, sind die Ausgleichsrente, der Ehegattenzuschlag, der Berufsschadensausgleich und der Schadensausgleich bei der Festsetzung der Elternrente als Einkommen zu berücksichtigen.

Ist nach Satz 1 Buchstabe a die Witwenausgleichsrente zu gewähren, zählt bei der Feststellung des Berufsschadensausgleichs die Ausgleichsrente nur mit dem Betrag, der ohne das Zusammentreffen als Beschädigtenausgleichsrente zu zahlen wäre, zum derzeitigen Bruttoeinkommen. Das gilt auch, wenn Leistungen nach den Sätzen 1 und 2 mit entsprechenden Leistungen nach anderen Gesetzen zusammentreffen, die eine entsprechende Anwendung dieses Gesetzes vorsehen.

(2) Für Witwen- oder Waisenbeihilfen gilt Absatz 1 entsprechend.

VV zu § 55

Trifft eine Elternrente mit einer wiederaufgelebten Witwenrente (§ 44 Abs. 2) zusammen und sind die Gesamteinkünfte der Witwe infolge der Anrechnung nach § 44 Abs. 5 auf die Witwengrundrente niedriger als die Gesamteinkünfte, die sich ohne die Ansprüche im Sinne des § 44 Abs. 5 ergäben, so ist der Unterschiedsbetrag im Wege des Härteausgleichs (§ 89 Abs. 1) als Elternrente zu gewähren. Entsprechendes gilt für den Fall, daß eine Elternrente mit einer Beschädigten- oder Witwenrente zusammentrifft und eine der in § 65 Abs. 1 genannten Leistungen sowohl eine Kürzung der Elternrente als auch ein Ruhen der Grundrente bewirkt.

Anpassung der Versorgungsbezüge

§ 56 (Anpassung der Versorgungsbezüge)

(1) Die Leistungen für Blinde (§ 14), der Pauschbetrag als Ersatz für Kleider- und Wäscheverschleiß (§ 15), die Grundrenten und die Schwerstbeschädigtenzulage (§ 31 Abs. 1 und 4, §§ 40 und 46), die Ausgleichs- und Elternrenten (§§ 32, 41, 47 und 51), der Ehegattenzuschlag (§ 33a), die Pflegezulage (§ 35) und das Bestattungsgeld (§§ 36, 53) werden jeweils entsprechend dem Vomhundertsatz angepaßt, um den sich die Renten der gesetzlichen Rentenversicherung verändern. Gleichzeitig wird der Bemessungsbetrag (§ 33 Abs. 1) entsprechend dem Prozentsatz angepasst, um den sich die für die Rentenanpassung maßgebenden Bruttolöhne und -gehälter je Arbeitnehmer (§ 68 Absatz 2 in Verbindung mit § 228b des Sechsten Buches Sozialgesetzbuch) verändern.

(2) Die Bundesregierung hat durch Rechtsverordnung mit Zustimmung des Bundesrates die in §§ 14, 15, 31 Absatz 1 und 4, 32, 33 Abs. 1, 33a, 35, 36, 40, 41, 46, 47, 51 und 53 bestimmten Beträge entsprechend Absatz 1 jeweils zum gleichen Zeitpunkt, zu dem die Renten der gesetzlichen Rentenversicherung angepasst werden, zu ändern. Dabei sind in § 15 die dort genannten Pauschbeträge durch Multiplikation der niedrigsten und der höchsten Bewertungszahl mit dem Multiplikator zu ermitteln. Die sich nach Satz 1 und 2 ergebenden Beträge sind bis 0,49 Euro auf volle Euro abzurunden und ab 0,50 Euro auf volle Euro aufzurunden. Abweichend hiervon ist der Multiplikator in § 15 auf 3 Dezimalstellen nach dem Komma zu runden.

(3) *(weggefallen)*

(4) *(weggefallen)*

§§ 57 bis 59

(weggefallen)

Beginn, Änderung und Aufhören der Versorgung

§ 60 (Beginn, Minderung oder Entziehung der Beschädigtenversorgung)

(1) Die Beschädigtenversorgung beginnt mit dem Monat, in dem ihre Voraussetzungen erfüllt sind, frühestens mit dem Antragsmonat. Die Versorgung ist auch für Zeiträume vor der Antragstellung zu leisten, wenn der Antrag innerhalb eines Jahres nach Eintritt der Schädigung gestellt wird. War der Beschädigte ohne sein Verschulden an der Antragstellung verhindert, so verlängert sich diese Frist um den Zeitraum der Verhinderung. Für Zeiträume vor dem Monat der Entlassung aus der Kriegsgefangenschaft oder aus ausländischem Gewahrsam steht keine Versorgung zu.

(2) Absatz 1 Satz 1 gilt entsprechend, wenn eine höhere Leistung beantragt wird; war der Beschädigte jedoch ohne sein Verschulden an der Antragstellung verhindert, so beginnt die höhere Leistung mit dem Monat, von dem an die Verhinderung nachgewiesen ist, wenn der Antrag innerhalb von sechs Monaten nach Wegfall des Hinderungsgrunds gestellt wird. Die höhere Leistung beginnt jedoch wegen einer Minderung des Einkommens oder wegen einer Erhöhung der schädigungsbedingten Aufwendungen unabhängig vom Antragsmonat mit dem Monat, in dem die Voraussetzungen erfüllt sind, wenn der Antrag innerhalb von sechs Monaten nach Eintritt der Änderung oder nach Zugang der Mitteilung über die Änderung gestellt wird. Der Zeitpunkt des Zugangs ist vom Antragsteller nachzuweisen. Entsteht ein Anspruch auf Berufsschadensausgleich (§ 30 Abs. 3 oder 6) infolge Erhöhung des Vergleichseinkommens im Sinne des § 30 Abs. 5, so gilt Satz 2 entsprechend, wenn der Antrag innerhalb von sechs Monaten gestellt wird.

(3) Wird die höhere Leistung von Amts wegen festgestellt, beginnt sie mit dem Monat, in dem die anspruchsbegründenden Tatsachen einer Dienststelle der Kriegsopferversorgung bekanntgeworden sind. Ist die höhere Leistung durch eine Änderung des Familienstands, der Zahl zu berücksichtigender Kinder oder das Erreichen einer bestimmten Altersgrenze bedingt, so beginnt sie mit dem Monat, in dem das Ereignis eingetreten ist; das gilt auch, wenn ein höherer Berufsschadensausgleich (§ 30 Abs. 3 oder 6) auf einer Änderung des Vergleichseinkommens im Sinne des § 30 Abs. 5 beruht.

(4) Eine Minderung oder Entziehung der Leistungen tritt mit Ablauf des Monats ein, in dem die Voraussetzungen für ihre Gewährung weggefallen sind. Eine durch Besserung des Gesundheitszustands bedingte Minderung oder Entziehung der Leistungen tritt mit Ablauf des Monats ein, der auf die Bekanntgabe des die Änderung aussprechenden Bescheides folgt. Beruht die Minderung oder Entziehung von Leistungen, deren Höhe vom Einkommen beeinflußt wird, auf einer Erhöhung dieses Einkommens, so tritt die Minderung oder Entziehung mit dem Monat ein, in dem das Einkommen sich erhöht hat.

VV zu § 60

1. Nr. 1 Satz 2 zu § 1 gilt auch für den Antrag auf höhere Leistungen.
2. Unter höherer Leistung ist die Erhöhung der Gesamtleistung zu verstehen; hierzu gehört auch die Gewährung weiterer Einzelleistungen.
3. Ein Verschulden im Sinne des Abs. 1 Satz 3 und des Abs. 2 Satz 1 liegt nicht vor, wenn der Beschädigte die ihm gebotene und nach den gesamten Umständen zumutbare Sorgfalt beachtet hat. Hierbei ist nach der Rechtsprechung des Bundessozialgerichts ein subjektiver, auf die konkrete Person abgestellter Maßstab anzulegen. Nr. 2 zu § 18 gilt entsprechend.
4. Als Mitteilung im Sinne von § 60 Abs. 2 Satz 2 ist auch der Steuerbescheid anzusehen.
5. Dienststellen der Kriegsopferversorgung sind die Versorgungsämter, Landesversorgungsämter, Orthopädischen Versorgungsstellen, Versorgungsärztlichen Untersuchungsstellen, Versorgungskuranstalten, Versorgungsheilstätten, Versorgungskrankenhäuser sowie die für die Kriegsopferversorgung zuständigen Obersten Landesbehörden und der Bundesminister für Arbeit und Sozialordnung ohne Rücksicht auf ihre sachliche oder örtliche Zuständigkeit. Die bekanntgewordenen Umstände müssen darauf schließen lassen, daß eine wesentliche Änderung eingetreten ist, die eine höhere Leistung bedingt; dabei ist unerheblich, ob weitere Ermittlungen notwendig sind, um das Ausmaß der Erhöhung zu bestimmen. Werden die maßgebenden Umstände durch eingesandte Unterlagen (z.B. Krankenpapiere, Kurberichte) bekannt, so ist der Monat zugrunde zu legen, in dem die Unterlagen bei einer Dienststelle der Kriegsopferversorgung eingegangen sind (Eingangsstempel). Das gilt auch, wenn eine Nachuntersuchung außerhalb des Versorgungsamtes durchgeführt worden ist und der Arzt sein Gutachten einer Dienststelle der Kriegsopferversorgung zuleitet. Wird die Nachuntersuchung jedoch von einem Arzt einer Dienststelle der Versorgungsverwaltung durchgeführt, so ist der Monat maßgebend, in dem die Untersuchung stattgefunden hat.
6. Bei Kannbezügen gelten die für Anspruchsleistungen maßgebenden Vorschriften über Beginn, Änderung und Aufhören der Versorgung. Das gilt auch für Härteausgleiche; der Beginn laufender Härteausgleiche richtet sich nach § 89 Abs. 3.
7. Ist bekannt, daß der Beschädigte Sozialhilfe, Kriegsopferfürsorge, Arbeitslosenhilfe oder Kriegsschadensrente (§§ 261 ff. Lastenausgleichsgesetz) bezogen hat, so ist vor Rentennachzahlungen den zuständigen Behörden anheimzugeben, Ersatzansprüche innerhalb einer Frist von einem Monat anzumelden.

Aus Rundschreiben, Urteilen etc. zu § 60 BVG

BMA v. 16.1.2002 (BArbBl. 5/2002, 144)
Beginn der Beschädigtenversorgung nach dem BVG bei ehemaligen durch Strahlen geschädigte Soldaten
An die für die Kriegsopferversorgung zuständigen obersten Landesbehörden der Länder, nachrichtlich den Landesvertretungen beim Bund, dem Bundesrechnungshof und dem Bundesministerium der Verteidigung
Aufgrund der Anfrage eines Abgeordneten des Deutschen Bundestages sowie des Ergebnisses der Länderreferentenbesprechung am 27./28. November 2001 (TOP

3 a) nehme ich zum Leistungsbeginn der Beschädigtenversorgung nach dem BVG bei strahlengeschädigten ehemaligen Soldaten der Bundeswehr im Einvernehmen mit dem Bundesministerium der Verteidigung wie folgt Stellung:
Nach § 60 Abs. 1 BVG beginnt die Beschädigtenversorgung grundsätzlich mit dem Monat, in dem ihre Voraussetzungen erfüllt sind, frühestens mit dem Antragsmonat. Die durch das 10. Anpassungsgesetz vom 10. August 1978 in § 60 Abs. 1 BVG neu eingefügten Sätze 2 und 3 enthalten Ausnahmen hiervon. Versorgung ist auch für Zeiträume vor der Antragstellung zu leisten, wenn der Antrag innerhalb eines Jahres nach Eintritt der Schädigung gestellt wird (Satz 2). War der Beschädigte ohne sein Verschulden an der Antragstellung verhindert, verlängert sich die Frist um den Zeitraum der Verhinderung. Ein Verschulden nach Satz 3 liegt grundsätzlich nur dann nicht vor, wenn der Beschädigte die nach den Umständen des Falles zu erwartende zumutbare Sorgfalt beachtet hat.
In den Fällen, in denen bereits seit längerer Zeit erkrankte ehemalige Soldaten der Bundeswehr erst jetzt aufgrund der aktuellen Berichterstattung in den Medien erfahren haben, dass überhaupt ein Zusammenhang zwischen der Erkrankung und einer Strahleneinwirkung während der Dienstzeit vorliegen könnte, halte ich es für angezeigt, eine unverschuldete Hinderung an der Antragstellung i. S. des § 60 Abs. 1 Satz 3 BVG anzunehmen und Leistungen auch für die Zeit vor Antragstellung zu gewähren.
Der Zusammenhang zwischen der Erkrankung und der Strahleneinwirkung sowie der Zeitpunkt des Eintritts der Schädigung ist dabei im Einzelfall genau zu prüfen. Allerdings ist auch bei der Anwendung des § 60 Abs. 1 Satz 3 BVG die Vorschrift des § 45 SGB I zu beachten, wonach Ansprüche auf Sozialleistungen innerhalb von vier Jahren verjähren. Ob und für welchen Zeitraum die Verwaltungsbehörde die Verjährungseinrede erheben will, steht in ihrem pflichtgemäßen Ermessen (Urteil des BSG vom 5.5.1993 – 9/9 a RV 12/92).

BSG v. 10.12.2003 – B 9 Vj 2/02 R (Breithaupt 2004, 536)

1. *Eine Rückwirkung des Leistungsantrags nach § 60 Abs. 1 Satz 2 und 3 BVG verbietet sich, wenn im Zeitpunkt der Schädigung eine den Versorgungsanspruch begründende Regelung noch nicht gegolten hat.*
2. *Beruht eine Entschädigungsregelung, die einen begrenzten, namentlich bekannten Personenkreis begünstigt, auf einem nicht veröffentlichten ministeriellen Übereinkommen zwischen Bund und Ländern, so haben die beteiligten Länder in ihrer Eigenschaft als Leistungsträger eine gesteigerte Informationspflicht gegenüber den betroffenen Personen.*

§ 60 a (Endgültige Festsetzung der Ausgleichsrente)

(1) Die Ausgleichsrente (§§ 32, 33, 41 und 47) ist bei monatlich feststehenden Einkünften endgültig festzustellen. In den übrigen Fällen ist die Ausgleichsrente entsprechend den im Zeitpunkt der Bescheiderteilung bekannten Einkommensverhältnissen vorläufig festzusetzen und jeweils nachträglich endgültig festzustellen.

(2) Monatlich feststehende Einkünfte sind Einkünfte, bei denen sich ein bestimmter Monatsbetrag aus Gesetz, Tarif-, Arbeits- oder sonstigem Vertrag ergibt.

(3) Ist die vorläufig gezahlte Ausgleichsrente höher als die endgültig festgestellte, gilt nur der 3 Euro monatlich übersteigende Betrag als überzahlt.

(4) Sonderleistungen, wie Weihnachtsgratifikationen, 13. Monatsgehälter und Erfolgsprämien, sind als Einkommen in den Monaten zu berücksichtigen, in denen sie gezahlt werden.

(5) Die Absätze 1 bis 4 gelten entsprechend für die Feststellung aller laufenden Versorgungsbezüge, deren Höhe vom Einkommen beeinflußt wird, soweit durch dieses Gesetz nichts anderes bestimmt ist. Absatz 3 ist beim Zusammentreffen mehrerer vorläufig gezahlter Leistungen so anzuwenden, daß die Gesamtbeträge einander gegenüberzustellen sind.

VV zu § 60a

1. Die Vorschrift des § 60 a ist anzuwenden auf
   a) Ausgleichs- und Elternrente,
   b) Ehegatten und Kinderzuschlag,
   c) Berufsschadens- und Schadensausgleich,
   d) wiederaufgelebte Witwenrente in den Fällen des § 44 Abs. 5
   e) Witwen- und Waisenbeihilfen in den Fällen des § 48 Abs. 2 Satz 2 und
   f) Versorgungsbezüge in den Fällen des § 65.
2. Zu den monatlichen feststehenden Einkünften gehören auch
   a) gleichbleibende Wocheneinkünfte; diese sind zur Ermittlung des Monatsbetrages mit 4,345 zu vervielfältigen,
   b) halbmonatlich, vierteljährlich, halbjährlich oder jährlich feststehende Einkünfte; der Monatsbetrag ist durch entsprechende Vervielfältigung oder Teilung zu errechnen.
3. Bei der vorläufigen Festsetzung nach § 60a Abs. 1 Satz 2 sind noch nicht eingetretene, aber voraussehbare Entwicklungen der Einkommensverhältnisse zu berücksichtigen. Die vorläufige Leistung ist neu festzusetzen, wenn sich die der Verwaltungsbehörde bekannten Einkommensverhältnisse wesentlich ändern. Eine Änderung ist insbesondere dann wesentlich, wenn sich das Bruttoeinkommen oder das Vergleichseinkommen im Sinne des § 30 Abs. 5 für mehr als drei Monate um insgesamt wenigstens 5 Euro monatlich ändert.
4. § 60 a Abs. 3 ist auch bei einem Forderungsübergang nach § 71 b anzuwenden.
5. Bei der Neufeststellung einer nach § 60 a Abs. 1 Satz 2 endgültig festgestellten Leistung ist die vorläufig gezahlte Leistung der neu festgestellten gegenüberzustellen.

§ 61 (Beginn und Änderung der Hinterbliebenenversorgung)

Für die Hinterbliebenenversorgung gilt § 60 mit folgender Maßgabe entsprechend:

a) Wird der Erstantrag vor Ablauf eines Jahres nach dem Tod gestellt, beginnt die Versorgung frühstens mit dem auf den Sterbemonat folgenden Monat.

b) An die Stelle des Berufsschadensausgleichs nach § 30 Abs. 3 oder 6 tritt bei Witwen der Schadensausgleich nach § 40 a.

c) Der Änderung des Familienstands steht bei Waisen der Tod des Vaters oder der Mutter gleich.

VV zu § 61

Die Nrn. 1 bis 7 zu § 60 sind anzuwenden.

§ 62 (Verfahren bei Änderung in den Verhältnissen)

(1) Eine vom Einkommen beeinflußte Leistung ist nicht neu festzustellen, solange sich das Bruttoeinkommen seit der letzten Feststellung dieser Leistung insgesamt um weniger als 5 Euro monatlich erhöht oder das Vergleichseinkommen im Sinne des § 30 Abs. 5 insgesamt um weniger als 5 Euro monatlich gemindert hat, es sei denn, daß eine Neufeststellung einer dieser Leistungen aus anderem Anlaß notwendig wird.

(2) Der Grad der Schädigungsfolgen rentenberechtigter Beschädigter darf nicht vor Ablauf von zwei Jahren nach Bekanntgabe des Feststellungsbescheids niedriger festgesetzt werden. Ist durch Heilbehandlung eine wesentliche und nachhaltige Besserung des schädigungsbedingten Gesundheitszustandes erreicht worden, so ist die niedrigere Festsetzung schon früher zulässig, jedoch frühestens nach Ablauf eines Jahres nach Abschluß dieser Heilbehandlung.

(3) Bei Versorgungsberechtigten, die das 55. Lebensjahr vollendet haben, ist der Grad der Schädigungsfolgen wegen Besserung des schädigungsbedingten Gesundheitszustandes oder einer Änderung der Verordnung nach § 30 Abs. 17 infolge neuer medizinisch-wissenschaftlicher Erkenntnisse nicht niedriger festzusetzen, wenn er in den letzten zehn Jahren seit Feststellung nach diesem Gesetz unverändert geblieben ist. Entsprechendes gilt für die Schwerstbeschädigtenzulage, wenn deren Stufe in den letzten zehn Jahren seit Feststellung unverändert geblieben ist. Veränderungen aus anderen als medizinischen Gründen bleiben bei der Berechnung der Frist unberücksichtigt.

(4) Wird der gemeinsame Haushalt aufgelöst, den eine Schwerbeschädigte oder ein Schwerbeschädigter mit den in § 30 Abs. 12 Satz 1 genannten Personen geführt hat, so sind der Grad der Schädigungsfolgen nach § 30 Abs. 2 und der Berufsschadensausgleich nach § 30 Abs. 16 von Amts wegen nur neu festzustellen, wenn ihr oder ihm ohne die Schädigungsfolgen die Aufnahme eines anderen Berufs zuzumuten wäre oder nach Wegfall des Berufsschadensausgleichs nach § 30 Abs. 16 ein Berufsschadensausgleich nach § 30 Abs. 3 bis 11 zusteht.

VV zu § 62

1. Bei der Neufeststellung einer vom Einkommen beeinflußten Leistung sind Änderungen der Einkommensverhältnisse, die für sich allein keinen Rechtsgrund für eine Neufeststellung nach § 62 Abs. 1 darstellen, mitzuberücksichtigen.

2. Eine ärztliche Nachuntersuchung von Amts wegen soll im allgemeinen unterbleiben, wenn der Gesamtbefund feststeht und mit einer wesentlichen Änderung der Schädigungsfolgen nach ihrer Art und dem bisherigen Verlauf nicht mehr zu rechnen ist; das gilt z.B. beim glatten Verlust von Gliedmaßen, bei Gelenkversteifungen, die seit vielen Jahren bestehen, beim Verlust der Augen und bei den meisten Fällen von Hirn- und Rückenmarksverletzungen.
3. Ist die Feststellung der Minderung der Erwerbsfähigkeit durch Urteil oder Vergleich geändert worden, so beginnt die Frist des § 62 Abs. 2 Satz 1 von dem Zeitpunkt an zu laufen, in dem das Urteil für die Versorgungsverwaltung durch Rechtsmittel nicht mehr anfechtbar oder der Vergleich für die Versorgungsverwaltung rechtsverbindlich geworden ist. Ist ein angefochtener Bescheid durch Urteil bestätigt worden, beginnt die Frist mit dem Tag der Bekanntgabe dieses Bescheides. Ein Entziehungs- oder Minderungsbescheid darf nicht vor Ablauf der zweijährigen Frist bekanntgegeben werden. Bei der Berechnung der zweijährigen Frist bleiben Bescheide außer Betracht, durch die Rentenerhöhungsanträge mangels wesentlicher Änderung der Verhältnisse abgelehnt worden sind.
4. Als Heilbehandlung im Sinne des § 62 Abs. 2 Satz 2 gelten Heilbehandlung und Badekur nach dem Bundesversorgungsgesetz und nach Gesetzen, die das Bundesversorgungsgesetz für anwendbar erklären. Die Heilbehandlung ist als abgeschlossen zu betrachten, wenn der Beschädigte sie abbricht, der behandelnde Arzt sie wegen Erreichens des Behandlungszwecks abschließt oder die Badekur oder Heilstättenbehandlung beendet ist.
5. Für die Vollendung des fünfundfünfzigsten Lebensjahres gilt die Verwaltungsvorschrift zu § 31 entsprechend. Maßgebend für die Anwendung von § 62 Abs. 3 ist das Lebensalter im Zeitpunkt der Bekanntgabe des Bescheides.
6. Die Frist des § 62 Abs. 3 beginnt mit dem Zeitpunkt, in dem die Fristsetzung rechtlich wirksam geworden ist.
7. Ob einer Schwerbeschädigten nach Auflösung ihres Haushalts die Aufnahme einer Erwerbstätigkeit zuzumuten wäre (§ 62 Abs. 4), richtet sich insbesondere nach Lebensalter und Gesundheitszustand der Schwerbeschädigten, sowie nach der Art des aufzunehmenden Berufes und nach den örtlichen Verhältnissen. Dabei sind auch die soziale Stellung der Schwerbeschädigten und die Wertigkeit des Berufes zu berücksichtigen. Als aufzunehmender Beruf ist der Beruf zugrunde zu legen, den die Schwerbeschädigte ohne die Schädigungsfolgen nach ihren Lebensverhältnissen, Kenntnissen, Fähigkeiten sowie nach ihrer Schul- und Berufsausbildung ausüben würde.

Aus Rundschreiben, Urteilen etc.

BSG v. 29.8.1990 – 9a/9 RV 32/88 (Breithaupt 1991/503)
Wer seit über 10 Jahren Leistungen auf Grund eines Versorgungsleidens erhält und über 55 Jahre alt ist, behält nach § 62 Abs. 3 Satz 1 BVG die Leistungen nicht nur trotz wesentlicher Besserung des Versorgungsleidens, sondern auch dann, wenn festgestellt wird, daß das Leiden unzweifelhaft von Anfang an rechtswidrig als Versorgungsleiden anerkannt worden ist; die Leistung darf auch nicht nach § 48 Abs. 3 SGB X von Erhöhungen ausgespart werden.

BMA v. 31.7.2001 – IV c 5 (neu) – 65430–10/65463–5/1 (BArbBl. 9/2001, 121)
Eine Neufeststellung nach § 48 SGB X ist in den Fällen, in denen bereits eine bindende Entscheidung über die Anerkennung von Schädigungsfolgen vorliegt, nur dann zulässig, wenn sich die Verhältnisse nach der letzten Feststellung wesentlich geändert haben. Eine wesentliche Änderung im Ausmaß der Schädigungsfolgen unter Beachtung von § 62 Abs. 2 BVG liegt nach Nr. 24 Abs. 2 der „Anhaltspunkte“ u. a. vor, wenn der veränderte Gesundheitszustand mehr als sechs Monate angehalten hat oder voraussichtlich anhalten wird und die Änderung des MdE-Grades wenigstens 10 beträgt.
Wie mir bekannt geworden ist, werden diese Grundsätze im Rahmen der Überprüfung bei chronischen Leiden (z. B. chronische Hepatitis C, Crohn-Krankheit, Arthrosen) nicht immer genügend beachtet. So wird eine wesentliche Änderung der Verhältnisse im Sinne einer Besserung nicht selten schon dann angenommen, wenn einzelne Befunde (z. B. ein histologischer Befund oder einzelne Laborwerte) ein günstigeres Ergebnis als zum Zeitpunkt der letzten Entscheidung zeigen. Bei chronischen Leiden ist jedoch zu berücksichtigen, dass einzelne, insbesondere laborchemisch oder bioptisch erhobene Befunde, nicht immer das tatsächliche Ausmaß des Leidenszustandes zum Zeitpunkt der Untersuchung wiedergeben und auch chronische Leiden selbst unter Therapie Schwankungen im Leidenszustand aufweisen. Deshalb ist vor der Feststellung einer Besserung des Leidens sorgfältig zu prüfen, ob die festgestellte Änderung wesentlich ist. Hierbei ist der jeweilige Gesamtleidenszustand unter Beachtung aller klinischen, laborchemischen, histologischen und bildgebenden Untersuchungsbefunde sowie des bisherigen Verlaufs der Erkrankung zugrunde zu legen und darzutun, dass der gebesserte Gesamtleidenszustand als so stabil anzusehen ist, dass er über einen Zeitraum von sechs Monaten hinaus angehalten hat oder voraussichtlich anhalten wird.
Kann zum Zeitpunkt der Begutachtung medizinisch nicht eindeutig beurteilt werden, ob eine festgestellte Besserung über ein halbes Jahr hinaus anhalten wird, ist eine Kontrolluntersuchung erforderlich. Diese Kontrolle ist nach meiner Auffassung in Verbindung mit der vorausgegangenen Untersuchung als einheitlicher Überprüfungsvorgang anzusehen, nach dessen Abschluss erst feststellbar ist, ob sich die gesundheitlichen Verhältnisse tatsächlich auf Dauer wesentlich geändert haben. Dieses Verfahren erhöht nicht nur die Qualität von Verwaltungsentscheidungen, sondern ist im Interesse der Rechtssicherheit der Betroffenen auch geboten. Ich bitte, entsprechend zu verfahren.

BMA v. 8.10.2001 – IV c 3 – 64068–5 (nicht veröffentlicht)
Durchführung des Zehnten Buches Sozialgesetzbuch;
hier: Anwendung des § 48 Abs. 3 SGB X bzw. § 62 Abs. 3 BVG analog
Es ist die Frage an mich herangetragen worden, ob der inzwischen ständigen Rechtsprechung des Bundessozialgerichts zur Anwendbarkeit des § 48 Abs. 3 SGB X bei Vorliegen der Voraussetzungen des § 62 Abs. 3 Satz 1 BVG gefolgt werden soll (Urteile vom 29.08.1990 – 9 a/9 RV 32/88 –, vom 28.07.1999 – B 9 V 18/98 R – SozR 3–3100 § 62 Nr. 3 = br 1999, 183 und vom 15.12.1999 – B 9 V 26/98 R – Breith 2000, 394 ff).
Das Bundessozialgericht hat darin die Auffassung vertreten, dass in analoger Anwendung des § 62 Abs. 3 BVG bei Versorgungsberechtigten ab 55 Jahren, deren MdE seit 10 Jahren unverändert geblieben ist, eine Abschmelzung der regelmäßigen Rentenanpassungen auch dann nicht vorgenommen werden darf, wenn der dem Anspruch zugrunde liegende Verwaltungsakt zwar rechtswidrig ist (insbesondere

die MdE von Anfang an wegen einer fälschlich anerkannten Schädigungsfolge zu Unrecht festgestellt worden war), aber nach § 45 SGB X nicht zurückgenommen werden kann. Das Bundessozialgericht hat die Analogie mit rechtssystematischen Gründen, der Schließung einer Gesetzeslücke, begründet. Es hat andererseits klargestellt, dass es bei den sonstigen – nicht die regelmäßige Anpassung der Leistungen betreffenden – Änderungen der Verhältnisse zugunsten des Berechtigten bei der Anwendung des § 48 Abs. 3 SGB X bleibt.

Die analoge Anwendung des § 62 Abs. 3 BVG in den genannten Fällen ist zwar nicht zwingend (s. auch § 48 Abs. 3 Satz 2 SGB X). Im Interesse einer bundeseinheitlichen bestandskräftigen Verfahrensweise schließe ich mich jedoch der inzwischen ständigen Rechtsprechung des Bundessozialgerichts an und empfehle, künftig entsprechend zu verfahren. Der besondere Bestandsschutz für über 55-jährige Beschädigte mit einer mehr als zehn Jahre unveränderten MdE steht einer Abschmelzung nach § 48 Abs. 3 SGB X damit nur bei den regelmäßigen Rentenanpassungen (§ 56 BVG) entgegen, in allen anderen, nicht die regelmäßige Rentenanpassung betreffenden Änderungen der Verhältnisse zugunsten des Berechtigten (u. a. Erhöhung der MdE) bleibt es dagegen bei der bisherigen Verfahrensweise unter Anwendung des § 48 Abs. 3 SGB X.

Um Fehlentscheidungen rechtzeitig zu korrigieren, bitte ich im Übrigen in entsprechenden Fällen, frühzeitig vor Eintritt des 55. Lebensjahres und Ablauf der Zehnjahresfrist eine eingehende Überprüfung der Bescheide und ggf. deren Rücknahme zu veranlassen.

BSG v. 6. 7. 2006 B – 9 a V 4/05 R (Breithaupt 2007, 43)

Auch bei Versorgungsberechtigten im Beitrittsgebiet, die das 55. Lebensjahr vollendet haben, ist die Minderung der Erwerbsfähigkeit wegen Besserung des Gesundheitszustandes nur dann nicht niedriger festzusetzen, wenn sie in den letzten zehn Jahren seit der Feststellung nach dem BVG unverändert geblieben ist. Art. 3 Abs. 1 GG gebietet es nicht, die gesetzlich vorgesehene Mindestfrist wegen der Besonderheiten der deutschen Wiedervereinigung zu verkürzen oder ganz entfallen zu lassen.

§ 63

(weggefallen)

Besondere Vorschriften für Berechtigte außerhalb des Geltungsbereiches dieses Gesetzes

§ 64 (Berechtigte Personen)

Berechtigte mit Wohnsitz oder gewöhnlichem Aufenthalt im Ausland erhalten Versorgung wie Berechtigte im Geltungsbereich dieses Gesetzes, soweit die §§ 64 a bis 64 f nichts Abweichendes bestimmen. Die Leistungen können mit Zustimmung des Bundesministeriums für Arbeit und Soziales ganz oder teilweise versagt oder entzogen werden, wenn

1. der Leistungszweck nicht erreicht werden kann, insbesondere der fremde Staat Renten nach diesem Gesetz auf eigene Renten ganz oder teilweise anrechnet, oder

2. in der Person des Berechtigten ein von ihm zu vertretender wichtiger Grund, insbesondere eine gegen die Bundesrepublik Deutschland gerichtete Handlung des Berechtigten, vorliegt.

§ 64 a (Heil- und Krankenbehandlung)

(1) Beschädigte führen die Heilbehandlung wegen der anerkannten Folgen einer Schädigung selbst durch, soweit sie nicht im Geltungsbereich dieses Gesetzes gewährt wird. Sie erhalten die nachgewiesenen medizinisch notwendigen und angemessenen Kosten bis zur zweifachen Summe der Kosten einer entsprechenden Heilbehandlung im Geltungsbereich dieses Gesetzes erstattet; in besonders begründeten Fällen kann auch der darüber hinausgehende Betrag teilweise oder ganz erstattet werden. Die Kosten für Arznei- und Verbandmittel sowie Heilmittel können in voller Höhe ersetzt werden. Die Heilbehandlung wegen Schädigungsfolgen kann auch im Geltungsbereich dieses Gesetzes nach vorheriger Genehmigung durch die zuständige Verwaltungsbehörde durchgeführt werden, wenn medizinische oder Kostengründe dies erfordern.

(2) Versorgungskrankengeld und Beihilfe nach § 17 sind ausgeschlossen. Leistungen der Heil- und Krankenbehandlung nach § 10 Absatz 2, 4, 5 und 6 Satz 1 und § 11 Absatz 4 werden in Höhe der im Wohnsitzstaat üblichen Leistungen erstattet; Absatz 6 bleibt unberührt. Sollte eine Ermittlung der Heilbehandlungskosten im Wohnsitzstaat nicht möglich sein, kann eine Zuwendung bis zur einfachen Höhe der üblichen Leistungen erbracht werden, die der Versorgungsberechtigte im Inland erhalten würde.

(3) Für Kurmaßnahmen werden Kosten nur erstattet und Zuwendungen nur gegeben, wenn die zuständige Verwaltungsbehörde der Maßnahme vorher zugestimmt hat. Leistungen für Versehrtenleibesübungen außerhalb des Geltungsbereiches dieses Gesetzes sind ausgeschlossen.

(4) Ansprüche, die der Berechtigte gegen Träger gesetzlicher oder privater Versicherungen oder ähnlicher Einrichtungen hat, werden auf die Leistungen der Heil- und Krankenbehandlung nach diesem Gesetz angerechnet, soweit sie zu verwirklichen sind.

(5) Für die Erstattung der Reisekosten und den Ersatz entgangenen Arbeitsverdienstes ist § 24 entsprechend anzuwenden.

(6) Die zuständige Verwaltungsbehörde kann anstelle von Leistungen nach den Absätzen 1 bis 3 auch Beiträge für eine Versicherung der Berechtigten im Wohnsitzstaat übernehmen, wenn eine besondere Härte vorliegt, oder Leistungen in Zusammenarbeit mit einer ausländischen Krankenversicherung, mit der sie einen Vertrag geschlossen hat, erbringen.

Aus Rundschreiben, Urteilen etc.

BMAS v. 29. 12. 2012 – V b 2 – 54600–4
Durchführung des Sozialen Entschädigungsrechts; Versorgung von Berechtigten mit Wohnsitz im Ausland
Neue Richtlinien Ausland

Richtlinien des Bundesministeriums für Arbeit und Soziales für die Versorgung von Kriegsopfern und gleichgestellten Personen im Ausland (Richtlinien Ausland)
Die gesetzlichen und verwaltungsmäßigen Regelungen für die Versorgung von Kriegsopfern und gleichgestellten Personen im Ausland werden im Einvernehmen mit den beteiligten obersten Landesbehörden in den folgenden Richtlinien Ausland zusammengefasst.
Teil A. Regelungen der Auslandsversorgung und Auslandsfürsorge mit Wirkung ab dem 01. Juli 2011 auf der Grundlage des Gesetzes zur Änderung des Bundesversorgungsgesetzes und anderer Vorschriften vom 20. Juni 2011
1. Berechtigter Personenkreis
1.1 Berechtigte nach dem BVG
Die Richtlinien Ausland gelten für den berechtigten Personenkreis nach § 7 BVG. Mit der zum 01. Juli 2011 in Kraft getretenen Neufassung des § 7 Abs. 1 BVG wurde der grundsätzlich anspruchsberechtigte Personenkreis nicht verändert.
Die berechtigten Personengruppen wurden übersichtlicher zusammengefasst, außerdem wurde klargestellt, dass der Anspruch der Hinterbliebenen nach dem BVG von der Staatsangehörigkeit der Hinterbliebenen unabhängig ist.
1.2 Berechtigte nach den Gesetzen, die das BVG für anwendbar erklären
Die Richtlinien Ausland gelten ferner für Berechtigte, die in entsprechender Anwendung des BVG Leistungen nach den folgenden Gesetzen erhalten:
- *Soldatenversorgungsgesetz (SVG)*
- *Zivildienstgesetz (ZDG)*
- *Häftlingshilfegesetz (HHG)*
- *Strafrechtliches Rehabilitierungsgesetz (StrRehaG)*
- *Verwaltungsrechtlichtes Rehabilitierungsgesetz (VwRehaG)*
- *Gesetz über die Entschädigung für Opfer von Gewalttaten (OEG)*
- *Infektionsschutzgesetz (IfSG)*

soweit in diesen Gesetzen nicht spezielle Regelungen für Leistungen an Berechtigte mit Wohnsitz im Ausland getroffen wurden.
1.3 Weitere Berechtigte
Die Richtlinien Ausland gelten für alle Personengruppen, die im Wege der allgemeinen Zustimmung nach § 8 BVG in der bis zum 30. Juni 2011 gültigen Fassung in die Versorgung nach dem BVG einbezogen wurden.
Sie gelten außerdem für alle Personengruppen, die im Wege von zwischenstaatlichen Verträgen in die Versorgung nach dem BVG einbezogen wurden.
1.4 Gewöhnlicher Aufenthalt im Ausland
Die Richtlinien Ausland gelten für Berechtigte nach den Ziffern 1.1 bis 1.3, wenn sie ihren Wohnsitz oder gewöhnlichen Aufenthalt im Ausland haben. Dabei ist § 30 Abs. 3 des Ersten Buches Sozialgesetzbuch (SGB I) maßgebend.
Ein gewöhnlicher Aufenthalt im Ausland ohne Begründung eines Wohnsitzes ist als gegeben anzusehen, wenn der Aufenthalt über die Dauer eines Jahres hinausgeht oder nach seiner Zweckbestimmung von vornherein angenommen werden kann, dass er zeitlich nicht auf die Dauer eines Jahres begrenzt bleiben wird.
1.5 Kein gewöhnlicher Aufenthalt im Ausland
Ein gewöhnlicher Aufenthalt im Ausland liegt nicht vor
a) beim Besuch von Angehörigen bis zu einem Jahr, sofern der Wohnsitz im Geltungsbereich des BVG nicht aufgegeben wird,

b) bei dienstlichem Aufenthalt Angehöriger von Heimatbehörden im Ausland, solange die Dienstbezüge durch diese Stellen gezahlt werden,
c) bei Beschäftigung im Ausland aufgrund von Beschäftigungsverträgen mit in- und ausländischen Firmen, sofern der Wohnsitz im Geltungsbereich des BVG nicht aufgegeben wird,
d) bei Schul- oder Berufsausbildung während der Dauer dieser Ausbildung, sofern der Wohnsitz im Geltungsbereich des BVG nicht aufgegeben wird,
e) während der Durchführung einer stationären Behandlung.

2. Anspruch auf Versorgung, Ausschlussgründe

2.1 Anspruch Für Versorgungsberechtigte im Sinne der Ziffer 1 der Richtlinien Ausland gilt das Bundesversorgungsgesetz in seiner jeweiligen Fassung mit seinen Rechtsverordnungen und Verwaltungsvorschriften sowie den zu seiner Durchführung ergangenen Rundschreiben, soweit nicht aufgrund gesetzlicher Ermächtigungen Abweichungen festgelegt worden sind oder künftig festgelegt werden.

2.2 Ausschlussgründe
Für die Anwendung von § 7 Abs. 2 BVG gelten die folgenden Anhaltspunkte, soweit nicht zwischenstaatliche Vereinbarungen etwas anderes bestimmen.

2.2.1 Die Verwaltungsbehörde prüft eigenständig nach pflichtgemäßem Ermessen, ob die Leistungen als Versorgungsanspruch aus derselben Ursache anzusehen sind. Eine allgemeine Bewertung ausländischer Gesetze durch das BMAS findet nicht statt.

2.2.2 Bei dem Anspruch auf Versorgung aus derselben Ursache gegen einen anderen Staat, der nach § 7 Abs. 2 BVG eine Anwendung dieses Gesetzes ausschließt, muss es sich um einen Anspruch auf Kriegsopferversorgung wegen Schädigungsfolgen handeln. Ein Anspruch auf Dienstzeitversorgung oder auf Leistung aus der Sozialversicherung stellt keinen Anspruch aus derselben Ursache im Sinne des § 7 Abs. 2 BVG dar.
Einen Anspruch auf Versorgung gegen einen anderen Staat besitzt jeder, dem das Versorgungsrecht eines anderen Staates einen entsprechenden Anspruch eröffnet. Dabei ist es unerheblich, ob der Anspruch nach ausländischem Recht im Einzelfall zu verwirklichen ist oder nicht (vgl. § 64 Abs. 1 Satz 2 Nr. 1 BVG).

2.2.3 Es kommt nicht auf den Rechtscharakter des Anspruchs gegen den anderen Staat an. Unter Anspruch ist jede rechtlich geschützte Anwartschaft auf Leistungen zu verstehen. Für die Anwendbarkeit des § 7 Abs. 2 BVG ist es daher unerheblich, ob das ausländische Recht die Kriegsopferversorgung als widerrufliche Leistung, Kannleistung oder als Leistung im Wege des Härteausgleichs vorsieht.
Ein Anspruch gegen einen anderen Staat geht nicht dadurch verloren, dass das für den Berechtigten maßgebende ausländische Recht eine Wahlmöglichkeit zwischen der Versorgung nach dem betreffenden ausländischen Recht und dem Recht eines fremden Staates vorsieht oder eine Verzichtsmöglichkeit auf die ausländische Versorgung einräumt.

2.2.4 Ein Anspruch gegen einen anderen Staat im Sinne des § 7 Abs. 2 BVG bleibt grundsätzlich auch dann erhalten, wenn dieser Staat einen Anspruch wegen Fristversäumnis ablehnt.

2.2.5 Enthält das ausländische Versorgungsrecht für Kriegsopfer und ihre Hinterbliebenen im Einzelfall keine dem § 1 Abs. 3 Satz 2, dem § 44 Abs. 2 oder dem § 48 BVG vergleichbare Regelung, so sind die entsprechenden Leistungen nach dem Bundesversorgungsgesetz nicht ausgeschlossen.

2.2.6 Der Grad der Schädigungsfolgen, den das ausländische Recht als Anspruchsvoraussetzung aufstellt, ist nicht erheblich. Die Ausschlussvorschrift des § 7 Abs. 2 BVG findet somit auch dann Anwendung, wenn der nach ausländischem Recht zur Gewährung einer Leistung erforderliche Grad der Schädigungsfolgen nach den Bewertungsmaßstäben dieses Rechts nicht erreicht ist, er aber nach deutscher Bewertung zum Bezuge von Leistungen nach dem Bundesversorgungsgesetz ausreichen würde.

2.2.7 Nach dem Wortlaut des § 7 Abs. 2 BVG ist die Höhe der Leistung nach dem ausländischen Recht ebenfalls ohne Bedeutung. Eine Versorgung nach dem Bundesversorgungsgesetz ist daher auch dann ausgeschlossen, wenn die Leistungen nach fremdem Recht niedriger sind als die des Bundesversorgungsgesetzes.

3. Heil- und Krankenbehandlung

Die Leistungen der Heil- und Krankenbehandlung im Ausland werden nach § 64a BVG erbracht. Bei Bedürftigkeit kann auch Krankenhilfe der Kriegsopferfürsorge nach § 64b Abs. 1 Satz 1 Nr. 1 BVG erbracht werden.

3.1 Vorrang der Leistungen aus bestehender Krankenversicherung

Anzurechnen und daher vorrangig zu prüfen sind gemäß § 64a Abs. 4 BVG bei allen Berechtigten Ansprüche gegen eine bestehende Krankenversicherung.

3.2 Sachleistungen

Wurden an den Berechtigten Sachleistungen erbracht, so ist zu prüfen, ob der Bedarf damit gedeckt ist. Kosten für darüber hinausgehenden Bedarf werden in Höhe der notwendigen und angemessenen Kosten gemäß Ziff. 3.3 erstattet.

3.3 Heilbehandlung wegen Schädigungsfolgen

Heilbehandlungskosten wegen Schädigungsfolgen können bis zur zweifachen Höhe des im Inland Üblichen erstattet werden, in Einzelfällen auch darüber hinaus (§ 64a Abs. 1 BVG). Als Einzelfall, in dem mehr als das Doppelte erstattet werden kann, kommt insbesondere ein sehr hohes Preisniveau für Behandlungskosten im Aufenthaltsstaat oder ein sehr niedriges Einkommen des Berechtigten in Betracht.

3.4 Heil- und Krankenbehandlung in anderen Fällen

Alle anderen Leistungen (bei Beschädigten für Nichtschädigungsfolgen und bei allen anderen Leistungsberechtigten) werden nur in Höhe des im Aufenthaltsstaat Üblichen erstattet. Ausnahmsweise können, wenn die im Aufenthaltsstaat üblichen Leistungen nicht ermittelbar sind, Beträge bis zur einfachen Höhe des im Geltungsbereich des Bundesversorgungsgesetzes Üblichen (§ 64 Abs. 2 BVG) erstattet werden.

3.5 Erbringung von Leistungen im Inland

Alternativ können Leistungen wegen Schädigungsfolgen auf Antrag auch im Inland erbracht werden, wenn dies entweder aus medizinischen Gründen sinnvoll erscheint (Beispiel: Eine notwendige Operation wird im Aufenthaltsstaat nicht angeboten oder der Antragsteller müsste unzumutbar lange darauf warten) oder kostengünstiger ist. Bei der Prüfung der potenziellen Kosten im Vergleich zwischen Inland und Ausland sind auch die Reisekosten nach § 64a Abs. 5 BVG i.V.m. § 24 BVG einzubeziehen. Bei medizinischer Notwendigkeit sind hohe Kosten kein Ablehnungsgrund.

Leistungen, die nicht wegen Schädigungsfolgen erforderlich sind, können in der Regel nicht im Geltungsbereich dieses Gesetzes erbracht werden.

3.6 Erstattung von Kosten einer Krankenversicherung

Bei Personen, die nicht versichert sind, kann der Träger der KOV im Einzelfall alternativ zur Erstattung der vollen Kosten auch Kosten einer neu abzuschließenden landesüblichen Krankenversicherung übernehmen, falls dies günstiger erscheint (§ 64a Abs. 6 BVG). Zu beachten ist jedoch § 87 Abs. 3 BVG: Für Leistungen nach § 64a BVG gilt § 10 Abs. 7 BVG mit der Maßgabe, dass Leistungen ausgeschlossen sind, wenn Berechtigte oder diejenigen Personen, für die Krankenbehandlung beantragt wird, nach dem 2. Februar 2011 eine im Wohnsitzstaat übliche gesetzliche oder vergleichbare Versicherung gekündigt haben oder auf Antrag von der Versicherungspflicht befreit wurden.

3.7 Vereinbarung mit ausländischer Krankenversicherung

Alternativ dazu kann auch ein Verfahren wie nach den EG-Verordnungen Nr. 1408/71 und Nr. 574/72. angestrebt werden, bei dem eine ausländische Krankenkasse die Versorgung übernimmt und dann über die Verbindungsstelle mit dem deutschen Träger (hier der KOV-Behörde oder einer beauftragten Krankenkasse) abrechnet. Da die genannten Verordnungen die ausländischen Versicherer aber nur im Hinblick auf deutsche Arbeitnehmer und Rentner, nicht jedoch auf deutsche BVG-Berechtigte, binden, kann dies nur auf freiwilliger Basis erfolgen.

3.8 Reisekosten

§ 24 BVG ist für die Reisekosten anzuwenden mit der Maßgabe, dass die Angemessenheit sich nach den Umständen im jeweiligen Staat richtet.

3.9 Badekuren

Für Kurmaßnahmen werden Kosten nur erstattet und Zuwendungen nur gegeben, wenn die zuständige Verwaltungsbehörde der Maßnahme vorher zugestimmt hat (§ 64a Abs. 3, Satz 1 BVG).

Badekuren werden von Berechtigten mit Wohnsitz im Ausland in der Regel im Aufenthaltsstaat durchgeführt. Für Schädigungsfolgen kann auch eine Erbringung im Inland gemäß Ziff. 3.5 erfolgen. Die Kurrichtlinien in der jeweils gültigen Fassung finden Anwendung.

4. Auslands-Kriegsopferfürsorge

4.1 Zuständigkeit

Bei der Versorgungsverwaltung eingehende Anträge auf Leistungen der Kriegsopferfürsorge sind unverzüglich an die zuständige Hauptfürsorgestelle (§ 53 Abs. 4 KFürsV i. V. m. der AuslZustV) weiterzuleiten.

4.2 Leistungen der Kriegsopferfürsorge

Die Leistungen der Kriegsopferfürsorge im Ausland werden nach § 64b BVG erbracht.

4.3 Dienstleistungen

Besucher aus dem Ausland sind über Leistungen der Kriegsopferfürsorge zu informieren und zu beraten. Beratung im Ausland ist in Form von Sprechtagen und Hausbesuchen nur unter besonderer Beachtung der Grundsätze der Verhältnismäßigkeit, Zweckmäßigkeit und Sparsamkeit durch die Träger der Kriegsopferfürsorge vorzunehmen.

4.4 Erbringung von Leistungen in Österreich

Nach dem Vertrag zwischen der Bundesrepublik Deutschland und der Republik Österreich über Kriegsopferversorgung und Beschäftigung Schwerbeschädigter vom 7. Mai 1963 (Bundesgesetzblatt 1964 II S. 221 ff) erhalten Personen, denen Beschädigtenversorgung nach dem BVG zuerkannt ist, Leistungen zur Teilhabe am Arbeitsleben (mit Ausnahme der Leistungen für den Lebensunterhalt) nach den österreichischen Rechtsvorschriften (Art. 8 a. a. O.), wenn sie ihren ständi-

gen Aufenthalt in Österreich haben. Für diese Leistungen ist die Zentrale des österreichischen Bundessozialamtes in Wien und seine neun Bundesstellen zuständig (vgl. Art. 1 des Gesetzes zum Kriegsopferversorgungsvertrag mit Österreich vom 10. 03. 1964 (BGBl.1964 II S. 220) i. V. m. Art. 8 des Kriegsopferversorgungsvertrags mit Österreich; für OEG-Berechtigte siehe Teil II des Rundschreibens des BMA vom 23. 06. 1977 – BArbBl. Nr. 4/1980 S. 123).

4.5 Empfehlungen zur Auslands-Kriegsopferfürsorge

Weitere Hinweise zur Auslands-Kriegsopferfürsorge enthält Abschnitt 17 der „Empfehlungen zur Kriegsopferfürsorge" der Bundesarbeitsgemeinschaft der Integrationsämter und Hauptfürsorgestellen (BIH).

5. Leistungen der Kriegsopferversorgung

5.1 Rentenleistungen

Rentenleistungen werden grundsätzlich in gleichem Umfang wie im Inland erbracht, wenn sie nicht nach § 64 BVG ganz oder teilweise versagt oder entzogen werden oder gemäß § 64d Abs. 2 BVG dem Berechtigten nicht zugeführt werden können.

5.2 Berufsschadensausgleich und Ausgleichsrente

Bei der Festsetzung des Berufsschadensausgleichs muss zunächst festgestellt werden, ob überhaupt eine Einkommenseinbuße vorliegt, d. h. ob der/die Betroffene ohne die Beschädigung ein höheres Einkommen erzielt hätte. In diesem Prüfungsschritt muss also auf die Einkommensverhältnisse im Aufenthaltsstaat abgestellt werden.

Bei der Berechnung des Berufsschadensausgleichs werden gemäß § 64c Abs. 2 BVG inländische Verhältnisse zugrunde gelegt, d. h., es wird einem inländischen Durchschnittseinkommen für die Besoldungsstufe der tatsächlich ausgeübten Tätigkeit ein inländisches Vergleichseinkommen in der Besoldungsstufe der ohne Beschädigung womöglich ausgeübten Tätigkeit gegenübergestellt.

Bei der Ausgleichsrente gelten die im Inland anwendbaren Regelungen zur nicht zu vertretenden Verhinderung an der Ausübung einer Erwerbstätigkeit (§ 32 Abs. 1 BVG) entsprechend.

5.3 Bestattungsgeld

Die Höhe des Bestattungsgeldes richtet sich nach § 64c Abs. 6 BVG. Leistungen aus einer ausländischen oder inländischen staatlichen Versicherung, die der Deckung der Kosten für die Bestattung dienen, sind anzurechnen. Eine Differenzierung danach, ob der Berechtigte an Schädigungsfolgen verstarb, findet nicht statt.

6. Verfahren

6.1 Örtliche Zuständigkeit

6.1.1 Berechtigte nach dem BVG

Die örtliche Zuständigkeit der Träger der Kriegsopferversorgung und Kriegsopferfürsorge richtet sich bei Berechtigten nach dem BVG nach der Verordnung über die Zuständigkeit der Verwaltungsbehörden der Kriegsopferversorgung für Berechtigte im Ausland (Auslandszuständigkeitsverordnung – AuslZustV). Eine aktuelle Übersicht ist in Anhang II beigefügt.

6.1.2 Gesetze, die das BVG für anwendbar erklären

Die örtliche Zuständigkeit der Träger der Kriegsopferversorgung und der Kriegsopferfürsorge für Gesetze, die das BVG für anwendbar erklären, richtet sich nach den Regelungen in diesen Gesetzen.

6.2 Verfahrensrecht

Die jeweils maßgebenden verfahrensrechtlichen Vorschriften gelten, soweit nicht Besonderheiten der Versorgung von Kriegsopfern außerhalb des Bundesgebiets eine abweichende Regelung erfordern. Spezielle Regelungen für das Verfahren im Ausland ergeben sich insbesondere aus den §§ 64d und 64f BVG.

6.3 Lebensbescheinigungen

Grundsätzlich sind Lebensbescheinigungen der Meldebehörden des jeweiligen Staates oder der zuständigen deutschen Auslandsvertretung vorzulegen. Wenn sich am Wohnort des Berechtigten weder eine Meldebehörde noch eine Auslandsvertretung der Bundesrepublik Deutschland befindet, so kann die Bescheinigung über die Richtigkeit der Angaben durch eine ausländische Behörde, einen Notar, den Vorstand eines deutschen Vereins oder durch einen Geistlichen vorgenommen werden. Auf die Beglaubigung (Legalisation) der für Berechtigte im Ausland auszustellenden Lebensbescheinigung mit der zusätzlichen Angabe der Staatsangehörigkeit durch die deutschen Auslandsvertretungen kann grundsätzlich nur verzichtet werden, wenn zwischen der Bundesrepublik Deutschland und dem Lande, in dem sie ausgestellt wurden, ein Abkommen über die gegenseitige Anerkennung dieser Urkunden oder die Befreiung dieser Urkunden von der Legalisation besteht.

Bei Versorgungsberechtigten in Polen ist aufgrund der besonderen Vereinbarung mit der polnischen Sozialversicherungsanstalt (ZUS) das Einholen von Lebensbescheinigungen nicht erforderlich.

Wird die bestätigte Lebensbescheinigung von dem Berechtigten nicht rechtzeitig zurückgegeben, so ist dieser schriftlich darauf hinzuweisen, dass ihm die Versorgungsleistungen wegen fehlender Mitwirkungspflicht entzogen werden können. Dem Berechtigten ist zugleich eine angemessene neue Frist zur Beibringung der Lebensbescheinigung zu setzen; gegebenenfalls ist ihm ein neuer Vordruck der Lebensbescheinigung zu übersenden. Kommt der Berechtigte auch innerhalb der ihm gesetzten neuen Frist seiner Mitwirkungspflicht nicht nach, so ist die Zahlung der Versorgungsbezüge solange einzustellen, bis der Berechtigte die Mitwirkung nachgeholt hat (§§ 66, 67 SGB I).

6.4 Überweisungen ins Ausland

Überweisungen auf Konten von Familienangehörigen sind nicht zugelassen. Für Berechtigte, die ihren Wohnsitz in Israel haben, sind Überweisungen an ein Kibbuz zulässig. Bei Bekanntwerden eines Umzugs von Berechtigten vom Ausland ins Inland sind Überweisungen auf ausländische Konten sofort einzustellen.

6.5 Deutsche Dienststellen im Ausland

Die Träger der Kriegsopferversorgung und der Kriegsopferfürsorge arbeiten insbesondere bei der Ermittlung von Sachverhalten nach den hier behandelten Regelungen und bei der Erbringung von Leistungen unmittelbar mit den deutschen Dienststellen im Ausland zusammen.

6.6 Bilaterale Vereinbarungen

Die Träger der Kriegsopferversorgung und Kriegsopferfürsorge können bilaterale Vereinbarungen mit ausländischen Stellen, insbesondere den im Ausland für die Erbringung von Renten und Sozialleistungen zuständigen Institutionen, abschließen und durchführen.

Teil B. Übergangsregelungen

1. Übergangsvorschriften

1.1 Außerkrafttreten von Richtlinien und Rundschreiben

Die Richtlinien Ausland ersetzen die Richtlinien West von 1980 und gelten für alle Aufenthaltsstaaten.

Mit der Aufhebung des § 64e BVG und der Auslandsversorgungsverordnung (AuslVersV) zum 1. Juli 2011 durch das BVG-Änderungsgesetz 2011 sind die Richtlinien Ost sowie die dazu erlassenen Zusatzrichtlinien und Rundschreiben gegenstandslos geworden.

Mit diesen Richtlinien treten alle vor dem 4. Dezember 2008 erlassenen Rundschreiben zu den §§ 64 bis 64f BVG außer Kraft.

2. Anwendung von Ausschluss- und Vorrangregelungen

2.1 Überprüfung von Bestandsfällen

Es ist möglich, dass bei der Überprüfung und Neubescheidung von Leistungsfällen in den bisher dem § 64e BVG unterfallenden Staaten Tatsachen bekannt werden, auf deren Grundlage keine oder eine niedrigere Versorgung geleistet werden müsste als bisher. Dies könnte insbesondere der Fall sein, wenn eine ursachengleiche Leistung im Sinne von § 7 Abs. 2 BVG vorliegt, oder bei der Anrechnung anderer Rentenleistungen nach § 44 Abs. 5 BVG oder § 65 BVG. Für diese Fälle wurde mit dem Rundschreiben des BMAS vom 17. Juni 2009 – IVc2 – 47639/09 – eine allgemeine Zustimmung gemäß § 89 Abs. 2 BVG erteilt, den Empfängern aus Gründen des Vertrauensschutzes die bisher gezahlten Leistungen in der sich zum 1. Juli 2009 ergebenden Höhe (eingefroren) weiter zukommen zu lassen.

Dasselbe gilt für alle anderen laufenden Leistungen der Kriegsopferversorgung. Eine Anpassung der im Wege des Bestandsschutzes erbrachten Leistungen nach oben, insbesondere wegen Rentenanpassungen oder wegen Änderungen in der Person des Antragstellers, findet nicht statt.

Für erstmalig gestellte Anträge auf Hinterbliebenenversorgung für Hinterbliebene von Berechtigten, auf die § 7 Abs. 2 BVG anwendbar gewesen wäre, besteht kein Bestandsschutz.

3. Bestandsschutz in sonstigen Fällen

3.1 Wegfall der „Besucherversorgung"

Mit dem zum 1. Juli 2011 in Kraft getretenen vollständigen Wegfall des § 64e BVG entfallen auch die früher in § 64e Abs. 7 BVG vorgesehenen Leistungen; für diese kann es keinen Bestandsschutz geben.

3.2 Leistungen der Heil- und Krankenbehandlung

Leistungen der Heil- und Krankenbehandlung sind, auch wenn sie regelmäßig erbracht wurden, keine Dauerleistungen. Eine Erbringung für vor dem 1. Juli 2011 erbrachte Leistungen im Wege des Bestandsschutzes kommt daher grundsätzlich nicht in Betracht.

Davon abweichend kann eine nach § 64a Abs. 2 Satz 4 BVG in der vor dem 1. Juli 2011 geltenden Fassung gegebene Zuwendung wegen Pflegebedürftigkeit im Wege des Bestandsschutzes in der bis zum 30. Juni 2011 geleisteten Höhe weiter erbracht werden.

4. Härteausgleich

Sofern sich in einzelnen Fällen aus der Umstellung des Rechts zum 01. Juli 2011 besondere Härten ergeben, kommt ein Härteausgleich gemäß § 89 BVG in Betracht.

Anhang I. Verzeichnis der zwischenstaatlichen Verträge, die Sonderregelungen für bestimmte Gruppen von Berechtigten enthalten

- *Gesetz zu dem Vertrag vom 29. Mai 1962 zwischen der Bundesrepublik Deutschland und dem Spanischen Staat über Kriegsopferversorgung und zu dem Notenwechsel vom 16. Mai 1963 vom 31. März 1965 (BGBl. 1965 II S. 273)*
- *Gesetz zu dem Vertrag vom 7. Mai 1963 zwischen der Bundesrepublik Deutschland und der Republik Österreich über Kriegsopferversorgung und Beschäftigung Schwerbeschädigter vom 10. März 1964 (BGBl. 1964 II S. 220), zuletzt geändert durch Artikel 3 des Gesetzes vom 27. April 1970 (BGBl. 1970 II S. 197)*
- *Vereinbarung zwischen den Versorgungsämtern Ravensburg, Münster, Gelsenkirchen und Hamburg und der Sozialversicherungsanstalt – Büro für Auslandsrenten – in Warschau über die Übermittlung von Leistungen an beschädigte Angehörige der ehemaligen Wehrmacht und deren Hinterbliebene sowie ihnen gleichgestellte Personen vom 05. 06. 1991*

Anhang II. Überblick über die für die Versorgung von Berechtigten nach dem BVG im Ausland zuständigen Stellen

Gebiet	Kriegsopferversorgung	Hauptfürsorgestelle
Dänemark, Finnland, Island, Norwegen, Schweden	Landesamt für soziale Dienste Schleswig-Holstein Außenstelle Schleswig Seminarweg 6 24837 Schleswig	Landesamt für soziale Dienste Schleswig-Holstein – Hauptfürsorgestelle – Steinmetzstraße 1 – 11 24534 Neumünster
Luxemburg	Landesamt für Soziales, Jugend und Versorgung Moltkestraße 19 54292 Trier	Landesamt für Soziales, Jugend und Versorgung – Hauptfürsorgestelle – Baedekerstraße 2–10 56073 Koblenz
Andorra, Frankreich, Monaco	Landesamt für Soziales Hochstr. 67 66115 Saarbrücken	Landesamt für Soziales Hochstr. 67 66115 Saarbrücken
Griechenland, Italien, Österreich, San Marino, Vatikanstadt	Zentrum Bayern Familie und Soziales Region Oberbayern – Versorgungsamt – Richelstraße 17 80634 München	Zentrum Bayern Familie und Soziales Region Oberbayern – Hauptfürsorgestelle – Richelstraße 17 80634 München
Albanien, Bosnien und Herzegowina, Serbien, Kroatien, Mazedonien, Slowenien, Slowakei und Tschechien	Hessisches Amt für Versorgung und Soziales Fulda Washingtonallee 2 36041 Fulda	Hessischer Landeswohlfahrtsverband Ständeplatz 6–10 34117 Kassel
Belgien, Niederlande	Landschaftsverband Rheinland 50663 Köln	Landschaftsverband Rheinland 50663 Köln
Polen (nur Gebiete innerhalb der deutschen Grenzen von 1937), Rumänien, Ungarn	Landschaftsverband Westfalen-Lippe – Abteilung 63 – Von-Vincke-Str. 23–25 48143 Münster	Landschaftsverband Westfalen-Lippe LWL-Hauptfürsorgestelle Von-Vincke-Str. 23–25 48143 Münster

Gebiet	Kriegsopferversorgung	Hauptfürsorgestelle
Dänemark, Finnland, Island, Norwegen, Schweden	Landesamt für soziale Dienste Schleswig-Holstein Außenstelle Schleswig Seminarweg 6 24837 Schleswig	Landesamt für soziale Dienste Schleswig-Holstein – Hauptfürsorgestelle – Steinmetzstraße 1 – 11 24534 Neumünster
Großbritannien, Irland, Malta, Türkei; sonstige Staaten außerhalb Europas	Behörde für Arbeit, Soziales, Familie und Integration Versorgungsamt Hamburg Adolph-Schönfelder-Straße 5 22083 Hamburg	Behörde für Arbeit, Soziales, Familie und Integration Versorgungsamt Hamburg Adolph-Schönfelder-Straße 5 22083 Hamburg
Portugal, Spanien	Landratsamt Karlsruhe Amt für Versorgung und Rehabilitation Beiertheimer Allee 2 76137 Karlsruhe	Kommunalverband für Jugend und Soziales Baden-Württemberg – Hauptfürsorgestelle – Lindenspürstraße 39 70176 Stuttgart
Liechtenstein, Schweiz	Landratsamt Konstanz Amt für Gesundheit und Versorgung Scheffelstr. 15 78315 Radolfzell	Kommunalverband für Jugend und Soziales Baden-Württemberg – Hauptfürsorgestelle – Lindenspürstraße 39 70176 Stuttgart
Polen (Gebiete außerhalb der deutschen Grenzen von 1937), Nachfolgestaaten der ehemaligen Sowjetunion, übriges Europa	Landratsamt Ravensburg Eingliederungs- und Versorgungsamt Gartenstraße 107 88212 Ravensburg	Kommunalverband für Jugend und Soziales Baden-Württemberg – Hauptfürsorgestelle – Lindenspürstraße 39 70176 Stuttgart
Kanada, USA, Lateinamerika, Karibik	Amt für Versorgung und Integration Bremen Dezernat 1 Friedrich-Rauers-Str. 26 28195 Bremen	Amt für Versorgung und Integration Bremen Dezernat 1 Friedrich-Rauers-Str. 26 28195 Bremen

§ 64 b (Leistungen der Kriegsopferfürsorge)

(1) Berechtigte nach § 64 erhalten bei Bedürftigkeit

1. Krankenhilfe nach § 26 b,

2. Pflegegeld nach § 26 c Absatz 1,

3. ergänzende Hilfe zum Lebensunterhalt nach § 27 a.

Dasselbe gilt für die mit Berechtigten nach Satz 1 in einem Haushalt lebenden Angehörigen, wenn Beschädigte den Lebensunterhalt des Familienmitglieds überwiegend bestreiten, sowie für Witwen, Witwer, hinterbliebene Lebenspartner, hinterbliebene Lebenspartnerinnen und Waisen.

(2) Leistungen werden nur insoweit erbracht, als Beschädigte oder Hinterbliebene keine anderweitigen Leistungen für denselben Leistungszweck erhalten.

(3) Art, Form und Maß der Leistungen und der Einsatz von Einkommen und Vermögen richten sich nach den besonderen Verhältnissen des Aufenthaltsstaates unter Berücksichtigung der notwendigen Lebensbedürf-

nisse vor Ort. Die Träger der Kriegsopferfürsorge entscheiden nach pflichtgemäßem Ermessen über die Leistungserbringung.

(4) Bei der Entscheidung über eine Leistung der Krankenhilfe nach § 26 b und bei der Feststellung des Pflegegrades, der für die Erbringung von Pflegegeld nach § 26 c Absatz 1 erforderlich ist, kann das Zeugnis eines amtlich bestellten Arztes oder des Vertrauensarztes der zuständigen deutschen Auslandsvertretung hinzugezogen werden. Stehen solche Ärzte nicht zur Verfügung, kann das Zeugnis anderer Ärzte vor Ort hinzugezogen werden.

(5) Sofern sich in einzelnen Fällen aus der Anwendung der Vorschrift des Absatzes 1 Satz 1 eine besondere Härte ergibt, können mit Zustimmung des zuständigen Bundesministeriums weitere in den §§ 26 bis 27 d genannte Leistungen erbracht werden.

§ 64 c (Berücksichtigung ausländischer Einkünfte; Berufsschadensausgleich)

(1) Bei der Festsetzung der Versorgungsbezüge werden ausländische Einkünfte wie vergleichbare inländische Einkünfte berücksichtigt.

(2) Für die Festsetzung des Berufsschadensausgleichs gilt § 30 Absatz 3 bis 15. Bezieht der Beschädigte überwiegend ausländisches Einkommen, tritt an die Stelle seines tatsächlichen Einkommens aus gegenwärtiger oder früherer Tätigkeit (§ 30 Abs. 4 Satz 1) das Durchschnittseinkommen des Grundgehalts der Besoldungsgruppen der Bundesbesoldungsordnung A, der der Beschädigte im Inland zugerechnet werden würde. Ist die Voraussetzung des Satzes 2 nicht gegeben und hat der Beschädigte nach dem 30. Juni 1984 seinen Wohnsitz oder gewöhnlichen Aufenthalt ins Ausland verlegt, tritt an die Stelle seines bisher erzielten Erwerbseinkommens das Durchschnittseinkommen des Grundgehalts der Besoldungsgruppe der Bundesbesoldungsordnung A, der der Beschädigte vor der Übersiedlung zugeordnet worden wäre. In den Fällen der Sätze 2 und 3 gilt § 30 Abs. 11 Satz 2 entsprechend.

(3) Für die Festsetzung des Schadensausgleichs gilt § 40 a.

(4) Die §§ 60 bis 62 und 66 gelten, soweit nicht Besonderheiten der Versorgung von Kriegsopfern außerhalb des Bundesgebiets eine Abweichung bedingen. Eine Abweichung kann nur im Einvernehmen mit dem Bundesministerium für Arbeit und Soziales vorgenommen werden; es kann im Benehmen mit der zuständigen obersten Landesbehörde auch festlegen, wie die Versorgungsbezüge auszuzahlen sind.

(5) Kapitalabfindungen werden nicht gewährt.

(6) Bestattungsgeld wird beim Tod von Beschädigten bis zur Höhe des Betrags in § 36 Absatz 1 Satz 2 zweite Alternative, beim Tod von Hinterbliebenen bis zur Höhe des Betrags in § 53 Satz 2 zweite Alternative geleistet.

Aus Rundschreiben, Urteilen etc.

BSG v. 10.2.1972 – 8 RV 521/71 (AFb Nr. 6/1972 Bl. 58)
Anrechnung ausländischer Einkünfte

a) *Wenn ausländische Einkünfte wie vergleichbare inländische Einkünfte berücksichtigt werden sollen, ist nichts dagegen einzuwenden, grundsätzlich von der Verbrauchergeldparität – als Anhaltsschema – auszugehen. Allerdings ist die Versorgungsverwaltung nicht gezwungen, in jedem Fall vom amtlichen Devisenkurs abzuweichen, wenn die Disparität (wie in USA und Kanada) besonders groß ist.*
b) *Bezieht eine in den USA lebende deutsche Staatsangehörige Witwen- und Ausgleichsrente nach dem BVG und eine Rente aus der „Social Security" (der USA), so ist bei deren Anrechnung, wenn eine erhebliche Differenz zwischen dem amtlichen Devisenkurs und dem Kaufkraftwert besteht, die Verbrauchergeldparität und – wegen der gebotenen Gleichstellung mit inländischen Berechtigten – das deutsche Schema als Anhaltspunkt für die Umrechnung heranzuziehen.*

§ 64 d (Zahlung der Versorgungsbezüge)

(1) Die Zahlung der Versorgungsbezüge richtet sich nach den devisenrechtlichen Vorschriften. Bei Einkünften aus Staaten mit schwankendem Geldwert und damit verbundenen erheblichen Kursänderungen ist entsprechend der Regelung in § 60 a Absatz 1 Satz 2 zu verfahren. In diesen Fällen ist, sofern die Kursänderungen im Laufe des Kalenderjahres in einem gleichbleibenden Rahmen liegen, nach dem Ende des abgelaufenen Kalenderjahres bei der Feststellung der einkommensabhängigen Leistungen der durchschnittliche Kurs dieses Jahres zugrunde zu legen. In Fällen, in denen die Kurse während des Kalenderjahres größeren Schwankungen unterliegen, kann der durchschnittliche Kurs jeweils für einen größeren Zeitabschnitt ermittelt werden.

(2) Können dem Berechtigten die nach diesem Gesetz zustehenden Leistungen nicht zugeführt werden, so können mit Zustimmung des Bundesministeriums für Arbeit und Soziales Ersatzleistungen gewährt werden. Ein Anspruch auf nachträgliche Gewährung des Unterschieds zur vollen Versorgung besteht nicht.

Aus Rundschreiben, Urteilen etc.

BMAS v. 23.3.2015 – SER 1 – 54340/4 – SER 2 – 5461
Auslandsversorgung und -fürsorge;
Behandlung von Inkassokosten zur Geltendmachung von Regressansprüchen im Rahmen der Auslandsversorgung und -fürsorge
Die von den Inkassoinstituten bei der Einziehung von Forderungen im Ausland erhobenen Grundgebühren bzw. die von den Instituten geltend gemachten Erfolgshonorare werden bisher als Verwaltungskosten von den Ländern getragen. Die Kosten für die Leistungen der Auslandsversorgung und -fürsorge trägt jedoch zu 100 % der Bund, dem auch die erfolgreich eingetriebenen Forderungen zu 100 % zufallen. Den Ländern entstehen somit Kosten und Verwaltungsaufwand für die Geltendmachung von Forderungen im Ausland, deren Realisierung für sie keinen wirtschaftlichen Nutzen bringt.

Das Prüfungsamt des Bundes Stuttgart hat im September 2011 im Rahmen der Prüfung der Forderungen des Bundes im Bereich der Sozialen Entschädigung in Bremen u. a. die Einschaltung von Inkassoinstituten in den USA und Kanada geprüft. Da die Eintreibung der Forderungen im Ausland ausschließlich im wirtschaftlichen Interesse des Bundes liegt, hat das Prüfungsamt des Bundes Stuttgart angeregt, dass das Bundesministerium für Arbeit und Soziales (BMAS) eine generelle Regelung zu dieser Frage erlässt. Das Prüfungsamt schlägt insoweit vor, die in diesen Fällen von den Inkassoinstituten einbehaltenen Erfolgshonorarbeträge aus der Forderungsliste auszubuchen.

Das BMAS unterstützt den Vorschlag des Prüfungsamts und ist darüber hinaus der Auffassung, dass grundsätzlich auch die von den Inkassobüros in Rechnung gestellten Grundgebühren für die Fälle, in denen die Forderung nicht eingezogen werden kann, aus den o. g. Gründen vom Bund getragen werden sollten.

Die Vorschläge des Prüfungsamts und des BMAS wurden bereits bei mehreren Besprechungen oder Erfahrungsaustauschen mit den Ländern ausführlich diskutiert, u. a. bei der Sitzung des Arbeitsausschusses Empfehlungen zur Kriegsopferfürsorge der Bundesarbeitsgemeinschaft der Integrationsämter und Hauptfürsorgestellen vom 15. bis 17. April 2013 in Bremen. Die Teilnehmer/innen begrüßten im Ergebnis den Vorschlag des BMAS, dass die Erfolgshonorarbeträge sowie die anfallenden Grundgebühren zukünftig durch den Bund übernommen werden sollten.

Nach Abstimmung mit dem Bundesministerium für Finanzen sowie der Haushaltsabteilung des BMAS ist aus haushaltsrechtlichen Gründen eine direkte Buchung der Erfolgshonorarbeträge sowie der anfallenden Grundgebühren in den Bundeshaushalt nicht möglich. Das BMAS kann sich aber im Wege der Verrechnung an diesen Kosten der Länder beteiligen.

Daher habe ich keine Bedenken, wenn die Länder ab Inkrafttreten des Bundeshaushalts 2015 wie folgt verfahren:

- *Bei erfolgreicher Eintreibung von Forderungen im Ausland im Bereich der Kriegsopferversorgung und -fürsorge können die Länder die in diesen Fällen von den Inkassoinstituten einbehaltenen Erfolgshonorarbeträge aus der Forderungsliste ausbuchen.*
- *Bei erfolgloser Eintreibung von Forderungen im Ausland im Bereich der Kriegsopferversorgung und -fürsorge können die Länder die in diesen Fällen von den Inkassoinstituten in Rechnung gestellten Grundgebühren mit anderen, im selben Haushaltsjahr erfolgreich eingetriebenen Forderungen im Bereich der Auslandskriegsopferversorgung und -fürsorge verrechnen. Für die Verrechnung ist nicht erforderlich, dass im Einzelfall ein Inkassoinstitut eingeschaltet worden ist.*
- *Die Länder erstatten dem Bund Anfang Dezember eines Haushaltsjahres die tatsächlich im laufenden Haushaltsjahr vereinnahmten Gelder aus den Forderungen im Bereich der Auslandskriegsopferversorgung und -fürsorge (erfolgreich eingetriebene Forderungen abzüglich der von den Inkassoinstituten einbehaltenen Erfolgshonorarbeträge abzüglich der von den Inkassoinstituten bei erfolgloser Eintreibung in Rechnung gestellten Grundgebühren).*
- *Die Einnahmen und Ausgaben für die Eintreibung der Forderungen im Bereich der Auslandskriegsopferversorgung und -fürsorge können jedoch nur im laufenden Haushaltsjahr miteinander verrechnet werden; d. h. eine Verrechnung von Ausgaben mit Einnahmen aus vergangenen oder zukünftigen Haushaltsjahren ist nicht zulässig.*

§ 64e *(weggefallen)*

§ 64f (Verfahrensrechtliche Vorschriften)

(1) Die jeweils maßgebenden verfahrensrechtlichen Vorschriften gelten, soweit nicht Besonderheiten der Versorgung von Kriegsopfern außerhalb des Bundesgebiets eine vereinfachte Regelung bedingen. Eine vereinfachte Regelung bedarf der Zulassung durch das Bundesministerium für Arbeit und Soziales. Das gilt insbesondere für die Begründung von Bescheiden und die Zuziehung Dritter zum Verfahren.

(2) Ist ein Bedürfnis vorhanden, kann unbeschadet der §§ 13 bis 15 des Zehnten Buches Sozialgesetzbuch ein besonderer Vertreter bestellt werden, wenn dieser und der Antragsteller oder Versorgungsberechtigte einverstanden sind. Das Einverständnis des Antragstellers oder Versorgungsberechtigten kann beim Vorliegen besonderer Gründe unterstellt werden. § 15 Abs. 3 des Zehnten Buches Sozialgesetzbuch gilt entsprechend.

(3) § 60 gilt mit der Maßgabe, dass in den Fällen des Absatzes 4 eine Minderung oder Entziehung der Leistung erst mit Ablauf des dritten Monats nach Ablauf des Monats eintritt, in dem der Bescheid oder die Mitteilung bekannt gegeben worden ist.

(4) Die Träger der Kriegsopferversorgung und der Kriegsopferfürsorge arbeiten unmittelbar mit den deutschen Dienststellen im Ausland zusammen.

Ruhen des Anspruchs auf Versorgung

§ 65 (Ruhe des Anspruchs auf Versorgungsbezüge)

(1) Der Anspruch auf Versorgungsbezüge ruht, wenn beide Ansprüche auf derselben Ursache beruhen

1. in Höhe der Bezüge aus der gesetzlichen Unfallversicherung,
2. in Höhe des Unterschieds zwischen einer Versorgung nach allgemeinen beamtenrechtlichen Bestimmungen und aus der beamtenrechtlichen Unfallfürsorge.

Kinderzulagen zur Verletztenrente aus der gesetzlichen Unfallversicherung bleiben mit dem Betrag unberücksichtigt, in dessen Höhe ohne die Kinderzulage von anderen Leistungsträgern Kindergeld oder entsprechende Leistungen zu zahlen wären.

(2) Der Anspruch auf die Grundrente (§ 31) ruht in Höhe der neben Dienstbezügen gewährten Leistungen aus der beamtenrechtlichen Unfallfürsorge, wenn beide Ansprüche auf derselben Ursache beruhen.

(3) Der Anspruch auf Heilbehandlung (§ 10 Abs. 1) und auf den Pauschbetrag als Ersatz für Kleider- und Wäscheverschleiß (§ 15) ruht insoweit, als

1. aus derselben Ursache Ansprüche auf entsprechende Leistungen aus der gesetzlichen Unfallversicherung oder nach den beamtenrechtlichen Vorschriften über die Unfallfürsorge bestehen;

2. Ansprüche auf entsprechende Leistungen nach den Vorschriften über die Heilfürsorge für Angehörige der Bundespolizei und für Soldaten (§ 69a, § 70 Abs. 2 Bundesbesoldungsgesetz und § 1 Abs. 1 Wehrsoldgesetz) und nach den landesrechtlichen Vorschriften für Polizeivollzugsbeamte der Länder bestehen.

(4) In dem in Artikel 3 des Einigungsvertrages genannten Gebiet führen auch andere Ansprüche, die auf gleicher Ursache beruhen, zu einem Ruhen des Anspruchs auf Versorgungsbezüge. Dies gilt bei der Kriegsbeschädigtenrente, dem Pflegegeld, dem Blindengeld und dem Sonderpflegegeld sowie bei der von einer Kriegsbeschädigtenrente abgeleiteten Hinterbliebenenrente nach dem Rentenangleichungsgesetz vom 28. Juni 1990 (GBl. I Nr. 38 S. 495) für den Betrag, der vom Träger der Rentenversicherung allein auf Grund der Kriegsbeschädigung gezahlt wird.

(5) Das Ruhen wird mit dem Zeitpunkt wirksam, in dem seine Voraussetzungen eingetreten sind. Die Zahlung von Versorgungsbezügen wird mit Ablauf des Monats eingestellt oder gemindert, in dem das Ruhen wirksam wird, und wieder aufgenommen oder erhöht mit Beginn des Monats, in dem das Ruhen endet.

Anmerkung der Herausgeber für die neuen Bundesländer:
Anlage I, Kapitel VIII, Sachgebiet K, Abschnitt III Nr. 1 Buchst. g

g) Auch andere als die in § 65 genannten Ansprüche, die auf der gleichen Ursache beruhen, führen zu einem Ruhen des Anspruchs auf Versorgungsbezüge. Dies gilt bei der Kriegsbeschädigtenrente, dem Pflegegeld, dem Blindengeld und dem Sonderpflegegeld sowie bei der von einer Kriegsbeschädigtenrente abgeleiteten Hinterbliebenenrente nach dem Rentenangleichungsgesetz vom 28. Juni 1990 (GBl. I Nr. 38 S. 495) für den Betrag, der vom Träger der Rentenversicherung allein auf Grund der Kriegsbeschädigung gezahlt wird.

VV zu § 65

1. Durch das Ruhen erlischt der Anspruch auf Versorgung nicht; jedoch sind die sich aus dem Anspruch ergebenden Leistungen für den Zeitraum des Ruhens nicht zu erbringen.
2. Zur beamtenrechtlichen Unfallfürsorge im Sinne des § 65 Abs. 1 gehört auch der Unfallausgleich nach § 35 sowie der Unterhaltsbeitrag nach § 38 des Beamtenversorgungsgesetzes.
3. Ruhen Bezüge aus der beamtenrechtlichen Unfallfürsorge (z.B. nach § 53 des Beamtenversorgungsgesetzes wegen eines mit einer Beschäftigung im öffentlichen Dienst verbundenen Einkommens), so ruhen die Versorgungsbezüge nach dem Bundesversorgungsgesetz nur insoweit, als der nach Anwendung der beamtenrechtlichen Ruhensvorschriften verbleibende Zahlbetrag die Versorgung nach den allgemeinen beamtenrechtlichen Bestimmungen übersteigt. Nr. 5 letzter Satz zu § 44 ist entsprechend anzuwenden.
4. Zu den Dienstbezügen im Sinne von § 65 Abs. 2 gehört auch ein Unterhaltszuschuss.

5. Leistungen zur Abgeltung eines besonderen Aufwandes (z.B. Pflegezulage, Ersatz der außergewöhnlichen Kosten für Kleider- und Wäscheverschleiß, Führhundzulage) ruhen nur, wenn und soweit gleichartige Leistungen aus der gesetzlichen Unfallversicherung und dem Beamtenrecht gewährt werden. Wird wegen Hilflosigkeit zum Ruhegehalt ein Zuschlag gewährt oder werden die Kosten einer notwendigen Pflegekraft erstattet oder sorgt der Dienstherr selbst für die Pflege nach den Vorschriften der beamtenrechtlichen Unfallfürsorge (vgl. § 34 des Beamtenversorgungsgesetzes), sind der Zuschlag zum Ruhegehalt oder die erstatteten Kosten für die Pflegekraft oder der Wert der von dem Dienstherrn übernommenen Pflege auf eine nach dem Bundesversorgungsgesetz zustehende Pflegezulage anzurechnen.
6. Der beamtenrechtlichen Unfallfürsorge steht Unfallfürsorge auf Grund eines anderen öffentlich-rechtlichen oder eines diesem gleichzuachtenden Dienstverhältnisses gleich (vgl. § 84 Abs. 6 des Soldatenversorgungsgesetzes).

Aus Rundschreiben, Urteilen etc.

BMA v. 3.3.2000 – VI a 2–53 232 – Anwendung des § 65 Abs. 1 Nr. 1 BVG
Mit Bezugsschreiben haben Sie aus gegebenem Anlass angefragt, wie die von den Trägern der gesetzlichen Unfallversicherung (GUV) gezahlten einmaligen Hinterbliebenenbeihilfen gem. § 71 Abs. 1 Satz 1 SGB VII versorgungsrechtlich im Rahmen des § 65 BVG zu behandeln sind. Hierzu nehme ich wie folgt Stellung:
Nach § 71 Abs. 1 Satz 1 SGB VII erhalten die Hinterbliebenen von Versicherten eine einmalige Beihilfe in Höhe von 40 v.H. des Jahresarbeitsverdienstes (JAV), wenn der Tod des Versicherten nicht die Folge eines Versicherungsfalles war und der Versicherte im Zeitpunkt des Todes Anspruch auf eine Rente nach einer MdE von 50 v.H. oder mehr hatte. Nach dem Willen des Gesetzgebers beruht die einmalige Beihilfe auf der Erwägung, dass Verletzte, bei denen der Versicherungsfall eine hohe MdE hervorgerufen hat, vielfach wegen des dadurch geminderten Verdienstes nicht so für den Todesfall Vorsorge treffen konnten wie andere Personen.
Damit entspricht der Wille des Gesetzgebers im Grundsatz der Zweckbestimmung des § 48 BVG. Somit sind einmalige Beihilfen der GUV nach § 71 SGB VII auf die Witwenbeihilfe nach § 48 BVG im Rahmen des § 65 BVG anrechenbar. Die einmalige Beihilfe ist im Übrigen gegenüber der Hinterbliebenenrente aus der GUV eine zweckgleiche Leistung. Dies wird insbesondere dadurch deutlich, dass die einmalige Beihilfe auf die Hinterbliebenenrente in voller Höhe anzurechnen ist, wenn später festgestellt werden sollte, dass der Tod des Versicherten doch die Folge eines Versicherungsfalles war.
Obwohl die Zweckbestimmung sowohl des § 71 SGB VII als auch des § 48 BVG im Grundsatz identisch ist, hat sich der Gesetzgeber der GUV nicht für eine auf Dauer angelegte Ausgleichsfunktion der Beihilfe zur Deckung unfallbedingter Versorgungsminderungen entschieden. Lediglich für die Fälle einer langandauernden MdE von 80 v.H. oder mehr und einer erheblichen Versorgungsminderung kann eine laufende Beihilfe bewilligt werden (Abs. 4 des § 71 SGB VII).
Die Zahlung einer einmaligen Beihilfe ist daher als Regelfall vorgesehen. Dies bedeutet, dass der Gesetzgeber mit der einmaligen Beihilfe der GuV nicht eine quasi Kapitalisierung eines Ausgleichsanspruchs der Hinterbliebenen für deren vermutete Lebenserwartung beabsichtigte, sondern vielmehr – rechnerisch/wirtschaftlich betrachtet – die Auszahlung eines am individuellen JAV des Versicherten orientierten

Einmalbetrags der Leistung, die die Hinterbliebenen als Jahresrente der GUV erhalten könnten, wenn der Versicherte an den Folgen eines Versicherungsfalles verstorben wäre. Sowohl der JAV bei § 65 SGB VII – Hinterbliebenenrente – als auch der JAV bei § 71 SGB VII sind identisch. Dieser auszuzahlende Einmalbetrag dient für eine Übergangszeit von 12 Monaten dem pauschalen Ausgleich unfallbedingter Minderversorgungen und soll eben für diese Übergangszeit den Hinterbliebenen die Umstellung auf eine neue Einkommenssituation erleichtern. Daraus sind für das Soziale Entschädigungsrecht entsprechende Konsequenzen zu ziehen.
Ich empfehle daher, in einschlägigen Fällen des § 65 BVG den Betrag der einmaligen Hinterbliebenenbeihilfe der GUV durch 12 zu teilen und den so ermittelten Monatsbetrag für 12 Monate nach § 65 BVG auf die zustehende Witwenbeihilfe nach § 48 BVG anzurechnen Eine einmalige Anrechnung der Beihilfe der GUV im Monat ihrer Auszahlung halte ich angesichts der Zweckbestimmung von § 65 BVG und des § 71 SGB VII nicht für gerechtfertigt. Aus den gleichen Gründen ist auch eine Verrentung der einmaligen Beihilfe – wie von Ihnen angeregt – nicht sinnvoll und zutreffend.

Hinweis:

1. *Soweit durch die Anrechnung von einmaligen Hinterbliebenenbeihilfen der GUV die Ausgleichs- und Elternrente, der Schadensausgleich und die Anrechnung nach § 44 Abs. 5 BVG berührt ist, hatte ich dazu mit meinem Bezugsrundschreiben vom 3. Januar 1972 Stellung genommen.*
   Die dort vertretene Auffassung, nämlich die Anrechnung im Monat der Auszahlung der Beihilfe, halte ich nicht mehr aufrecht und bitte, das genannte Rundschreiben mit einem Hinweis zu versehen. Auch bei den genannten Leistungen bitte ich wie oben dargelegt zu verfahren (Zwölftel-Regelung).
   Begründung: Der Charakter und Zweck der einmaligen Hinterbliebenenbeihilfe der GUV ist mit den in § 60 a Abs. 4 (früher 6) BVG genannten Leistungen nicht vergleichbar. Die dort verfahrensrechtlich geregelte Anrechenbarkeit bestimmter Sonderleistungen impliziert nämlich, dass neben diesen Sonderleistungen immer ein korrespondierendes laufendes mtl. Einkommen existiert; dies ist bei der in Rede stehenden Beihilfe aber nicht der Fall.
2. *Sofern der Tod des Versorgungsberechtigten schädigungsbedingt ist (§ 38 BVG) und gleichzeitig aber der Tod nicht die Folge eines Versicherungsfalles ist (§ 71 SGB VII), so findet in entsprechender Anwendung meines Rundschreibens vom 25. April 1977 – VI a 2 – 5226.1 285/77 (BVBl. 7/1977, S. 64) keine Anrechnung der Beihilfe nach § 65 BVG statt, weil der Anspruch auf Witwenrente nach § 38 BVG nicht auf der gleichen Ursache beruht wie der Anspruch auf Leistungen nach § 71 SGB VII. Ich bitte, einen entsprechenden Hinweis zur Klarstellung anzubringen.*

Ergänzend bitte ich, mein Rundschreiben vom 20. März 1984 – VI a 1 – 53 231 (BVBl. 3–6/1984, S. 9) ebenfalls mit einem Hinweis zu versehen, um klarzustellen, dass unter „laufenden Leistungen der gesetzlichen Unfallversicherung" auch einmalige Beihilfen nach § 71 SGB VII – auf zwölf Monate verteilt – zu verstehen sind.

Anlage

Schreiben des Ministeriums für Arbeit, Soziales und Gesundheit des Landes Rheinland-Pfalz vom 19. August 1999 an das Bundesministerium für Arbeit und Sozialordnung:

„Das Landesamt für Soziales, Jugend und Versorgung Rheinland-Pfalz ist in zwei Hinterbliebenenfällen zur Frage der Anwendbarkeit des § 65 Abs. 1 Nr. 1 BVG und der bitte um bundeseinheitliche Abklärung an mich herangetreten.
In den beiliegenden Witwenfällen ist zu beurteilen, nach welcher Rechtsvorschrift die vom Träger der gesetzlichen Unfallversicherung gewährte einmalige Hinterbliebenenbeihilfe nach § 71 Abs. 1 Satz 1 SGB VII anzurechnen ist.
Diese Leistung wurde erbracht, weil der Tod der Versicherten nicht die Folge der erlittenen Verletzungen der jeweiligen Arbeitsunfälle war.
Die einmalige Beihilfe nach § 71 SGB VII hat ihre Grundlage darin, dass Unfallgeschädigte mit hoher MdE, vielfach wegen des dadurch verminderten Verdienstes, nicht in hinreichendem Maß für den Todesfall Vorsorge treffen konnten, wie andere nicht geschädigte Personen.
Nach versorgungsrechtlichen Bestimmungen steht den beiden Witwen eine Witwenbeihilfe nach § 48 BVG zu.
Sowohl die Ansprüche auf die BVG-Leistungen als auch auf die einmaligen Leistungen aus der gesetzlichen Unfallversicherung beruhen im Ergebnis auf derselben Ursache. Die erlittenen Verletzungen resultieren aus dem jeweils identischen Schadensereignis, dem Unfall vom 7.12.1953 im Fall Blakt und dem Unfall vom 8.10.1948 im Fall Weikamm.
Da nach § 65 Abs. 1 Nr. 1 BVG der Anspruch auf Versorgungsbezüge dann ruht, wenn beide Ansprüche auf derselben Ursache beruhen, drängt sich in den hier vorliegenden Fällen die Anrechnung der nach versicherungsrechtlichen Kriterien gezahlten Hinterbliebenenbeihilfen im Rahmen des § 65 BVG auf.
In Ihrem Rundschreiben vom 3.1.1972, Va2–5214–941/71 setzten Sie sich seiner Zeit mit der Anrechnung der einmaligen Witwenbeihilfe nach § 600 RVO (jetzt § 71 SGB VII) auseinander. Die Leistung des Unfallversicherungsträgers sollte als Einkommen im Sinne des § 1 Abs. 1 DVO zu § 33 BVG im Monat ihrer Auszahlung berücksichtigt werden, dies gelte sinngemäß, wenn die Witwenbeihilfe nach § 44 Abs. 5 BVG auf die Witwenrente anzurechnen sei.
Die besondere Fallkonstellation einer Anrechnung, wenn sowohl die versorgungsrechtliche als auch die versicherungsrechtliche Leistung aus derselben Ursache heraus erbracht wird, wurde in Ihrem Rundschreiben nicht angesprochen.
Meines Erachtens muss in derartigen Fällen die Vorschrift § 65 Abs. 1 Nr. 1 BVG Anwendung finden.
Es ist mir nicht bekannt, in welcher Form die Berücksichtigung von Witwenbeihilfen nach § 71 Abs. 1 Satz 1 SGB VII bei gleich gelagerten Fällen von den anderen Bundesländern vorgenommen wird.
Für eine Anrechnung bieten sich verschiedene Alternativen:
a) Die Leistung nach § 71 Abs. 1 Satz 1 SGB VII könnte einmalig in ihrem Gesamtbetrag zum Ruhen nach § 65 BVG führen.
b) Die Gesamtleistung könnte monatlich so umgelegt werden, dass bis zu deren Aufbrauch keine Witwenbeihilfe nach versorgungsrechtlichen Bestimmungen zur Auszahlung gelangt.
c) Eine Anrechnung könnte bis zum Aufbrauch in Form eines fiktiven Rentenbetrages (in analoger Anwendung der VV Nr. 5 zu § 44 BVG, Sätze 3 bis 5) vorgenommen werden.
Die Möglichkeit a) würde nach hiesiger Auffassung der Ruhensvorschrift nach § 65 BVG nicht gerecht. Der Anspruch würde nicht für den gesamten Zeitraum ruhen, für

den er aus derselben Ursache gewährt wird. Der Sinn und Zweck der Vorschrift des § 65 BVG würde durch eine Einmalberücksichtigung untergraben.
Mit der Alternative b) wäre zwar der Ruhensvorschrift Rechnung getragen, diese könnte jedoch für die Witwe zur Konsequenz haben, dass sie für einen gewissen Zeitraum – je nach Einkommensverhältnissen – den Großteil ihres laufenden Lebensunterhaltes aus der einmaligen Witwenbeihilfe nach § 71 SGB VII bestreiten müsste.
Die nach Buchstabe c) aufgezeigte Alternative wird dem zu beurteilenden Sachverhalt am ehesten gerecht.
Für die vorliegenden Fallgestaltungen wird die Berücksichtigung eines fiktiven Rentenbetrages bis zum Aufbruch der versicherungsrechtlichen einmaligen Witwenbeihilfe nach § 65 Abs. 1 Nr. 1 BVG vorgeschlagen.
Ich bitte im Interesse einer einheitlichen Verfahrensweise um Mitteilung, ob auch Sie sich diesem Vorschlag anschließen können."

Zahlung

§ 66 (Zahlung der Versorgungsbezüge)

(1) Die Versorgungsbezüge werden in Monatsbeträgen zuerkannt, auf volle Euro aufgerundet und monatlich im voraus gezahlt. Versorgungskrankengeld und Beihilfe nach § 17 werden tageweise zuerkannt und mit Ablauf jeder Woche gezahlt.

(2) Alle Geldleistungen werden kostenfrei auf ein Konto des Empfangsberechtigten oder eines mit diesem in häuslicher Gemeinschaft lebenden Dritten, das der Empfangsberechtigte angegeben hat, überwiesen. Wenn der Empfangsberechtigte es verlangt, sind sie ihm kostenfrei durch Zahlungsanweisung durch die Deutsche Postbank AG an seinem Wohnsitz oder gewöhnlichen Aufenthaltsort zu zahlen. In besonderen Fällen können sie bei der zuständigen Verwaltungsstelle bar gezahlt werden. § 118 Abs. 3 bis 4a des Sechsten Buches Sozialgesetzbuch gilt entsprechend.

VV zu § 66

1. Jede einzelne Rentenleistung ist auf volle Euro nach oben abzurunden. Beträge, die auf Versorgungsleistungen – mit Ausnahme von Leistungen nach den §§ 10 bis 24 a – anzurechnen sind oder die zu einem Ruhen führen, sind auf volle Euro nach unten abzurunden. Teilbeträge (z.B. bei Übertragung, Verpfändung, Pfändung) sind nicht abzurunden. Satz 2 gilt nicht für das Bruttoeinkommen im Sinne des § 30 Abs. 4 und des § 40 a Abs. 2.
2. Sind Teilbeträge von Versorgungsbezügen tageweise festzustellen, so ist der Zahlbetrag unter Berücksichtigung der tatsächlichen Tage des Monats zu errechnen.
3. Die monatlich im Voraus zu zahlenden Versorgungsbezüge werden am letzten Arbeitstag des Monats, der dem Monat vorausgeht, für den sie bestimmt sind, ausgezahlt (Zahltag). Ein Arbeitstag im Sinne dieser Vorschrift ist ein Werktag, an dem für die Behörden allgemein Dienst vorgeschrieben ist und die Schalter der Geldinstitute geöffnet sind. Maßgebend

sind die Verhältnisse am Sitz der die Versorgungsbezüge zahlenden Kasse. Werden die Versorgungsbezüge auf ein Konto des Empfangsberechtigten überwiesen, ist die Überweisung so durchzuführen, daß sie ihm am Zahltag auf dem Konto zur Verfügung stehen.

4. Nachzahlungen von Versorgungsbezügen sowie etwaige Zinsen sind zum frühestmöglichen Zeitpunkt zu leisten.
5. Versorgungsleistungen, die allein der Bund trägt, werden durch die jeweils zuständige Bundeskasse ausgezahlt. Die Finanzmittel hierfür werden nach der Bundeshaushaltsordnung und ihren Verwaltungsvorschriften bewirtschaftet.
6. Die Versorgungsämter haben Listen zu führen, in die jeweils die Empfänger von monatlich zu gewährenden Versorgungsbezügen unter einer bestimmten Nr. (Grundlistennr.) einzutragen sind. Wird ein anderes Versorgungsamt zuständig, so erhält der Empfänger dort eine neue Grundlistennummer; bei dem abgebenden Versorgungsamt ist er in der Grundliste zu streichen. Eine einmal vergebene Grundlistennummer darf keiner anderen Person zugeteilt werden. Nebenempfänger sind unter derselben Grundlistennummer wie der Versorgungsberechtigte selbst zu führen.
7. Für Empfänger außerhalb des Geltungsbereichs des Bundesversorgungsgesetzes gelten diese Vorschriften entsprechend, soweit nicht die nachstehenden besonderen Vorschriften der Nr. 8 etwas anderes bestimmen.
8. a) Zahlungen können außer durch Überweisung auf ein Konto bei einem Geldinstitut im Geltungsbereich des Bundesversorgungsgesetzes auch im Wege des Bankauftragsdienstes, des Postanweisungsdienstes oder des Postüberweisungsdienstes nach Maßgabe der jeweils geltenden Vorschriften über den allgemeinen Zahlungsverkehr und den Postzahlungsverkehr mit dem Ausland in das betreffende Aufenthaltsland geleistet werden; dies gilt nicht, soweit besondere Regelungen bestehen.
   b) Die Kostenfreiheit erstreckt sich auf alle Kosten der Zuführung die bei der vom Versorgungsamt gewählten Zahlungsart (Buchst. a) üblicherweise entstehen. Dies gilt auch für Ersatzleistungen nach § 64 d Abs. 2, die durch Überweisung zugeführt werden. Bei einer anderen Zuführung trägt das Land die Kosten, die ihm bei einer in Buchst. a ausgeführten Zahlungsart erwachsen würden; etwaige darüber hinausgehende Kosten werden von dem jeweiligen Überweisungsbetrag einbehalten.
   c) Die Verwaltungsbehörde hat Zahlungen den Umständen entsprechend rechtzeitig zu veranlassen. Gehen Zahlungen aufgrund unvorhersehbarer außerhalb des Geltungsbereichs des Bundesversorgungsgesetzes liegender Umstände später bei dem Empfänger ein, geht dies nicht zu Lasten der Verwaltungsbehörde.
   Sondergebühren, die ausländische Geldinstitute für den Zahlungseingang von dem Empfänger erheben, sind von ihm zu tragen.

§ 66 a

(weggefallen)

§ 66 b

(weggefallen)

§ 66 c

(weggefallen)

§ 66 d Umstellung auf Euro in dem in Artikel 3 des Einigungsvertrages genannten Gebiet

Die in Anlage I Kapitel VIII Sachgebiet K Abschnitt III Nummer 1 bis 21 des Einigungsvertrages vom 31. August 1990 in Verbindung mit Artikel 1 des Gesetzes vom 23. September 1990 (BGBl. 1990 II S. 885, 1067) genannten Maßgaben sind ab 1. Januar 2002 mit der Maßgabe anzuwenden, dass an die Stelle der Wörter „Deutsche Mark" jeweils das Wort „Euro" tritt.

§§ 67 bis 70 a

(weggefallen)

Versorgung bei Unterbringung

§ 71 (Versorgung bei Unterbringung)

Bei Unterbringung des Leistungsberechtigten (§ 49 des Ersten Buches Sozialgesetzbuch) zum Vollzug einer Freiheitsstrafe oder einer freiheitsentziehenden Maßregel der Besserung und Sicherung sind bei der Bemessung der Versorgungsbezüge Einkünfte, die durch die Unterbringung gemindert werden, in der bis zur Unterbringung bezogenen Höhe zugrunde zu legen; sie sind im Zeitpunkt der Anpassung der Versorgungsbezüge (§ 56) um den Vomhundertsatz, um den die laufenden Rentenleistungen angepaßt werden, zu erhöhen. Schließt der Vollzug einer Freiheitsstrafe oder einer freiheitsentziehenden Maßregel der Besserung und Sicherung unmittelbar an eine Untersuchungshaft an, so ist Satz 1 mit der Maßgabe anzuwenden, daß durch die Untersuchungshaft geminderte Einkünfte in der bis zum Beginn der Untersuchungshaft bezogenen Höhe zugrunde zu legen sind.

VV zu § 71

1. § 71 bezieht sich nur auf den Teil des Einkommens, der durch die Unterbringung gemindert wird. Einkünfte, die dem Leistungsberechtigten weiterhin ungemindert zufließen, sind in ihrer tatsächlichen Höhe zu berücksichtigen.
2. § 30 Abs. 6 ist nicht anzuwenden.

§ 71 a

(weggefallen)

Übertragung kraft Gesetzes

§ 71 b (Übertragung kraft Gesetzes)

Hat die zuständige Verwaltungsbehörde Versorgungsbezüge geleistet, gelten, wenn der Versorgungsberechtigte Ansprüche gegen einen Träger der Sozialversicherung oder eine öffentlich-rechtliche Kasse hat, §§ 104 sowie 106 bis 114 des Zehnten Buches Sozialgesetzbuch und, wenn der Versorgungsberechtigte Ansprüche gegen einen öffentlich-rechtlichen Dienstherrn hat, § 115 des Zehnten Buches Sozialgesetzbuch mit der Maßgabe, daß die Ansprüche dem Kostenträger der Kriegsopferversorgung zustehen. Das gilt auch, wenn der Kostenträger der Kriegsopferversorgung auch diese Leistungen zu tragen hat.

Kapitalabfindung[45]

§ 72 (Gewährung einer Kapitalabfindung)

(1) Beschädigten, die eine Rente erhalten, kann zum Erwerb oder zur wirtschaftlichen Stärkung eigenen Grundbesitzes eine Kapitalabfindung gewährt werden.

(2) Eine Kapitalabfindung kann auch gewährt werden

1. **zum Erwerb oder zur wirtschaftlichen Stärkung eines Wohnungseigentums nach dem Wohnungseigentumsgesetz,**
2. **zur Finanzierung von selbst genutztem Wohneigentum im Sinne des § 17 Abs. 2 des Wohnraumförderungsgesetzes, wenn die baldige Übertragung des Eigentums auf den Beschädigten sichergestellt wird,**
3. **zum Erwerb eines Dauerwohnrechts nach dem Wohnungseigentumsgesetz, wenn der Dauerwohnberechtigte wirtschaftlich einem Wohnungseigentümer gleichgestellt ist und das Fortbestehen des Dauerwohnrechts im Falle der Zwangsversteigerung nach § 39 des Wohnungseigentumsgesetzes vereinbart wird,**
4. **zur Finanzierung eines eigenen Bausparvertrags mit einer Bausparkasse oder dem Beamtenheimstättenwerk für die Zwecke des Absatzes 1 und der Nummern 1 bis 3.**

(3) Dem Eigentum an einem Grundstück steht das Erbbaurecht, dem Wohnungseigentum das Wohnungserbbaurecht gleich.

§ 73 (Voraussetzungen für die Kapitalabfindung)

(1) Eine Kapitalabfindung kann nur gewährt werden, wenn

1. **der Beschädigte im Zeitpunkt der Antragstellung das 55. Lebensjahr noch nicht vollendet hat,**
2. **der Versorgungsanspruch anerkannt ist,**
3. **nicht zu erwarten ist, daß innerhalb des Abfindungszeitraums die Rente wegfallen wird,**

45 Siehe Rentenkapitalisierungsgesetz; im Anschluss an § 80 BVG abgedruckt.

4. für eine nützliche Verwendung des Geldes Gewähr besteht.

(2) Eine Kapitalabfindung kann ausnahmsweise nach dem 55. Lebensjahr gewährt werden, jedoch nicht, wenn der Antrag erst nach Vollendung des 65. Lebensjahrs gestellt wird.

§ 74 (Höhe der Kapitalabfindung)

(1) Die Kapitalabfindung kann einen Betrag bis zur Höhe der Grundrente (§ 31 Abs. 1 Satz 1) umfassen. Ist eine Herabsetzung der Minderung der Erwerbsfähigkeit innerhalb des Abfindungszeitraums zu erwarten, so kann der Kapitalabfindung nur die Rente zugrunde gelegt werden, die dem zu erwartenden Grad der Schädigungsfolgen entspricht.

(2) Die Abfindung ist auf die für einen Zeitraum von zehn Jahren zustehende Grundrente beschränkt. Als Abfindungssumme wird das Neunfache des der Kapitalabfindung zugrunde liegenden Jahresbetrags gezahlt. Der Anspruch auf die Bezüge, an deren Stelle die Abfindung tritt, erlischt für die Dauer von zehn Jahren mit Ablauf des Monats, der auf den Monat der Auszahlung folgt.

(3) Abweichend von Absatz 2 ist die Abfindung auf die für einen Zeitraum von fünf Jahren zustehende Grundrente beschränkt, wenn der Antrag erst nach Vollendung des sechzigsten Lebensjahres gestellt wird. Als Abfindungssumme wird das Siebenundfünfzigfache des der Kapitalabfindung zugrunde liegenden Monatsbetrags gezahlt. Der Anspruch auf die Bezüge, an deren Stelle die Abfindung tritt, erlischt für die Dauer von fünf Jahren mit Ablauf des Monats, der auf den Monat der Auszahlung folgt.

§ 75 (Sicherung der bestimmungsgemäßen Verwendung)

(1) Die bestimmungsgemäße Verwendung des Kapitals ist durch die Form der Auszahlung und in der Regel durch Maßnahmen zur Verhinderung alsbaldiger Veräußerung des Grundstücks, Erbbaurechts, Wohnungseigentums, Wohnungserbbaurechts oder Dauerwohnrechts zu sichern. Zu diesem Zweck kann insbesondere angeordnet werden, daß die Veräußerung und Belastung des mit der Kapitalabfindung erworbenen oder wirtschaftlich gestärkten Grundstücks, Erbbaurechts, Wohnungseigentums oder Wohnungserbbaurechts innerhalb einer Frist bis zu fünf Jahren nur mit Genehmigung der zuständigen Verwaltungsbehörde zulässig sind. Diese Anordnung wird mit der Eintragung in das Grundbuch wirksam. Die Eintragung erfolgt auf Ersuchen der zuständigen Verwaltungsbehörde.

(2) Ferner kann die Abfindung davon abhängig gemacht werden, daß die Eintragung einer Sicherungshypothek zur Sicherung der Forderung auf die Rückzahlung der Kapitalabfindung nach den §§ 76 und 77 bewilligt wird.

§ 76 (Rückzahlungsverpflichtung)

(1) Die Abfindung ist auf Erfordern insoweit zurückzuzahlen, als sie nicht innerhalb einer von der zuständigen Verwaltungsbehörde bemessenen Frist bestimmungsgemäß verwendet worden ist.

(2) Die Abfindung kann zurückgefordert werden, wenn der Verwendungszweck innerhalb des Abfindungszeitraums vereitelt worden ist.

(3) Dem Abgefundenen können vor Ablauf des Abfindungszeitraums auf Antrag die durch die Kapitalabfindung erloschenen Bezüge gegen Rückzahlung der Abfindungssumme wieder bewilligt werden, wenn wichtige Gründe vorliegen.

§ 77 (Beschränkung der Rückzahlungspflicht)

(1) Die Pflicht zur Rückzahlung (§ 76) beschränkt sich im Falle der Abfindung nach § 74 Abs. 2 nach Ablauf des

ersten Jahres auf	91 vom Hundert der Abfindungssumme,
zweiten Jahres auf	82 vom Hundert der Abfindungssumme,
dritten Jahres auf	72 vom Hundert der Abfindungssumme,
vierten Jahres auf	62 vom Hundert der Abfindungssumme,
fünften Jahres auf	52 vom Hundert der Abfindungssumme,
sechsten Jahres auf	42 vom Hundert der Abfindungssumme,
siebten Jahres auf	32 vom Hundert der Abfindungssumme,
achten Jahres auf	22 vom Hundert der Abfindungssumme,
neunten Jahres auf	11 vom Hundert der Abfindungssumme.

Die Pflicht zur Rückzahlung beschränkt sich im Falle der Abfindung nach § 74 Abs. 3 nach Ablauf des

ersten Jahres auf	81 vom Hundert der Abfindungssumme,
zweiten Jahres auf	62 vom Hundert der Abfindungssumme,
dritten Jahres auf	42 vom Hundert der Abfindungssumme,
vierten Jahres auf	21 vom Hundert der Abfindungssumme.

Die Zeiten rechnen vom Ersten des auf die Auszahlung der Abfindungssumme folgenden zweiten Monats bis zum Ende des Monats, in dem die Abfindungssumme zurückgezahlt worden ist.

(2) Wird die Abfindungssumme nicht zum Schluß eines Jahres zurückgezahlt, so sind neben den Vomhundertsätzen für volle Jahre noch die Vomhundertsätze zu berücksichtigen, die auf die bis zum Rückzahlungszeitpunkt verstrichenen Monate des angefangenen Jahres entfallen. Entsprechendes gilt, wenn die Abfindungssumme vor Ablauf des ersten Jahres zurückgezahlt wird.

(3) Nach Rückzahlung der Abfindungssumme leben die der Abfindung zugrunde liegenden Bezüge mit dem Ersten des auf die Rückzahlung folgenden Monats wieder auf.

§ 78 (Pfändungsverbot)

Innerhalb der in § 76 Abs. 1 vorgesehenen Frist ist ein der ausgezahlten Abfindungssumme gleichkommender Betrag an Geld, Wertpapieren und Forderungen der Pfändung nicht unterworfen.

§ 78 a (Kapitalabfindung für Hinterbliebene)

(1) Eine Kapitalabfindung kann auch Witwen mit Anspruch auf Rente oder Witwenbeihilfe (§ 48) und Ehegatten Verschollener (§ 52 Abs. 1) gewährt werden. Die Vorschriften der §§ 72 bis 80 gelten entsprechend.

(2) Schließt eine abgefundene Witwe erneut eine Ehe, so ist nach der Eheschließung die Abfindungssumme insoweit zurückzuzahlen, als sie die Gesamtsumme der bis zu ihrer Wiederverheiratung erloschen gewesenen Versorgungsbezüge übersteigt. Auf den zurückzuzahlenden Betrag ist die Abfindung nach § 44 anzurechnen. Stellt sich heraus, daß der Verschollene noch lebt, so ist die Abfindung insoweit zurückzuzahlen, als sie die Summe der erloschenen Versorgungsbezüge übersteigt, die bis zur Rückkehr des Verschollenen nach diesem Gesetz und dem Gesetz über die Unterhaltsbeihilfe für Angehörige von Kriegsgefangenen zu zahlen wären.

(3) Die Absätze 1 und 2 gelten für hinterbliebene Lebenspartner entsprechend.

§ 79

(weggefallen)

§ 80 (Kapitalabfindungen bis 9. Mai 1945)

Kapitalabfindungen, die bis zum 9. Mai 1945 gewährt worden sind, bewirken keine Kürzung der nach diesem Gesetz festgestellten Renten.

(Fortsetzung BVG Seite 927)

VV zu §§ 72 bis 80

Allgemeines

1. Die Kapitalabfindung soll es dem Berechtigten ermöglichen, sich Wohnraum zur Eigennutzung durch Erwerb oder wirtschaftliche Stärkung eigenen Grundbesitzes zu schaffen oder zu erhalten. Zu fördern ist deshalb mit der Kapitalabfindung vornehmlich der Erwerb oder Bau eines Eigenheimes, einer Kleinsiedlung oder einer Eigentumswohnung, sofern die alsbaldige Benutzung durch den Berechtigten gewährleistet ist; vom Erfordernis der alsbaldigen Eigennutzung kann abgesehen werden, wenn die vorgesehene Eigennutzung aus verständigem Grund vorerst unterbleibt. Dem Eigentum an einem Grundstück steht das Erbbaurecht gleich, das in der Regel auf mindestens 99 Jahre zu bestellen ist.
2. Mit Hilfe einer Kapitalabfindung kann ein Eigenheim im Sinne des § 9 Abs. 1 des Zweiten Wohnungsbaugesetzes nur dann gefördert werden, wenn zumindest eine der beiden Wohnungen zum Bewohnen durch den Eigentümer bestimmt ist. Eine Kleinsiedlung ist eine Siedlerstelle, die aus einem Wohngebäude mit angemessenem Wirtschaftsteil und angemessener Landzulage besteht und die nach Größe, Bodenbeschaffenheit und Einrichtung dazu bestimmt und geeignet ist, dem Kleinsiedler durch Selbst-

versorgung aus vorwiegend gartenbaumäßiger Nutzung des Landes und Kleintierhaltung eine fühlbare Ergänzung seines sonstigen Einkommens zu bieten. Das Wohngebäude kann neben der für den Kleinsiedler bestimmten Wohnung eine Einliegerwohnung enthalten (§ 10 Abs. 1) des Zweiten Wohnungsbaugesetzes.

3. Zur wirtschaftlichen Stärkung eigenen Grundbesitzes zählen vornehmlich Maßnahmen, die der Erhaltung oder Verbesserung des eigengenutzten oder des für eine Eigennutzung vorgesehenen Grundbesitzes dienen, wie
   a) Entschuldung und Verbesserung der Belastungsverhältnisse des Grundstücks, sofern die Belastung mit dem Erwerb oder einer Wertsteigerung des Grundstücks zusammenhängt,
   b) Ausbau, Erweiterung, Instandsetzung und Modernisierung von Wohngebäuden.
4. Eine Eigentumswohnung ist eine Wohnung, an der Wohnungseigentum nach den Vorschriften des Ersten Teils des Wohnungseigentumsgesetzes vom 15. März 1951 (Bundesgesetzblatt I S. 175) begründet ist. Wohnungseigentum ist das Sondereigentum an einer Wohnung in Verbindung mit dem Miteigentumsanteil an dem gemeinschaftlichen Eigentum, zu dem es gehört. Dem Wohnungseigentum stehen andere Miteigentumsrechte an einem Grundstück gleich, mit denen das Recht zur Benutzung einer Wohnung verbunden ist (§ 1010 BGB, Miteigentumsrechte nach Wohneinheiten im Sinne des württembergisch-badischen Gesetzes Nr. 275 vom 12. Juni 1950 – Regierungsblatt der Regierung Württemberg-Baden S. 57), entsprechende Beteiligung an einem Erbbaurecht sowie ein nach Landesrecht etwa bestehendes Stockwerkseigentum.
5. Ein Kaufeigenheim ist ein Grundstück mit einem Wohngebäude, das nicht mehr als zwei Wohnungen enthält und von einem Bauherrn mit der Bestimmung geschaffen worden ist, es einem Bewerber als Eigenheim zu übertragen (§ 9 Abs. 2 des Zweiten Wohnungsbaugesetzes). Eine Trägerkleinsiedlung ist eine Kleinsiedlung, die von einem Bauherrn mit der Bestimmung geschaffen worden ist, sie einem Bewerber zu Eigentum zu übertragen (§ 10 Abs. 3 des Zweiten Wohnungsbaugesetzes). Eine Kaufeigentumswohnung ist eine Wohnung, die von einem Bauherrn mit der Bestimmung geschaffen worden ist, sie einem Bewerber als eigengenutzte Eigentumswohnung zu übertragen (§ 12 Abs. 2 des Zweiten Wohnungsbaugesetzes). Kapitalabfindungen zur Finanzierung eines Kaufeigenheimes, einer Trägerkleinsiedlung oder einer Kaufeigentumswohnung sind im allgemeinen davon abhängig zu machen, daß das Eigentum oder das Erbbaurecht spätestens drei Jahre nach Bezugsfertigkeit auf den Abgefundenen übertragen wird.
6. Ein Grundstück kann in der Weise belastet werden, daß derjenige, zu dessen Gunsten die Belastung erfolgt, berechtigt ist, unter Ausschluß des Eigentümers eine bestimmte Wohnung in einem auf dem Grundstück errichteten oder zu errichtenden Gebäude zu bewohnen oder in anderer Weise zu nutzen (Dauerwohnrecht). Das Dauerwohnrecht kann auf einen außerhalb des Gebäudes liegenden Teil des Grundstücks erstreckt werden, sofern die Wohnung wirtschaftlich die Hauptsache bleibt. Eine wirtschaftliche Gleichstellung eines Dauerwohnberechtigten mit einem Woh-

nungseigentümer ist anzunehmen, wenn ein Vertrag über die Bestellung eines eigentumsähnlichen Dauerwohnrechts nach dem vom Bundesministerium für Wohnungsbau entworfenen Mustervertrag (Bundesbaublatt 1956 S. 615) abgeschlossen wird, der insbesondere die Eintragung des Dauerwohnrechts für unbegrenzte Zeit in das Grundbuch verlangt. Als Inhalt des Dauerwohnrechts ist in der Regel gemäß § 39 Wohnungseigentumsgesetz zu vereinbaren, daß das Dauerwohnrecht im Fall der Zwangsversteigerung des Grundstücks abweichend von § 44 des Gesetzes über die Zwangsversteigerung und Zwangsverwaltung auch dann bestehen bleiben soll, wenn der Gläubiger einer dem Dauerwohnrecht im Rang vorgehenden oder gleichstehenden Hypothek, Grundschuld, Rentenschuld oder Reallast die Zwangsversteigerung des Grundstücks betreibt.

7. Als gemeinnütziges Wohnungs- oder Siedlungsunternehmen im Sinne des § 72 gelten außer den im § 1 des Reichssiedlungsgesetzes vom 11. August 1919 (Reichsgesetzbl. I S. 1429) anerkannten Siedlungsgesellschaften nur Wohnungsunternehmen, die nach dem Wohnungsgemeinnützigkeitsgesetz vom 29. Februar 1940 (Reichsgesetzbl. I S. 438) als gemeinnützig anerkannt werden. Der Nachweis, daß ein Unternehmen als gemeinnützig anerkannt ist, ist auf Verlangen vom Antragsteller zu führen.
8. Die Gewährung einer Kapitalabfindung zur Finanzierung eines Bausparvertrages ist von einer Erklärung der Bausparkasse abhängig zu machen, nach der sich die Bausparkasse zur Überweisung der gezahlten Kapitalabfindung an das Landesversorgungsamt verpflichtet, wenn die Abfindung nicht für Zwecke des § 72 Abs. 1 und Abs. 2 Nr. 1 bis 3 verwendet werden soll oder wenn aus anderen Gründen ein Rückforderungsanspruch besteht.
9. Hat der Beschädigte für Zwecke des § 72 ein Darlehen aufgenommen, kann die Kapitalabfindung auch zur Rückzahlung dieses Darlehens gewährt werden. Eine dingliche Sicherung des Darlehens ist nicht erforderlich.
10. Eine Kapitalabfindung ist nicht zu gewähren, wenn mit ihr vorwiegend Spekulations- oder Erwerbszwecke verfolgt werden sollen. Zum Bau oder Erwerb von Miethäusern ist eine Kapitalabfindung nur zu bewilligen, wenn Hauptzweck die Beschaffung von Wohnraum zur Eigennutzung ist.
11. Der Umstand, daß ein Dritter, insbesondere die Ehefrau des Beschädigten, Miteigentümer des Grundstücks ist oder werden soll, steht der Bewilligung der Kapitalabfindung nicht entgegen, sofern der Beschädigte als Miteigentümer in das Grundbuch eingetragen wird und sein Anteil, gemessen am Verkehrswert des Grundstücks, mindestens einen Wert in Höhe der Kapitalabfindung hat oder alsbald haben wird. Bei Feststellung des Wertes des Grundstücks sind die Belastungen abzuziehen; hiervon kann abgesehen werden, wenn Miteigentümer der Ehegatte oder Kinder des Antragstellers sind.
12. Eine Kapitalabfindung kann auch gewährt werden, wenn das Grundstück Bestandteil eines gemeinschaftlichen Vermögens zur gesamten Hand auf Grund eines bestimmten Rechtsverhältnisses (z. B. Miterbengemeinschaft, Gütergemeinschaft, Gesellschaft) ist. Die Kapitalabfindung darf in diesen Fällen den Teil des Verkehrswertes des Grundstücks nicht übersteigen, der dem Anteil des Beschädigten an dem gemeinschaftlichen

Vermögen entspricht. Bei Feststellung des Wertes des Grundstücks sind die Belastungen abzuziehen; hiervon kann abgesehen werden, wenn Mitberechtigte der Ehegatte oder Kinder des Antragstellers sind.

13. Ausnahmsweise kann bei Vorliegen der sonstigen gesetzlichen Voraussetzungen eine Kapitalabfindung gewährt werden (§ 73 Abs. 2), wenn ein wichtiger Grund für die Inanspruchnahme einer Abfindung vorliegt.
14. Ein Wegfall der Rente innerhalb des Abfindungszeitraumes ist zu erwarten, wenn nach der Schwere und der Entwicklungstendenz des Leidens eine hohe Wahrscheinlichkeit für ein vorzeitiges Ableben besteht. Das ist im allgemeinen dann nicht der Fall, wenn mit dem Tode in naher Zeit nicht zu rechnen ist, d. h. das Ableben innerhalb eines Zeitraumes von etwa drei Jahren nicht wahrscheinlich ist (Nr. 9 Satz 1 zu § 1).
15. Werden einem Beschädigten mehrere Kapitalabfindungen gewährt, erlischt für jede Abfindung der Anspruch auf die ihr zugrunde liegende Grundrente für die Dauer des jeweiligen Abfindungszeitraumes (§ 74 Abs. 2 und 3).

Sicherungsmaßnahmen

16. Das Landesversorgungsamt kann die Art der Sicherung der bestimmungsgemäßen Verwendung des Kapitals bestimmen. Es kann eine Veräußerungs- und Belastungsbeschränkung für die Dauer von fünf Jahren anordnen, sich aber auch mit einer geringeren als fünfjährigen Frist begnügen. Die Veräußerungs- und Belastungsbeschränkung wird auf Ersuchen des Landesversorgungsamts in das Grundbuch eingetragen. Die Veräußerungs- und Belastungsbeschränkung wirkt nicht gegenüber voreingetragenen Rechten.
17. Die Sperrfrist beginnt mit der Zahlung der Kapitalabfindung, frühestens jedoch mit der Eintragung des Berechtigten in das Grundbuch.
18. Die Genehmigung einer Veräußerung des Grundbesitzes ist in der Regel zu versagen, wenn ihr lediglich Gewinnabsichten zugrunde liegen.
19. Die Genehmigung einer weiteren Belastung des Grundstücks ist im allgemeinen nur zu erteilen, wenn der Abgefundene den sich aus der Belastung ergebenden Verpflichtungen nachkommen kann.
20. Nach Ablauf der Sperrfrist kann die Löschung der Verfügungsbeschränkung bewilligt werden.
21. Eine Sicherungshypothek wird in das Grundbuch auf Grund der Eintragungsbewilligung des Abgefundenen eingetragen. Als Berechtigter ist in das Grundbuch die Bundesrepublik Deutschland (Kriegsopferversorgung) einzutragen. Dem Grundbuchamt ist mitzuteilen, daß der Berechtigte durch das zuständige Landesversorgungsamt vertreten wird und alle Benachrichtigungen dieser Behörde zuzuleiten sind. Der Bewilligungsbescheid muß einen entsprechenden Hinweis enthalten.
22. Die Löschung der Sicherungshypothek ist auf Antrag zu bewilligen, wenn der Abgefundene die Kapitalabfindung zurückgezahlt hat oder wenn eine Rückforderung nicht mehr in Betracht kommt.

Rückforderung der Kapitalabfindung

23. Vor der Entscheidung über die Rückforderung (§ 76 Abs. 1 und 2) ist der Hauptfürsorgestelle oder der Fürsorgestelle Gelegenheit zur Äußerung zu geben, wenn dies nach den Umständen des Einzelfalles zweckmäßig erscheint.
24. Eine Vereitelung des Verwendungszwecks der Kapitalabfindung liegt vor, wenn innerhalb des Abfindungszeitraumes die Abfindungssumme nachträglich einer anderen als der sich aus § 72 ergebenden Bestimmung zugeführt wird; der Tod des Versorgungsberechtigten ist keine Vereitelung des Verwendungszwecks. Ist der Versorgungsberechtigte nach Bekanntgabe des Bewilligungsbescheides, jedoch vor Auszahlung der Kapitalabfindung gestorben, ist die Abfindungssumme an die Rechtsnachfolger für den im Bewilligungsbescheid genannten Zweck auszuzahlen.
25. Ist die Abfindungssumme zu einem Teil nicht innerhalb der gesetzten Frist bestimmungsgemäß verwendet oder der Verwendungszweck der Kapitalabfindung bezüglich eines Teils der Abfindungssumme vereitelt worden, so richtet sich der Umfang der Rückzahlungsverpflichtung hinsichtlich dieses Teilbetrages nach § 77. Der sich aus § 76 Abs. 1 und 2 ergebende Rückzahlungsanspruch kann auch noch nach dem Tod des Abgefundenen geltend gemacht werden; die Verpflichtung zur Rückzahlung geht auf die Erben über. Bei der Anwendung des § 76 Abs. 3 ist kein strenger Maßstab anzulegen.

Kapitalabfindung für Witwen und für Ehefrauen Verschollener

26. Bei Kapitalabfindungen für Witwen und für Ehefrauen Verschollener ist in dem Bewilligungsbescheid auf die Verpflichtung zur Rückzahlung der Abfindung im Falle der Wiederverheiratung oder der Rückkehr des Verschollenen hinzuweisen. Im Falle des § 78a Abs. 2 Satz 3 ist zu prüfen, ob die Voraussetzungen des § 52 Abs. 1 Satz 2 vorliegen. Für Berechtigte, die Anspruch auf Witwenrente nach § 44 Abs. 2 haben, ist eine Kapitalabfindung nicht zu gewähren, wenn auf die Witwenrente Leistungen nach § 44 Abs. 5 anzurechnen sind oder eine Anrechnung solcher Leistungen im Laufe des Abfindungszeitraumes in Betracht kommen wird, es sei denn, daß die Anrechnung auf die zu kapitalisierende Grundrente oder eine Teilgrundrente keine Auswirkungen haben wird. Berechtigten, die Witwenbeihilfe beziehen und bei denen entweder eine Kürzung in Betracht kommen kann (§ 48 Abs. 2 Satz 2) oder das Bedürfnis zu prüfen ist (§ 48 in der vor dem 1.1.1976 gültigen Fassung), kann eine Kapitalabfindung gewährt werden, wenn der Wegfall der Teilgrundrente im Laufe des Abfindungszeitraumes nicht zu erwarten ist.
27. Bei Ansprüchen nach § 76 Abs. 1 und 2 und § 78a Abs. 2 gelten für Stundung, Niederschlagung und Erlaß die Bundeshaushaltsordnung und die dazu gehörenden Verwaltungsvorschriften, für Vollstreckung § 66 des Zehnten Buches Sozialgesetzbuch.

Bis zum 9. Mai 1945 gewährte Kapitalabfindungen

28. Eine Rückforderung von Kapitalabfindungen, die bis zum 9. Mai 1945 gewährt worden sind (§ 80), kommt nicht mehr in Betracht. Für Sicherungshypotheken ist auf Antrag vom Landesversorgungsamt Löschungsbewilligung zu erteilen.

Antragstellung

29. Der Antrag auf Kapitalabfindung ist beim Versorgungsamt oder bei der Fürsorgestelle, in deren Bezirk der Beschädigte wohnt, schriftlich oder mündlich zu stellen. Bereits vorhandene Unterlagen sind vom Antragsteller entgegenzunehmen oder einzufordern. Zur Vermeidung unnötiger Kosten ist ihm die Beschaffung weiterer Unterlagen zunächst nicht aufzugeben.
30. Sowohl bei der mündlichen Verhandlung als auch bei schriftlichen Auskünften ist der Antragsteller ausdrücklich darauf hinzuweisen, daß über seinen Antrag auf Gewährung einer Kapitalabfindung erst nach Abschluß der Prüfung entschieden wird und daß er, solange ihm der Bewilligungsbescheid nicht zugestellt ist, bindende Verträge, die mit der Kapitalabfindung erfüllt werden sollen, nur auf eigenes Risiko abschließt. Bei mündlicher Verhandlung ist über diese Belehrung ein Vermerk zu den Akten zu nehmen.
31. Die Fürsorgestelle übersendet den bei ihr gestellten Antrag unverzüglich dem Versorgungsamt. Dieses veranlaßt, sofern nach Lage des Falles geboten, unverzüglich die ärztliche Untersuchung des Antragstellers zur Feststellung der Voraussetzungen des § 73 Abs. 1 Nr. 3 – bei mündlicher Antragstellung möglichst in unmittelbarem Anschluß hieran – und übersendet dann dem Landesversorgungsamt die Unterlagen mit dem ärztlichen Gutachten. Hat der Antragsteller das 55. Lebensjahr überschritten, ist der Antrag unverzüglich dem Landesversorgungsamt vorzulegen. Die ärztliche Untersuchung ist in diesem Falle erst nach Aufforderung durch das Landesversorgungsamt zu veranlassen.
32. Hält das Versorgungsamt den Antrag für aussichtslos, hat es unverzüglich die Entscheidung des Landesversorgungsamtes herbeizuführen. Die Fürsorgestelle verfährt entsprechend. In diesen Fällen hat eine ärztliche Untersuchung zunächst zu unterbleiben.
33. Die ärztliche Begutachtung muß auf alle erkennbaren Gesundheitsstörungen gerichtet sein, soweit sie für schädigungsbedingte MdE und die Lebenserwartung für Bedeutung sein können.
34. Von einer ärztlichen Untersuchung kann abgesehen werden, wenn die vorhandenen Unterlagen eine ärztliche Beurteilung zulassen. Im allgemeinen wird ein früheres Untersuchungsergebnis zugrunde gelegt werden können, wenn es nicht länger als zwei Jahre zurückliegt und für eine Veränderung der Verhältnisse kein Anhalt gegeben ist.

Vorprüfung durch das Landesversorgungsamt

35. Das Landesversorgungsamt prüft, ob die Voraussetzungen des § 73 erfüllt sind. Die Prüfung ist auch dann vorzunehmen, wenn nur allgemeine Angaben über den Verwendungszweck gemacht sind.

36. Erachtet das Landesversorgungsamt die Voraussetzungen des § 73 nicht als gegeben, ist der Antrag abzulehnen. Eine Durchschrift oder Abschrift des Bescheides erhalten das Versorgungsamt und die beteiligte Fürsorgestelle.
37. Sieht das Landesversorgungsamt die Voraussetzungen des § 73 Abs. 1 Nr. 1 bis 3 als gegeben an, so prüft es, ob hinsichtlich des Verwendungszwecks § 72 erfüllt ist; soweit notwendig, ist dem Antragsteller aufzugeben, innerhalb einer angemessenen Frist bestimmte Angaben über den Verwendungszweck beizubringen.
38. Die Prüfung, ob für eine nützliche Verwendung des Geldes Gewähr besteht (§ 73 Abs. 1 Nr. 4), obliegt dem Landesversorgungsamt.

Prüfung der Nützlichkeit der beabsichtigten Verwendung der Kapitalabfindung

39. Das Landesversorgungsamt kann sich bei der Nützlichkeitsprüfung der Mitwirkung der Hauptfürsorgestelle oder Fürsorgestelle des Wohnortes bedienen. In diesem Fall übersendet das Landesversorgungsamt die Vorgänge unter Angabe des Höchstbetrages der Kapitalabfindung der Hauptfürsorgestelle oder Fürsorgestelle; diese können auch andere Dienststellen um die erforderlichen Auskünfte und um Aufklärung ersuchen. Liegt der Grundbesitz, für den die Kapitalabfindung beansprucht wird, außerhalb des Bereichs der für den bisherigen Wohnort zuständigen Fürsorgestelle, kann der Fürsorgestelle des Ansiedlungsortes vor der Bewilligung der Kapitalabfindung unter Darlegung aller in Betracht kommenden Umstände Gelegenheit zur Äußerung gegeben werden.
40. Die Prüfung der Nützlichkeit hat sich insbesondere auf die Familien-, Einkommens- und Vermögensverhältnisse des Antragstellers, auf seine persönliche Eignung zu der beabsichtigten Verwendung der Abfindung, auf den zur Erreichung des Verwendungszwecks erforderlichen Geldbetrag sowie auf die Beschaffenheit, die Belastungsverhältnisse und den Preis des zu erwerbenden Grundstücks sowie die Kosten des beabsichtigten Baues zu erstrecken. Außer den dinglichen Belastungen (Hypotheken, Grundschulden, Dienstbarkeiten usw.) sind auch öffentliche Lasten, wie Aufwendungen für Anlage von Straßen, Kanalisation, Wasser- und Lichtzuleitung, zu berücksichtigen. Für eine nützliche Verwendung der Kapitalabfindung besteht unter anderem dann keine Gewähr, wenn dem Beschädigten und seiner Familie unter Berücksichtigung der voraussichtlichen Belastungen zur Bestreitung des Lebensunterhalts nur noch ein so geringes Einkommen zur Verfügung stünde, daß Leistungen der Kriegsopferfürsorge oder Sozialhilfe zum Lebensunterhalt erforderlich würden.
41. Von der Forderung vorheriger Festlegung des Kaufpreises ist abzusehen, wenn das Grundstück durch ein als gemeinnützig anerkanntes Wohnungs- und Siedlungsunternehmen oder durch andere Träger der Siedlung unter Vermittlung einer Kulturbehörde oder staatlichen Siedlungsbehörde beschafft wird.
42. Bei Prüfung der Nützlichkeit ist auch zu der Frage Stellung zu nehmen, an wen die Abfindung auszuzahlen und welche Frist für die Verwendung der Abfindungssumme zu gewähren ist. In der Regel ist die Überweisung der

Abfindungssumme für Rechnung des Antragstellers an ein inländisches Kreditinstitut mit der Maßgabe zweckmäßig, daß der Antragsteller darüber nur mit Einwilligung der Fürsorgestelle verfügen darf.

43. Die für die Prüfung erforderlichen Unterlagen sind von Amts wegen zu beschaffen.
44. Soll das Grundstück durch eine der in Nr. 41 bezeichneten Stellen beschafft werden, genügt deren Anhörung. Wird von ihr die Nützlichkeit der Verwendung bescheinigt, ist sie als gewährleistet anzusehen, wenn nicht besondere Gründe dagegen sprechen.
45. Es ist ferner zu prüfen, ob und welche Maßnahmen zur Sicherung des Zwecks der Abfindung erforderlich erscheinen, insbesondere ob und für welche Frist die Weiterveräußerung und Belastung des mit der Kapitalabfindung erworbenen Grundstücks zu beschränken sind (§ 75), sowie ob nach Lage des Falles die Eintragung einer Sicherungshypothek angezeigt erscheint (§ 75 Abs. 2).
46. Die Hauptfürsorgestelle oder Fürsorgestelle teilt das Ergebnis ihrer Prüfung unter Beifügung der erforderlichen Unterlagen dem Landesversorgungsamt mit. Sie bescheinigt, unter welchen Voraussetzungen und in welcher Höhe für eine nützliche Verwendung des Kapitals Gewähr besteht. Zugleich äußert sie sich darüber, an wen die Zahlung zu leisten ist.
47. Zur Vereinfachung und Beschleunigung des Verfahrens kann das Landesversorgungsamt mit Zustimmung der obersten Landesbehörde von dem in den Nrn. 31 bis 63 geregelten Verfahren abweichen.

Entscheidungen des zuständigen Landesversorgungsamtes

48. Das Landesversorgungsamt trifft auf Grund seiner Vorprüfung und der Nützlichkeitsprüfung die endgültige Entscheidung über den Antrag.
49. Will das Landesversorgungsamt von der Auffassung der Hauptfürsorgestelle oder der Fürsorgestelle über die Nützlichkeit der beabsichtigten Verwendung abweichen, ist der Hauptfürsorgestelle beziehungsweise der Fürsorgestelle vor der Entscheidung unter Darlegung der Gründe nochmals Gelegenheit zur Äußerung zu geben, wenn dies nach den Umständen des Einzelfalles zweckmäßig erscheint.
50. Im Falle der Bewilligung setzt das Landesversorgungsamt die Abfindungssumme fest.
51. Der Bescheid ist dem Antragsteller bekanntzugeben; eine Durchschrift oder Abschrift des Bescheides erhalten das Versorgungsamt, die in Nr. 41 bezeichneten Stellen sowie die am Verfahren beteiligte Hauptfürsorgestelle oder Fürsorgestelle.
52. In dem Bescheid sind der Verwendungszweck der Abfindungssumme und der Empfangsberechtigte zu bezeichnen sowie eine Frist für den Nachweis der bestimmungsgemäßen Verwendung zu setzen; auf das Rückforderungsrecht des Fiskus im Falle der nicht rechtzeitigen Verwendung oder Vereitelung des Verwendungszwecks (§ 76) ist hinzuweisen.
53. Das für den Wohnort des Antragstellers zuständige Landesversorgungsamt entscheidet auch dann, wenn die Verwendung der Abfindung in einem

Gebiet vorgesehen ist, das zum Geschäftsbereich eines anderen Landesversorgungsamtes gehört.

54. Nach Erledigung des Antrages sind die Versorgungsakten an das zuständige Versorgungsamt zurückzugeben. Die Akten über die Kapitalabfindung verbleiben bei dem Landesversorgungsamt.

Auszahlung der Abfindungssumme

55. Das Landesversorgungsamt veranlaßt nach Erfüllung der in dem Bescheid bezeichneten Bedingungen die Zahlung der Abfindung an den im Bescheid bezeichneten Empfangsberechtigten. In der Regel ist sie von der vorherigen Eintragung des Eigentumsübergangs und der etwa für erforderlich gehaltenen Sicherungshypothek abhängig zu machen.
56. Von der vorherigen Eintragung nach Nr. 55 kann abgesehen werden, wenn das Grundstück durch ein Betreuungsunternehmen im Sinne des § 37 Abs. 2 des Zweiten Wohnungsbaugesetzes beschafft wird. Ferner kann die Abfindungssumme vor der Eintragung des Eigentumsübergangs gezahlt werden, wenn es im Einzelfall notwendig erscheint und der Antragsteller den Nachweis erbracht hat, daß die Eigentumsübertragung grundbuchamtlich gesichert ist.
57. Ist die Übertragung des Eigentums erst zu einem späteren Zeitpunkt möglich, kann die Abfindung schon vor Eintragung ausgezahlt werden, wenn in den Fällen des § 72 Abs. 2 Nr. 2 der Bauherr sich verpflichtet, im Falle einer Nichtübertragung des Eigentums die erhaltene Kapitalabfindung zurückzuzahlen.
58. Für die Auszahlung der Abfindung gilt Nr. 53 entsprechend.
59. Zur Frage, an wen die Abfindung zu zahlen ist, vergleiche Nr. 42. Bei Zahlung an ein Geldinstitut ist die Abfindung zu Gunsten des Abgefundenen verzinslich anzulegen.
60. Die Abfindungssumme wird durch die Kasse ausgezahlt, die für die Zahlung der Versorgungsbezüge zuständig ist.
61. Als Tag der Zahlung gilt auch im Falle der Beschränkung der Verfügung über die Abfindung
    a) bei Übergabe oder Übersendung von Zahlungsmitteln an den Empfänger der Tag der Übergabe oder Absendung,
    b) bei Überweisung oder bei Auszahlung durch Postscheck, mit Zahlkarte oder Postanweisung der Tag der Hingabe des Auftrags an die Post oder das Geldinstitut.

Der Tag der Zahlung ist in den Akten zu vermerken.

Ausführung der Entscheidung und Überwachung der Verwendung

62. Um Ausführung der Entscheidung nach Maßgabe der in dem Bescheid enthaltenen Auflagen und um Überwachung der weiteren nützlichen Verwendung kann die Hauptfürsorgestelle oder Fürsorgestelle des Wohnortes ersucht werden.
63. Die Hauptfürsorgestelle oder Fürsorgestelle teilt die Durchführung der bei der Bewilligung gemachten Auflagen unverzüglich dem Landesversorgungsamt mit.

Gesetz zur Sicherung der Grundrentenabfindung in der Kriegsopferversorgung (Rentenkapitalisierungsgesetz-KOV)

vom 27. April 1970 (BGBl. I S. 413), geändert durch Art. 252 der Verordnung vom 31. Oktober 2006 (BGBl. I S. 2407)

§ 1

(1) An Stelle einer Kapitalabfindung nach den §§ 72 bis 80 des Bundesversorgungsgesetzes kann dem Berechtigten nach Maßgabe des Bundeshaushaltsplans ein Betrag in Höhe der Kapitalabfindung durch ein Kreditinstitut gewährt werden (Rentenkapitalisierung); das gilt auch, wenn die Kapitalabfindung bereits bewilligt, aber noch nicht ausgezahlt worden ist.

(2) Der Kapitalisierungsbetrag wird aufgrund eines öffentlich-rechtlichen Vertrages zwischen dem Kreditinstitut und dem Berechtigten gegen Übertragung des Anspruchs auf Zahlung der für den nach § 74 des Bundesversorgungsgesetzes maßgebenden Zeitraum zustehenden Grundrente gezahlt.

(3) Das Kreditinstitut wird vom Bundesministerium für Arbeit und Soziales im Einvernehmen mit dem Bundesministerium der Finanzen beauftragt.

§ 2

(1) Für die Rentenkapitalisierung gelten die für die Kapitalabfindungen nach dem Bundesversorgungsgesetz maßgebenden Vorschriften und Bestimmungen mit Ausnahme des § 74 Abs. 2 Satz 3, § 74 Abs. 3 Satz 3 und des § 76 Abs. 3 des Bundesversorgungsgesetzes entsprechend.

(2) Die Voraussetzungen der Rentenkapitalisierung stellt die Verwaltungsbehörde fest. Zuständigkeit, Verwaltungsverfahren und Rechtsweg richten sich nach den bei der Gewährung von Kapitalabfindungen anzuwendenden Vorschriften und Bestimmungen.

§ 3

Gesetzliche Vorschriften, die dem Kapitalabfindungsberechtigten steuerliche und gebührenrechtliche Vergünstigungen gewähren, gelten für die Rentenkapitalisierung entsprechend.

§ 4

(1) Der Empfänger des Kapitalisierungsbetrages kann aus wichtigen Gründen mit Zustimmung der Verwaltungsbehörde vom Rentenkapitalisierungsvertrag zurücktreten.

(2) Rückzahlungsansprüche gegen den Empfänger des Kapitalisierungsbetrages aus dem Rentenkapitalisierungsvertrag stehen der Bundesrepublik Deutschland zu. Sie werden für diese von dem Land geltend gemacht, in dem der Empfänger des Kapitalisierungsbetrages im Zeitpunkt

der Einleitung des Rückforderungsverfahrens seinen Wohnsitz oder gewöhnlichen Aufenthalt hat; § 2 Abs. 2 Satz 2 ist anzuwenden.

(3) Ist der Versorgungsberechtigte verpflichtet, den Kapitalisierungsbetrag zurückzuzahlen,

1. weil er ihn nicht fristgerecht bestimmungsgemäß verwendet oder seinen Verwendungszweck vereitelt hat oder weil er vom Rentenkapitalisierungsvertrag zurückgetreten ist oder

2. weil die Verwaltungsbehörde den Bescheid über die Feststellung der Voraussetzungen der Rentenkapitalisierung widerrufen hat,

so geht der Anspruch auf Zahlung der Grundrente mit dem Ersten des auf die Rückzahlung folgenden Monats auf ihn über.

§ 5

Dieses Gesetz gilt nach Maßgabe des § 13 Abs. 1 des Dritten Überleitungsgesetzes vom 4. Januar 1952 (Bundesgesetzbl. I S. 1) auch im Land Berlin.

§ 6

Dieses Gesetz tritt mit Wirkung vom 1. Januar 1970 in Kraft.

Schadenersatz; Erstattung

§ 81 (Ansprüche wegen Schädigung gegen den Bund)

Erfüllen Personen die Voraussetzungen des § 1 oder entsprechender Vorschriften anderer Gesetze, die eine entsprechende Anwendung dieses Gesetzes vorsehen, so haben sie wegen einer Schädigung gegen den Bund nur die auf diesem Gesetz beruhenden Ansprüche; jedoch finden die Vorschriften der beamtenrechtlichen Unfallfürsorge, das Gesetz über die Erweiterte Zulassung von Schadenersatzansprüchen bei Dienstunfällen in der im Bundesgesetzblatt Teil III, Gliederungsnummer 2030-2-19, bereinigten Fassung, und § 82 des Beamtenversorgungsgesetzes Anwendung.

VV zu § 81

Nach § 3 des Gesetzes über die erweiterte Zulassung von Schadensersatzansprüchen bei Dienst- und Arbeitsunfällen vom 7. Dezember 1943 (Reichsgesetzbl. I S. 674) sind Leistungen, die der Verletzte oder seine Hinterbliebenen nach den Vorschriften des Versorgungs- oder Sozialversicherungsrechts erhalten, auf den Schadenersatzanspruch anzurechnen.

§ 81 a (Übergang eines Ersatzanspruchs auf den Bund)

(1) Soweit den Versorgungsberechtigten ein gesetzlicher Anspruch auf Ersatz des ihnen durch die Schädigung verursachten Schadens gegen

Dritte zusteht, geht dieser Anspruch im Umfang der durch dieses Gesetz begründeten Pflicht zur Erbringung von Leistungen auf den Bund über. Das gilt nicht bei Ansprüchen, die aus Schwangerschaft und Niederkunft erwachsen sind. Der Übergang des Anspruchs kann nicht zum Nachteil des Berechtigten geltend gemacht werden.

(2) Absatz 1 gilt entsprechend, soweit es sich um Ansprüche nach diesem Gesetz handelt, die nicht auf einer Schädigung beruhen.

(3) Die Krankenkasse teilt der Verwaltungsbehörde Tatsachen mit, aus denen zu entnehmen ist, daß ein Dritter den Schaden verursacht hat. Auf Anfrage macht sie der Verwaltungsbehörde Angaben darüber, in welcher Höhe sie Heil- oder Krankenbehandlung erbracht hat; dies gilt nicht für nichtstationäre ärztliche Behandlung und Versorgung mit Arznei- und Verbandmitteln.

(4) § 116 Abs. 8 des Zehnten Buches Sozialgesetzbuch gilt entsprechend.

VV zu § 81 a

1. Der Übergang findet in dem Umfang der auf Grund des Bundesversorgungsgesetzes begründeten Pflicht zur Gewährung von Leistungen auch insoweit statt, als diese durch nachträgliche gesetzliche Änderungen erhöht werden.
2. Dritte sind sowohl natürliche als auch juristische Personen, die mit dem Bund nicht personengleich sind. Bundesbahn und Bundespost sind nicht Dritte im Sinne des § 81 a.
3. Auf den Rechtsübergang finden die Vorschriften der §§ 398 ff. BGB entsprechend Anwendung (§ 412 BGB). Für die Anwendung der Schutzvorschrift des § 407 BGB ist davon auszugehen, daß jeder, der weiß, daß der Verletzte zu den nach dem Bundesversorgungsgesetz zu versorgenden Personen gehört, die Kenntnis vom Rechtsübergang im Sinne dieser Vorschrift hat, so daß Leistungen an den Geschädigten oder Rechtsgeschäfte mit diesem dem Bund nicht entgegengehalten werden können.
4. Nach § 81 a Abs. 1 letzter Satz soll im Falle der Zwangsvollstreckung auf Grund von Schadensersatzansprüchen gegen einen Dritten grundsätzlich zuerst der Geschädigte und dann erst der Bund hinsichtlich des auf ihn übergegangenen Anspruchs befriedigt werden. Das gleiche gilt auch für Fälle der freiwilligen Schadensregulierung.
5. Die Krankenkassen sind gehalten, den Verwaltungsbehörden unverzüglich und nicht erst mit der Abrechnung der Kostennachweise nach Quartalsende Tatsachen mitzuteilen, aus denen zu entnehmen ist, daß ein Dritter die Gesundheitsstörung verursacht hat. Sie haben ferner darauf hinzuwirken, daß die Erklärungen des Versorgungsberechtigten und die Bemerkungen des behandelnden Arztes (Zahnarztes) auf den Bundesbehandlungsscheinen darüber, ob die erforderliche Heilmaßnahme durch Handlung oder Unterlassung Dritter verursacht ist, sorgfältig ausgefüllt werden.
6. Die Verwaltungsbehörde hat den Sachverhalt unverzüglich und eingehend aufzuklären. Außer den Angaben des Geschädigten sind, soweit erforder-

lich, Zeugen festzustellen und Ermittlungsakten beizuziehen. Alle Ermittlungen sind, soweit möglich, gleichzeitig zu führen. Auf den Ablauf der Verjährungsfristen ist besonders zu achten; Klageerhebung des Geschädigten unterbricht die Verjährung des auf den Bund übergegangenen Anspruchs nicht.

7. Der Geschädigte und der Ersatzpflichtige sind unverzüglich davon in Kenntnis zu setzen, daß die gesetzlichen Schadensersatzansprüche oder ein Teil von ihnen auf den Bund übergegangen sind und sie sich daher jeder Verfügung, insbesondere des Abschlusses von Vergleichen, zu enthalten haben.
8. Liegen die Voraussetzungen eines Schadensersatzanspruchs vor, ist der Ersatzpflichtige unverzüglich zur Zahlung oder Abgabe eines Schuldanerkenntnisses aufzufordern. Kommt er dieser Aufforderung nicht innerhalb einer angemessenen Frist nach, ist Klage zu erheben oder der Erlaß eines Mahnbescheids zu beantragen. Hiervon kann nur abgesehen werden, wenn die gerichtliche Geltendmachung des Anspruchs keinen Erfolg verspricht. Zinsen sind von der Rechtshängigkeit an geltend zu machen.
9. Für Stundung, Niederschlagung und Erlaß eines anerkannten oder gerichtlich festgelegten Schadensersatzanspruchs gelten die Vorschriften der Bundeshaushaltsordnung und die dazu gehörenden Verwaltungsvorschriften.
10. Zur Überwachung der Schadensersatzfälle sind besondere Nachweise zu führen, in die alle wesentlichen Merkmale des einzelnen Falles einzutragen sind. Auf den Bund übergegangene Schadensersatzansprüche, die anerkannt oder gerichtlich festgestellt sind und die nicht bis zum Ablauf des Rechnungsjahres durch Erfüllung oder Aufrechnung erloschen sind, sind in die Nachweisung der Forderungen des Bundes aus Versorgungsleistungen einzutragen. In den Nachweisen nach Satz 1 und 2 sind gegenseitige Hinweise aufzunehmen.

§ 81 b (Erstattung von Aufwendungen durch den verpflichteten Leistungsträger)

Hat eine Verwaltungsbehörde oder eine andere Einrichtung der Kriegsopferversorgung Leistungen gewährt und stellt sich nachträglich heraus, daß statt ihrer eine andere öffentlich-rechtliche Stelle, die kein Leistungsträger im Sinne von § 12 des Ersten Buches Sozialgesetzbuch ist, zur Leistung verpflichtet gewesen wäre, hat die zur Leistung verpflichtete Stelle die Aufwendungen in dem Umfang zu erstatten, wie sie ihr nach den für sie geltenden Rechtsvorschriften oblagen.

§ 81 c (Überleitung eines Anspruchs auf den Kostenträger der Kriegsopferversorgung)

Werden nach diesem Gesetz Leistungen erbracht, deren Höhe vom Umfang eines Anspruchs gegen einen Dritten, der kein Leistungsträger ist, beeinflußt wird, kann die Verwaltungsbehörde den zu berücksichtigenden Anspruch bis zur Höhe ihrer Leistung durch schriftliche Anzeige auf den Kostenträger der Kriegsopferversorgung überleiten.

Ausdehnung des Personenkreises

§ 82 (Ausdehnung des Personenkreises)

(1) Dieses Gesetz ist entsprechend anzuwenden auf

1. Personen, denen für Schäden an Leib und Leben Leistungen zuerkannt worden waren

a) auf Grund des § 18 des Gesetzes über den Ersatz der durch den Krieg verursachten Personenschäden (Kriegspersonenschädengesetz) in der Fassung der Bekanntmachung vom 22. Dezember 1927 (RGBl. I S. 515, 533)

oder

b) auf Grund des § 1 Nr. 2 des Gesetzes über den Ersatz der durch die Besetzung deutschen Reichsgebiets verursachten Personenschäden (Besatzungspersonenschädengesetz) in der Fassung der Bekanntmachung vom 12. April 1927 (RGBl. I S. 103);

2. Deutsche im Sinne des Artikels 116 des Grundgesetzes, die in der Zeit vom 18. Juli 1936 bis 31. März 1939 in Spanien auf republikanischer Seite gekämpft und dabei durch Unfall oder Kampfmitteleinwirkung eine gesundheitliche Schädigung erlitten haben, sowie deren Hinterbliebene.

(2) Versorgung nach diesem Gesetz kann auch an Vertriebene im Sinne des § 1 des Bundesvertriebenengesetzes, die Deutsche oder deutsche Volkszugehörige sind, gewährt werden, wenn sie nach dem 8. Mai 1945 in Erfüllung ihrer gesetzlichen Wehrpflicht nach den im Vertreibungsgebiet geltenden Vorschriften eine Schädigung im Sinne des § 1 Abs. 1 erlitten haben; das gilt nicht, wenn sie aus derselben Ursache einen Anspruch auf Versorgung gegen das Land, das die Dienstpflicht gefordert hat, haben und diesen Anspruch verwirklichen können. Satz 1 gilt auch für Spätaussiedler im Sinne des § 4 des Bundesvertriebenengesetzes.

VV zu § 82

1. § 18 des Gesetzes über den Ersatz der durch den Krieg verursachten Personenschäden (Kriegspersonenschädengesetz) sah Ansprüche für Schäden an Leib und Leben, die im Zusammenhang mit inneren Unruhen durch offene Gewalt oder durch ihre Abwehr unmittelbar verursacht waren, nach den Vorschriften des Reichsversorgungsgesetzes vor. Bei § 1 Nr. 2 des Besatzungspersonenschädengesetzes handelte es sich um Schäden an Leib und Leben, die verursacht waren innerhalb oder außerhalb des Reichsgebietes durch Festhaltung, Abschiebung, Verschleppung oder sonstige Gewalttaten sowie durch die Flucht vor solchen Geschehnissen oder durch deren Abwehr, soweit diese Ereignisse
   a) mit den politischen Wirren in Oberschlesien,
   b) mit der Bekämpfung von Absplitterungsbestrebungen im besetzten Gebiet seit dem 1. September 1923

   im Zusammenhang standen.
2. Art, Umfang und Dauer der Kannleistungen entsprechen denen der Rechtsansprüche; das gilt auch für die von der Beschädigtenversorgung abge-

leiteten Versorgungsansprüche. Ein wirtschaftliches Bedürfnis ist nicht zu prüfen.

Ausschluss der Anrechnung von Versorgungsbezügen auf das Arbeitsentgelt

§ 83 (Ausschluss der Anrechnung von Versorgungsbezügen auf das Arbeitsentgelt)

Bei der Bemessung des Arbeitsentgelts von Beschäftigten, die Versorgungsbezüge nach diesem Gesetz erhalten, dürfen diese Bezüge nicht zum Nachteil des Beschäftigten berücksichtigt werden; insbesondere ist es unzulässig, die Versorgungsbezüge ganz oder teilweise auf das Entgelt anzurechnen. Das gilt auch für Leistungen, die mit Rücksicht auf eine frühere Tätigkeit an den ehemals Erwerbstätigen oder seine Hinterbliebenen zur Erfüllung eines Rechtsanspruchs oder freiwillig erbracht werden.

Übergangsvorschriften

§ 84 (Übergangsvorschriften)

(1) Vor dem 1. Juli 1985 bewilligte Witwen- und Waisenbeihilfen bleiben von der am 1. Juli 1985 in Kraft getretenen Änderung des § 48 unberührt.

(2) Haben Berechtigte mit Wohnsitz oder gewöhnlichem Aufenthalt im Ausland im Monat Juni 1988 Anspruch auf Berufsschadensausgleich oder Schadensausgleich unter Zugrundelegung ausländischer Vergleichseinkommen, gilt § 64c in der bis zum 30. Juni 1988 geltenden Fassung, solange dies günstiger ist. Dabei ist dem derzeitigen Einkommen das für den Monat Juli 1988 maßgebende ausländische Vergleichseinkommen gegenüberzustellen; dieses Vergleichseinkommen wird in den Folgejahren jeweils zum 1. Juli in dem gleichen Umfang wie der Bemessungsbetrag (§ 33 Abs. 1) verändert.

§ 84a Gleiche Leistungshöhe für Berechtigte im Beitrittsgebiet

Die Maßgabe nach Anlage I Kapitel VIII Sachgebiet K Abschnitt III Nummer 1 Buchstabe a in Verbindung mit Artikel 3 des Einigungsvertrages vom 31. August 1990 (BGBl. 1990 II S. 885, 1067) ist ab dem 1. Juli 2011 nicht mehr anzuwenden.

§ 85 (Rechtsverbindlichkeit einer früheren Entscheidung)

Soweit nach vor dem 1. Oktober 1950 geltenden versorgungsrechtlichen Vorschriften über die Frage des ursächlichen Zusammenhangs einer Gesundheitsstörung mit einer Schädigung im Sinne des § 1 entschieden worden ist, ist die Entscheidung auch nach diesem Gesetz rechtsverbindlich.

Satz 1 gilt nicht für eine den ursächlichen Zusammenhang verneinende Entscheidung, die nach dem 8. Mai 1945 in dem in Artikel 3 des Einigungsvertrages genannten Gebiet getroffen worden ist.

Anmerkung der Herausgeber für das Beitrittsgebiet:
Anlage I Kapitel VIII Sachgebiet K Abschnitt III Nr. 1 Buchst. h

§ 85 gilt nicht für eine den ursächlichen Zusammenhang verneinende Entscheidung, die nach dem 8. Mai 1945 in dem in Artikel 3 des Vertrages genannten Gebiet getroffen worden ist.

VV zu § 85

1. Bisherige versorgungsrechtliche Vorschriften sind die in Nr. 1 zu § 40a aufgezählten Bestimmungen.
2. Die Rechtsverbindlichkeit erstreckt sich nur auf den ursächlichen Zusammenhang einer Gesundheitsstörung mit einer Schädigung i.S.d. § 1. Eine frühere Entscheidung ist daher nicht rechtsverbindlich für die Höhe der anerkannten Minderung der Erwerbsfähigkeit sowie für die Frage, ob eine Schädigung im Sinne des § 1 vorliegt oder ob der Beschädigte zu dem nach dem Bundesversorgungsgesetz versorgungsberechtigten Personenkreis gehört.

§ 86 (Unterhaltsbeihilfe für Angehörige von Kriegsgefangenen und politischen Häftlingen)

Personen, die am 20. Dezember 2007 Anspruch auf Unterhaltsbeihilfe nach dem Gesetz über die Unterhaltshilfe für Angehörige von Kriegsgefangenen in der Fassung der Bekanntmachung vom 18. März 1964 (BGBl. I S. 218) oder nach § 8 des Häftlingshilfegesetzes haben, erhalten die gleichen Leistungen, die Hinterbliebenen nach diesem Gesetz zustehen.

§ 87 (Berechnung der Leistungen)

(1) Wurde der Berufsschadensausgleich vor dem 1. Juli 2011 beantragt, wird zum 30. Juni 2011 der Betrag des jeweiligen Vergleichseinkommens festgestellt und dann jährlich mit dem in § 56 Absatz 1 Satz 1 bestimmten Vomhundertsatz angepasst. Dabei ist § 15 Satz 3 entsprechend anzuwenden. Die Sätze 1 und 2 gelten auch für Anträge auf Anpassung des Berufsschadensausgleichs nach § 30 Absatz 16 in der bis zum 30. Juni 2011 geltenden Fassung.

(2) Wurde der Schadensausgleich vor dem 1. Juli 2011 beantragt, wird zum 30. Juni 2011 der Betrag des jeweiligen Vergleichseinkommens nach § 30 Absatz 5 festgestellt und dann jährlich mit dem in § 56 Absatz 1 Satz 1 bestimmten Vomhundertsatz angepasst. Dabei ist § 15 Satz 3 entsprechend anzuwenden. War für den Verstorbenen vor dem 1. Juli 2011 ein höheres als das sich nach Satz 1 ergebende Vergleichseinkommen fest-

gesetzt worden, so tritt dieses an die Stelle des nach § 30 Absatz 5 ermittelten Vergleichseinkommens.

(3) Für Leistungen nach § 64a gilt § 10 Absatz 7 mit der Maßgabe, dass Leistungen ausgeschlossen sind, wenn Berechtigte oder diejenigen Personen, für die Krankenbehandlung beantragt wird, nach dem 2. Februar 2011 eine im Wohnsitzstaat übliche gesetzliche oder vergleichbare Versicherung gekündigt haben oder auf Antrag von der Versicherungspflicht befreit wurden.

(4) Die Maßgabe nach Anlage I Kapitel VIII Sachgebiet K Abschnitt III Nummer 1 Buchstabe a des Einigungsvertrages vom 31. August 1990 (BGBl. 1990 II S. 885, 1067) ist bei der Berechnung der Leistungen nach den Absätzen 1 und 2 nicht anzuwenden.

§ 88

(weggefallen)

Härteausgleich

§ 89 (Härteausgleich)

(1) Sofern sich in einzelnen Fällen aus den Vorschriften dieses Gesetzes besondere Härten ergeben, kann mit Zustimmung des Bundesministeriums für Arbeit und Soziales ein Ausgleich gewährt werden.

(2) Das Bundesministerium für Arbeit und Soziales kann der Gewährung von Härteausgleichen allgemein zustimmen.

(3) Zahlungen für Zeiträume vor dem Monat, in dem die Entscheidung für die Verwaltungsbehörde bindend wird, kommen in der Regel nicht in Betracht, wenn sie überwiegend zur Erfüllung von Erstattungsansprüchen anderer Leistungsträger führten.

VV zu § 89

1. Eine besondere Härte ist gegeben, wenn bei Würdigung des Gesamtinhalts des Gesetzes der Ausschluß von der Versorgung oder von einzelnen Versorgungsleistungen deren Sinn und Zweck widerspräche. Liegt eine besondere Härte vor, so ist der Ausgleich als Ermessensleistung im allgemeinen in Umfang und Höhe der gesetzlichen Leistungen zu gewähren.
2. Bei der Ermessensentscheidung nach Nr. 1 ist insbesondere zu prüfen, ob und inwieweit ein wirtschaftliches Bedürfnis für den Ausgleich besteht. Ein wirtschaftliches Bedürfnis ist stets anzunehmen, wenn und solange das Bruttoeinkommen des Berechtigten eine Versorgungsleistung zuläßt, die nach der Anrechnungsverordnung (§ 33 Abs. 6) zu berechnen ist, oder wenn eine Erziehungshilfe (§ 27) zu gewähren ist. Darüber hinaus ist ein wirtschaftliches Bedürfnis anzuerkennen, wenn und solange das Bruttoeinkommen des Berechtigten den Grenzbetrag der Stufe der Anrechnungsverordnung, die die Zahlung einer Ausgleichsrente ausschließt, zuzüglich der

Grundrente nicht übersteigt; unter Beachtung von Satz 1 kann auch eine angemessene Teilversorgung bewilligt werden. Bei dieser Berechnung sind die Einkünfte aus gegenwärtiger Erwerbstätigkeit vor den übrigen Einkünften zu berücksichtigen. Von der Prüfung eines wirtschaftlichen Bedürfnisses ist abzusehen, wenn und soweit es dem besonderen Zweck des Ausgleichs und der Versorgungsleistung widerspricht, an deren Stelle der Ausgleich gewährt werden soll.

3. Bei der Feststellung des wirtschaftlichen Bedürfnisses bleiben einmalige Einkünfte, die die wirtschaftliche Situation des Antragstellers nicht nachhaltig verbessern, außer Betracht.
4. Soweit die Verwaltungsvorschriften einen Härteausgleich vorsehen, gilt die Zustimmung nach § 89 Abs. 2 als erteilt, und zwar
   a) ohne Prüfung eines wirtschaftlichen Bedürfnisses in den Fällen der

Nummer 7	zu § 36 a
Nummer 2	zu § 37 a
Nummer 5	zu § 40 a
Nummer 9	zu § 48 a
Nummer 3	zu § 51 a
Verwaltungsvorschrift	zu § 53 a
Verwaltungsvorschrift	zu § 55 a

   b) bei Vorliegen eines wirtschaftlichen Bedürfnisses in den Fällen der

Nummer 6	zu § 5 a
Nummer 2	zu § 38 a
Nummer 12	zu § 42 a
Nummer 2	zu § 44 a

Aus Rundschreiben, Urteilen etc.

BMAS v. 2.12.2009 – IV c – 47046
Versorgung im Wege des Härteausgleichs nach § 89 Abs. 1 BVG in Verbindung mit § 82 Abs. 2 BVG
In Fällen der Gewährung von Hinterbliebenenversorgung nach § 48 BVG im Wege des Härteausgleichs nach § 89 BVG wird bei Vorliegen der Voraussetzungen der Hinterbliebenenversorgung der Gewährung des Härteausgleichs nach § 89 Absatz 2 BVG allgemein zugestimmt, wenn bereits in der Beschädigtenangelegenheit die Zustimmung zur Gewährung eines Härteausgleichs nach § 89 Absatz 1 BVG erfolgt ist.
Eine nochmalige Vorlage der Akten ist damit nicht notwendig.

Schlussvorschriften

§ 90 (Neufeststellung bei Änderung des Bundesversorgungsgesetzes)

(1) Führt eine Änderung des Bundesversorgungsgesetzes, einer Verordnung auf Grund des Bundesversorgungsgesetzes oder einer Rechtsvorschrift, auf die das Bundesversorgungsgesetz verweist, zu einer Änderung laufend gewährter Versorgungsbezüge, Versorgungskrankengelder und

Übergangsgelder, sind diese von Amts wegen neu festzustellen. Sind nur die einkommensunabhängigen Leistungen nach den §§ 14, 15, 31 Abs. 1 und 4, § 35 Abs. 1 und den §§ 40 und 46 anzupassen (§ 56), kann von einer förmlichen Bescheiderteilung abgesehen werden.

(2) Im Übrigen werden neue Ansprüche, die sich aus einer solchen Rechtsänderung ergeben, nur auf Antrag festgestellt. Wird der Antrag binnen eines Jahres nach Inkrafttreten der Rechtsänderung gestellt, so beginnt die Zahlung mit dem Wirksamwerden der entsprechenden Änderung, frühestens mit dem Jahr, Monat oder Tag, in dem oder an dem die Voraussetzungen erfüllt sind. Sie beginnt mit demselben Zeitpunkt, wenn die neuen Ansprüche erst auf Grund einer noch zu erlassenden Rechtsverordnung festgestellt werden können und der Antrag binnen eines Jahres nach Verkündung der Rechtsverordnung gestellt wird.

(3) Die Absätze 1 und 2 gelten entsprechend, wenn Versorgung als Kannleistung oder im Wege des Härteausgleichs gewährt wird.

§ 91 (Ermächtigung zur Neubekanntmachung)

Das Bundesministerium für Arbeit und Soziales wird ermächtigt, den Wortlaut des Gesetzes und der zu diesem Gesetz erlassenen Durchführungsverordnungen in der jeweils geltenden Fassung mit neuem Datum und in neuer Paragraphenfolge bekanntzumachen. Es kann dabei Unstimmigkeiten des Wortlauts beseitigen.

§ 92

(weggefallen)

II.

Gesetz über die Versorgung für die ehemaligen Soldaten der Bundeswehr und ihre Hinterbliebenen (Soldatenversorgungsgesetz – SVG –)

in der Fassung der Bekanntmachung vom 16. September 2009 (BGBl. I S. 3054), zuletzt geändert durch Art. 90 des Gesetzes vom 29. März 2017 (BGBl. I S. 626)

einschließlich der Allgemeinen Verwaltungsvorschriften (SVG-VwV) vom 10. Mai 1973 (Beil. zum BAnz. Nr. 121) und Verwaltungsvorschriften vom 11. August 1981 (BAnz. Nr. 151), sowie den Richtlinien zu § 85 vom 23. Mai 1975 (BAnz. Nr. 98) mit Änderungen vom 31. Oktober 1977 (BAnz. Nr. 214)

– Auszug –

§§ 1–26 b *(Hier nicht abgedruckt)*

§ 27 Unfallruhegehalt

(1) Auf einen Berufssoldaten, der wegen Dienstunfähigkeit infolge eines Dienstunfalles in den Ruhestand versetzt worden ist, sind die §§ 36, 37, 44 Abs. 1 und 2 sowie die §§ 45 und 87 des Beamtenversorgungsgesetzes entsprechend anzuwenden. In den Fällen des § 37 des Beamtenversorgungsgesetzes bemisst sich das Unfallruhegehalt für Berufssoldaten in der Laufbahngruppe der Unteroffiziere und für Berufssoldaten mit dem Dienstgrad Fähnrich oder Oberfähnrich mindestens nach der Besoldungsgruppe A 9, für Berufsoffiziere mindestens nach der Besoldungsgruppe A 12, jedoch für Stabsoffiziere und Offiziere des Sanitätsdienstes mindestens nach der Besoldungsgruppe A 16. Im Übrigen gelten die Vorschriften über das Ruhegehalt.

(2) Dienstunfall ist ein auf äußerer Einwirkung beruhendes, plötzliches, örtlich und zeitlich bestimmbares, einen Körperschaden verursachendes Ereignis, das in Ausübung oder infolge des Dienstes eingetreten ist. Zum Dienst gehören auch

1. **Dienstreisen und die dienstliche Tätigkeit am Bestimmungsort,**
2. **die Teilnahme an dienstlichen Veranstaltungen,**
3. **Nebentätigkeiten im öffentlichen Dienst oder in dem ihm gleichstehenden Dienst, zu deren Übernahme der Berufssoldat gemäß § 20 Abs. 7 des Soldatengesetzes in Verbindung mit § 98 des Bundesbeamtengesetzes verpflichtet ist oder Nebentätigkeiten, deren Wahrnehmung von ihm im Zusammenhang mit den Dienstgeschäften erwartet wird, sofern der Berufssoldat hierbei nicht in der gesetzlichen Unfallversicherung versichert ist (§ 2 des Siebten Buches Sozialgesetzbuch).**

(3) Als Dienst gilt auch das Zurücklegen des mit dem Dienst zusammenhängenden Weges nach und von der Dienststelle; hat der Berufssoldat wegen der Entfernung seiner ständigen Familienwohnung vom Dienstort an diesem oder in dessen Nähe eine Unterkunft, so gilt Halbsatz 1 auch für den Weg von und nach der Familienwohnung; der Zusammenhang mit dem Dienst gilt als nicht unterbrochen, wenn der Berufssoldat von dem unmittelbaren Wege zwischen der Wohnung und der Dienststelle in vertretbarem Umfang abweicht, weil sein eigenes dem Grunde nach kindergeldberechtigendes Kind, das mit ihm in einem Haushalt lebt, wegen seiner oder seines Ehegatten beruflichen Tätigkeit fremder Obhut anvertraut wird oder weil er mit anderen Soldaten oder mit berufstätigen oder in der gesetzlichen Unfallversicherung versicherten Personen gemeinsam ein Fahrzeug für den Weg nach und von der Dienststelle benutzt. Ein Unfall, den der Verletzte bei der Gewährung der unentgeltlichen truppenärztlichen Versorgung oder auf einem hierzu notwendigen Wege erleidet, gilt als Folge eines Dienstunfalles. Satz 2 gilt entsprechend, wenn der Verletzte dem Verlangen einer zuständigen Behörde oder eines Gerichts, wegen der Dienstunfallversorgung persönlich zu erscheinen, folgt und dabei einen Unfall erleidet.

(4) Erkrankt ein Berufssoldat, der nach der Art seiner dienstlichen Verrichtung der Gefahr der Erkrankung an bestimmten Krankheiten besonders ausgesetzt ist, an einer solchen Krankheit, so liegt ein Dienstunfall vor, es sei denn, dass er sich die Krankheit außerhalb des Dienstes zugezogen hat. Die Erkrankung an einer solchen Krankheit gilt jedoch stets als Dienstunfall, wenn sie durch gesundheitsschädigende Verhältnisse verursacht worden ist, denen der Berufssoldat am Ort seines dienstlich angeordneten Aufenthalts im Ausland besonders ausgesetzt war. Als Krankheiten im Sinne der Sätze 1 und 2 werden die in der Anlage zur Berufskrankheiten-Verordnung vom 31. Oktober 1997 (BGBl. I S. 2623) in der jeweils geltenden Fassung genannten Krankheiten mit den dort im Einzelnen bezeichneten Maßgaben bestimmt.

(5) Dem durch Dienstunfall verursachten Körperschaden gleichzuachten ist ein Körperschaden, den ein Berufssoldat außerhalb seines Dienstes erleidet, wenn er im Hinblick auf sein pflichtgemäßes dienstliches Verhalten oder wegen seiner Eigenschaft als Berufssoldat angegriffen wird. Gleichzuachten ist ferner ein Körperschaden, den ein Berufssoldat im Ausland erleidet, wenn er bei Kriegshandlungen, Aufruhr oder Unruhen, denen er am Ort seines dienstlich angeordneten Aufenthalts im Ausland besonders ausgesetzt war, angegriffen wird.

(6) *(weggefallen)*

(7) *(weggefallen)*

(8) Einem Berufssoldaten, der zur Wahrnehmung einer Tätigkeit, die öffentlichen Belangen oder dienstlichen Interessen dient, beurlaubt worden ist und in Ausübung oder infolge dieser Tätigkeit einen Körperschaden erleidet, kann Versorgung nach dieser Vorschrift und den §§ 63 und 63a gewährt werden.

VV zu § 27

1. (1) Die VwV zu § 140 BBG gelten sinngemäß; an die Stelle der in Nr. 2 letzter Halbsatz der VwV zu § 140 BBG genannten §§ 45 und 163 BBG treten § 51 Abs. 3 SG und § 57 dieses Gesetzes. § 17 Abs. 2 ist zu beachten.

(2) Als Dienstunfall (§ 27 Abs. 2, 4 und 5) kann nur ein schädigendes Ereignis anerkannt werden, das im Dienstverhältnis eines Berufssoldaten eingetreten ist.

2. (1) Die VwV zu § 150 BBG sind nicht anzuwenden. Für die Untersuchung und Feststellung eines Dienstunfalles sind die Richtlinien über die Feststellung einer Wehrdienstbeschädigung zu beachten.

(2) Das Verfahren bei Eintritt der Dienstunfähigkeit eines Berufssoldaten regelt § 44 Abs. 4 SG.

(3) Der Geltendmachung von Schadenersatzansprüchen, die sich aus dem Forderungsübergang nach § 30 Abs. 3 SG in Verbindung mit § 87 a BBG ergeben, ist besondere Aufmerksamkeit zuzuwenden.

3. (1) Zu § 27 Abs. 2 wird auf § 75 Abs. 2 und § 76 Abs. 2 hingewiesen.

(2) Zu § 27 Abs. 2 bis 5 gelten die VwV zu § 135 BBG entsprechend.

§§ 28–62 *(Hier nicht abgedruckt)*

§ 63 Einmalige Unfallentschädigung für besonders gefährdete Soldaten

(1) Ein Soldat, der

1. als Angehöriger des fliegenden Personals von einsitzigen und zweisitzigen strahlgetriebenen Kampfflugzeugen während des Flugdienstes,
2. als Angehöriger des besonders gefährdeten sonstigen fliegenden Personals während des Flugdienstes,
3. als Angehöriger des springenden Personals der Luftlandetruppen während des Sprungdienstes,
4. im Bergrettungsdienst während des Einsatzes und der Ausbildung,
5. als Kampfschwimmer oder Minentaucher während des Kampfschwimmer- oder Minentaucherdienstes,
6. als Minendemonteur während des dienstlichen Einsatzes an Minen unter Wasser,
7. als Angehöriger des Versuchspersonals während der dienstlichen Erprobung von Minen und ähnlichen Kampfmitteln,
8. als Angehöriger des besonders gefährdeten Munitionsuntersuchungspersonals während des dienstlichen Umgangs mit Munition,
9. im besonders gefährlichen Einsatz mit tauchfähigen Landfahrzeugen oder schwimmfähigen gepanzerten Landfahrzeugen,
10. als Besatzungsmitglied eines U-Bootes während des besonders gefährlichen Dienstes,
11. als Helm- oder Schwimmtaucher während des besonders gefährlichen Tauchdienstes,

12. im Einsatz beim Ein- oder Aushängen von Außenlasten bei einem Drehflügelflugzeug oder
13. als Angehöriger des Kommandos Spezialkräfte bei einer besonders gefährlichen Diensthandlung im Einsatz oder in der Ausbildung dazu

einen Unfall erleidet, erhält eine einmalige Unfallentschädigung, wenn er nach Feststellung des Bundesministeriums der Verteidigung oder der von diesem bestimmten Stelle infolge des Unfalles in seiner Erwerbsfähigkeit dauerhaft um wenigstens 50 vom Hundert beeinträchtigt ist.

(2) Ist ein Soldat an den Folgen eines Unfalles der in Absatz 1 bezeichneten Art verstorben und hat er eine einmalige Unfallentschädigung nach Abs. 1 nicht erhalten, so erhalten eine einmalige Unfallentschädigung
1. die Witwe sowie die nach diesem Gesetz versorgungsberechtigten Kinder,
2. die Eltern sowie die nicht nach diesem Gesetz versorgungsberechtigten Kinder, wenn Hinterbliebene der in Nummer 1 bezeichneten Art nicht vorhanden sind,
3. die Großeltern und Enkel, wenn Hinterbliebene der in den Nummern 1 und 2 bezeichneten Art nicht vorhanden sind.

(3) Die einmalige Unfallentschädigung beträgt
1. 150000 Euro für den Soldaten,
2. insgesamt 100000 Euro im Falle des Absatzes 2 Nr. 1,
3. insgesamt 40000 Euro im Falle des Absatzes 2 Nr. 2,
4. insgesamt 20000 Euro im Falle des Absatzes 2 Nr. 3.

Sie wird nicht gewährt, wenn der Verletzte den Unfall vorsätzlich herbeigeführt hat.

(4) Das Bundesministerium der Verteidigung bestimmt im Einvernehmen mit dem Bundesministerium des Innern durch Rechtsverordnung, die nicht der Zustimmung des Bundesrates bedarf, die Gruppen von Soldaten, die zu dem Personenkreis des Absatzes 1 gehören, und die Verrichtungen, die Dienst im Sinne des Absatzes 1 sind.

(5) Eine einmalige Unfallentschädigung nach den Absätzen 1 bis 4 kann auch gewährt werden, wenn ein Soldat, der zur Wahrnehmung einer Tätigkeit, die öffentlichen Belangen oder dienstlichen Interessen dient, beurlaubt worden ist und in Ausübung oder infolge dieser Tätigkeit einen Unfall entsprechend Absatz 1 mit den dort genannten Folgen erleidet.

(6) Die Absätze 1 bis 4 gelten entsprechend für andere Angehörige des öffentlichen Dienstes im Bereich der Bundeswehr, zu deren Dienstobliegenheiten Tätigkeiten der in Absatz 1 bezeichneten Art gehören.

(7) Besteht auf Grund derselben Ursache Anspruch sowohl auf eine einmalige Unfallentschädigung nach den Absätzen 1 bis 5 als auch auf eine einmalige Entschädigung nach § 63a, wird nur die einmalige Unfallentschädigung gewährt.

(8) § 46 gilt entsprechend.

§ 63a Einmalige Entschädigung

(1) Setzt sich ein Soldat bei Ausübung einer Diensthandlung einer damit verbundenen besonderen Lebensgefahr aus und erleidet er infolge dieser Gefährdung einen Unfall, erhält er eine einmalige Entschädigung in Höhe von 150000 Euro, wenn er nach Feststellung des Bundesministeriums der Verteidigung oder der von diesem bestimmten Stelle infolge des Unfalles in seiner Erwerbsfähigkeit dauerhaft um wenigstens 50 vom Hundert beeinträchtigt ist.

(2) Die einmalige Entschädigung nach Absatz 1 wird auch gewährt, wenn der Soldat einen Unfall mit den in Absatz 1 genannten Folgen erleidet

1. in Ausübung des Dienstes durch einen rechtswidrigen Angriff,
2. außerhalb seines Dienstes durch einen Angriff im Sinne des § 27 Abs. 5,
3. bei einer besonderen Verwendung im Sinne des § 58a Abs. 1 und 2 des Bundesbesoldungsgesetzes oder im dienstlichen Zusammenhang damit und der Unfall auf sonst vom Inland wesentlich abweichende Verhältnisse mit gesteigerter Gefährdungslage zurückzuführen ist, es sei denn, der Soldat hat sich grob fahrlässig der Gefährdung ausgesetzt und die Versagung würde für ihn keine unbillige Härte bedeuten. Dies gilt auch, wenn die gesundheitliche Schädigung bei dienstlicher Verwendung im Ausland auf einen Unfall oder eine Erkrankung im Zusammenhang mit einer Verschleppung oder einer Gefangenschaft zurückzuführen ist oder darauf beruht, dass der Soldat aus sonstigen mit dem Dienst zusammenhängenden Gründen, die er nicht zu vertreten hat, dem Einflussbereich des Dienstherrn entzogen ist.

(3) Ist ein Soldat an den Folgen eines Unfalles oder einer Erkrankung der in Absatz 1 oder 2 bezeichneten Art verstorben und hat er eine einmalige Entschädigung nach Abs. 1 oder 2 nicht erhalten, so erhalten eine einmalige Entschädigung

1. die Witwe sowie die nach diesem Gesetz versorgungsberechtigten Kinder in Höhe von insgesamt 100000 Euro,
2. die Eltern sowie die nicht nach diesem Gesetz versorgungsberechtigten Kinder in Höhe von insgesamt 40000 Euro, wenn Hinterbliebene der in Nummer 1 bezeichneten Art nicht vorhanden sind,
3. die Großeltern und Enkel in Höhe von insgesamt 20000 Euro, wenn Hinterbliebene der in den Nummern 1 und 2 bezeichneten Art nicht vorhanden sind.

(4) Im Falle einer besonderen Verwendung im Sinne des § 58a Abs. 1 und 2 des Bundesbesoldungsgesetzes gelten die Absätze 1 bis 3 entsprechend für andere Angehörige des öffentlichen Dienstes im Bereich der Bundeswehr. Dies gilt auch in den Fällen des Absatzes 2 Satz 2.

(5) § 46 gilt entsprechend.

§ 63b Schadensausgleich in besonderen Fällen

(1) Schäden, die einem Soldaten während einer besonderen Verwendung im Sinne des § 58a Abs. 1 und 2 des Bundesbesoldungsgesetzes infolge von besonderen, vom Inland wesentlich abweichenden Verhältnis-

sen, insbesondere infolge von Kriegshandlungen, kriegerischen Ereignissen, Aufruhr, Unruhen oder Naturkatastrophen entstehen, werden ihm in angemessenem Umfang ersetzt. Gleiches gilt für Schäden des Soldaten durch einen Gewaltakt gegen staatliche Amtsträger, Einrichtungen oder Maßnahmen, wenn der Soldat von dem Gewaltakt in Ausübung des Dienstes oder wegen seiner Eigenschaft als Soldat betroffen ist.

(2) Im Falle einer besonderen Verwendung im Sinne des § 58 a Abs. 1 und 2 des Bundesbesoldungsgesetzes wird ein Ausgleich in angemessenem Umfang auch für Schäden infolge von Maßnahmen einer ausländischen Regierung, die sich gegen die Bundesrepublik Deutschland richten, gewährt.

(3) Ist ein Soldat an den Folgen des schädigenden Ereignisses der in Absatz 1 oder 2 bezeichneten Art verstorben, wird ein Ausgleich in angemessenem Umfang gewährt

1. **der Witwe sowie den nach diesem Gesetz versorgungsberechtigten Kindern,**
2. **den Eltern sowie den nicht nach diesem Gesetz versorgungsberechtigten Kindern, wenn Hinterbliebene der in Nummer 1 bezeichneten Art nicht vorhanden sind.**

Der Ausgleich für ausgefallene Versicherungen wird der natürlichen Person gewährt, die der Soldat im Versicherungsvertrag begünstigt hat. Sind Versicherungsansprüche zur Finanzierung des Erwerbs von Wohneigentum an eine juristische Person abgetreten worden, wird der Ausgleich für die ausgefallene Versicherung an diese juristische Person gezahlt, wenn die Abtretung durch den Soldaten dazu gedient hat, eine natürliche Person von Zahlungspflichten auf Grund der Finanzierung des Wohneigentums freizustellen. Satz 3 gilt entsprechend für eine ausgefallene Lebens-, Restschuld- oder Restkreditversicherung von Selbstständigen, die zur Finanzierung der Anschaffung von Betriebseinrichtungen abgetreten worden ist.

(4) Schadensausgleich in entsprechender Anwendung der Absätze 1 bis 3 kann auch gewährt werden, wenn ein Soldat, der zur Wahrnehmung einer Tätigkeit, die öffentlichen Belangen oder dienstlichen Interessen dient, beurlaubt worden ist und in Ausübung oder infolge dieser Tätigkeit einen Schaden erlitten hat.

(5) Im Falle einer besonderen Auslandsverwendung im Sinne des § 63 c Absatz 1 gelten die Absätze 1 bis 4 entsprechend für Schäden, die anderen Angehörigen des Geschäftsbereichs des Bundesministeriums der Verteidigung entstehen.

(6) Die Absätze 1 bis 4 finden auch Anwendung auf Schäden bei dienstlicher Verwendung im Ausland, die im Zusammenhang mit einer Verschleppung oder einer Gefangenschaft entstanden sind oder die darauf beruhen, dass der Geschädigte aus sonstigen mit dem Dienst zusammenhängenden Gründen dem Einflussbereich des Dienstherrn entzogen ist.

§ 63c Besondere Auslandsverwendung

(1) Eine besondere Auslandsverwendung ist eine Verwendung auf Grund eines Übereinkommens oder einer Vereinbarung mit einer über- oder zwischenstaatlichen Einrichtung oder mit einem auswärtigen Staat auf Beschluss der Bundesregierung im Ausland oder außerhalb des deutschen Hoheitsgebietes auf Schiffen oder in Luftfahrzeugen. Dem steht eine sonstige Verwendung im Ausland oder außerhalb des deutschen Hoheitsgebietes auf Schiffen oder in Luftfahrzeugen mit vergleichbar gesteigerter Gefährdungslage gleich. Die Verwendung im Sinne der Sätze 1 und 2 beginnt mit dem Eintreffen im Einsatzgebiet und endet mit dem Verlassen des Einsatzgebietes.

(2) Erleidet ein Soldat während einer Verwendung im Sinne von Absatz 1 in Ausübung oder infolge eines militärischen Dienstes eine gesundheitliche Schädigung auf Grund eines Unfalls oder einer Erkrankung im Sinne von § 27, liegt ein Einsatzunfall vor. Satz 1 gilt auch, wenn eine Erkrankung oder ihre Folgen oder ein Unfall auf gesundheitsschädigende oder sonst vom Inland wesentlich abweichende Verhältnisse bei einer Verwendung im Sinne des Absatzes 1 zurückzuführen sind oder wenn eine gesundheitliche Schädigung bei dienstlicher Verwendung im Ausland auf einen Unfall oder eine Erkrankung im Zusammenhang mit einer Verschleppung oder einer Gefangenschaft zurückzuführen ist oder darauf beruht, dass der Soldat aus sonstigen mit dem Dienst zusammenhängenden Gründen dem Einflussbereich des Dienstherrn entzogen ist.

(2a) Das Bundesministerium der Verteidigung bestimmt im Einvernehmen mit dem Bundesministerium für Gesundheit und dem Bundesministerium für Arbeit und Soziales unter Beachtung des Stands der Erkenntnisse der medizinischen Wissenschaft durch Rechtsverordnung, unter welchen Voraussetzungen vermutet wird, dass eine Posttraumatische Belastungsstörung oder eine andere in der Rechtsverordnung zu bezeichnende psychische Störung durch einen Einsatzunfall verursacht worden ist. Es kann bestimmen, dass die Verursachung durch einen Einsatzunfall nur dann vermutet wird, wenn der Soldat an einem Einsatz bewaffneter Streitkräfte im Ausland teilgenommen hat und dabei von einem bewaffneten Konflikt betroffen war oder an einem solchen Konflikt teilgenommen hat.

(3) Bei einem Einsatzunfall werden bei Vorliegen der jeweils vorgeschriebenen Voraussetzungen folgende besondere Leistungen als Einsatzversorgung gewährt. Die Einsatzversorgung umfasst
1. die Hinterbliebenenversorgung (§§ 42a und 43),
2. den Schadensausgleich in besonderen Fällen (§ 63b),
3. das Unfallruhegehalt (§ 63d),
4. die einmalige Entschädigung (§ 63e) und
5. die Ausgleichszahlung für bestimmte Statusgruppen (§ 63f).

Die Beschädigtenversorgung nach dem Dritten Teil dieses Gesetzes bleibt unberührt.

(4) Einsatzversorgung in entsprechender Anwendung der Absätze 1 bis 3 kann auch gewährt werden, wenn ein Soldat, der zur Wahrnehmung

einer Tätigkeit, die öffentlichen Belangen oder dienstlichen Interessen dient, beurlaubt worden ist und in Ausübung oder infolge dieser Tätigkeit einen Schaden erlitten hat.

(5) Die Absätze 1 bis 3 Satz 2 Nummer 2, 4 und 5 und Absatz 4 gelten entsprechend für andere Angehörige des Geschäftsbereichs des Bundesministeriums der Verteidigung.

(6) Die Einsatzversorgung ist ausgeschlossen, wenn sich der Soldat oder der andere Angehörige des öffentlichen Dienstes vorsätzlich oder grob fahrlässig der Gefährdung ausgesetzt oder die Gründe für eine Verschleppung, Gefangenschaft oder sonstige Einflussbereichsentziehung herbeigeführt hat, es sei denn, dass der Ausschluss für ihn eine unbillige Härte wäre.

§ 63d Unfallruhegehalt nach Einsatzunfall

Einem Berufssoldaten, der einen Einsatzunfall im Sinne von § 63c Absatz 2 erleidet, wird Unfallruhegehalt nach § 27 dieses Gesetzes in Verbindung mit § 37 Absatz 1 des Beamtenversorgungsgesetzes gewährt, wenn er auf Grund dieses Einsatzunfalls dienstunfähig geworden und in den Ruhestand versetzt worden und im Zeitpunkt der Versetzung in den Ruhestand infolge des Einsatzunfalls in seiner Erwerbsfähigkeit um mindestens 50 vom Hundert beschränkt ist.

§§ 63e–79a *(Hier nicht abgedruckt)*

§ 80 Versorgung bei Wehrdienstbeschädigung

Ein Soldat, der eine Wehrdienstbeschädigung erlitten hat, erhält nach Beendigung des Wehrdienstverhältnisses wegen der gesundheitlichen und wirtschaftlichen Folgen der Wehrdienstbeschädigung auf Antrag Versorgung in entsprechender Anwendung der Vorschriften des Bundesversorgungsgesetzes, soweit in diesem Gesetz nichts Abweichendes bestimmt ist. Entsprechend erhalten eine Zivilperson, die eine Wehrdienstbeschädigung erlitten hat, und die Hinterbliebenen eines Beschädigten auf Antrag Versorgung. Partner einer eheähnlichen Gemeinschaft erhalten Leistungen in entsprechender Anwendung der §§ 40, 40a und 41 des Bundesversorgungsgesetzes, sofern ein Partner an den Schädigungsfolgen verstorben ist und der andere unter Verzicht auf eine Erwerbstätigkeit die Betreuung eines gemeinschaftlichen Kindes ausübt; dieser Anspruch ist auf die ersten drei Lebensjahre des Kindes beschränkt. Satz 3 gilt entsprechend, wenn ein Partner in der Zeit zwischen dem 1. November 1994 und dem 23. Juni 2006 an den Schädigungsfolgen verstorben ist.

VV zu § 80

0. Allgemeines

(1) Die Vorschriften des Bundesversorgungsgesetzes sind anzuwenden, soweit sie dem Soldatenversorgungsgesetz nicht widersprechen; Entsprechendes gilt für die zum Bundesversorgungsgesetz ergangenen Verordnun-

gen, Verwaltungsvorschriften und Richtlinien. Nicht anzuwenden sind insbesondere die §§ 1 bis 8, 82 und 85 des Bundesversorgungsgesetzes.

(2) Ein Härteausgleich nach § 89 des Bundesversorgungsgesetzes ist nur in den Fällen möglich, in denen sich Härten aus der Anwendung der Vorschriften des Bundesversorgungsgesetzes ergeben.

1. Zu Satz 1

(1) Soldat ist, wer auf Grund der Wehrpflicht oder freiwilliger Verpflichtung in einem Wehrdienstverhältnis steht (§ 1 des Soldatengesetzes). Das Wehrdienstverhältnis beginnt mit dem Zeitpunkt, der für den Dienstantritt des Soldaten festgesetzt ist; es endet mit Ablauf des Tages, an dem der Soldat aus der Bundeswehr ausscheidet (§ 2 des Soldatengesetzes). Abweichend von Satz 2 beginnt das („faktische“) Wehrdienstverhältnis für einen auf Grund freiwilliger Verpflichtung zur Dienstaufnahme aufgeforderten Bewerber in dem Zeitpunkt, in dem er sich bei der zuständigen Dienststelle zur Dienstaufnahme einfindet. Abweichend von Satz 1 bis 3 ist der zu einer dienstlichen Veranstaltung im Sinne des § 81 Abs. 3 Nr. 1 Hinzugezogene nur während der Dauer dieser Veranstaltung Soldat (§ 4 Abs. 4 des Wehrpflichtgesetzes).

2. Zu Satz 2

(1) Wer Hinterbliebene (§ 80 Satz 2) sind, bestimmen die Vorschriften des Bundesversorgungsgesetzes.

Aus Rundschreiben, Urteilen etc.

BSG v. 19.3.1986 – 9 a RV 7/84 (Breithaupt 1986, 965)
Auch wenn ein Soldat aus privaten Gründen die Familienrückfahrt früher als erforderlich antritt, kann auf diesem Weg Versorgungsschutz bestehen.

BSG v. 13.7.1988 – 9 / 9 a RV 11/87 (Breithaupt 1989, 831)
Eine Maßnahme der gesunden Lebensführung ist nicht deshalb von der Versorgungsverwaltung zu finanzieren, weil sie das Einnehmen eines teueren und auf Dauer schädlichen Arzneimittels ersetzt.

BSG v. 25.5.1988 – 9 / 9 a RV 24/87 (Breithaupt 1989, 315)
Ein Soldat, der während seiner Freizeit in einer Bundeswehranlage durch einen Offizier angefahren wird, erleidet dabei in der Regel keine Wehrdienstbeschädigung.

BSG v. 13.7.1988 – 9 / 9 a RV 4/86 (Breithaupt 1989, 498)
Ein Sturz aus dem Kasernenfenster in der dienstfreien Zeit beruht auf wehrdiensteigentümlichen Verhältnissen, wenn eine bauliche Veränderung mitwirkende Ursache war.

BSG v. 29.5.1991 – 9 a / 9 RFV 28 / 89 (Breithaupt 1992, 321)
Wer sich bei der Reparatur seines privaten PKW auf der Fahrt zum Dienst verletzt, ist versorgungsrechtlich nicht geschützt, wenn die Reparaturbedürftigkeit bereits vor Fahrtbeginn vorlag, aber erst während der Fahrt erkannt worden ist.

BSG v. 28.5.1997 – 9 RV 28/95 (Breithaupt 1997, 961)

1. *Dienstlich i. S. des Versorgungsrechts ist eine Veranstaltung nur dann, wenn sie materiell dienstbezogen und formell vom Dienstherrn organisiert ist.*
2. *Ob dienstliche Verhaltensanforderungen an den Soldaten wehrdiensteigentümlich sind, ist nach dem Grad der eingeräumten Selbstbestimmung oder der militärischen Fremdbestimmtheit zu entscheiden.*

BSG v. 17.7.2008 – B 9/9 a VS 1/06 R (Breithaupt 2009, 147)

Der Anspruch auf einkommensabhängige Leistungen wird nur dann im Sinne von § 29 BVG aufgeschoben, wenn der Beschädigte vorab über die leistungsrechtlichen Folgen fehlender Mitwirkung an erfolgversprechenden und zumutbaren Rehabilitationsmaßnahmen belehrt worden ist.

BSG v. 29.4.2010 – B 9 VS 2/09 R – (Breithaupt 2011, 149)

1. *Die Bundeswehrverwaltung ist nach Beendigung des Wehrdienstes nur befugt, Gesundheitsstörungen als Folgen einer Wehrdienstbeschädigung festzustellen, die während des Wehrdienstes vorgelegen haben.*
2. *Die für die Durchführung des Bundesversorgungsgesetzes zuständigen Behörden dürfen über Leistungen der Beschädigtenversorgung nach dem Soldatenversorgungsgesetz für Zeiten nach dem Wehrdienst erst befinden, wenn die Bundeswehrverwaltung über Ansprüche eines ehemaligen Soldaten auf Zeit wegen der während der Dienstzeit aufgetretenen Folgen einer Wehrdienstbeschädigung entschieden hat.*

§ 81 Wehrdienstbeschädigung

(1) Wehrdienstbeschädigung ist eine gesundheitliche Schädigung, die durch eine Wehrdienstverrichtung, durch einen während der Ausübung des Wehrdienstes erlittenen Unfall oder durch die dem Wehrdienst eigentümlichen Verhältnisse herbeigeführt worden ist.

(2) Eine Wehrdienstbeschädigung ist auch eine gesundheitliche Schädigung, die herbeigeführt worden ist durch

1. einen Angriff auf den Soldaten
   a) wegen seines pflichtgemäßen dienstlichen Verhaltens,
   b) wegen seiner Zugehörigkeit zur Bundeswehr oder
   c) bei Kriegshandlungen, Aufruhr oder Unruhen, denen er am Ort seines dienstlich angeordneten Aufenthalts im Ausland besonders ausgesetzt war,

2. einen Unfall, den der Beschädigte
   a) auf einem Hin- oder Rückweg erleidet, der notwendig ist, um eine Maßnahme der Heilbehandlung, eine Badekur, Versehrtenleibesübungen als Gruppenbehandlung oder Leistungen zur Teilhabe am Arbeitsleben nach § 26 des Bundesversorgungsgesetzes durchzuführen oder um auf Verlangen einer zuständigen Behörde oder eines Gerichts wegen der Beschädigtenversorgung persönlich zu erscheinen,
   b) bei der Durchführung einer der unter Buchstabe a aufgeführten Maßnahmen erleidet,

3. gesundheitsschädigende Verhältnisse, denen der Soldat am Ort seines dienstlich angeordneten Aufenthalts im Ausland besonders ausgesetzt war.

(3) Zum Wehrdienst im Sinne dieser Vorschrift gehören auch
1. die Teilnahme an einer dienstlichen Veranstaltung im Sinne des § 81 Abs. 2 des Soldatengesetzes,
2. die mit dem Wehrdienst zusammenhängenden Dienstreisen und die dienstliche Tätigkeit am Bestimmungsort,
3. die Teilnahme eines Soldaten an dienstlichen Veranstaltungen,
4. Nebentätigkeiten im öffentlichen Dienst oder in dem ihm gleichstehenden Dienst, zu deren Übernahme der Soldat gemäß § 20 Abs. 7 des Soldatengesetzes in Verbindung mit § 98 des Bundesbeamtengesetzes verpflichtet ist, oder Tätigkeiten, deren Wahrnehmung von ihm im Zusammenhang mit den Dienstgeschäften erwartet wird, sofern der Soldat hierbei nicht in der gesetzlichen Unfallversicherung versichert ist (§ 2 des Siebten Buches Sozialgesetzbuch).

(4) Als Wehrdienst gilt auch
1. das Erscheinen zur Feststellung der Wehrdienstfähigkeit, zu einer Eignungsuntersuchung und Eignungsfeststellung oder im Rahmen der Wehrüberwachung auf Anordnung einer zuständigen Dienststelle,
2. das Zurücklegen des mit dem Wehrdienst zusammenhängenden Weges nach und von der Dienststelle.

Der Zusammenhang mit dem Wehrdienst gilt als nicht unterbrochen, wenn der Soldat von dem unmittelbaren Wege zwischen der Wohnung und der Dienststelle in vertretbarem Umfang abweicht, weil
a) sein dem Grunde nach kindergeldberechtigendes Kind, das mit ihm in einem Haushalt lebt, wegen des Wehrdienstes oder wegen der beruflichen Tätigkeit seines Ehegatten fremder Obhut anvertraut wird,
b) er mit anderen Soldaten oder mit berufstätigen oder in der gesetzlichen Unfallversicherung versicherten Personen gemeinsam ein Fahrzeug für den Weg nach und von der Dienststelle benutzt.

Hat der Soldat wegen der Entfernung seiner ständigen Familienwohnung vom Dienstort oder wegen der Kasernierungspflicht am Dienstort oder in dessen Nähe eine Unterkunft, so gelten Satz 1 Nr. 2 und Satz 2 auch für den Weg von und nach der Familienwohnung.

(5) Einer gesundheitlichen Schädigung im Sinne des Absatzes 1 steht die Beschädigung eines am Körper getragenen Hilfsmittels, einer Brille, von Kontaktlinsen oder von Zahnersatz gleich.

(6) Zur Anerkennung einer Gesundheitsstörung als Folge einer Wehrdienstbeschädigung genügt die Wahrscheinlichkeit des ursächlichen Zusammenhangs. Wenn die zur Anerkennung einer Gesundheitsstörung als Folge einer Wehrdienstbeschädigung erforderliche Wahrscheinlichkeit nur deshalb nicht gegeben ist, weil über die Ursache des festgestellten Leidens in der medizinischen Wissenschaft Ungewissheit besteht, kann mit Zustimmung des Bundesministeriums der Verteidigung im Einvernehmen mit dem Bundesministerium für Arbeit und Soziales die Gesundheitsstörung als

Folge einer Wehrdienstbeschädigung anerkannt werden; die Zustimmung kann allgemein erteilt werden.

(7) Eine vom Beschädigten absichtlich herbeigeführte gesundheitliche Schädigung gilt nicht als Wehrdienstbeschädigung.

VV zu § 81

0. Allgemeines

(1) Ein Unfall, den ein Soldat anläßlich der Wahrnehmung von Rechten oder Erfüllung von Pflichten nach dem Personalvertretungsrecht erleidet, ist keine Wehrdienstbeschädigung; es wird jedoch Versorgung in Anwendung des § 35 b Soldatengesetz gewährt. Entsprechendes gilt für die Vertrauensleute der Schwerbehinderten (§ 23 Abs. 3 des Schwerbehindertengesetzes).

(2) Bei einer gesundheitlichen Schädigung eines freiwilligen Soldaten nach dem Freiwilligengesetz vom 23. Juli 1955 (BGBl. I S. 449) oder eines ehemaligen Vollzugsbeamten im Bundesgrenzschutz, der nach dem Zweiten Gesetz über den Bundesgrenzschutz vom 30. Mai 1956 (BGBl. I S. 436) in die Bundeswehr übergeführt worden ist, sind § 75 Abs. 2 und § 76 Abs. 2 zu beachten.

1. Zu Absatz 1

(1) Unfall ist ein auf äußerer Einwirkung beruhendes plötzliches, örtlich und zeitlich bestimmbares, einen Körperschaden verursachendes Ereignis.

(2) Eine Wehrdienstbeschädigung ist durch die dem Wehrdienst eigentümlichen Verhältnisse herbeigeführt, wenn sie den besonderen, von den Verhältnissen des zivilen Lebens abweichenden und diesem in der Regel fremden Verhältnissen des Wehrdienstes zuzurechnen ist.

(3) Ursachen sind die Bedingungen, die wegen ihrer besonderen Beziehungen zum Erfolg zu dessen Eintritt wesentlich mitgewirkt haben. Haben mehrere Umstände zu einem Erfolg beigetragen, sind sie versorgungsrechtlich nur dann nebeneinanderstehende Mitursachen, wenn sie in ihrer Bedeutung und Tragweite für den Eintritt des Erfolges annähernd gleichwertig sind. Kommt einem der Umstände gegenüber dem anderen eine überragende Bedeutung zu, ist dieser Umstand allein Ursache im Sinne des Soldatenversorgungsgesetz.

(4) Auch die infolge einer Wehrdienstbeschädigung eingetretene Verschlimmerung eines früheren Leidens begründet einen Anspruch auf Versorgung; dasselbe gilt für eine Gesundheitsstörung, die durch ein äußeres Ereignis hervorgerufen und durch die Folgen der Wehrdienstbeschädigung verursacht worden ist (mittelbare Wehrdienstbeschädigungsfolge).

(5) Die Ausübung einer Nebentätigkeit ist Dienstausübung im Sinne des § 81 Abs. 1, wenn der Soldat die Nebentätigkeit im öffentlichen Dienst oder in dem ihm gleichstehenden Dienst und auf Verlangen, Vorschlag oder Veranlassung seines Dienstvorgesetzten ausübt. Maßgebend ist das jeweils geltende Nebentätigkeitsrecht.

2. Zu Absatz 2

(1) Bei der Erkrankung eines Soldaten mit dienstlich angeordnetem Aufenthalt im Ausland (§ 81 Abs. 2 Nr. 3) kommt es nicht auf die Art der dienstlichen

Verrichtung oder auf den Zusammenhang mit dem Dienst an. Dienstlich angeordneter Aufenthalt im Ausland kann auch ein vorübergehender Aufenthalt im Verlauf einer Dienstreise sein. Bei der Beurteilung, ob ein Soldat am Ort seines dienstlich angeordneten Aufenthaltes im Ausland der Gefahr einer Erkrankung besonders ausgesetzt war (§ 81 Abs. 2 Nr. 3), ist eine im Ausland im Vergleich zum Inland gegebene erhöhte Erkrankungsgefahr besonders zu berücksichtigen (siehe Verordnung zur Durchführung des § 27 des Soldatenversorgungsgesetzes).

3. Zu Absatz 3

(1) Eine dienstliche Veranstaltung im Sinne des § 81 Abs. 3 Nr. 1 ist nur die zur militärischen Fortbildung angeordnete Veranstaltung nach § 4 Abs. 4 des Wehrpflichtgesetzes; die Teilnahme braucht nicht angeordnet zu sein.

(2) Ob die gesundheitliche Schädigung während einer Dienstreise, eines Dienstganges oder auf Wegen am Bestimmungsort einer Dienstreise (§ 81 Abs. 3 Nr. 2) als Wehrdienstbeschädigung anzusehen ist, ist in sinngemäßer Anwendung der Nr. 4 Abs. 4 bis 6 zu beurteilen. Im übrigen kommt es für die Beurteilung der Frage des versorgungsrechtlichen Schutzes bei Unfällen, die ein Soldat während des dienstlich bedingten Aufenthaltes im Abstimmungsort der Dienstreise erleidet, darauf an, ob eine besondere Gefährdung, der er am Wohn- oder Dienstort normalerweise nicht begegnet wäre und die auf die Anforderungen des Dienstes zurückzuführen ist, als wesentliche Ursache des Unfalles anzusehen ist.

(3) Dienstliche Veranstaltungen (§ 81 Abs. 3 Nr. 3) sind solche Veranstaltungen, die im Zusammenhang mit dem Dienst stehen, dienstlichen Interessen dienen und durch organisatorische Maßnahmen sachlicher oder personeller Art in den weisungsgebundenen Dienstbereich einbezogen sind; auf eine Verpflichtung des einzelnen zur Teilnahme kommt es nicht an. Zu den dienstlichen Veranstaltungen gehören z.B. der Pflege der Gemeinschaft dienende Gemeinschaftsveranstaltungen (Personalfeiern, Personalausflüge u. dergl.), die von der Einheit bzw. Dienststelle veranstaltet werden. Betriebssport kommt als dienstliche Veranstaltung nur in Betracht, wenn er dem Ausgleich der Belastungen durch die dienstliche Tätigkeit dient; die weiteren Voraussetzungen des Satzes 1 müssen stets erfüllt sein. Dies ist nicht der Fall, wenn Betriebssport wettkampfmäßig oder zur Erzielung von Spitzenleistungen ausgeübt wird.

4. Zu Absatz 4

(1) Zur Feststellung der Wehrtauglichkeit (§ 81 Abs. 4 Satz 1 Nr. 1) gehören die Musterung sowie das Anhören durch einen Prüfungsausschuß oder durch eine Musterungs- oder Prüfungskammer (§§ 17 bis 19, 23 und 26 des Wehrpflichtgesetzes). Nicht darunter fällt die Meldung zur Erfassung bei der Erfassungsbehörde nach § 15 des Wehrpflichtgesetzes.

(2) Als Eignungsprüfung (§ 18 Abs. 4 Satz 1 Nr. 1) ist jede Prüfung oder Untersuchung für eine bestimmte Art des Wehrdienstes anzusehen.

(3) Zur Wehrüberwachung (§ 81 Abs. 4 Satz 1 Nr. 1) gehört die Erfüllung der Pflichten nach § 25 Abs. 6 Nr. 3 bis 5 des Wehrpflichtgesetzes, wenn sie von der zuständigen Dienststelle angeordnet ist.

(4) Der Weg nach und von der Dienststelle (§ 81 Abs. 4 Satz 1 Nr. 2) beginnt und endet in der Regel an der Haustür. Zum Weg nach und von der Dienststelle gehört auch ein zusätzlicher Weg nach und von der Wohnung, wenn eine dienstliche Veranlassung wesentliche Ursache für das Zurücklegen dieses Weges war. Eine dienstliche Veranlassung in diesem Sinne liegt z.B. vor, wenn ein in der Wohnung vergessener, aber für die Dienstaufnahme unbedingt erforderlicher Gegenstand geholt werden muß.

(5) Unterbrechungen des Weges nach und von der Dienststelle aus persönlichen Gründen wie z.B. das Verlassen des Straßenraumes zum Zwecke privater Verrichtungen, gelten nicht als Dienst; der rechtlich wesentliche Zusammenhang des Weges mit dem Dienst wird beim Betreten des Straßenraumes wieder hergestellt, längere Unterbrechungen lösen den Zusammenhang des Weges mit dem Dienst endgültig.

(6) Der rechtlich wesentliche Zusammenhang mit dem Dienst wird durch einen Umweg grundsätzlich unterbrochen. Das gilt nicht bei einer geringfügigen Abweichung von der kürzesten Wegeverbindung. Durch einen größeren Umweg tritt eine Lösung des rechtlich wesentlichen Zusammenhanges mit dem Dienst nur dann nicht ein, wenn eine dienstliche Veranlassung wesentliche Ursache für den Umweg ist, der gegenüber andere, dem persönlichen Bereich zugeordnete Gründe in den Hintergrund treten, oder wenn der Umweg sich bei Berücksichtigung aller nach der Verkehrsanschauung maßgeblichen Umstände als notwendig, zweckmäßig oder sogar vorteilhaft für ein möglichst schnelles und sicheres Erreichen der Dienststelle oder der Wohnung erweist.

(7) Als Familienwohnung im Sinne des § 81 Abs. 4 letzter Satz ist bei einem Verheirateten die eheliche Wohnung anzusehen, wenn die Ehegatten in ehelicher Gemeinschaft leben. Bei einem Ledigen ist die elterliche Wohnung als seine Familienwohnung anzusehen, wenn er ersichtlich seinen Wohnsitz bei den Eltern nicht aufgegeben hat, vielmehr die elterliche Wohnung Mittelpunkt seines Lebens geblieben ist. In anderen Fällen sind die jeweiligen Umstände besonders zu würdigen; dabei ist entscheidend, wo der Beschädigte den Mittelpunkt seines Lebens hatte.

(8) Eines zeitlichen Zusammenhanges mit dem Dienstende oder dem Dienstbeginn bedarf es beim Zurücklegen des Weges von und nach der ständigen Familienwohnung nicht.

(9) § 81 Abs. 4 Satz 1 Nr. 3 wird nur angewandt, wenn der Soldat ein Geldinstitut am Wohn- oder Dienstort oder in deren unmittelbarer Nähe nach Überweisung der Dienstbezüge erstmals aufsucht; in welcher Weise der Soldat dabei über seine Dienstbezüge verfügt, ist nicht von Bedeutung. Dienstbezüge im Sinne des § 81 Abs. 4 Nr. 3 sind nicht nur die zur Besoldung gehörenden Dienstbezüge und sonstigen Bezüge (§ 1 Abs. 2 und 3 des Bundesbesoldungsgesetzes), sondern alle Bezüge, die dem Soldaten in dieser Eigenschaft gewährt werden.

(10) Die Vorschrift des § 81 Abs. 4 Satz 2 Buchst. a ist auch anzuwenden, wenn der berufstätige oder nicht berufstätige Ehegatte infolge Krankheit zur Versorgung des Kindes nicht in der Lage ist oder das Kind aus besonderen Gründen (z.B. wegen einer Behinderung) nicht unbeaufsichtigt bleiben kann.

(11) Zu den in der gesetzlichen Unfallversicherung versicherten Personen im Sinne des § 81 Abs. 4 Satz 2 Buchst. b gehören die kraft Gesetzes versicherten Personen, wie z.B. Schulkinder, Studenten, ehrenamtlich tätige Personen (vgl. § 538 der Reichsversicherungsordnung), die kraft Satzung versicherten Personen (§ 543 der Reichsversicherungsordnung) und die freiwillig versicherten Personen (§ 545 der Reichsversicherungsordnung).

(12) Für das Zurücklegen des Weges von und nach der Dienststelle im Sinne des § 81 Abs. 4 Satz 2 und 3 gelten die Nr. 4 Abs. 4 bis 6 sinngemäß.

5. Zu Absatz 5

(1) Wahrscheinlichkeit im Sinne des § 81 Abs. 5 Satz 1 liegt vor, wenn unter Berücksichtigung der herrschenden medizinisch-wissenschaftlichen Lehrmeinung mehr für als gegen den ursächlichen Zusammenhang spricht.

(2) Für eine Versorgung nach § 81 Abs. 5 Satz 2 muß eine zeitliche Verbindung zwischen krankhaften Veränderungen und einem nach § 81 Abs. 1 oder 2 als schädigendes Ereignis in Betracht kommenden Tatbestand vorliegen. Es müssen außerdem exogene Faktoren vorhanden sein, die wegen der Ungewißheit in der medizinischen Wissenschaft nicht mit der erforderlichen Wahrscheinlichkeit als Ursache der Gesundheitsstörung bewertet werden können.

(3) Die im Rahmen der Entscheidung nach § 85 Abs. 3 im Einvernehmen mit dem Bundesminister für Arbeit und Sozialordnung erteilte Zustimmung des Bundesministers der Verteidigung gilt auch für die Versorgung nach Beendigung des Wehrdienstverhältnisses.

6. Zu Absatz 6

(1) Eine Schädigung ist nur dann absichtlich herbeigeführt, wenn sie von dem Beschädigten erstrebt war; Vorsatz allein genügt nicht.

(2) Selbsttötung und die Folgen eines Selbsttötungsversuchs sind nicht als absichtlich herbeigeführte Schädigung anzusehen, wenn eine Beeinträchtigung der freien Willensbestimmung durch Tatbestände im Sinne des § 81 Abs. 1 und 2 wahrscheinlich ist.

Aus Rundschreiben, Urteilen etc.

BSG v. 26.2.1986 – 9 a RV 62/63 (Breithaupt 1986, 698)
Zur Frage der Wehrdienstbeschädigung, wenn ein Soldat auf dem Weg zur Fortsetzung einer im Dienst begonnenen ärztlichen Behandlung im Urlaub verunglückt.

BSG v. 7.5.1986 – 9 a RV 18/85 (VdKM 11/1986, 18 Breithaupt 1987, 55)
Versorgungsrechtlich geschützt ist der Weg zwischen Familienwohnung und der Unterkunft am Dienstort nur, wenn die angetretene Hin- bzw. Rückfahrt dem Aufsuchen der Wohnung gilt.

BSG v. 8.10.1987 – 4 b RV 29/86 (Breithaupt 1988, 410)
Ein Soldat löst sich auch durch starken Alkoholgenuß nicht von der „Ausübung des Wehrdienstes“ i.S. von § 81 Abs. 1 Regelung 2 SVG, wenn die militärische Führung die alkoholgeprägte Gefahrenlage durch pflichtwidriges Unterlassen gebotenen Handelns selbst wesentlich mit herbeigeführt hat.

BSG v. 8.10.1987 – 9 a RV 51/86 (Breithaupt 1988, 488)
Die Teilnehmer einer Fahrgemeinschaft müssen nicht schon vorher in einem Gemeinschaftsverhältnis gestanden haben, um versorgungsrechtlich geschützt zu sein.

BSG v. 25.5.1988 – 9/9 a RV 24/87 (Breithaupt 1989, 315)
Ein Soldat, der während seiner uneingeschränkten Freizeit auf der Straße in einer Bundeswehranlage durch einen Offizier angefahren wird, erleidet dabei in der Regel keine Wehrdienstbeschädigung.

BSG Urt. v. 13.7.1988 – 9 / 9 a RV 4/16 (Breithaupt 1989, 498)
Ein Soldat, der während seiner Freizeit in der Kaserne einen Unfall erleidet, kann versorgungsrechtlich geschützt sein, wenn er trotz der Freizeit gezwungen war, sich in der Kaserne aufzuhalten.

BSG Urt. v. 13.7.1988 – 9 / 9 a RV 20/87 (Breithaupt 1989, 576)
Wenn nicht i.S. des § 1 Abs. 3 Satz 3 BVG in der vom 1.1.1981 an geltenden Fassung „unzweifelhaft feststeht", daß eine Gesundheitsstörung nicht die Folge einer Schädigung ist, so stand dies auch nicht „außer Zweifel" i.S. des seit 1.1.1981 nicht mehr geltenden § 41 KOVVfG. Das gilt jedenfall dann, wenn die Unrichtigkeit der Anerkennung einer Gesundheitsstörung nicht wegen neuerer Erkenntnisse der medizinischen Wissenschaft geltend gemacht wird. (Klarstellung des Verhältnisses SozR 3100 § 1 Nr. 38 und Nr. 39).

BSG v. 6.9.1989 – 9 RV 21 / 88 (Breithaupt 1990, 581)
Ereignet sich „bei" einer Maßnahme der Heilbehandlung ein Unfall, der nach den Umständen grundsätzlich dem privaten Bereich zuzurechnen ist (Kauf eines Getränks), wird Versorgung nur gewährt, wenn ein Zusammenhang mit dem sozialen Bezugsfeld (hier der Heilbehandlung) besteht.

BSG v. 24.9.1992 – 9 a RV 31/90 (Breithaupt 1993, 511)
Zur Frage, unter welchen Voraussetzungen eine Selbsttötung im Wehrdienst auf wehrdiensteigentümliche Verhältnisse zurückzuführen ist.

BSG v. 10.11.1993 – 9/9a RV 41/92 (Breithaupt 1994, 592)
1. *Wegen einer nicht auf einem plötzlichen Ereignis beruhenden Krankheit ist Soldatenversorgung nur zu gewähren, wenn diese Krankheit entweder nach dem Recht der gesetzlichen Unfallversicherung als Berufskrankheit zu entschädigen wäre oder außerordentliche, kriegsähnliche Belastungen festzustellen sind, die eine „Kann-Versorgung" rechtfertigen.*
2. *Eine „Kann-Versorgung" ist nur gerechtfertigt, wenn in der medizinischen Wissenschaft Ungewißheit über die Wahrscheinlichkeit des Ursachenzusammenhangs besteht. Nach wenigstens einer medizinischen Lehrmeinung muß der Ursachenzusammenhang wahrscheinlich, nicht nur möglich sein.*

BSG v. 11.10.1994 – 9 RV 8/1994 (Breithaupt 1995, 620)
Die rechtskräftige strafgerichtliche Verurteilung wegen rücksichtslosem Verhalten im Straßenverkehr schließt Versorgungsschutz wegen eines deshalb erlittenen Unfalls aus.

LSG Rheinland-Pfalz v. 19.2.2003 – L4VS 2/02 (Breithaupt 2003, 446)
1. *Ein „während der Ausübung des Wehrdienstes erlittener Unfall" i. S. von § 81 Abs. 1 Variante 2 SVG liegt nur dann vor, wenn das schädigende Ereignis in*

Ausübung einer Dienstverrichtung eingetrten ist, ohne dass zugleich ein ursächlicher Zusammenhang mit der Dienstverrichtung erforderlich ist. Ein rein zeitlicher Zusammenhang mit dem Wehrdienst reicht dagegen nicht aus.

2. *Wehrdiensteigentümlich im Sinne von § 81 Abs. 1 Variante 3 SVG sind Verhältnisse, die der Eigenart des Dienstes entsprechen und im Allgemeinen eng mit dem Dienst verbunden sind.*
3. *Sind bei dem Sturz eines alkoholisierten Soldaten zur Nachtzeit aus einem Fenster sonstige Unfallfaktoren nicht erwiesen, spricht die Lebenserfahrung dafür, dass wesentlich die durch den Alkoholgenuss hervorgerufene Untüchtigkeit zu ordnungsgemäßem Handeln den Unfall herbeigeführt hat.*

BSG v. 17.7.2008 – B 9/9 a VS 5/06 R – (Breithaupt 2009, 150)
Eine Leukämie ist bei einem als Arzt bei der Bundeswehr tätigen Soldaten auf Zeit u. a. dann als Folge einer Wehrdienstbeschädigung anzuerkennen, wenn sich diese innerhalb von zwei Jahren nach einer mit Wahrscheinlichkeit wehrdienstbedingten, auf das lymphatische System einwirkenden Infektionskrankheit manifestiert. Ob eine Infektionskrankheit als wehrdienstbedingt angesehen werden kann, richtet sich im Allgemeinen nach den Grundsätzen des Rechts der gesetzlichen Unfallversicherung.

§ 81 a

Ist ein Soldat zur Wahrnehmung einer Tätigkeit, die öffentlichen Belangen oder dienstlichen Interessen dient, beurlaubt worden, so kann ihm oder seinen Hinterbliebenen mit Zustimmung des Bundesministeriums der Verteidigung für die Folgen einer gesundheitlichen Schädigung, die der Soldat durch diese Tätigkeit oder durch einen Unfall während der Ausübung dieser Tätigkeit erlitten hat, Versorgung in gleicher Weise wie für die Folgen einer Wehrdienstbeschädigung gewährt werden. Die Zustimmung kann allgemein erteilt werden.

VV zu § 81 a

(1) Die Versorgung kann nur gewährt werden, wenn auch die anspruchsbegründenden Voraussetzungen eines Tatbestandes des § 81 sinngemäß erfüllt sind.

(2) Die Versorgung wird in der Regel nicht gewährt, wenn und soweit von anderer Seite Leistungen wegen der gesundheitlichen Schädigung gewährt werden.

§ 81 b

(1) Erleidet ein nach § 80 in Verbindung mit § 10 Abs. 4 oder 5 des Bundesversorgungsgesetzes Berechtigter oder Leistungsempfänger eine gesundheitliche Schädigung durch einen Unfall bei der Durchführung einer stationären Maßnahme nach § 80 in Verbindung mit § 12 Abs. 1 oder 4 oder § 26 des Bundesversorgungsgesetzes oder auf dem notwendigen Hin- oder Rückwege, so erhält er wegen der gesundheitlichen und wirtschaftlichen Folgen der Schädigung auf Antrag Versorgung in entsprechender Anwendung der Vorschriften des Bundesversorgungsgesetzes. Dies gilt entspre-

chend, wenn der Berechtigte oder Leistungsempfänger dem Verlangen eines zuständigen Leistungsträgers oder eines Gerichts, wegen der Versorgung persönlich zu erscheinen, folgt und dabei einen Unfall erleidet.

(2) Absatz 1 gilt entsprechend, wenn eine Pflegeperson bei einer Badekur nach § 80 in Verbindung mit § 12 Abs. 3 des Bundesversorgungsgesetzes einen Unfall erleidet.

(3) Erleidet eine nicht nach § 2 Abs. 1 Nr. 1 oder 9 des Siebten Buches Sozialgesetzbuch versicherte Begleitperson eine gesundheitliche Schädigung durch einen Unfall bei einer wegen der Folgen der Schädigung notwendigen Begleitung des Beschädigten auf einem Wege im Sinne des § 81 Abs. 2 Nr. 2 Buchstabe a oder bei der notwendigen Begleitung während der Durchführung einer dort aufgeführten Maßnahme, gilt Absatz 1 Satz 1 entsprechend. Satz 1 gilt nicht, wenn die gesundheitliche Schädigung der Begleitperson zugleich eine Wehrdienstbeschädigung im Sinne des § 81 ist.

(4) § 81 Abs. 5 gilt entsprechend.

§ 81 c

Erleidet ein Soldat während einer besonderen Verwendung im Sinne des § 58 a Abs. 1 und 2 des Bundesbesoldungsgesetzes eine gesundheitliche Schädigung, die auf vom Inland wesentlich abweichende Verhältnisse zurückzuführen ist, denen der Soldat während dieser Verwendung besonders ausgesetzt war, wird Versorgung in gleicher Weise wie für die Folgen einer Wehrdienstbeschädigung gewährt. Die Versorgung ist ausgeschlossen, wenn sich der Soldat grob fahrlässig der Gefährdung ausgesetzt hat, es sei denn, dass der Ausschluss für ihn eine unbillige Härte wäre.

§ 81 d

Einem Soldaten wird Versorgung in gleicher Weise wie für Folgen einer Wehrdienstbeschädigung auch dann gewährt, wenn eine gesundheitliche Schädigung bei dienstlicher Verwendung im Ausland auf einen Unfall oder eine Erkrankung im Zusammenhang mit einer Verschleppung oder einer Gefangenschaft zurückzuführen ist oder darauf beruht, dass er aus sonstigen mit dem Dienst zusammenhängenden Gründen, die er nicht zu vertreten hat, dem Einflussbereich des Dienstherrn entzogen ist.

§ 81 e

(1) Erleidet ein dienstlich im Ausland verwendeter Soldat, ein Familienangehöriger oder eine andere zur häuslichen Gemeinschaft gehörende Person in dem Land, in dem der Soldat verwendet wird, oder auf einem Weg nach oder von diesem Land infolge eines gegen diese Personen oder eine andere Person gerichteten vorsätzlichen, rechtswidrigen tätlichen Angriffs oder durch dessen rechtmäßige Abwehr eine gesundheitliche Schädigung, so wird wegen der gesundheitlichen und wirtschaftlichen Folgen auf Antrag Versorgung in entsprechender Anwendung der Vorschriften des Bundesversorgungsgesetzes gewährt. Die Anwendung dieser Vorschrift wird nicht dadurch ausgeschlossen, dass der Angreifer in der

irrtümlichen Annahme von Voraussetzungen eines Rechtfertigungsgrundes gehandelt hat.

(2) Familienangehörige im Sinne des Absatzes 1 sind der Ehegatte des Soldaten und die Kinder, für die dem Soldaten Kindergeld zusteht oder ohne Berücksichtigung der §§ 64, 65 des Einkommensteuergesetzes oder der §§ 3, 4 des Bundeskindergeldgesetzes zustehen würde.

(3) Zur häuslichen Gemeinschaft des Soldaten gehörende Personen sind Personen, auf die sich die Umzugskostenzusage des Dienstherrn nach § 6 Abs. 3 des Bundesumzugskostengesetzes bezieht oder beziehen würde.

(4) Einem tätlichen Angriff im Sinne des Absatzes 1 stehen gleich

1. die vorsätzliche Beibringung von Gift,
2. die wenigstens fahrlässige Herbeiführung einer Gefahr für Leib und Leben eines anderen durch ein mit gemeingefährlichen Mitteln begangenes Verbrechen.

(5) Einer Schädigung im Sinne des Absatzes 1 stehen Schädigungen gleich, die durch einen Unfall unter den Voraussetzungen des § 81 Abs. 2 Nr. 2 Buchstabe a oder b herbeigeführt worden sind; Buchstabe a gilt auch für einen Unfall, den der Geschädigte bei der unverzüglichen Erstattung der Strafanzeige erleidet.

(6) Die Hinterbliebenen eines Geschädigten erhalten auf Antrag Versorgung in entsprechender Anwendung der Vorschriften des Bundesversorgungsgesetzes.

(7) Einer Schädigung im Sinne des Absatzes 1 stehen Schädigungen gleich, die ein Berechtigter oder Leistungsempfänger nach Absatz 1 oder 6 in Verbindung mit § 10 Abs. 4 oder 5 des Bundesversorgungsgesetzes, eine Pflegeperson oder eine Begleitperson bei einer notwendigen Begleitung des Geschädigten durch einen Unfall unter den Voraussetzungen des § 81 b erleidet.

(8) § 81 Abs. 5 gilt entsprechend.

(9) Die Versagung von Leistungen richtet sich nach § 2 des Opferentschädigungsgesetzes, der entsprechend anzuwenden ist.

(10) Die Ansprüche entfallen, soweit auf Grund der Schädigung Ansprüche nach anderen Vorschriften dieses Gesetzes, nach dem Bundesversorgungsgesetz oder nach einem sonstigen Gesetz, welches eine entsprechende Anwendung des Bundesversorgungsgesetzes vorsieht, bestehen. Die Versorgung wird nicht gewährt, soweit der Soldat, der Familienangehörige oder die andere zur häuslichen Gemeinschaft gehörende Person auf Grund der Schädigung Leistungen von anderer Seite erhält.

(11) Trifft ein Versorgungsanspruch nach dieser Vorschrift mit einem Schadensersatzanspruch auf Grund fahrlässiger Amtspflichtverletzung zusammen, so wird der Anspruch nach § 839 Abs. 1 des Bürgerlichen Gesetzbuchs nicht dadurch ausgeschlossen, dass die Voraussetzungen des Absatzes 1 vorliegen.

(12) Hat dienstlich im Ausland verwendeter Soldat, ein Familienangehöriger oder eine andere zur häuslichen Gemeinschaft gehörende Person eine gesundheitliche Schädigung im Sinne des Absatzes 1 in der Zeit vom 1. April 1956 bis zum Inkrafttreten dieser Vorschrift erlitten, werden Versorgungsleistungen gewährt, wenn der Geschädigte allein infolge dieser Schädigung schwerbeschädigt ist. Hinterbliebene eines Beschädigten erhalten auf Antrag Versorgung in entsprechender Anwendung der §§ 38 bis 52 des Bundesversorgungsgesetzes.

(13) Neue Ansprüche, die sich auf Grund dieser Vorschrift oder einer Änderung dieser Vorschrift ergeben, werden nur auf Antrag festgestellt. Wird der Antrag binnen eines Jahres nach dem Inkrafttreten dieser Vorschrift oder einer Änderung dieser Vorschrift gestellt, so beginnt die Zahlung mit dem Zeitpunkt des Inkrafttretens, frühestens jedoch mit dem Monat, in dem die Voraussetzungen erfüllt sind.

§ 81 f

Das Kind einer Soldatin, das durch eine Wehrdienstbeschädigung oder durch eine gesundheitliche Schädigung der Mutter im Sinne der §§ 63 d, 81 a bis 81 e während der Schwangerschaft unmittelbar geschädigt wurde, erhält wegen der gesundheitlichen und wirtschaftlichen Folgen auf Antrag Versorgung in entsprechender Anwendung der Vorschriften des Bundesversorgungsgesetzes.

§ 82

(1) Wehrdienst Leistende nach den §§ 5, 6 a und 6 b des Wehrpflichtgesetzes oder freiwilligen Wehrdienst Leistende nach § 58 b des Soldatengesetzes sowie Soldatinnen auf Zeit und Sopldaten auf Zeit erhalten wegen einer Gesundheitsstörung, die bei Beendigung des Wehrdienstverhältnisses heilbehandlungsbedürftig ist, Leistungen in entsprechender Anwendung des § 10 Abs. 1 und 3 sowie der §§ 11, 11 a und 13 bis 24 a des Bundesversorgungsgesetzes. Dies gilt auch, wenn sich an den in Satz 1 genannten Wehrdienst nach dem Wehrpflichtgesetz, nach § 58 b des Soldatengesetzes oder an das Wehrdienstverhältnis als Soldat auf Zeit eine Wehrübung nach § 6 des Wehrpflichtgesetzes, eine Hilfeleistung im Innern nach § 6 c des Wehrpflichtgesetzes, eine Hilfeleistung im Ausland nach § 6 d des Wehrpflichtgesetzes oder ein Wehrdienstverhältnis besonderer Art nach § 6 des Einsatz-Weiterverwendungsgesetzes anschließt. Für Personen, die auf Grund freiwilliger Verpflichtung an einer besonderen Auslandsverwendung nach § 62 des Soldatengesetzes teilnehmen, gilt Satz 1 entsprechend. Dies gilt auch, wenn sich an die besondere Auslandsverwendung eine Übung nach § 61 des Soldatengesetzes, eine Hilfeleistung im Innern nach § 63 des Soldatengesetzes oder eine Hilfeleistung im Ausland nach § 63 a des Soldatengesetzes anschließt. Bei Anwendung der in Satz 1 genannten Vorschriften ist die festgestellte Gesundheitsstörung wie eine anerkannte Schädigungsfolge zu behandeln.

(2) Die Leistungen nach Absatz 1 werden bis zur Dauer von drei Jahren nach Beendigung des Wehrdienstverhältnisses gewährt. Wird vor Ablauf dieses Zeitraums ein Anspruch nach § 80 anerkannt, so werden sie nur bis zum Zeitpunkt dieser Anerkennung gewährt. Sie können in besonderen Fällen mit Zustimmung des Bundesministeriums der Verteidigung über den Zeitraum von drei Jahren hinaus gewährt werden. Sie werden auf Ansprüche nach § 80 angerechnet.

(3) Ein Anspruch auf die in Absatz 1 genannten Leistungen besteht nicht,

a) wenn und soweit ein Versicherungsträger (§ 29 Abs. 1 des Vierten Buches Sozialgesetzbuch) zu entsprechenden Leistungen verpflichtet ist oder Leistungen aus einem anderen Gesetz – mit Ausnahme entsprechender Leistungen nach dem Zweiten Buch oder dem Zwölften Buch – zu gewähren sind,

b) wenn und soweit ein entsprechender Anspruch aus einem Vertrag, ausgenommen Ansprüche aus einer privaten Krankenversicherung oder Unfallversicherung, besteht,

c) wenn der Berechtigte ein Einkommen hat, das die Jahresarbeitsentgeltgrenze der gesetzlichen Krankenversicherung übersteigt, oder

d) wenn die Gesundheitsstörung auf eigenen Vorsatz zurückzuführen ist.

VV zu § 82

0. Allgemeines

Ein Antrag auf Versorgung ist auch als Antrag auf Leistungen nach § 82 anzusehen.

1. Zu Absatz 1

(1) Die Leistungen nach § 82 beginnen entsprechend § 18 a des Bundesversorgungsgesetzes, jedoch nicht vor Beendigung des Wehrdienstverhältnisses. Kann über das Vorliegen einer Wehrdienstbeschädigung noch nicht entschieden werden, so ist zunächst § 82 anzuwenden.

(2) Wegen der Begriffe „Grundwehrdienst, Verfügungsbereitschaft, Wehrübungen im Anschluß an den Grundwehrdienst“ vgl. §§ 5, 5 a und 6 des Wehrpflichtgesetzes. Es ist nicht erforderlich, daß der Grundwehrdienst in der nach § 5 des Wehrpflichtgesetzes vorgesehenen Dauer abgeleistet worden ist.

(3) § 82 ist auch anzuwenden, wenn eine Gesundheitsstörung bereits vor Beginn des Wehrdienstverhältnisses bestanden hat und bis zur Entlassung aus der Bundeswehr heilbehandlungsbedürftig geworden ist. Eine Gesundheitsstörung ist während des Wehrdienstverhältnisses heilbehandlungsbedürftig geworden, wenn ihre Symptome in diesem Zeitraum vorgelegen haben.

(4) Bei der entsprechenden Anwendung der §§ 16 bis 16 f und 16 h des Bundesversorgungsgesetzes ist § 83 Abs. 1 zu beachten.

2. Zu Absatz 2

(1) Werden die Gesundheitsstörungen nicht in vollem Umfang als Folgen einer Wehrdienstbeschädigung anerkannt, so bleibt im übrigen der Anspruch nach § 82 erhalten.

(2) Leistungen über den 3-Jahreszeitraum hinaus sind insbesondere zu gewähren, wenn das Verfahren zur Anerkennung der Folgen einer Wehrdienstbeschädigung über diesen Zeitraum hinaus andauert.

3. Zu Absatz 3

(1) Bestehen Ansprüche im Sinne des § 82 Abs. 3 Buchst. a oder b, so sind Leistungen nach § 82 Abs. 1 insoweit zu gewähren, als diese Ansprüche den Leistungen nach dem Bundesversorgungsgesetz nicht entsprechen.

(2) Für die Feststellung, ob das Einkommen die für die Krankenversicherungspflicht maßgebende Jahresarbeitsverdienstgrenze übersteigt, sind die Grundsätze des § 10 Abs. 7 Buchst. b des Bundesversorgungsgesetzes anzuwenden.

§ 83 Anwendung von Vorschriften für ehemalige Soldaten

(1) Ein ehemaliger Soldat, der im Zeitpunkt der Beendigung des Wehrdienstverhältnisses infolge einer Wehrdienstbeschädigung arbeitsunfähig ist und vor Beginn des Wehrdienstverhältnisses keine Erwerbstätigkeit ausgeübt hat, gilt auch dann als arbeitsunfähig im Sinne der §§ 16 bis 16f des Bundesversorgungsgesetzes, wenn er nicht oder nur mit der Gefahr einer Verschlimmerung seines Zustands fähig ist, einer Erwerbstätigkeit oder Berufsausbildung nachzugehen; als Zeitpunkt des Eintritts der Arbeitsunfähigkeit gilt der Zeitpunkt der Beendigung des Wehdienstverhältnisses. Wenn es für den ehemaligen Soldaten günstiger ist als das nach den §§ 16a bis 16f des Bundesversorgungsgesetzes zu berücksichtigende Arbeitsentgelt, gelten als Arbeitsentgelt

1. die bei Beendigung des Wehrdienstverhältnisses bezogenen Einkünfte (Geld- und Sachbezüge) als Soldat,

2. fünf Viertel dieser Einkünfte für einen Soldaten, der Wehrsold bezogen hat,

3. das im letzten Kalendermonat vor Beginn des Wehrdienstverhältnisses erzielte Arbeitseinkommen eines Soldaten, der Wehrsold bezogen hat, wenn es höher ist als die in Nummer 2 genannten Einkünfte.

(2) § 60 des Bundesversorgungsgesetzes gilt mit der Maßgabe, dass die Versorgung nicht vor dem Tage beginnt, der auf den Tag der Beendigung des Dienstverhältnisses folgt. § 60 Abs. 1 des Bundesversorgungsgesetzes gilt auch mit der Maßgabe, dass die Versorgung mit dem auf den Tag der Beendigung des Dienstverhältnisses folgenden Tage beginnt, wenn der Erstantrag eines ehemaligen Soldaten oder einer Zivilperson im Sinne des § 80 Satz 2, für die im Anschluss an die Wehrdienstbeschädigung ein Wehrdienstverhältnis bestanden hat, innerhalb eines Jahres nach Beendigung des Dienstverhältnisses gestellt wird. Ist ein Soldat, dessen Hinterbliebenen Versorgung nach § 80 zustehen würde, verschollen, so beginnt die Hinterbliebenenversorgung abweichend von § 61 des Bundesversorgungsgesetzes frühestens mit dem Ersten des Monats, der auf den Monat folgt, in dem die Zahlung von Dienstbezügen oder Wehrsold endet.

§ 83a

(1) Ist ein Arbeitnehmer ab dem Tag nach der Beendigung eines Wehrdienstverhältnisses arbeitsunfähig, werden dem Arbeitgeber, der auf Grund eines bereits vor dem Beginn des Wehrdienstverhältnisses bestehenden Arbeitsverhältnisses zur Fortzahlung des Arbeitsentgelts im Krankheitsfall verpflichtet ist, das fortgezahlte Arbeitsentgelt, die darauf entfallenden, vom Arbeitgeber zu tragenden und abgeführten Beiträge zur Sozialversicherung und zur Arbeitsförderung sowie zu Einrichtungen der zusätzlichen Alters- und Hinterbliebenenversorgung erstattet, wenn die Gesundheitsstörung durch eine Schädigung im Sinne der §§ 80 bis 81a verursacht worden ist.

(2) Die Erstattung nach Absatz 1 ist auf den Zeitraum beschränkt, für den der Arbeitgeber zur Fortzahlung des Arbeitsentgelts im Krankheitsfall verpflichtet ist. Die Erstattung endet schon früher, wenn die am Tag nach Beendigung des Wehrdienstverhältnisses bestehende Arbeitsunfähigkeit entfällt oder nicht mehr durch die Folgen der Schädigung verursacht ist.

(3) Kann der Arbeitnehmer auf Grund gesetzlicher Vorschriften von einem Dritten Ersatz wegen des Verdienstausfalls, der ihm durch die Arbeitsunfähigkeit entstanden ist, verlangen, so kann der Arbeitgeber die Erstattung nur gegen Abtretung des nach § 6 Absatz 1 des Entgeltfortzahlungsgesetzes übergegangenen Anspruchs im Umfang der durch Absatz 1 begründeten Erstattungspflicht verlangen.

(4) Die Aufwendungen des Arbeitgebers werden auf Antrag erstattet. Die Erstattung wird erst nach der Entscheidung über den Versorgungsanspruch geleistet. Der Anspruch auf die Erstattung verjährt mit Ablauf von vier Jahren nach dem Ende des Jahres, in dem das Dienstverhältnis beendet worden ist.

(5) Wird der Arbeitnehmer nach dem in Absatz 1 genannten Zeitpunkt arbeitsunfähig, geht ein Anspruch des Arbeitnehmers auf Fortzahlung des Arbeitsentgelts bis zur Höhe des gezahlten Versorgungskrankengeldes auf den Kostenträger nach diesem Gesetz über, soweit der Arbeitgeber den Anspruch des Arbeitnehmers nicht erfüllt.

6. Zusammentreffen von Ansprüchen

§ 84 Ansprüche auf Versorgung

(1) Die Ansprüche auf Versorgung nach dem Zweiten Teil und dem Dritten Teil bestehen unbeschadet des Absatzes 6 nebeneinander.

(2) Besteht neben dem Anspruch auf Unterhaltsbeitrag für Verwandte der aufsteigenden Linie nach dem Zweiten Teil auch Anspruch auf Elternrente nach dem dritten Teil dieses Gesetzes oder auf Elternrente nach dem Bundesversorgungsgesetz, so wird nur die den Eltern günstigere Versorgung gewährt.

(3) Treffen Ansprüche auf Grund einer Wehrdienstbeschädigung oder einer gesundheitlichen Schädigung im Sinne der §§ 81a bis 81e mit An-

sprüchen aus § 1 des Bundesversorgungsgesetzes oder aus anderen Gesetzen zusammen, die eine entsprechende Anwendung des Bundesversorgungsgesetzes vorsehen, ist unter Berücksichtigung des durch die gesamten Schädigungsfolgen bedingten Grades der Schädigungsfolgen eine einheitliche Rente festzusetzen. Das Gleiche gilt, wenn die in Satz 1 genannten Ansprüche aus diesem Gesetz zusammentreffen.

(4) § 36 des Bundesversorgungsgesetzes gilt nicht für den Soldaten, der während des Wehrdienstverhältnisses verstorben ist, wenn die Bundeswehr die Bestattung und Überführung besorgt hat.

(5) § 55 des Bundesversorgungsgesetzes ist auch beim Zusammentreffen mit Ansprüchen nach dem Dritten Teil dieses Gesetzes anzuwenden.

(6) § 65 Abs. 1 Nr. 2 des Bundesversorgungsgesetzes ist mit der Maßgabe anzuwenden, dass einer Versorgung nach allgemeinen beamtenrechtlichen Bestimmungen und der beamtenrechtlichen Unfallfürsorge die entsprechenden Versorgungsbezüge nach dem Zweiten Teil dieses Gesetzes gleichstehen, der Anspruch des Beschädigten auf seine Grundrente nach § 80 dieses Gesetzes in Verbindung mit § 31 Abs. 1 bis 4 des Bundesversorgungsgesetzes ruht jedoch nicht.

VV zu § 84

Zu Absatz 2

Bei Anwendung des § 84 Abs. 2 ist der Unterhaltsbeitrag (§ 43 des Gesetzes in Verbindung mit § 40 des Beamtenversorgungsgesetzes) so lange als Vorschuß (§ 42 des Ersten Buches Sozialgesetzbuch) zu zahlen, bis feststeht, daß die Elternrente günstiger ist. Dies gilt nicht, wenn bereits Elternrente nach einem früher verstorbenen Kind gewährt wird. In diesem Fall ist die Elternrente – erhöht nach Maßgabe des § 51 Abs. 2 oder 3 des Bundesversorgungsgesetzes – so lange als Vorschuß und gegen Abtretungserklärung weiterzuzahlen, bis feststeht, daß der Unterhaltsbeitrag günstiger ist.

Zu Absatz 3

Ist bei einer einheitlichen Rente (§ 84 Abs. 3) § 65 Abs. 1 Nr. 2 des Bundesversorgungsgesetzes anzuwenden, so ruhen die Versorgungsbezüge nicht, soweit sie auch ohne die Wehrdienstbeschädigung zu zahlen wären.

§ 85 Ausgleich bei Wehrdienstbeschädigung

(1) Soldaten erhalten wegen der Folgen einer Wehrdienstbeschädigung während ihrer Dienstzeit einen Ausgleich in Höhe der Grundrente und der Schwerstbeschädigtenzulage nach § 30 Abs. 1 und § 31 des Bundesversorgungsgesetzes.

(2) Trifft eine Wehrdienstbeschädigung oder eine gesundheitliche Schädigung im Sinne der §§ 81 a bis 81 e mit einer Schädigung im Sinne des § 1 des Bundesversorgungsgesetzes oder eines anderen Gesetzes zusammen, das eine entsprechende Anwendung des Bundesversorgungsgesetzes vorsieht, ist der durch die gesamten Schädigungsfolgen bedingte Grad

der Schädigungsfolgen festzustellen. Von dem sich daraus ergebenden Betrag des Ausgleichs ist ein Betrag in Höhe der Grundrente abzuziehen, die auf den durch die Schädigung im Sinne des Bundesversorgungsgesetzes oder des anderen Gesetzes bedingten Grad der Schädigungsfolgen entfällt. Der Restbetrag ist als Ausgleich zu gewähren. Die Sätze 1 bis 3 gelten entsprechend, wenn gesundheitliche Schädigungen im Sinne des § 63d Satz 1 in Verbindung mit § 81c und der §§ 81 bis 81e zusammentreffen.

(3) § 81 Abs. 6 Satz 2 und § 81a findet mit der Maßgabe Anwendung, dass die Zustimmung vom Bundesministerium der Verteidigung im Einvernehmen mit dem Bundesministerium für Arbeit und Soziales erteilt werden muss.

(4) Der Ausgleich beginnt mit dem Monat, in dem seine Voraussetzungen erfüllt sind. § 60 Abs. 4 Satz 1 und 2 sowie § 62 Abs. 2 und 3 des Bundesversorgungsgesetzes gelten entsprechend. Der Anspruch auf Ausgleich erlischt spätestens mit der Beendigung des Wehrdienstverhältnisses. Ist ein Soldat verschollen, so erlischt der Anspruch auf Ausgleich mit Ablauf des Monats, in dem das Bundesministerium der Verteidigung feststellt, dass das Ableben des Verschollenen mit Wahrscheinlichkeit anzunehmen ist. Kehrt der Verschollene zurück, so lebt sein Anspruch auf Ausgleich für den Zeitraum wieder auf, für den Dienstbezüge oder Wehrsold nachgezahlt werden.

(5) Der Anspruch auf Ausgleich kann weder abgetreten noch verpfändet noch gepfändet werden. Im Übrigen gilt § 46 Abs. 1 entsprechend sowie § 50 mit der Maßgabe, dass mit einer Forderung auf Rückerstattung zu viel gezahlten Ausgleichs gegenüber einem Anspruch auf Ausgleich aufgerechnet werden kann.

Richtlinie zu § 85

1. Der Ausgleich wird von Amts wegen gewährt. Er steht nur für das Wehrdienstverhältnis zu, in dem die Wehrdienstbeschädigung eingetreten ist. Der Ausgleich wird auch während einer Heilbehandlung, auch stationären Behandlung, gezahlt.

2. Ein Anspruch auf Ausgleich besteht nur dann, wenn durch die Folge einer Wehrdienstbeschädigung (einschließlich § 81 Abs. 4 Satz 2) oder durch eine solche zusammen mit der Folge einer Schädigung im Sinne des § 1 des Bundesversorgungsgesetzes oder eines Gesetzes, das das Bundesversorgungsgesetz für anwendbar erklärt, die Erwerbsfähigkeit um mindestens 25 vom Hundert gemindert ist.

3. Bei der Beurteilung der Minderung der Erwerbsfähigkeit (MdE) nach § 30 Abs. 1 des Bundesversorgungsgesetzes sind nicht zu berücksichtigen
a) Ereignisse, die erst in der Zukunft erwartet werden,
b) Gesundheitsstörungen, die zeitlich nach dem schädigenden Ereignis eingetreten sind und die mit der Schädigung nicht im Zusammenhang stehen.

4. (1) Die durch die Folgen der Wehrdienstbeschädigung bedingte Minderung der Erwerbsfähigkeit ist in Hundertteilen der Erwerbsfähigkeit des Beschädigten auszudrücken.

(2) Hat bei Eintritt der Wehrdienstbeschädigung eine meßbare Minderung der Erwerbsfähigkeit bestanden, die nicht Folge einer Schädigung im Sinne des § 1 des Bundesversorgungsgesetzes oder eines Gesetzes, das das Bundesversorgungsgesetz für anwendbar erklärt, ist, so ist bei der Bemessung der durch die Wehrdienstbeschädigung bedingten Minderung der Erwerbsfähigkeit folgendes zu berücksichtigen: Wenn sich Vorschaden und Folge der Wehrdienstbeschädigung an verschiedenen Körperteilen befinden und sich gegenseitig nicht beeinflussen, so ist der Vorschaden ohne Bedeutung. Hat die Wehrdienstbeschädigung eine vorgeschädigte Gliedmaße oder ein vorgeschädigtes Organ getroffen, so muß die durch die Wehrdienstbeschädigung bedingte Minderung der Erwerbsfähigkeit niedriger sein als die Minderung der Erwerbsfähigkeit, die sich aus dem nunmehr bestehenden Gesamtschaden ergibt, es sei denn, daß der Vorschaden nach seinem Umfang oder nach seiner Art keine wesentliche Bedeutung für die gesamte Gesundheitsstörung hat. Dabei darf die Minderung der Erwerbsfähigkeit durch den Vorschaden nicht rein rechnerisch von der Minderung der Erwerbsfähigkeit durch den Gesamtschaden abgezogen werden. Maßgeblich ist, zu welchem zusätzlichen anatomischen und funktionellen Verlust die Wehrdienstbeschädigung geführt hat; dieser zusätzliche Verlust kann auch zur Erwerbsunfähigkeit führen. Sind durch Vorschaden und Folgen der Wehrdienstbeschädigung verschiedene Organe oder Gliedmaßen oder paarige Organe betroffen und verstärkt der Vorschaden die durch die Wehrdienstbeschädigung bedingte Funktionsstörung, so ist die durch die Wehrdienstbeschädigung bedingte Minderung der Erwerbsfähigkeit unter Umständen höher zu bewerten, als bei isolierter Betrachtung der Folgen der Wehrdienstbeschädigung zu geschehen hätte.

(3) Als bei Eintritt der Wehrdienstbeschädigung bestehende Minderung der Erwerbsfähigkeit im Sinne des Abs. 2 des Gesetzes ist die im Bescheid der zuständigen Verwaltungsbehörde festgestellte Minderung der Erwerbsfähigkeit zugrunde zu legen. Beträgt die Minderung der Erwerbsfähigkeit durch den Vorausschaden weniger als 25 vom Hundert und ist sie im Bescheid der Verwaltungsbehörde nicht festgestellt, so ist der Ausgleich nach der Gesamtminderung der Erwerbsfähigkeit durch die Folgen des Vorausschadens im Zeitpunkt des Hinzutretens der Wehrdienstbeschädigung und der Folgen der Wehrdienstbeschädigung festzustellen. Einer ziffernmäßigen Feststellung der Minderung der Erwerbsfähigkeit durch den Vorausschaden bedarf es in diesen Fällen nicht.

(4) Ist in demselben Wehrdienstverhältnis die Erwerbsfähigkeit durch mehrere Gesundheitsstörungen beeinträchtigt worden, die Folgen von Wehrdienstbeschädigungen sind, so ist der Ausgleich unter Berücksichtigung einer die Gesamtauswirkung der Gesundheitsstörungen zusammenfassenden Minderung der Erwerbsfähigkeit (Gesamt-MdE) festzusetzen.

5. Für erhebliche äußere Körperschäden gelten folgende Mindesthundertsätze:

	v. H.
Schädelnarben mit Verlust von Knochenmasse ohne Funktionsstörungen des Gehirns	30
Hirnbeschädigung mit stärkeren Funktionsstörungen	50
Rückenmarksverletzung mit schweren Funktionsstörungen	70
Verlust des Gaumens	30
Erheblicher Gewebsverlust der Zunge	30
Verlust des Kehlkopfes	50
Völliger Verlust der Nase	50
Abstoßend wirkende Entstellung des Gesichts	50
Verlust beider Ohrmuscheln	30
Verlust oder Erblindung eines Auges bei vollgebrauchsfähigem anderen Auge	30
Verlust oder Erblindung eines Auges und Herabsetzung der Sehschärfe des anderen Auges auf weniger als die Hälfte	50
Hochgradige Sehbehinderung	mehr als 90
Völlige Taubheit	70
Verlust oder dem Verlust gleichzusetzende Verletzung beider Hoden	50
Verlust des männlichen Gliedes	50
Künstlicher After	50
Verlust des Afterschließmuskels mit schwerem Mastdarmvorfall	50
Urinfistel mit Notwendigkeit, ein Urinal zu tragen	50
Verlust eines Armes im Schultergelenk oder mit sehr kurzem Oberarmstumpf	80
Verlust eines Armes in der Mitte des Oberarmes oder im Ellenbogen	70
Verlust eines Armes in der Mitte des Unterarmes	50
Verlust einer ganzen Hand	50
Verlust aller Finger einer Hand	50
Verlust des ganzen Daumens einschließlich Mittelhandknochens einer Hand	30
Verlust eines Beines im Hüftgelenk oder mit sehr kurzem Oberschenkelstumpf	80
Verlust eines Beines im Bereich des Oberschenkels bis zur Kniehöhe (z.B. Amputation nach Gritti)	70
Verlust eines Beines im Bereich des Unterschenkels bei genügender Funktionstüchtigkeit des Stumpfes und der Gelenke	50
Verlust eines Beines im Bereich des Unterschenkels bei ungenügender Funktionstüchtigkeit des Stumpfes und der Gelenke	60
Verlust beider Beine im Bereich der Unterschenkel bei Funktionstüchtigkeit der Stümpfe und der Gelenke	80
Teilverlust des Fußes mit Erhalten der Ferse (Absetzung nach Pirogow)	einseitig 40 beidseitig 70
Teilverlust des Fußes (Absetzung nach Lisfranc und Sharp)	einseitig 30 beidseitig 50
Teilverlust des Fußes (Absetzung nach Chopart)	einseitig 30 beidseitig 60
Verlust aller Zehen an beiden Füßen	30

Eine hochgradige Sehbehinderung liegt bei einem Beschädigten vor, der sich zwar in einer ihm nicht vertrauten Umgebung trotz seiner Sehbehinderung ohne Führung und ohne besondere Hilfe noch ausreichend bewegen kann, dessen Sehschärfe aber wirtschaftlich nicht verwertbar ist (im allgemeinen eine Sehschärfe auf dem besseren Auge von nicht mehr als 1/20 oder beim Vorliegen von hinsichtlich des Schweregrades gleichzuachtenden anderen Störungen der Sehfunktion).

6. (1) Die Nummern 1 bis 4 und 6 bis 12 der Verwaltungsvorschriften zu § 81 sind entsprechend anzuwenden.

(2) Für die Fälle, in denen der Bundesminister für Arbeit und Sozialordnung einer Kannversorgung nach § 81 Abs. 4 Satz 2 allgemein zugestimmt hat, ist im Einvernehmen mit dem Bundesminister für Arbeit und Sozialordnung die Zustimmung zur Gewährung des Ausgleichs nach § 85 Abs. 3 allgemein erteilt.

7. (1) Eine Neufeststellung ist nur insoweit zulässig, als sich die Verhältnisse nach der letzten Feststellung wesentlich geändert haben. Ist die letzte Feststellung durch Urteil ergangen, ist von den Verhältnissen auszugehen, die dieser Entscheidung zugrunde gelegen haben.

(2) Die Änderung der Verhältnisse muß entweder eine tatsächliche (Besserung oder Verschlimmerung der als Folge einer Wehrdienstbeschädigung anerkannten Gesundheitsstörungen) oder eine rechtliche (Änderung der Rechtsgrundlage durch Gesetz oder Rechtsverordnung) sein.

(3) Eine wesentliche Änderung der Minderung der Erwerbsfähigkeit liegt nur vor, wenn der veränderte Gesundheitszustand voraussichtlich mehr als sechs Monate anhalten wird und die Änderung wenigstens zehn vom Hundert beträgt oder wenn sie dazu führt, daß die Minderung der Erwerbsfähigkeit fünfundzwanzig vom Hundert erreicht oder unter diesen Vomhundertsatz sinkt. Entsprechendes gilt auch für die Schwerbeschädigtenzulage nach § 31 Abs. 5 des Bundesversorgungsgesetzes. Eine wesentliche Änderung liegt nicht vor, wenn eine Gesundheitsstörung, ohne sich verändert zu haben, lediglich abweichend beurteilt wird.

(4) Bei der Feststellung, ob und inwieweit in den gesundheitlichen Folgen einer Schädigung eine wesentliche Änderung eingetreten ist, muß im allgemeinen vergleichsweise von denjenigen Verhältnissen ausgegangen werden, die bei der der letzten Festsetzung der Minderung der Erwerbsfähigkeit zugrunde liegenden ärztlichen Begutachtung bestanden haben. Ist nicht feststellbar, ob entweder eine Änderung der Verhältnisse im Sinne des § 62 Abs. 1 des Bundesversorgungsgesetzes oder eine Unrichtigkeit des früheren Bescheides im Sinne des § 41 des Gesetzes über das Verwaltungsverfahren der Kriegsopferversorgung vorliegt, sind aber mit Sicherheit die Voraussetzungen für die Anwendung einer der beiden Vorschriften gegeben, so richten sich die Rechtsfolgen nach § 62 des Bundesversorgungsgesetzes und das Verfahren nach § 41 des Gesetzes über das Verwaltungsverfahren der Kriegsopferversorgung.

(5) Eine ärztliche Nachuntersuchung von Amts wegen soll im allgemeinen unterbleiben, wenn der Gesamtbefund feststeht und mit einer wesentlichen Änderung der Folgen der Wehrdienstbeschädigung nach ihrer Art und dem bisherigen Verlauf nicht mehr zu rechnen ist; das gilt z.B. beim glatten Verlust

von Gliedmaßen, bei Gelenkversteifungen, die seit vielen Jahren bestehen, beim Verlust der Augen und bei den meisten Fällen von Hirn- und Rückenmarksverletzungen.

(6) Ist die Feststellung der Minderung der Erwerbsfähigkeit durch Urteil oder Vergleich geändert worden, so beginnt die Frist des § 62 Abs. 2 Satz 1 des Bundesversorgungsgesetzes von dem Zeitpunkt an zu laufen, in dem das Urteil für die Bundeswehrverwaltung durch Rechtsmittel nicht mehr anfechtbar oder der Vergleich für die Bundeswehrverwaltung rechtsverbindlich geworden ist. Ist ein angefochtener Bescheid durch Urteil bestätigt worden, beginnt die Frist mit dem Tag der Bekanntgabe dieses Bescheides. Ein Entziehungs- oder Minderungsbescheid darf nicht vor Ablauf der zweijährigen Frist bekanntgegeben werden. Bei der Berechnung der zweijährigen Frist bleiben Bescheide außer Betracht, durch die das Begehren auf Erhöhung des Ausgleichs mangels wesentlicher Änderung der Verhältnisse abgelehnt worden ist.

(7) Als Heilbehandlung nach § 62 Abs. 2 Satz 2 des Bundesversorgungsgesetzes gelten Maßnahmen der unentgeltlichen truppenärztlichen Versorgung nach § 36 Abs. 2 des Bundesbesoldungsgesetzes oder § 6 des Wehrsoldgesetzes. Die Heilbehandlung ist als abgeschlossen zu betrachten, wenn der Beschädigte sie abbricht oder der behandelnde Arzt sie wegen Erreichens des Behandlungszwecks abschließt. Die Frist des § 62 Abs. 2 Satz 2 des Bundesversorgungsgesetzes ist nur insoweit beachtlich, als sie vor der in § 62 Abs. 2 Satz 1 des Bundesversorgungsgesetzes genannten Frist abläuft.

(8) Der Ausgleich darf unter den Voraussetzungen des § 62 Abs. 3 des Bundesversorgungsgesetzes nicht mehr gemindert werden, wenn der entsprechende Neufeststellungsbescheid nicht bis zu dem Tag, an dem das 55. Lebensjahr vollendet wird, bekanntgegeben worden ist.

8. (1) Eine Minderung oder Entziehung des Ausgleichs (§ 63 Abs. 1 Satz 1 des Bundesversorgungsgesetzes) kommt insbesondere nicht in Betracht, wenn

a) die Heilbehandlung mit einer Operation verbunden ist
   oder
b) im Verlauf der Heilbehandlung ärztliche Untersuchungs- oder Behandlungsmaßnahmen angewendet werden sollen, die weitere körperliche Schäden zur Folge haben könnten, wie insbesondere Lumbalpunktion, Encephalographie, Gastroskopie, Kontrastfüllung der Bronchien, Sternalpunktion, Arteriographie, Cisternenpunktion, Cystoskopie, Rektoskopie.

Ob ein sonstiger triftiger Grund vorliegt, richtet sich nach den Umständen des Einzelfalles.

(2) Voraussetzungen für die Minderung oder Entziehung des Ausgleichs ist, daß bei Befolgen der Anordnung eine wesentliche Besserung des Gesundheitszustandes mit an Sicherheit grenzender Wahrscheinlichkeit eingetreten wäre. Inwieweit der Ausgleich zu versagen ist, richtet sich nach dem Ausmaß der Besserung, die bei Befolgen der Anordnung eingetreten wäre.

(3) In der Mitteilung nach § 63 Abs. 3 des Bundesversorgungsgesetzes hat die Verwaltungsbehörde dem Versorgungsberechtigten sämtliche Gesichtspunkte mitzuteilen, die für die Änderung der Heilbehandlung maßgebend sind.

(4) Bei einer Entziehung des Ausgleichs auf Zeit nach § 63 Abs. 1 des Bundesversorgungsgesetzes ist in dem Entziehungsbescheid ein nach Monaten genau bestimmter Zeitraum anzugeben, für den der Ausgleich gemindert oder entzogen werden soll.

9. (1) Dem Beschädigten ist ein Bescheid zu erteilen, wenn ein Ausgleich gewährt oder beantragt wird; ist ein ablehnender Bescheid zu erteilen, so ist über die Frage der Wehrdienstbeschädigung grundsätzlich nur zu entscheiden, wenn die Leistung nicht schon aus einem anderen Grund (z.B. keine Minderung der Erwerbsfähigkeit um mindestens 25 vom Hundert) abgelehnt wird.

(2) Beginnt das Wehrdienstverhältnis in dem Monat, in dem die Voraussetzungen für die Gewährung des Ausgleichs erfüllt sind, so wird der Ausgleich vom Tage des Beginns des Wehrdienstverhältnisses an gezahlt.

(3) Der Ausgleich wird in Monatsbeträgen zuerkannt, und der laufende Ausgleich wird im voraus gezahlt. Ist der Ausgleich nur für einen Teil eines Monats zu zahlen, so sind für die tageweise Berechnung die entsprechenden besoldungsrechtlichen Vorschriften über die Zahlung der Dienstbezüge anzuwenden.

(4) Bei einer Änderung der Verhältnisse beginnt der höhere Ausgleich mit dem Monat, in dem seine Voraussetzungen erfüllt sind. Wegen des Zahlungsbeginns eines niedrigeren Ausgleichs vgl. § 60 Abs. 4 Satz 2 des Bundesversorgungsgesetzes.

(5) Der Ausgleich für zurückliegende Zeiträume, der einem Verstorbenen noch zu Lebzeiten zustand, gehört zu seinem Nachlaß und ist an die Erben auszuzahlen. Die Erbberechtigung ist im allgemeinen durch Erbschein nachzuweisen.

10. Der Ausgleich ist einkommensteuerfrei (§ 3 Nr. 6 des Einkommensteuergesetzes).

§ 85a Geldleistungen der Wohnungshilfe

(1) Ein Soldat, dessen Grad der Schädigungsfolgen wegen einer Wehrdienstbeschädigung mindestens 50 beträgt, erhält Geldleistungen der Wohnungshilfe in entsprechender Anwendung des § 27c des Bundesversorgungsgesetzes, wenn seine Wohnung mit Rücksicht auf Art und Schwere seiner Schädigung besonderer Ausgestaltung oder baulicher Veränderung bedarf.

(2) Die Geldleistungen können erbracht werden, wenn über den Grad der Schädigungsfolgen noch nicht endgültig entschieden ist, aber mit einem Grad der Schädigungsfolgen von mindestens 50 zu rechnen ist.

§ 86 Kostenersatz

(1) Sind bei einem während der Ausübung des Wehrdienstes erlittenen Unfall Kleidungsstücke oder andere Gegenstände, die der Beschädigte mit sich geführt hat, beschädigt oder zerstört worden oder abhanden gekommen, so kann dafür Ersatz geleistet werden. Sind durch die erste Hilfeleistung nach dem Unfall besondere Kosten entstanden, so ist dem Be-

schädigten der nachweisbar notwendige Aufwand zu ersetzen. § 85 Abs. 5 ist entsprechend anzuwenden.

(2) Ersatz nach Absatz 1 kann bei einem Unfall während der Ausübung einer Tätigkeit im Sinne des § 81 a geleistet werden; die Zustimmung muss vom Bundesministerium der Verteidigung im Einvernehmen mit dem Bundesministerium für Arbeit und Soziales erteilt werden.

(3) Absatz 1 gilt in den Fällen der §§ 81 c und 81 d entsprechend.

VV zu § 86

0. Allgemeines

(1) Der Ersatz von Sachschäden nach § 86 Abs. 1 Satz 1 und Abs. 2 wird als Ermessensleistung gewährt; auf den Ersatz des notwendigen Aufwandes nach § 86 Abs. 1 Satz 2 besteht ein gesetzlicher Anspruch.

(2) Über den Ersatz von Sachschäden und notwendigem Aufwand nach § 86 wird von Amts wegen entschieden.

1. Zu Absatz 1

(1) Ein Ersatz von Sachschäden kommt nur in Betracht, wenn eine gesundheitliche Schädigung durch einen Unfall während der Ausübung des Wehrdienstes oder durch einen Unfall im Rahmen des § 81 Abs. 2 vorliegt. Mithin muß ein – wenn auch nur vorübergehender – Körperschaden eingetreten sein.

Die Nr. 1 Abs. 1 VV zu § 81 ist anzuwenden.

(2) Einem Körperschaden steht die Beschädigung oder Zerstörung eines Körperersatzstückes gleich.

(3) Liegt ein Unfall im Sinne der Nr. 1 Abs. 1 nicht vor, ist aber ein Antrag auf Ersatz der Sachschäden oder des notwendigen Aufwands gestellt worden, so ist dieser Antrag mit einem entsprechenden Hinweis an die für die Durchführung der Richtlinien für Billigkeitszuwendungen bei Sachschäden zuständige Stelle weiterzuleiten.

(4) Hat der Beschädigte den Unfall vorsätzlich herbeigeführt, so kommt ein Ersatz des Schadens nicht in Betracht. Bei Fahrlässigkeit ist zu prüfen, ob dem Beschädigten nach Lage der Verhältnisse, insbesondere nach dem Maße seines Verschuldens, zugemutet werden kann, den Schaden ganz oder teilweise selbst zu tragen.

(5) Der Ersatz ist in der Regel auf Kleidungsstücke und sonstige Gegenstände des täglichen Bedarfs zu beschränken, die der Beschädigte im Dienst benötigt oder mit sich zu führen pflegt, hierzu gehört auch ein Kraftfahrzeug. Ob die Gegenstände Eigentum des Beschädigten sind, ist unerheblich. Wertminderungen durch Verwendung und Abnutzung sind in angemessenem Umfang zu berücksichtigen. Satz 3 gilt nicht für orthopädische oder andere Hilfsmittel und Sehhilfen. Bei Schäden an Gegenständen, deren Wert über solchen mittlerer Art und Güte liegt, ist der Wert vergleichbarer Gegenstände mittlerer Art und Güte zugrunde zu legen. Der Verkauf unbrauchbar gewordener Hilfsmittel kann angerechnet werden.

(6) Ersatz darf nur geleistet werden, soweit der Beschädigte den Schaden nicht auf andere Weise (z.B. Versicherung, Schadensersatzanspruch gegen Dritte) ersetzt erhalten kann. Ist ein Ersatzanspruch nicht realisierbar oder sind die Aussichten einer Klage auf Schadenersatz gering oder würde der Beschädigte durch die Dauer der Rechtsverfolgung unzumutbar belastet, so kann Ersatz geleistet werden, ohne daß der Beschädigte seinen Ersatzanspruch im Klagewege geltend macht. Der Beschädigte ist verpflichtet, Ersatzansprüche gegen Dritte an den Dienstherrn abzutreten, soweit nicht § 30 Abs. 3 Soldatengesetz in Verbindung mit § 87 a Bundesbeamtengesetz angewandt wird.

(7) Erstattungsfähige Beträge in einer Höhe von bis zu zehn Deutsche Mark werden nicht erstattet.

(8) Für den Ersatz von Sachschäden an einem Kraftfahrzeug des Beschädigten (Mofa, Moped, Motorroller, Motorrad, Kraftwagen usw.) sind zu unterscheiden:
1. Dienstreisen und Dienstgänge
2. Wege nach und von der Dienststelle.

(9) Ersatz von Sachschäden an einem Kraftfahrzeug des Beschädigten kann geleistet werden, wenn die Benutzung des Kraftfahrzeuges dem Beschädigten vor Antritt der Dienstreise oder des Dienstganges entweder im Einzelfalle oder allgemein aus triftigen Gründen – im Falle der Dienstreise schriftlich – gestattet worden ist. Ausnahmsweise kann der Schaden ohne vorherige Gestattung ersetzt werden.

(10) Für den Ersatz von Sachschäden an einem Kraftfahrzeug des Beschädigten, die bei einem Unfall auf dem Wege nach und von der Dienststelle entstehen, müssen schwerwiegende Gründe für die Benutzung des Kraftfahrzeuges, vor allem dienstlicher Art, vorliegen.
Diese Gründe ergeben sich aus
1. der Eigenart des Dienstes (z.B. an mehreren Dienstorten, Dienstbeginn oder -ende zur Nachtzeit),
2. den persönlichen Verhältnissen (z.B. Körperbehinderung),
3. den örtlichen Verhältnissen (z.B. keine oder ungenügende Verkehrsverbindung).

(11) Mittelbare, im Zusammenhang mit Sachschäden an einem Kraftfahrzeug des Beschädigten stehende Schäden (z.B. Abschleppkosten, Leihwagenkosten) werden nicht erstattet.

(12) Sachschäden, die infolge von Dienstunfällen an einem Kraftfahrzeug des Beschädigten entstehen, können im Einzelfall bis zum Betrag von 650 Deutsche Mark im Rahmen der nicht gedeckten Kosten ersetzt werden. Trifft den Beschädigten ein Verschulden an der Herbeiführung des Schadens, so ist der Schaden ganz oder teilweise selbst zu tragen.

(13) In besonders begründeten Einzelfällen kann mit Zustimmung des Bundesministers der Verteidigung von der Beschränkung des Ersatzes und von den Bestimmungen bei Verschulden abgewichen werden.

(14) Kosten der ersten Hilfeleistung (§ 86 Abs. 1 Satz 2) sind u.a. die Kosten für das Herbeiholen eines Arztes, für einen Krankenwagen oder sonstige Beför-

derungsmittel, für etwaige Ersatzansprüche Dritter, die bei der Hilfeleistung Schaden erlitten haben. Zu den Kosten der ersten Hilfeleistung gehören nicht die Kosten für das Abschleppen eines beschädigten Kraftfahrzeuges.

§ 86 a Arbeitslosenhilfe

(1) Ehemalige Soldaten auf Zeit, die nach Beendigung einer Wehrdienstzeit von mindestens zwei Jahren arbeitslos sind, erhalten eine Arbeitslosenbeihilfe. Auf die Arbeitslosenbeihilfe sind die Vorschriften des Sozialgesetzbuchs und sonstiger Gesetze mit Ausnahme des Einkommensteuergesetzes über das Arbeitslosengeld und für die Empfänger dieser Leistung mit folgenden Maßgaben entsprechend anzuwenden:

1. **Für den Anspruch auf Arbeitslosenbeihilfe steht die Wehrdienstzeit als Soldat auf Zeit einschließlich der nach § 40 Abs. 5 des Soldatengesetzes eingerechneten Wehrdienstzeiten der Zeit eines Versicherungspflichtverhältnisses gleich.**
2. **Die Dauer des Anspruchs auf Arbeitslosenbeihilfe mindert sich um die Zahl von Tagen, die auf den Zeitraum entfallen, für den Übergangsgebührnisse laufend oder in einer Summe gewährt werden. Für Soldaten auf Zeit mit einer Wehrdienstzeit von zwei Jahren wird der Anspruch auf Arbeitslosenbeihilfe auf 180 Tage begrenzt.**
3. **Bei der Feststellung des Bemessungsentgelts sind für die Wehrdienstzeit im Sinne der Nummer 1 die Dienstbezüge zugrunde zu legen.**
4. **Bei der Anwendung des § 156 des Dritten Buches Sozialgesetzbuch steht der Anspruch auf Übergangsgebührnisse dem dort genannten Anspruch auf Berufsausbildungsbeihilfe für Arbeitslose gleich. Dies gilt auch für einen Zeitraum, für den Übergangsgebührnisse in einer Summe gewährt werden.**
5. **Der Anspruch auf Arbeitslosenbeihilfe ruht während des Zeitraums, für den der Arbeitslose die Voraussetzungen für einen Anspruch auf Arbeitslosengeld erfüllt oder nur deshalb nicht erfüllt, weil er Arbeitslosengeld nicht beantragt hat.**
6. **Der Bezug von Arbeitslosenbeihilfe begründet keinen Anspruch auf Förderung der beruflichen Aus- und Weiterbildung nach dem Dritten Buch Sozialgesetzbuch.**

Satz 1 gilt nicht für die Zeit eines Aufschubs oder einer Unterbrechung der Zahlung der Übergangsgebührnisse nach § 11 Absatz 6 Satz 2.

(2) Absatz 1 gilt nicht, wenn ein Soldat auf Zeit ohne Anspruch auf Versorgung mit Ausnahme der Beschädigtenversorgung aus dem Dienstverhältnis ausgeschieden oder wenn dieser Anspruch später aus einem anderen Grunde als dem des Ablaufs des Anspruchszeitraums weggefallen ist.

§ 87 Verwaltungsverfahren

(1) Das Bundesministerium der Verteidigung führt die Versorgung nach dem Zweiten Teil dieses Gesetzes bei Behörden der Bundeswehrverwaltung durch. Einzelne Aufgaben können bei Behörden im Geschäftsbereich

eines anderen Bundesministeriums durchgeführt werden. § 10 Abs. 4 und § 10a bleiben unberührt.

(2) Bei Streitigkeiten in Angelegenheiten des Absatzes 1 gelten, soweit es sich nicht um Angelegenheiten des § 41 Abs. 2 handelt, die §§ 126 bis 128 des Bundesbeamtengesetzes entsprechend; bis zur Beendigung des Dienstverhältnisses sind jedoch die Vorschriften der Wehrbeschwerdeordnung über das verwaltungsgerichtliche Vorverfahren (§ 23 der Wehrbeschwerdeordnung) anzuwenden.

§ 88 Zuständige Behörden

(1) Die Versorgung nach dem Dritten Teil wird von Behörden der Bundeswehrverwaltung durchgeführt.

(2) Die Beendigung des Wehrdienstverhältnisses beeinflusst nicht den Lauf der in § 62 Absatz 2 und 3 des Bundesversorgungsgesetzes genannten Fristen, wenn bei Beendigung des Wehrdienstverhältnisses ein Anspruch auf Ausgleich nach § 85 und danach ein Anspruch auf Versorgung nach § 80 besteht, es sei denn, die Verhältnisse haben sich zugunsten des Wehrdienstbeschädigten wesentlich geändert. § 89 des Bundesversorgungsgesetzes gilt mit der Maßgabe, dass die Zustimmung des Bundesministeriums der Verteidigung im Benehmen mit dem Bundesministerium für Arbeit und Soziales erteilt werden muss.

(3) Empfehlungen des Bundesministeriums für Arbeit und Soziales in Angelegenheiten der Kriegsopferfürsorge nach den §§ 25 bis 27j des Bundesversorgungsgesetzes, die eine grundsätzliche, über den Einzelfall hinausgehende Bedeutung haben, sowie Entscheidungen, die für eine Versorgung nach § 81 Absatz 6 Satz 2 oder für einen Härteausgleich von Bedeutung sind, ergehen im Benehmen mit dem Bundesministerium der Verteidigung.

(4) In Angelegenheiten nach den §§ 85 bis 86 und 41 Absatz 2 sind entsprechend anzuwenden

1. **das Gesetz über das Verwaltungsverfahren der Kriegsopferversorgung,**
2. **§ 36a Absatz 1 bis 3, die §§ 45, 60 bis 62 und 65 bis 67 des Ersten Buches Sozialgesetzbuch sowie**
3. **das Zehnte Buch Sozialgesetzbuch.**

In Angelegenheiten nach den §§ 80, 81a bis 83a sind entsprechend anzuwenden

1. **das Erste Buch Sozialgesetzbuch,**
2. **das Zehnte Buch Sozialgesetzbuch und**
3. **das Gesetz über das Verwaltungsverfahren der Kriegsopferversorgung, soweit die Versorgung nicht in der Erbringung von Leistungen der Kriegsopferfürsorge nach den §§ 25 bis 27j des Bundesversorgungsgesetzes besteht.**

(5) In Angelegenheiten nach Absatz 1, soweit die Versorgung nicht in der Erbringung von Leistungen der Kriegsopferfürsorge nach den §§ 25 bis 27j des Bundesversorgungsgesetzes besteht, und in Angelegenheiten nach

§ 41 Absatz 2 sind die Vorschriften des Sozialgerichtsgesetzes über das Vorverfahren mit der Maßgabe entsprechend anzuwenden, dass

1. es eines Vorverfahrens auch dann bedarf, wenn das Bundesministerium der Verteidigung den Verwaltungsakt erlassen hat;

2. das Bundesministerium der Verteidigung den Widerspruchsbescheid erlässt; für Fälle, in denen es den Verwaltungsakt nicht selbst erlassen hat, kann es die Entscheidung durch allgemeine Anordnung auf andere Behörden übertragen; die Anordnung ist zu veröffentlichen;

3. bis zur Beendigung des Wehrdienstverhältnisses die Vorschriften der Wehrbeschwerdeordnung mit der Maßgabe entsprechend gelten, dass die Beschwerde keine aufschiebende Wirkung hat.

(6) Bei Streitigkeiten in Angelegenheiten nach Absatz 1, soweit die Versorgung nicht in der Erbringung von Leistungen der Kriegsopferfürsorge nach den §§ 25 bis 27j des Bundesversorgungsgesetzes besteht, und bei Streitigkeiten in Angelegenheiten nach § 41 Absatz 2 ist der Rechtsweg zu den Gerichten der Sozialgerichtsbarkeit gegeben. Über Klagen von Personen, die als Soldaten dem Bundesnachrichtendienst angehören oder angehört haben, und von ihren Hinterbliebenen entscheidet das Bundessozialgericht im ersten und letzten Rechtszug. In Angelegenheiten nach Absatz 1 und nach § 41 Absatz 2 wird die Bundesrepublik Deutschland durch das Bundesministerium der Verteidigung vertreten. Dieses kann die Vertretung durch eine allgemeine Anordnung anderen Behörden übertragen; die Anordnung ist im Bundesgesetzblatt zu veröffentlichen.

VV zu § 88

1. Zu Absatz 1

(1) Die in § 88 Abs. 1 genannten Behörden der Bundeswehrverwaltung sind zuständig für Entscheidungen nach §§ 41 Abs. 2, 85 und 86. Ihre Zuständigkeit für Entscheidungen nach § 41 Abs. 2 ergibt sich aus § 87 Abs. 1 Satz 1.

(2) Die Behörden der Bundeswehrverwaltung entscheiden im allgemeinen nicht über das Vorliegen einer Wehrdienstbeschädigung, wenn die Entscheidung lediglich für den Anspruch auf Ausgleich nach § 85 Bedeutung hat, eine Leistung nach dieser Vorschrift jedoch wegen des Umfangs der Minderung der Erwerbsfähigkeit nicht in Betracht kommt. In den Fällen der Nr. 1 Abs. 2 ist eine Beweissicherung erforderlich. Diese soll sich jedoch neben den medizinischen Feststellungen insbesondere auf die Feststellungen von Zeugen und auf die Schilderung des Sachverhalts durch den Disziplinarvorgesetzten beschränken.

2. Zu Absatz 3

(1) Hat die Behörde der Bundeswehrverwaltung gemäß § 88 Abs. 2 Satz 1 über die Ansprüche nach §§ 41 Abs. 2, 85 und 86 entschieden, gibt sie die WDB-Akte – ungeachtet eines etwaigen Rechtsbehelfsverwaltungsverfahrens – unverzüglich an das nach § 3 des Gesetzes über das Verwaltungsverfahren der Kriegsopferversorgung oder nach § 88 Abs. 5 Nr. 1 zuständige Versorgungsamt zur Entscheidung ab, sobald ein Antrag auf Versorgung nach den §§ 80 oder 82 vorliegt. Wird eine Entscheidung über Ansprüche nach §§ 41 Abs. 2, 85 und 86 im Vorverfahren abgeändert, nachdem die WDB-Akte an das

Versorgungsamt abgegeben worden ist, hat die Behörde der Bundeswehrverwaltung die Entscheidung dem Versorgungsamt unverzüglich mitzuteilen.

(2) Vor Abgabe der WDB-Akte prüft die Behörde der Bundeswehrverwaltung, ob die Akte Original-Gesundheitspapiere enthält und ersetzt diese durch beglaubigte Fotokopien. Die Behörde der Bundeswehrverwaltung benachrichtigt das Institut für Wehrmedizinalstatistik und Berichtswesen von der Aktenabgabe – ggf. unter Beifügung der Original-Gesundheitspapiere – und bittet das Institut für Wehrmedizinalstatistik und Berichtswesen, Fotokopien weiterer Gesundheits-Unterlagen unverzüglich dem Versorgungsamt zu übersenden.

(3) Das Versorgungsamt übersendet die Versorgungsakten nach Erteilung des Bescheides über den Anspruch nach § 80 vorübergehend der Behörde der Bundeswehrverwaltung, es sei denn, diese hat bereits über Ansprüche nach §§ 41 Abs. 2, 85 oder 86 entschieden oder auf die Übersendung der Akten verzichtet.

(4) Beabsichtigt die Behörde einer Verwaltung, ausnahmsweise von der Entscheidung einer Behörde der anderen Verwaltung unter den Voraussetzungen der §§ 44, 45 des Zehnten Buches Sozialgesetzbuch abzuweichen, so hat sie lediglich zu prüfen, ob Rechtswidrigkeit im Sinne dieser Bestimmungen vorliegt. Die Behörde teilt dies unter Darlegung der Gründe und Beifügung der Akten der anderen Behörde mit, die dazu Stellung nimmt. Ein Einvernehmen ist zwar anzustreben, aber zu einer Entscheidung nach § 88 Abs. 3 Satz 2 nicht erforderlich.

§§ 89–91 *(Hier nicht abgedruckt)*

§ 91 a

(1) Die nach diesem Gesetz versorgungsberechtigten Personen haben aus Anlass einer Wehrdienstbeschädigung oder einer gesundheitlichen Schädigung im Sinne der §§ 81 a bis 81 f sowie des § 63 d Satz 1 in Verbindung mit § 81 c gegen den Bund nur die auf diesem Gesetz beruhenden Ansprüche. Sie können Ansprüche nach allgemeinen gesetzlichen Vorschriften, die weitergehende Leistungen als nach diesem Gesetz begründen, gegen den Bund, einen anderen öffentlich-rechtlichen Dienstherrn im Bundesgebiet oder gegen die in deren Dienst stehenden Personen nur dann geltend machen, wenn die Wehrdienstbeschädigung oder die gesundheitliche Schädigung im Sinne der §§ 81 a bis 81 f sowie des § 63 d Satz 1 in Verbindung mit § 81 c durch eine vorsätzliche unerlaubte Handlung einer solchen Person verursacht worden ist. Dieses gilt nicht in Fällen der Übernahme der Zahlung nach § 31 a des Soldatengesetzes.

(2) § 46 Abs. 2 Satz 1 Nr. 2 und Satz 2 des Beamtenversorgungsgesetzes gilt entsprechend.

(3) Ersatzansprüche gegen andere Personen bleiben unberührt.

§§ 91 b, 92 *(Hier nicht abgedruckt)*

§ 92a Verordnungsermächtigung

Die Bundesregierung wird ermächtigt, durch Rechtsverordnung, die bis zum 31. Dezember 2009 zu erlassen ist, für die Soldatenversorgung Übergangsregelungen zu bestimmen, die den besonderen Verhältnissen in dem in Artikel 3 des Vertrages genannten Gebiet Rechnung tragen. Die Verordnungsermächtigung erstreckt sich insbesondere auf Art, Berechnungsgrundlagen, Höhe von Versorgungsleistungen und Ruhensregelungen abweichend von diesem Gesetz.

§§ 92b–100 *(Hier nicht abgedruckt)*

13. Übergangsregelungen aus Anlass des Einsatzversorgungs-Verbesserungsgesetzes

§ 101

Ist der Anspruch auf eine einmalige Unfallentschädigung nach § 63 oder auf eine einmalige Entschädigung nach § 63a in der Zeit vom 1. Dezember 2002 bis zum 12. Dezember 2011 entstanden, beträgt die Entschädigung

1. nach § 63 Absatz 3 Nummer 1 und § 63a Absatz 1 — 150000 Euro,
2. nach § 63 Absatz 3 Nummer 2 und § 63a Absatz 3 Nummer 1 — 100000 Euro,
3. nach § 63 Absatz 3 Nummer 3 und § 63a Absatz 3 Nummer 2 — 40000 Euro,
4. nach § 63 Absatz 3 Nummer 4 und § 63a Absatz 3 Nummer 3 — 20000 Euro.

Aus gleichem Anlass bereits gewährte Leistungen nach § 63 oder § 63a sind anzurechnen. Die Sätze 1 und 2 gelten für die einmalige Entschädigung nach § 63e entsprechend.

14. Übergangsregelungen aus Anlass des Bundeswehrreform-Begleitgesetzes

§ 102

(1) Für die bei Inkrafttreten des Bundeswehrreform-Begleitgesetzes vorhandenen Versorgungsempfänger sowie die Soldaten, die vor dem Inkrafttreten des Bundeswehrreform-Begleitgesetzes in das Dienstverhältnis eines Soldaten auf Zeit berufen worden sind oder freiwilligen Wehrdienst nach Abschnitt 7 des Wehrpflichtgesetzes in der bis zum 12. April 2013 geltenden Fassung angetreten haben, gilt weiterhin das bisherige Recht. Der Bemessungssatz der Übergangsgebührnisse vermindert sich nach § 11 Absatz 3 Satz 4 des Soldatenversorgungsgesetzes in der bis zum 25. Juli 2012 geltenden Fassung, solange auf Grund einer Bildungsmaßnahme Einkünfte erzielt werden, die höher sind als der Betrag dieser Verminderung. Die Sätze 1 und 2 gelten auch für die bei Inkrafttreten des Bundeswehrreform-Begleitgesetzes vorhandenen Berufssoldaten, deren Dienstverhältnis nach § 45a des Soldatengesetzes bis zum 31. Dezember

2017 umgewandelt wird. § 5 Absatz 8, § 6 Absatz 2, die §§ 7 und 11 Absatz 6, die §§ 11 a und 12 Absatz 7 sowie die §§ 13, 21, 44, 45, 59, 89 a und 101 sind in der ab dem 26. Juli 2012 geltenden Fassung anzuwenden.

(2) Abweichend von Absatz 1 Satz 1 gilt für Soldaten auf Zeit, die vor dem 26. Juli 2012 in das Dienstverhältnis eines Soldaten auf Zeit berufen worden sind oder freiwilligen Wehrdienst nach Abschnitt 7 des Wehrpflichtgesetzes in der bis zum 12. April 2013 geltenden Fassung angetreten haben, das Soldatenversorgungsgesetz in der ab dem 26. Juli 2012 geltenden Fassung, wenn
1. ihr Dienstverhältnis nach dem 23. Mai 2015 nach § 40 Absatz 2 des Soldatengesetzes verlängert wird oder
2. sie dies beantragen, ihre Wehrdienstzeit mindestens auf sechs Jahre festgesetzt ist und die Weiterverwendung zur Sicherstellung der Deckung des Personalbedarfs erforderlich ist.

(3) Auf Soldaten auf Zeit, die nach dem 25. Juli 2012 erneut in ein Dienstverhältnis eines Soldaten auf Zeit berufen werden, ist § 13 a Absatz 1 Satz 5 mit der Maßgabe anzuwenden, dass der Bezugszeitraum der Übergangsgebührnisse die nach § 13 a Absatz 1 Satz 4 zustehende Förderungsdauer nicht übersteigen darf.

15. Übergangsregelungen aus Anlass des Bundeswehr-Attraktivitätssteigerungsgesetzes

§ 103

(1) § 42 a ist auch anzuwenden, wenn der Tod in der Zeit vom 1. Dezember 2002 bis zum 12. Dezember 2011 eingetreten ist. Ein bereits nach § 41 Absatz 1 gewährtes Sterbegeld ist zu belassen.

(2) Für eine gesundheitliche Schädigung, die in der Zeit vom 1. November 1991 bis zum 30. November 2002 erlitten worden ist, ist § 63 c mit folgenden Maßgaben anzuwenden:
1. ist im Fall des § 63 b bereits ein Schadensausgleich gewährt worden, wird insoweit kein weiterer Schadensausgleich vorgenommen;
2. ist im Fall des § 63 d bereits ein erhöhtes Unfallruhegehalt gewährt worden, hat es damit sein Bewenden;
3. im Fall des § 63 e
   a) gilt § 63 a Absatz 3 entsprechend, wenn die geschädigte Person, nachdem die in § 63 a Absatz 1 genannten Schädigungsfolgen eingetreten sind, nicht an diesen, sondern aus anderen Gründen gestorben ist und aus Anlass der Schädigung weder eine einmalige Entschädigung nach § 63 a noch eine vergleichbare Entschädigung nach anderen Vorschriften erhalten hat,
   b) sind einmalige Entschädigungszahlungen anzurechnen, die der geschädigten Person oder ihren Hinterbliebenen aus Anlass derselben Schädigung nach anderen Vorschriften zustehen oder bereits gewährt worden sind;
4. im Fall des § 63 f steht die Ausgleichszahlung dem hinterbliebenen Ehegatten und den nach diesem Gesetz versorgungsberechtigten Kindern

zu, wenn die geschädigte Person nach Erfüllung der in § 63f Absatz 1 genannten Voraussetzungen nicht an den Schädigungsfolgen, sondern aus anderen Gründen gestorben ist;
5. eine Ausgleichszahlung nach § 63f steht im Fall des Anspruchs auf Hinterbliebenenversorgung nach § 42a nicht zu.

Die Leistungen werden auf Antrag gewährt.

16. Befristete Ausnahme für Verwendungseinkommen

§ 104

§ 53 ist auf Soldaten im Ruhestand, die ein Verwendungseinkommen aus einer Beschäftigung beim Auswärtigen Amt, beim Bundesamt für Migration und Flüchtlinge oder im Rahmen der Mithilfe bei der Aufnahme oder Betreuung von Flüchtlingen beziehen, bis zum 31. Dezember 2018 nicht anzuwenden. Satz 1 gilt für Berufssoldaten, die wegen Dienstunfähigkeit in den Ruhestand versetzt worden sind, erst nach Ablauf des Monats, in dem sie die Regelaltersgrenze nach § 51 Absatz 1 und 2 des Bundesbeamtengesetzes erreicht haben.

17. Übergangsregelungen aus Anlass des Gesetzes zur Änderung des Versorgungsrücklagegesetzes und weiterer dienstrechtlicher Vorschriften

§ 105

Für Versorgungsfälle, die vor dem 11. Januar 2017 eingetreten sind, sind § 20 Absatz 1 Satz 2 Nummer 1 und § 55a Absatz 2 in der bis zum 10. Januar 2017 geltenden Fassung anzuwenden. Satz 1 gilt entsprechend für künftige Hinterbliebene eines vor dem 11. Januar 2017 vorhandenen Versorgungsempfängers.

III.

Gesetz über die Entschädigung für Opfer von Gewalttaten (Opferentschädigungsgesetz – OEG)

in der Fassung der Bekanntmachung vom 7. Januar 1985 (BGBl. I S. 1), zuletzt geändert durch Gesetz vom 20. Juni 2011 (BGBl. I S. 1114, 1120)

§ 1 Anspruch auf Versorgung

(1) Wer im Geltungsbereich dieses Gesetzes oder auf einem deutschen Schiff oder Luftfahrzeug infolge eines vorsätzlichen, rechtswidrigen tätlichen Angriffs gegen seine oder eine andere Person oder durch dessen rechtmäßige Abwehr eine gesundheitliche Schädigung erlitten hat, erhält wegen der gesundheitlichen und wirtschaftlichen Folgen auf Antrag Versorgung in entsprechender Anwendung der Vorschriften des Bundesversorgungsgesetzes. Die Anwendung dieser Vorschrift wird nicht dadurch ausgeschlossen, daß der Angreifer in der irrtümlichen Annahme von Voraussetzungen eines Rechtfertigungsgrundes gehandelt hat.

(2) Einem tätlichen Angriff im Sinne des Absatz 1 stehen gleich
1. die vorsätzliche Beibringung von Gift,
2. die wenigstens fahrlässige Herbeiführung einer Gefahr für Leib und Leben eines anderen durch ein mit gemeingefährlichen Mitteln begangenes Verbrechen.

(3) Einer Schädigung im Sinne des Absatz 1 stehen Schädigungen gleich, die durch einen Unfall unter den Voraussetzungen des § 1 Abs. 2 Buchst. e oder f des Bundesversorgungsgesetzes herbeigeführt worden sind; Buchst. e gilt auch für einen Unfall, den der Geschädigte bei der unverzüglichen Erstattung der Strafanzeige erleidet.

(4) Ausländer haben einen Anspruch auf Versorgung,
1. wenn sie Staatsangehörige eines Mitgliedstaates der Europäischen Gemeinschaften sind oder
2. soweit Rechtsvorschriften der Europäischen Gemeinschaften, die eine Gleichbehandlung mit Deutschen erforderlich machen, auf sie anwendbar sind oder
3. wenn die Gegenseitigkeit gewährleistet ist.

(5) Sonstige Ausländer, die sich rechtmäßig nicht nur für einen vorübergehenden Aufenthalt von längstens sechs Monaten im Bundesgebiet aufhalten, erhalten Versorgung nach folgenden Maßgaben:
1. Leistungen wie Deutsche erhalten Ausländer, die sich seit mindestens drei Jahren ununterbrochen rechtmäßig im Bundesgebiet aufhalten;

2. ausschließlich einkommensunabhängige Leistungen erhalten Ausländer, die sich ununterbrochen rechtmäßig noch nicht drei Jahre im Bundesgebiet aufhalten.

Ein rechtmäßiger Aufenthalt im Sinne dieses Gesetzes ist auch gegeben, wenn die Abschiebung aus rechtlichen oder tatsächlichen Gründen oder auf Grund erheblicher öffentlicher Interessen ausgesetzt ist.

(6) Versorgung wie die in Absatz 5 Nr. 2 genannten Ausländer erhalten auch ausländische Geschädigte, die sich rechtmäßig für einen vorübergehenden Aufenthalt von längstens sechs Monaten im Bundesgebiet aufhalten,

1. wenn sie mit einem Deutschen oder einem Ausländer, der zu den in Absatz 4 oder 5 bezeichneten Personen gehört, bis zum dritten Grade verwandt sind oder in einem den Personenkreisen des Absatzes 8 entsprechenden Verhältnis zu ihm stehen oder
2. wenn sie Staatsangehörige eines Vertragsstaates des Europäischen Übereinkommens vom 24. November 1983 über die Entschädigung für Opfer von Gewalttaten sind, soweit dieser keine Vorbehalte zum Übereinkommen erklärt hat.

(7) Wenn ein Ausländer, der nach Absatz 5 oder 6 anspruchsberechtigt ist,

1. ausgewiesen oder abgeschoben wird oder
2. das Bundesgebiet verlassen hat und sein Aufenthaltstitel erloschen ist oder
3. ausgereist und nicht innerhalb von sechs Monaten erlaubt wieder eingereist ist,

erhält er für jedes begonnene Jahr seines ununterbrochen rechtmäßigen Aufenthalts im Bundesgebiet eine Abfindung in Höhe des Dreifachen, insgesamt jedoch mindestens in Höhe des Zehnfachen, höchstens in Höhe des Dreißigfachen der monatlichen Grundrente. Dies gilt nicht, wenn er aus einem der in den §§ 53, 54 oder 55 Abs. 2 Nr. 1 bis 4 des Aufenthaltsgesetzes genannten Gründe ausgewiesen wird. Mit dem Entstehen des Anspruchs auf die Abfindung nach Satz 1 oder mit der Ausweisung nach Satz 2 erlöschen sämtliche sich aus den Absätzen 5 und 6 ergebenden weiteren Ansprüche; entsprechendes gilt für Ausländer, bei denen die Schädigung nicht zu einem rentenberechtigenden Grad der Schädigungsfolgen geführt hat. Die Sätze 1 und 3 gelten auch für heimatlose Ausländer sowie für sonstige Ausländer, die im Bundesgebiet die Rechtsstellung nach dem Abkommen vom 28. Juli 1951 über die Rechtsstellung der Flüchtlinge (BGBl. 1953 II S. 559) oder nach dem Übereinkommen vom 28. September 1954 über die Rechtsstellung der Staatenlosen (BGBl. 1976 II S. 473) genießen, wenn die Tat nach dem 27. Juli 1993 begangen worden ist. Die Sätze 1 bis 4 gelten entsprechend auch für Hinterbliebene, die sich nicht im Geltungsbereich dieses Gesetzes aufhalten.

(8) Die Hinterbliebenen eines Geschädigten erhalten auf Antrag Versorgung in entsprechender Anwendung der Vorschriften des Bundesversorgungsgesetzes. Die in den Absätzen 5 bis 7 genannten Maßgaben

sowie § 10 Satz 3 sind anzuwenden. Soweit dies günstiger ist, ist bei der Bemessung der Abfindung nach Absatz 7 auf den Aufenthalt der Hinterbliebenen abzustellen. Partner einer eheähnlichen Gemeinschaft erhalten Leistungen in entsprechender Anwendung der §§ 40, 40 a und 41 des Bundesversorgungsgesetzes, sofern ein Partner an den Schädigungsfolgen verstorben ist und der andere unter Verzicht auf eine Erwerbstätigkeit die Betreuung eines gemeinschaftlichen Kindes ausübt; dieser Anspruch ist auf die ersten drei Lebensjahre des Kindes beschränkt.

(9) Einer Schädigung im Sinne des Absatzes 1 stehen Schädigungen gleich, die ein Berechtigter oder Leistungsempfänger nach Absatz 1 oder 8 in Verbindung mit § 10 Abs. 4 oder 5 des Bundesversorgungsgesetzes, eine Pflegeperson oder eine Begleitperson bei einer notwendigen Begleitung des Geschädigten durch einen Unfall unter den Voraussetzungen des § 8 a des Bundesversorgungsgesetzes erleidet.

(10) Einer gesundheitlichen Schädigung im Sinne des Absatzes 1 steht die Beschädigung eines am Körper getragenen Hilfsmittels, einer Brille, von Kontaktlinsen oder von Zahnersatz gleich.

(11) Dieses Gesetz ist nicht anzuwenden auf Schäden aus einem tätlichen Angriff, die von dem Angreifer durch den Gebrauch eines Kraftfahrzeuges oder eines Anhängers verursacht worden sind.

(12) § 1 Abs. 3, die §§ 64 bis 64 d, 64 f sowie 89 des Bundesversorgungsgesetzes sind mit der Maßgabe anzuwenden, daß an die Stelle der Zustimmung des Bundesministeriums für Arbeit und Soziales die Zustimmung der für die Kriegsopferversorgung zuständigen obersten Landesbehörde tritt, sofern ein Land Kostenträger ist (§ 4). Dabei sind die für deutsche Staatsangehörige geltenden Vorschriften auch für von diesem Gesetz erfaßte Ausländer anzuwenden.

(13) § 20 des Bundesversorgungsgesetzes ist mit den Maßgaben anzuwenden, daß an die Stelle der in Absatz 1 Satz 3 genannten Zahl die Zahl der rentenberechtigten Beschädigten und Hinterbliebenen nach diesem Gesetz im Vergleich zur Zahl des Vorjahres tritt, daß in Absatz 1 Satz 4 an die Stelle der dort genannten Ausgaben der Krankenkassen je Mitglied und Rentner einschließlich Familienangehörige die bundesweiten Ausgaben je Mitglied treten, daß Absatz 2 Satz 1 für die oberste Landesbehörde, die für die Kriegsopferversorgung zuständig ist, oder die von ihr bestimmte Stelle gilt und daß in Absatz 3 an die Stelle der in Satz 1 genannten Zahl die Zahl 1,3 tritt und die Sätze 2 bis 4 nicht gelten.

(14) Im Rahmen der Heilbehandlung sind auch heilpädagogische Behandlung, heilgymnastische und bewegungstherapeutische Übungen zu gewähren, wenn diese bei der Heilbehandlung notwendig sind.

Aus Rundschreiben, Urteilen etc.

BSG v. 23.10.1985 – 9 a RVg 5/84 (BSGE 59, 46)
Eine nicht feindselige Handgreiflichkeit bei einem Volksfest ist regelmäßig kein „rechtswidriger tätlicher Angriff", die dagegen gerichtete Verteidigung keine „rechtmäßige Abwehr" im Sinne des Gewaltopferentschädigungsrechts.

BSG v. 25.6.1986 – 9 a RVg 2/84 (Breithaupt 1986, 510 ; ZfS 1986, 335)
1. *Die Verteidigung mit einer Stichwaffe ist als Notwehr nicht rechtswidrig (§ 1 Abs. 1 Satz 1 OEG), wenn sie sich gegen Mißhandlungen richtet, die dem Täter in unzulässiger Selbsthilfe und aus Rache zugefügt werden sollen (Abgrenzung von BSG 17.11.1981 9 RVg 2/81 – BSGE 52, 281).*
2. *Zur Abwägung zwischen Vertrauen in die Bestandskraft und öffentlichem Interesse an der Rücknahme nach § 45 Abs. 2 Satz 1 SGB X.*
3. *In der Regel ist die Rücknahme eines rechtswidrigen begünstigenden Verwaltungsaktes nach § 45 Abs. 1 SGB X nicht in das Ermessen der Verwaltung gestellt.*

BSG v. 23.10.1985 – 9 a RVg 4/83 (BSGE 59, 40; Breithaupt 1986, 705)
Waisengrundrente nach dem Opferentschädigungsgesetz dient im Unterschied zur Waisengrundrente nach dem Bundesversorgungsgesetz ausschließlich dem Ersatz eines Unterhaltsanspruchs. Halbwaisengrundrente nach dem Opferentschädigungsgesetz steht einem Kinde nicht zu, wenn der lebende Elternteil der Schädiger ist, aber die Personensorge noch ausübt und Unterhalt in vollem Umfang gewährt.

BSG v. 13.8.1986 – 9 a RVg 4/84 (Breithaupt 1987, 227; BSGE 60, 186)
1. *Das Gegenseitigkeitsprinzip des § 1 Abs. 4 OEG schließt die Entschädigungsansprüche bestimmter Ausländergruppen nicht schlechthin aus, sondern bringt sie nur zum Ruhen.*
2. *Den Ansprüchen deutscher Hinterbliebener eines im Inland getöteten Ausländers steht das Gegenseitigkeitsprinzip nicht entgegen.*

BSG v. 22.6.1988 – 9 / 9 a RVg 3/87 (Breithaupt 1989, 488)
1. *Das Gewaltopferentschädigungsgesetz macht die Entschädigung grundsätzlich davon abhängig, daß ein vorsätzlicher tätlicher Angriff nachgewiesen und nicht nur wahrscheinlich ist.*
2. *Die Schwierigkeit, die feindselige Haltung eines unbekannten Täters nachzuweisen, rechtfertigt keine Beweiserleichterung.*

BSG v. 22.6.1988 – 9 / 9 a RVg 4/87 (Breithaupt 1989, 131)
Der strafrechtliche Grundsatz „im Zweifel zugunsten des Angeklagten" rechtfertigt keine Beweiserleichterung zugunsten des Geschädigten im Entschädigungsverfahren nach dem Gewaltopferentschädigungsgesetz, wenn unklar geblieben ist, ob er das Opfer einer Gewalttat oder einer Fahrlässigkeit geworden ist;
Gewaltopferentschädigung ist nicht zum Ausgleich sämtlicher Unfallschäden mit Fremdverschulden gedacht.

BSG v. 27.4.1989 – 9 RVg 1/88 (Breithaupt 1990, 55)
1. *Härteausgleich nach § 10 a OEG kann eine vor dem 16.5.1976 verletzte Person nur verlangen, wenn sie durch einen vorsätzlichen tätlichen Angriff i.S. des § 1 OEG geschädigt wurde.*

2. *Die Verletzung durch einen Revolverschuß, der nicht erkennbar auf einen vorsätzlichen tätlichen Angriff (§ 1 Abs. 1 OEG) zurückzuführen ist (BSGE 63, 270 = SozR 1500 § 128 Nr. 34 = Breithaupt 1989, 488), ist nicht ohne weiteres als wenigstens fahrlässige Schädigung durch ein gemeingefährliches Mittel (§ 1 Abs. 2 Nr. 2 OEG) zu werten.*
(Bestätigung von Breithaupt 1988, 491).

BSG v. 31.5.1989 – 9 RVg 3/89 (Breithaupt 1990, 157)
Die für Kriegsopfer geschaffene Beweiserleichterung nach § 15 KOVVfG gilt auch für Gewaltopfer.

BSG v. 6.9.1989 – 9 RKg 4/88 (VdKM 11/1989)
Für die Entschädigung der Folgen des tätlichen Angriffs eines unbekannten Täters reicht nicht die Wahrscheinlichkeit dessen Vorsätzlichkeit aus, vielmehr muß zwingend der Angriff selbst nachgewiesen werden.

BSG v. 24.4.1991 – 9 a / 9 RVg 1/89 (Breithaupt 1992, 56)
1. *Das OEG gebietet eine von Straf- und Zivilverfahren unabhängige Beweisgründung durch die Tatsachengerichte. Aus einem festgestellten äußeren Hergang darf auf die innere Tatsache, insbesondere den vorsätzlichen Angriff geschlossen werden, auch wenn der Täter unerkannt bleibt (Anschluß an BSGE 56, 234 = SozR 3800 § 1 Nr. 4 = Breithaupt 1984, 978).*
2. *Der Vorsatz muß sich auf den tätlichen Angriff, nicht auf den Körperschaden richten.*

BSG v. 24.4.1991 – 9 a RVg 1/90 (BehR 1992, 70)
Handelt das spätere Opfer in friedenstiftender Absicht, um den Rechtsfrieden zu wahren, und geht es hierbei bewußt ein Risiko ein, darf Opferentschädigung wegen Unbilligkeit nicht versagt werden.

BSG v. 24.4.1991 – 9 a / 9 RVg 2/90 (Breithaupt 1992, 131)
Wer seinen Verlobten durch eine Gewalttat verloren hat, kann Witwenversorgung als Härteausgleich – „Brautversorgung" – grundsätzlich nicht erhalten.

BSG v. 26.1.1994 – 9 RVg 3/93 (Breithaupt 1994, 856)
Selbst wenn geltend gemacht wird, daß eine Krankheit auf ein plötzliches Ereignis zurückzuführen sei, ist die Wahrscheinlichkeit des Ursachenzusammenhangs nur zu begründen, wenn es der herrschenden Meinung in der medizinischen Wissenschaft entspricht, daß Ereignisse dieser Art allgemein geeignet sind, solche Krankheiten hervorzurufen; die Auffassung eines Sachverständigen im Einzelfall reicht dafür – ähnlich wie im Berufskrankheitenrecht – nicht aus.

BSG v. 4.2.1998 – B 9 VG 5/96 R (Breithaupt 1999, 357)
1. *Die Feststellung einer Gewalttat i. S. des OEG sowie deren Entschädigung setzt weder voraus, daß der Täter bekannt ist, noch daß er gezielt die Verletzung einer „bestimmten" Person in seinen Vorsatz aufgenommen hat (Abgrenzung zu BSGE 56, 234 = Breithaupt 1984, 885 = SozR 3800 § 1 Nr. 4).*
2. *Ein vorsätzlicher tätlicher Angriff gegen eine Person i. S. des § 1 Abs. 1 OEG kann auch dann vorliegen, wenn der Täter hinsichtlich eines strafrechtlich relevanten Erfolges mit bedingtem Vorsatz (dolus eventualis) handelt.*

3. *Auf den (bedingten) Vorsatz des Täters kann aus äußeren Umständen geschlossen werden. Dabei ist bei typischen Geschehensabläufen eine Beweiswürdigung nach den Grundsätzen des sog. Anscheinsbeweises nicht ausgeschlossen.*

BSG v. 24.7.2002 – B 9 VG 4/01 R (Breithaupt 2003, 68)

1. *Ein „tätlicher Angriff" i. S. des § 1 I 1 EG liegt bereits dann vor, wenn der Täter das Opfer vorsätzlich mit einer scharf geladenen, entsicherten Schusswaffe bedroht.*
2. *Zur Verletzung Dritter durch die rechtmäßige Abwehr eines Angriffs.*

BSG v. 11.12.2008 – B 9/9a VG 1/07 R (br 2009, 115)

Ein sozialrechtlich handlungsunfähiges Kind, das von seinen Eltern sexuell missbraucht worden ist, muss sich ein Verschulden des Jugendamts als gesetzlicher Vertreter erst dann zurechnen lassen, wenn diesem im Rahmen der Personensorge auch das Recht übertragen worden ist, Beschädigtenversorgung nach dem OEG zu beantragen. Die sich aus § 97 Satz 1 SGB VIII ergebende Antragsbefugnis des Jugendamts ist insoweit unerheblich.

BSG v. 24. 5. 2012 – B 9 V 2/11 R (BH 2013, 49)

Nach dem Asylbewerberleistungsgesetz sind Einkommen und Vermögen, über das verfügt werden kann, von dem Leistungsberechtigten vor Eintritt von Leistungen nach diesem Gesetz aufzubrauchen. Zum Einkommen in diesem Sinne gehört nicht die Beschädigten-Grundrente nach dem Opferentschädigungsgesetz in Verbindung mit dem Bundesversorgungsgesetz.

Die beigeladene Bezieherin von Grundleistungen nach dem Asylbewerberleistungsgesetz wurde im Dezember 2001 Opfer von Gewalttaten. Auf ihren Antrag gewährte ihr der beklagte Freistaat unter anderem eine Beschädigten-Grundrente. Daraufhin forderte der klagende Landkreis, von dem die Beigeladene laufend Asylbewerberleistungen erhalten hatte, vom Beklagten für die Zeit von Dezember 2003 bis Mai 2004 eine Erstattung in Höhe der insoweit noch nicht an die Beigeladene ausgezahlten Grundrente.

Mit seiner Klage ist der Landkreis erfolglos geblieben. Ihm steht der geltend gemachte Erstattungsanspruch nicht zu. Vielmehr hat die Beigeladene Anspruch darauf, die Beschädigten-Grundrente nach dem Opferentschädigungsgesetz in Verbindung mit dem Bundesversorgungsgesetz zusätzlich zu den bereits erhaltenen Grundleistungen nach dem Asylbewerberleistungsgesetz ausgezahlt zu bekommen. Die Grundrente wäre nicht vor dem Eintritt von Leistungen nach diesem Gesetz aufzubrauchen gewesen, weil sie insoweit nicht als Einkommen anzusehen ist. Da das Asylbewerberleistungsgesetz den Begriff des Einkommens nicht selbst regelt, ist insoweit auf andere gesetzliche Bestimmungen zurückzugreifen. Nach Auffassung des Bundessozialgerichts ist es sachgerecht, für den streitigen Zeitraum den Einkommensbegriff des § 76 Absatz 1 Bundessozialhilfegesetz heranzuziehen, der die Grundrente ausdrücklich ausnimmt. Zwar sollen Asylbewerberleistungen, anders als Sozialhilfe, nicht das sozio-kulturelle, sondern nur das absolute Existenzminimum sichern. Dieser Unterschied ist hier jedoch unerheblich, weil die Beschädigten-Grundrente nicht der sozio-kulturellen Teilhabe, sondern der Rehabilitation dient.

BMAS v. 5. 10. 2009 – VI c 2 – 47030
Drittes Gesetz zur Änderung des Opferentschädigungsgesetzes (3. OEG-ÄndG) vom 25. Juni 2009 (BGBl. I, S. 1580)
Überregionaler Erfahrungsaustausch vom 23. bis 25. Juni 2009 Länderreferentenbesprechung am 16./17. September 2009
Bei den o. g. Besprechungen wurden Fragen der Umsetzung des am 1. Juli 2009 in Kraft getretenen Dritten Gesetzes zur Änderung des Opferentschädigungsgesetzes (3. OEGÄndG) erörtert.
Durch das aufgrund einer Initiative der Regierungsfraktionen entstandene Gesetz wurde der bisherige Anwendungsbereich des OEG erweitert.

- *Der Kreis der anspruchsberechtigten Verwandten in § 1 Abs. 6 Nr. 1 OEG, die einen sich rechtmäßig und nicht nur vorübergehend in Deutschland aufhaltenden Ausländer besuchen, wurde auf Verwandte bis zum dritten Grade – hierzu zählen neben Geschwistern insbesondere Nichten, Neffen, Onkel und Tanten – sowie – durch eine Verweisung auf das Bundesversorgungsgesetz (BVG) – auf eingetragene Lebenspartner ausgedehnt.*
- *Die Neuregelung in § 3a OEG sieht Entschädigungsmöglichkeiten bei Gewalttaten im Ausland vor. Entschädigt wird, wer seinen rechtmäßigen Wohnsitz bzw. gewöhnlichen Aufenthalt in Deutschland hat und sich zum Tatzeitpunkt längstens sechs Monate außerhalb des Geltungsbereichs des OEG aufgehalten hat. Geschädigte erhalten Einmalzahlungen, abhängig von ihrem Grad der Schädigungsfolgen (GdS). Außerdem erhalten Berechtigte die notwendigen Maßnahmen der Heilbehandlung und der medizinischen Rehabilitation einschließlich psychotherapeutischer Angebote. Hinterbliebene – Halb- und Vollwaisen, Witwen, Witwer und hinterbliebene Lebenspartner – erhalten ebenfalls Einmalzahlungen. Daneben haben Hinterbliebene einschließlich der Eltern, deren minderjährige Kinder im Ausland gestorben sind, Anspruch auf die notwendigen psychotherapeutischen Maßnahmen. Zu den Überführungs- und Beerdigungskosten wird ein Zuschuss gewährt, soweit die Kosten nicht von Dritten getragen werden. Zu beachten ist jedoch, dass alle diese Ansprüche strengeren Anrechnungs- und Ausschlusstatbeständen unterliegen als Ansprüche bei Inlandstaten. Für Ansprüche nach § 3a OEG ist der Bund alleiniger Kostenträger.*
- *Eine Pauschalierungsregelung vereinfacht zudem die Abrechnung der Kosten zwischen Bund und Ländern nach dem OEG sowie dem Verwaltungsrechtlichen Rehabilitierungsgesetz (VwRehaG).*

Im Hinblick auf die bei den o. g. Besprechungen erörterten Fragen zur Neuregelung des § 3a OEG nehme ich wie folgt Stellung:

I. Anwendungsbereich
1. Zeitlicher Geltungsbereich der Neuregelung des § 3a OEG
Im Vorgriff auf eine gesetzliche Klarstellung in § 10 OEG ist der zeitliche Geltungsbereich der Neuregelung des § 3a OEG wie folgt zu definieren:
Nach § 10 Satz 1 OEG gilt das Gesetz für Ansprüche aus Taten, die nach seinem Inkrafttreten begangen worden sind. Hinsichtlich der Neuregelung des § 3a OEG ist § 10 Satz 1 OEG so auszulegen, dass mit der Erweiterung des Gesetzes auf Gewalttaten im Ausland nach der gesetzgeberischen Intention erst alle künftigen Gewalttaten, die ab dem Inkrafttreten des 3. OEG-ÄndG – nach Artikel 3 des Gesetzes also dem 1. Juli 2009 als dem Tag nach seiner Verkündung – begangen wurden, zu

entschädigen sind. Zwar ist die Gesetzesänderung vor allem unter Berufung auf die in der Vergangenheit stattgefundenen Terroranschläge erfolgt, bei denen deutsche Staatsbürger ums Leben kamen. Der Wille des Gesetzgebers war jedoch darauf gerichtet, nur in der Zukunft liegende Gewalttaten im Ausland zu entschädigen. Im Laufe des Gesetzgebungsverfahrens ist dies mehrfach von politischer Seite betont worden. Zudem ergibt sich dies aus mehreren Stellen in Vorblatt und Begründung des Änderungsgesetzes (vgl. BT-Drs. 16/12273). So heißt es unter Gliederungspunkt D („Finanzielle Auswirkungen ...“) des Vorblattes: „Welche zusätzlichen Kosten sich durch die Neuregelung für Bund und Länder ergeben, kann nicht genau beziffert werden. Es ist aber davon auszugehen, dass die Zahl der zusätzlichen Anwendungsfälle überschaubar sein wird. Was die Kosten für die Versorgung bei Auslandstaten anbetrifft, hängt deren Höhe von der nicht vorhersehbaren Zahl und – im Hinblick auf die Ausgaben für Heilbehandlungsmaßnahmen – gegebenenfalls auch von der Schwere der Fälle ab. Es gibt insofern keine Erkenntnisse und Daten, die sich für die Zukunft hochrechnen lassen.“ Im Besonderen Teil der Begründung wird zu § 3a OEG ausgeführt: „Die neue Vorschrift schafft einen Anspruch auf Leistungen nach dem OEG für Fälle, in denen Deutsche und ihnen gleichgestellte Ausländer Opfer von Gewalttaten im Ausland werden.“

Eine Erweiterung des Geltungsbereichs von § 3a OEG auf auch in der Vergangenheit verübte Gewalttaten wäre schon deshalb nicht in Betracht gekommen, da schon die Einbeziehung von Auslandstaten für sich genommen wegen des hier fehlenden Aufopferungsanspruchs rechtlich nicht unproblematisch ist. Außerhalb des Geltungsbereichs des OEG übt der deutsche Staat keine Polizeigewalt aus, weshalb ihn auch keine generelle Verpflichtung treffen kann, Gewalttaten auf ausländischem Territorium zu verhindern. Dies gilt erst recht für in der Vergangenheit liegende Gewalttaten.

Darüber hinaus unterfallen Ansprüche nach § 3a OEG nicht der Übergangsregelung des § 10 Satz 2 OEG für Taten, die zwischen dem 23. Mai 1949 und dem 15. Mai 1976 stattgefunden haben. Zwar hat der Gesetzgeber bei der Neuregelung § 3a OEG nicht ausdrücklich aus dem Anwendungsbereich des § 10 Satz 2 OEG herausgenommen. Eine Anwendung der Übergangsregelung würde jedoch zu dem nicht nachvollziehbaren Ergebnis führen, dass § 3a OEG nach Maßgabe der Härteregelung für Auslandstaten bis zum 15. Mai 1976 gelten würde, danach aber erst wieder ab dem Zeitpunkt seiner Verkündung. Ihrem Sinn entsprechend ist die Übergangsregelung daher auf Ansprüche nach § 1 Abs. 1 OEG zu reduzieren.

2. Zeitlicher Geltungsbereich der Neuregelung in § 1 Abs. 6 OEG

Entsprechend der unter Gliederungspunkt I 1 gemachten Ausführungen gilt auch die Erweiterung des Kreises der Anspruchsberechtigten nach § 1 Abs. 6 Nr. 1 OEG auf Lebenspartner und Verwandte bis zum dritten Grade erst für Gewalttaten, die nach dem 1. Juli 2009 begangen worden sind. Da allerdings § 10 Satz 3 OEG nach seinem Wortlaut keine Differenzierung vornimmt, sondern mit dem Verweis auf § 1 Abs. 6 OEG nunmehr auch die durch die Gesetzesänderung hinzugekommenen Anspruchsberechtigten erfasst, wäre daraus zu schließen, dass sich die Erweiterung bereits auf die nach dem 1. Juli 1990 begangenen Taten bezieht. Daher soll auch hier gesetzlich klargestellt werden, dass sich der zeitliche Anwendungsbereich nur auf Taten ab dem 1. Juli 2009 erstreckt.

II. Anspruchsvoraussetzungen nach § 3a Abs. 1 OEG

1. Vorliegen und Nachweis des schädigenden Ereignisses

Die Neuregelung des § 3a OEG soll alle Fälle erfassen, in denen Deutsche oder ihnen nach dem OEG rechtlich gleichgestellte Ausländer Opfer von Gewalttaten werden. Dies ergibt sich aus der Gesetzesbegründung zu § 3a OEG. Der Anwendungsbereich ist hier also nicht auf z. B. Terroranschläge im Ausland begrenzt. Der Nachweis des schädigenden Ereignisses hat unter den gleichen Regeln zu erfolgen wie bei Inlandstaten. Es finden daher die für das gesamte Soziale Entschädigungsrecht geltenden Regeln der objektiven Beweislast Anwendung, d. h. das Vorliegen der anspruchsbegründenden Tatsachen muss mit an Sicherheit grenzender Wahrscheinlichkeit erwiesen sein. In Betracht kommt hier beispielsweise die Beweisführung durch polizeiliche Protokolle oder Behandlungsunterlagen. Wenn Unterlagen objektiv nicht zu erlangen sind, können gem. § 6 Abs. 3 OEG i. V. m. § 15 KOV–VfG die Angaben des Antragstellers zugrunde gelegt werden, wenn diese „nach den Umständen des Falles glaubhaft" sind.

2. Auslegung des Begriffs „Tatort" in § 3 a Abs. 1 Nr. 2 OEG

Der Begriff „am Tatort" ist hier weit auszulegen. So ist jede Gewalttat an einem Ort außerhalb des Geltungsbereichs des OEG, der sich auch nicht auf einem deutschen Schiff oder Luftfahrzeug befindet, mit in den Tatbestand des § 3a Abs. 1 Nr. 2 OEG einzubeziehen. Damit sollen auch die Fälle erfasst werden, in denen sich der Geschädigte innerhalb der Sechsmonatsfrist des § 3a Abs. 1 Nr. 2 OEG in verschiedenen Ländern außerhalb des Geltungsbereichs des OEG aufgehalten hat und in einem dieser Länder Opfer einer Gewalttat geworden ist. Es wird angestrebt, eine entsprechende Ergänzung des Wortlauts in § 3a Abs. 1 Nr. 2 OEG vorzunehmen.

3. Ansprüche eines Ausländers bei Taten in seinem Heimatland

§ 3a Abs. 1 OEG sieht Leistungen bei Gewalttaten „im Ausland" vor. Der Begriff des Auslandes definiert sich in der Regel personenbezogen über die Staatsangehörigkeit. Da neben Deutschen auch Ausländer zum anspruchsberechtigten Personenkreis gehören, würde diese Auslegung aber zu einem unterschiedlichen räumlichen Geltungsbereich des § 3a Abs. 1 Satz 1 OEG in der Form führen, dass Ausländer bei Reisen in ihr Heimatland für Taten dort anders als Deutsche keinen Anspruch nach § 3a OEG hätten. Unter „Ausland" sind daher alle Gebiete außerhalb des Bundesgebietes zu verstehen. Diese Auslegung gewährt eine einheitliche Rechtsanwendung und entspricht der gesetzlichen Intention auf Gleichbehandlung der Personenkreise.

4. Anspruch für Gewalttaten auf Schiffen und Luftfahrzeugen ohne deutsche Flagge bzw. Hoheitszeichen

Während § 1 Abs. 1 OEG eine ausdrückliche Regelung zu Schiffen und Luftfahrzeugen trifft und der neue § 4 Abs. 2 Satz 2 OEG ausdrücklich zwischen Schiffen bzw. Luftfahrzeugen und einem Ort im Ausland differenziert, fehlt eine entsprechende Regelung in § 3a Abs. 1 OEG. Hieraus könnte der Schluss zu ziehen sein, dass Taten auf fremden Schiffen und Luftfahrzeugen nicht nach § 3a OEG entschädigt werden. Alle Schiffe und Luftfahrzeuge ohne deutsche Flagge bzw. deutsches Hoheitszeichen außerhalb des deutschen Luftraumes und Küstenmeeres sollten daher als „Ausland" i. S. d. § 3a Abs. 1 Satz 1 OEG eingestuft werden.

5. Anspruch auf Leistungen bei Schockschäden

Die Grundsätze, die das Bundessozialgericht (BSG) zur Einbeziehung von Schockschäden als seelischer Reaktion von einigem Gewicht in den Tatbestand des § 1 Abs. 1 OEG entwickelt hat (vgl. u. a. Urteile des BSG vom 8. August 2001 – BSGE 88, 240 [244], und

12. Juni 2003 – B 9 VG 1/02 R), gelten im Sinne einer einheitlichen Behandlung der Schockschadensproblematik auch für die Fälle des § 3a OEG. So fordert das BSG für die Einbeziehung von Schockschäden einen unmittelbaren Zusammenhang zwischen dem Schädigungstatbestand und der schädigenden Einwirkung, d. h. einen engen räumlichen und zeitlichen Zusammenhang, oder dass es sich bei den Schockschadensopfern um nahe Angehörige des Primäropfers handelt.

Für die Fälle des § 3a OEG ist jedoch die Differenzierung zu berücksichtigen, die das BSG für Gewalttaten vornimmt, die sich außerhalb des Geltungsbereichs des OEG ereignet haben. So hat das BSG mit Urteil vom 10. Dezember 2002 – B 9 VG 7/01 – entschieden, dass das dem OEG innewohnende Territorialitätsprinzip die Entschädigung eines innerhalb des Geltungsbereichs des Gesetzes erlittenen Schockschadens ausschließt, wenn sich der vorausgegangene tätliche Angriff und die primäre Schädigung im Ausland ereignet haben. Entsprechend der gesetzgeberischen Konzeption, die an die Gewalttat anknüpft, ist also entscheidend auf den Ort der Gewalttat und der Primärschädigung abzustellen. Fallen demzufolge der Ort der Gewalttat und der Ort der Schädigung (Schockeintritt) bei einem Schockschaden auseinander, ist hinsichtlich der Regelungsbereiche von § 3a OEG und § 1 Abs. 1 OEG die Abgrenzung wie folgt vorzunehmen:

- *Gewalttat und Übermittlung der Nachricht im Ausland:*
  Primäropfer und das Schockopfer erhalten Leistungen nach § 3a OEG.
- *Gewalttat im Ausland, Übermittlung der Nachricht im Inland:*
  Primäropfer und das Schockopfer erhalten Leistungen nach § 3a OEG.
- *Gewalttat im Inland und Übermittlung der Nachricht im Ausland:*
  Primäropfer und das Schockopfer erhalten Leistungen nach § 1 Abs. 1 OEG.

III. Leistungen an Geschädigte, § 3a Abs. 2 OEG

Da die Leistungen des § 3a OEG lediglich Ausfluss des allgemeinen Fürsorgegedankens sind und nicht durch einen Aufopferungstatbestand begründet werden, bleiben sie hinter den übrigen Leistungen des Sozialen Entschädigungsrechts zurück. Lediglich die in § 3a Abs. 2 OEG genannten Leistungen sollen erbracht werden. Damit kommen Leistungen der Kriegsopferfürsorge nicht in Betracht.

1. Sachleistungen nach § 3a Abs. 2 Satz 1 OEG

Aus den vorstehenden Gründen räumt § 3a Abs. 2 Satz 1 OEG dem Geschädigten dem Grunde nach einen eigenständigen Anspruch auf Heilbehandlung und medizinische Rehabilitation ein. Eine direkte Anwendung der §§ 10ff. BVG über § 1 Abs. 1 OEG ist hier mangels Vorliegens einer Gewalttat im Geltungsbereich des OEG oder auf einem deutschen Schiff oder Luftfahrzeug nicht möglich.

Allerdings sind die §§ 10ff. BVG im Rahmen von § 3a Abs. 2 Satz 1 OEG entsprechend anwendbar, soweit sie die Durchführung der Heilbehandlung und medizinischen Rehabilitation im Sinne von § 18 Abs. 1 Satz 1 und 2 BVG betreffen. Dies hätte zur Konsequenz, dass sich wie bei Gewalttaten im Geltungsbereich des OEG der Umfang der Heilbehandlung nach § 11 BVG richten und die Zuständigkeit für die Leistungserbringung gem. § 18c Abs. 1 BVG in bestimmten Fällen bei den Krankenkassen liegen würde. Allerdings ist fraglich, ob damit der Intention des Gesetzgebers, bei Auslandstaten eine möglichst zügige Hilfe zu gewähren, Genüge getan werden kann.

Daher sollte anders als bei Inlandstaten, bei denen im Regelfall die Zuständigkeit für die Leistungserbringung bei den Krankenkassen liegt, bei Taten nach § 3a OEG regelmäßig zunächst die Anwendung der Ermessensvorschrift des § 18c Abs. 3 BVG zum Tragen kommen, wonach die zuständige Verwaltungsbehörde die Versorgungsangelegenheit an sich ziehen und Leistungen anstelle der Krankenkasse erbringen kann. Dies gilt vor allem für die in § 3a Abs. 2 Satz 1 OEG (bzw. § 3a Abs. 3 Satz 3 OEG bei Hinterbliebenen) ausdrücklich benannten psychotherapeutischen Angebote, die nicht erst in Deutschland, sondern nach Möglichkeit auch bereits im Tatland angeboten werden sollten. Da in vielen Fällen die zeitnahe Entsendung deutschsprachiger Therapeuten ins Tatland in der praktischen Ausführung und hinsichtlich der Kostentragung auf Schwierigkeiten stoßen dürfte, ist die Erwähnung der „psychotherapeutischen Angebote" in § 3a Abs. 2 Satz 1 OEG so zu verstehen, dass die Versorgungsbehörden in den Ländern zumindest Maßnahmen zur Vermittlung von im Tatland ansässigen Therapeuten ergreifen. Hierzu sollte über das Bundesministerium für Arbeit und Soziales und das Auswärtige Amt die Kooperation mit den jeweiligen deutschen Auslandsvertretungen gesucht werden. In Einzelfällen (z. B. bei Terroranschlägen) dürfte auch die Kooperation mit Krisenstäben in Betracht kommen. So entsendet das Auswärtige Amt bei Großschadensereignissen, auch wenn nur eine geringe Zahl deutscher Opfer bzw. überlebender Verletzter zu beklagen ist, grundsätzlich sogenannte Kriseninterventionsteams (KITs) in die Unglücksorte.

Die Erbringung aller übrigen Maßnahmen der Heilbehandlung und medizinischen Rehabilitation gem. § 3a Abs. 2 Satz 1 OEG sollte – solange sich der Geschädigte noch im Tatland befindet – über den Weg der Kostenerstattung in analoger Anwendung von § 18 Abs. 3 BVG – für den Fall einer selbständigen Durchführung der Heil- und Krankenbehandlung durch den Berechtigten vor Anerkennung – bzw. § 18 Abs. 4 BVG nach Anerkennung erfolgen. Der aufgrund der erlittenen Schädigung zwangsweise Aufenthalt des Berechtigten im Tatland stellt insofern einen „unvermeidbaren Umstand" im Sinne von § 18 Abs. 4 Satz 1 BVG dar, der die Inanspruchnahme der Krankenkasse nach § 18c Abs. 2 Satz 1 BVG oder der Verwaltungsbehörde nach § 18c Abs. 1 Satz 2 BVG unmöglich macht. In diesem Zusammenhang wird ergänzend auf die Erläuterungen insbesondere in Nr. 2 und Nr. 3 der VV zu § 18 BVG verwiesen. § 64a BVG, wonach Beschädigte im Ausland die nachgewiesenen notwendigen Kosten maximal bis zur zweifachen Summe einer entsprechenden Heilbehandlung in Deutschland verlangen können, ist nicht anwendbar. So stellt § 64a BVG auf einen längerfristigen Aufenthalt des Betroffenen im Ausland ab, wohingegen § 3a OEG von einem maximal sechsmonatigen Aufenthalt außerhalb des Geltungsbereichs des OEG ausgeht. Hinsichtlich der erstattungsfähigen Kostenhöhe ist auf einen „angemessenen Umfang" i. S. v. § 18 Abs. 3 BVG abzustellen. Nach Rückkehr des Berechtigten nach Deutschland hat die (weitere) Erbringung von Maßnahmen nach § 3a Abs. 2 OEG dagegen wie bei Gewalttaten im Geltungsbereich des OEG durch die Krankenkassen zu erfolgen. Die im Rahmen der Kostenerstattung bereits entsprechend § 18 Abs. 3 und 4 BVG erbrachten Leistungen sind insoweit anzurechnen (vgl. dazu auch Gliederungspunkt V 1).

Laut der Gesetzesbegründung soll § 3a Abs. 2 Satz 1 OEG auch gerade Maßnahmen der medizinischen Rehabilitation erfassen, die über das Leistungsspektrum der Krankenkassen hinausgehen. Es kann sich hierbei im Einzelfall beispielsweise um schädigungsbedingt notwendige spezifische Heilmittel einschließlich besonderer Therapieangebote, Arznei- oder Verbandmittel handeln, die die GKV nicht oder nur zu bestimmten Festbeträgen erstattet.

Gem. § 11 Abs. 1 Satz 2 BVG i. V. m. § 60 Abs. 4 SGB V werden auch Kosten für einen Rücktransport ins Inland von der Krankenkasse nicht übernommen. Eine derartige Kostenübernahme sieht auch § 3a OEG nicht ausdrücklich vor. Allerdings dürfte sich in der praktischen Durchführung vor allem dann, wenn Geschädigte schwere Verletzungen erlitten haben, gerade die Übernahme der Kosten eines Krankenrücktransports als erforderlich erweisen. Zudem würde dies dem Fürsorgedanken Rechnung tragen, der der Erweiterung des OEG auf Gewalttaten im Ausland zugrunde liegt. In Anwendung der Regelung über den Härteausgleich nach § 1 Abs. 1 OEG i. V. m. § 89 BVG sollten daher bei Vorliegen einer besonderen Härte im Einzelfall die Kosten für einen Krankenrücktransport übernommen werden. Für diese Fälle erkläre ich die allgemeine Zustimmung gem. § 89 Abs. 2 BVG. Eine besondere Härte kommt unter anderem dann in Betracht, wenn die Rückholung des Geschädigten wegen fehlender adäquater medizinischer Versorgung im Tatland indiziert ist. Letzteres ist durch den Geschädigten bzw. Antragsteller – nach Möglichkeit unter Vorlage einer ärztlichen Bescheinigung – zu begründen. Im Sinne der Intention von § 3a OEG eine möglichst schnelle Hilfe zu gewähren, genügt für den Nachweis der Bedürftigkeit im Einzelfall ggf. auch die Glaubhaftmachung.

2. Sachleistungen vor Anerkennung eines Versorgungsanspruchs

Nach § 10 Abs. 8 BVG steht die Gewährung von Heil- und Krankenbehandlung vor Anerkennung eines Versorgungsanspruchs im Ermessen der Verwaltungsbehörde (Kann-Behandlung). Als Beweismaßstab für die Sachverhaltswürdigung gilt Satz 1 der VV Nr. 11 zu § 10 BVG, wonach Heilbehandlung, Krankenbehandlung, Mutterschaftshilfe und Maßnahmen zur Früherkennung von Krankheiten nach § 10 Abs. 8 BVG gewährt werden können, wenn der Antrag auf Versorgung wahrscheinlich zu einer entsprechenden Anerkennung führen wird und Ausschließungsgründe nicht vorliegen. Nach der VV Nr. 9 zu § 1 BVG ist „Wahrscheinlichkeit" im Sinne des § 1 Abs. 3 BVG dann zu bejahen, wenn mehr für als gegen den ursächlichen Zusammenhang spricht. Dies ist im Einzelfall unter Würdigung aller bis zum Entscheidungszeitpunkt bekannten Fakten zu beurteilen.

Ob im Falle einer Gewalttat im Ausland die Anerkennung eines Versorgungsanspruchs als wahrscheinlich im Sinne der VV Nr. 11 zu § 10 BVG angesehen werden kann, ist ebenso wie bei Inlandstaten anhand der vom Beschädigten vorzulegenden Beweise (z. B. polizeiliche Protokolle, ärztliche Behandlungsunterlagen) festzustellen. Sollte aufgrund der Umstände des Einzelfalls (z. B. Schwierigkeiten bei der Sachverhaltsermittlung im Tatland) eine schnelle Prüfung hinsichtlich der Erbringung von Leistungen vor Anerkennung nach § 10 Abs. 8 BVG nicht möglich sein, so sind im Sinne der Intention des 3. OEG-ÄndG, den Betroffenen zügige Hilfe zu gewähren, die Angaben des Antragstellers nach den Regeln der Glaubhaftmachung gem. § 6 Abs. 3 OEG i. V. m. § 15 KOV–VfG zu Grunde zu legen. Befindet sich der Geschädigte noch im Ausland, finden § 18 Abs. 3 bzw. Abs. 4 BVG analog Anwendung (s. Gliederungspunkt III 1).

3. Begriff der „psychotherapeutischen Angebote" in § 3a Abs. 2 Satz 1 OEG

In § 3a Abs. 2 Satz 1 OEG wird nicht die sonst übliche Formulierung des SGB V „psychotherapeutische Maßnahmen" verwendet, sondern stattdessen der Begriff „psychotherapeutische Angebote". Eine Abgrenzung von § 3a Abs. 2 Satz 1 OEG zu Leistungen des SGB V war mit der Verwendung der unterschiedlichen Begrifflichkeiten allerdings nicht beabsichtigt. Es handelt sich hier um ein redaktionelles Versehen, was sich schon daraus ergibt, dass in § 3a Abs. 3 Satz 3 OEG im Zusammenhang mit der Hinterbliebenenversorgung auch von „psychotherapeutischen Maßnahmen" die Rede ist. Sowohl in § 3a Abs. 2 als auch Abs. 3 OEG geht es um psychotherapeutische Leistungen. Als Soforthilfe sollten diese geeignet sein, die durch die Gewalttat verursachten psychischen Belastungen – gerade aufgrund der besonderen Situation, im Ausland einer Gewalttat zum Opfer gefallen zu sein – zu lindern. Daher wird es sich im Einzelfall um – über das Leistungsspektrum des SGB V hinausgehende – Leistungen handeln, die auch bereits im Ausland, d. h. am Tatort, angeboten werden können. Hinsichtlich der Zuständigkeit für die Erbringung psychotherapeutischer Maßnahmen im Inland wird klargestellt, dass diese dann nicht bei den Krankenkassen liegt, wenn die zuständige Verwaltungsbehörde die Versorgungsangelegenheit gem. § 18c Abs. 3 BVG an sich gezogen hat. Ergänzend wird auf die Ausführungen zu Gliederungspunkt III 1 verwiesen.

4. Leistungen auch bei einem GdS unter 25

Nach § 3a Abs. 2 Satz 1, 1. Halbsatz OEG erhalten auch Geschädigte mit einem GdS von unter 25 – anders als Geschädigte, deren Anspruch sich aus § 1 Abs. 1 Satz 1 OEG ergibt – eine Einmalzahlung. Nach dem Wortlaut der Regelung bestünde daher auch bereits bei einem GdS von 0 ein Leistungsanspruch. Dieses würde aber dazu führen, dass auch Schädigungen zu berücksichtigen wären, die funktionell zu keinen gesundheitlichen und wirtschaftlichen Folgen geführt haben. Hierfür ergibt sich jedoch aus dem Gesetzeszweck heraus keine Begründung.

Denn indem der lediglich durch den allgemeinen Fürsorgegedanken legitimierte Anspruch nach § 3a Abs. 2 Satz 1, 1. Halbsatz OEG die generelle Möglichkeit einer Einmalzahlung auch bei einem GdS unter 25 vorsieht, findet bereits eine erhebliche Besserstellung von Gewaltopfern bei Auslandstaten gegenüber Opfern von Inlandstaten statt. Mit dieser unterschiedlichen Behandlung der Opfergruppen je nach Tatort hat der Gesetzgeber das Ziel verfolgt, den zusätzlichen Erschwernissen, besonders auch der psychischen Belastung, gerecht zu werden, die eine Gewalttat im Ausland für die jeweils Geschädigten mit sich bringt. Die rechtliche Besserstellung der Opfer bei Auslandstaten wird allerdings durch die Beschränkung der finanziellen Entschädigung auf Einmalzahlungen und durch die in § 3a OEG vorgesehenen Anrechnungs- und Ausschlusstatbestände wieder aufgewogen.

Ungeachtet dessen rechtfertigen es der gesetzgeberische Wille und der Wortlaut des § 3a Abs. 2 Satz 1, 1. Halbsatz OEG nicht, auch bereits bei einem GdS von 0 einen Leistungsanspruch zu gewähren. Dies ergibt sich aus dem systematischen Zusammenhang mit dem BVG, das über § 1 Abs. 1 OEG Anwendung findet. In § 30 Abs. 1 Satz 2 BVG ist geregelt, dass der Grad der Schädigungsfolgen in Zehnergraden von 10 bis 100 zu bemessen ist, wobei ein bis zu fünf Grad geringerer Grad der Schädigungsfolgen vom höheren Schädigungsgrad mit umfasst wird. Eine Einmalzahlung gem. § 3a Abs. 2 Satz 1, 1. Halbsatz OEG kann daher erst ab einem GdS von 10 erfolgen. Es ist daher beabsichtigt, im Gesetzeswortlaut klarzustellen, dass eine Einmalzahlung in Höhe von 714 Euro für Geschädigte erst ab einem GdS von 10 und 20 in Betracht kommt.

Dagegen kann sich aufgrund der Intention des Gesetzgebers, die Heilbehandlung in den Vordergrund der Leistungen nach § 3a OEG zu stellen, ein Anspruch auf Heilbehandlung nach § 3a Abs. 2 Satz 1 OEG auch bei einem GdS von 0, also bereits bei geringfügigen Gesundheitsstörungen, ergeben.

5. Maßgeblicher Zeitpunkt für die Feststellung des GdS; Dauer der Beeinträchtigung

Die Feststellung des GdS richtet sich alleine nach § 30 Abs. 1 BVG. Anders als die Renten nach § 1 Abs. 1 OEG i. V. m. dem BVG ist die finanzielle Zuwendung nach § 3a

Abs. 2 OEG keine Dauerleistung, sondern eine Einmalzahlung. Die Bewertung der schädigungsbedingten Funktionsbeeinträchtigung kann temporär völlig unterschiedlich ausgeprägt sein. Daher ist für die Feststellung des GdS in Anlehnung an § 30 Abs. 1 BVG der Zustand zugrunde zu legen, der nach Ablauf von sechs Monaten nach Eintritt der Schädigung besteht bzw. bei normalem Krankheitsverlauf voraussichtlich bestehen wird. Dabei sollte der Feststellung des GdS möglichst eine Querschnittsbetrachtung der Schädigungsfolgen für den gesamten sechsmonatigen Zeitraum zugrunde gelegt werden. Vorübergehende Gesundheitsstörungen, die nicht mindestens sechs Monate andauern, können bei Einmalzahlungen keine Berücksichtigung finden. Dagegen kommen Maßnahmen der Heilbehandlung und Rehabilitation nach § 3a Abs. 2 Satz 1 OEG auch bei vorübergehenden Gesundheitsstörungen in Betracht.

6. Ausschluss eines Verschlimmerungsantrags bei Einmalzahlung

§ 3a OEG gewährt eine vom GdS abhängige Einmalzahlung und begründet damit keine Dauerleistung. Mit der Auszahlung der Einmalleistung ist das Leistungsverhältnis mit der Folge abgefunden, dass spätere Veränderungen außer Betracht bleiben. Eine spätere Erhöhung des zu zahlenden Betrages wegen einer Verschlimmerung des GdS kommt daher nicht in Betracht. Dies schließt die Anwendung von § 44 SGB X nicht aus, sofern sich im Nachhinein der zum Zeitpunkt der Entscheidung festgestellte GdS als zu niedrig erweist.

§ 48 SGB X findet dagegen mangels Vorliegens eines Verwaltungsaktes mit Dauerwirkung keine Anwendung. Wird ein Verschlimmerungsantrag im Hinblick auf die anerkannten Schädigungsfolgen gestellt, kann dieser nur für die aufgrund einer Nachuntersuchung zu erbringenden Maßnahmen der Heilbehandlung und Rehabilitation Berücksichtigung finden.

7. Voraussetzungen für eine Einmalzahlung nach § 3a Abs. 2 Satz 3 OEG

In § 3a Abs. 2 Satz 3 OEG wird der Verlust und die vollständige Gebrauchsunfähigkeit von Gliedmaßen unterschiedlich bewertet. So setzt der Anspruch auf einen Ausgleich in Höhe von 25.632 Euro den Verlust von mindestens zwei Gliedmaßen, aber die vollständige Gebrauchsunfähigkeit von mindestens drei Gliedmaßen voraus. Im Einzelfall kann allerdings die Gebrauchsunfähigkeit von Gliedmaßen nach den Versorgungsmedizinischen Grundsätzen zu einer höheren Beeinträchtigung führen als deren Verlust. Daher ist bei der Anwendung von § 3a Abs. 2 Satz 3 OEG die Gebrauchsunfähigkeit einer Gliedmaße, die für sich genommen mindestens einen GdS ergibt, der auch bei Verlust der gleichen Gliedmaße bestehen würde, wie ein Verlust der gleichen Gliedmaße zu bewerten (eine entsprechende Anpassung des Gesetzeswortlauts ist beabsichtigt).

Im Übrigen sollten für die Tatbestandsmerkmale in § 3 Abs. 2 Satz 3 OEG unter Heranziehung der Maßstäbe der Verordnung zu § 31 Abs. 4 BVG folgende Kriterien angelegt werden:

- *„Verlust mehrerer Gliedmaßen“:* *Erforderlich ist z. B. der Verlust eines Fußes und einer ganzen Hand.*
- *„Schädigung von Sinnesorganen“:* *Diese Voraussetzung ist erst dann erfüllt, wenn es zu einem völligen Funktionsausfall des jeweiligen Sinnesorgans kommt.*
- *„Hirnschädigung“:* *Erforderlich ist hierfür ein morphologischer Schaden, der zu einer organischen Veränderung und bereits alleine zu einem GdS von mindestens 30 führt.*

- *„Schwere Verbrennungen“:* *Bei dieser Schädigung sind die Folgen maßgeblich, die im Einzelfall sehr unterschiedlich ausfallen können (z. B. macht es einen Unterschied, ob Verbrennungen im Gesichtsbereich oder Unterleib vorliegen). Erforderlich ist aber, dass die schweren Verbrennungen alleine bereits zur Feststellung eines GdS von mindestens 50 führen.*

Die Schwere der Schädigungsfolgen ist damit jeweils einzeln zu bewerten. Durch die oben stehenden Vorgaben ist so grundsätzlich ausgeschlossen, dass geringe Ausfälle erst in ihrer Kombination zu einem hohen GdS führen.
Die Aufzählung in § 3a Abs. 2 Satz 3 OEG ist zudem abschließend. Daher können andere als die in der Vorschrift genannten Schädigungsfolgen wie beispielsweise schwerste innere Leiden keine Berücksichtigung finden. Im Übrigen steht § 3a Abs. 2 Satz 3 OEG systematisch im Kontext zum Satz 2, der allein auf den GdS abstellt. Daher können aufgrund der Aufzählung in § 3a Abs. 2 Satz 3 OEG keine Nichtschädigungsfolgen entschädigt werden.

IV. Leistungen an Hinterbliebene, § 3a Abs. 3 OEG
1. Zeitpunkt des Todeseintritts im Falle von § 3a Abs. 3 OEG
Nach § 3a Abs. 3 Satz 1 OEG haben Hinterbliebene Anspruch auf eine Einmalzahlung, wenn eine nach § 3a Abs. 1 OEG geschädigte Person „bei einer Gewalttat im Ausland getötet“ worden ist. Im Vorgriff auf eine beabsichtigte Klarstellung des Gesetzeswortlauts ist der Text hier so auszulegen, dass die Hinterbliebenenleistung auch dann in Betracht kommt, wenn der Tod des Beschädigten „durch eine Gewalttat im Ausland“ eingetreten ist. Auf diese Weise werden auch die Fälle einbezogen, in denen der Geschädigte im Ausland Opfer einer Gewalttat nach § 1 Abs. 1 OEG geworden, der Todeseintritt als Folge der Gewalttat aber erst innerhalb des Geltungsbereichs des OEG erfolgt ist, und somit Abgrenzungsprobleme vermieden. In zeitlicher Hinsicht ist für einen Todeseintritt i. S. v. § 3a Abs. 3 Satz 1 OEG vorauszusetzen, dass ein unmittelbarer Zusammenhang zwischen dem Eintritt der Gesundheitsstörung und dem Eintritt des Todes besteht. Zieht man die Wertung von Nr. A 2g) Sätze 3 und 4 der Anlage zu § 2 Versorgungsmedizin-Verordnung heran, kann von einem unmittelbaren Zusammenhang dann ausgegangen werden, wenn die Gesundheitsstörung in so rascher Entwicklung zum Tode führt, dass der Eintritt der Gesundheitsstörung und des Todes einen untrennbaren Vorgang darstellen. Ob insoweit ein unmittelbarer Zusammenhang vorliegt, ist in jedem Einzelfall unter Heranziehung versorgungsärztlichen Sachverstands zu prüfen.
2. Unterschiedliche Behandlung von Hinterbliebenen bei In- und Auslandstaten
Nach § 3a Abs. 3 Satz 3 OEG haben Hinterbliebene einschließlich der Eltern, deren minderjährige Kinder an den Folgen einer Gewalttat im Ausland verstorben sind, Anspruch auf psychotherapeutische Maßnahmen, während dieser Personenkreis bei Inlandstaten nur dann vergleichbare Leistungen beanspruchen kann, wenn er infolge eines „Schockschadens“ selbst Geschädigter der Gewalttat geworden ist und dadurch eine psychische Gesundheitsschädigung erlitten hat (vgl. hierzu Gliederungspunkt II 5). Mit der unterschiedlichen Behandlung der Hinterbliebenen je nach Tatort im In- oder Ausland hat der Gesetzgeber beabsichtigt, der vor allem psychischen Belastung der Angehörigen Rechnung zu tragen, die gerade auch aus dem besonderen Um-

stand resultiert, dass die Gewalttat im Ausland verübt worden ist. Da für die Versorgung bei Auslandstaten aber lediglich staatliche Fürsorge als Rechtsgrund in Betracht kommt, werden nur Eltern minderjähriger Getöteter in den Kreis der Anspruchsberechtigten einbezogen, um hier eine Abgrenzung zum Kreis der anspruchsberechtigten Hinterbliebenen bei Inlandstaten vorzunehmen.

3. Unterhaltsanspruch bei Betreuungsunterhaltsberechtigten

Bei der Feststellung, ob eine Betreuungsunterhaltsberechtigung i. S. v. § 3a Abs. 3 OEG vorliegt, sollte ein entsprechender Anspruch zumindest durch das Jugendamt bzw. notariell beurkundet sein.

Die Regelungen zum Betreuungsunterhalt sind im Zuge der Reform des Unterhaltsrechts seit Januar 2008 grundlegend neu strukturiert worden. Danach steht dem betreuenden Elternteil ein zeitlich auf drei Jahre begrenzter Unterhaltsanspruch ab der Geburt des Kindes zu. Innerhalb dieses Zeitrahmens kann und soll von diesem Elternteil eine Eigenerwerbstätigkeit nicht verlangt oder erwartet werden. Die genauen Voraussetzungen für einen Anspruch auf Betreuungsunterhalt sind in § 1570 BGB normiert. Der BGH hat mit Urteil vom 18. März 2009 – XII ZR 74/08 zu den neuen gesetzlichen Vorgaben Stellung genommen.

Im Rahmen der Beweislast hat der Unterhaltsbedürftige die Anspruchsvoraussetzungen nach § 1570 BGB darzulegen, dass also z. B. eine Betreuungsmöglichkeit nicht besteht oder das Kind eine persönliche Betreuung benötigt (vgl. OLG Celle vom 7. Februar 2008 – 17 UF 203/07).

V. Anrechnung von Leistungen, § 3a Abs. 4 OEG

1. Anrechnung von Leistungsansprüchen nach § 3a Abs. 4 OEG

§ 3a OEG basiert im Gegensatz zu den übrigen Regelungen des OEG wie bereits erwähnt nicht auf einem Aufopferungsanspruch, sondern lässt sich lediglich über den Gedanken einer allgemeinen staatlichen Fürsorge begründen. Nach § 3a Abs. 4 OEG sind daher andere Ansprüche aus öffentlichen oder privaten Sicherungssystemen auf die Leistungen nach § 3a Abs. 2 (sowie auch Abs. 3) OEG anzurechnen. Unter § 3a Abs. 4 OEG fällt jeder Leistungsanspruch, der im Zusammenhang mit der Tat entstanden ist. Hierzu können beispielsweise (öffentliche) Leistungsansprüche aus der gesetzlichen Unfallversicherung zählen, aber auch Leistungen aus privaten Versicherungsverträgen (z. B. ADAC-Auslandskrankenschutz mit Übernahme der Rücktransportkosten, Berufsunfähigkeitsversicherungen und Risikoversicherungen wie eine private Unfallversicherung), soweit diese eine den Ansprüchen nach § 3a Abs. 2 (bzw. Abs. 3) OEG entsprechende Absicherung vorsehen. Auch internationale Versicherungen (z. B. die Versicherung des Reeders für Schiff und Mannschaft) sind insoweit denkbar. Etwaige Schadensersatzansprüche des Opfers gegen den Täter fallen dagegen nach dem Wortlaut der Regelung nicht unter § 3a Abs. 4 OEG.

Bei der Anrechnung von Leistungen kann sich das Problem stellen, dass diese möglicherweise in unterschiedlicher Form erbracht werden, also entweder als Sach- oder als Geldleistung. So ist die Heilbehandlung nach dem OEG i. V. m. dem BVG in der Regel eine Sachleistung, während Leistungsansprüche anderer öffentlicher oder privater Sicherungs- oder Versorgungssysteme zumeist als Geldleistung erbracht werden. Die Anrechnung nach § 3a Abs. 4 OEG sollte hier in der Weise erfolgen, dass Geldleistungen auf Geldleistungen nach dem OEG ggf. bis zu deren vollständigem Wegfall angerechnet werden. Bei Heilbehandlungsansprüchen nach § 3a Abs. 2 Satz 1 OEG sollte eine Anrechnung von Geldleistungen aus anderen Versorgungssystemen nur dann erfolgen, wenn die Geldleistung auch zum Zwecke der Erbringung bzw. des Einkaufs von Heilbehandlung gewährt wurde. Wurde Heilbehandlung aus einem anderen Versorgungssystem im Ausland erbracht, ist dies kein Hinderungsgrund dafür, weiterführende Heilbehandlung im Inland durchzuführen.

2. Anrechnung von Leistungsansprüchen im Schädigungsland

Gem. § 3a Abs. 4 Satz 2 OEG sind auch die im Schädigungsland bestehenden Leistungsansprüche aus Sicherungs- und Versorgungssystemen sowohl im Hinblick auf Geld- als auch im Hinblick auf Sachleistungen anzurechnen. Der Geschädigte ist daher zunächst zur entsprechenden Antragstellung im Schädigungsland anzuregen. Nur wenn der Geschädigte nachweislich einen solchen Antrag gestellt hat, kommt eine Prüfung von Ansprüchen nach § 3a OEG in Betracht. An welche Behörden sich der Geschädigte dort zu wenden hat, sollte über die Botschaften und/oder ständigen Vertretungen im Ausland ermittelt werden (vgl. hierzu Gliederungspunkte VII 3 und VII 4). Handelt es sich um einen Fall nach der EU-Richtlinie 2004/80/EG, wird das BMAS wie auch bisher schon als Unterstützungsbehörde tätig werden.

Zu beachten ist jedoch, dass nach der gesetzlichen Intention des § 3a OEG den Betroffenen zügige und zielgerichtete Hilfe zu gewähren ist. Daher sollte seitens der Versorgungsverwaltung bereits vor einer Entscheidung der Behörden des Schädigungslandes über eine Leistungsgewährung parallel geprüft werden, ob die Anerkennung eines Versorgungsanspruchs in Betracht kommt und vor allem Maßnahmen der Heilbehandlung und medizinischen Rehabilitation, insbesondere der psychologischen Betreuung als „erster Hilfe", nach deutschem Recht erbracht werden können. Die Erfahrungen des Bundesministeriums für Arbeit und Soziales als Unterstützungsbehörde bei der Umsetzung der EU-Richtlinie 2004/80/EG zeigen, dass das Opferentschädigungsrecht anderer Staaten so gut wie keine Sachleistungen vorsieht, sondern meistens Geldleistungen möglich sind. Die Anrechnungsproblematik wird sich also im Hinblick auf die Sachleistungen im Regelfall nicht stellen. Sofern daher nach Prüfung eines Entschädigungsantrags feststeht, dass die Leistungsvoraussetzungen nach § 3a OEG erfüllt sind, ist eine Leistung unter Vorbehalt nach § 22 Abs. 4 KOV–VfG vorzunehmen. Werden nachträglich noch Leistungen durch das Schädigungsland erbracht, so sind diese entsprechend zurückzufordern. Der Geschädigte bzw. Antragsteller ist daher aufzufordern, der zuständigen Versorgungsbehörde Informationen über eine evtl. Leistungsgewährung im Tatland zukommen zu lassen.

Hinsichtlich der Frage, welche Leistungs- und Versorgungssysteme andere Staaten vorsehen bzw. im Verhältnis zu welchen Staaten eine etwaige Gegenseitigkeit nach § 1 Abs. 1 Nr. 4 OEG in Betracht kommt, ist im Einzelfall über das Bundesministerium für Arbeit und Soziales eine Anfrage an das Auswärtige Amt mit der Bitte um Weiterleitung an die entsprechenden Auslandsvertretungen zu stellen (vgl. dazu Gliederungspunkte VII 3 und 4).

VI. Ausschluss von Leistungen, § 3a Abs. 5 OEG

1. Nichtbegründung eines gebotenen Versicherungsschutzes

Die nicht näher bestimmte Formulierung „nach den Umständen des Einzelfalls gebotener Versicherungsschutz" in § 3a Abs. 5 OEG soll nach dem Willen des Gesetzgebers eine möglichst flexible Handhabung dieses Tatbestandsmerkmals sicherstellen.

Da Leistungen nach § 3a OEG lediglich unter Fürsorgegesichtspunkten erbracht werden können, ist die Nichtbegründung eines gebotenen Versicherungsschutzes als einer der Ausschlusstatbestände in § 3a Abs. 5 OEG aufgenommen worden. Ob ein zusätzlicher Versicherungsschutz (z. B. Auslandskrankenversicherung, private Unfallversicherung) über die allgemeine sozialversicherungsrechtliche Absicherung hinaus erforderlich gewesen wäre, ist nach dem jeweiligen Einzelfall zu beurteilen. Insofern sollte zunächst geprüft werden, ob der Anspruch auf Leistungen der gesetzlichen Krankenversicherung im Ausland gem. § 16 Abs. 1 Nr. 1 SGB V ruht und somit auch bereits bei einem kurzfristigen Auslandsaufenthalt die Notwendigkeit einer Auslandskrankenversicherung besteht. Dies trifft beispielsweise auf Urlaubsaufenthalte in Asien oder Amerika zu, wo mangels Versicherungsschutz bereits ab dem ersten Tag des Aufenthalts der Abschluss einer Auslandskrankenversicherung zu fordern ist, nicht dagegen auf Urlaubsreisen in EU- oder EWR-Staaten, wo Leistungen auf Grundlage der VO 1408/71 erbracht werden, oder in Länder, mit denen Sozialversicherungsabkommen bestehen.

Ein zusätzliches Beurteilungskriterium können Reisewarnungen, Reise- und Sicherheitshinweise bzw. der jeweilige Gefährdungsgrad des Aufenthaltsortes im Ausland sein. So macht es beispielsweise einen Unterschied, ob ein Aufenthalt in Portugal oder in Pakistan anvisiert wird. Auch die angestrebte Dauer des Auslandsaufenthalts kann im Rahmen der Einzelfallbewertung als Kriterium herangezogen werden.

2. Nichteinbeziehung des Versagungsgrundes nach § 2 Abs. 1 Satz 2 OEG

Ursprünglich war durch den Gesetzgeber beabsichtigt, auch den Versagungsgrund des § 2 Abs. 1 Satz 2 OEG in die Gesetzesänderung mit einzubeziehen.

Allerdings hätte dies zur Konsequenz gehabt, dass die Versagungsgründe des § 2 OEG durch die vorgesehene Ausdehnung der Opferentschädigung auf Auslandstaten nicht mehr ausreichend gefasst gewesen wären, da es bei Kausalität zwischen einer Schädigung und den in § 2 Abs. 1 Satz 2 Nr. 1 und 2 OEG genannten Aktivitäten des Geschädigten nicht zu einem grundsätzlichen Leistungsausschluss gekommen wäre. So ist eine Beschränkung des Ausschlussgrundes auf politische bzw. kriegerische Auseinandersetzungen im „Heimatstaat" – wie in § 2 Abs. 1 Nr. 1 und 2 OEG geregelt – im Lichte der Erweiterung des Anwendungsbereichs des OEG auf Gewalttaten im Ausland nicht sinnvoll, da damit beispielsweise Fälle, in denen ein nach § 3a Abs. 1 OEG leistungsberechtigter Ausländer, der in Deutschland an politischen oder kriegerischen Auseinandersetzungen beteiligt gewesen ist, nicht unter den Ausschlussgrund fielen. Eine mögliche Streichung der Worte „in seinem Heimatstaat" in § 2 Abs. 1 Satz 2 Nr. 1 und 2 OEG im Zuge des 3. OEG-ÄndG kam aus politischen Gründen aber nicht in Betracht. Daher ist § 3a Abs. 5 OEG auf einen Verweis auf den Billigkeitstatbestand in § 2 Abs. 1 Satz 1 OEG beschränkt worden. Durch diesen sind aber auch die Versagungsgründe nach § 2 Abs. 1 Satz 2 OEG grundsätzlich mit abgedeckt.

Sollte ungeachtet dessen im Einzelfall das Vorliegen von Versagungsgründen aufgrund politisch sensibler Gesichtspunkte nicht eindeutig beurteilt werden können, können die Einzelfälle mir zur Mitprüfung vorgelegt werden.

VII. Vollzugsfragen

1. Beginn der Versorgung; § 10c OEG; § 60 Abs. 1 Satz 2 BVG; Antragsfristen

Für den Beginn der Versorgung trifft § 60 Abs. 1 Satz 2 BVG die Regelung, dass abweichend vom Normalfall, dass Versorgung ab Antrag in Betracht kommt, Leistungen auch für vorherige Zeiträume innerhalb eines Jahres nach Eintritt der

Schädigung zu gewähren sind. Im Hinblick auf § 3a OEG ist allerdings die Übergangsregelung des § 10c OEG als lex specialis maßgeblich, wonach neue Ansprüche, die sich auf Grund einer Änderung des OEG ergeben, auf Antrag festgestellt werden. Wird der Antrag binnen eines Jahres nach Verkündung des Änderungsgesetzes gestellt, so beginnt die Zahlung mit dem Zeitpunkt des Inkrafttretens, frühestens jedoch mit dem Monat, in dem die Voraussetzungen erfüllt sind. Bei Antragstellung binnen eines Jahres nach Verkündung des 3. OEG-ÄndG wäre damit Leistungsbeginn der 1. Juli 2009, es sei denn, die Anspruchsvoraussetzungen von § 3a OEG sind erst nach diesem Zeitpunkt erfüllt. Allerdings ist diese Jahresfrist von ihrem Sinn und Zweck her auf fortlaufend monatlich fällig werdende Versorgungsleistungen ausgerichtet. Auf die in § 3a Abs. 2 und Abs. 3 OEG vorgesehenen Einmalzahlungen ist § 10c OEG daher nicht anwendbar, d. h. die Leistung ist hier ab dem Vorliegen aller Anspruchsvoraussetzungen zu gewähren. Anwendbar ist die Jahresfrist des § 10c OEG dagegen für den in § 3a OEG normierten Heilbehandlungsanspruch. Denn die Heilbehandlung ist eine auf Dauer angelegte Versorgungsleistung, wie sie auch bei Ansprüchen nach § 1 Abs. 1 OEG i. V. m. dem BVG erbracht wird.

2. Örtliche Zuständigkeit

Die örtliche Zuständigkeit bei Ansprüchen nach § 3a OEG richtet sich wie bei der Entschädigung von unter § 1 Abs. 1 Satz 1 OEG fallenden Taten nach § 6 OEG. Nach § 6 Abs. 1 Satz 2 Nr. 1 OEG ist das Land für die Versorgung zuständig, in dem der Antragsteller seinen Wohnsitz hat. Sollten Geschädigte oder Hinterbliebene im laufenden Antragsverfahren oder nach Anerkennung von Heilbehandlungsansprüchen ihren Wohnsitz in ein anderes Land verlegen, ändert sich damit auch die jeweilige örtliche Zuständigkeit. Bei einer Wohnsitzverlagerung ins Ausland während des laufenden Antragsverfahrens ist gem. § 6 Abs. 1 Satz Nr. 2 OEG das Land zuständig, das die Versorgung von Kriegsopfern in dem Wohnsitz- oder Aufenthaltsland durchführt. Ungeachtet der rechtlichen Vorgaben für die örtliche Zuständigkeit nach dem OEG sollte geprüft werden, wie durch Vereinbarungen zwischen den Ländern auch bei einem Wohnsitzwechsel von Geschädigten oder Hinterbliebenen ein möglichst zügiges und unbürokratisches Antragsverfahren ermöglicht werden kann. Sofern Personen aus verschiedenen Bundesländern durch dieselbe Tat eine gesundheitliche Schädigung erlitten und Ansprüche nach § 3a OEG haben, kann es dazu kommen, dass in mehreren Bundesländern Verfahren nach dem OEG durchzuführen sind. Eine parallele umfangreiche Sachverhaltsaufklärung der einzelnen Länder bzw. Behörden mit möglicherweise unterschiedlichen Ergebnissen sollte jedoch vermieden werden. Ggf. wird daher das Bundesministerium für Arbeit und Soziales hier die Koordination übernehmen. Bei Großschadensereignissen wie z. B. Terrorakten ist im Regelfall ohnehin davon auszugehen, dass die Sachverhaltsaufklärung zum schädigenden Ereignis durch ein Krisenzentrum (angesiedelt bei der Bundesregierung) zentral in eine Hand genommen wird. Ungeachtet dessen ist eine zusätzliche Abstimmung zwischen den zuständigen Behörden der Länder zweckmäßig, um eine einheitliche Durchführung des Antragsverfahrens (einheitliche tatsächliche und rechtliche Beurteilung des Sachverhalts von Versagungsgründen, Anrechnung von Leistungen u. s. w.) zu ermöglichen und im Einzelfall auch die federführende Zuständigkeit eines Landes abzustimmen.

3. Sachverhaltsaufklärung im Ausland

Im Rahmen der Sachverhaltsaufklärung bei Gewalttaten im Ausland hinsichtlich des schädigenden Ereignisses, der Schädigung und der Gesundheitsstörung werden sich die Länder im Einzelfall – über das Bundesministerium für Arbeit und Soziales und das Auswärtige Amt – an die Botschaften und Konsulate der Bundesrepublik Deutschland im Ausland wenden müssen. Eine jeweils aktuelle Adressenliste der ausländischen Vertretungen im Ausland findet sich auf der Homepage des Auswärtigen Amtes unter der Adresse http://www.auswaertiges-amt.de/diplo/de/Laenderinformationen/DtAuslandsvertretungen-Laenderauswahlseite.jsp.

In Abstimmung mit dem Bundesministerium für Arbeit und Soziales erfolgt eine Information durch das Auswärtige Amt an die Botschaften und Konsulate insbesondere zu – den Regelungen und Leistungen des § 3a OEG, – den zu erwartenden Amtshilfeersuchen der Versorgungsverwaltung im Rahmen der Sachverhaltsaufklärung und – der Antragstellung bei amtlichen Vertretungen im Ausland gem. § 16 Abs. 1 Satz 2 SGB I.

Amtshilfeersuchen sollten in der Regel direkt und nicht über die jeweiligen obersten Dienstbehörden vorgenommen werden. Diesbezüglich wird auf die §§ 3ff. SGB X verwiesen. Ungeachtet dessen können Amtshilfeersuchen aber auch zunächst von den Ländern an das Bundesministerium für Arbeit und Soziales zur Weiterleitung an das Auswärtige Amt gerichtet werden. Für den Fall, dass die zuständigen Versorgungsbehörden den Weg eines direkten Amtshilfeersuchens ohne Beteiligung der obersten Dienstbehörden wählen, bitte ich darum, mir dies zur Kenntnis zu geben.

Im Einzelfall wird über das Auswärtige Amt zu klären sein, ob nicht bereits bilaterale Amtshilfeabkommen zwischen der Bundesrepublik Deutschland und dem jeweiligen Staat existieren, die spezielle Verfahrensregelungen normieren.

Einzelanfragen hinsichtlich bestehender Reisewarnungen oder Reise- und Sicherheitshinweise bezogen auf den Schädigungszeitpunkt können die Länder generell über das Bundesministerium für Arbeit und Soziales an das Auswärtige Amt richten.

4. Erbringung von Leistungen im Ausland

Bei der Frage, ob eine Entschädigungsleistung auch ins Ausland erbracht werden kann, ist zwischen Geld- und Sachleistungen zu differenzieren.

Geldleistungen nach dem OEG können in voller Höhe auch ins Ausland erbracht werden. Die Frage einer Teilversorgung unter analoger Anwendung von § 64e BVG stellt sich hier nicht. So schließt § 1 Abs. 12 OEG ausdrücklich eine Anwendung von § 64e BVG aus. Die Maßnahmen der Heilbehandlung bzw. medizinischen Rehabilitation können als Sachleistungen dagegen nur innerhalb des Geltungsbereichs des OEG erbracht werden. Im Ausland kann lediglich eine Kostenerstattung in entsprechender Anwendung von § 18 Abs. 3 und 4 BVG stattfinden (vgl. Gliederungspunkt III 1). Wegen des Ziels einer möglichst umfassenden Linderung der gesundheitlichen Leiden des Betroffenen sollte die Kostenerstattung unbefristet erfolgen. Hiervon ausgenommen ist die Erbringung psychotherapeutischer Angebote im Tatland, die unmittelbar und nicht lediglich im Rahmen einer Kostenerstattung erfolgen sollte (vgl. Gliederungspunkte III 1 und III 3).

5. Durchsetzung von Schadensersatzansprüchen nach § 81a BVG

Da der Bund gem. § 4 Abs. 2 bei Gewalttaten im Ausland alleiniger Kostenträger ist, findet gem. § 5 OEG kein Übergang von Schadensersatzansprüchen auf die Länder statt. Stattdessen gehen gesetzliche Schadensersatzansprüche gegenüber Dritten unter entsprechender Anwendung von § 81a Abs. 1 Satz 1 BVG auf den Bund über. Da aber Aufwand und Kosten der Durchsetzung der Schadensersatzansprüche im Ausland aufgrund entsprechender Erfahrungen in der Vergangenheit nicht immer in einem günstigen Verhältnis zu dem tatsächlichen Ertrag stehen dürften, sollte in Fällen nach § 3a OEG von einer Nachverfolgung etwaiger Schadensersatzansprüche – auch über andere rechtliche Wege – regelmäßig abgesehen werden.

BMAS v. 4. 2. 2010 – V b 2 – 47030
Drittes Gesetz zur Änderung des Opferentschädigungsgesetz (Drittes OEG-ÄndG); Verhältnis der Leistungsansprüche nach § 1 und § 3a OEG
Ich bin um Stellungnahme zu der Frage gebeten worden, wie sich die Leistungsansprüche nach § 1 und § 3a OEG zueinander verhalten, wenn – beispielsweise aufgrund einer besonderen zeitlichen Nähe von mehreren Gewalttaten – nicht festgestellt werden kann, welcher Teil einer als Schädigungsfolge festgestellten Gesundheitsstörung auf einer Tat im Inland und welcher auf einer Tat im Ausland beruht.
Ich bin der Auffassung, dass in der genannten Konstellation § 1 OEG vorrangig vor § 3a OEG anzuwenden ist, sofern wegen mindestens einer im Ausland verübten Gewalttat die dadurch verursachten Schädigungsfolgen unter Durchbrechung des Territorialitätsprinzips bei der Festsetzung des Grades der Schädigungsfolgen (GdS) mit zu berücksichtigen sind. Für diese Lösung spricht neben dem Günstigkeitsprinzip nach § 2 Abs. 1 SGB I und dem Grundsatz einer möglichst umfassenden Leistungsgewährung (§ 17 Absatz 1 Nummer 1 SGB I) vor allem der Gesetzeszweck des OEG. Denn wenn zumindest ein Teil der Schädigungsfolge auf einer im Inland verübten Gewalttat beruht und nicht festgestellt werden kann, wie hoch dieser Teil im Verhältnis zu der durch die Auslandstat verursachten Schädigungsfolge ist, besteht bereits eine staatliche Einstandspflicht für die Entschädigung des Opfers, die Leistungsansprüche nach § 1 OEG nach sich zieht. Diese würde keine Berücksichtigung finden, wenn es aufgrund der schwerpunktmäßig durch die Auslandstat verursachten Schädigungsfolge zur alleinigen Anwendung des aus dem Fürsorgegedanken resultierenden § 3a OEG mit seinem eingeschränkten Leistungsrahmen und den zugehörigen Anrechnungs- und Ausschlussvorschriften auch für die im Inland verübten Taten käme.
Eine vorrangige Anwendung von § 1 OEG kann nur dann problematisch sein, wenn die Auslandstat ganz eindeutig ursächlich für die Schädigungsfolge ist. In diesen Fällen dürfte aber in der Regel auch zwischen der Höhe des jeweils auf die Inlands- bzw. Auslandstat entfallenden GdS differenziert werden können.
Geht in der genannten Fallkonstellation § 1 OEG der Regelung des § 3a OEG vor, bleibt für einen zusätzlichen Anspruch auf Heilbehandlung und medizinische Rehabilitation einschließlich psychotherapeutischer Angebote nach § 3a Abs. 2 Satz 1 OEG kein Raum mehr. Zwar hat der Gesetzgeber in der Begründung zu § 3a OEG den Sinn und Zweck einer zügigen und umfassenden Hilfe, insbesondere der unverzüglichen Bereitstellung von medizinischen und psychotherapeutischen Maßnahmen, hervorgehoben. Allerdings bleibt dieser Sinn und Zweck auch bei einer Anwendung von § 1 OEG gewahrt. Denn durch den Verweis in § 1 Abs. 1 Satz 1 OEG auf die entsprechende Anwendung der Vorschriften des Bundesversorgungsgesetzes (BVG) findet der Leistungskatalog der §§ 10 ff. BVG voll umfänglich Anwendung. Damit steht der Versorgungsverwaltung unter anderem die Anwendung der Ermessensregelung des § 18c Abs. 3 BVG offen, die Versorgungsangelegenheit an sich zu ziehen und Leistungen anstelle der Krankenkasse zu erbringen, um beispielsweise Maßnahmen zur Vermittlung psychotherapeutischer Angebote im Schädigungsland zu ergreifen. Auch besteht gem. § 1 OEG i. V. m. § 18 Abs. 3 bzw. Abs. 4 BVG für die Versorgungsverwaltung die Möglichkeit, dem Geschädigten die Kosten einer selbst durchgeführten Heil- und Krankenbehandlung zu erstatten. Ebenso können im Wege des Härteausgleichs gem. § 1 OEG i. V. m. § 89 BVG im Einzelfall auch Kosten für einen Krankenrücktransport übernommen werden (vgl. hierzu Punkt III 1 meines Rundschreibens vom 5. Oktober 2009 – IVc 2 – 47030).

Geschädigte einer Gewalttat im Ausland, die zugleich Opfer einer Gewalttat im Inland geworden sind, werden bei einer vorrangigen Anwendung von § 1 OEG somit nicht schlechter gestellt als Opfer, die (auch) einen Anspruch nach § 3a OEG haben.

BMAS v. 4. 4. 2014 – Vb 2 – 53425
Durchführung des Opferentschädigungsgesetzes (OEG);
bundeseinheitliches Antragsformular mit Vorblatt
Beigefügt übersende ich das Muster eines bundeseinheitlichen Antragsformulars zum OEG samt Vorblatt, dessen Nutzung ich empfehle. Das Bundesministerium für Arbeit und Soziales wird dieses Formular in seinen Internetauftritt aufnehmen. Es wird insbesondere im Zusammenhang mit der Anwendung der EU-Richtlinie 2004/80/EG über die Entschädigung der Opfer von Straftaten in grenzüberschreitenden Fällen Verwendung finden und zu diesem Zweck in Kürze auf der entsprechenden Website der EU-Kommission in deutscher und englischer Sprachfassung eingestellt sowie an Antragsteller/innen und Unterstützungsbehörden in anderen EU-Mitgliedstaaten weitergereicht werden.
Das Antragsformular ist, unter Beteiligung auch des Beirates beim Unabhängigen Beauftragten für Fragen des sexuellen Kindesmissbrauchs, in den letzten beiden Jahren ausführlich diskutiert worden und konnte schließlich auf der Länderreferentenbesprechung vom 25./26. Februar 2014 einvernehmlich verabschiedet werden. Es ist offen für länderspezifische Modifikationen, z. B. Hinweise auf Opferhilfeeinrichtungen oder Einfügung weiterer Fragen. Ich danke allen, die engagiert und kenntnisreich an dieser Diskussion teilgenommen haben.
Mit der Schaffung des bundeseinheitlichen Antragsformulars wird u. a. eine Forderung des Runden Tisches „Kindesmissbrauch in Abhängigkeits- und Machtverhältnissen in privaten und öffentlichen Einrichtungen und im familiären Bereich" erfüllt, der in seinem Abschlussbericht eine schonendere Gestaltung der Antragsformulare in ganz Deutschland angeregt hatte.

Vorblatt zum Antrag auf Leistungen für Gewaltopfer
nach dem Gesetz über die Entschädigung für Opfer von Gewalttaten (OEG)
Sehr geehrte Antragstellerin,
sehr geehrter Antragsteller,
Sie haben eine Gewalttat erlebt und möchten wegen deren gesundheitlichen und wirtschaftlichen Folgen Leistungen nach dem Gesetz über die Entschädigung für Opfer von Gewalttaten (OEG) beantragen. Dies können Sie bei uns als Ihrer zuständigen Versorgungsbehörde tun. Unsere Adresse finden Sie auf der Internetseite des Bundesministeriums für Arbeit und Soziales (www.bmas.de) unter „Soziale Sicherung / Soziale Entschädigung / Opferentschädigungsrecht". Bitte füllen Sie das beiliegende Formular möglichst vollständig aus und senden es unterschrieben zurück.

Hinweis: Schmerzensgeld können Sie nur gegenüber dem Täter/der Täterin geltend machen.

Benötigen Sie Unterstützung bei der Antragsstellung?
Möglicherweise empfinden Sie einige der Angaben als belastend, die mit diesem Antragsformular von Ihnen erbeten werden. Sollten Sie beim Ausfüllen aus diesem oder aus anderen Gründen Hilfe benötigen, können Sie sich jederzeit an uns wenden.

Unterstützung erhalten Sie selbstverständlich auch bei allen Organisationen der Opferhilfe. Zum Beispiel bietet der WEISSE RING e. V. unter der kostenfreien EU-einheitlichen Telefonnummer 116 006 einen Beratungsdienst für Opfer von Straftaten an, der u. a. an regionale Außenstellen oder andere Organisationen in Ihrer Nähe weiterverweist. Opfer von sexuellem Missbrauch können sich kostenfrei und anonym an die Telefonische Anlaufstelle des Unabhängigen Beauftragten zu Fragen des sexuellen Kindesmissbrauchs unter der Telefonnummer 0800–2 255 530 wenden. Die Sprechzeiten sind montags von 8 bis 14 Uhr, dienstags, mittwochs und freitags von 16 bis 22 Uhr sowie sonntags von 14 bis 20 Uhr. Insbesondere gewaltbetroffene Frauen können sich rund um die Uhr und kostenfrei unter der Telefonnummer 08 000 116 016 von den Mitarbeiterinnen des bundesweiten Hilfetelefons „Gewalt gegen Frauen" beraten lassen. Das Angebot ist mehrsprachig und barrierefrei. Es wird zudem eine E-Mail- und eine Chatberatung angeboten (www.hilfetelefon.de).
< ggf. Raum für Hinweis auf länderspezifische Opferhilfeorganisationen und Telefonnummern>
Wenn Sie Unterstützung bei der psychischen Aufarbeitung und Bewältigung der an Ihnen verübten Gewalttat suchen, können Sie mit Psychotherapeuten / Psychotherapeutinnen oder entsprechenden Beratungsstellen in Kontakt treten. Bei der Suche sind Ihnen Ihre Krankenkasse, Ihr Hausarzt / Ihre Hausärztin und die Organisationen der Opferhilfe behilflich. Auch das Hilfeportal Sexueller Missbrauch (www.hilfeportal-missbrauch.de) des UBSKM unterstützt Sie dabei mit einer bundesweiten Datenbank.

Welche Angaben müssen Sie zur Gewalttat machen?
Als verantwortlicher Leistungsträger sind wir verpflichtet, die Voraussetzungen für eine Leistungserbringung in jedem Einzelfall zu prüfen. Dazu müssen wir den Sachverhalt eigenständig aufklären, sind jedoch auf Ihre Mitwirkung angewiesen. Sind z. B. keine Zeugen der Tat vorhanden und lässt sich die Tat nicht anderweitig nachweisen, müssen Sie unter Umständen sehr detaillierte Angaben zur Gewalttat machen.[1] *Sollte Ihnen das nicht möglich sein, reichen zunächst ungefähre Angaben zu Tatort und Tatzeit aus (z. B. „Anfang bis Mitte 1977 unter anderem in der eigenen Wohnung").*
Falls schon ein Strafverfahren eingeleitet oder durchgeführt wurde, können die Erkenntnisse daraus hilfreich für eine schnellere Aufklärung des Sachverhalts sein. Außerdem wird Ihnen eventuell erspart, erneut Angaben zur Tat machen zu müssen. Bitte geben Sie daher das Aktenzeichen von Polizei und/oder Staatsanwaltschaft an, damit wir die Ermittlungsakten anfordern können. Selbst wenn der Täter/die Täterin nicht verurteilt wurde oder nicht zu ermitteln ist, können Sie unter bestimmten Umständen eine Entschädigung erhalten.

Wann können Sie mit einer Entscheidung über Ihren Antrag rechnen?
Wir sind bestrebt, zügig über Ihren Antrag zu entscheiden. Bitte haben Sie Verständnis, dass dies im Falle umfangreicher Sachverhaltsaufklärung mehrere Monate in Anspruch nehmen kann. Selbstverständlich werden wir Sie von Zeit zu Zeit über den Sachstand unterrichten. In Ausnahmefällen können bereits vor Abschluss der

1 Ihre Mitwirkungspflicht ergibt sich aus §§ 60–64 des Sozialgesetzbuches – 1. Buch – (SGB I); die Grenzen der Mitwirkung sind in § 65 SGB I geregelt.

Ermittlungen Leistungen nach dem OEG erbracht werden (z. B. für Zahnbehandlung oder psychische Soforthilfe). Ob dies in Ihrem Fall möglich ist, klären Sie bitte ggf. mit dem zuständigen Bearbeiter/der Bearbeiterin. Die Bestätigung, die Sie nach Eingang Ihres Antrags von uns erhalten, enthält die entsprechenden Kontaktdaten.

Datenschutzrechtliche Hinweise
Ihre Angaben werden nur mit Ihrer Einwilligung und nur – soweit notwendig – an die am Verfahren Beteiligten weitergeleitet. Sie werden nicht Dritten zur Verfügung gestellt. Bitte beachten Sie hierzu auch die datenschutzrechtlichen Hinweise auf Seite 5 des Antragsformulars sowie die ggf. beigefügte Anlage zu den datenschutzrechtlichen Bestimmungen.

Weitere Hinweise
Um dem Staat die Möglichkeit zu geben, den Täter/die Täterin zu verfolgen, sieht das OEG grundsätzlich vor, dass der Antragsteller/die Antragstellerin unverzüglich Strafanzeige erstattet. In Fällen, in denen dies für die Betroffenen besonders belastend ist – dazu gehören z. B. sexueller Missbrauch innerhalb der Familie oder häusliche Gewalt –, kann darauf verzichtet werden. Bitte legen Sie ggf. die Gründe dar, weshalb Sie keine Strafanzeige gestellt haben bzw. stellen möchten.
Wir weisen darauf hin, dass Ihre Schadensersatzansprüche gegen den Täter/die Täterin (mit Ausnahme Ihres Anspruchs auf Schmerzensgeld) zum Zeitpunkt der Antragstellung nach dem OEG auf den Staat übergehen. Das bedeutet, dass wir die Leistungen, die wir erbringen, grundsätzlich vom Täter/von der Täterin zurückfordern müssen. Dadurch erhält dieser/diese Kenntnis von Ihrer Antragstellung. Wenn Sie erhebliche Nachteile für sich oder Ihre Angehörigen befürchten, kann möglicherweise auf eine Rückforderung verzichtet werden (siehe hierzu Seite 5 des Antragsformulars).

Mit freundlichen Grüßen
Ihre Versorgungsbehörde

Antrag auf Leistungen für Gewaltopfer

nach dem Gesetz über die Entschädigung für Opfer von Gewalttaten (OEG)

Hier bitte Name / Adresse der Versorgungsbehörde eintragen	Bitte Feld frei lassen für Eingangsvermerk der Behörde
....	

I. Angaben zur Person

1. ☐ Herr ☐ Frau — Name, Vorname: .... — Geburtsname oder früherer Name: ....

2. Geburtsdatum (TT/MM/JJJJ), Geburtsort: ....
....

3. ***Freiwillige Angaben**
   Telefonnummer (tagsüber):* ....
   E-Mail-Adresse:* ....

4. Familienstand — seit: .... — Zahl der Kinder: ....
   - ☐ ledig
   - ☐ verheiratet
   - ☐ in Lebenspartnerschaft lebend
   - ☐ verwitwet
   - ☐ getrennt lebend
   - ☐ geschieden
   - ☐ Lebenspartnerschaft aufgehoben

5.. Wohnsitz oder gewöhnlicher Aufenthalt: .... — Straße und Hausnummer: .... — Postleitzahl: .... — Wohnort: ....

6. Staatsangehörigkeit: ....
   (Bitte fügen Sie eine Kopie des Personalausweises / Reisepasses bei)

   Falls Sie ausländische(r) Antragsteller/Antragstellerin aus einem Nicht-EU-Mitgliedsstaat sind:
   - ☐ in der Bundesrepublik Deutschland **ununterbrochen** wohnhaft seit: ....
   - ☐ Aufenthalt in der Bundesrepublik Deutschland seit: ....

   (Bitte fügen Sie ggf. eine Kopie Ihres Aufenthaltsgenehmigungs- bzw. Aufenthaltsgestattungsnachweises bei)

7. ☐ gesetzlicher Vertreter / gesetzliche Vertreterin ODER ☐ Bevollmächtigter / Bevollmächtigte
   ☐ Betreuer / Betreuerin **(Bitte fügen Sie eine Kopie der Vollmacht bei)**

   Name, Vorname und Anschrift:
   ....
   ....
   ....

   (Bitte fügen Sie eine Kopie der Bestellungsurkunde bzw. des Betreuerausweises bei)

II. Angaben zur Gewalttat*

1. Tatzeit (soweit möglich: Uhrzeit, Tag, Monat, Jahr): ....

2. Tatort (soweit möglich: Ortsbeschreibung, z. B. Ort, Straße, Hausnummer, Wohnung):

....

....

☐ Arbeitsplatz ☐ Weg zum / vom Arbeitsplatz

☐ Schule / Ausbildungs-/ Betreuungseinrichtung ☐ Weg zu / von Schule / Ausbildungs-/ Betreuungseinrichtung

Bitte geben Sie Name und Anschrift Ihres Arbeitgebers / Ihrer Ausbildungseinrichtung / Ihrer zuständigen Berufsgenossenschaft / Unfallkasse an:

....

☐ sonstiger Tatort

3. Ist Strafanzeige erstattet worden?

☐ ja bei: .... am (Datum): ....

☐ nein, Gründe **(bitte erläutern)**** Aktenzeichen: ....

....

....

☐ Ich mache von meinem gesetzlichen Zeugnisverweigerungsrecht Gebrauch ☐ keinen Gebrauch

4. Name und Anschrift - soweit bekannt

☐ des Täters / der Täter / der Täterin/nen: ☐ weiterer Tatbeteiligter:

....

☐ von Tatzeugen: ☐ von Ersthelfern:

....

5. Hat ein staatsanwaltschaftliches Ermittlungsverfahren / gerichtliches Verfahren stattgefunden?

☐ nein ☐ ja, bei: ....

Aktenzeichen: ....

6. Tathergang (Bitte schildern Sie den wesentlichen Ablauf der Gewalttat; statt dessen können Sie auch eine Kopie des Strafantrags und / oder des Polizeiprotokolls beifügen)

....

....

....

....

....

☐ Ich kann hierzu zur Zeit keine Angaben machen

***Bitte verwenden Sie das anliegende Zusatzblatt, wenn der Platz für Ihre Angaben nicht ausreicht.**

****Nach dem OEG sind Sie verpflichtet, das Ihnen Mögliche zur Sachverhaltsaufklärung und Verfolgung des Täters / der Täterin beizutragen. Dazu gehört grundsätzlich die Erstattung einer Strafanzeige. Gemäß § 52 der Strafprozessordnung besteht ein gesetzliches Zeugnisverweigerungsrecht für Verlobte, Ehegatten und Lebenspartner des Beschuldigten, auch wenn die Ehe oder Lebenspartnerschaft nicht mehr besteht sowie mit dem Beschuldigten in gerader Linie verwandte oder verschwägerte Personen (z. B. Eltern, Großeltern), bzw. in der Seitenlinie bis zum dritten Grad verwandte oder bis zum zweiten Grad verschwägerte Personen (z. B. Geschwister, Onkel, Tante).**

III. Angaben zu Gesundheitsstörungen / Schädigungen

1. Zu welchen körperlichen und / oder seelischen Gesundheitsstörungen hat die Gewalttat geführt?*

   ....

2. Liegen diese heute noch vor?*

   ☐ ja, folgende: ☐ nein

   ....

3. Nur in Ausnahmefällen:

   Möchten Sie bereits vor der Entscheidung über diesen Antrag vorläufige Leistungen der Heilbehandlung erhalten (z. B. Zahnbehandlung, psychische Soforthilfe)?

   ☐ nein ☐ ja **(bitte begründen*)**

4. Wurden durch die Gewalttat am Körper getragene Hilfsmittel beschädigt (z. B. Brille, Hörgerät, Zahnersatz)?

   ☐ ja, folgende: .... ☐ nein

5. Sind Sie krankenversichert?

   ☐ ja falls ja: ☐ gesetzlich ☐ privat

   ☐ nein

   derzeitige Krankenkasse: .... Mitglied seit: ....

   ggf. frühere Krankenkasse: ....

IV. Angaben zu ärztlichen/psychotherapeutischen Behandlungen

1. Stationäre Behandlung wegen der Folgen der Gewalttat*

   von-bis: Name, Anschrift des Krankenhauses und / oder der Reha-Einrichtung: Abteilung / Station:

   ....

2. Ambulante Behandlung wegen der Folgen der Gewalttat*

   von-bis: Name, Anschrift Hausarzt / behandelnde(r) Arzt / Ärztin / Psychotherapeut/in: ggf. Fachrichtung:

   ....

   ....

3. Welche der unter Ziffer III geltend gemachten Gesundheitsstörungen / Schädigungen haben bereits vor der Gewalttat bestanden (ärztliche Behandlung, Krankenhausbehandlung)?*

   ☐ keine ☐ folgende: ....

   Name, Anschrift Arzt / Ärztin / Psychotherapeut/in: Behandlung von - bis: wegen welcher Gesundheitsstörung / Schädigung:

   ....

   ....

V. Angaben zur beruflichen Situation

1. Beruf / Tätigkeit, ggf. Studium vor der Gewalttat: ....

2. Fühlen Sie sich durch die Folgen der Gewalttat in Ihrer Berufsausübung beeinträchtigt?

   ☐ nein ☐ ja In welcher Form **(bitte begründen*)?**

***Bitte verwenden Sie das anliegende Zusatzblatt, wenn der Platz für Ihre Angaben nicht ausreicht.**

VI. Sonstige Angaben

1. Haben Sie wegen der Folgen der Gewalttat Anspruch auf Leistungen gegenüber Dritten?

☐ nein ☐ ja

Falls ja, gegenüber
☐ Unfallversicherung (z. B. Berufsgenossenschaft, private Unfallversicherung) ☐ Krankenversicherung
☐ dem Täter / der Täterin (Schadensersatz / Schmerzensgeld) ☐ gesetzlicher Rentenversicherung
☐ ausländischen Entschädigungssystemen ☐ sonstigen Leistungsträgern?

2. Falls Anspruch auf Leistungen gegenüber Dritten besteht: Haben Sie diese Ansprüche bereits geltend gemacht?
Bitte fügen Sie ggf. Belege bei.

☐ ja, gegenüber Name, Anschrift des Leistungsträgers oder Gerichts:

....

....

☐ nein **(bitte begründen*)**

....

....

3. Beziehen Sie bereits Leistungen nach dem Bundesversorgungsgesetz, Opferentschädigungsgesetz, Soldatenversorgungsgesetz, Zivildienstgesetz, Infektionsschutzgesetz, Häftlingshilfegesetz, Strafrechtlichen Rehabilitierungsgesetz, Verwaltungsrechtlichen Rehabilitierungsgesetz)?
☐ nein ☐ ja zuständige Behörde: Aktenzeichen:

....

4. Liegt eine anerkannte Behinderung vor?
☐ nein ☐ ja zuständige Behörde: Aktenzeichen:

....

5. Falls es zu einer Geldleistung kommt, soll diese auf folgendes Konto überwiesen werden:

BIC: .... IBAN: ....

Geldinstitut: .... Kontoinhaber/in: ....

6. Dem Antrag füge ich folgende Unterlagen bei:

....

....

7. Bei der Antragstellung hat mich unterstützt (z. B. Opferhilfeorganisation, Polizei, Psychotherapeut/in):

....

Ich versichere, dass ich die vorstehenden Angaben nach bestem Wissen und Gewissen gemacht und keinen weiteren Antrag auf Versorgung nach dem Gesetz über die Entschädigung für Opfer von Gewalttaten gestellt habe.

Ort, Datum: Unterschrift des Antragstellers / der Antragstellerin oder des gesetzlichen oder bestellten Vertreters / der Vertreterin oder des Betreuers / der Betreuerin:

....

***Bitte verwenden Sie das anliegende Zusatzblatt, wenn der Platz für Ihre Angaben nicht ausreicht.**

Ich habe Kenntnis, dass

- die Behörde gemäß § 5 OEG in Verbindung mit § 81a des Bundesversorgungsgesetzes grundsätzlich verpflichtet ist, Schadensersatzansprüche gegen den oder die Täter/in/nen geltend zu machen. In diesem Zusammenhang muss sie den / die Täter / in / nen frühzeitig von meiner Antragstellung in Kenntnis setzen. Sollte ich dies nicht wünschen, werde ich auf dem anliegenden Zusatzblatt die Gründe darstellen. Die Behörde wird dann prüfen, ob erhebliche Nachteile für mich zu befürchten sind und deshalb auf Schadensersatzansprüche verzichtet werden kann. Bei Minderjährigen kann die Gefährdung des Kindeswohls einen entsprechenden Grund bedeuten;
- meine Schadensersatzansprüche gegen den / die Täter / in / nen mit Ausnahme von Schmerzensgeldansprüchen kraft Gesetz auf die zuständige Behörde übergehen und ich daher keine Vereinbarungen hierzu (z. B. Vergleiche) mit dem Täter / der Täterin / den Tätern / Täterinnen oder deren Versicherungen treffen darf.

Ich nehme zur Kenntnis, dass die Daten über meine Gesundheit, die der zuständigen Behörde mit diesem Verfahren nach dem OEG zugänglich gemacht worden sind,

- erfasst und gespeichert werden (§ 67c Zehntes Buch Sozialgesetzbuch - SGB X) und
- den Gutachterinnen und Gutachtern, die von der zuständigen Behörde mit der medizinischen Begutachtung beauftragt worden sind,
- den Hauptfürsorgestellen,
- den anderen Sozialleistungsträgern für deren eigene gesetzliche soziale Aufgabenwahrnehmung im Sinne des § 35 Erstes Buch Sozialgesetzbuch (SGB I)
- sowie den Gerichten der Sozialgerichtsbarkeit

übermittelt werden dürfen. **Mir ist bekannt, dass ich der Übermittlung jederzeit formlos widersprechen kann** (§ 69 Abs. 1 Nr. 1 und 2 in Verbindung mit § 76 Abs. 2 SGB X).

Einverständniserklärung

Soweit ich keine für die Anspruchsprüfung erforderlichen Unterlagen beifüge, wird die zuständige Behörde den Sachverhalt von Amts wegen aufklären.
Ich erkläre mich daher insbesondere mit der Beiziehung folgender Unterlagen einverstanden:

- polizeiliche Ermittlungsunterlagen, staatsanwaltschaftliche Ermittlungsakten, Gerichtsakten, Jugendamtsakten
- erforderliche medizinische Unterlagen (insbesondere Untersuchungsbefunde, Befundberichte, Entlassungsberichte, Zwischenberichte, Krankenunterlagen, Röntgenbilder).

Die genannten Unterlagen können von den behandelnden Ärzten, Psychologen, Krankenanstalten (auch privaten), Behörden, Gerichten und Sozialleistungsträgern sowie auch von privaten Kranken-, Pflege- und Unfallversicherungsunternehmen beigezogen werden - auch soweit sie von anderen Ärzten / Ärztinnen oder Stellen erstellt worden sind - allerdings nur in dem Umfang, wie sie Aufschluss über die geltend gemachten Tatbestände geben können.

Die Einverständniserklärung gilt für das mit diesem Antrag eingeleitete Verwaltungsverfahren, für ein sich ggf. anschließendes Überprüfungs- / Widerspruchsverfahren sowie für das Verfahren zur Durchsetzung der auf das Land übergegangenen Schadensersatzansprüche.
Sie bezieht sich auch auf die während des Verfahrens eintretenden Sachverhalte und angefertigten Unterlagen.

Ich entbinde die behandelnden und beteiligten Ärzte/Ärztinnen und Stellen insoweit von ihrer Schweigepflicht.

☐ ja
☐ nein
☐ von dieser Einverständniserklärung schließe ich ausdrücklich aus:

....

- bitte Arzt/Ärztin, Einrichtung, Stelle, Unterlagen genau bezeichnen -

Ort, Datum: .... Unterschrift für Einverständniserklärung: ....

BMAS v. 8.4.2014 – Vb2 – 53034
Durchführung des Opferentschädigungsgesetzes (OEG)
Einholung und Verwendung von Glaubhaftigkeitsgutachten
Bei einem Glaubhaftigkeitsgutachten handelt es sich um eine aussagepsychologische Begutachtung, deren Gegenstand die Frage ist, ob auf ein bestimmtes Geschehen bezogene Angaben zutreffen, d. h. einem tatsächlichen Erleben der untersuchten Person entsprechen. In der Sozialen Entschädigung ist ein Glaubhaftigkeitsgutachten im Rahmen der Tatsachenermittlung von der versorgungsärztlichen Begutachtung des ursächlichen Zusammenhangs streng zu unterscheiden. Diese beiden Gutachtentypen erfordern unterschiedliche Kompetenzen und eine unterschiedliche methodische Herangehensweise.
Die Einholung und Berücksichtigung aussagepsychologischer Glaubhaftigkeitsgutachten ist, wie das Bundessozialgericht in seinem Urteil vom 17. April 2013 (B 9 V 1/12 R) ausdrücklich festgestellt hat, im Sozialen Entschädigungsrecht zulässig.
Da die Beurteilung der Frage, ob ein geltend gemachtes Geschehen tatsächlich stattgefunden hat, zur Feststellung des Sachverhalts durch die Verwaltungsbehörde im Rahmen der Amtsermittlung gehört, kommt die Einholung eines Glaubhaftigkeitsgutachtens nur ausnahmsweise in Betracht. Die Hinzuziehung eines aussagepsychologischen Sachverständigen kann insbesondere dann geboten sein, wenn die betreffenden Angaben das einzige mögliche Beweismittel sind und Anhaltspunkte dafür bestehen, dass sie durch eine psychische Erkrankung der Auskunftsperson (Zeuge, Beteiligter) und deren Behandlung beeinflusst sein können.
Bei Einholung eines Glaubhaftigkeitsgutachtens ist dabei stets zu beachten, dass sich die psychologische Begutachtung von Aussagen nicht darauf beziehen kann, Angaben über die Faktizität eines Sachverhalts zu machen. Es ist lediglich möglich herauszufinden, ob Aussagen sich auf Erlebtes beziehen, also einen Erlebnishintergrund haben. In einer Glaubhaftigkeitsbegutachtung trifft der Sachverständige daher erfahrungswissenschaftlich gestützte Feststellungen zur Erlebnishaltigkeit und Zuverlässigkeit von vorgetragenen Sachverhaltskonstruktionen.

Grundsätzliches Vorgehen
Bei der psychologischen Begutachtung der Glaubhaftigkeit von Aussagen besteht das methodische Grundprinzip darin, einen zu überprüfenden Sachverhalt (hier: Glaubhaftigkeit einer bestimmten Aussage) so lange zu negieren, bis diese Negation mit den gesammelten Fakten nicht mehr vereinbar ist. Der Gutachter geht also gedanklich davon aus, dass ein behaupteter Sachverhalt nicht erlebt worden sei (sog. Nullhypothese) und bildet dazu neben der „Wirklichkeitshypothese“ (die Aussage ist mit hoher Wahrscheinlichkeit erlebnisfundiert) die Gegenhypothese, die Aussage sei nicht erlebnisfundiert Bestehen mehrere Möglichkeiten, aus welchen Gründen eine Aussage keinen Erlebnishintergrund haben könnte, hat der Sachverständige, bezogen auf den konkreten Einzelfall, passende Null- bzw. Alternativhypothesen zu bilden. Im weiteren Verlauf hat der Sachverständige jede einzelne Alternativhypothese daraufhin zu untersuchen, ob diese mit den erhobenen Fakten in Übereinstimmung stehen kann. Wird dies für sämtliche Null- bzw. Alternativhypothesen verneint, gilt die Wirklichkeitshypothese, wonach es sich um eine erlebnisfundierte Aussage handelt. Diese Vergehensweise ist vom BSG in seinem o.g. Urteil als zulässig anerkannt und bestätigt worden.

Wie das BSG weiterhin dargelegt hat, sind die zentralen psychologischen Konstrukte, die den Begriff der Glaubhaftigkeit aus psychologischer Sicht ausfüllen und somit die Grundstruktur der psychediagnostischen Informationsaufnahme und -Verarbeitung vorgeben, Aussagetüchtigkeit, Aussagequalität und Aussagevalidität Erst wenn die Aussagetüchtigkeit bejaht wird, kann der mögliche Erlebnisbezug der Aussage unter Berücksichtigung ihrer Qualität und Validität untersucht werden. Die abschließende gutachterliehe Bewertung der Glaubhaftigkeit einer Aussage kann niemals allein auf Basis eines einzigen Konstrukts erfolgen, sondern erfordert immer eine integrative Betrachtung der Befunde in Bezug auf sämtliche Ebenen. Die wesentlichen methodischen Mittel, die der Sachverständige zur Überprüfung der gebildeten Hypothesen anzuwenden hat, sind die – die Aussagequalität überprüfende – Aussageanalyse (Inhalts- und Konstanzanalyse) und die – die Aussagevalidität betreffende – Fehlerquellen-, Motivations- und Kompetenzanalyse. Welche.dieser Analyseschritte mit welcher Gewichtung durchzuführen sind, ergibt sich aus den zuvor gebildeten Null- bzw. Alternativhypothesen. Bei der Abgrenzung einer wahren Darstellung von einer absichtlichen Falschaussage sind andere Analysen erforderlich als bei deren Abgrenzung von einer subjektiv wahren, aber objektiv nicht zutreffenden, auf Scheinerinnerungen basierenden Darstellung . Diese Prüfungsschritte müssen nicht in einer bestimmten Prüfungsstrategie angewendet werden und verlangen keinen vom Einzelfall losgelösten, schematischen Gutachtenaufbau. Die einzelnen Elemente der Begutachtung müssen auch nicht nach einer bestimmten Reihenfolge geprüft werden. Es ist vielmehr ausreichend, wenn sich aus einer Gesamtbetrachtung des Gutachtens ergibt, dass der Sachverständige das dargestellte methodische Grundprinzip angewandt hat. Vor allem muss überprüfbar sein, auf welchem Weg er zu seinen Ergebnissen gelangt ist.

Beweismaßstäbe im Sozialen Entschädigungsrecht und ihre Bedeutung für die aussagepsychologische Begutachtung
Weiterhin hat das BSG in seinem o.g. Urteil ausgeführt, dass bei der Einholung eines Glaubhaftigkeitsgutachtens die im Sozialen Entschädigungsrecht geltenden Beweismaßstäbe (Vollbeweis, Wahrscheinlichkeit gem. § 1 Abs. 3 BVG, Glaubhaftmachung im Sinne des § 15 S. 1 KOV–VfG) zu beachten sind. Insbesondere sei in Fällen, in denen nach Maßgabe des § 15 S. 1 KOV–VfG eine Glaubhaftmachung ausreicht, ein nach der oben dargestellten Methodik erstelltes Glaubhaftigkeitsgutachten nicht ohne Weiteres geeignet, zur Entscheidungstindung beizutragen. Das Gericht hat hierzu darauf hingewiesen, dass es im Rahmen des § 15 S. 1 KOV–VfG ausreicht, wenn die Möglichkeit, dass die Angaben des Antragstellers zutreffen, als die wahrscheinlichste angesehen werden kann, während ein aussagepsychologischer Sachverständiger diese Angaben normalerweise erst dann als glaubhaft ansieht, wenn er alle Alternativhypothesen ausschließen kann. Daher ist nach Auffassung des BSG, wenn bei Anwendung des § 15 S. 1 KOV–VfG ein aussagepsychologisches Gutachten eingeholt werden soll, der Gutachter auf den insoweit geltenden geringeren Beweismaßstab hinzuweisen und mit ihm zu klären, ob er sein Gutachten nach den insoweit maßgebenden Kriterien erstatten kann. Dabei sollten auch die Beweisfragen entsprechend gefasst werden. Dies bedeutet, dass dann, wenn eine Glaubhaftmachung ausreicht, darauf abzustellen ist, ob die Angaben mit relativer Wahrscheinlichkeit als erlebnisfundiert angesehen werden können. Der Sachverständige muss dann, soweit möglich, solange nach Fakten oder Indikatoren zu den verschie-

denen Hypothesen zu suchen, bis sich ein möglichst klarer Unterschied in ihrer Geltungswahrscheinlichkeit bzw. praktischen Gewissheit ergibt. Relative Wahrscheinlichkeit wäre dann zu bejahen, wenn der Vergleich der Wahrscheinlichkeiten für die Erlebnishypothese mit den Wahrscheinlichkeiten für Gegenhypothesen ergibt, dass der Erlebnishypothese eine höhere Wahrscheinlichkeit zukommt.

Auftrag an den Gutachter
in der Praxis sollte daher der Sachverständige in Fällen des § 15 KOV-VfG – sofern er nicht wegen Fehlens jeglicher Fakten oder Indikatoren zu keiner Aussage kommen kann – in seinem Glaubhaftigkeitsgutachten fähig sein und entsprechend beauftragt werden, eine Aussage über den Grad der Wahrscheinlichkeit zu treffen. Zwar wird nicht erwartet werden können, dass hierzu eine Prozent- oder Zahlenangabe gemacht werden kann. Der Sachverständige müsste aber dazu in der Lage sein, eine Aussage darüber zu treffen, ob die Angaben mit relativer Wahrscheinlichkeit erlebnisbasiert bzw. mit relativer Wahrscheinlichkeit nicht erlebnisbasiert sind. Die Aufgabenstellung an den Gutachter könnte – nach dem Hinweis, dass im konkreten Fall als geltender Beweismaßstab eine Glaubhaftmachung nach Maßgabe des § 15 Satz 1 KOVVfG ausreichend ist und den entsprechenden Erläuterungen dazu -wie folgt formuliert sein: „Können die Angaben der Antragstellerin/des Antragstellers aus aussagepsychologischer Sicht mit relativer Wahrscheinlichkeit als erlebnisfundiert angesehen werden? Stellen Sie hierfür- soweit möglich – die Wahrscheinlichkeitsgrade für die unterschiedlichen Hypothesen dar und suchen dazu solange systematisch und unvoreingenommen nach Fakten oder Indikatoren zu den verschiedenen Hypothesen, bis sich ein möglichst klarer Unterschied in ihrer Geltungswahrscheinlichkeit bzw. praktischen Gewissheit ergibt.“

BSG, Urt. v. 16.12.2014 – B 9 V 1/13 R – Breithaupt 2015, 669

1. *Ein tätlicher Angriff im Sinne des Opferentschädigungsrechts setzt eine unmittelbar auf den Körper eines anderen zielende, gewaltsame physische Einwirkung voraus. Die bloße Drohung mit einer – wenn auch erheblichen – Gewaltanwendung oder Schädigung reicht damit für einen tätlichen Angriff nicht aus.*
2. *Ein „tätlicher Angriff“ iS des § 1 Abs 1 S 1 OEG liegt nicht bereits dann vor, wenn der Täter das Opfer vorsätzlich mit einer ungeladenen, täuschend echt aussehenden Schreckschusspistole bedroht (Aufgabe von BSG vom 24. 7. 2002 – B 9 VG 4/01 R = BSGE 90, 6 = SozR 3-3800 § 1 Nr 22).*
3. *Die isolierte Feststellung, ob eine Person Opfer eines vorsätzlichen, rechtswidrigen tätlichen Angriffs geworden ist, ist unzulässig.*

I. Die Beteiligten streiten darüber, ob die Klägerin bei einem Banküberfall Opfer eines vorsätzlichen, rechtswidrigen tätlichen Angriffs iS des § 1 Abs 1 Opferentschädigungsgesetz (OEG) geworden ist.
Die 1985 geborene Klägerin ist als Bankkauffrau bei einer Bank beschäftigt. Am 13. 2. 2009 wurde sie während ihrer Tätigkeit bei einem Banküberfall von dem Täter mit einer ungeladenen, jedoch wie eine echte Schusswaffe aussehenden Schreckschusspistole bedroht. Der Täter richtete dabei die Waffe aus naher Entfernung deutlich sichtbar zunächst auf den Kollegen der Klägerin und forderte diesen auf, Bargeld in die mitgebrachte Stofftasche zu packen und ihm zu übergeben. Die Klägerin, die an einem Schreibtisch hinter dem Kundenschalter saß, ging von der Echtheit der ihr vorgehaltenen vermeintlichen Schusswaffe aus und fürchtete um ihr

Leben. Nach der Tat war die Klägerin zwei Wochen arbeitsunfähig krank und wurde psychologisch behandelt. Aufgrund dieses Vorganges wurde der Täter vom Landgericht H. wegen schwerer räuberischer Erpressung nach §§ 253, 255, 250 Abs 1 Nr 1 b Strafgesetzbuch (StGB) rechtskräftig zu einer Freiheitsstrafe von drei Jahren und sechs Monaten verurteilt.

Der Antrag der Klägerin auf Entschädigung nach dem OEG blieb im Verwaltungsverfahren erfolglos …

Das LSG hat die beigezogenen Überwachungsvideos vom Banküberfall in Augenschein genommen und die Berufung des Beklagten gegen den Gerichtsbescheid des SG zurückgewiesen, nachdem die Beteiligten zuvor den Streitgegenstand übereinstimmend auf die Feststellung beschränkt hatten, ob die Klägerin Opfer eines rechtswidrigen tätlichen Angriffs iS des § 1 OEG geworden ist. Das SG habe der Klage zu Recht stattgegeben, weil die Klägerin am 13. 2. 2009 Opfer eines Banküberfalles geworden sei. Hierbei handele es sich um einen vorsätzlichen, rechtswidrigen tätlichen Angriff gegenüber der Klägerin. Der Annahme eines tätlichen Angriffs stehe nicht entgegen, dass der Täter hierbei „nur" eine Schreckschusspistole bei sich geführt und die Bankangestellte bedroht habe, weil es sich hierbei um eine täuschend echt aussehende Attrappe gehandelt habe …

Mit seiner Revision rügt das beklagte Land eine Verletzung von § 1 Abs 1 S 1 OEG. Bei der Drohung mit einer ungeladenen Schreckschusspistole und somit einer lediglich vorgetäuschten, vermeintlichen Gefährdungssituation könne ein tätlicher Angriff nicht angenommen werden. Die vom Täter benutzte Waffe sei objektiv nicht geeignet gewesen, das Leben oder die körperliche Integrität der Klägerin zu gefährden. Eine intellektuell oder psychisch vermittelte Beeinträchtigung reiche insoweit nicht aus …

Die Klägerin konnte ihr Begehren in der Berufungsinstanz nicht zulässig auf die isolierte Feststellung und Antwort auf die Rechtsfrage beschränken, ob sie Opfer eines vorsätzlichen, rechtswidrigen tätlichen Angriffs iS von § 1 Abs 1 S 1 OEG geworden sei …

Die vom SG noch zu Recht für zulässig erachtete Klage war in der Sache materiellrechtlich unbegründet, weil kein tätlicher Angriff vorgelegen hat.

Nach § 1 Abs 1 S 1 OEG … erhält wegen der gesundheitlichen und wirtschaftlichen Folgen auf Antrag Versorgung in entsprechender Anwendung der Vorschriften des BVG, wer im Geltungsbereich dieses Gesetzes oder auf einem deutschen Schiff oder Luftfahrzeug infolge eines vorsätzlichen, rechtswidrigen tätlichen Angriffs gegen seine oder eine andere Person oder durch dessen rechtmäßige Abwehr eine gesundheitliche Schädigung erlitten hat. Zwar sind nicht nur physische Beeinträchtigungen, sondern auch psychische Gesundheitsschäden geeignet, einen Opferentschädigungsanspruch auszulösen. Sowohl physische als auch psychische Gesundheitsschäden müssen jedoch auf einen „tätlichen Angriff" zurückzuführen sein. Insoweit ist entscheidend, ob der Primärschaden und eventuelle Folgeschäden gerade die zurechenbare Folge einer körperlichen Gewaltanwendung gegen eine Person sind. Die bloße Drohung mit einer, wenn auch erheblichen Gewaltanwendung oder Schädigung reicht für einen tätlichen Angriff dagegen nicht aus, auch wenn diese Drohung beim Opfer erhebliche gesundheitliche Folgen haben sollte …

Soweit – wie im vorliegenden Fall – eine „gewaltsame" Einwirkung in Frage steht, ist nach der Senatsrechtsprechung schon immer zu berücksichtigen gewesen, „dass der Gesetzgeber durch den Begriff des ‚tätlichen Angriffs' den schädigenden Vor-

gang iS des § 1 Abs 1 S 1 OEG in rechtlich nicht zu beanstandender Weise begrenzt und den im Strafrecht uneinheitlich verwendeten Gewaltbegriff eingeschränkt hat". Abweichend von dem im Strafrecht umstrittenen Gewaltbegriff iS des § 240 StGB ... wird der tätliche Angriff iS des § 1 Abs 1 S 1 OEG durch eine körperliche Gewaltanwendung gegen eine Person geprägt. Dieses Verständnis der Norm entspricht am ehesten dem strafrechtlichen Begriff der Gewalt iS des § 113 Abs 1 StGB als einer durch tätiges Handeln bewirkten Kraftäußerung, also einem tätigen Einsatz materieller Zwangsmittel wie körperlicher Kraft ...
Der „tätliche Angriff" iS des § 1 Abs 1 S 1 OEG setzt trotz seiner inhaltlichen Nähe zur Gewalttätigkeit nach § 125 StGB auch nicht unbedingt ein aggressives Verhalten des Täters voraus, sodass auch ein nicht zum (körperlichen) Widerstand fähiges Opfer von Straftaten unter dem Schutz des OEG steht ...
Andererseits reicht die bloße Verwirklichung eines Straftatbestandes, zB eines Vermögensdelikts, allein für die Annahme eines „tätlichen Angriffs" iS von § 1 Abs 1 S 1 OEG nicht aus ..., auch wenn das Opfer über den eingetretenen Schaden „verzweifelt" und zB seelische Gesundheitsschäden davonträgt. Demgemäß hat der Senat eine Wertung als tätlicher Angriff auch für Telefonate, SMS, Briefe, Karten und dergleichen abgelehnt, weil es insoweit bereits an einer unmittelbar drohenden Gewaltanwendung fehlte ... Der Senat sah schon immer in Fällen der Bedrohung oder Drohung mit Gewalt die Grenze der Wortlautinterpretation als erreicht an, wenn sich die auf das Opfer gerichteten Einwirkungen – ohne Einsatz körperlicher Mittel – allein als intellektuell oder psychisch vermittelte Beeinträchtigung darstellen und nicht unmittelbar auf die körperliche Integrität abzielen (vgl zuletzt: Beschlüsse vom 25. 2. 2014 – B 9 V 65/13 B – und vom 17. bzw 22. 9. 2014 – B 9 V 27 bis 29/14 B –, jeweils zu RdNr 6, wo den Opfern einer Erpressung ua damit gedroht wurde, Familienangehörige umzubringen und das Haus anzuzünden). Der Senat präzisiert dies dahingehend, dass ein tätlicher Angriff dann nicht vorliegt, wenn es an einer unmittelbaren Gewaltanwendung fehlt ...
Soweit der Senat darüber hinaus einen „tätlichen Angriff" iS des § 1 Abs 1 S 1 OEG auch noch in einem Fall angenommen hat, in dem der Täter das Opfer vorsätzlich mit einer scharf geladenen und entsicherten Schusswaffe bedroht hat, weil eine derartige Bedrohung das Leben und die Unversehrtheit des Opfers objektiv hoch gefährde, hält er hieran nicht mehr fest. Dies gilt auch für die Senatsrechtsprechung, die im Umkehrschluss die bloße Drohung zu schießen, mangels einer objektiv erhöhten Gefährdung des Bedrohten nicht hat ausreichen lassen, wenn der Täter keine Schusswaffe bei sich führt ...
Nach dieser Rechtsprechung läge im vorliegenden Fall ein tätlicher Angriff schon deshalb nicht vor, weil der Täter der Klägerin lediglich eine objektiv ungefährliche Schreckschusspistole vorhielt. Der Senat sieht sich vor dem Hintergrund der aktuell vorliegenden Konstellation veranlasst, seine bisherige Rechtsprechung zu ändern: Der Senat lässt eine objektive Gefährdung des Lebens oder der körperlichen Unversehrtheit einer anderen Person auch ohne physische Einwirkung (Schläge, Schüsse, Stiche, Berührung etc) nicht mehr bereits aufgrund der objektiven Gefährlichkeit der Situation (zB Drohung mit geladener Schusswaffe) für die Annahme eines rechtswidrigen tätlichen Angriffs iS von § 1 Abs 1 S 1 OEG ausreichen. Für das Vorliegen eines rechtswidrigen tätlichen Angriffs kommt es nicht darauf an, ob sich eine bestimmte Situation im Nachhinein als tatsächlich objektiv (lebens-)gefährlich erweist, weil die Waffe scharf geladen und entsichert war, oder als ungefährlich,

weil es sich um eine bloße – echt aussehende – Schreckschusswaffe handelte. In diesen Fällen steht die Drohwirkung der vorgehaltenen Waffe auf das Opfer und dessen psychische Belastung in der konkreten Situation im Vordergrund; diese unterscheidet sich insoweit in Fällen wie dem vorliegenden regelmäßig nicht.
Die psychische Wirkung (hier: Drohwirkung) einer Straftat und eine hieraus resultierende, zB sogenannte posttraumatische Belastungsstörung ist im Opferentschädigungsrecht keineswegs unbeachtlich. Sie ist vielmehr insoweit von Bedeutung, als für die Frage des Vorliegens eines Gesundheitsschadens nicht nur physische, sondern auch psychische Schäden beachtlich sind. Allerdings kann die psychische Wirkung einer Straftat das Erfordernis des „tätlichen Angriffs" iS von § 1 Abs 1 S 1 OEG nicht ersetzen. Der eingetretene Schaden muss gerade auf einem solchen „tätlichen Angriff" und nicht – wie vorliegend – auf einer (bloßen) Drohung mit Gewalt beruhen. Bereits in seinem Urteil vom 7. 4. 2011 (B 9 VG 2/10 R – BSGE 108, 97 = SozR 4–3800 § 1 Nr 18, RdNr 47) hat der Senat klargestellt, dass entgegen einer im Schrifttum teilweise vertretenen Auffassung nicht darauf abzustellen ist, ob die Angriffshandlung „körperlich wirkt" bzw zu körperlichen Auswirkungen im Sinne eines pathologisch, somatisch, objektivierbaren Zustands führt … oder welches Individualgut (insbesondere körperliche Unversehrtheit und Leben) von der verletzten Strafrechtsnorm geschützt wird … Fehlt es allerdings an einem tätlichen – körperlichen – Angriff, ergeben sich aus § 1 Abs 1 S 1 OEG für die Opfer allein psychischer Gewalt keine Entschädigungsansprüche …
Entscheidend für einen Anspruch nach § 1 Abs 1 S 1 OEG ist, ob die Folgen eines bestimmten Ereignisses (Primärschaden oder eventuelle Folgeschäden) gerade die zurechenbare Folge eines rechtswidrigen tätlichen Angriffs sind. Wie der Senat mit früheren Beschlüssen zu schriftlichen Erpressungsversuchen bereits angedeutet hat, reicht die bloße Drohung mit einer, wenn auch erheblichen, Gewaltanwendung oder Schädigung für einen tätlichen Angriff nicht aus. Denn dieser Umstand allein stellt über die psychische Wirkung hinaus noch keinen tatsächlichen physischen „Angriff" dar. Aus der Sicht eines objektiven Dritten wie auch des unwissenden Opfers kann es keinen Unterschied machen, ob eine Schusswaffe geladen, nicht geladen oder eine echt wirkende Attrappe ist. Der tätliche Angriff in Gestalt der körperlichen Einwirkung auf den Körper eines anderen beginnt in diesen Fallkonstellationen erst mit dem Abfeuern des Schusses oder dem Aufsetzen der Waffe auf den Körper des Opfers. Maßgeblich iS von § 1 Abs 1 S 1 OEG ist, ob ein tätlicher – körperlicher – Angriff tatsächlich begonnen hat.
Daran fehlt es hier. Die auf die Klägerin als Opfer gerichtete Einwirkung beruhte ohne den Einsatz körperlicher Mittel allein auf einer intellektuell bzw psychisch vermittelten Beeinträchtigung. Die Klägerin sollte mit einer (hier: vorgetäuschten) Bedrohung für Leib oder Leben zu bestimmten Handlungen bzw Unterlassungen genötigt werden. Eine derartige Bedrohung stellt keinen tätlichen Angriff iS des § 1 Abs 1 S 1 OEG dar …
Der Gesetzgeber hat es zudem ausdrücklich vermieden, strafrechtliche Tatbestände listenmäßig, wie zB die §§ 250, 253 und 255 StGB, zu benennen, um Abgrenzungsschwierigkeiten zu der nach § 1 Abs 1 S 1 OEG allein zu berücksichtigenden körperlichen Gewaltanwendung gegen eine Person zu vermeiden … Zwar kann auch Drohung mit Gewalt psychische Gesundheitsstörungen beim Betroffenen hervorrufen. Dieser ist aber nicht zu staatlicher Entschädigung berechtigtes Opfer krimineller Gewalt iS des § 1 Abs 1 S 1 OEG geworden, weil das Tatmittel nicht

körperliche Gewalt („tätlicher Angriff") gegen den Körper, sondern eine List oder Täuschung gewesen ist …
Es ist dem Gesetzgeber vorbehalten, den Begriff des tätlichen Angriffs über den mit Bedacht gewählten und bis heute beibehaltenen engen Wortsinn des OEG auf Straftaten zu erstrecken, bei denen es an einem solchen tätlichen Angriff fehlt, weil das strafbare Verhalten zB in einer Drohung mit Gewalt, Erpressung oder einer Täuschung besteht. Soweit im Schrifttum vereinzelt vertreten wird, dass die Regelungen im OEG im Hinblick auf die Opfer von Straftaten nicht mehr zeitgemäß seien und unter Einbeziehung von Opfern psychischer Gewalt aktualisiert werden müssten …

§ 2 Versagungsgründe

(1) Leistungen sind zu versagen, wenn der Geschädigte die Schädigung verursacht hat oder wenn es aus sonstigen, inbesondere in dem eigenen Verhalten des Anspruchstellers liegenden Gründen unbillig wäre, Entschädigungen zu gewähren. Leistungen sind auch zu versagen, wenn der Geschädigte oder Antragsteller

1. an politischen Auseinandersetzungen in seinem Heimatstaat aktiv beteiligt ist oder war und die Schädigung darauf beruht oder
2. an kriegerischen Auseinandersetzungen in seinem Heimatstaat aktiv beteiligt ist oder war und Anhaltspunkte dafür vorhanden sind, daß die Schädigung hiermit in Zusammenhang steht, es sei denn, er weist nach, daß dies nicht der Fall ist oder
3. in die organisierte Kriminalität verwickelt ist oder war oder einer Organisation, die Gewalttaten begeht, angehört oder angehört hat, es sei denn, er weist nach, daß die Schädigung hiermit nicht in Zusammenhang steht.

(2) Leistungen können versagt werden, wenn der Geschädigte es unterlassen hat, das ihm Mögliche zur Aufklärung des Sachverhalts und zur Verfolgung des Täters beizutragen, insbesondere unverzüglich Anzeige bei einer für die Strafverfolgung zuständigen Behörde zu erstatten.

Aus Rundschreiben, Urteilen, etc.

BSG v. 26.6.1985 – 9 a RVg 6/84 (BSGE 58, 214; Breithaupt 1986, 243)
Daß die Gewalttat in der Homosexuellenszene geschah, ist allein kein Grund, Leistungen als unbillig nach § 2 Abs. 1 OEG zu versagen.

BSG v. 6.12.1989 – 9 RVg 2/89 (BArbBl. Nr. 7-8/1990, 61)
Die bewußte Beteiligung an einer Schlägerei läßt eine Entschädigung nach dem OEG als unbillig erscheinen.
Wollte der Geschädigte eine tatsächliche Auseinandersetzung gerade vermeiden, anstatt sich auf eine Schlägerei einzulassen, ist ihm eine Entschädigung wegen Mitverursachung nicht zu versagen.

BSG v. 29.3.2007 – B 9a VG 2/05 R – (Breith. 2008, 346)
Ein Anspruch auf Gewaltopferentschädigung ist nicht bereits dann wegen Unbilligkeit i. S. des § 2 Abs. 1 OEG ausgeschlossen, wenn sich in dem tätlichen Angriff eines Häftlings gegen einen anderen eine „gefängniseigentümliche Gefahr des

Strafvollzuges" verwirklicht hat (Aufgabe von BSGE 88, 103 = Breith. 2001, 729 = SozR 3-3800 § 1 Nr. 19).

BSG v. 6. 7. 2006 – B 9a VG 1/05 R (BehR 2008, 30)
Ein Tatbeitrag des Gewaltopfers, der unter der Schwelle versorgungsausschließender Mitverursachung bleibt, kann zusammen mit anderen Umständen die Gewährung von Leistungen als unbillig erscheinen lassen.

§ 3 Zusammentreffen von Ansprüchen

(1) Treffen Ansprüche aus diesem Gesetz mit Ansprüchen aus § 1 des Bundesversorgungsgesetzes oder aus anderen Gesetzen zusammen, die eine entsprechende Anwendung des Bundesversorgungsgesetzes vorsehen, ist unter Berücksichtigung des durch die gesamten Schädigungsfolgen bedingten Grades der Schädigungsfolgen eine einheitliche Rente festzusetzen.

(2) Die Ansprüche nach diesem Gesetz entfallen, soweit auf Grund der Schädigung Ansprüche nach dem Bundesversorgungsgesetz oder nach einem Gesetz, welches eine entsprechende Anwendung des Bundesversorgungsgesetzes vorsieht, bestehen.

(3) Trifft ein Versorgungsanspruch nach diesem Gesetz mit einem Schadensersatzanspruch auf Grund fahrlässiger Amtspflichtverletzung zusammen, so wird der Anspruch nach § 839 Abs. 1 des Bürgerlichen Gesetzbuchs nicht dadurch ausgeschlossen, daß die Voraussetzungen des § 1 vorliegen.

(4) Bei Schäden nach diesem Gesetz gilt § 4 Abs. 1 Nr. 2 des Siebten Buches Sozialgesetzbuch nicht.

§ 3a Leistungen bei Gewalttaten im Ausland

(1) Erleiden Deutsche oder Ausländer nach § 1 Absatz 4 oder 5 Nummer 1 im Ausland infolge einer Gewalttat nach § 1 Absatz 1 oder 2 eine gesundheitliche Schädigung im Sinne von § 1 Absatz 1, erhalten sie wegen der gesundheitlichen wirtschaftlichen Folgen auf Antrag einen Ausgleich nach Absatz 2, wenn sie

1. ihren gewöhnlichen und rechtmäßigen Aufenthalt im Geltungsbereich dieses Gesetzes haben und

2. sich zum Tatzeitpunkt für einen vorübergehenden Zeitraum von längstens sechs Monaten außerhalb des Geltungsbereichs dieses Gesetzes aufgehalten haben.

(2) Geschädigte erhalten die auf Grund der Schädigungsfolgen notwendigen Maßnahmen der Heilbehandlung und der medizinischen Rehabilitation einschließlich psychotherapeutischer Angebote. Darüber hinaus erhalten Geschädigte

ab einem Grad der Schädigungsfolgen (GdS)		
von 10 bis zu einem GdS von 20	**eine Einmalzahlung von**	**714 Euro,**
bei einem GdS von 30 und 40	**eine Einmalzahlung von**	**1 428 Euro,**

bei einem GdS von 50 und 60 eine Einmalzahlung von 5256 Euro,
bei einem GdS von 70 bis 90 eine Einmalzahlung von 9192 Euro
und bei einem GdS von 100 eine Einmalzahlung von 14976 Euro.

Bei Verlust mehrerer Gliedmaßen, bei Verlust von Gliedmaßen in Kombination mit einer Schädigung von Sinnesorganen oder in Kombination mit einer Hirnschädigung oder bei schweren Verbrennungen beträgt die Einmalzahlung 25632 Euro. Ist die Gliedmaße noch vorhanden aber nicht funktionsfähig, ist dies nur dann wie ein Verlust der Gliedmaße zu bewerten, wenn sich ausschließlich aus der Funktionsunfähigkeit mindestens ein GdS ergibt, der auch bei Verlust der gleichen Gliedmaße bestehen würde.

(3) Ist eine Person, bei der die Voraussetzungen nach Absatz 1 vorliegen, an den Folgen der Schädigung gestorben, erhalten Hinterbliebene im Sinne von § 38 des Bundesversorgungsgesetzes mit Ausnahme der Verwandten der aufsteigenden Linie sowie Betreuungsunterhaltsberechtigte eine Einmalzahlung. Diese beträgt bei Vollwaisen 2364 Euro, bei Halbwaisen 1272 Euro und ansonsten 4488 Euro. Darüber hinaus haben Hinterbliebene einschließlich der Eltern, deren minderjährige Kinder an den Folgen einer Gewalttat im Ausland verstorben sind, Anspruch auf die notwendigen psychotherapeutischen Maßnahmen. Zu den Überführungs- und Beerdigungskosten wird ein Zuschuss bis zu 1506 Euro gewährt, soweit nicht Dritte die Kosten übernehmen.

(4) Leistungsansprüche aus anderen öffentlichen oder privaten Sicherungs- oder Versorgungssystemen sind auf die Leistungen nach den Absätzen 2 und 3 anzurechnen. Hierzu können auch Leistungsansprüche aus Sicherungs- oder Versorgungssystemen des Staates zählen, in dem sich die Gewalttat ereignet hat. Handelt es sich bei der anzurechnenden Leistung um eine laufende Rentenzahlung, so ist der Anrechnung ein Betrag zugrunde zu legen, der der Höhe des zum Zeitpunkt der Antragstellung nach § 1 erworbenen Anspruchs auf eine Kapitalabfindung entspricht.

(5) Von Ansprüchen nach Absatz 2 sind Geschädigte ausgeschlossen, die es grob fahrlässig unterlassen haben, einen nach den Umständen des Einzelfalles gebotenen Versicherungsschutz zu begründen. Ansprüche nach Absatz 2 sind außerdem ausgeschlossen, wenn bei der geschädigten Person ein Versagungsgrund nach § 2 Absatz 1 Satz 1 oder Absatz 2 vorliegt.

(6) Hinterbliebene sind von Ansprüchen nach Absatz 3 ausgeschlossen, wenn ein Ausschlussgrund nach Absatz 5 in ihrer Person oder bei der getöteten Person vorliegt.

§ 4 Kostenträger

(1) Zur Gewährung der Versorgung ist das Land verpflichtet, in dem die Schädigung eingetreten ist. Sind hierüber Feststellungen nicht möglich, so ist das Land Kostenträger, in dem der Geschädigte zur Tatzeit seinen Wohnsitz oder gewöhnlichen Aufenthalt hatte.

(2) Wenn der Geschädigte zur Tatzeit seinen Wohnsitz oder gewöhnlichen Aufenthalt nicht im Geltungsbereich dieses Gesetzes hatte, trägt der

Bund die Kosten der Versorgung. Das Gleiche gilt, wenn die Schädigung auf einem deutschen Schiff, einem deutschen Luftfahrzeug oder an einem Ort im Ausland eingetreten ist.

(3) Der Bund trägt vierzig vom Hundert der Ausgaben, die den Ländern durch Geldleistungen nach diesem Gesetz entstehen. Zu den Geldleistungen gehören nicht solche Geldbeiträge, die zur Abgeltung oder an Stelle einer Sachleistung gezahlt werden. Zur Vereinfachung der Abrechnung erstattet der Bund den Ländern in einem pauschalierten Verfahren jeweils 22 Prozent der ihnen nach Absatz 1 entstandenen Ausgaben. Der Bund überprüft in einem Abstand von fünf Jahren, erstmals im Jahr 2014, die Voraussetzungen für die in Satz 3 genannten Quote.

(4) In den Fällen des § 3 Abs. 1 sind die Kosten, die durch das Hinzutreten der weiteren Schädigung verursacht werden, von dem Leistungsträger zu übernehmen, der für die Versorgung wegen der weiteren Schädigung zuständig ist.

Aus Rundschreiben, Urteilen etc.

BMAS v. 28. 9. 2011
Durchführung des Opferentschädigungsgesetzes (OEG);
hier: Örtliche Zuständigkeit nach dem OEG bei mehraktigen Geschehensabläufen bzw. Mehrfachtaten
Länderreferentenbesprechung am 5./6. Juli 2011
Bei der Länderreferentenbesprechung wurde die o. g. Thematik mit Blick auf die Verwaltungspraxis erörtert. Im Vorgriff auf eine von mir beabsichtigte gesetzliche Klarstellung ist hierzu Folgendes festzustellen:
Es können sich zunächst Fallkonstellationen ergeben, in denen der mehraktige Geschehensablauf einer Gewalttat zunächst in einem Bundesland beginnt und sich dann in einem oder mehreren anderen Bundesländern fortsetzt. Ein mehraktiger Geschehensablauf liegt dann vor, wenn mehrere, im Wesentlichen gleichartige Handlungen (Teilakte) von einem einheitlichen Entschluss getragen werden und aufgrund eines gewissen zeitlichen Zusammenhangs so miteinander verbunden sind, dass sich das gesamte Tätigwerden des Täters bei natürlicher Betrachtungsweise objektiv noch als ein einheitliches Geschehen darstellt. Mangels ausdrücklicher Regelung der Zuständigkeit und – daraus folgend – der Kostenträgerschaft soll bei mehraktigen Geschehensabläufen, die sich in mehreren Bundesländern abspielen, im Interesse der Antragsteller und zur Vermeidung unnötigen Verwaltungsaufwands in sinngemäßer Anwendung von § 4 Abs. 1 Satz 2 OEG alleine das Land zuständig sein, in welchem der letzte Teilakt der Gewalttat stattgefunden hat.
Die genannte Zuständigkeitsaufteilung gilt auch dann, wenn sich der letzte Teilakt, z. B. aus beweisrechtlichen Gründen, erst im Rahmen eines Vor- oder Klageverfahrens nachweisen lässt. Denn auch bei insoweit bestehenden Beweisschwierigkeiten sollte grundsätzlich das Ziel eines effektiven und möglichst unbürokratischen Antragsverfahrens verfolgt werden. So darf es nicht zu Lasten des Opfers gehen, wenn ein und derselbe Täter an mehreren Orten auf das Opfer eingewirkt hat und einer der Teilakte aus häufig sehr spezifischen Beweisgründen zunächst nicht zu einer Anerkennung nach dem OEG führen kann. Ansonsten würde man den Interessen der Antragsteller, nur eine Stelle als Ansprechpartner zu haben, nicht genügen. Im Übrigen ist zu bedenken, dass häufig erst

im Rahmen eines Vor- oder Klageverfahrens hinsichtlich des Nachweises einer Tat neue rechtserhebliche Gesichtspunkte hinzukommen. Dies sollte dann nicht zur Folge haben, dass sich bei einer nachträglichen Anerkennung eines Geschehensablaufs die Zuständigkeit wieder ändert, da sonst das Antragsverfahren verkompliziert und eine zeitnahe Entscheidung erschwert würde. Kann allerdings der (vermeintlich) letzte Teilakt eines mehraktigen Geschehensablaufs – auch nach Durchführung eines Vor- bzw. Klageverfahrens – nicht bewiesen werden, wechselt die Zuständigkeit an das Bundesland, in dem der letzte bewiesene Teilakt verübt wurde.

Von mehraktigen Geschehensabläufen zu unterscheiden sind die Fälle, in denen – in erheblichem zeitlichen Abstand voneinander – mehrere tätliche Angriffe auf das Opfer in verschiedenen Bundesländern erfolgen, die letztlich zusammen eine Gesundheitsstörung ergeben, allerdings auf einem jeweils neu und separat gefassten Vorsatz beruhen, so dass die einzelnen Tathandlungen nicht mehr als ein zusammengehöriges Tun bewertet werden können (Mehrfachtaten). Hier wäre es grundsätzlich naheliegend, diese Taten in jeweils getrennter Länderzuständigkeit zu beurteilen. Allerdings hat sich aufgrund von Einzelfällen in der jüngeren Vergangenheit gezeigt, dass eine derartige Verfahrensweise in der praktischen Umsetzung zu erheblichen Problemen führen kann. So ist es nicht immer möglich, die Anteile der jeweiligen Mehrfachtaten an dem festzustellenden Grad der Schädigungsfolgen (GdS) exakt zu bestimmen. Besonders groß sind die Schwierigkeiten dann, wenn eine der Taten in den Anwendungsbereich von § 10a OEG fällt. Auch ist nicht geregelt, nach welchen Kriterien sich bei einem durch mehrere Taten verursachten GdS die Verteilung der Kosten für die Leistungserbringung richtet, insbesondere dann, wenn die jeweiligen Anteile der Mehrfachtaten am GdS nicht abgrenzbar sind. Weiterhin bereitet die Frage Probleme, welches Land bei der Begutachtung die Federführung übernehmen soll.

Bei der Länderreferentenbesprechung wurde daher Einvernehmen darüber erzielt, dass den genannten Problemen in der Verwaltungspraxis nur dadurch begegnet werden kann, indem auch bei Mehrfachtaten ein Land für die Gewährung der (Gesamt-)versorgung (von der Antragsbearbeitung bis zur Erbringung der Gesamtleistung einschließlich der Kostentragung) zuständig ist. Entsprechend § 4 Abs. 1 Satz 2 OEG sollte dies das Land sein, in dem der Antragsteller zum Zeitpunkt der letzten Tat seinen Wohnsitz hatte.

Vor der Veröffentlichung dieses Rundschreibens bereits abgeschlossene Verwaltungs- bzw. Klageverfahren werden von der hier empfohlenen Regelung der örtlichen Zuständigkeit nach dem OEG nicht berührt.

Mein Rundschreiben vom 28. Dezember 2010 (Az. Vb 2 – 54030) zu der o. g. Thematik hebe ich auf (hier nicht abgedruckt).

§ 5 Übergang gesetzlicher Schadensersatzansprüche

Ist ein Land Kostenträger (§ 4), so gilt § 81 a des Bundesversorgungsgesetzes mit der Maßgabe, daß der gegen Dritte bestehende gesetzliche Schadensersatzanspruch auf das zur Gewährung der Leistungen nach diesem Gesetz verpflichtete Land übergeht.

§ 6 Zuständigkeit und Verfahren

(1) Die Versorgung nach diesem Gesetz obliegt den für die Durchführung des Bundesversorgungsgesetzes zuständigen Behörden. Ist der Bund Kostenträger, so sind zuständig

1. wenn der Geschädigte seinen Wohnsitz oder gewöhnlichen Aufenthalt in einem Land hat, die Behörden dieses Landes,

2. wenn der Geschädigte seinen Wohnsitz oder gewöhnlichen Aufenthalt außerhalb des Geltungsbereiches dieses Gesetzes hat, die Behörden des Landes, das die Versorgung von Kriegsopfern in dem Wohnsitz- oder Aufenthaltsland durchführt.

Abweichend von Satz 2 sind, wenn die Schädigung auf einem deutschen Schiff oder Luftfahrzeug eingetreten ist, die Behörden des Landes zuständig, in dem das Schiff in das Schiffsregister eingetragen ist oder in dem der Halter des Luftfahrzeugs seinen Sitz oder Wohnsitz hat.

(2) Die örtliche Zuständigkeit der Behörden bestimmt die Landesregierung durch Rechtsverordnung.

(3) Das Gesetz über das Verwaltungsverfahren der Kriegsopferversorgung, mit Ausnahme der §§ 3 bis 5, sowie die Vorschriften des Sozialgerichtsgesetzes über das Vorverfahren sind anzuwenden.

(4) Absatz 3 gilt nicht, soweit die Versorgung in der Gewährung von Leistungen besteht, die den Leistungen der Kriegsopferfürsorge nach den §§ 25 bis 27h des Bundesversorgungsgesetzes entsprechen.

§ 6a Zuständigkeiten des Bundesministeriums für Arbeit und Soziales

(1) Das Bundesministerium für Arbeit und Soziales nimmt die Aufgaben der zentralen Behörde im Sinne des Artikels 12 Satz 2 des Europäischen Übereinkommens vom 24. November 1983 über die Entschädigung für Opfer von Gewalttaten (BGBl. 1996 II S. 1120) wahr.

(2) Das Bundesministerium für Arbeit und Soziales nimmt ferner die Aufgaben der Unterstützungsbehörde im Sinne des Artikels 3 Abs. 1 und der zentralen Kontaktstelle im Sinne des Artikels 16 der Richtlinie 2004/80/EG des Rates vom 29. April 2004 zur Entschädigung der Opfer von Straftaten (ABl. EU Nr. L 261 S. 15) wahr.

Aus Rundschreiben, Urteilen etc.

BSG v. 31.5.1989 – 9 RVg 3/89 (BArbBl. Nr. 7-8/1990, 61)
Die Tatsache, daß ein Täter nicht ermittelt werden kann, rechtfertigt keine generelle Beweiserleichterung, etwa durch die Annahme der Voraussetzungen des sog. Anscheinsbeweises oder durch geringere Anforderungen an die Beweiskraft.
Der unverschuldeten Beweisnot, in der sich in solchen Fällen Verbrechensopfer oft befinden, hat der Gesetzgeber mit der Verweisung in § 6 Abs. 3 OEG auf die Beweiserleichterung des § 15 KOVVfG Rechnung getragen.

§ 7 Rechtsweg, Übergangsvorschriften

(1) Für öffentlich-rechtliche Streitigkeiten in Angelegenheiten dieses Gesetzes ist, mit Ausnahme der Fälle des Absatzes 2, der Rechtsweg zu den Gerichten der Sozialgerichtsbarkeit gegeben. Soweit das Sozialgerichtsgesetz besondere Vorschriften für die Kriegsopferversorgung enthält, gelten diese auch für Streitigkeiten nach Satz 1.

(2) Soweit die Versorgung in der Gewährung von Leistungen besteht, die den Leistungen der Kriegsopferfürsorge nach den §§ 25 bis 27 h des Bundesversorgungsgesetzes entsprechen, ist der Verwaltungsrechtsweg gegeben.

§ 8 *(Änderung der Reichsversicherungsordnung)*

§ 9 *(Änderung des Pflichtversicherungsgesetzes)*

§ 10 Übergangsvorschriften

Dieses Gesetz gilt für Ansprüche aus Taten, die nach seinem Inkrafttreten begangen worden sind. Darüber hinaus gelten die §§ 1 bis 7 mit Ausnahme des § 3 a für Ansprüche aus Taten, die in der Zeit vom 23. Mai 1949 bis 15. Mai 1976 begangen worden sind, nach Maßgabe der §§ 10 a und 10 b. In den Fällen des § 1 Abs. 5 und 6 findet dieses Gesetz nur Anwendung auf Taten, die nach dem 30. Juni 1990 begangen worden sind; für Taten, die vor dem 1. Juli 1990 begangen worden sind, findet § 10 a unter Berücksichtigung von § 1 Abs. 7 entsprechende Anwendung. In dem in Artikel 3 des Einigungsvertrages genannten Gebiet gilt dieses Gesetz für Ansprüche aus Taten, die nach dem 2. Oktober 1990 begangen worden sind. Darüber hinaus gelten die §§ 1 bis 7 mit Ausnahme des § 3 a für Ansprüche aus Taten, die in dem in Satz 4 genannten Gebiet in der Zeit vom 7. Oktober 1949 bis zum 2. Oktober 1990 begangen worden sind, nach Maßgabe der §§ 10 a und 10 c. In den Fällen des § 3 a gilt dieses Gesetz erst für Ansprüche aus Taten, die nach dem 30. Juni 2009 begangen worden sind.

§ 10 a Härteregelung

(1) Personen, die in der Zeit vom 23. Mai 1949 bis 15. Mai 1976 geschädigt worden sind, erhalten auf Antrag Versorgung, solange sie
1. allein infolge dieser Schädigung schwerbeschädigt sind und
2. bedürftig sind und
3. im Geltungsbereich dieses Gesetzes ihren Wohnsitz oder gewöhnlichen Aufenthalt haben.

Versorgung nach Maßgabe des Satzes 1 erhalten auch Personen, die in dem in Artikel 3 des Einigungsvertrages genannten Gebiet ihren Wohnsitz oder gewöhnlichen Aufenthalt haben oder zum Zeitpunkt der Schädigung hatten, wenn die Schädigung in der Zeit vom 7. Oktober 1949 bis zum 2. Oktober 1990 in dem vorgenannten Gebiet eingetreten ist. § 31 Abs. 4 Satz 2 erster Halbsatz des Bundesversorgungsgesetzes gilt.

(2) Bedürftig ist ein Anspruchsteller, wenn sein Einkommen im Sinne des § 33 des Bundesversorgungsgesetzes den Betrag, von dem an die nach der

Anrechnungsverordnung (§ 33 Abs. 6 Bundesversorgungsgesetz) zu berechnenden Leistungen nicht mehr zustehen, zuzüglich des Betrages der jeweiligen Grundrente, der Schwerstbeschädigtenzulage sowie der Pflegezulage nicht übersteigt.

(3) Übersteigt das Einkommen den Betrag, von dem an die vom Einkommen beeinflußten Versorgungsleistungen nicht mehr zustehen, so sind die Versorgungsbezüge in der Reihenfolge Grundrente, Schwerstbeschädigtenzulage und Pflegezulage um den übersteigenden Betrag zu mindern. Bei der Berechnung des übersteigenden Betrages sind die Einkünfte aus gegenwärtiger Erwerbstätigkeit vor den übrigen Einkünften zu berücksichtigen. § 33 Abs. 4, § 33 a Abs. 2 und § 33 b Abs. 6 des Bundesversorgungsgesetzes gelten nicht.

(4) Die Hinterbliebenen eines Geschädigten erhalten auf Antrag Versorgung in entsprechender Anwendung der §§ 38 bis 52 des Bundesversorgungsgesetzes, solange sie bedürftig sind und im Geltungsbereich dieses Gesetzes ihren Wohnsitz oder ständigen Aufenthalt haben. Die Absätze 2 und 3 gelten entsprechend. Unabhängig vom Zeitpunkt des Todes des Beschädigten sind für die Witwenbeihilfe die Anspruchsvoraussetzungen des § 48 Abs. 1 Satz 1, 5 und 6 des Bundesversorgungsgesetzes in der im Zeitpunkt der Antragstellung geltenden Fassung maßgebend.

(5) Die Versorgung umfaßt alle nach dem Bundesversorgungsgesetz vorgesehenen Leistungen mit Ausnahme von Berufsschadens- und Schadensausgleich.

§ 10b Härteausgleich

Soweit sich im Einzelfall aus der Anwendung des § 1 Abs. 5 und 6 eine besondere Härte ergibt, kann mit Zustimmung der obersten Landesbehörde im Benehmen mit dem Bundesministerium für Arbeit und Soziales ein Härteausgleich als einmalige Leistung bis zur Höhe des Zwanzigfachen der monatlichen Grundrente entsprechend einem Grad der Schädigungsfolgen von 70, bei Hinterbliebenen bis zur Höhe des Zehnfachen der Hinterbliebenengrundrente einer Witwe gewährt werden. Das gilt für einen Geschädigten nur dann, wenn er durch die Schädigung schwerbeschädigt ist.

§ 10c Übergangsregelung

Neue Ansprüche, die sich auf Grund einer Änderung dieses Gesetzes ergeben, werden nur auf Antrag festgestellt. Wird der Antrag binnen eines Jahres nach Verkündung des Änderungsgesetzes gestellt, so beginnt die Zahlung mit dem Zeitpunkt des Inkrafttretens, frühestens jedoch mit dem Monat, in dem die Voraussetzungen erfüllt sind.

§ 10d Übergangsvorschrift

(1) Am 1. Januar 1998 noch nicht gezahlte Erstattungen von Aufwendungen für Leistungen, die vor dem 1. Januar 1998 erbracht worden sind, werden nach den bis dahin geltenden Erstattungsregelungen abgerechnet.

(2) Für das Jahr 1998 wird der Pauschalbetrag wie folgt ermittelt: Aus der Summe der Erstattungen des Landes an die Krankenkassen nach diesem Gesetz in den Jahren 1995 bis 1997, abzüglich der Erstattungen für Leistungen bei Pflegebedürftigkeit nach § 11 Abs. 4 und § 12 Abs. 5 des Bundesversorgungsgesetzes in der bis zum 31. März 1995 geltenden Fassung und abzüglich der Erstattungen nach § 19 Abs. 4 des Bundesversorgungsgesetzes in der bis zum 31. Dezember 1993 geltenden Fassung, wird der Jahresdurchschnitt ermittelt.

§ 11 *(Inkrafttreten)*

IV.

Gesetz zur Verhütung und Bekämpfung von Infektionskrankheiten beim Menschen (Infektionsschutzgesetz – IfSG)

vom 20. Juli 2000 (BGBl. I S. 1045), zuletzt geändert durch Gesetz vom 18. Juli 2016 (BGBl. I S. 1666)

– Auszug –

§§ 1–59 *(Hier nicht abgedruckt)*

§ 60 Versorgung bei Impfschaden und bei Gesundheitsschäden durch andere Maßnahmen der spezifischen Prophylaxe

(1) Wer durch eine Schutzimpfung oder durch eine andere Maßnahme der spezifischen Prophylaxe, die

1. von einer zuständigen Landesbehörde öffentlich empfohlen und in ihrem Bereich vorgenommen wurde,
2. auf Grund dieses Gesetzes angeordnet wurde,
3. gesetzlich vorgeschrieben war oder
4. auf Grund der Verordnungen zur Ausführung der Internationalen Gesundheitsvorschriften durchgeführt worden ist,

eine gesundheitliche Schädigung erlitten hat, erhält nach der Schutzimpfung wegen des Impfschadens im Sinne des § 2 Nr. 11 oder in dessen entsprechender Anwendung bei einer anderen Maßnahme wegen der gesundheitlichen und wirtschaftlichen Folgen der Schädigung auf Antrag Versorgung in entsprechender Anwendung der Vorschriften des Bundesversorgungsgesetzes, soweit dieses Gesetz nichts Abweichendes bestimmt. Satz 1 Nr. 4 gilt nur für Personen, die zum Zwecke der Wiedereinreise in den Geltungsbereich dieses Gesetzes geimpft wurden und die ihren Wohnsitz oder gewöhnlichen Aufenthalt in diesem Gebiet haben oder nur vorübergehend aus beruflichen Gründen oder zum Zwecke der Ausbildung aufgegeben haben, sowie deren Angehörige, die mit ihnen in häuslicher Gemeinschaft leben. Als Angehörige gelten die in § 10 des Fünften Buches Sozialgesetzbuch genannten Personen.

(2) Versorgung im Sinne des Absatzes 1 erhält auch, wer als Deutscher außerhalb des Geltungsbereichs dieses Gesetzes einen Impfschaden durch eine Impfung erlitten hat, zu der er auf Grund des Impfgesetzes vom 8. April 1874 in der im Bundesgesetzblatt Teil III, Gliederungsnummer 2126-5, veröffentlichten bereinigten Fassung, bei einem Aufenthalt im Geltungsbereich dieses Gesetzes verpflichtet gewesen wäre. Die Versorgung wird nur gewährt, wenn der Geschädigte

1. nicht im Geltungsbereich dieses Gesetzes geimpft werden konnte,
2. von einem Arzt geimpft worden ist,

3. zur Zeit der Impfung in häuslicher Gemeinschaft mit einem Elternteil oder einem Sorgeberechtigten gelebt hat, der sich zur Zeit der Impfung aus beruflichen Gründen oder zur Ausbildung nicht nur vorübergehend außerhalb des Geltungsbereichs dieses Gesetzes aufgehalten hat.

(3) Versorgung im Sinne des Absatzes 1 erhält auch, wer außerhalb des Geltungsbereichs dieses Gesetzes einen Impfschaden erlitten hat infolge einer Pockenimpfung auf Grund des Impfgesetzes oder infolge einer Pockenimpfung, die in den in § 1 Abs. 2 Nr. 3 des Bundesvertriebenengesetzes bezeichneten Gebieten, in der Deutschen Demokratischen Republik oder in Berlin (Ost) gesetzlich vorgeschrieben oder auf Grund eines Gesetzes angeordnet worden ist oder war, soweit nicht auf Grund anderer gesetzlicher Vorschriften Entschädigung gewährt wird. Ansprüche nach Satz 1 kann nur geltend machen, wer

1. als Deutscher bis zum 8. Mai 1945,
2. als Berechtigter nach den §§ 1 bis 4 des Bundesvertriebenengesetzes oder des § 1 des Flüchtlingshilfegesetzes in der Fassung der Bekanntmachung vom 15. Mai 1971 (BGBl. I S. 681), das zuletzt durch Artikel 24 des Gesetzes vom 26. Mai 1994 (BGBl. I S. 1014) geändert worden ist, in der jeweils geltenden Fassung,
3. als Ehegatte oder Abkömling eines Spätaussiedlers im Sinne des § 7 Abs. 2 des Bundesvertriebenengesetzes oder
4. im Wege der Familienzusammenführung gemäß § 94 des Bundesvertriebenengesetzes in der vor dem 1. Januar 1993 geltenden Fassung

seinen ständigen Aufenthalt im Geltungsbereich dieses Gesetzes genommen hat oder nimmt.

(4) Die Hinterbliebenen eines Geschädigten im Sinne der Absätze 1 bis 3 erhalten auf Antrag Versorgung in entsprechender Anwendung der Vorschriften des Bundesversorgungsgesetzes. Partner einer eheähnlichen Gemeinschaft erhalten Leistungen in entsprechender Anwendung der §§ 40, 40 a und 41 des Bundesversorgungsgesetzes, sofern ein Partner an den Schädigungsfolgen verstorben ist und der andere unter Verzicht auf eine Erwerbstätigkeit die Betreuung eines gemeinschaftlichen Kindes ausübt; dieser Anspruch ist auf die ersten drei Lebensjahre des Kindes beschränkt. Satz 2 gilt entsprechend, wenn ein Partner in der Zeit zwischen dem 1. November 1994 und dem 23. Juni 2006 an den Schädigungsfolgen verstorben ist.

(5) Als Impfschaden im Sinne des § 2 Nr. 11 gelten auch die Folgen einer gesundheitlichen Schädigung, die durch einen Unfall unter den Voraussetzungen des § 1 Abs. 2 Buchstabe e oder f oder des § 8 a des Bundesversorgungsgesetzes herbeigeführt worden sind. Einem Impfschaden im Sinne des Satzes 1 steht die Beschädigung eines am Körper getragenen Hilfsmittels, einer Brille, von Kontaktlinsen oder von Zahnersatz infolge eines Impfschadens im Sinne des Absatzes 1 oder eines Unfalls im Sinne des Satzes 1 gleich.

(6) Im Rahmen der Versorgung nach Absatz 1 bis 5 finden die Vorschriften des zweiten Kapitels des Zehnten Buches Sozialgesetzbuch über den Schutz der Sozialdaten Anwendung.

Aus Rundschreiben, Urteilen etc.

BSG v. 26.6.1985 – 9 a RVi 3/83 – (VdKM 12/1985, 33)
Eine Entschädigung für die gesundheitlichen und wirtschaftlichen Folgen des Impfschadens setzt nicht voraus, daß die Wirksamkeit der Impfung nachgewiesen wird.

BSG v. 19.3.1986 – 9 a RVi 2/84 – (Breithaupt 1986, 883)
Für die Impfopferversorgung müssen wie für die Kriegsopferversorgung die schädigende Einwirkung (Impfung), die gesundheitliche Schädigung (unübliche Impfreaktion) und die Schädigungsfolge (Dauerleiden) nachgewiesen, nicht nur wahrscheinlich sein.

BSG v. 19.3.1986 – 9 a RVi 4/84 – (Breithaupt 1986, 887)
Zur Frage, ob ein Hirnleiden nach nicht üblich verlaufener Impfung als „gesundheitliche Folge eines Impfschadens" anerkannt werden kann.

§ 61 Gesundheitsschadensanerkennung

Zur Anerkennung eines Gesundheitsschadens als Folge einer Schädigung im Sinne des § 60 Abs. 1 Satz 1 genügt die Wahrscheinlichkeit des ursächlichen Zusammenhangs. Wenn diese Wahrscheinlichkeit nur deshalb nicht gegeben ist, weil über die Ursache des festgestellten Leidens in der medizinischen Wissenschaft Ungewissheit besteht, kann mit Zustimmung der für die Kriegsopferversorgung zuständigen obersten Landesbehörde der Gesundheitsschaden als Folge einer Schädigung im Sinne des § 60 Abs. 1 Satz 1 anerkannt werden. Die Zustimmung kann allgemein erteilt werden.

§ 62 Heilbehandlung

Dem Geschädigten im Sinne von § 60 Abs. 1 bis 3 sind im Rahmen der Heilbehandlung auch heilpädagogische Behandlung, heilgymnastische und bewegungstherapeutische Übungen zu gewähren, wenn diese bei der Heilbehandlung notwendig sind.

§ 63 Konkurrenz von Ansprüchen, Anwendung der Vorschriften nach dem Bundesversorgungsgesetz, Übergangsregelungen zum Erstattungsverfahren an die Krankenkassen

(1) Treffen Ansprüche aus § 60 mit Ansprüchen aus § 1 des Bundesversorgungsgesetzes oder aus anderen Gesetzen zusammen, die eine entsprechende Anwendung des Bundesversorgungsgesetzes vorsehen, ist unter Berücksichtigung des durch die gesamten Schädigungsfolgen bedingten Grades der Schädigungsfolgen eine einheitliche Rente festzusetzen.

(2) Trifft ein Versorgungsanspruch nach § 60 mit einem Schadensersatzanspruch auf Grund fahrlässiger Amtspflichtverletzung zusammen, so wird der Anspruch nach § 839 Abs. 1 des Bürgerlichen Gesetzbuchs nicht dadurch ausgeschlossen, dass die Voraussetzungen des § 60 vorliegen.

(3) Bei Impfschäden gilt § 4 Abs. 1 Nr. 2 des Siebten Buches Sozialgesetzbuch nicht.

(4) § 81 a des Bundesversorgungsgesetzes findet mit der Maßgabe Anwendung, dass der gegen Dritte bestehende gesetzliche Schadensersatzanspruch auf das zur Gewährung der Leistungen nach dem Gesetz verpflichtete Land übergeht.

(5) Die §§ 64 bis 64 d, 64 f und 89 des Bundesversorgungsgesetzes sind entsprechend anzuwenden mit der Maßgabe, dass an die Stelle der Zustimmung des Bundesministeriums für Arbeit und Soziales die Zustimmung der für die Kriegsopferversorgung zuständigen obersten Landesbehörde tritt. Die Zustimmung ist bei entsprechender Anwendung des § 89 Abs. 2 des Bundesversorgungsgesetzes im Einvernehmen mit der obersten Landesgesundheitsbehörde zu erteilen.

(6) § 20 des Bundesversorgungsgesetzes ist mit den Maßgaben anzuwenden, dass an die Stelle der in Absatz 1 Satz 3 genannten Zahl die Zahl der rentenberechtigten Beschädigten und Hinterbliebenen nach diesem Gesetz im Vergleich zur Zahl des Vorjahres tritt, dass in Absatz 1 Satz 4 an die Stelle der dort genannten Ausgaben der Krankenkassen je Mitglied und Rentner einschließlich Familienangehörige die bundesweiten Ausgaben je Mitglied treten, dass Absatz 2 Satz 1 für die oberste Landesbehörde, die für die Kriegsopferversorgung zuständig ist, oder die von ihr bestimmte Stelle gilt und dass in Absatz 3 an die Stelle der in Satz 1 genannten Zahl die Zahl 1,3 tritt und die Sätze 2 bis 4 nicht gelten.

(7) Am 1. Januar 1998 noch nicht gezahlte Erstattungen von Aufwendungen für Leistungen, die von den Krankenkassen vor dem 1. Januar 1998 erbracht worden sind, werden nach den bis dahin geltenden Erstattungsregelungen abgerechnet.

(8) Für das Jahr 1998 wird der Pauschalbetrag nach § 20 des Bundesversorgungsgesetzes wie folgt ermittelt: Aus der Summe der Erstattungen des Landes an die Krankenkassen nach diesem Gesetz in den Jahren 1995 bis 1997, abzüglich der Erstattungen für Leistungen bei Pflegebedürftigkeit nach § 11 Abs. 4 und § 12 Abs. 5 des Bundesversorgungsgesetzes in der bis zum 31. März 1995 geltenden Fassung und abzüglich der Erstattungen nach § 19 Abs. 4 des Bundesversorgungsgesetzes in der bis zum 31. Dezember 1993 geltenden Fassung, wird der Jahresdurchschnitt ermittelt.

Aus Rundschreiben, Urteilen etc.

BGH v. 15.2.1990 – III ZR 100/88 (BehR 1990, 141)
Zu den Voraussetzungen eines Amtshaftungsanspruchs wegen Impfschadens (hier: Keuchhustenimpfung).

BSG v. 6.9.1989 – 9 RVi 2/88 (Breithaupt 1990, 583)
Im Beweisrecht kann eine besondere Härte im Sinne des § 89 BVG allenfalls dann vorliegen, wenn der Gesetzgeber übersehen hat, daß herkömmliche Beweismittel typischerweise fehlen oder nicht ausreichen.

§ 64 Zuständige Behörde für die Versorgung

(1) Die Versorgung nach den §§ 60 bis 63 Abs. 1 wird von den für die Durchführung des Bundesversorgungsgesetzes zuständigen Behörden durchgeführt. Die örtliche Zuständigkeit der Behörden bestimmt die Regierung des Landes, das die Versorgung zu gewähren hat (§ 66 Abs. 2), durch Rechtsverordnung. Die Landesregierung ist befugt, die Ermächtigung durch Rechtsverordnung auf eine andere Stelle zu übertragen.

(2) Das Gesetz über das Verwaltungsverfahren der Kriegsopferversorgung in der Fassung der Bekanntmachung vom 6. Mai 1976 (BGBl. I S. 1169), zuletzt geändert durch das Gesetz vom 18. August 1980 (BGBl. I S. 1469), mit Ausnahme der §§ 3 und 4, die Vorschriften des ersten und dritten Kapitels des Zehnten Buches Sozialgesetzbuch sowie die Vorschriften des Sozialgerichtsgesetzes über das Vorverfahren sind anzuwenden.

(3) Absatz 2 gilt nicht, soweit die Versorgung in der Gewährung von Leistungen besteht, die den Leistungen der Kriegsopferfürsorge nach den §§ 25 bis 27 j des Bundesversorgungsgesetzes entsprechen.

§ 65 Entschädigung bei behördlichen Maßnahmen

(1) Soweit auf Grund einer Maßnahme nach den §§ 16 und 17 Gegenstände vernichtet, beschädigt oder in sonstiger Weise in ihrem Wert gemindert werden oder ein anderer nicht nur unwesentlicher Vermögensnachteil verursacht wird, ist eine Entschädigung in Geld zu leisten; eine Entschädigung erhält jedoch nicht derjenige, dessen Gegenstände mit Krankheitserregern oder mit Gesundheitsschädlingen als vermutlichen Überträgern solcher Krankheitserreger behaftet oder dessen verdächtig sind. § 254 des Bürgerlichen Gesetzbuchs ist entsprechend anzuwenden.

(2) Die Höhe der Entschädigung nach Absatz 1 bemisst sich im Falle der Vernichtung eines Gegenstandes nach dessen gemeinem Wert, im Falle der Beschädigung oder sonstigen Wertminderung nach der Minderung des gemeinen Wertes. Kann die Wertminderung behoben werden, so bemisst sich die Entschädigung nach den hierfür erforderlichen Aufwendungen. Die Entschädigung darf den gemeinen Wert nicht übersteigen, den der Gegenstand ohne die Beschädigung oder Wertminderung gehabt hätte. Bei Bestimmung des gemeinen Wertes sind der Zustand und alle sonstigen den Wert des Gegenstandes bestimmenden Umstände in dem Zeitpunkt maßgeblich, in dem die Maßnahme getroffen wurde. Die Entschädigung für andere nicht nur unwesentliche Vermögensnachteile darf den Betroffenen nicht besser stellen, als er ohne die Maßnahme gestellt sein würde. Auf Grund der Maßnahme notwendige Aufwendungen sind zu erstatten.

§ 66 Zahlungsverpflichteter

(1) Verpflichtet zur Zahlung der Entschädigung nach § 56 ist das Land, in dem das Verbot erlassen worden ist, in den Fällen des § 34 Abs. 1 bis 3 und des § 42 das Land, in dem die verbotene Tätigkeit ausgeübt worden ist.

Verpflichtet zur Zahlung der Entschädigung nach § 65 ist das Land, in dem der Schaden verursacht worden ist.

(2) Versorgung wegen eines Impfschadens nach den §§ 60 bis 63 ist zu gewähren
1. in den Fällen des § 60 Abs. 1 von dem Land, in dem der Schaden verursacht worden ist,
2. in den Fällen des § 60 Abs. 2
   a) von dem Land, in dem der Geschädigte bei Eintritt des Impfschadens im Geltungsbereich dieses Gesetzes seinen Wohnsitz oder gewöhnlichen Aufenthalt hat,
   b) wenn bei Eintritt des Schadens ein Wohnsitz oder gewöhnlicher Aufenthalt im Geltungsbereich dieses Gesetzes nicht vorhanden ist, von dem Land, in dem der Geschädigte zuletzt seinen Wohnsitz oder gewöhnlichen Aufenthalt gehabt hat oder
   c) bei minderjährigen Geschädigten, wenn die Wohnsitzvoraussetzungen der Buchstaben a oder b nicht gegeben sind, von dem Land, in dem der Elternteil oder Sorgeberechtigte des Geschädigten, mit dem der Geschädigte in häuslicher Gemeinschaft lebt, seinen Wohnsitz oder gewöhnlichen Aufenthalt im Geltungsbereich dieses Gesetzes hat oder, falls ein solcher Wohnsitz oder gewöhnlicher Aufenthalt nicht gegeben ist, zuletzt seinen Wohnsitz oder gewöhnlichen Aufenthalt gehabt hat,
3. in den Fällen des § 60 Abs. 3 von dem Land, in dem der Geschädigte seinen Wohnsitz oder gewöhnlichen Aufenthalt im Geltungsbereich dieses Gesetzes hat oder erstmalig nimmt. Die Zuständigkeit für bereits anerkannte Fälle bleibt unberührt.

(3) In den Fällen des § 63 Abs. 1 sind die Kosten, die durch das Hinzutreten der weiteren Schädigung verursacht werden, von dem Leistungsträger zu übernehmen, der für die Versorgung wegen der weiteren Schädigung zuständig ist.

§ 67 Pfändung

(1) Die nach § 56 Abs. 2 Satz 2 und 3 zu zahlenden Entschädigungen können nach den für das Arbeitseinkommen geltenden Vorschriften der Zivilprozessordnung gepfändet werden.

(2) Übertragung, Verpfändung und Pfändung der Ansprüche nach den §§ 60, 62 und 63 Abs. 1 richten sich nach den Vorschriften des Bundesversorgungsgesetzes.

§ 68 Rechtsweg

(1) Für Streitigkeiten über Entschädigungsansprüche nach den §§ 56 und 65 und für Streitigkeiten über Erstattungsansprüche nach § 56 Abs. 4 Satz 2, § 57 Abs. 1 Satz 3 und Abs. 3 Satz 3 sowie § 58 Satz 1 ist der ordentliche Rechtsweg gegeben.

(2) Für öffentlich-rechtliche Streitigkeiten in Angelegenheiten der §§ 60 bis 63 Abs. 1 ist der Rechtsweg vor den Gerichten der Sozialgerichtsbarkeit gegeben. Soweit das Sozialgerichtsgesetz besondere Vorschriften für die Kriegsopferversorgung enthält, gelten diese auch für Streitigkeiten nach Satz 1.

(3) Absatz 2 gilt nicht, soweit Versorgung entsprechend den Vorschriften der Kriegsopferfürsorge nach den §§ 25 bis 27j des Bundesversorgungsgesetzes gewährt wird. Insoweit ist der Rechtsweg vor den Verwaltungsgerichten gegeben.

§§ 69–77 *(Hier nicht abgedruckt)*

GdS/GdB-Tabelle

Verordnung zur Durchführung des § 1 Abs. 1 und 3, des § 30 Abs. 1 und des § 35 Abs. 1 des Bundesversorgungsgesetzes (Versorgungsmedizin-Verordnung – VersMedV)

vom 10. Dezember 2008 (BGBl. I S. 2412), zuletzt geändert durch Verordnung vom 23. Dezember 2016 (BGBl. I S. 3234)

Auf Grund des § 30 Abs. 17 des Bundesversorgungsgesetzes, der durch Artikel 1 Nr. 32 Buchstabe i des Gesetzes vom 13. Dezember 2007 (BGBl. I S. 2904) eingefügt worden ist, verordnet das Bundesministerium für Arbeit und Soziales im Einvernehmen mit dem Bundesministerium der Verteidigung:

§ 1 Zweck der Verordnung

Diese Verordnung regelt die Grundsätze für die medizinische Bewertung von Schädigungsfolgen und die Feststellung des Grades der Schädigungsfolgen im Sinne des § 30 Abs. 1 des Bundesversorgungsgesetzes, für die Anerkennung einer Gesundheitsstörung nach § 1 Abs. 3 des Bundesversorgungsgesetzes, die Kriterien für die Bewertung der Hilflosigkeit und der Stufen der Pflegezulage nach § 35 Abs. 1 des Bundesversorgungsgesetzes und das Verfahren für deren Ermittlung und Fortentwicklung.

§ 2 Anlage „Versorgungsmedizinische Grundsätze"

Die in § 1 genannten Grundsätze und Kriterien sind in der Anlage zu dieser Verordnung als deren Bestandteil festgelegt. Die Anlage wird auf der Grundlage des aktuellen Stands der medizinischen Wissenschaft unter Anwendung der Grundsätze der evidenzbasierten Medizin erstellt und fortentwickelt.

§ 3 Beirat

(1) Beim Bundesministerium für Arbeit und Soziales wird ein unabhängiger „Ärztlicher Sachverständigenbeirat Versorgungsmedizin" (Beirat) gebildet, der das Bundesministerium für Arbeit und Soziales zu allen versorgungsärztlichen Angelegenheiten berät und die Fortentwicklung der Anlage entsprechend dem aktuellen Stand der medizinischen Wissenschaft und versorgungsmedizinischer Erfordernisse vorbereitet.

(2) Der Beirat hat 17 Mitglieder, und zwar

1. acht versorgungsmedizinisch besonders qualifizierte Ärztinnen oder Ärzte,
2. eine Ärztin oder einen Arzt aus dem versorgungsärztlich-gutachtlichen Bereich der Bundeswehr,
3. acht wissenschaftlich besonders qualifizierte Ärztinnen oder Ärzte versorgungsmedizinisch relevanter Fachgebiete.

(3) Zu den Beratungen des Beirats können externe ärztliche Sachverständige sowie sachkundige ärztliche Vertreter von Behindertenverbänden hinzugezogen werden. Es können Arbeitsgruppen gebildet werden.

(4) Die Mitglieder des Beirats werden vom Bundesministerium für Arbeit und Soziales für die Dauer von vier Jahren berufen. Wiederwahl ist möglich. Das Bundesministerium für Arbeit und Soziales ist berechtigt, Beiratsmitglieder jederzeit ohne Angabe von Gründen abzuberufen. Ein Beiratsmitglied kann jederzeit seine Abberufung beantragen. Dem Antrag ist stattzugeben. Nach Ausscheiden eines Mitglieds erfolgt eine Neuberufung für den restlichen Zeitraum der Berufungsperiode. Der Beirat gibt sich eine Geschäftsordnung und bestimmt durch Wahl aus seiner Mitte den Vorsitz und die Stellvertretung. Die Geschäftsführung des Beirats liegt beim Bundesministerium für Arbeit und Soziales, welches zu den Sitzungen einlädt und im Einvernehmen mit dem vorsitzenden Mitglied die Tagesordnung festlegt.

(5) Die Beratungen des Beirats sind nicht öffentlich. Die Mitgliedschaft im Beirat ist ein persönliches Ehrenamt, das keine Vertretung zulässt. Die Mitglieder des Beirats unterliegen keinerlei Weisungen, üben ihre Tätigkeit unabhängig und unparteilich aus und sind nur ihrem Gewissen verantwortlich. Sie sind zur Verschwiegenheit verpflichtet; dies gilt auch für die in Absatz 3 genannten Personen.

(6) Die Verbände von Menschen mit Behinderungen und Berechtigten nach dem sozialen Entschädigungsrecht auf Bundesebene erhalten ein Mitberatungsrecht im Beirat. Der Deutsche Behindertenrat benennt dem Bundesministerium für Arbeit und Soziales hierzu zwei sachverständige Personen für den Zeitraum der Berufungsperiode des Beirats. Er berücksichtigt dabei die Anliegen von Verbänden, die die Belange von Berechtigten nach dem sozialen Entschädigungsrecht vertreten, auch soweit sie nicht Mitglieder des Deutschen Behindertenrates sind. Das Mitberatungsrecht beinhaltet auch das Recht zur Anwesenheit bei der Beschlussfassung. Absatz 5 Satz 2 bis 4 gilt entsprechend. Die Geschäftsordnung des Beirats gilt auch für die vom Deutschen Behindertenrat benannten Personen.

§ 4 Beschlüsse

Die Beschlüsse des Beirats werden mit einfacher Mehrheit der anwesenden Beiratsmitglieder gefasst. Zur Beschlussfassung ist die Anwesenheit von mindestens zwölf Mitgliedern erforderlich.

§ 5 Inkrafttreten

Diese Verordnung tritt am 1. Januar 2009 in Kraft.

Anlage
(zu § 2)

Versorgungsmedizinische Grundsätze

Inhaltsverzeichnis

5. Mittelbare Schädigungsfolgen
6. Absichtlich herbeigeführte Schädigungen
7. Anerkennung im Sinne der Entstehung und Anerkennung im Sinne der Verschlimmerung
8. Arten der Verschlimmerung
9. Fehlen einer fachgerechten Behandlung
10. Folgen von diagnostischen Eingriffen, vorbeugenden und therapeutischen Maßnahmen
11. Ursächlicher Zusammenhang zwischen Schädigung und Tod
12. Vorschaden, Nachschaden, Folgeschaden
13. Voraussetzungen für die Pflegezulage, Pflegezulagestufen

Teil D:
Merkzeichen

1. Erhebliche Beeinträchtigung der Bewegungsfähigkeit im Straßenverkehr (Merkzeichen G)
2. Berechtigung für eine ständige Begleitung (Merkzeichen B)
3. *(aufgehoben)*
4. Gehörlosigkeit (Merkzeichen Gl)

Teil A: Allgemeine Grundsätze

Vorbemerkung:

Wenn mit dem Grad der Behinderung und dem Grad der Schädigungsfolgen das Maß für die Beeinträchtigung der Teilhabe am Leben in der Gemeinschaft gemeint ist, wird einheitlich die Abkürzung GdS benutzt.

1. Schädigungsfolgen

a) Als Schädigungsfolge wird im sozialen Entschädigungsrecht jede Gesundheitsstörung bezeichnet, die in ursächlichem Zusammenhang mit einer Schädigung steht, die nach dem entsprechenden Gesetz zu berücksichtigen ist.

b) Die Auswirkungen der Schädigungsfolge werden mit dem Grad der Schädigungsfolgen (GdS) bemessen.

c) Zu den Schädigungsfolgen gehören auch Abweichungen vom Gesundheitszustand, die keinen GdS bedingen (z. B. funktionell bedeutungslose Narben, Verlust von Zähnen).

2. Grad der Schädigungsfolgen (GdS), Grad der Behinderung (GdB)

a) GdS und GdB werden nach gleichen Grundsätzen bemessen. Beide Begriffe unterscheiden sich lediglich dadurch, dass der GdS nur auf die Schädigungsfolgen (also kausal) und der GdB auf alle Gesundheitsstörungen unabhängig von ihrer Ursache (also final) bezogen ist. Beide Begriffe haben die Auswirkungen von Funktionsbeeinträchtigungen in allen Lebensbereichen und nicht nur die Einschränkungen im allgemeinen Erwerbsleben zum Inhalt. GdS und GdB sind ein Maß für die körperlichen, geistigen, seelischen und sozialen Auswirkungen einer Funktionsbeeinträchtigung aufgrund eines Gesundheitsschadens.

b) Aus dem GdB und aus dem GdS ist nicht auf das Ausmaß der Leistungsfähigkeit zu schließen. GdB und GdS sind grundsätzlich unabhängig vom ausgeübten oder angestrebten Beruf zu beurteilen, es sei denn, dass bei Begutachtungen im sozialen Entschädigungsrecht ein besonderes berufliches Betroffensein berücksichtigt werden muss.

c) GdB und GdS setzen stets eine Regelwidrigkeit gegenüber dem für das Lebensalter typischen Zustand voraus. Dies ist insbesondere bei Kindern und alten Menschen zu beachten. Physiologische Veränderungen im Alter sind bei der Beurteilung des GdB und GdS nicht zu berücksichtigen. Als solche Veränderungen sind die körperlichen und psychischen Leistungseinschränkungen anzusehen, die sich im Alter regelhaft entwickeln, d. h. für das Alter nach ihrer Art und ihrem Umfang typisch sind. Demgegenüber sind pathologische Veränderungen, d. h. Gesundheitsstörungen, die nicht regelmäßig und nicht nur im Alter beobachtet werden können, bei der Beurteilung des GdB und GdS zu berücksichtigen, auch dann, wenn sie erstmalig im höheren Alter auftreten oder als „Alterskrankheiten“ (z. B. „Altersdiabetes“, „Altersstar“) bezeichnet werden.

d) Die in der GdS-Tabelle aufgeführten Werte sind aus langer Erfahrung gewonnen und stellen altersunabhängige (auch trainingsunabhängige) Mittelwerte dar. Je nach Einzelfall kann von den Tabellenwerten mit einer die besonderen Gegebenheiten darstellenden Begründung abgewichen werden.

e) Da der GdS seiner Natur nach nur annähernd bestimmt werden kann, sind beim GdS nur Zehnerwerte anzugeben. Dabei sollen im Allgemeinen die folgenden Funktionssysteme zusammenfassend beurteilt werden: Gehirn einschließlich Psyche; Augen; Ohren; Atmung; Herz-Kreislauf; Verdauung; Harnorgane; Geschlechtsapparat; Haut; Blut einschließlich blutbildendes Gewebe und Immunsystem; innere Sekretion und Stoffwechsel; Arme; Beine; Rumpf. Die sehr wenigen in der GdS-Tabelle noch enthaltenen Fünfergrade sind alle auf ganz eng umschriebene Gesundheitsstörungen bezogen, die selten allein und sehr selten genau in dieser Form und Ausprägung vorliegen.

f) Der GdS setzt eine nicht nur vorübergehende und damit eine über einen Zeitraum von mehr als sechs Monaten sich erstreckende Gesundheitsstörung voraus. Dementsprechend ist bei abklingenden Gesundheitsstörungen der Wert festzusetzen, der dem über sechs Monate hinaus verbliebenen – oder voraussichtlich verbleibenden – Schaden entspricht. Schwankungen im Gesundheitszustand bei längerem Leidensverlauf ist mit einem Durchschnittswert Rechnung zu tragen. Dies bedeutet: Wenn bei einem Leiden der Verlauf durch sich wiederholende Besserungen und Verschlechterungen des Gesundheitszustandes geprägt ist (Beispiele: chronische Bronchitis, Hautkrankheiten, Anfallsleiden), können die zeitweiligen Verschlechterungen – aufgrund der anhaltenden Auswirkungen auf die gesamte Lebensführung – nicht als vorübergehende Gesundheitsstörungen betrachtet werden. Dementsprechend muss in solchen Fällen bei der GdB- und GdS-Beurteilung von dem „durchschnittlichen“ Ausmaß der Beeinträchtigung ausgegangen werden.

g) Stirbt ein Antragsteller oder eine Antragstellerin innerhalb von sechs Monaten nach Eintritt einer Gesundheitsstörung, so ist für diese Gesundheitsstörung der GdS anzusetzen, der nach ärztlicher Erfahrung nach Ablauf von sechs Monaten nach Eintritt der Gesundheitsstörung zu erwarten gewesen wäre. Fallen Eintritt der Gesundheitsstörung und Tod jedoch zusammen, kann ein GdS nicht angenommen werden. Eintritt der Gesundheitsstörung und Tod fallen nicht nur zusammen, wenn beide Ereignisse im selben Augenblick eintreten. Dies ist vielmehr auch dann der Fall, wenn die Gesundheitsstörung in so rascher Entwicklung zum Tode führt, dass der Eintritt der Gesundheitsstörung und des Todes einen untrennbaren Vorgang darstellen.

h) Gesundheitsstörungen, die erst in der Zukunft zu erwarten sind, sind beim GdS nicht zu berücksichtigen. Die Notwendigkeit des Abwartens einer Heilungsbewährung stellt eine andere Situation dar; während der Zeit dieser Heilungsbewährung ist ein höherer GdS gerechtfertigt, als er sich aus dem festgestellten Schaden ergibt.

i) Bei der Beurteilung des GdS sind auch seelische Begleiterscheinungen und Schmerzen zu beachten. Die in der GdS-Tabelle niedergelegten Sätze berücksichtigen bereits die üblichen seelischen Begleiterscheinungen (z. B. bei Entstellung des Gesichts, Verlust der weiblichen Brust). Sind die seelischen Begleiterscheinungen erheblich höher als aufgrund der organischen Veränderungen zu erwarten wäre, so ist ein höherer GdS gerechtfertigt. Vergleichsmaßstab ist nicht der behinderte Mensch, der überhaupt nicht oder kaum unter seinem Körperschaden leidet, sondern die allgemeine ärztliche Erfahrung hinsichtlich der regelhaften Auswirkungen. Außergewöhnliche seelische Begleiterscheinungen sind anzunehmen, wenn anhaltende psychoreaktive Störungen in einer solchen Ausprägung vorliegen, dass eine spezielle ärztliche Behandlung dieser Störungen – z. B. eine Psychotherapie – erforderlich ist.

j) Ähnliches gilt für die Berücksichtigung von Schmerzen. Die in der GdS-Tabelle angegebenen Werte schließen die üblicherweise vorhandenen Schmerzen mit ein und berücksichtigen auch erfahrungsgemäß besonders schmerzhafte Zustände. Ist nach Ort und Ausmaß der pathologischen Veränderungen eine über das übliche Maß hinausgehende Schmerzhaftigkeit nachgewiesen, die eine ärztliche Behandlung erfordert, können höhere Werte angesetzt werden. Das kommt zum Beispiel bei Kausalgien und bei stark ausgeprägten Stumpfbeschwerden nach Amputationen (Stumpfnervenschmerzen, Phantomschmerzen) in Betracht. Ein Phantomgefühl allein bedingt keinen GdS.

3. Gesamt-GdS

a) Liegen mehrere Funktionsbeeinträchtigungen vor, so sind zwar Einzel-GdS anzugeben; bei der Ermittlung des Gesamt-GdS durch alle Funktionsbeeinträchtigungen dürfen jedoch die einzelnen Werte nicht addiert werden. Auch andere Rechenmethoden sind für die Bildung eines Gesamt-GdS ungeeignet. Maßgebend sind die Auswirkungen der einzelnen Funktionsbeeinträchtigungen in ihrer Gesamtheit unter Berücksichtigung ihrer wechselseitigen Beziehungen zueinander.

b) Bei der Gesamtwürdigung der verschiedenen Funktionsbeeinträchtigungen sind unter Berücksichtigung aller sozialmedizinischen Erfahrungen Vergleiche mit Gesundheitsschäden anzustellen, zu denen in der Tabelle feste GdS-Werte angegeben sind.

c) Bei der Beurteilung des Gesamt-GdS ist in der Regel von der Funktionsbeeinträchtigung auszugehen, die den höchsten Einzel-GdS bedingt, und dann im Hinblick auf alle weiteren Funktionsbeeinträchtigungen zu prüfen, ob und inwieweit hierdurch das Ausmaß der Behinderung größer wird, ob also wegen der weiteren Funktionsbeeinträchtigungen dem ersten GdS 10 oder 20 oder mehr Punkte hinzuzufügen sind, um der Behinderung insgesamt gerecht zu werden.

d) Um die Auswirkungen der Funktionsbeeinträchtigungen in ihrer Gesamtheit unter Berücksichtigung ihrer wechselseitigen Beziehungen zueinander beurteilen zu können, muss aus der ärztlichen Gesamtschau heraus beachtet werden, dass die Beziehungen der Funktionsbeeinträchtigungen zueinander unterschiedlich sein können:

aa) Die Auswirkungen der einzelnen Funktionsbeeinträchtigungen können voneinander unabhängig sein und damit ganz verschiedene Bereiche im Ablauf des täglichen Lebens betreffen.

bb) Eine Funktionsbeeinträchtigung kann sich auf eine andere besonders nachteilig auswirken. Dies ist vor allem der Fall, wenn Funktionsbeeinträchtigungen an paarigen Gliedmaßen oder Organen – also z. B. an beiden Armen oder beiden Beinen oder beiden Nieren oder beiden Augen – vorliegen.

cc) Die Auswirkungen von Funktionsbeeinträchtigungen können sich überschneiden.

dd) Die Auswirkungen einer Funktionsbeeinträchtigung werden durch eine hinzutretende Gesundheitsstörung nicht verstärkt.

ee) Von Ausnahmefällen (z. B. hochgradige Schwerhörigkeit eines Ohres bei schwerer beidseitiger Einschränkung der Sehfähigkeit) abgesehen, führen zusätzliche leichte Gesundheitsstörungen, die nur einen GdS von 10 bedingen, nicht zu einer Zunahme des Ausmaßes der Gesamtbeeinträchtigung, auch nicht, wenn mehrere derartige leichte Gesundheitsstörungen nebeneinander bestehen. Auch bei leichten Funktionsbeeinträchtigungen mit einem GdS von 20 ist es vielfach nicht gerechtfertigt, auf eine wesentliche Zunahme des Ausmaßes der Behinderung zu schließen.

4. Hilflosigkeit

a) Für die Gewährung einer Pflegezulage im sozialen Entschädigungsrecht ist Grundvoraussetzung, dass Beschädigte (infolge der Schädigung) „hilflos" sind.

b) Hilflos sind diejenigen, die infolge von Gesundheitsstörungen – nach dem Neunten Buch Sozialgesetzbuch (SGB IX) und dem Einkommensteuergesetz „nicht nur vorübergehend" – für eine Reihe von häufig und regelmäßig wiederkehrenden Verrichtungen zur Sicherung ihrer persönlichen Existenz im Ablauf eines jeden Tages fremder Hilfe dauernd bedürfen. Diese Voraussetzungen sind auch erfüllt, wenn die Hilfe in Form einer Überwachung oder einer Anleitung zu den genannten Verrichtungen erforderlich ist oder wenn die Hilfe zwar nicht dauernd geleistet werden muss, jedoch eine ständige Bereitschaft zur Hilfeleistung erforderlich ist.

c) Häufig und regelmäßig wiederkehrende Verrichtungen zur Sicherung der persönlichen Existenz im Ablauf eines jeden Tages sind insbesondere An- und Auskleiden, Nahrungsaufnahme, Körperpflege, Verrichten der Notdurft. Außerdem sind notwendige körperliche Bewegung, geistige Anregung und Möglichkeiten zur Kommunikation zu berücksichtigen. Hilflosigkeit liegt im oben genannten Sinne auch dann vor, wenn ein psychisch oder geistig behinderter Mensch zwar bei zahlreichen Verrichtungen des täglichen Lebens der Hilfe nicht unmittelbar bedarf, er diese Verrichtungen aber infolge einer Antriebsschwäche ohne ständige Überwachung nicht vornähme. Die ständige Bereitschaft ist z. B. anzunehmen, wenn Hilfe häufig und plötzlich wegen akuter Lebensgefahr notwendig ist.

d) Der Umfang der notwendigen Hilfe bei den häufig und regelmäßig wiederkehrenden Verrichtungen muss erheblich sein. Dies ist der Fall, wenn die Hilfe dauernd für zahlreiche Verrichtungen, die häufig und regelmäßig wiederkehren, benötigt wird. Einzelne Verrichtungen, selbst wenn sie lebensnotwendig sind und im täglichen Lebensablauf wiederholt vorgenommen werden, genügen nicht (z. B. Hilfe beim Anziehen einzelner Bekleidungsstücke, notwendige Begleitung bei Reisen und Spaziergängen, Hilfe im Straßenverkehr, einfache Wund- oder Heilbehandlung, Hilfe bei Heimdialyse ohne Notwendigkeit weiterer Hilfeleistung). Verrichtungen, die mit der Pflege der Person nicht unmittelbar zusammenhängen (z. B. im Bereich der hauswirtschaftlichen Versorgung) müssen außer Betracht bleiben.

e) Bei einer Reihe schwerer Behinderungen, die aufgrund ihrer Art und besonderen Auswirkungen regelhaft Hilfeleistungen in erheblichem Umfang erfordern, kann im Allgemeinen ohne nähere Prüfung angenommen werden, dass die Voraussetzungen für das Vorliegen von Hilflosigkeit erfüllt sind. Dies gilt stets

aa) bei Blindheit und hochgradiger Sehbehinderung,

bb) Querschnittslähmung und anderen Behinderungen, die auf Dauer und ständig – auch innerhalb des Wohnraums – die Benutzung eines Rollstuhls erfordern,

f) in der Regel auch

aa) bei Hirnschäden, Anfallsleiden, geistiger Behinderung und Psychosen, wenn diese Behinderungen allein einen GdS von 100 bedingen,

bb) Verlust von zwei oder mehr Gliedmaßen, ausgenommen Unterschenkel- oder Fußamputation beiderseits. (Als Verlust einer Gliedmaße gilt der Verlust mindestens der ganzen Hand oder des ganzen Fußes).

g) Führt eine Behinderung zu dauerndem Krankenlager, so sind stets auch die Voraussetzungen für die Annahme von Hilflosigkeit erfüllt. Dauerndes Krankenlager setzt nicht voraus, dass der behinderte Mensch das Bett überhaupt nicht verlassen kann.

h) Stirbt ein behinderter Mensch innerhalb von sechs Monaten nach Eintritt einer Gesundheitsstörung, so ist die Frage der Hilflosigkeit analog Nummer 2 Buchstabe g zu beurteilen.

5. Besonderheiten der Beurteilung der Hilflosigkeit bei Kindern und Jugendlichen

a) Bei der Beurteilung der Hilflosigkeit bei Kindern und Jugendlichen sind nicht nur die bei der Hilflosigkeit genannten „Verrichtungen“ zu beachten. Auch die Anleitung zu diesen „Verrichtungen“, die Förderung der körperlichen und geistigen Entwicklung (z. B. durch Anleitung im Gebrauch der Gliedmaßen oder durch Hilfen zum Erfassen der Umwelt und zum Erlernen der Sprache) sowie die notwendige Überwachung gehören zu den Hilfeleistungen, die für die Frage der Hilflosigkeit von Bedeutung sind.

b) Stets ist nur der Teil der Hilfsbedürftigkeit zu berücksichtigen, der wegen der Behinderung den Umfang der Hilfsbedürftigkeit eines gesunden gleichaltrigen Kindes überschreitet. Der Umfang der wegen der Behinderungen notwendigen zusätzlichen Hilfeleistungen muss erheblich sein. Bereits im ersten Lebensjahr können infolge der Behinderung Hilfeleistungen in solchem Umfang erforderlich sein, dass dadurch die Voraussetzungen für die Annahme von Hilflosigkeit erfüllt sind.

c) Die Besonderheiten des Kindesalters führen dazu, dass zwischen dem Ausmaß der Behinderung und dem Umfang der wegen der Behinderung erforderlichen Hilfeleistungen nicht immer eine Korrelation besteht, so dass – anders als bei Erwachsenen – auch schon bei niedrigerem GdS Hilflosigkeit vorliegen kann.

d) Bei angeborenen oder im Kindesalter aufgetretenen Behinderungen ist im Einzelnen folgendes zu beachten:

aa) Bei geistiger Behinderung kommt häufig auch bei einem GdS unter 100 – und dann in der Regel bis zur Vollendung des 18. Lebensjahres – Hilflosigkeit in Betracht, insbesondere wenn das Kind wegen gestörten Verhaltens ständiger Überwachung bedarf. Hilflosigkeit kann auch schon im Säuglingsalter angenommen werden, z. B. durch Nachweis eines schweren Hirnschadens.

bb) Bei tief greifenden Entwicklungsstörungen, die für sich allein einen GdS von mindestens 50 bedingen, und bei anderen gleich schweren, im Kindesalter beginnenden Verhaltens- und emotionalen Störungen mit lang andauernden erheblichen Einordnungsschwierigkeiten ist regelhaft Hilflosigkeit bis zum 18. Lebensjahr anzunehmen.

cc) Bei hirnorganischen Anfallsleiden ist häufiger als bei Erwachsenen auch bei einem GdS unter 100 unter Berücksichtigung der Anfallsart, Anfallsfrequenz und eventueller Verhaltensauffälligkeiten die Annahme von Hilflosigkeit gerechtfertigt.

dd) Bei sehbehinderten Kindern und Jugendlichen mit Einschränkungen des Sehvermögens, die für sich allein einen GdS von wenigstens 80 bedingen, ist bis zur Vollendung des 18. Lebensjahres Hilflosigkeit anzunehmen.

ee) Bei Taubheit und an Taubheit grenzender Schwerhörigkeit ist Hilflosigkeit ab Beginn der Frühförderung und dann – insbesondere wegen des in dieser Zeit erhöhten Kommunikationsbedarfs – in der Regel bis zur Beendigung der Ausbildung anzunehmen. Zur Ausbildung zählen in diesem Zusammenhang: der Schul-, Fachschul- und Hochschulbesuch, eine berufliche Erstausbildung und Weiterbildung sowie vergleichbare Maßnahmen der beruflichen Bildung.

ff) Bei Lippen-Kiefer-Gaumenspalte und kompletter Gaumensegelspalte ist bis zum Abschluss der Erstbehandlung (in der Regel ein Jahr nach der Operation) Hilflosigkeit anzunehmen. Die Kinder benötigen während dieser Zeit in hohem Maße Hilfeleistungen, die weit über diejenigen eines gesunden gleichaltrigen Kindes hinausgehen, vor allem bei der Nahrungsaufnahme (gestörte Atmung, Gefahr des Verschluckens), bei der Reinigung der Mundhöhle und des Nasen-Rachenraumes, beim Spracherwerb sowie bei der Überwachung beim Spielen.

gg) Beim Bronchialasthma schweren Grades ist Hilflosigkeit in der Regel bis zur Vollendung des 16. Lebensjahres anzunehmen.

hh) Bei angeborenen oder in der Kindheit erworbenen Herzschäden ist bei einer schweren Leistungsbeeinträchtigung entsprechend den in Teil B Nummer 9.1.1 angegebenen Gruppen 3 und 4 Hilflosigkeit anzunehmen, und zwar bis zu einer Besserung der Leistungsfähigkeit (z. B. durch Operation), längstens bis zur Vollendung des 16. Lebensjahres.

ii) Bei Behandlung mit künstlicher Niere ist Hilflosigkeit bis zur Vollendung des 16. Lebensjahres anzunehmen. Bei einer Niereninsuffizienz, die für sich allein einen GdS von 100 bedingt, sind Hilfeleistungen in ähnlichem Umfang erforderlich, sodass auch hier bis zur Vollendung des 16. Lebensjahres die Annahme von Hilflosigkeit begründet ist.

jj) Beim Diabetes mellitus ist Hilflosigkeit bis zur Vollendung des 16. Lebensjahres anzunehmen.

kk) Bei Phenylketonurie ist Hilflosigkeit ab Diagnosestellung – in der Regel bis zum 14. Lebensjahr – anzunehmen. Über das 14. Lebensjahr hinaus kommt Hilflosigkeit in der Regel nur noch dann in Betracht, wenn gleichzeitig eine relevante Beeinträchtigung der geistigen Entwicklung vorliegt.

ll) Bei der Mukoviszidose ist bei der Notwendigkeit umfangreicher Betreuungsmaßnahmen – im Allgemeinen bis zur Vollendung des 16. Lebensjahres – Hilflosigkeit anzunehmen. Das ist immer der Fall bei Mukoviszidose, die für sich allein einen GdS von wenigstens 50 bedingt (siehe Teil B Nummer 15.5). Nach Vollendung des 16. Lebensjahres kommt Hilflosigkeit bei schweren und schwersten Einschränkungen bis zur Vollendung des 18. Lebensjahres in Betracht.

mm) Bei malignen Erkrankungen (z. B. akute Leukämie) ist Hilflosigkeit für die Dauer der zytostatischen Intensiv-Therapie anzunehmen.

nn) Bei angeborenen, erworbenen oder therapieinduzierten schweren Immundefekten ist Hilflosigkeit für die Dauer des Immunmangels, der eine ständige Überwachung wegen der Infektionsgefahr erforderlich macht, anzunehmen.

oo) Bei der Hämophilie ist bei Notwendigkeit der Substitutionsbehandlung – und damit schon bei einer Restaktivität von antihämophilem Globulin von 5 % und darunter – stets bis zur Vollendung des 6. Lebensjahres, darüber hinaus häufig je nach Blutungsneigung (zwei oder mehr ausgeprägte Gelenkblutungen pro Jahr) und Reifegrad auch noch weitere Jahre, Hilflosigkeit anzunehmen.

pp) Bei der juvenilen chronischen Polyarthritis ist Hilflosigkeit anzunehmen, solange die Gelenksituation eine ständige Überwachung oder andauernd Hilfestellungen beim Gebrauch der betroffenen Gliedmaßen sowie Anleitungen zu Bewegungsübungen erfordert, in der Regel bis zur Vollendung des 16. Lebensjahres. Bei der systemischen Verlaufsform (Still-Syndrom) und anderen systemischen Bindegewebskrankheiten (z. B. Lupus erythematodes, Sharp-Syndrom, Dermatomyositis) ist für die Dauer des aktiven Stadiums Hilflosigkeit anzunehmen.

qq) Bei der Osteogenesis imperfecta ist die Hilflosigkeit nicht nur von den Funktionseinschränkungen der Gliedmaßen sondern auch von der Häufigkeit der Knochenbrüche abhängig. In der Regel bedingen zwei oder mehr Knochenbrüche pro Jahr Hilflosigkeit. Hilflosigkeit aufgrund einer solchen Bruchneigung ist solange anzunehmen, bis ein Zeitraum von zwei Jahren ohne Auftreten von Knochenbrüchen abgelaufen ist, längstens jedoch bis zur Vollendung des 16. Lebensjahres.

rr) Bei klinisch gesicherter Typ-I-Allergie gegen schwer vermeidbare Allergene (z. B. bestimmte Nahrungsmittel), bei der aus dem bisherigen Verlauf auf die Gefahr lebensbedrohlicher anaphylaktischer Schocks zu schließen ist, ist Hilflosigkeit – in der Regel bis zum Ende des 12. Lebensjahres – anzunehmen.

ss) Bei der Zöliakie kommt Hilflosigkeit nur ausnahmsweise in Betracht. Der Umfang der notwendigen Hilfeleistungen bei der Zöliakie ist regelmäßig wesentlich geringer als etwa bei Kindern mit Phenylketonurie oder mit Diabetes mellitus.

e) Wenn bei Kindern und Jugendlichen Hilflosigkeit festgestellt worden ist, muss bei der Beurteilung der Frage einer wesentlichen Änderung der Verhältnisse Folgendes beachtet werden: Die Voraussetzungen für die Annahme von Hilflosigkeit können nicht nur infolge einer Besserung der Gesundheitsstörungen entfallen, sondern auch dadurch, dass behinderte Jugendliche infolge des Reifungsprozesses – etwa nach Abschluss der Pubertät – ausreichend gelernt haben, die wegen der Behinderung erforderlichen Maßnahmen selbstständig und eigenverantwortlich durchzuführen, die vorher von Hilfspersonen geleistet oder überwacht werden mussten.

6. Blindheit und hochgradige Sehbehinderung

a) Blind ist ein behinderter Mensch, dem das Augenlicht vollständig fehlt. Als blind ist auch ein behinderter Mensch anzusehen, dessen Sehschärfe auf keinem Auge und auch nicht beidäugig mehr als 0,02 (1/50) beträgt oder wenn andere Störungen des Sehvermögens von einem solchen Schweregrad vorliegen, dass sie dieser Beeinträchtigung der Sehschärfe gleichzustellen sind.

b) Eine der Herabsetzung der Sehschärfe auf 0,02 (1/50) oder weniger gleich zusetzende Sehbehinderung liegt nach den Richtlinien der Deutschen Ophthalmologischen Gesellschaft bei folgenden Fallgruppen vor:

aa) bei einer Einengung des Gesichtsfeldes, wenn bei einer Sehschärfe von 0,033 (1/30) oder weniger die Grenze des Restgesichtsfeldes in keiner Richtung mehr als 30 ° vom Zentrum entfernt ist, wobei Gesichtsfeldreste jenseits von 50 ° unberücksichtigt bleiben,

bb) bei einer Einengung des Gesichtsfeldes, wenn bei einer Sehschärfe von 0,05 (1/20) oder weniger die Grenze des Restgesichtsfeldes in keiner Richtung mehr als 15 ° vom Zentrum entfernt ist, wobei Gesichtsfeldreste jenseits von 50 ° unberücksichtigt bleiben,

cc) bei einer Einengung des Gesichtsfeldes, wenn bei einer Sehschärfe von 0,1 (1/10) oder weniger die Grenze des Restgesichtsfeldes in keiner Richtung mehr als 7,5 ° vom Zentrum entfernt ist, wobei Gesichtsfeldreste jenseits von 50 ° unberücksichtigt bleiben,

dd) bei einer Einengung des Gesichtsfeldes, auch bei normaler Sehschärfe, wenn die Grenze der Gesichtsfeldinsel in keiner Richtung mehr als 5 ° vom Zentrum entfernt ist, wobei Gesichtsfeldreste jenseits von 50 ° unberücksichtigt bleiben,

ee) bei großen Skotomen im zentralen Gesichtsfeldbereich, wenn die Sehschärfe nicht mehr als 0,1 (1/10) beträgt und im 50 °-Gesichtsfeld unterhalb des horizontalen Meridians mehr als die Hälfte ausgefallen ist,

ff) bei homonymen Hemianopsien, wenn die Sehschärfe nicht mehr als 0,1 (1/10) beträgt und das erhaltene Gesichtsfeld in der Horizontalen nicht mehr als 30 ° Durchmesser besitzt, gg) bei bitemporalen oder binasalen Hemianopsien, wenn die Sehschärfe nicht mehr als 0,1 (1/10) beträgt und kein Binokularsehen besteht.

c) Blind ist auch ein behinderter Mensch mit einem nachgewiesenen vollständigen Ausfall der Sehrinde (Rindenblindheit), nicht aber mit einer visuellen Agnosie oder anderen gnostischen Störungen.

d) Für die Feststellung von Hilflosigkeit ist im Übrigen zu prüfen, ob eine hochgradige Sehbehinderung vorliegt. Hochgradig in seiner Sehfähigkeit behindert ist ein Mensch, dessen Sehschärfe auf keinem Auge und auch nicht beidäugig mehr als 0,05 (1/20) beträgt oder wenn andere hinsichtlich des Schweregrades gleichzusetzende Störungen der Sehfunktion vorliegen. Dies ist der Fall, wenn die Einschränkung des Sehvermögens einen GdS von 100 bedingt und noch keine Blindheit vorliegt.

7. Wesentliche Änderung der Verhältnisse

a) Eine wesentliche Änderung im Ausmaß der Schädigungsfolgen oder der Behinderung liegt nur vor, wenn der veränderte Gesundheitszustand mehr als sechs Monate angehalten hat oder voraussichtlich anhalten wird und die Änderung des GdS wenigstens 10 beträgt. Eine wesentliche Änderung ist auch gegeben, wenn die entscheidenden Voraussetzungen für weitere Leistungen im sozialen Entschädigungsrecht (z. B. Pflegezulage) oder für Nachteilsausgleiche für behinderte Menschen erfüllt werden oder entfallen sind.

b) Nach Ablauf der Heilungsbewährung ist auch bei gleichbleibenden Symptomen eine Neubewertung des GdS zulässig, weil der Ablauf der Heilungsbewährung eine wesentliche Änderung der Verhältnisse darstellt.

c) Bei Beurteilungen im sozialen Entschädigungsrecht ist bei einer Zunahme des Leidensumfangs zusätzlich zu prüfen, ob die Weiterentwicklung noch Folge einer Schädigung ist. Auch bei gleichbleibendem Erscheinungsbild kann eine wesentliche Änderung der gesundheitlichen Verhältnisse vorliegen, wenn sich die schädigungsbedingte Störung, die dem Erscheinungsbild zunächst zugrunde lag, gebessert oder ganz zurückgebildet hat, das Leidensbild jedoch aufgrund neuer Ursachen bestehen geblieben ist („Verschiebung der Wesensgrundlage“).

Teil B: GdS-Tabelle

1. Allgemeine Hinweise zur GdS-Tabelle

a) Die nachstehend genannten GdS sind Anhaltswerte. Es ist unerlässlich, alle die Teilhabe beeinträchtigenden körperlichen, geistigen und seelischen Störungen im Einzelfall zu berücksichtigen. Die Beurteilungsspannen tragen den Besonderheiten des Einzelfalles Rechnung.

b) Bei Gesundheitsstörungen, die in der Tabelle nicht aufgeführt sind, ist der GdS in Analogie zu vergleichbaren Gesundheitsstörungen zu beurteilen.

c) Eine Heilungsbewährung ist abzuwarten nach Transplantationen innerer Organe und nach der Behandlung von Krankheiten, bei denen dies in der Tabelle vorgegeben ist. Dazu gehören vor allen bösartige Geschwulstkrankheiten. Für die häufigsten und wichtigsten solcher Krankheiten sind im Folgenden Anhaltswerte für den GdS angegeben. Sie sind auf den Zustand nach operativer oder anderweitiger Beseitigung der Geschwulst bezogen. Der Zeitraum des Abwartens einer Heilungsbewährung beträgt in der Regel fünf Jahre; kürzere Zeiträume werden in der Tabelle vermerkt. Maßgeblicher Bezugspunkt für den Beginn der Heilungsbewährung ist der Zeitpunkt, an dem die Geschwulst durch Operation oder andere Primärtherapie als beseitigt angesehen werden kann; eine zusätzliche adjuvante Therapie hat keinen Einfluss auf den Beginn der Heilungsbewährung. Der aufgeführte GdS bezieht den regelhaft verbleibenden Organ- oder Gliedmaßenschaden ein. Außergewöhnliche Folgen oder Begleiterscheinungen der Behandlung – z. B. lang dauernde schwere Auswirkungen einer wiederholten Chemotherapie – sind zu berücksichtigen. Bei den im Folgenden nicht genannten malignen Geschwulstkrankheiten ist von folgenden Grundsätzen auszugehen: Bis zum Ablauf der Heilungsbewährung – in der Regel bis zum Ablauf des fünften Jahres nach der Geschwulstbeseitigung – ist in den Fällen, in denen der verbliebene Organ- oder Gliedmaßenschaden für sich allein keinen GdS von wenigstens 50 bedingt, im allgemeinen nach Geschwulstbeseitigung im Frühstadium ein GdS von 50 und nach Geschwulstbeseitigung in höheren Stadien ein GdS von 80 angemessen. Bedingen der verbliebene Körperschaden oder die Therapiefolgen einen GdS von 50 oder mehr, ist der bis zum Ablauf der Heilungsbewährung anzusetzende GdS entsprechend höher zu bewerten.

d) Ein Carcinoma in situ (Cis) rechtfertigt grundsätzlich kein Abwarten einer Heilungsbewährung. Ausgenommen hiervon sind das Carcinoma in situ der Harnblase und das Carcinoma in situ der Brustdrüse (intraduktales und lobuläres Carcinoma in situ), bei denen wegen klinischer Besonderheiten bei Vorliegen o. g. Voraussetzungen das Abwarten einer Heilungsbewährung begründet ist.

2. Kopf und Gesicht

		GdS/GdB-Grad
2.1	Narben nach Warzenfortsatzaufmeißelung	0
	Einfache Schädelbrüche ohne Komplikationen im Heilverlauf	0
	Kleinere Knochenlücken, Substanzverluste (auch größere gedeckte) am knöchernen Schädel	0–10
	Schädelnarben am Hirnschädel mit erheblichem Verlust von Knochenmasse ohne Funktionsstörung des Gehirns (einschließlich entstellender Wirkung)	30
	Hierzu gehören insbesondere alle traumatisch entstandenen erheblichen (nicht gedeckten) Substanzverluste am Hirnschädel, die auch das innere Knochenblatt betreffen.	
	Einfache Gesichtsentstellung	
	nur wenig störend	10
	sonst	20–30
	Hochgradige Entstellung des Gesichts	50

	GdS/GdB-Grad
2.2 Sensibilitätsstörungen im Gesichtsbereich	
leicht	0–10
ausgeprägt, den oralen Bereich einschließend	20–30
Gesichtsneuralgien (z. B. Trigeminusneuralgie)	
leicht (seltene, leichte Schmerzen)	0–10
mittelgradig (häufigere, leichte bis mittelgradige Schmerzen, schon durch geringe Reize auslösbar)	20–40
schwer (häufige, mehrmals im Monat auftretende starke Schmerzen bzw. Schmerzattacken)	50–60
besonders schwer (starker Dauerschmerz oder Schmerzattacken mehrmals wöchentlich)	70–80
2.3 Echte Migräne	
je nach Häufigkeit und Dauer der Anfälle und Ausprägung der Begleiterscheinungen.	
leichte Verlaufsform (Anfälle durchschnittlich einmal monatlich)	0–10
mittelgradige Verlaufsform (häufigere Anfälle, jeweils einen oder mehrere Tage anhaltend)	20–40
schwere Verlaufsform (lang andauernde Anfälle mit stark ausgeprägten Begleiterscheinungen, Anfallspausen von nur wenigen Tagen)	50–60
2.4 Periphere Fazialisparese	
einseitig	
kosmetisch nur wenig störende Restparese	0–10
ausgeprägtere Restparese oder Kontrakturen	20–30
komplette Lähmung oder ausgeprägte Kontraktur	40
beidseitig komplette Lähmung	50

3. Nervensystem und Psyche

GdS/GdB-Grad

3.1 Hirnschäden

a) Ein Hirnschaden ist nachgewiesen, wenn Symptome einer organischen Veränderung des Gehirns – nach Verletzung oder Krankheit nach dem Abklingen der akuten Phase – festgestellt worden sind. Wenn bei späteren Untersuchungen keine hirnorganischen Funktionsstörungen und Leistungsbeeinträchtigungen mehr zu erkennen sind beträgt der GdS dann – auch unter Einschluss geringer z. B. vegetativer Beschwerden – 20; nach offenen Hirnverletzungen nicht unter 30.

b) Bestimmend für die Beurteilung des GdS ist das Ausmaß der bleibenden Ausfallserscheinungen. Dabei sind der neurologi-

GdS/GdB-Grad

sche Befund, die Ausfallserscheinungen im psychischen Bereich unter Würdigung der prämorbiden Persönlichkeit und ggf. das Auftreten von zerebralen Anfällen zu beachten. Bei der Mannigfaltigkeit der Folgezustände von Hirnschädigungen kommt ein GdS zwischen 20 und 100 in Betracht.

c) Bei Kindern ist zu berücksichtigen, dass sich die Auswirkungen eines Hirnschadens abhängig vom Reifungsprozess sehr verschieden (Besserung oder Verschlechterung) entwickeln können, so dass in der Regel Nachprüfungen in Abständen von wenigen Jahren angezeigt sind.

d) Bei einem mit Ventil versorgten Hydrozephalus ist ein GdS von wenigstens 30 anzusetzen.

e) Nicht nur vorübergehende vegetative Störungen nach Gehirnerschütterung (reversible und morphologisch nicht nachweisbare Funktionsstörung des Gesamthirns) rechtfertigen im ersten Jahr nach dem Unfall einen GdS von 10 bis 20.

Bei der folgenden GdS-Tabelle der Hirnschäden soll die unter Nummer 3.1.1 genannte Gesamtbewertung im Vordergrund stehen. Die unter Nummer 3.1.2 angeführten isoliert vorkommenden bzw. führenden Syndrome stellen eine ergänzende Hilfe zur Beurteilung dar.

3.1.1 Grundsätze der Gesamtbewertung von Hirnschäden

Hirnschäden mit geringer Leistungsbeeinträchtigung	30–40
Hirnschäden mit mittelschwerer Leistungsbeeinträchtigung . .	50–60
Hirnschäden mit schwerer Leistungsbeeinträchtigung	70–100

3.1.2 Bewertung von Hirnschäden mit isoliert vorkommenden bzw. führenden Syndromen
(bei Begutachtungen im sozialen Entschädigungsrecht auch zur Feststellung der Schwerstbeschädigtenzulage)

Hirnschäden mit psychischen Störungen	
leicht (im Alltag sich gering auswirkend)	30–40
mittelgradig (im Alltag sich deutlich auswirkend)	50–60
schwer	70–100
Zentrale vegetative Störungen als Ausdruck eines Hirndauerschadens (z. B. Störungen des Schlaf-Wach-Rhythmus, der Vasomotorenregulation oder der Schweißregulation)	
leicht	30
mittelgradig, auch mit vereinzelten synkopalen Anfällen . .	40
mit häufigeren Anfällen oder erheblichen Auswirkungen auf den Allgemeinzustand	550
Koordinations- und Gleichgewichtsstörungen (spino-) zerebellarer Ursache je nach dem Ausmaß der Störung der Ziel- und Feinmotorik einschließlich der Schwierigkeiten beim Gehen und Stehen (siehe hierzu auch bei Hör- und Gleichgewichtsorgan)	30–100
Hirnschäden mit kognitiven Leistungsstörungen (z. B. Aphasie, Apraxie, Agnosie)	
leicht (z. B. Restaphasie)	30–40

	GdS/GdB-Grad
mittelgradig (z. B. Aphasie mit deutlicher bis sehr ausgeprägter Kommunikationsstörung)	50–80
schwer (z. B. globale Aphasie)	90–100
Zerebral bedingte Teillähmungen und Lähmungen	
leichte Restlähmungen und Tonusstörungen der Gliedmaßen	30
bei ausgeprägteren Teillähmungen und vollständigen Lähmungen ist der GdS aus Vergleichen mit dem GdS bei Gliedmaßenverlusten, peripheren Lähmungen und anderen Funktionseinbußen der Gliedmaßen abzuleiten.	
vollständige Lähmung von Arm und Bein (Hemiplegie)	100
Parkinson-Syndrom	
ein- oder beidseitig, geringe Störung der Bewegungsabläufe, keine Gleichgewichtsstörung, geringe Verlangsamung	30–40
deutliche Störung der Bewegungsabläufe, Gleichgewichtsstörungen, Unsicherheit beim Umdrehen, stärkere Verlangsamung	50–70
schwere Störung der Bewegungsabläufe bis zur Immobilität	80–100
Andere extrapyramidale Syndrome – auch mit Hyperkinesen – sind analog nach Art und Umfang der gestörten Bewegungsabläufe und der Möglichkeit ihrer Unterdrückung zu bewerten; bei lokalisierten Störungen (z. B. Torticollis spasmodicus) sind niedrigere GdS als bei generalisierten (z. B. choreatische Syndrome) in Betracht zu ziehen.	
Epileptische Anfälle	
je nach Art, Schwere, Häufigkeit und tageszeitlicher Verteilung	
sehr selten (generalisierte [große] und komplex-fokale Anfälle mit Pausen von mehr als einem Jahr; kleine und einfach-fokale Anfälle mit Pausen von Monaten)	40
selten (generalisierte [große] und komplex-fokale Anfälle mit Pausen von Monaten; kleine und einfach-fokale Anfälle mit Pausen von Wochen)	50–60
mittlere Häufigkeit (generalisierte [große] und komplex-fokale Anfälle mit Pausen von Wochen; kleine und einfach-fokale Anfälle mit Pausen von Tagen)	60–80
häufig (generalisierte [große] oder komplex-fokale Anfälle wöchentlich oder Serien von generalisierten Krampfanfällen, von fokal betonten oder von multifokalen Anfällen; kleine und einfach-fokale Anfälle täglich)	90–100
nach drei Jahren Anfallsfreiheit bei weiterer Notwendigkeit antikonvulsiver Behandlung	30
Ein Anfallsleiden gilt als abgeklungen, wenn ohne Medikation drei Jahre Anfallsfreiheit besteht. Ohne nachgewiesenen Hirnschaden ist dann kein GdS mehr anzunehmen.	

3.2 Narkolepsie

Je nach Häufigkeit, Ausprägung und Kombination der Symptome (Tagesschläfrigkeit, Schlafattacken, Kataplexien, automatisches

GdS/GdB-Grad

Verhalten im Rahmen von Ermüdungserscheinungen, Schlaflähmungen – häufig verbunden mit hypnagogen Halluzinationen) ist im Allgemeinen ein GdS von 50 bis 80 anzusetzen.

3.3 Hirntumoren

Der GdS von Hirntumoren ist vor allem von der Art und Dignität und von der Ausdehnung und Lokalisation mit ihren Auswirkungen abhängig.

Nach der Entfernung gutartiger Tumoren (z. B. Meningeom, Neurinom) richtet sich der GdS allein nach dem verbliebenen Schaden.

Bei Tumoren wie Oligodendrogliom, Ependymom, Astrozytom II, ist der GdS, wenn eine vollständige Tumorentfernung nicht gesichert ist, nicht niedriger als 50 anzusetzen.

Bei malignen Tumoren (z. B. Astrozytom III, Glioblastom, Medulloblastom) ist der GdS mit wenigstens 80 zu bewerten.

Das Abwarten einer Heilungsbewährung (von fünf Jahren) kommt in der Regel nur nach der Entfernung eines malignen Kleinhirntumors des Kindesalters (z. B. Medulloblastom) in Betracht. Der GdS beträgt während dieser Zeit (im Frühstadium) bei geringer Leistungsbeeinträchtigung 50.

3.4 Beeinträchtigungen der geistigen Leistungsfähigkeit im Kindes- und Jugendalter

Die GdS-Beurteilung der Beeinträchtigungen der geistigen Entwicklung darf nicht allein vom Ausmaß der Intelligenzminderung und von diesbezüglichen Testergebnissen ausgehen, die immer nur Teile der Behinderung zu einem bestimmten Zeitpunkt erfassen können. Daneben muss stets auch die Persönlichkeitsentwicklung auf affektivem und emotionalem Gebiet, wie auch im Bereich des Antriebs und der Prägung durch die Umwelt mit allen Auswirkungen auf die sozialen Einordnungsmöglichkeiten berücksichtigt werden.

3.4.1 Entwicklungsstörungen im Kleinkindesalter

Die Beurteilung setzt eine standardisierte Befunderhebung mit Durchführung geeigneter Testverfahren voraus (Nachuntersuchung mit Beginn der Schulpflicht).

Umschriebene Entwicklungsstörungen in den Bereichen Motorik, Sprache oder Wahrnehmung und Aufmerksamkeit

leicht, ohne wesentliche Beeinträchtigung der Gesamtentwicklung	0–10
sonst – bis zum Ausgleich – je nach Beeinträchtigung der Gesamtentwicklung	20–40
bei besonders schwerer Ausprägung	50

Globale Entwicklungsstörungen (Einschränkungen in den Bereichen Sprache und Kommunikation, Wahrnehmung und Spielverhalten, Motorik, Selbständigkeit, soziale Integration)

je nach Ausmaß der sozialen Einordnungsstörung und der Verhaltensstörung (z. B. Hyperaktivität, Aggressivität)

geringe Auswirkungen	30–40

	GdS/GdB-Grad
starke Auswirkungen (z. B. Entwicklungsquotient [EQ] von 70 bis über 50)	50–70
schwere Auswirkungen (z. B. EQ 50 und weniger)	80–100
3.4.2 Einschränkung der geistigen Leistungsfähigkeit im Schul- und Jugendalter	
Kognitive Teilleistungsschwächen (z. B. Lese-Rechtschreib-Schwäche [Legasthenie], isolierte Rechenstörung)	
leicht, ohne wesentliche Beeinträchtigung der Schulleistungen	0–10
sonst – auch unter Berücksichtigung von Konzentrations- und Aufmerksamkeitsstörungen – bis zum Ausgleich	20–40
bei besonders schwerer Ausprägung (selten)	50
Einschränkung der geistigen Leistungsfähigkeit mit einem Intelligenzrückstand entsprechend einem Intelligenz-Alter (I. A.) von etwa 10 bis 12 Jahren bei Erwachsenen (Intelligenzquotient [IQ] von etwa 70 bis 60)	
wenn während des Schulbesuchs nur geringe Störungen, insbesondere der Auffassung, der Merkfähigkeit, der psychischen Belastbarkeit, der sozialen Einordnung, des Sprechens, der Sprache, oder anderer kognitiver Teilleistungen vorliegen . .	30–40
wenn sich nach Abschluss der Schule noch eine weitere Bildungsfähigkeit gezeigt hat und keine wesentlichen, die soziale Einordnung erschwerenden Persönlichkeitsstörungen bestehen	30–40
wenn ein Ausbildungsberuf unter Nutzung der Sonderregelungen für behinderte Menschen erreicht werden kann	30–40
wenn während des Schulbesuchs die oben genannten Störungen stark ausgeprägt sind oder mit einem Schulversagen zu rechnen ist	50–70
wenn nach Abschluss der Schule auf eine Beeinträchtigung der Fähigkeit zu selbständiger Lebensführung oder sozialer Einordnung geschlossen werden kann	50–70
wenn der behinderte Mensch wegen seiner Behinderung trotz beruflicher Fördermöglichkeiten (z. B. in besonderen Rehabilitationseinrichtungen) nicht in der Lage ist, sich auch unter Nutzung der Sonderregelungen für behinderte Menschen beruflich zu qualifizieren	50–70
Intelligenzmangel mit stark eingeengter Bildungsfähigkeit, erheblichen Mängeln im Spracherwerb, Intelligenzrückstand entsprechend einem I. A. unter 10 Jahren bei Erwachsenen (IQ unter 60)	
bei relativ günstiger Persönlichkeitsentwicklung und sozialer Anpassungsmöglichkeit (Teilerfolg in einer Sonderschule, selbständige Lebensführung in einigen Teilbereichen und Einordnung im allgemeinen Erwerbsleben mit einfachen motorischen Fertigkeiten noch möglich)	80–90
bei stärkerer Einschränkung der Eingliederungsmöglichkeiten mit hochgradigem Mangel an Selbständigkeit und Bildungsfähigkeit, fehlender Sprachentwicklung, unabhängig von der	

	GdS/GdB-Grad
Arbeitsmarktlage und auf Dauer Beschäftigungsmöglichkeit nur in einer Werkstatt für Behinderte	100
3.5 Verhaltens- und emotionale Störungen mit Beginn in der Kindheit und Jugend Die Kriterien der Definitionen der ICD 10-GM Version 2011 müssen erfüllt sein. Komorbide psychische Störungen sind gesondert zu berücksichtigen. Eine Behinderung liegt erst ab Beginn der Teilhabebeeinträchtigung vor. Eine pauschale Festsetzung des GdS nach einem bestimmten Lebensalter ist nicht möglich.	
3.5.1 Tief greifende Entwicklungsstörungen (insbesondere frühkindlicher Autismus, atypischer Autismus, Asperger-Syndrom) Bei tief greifenden Entwicklungsstörungen	
ohne soziale Anpassungsschwierigkeiten beträgt der GdS . .	10–20
mit leichten sozialen Anpassungsschwierigkeiten beträgt der GdS	30–40
mit mittleren sozialen Anpassungsschwierigkeiten beträgt der GdS	50–70
mit schweren sozialen Anpassungsschwierigkeiten beträgt der GdS	80–100
Soziale Anpassungsschwierigkeiten liegen insbesondere vor, wenn die Integrationsfähigkeit in Lebensbereiche (wie zum Beispiel Regel-Kindergarten, Regel-Schule, allgemeiner Arbeitsmarkt, öffentliches Leben, häusliches Leben) nicht ohne besondere Förderung oder Unterstützung (zum Beispiel durch Eingliederungshilfe) gegeben ist oder wenn die Betroffenen einer über das dem jeweiligen Alter entsprechende Maß hinausgehenden Beaufsichtigung bedürfen. Mittlere soziale Anpassungsschwierigkeiten liegen insbesondere vor, wenn die Integration in Lebensbereiche nicht ohne umfassende Unterstützung (zum Beispiel einen Integrationshelfer als Eingliederungshilfe) möglich ist. Schwere soziale Anpassungsschwierigkeiten liegen insbesondere vor, wenn die Integration in Lebensbereiche auch mit umfassender Unterstützung nicht möglich ist.	
3.5.2 Hyperkinetische Störungen und Aufmerksamkeitsstörungen ohne Hyperaktivität Ohne soziale Anpassungsschwierigkeiten liegt keine Teilhabebeeinträchtigung vor. Bei sozialen Anpassungsschwierigkeiten	
– ohne Auswirkung auf die Integrationsfähigkeit beträgt der GdS	10–20
– mit Auswirkungen auf die Integrationsfähigkeit in mehreren Lebensbereichen (wie zum Beispiel Regel-Kindergarten, Regel-Schule, allgemeiner Arbeitsmarkt, öffentliches Leben, häusliches Leben) oder wenn die Betroffenen einer über das dem jeweiligen Alter entsprechende Maß hinausgehenden Beaufsichtigung bedürfen, beträgt der GdS	30–40

GdS/GdB-Grad

– mit Auswirkungen, die die Integration in Lebensbereiche nicht ohne umfassende Unterstützung oder umfassende Beaufsichtigung ermöglichen, beträgt der GdS 50–70

– mit Auswirkungen, die die Integration in Lebensbereiche auch mit umfassender Unterstützung nicht ermöglichen, beträgt der GdS 80–100

Ab dem Alter von 25 Jahren beträgt der GdS regelhaft nicht mehr als 50

3.5.3 Störungen des Sozialverhaltens und Störungen sozialer Funktionen mit Beginn in der Kindheit und Jugend sind je nach Ausmaß der Teilhabebeeinträchtigung, insbesondere der Einschränkung der sozialen Integrationsfähigkeit und dem Betreuungsaufwand, individuell zu bewerten.

3.6 Schizophrene und affektive Psychosen

Langdauernde (über ein halbes Jahr anhaltende) Psychose im floriden Stadium je nach Einbuße beruflicher und sozialer Anpassungsmöglichkeiten 50–100

Schizophrener Residualzustand (z. B. Konzentrationsstörung, Kontaktschwäche, Vitalitätseinbuße, affektive Nivellierung)

mit geringen und einzelnen Restsymptomen

ohne soziale Anpassungsschwierigkeiten 10–20

mit leichten sozialen Anpassungsschwierigkeiten 30–40

mit mittelgradigen sozialen Anpassungsschwierigkeiten 50–70

mit schweren sozialen Anpassungsschwierigkeiten 80–100

Affektive Psychose mit relativ kurz andauernden, aber häufig wiederkehrenden Phasen

bei 1 bis 2 Phasen im Jahr von mehrwöchiger Dauer je nach Art und Ausprägung 30–50

bei häufigeren Phasen von mehrwöchiger Dauer 60–100

Nach dem Abklingen lang dauernder psychotischer Episoden ist eine Heilungsbewährung von zwei Jahren abzuwarten.

GdS während dieser Zeit, wenn bereits mehrere manische oder manische und depressive Phasen vorangegangen sind 50

sonst 30

Eine Heilungsbewährung braucht nicht abgewartet zu werden, wenn eine monopolar verlaufene depressive Phase vorgelegen hat, die als erste Krankheitsphase oder erst mehr als zehn Jahre nach einer früheren Krankheitsphase aufgetreten ist.

3.7 Neurosen, Persönlichkeitsstörungen, Folgen psychischer Traumen

Leichtere psychovegetative oder psychische Störungen 0–20

Stärker behindernde Störungen

mit wesentlicher Einschränkung der Erlebnis- und Gestaltungsfähigkeit (z. B. ausgeprägtere depressive, hypochondrische, asthenische oder phobische Störungen, Entwicklungen mit Krankheitswert, somatoforme Störungen) 30–40

	GdS/GdB-Grad
Schwere Störungen (z. B. schwere Zwangskrankheit)	
mit mittelgradigen sozialen Anpassungsschwierigkeiten	50–70
mit schweren sozialen Anpassungsschwierigkeiten	80–100

3.8 Psychische Störungen und Verhaltensstörungen durch psychotrope Substanzen

Der schädliche Gebrauch psychotroper Substanzen ohne körperliche oder psychische Schädigung bedingt keinen Grad der Schädigungsfolgen. Die Abhängigkeit von Koffein oder Tabak sowie von Koffein und Tabak bedingt für sich allein in der Regel keine Teilhabebeeinträchtigung.

Abhängigkeit von psychotropen Substanzen liegt vor, wenn als Folge des chronischen Substanzkonsums mindestens drei der folgenden Kriterien erfüllt sind:

– starker Wunsch (Drang), die Substanz zu konsumieren,
– verminderte Kontrollfähigkeit (Kontrollverlust) den Konsum betreffend,
– Vernachlässigung anderer sozialer Aktivitäten zugunsten des Substanzkonsums,
– fortgesetzter Substanzkonsum trotz des Nachweises schädlicher Folgen,
– Toleranzentwicklung,
– körperliche Entzugssymptome nach Beenden des Substanzkonsums.

Es gelten folgende GdS-Werte:

Bei schädlichem Gebrauch von psychotropen Substanzen mit leichteren psychischen Störungen Beträgt der GdS	0–20
Bei Abhängigkeit:	
– mit leichten sozialen Anpassungsschwierigkeiten	30–40
– mit mittleren sozialen Anpassungsschwierigkeiten	50–70
– mit schweren sozialen Anpassungsschwierigkeiten	80–100

Ist im Fall einer Abhängigkeit, die zuvor mit einem GdS von mindestens 50 zu bewerten war, Abstinenz erreicht, muss eine Heilungsbewährung von zwei Jahren ab dem Zeitpunkt des Beginns der Abstinenz abgewartet werden. Während dieser Zeit ist ein GdS von 30 anzunehmen, es sei denn, die bleibenden psychischen oder hirnorganischen Störungen rechtfertigen einen höheren GdS. Weitere Organschäden sind unter Beachtung von Teil A Nummer 2 Buchstabe e der Versorgungsmedizinischen Grundsätze zu bewerten.

Abnorme Gewohnheiten und Störungen der Impulskontrolle sind nach Teil B Nummer 3.7 zu bewerten.

3.9 Rückenmarkschäden

Unvollständige, leichte Halsmarkschädigung mit beidseits geringen motorischen und sensiblen Ausfällen, ohne Störungen der Blasen- und Mastdarmfunktion	30–60

	GdS/GdB-Grad
Unvollständige Brustmark-, Lendenmark- oder Kaudaschädigung mit Teillähmung beider Beine, ohne Störungen der Blasen- und Mastdarmfunktion	30–60
Unvollständige Brustmark-, Lendenmark- oder Kaudaschädigung mit Teillähmung beider Beine und Störungen der Blasen- und/oder Mastdarmfunktion	60–80
Unvollständige Halsmarkschädigung mit gewichtigen Teillähmungen beider Arme und Beine und Störungen der Blasen- und/oder Mastdarmfunktion	100
Vollständige Halsmarkschädigung mit vollständiger Lähmung beider Arme und Beine und Störungen der Blasen- und/oder Mastdarmfunktion	100
Vollständige Brustmark-, Lendenmark- oder Kaudaschädigung mit vollständiger Lähmung der Beine und Störungen der Blasen- und/oder Mastdarmfunktion	100

3.10 Multiple Sklerose

Der GdS richtet sich vor allem nach den zerebralen und spinalen Ausfallserscheinungen. Zusätzlich ist die aus dem klinischen Verlauf sich ergebende Krankheitsaktivität zu berücksichtigen.

3.11 Polyneuropathien

Bei den Polyneuropathien ergeben sich die Funktionsbeeinträchtigungen aufgrund motorischer Ausfälle (mit Muskelatrophien), sensibler Störungen oder Kombinationen von beiden. Der GdS motorischer Ausfälle ist in Analogie zu den peripheren Nervenschäden einzuschätzen. Bei den sensiblen Störungen und Schmerzen ist zu berücksichtigen, dass schon leichte Störungen zu Beeinträchtigungen – z. B. bei Feinbewegungen – führen können.

4. Sehorgan

Die Sehbehinderung umfasst alle Störungen des Sehvermögens. Für die Beurteilung ist in erster Linie die korrigierte Sehschärfe maßgebend; daneben sind u. a. Ausfälle des Gesichtsfeldes und des Blickfeldes zu berücksichtigen.

Die Sehschärfe ist grundsätzlich entsprechend den Empfehlungen der Deutschen Ophthalmologischen Gesellschaft (DOG) nach DIN 58220 zu bestimmen; Abweichungen hiervon sind nur in Ausnahmefällen zulässig (zum Beispiel bei Bettlägerigkeit oder Kleinkindern). Die übrigen Partialfunktionen des Sehvermögens sind nur mit Geräten oder Methoden zu prüfen, die den Empfehlungen der DOG entsprechend eine gutachtenrelevante einwandfreie Beurteilung erlauben. Bei Nystagmus richtet sich der GdS nach der Sehschärfe, die bei einer Lesezeit von maximal einer Sekunde pro Landolt-Ring festgestellt wird.

Hinsichtlich der Gesichtsfeldbestimmung bedeutet dies, dass zur Feststellung von Gesichtsfeldausfällen nur Ergebnisse der manuell-kinetischen Perimetrie entsprechend der Marke Goldmann III/4e verwertet werden dürfen.

Bei der Beurteilung von Störungen des Sehvermögens ist darauf zu achten, dass der morphologische Befund die Sehstörungen erklärt.

Die Grundlage für die GdS-Beurteilung bei Herabsetzung der Sehschärfe bildet die „MdE-Tabelle der DOG“.

MdE-Tabelle der DOG

Sehschärfe RA		1,0	0,8	0,63	0,5	0,4	0,32	0,25	0,2	0,16	0,1	0,08	0,05	0,02	0
LA		5/5	5/6	5/8	5/10	5/12	5/15	5/20	5/25	5/30	5/50	1/12	1/20	1/50	0
1,0	5/5	0	0	0	5	5	10	10	10	15	20	20	25	25	*25
0,8	5/6	0	0	5	5	10	10	10	15	20	20	25	30	30	30
0,63	5/8	0	5	10	10	10	10	15	20	20	25	30	30	30	40
0,5	5/10	5	5	10	10	10	15	20	20	25	30	30	35	40	40
0,4	5/12	5	10	10	10	20	20	25	25	30	30	35	40	50	50
0,32	5/15	10	10	10	15	20	30	30	30	40	40	40	50	50	50
0,25	5/20	10	10	15	20	25	30	40	40	40	50	50	50	60	60
0,2	5/25	10	15	20	20	25	30	40	50	50	50	60	60	70	70
0,16	5/30	15	20	20	25	30	40	40	50	60	60	60	70	80	80
0,1	5/50	20	20	25	30	30	40	50	50	60	70	70	80	90	90
0,08	1/12	20	25	30	30	35	40	50	60	60	70	80	90	90	90
0,05	1/20	25	30	30	35	40	50	50	60	70	80	90	100	100	100
0,02	1/50	25	30	30	40	50	50	60	70	80	90	90	100	100	100
0	0	*25	30	40	40	50	50	60	70	80	90	90	100	100	100

GdS/GdB-Grad

4.1 Verlust eines Auges mit dauernder, einer Behandlung nicht zugänglichen Eiterung der Augenhöhle 40

4.2 Linsenverlust korrigiert durch intraokulare Kunstlinse oder Kontaktlinse

Linsenverlust eines Auges
(korrigiert durch intraokulare Kunstlinse oder Kontaktlinse)

Sehschärfe 0,4 und mehr 10
Sehschärfe 0,1 bis weniger als 0,4 20
Sehschärfe weniger als 0,1 25–30

Linsenverlust beider Augen
Beträgt der sich aus der Sehschärfe für beide Augen ergebende GdS nicht mehr als 60, ist dieser um 10 zu erhöhen.
Die GdS-Werte setzen die Verträglichkeit der Linsen voraus. Maßgebend ist der objektive Befund.
Bei Versorgung mit Starbrille ist der aus der Sehschärfe für beide Augen sich ergebende GdS um 10 zu erhöhen, bei Blindheit oder Verlust des anderen Auges um 20.

GdS/GdB-Grad

Bei Unkorrigierbarkeit richtet sich der GdS nach der Restsehschärfe.

4.3 Die augenärztliche Untersuchung umfasst die Prüfung der einäugigen und beidäugigen Sehschärfe. Sind die Ergebnisse beider Prüfungsarten unterschiedlich, so ist bei der Bewertung die beidäugige Sehschärfe als Sehschärfewert des besseren Auges anzusetzen.

4.4 Augenmuskellähmungen, Strabismus, wenn ein Auge wegen der Doppelbilder vom Sehen ausgeschlossen werden muss 30

bei Doppelbildern nur in einigen Blickfeldbereichen bei sonst normalem Binokularsehen ergibt sich der GdS aus dem nachstehenden Schema von Haase und Steinhorst:

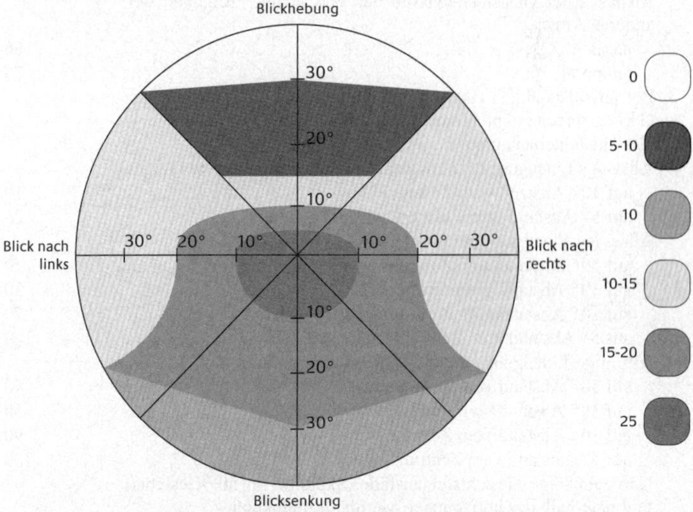

bei einseitiger Bildunterdrückung durch Gewöhnung (Exklusion) und entsprechendem Verschwinden der Doppelbilder . . . 10

Einschränkungen der Sehschärfe (z. B. Amblyopie) oder eine erheblich entstellende Wirkung sind ggf. zusätzlich zu berücksichtigen.

Lähmung des Oberlides mit nicht korrigierbarem, vollständigem
Verschluss des Auges 30
sonst 10–20

Fehlstellungen der Lider, Verlegung der Tränenwege mit Tränenträufeln
einseitig 0–10
beidseitig 10–20

		GdB/MdE-Grad
4.5	Gesichtsfeldausfälle	
	Vollständige Halbseiten- und Quadrantenausfälle	
	Homonyme Hemianopsie	40
	Bitemporale Hemianopsie	30
	Binasale Hemianopsie	
	bei beidäugigem Sehen	10
	bei Verlust des beidäugigen Sehens	30
	Homonymer Quadrant oben	20
	Homonymer Quadrant unten	30
	Vollständiger Ausfall beider unterer Gesichtsfeldhälften	60
	Ausfall einer Gesichtsfeldhälfte bei Verlust oder Blindheit des anderen Auges	
	nasal	60
	temporal	70
	Bei unvollständigen Halbseiten- und Quadrantenausfällen ist der GdS entsprechend niedriger anzusetzen.	
	Gesichtsfeldeinengungen	
	Allseitige Einengung bei normalem Gesichtsfeld des anderen Auges	
	auf 10° Abstand vom Zentrum	10
	auf 5° Abstand vom Zentrum	25
	Allseitige Einengung binokular	
	auf 50° Abstand vom Zentrum	10
	auf 30° Abstand vom Zentrum	30
	auf 10° Abstand vom Zentrum	70
	auf 5° Abstand vom Zentrum	100
	Allseitige Einengung bei Fehlen des anderen Auges	
	auf 50° Abstand vom Zentrum	40
	auf 30° Abstand vom Zentrum	60
	auf 10° Abstand vom Zentrum	90
	auf 5° Abstand vom Zentrum	100
	Unregelmäßige Gesichtsfeldausfälle, Skotome im 50°-Gesichtsfeld unterhalb des horizontalen Meridians, binokular	
	mindestens 1/3 ausgefallene Fläche	20
	mindestens 2/3 ausgefallene Fläche	50
	Bei Fehlen eines Auges sind die Skotome entsprechend höher zu bewerten.	
4.6	Ausfall des Farbensinns	0
	Einschränkung der Dunkeladaptation (Nachtblindheit) oder des Dämmerungssehens	0–10
4.7	Nach Hornhauttransplantationen richtet sich der GdS allein nach dem Sehvermögen.	
4.8	Nach Entfernung eines malignen Augentumors ist in den ersten fünf Jahren eine Heilungsbewährung abzuwarten; GdS während dieser Zeit	

	GdB/MdE-Grad
bei Tumorbegrenzung auf den Augapfel (auch bei Augapfelentfernung)	50
sonst wenigstens	80

5. Hör- und Gleichgewichtsorgan

Maßgebend für die Bewertung des GdS bei Hörstörungen ist die Herabsetzung des Sprachgehörs, deren Umfang durch Prüfung ohne Hörhilfen zu bestimmen ist. Der Beurteilung ist die von der Deutschen Gesellschaft für Hals-Nasen-Ohrenheilkunde, Kopf- und Hals-Chirurgie empfohlene Tabelle (siehe Nummer 5.2.4, Tabelle D) zugrunde zu legen. Nach Durchführung eines Ton- und Sprachaudiogramms ist der Prozentsatz des Hörverlustes aus entsprechenden Tabellen abzuleiten.

Die in der GdS-Tabelle enthaltenen Werte zur Schwerhörigkeit berücksichtigen die Möglichkeit eines Teilausgleichs durch Hörhilfen mit.

Sind mit der Hörstörung andere Erscheinungen verbunden, z. B. Ohrgeräusche, Gleichgewichtsstörungen, Artikulationsstörungen oder außergewöhnliche psychoreaktive Störungen, so kann der GdS entsprechend höher bewertet werden.

	GdS/GdB-Grad
5.1 Angeborene oder in der Kindheit erworbene Taubheit oder an Taubheit grenzende Schwerhörigkeit mit Sprachstörungen	
angeboren oder bis zum 7. Lebensjahr erworben (schwere Störung des Spracherwerbs, in der Regel lebenslang)	100
später erworben (im 8. bis 18. Lebensjahr) mit schweren Sprachstörungen (schwer verständliche Lautsprache, geringer Sprachschatz)	100
sonst je nach Sprachstörung	80–90
5.2 Hörverlust	
5.2.1 Zur Ermittlung des prozentualen Hörverlustes aus den Werten der sprachaudiometrischen Untersuchung (nach Boenninghaus u. Röser 1973) siehe *Tabelle A auf Seite 1125*:	
5.2.2 Zur Ermittlung des prozentualen Hörverlustes aus dem Tonaudiogramm bei unregelmäßigem Verlauf der Tongehörskurve. Der prozentuale Hörverlust ergibt sich durch Addition der vier Teilkomponenten (4-Frequenztabelle nach Röser 1973) siehe *Tabelle B auf Seite 1125*:	
5.2.3 3-Frequenztabelle nach Röser 1980	
für die Beurteilung bei Hochtonverlusten vom Typ Lärmschwerhörigkeit siehe *Tabelle C auf Seite 1126*:	
5.2.4 Zur Ermittlung des GdS aus den Schwerhörigkeitsgraden für beide Ohren siehe *Tabelle D auf Seite 1126*:	
5.3 Gleichgewichtsstörungen	
(Normabweichungen in den apparativ erhobenen neurootologischen Untersuchungsbefunden bedingen für sich allein noch keinen GdS)	

GdS/GdB-Tabelle

Tabelle A

	Hörverlust für Zahlen in dB											
	< 20	ab 20	ab 25	ab 30	ab 35	ab 40	ab 45	ab 50	ab 55	ab 60	ab 65	ab 70
< 20	100	100	100	100	100	100	100	100	100	100	100	100
ab 20	95	95	95	95	95	95	95	95	95	95	95	100
ab 35	90	90	90	90	90	90	90	90	90	90	95	100
ab 50	80	80	80	80	80	80	80	80	80	90	95	100
ab 75	70	70	70	70	70	70	70	70	80	90	95	100
ab 100	60	60	60	60	60	60	60	70	80	90	95	
ab 125	50	50	50	50	50	50	60	70	80	90		
ab 150	40	40	40	40	40	50	60	70	80			
ab 175	30	30	30	30	40	50	60	70				
ab 200	20	20	20	30	40	50	60					
ab 225	10	10	20	30	40	50						
ab 250	0	10	20	30	40							

Das Gesamtwortverstehen wird aus der Wortverständniskurve errechnet. Es entsteht durch Addition der Verständnisquoten bei 60, 80 und 100 dB Lautstärke (einfaches Gesamtwortverstehen).

Bei der Ermittlung von Schwerhörigkeiten bis zu einem Hörverlust von 40% ist das gewichtete Gesamtwortverstehen (Feldmann [1988] anzuwenden: 3 x Verständnisquote bei 60 dB + 2 x Verständnisquote bei 80 dB + 1 x Verständnisquote bei 100 dB, Summe dividiert durch 2.

Tabelle B

Tonhörverlust dB	500 Hz	1000 Hz	2000 Hz	4000 Hz
10	0	0	0	0
15	2	3	2	1
20	3	5	5	2
25	4	8	7	4
30	6	10	9	5
35	8	13	11	6
40	9	16	13	7
45	11	18	16	8
50	12	21	18	9
55	14	24	20	10
60	15	26	23	11
65	17	29	25	12
70	18	32	27	13
75	19	32	28	14
80	19	33	29	14
ab 85	20	35	30	15

Tabelle C

		Tonverlust bei 1 kHz										
	dB von bis	0 5	5 10	15 20	25 30	35 40	45 50	55 60	65 70	75 80	85 90	95 100
Summe bei 2 und 3 kHz	0 – 15	0	0	0	0	5	5		Hörverlust in %			
	20 – 35	0	0	0	5	10	20	30				
	40 – 55	0	0	0	10	20	25	35	45			
	60 – 75	0	0	10	15	25	35	40	50	60		
	80 – 95	0	5	15	25	30	40	50	60	70	80	
	100 – 115	5	15	20	30	40	45	55	70	80	90	100
	120 – 135	10	20	30	35	45	55	65	75	90	100	100
	140 – 155	20	25	35	45	50	60	75	85	95	100	100
	160 – 175	25	35	40	50	60	70	80	95	100	100	100
	180 – 195	30	40	50	55	70	80	90	100	100	100	100
	ab 200	40	45	55	65	75	90	100	100	100	100	100

Tabelle D

Rechtes Ohr								
	Normalhörigkeit	0 – 20	0	0	10	10	15	20
			— 10 —					
	Geringgradige Schwerhörigkeit	20 – 40	0	15	20	20	30	30
				— 20 —				
	Mittelgradige Schwerhörigkeit	40 – 60	10	20	30	30	40	40
					— 40 —			
	Hochgradige Schwerhörigkeit	60 – 80	10	20	30	50	50	50
						— 60 —		
	An Taubheit grenzende Schwerhörigkeit	80 – 95	15	30	40	50	70	70
							— 80 —	
	Taubheit	100	20	30	40	50	70	80
		Hörverlust in Prozent	0 – 20	20 – 40	40 – 60	60 – 80	80 – 95	100
			Normalhörigkeit	Geringgradige Schwerhörigkeit	Mittelgradige Schwerhörigkeit	Hochgradige Schwerhörigkeit	An Taubheit grenzende Schwerhörigkeit	Taubheit
	Linkes Ohr							

	GdS/GdB-Grad
ohne wesentliche Folgen	
beschwerdefrei, allenfalls Gefühl der Unsicherheit bei alltäglichen Belastungen (z. B. Gehen, Bücken, Aufrichten, Kopfdrehungen, leichte Arbeiten in wechselnder Körperhaltung) leichte Unsicherheit, geringe Schwindelerscheinungen (Schwanken) bei höheren Belastungen (z. B. Heben von Lasten, Gehen im Dunkeln, abrupte Körperbewegungen) stärkere Unsicherheit mit Schwindelerscheinungen (Fallneigung, Ziehen nach einer Seite) erst bei außergewöhnlichen Belastungen (z. B. Stehen und Gehen auf Gerüsten, sportliche Übungen mit raschen Körperbewegungen)	
keine nennenswerten Abweichungen bei den Geh- und Stehversuchen	0–10
mit leichten Folgen	
leichte Unsicherheit, geringe Schwindelerscheinungen wie Schwanken, Stolpern, Ausfallsschritte bei alltäglichen Belastungen, stärkere Unsicherheit und Schwindelerscheinungen bei höheren Belastungen	
leichte Abweichungen bei den Geh- und Stehversuchen erst auf höherer Belastungsstufe	20
mit mittelgradigen Folgen	
stärkere Unsicherheit, Schwindelerscheinungen mit Fallneigung bereits bei alltäglichen Belastungen, heftiger Schwindel (mit vegetativen Erscheinungen, gelegentlich Übelkeit, Erbrechen) bei höheren und außergewöhnlichen Belastungen	
deutliche Abweichungen bei den Geh- und Stehversuchen bereits auf niedriger Belastungsstufe	30–40
mit schweren Folgen	
heftiger Schwindel, erhebliche Unsicherheit und Schwierigkeiten bereits beim Gehen und Stehen im Hellen und bei anderen alltäglichen Belastungen, teilweise Gehhilfe erforderlich	50–70
bei Unfähigkeit, ohne Unterstützung zu gehen oder zu stehen	80
Ohrgeräusche (Tinnitus)	
ohne nennenswerte psychische Begleiterscheinungen	0–10
mit erheblichen psychovegetativen Begleiterscheinungen	20
mit wesentlicher Einschränkung der Erlebnis- und Gestaltungsfähigkeit (z. B. ausgeprägte depressive Störungen)	30–40
mit schweren psychischen Störungen und sozialen Anpassungsschwierigkeitenmindestens	50
Menière-Krankheit	
ein bis zwei Anfälle im Jahr	0–10
häufigere Anfälle, je nach Schweregrad	20–40
mehrmals monatlich schwere Anfälle	50

Bleibende Hörstörungen und Ohrgeräusche (Tinnitus) sind zusätzlich zu bewerten.

	GdS/GdB-Grad
5.4 Chronische Mittelohrentzündung	
ohne Sekretion oder einseitige zeitweise Sekretion	0
einseitige andauernde Sekretion oder zeitweise beidseitige Sekretion	10
andauernd beidseitige Sekretion	20
Radikaloperationshöhle	
reizlos	0
bei unvollständiger Überhäutung und ständiger Sekretion	
einseitig	10
beidseitig	20
5.5 Verlust einer Ohrmuschel	20

6. Nase

	GdS/GdB-Grad
6.1 Völliger Verlust der Nase	50
Teilverlust der Nase, Sattelnase	
wenig störend	10
sonst	20–30
6.2 Stinknase (Ozaena), je nach Ausmaß der Borkenbildung und des Foetors	20–40
Verengung der Nasengänge	
einseitig je nach Atembehinderung	0–10
doppelseitig mit leichter bis mittelgradiger Atembehinderung	10
doppelseitig mit starker Atembehinderung	20
Chronische Nebenhöhlenentzündung	
leichteren Grades (ohne wesentliche Neben- und Folgeerscheinungen)	0–10
schweren Grades (ständige erhebliche Eiterabsonderung, Trigeminusreizerscheinungen, Polypenbildung)	20–40
6.3 Völliger Verlust des Riechvermögens mit der damit verbundenen Beeinträchtigung der Geschmackswahrnehmung	15
Völliger Verlust des Geschmackssinns	10

7. Mundhöhle, Rachenraum und obere Luftwege

Verletzungs- und Erkrankungsfolgen an den Kiefern, Kiefergelenken und Weichteilen der Mundhöhle, einschließlich der Zunge und der Speicheldrüsen, sind nach dem Grad ihrer Auswirkung auf Sprech-, Kau- und Schluckvermögen zu beurteilen. Eine Gesichtsentstellung ist gesondert zu berücksichtigen.

	GdS/GdB-Grad
7.1 Lippendefekt mit ständigem Speichelfluss	20–30
Äußere Speichelfistel, Frey-Syndrom	
geringe Sekretion	10

		GdS/GdB-Grad
	sonst	20
	Störung der Speichelsekretion (vermehrter Speichelfluss, Mundtrockenheit)	0–20
7.2	Schwere Funktionsstörung der Zunge durch Gewebsverlust, narbige Fixierung oder Lähmung je nach Umfang und Artikulationsstörung	30–50
	Behinderung der Mundöffnung (Schneidekantendistanz zwischen 5 und 25 mm) mit deutlicher Auswirkung auf die Nahrungsaufnahme	20–40
	Kieferklemme mit Notwendigkeit der Aufnahme flüssiger oder passierter Nahrung und entsprechenden Sprechstörungen	50
7.3	Verlust eines Teiles des Unterkiefers mit schlaffer Pseudarthrose	
	ohne wesentliche Beeinträchtigung der Kaufunktion und Artikulation	0–10
	mit erheblicher Beeinträchtigung der Kaufunktion und Artikulation	20–50
	Verlust eines Teiles des Oberkiefers	
	ohne wesentliche kosmetische und funktionelle Beeinträchtigung	0–10
	mit entstellender Wirkung, wesentlicher Beeinträchtigung der Nasen- und Nebenhöhlen (Borkenbildung, ständige Sekretion)	20–40
7.4	Umfassender Zahnverlust	
	über ½ Jahr hinaus prothetisch nur unzureichend zu versorgen	10–20
	Verlust erheblicher Teile des Alveolarfortsatzes mit wesentlicher, prothetisch nicht voll ausgleichbarer Funktionsbehinderung	20
7.5	Ausgedehnter Defekt des Gaumens mit gut sitzender Defektprothese	30
	Verlust des Gaumens ohne Korrekturmöglichkeit durch geeignete Prothese (Störung der Nahrungsaufnahme)	50
7.6	Lippen-, Kiefer-, Gaumen- und Segelspalten bei Kindern, bis zum Abschluss der Behandlung	
	Isolierte voll ausgebildete Lippenspalte (ein- oder beidseitig) bis zum Abschluss der Behandlung (in der Regel ein Jahr nach der Operation) je nach Trinkstörung, Beeinträchtigung der mimischen Muskulatur und Störung der Lautbildung	30–50
	Lippen-Kieferspalte	
	bis zum Abschluss der Erstbehandlung (in der Regel ein Jahr nach der Operation)	60–70
	bis zum Verschluss der Kieferspalte	50
	Lippen-Kiefer-Gaumenspalte	
	bis zum Abschluss der Erstbehandlung (in der Regel ein Jahr nach der Operation) unter Mitberücksichtigung der regelhaft damit verbundenen Hörstörung (Tubenfehlbelüftung) und der Störung der Nasenatmung	100
	bis zum Verschluss der Kieferspalte	50
	Komplette Gaumen- und Segelspalte ohne Kieferspalte	
	wegen der bis zum Abschluss der Erstbehandlung (in der Regel ein Jahr nach der Operation) bestehenden mit der Lippen-Kiefer-Gaumenspalte vergleichbaren Auswirkungen	100

	GdS/GdB-Grad
Isolierte Segelspalte, submuköse Gaumenspalte bis zum Abschluss der Behandlung je nach Ausmaß der Artikulationsstörung	0–30
Ausgeprägte Hörstörungen sind ggf. zusätzlich zu berücksichtigen.	
Nach Abschluss der Behandlung richtet sich der GdS immer nach der verbliebenen Gesundheitsstörung.	
7.7 Schluckstörungen	
ohne wesentliche Behinderung der Nahrungsaufnahme je nach Beschwerden	0–10
mit erheblicher Behinderung der Nahrungsaufnahme je nach Auswirkung (Einschränkung der Kostform, verlängerte Essdauer) . .	20–40
mit häufiger Aspiration und erheblicher Beeinträchtigung des Kräfte- und Ernährungszustandes	50–70
7.8 Verlust des Kehlkopfes	
bei guter Ersatzstimme und ohne Begleiterscheinungen, unter Mitberücksichtigung der Beeinträchtigung der körperlichen Leistungsfähigkeit (fehlende Bauchpresse)	70
in allen anderen Fällen	80
Anhaltende schwere Bronchitiden und Beeinträchtigungen durch Nervenlähmungen im Hals- und Schulterbereich sind zusätzlich zu berücksichtigen.	
Bei Verlust des Kehlkopfes wegen eines malignen Tumors ist in den ersten fünf Jahren eine Heilungsbewährung abzuwarten; GdB bzw. GdS während dieser Zeit	100
Teilverlust des Kehlkopfes	
je nach Sprechfähigkeit und Beeinträchtigung der körperlichen Leistungsfähigkeit	20–50
Bei Teilverlust des Kehlkopfes wegen eines malignen Tumors ist in den ersten fünf Jahren eine Heilungsbewährung abzuwarten; GdS während dieser Zeit	
bei Geschwulstentfernung im Frühstadium (T1 N0 M0)	50–60
sonst	80
7.9 Tracheostoma	
reizlos oder mit geringen Reizerscheinungen (Tracheitis, Bronchitis), gute Sprechstimme	40
mit erheblichen Reizerscheinungen und/oder erheblicher Beeinträchtigung der Sprechstimme bis zum Verlust der Sprechfähigkeit (z. B. bei schweren Kehlkopfveränderungen)	50–80
Einschränkungen der Atemfunktion sind ggf. zusätzlich zu berücksichtigen.	
Trachealstenose ohne Tracheostoma	
Der GdS ist je nach Atembehinderung analog der dauernden Einschränkung der Lungenfunktion zu beurteilen.	

	GdS/GdB-Grad
7.10 Funktionelle und organische Stimmstörungen (z. B. Stimmbandlähmung)	
mit geringer belastungsabhängiger Heiserkeit	0–10
mit dauernder Heiserkeit	20–30
nur Flüsterstimme	40
mit völliger Stimmlosigkeit	50
Atembehinderungen sind ggf. zusätzlich zu bewerten analog der dauernden Einschränkung der Lungenfunktion.	
7.11 Artikulationsstörungen	
durch Lähmungen oder Veränderungen in Mundhöhle oder Rachen	
mit verständlicher Sprache	10
mit schwer verständlicher Sprache	20–40
mit unverständlicher Sprache	50
Stottern	
leicht	0–10
mittelgradig, situationsunabhängig	20
schwer, auffällige Mitbewegungen	30–40
mit unverständlicher Sprache	50
Außergewöhnliche psychoreaktive Störungen einschließlich somatoformer Störungen sind ggf. zusätzlich zu berücksichtigen	

8. Brustkorb, tiefere Atemwege und Lungen

Bei chronischen Krankheiten der Bronchien und des Lungenparenchyms sowie bei Brustfellschwarten richtet sich der GdS vor allem nach der klinischen Symptomatik mit ihren Auswirkungen auf den Allgemeinzustand. Außerdem sind die Einschränkung der Lungenfunktion, die Folgeerscheinungen an anderen Organsystemen (z. B. Cor pulmonale) und bei allergisch bedingten Krankheiten auch die Vermeidbarkeit der Allergene zu berücksichtigen.

	GdS/GdB-Grad
8.1 Brüche und Defekte der Knochen des Brustkorbs (Rippen, Brustbein, Schlüsselbein) ohne Funktionsstörungen verheilt, je nach Ausdehnung des Defektes	0–10
Rippendefekte mit Brustfellschwarten	
ohne wesentliche Funktionsstörung	0–10
bei sehr ausgedehnten Defekten einschließlich entstellender Wirkung	20
Brustfellverwachsungen und -schwarten	
ohne wesentliche Funktionsstörung	0–10
Fremdkörper im Lungengewebe oder in der Brustkorbwand	
reaktionslos eingeheilt	0

	GdS/GdB-Grad
8.2 Chronische Bronchitis, Bronchiektasen als eigenständige Krankheiten – ohne dauernde Einschränkung der Lungenfunktion, leichte Form (symptomfreie Intervalle über mehrere Monate, wenig Husten, geringer Auswurf)	0–10
schwere Form (fast kontinuierlich ausgiebiger Husten und Auswurf, häufige akute Schübe)	20–30
Pneumokoniosen (z. B. Silikose, Asbestose) ohne wesentliche Einschränkung der Lungenfunktion	0–10
8.3 Krankheiten der Atmungsorgane mit dauernder Einschränkung der Lungenfunktion	
geringen Grades das gewöhnliche Maß übersteigende Atemnot bei mittelschwerer Belastung (z. B. forsches Gehen [5–6 km/h], mittelschwere körperliche Arbeit); statische und dynamische Messwerte der Lungenfunktionsprüfung bis zu 1/3 niedriger als die Sollwerte, Blutgaswerte im Normbereich	20–40
mittleren Grades das gewöhnliche Maß übersteigende Atemnot bereits bei alltäglicher leichter Belastung (z. B. Spazierengehen [3–4 km/h], Treppensteigen bis zu einem Stockwerk, leichte körperliche Arbeit); statische und dynamische Messwerte der Lungenfunktionsprüfung bis zu 2/3 niedriger als die Sollwerte, respiratorische Partialinsuffizienz	50–70
schweren Grades Atemnot bereits bei leichtester Belastung oder in Ruhe; statische und dynamische Messwerte der Lungenfunktionsprüfung um mehr als 2/3 niedriger als die Sollwerte, respiratorische Globalinsuffizienz	80–100
8.4 Nach einer Lungentransplantation ist eine Heilungsbewährung abzuwarten (im Allgemeinen zwei Jahre); während dieser Zeit ist ein GdS von 100 anzusetzen. Danach ist der GdS selbst bei günstigem Heilungsverlauf unter Mitberücksichtigung der erforderlichen Immunsuppression nicht niedriger als 70 zu bewerten. Nach Entfernung eines malignen Lungentumors oder eines Bronchialtumors ist in den ersten fünf Jahren eine Heilungsbewährung abzuwarten.	
GdS während dieser Zeit wenigstens	80
bei Einschränkung der Lungenfunktion mittleren bis schweren Grades	90–100
8.5 Bronchialasthma ohne dauernde Einschränkung der Lungenfunktion, Hyperreagibilität mit seltenen (saisonalen) und/oder leichten Anfällen	0–20

	GdS/GdB-Grad
Hyperreagibilität mit häufigen (mehrmals pro Monat) und/oder schweren Anfällen	30–40
Hyperreagibilität mit Serien schwerer Anfälle	50
Eine dauernde Einschränkung der Lungenfunktion ist zusätzlich zu berücksichtigen.	
8.6 Bronchialasthma bei Kindern	
geringen Grades	
(Hyperreagibilität mit seltenen (saisonalen) und/oder leichten Anfällen, keine dauernde Einschränkung der Atemfunktion, nicht mehr als sechs Wochen Bronchitis im Jahr)	20–40
mittleren Grades	
(Hyperreagibilität mit häufigeren und/oder schweren Anfällen, leichte bis mittelgradige ständige Einschränkung der Atemfunktion, etwa 2 bis 3 Monate kontinuierliche Bronchitis im Jahr) .	50–70
schweren Grades	
(Hyperreagibilität mit Serien schwerer Anfälle, schwere Beeinträchtigung der Atemfunktion, mehr als 3 Monate kontinuierliche Bronchitis im Jahr)	80–100
8.7 Schlaf-Apnoe-Syndrom (Nachweis durch Untersuchung im Schlaflabor)	
ohne Notwendigkeit einer kontinuierlichen nasalen Überdruckbeatmung	0–10
mit Notwendigkeit einer kontinuierlichen nasalen Überdruckbeatmung	20
bei nicht durchführbarer nasaler Überdruckbeatmung	50
Folgeerscheinungen oder Komplikationen (z. B. Herzrhythmusstörungen, Hypertonie, Cor pulmonale) sind zusätzlich zu berücksichtigen.	
8.8 Tuberkulose	
Tuberkulöse Pleuritis	
Der GdS richtet sich nach den Folgeerscheinungen.	
Lungentuberkulose	
ansteckungsfähig (mehr als 6 Monate andauernd)	100
nicht ansteckungsfähig	
ohne Einschränkung der Lungenfunktion	0
sonst je nach Einschränkung der Lungenfunktion.	
8.9 Sarkoidose	
Der GdS richtet sich nach der Aktivität mit ihren Auswirkungen auf den Allgemeinzustand und nach den Auswirkungen an den verschiedenen Organen.	
Bei chronischem Verlauf mit klinischen Aktivitätszeichen und Auswirkungen auf den Allgemeinzustand ist ohne Funktionseinschränkung von betroffenen Organen ein GdS von 30 anzunehmen.	

9. Herz und Kreislauf

Für die Bemessung des GdS ist weniger die Art einer Herz- oder Kreislaufkrankheit maßgeblich als die Leistungseinbuße. Bei der Beurteilung des GdS ist zunächst von dem klinischen Bild und von den Funktionseinschränkungen im Alltag auszugehen. Ergometerdaten und andere Parameter stellen Richtwerte dar, die das klinische Bild ergänzen. Elektrokardiographische Abweichungen allein gestatten keinen Rückschluss auf die Leistungseinbuße.

	GdS/GdB-Grad
9.1 Krankheiten des Herzens	
9.1.1 Einschränkung der Herzleistung:	
1. keine wesentliche Leistungsbeeinträchtigung (keine Insuffizienzerscheinungen wie Atemnot, anginöse Schmerzen) selbst bei gewohnter stärkerer Belastung (z. B. sehr schnelles Gehen [7–8 km/h], schwere körperliche Arbeit), keine Einschränkung der Solleistung bei Ergometerbelastung; bei Kindern und Säuglingen (je nach Alter) beim Strampeln, Krabbeln, Laufen, Treppensteigen keine wesentliche Leistungsbeeinträchtigung, keine Tachypnoe, kein Schwitzen	0–10
2. Leistungsbeeinträchtigung bei mittelschwerer Belastung (z. B. forsches Gehen [5–6 km/h], mittelschwere körperliche Arbeit), Beschwerden und Auftreten pathologischer Messdaten bei Ergometerbelastung mit 75 Watt (wenigstens 2 Minuten); bei Kindern und Säuglingen Trinkschwierigkeiten, leichtes Schwitzen, leichte Tachy- und Dyspnoe, leichte Zyanose, keine Stauungsorgane, Beschwerden und Auftreten pathologischer Messdaten bei Ergometerbelastung mit 1 Watt/kg Körpergewicht	20–40
3. Leistungsbeeinträchtigung bereits bei alltäglicher leichter Belastung (z. B. Spazierengehen [3–4 km/h], Treppensteigen bis zu einem Stockwerk, leichte körperliche Arbeit), Beschwerden und Auftreten pathologischer Messdaten bei Ergometerbelastung mit 50 Watt (wenigstens 2 Minuten); bei Kindern und Säuglingen deutliche Trinkschwierigkeiten, deutliches Schwitzen, deutliche Tachy- und Dyspnoe, deutliche Zyanose, rezidivierende pulmonale Infekte, kardial bedingte Gedeihstörungen, Beschwerden und Auftreten pathologischer Messdaten bei Ergometerbelastung mit 0,75 Watt/kg Körpergewicht	50–70
mit gelegentlich auftretenden, vorübergehend schweren Dekompensationserscheinungen	80
4. Leistungsbeeinträchtigung bereits in Ruhe (Ruheinsuffizienz, z. B. auch bei fixierter pulmonaler Hypertonie); bei Kindern und Säuglingen auch hypoxämische Anfälle, deutliche Stauungsorgane, kardiale Dystrophie	90–100

		GdS/GdB-Grad
	(Die für Erwachsene angegebenen Wattzahlen sind auf mittleres Lebensalter und Belastung im Sitzen bezogen.)	
	Liegen weitere objektive Parameter zur Leistungsbeurteilung vor, sind diese entsprechend zu berücksichtigen. Notwendige körperliche Leistungsbeschränkungen (z. B. bei höhergradiger Aortenklappenstenose, hypertrophischer obstruktiver Kardiomyopathie) sind wie Leistungsbeeinträchtigungen zu bewerten.	
9.1.2	Nach operativen und anderen therapeutischen Eingriffen am Herzen ist der GdS von der bleibenden Leistungsbeeinträchtigung abhängig. Bei Herzklappenprothesen ist der GdS nicht niedriger als 30 zu bewerten; dieser Wert schließt eine Dauerbehandlung mit Antikoagulantien ein.	
9.1.3	Nach einem Herzinfarkt ist der GdS von der bleibenden Leistungsbeeinträchtigung abhängig.	
9.1.4	Nach Herztransplantation ist eine Heilungsbewährung abzuwarten (im Allgemeinen zwei Jahre); während dieser Zeit ist ein GdS von 100 anzusetzen. Danach ist der GdS selbst bei günstigem Heilungsverlauf unter Berücksichtigung der erforderlichen Immunsuppression nicht niedriger als 70 zu bewerten.	
9.1.5	Fremdkörper im Herzmuskel oder Herzbeutel	
	reaktionslos eingeheilt	0
	mit Beeinträchtigung der Herzleistungsiehe oben	
9.1.6	Rhythmusstörungen	
	Die Beurteilung des GdS richtet sich vor allem nach der Leistungsbeeinträchtigung des Herzens.	
	Anfallsweise auftretende hämodynamisch relevante Rhythmusstörungen (z. B. paroxysmale Tachykardien) je nach Häufigkeit, Dauer und subjektiver Beeinträchtigung	
	bei fehlender andauernder Leistungsbeeinträchtigung des Herzens	10–30
	bei bestehender andauernder Leistungsbeeinträchtigung des Herzens sind sie entsprechend zusätzlich zu bewerten.	
	nach Implantation eines Herzschrittmachers	10
	nach Implantation eines Kardioverter-Defibrillatorswenigstens	50
	bei ventrikulären tachykarden Rhythmusstörungen im Kindesalter ohne Implantation eines Kardioverter-Defibrillatorswenigstens	60
9.2	Gefäßkrankheiten	
9.2.1	Arterielle Verschlusskrankheiten, Arterienverschlüsse an den Beinen (auch nach rekanalisierenden Maßnahmen)	
	mit ausreichender Restdurchblutung, Pulsausfall ohne Beschwerden oder mit geringen Beschwerden (Missempfindungen in Wade und Fuß bei raschem Gehen) ein- oder beidseitig	0–10

	GdS/GdB-Grad
mit eingeschränkter Restdurchblutung (Claudicatio intermittens) Stadium II	
Schmerzen ein- oder beidseitig nach Gehen einer Wegstrecke in der Ebene von mehr als 500 m	20
Schmerzen ein- oder beidseitig nach Gehen einer Wegstrecke in der Ebene von 100 bis 500 m	30–40
Schmerzen ein- oder beidseitig nach Gehen einer Wegstrecke in der Ebene von 50 bis 100 m	50–60
Schmerzen ein- oder beidseitig nach Gehen einer Wegstrecke in der Ebene von weniger als 50 m ohne Ruheschmerz	70–80
Schmerzen nach Gehen einer Wegstrecke unter 50 m mit Ruheschmerz (Stadium III) einschließlich trophischer Störungen (Stadium IV)	
einseitig	80
beidseitig	90–100
Apparative Messmethoden (z. B. Dopplerdruck) können nur eine allgemeine Orientierung über den Schweregrad abgeben.	
Bei Arterienverschlüssen an den Armen wird der GdS ebenfalls durch das Ausmaß der Beschwerden und Funktionseinschränkungen – im Vergleich mit anderen Schäden an den Armen – bestimmt.	
9.2.2 Nach größeren gefäßchirurgischen Eingriffen (z. B. Prothesenimplantation) mit vollständiger Kompensation einschließlich Dauerbehandlung mit Antikoagulantien	20
Arteriovenöse Fisteln	
Der GdS richtet sich nach den hämodynamischen Auswirkungen am Herzen und/oder in der Peripherie.	
Aneurysmen (je nach Sitz und Größe)	
ohne lokale Funktionsstörung und ohne Einschränkung der Belastbarkeit	0–10
ohne oder mit nur geringer lokaler Funktionsstörung mit Einschränkung der Belastbarkeit	20–40
große Aneurysmenwenigstens	50
Hierzu gehören immer die dissezierenden Aneurysmen der Aorta und die großen Aneurysmen der Aorta abdominalis und der großen Beckenarterien.	
9.2.3 Unkomplizierte Krampfadern	0
Chronisch-venöse Insuffizienz (z. B. bei Krampfadern), postthrombotisches Syndrom ein- oder beidseitig	
mit geringem belastungsabhängigem Ödem, nicht ulzerösen Hautveränderungen, ohne wesentliche Stauungsbeschwerden	0–10
mit erheblicher Ödembildung, häufig (mehrmals im Jahr) rezidivierenden Entzündungen	20–30
mit chronischen rezidivierenden Geschwüren, je nach Ausdehnung und Häufigkeit (einschließlich arthrogenes Stauungssyndrom)	30–50

	GdS/GdB-Grad
Lymphödem	
an einer Gliedmaße ohne wesentliche Funktionsbehinderung, Erfordernis einer Kompressionsbandage	0–10
mit stärkerer Umfangsvermehrung (mehr als 3 cm) je nach Funktionseinschränkung	20–40
mit erheblicher Beeinträchtigung der Gebrauchsfähigkeit der betroffenen Gliedmaße, je nach Ausmaß	50–70
bei Gebrauchsunfähigkeit der ganzen Gliedmaße	80
Entstellungen bei sehr ausgeprägten Formen sind ggf. zusätzlich zu berücksichtigen.	
9.3 Hypertonie (Bluthochdruck)	
leichte Form	
keine oder geringe Leistungsbeeinträchtigung (höchstens leichte Augenhintergrundveränderungen)	0–10
mittelschwere Form	
mit Organbeteiligung leichten bis mittleren Grades (Augenhintergrundveränderungen – Fundus hypertonicus I–II – und/oder Linkshypertrophie des Herzens und/oder Proteinurie), diastolischer Blutdruck mehrfach über 100 mm Hg trotz Behandlung, je nach Leistungsbeeinträchtigung	20–40
schwere Form	
mit Beteiligung mehrerer Organe (schwere Augenhintergrundveränderungen und Beeinträchtigung der Herzfunktion, der Nierenfunktion und/oder der Hirndurchblutung) je nach Art und Ausmaß der Leistungsbeeinträchtigung	50–100
maligne Form	
diastolischer Blutdruck konstant über 130 mm Hg; Fundus hypertonicus III–IV (Papillenödem, Venenstauung, Exsudate, Blutungen, schwerste arterielle Gefäßveränderungen); unter Einschluss der Organbeteiligung (Herz, Nieren, Gehirn)	100
Funktionelle kardiovaskuläre Syndrome, (z. B. orthostatische Fehlregulation)	
mit leichten Beschwerden	0
mit stärkeren Beschwerden und Kollapsneigung	10–20

10. Verdauungsorgane

	GdS/GdB-Grad
10.1 Speiseröhrenkrankheiten	
Traktionsdivertikel je nach Größe und Beschwerden	0–10
Pulsionsdivertikel	
ohne wesentliche Behinderung der Nahrungsaufnahme je nach Größe und Beschwerden	0–10
mit erheblicher Behinderung der Nahrungsaufnahme je nach Auswirkung auf den Allgemeinzustand	20–40

	GdS/GdB-Grad
Funktionelle Stenosen der Speiseröhre (Ösophagospasmus, Achalasie)	
ohne wesentliche Behinderung der Nahrungsaufnahme . . .	0–10
mit deutlicher Behinderung der Nahrungsaufnahme	20–40
mit erheblicher Beeinträchtigung des Kräfte- und Ernährungszustandes, häufige Aspiration	50–70
Auswirkungen auf Nachbarorgane (z. B. durch Aspiration) sind zusätzlich zu bewerten.	
Organische Stenose der Speiseröhre (z. B. angeboren, nach Laugenverätzung, Narbenstenose, peptische Striktur)	
ohne wesentliche Behinderung der Nahrungsaufnahme je nach Größe und Beschwerden	0–10
mit deutlicher Behinderung der Nahrungsaufnahme je nach Auswirkung (Einschränkung der Kostform, verlängerte Essdauer) .	20–40
mit erheblicher Beeinträchtigung des Kräfte- und Ernährungszustandes	50–70
Refluxkrankheit der Speiseröhre	
mit anhaltenden Refluxbeschwerden je nach Ausmaß	10–30
Auswirkungen auf Nachbarorgane sind zusätzlich zu bewerten.	
Nach Entfernung eines malignen Speiseröhrentumors ist in den ersten fünf Jahren eine Heilungsbewährung abzuwarten. GdS während dieser Zeit	
je nach Beeinträchtigung des Kräfte- und Ernährungszustandes	80–100
Speiseröhrenersatz	
Der GdS ist nach den Auswirkungen (z. B. Schluckstörungen, Reflux, Narben) jedoch nicht unter 20 zu bewerten.	
10.2 Magen- und Darmkrankheiten	
Bei organischen und funktionellen Krankheiten des Magen-Darmkanals ist der GdS nach dem Grad der Beeinträchtigung des Allgemeinzustandes, der Schwere der Organstörung und nach der Notwendigkeit besonderer Diätkost zu beurteilen. Bei allergisch bedingten Krankheiten ist auch die Vermeidbarkeit der Allergene von Bedeutung.	
10.2.1 Magen- oder Zwölffingerdarmgeschwürsleiden (chronisch rezidivierende Geschwüre, Intervallbeschwerden)	
mit Rezidiven in Abständen von zwei bis drei Jahren . . .	0–10
mit häufigeren Rezidiven und Beeinträchtigung des Ernährungs- und Kräftezustandes	20–30
mit erheblichen Komplikationen (z. B. Magenausgangsstenose) und andauernder erheblicher Minderung des Ernährungs- und Kräftezustandes	40–50
Nach einer selektiven proximalen Vagotomie kommt ein GdS nur in Betracht, wenn postoperative Darmstörungen oder noch Auswirkungen des Grundleidens vorliegen.	

		GdS/GdB-Grad
	Chronische Gastritis (histologisch gesicherte Veränderung der Magenschleimhaut)	0–10
	Reizmagen (funktionelle Dyspepsie)	0–10
	Teilentfernung des Magens, Gastroenterostomie	
	mit guter Funktion, je nach Beschwerden	0–10
	mit anhaltenden Beschwerden (z. B. Dumping-Syndrom, rezidivierendes Ulcus jejuni pepticum)	20–40
	Totalentfernung des Magens	
	ohne Beeinträchtigung des Kräfte- und Ernährungszustandes je nach Beschwerden	20–30
	bei Beeinträchtigung des Kräfte- und Ernährungszustandes und/oder Komplikationen (z. B. Dumping-Syndrom)	40–50
	Nach Entfernung eines malignen Magentumors ist eine Heilungsbewährung abzuwarten.	
	GdS während einer Heilungsbewährung von zwei Jahren nach Entfernung eines Magenfrühkarzinoms	50
	GdS während einer Heilungsbewährung von fünf Jahren nach Entfernung aller anderen malignen Magentumoren je nach Stadium und Auswirkung auf den Allgemeinzustand	80–100
10.2.2	Chronische Darmstörungen (irritabler Darm, Divertikulose, Divertikulitis, Darmteilresektion)	
	ohne wesentliche Beschwerden und Auswirkungen	0–10
	mit stärkeren und häufig rezidivierenden oder anhaltenden Symptomen (z. B. Durchfälle, Spasmen)	20–30
	mit erheblicher Minderung des Kräfte- und Ernährungszustandes	40–50
	Angeborene Motilitätsstörungen des Darmes (z. B. Hirschsprung-Krankheit, neuronale Dysplasie)	
	ohne wesentliche Gedeih- und Entwicklungsstörung	10–20
	mit geringer Gedeih- und Entwicklungsstörung	30–40
	mit mittelgradiger Gedeih- und Entwicklungsstörung	50
	mit schwerer Gedeih- und Entwicklungsstörung	60–70
	Kurzdarmsyndrom im Kindesalter	
	mit mittelschwerer Gedeih- und Entwicklungsstörung	50–60
	mit schwerer Gedeih- und Entwicklungsstörung (z. B. Notwendigkeit künstlicher Ernährung)	70–100
	Colitis ulcerosa, Crohn-Krankheit (Enteritis regionalis)	
	mit geringer Auswirkung (geringe Beschwerden, keine oder geringe Beeinträchtigung des Kräfte- und Ernährungszustandes, selten Durchfälle)	10–20
	mit mittelschwerer Auswirkung (häufig rezidivierende oder länger anhaltende Beschwerden, geringe bis mittelschwere Beeinträchtigung des Kräfte- und Ernährungszustandes, häufiger Durchfälle)	30–40

		GdS/GdB-Grad
	mit schwerer Auswirkung (anhaltende oder häufig rezidivierende erhebliche Beschwerden, erhebliche Beeinträchtigung des Kräfte- und Ernährungszustandes, häufige, tägliche, auch nächtliche Durchfälle)	50–60
	mit schwerster Auswirkung (häufig rezidivierende oder anhaltende schwere Beschwerden, schwere Beeinträchtigung des Kräfte- und Ernährungszustandes, ausgeprägte Anämie)	70–80
	Fisteln, Stenosen, postoperative Folgezustände (z. B. Kurzdarmsyndrom, Stomakomplikationen), extraintestinale Manifestationen (z. B. Arthritiden), bei Kindern auch Wachstums- und Entwicklungsstörungen, sind zusätzlich zu bewerten.	
	Zöliakie, Sprue	
	ohne wesentliche Folgeerscheinungen unter diätetischer Therapie	20
	bei andauerndem, ungenügendem Ansprechen auf glutenfreie Kost (selten) sind – je nach Beeinträchtigung des Kräfte- und Ernährungszustands – höhere Werte angemessen.	
	Nach Entfernung maligner Darmtumoren ist eine Heilungsbewährung abzuwarten.	
	GdS während einer Heilungsbewährung von zwei Jahren	
	nach Entfernung eines malignen Darmtumors im Stadium (T1 bis T2) N0 M0 oder von lokalisierten Darmkarzinoiden	50
	mit künstlichem After (nicht nur vorübergehend angelegt)	70–80
	GdS während einer Heilungsbewährung von fünf Jahren	
	nach Entfernung anderer maligner Darmtumorenwenigstens	80
	mit künstlichem After (nicht nur vorübergehend angelegt)	100
10.2.3	Bauchfellverwachsungen	
	ohne wesentliche Auswirkung	0–10
	mit erheblichen Passagestörungen	20–30
	mit häufiger rezidivierenden Ileuserscheinungen	40–50
10.2.4	Hämorrhoiden	
	ohne erhebliche Beschwerden, geringe Blutungsneigung	0–10
	mit häufigen rezidivierenden Entzündungen, Thrombosierungen oder stärkeren Blutungen	20
	Mastdarmvorfall	
	klein, reponierbar	0–10
	sonst	20–40
	Afterschließmuskelschwäche	
	mit seltenem, nur unter besonderen Belastungen auftretendem, unwillkürlichem Stuhlabgang	10
	sonst	20–40
	Funktionsverlust des Afterschließmuskelswenigstens	50
	Fistel in der Umgebung des Afters	
	geringe, nicht ständige Sekretion	10
	sonst	20–30

	GdS/GdB-Grad
Künstlicher After	
mit guter Versorgungsmöglichkeit	50
sonst (z. B. bei Bauchwandhernie, Stenose, Retraktion, Prolaps, Narben, ungünstige Position)	60–80

Bei ausgedehntem Mastdarmvorfall, künstlichem After oder stark sezernierenden Kotfisteln, die zu starker Verschmutzung führen, sind ggf. außergewöhnliche seelische Begleiterscheinungen zusätzlich zu berücksichtigen.

10.3 Krankheiten der Leber, Gallenwege und Bauchspeicheldrüse

Der GdS für Krankheiten der Leber, der Gallenwege und der Bauchspeicheldrüse wird bestimmt durch die Art und Schwere der Organveränderungen sowie der Funktionseinbußen, durch das Ausmaß der Beschwerden, die Beeinträchtigung des Allgemeinzustandes und die Notwendigkeit einer besonderen Kostform. Der serologische Nachweis von Antikörpern als Nachweis einer durchgemachten Infektion (Seronarbe) rechtfertigt allein noch keinen GdS.

10.3.1 Chronische Hepatitis

Unter dem Begriff „chronische Hepatitis“ werden alle chronischen Verlaufsformen von Hepatitiden zusammengefasst [früher: „chronische Hepatitis ohne Progression“ <chronisch-persistierende Hepatitis> und „chronische Hepatitis mit Progression“ <chronisch aktive Hepatitis>]. Dazu gehören insbesondere die Virus-, die Autoimmun-, die Arzneimittel- und die kryptogene Hepatitis.

Die gutachtliche Beurteilung einer chronischen Hepatitis beruht auf dem klinischen Befund einschließlich funktionsrelevanter Laborparameter, auf der Ätiologie sowie auf dem histopathologischen Nachweis des Grades der nekro-inflammatorischen Aktivität (Grading) und des Stadiums der Fibrose (Staging). Zusätzlich sind engmaschige Verlaufskontrollen und die Beachtung der Differentialdiagnose erforderlich. Dies gilt auch für geltend gemachte Verschlimmerungen im Leidensverlauf. Der GdS und die Leidensbezeichnung ergeben sich aus der nachfolgenden Tabelle, wobei bereits übliche Befindlichkeitsstörungen – nicht aber extrahepatische Manifestationen – berücksichtigt sind.

Chronische Hepatitis	
ohne (klinisch-) entzündliche Aktivität ehemals: chronische Hepatitis ohne Progression	20
mit geringer (klinisch-) entzündlicher Aktivität ehemals: chronische Hepatitis mit Progression, gering entzündliche Aktivität	30
mit mäßiger (klinisch-) entzündlicher Aktivität ehemals: chronische Hepatitis mit Progression, mäßig entzündliche Aktivität	40

GdS/GdB-Grad

mit starker (klinisch-) entzündlicher Aktivität
ehemals: chronische Hepatitis mit Progression, stark entzündliche Aktivität
je nach Funktionsstörung 50–70
Alleinige Virus-Replikation („gesunder Virusträger“)
bei Hepatitis-C–Virus nur nach histologischem Ausschluss einer Hepatitis. 10

Bei Vorliegen eines histologischen Befundes gelten für die Virus-Hepatitiden folgende Besonderheiten:

Die histopathologische Bewertung der chronischen Virushepatitis umfasst die nekroinflammatorische Aktivität (Grading) und den Grad der Fibrose (Staging). Der GdS ergibt sich aus folgender Tabelle, wobei die genannten GdS-Werte die üblichen klinischen Auswirkungen mit umfassen.

Nekro-inflammatorische Aktivität	Fibrose		
	null – gering	mäßig	stark
gering	20	20	30
mäßig	30	40	40
stark	50	60	70

Anmerkung:
Die Auswertung des histologischen Befundes soll sich an dem modifizierten histologischen Aktivitätsindex (HAI) ausrichten. Eine geringe nekro-inflammatorische Aktivität entspricht einer Punktzahl von 1 bis 5, eine mäßige nekro-inflammatorische Aktivität einer Punktzahl von 6 bis 10 und eine starke nekro-inflammatorische Aktivität einer Punktzahl von 11 bis 18. Eine fehlende bzw. geringe Fibrose entspricht einer Punktzahl 0 bis 2, eine mäßige Fibrose der Punktzahl 3 und eine starke Fibrose einer Punktzahl von 4 bis 5.

Für die Virushepatitis C gelten bei fehlender Histologie im Hinblick auf die chemischen Laborparameter folgende Besonderheiten:

ALAT-/GPT-Werte im Referenzbereich entsprechen bei nachgewiesener Hepatitis-C-Virus-Replikation einer chronischen Hepatitis ohne (klinisch-)entzündliche Aktivität

ALAT-/GPT-Werte bis zum 3-fachen der oberen Grenze des Referenzbereichs entsprechen einer geringen (klinisch-)entzündlichen Aktivität

		GdB/MdE-Grad
	ALAT-/GPT-Werte vom 3-fachen bis zum 6-fachen der oberen Grenze des Referenzbereichs entsprechen einer mäßigen (klinisch-) entzündlichen Aktivität	
	ALAT-/GPT-Werte von mehr als dem 6-fachen der oberen Grenze des Referenzbereichs entsprechen einer starken (klinisch-) entzündlichen Aktivität	
	Diese Bewertungen sind nur zulässig, wenn sie sich in das klinische Gesamtbild des bisherigen Verlaufs einfügen.	
10.3.2	Fibrose der Leber ohne Komplikationen	0–10
	Leberzirrhose	
	kompensiert	
	inaktiv	30
	gering aktiv	40
	stärker aktiv	50
	dekompensiert (Aszites, portale Stauung, hepatische Enzephalopathie)	60–100
10.3.3	Fettleber (auch nutritiv-toxisch) ohne Mesenchymreaktion	0–10
	Toxischer Leberschaden	
	Der GdS ist je nach Aktivität und Verlauf analog zur chronischen Hepatitis oder Leberzirrhose zu beurteilen.	
	Zirkulatorische Störungen der Leber (z. B. Pfortaderthrombose)	
	Der GdS ist analog zur dekompensierten Leberzirrhose zu beurteilen.	
	Nach Leberteilresektion ist der GdS allein davon abhängig, ob und wieweit Funktionsbeeinträchtigungen verblieben sind.	
10.3.4	Nach Entfernung eines malignen primären Lebertumors ist in den ersten fünf Jahren eine Heilungsbewährung abzuwarten; GdS während dieser Zeit 100	
	Nach Lebertransplantation ist eine Heilungsbewährung abzuwarten (im Allgemeinen zwei Jahre); GdS während dieser Zeit 100. Danach selbst bei günstigem Heilungsverlauf unter Berücksichtigung der erforderlichen Immunsuppression wenigstens 60	
10.3.5	Primäre biliäre Zirrhose, primäre sklerosierende Cholangitis	
	GdS ist je nach Aktivität und Verlauf analog zur chronischen Hepatitis oder Leberzirrhose zu beurteilen.	
	Gallenblasen- und Gallenwegskrankheiten (Steinleiden, chronisch rezidivierende Entzündungen)	
	mit Koliken in Abständen von mehreren Monaten, Entzündungen in Abständen von Jahren	0–10
	mit häufigeren Koliken und Entzündungen sowie mit Intervallbeschwerden	20–30
	mit langanhaltenden Entzündungen oder mit Komplikationen	40–50
	Angeborene intra- und extrahepatische Transportstörungen der Galle (z. B. intra-, extrahepatische Gallengangsatresie), metabolische Defekte (z. B. Meulengracht-Krankheit)	
	ohne Funktionsstörungen, ohne Beschwerden	0–10

		GdB/MdE-Grad
	mit Beschwerden (Koliken, Fettunverträglichkeit, Juckreiz),	
	ohne Leberzirrhose	20–40
	mit Leberzirrhose	50
	mit dekompensierter Leberzirrhose	60–100
	Folgezustände sind zusätzlich zu bewerten.	
	Verlust der Gallenblase ohne wesentliche Störungen	0
	bei fortbestehenden Beschwerden wie bei Gallenwegskrankheiten	
	Nach Entfernung eines malignen Gallenblasen-, Gallenwegs- oder Papillentumors ist in den ersten fünf Jahren eine Heilungsbewährung abzuwarten; GdS während dieser Zeit	
	bei Gallenblasen- und Gallenwegstumor	100
	bei Papillentumor	80
10.3.6	Chronische Krankheit der Bauchspeicheldrüse (exkretorische Funktion) je nach Auswirkung auf den Allgemeinzustand, Häufigkeit und Ausmaß der Schmerzen	
	ohne wesentlichen Beschwerden, keine Beeinträchtigung des Kräfte- und Ernährungszustandes	0–10
	geringe bis erhebliche Beschwerden, geringe bis mäßige Beeinträchtigung des Kräfte- und Ernährungszustandes	20–40
	starke Beschwerden, Fettstühle, deutliche bis ausgeprägte Herabsetzung des Kräfte- und Ernährungszustandes	50–80
	Nach teilweiser oder vollständiger Entfernung der Bauchspeicheldrüse sind ggf. weitere Funktionsbeeinträchtigungen (z. B. bei Diabetes mellitus, Osteopathie, oder infolge chronischer Entzündungen der Gallenwege, Magenteilentfernung und Milzverlust) zusätzlich zu berücksichtigen.	
	Nach Entfernung eines malignen Bauchspeicheldrüsentumors ist in den ersten fünf Jahren eine Heilungsbewährung abzuwarten; GdS während dieser Zeit 100.	

11. Brüche (Hernien)

		GdS/GdB-Grad
11.1	Leisten- oder Schenkelbruch je nach Größe und Reponierbarkeit	
	ein- oder beidseitig	0–10
	bei erheblicher Einschränkung der Belastungsfähigkeit	20
11.2	Nabelbruch oder Bruch in der weißen Linie	0–10
	Bauchnarbenbruch, angeborene Bauchwandbrüche und -defekte	
	ohne wesentliche Beeinträchtigung, je nach Größe	0–10
	mit ausgedehnter Bauchwandschwäche und fehlender oder stark eingeschränkter Bauchpresse	20
	mit Beeinträchtigung der Bauchorgane bei Passagestörungen ohne erhebliche Komplikationen	20–30
	bei häufigen rezidivierenden Ileuserscheinungen	40–50

GdS/GdB-Grad

Bei schweren angeborenen Bauchwanddefekten mit entspechender Beeinträchtigung der Bauch- und Brustorgane kommt auch ein höherer GdS in Betracht.

11.3	Zwerchfellbrüche (einschl. Zwerchfellrelaxation)	
	Speiseröhrengleithernie	0–10
	andere kleine Zwerchfellbrüche ohne wesentliche Funktionsstörung	0–10
	größere Zwerchfellbrüche je nach Funktionsstörung	20–30
	Komplikationen sind zusätzlich zu bewerten.	
	Angeborene Zwerchfelldefekte mit Verlagerung von inneren Organen in den Brustkorb und Minderentwicklung von Lungengewebe	
	mit geringer Einschränkung der Lungenfunktion	40
	sonst je nach Funktionsbeeinträchtigung der betroffenen Organe	50–100

12. Harnorgane

Die Beurteilung des GdS bei Schäden der Harnorgane richtet sich nach dem Ausmaß der Störungen der inkretorischen und exkretorischen Nierenfunktion und/oder des Harntransportes, das durch spezielle Untersuchungen zu erfassen ist.

Daneben sind die Beteiligung anderer Organe (z. B. Herz/Kreislauf, Zentralnervensystem, Skelettsystem), die Aktivität eines Entzündungsprozesses, die Auswirkungen auf den Allgemeinzustand und die notwendige Beschränkung in der Lebensführung zu berücksichtigen.

Unter dem im Folgenden verwendeten Begriff „Funktionseinschränkung der Nieren" ist die Retention harnpflichtiger Substanzen zu verstehen.

GdS/GdB-Grad

12.1	Nierenschäden	
12.1.1	Verlust, Ausfall oder Fehlen einer Niere bei Gesundheit der anderen Niere	25
	Verlust, Ausfall oder Fehlen einer Niere bei Schaden der anderen Niere, ohne Einschränkung der Nierenfunktion, mit krankhaftem Harnbefund	30
	Nierenfehlbildung (z. B. Erweiterung des Nierenhohlsystems bei Ureterabgangsstenose, Nierenhypoplasie, Zystennieren, Nierenzysten, Beckenniere), Nephroptose	
	ohne wesentliche Beschwerden und ohne Funktionseinschränkung	0–10
	mit wesentlichen Beschwerden und ohne Funktionseinschränkung	20–30
	Nierensteinleiden ohne Funktionseinschränkung der Niere	
	mit Koliken in Abständen von mehreren Monaten	0–10
	mit häufigeren Koliken, Intervallbeschwerden und wiederholten Harnwegsinfekten	20–30

		GdS/GdB-Grad
	Nierenschäden ohne Einschränkung der Nierenfunktion (z. B. Glomerulopathien, tubulointerstitielle Nephropathien, vaskuläre Nephropathien), ohne Beschwerden, mit krankhaftem Harnbefund (Eiweiß und/oder Erythrozyten- bzw. Leukozytenausscheidung) . .	0–10
12.1.2	Nierenschäden ohne Einschränkung der Nierenfunktion, mit Beschwerden rezidivierende Makrohämaturie, je nach Häufigkeit	10–30
	Nephrotisches Syndrom	
	kompensiert (keine Ödeme)	20–30
	dekompensiert (mit Ödemen)	40–50
	bei Systemerkrankungen mit Notwendigkeit einer immunsuppressiven Behandlung	50
12.1.3	Nierenschäden mit Einschränkung der Nierenfunktion	
	Eine geringfügige Einschränkung der Kreatininclearance auf 50–80 ml/min bei im Normbereich liegenden Serumkreatininwerten bedingt keinen messbaren GdS.	
	Nierenfunktionseinschränkung	
	leichten Grades	
	(Serumkreatininwerte unter 2 mg/dl [Kreatininclearance ca. 35–50 ml/min], Allgemeinbefinden nicht oder nicht wesentlich reduziert, keine Einschränkung der Leistungsfähigkeit)	20–30
	(Serumkreatininwerte andauernd zwischen 2 und 4 mg/dl erhöht, Allgemeinbefinden wenig reduziert, leichte Einschränkung der Leistungsfähigkeit)	40
	mittleren Grades	
	(Serumkreatininwerte andauernd zwischen 4 und 8 mg/dl erhöht, Allgemeinbefinden stärker beeinträchtigt, mäßige Einschränkung der Leistungsfähigkeit	50–70
	schweren Grades	
	(Serumkreatininwerte dauernd über 8 mg/dl, Allgemeinbefinden stark gestört, starke Einschränkung der Leistungsfähigkeit, bei Kindern keine normalen Schulleistungen mehr)	80–100
	Verlust, Ausfall oder Fehlen einer Niere mit Funktionseinschränkung der anderen Niere	
	leichten Grades	40–50
	mittleren Grades	60–80
	schweren Grades	90–100
	Notwendigkeit der Dauerbehandlung mit Blutreinigungsverfahren (z. B. Hämodialyse, Peritonealdialyse)	100
	Bei allen Nierenschäden mit Funktionseinschränkungen sind Sekundärleiden (z. B. Hypertonie, ausgeprägte Anämie [Hb-Wert unter 8 g/dl], Polyneuropathie, Osteopathie) zusätzlich zu bewerten.	
12.1.4	Nach Nierentransplantation ist eine Heilungsbewährung abzuwarten (im Allgemeinen zwei Jahre); während dieser Zeit ist ein	

	GdS/GdB-Grad
GdS von 100 anzusetzen. Danach ist der GdS entscheidend abhängig von der verbliebenen Funktionsstörung; unter Mitberücksichtigung der erforderlichen Immunsuppression ist jedoch der GdS nicht niedriger als 50 zu bewerten.	
Nach Entfernung eines malignen Nierentumors oder Nierenbeckentumors ist eine Heilungsbewährung abzuwarten.	
GdS während einer Heilungsbewährung von zwei Jahren	
nach Entfernung eines Nierenzellkarzinoms (Hypernephrom) im Stadium T1 N0 M0 (Grading G1)	50
nach Entfernung eines Nierenbeckentumors im Stadium Ta N0 M0 (Grading G1)	50
GdS während einer Heilungsbewährung von fünf Jahren	
nach Entfernung eines Nierenzellkarzinoms (Hypernephrom)	
im Stadium (T1 [Grading ab G2], T2) N0 M0	60
in höheren Stadien wenigstens	80
nach Entfernung eines Nierenbeckentumors	
im Stadium (T1 bis T2) N0 M0	60
in höheren Stadienwenigstens	80
nach Entfernung eines Nephroblastoms	
im Stadium I und II	60
in höheren Stadienwenigstens	80
12.2 Schäden der Harnwege	
12.2.1 Chronische Harnwegsentzündungen (insbesondere chronische Harnblasenentzündung)	
leichten Grades (ohne wesentliche Miktionsstörungen)	0–10
stärkeren Grades (mit erheblichen und häufigen Miktionsstörungen)	20–40
chronische Harnblasenentzündung mit Schrumpfblase (Fassungsvermögen unter 100 ml, Blasentenesmen)	50–70
12.2.2 Bei Entleerungsstörungen der Blase (auch durch Harnröhrenverengung) sind Begleiterscheinungen (z. B. Hautschäden, Harnwegsentzündungen) ggf. zusätzlich zu bewerten.	
Entleerungsstörungen der Blase	
leichten Grades	
(z. B. geringe Restharnbildung, längeres Nachträufeln)	10
stärkeren Grades	
(z. B. Notwendigkeit manueller Entleerung, Anwendung eines Blasenschrittmachers, erhebliche Restharnbildung, schmerzhaftes Harnlassen)	20–40
mit Notwendigkeit regelmäßigen Katheterisierens, eines Dauerkatheters, eines suprapubischen Blasenfistelkatheters oder Notwendigkeit eines Urinals, ohne wesentliche Begleiterscheinungen	50

	GdS/GdB-Grad
12.2.3 Nach Entfernung eines malignen Blasentumors ist eine Heilungsbewährung abzuwarten.	
GdS während einer Heilungsbewährung von zwei Jahren	
nach Entfernung des Tumors im Frühstadium unter Belassung der Harnblase (Ta bis T1) N0 M0, Grading G1	50
GdS während einer Heilungsbewährung von fünf Jahren	
nach Entfernung im Stadium Tis oder T1 (Grading ab G2)	50
nach Entfernung in den Stadien (T2 bis T3 a) N0 M0	60
mit Blasenentfernung einschließlich künstlicher Harnableitung	80
nach Entfernung in höheren Stadien	100
12.2.4 Harninkontinenz	
relative	
leichter Harnabgang bei Belastung (z. B. Stressinkontinenz Grad I)	0–10
Harnabgang tags und nachts (z. B. Stressinkontinenz Grad II–III)	20–40
völlige Harninkontinenz	50
bei ungünstiger Versorgungsmöglichkeit	60–70
nach Implantation einer Sphinkterprothese mit guter Funktion	20
Harnröhren-Hautfistel der vorderen Harnröhre bei Harnkontinenz	10
Harnweg-Darmfistel bei Analkontinenz, je nach Luft- und Stuhlentleerung über die Harnröhre	30–50
Künstliche Harnableitung (ohne Nierenfunktionsstörung)	
in den Darm	30
nach außen	
mit guter Versorgungsmöglichkeit	50
sonst (z. B. bei Stenose, Retraktion, Abdichtungsproblemen)	60–80
Darmneoblase mit ausreichendem Fassungsvermögen, ohne Harnstau, ohne wesentliche Entleerungsstörungen	30

13. Männliche Geschlechtsorgane

	GdS/GdB-Grad
13.1 Verlust des Penis	50
Teilverlust des Penis	
Teilverlust der Eichel	10
Verlust der Eichel	20
Sonst	30–40
Nach Entfernung eines malignen Penistumors ist in den ersten fünf Jahren eine Heilungsbewährung abzuwarten; GdS während dieser Zeit nach Entfernung im Frühstadium (T1 bis T2) N0 M0	
bei Teilverlust des Penis	50
bei Verlust des Penis	60

		GdS/GdB-Grad
	mit vollständiger Entfernung der Corpora cavernosa	80
	nach Entfernung in höheren Stadien	90–100
13.2	Unterentwicklung, Verlust oder Schwund eines Hodens bei intaktem anderen Hoden	0
	Unterentwicklung, Verlust oder vollständiger Schwund beider Hoden	
	in höherem Lebensalter (etwa ab 8. Lebensjahrzehnt)	10
	sonst je nach Ausgleichbarkeit des Hormonhaushalts durch Substitution	20–30
	vor Abschluss der körperlichen Entwicklung	20–40
	Verlust oder Schwund eines Nebenhodens	0
	Verlust oder vollständiger Schwund beider Nebenhoden und/oder Zeugungsunfähigkeit (Impotentia generandi)	0
	in jüngerem Lebensalter bei noch bestehendem Kinderwunsch	20
	Impotentia coeundi bei nachgewiesener erfolgloser Behandlung	20
13.3	Hydrozele (sog. Wasserbruch)	0–10
	Varikozele (sog. Krampfaderbruch)	0–10
13.4	Nach Entfernung eines malignen Hodentumors ist eine Heilungsbewährung abzuwarten.	
	GdS während einer Heilungsbewährung von zwei Jahren	
	nach Entfernung eines Seminoms oder nichtseminomatösen Tumors im Stadium (T1 bis T2) N0 M0	50
	GdS während einer Heilungsbewährung von fünf Jahren	
	nach Entfernung eines Seminoms im Stadium (T1 bis T2) N1 M0 bzw. T3 N0 M0	50
	nach Entfernung eines nichtseminomatösen Tumors im Stadium (T1 bis T2) N1 M0 bzw. T3 N0 M0	60
	in höheren Stadien	80
13.5	Chronische bakterielle Entzündung der Vorsteherdrüse oder abakterielle Prostatopathie	
	ohne wesentliche Miktionsstörung	0–10
	mit andauernden Miktionsstörungen und Schmerzen	20
	Prostataadenom	
	Der GdS richtet sich nach den Harnentleerungsstörungen und der Rückwirkung auf die Nierenfunktion.	
13.6	Nach Entfernung eines malignen Prostatatumors ist eine Heilungsbewährung abzuwarten.	
	GdS während einer Heilungsbewährung von zwei Jahren	
	nach Entfernung im Stadium T1 a N0 M0 (Grading G1)	50
	GdS während einer Heilungsbewährung von fünf Jahren	
	nach Entfernung in den Stadien T1 a N0 M0 (Grading ab G2) und (T1 b bis T2) N0 M0	50
	nach Entfernung in höheren Stadien wenigstens	80
	Maligner Prostatatumor	
	ohne Notwendigkeit einer Behandlung	50
	auf Dauer hormonbehandelt wenigstens	60

14. Weibliche Geschlechtsorgane

		GdS/GdB-Grad
14.1	Verlust der Brust (Mastektomie)	
	einseitig	30
	beidseitig	40
	Segment- oder Quadrantenresektion der Brust	0–20
	Funktionseinschränkungen im Schultergürtel, des Armes oder der Wirbelsäule als Operations- oder Bestrahlungsfolgen (z. B. Lymphödem, Muskeldefekte, Nervenläsionen, Fehlhaltung) sind ggf. zusätzlich zu berücksichtigen.	
	Aufbauplastik zur Wiederherstellung der Brust mit Prothese je nach Ergebnis (z. B. Kapselfibrose, Dislokation der Prothese, Symmetrie)	
	nach Mastektomie	
	einseitig	10–30
	beidseitig	20–40
	nach subkutaner Mastektomie	
	einseitig	10–20
	beidseitig	20–30
	Nach Aufbauplastik zur Wiederherstellung der Brust mit Eigengewebe kommt ein geringerer GdS in Betracht.	
	Nach Entfernung eines malignen Brustdrüsentumors ist in den ersten fünf Jahren eine Heilungsbewährung abzuwarten.	
	GdS während dieser Zeit	
	bei Entfernung im Stadium (T1 bis T2) pN0 M0	50
	bei Entfernung im Stadium (T1 bis T2) pN1 M0	60
	in höheren Stadien wenigstens	80
	Bedingen die Folgen der Operation und gegebenenfalls anderer Behandlungsmaßnahmen einen GdS von 50 oder mehr, ist der während der Heilungsbewährung anzusetzende GdS entsprechend höher zu bewerten.	
	Nach Entfernung eines Carcinoma in situ der Brustdrüse ist in den ersten zwei Jahren eine Heilungsbewährung abzuwarten. Der GdS beträgt während dieser Zeit 50.	
14.2	Verlust der Gebärmutter und/oder Sterilität	0
	in jüngerem Lebensalter bei noch bestehendem Kinderwunsch	20
	Nach Entfernung eines malignen Gebärmuttertumors ist eine Heilungsbewährung abzuwarten.	
	GdS während einer Heilungsbewährung von zwei Jahren	
	nach Entfernung eines Zervixtumors (Mikrokarzinom) im Stadium T1 a N0 M0	50
	nach Entfernung eines Korpustumors im Frühstadium (Grading G1, Infiltration höchstens des inneren Drittels des Myometrium)	50
	GdS während einer Heilungsbewährung von fünf Jahren	
	nach Entfernung eines Zervixtumors	
	im Stadium (T1 b bis T2 a) N0 M0	50

		GdS/GdB-Grad
	im Stadium T2 b N0 M0	60
	in höheren Stadien	80
	nach Entfernung eines Korpustumors	
	im Stadium T1 N0 M0 (Grading ab G2, Infiltration über das innere Drittel des Myometrium hinaus)	50
	im Stadium T2 N0 M0	60
	in höheren Stadien	80
14.3	Verlust eines Eierstockes	0
	Unterentwicklung, Verlust oder Ausfall beider Eierstöcke, ohne Kinderwunsch und ohne wesentliche Auswirkung	
	auf den Hormonhaushalt – immer in der Postmenopause	10
	im jüngeren Lebensalter bei noch bestehendem Kinderwunsch oder bei unzureichender Ausgleichbarkeit des Hormonausfalls durch Substitution	20–30
	vor Abschluss der körperlichen Entwicklung je nach Ausgleichbarkeit des Hormonausfalls	20–40
	Endokrin bedingte Funktionsstörungen der Eierstöcke sind gut behandelbar, so dass im Allgemeinen anhaltende Beeinträchtigungen nicht zu erwarten sind. Selten auftretende Komplikationen (z. B. Sterilität, abnormer Haarwuchs) sind gesondert zu beurteilen.	
	Nach Entfernung eines malignen Eierstocktumors ist in den ersten fünf Jahren eine Heilungsbewährung abzuwarten; GdS während dieser Zeit	
	nach Entfernung im Stadium T1 N0 M0	50
	in anderen Stadien	80
14.4	Chronischer oder chronisch-rezidivierender entzündlicher Prozess der Adnexe und/oder der Parametrien je nach Art, Umfang und Kombination der Auswirkungen (z. B. Adhäsionsbeschwerden, chronische Schmerzen, Kohabitationsbeschwerden)	10–40
14.5	Endometriose	
	leichten Grades (geringe Ausdehnung, keine oder nur geringe Beschwerden)	0–10
	mittleren Grades	20–40
	schweren Grades (z. B. Übergreifen auf die Nachbarorgane, starke Beschwerden, erhebliche Beeinträchtigung des Allgemeinzustandes, Sterilität)	50–60
14.6	Scheidenfisteln	
	Harnweg-Scheidenfistel	50–60
	Mastdarm-Scheidenfistel	60–70
	Harnweg-Mastdarm-Scheidenfistel (Kloakenbildung)	100
	Fisteln mit geringer funktioneller Beeinträchtigung sind entsprechend niedriger zu bewerten.	
	Senkung der Scheidenwand, Vorfall der Scheide und/oder der Gebärmutter	
	ohne Harninkontinenz oder mit geringer Stressinkontinenz (Grad I)	0–10

	GdS/GdB-Grad
mit stärkerer Harninkontinenz und/oder stärkeren Senkungsbeschwerden	20–40
mit völliger Harninkontinenz	50–60
bei ungünstiger Versorgungsmöglichkeit	70
Ulzerationen sind ggf. zusätzlich zu bewerten.	
Isolierte Senkung der Scheidenhinterwand mit leichten Defäkationsstörungen	0–10
Scheiden-Gebärmutteraplasie, ohne Plastik, nach Vollendung des 14. Lebensjahres (einschließlich Sterilität)	40
Kraurosis vulvae	
geringen Grades (keine oder nur geringe Beschwerden)	0–10
mäßigen Grades (erhebliche Beschwerden, keine Sekundärveränderungen)	20–30
stärkeren Grades (starke Beschwerden, therapeutisch schwer beeinflussbare Sekundärveränderungen)	40
Vollständige Entfernung der Vulva	40
Nach Beseitigung eines malignen Scheidentumors ist in den ersten fünf Jahren eine Heilungsbewährung abzuwarten; GdS während dieser Zeit	
nach Beseitigung im Stadium T1 N0 M0	60
in höheren Stadien	80
Nach Entfernung eines malignen Tumors der äußeren Geschlechtsteile ist in den ersten fünf Jahren eine Heilungsbewährung abzuwarten; GdS während dieser Zeit	
nach Entfernung im Stadium (T1 bis T2) N0 M0	50
sonst	80

15. Stoffwechsel, innere Sekretion

In diesem Abschnitt nicht erwähnte angeborene Stoffwechselstörungen sind analog und unter Berücksichtigung ihrer vielfältigen Auswirkungen zu beurteilen. Normabweichungen der Laborwerte bedingen für sich allein noch keinen GdS.

	GdS/GdB-Grad
15.1 Zuckerkrankheit (Diabetes mellitus)	
Die an Diabetes erkrankten Menschen, deren Therapie regelhaft keine Hypoglykämie auslösen kann und die somit in der Lebensführung kaum beeinträchtigt sind, erleiden auch durch den Therapieaufwand keine Teilhabebeeinträchtigung, die die Feststellung eines GdS rechtfertigt. Der GdS beträgt	0
Die an Diabetes erkrankten Menschen, deren Therapie eine Hypoglykämie auslösen kann und die durch Einschnitte in der Lebensführung beeinträchtigt sind, erleiden durch den Therapieaufwand eine signifikante Teilhabebeeinträchtigung. Der GdS beträgt	20

		GdS/GdB-Grad
	Die an Diabetes erkrankten Menschen, deren Therapie eine Hypoglykämie auslösen kann, die mindestens einmal täglich eine dokumentierte Überprüfung des Blutzuckers selbst durchführen müssen und durch weitere Einschnitte in der Lebensführung beeinträchtigt sind, erleiden je nach Ausmaß des Therapieaufwands und der Güte der Stoffwechseleinstellung eine stärkere Teilhabebeeinträchtigung. Der GdS beträgt	30–40
	Die an Diabetes erkrankten Menschen, die eine Insulintherapie mit täglich mindestens vier Insulininjektionen durchführen, wobei die Insulindosis in Abhängigkeit vom aktuellen Blutzucker, der folgenden Mahlzeit und der körperlichen Belastung selbständig variiert werden muss, und durch erhebliche Einschnitte gravierend in der Lebensführung beeinträchtigt sind, erleiden auf Grund dieses Therapieaufwands eine ausgeprägte Teilhabebeeinträchtigung. Die Blutzuckerselbstmessungen und Insulindosen (beziehungsweise Insulingaben über die Insulinpumpe) müssen dokumentiert sein. Der GdS beträgt	50
	Außergewöhnlich schwer regulierbare Stoffwechsellagen können jeweils höhere GdS-Werte bedingen.	
15.2	Gicht	
	Bei der Beurteilung des GdS sind die Funktionseinschränkungen der betroffenen Gelenke, Schmerzen, Häufigkeit und Schwere der entzündlichen Schübe und eine Beteiligung der inneren Organe zu berücksichtigen.	
15.3	Fettstoffwechselkrankheit	
	Der GdS ist grundsätzlich abhängig von dem Ausmaß der Folgekrankheiten.	
	Bei Notwendigkeit einer LDL-Apherese	30
	Alimentäre Fettsucht, Adipositas	
	Die Adipositas allein bedingt keinen GdS. Nur Folge- und Begleitschäden (insbesondere am kardiopulmonalen System oder am Stütz- und Bewegungsapparat) können die Annahme eines GdS begründen. Gleiches gilt für die besonderen funktionellen Auswirkungen einer Adipositas permagna.	
15.4	Phenylketonurie	
	ohne fassbare Folgeerscheinungen	
	im Kindesalter bis zur Vollendung des 16. Lebensjahres . . .	30
	danach bei Notwendigkeit weiterer Diäteinnahme	10
	Beim Vorliegen eines Hirnschadens ist der GdS vor allem vom Ausmaß der geistigen Behinderung und weiterer Folgen (z. B. hirnorganische Anfälle) abhängig.	
15.5	Mukoviszidose (zystische Fibrose)	
	unter Therapie Aktivitäten, Gedeihen und Ernährung altersgemäß	20
	unter Therapie Aktivitäten und Lungenfunktion leicht eingeschränkt, Gedeihen und Ernährung noch altersgemäß	30–40
	Aktivitäten und Lungenfunktion deutlich eingeschränkt, häufig Gedeih- und Entwicklungsstörungen, Schulbesuch und Erwerbstätigkeit in der Regel noch möglich	50–70

		GdS/GdB-Grad
	schwere bis schwerste Einschränkung der Aktivitäten, der Lungenfunktion und des Ernährungszustandes	80–100
	Folgekrankheiten (z. B. Diabetes mellitus, Impotenz, Leberzirrhose) sind ggf. zusätzlich zu berücksichtigen.	
15.6	Schilddrüsenkrankheiten	
	Schilddrüsenfunktionsstörungen sind gut behandelbar, so dass in der Regel anhaltende Beeinträchtigungen nicht zu erwarten sind. Selten auftretende Organkomplikationen (z. B. Exophthalmus, Trachealstenose) sind gesondert zu beurteilen. Bei der nicht operativ behandelten Struma richtet sich der GdS nach den funktionellen Auswirkungen.	
	Nach Entfernung eines malignen Schilddrüsentumors ist in den ersten fünf Jahren eine Heilungsbewährung abzuwarten; GdS während dieser Zeit	
	nach Entfernung eines papillären oder follikulären Tumors, ohne Lymphknotenbefall	50
	sonst	80
	Bedingt der nach der Entfernung verbliebene Organschaden einen GdS von 50 oder mehr, ist der während der Heilungsbewährung anzusetzende GdS entsprechend höher zu bewerten.	
	Tetanie	
	Sie ist gut behandelbar, so dass in der Regel dauernde Beeinträchtigungen nicht zu erwarten sind.	
15.7	Chronische Nebennierenrindeninsuffizienz (Addison-Syndrom)	
	Sie ist gut behandelbar, so dass in der Regel dauernde Beeinträchtigungen nicht zu erwarten sind. Selten auftretende Funktionsstörungen sind analogen funktionellen Beeinträchtigungen (z. B. orthostatische Fehlregulation) entsprechend zu beurteilen.	
	Cushing-Syndrom	
	Der GdS wird bestimmt von der Muskelschwäche und den Auswirkungen an den verschiedenen Organsystemen (Hypertonie, Herzinsuffizienz, Diabetes mellitus, Osteoporose, psychische Veränderungen).	
15.8	Porphyrien	
	Erythropoetische Porphyrie (Günther-Krankheit)	100
	Hepatische Porphyrien	
	akut-intermittierende Porphyrie	30
	Porphyria cutanea tarda ohne wesentliche Beschwerden	10
	Organkomplikationen sind jeweils zusätzlich zu berücksichtigen.	

16. Blut, blutbildende Organe, Immunsystem

Die Höhe des GdS bei Krankheiten des Blutes, der blutbildenden Organe und des Immunsystems richtet sich nach der Schwere der hämatologischen Veränderungen, nach den Organfunktionsstörungen, nach den Rückwirkungen auf andere Organe, nach der Auswirkung auf den Allgemeinzustand und der Häufigkeit von Infektionen.

	GdS/GdB-Grad
16.1 Verlust der Milz	
bei Verlust im frühen Kindesalter, dann bis zur Vollendung des 8. Lebensjahres	20
danach oder bei späterem Verlust	10
16.2 Hodgkin-Krankheit	
im Stadium I bis IIIA	
bei mehr als sechs Monate andauernder Therapie, bis zum Ende der Intensiv-Therapie je nach Auswirkung auf den Allgemeinzustand	60–100
nach Vollremission GdS für die Dauer von drei Jahren (Heilungsbewährung)	50
im Stadium IIIB und IV	
bis zum Ende der Intensiv-Therapie	100
nach Vollremission GdS für die Dauer von drei Jahren (Heilungsbewährung)	60
16.3 Non-Hodgkin-Lymphome	
16.3.1 Chronische lymphatische Leukämie und andere generalisierte niedrigmaligne Non-Hodgkin-Lymphome	
mit geringen Auswirkungen (keine wesentlichen Beschwerden, keine Allgemeinsymptome, keine Behandlungsbedürftigkeit, keine wesentliche Progredienz)	30–40
mit mäßigen Auswirkungen (Behandlungsbedürftigkeit)	50–70
mit starken Auswirkungen, starke Progredienz (z. B. schwere Anämie, ausgeprägte Thrombozytopenie, rezidivierende Infektionen, starke Milzvergrößerung)	80–100
Lokalisierte niedrigmaligne Non-Hodgkin-Lymphome	
nach Vollremission (Beseitigung des Tumors) für die Dauer von drei Jahren (Heilungsbewährung)	50
16.3.2 Hochmaligne Non-Hodgkin-Lymphome	
bis zum Ende der Intensiv-Therapie	100
nach Vollremission GdS für die Dauer von drei Jahren (Heilungsbewährung)	80
16.4 Plasmozytom (Myelom)	
mit geringen Auswirkungen (keine wesentliche Auswirkung auf den Allgemeinzustand, keine Behandlungsbedürftigkeit, ohne Beschwerden, keine wesentliche Progredienz)	30–40
mit mäßigen Auswirkungen (Behandlungsbedürftigkeit)	50–70
mit starken Auswirkungen (z. B. schwere Anämie, starke Schmerzen, Nierenfunktionseinschränkung)	80–100
16.5 Myeloproliferative und myelodysplastische/myeloproliferative Neoplasien	
Auswirkungen auf andere Organsysteme sind zusätzlich zu bewerten.	
16.5.1 Chronische myeloische Leukämie, BCR/ABL-positiv	
Im Stadium der kompletten hämatologischen, kompletten zytogenetischen und molekularen Remission beträgt der GdS	10–20

		GdS/GdB-Grad
	Im Stadium der kompletten hämatologischen Remission je nach Ausmaß der zytogenetischen Remission beträgt der GdS . . .	30–40
	Im chronischen Stadium, auch bei Krankheitsbeginn (im ersten Jahr der Therapie), bei fehlender Remission oder bei Rezidiv je nach Organvergrößerung, Anämie, Thrombozytenzahl und in Abhängigkeit von der Intensität der Therapie beträgt der GdS	50–80
	In der akzelerierten Phase oder in der Blastenkrise beträgt der GdS	100
16.5.2	Atypische chronische myeloische Leukämie, BCR/ABL-negativ; chronische Neutrophilen-Leukämie; chronische myelomonozytäre Leukämie	
	Im Stadium der kompletten hämatologischen Remission beträgt der GdS	40
	Im chronischen Stadium, auch bei Krankheitsbeginn (im ersten Jahr der Therapie), ist die Teilhabebeeinträchtigung insbesondere abhängig vom Ausmaß der Organvergrößerung und Anämie, der Thrombozytenzahl und der Intensität der Therapie. Der GdS beträgt	50–80
	In der akzelerierten Phase oder in der Blastenkrise beträgt der GdS	100
16.5.3	Primäre Myelofibrose (Chronische idiopathische Myelofibrose)	
	Bei geringen Auswirkungen (keine Behandlungsbedürftigkeit) beträgt der GdS	10–20
	Bei mäßigen Auswirkungen (Behandlungsbedürftigkeit) beträgt der GdS	30–40
	Bei stärkeren Auswirkungen (insbesondere mäßige Anämie, geringe Thrombozytopenie, ausgeprägte Organomegalie) beträgt der GdS	50–70
	Bei starken Auswirkungen (insbesondere schwere Anämie, ausgeprägte Thrombozytopenie, exzessive Organomegalie) beträgt der GdS	80–100
16.5.4	Chronische Eosinophilen-Leukämie/Hypereosinophilie-Syndrom	
	Die Teilhabebeeinträchtigung ist insbesondere abhängig vom Ausmaß der Organomegalie, Hautbeteiligung, Blutbildveränderungen und Nebenwirkungen der Therapie. Der GdS beträgt mindestens	50
16.5.5	Polycythaemia vera	
	Bei Behandlungsbedürftigkeit	
	– mit regelmäßigen Aderlässen. Der GdS beträgt	10
	– mit zytoreduktiver Therapie ist die Teilhabebeeinträchtigung insbesondere abhängig vom Ausmaß der Nebenwirkungen der Therapie. Der GdS beträgt	30–40
	Übergänge zu anderen myeloproliferativen Erkrankungen sind analog zu diesen zu bewerten.	
16.5.6	Essentielle Thrombozythämie	
	Bei Behandlungsbedürftigkeit	
	– mit Thrombozytenaggregationshemmern. Der GdS beträgt .	10

GdS/GdB-Grad

– mit zytoreduktiver Therapie ist die Teilhabebeeinträchtigung insbesondere abhängig vom Ausmaß der Nebenwirkungen der Therapie. Der GdS beträgt 30–40

Übergänge zu anderen myeloproliferativen Erkrankungen sind analog zu diesen zu bewerten.

16.5.7 Die juvenile myelomonozytäre Leukämie ist analog zur akuten myeloischen Leukämie zu bewerten.

16.6 Akute Leukämien

Im ersten Jahr nach Diagnosestellung (Erstdiagnose oder Rezidiv; insbesondere während der Induktionstherapie, Konsolidierungstherapie, Erhaltungstherapie) beträgt der GdS 100

Nach dem ersten Jahr

– bei unvollständiger klinischer Remission: Der GdS beträgt . . 100
– bei kompletter klinischer Remission unabhängig von der durchgeführten Therapie: Der GdS beträgt 80 für die Dauer von drei Jahren (Heilungsbewährung).

Danach ist der GdS nach den verbliebenen Auswirkungen (insbesondere chronische Müdigkeit, Sterilität, Neuropathien, Beeinträchtigung der Entwicklung und kognitiver Funktionen) zu bewerten.

16.7 Myelodysplastische Syndrome

mit geringen Auswirkungen (ausgeglichen und ohne wesentliche Allgemeinstörungen) 10–20

mit mäßigen Auswirkungen (z. B. gelegentliche Transfusionen) 30–40

mit stärkeren Auswirkungen (z. B. andauernde Transfusionsbedürftigkeit, rezidivierende Infektionen) 50–80

mit starken Auswirkungen (z. B. andauernde Transfusionsbedürftigkeit, häufige Infektionen, Blutungsneigung, leukämische Transformation) 100

Aplastische Anämie (auch Panmyelopathie), Agranulozytose

Der GdS bei aplastischer Anämie oder Agranulozytose ist auch nach Therapie analog zu den myelodysplastischen Syndromen zu bewerten.

16.8 Knochenmark- und Stammzelltransplantation

Nach autologer Knochenmark- oder Blutstammzelltransplantation ist der GdS entsprechend der Grundkrankheit zu beurteilen.

Nach allogener Knochenmarktransplantation für die Dauer von drei Jahren (Heilungsbewährung) 100

Danach ist der GdS nach den verbliebenen Auswirkungen und dem eventuellen Organschaden, jedoch nicht niedriger als 30, zu bewerten.

16.9 Anämien

Symptomatische Anämien (z. B. Eisenmangelanämie, vitaminabhängige Anämien) sind in der Regel gut behandelbar und nur vorübergehender Natur.

Therapierefraktäre Anämien (z. B. bestimmte hämolytische Anämien, Thalassämie, Erythrozytenenzymdefekte)

		GdS/GdB-Grad
	mit geringen Auswirkungen (ausgeglichen und ohne wesentliche Allgemeinstörungen)	0–10
	mit mäßigen Auswirkungen (z. B. gelegentliche Transfusionen)	20–40
	mit starken Auswirkungen (z. B. andauernde Transfusionsbedürftigkeit)	50–70
16.10	Hämophilie und entsprechende plasmatische Blutungskrankheiten (je nach Blutungsneigung)	
	leichte Form	
	mit Restaktivität von antihämophilem Globulin (AHG) über 5 %	20
	mittelschwere Form – mit 1–5 % AHG	
	mit seltenen Blutungen	30–40
	mit häufigen (mehrfach jährlich) ausgeprägten Blutungen	50–80
	schwere Form – mit weniger als 1 % AHG	80–100
	Sonstige Blutungsleiden	
	ohne wesentliche Auswirkungen	10
	mit mäßigen Auswirkungen	20–40
	mit starken Auswirkungen (starke Blutungen bereits bei leichten Traumen)	50–70
	mit ständiger klinisch manifester Blutungsneigung (Spontanblutungen, Gefahr lebensbedrohlicher Blutungen)	80–100
	Eine Behandlung mit Antikoagulantien ist bei der Grundkrankheit (z. B. bei Herzklappen- und Gefäßprothesen, Thrombophilie) berücksichtigt. Wenn die Grundkrankheit nicht mehr besteht bzw. keinen GdS mehr bedingt, aber eine Weiterbehandlung mit Antikoagulantien erforderlich ist, kann – analog den sonstigen Blutungsleiden – in der Regel ein GdS von 10 angenommen werden.	
16.11	Immundefekte	
	Angeborene Defekte der humoralen und zellulären Abwehr (z. B. Adenosindesaminase-Defekt, DiGeorge-Syndrom, permanente B-Zell-Defekte, septische Granulomatose)	
	ohne klinische Symptomatik	0
	trotz Therapie erhöhte Infektanfälligkeit, aber keine außergewöhnlichen Infektionen	20–40
	trotz Therapie neben erhöhter Infektanfälligkeit auch außergewöhnliche Infektionen (ein bis zwei pro Jahr)	50
	Bei schwereren Verlaufsformen kommt ein höherer GdS in Betracht.	
	Erworbenes Immunmangelsyndrom (HIV–Infektion)	
	HIV–Infektion ohne klinische Symptomatik	10
	HIV–Infektion mit klinischer Symptomatik	
	geringe Leistungsbeeinträchtigung (z. B. bei Lymphadenopathie syndrom [LAS])	30–40
	stärkere Leistungsbeeinträchtigung (z. B. bei AIDS-related complex [ARC])	50–80
	schwere Leistungsbeeinträchtigung (AIDS-Vollbild)	100

17. Haut

Bei der Beurteilung des GdS von Hautkrankheiten sind Art, Ausdehnung, Sitz, Auswirkungen auf den Allgemeinzustand, Begleiterscheinungen (wie Jucken, Nässen, Brennen, unangenehme und abstoßende Gerüche) und die Rezidivbereitschaft bzw. die Chronizität sowie die Notwendigkeit wiederholter stationärer Behandlung zu berücksichtigen. Bei Hautkrankheiten mit stark schwankendem Leidensverlauf kommt ein Durchschnitts-GdS in Betracht. Bei Kindern können sich Hautkrankheiten schwerer auswirken als bei Erwachsenen.

Narben können durch Ausdehnung, Beschaffenheit (z. B. Verhärtung, Verdünnung, Narbenzüge), Sitz oder Einwirkung auf ihre Umgebung zu Störungen führen. Bei flächenhaften Narben nach Verbrennungen, Verätzungen und ähnlichem muss außerdem die Beeinträchtigung der Haut als Schutz-, Ausscheidungs- und Sinnesorgan berücksichtigt werden. Diese Störungen bestimmen die Höhe des GdS.

Bei Entstellungen ist zu berücksichtigen, dass sich Schwierigkeiten im Erwerbsleben, Unannehmlichkeiten im Verkehr mit fremden Menschen sowie seelische Konflikte ergeben können.

	GdS/GdB-Grad
17.1 Ekzeme	
Kontaktekzeme (z. B. irritatives und allergisches Kontaktekzem)	
geringe Ausdehnung und bis zu zweimal im Jahr für wenige Wochen auftretend . . .	0–10
Sonst . . .	20–30
Atopisches Ekzem („Neurodermitis constitutionalis“, „endogenes Ekzem“)	
geringe, auf die Prädilektionsstellen begrenzte Ausdehnung bis zu zweimal im Jahr für wenige Wochen auftretend . . .	0–10
bei länger dauerndem Bestehen . . .	20–30
mit generalisierten Hauterscheinungen, insbesondere Gesichtsbefall . . .	40
mit klinischer oder vergleichbar intensiver ambulanter Behandlungsnotwendigkeit mehrmals im Jahr . . .	50
Seborrhoisches Ekzem	
geringe Ausdehnung und Beschränkung auf die Prädilektionsstellen . . .	0–10
sonst, je nach Ausdehnung . . .	20–30
17.2 Chronisch rezidivierende Urtikaria/Quincke-Ödem	
selten, bis zu zweimal im Jahr auftretend, leicht vermeidbare Noxen oder Allergene . . .	0–10
häufiger auftretende Schübe, schwer vermeidbare Noxen oder Allergene . . .	20–30
schwerer chronischer, über Jahre sich hinziehender Verlauf . .	40–50
Eine systemische Beteiligung z. B. des Gastrointestinaltraktes oder des Kreislaufs ist ggf. zusätzlich zu berücksichtigen.	

	GdS/GdB-Grad
17.3 Akne	
Acne vulgaris	
leichteren bis mittleren Grades	0–10
schweren Grades mit vereinzelter Abszess- und Knotenbildung und entsprechender erheblicher kosmetischer Beeinträchtigung	20–30
Acne conglobata	
auf die Prädilektionsstellen begrenzte häufige Abszess- und Fistelbildungen und lokalisationsbedingte Beeinträchtigungen	30–40
schwerste Formen mit rezidivierenden eitrigen, vernarbenden axilläringuinalen und nuchalen Abszessen (Acne triade) und ggf. zusätzlicher Beteiligung des Pilonidalsinus (Acne tetrade) wenigstens	50
17.4 Rosazea, Rhinophym	
geringe Ausdehnung, kosmetisch nur wenig störend	0–10
stärkere Ausdehnung, entstellende Wirkung	20–30
17.5 Hautveränderungen bei Autoimmunkrankheiten des Bindegewebes (z. B. Lupus erythematodes, Dermatomyositis, progressive systemische Sklerodermie)	
auf die Prädilektionsstellen begrenzt bei geringer Ausdehnung	0–10
auf die Prädilektionsstellen begrenzt bei stärkerer Ausdehnung, je nach kosmetischer und funktioneller Auswirkung	20–40
über die Prädilektionsstellen hinausgehend, ggf. Ulzerationen	50–70
17.6 Blasenbildende Hautkrankheiten (z. B. Pemphigus, Pemphigoide)	
bei begrenztem Haut- und Schleimhautbefall mit geringer Ausdehnung	10
sonst	20–40
bei generalisiertem Haut- und Schleimhautbefall	50–80
in fortgeschrittenen Stadien bei schwerer Beeinträchtigung des Allgemeinzustandes auch höher.	
17.7 Psoriasis vulgaris	
auf die Prädilektionsstellen beschränkt	0–10
ausgedehnter, aber erscheinungsfreie Intervalle von Monaten	20
bei andauerndem ausgedehnten Befall oder stark beeinträchtigendem lokalen Befall (z. B. an den Händen)	30–50
Eine außergewöhnliche Nagelbeteiligung (mit Zerstörung der Nagelplatten) sowie eine Gelenk- und Wirbelsäulenbeteiligung sind zusätzlich zu bewerten.	
17.8 Erythrodermien	
bei leichter Intensität des Krankheitsprozesses	40
bei mittlerer Intensität des Krankheitsprozesses ohne wesentliche Auswirkung auf den Allgemeinzustand	50–60
mit stärkerer Auswirkung auf den Allgemeinzustand	70–80
17.9 Ichthyosis	
leichte Form,	
auf Stamm und Extremitäten weitgehend begrenzt, mit trockener Haut, mäßiger Schuppung, ohne wesentliche Verfärbung	0–10

		GdS/GdB-Grad
	mittlere Form auf Stamm und Extremitäten weitgehend begrenzt, mit stärkerer Schuppung und Verfärbung	20–40
	schwere Form mit ausgeprägter Schuppung und Verfärbung der gesamten Haut, insbesondere der Gelenkbeugen und des Gesichts	50–80
17.10	Mykosen	
	bei begrenztem Hautbefall	0–10
	bei Befall aller Finger- und Fußnägel, ggf. mit Zerstörung von Nagelplatten	20
	Chronisch rezidivierendes Erysipel	
	ohne bleibendes Lymphödem	10
	sonst, je nach Ausprägung des Lymphödems	20–40
	Chronisch rezidivierender Herpes simplex	
	geringe Ausdehnung, bis zu dreimal im Jahr rezidivierend	0–10
	größere Ausdehnung, häufiger rezidivierend	20
17.11	Totaler Haarausfall (mit Fehlen von Augenbrauen und Wimpern)	30
17.12	Naevus Der GdS richtet sich allein nach dem Ausmaß einer eventuellen Entstellung.	
	Pigmentstörungen (z. B. Vitiligo) an Händen und/oder Gesicht	
	gering	10
	ausgedehnter	20
	sonst	0
17.13	Nach Entfernung eines malignen Tumors der Haut ist in den ersten fünf Jahren eine Heilungsbewährung abzuwarten (Ausnahmen: z. B. Basalzellkarzinome, Bowen-Krankheit, Melanoma in situ); GdS während dieser Zeit	
	nach Entfernung eines Melanoms im Stadium I ([pT1 bis T2] pN0 M0) oder eines anderen Hauttumors in den Stadien (pT1 bis T2) pN0 bis N2 M0	50
	in anderen Stadien	80

18. Haltungs- und Bewegungsorgane, rheumatische Krankheiten

		GdS/GdB-Grad
18.1	Allgemeines Dieser Abschnitt umfasst Haltungsschäden, degenerative Veränderungen, osteopenische Krankheiten, posttraumatische Zustände, chronische Osteomyelitis, entzündlich-rheumatische Krankheiten, Kollagenosen und Vaskulitiden sowie nichtentzündliche Krankheiten der Weichteile.	

GdS/GdB-Grad

Der GdS für angeborene und erworbene Schäden an den Haltungs- und Bewegungsorganen wird entscheidend bestimmt durch die Auswirkungen der Funktionsbeeinträchtigungen (Bewegungsbehinderung, Minderbelastbarkeit) und die Mitbeteiligung anderer Organsysteme. Die üblicher Weise auftretenden Beschwerden sind dabei mitberücksichtigt.
Außergewöhnliche Schmerzen sind ggf. zusätzlich zu berücksichtigen. Schmerzhafte Bewegungseinschränkungen der Gelenke können schwerwiegender als eine Versteifung sein.
Bei Haltungsschäden und/oder degenerativen Veränderungen an Gliedmaßengelenken und an der Wirbelsäule (z. B. Arthrose, Osteochondrose) sind auch Gelenkschwellungen, muskuläre Verspannungen, Kontrakturen oder Atrophien zu berücksichtigen.
Mit Bild gebenden Verfahren festgestellte Veränderungen (z. B. degenerativer Art) allein rechtfertigen noch nicht die Annahme eines GdS. Ebenso kann die Tatsache, dass eine Operation an einer Gliedmaße oder an der Wirbelsäule (z. B. Meniskusoperation, Bandscheibenoperation, Synovialektomie) durchgeführt wurde, für sich allein nicht die Annahme eines GdS begründen.
Das Funktionsausmaß der Gelenke wird im Folgenden nach der Neutral-Null-Methode angegeben.
Fremdkörper beeinträchtigen die Funktion nicht, wenn sie in Muskel oder Knochen reaktionslos eingeheilt sind und durch ihre Lage keinen ungünstigen Einfluss auf Gelenke, Nerven oder Gefäße ausüben.
Der GdS bei Weichteilverletzungen richtet sich nach der Funktionseinbuße und der Beeinträchtigung des Blut- und Lymphgefäßsystems. Bei Faszienverletzungen können Muskelbrüche auftreten, die nur in seltenen Fällen einen GdS bedingen.
Bei den entzündlich-rheumatischen Krankheiten sind unter Beachtung der Krankheitsentwicklung neben der strukturellen und funktionellen Einbuße die Aktivität mit ihren Auswirkungen auf den Allgemeinzustand und die Beteiligung weiterer Organe zu berücksichtigen. Entsprechendes gilt für Kollagenosen und Vaskulitiden.
Bei ausgeprägten osteopenischen Krankheiten (z. B. Osteoporose, Osteopenie bei hormonellen Störungen, gastrointestinalen Resorptionsstörungen, Nierenschäden) ist der GdS vor allem von der Funktionsbeeinträchtigung und den Schmerzen abhängig. Eine ausschließlich messtechnisch nachgewiesene Minderung des Knochenmineralgehalts rechtfertigt noch nicht die Annahme eines GdS.

18.2.1 Entzündlich-rheumatische Krankheiten
(z. B. Bechterew-Krankheit)
ohne wesentliche Funktionseinschränkung mit leichten Beschwerden 10

	GdS/GdB-Grad
mit geringen Auswirkungen (leichtgradige Funktionseinbußen und Beschwerden, je nach Art und Umfang des Gelenkbefalls, geringe Krankheitsaktivität)	20–40
mit mittelgradigen Auswirkungen (dauernde erhebliche Funktionseinbußen und Beschwerden, therapeutisch schwer beeinflussbare Krankheitsaktivität)	50–70
mit schweren Auswirkungen (irreversible Funktionseinbußen, hochgradige Progredienz)	80–100
Auswirkungen über sechs Monate anhaltender aggressiver Therapien sind gegebenenfalls zusätzlich zu berücksichtigen.	
18.2.2 Kollagenosen (z. B. systemischer Lupus erythematodes, progressiv-systemische Sklerose, Polymyositis/Dermatomyositis),	
18.2.3 Vaskulitiden (z. B. Panarteriitis nodosa, Polymyalgia rheumatica) Die Beurteilung des GdS bei Kollagenosen und Vaskulitiden richtet sich nach Art und Ausmaß der jeweiligen Organbeteiligung sowie den Auswirkungen auf den Allgemeinzustand, wobei auch eine Analogie zu den Muskelkrankheiten in Betracht kommen kann. Für die Dauer einer über sechs Monate anhaltenden aggressiven Therapie soll ein GdS von 50 nicht unterschritten werden.	
18.3 Bei der Beurteilung nicht-entzündlicher Krankheiten der Weichteile kommt es auf Art und Ausmaß der jeweiligen Organbeteiligung sowie auf die Auswirkungen auf den Allgemeinzustand an.	
18.4 Fibromyalgie Die Fibromyalgie, das Chronische Fatigue Syndrom (CFS), die Multiple Chemical Sensitivity (MCS) und ähnliche Syndrome sind jeweils im Einzelfall entsprechend der funktionellen Auswirkungen analog zu beurteilen.	
18.5 Chronische Osteomyelitis Bei der Beurteilung des GdS sind die aus der Lokalisation und Ausdehnung des Prozesses sich ergebende Funktionsstörung, die dem Prozess innewohnende Aktivität und ihre Auswirkungen auf den Allgemeinzustand und außerdem etwaige Folgekrankheiten (z. B. Anämie, Amyloidose) zu berücksichtigen. Bei ausgeprägt schubförmigem Verlauf ist ein Durchschnitts- GdS zu bilden.	
Ruhende Osteomyelitis (Inaktivität wenigstens 5 Jahre)	0–10
Chronische Osteomyelitis	
geringen Grades (eng begrenzt, mit geringer Aktivität, geringe Fisteleiterung) mindestens	20
mittleren Grades (ausgedehnterer Prozess, häufige oder ständige Fisteleiterung, Aktivitätszeichen auch in Laborbefunden)mindestens	50
schweren Grades (häufige schwere Schübe mit Fieber, ausgeprägter Infiltration der Weichteile, Eiterung und Sequesterabstoßung, erhebliche Aktivitätszeichen in den Laborbefunden) mindestens	70

GdS/GdB-Grad

Eine wesentliche Besserung wegen Beruhigung des Prozesses kann erst angenommen werden, wenn nach einem Leidensverlauf von mehreren Jahren seit wenigstens zwei Jahren – nach jahrzehntelangem Verlauf seit fünf Jahren – keine Fistel mehr bestanden hat und auch aus den weiteren Befunden (einschließlich Röntgenbildern und Laborbefunden) keine Aktivitätszeichen mehr erkennbar gewesen sind. Dabei ist in der Regel der GdS nur um 20 bis 30 Punkte niedriger einzuschätzen und zwei bis vier Jahre lang noch eine weitere Heilungsbewährung abzuwarten, bis der GdS nur noch von dem verbliebenen Schaden bestimmt wird.

18.6 Muskelkrankheiten

Bei der Beurteilung des GdS ist von folgenden Funktionsbeeinträchtigungen auszugehen:

Muskelschwäche

mit geringen Auswirkungen (vorzeitige Ermüdung, gebrauchsabhängige Unsicherheiten)	20–40
mit mittelgradigen Auswirkungen (zunehmende Gelenkkontrakturen und Deformitäten, Aufrichten aus dem Liegen nicht mehr möglich, Unmöglichkeit des Treppensteigens)	50–80
mit schweren Auswirkungen (bis zur Geh- und Stehunfähigkeit und Gebrauchsunfähigkeit der Arme)	90–100

Zusätzlich sind bei einzelnen Muskelkrankheiten Auswirkungen auf innere Organe (z. B. Einschränkung der Lungenfunktion und/oder der Herzleistung durch Brustkorbdeformierung) oder Augenmuskel-, Schluck- oder Sprechstörungen (z. B. bei der Myasthenie) zu berücksichtigen.

18.7 Kleinwuchs

Körpergröße nach Abschluss des Wachstums

über 130 bis 140 cm	30–40
über 120 bis 130 cm	50

Bei 120 cm und darunter kommen entsprechend höhere Werte in Betracht.

Dieser GdS ist auf harmonischen Körperbau bezogen.

Zusätzlich zu berücksichtigen sind (z. B. bei Achondroplasie, bei Osteogenesis imperfecta) mit dem Kleinwuchs verbundene Störungen wie

mangelhafte Körperproportionen,
Verbildungen der Gliedmaßen,
Störungen der Gelenkfunktion, Muskelfunktion und Statik,
neurologische Störungen,
Einschränkungen der Sinnesorgane,
endokrine Ausfälle und
außergewöhnliche psychoreaktive Störungen.

18.8 Großwuchs

Großwuchs allein rechtfertigt noch nicht die Annahme eines GdS. Auf psychoreaktive Störungen ist besonders zu achten.

	GdS/GdB-Grad
18.9 Wirbelsäulenschäden Der GdS bei angeborenen und erworbenen Wirbelsäulenschäden (einschließlich Bandscheibenschäden, Scheuermann-Krankheit, Spondylolisthesis, Spinalkanalstenose und dem sogenannten Postdiskotomiesyndrom) ergibt sich primär aus dem Ausmaß der Bewegungseinschränkung, der Wirbelsäulenverformung und -instabilität sowie aus der Anzahl der betroffenen Wirbelsäulenabschnitte. Der Begriff Instabilität beinhaltet die abnorme Beweglichkeit zweier Wirbel gegeneinander unter physiologischer Belastung und die daraus resultierenden Weichteilveränderungen und Schmerzen. Sogenannte Wirbelsäulensyndrome (wie Schulter-Arm-Syndrom, Lumbalsyndrom, Ischialgie, sowie andere Nerven- und Muskelreizerscheinungen) können bei Instabilität und bei Einengungen des Spinalkanals oder der Zwischenwirbellöcher auftreten. Für die Bewertung von chronisch-rezidivierenden Bandscheibensyndromen sind aussagekräftige anamnestische Daten und klinische Untersuchungsbefunde über einen ausreichend langen Zeitraum von besonderer Bedeutung. Im beschwerdefreien Intervall können die objektiven Untersuchungsbefunde nur gering ausgeprägt sein. Wirbelsäulenschäden	
ohne Bewegungseinschränkung oder Instabilität	0
mit geringen funktionellen Auswirkungen (Verformung, rezidivierende oder anhaltende Bewegungseinschränkung oder Instabilität geringen Grades, seltene und kurz dauernd auftretende leichte Wirbelsäulensyndrome)	10
mit mittelgradigen funktionellen Auswirkungen in einem Wirbelsäulenabschnitt (Verformung, häufig rezidivierende oder anhaltende Bewegungseinschränkung oder Instabilität mittleren Grades, häufig rezidivierende und über Tage andauernde Wirbelsäulensyndrome)	20
mit schweren funktionellen Auswirkungen in einem Wirbelsäulenabschnitt (Verformung, häufig rezidivierende oder anhaltende Bewegungseinschränkung oder Instabilität schweren Grades, häufig rezidivierende und Wochen andauernde ausgeprägte Wirbelsäulensyndrome)	30
mit mittelgradigen bis schweren funktionellen Auswirkungen in zwei Wirbelsäulenabschnitten	30–40
mit besonders schweren Auswirkungen (z. B. Versteifung großer Teile der Wirbelsäule; anhaltende Ruhigstellung durch Rumpforthese, die drei Wirbelsäulenabschnitte umfasst [z. B. Milwaukee-Korsett]; schwere Skoliose [ab ca. 70° nach Cobb])	50–70
bei schwerster Belastungsinsuffizienz bis zur Geh- und Stehunfähigkeit	80–100

		GdS/GdB-Grad
	Anhaltende Funktionsstörungen infolge Wurzelkompression mit motorischen Ausfallerscheinungen – oder auch die intermittierenden Störungen bei der Spinalkanalstenose – sowie Auswirkungen auf die inneren Organe (z. B. Atemfunktionsstörungen) sind zusätzlich zu berücksichtigen. Bei außergewöhnlichen Schmerzsyndromen kann auch ohne nachweisbare neurologische Ausfallerscheinungen (z. B. Postdiskotomiesyndrom) ein GdS über 30 in Betracht kommen. Das neurogene Hinken ist etwas günstiger als vergleichbare Einschränkungen des Gehvermögens bei arteriellen Verschlusskrankheiten zu bewerten.	
18.10	Beckenschäden	
	ohne funktionelle Auswirkungen	0
	mit geringen funktionellen Auswirkungen (z. B. stabiler Beckenring, degenerative Veränderungen der Kreuz-Darmbeingelenke)	10
	mit mittelgradigen funktionellen Auswirkungen (z. B. instabiler Beckenring einschließlich Sekundärarthrose)	20
	mit schweren funktionellen Auswirkungen und Deformierung .	30–40
18.11	Gliedmaßenschäden, Allgemeines	
	Der GdS bei Gliedmaßenschäden ergibt sich aus dem Vergleich mit dem GdS für entsprechende Gliedverluste. Trotz erhaltener Extremität kann der Zustand gelegentlich ungünstiger sein als der Verlust.	
	Die aufgeführten GdS für Gliedmaßenverluste gehen – soweit nichts anderes erwähnt ist – von günstigen Verhältnissen des Stumpfes und der benachbarten Gelenke aus. Bei ausgesprochen ungünstigen Stumpfverhältnissen, bei nicht nur vorübergehenden Stumpfkrankheiten sowie bei nicht unwesentlicher Funktionsbeeinträchtigung des benachbarten Gelenkes sind diese Sätze im allgemeinen um 10 zu erhöhen, unabhängig davon, ob Körperersatzstücke getragen werden oder nicht.	
	Körperersatzstücke, orthopädische und andere Hilfsmittel mindern bei Verlust und Funktionsstörungen der Gliedmaßen sowie bei Funktionseinschränkungen des Rumpfes die Auswirkungen der Behinderung, ohne dass dadurch der durch den Schaden allein bedingte GdS eine Änderung erfährt.	
	Bei der Bewertung des GdS von Pseudarthrosen ist zu berücksichtigen, dass straffe Pseudarthrosen günstiger sind als schlaffe.	
	Bei habituellen Luxationen richtet sich die Höhe des GdS außer nach der Funktionsbeeinträchtigung der Gliedmaße auch nach der Häufigkeit der Ausrenkungen.	
18.12	Endoprothesen	
	Es werden Mindest-GdS angegeben, die für Endoprothesen bei bestmöglichem Behandlungsergebnis gelten. Bei eingeschränkter Versorgungsqualität sind höhere Werte angemessen.	

		GdS/GdB-Grad
	Die Versorgungsqualität kann insbesondere beeinträchtigt sein durch – Beweglichkeits- und Belastungseinschränkung, – Nervenschädigung, – deutliche Muskelminderung, – ausgeprägte Narbenbildung. Die in der GdS-Tabelle angegebenen Werte schließen die bei der jeweiligen Versorgungsart üblicherweise gebotenen Beschränkungen ein.	
	Hüftgelenk	
	bei einseitiger Endoprothese beträgt der GdS mindestens	10
	bei beidseitiger Endoprothese beträgt der GdS mindestens	20
	Kniegelenk	
	bei einseitiger Totalendoprothese beträgt der GdS mindestens	20
	bei beidseitiger Totalendoprothese beträgt der GdS mindestens	30
	bei einseitiger Teilendoprothese beträgt der GdS mindestens	10
	bei beidseitiger Teilendoprothese beträgt der GdS mindestens	20
	Oberes Sprunggelenk	
	bei einseitiger Endoprothese beträgt der GdS mindestens	10
	bei beidseitiger Endoprothese beträgt der GdS mindestens	20
	Schultergelenk	
	bei einseitiger Endoprothese beträgt der GdS mindestens	20
	bei beidseitiger Endoprothese beträgt der GdS mindestens	40
	Ellenbogengelenk	
	bei einseitiger Totalendoprothese beträgt der GdS mindestens	30
	bei beidseitiger Totalendoprothese beträgt der GdS mindestens	50
	Kleine Gelenke Endoprothesen bedingen keine wesentliche Teilhabebeeinträchtigung.	
	Aseptische Nekrosen	
	Hüftkopfnekrosen (z. B. Perthes-Krankheit) während der notwendigen Entlastung	70
	Lunatum-Malazie während der notwendigen Immobilisierung	30
18.13	Schäden der oberen Gliedmaßen	
	Extremitätenverlust	
	Verlust eines Armes und Beines	100
	Verlust eines Armes im Schultergelenk oder mit sehr kurzem Oberarmstumpf	80
	Unter einem sehr kurzen Oberarmstumpf ist ein Stumpf zu verstehen, der eine gleiche Funktionseinbuße wie der Verlust des Armes im Schultergelenk zur Folge hat. Das ist immer dann der Fall, wenn die Absetzungsebene in Höhe des Collum chirurgicum liegt.	
	Verlust eines Armes im Oberarm oder im Ellenbogengelenk	70

	GdS/GdB-Grad
Verlust eines Armes im Unterarm	50
Verlust eines Armes im Unterarm mit einer Stumpflänge bis 7 cm	60
Verlust der ganzen Hand	50
Versteifung des Schultergelenks in günstiger Stellung bei gut beweglichem Schultergürtel	30
Eine Versteifung im Schultergelenk in einem Abspreizwinkel um ca. 45° und leichter Vorhalte gilt als funktionell günstig.	
Versteifung des Schultergelenks in ungünstiger Stellung oder bei gestörter Beweglichkeit des Schultergürtels	40–50
Bewegungseinschränkung des Schultergelenks (einschließlich Schultergürtel)	
Armhebung nur bis zu 120° mit entsprechender Einschränkung der Dreh- und Spreizfähigkeit	10
Armhebung nur bis zu 90° mit entsprechender Einschränkung der Dreh- und Spreizfähigkeit	20
Instabilität des Schultergelenks	
geringen Grades, auch seltene Ausrenkung (in Abständen von 1 Jahr und mehr)	10
mittleren Grades, auch häufigere Ausrenkung	20–30
schweren Grades (auch Schlottergelenk), auch ständige Ausrenkung	40
Schlüsselbeinpseudarthrose	
straff	0–10
schlaff	20
Verkürzung des Armes bis zu 4 cm bei freier Beweglichkeit der großen Armgelenke	0
Oberarmpseudarthrose	
straff	20
schlaff	40
Riss der langen Bizepssehne	0–10
Versteifung des Ellenbogengelenks einschließlich Aufhebung der Unterarmdrehbewegung	
in günstiger Stellung	30
in ungünstiger Stellung	40–50
Die Versteifung in einem Winkel zwischen 80° und 100° bei mittlerer Pronationsstellung des Unterarms ist als günstige Gebrauchsstellung aufzufassen.	
Bewegungseinschränkung im Ellenbogengelenk	
geringen Grades (Streckung/Beugung bis 0–30–120 bei freier Unterarmdrehbeweglichkeit)	0–10
stärkeren Grades (insbesondere der Beugung einschließlich Einschränkung der Unterarmdrehbeweglichkeit)	20–30
Isolierte Aufhebung der Unterarmdrehbeweglichkeit	
in günstiger Stellung (mittlere Pronationsstellung)	10
in ungünstiger Stellung	20

	GdS/GdB-Grad
in extremer Supinationsstellung	30
Ellenbogen-Schlottergelenk	40
Unterarmpseudarthrose	
straff	20
schlaff	40
Pseudarthrose der Elle oder Speiche	10–20
Versteifung des Handgelenks	
in günstiger Stellung (leichte Dorsalextension)	20
in ungünstiger Stellung	30
Bewegungseinschränkung des Handgelenks	
geringen Grades (z. B. Streckung/Beugung bis 30–0-40)	0–10
stärkeren Grades	20–30
Nicht oder mit Deformierung verheilte Brüche oder Luxationen der Handwurzelknochen oder eines oder mehrerer Mittelhandknochen mit sekundärer Funktionsbeeinträchtigung	10–30
Versteifung eines Daumengelenks in günstiger Stellung	0–10
Versteifung beider Daumengelenke und des Mittelhand- Handwurzelgelenks in günstiger Stellung	20
Versteifung eines Fingers in günstiger Stellung (mittlere Gebrauchsstellung)	0–10
Versteifungen der Finger in Streck- oder starker Beugestellung sind oft störender als ein glatter Verlust.	
Verlust des Daumenendgliedes	0
Verlust des Daumenendgliedes und des halben Grundgliedes	10
Verlust eines Daumens	25
Verlust beider Daumen	40
Verlust eines Daumens mit Mittelhandknochen	30
Verlust des Zeigefingers, Mittelfingers, Ringfingers oder Kleinfingers, auch mit Teilen des dazugehörigen Mittelhandknochens	10
Verlust von zwei Fingern	
mit Einschluss des Daumens	30
II+III, II+IV	30
sonst	25
Verlust von drei Fingern	
mit Einschluss des Daumens	40
II+III+IV	40
sonst	30
Verlust von vier Fingern	
mit Einschluss des Daumens	50
sonst	40
Verlust der Finger II bis V an beiden Händen	80
Verlust aller fünf Finger einer Hand	50
Verlust aller zehn Finger	100

Obige Sätze gelten für den Gesamtverlust der Finger bei reizlosen Stumpfverhältnissen. Bei Verlust einzelner Fingerglieder sind sie herabzusetzen, bei schlechten Stumpfverhältnissen zu erhöhen.

		GdS/GdB-Grad
	Fingerstümpfe im Mittel- und Endgelenk können schmerzhafte Narbenbildung und ungünstige Weichteildeckung zeigen. Empfindungsstörungen an den Fingern, besonders an Daumen und Zeigefinger, können die Gebrauchsfähigkeit der Hand wesentlich beeinträchtigen.	
	Nervenausfälle (vollständig)	
	Armplexus	80
	oberer Armplexus	50
	unterer Armplexus	60
	N. axillaris	30
	N. thoracicus longus	20
	N. musculocutaneus	20
	N. radialis	
	ganzer Nerv	30
	mittlerer Bereich oder distal	20
	N. ulnaris	
	proximal oder distal	30
	N. medianus	
	proximal	40
	distal	30
	Nn. radialis und axillaris	50
	Nn. radialis und ulnaris	50
	Nn. radialis und medianus	50
	Nn. ulnaris und medianus	50
	Nn. radialis, ulnaris und medianus im Vorderarmbereich	60
	Trophische Störungen sind zusätzlich zu berücksichtigen; Teilausfälle der genannten Nerven sind entsprechend geringer zu bewerten.	
18.14	Schäden der unteren Gliedmaßen	
	Verlust beider Beine im Oberschenkel	100
	Verlust eines Beines im Oberschenkel und eines Beines im Unterschenkel	100
	Verlust eines Beines und Armes	100
	Verlust eines Beines im Hüftgelenk oder mit sehr kurzem Oberschenkelstumpf	80
	Unter einem sehr kurzen Oberschenkelstumpf ist ein Stumpf zu verstehen, der eine gleiche Funktionseinbuße wie der Verlust des Beines im Hüftgelenk bedingt. Das ist immer dann der Fall, wenn die Absetzungsebene in Höhe des Trochanter minor liegt.	
	Verlust eines Beines im Oberschenkel (einschließlich Absetzung nach Gritti)	70
	Notwendigkeit der Entlastung des ganzen Beines (z. B. Sitzbeinabstützung)	70
	Verlust eines Beines im Unterschenkel bei genügender Funktionstüchtigkeit des Stumpfes und der Gelenke	50

	GdS/GdB-Grad
Notwendigkeit der Entlastung eines Unterschenkels (z. B. Schienbeinkopfabstützung)	50
Verlust eines Beines im Unterschenkel bei ungenügender Funktionstüchtigkeit des Stumpfes und der Gelenke	60
Verlust beider Beine im Unterschenkel	80
bei einseitig ungünstigen Stumpfverhältnissen	90
bei beidseitig ungünstigen Stumpfverhältnissen	100
Teilverlust eines Fußes, Absetzung	
nach Pirogow	
einseitig, guter Stumpf	40
beidseitig	70
nach Chopart	
einseitig, guter Stumpf	30
einseitig, mit Fußfehlstellung	30–50
beidseitig	60
nach Lisfranc oder im Bereich der Mittelfußknochen nach Sharp	
einseitig, guter Stumpf	30
einseitig, mit Fußfehlstellung	30–40
beidseitig	50
Verlust einer Zehe	0
Verlust einer Großzehe	10
Verlust einer Großzehe mit Verlust des Köpfchens des I. Mittelfußknochens	20
Verlust der Zehen II bis V oder I bis III	10
Verlust aller Zehen an einem Fuß	20
Verlust aller Zehen an beiden Füßen	30
Versteifung beider Hüftgelenke je nach Stellung	80–100
Versteifung eines Hüftgelenks	
in günstiger Stellung	40
Die Versteifung eines Hüftgelenks in leichter Abspreizstellung von ca. 10°, mittlerer Drehstellung und leichter Beugestellung gilt als günstig.	
in ungünstiger Stellung	50–60
Ungünstig sind Hüftgelenkversteifungen in stärkerer Adduktions-, Abduktions- oder Beugestellung.	
Bewegungseinschränkung der Hüftgelenke	
geringen Grades (z. B. Streckung/Beugung bis zu 0–10–90 mit entsprechender Einschränkung der Dreh- und Spreizfähigkeit)	
einseitig	10–20
beidseitig	20–30
mittleren Grades (z. B. Streckung/Beugung bis zu 0–30–90 mit entsprechender Einschränkung der Dreh- und Spreizfähigkeit)	
einseitig	30
beidseitig	50

	GdS/GdB-Grad
stärkeren Grades	
einseitig	40
beidseitig	60–100
Hüftdysplasie (einschließlich sogenannte angeborene Hüftluxation)	
für die Dauer der vollständigen Immobilisierung	100
danach bis zum Abschluss der Spreizbehandlung	50
Anschließend und bei unbehandelten Fällen richtet sich der GdS nach der Instabilität und der Funktionsbeeinträchtigung.	
Hüftgelenksresektion je nach Funktionsstörung	50–80
Schnappende Hüfte	0–10
Beinverkürzung	
bis 2,5 cm	0
über 2,5 cm bis 4 cm	10
über 4 cm bis 6 cm	20
über 6 cm wenigstens	30
Oberschenkelpseudarthrose	
straff	50
schlaff	70
Faszienlücke (Muskelhernie) am Oberschenkel	0–10
Versteifung beider Kniegelenke	80
Versteifung eines Kniegelenks	
in günstiger Stellung (Beugestellung von 10–15°)	30
in ungünstiger Stellung	40–60
Lockerung des Kniebandapparates	
muskulär kompensierbar	10
unvollständig kompensierbar, Gangunsicherheit	20
Versorgung mit einem Stützapparat, je nach Achsenfehlstellung	30–50
Kniescheibenbruch	
nicht knöchern verheilt ohne Funktionseinschränkung des Streckapparates	10
nicht knöchern verheilt mit Funktionseinschränkung des Streckapparates	20–40
Habituelle Kniescheibenverrenkung	
seltene Ausrenkung (in Abständen von 1 Jahr und mehr)	0–10
häufiger	20
Bewegungseinschränkung im Kniegelenk	
geringen Grades (z. B. Streckung/Beugung bis 0–0-90)	
einseitig	0–10
beidseitig	10–20
mittleren Grades (z. B. Streckung/Beugung 0–10–90)	
einseitig	20
beidseitig	40
stärkeren Grades (z. B. Streckung/Beugung 0–30–90)	
einseitig	30
beidseitig	50

	GdS/GdB-Grad
Ausgeprägte Knorpelschäden der Kniegelenke (z. B. Chondromalacia patellae Stadium II – IV) mit anhaltenden Reizerscheinungen, einseitig	
ohne Bewegungseinschränkung	10–30
mit Bewegungseinschränkung	20–40
Schienbeinpseudarthrose	
straff	20–30
schlaff	40–50
Teilverlust oder Pseudarthrose des Wadenbeins	0–10
Versteifung des oberen Sprunggelenks in günstiger Stellung (Plantarflexion um 5° bis 15°)	20
Versteifung des unteren Sprunggelenks in günstiger Stellung (Mittelstellung)	10
Versteifung des oberen und unteren Sprunggelenks	
in günstiger Stellung	30
in ungünstiger Stellung	40
Bewegungseinschränkung im oberen Sprunggelenk	
geringen Grades	0
mittleren Grades (Heben/Senken 0–0-30)	10
stärkeren Grades	20
Bewegungseinschränkung im unteren Sprunggelenk	0–10
Klumpfuß je nach Funktionsstörung	
einseitig	20–40
beidseitig	30–60
Andere Fußdeformitäten	
ohne wesentliche statische Auswirkungen (z. B. Senk-Spreizfuß, Hohlfuß, Knickfuß, auch posttraumatisch)	0
mit statischer Auswirkung je nach Funktionsstörung	
geringen Grades	10
stärkeren Grades	20
Versteifung aller Zehen eines Fußes	
in günstiger Stellung	10
in ungünstiger Stellung	20
Versteifungen oder Verkrümmungen von Zehen außer der Großzehe	0
Versteifung der Großzehengelenke	
in günstiger Stellung	0–10
in ungünstiger Stellung (z. B. Plantarflexion im Grundgelenk über 10°)	20
Narben nach größeren Substanzverlusten an Ferse und Fußsohle	
mit geringer Funktionsbehinderung	10
mit starker Funktionsbehinderung	20–30
Nervenausfälle (vollständig)	
Plexus lumbosacralis	80
N. glutaeus superior	20
N. glutaeus inferior	20

	GdS/GdB-Grad
N. cutaneus femoralis lat	10
N. femoralis	40
N. ischiadicus	
proximal	60
distal (Ausfall der Nn. peronaeus communis und tibialis)	50
N. peronaeus communis oder profundus	30
N. peronaeus superficialis	20
N. tibialis	30
Trophische Störungen sind zusätzlich zu berücksichtigen. Teilausfälle der genannten Nerven sind entsprechend geringer zu bewerten.	
Völlige Gebrauchsunfähigkeit eines Beines	80

Teil C: Begutachtung im sozialen Entschädigungsrecht

1. Ursachenbegriff

a) Der versorgungsrechtliche Ursachenbegriff ist nicht identisch mit dem medizinischen.

b) Ursache im Sinne der Versorgungsgesetze ist die Bedingung im naturwissenschaftlich-philosophischen Sinne, die wegen ihrer besonderen Beziehung zum Erfolg an dessen Eintritt wesentlich mitgewirkt hat. Haben mehrere Umstände zu einem Erfolg beigetragen, sind sie versorgungsrechtlich nur dann nebeneinander stehende Mitursachen (und wie Ursachen zu werten), wenn sie in ihrer Bedeutung und Tragweite für den Eintritt des Erfolges annähernd gleichwertig sind. Kommt einem der Umstände gegenüber dem anderen eine überragende Bedeutung zu, ist dieser Umstand allein Ursache im Sinne des Versorgungsrechts.

c) Die Ursache braucht nicht zeitlich eng begrenzt zu sein. Es können auch dauernde oder wiederkehrende kleinere äußere Einwirkungen in ihrer Gesamtheit eine Gesundheitsstörung verursachen.

d) „Gelegenheitsursachen", letzter Anstoß, Anlass sind begrifflich keine wesentlichen Bedingungen. Eine „Gelegenheitsursache" kann nur dann angenommen werden, wenn der Gesundheitsschaden mit Wahrscheinlichkeit auch ohne das angeschuldigte Ereignis durch ein alltäglich vorkommendes Ereignis zu annähernd derselben Zeit und in annähernd gleichem Ausmaß eingetreten wäre. So wird bei konstitutionsbedingten Leiden oft ein unwesentlicher äußerer Anlass von der Antrag stellenden Person als Ursache verantwortlich gemacht, z. B. das Heben von leichten Gegenständen für das Auftreten von Hernien. In solchen Fällen hat die äußere Einwirkung bei der Entstehung der Krankheit nicht wesentlich mitgeholfen, sondern sie hat nur innerhalb einer bereits bestehenden Störung einem besonders charakteristischen Krankheitssymptom zum Durchbruch verholfen. Das Wort „Auslösung" ist bei der Erörterung zu vermeiden, der Begriff ist zu unbestimmt. Bei der Beurteilung ist klarzustellen, welcher der zur

Diskussion stehenden ätiologischen Faktoren die wesentliche Bedingung für den Eintritt des Erfolges und damit Ursache im versorgungsrechtlichen Sinne ist.

e) Der Ursachenbegriff spielt eine Rolle bei der Beurteilung des ursächlichen Zusammenhangs zwischen schädigendem Vorgang und Gesundheitsstörung oder Tod, des besonderen beruflichen Betroffenseins, der Hilflosigkeit, der Voraussetzungen für den Pauschbetrag für den Kleider- oder Wäscheverschleiß sowie im Bereich der Kriegsopferfürsorge und der Heilbehandlung wegen Schädigungsfolgen.

2. Tatsachen zur Beurteilung des ursächlichen Zusammenhangs

a) Zu den Fakten, die vor der Beurteilung eines ursächlichen Zusammenhangs geklärt („voll bewiesen") sein müssen, gehören der schädigende Vorgang, die gesundheitliche Schädigung und die zu beurteilende Gesundheitsstörung.

b) Der schädigende Vorgang ist das Ereignis, das zu einer Gesundheitsschädigung führt, wie z. B. die Detonation eines Sprengkörpers, ein Kraftfahrzeugunfall, die Übertragung von Krankheitserregern oder eine Vergewaltigung. Auch besondere Belastungen, wie sie z. B. im Fronteinsatz, in Kriegsgefangenschaft, bei Dienstverrichtungen in bestimmten Ausbildungsstufen der Bundeswehr oder in rechtsstaatswidriger Haft in der ehemaligen DDR gegeben sein können, zählen dazu. Relativ selten sind daneben Auswirkungen von außerhalb der Dienstverrichtungen liegenden diensteigentümlichen Verhältnissen in Betracht zu ziehen; diensteigentümliche Verhältnisse sind die besonderen, von den Verhältnissen des zivilen Lebens abweichenden und diesen in der Regel fremden Verhältnisse des Dienstes (z. B. das enge Zusammenleben in einer Kaserne). Unfall ist ein auf äußeren Einwirkungen beruhendes plötzliches, örtlich und zeitlich bestimmbares, einen Körperschaden verursachendes Ereignis.

c) Die gesundheitliche Schädigung ist die primäre Beeinträchtigung der Gesundheit durch den schädigenden Vorgang, wie z. B. die Verwundung, die Verletzung durch Unfall, die Resistenzminderung durch Belastung. Die verbleibende Gesundheitsstörung ist die Schädigungsfolge (Wehrdienstbeschädigungsfolge [WDB-Folge], Zivildienstbeschädigungsfolge [ZDB-Folge] usw.).

d) Zwischen dem schädigenden Vorgang und der Gesundheitsstörung muss eine nicht unterbrochene Kausalkette bestehen, die mit den Erkenntnissen der medizinischen Wissenschaft und den ärztlichen Erfahrungen im Einklang steht. Dabei sind Brückensymptome oft notwendige Bindeglieder. Fehlen Brückensymptome, so ist die Zusammenhangsfrage besonders sorgfältig zu prüfen und die Stellungnahme anhand eindeutiger objektiver Befunde überzeugend wissenschaftlich zu begründen.

e) Für eine Reihe von Erkrankungen, für die eine traumatische Entstehung in Betracht kommt, muss auch eine lokale Beziehung zwischen dem Ort der traumatischen Einwirkung und dem Krankheitsherd vorliegen, z. B. bei Geschwülsten oder Osteomyelitis.

f) Die Fakten, auf die sich die Beurteilung des ursächlichen Zusammenhangs gründet, müssen voll bewiesen sein. Das bedeutet, dass sie belegt sein müssen oder dass – wenn Belege nicht zu beschaffen sind – zumindest nach den gegebenen

Umständen (z. B. auch aufgrund einer Glaubhaftmachung) die Überzeugung zu gewinnen ist, dass es so und nicht anders gewesen ist.

3. Wahrscheinlichkeit des ursächlichen Zusammenhangs

a) Für die Annahme, dass eine Gesundheitsstörung Folge einer Schädigung ist, genügt versorgungsrechtlich die Wahrscheinlichkeit des ursächlichen Zusammenhangs. Sie ist gegeben, wenn nach der geltenden medizinischwissenschaftlichen Lehrmeinung mehr für als gegen einen ursächlichen Zusammenhang spricht. Mit besonderer Sorgfalt ist das Für und Wider abzuwägen. Auch bei schwierigen Zusammenhangsfragen soll man bemüht sein, im Gutachten zu einer verwertbaren Beurteilung zu kommen.

b) Grundlage für die medizinische Beurteilung sind die von der herrschenden wissenschaftlichen Lehrmeinung vertretenen Erkenntnisse über Ätiologie und Pathogenese. Es genügt nicht, dass ein einzelner Wissenschaftler oder eine einzelne Wissenschaftlerin eine Arbeitshypothese aufgestellt oder einen Erklärungsversuch unternommen hat. Es kommt auch nicht allein auf die subjektive Auffassung der beurteilenden Person an.

c) Vielfach lässt allein der große zeitliche Abstand ohne Brückensymptome den ursächlichen Zusammenhang unwahrscheinlich erscheinen. Die angemessene zeitliche Verbindung ist in der Regel eine Voraussetzung für die Wahrscheinlichkeit des ursächlichen Zusammenhangs. Andererseits kann die zeitliche Verbindung zwischen einer Gesundheitsstörung und dem geleisteten Dienst für sich allein die Wahrscheinlichkeit des ursächlichen Zusammenhangs nicht begründen. Die Tatsache, dass z. B. ein Soldat beim Eintritt in den Dienst gesund war, dass er den Einflüssen des Dienstes ausgesetzt war und dass eine Krankheit während der Dienstzeit entstanden oder hervorgetreten ist, reicht für die Annahme einer Schädigungsfolge nicht aus. Es muss vielmehr der ungünstige Einfluss einer bestimmten Dienstverrichtung oder allgemeiner dienstlicher Verhältnisse auf die Entstehung oder Verschlimmerung der Krankheit dargelegt werden, da Krankheiten aller Art, insbesondere innere Leiden, zu jeder Zeit auch ohne wesentliche Mitwirkung eines schädigenden Vorgangs entstehen können.

d) Aus dem Umstand, dass der Zusammenhang der Gesundheitsstörung mit einem schädigenden Vorgang nach wissenschaftlicher Erkenntnis nicht ausgeschlossen werden kann, lässt sich nicht folgern, dass er darum wahrscheinlich sei. Ebenso wenig kann das Vorliegen einer Schädigungsfolge bejaht werden, wenn ein ursächlicher Zusammenhang nur möglich ist.

4. Kannversorgung

a) Abweichend von den oben erläuterten Grundsätzen kann nach § 1 Abs. 3 Satz 2 Bundesversorgungsgesetz (BVG) eine Gesundheitsstörung als Schädigungsfolge anerkannt werden, wenn die zur Anerkennung einer Gesundheitsstörung als Folge einer Schädigung erforderliche Wahrscheinlichkeit nur deshalb nicht gegeben ist, weil über die Ursache des festgestellten Leidens in der medizinischen Wissenschaft Ungewissheit besteht (Kannversorgung). Eine gleichlautende Bestimmung enthalten auch alle weiteren Gesetze des sozialen Entschädigungsrechts.

b) Folgende medizinische Voraussetzungen müssen erfüllt sein:

aa) Über die Ätiologie und Pathogenese des Leidens darf keine durch Forschung und Erfahrung genügend gesicherte medizinisch-wissenschaftliche Auffassung herrschen. Eine von der medizinisch-wissenschaftlichen Lehrmeinung abweichende persönliche Ansicht einer sachverständigen Person erfüllt nicht den Tatbestand einer Ungewissheit in der medizinischen Wissenschaft.

bb) Wegen mangelnder wissenschaftlicher Erkenntnisse und Erfahrungen darf die ursächliche Bedeutung von Schädigungstatbeständen oder Schädigungsfolgen für die Entstehung und den Verlauf des Leidens nicht mit Wahrscheinlichkeit beurteilt werden können. Ein ursächlicher Einfluss der im Einzelfall vorliegenden Umstände muss in den wissenschaftlichen Arbeitshypothesen als theoretisch begründet in Erwägung gezogen werden. Ist die ursächliche Bedeutung bestimmter Einflüsse trotz mangelnder Kenntnis der Ätiologie und Pathogenese wissenschaftlich nicht umstritten, so muss gutachterlich beurteilt werden, ob der ursächliche Zusammenhang wahrscheinlich oder unwahrscheinlich ist.

cc) Zwischen der Einwirkung der wissenschaftlich in ihrer ursächlichen Bedeutung umstrittenen Umstände und der Manifestation des Leidens oder der Verschlimmerung des Krankheitsbildes muss eine zeitliche Verbindung gewahrt sein, die mit den allgemeinen Erfahrungen über biologische Verläufe und den in den wissenschaftlichen Theorien vertretenen Auffassungen über Art und Wesen des Leidens in Einklang steht.

c) Ungewissheiten im Sachverhalt, die von der Ungewissheit in der medizinischen Wissenschaft über die Ursachen des Leidens unabhängig sind, rechtfertigen die Anwendung der Kannvorschrift nicht; dies ist insbesondere der Fall, wenn rechtserhebliche Zweifel über den Zeitpunkt des Leidensbeginns bestehen, weil die geltend gemachten Erstsymptome mehrdeutig sind, oder wenn das Leiden diagnostisch nicht ausreichend geklärt ist.

d) Ist bei einem Leiden eine Kannversorgung generell in Betracht zu ziehen, muss trotzdem anhand des Sachverhaltes des Einzelfalles stets zuerst geprüft werden, ob der ursächliche Zusammenhang mit Wahrscheinlichkeit zu beurteilen ist. Lässt sich dabei die Frage des ursächlichen Zusammenhangs bereits in ihrer Gesamtheit entscheiden, so entfällt eine Kannversorgung. Ist die Wahrscheinlichkeit des ursächlichen Zusammenhangs nur für einen Teil des Gesamtleidens gegeben, so ist zu prüfen, ob für den verbleibenden Teil des Leidens die Voraussetzungen für eine Kannversorgung erfüllt sind.

e) Ist die Wahrscheinlichkeit des ursächlichen Zusammenhangs zwischen einem als Schädigungsfolge anerkannten Leiden und einem neuen Leiden nicht gegeben, weil über die Ursache des neuen Leidens in der medizinischen Wissenschaft Ungewissheit besteht, so ist eine Kannversorgung nur dann gerechtfertigt, wenn das als Ursache in Betracht kommende Leiden aus heutiger Sicht zu Recht anerkannt worden ist. Das heißt bei der Überprüfung der früheren Entscheidung müsste unter Berücksichtigung jeweils neuester medizinischer Erkenntnisse das anerkannte Leiden erneut als Schädigungsfolge anerkannt werden. Kommt bei einem Leiden, für das bereits teilweise eine Versorgung als Rechtsanspruch besteht, über diesen Anteil hinaus eine Kannversorgung in Betracht, so kann diese nur gewährt werden, wenn der als Schädigungsfolge anerkannte Teil des Leidens, der als mögliche Ursache für eine weitergehende Versorgung erörtert wird, zu Recht anerkannt worden ist, oder wenn für den als Schädigungsfolge anerkannten Teil des Leidens die Voraussetzungen für eine Kannversorgung erfüllt sind.

f) Kann die ursächliche Bedeutung von Schädigungstatbeständen oder von zu Recht als Schädigungsfolge anerkannten Leiden für die Verschlimmerung eines schädigungsunabhängig entstandenen Leidens wegen der insoweit in der medizinischen Wissenschaft bestehenden Ungewissheit nicht mit Wahrscheinlichkeit beurteilt werden, so sind bei der Bemessung des Verschlimmerungsanteils das Ausmaß des Vorschadens, die Art des Leidens, die ihm innewohnende Entwicklungstendenz und der weitere Leidensverlauf zu berücksichtigen. Bei klar abgrenzbaren Verschlimmerungsanteilen ist der GdS in der auch sonst üblichen Weise zu bilden; bei späteren, erneut abgrenzbaren (z. B. schubartigen) Verschlechterungen des Leidens ist dann zu prüfen, ob diese nun mehr mit Wahrscheinlichkeit beurteilt werden können (z. B. nach langem, schubfreiem Intervall oder bei Einwirkung von neuen, in ihrer ursächlichen Bedeutung bekannten Faktoren). Bei nicht klar abgrenzbaren Verschlimmerungen – wenn also die ursächliche Bedeutung von Schädigungstatbeständen auch für den weiteren Verlauf nicht mit Wahrscheinlichkeit beurteilt werden kann (z. B. bei chronischprogredienten Verlaufsformen) – kann je nach Ausmaß des Vorschadens und der hieraus ableitbaren Entwicklungstendenz des Leidens ein Bruchteil des jeweiligen Gesamtleidens oder auch der gesamte Leidenszustand in die Kannversorgung einbezogen werden.

5. Mittelbare Schädigungsfolgen

Mittelbare Schädigungsfolgen sind Gesundheitsstörungen, die durch ein äußeres Ereignis, das seine Ursache in einem schädigungsbedingten Leiden hat, herbeigeführt worden sind. Die mittelbaren Schädigungsfolgen werden versorgungsrechtlich wie unmittelbare Schädigungsfolgen behandelt. Ein in der Eigenart eines Leidens liegender Folgeschaden ist keine mittelbare, sondern eine unmittelbare Schädigungsfolge.

6. Absichtlich herbeigeführte Schädigungen

Eine von der beschädigten Person absichtlich herbeigeführte Schädigung gilt nicht als Schädigung im Sinne der Versorgungsgesetze. Absichtlich herbeigeführt ist sie dann, wenn sie von der beschädigten Person erstrebt war. Selbsttötung und die Folgen eines Selbsttötungsversuches oder einer Selbstverletzung sind nicht absichtlich herbeigeführt, wenn eine Beeinträchtigung der freien Willensbestimmung durch versorgungsrechtlich geschützte Tatbestände wahrscheinlich ist.

7. Anerkennung im Sinne der Entstehung und Anerkennung im Sinne der Verschlimmerung

a) Die Anerkennung einer Gesundheitsstörung im Sinne der Entstehung setzt voraus, dass zur Zeit der Einwirkung des schädigenden Vorganges noch kein dieser Gesundheitsstörung zugehöriges pathologisches physisches oder psychisches Geschehen vorhanden war. Dies gilt auch, wenn auf eine Disposition zu der Gesundheitsstörung geschlossen werden kann. Sofern zur Zeit der Einwirkung des schädigenden Vorganges bereits ein einer Gesundheitsstörung zugehöriges pathologisches physisches oder psychisches Geschehen, wenn auch noch nicht bemerkt, vorhanden war, kommt nur eine Anerkennung im Sinne der Verschlimmerung in Frage, falls die äußere Einwirkung entweder den Zeitpunkt vorverlegt hat, an dem das Leiden sonst in Erscheinung getreten wäre, oder das Leiden in schwererer Form aufgetreten ist, als es sonst zu erwarten gewesen wäre. Von diesem Begriff der Verschlimmerung ist der Begriff der Verschlimmerung im Sinne einer wesentlichen Änderung der Verhältnisse zu unterscheiden.

b) Bei weiterer Verschlechterung sowohl im Sinne der Entstehung als auch im Sinne der Verschlimmerung anerkannter Gesundheitsstörungen ist jeweils zu prüfen, ob die Leidenszunahme noch auf eine Schädigung ursächlich zurückzuführen ist.

c) Bei der ärztlichen Begutachtung muss abgewogen werden, ob nur die eigengesetzliche Entwicklung eines Leidens vorliegt oder ob dienstliche oder außerdienstliche Einwirkungen als wesentliche Bedingung einen Einfluss auf die Stärke der Krankheitserscheinungen und auf die Schnelligkeit des Fortschreitens hatten.

8. Arten der Verschlimmerung

Medizinisch gesehen unterscheidet man verschiedene Arten der Verschlimmerung. Ein schädigender Vorgang kann nur vorübergehend zu einer Zunahme des Krankheitswertes und damit zu keiner oder nicht zu einem bleibenden schädigungsbedingten GdS führen; er kann anhaltend, aber abgrenzbar den weiteren Krankheitsverlauf beeinflussen und damit zu einem gleichbleibenden schädigungsbedingten GdS führen; er kann aber auch den weiteren Krankheitsverlauf richtungsgebend bestimmen und damit Anlass zu einem ansteigenden schädigungsbedingten GdS sein. Häufig wird erst nach längerer Beobachtung des Verlaufs zu beurteilen sein, wie weit der Einfluss des schädigenden Vorgangs reicht. Das Ausmaß der Verschlimmerung ist für die Festsetzung des GdS von wesentlicher Bedeutung. Hierbei müssen in jedem Fall die durch die Gesundheitsstörung bewirkte Gesamt-GdS sowie der GdS für den Verschlimmerungsanteil durch Schädigungsfolgen und das Ausmaß des Vorschadens angegeben werden. Unabhängig von der medizinischen Beurteilung der Art der Verschlimmerung muss bei jeder weiteren Zunahme des Krankheitswertes der ursächliche Zusammenhang dieser Weiterentwicklung neu beurteilt werden.

9. Fehlen einer fachgerechten Behandlung

Gesundheitsstörungen, bei deren Auftreten schädigende Einwirkungen nicht mitgewirkt haben, können in ihrem Verlauf in einen ursächlichen Zusammenhang mit schädigenden Einflüssen kommen, wenn durch dienst- oder hafteigentümliche Verhältnisse oder Schädigungsfolgen eine fachgerechte und wahrscheinlich erfolgreiche Behandlung nicht oder zu spät durchgeführt wird.

10. Folgen von diagnostischen Eingriffen, vorbeugenden und therapeutischen Maßnahmen

a) Die Folgen von diagnostischen Eingriffen, Operationen oder anderen Behandlungsmaßnahmen, die wegen Schädigungsfolgen durchgeführt werden, sind Schädigungsfolgen.

b) Wenn derartige Maßnahmen wegen schädigungsunabhängiger Gesundheitsstörungen vorgenommen werden, kommt eine Annahme nachteiliger Folgen als Schädigungsfolge in Betracht, wenn

aa) eine Duldungspflicht von Maßnahmen zur Verhütung oder Bekämpfung übertragbarer Krankheiten bestand,

bb) die Behandlung auf den Dienst oder die dem Dienst (oder einer Haft) eigentümlichen Verhältnisse zurückzuführen war.

Für die Annahme nachteiliger gesundheitlicher Folgen einer Behandlung sind in jedem Fall ein Ursachenzusammenhang zwischen der Behandlung und einer gesundheitlichen Schädigung sowie die Wahrscheinlichkeit eines Ursachenzusammenhangs zwischen dieser Schädigung und ihren gesundheitlichen Folgen erforderlich. Der Dienst oder dienst-(bzw. haft-)eigentümliche Verhältnisse sind dann nicht wesentliche Bedingung für nachteilige gesundheitliche Folgen einer Behandlung, wenn andere Umstände eine überwiegende Bedeutung erlangt haben. Dies kann z. B. der Fall sein, wenn eine Behandlung wegen eines tatsächlich oder vermeintlich lebensbedrohlichen Zustands durchgeführt wurde und nachteilige gesundheitliche Folgen nicht auf eine unsachgemäße Behandlung zurückzuführen sind. Der Umstand, dass eine Behandlung in einem Lazarett bzw. Bundeswehrkrankenhaus vorgenommen wurde, bietet allein noch keinen Grund, weitere Folgen der Krankheit als Schädigung bzw. Schädigungsfolgen anzusehen. Nachteilige gesundheitliche Folgen sind solche, die außerhalb des mit der Behandlung angestrebten Heilerfolges liegen. Die Unterlassung einer gebotenen Maßnahme steht hinsichtlich der gesundheitlichen Folgen ihrer Vornahme gleich.

11. Ursächlicher Zusammenhang zwischen Schädigung und Tod

a) Der Tod ist die Folge einer Schädigung, wenn er durch sie verursacht worden ist.

b) Wenn eine beschädigte Person an einem Leiden stirbt, das als Folge einer Schädigung rechtsverbindlich anerkannt und für das ihm im Zeitpunkt des Todes Rente zuerkannt war, das heißt, wenn die anerkannte Gesundheitsstörung den Tod verursacht hat, gilt der Tod stets als Schädigungsfolge (Rechtsvermutung). Diese Rechtsvermutung erlaubt es, im Gutachten die Stellungnahme auf die Frage des ursächlichen Zusammenhanges zwischen Tod und anerkannter Schädigungsfolge zu beschränken. Eine nochmalige Stellungnahme zur Wahrscheinlichkeit des ursächlichen Zusammenhanges zwischen Dienst und anerkannter Schädigungsfolge erübrigt sich daher, es sei denn, dass Umstände bekannt werden, die auf eine zweifelsfreie Unrichtigkeit des bisherigen Anerkenntnisses hinweisen.

c) Stirbt eine beschädigte Person an einem im Sinne der Verschlimmerung anerkannten Leiden, so trifft die Rechtsvermutung zu, wenn die schädigungsbedingte

Verschlimmerung für den Tod ursächlich gewesen ist. Ob dies der Fall war, bedarf einer Prüfung unter Berücksichtigung der besonderen Verhältnisse des Einzelfalles und unter Wertung der mitwirkenden, nicht schädigungsbedingten Umstände. Die Höhe des für den Verschlimmerungsanteil anerkannten GdS gibt dabei nicht den Ausschlag, vielmehr sind die tatsächlichen gesundheitlichen Verhältnisse im Zeitpunkt des Todes für die Beurteilung maßgebend.

d) Haben zum Tod mehrere Leiden beigetragen, die nicht alle Schädigungsfolgen sind, dann ist unter Anwendung des versorgungsrechtlichen Ursachenbegriffs zu prüfen, ob die Schädigungsfolgen zumindest eine annähernd gleichwertige Bedeutung für den Eintritt des Todes hatten. In seltenen Fällen kann bei dieser Beurteilung auch der Zeitpunkt des Todes eine wichtige Rolle spielen, und zwar dann, wenn neben den Schädigungsfolgen ein schweres schädigungsunabhängiges Leiden vorgelegen hat, das nach ärztlicher Erfahrung ohne die Schädigungsfolgen noch nicht zu diesem Zeitpunkt, jedoch in einem späteren Stadium in absehbarer Zeit für sich allein zum Tode geführt hätte. In einem solchen Fall ist der Tod dann als Schädigungsfolge anzusehen, wenn die beschädigte Person ohne die Schädigungsfolgen wahrscheinlich mindestens ein Jahr länger gelebt hätte. Der ärztlichen Beurteilung sind hierbei Grenzen gesetzt; eine besonders sorgfältige Abwägung aller Umstände ist geboten.

e) Eine aus dienstlichen Gründen oder wegen Schädigungsfolgen unterbliebene rechtzeitige oder richtige Behandlung kann Ursache des Todes sein.

f) Häufig kann der ursächliche Zusammenhang zwischen Schädigung und Tod ohne Leichenöffnung nicht zutreffend beurteilt werden.

12. Vorschaden, Nachschaden, Folgeschaden

a) Ein Vorschaden ist eine schädigungsunabhängige Gesundheitsstörung, die bei Eintritt der Schädigung bereits nachweisbar bestanden hat. Beim Vorliegen eines Vorschadens ist bei der Bemessung des schädigungsbedingten GdS Folgendes zu beachten:

aa) Wenn sich Vorschaden und Schädigungsfolge an verschiedenen Körperteilen befinden und sich gegenseitig nicht beeinflussen, so ist der Vorschaden ohne Bedeutung.

bb) Hat die Schädigung eine vorgeschädigte Gliedmaße oder ein vorgeschädigtes Organ betroffen, muss der schädigungsbedingte GdS niedriger sein als der GdS, der sich aus dem nun bestehenden Gesamtschaden ergibt, es sei denn, dass der Vorschaden nach seinem Umfang oder nach seiner Art keine wesentliche Bedeutung für die gesamte Gesundheitsstörung hat. Der schädigungsbedingte GdS lässt sich dabei nicht einfach dadurch ermitteln, dass der GdS des Vorschadens rein rechnerisch von dem GdS des Gesamtschadens abgezogen wird; maßgeblich ist, zu welchem zusätzlichen anatomischen und funktionellen Verlust die Schädigung geführt hat.

cc) Sind durch Vorschaden und Schädigungsfolge verschiedene Organe oder Gliedmaßen oder paarige Organe betroffen und verstärkt der Vorschaden die schädigungsbedingte Funktionsstörung, so ist der schädigungsbedingte GdS unter Umständen höher zu bewerten, als es bei isolierter Betrachtung der Schädigungsfolge zu geschehen hätte.

b) Ein Nachschaden ist eine Gesundheitsstörung, die zeitlich nach der Schädigung eingetreten ist und nicht in ursächlichem Zusammenhang mit der Schädigung steht. Eine solche Gesundheitsstörung kann bei der Feststellung des GdS nach § 30 Absatz 1 Bundesversorgungsgesetz nicht berücksichtigt werden, auch dann nicht, wenn sie zusammen mit Schädigungsfolgen zu besonderen Auswirkungen führt, bei denen die Schädigungsfolgen eine gleichwertige oder überwiegende Bedeutung haben.

c) Wenn demgegenüber nach einer Schädigung eine weitere Gesundheitsstörung eintritt, bei der – vor allem nach ihrer Art – wahrscheinlich ist, dass die Schädigung oder deren Folgen bei der Entstehung dieser Gesundheitsstörung wesentlich mitgewirkt haben, so handelt es sich um einen Folgeschaden, der eine weitere Schädigungsfolge darstellt und daher mit seinem gesamtem GdS zu berücksichtigen ist. Wenn ein solcher Folgeschaden erst viele Jahre nach der Schädigung in Erscheinung tritt, spricht man auch von einem Spätschaden.

13. Voraussetzungen für die Pflegezulage, Pflegezulagestufen

a) Pflegezulage wird bewilligt, solange Beschädigte infolge der Schädigung so hilflos sind, dass sie für eine Reihe von häufig und regelmäßig wiederkehrenden Verrichtungen zur Sicherung ihrer persönlichen Existenz im Ablauf eines jeden Tages fremder Hilfe dauernd bedürfen. Diese Voraussetzungen sind auch erfüllt, wenn die Hilfe in Form einer Überwachung oder Anleitung zu den genannten Verrichtungen erforderlich ist oder wenn die Hilfe zwar nicht dauernd geleistet werden muss, jedoch eine ständige Bereitschaft zur Hilfeleistung erforderlich ist.

b) Die Hilflosigkeit muss durch die Folgen der Schädigung verursacht sein. Dabei ist es nicht erforderlich, dass sie ausschließlich oder überwiegend auf eine Schädigungsfolge zurückzuführen ist. Es genügt, dass für den Eintritt der Hilflosigkeit – oder auch für eine Erhöhung des Pflegebedürfnisses – die Schädigungsfolge eine annähernd gleichwertige Bedeutung gegenüber anderen Gesundheitsstörungen hat.

c) Die Pflegezulage wird in sechs Stufen bewilligt. Für dauerndes Krankenlager oder dauernd außergewöhnliche Pflege sind die Stufen II bis VI vorgesehen.

d) Ein dauerndes außergewöhnliches Pflegebedürfnis liegt vor, wenn der Aufwand an Pflege etwa in gleichem Umfang wie bei dauerndem Krankenlager einer beschädigten Person notwendig ist. Dauerndes Krankenlager setzt nicht voraus, dass man das Bett überhaupt nicht verlassen kann.

e) Bei Doppelamputierten ohne weitere Gesundheitsstörungen – ausgenommen Doppel-Unterschenkelamputierten – ist im allgemeinen eine Pflegezulage nach Stufe I angemessen, ohne Rücksicht darauf, ob es sich um paarige oder nichtpaarige Gliedverluste (Oberarm, Unterarm, ganze Hand, Oberschenkel, Unterschenkel, ganzer Fuß) handelt. Sofern nicht besondere Umstände eine höhere Einstufung rechtfertigen sind folgende Stufen der Pflegezulage angemessen:

1. Bei Verlust beider Beine im Oberschenkel: Stufe II
2 Bei Verlust beider Hände oder Unterarme: Stufe III
3. Bei Verlust beider Arme im Oberarm oder dreier Gliedmaßen: Stufe IV.

f) Die Pflegezulage nach Stufe V kommt in Betracht, wenn ein außergewöhnlicher Leidenszustand vorliegt und die Pflege besonders hohe Aufwendungen erfordert. Dies trifft immer zu bei

1. Querschnittgelähmten mit Blasen- und Mastdarmlähmung,
2. Hirnbeschädigten mit schweren psychischen und physischen Störungen,
3. Ohnhändern mit Verlust beider Beine im Oberschenkel,
4. blinden Doppel-Oberschenkelamputierten,
5. Blinden mit völligem Verlust einer oberen und einer unteren Gliedmaße.

g) Besonders schwer betroffene Beschädigte erhalten eine Pflegezulage nach Stufe VI. Es handelt sich dabei um

1. Blinde mit völligem Gehörverlust,
2. blinde Ohnhänder,
3. Beschädigte mit Verlust beider Arme im Oberarm und beider Beine im Oberschenkel,
4. Beschädigte, bei denen neben einem Leidenszustand, der bereits die Gewährung einer Pflegezulage nach Stufe V rechtfertigt, noch eine weitere Gesundheitsstörung vorliegt, die das Pflegebedürfnis wesentlich erhöht (z. B. erhebliche Gebrauchsbehinderung beider Arme bei vollständiger Lähmung beider Beine mit Blasen- und Mastdarmlähmung), sowie
5. andere Beschädigte, deren außergewöhnlicher Leidenszustand und deren Pflegebedürfnis denen der vorgenannten Beschädigten vergleichbar sind.

h) Bei Säuglingen und Kleinkindern ist – auch hinsichtlich der Pflegezulagestufe – nur der Teil der Hilflosigkeit zu berücksichtigen, der den Umfang des Hilfsbedürfnisses eines gesunden gleichaltrigen Kindes überschreitet.

i) Erwerbsunfähige Hirnbeschädigte erhalten eine Pflegezulage mindestens nach Stufe I, wenn die Hirnbeschädigung allein die Erwerbsunfähigkeit bedingt. Ob bei erwerbsunfähigen Hirnbeschädigten eine höhere Pflegezulage als Stufe I in Betracht kommt, ist im Einzelfall nach den Auswirkungen der Krankheitserscheinungen zu entscheiden. Der Grad der psychischen Störungen und die Art und Häufigkeit von Anfällen sind dabei besonders zu berücksichtigen.

j) Bei Beschädigten mit schweren geistigen oder seelischen Störungen, die wegen dauernder und außergewöhnlicher motorischer Unruhe ständiger Aufsicht bedürfen (z. B. erethische Kinder), sind die Voraussetzungen für eine Pflegezulage mindestens nach Stufe III gegeben.

k) Blinde erhalten mindestens die Pflegezulage nach Stufe III. Treten bei Blinden weitere Gesundheitsstörungen, vor allem Störungen der Ausgleichsfunktion hinzu, die unter Beachtung von Buchstabe b bei der gebotenen Gesamtbetrachtung das Pflegebedürfnis über den tatsächlichen Bedarf der Stufe III hinaus erhöhen, so ist die Pflegezulage nach Stufe IV zu bewilligen, wenn nicht nach Buchstabe f oder g die Pflegezulage nach Stufe V oder VI zusteht. Hochgradig Sehbehinderte erfüllen grundsätzlich die Voraussetzungen für die Gewährung einer Pflegezulage nach Stufe I.

Teil D: Merkzeichen

1. Erhebliche Beeinträchtigung der Bewegungsfähigkeit im Straßenverkehr (Merkzeichen G)

a) Nach dem Neunten Buch Sozialgesetzbuch (SGB IX) ist zu beurteilen, ob ein behinderter Mensch infolge seiner Behinderung in seiner Bewegungsfähigkeit im Straßenverkehr erheblich beeinträchtigt ist. Hilflose und Gehörlose haben stets einen Anspruch auf unentgeltliche Beförderung im öffentlichen Personenverkehr.

b) In seiner Bewegungsfähigkeit im Straßenverkehr erheblich beeinträchtigt ist, wer infolge einer Einschränkung des Gehvermögens, auch durch innere Leiden, oder infolge von Anfällen oder von Störungen der Orientierungsfähigkeit nicht ohne erhebliche Schwierigkeiten oder nicht ohne Gefahren für sich oder andere Wegstrecken im Ortsverkehr zurückzulegen vermag, die üblicherweise noch zu Fuß zurückgelegt werden. Bei der Prüfung der Frage, ob diese Voraussetzungen vorliegen, kommt es nicht auf die konkreten örtlichen Verhältnisse des Einzelfalles an, sondern darauf, welche Wegstrecken allgemein – d. h. altersunabhängig von nicht behinderten Menschen – noch zu Fuß zurückgelegt werden. Als ortsübliche Wegstrecke in diesem Sinne gilt eine Strecke von etwa zwei Kilometern, die in etwa einer halben Stunde zurückgelegt wird.

c) Auch bei Säuglingen und Kleinkindern ist die gutachtliche Beurteilung einer erheblichen Beeinträchtigung der Bewegungsfähigkeit im Straßenverkehr erforderlich. Für die Beurteilung sind dieselben Kriterien wie bei Erwachsenen mit gleichen Gesundheitsstörungen maßgebend. Es ist nicht zu prüfen, ob tatsächlich diesbezügliche behinderungsbedingte Nachteile vorliegen oder behinderungsbedingte Mehraufwendungen entstehen.

d) Die Voraussetzungen für die Annahme einer erheblichen Beeinträchtigung der Bewegungsfähigkeit im Straßenverkehr infolge einer behinderungsbedingten Einschränkung des Gehvermögens sind als erfüllt anzusehen, wenn auf die Gehfähigkeit sich auswirkende Funktionsstörungen der unteren Gliedmaßen und/oder der Lendenwirbelsäule bestehen, die für sich einen GdB von wenigstens 50 bedingen. Darüber hinaus können die Voraussetzungen bei Behinderungen an den unteren Gliedmaßen mit einem GdB unter 50 gegeben sein, wenn diese Behinderungen sich auf die Gehfähigkeit besonders auswirken, z. B. bei Versteifung des Hüftgelenks, Versteifung des Knie- oder Fußgelenks in ungünstiger Stellung, arteriellen Verschlusskrankheiten mit einem GdB von 40. Auch bei inneren Leiden kommt es bei der Beurteilung entscheidend auf die Einschränkung des Gehvermögens an. Dementsprechend ist eine erhebliche Beeinträchtigung der Bewegungsfähigkeit vor allem bei Herzschäden mit Beeinträchtigung der Herzleistung wenigstens nach Gruppe 3 und bei Atembehinderungen mit dauernder Einschränkung der Lungenfunktion wenigstens mittleren Grades anzunehmen. Auch bei anderen inneren Leiden mit einer schweren Beeinträchtigung der körperlichen Leistungsfähigkeit, z. B. chronische Niereninsuffizienz mit ausgeprägter Anämie, sind die Voraussetzungen als erfüllt anzusehen.

e) Bei hirnorganischen Anfällen ist die Beurteilung von der Art und Häufigkeit der Anfälle sowie von der Tageszeit des Auftretens abhängig. Im Allgemeinen ist auf eine erhebliche Beeinträchtigung der Bewegungsfähigkeit erst ab einer mittleren Anfallshäufigkeit mit einem GdS von wenigstens 70 zu schließen, wenn die Anfälle überwiegend am Tage auftreten. Analoges gilt beim Diabetes mellitus mit häufigen hypoglykämischen Schocks.

f) Störungen der Orientierungsfähigkeit, die zu einer erheblichen Beeinträchtigung der Bewegungsfähigkeit führen, sind bei allen Sehbehinderungen mit einem GdB von wenigstens 70 und bei Sehbehinderungen, die einen GdB von 50 oder 60 bedingen, nur in Kombination mit erheblichen Störungen der Ausgleichsfunktion (z. B. hochgradige Schwerhörigkeit beiderseits, geistige Behinderung) anzunehmen. Bei Hörbehinderungen ist die Annahme solcher Störungen nur bei Taubheit oder an Taubheit grenzender Schwerhörigkeit im Kindesalter (in der Regel bis zum 16. Lebensjahr) oder im Erwachsenenalter bei diesen Hörstörungen in Kombination mit erheblichen Störungen der Ausgleichsfunktion (z. B. Sehbehinderung, geistige Behinderung) gerechtfertigt. Bei geistig behinderten Menschen sind entsprechende Störungen der Orientierungsfähigkeit vorauszusetzen, wenn die behinderten Menschen sich im Straßenverkehr auf Wegen, die sie nicht täglich benutzen, nur schwer zurechtfinden können. Unter diesen Umständen ist eine erhebliche Beeinträchtigung der Bewegungsfähigkeit bei geistigen Behinderungen mit einem GdB von 100 immer und mit einem GdB von 80 oder 90 in den meisten Fällen zu bejahen. Bei einem GdB unter 80 kommt eine solche Beeinträchtigung der Bewegungsfähigkeit nur in besonders gelagerten Einzelfällen in Betracht.

2. Berechtigung für eine ständige Begleitung (Merkzeichen B)

a) Für die unentgeltliche Beförderung einer Begleitperson ist nach dem SGB IX die Berechtigung für eine ständige Begleitung zu beurteilen. Auch bei Säuglingen und Kleinkindern ist die gutachtliche Beurteilung der Berechtigung für eine ständige Begleitung erforderlich. Für die Beurteilung sind dieselben Kriterien wie bei Erwachsenen mit gleichen Gesundheitsstörungen maßgebend. Es ist nicht zu prüfen, ob tatsächlich diesbezügliche behinderungsbedingte Nachteile vorliegen oder behinderungsbedingte Mehraufwendungen entstehen.

b) Eine Berechtigung für eine ständige Begleitung ist bei schwerbehinderten Menschen (bei denen die Voraussetzungen für die Merkzeichen „G“, „Gl“ oder „H“ vorliegen) gegeben, die bei der Benutzung von öffentlichen Verkehrsmitteln infolge ihrer Behinderung regelmäßig auf fremde Hilfe angewiesen sind. Dementsprechend ist zu beachten, ob sie bei der Benutzung öffentlicher Verkehrsmittel regelmäßig auf fremde Hilfe beim Ein- und Aussteigen oder während der Fahrt des Verkehrsmittels angewiesen sind oder ob Hilfen zum Ausgleich von Orientierungsstörungen (z. B. bei Sehbehinderung, geistiger Behinderung) erforderlich sind.

c) Die Berechtigung für eine ständige Begleitung ist anzunehmen bei

Querschnittgelähmten,

Ohnhändern,

Blinden und

Sehbehinderten, Hörbehinderten, geistig behinderten Menschen und Anfallskranken, bei denen die Annahme einer erheblichen Beeinträchtigung der Bewegungsfähigkeit im Straßenverkehr gerechtfertigt ist.

3. *(aufgehoben)*

4. Gehörlosigkeit (Merkzeichen Gl)

Gehörlos sind nicht nur Hörbehinderte, bei denen Taubheit beiderseits vorliegt, sondern auch Hörbehinderte mit einer an Taubheit grenzenden Schwerhörigkeit beiderseits, wenn daneben schwere Sprachstörungen (schwer verständliche Lautsprache, geringer Sprachschatz) vorliegen. Das sind in der Regel Hörbehinderte, bei denen die an Taubheit grenzende Schwerhörigkeit angeboren oder in der Kindheit erworben worden ist.

Übersichtstabellen

Hinweis:

Für die Tabellen II–V sind die anzusetzenden Werte bis 1.7.2016 angegeben, da die neuen Bezugsgrößen (ab 1.7.2017) zum Zeitpunkt der Drucklegung noch nicht bekannt waren.

I.

Führhundzulage bzw. Beihilfe für fremde Führung – § 14 BVG

ab	1.7. 2011	1.7. 2012	1.7. 2013	1.7. 2014	1.7. 2015	1.7. 2016	1.7. 2017
€	148	151	151	154	157	164	167

II.

Einkommensgrenzen in der Kriegsopferfürsorge nach § 25 e BVG

im Kalenderjahr	Grundbetrag Alleinstehende	mit Familienzuschlag* bei ... überwiegend unterhaltenen Personen 1	2	3	4	Höchstbetrag* bei Alleinstehenden	bei überwiegend unterhaltenen Personen 1	2	3	4
ab	€	€				€	€			
1.7. 2009	718	1 005	1 292	1 579	1 866	2 241	2 456	2 671	2 886	3 101
1.7. 2011	735	1 029	1 323	1 677	1 911	2 310	2 531	2 752	2 973	3 194
1.7. 2012	756	1 058	1 360	1 662	1 964	2 378	2 605	2 832	3 059	3 286
1.7. 2013	768	1 075	1 382	1 689	1 996	2 414	2 644	2 874	3 104	3 334
1.7. 2014	782	1 095	1 408	1 721	2 034	2 447	2 682	2 917	3 152	3 387
1.7. 2015	798	1 117	1 436	1 755	2 074	2 498	2 737	2 976	3 215	3 454
1.7. 2016	824	1 154	1 484	1 814	2 144	2 593	2 841	3 089	3 337	3 585

* Der Familienzuschlag ist bei der Grundbetragsregelung mit 330 € und bei der Höchstbetragsregelung mit 248 € berücksichtigt. Zur Einkommensgrenze gehören auch die angemessenen Kosten der Unterkunft.

Einkommensgrenzen in der Kriegsopferfürsorge nach § 27 d BVG für Hilfen in besonderen Lebenslagen

im Kalenderjahr	Grundbetrag nach § 27 d Absatz 5		mit Familienzuschlag bei … überwiegend unterhaltenen Personen nach § 27 d Abs. 5							
	Nr. 1	Nr. 2	Nr. 1				Nr. 2			
			1	2	3	4	1	2	3	4
ab	€	€	€				€			
1.7. 2009	1143	2285	1430	1717	2004	2291	2572	2859	3146	3433
1.7. 2011	1178	2356	1472	1766	2060	2354	2650	2944	3238	3532
1.7. 2012	1213	2426	1515	1817	2119	2421	2728	3030	3332	3634
1.7. 2013	1231	2462	1538	1845	2152	2459	2769	3076	3383	3690
1.7. 2014	1248	2496	1561	1874	2187	2500	2809	3122	3435	3748
1.7. 2015	1274	2542	1593	1912	2231	2550	2867	3186	3505	3824
1.7. 2016	1322	2644	1652	1982	2312	2644	2974	3304	3634	3964

* Bei beiden Einkommensgrenzen wurde ein Familienzuschlag in Höhe von 330 € berücksichtigt. Bei Blindheit beider Ehegatten oder Lebenspartner oder deren beider Behinderung i. S. d. § 1 Abs. 1 Satz 2 der VO zur Durchführung des § 90 Abs. 2 Nr. 9 SGB XII in den Fällen nach § 27d Abs. 5 Satz 1 Nr. 2 BVG beträgt der Familienzuschlag 661 €. Zur Einkommensgrenze gehören auch die angemessenen Kosten der Unterkunft.

III.

Vermögensschonbeträge gemäß § 25f Abs. 2 BVG i. V. m. § 44 KFürsV beim Einsatz und bei der Verwertung von Vermögen (§ 25f BVG)

Bemessungsbetrag ab 01.07.2016 31 111 €

I. Grundbeträge

1. bei ergänzender Hilfe zum Lebensunterhalt
(auch bei Sonderfürsorgeberechtigten)

1.1	Leistungsberechtigte einschließlich Sonderfürsorgeberechtigte, die das 60 Lj. noch nicht vollendet haben	10 v. H. des BMB	3 111 €
1.2	Leistungsberechtigte einschließlich Sonderfürsorgeberechtigte, die das 60. Lj. vollendet haben sowie bei voll Erwerbsgeminderten oder Erwerbsunfähigen i. S. d. gesetzl. Rentenversicherung und den diesem Personenkreis vergleichbaren Invalidenrentnern	20 v. H. des BMB	6 222 €

2. bei den übrigen Leistungen

2.1	übrige Leistungen, außer für Sonderfürsorgeberechtigte, wenn nicht die Voraussetzung für die Zuerkennung des gesetzl. Schonbetrags i. H. v. 40 v. H. des BMB vorliegt	20 v. H. des BMB	6 222 €
2.2	in den Fällen des § 26 c Abs. 8 Satz 3 oder des § 27 d Abs. 1 Nr. 4 BVG sowie bei Sonderfürsorgeberechtigten mit Ausnahme der ergänzenden Hilfe zum Lebensunterhalt	40 v. H. des BMB	12 444 €

II. Erhöhung der Vermögensschonbeträge (Grundbeträge) nach Ziffer I.

1.	für den überwiegend unterhaltenen Ehegatten oder Lebenspartner	4 v. H. des BMB	1 244 €
2.	für jede weitere überwiegend unterhaltene Person	2 v. H. des BMB	622 €
3.	bei minderjährigen unverheirateten Beschädigten für einen Elternteil, wenn die Eltern zusammenleben	4 v. H. des BMB	1 244 €
4.	bei minderjährigen unverheirateten Beschädigten für den Beschädigten und für jede Person, die von den Eltern oder dem Beschädigten überwiegend unterhalten wird	2 v. H. des BMB	622 €
5.	in den Fällen des § 25 f Abs. 5 BVG, wenn der Beschädigte und sein Ehegatte oder Lebenspartner oder beide Elternteile des minderjährigen unverheirateten Beschädigten blind oder behindert i. S. des § 1 Abs. 1 Satz 2 der VO zur Durchführung des § 90 Abs. 2 Nr. 9 SGB XII sind	12 v. H. des BMB	3 733 €

Kumulationstabelle
Geminderte Lebensstellung/Art und Schwere der Schädigung (§ 44 Abs. 1 bis 3 KFürsV)

Leistungsart Personenkreis	gesetzlicher Schonbetrag	Erhöhungsbetrag	%-Satz des Erhöhungsbetrages**)
I. Ergänzende Hilfe zum Lebensunterhalt			
1. Sonderfürsorgeberechtigte allgemein			
– ohne Berufsschadensausgleich	3.111 € 6.222 € *)	850 € 1.600 €	25
– mit Berufsschadensausgleich	3.111 € 6.222 € *)	2.250 € 4.400 €	70
2. schwerbeschädigte Sonderfürsorgeberechtigte			
– ohne Berufsschadensausgleich	3.111 € 6.222 € *)	1.600 € 3.150 €	50
– mit Berufsschadensausgleich	3.111 € 6.222 € *)	2.550 € 5.000 €	80
3. Pflegezulageempfänger der Stufen I oder II			
– ohne Berufsschadensausgleich	3.111 € 6.222 € *)	1.900 € 3.800 €	60
– mit Berufsschadensausgleich	3.111 € 6.222 € *)	2.850 € 5.650 €	90
4. Pflegezulageempfänger der Stufen III oder IV			
– ohne Berufsschadensausgleich	3.111 € 6.222 € *)	2.200 € 4.400 €	70
– mit Berufsschadensausgleich	3.111 € 6.222 € *)	3.150 € 6.250 €	100
5. Pflegezulageempfänger der Stufen V oder VI			
– ohne Berufsschadensausgleich	3.111 € 6.222 € *)	2.550 € 5.050 €	80
– mit Berufsschadensausgleich	3.111 € 6.222 € *)	3.500 € 6.900 €	110
6. Schwerbeschädigte (ohne Anspruch auf Berufsschadensausgleich und ohne Sonderfürsorgeberechtigung) und Hinterbliebene (ohne Anspruch auf Schadensausgleich)	3.111 € 6.222 € *)	950 € 1.900 €	30
7. Empfänger von Berufsschadens- oder Schadensausgleich, soweit sie nicht unter den Ziffern 1. bis 5. erfasst sind	3.111 € 6.222 € *)	1.900 € 3.750 €	60
8. bei sonstigen Beschädigten (Beschädigte mit GdS < 50 und ohne Berufsschadensausgleich)	3.111 € 6.222 € *)	500 € 950 €	15

*) 20 v.H. des BMB bei Hilfesuchenden, die das 60. Lj. vollendet haben sowie bei voll Erwerbsgeminderten oder Erwerbsunfähigen i.S. der gesetzlichen Rentenversicherung und den diesem Personenkreis vergleichbaren Invalidenrentnern

**) Rundung gem. § 52 Abs. 5 KFürsV: Rundung beider Erhöhungsbeträge (§ 44 Abs. 1 u. 2 KFürsV), anschließende Addition

Kumulationstabelle
Geminderte Lebensstellung/Art und Schwere der Schädigung (§ 44 Abs. 1 bis 3 KFürsV)

Leistungsart Personenkreis	gesetzlicher Schon-betrag	Erhöhungs-betrag	%-Satz des Erhöhungs-betrages**)
II. übrige Leistungen			
1. allgemein			
– Empfänger von Berufsschadens- oder Schadensausgleich	6.222 €	3.750 €	60
– Schwerbeschädigte (ohne Anspruch auf Berufsschadensausgleich und ohne Sonderfürsorgeberechtigung) und Hinterbliebene (ohne Anspruch auf Schadensausgleich)	6.222 €	1.900 €	30
– bei sonstigen Beschädigten (Beschädigte mit GdS < 50 und ohne Berufsschadensausgleich)	6.222 €	950 €	15
2. Hilfen nach § 26 c Abs. 8 Satz 3 BVG oder nach § 27 d Abs. 1 Nr. 4 BVG			
– Empfänger von Berufsschadens- oder Schadensausgleich	12.444 €	7.500 €	60
– Schwerbeschädigte (ohne Anspruch auf Berufsschadensausgleich und ohne Sonderfürsorgeberechtigung) und Hinterbliebene (ohne Anspruch auf Schadensausgleich)	12.444 €	3.750 €	30
– bei sonstigen Beschädigten (Beschädigte mit GdS < 50 und ohne Berufsschadensausgleich)	12.444 €	1.900 €	15
3. Sonderfürsorgeberechtigte			
3.1 Sonderfürsorgeberechtigte allgemein			
– ohne Berufsschadensausgleich	12.444 €	3.150 €	25
– mit Berufsschadensausgleich	12.444 €	8.750 €	70
3.2 schwerbeschädigte Sonderfürsorgeberechtigte allgemein			
– ohne Berufsschadensausgleich	12.444 €	6.250 €	50
– mit Berufsschadensausgleich	12.444 €	10.000 €	80
3.3 Pflegezulageempfänger der Stufen I oder II			
– ohne Berufsschadensausgleich	12.444 €	7.500 €	60
– mit Berufsschadensausgleich	12.444 €	11.250 €	90
3.4 Pflegezulageempfänger der Stufen III oder IV			
– ohne Berufsschadensausgleich	12.444 €	8.750 €	70
– mit Berufsschadensausgleich	12.444 €	12.500 €	100
3.5 Pflegezulageempfänger der Stufen V oder VI			
– ohne Berufsschadensausgleich	12.444 €	10.000 €	80
– mit Berufsschadensausgleich	12.444 €	13.750 €	110

**) Rundung gem. § 52 Abs. 5 KFürsV: Rundung beider Erhöhungsbeträge (§ 44 Abs. 1 u. 2 KFürstV), anschließende Addition

IV.

Pauschbeträge für Kosten von Förderungsmaßnahmen in der Kriegsopferfürsorge[1]

1. Pauschbeträge für Lernmittel
(§§ 15 und 20 Abs. 2 KFürsV)

Schülerinnen und Schüler	120 € jährlich,
Studentinnen und Studenten	250 € pro Semester,
höchstens	500 € im Jahr.

Die vorgenannten Pauschbeträge sind ohne besonderen Nachweis im Einzelfall zu gewähren. An die Stelle der Pauschbeträge treten die nachgewiesenen notwendigen Aufwendungen für Lernmittel, wenn der Berechtigte dies beantragt. Was notwendige Aufwendungen sind, richtet sich nach den Umständen des Einzelfalles. Jedoch dürften höhere Aufwendungen für Lernmittel mit Rücksicht auf die großzügige Pauschalierung nur in besonders gelagerten Ausnahmefällen als notwendig angesehen werden können; außerdem werden für einen einzelnen Bewilligungsabschnitt nachgewiesene höhere Aufwendungen in der Regel durch geringere Ausgaben in anderen Ausbildungsabschnitten ausgeglichen.

2. Pauschbeträge für Berufskleidung
(§ 20 Abs. 2 KFürsV)

sollen nur im Rahmen der Erziehungsbeihilfe nach § 27 BVG gewährt werden, und zwar	jährlich
während einer kaufmännischen Lehre	96 €
während einer handwerklichen Lehre	120 €
bei Ausübung sogen. Schmutzberufe	156 €

Bei Förderungsmaßnahmen nach § 26 BVG sind die im Einzelfall nachgewiesenen Kosten zu berücksichtigen.

3. Pauschbetrag zur Bestreitung kleinerer Ausgaben im Zusammenhang mit der Ausbildung (§ 20 Abs. 2 Nr. 7 KFürsV)

Bei Berechnung der berufsfördernden Leistung und der Erziehungsbeihilfe wird in der Regel für kleinere Ausgaben ein Betrag von 10 € monatlich berücksichtigt.

Die Verpflegungskostenzuschüsse für Rehabilitanden, die regelmäßig zur Ausbildungsstelle pendeln und dabei weniger als 14 Stunden aber mindestens 8 Stunden von zu Hause abwesend sind, beträgt je Anwesenheitstag 6,00 €.

---

1 Soweit Bundesländer aufgrund von Studienbeitragsgesetzen einen Studienbeitrag erheben, ist dieser als Bedarf im Rahmen der Erziehungsbeihilfe nach § 27 BVG i. V. m. § 20 Abs. 2 KFürsV anzuerkennen.

Dies entspricht dem in § 4 Abs. 5 Nr. 5 Buchst. c Einkommensteuergesetz vorgesehenen Betrag.

4. Pauschbetrag für Kosten der Unterkunft am Ausbildungsort

(§ 21 Abs. 1 Nr. 3 Satz 2 KFürsV)

Bei Auszubildenden, die am Ausbildungsort wohnen, werden die Unterkunftskosten mit folgenden Pauschbeträgen abgegolten:

Orte ohne Universität oder Technische Hochschule	
ohne Nahverkehrsmittel	100 €
mit Nahverkehrsmittel	120 €
Orte mit Universität oder Technische Hochschule	
mit Nahverkehrsmittel	140 €
in München, Hamburg und Berlin	160 €

Die nach der Übersicht der Kultusministerkonferenz dem Universitätsbereich zuzuordnenden Ausbildungseinrichtungen sind wie Universitäten zu behandeln.

5. Bekleidungsbeihilfe einheitlich 350 € jährlich

V.

Pauschbeträge für laufende Hilfen zur Unterhaltung und zum Betrieb eines Kraftfahrzeuges

(§ 10 Abs. 2 und § 28 Abs. 1 Nr. 2 KFürsV)

Nach § 10 Abs. 2 KFürsV können Hilfen zur Unterhaltung und zum Betrieb eines Kraftfahrzeuges gewährt werden, wenn der Beschädigte zur Erreichung seines Arbeitsplatzes infolge der Beschädigung auf die Benutzung eines Kraftfahrzeuges angewiesen ist. Die Hilfen können nach § 28 Abs. 1 Nr. 2 KFürsV auch außerhalb der Leistungen zur Teilhabe am Arbeitsleben an Beschädigte gewährt werden, sofern sie wegen der Art oder Schwere der Schädigung auf die Benutzung eines Kraftfahrzeuges angewiesen sind.

Diese Pauschbeträge gelten ausnahmsweise auch bei Gewährung der Erziehungsbeihilfe, wenn der Auszubildende aus zwingenden Gründen (z.B. wegen erheblicher Gehbehinderung) auf die Benutzung eines eigenen Kraftfahrzeugs angewiesen ist.

Den Pauschbeträgen werden nach dem Rundschreiben des BMGS vom 31.8.2005 – 431 – 47217/432 – 47116 ab 1.9.2005 folgende zwei Kriterien zu Grunde gelegt, nämlich

1. die jeweilige Wegstreckenentschädigung für Dienstreisen z. B. mit einem privaten Kraftfahrzeug in Höhe von z. Zt. 0,20 €/km – abzüglich 25 v. H., d. h. im Ergebnis z. Zt.: 0,15 € mit einem Reparaturkostenanteil von 0,03 €/km
2. die sich aus der Entfernung zwischen Wohnung und Arbeitsplatz ergebende Gesamtwegstrecke (höchstens 80 km täglich).

Beispiel:

Beträgt die einfache Wegstrecke zwischen Wohnung und Arbeitsplatz 10 km, gilt bei 19 Arbeitstagen und einem Kraftwagen mit mehr als 600 ccm Folgendes: 10 km × 2 = 20 km tägl. × 19 Arbeitstage = 380 × 0,15 €/km = 57 €.

Siehe im Übrigen die folgende Tabelle.

Kraftfahrzeug-Pauschbeträge

§ 26 Abs. 4 Nr. 4 BVG; § 10 Abs. 2 Satz 1 KFürsV

Einfache Strecke zwischen Wohnung und Arbeitsstätte	Gesamtstrecke zwischen Wohnung und Arbeitsstätte täglich	monatlich (bei 19 Arbeitstagen)	Kraftfahrzeug-betriebsbedarf monatlich (0,15 € je km)
km	km	km	€
bis 2,49	4,98	94,62	14
3	6	114	17
4	8	152	23
5	10	190	29
6	12	228	34
7	14	266	40
8	16	304	46
9	18	342	51
10	20	380	57
11	22	418	63
12	24	456	68
13	26	494	74
14	28	532	80
15	30	570	86
16	32	608	91
17	34	646	97
18	36	684	103
19	38	722	108
20	40	760	114
21	42	798	120
22	44	836	125
23	46	874	131
24	48	912	137
25	50	950	143
26	52	988	148
27	54	1.026	154
28	56	1.064	160
29	58	1.102	165
30	60	1.140	171
31	62	1.178	177
32	64	1.216	182
33	66	1.254	188
34	68	1.292	194
35	70	1.330	200
36	72	1.368	205
37	74	1.406	211
38	76	1.444	217
39	78	1.482	222
40	80	1.520	228

VI.
Grundrente für Beschädigte – § 31 BVG

ab	GdS 30	40	50	60	70	80	90	100
	€							
1.7. 2011	124	170	228	289	400	484	582	652
1.7. 2012	127	174	233	295	409	495	595	666
1.7. 2013	127	174	234	296	410	496	596	668
1.7. 2014	129	177	238	301	417	504	606	679
1.7. 2015	132	181	243	307	426	515	619	693
1.7. 2016	138	189	253	320	444	537	645	722
1.7. 2017	141	193	258	326	452	547	657	736

Erhöhung für Schwerbeschädigte, die das 65. Lebensjahr vollendet haben, um monatlich Euro

ab	GdS 50 u. 60	70 u. 80	90 u. 100
	€	€	€
1.7. 2011	25	31	38
1.7. 2012	26	32	39
1.7. 2013	26	32	39
1.7. 2014	26	33	40
1.7. 2015	27	34	41
1.7. 2016	28	35	43
1.7. 2017	29	36	44

VII.
Schwerstbeschädigtenzulage – § 31 Abs. 5 BVG

ab	Stufe I	II	III	IV	V	VI
	€					
1.7. 2011	75	156	231	309	386	465
1.7. 2012	77	159	236	316	394	475
1.7. 2013	77	159	237	317	395	478
1.7. 2014	78	162	241	322	402	484
1.7. 2015	80	165	246	329	410	494
1.7. 2016	83	172	256	343	427	515
1.7. 2017	85	175	261	350	435	525

VIII.
Ausgleichsrente für Schwerbeschädigte ohne Angehörige – § 32 BVG

ab	GdS 50	60	70	80	90	100
	€	€	€	€	€	€
1.7. 2011	400	400	484	484	582	652
1.7. 2012	409	409	495	495	595	666
1.7. 2013	410	410	496	496	596	668
1.7. 2014	417	417	504	504	606	679
1.7. 2015	426	426	515	515	619	693
1.7. 2016	444	444	537	537	645	722
1.7. 2017	452	452	547	547	657	736

Die Hälfte der vollen Ausgleichsrente erhalten Empfänger einer Pflegezulage. – Die volle Ausgleichsrente erhalten Empfänger einer Pflegezulage ab Stufe III.

IX.
Ehegattenzuschlag – § 33 a BVG

ab	1.7. 2011	1.7. 2012	1.7. 2013	1.7. 2014	1.7. 2015	1.7. 2016	1.7. 2017
€	72	74	74	75	77	80	82

Alle Empfänger einer Pflegezulage erhalten den vollen Zuschlag (§§ 33 a Buchst. c, 33 b Abs. 5 Buchst. c), auch wenn die Pflegezulage nach § 35 Abs. 3 nicht gezahlt wird oder nach § 65 Abs. 1 ruht.

Kinderzuschlag wird bis zur Vollendung des 16. Lebensjahres in Höhe des gesetzlichen Kindergeldes gewährt (§ 33 b Abs. 4 und 5 BVG).

X.
Pflegezulage – § 35 BVG

ab	Stufe I	II	III	IV	V	VI
			€			
1.7. 2011	275	471	688	857	1 115	1 370
1.7. 2012	281	481	683	876	1 139	1 400
1.7. 2013	282	482	685	878	1 142	1 404
1.7. 2014	287	490	696	893	1 161	1 427
1.7. 2015	293	500	711	912	1 185	1 457
1.7. 2016	305	521	741	951	1 235	1 519
1.7. 2017	311	531	755	969	1 258	1 548

Blinde erhalten Pflegezulage mindestens nach Stufe III, erwerbsunfähige Hirnbeschädigte mindestens nach Stufe I.

XI.

Höhe des Bestattungsgeldes beim Tod von Beschädigten und Hinterbliebenen – §§ 36, 53 BVG

Ab 1.7. 2016

1 745 € beim Tod eines rentenberechtigten Beschädigten, wenn der Tod die Folge einer Schädigung ist,

874 € in den übrigen Fällen.

1 745 € beim Tod von Hinterbliebenen, die mindestens ein waisenrenten- oder waisenbeihilfeberechtigtes Kind hinterlassen,

874 € in den übrigen Fällen.

XII.

Höhe der Grundrente für Witwen und Waisen – §§ 40, 46 BVG

	Witwen	Halbwaisen	Vollwaisen
ab	€	€	€
1.7. 2011	391	111	206
1.7. 2012	400	113	210
1.7. 2013	401	113	211
1.7. 2014	408	115	215
1.7. 2015	417	117	220
1.7. 2016	435	122	229
1.7. 2017	443	124	233

XIII.

Höhe der vollen Ausgleichsrente für Witwen und Waisen – §§ 41 Abs. 2, 47 BVG

	Witwen	Halbwaisen	Vollwaisen
ab	€	€	€
1.7. 2011	433	194	269
1.7. 2012	442	198	275
1.7. 2013	443	199	276
1.7. 2014	450	202	281
1.7. 2015	459	208	287
1.7. 2016	479	215	299
1.7. 2017	488	219	305

XIV.

Einkommensgrenzen für Witwen- und Waisenbeihilfe – § 48 Abs. 2 i. V. m. § 33 Abs. 1 Buchst. a BVG

	Witwen	Halbwaisen	Vollwaisen
ab	€	€	€
1.7. 2011	2310	1155	1540
1.7. 2012	2378	1189	1586
1.7. 2013	2414	1207	1609
1.7. 2014	2448	1224	1632
1.7. 2015	2498	1249	1665
1.7. 2016	2593	1296	1728
1.7. 2017	2646	1326	1764

XV.

Höhe der Elternrente – § 51 BVG

	Volle Elternrente		Zuschlag nach § 51 Abs. 2 BVG		Zuschlag nach § 51 Abs. 3 BVG	
ab	Elternteil	Elternpaar	Elternteil	Elternpaar	Elternteil	Elternpaar
	€	€	€	€	€	€
1.7. 2011	370	530	72	97	217	300
1.7. 2012	378	542	74	99	222	307
1.7. 2013	379	543	74	99	223	308
1.7. 2014	385	552	75	101	227	313
1.7. 2015	393	564	77	103	232	320
1.7. 2016	410	588	80	107	242	334
1.7. 2017	418	599	82	109	247	340

XVI.

Einkommensgrenzen und Zuschuss nach §§ 6, 8, 13 Abs. 3 der Kraftfahrzeughilfe-Verordnung im Kalenderjahr 2016

Einkommen[1] v.H. der mtl. Bezugsgröße (2 905 €)[2]	Einkommen[1] 1.1. 2016 €	Zuschuss v.H. des Bemessungsbetrages	Zuschuss €
40	1 165	100	9 500
45	1 310	88	8 360
50	1 455	76	7 220
55	1 600	64	6 080
60	1 745	52	4 940
65	1 890	40	3 800
70	2 035	28	2 660
75	2 180	16	1 710

1 Von dem Einkommen ist für jeden unterhaltenen Familienangehörigen ein Betrag in Höhe von 12 v. H. der mtl. Bezugsgröße abzusetzen (für 2016 350 €).

2 In den neuen Bundesländern beträgt die Bezugsgröße ab 1.1. 2016 2 520 €.

Sachregister